RÉPERTOIRE

GÉNÉRAL ET RAISONNÉ

DE L'ENREGISTREMENT

LA LOI CIVILE ET LA LOI DE L'ENREGISTREMENT COMPARÉES
— DOCTRINE ET JURISPRUDENCE —

NOUVEAU TRAITÉ EN FORME DE DICTIONNAIRE

DES

DROITS D'ENREGISTREMENT, DE TRANSCRIPTION, DE TIMBRE, DE GREFFE, D'HYPOTHÈQUES

ET DES CONTRAVENTIONS DONT LA RÉPRESSION EST CONFIÉE A L'ADMINISTRATION DE L'ENREGISTREMENT

I

Paris. — Imp. Tolmer et Cie, rue du Four-Saint-Germain, 43.

RÉPERTOIRE

GÉNÉRAL ET RAISONNÉ

DE L'ENREGISTREMENT

LA LOI CIVILE ET LA LOI DE L'ENREGISTREMENT COMPARÉES
— DOCTRINE ET JURISPRUDENCE —

NOUVEAU TRAITÉ EN FORME DE DICTIONNAIRE

DES

DROITS D'ENREGISTREMENT, DE TRANSCRIPTION, DE TIMBRE, DE GREFFE, D'HYPOTHÈQUES

ET DES CONTRAVENTIONS DONT LA RÉPRESSION EST CONFIÉE A L'ADMINISTRATION DE L'ENREGISTREMENT

Par M.-D. GARNIER

Conseiller-Maître à la Cour des Comptes, ancien Député au Corps législatif,
Ancien Employé supérieur de l'Enregistrement et des Domaines

SIXIÈME ÉDITION REVUE, CORRIGÉE, AUGMENTÉE
MISE AU COURANT DE LA JURISPRUDENCE
Jusqu'au 1er Août 1878

Tome Premier

ABANDON – BUREAU

PARIS
DELAMOTTE FILS ET Cie, ÉDITEURS-ADMINISTRATEURS
53, QUAI DES GRANDS-AUGUSTINS

1878

RÉPERTOIRE GÉNÉRAL ET RAISONNÉ

DE

L'ENREGISTREMENT

LOIS, DÉCRETS, ORDONNANCES, ARRÊTÉS

RÈGLEMENT DU 28 JUIN 1738

Procédure.

PREMIÈRE PARTIE

TITRE IV. — *Des demandes en cassation d'arrêts ou de jugements rendus en dernier ressort.*

ART. 5. — Le demandeur en cassation sera tenu de consigner la somme de 150 livres pour l'amende envers Sa Majesté, lorsqu'il s'agira d'un arrêt ou jugement contradictoire, et celle de 75 livres, s'il ne s'agit que d'un arrêt ou jugement par défaut ou par forclusion; desquelles sommes le receveur des amendes se chargera sans droit ni frais; et sera la quittance de consignation jointe à la requête en cassation, sinon ladite requête ne pourra être reçue.

[Dispositions confirmées par les LL. 2 brumaire an IV, art. 25, 14 brumaire an V, art. 1er, 27 ventôse an VIII, art. 90, C. instr. crim. art. 419 et 420, § 2. — Pourvoi non recevable en matière civile, à défaut d'annexe de la quittance (L. 2 brumaire an IV, art. 17). — Dispense de consignation : pourvois intéressant l'Etat (L. 2 brumaire an IV, art. 17, § 2, 1°; C. instr. crim. art. 420, § 1er et 436, § 2); — les indigents (LL. 8-11 juillet 1793, art. 1er, 2 brumaire an IV, art. 17, § 2, 2°, et 14 brumaire an V, art. 2; C. instr. crim. art. 420, § 2); — les condamnés en matière criminelle (C. instr. crim. art. 420, § 1er); — les élections politiques ou consulaires (L. 15 mars 1849, art. 12, et décr. 2 février 1852, art. 23; L. 21 décembre 1871, art. 2). — Dispense provisoire : assistance judiciaire (L. 22 janvier 1851, art. 14, § 1er); — réduction de l'amende à moitié, en matière de pêcheries (L. 23 juin 1846, art. 15), — et de pêche côtière (Décr. 9 janvier 1852, art. 22). — Décimes (LL. 6 prairial an VII, 23 août 1871 et 30 décembre 1873).]

ART. 35. — Le demandeur en cassation qui succombera en sa demande, après un arrêt de soit communiqué, sera condamné en 300 livres d'amende envers Sa Majesté, et en 150 livres envers la partie, si l'arrêt ou jugement dont la cassation était demandée a été rendu contradictoirement; et en la moitié seulement desdites sommes, si l'arrêt ou le jugement a été rendu par défaut ou par forclusion, dans lesquelles sommes sera comprise celle qui aura été consignée par le demandeur en cassation, suivant l'article 5 ci-dessus.

[Comp. LL. 2 brumaire an IV, art. 25, et 27 ventôse an VIII, art. 90; C. instr. crim., art. 436.]

ART. 38. — Lorsque le demandeur aura obtenu la cassation par lui demandée, l'amende consignée lui sera rendue sans aucun délai, en quelques termes que l'arrêt qui aura égard à ladite demande soit conçu, et quand même il aurait été omis d'ordonner que ladite amende serait rendue.

[Comp. C. instr. crim. art. 437.]

DÉCRET DU 16-24 AOUT 1790

Organisation judiciaire.

(Cir. rég. nos 316 et 763.)

TITRE X. — *Des bureaux de paix et du tribunal de famille.*

Art. 10. — Tout appelant, dont l'appel sera jugé mal fondé, sera condamné à une amende de 9 livres pour un appel de jugement des juges de paix, et de 60 livres pour l'appel d'un jugement du tribunal de district, sans que cette amende puisse être remise ni modérée sous aucun prétexte. — Elle aura encore également lieu contre les intimés qui n'auront pas comparu devant le bureau de paix, lorsque le jugement sera réformé, et elle sera double contre ceux qui, ayant appelé sans s'être présentés au bureau de paix et en avoir obtenu le certificat, seront par cette raison jugés non recevables.

[Amende fixée à 5 francs pour appel d'un jugement du juge de paix, et à 10 francs pour appel d'un jugement du tribunal de première instance (C. proc. civ., art. 471). — Disposition applicable aux appels des jugements des tribunaux de commerce (Arr. 10 floréal an XI, art. 1er, C. proc. civ., art. 471), — et des jugements d'arbitres (C. proc. civ., art. 1023). — Dispense provisoire de consignation en matière d'assistance judiciaire (L. 22 janvier 1851, art. 14, § 1er. — *V.* Arr. 27 nivôse an X).]

DÉCRET DU 28 JUILLET 1791

Couleur des affiches.

L'Assemblée nationale décrète que les affiches des actes émanés de l'autorité publique seront seules imprimées sur papier blanc ordinaire ; et celles faites par des particuliers ne pourront l'être que sur papier de couleur, sous peine de l'amende ordinaire de police municipale.

[Amende fixée à 100 fr. (L. 25 mars 1817), — réduite à 20 fr. (L. 16 juin 1824, art. 10).]

DÉCRET DU 29 SEPTEMBRE-6 OCTOBRE 1791

Organisation du notariat.

(Circ. rég. 8 messidor an VI, n° 1304.

TITRE III. — *De la conservation et du dépôt des minutes d'actes des notaires.*

Art. 16. — A compter du 1er janvier 1793, les notaires seront tenus de déposer, dans les deux premiers mois de chaque année, au greffe du tribunal de leur immatriculation, un double par eux certifié du répertoire des actes qu'ils auront reçus dans le cours de l'année précédente, à peine de 100 livres d'amende par chaque mois de retard.

[*V.* L. 16 floréal an IV, art. 1 et 2. — Disposition applicable aux commissaires-priseurs et courtiers (*V.* Ord. 26 juin 1816, art. 13, et L. 16 juin 1824, art. 11, série des lois sur l'enregistrement). — L'amende de 100 francs est réduite à une seule amende de 10 francs (L. 16 juin 1824, art. 10, § 1er).]

DÉCRET DU 20-25 SEPTEMBRE 1792

Mode de constater l'état civil des citoyens.

(Instr. du 17 mai 1808, n° 377, § 2.)

TITRE II. — *De la tenue en dépôt des registres.*

Article premier. — Il y aura, dans chaque municipalité, trois registres pour constater, l'un les naissances, l'autre les mariages, le troisième les décès.

Art. 2. — Les trois registres seront doubles sur papier timbré, fournis aux frais de chaque district, et envoyés aux municipalités par les directoires, dans les quinze premiers jours du mois de décembre de chaque année; ils seront cotés par premier et dernier, et parafés sur chaque feuillet, le tout sans frais, par le président de l'administration du district, ou, à son défaut, par un des membres du directoire, suivant l'ordre de la liste.

Art. 7. — Les actes qui seront inscrits dans les registres ne seront point sujets aux droits d'enregistrement.

[Comp. L. 22 frimaire an VII, art. 70, § 3, n° 8.]

Art. 8. — Dans les quinze premiers jours du mois de janvier de chaque année, il sera fait, à la fin de chaque registre, une table par ordre alphabétique des actes qui y seront contenus.

Art. 15. — Tous les dix ans, les tables annuelles faites à la fin de chaque registre seront refondues dans une seule; néanmoins, pour déterminer une époque fixe et uniforme, la première de ces tables générales sera faite en 1800.

Art. 16. — Cette table décennale sera mise sur un registre séparé, tenu double, timbré, coté et parafé.

Art. 18. — Toutes personnes sont autorisées à se faire délivrer des extraits des actes de naissances, mariages et décès, soit sur les registres conservés aux archives des municipalités, soit sur ceux déposés aux archives des départements. Les extraits devront être sur papier timbré; ils ne seront pas sujets au droit d'enregistrement.

[*V.* Décr. 19-24 décembre 1792, art. 5, 20 juillet 1807, et L. 22 frimaire an VII, art. 70, § 3, n° 8.]

DÉCRET DU 19-24 DÉCEMBRE 1792

Mode de constater l'état civil des citoyens par les municipalités.

(Circ. rég. 17 janvier 1793, n° 366.)

—

Art. 5. — Les registres desdits actes préliminaires du divorce, et ceux de publication des mariages et d'opposition auxdits mariages, seront sur papier timbré, fournis aux frais de chaque district, et envoyés aux municipalités par les directoires, tous les quinze premiers jours du mois de décembre de chaque année; ils seront cotés par premier et dernier, et parafés sur chaque feuillet par le président de l'administration du district, ou, à son défaut, par un des membres du directoire. Tous lesdits registres et extraits qui en seront délivrés sont exempts de la formalité et du droit d'enregistrement.

[*V.* Décr. 20-25 septembre 1792, 20 juillet 1807, et L. 22 frimaire an VII, art. 70, § 3, n° 8.]

LOI DU 8-11 JUILLET 1793

Indigents. — Consignation de l'amende de cassation.

—

Article premier — Les citoyens indigents qui n'auront pas la faculté de consigner l'amende de 150 livres, exigée par la loi pour se pourvoir au tribunal de cassation, seront dispensés de cette formalité, en représentant un certificat du conseil général de la commune du lieu de leur résidence, qui constate leur indigence. Ce certificat sera visé par l'administration de district et de département, et il y sera joint un extrait de leur imposition.

[Règl. 28 juin 1738, art. 5, et LL. 2 brumaire an IV, art. 17, § 2, 2°, 13 brumaire an V, art. 2, 27 ventôse an VIII, art. 90, C. instr. crim., art. 420, § 2, et L. 22 janvier 1851, sur l'assistance judiciaire, art. 14, § 1er.]

DÉCRET DU 16-19 JUILLET 1793

Instance.

—

La Convention nationale décrète qu'il ne sera fait par la Trésorerie nationale et par les caisses des diverses administrations de la République, aucun payement en vertu de jugements qui seront attaqués par la voie de cassation, dans les termes prescrits par la loi, qu'au préalable ceux au profit desquels cesdits jugements auront été rendus, n'aient donné bonne et suffisante caution pour sûreté des sommes à eux adjugées.

LOI DU 18 GERMINAL AN III

Poids et mesures.

—

Art. 2. — Il n'y aura qu'un seul étalon des poids et mesures... Ce sera une règle de platine sur laquelle sera tracé le *Mètre*..., unité fondamentale de tout le système des mesures.

Art. 5.— Leur nomenclature est définitivement adoptée comme il suit : On appellera *Mètre* la mesure de longueur égale à la dix-millionième partie de l'arc du méridien terrestre compris entre le pôle boréal et l'équateur ; — *Are* la mesure de superficie pour les terrains, égale à un carré de dix mètres de côté ; — *Stère* la mesure destinée particulièrement aux bois de chauffage, et qui sera égale au mètre cube ; — *Litre* la mesure de capacité, tant pour les liquides que pour les matières sèches, dont la contenance sera celle du cube de la dixième partie du mètre ; — *Gramme* le poids absolu d'un volume d'eau pure égal au cube de la centième partie du mètre, et à la température de la glace fondante ; — Enfin, l'unité des monnaies prendra le nom de *Franc*, pour remplacer celui de *Livre*, usité jusqu'aujourd'hui.

Art. 6. — La dixième partie du mètre se nommera *décimètre*, et la centième partie *centimètre*. — On appellera *décamètre* une mesure égale à 10 mètres, ce qui fournit une mesure très-commode pour l'arpentage. *Hectomètre* signifiera la longueur de 100 mètres. Enfin, *kilomètre* et *myriamètre* seront des longueurs de 1,000 et 10,000 mètres, et désigneront principalement les distances itinéraires.

Art. 7. — Les dénominations des mesures des autres genres seront déterminées d'après les mêmes principes que celles de l'article précédent. — Ainsi, *décilitre* sera une mesure de capacité dix fois plus petite que le litre ; *centigramme* sera la centième partie du poids d'un gramme. — On dira de même *décalitre* pour désigner une mesure contenant 10 litres ; *hectolitre* pour une mesure égale à 100 litres ; un *kilogramme* sera un poids de 1,000 grammes. — On composera d'une manière analogue les noms de toutes les autres mesures. — Cependant, lorsqu'on voudra exprimer les dixièmes et les centièmes du franc, unité des monnaies, on se servira des mots *décime* et *centime*, déjà reçus en vertu de décrets antérieurs.

Art. 8. — Dans les poids et les mesures de capacité, chacune des mesures décimales de ces deux genres aura son double et sa moitié, afin de donner à la vente des divers objets toute la commodité que l'on peut désirer : il y aura donc le *double litre* et le *demi-litre*, le *double hectogramme* et le *demi-hectogramme*, et ainsi des autres. (*V.* L. 4 juillet 1837.)

LOI DU 1er VENDÉMIAIRE AN IV

Poids et mesures.

—

Art. 9. — Il est enjoint à tous les notaires et officiers publics d'exprimer en mesures nouvelles toutes les quantités de mesures qui seront à énoncer dans les actes qu'ils passeront ou recevront. — Les actes qui seraient en contravention avec le présent article seront sujets à un excédant de droit d'enregistrement de la valeur de 50 fr. Cette somme sera payée comme une amende par le notaire ou l'officier public qui aura passé l'acte, sans que, sous aucun prétexte, elle puisse être imputée aux parties pour qui l'acte aura été passé.

Art. 10. — Aucun papier de commerce, livres et registres de négociant, marchand ou manufacturier, aucune facture, compte, quittance, même lettre missive, faits ou écrits depuis la mise en activité des nouveaux poids et mesures, ne peuvent être produits et faire foi en justice qu'autant que les quantités exprimées dans lesdits livres, papiers, lettres, etc., le seraient en nouvelles mesures, ou du moins la traduction en sera faite préalablement et constatée aux frais des parties par un officier public. (*V.* L. 4 juillet 1837.)

LOI DU 2 BRUMAIRE AN IV

Organisation du tribunal de cassation.

(IIe série, Bull. 45, n° 384; circ. rég. n° 1304.)

—

Art. 17. — La requête ou mémoire en cassation, en matière civile, ne sera pas reçue au greffe, et les juges ne pourront y avoir égard, à moins que la quittance de consignation n'y soit jointe. — Seront néanmoins dispensés de la consignation d'amende : 1° les agents de la République, lorsqu'ils se pourvoiront pour affaires qui la concernent directement ; 2° les citoyens indigents, aux termes de la loi du 8 juillet 1793.

[Règl. 28 juin 1738, art. 5. — Pourvois formés par l'État (*V.* C. instr. crim., art. 420, § 1er, et 436, § 2); — par les indigents (*V.* LL. 8-11 juillet 1793, art. 1er, 14 brumaire an V, art. 2, et 27 ventôse an VIII, art. 90, C. instr. crim., art. 420, § 2, et L. 12 janvier 1851, art. 14, § 1er. — *V.* les autres cas de dispense, sous l'article 5, Règl. 28 juin 1738).]

Art. 25. — Le règlement du 28 juin 1738 et les lois antérieures, relatives au tribunal de cassation, continueront d'y être observés en toutes les dispositions auxquelles il n'est pas dérogé par la présente loi.

LOI DU 16 FLORÉAL AN IV

Dépôt du double du répertoire.

(Ire série, Bull. 201, n° 1198; cir. rég. n° 1683.)

—

Article premier. — Les notaires publics seront tenus d'effectuer chaque année, au greffe du tribunal civil du département de leur résidence, le dépôt du double, par eux certifié, du répertoire des actes par eux reçus dans le cours de l'année précédente, et ce, dans le délai et sous les peines portées par l'article 16 du titre III de la loi du 29 septembre 1791.

Art. 2. — Le commissaire du Directoire exécutif près le tribunal civil de chaque département demeure chargé, sous sa responsabilité, de poursuivre les notaires; il les fera condamner à l'amende déterminée par la loi précitée, et cette amende sera recouvrée par le receveur des domaines de l'arrondissement de la résidence du notaire qui l'aura encourue.

[Commissaires-priseurs et courtiers (Ord. 26 juin 1816, art. 13, et L. 16 juin 1824, art. 11). — Prescription (L. préc., art. 14, n° 1).]

LOI DU 14 BRUMAIRE AN V

Consignation d'amende.

(IIe série, Bull. 87, n° 838; cir. rég. n° 1020.)

—

Article premier. — L'article 5 du titre IV de la première partie du règlement de 1738, qui assujettit les demandeurs en cassation à consigner l'amende de 150 livres ou de 75 livres, selon la nature des jugements, sera strictement observé tant en matière civile qu'en matière de police correctionnelle et municipale.

[*V.* Pourvois en matière civile (L. 2 brumaire an IV, art. 17). — Dispense en matière criminelle (C. instr. crim., art. 420, § 1er). — Parties civiles (C. instr. crim., art. 419 et 436). — Restitution (*V.* Règl. 28 juin 1738, art. 38, et C. instr. crim., art. 437).]

Art. 2. — Les citoyens indigents, qui n'auront pas la faculté de consigner cette amende, seront dispensés de cette formalité, en représentant un certificat de l'administration municipale de leur canton, qui constate leur indigence. — Ce certificat sera visé et approuvé par l'administration centrale de département, et il y sera joint un extrait de leurs impositions.

[LL. 8-11 juillet 1793, art. 1er, 2 brumaire an IV, art. 17, § 2, 2°, et 27 ventôse an VIII, art. 90. C. instr. crim. art. 420, § 2, et L. 22 janvier 1851, art. 14, § 1er. — Pourvois en requête civile (*V.* L. 1er thermidor an VI, art. 1er, C. proc. civ., art. 494 et 1041, et Av. Cons. d'Etat, 13-20 mars 1810).]

LOI DU 9 VENDÉMIAIRE AN VI

Timbre.

(IIe série, Bull. 148, n° 1447; circ. rég., n° 1105.)

—

Art. 54. — A compter du jour de la promulgation de la loi, la formalité du timbre fixe ou de dimension établie par la loi du 5 floréal dernier est étendue aux pétitions et mémoires présentés soit aux ministres, soit aux administrations de département et municipalités, ainsi qu'à la Trésorerie et à la comptabilité nationale, et aux directeurs de la liquidation.

ART. 55. — Sont exceptés de la formalité du timbre les pétitions et mémoires qui auront pour objet les demandes en avancement, congés absolus ou limités, pensions de retraite, payements des arrérages de rentes et pensions, secours et encouragements, et première demande en réparation de torts occasionnés par une autorité constituée ou un fonctionnaire public.

ART. 56. — Les lettres de voiture, les connaissements, chartes-parties et polices d'assurances, les cartes à jouer, les journaux, gazettes, feuilles périodiques ou papiers-nouvelles, les feuilles de papier-musique, toutes les affiches autres que celles d'actes émanés de l'autorité publique, quelle que soit leur nature ou leur objet, seront assujettis au timbre fixe ou de dimension.

[*Lettres de voiture et connaissements* (V. L. 6 prairial an VII, art. 5; Décr. 16 messidor an XIII et 3 janvier 1809; LL. 11 juin 1842, 28 février 1872, art. 11, et 30 mars 1872, art. 1, §§ 2, 3 et suiv.).

[*Polices d'assurances* (V. L. 6 prairial an VII, art. 5; Décr. 16 messidor an XIII et 3 janvier 1809; L. 5 juin 1850, art. 33 à 48).

[*Cartes à jouer :* Contributions indirectes (L. 5 ventôse an XII, art. 80, III° série, Bull. 345, n° 3610).

[*Journaux :* Suppression du timbre (Décr. 4 mars 1848 et 5 septembre 1870).

[*Papier-musique :* Suppression du timbre (L. 16 juillet 1840, art. 3).

[*Affiches* (V. LL. 28 avril 1816, art. 64; 25 mars 1817, art. 77; 15 mai 1818, art. 76, et 18 juillet 1866, art. 4); — Affiches *peintes* (L. 8 juillet 1852, art. 30); — Affiches *judiciaires* (Décr. 15 janvier 1853, art. 1er); — Affiches *électorales* (L. 11 mai 1868, art. 3, § 3).]

ART. 57. — Sont exceptés les ouvrages périodiques relatifs aux sciences et aux arts, ne paraissant qu'une fois par mois, et contenant au moins deux feuilles d'impression.

[LL. 2 floréal an VI, art. 1er; 28 avril 1816, art. 70; 25 mars 1817, art. 76; 16 juillet 1840, art. 3 et 4; 16 juillet 1850, art. 22, et Décr. 28 mars 1852. — Abolition du timbre (Décr. 4 mars 1847 et 5 septembre 1870).]

ART. 58. — Le droit de timbre fixe ou de dimension pour les journaux et affiches, sera de 5 centimes (ou un sou) pour chaque feuille de 25 centimètres sur 38, feuille ouverte, ou environ; — et pour chaque demi-feuille de cette dimension, 3 centimes (ou 7 deniers un cinquième). — Ceux qui voudront user, pour lesdites impressions, de papier dont la dimension serait supérieure à 25 centimètres pour la feuille, et à 12 centimètres et demi pour la demi-feuille, les feront timbrer extraordinairement, en payant 1 centime pour 5 décimètres d'excédant. — Le papier sera fourni, dans tous les cas, par les citoyens auxquels il sera nécessaire.

[*Journaux :* (L. 14 décembre 1830, art. 2, et Décr. 4 mars 1848); — *Affiches :* (LL. 28 avril 1817, art. 65; 15 mai 1818 art. 76, et 18 juillet 1866, art. 4).]

ART. 59. — La Régie fera graver deux timbres pour lesdits journaux et affiches. — Chaque timbre portera distinctement son prix; ils auront pour légende : *République française.* Elle se servira provisoirement des timbres actuels appliqués en rouge, à la charge de ne percevoir que les droits réglés par la présente.

[*Timbres mobiles : journaux* (L. 31 juillet 1867, art. 29, et Décr. 19 décembre 1868); — *affiches* (L. 27 juillet 1870, art. 6).]

ART. 60. — Ceux qui auront répandu des journaux ou papiers-nouvelles et autres objets compris dans l'article 56 ci-dessus, et apposé ou fait apposer des affiches sans avoir fait timbrer leur papier, seront condamnés à une amende de 100 livres pour chaque contravention; les objets soustraits aux droits seront lacérés.

[*V.* L. 28 avril 1816, art. 69.]

ART. 61. — Les auteurs, afficheurs, distributeurs et imprimeurs desdits journaux et affiches, seront solidairement tenus de l'amende, sauf leur recours les uns contre les autres.

[*V.* L. 28 avril 1816, art. 69.]

LOI DU 13 VENDÉMIAIRE AN VI

Timbre.

(2e série, Bull. 150, n° 1472.)

Le droit de timbre fixe ou de dimension pour les journaux et affiches sera de 5 centimes (ou un sou) pour chaque feuille de 25 décimètres carrés de superficie (ou 341 pouces carrés) et de 3 centimes (7 deniers un cinquième) pour chaque demi-feuille de même espèce. Ceux qui voudraient user, pour lesdites impressions, de papier dont la superficie serait plus grande que 25 décimètres carrés pour la feuille entière, et 12 décimètres et demi carrés pour la demi-feuille, payeront 1 centime en sus du droit fixe pour chaque 5 décimètres carrés (ou 78 pouces) d'excédant. — En conséquence, l'article 58 de la loi du 9 de ce mois est abrogé. Le papier sera fourni, dans tous les cas, par les citoyens auxquels il sera nécessaire.

LOI DU 2 FLORÉAL AN VI

Timbre.

(Circ. 1290.)

ARTICLE PREMIER. — L'article 56 de la loi du 9 vendémiaire an VI, concernant le droit de timbre, n'est applicable qu'aux feuilles périodiques de musique, quelle que soit leur étendue, et à toute œuvre de musique qui n'excédera pas deux feuilles d'impression. (Abrogé. *V.* L. 16 juillet 1840, art. 3.)

ART. 2. — Toutes poursuites et saisies qui pourraient avoir été faites par une fausse interprétation de l'article 57 de la loi précitée cesseront et n'auront aucun effet.

LOI DU 1er THERMIDOR AN VI

Amendes de fol appel.

(Circ. 1336.)

L'article 2 de la loi du 14 brumaire an V, relative à la consignation d'amende pour le recours au tribunal de cassation, est applicable aux citoyens indigents qui n'auront pas la faculté de consigner l'amende, pour se pourvoir en requête civile; en conséquence, ils seront dispensés de cette formalité en représentant un certificat de l'administration municipale de leur canton qui constate leur indigence. Ce certificat sera visé et approuvé par l'administration centrale du département; il y sera joint un extrait de leur cote de contributions directes. (*V.* Av. cons. d'État du 20 mars 1810.)

[Comp. L. 22 janvier 1851, C. art. 494, 495, 500, 501.]

LOI DU 26 VENDÉMIAIRE AN VII

Vente de domaines nationaux.

(XIe série, Bull. 233, n° 2097.)

ART. 14. — Les actes de vente en vertu de la présente seront sujets au droit d'enregistrement de 2 pour 100.

[Comp. L. 25 ventôse an XII.]

LOI DU 1er BRUMAIRE AN VII

Patentes.

ART. 37. — Nul ne pourra former de demande, ni fournir aucune exception ou défense en justice, ni faire aucun acte ou signification par acte extrajudiciaire, pour tout ce qui serait relatif à son commerce, sa profession ou son industrie, sans qu'il soit fait mention, en tête des actes, de la patente prise, avec désignation de la classe, de la date, du numéro et de la commune où elle aura été délivrée, à peine d'une amende de 500 francs, tant contre les particuliers sujets à la patente que contre les fonctionnaires publics qui auraient fait ou reçu lesdits actes sans mention de la patente. La condamnation à cette amende sera poursuivie au tribunal civil du département, à la requête du commissaire du pouvoir exécutif près ce tribunal. Le rapport de la patente ne pourra suppléer au défaut de l'énonciation, ni dispenser de l'amende prononcée ci-dessus.

[L. 16 juin 1824, art. 10 et 14; L. 25 avril 1844, art. 29; abrogé, L. 18 mai 1850, art. 22.]

LOI DU 13 BRUMAIRE AN VII

Timbre.

(IIe série, Bull. 237, n° 2136; Circ. rég. n° 1419.)

TITRE PREMIER. — *De l'établissement et de la fixation des droits.*

ARTICLE PREMIER. — La contribution du timbre est établie sur tous les papiers destinés aux actes civils et judiciaires, et aux écritures qui peuvent être produites en justice et y faire foi. — Il n'y a d'autres exceptions que celles *nommément* exprimées dans la présente.

ART. 2. — Cette contribution est de deux sortes : La première est le droit de timbre imposé et tarifé en raison de la dimension du papier dont il est fait usage; — la seconde est le droit de timbre créé pour les effets négociables ou de commerce, et gradué en raison des sommes à y exprimer, sans égard à la dimension du papier.

[TIMBRES SPÉCIAUX : à 0,10, quittances (L. 3 août 1871, art. 18); — à 0,25, reconnaissances et quittances de l'administration des postes, quittances de deniers publics (LL. 8 juin 1864, art. 6, et 8 juillet 1865, art. 4); — à 0,35 et 0,70, récépissés des chemins de fer et lettres de voiture (LL. 13 mai 1863, art. 10, 28 février 1872, art. 11, et 30 mars 1872, art. 1er); — à 0,50, 1 fr. et 2 fr., connaissements (L. 30 mars 1872, art. 3, 4 et 5); — à 0,50 et 1,50, bordereaux des agents de change et courtiers (LL. 5 juin 1850, art. 13, et 2 juillet 1862, art. 19); — marques de fabrique (L. 26 novembre 1873, art. 2).]

ART. 3. — Les papiers destinés au timbre qui seront débités par la Régie seront fabriqués dans les dimensions déterminées suivant le tableau ci-après :

DÉNOMINATIONS	DIMENSIONS (EN PARTIES DU MÈTRE) DE LA FEUILLE DÉPLOYÉE (SUPPOSÉE ROGNÉE.)		
	Hauteur.	Largeur.	Superficie.
Grand registre.	0 4204	0 5946	0 2500
Grand papier.	0 3536	0 5000	0 1768
Moyen papier (moitié du gr. registre).	0 2973	0 4204	0 1250
Petit papier (moitié du gr. papier).	0 2500	0 3536	0 0884
Demi-feuille (moitié du petit papier).	0 2500	0 1768	0 0442
Effets de commerce (moitié de la demi-feuille du petit papier coupée en long). .	0 0884	0 2500	0 0221

Ils porteront un filigrane particulier, imprimé dans la pâte même à la fabrication.

ART. 4. — Il y aura des timbres particuliers pour les

différentes sortes de papiers. — Les timbres pour le droit établi sur la dimension seront gravés pour être appliqués *en noir*. — Ceux pour le droit gradué en raison des sommes, seront gravés pour être frappés *à sec*.— Chaque timbre portera distinctement son prix et aura pour légende les mots RÉPUBLIQUE FRANÇAISE.

ART. 5. — Les timbres pour le droit établi sur la dimension porteront, en outre, le nom du département où ils seront employés. Cette distinction particulière n'aura pas lieu pour les timbres relatifs aux effets de commerce.

[Suppression des ateliers des départements (Arr. des consuls du 7 fructidor an X, art. 1er). — Timbrage à l'extraordinaire dans les départements, *Griffe* (*V.* Arr. préc., art. 9 et 10, et Décr. 8 octobre 1864 et 12 juin 1869).]

ART. 6. — L'empreinte à apposer sur les papiers que fournira la Régie sera appliquée au haut de la partie gauche de la feuille (non déployée), de la demi-feuille, et du papier pour effets de commerce.

ART. 7. — Les citoyens qui voudront se servir de papiers autres que ceux de la régie, ou de parchemin, seront admis à les faire timbrer avant que d'en faire usage. — On emploiera pour ce service les timbres relatifs, mais l'empreinte sera appliquée au haut du côté droit de la feuille. — Si les papiers ou le parchemin se trouvent être de dimensions différentes de celles des papiers de la régie, le timbre, quant au droit établi en raison de la dimension, sera payé au prix du format supérieur.

[TIMBRAGE A L'EXTRAORDINAIRE (*à l'atelier général, à Paris*) : Lettres de voiture (L. 11 juin 1842, art. 6); — effets de commerce (Décr. 27 juillet 1850, art. 2);— actions et obligations au comptant (Décr. 27 juillet 1850, art. 4);— bordereaux de commerce (LL. 5 juin 1850, art. 13, et 2 juillet 1862, art. 19).

[TIMBRES MOBILES : Effets de l'étranger et warrants (L. 11 juin 1859, art. 19, Décr. 18 janvier 1860, L. 2 juillet 1862, art. 25, Décr. 29 octobre 1862, art. 3, Décr. 23 janvier 1864, Décr. 19 février 1874): — effets de l'étranger sur l'étranger (L. 20 décembre 1872, art. 3, § 2), — effets créés en France (LL. 8 juillet 1865, art. 5 et 27 juillet 1870, art. 6, Décr. 10 février 1874); — actes sujets au timbre de dimension (L. 2 juillet 1862, art. 24, Décr. 29 octobre 1862, art. 1er, L. 27 juillet 1870, art. 6); — récépissés des chemins de fer (L. 13 mai 1863, art. 24, Décr. 2 janvier 1864); — reconnaissances de valeurs cotées et quittances de sommes envoyées par la poste (L. 8 juin 1864, art. 6, Décr. 27 novembre 1864); — quittances de deniers publics (L. 8 juillet 1865, art. 4, Décr. 21 juillet 1865, art. 1er); — journaux (L. 31 juillet 1867, art. 29, Décr. 19 décembre 1868); — affiches (L. 27 juillet 1870, art. 6); — quittances, reçus et décharges (L. 23 août 1871, art. 18, Décr. 27 novembre 1871); — connaissements (LL. 30 mars 1872, art. 4 et 5, 25 mai 1872, art. 4, Décr. 30 avril et 24 juillet 1872); — copies d'exploits (L. 29 décembre 1873 et Décr. 30 décembre 1873), — chèques (L. 19 février 1874, art. 8 et 9).

[AUTRES MODES DE PERCEPTION : Mandats des receveurs des finances (Compte courant, Ord. 10 octobre 1834, art. 4); — billets au porteur ou à ordre de la Banque de France et de la banque Algérienne (Moyenne annuelle, LL. 30 juin 1840, art. 9, et 4 août 1851, art. 14), — actions et obligations des Sociétés, villes, etc. (Abonnement, L. 5 juin 1850, art. 22 et 31), — contrats et polices d'assurance (Abonnement, L. 5 juin 1850, art. 37), — lettres de gage et obligations du Crédit foncier (Abonnement, LL. 8 juillet 1852, art. 29 et 30 mars 1872, art. 1er), — timbre de 10 cent. (Décr. 27 novembre 1871, art. 6), — effets publics des gouvernements étrangers et autres titres étrangers non cotés à la Bourse (Visa p. timbre, L. 30 mars 1872, art. 2, § 2); — marques de fabrique (L. 26 novembre 1873).]

ART. 8. — Le prix des papiers timbrés fournis par la régie, et les droits de timbre des papiers que les citoyens feront timbrer, sont fixés ainsi qu'il suit, savoir :

1° *Droit de timbre en raison de la dimension du papier.*

La feuille de *grand registre*, un franc cinquante centimes, ci.	1 fr.	50 c.
Celle de *grand papier*, un franc, ci.	1	»
Celle de *moyen papier*, soixante-quinze centimes, ci.	»	75
Celle de *petit papier*, cinquante centimes, ci	»	50
Et la demi-feuille de ce *petit papier*, vingt-cinq centimes, ci.	»	25

Il n'y aura point de droit de timbre supérieur à un franc cinquante centimes, ni inférieur à vingt-cinq centimes, quelle que soit la dimension du papier, soit au-dessus de *grand registre*, soit au-dessous de la demi-feuille de *petit papier*.

[Droits assujettis au décime (L. 6 prairial an VII, art. 1er); — élevés à 2 fr., 1,50, 1,25, 0,70 et 0,35, sans décime (L. 28 avril 1816, art. 62 et 67), — puis à 3 fr., 2 fr. 1,50, 1 fr. et 50 c. (L. 2 juillet 1862, art. 17) — avec addition de deux décimes (L. 23 août 1871, art. 2).]

2° *Droit de timbre gradué en raison des sommes.*

Ce droit est de 50 centimes par 1,000 francs inclusivement et sans fraction, à quelque somme que puissent monter les effets.

[Droit assujetti au décime (L. 6 prairial an VII, art. 1er); — augmenté de deux cinquièmes, sans décime (L. 28 avril 1816, art. 64, et L. 16 juin 1824, art. 8); — fixé à 50 c. par 1,000 fr. (L. 24 mai 1834, art. 18, et L. 20 juillet 1837, art. 16). — Le tarif actuel est déterminé par les articles 1er de la loi du 5 juin 1850, 2, n° 1, de la loi du 23 août 1871 et 3 de la loi du 19 février 1874). — Droit proportionnel sur les actions et obligations (*V.* LL. 5 juin 1850, art. 14 et 27, 23 juin 1857, art. 9, Décr. 17 juillet 1857, art. 11, L. 30 mars 1872, art. 1er et 2); — sur les effets publics des gouvernements étrangers (L. 25 mai 1872, art. 1er). — Effets tirés de l'étranger sur l'étranger (L. 20 décembre 1872, art. 3).]

ART. 9. — Il y aura cinq timbres pour le droit établi en raison de la dimension du papier. — Le nombre des timbres pour les effets de commerce et autres compris dans l'article 14 ci-après, sera de onze, savoir : le premier, de 50 centimes; le deuxième, de 1 franc; le troisième, de 2 francs; le quatrième, de 3 francs; le cinquième, de 4 francs; le sixième, de 5 francs; le septième, de 6 francs; le huitième, de 7 francs; le neuvième, de 8 francs; le dixième, de 9 francs et le onzième, de 10 francs.

[*V.* Décr. 3 juillet 1862, et arr. du chef du pouvoir exécutif du 25 août 1871, et L. 19 février 1874, art. 3; Décr. 19 février 1874, art. 5.]

ART. 10. — Les papiers pour effets de 1,000 francs et au-dessous seront timbrés avec l'empreinte de 50 centimes; — ceux pour effets de 1 à 2,000 francs, de 3 à 4,000, de 5 à 6,000, de 7 à 8,000, de 9 à 10,000, de 11 à 12,000, de 13 à 14,000, de 15 à 16,000, de 17 à 18,000 et de 19 à 20,000 francs inclusivement, seront frappés de timbres correspondants : 1, 2, 3, 4, 5, 6, 7, 8, 9 et 10 francs, — et ceux pour effets de 2 à 3,000, de 4 à 5,000, de 6 à 7,000, de 8 à 9,000, de 10 à 11,000, de 12 à 13,000, de 14 à 15,000, de 16 à 17,000 et de 18 à 19,000 francs inclusivement, seront frappés de deux empreintes, savoir : ceux pour effets de 2 à 3,000 francs, avec l'empreinte de 1 franc et celle de 50 centimes ; — ceux pour effets de 4 à 5,000 francs, avec l'empreinte de 2 francs et celle de 50 centimes ; — et ainsi de suite de 1,000 en 1,000 jusques et y compris les papiers pour effets de 18 à 19,000 francs, qui seront timbrés avec l'empreinte de 9 francs et celle de 50 centimes. — Lorsqu'il s'agira d'employer pour second timbre celui de 50 centimes, il sera appliqué du même côté que le timbre supérieur, et immédiatement au-dessous de celui-ci. — Indépendamment des timbres, il sera apposé, à l'extrémité de la partie du papier opposée aux timbres, une empreinte *en noir* qui indiquera la somme pour laquelle l'effet peut être tiré.

[*V.* Décr. 27 juillet 1850 et 7 avril 1853, art. 1er, et arr. du chef du pouvoir exécutif du 25 août 1871 ; Décr. 19 février 1874, art. 5.]

Art. 11. — Les citoyens qui voudront faire des effets au-dessus de 20,000 francs, seront tenus de présenter les papiers qu'ils y destineront, au receveur de l'Enregistrement, et de les faire *viser pour timbre*, en payant le droit en raison de 50 centimes par 1,000 francs, sans fraction, ainsi qu'il est réglé par l'article 8 de la présente.

[*V.* Décr. 27 juillet 1850, art. 1er, et LL. 8 juillet 1865, art. 5, et 27 juillet 1870, art. 6, Décr. 19 février 1874, art. 5.]

TITRE II. — *De l'application des droits.*

Art. 12. — Sont assujettis au droit du timbre établi en raison de la dimension, tous les papiers à employer pour les actes et écritures, soit publics, soit privés, savoir :

1° Les actes des notaires et les extraits, copies et expéditions qui en sont délivrés ;

Ceux des huissiers, et les copies et expéditions qu'ils en délivrent ;

Les actes et les procès-verbaux des gardes et de tous autres employés ou agents ayant droit de verbaliser, et les copies qui en sont délivrées ;

Les actes et jugements de la justice de paix, des bureaux de paix et de conciliation, de la police ordinaire, des tribunaux et des arbitres, et les extraits, copies et expéditions qui en sont délivrés ;

Les actes particuliers des juges de paix et de leurs greffiers ; ceux des autres juges et des commissaires du Directoire exécutif, et ceux reçus aux greffes ou par les greffiers, ainsi que les extraits, copies et expéditions qui s'en délivrent ;

Les actes des avoués ou défenseurs officieux près les tribunaux, et les copies ou expéditions qui en sont faites ou signifiées ;

Les consultations, mémoires, observations et précis signés des hommes de lois et défenseurs officieux ;

[Conseil d'État (*V.* Décr. 22 juillet 1806, art. 48, § 1er).]

Les actes des autorités constituées administratives, qui sont assujettis à l'enregistrement ou qui se délivrent aux citoyens, et toutes les expéditions et extraits des actes, arrêtés et délibérations desdites autorités, qui sont délivrés aux citoyens ;

[Actes administratifs (*V.* L. 15 mai 1818, art. 78 et 80) ; — certificats de mariage (*V.* Décr. 9 décembre 1810) ; — expéditions d'ordonnances de nominations délivrées aux parties (L. 21 avril 1832, art. 34).]

Les pétitions et mémoires, même en forme de lettres, présentés au Directoire exécutif, aux ministres, à toutes autorités constituées, aux commissaires de la Trésorerie nationale, à ceux de la comptabilité nationale, aux directeurs de la liquidation générale et aux administrations ou établissements publics ;

[Recours contre les arrêtés du conseil de préfecture (L. 21 avril 1832, art. 30).]

Les actes entre particuliers sous signature privée, et le double des comptes de recette ou gestion particulière ;

Et généralement tous actes et écritures, extraits, copies et expéditions, soit publics, soit privés, devant ou pouvant faire titre ou être produits pour obligation, décharge, justification, demande ou défense ;

[Bordereaux des agents de change et courtiers, tarif de 50 cent. et de 1 fr. 50 (LL. 5 juin 1850, art. 13, et 2 juillet 1862, art. 19) ; — récépissés des chemins de fer et lettres de voiture, tarif de 35 et 70 cent. (LL. 13 mai 1863, art. 10, 28 février 1872, art. 11, et 30 mars 1872, art. 1er) ; — connaissements, tarif de 50 cent., 1 fr. et 2 fr. (L. 30 mars 1872, art. 3, 4 et 5) ; — reconnaissances de valeurs cotées et quittances de sommes envoyées par la poste, tarif de 25 cent. (LL. 8 juin 1864, art. 6, et 23 août 1871, art. 2) ; — quittances délivrées par les comptables de deniers publics, tarif de 25 cent. (LL. 8 juillet 1865, art. 4, et 23 août 1871, art. 2) ; — quittances, reçus et décharges, tarif de 10 cent. (L. 23 août 1871, art. 18 et 20) ; — chèques, tarif de 10 cent. (L. 23 août 1871, art. 18, 2°).

[Visa pour timbre *gratis* : (*V.* la note qui suit l'article 16 *infrà*) ; — *en débet* (*V.* L. 28 avril 1816, art. 71, et les lois et décrets qui y sont mentionnés).]

2° Les registres de l'autorité judiciaire où s'écrivent des actes sujets à l'enregistrement sur les minutes, et les répertoires des greffiers ;

Ceux des administrations centrales et municipales, tenus pour objets qui leur sont particuliers, et n'ayant point de rapport à l'administration générale, et les répertoires de leurs secrétaires ;

[Registres des communes et établissements publics (*V.* Décr. 4 messidor an XIII) ; — registres des fabriques (*V.* Décr. 30 décembre 1809, art. 81) ; — registres et tables de l'état civil (*V.* décr. 20-25 septembre 1792, 19-24 décembre 1792, et 20 juillet 1807).]

Ceux des notaires, huissiers et autres officiers publics et ministériels, et leurs répertoires ;

[Notaires, registre des assurances (L. 5 juin 1850, art. 47).]

Ceux des receveurs des droits et des revenus des communes et des établissements publics ;

[Registres hypothécaires (L. 21 ventôse an VII, art. 16 ; C. civ. art. 2201).]

Ceux des fermiers des postes et des messageries ;

Ceux des compagnies et sociétés d'actionnaires ;

Ceux des établissements particuliers et des maisons particulières d'éducation ;

Ceux des agents d'affaires, directeurs, régisseurs, syndics de créanciers et entrepreneurs de travaux et fournitures;

Ceux des banquiers, négociants, armateurs, marchands, fabricants, commissionnaires, agents de change, courtiers, ouvriers et artisans;

Ceux des aubergistes, maîtres d'hôtels garnis et logeurs, sur lesquels ils doivent inscrire les noms des personnes qu'ils logent;

[Livres de commerce (*V.* LL. 28 avril 1816, art. 72, et 20 juillet 1837, art. 4). — Livre des courtiers (L. 5 juin 1850, art. 47).]

Et généralement tous livres, registres et minutes de lettres qui sont de nature à être produits en justice et dans le cas d'y faire foi, ainsi que les extraits, copies et expéditions qui sont délivrés desdits livres et registres.

Art. 13. — Tout acte fait ou passé en pays étranger, ou dans les îles et colonies françaises où le timbre n'aurait pas encore été établi, sera soumis au timbre avant qu'il puisse en être fait aucun usage en France, soit dans un acte public, soit dans une déclaration quelconque, soit devant une autorité judiciaire ou administrative.

[V. *infrà* art. 15, 24, 26, n° 5, 30, et LL. 24 mai 1834, art. 20, 5 juin 1850, art. 3, 23 août 1871, art. 2, 30 mars 1872, art. 1 et 2, 25 mai 1872, art. 2, 29 juin 1872, art. 4, § 2, et 20 décembre 1872, art. 3.]

Art. 14. — Sont assujettis au droit de timbre en raison des sommes et valeurs, les billets à ordre ou au porteur, les rescriptions, mandats, mandements, ordonnances et tous autres effets négociables ou de commerce, même les lettres de change tirées par seconde, troisième et *duplicata*, et ceux faits en France et payables chez l'étranger.

[Les billets et obligations non négociables sont assimilés aux effets négociables (L. 6 prairial an VII, art. 6). — Timbre proportionnel des warrants (LL. 28 mai 1858, art. 13, 2 juillet 1862, art. 25, Décr. 29 octobre 1862, et 23 janvier 1864); — des actions et obligations (LL. 5 juin 1850, art. 14 et 27, 23 juin 1857, art. 9, Décr. 17 juillet 1857, art. 11, et L. 30 mars 1872, art. 1 et 2); — des effets publics étrangers (L. 25 mai 1872, art. 1er). — Lettres de change tirées par seconde, troisième, etc. (LL. 1er mai 1822, art. 6, et 5 juin 1850, art. 10). — Effets payables à l'étranger (L. 5 juin 1850, art. 9, L. 23 août 1871, art. 2, et L. 20 décembre 1872, art. 3).]

Art. 15. — Les effets négociables venant de l'étranger, ou des îles et colonies françaises où le timbre n'aurait pas encore été établi, seront, avant qu'ils puissent être négociés, acceptés ou acquittés en France, soumis au timbre ou au *visa pour timbre*, et le droit sera payé d'après la quotité fixée par l'article 8 de la présente.

[*V.* LL. 24 mai 1834, art. 20, 5 juin 1850, art. 3, 23 août 1871, art. 2, et 20 décembre 1872, art. 3. — Timbres mobiles (*V.* L. 11 juin 1859, art. 19).]

TITRE III. — *Des actes et registres non soumis à la formalité du timbre.*

Art. 16. — Sont exceptés du droit et de la formalité du timbre, savoir :

1° Les actes du Corps législatif et ceux du Directoire exécutif;

[Expéditions des ordonnances de nomination (L. 21 avril 1832, art. 34).]

Les minutes de tous les actes, arrêtés, décisions et délibérations de l'administration publique en général, et de tous établissements publics, dans tous les cas où aucun de ces actes n'est sujet à l'enregistrement sur la minute, et les extraits, copies et expéditions qui s'expédient ou se délivrent par une administration publique ou à un fonctionnaire public à une autre administration publique ou à un fonctionnaire public, lorsqu'il y est fait mention de cette destination;

[*V.* L. 15 mai 1818, art. 80, et Décr. 8 novembre 1872, actes de l'état civil, *autorités d'Alsace-Lorraine.*]

Les inscriptions sur le grand-livre de la dette nationale et les effets publics;

[Effets négociables du Trésor, mandats des receveurs généraux des finances (Ord. 10 octobre 1834). — Effets publics des gouvernements étrangers (LL. 13 mai 1863, art. 6 et 7, 30 mars 1872, art. 2, § 2, et 25 mai 1872).]

Tous les comptes rendus par des comptables publics; — les doubles, autres que celui du comptable, de chaque compte de recette ou gestion particulière et privée;

Les quittances de traitements et émoluments des fonctionnaires et employés salariés par la République;

[Les quittances relatives aux traitements et émoluments des fonctionnaires, officiers des armées de terre et de mer, et employés salariés par l'État, les départements, les communes et les établissements publics, sont assujetties au droit spécial de 10 cent. (L. 23 août 1871, art. 18, 1°, et 20, 3°).]

Les quittances ou récépissés délivrés aux collecteurs et receveurs de deniers publics; celles que les collecteurs de contributions directes peuvent délivrer aux contribuables; celles des contributions indirectes qui s'expédient sur les actes, et celles de toutes autres contributions qui se délivrent sur feuilles particulières, et qui n'excèdent pas 10 francs;

[Reconnaissances de valeurs cotées et quittances de sommes envoyées par la poste (LL. 8 juin 1864, art. 6 et 23 août 1871, art. 2). — Quittances délivrées par les comptables de deniers publics (LL. 8 juillet 1865, art. 4, et 23 août 1871, art. 20, 4°).]

Les quittances des secours payés aux indigents, et des indemnités pour incendies, inondations, épizooties et autres cas fortuits;

Toutes autres quittances, même celles entre particuliers, pour créances en sommes non excédant 10 francs, quand il ne s'agit pas d'un à-compte ou d'une quittance finale sur une plus forte somme;

[Quittances, reçus et décharges; tarif de 10 cent. (L. 23 août 1871, art. 18 et 20).]

Les engagements, enrôlements, congés, certificats, cartouches, passe-ports, quittances pour prêt et fournitures, billets d'étapes, de subsistance et de logement, et autres pièces ou écritures concernant les gens de guerre, tant pour le service de terre que pour le service de mer;

Les pétitions présentées au Corps législatif; celles qui ont pour objet des demandes de congés absolus et limités et de secours, et les pétitions des déportés et réfugiés des colonies tendant à obtenir des certificats de résidence, passe-ports et passages pour retourner dans leurs pays;

— les certificats d'indigence; — les rôles qui sont fournis pour l'appel des causes;

Les actes de police générale et de vindicte publique, et ceux des commissaires du Directoire exécutif non soumis à la formalité de l'enregistrement, et les copies des pièces de procédure criminelle qui doivent être délivrées sans frais;

[AUTRES EXEMPTIONS : C. civ., art. 77 (permis d'inhumer); art. 470 (états de situation de tutelle); art. 1,394 nouveau (certificats de contrat de mariage); Arrêté 16 thermidor an VIII, art. 29 (porteurs de contraintes); Arrêté 9 frimaire an XII, art. 2 (livrets d'ouvriers); Décr. 21 décembre 1808, art. 1er (pensions militaires); 4 juin 1809, art. 26 (diplômes); 18 juin 1811, art. 146 (mémoires de frais de justice n'excédant pas 10 francs); 14 juin 1813, art. 89 (chambres de discipline des huissiers); LL. 21 avril 1832, art. 28 (réclamations, contributions, cote inférieure à 30 fr.); 22 mars 1841, art. 22 (travail dans les manufactures); 23 juin 1846, art. 3 (pêche); 3 juillet 1846, art. 9 (écoles primaires); LL. 15 mars 1849, art. 13 (loi électorale); 15 mars 1850, art. 41 (enseignement primaire); 10 juillet 1850 (certificats de contrat de mariage); 10 décembre 1850, art. 4, § 2 (mariages d'indigents); 24 juin 1851, art. 8 (monts-de-piété); Décr. 9 janvier 1852, art. 21 (pêche côtière); 2 février 1852, art. 24 (élections des députés); 24 mars 1852, art. 46 (marine marchande); L. 4 juin 1858, art. 12 (patentes); Décr. 26 juillet 1858, art. 2, § 3 (marques de fabrique); LL. 14 juin 1859, art. 1er (écoles de filles); 11 mai 1868, art. 3, § 3 (presse, affiches électorales); 21 décembre 1871, art. 2 (élections consulaires); 26 novembre 1872, art. 3 (gardes nationales mobilisées).]

2° Les registres de toutes les administrations publiques et des établissements publics pour ordre et administration générale;

[Décr. 4 messidor an XIII, art. 2 (communes et établissements publics); Régl. 8 thermidor an XIII, art. 89 (monts-de-piété); Décr. 30 décembre 1809, art. 81 (fabriques); LL. 5 juin 1835, art. 9 (Caisse d'épargne), et 26 juillet 1860, art. 20 (écoles de pharmacie, registres d'inscriptions).]

Ceux des tribunaux, des accusateurs publics et des commissaires du Directoire exécutif, où il ne se transcrit aucune minute d'actes soumis à la formalité de l'enregistrement;

[V. L. 2 mai 1855, art. 2 (justices de paix); Décr. 26 juillet 1858, art. 4, § 2 et 8 (marques de fabrique).]

Ceux des receveurs des contributions publiques et autres préposés publics.

[V. L. 5 juin 1850, art. 35, 44 et 45 (répertoires des agents et compagnies d'assurances).]

[VISA POUR TIMBRE GRATIS : LL. 25 mars 1817, art. 75 (registres de l'état civil); 3 mai 1841, art. 58 (Expropriation pour cause d'utilité publique); 3 juillet 1846, art. 8 (mariages d'indigents); 18 juin 1850, art. 11 (caisse de retraites pour la vieillesse); 10 décembre 1850, art. 4, § 1er (mariages d'indigents); Décr. 14 mars 1852, art. 9 (conversion de rentes sur l'État); 26 mars 1852, art. 11 (sociétés de secours mutuels); 1er mars 1854, art. 491 (gendarmerie); 27 juillet 1861, art. 28 (caisse de retraites pour la vieillesse); LL. 12 février 1862, art. 10 (conversion de rentes sur l'État); 11 juillet 1868, art. 19 (caisses d'assurances); 15 septembre 1871, art. 6 (reconstitution des consignations).

[VISA POUR TIMBRE EN DÉBET : V. L. 28 avril 1816, art. 71, et les lois et décrets qui y sont mentionnés.]

TITRE IV. — *Des obligations respectives des notaires, huissiers, greffiers, secrétaires des administrations, arbitres et experts, des diverses autorités publiques, des préposés de la régie et des citoyens, et peines prononcées contre les contrevenants.*

ART. 17. — Les notaires, huissiers, secrétaires des administrations centrales et municipales, et autres officiers et fonctionnaires publics, les arbitres et les avoués ou défenseurs officieux près des tribunaux, ne pourront employer, pour les actes qu'ils rédigeront et leurs copies et expéditions, d'autre papier que celui timbré du département où ils exercent leurs fonctions.

[Abrogé. V. Arrêté des consuls du 7 fructidor an X, art. 1er. — Copies d'exploits (L. 29 décembre 1873, art. 2).]

ART. 18. — La faculté accordée par l'article 7 de la présente aux citoyens qui voudront employer d'autre papier que celui fourni par la régie, en le faisant timbrer avant d'en faire usage, est interdite aux notaires, huissiers, greffiers, arbitres, avoués ou défenseurs officieux, et à tous autres officiers ou fonctionnaires publics : ils seront tenus de se servir du papier timbré débité par la Régie. — Les administrations publiques seulement conserveront cette faculté. — Les notaires et autres officiers publics pourront néanmoins faire timbrer, à l'extraordinaire, du parchemin, lorsqu'ils seront dans le cas d'en employer.

[Bordereaux des agents de change et courtiers (LL. 5 juin 1850, art. 13, et 2 juillet 1862, art. 19).]

ART. 19. — Les notaires, greffiers, arbitres et secrétaires des administrations ne pourront employer, pour les expéditions qu'ils délivreront, des actes retenus en minute, et de ceux déposés ou annexés, de papier timbré d'un format inférieur à celui appelé *moyen papier*, et dont le prix est fixé à 75 centimes la feuille par l'article 8 de la présente. Ce prix sera aussi celui du timbre du parchemin que l'on voudra employer pour expédition, sans égard à la dimension, si toutefois elle est au-dessous de celle de ce papier. — Les huissiers et autres officiers publics et ministériels ne pourront non plus employer de papier timbré d'une dimension inférieure à celle du moyen papier, pour les expéditions des procès-verbaux de ventes de mobiliers.

[V. L. 28 avril 1816, art. 63.]

ART. 20. — Les papiers employés à des expéditions ne pourront contenir, compensation faite d'une feuille à l'autre, savoir : Plus de vingt-cinq lignes par page de moyen papier; — plus de trente lignes par page de grand papier; — et plus de trente-cinq lignes par page de grand registre.

[*Huissiers* : Copies d'exploits, pièces, etc., nombre de lignes (Décr. 29 août 1813, art. 1er, L. 2 juillet 1862, art. 20, décr. 30 juillet 1862, art. 1er); — allocation pour remboursement de timbre (Décr. 8 décembre 1862, art. 5, et 24 novembre 1871, art. 4).

[*Greffiers* : Minutes et registres timbrés, nombre de lignes (Décr. 24 mai 1854, art. 10, et 8 décembre 1862, art. 4); — Expéditions, nombre de lignes (L. 21 ventôse an VII, sur les droits de greffe, art. 6, et décr. 18 juin 1811, sur les frais en matière criminelle, correctionnelle et de police, art. 48); —

allocation pour remboursement de timbre (Décr. 24 mai 1854, art. 3, 5 et 7, 8 décembre 1862, et 24 novembre 1871).]

Art. 21. — L'empreinte du timbre ne pourra être couverte d'écriture, ni altérée.

Art. 22. — Le papier timbré qui aura été employé à un acte quelconque, ne pourra plus servir pour un autre acte, quand même le premier n'aurait pas été achevé.

[V. L. 2 juillet 1862, art. 21.]

Art. 23. — Il ne pourra être fait ni expédié deux actes à la suite l'un de l'autre sur la même feuille de papier timbré, nonobstant tout usage ou règlement contraire.

Sont exceptés les ratifications des actes passés en l'absence des parties, les quittances de prix de ventes et celles de remboursement de contrats de constitution ou obligation, les inventaires, procès-verbaux et autres actes qui ne peuvent être consommés dans un même jour et dans la même vacation, les procès-verbaux de reconnaissance et levée de scellés qu'on pourra faire à la suite du procès-verbal d'apposition, et les significations des huissiers, qui peuvent également être écrites à la suite des jugements et autres pièces dont il est délivré copie.

[*Autres exceptions* : bordereaux d'inscriptions hypothécaires (C. civ., art. 2148); — procès-verbaux d'apposition de placards (C. proc. civ., art. 699); — procuration pour plaider au tribunal de commerce (C. Comm., art. 627); — révocations de procurations et de testaments (Décr. 15 juin 1812, art. 1er); — polices d'assurances maritimes (L. 5 juin 1850, art. 42, § 2); — récépissés servant de lettres de voiture (L. 30 mars 1872, art. 1er, § 2). — Pour les quittances, timbre spécial de 10 cent. (L. 23 août 1871, art. 18, 20 et 23).)

Il pourra aussi être donné plusieurs quittances sur une même feuille de papier timbré, pour à-compte d'une seule et même créance, ou d'un seul terme de fermage ou loyer. — Toutes autres quittances qui seront données sur une même feuille de papier timbré, n'auront pas plus d'effet que si elles étaient sur papier non timbré.

[Quittances, reçus et décharges. Timbre spécial de 10 cent. (L. 23 août 1871, art. 18 et 20, dernier alinéa).]

Art. 24. — Il est fait défense aux notaires, huissiers, greffiers, arbitres et experts d'agir, aux juges de prononcer aucun jugement, et aux administrations publiques de rendre aucun arrêté, sur un acte, registre ou effet de commerce non écrit sur papier timbré du timbre prescrit ou non visé pour timbre. — Aucun juge ou officier public ne pourra non plus coter et parafer un registre assujetti au timbre, si les feuilles n'en sont timbrées.

[V. art. 30 *infrà* et LL. 16 juin 1824, art. 13, 24 mai 1834, art. 23, 5 juin 1850, art. 49, 13 mai 1863, art. 7, et 30 mars 1872, art. 2.]

Art. 25. — Il est également fait défense à tout receveur de l'enregistrement : — 1° d'enregistrer aucun acte qui ne serait pas sur papier timbré du timbre prescrit, ou qui n'aurait pas été visé pour timbre ; — 2° d'admettre à la formalité de l'enregistrement des protêts d'effets négociables, sans se faire représenter ces effets en bonne forme ; — 3° de délivrer de patente aux citoyens dont les registres doivent être tenus en papier timbré, si ces registres ne leur sont préalablement représentés aussi en bonne forme. — Les citoyens seront, en conséquence, tenus d'en justifier.

[Protêts (V. LL. 1er mai 1822, art. 6, et 5 juin 1850, art. 10); — délivrance des patentes par les directeurs des contributions directes (L. 25 avril 1844, art. 26); — livres du commerce affranchis du timbre (L. 20 juillet 1837, art. 4).]

Art. 26. — Il est prononcé, par la présente, une amende, savoir : — 1° de 15 francs, pour contravention, par les particuliers, aux dispositions de l'article 21 ci-dessus ; — 2° de 25 francs, pour contravention aux articles 20 et 21, par les officiers et fonctionnaires publics; — 3° de 30 francs pour chaque acte ou écrit sous signature privée, fait sur papier non timbré, ou en contravention aux articles 22 et 23 ; — 4° de 50 francs, pour contravention à l'article 19, de la part des officiers et fonctionnaires publics y dénommés, et à l'article 25, de la part des préposés de l'enregistrement; — 5° de 100 francs pour chaque acte public ou expédition écrit sur papier non timbré, et pour contravention aux articles 17, 18, 22, 23 et 24, par les officiers et fonctionnaires publics; — 6° et du vingtième de la somme exprimée dans un effet négociable, s'il est écrit sur papier non timbré, ou sur un papier timbré d'un timbre inférieur à celui qui aurait dû être employé aux termes de la présente, et pour contravention aux articles 22 et 23. — L'amende sera de 30 francs, dans les mêmes cas, pour les effets au-dessous de 600 francs. — Les contrevenants, dans tous les cas ci-dessus, payeront, en outre, les droits de timbre.

[Les amendes de 15, 25 et 30 fr., sont réduites à 5 fr., celles de 50 fr., à 10 fr., et celles de 100 fr., à 20 fr. (L. 16 juin 1824, art. 10). — L'amende pour chaque acte s. s. p. sujet au timbre de dimension et fait sur papier non timbré est élevée à 50 fr. (L. 2 juillet 1862, art. 22). — Pour les effets négociables (V. LL. 16 juin 1824, art. 12, 24 mai 1834, art. 19 à 21, et 5 juin 1850, art. 4, 6 et 7). — Solidarité des parties (V. LL. 28 avril 1816, art. 75, et 5 juin 1850, art. 6).]

Art. 27. — Aucune personne ne pourra vendre ou distribuer du papier timbré qu'en vertu d'une commission de la Régie, à peine d'une amende de 100 francs pour la première fois, et de 300 francs en cas de récidive. — Le papier qui sera saisi chez ceux qui s'en permettront ainsi le commerce, sera confisqué au profit de la République.

[Amende de 100 fr. réduite à 20 fr. (L. 16 juin 1824, art. 10. — V. L. 2 juillet 1862, art. 21).]

Art. 28. — La peine contre ceux qui abuseraient des timbres pour timbrer et vendre frauduleusement du papier timbré, sera la même que celle qui est prononcée par le Code pénal contre les contrefacteurs des timbres.

[C. pén. art. 140, 141, 142 et 143.]

Art. 29. — Le timbre des quittances fournies à la République ou délivrées en son nom, est à la charge des particuliers qui les donnent ou les reçoivent; il en est de même pour tous les autres actes entre la République et les citoyens.

[Comp. art. 1248 C. civ. et 31 L. 22 frimaire an VII.]

Art. 30. — Les écritures privées qui auraient été faites sur papier non timbré, sans contravention aux lois du timbre, quoique non comprises nommément dans les exceptions, ne pourront être produites en justice sans avoir été soumises au timbre extraordinaire ou au *visa pour timbre*, à peine d'une amende de 30 francs, outre le droit de timbre.

[Amende réduite à 5 fr. (L. 16 juin 1824, art. 10. — Comp. art. 24 et 26, n° 5 *suprà*).]

ART. 31. — Les préposés de la Régie sont autorisés à retenir les actes, registres ou effets en contravention à la loi du timbre, qui leur seront présentés, pour les joindre aux procès-verbaux qu'ils en rapporteront, à moins que les contrevenants ne consentent à signer lesdits procès-verbaux, ou à acquitter sur-le-champ l'amende encourue et le droit de timbre.

[Constatation des contraventions par les préposés des douanes, des contributions indirectes et des octrois (Décr. 16 messidor an XIII et L. 2 juillet 1862, art. 23); — les officiers de police judiciaire et agents de la force publique (L. 23 août 1871, art. 23), — et par les commissaires de surveillance administrative (L. 30 mars 1872, art. 2, § 5, et 6, § 2. — *V.* en outre Décr. 25 août 1852, art. 3 (constatation des contraventions en matière d'affiches peintes). — Marques de fabriques (L. 26 novembre 1873).]

ART. 32. — En cas de refus, de la part des contrevenants, de satisfaire aux dispositions de l'article précédent, les préposés de la régie leur feront signifier, dans les trois jours, les procès-verbaux qu'ils auront rapportés, avec assignation devant le tribunal civil du département. — L'instruction se fera ensuite sur simples mémoires respectivement signifiés. — Les jugements définitifs qui interviendront seront sans appel.

[*V.* L. interprétative 25 germinal an XI. — Modifié (L. 28 avril 1816, art. 76). — Pour la signification des procès-verbaux (*V.* décr. 17 février 1852, art. 10 et L. 11 mai 1868, art. 6, § 1er). — Marques de fabriques (L. 26 novembre 1873).]

TITRE V. — *Dispositions particulières.*

ART. 37. — Les registres timbrés des timbres actuels ne seront pas soumis aux nouveaux timbres pour les feuilles non encore écrites. — Ceux qui se trouvent assujettis au timbre par la présente, et qui n'avaient pas été soumis à cette formalité par les lois précédentes, seront timbrés seulement pour les feuilles restant en blanc.

ART. 38. — La Régie fera déposer aux greffes des tribunaux civils et de commerce, et à ceux des tribunaux de police correctionnelle, des empreintes des nouveaux timbres qu'elle aura fait graver : ces empreintes seront apposées sur papier à son filigrane.

ART. 39. — Toutes lois et dispositions d'autres lois sur le timbre des actes civils et judiciaires et des registres, sont et demeurent abrogées pour l'avenir et à compter de la publication de la présente. — Les dispositions de la loi du 9 vendémiaire an VI, relatives au timbre des journaux, gazettes, feuilles périodiques, papiers-nouvelles, feuilles de papier-musique, affiches et cartes à jouer, sont maintenues.

CONSEIL DES CINQ-CENTS.

Séance du 6 vendémiaire an VII.

DUCHATEL, *de la Gironde*, produit à la discussion son projet sur le timbre. Un de ses articles porte :

« Tout acte public qui sera fait, toute décision, tout arrêté ou jugement qui interviendrait sur un acte, registre ou effet de commerce en contravention à la loi du timbre, serait nul et de nul effet.

« Les notaires et huissiers, indépendamment de l'amende qu'ils auront personnellement encourue, seraient en outre tenus des dommages-intérêts des parties pour raison de la nullité des actes de leur ministère. »

CHOLLET. Le despotisme royal lui-même n'osa point adopter, en matière de timbre, le système de nullité. Il n'employa que la peine des amendes contre les délinquants. Je demande que la République ne fasse pas ce que craignait de faire l'ancien régime.

N..... répond que la nullité des actes passés sans timbre est le seul moyen de forcer tout le monde à les faire timbrer.

THIESSÉ. Je viens insister en faveur de l'opinion de notre collègue Chollet. Un jugement arbitral, par exemple, rendu par deux ou trois arbitres de bonne foi, qui peuvent ne pas avoir une connaissance entière de nos lois, peut contenir quelques pièces peu importantes qu'on aurait omis de soumettre au timbre. Le jugement rendu serait donc nul. Cependant, les parties intéressées, ignorant les suites des défauts de formes, vendraient et revendraient le bien en litige, jusqu'à ce qu'au bout de dix ou douze ans quelqu'un viendrait révéler la nullité du jugement jadis rendu. Dès lors nouveaux procès. Quel tribunal prononcerait une peine dans une telle affaire? Les lois d'une république doivent être douces; trop de sévérité fait trop souvent qu'on les élude, et peut-être si, jusqu'à présent, elles ont été trop faiblement exécutées, on doit en accuser ce degré de sévérité qui les caractérise.

La proposition de Chollet est adoptée. La peine de l'amende est substituée à celle de la nullité.

Les articles du reste du projet sont adoptés sans opposition.

CONSEIL DES ANCIENS.

Séance du 2 brumaire an VII.

MOREAU, *de l'Yonne*, propose le rejet de la nouvelle résolution sur le timbre.

L'article 1er, par son obscurité, peut jeter de l'incertitude dans l'esprit des contribuables et dans celui des agents du Trésor public.

L'article 2 a les mêmes défectuosités qui ont été relevées par Lebrun, dans son rapport sur la nouvelle résolution.

L'article 3, en ordonnant le changement de dimension des papiers, exigerait la résiliation des marchés passés dans les départements pour la fourniture des papiers suivant les anciennes formes, et obligerait d'accorder des indemnités aux fabricants, dont on annulerait les engagements.

L'article 8, en portant de 25 centimes à 50 la feuille de petit papier, sur laquelle on fait des billets au-dessous de mille francs, grève uniquement les petits négociants.

Il suffisait d'assujettir au timbre les mémoires des ouvriers et artisans, lorsqu'ils seraient produits en justice, et non leurs registres, expression qui pourrait donner lieu à des vexations.

On aurait dû donner aux receveurs de l'Enregistrement, dans les ports, le droit de viser pour timbre et de percevoir le droit sur les actes faits ou passés dans les colonies ou pays étrangers, afin d'éviter à ceux qui viendraient en France pour en obtenir l'exécution, l'inconvénient d'aller au chef-lieu de département, dans le territoire duquel ils aborderont pour faire apposer le timbre.

Le conseil ordonne l'impression et l'ajournement.

Séance du 13 brumaire an VII.

LOYSEL, *d'Ille-et-Vilaine*, renouvelle une partie des objections qui ont été faites par la commission. Il reproche à la résolution de maintenir les articles 57 et 58 de la loi de vendémiaire qui n'existe plus. Il aurait voulu qu'on laissât subsister la disposition de la loi précédente, qui exemptait du timbre les quittances entre particuliers pour des sommes qui n'excèdent pas 25 francs.

LEGRAND pense que l'article 1er de la résolution n'a point le défaut de clarté et de précision qu'on lui a reproché; les termes dans lesquels il est conçu sont préférables à une longue nomenclature qui, malgré tout le soin qu'on aurait mis à la faire, aurait toujours présenté quelque omission. On ne peut pas raisonnablement croire que la consultation d'un officier de santé, par exemple, doive être assujettie au timbre, parce qu'il n'en résulte aucun droit civil, politique ou pécuniaire. Mais tous les autres actes dont les citoyens prétendent tirer quelques droits doivent être soumis au timbre.

On a blâmé le changement de dimension des papiers et du timbre. Cette idée a été suggérée par le désir de donner aux citoyens la faculté de diviser le papier dans des dimensions plus proportionnées à la quotité du timbre. On n'a pensé à donner un timbre particulier à chaque département que pour détourner les contrefacteurs, en leur opposant de nombreuses difficultés, en leur laissant peu de moyens de distribuer les papiers à faux timbre qu'ils fabriqueraient, en diminuant le gain qu'ils pourraient faire, en restreignant l'étendue de terrain dans laquelle ils pourraient faire leur criminel commerce.

Quant à la dépense que cela occasionnera, elle sera peu importante; la résolution ordonne de se servir des papiers d'ancienne dimension, en y ajoutant le nouveau timbre, jusqu'à ce qu'ils soient épuisés.

Quant aux marchés pour la fourniture des papiers, il n'y en a encore qu'un seul conclu; c'est le fournisseur du département de la Seine qui offre de le résilier sans indemnité; de sorte qu'il n'y a point de perte à éprouver pour passer de nouveaux marchés. Legrand répond ensuite à quelques autres objections de moindre importance qui avaient été faites contre la résolution.

ROSQUILLON partage l'opinion de Legrand.

BELNEUFCOUR soutient l'opinion contraire.

LECOUTEULX. Je demande à faire une observation sur l'article 15. Il résulterait de cet article, qu'une lettre de change tirée de l'étranger, négociée à Paris et payable chez l'étranger, devrait être assujettie au timbre. La même proposition avait été faite dans l'Assemblée constituante, ainsi qu'on peut le voir dans le *Moniteur*. J'observai alors que, si cette disposition était admise, on allait faire cesser tous les payements qui se font à Paris pour le compte de l'étranger. La même chose arriverait encore si l'article 15 recevait son exécution dans un temps où Paris serait, comme autrefois, le centre de tous les payements de l'Europe. Nous anéantirions ainsi ce transit de fonds qui est toujours extrêmement avantageux aux pays où il a lieu. Cette vérité a été tellement reconnue, que le parlement d'Angleterre et l'Assemblée constituante ont exempté du timbre les effets dont je parle.

Dans le moment actuel, mon observation ne peut avoir un grand but d'utilité à cause de la stagnation du commerce, mais il sera essentiel d'y donner quelque attention lorsque nos relations commerciales auront repris toute leur activité. Je vote pour la résolution, parce que, comme je viens de le dire, mon observation n'est pas susceptible d'application aujourd'hui.

Le conseil ordonne l'impression des remarques faites par Lecouteulx.

On demande à aller aux voix.

OUDOT réclame l'ajournement à demain. Il se propose de prouver que la suppression du timbre proportionnel, sur les effets de 500 fr. et au-dessous, fera porter un droit énorme sur le commerce de détail.

Le conseil rejette l'ajournement et approuve la résolution.

LOI DU 22 FRIMAIRE AN VII

Sur l'enregistrement.

(IIe série, Bull. 248, n° 2224; circ. rég. n° 1450.)

TITRE PREMIER. — *De l'enregistrement, des droits et de leur application.*

ARTICLE PREMIER.— Les droits d'enregistrement seront perçus d'après les bases et suivant les règles déterminées par la présente.

ART. 2. — Les droits d'enregistrement sont *fixes* ou *proportionnels*, suivant la nature des actes et mutations qui y sont assujettis.

ART. 3.—Le droit fixe s'applique aux actes soit civils, soit judiciaires ou extrajudiciaires, qui ne contiennent ni obligation, ni libération, ni condamnation, collocation ou liquidation de sommes et valeurs, ni transmission de propriété, d'usufruit ou de jouissance de biens meubles ou immeubles. — Il est perçu aux taux réglés par l'article 68 de la présente.

[Droit fixe *gradué* (*V.* L. 28 février 1872, art. 1, 2 et 3).]

ART. 4. — Le droit proportionnel est établi pour les obligations, libérations, condamnations, collocations ou liquidations de sommes et valeurs, et pour toute transmission de propriété, d'usufruit ou de jouissance de biens meubles et immeubles, soit entre-vifs, soit par décès.—Ses quotités sont fixées par l'article 69 ci-après. — Il est assis sur les valeurs.

ART. 5. — Il n'y a point de fraction de centime dans la liquidation du droit proportionnel. Lorsqu'une fraction de somme ne produit pas un centime de droit, le centime est perçu au profit de la République.

[Perception sur les sommes, de 20 fr. en 20 fr. (*V.* L. 27 ventôse an IX, art. 2).]

ART. 6. — Cependant le moindre droit à percevoir sur un acte donnant lieu au droit proportionnel, et sur une mutation de biens par décès, sera du montant de la quotité sous laquelle chaque acte ou mutation se trouve classé dans les articles 68 et 69, sauf les exceptions y mentionnées.

[Minimum de 25 cent. (L. 27 ventôse an IX, art. 3).]

ART. 7. — Les actes civils et extrajudiciaires sont enregistrés sur les minutes, brevets ou originaux. — Les actes judiciaires reçoivent cette formalité, soit sur les minutes, soit sur les expéditions, suivant les distinctions ci-après. — Ceux qui doivent être enregistrés sur les minutes sont les procès-verbaux d'apposition, de reconnaissance et de levée de scellés, et ceux de nomination de tuteurs et curateurs; les avis de parents, les émancipations, les actes de notoriété, les déclarations en matière civile, les adoptions; tous actes contenant autorisation, acceptation, abstention, renonciation ou répudiation; les nominations d'experts et arbitres, les oppositions à levée de scellés par comparution personnelle, les cautionnements de personnes à représenter à justice, ceux des sommes déterminées ou non déterminées, les ordonnances et mandements d'assigner les opposants à scellés; tous procès-verbaux généralement quelconques des bureaux de paix, portant conciliation ou non conciliation, défaut ou congé, remise ou ajournement; tous actes d'acquiescement, de dépôt et consignation, d'exclusion de tribunaux, d'affirmation de voyage, d'enchère et surenchère, de reprise d'instance, de communication de pièces avec ou sans déplacement, d'affirmation ou vérification de créances, d'opposition à délivrance de titres ou jugements, de procès-verbaux et rapports, de dépôt de bilan et de décharges; les certificats de toute nature et ordonnances sur requêtes; les jugements portant transmission d'immeubles, et ceux par lesquels il est prononcé des condamnations sur des conventions sujettes à l'enregistrement, sans énonciation de titres enregistrés. — Tous autres actes et jugements, soit préparatoires ou d'instruction, soit définitifs, ne sont soumis à l'enregistrement que sur les expéditions. — Ceux des actes de l'état civil qui sont assujettis à l'enregistrement par la présente ne seront également enregistrés que sur les expéditions. — Les jugements de la police ordinaire, des tribunaux de police correctionnelle et des tribunaux criminels, ne sont de même soumis à l'enregistrement que sur les expéditions, lorsqu'il y a partie civile, et seulement pour les expéditions requises par elle ou autres intéressés.

[Tous les actes judiciaires et jugements doivent être enregistrés sur les minutes (L. 28 avril 1816, art. 38). — Mentions d'oppositions (*V.* C. pr. civ. art. 163).]

Art. 8. — Il n'est dû aucun droit d'enregistrement pour les extraits, copies ou expéditions des actes qui doivent être enregistrés sur les minutes ou originaux. — Quant à ceux des actes judiciaires qui ne sont assujettis à l'enregistrement que sur les expéditions, chaque expédition doit être enregistrée, savoir : la première, pour le droit proportionnel, s'il y a lieu, ou pour le droit fixe, si le jugement n'est pas passible du droit proportionnel; et chacune des autres, pour le droit fixe.

[Copies collationnées (*V.* art. 68, § 1er, n° 18, *infrà*).]

Art. 9. — Lorsqu'un acte translatif de propriété ou d'usufruit comprend des meubles et immeubles, le droit d'enregistrement est perçu sur la totalité du prix, au taux réglé pour les immeubles, à moins qu'il ne soit stipulé un prix particulier pour les objets mobiliers, et qu'ils ne soient désignés et estimés, article par article, dans le contrat.

[Comp. L. 28 février 1872, art. 7, clientèle et marchandises.]

Art. 10. — Dans le cas de transmission de biens, la quittance donnée ou l'obligation consentie par le même acte, pour tout ou partie du prix entre les contractants, ne peut être sujette à un droit particulier d'enregistrement.

Art. 11. — Mais lorsque, dans un acte quelconque, soit civil, soit judiciaire ou extrajudiciaire, il y a plusieurs dispositions indépendantes ou ne dérivant pas nécessairement les unes des autres, il est dû pour chacune d'elles, et selon son espèce, un droit particulier. La quotité en est déterminée par l'article de la présente dans lequel la disposition se trouve classée, ou auquel elle se rapporte.

Art. 12. — La mutation d'un immeuble en propriété ou usufruit sera suffisamment établie, pour la demande du droit d'enregistrement et la poursuite du payement contre le nouveau possesseur, soit par l'inscription de son nom au rôle de la contribution foncière, et des payements par lui faits d'après ce rôle, soit par des baux par lui passés, ou enfin par des transactions ou autres actes constatant sa propriété ou son usufruit.

[*V.* L. 27 ventôse an IX, art. 4. — Mutation de propriété des fonds de commerce (*V.* L. 28 février 1872, art. 7, 8 et 9).]

Art. 13. — La jouissance à titre de ferme, ou de location, ou d'engagement d'un immeuble, sera aussi suffisamment établie, pour la demande et la poursuite du payement des droits des baux ou engagements non enregistrés, par les actes qui la feront connaître, ou par des payements de contributions imposées aux fermiers, locataires et détenteurs temporaires.

[*V.* L. 23 août 1871, art. 11 et 14.]

TITRE II. — *Des valeurs sur lesquelles le droit proportionnel est assis, et de l'expertise.*

Art. 14. — La valeur de la propriété, de l'usufruit et de la jouissance des biens meubles, est déterminée, pour la liquidation et le payement du droit proportionnel, ainsi qu'il suit, savoir :

1° Pour les baux et locations, *par le prix annuel exprimé, en y ajoutant les charges imposées au preneur ;*

2° Pour les créances à terme, leurs cessions et transports, et autres actes obligatoires, *par le capital exprimé dans l'acte, et qui en fait l'objet;*

3° Pour les quittances et tous autres actes de libération, *par le total des sommes ou capitaux dont le débiteur se trouve libéré;*

4° Pour les marchés et traités, *par le prix exprimé ou l'évaluation qui sera faite des objets qui en seront susceptibles ;*

5° Pour les ventes et autres transmissions à titre onéreux, *par le prix exprimé et le capital des charges qui peuvent ajouter au prix;*

6° Pour les créations de rentes, soit perpétuelles, soit viagères, ou de pensions, aussi à titre onéreux, *par le capital constitué et aliéné;*

7° Pour les cessions ou transports desdites rentes ou pensions, et pour leur amortissement ou rachat, *par le capital constitué, quel que soit le prix stipulé pour le transport ou l'amortissement ;*

8° Pour les transmissions entre-vifs, à titre gratuit, et celles qui s'opèrent par décès, *par la déclaration estimative des parties, sans distraction des charges;*

[Evaluation d'après le cours moyen de la Bourse (LL. 18 juillet 1836, art. 6, et 18 mai 1850, art. 7).]

9° Pour les rentes et pensions créées sans expression

de capital, leurs transports et amortissements, à *raison d'un capital formé de vingt fois la rente perpétuelle, et de dix fois la rente viagère ou la pension, et quel que soit le prix stipulé pour le transport ou l'amortissement.* — Il ne sera fait aucune distinction entre les rentes viagères et pensions créées sur une tête et celles créées sur plusieurs têtes, quant à l'évaluation. — Les rentes et pensions stipulées payables en nature seront évaluées aux mêmes capitaux, estimation préalablement faite des objets d'après les dernières mercuriales du canton de la situation des biens, à la date de l'acte, s'il s'agit d'une rente créée pour aliénation d'immeubles, ou, dans tout autre cas, d'après les dernières mercuriales du canton où l'acte aura été passé. — Il sera rapporté à l'appui de l'acte un extrait certifié des mercuriales.—S'il est question d'objets dont les prix ne puissent être réglés par les mercuriales, les parties en feront une déclaration estimative ;

[Mercuriales (*V.* Décr. 26 avril 1808, art. 1er, et L. 15 mai 1818, art. 75).]

10° Pour les actes et jugements portant condamnation, collocation, liquidation ou transmission, *par le capital des sommes et les intérêts et dépens liquidés;*

11° L'usufruit transmis à titre gratuit s'évalue à la moitié de la valeur entière de l'objet.

ART. 15. — La valeur de la propriété, de l'usufruit et de la jouissance des immeubles est déterminée pour la liquidation et le payement du droit proportionnel, ainsi qu'il suit, savoir :

1° Pour les baux à ferme ou à loyer, les sous-baux, cessions et subrogations de baux, *par le prix annuel exprimé, en y ajoutant les charges imposées au preneur.* — Si le bail est stipulé payable en nature, il en sera fait une évaluation, d'après les dernières mercuriales du canton de la situation des biens, à la date de l'acte, à l'appui duquel il sera rapporté un extrait certifié des mercuriales. —Il en sera de même des baux à portion de fruits, pour la part revenant au bailleur, dont la quotité sera préalablement déclarée, et sur la valeur de laquelle le droit d'enregistrement sera perçu. — S'il s'agit d'objets dont la valeur ne puisse être constatée par les mercuriales, les parties en feront une déclaration estimative;

[Rétrocessions de baux, assimilées aux cessions et subrogations, (V. *infrà*, art. 69, § 3, n° 2, et L. 27 ventôse an IX, art. 8) — Mercuriales (*V.* décr. 26 avril 1808, art. 1er, et L. 15 mai 1818, art. 75).]

2° Pour les baux, rentes perpétuelles et ceux dont la durée est illimitée, *par un capital formé de vingt fois la rente ou le prix annuel, et les charges aussi annuelles, en y ajoutant également les autres charges en capital, et les deniers d'entrée s'il en est stipulé.* — Les objets en nature s'évaluent comme ci-dessus;

3° Pour les baux à vie, sans distinction de ceux faits sur une ou plusieurs têtes, *par un capital formé de dix fois le prix et les charges annuels, en y ajoutant de même le montant des deniers d'entrée et des autres charges, s'il s'en trouve d'exprimés.*— Les objets en nature s'évaluent pareillement comme il est prescrit ci-dessus ;

4° Pour les échanges, *par une évaluation qui doit être faite en capital, d'après le revenu annuel multiplié par vingt, sans distraction des charges;*

5° Pour les engagements, *par les prix et sommes pour lesquels ils sont faits;*

[V. C. civ., art. 2085 et suiv.]

6° Pour les ventes, adjudications, cessions, rétrocessions, licitations et tous autres actes civils ou judiciaires portant translation de propriété ou d'usufruit, à titre onéreux, *par le prix exprimé, en y ajoutant toutes les charges en capital, ou par une estimation d'experts, dans le cas autorisé par la présente.* — Si l'usufruit est réservé par le vendeur, il sera évalué à la moitié de tout ce qui forme le prix du contrat, et le droit sera perçu sur le total ; mais il ne sera dû aucun autre droit pour la réunion de l'usufruit à la propriété : cependant, si elle s'opère par un acte de cession, et que le prix soit supérieur à l'évaluation qui en aura été faite pour régler le droit de translation de propriété, il est dû un droit, par supplément, sur ce qui se trouve excéder cette évaluation. Dans le cas contraire, l'acte de cession est enregistré pour le droit fixe ;

[V. *infrà*, art. 68, § 1er, n° 42.]

7° Pour les transmissions de propriété entre-vifs, à titre gratuit, et celles qui s'effectuent par décès, *par l'évaluation qui sera faite et portée à vingt fois le produit des biens, ou le prix des baux courants, sans distraction des charges.* — Il ne sera rien dû pour la réunion de l'usufruit à la propriété, lorsque le droit d'enregistrement aura été acquitté sur la valeur entière de la propriété ;

[Réunion par actes de cession, tarif (*V.* L. 28 avril 1816, art. 44, n° 4).]

8° Pour les transmissions d'usufruit seulement, soit entre-vifs, à titre gratuit, soit par décès, *par l'évaluation qui en sera portée à dix fois le produit des biens, ou le prix des baux courants, aussi sans distraction des charges.* — Lorsque l'usufruitier qui aura acquitté le droit d'enregistrement pour son usufruit acquerra la nu-propriété, il payera le droit d'enregistrement sur sa valeur, sans qu'il y ait lieu de joindre celle de l'usufruit.

ART. 16. — Si les sommes et valeurs ne sont pas déterminées dans un acte ou jugement donnant lieu au droit proportionnel, les parties seront tenues d'y suppléer, avant l'enregistrement, par une déclaration estimative, certifiée et signée au pied de l'acte.

[Déclaration estimative pour la perception du droit de timbre des actions (L. 5 juin 1850, art. 14); — du droit de transmission sur les actions et obligations (Décr. 17 juillet 1857, art. 3, 5 et 8); — du droit fixe gradué (L. 28 février 1872, art. 2).]

ART. 17. — Si le prix énoncé dans un acte translatif de propriété ou d'usufruit de biens immeubles, à titre onéreux, paraît inférieur à leur valeur vénale à l'époque de l'aliénation, par comparaison avec les fonds voisins de même nature, la régie pourra requérir une expertise, pourvu qu'elle en fasse la demande dans l'année, à compter du jour de l'enregistrement du contrat.

[Expertise en matière de prix de vente de fonds de commerce (L. 28 février 1872, article 8, § 4). — Dissimulation de prix de vente d'immeubles, de soulte d'échange ou de partage, ou de prix de vente de fonds de commerce. Procédure spéciale. Amende du quart (LL. 23 août 1871, art. 12 et 13, 28 février 1872, art. 8, § 3).]

Art. 18. — La demande en expertise sera faite au tribunal civil du département dans l'étendue duquel les biens sont situés, par une pétition portant nomination de l'expert de la nation. — L'expertise sera ordonnée dans la décade de la demande. — En cas de refus de la partie de nommer son expert, sur la sommation qui lui aura été faite d'y satisfaire dans les trois jours, il lui en sera nommé un d'office par le tribunal. — Les experts, en cas de partage, appelleront un tiers expert : s'ils ne peuvent en convenir, le juge de paix du canton de la situation des biens y pourvoira. — Le procès-verbal d'expertise sera rapporté, au plus tard, dans le mois qui suivra la remise qui aura été faite aux experts de l'ordonnance du tribunal, ou dans le mois après l'appel d'un tiers expert. — Les frais de l'expertise seront à la charge de l'acquéreur, mais seulement lorsque l'estimation excédera d'un huitième au moins le prix énoncé au contrat. — L'acquéreur sera tenu, dans tous les cas, d'acquitter le droit sur le supplément d'estimation, s'il y a une plus-value constatée par le rapport des experts.

(Procédure (V. *Avis du Cons. d'Etat*, 12 mai-1er juin 1807, art. 65 *infrà*, note 1). — Immeubles dans le ressort de plusieurs tribunaux L. 15 novembre 1808). — Expertise par un seul expert L. 23 août 1871, art. 15). — Droits en sus (L. 27 ventôse an IX, art. 5).]

Art. 19. — Il y aura également lieu à requérir l'expertise des revenus des immeubles transmis en propriété ou usufruit, à tout autre titre qu'à titre onéreux, lorsque l'insuffisance dans l'évaluation ne pourra être établie par actes qui puissent faire connaître le véritable revenu des biens.

[Droit en sus et frais (*V.* art. 39, *infrà*, et L. 27 ventôse an IX, art. 5). — Délai de deux ans, V. *suprà*, art. 61, n° 1). — Expertise du revenu en matière de mutations de jouissance d'immeubles (L. 23 août 1871, art. 11 et 15).]

TITRE III. — *Des délais pour l'enregistrement des actes et déclarations.*

Art. 20. — Les délais pour faire enregistrer les actes publics sont, savoir :

De quatre jours, pour ceux des huissiers et autres ayant pouvoir de faire des exploits et procès-verbaux;

[Procès-verbaux de la gendarmerie (Décr. 1er mars 1854, art. 491, § 1er). — Délai à partir de l'affirmation (C. forestier, art. 170, et L. 15 avril 1829, art. 47, sur la pêche fluviale). — Significations d'avoué à avoué (L. 27 ventôse an IX, art. 15). — Délai de trois jours : procès-verbaux en matière de roulage (L. 30 mai 1851, art. 19). — Délai de dix jours : ventes publiques de marchandises par les courtiers (L. 28 juin 1861, art. 17). — Délai de quinze jours, à partir de l'affirmation : procès-verbaux des vérificateurs des poids et mesures (Ord. 17 avril 1839, art. 42).]

De dix jours, pour les actes des notaires qui résident dans la commune où le bureau de l'enregistrement est établi;

De quinze jours pour ceux des notaires qui n'y résident pas;

[Délai de quatre jours, pour les protêts (L. 24 mai 1834, art. 23); — de quinze jours, pour les baux des hospices et autres établissements (Décr. 12 août 1807, art. 5). — Actes notariés soumis à l'approbation de l'autorité administrative (*V.* dernier alinéa ci-après et L. 15 mai 1818, art. 78).]

De vingt jours pour les actes judiciaires soumis à l'enregistrement sur les minutes, et pour ceux dont il ne reste pas de minute au greffe, ou qui se délivrent en brevet;

[*V.* L. 27 ventôse an IX, art. 14 et 16, et Av. Cons. d'Etat, 18-22 octobre 1008, sous l'art. 7, *suprà*, note 1.]

De vingt jours aussi, pour les actes des administrations centrales et municipales assujettis à la formalité de l'enregistrement.

[*V.* LL. 27 ventôse an IX, art. 7, et 15 mai 1818, art. 78, 28 pluv. an VIII, art. 2, 9, 13.]

Art. 21. — Les testaments déposés chez les notaires ou par eux reçus, seront enregistrés dans les trois mois du décès des testateurs, à la diligence des héritiers, donataires, légataires ou exécuteurs testamentaires.

Art. 22. — Les actes qui, à l'avenir, seront faits sous signature privée, et qui porteront transmission de propriété ou d'usufruit de biens immeubles, et les baux à ferme ou à loyer, sous-baux, cessions ou subrogations de baux, et les engagements, aussi sous signature privée, de biens de même nature, seront enregistrés dans les trois mois de leur date. — Pour ceux des actes de ces espèces qui seront passés en pays étranger, ou dans les îles ou colonies françaises où l'enregistrement n'aurait pas encore été établi, le délai sera de six mois, s'ils sont faits en Europe; d'une année, si c'est en Amérique, et de deux années, si c'est en Asie ou en Afrique.

[Mutation de propriété ou d'usufruit d'immeubles (L. 27 ventôse an IX, art. 4); — de jouissance d'immeubles (L. 23 août 1871, art. 14); — de vente de fonds de commerce (L. 28 février 1872, art. 8, § 1).]

Art. 23. — Il n'y a point de délai de rigueur pour l'enregistrement de tous autres actes que ceux mentionnés dans l'article précédent, qui seront faits sous signature privée, ou passés en pays étranger, et dans les îles et colonies françaises où l'enregistrement n'aurait pas encore été établi; mais il ne pourra en être fait aucun usage, soit par acte public, soit en justice, ou devant toute autre autorité constituée, qu'ils n'aient été préalablement enregistrés.

[Comp. art. 42 et 47 *infrà*. — Actes produits au cours d'instance (L. 28 avril 1816, art. 57). — Actes passés en pays étranger (*V.* Av. Cons. d'Etat des 6 vendémiaire-10 brumaire an XIV, et 15 novembre-12 décembre 1806; LL. 28 avril 1816, art. 58, 16 juin 1824, art. 4, 23 août 1871, art. 3 et 4, et 28 février 1872, art. 1er, n° 2). — Pièces produites au Conseil d'Etat (Décr. 22 juillet 1806, art. 48). — Mutations de propriété de fonds de commerce (L. 28 février 1872, art. 8, § 1er).]

Art. 24. — Les délais pour l'enregistrement des déclarations que les héritiers, donataires ou légataires auront à passer des biens à eux échus ou transmis par décès, sont, savoir : — De six mois à compter du jour du décès, lorsque celui dont on recueille la succession est décédé en France; — de huit mois, s'il est décédé dans toute autre partie de l'Europe; — d'une année, s'il est mort en Amérique; — et de deux années, si c'est en Afrique ou en Asie. — Le délai de six mois ne courra que du jour de la mise en possession, pour la succession d'un absent, celle d'un condamné si ses biens sont séquestrés, celle qui aurait été séquestrée pour toute autre cause, celle d'un défenseur de la patrie s'il est mort en activité de service hors de son département, ou enfin celle qui serait recueillie par indivis avec la nation. — Si, avant les derniers six mois des délais fixés pour les déclarations des successions de personnes décédées hors de France, les héritiers prennent possession des biens, il ne restera d'autre délai à courir, pour passer déclaration, que celui de six mois, à compter du jour de la prise de possession.

[Absents. Délai de six mois à partir de l'envoi en possession (L. 28 avril 1816, art. 40).]

Art. 25. — Dans les délais fixés par les articles précédents pour l'enregistrement des actes et des déclarations, le jour de la date de l'acte ou celui de l'ouverture de la succession ne sera point compté. — Si le dernier jour du délai se trouve être un décadi ou un jour de fête nationale, ou s'il tombe dans les jours complémentaires, ces jours-là ne seront point comptés non plus.

TITRE IV. — *Des bureaux où les actes et mutations doivent être enregistrés.*

Art. 26. — Les notaires ne pourront faire enregistrer leurs actes qu'aux bureaux dans l'arrondissement desquels ils résident. — Les huissiers et tous autres ayant pouvoir de faire des exploits, procès-verbaux ou rapports, feront enregistrer leurs actes, soit au bureau de leur résidence, soit au bureau du lieu où ils les auront faits. — Les greffiers et les secrétaires des administrations centrales et municipales feront enregistrer les actes qu'ils sont tenus de soumettre à cette formalité, aux bureaux dans l'arrondissement desquels ils exercent leurs fonctions. — Les actes sous signature privée, et ceux passés en pays étranger, pourront être enregistrés dans tous les bureaux indistinctement.

[Enregistrement des procès-verbaux de vente publique de meubles (V. L. 22 pluviôse an VII, art. 2 et 6). — Testaments faits à l'étranger (V. *suprà*, art. 23, note 1).]

Art. 27. — Les mutations de propriété ou d'usufruit par décès seront enregistrées au bureau de la situation des biens. — Les héritiers, donataires ou légataires, leurs tuteurs ou curateurs, seront tenus d'en passer déclaration détaillée et de la signer sur le registre. — S'il s'agit d'une mutation, au même titre, de biens meubles, la déclaration en sera faite au bureau dans l'arrondissement duquel ils se seront trouvés au décès de l'auteur de la succession. — Les rentes et les autres biens meubles, sans assiette déterminée lors du décès, seront déclarés au bureau du domicile du décédé. — Les héritiers, légataires ou donataires rapporteront, à l'appui de leurs déclarations de leurs biens meubles, un inventaire ou état estimatif, article par article, par eux certifié, s'il n'a pas été fait par un officier public ; cet inventaire sera déposé et annexé à la déclaration, qui sera reçue et signée sur le registre du receveur de l'Enregistrement.

TITRE V. — *Du payement des droits et de ceux qui doivent les acquitter.*

Art. 28. — Les droits des actes et ceux des mutations par décès seront payés avant l'enregistrement, aux taux et quotités réglés par la présente. — Nul ne pourra en atténuer ni différer le payement, sous le prétexte de contestation sur la quotité, ni pour quelque autre motif que ce soit, sauf à se pourvoir en restitution, s'il y a lieu.

[Voir, pour le payement des droits sur les baux et sur les déclarations de locations verbales (LL. 23 août 1871, art. 11, § 6, et 14, § 2, 28 février 1872, art. 6); — sur les ventes de fonds de commerce (L. 28 février 1872, art. 8, § 3).]

Art. 29. — Les droits des actes à enregistrer seront acquittés, savoir : Par les notaires, *pour les actes passés devant eux ;* — par les huissiers et autres ayant pouvoir de faire des exploits et procès-verbaux, *pour ceux de leur ministère ;* — par les greffiers, *pour les actes et jugements (sauf le cas prévu par l'article 37 ci-après) qui doivent être enregistrés sur les minutes, aux termes de l'article 7 de la présente, et ceux passés et reçus aux greffes, et pour les extraits, copies et expéditions qu'ils délivrent des jugements qui ne sont pas soumis à l'enregistrement sur les minutes;* — par les secrétaires des administrations centrales et municipales, *pour les actes de ces administrations qui sont soumis à la formalité de l'enregistrement, sauf aussi le cas prévu par l'article 37* ; — par les parties, *pour les actes sous signature privée, et ceux passés en pays étranger, qu'elles auront à faire enregistrer; pour les ordonnances sur requêtes ou mémoires, et les certificats qui leur sont immédiatement délivrés par les juges; et pour les actes et décisions qu'elles obtiennent des arbitres, si ceux-ci ne les ont pas fait enregistrer;* — et par les héritiers, légataires et donataires, leurs tuteurs et curateurs, et les exécuteurs testamentaires, *pour les testaments et autres actes de libéralité à cause de mort.*

[Greffiers (V. 28 avril 1816, art. 38). — Droits d'enregistrement des sentences arbitrales et des actes constatant leur dépôt (C. proc. civ., art. 1020, Inst. n° 436, § 77). — Légataires particuliers (C. civ. art. 1016).]

Art. 30. — Les officiers publics qui, aux termes des dispositions précédentes, auraient fait, pour les parties, l'avance des droits d'enregistrement, pourront prendre exécutoire du juge de paix de leur canton, pour leur remboursement. L'opposition qui serait formée contre cet exécutoire, ainsi que toutes les contestations qui s'élèveraient à cet égard, seront jugées conformément aux dispositions portées par l'article 65 de la présente, relatif aux instances poursuivies au nom de la nation.

Art. 31. — Les droits des actes civils et judiciaires emportant obligation, libération, ou translation de propriété, ou d'usufruit de meubles ou immeubles, seront supportés par les débiteurs et nouveaux possesseurs; et ceux de tous les autres actes le seront par les parties auxquelles les actes profiteront, lorsque, dans ces divers cas, il n'aura pas été stipulé de dispositions contraires dans les actes.

[Reconnaissances d'écritures (C. proc. civ., art. 193, et L. 3 septembre 1807, art. 2, IVe série, Bull. 158, n° 2741).]

Art. 32. — Les droits des déclarations des mutations

par décès, seront payés par les héritiers, donataires ou légataires. — Les cohéritiers seront solidaires. La nation aura action sur les revenus des biens à déclarer, en quelques mains qu'ils se trouvent, pour le payement des droits dont il faudrait poursuivre le recouvrement.

[Légataires particuliers (C. civ., art. 1016).]

TITRE VI. — *Des peines pour défaut d'enregistrement des actes et déclarations dans les délais, et de celles portées relativement aux omissions, aux fausses estimations et aux contre-lettres.*

ART. 33. — Les notaires qui n'auront pas fait enregistrer leurs actes dans les délais prescrits, payeront personnellement, à titre d'amende et pour chaque contravention, une somme de 50 francs, s'il s'agit d'un acte sujet au droit fixe, ou une somme égale au montant du droit, s'il s'agit d'un acte sujet au droit proportionnel, sans que, dans ce dernier cas, la peine puisse être au-dessous de 50 francs. — Ils seront tenus, en outre, du payement des droits, sauf leur recours contre les parties pour ces droits seulement.

[L'amende de 50 fr. a été réduite à 10 fr. (V. L. 16 juin 1824, art. 10).]

ART. 34. — La peine contre un huissier ou autre ayant pouvoir de faire des exploits ou procès-verbaux, est, pour un exploit ou procès-verbal non présenté à l'enregistrement dans le délai, d'une somme de 25 francs, et de plus une somme équivalente au montant du droit de l'acte non enregistré. L'exploit ou procès-verbal non enregistré dans le délai, est déclaré nul, et le contrevenant responsable de cette nullité envers la partie. — Ces dispositions, relativement aux exploits et procès-verbaux, ne s'étendent pas aux procès-verbaux de vente de meubles et autres objets mobiliers, ni à tout autre acte du ministère des huissiers sujet au droit proportionnel. La peine pour ceux-ci sera d'une somme égale au montant du droit, sans qu'elle puisse être au-dessous de 50 francs. Le contrevenant payera en outre le droit dû pour l'acte, sauf son recours contre la partie pour ce droit seulement.

[Réduction des amendes (V. L. 16 juin 1824, art. 10. — Nullité des exploits ou procès-verbaux (V. C. forestier, art. 170, § 1er, LL. 15 avril 1829, art. 47, *pêche fluviale*, et 30 mai 1851, art. 19, *police du roulage*).]

ART. 35. — Les greffiers qui auront négligé de soumettre à l'enregistrement, dans le délai fixé, les actes qu'ils sont tenus de présenter à cette formalité, payeront personnellement, à titre d'amende et pour chaque contravention, une somme égale au montant du droit. — Ils acquitteront en même temps le droit, sauf leur recours, pour ce droit seulement, contre la partie.

[V. L. 27 ventôse an IX, art. 7, 14 et 16. — L. 28 avril 1816, art. 38, § 2. — Ord. 22 mai 1816, art. 3.]

ART. 36. — Les dispositions de l'article précédent s'appliquent également aux secrétaires des administrations centrales et municipales, pour chacun des actes qu'il leur est prescrit de faire enregistrer, s'ils ne les ont pas soumis à l'enregistrement dans le délai.

ART. 37. — Il est néanmoins fait exception aux dispositions des deux articles précédents, quant aux jugements rendus à l'audience, qui doivent être enregistrés sur les minutes, et aux actes d'adjudication passés en séance publique des administrations, lorsque les parties n'auront pas consigné aux mains des greffiers et des secrétaires, dans le délai prescrit pour l'enregistrement, le montant des droits fixés par la loi. Dans ce cas, le recouvrement en sera poursuivi contre les parties par les receveurs; et elles supporteront en outre la peine du droit en sus. — Pour cet effet, les greffiers et les secrétaires fourniront aux receveurs de l'enregistrement, dans la décade qui suivra l'expiration du délai, des extraits par eux certifiés des actes et jugements dont les droits ne leur auront pas été remis par les parties : à peine d'une amende de 10 francs pour chaque décade de retard, et pour chaque acte et jugement, et d'être en outre personnellement contraints au payement des doubles droits.

[V. L. 27 ventôse an IX, art. 7, 14 et 16. — L. 28 avril 1816, art. 38, §§ 2 et 3. — Ord. 22 mai 1816, art. 2 et 3. — L. 15 mai 1818, art. 79. — Pour l'amende (V. L. 16 juin 1824, 10). — Assistance judiciaire, remise des exécutoires (V. L. 22 janvier 1851, art. 20).]

ART. 38. — Les actes sous signature privée, et ceux passés en pays étranger, dénommés dans l'article 22, qui n'auront pas été enregistrés dans les délais déterminés, seront soumis au double droit d'enregistrement. — Il en sera de même pour les testaments non enregistrés dans le délai.

[V. L. 27 ventôse an IX, art. 4. — Minimum de 50 fr. et pluralité des droits en sus (L. 23 août 1871, art. 14). — Mutations de fonds de commerce (V. L. 28 février 1872, art. 8, § 3).]

ART. 39. — Les héritiers, donataires ou légataires qui n'auront pas fait, dans les délais prescrits, les déclarations des biens à eux transmis par décès, payeront, à titre d'amende, un demi-droit en sus du droit qui sera dû pour la mutation. — La peine pour les omissions qui seront reconnues avoir été faites dans les déclarations, sera d'un droit en sus de celui qui se trouvera dû pour les objets omis : il en sera de même pour les insuffisances constatées dans les estimations des biens déclarés. — Si l'insuffisance est établie par un rapport d'experts, les contrevenants payeront en outre les frais de l'expertise. — Les tuteurs et curateurs supporteront personnellement les peines ci-dessus, lorsqu'ils auront négligé de passer les déclarations dans les délais, ou qu'ils auront fait des omissions ou des estimations insuffisantes.

[Recouvrement des droits et demi-droits en sus (V. Avis du Cons. d'Etat, 4-21 septembre 1810, sous l'art. 32, *suprà*, note 2). — Transmissions d'offices (V. L. 25 juin 1841, art. 11, 12, § 2 et 13, § 1). — Droits de transmissions de titres d'actions et d'obligations (L. 23 juin 1857, art. 10). — Insuffisances dans les déclarations de locations verbales (L. 23 août 1871, art. 11); — du prix de vente de fonds de commerce (L. 28 février 1872, art. 8). — Dissimulation de prix de vente d'immeubles, de soulte et d'échange ou de partage, ou de prix de vente de fonds de commerce. Amende du quart (L. 23 août 1871, art. 12; L. 28 février 1872, art. 8, § 4). — Dissimulation des sommes ayant servi de base à la perception du droit fixe gradué. Droit en sus (L. 28 février 1872, art. 3).]

Art. 40. — Toute contre-lettre faite sous signature privée, qui aurait pour objet une augmentation du prix stipulé dans un acte public, ou dans un acte sous signature privée précédemment enregistré, est déclarée nulle et de nul effet. — Néanmoins, lorsque l'existence en sera constatée, il y aura lieu d'exiger, à titre d'amende, une somme triple du droit qui aurait eu lieu, sur les sommes et valeurs ainsi stipulées. (C. civ. 1321.)

TITRE VII. — *Des obligations des notaires, huissiers, greffiers, secrétaires, juges, arbitres, administrateurs et autres officiers ou fonctionnaires publics, des parties et des receveurs; indépendamment de celles imposées sous les titres précédents.*

Art. 41. — Les notaires, huissiers greffiers, et les secrétaires des administrations centrales et municipales, ne pourront délivrer en brevet, copie ou expédition, aucun acte soumis à l'enregistrement sur la minute ou l'original, ni faire aucun autre acte en conséquence, avant qu'il ait été enregistré, quand même le délai pour l'enregistrement ne serait pas encore expiré, à peine de 50 francs d'amende, outre le payement du droit. — Sont exceptés les exploits et autres actes de cette nature qui se signifient à parties ou par affiches et proclamations, et les effets négociables compris sous l'article 69, paragraphe 2, nombre 6 de la présente. — A l'égard des jugements qui ne sont assujettis à l'enregistrement que sur les expéditions, il est défendu aux greffiers, sous les mêmes peines, d'en délivrer aucune, même par simple note ou extrait, aux parties ou autres intéressés, sans l'avoir fait enregistrer.

[Applicable aux avoués (L. 16 juin 1824, art. 11, § 2). — Copies d'actes (V. C. proc. civ. art. 841; inst. n° 436, § 62). — Actes reçus par le même officier public (L. 28 avril 1816, art. 56). — L'amende a été réduite à 10 fr. (V. L. 16 juin 1824, art. 10).]

Art. 42. — Aucun notaire, huissier, greffier, secrétaire ou autre officier public, ne pourra faire ou rédiger un acte en vertu d'un acte sous signature privée, ou passé en pays étranger, l'annexer à ses minutes, ni le recevoir en dépôt, ni en délivrer extrait, copie ou expédition, s'il n'a été préalablement enregistré, à peine de 50 francs d'amende, et de répondre personnellement du droit, sauf l'exception mentionnée dans l'article précédent.

[Applicable aux avoués (L. 16 juin 1824, art. 11, § 2). — Faculté accordée aux notaires (L. préc. art. 13. *Protêts*, art. 69, § 2, n° 6, *infrà* et LL. 24 mai 1834, art. 23, § 2, 28 février 1872, art. 10). — Amende réduite à 10 fr. (L. 16 juin 1824, art. 10). — Exceptions : inventaires (Arr. 22 ventôse an VII [a]; — compte, quittances justificatives (C. proc. civ. art. 537); — dépôt de sentence arbitrale (C. proc. civ. art. 1020). — Actes passés en pays étrangers (V. art. 23 *suprà*, L. 28 avril 1816, art. 58, et l'annotation de ces articles).]

Art. 43. — Il est également défendu, sous la même peine de 50 francs d'amende, à tout notaire ou greffier, de recevoir aucun acte en dépôt, sans dresser acte du dépôt. — Sont exceptés les testaments déposés chez les notaires par les testateurs.

[L'amende a été réduite à 10 fr. (V. L. 16 juin 1824, art. 10).]

Art. 44. — Il sera fait mention, dans toutes les expéditions des actes publics, civils ou judiciaires, qui doivent être enregistrés sur les minutes, de la quittance des droits, par une transcription littérale et entière de cette quittance. — Pareille mention sera faite dans les minutes des actes publics, civils, judiciaires ou extrajudiciaires, qui se feront en vertu d'actes sous signature privée, ou passés en pays étranger, et qui sont soumis à l'enregistrement par la présente. — Chaque contravention sera punie par une amende de 10 francs.

[L'amende est réduite à 5 fr. (V. L. 16 juin 1824, art. 10. — V. art. 48, *infrà*).]

Art. 45. — Les greffiers qui délivreront des secondes et subséquentes expéditions des actes et jugements assujettis au droit proportionnel, mais qui ne sont pas dans le cas d'être enregistrées sur les minutes, seront tenus de faire mention, dans chacune de ces expéditions, de la quittance du droit payé pour la première expédition, par une transcription littérale de cette quittance. — Ils feront également mention, sur la minute de chaque expédition délivrée, de la date de l'enregistrement et du droit payé. — Toute contravention à ces dispositions sera punie par une amende de 10 francs.

[Dispositions sans objet (V. L. 24 avril 1816, art. 38).]

Art. 46. — Dans le cas de fausse mention d'enregistrement, soit dans une minute, soit dans une expédition, le délinquant sera poursuivi par la partie publique, sur la dénonciation du préposé de la Régie, et condamné aux peines prononcées pour le faux.

[V. C. pén. art. 145 et suiv.]

Art. 47. — Il est défendu aux juges et arbitres de rendre aucun jugement, et aux administrations centrales et municipales de prendre aucun arrêté, en faveur des particuliers, sur des actes non enregistrés, à peine d'être personnellement responsables des droits.

[Actes produits au cours d'instance (V. L. 28 avril 1816, art. 51). — Dépôt au greffe des actes produits (L. 23 août 1871, art. 16). — Exemption : pièces produites au conseil d'État (Décr. 22 juillet 1806, art. 48).]

Art. 48. — Toutes les fois qu'une condamnation sera rendue ou qu'un arrêté sera pris sur un acte enregistré, le jugement, la sentence arbitrale ou l'arrêté en fera mention, et énoncera le montant du droit payé, la date du payement et le nom du bureau où il aura été acquitté; en cas d'omission, le receveur exigera le droit, si l'acte n'a pas été enregistré dans son bureau, sauf la restitution, dans le délai prescrit, s'il est ensuite justifié de l'enregistrement de l'acte sur lequel le jugement aura été prononcé ou l'arrêté pris.

[Comp. art. 44, *suprà*, et L. 28 avril 1816, art. 57.]

Art. 49. — Les notaires, huissiers, greffiers, et les secrétaires des administrations centrales et municipales, tiendront des répertoires à colonnes, sur lesquels ils inscriront, jour par jour, sans blanc ni interligne, et par ordre de numéros, savoir : 1° les notaires, tous les actes et contrats qu'ils recevront, même ceux qui seront passés en brevet, à peine de 10 francs d'amende pour chaque omission; — 2° les huissiers, tous les actes et exploits de leur ministère, sous peine d'une amende de 5 francs pour chaque omission; — 3° les greffiers, tous les actes et jugements qui, aux termes de la présente, doivent être enregistrés sur les minutes, à peine d'une amende de 10 francs pour chaque omission; — 4° et les secrétaires, tous les actes des administrations qui doivent aussi être enregistrés sur les minutes, à peine d'une amende de 10 francs pour chaque omission.

[Les dispositions relatives aux répertoires sont applicables aux commissaires-priseurs et aux courtiers de commerce (Ord. 26 juin 1816, art. 13, et L. 16 juin 1824, art. 11). — Répertoire des préfectures, sous-préfectures et mairies (V. L. 15 mai 1818, art. 82). — Amendes de 10 fr. réduites à 5 fr. (L. 16 juin 1824, art. 10). — Assurances; répertoire des sociétés et assureurs, livres des courtiers et notaires (LL. 5 juin 1850, art. 35, 44 et 45, 23 août 1871, art. 7 et 22, Décr. 25 novembre 1871, art. 2 et 4).]

ART. 50. — Chaque article du répertoire contiendra : — 1° son numéro; — 2° la date de l'acte; — 3° sa nature; — 4° les noms et prénoms des parties et leur domicile; — 5° l'indication des biens : leur situation et le prix, lorsqu'il s'agira d'actes qui auront pour objet la propriété, l'usufruit ou la jouissance de biens-fonds; — 6° la relation de l'enregistrement.

[V. pour les notaires (L. 25 ventôse an XI, art 29 et 30); — pour les huissiers (Décr. 14 juin 1813, art. 47, et C. comm. art. 176); — pour les greffiers (L. 21 ventôse an VII, art. 13). — Copies d'exploits (L. 30 décembre 1873, art. 4).]

ART. 51. — Les notaires, huissiers, greffiers, et les secrétaires des administrations centrales et municipales présenteront, tous les trois mois, leurs répertoires aux receveurs de l'Enregistrement de leur résidence, qui les viseront, et qui énonceront dans leur *visa* le nombre des actes inscrits. Cette présentation aura lieu, chaque année, dans la première décade de chacun des mois de nivôse, germinal, messidor et vendémiaire à peine d'une amende de 10 francs pour chaque décade de retard.

[V. pour l'amende (L. 16 juin 1824, art. 10, § 1er). — Dépôt annuel d'un double du répertoire des notaires (Décr. 29 septembre-6 octobre 1791 et L. 16 floréal an IV, série des lois sur le notariat), — des commissaires-priseurs et courtiers (Ord. 26 juin 1816 et L. 16 juin 1824, art. 11, § 1er).]

ART. 52. — Indépendamment de la représentation ordonnée par l'article précédent, les notaires, huissiers, greffiers et secrétaires, seront tenus de communiquer leurs répertoires, à toute réquisition, aux préposés de l'Enregistrement qui se présenteront chez eux pour les vérifier, à peine d'une amende de 50 francs en cas de refus. — Le préposé, dans ce cas, requerra l'assistance d'un officier municipal, ou de l'agent ou de l'adjoint de la commune du lieu, pour dresser, en sa présence, procès-verbal du refus qui lui aura été fait.

[L'amende est réduite à 10 fr. (V. L. 16 juin 1824, art. 10).]

ART. 53. — Les répertoires seront cotés et parafés, savoir : ceux des notaires, huissiers et greffiers de la justice de paix, par le juge de paix de leur domicile; ceux des greffiers des tribunaux, par le président, et ceux des secrétaires des administrations, par le président de l'administration.

[V. pour les notaires (L. 25 ventôse an XI, art. 30), — et pour les huissiers (Décr. 14 juin 1813, art. 46).]

ART. 54. — Les dépositaires des registres de l'état civil, ceux des rôles des contributions, et tous autres chargés des archives et dépôts de titres publics, seront tenus de les communiquer, sans déplacer, aux préposés de l'Enregistrement, à toute réquisition, et de leur laisser prendre, sans frais, les renseignements, extraits et copies qui leur seront nécessaires pour les intérêts de la République, à peine de 50 francs d'amende pour refus constaté par procès-verbal du préposé, qui se fera accompagner, ainsi qu'il est prescrit par l'article 52 ci-dessus, chez les détenteurs et dépositaires qui auront fait refus. — Ces dispositions s'appliquent aussi aux notaires, huissiers, greffiers et secrétaires d'administrations centrales et municipales, pour les actes dont ils sont dépositaires. — Sont exceptés les testaments et autres actes de libéralité à cause de mort, du vivant des testateurs. — Les communications ci-dessus ne pourront être exigées les jours de repos; et les séances, dans chaque autre jour, ne pourront durer plus de quatre heures, de la part des préposés, dans les dépôts où ils feront leurs recherches.

[Amende réduite à 10 fr. (L. 16 juin 1824, art. 10). — Registres et actes des communes et établissements publics (Décr. 4 messidor an XIII, art. 1er, et L. 15 mai 1818, art. 82). — Registre des magasins généraux (L. 28 mai 1858, art. 13, § 4). — Registres à souche des actions et obligations des sociétés, registres des transferts et conversions (L. 5 juin 1850, art. 19 et 28 [sur le timbre], et Décr. 17 juillet 1857, art. 9). — Registres à souche des obligations des départements, communes et établissements publics (L. 5 juin 1850, art. 28 [sur le timbre]). — Répertoires, polices et autres documents des compagnies d'assurances, courtiers et notaires (L. 5 juin 1850, art. 35, 44, 45 et 47 [sur le timbre], et Décr. 25 novembre 1871, art. 8, dernier al.). — Registre des récépissés et autres documents des compagnies de chemins de fer (L. 13 mai 1863, art. 10, §§ 5 et 6 [sur le timbre]). — Registre des entrepreneurs de messageries ou de roulage (Décr. 13 août 1810, art. 6 [V. L. 23 août 1871, art. 22, note 1 (sur le timbre), et L. 30 mars 1872, art. 2, 3e al. [sur le timbre]). — Livres, registres, titres, pièces de recette, de dépense et de comptabilité des sociétés, assureurs, entrepreneurs de transports et tous autres assujettis aux vérifications de l'administration (L. 23 août 1871, art. 22 [sur le timbre]). — V. pour les jours de repos, art. 27 *suprà*, note 1.]

ART. 55. — Les notices des actes de décès, qui, aux termes de l'article 5 de la loi du 13 fructidor an VI, relative à la célébration des décadis, doivent être remises, pour chaque décade, au chef-lieu du canton, par les officiers publics ou les agents de communes faisant fonctions d'officier publics, seront transcrites sur un registre particulier tenu par les secrétaires des administrations municipales. — Ces secrétaires fourniront, par quartier, aux receveurs de l'Enregistrement de l'arrondissement, les relevés, par eux certifiés, desdits actes de décès. Ils seront délivrés sur papier non timbré, et remis dans les mois de nivôse, germinal, messidor et vendémiaire, à peine d'une amende de 30 francs pour chaque mois de retard. Ils en retireront un *récépissé*, aussi sur papier non timbré.

[La loi du 13 fructidor an VI, IIe série, Bull. 221, n° 1980, a cessé d'être en vigueur. — Les maires chargés dans chaque commune des fonctions précédemment attribuées aux administrations municipales de canton (L. 28 pluviôse an VIII, art. 13, IIIe série, Bull. 17, n° 115), sont tenus de remplir l'obligation qui incombait à ces dernières (L. 27 ventôse an IX, *intrà*, art. 6, et Inst. n° 70), dans les mois de janvier, avril, juillet et octobre. — L'amende est réduite à 10 fr. fixe (L. 16 juin 1824, art. 10).]

Art. 56. — Les receveurs de l'Enregistrement ne pourront, sous aucun prétexte, lors même qu'il y aurait lieu à l'expertise, différer l'enregistrement des actes et mutations dont les droits auront été payés aux taux réglés par la présente. — Ils ne pourront non plus suspendre ou arrêter le cours des procédures en retenant des actes ou exploits; cependant, si un acte dont il n'y a pas de minute, ou un exploit, contient des renseignements dont la trace puisse être utile pour la découverte des droits dus, le receveur aura la faculté d'en tirer copie, et de la faire certifier conforme à l'original par l'officier qui l'aura présenté. En cas de refus, il pourra réserver l'acte pendant vingt-quatre heures seulement, pour s'en procurer une collation en forme, à ses frais, sauf répétition s'il y a lieu. — Cette disposition est applicable aux actes sous signature privée qui seront présentés à l'Enregistrement.

[Collation (*V.* art. 1335, n° 1, C. civ.). — Défense d'enregistrer les actes d'aliénation de biens formant des majorats (Décr. 1er mars 1808, art. 43).]

Art. 57. — La quittance de l'enregistrement sera mise sur l'acte enregistré, ou sur l'extrait de la déclaration du nouveau possesseur. — Le receveur y exprimera en toutes lettres la date de l'enregistrement, le folio du registre, le numéro, et la somme des droits perçus. — Lorsque l'acte renfermera plusieurs dispositions opérant chacune un droit particulier, le receveur les indiquera sommairement dans sa quittance, et y énoncera distinctement la quotité de chaque droit perçu, à peine d'une amende de 10 francs pour chaque omission.

[L'amende est réduite à 5 fr. (*V.* L. 16 juin 1824, art. 10).]

Art. 58. — Les receveurs de l'Enregistrement ne pourront délivrer d'extraits de leurs registres que sur une ordonnance du juge de paix, lorsque ces extraits ne seront pas demandés par quelqu'une des parties contractantes, ou leurs ayants cause. — Il leur sera payé 1 franc pour recherche de chaque année indiquée, et 50 centimes par chaque extrait, outre le papier timbré : ils ne pourront rien exiger au delà.

Art. 59. — Aucune autorité publique, ni la Régie, ni ses préposés, ne peuvent accorder de remise ou modération des droits établis par la présente et des peines encourues, ni en suspendre ou faire suspendre le recouvrement, sans en devenir personnellement responsables.

TITRE VIII. — *Des droits acquis et des prescriptions.*

Art. 60. — Tout droit d'enregistrement perçu régulièrement, en conformité de la présente, ne pourra être restitué, quels que soient les événements ultérieurs, sauf les cas prévus par la présente.

[Cas de restitution (*suprà* art. 48, et *intrà* art. 69, § 3, n° 3 [justification d'acte antérieurement enregistré]. — *V.* en outre Av. Cons. d'Et. 18-22 octobre 1808 [adjudication annulée], LL. 28 avril 1816, art. 40 [succession, retour de l'absent], 3 mai 1841, art. 58, 3e al. [expropriations, acquisitions amiables], 25 juin 1841, art. 14 [offices, cession non suivie d'effet, réduction de prix]).]

Art. 61. — Il y a prescription pour la demande des droits, savoir :

1° Après deux années, à compter du jour de l'enregistrement, s'il s'agit d'un droit non perçu sur une disposition particulière dans un acte, ou d'un supplément de perception insuffisamment faite, ou d'une fausse évaluation dans une déclaration, et pour la constater par voie d'expertise.

[Prescription des amendes (Av. Cons. d'Ét. 18-22 août 1810 et L. 16 juin 1824, art. 14). — Suppléments de droits sur les échanges d'immeubles contigus (L. 27 juillet 1870, art. 4, § 5). — Dissimulation des sommes en matière de droit gradué (L. 28 février 1872, art. 3). — Expertise : délai d'un an [mutations d'immeubles à titre onéreux] (art. 17 *suprà*); — de trois mois [ventes de fonds de commerce] (L. 28 février 1872, art. 8, § 4).]

Les parties seront également non recevables, après le même délai, pour toute demande en restitution de droits perçus ;

[Comp. LL. 3 mai 1841, art. 58, 3e al., et 25 juin 1841, art. 14, 3e al.]

2° Après trois années, aussi à compter du jour de l'enregistrement, s'il s'agit d'une omission de biens dans une déclaration faite après décès ;

[Délai porté à cinq ans (L. 18 mai 1850; art. 11); — délai de trente ans, en matière de rentes sur l'Etat (L. 8 juillet 1852, art. 26).]

3° Après cinq années, à compter du jour du décès, pour les successions non déclarées.

[Délai porté à dix ans (L. du 18 mai 1850, art. 11); — délai de trente ans, en matière de rentes sur l'Etat (L. 8 juillet 1852, art. 26).]

Les prescriptions ci-dessus seront suspendues par des demandes signifiées et enregistrées avant l'expiration des délais; mais elles seront acquises irrévocablement, si les poursuites commencées sont interrompues pendant une année, sans qu'il y ait d'instance devant les juges compétents, quand même le premier délai pour la prescription ne serait pas expiré.

[Prescription de dix ans, en matière d'assistance judiciaire (L. 22 janvier 1851, art. 75); — de trente ans et de dix ans, en matière de dissimulation de prix de vente, de soultes d'échange ou de partage et de mutations de fonds de commerce (LL. 23 août 1871, art. 13, et 28 février 1872, art. 8, § 3).]

Art. 62. — La date des actes sous signature privée ne pourra cependant être opposée à la République pour prescription des droits et peines encourues, à moins que ces actes n'aient acquis une date certaine par le décès de l'une des parties, ou autrement.

[*V.* C. civ. art. 1328.]

TITRE IX. — *Des poursuites et instances.*

Art. 63. — La solution des difficultés qui pourront s'élever relativement à la perception des droits d'enregistrement, avant l'introduction des instances, appartient à la Régie.

ART. 64. — Le premier acte de poursuite pour le recouvrement des droits d'enregistrement et le payement des peines et amendes prononcées par la présente, sera une contrainte : elle sera décernée par le receveur ou préposé de la Régie ; elle sera visée et déclarée exécutoire par le juge de paix du canton où le bureau est établi, et elle sera signifiée. — L'exécution de la contrainte ne pourra être interrompue que par une opposition formée par le redevable et motivée, avec assignation, à jour fixe, devant le tribunal civil du département. Dans ce cas, l'opposant sera tenu d'élire domicile dans la commune où siége le tribunal.

ART. 65. — L'introduction et l'instruction des instances auront lieu devant les tribunaux civils de département : la connaissance et la décision en sont interdites à toutes autres autorités constituées ou administratives. L'instruction se fera par simples mémoires respectivement signifiés. — Il n'y aura d'autres frais à supporter, pour la partie qui succombera, que ceux du papier timbré, des significations et du droit d'enregistrement des jugements. — Les tribunaux accorderont soit aux parties, soit aux préposés de la Régie qui suivront les instances, le délai qu'ils leur demanderont pour produire leurs défenses : il ne pourra néanmoins être de plus de trois décades. — Les jugements seront rendus dans les trois mois, au plus tard, à compter de l'introduction des instances, sur le rapport d'un juge, fait en audience publique, et sur les conclusions du commissaire du Directoire exécutif : ils seront sans appel, et ne pourront être attaqués que par voie de cassation.

[*V.* L. 27 ventôse an IX, art. 17. — Procédure en expertise (*V.* art. 18, *suprà*, et les annotations). — Preuves des dissimulations de prix de vente, de soultes d'échange ou de partage, et de prix de vente de fonds de commerce; droit commun (LL. 23 août 1871, art. 13 et 28 février 1872, art. 8, § 3).]

ART. 66. — Les frais de poursuite payés par les préposés de l'Enregistrement, pour des articles tombés en non-valeur pour cause d'insolvabilité reconnue des parties condamnées, leur seront remboursés sur l'état qu'ils en rapporteront à l'appui de leurs comptes. L'état sera taxé sans frais par le tribunal civil du département et appuyé de pièces justificatives.

TITRE X. — *De la fixation des droits.*

ART. 67. — Les droits à percevoir pour l'enregistrement des actes et mutations, sont et demeurent fixés aux taux et quotités tarifés par les articles 68 et 69 suivants.

[Décimes (*V.* LL. 6 prairial an VII, 14 juillet 1855, art. 5, 2 juillet 1862, art. 14, et 23 août 1871, art. 1er).]

DROITS FIXES.

ART. 68. — Les actes compris sous cet article seront enregistrés et les droits payés ainsi qu'il suit, savoir :

§ 1er. — *Actes sujets à un droit fixe d'un franc.*

1° Les abstentions, répudiations et renonciations à successions, legs ou communautés, lorsqu'elles seront pures et simples, si elles ne sont pas faites en justice. — *Il est dû un droit par chaque renonçant et pour chaque succession à laquelle on renonce ;*

[Tarifées à 2 fr. (L. 18 mai 1850, art. 8) ; — à 3 fr. (L. 28 février 1872, art. 4).]

2° Les acceptations de successions, legs ou communautés, aussi lorsqu'elles sont pures et simples. — *Il est dû un droit par chaque acceptant et pour chaque succession ;*

[Par acte civil, 2 fr. (L. 18 mai 1850, art. 8) ; — porté à 3 fr. (L. 28 février 1872, art. 4). — Par acte au greffe (V. *infrà*, § 2, n° 7).]

3° Les acceptations de transports ou délégations de créances à terme, faites par actes séparés, lorsque le droit proportionnel a été acquitté pour le transport ou la délégation ; — et celles qui se font dans les actes mêmes de délégation de créances aussi à terme ;

[Par acte civil, 2 fr. (L. 18 mai 1850, art. 8); — porté à 3 fr. (28 février 1872, art. 4).]

4° Les acquiescements purs et simples, quand ils ne sont point faits en justice ;

[Tarifés à 2 fr. (L. 28 avril 1816, art. 43, n° 1) ; — par acte civil, 3 fr. (L. 28 février 1872, art. 4).]

5° Les actes de notoriété ;

[Tarifés à 2 fr. (L. 28 avril 1816, art. 43, n° 2) ; — à 3 fr. (L. 28 février 1872, art. 4).]

6° Les actes qui ne contiennent que l'exécution, le complément et la consommation d'actes antérieurs enregistrés ;

[Par acte civil ou administratif, 2 fr. (L. 18 mai 1850, art. 8); — porté à 3 fr. (L. 28 février 1872, art. 4).]

7° Les actes refaits pour cause de nullité ou autre motif, sans aucun changement qui ajoute aux objets des conventions ou à leur valeur ;

[Tarifés à 2 fr. (L. 28 avril 1816, art. 43, n° 3) ; — droit porté à 3 fr. (L. 28 février 1872, art. 4), pour les actes civils, administratifs ou judiciaires.]

8° Les adjudications à la folle enchère, lorsque le prix n'est pas supérieur à celui de la précédente adjudication, si elle a été enregistrée ;

[Tarifées à 3 fr. (L. 28 avril 1816, art. 44, n° 1) ; — à 4 fr. 50 cent. (L. 28 février 1872, art. 4).]

9° Les adoptions ;

[Actes civils, 2 fr. (L. 18 mai 1850, art. 8) ; — 3 fr. (L. 28 février 1872, art. 4). — Actes judiciaires (*V.* L. 28 avril 1816, art. 48 et 49, et L. 28 février 1872, art. 4). — Actes de tutelle officieuse (*V.* L. 28 avril 1816, art. 48, n° 1).]

10° Les attestations pures et simples ;

[Par acte civil, 2 fr. (L. 18 mai 1850, art. 8) ; — 4 fr. (L. 28 février 1872, art. 4).]

11° Les avis de parents, autres que ceux contenant nomination de tuteurs et curateurs ;

[Tarifés à 2 fr. (L. 28 avril 1816, art. 43, n° 4) ; — à 4 fr. (L. 19 juillet 1845, art. 5) ; — à 6 fr. (L. 28 février 1872, art. 4).]

12° Les autorisations pures et simples ;

[Tarifées à 2 fr. (L. 28 avril 1816, art. 43, n° 5) ; — par acte civil ou judiciaire, 3 fr. (L. 28 février 1872, art. 4).]

13° Les bilans ;

[Tarifés à 2 fr. (L. 18 mai 1850, art. 8) ; — à 3 fr. (L. 28 février 1872, art. 4) ; — pour les dépôts de bilan (V. § 2, n° 7, du présent article).]

14° Les brevets d'apprentissage qui ne contiennent ni obligation de sommes et valeurs mobilières, ni quittance ;

[V. art. 69, § 2, n° 7, et L. 18 mai 1850, art. 8. — Tarifés à 1 fr. (L. 22 février 1851) ; — à 1 fr. 50 cent. (L. 28 février 1872, art. 4).]

15° Les cautionnements de personnes à représenter en justice ;

[Tarifés à 50 c. par 100 fr. (L. 28 avril 1816, art. 50).]

16° Les certifications de cautions et de cautionnements ;

[Tarifées à 2 fr. (L. 28 avril 1816, art. 43, n° 6) ; — à 3 fr. (L. 28 février 1872, art. 4).]

17° Les certificats purs et simples, ceux de vie par chaque individu, et ceux de résidence ;

[Certificats purs et simples : actes civils, tarifés à 2 fr. (L. 18 mai 1850, art. 8) ; — à 3 fr. (L. 28 février 1872, art. 4) ; — actes judiciaires, tarifés à 1 fr. 50 cent. (L. 28 février 1872, art. 4) ; — certificats de vie ou de résidence, tarifés à 1 fr. 50 cent. (L. 28 février 1872, art. 4) ; — délivrés aux rentiers et pensionnaires de l'État, exempts (Décr. 21 août 1806, art. 10).]

18° Les collations d'actes et pièces ou des extraits d'iceux, par quelque officier public qu'elles soient faites. — *Le droit sera payé par chaque acte, pièce ou extrait collationné ;*

[Par acte civil ou administratif, 2 fr. (L. 18 mai 1850, art. 8) ; — 3 fr. (L. 28 février 1872, art. 4) ; — par acte judiciaire, 1 fr. 50 c. (L. 28 février 1872, art. 4).]

19° Les compromis qui ne contiennent aucune obligation de sommes et valeurs donnant lieu au droit proportionnel ;

Tarifés à 3 fr. (L. 28 avril 1816, art. 44, n° 2) ; — à 4 fr. 50 cent. (L. 28 février 1872, art. 4).]

20° Les connaissements ou reconnaissances de chargement par mer et lettres de voiture. — *Il est dû un droit par chaque personne à qui les envois sont faits ;*

[Connaissements tarifés à 3 fr. (L. 28 avril 1816, art. 44, n° 6) ; — à 4 fr. 50 cent. (L. 28 février 1872, art. 4). — Lettres de voitures tarifées à 2 fr. (L. 18 mai 1850, art. 8) ; — à 3 fr. (L. 28 février 1872, art. 4).]

21° Les consentements purs et simples ;

[Tarifés à 2 fr. (L. 28 avril 1816, art. 43, n° 7) ; — à 3 fr. (L. 28 février 1872, art. 4). — Les consentements à mainlevée d'hypothèques sont soumis au droit gradué (L. 28 février 1872, art. 1er, n° 7).]

22° Les décharges également pures et simples, et les récépissés de pièces ;

[Tarifés à 2 fr. (L. 28 avril 1816, art. 43, n° 8) ; — droit porté à 3 fr. pour les actes civils ou judiciaires (L. 28 février 1872, art. 4).]

23° Les déclarations aussi pures et simples, en matière civile ;

[Tarifées à 2 fr. (L. 28 avril 1816, art. 43, n° 9) ; — droit porté à 3 fr. (L. 28 février 1872, art. 4).]

24° Les déclarations ou élections de command ou d'ami, lorsque la faculté d'élire un command a été réservée dans l'acte d'adjudication ou le contrat de vente, et que la déclaration est faite par acte public, et notifiée dans les vingt-quatre heures de l'adjudication ou du contrat ;

[Tarifées à 3 fr. (L. 28 avril 1816, art. 44, n° 3) ; — droit porté à 4 fr. 50 cent. (L. 28 février 1872, art. 4).]

25° Les délivrances de legs pures et simples ;

[Tarifées au droit fixe gradué (L. 28 février 1872, art. 1er, n° 6).]

26° Les dépôts d'actes et pièces chez les officiers publics ;

[Tarifés à 2 fr. (L. 28 avril 1816, art. 43, n° 10) ; — droit porté à 3 fr. (L. 28 février 1872, art. 4).]

27° Les dépôts et consignations de sommes et effets mobiliers chez des officiers publics, lorsqu'ils n'opèrent pas la libération des déposants ; et les décharges qu'en donnent les déposants ou leurs héritiers, lorsque la remise des objets déposés leur est faite ;

[Tarifés à 2 fr. (L. 28 avril 1816, art. 43, n° 11) ; — droit porté à 3 fr. (L. 28 février 1872, art. 4). — Comp. L. 28 nivôse an XIII, art. 3, relative aux consignations).]

28° Les désistements purs et simples ;

[Tarifés à 2 fr. (L. 28 avril 1816, art. 43, n° 12) ; — droit porté à 3 fr. (L. 28 février 1872, art. 4).]

29° Les devis d'ouvrages et entreprises qui ne contiennent aucune obligation de somme et valeur, ni quittance ;

[Tarifés à 2 fr. (L. 18 mai 1850, art. 8) ; — à 3 fr. (L. 28 février 1872, art. 4).]

30° Les exploits, les significations, celles des cédules des juges de paix, les commandements, demandes, notifications, citations, offres ne faisant pas titre au créancier et non acceptées, oppositions, sommations, procès-verbaux, assignations, protêts, interventions à protêt, protestations, publications et affiches, saisies, saisies-arrêts, séquestres, mainlevées, et généralement tous actes extrajudiciaires des huissiers ou de leur ministère, qui ne peuvent donner lieu au droit proportionnel, sauf les exceptions mentionnées dans la présente ; — et aussi les exploits, significations et tous autres actes extrajudiciaires faits pour le recouvrement des contributions directes et indirectes, et de toutes autres sommes dues à la nation, même des contributions locales, mais seulement lorsque la somme principale excède 25 francs. — *Il sera dû un droit pour chaque demandeur ou défendeur, en quelque nombre qu'ils soient, dans le même acte, excepté les copropriétaires et cohéritiers, les parents réunis, les cointéressés, les débiteurs ou créanciers associés ou solidaires, les séquestres, les experts et les témoins, qui ne seront comptés que pour une seule et même personne, soit en demandant, soit en défendant dans le même original d'acte, lorsque leurs qualités y seront exprimées ;*

[Les seuls exploits restés soumis au tarif de 1 fr. sont ceux compris dans le n° 48 du présent paragraphe, les exploits pour le recouvrement des contributions publiques excédant 100 francs (L. 16 juin, art. 6) et les protêts (Décr. 23 mars 1864, art. 1er). Les droits pour les autres exploits varient suivant le tribunal ou la cour devant qui il est procédé (V. L.

28 avril 1816, art. 41, 42, 43 nº 13, 44 nºˢ 7 et 11, 45 nº 1; et L. 19 juillet 1845, art. 5). — Ils sont augmentés de moitié (L. 19 février 1874, art. 2).]

31° Les lettres missives qui ne contiennent ni obligation, ni quittance, ni aucune autre convention donnant lieu au droit proportionnel;

[Tarifées à 2 fr. (L. 28 avril 1816, art. 43, nº 14); — à 3 fr. (L. 28 février 1872, art. 4).]

32° Les nominations d'experts ou arbitres;

[Tarifées, savoir : les nominations d'experts à 2 fr. (L. 28 avril 1819, art. 43, nº 15), — et les nominations d'arbitres à 3 fr. (même loi, art. 44, nº 2). — Droits respectivement élevés à 3 fr. et à 4 fr. 50 cent. pour les actes civils ou judiciaires (L. 28 février 1872, art. 4).]

33° Les prises de possession en vertu d'actes enregistrés;

[Par acte *civil*, 2 fr. (L. 18 mai 1850, art. 8); — 3 fr. (L. 28 février 1872, art. 4).]

34° Les prisées de meubles;

[Par acte *civil*, 2 fr. (L. 18 mai 1850, art. 8); — 3 fr. (L. 28 février 1872, art. 4).]

35° Les procès-verbaux et rapports d'employés, gardes, commissaires, séquestres, experts, arpenteurs et agents forestiers ou ruraux;

[Tarifés à 2 fr. (L. 28 avril 1816, art. 43, nº 16); — droit porté à 3 fr. pour les actes civils (L. 28 février 1872, art. 4).]

36° Les procurations et pouvoirs pour agir ne contenant aucune stipulation ni clause donnant lieu au droit proportionnel;

[Tarifés à 2 fr. (L. 28 avril 1816, art. 43, nº 17); — à 3 fr. (L. 28 février 1872, art. 4).]

37° Les promesses d'indemnités indéterminées et non susceptibles d'estimation;

[Tarifées à 2 fr. (L. 28 avril 1816, art. 43, nº 18); — à 3 fr. (L. 28 février 1872, art. 4. — Comp. art. 69, § 2, nº 8, *infrà*).]

38° Les ratifications pures et simples d'actes en forme;

[Tarifées à 2 fr. (L. 18 mai 1850, art. 8); — à 3 fr. (L. 28 février 1872, art. 4).]

39° Les reconnaissances aussi pures et simples ne contenant aucune obligation ni quittance;

[Tarifées à 2 fr. (L. 28 avril 1816, art. 43, nº 19); — à 3 fr. (L. 28 février 1872, art. 4).]

40° Les résiliements purs et simples, faits par actes authentiques dans les vingt-quatre heures des actes résiliés;

[Tarifés à 2 fr. (L. 20 avril 1816, art. 43, nº 20); — à 3 fr. (L. 28 février 1872, art. 4).]

41° Les rétractations et révocations;

[Tarifées à 2 fr. (L. 28 avril 1816, art. 43, nº 21); — à 3 fr. (L. 28 février 1872, art. 4).]

42° Les réunions de l'usufruit à la propriété, lorsque la réunion s'opère par acte de cession, et qu'elle n'est pas faite pour un prix supérieur à celui sur lequel le droit a été perçu lors de l'aliénation de la propriété;

[Tarifées à 3 fr. (L. 28 avril 1816, art. 44, nº 4); — à 4 fr. 50 cent. (L. 28 février 1872, art. 4. — Comp. art. 15, nºˢ 6 et 7, *suprà*).]

43° Les soumissions et enchères, hors celles faites en justice, sur des objets mis ou à mettre en adjudication ou en vente, ou sur des marchés à passer, lorsqu'elles seront faites par actes séparés de l'adjudication;

[Tarifées à 2 fr. (L. 18 mai 1850, art. 8); — à 3 fr. (L. 28 février 1872, art. 4).]

44° Les titres nouvels ou reconnaissances de rentes dont les contrats sont justifiés en forme;

[Tarifés à 3 fr. (L. 28 avril 1816, art. 44, nº 5); — au droit fixe gradué (L. 28 février 1872, art. 1ᵉʳ, nº 10.]

45° Les transactions, en quelque matière que ce soit, qui ne contiennent aucune stipulation de somme et valeur, ni dispositions soumises par la présente à un plus fort droit d'enregistrement;

[Tarifées à 3 fr. (L. 28 avril 1816, art. 44, nº 8); — à 4 fr. 50 cent. (L. 28 février 1872, art. 4).]

46° Les actes (les cédules exceptées) et jugements préparatoires, interlocutoires ou d'instruction des juges de paix; certificats d'individualité, procès-verbaux d'avis de parents, *visa* de pièces et poursuites préalables à l'exercice de la contrainte par corps; les oppositions à levée de scellés, par comparence personnelle dans le procès-verbal les ordonnances et mandements d'assigner les opposants à scellés; tous autres actes des juges de paix non classés dans les paragraphes et articles suivants, et leurs jugements définitifs portant condamnation de sommes dont le droit proportionnel ne s'élèverait pas à 1 franc;

[Tarifés à 1 fr. 50 cent. (L. 28 février 1872, art. 4. — V. *infrà*: nº 47; § 2, nºˢ 3, 4 et 5; § 4, nº 2; art. 69, § 2, nº 9); — avis de parents (LL. 28 avril 1816, art. 43, nº 4, et 19 juillet 1845, art. 5); — jugements définitifs rendus au delà de la compétence ordinaire (L. 28 avril 1816, art. 44, nº 9).]

47° Tous les procès-verbaux des bureaux de paix desquels il ne résulte aucune disposition donnant lieu au droit proportionnel, ou dont le droit proportionnel ne s'élèverait pas à 1 franc;

[Tarifés à 1 fr. 50 cent. (L. 28 février 1872, art. 4).]

48° Les actes et jugements de la police ordinaire et des tribunaux de police correctionnelle et criminels, soit entre parties, soit sur la poursuite du ministère public, avec partie civile, lorsqu'il n'y a pas condamnation de sommes et valeurs, ou dont le droit proportionnel ne s'élèverait pas à 1 franc; et les dépôts et décharges aux greffes desdits tribunaux, dans les mêmes cas où il y a partie civile;

[Tarif porté à 1 fr. 50 cent. pour les actes *judiciaires* (L. 28 février 1872, art. 4).]

49° Les jugements qui seront rendus en matière de contributions, soit directes, soit indirectes, ou pour autres sommes dues à la nation, ou pour contributions locales, quel que soit le montant des condamnations, et de quelque autorité ou tribunal qu'émanent les jugements;

[Abrogé (*V.* L. 28 avril 1816, art. 39).]

50° Les procès-verbaux de délits et contraventions aux règlements généraux de police ou d'impositions;

[Comp. nº 35 *suprà*, et L. 28 avril 1816, art. 43, nº 16.]

51° Et généralement tous actes civils, judiciaires ou extrajudiciaires qui ne se trouvent dénommés dans aucun des paragraphes suivants, ni dans aucun autre article de la présente, et qui ne peuvent donner lieu au droit proportionnel;

[Tarif porté pour les actes civils à 2 fr. (L. 18 mai 1850, art. 8); — à 3 fr. (L 28 février 1872, art. 4); — pour les actes judiciaires et extrajudiciaires, à 1 fr. 50 cent. (L. 28 février 1872, art. 4, L. 19 février 1874, art. 2). — Les prorogations de délai sont soumises au droit fixe gradué (L. 28 février 1872, art. 1er, n° 8).

[V. L. 21 ventôse an VII, art. 5 (cautionnements des conservateurs d'hypothèques); L. 16 septembre 1807, art. 21 et 31 (dessèchement des marais); L. 21 mai 1836 (chemins vicinaux); L. 22 février 1851 (contrats d'apprentissage); Décr. 10 août 1853 (servitudes militaires); L. 18 juillet 1866 (étangs de la Dombes).]

§. 2. — *Actes sujets à un droit fixe de deux francs.*

1° Les inventaires de meubles, objets mobiliers, titres et papiers. — *Il est dû un droit pour chaque vacation;*

[Tarifés à 3 fr. (L. 28 février 1872, art. 4). — V. pour les inventaires après faillite, L. 24 mai 1834, art. 11.]

2° Les clôtures d'inventaires;

[Tarifées à 3 fr. (L. 28 février 1872. art. 4).]

3° Les procès-verbaux d'apposition, de reconnaissance et de levée de scellés. — *Il est dû un droit pour chaque vacation;*

[Tarifés à 4 fr. (L. 19 juillet 1845, art. 5; — à 6 fr. (L. 28 février 1872, art. 4). — V. pour les procès-verbaux dressés après faillite, L. 24 mai 1834, art. 11.]

4° Les procès-verbaux de nomination de tuteurs et curateurs;

[Tarifés à 4 fr. (L. 19 juillet 1845, art. 5; — à 6 fr. (L. 28 février 1872, art. 4).]

5° Les jugements des juges de paix portant renvoi ou décharge de demande, débouté d'opposition, validité de congé, expulsion, condamnation à réparation d'injures personnelles, et généralement tous ceux qui, contenant des dispositions définitives, ne donnent pas ouverture au droit proportionnel;

[V. L. 28 avril 1816, art. 44, n° 9. — Tarif élevé à 3 fr. (L. 28 février 1872, art. 4).]

6° Les ordonnances des juges des tribunaux civils, rendues sur requêtes ou mémoires, celles de référé, de compulsoire et d'injonction, celles portant permission de saisir-gager, revendiquer ou vendre, et celles des commissaires du Directoire exécutif dans le cas où la loi les autorise à en rendre; — les actes et jugements préparatoires ou d'instruction de ces tribunaux et des arbitres; — et les actes faits ou passés aux greffes des mêmes tribunaux, portant acquiescement, dépôt, décharge, désaveu, exclusion de tribunaux, affirmation de voyage, opposition à remise de pièces, enchères, surenchères, renonciation à communauté, succession ou legs (*il est dû un droit par chaque renonçant*), reprise d'instance, communication de pièces sans déplacement, affirmation et vérification de créance, opposition à délivrance de jugement;

[Tarifés par la loi du 28 avril 1816, art. 44, n° 10, et 45 n° 6, à 3 fr. (4 fr. 50, L. 28 février 1872, art. 4), — et à 5 fr. (7 fr. 50 cent., L. 28 février 1872, art. 4.) — Affirmations de créances (V. L. 24 mai 1834. art. 13).]

7° Les ordonnances sur requêtes ou mémoires, celles de réassigné, et tous actes et jugements préparatoires ou d'instruction des tribunaux de commerce; — et les actes passés aux greffes des mêmes tribunaux, portant dépôt de bilan et registres, opposition à publication de séparation, dépôt de sommes et pièces, et tous autres actes conservatoires ou de formalité;

[Tarifés à 3 fr. (L. 28 avril 1816, art. 44, n° 10); — à 4 fr. 50 cent. (L. 28 février 1872, art. 4).]

8° Les expéditions des ordonnances et procès-verbaux des officiers publics de l'état civil, contenant indication du jour ou prorogation de délai pour la tenue des assemblées préliminaires au mariage ou à divorce;

[Disposition sans objet, par suite de modifications apportées à la législation par le Code civil, art. 144 et suiv., et par la loi du 8 mai 1816, portant abolition du divorce, VIIe série, Bull. 84, n° 645).

[V. L. 8 septembre 1830 (prêts sur dépôts), L. 24 mai 1834, art. 15 (quittance de répartition en matière de faillite), Décr. 24 mars 1848, art. 10, et L. 10 juin 1853, art. 1 et 3 (sous-comptoirs d'escompte), L. 4 août 1851 (banque algérienne), L. 6 juin 1857, art. 1er (marchés pour travail dans les prisons), L. 11 juin 1859, art. 22 (actes de commerce), Décr. 11 août 1864, art. 8 (cautionnements des conservateurs des hypothèques).]

§ 3. — *Actes sujets à un droit fixe de trois francs.*

1° Les contrats de mariage qui ne contiennent d'autres dispositions que des déclarations de la part des futurs, de ce qu'ils apportent eux-mêmes en mariage et se constituent, sans aucune stipulation avantageuse entre eux. — La reconnaissance y énoncée de la part du futur d'avoir reçu la dot apportée par la future, ne donne pas lieu à un droit particulier. — Si les futurs sont dotés par leurs ascendants, ou s'il leur est fait des donations par des collatéraux ou autres personnes non parentes, par leur contrat de mariage, les droits, dans ce cas, sont perçus suivant la nature des biens, ainsi qu'ils sont réglés dans les paragraphes 4, 6 et 7 de l'article suivant;

[Tarifés à 5 fr. (L. 28 avril 1816, art. 45, n° 2); — au droit fixe gradué (L. 28 février 1872, art. 1er, n° 4).]

2° Les partages de biens meubles et immeubles entre copropriétaires, à quelque titre que ce soit, pourvu qu'il en soit justifié. — *S'il y a retour, le droit sur ce qui en sera l'objet sera perçu aux taux réglés pour les ventes;*

[Tarifés à 5 fr. (L. 28 avril 1816, art. 45, n° 3); — au droit fixe gradué (L. 28 février 1872, art. 1er, n° 5). — Pour les soultes ou retours (V. *infrà*, art. 69, § 5, n° 7, et § 7 n° 5).]

3° Les prestations de serment des greffiers et huissiers, des juges de paix, des gardes des douanes, gardes forestiers et gardes champêtres, pour entrer en fonctions;

[Gardes des barrières (L. 27 ventôse an IX, art. 14, § 2). — Préposés de l'octroi (Ord. 9 décembre 1814, art. 58). — Le droit de 3 fr. est élevé à 4 fr. 50 cent. (L. 28 février 1872, art. 4, § 1er. — V. Tarif de 15 fr. [élevé à 22 fr. 50 cent.] § 6, n° 4, *infrà*, et la distinction établie par l'art. 4, § 2, L. 28 février 1872).]

4° Les actes de société qui ne portent ni obligation, ni libération, ni transmission de biens meubles ou immeubles entre les associés ou autres personnes;

[Tarifés à 5 fr. (L. 28 avril 1816, art. 45, n° 2), — puis au droit fixe gradué (L. 28 février 1872, art. 1er, n° 1).]

Et les actes de dissolution de société qui sont dans le même cas;

[Tarifés à 5 fr. (L. 28 avril 1816, art. 45 n° 2); — à 7 fr. 50 c. (L. 28 février 1872, art. 4).]

5° Les testaments et tous autres actes de libéralité qui ne contiennent que des dispositions soumises à l'événement du décès, et les dispositions de même nature qui sont faites par contrat de mariage entre les futurs ou par d'autres personnes. — *Le droit pour ces dispositions par acte de mariage sera perçu indépendamment de celui du contrat;*

[Tarifés à 5 fr. (L. 28 avril 1816, art. 45, n° 4); — à 7 fr. 50 c. (L. 28 février 1872, art. 4). — Donations de biens présents et à venir (Av. du Cons. d'État du 19-22 décembre 1809).]

6° Les unions et directions de créanciers. — *Si elles portent obligation de sommes déterminées par les cointéressés envers un ou plusieurs d'entre eux, ou autres personnes chargées d'agir pour l'union, il sera perçu un droit particulier, comme pour obligation;*

[Tarif porté à 4 fr. 50 cent. (L. 28 février 1872, art. 4. — Comp. *infrà*, § 4, n° 1, et art. 69, § 2, n° 4; L. 24 mai 1834, art. 14, et L. 17 juillet 1856, art. 1er, modifiant l'art. 541 C. comm.).]

7° Les expéditions des jugements des tribunaux civils, rendus en première instance ou sur appel, portant acquiescement, acte d'affirmation, d'appel, de conversion d'opposition en saisie, débouté d'opposition, décharge et renvoi de demande, déchéance d'appel, péremption d'instance, déclinatoire, entérinement de procès-verbaux et rapports, homologation d'actes d'union et atermoiements; injonction de procéder à inventaire, licitation, partage ou vente; mainlevée d'opposition ou de saisie, nullité de procédure; maintenue en possession, résolution de contrat ou de clause de contrat pour cause de nullité radicale, reconnaissance d'écriture; nomination de commissaires, directeurs et séquestres; publication judiciaire de donation, bénéfice d'inventaire, rescision, soumission et exécution de jugement, — et généralement tous jugements de ces tribunaux, ceux de commerce et d'arbitrage, contenant des dispositions définitives qui ne peuvent donner lieu au droit proportionnel, et dont le droit proportionnel ne s'élèverait pas à 3 francs, et qui ne sont pas classés dans les autres paragraphes du présent article,

[Tarifés par les articles 45, nos 5 et 6, 46, 47 et 48, n° 2, et 49 de la loi du 28 avril 1816, à 5, 10, 25, 50, 100 fr. sur les minutes, s'ils sont en premier ressort, et selon les tribunaux et cours d'où ils émanent, soit 7 fr. 50, 15 fr., 37 fr. 50, 75 fr. et 150 fr. (L. 28 février 1872, art. 4). — Jugements de résolution de ventes pour défaut de payement du prix (L. 27 ventôse an IX, art. 12). — Affirmations de créances (L. 24 mai 1834, art. 31).]

§ 7. — *Actes sujets à un droit fixe de cinq francs.*

1° Les abandonnements de biens, soit volontaires, soit forcés, pour être vendus en direction;

[Droit porté à 7 fr. 50 cent. (L. 28 février 1872, art. 4. — Comp. § 3, n° 6, *suprà*, art. 69, § 2, n° 4, L. 24 mai 1834, art. 14, et L. 17 juillet 1856, art. 1er, modifiant l'art. 541 du C. de comm.).]

2° Les actes d'émancipation : *le droit est dû par chaque émancipé;*

[Tarifés à 10 fr. (L. 19 juillet 1845, art. 5); — à 15 fr. (L. 28 février 1872, art. 4).]

3° Les déclarations et significations d'appel des jugements des juges de paix aux tribunaux civils;

[Droit porté à 7 fr. 50 cent. pour les actes judiciaires et extrajudiciaires (L. 28 février 1872, art. 4, et 19 février 1874, art. 2). — Pluralité de droits (V. *suprà*, § 1er, n° 30, dernier alinéa, et L. 27 ventôse an IX, art. 18).]

§ 5. — *Actes sujets à un droit fixe de dix francs.*

Les déclarations et significations d'appel des jugements des tribunaux civils, de commerce et d'arbitrage.

[Droit porté à 15 fr. pour les actes *judiciaires* (L. 28 février 1872, art. 4) et *extrajudiciaires* (L. 19 février 1874, art. 2). — Pluralité de droits (V. *suprà*, § 1er, n° 30, dernier alinéa, et L. 27 ventôse an IX, art. 13).]

§ 6. — *Actes sujets à un droit fixe de quinze francs.*

1° Les actes de divorce;

[*V.* L. 28 avril 1816, art. 45, n° 8, 48, n° 2 et 49, n° 2, *infrà*, — et L. 8 mai 1816, portant abolition du divorce, VIIe série, Bull. 84, n° 645.]

2° Les jugements des tribunaux civils portant interdiction, et ceux de séparation de biens entre mari et femme, lorsqu'ils ne portent point condamnation de sommes et valeurs, ou lorsque le droit proportionnel ne s'élèvera pas à 15 francs;

[Tarifés à 22 fr. 50 cent. (L. 28 février 1872, art. 4). — Pour les arrêts des cours d'appel, le droit a été élevé à 25 fr. (L. 28 avril 1816, art. 47, n° 2), — puis à 37 fr. 50 cent. (L. 28 février 1872, art. 4).]

3° Le premier acte de recours au tribunal de cassation, soit par requête, mémoire ou déclaration, en matière civile, de police ou correctionnelle;

[*V.* arr. 21 pluviôse an XI, art. 1er. — Droit élevé à 25 fr. (L. 28 avril 1816, art. 47, n° 1).]

4° Les prestations de serment des notaires, des greffiers et huissiers des tribunaux civils, criminels, correctionnels et de commerce, et de tous employés salariés par la République, autres que ceux compris sous le paragraphe 3 ci-dessus, nombre 3, pour entrer en fonctions;

[Tarifés à 22 fr. 50. (L. 28 février 1872, art. 4, § 1er). — Avoués (L. 27 ventôse an IX, art. 14, § 2). — Avocats, avoués et défenseurs officieux (Décr. 31 mai 1807, art. 1er). — Comptables directement justiciables de la Cour des comptes (Ord. 29 juillet et 7 octobre 1814. — *V.* en outre la distinction établie par l'art. 4, § 2, L. 28 février 1872).]

§ 7. — *Actes sujets à un droit fixe de vingt-cinq francs.*

Chaque expédition de jugement du tribunal de cassation, délivrée à partie.

[Remplacé par les art. 46, n° 3, et 47, n° 3, de la loi du 28 avril 1816.]

DROITS PROPORTIONNELS.

ART. 69. — Les actes et mutations compris sous cet article seront enregistrés, et les droits payés suivant les quotités ci-après, savoir :

§ 1er. — *Vingt-cinq centimes par cent francs.*

1° Les baux de pâturage et nourriture d'animaux. — *Le droit sera perçu sur le prix cumulé des années du bail, savoir : à raison de vingt-cinq centimes par cent francs sur les deux premières années, et du demi-droit sur les années suivantes ;*

[Ce droit a été réduit à 20 cent. par 100 fr. sur le prix cumulé de toutes les années (L. 16 juin 1824. art. 1er).]

2° Les baux à cheptel et reconnaissances de bestiaux. — *Le droit sera perçu sur le prix exprimé dans l'acte, ou, à défaut, d'après l'évaluation qui sera faite du bétail ;*

[Ce droit a été réduit à 20 cent. par 100 fr. (L. 16 juin 1824, art. 1er).]

3° Les mutations qui s'effectueront par décès en propriété ou usufruit de biens meubles, en ligne directe.

[Tarifées à 1 pour 100, § 3, n° 4, *infrà* et L. 18 mai 1850, art. 10. — Enfants appelés à défaut de parents au degré accessible, tarif de 9 fr. pour. 100 fr. (L. 28 avril 1816, art. 53). — Offices, tarif de 2 fr. pour 100 fr., minimum. (L. 25 juin 1841, art. 8 et 10).]

§ 2. — *Cinquante centimes par cent francs.*

1° Les abandonnements pour fait d'assurance ou grosse aventure. — *Le droit est perçu sur la valeur des objets abandonnés. — En temps de guerre, il n'est dû qu'un demi-droit ;*

[Tarifés à 1 fr. pour 100 fr. (L. 28 avril 1816, art. 51, n° 1).]

2° Les actes et contrats d'assurance. — *Le droit est dû sur la valeur de la prime. — En temps de guerre, il n'y a lieu qu'au demi-droit.*

[*V.* L. 28 avril 1816, art. 51, n° 2, L. 16 juin 1824, art. 5, et L. 23 août 1871, art. 6 à 10.]

3° Les adjudications au rabais et marchés pour constructions, réparations, entretien, approvisionnements et fournitures dont le prix doit être payé par le Trésor national, ou par les administrations centrales et municipales, ou par des établissements publics. — *Le droit est dû sur la totalité du prix,*

[Tarifées à 1 fr. par 100 fr. (L. 28 avril 1816, art. 51, n° 3). — Le droit pour les marchés, dont le prix est à la charge du Trésor, a été fixé à 1 fr. fixe (L. 15 mai 1818, art. 73), — puis à 2 fr. (L. 18 mai 1850, art. 8), — puis au droit gradué (L. 28 février 1872, art. 1er, n° 9. — Comp. § 3, n° 1, *infrà*).]

Et celles au rabais de la levée des contributions directes. — *Le droit est assis sur la somme à laquelle s'élève la remise du percepteur, d'après le montant du rôle ;*

[Disposition sans objet, depuis que le recouvrement des contributions directes est confié à des percepteurs nommés directement par l'Etat (L. 5 ventôse an XII, art. 9, IIIe série, Bull. 345, n° 3610).]

4° Les atermoiements entre débiteurs et créanciers. — *Le droit est perçu sur les sommes que le débiteur s'oblige de payer ;*

[Le droit pour les atermoiements après faillite a été porté à 3 fr. fixe (L. 24 mai 1834, art. 14), — puis à 4 fr. 50 c. (L. 28 février 1872, art. 4).]

5° Les baux ou conventions pour nourriture de personnes, lorsque les années sont limitées. — *Le droit est dû sur le prix cumulé des années du bail ou de la convention ; mais si la durée est illimitée, l'acte sera assujetti au droit réglé par le paragraphe* 5, *nombre* 2, *ci-après. — S'il s'agit de baux de nourriture de mineurs, il ne sera perçu qu'un demi-droit ou vingt-cinq centimes par cent francs, sur le montant des années réunies ;*

[Ce droit, pour baux à durée limitée, a été réduit à 20 c. par 100 fr. (L. 16 juin 1824, art 1er).]

6° Les billets à ordre, les cessions d'actions et coupons d'actions mobilières des compagnies et sociétés d'actionnaires, et tous autres effets négociables de particuliers ou de compagnies, à l'exception des lettres de change tirées de place en place. — *Les effets négociables de cette nature pourront n'être présentés à l'enregistrement qu'avec les protêts qui en auront été faits ;*

[*V.* droit et taxe de transmission établis sur les actions et obligations des sociétés françaises et étrangères (L. 23 juin 1857, art. 6 et 9) ; — sur les obligations des départements, communes, établissements publics et du Crédit foncier (L. 16 septembre 1871, art. 11), — et sur les titres émis par les villes, provinces, corporations et autres établissements publics, étrangers (L. 30 mars 1872, art. 1er). — *V.* pour les lettres de change, L. 28 février 1872, art. 10 ; — pour les warrants, L. 28 mai 1858, art. 13, § 2.]

7° Les brevets d'apprentissage, lorsqu'ils contiendront stipulation de sommes ou valeurs mobilières, payées ou non ;

[Tarifés au droit fixe de 1 fr. (L. 2 février 1851, art. 2), — puis à 1 fr. 50 c. (L. 28 février 1872, art. 4).]

8° Les cautionnements de sommes et objets mobiliers, les garanties mobilières et les indemnités de même nature. — *Le droit sera perçu indépendamment de celui de la disposition que le cautionnement, la garantie ou l'indemnité aura pour objet, mais sans pouvoir l'excéder. — Il ne sera perçu qu'un demi-droit pour les cautionnements des comptables envers la République ;*

[Cautionnements de personnes à représenter à justice, 50 c. pour 100 (L. 28 avril 1816, art 50) ; — de baux, 10 cent. pour 100 (L. 16 juin 1824, art. 1er) ; — des conservateurs des hypothèques, droit fixe (L. 21 ventôse an VII, art. 5. et Décr. 11 août 1864, art. 8) ; — pour marchés dont le prix est payable par le Trésor, droit fixe (L. 15 mai 1818, art. 73, n° 2) ; — droit gradué (L. 28 février 1872, art. 1er, § 9).]

9° Les expéditions des jugements contradictoires ou par défaut, des juges de paix, des tribunaux civils, de commerce et d'arbitrage, de la police ordinaire, de la police correctionnelle et des tribunaux criminels, portant condamnation, collocation ou liquidation de sommes et valeurs mobilières, intérêts et dépens entre particuliers, excepté les dommages-intérêts, dont le droit proportionnel est fixé à 2 pour 100, sous le paragraphe 5, nombre 8, ci-après. — *Dans aucun cas, et pour aucun de ces jugements, le droit proportionnel ne pourra être au-dessous du droit fixe, tel qu'il est réglé dans l'article précédent pour les jugements des divers tribunaux*,

[Le droit est perçu sur les minutes (L. 28 avril 1816, art. 38). — *V.* pour les ordres, collocations et distributions de sommes (L. 28 février 1872, art. 5, 1°).]

Lorsque le droit proportionnel aura été acquitté sur un jugement rendu par défaut, la perception sur le jugement contradictoire qui pourra intervenir, n'aura lieu que sur le supplément des condamnations : il en sera de même des jugements rendus sur appel et des exécutoires. — S'il n'y a pas de supplément de condamnation, l'expédition sera enregistrée pour le droit fixe, qui sera toujours le moindre droit à percevoir. — Lorsqu'une condamnation sera rendue sur une demande non établie par un titre enregistré et susceptible de l'être, le droit auquel l'objet de la demande aurait donné lieu s'il avait été convenu par acte public, sera perçu indépendamment du droit dû pour l'acte ou le jugement qui aura prononcé la condamnation ;

[*V.* L. 28 avril 1816, art. 57, relatif à la production d'actes au cours d'instance.]

10° Les obligations à la grosse aventure, ou pour retour de voyage;

11° Les quittances, remboursements ou rachats de rentes et redevances de toute nature; les retraits exercés en vertu de réméré, par actes publics, dans les délais stipulés, ou faits sous signature privée, et présentés à l'enregistrement avant l'expiration de ces délais, et tous autres actes et écrits portant libération de sommes et valeurs mobilières.

[Tarif réduit à 25 cent. pour 100 (L. 7 août 1850, art. 9) ; — rétabli à 50 cent. pour 100 (L. 5 mai 1855, art. 15). — Quittances de répartition en matière de faillite, droit fixe (L. 24 mai 1834, art. 15).]

§ 3. — *Un franc par cent francs.*

1° Les adjudications au rabais et marchés, autres que ceux compris dans le paragraphe précédent, pour constructions, réparations et entretien, et tous autres objets mobiliers susceptibles d'estimation, faits entre particuliers, qui ne contiendront ni vente, ni promesse de livrer des marchandises, denrées ou autres objets mobiliers ;

[Comp. § 2, n° 3, *suprà*, et § 5, n° 1, *infrà*. — Marchés réputés actes de commerce. — Perception provisoire d'un droit fixe (L. 11 juin 1859, art. 22). — Allumettes, droit fixe de 1 fr. 50 (L. 15 mars 1873, art. 4).]

2° Les baux à ferme ou à loyer d'une seule année. — Ceux faits pour deux années. — *Le droit sera perçu sur le prix cumulé des deux années*,

Ceux d'un plus long temps, pourvu que la durée soit limitée. — *Le droit sera également perçu sur le prix cumulé, savoir : pour les deux premières années, à raison d'un franc par cent francs; et pour les autres années, sur le pied de vingt-cinq centimes par cent francs*,

Et les sous-baux, subrogations, cessions et rétrocessions de baux. — *Le droit sera liquidé et perçu sur les années à courir, comme il est établi pour les baux, savoir : à raison d'un pour cent sur les deux premières années restant à courir, et de vingt-cinq centimes par cent francs pour les autres années.*

Seront considérés, pour la liquidation et le payement du droit, comme baux de neuf années, ceux faits pour trois, six ou neuf ans,

[Abrogé (L. 23 août 1871, art. 11).]

Les baux de biens nationaux sont assujettis aux mêmes droits;

[Le droit de bail, modifié par la loi du 27 ventôse an IX, art. 8, a été réduit définitivement à 20 c. par 100 fr. sur le prix cumulé de toutes les années (L. 16 juin 1824, art. 1er).]

3° Les contrats, transactions, promesses de payer, arrêtés de comptes, billets, mandats; les transports, cessions et délégations de créances à terme; les délégations de prix stipulés dans un contrat, pour acquitter des créances à terme envers un tiers, sans énonciation de titre enregistré, sauf, pour ce cas, la restitution dans le délai prescrit, s'il est justifié d'un titre précédemment enregistré; les reconnaissances, celles de dépôts de sommes chez des particuliers, et tous autres actes ou écrits qui contiendront obligations de sommes, sans libéralité et sans que l'obligation soit le prix d'une transmission de meubles ou immeubles non enregistrée;

[Tarif réduit à 50 c. pour 100 (L. 7 août 1850, art. 9), — rétabli à 1 pour 100 (L. 5 mai 1855, art. 15). — Déclarations des titulaires de cautionnements, au profit des bailleurs de fonds. Droit fixe (Décr. 22 décembre 1812, art. 3). — Prêts sur dépôts. Droit fixe (L. 8 septembre 1830, art. 1er). — Créances des sous-comptoirs d'escompte. Droit fixe (Décr. 24 mars 1848, art. 10, et L. 10 juin 1853, art. 1 et 3). — Créances de la Banque algérienne. Droit fixe (L. 4 août 1851, art. 9). — Obligations des monts-de-piété. Exemption (L. 24 juin 1851, art. 8). — Perception provisoire d'un droit de 50 c. pour 100 sur les actes d'ouverture de crédit (L. 23 août 1871, art. 5).]

4° Les mutations de biens immeubles, en propriété ou usufruit, qui auront lieu par décès en ligne directe.

[La même quotité a été appliquée aux donations et partages d'ascendants en conformité des art. 1075 et 1076 du Code civil (L. 16 juin 1824, art. 3). — Enfants appelés à défaut de parents au degré successible, tarif de 9 pour 100 (L. 28 avril 1816, art. 53).]

§ 4.— *Un franc vingt-cinq centimes par cent francs.*

1° Les donations entre-vifs, en propriété ou usufruit, de biens meubles, en ligne directe. — *Il ne sera perçu que moitié droit, si elles sont faites par contrat de mariage aux futurs ;*

[Tarifées à 2 fr. 50 c. pour 100 (1 fr. 25 c. par contrat de mariage, § 6, n° 2, *infrà*, et L. 18 mai 1850, art. 10). — Pour les donations entre-vifs faites à titre de partage d'ascendant, en conformité des articles 1075 et 1076 du Code civil, le droit a été fixé à 25 cent. pour 100 par l'art. 3 de la loi du 16 juin 1824, puis à 1 pour 100 par les art. 5 et 10 de la loi du 18 mai 1850, combiné avec l'art. 69, § 3, n° 4 de la loi du 22 frimaire an VII. — Office. Tarif de 2 pour 100. Minimum (L. 25 juin 1841, art. 8 et 10). — Dons manuels (L. 18 mai 1850, art. 6).]

2° Les mutations en propriété ou usufruit de biens meubles, qui s'effectuent par décès, entre collatéraux et autres personnes non parentes, soit par succession, soit par testament ou autre acte de libéralité à cause de mort. — *Il ne sera dû que moitié droit pour celles qui auront lieu entre époux.*

[La quotité de droit a été augmentée et graduée suivant le degré de parenté (L. 28 avril 1816, art. 53, L. 21 avril 1832, art. 33, et L. 18 mai 1850, art. 10).]

§ 5. — *Deux francs par cent francs.*

1° Les adjudications, ventes, reventes, cessions, rétrocessions, marchés, traités et tous autres actes, soit civils, soit judiciaires, translatifs de propriété à titre onéreux, de meubles, récoltes de l'année sur pied, coupes de bois taillis et de haute futaie, et autres objets mobiliers généralement quelconques, même les ventes de biens de cette nature faites par la nation.—Les adjudications à la folle enchère de biens meubles sont assujetties au même droit, mais seulement sur ce qui excède le prix de la précédente adjudication, si le droit en a été acquitté ;

[Ventes publiques de meubles et marchandises : Liquidation du droit (L. 22 pluviôse an VII, art. 6) ; — tarif de 50 cent. pour 100 (LL. 15 mai 1818, art. 74, et 24 mai 1834, art. 12) ; — tarif de 10 cent. pour 100 (LL. 28 mai 1858, art. 4, 3 juillet 1861, art. 3, et 23 mai 1863, art. 93 nouv. du C. de comm.). — Cessions d'offices (L. 25 juin 1841, art. 7 et 10). — Ventes de fonds de commerce (L. 28 février 1872, art. 7 à 9) ; — de navires (L. préc., art. 5, n° 2) ; — de marchandises avariées et débris de navires naufragés (droit gradué), (L. préc., art. 1er, n° 3). — Marchés réputés actes de commerce. Perception provisoire d'un droit fixe (L. 11 juin 1850, art. 22). — Ventes des monts-de-piété. Exemption (Règl. 8 thermidor an XIII, art. 80, et L. 24 juin 1851, art. 8). — Allumettes, droit de 1 fr. 50 (L. 15 mars 1873, art. 4).]

2° Les constitutions de rentes, soit perpétuelles, soit viagères, et de pensions, à titre onéreux ; les cessions, transports et délégations qui en sont faits au même titre, et les baux de biens meubles faits pour un temps illimité ;

3° Les échanges de biens immeubles.— *Le droit sera perçu sur la valeur d'une des parts, lorsqu'il n'y aura aucun retour. S'il y a retour, le droit sera payé à raison de deux francs par cent francs, sur la moindre portion, et comme pour vente sur le retour ou la plus-value ;*

[Le droit est de 2 fr. 50 cent. pour 100 fr., y compris le droit de transcription (L. 16 juin 1824, art. 2). — Il est réduit à 20 cent. pour 100 fr. pour certains échanges d'immeubles contigus (L. 27 juillet 1870, art. 4). — Pour les retours ou plus-value (*V.* § 7, n° 5, *infrà*). — Echanges de meubles (*V.* n° 1 *suprà*).]

4° Les élections ou déclarations de command ou d'ami, sur adjudication ou contrat de vente de biens meubles, lorsque l'élection est faite après les vingt-quatre heures, ou sans que la faculté d'élire un command ait été réservée dans l'acte d'adjudication ou le contrat de vente ;

5° Les engagements de biens immeubles ;

6° Les parts et portions acquises par licitation de biens meubles indivis ;

[Pour les ventes publiques de meubles, *V.* L. 22 pluviôse an XII, art. 6.]

7° Les retours de partages de biens meubles ;

[*V.* L. 18 mai 1850, art. 5, pour les soultes de partages d'ascendants.]

8° Les dommages-intérêts prononcés par les tribunaux criminels, correctionnels et de police.

[Dommages-intérêts en matière civile (*V.* L. 27 ventôse an IX, art. 11).]

§ 6. — *Deux francs cinquante centimes par cent francs.*

1° Les donations entre-vifs en propriété ou usufruit, de biens meubles, par des collatéraux et autres personnes non parentes. — *Il ne sera perçu que moitié droit, si elles sont faites par contrat de mariage aux futurs ;*

[La quotité du droit a été augmentée et graduée suivant le degré de parenté (L. 28 avril 1816, art. 53, L. 21 avril 1832, art. 33, et L. 18 mai 1850, art. 10). — Dons manuels (L. 18 mai 1850, art. 6).]

2° Les donations entre-vifs, en propriété ou usufruit, de biens immeubles en ligne directe. — *Il ne sera perçu que moitié droit, si elles sont faites par contrat de mariage aux futurs ;*

[Au moyen du droit de transcription à percevoir d'après l'art. 54 de la loi du 28 avril 1816, le droit se trouve porté à 4 pour 100 ; et à 2 fr. 75 cent. pour 100 fr. par contrat de mariage. — Il est réduit à 1 pour 100 pour les donations d'ascendants portant partage (L. 16 juin 1824, art. 3, et L. 18 mai 1850, art. 5, combinés avec l'art. 69, § 3, n° 4, *suprà*).]

3° Les transmissions de propriété ou d'usufruit de biens immeubles, qui s'effectuent par décès entre époux.

[Tarifées à 3 pour 100 (L. 28 avril 1816, art. 53). — Le droit est de 9 pour 100 lorsque l'époux survivant est appelé à défaut de parents au degré successible (L. et art. préc.).]

§ 7. — *Quatre francs par cent francs.*

1° Les adjudications, ventes, reventes, cessions, rétrocessions et tous autres actes civils et judiciaires translatifs de propriété ou d'usufruit de biens immeubles, à titre onéreux. — Les adjudications à la folle enchère de biens de même nature sont assujetties au même droit, mais seulement sur ce qui excède le prix de la précédente adjudication, si le droit en a été acquitté. — La quotité du droit d'enregistrement des adjudications de domaines nationaux sera réglée par des lois particulières ;

[Tarifées à 5 fr. 50 c. par 100 fr., y compris le droit de transcription (L. 28 avril 1816, art. 52) ; à 2 fr. par 100 fr. pour les ventes de biens de l'Etat (L. 15 floréal an X, art. 6).]

2° Les baux à rentes perpétuelles de biens immeubles, ceux à vie, et ceux dont la durée est illimitée ;

[*V.* L. 28 avril 1816, art. 54.]

3° Les déclarations ou élections de command ou d'ami, par suite d'adjudications ou contrats de vente de biens immeubles, autres que celles des domaines nationaux, si la déclaration est faite après les vingt-quatre heures de l'adjudication ou du contrat, ou lorsque la feculté d'élire un command n'y a pas été réservée ;

[Tarifées à 5 fr. 50 c. par 100 fr. (L. 28 avril 1816, art. 52).]

4° Les parts et portions indivises de biens immeubles acquises par licitation ;

[*V.* L. 28 avril 1816, art. 54.]

5° Les retours d'échanges et de partages de biens immeubles ;

[Le droit, sur les retours d'échanges, est de 5 fr. 50 cent. par 100 fr., y compris le droit de transcription (§ 5, n° 3, *suprà*, et L. 28 avril 1816, art. 52). — Il est réduit à 1 fr. par 100 fr. pour certains échanges d'immeubles contigus (L. 27 juillet 1870, art. 4). — *V.* Ord. 12 décembre 1827, art. 8 et 14, pour les soultes d'échanges payables à l'État. — *V.* L. 18 mai 1850, art. 5, pour les soultes de partages d'ascendants.]

6° Les retraits exercés après l'expiration des délais convenus par les contrats de vente sous faculté de réméré.

[Tarifés à 5 fr. 50 c., y compris le droit de transcription (L. 28 avril 1816, art. 52).]

§ 8. — *Cinq francs par cent francs.*

1° Les donations entre-vifs de biens immeubles, en propriété ou usufruit, par des collatéraux et autres personnes non parentes. — *Il ne sera perçu que moitié droit, si elles sont faites par contrat de mariage aux futurs.*

[La quotité du droit a été augmentée et graduée suivant le degré de parenté, entre les donateurs et les donataires (L. 28 avril 1816, art. 53, et L. 21 avril 1832, art. 33).]

2° Les mutations de biens immeubles en propriété ou usufruit, qui s'effectuent par décès, entre collatéraux et personnes non parentes, soit par succession, soit par testament ou autre acte de libéralité à cause de mort.

[La quotité du droit a été augmentée et graduée comme au numéro précédent.]

TITRE XI. — *Des actes qui doivent être enregistrés en débet ou gratis, et de ceux qui sont exempts de cette formalité.*

ART. 70. — Seront soumis à la formalité de l'enregistrement, et enregistrés en débet ou gratis, ou exempts de cette formalité, les actes ci-après, savoir :

§ 1er. — *A enregistrer en débet.*

1° Les actes et procès-verbaux des juges de paix, pour faits de police ;

2° Ceux faits à la requête des commissaires du Directoire exécutif près les tribunaux (*V.* Av. Cons. d'État, 12-27 fév. 1811, art. 17) ;

3° Ceux des commissaires de police;

4° Ceux des gardes établis par l'autorité publique, pour délits ruraux et forestiers ;

[*V.* C. forest., art. 170 et 180.]

5° Les actes et jugements qui interviennent sur ces actes et procès-verbaux. — *Il y aura lieu de suivre la rentrée des droits d'enregistrement de ces actes, procès-verbaux et jugements, contre les parties condamnées, d'après les extraits des jugements qui seront fournis aux préposés de la Régie par les greffiers.*

[C. forest., art. 104 (délivrance de coupes et arbres en nature); Décr. 18 juin 1811, art. 118, 121 et 122 (interdiction et poursuites d'office en matière civile) ; Ord. 22 mai 1816, art. 4 et 5, et L. 25 mars 1817, art. 74 (police simple et correctionnelle); L. 15 avril 1829, art. 47 (pêche fluviale); L. 30 juin 1838, art. 29 (aliénés) ; Ord. 17 avril 1839, art. 42 (poids et mesures); L. 15 juillet 1845, art. 24 (police des chemins de fer); L. 7 août 1850 (prud'hommes); L. 22 janvier 1851 (assistance judiciaire) ; L. 30 mai 1851, art. 19 (roulage) ; Décr. 27 décembre 1851, art. 1er (lignes télégraphiques) ; Décr. 28 mars 1852, ar. 14 (pêche du hareng); Décr. 10 août 1853, art. 40 et 47 (servitudes militaires); Décr. 16 août 1853, art. 31 et 39 (commission mixte des travaux publics); Décr. 1er mars 1854 (gendarmerie), art. 491, 492 ; L. 22 juin 1854, art. 4 (servitudes militaires); L. 14 juillet 1856, art. 16 (eaux minérales) ; L. 21 juillet 1856, art. 22 (appareils et bateaux à vapeur); L. 18 juillet 1860 (émigration).

§ 2. — *A enregistrer gratis.*

1° Les acquisitions et échanges faits par la République; les partages de biens entre elle et des particuliers, et tous autres actes faits à ce sujet ;

[Soultes d'échange payables à l'État. Droit de 2 pour 100. (*V.* Ord. 12 décembre 1827, art. 8 et 14).]

2° Les exploits, commandements, significations, sommations, établissements de garnison, saisies, saisies-arrêts et autres actes, tant en action qu'en défense, ayant pour objet le recouvrement des contributions directes et indirectes, et de toutes autres sommes dues à la République, à quelque titre et pour quelque objet que ce soit, même des contributions locales, lorsqu'il s'agira de cotes de 25 francs et au-dessous, ou de droits et créances non excédant en total la somme de 25 francs.

[L'exception a été étendue jusqu'à la cote de 100 fr. et comprend les sommes dues pour mois de nourrices (L. 16 juin 1824, art. 6). — Actes des porteurs de contraintes (Arr. des consuls, 16 thermidor an XIII).]

3° Les actes des huissiers et gendarmes, dans les cas spécifiés par le paragraphe suivant, nombre 9 ;

(*V.* Ord. 22 mai 1816, art. 1er (matières criminelles) ; L. 25 mars 1817, art. 75 (registres de l'état civil); L. 15 mai 1818, art. 77 (lettres patentes, reconnaissance d'enfants naturels); L. 21 avril 1832, art. 30 (recours en matière de contributions directes) ; L. 3 mai 1841, art. 58 (expropriation pour cause d'utilité publique) ; L. 23 juin 1846, art. 3 (pêche) ; L. 3 juillet 1846, art. 8 (mariages d'indigents) ; L. 15 novembre 1848, art. 1er (associations ouvrières); L. 15 mars 1849, art. 13 (élections) ; L. 18 juin 1850, art. 11 (caisse de retraite pour la vieillesse) ; L. 10 décembre 1850, art. 4 (mariages d'indigents); L. 24 juin 1851, art. 8 (monts-de-piété) ; Décr. 9 janvier 1852, art. 21 (pêche côtière) ; Décr. 2 février 1852, art. 24 (élections) ; Décr. 14 mars 1852, art. 9 (conversion de rentes sur l'Etat) ; Décr. 26 mars 1852, art. 11 (sociétés de secours mutuels) ; Décr. 1er mars 1854, art. 491 (gendarmerie); L. 12 février 1862, art. 10 (conversion de rentes sur l'Etat) ; L. 11 juillet 1868, art. 19 (caisses d'assurances); L. 23 août 1871, art. 6, § 1er (polices d'assurances) ; L. 15 septembre 1871, art. 6 (reconstitution des consignations), et L. 21 décembre 1871, art. 2 (élections consulaires).)

§ 3. — *Exempts de la formalité de l'enregistrement.*

1° Les actes du Corps législatif et ceux du Directoire exécutif ;

2° Les actes d'administration publique non compris dans les articles précédents ;

[*V.* L. 15 mai 1818, art. 78 à 82.]

3° Les inscriptions sur le grand-livre de la dette publique, leurs transferts et mutations, les quittances des intérêts qui en sont payés, et tous les effets de la dette publique inscrits ou à inscrire définitivement.

[V. pour les transmissions entre-vifs à titre gratuit et pour les mutations par décès, L. 18 juillet 1836, art. 6; L. 18 mai 1850, art. 7; et L. 8 juillet 1852, art. 25 et 26.]

4° Les rescriptions, mandats et ordonnances de payement sur les caisses nationales; leurs endossements et acquits;

5° Les quittances de contributions, droits, créances et revenus payés à la nation; celles pour charges locales, et celles des fonctionnaires et employés salariés par la République, pour leurs traitements et émoluments;

6° Les ordonnances de décharges ou de réduction, remise ou modération d'imposition, les quittances y relatives, les rôles et extraits d'iceux;

7° Les récépissés délivrés aux collecteurs, aux receveurs de deniers publics et de contributions locales, et les comptes de recettes ou gestion publiques;

8° Les actes de naissances, sépultures et mariages, reçus par les officiers de l'état civil, et les extraits qui en sont délivrés;

[V. dans la série des lois sur le timbre, LL. 20-25 septembre 1792, art. 7, et 19-24 décembre 1792, art. 5. — Actes contenant reconnaissance d'enfant naturel (L. 28 avril 1816, art. 43, n° 22 et 45, n° 7); — enregistrement sur expéditions (L. 22 frimaire an VII, art. 7, § 5).]

9° Tous les actes et procès-verbaux (excepté ceux des huissiers et gendarmes, qui doivent être enregistrés, ainsi qu'il est dit au paragraphe précédent, nombre 4), et jugements concernant la police générale et de sûreté, et la vindicte publique;

[Gendarmes (V. Décr. 1er mars 1854, art. 306).]

10° Les cédules pour appeler au bureau de conciliation, sauf le droit de la signification;

[V. L. 18 thermidor an VII.]

11° Les légalisations de signatures d'officiers publics;

12° Les affirmations de procès-verbaux des employés, gardes et agents salariés par la République, faits dans l'exercice de leurs fonctions;

13° Les engagements, enrôlements, congés, certificats, cartouches, passe-ports, quittances de prêt et fourniture, billets d'étape, de subsistance et de logement, tant pour le service de terre que pour le service de mer, et tous autres actes de l'une et l'autre administration non compris dans les articles précédents. — Sont aussi exceptés de la formalité de l'enregistrement, les rôles d'équipages et les engagements de matelots et gens de mer de la marine marchande et des armements en course;

14° Les passe-ports délivrés par l'administration publique;

15° Les lettres de change tirées de place en place; celles venant de l'étranger ou des colonies françaises; les endossements et acquits de ces effets, et les endossements et acquits des billets à ordre et autres effets négociables;

[Les lettres de change ont été assujetties au droit de 25 c. pour 100 fr. (L. 28 avril 1816, art. 50), — puis au droit de 50 cent. pour 100 fr. (L. 28 février 1872, art. 10).]

16° Les actes passés en forme authentique avant l'établissement de l'enregistrement, dans l'ancien territoire de France, et ceux passés également en forme authentique, ou sous signature privée, dans les pays réunis, et qui y ont acquis une date certaine suivant les lois de ces pays, ainsi que les mutations qui se sont opérées par décès avant la réunion desdits pays.

[Délibérations de la chambre de discipline des avoués (arr. 13 frimaire an IX, art. 13); — des commissaires priseurs (arr. germinal an IX, art. 1er); — des huissiers (Décr. 14 juin 1813, art. 89); — des notaires (ord. 4 janvier 1843, art. 20). — Procès-verbaux de saisie de la douane (L. 9 floréal an VII, tit. IV, art. 9). — Actes des porteurs de contraintes (arr. 16 thermidor an XIII, art. 29); — certificat de vie pour rentes et pensions sur l'État (décr. 21 août 806, art. 10); — matières criminelles (ord. 22 mai 1816, art. 1er); — marine marchande (décr. 24 mars 1852, art. 46); — écoles de pharmacie, registre d'inscriptions (L. 26 juillet 1860, art. 20).]

TITRE XII. — *Des lois précédentes sur l'enregistrement, et de l'exécution de la présente.*

Art. 71. — Il sera établi de nouvelles bases pour l'administration de l'enregistrement, par une loi particulière. — En attendant, les lois qui existent sur son organisation, sa manutention et ses frais de régie, continueront d'être exécutées.

Art. 72. — La formalité de l'insinuation des donations entre-vifs continuera d'être donnée dans les bureaux de recette de l'enregistrement, dans les formes et sous les peines portées par les lois subsistantes, jusqu'à ce qu'il en ait été autrement ordonné.

Art. 73. — Toutes les lois rendues sur les droits d'enregistrement, et toutes dispositions d'autres lois y relatives, sont et demeurent abrogées pour l'avenir. — Elles continueront d'être exécutées à l'égard des actes faits et des mutations par décès effectuées avant la publication de la présente. — Les affaires actuellement en instance seront suivies d'après les lois en vertu desquelles elles ont été intentées. — La présente sera exécutée à compter du jour de sa publication.

[Point de départ de l'exécution de la loi : Comp. L. 27 ventôse an IX, art. 1er; L. 28 avril 1816, art. 59, et L. 18 mai 1850, art. 9.]

CONSEIL DES CINQ-CENTS.

Séance du 6 fructidor an VI.

SOMMAIRE

1. Rapport de M. Duchâtel. — 2. Rapport supplémentaire. — 3. Texte du projet de loi. — 4. Rapport de Crétet.

1. — Rapport de M. Duchâtel sur le projet de loi.

1. Représentants du peuple, je vais vous entretenir des droits d'enregistrement et vous présenter sur cette partie des revenus publics, au nom de la commission des finances, un projet de résolution qu'elle croit digne de toute votre attention, et dont elle a profondément médité la matière. Vous comptez sur une amélioration dans le produit de ces droits; mais, pour l'obtenir, il faut leur donner les bases qui leur manquent, fixer leurs quotités dans de plus justes propor-

tions que celles qui existent, et qui sont sans rapport entre elles comme avec les diverses espèces d'actes et de mutations qu'elles concernent; réduire à leur véritable taux des droits excessifs sur certains actes; les accroître là où l'augmentation est possible et juste, et les étendre à des mutations qui n'y ont pas encore été soumises : il faut simplifier la perception, qui est trop compliquée, et en bannir l'arbitraire, qui n'y est pas sans influence; il faut, enfin, assurer le recouvrement par des moyens auxquels l'abus et la fraude ne puissent échapper.

Vous pressentez déjà l'importance et l'étendue d'une loi qui doit embrasser tant d'objets. Vous allez bientôt vous convaincre qu'elle ne remplirait qu'imparfaitement vos vues si elle ne prenait la place de toutes les lois qui régissent aujourd'hui l'enregistrement.

2. Si j'avais à me faire entendre ailleurs que dans cette enceinte, j'aurais peut-être besoin de préparer les esprits pour les amener à concevoir l'utilité des mesures que j'ai à proposer. Peut-être aussi, quoique la chose soit bien incontestable et assez généralement reconnue, faudrait-il cependant insister sur la nécessité d'avoir des contributions régulières dans un État; développer des considérations sur cet objet important; dire même ce que c'est que des contributions directes et des contributions indirectes; faire apercevoir le mal que produisent les premières, quand elles sont trop fortes, et le grand bien qui résulterait de leur modération; faire voir comment les autres, diversifiées par de sages combinaisons, alimentent journellement le Trésor public sans épuiser les sources d'où elles dérivent; et, par des comparaisons et des rapprochements sensibles, convaincre de la préférence qu'elles méritent sur les contributions directes, non-seulement dans l'intérêt général, mais encore dans l'intérêt individuel, surtout dans un pays comme la France. J'aurais ensuite à diriger l'attention vers cette brillante carrière où marche à grands pas la liberté triomphante, et où le Gouvernement ne pourrait soutenir les bras qui la défendent et la consolident, s'il était dénué de moyens pour les dépenses que nécessite la plus belle des causes; en un mot, j'aurais à demander s'il faut, repoussant toute espèce d'impôt, ou refusant d'étendre ceux qui sont susceptibles d'accroissement sans surcharger le contribuable, laisser languir dans la plus affligeante misère des milliers de familles, légitimes créancières de la République, et ne recevant d'elles ni payement ni secours.

Mais je parle à des législateurs qui connaissent les besoins de l'État, qui veulent y pourvoir et qui cherchent à y parvenir par les moyens les moins onéreux et les plus efficaces. Il doit donc me suffire de leur faire connaître ceux que je suis chargé de soumettre à leur examen, et de leur rendre compte des motifs qui ont déterminé la commission à les adopter.

3. Représentants du peuple, vous savez que les droits d'enregistrement tiennent la première place parmi les contributions indirectes, et qu'ils sont au rang des plus importantes ressources de la République. L'enregistrement n'est pas seulement un impôt; sa formalité a aussi un but moral, et qui intéresse la société tout entière : il doit donc fixer l'attention du législateur sous l'un ou sous l'autre rapport.

Ces droits, substitués à ceux du contrôle, de l'insinuation, du centième denier, du petit scel, des greffes, petits greffes et droits réservés, furent créés par la loi du 19 décembre 1790. Un tarif nouveau et dégagé d'une foule de dispositions bizarres, qui formaient précédemment une espèce de labyrinthe où les initiés avaient eux-mêmes beaucoup de peine à se conduire, jeta un premier jour sur cette partie. Mais cet élan vers un meilleur ordre de choses se faisant du fond des vieilles maximes et du cercle de la routine, il était difficile de présenter un ouvrage qui en fût entièrement dégagé. On crut cependant y être parvenu, parce que l'on avait fait un grand changement. Cette confiance était trop entière. L'expérience, qui donne toujours les plus sûres et les meilleures leçons, a démontré qu'il y a des omissions essentielles dans la loi et le tarif de 1790; que beaucoup de ces dispositions sont obscures; que d'autres sont d'une exécution très-difficile, et qu'il s'en trouve même de contraires aux principes de l'égalité. On y trouve aussi quelques empreintes du génie fiscal, qui, par un abus des mots et suivant une logique toute particulière, distingue entre les objets de même nature, suppose ce qui n'existe pas et tire parti de ses propres conjectures.

On a cherché à faire disparaître ces défauts par des lois interprétatives ou additionnelles, mais l'on n'a pas atteint le but parce que l'on a opéré d'après les bases existantes. Ces lois partielles n'ont pu dès lors avoir la clarté que l'on désirait, et elles n'ont fait que surcharger la mémoire du percepteur, et, en quelque sorte, accroître les difficultés au lieu d'aplanir celles qui résultaient de l'imperfection de la loi de 1790.

L'enregistrement est donc loin encore du degré qui lui est assigné par sa nature; il faut donc lui donner de meilleures bases, pour le porter, sinon à la perfection, car l'homme se flatterait en vain d'élever jusque-là son ouvrage, au moins vers le mieux possible. Pour parvenir plus sûrement à ce dernier but, il convient d'abroger toutes les lois qui ont été rendues successivement sur cette partie, et de leur en substituer une qui soit fondée sur les principes de l'égalité, qui atteigne indistinctement toutes les fortunes, et qui, dégagée de difficultés, puisse apprendre au redevable ce qu'il doit, et au percepteur ce qui est dû.

C'est là, représentants du peuple, la première proposition que j'ai à vous faire.

4. Maintenant je vais dire comment la commission a conçu son plan, quels sont les principes qui l'ont conduite dans son travail, pourquoi elle propose l'uniformité, quant aux droits *fixes*, là où le tarif actuel a établi des différences; pourquoi elle excepte du droit proportionnel certains actes qui y sont soumis aujourd'hui, en élève la quotité sur quelques autres, et l'étend sur des mutations qui n'y ont pas encore été assujetties; pourquoi enfin elle présente contre l'abus et la fraude des mesures que l'on n'a point encore employées pour les punir ou les empêcher.

Un pareil développement, dont j'écarterai les détails minutieux, aura le mérite de faire saisir l'ensemble du projet, et de faire remarquer en quoi il diffère de tout ce qui existe aujourd'hui, sans fatiguer l'attention.

5. Le projet embrasse, selon leurs distinctions naturelles, le *droit fixe* et le *droit proportionnel*, et il applique méthodiquement l'un et l'autre, suivant les espèces, aux actes et aux mutations soumis à l'enregistrement.

D'abord pour pouvoir faire une juste application et ne pas frapper du droit proportionnnel ce qui ne doit être assujetti qu'au droit fixe, la commission s'est attachée à ce principe, *que tout ce qui n'oblige, ne libère ni ne transmet, ne peut donner lieu au droit proportionnel*. Ainsi, la fiscalité aura à perdre l'usage de deux grands mots à l'aide desquels elle soumettait au droit proportionnel des actes qui n'étaient pas de nature à y être assujettis. Tels sont les inventaires, les partages, les actes de société, lorsque aucun des contractants ne s'oblige à l'égard des autres, et les contrats de mariage qui ne contiennent, quant aux biens, qu'une déclaration, de la part des futurs, de ce qu'ils possèdent eux-mêmes. Ces actes, suivant le langage fiscal, sont *attributifs* ou *déclaratifs* de propriété ou de jouissance; et cela suffit pour les tenir dans la classe de ceux qui portent la transmission [1].

6. Il convient à des législateurs sages et éclairés de faire cesser ces applications, qui ne seraient que ridicules, si elles n'étaient pas onéreuses, injustes et propres à donner à la loi

1. *Qui portent*, etc.; ce sont là les termes du rapport, mais c'est une erreur typographique, il faut *qui ne portent pas*, etc.

qui les tolère ou les ordonne, un caractère qui ne doit être celui d'aucune des vôtres. Une loi n'en mérite vraiment le titre que lorsqu'elle est fondée sur la justice et la raison. Cette vérité, que je proclame ici avec confiance, est rigoureusement applicable aux lois qui établissent des contributions.

Vous ferez donc cesser, représentants du peuple, la perception du droit proportionnel d'enregistrement sur les inventaires et les partages, non-seulement parce que ces actes ne sont pas des transmissions, mais encore parce qu'ils sont, entre les intéressés, une suite nécessaire des mutations pour lesquelles ils doivent ou ont payé le droit proportionnel; vous la ferez cesser sur tous les actes qui n'obligent, ni ne libèrent, ni ne transmettent, parce qu'en cela votre loi sera raisonnée et basée sur un principe qui lui méritera l'assentiment général; vous la ferez cesser surtout par rapport aux contrats de mariage, ces actes si précieux pour la société, qui marquent d'une manière si intéressante l'une des plus importantes époques de la vie, et que l'on a jusqu'ici si peu favorisés. En effet, voyez jusqu'où le génie fiscal avait su s'étendre à l'égard des contrats de mariage, et combien, dans l'ancien régime, il se trouvait aidé par la vanité! S'il ne pouvait pas atteindre l'acte du côté de la fortune, faute de désignation de biens de la part des futurs, il s'en dédommageait sur la qualité des parties. La Révolution a brisé tous les hochets : elle a rappelé chaque individu à son propre nom; elle a rétabli l'égalité; dès lors la loi de 1790 n'avait plus de qualités à tarifer; mais elle conserva encore le droit proportionnel sur les biens dont les futurs se déclaraient propriétaires, comme si une pareille déclaration, faite par un futur, pouvait profiter à l'autre; elle est allée même jusqu'à présumer un revenu, quand il n'y aurait point de déclaration, pour asseoir le droit sur la valeur présumée. Nous pensons, au contraire, d'après le principe que nous avons adopté, et que nous espérons vous voir accueillir, qu'une déclaration de biens par les futurs, quand ils se constituent eux-mêmes, n'est pas une disposition qui doive être soumise au droit proportionnel, et que tout contrat de mariage qui ne contient aucune constitution ou donation par les parents ou autres personnes en faveur des futurs, ni aucun avantage, soit mutuel, soit de l'un des conjoints à l'égard de l'autre, doit être enregistré pour le *droit fixe* seulement.

En vain, dirait-on que les contrats de mariage étant des actes fréquents et de la première importance, on portera une grande atteinte aux produits, si la réduction proposée est admise, et qu'il convient d'ailleurs de distinguer le contrat de mariage du riche de celui du pauvre, pour imposer le premier en raison de la fortune qu'on lui connaît ou qu'on lui suppose.

Indépendamment des raisons que je viens de donner, je répondrais que les contrats de mariage méritent beaucoup de faveur, et que le législateur doit se garder de les contrarier par de fortes taxes; mais que c'est surtout aux principes qu'il faut s'attacher, et qu'il serait souverainement injuste de les violer pour se procurer une augmentation quelconque dans les produits; que, de même que l'on exigera le droit proportionnel sur la valeur des objets donnés aux futurs, parce qu'il y aura transmission, de même aussi il faudra se réduire au *droit fixe*, quand le contrat ne contiendra qu'une simple déclaration. Dans tout autre acte, une pareille déclaration n'opérerait que le droit d'un franc : pourquoi donc en exiger un plus fort, lorsqu'elle se trouve dans celui de tous les contrats que le législateur doit le plus favoriser ?

Je répondrais aussi, quant à la différence que l'on voudrait admettre entre les contrats des citoyens riches et ceux des citoyens peu fortunés, qu'un pareil système est repoussé par l'égalité devant laquelle les distinctions se sont évanouies, et qu'il ne faut voir que l'acte en soi, sans acception des personnes, ainsi qu'il se pratique pour ceux des autres époques de la vie.

Mais, au reste, ce n'est pas seulement sur le contrat des riches que s'étend la perception que nous vous proposons de proscrire : c'est sur tous les contrats de mariage sans distinction, à moins que les futurs n'aient déclaré ne rien avoir absolument, et qu'il ne soit prouvé que leurs pères et mères sont également sans fortune aucune : aussi cette rigoureuse perception produit-elle de fâcheux effets. Plus d'une fois, elle a compromis la dot d'une épouse qui a craint de la stipuler dans son contrat de mariage, à cause du droit qu'elle aurait eu à payer. Nous tenons même des régisseurs avec qui nous avons eu des conférences très-utiles sur notre projet, dont l'ensemble leur a été communiqué, et dont ils attendent les meilleurs résultats; nous tenons d'eux, dis-je, qu'il est assez fréquent que des citoyens, surtout parmi les habitants des campagnes, se dispensent d'aller chez le notaire pour faire rédiger le premier acte d'une foi jurée, quoiqu'ils ne puissent le faire sous seing privé, parce que cet acte serait atteint par un droit qui leur paraît trop onéreux. Voilà un mal réel, et c'est une perception mal entendue qui l'occasionne! il faut, citoyens représentants, y mettre un terme, en substituant une loi sage et raisonnée dans tous ses points à des lois qui n'ont pas ces qualités indispensables.

7. Nous avons entendu par *droit fixe* le prix de la formalité de l'enregistrement pour les actes qui ne sont pas de nature à donner lieu au droit proportionnel. La première idée qui s'offre à l'esprit, c'est que cette formalité ayant le même caractère à l'égard de tous les actes non susceptibles du droit proportionnel, il n'y a, généralement parlant, aucune raison de la faire payer plus cher pour un acte que pour un autre. Le tarif de 1790 a cependant fait beaucoup de distinctions dans cette classe. Il s'agit de 25 à 75 cent., et de 1, 2, 3, 6 et 12 francs, suivant l'importance que l'on a supposée aux actes que l'on ne pouvait soumettre au droit proportionnel.

La loi du 9 vendémiaire an VI a même doublé quelques-uns de ces droits pour certains actes judiciaires.

Cette série de *droits fixes*, qui embarrasse presque toujours les redevables et quelquefois les receveurs eux-mêmes, parce que les classifications ne sont pas de la plus exacte précision, et que d'ailleurs elles sont nombreuses, est encore un reste des vieilles conceptions que l'on peut écarter sans nul inconvénient, et même sans préjudice pour le Trésor public. Il nous a paru convenable d'en venir à un mode uniforme, puisqu'il n'y a pas de motif pour que des actes de pure formalité soient assujettis à des droits différents.

8. Nous pensons qu'un *droit fixe*, porté à 1 franc, soit pour les actes civils, soit pour les actes judiciaires, non susceptibles du droit proportionnel, aura le double avantage de l'unité, et d'un meilleur produit, car les actes les plus nombreux sont précisément ceux qui sont actuellement classés au-dessous de 1 franc. Cependant nous avons reconnu la nécessité de quelques exceptions dont vous sentirez aisément la raison à la lecture du projet. Elles ne porteront que sur quelques actes pour lesquels le droit de 1 fr. serait trop fort, et sur quelques autres à l'égard desquels il serait trop faible, non pas par rapport au prix de la formalité, mais à cause de la nature même de ces actes. Je veux, dans ce dernier cas, parler des actes d'appel, de ceux de divorce, des notifications de recours au tribunal de cassation, et des expéditions des jugements de ce tribunal.

9. Le *droit proportionnel* est d'une nature plus étendue que le *droit fixe*. Il n'est pas seulement, comme celui-ci, le prix de la formalité; c'est de plus une contribution assise sur les valeurs. Tout acte qui contient obligation, libération ou transmission de biens meubles ou immeubles, y est assujetti. Les mutations qui s'opèrent par décès y sont également soumises.

Ce droit, suivant le tarif actuel, est gradué depuis 25 cent. jusqu'à 5 francs par 100 francs.

10. Les diverses quotités que contient ce tarif nous ont

paru susceptibles de combinaisons plus exactes, et d'une meilleure application. D'un autre côté, l'État manquant de revenus suffisants pour les dépenses de la grande cause, et pour payer ses rentiers et pensionnaires, nous avons considéré que l'enregistrement, plus qu'aucune autre partie, offrait de nouvelles ressources, non en l'étendant immodérément, mais en l'appliquant à propos, et en prenant des mesures propres à en assurer la perception. Nous avons sous l'un et sous l'autre point de vue réglé ses quotités proportionnelles, depuis et y compris 50 cent. jusques et y compris 4 francs par 100 francs, et c'est par une gradation bien entendue, une plus juste application de chacune de ces quotités aux actes et mutations sur lesquels elles porteront, que vous trouverez un accroissement de revenus, dont le besoin ne peut être mis en doute et dont l'urgence n'est pas moins évidente.

11. Peut-être va-t-il paraître étonnant que j'annonce de nouvelles ressources sur l'enregistrement, lorsque nous proposons de le réduire à un *droit fixe* de 1 franc sur les actes non susceptibles du droit proportionnel, tandis que plusieurs de ces actes sont assujettis aujourd'hui à des droits plus élevés, et lorsque la plus forte quotité du droit proportionnel ne sera que de 4 francs, tandis qu'elle est maintenant de 5 francs.

C'est ici, représentants du peuple, qu'il convient que j'explique comment, d'après nos bases, il s'opérera une amélioration.

12. J'ai déjà dit, en parlant du *droit fixe*, qu'en somme totale il y aura accroissement du produit, en le portant à 1 franc pour tous les actes, sauf quelques exceptions dont j'ai parlé. Ce fait, que nous garantissons, ne pourra être contesté par qui que ce soit : il ne faut, pour en être convaincu, que jeter un coup d'œil sur la troisième classe du tarif actuel, y voir que les actes les plus fréquents de cette classe sont ceux qui appartiennent à la troisième section, et que le droit y est fixé à 75 cent.

13. Je passe donc aux explications nécessaires sur le droit proportionnel :

La plus forte quotité de ce droit n'excédera pas 4 pour 100, cela est vrai, mais aussi la plus faible sera de 50 cent., et celles intermédiaires seront beaucoup mieux combinées, d'après la nature des actes et des mutations, qu'elles ne le sont dans le tarif actuel, et cette meilleure combinaison sera elle-même une cause d'amélioration.

Les mutations sur lesquelles porte la quotité de 5 francs sont beaucoup moins fréquentes que celles qui sont tarifées à 3 francs Nous élevons celle-ci et nous descendons les autres au taux uniforme de 4 pour 100. Cette uniformité, juste en elle-même, sera d'un grand avantage pour le Trésor public, comme je l'ai déjà fait sentir.

14. Voici les quotités que nous avons à proposer et comment nous les appliquons :

Pour toute libération, 50 cent. pour 100 francs; pour toute obligation, 1 franc; pour toute transmission de biens meubles, 2 francs; et pour toute transmission de biens-fonds, 4 francs aussi par 100 francs.

L'usufruit des biens-meubles et immeubles ne sera soumis qu'à la moitié du droit sur la propriété.

Il y aura en outre des exceptions telles que la justice les prescrit, et que vous les verrez dans le projet; elles concerneront les transmissions en ligne directe, celles qui auront lieu par contrat de mariage, et les échanges de biens-fonds que l'intérêt de l'agriculture engage à favoriser. Ces exceptions sont en effet trop justes pour ne pas être proposées et adoptées. J'entends par exception la fixation de quotités moins fortes que celles dont je viens de donner l'énumération.

Les quotités ainsi établies et mieux appliquées, nul doute d'un produit supérieur à celui qui résulte du tarif dont nous demandons la réforme.

15. Nous avions d'abord pensé, surtout en adoptant une mesure dont je vais bientôt vous parler, qu'il serait possible de réduire à 3 pour 100 le droit de 4 francs qui se perçoit sur les acquisitions de biens-fonds; mais un état des produits de cette partie de l'enregistrement, que la Régie a mis sous nos yeux, nous a convaincus que cette réduction occasionnerait une diminution d'environ 6 millions par an, et nous n'avons pu nous dissimuler qu'un pareil sacrifice n'est pas permis quand les besoins du Trésor public sont aussi étendus et aussi pressants que nous les connaissons.

16. Il est bon au surplus de rappeler que, dans l'ancien régime, les acquéreurs qui payaient deux et un quart pour cent de contrôle et de centième denier n'en étaient pas quittes à ce prix.

Les lods et ventes, et autres droits féodaux, ainsi que la dîme, ajoutaient à leur charge d'une manière bien autrement pesante.

17. Il est bon aussi d'observer que le nouveau code hypothécaire ne reconnaissant plus que comme *meubles* les rentes et autres redevances foncières dont les droits d'enregistrement ont été jusqu'ici perçus au taux fixé pour les biens-fonds, il devient nécessaire de trouver une juste compensation sur ce qui tient à la propriété foncière.

18. Si nous ne faisons plus de distinction dans les quotités du droit d'enregistrement pour les mutations qui s'opèrent par décès, c'est que, suivant notre principe, on ne doit voir que la mutation et la chose qui en est l'objet; c'est que nous attachons le droit à cette chose et non à la qualité de la personne, et qu'en cela l'impôt nous paraît mieux raisonné, plus uniforme, et en même temps plus à l'abri de la fraude et des difficultés.

Ce principe général souffre pourtant des exceptions en faveur de la ligne directe, des époux et des échanges, comme je l'ai déjà dit; mais cette faveur est justifiée par l'intérêt de la société, et l'on sait tout ce qu'elle commande à cet égard.

19. Je me suis déjà assez étendu sur ce qui est relatif aux contrats de mariage, je n'y reviendrai pas. Un mot a suffi pour les échanges; il n'est pas besoin de plus de développements. Mais il est à propos que je fasse une observation sur la ligne directe, pour justifier, à cet égard, une dérogation au principe, *que le droit doit s'appliquer à la chose et non à la personne.*

La commission ne peut ni ne doit vous proposer d'affranchir du droit d'enregistrement les successions directes. Ces sortes de mutations sont dans une classe bien favorable; elle en convient; elle en est même convaincue. Tout ce qui s'opère par succession, en ligne directe, semble autant appartenir aux lois de la nature qu'à celles de la société. Cependant c'est la société qui autorise et qui protége les propriétés privées. On ne peut être propriétaire, on ne peut dire : *J'ai le droit de recueillir ceci*, qu'à la faveur de ses lois, et cette faveur ne peut être gratuite dans aucun cas, dès que la société a des dépenses publiques à faire pour assurer la garantie commune et protéger les propriétés privées. Il suit de là que vous accorderez une faveur légitime et remarquable à la ligne directe, en fixant le droit, sur les successions immobilières, au quart seulement de ce qui sera exigé pour les autres. Ce sont les plus fréquentes. Renoncer à ce droit de mutation, et même ne pas l'améliorer, ce serait sacrifier une ressource dont il est impossible de se passer dans un moment où le Trésor public a les plus grands besoins. En vain croirait-on pouvoir reporter avec succès sur les successions qui se recueillent dans les degrés les plus éloignés ce que l'on voudrait ne plus exiger sur les successions directes. Il nous est démontré que le *maximum* est atteint à 4 pour 100, et nous avons abandonné l'idée que nous avions d'abord eue de fixer le taux au delà. Un droit pour le payement duquel il faudrait vendre une partie de la propriété, ou sacrifier plus d'une année du revenu, ou emprunter à gros intérêts la somme nécessaire pour l'acquitter, si toutefois encore on la trouvait, ne pourrait qu'être fatal à la propriété publique elle-même, tout en ruinant le redevable.

20. Mais au moins, si nous sommes forcés de vous proposer la fixation du droit sur les successions directes à 1 pour 100, nous avons la satisfaction de vous faire remarquer que, d'après notre projet, les inventaires et les partages se feront désormais sans être assujettis au droit proportionnel, et que la condition des héritiers en ligne directe éprouvera, par cette disposition favorable et juste, une grande amélioration. Nous les dispenserons aussi du droit de mutation sur les meubles, dont je vais vous parler relativement aux autres successions.

21. Il entre dans notre projet d'établir un droit de mutation sur les successions mobilières en ligne collatérale, parce que nous l'envisageons comme un des principaux moyens que vous devez employer pour procurer de nouvelles ressources au Trésor public.

Le droit existe sur ces sortes de successions entre époux; et lorsqu'un héritier collatéral ne recueille que des effets mobiliers, il n'est pas tenu d'en faire la déclaration, et il ne paye rien pour cette nouvelle propriété.

Nous vous proposons de faire disparaître cette différence, fondée uniquement sur de vieux préjugés, et qui est condamnée également par la raison et par les principes de l'égalité.

Celui qui achète ou à qui l'on donne des effets mobiliers, paye un droit proportionnel, comme celui qui acquiert ou à qui l'on donne des immeubles. Pourquoi ceux à qui les effets mobiliers sont transmis par succession ne payeraient-ils pas un droit de mutation? Pourquoi aussi un héritier collatéral serait-il plus privilégié que l'épouse qui perd son mari? Ici je vois un citoyen peu fortuné qui hérite d'un arpent de terre que lui a laissé un parent; la loi lui en demande une déclaration et l'assujettit à un droit.

Ici encore je vois une veuve obligée de déclarer le mobilier que lui a laissé son époux, lorsque la mort les a séparés, et là se présente à mes yeux un héritier à qui il vient d'échoir une succession mobilière de plusieurs millions peut-être, et la loi n'exige de lui ni déclaration ni droit quelconque; comme si une succession mobilière n'était pas un bien; comme si elle n'avait aucune valeur; comme si on ne devait pas autant à la loi pour la faveur qu'elle accorde dans l'un comme dans l'autre cas! Tout cela répugne à la raison et à la justice, et nous pensons que vous n'hésiterez pas à établir un droit sur les successions mobilières, qui ne sera cependant, dans ses quotités, que de la moitié de celles qui sont fixées pour les propriétés foncières, proportion indiquée par la nature des choses.

22. Nous ne croyons pas qu'il soit fait d'objection contre nos propositions pour l'augmentation de plusieurs des quotités du droit proportionnel, et son extension sur les mutations mobilières qui n'y ont pas encore été assujetties.

Au surplus, ces dispositions seraient suffisamment justifiées aux yeux de tous les vrais amis de la patrie, par l'impérieuse nécessité; mais l'égalité dans la distribution de l'impôt les réclame elle-même. Ainsi, citoyens représentants, vous avez un double motif pour les ordonner, et, en le faisant, vous aurez la certitude bien consolante d'être restés dans les termes de la constitution.

23. Cependant, si vous ne preniez pas en même temps des mesures pour assurer la perception, votre confiance dans une amélioration serait déçue, surtout à l'égard des mutations de propriétés foncières.

Depuis que les retraits ont été abolis, et que l'on n'a plus à craindre l'action en rescision, il s'est introduit dans les contrats *de vente* un genre de fraude infiniment nuisible au progrès des produits. Un bien se vend au prix de 12,000 francs, la mauvaise foi n'en exprime que 6 ou 8, et le Trésor public est ainsi privé du droit qui lui était acquis sur la portion de prix qu'on dissimule.

Voyez jusqu'où peut monter ce que la fraude enlève ainsi à l'État. Le droit sur les ventes produit environ 24 millions par an : tout le monde sait avec quelle impudeur les prix sont déguisés dans la plupart des contrats, depuis qu'on peut le faire impunément. Des notaires même en donnent le conseil aux contractants. Eh bien! si la fraude n'existait pas, serait-ce exagérer que de dire que cette partie de l'enregistrement s'accroîtrait peut-être de plus d'un tiers?

Il a fallu chercher à remédier à cet abus. Nous ne pensons pas qu'il y ait d'autres moyens d'y parvenir, qu'en déclarant que le droit d'enregistrement est établi et doit être perçu sur la valeur actuelle des biens-fonds, et qu'il y aura lieu à l'expertise quand la nécessité en sera évidente; cette disposition sera fondée sur la justice la plus rigoureuse. Dans les *donations*, dans les *successions*, c'est sur la valeur des objets que les droits se perçoivent; pourquoi en serait-il autrement pour les contrats de vente?

24. On opposera peut-être que les expertises auxquelles il faudrait recourir pour constater les fausses énonciations sont sujettes à des inconvénients : une pareille objection ne serait pas sans réplique.

D'abord, si l'on s'y arrêtait, il s'ensuivrait qu'il faudrait laisser subsister les abus, et permettre que l'homme de mauvaise foi frustre le Trésor public, tandis que l'homme probe, le bon citoyen s'acquitte de tout ce qu'il doit; assurément cela ne peut être dans l'intention d'aucun législateur.

En second lieu, quel tort ferait-on à un acquéreur, lorsque le prix paraîtra hors de toute proportion avec la valeur vénale actuelle du bien, et que l'on cherchera à faire constater cette valeur par une expertise? En tout cas, si le rapport lui est favorable, les frais ne seront point à sa charge; ils n'y seront même que dans le cas d'une extrême disproportion.

Mais si le rapport démontre jusqu'à l'évidence l'insuffisance dans l'énonciation de la valeur, il en sortira cette preuve que la valeur n'avait pas été déclarée, et que l'expertise était nécessaire. Mais, dira-t-on encore, l'on acquiert tous les jours pour 10,000 francs un immeuble qui en vaut 15; il n'y a aucune fraude dans l'énonciation du prix; pourquoi donc faire payer le droit sur 15,000 francs?

La réponse est simple. On exige ce droit parce que, dans le fait, l'objet acquis est de la valeur de 15,000 francs, et que c'est la valeur des biens vendus qui en doit déterminer les droits, et non un prix exprimé et souvent déguisé. Plus ce prix est modique, moins l'acquéreur a lieu de se plaindre. Il n'est au surplus question que d'un supplément démontré dû sur une plus-value, d'après un rapport contradictoirement fait.

25. Ne croyez pas, représentants du peuple, que ce soit précisément parce que les droits sont de 4 pour 100, qu'on emploie le moyen aujourd'hui si fréquent de les frauder par une dissimulation du véritable prix. Il en serait de même maintenant quand la quotité serait de moitié moins. L'homme de mauvaise foi envers la République lui dérobera un comme quatre, s'il peut lui faire ce tort impunément. Il n'a plus de retrait ni de rescision à craindre, je l'ai déjà dit, cela suffit pour lui. Il regarde dès lors comme un profit qui ne peut lui échapper ce qu'il se détermine à frauder.

Au reste, en appliquant au contrat de *vente* la mesure déjà ordonnée par la loi du 9 vendémiaire dernier pour les successions, vous devez vous attendre que la Régie n'en abusera pas. Nous lui devons cette justice, et nous la lui rendons en connaissance de cause, puisqu'il est vrai qu'aucune plainte ne s'est encore élevée touchant l'usage de la faculté de l'expertise, que la loi du 9 vendémiaire lui a donnée; et remarquez que bientôt un an s'est écoulé depuis que la Régie a ce pouvoir.

26. Ce ne serait pas assez non plus d'avoir établi un droit, si vous n'en assuriez le recouvrement dans tous les autres cas où les redevables seraient tentés de l'éluder.

Toute transmission de propriété foncière devant être enregistrée, il serait inconséquent de ne pas employer les moyens convenables pour que cette obligation soit remplie à l'égard des transmissions qui s'opèrent par des actes sous signature privée.

C'est cependant ce qui arriverait, si vous vous borniez à infliger une amende à ceux qui ne feront pas enregistrer ces sortes d'actes dans un délai déterminé. L'expérience a prouvé que ce frein est insuffisant, et que même il produit un effet tout opposé à celui qu'on en attend; en sorte que le Trésor public est journellement privé des droits de mutation auxquels ces actes donnent ouverture.

Pour extirper tout à fait un abus aussi préjudiciable, nous ne voyons d'autres moyens que de déclarer *nuls* les actes en question, lorsqu'ils ne seront pas présentés à l'enregistrement dans le délai prescrit.

Cette mesure est juste et commandée par les plus grands intérêts. L'on ne doit pas permettre qu'un acquéreur par acte sous seing privé ait plus d'avantage que celui qui achète par contrat public. S'il s'expose à voir son titre frappé de nullité, il ne pourra l'imputer qu'à lui-même : la loi l'aura suffisamment averti.

Une telle disposition de la part du législateur n'a pas seulement le mérite d'assurer le recouvrement de ce qui est dû au Trésor public; le but en est encore moral. Il importe à la société de savoir dans quelles mains reposent les propriétés dont elle protége et garantit les possessions privées. Au surplus, il est bien à remarquer que ceci ne porte aucune atteinte à la liberté que doivent avoir des citoyens de rédiger eux-mêmes leurs actes, quand ils ne jugent pas à propos d'employer le ministère des officiers publics, mais ils seront *nuls* quand ils auront pour objet des biens-fonds et qu'ils n'auront pas été soumis à l'enregistrement dans le délai déterminé par la loi. Par là, citoyens représentants, vous préviendrez bien des fraudes; vous assurerez même par cette disposition, qui paraîtra peut-être sévère au premier coup d'œil, le repos des familles; et votre loi, qui semblerait d'abord uniquement destinée à procurer des revenus à l'Etat, sera classée parmi celles d'une législation protectrice des propriétés.

27. Vous retrouverez dans notre projet la disposition qui existe dans la loi du 9 vendémiaire sur les contre-lettres. Ces sortes d'actes sont d'une telle immoralité qu'on ne peut se dispenser de les frapper de nullité dans leurs principes, sans même permettre que l'enregistrement puisse les purger de la tache que leur dénomination seule met en évidence.

28. Tels sont, représentants du peuple, les principaux points du projet que je suis chargé de vous présenter. Il fait disparaître en entier la seconde classe du tarif actuel, qui a été jusqu'ici une source de difficultés, et sur laquelle l'arbitraire a eu le plus d'influence; il est d'ailleurs remarquable par sa simplicité, caractère qui doit toujours distinguer une loi, surtout en matière de contribution.

S'il est adopté avec ses bases et ses moyens, la commission n'a rien exagéré lorsqu'elle vous a annoncé que l'enregistrement pouvait être compté par 80 millions dans les revenus publics. Je le porterais au delà sans crainte d'erreur; car j'estime qu'il procurera une augmentation de 20 millions par an.

29. Ce que contient en outre notre projet, et dont j'ai cru inutile de fatiguer votre attention, est réglementaire, mais indispensable pour l'exécution d'une pareille loi. Le redevable, l'officier public, le receveur, y trouveront leurs obligations respectives tracées de la manière la plus aisée à suivre, et ils y apprendront aussi quelles peines sont attachées aux contraventions.

30. Nous ne vous proposerons rien de rétroactif; ainsi, en abrogeant toutes les lois rendues sur l'enregistrement, vous n'aurez à prononcer cette abrogation que pour l'avenir. Elles continueront d'avoir leur effet, mais seulement pendant les délais qui resteront à courir à l'égard des actes publics et des mutations de dates antérieures à la publication de la nouvelle loi.

31. Représentants du peuple, la plus grande et la plus juste impatience se manifeste à l'occasion des finances. On demande de toutes parts que l'on cesse enfin de se traîner avec des expédients qui ne suffisent à aucun service et qui en laissent plusieurs dans le plus affligeant abandon. Privé de la circulation qui lui donne et qui lui entretient la vie, le corps politique souffre et se dessèche; et cependant dans quel autre pays du monde y a-t-il des ressources plus réelles et plus durables pour conserver sa force? Nous vous offrons, par notre projet, de grands moyens d'améliorer les revenus de l'Etat. Ils s'évanouissent, si des considérations particulières peuvent en faire rejeter les bases. Mais la commission qui vous les propose avec confiance a d'autant plus d'espoir de vous les voir accueillir, qu'elle sait combien vous avez à cœur de fournir au Trésor national les fonds nécessaires pour mettre le gouvernement à même de frapper le dernier coup aux ennemis de la République, et pour acquitter enfin la nation envers ses rentiers et pensionnaires, dont la position est si digne d'intérêt et de votre sollicitude. Les droits d'enregistrement, organisés selon notre projet, contribueront à vous procurer ces jouissances que vous recherchez depuis si longtemps, et à vous donner aussi la satisfaction de soulager les propriétaires par une diminution sur la contribution foncière. Enfin, vous aurez droit d'attendre que le peuple, loin de se plaindre de la loi que vous aurez rendue, ni des mesures que vous aurez prises pour assurer son entière exécution, la regardera comme un acte de justice et d'utilité générale.

J'annonce au conseil qu'il lui sera incessamment présenté un objet de résolution sur le timbre, contribution qui se lie très-étroitement à celle de l'enregistrement.

Je lui observe en outre qu'il aura à prendre une résolution pour donner de nouvelles bases à la partie administrative de l'enregistrement, non pour avoir une meilleure administration que celle qui existe aujourd'hui, car nous nous faisons un devoir de proclamer que la Régie actuelle ne peut être dirigée avec plus de zèle et de lumières, ni par de meilleurs principes, mais parce qu'il n'existe plus de lois suffisantes sur son organisation, sa manutention et ses frais, surtout depuis l'accroissement qu'a éprouvé le territoire de la République, et qu'à ce motif-ci se joindra encore celui de l'augmentation des produits qui résultera de la loi dont nous vous proposons aujourd'hui le projet.

CONSEIL DES CINQ-CENTS.

Séance du 6 vendémiaire an VII.

Discussion sur la peine des nullités.

DUCHATEL, *de la Gironde*, produit le projet relatif au droit d'enregistrement.

On renouvelle la proposition de substituer également dans ce projet la peine de l'amende à celle de la nullité des actes.

DUCHATEL, *rapporteur*. On demande des finances; on convient qu'il en faut : les besoins du Trésor public sont grands et urgents, on le reconnaît; et l'on n'est pas plutôt occupé des moyens d'y pourvoir, qu'on les discute comme s'il s'agissait de quelques intérêts privés : la chose se pousse même si loin à cet égard, qu'on serait tenté de dire, *on ne veut pas de finances*, si pourtant il était possible de douter de la droiture des intentions de ceux qui s'opposent aux moyens les plus efficaces pour s'en procurer.

On traite la question de nullité comme s'il s'agissait d'un

code civil, comme si l'on avait à faire une loi sur les transactions entre les citoyens, comme s'il ne fallait pas distinguer entre l'intérêt public et l'intérêt particulier; en un mot, on s'explique comme si la décision à intervenir devait être un arrêt d'un conseil d'Etat ou la volonté d'un maître qui commande, tandis que ce sont ici les représentants de la nation qui parlent pour elle et en son nom.

Des amendes, dites-vous, contre les contrevenants. Mais avez-vous bien suivi l'intérêt personnel dans sa marche? Savez-vous que cette peine, quand une fois elle a été encourue, porte celui qui s'y est exposé à user de toutes ses ressources pour y échapper? Il s'est caché pour commettre la fraude; il se cachera bien davantage pour n'être pas découvert.

Le Trésor public a besoin de 100 millions; des lois sur l'enregistrement et le timbre fixent les droits dans des proportions convenables pour arriver à cette somme : l'année est révolue : l'on n'a obtenu que 60 millions. Voilà un déficit des deux cinquièmes : la fraude l'a occasionné. L'année recommence; il faut pourtant avoir 100 millions. Ce qui est fixé à 3 francs, on le porte à 5 francs. L'homme de bonne foi souffrira cette augmentation; il payera encore avec le même scrupule, mais le fraudeur de profession va redoubler de soins pour échapper à l'impôt; mais celui-ci n'avait pas eu l'idée de s'y soustraire; trouvant enfin la charge trop forte, il se résout à le faire.

Si, au lieu de vous attacher à combattre une mesure que commande le bien de tous, vous l'étendiez non-seulement à quelques actes, mais à tous les actes, vous pourriez sans danger diminuer les quotités de tous les droits. C'est alors qu'en faisant le bien du Trésor public, vous soulageriez réellement tous ceux qui ne sont surchargés que parce que la fraude n'est pas atteinte par la seule peine qui puisse la faire cesser. N'est-ce donc pas manquer à ses devoirs, ne pas vivre soumis aux lois, blesser les intérêts de tous, que d'enfreindre une loi qui demande le payement d'une contribution nécessaire au maintien de la société, une contribution établie pour l'utilité générale? Peut-on, sous le prétexte d'un droit naturel, nuire ou porter préjudice à la société, lorsque l'on tient tout d'elle, et que l'on ne peut rien conserver sans elle?

Au surplus, quel est le but de notre proposition? Ce n'est pas de faire expulser par la loi un acquéreur, quoiqu'il méritât de l'être quand il blesse les intérêts de tous en dérobant au Trésor public ce qu'il lui doit; c'est de toucher l'intérêt personnel, de l'avertir, en déclarant que la société ne reconnaîtra de propriétaire ou possesseur que sous les conditions que le bien de tous exige qu'on impose.

Je dois observer que la peine de nullité n'est point une nouveauté, comme quelques-uns le croient. On la trouve prononcée dans plusieurs cas par la jurisprudence qui a régi les propriétaires et la faculté de transiger. Je citerai, entre autres, les donations entre-vifs. La loi du 9 vendémiaire an VII, a prononcé elle-même la nullité des contre-lettres.

J'ai déjà eu occasion de dire que ce n'est point le droit naturel qu'il faut invoquer quand il s'agit de propriété. Le droit naturel, abstraction faite de l'esprit de société, serait toute autre chose que ce que l'on veut qu'il signifie. Personne, je pense, ne demandera que j'en dise davantage pour me faire entendre.

C'est de l'état de société que dérive le droit de propriété. Je m'en convaincs lorsque je jette les yeux sur la déclaration des droits et des devoirs de l'homme et du citoyen.

Je vois les meilleurs effets résulter d'une loi qui prend les précautions que nous vous proposons. Elles feront le repos des familles, repos si souvent compromis par des actes ignorés, et elles contribueront à la tranquillité des possesseurs eux-mêmes.

Quelque sévère que paraisse la peine de nullité, elle sera un bien pour la société et pour chaque individu, puisqu'elle préviendra des abus et qu'elle mettra les citoyens dans l'heureuse impuissance de nuire à leurs propres intérêts.

Cette sage législation existe dans une république notre alliée. On n'est reconnu propriétaire en Hollande que par acte public, et l'on y porte bien plus loin que nous ne le faisons la rigueur des principes, car les fausses estimations y sont punies par la confiscation.

Soyez bien persuadés que, lorsque la loi aura ainsi parlé, on ne verra plus ni acquéreurs, ni fermiers ou locataires, ni détenteurs quelconques de biens-fonds, s'exposer aux rigueurs d'une dépossession, faute de titre légal.

Je demande que l'on adopte la proposition qui vous est faite au nom de la commission, et que l'on ne perde jamais de vue que la fraude est plus criminelle dans une république que dans tout autre gouvernement, et qu'elle doit y être plus sévèrement punie.

THIESSÉ revient combattre l'avis de la commission, et cite, à l'appui du sien, divers exemples tendant à prouver qu'une foule de citoyens seraient punis d'une faute qui ne serait pas la leur. Des héritiers, par exemple, se présentent porteurs d'un testament; peuvent-ils être punis de ce que le testateur n'a pas exécuté la loi relative à l'enregistrement? Les fautes sont personnelles; de telles nullités rigoureusement prononcées jetteraient à chaque instant le trouble dans les familles, et feraient naître des milliers de procès en consacrant les injustices les plus criantes.

Thiessé insiste pour que le système des amendes soit préféré.

Cet avis est adopté.

CONSEIL DES CINQ-CENTS.

Séance du 17 brumaire an VII.

2. — Rapport supplémentaire de M. Duchâtel, fait au nom de la commission des finances sur le projet amendé de la loi du 22 frimaire an VII.

Représentants du peuple, vous allez enfin discuter le nouveau projet de résolution sur l'enregistrement, dont vous avez ordonné l'impression le 24 vendémiaire dernier.

Vous avez vu en quoi il diffère du premier projet qui avait été présenté le 6 vendémiaire précédent. Celui-ci établissait la peine de nullité pour tout acte sous signature privée portant transmission de propriété, d'usufruit ou de jouissance de biens-fonds, qui ne serait pas soumis à l'enregistrement dans les trois mois de sa date. C'était une des principales bases de ce projet, vous l'avez rejeté.

La commission l'a remplacé par des dispositions dont elle ne vous promettra pas un effet aussi efficace pour l'intérêt du Trésor public, que celui qui serait résulté de la première mesure; néanmoins elle les croit propres à opérer un grand bien dans cette partie. Ces dispositions se trouvent sous les articles 12, 13, 22 et 35.

L'article 22 porte à trois mois le délai pour l'enregistrement des actes sous seings privés dont il s'agit.

L'article 35 prononce la peine du double droit pour ceux qui ne seraient pas enregistrés dans le délai prescrit.

En fixant ainsi un délai pour l'enregistrement des actes sous seings privés par lesquels on transmet, soit la propriété ou l'usufruit, soit la jouissance temporaire de biens-fonds, c'est statuer que l'enregistrement est de rigueur à leur égard, comme il l'est pour les actes publics et pour les successions; aussi remarquez-vous que les articles 12 et 13 autorisent la demande des droits de ces sortes d'actes, lorsque leur existence est notoire.

La commission ne présume pas qu'il puisse s'élever d'objections contre de semblables dispositions. Il n'est sûrement aucun de vous qui ne soit convaincu de l'intérêt qu'a la société de savoir en quelles mains reposent les propriétés foncières, puisqu'elle en protége et garantit la jouissance. Aucun de vous ne voudra faire de différence entre les actes sous seings privés et ceux passés devant notaire, surtout quand il s'agit de biens immeubles. On ne pourrait accorder de faveur particulière aux premiers sans apprendre aux redevables ce qu'ils auraient à gagner en se dispensant de donner de l'authenticité à leurs actes, sans accroître les regrets de ceux qui sont forcés d'employer le ministère des notaires, sans blesser les règles de l'égalité, en un mot, sans compromettre le revenu public.

Une autre base, non moins importante, a dû frapper votre attention dans le projet que je présente à la discussion ; c'est l'extension aux contrats de vente d'immeubles de la faculté de l'expertise accordée à la Régie par la loi du 9 vendémiaire an VI, sur les déclarations des successions.

Représentants du peuple, la commission sait que cette mesure trouve des contradicteurs; il s'en est montré. On craint qu'elle ne compromette la tranquillité des acquéreurs, qu'elle ne les expose à un arbitraire dangereux, et que ses résultats ne soient pas même profitables au Trésor public, dont les intérêts, dit-on, dépendront du caprice et, peut-être aussi, de la partialité des experts.

Les propositions les plus simples peuvent être controversées : je verrai donc sans étonnement s'élever des objections contre celle de l'expertise. Mais je redirai au Conseil que le passé devrait faire présumer plus avantageusement de l'avenir. Depuis le 9 vendémiaire an VI, la faculté de l'expertise relativement aux successions a produit de très-heureux effets sans exciter aucune plainte ; ce qu'elle a fait à l'égard des successions, pourquoi ne le ferait-elle pas aussi à l'égard des ventes? D'ailleurs, il faut une mesure quelconque pour comprimer le plus intolérable des abus, la dissimulation du véritable prix. Cet abus est porté aujourd'hui à un tel point, que l'on peut, sans exagération, évaluer à 8 millions par an le tort qu'il a fait au Trésor public.

Quel autre moyen aurait-on pour faire cesser un si grand préjudice? Nous n'en connaissons pas. Peut-être un jour s'en présentera-t-il un, lorsque l'assiette de la contribution foncière sera régulièrement faite; mais il faut en convenir, nous ne sommes pas encore parvenus à cette exactitude sans laquelle il serait injuste d'adopter pour base la chose qui en est elle-même dépourvue.

Croirait-on que le rétablissement de l'action en rescision pour cause de lésion d'outre-moitié serait plus efficace que la faculté de l'expertise? Mais quelle marge ne resterait-il pas encore aux hommes de mauvaise foi, pour se soustraire à une partie des droits dus à la nation? Que l'action en rescision soit rétablie, alors on se gardera de réduire de plus de moitié le vrai prix de l'objet vendu; mais il restera toujours une porte ouverte à la fraude pour le quart, et souvent le tiers des droits. Le mal sera donc à peu près le même.

Veuillez, citoyens représentants, peser ces considérations dans votre sagesse. Les droits d'enregistrement ne peuvent être abandonnés à des mesures incertaines ou insuffisantes ; il faut assurer leur entière perception ou renoncer, je ne dirai pas seulement à y trouver de nouvelles ressources, mais encore à en obtenir ce qu'ils ont produit précédemment. Ceci, comme vous le voyez, mérite toute votre attention.

Un troisième moyen d'accroissement pour cette contribution est l'assujettissement des successions mobilières à l'enregistrement. Ce que j'ai dit à ce sujet dans mon rapport du 6 fructidor doit être présent à vos esprits. Je n'ai donc aujourd'hui à vous entretenir que de la nécessité où vous êtes d'étendre le droit aux successions de cette nature en ligne directe : il n'en était pas question dans le premier projet, j'en parlerai dans un moment.

Le temps qui s'est écoulé dans la recherche des moyens de compléter les 600 millions de recette pour l'an VII, le fait qui pourrait s'ensuivre, les besoins du Trésor public qui vont toujours en croissant, le rejet de la mesure en nullité, tout fait à notre commission la loi de renoncer au projet qu'elle avait conçu, et de n'avoir qu'un seul et même droit fixe, sauf quelques exceptions pour les actes qui ne sont pas de nature à donner lieu au droit proportionnel.

L'article 68 vous présente aujourd'hui une série de droits fixes, dont le moindre est de 1 franc et le plus fort de 25 francs.

Vous apercevez, citoyens représentants, que c'est plus spécialement sur les actes judiciaires que nous avons élevé les droits. La raison de cette augmentation est facile. La juridiction contentieuse exige des dépenses; c'est à ceux qui l'occupent de leurs contestations, plus qu'aux autres, à y contribuer.

Vous avez vu aussi, sous l'article 69, que nous avons porté à 5 pour 100, au lieu de 4, le droit proportionnel des donations et des mutations par décès de biens-fonds, entre collatéraux et autres personnes non parentes. Si l'on veut (et vous ne pouvez avoir d'autre but) se maintenir dans les bornes qui ont été posées par la nature même des choses, on écartera de soi l'idée de pouvoir élever le droit proportionnel au delà de 5 pour 100, dans quelque cas que ce soit. J'en ai donné les raisons dans mon rapport; je ne puis que m'y référer.

Il n'a, sans doute, échappé à aucun de vous, citoyens collègues, de remarquer comment sont combinées entre elles les diverses quotités du droit proportionnel : nous les avons réglées avec une telle exactitude, que l'on ne pourrait en changer une sans se mettre dans l'obligation de changer aussi les autres, ou bien il faudrait renoncer à cette concordance qui n'est pas un objet de pure satisfaction, car la justice l'exige et place elle-même les actes dans les classes et sous les quotités que nous leur avons assignées.

Notre premier projet, comme je l'ai dit plus haut, n'assujettissait pas les successions mobilières en ligne directe à l'enregistrement; mais lorsque l'on considère tout ce qu'il faut faire d'efforts pour compléter les 600 millions demandés pour le service de cette année, et lorsqu'il est à craindre de n'y arriver que par des moyens extraordinaires, il faut se déterminer à user d'une ressource qui est loin de répugner à la justice, quoiqu'elle paraisse rigoureuse au premier aspect.

En effet, si l'on a cru pouvoir assujettir à l'enregistrement les successions immobilières en ligne directe, pourquoi les successions de biens meubles dans la même ligne n'y seraient-elles pas également soumises? Il n'y a pas plus de raison à alléguer en faveur des unes que pour les autres : tel succède à son père, qui lui laisse pour héritage un mobilier de 100,000 francs, ne payera-t-il rien pour cette succession, tandis que tel autre, qui ne recueille au décès de l'auteur de ses jours qu'un modique bien-fonds, est obligé de payer un droit de mutation? Voilà un argument auquel il nous paraîtrait difficile d'opposer quelque chose de solide ni même de raisonnable.

Mais en proposant l'établissement d'un droit sur les successions mobilières, soit directes, soit collatérales, nous avons reconnu qu'il est de toute justice d'établir une différence entre elles et les successions de biens-fonds. Celles-ci se composent nécessairement d'objets qui produisent des revenus, et les autres en renferment qui ne procurent pas le même avantage, quoiqu'ils forment une véritable richesse. C'est en raison de cette différence, et eu égard aux dettes passives qu'on ne pourrait distraire sans compromettre absolument le droit d'enregistrement, que nous avons fixé au quart seulement du droit des successions immobilières, celui des successions des biens meubles. Cette proportion nous a paru juste; nous pensons que vous la jugerez telle.

Je ne reviendrai point sur les divers autres développements que contient mon rapport. Les principes qui y sont exposés, et qui restent appliquables au nouveau projet, ne peuvent être contestés ; c'en est assez pour que je regarde comme inutile de les justifier devant vous.

Je termine cet exposé préliminaire en vous priant de ne pas perdre de vue que tout se lie dans le projet que vous allez discuter, et qu'une pierre ôtée de l'édifice en dérangerait les bases qui en font le principal mérite, et sans lesquelles il n'y aurait ni ensemble ni solidité. Veuillez également ne pas perdre de vue combien il est urgent de faire concourir les droits d'enregistrement, la plus importante comme la plus réelle de vos ressources, au complément des 600 millions décrétés, et non encore atteints, pour le service de l'an VII.

3. — Texte du projet de la loi du 22 frimaire an VII.

Article premier — A compter du jour de la publication de la présente, les droits d'enregistrement des actes civils et judiciaires, et de toute mutation de propriété, seront perçus d'après les bases et suivant les règles déterminées ci-après.

Il n'y a d'autres exceptions que celles mentionnées dans la présente.

Art. 2 — Les droits d'enregistrement *sont fixes* ou *proportionnels*, suivant la nature des actes et mutations qui y sont assujettis.

Art. 3. — Le droit *fixe* est établi pour tous les actes, soit civils, soit judiciaires, qui ne contiennent ni obligation, ni libération, ni transmission actuelle de propriété, d'usufruit ou de jouissance.

Il est perçu aux taux réglés par l'article 86 ci-après.

Art. 4. — Le droit *proportionnel* est établi pour tous les actes, soit civils, soit judiciaires, contenant obligation, libération, condamnation ou transmission de propriété, d'usufruit ou de jouissance, et généralement pour toutes mutations mobilières ou immobilières.

Il est perçu suivant les quotités réglées par l'article 87 de la présente.

Art. 5. — Il n'y a point de fraction de centime dans la liquidation du droit proportionnel. Lorsqu'une fraction de somme ne produit pas un centime de droit, le centime est perçu au profit de la République.

Art. 6. — Il ne sera point perçu moins d'un franc pour l'enregistrement d'un acte ou d'une mutation quelconque donnant lieu au droit proportionnel.

Sont exceptées les quittances de sommes et valeurs mobilières au-dessous de cinquante francs. Elles seront enregistrées pour cinquante centimes.

Art. 7. — Le droit proportionnel est assis sur les sommes et valeurs, soit pour les obligations et les quittances, soit pour les transmissions de propriété, d'usufruit ou de jouissance de biens meubles et immeubles qui s'opèrent par actes ou par décès.

Là où il n'y a ni obligation, ni libération, ni engagement, ni condamnation ou collocation de sommes ou valeurs, ni transmission de propriété, d'usufruit ou de jouissance de biens meubles et immeubles, il ne peut être perçu de droit proportionnel.

Art. 8. — La valeur de la propriété, de l'usufruit ou de la jouissance des *biens meubles* est déterminée, pour la liquidation et le payement du droit proportionnel, ainsi qu'il suit, savoir :

1° Pour les baux et locations, *par le prix annuel exprimé sans fraude, en y ajoutant les charges imposées au preneur.*

2° Pour les échanges, *par l'estimation qui en sera faite en capital.*

3° Pour les créances à terme, les cessions, transports et engagements, par le capital exprimé dans l'acte.

4° Pour les quittances et tous actes de libération, *par le montant dont le débiteur se trouve libéré.*

5° Pour les ventes et autres transmissions à titre onéreux, *par le prix exprimé sans fraude, en y ajoutant les charges en capital.*

6° Pour les créations de rentes, soit perpétuelles, soit viagères, ou de pensions, aussi à titre onéreux, *par le capital constitué et aliéné.*

7° Pour les cessions ou transports desdites rentes ou pensions, et pour leur amortissement ou rachat, *par le capital constitué, quel que soit le prix stipulé pour le transport ou l'amortissement.*

8° Pour les transmissions entre-vifs, à titre gratuit, et celles qui s'opèrent par décès, *par la déclaration estimative des parties.*

9° Pour celles, aux mêmes titres, de sommes et créances liquides, *par leur capital.*

10° Pour les rentes et pensions créées sans expression de capital, soit à titre onéreux, soit à titre gratuit, leurs transports et amortissements, *par un capital formé de vingt fois la rente perpétuelle, et de dix fois la rente viagère ou la pension, sans distinction de celles créées sur une ou plusieurs têtes, et quel que soit le prix stipulé pour le transport ou l'amortissement total ou partiel desdites rentes perpétuelles et viagères ou pensions.*

Les rentes et pensions stipulées payables en nature seront évaluées aux mêmes capitaux, estimation préalablement faite des objets, d'après le taux commun des mercuriales du canton, arrêtées pendant l'année précédente et dans le courant de celle de la date de l'acte.

11° Pour tous actes et jugements portant condamnation, liquidation, collocation ou transmission, *par le capital des condamnations, intérêts et dépens liquidés.*

12° La valeur de l'usufruit transmis séparément est de la moitié de la valeur entière de la propriété.

Art. 9. — La valeur de la propriété, de l'usufruit ou de la jouissance des *biens-fonds* est déterminée, pour la liquidation et le payement du droit proportionnel, ainsi qu'il suit, savoir :

1° Pour les baux à ferme ou à loyer, *par le prix annuel exprimé sans fraude, en y ajoutant les charges imposées au preneur.*

Si le bail est stipulé payable en nature, il sera fait une évaluation des objets d'après le taux commun des mercuriales du canton, arrêtées pendant l'année précédente et dans le courant de celle de la date de l'acte.

Il en sera de même des baux à portion de fruits, pour la part revenant au bailleur, dont la quotité sera préalablement déclarée, et sur laquelle le droit doit être perçu.

2° Pour les baux à rentes perpétuelles, et ceux dont la durée est illimitée, *par un capital formé de vingt fois la rente ou le prix annuel et charges aussi annuelles, en y ajoutant le montant des deniers d'entrée, et des autres charges, s'il y en a.*

3° Pour les baux à vie, sans distinction de ceux faits sur une ou plusieurs têtes, *par un capital formé de dix fois le prix annuel et des charges aussi annuelles, en y ajoutant de même le montant des deniers d'entrée, et autres charges, s'il s'en trouve.*

4° Pour les échanges, *par l'estimation qui en sera faite, et qui doit être portée à vingt fois le montant annuel des baux courants ou du produit actuel et entier des biens, sans distraction des charges.*

5° Pour les engagements, *par les prix et sommes pour lesquels ils sont faits.*

6° Pour les ventes, reventes, adjudications, cessions, rétrocessions, licitations, et autres actes translatifs de propriété ou d'usufruit, à titre onéreux, soit que ces actes soient civils, soit qu'ils soient judiciaires, *par le prix estimé sans fraude, en y ajoutant toutes les charges en capital.*

Si le vendeur n'aliène que la nue propriété, l'usufruit est

évalué la moitié de tout ce qui forme le prix du contrat, et le droit est perçu sur le total; mais il n'est dû aucun nouveau droit pour la réunion de l'usufruit à la propriété : cependant, si elle s'opère par une cession dont le prix soit supérieur à l'estimation qui avait été faite de l'usufruit pour régler le droit de translation de propriété, il est dû un supplément de droit sur ce qui se trouve excéder cette estimation.

7° Pour les transmissions de propriété entre-vifs, à titre gratuit, et celles qui s'effectuent par décès, *par l'estimation qui en sera faite, et qui doit être portée à vingt fois le montant du produit actuel des biens, ou du montant annuel des baux courants, sans distraction des charges.*

L'héritier donataire ou légataire qui n'aura d'abord recueilli que la nue propriété, n'aura, ou son ayant cause, aucun nouveau droit à payer lors de l'extinction de l'usufruit et de sa réunion à la propriété.

8° Pour les transmissions d'usufruit seulement, soit entre-vifs, à titre gratuit, soit par décès, en faveur des non propriétaires, *par l'estimation qui sera faite, et portée à dix fois le montant du produit actuel des biens, ou du montant annuel des baux courants, sans distraction des charges de l'usufruit.*

ART. 10. — Si un acte translatif de propriété ou d'usufruit de biens-fonds, à titre onéreux, comprend en même temps des meubles et objets mobiliers (autres que des rentes ou des créances liquides et désignées, dont le capital se distingue de lui-même), le droit d'enregistrement sera perçu sur la totalité du prix, au taux fixé par la présente pour les biens-fonds, à moins qu'il ne soit stipulé un prix particulier pour les meubles, et qu'ils ne soient désignés et estimés, article par article, dans le contrat.

ART. 11. — Dans le cas de transmission de biens meubles ou immeubles, la quittance donnée, ou l'obligation consentie par le même acte, pour tout ou partie du prix entre les contractants, ne donne pas lieu à un droit particulier d'enregistrement.

ART. 12. — Lorsque, dans un acte quelconque, il y a plusieurs dispositions indépendantes ou ne dérivant pas nécessairement les unes des autres, il est dû, pour chacune d'elles, et selon son espèce, un droit particulier. La quotité en est déterminée par l'article de la présente auquel la disposition se rapporte.

ART. 13. — Si un acte contient une délégation de prix en faveur d'un tiers, non présent à l'acte, sans qu'il y ait énonciation de titre enregistré, il sera perçu un droit particulier pour cette délégation, ainsi qu'il est réglé pour les obligations, sauf la restitution, s'il est justifié, dans le délai prescrit, d'un précédent titre enregistré.

ART. 14. — A l'avenir, et à compter de la publication de la présente, aucune disposition de propriété, d'usufruit ou de jouissance de *biens-fonds* ne sera reconnue, si elle n'a pas été faite par acte enregistré.

ART. 15. — A compter de la même époque, tout acte qui sera fait sous signature privée, et qui contiendra transmission de propriété, d'usufruit ou de jouissance de *biens-fonds*, sera nul et de nul effet, s'il n'a pas été enregistré dans le délai prescrit par la présente, à moins d'empêchement *par force majeure*, déduit et reconnu en justice.

ART. 16. — Les contrats de mariage qui seront faits sous signature privée seront également nuls dans toutes leurs dispositions, s'ils n'ont pas été enregistrés dans le délai prescrit, excepté le cas prévu par l'article précédent.

ART. 17. — Toute contre-lettre qui aura pour objet une augmentation du prix stipulé dans d'autres actes ou contrats est déclarée nulle et de nul effet.

ART. 18. — Un acte déclaré nul, aux termes de la présente, ne peut être admis à la formalité de l'enregistrement. L'enregistrement qui en serait fait, serait également nul et de nul effet.

ART. 19. — Les meubles, effets et marchandises ne peuvent être vendus publiquement et par enchères, autrement qu'en présence et par le ministère d'un officier public, qui en dresse procès-verbal, et qui en acquitte le droit proportionnel dans le délai prescrit pour l'enregistrement de ses actes.

La peine contre les contrevenants est d'une amende de cent francs pour chaque jour de vente.

ART. 20. — Tout acquéreur par contrat public, passé en pays étranger, de *biens-fonds* situés dans le territoire de la République française, sera tenu de présenter ou faire présenter son contrat au bureau d'enregistrement de la situation des biens, et d'en acquitter les droits dans le délai prescrit par la présente, à peine de nullité du titre, excepté le cas prévu par l'article 15 ci-dessus.

ART. 21. — La même peine de nullité est prononcée pour toute autre transmission de propriété, d'usufruit ou de jouissance de *biens-fonds* situés en France, faite par acte public passé en pays étranger, si l'acte n'est pas enregistré au bureau de la situation des biens, dans le délai fixé par la présente, excepté le cas prévu par l'article 15 ci-dessus.

ART. 22. — Tous autres actes publics passés aussi en pays étrangers seront soumis à la formalité de l'enregistrement, avant qu'il puisse en être fait aucun usage dans le territoire français, soit dans un acte public, soit dans une déclaration quelconque, soit devant les tribunaux ou toute autre autorité constituée ou administrative.

ART. 23. — Les dispositions des articles 20, 21 et 22 ci-dessus sont applicables aux actes de même nature, passés dans les îles et colonies françaises, où la formalité de l'enregistrement n'aurait pas encore été établie.

ART. 24. — Les délais pour l'enregistrement des actes publics, soit civils, soit judiciaires, sont, savoir :

De dix jours, pour les actes des notaires qui résident dans la commune où le bureau d'enregistrement est établi;

De vingt jours, pour ceux des notaires qui n'y résident pas;

De quatre jours, pour tous ceux des huissiers, et autres ayants droit de faire des exploits ou des procès-verbaux;

De vingt jours, pour tous les actes judiciaires soumis à l'enregistrement sur les minutes, et pour ceux dont il ne reste pas de minute aux greffes;

De vingt jours aussi, pour ceux des arbitres;

Et de trente jours, pour les actes des administrations publiques, qui sont assujettis à la formalité de l'enregistrement, et compris dans les articles 86, 87 et 88 de la présente.

ART. 25. — Les actes sous signature privée, translatifs de propriété, d'usufruit, ou de jouissance *de biens-fonds*, seront soumis à la formalité de l'enregistrement, *dans le mois de leur date.*

Les contrats de mariage, aussi sous signature privée, y seront également soumis, *dans le même délai.*

Les actes *publics* passés en pays étranger, portant transmission de propriété, d'usufruit ou de jouissance *de biens-fonds* situés en France, seront enregistrés au bureau de la situation des biens, savoir :

Dans les trois mois du jour de leur date, s'ils sont faits en Europe;

Dans les six mois, s'ils sont faits en Amérique;

Et dans les vingt-quatre mois, s'ils sont faits en Afrique ou en Asie.

Cependant, si, avant l'expiration de ces délais, il est fait usage desdits actes en France, il n'y aura plus lieu à aucun autre délai que celui d'un mois, à compter du jour que l'on aura fait acte de propriété, d'usufruit ou de jouissance.

Les autres actes sous signature privée seront enregistrés avant qu'il puisse en être fait aucun usage, soit dans un acte public, soit dans une déclaration quelconque, soit devant les tribunaux, ou toute autre autorité constituée ou administrative.

ART. 26. — Les testaments reçus par des officiers publics, ou ceux qui sont olographes, même les testaments clos, ainsi que les codicilles, seront enregistrés *dans les trois mois* de la date du décès des testateurs, à la diligence des héritiers et légataires.

L'ouverture des testaments clos pourra être faite après ce délai, à la requête et poursuite du commissaire du Directoire exécutif du lieu où ils se trouveront déposés. Cette ouverture pourra même être provoquée par les préposés de l'enregistrement.

ART. 27. — Les déclarations que les héritiers, légataires ou donataires auront à passer des biens à eux échus ou transmis, seront faites *dans les six mois* du décès de ceux dont ils recueilleront les successions.

La même obligation est imposée aux curateurs et régisseurs des successions vacantes, aux curateurs des interdits, et aux tuteurs pour leurs pupilles.

Le délai sera, à l'égard de ceux qui succéderont à des personnes décédées hors de l'Europe, savoir :

D'une année pour l'Amérique ;

Et *de deux années* pour l'Afrique et l'Asie.

Cependant, si, avant l'expiration de ces délais, ceux à qui les successions sont échues, font acte d'héritier en France, il n'y aura plus lieu qu'à *un délai de six mois*, à compter du jour de cet acte.

L'héritier d'un absent, ou celui d'un condamné, ou celui qui recueille, par indivis, avec la nation, sera tenu de faire sa déclaration *dans les six mois* du jour qu'il sera mis en possession de la succession.

ART. 28. — Dans les délais fixés par les articles précédents pour l'enregistrement des actes et des déclarations, le jour de la date de l'acte ou de l'ouverture de la succession ne sera pas compté.

Si le dernier jour du délai se trouve être un décadi ou un jour de fête nationale, ou s'il tombe dans les jours complémentaires, ces jours-là ne seront point comptés non plus.

ART. 29. — Aucun acte ni aucune déclaration ne peuvent être enregistrés avant le payement des droits. Ils seront acquittés ; savoir :

Par les notaires, *pour les actes qu'ils reçoivent ;*

Par les huissiers et autres ayants droit de faire des exploits et des procès-verbaux, *pour ceux de leur ministère ;*

Par les greffiers, *pour les actes de leurs greffes, et pour les expéditions qu'ils délivrent de ceux qui ne sont pas soumis à l'enregistrement sur les minutes ;*

Par les arbitres, *pour les actes qu'ils rédigent en cette qualité ;*

Par les avoués ou défenseurs près les tribunaux, *pour les actes qu'ils feront à ce titre dans le cours des procédures, et pour les ordonnances rendues sur requête ;*

Et par les secrétaires des administrations publiques, *pour les actes desdites administrations qui sont assujettis à l'enregistrement et compris dans les articles* 86, 87 *et* 88 *de la présente.*

Les notaires, huissiers, greffiers, arbitres, avoués ou défenseurs, et les secrétaires des administrations auront leur recours contre les parties pour le remboursement des droits dont ils auront fait l'avance.

Les droits résultant des baux, adjudications, ventes et marchés faits au nom et pour le compte de la République, sont à la charge des acquéreurs, fermiers, locataires, adjudicataires ou entrepreneurs. Il ne pourra être stipulé de dispositions contraires.

Les droits des actes sous signature privée seront payés par ceux qui présenteront ces actes à l'enregistrement.

Ceux des déclarations de succession seront acquittés par les héritiers, donataires ou légataires, et les tuteurs ou curateurs. Les héritiers, légataires et curateurs d'une même succession seront tenus solidairement du payement des droits.

ART. 30. — Les notaires, greffiers, arbitres, avoués ou défenseurs près les tribunaux, et les secrétaires des Administrations, ne pourront faire enregistrer les actes qu'ils sont tenus de soumettre à cette formalité, qu'au bureau dans l'arrondissement duquel est leur résidence.

Les huissiers, et autres ayant droit de faire des exploits et des procès-verbaux, feront enregistrer leurs actes, soit au bureau de leur résidence, soit au bureau du lieu où les actes et exploits auront été faits.

Les enregistrements qui seraient faits dans d'autres bureaux, que ceux ci-dessus désignés, sont déclarés nuls.

Les actes sous signature privée pourront être enregistrés dans tous les bureaux indistinctement.

ART. 31. — Les transmissions de propriété ou d'usufruit effectuées par décès ne pourront être enregistrées qu'au bureau de la situation des biens.

Les héritiers, donataires ou légataires, leurs tuteurs ou curateurs, seront tenus d'en fournir déclaration détaillée, et de la signer sur le registre.

S'il s'agit d'une transmission, au même titre, de meubles et objets mobiliers, la déclaration en sera passée au bureau dans l'arrondissement duquel ils se seront trouvés au décès de l'auteur de la succession.

ART. 32. — Aucun officier public ni aucun redevable ne pourront se prévaloir d'une contestation sur la quotité et le payement des droits d'enregistrement, pour se dispenser de les acquitter, ou pour se justifier du défaut d'enregistrement dans le délai prescrit. Ils seront tenus de payer les droits liquidés par le receveur, sauf à se pourvoir en restitution, s'il y a lieu, devant le tribunal civil du département, qui ne pourra admettre de pétition à cet égard que sur la représentation de la quittance du droit, à peine de nullité du jugement qui serait rendu.

ART. 33. — Les actes reçus par des officiers publics, en double minute, et ceux faits sous signature privée, en plusieurs copies, ne sont soumis à l'enregistrement que sur un des doubles. Le receveur qui aura donné cette formalité à un acte de cette espèce en fera mention sur les autres doubles, s'il en est requis.

ART. 34. — Tout officier public, ou arbitre, qui n'aura pas soumis à la formalité de l'enregistrement, dans le délai prescrit par l'article 24 ci-dessus, un acte de son ministère, payera personnellement, à titre d'amende, une somme égale au montant du droit, s'il s'agit d'un *droit proportionnel*, ou une somme de 50 francs, s'il s'agit d'un *droit fixe*.

La peine contre un huissier, ou un autre ayant droit de faire des procès-verbaux, est, pour un exploit ou un procès-verbal, non présenté à l'enregistrement dans le délai prescrit, d'une somme de 10 francs. L'exploit, dans ce cas, est déclaré nul ; l'huissier est responsable de cette nullité envers la partie.

Cette disposition relative aux exploits ne s'étend pas aux procès-verbaux de vente de meubles, ni à tout autre acte du ministère des huissiers sujet au droit proportionnel. La peine pour ceux-ci sera du double droit ; l'un des droits restera à la charge du contrevenant.

ART. 35. — Les héritiers, donataires ou légataires, tuteurs ou curateurs, qui n'auront pas fait leur déclaration dans le délai prescrit, payeront, à titre d'amende, un demi-droit en sus du droit dû pour la mutation.

ART. 36. — Le droit proportionnel d'enregistrement est établi, et il sera payé sur la valeur vénale actuelle des biens aliénés.

En conséquence, si le prix énoncé dans un contrat de vente de *biens-fonds* est inférieur à cette valeur, la Régie le fera constater par experts, et le supplément de droit sera payé d'après l'estimation qui aura été faite par le procès-verbal d'expertise.

ART. 37.—La demande de l'expertise sera faite au tribunal civil du département, par une pétition portant en même temps nomination de l'expert de la nation.

L'expertise sera ordonnée dans la décade de la demande.

En cas de refus de la part de l'acquéreur de nommer un expert, il lui en sera nommé un d'office par le tribunal.

Les experts appelleront un tiers expert, en cas de non accord.

Le procès-verbal d'expertise sera rapporté, au plus tard, dans le mois qui suivra la remise qui aura été faite aux experts, de l'ordonnance du tribunal, ou dans le mois qui suivra l'appel d'un tiers expert, s'il y a eu non accord.

Les frais de l'expertise ne seront à la charge de l'acquéreur que lorsque l'estimation excédera d'un quart le prix énoncé au contrat. Il sera néanmoins tenu d'acquitter le droit sur le supplément d'estimation tel qu'il se trouvera résulter du procès-verbal des experts.

ART. 38. — Il n'y aura plus lieu à la demande d'une expertise sur un contrat de vente de biens-fonds, six mois après l'enregistrement du contrat.

ART. 39. — En cas d'insuffisance dans l'estimation de *biens-fonds* déclarés et évalués pour le payement des droits, et à défaut d'actes pour constater le véritable revenu, la Régie est également autorisée à requérir une expertise, et à y faire procéder ainsi qu'il est dit dans l'article 37 ci-dessus.

S'il y a insuffisance constatée, soit par actes, soit par experts, le nouveau possesseur payera le droit dû sur le supplément de valeur, et une somme égale pour tenir lieu d'amende. Il payera en outre les frais d'expertise.

ART. 40. — La peine pour les omissions dans les déclarations des mutations par décès, soit de biens-meubles, soit de biens-fonds, est aussi d'un droit en sus de celui dû sur la valeur de l'objet omis.

ART. 41. — Aucun notaire, huissier, greffier, secrétaire, ni autre officier public, ni arbitre, ne pourra faire ou passer aucun acte ou contrat, en vertu d'un acte sous signature privée, ou d'acte passé en pays étranger, l'annexer à ses minutes, ni le recevoir en dépôt, sans en rédiger d'acte, ni en délivrer extrait, copie ou expédition, s'il n'a été préalablement enregistré, à peine de 50 francs d'amende pour chaque contravention, et de répondre personnellement du droit.

Sont exceptés néanmoins, quant au dépôt, les testaments du vivant des testateurs.

Sont exceptés aussi les actes nommément dispensés de la formalité de l'enregistrement par la présente.

ART. 42. — Il sera fait mention de la quittance des droits d'enregistrement des actes sous signature privée et de ceux passés en pays étranger, par une transcription littérale dans les actes publics qui seront faits en conséquence, à peine de 10 francs d'amende.

Pareille mention sera faite dans les expéditions des actes publics soumis à l'enregistrement sur les minutes, sous la même peine.

Si un notaire, ou autre officier public, délivre un acte, soit en brevet, soit en expédition, soit en simple copie, avant que de l'avoir fait enregistrer, il payera personnellement, à titre d'amende, un droit en sus de celui qui sera dû pour chaque acte ou expédition ainsi délivré, s'il s'agit d'un droit proportionnel, ou d'une somme de 50 francs, s'il s'agit d'un *droit fixe*.

Cette dernière disposition ne s'applique pas aux huissiers pour les copies de leurs exploits.

Dans le cas de fausse mention d'enregistrement, le délinquant sera poursuivi par la partie publique, sur la dénonciation du préposé de la Régie, et condamné aux peines prononcées pour le faux matériel.

ART. 43. — Les notaires, greffiers, secrétaires des administrations, huissiers, et autres fonctionnaires ayant qualité pour rédiger des actes publics, seront tenus de les dater avant qu'il y soit apposé aucune signature; et ils ne pourront les faire signer par les parties sans les signer en même temps, sous peine de 10 francs d'amende pour chaque contravention, de demeurer personnellement responsables des dommages et intérêts des parties, et même d'être poursuivis comme pour crime de faux.

ART. 44. — Les juges et arbitres n'auront aucun égard aux actes devenus nuls, faute d'avoir été enregistrés dans le délai prescrit, ni aux contre-lettres déclarées nulles par l'article 17 ci-dessus, ni aux changements et additions faits aux actes après l'enregistrement; les jugements et décisions qui seraient rendus pour valider de pareils actes, ou des changements ou additions faits après l'enregistrement, sont déclarés nuls et de nul effet.

Ils ne pourront, sous la même peine de nullité des jugements et décisions, admettre aucune demande en possession ou jouissance de biens-fonds avant qu'il leur ait été justifié de l'enregistrement du titre de propriété où de jouissance sur lequel le demandeur fonde sa réclamation. La date de l'enregistrement et le nom du bureau où il aura été fait seront énoncés dans les jugements et décisions.

Pareilles défenses et injonctions leur sont faites pour toutes autres demandes concernant des biens meubles.

ART. 45. — Il est défendu aux juges et arbitres, et à toute autorité, de rendre aucun jugement ou décision, et aux administrations centrales et municipales de prendre aucun arrêté en faveur de particuliers sur des actes non enregistrés, à peine de nullité des jugements, décisions et arrêtés, et d'être personnellement responsables des droits dus pour lesdits actes.

ART. 46. — Toutes les fois qu'une condamnation sera rendue, ou qu'un arrêté sera pris sur un acte enregistré, le jugement, la sentence arbitrale ou l'arrêté en fera mention et énoncera le montant du droit payé, la date du payement, et le nom du bureau où il aura été acquitté; en cas d'omission, le receveur exigera le droit, sauf restitution dans le délai prescrit, s'il est ensuite justifié de l'enregistrement de l'acte sur lequel le jugement aura été prononcé ou l'arrêté pris.

ART. 47. — Les actes judiciaires seront soumis à l'enregistrement, soit sur les minutes, soit sur les expéditions.

Les actes et jugements qui doivent être enregistrés sur les minutes sont tous ceux qui contiennent transmission de biens-fonds; les cautionnements, les actes d'opposition, de reconnaissance et levée de scellés; les inventaires et clôtures d'inventaire; les nominations de tuteurs ou curateurs; les émancipations; les procès-verbaux de nomination d'experts ou arbitres; les certificats, de quelque nature qu'ils soient, même ceux de non comparution; les affirmations de voyage; les défauts et congés; les ordonnances sur requête, et tous autres actes de formalité ou d'instruction non susceptibles d'expédition; les actes de dépôt et consignation; les entérinements de procès-verbaux et rapports; les procès-verbaux contenant autorisation, opposition, acquiescement, acceptation, ou répudiation, et les actes ou jugements qui contiendraient obligation de l'une des parties à l'égard de l'autre, ou une condamnation quelconque non fondée sur titre enregistré et susceptible de l'être.

Les autres actes judiciaires ne seront sujets à l'enregistrement que sur les expéditions qui en seront demandées par les parties ; mais il est défendu aux greffiers d'en remettre aucune, même par simple note ou extrait, avant de les avoir fait enregistrer, à peine d'une amende de 50 francs pour chaque contravention, et d'être personnellement contraints au payement des droits.

ART. 48. — Il n'est dû aucun droit d'enregistrement pour l'expédition d'un acte judiciaire soumis à l'enregistrement sur la minute.

Lorsqu'il s'agit d'un acte qui n'est assujetti à cette formalité que sur l'expédition, chaque expédition qui en est délivrée doit être enregistrée, savoir : la première, pour le droit proportionnel, si le jugement est de nature à y donner lieu, aux termes de la présente ; et chacune des autres expéditions pour le *droit fixe*. Il sera en conséquence fait mention, sur chaque expédition subséquente, de la quittance du droit proportionnel payé pour la première expédition. Cette mention sera faite dans la forme prescrite aux notaires et autres officiers publics pour les expéditions des actes dont ils retiennent minute, et sous les mêmes peines.

Les greffiers seront également tenus de faire mention sur les minutes dont les expéditions seulement sont soumises à l'enregistrement, de chaque expédition délivrée, de la date de l'enregistrement et du droit payé.

ART. 49. — Les expéditions des jugements de la police ordinaire, des tribunaux de police correctionnelle et des tribunaux criminels seront aussi soumises à la formalité de l'enregistrement, lorsqu'elles seront requises par les parties, autres que la partie publique, sous les peines portées contre les greffiers par l'article 34 ci-dessus.

ART. 50. — Les parties ne pourront agir, ni les huissiers, notaires, greffiers, arbitres, et secrétaires des administrations, rédiger aucun acte en vertu de ceux judiciaires non enregistrés, sous peine de 50 francs d'amende et du payement du droit, sauf le recours des huissiers, notaires, greffiers, arbitres et secrétaires contre la partie, pour le remboursement du droit seulement.

ART. 51. — La mutation d'un bien-fonds, en propriété ou usufruit, est suffisamment établie, quant aux droits d'enregistrement, soit par des payements faits d'après les rôles de a contribution foncière, soit par des baux passés par le nouveau possesseur, ou enfin par des transactions ou autres actes qui constatent la propriété ou la jouissance.

ART. 52. — Les administrations municipales ou leurs secrétaires-greffiers seront tenus, en recevant les déclarations des nouveaux possesseurs de biens-fonds pour la contribution foncière, de se faire justifier de l'enregistrement de leurs titres, à peine de demeurer personnellement garants des droits qui se trouveraient ne pas être payés.

ART. 53. — Les dépositaires des registres destinés à constater l'état civil des citoyens, ceux du rôle des contributions, et tous autres chargés des archives et dépôts de titres publics, sont tenus de les communiquer, sans déplacer, aux préposés de la Régie de l'enregistrement, à toute réquisition, et de leur laisser prendre, sans frais, les renseignements, extraits et copies qui leur seront nécessaires pour les intérêts de la République, à peine de 10 francs d'amende pour chaque refus constaté par le procès-verbal du préposé, et par lui affirmé dans les vingt-quatre heures devant le juge de paix de l'arrondissement des dépositaires.

Ces dépositions s'appliquent aussi aux notaires, greffiers, secrétaires et huissiers, pour les actes dont ils sont dépositaires. Sont exceptés les testaments et autres actes à cause de mort, dont il ne sera donné communication qu'après le décès des testateurs.

ART. 54. — Toute demande en action pour le recouvrement des droits d'enregistrement sera prescrite, savoir :

Après le délai de deux années, à compter du jour de l'enregistrement, s'il s'agit d'un droit omis, ou d'un supplément de perception, hors le cas de l'expertise autorisé par l'article 36 ci-dessus, qui ne peut avoir lieu après les six mois de la date de l'enregistrement.

Après le délai de quatre années, à compter du jour de la déclaration, s'il s'agit d'une fausse estimation, ou d'une omission ;

Et après le laps de six années, à compter du jour de l'ouverture des droits pour les mutations par décès, dont il n'aura pas été fait de déclaration.

Les prescriptions ci-dessus seront suspendues par une demande signifiée et enregistrée ; mais elles seront acquises irrévocablement, si les poursuites commencées sont interrompues pendant une année, sans qu'il y ait d'instance devant des juges compétents, quand même le premier délai pour la perception ne serait pas expiré.

ART. 55. — Les parties auront un délai de deux années pour se pourvoir en restitution de droits, à compter du jour de l'enregistrement ; ce délai expiré, elles seront non recevables.

La dernière disposition de l'article précédent leur est commune avec la Régie.

ART. 56. — Tout droit d'enregistrement perçu régulièrement en conformité de la présente ne pourra être restitué, quels que soient les événements ultérieurs.

ART. 57. — Les notaires sont tenus d'enregistrer, sans aucun blanc, sur leurs répertoires, et jour par jour, tous les actes et contrats qu'ils reçoivent, même ceux qu'ils délivrent en brevet, et d'y indiquer la date, les noms des parties, la nature de l'acte, celle du bien, sa situation et le prix : l'omission de chaque acte sur le répertoire sera punie d'une amende de 10 francs. Ils seront tenus de représenter leurs répertoires aux préposés de la Régie de l'enregistrement, à chaque réquisition, à peine d'une amende de 100 francs. Le refus sera constaté par un procès-verbal, dressé par le préposé, et par lui affirmé devant le juge de paix de la résidence du notaire, dans les vingt-quatre heures de sa date.

Les actes de dépôts des testaments et codicilles seront aussi inscrits sur leurs répertoires, sous les mêmes peines, mais sans autre indication que celle de la date de l'acte et du nom du testateur.

ART. 58. — Les huissiers tiendront aussi des répertoires de tous les actes et exploits qu'ils feront, sous peine d'une amende de 5 francs pour chaque omission, et 50 francs pour refus de communication.

Le refus sera constaté comme il est dit dans l'article précédent.

ART. 59. — La même injonction est faite, sous les mêmes obligations et peines qu'à l'égard des huissiers, aux greffiers de tous les tribunaux et de la justice de paix, pour tous les actes de leurs greffes et les jugements, ainsi qu'aux secrétaires des administrations pour les actes de ces administrations qui doivent être enregistrés.

ART. 60. — Les répertoires dont la tenue est ordonnée par la présente, seront cotés et parafés ; savoir, ceux des notaires et huissiers par le président du tribunal civil du département, ceux des greffiers par un juge du tribunal, ou de la justice où ils sont établis, et ceux des secrétaires par le président de l'administration.

Ces répertoires seront présentés tous les trois mois, à peine de 10 francs d'amende pour chaque omission, au receveur de l'enregistrement de la résidence, lequel les visera et paraphera après en avoir vérifié l'exactitude, et ce, indépendamment de la faculté attribuée par les articles précédents aux préposés de l'enregistrement, de se faire représenter ces répertoires chez lesdits officiers publics.

ART. 61. — La Régie de l'enregistrement est chargée du recouvrement des amendes et de toutes les peines pécuniaires prononcées pour crimes et délits, faits de police et contraventions, excepté celles relatives aux douanes nationales et celles dont le recouvrement serait attribué, par une loi, à d'autres fonctionnaires.

ART. 62. — Pour faciliter le recouvrement des amendes prononcées par les tribunaux et autres autorités, les greffiers et secrétaires seront tenus de remettre aux receveurs de l'Enregistrement, dans la première décade de chaque mois, un état par eux certifié, daté et signé, de tous les jugements contenant des condamnations d'amendes et peines pécuniaires, qui auront été rendus pendant le mois précédent, avec mention des noms, professions et domiciles des condamnés, à peine de 10 francs d'amende pour chaque décade de retard dans la remise de l'état, ou d'un certificat négatif, et de demeurer, en outre, responsables du montant des condamnations de cette nature dont la mention serait omise dans leurs états.

ART. 63. — La restitution des amendes ne pourra être faite que sur un nouveau jugement qui aura infirmé le premier; elle sera effectuée sans retenue de remises.

Les portions d'amendes attribuées seront comptées aux parties prenantes, par les receveurs de l'Enregistrement, sous la déduction de la remise qui leur est allouée.

Les receveurs rapporteront quittance de ces restitutions et délivrances, à l'appui de leurs comptes.

ART. 64. — Le premier acte de poursuite pour le recouvrement des droits d'enregistrement, après l'avertissement, sera une contrainte; elle sera décernée par le receveur, sans qu'il soit tenu de la faire viser. L'exécution ne pourra être interrompue que par une opposition formée par le redevable, avec assignation à jour fixe devant le tribunal civil du département.

ART. 65. — La poursuite pour le recouvrement des amendes se fera de la même manière que pour les droits d'enregistrement. La contrainte sera décernée au pied ou à la suite de l'extrait du jugement, que le greffier sera tenu de fournir au receveur.

ART. 66. — La solution des difficultés qui pourront s'élever relativement à la perception des droits d'enregistrement et au recouvrement des amendes, appartiendra à la Régie.

En cas de contestation, l'introduction et l'instruction des instances auront lieu devant les tribunaux civils de département. La connaissance et la décision en sont interdites à toutes autres autorités constituées ou administratives.

L'instruction sera faite par simple mémoire, respectivement communiqué sans autres frais que ceux des contraintes, d'oppositions aux contraintes, des significations des jugements préparatoires et définitifs, et du droit d'enregistrement des jugements, tel qu'il est fixé par la présente.

Les tribunaux accorderont, soit aux parties, soit aux préposés de la Régie qui suivront les instances, le délai qu'ils leur demanderont pour produire leur défense, sans néanmoins que ce délai puisse excéder deux décades.

Les jugements rendus définitivement seront sans appel.

ART. 67. — Les frais de poursuites payés par les préposés de l'Enregistrement, pour les articles tombés en non-valeur à cause de l'insolvabilité reconnue des condamnés, leur seront remboursés sur l'état qu'ils en rapporteront à l'appui de leurs comptes. Cet état sera taxé par le tribunal civil du département, et appuyé des pièces justificatives.

ART. 68. — Les bureaux d'enregistrement seront ouverts tous les jours, excepté les décades et les jours de fêtes nationales, pendant huit heures, savoir : quatre heures le matin et quatre heures l'après-midi.

Les heures de séance seront affichées à la porte du bureau.

ART. 69. — Les receveurs ne pourront faire aucun enregistrement que sur les registres qui leur sont fournis par la Régie, et qui sont cotés et parafés par le directeur du département, à peine d'être poursuivis comme pour crime de faux et de divertissement des deniers publics.

ART. 70. — Ils ne peuvent différer, sous aucun prétexte, d'enregistrer les actes qui leur sont présentés, et les déclarations de mutations qu'ils sont requis de recevoir, à peine de demeurer garants des retards.

ART. 71. — Ils ne pourront également suspendre ou arrêter le cours des procédures, en retenant aucuns actes ou exploits; mais si un acte ou un exploit contenait des renseignements dont la trace pût être utile aux droits de la nation, le préposé aura la faculté d'en tirer sur-le-champ une copie, que l'officier public, qui aura présenté l'acte, sera tenu de certifier.

En cas de refus de la part de l'officier public, le préposé s'en procurera la collation en forme, dont il payera les frais, sauf le recours, en cas de droit, contre le refusant.

Cette disposition est applicable également aux citoyens, relativement aux actes sous signature privée qu'ils présentent à l'enregistrement.

ART. 72. — Il leur est néanmoins défendu, à peine de destitution, d'enregistrer aucun acte déclaré nul, aux termes de la présente, ou des actes dans lesquels les parties auraient pris des titres ou qualités abolis, ou des actes énonçant une autre ère que celle de la République, ou enfin ceux qu'il n'est pas permis de rédiger pendant les jours de repos.

ART. 73. — L'enregistrement doit contenir toutes les dispositions de l'acte, par extrait.

Il y sera fait mention du nombre des rôles, des renvois et des ratures.

La somme de droit de chaque disposition sera écrite en toutes lettres et tirée hors ligne en chiffres.

Les receveurs paraferont chaque rôle, ainsi que chaque renvoi approuvé des parties contractantes et des notaires et des témoins; le tout à peine de 10 francs d'amende pour chaque contravention.

ART. 74. — Il est défendu aux receveurs de gratter ce qu'ils auront écrit dans leur enregistrement; ils pourront seulement, en cas d'erreur, rayer les mots, mais de manière qu'on puisse les lire, et ils approuveront la radiation, en énonçant le nombre de mots rayés, à peine de 10 francs d'amende pour chaque contravention.

ART. 75. — Les receveurs de l'Enregistrement ne pourront, sous peine de destitution, et d'être poursuivis suivant la gravité des cas, enregistrer aucun acte ou déclaration à la marge de leurs registres, ni dans les cases où il y aura des arrêtés, ni mettre les enregistrements de plusieurs actes dans la même case, ou par interligne, sur les registres qui ne sont pas distribués par cases.

Les enregistrements sur les registres non distribués par cases seront faits par ordre de numéros, depuis le numéro premier jusqu'au dernier que pourra contenir le registre.

ART. 76. — La quittance de l'enregistrement sera mise sur l'acte enregistré, ou sur l'extrait de la déclaration du nouveau possesseur; le receveur y exprimera en toutes lettres la date de l'enregistrement, le folio du registre, le numéro et la somme des droits perçus.

Lorsque l'acte renfermera plusieurs dispositions opérant chacune un droit particulier, le receveur les indiquera sommairement dans sa quittance, et y énoncera distinctement la quotité de chaque droit perçu, à peine d'une amende de 10 francs pour chaque contravention.

ART. 77. — Les receveurs seront forcés en recettes du montant des perceptions qu'ils auront omises ou insuffisamment faites, sauf leur recours contre les parties, si la prescription n'est pas acquise.

ART. 78. — Il leur est défendu de recevoir aucuns droits ni amendes qui seraient dus dans d'autres bureaux, à peine de restitution des remises, et même de destitution.

ART. 79. — Ils arrêteront tous les soirs, après la clôture de leurs bureaux, ceux de leurs registres de recette destinés aux actes civils et judiciaires, aux exploits et aux déclarations.

Ils mettront leurs arrêtés immédiatement après le dernier enregistrement, et ils les dateront et signeront.

Il ne pourra être mis qu'un arrêté par case, sur les registres distribués en case.

Toute contravention à ces dispositions sera punie par une amende de 10 francs, et même par la destitution.

ART. 80. — Les receveurs, leurs héritiers ou ayants cause, seront contraints au payement des sommes provenant d'omissions et erreurs de calcul, lorsqu'elles seront constatées par procès-verbal d'un préposé de la Régie, et qu'ils les auront vérifiés et reconnus, ou qu'ils auront refusé de les reconnaître, sur l'invitation qui leur en aura été faite.

ART. 81. — Les receveurs qui auront enlevé ou détourné les deniers de leur caisse, ou qui n'auront pas porté sur leurs registres de recettes la totalité des droits qui leur auront été payés, seront poursuivis comme voleurs de deniers publics.

ART. 82. — Les registres de l'Enregistrement ne pourront être communiqués, et il ne pourra en être délivré des extraits qu'en vertu d'une ordonnance du juge de paix, excepté aux parties contractantes ou à leurs ayants cause. Il sera payé au receveur 1 franc pour la recherche de chaque année indiquée, et 50 centimes pour chaque extrait qu'il délivrera.

ART. 83. — Aucun préposé de l'Enregistrement, ni aucune autorité constituée ou administrative, ne pourront accorder de remise ou modération des droits et amendes établis par la présente, ni en suspendre le recouvrement, à peine d'en être personnellement responsables.

ART. 84. — La formalité de l'insinuation des donations entre-vifs cessera d'être donnée dans les bureaux de recette des droits d'enregistrement. Elle sera remplie par les greffiers des tribunaux civils, tant du domicile du donateur que de la situation des biens, dans les formes et sous les peines portées par les lois subsistantes.

ART. 85. — Les droits à percevoir pour l'enregistrement des actes et mutations sont et demeurent fixés aux taux et quotités tarifés par les articles 86 et 87 ci-après.

DROIT FIXE

§ 1er

ART. 86. — Il sera perçu 1 franc de *droit fixe* pour les actes ci-après,

Savoir : 1° Les acceptations pures et simples, ou sous bénéfice d'inventaire, de successions, celles de communauté, celles de legs mobilier, ne portant pas quittance, et celles de transport ou délégation de sommes et valeurs mobilières, faites par actes séparés, lorsque le droit proportionnel aura été acquitté pour le transport ou la délégation.

Il est dû un droit pour chaque acceptant.

2° Les abstentions, répudiations ou renonciations faites à l'occasion de successions, communautés ou legs, et lorsqu'elles sont pures et simples. *Il est dû un droit pour chaque renonçant et pour chaque succession à laquelle on renonce.*

3° Les acquiescements, actes de notoriété, adoptions, attestations, avis de parents, autorisations, certificats, ceux de vie et de résidence, consentements, consultations, décharges, déclarations, délibérations, désistements, émancipations, légitimations, lettres missives, procurations, ratifications, reconnaissances, rétractations et révocations, lorsque tous ces actes sont purs et simples.

4° Les adjudications à la folle enchère, lorsque le prix n'est pas supérieur à celui de la première ou précédente adjudication, si elle a été enregistrée.

5° Les oppositions, reconnaissances et levées de scellés; *il sera payé un droit pour chaque vacation.*

6° Les bilans.

7° Les brevets d'apprentissage qui ne contiennent ni obligations de sommes et valeurs, ni quittance.

8° Les certificats de caution ou de cautionnement.

9° Les compromis qui ne contiennent aucune somme ni obligation de valeur donnant lieu au droit proportionnel.

10° Les connaissements ou reconnaissances de chargements par mer; *il en est dû un droit par chaque personne à qui les envois sont faits.*

11° Les contrats de mariage, lorsqu'ils ne contiennent ni obligation, ni libération, ni transmission actuelle de biens meubles ou immeubles, soit que les futurs y déclarent ou non ce qu'ils ont ou apportent eux-mêmes en mariage.

12° Les déclarations de command ou d'ami, lorsqu'elles sont faites et notifiées dans les vingt-quatre heures de l'adjudication, par actes publics.

13° Les délaissements dont l'effet ne peut être de transmettre une propriété, un usufruit ou une jouissance.

14° Les délégations *non acceptées*, lorsqu'elles sont faites d'après des obligations enregistrées.

15° Les délivrances pures et simples de legs universels ou de successions.

16° Les dépôts d'actes et de pièces chez des notaires, greffiers ou autres officiers publics;

Et les dépôts et consignations de sommes et objets mobiliers faits chez des officiers publics, et les décharges qui en sont données par les déposants ou leurs héritiers, lorsque les remises leur en sont faites.

17° Les devis d'ouvrages et entreprises ne contenant aucune obligation de somme ni libération.

18° Les dissolutions de communauté ou de société, lorsqu'elles sont pures et simples, sans obligation ni libération de l'un à l'égard de l'autre des intéressés.

19° Les donations, dons mutuels, codicilles, testaments et tous autres actes de libéralité qui ne contiennent que des dispositions subordonnées à l'événement du décès, et celles de même nature qui se trouvent dans des contrats de mariage.

20° Les exploits, citations quelconques, commandements, demandes, notifications, offres ne faisant pas titre au créancier et non acceptées, oppositions, sommations, significations, procès-verbaux, assignations, protêts, protestations, publications et affiches, saisies, saisies-arrêts, séquestres, mainlevées, et tous autres actes extra-judiciaires faits par des huissiers et autres officiers publics.

Il sera perçu un droit pour chaque demandeur ou défendeur, en quelque nombre qu'ils soient dans le même acte, lorsqu'ils auront un intérêt particulier.

Les copropriétaires et cohéritiers, les parents réunis, les cointéressés, les débiteurs ou créanciers associés ou solidaires, les séquestres, les experts, les témoins, ne sont comptés que

pour une seule et même personne; soit en demandant, soit en défendant, dans le même original d'acte.

21° Les indemnités pures et simples n'ayant rapport à aucun contrat ou vente, et ne contenant ni obligation de sommes et valeurs, ni libération.

22° Les inventaires de meubles, objets mobiliers et titres et papiers : *il sera perçu un droit pour chaque vacation.*

23° Les maintenues en possession pure et simple.

24° Les nominations de tuteurs, curateurs, commissaires, séquestres, arpenteurs, experts et arbitres.

25° Les partages de biens meubles et immeubles entre copropriétaires, sauf le droit proportionnel sur le retour, quand il y en a.

26° Les prestations de serment des notaires, greffiers, huissiers, employés salariés, experts et arbitres.

27° Les prises de possession en vertu d'actes enregistrés.

28° Les prisées de meubles.

29° Les procès-verbaux et rapports des employés, gardes, commissaires, experts, arpenteurs et agents forestiers ou ruraux.

30° Les promesses de vendre n'emportant pas transmission de propriété et d'usufruit, et sans fixation de prix.

31° La prorogation de délai par un créancier en faveur de son débiteur, lorsque le titre de la créance aura été enregistré.

32° Les rentrées ou renvois en possession pour cause de nullité radicale du contrat, prononcée en justice.

Les résiliements purs et simples par acte authentique, faits dans les vingt-quatre heures des actes résiliés; les actes refaits pour nullité ou autre cause, sans aucun changement qui ajoute à l'objet de la convention ou à sa faveur;

Et les résolutions de contrats ou de clauses de contrats, ordonnées en justice pour cause de nullité radicale.

33° Les restitutions faites aux personnes qui ont mal à propos payé (autres que celles des contributions, dont les quittances sont exceptées de la formalité de l'enregistrement).

34° La réunion de l'usufruit à la propriété, lorsqu'elle s'opère par un acte de cession, et qu'elle ne se fait pas pour un prix supérieur à celui sur lequel le droit a été perçu lors de l'aliénation de la nue propriété.

35° Les sociétés, de quelque nature qu'elles soient et par quelque acte qu'elles soient faites, lorsqu'elles ne contiendront ni obligation, ni libération, ni transmission de biens meubles ou immeubles d'une partie à l'égard de l'autre.

36° Les soumissions et enchères sur des objets mis ou à mettre en adjudication ou en vente, ou sur des marchés à passer, lorsqu'elles seront séparées de l'adjudication, ou d'une date antérieure.

37° Les séparations pures et simples entre maris et femmes.

38° Les titres nouvels, déclarations et reconnaissances de rentes dont les contrats sont justifiés avoir été enregistrés.

39° Les transactions, tant en matière civile que criminelle, qui ne contiennent ni transmission de propriété, d'usufruit ou de jouissance de biens meubles ou immeubles, ni obligation de sommes et valeurs, ni libération.

40° Les ventilations par actes particuliers de prix stipulés dans d'autres actes ou contrats enregistrés.

41° Les unions et directions de créanciers, quand elles ne contiendront aucune obligation de sommes par les cointéressés envers un ou plusieurs d'entre eux, ou autres personnes chargées d'agir pour l'union.

42° Les actes particuliers des juges de paix non dénommés ci-dessus, ceux des présidents ou juges des tribunaux civils et de commerce, les ordonnances sur requêtes, les affirmations de voyages, présentations, défauts et congés, appels ou renvois de causes, et tous actes et jugements, soit préparatifs ou d'instruction, soit définitifs, de la justice de paix, des bureaux de paix et de conciliation, des tribunaux civils et de commerce, et des arbitres, desquels il ne résulte ni transmission, ni obligation ou libération de sommes et valeurs, ni dépens liquidés;

Et les actes et jugements de la police ordinaire, des tribunaux de police correctionnelle et des tribunaux criminels, sauf les exceptions mentionnées dans la présente, desquels il ne résulte également ni transmission, ni obligation ou libération de sommes et valeurs, ni dépens liquidés.

43° Enfin tous les actes généralement quelconques, soit civils, soit judiciaires ou extra-judiciaires, qui ne portent ni obligation, ni libération, ni transmission de biens meubles ou immeubles, et qui ne sont dénommés dans aucun autre article de la présente, ni dans les deux paragraphes suivants.

§ 2

Il ne sera perçu que 50 centimes de *droit fixe* pour les actes ci-après, savoir :

1° Les acquits-à-caution et leurs acquittements.

2° Les collations d'actes et pièces, ou des extraits d'iceux, par quelque officier public qu'elles soient faites.

Le droit sera payé pour chaque acte, pièce ou extrait collationné.

3° Les contraintes, exploits, commandements, significations, sommations, établissements de garnison, saisies, saisies-arrêts, et autres actes, tant en action qu'en défense, ayant pour objet le recouvrement des contributions directes et indirectes, et de toutes autres sommes dues à la République, même des contributions locales, lorsqu'il s'agira de sommes au-dessus de 25 francs, et les jugements et condamnations en mêmes matières, à quelques sommes que montent les condamnations et de quelque autorité ou tribunal qu'émanent lesdits actes et jugements.

4° Les extraits de livres des marchands, non souscrits de la reconnaissance de la vente ou livraison, et les factures ou états de marchandises aussi sans reconnaissance.

5° Les lettres de voiture par terre, rivière ou canal, passées devant des officiers publics.

Il sera perçu un droit pour chaque personne à qui les envois sont adressés.

§ 3

Il sera perçu de *droit fixe*, pour les actes ci-après, savoir :

1° *Cinq francs* pour les déclarations et significations d'appel aux tribunaux civils, des jugements des juges de paix.

2° *Dix francs* pour les déclarations et signification d'appel des jugements des tribunaux civils et de commerce, et des arbitres.

3° *Quinze francs* pour les notifications de recours au tribunal de cassation, et pour les actes de divorce.

4° *Vingt francs* pour chaque expédition de jugement du tribunal de cassation.

DROIT PROPORTIONNEL

ART. 87. — Il sera perçu sur les actes et mutations ci-après désignés, savoir :

§ 1er. — *Cinquante centimes par cent francs.*

1° Les abandonnements volontaires ou forcés de biens par des débiteurs à leurs créanciers, pour être vendus en direction;

Et ceux de marchandises ou autres objets mobiliers, pour faits d'assurance ou de grosse aventure.

2° Les actes ou contrats d'assurance.

Le droit sera perçu sur la valeur de la prime.

Et les obligations à la grosse aventure, ou pour retour de voyage.

3° Les aliénations et coupons d'actions des compagnies et sociétés d'actionnaires.

4° Les adjudications au rabais de constructions, réparations, entretiens, fournitures et approvisionnements, pour qui que ce soit, même celles faites pour le compte de la République.

Il sera fait déclaration du montant total, pour le règlement et la perception du droit, lorsqu'il s'agira de fournitures et d'approvisionnements dont l'adjudication n'indiquera que la quotité du prix.

Et les adjudications aussi au rabais de la levée des contributions directes.

Le droit sera perçu sur la somme à laquelle s'élèvera la remise du percepteur, d'après le montant du rôle.

5° Les atermoiements entre débiteurs et créanciers.

Le droit sera perçu sur le montant des sommes que le débiteur s'oblige de payer.

6° Les baux à ferme ou à loyer de biens meubles et de biens-fonds, quelle qu'en soit la durée, pourvu qu'elle soit limitée, et à qui que ce soit que les biens appartiennent, même ceux de la nation.

Le droit sera payé sur le prix cumulé de toutes les années du bail.

Et les sous-baux, cessions et rétrocessions de baux;

Aussi à raison du prix cumulé des années restant à courir.

Les baux à cheptel et les reconnaissances de bestiaux.

Le droit sera perçu sur le pied de la valeur portée dans l'acte, ou sur l'estimation qui sera faite du bétail.

Ceux pour pâturage et nourriture d'animaux.

Le droit sera payé sur le prix stipulé.

7° Les billets à ordre, et autres objets négociables, excepté les lettres de change tirées de place en place.

8° Les brevets d'apprentissage, lorsqu'ils contiendront stipulation de sommes payées ou non.

9° Les cautionnements de sommes et d'objets mobiliers susceptibles d'estimation, et ceux des comptables, ainsi que les garanties mobilières et les indemnités de même nature.

Le droit sera perçu indépendamment de celui qui sera dû ou qui aura été payé pour la disposition que le cautionnement, la garantie ou l'indemnité aura pour objet.

10° Les constitutions ou donations de propriété ou d'usufruit *de sommes et autres biens meubles*, faites en ligne directe, par contrat de mariage, à l'un ou à l'autre des futurs.

11° Les échanges de biens meubles, entre quelques personnes que ce soit.

Le droit sera perçu sur la valeur entière de l'échange et du contre-échange; s'il y a retour, le droit en sera payé ainsi qu'il est réglé dans le deuxième paragraphe du présent article.

12° Les jugements définitifs, soit contradictoires, soit par défaut des juges de paix de la police ordinaire, des tribunaux de police correctionnelle des tribunaux civils et de commerce et des tribunaux criminels, ainsi que les actes et décisions des bureaux de paix et de conciliation, et des arbitres, portant condamnation, liquidation, collocation, et transmission de sommes et valeurs mobilières entre particuliers.

Si la condamnation, quant au principal, n'est pas rendue sur un titre enregistré, quoique assujetti à l'enregistrement, le droit sur le principal de la condamnation sera perçu suivant le taux auquel l'objet se trouve soumis par la présente. Lorsque le droit proportionnel aura été acquitté sur un jugement rendu par défaut, la perception sur le jugement contradictoire qui pourra suivre n'aura lieu que pour le supplément, s'il y a augmentation de condamnation; s'il n'y a point lieu au supplément, il ne sera perçu que le droit fixe de 1 franc.

Il en sera de même des jugements rendus sur appel et des exécutoires.

13° Les marchés, traités, sous-traités, compromis ou dédits, d'objets mobiliers, exprimés entre qui que ce soit, même ceux faits pour le compte de la nation.

Le droit sera perçu sur tout ce qui en fait le prix.

14° Les quittances, acceptations d'offres, et tous autres actes et écrits portant libération de sommes et valeurs mobilières.

S'il s'agit d'une quittance générale ou définitive, ou d'un arrêt de compte ou mémoire, le droit sera perçu sur le montant de toutes les sommes et valeurs mobilières dont le débiteur se trouvera libéré, à moins qu'il ne rapporte des quittances précédemment enregistrées.

15° Les remboursements et rachats de rente et redevances, de quelque nature qu'elles soient.

16° Les retraits exercés, en vertu de réméré, dans le délai stipulé, s'il n'excède pas douze années.

17° Les transmissions de propriété ou d'usufruit de *biens meubles*, faits entre-vifs, à titre gratuit, en ligne directe.

§ 2. — *Un franc par cent francs.*

1° Les constitutions ou donations de la propriété ou de l'usufruit de *biens-fonds*, faites en ligne directe, par contrat de mariage, à l'un ou à l'autre des futurs;

Et celles de la propriété ou de l'usufruit de *biens meubles*, faites par des collatéraux, ou autres personnes non parentes, aussi par contrat de mariage, en faveur des futurs.

2° Les engagements de biens meubles;

Et ceux de biens-fonds, si la durée n'excède pas douze années; dans le cas contraire, le droit sera perçu au taux fixé pour les ventes.

3° Les obligations, billets, promesses de payer, mandats, transports; les délégations ayant l'effet de cessions de créances à terme, lorsqu'elles sont faites par actes particuliers faisant titre et qu'elles sont acceptées; les acceptations de délégations par actes séparés, lorsque le droit proportionnel n'a pas été acquitté pour la délégation; les reconnaissances; les dépôts de sommes chez des particuliers; les actes de société, lorsqu'ils contiennent obligation de sommes ou valeurs mobilières par un ou plusieurs des associés, en faveur d'un ou plusieurs des autres associés, ou plusieurs autres personnes; et tous autres actes ou écrits par lesquels on se reconnaît débiteur de sommes ou valeurs mobilières, ou par lesquelles on s'oblige de les payer, rendre ou remettre, et sans autre exception que des effets de commerce.

4° Les transmissions de propriété ou d'usufruit de *biens meubles*, faites en ligne directe à titre onéreux;

Celles de propriétés ou d'usufruit de *biens-fonds*, aussi en ligne directe, soit entre-vifs, ou par contrat de mariage, à titre gratuit, soit par décès.

Celles de propriété ou d'usufruit de *biens meubles*, faites à titre gratuit, par des collatéraux, ou autres personnes non parentes, à des futurs, par contrat de mariage;

Et celles de propriété ou d'usufruit de *biens meubles*, qui s'opèrent par donation ou par décès, entre époux.

§ 3. — *Deux francs par cent francs.*

1° Les adjudications, ventes, cessions ou rétrocessions de meubles, récoltes de l'année sur pied, coupes de bois taillis et de haute futaie, et tous autres objets mobiliers, faites à titre onéreux, par et pour qui que ce soit (hors la ligne directe), même celles faites pour le compte de la nation.

Les adjudications à la folle enchère de biens meubles, sont assujetties au même droit, mais seulement sur ce qui excède le prix de la première ou précédente adjudication, si le droit en a été acquitté. S'il n'y a point d'excédant de prix, l'acte d'adjudication à la folle enchère sera enregistré pour le *droit fixe* de 1 franc.

2° Les constitutions de rente, soit perpétuelles, soit viagères, ou de pensions, faites à titre onéreux, entre collatéraux ou autres personnes non parentes; et les cessions ou transports qui sont faits aux mêmes titres.

3° Les échanges de biens-fonds entre qui que ce soit.

Le droit est aussi sur la valeur de l'échange et du contre-échange. Le retour est assujetti au droit fixé pour les ventes de biens-fonds.

4° Les élections de command ou d'ami par suite d'adjudications de biens meubles, lorsque l'élection est faite après les vingt-quatre heures de l'adjudication.

5° Les retours d'échanges et de partages de biens meubles, entre qui que ce soit.

6° Les transmissions de propriété ou d'usufruit de *biens-fonds*, faites à titre onéreux, en ligne directe;

Celles de propriété ou d'usufruit de *biens-fonds*, faites à titre gratuit, par des collatéraux, ou autres personnes non parentes, en faveur des futurs, par contrat de mariage;

Celles de propriété ou d'usufruit de *biens fonds*, faites par donation ou par décès, entre époux;

Et celles de propriété ou d'usufruit de *biens-meubles*, qui s'opèrent par donation ou par décès, entre collatéraux et autres personnes non parentes.

§ 4. — *Quatre francs par cent francs.*

1° Les adjudications, ventes, reventes, cessions ou rétrocessions de propriété ou d'usufruit de *biens-fonds*, faites à titre onéreux, par et pour qui que ce soit (hors la ligne directe), même les ventes et adjudications faites pour le compte de la nation.

Les adjudications à la folle enchère, de biens-fonds, sont assujetties au même droit, mais seulement sur ce qui excède le prix de la première ou précédente adjudication, si le droit en a été acquitté. S'il n'y a point d'excédant de prix, l'acte d'adjudication à la folle enchère sera enregistré pour le *droit fixe* de 1 franc.

2° Les baux à rentes perpétuelles de biens-fonds, ceux de pareils biens dont la durée est illimitée, et ceux à vie aussi de biens-fonds.

3° Les déclarations de command ou d'ami, par suite d'adjudications de biens-fonds, si la déclaration est faite après les vingt-quatre heures de l'adjudication.

4° Les engagements de biens-fonds, lorsqu'ils sont faits pour plus de douze années, et lorsque l'engagiste reste en possession après le délai convenu.

5° Les licitations de biens de même nature, sans distinction des titres des copropriétaires.

6° Les retours d'échanges et de partages de biens-fonds, entre qui que ce soit.

7° Les retraits exercés après l'expiration du délai convenu, ou après le terme de douze années, de biens-fonds aliénés sous la faculté de *réméré*.

8° Les transmissions de propriété ou d'usufruit de biens-fonds, qui s'opèrent par donation ou par décès, entre collatéraux et autres personnes non parentes, hors contrat de mariage.

EXCEPTIONS.

§ 1er.

Art. 88. — Seront soumis à la formalité de l'enregistrement, dans les délais prescrits, mais enregistrés *gratis ou en debet*, savoir :

1° Les actes et procès-verbaux des juges de paix, pour faits de police, lorsqu'il n'y a point de partie civile;

2° Ceux faits à la requête des commissaires du Directoire exécutif près les tribunaux, aussi sans jonction de partie civile;

3° Les procès-verbaux faits par des gardes établis par l'autorité publique sur délits ruraux et forestiers;

4° Les actes et jugements qui interviennent sur ces procès-verbaux.

Il y aura néanmoins lieu de suivre la rentrée des droits d'enregistrement des actes, procès-verbaux et jugements contre les parties condamnées.

5° Les contraintes, exploits, commandements, significations, sommations, établissements de garnison, saisies, saisies-arrêts et autres actes, tant en action qu'en défense, ayant pour objet le recouvrement des contributions directes et indirectes, et de toutes autres sommes dues à la République, à quelque titre et pour quelque objet que ce soit, même des contributions locales, lorsqu'il s'agira de cotes de 25 francs, et au-dessous, ou de droits et créances non excédant, en total, ladite somme de 25 francs, et les jugements et condamnations qui seront rendus en conséquence.

6° Les acquisitions et échanges faits pour le compte de la République, ainsi que les actes de partage de biens entre la nation et des particuliers, et autres actes faits à ce sujet.

§ 2.

Sont exceptés de la formalité de l'enregistrement, savoir :

1° Les actes du Corps législatif, et ceux du Directoire exécutif, et les pétitions qui leur sont présentées;

2° Les actes d'administration publique, autres que ceux compris dans les articles 86 et 87 ci-dessus;

3° Les inscriptions sur le grand-livre de la dette publique, *les créances non encore inscrites*, leurs transferts et mutations, *à quelques titres qu'ils s'opèrent*, et les quittances des intérêts qui en sont payés;

4° Les rescriptions, ordonnances ou mandats de payement sur les caisses nationales, leurs endossements et acquits;

5° Les actes d'administration générale de la trésorerie nationale, ceux de la comptabilité nationale et ceux de la liquidation générale;

6° Les quittances de contributions, droits, créances et revenus payés à la nation et celles pour charges locales;

7° Les ordonnances de décharge ou de réduction, remise ou modération d'impositions, et les quittances y relatives, ainsi que les rôles et extraits d'iceux;

8° Les récépissés délivrés aux collecteurs, aux receveurs de deniers publics et de contributions locales et les comptes de recettes ou gestions publiques;

9° Les actes de naissances, sépultures et mariages reçus par les officiers publics établis par la loi pour constater l'état civil des citoyens, et les extraits qui en sont délivrés;

10. Tous les actes, procès-verbaux et jugements concernant la police générale et la vindicte publique;

11° Les légalisations de signatures d'officiers publics, et les affirmations de procès-verbaux devant les juges de paix;

12° Les engagements, enrôlements, congés, certificats, cartouches, passe-ports, quittances pour prêt et fourniture, billets d'étape, de subsistance et de logement, tant pour le service de terre que pour celui de mer, et tous autres actes de l'une et l'autre administration, non compris dans les articles 84 et 87 de la présente;

13° Les passe-ports délivrés par les administrations;

14° Les lettres de change tirées de place en place, et celles venant de l'étranger ou des colonies françaises; les endossements et acquits de ces effets;

15° Les actes passés en forme authentique avant l'établissement de l'enregistrement, dans les pays de France où cette formalité n'existait pas, et ceux aussi passés en forme authentique dans les pays réunis au territoire de la République, ainsi que les mutations qui s'y sont opérées avant leur réunion, soit par actes publics, soit par décès.

Art. 89. — Il sera établi de nouvelles bases pour l'Administration de l'enregistrement par une loi particulière. En attendant, les lois qui existent sur son organisation, sa manutention et ses frais de régie, continueront d'être exécutées.

Art. 90. — Toutes les lois rendues sur les droits d'enregistrement et toutes dispositions d'autres lois y relatives, sont et demeurent abrogées pour l'avenir.

Elles continueront d'être exécutées à l'égard des actes publics passés avant la publication de la présente, et pour les mutations effectuées par décès avant ladite publication, mais seulement pendant les délais qui resteront à courir pour en faire les déclarations.

Cette prorogation est étendue pour l'espace de trois mois, à compter de la même époque, aux actes sous signatures privées, non encore enregistrés, contenant transmission de propriété, d'usufruit ou de jouissance de biens-fonds. Ce délai expiré, les dispositions de l'article 15 ci-dessus sont et demeurent applicables auxdits actes.

Les instances engagées avant la publication de la présente seront suivies suivant les lois d'après lesquelles elles ont été intentées.

ART. 91. — La présente résolution sera imprimée; elle sera portée au conseil des Anciens par un messager d'Etat.

CONSEIL DES ANCIENS.

Séance du 17 brumaire an VII.

4. — Rapport fait par Crétet sur le projet de loi du 22 frimaire an VII.

Représentants du peuple, vous avez chargé une commission de l'examen d'une résolution du conseil des Cinq-Cents, en date du 27 brumaire dernier, relative *aux droits* d'enregistrement; je me présente pour vous rendre compte de son travail.

Cette résolution a été prise sur la forme d'urgence, par les motifs énoncés dans son considérant, dont je dois vous donner lecture.

« Le conseil des Cinq-Cents, après avoir entendu la commission des finances, considérant qu'il est nécessaire de simplifier les droits d'enregistrement, d'en régler les taux et quotités dans de justes proportions, d'étendre cette contribution à toutes les mutations qui en sont susceptibles pour améliorer les revenus publics, et de prendre sans délai les mesures propres à en assurer la perception; — déclare qu'il y a urgence. »

Les motifs dont vous venez d'entendre la lecture sont encore fortifiés par une considération. La loi que nous allons discuter doit étendre le produit de la contribution de l'enregistrement; sous ce rapport, elle est une dépendance du budget de l'an VII, circonstance qui ne laisse aucun doute sur l'urgence, votre commission vous propose de l'approuver.

Le droit d'enregistrement est aujourd'hui l'une des principales contributions. Sa législation résulte des lois des 19 décembre 1790, 9 octobre 1791, 14 thermidor an IV et 9 vendémiaire an VI; son produit net dans l'an VI s'est élevé à 63 millions; cette somme est inférieure à celle que l'on s'était promise; elle est encore bien plus au-dessous du produit qu'il serait nécessaire d'atteindre dans l'an VII, relativement à l'étendue des dépenses décrétées pour cette même année. L'objet de la résolution est d'élever les produits des droits d'enregistrement; on y parviendra par l'augmentation des droits dans certaines circonstances, par leur application à quelques objets qui n'en étaient pas atteints, par les précautions prises contre la fraude, enfin par la simplification et la clarté de la législation.

Le concours de tant de mesures nouvelles n'admettait pas la possibilité de procéder par voie d'addition aux lois anciennes, la presque totalité de leurs dispositions devant être modifiée; il a donc été nécessaire de leur substituer une loi générale, qui va devenir le code complet de la contribution du droit d'enregistrement.

La résolution qui nous occupe et qui contient ce code est divisée en douze titres, qui comprennent 74 articles; mais comme il est tel de ces articles qui est lui-même divisé en plusieurs paragraphes encore subdivisés en nombres, il en résulte que la résolution a une étendue qui a commandé à votre commission de soumettre son rapport à une méthode qui n'admette rigoureusement que ce qu'il est indispensable de mettre sous les yeux du conseil, pour lui faire connaître les parties de cette même résolution sur lesquelles la discussion doit naturellement s'établir.

Aussi, pénétré de la nécessité de resserrer la discussion sans en écarter rien d'essentiel; convaincu que chacun des membres du conseil est préparé par la discussion qui a eu lieu au conseil des Cinq-Cents et par la lecture de la résolution ; fondé sur cette circonstance que la résolution n'est en majeure partie que le rappel de l'ancienne législation sur la matière, il a été possible au rapporteur de votre commission de se faire un plan précis et simple.

Nous nous bornerons donc à examiner : — 1° quels sont les principes d'où dérivent les simplifications que la résolution introduit dans le système de la contribution du droit d'enregistrement; — 2° quels changements elle apporte à l'ancien tarif du droit fixe; — 3° quels changements elle apporte à l'ancien tarif du droit proportionnel; — 4° quelles nouvelles barrières elle oppose à la fraude et quels moyens elle emploie pour assurer la perception; — 5° quelle sera l'influence de la loi proposée sur le produit futur du droit d'enregistrement.— J'entre en matière.

§ 1er. — *De la simplification que la résolution introduit dans le système de la contribution du droit d'enregistrement.*

Les articles 2, 3 et 4 contiennent une déclaration des principes sur lesquels repose le système entier de la contribution.

Les droits d'enregistrement se divisent en deux natures : le droit fixe et le droit proportionnel.

Le *droit fixe* est appliqué à la classe nombreuse d'actes civils, judiciaires et extrajudiciaires, définis seulement par l'espèce des conventions qu'ils contiennent, et sans considération pour la valeur intrinsèque de ces conventions. Pour que ces actes ne soient soumis qu'au droit fixe, il faut qu'ils ne contiennent *ni obligation, ni libération, ni condamnation, ni collocation, ni liquidation de sommes et valeurs, ni transmission de propriété, d'usufruit ou de jouissance de biens meubles et immeubles.*

Le *droit proportionnel* comprend, au contraire, tous les actes qui forment exception au *droit fixe*, et dont nous venons de désigner les espèces. Pour préciser encore plus la définition respective du droit fixe et du droit proportionnel, on peut dire :

Que l'universalité des actes est soumise au droit d'enregistrement;

Que ce droit est *proportionnel* sur la valeur de toutes les mutations, et que ce droit est *fixe* sur tous les autres actes.

Ce principe n'est point une découverte : il était la base de notre législation ; mais ne se trouvant clairement déclaré par aucune de nos lois anciennes, il n'agissait que par une puissance muette et laissait flotter au gré de l'arbitraire les droits des contribuables, ainsi que l'autorité de la perception.

C'est le défaut d'énonciation de ce principe que nous pouvons accuser d'avoir fait naître la science redoutable de la perception du droit d'enregistrement. Les préposés, obligés de démêler la véritable nature de certaines conventions mixtes ou compliquées, cherchaient des règles bien plus dans l'usage et dans une jurisprudence obscure et arbitraire, que dans l'application d'une maxime simple que la loi n'avait point exprimée et qui ne se rattachait qu'à la simple raison. La déclaration solennelle des principes fera cesser ce désordre : invoqués par le contribuable ou le percepteur, ils seront la règle commune des contestations qui pourront s'élever à l'avenir.

Le principe que nous examinons serait complétement efficace, si la nature des choses eût permis de le conserver dans toute sa simplicité, et de lui soumettre universellement le système du droit d'enregistrement ; mais il n'en est pas ainsi : la loi l'affaiblit par des exceptions inévitables. Dans le fait, il n'eût pas été possible d'assujettir ni le droit fixe, ni le droit proportionnel, à des quotités univoques.

Si l'on avait pu se soustraire à la complication des tarifs et déterminer, par exemple, que le droit fixe serait de *un franc* dans tous les cas, et que dans tous les cas aussi le droit proportionnel serait de *deux pour cent*, la loi eût été réduite à quelques articles simples et aux dispositions d'exécution ; mais cette simplicité désirable eût compromis l'étendue du produit de la contribution et l'eût affranchie d'une condition élémentaire, celle de la proportionnalité. Il faut en conclure que les articles 2, 3 et 4 de la résolution ne pourront avoir des avantages absolus ; mais la déclaration du principe qu'ils contiennent sera de la plus grande utilité.

§ 2. — *Des changements que la résolution apporte à l'ancien tarif du droit fixe.*

Une longue nomenclature, empruntée des anciennes lois et augmentée de quelques objets qu'elles n'avaient pas désignés, forme l'article 68 de la résolution et comprend tous les actes qui sont soumis à un *droit fixe ;* cet article est divisé en sept paragraphes.

Le premier comprend les actes assujettis au droit fixe de. . . . . 1 fr.
Le deuxième, ceux de. 2
Le troisième, ceux de. 3
Le quatrième, ceux de. 5
Le cinquième, ceux de. 10
Le sixième, ceux de. 15
Le septième, ceux de. 25

Dans ces sept paragraphes se trouve rangée cette variété étonnante d'actes et de formalités créés par la nécessité, par les lois, ou par les caprices de l'usage. Ce tableau retrace l'influence que l'esprit de contention et de chicane a acquise dans les sociétés politiques, mais moins on conçoit comment tant d'instruments peuvent être nécessaires à l'administration des intérêts privés des citoyens, plus on doit désirer qu'un bon code civil vienne bientôt affranchir les Français de cet embarrassant et bizarre assemblage de formalités.

Jusque-là, la résolution a dû statuer sur chacune d'elles ; elle a déplacé et fait passer d'une section à l'autre un certain nombre d'actes civils ou judiciaires : chacun de ces changements a ses motifs dans des vues de justice et de proportionnalité. Vous ne croirez pas, mes chers collègues, qu'il soit nécessaire de vous les détailler ; je vous dois cependant quelques observations.

Les inventaires de meubles, les partages, les actes de société et les contrats de mariage avec *désignation d'apport*, étaient assujettis au droit proportionnel d'un demi pour cent ; cependant aucun de ces actes ne contient ni obligation, ni libération, ni transmission, et par là ils se trouvaient en opposition avec le principe fondamental de la loi nouvelle.

La résolution, fidèle à ce principe, réduit tous ces actes au seul droit fixe ; c'est un adoucissement qui balance en partie les augmentations faites en d'autres cas au droit d'enregistrement ; mais l'utilité principale de cette disposition se trouve dans la conservation d'un principe qui doit abolir l'arbitraire dont cette contribution était infectée.

La question cependant de l'affranchissement des contrats de mariage avec *stipulation d'apport* exige quelque examen.

On croit que le sacrifice de cette partie de la contribution est imprudent, parce que les citoyens, accoutumés à payer sur les actes de cette espèce, auraient continué à le faire sans aucune répugnance.

On peut dire d'abord que cette objection est purement fiscale ; sa conséquence irait jusqu'à déconseiller la réformation des vices qui pourraient exister dans les lois sur les contributions, parce que la réformation en atténuerait le produit dans certaines circonstances, et parce qu'elle détruirait des abus protégés par l'usage.

Un inventaire, un partage, un acte de société, tous ces actes ne sont que d'ordre entre les citoyens, et ne leur transmettent rien ; ils ne sont que désignatifs et translatifs ; donc le droit proportionnel ne peut leur être justement appliqué.

L'abrogation du droit proportionnel sur les contrats de mariage est dans le même cas ; elle présente même un avantage d'un ordre supérieur, puisqu'elle tend à favoriser les mariages en rendant moins coûteuses les conventions qui doivent les précéder.

On craint cependant que l'utilité qui en résultera ne devienne l'occasion de beaucoup de stipulations qui blesseraient la morale ou prépareraient la fraude, et l'on raisonne ainsi

Les successions étant soumises au droit proportionnel, et les *apports* dans les contrats de mariage en étant affranchis, ne doit-on pas craindre que les droits sur les successions ne soient éludés par des *apports* fictifs? Ne pourra-t-il pas arriver, par exemple, qu'une femme et un mari futurs, d'accord avec leurs parents, se constitueront des sommes qu'ils n'ont jamais possédées, mais qui seraient représentées entre eux par les promesses privées de ces mêmes parents? Il en résulterait qu'à la mort des parents, on ferait valoir ces promesses ; elles anéantiraient l'actif de la succession et le droit qu'il devait produire.

Si, comme nous le pensons, cette fraude était médiocrement utile à ceux qui la commettraient, il en résulterait cependant que sa tentative serait un désordre dans la disposition naturelle des biens dans les familles, et que cette ouverture donnée par la loi à une stipulation gratuitement enregistrée pourrait inviter des citoyens à se jeter dans des combinaisons de fictions qui seraient autant de lésions au bon ordre et à la morale.

Votre commission n'a rien conclu de là contre la résolution ; mais elle a désiré de manifester ses doutes sur les effets de l'affranchissement des *apports* en mariage, et d'en indiquer les inconvénients, quoique hypothétiques, pour que ces observations puissent avoir quelque utilité dans l'avenir.

Il est un autre genre d'actes que la résolution soustrait à l'arbitraire pour les soumettre au droit fixe ; ce sont ceux qui composaient la deuxième classe du tarif de 1790.

Il paraît que l'esprit fiscal, privé des secours de quelques principes fixes, avait éprouvé beaucoup d'embarras à qualifier certains actes qui ne contenaient aucune translation formelle de propriété, ou qui ne représentaient que des avantages ou promesses, soit précaires, soit éventuels.

Ces actes avaient paru trop importants pour être restreints au seul droit fixe, et trop indéterminés pour être soumis au droit proportionnel sans certaines précautions, à raison surtout du défaut d'énonciation de valeur, qui laissait inconnue la matière imposable.

Tels étaient les testaments contenant institution d'héritier, les legs universels sans transmission ni acceptation, les donations éventuelles d'objets indéterminés, les rappels à succession, les institutions contractuelles et autres dispositions de biens à venir contenues dans des actes entre vifs, les substitutions et les exhérédations, les contrats de mariage dans certains cas, les dons mutuels entre maris et femmes.

Tous ces actes étaient soumis au droit proportionnel ; mais pour le régler on eut recours à des évaluations tirées tantôt de la qualité ou de l'état des personnes, tantôt des déclarations estimatives, et, en dernier lieu, des revenus présumés des parties évaluées par la cote de la contribution personnelle. Enfin, tous les moyens de donner une valeur à des conventions indéterminées ou précaires avaient été employés ; on sait combien dans des évaluations aussi arbitraires la perception avait d'empire sur les contribuables : si les percepteurs manquaient de mesure et de sagacité, s'ils ne savaient pas mettre une valeur modérée à des objets qui résistaient à tous les moyens d'évaluation rigoureuse, tout devenait oppression et vexation.

La résolution supprime la seconde classe du tarif de 1790 et l'arbitraire qui en résultait; toutes les conventions mixtes qui composaient cette classe vont naturellement se ranger dans les deux grandes divisions du droit fixe et du droit proportionnel. Lorsqu'elles ne contiendront ni transmission, ni libération, ni obligation, elles appartiendront au droit fixe; dans le cas contraire, elles seront soumises au droit proportionnel. Cette mesure, infiniment sage, est une des grandes améliorations que produira la loi nouvelle.

§ 3. — *Des changements que la résolution apporte à l'ancien tarif du droit proportionnel.*

Le droit proportionnel forme lui seul plus des trois quarts du produit du droit d'enregistrement; il consiste dans une retenue exercée par l'Etat sur la valeur des biens énoncés dans certaines conventions qui opèrent transmission, obligation ou libération.

La quotité de cette retenue varie au gré de plusieurs combinaisons naissant de la nature et de l'importance des conventions; ce qui donne lieu à un tarif divisé en huit sections.

La 1re section fixe un droit de 25 c. sur une valeur de 100 fr.; — la 2e, 50 c.; — la 3e, 1 fr.; — la 4e, 1 fr. 25 c.; — la 5e, 2 fr.; — la 6e, 2 fr. 50 c.; — la 7e, 4 fr.; — la 8e, 5 fr.

Dans ces huit sections viennent se ranger la grande variété des conventions qui ne sont pas comprises dans celles sujettes au simple droit fixe.

Je répète au Conseil que sa commission ne se propose de lui rendre compte que des changements remarquables opérés par la résolution à l'ancienne législation sur le droit d'enregistrement.

Droits proportionnels sur les baux à loyer.

Le tarif de 1790 n'étant rien que proportionnel relativement aux baux à loyer, il en résultait qu'un bail pour deux années de jouissance coûtait autant de droits que celui pour douze années. Ensuite, au delà du terme de trente années, le droit changeait de nature; de manière qu'un bail de 100 fr., fait pour trente années, ne coûtait que 3 fr., et pour trente et un ans il en coûtait 80.

Cette exagération était née d'une vieille antipathie féodale contre les baux à longues années; elle voulait leur prohibition, puisqu'au delà d'un certain terme les baux étaient traités par le fisc comme des aliénations réelles. Ce système, si contraire aux bonnes combinaisons de l'agriculture, a résisté jusqu'à présent aux idées les plus arrêtées sur la convenance des baux à longues années; la résolution efface cette tache de notre législation, en soumettant les baux à un droit purement proportionnel, indépendamment de leur durée, et cela cependant avec des précautions sur lesquelles il est inutile de s'appesantir.

Droit proportionnel sur le mobilier des successions.

Nous l'avons déjà dit, la résolution a deux grands objets: la simplification de la législation et de la perception, et l'utilité de l'amélioration du produit de la contribution.

Pour simplifier la loi, il a fallu, dans quelques cas, faire des sacrifices sur son produit; l'indemnité de ces sacrifices est établie par des augmentations sur certains objets; ces augmentations compenseront avec excès les réductions que les principes ont rendues nécessaires.

Cet excès espéré n'élèverait point le produit actuel de la contribution dans une mesure convenable à la position de nos finances, si l'on n'eût trouvé le moyen d'étendre la matière imposable et de frapper du droit d'enregistrement un objet qui jusqu'à présent en fut affranchi; je parle des successions mobilières.

Nous ne nous jetterons point, citoyens représentants, dans une innovation aussi importante, sans l'avoir examinée et sans avoir balancé ses avantages par ses inconvénients. Etablissons d'abord le principe sur lequel elle est fondée.

S'il a été nécessaire d'établir au profit de l'Etat une retenue sur les successions immobilières, considérée comme le prix de la garantie de leur possession, existerait-il quelque raison pour traiter différemment les successions mobilières recueillies au même titre et partagées par les mêmes moyens? Et comment expliquer pourquoi de deux héritiers qui recueillent, l'un un immeuble de 10,000 fr., l'autre une créance ou une somme de 10,000 fr., le premier serait assujetti au droit proportionnel, et le second en serait affranchi?

Il n'existe aucune objection directe contre ce principe; ce qui ne prouve point encore que, quoique bon en spéculation, il puisse être utilement et convenablement mis en pratique. Ce qu'il faut examiner.

En remontant à l'époque où s'établit la première retenue sur la valeur des immeubles lors de leur mutation, on ne croira point que l'on n'ait pas aperçu combien une semblable retenue sur certaines mutations mobilières serait productive.

Nous ne pouvons douter qu'une idée aussi simple n'ait dû frapper dans tous les temps les hommes qui ont projeté des contributions; d'ailleurs, le principe du droit proportionnel sur des mutations mobilières n'est pas une question nouvelle, puisque nos lois en frappent toutes les conventions contenant obligation ou libération, même en matière mobilière; cependant, jusqu'à présent, les successions mobilières ont été affranchies de ce même droit; ce n'est probablement pas sans de fortes raisons.

Il est facile, en effet, de reconnaître que la perception du droit sur le mobilier des successions sera d'une exécution très-facile, par l'embarras de constater la quotité et la valeur du mobilier; qu'elle sera très-inégale, parce que le droit s'étendra sur la totalité de la succession sans défalcation des dettes passives; que cette inégalité sera très-aggravante dans les successions de toutes les classes de commerçants et fabricants; qu'elle tend à affaiblir la morale en invitant une fraude facile ou à des mesures spoliatrices des successions.

Nous allons parcourir ces objections: et d'abord, comment parvenir à constater la quotité et la valeur des successions mobilières? Pour le faire d'une manière efficace, il faudrait que le fisc fût autorisé à faire universellement apposer les scellés sur toutes les successions; ce que l'on ne pourrait ni ne voudrait proposer. Dans l'absence de ce moyen, il ne reste que le secours des inventaires rigoureux, faits dans certaines successions, et celui de la déclaration des héritiers dans les autres; or, on ne peut compter sur la sincérité de ces déclarations, si elles sont précédées de la dispersion des objets mobiliers: il en résultera que sur quelques successions le droit pèsera avec une rigueur absolue, que sur un très-grand nombre le droit n'atteindra que les seuls objets déclarés, et que sur le surplus la déclaration ne présentera presque aucune surface à la contribution.

La contribution sera très-inégale, parce qu'elle ne se percevra que sur la valeur brute des successions. Ce mode commun aux successions immobilières est effectivement le seul praticable; autrement il faudrait procéder à la liquidation de toute succession contradictoirement entre le fisc et les héritiers, les consommer en frais et en lenteurs par des formes contentieuses, et cela indépendamment du scandale intolérable qu'il y aurait à placer les préposés de la régie dans un état permanent d'hostilités contre toutes les familles, et de les autoriser à pénétrer dans leurs affaires les plus intimes. Il faut en conclure que la perception du droit d'enregistrement sur les successions immobilières est justifiée par l'impossibilité d'employer un mode plus équitable; mais il faut aussi se convaincre que l'affranchissement du mobilier des successions était une compensation ou du moins un grand adoucissement à cette mesure.

Les successions sont toujours mixtes, c'est-à-dire composées de meubles et d'immeubles, dans des proportions à la vérité très-variables. Si l'on ne considérait que la masse, on pourrait assurer que les valeurs mobilières des successions sont équivalentes à l'université des dettes dont elles sont affectées; d'où il résulte *qu'aussi en masse* il n'y a rien d'inéquitable dans la disposition qui assujettit au droit d'enregistrement la valeur brute des successions immobilières, qu'il n'en dérive que les inégalités partielles causées par la viabilité de leur position respective, inconvénient que des difficultés d'exécution rendent insurmontables.

Mais, à compter du moment où la portion mobilière des successions sera assujettie au droit proportionnel comme les immeubles, il ne restera plus de compensation, et l'intégrité des successions sera frappée du droit sans aucune espèce de diminution pour les dettes; ce qui rend la contribution très-inégale.

Considérons l'effet de cette inégalité, surtout dans les successions des commerçants et des agents de l'industrie en général.

Les facultés mobilières du commerce, qui, dans un État agricole et manufacturier, comprennent de l'argent, des créances, la plus grande partie des matières premières et toutes celles fabriquées qui attendent la consommation, doivent être considérées comme la portion la plus considérable des richesses mobilières possédées par ce même État. La contribution sur les successions mobilières portera donc singulièrement sur les fortunes commerciales et industrielles, et c'est dans ce cas surtout que l'inconvénient de la perception sur le brut des successions se fera sentir. En effet, l'état habituel et nécessaire des commerçants étant de faire plus d'affaires sur leur crédit que sur leurs capitaux, il en résulte que plus l'actif de leur succession a de l'étendue, plus aussi leur passif est considérable; en sorte que le droit d'enregistrement, portant sur le brut, il se percevra et sur les facultés des héritiers et sur celles des créanciers; quelquefois même, lorsque la succession se trouvera insuffisante, le droit pèsera uniquement sur les créanciers.

Relativement aux successions commerciales, nous devons observer que la résolution néglige trop des exceptions qui paraissent indispensables.

On ne supposera pas, sans doute, que les marchandises et les créances actives qui se trouveront dans une succession commerciale et qui appartiendront à des commettants, puissent être atteintes par la contribution; les créances mauvaises et douteuses, qui se trouvent communément en grandes masses dans les anciennes maisons de commerce, devraient aussi être affranchies. Cela convenu, n'eût-il pas été nécessaire de prononcer ces exceptions, et de statuer la manière de les constater?

Malgré toutes les objections que nous avons exposées, le principe de similitude entre les deux natures de successions n'en subsiste pas moins; et comme l'extension du droit d'enregistrement est exigée, soit par ce même principe, soit par la situation des finances de la République, il faut renoncer à s'occuper des difficultés d'exécution, la règle pouvant naître des premières épreuves et de l'expérience.

Ces deux derniers motifs déterminent votre commission en faveur de l'innovation proposée; mais elle n'a pas cru devoir vous dissimuler ces inconvénients; ils seront d'ailleurs très-affaiblis par la modicité du droit sur les successions mobilières, comparé à celui dont sont atteintes les successions immobilières.

Le droit sur les *immeubles* sera entre collatéraux de 5 pour 100 et sur les *meubles* de 1/4; — entre époux, sur les *immeubles*, 2 1/2, sur les *meubles*, 5/8; — en ligne directe, sur les *immeubles*, 1, sur les *meubles*, 1/2.

Ainsi les vices que nous avons exposés s'évanouiront presque par la modicité de leurs effets.

Des quotités du droit proportionnel.

Le droit proportionnel est réglé par des bases qui le rendent effectivement *proportionnel*, non-seulement quant aux valeurs, mais encore par rapport aux actes entre eux, ou à la nature de ces actes et des mutations qu'ils opèrent.

Nous avons déjà dit qu'il est gradué de 25 cent. jusqu'à 5 fr. pour 100 fr. Voici les principales maximes sur lesquelles repose cette graduation.

Tout acte qui *libère* est tarifé à 0 1/2 pour 100; — tout acte qui *oblige*, l'est à 1; — tout acte qui *transmet* à titre onéreux un immeuble est soumis à 4, — et pour la *transmission* de meubles, aussi à titre onéreux, 2.

Les échanges sont traités à raison de la faveur que réclame l'agriculture; le droit n'est que de 2 pour 100, et il n'est établi que sur l'une des parts.

Les transmissions entre vifs, *à titre gratuit*, sont soumises avec raison à une contribution plus forte; elles sont tarifées, savoir: — Pour les *immeubles*, en ligne collatérale et entre étrangers, à 5 pour 100; — en ligne directe, à 2 1/2. — Pour les *meubles*, en collatérale et entre étrangers, 2 1/2; — en ligne directe, 1 1/4.

Si les transmissions se font par contrat de mariage en faveur des futurs, les droits sont réduits à moitié.

Nous répéterons, pour compléter ce tableau, que les transmissions par décès sont tarifées, savoir: — Pour les *immeubles*, entre collatéraux et étrangers, 5 pour 100; — entre époux, 2 1/2; — en ligne directe, 1. — Pour les *meubles*, entre collatéraux et étrangers, 1 1/4; — entre époux, 3/8; — en ligne directe, 1 1/8.

De toutes les variations que ce nouveau tarif, remarquable par sa simplicité et par sa liaison à des principes, apporte à notre législation actuelle, nous ne nous occuperons que de celle qui augmente le droit sur les successions directes, et de celle qui réduit à une seule classe les anciennes divisions faites à raison des différents degrés de parenté.

La nécessité bien reconnue d'élever le produit du droit d'enregistrement a déterminé à augmenter celui sur les successions directes, il sera à 1 pour 100 au lieu de 1/2.

Nos habitudes et nos mœurs opposent une grande résistance à l'établissement du droit d'enregistrement sur les successions directes: la nature a tellement lié les enfants à leurs auteurs par la confusion des affections et des propriétés, et l'usage a tellement fortifié cette confusion, que le droit sur les successions directes passe dans l'opinion pour une espèce de lésion morale. Cette opinion a été respectée par la résolution, puisqu'elle établit pour la quotité du droit une grande différence entre les successions directes et les successions collatérales.

Cette distinction a été traitée *d'ancien préjugé*, dans un écrit distribué au Corps législatif; on a poussé à cet égard l'exagération jusqu'à soutenir que, puisque les biens échus en successions directes jouissent d'une garantie et supportent des contributions uniformes aux successions collatérales, on pourrait les soumettre au même droit d'enregistrement.

Cette proposition contient une fausse maxime et une comparaison vicieuse.

Une comparaison vicieuse, parce que le droit sur les successions est un retranchement sur les capitaux, et que la contribution foncière n'est qu'une retenue sur les fruits; cette entreprise sur les capitaux est d'autant plus sensible qu'ils s'affaiblissent assez par leur partage. Or, ces deux natures de contributions ne peuvent être comparées.

Je crois ensuite que la maxime est mauvaise, parce que l'on compte pour rien la conservation des rapports moraux qui doivent exister entre l'Etat et les familles des citoyens, rapports délicats, mais trop importants pour être subjugués par les combinaisons d'un calcul sec et impitoyable.

Conservons, citoyens représentants, tous les liens que la nature et la civilisation ont créés pour unir les pères et les enfants : les familles protégent, et le berceau des citoyens, et leur développement, et leur conservation ; c'est dans leur sein qu'ils reçoivent les premières leçons morales, qu'ils se façonnent à la dépendance aux lois, que leur sensibilité se nourrit des plus douces affections, et qu'ils apprennent à devenir de dignes membres de la cité. C'est enfin de la nature que les enfants reçoivent les biens de leurs pères ; les lois qui les leur garantissent doivent protéger leurs droits.

Nous regardons donc comme très-inconvenable la supposition par laquelle on voudrait assimiler les héritiers directs aux héritiers collatéraux, pour les soumettre uniformément au droit d'enregistrement.

Je passe aux héritiers collatéraux: ils étaient autrefois rangés dans une série de classes réglées par l'appréciation des degrés de consanguinité; ces classes, en dernier lieu, avaient été réduites à deux, et la résolution les détruit, en confondant tous les collatéraux et en les assimilant aux étrangers.

Il y a encore ici des anciens préjugés à combattre, ou plutôt il faudra familiariser l'opinion avec cette transition brusque, qui brise l'échelle des affections et des liaisons collatérales; mais les défauts de ménagement ne violent dans ce cas que de véritables préjugés; car tel que soit le degré de consanguinité, il n'est pas moins vrai que tout collatéral qui hérite est dans l'ordre moral à une égale distance de successible (je parle en général) : son berceau, son éducation, son domicile, tout est indépendant, étranger ou séparé ; enfin les collatéraux sont déjà pourvus d'un patrimoine. Les successions qu'ils recueillent sont un avantage précaire et éventuel dans tous les degrés de parenté; ils peuvent donc être uniformément soumis au droit d'enregistrement.

Je regrette, citoyens représentants, d'avoir arrêté aussi longtemps votre attention sur cette partie du rapport de votre commission; mais l'esprit de la loi proposée étant plus à examiner que sa substance, il nous eût été difficile de ne pas vous entretenir de quelques généralités sur les deux matières de successions.

§ 4. — *Des moyens établis pour atténuer la fraude et pour assurer la perception.*

Je ne vous entretiendrai, citoyens collègues, ni des précautions prises par les anciennes lois pour assurer la perception du droit d'enseignement, ni des améliorations et des modifications apportées par la résolution, ni de la graduation des amendes variées qu'elle prononce ; nous nous arrêterons seulement sur quelques points généraux.

Enregistrement des actes sous signature privée.

Les actes sont susceptibles de deux espèces de forme, la forme publique et la réforme privée.

Tous les actes passés sous le sceau de l'autorité publique doivent *nécessairement* être enregistrés.

Les actes sous seings privés se divisent en deux espèces : tous ceux qui transmettent des propriétés immobilières doivent aussi nécessairement être enregistrés.

Mais ceux qui obligent, libèrent, ou qui ne contiennent que des conventions indéterminées, ne seront soumis qu'à un enregistrement *facultatif* et *éventuel*, et au moment seulement où l'intérêt des parties les obligera de les produire en matière contentieuse et judiciaire.

Ces derniers actes sont l'instrument journalier des conventions les plus communes et les plus répétées ; ils forment une masse immense, qui serait, à la vérité, une mine inépuisable, si l'on parvenait à les soumettre à l'enregistrement nécessaire. Le zèle pour l'amélioration des finances, et quelque hardiesse a fait naître, à la vérité, au conseil des Cinq-Cents la proposition de les frapper de nullité faute d'enregistrement ; mais elle a été écartée pour probablement ne plus reparaître ; nous cesserons de vous en entretenir; cependant nous regrettons que la loi ne contienne rien qui déclare la distinction très-réelle entre l'enregistrement *nécessaire* et l'enregistrement *facultatif*, quoique, dans le fait, elle statue d'après cette même distinction.

Au surplus, la peine de nullité faute d'enregistrement est restreinte aux contre-lettres faites en fraude de l'énonciation de la véritable valeur dans les actes publics.

Des obligations imposées aux officiers publics.

L'idée d'associer les officiers publics à la perception du droit d'enregistrement, en les rendant personnellement responsables, n'est pas nouvelle; mais elle n'avait point été aussi bien déterminée que par la loi proposée.

Les notaires ont élevé à cet égard des réclamations pressantes; ils auraient désiré d'être affranchis d'une condition qui les expose à des avances, quelquefois hasardées, et à exercer vis-à-vis de leurs clients des fonctions de rigueur qui répugnent à la nature de leur ministère.

Ces objections, qui ne reposent que sur des convenances, ne sauraient balancer la raison d'État, ou plutôt l'intérêt évident de ses finances : sans cette mesure, la perception de la contribution serait éparse dans une immense multitude d'actes qui échapperaient aux recherches les plus dispendieuses, et que la prescription couvrirait tôt ou tard ; il est donc très-utile et nullement injuste d'exiger des notaires et autres officiers publics leur responsabilité personnelle pour les actes qu'ils auront passés ; mais il était juste aussi de leur accorder, ainsi que cela est statué par la résolution, la subrogation à l'action nationale pour obtenir le remboursement de leurs avances.

Les notaires se sont plaints aussi des pertes auxquelles les exposent, dans certains cas, les payements provisoires, lorsque les prétentions des préposés excèdent ce que la loi autorise ; ils demandaient contre ces derniers un recours personnel en dommages-intérêts. Ce recours n'a point été admis ; il aurait pu devenir préjudiciable au profit de la contribution, en comprimant le zèle des préposés. Cette précaution d'ailleurs manquerait d'utilité, car la loi proposée écarte tellement l'arbitraire, qu'il restera infiniment peu de questions douteuses sur la quotité des droits encourus.

Les greffiers et les secrétaires d'administration sont assujettis aux conditions imposées aux notaires, mais avec les exceptions convenables pour les cas où leur ministère est forcé et où il leur serait impossible d'obtenir un payement actuel des parties ; la Régie poursuivra le recouvrement de ces objets.

Au surplus, la résolution prend les précautions les plus étendues pour assujettir les officiers publics à un ordre et à des communications qui mettront les préposés de la Régie en état de connaître tous les actes publics qui donneraient ouverture à des droits ; il fallait des moyens efficaces pour s'assurer, entre autres, de l'ouverture des successions : un grand nombre jusqu'à ce jour ont été dissimulées. Il faut accuser cette circonstance de la modicité du produit des droits sur ces mêmes successions dans l'an VI ; il ne s'est élevé qu'à 6,831,000 liv. brut.

Les articles 17, 18 et 19 de la résolution autorisent les préposés de la Régie à requérir l'expertise, pour parvenir à connaître la véritable valeur du prix des immeubles transmis à titre onéreux ou à tout autre titre ; ils veulent que, dans l'année, à compter du jour de l'enregistrement, ces biens puissent être estimés par des experts, convenus ou nommés d'office, et par comparaison à la valeur vénale des biens-fonds vendus à une époque correspondante.

Citoyens représentants, le résultat de ces précautions exagérées est tel, qu'il peut entourer d'inquiétudes, même les stipulations exprimées de bonne foi. Mais si l'on considère que du moment où le droit d'enregistrement a cessé d'être protégé par l'influence des retraits et de la lésion d'outre-moitié, ce droit a été compromis au point le plus alarmant par les dissimulations portées jusqu'au scandale; si l'on considère aussi que cette fraude s'accroît d'une manière alarmante, et qu'elle fait naître la plus grande inégalité entre les contribuables de bonne foi et ceux qui dissimulent le véritable prix des mutations, on sera convaincu que l'intérêt public commande l'interposition d'une puissante répression. On aurait vainement cherché d'autre moyen que celui de l'expertise; il est pénible, sans doute, de recourir à une telle mesure, mais espérons qu'elle agira bien plus par la menace que par l'action. La Régie de l'enregistrement est connue par la modération de ses procédés; elle n'usera de l'expertise que dans les cas indispensables: par là, sa sagesse lui conservera l'estime des citoyens et la confiance du Gouvernement.

§ 5. — *Des exceptions et des actes non sujets à l'enregistrement ou enregistrés gratuitement.*

Le onzième titre de la résolution statue sur les actes qui sont affranchis de la formalité de l'enregistrement, et sur ceux qui doivent être gratuitement enregistrés; ce sont en général tous les actes qui dérivent de l'autorité législative, du Gouvernement, de l'administration publique, de la justice criminelle et de la police.

Dans la nomenclature des exceptions, on distingue les lettres de change tirées de place en place; cette disposition est réclamée pour la protection due au commerce.

Les inscriptions au grand-livre sont aussi affranchies: le crédit public, la situation malheureuse de la dette de l'État, et l'humanité, commandent cette mesure.

§ 6. — *De l'influence de la loi proposée sur le produit futur du droit d'enregistrement.*

Vous n'attendez pas, citoyens représentants, des calculs formels sur le produit du droit d'enregistrement, à raison de la loi proposée: voulût-on en hasarder, ils seraient toujours subordonnés à une circonstance qui n'admet aucune appréciation réelle.

Le droit proportionnel, qui compose lui seul plus des trois quarts de la contribution, dépend de la quantité des mutations et de la valeur vénale des immeubles. Qui pourrait assigner un terme moyen à ces deux éléments, qui dépendent absolument de l'activité de la circulation, du crédit universel, de la quotité des signes représentatifs, et de la confiance dans la situation extérieure et intérieure de la République? De toutes ces circonstances, il peut résulter des variations telles, que de l'état de pénurie à celui de la prospérité publique, le produit de la contribution éprouvera des différences immenses.

La tâche de votre commission doit donc se réduire à vous tracer le tableau systématique des moyens généraux établis par la résolution pour l'amélioration du produit.

Les actes des huissiers ont été portés de 75 centimes à 1 franc.

Le droit *sur les baux*, devenu proportionnel, sera plus productif.

Les libérations sont de 50 cent. au lieu de 25 cent.

Les obligations sont de 1 fr. au lieu de 75 cent.

Les ventes mobilières, 2 fr. au lieu de 1 fr.

Les donations entre-vifs d'immeubles :

En ligne directe, sont de 2 fr. 50 cent. au lieu de 1 fr.;

Celles en collatérale entre frères, sœurs, oncles et neveux, sont de 5 fr. au lieu de 4 fr.;

Entre autres collatéraux et étrangers, 4 fr. au lieu de 3 fr.,

Les mutations par décès des biens immeubles :

En ligne directe, sont de 1 fr. au lieu de 50 cent.;

Entre époux, de 2 fr. 50 au lieu de 1 fr.;

Entre collatéraux aux degrés de frères, sœurs, oncles, tantes, neveux et nièces, 5 fr. au lieu de 3 fr.

Les donations entre-vifs de biens meubles :

En ligne directe, 1 1/4 pour 100 au lieu de 1/2 pour 100;

Entre collatéraux et étrangers, 2 1/2 pour 100 au lieu de 1/2.

Les mutations par décès de biens meubles :

En ligne directe, 1/4 pour 100 au lieu de 0;

Entre époux, 62 cent. et demi au lieu de 0;

Entre collatéraux, 1 1/4 pour 100 au lieu de 0.

Les transmissions à titre onéreux en ligne directe payeront le droit proportionnel entier au lieu du demi-droit.

Les dispositions précautionnelles qui concourront à élever le produit de la contribution, sont:

L'expertise des biens-fonds par vente comme par succession;

La faculté accordée aux percepteurs de contraindre à l'enregistrement les aliénations de biens-fonds et les baux sous seings privés, lorsque la connaissance de leur existence aura été acquise par des renseignements concluants;

Enfin la peine du double droit sur ceux des actes qui n'auront pas été présentés à l'enregistrement dans les trois mois de leur date.

Je terminerai cette partie du rapport de votre commission par l'exposition d'un calcul hypothétique sur le produit du droit d'enregistrement dans le courant de l'an VII.

Il a produit brut, dans l'an VI, savoir:

Droit proportionnel	50,055,455 fr.
Actes judiciaires	5,335,482
Successions	6,831,005
Actes d'huissiers	3,691,986
Produit brut	65,913,928 fr.
Ce qui donne environ 60 millions de produit net.	
On croit que, pour l'an VII, le produit pourra s'élever à	76,000,000 fr.
Mais de cette augmentation de 10 millions appartenant à tout l'an VII, dont quatre mois au moins seront écoulés avant la publication de la loi à intervenir, il faut déduire	3,300,000
Restera, produit brut	72,700,000 fr.

Et net environ 69 millions.

Toujours supposé que le mouvement des mutations et le prix vénal des biens-fonds n'éprouveront pas de décroissance sensible dans le courant de l'an VII.

RÉSUMÉ

Je me résume.

La résolution doit être considérée sous deux grands rapports: la simplification et le perfectionnement de la législation sur le droit d'enregistrement, et l'augmentation de son produit.

Elle a éminemment le premier caractère, parce que toutes ses dispositions sont liées à des principes évidents, et parce que de ces principes naît la séparation rigoureuse des objets soumis au droit *fixe* de ceux soumis au droit *proportionnel;* ce qui abolit l'arbitraire et la plupart des vices attachés au mode actuel de la perception.

La résolution élèvera nécessairement le produit de la contribution, parce qu'elle augmente le droit fixe dans certains cas, et le droit proportionnel dans presque tous; parce qu'elle soumet au droit d'enregistrement les successions mobilières, qui jusqu'à présent en étaient affranchies, et parce qu'elle prend les précautions les plus soigneuses contre la fraude et la simulation du véritable prix dans les actes qui opèrent mutation.

Il résulte, en général, de la partie fiscale de la résolution, qu'elle diminue quelques parties de la contribution, qu'elle en augmente beaucoup d'autres; elle contient une augmentation réelle des contributions publiques.

Cette augmentation est commandée par la position actuelle des finances de la République: le budget de l'an VII porte la recette présumée du droit d'enregistrement à 80 millions; nous avons évalué qu'il n'en produira que 69. C'est encore une amélioration très-importante, puisqu'elle offre un excédant de 6 millions sur le produit de l'an VI.

Par ces considérations, votre commission, composée de nos collègues Dedelay, Collombel, Gourdan, Bonnet et moi, vous propose, à l'unanimité, d'approuver la résolution.

LOI DU 22 PLUVIOSE AN VII

Ventes d'objets mobiliers.

(IIe série, Bull. 258, n° 2451; Circ. rég. n° 1498.)

[Les dispositions de cette loi sont applicables aux ventes publiques de marchandises en gros, faites par les courtiers (LL. 28 mai 1858, art. 2, § 2, 3 juillet 1861, art. 3), — et aux ventes publiques de valeurs données en gage (L. 23 mai 1863, art. 93 nouv. du C. de com.).]

—

Article premier. — A compter du jour de la publication de la présente, les meubles, effets, marchandises, bois, fruits, récoltes et tous autres objets mobiliers, ne pourront être vendus publiquement et par enchères, qu'en présence et par le ministère d'officiers publics ayant qualité pour y procéder.

[V. L. 18 juillet 1866, sur les courtiers de marchandises.]

Art. 2. — Aucun officier public ne pourra procéder à une vente publique et par enchères, d'objets mobiliers, qu'il n'en ait préalablement fait la déclaration au bureau de l'enregistrement dans l'arrondissement duquel la vente aura lieu.

Art. 3. — La déclaration sera inscrite sur un registre qui sera tenu à cet effet, et elle sera datée. Elle contiendra les noms, qualité et domicile de l'officier, ceux du requérant, ceux de la personne dont le mobilier sera mis en vente, et l'indication de l'endroit où se fera la vente et du jour de son ouverture. Elle sera signée par l'officier public, et il lui en sera fourni une copie, sans autres frais que le prix du papier timbré sur lequel cette copie sera délivrée. — Elle ne pourra servir que pour le mobilier de celui qui y sera dénommé.

Art. 4. — Le registre sera en papier non timbré; il sera coté et parafé, sans frais, par le juge de paix dans l'arrondissement duquel sera le bureau d'enregistrement.

Art. 5. — Les officiers publics transcriront, en tête de leurs procès-verbaux de vente, les copies de leurs déclarations. — Chaque objet adjugé sera porté de suite au procès-verbal; le prix y sera écrit en toutes lettres, et tiré hors ligne en chiffres. — Chaque séance sera close et signée par l'officier public et deux témoins domiciliés. — Lorsqu'une vente aura lieu par suite d'inventaire, il en sera fait mention au procès-verbal, avec indication de la date de l'inventaire, du nom du notaire qui y aura procédé, et de la quittance de l'enregistrement.

[Objets non adjugés (Ord. 1er mai 1816, art. 1er). — Mention relative aux oppositions (Ord. 3 juillet 1816, art. 7). — Quittances et décharges des prix de vente (Av. cons. d'État 7-21 octobre 1809, sous l'art. 42, L. 22 frimaire an VII, note 1).]

Art. 6. — Les procès-verbaux de vente ne pourront être enregistrés qu'aux bureaux où les déclarations auront été faites. — Le droit d'enregistrement sera perçu sur le montant des sommes que contiendra cumulativement le procès-verbal des séances à enregistrer dans le délai prescrit par la loi sur l'enregistrement.

Art. 7. — Les contraventions aux dispositions ci-dessus seront punies par les amendes ci-après, savoir: — de 100 francs, contre tout officier public qui aurait procédé à une vente sans en avoir fait la déclaration; — de 25 francs, pour défaut de transcription en tête du procès-verbal de la déclaration faite au bureau d'enregistrement; — de 100 francs, pour chaque article adjugé et non porté au procès-verbal de vente, outre la restitution du droit; — de 100 francs aussi, pour chaque altération de prix des articles adjugés faite dans le procès-verbal, indépendamment de la restitution du droit, et des peines de faux; — et de 15 francs, pour chaque article dont le prix ne serait pas écrit en toutes lettres au procès-verbal. — Les autres contraventions que pourraient commettre les officiers publics contre les dispositions de la loi sur l'enregistrement, seront punies par les amendes et restitutions qu'elle prononce. — L'amende qu'aura encourue tout citoyen pour contravention à l'article 1er de la présente, en vendant ou faisant vendre publiquement et par enchères, sans le ministère d'un officier public, sera déterminée en raison de l'importance de la contravention: elle ne pourra cependant être au-dessous de 50 francs, ni excéder 1,000 francs pour chaque vente, outre la restitution des droits qui se trouvent dus.

[Ces amendes, excepté la dernière, ont été réduites (V. L. 16 juin 1824, art. 10).]

Art. 8. — Les préposés de la Régie de l'Enregistrement sont autorisés à se transporter dans tous les lieux où se feront des ventes publiques et par enchères, et à s'y faire représenter les procès-verbaux de vente et les copies des déclarations préalables. — Ils dresseront des procès-verbaux des contraventions qu'ils auront reconnues et constatées; ils pourront même requérir l'assistance d'un officier municipal, ou de l'agent, ou de l'adjoint de la commune ou de la municipalité où se fera la vente. — Les poursuites et instances auront lieu ainsi et de la manière prescrite par la loi du 23 frimaire dernier sur l'enregistrement. — La preuve testimoniale pourra être admise sur les ventes faites en contravention à la présente.

[Poursuites et instances (V. L. 22 frimaire an VII, art. 63 et suiv.).]

Art. 9. — Sont dispensés de la déclaration ordonnée

par l'article 2, les officiers publics qui auront à procéder aux ventes du mobilier national et à celles des effets des monts-de-piété.

Art. 10. — Toutes dispositions de lois contraires à la présente sont abrogées.

[V. L. 25 juin 1841, sur les ventes aux enchères de marchandises neuves.]

LOI DU 21 VENTOSE AN VII

Établissement de droits de greffe.

(IIe série, Bull. 266, n° 2628; Circ. rég. n° 1537.)

Article premier. — Il est établi des droits de greffe au profit de la République, dans tous les tribunaux civils et de commerce. — Ils seront perçus, à compter du jour de la publication de la présente, pour le compte du Trésor public, par les receveurs de la Régie de l'Enregistrement, de la manière ci-après déterminée :

[Cour de cassation : Règlements des 28 juin 1738 (2e partie, titre XVI) et 12 septembre 1739 (L. 29 frimaire an IV, art. 4; IIe série, Bull. 13, n° 69).

[Conseil d'État : Les frais de greffe perçus au conseil d'État en vertu de l'ordonnance du 18 janvier 1826 (VIIIe série, Bull. 73, n° 2483) sont attribués en entier au Trésor (L. 21 avril 1832, art. 7; IXe série, Bull. 76, n° 168; inst. n° 1431). Ces frais sont, comme les droits de greffe proprement dits, sujets aux décimes (LL. 23 avril 1833, art. 1er, et 28 juin 1833, art. 1er; IXe série, Bull. 94, n° 214, et 106, n° 240, inst. n° 1431).

[Cour des comptes : Les premières expéditions des actes et arrêts de la Cour sont délivrées gratuitement aux parties; les autres sont soumises, au profit de l'Etat, à un droit d'expédition de 75 centimes par rôle, en principal (Décr. 28 septembre 1807, art. 51, IVe série, Bull. 163, n° 2801, Ord. 31 mai 1838, art. 356, IXe série, Bull. 579, n° 7437, et Décr. 31 mai 1862, art. 402, XIe série, Bull. 1045, n° 10527).

[Exemption des droits de greffe : V. L. 10 décembre 1850, art. 4 (mariages d'indigents, etc.); L. 24 juin 1857, art. 4, et Décr. 26 juillet 1858, art. 6 (marques de fabriques). — Droits en débet (L. 22 janvier 1851, art. 14 assistance judiciaire).]

Art. 2. — Ces droits consistent : 1° dans celui qui sera perçu lors de la mise au rôle de chaque cause, ainsi qu'il est établi par l'article 3 ci-après; — 2° dans celui établi pour la rédaction et transcription des actes énoncés en l'article 5; — dans le droit d'expédition des jugements et actes énoncés dans les articles 7, 8 et 9.

Art. 3. — Le droit perçu lors de la mise au rôle est la rétribution due pour la formation et tenue des rôles, et l'inscription de chaque cause sur le rôle auquel elle appartient. — Ce droit sera, dans les tribunaux civils, de 5 francs, sur appel des tribunaux civils et de commerce; — de 3 francs pour les causes de première instance, ou sur appel des juges de paix; — et de 1 franc 50 centimes pour les causes sommaires et provisoires. — Dans les tribunaux de commerce, il sera pareillement de 1 franc 50 centimes. — Le tout sans préjudice du droit de 25 centimes qui est accordé aux huissiers-audienciers pour chaque placement de cause. — Le droit de mise au rôle ne pourra être exigé qu'une seule fois; en cas de radiation, elle sera replacée gratuitement à la fin du rôle, et il y sera fait mention du premier placement. — L'usage des placets pour appeler les causes est interdit; elles ne pourront l'être que sur les rôles et dans l'ordre du placement.

[Référés (V. Décr. 12 juillet 1808, art. 5).]

Art. 4. — Le droit de mise au rôle sera perçu par le greffier en y inscrivant la cause, et, le premier de chaque mois, il en versera le montant à la caisse du receveur de l'enregistrement, sur la représentation des rôles, cotés et parafés par le président, sur lesquels les causes seront appelées, à compter du jour de la publication de la présente.

Art. 5. — Les actes assujettis, sur la minute, au droit de rédaction et transcription sont les actes : — de voyage, — d'exclusion ou option de tribunaux d'appel, — de renonciation à une communauté de biens ou à succession, — d'acceptation de succession sous bénéfice d'inventaire, — de réception ou soumission de caution, — de reprise d'instance, de déclarations affirmatives, — de dépôt de bilan et pièces, d'enregistrement de société; — les interrogations sur faits et articles, — et les enquêtes. — Il sera payé, pour chacun de ces actes, 1 franc 25 centimes. — Les enquêtes seront en outre assujetties à un droit de 50 centimes par chaque déposition de témoins.

[V. L. 22 prairial an VII, art. 20 et Décr. 17 juillet 1811, art. 1er et suiv.]

Art. 6. — Les expéditions contiendront vingt lignes à la page, et huit à dix syllabes à la ligne, compensation faite des unes avec les autres.

[Comp. L. 18 brumaire an VII, art. 20 et Décr. 18 juin 1811, art. 48.]

Art. 7. — Les expéditions des jugements définitifs sur appel des tribunaux civils et de commerce, soit contradictoires, soit par défaut, seront payés 2 francs le rôle.

Art. 8. — Les expéditions des jugements définitifs rendus par les tribunaux civils, soit par défaut, soit contradictoires, en dernier ressort ou sujets à l'appel, celles des décisions arbitrales, celles des jugements rendus sur appel des juges de paix, celles des ventes et baux judiciaires, seront payées 1 franc 25 centimes comme le rôle.

Art. 9. — Les expéditions des jugements interlocutoires, préparatoires et d'instruction, des enquêtes, interrogatoires, rapports d'experts, délibérations, avis de parents, dépôts de bilan, pièces et registres, des actes d'exclusion ou option des tribunaux d'appel, déclaration affirmative, renonciation à communauté ou à succession, et généralement de tous actes faits ou déposés au greffe, non spécifiés aux aticles 7 et 8, ensemble de tous les jugements des tribunaux de commerce, seront payés 1 franc le rôle.

Art. 10. — La perception de ce droit sera faite par le receveur de l'Enregistrement, sur les minutes des actes assujettis au droit de rédaction et transcription, sur les expéditions et sur les rôles de placement de causes qui lui seront présentés par le greffier; il y mettra son reçu, et il tiendra de cette recette un registre particulier.

[V. L. 23 juillet 1820, art. 2.]

ART. 12. — Le greffier ne pourra délivrer aucune expédition que les droits n'aient été acquittés, sous peine de restitution du droit et de 100 francs d'amende, sauf, en cas de malversation évidente, à être poursuivi devant les tribunaux, conformément aux lois.

ART. 13. — Ne sont pas compris dans les droits ci-dessus fixés le papier timbré et l'enregistrement, qui continueront d'être perçus conformément aux lois existantes.

Les greffiers des tribunaux civils et de commerce tiendront un registre coté et parafé par le président, sur lequel ils inscriront, jour par jour, les actes sujets au droit de greffe, les expéditions qu'ils délivreront, la nature de chaque expédition, le nombre des rôles, le nom des parties, avec mention de celle à laquelle l'expédition sera délivrée. — Ils seront tenus de communiquer ce registre aux préposés de l'Enregistrement toutes les fois qu'ils en seront requis.

[Comp. L. 22 frimaire an VII, art. 54, sur l'enregistrement.]

ART. 14. — Les greffiers ne pourront exiger aucun droit de recherche des actes et jugements faits ou rendus dans l'année, ni de ceux dont ils feront des expéditions; mais lorsqu'il n'y aura pas d'expédition, il leur est attribué un droit de recherche qui demeure fixé à 50 centimes pour l'année qui leur sera indiquée, et, dans le cas où il leur serait indiqué plusieurs années, et qu'ils seraient obligés d'en faire la recherche, ils ne percevront que 50 centimes pour la première, et 25 centimes pour chacune des autres. — Il leur est en outre attribué 25 centimes pour chaque légalisation d'actes des officiers publics.

[V. Décr. 24 mai 1854, art. 1er, 9 et 10.]

ART. 15. — Les greffiers présenteront et feront recevoir, conformément aux lois existantes, un commis-greffier assermenté par chaque section.

ART. 16. — Au moyen du traitement et de la remise ci-après accordée aux greffiers, ils demeureront chargés du traitement des commis assermentés, commis expéditionnaires, et de tous employés du greffe, quelles que soient leurs fonctions, ainsi que des frais de bureau, papier libre, rôles, registres, encre, plumes, lumière, chauffage des commis, et généralement de toutes les dépenses du greffe.

ART. 17. — Le traitement des greffiers des tribunaux civils est égal à celui des juges près lesquels ils sont établis.

ART. 18. — Celui des greffiers des tribunaux de commerce sera de la moitié de celui du greffier d'un tribunal civil, s'il avait été établi dans la commune où siége le tribunal de commerce. — Et néanmoins le traitement de ceux des tribunaux de commerce établis dans les communes de six mille habitants et au-dessous demeure fixé à 800 francs.

ART. 19. — Il est accordé aux greffiers une remise de 30 centimes par chaque rôle d'expédition, — et d'un décime par franc sur le produit du droit de mise au rôle, et de celui établi pour la rédaction et transcription des actes énoncés en l'article 5.

[V. L. 22 prairial an VII, art. 3, et Décr. 24 mai 1854, art. 1 à 7 et 11.]

ART. — 20. La remise de 30 centimes, accordée par l'article précédent, ne sera que de 2 décimes sur toutes les expéditions que les agents de la République demanderaient en son nom et pour soutenir ses droits : ils ne seront tenus, à cet égard, à aucune avance; en conséquence, ces expéditions seront portées pour mémoire sur le registre du receveur de l'Enregistrement, et il en sera fait un compte particulier.

ART. 21. — Le premier de chaque mois, le receveur de l'Enregistrement comptera, avec le greffier, le produit des remises à lui accordées par l'article 19, et il lui en payera le montant sur le mandat qui sera délivré au bas du compte par le président du tribunal.

[Modifié (L. 24 juillet 1820, art. 2).]

ART. 22. — Le traitement fixe du greffier sera également payé mois par mois, par le receveur de l'Enregistrement, sur le produit du droit de greffe, d'après les mandats aussi délivrés mois par mois par le président du tribunal.

ART. 23. — Il est défendu aux greffiers et à leurs commis d'exiger ni recevoir d'autres droits de greffe, ni aucun droit de prompte expédition, à peine de 100 francs d'amende et de destitution.

[V. L. 22 prairial an VII, art. 5, et Décr. 24 mai 1854, art. 12.]

ART. 24. — Les droits établis par la présente seront alloués aux parties dans la taxe des dépens, sur les quittances des receveurs de l'Enregistrement mises au bas des expéditions, et sur celles données par les greffiers de l'acquit du droit de mise au rôle et de rédaction, lesquelles ne seront assujetties à d'autres droits que ceux du timbre.

ART. 25. — Le Directoire exécutif fera connaître au Corps législatif, dans le courant de thermidor prochain, par des états distincts et séparés, le produit de la perception des droits de greffe dans chaque tribunal.

ART. 26. — La présente résolution demeurera affichée dans tous les greffes des tribunaux civils et de commerce.

ART. 27. — Il sera statué, par une résolution particulière, sur les greffes des tribunaux criminels et correctionnels.

ART. 28. — Toutes dispositions de lois contraires à la présente sont abrogées.

LOI DU 21 VENTOSE AN VII

Organisation de la conservation des hypothèques.

(IIe Série, Bull. 266, n° 2627; circ. rég. n° 1539.)

—

TITRE PREMIER. — *De la conservation des hypothèques.*

CHAPITRE PREMIER. — *Dispositions générales.*

ARTICLE PREMIER. — La conservation des hypothèques est remise à la régie nationale de l'Enregistrement; elle en confiera l'exécution aux receveurs de l'Enregistrement, dans les lieux et suivant les formes qui vont être ci-après déterminées.

CHAPITRE II. — *Établissement des bureaux des hypothèques.*

ART. 2. — Il y aura un bureau de la conservation des hypothèques par chaque arrondissement de tribunal de police correctionnelle; il sera placé dans la commune où siége le tribunal. — Si, dans le même arrondissement, le tribunal civil et le tribunal de police correctionnelle siégent dans deux communes différentes, le bureau sera placé dans la commune où siégera le tribunal civil.

[V. L. 28 pluviôse an VIII (IIIe Série, Bull. 17, n° 115; Circ. n° 1814), qui divise le territoire en départements et en arrondissements communaux, et L. 27 ventôse an VIII (IIIe Série, Bull. 15, n° 103; Circ. n° 1820), qui établit dans chaque arrondissement communal un tribunal de première instance pour connaître en même temps des matières civiles et de police correctionnelle. — Dans le département de la Seine, le service des hypothèques est réparti entre trois bureaux (Décr. 16 novembre 1859, IXe Série, Bull. 745, n° 7123.) — Pour les jours et heures d'ouverture des bureaux, V. L. 22 frimaire an VII, sur l'enregistrement, art. 25, note 1.]

CHAPITRE III. — *De l'institution des agents des hypothèques et de leurs fonctions.*

ART. 3. — Les préposés de la Régie à la conservation des hypothèques seront chargés : 1° de l'exécution des formalités civiles prescrites pour la conservation des hypothèques et la consolidation des mutations de propriétés immobilières; 2° de la perception des droits établis au profit du Trésor public pour chacune de ces formalités.

[V. C. civ., art. 2196 et suiv., — et *infrà*, art. 19 et suiv.]

ART. 4. — Avant d'entrer en exercice, chaque préposé fera enregistrer sa commission au greffe du tribunal civil du département; il y prêtera le serment prescrit par la loi du 19 fructidor an V, et celui de remplir avec fidélité et exactitude les fonctions qui lui sont confiées.

[Le tribunal de première instance de l'arrondissement (L. 27 ventôse an VIII, art. 6) remplace le tribunal civil du département. — Le serment spécial prévu par la loi du 19 fructidor an V (IIe Série, Bull. 142, n° 1400) était purement politique; cette loi a cessé d'être en vigueur.]

CHAPITRE IV. — *Des cautionnements que doivent fournir les préposés aux hypothèques.*

ART. 5. — Le préposé fournira, en outre, un cautionnement en immeubles. Il sera payé, pour l'enregistrement dudit cautionnement, un droit fixe d'un franc. — Le cautionnement sera reçu par le tribunal civil de la situation des biens, contradictoirement avec le commissaire du Directoire exécutif près le même tribunal.

[Droit d'enregistrement élevé à 3 fr. (LL. 18 mai 1850, art. 8, et 28 février 1872, art. 4). — Cautionnements constitués en rentes sur l'État (L. 8 juin 1864, art. 26 et suiv.; Décr. 11 août 1864; L. 16 septembre 1871, art. 29; L. 22 mars 1873).]

ART. 6. — Le préposé sera tenu de faire recevoir son cautionnement et d'en justifier à la Régie nationale dans le mois de l'enregistrement de sa commission; il déposera, dans le même délai, une expédition de la réception dudit cautionnement au greffe du tribunal civil dans l'arrondissement duquel il remplira ses fonctions.

[Justification des cautionnements en rentes sur l'État (L. 8 juin 1864, art. 29).]

ART. 7. — L'inscription du cautionnement sera faite à la diligence et aux frais du préposé. — Elle subsistera pendant toute la durée de sa responsabilité, sans avoir besoin d'être renouvelée.

ART. 8. — Le cautionnement ci-dessus demeure spécialement et exclusivement affecté à la responsabilité du préposé à la conservation des hypothèques, pour les erreurs et omissions dont la loi le rend garant envers les citoyens. — Cette affectation subsistera pendant toute la durée des fonctions et dix années après, passé lequel délai, les biens servant de cautionnement seront affranchis de plein droit de toutes actions de recours qui n'auraient point été intentées dans cet intervalle.

[Responsabilité des conservateurs (C. civ., liv. III, tit. XVIII, ch. x, art. 2196 et suiv.). — Affectation des rentes sur l'État (Décr. 11 août 1864, art. 4). — Libération des cautionnements en rentes sur l'État (L. 8 juin 1864, art. 30, et Décr. 11 août 1864, art. 11 et 12). — Conversion (L. 23 mars 1873).]

ART. 9. — Les préposés à la conservation des hypothèques auront domicile dans le bureau où ils rempliront leurs fonctions, pour les actions auxquelles leur responsabilité pourrait donner lieu. — Ce domicile est de droit; il durera aussi longtemps que la responsabilité des préposés; toutes poursuites à cet égard pourront y être dirigées contre eux, quand même ils seraient sortis de place, ou contre leurs ayants cause.

ART. 10. — Le passage d'un bureau dans un autre n'emportera point l'obligation d'un nouveau cautionnement; celui déjà fourni subsistera pour le nouveau bureau, sauf à suppléer, s'il y a lieu.

ART. 11. — Le cautionnement sera : de 20,000 francs pour une population de cinquante mille individus et au-dessous; — de 30,000 francs pour une population de cinquante mille à cent mille individus; — de 40,000 francs pour une population de cent mille à cent cinquante mille individus; — de 50,000 francs pour une population de cent cinquante mille à deux cent mille individus et au-dessus. — Il sera de 100,000 francs pour la commune de Paris.

[Fixation des cautionnements d'après la moyenne des salaires des cinq dernières années (L. 8 juin 1864, art. 26).]

CHAPITRE V. — *De l'empêchement des préposés et de la vacance des bureaux.*

ART. 12. — En cas d'absence ou d'empêchement d'un préposé, il sera suppléé par le vérificateur ou l'inspecteur de l'Enregistrement dans le département, ou bien, à leur défaut, par le plus ancien surnuméraire du bureau. — Le préposé demeurera garant de cette gestion, sauf son recours contre ceux qui l'auront remplacé.

ART. 13. — S'il y a vacance d'un bureau, par mort ou autrement, le cas de démission accepté, il sera rempli provisoirement par le vérificateur ou l'inspecteur de l'Enregistrement, ou bien, à leur défaut, par le plus ancien surnuméraire du bureau. — Ils demeureront responsables de leur gestion. La Régie pourvoira sur-le-champ à la place vacante.

ART. 14. — Nul préposé démissionnaire ne pourra quitter ses fonctions avant l'installation de son successeur, à peine de répondre de tous dommages-intérêts auxquels la vacance momentanée du bureau pourrait donner lieu.

CHAPITRE VI. — *Du traitement des préposés aux hypothèques.*

ART. 15. — Le traitement des préposés à la conservation des hypothèques est réglé ainsi qu'il suit :

1° Ils auront sur la recette des droits d'hypothèque, jointe aux autres recettes dont ils sont chargés, les remises accordées sur les droits d'enregistrement et autres, par le tarif compris en l'article 9 de la loi du 14 août 1793 ;

[Remises des receveurs-conservateurs (*V.* Décr. 23 mai 1810, IXe série; Bull. 142, n° 4062, 24 mars 1860, XIe Série; Bull. 781, n° 7475, et 28 octobre 1868, XIe Série; Bull. 1669, n° 16503; Instr. nos 479, 2170 et 2377). — Remises des conservateurs (*V.* Ord. 24 février 1832, IXe Série; Bull. 142, n° 4061, et Décr. 6 juillet 1864. Instr. nos 1395 et 2291).]

2° Il leur sera payé par les requérants, pour les actes qu'ils délivreront, outre le papier timbré, les sommes énoncées au tarif suivant, savoir :

1° Pour l'inscription de chaque droit d'hypothèque ou privilége, quel que soit le nombre des créanciers, si la formalité est requise par le même bordereau, ci.	» fr.	50 c.
2° Pour la transcription de chaque acte de mutation, par rôle d'écriture contenant vingt-cinq lignes à la page, et dix-huit syllabes à la ligne, ci.	»	25
3° Pour chaque déclaration de changement de domicile	»	25
4° Pour l'inscription de chaque notification de procès-verbaux d'affiches.	1	»
5° Pour chaque radiation d'inscription.	»	50
6° Pour chaque extrait d'inscription, ou certificat qu'il n'en existe aucune.	»	50
7° Pour les copies collationnées des actes déposés ou transcrits dans les bureaux des hypothèques, par chaque rôle de feuille de papier de vingt-cinq lignes à la page, et de dix-huit syllabes à la ligne. .	» fr.	25 c.

[*V.* Décr. 21 sept. 1810; Ord. 1er mai 1816, art. 1er; Ord. 10 octobre 1841, art. 2 et 20; Décr. 24 novembre 1855 et 9 juin 1866.]

CHAPITRE VII. — *Des registres destinés à recevoir les actes du nouveau régime hypothécaire.*

ART. 16. — Les registres servant à recevoir les actes du nouveau régime hypothécaire seront en papier timbré; les préposés les feront coter et parafer à chaque feuillet par le président de l'administration municipale du lieu. — Cette formalité sera remplie dans les trois jours de la présentation des registres, et sans frais.

[Les registres sont cotés et parafés par un juge du tribunal; ils sont arrêtés chaque jour (C. civ. art. 2201 et 2202). — Registre des dépôts (C. civ. art. 2200); — des inscriptions (C. civ. art. 2150); — des transcriptions (C. civ. art. 2181); — des transcriptions d'actes relatifs aux dotations (Décr. 22 décembre 1812, art. 6); — des transcriptions de saisies et dénonciations de saisies (C. proc. civ. art. 678). — Registre (non timbré) des sommations et autres actes relatifs aux saisies (C. proc. civ. art. 691 et suiv.). — Publicité des registres (C. civ. art. 2196 et 2199).]

ART. 17. — Les actes seront datés et consignés de suite, sans blanc, et jour par jour; ils seront numérotés suivant le rang qu'ils tiendront dans les registres, et signés du préposé.

(*V.* C. civ. art. 2200 et 2203. — Responsabilité des conservateurs (C. civ. art. 2197 et suiv.).]

ART. 18. — Outre les registres mentionnés en l'article 16, les préposés tiendront un registre sur papier libre, dans lequel seront portés par extrait, au fur et à mesure des actes, sous le nom de chaque grevé, et à la case qui lui sera destinée, les inscriptions à sa charge, les transcriptions, les radiations et les autres actes qui le concernent, ainsi que l'indication des registres où chacun de ces actes sera porté, et les numéros sous lesquels ils y seront consignés.

TITRE II. — *De la perception des droits d'hypothèque.*

CHAPITRE PREMIER. — *De l'établissement des droits d'hypothèque.*

ART. 19. — Il sera perçu au profit du Trésor public, conformément à l'article 62 du titre IV de la loi du 9 vendémiaire an VI, un droit sur l'inscription des créances hypothécaires, et sur la transcription des actes emportant mutation de propriétés immobilières.

[Droits assujettis aux décimes (*V.*, dans la série des lois sur l'enregistrement, LL. 6 prairial an VII, art. 1er, 14 juillet 1855, art. 5, 2 juillet 1862, art. 14, et 23 août 1871, art. 1er). — Règles pour la prescription (L. 24 mars 1806). — Demi-décime (L. 30 décembre 1873, art. 2).]

CHAPITRE II. — *Du droit d'inscription.*

ART. 20. — Le droit d'inscription des créances hypothécaires sera : 1° de 1 pour 2,000 du capital de chaque créance hypothécaire antérieure à la promulgation de la loi du 11 brumaire an VII; 2° de 1 pour 1,000 du capital des créances postérieures à ladite époque.

[Le droit est de 1 pour 1,000, sans distinction (L. 28 avril 1816, art. 60). — Inscriptions de droits d'hypothèque éventuels, non sujettes au droit proportionnel (L. 6 messidor an VIII, art. 1er et suiv.). — Hypothèques garantissant les ouvertures de crédit. Droit de 1 pour 1,000 à percevoir lors de l'inscription (L. 23 août 1871, art. 5, § 3). — Inscriptions passibles du droit fixe de 1 fr. : dessèchement de marais (L. 16 septembre 1807, art. 21, 23 et 31, § 2); — exemptes de droit : dotations (Décr. 22 décembre 1812, art. 11).]

ART. 21. — Il ne sera payé qu'un seul droit d'inscription pour chaque créance, quel que soit d'ailleurs le nombre des créanciers requérants et celui des débiteurs grevés.

ART. 22. — S'il y a lieu à inscription d'une même créance dans plusieurs bureaux, le droit sera acquitté en totalité dans le premier bureau ; il ne sera payé, pour chacune des autres inscriptions, que le simple salaire du préposé, sur la représentation de la quittance constatant le payement entier du droit lors de la première inscription. — En conséquence, le préposé dans le premier bureau sera tenu de délivrer à celui qui payera le droit, indépendamment de la quittance au pied du bordereau d'inscription, autant de *duplicata* de ladite quittance qu'il lui en sera demandé. — Il sera payé au préposé vingt centimes pour chaque *duplicata*, outre le papier timbré.

[Salaire fixé à 25 cent. (Décr. 21 septembre 1810, art. 10 du tableau).]

ART. 23. — L'inscription des créances appartenant à la République, aux hospices civils et aux autres établissements publics, sera faite sans avance du droit d'hypothèque et des salaires des préposés.

[Abrogé (C. civ., art. 2155), à l'égard des hospices et établissements publics, pour les inscriptions autres que les inscriptions d'hypothèques légales (C. civ., art. 2121, 4e al.).]

ART. 24. — Toutes les fois que l'inscription aura lieu sans avance du droit et des salaires, le préposé sera tenu : 1° d'énoncer, tant sur les registres que sur le bordereau à remettre au requérant, que les droits et salaires sont dus ; 2° d'en poursuivre le recouvrement sur les débiteurs dans les deux décades après la date de l'inscription. — Ces poursuites s'exerceront suivant les formes établies pour le recouvrement des droits d'enregistrement.

[V. L. 22 frimaire an VII, art. 63 et suiv.]

CHAPITRE III. — *Du droit de transcription.*

ART. 25. — Le droit sur la transcription des actes emportant mutation de propriétés immobilières sera de 1 et demi pour 100 du prix intégral desdites mutations, suivant qu'il aura été réglé à l'enregistrement.

[Droit de 1 et demi pour 100 à percevoir lors de l'enregistrement (L. 28 avril 1816, art. 52 et 54); transcription moyennant le droit fixe de 1 fr. (L. préc. art. 61). — Pour les actes de donation à titre de partage anticipé (V. L. 16 juin 1824, art. 3). — Dispositions exceptionnelles. Transcription moyennant le droit fixe de 1 fr. : actes concernant le dessèchement de marais (L. 16 septembre 1807, art. 21, 23 et 31, § 2), — actes ou jugements non assujettis à la formalité de la transcription avant la loi du 23 mars 1855 (L. 23 mars 1855, art. 12), — actes relatifs au dessèchement des étangs de la Dombes (L. 18 juillet 1866). — Transcription exempte de droits : transcriptions en matière de dotations (Décr. 22 décembre 1812, art. 6), — actes faits en vertu d'expropriation pour cause d'utilité publique (L. 3 mai 1841, art. 58), — échanges d'immeubles entre l'État et les particuliers (Ord. 10 décembre 1827, art. 8).]

ART. 26. — Si le même acte donne lieu à transcription dans plusieurs bureaux, le droit sera acquitté ainsi qu'il est porté à l'article 22 ci-dessus pour les inscriptions.

[Payement des droits et salaires (V. C. civ., art. 2155).]

ART. 27. — Hors les cas d'exception prononcés par la présente loi et par celle du 11 brumaire dernier, les droits et salaires dus pour les formalités hypothécaires seront payés d'avance par les requérants. — Les préposés en expédieront quittance au pied des actes et certificats par eux remis et délivrés ; chaque somme y sera mentionnée séparément et en toutes lettres.

TITRE III. — *Dispositions circonstancielles et transitoires.*

ART. 39. — Il sera placé dans chaque bureau de la conservation des hypothèques un tableau divisé en trois colonnes. — La première contiendra, par ordre alphabétique, le nom des communes de l'arrondissement. — La seconde désignera l'ancien arrondissement dont chacune d'elles faisait partie. — La troisième indiquera dans quel bureau de la nouvelle organisation hypothécaire auront été déposés les registres des inscriptions et transcriptions antérieures à sa mise en activité, et relatives à chaque commune.

[*V.* les lois hypothécaires du 9 messidor an III, dont les dispositions sont définitivement rapportées par l'article 28 de la loi ci-dessus, et la loi du 11 brumaire an VII. — Des conservateurs des hypothèques avaient été créés dans chaque bailliage et sénéchaussée par un édit du mois de juin 1771. La loi du 9 messidor n'ayant jamais été mise à exécution, celle du 21 ventôse an VII peut être regardée comme la première et la seule qui ait organisé, depuis 1789 jusqu'à ce jour, la conservation des hypothèques. Il faut y joindre le chap. X, tit. XVIII, du liv. III du C. civ., qui en a reproduit plusieurs dispositions. — Les autres lois principales intervenues sur cette matière sont, outre celles précédemment indiquées, celle du 2 brumaire an IV, additionnelle à la loi du 9 messidor an III ; — celles du 9 ventôse an VII, sur les droits à percevoir ; — du 6 messidor an VII, relative à l'inscription sur les comptables publics ; — du 24 mars 1806, qui fait application à la perception des droits d'inscription et de transcription hypothécaires, de l'art. 61 de la loi du 22 frimaire an VII ; — le décret du 21 septembre 1810, sur les salaires ; — l'avis du conseil d'État du 16 septembre 1811, *id.*; — la loi du 28 avril 1816, sur les cautionnements ; — l'ordonn. du 24 février 1832 relative aux remises proportionnelles; la loi du 23 mars 1855 sur la transcription ; celles des 8 juin 1864 et 22 mars 1873, sur les cautionnements ; les décrets ou ordonnances des 10 octobre 1841, 24 nov. 1855 et 9 juin 1866, sur les salaires.]

ARRÊTÉ DU DIRECTOIRE EXÉCUTIF DU 22 VENTOSE AN VII

Enregistrement.

—

Il résulte de cet arrêté que les officiers publics peuvent, sans contravention, énoncer dans un inventaire les actes sous signature privée appartenant à la succession, avant de les avoir fait enregistrer.

[Circ. rég. 9 floréal an VII, n° 1554.]

Nota. — Le texte de cet arrêté n'existe nulle part.

LOI DU 9 FLORÉAL AN VII

Rapports des douanes.

(IIe série, Bull. 273, n° 2838; Instr. n° 386, § 26.)

—

TITRE IV. — *De la législation.*

ART. 9. — Les rapports ne seront dispensés de l'enregistrement qu'autant qu'il ne se trouvera pas de bureau dans la commune du dépôt de la marchandise, ni dans celle où est placé le tribunal qui doit connaître de l'affaire; auquel cas, le rapport sera visé le jour de sa clôture, ou le lendemain avant midi, par le juge de paix du lieu, ou, à son défaut, par l'agent municipal.

[Comp. L. 22 frimaire an VII, art. 20 et 68, § 1er, n° 35.]

LOI DU 28 FLORÉAL AN VII

Transferts de la dette publique.

(IIe série, Bull. 280, n° 2925).

—

ART. 6. — En cas de mutations autres que celles ci-dessus exprimées, le nouvel extrait d'inscription sera délivré à l'ayant droit, sur le simple rapport de l'ancien extrait d'inscription, et d'un certificat de propriété ou acte de notoriété, contenant ses nom, prénoms et domicile, la qualité en laquelle il procède et possède, l'indication de sa portion dans la rente, et l'époque de sa jouissance. — Le certificat qui sera rapporté, après avoir été dûment légalisé, sera délivré par le notaire détenteur de la minute, lorsqu'il y aura eu inventaire ou partage par acte public, ou transmission gratuite à titre entre-vifs, ou par testament. — Il le sera par le juge de paix du domicile du décédé, sur l'attestation de deux citoyens, lorsqu'il n'existera aucun desdits actes en forme authentique. — Si la mutation s'est opérée par jugement, le greffier dépositaire de la minute délivrera le certificat. — Quant aux successions ouvertes à l'étranger, les certificats délivrés par les magistrats autorisés par les lois du pays seront admis lorsqu'ils seront rapportés dûment légalisés par l'agent de la République française.

LOI DU 6 PRAIRIAL AN VII

Décime.

(IIe série, Bull. 282, n° 2956; circ. rég., n° 1574.)

—

ARTICLE PREMIER. — A compter du jour de la publication de la présente loi, il sera perçu au profit de la République, à titre de subvention extraordinaire de guerre pour l'an VII, un décime par franc en sus des droits d'enregistrement, de timbre, hypothèque, droits de greffe, droits de voitures publiques, de garantie sur les matières d'or et d'argent, amendes et condamnations pécuniaires, ainsi que sur les droits de douane à l'importation, l'exportation et la navigation.

[Second décime sur les droits d'enregistrement, de greffe, d'hypothèque, etc. (LL. 14 juillet 1855, art. 5; 2 juillet 1862, art. 14; et 23 août 1871, art. 1er). — Suppression du décime sur les droits de timbre (LL. 28 avril 1816, art. 67, et 14 décembre 1830, art. 2). — Établissement de deux décimes sur les mêmes droits (L. 23 août 1871, art. 2). — L'impôt de transmission (L. 29 juin 1872, art. 3). — Demi-décime (L. 30 décembre 1873, art. 2).]

ART. 2. — La subvention établie par la présente loi sera perçue en même temps que le principal, et par les mêmes préposés, sans donner lieu à aucune retenue pour ceux-ci : il en sera compté par un article séparé.

LOI DU 6 PRAIRIAL AN VII

Timbre des avis, etc.

(IIe série, Bull. 282, n° 2960 ; cir. rég., n° 1580.)

—

ARTICLE PREMIER. — Les avis imprimés, quel qu'en soit l'objet, qui se crient et distribuent dans les rues et les lieux publics ou que l'on fait circuler de toute autre manière, seront assujettis au droit de timbre, à l'exception des adresses contenant la simple indication de domicile ou le simple avis de changement.

[V. L. 28 avril 1816, art. 66, 67, 68 et 69; L. 25 mars 1817, art. 76 et 77; L. 15 mai 1818, art. 76 et 83. — Abrogé (V. L. 23 juin 1857. art. 12).]

ART. 2. — Le droit établi par l'article précédent sera de 5 centimes pour la feuille d'impression ordinaire au-dessous de 30 décimètres carrés; — de 3 centimes pour la demi-feuille et au-dessous; — de 8 centimes pour la feuille de 30 décimètres carrés et au-dessus; — et de 4 centimes pour la demi-feuille; — sans qu'en aucun cas le droit puisse être moindre de 3 centimes pour chaque annonce ou avis.

[Modifié (V. L. 28 avril 1816, art. 66 et 67). — Abrogé (V. L. 23 juin 1867, art. 12).]

Art. 3. — Les feuilles de supplément jointes aux journaux et papiers-nouvelles payeront le droit de timbre comme les journaux mêmes, et selon le tarif porté en la loi du 9 vendémiaire an VI.

[V. LL. 14 décembre 1830, art. 2; 16 juillet 1850, art. 18; Décr. 17 févr. 1852, art. 36; LL. 2 mai 1861, art. 1er, et 11 mai 1868, art. 5; Décr. 4 mars 1848 et 5 septembre 1870).]

Art. 4. — Les contraventions aux dispositions de la présente seront punies, indépendamment de la restitution des droits fraudés, d'une amende de 25 francs pour la première fois, de 50 francs pour le seconde, et de 100 francs pour chacune des autres récidives.

[V. L. 28 avril 1816, art. 69.]

Art. 5. — Les lettres de voiture, connaissements, chartes-parties et polices d'assurance, seront inscrits à l'avenir sur du papier du timbre de 1 franc.

[V. pour les lettres de voiture et connaissements, décr. 3 janvier 1809, LL. 11 juin 1842, 28 février 1872, art. 11, et 30 mars 1872, art. 1, § 2, 3 et suiv. — V. pour les polices d'assurance, Décr. 3 janvier 1809 et L. 5 juin 1850, art. 33 à 48.]

Art. 6. — A compter de la publication de la présente, les billets et obligations non négociables, et les mandats à terme ou de place en place, ne pourront être faits que sur papier du timbre proportionnel, comme il en est usé pour les billets à ordre, lettres de change et autres effets négociables, et sous la même peine.

[V. LL. 16 juin 1824, art. 12; 24 mai 1834, art. 18 et 19; 20 juillet 1837, art. 16; 5 juin 1850, art. 1er, et 23 août 1871, art. 2; L. 19 février 1874, art. 4.]

Art. 7. — La loi du 9 vendémiaire an VI continuera d'être exécutée, selon sa forme et teneur, dans toutes les dispositions auxquelles il n'est expressément dérogé par la présente.

LOI DU 22 PRAIRIAL AN VII

Droits de greffe.

(IIe série, Bull. 286, n° 3014; circ. rég. n° 1611.)

Article premier. — Sont assujettis, sur la minute, au droit de rédaction et transcription établi par l'article 2 de la loi du 21 ventôse dernier, et ainsi qu'il est ci-après déterminé : — 1° l'acte de dépôt de l'exemplaire d'affiches, en exécution de l'article 5 de la loi du 11 brumaire an VII; — 2° Les adjudications soit volontaires, soit sur licitation, soit sur expropriation forcée; — 3° l'acte de dépôt de l'état, certifié par le conservateur des hypothèques, de toutes les inscriptions existantes, ledit acte contenant réquisition d'ouvrir le procès-verbal d'ordre, en exécution de l'article 31 de la loi du 11 brumaire; — 4° les actes de dépôt de titres de créance, faits en exécution de l'article 32; — 5° les procès-verbaux d'ordre, lors de la délivrance de chaque bordereau de collocation, conformément à l'article 35 de la même loi.

[V. Décr. 12 juillet 1808, art. 1er.]

Art. 2. — Il sera payé 3 francs pour le dépôt de l'exemplaire d'apposition d'affiches, et pour celui de l'état des inscriptions existantes; — 1 franc 50 centimes pour celui de titre de créance; — pour la rédaction des adjudications, un demi pour cent pour les cinq premiers mille; — et 25 centimes par 100 francs sur ce qui excédera 5,000 francs; — pour celle du procès-verbal d'ordre, sur chaque bordereau délivré, 25 centimes par 100 francs du montant de la créance colloquée.

[V. Décr. 12 juillet 1808, art. 1er, n° 2.]

Art. 3. — La perception de ces droits sera faite par le receveur de l'Enregistrement, de la manière et dans la forme prescrite par la loi du 21 ventôse : la remise des greffiers sur le produit de ces droits sera d'un décime par franc, telle qu'elle est fixée par l'article 19 de ladite loi, et ils en seront payés de la manière prescrite par l'article 21.

[V. décr. 24 mai 1854, art. 1 à 7 et 11.]

Art. 4. — Il est attribué aux greffiers, pour la communication à chaque créancier du procès-verbal d'ouverture d'ordre, de l'extrait des inscriptions et des titres et pièces qui auront été produits, un droit fixe de 75 centimes.

[Modifié (Décr. 24 mai 1854, art. 1er, 6°).]

Art. 5. — Il est défendu aux greffiers, sous les peines portées par la loi du 21 ventôse, d'exiger ni de recevoir d'autres et plus forts droits que ceux établis par la présente; et ils se conformeront aux dispositions prescrites par l'article 13 pour assurer la perception des droits ci-dessus établis.

[V. L. 21 ventôse an VII, art. 23, et décr. 24 mai 1854, art. 12.]

Art. 6. — Toutes dispositions de loi contraires à la présente sont abrogées.

LOI DU 6 MESSIDOR AN VII

Inscriptions hypothécaires sur les comptables publics, etc.

(IIe série, Bull. 290, n° 3088; circ. rég. n° 1676.)

Article premier. — L'inscription indéfinie, qui a pour objet la conservation d'un simple droit d'hypothèque éventuel, sans créance existante, n'est point sujette au droit proportionnel établi par les lois des 9 vendémiaire an VI, et 21 ventôse an VII.

[Inscriptions indéfinies (C. civ. art. 2136, 2137, 2138, 2139; C. comm. art. 500 [490 nouveau].] — Ouvertures de crédit. Droit de 1 pour 1,000 (L. 23 août 1871, art. 5, § 3).]

Art. 2. — Si le droit éventuel qui a donné lieu à l'inscription indéfinie se convertit en créance réelle, le droit proportionnel est dû sur le capital de la créance.

[Recouvrement (V. L. 21 ventôse an VII, art. 24, § 2; C. civ. art. 2155).]

Art. 3. — L'enregistrement d'aucune transaction ou quittance de payement de ladite créance ne peut être requis, que le droit proportionnel d'inscription n'ait été préalablement acquitté.

Art. 4. — Les comptables publics qui fournissent des cautionnements en immeubles, sont sujets à l'inscription hypothécaire.

[*V.* C. civ. art. 2121, 4e al., et 2134; L. 5 septembre 1807, art. 7. — Comp. L. 21 ventôse an VII, art. 7.]

Art. 5. — L'inscription n'a lieu que jusqu'à concurrence de la valeur du cautionnement fourni, et sur les immeubles qui en sont l'objet. — Elle est indéfinie.

Art. 6. — Les commissaires du Directoire exécutif près les administrations requièrent d'office les inscriptions indéfinies sur les comptables publics ci-dessus désignés, sauf l'exception résultant de l'article 7 de la loi du 21 ventôse an VII.

[Comp. L. 5 septembre 1807, art. 7, § 2.]

Art. 7. — Les receveurs de l'Enregistrement sur les lieux délivrent, sur récépissé, aux commissaires du Directoire exécutif, le papier timbré nécessaire pour la confection des bordereaux des inscriptions hypothécaires qu'ils sont chargés de requérir.

[*V.* Décr. 18 juin 1811, art. 124 et 125; L. 25 mars 1817, art. 74, série des lois sur l'enregistrement.]

Art. 8. — Les dispositions ci-dessus, ainsi que celles de la loi du 21 ventôse sur l'organisation de la conservation des hypothèques, sont applicables aux inscriptions faites en vertu de la loi du 11 brumaire dernier, et dont les droits et salaires n'auraient pas encore été acquittés, quelles que soient la nature et la date desdites inscriptions.

LOI DU 18 THERMIDOR AN VII

Cédules en justice de paix.

(IIe série, Bull. 299, n° 1189; circ. rég., n° 1639.)

Article unique. — Les cédules délivrées par les juges de paix, pour citer soit devant la justice de paix, soit devant le bureau de conciliation, sont généralement exemptes de la formalité de l'enregistrement, sauf le droit sur la signification desdites cédules.

[Comp. L. 22 frimaire an VII, art. 70, § 3, n° 10.]

LOI DU 19 FRIMAIRE AN VIII

Poids et mesures.

Article premier. — La fixation provisoire du mètre à 3 pieds 11 lignes 44 centièmes, ordonnée par les lois des 1er août 1793 et 18 germinal an III, demeure révoquée et comme non avenue. Ladite longueur formant la dix-millionième partie de l'arc du méridien terrestre compris entre le pôle nord et l'équateur, est définitivement fixée, dans son rapport avec les anciennes mesures, à 3 pieds 11 lignes 296 millièmes.

Art. 2. — Le mètre et le kilogramme (celui-ci équivaut à 18,827 grains 15 centièmes, ou 2 livres 5 gros 35 grains 15 centièmes, poids de marc) en platine déposés le 4 messidor dernier au Corps législatif par l'Institut national des sciences et arts, sont les étalons définitifs des mesures de longueur et de poids.

Art. 3. — Les autres dispositions de la loi du 18 germinal an III, concernant tout ce qui est relatif au système métrique, ainsi qu'à la nomenclature,... continueront d'être observées.

LOI DU 26 FRIMAIRE AN VIII

Liquidation de la dette publique.

(Circ. rég. 1734.)

Article premier. — Les actes sous seing privé tendant uniquement à la liquidation sont dispensés des formalités du timbre et de l'enregistrement.

Art. 2. — Les actes des administrations et commissaires liquidateurs relatifs auxdites liquidations sont dispensés des mêmes formalités.

LOI DU 27 VENTOSE AN VIII

Organisation des tribunaux.

(IIIe série, Bull. 15, n° 103; circ. rég. n° 1820.)

Art. 90. — Jusqu'à la formation du Code judiciaire, les lois et règlements précédents seront suivis pour la forme de se pourvoir et celle de procéder au tribunal de cassation, pour la consignation d'amende, et autres objets non prévus par la présente loi.

[*V.* régl. 28 juin 1738, LL. 8-11 juillet 1793, 2 brumaire an IV, et 14 brumaire an V; Code instr. crim. art. 419, 420, 436 et 437.]

ARRÊTÉ DES CONSULS DU 16 THERM. AN VIII

Porteurs de contraintes.

(IIIe série, Bull. 38, n° 244; Instr. n° 363.)

Art. 29. — Les procès-verbaux et actes des porteurs de contraintes, relatifs à leur séjour chez les percepteurs et chez les redevables, ne seront soumis ni au timbre ni à l'enregistrement; mais le commandement qui précédera les saisies et ventes, sera assujetti à ces droits.

[Commandements (L. 16 juin 1824, art. 6).]

ARRÊTÉ DU 13 BRUMAIRE AN IX

Poids et mesures.

Article premier. — Conformément à la loi du 1er vendémiaire an IV, le système décimal des poids et mesures sera définitivement mis à exécution à compter du 1er vendémiaire an X.

Art. 2. — Pour faciliter cette exécution, les dénominations données aux mesures et poids pourront, dans les actes publics comme dans les usages habituels, être traduites par les noms français qui suivent... (*V.* la loi du 4 juillet 1837 et le tableau à la suite.)

Art. 3. — La dénomination *mètre* n'aura point de synonyme dans la désignation de l'unité fondamentale des poids et mesures; aucune mesure ne pourra recevoir de dénomination publique qu'elle ne soit un multiple ou un dividende décimal de cette unité.

Art. 4. — Le mesurage des étoffes sera fait par mètre, décimètre et centième de mètre.

Art. 5. — La dénomination de *stère* continuera d'être employée dans le mesurage du bois de chauffage et dans la désignation des mesures de solidité; dans les mesures des bois de charpente, on pourra diviser le stère en deux parties, qui seront nommées *solives*.

Art. 6. —Les dénominations énoncées dans l'article 2 pourront être écrites à côté des noms systématiques sur les mesures et les poids déjà fabriqués; elles pourront être inscrites, ou seules, ou à côté des premiers noms, sur les poids et mesures qui seront fabriqués par la suite.

Art. 7. — Dans tout acte public d'achat ou de vente, de pesage et de mesurage, on pourra, suivant les dispositions précédentes, se servir de l'une ou l'autre nomenclature.

ARRÊTÉ DES CONSULS DU 13 FRIMAIRE AN IX

Chambre des avoués.

(IIIe série, Bull. 56, n° 408.)

Art. 13. — ..... Les délibérations de la Chambre sont motivées et signées, sur la minute, par la majorité des membres présents; les expéditions ne le sont que par le président et le secrétaire. — Ces délibérations n'étant que de simples actes d'administration, d'ordre et de discipline intérieure, ou de simples avis, ne sont, dans aucun cas, sujettes au droit d'enregistrement, non plus que les pièces y relatives...

[*V.* Commissaires priseurs (Arr. 29 germinal an IX, art. 1er); — huissiers (Décr. 14 juin 1813, art. 89); — notaires (Ord. 4 janvier 1843, art. 20).]

LOI DU 27 VENTOSE AN IX

Enregistrement.

(IIIe série, Bull. 76, n° 589; circ. rég., n° 1992.)

Article premier. — A compter du jour de la publication de la présente, les droits d'enregistrement seront liquidés et perçus suivant les fixations établies par la loi du 22 frimaire an VII et celles postérieures, quelle que soit la date ou l'époque des actes et mutations à enregistrer, sauf les modifications et changements ci-après.

[Comp. L. 22 frimaire an VII, art. 73; L. 28 avril 1816, art. 59, et L. 18 mai 1850, art. 9.]

Art. 2. — La perception du droit proportionnel suivra les sommes et valeurs, de 20 francs en 20 francs, inclusivement et sans fraction.

Art. 3. — Il ne pourra être perçu moins de 25 centimes pour l'enregistrement des actes et mutations dont les sommes et valeurs ne produiraient pas 25 centimes de droit proportionnel.

[Comp. L. 22 frimaire an VII, art. 6. — Lettres de gage du Crédit foncier (Décr. 28 février 1852, art. 14, § 6). — Assurances maritimes (L. 23 août 1871, art. 6, n° 1, § 2).]

Art. 4. — Sont soumises aux dispositions des articles 22 et 38 de la loi du 22 frimaire, les mutations entre-vifs de propriété ou d'usufruit de biens immeubles, lors même que les nouveaux possesseurs prétendraient qu'il n'existe pas de conventions écrites entre eux et les précédents propriétaires ou usufruitiers. — A défaut d'actes, il y sera suppléé par des déclarations détaillées et estimatives, dans les trois mois de l'entrée en possession, à peine d'un droit en sus.

[Pluralité et minimum de 50 fr. (L. 23 août 1871, art. 14). — Mutations verbales de jouissance d'immeubles (L. 23 août 1871, art. 11 et 14, et L. 28 février 1872, art. 6); — mutations verbales de fonds de commerce (L. 28 février 1872, art. 8, § 2).]

Art. 5. — Dans tous les cas où les frais de l'expertise, autorisée par les articles 17 et 19 de la loi du 22 frimaire, tomberont à la charge du redevable, il y aura lieu au double droit d'enregistrement sur le supplément de l'estimation.

Art. 6. — Les dispositions de la loi du 22 frimaire, relatives aux administrations civiles et aux tribunaux alors existants, sont applicables aux fonctionnaires civils et aux tribunaux qui les remplacent.

[*V.* L. 22 frimaire an VII, art. 18, 20, 26, 29, 36, 37, 41, 42, 47, 49, 51, 52, 54, 55, 64 et 65.]

Art. 7. — Les actes et procès-verbaux de vente de

prises et de navires ou bris de navires, faits par les officiers d'administration de la marine, seront soumis à l'enregistrement dans les vingt jours de leur date, sous la peine portée aux articles 35 et 36 de ladite loi du 22 frimaire. — L'article 37 leur est applicable pour le cas qui y est prévu.

Art. 8. — Le droit d'enregistrement des baux à ferme ou à loyer, et des sous-baux, subrogations, cessions et rétrocessions de baux réglés par l'article 69 de la loi du 22 frimaire, paragraphe 3, n° 2, à 1 franc par 100 francs sur le montant des deux premières années, et à 25 centimes par 100 francs sur celui des autres années, est réduit à 75 centimes par 100 francs sur les deux premières années, et à 20 centimes par 100 francs sur le montant des années suivantes. — S'il est stipulé pour une ou plusieurs années un prix différent de celui des autres années du bail ou de la location, il sera formé un total du prix de toutes les années, et il sera divisé également, suivant leur nombre, pour la liquidation du droit.

[Droit réduit à 20 cent. par 100 fr. (L. 16 juin 1824, art. 1).]

Art. 9. — Le droit d'enregistrement des cautionnements de baux à ferme ou à loyer sera de moitié de celui fixé par l'article précédent.

[*V.* L. 16 juin 1824, art. 1er, § 2.]

Art. 10. — L'article 69 de la loi du 22 frimaire, paragraphe 4, n° 1, et paragraphe 6, n° 2, est applicable aux démissions de biens en ligne directe.

[*V.* L. 16 juin 1824, art. 3, et L. 18 mai 1850, art. 5.]

Art. 11. — Le droit proportionnel est porté à 2 pour 100 sur le montant des dommages-intérêts en matière civile, ainsi qu'il est réglé par l'article 69 de ladite loi, paragraphe 5, n° 8, pour les dommages-intérêts en matière criminelle, correctionnelle et de police.

Art. 12. — Les jugements portant résolution de contrats de vente pour défaut de payement quelconque sur le prix de l'acquisition, lorsque l'acquéreur ne sera point entré en jouissance, ne seront assujettis qu'au droit fixe d'enregistrement, tel qu'il est réglé par l'article 68 de la loi du 22 frimaire, paragraphe 3, n° 7, pour les jugements portant résolution de contrats pour cause de nullité radicale.

Art. 13. — La dernière disposition du n° 30 du paragraphe 1er de l'article 68 de la loi du 22 frimaire, est applicable aux actes d'appel compris sous les paragraphes 4 et 5 du même article.

Art. 14. — Les actes de prestation de serment sont soumis à l'enregistrement sur les minutes, dans les vingt jours de leur date, sous les obligations et peines portées aux articles 35 et 37 de ladite loi du 22 frimaire. — Ceux des avoués sont classés parmi les actes de cette nature compris sous le n° 4 du 6e paragraphe de l'article 68; ceux des garde-barrières le sont sous le n° 3 du 3e paragraphe du même article.

Art. 15. — Le droit d'enregistrement des significations d'avoué à avoué dans le cours des instructions des procédures devant les tribunaux, est fixé à 25 centimes. Ces actes seront enregistrés dans les quatre jours de leur date, à peine de 5 francs d'amende pour chaque contravention, outre le payement du droit.

[Comp. L. 22 frimaire an VII, art. 20. — Tarifées à 50 cent. et 1 fr. (L. 28 avril 1816, art. 41, n° 1, et art. 42), — puis à 75 cent. et 1 fr. 50 (L. 19 février 1874, art. 2).]

Art. 16. — Les présentations et les défauts et congés, faute de comparoir, défendre ou conclure, qui doivent se prendre au greffe, sont soumis à un droit fixe de 1 franc. — Ils s'enregistrent sur les minutes ou originaux. — Le délai pour l'enregistrement est le même que celui fixé par l'article 20 de la loi du 22 frimaire, pour les actes judiciaires; et les articles 35 et 37 de ladite loi leur sont applicables.

[Actes de procédure non maintenus par le C. proc. civ.]

Art. 17. — L'instruction des instances que la Régie aura à suivre pour toutes les perceptions qui lui sont confiées, se fera par simples mémoires respectivement signifiés, sans plaidoiries. Les parties ne seront point obligées d'employer le ministère des avoués.

[Comp. L. 22 frimaire an VII, art. 65 et ses annotations.]

Art. 18. — Toutes dispositions contraires à la présente sont abrogées.

---

1. CORPS LÉGISLATIF.

Séance du 18 ventôse an IX.

SOMMAIRE.

1. Rapport de M. Duchâtel au Corps législatif. — 2. Rapport au Tribunat. — 3. Rapport du Tribunat au Corps législatif.

M. Duchatel. Citoyens législateurs, si les droits d'enregistrement se placent au premier rang des revenus publics par l'importance de leur produit, ils se distinguent aussi par le but moral de la formalité dont ils sont le salaire.

Les lois qui les concernent doivent les régler sous ce double rapport.

Celle du 22 frimaire an VII, en les dégageant d'une foule de dispositions obscures et arbitraires, les a organisés d'après des principes simples qui ont fait cesser presque toutes les questions et difficultés qui naissaient journellement des lois antérieures.

Cependant l'expérience, qui donne toujours les plus sûres et les meilleures leçons, a fait connaître que cette loi a besoin de nouvelles dispositions pour la juste application de ses principes, pour le développement et l'intelligence de plusieurs de ses articles, pour la réduction de quelques fixations trop fortes, et pour en élever quelques autres au taux dont ils sont susceptibles. D'ailleurs, des institutions qui n'existaient pas alors demandent que la loi s'explique nommément à leur égard et sur leurs actes.

Tels sont les motifs qui ont déterminé le Gouvernement à vous proposer le projet de loi dont je vais vous donner la lecture.

Une loi nouvelle, dès qu'il s'agit de retoucher celle du 22 frimaire, paraîtrait peut-être devoir embrasser un plus grand nombre de dispositions que n'en contient le projet qui vous est présenté; mais il y aurait de l'inconvénient à vouloir devancer, pour tous les cas possibles dans cette partie, le Code civil et celui de la procédure, sur lesquels la loi de l'enregistrement viendra un jour s'appuyer d'une manière stable, tant pour le dénombrement des actes et mutations que pour le règlement des droits qu'ils auront à supporter. Le

Gouvernement a donc cru devoir se borner aux modifications et changements qui lui ont paru ne pouvoir être ajournés soit pour l'intérêt du Trésor public, soit pour celui des redevables.

Vous remarquerez, citoyens législateurs, que l'article 1er du projet de loi a pour but principal d'abroger la seconde disposition de l'article 73 de la loi du 22 frimaire an VII, comme contraire aux principes constamment adoptés en matière de contributions directes, qui veulent que la loi existante lors du premier payement des droits en règle la quotité. D'ailleurs, en donnant lieu à une inégalité de perception, elle complique le mode de liquidation, et elle jette de la confusion dans l'instruction des affaires ainsi que dans la comptabilité. D'un autre côté, le droit d'enregistrement se considérant comme le salaire de la formalité, il répugne à la raison d'avoir à enregistrer le même jour deux actes de même nature et de dispositions absolument semblables, et de percevoir pour l'un un droit différent que pour l'autre, parce que celui-ci est d'une date postérieure à la loi du 22 frimaire, et que celui-là est d'une date antérieure.

La facilité que l'on a de changer les dates des actes sous signature privée doit être un motif de plus pour les remettre tous sous l'empire de la loi existante. Il est à observer, en outre, que cette règle aussi juste que naturelle est avantageuse aux redevables pour beaucoup d'actes assujettis à de plus forts droits d'après les anciennes lois que d'après la loi actuelle. Il faut également remarquer qu'il ne s'agit plus guère maintenant que d'actes sous signature privée, et de quelques mutations par décès dont la connaissance a échappé jusqu'à présent à la recherche des préposés. Enfin, ce que l'on propose par l'article 1er est conforme à ce qui fut décrété le 9 pluviôse an IV, le 14 fructidor suivant et le 9 vendémiaire an VI, dates de trois lois qui ont successivement apporté des modifications et changements au tarif.

La loi du 19 décembre 1790 tarifa les droits proportionnels à *tant* pour 100. Elle prononça que la perception suivrait chaque série de 100 francs, inclusivement et sans fractions, avec cette modification qu'il ne serait perçu que la moitié du droit fixé par 100 francs pour les actes dont les sommes et valeurs n'excéderaient pas 50 livres. On voulut éviter par ces dispositions l'embarras des fractions dans la liquidation des droits, et ne pas donner la formalité d'enregistrement pour un droit trop modique à des actes et mutations de peu de valeur.

La loi du 22 frimaire n'a pas suivi cette marche, comme on le voit par les articles 5 et 6. Il résulte de ce dernier une perception trop forte pour certains actes et mutations par décès d'une très-faible valeur. Par exemple, celui qui acquiert un terrain qui ne vaut que 20 francs paye 4 francs de droit d'enregistrement, et l'héritier collatéral qui déclare un fonds de même valeur a à payer 5 francs, comme s'il s'agissait d'un capital de 100 francs.

Cette perception est exorbitante : l'article 2 du projet la redresse et la rend supportable en la réduisant, tel qu'il est proposé; la perception se trouve en même temps simplifiée.

L'article 12 de la loi du 22 frimaire a voulu que toute transmission de propriété ou d'usufruit de biens immeubles soit enregistrée. Cependant son objet éprouve des difficultés lorsque les nouveaux possesseurs nient l'existence des actes sous signature privée en vertu desquels ils jouissent, et qu'ils prétendent n'être détenteurs que d'après des conventions verbales. D'ailleurs cet article n'exige pas de déclarations à défaut de représentation d'actes. Il sera donc rendu à son but lorsqu'il sera expliqué comme le propose l'article 4 du projet.

Depuis l'abolition des retraits et de l'action en rescision pour cause de lésion d'outre-moitié, les parties, de l'avis même de beaucoup de notaires, dissimulent le véritable prix dans les actes.

La loi du 22 frimaire a cherché à remédier à cet abus, non moins remarquable par le tort qu'il fait au Trésor public que par la mauvaise foi qu'il décèle et même par les conséquences fâcheuses qu'il peut avoir pour les contractants, et elle a autorisé la Régie à requérir l'expertise dans les cas où la fraude paraît manifeste; mais comme la loi n'a imposé aucune peine lorsque le prix est reconnu supérieur à celui porté au contrat, les redevables ne craignent point de le déguiser, sauf, en cas d'expertise, à payer un supplément de droit simple.

Le moyen de les détourner de la pratique de cette fraude est d'assujettir le supplément d'estimation au double droit. Cette disposition bien légitime, qui fait l'objet de l'article 5 du projet, aura un but moral : elle rappellera les parties à la vérité, dont elles craindront de s'écarter, vu la peine qu'elles auraient à encourir.

La loi du 22 frimaire contient diverses dispositions qui se rapportent personnellement et nommément aux administrations et tribunaux alors existant. Le nouvel ordre de choses ayant mis d'autres fonctionnaires à la place de ceux de ce temps-là, il convient de les avertir qu'ils ont les mêmes obligations à remplir. L'article 6 du projet contient à cet égard une disposition qui a été reconnue nécessaire d'après les difficultés que l'on a différentes fois éprouvées avec des fonctionnaires actuels, qui ont prétendu que la loi ne pouvait leur être appliquée.

L'article 7 est également nécessaire pour avertir les officiers d'administration de la marine que les actes et procès-verbaux de vente de prises de navires ou bris de navires, qu'ils rédigent, sont soumis par la loi à l'enregistrement dans le délai qu'elle prescrit, et sous les obligations qu'elle impose, dont ils prétendent se dispenser, la loi du 22 frimaire ne les ayant pas nommés.

Avant la loi du 22 frimaire, le droit d'enregistrement des baux était assis sur le prix d'une année seulement, à raison de 75 centimes par 100 francs pour ceux d'une année et de 1 fr. 50 cent. pour ceux de deux ans et au-dessus. Cette loi a établi la perception sur toutes les années du bail; mais la fixation du droit a été portée trop haut, et les parties font tout ce qu'elles peuvent pour éviter d'avoir recours à la formalité de l'enregistrement. Il est donc aussi intéressant pour le Trésor public que juste à l'égard des redevables, de réduire cette fixation à un taux plus supportable. L'agriculture, que l'on doit avoir principalement en vue, réclame particulièrement cette réduction. Elle fait l'objet de l'article 8 du projet.

Il paraît également juste de réduire le droit sur le cautionnement des baux, ainsi qu'il est proposé sous l'article 9. Presque toujours ce droit, d'après la loi du 22 frimaire, s'élève à la même somme que celui du bail. En le réduisant à moitié du premier, il reste encore assez fort. Il se trouvera d'ailleurs tarifé d'une manière plus équitable ; car l'obligation de la caution n'est pas aussi immédiate que celle du preneur, puisqu'il faut que celui-ci manque à ses engagements pour donner lieu à action contre l'autre.

Les démissions de biens en ligne directe n'étant pas nommément comprises dans la loi du 22 frimaire, on relève cette omission sous l'article 10 du projet. Elles doivent être rangées pour la quotité des droits dans la classe des donations en même ligne.

La loi du 22 frimaire a assujetti les dommages-intérêts en matière criminelle, correctionnelle et de police, à 2 pour 100, et elle a laissé, sans doute par erreur, ceux qui se prononcent en matière civile soumis seulement à un droit de 50 centimes pour 100. Il n'existe aucune raison morale ni politique de maintenir cette distinction. D'ailleurs, la quotité du droit des acquisitions mobilières est de 2 fr. pour 100 : on peut considérer les dommages-intérêts comme acquisitions mobilières, et avoir, ainsi qu'il en est porté, sous l'article 11 du projet, une base et une fixation uniformes.

Le n° 7 de l'article 68 de la loi du 22 frimaire modère au

droit fixe de 3 francs les seuls jugements portant résolution de contrat ou de clauses de contrat pour cause de nullité radicale. Il en résulte que ceux qui prononcent la résolution des contrats pour défaut de payement quelconque sur le prix de la vente, sont soumis au droit proportionnel : l'article 12 du projet répare cette rigueur, et assimile avec justice les jugements qui sont mentionnés et ceux auxquels ils doivent être comparés par leurs effets.

Les significations d'appel sont des exploits, et les exploits sont soumis à une disposition du n° 30 et du paragraphe 1er de l'article 68 de la loi du 22 frimaire, qui porte qu'il est dû un droit pour chaque *demandeur ou défendeur*, en quelque nombre qu'ils soient, ayant des intérêts différents. Cette disposition n'ayant pas été rappelée sous les paragraphes 4 et 5 du même article, il s'est élevé des difficultés sur la pluralité des droits des significations d'appel dans les mêmes cas. L'article 13 du projet fera cesser ces difficultés, en expliquant l'intention de la loi du 22 frimaire. Plusieurs fonctionnaires ministériels que la loi assujettit à une prestation de serment de bien et fidèlement remplir leurs devoirs, ne trouvant pas ces sortes d'actes classés parmi ceux dont parle l'article 7 de la loi du 22 frimaire, et qui doivent être enregistrés sur les minutes dans le délai prescrit, ont soutenu qu'il n'y avait pas lieu de les obliger à l'enregistrement de ces actes, lorsqu'ils n'en requéraient pas l'expédition. L'article 14 du projet mettra un terme à cette difficulté ; il classera aussi sous la quotité d'un droit convenable la prestation de serment d'un avoué et celle d'un garde des barrières.

L'article 15 fixe le droit des significations d'avoués à avoués à 25 centimes ; cette fixation est proportionnée à la nature de ces actes, d'ailleurs très-nombreux dans les procédures. La loi du 22 frimaire n'ayant pu les désigner, puisqu'il n'existait pas d'avoués alors, on perçoit aujourd'hui, d'après l'article 51 de cette loi, 1 franc d'enregistrement pour ces sortes de significations; mais ce droit étant véritablement trop fort, la justice en exige la réduction au taux proposé.

L'article 16 du projet s'explique de lui-même; les actes qu'il désigne doivent être soumis à l'enregistrement, et la fixation du droit est proportionnée à leur nature.

Enfin le projet se termine par une disposition nécessaire pour simplifier la procédure dans toutes les instances que la Régie de l'enregistrement a à soutenir, et pour éviter que l'on ne regarde comme indispensable le ministère de l'avoué dans l'instruction de ces instances.

Citoyens législateurs, les diverses dispositions que présente le projet de loi intéressent trop la législation sur cette partie, ainsi que le Trésor public et les citoyens individuellement, pour que le Gouvernement n'attende pas avec confiance votre sanction.

L'orateur donne lecture du projet de loi.

---

2. TRIBUNAT.

Séance du 25 ventôse an IX.

Arnould, au nom d'une commission spéciale, fait un rapport sur le projet de loi relatif à l'enregistrement.

Le projet de loi, dit-il, a pour objet d'apporter des changements à la loi du 22 frimaire an VII, qui est aujourd'hui la loi fondamentale de l'enregistrement, partie qui a produit, en l'an VIII, 55,583,000 francs. (L'orateur rappelle les principes qui présidèrent à la formation de cette loi.)

L'exposé des motifs du nouveau projet de loi divise en deux parties les changements que l'expérience semble réclamer pour cette loi. (L'orateur donne lecture de cette partie du projet.) Cette partie, dit-il, vous fait connaître en premier lieu qu'il n'est question ici d'aucunes dispositions relatives, par exemple, à la modération des droits qui se perçoivent actuellement pour mutation de valeur, soit pour ventes ou donations. Ce genre d'amélioration est ajourné jusqu'après la confection du Code civil et de celui de procédure. En second lieu, l'exposé des motifs fait pressentir que les changements sollicités aujourd'hui comme urgents se rattachent dans leur disposition aux principes énoncés dans les articles 3 et 4 de la loi du 22 frimaire an VII. Votre commission a examiné dans cet état des choses le projet de loi dont il s'agit.

Le rapporteur rend un compte détaillé de l'examen des dix-huit articles qui composent le projet.

Quinze dispositions, dit-il, sont ou modératives, ou explicatives de la loi du 22 frimaire toujours existante, et toutes les dispositions sont d'une urgence indispensable pour faire cesser les difficultés qui s'élèvent aujourd'hui. L'ajournement après le Code civil de certaines dispositions annoncées par le Gouvernement, ne permet pas à la commission de s'arrêter à l'article 2, dans lequel elle a en effet remarqué une imperfection méritant une juste critique.

Le rapporteur propose d'émettre le vœu d'adoption.

Aucun orateur n'est inscrit contre le projet. Huguet, en l'appuyant, se borne à relever quelques imperfections qu'il croit facile de faire disparaître, et dont il indique la réforme comme possible à l'époque à laquelle le Gouvernement a indiqué qu'il ajournait ces améliorations.

Séance du 26 ventôse.

Grenier regrette que le peu de temps qu'il reste au Tribunat pour la discussion de plusieurs projets de loi ne lui permette pas de porter une attention particulière sur celui relatif à l'enregistrement; il serait convaincu, dit-il, que ce projet est prématuré, parce que la loi du 22 frimaire a besoin d'une plus grande réforme qu'on peut renvoyer sans inconvénient à la publication du Code civil et de celui sur la procédure; que tel qu'il est, il porte sur de fausses bases, et qu'il augmente les droits dans une matière où l'opinion publique en réclame la diminution ; que, d'ailleurs, l'article 1er donnerait un effet rétroactif, qu'il n'est sans doute pas dans votre justice d'adopter; en conséquence, il vote le rejet du projet.

Arnould répond aux objections de Grenier, et le projet est mis aux voix et adopté.

---

3. CORPS LÉGISLATIF.

Séance du 27 ventôse an IX.

Arnould, au nom du Tribunat:

Citoyens législateurs, le Tribunat nous a chargé de vous rendre compte des motifs de son vœu d'adoption du projet de loi relatif à l'enregistrement.

Vous savez que cette branche de l'administration publique est aussi importante par son influence sur les transactions des citoyens que par l'abondance des produits qu'elle procure au Trésor national, produits qui se sont élevés, en l'an VIII, à 55,583,000 francs.

Le projet dont il s'agit a pour objet d'opérer divers changements à la loi du 22 frimaire an VII, qui est aujourd'hui la loi fondamentale de l'enregistrement.

Sur les dix-huit articles qui le composent, quinze dispositions sont ou *modératives* ou *explicatives* de la loi du 22 frimaire toujours existante. Toutes ces dispositions sont d'une urgence indispensable pour faire cesser les difficultés résultant, soit des omissions, soit des interprétations arbitraires qui se sont élevées entre les préposés et les redevables sur l'application des principes posés et dénommés dans les articles 3 et 4 de la loi du 22 frimaire, qui partage la perception *en droit fixe* et *en droit proportionnel*; soit enfin, relativement au titre VI de la même loi, portant *responsabilité* et *peines* pour défaut d'enregistrement des actes et déclarations dans les délais prescrits.

Dans le nombre des objections qui ont été faites sur le projet de loi, celles qui se rapportent aux dommages et intérêts en matière civile, ou qui émanent des déclarations de propriété ou d'usufruit exigées par l'article 4, pourraient, dans leur exécution, jeter de l'inquiétude dans les pays de petite culture, ou parmi les possesseurs à titre de prescription, et méritent de la part du Gouvernement une sérieuse attention, pour diriger convenablement les préposés de tous grades de l'Enregistrement dans l'application des dispositions de ce nouveau projet de loi. Le Tribunat a dû compter, à cet égard, sur les explications satisfaisantes que mes collègues et moi recevraient devant le Corps législatif, de la part des orateurs du Gouvernement.

Le Tribunat a émis, avec d'autant plus de confiance, législateurs, le vœu d'adoption que nous sommes chargé de vous présenter, que le Gouvernement, ainsi que vous avez pu vous en convaincre, annonce lui-même dans les motifs que la loi du 22 frimaire an VII est susceptible d'un nouvel examen, et qu'il en ajourne l'accomplissement à l'époque de la confection du Code civil et de celui de la procédure.

Toutes les discussions qui auront précédé cette époque désirée par les citoyens les plus éclairés, tous les vœux portés, depuis la loi du 22 frimaire an VII, à la tribune nationale, seront donc mis à profit, pour la dernière perfection de cette loi; la première qui ait tiré du chaos l'assemblage ci-devant informe de perceptions bizarres et arbitraires, loi qui, sous le rapport de la méthode, mérite des éloges. Ses auteurs ont beaucoup fait, en la rendant propre à devenir le point de départ d'une discussion complète ultérieure.

Mais, au petit nombre de principes qu'elle a posés et qui naissent du besoin d'obtenir et de régulariser un produit important pour le Trésor public, il faut que la loi de l'enregistrement à perfectionner s'approprie cet autre principe que le revenu du fisc ne doit pas être formé de la ruine des capitaux destinés à féconder les propriétés.

Sans doute, le droit proportionnel qui forme l'une des bases de l'enregistrement peut continuer un revenu très-utile au Trésor public; mais ce ne sera qu'autant que l'on ne contrariera pas la formation et l'emploi productif des capitaux, en détournant, au préjudice d'un nouvel acquéreur, une forte part de son pécule.

Tout propriétaire, après avoir soldé sa nouvelle acquisition, réserve toujours une partie de ses valeurs pour des améliorations; si le fisc s'empare sans proportion de cette réserve, il affaiblit, même pour son produit futur, les moyens de l'alimenter, en même temps qu'il étouffe tous les germes de reproduction : ce qui doit avoir des conséquences funestes dans un grand Etat, si ce résultat désastreux se fait ressentir à chaque mutation, à chaque vente, à chaque donation.

Depuis longtemps, les droits de 4 francs et même de 6 francs pour 100 francs, avec ceux d'hypothèque qui se perçoivent sur les ventes et mutations en vertu de la loi du 22 frimaire, ont été jugés d'une fixation trop forte; on objecte même qu'ils sont aussi préjudiciables aux revenus du fisc que funestes à l'intérêt des propriétaires que ces droits grèvent.

N'est-il pas à craindre qu'en poursuivant par ce tarif élevé un produit d'à peu près 70 millions pour l'enregistrement, produit qui n'a été en l'an VIII que de 53,583,000 francs, on n'altère encore les sources d'un autre produit beaucoup plus important, puisqu'il repose sur 200 millions de contribution foncière.

Le Gouvernement sans doute ne perdra jamais de vue qu'en économie sociale ce ne sont pas les lois de la pesanteur, mais bien plutôt les lois de l'équilibre et de l'attraction qui reproduisent, alimentent et fertilisent les fortunes des citoyens, pour l'intérêt bien entendu du Trésor public.

Législateurs, de si hautes considérations fondées sur les espérances d'amélioration données par le Gouvernement, et tous les motifs dont je viens de vous entretenir au nom de mes collègues, ont déterminé le Tribunat à émettre son vœu d'adoption sur le projet de loi.

DUCHATEL (de la Gironde), *orateur du Gouvernement.* Citoyens législateurs, les motifs du projet de loi sur l'enregistrement qui vous ont été exposés lorsqu'il vous a été présenté, et le vœu formel pour son adoption, que l'orateur qui m'a précédé à cette tribune vient d'émettre au nom du Tribunat, ne doivent laisser aucun doute sur la nécessité de ses dispositions. Vous en êtes sûrement bien convaincus.

Nous pourrions donc, sans répondre aux objections qui ont été faites au Tribunat par quelques-uns de ses membres, attendre votre sanction avec la plus entière confiance.

Cependant, pour ne rien laisser à désirer, et pour dissiper jusques aux moindres scrupules, nous allons donner quelques explications sur ceux des principaux articles du projet qui paraissent avoir été combattus.

Nous dirons d'abord, quant à l'ensemble du projet de loi, que ce serait être par trop rigoureux que de le rejeter entièrement, parce qu'on n'y trouverait pas tous les changements, toutes les modifications, toutes les additions dont on croit la loi du 22 frimaire susceptible. Nous avons été au-devant d'une pareille objection dans l'exposé des motifs, non pour faire méconnaître ce qu'elle aurait de mérite dans tout autre temps, mais pour faire sentir à quoi tient et doit tenir une loi de cette nature, quelles bases lui sont nécessaires pour l'asseoir immuablement, et le mal qu'il y aurait à différer ce qui est urgent, sous le prétexte qu'il y aurait encore d'autres dispositions à proposer.

Par quelle fatalité, a-t-on dit, arrive-t-il que toutes les fois qu'il a été question de faire une loi sur cette partie intéressante des contributions, les idées saines disparaissent devant les idées bursales? Cette exclamation n'a jamais été faite plus à contre-temps, car le projet qui vous est soumis tend évidemment à l'amélioration que l'on réclame en faveur des redevables. Mais ce qui serait fatal à la chose publique, et bientôt, par voie de conséquence, à chaque membre de la société, ce serait d'affaiblir, indiscrètement et au gré de quelques intérêts privés et de circonstances, des droits qui constituent l'une des plus belles branches de nos revenus publics. C'est déjà leur nuire assez que de les qualifier de droits bursaux; cette dénomination ne peut plus convenir à des contributions librement consenties. Elle est du temps passé, comme le régime sous lequel elle fut et put être employée.

On s'est récrié contre le taux auquel est tarifé le droit sur les ventes d'immeubles; l'on a dit à cet égard que son résultat inévitable est de détruire la matière imposable, et que c'était le cas de rappeler qu'en finances deux et deux ne font pas quatre.

Si le taux de 4 pour 100 sur les ventes d'immeubles est excessif, ce n'est pas au projet de loi qui vous est soumis qu'il faut en adresser le reproche; ce n'est pas non plus à la loi du 22 frimaire an VII. Il a été ainsi fixé antérieurement.

Mais est-il démontré que l'on paye aujourd'hui sur les mutations de biens-fonds à titre onéreux plus que l'on ne payait sous l'ancien régime? Il est aisé de faire voir que la condition des acquéreurs s'est améliorée depuis la révolution. Dans l'ancien régime, une vente d'immeuble était soumise à 2 1/4 pour 100 de contrôle et de centième denier. Puis, venaient les lods et ventes et autres droits féodaux. Tout cela, sans parler de la dîme, était bien autrement à charge que les 4 pour 100 d'aujourd'hui, et devait bien plus fatiguer la matière imposable.

Plus d'une fois j'ai cité à cette tribune l'axiome trivial *que deux et deux ne faisaient pas quatre en finance;* mais je crois ne l'avoir jamais appliqué que dans les cas où il offrait une idée frappante et propre à prémunir contre un excès de taxe.

Je ne pense pas que ce soit ici le cas de le répéter, je serais démenti par le tableau des produits actuels des 4 pour 100 comparés aux 2 pour 100 qui furent d'abord établis par la loi du 19 décembre 1790, qui supprima le contrôle, le centième denier, l'insinuation et tous les autres droits de l'ancien régime. Le reproche de rétroactivité que l'on a fait à l'article 1er du projet de loi est on ne peut pas plus mal fondé, surtout quand, pour lui donner du crédit, on avance que toutes les lois antérieures se sont particulièrement attachées à purger de rétroactivité la perception des droits d'enregistrement. Nous n'avons rien dit que de vrai lorsque nous avons cité pour preuve du contraire les lois qui ont précédé celle du 22 frimaire; et vous avez dû trouver, citoyens législateurs, assez de raisons dans l'exposé du 18 de ce mois, pour faire accueillir les dispositions de cet article essentiel.

S'il était vrai que le législateur ne pût jamais apporter de changement à la loi de l'enregistrement sans laisser subsister les lois précédentes à l'égard des actes antérieurs à la nouvelle perception, il y aurait, à la longue, tout autant de tarifs à consulter et à suivre que les actes offriraient de dates ou d'époques différentes. Si telle avait dû être la jurisprudence relative à l'enregistrement, le tarif de 1722 serait encore en vigueur pour les anciens actes sous signature privée auxquels on aurait à faire donner la formalité de l'enregistrement.

Il faut faire attention à la nature de la contributionE lle est et doit être considérée comme le salaire de la formalité, c'est le prix actuel de ce salaire que doit payer le redevable, et non celui du temps où il contracta. D'ailleurs, l'on a dit assez de fois que les actes sous seing privé n'ont point de date et cela parce qu'il est possible de la changer à son gré. Pourquoi donc voudrait-on exposer le Trésor public à être journellement dupe de la facilité qu'on aurait de le tromper?

Au surplus, tout se compense dans l'ensemble. Le porteur d'un billet de date antérieure à la loi du 22 frimaire, regrettera l'abrogation de la loi sous laquelle il n'aurait payé que 75 centimes pour 100, parce que le droit actuel est de 1 franc pour 100; mais aussi celui qui aura à faire enregistrer un partage se plaindrait de l'ancien tarif d'après lequel il aurait un droit proportionnel de 50 centimes pour 100 à acquitter, tandis qu'il en serait quitte pour un droit fixe, s'il n'existait plus aujourd'hui qu'un seul et même tarif.

On marque des inquiétudes sur les dispositions de l'article 4, dont le seul objet est d'expliquer clairement et méthodiquement ce qu'a entendu l'article 12 de la loi du 22 frimaire, ainsi conçu : « La mutation d'un immeuble en propriété ou usufruit sera suffisamment établie pour la demande du droit d'enregistrement et la poursuite du payement contre le nouveau possesseur, soit par l'inscription de son nom au rôle de la contribution foncière et des payements par lui faits d'après ce rôle, soit par des baux par lui passés, ou enfin par des transactions ou autres actes constatant sa propriété ou son usufruit. »

On voit que l'article qui explique celui dont je viens de donner lecture n'a d'autre but que de prescrire la manière de suppléer au défaut de représentation du titre. Il ne s'agit pas ici des baux à ferme ou à loyer dont parle l'article 13 de la loi du 22 frimaire, auquel il n'est apporté aucun changement. Un bail à ferme ne peut d'ailleurs être appelé une mutation. Il n'y a de mutation que pour une propriété ou pour la transmission de l'usufruit.

Il ne faut pas non plus tirer de l'article 4 du projet, pas plus qu'on ne l'a fait jusqu'ici de l'article 12 de la loi du 22 frimaire, l'induction que l'on pourra rechercher dans le passé le plus reculé les possesseurs pour les inquiéter dans leurs propriétés. La loi n'a parlé que de nouveaux possesseurs, et le projet ne dit rien de plus.

Nous ne concevons pas comment on a pu s'élever contre la disposition de l'article 5 du projet qui assujettit au double droit le supplément d'estimation résultant d'une expertise. Si jamais disposition a été commandée par le besoin d'arrêter la plus insigne et la plus fréquente de toutes les fraudes depuis que l'on n'a à craindre ni les retraites ni l'action en rescision, c'est sans contredit celle qui fait la matière de cet article. L'exposé des motifs le développe suffisamment : nous abuserions de vos moments si nous nous répétions à cet égard. Nous nous contenterons de vous faire remarquer que celui qui a fait l'objection au Tribunat a cherché à la justifier par une supposition qui n'est pas du tout honorable pour les experts.

Nous n'avons qu'une simple observation à faire sur ce qui a été dit contre l'article 10 touchant les démissions. Nous ne contesterons aucun des principes de jurisprudence invoqués par l'auteur de l'objection, sauf pourtant qu'il n'est pas exact de dire que les démissions sont toujours révocables. Elles le sont sous l'empire de telle coutume, elles ne le sont pas sous telle autre. Le Code civil établira sur ces sortes d'anticipations de succession une règle uniforme, il faut l'attendre.

Mais il n'en est pas moins vrai que là où une démission est révocable, elle porte cependant l'intention de gratifier sans retour. La révocation n'est qu'un accident, et la démission a tous les caractères de la mutation qui opère une translation réelle de propriété.

Maintenant faut-il, dès qu'il y a mutation, et qu'aux termes de la loi du 22 frimaire an VII, elle doit subir un droit proportionnel, que ce droit soit de 4 fr. pour 100, ou qu'il ne soit que de 2 fr. 50 c., ou même de moitié moins si la démission est faite par contrat de mariage? Voilà la question. La loi du 22 frimaire n'ayant pas dénommé les démissions, les percepteurs ne les rangent pas dans la classe favorable des donations en ligne directe. Ils les considèrent comme des actes à titre onéreux, en raison surtout des conditions qui y sont ordinairement attachées; d'où il résulte que le redevable en ligne directe est traité, pour ce cas-là, comme un étranger. L'article 10 du projet répare cette rigueur. Lui en ferait-on un crime? Ce ne serait donc que parce que le Trésor public aura dorénavant moins à recevoir sur ces sortes de dispositions. Mais le Gouvernement, qui cherche en tout et avant tout ce qui est juste, a cru de son devoir de proposer la modification indiquée sous l'article 10. Vous jugerez comme lui, nous n'en pouvons douter.

C'est par la plus juste des conséquences que le projet assimile, sous l'article 11, les dommages-intérêts en matière civile, à ceux prononcés en matière criminelle, correctionnelle et de police; celui qui obtient des intérêts dans le premier cas n'a pas plus de raison de demander une exception en sa faveur que celui qui les obtient dans le second cas. La loi doit donc être rendue égale dans ces deux espèces, parce qu'elles ne comportent aucune différence entre elles. Il convient d'ailleurs de remarquer que celui qui obtient des dommages-intérêts n'éprouve point le préjudice qu'on a supposé, en se plaignant du taux de 2 fr. pour 100, puisqu'il est vrai que c'est le condamné qui supporte les droits dont le montant entre toujours dans les dépens, et celui qui a fait souffrir des dommages qu'on le condamne à réparer, ne mérite guère de ménagement.

Nous laisserons volontiers sans réponse quelques autres objections trop faibles pour nous y attacher, et dont nous ne connaissons pas d'ailleurs les motifs, les opinions émises au Tribunat ne nous étant pas encore parvenues. Vous saurez, citoyens législateurs, apprécier le projet de loi et l'envisager comme une amélioration, partielle si l'on veut, mais pourtant aussi intéressante telle qu'elle est, pour mériter votre attention et l'approbation qu'en attend le Gouvernement.

Aucun orateur ne demandant la parole, la discussion est fermée.

Le Corps législatif délibère sur le projet de loi, qui est adopté à la majorité de 234 boules blanches contre 28.

ARRÊTÉ DES CONSULS DU 29 GERMINAL AN IX

Chambre des commissaires-priseurs.

(IIIe série, Bull. 80, n° 645.)

ARTICLE PREMIER. — Les dispositions contenues au règlement du 13 frimaire an IX, relatif aux avoués, sont déclarées communes aux commissaires-priseurs vendeurs de meubles, créés par la loi du 27 ventôse dernier, sauf les modifications ci-après...

[*V.* huissiers (Décr. 14 juin 1813, art. 89); — notaires (Ord. 4 janvier 1843, art. 20).]

ARRÊTÉ DES CONSULS DU 27 NIVOSE AN X

Consignation d'amende.

(IIIe série, Bull. 159, n° 1215; Instr. n° 136.)

ARTICLE PREMIER. — Tout appelant sera tenu de consigner l'amende d'avance en faisant enregistrer son acte d'appel, sauf à ordonner la restitution si l'appel est jugé bien fondé.

[Modifié (Arr. 10 floréal an XI, art. 4. — Comp. Décr. 16-24 août 1790, art. 10).]

ART. 2. — Si le tribunal ordonne la restitution de l'amende, ou si les parties transigent sur l'appel avant le jugement, le receveur restituera le montant de l'amende à qui de droit, soit sur le vu du jugement, soit sur le vu de la transaction des parties.

[*V.* Arr. 10 floréal an XI, art. 7.]

LOI DU 15 FLORÉAL AN X

Vente de domaines.

(IIIe série, Bull. 187, n° 1491, Instr. n° 61.)

ART. 6. — Les adjudicataires seront tenus de payer le droit d'enregistrement dans les vingt jours de l'adjudication, à raison de 2 pour 100. Tous autres frais de vente demeurent à la charge de la République.

[Soultes d'échange (Ord. 12 décembre 1827, art. 8 et 14). — Tarif 27 (L. 26 vendémiaire an VII; 5 ventôse an XII).]

ARRÊTÉ DES CONSULS DU 7 FRUCTIDOR AN X

Timbre.

(IIIe série, Bull. 210, n° 1924; Circ. 19 fructidor an X.)

ARTICLE PREMIER. — Les ateliers du timbre existants près des directions de l'Enregistrement dans les départements, sont et demeurent supprimés à compter du 1er vendémiaire prochain.

ART. 9. — La formalité du timbre extraordinaire continuera d'avoir lieu dans les départements, ainsi qu'il est dit en l'article suivant.

ART. 10. — Le receveur qui en sera chargé appliquera sur chaque feuille de papier présentée au timbre une griffe portant ces mots : *A timbrer à l'extraordinaire ;* et, après avoir perçu le droit, il délivrera un bulletin contenant la désignation de la quantité de feuilles, de la dimension du papier et de la quotité du droit. Le bulletin et le papier à timbrer seront ensuite présentés par le porteur au garde-magasin, qui, pour compléter la formalité, appliquera le timbre actuel, relatif à la quotité du droit perçu, sur le papier soumis à cette formalité.

[Suppression de la griffe (Décr. 8 octobre 1864 et 12 juin 1859). — Timbrage à l'extraordinaire (à l'atelier général) : Lettres de voiture (L. 11 juin 1842, art. 6); — effets de commerce (Décr. 27 juillet 1850, art. 2); — actions et obligations au comptant (Décr. 27 juillet 1850, art. 4); — bordereaux de commerce (LL. 5 juin 1850, art. 13, et 2 juillet 1862, art. 19).]

ARRÊTÉ DU GOUVERNEMENT DU 21 PLUV. AN XI

Premiers actes de recours en cassation.

(IIIe série, Bull. 248, n° 2316; Instr. n° 124.)

ARTICLE PREMIER. — Tout premier acte de recours au tribunal de cassation, quel qu'en soit l'objet, excepté en matière criminelle, doit être enregistré moyennant le droit de 15 francs.

[*V.* L. 22 frimaire an VII, art. 68, § 6, n° 3. — Droit porté à 25 fr. (L. 28 avril 1816, art. 47, n° 1), — et à 37 fr. 50 (L. 19 février 1874, art. 2).]

LOI DU 25 VENTOSE AN XI

Organisation du notariat.

(IIIe série, Bull. 258, n° 2440; Instr. n° 263.)

TITRE PREMIER — *Des notaires et des actes notariés.*

SECTION PREMIÈRE. — *Des fonctions, ressort et devoirs des notaires.*

ARTICLE PREMIER. — Les notaires sont les fonctionnaires publics établis pour recevoir tous les actes et contrats auxquels les parties doivent ou veulent faire donner le caractère d'authenticité attaché aux actes de l'autorité publique, et pour en assurer la date, en conserver le dépôt, en délivrer des grosses et expéditions.

ART. 2. — Ils sont institués à vie.

ART. 3. — Ils sont tenus de prêter leur ministère lorsqu'ils en sont requis.

ART. 4. — Chaque notaire devra résider dans le lieu qui lui sera fixé par le Gouvernement. En cas de contravention, le notaire sera considéré comme démissionnaire; en conséquence, le grand juge ministre de la justice, après avoir pris l'avis du tribunal, pourra proposer au Gouvernement le remplacement.

ART. 5. — Les notaires exercent leurs fonctions, savoir : ceux des villes où est établi le tribunal d'appel, dans l'étendue du ressort de ce tribunal ; — ceux des villes où il n'y a qu'un tribunal de première instance, dans l'étendue du ressort de ce tribunal ; — ceux des autres communes, dans l'étendue du ressort du tribunal de paix.

ART. 6. — Il est défendu à tout notaire d'instrumenter hors de son ressort, à peine d'être suspendu de ses fonctions pendant trois mois, d'être destitué en cas de récidive, et de tous dommages-intérêts.

[*V.* art. 68 *infrà*.]

ART. 7. — Les fonctions de notaires sont incompatibles avec celles de juges, commissaires du Gouvernement près les tribunaux, leurs substituts, greffiers, avoués, huissiers, préposés à la recette des contributions directes et indirectes, juges, greffiers et huissiers de justices de paix, commissaires de police et commissaires aux ventes.

SECTION II. — *Des actes, de leur forme ; des minutes, grosses, expéditions et répertoires.*

ART. 8. — Les notaires ne pourront recevoir des actes dans lesquels leurs parents ou alliés, en ligne directe à tous les degrés, et en collatérale jusqu'au degré d'oncle ou de neveu inclusivement, seraient parties, ou qui contiendraient quelque disposition en leur faveur.

[*V.* art. 68 *infrà*.]

ART. 9. — Les actes seront reçus par deux notaires, ou par un notaire assisté de deux témoins, citoyens français, sachant signer, et domiciliés dans l'arrondissement communal où l'acte sera passé.

[Sanction (*V.* art. 68 *infrà*). — Présence du notaire en second ou des témoins (*V.* L. 21 juin 1843). — Testaments (C. civ. art. 971 et suiv.). — Certificats de vie (Décr. 21 août 1806 (modèle annexé), IVe série, Bull. 113, n° 604).]

ART. 10. — Deux notaires parents ou alliés au degré prohibé par l'article 8 ne pourront concourir au même acte. — Les parents, alliés, soit du notaire, soit des parties contractantes, au degré prohibé par l'article 8, leurs clercs et leurs serviteurs, ne pourront être témoins.

[*V.* art. 68 *infrà*).]

ART. 11. — Le nom, l'état et la demeure des parties devront être connus des notaires, ou leur être attestés dans l'acte par deux citoyens connus d'eux, ayant les mêmes qualités que celles requises pour être témoin instrumentaire.

ART. 12. — Tous les actes doivent énoncer les nom et lieu de résidence du notaire qui les reçoit, à peine de 100 francs d'amende contre le notaire contrevenant. — Ils doivent également énoncer les noms des témoins instrumentaires, leur demeure, le lieu, l'année et le jour où les actes sont passés, sous les peines prononcées par l'article 68 ci-après, et même de faux si le cas y échoit.

[Amende réduite à 20 fr. (L. 16 juin 1824, art. 10, § 2).]

ART. 13. — Les actes de notaires seront écrits en un seul et même contexte, lisiblement, sans abréviation, blanc, lacune ni intervalle ; ils contiendront les noms, prénoms, qualités et demeures des parties, ainsi que des témoins qui seraient appelés dans le cas de l'article 11 ; ils énonceront en toutes lettres les sommes et les dates ; les procurations des contractants seront annexées à la minute, qui fera mention que lecture de l'acte a été faite aux parties : le tout à peine de 100 francs d'amende contre le notaire contrevenant.

[Amende réduite à 20 fr. (L. 16 juin 1824, art. 10, § 2). — Lecture, dans les contrats de mariage (L. 10 juillet 1850, art. 1er). — Lecture des art. 12 et 13 de la loi du 23 août 1871 (L. 23 août 1871, art. 13, § 3, et L. 28 février 1872, art. 8, § 3).]

ART. 14. — Les actes seront signés par les parties, les témoins et les notaires, qui doivent en faire mention à la fin de l'acte. — Quant aux parties qui ne savent ou ne peuvent signer, le notaire doit faire mention à la fin de l'acte de leur déclaration à cet égard.

[Sanction (Art. 68 *infrà*).]

ART. 15. — Les renvois et apostilles ne pourront, sauf l'exception ci-après, être écrits qu'en marge ; ils seront signés ou parafés, tant par les notaires que par les autres signataires, à peine de nullité des renvois et apostilles. Si la longueur du renvoi exige qu'il soit transporté à la fin de l'acte, il devra être non-seulement signé ou parafé comme les renvois écrits en marge, mais encore expressément approuvé par les parties, à peine de nullité du renvoi.

ART. 16. — Il n'y aura ni surcharge, ni interligne, ni addition dans le corps de l'acte, et les mots surchargés, interlignés ou ajoutés, seront nuls. Les mots qui devront être rayés le seront de manière que le nombre puisse être constaté à la marge de leur page correspondante ou à la fin de l'acte, et approuvé de la même manière que les renvois écrits en marge ; le tout à peine d'une amende de 50 francs contre le notaire, ainsi que de tous dommages-intérêts, même de destitution en cas de fraude.

[Amende réduite à 10 fr. (L. 16 juin 1824, art. 10, § 2).]

ART. 17. — Le notaire qui contreviendra aux lois et aux arrêtés du Gouvernement concernant les noms et qualifications supprimés, les clauses et expressions féodales, les mesures et l'annuaire de la République, ainsi que la numération décimale, sera condamné à une amende de 100 francs, qui sera double en cas de récidive.

[Amende réduite à 20 fr. (L. 16 juin 1824, art. 10, § 2). — Poids et mesures (*V.* L. 4 juillet 1837, art. 5, § 3).]

ART. 18. — Le notaire tiendra exposé, dans son étude, un tableau sur lequel il inscrira les noms, prénoms, qualités et demeures des personnes qui, dans l'étendue du ressort où il peut exercer, sont interdites et assistées d'un conseil judiciaire, ainsi que la mention des jugements relatifs ; le tout immédiatement après la notification qui en aura été faite, et à peine des dommages-intérêts des parties.

ART. 19. — Tous les actes notariés feront foi en justice, et seront exécutoires dans toute l'étendue de la République. — Néanmoins, en cas de plainte en faux principal, l'exécution de l'acte argué de faux sera suspendue par la déclaration du jury d'accusation, prononçant *qu'il y a lieu à accusation* ; en cas d'inscription de faux faite incidemment, les tribunaux pourront, suivant la gravité des circonstances, suspendre provisoirement l'exécution de l'acte.

Art. 20. — Les notaires seront tenus de garder minute de tous les actes qu'ils recevront. — Ne sont néanmoins compris dans la présente disposition, les certificats de vie, procurations, actes de notoriété, quittances de fermages, de loyers, de salaires, arrérages de pensions et rentes, et autres actes simples qui, d'après les lois, peuvent être délivrés en brevet.

[*V.* art. 68 *infrà*.]

Art. 21. — Le droit de délivrer des grosses et des expéditions n'appartiendra qu'au notaire possesseur de la minute; et, néanmoins, tout notaire pourra délivrer copie d'un acte qui lui aura été déposé pour minute.

[Comp. L. 22 frimaire, an VII, art. 41 et 42.]

Art. 22. — Les notaires ne pourront se dessaisir d'aucune minute, si ce n'est dans les cas prévus par la loi, et en vertu d'un jugement. — Avant de s'en dessaisir, ils en dresseront et signeront une copie figurée qui, après avoir été certifiée par le président et le commissaire du tribunal civil de leur résidence, sera substituée à la minute, dont elle tiendra lieu jusqu'à sa réintégration.

Art. 23. — Les notaires ne pourront également, sans l'ordonnance du président du tribunal de première instance, délivrer expédition ni donner connaissance des actes à d'autres qu'aux personnes intéressées en nom direct, héritiers ou ayants droit, à peine des dommages-intérêts, d'une amende de 100 francs, et d'être, en cas de récidive, supendus de leurs fonctions pendant trois mois; sauf néanmoins l'exécution des lois et règlements sur le droit d'enregistrement, et de celles relatives aux actes qui doivent être publiés dans les tribunaux.

[Amende réduite à 20 fr. (L. 16 juin 1824, art. 10, § 2). — (*V.* C. proc. civ., art. 846 et suiv.).]

Art. 24. — En cas de compulsoire, le procès-verbal sera dressé par le notaire dépositaire de l'acte, à moins que le tribunal qui l'ordonne ne commette un de ses membres ou tout autre juge, ou un autre notaire.

[*V.* C. proc. civ., art. 847 et suiv.]

Art. 25. — Les grosses seules seront délivrées en forme exécutoire; elles seront intitulées et terminées dans les mêmes termes que les jugements des tribunaux.

Art. 26. — Il doit être fait mention, sur la minute, de la délivrance d'une première grosse, faite à chacune des parties intéressées : il ne peut lui en être délivré d'autre, à peine de destitution, sans une ordonnance du président du tribunal de première instance, laquelle demeurera jointe à la minute.

[*V.* C. proc. civ., art. 844 et 845.]

Art. 27. — Chaque notaire sera tenu d'avoir un cachet ou sceau particulier, portant ses nom, qualité et résidence, et, d'après un modèle uniforme, le type de la République française. — Les grosses et expéditions des actes porteront l'empreinte de ce cachet.

Art. 28. — Les actes notariés seront légalisés, savoir : ceux des notaires à la résidence des tribunaux d'appel, lorsqu'on s'en servira hors de leur ressort; et ceux des autres notaires, lorsqu'on s'en servira hors de leur département. — La légalisation sera faite par le président du tribunal de première instance de la résidence du notaire, ou du lieu où sera délivré l'acte ou l'expédition.

Art. 29. — Les notaires tiendront répertoire de tous les actes qu'ils recevront.

[Comp. L. 22 frimaire an VII, art. 49. — Registre spécial des protêts (*V.* C. com., art. 176).]

Art. 30. — Les répertoires seront visés, cotés et parafés par le président, ou, à son défaut, par un autre juge du tribunal civil de la résidence; ils contiendront la date, la nature et l'espèce de l'acte, les noms des parties et la relation de l'enregistrement.

[Comp. L. 22 frimaire an VII, art. 49 à 53.]

TITRE II. — *Régime du notariat.*

Section première — *Nombre, placement et cautionnement des notaires.*

Art. 31. — Le nombre des notaires pour chaque département, leur placement et résidence, seront déterminées par le Gouvernement, de manière : 1° que, dans les villes de cent mille habitants et au-dessus, il y ait un notaire au plus par six mille habitants; que, dans les autres villes, bourgs ou villages, il y ait deux notaires au moins, ou cinq au plus, pour chaque arrondissement de justice de paix.

Art. 32. — Les suppressions ou réductions de places ne seront effectuées que par mort, démission ou destitution.

Art. 33. — Les notaires exercent sans patentes; mais ils sont assujettis à un cautionnement fixé par le Gouvernement, d'après les bases ci-après, et qui sera spécialement affecté à la garantie des condamnations prononcées contre eux, par suite de l'exercice de leurs fonctions. — Lorsque, par l'effet de cette garantie, le montant du cautionnement aura été employé en tout ou en partie, le notaire sera suspendu de ses fonctions, jusqu'à ce que le cautionnement ait été entièrement rétabli; et, faute par lui de rétablir, dans les six mois, l'intégralité du cautionnement, il sera considéré comme démissionnaire, et remplacé.

[*V.* L. 25 nivôse an XIII, relative au remboursement de cautionnements (IVe série, Bull. 27, n° 468; instr. n° 1557, et C. civ., art. 2102, § 7).]

Art. 34. — Le cautionnement sera fixé par le Gouvernement, en raison combinée des ressort et résidence de chaque notaire, d'après un *minimum* et un *maximum*, suivant le tableau ci-après...

[Taux actuel (*V.* L. 28 avril 1816, art. 88 et état n° 7, annexé, VIe Série, Bull. 81, n° 623).]

Section II. — *Conditions pour être admis, et mode de nomination au notariat.*

Art. 35. — Pour être admis aux fonctions de notaire, il faudra : — 1° jouir de l'exercice des droits de citoyen; — 2° avoir satisfait aux lois sur la conscription militaire; — 3° être âgé de vingt-cinq ans accomplis; — 4° justifier du temps de travail prescrit par les articles suivants.

Art. 36. — Le temps de travail ou de stage sera, sauf les exceptions ci-après, de six années entières et non interrompues, dont une des deux dernières, au moins, en qualité de premier clerc chez un notaire d'une classe égale à celle où se trouvera la place à remplir.

Art. 37. — Le temps de travail pourra n'être que de quatre années, lorsqu'il en aura été employé trois dans l'étude d'un notaire d'une classe supérieure à la place qui devra être remplie, et lorsque, pendant la quatrième, l'aspirant aura travaillé, en qualité de premier clerc, chez un notaire d'une classe supérieure ou égale à celle où se trouvera la place pour laquelle il se présentera.

Art. 38. — Le notaire déjà reçu, et exerçant, depuis un an, dans une classe inférieure, sera dispensé de toute justification de stage, pour être admis à une place de notaire vacante dans une classe immédiatement supérieure.

Art. 39. — L'aspirant qui aura travaillé pendant quatre ans, sans interruption, chez un notaire de première ou de seconde classe, et qui aura été, pendant deux ans au moins, défenseur ou avoué près d'un tribunal civil, pourra être admis dans une des classes où il aura fait son stage, pourvu que, pendant l'une des deux dernières années de son stage, il ait travaillé, en qualité de premier clerc, chez un notaire d'une classe égale à celle où se trouvera la place à remplir.

Art. 40. — Le temps de travail exigé par les articles précédents devra être d'un tiers en sus, toutes les fois que l'aspirant, ayant travaillé chez un notaire d'une classe inférieure, se présentera pour remplir une place d'une classe immédiatement supérieure.

Art. 41. — Pour être admis à exercer dans la troisième classe de notaires, il suffira que l'aspirant ait travaillé, pendant trois années, chez un notaire de première ou de seconde classe; ou qu'il ait exercé comme défenseur ou avoué, pendant l'espace de deux années, auprès du tribunal d'appel ou de première instance, et qu'en outre il ait travaillé pendant un an chez un notaire.

Art. 42. — Le Gouvernement pourra dispenser de la justification du temps d'étude les individus qui auront exercé des fonctions administratives ou judiciaires.

Art. 43. — L'aspirant demandera à la chambre de discipline du ressort dans lequel il devra exercer, un certificat de moralité ou de capacité. Le certificat ne pourra être délivré qu'après que la chambre aura fait parvenir au commissaire du Gouvernement du tribunal de première instance l'expédition de la délibération qui l'aura accordé.

Art. 44. — En cas de refus, la chambre donnera un avis motivé, et le communiquera au commissaire du Gouvernement qui l'adressera au grand juge, avec ses observations.

Art. 45. — Les notaires seront nommés par le premier consul, et obtiendront de lui une commission qui énoncera le lieu fixe de la résidence.

Art. 46. — Les commissions de notaires seront, dans leur intitulé, adressées au tribunal de première instance dans le ressort duquel le pourvu aura sa résidence.

Art. 47. — Dans les deux mois de sa nomination, et à peine de déchéance, le pourvu sera tenu de prêter, à l'audience du tribunal auquel la commission aura été adressée, le serment que la loi exige de tout fonctionnaire public, ainsi que celui de remplir ses fonctions avec exactitude et probité. — Il ne sera admis à prêter serment qu'en représentant l'original de sa commission et la quittance du versement de son cautionnement. — Il sera tenu de faire enregistrer le procès-verbal de prestation de serment au secrétariat de la municipalité du lieu où il devra résider, et aux greffes de tous les tribunaux dans le ressort desquels il doit exercer.

[Expéditions des ordonnances de nominations (*V.* L. 21 avril 1832, art. 34, sur le timbre).]

Art. 48. — Il n'aura le droit d'exercer qu'à compter du jour où il aura prêté serment.

Art. 49. — Avant d'entrer en fonctions, les notaires devront déposer au greffe de chaque tribunal de première instance de leur département, et au secrétariat de la municipalité de leur résidence, leur signature et parafe. — Les notaires à la résidence des tribunaux d'appel feront, en outre, ce dépôt aux greffes des autres tribunaux de première instance de leur ressort.

[Dépôt au greffe de la justice de paix (L. 2 mai 1861, art. 2. *V.* art. 28 *suprà*, note 1). — Procès-verbaux de dépôt (*V.* L. 22 frimaire an VII, sur l'enregistrement, art. 43 et 68, § 1er, n° 47 et § 2, n° 6).]

Section III. — *Chambre de discipline.*

Art. 50. — Les chambres qui seront établies pour la discipline intérieure des notaires seront organisées par des règlements.

[*V.* Ord. 4 janvier 1843).]

Art. 51. — Les honoraires et vacations des notaires seront réglés, à l'amiable, entre eux et les parties; sinon, par le tribunal civil de la résidence du notaire, sur l'avis de la chambre et sur simples mémoires, sans frais.

Art. 52. — Tout notaire suspendu, destitué ou remplacé, devra, aussitôt après la notification qui lui aura été faite de sa suspension, de sa destitution ou de son remplacement, cesser l'exercice de son état, à peine de tous dommages-intérêts, et des autres condamnations prononcées par les lois contre tout fonctionnaire suspendu ou destitué qui continue l'exercice de ses fonctions. — Le notaire suspendu ne pourra les reprendre, sous les mêmes peines, qu'après la cessation du temps de la suspension.

[*V.* art. 68 *infrà*.]

Art. 53. — Toutes suspensions, destitutions, condamnations d'amende et dommages-intérêts, seront prononcées contre les notaires par le tribunal civil de leur résidence, à la poursuite des parties intéressées, ou d'office, à la poursuite et diligence du commissaire du Gouvernement. — Ces jugements seront sujets à l'appel, et exécutoires par provision, excepté quant aux condamnations pécuniaires.

[L. 16 juin 1824, art. 14, n° 3 (prescription biennale de l'action en poursuite), et Décr. 18 juin 1811, art. 122 (visa pour timbre et enregistrement en débet des actes de procédure). — V. *infrà* C. com., art. 68 et L. 10 juillet 1850, art. 1er).]

SECTION IV. — *Garde, transmission, tables des minutes, et recouvrements.*

ART. 54. — Les minutes et répertoires d'un notaire remplacé ou dont la place aura été supprimée, pourront être remis par lui ou par ses héritiers à l'un des notaires résidant dans la même commune, ou à l'un des notaires résidant dans le même canton, si le remplacé était le seul notaire établi dans la commune.

ART. 55. — Si la remise des minutes et répertoires du notaire remplacé n'a pas été effectuée, conformément à l'article précédent, dans le mois, à compter du jour de la prestation de serment du successeur, la remise en sera faite à celui-ci.

ART. 56. — Lorsque la place de notaire sera supprimée, le titulaire ou ses héritiers seront tenus de remettre les minutes et répertoires dans le délai de deux mois du jour de la suppression, à l'un des notaires de la commune, ou à l'un des notaires du canton, conformément à l'article 54.

ART. 57. — Le commissaire du Gouvernement près le tribunal de première instance est chargé de veiller à ce que les remises ordonnées par les articles précédents soient effectuées; et, dans le cas de suppression de la place, si le titulaire ou ses héritiers n'ont pas fait choix, dans les délais prescrits, du notaire à qui les minutes et répertoires devront être remis, le commissaire indiquera celui qui en demeurera dépositaire. — Le titulaire ou ses héritiers, en retard de satisfaire aux dispositions des articles 55 et 56, seront condamnés à 100 francs d'amende par chaque mois de retard, à compter du jour de la sommation qui leur aura été faite d'effectuer la remise.

[Amendes réduites à 20 fr. par chaque mois de retard (L. 16 juin 1824, art. 10, § 2).]

ART. 58. — Dans tous les cas, il sera dressé un état sommaire des minutes remises; et le notaire qui les recevra s'en chargera au pied de cet état, dont un double sera remis à la chambre de discipline.

ART. 59. — Le titulaire ou ses héritiers, et le notaire qui recevra les minutes, aux termes des articles 54, 55 et 56, traiteront, de gré à gré, des recouvrements, à raison des actes dont les honoraires sont encore dus, et du bénéfice des expéditions. — S'ils ne peuvent s'accorder, l'appréciation en sera faite par deux notaires dont les parties conviendront, ou qui seront nommés d'office parmi les notaires de la même résidence, ou, à leur défaut, parmi ceux de la résidence la plus voisine.

ART. 60. — Tous dépôts de minutes, sous la dénomination de *Chambres de contrats, Bureaux de tabellionnage*, et autres, sont maintenus à la garde de leurs possesseurs actuels. Les grosses expéditions ne pourront en être délivrées que par un notaire de la résidence des dépôts, ou, à défaut, par un notaire de la résidence la plus voisine. — Néanmoins, si lesdits dépôts de minutes ont été remis au greffe d'un tribunal, les grosses et expéditions pourront, dans ce cas seulement, être délivrées par le greffier.

ART. 61. — Immédiatement après le décès du notaire ou autre possesseur de minutes, les minutes et répertoires seront mis sous les scellés par le juge de paix de la résidence, jusqu'à ce qu'un autre notaire en ait été provisoirement chargé par ordonnance du président du tribunal de la résidence.

TITRE III. — *Des notaires actuels.*

ART. 62 à 67. — (*Dispositions relatives aux notaires qui étaient en exercice lors de la publication de la loi du 25 ventôse an XI.*)

DISPOSITIONS GÉNÉRALES.

ART. 68. — Tout acte fait en contravention aux dispositions contenues aux articles 6, 8, 9, 10, 14, 20, 52... est nul s'il n'est pas revêtu de la signature de toutes les parties; et lorsque l'acte sera revêtu de la signature de toutes les parties contractantes, il ne vaudra que comme écrit sous signature privée : sauf, dans les deux cas, s'il y a lieu, les dommages-intérêts contre le notaire contrevenant.

[*V.* sous l'art. 14, *suprà*, note 1, A. Cons. d'Ét. 10-20 juin 1810).]

ART. 69. — La loi du 6 octobre 1791, et toutes autres, sont abrogées en ce qu'elles ont de contraire à la présente.

LOI DU 25 GERMINAL AN XI

Timbre des procès-verbaux.

(IIIe Série, Bull. 271, n° 2701; Instr. n° 326, § 1, 8°.)

ARTICLE PREMIER. — L'article 32 de la loi du 13 brumaire an VII, sur le timbre, qui fixe à trois jours le délai pour signifier les procès-verbaux de contravention à cette loi, ne sera applicable qu'à ceux des contrevenants domiciliés dans l'arrondissement du bureau où les procès-verbaux auront été rapportés.

ART. 2. — Lorsque les contrevenants auront leur domicile hors de cet arrondissement, le délai sera de huit jours, jusqu'à cinq myriamètres (dix lieues) de distance, et d'un jour de plus par cinq myriamètres au delà de cette distance.

[*V.* L. 28 avril 1816, art. 76, Décr. 17 février 1852, art. 10, et L. 11 mai 1868, art. 6, § 1er).]

ARRÊTÉ DU GOUVERNEMENT DU 10 FLOR. AN XI

Amende de consignation.

(IIIᵉ Série, Bull. 275, nᵒ 2750; Instr. nᵒ 136.)

ARTICLE PREMIER. — Tout appel des jugements des tribunaux de commerce sera, en conformité de la déclaration du 21 mars 1671 et de l'édit de février 1691, sujet à l'amende, comme l'appel des jugements des tribunaux de première instance et des juges de paix.

[V. Décr. 16-24 août 1790, art. 10 et C. proc. civ., art. 471.]

ART. 2. — Il sera consigné 12 francs à-compte sur l'amende de 60 francs pour l'appel des jugements des tribunaux de première instance et de commerce.

[Consignation de la totalité de l'amende, fixée à 10 fr. (C. proc. civ., art. 471).]

ART. 3. — L'amende de 9 francs pour appel de jugements des juges de paix continuera d'être consignée en totalité.

[Amende réduite à 5 fr. (C. proc. civ., art. 471).]

ART. 4. — La consignation prescrite par les deux articles précédents sera toujours faite avant les jugements, même par défaut, qui interviendront sur l'appel; et les greffiers ne pourront délivrer d'expéditions ou extraits de ces jugements, avant qu'il leur ait été justifié de la consignation d'amende.

[Comp. arr. 27 nivôse an X, art. 1ᵉʳ.]

ART. 5. — Faute par l'appelant de faire cette consignation, l'intimé sera tenu de l'effectuer, sauf la répétition en définitive contre l'appelant, si celui-ci succombe.

ART. 6. — Le tribunal d'appel condamnera l'appelant, par jugement qui confirmera, au payement du surplus de l'amende.

ART. 7. — La restitution du montant de la consignation sera ordonnée par le jugement qui aura déclaré l'appel bien fondé; et cette restitution sera effectuée par le préposé qui l'aura reçue, entre les mains de la partie ou de l'avoué de la partie au nom de laquelle la consignation aura été faite, sur une copie, signée par cet avoué, du dispositif du jugement, et sur la remise de la quittance.

[Comp. arr. 27 nivôse an X, art. 2.]

ART. 8. — Toute contravention aux dispositions du présent arrêté relatives à la consignation, continuera de donner lieu à l'amende de 500 francs prononcée par l'article 9 de la déclaration du 21 mars 1671.

[Amende réduite à 50 fr. (L. 16 juin 1824, art. 10).]

ART. 9. — Les dispositions de l'arrêté du 27 nivôse an X, contraires aux présentes, sont rapportées.

ARRÊTÉ DU GOUVERNEMENT DU 6 FRUCT. AN XI

Enregistrement.

ARTICLE PREMIER. — Tous les marchés et adjudications pour les différents services du département de la guerre, qui ont eu lieu jusqu'à ce jour, ou qui auront lieu par la suite, ne seront sujets qu'au droit fixe d'enregistrement de 1 franc lorsque aucune clause expresse ne les aura soumis au droit proportionnel d'enregistrement de 50 centimes par 100 francs, déterminé par l'article 69 de la loi du 22 frimaire an VII.

[L. 15 mai 1818, 28 fév. 1872.]

ARRÊTÉ DU GOUVERNEMENT DU 15 BRUM. AN XII

Enregistrement.

ARTICLE PREMIER. — Les donations entre-vifs et testamentaires, en faveur des hospices, ne sont assujetties au droit d'enregistrement qu'à raison de 1 franc fixe.

[V. L. 18 avril 1831, art. 17.]

ART. 2. — Ces donations n'auront leur pleine et entière exécution qu'après que leur acceptation aura été autorisée par le Gouvernement.

ARRÊTÉ DU GOUVERNEMENT DU 9 FRIM. AN XII

Livret des ouvriers.

(IIIᵉ Série, Bull. 328, nᵒ 3378.)

ARTICLE PREMIER. — A compter de la publication du présent arrêté, tout ouvrier travaillant en qualité de compagnon ou garçon, devra se pourvoir d'un livret.

ART. 2. — Ce livret sera en papier libre, coté et parafé sans frais.

LOI DU 5 VENTOSE AN XII

Vente de biens de l'État.

(IIIᵉ série, Bull. 345, nᵒ 3610; Inst. nᵒ 215.)

TITRE VII. — *De la vente des domaines nationaux.*

ART. 112. — Les lois des 15 et 16 floréal an X continueront d'être exécutées en tout ce qui n'est pas contraire à la présente.

LOI DU 7 PLUVIOSE AN XII

Enregistrement et transcription.

—

Les droits à percevoir au profit du Trésor public pour la transcription ordonnée par l'article 229 du Code civil, des actes de donation et d'acceptation d'immeubles susceptibles d'hypothèques, ainsi que la notification de l'acceptation faite par acte séparé aux bureaux des hypothèques dans l'arrondissement desquels les biens donnés sont situés, et le droit d'enregistrement desdites donations, sont modérés, en ce qui concerne les pauvres et les hôpitaux, au droit fixe de 1 franc pour l'Enregistrement et de 1 *franc* pour la transcription, sans préjudice des droits dévolus au conservateur.

[*V.* L. 18 avril 1831, art. 17.]

DÉCRET DU 3 MESSIDOR AN XII

Remplacement des inscriptions au grand livre.

(IVe Série, Bull. 6, n° 57; Instr. n° 237.)

—

Art. 2. — Les rentiers qui auraient perdu leurs extraits d'inscription, en feront la déclaration devant le maire de la commune de leur domicile. — Cette déclaration, faite en présence de deux témoins qui constateront l'individualité du déclarant sera assujettie au droit fixe d'enregistrement de 1 franc.

[Droit porté à 2 fr. (L. 18 mai 1850, art. 8); — puis à 3 fr. (L. 28 février 1872, art. 4).]

LOI DU 28 NIVOSE AN XIII

Consignations.

(IVe Série, Bull. 27, n° 474; Instr. n° 272.)

—

Art. 3. — Le recours sur la caisse d'amortissement, pour les sommes consignées dans les mains de ses préposés, est assuré à ceux qui auront fait la consignation, à la charge par eux de faire enregistrer, dans le délai de cinq jours, les reconnaissances desdits préposés, au bureau de l'Enregistrement du lieu de la consignation. — Le droit d'enregistrement sur ces reconnaissances est fixé à 1 franc.

[Comp. L. 22 frimaire an VII, art. 68, § 1, n° 27. — Tarif élevé à 2 fr. (L. 18 mai 1850, art. 8); — puis à 3 fr. (L. 28 février 1872, art. 4). — Caisse d'amortissement (L. 28 avril 1816, art. 110 et suiv. VIIe Série, Bull. 81, n° 623). — L'obligation de faire enregistrer la reconnaissance n'a pas été maintenue par les articles 1 et 7 de la loi du 24 avril 1833, relative aux formes et au contrôle des récépissés et autres titres qui engagent le Trésor public (IXe Série, Bull. 98, n° 226).]

AVIS DU CONSEIL D'ÉTAT DU 3-12 FLOR. AN XIII

Transcription des actes de vente sous seing privé et enregistrés

(Instr. 316, n° 8.)

—

Le conseil d'État, qui, d'après le renvoi fait par S. M. l'Empereur, a ouï le rapport des sections de législation et des finances sur celui du grand juge, ministre de la justice, relatif à la question de savoir si l'on peut valablement transcrire, pour purger les hypothèques, les ventes faites par actes sous seing privé, mais dont les signatures n'ont pas été reconnues devant notaires ou par jugements; — Vu la loi du 11 brumaire an VII sur le régime hypothécaire, et le titre du Code civil sur les priviléges et hypothèques; — Considérant qu'aucune disposition précise ne s'oppose à ce qu'un acte sous seing privé, revêtu de la formalité de l'enregistrement, soit transcrit sur les registres du conservateur des hypothèques; que cette transcription n'a d'autre effet que d'annoncer aux personnes intéressées que la propriété d'un immeuble a passé d'une main dans une autre, et qu'il n'y aurait pas de motifs pour prohiber les annonces du changement qui se serait opéré par acte sous seing privé, quand il est permis d'aliéner de cette manière; — Qu'on ne peut tirer aucune induction contraire de ce que l'inscription à l'effet d'acquérir hypothèque ne peut avoir lieu que sur le vu d'une expédition authentique; qu'enfin, lors de la discussion du titre du Code civil des *Priviléges et Hypothèques*, la question fut proposée au conseil d'État, et qu'il parut si évident qu'on pouvait transcrire un acte de vente sous seing privé dûment enregistré, qu'on jugea superflu de faire une disposition pour le permettre, comme on peut s'en convaincre par la lecture du procès-verbal, séance du 10 ventôse an XII, — Est d'avis que les actes de vente sous seing privé et enregistrés peuvent être présentés à la transcription.

[*V.* Instr. 255, et L. 22 frim. an VII, art. 23 et 42.]

DÉCRET DU 4 MESSIDOR AN XIII

Communications des registres des communes et des établissements publics.

(IVe Série, Bull. 49, n° 826; Instr. n° 293.)

—

Article premier. — Les receveurs des droits et revenus des communes, et de tous autres établissements publics, les dépositaires des registres et minutes d'actes concernant l'administration des biens des hospices, fabriques des églises, chapitres, et de tous autres établissements publics, sont tenus de communiquer, sans déplacer, à toute réquisition, aux préposés de l'Enregistrement, leurs registres et minutes d'actes, à l'effet, par lesdits préposés, de s'assurer de l'exécution des lois sur le timbre et l'enregistrement.

Art. 3. — A l'avenir, les établissements publics pourront tenir, pour les actes relatifs à leur administration, deux registres : l'un pour les actes de police intérieure, et sans aucun rapport avec des personnes étrangères à l'établissement ; et l'autre pour les actes d'administration temporelle et extérieure. Le premier registre sera exempt de timbre; aucun acte sujet à l'enregistrement ne pourra être inscrit sur ce registre.

Art. 4. — Si, sur le registre destiné aux actes d'administration temporelle et extérieure, il était porté des actes reçus par un secrétaire ou autres officiers de l'établissement, et qui constateraient qu'on s'est présenté devant lui pour rédiger les conventions y portées, lesdits actes seraient alors sujets à l'enregistrement dans les vingt jours, comme ceux des secrétaires des administrations centrales ou municipales.

Art. 5. — Tous les autres actes qui seraient consignés sur le registre en papier timbré, en forme de délibération des membres de l'établissement, même avec le concours des particuliers, ne seront considérés que comme actes sous seing privé, qu'il suffira de faire enregistrer lorsqu'on voudra en faire un usage public, excepté ceux qui renfermeraient des dispositions translatives de propriété, d'usufruit ou de jouissance de biens immeubles, lesquels doivent être enregistrés dans les trois mois de leur date.

[V. L. 15 mai 1818, art. 78, 80 et 82. — Fabriques (V. Décr. 30 décembre 1809, art. 81. — Comp. L. 22 frimaire an VII, art. 54, L. 5 juin 1850, art. 28 et L. 23 août 1871, art. 22).]

DÉCRET DU 16 MESSIDOR AN XIII

Lettres de voiture, connaissements, chartes-parties et polices d'assurances.

(IVe Série, Bull. 51, n° 854; Instr. n° 326, § 4, 6°.)

—

Article premier. — Les préposés des douanes et les préposés à la perception des droits d'octroi sont tenus de se faire représenter les lettres de voiture, connaissements, chartes-parties et polices d'assurance des marchandises et autres objets dont le transport se fait par terre ou par eau, et de vérifier si ces actes sont écrits sur papier de 1 franc, ainsi qu'il est prescrit par l'article 5 de la loi du 6 prairial an VII.

[V. LL. 2 juillet 1862, art. 23, 23 août 1871, art. 23 et 30 mars 1872, art. 2, § 5, et 6, § 2).]

Art. 2. — En cas de contravention, ils en rédigeront des procès-verbaux, pour faire condamner les souscripteurs et porteurs solidairement à l'amende fixée par l'article 4 de la même loi.

[Taux des amendes (V. LL. 11 juin 1842, art. 7, 2 juillet 1862, art. 22, et 30 mars 1872, art. 6). — Solidarité (V. L. 28 avril 1816, art. 75, et L. 11 juin 1842, art. 7).]

Art. 3. — Pour indemniser les préposés des soins de cette vérification, il leur sera accordé la moitié des amendes qui auront été payées par les contrevenants.

Art. 4. — Les préposés de l'administration de l'Enregistrement et des domaines qui auront constaté des contraventions de la même nature, profiteront également de la moitié desdites amendes.

RÈGLEMENT DU 8 THERMIDOR AN XIII

Mont-de-Piété de Paris.

(IVe Série, Bull. 51, n° 851.)

—

Art. 89. — Les procès-verbaux de ventes et tous les actes qui y seront relatifs, seront dressés, comme tous autres actes de régie du mont-de-piété, sur des registres non timbrés et exempts du droit d'enregistrement.

[V. L. 24 juin 1851, art. 8.]

AVIS DU CONSEIL D'ÉTAT DU 6 VENDÉMIAIRE-10 BRUMAIRE AN XIV

Enregistrement.

—

Le conseil d'État qui, d'après le renvoi fait par S. M. l'empereur et roi, a entendu le rapport de la section des finances sur celui du ministre de ce département, dans lequel il propose la question de savoir si les actes qui transfèrent la propriété ou l'usufruit d'immeubles situés en pays étranger ou dans les colonies, doivent, lorsqu'ils sont produits en France, être traités comme les actes sous seing privé passés en France, c'est-à-dire être assujettis au droit proportionnel;

Vu les articles 23 et 24 de la loi du 22 frimaire an VII, portant qu'il ne pourra être fait aucun usage de ces actes, soit par acte public, soit en justice, ou devant toute autre autorité constituée, sans qu'ils aient été préalablement enregistrés à peine, pour tout officier public qui contreviendra à cette défense, d'encourir une amende de 50 francs, et de répondre personnellement du droit;

Considérant que le droit proportionnel qui se perçoit, du moment où il y a transmission ou mutation de propriété, à quelque titre que ce soit, est un impôt qui ne peut atteindre les propriétés situées hors du territoire sur lequel il est établi ; que si l'on a cru devoir, pour donner une date légale aux actes passés en pays étranger ou dans les colonies, les assujettir à des droits d'enregistrement, il n'était pas nécessaire que ce droit fût de 4 pour 100, comme pour les actes de même espèce passés en France;

Est d'avis que, dans les cas présentés par le ministre des finances, il n'y a pas lieu de percevoir un droit proportionnel d'enregistrement.

[V. L. 16 juin 1824, art. 4.]

DÉCRET DU 10 BRUMAIRE AN XIV

Enregistrement.

(IVe Série, Bull. 63, n° 1100.)

—

ARTICLE PREMIER. — Tous officiers ayant droit d'apposer des scellés, de les reconnaître et de les lever, de rédiger des inventaires, de faire des ventes ou autres actes dont la confection peut exiger plusieurs séances, sont tenus d'indiquer, à chaque séance, l'heure du commencement et celle de la fin.

ART. 2. — Toutes les fois qu'il y a interruption dans l'opération, avec renvoi à un autre jour ou à une autre heure de la même journée, il en sera fait mention dans l'acte, que les parties et les officiers signeront sur-le-champ pour constater cette interruption.

ART. 3. — Le procès-verbal est sujet à l'enregistrement dans le délai fixé par la loi.

ART. 4. — Le droit d'enregistrement, fixé à 2 fr. par vacation, est exigible par vacation dont aucune ne peut excéder quatre heures.

[Un décret ultérieur du 16 février 1807, contenant le tarif des frais et dépens (IVe Série, Bull. 138, n° 2240), dispose (art. 1er) que chaque vacation d'apposition, reconnaissance et levée de scellés, par le juge de paix, sera de trois heures au moins. Le même décret (art. 168) fixe les honoraires des notaires par vacation de trois heures. (Comp. L. 27 mars 1791, art. 8, Inst. n° 1336, § 8).]

LOI DU 24 MARS 1806

Enregistrement, prescription.

(IVe Série, Bull. 85, n° 1439; Instr. n° 316.)

—

ARTICLE UNIQUE. — Les dispositions de l'article 61 de la loi du 22 frimaire an VII, concernant la prescription des droits d'enregistrement, seront, à compter de la publication de la présente loi, applicables aux perceptions des droits d'inscriptions et de transcriptions hypothécaires établis par les chapitres II et III du titre II de la loi du 21 ventôse an VII.

DÉCRET DU 22 JUILLET 1806

Conseil d'État.

(IVe Série, Bull. 107, n° 1703; Instr. n° 366, § 3.)

—

ART. 48. — Les écritures des parties, signées par les avocats au conseil, seront sur papier timbré. — Les pièces par elles produites ne seront point sujettes au droit d'enregistrement, à l'exception des exploits d'huissier, pour chacun desquels il sera perçu un droit fixe de 1 franc. — N'entendons néanmoins dispenser les pièces produites devant notre conseil d'Etat, des droits d'enregistrement auxquels l'usage qui en serait fait ailleurs pourrait donner ouverture. — N'entendons pareillement dispenser du droit d'enregistrement les pièces produites devant notre conseil d'Etat, qui, par leur nature, sont soumises à l'enregistrement dans un délai fixe.

[Exploits tarifés à 5 fr. (L. 28 avril 1816, art. 45, n° 1); — premier acte de recours, 25 fr. (L. préc., art. 47, n° 1).]

ART. 51. — Les significations d'avocat à avocat, et celles aux parties ayant leur domicile à Paris, seront faites par des huissiers au conseil.

[Significations tarifées à 3 fr. (L. 28 avril 1816, art. 44, n° 11).]

(Ces dispositions ne sont pas abrogées.)

DÉCRET DU 21 AOUT 1806

Certificats de vie, rentes viagères et pensions sur l'Etat.

(IVe Série, Bull. 113, n° 1849; Instr. nos 604 et 1814, § 5.)

—

ART. 10. — Les certificats de vie délivrés aux rentiers et pensionnaires seront conformes aux modèles annexés au présent décret : ils ne seront point sujets à enregistrement et seront expédiés sur papier du timbre de 25 centimes.

[Droit porté à 50 cent. en principal (LL. 28 avril 1816, art. 62, et 2 juillet 1862, art. 17). — Certificats de propriété de cautionnements (Décr. 18 septembre 1806, art. 2.]

DÉCRET DU 18 SEPTEMBRE 1806

Remboursement des cautionnements.

(IVe Série, Bull. 122, n° 1890; Circ. 11 décembre 1806.)

—

ARTICLE PREMIER. — La caisse d'amortissement est autorisée à rembourser les cautionnements des titulaires décédés ou interdits, aux héritiers et ayants droit, sur simple rapport : — 1°... 3° et d'un certificat ou d'un acte de notoriété, contenant les noms, prénoms et domiciles des héritiers et ayants droit, la qualité en laquelle ils procèdent et possèdent l'indication de leurs portions dans le cautionnement à rembourser et l'époque de leur jouissance. — Ce certificat devra être délivré par le notaire détenteur de la minute, lorsqu'il y aura eu inventaire ou partage par acte public, ou transmission gratuite à titre entre-vifs ou par testament ; — il le sera par le juge de paix du domicile du décédé, sur l'attestation de deux témoins, lorsqu'il n'existera aucun desdits actes en forme authentique. — Si la propriété est constatée par jugement, le greffier dépositaire de la minute délivrera le certificat.

Art. 2. — Ces certificats seront assujettis au simple droit d'enregistrement de 1 franc, devront être légalisés par le président du tribunal de première instance, et conformes aux modèles annexés au présent décret.

[Tarif élevé, pour les actes civils, à 2 fr. (L. 18 mai 1850, art. 8; — puis à 3 fr. (L. 28 février 1872, art. 4); — pour les actes judiciaires à 1 fr. 50. (L. 28 février 1872, art. 4). — Certificats relatifs aux pensions dues par l'Etat (V. Décr. 21 août 1806, art. 10).]

AVIS DU CONSEIL D'ÉTAT DU 15 NOV.-12 DÉC. 1806

Enregistrement.

Le conseil d'État qui, d'après le renvoi ordonné par Sa Majesté, a entendu le rapport de la section des finances sur celui du ministre de ce département, établissant que depuis l'avis du conseil d'Etat, du 10 brumaire an XIV, portant qu'il n'y a pas lieu de percevoir un droit proportionnel d'enregistrement sur les actes passés en pays étranger ou dans les colonies, pour mutations ou transmissions de propriétés situées hors du territoire sur lequel l'enregistrement est établi, il s'est élevé deux autres questions : la première, si les actes passés en France pour des immeubles situés en pays étranger ou aux colonies doivent profiter des dispositions de l'avis du conseil d'Etat du 10 brumaire an XIV; la seconde, si cet avis est applicable aux actes passés en France ou dans les pays étrangers et les colonies pour des propriétés mobilières existant en pays étranger ou dans les colonies;

Que, sur la première question, il a été décidé affirmativement, et qu'il pense que le principe admis par l'avis du conseil d'Etat du 10 brumaire an XIV est applicable aux actes passés dans le même cas devant des notaires et autres officiers publics de France; qu'il croit qu'on doit étendre la même disposition aux actes passés en forme authentique seulement dans les pays étrangers et les colonies, contenant obligation ou mutation d'objets mobiliers, lorsque les prêts et placements auront été faits, et les livraisons promises ou effectuées en objets de ces pays et stipulées payables dans les mêmes pays et dans les monnaies qui y ont cours;

Vu l'avis dudit jour 10 brumaire an XIV,

Est d'avis que la disposition de l'avis du conseil d'Etat du 10 brumaire an XIV doit s'appliquer conformément aux propositions présentées par le ministre.

[V. L. 16 juin 1824, art. 4).]

DÉCRET DU 31 MAI 1807

Serment des avocats, avoués et défenseurs officieux.

(IVe série, Bull. 147, n° 2448; Instr. nos 330 et 555.)

Article premier. — Les droits d'enregistrement des actes de prestation de serment des avocats, avoués et défenseurs officieux, seront, conformément à l'article 68 de la loi du 22 frimaire an VII, de 15 francs; la formule aura lieu sur la minute.

[Comp. L. 22 frimaire an VII, art. 68, § 6, n° 4, et L. 27 ventôse an IX. art. 14, § 2. — Le droit de 15 fr. est porté à 22 fr. 50 (L. 28 février 1872, art. 4, § 1er).]

AVIS DU CONSEIL D'ÉTAT DU 12 MAI-1er JUIN 1807

Enregistrement et timbre.

Le conseil d'État, après avoir entendu la section de législation sur un rapport fait à Sa Majesté par le grand juge ministre de la justice, ayant pour objet la question de savoir si l'article 1041 du Code de procédure civile, portant abrogation de toutes lois, usages et règlements antérieurs relatifs à la procédure, doit faire cesser la forme de procéder qui a été précédemment réglée, concernant la régie de l'enregistrement et des domaines;

Vu ledit article 1041 du Code de procédure civile,

Est d'avis que l'abrogation prononcée par cet article ne s'applique point aux lois et règlements concernant la forme de procéder relativement à la Régie des domaines et de l'Enregistrement.

Le nouveau Code de procédure sera désormais la loi commune. Ainsi les lois et règlements généraux qui étaient en vigueur dans les diverses contrées dont l'empire français se compose ont été et ont dû être abrogés; mais, dans les affaires qui intéressent le Gouvernement, il a toujours été regardé comme nécessaire de s'écarter de la loi commune par des lois spéciales, soit en simplifiant la procédure, soit en prescrivant des formes différentes. Or, on ne trouve dans le nouveau Code aucune disposition qui puisse suppléer ou remplacer ces règlements spéciaux; il y aurait cependant même nécessité de les rétablir et de leur rendre la force de loi, si on pouvait supposer qu'ils l'eussent perdue. Mais il ne peut y avoir de doute sur ce que l'abrogation prononcée par l'article 1041 n'a eu pour objet que de déclarer qu'il n'y aurait désormais qu'une seule loi commune pour la procédure, et que l'on n'a entendu porter aucune atteinte aux formes de procéder, soit dans les affaires de la Régie de l'Enregistrement et des domaines, soit en toute autre matière pour laquelle il aurait été fait, par une loi spéciale, exception aux lois générales.

DÉCRET DU 20 JUILLET 1807

Tables des actes de l'état civil.

(IVᵉ série, Bull. 154, n° 2613; Instr. nᵒˢ 377, § 2, et 2195.)

—

ARTICLE PREMIER — Les tables alphabétiques des actes de l'état civil continueront à être faites annuellement, et refondues tous les dix ans pour n'en faire qu'une seule par commune, à compter du dernier jour complémentaire an X (21 septembre 1802) jusqu'au 1er janvier 1813, et ainsi successivement de dix en dix ans.

ART. 2. — Les tables annuelles seront faites par les officiers de l'état civil, dans le mois qui suivra la clôture du registre de l'année précédente : elles seront annexées à chacun des doubles registres ; et, à cet effet, nos procureurs impériaux veilleront à ce qu'une double expédition soit adressée par les maires au greffe du tribunal, dans les trois mois de délai.

ART. 3. — Les tables décennales seront faites dans les six premiers mois de la onzième année, par les greffiers des tribunaux de première instance.

ART. 4. — Les tables annuelles et décennales seront faites *sur papier timbré*, et certifiées par les dépositaires respectifs.

ART. 5. — Les tables décennales seront faites en triple expédition pour chaque commune : l'une restera au greffe ; la seconde sera adressée au préfet du département, et la troisième, à chaque mairie du ressort du tribunal.

[V. Décr. 20-25 septembre, et 19-24 décembre 1792, art. 5.]

ART. 6. — Les expéditions faites pour la préfecture seront payées aux greffiers des tribunaux sur les fonds destinés aux dépenses administratives du département, à raison d'un centime par nom, non compris le prix des tuniques. Chaque feuille contiendra quatre-vingt-seize noms en lignes.

ART. 7. — Les expéditions destinées aux communes seront payées par chacune d'elles et seront conformes aux autres.

ART. 8. — Pour l'expédition de celle qui doit rester au tribunal, il ne sera remboursé au greffier, à titre de frais judiciaires, que le prix du papier timbré.

ART. 9. — La table décennale sera faite dans la forme qui suit :

. . . .

ART. 10. — Il sera fait des tables distinctes, mais à la suite les unes des autres, des actes de naissance, de mariage, de divorce et de décès, soit annuelles, soit décennales.

DÉCRET DU 12 AOUT 1807

Baux des hospices et des établissements d'instruction publique.

(IVᵉ série, Bull. 155, n° 2655 ; Instr. nᵒˢ 386, 6°, et 561.)

—

ARTICLE PREMIER. — A compter de la publication du présent décret, les baux à ferme des hospices et autres établissements publics de bienfaisance ou d'instruction publique, pour la durée ordinaire, seront faits aux enchères, par-devant un notaire qui sera désigné par le préfet du département...

ART. 5. — Elle (*l'adjudication*) ne sera définitive qu'après l'approbation du préfet du département ; et le délai pour l'enregistrement sera de quinze jours après celui où elle aura été donnée.

[Comp. L. 22 frimaire an VII, art. 20.]

LOI DU 5 SEPTEMBRE 1807

Droits du Trésor sur les biens des comptables.

(IVᵉ série, Bull. 159, n° 2775 ; Instr. n° 350.)

—

ART. 7. — A compter de la publication de la présente loi, tous receveurs généraux de département, tous receveurs particuliers d'arrondissement, tous payeurs généraux et divisionnaires, ainsi que les payeurs de département, des ports et des armées, seront tenus d'énoncer leurs titres et qualités dans les actes de vente, d'acquisition, de partage, d'échange et autres translatifs de propriété qu'ils passeront, et ce, à peine de destitution ; en cas d'insolvabilité envers le Trésor public, d'être poursuivis comme banqueroutiers frauduleux. — Les receveurs de l'Enregistrement et les conservateurs des hypothèques seront tenus, aussi à peine de destitution, et en outre de tous dommages et intérêts, de requérir ou de faire, au vu desdits actes, l'inscription, au nom du Trésor public, pour la conservation de ses droits, et d'envoyer, tant au procureur impérial du tribunal de première instance de l'arrondissement des biens qu'à l'agent du Trésor public à Paris, le bordereau prescrit par les articles 2148 et suivants du Code civil. — Demeurant néanmoins exceptés les cas où, lorsqu'il s'agira d'une aliénation à faire, le comptable aura obtenu certificat du Trésor public, portant que cette aliénation n'est pas sujette à l'inscription de la part du Trésor. Ce certificat sera énoncé et daté dans l'acte d'aliénation.

LOI DU 16 SEPTEMBRE 1807

Desséchement des marais, etc.

(IVᵉ série, Bull. 162, n° 2797 ; Instr. nᵒˢ 386, § 23, et 464.)

—

ART. 21. — Les propriétaires auront la faculté de se libérer de l'indemnité par eux due, en délaissant une portion relative de fonds calculée sur le pied de la dernière estimation ; dans ce cas, il n'y aura lieu qu'au droit fixe de 1 franc pour l'enregistrement de l'acte de mutation de propriété.

[Droit d'enregistrement porté à 2 fr. (L. 18 mai 1850, art. 8) ; — puis à 3 fr. (L. 28 février 1872, art. 4).]

Art. 23. — Les indemnités dues aux concessionnaires ou au Gouvernement, à raison de la plus-value résultant des desséchements, auront privilége sur toute ladite plus-value, à la charge seulement de faire transcrire l'acte de concession, ou le décret qui ordonnera le desséchement au compte de l'Etat, dans le bureau ou dans les buraux des hypothèques de l'arrondissement ou des arrondissements de la situation des marais desséchés. — L'hypothèque de tout individu inscrit avant le desséchement sera restreinte, au moyen de la transcription ci-dessus ordonnée, sur une portion de propriété égale en valeur à la première valeur estimative des terrains desséchés.

Art. 21. — Les indemnités pour payement de plus-value seront acquittées, au choix des débiteurs, en argent ou en rentes constituées à 4 pour 100 net, ou délaissement d'une partie de la propriété si elle est divisible : ils pourront aussi délaisser en entier les fonds, terrains ou bâtiments dont la plus-value donne lieu à l'indemnité; et ce, sur l'estimation réglée d'après la valeur qu'avait l'objet avant l'exécution des travaux desquels la plus-value aura résulté. Les articles 21 et 23, relatifs aux droits d'enregistrement et aux hypothèques, sont applicables aux cas spécifiés dans le présent article.

AVIS DU CONS. D'ÉTAT DU 15 DÉC. 1807-22 JANV. 1808

Hypothèques.

(IVe série, Bull. 177, n° 2959.)

Le conseil est d'avis : 1° que toute inscription doit être renouvelée avant l'expiration du laps de dix années; 2° lorsque l'inscription a été nécessaire pour opérer l'hypothèque, le renouvellement est nécessaire pour sa conservation; 3° lorsque l'hypothèque existe indépendamment de l'inscription, et que celle-ci n'est ordonnée que sous des peines particulières, ceux qui ont dû la faire doivent la renouveler sous les mêmes peines; 4° enfin, lorsque l'inscription a dû être faite d'office par le conservateur, elle doit être renouvelée par le créancier qui a intérêt.

DÉCRET DU 1er MARS 1808

Majorats.

(IVe série, Bull. 186, n° 3207; Instr. n° 413.)

Art. 40. — Les biens qui forment les majorats sont inaliénables; ils ne peuvent être engagés ni saisis...

Art. 41. — Tout acte de vente, donation ou autre aliénation de ces biens par le titulaire, tout acte qui les frapperait de privilége ou d'hypothèque, tout jugement qui validerait ces actes, hors les cas ci-après exprimés, sont nuls de plein droit.

Art. 43. — Défendons aux notaires de recevoir les actes énoncés en l'article 41, aux préposés de l'enregistrement de les enregistrer, aux juges d'en prononcer la validité.

[V. Décr. 24 juin 1808, Décr. 22 décembre 1812 (série des lois sur les hypothèques), et L. 7 mai 1849. — Une loi du 12 mai 1835 (IXe série, Bull. 138, n° 308) a interdit pour l'avenir toute institution de majorats.]

AVIS DU CONS. D'ÉTAT DU 29 MARS-1er AVR. 1808

Timbre.

(IVe série, Bull. 189, n° 3262.)

Le conseil d'État qui, d'après le renvoi ordonné par Sa Majesté, a entendu le rapport de la section des finances sur celui du ministre de ce département, tendant à faire statuer sur la question de savoir si l'article 6 de la loi du 6 prairial an VII, sur le timbre, s'applique aux reconnaissances de dépôts faits entre les mains des particuliers, et dans quel cas ces reconnaissances sont sujettes au timbre proportionnel;

Vu les observations de l'administration de l'Enregistrement et des domaines;

Vu les articles 12 et 14 de la loi du 13 brumaire an VII sur le timbre, et l'article 6 de la loi du 6 prairial suivant;

Considérant : 1° que l'article 14 de la loi du 13 brumaire an VII ne déclare assujettis au droit du timbre proportionnel, que les billets à ordre ou au porteur, les rescriptions, mandats, mandements, ordonnances et tous autres effets négociables ou de commerce;

2° Que l'article 6 de la loi du 6 prairial suivant a étendu cette même disposition aux billets et obligations non négociables et aux mandats à terme ou de place en place;

3° Que les reconnaissances de dépôt ne sont point nominativement désignées dans ces deux lois, et que rien ne prouve que l'intention du législateur ait été de les comprendre indistinctement dans la dénomination générale de *billets et obligations non négociables*, insérée dans la loi du 6 prairial;

4° Que néanmoins toute reconnaissance de dépôt qui, soit par son énonciation, soit par toute autre circonstance, présenterait les caractères d'une obligation ordinaire, quoique qualifiée de dépôt, ne peut jouir de l'exception de la loi, puisque alors elle rentre dans la classe des obligations :

Est d'avis que toute obligation déguisée sous le nom de reconnaissance de dépôt, entre toutes sortes de personnes, est assujettie au droit du timbre proportionnel comme les autres obligations désignées en l'article 6 de la loi du 6 prairial an VII.

DÉCRET DU 26 AVRIL 1808

Évaluation des rentes et des baux payables en nature.

(IVe série, Bull. 190, n° 3296; Instr. n° 386, § 20.)

Article premier. — Les décisions de notre ministre des finances, des 10 messidor an X et 3 vendémiaire an XIII, portant que, pour les rentes perpétuelles ou viagères et pour les baux à loyer ou à ferme, lorsque ces rentes ou baux sont stipulés payables en nature, ainsi que pour les transmissions, par décès, de biens dont les baux sont également stipulés payables en nature, l'évaluation, soit du montant des rentes, soit du prix des baux, sera faite d'après le taux commun résultant des mercuriales des trois dernières années, sont approuvées et maintenues.

[L'art. 75 de la loi du 18 mai 1818 n'a abrogé ce décret qu'en ce qui concerne les baux payables en quantité fixe de grains (Instr. 1200, § 4, et 1537, sect. 2, n° 264).]

DÉCRET DU 24 JUIN 1808

Des majorats.

(IVe série, Bull. 196, n° 3488; Instr. n° 413.)

Art. 5. — Les actes portant acquisition d'immeubles, passés en conformité de nos ordres ou de notre autorisation, pour effectuer le remplacement en France de propriétés situées hors de l'empire, et les échanges des biens situés en France, seront assujettis aux mêmes droits d'enregistrement et d'hypothèque que les transactions de pareille nature entre particuliers.

Art. 6. — Les mutations par décès des biens composant un majorat, ne donneront ouverture qu'à un droit égal à celui qui est perçu pour les transmissions de simple usufruit en ligne directe; il sera à la charge du majorat, et payé par l'appelé et la veuve, par proportion, sans qu'il puisse être réclamé contre la succession du titulaire décédé.

[Pour les majorats de biens particuliers, V. L. 7 mai 1849, art. 7.]

DÉCRET DU 12 JUILLET 1808

Concernant les droits de greffe.

(IVe série, Bull. 197, n° 3523; Instr. n° 398.)

Article premier. — Les actes qui seront assujettis sur la minute au droit de greffe, de rédaction et de transcription, sont ceux ci-après désignés :

1° Acceptation de succession sous bénéfice d'inventaire; — acte de voyage; — consignation de sommes au greffe, dans les cas prévus par l'article 301 du Code de procédure civile, et autres déterminés par les lois; — déclarations affirmatives et autres faites au greffe, à l'exception de celles à la requête du ministère public; — dépôt de registres, répertoires, et autres titres ou pièces, fait au greffe, de quelque nature et pour quelque cause que ce soit; — dépôt de signature et parafe des notaires, conformément à l'article 49 de la loi du 25 ventôse an XI; — enquêtes; — interrogatoires sur faits et articles; — procès-verbaux, actes et rapports faits ou rédigés par le greffier; — publication de contrats de mariage, divorces, jugements de séparation, actes et dissolutions de société, et de tous autres actes, prescrite par les Codes : il ne sera perçu aucun droit de dépôt pour la remise au greffe desdits actes; — récusations de juges; — renonciation à une communauté de biens ou à une succession; — soumissions de caution; — transcription et enregistrement sur les registres du greffe, d'oppositions et autres actes désignés par les Codes (à l'exception de la transcription de saisie immobilière dont il sera parlé ci-après) : *le droit ne sera dû qu'autant qu'il sera délivré expédition de la transcription.* — Il sera payé, pour chacun des actes ci-dessus, 1 franc 25 centimes. — Les enquêtes seront en outre assujetties à un droit de 50 centimes pour chaque déposition de témoins, ainsi qu'il est réglé par l'article 5 de la loi du 21 ventôse an VII.

2° Adjudications faites en justice; — dépôt de l'état certifié par le conservateur des hypothèques, de toutes les inscriptions existantes, et qui, aux termes de l'article 752 du Code de procédure civile, doit être annexé au procès-verbal; — dépôt de titres de créance pour la distribution de deniers par contribution ou par ordre; — mandements sur contribution, ou bordereaux de collocation; — radiation de saisie immobilière; — surenchère faite au greffe; — transcription au greffe de la saisie immobilière. — Il sera payé pour chacun de ces actes, savoir : — 3 francs, pour la transcription de la saisie; — même droit pour le dépôt de l'état des inscriptions existantes; — 1 franc 50 centimes, pour dépôt de titres de créance, et ce pour chaque production; — même droit pour chaque acte de surenchère et de radiation de saisie; — pour la rédaction des adjudications, un demi pour 100 sur les cinq premiers mille, et 25 centimes par 100 francs sur ce qui excédera 5,000 francs; — sur chaque mandement ou bordereau de collocation délivré, 25 centimes par 100 francs du montant de la créance colloquée.

Art. 2. — Les actes de dépôt seront transcrits à la suite les uns des autres, sur un registre en papier timbré, coté et parafé par le président du tribunal. — Les actes de décharges de ces mêmes dépôts seront portés sur le registre, en marge de l'acte de dépôt, et soumis au même droit de rédaction et transcription.

Art. 3. — Le droit de rédaction, en cas de revente à la folle enchère, n'est dû que sur ce qui excède la première adjudication. — Il n'est exigible, pour les licitations, que sur la valeur de la part acquise par le colicitant, s'il reste adjudicataire. — Dans aucun cas, la perception ne pourra être au-dessous du droit fixe de

1 franc 25 centimes, déterminé, pour les moindres actes, par l'article 5 de la loi du 24 ventôse an VII.

[Comp. L. 22 frimaire an VII, art. 69, § 7, n° 1, 2e alinéa, et n° 4.]

ART. 4. — Lorsque, par suite d'appel, une adjudication sera annulée, il y aura lieu de restituer le droit proportionnel de rédaction. — Le droit fixe de rédaction et de transcription, et celui d'expédition, étant le salaire de la formalité, ne seront, dans aucun cas, restituables.

[Comp. Av. Cons. d'Et. 18-22 octobre 1808, sous l'art. 7 L. 22 frimaire an VII, note 1.]

ART. 5. — Le droit de mise au rôle et celui d'expédition continueront d'être perçus comme le prescrit la loi du 21 ventôse an VII. — Les référés, qui sont l'objet du titre XVI du livre V du Code de procédure civile, ne sont pas assujettis au droit de mise au rôle.

ART. 6. — Les prescriptions établies par l'article 61 de la loi du 22 frimaire an VII, sont applicables aux droits de greffe comme à ceux d'enregistrement.

AVIS DU CONSEIL D'ÉTAT DU 2-10 SEPT. 1808

Enregistrement.

Le conseil d'État qui, en exécution du renvoi ordonné par Sa Majesté l'empereur et roi, a entendu le rapport des sections des finances et de législation, sur celui du ministre des finances présentant la question de savoir :

Si, lorsqu'un légataire universel est grevé de legs particuliers de sommes d'argent qui ne se trouvent pas dans la succession, le droit proportionnel dû par lui sur la valeur entière des biens qui la composent, doit être perçu indépendamment des droits dus pour chacun de ces legs particuliers :

Vu les articles 14, 15, 27, 29 et 32 de la loi du 22 frimaire an VII,

Les articles 1016 et 1017 du Code Napoléon;

Considérant que la déclaration des héritiers ou légataires à titre universel, devant comprendre l'universalité des biens de la succession, le droit proportionnel qui est perçu, d'après cette déclaration, remplit le vœu de la loi, puisqu'il porte sur la totalité de la succession;

Que la délivrance des legs particuliers, soit qu'ils consistent en effets réellement existants dans la succession, soit que les légataires universels ou les héritiers doivent les payer de leurs propres deniers, n'opère point de mutation de ces derniers aux légataires particuliers ; que, dans les deux cas, la loi ne regarde les héritiers ou légataires universels que comme de simples intermédiaires entre le testateur, qui est censé donner lui-même, et les légataires particuliers, qui reçoivent;

Que du système contraire il résulterait que le même objet serait, en définitive, assujetti à deux droits de mutation, ce qui n'est ni dans le texte ni dans l'esprit de la loi;

Qu'enfin on ne doit pas assimiler le legs particulier, payé d'après la volonté du testateur, à une dette de la succession;

Est d'avis,

Que, lorsque des héritiers ou légataires universels sont grevés de legs particuliers de sommes d'argent non existantes dans la succession, et qu'ils ont acquitté le droit proportionnel sur l'intégralité des biens de cette même succession, le même droit n'est pas dû pour ces legs; conséquemment, que les droits déjà payés par les légataires particuliers doivent s'imputer sur ceux dus par les héritiers ou légataires universels.

AVIS DU CONSEIL D'ÉTAT DU 18-22 OCT. 1808

Enregistrement.

Le conseil d'État qui, d'après le renvoi ordonné par Sa Majesté, a entendu le rapport des sections de finances et de législation, sur celui du ministre des finances, présentant la question de savoir si les adjudications d'immeubles faites en justice doivent être enregistrées dans les vingt jours de leur date, lorsqu'elles sont attaquées par la voie d'appel; et s'il y a lieu à restitution du droit, dans le cas ou ces adjudications sont annulées;

Vu les articles 7, 28 et 60 de la loi du 22 frimaire an VII, ensemble les observations de l'administration de l'enregistrement et des domaines;

Considérant : 1° que l'article 7 de la loi susdatée assujettit à l'enregistrement, dans les vingt jours, les jugements portant transmission de propriété d'immeubles; que la même loi, ni aucune autre, ne contient d'exception pour les jugements dont il est interjeté appel; et que l'article 28 dit expressément que le payement des droits ne peut être différé par quelque motif que ce soit, sauf aux parties à se pourvoir en restitution, s'il y a lieu;

2° Que l'article 60 porte, à la vérité, que tout droit d'enregistrement, régulièrement perçu, ne peut être restitué, *quels que soient les événements ultérieurs;* mais que, par ces derniers mots, l'intention de la loi n'a pu être que d'empêcher l'annulation des actes par des collusions frauduleuses, et de tarir dans leur source les abus qui pourraient en résulter pour le Trésor public et pour les particuliers;

Que ces motifs cessent d'être applicables à une adjudication légalement annulée, et qu'il est juste alors de restituer le droit;

Est d'avis :

1° Que les adjudications d'immeubles faites en justice doivent être enregistrées dans les vingt jours de leur date, et sur la minute, soit qu'on en ait ou non interjeté appel;

2° Que le droit perçu est restituable, lorsque l'adjudication est annulée par les voies légales.

LOI DU 12 NOVEMBRE 1808

Contributions directes, privilége du Trésor.

(IVe série, Bull. 213, n° 3886.)

—

ARTICLE PREMIER.—Le privilége du Trésor public pour le recouvrement des contributions directes est réglé ainsi qu'il suit, et s'exerce avant tout autre : 1° pour la contribution foncière de l'année échue et de l'année courante, sur les récoltes, fruits, loyers et revenus des biens immeubles sujets à la contribution; 2° pour l'année échue et l'année courante des contributions mobilière, des portes et fenêtres, des patentes, et toute autre contribution directe et personnelle, sur tous les meubles et autres effets mobiliers appartenant aux redevables, en quelque lieu qu'ils se trouvent.

LOI DU 15 NOVEMBRE 1808

Expertise.

(IVe série, Bull. 214, n° 3935; Instr. n° 411, § 2.)

—

ARTICLE PREMIER.— Lorsque dans les cas prévus par les articles 17, 18 et 19 de la loi du 22 frimaire an VII, il y aura lieu à expertise de biens immeubles situés dans le ressort de plusieurs tribunaux, la demande en sera portée au tribunal de première instance dans le ressort duquel se trouve le chef-lieu de l'exploitation, ou, à défaut de chef-lieu, la partie des biens qui présente le plus grand revenu d'après la matrice du rôle. — Ce même tribunal ordonnera l'expertise partout où elle sera jugée nécessaire, à la charge néanmoins de nommer pour experts des individus domiciliés dans le ressort des tribunaux de la situation des biens; et il prononcera sur leur rapport. — Les experts seront renvoyés, pour la prestation du serment, devant le juge de paix du canton où les biens sont situés.

[L. 22 frimaire an VII, 17, 18, 19.]

ART. 2. — Il n'est rien innové en ce qui concerne les expertises d'immeubles dont la mutation s'opère par décès, et dont la déclaration se fait au bureau dans l'arrondissement duquel ils sont situés.

CORPS LÉGISLATIF.

Séance du 14 novembre 1808.

Rapport de la commission des finances.

M. DE MONTESQUIOU, *rapporteur*. Messieurs, les orateurs du Gouvernement vous ont fait connaître l'objet de la loi qui est aujourd'hui soumise à votre sanction. Elle se propose de diminuer les charges des contribuables; d'assurer la perception d'une partie importante des contributions, d'autant plus onéreuses qu'elles n'offrent aucun dédommagement des dépenses et des travaux qu'elles exigent.

Le droit d'enregistrement qui se prélève à la mutation des propriétés, se proportionnant à leur valeur, suppose au fisc la faculté de constater ou de discuter les déclarations des propriétaires; mais il n'est peut-être pas de question plus délicate sur le recouvrement des deniers publics, que de déterminer la juste mesure de puissance et de défense qu'il faut donner aux gouvernements pour assurer la rentrée des impôts, et aux contribuables pour les protéger contre d'injustes prétentions.

Nous pouvons dire, à l'éloge de notre législation, qu'elle a presque résolu ce problème, en ordonnant, contre l'exemple de la plupart des autres nations, que les plaintes du Gouvernement, comme celles des redevables, seraient portées devant les tribunaux ordinaires.

Mais cette heureuse conception peut perdre tous ses avantages s'il en résulte soit des lenteurs qui s'opposent en définitive au recouvrement de l'impôt, soit des frais de procédure trop onéreux au Trésor ou accablants pour les contribuables; s'il faut qu'un propriétaire plaide à la fois devant cinq ou six tribunaux, et qu'en gagnant sa cause devant le plus grand nombre, il la perde, pour ainsi dire, par toutes les dépenses qu'elles lui aura occasionnées. Qu'on se figure en effet la position d'un propriétaire qui voit attaquer, par les préposés de l'Enregistrement, les déclarations qu'il a faites de la valeur de biens situés dans le ressort de plusieurs tribunaux; qu'on le suive dans les nombreux déplacements qu'exige cette discussion, dans les embarras résultant de la diversité possible de jugements, dans les longueurs qu'entraînent les pouvoirs en règlement de juges; que l'on apprécie le désavantage de sa position, comparée à celle de la Régie pendant toutes ces procédures, et l'on verra qu'avec un peu de sagesse il doit renoncer à ses droits, plutôt que de les défendre au risque de tant de peines et de dépenses.

Des inconvénients si graves qui anéantissaient le bienfait de la loi, méritaient sans doute l'attention du Gouvernement, et devaient exciter le zèle de votre commission pour seconder ses efforts; elle a donc reçu avec reconnaissance le projet de loi qui adoptait le seul moyen capable de réparer ce désordre, celui d'attribuer à un même tribunal le droit d'ordonner l'expertise, et de prononcer sur les contestations dont cette sage mesure écarte la plus grande partie.

Il était juste que ce tribunal fût celui dans le ressort duquel se trouve le chef-lieu d'exploitation ou la majeure partie des biens; et c'est ce qui est proposé par le Gouvernement.

Mais cette forme de procéder, plus sommaire et propre à diminuer les frais, semblait cependant priver les propriétaires d'un avantage que la loi paraissait leur laisser : les articles 17, 18 et 19 de la loi du 22 frimaire an VII, ne donnaient qu'une année à la Régie du droit d'enregistrement, pour former ses demandes en expertise; l'article 61 lui en donnait deux, pour constater par voie d'experts la fausseté des évaluations; et comme elle était obligée de s'adresser à chacun des tribunaux de la situation des biens dont elle contestait la valeur déclarée, elle pouvait laisser passer le terme fixé par la loi, et être ainsi déchue de ses droits. Mais votre commission a pensé que des lenteurs de procédures ou la négligence des préposés ne pouvaient pas être considérées comme un bienfait de la loi; qu'en soumettant la Régie à des formes précises et rigoureuses, elle avait voulu empêcher l'abus, et non pas l'exercice de ses droits; que la tranquillité des citoyens reposait sur les formes de la procédure, et non pas sur la diversité des tribunaux; et qu'en ne permettant à la Régie de former sa demande que devant le tribunal dont relève la majorité des biens, toute justice se trouvait remplie.

Comment d'ailleurs considérer comme un avantage les difficultés de la perception de l'impôt, ou la négligence des préposés? Les contributions ne doivent pas, sans doute, excéder les bornes que la loi leur a posées; mais tout ce qu'elles perdent de ce qui leur est légitimement acquis, devient une charge publique, puisqu'il faut le remplacer par de nouveaux impôts. Nous devons donc désirer qu'une même justice préside aux droits des citoyens et à ceux du fisc, et que le Trésor de l'Etat ne voie pas ses recettes diminuer par des difficultés et des lenteurs qui, pouvant donner lieu à de nouvelles demandes, ne retomberaient que sur nous-mêmes.

Votre commission a d'ailleurs pensé qu'un sage gouvernement devait toujours faire accorder, le plus possible, les formes de l'administration avec celles de la législation; car les lois qui déterminent toutes les transactions civiles ont été, dans tous les temps, l'objet de la méditation des plus grands génies. Tandis que la science de l'administration, nouvellement créée en Europe, et inconnue dans toutes les autres contrées de la terre, sort, pour ainsi dire, de l'enfance, et ne peut avoir encore qu'une marche incertaine, le moyen de l'assurer est de se rapprocher de cet antique édifice, si heureusement rajeuni par le Code Napoléon. Cherchons donc, dans l'affaire qui nous occupe, à former notre désision d'après les principes de ce Code.

Mais vous n'ignorez pas que les articles 822 et 824 veulent qu'en matière de partage les experts nommés d'office le soient par un seul tribunal, par celui du lieu de l'ouverture de la succession. Pourquoi n'adopterions-nous pas, pour les droits du fisc, une disposition dont chacun de nous a loué la sagesse? Pourquoi serions-nous lésés, comme contribuables, par une disposition qui maintient d'ailleurs nos droits les plus chers? Pourquoi, enfin, négligerions-nous une heureuse occasion de rapprocher le système administratif de cette sagesse législative que nous voyons étendre son influence sur tant de peuples, et recevoir partout le même tribut d'hommages?

Votre commission des finances a donc cru, Messieurs, devoir vous proposer l'adoption d'un projet qui simplifie la perception des deniers publics, et qui soulage les redevables de beaucoup de soins et de dépenses.

Le Corps législatif ferme la discussion, et délibère sur le projet qui est converti en loi à la majorité de 234 boules blanches contre 11 boules noires.

DÉCRET DU 21 DÉCEMBRE 1808

Timbre.

Article premier. — La procuration que les sous-officiers et soldats en retraite ou en réforme donneront, à l'effet de toucher pour eux, à la caisse du payeur, les arrérages qui leur sont dus, pourra être sur papier libre et exempte de toute espèce de droit.

Art. 2. — Cette procuration sera donnée et signée par eux, en présence du maire de leur commune. Celui-ci certifiera les faits, et sa signature sera légalisée par le préfet ou le sous-préfet; si le sous-officier ou soldat ne sait pas signer, le maire certifiera que le militaire a réellement déclaré en sa présence qu'il choisissait N... N... pour ses procureurs fondés, à l'effet de toucher pour lui sa solde de retraite, et qu'il ne savait pas signer. La signature du maire sera légalisée, ainsi qu'il est dit ci-dessus.

DÉCRET DU 3 JANVIER 1809

Timbre des lettres de voiture, connaissements, chartes-parties et polices d'assurance.

(IVe série, Bull. 222, n° 4066; Instr. n° 419, § 2.)

Article premier. — Les lettres de voiture, connaissements, chartes-parties et polices d'assurance, continueront d'être assujettis au timbre de dimension. Les parties, pour rédiger ces actes, pourront se servir de telle dimension de papier timbré qu'elles jugeront convenable, sans être tenues d'employer exclusivement à cet usage du papier frappé du timbre de 1 franc.

[*V.* Lettres de voiture et connaissements (LL. 11 juin 1842, 28 février 1872, art. 11, et 30 mars 1872, art. 1er, § 2, 3 et suiv.). — Assurances (L. 5 juin 1850, art. 33 à 48).]

Art. 2. — Ne sont point assujettis à se pourvoir de lettres de voiture timbrées, les propriétaires qui font conduire, par leurs voituriers et leurs propres domestiques ou fermiers, les produits de leurs récoltes.

AVIS DU CONSEIL D'ÉTAT DU 18 AVR.-4 JUIN 1809

Hypothèques.

Considérant... que les articles 7 et 8 de la loi du 21 ventôse an VII dispensaient à la vérité du renouvellement pendant toute la durée des fonctions des conservateurs des hypothèques, et dix années après, les inscriptions prises sur les immeubles affectés à leur cautionnement; mais que l'avis du 15 décembre 1807, approuvé par Sa Majesté, a établi d'une manière claire et précise que l'article 2154 du Code Napoléon, qui ordonne le renouvellement des inscriptions dans les dix années de leur date, s'appliquait à toute espèce d'inscription sans exception;

Est d'avis:

Que les inscriptions prises sur les immeubles affectés au cautionnement des conservateurs des hypothèques, doivent être renouvelées dans les dix années de leur date.

[Instr. n° 445.]

DÉCRET DU 4 JUIN 1809

Diplômes.

(IVe série, Bull. 240, n° 4448; Instr. n° 1256, § 10.)

Art. 26. — Les diplômes donnés par le grand maître aux gradués ne sont point assujettis au timbre.

AVIS DU CONSEIL D'ÉTAT DU 8 JUIL.-5 AOUT 1809

Enregistrement.

—

Le conseil d'État qui, d'après le renvoi ordonné par Sa Majesté, a entendu le rapport de la section des finances sur celui du ministre de ce département, tendant à faire statuer sur plusieurs questions relatives à la perception du droit d'enregistrement sur les actes judiciaires;

Vu la loi du 22 frimaire an VII, ensemble les observations de l'administration de l'Enregistrement et des domaines;

Est d'avis :

1° Que, lorsqu'un jugement contient plusieurs dispositions, dont les unes le rendent sujet à l'enregistrement sur la minute, et les autres seulement sur l'expédition, le droit ne peut être exigé que pour les dispositions sujettes à l'enregistrement sur la minute, sauf à percevoir le droit pour les autres dispositions sujettes à l'enregistrement sur l'expédition, lorsque cette expédition est requise (*V.* L. 28 avril 1816, art. 38.)

2° Que, lorsqu'un jugement par lequel il est prononcé des condamnations sur des conventions verbales, est présenté à la formalité après le délai fixé par l'article 20 de la loi du 22 frimaire an VII, il y a lieu de percevoir le double droit sur le montant de la condamnation prononcée, et seulement le droit simple sur la convention qui fait la matière de la demande, à moins que cette convention n'ait pour objet une transmission de propriété d'usufruit ou de jouissance d'immeubles, susceptible par elle-même de la peine du double droit à défaut d'enregistrement dans les délais fixés par la loi; auquel cas seulement le double droit est aussi perçu sur la convention (848 et suiv.).

3° Et que le présent avis soit inséré au *Bulletin des lois*.

AVIS DU CONSEIL D'ÉTAT DU 7-21 OCTOBRE 1809

Ventes mobilières. Décharges.

(IVe série, Bull. 248, n° 4775; Instr. gén., n° 470.)

—

Le conseil d'État, qui, d'après le renvoi ordonné par Sa Majesté, a entendu le rapport de la section des finances sur celui du ministre de ce département, relatif aux quittances et décharges données par les parties aux notaires, greffiers, commissaires-priseurs et huissiers, qui ont procédé à des ventes à l'encan d'objets mobiliers, et présentant les questions de savoir :

1° Si l'on peut placer ces décharges sur les minutes des ventes, sans contrevenir à l'article 23 de la loi du 13 brumaire an VII, relative au timbre;

2° Et dans le cas où ce placement serait permis, si l'officier public est tenu de faire enregistrer les décharges, ainsi données, dans le délai accordé par la loi pour l'enregistrement des ventes;

Vu : 1° l'article 23 de la loi du 13 brumaire an VII; 2° l'article 42 de la loi du 22 frimaire an VII; 3° les nos 22 et 27 de l'article 68 de la même loi du 22 frimaire an VII;

Considérant : 1° en ce qui concerne la première question, que l'article 23 de la loi du 13 brumaire an VII porte formellement que les quittances de prix de vente peuvent être mises à la suite de l'acte qui y a rapport; que cette forme offre un avantage pour les officiers publics et leurs ayants cause, en ce qu'une décharge ainsi donnée n'est pas susceptible de s'égarer;

2° Relativement à la deuxième question, qu'aux termes de l'article 42 de la loi du 22 frimaire an VII, un officier public ne peut annexer à ses minutes un acte quelconque non enregistré; que la quittance ou décharge qui est donnée par la partie, du prix de vente d'effets mobiliers, est un acte qui cesse d'être privé du moment où il est porté à la suite d'un procès-verbal rédigé par un officier public, et qu'elle doit être rédigée et assujettie aux droits, comme les autres actes de cette espèce;

Considérant qu'un usage presque général a jusqu'à présent fait oublier ces principes, et que leur application rigoureuse, pour le passé, exposerait les officiers publics, qui ont négligé de se conformer à la loi, à supporter personnellement les peines qu'elle prononce, par l'impossibilité de découvrir les personnes qui auraient requis les ventes;

Est d'avis :

1° Que les quittances et décharges de prix de ventes mobilières, faites par les notaires, greffiers, commissaires-priseurs et huissiers, peuvent être mises à la suite ou en marge des procès-verbaux de vente;

2° Que, dans ce cas, les quittances et décharges doivent être rédigées en forme authentique, c'est-à-dire que l'officier public attestera que la partie est comparue devant lui pour régler le reliquat de la vente, dont elle lui donnera décharge, et que cet acte sera signé tant par l'officier que par la partie, et, si la partie ne sait pas signer, par un second officier de la même qualité, et par deux témoins;

3° Que les quittances et décharges, ainsi rédigées, doivent être enregistrées dans les délais fixés par la loi du 22 frimaire an VII, article 20; savoir : pour les notaires, dans le délai de dix ou quinze jours de leur date; pour les greffiers, dans les vingt jours, et pour les commissaires-priseurs dans les quatre jours;

Qu'il n'est dû que le droit fixe de 1 fr., conformément aux nos 22 et 27 de l'article 68 de la même loi;

4° Qu'il ne doit être fait aucune recherche pour les quittances et décharges sous seing privé, données antérieurement à la publication du présent avis.

AVIS DU CONSEIL D'ÉTAT DU 19-22 DÉC. 1809

Enregistrement.

(*V.* L. 18 avril 1831, art. 17; Décr. 4 messidor an XIII.)

—

Le conseil d'État qui, d'après le renvoi de Sa Majesté, a entendu le rapport des sections des finances et de législation sur celui du ministre des finances présentant la question de savoir si, dans une donation de biens présents et à venir, faite par contrat de mariage, le droit proportionnel d'enregistrement est dû pour les biens présents, lorsqu'il est stipulé que le donataire entrera de suite en jouissance;

Vu : 1° l'article 4 de la loi du 22 frimaire an VII ; 2° les articles 1084, 1085, 1089 et 1090 du Code civil ;

Vu les observations de l'administration des Domaines et de l'Enregistrement ;

Considérant : 1° qu'aux termes de l'article 4 de la loi du 22 frimaire an VII, le droit proportionnel d'enregistrement est dû lorsqu'il y a transmission réelle de propriété, d'usufruit et de jouissance ;

2° Que le droit de retour en cas de survie de la part du donateur, conformément à l'article 169 du Code, ni la réduction à la quotité disponible, aux termes de l'article 1090, n'empêchent pas que la jouissance qui serait accordée de suite par le contrat de mariage, ne soit une véritable mutation, et conséquemment passible du droit proportionnel ;

Est d'avis :

1° Que, pour les donations de biens présents et à venir par contrat de mariage, soit qu'elles soient faites par contrat de mariage ou par des dispositions séparées, le droit proportionnel est dû pour les biens présents toutes les fois qu'il est stipulé que le donataire entrera de suite en jouissance ;

2° Que le présent avis soit inséré au *Bulletin des lois*.

DÉCRET DU 30 DÉCEMBRE 1809

Enregistrement et timbre.

Art. 81. — Les registres des fabriques seront sur papier non timbré ; les dons et legs qui leur seraient faits, ne supporteront que le droit fixe d'*un franc*.

[V. L. 18 avril 1831, art. 17; du 4 messidor an XII.]

AVIS DU CONSEIL D'ÉTAT DU 3-9 FÉVRIER 1810

Enregistrement.

Le conseil d'État qui, d'après le renvoi ordonné par Sa Majesté, a entendu le rapport des sections des finances et de législation sur celui du ministre des finances, présentant la question de savoir :

Si le double droit d'enregistrement dont sont passibles les actes sous seing privé, portant transmission d'immeubles non soumis à l'enregistrement dans les délais fixés par la loi du 22 frimaire au VII, peut être exigé des héritiers ou représentants de ceux qui ont commis la contravention ;

Vu l'article 38 de la loi du 22 frimaire an VII, ainsi conçu :

« Les actes sous signatures privées et ceux passés en pays étranger, dénommés en l'article 22, qui n'auront pas été enregistrés dans les délais déterminés, seront soumis au double droit d'enregistrement; il en sera de même pour les testaments non enregistrés dans les délais ; »

Vu les autres articles des titres VI et VII de la même loi, prononçant des amendes et des peines pour les contraventions y prévues ;

Vu pareillement les observations du conseiller d'État directeur général de l'administration de l'Enregistrement et des domaines ;

Considérant que la disposition de l'article 38 de la loi du 22 frimaire an VII, portant que les actes seront soumis au double droit lorsqu'ils n'auront pas été enregistrés dans les délais déterminés, ne s'occupe point des personnes; qu'on ne peut conséquemment faire dépendre la perception du double droit qu'elle établit, de l'existence de ceux qui ont contracté ;

Que l'article 11 de la loi du 5-19 décembre 1790, qui a précédé celle du 22 frimaire an VII, soumettait également au double droit les actes non enregistrés dans les délais, et non les personnes ; que, sous l'empire de cette première loi, on n'a jamais prétendu que, pour assurer la perception du double droit, il fallût prouver l'existence des contrevenants ;

Est d'avis,

Que le double droit dû en exécution de l'article 38 de la loi du 22 frimaire an VII peut être exigé à l'enregistrement des actes qui n'ont pas été soumis à cette formalité dans les délais prescrits, lorsque ces actes sont présentés par les héritiers ou représentants de celui qui a contracté, ou par tout autre.

AVIS DU CONSEIL D'ÉTAT DU 13-20 MARS 1810

Amende de fol appel.

(IVe série, Bull. 276, n° 5287.)

Le conseil d'État qui, d'après le renvoi ordonné par Sa Majesté, a entendu le rapport de la section de législation sur celui du grand juge, ministre de la justice, relatif à la question de savoir si la loi du 1er thermidor an VI, vu aussi les articles 494 et 1041 du Code de procédure civile ;

Considérant que l'article 494 de ce Code porte expressément que la requête civile d'aucune partie autre que celles qui stipulent les intérêts de l'Etat ne sera reçue si, avant la présentation de la requête, l'amende n'a été consignée jusqu'à concurrence de la somme déterminée par le même article; qu'aucune exception n'est faite pour les indigents ; que l'article 1041 du même Code abroge, à compter du jour de son exécution, toutes lois, coutumes, usages et règlements relatifs à la procédure civile; qu'ainsi la loi du 1er thermidor an VI se trouve comprise dans cette abrogation; qu'on ne peut rien induire de ce que la loi du 14 brumaire an V, qui dispense les indigents de consigner l'amende pour se pourvoir en cassation, subsiste encore, puisque le Code de procédure civile, ne s'étant point occupé des formes à suivre pour les demandes en cassation, est absolument étranger à cette loi; qu'enfin l'abrogation de la loi du 1er thermidor an VI est un retour à l'ancienne règle consacrée par une longue suite d'édits et d'ordonnances, et dont la rigueur était fondée sur ce que la trop grande facilité des demandes en rétractation des jugements ne tendait qu'à multiplier les procès et à les rendre interminables; — Est d'avis que la loi du 1er thermidor an VI est abrogée.

AVIS DU CONSEIL D'ÉTAT DU 3-6 JUILLET 1810

Répertoire, huissier.

(IVe série, Bull. 301, n° 5726.)

—

Le conseil d'État, après avoir entendu le rapport de la section de législation sur celui du grand juge, ministre de la justice, tendant à examiner si les dispositions de l'article 53 de la loi du 22 frimaire an VII, concernent les huissiers établis près les tribunaux; — Considérant qu'encore que cette intention ne soit pas textuellement exprimée dans la loi, elle sort évidemment de son esprit; — Que si cette formalité est nécessaire à l'égard des huissiers de justice de paix, elle l'est plus encore à l'égard des huissiers établis près les tribunaux, dont les actes comportent des objets plus importants; — Est d'avis que l'article 53 de la loi du 22 frimaire an VII concerne les huissiers établis près les tribunaux;

En conséquence que les répertoires que doivent, aux termes des lois et règlements, et sous les peines y portées, tenir les uns et les autres, doivent être cotés et parafés par les présidents des cours ou tribunaux, ou par les juges par eux commis.

DÉCRET DU 11 JUILLET 1810

Passeports et permis de chasse.

(IVe série, Bull. 301, n° 5729; Instr. n° 496.)

—

Article premier. — L'administration de l'Enregistrement sera chargée de fournir, à compter du 1er octobre prochain, les passe-ports et permis de port d'armes de chasse, conformes au modèle annexé au présent décret.

[V. Ord. 30 novembre 1834.]

Art. 9. — Le prix des passe-ports est fixé, savoir: pour les passe-ports à l'intérieur de l'empire, à 2 fr.; — pour les passe-ports à l'étranger, à 10 fr. — Dans cette fixation sont compris les frais de papier et timbre, et tous frais d'expédition. — Les prix ci-dessus fixés seront imprimés sur les passe-ports.

[V. L. 28 avril 1816, art. 77. — Décimes (L. 23 août 1871, art. 2).]

Art. 13. — Le prix des permis de port d'armes de chasse est fixé à 30 fr., y compris les frais de papier, timbre et expédition.

[Droit réduit à 15 fr. (L. 3 mai 1844, art. 77); — fixé à 25 fr. (L. 3 mai 1844, art. 5, p. 211, note 2, *infrà*). — Le droit au profit de l'Etat a été porté à 30 fr. (L. 23 août 1871, art. 2), — puis réduit de nouveau à 15 fr. (L. 20 décembre 1872, art. 21).]

DÉCRET DU 13 AOUT 1810

Entrepreneurs de transports.

(IVe série, Bull. 310, n° 5878; Instr. n° 493.)

—

Article premier. — Les ballots, caisses, malles, paquets et tous autres objets qui auraient été confiés, pour être transportés dans l'intérieur de l'empire, à des entrepreneurs, soit de roulage, soit de messageries par terre ou par eau, lorsqu'ils n'auront pas été réclamés dans le délai de six mois à compter du jour de l'arrivée au lieu de leur destination, seront vendus par voie d'enchère publique, à la diligence de la régie de l'Enregistrement, et après l'accomplissement des formalités suivantes.

Art. 2. — A l'expiration du délai qui vient d'être fixé, les entrepreneurs de messageries et de roulage devront faire aux préposés de la régie de l'Enregistrement la déclaration des objets qui se trouveront dans le cas de l'article précédent...

Art. 6. — Les préposés de la régie de l'Enregistrement et ceux de la régie des droits réunis sont autorisés, tant pour s'assurer de la sincérité des déclarations ci-dessus prescrites, que pour y suppléer, à vérifier les registres qui doivent être tenus par les entrepreneurs de messageries ou de roulage.

AVIS DU CONSEIL D'ÉTAT DU 18-22 AOUT 1810

Enregistrement, vente de meubles, prescription.

—

Le conseil d'État qui, d'après le renvoi ordonné par Sa Majesté, a entendu le rapport de la section des finances sur celui du ministre de ce département, présentant la question de savoir si les amendes prononcées par la loi du 22 frimaire an VII sur l'enregistrement, et par la loi du 22 pluviôse de la même année, sur la vente publique des effets mobiliers, sont soumises à la prescription établie par l'article 61 de la même loi du 22 frimaire;

Vu les lois susdatées, ensemble les observations de l'administration de l'Enregistrement et des domaines;

Considérant: 1° que la loi du 22 frimaire an VII n'a aucune disposition expresse pour la prescription des amendes; mais que, d'un autre côté, l'article 64 de la même loi n'a établi, pour le recouvrement des amendes et des droits, qu'une seule et même voie, celle de la contrainte; que cette uniformité dans le recouvrement, et par une voie aussi directe que celle de la contrainte, annonce assez que l'intention du législateur a été d'assimiler les amendes aux droits, en ce qui peut concerner leur prescription, puisque la prescription est un des moyens qui peuvent empêcher le recouvrement; qu'à l'exception de quelques cas particuliers, le préposé est averti de la contravention par les actes soumis à la formalité de l'enregistrement, et que rien ne s'oppose alors à ce qu'il poursuive le payement de l'amende dans les délais prescrits par l'article 61 de la loi;

2° Que, d'après le paragraphe 7 de l'article 7, et le paragraphe 3 de l'article 8 de la loi du 22 pluviôse an VII, les contraventions et poursuites, en exécution de cette loi, sont soumises aux mêmes règles que celles prescrites par la loi du 22 frimaire, que, conséquemment, il ne peut exister de différence entre les amendes prononcées par ces deux lois;

Est d'avis :

Que toutes les fois que les receveurs de l'Enregistrement sont à portée de découvrir, par des actes présentés à la formalité, des contraventions aux lois des 22 frimaire et 22 pluviôse an VII, sujettes à l'amende, ils doivent, dans les deux ans de la formalité donnée à l'acte, exercer des poursuites pour le recouvrement de l'amende, à peine de prescription.

[*V.* L. 16 juin 1824, art. 14.]

AVIS DU CONSEIL D'ÉTAT DU 4-21 SEPT. 1810

Enregistrement.

Le conseil d'État qui, d'après le renvoi ordonné par Sa Majesté, a entendu le rapport des sections des finances et de législation sur celui du ministre des finances, présentant la question de savoir si les droits de mutation par décès, ainsi que le droit et demi-droit en sus, dont la peine est prononcée par l'article 39 de la loi du 22 frimaire an VII, peuvent être exigés des tiers acquéreurs, lorsqu'ils n'ont pas été acquittés par ces héritiers, donataires ou légataires;

Vu les articles 32 et 39 de la même loi du 22 frimaire an VII;

Vu aussi l'article 38 de la même loi du 22 frimaire an VII;

Vu pareillement l'avis du conseil d'État, approuvé par Sa Majesté, le 9 février 1810, portant que le double droit d'enregistrement, dû en exécution du susdit article 38, peut être exigé des héritiers et représentants de celui qui a contracté, ou de tout autre;

Considérant : 1° relativement au droit principal, que l'article 32 précité ne concerne que les personnes dénommées au paragraphe 1er, c'est-à-dire les héritiers, donataires ou légataires;

Que les deux paragraphes suivants n'ont pour objet que d'expliquer les obligations qui résultent de la disposition principale, pour chacune de ces mêmes personnes, savoir : pour les cohéritiers, la solidarité, et pour tous, même pour les donataires ou légataires à titre particulier, l'affectation des revenus au payement du droit, et que cet article ne peut regarder en rien les tiers acquéreurs;

2° En ce qui concerne le droit et le demi-droit en sus, que la rédaction de l'article 39 précité prouve de plus en plus que la loi ne s'est point occupée des tiers acquéreurs : il n'y est question que des héritiers, donataires ou légataires, comme dans l'article 32. Si la loi avait entendu comprendre les tiers acquéreurs dans les dispositions des articles 32 et 39, elle l'aurait déclaré par une disposition expresse, puisque celles des articles 32 et 39 ne peuvent s'appliquer à eux; ce n'est pas, en effet, aux tiers acquéreurs à faire des déclarations de mutation par décès, et les peines pour omission de biens ou insuffisance d'estimation, ne peuvent s'appliquer à eux, puisqu'ils ne sont point tenus à ces formalités;

3° Que l'avis du conseil d'État, approuvé par Sa Majesté, le 9 février 1810, interprétatif de l'article 38 de la loi du 22 frimaire an VII, n'est applicable qu'à cet article;

Dans le cas de l'article 38, le double droit n'est dû qu'à cause des actes consommés : la loi ne s'y est point occupée des personnes;

L'article 39, au contraire, ne parle que des héritiers, donataires ou légataires, qui n'ont pas rempli les formalités exigées : cette différence dans ces deux cas en apporte nécessairement dans l'application de l'avis précité;

Est d'avis :

Que, ni pour le droit principal dû à cause de mutation par décès, ni conséquemment pour le droit et le demi-droit en sus, dont la peine est prononcée par l'article 39 de la loi du 22 frimaire an VII, l'action accordée par l'article 32 de cette loi ne peut être exercée au préjudice des tiers acquéreurs.

DÉCRET DU 21 SEPTEMBRE 1810

Salaire des conservateurs des hypothèques.

(IVe série, Bull. n° 5983; Instr. n° 494.)

ARTICLE PREMIER. — Les conservateurs des hypothèques, pour les fonctions dont ils sont chargés, seront payés à compter de la publication du présent décret, conformément au tableau ci-annexé.

ART. 2. — Toutes dispositions antérieures sont rapportées.

TABLEAU comparatif des salaires dus aux conservateurs des hypothèques, suivant la loi du 21 ventôse an VII, et de ceux accordés par le décret du 21 septembre 1810.

FORMALITÉS POUR LESQUELLES IL EST DU DES SALAIRES AUX CONSERVATEURS	SALAIRES d'après la loi du 21 ventôse an VII.	SALAIRES d'après le décret du 21 septemb. 1810.
	fr. c.	fr. c.
1° Pour l'enregistrement et la reconnaissance des dépôts d'actes de mutation pour être transcrits, ou de bordereaux pour être inscrits. . .	» »	» 25
2° Pour l'inscription de chaque droit d'hypothèque ou privilége, quel que soit le nombre des créanciers, si la formalité est requise par le même bordereau.	» 50	1 »
3° Pour chaque inscription faite d'office par le conservateur, en vertu d'un acte translatif de propriété soumis à la transcription.	» »	1 »
4° Pour chaque déclaration, soit de changement de domicile, soit de subrogation, soit de tous les deux par le même acte.	» 25	» 50
5° Pour chaque radiation d'inscription.	» 50	1 »
6° Pour chaque extrait d'inscription, ou certificat qu'il n'en existe aucune.	» 50	1 »
7° Pour la transcription de chaque acte de mutation par rôle d'écriture du conservateur, contenant vingt-cinq lignes à la page et dix-huit syllabes à la ligne.	» 25	1 »
8° Pour chaque certificat de non transcription d'acte de mutation.	» »	1 »
9° Pour les copies collationnées des actes déposés ou transcrits dans les bureaux des hypothèques, par rôle d'écriture du conservateur, contenant vingt-cinq lignes à la page et dix-huit syllabes à la ligne.	» 25	1 »
10° Pour chaque duplicata de quittance. . . .	» 20	» 25
11° Pour la transcription de chaque procès-verbal de saisie immobilière (art. 677 C. proc. civ.), par rôle d'écriture du conservateur, contenant vingt-cinq lignes à la page et dix-huit syllabes à la ligne.	» 25	1 »
12° Pour l'enregistrement de la dénonciation de la saisie immmobilière au saisi, et la mention qui en est faite en marge du registre (art. 681 C. proc.)	» »	1 »
13° Pour l'enregistrement de chaque exploit de notification de placards aux créanciers inscrits (art. 696 C. proc.), tenant lieu de l'iscription des exploits de notification des procès-verbaux d'affiches.	1 »	1 »
14° Pour l'acte du conservateur, constatant son refus de transcription en cas de précédente saisie (art. 679 C. proc.).	» »	1 »
15° Pour la radiation de la saisie immobilière (art. 696 C. proc.).	» »	1 »

[N° 7 du tableau : *V.* Ord. 1er mai 1816, qui attribue au Trésor la moitié des salaires pour transcription. — Déc. 24 novembre 1855, qui abroge cette attribution et réduit le salaire à 50 centimes par rôle de 25 lignes à la page et de 18 syllabes à la ligne; — Décr. 9 juin 1866, qui réduit le salaire à 50 centimes par rôles de 30 lignes à la page et de 18 syllabes à la ligne.

[Nos 11 à 15 du tableau : V. Décr. 10 octobre 1841, qui abroge les nos 11 à 15 et fixe un nouveau tarif (art. 2 et 20); — Décr. 9 juin 1866, qui réduit le salaire fixé par le n° 11, à 50 centimes par rôle de 30 lignes à la page et de 18 syllabes à la ligne.]

DÉCRET DU 9 DÉCEMBRE 1810

Certificats de mariage civil.

(IVe série, Bull. 330, n° 6147; Instr. n° 501.)

—

ARTICLE PREMIER. — Les certificats que les officiers de l'état civil délivrent aux parties, pour justifier aux ministres des cultes de l'accomplissement préalable des formalités civiles avant d'être admises à la célébration religieuse de leur mariage, seront assujettis au timbre de vingt-cinq centimes.

[L. 13 brumaire an VII, art. 12, 1° § 8. — Tarif actuel, 0,50 en principal (LL. 28 avril 1816, art. 62, 2 juillet 1862, art. 17). — Indigents (*V.* L. 10 décembre 1850, art. 4, § 2).]

AVIS DU CONSEIL D'ÉTAT DU 11-26 DÉC. 1810

Hypothèques.

(IVe série, Bull. 338, n° 505.)

—

Considérant qu'une transcription inexacte des bordereaux remis au conservateur des hypothèques par un créancier requérant inscription, donne à celui-ci, s'il en a souffert quelque préjudice, une action en garantie contre le conservateur; mais qu'à l'égard des tiers, la valeur de l'inscription se réduit à ce qui a été transcrit sur le registre, parce que ce registre est la seule pièce que les intéressés soient appelés à consulter, et que le créancier qui a requis l'inscription a plus spécialement à s'imputer de n'avoir pas veillé à ce que la transcription fût exacte; — que, du reste, au moment même où l'on découvre, soit des erreurs, soit des irrégularités dans la transcription faite au registre du conservateur, il doit sans doute y avoir des moyens pour empêcher que les effets de l'erreur ne se prolongent; mais que, sans recourir à l'autorité des tribunaux, lesquels ne pourraient autoriser à faire, sur des registres publics, des corrections qui lèseraient des droits antérieurement acquis à des tiers, le conservateur n'a qu'une voie légitime d'opérer la rectification, en portant sur ses registres, et seulement à la date courante, une nouvelle inscription ou seconde transcription plus conforme aux bordereaux remis par les créanciers; — qu'en cet état, néanmoins, et pour obvier à tout double emploi, la seconde transcription constituant la nouvelle inscription, doit être accompagnée d'une note relatant la première inscription qu'elle a pour but de rectifier, et que le conservateur doit donner aux parties requérantes des extraits tant de la première que de la deuxième inscription;

Est d'avis :

Qu'au moyen de ces explications, il n'y a pas lieu de recourir à une autorisation solennelle ni de faire intervenir l'autorité judiciaire en chaque affaire où il écherra de rectifier une inscription fautive.

AVIS DU CONSEIL D'ÉTAT DU 12-27 FÉVRIER 1811

Vente d'immeubles.

(IVe série, Bull. 354, n° 6559.)

Le conseil d'État qui, d'après le renvoi ordonné par Sa Majesté, a entendu le rapport des sections des finances et de l'intérieur, sur celui du ministre de l'intérieur, relatif à l'acquisition faite par le préfet du département des Deux-Sèvres, d'une maison située à Bressuire, pour y établir la sous-préfecture de ce nom, et tendant à faire décider :

1° Si les contrats d'acquisition de bâtiments destinés à loger les autorités administratives et judiciaires ne doivent être assujettis qu'au droit fixe de 1 franc pour l'enregistrement;

2° Si, dans les 34,000 francs, prix de l'acquisition dont il s'agit, les 6,000 francs pour les réparations mises à la charge du vendeur ne doivent pas être déduits du capital sujet au droit d'enregistrement;

..... Considérant, sur la première question, que la loi du 22 frimaire an VII n'a fait aucune distinction entre les acquisitions faites par les départements, arrondissements ou communes, et celles faites par les particuliers, que dans l'ancienne législation, les états de provinces et les villes étaient également soumis au payement du centième denier;

Que la disposition de l'article 70 précité est exclusivement relative aux actes qui intéressent directement le Gouvernement, et aux acquisitions faites en son nom;

Qu'enfin, l'article 5 du décret du 4 messidor an XIII, sus énoncé, en ordonnant l'enregistrement des actes translatifs de propriété, d'usufruit ou de jouissance des biens immeubles appartenant aux communes et établissements publics, n'a fait aucune exception aux règlements antérieurs;

Considérant, sur la seconde question, que l'article 15 précité de la loi du 22 frimaire an VII, ordonne formellement que le droit sera perçu sur le prix *exprimé dans l'acte;*

Considérant, enfin, que les 17,000 francs que Sa Majesté a accordés des fonds du Trésor public, pour l'acquisition dont il s'agit, ne peuvent être d'aucune considération dans l'application des dispositions de la loi, puisque cette acquisition n'est point faite au nom et dans l'intérêt du Gouvernement;

Est d'avis :

1° Que le droit d'enregistrement, tel qu'il est fixé par la loi du 22 frimaire an VII, pour les contrats de ventes entre particuliers, est dû pour toutes les acquisitions faites pour le compte des départements, arrondissements et communes;

2° Que, dans l'espèce, le droit est dû sur les 34,000 fr. portés au contrat, sans aucune déduction.

DÉCRET DU 18 JUIN 1811

Tarif général des frais.

(IVe série, Bull. 377, n° 7035; Instr. n° 531.)

TITRE PREMIER. — CHAPITRE V. — *Des droits d'expédition et autres alloués aux greffiers.*

ART. 48. — Les droits d'expédition dus aux greffiers des cours et tribunaux, sont fixés à 40 centimes par rôle de 28 lignes à la page et de 14 à 16 syllabes à la ligne.

TITRE II. — CHAPITRE PREMIER. — *De l'interdiction d'office.*

ART. 118. — Les frais de cette procédure seront avancés par l'administration de l'Enregistrement, sur le pied du tarif fixé par notre présent décret; et les actes auxquels cette procédure donnera lieu seront visés pour timbre et enregistrés *en débet*, conformément aux lois des 13 brumaire et 22 frimaire an VII.

[Comp. LL. 22 frimaire an VII, art. 70, § 1er, 25 mars 1817, art. 74, et 22 janvier 1851, art. 14.]

CHAPITRE II. — *Des poursuites d'office en matière civile.*

ART. 121. — Les frais des actes et procédures faits sur la poursuite d'office du ministère public, dans les cas prévus par le Code Napoléon, et notamment par les articles 50, 53, 81, 184, 191 et 192, relativement aux actes de l'état civil, seront payés, taxés et recouvrés ainsi qu'il est dit dans le chapitre précédent.

ART. 122. — Il en sera de même lorsque le ministère public poursuivra d'office les rectifications des actes de l'état civil, en conformité de l'avis de notre conseil d'État du 12 brumaire an XI, comme aussi au sujet des poursuites faites en conformité de la loi du 25 ventôse an XI, sur le notariat, et généralement dans tous les cas où le ministère public agit dans l'intérêt de la loi et pour assurer son exécution.

CHAPITRE III. — *Des inscriptions hypothécaires requises par le ministère public.*

ART. 124. — Les frais d'inscription hypothécaire, lorsqu'elle sera requise par le ministère public, en conformité de l'article 121 du Code d'instruction criminelle, seront avancés par l'administration de l'Enregistrement, laquelle en sera remboursée sur les biens des condamnés, dans les cas et aux formes de droit.

ART. 125. — Il en sera de même dans tous les cas où le ministère public est tenu, conformément à la loi et à nos décrets, de prendre des inscriptions d'office dans l'intérêt des femmes, des mineurs, du Trésor impérial, etc.

[V. LL. 6 messidor an VII, art. 7, et 25 mars 1817, art. 74.]

TITRE III. — CHAPITRE PREMIER. — *Du payement et recouvrement des frais de justice criminelle. — Du mode de payement.*

ART. 146. — Les états ou mémoires qui ne s'élèveront pas à plus de 10 francs, ne seront point sujets à la formalité du timbre.

AVIS DU CONSEIL D'ÉTAT DU 10 SEPTEMBRE 1811

APPROUVÉ LE 16

Hypothèques.

(IVe série, Bull. 391, n° 7221; Instr. n° 547.)

—

Considérant que, par le décret du 21 septembre 1830, il a été pourvu à l'insuffisance du tarif qui l'avait précédé, en accordant aux conservateurs des hypothèques un salaire qui puisse les dédommager du péril de leurs fonctions; mais qu'il n'est point dans l'esprit ni la lettre de ce décret de leur attribuer plusieurs salaires distincts pour une même formalité;

Est d'avis :

Que, conformément au n° 6 du tarif annexé au décret impérial du 21 septembre 1810, il n'est dû aux conservateurs des hypothèques que le salaire de 1 franc par chaque extrait d'inscription hypothécaire, compris au cahier des charges, qu'ils sont tenus de délivrer aux parties requérantes, sans qu'il puisse être rien exigé pour tout certificat de clôture, attestant que les inscriptions délivrées sont les seules subsistantes sur les individus grevés et que le salaire de 1 franc pour le certificat négatif ne leur est dû que dans le seul cas où il n'existerait aucune inscription hypothécaire sur l'individu qui en est l'objet.

DÉCRET DU 15 JUIN 1812

Timbre.

(IVe série, Bull. 438, n° 8023.)

—

ARTICLE PREMIER. — A dater de la publication du présent décret, les révocations, soit des procurations, soit des testaments, jouiront de l'exception accordée par les premier et deuxième alinéas de l'article 23 de la loi du 13 brumaire an VII sur le timbre.

En conséquence, elles pourront être faites et expédiées sur la même feuille que ces actes.

DÉCRET DU 22 DÉCEMBRE 1812

Déclarations par les titulaires de cautionnements.

(IVe série, Bull. 454, n° 8373; Instr. n° 657.)

—

ARTICLE PREMIER.— Les déclarations à faire à l'avenir par les titulaires de cautionnements en faveur de leurs bailleurs de fonds, pour leur faire acquérir le privilége du second ordre, seront conformes au modèle ci-annexé, passées devant notaires et légalisées par le président du tribunal de l'arrondissement.

ART. 3. — Le droit d'enregistrement de ces déclarations est fixé à 1 franc.

[Droit porté à 2 fr. (L. 18 mai 1850, art. 8); — puis à 3 fr. (L. du 28 février 1872, art. 4).]

DÉCRET DU 22 DÉCEMBRE 1812

Transcriptions et inscriptions. — Domaine extraordinaire.

(IVe série, Bull. 456, n° 8402; Instr. n° 625.)

—

ARTICLE PREMIER.— Les lettres d'investiture des dotations auxquelles seront affectés des biens situés dans l'intérieur de notre empire... seront transcrites, à la diligence et aux frais de nos donataires, au bureau de la conservation des hypothèques de l'arrondissement dans lequel les biens seront situés.

ART. 2. — Il en sera de même des actes d'acquisition ou d'échange autorisés par nous, en remplacement des biens par nous affectés à la dotation, soit hors de l'empire, soit dans l'intérieur.

ART. 5. — Le conservateur fera mention, à la suite de la transcription, de la disposition des articles 41 et 43 du deuxième statut du 1er mars 1808 sur les majorats, applicable aux dotations, aux termes de l'article 1er du décret du 3 mars 1810, n° 2, lesquels déclarent nuls de plein droit tout acte d'aliénation ou portant hypothèque des biens composant les dotations, tout jugement qui en ordonnerait l'exécution, et défendent aux notaires de recevoir ces actes, aux préposés de l'Enregistrement de les enregistrer, aux juges d'en prononcer la validité.

ART. 6. — Il sera ouvert un registre particulier pour lesdites transcriptions dans chaque bureau de conservation; il ne sera payé pour les transcriptions que le salaire du conservateur et 1 franc par extrait qui sera délivré.

ART. 7. — Lorque les dotations seront composées, en totalité ou en partie, de rentes ou redevances annuelles, payables, soit en argent, soit en nature de grains, denrées ou bestiaux, à quelque titre et sous quelque dénomination que ce soit, il sera pris, pour la conservation du fonds de ces rentes et redevances, inscription au bureau des hypothèques sur les domaines qui en sont grevés.

Art. 8. — ...Ces inscriptions seront sujettes au renouvellement prescrit par l'article 2154 du Code Napoléon; ce renouvellement sera fait d'office et aux frais de nos donataires, par les conservateurs des hypothèques, dans le mois avant l'expiration du délai où cesserait l'effet des inscriptions prises par nos donataires. Les conservateurs des hypothèques justifieront de ce renouvellement, dans le mois qui le suivra, à l'intendant général de notre domaine extraordinaire, par extrait de l'inscription qu'ils auront ainsi renouvelée.

Art. 9. — Il ne sera payé, pour les inscriptions et renouvellements mentionnés aux articles ci-dessus, que le salaire du conservateur et un franc pour chaque extrait qu'il en délivrera.

DÉCRET DU 14 JUIN 1813

Huissiers.

(IVe série, Bull. 508, n° 9346; Instr. n° 659.)

Art. 35. — Dans tous les cas où les règlements accordent aux huissiers une indemnité pour frais de voyage, il ne sera alloué qu'un seul droit de transport pour la totalité des actes que l'huissier aura faits dans une même course et dans le même lieu. — Ce droit sera partagé en autant de portions égales entre elles qu'il y aura d'originaux d'actes, et à chacun de ces actes, l'huissier appliquera l'une desdites portions : le tout à peine du rejet de la taxe ou de restitution envers la partie, et d'une amende qui ne pourra excéder 100 francs ni être moindre de 20 francs.

Art. 37. — Dans les lieux pour lesquels il n'est point établi de commissaires-priseurs exclusivement chargés de faire les prisées et ventes publiques de meubles et effets mobiliers, les huissiers, tant audienciers qu'ordinaires, continueront de procéder, concuremment avec les notaires et les greffiers, aux prisées et ventes publiques, en se conformant aux lois et règlements qui y sont relatifs.

[V. LL. 22. pluviôse an VII et 25 juin 1841.]

Art. 46. — Les répertoires que les huissiers sont obligés de tenir conformément à la loi du 22 frimaire an VII, relative à l'enregistrement, seront cotés et parafés, savoir : ceux des huissiers audienciers, par le président de la cour ou du tribunal, ou par le juge qu'il aura commis à cet effet; — ceux des huissiers ordinaires résidant dans les villes où siégent les tribunaux de première instance, par le président du tribunal, ou par le juge qu'il aura commis à cet effet; — ceux des autres huissiers, par le juge de paix du canton de leur résidence.

Art. 47. — Outre les mentions qui, aux termes de l'article 50 de la même loi, doivent êtres faites dans lesdits répertoires, les huissiers y marqueront, dans une colonne particulière, le coût de chaque acte ou exploit, déduction faite de leurs déboursés.

[Mention de la remise des sommes susceptibles d'être versées à la caisse des Dépôts et Consignations (Ord. du 3 juillet 1816, art. 6). — Registre spécial des protêts (V. Cod. comm. art. 176).— Copies d'exploits (Décr. 30 décembre 1873, art. 4).]

Art. 48. — Pour faciliter la taxe des frais, les huissiers, outre la mention qu'ils doivent faire au bas de l'original et de la copie de chaque acte, du montant de leurs droits, seront tenus d'indiquer en marge de l'original le nombre de rôles des copies de pièces, et d'y marquer de même le détail de tous les articles de frais formant le coût de l'acte.

[Mention, au pied des exploits, de la remise des sommes susceptibles d'être versées à la caisse des Dépôts et Consignations (Ord. 3 juillet 1816, art. 6). — Copies d'exploits (L. 29 décembre 1873, art. 3).]

Art. 89. — Tous les actes de la chambre, soit en minute, soit en expédition, à l'exception des certificats et autres pièces à délivrer aux candidats ou à des individus quelconques dans leur intérêt personnel, seront exempts du timbre et de l'enregistrement.

[V. Avoués (Arr. 13 frimaire an IX, art. 13); — Commissaires-priseurs (Arr. 29 germinal an IX, art. 1er); — Notaires (Ord. 4 janvier 1843, art. 20).]

DÉCRET DU 29 AOUT 1813

Copie des huissiers.

(IVe série, Bull. 520, n° 9570; Instr. n° 659.)

Article premier. — Les copies d'actes, d'arrêts et de toutes autres pièces, qui seront faites par les huissiers, doivent êtres correctes et lisibles, à peine de rejet de la taxe, ainsi qu'il a déjà été ordonné par l'article 28 du décret impérial du 16 février 1807, pour les copies des pièces faites par les avoués.— Les papiers employés à ces copies ne pourront contenir plus de trente-cinq lignes par page de petit papier; — plus de quarante lignes par page de moyen papier, — et plus de cinquante lignes par page de grand papier, à peine de l'amende de 25 francs prononcée pour les expéditions, par l'article 26 de la loi du 13 brumaire an VII.

[V. L. 16 juin 1824, art. 10; L. 2 juillet 1862, art. 20, et Décr. 30 juillet 1862, art. 1er.]

Art. 2. — L'huissier qui aura signifié une copie de citation ou d'exploit, de jugement ou d'arrêt, qui serait illisible, sera condamné à l'amende de 25 francs, sur la seule provocation du ministère public, et par la cour ou le tribunal devant lequel cette copie aura été produite. — Si la copie a été faite et signée par un avoué, l'huissier qui l'aura signifiée sera également condamné à l'amende, sauf son recours contre l'avoué, ainsi qu'il avisera.

[V. L. 2 juillet 1862, art. 20.]

ORDONNANCE DU 29 JUILLET 1814

Serment des comptables justiciables de la Cour des comptes.

(Ve série, Bull. 30, n° 224; Instr. n° 922.)

—

ARTICLE PREMIER. — Les payeurs généraux et caissiers de notre Trésor royal, les receveurs généraux et les comptables directement justiciables de notre Cour des comptes, prêteront devant elle le serment de gérer avec probité et fidélité, et de se conformer exactement aux lois et ordonnances qui ont pour objet d'assurer l'inviolabilité des deniers publics et leur application régulière aux dépenses de l'Etat.

ART. 2...

ART. 3. — L'acte de cette prestation de serment sera assujetti au droit d'enregistrement de 15 francs.

ART. 4. — Il n'est rien innové à la prestation de serment des receveurs municipaux comptables envers la Cour des comptes.

[V. Ord. additionnelle 7 octobre 1814, et L. 22 frimaire an VII, art. 68, § 6, n° 4. — Le droit de 15 fr. est porté à 22 fr. 50 (L. 28 février 1872, art. 4, § 2).]

ORDONNANCE DU 7 OCTOBRE 1814

Des comptables justiciables de la Cour des comptes.

(Ve série, Bull. 46, n° 371; Instr. n° 922.)

—

ARTICLE PREMIER. — Les comptables tenus de prêter serment devant la Cour des comptes, qui, sur des motifs d'empêchement jugés valables par le ministre des finances, ne pourront se présenter à cette Cour, seront autorisés par le même ministre à se retirer devant le préfet de leur département, qui recevra ce serment en conseil de préfecture, sauf la justification préalable du versement de la totalité du cautionnement, et à la charge de renouveler ledit serment devant la Cour.

ART. 2. — Le procès-verbal qui sera dressé de cette prestation sera envoyé au premier président de la Cour des comptes, et il en sera remis au comptable un double assujetti au droit d'enregistrement de 15 francs.

[V. Ord. 29 juillet 1814.]

ORDONNANCE DU 9 DÉCEMBRE 1814

Octrois.

(Ve série, Bull. 66, n° 560.)

—

ART. 58. — Les préposés de l'octroi doivent être âgés au moins de vingt et un ans accomplis. Ils sont tenus de prêter serment devant le tribunal civil de la ville dans laquelle ils exerceront, et, dans les lieux où il n'y a pas de tribunal, devant le juge de paix. — Ce serment est enregistré au greffe, sans qu'il soit nécessaire d'employer le ministère d'avoué. — Il est dû seulement un droit fixe d'enregistrement de 3 francs.

[V. L. 22 frimaire an VII, art. 68, § 3, n° 3, et § 6, n° 4. — Le droit de 3 fr. est élevé à 4 fr. 50 (L. 28 février 1872, art. 4, § 1er. V., en outre, art. 4, § 2, L. 28 février 1872).]

ORDONNANCE DU ROI DU 23 DÉCEMBRE 1814

Patentes.

(Inst. 668.)

—

ARTICLE PREMIER. — Les huissiers feront mention de leurs patentes dans les exploits et autres actes de leur ministère.

ART. 2. — Les notaires, greffiers, avoués et huissiers, sont également tenus de faire mention de la patente des particuliers qui y sont sujets dans tous les actes et exploits, le tout sous peine de l'amende prononcée par l'article 37 de la loi du 1er brumaire an VII.

[V. L. du 16 juin 1824, art. 10; L. du 15 avril 1844, art. 29. — Abrogé (L. 18 mai 1850, art. 22).]

LOI DU 28 AVRIL 1816

Enregistrement et timbre.

(VIIe série, Bull. 81, n° 623; Instr. n° 714.)

—

ART. 37. — A compter de la promulgation de la présente loi, et jusqu'à ce que l'acquittement des charges extraordinaires soit terminé, les droits d'enregistrement, timbre et hypothèques, seront perçus avec les augmentations énoncées aux articles suivants.

ART. 38. — Tous actes judiciaires en matière civile, tous jugements en matière criminelle, correctionnelle ou de police, seront, sans exception, soumis à l'enregistrement sur les minutes ou originaux. — Les greffiers ne seront personnellement tenus de l'acquittement des droits que dans les cas prévus par les articles 7 et 35 de la loi du 22 frimaire an VII. Ils continueront de jouir de la faculté accordée par l'article 37 pour les jugements et actes y énoncées. — Il sera délivré aux greffiers, par le receveur de l'Enregistrement, des récépissés, sur papier non timbré, des extraits de jugements qu'ils doivent fournir en exécution dudit article 37. Ces récépissés seront inscrits sur leurs répertoires.

ART. 39. — Les jugements des tribunaux en matière de contributions publiques ou locales, et autres sommes dues à l'Etat et aux établissements locaux, seront assujettis aux mêmes droits d'enregistrement que ceux rendus entre particuliers.

[V. L. 22 frimaire an VII, art. 68, § 1er, nº 49; Comp. L. 16 juin 1824, art. 6).]

Art. 40. — Les héritiers, légataires et tous autres appelés à exercer des droits subordonnés au décès d'un individu dont l'absence est déclarée, sont tenus de faire, dans les six mois du jour de l'envoi en possession provisoire, la déclaration à laquelle ils seraient tenus s'ils étaient appelés par effet de la mort, et d'acquitter les droits sur la valeur entière des biens ou droits qu'ils recueillent. — En cas de retour de l'absent, les droits payés seront restitués, sous la seule déduction de celui auquel aura donné lieu la jouissance des héritiers. — Ceux qui ont obtenu cet envoi jusqu'à ce jour, sans avoir acquitté les droits de succession, jouiront d'un délai de six mois, à compter de la publication de la présente, pour faire leur déclaration et payer les droits, sans être assujettis à l'amende.

[Comp. L. 22 frimaire an VII, art. 24.]

Art. 41. — Seront assujettis au droit fixe de cinquante centimes :

1º Les significations d'avoué à avoué pour l'instruction des procédures devant les tribunaux de première instance;

[Comp. L. 27 ventôse an IX, art. 15. — Droit élevé à 75 cent. (L. 19 février 1874, art. 2).]

2º Les assignations et tous autres exploits devant les prud'hommes.

[V. L. 7 août 1850 : enregistrement en débet. — Droit élevé à 75 cent. (L. 19 février 1874).]

Art. 42. — Seront sujettes au droit fixe de 1 franc les significations d'avoué à avoué devant les cours royales.

[Comp. L. 27 ventôse an IX, art. 15. — Droit élevé à 1 fr. 50 c. (L. 19 février 1874, art. 2).]

Art. 43. — Seront sujettes au droit fixe de 2 francs :

[Droit porté à 3 fr. pour les actes civils, administratifs ou judiciaires (L. 28 février 1872, art. 4), — et extrajudiciaires (L. 19 février 1874, art. 2).]

1º Les acquiescements purs et simples;

2º Les actes de notoriété;

[Concessions en Algérie, 1 fr. (Décr. 23 avril 1852, art. 2); — 1 fr. 50 c. (L. 28 février 1872, art. 4).]

3º Les actes refaits pour nullité ou autre motif, sans aucun changement qui ajoute aux objets des conventions ou à leur valeur;

4º Les avis de parents;

[Tarifés à 4 fr. (L. 19 juillet 1845, art. 5); — droit porté à 6 fr. (L. 28 février 1872, art. 4).]

5º Les autorisations pures et simples;

6º Les certificats de cautions et de cautionnements;

7º Les consentements purs et simples;

[Mainlevée d'hypothèques, droit gradué (L. 28 février 1872, art. 1er, nº 7).]

8º Les décharges également pures et simples, et les récépissés de pièces;

9º Les déclarations, aussi pures et simples, en matière civile et de commerce;

10º Les dépôts d'actes et pièces chez les officiers publics;

11º Les dépôts et consignations de sommes et effets mobiliers chez les officiers publics, lorsqu'ils n'opèrent pas la libération des déposants, et les décharges qu'en donnent les déposants ou leurs héritiers, lorsque la remise des objets déposés leur est faite;

12º Les désistements purs et simples;

13º Les exploits et autres actes du ministère des huissiers qui ne peuvent donner lieu au droit proportionnel. —Sont exceptés les exploits relatifs aux procédures devant les juges de paix, les prud'hommes, les cours royales, la Cour de cassation, et les conseils de Sa Majesté, jusques et y compris les significations des jugements et arrêts définitifs; les déclarations d'appel ou de recours en cassation; les significations d'avoué à avoué, et les exploits ayant pour objet le recouvrement des contributions directes ou indirectes, publiques ou locales;

[Droit réduit à 1 fr. pour les protêts (Décr. 24 mars 1848, art. 1er).]

14º Les lettres missives qui ne contiennent ni obligation, ni quittance, ni aucune autre convention donnant lieu au droit proportionnel;

15º Les nominations d'experts hors jugement;

16º Les procès-verbaux et rapports d'employés, gardes, commissaires, séquestres, experts et arpenteurs;

17º Les procurations et pouvoirs pour agir, ne contenant aucune stipulation ni clause donnant lieu au droit proportionnel;

18º Les promesses d'indemnités indéterminées et non susceptibles d'estimation;

19º Les reconnaissances pures et simples ne contenant aucune obligation ni quittance;

20º Les résiliements purs et simples faits par acte authentique, dans les vingt-quatre heures des actes résiliés;

21º Les rétractations et révocations;

22º Les reconnaissances d'enfants naturels par acte de célébration de mariage.

[Enregistrement sur expéditions (L. 22 frimaire an VII, art. 7, § 5). — Indigents (V. LL. 15 mai 1818, art. 77, et 10 décembre 1850, art. 4. — Comp. art. 45, nº 7, *infrà*).]

Art. 44. — Seront sujets au droit fixe de 3 francs :

[Droit porté à 4 fr. 50 c. pour les actes civils, administratifs ou judiciaires (L. 28 février 1872, art. 4), — et extrajudiciaires (L. 19 février 1874, art. 2).]

1º Les adjudications à la folle enchère, lorsque le prix n'est pas supérieur à celui de la précédente adjudication;

2º Les compromis ou nominations d'arbitres qui ne contiennent aucune obligation de sommes et valeurs donnant lieu au droit proportionnel;

3º Les déclarations ou élections de command et d'ami, lorsque la faculté d'élire un command a été réservée dans l'acte d'adjudication ou le contrat de vente, et que la déclaration est faite par acte public et notifiée dans les vingt-quatre heures de l'adjudication ou du contrat;

4º Les réunions de l'usufruit à la propriété, lorsque la réunion s'opère par acte de cession, et qu'elle n'est pas faite pour un prix supérieur à celui sur lequel le droit a été perçu lors de l'aliénation de la propriété;

5º Les titres nouvels et reconnaissances de rentes dont les contrats sont justifiés en forme;

[Droit fixe gradué (L. 28 févier 1872, art. 1er, nº 10).]

6° Les connaissements ou reconnaissances de chargement par mer;

7° Les exploits et autres actes du ministère des huissiers relatifs aux procédures devant les cours royales, jusques et compris la signification des arrêts définitifs. — Sont exceptées les déclarations d'appel et les significations d'avoué à avoué;

8° Les transactions, en quelque matière que ce soit, qui ne contiennent aucune stipulation de sommes et valeurs, ni dispositions soumises à un plus fort droit d'enregistrement;

9° Les jugements définitifs des juges de paix rendus en dernier ressort, d'après la volonté expresse des parties, au delà des limites de la compétence ordinaire, lorsqu'ils ne contiennent pas de dispositions donnant ouverture à un droit proportionnel supérieur;

10° Les jugements interlocutoires ou préparatoires, ordonnances et autres actes énoncés dans les nos 6 et 7 du deuxième paragraphe de l'article 68 de la loi du 22 frimaire an VII, lorsqu'ils auront lieu dans les tribunaux de première instance, de commerce ou d'arbitrage, et ne seront pas de l'espèce de ceux dont il sera parlé dans l'article suivant;

11° Les significations d'avocat à avocat dans les instances à la Cour de cassation et aux conseils de Sa Majesté.

Art. 45. — Seront sujets au droit fixe de 5 francs :

[Droit porté à 7 fr. 50 c. pour les actes civils, administratifs ou judiciaires (L. 28 février 1872, art. 4), — et extrajudiciaires (L. 19 février 1874, art. 2).]

1° Les exploits et autres actes du ministère des huissiers relatifs aux procédures devant la Cour de cassation et les conseils de Sa Majesté, jusques et compris les significations des arrêtés définitifs. — Le premier acte de recours est excepté;

[V. *infrà*, art 47, n° 1.]

2° Les contrats de mariage et actes de formation ou de dissolution de société, actuellement soumis au droit fixe de 3 francs;

[Droit fixe gradué (L. 28 février 1872, art. 1er, nos 1 et 4).]

3° Les partages de biens meubles et immeubles entre copropriétaires, à quelque titre que ce soit, pourvu qu'il en soit justifié,

[Tarifés au droit fixe gradué (L. 28 février 1872, art. 1er, n° 5).]

4° Les testaments et tous autres actes de libéralité qui ne contiennent que des dispositions soumises à l'événement du décès, et les dispositions de même nature qui sont faites par contrat de mariage entre les futurs ou par d'autres personnes;

5° Les jugements des tribunaux civils prononçant sur l'appel des juges de paix, ceux desdits tribunaux et des tribunaux de commerce ou d'arbitres rendus en premier ressort, contenant des dispositions définitives qui ne donneraient pas lieu à un droit plus élevé;

6° Les arrêts interlocutoires ou préparatoires rendus par les cours royales, lorsqu'ils ne seront pas susceptibles d'un droit plus élevé, et les ordonnances et actes désignés dans les nos 6 et 7, deuxième paragraphe de l'article 68 de la loi du 22 frimaire an VII, devant les mêmes cours;

7° Les reconnaissances d'enfants naturels autrement que par acte de mariage;

[Indigents (*V.* LL. 15 mai 1818, art. 77, et 10 décembre 1850, art. 4. — Comp. art. 43, n° 22, *suprà*).]

8° Les actes et jugements interlocutoires ou préparatoires des divorces;

[Disposition sans objet, le divorce ayant été aboli (L. 8 mai 1816, VIIe série, Bull. 84, n° 645).]

Art. 46. — Seront assujettis au droit fixe de 10 francs:

[Droit porté à 15 fr. (L. 28 février 1872, art. 4).]

1° Les jugements rendus en dernier ressort par les tribunaux de première instance ou les arbitres, d'après le consentement des parties, lorsque la matière ne comportait pas ce dernier ressort, sauf la perception du droit proportionnel, s'il s'élève au delà de 10 francs;

2° Les arrêts définitifs des cours royales dont le droit proportionnel ne s'élèverait pas à 10 francs;

3° Les arrêts interlocutoires ou préparatoires de la Cour de cassation et des conseils de Sa Majesté.

Art. 47. — Seront sujets au droit fixe de 25 francs :

1° Le premier acte de recours en cassation ou devant les conseils de Sa Majesté, soit par requête, mémoire ou déclaration en matière civile, de police simple ou de police correctionnelle;

[*V.* L. 22 frimaire an VII, art. 68, § 6, n° 3, et Arr. 21 pluviôse an XI. — Recours en matière de contributions directes. Gratis (L. 21 avril 1832, art. 30). — Droit élevé à 37 fr. 50 (L. 19 février 1874, art. 2).]

2° Les arrêts des cours royales portant interdiction ou prononçant séparation de corps entre mari et femme;

[Droit porté à 37 fr. 50 c. (L. 28 février 1872, art. 4).]

3° Les arrêts définitifs de la Cour de cassation et des conseils de Sa Majesté.

[Droit porté à 47 fr. 50 c. (L. 28 février 1872, art. 4).]

Art. 48. — Seront sujets au droit fixe de 50 francs :

[Droit porté à 75 fr. (L. 28 février 5872, art. 4).]

1° Les actes de tutelle officieuse;

2° Les jugements de première instance admettant une adoption, ou prononçant un divorce.

Art. 49. — Seront sujets au droit fixe de 100 francs :

[Droit porté à 150 fr. (L. 28 février 1872, art. 4).]

1° Les arrêts de cour d'appel confirmant une adoption;

2° Ceux qui prononceront définitivement sur une demande en divorce : s'il n'y a pas d'appel, ce droit sera perçu sur l'acte de l'officier de l'état civil.

Art. 50. — Seront soumises au droit de 25 centimes par 100 francs, les lettres de change tirées de place en place, et celles venant de l'étranger ou des colonies françaises, lorsqu'elles sont protestées faute de payement. — Elles pourront n'être présentées à l'enregistrement qu'avec l'assignation. — Dans le cas de protêt faute d'*acceptation*, les lettres de change devront être enregistrées seulement avant que la demande en remboursement ou en cautionnement puisse être formée contre les endosseurs ou le tireur.

[Dispositions abrogées. Tarif élevé à 50 c. pour 100 (L. 28 février 1872, art. 10). — V. L. 1er mai 1822, art. 6, pour les lettres de change tirées par seconde, troisième ou quatrième.]

Seront sujets au droit de 50 centimes par 100 francs, les cautionnements de se représenter ou de représenter un tiers, en cas de mise en liberté provisoire, soit en vertu d'un sauf-conduit dans les cas prévus par le Code de procédure et par le Code de commerce, soit en matière correctionnelle ou criminelle.

[Comp. L. 22 frimaire an VII, art. 69, § 2, n° 8.]

Art. 51. — Seront sujets au droit de 1 franc par 100 francs :

1° Les abandonnements pour fait d'assurance ou grosse aventure : — Le droit sera perçu sur la valeur des objets abandonnés ; — en temps de guerre, il ne sera dû qu'un demi-droit ;

2° Les actes et contrats d'assurance : — Le droit sera perçu sur la valeur de la prime ; — en temps de guerre, il n'y aura lieu qu'au demi-droit ;

[V. L. 23 août 1871, art. 6 à 10.—LL. 16 juin 1824, art. 5, et 23 août 1871, art. 6.]

3° Les adjudications au rabais et marchés pour constructions, réparations, entretien, approvisionnements et fournitures dont le prix doit être payé par le Trésor royal, ou par les administrations locales, ou par des établissements publics.

[Les adjudications et marchés dont le prix est à la charge du Trésor ont été soumis au droit fixe de 1 fr. (L. 15 mai 1818, art. 73), — puis au droit fixe gradué (L. 28 février 1872, art. 1er, n° 9).]

Art. 52. — Le droit d'enregistrement des ventes d'immeubles est fixé à 5 1/2 pour 100 ; mais la formalité de la transcription au bureau de la conservation des hypothèques ne donnera plus lieu à aucun droit proportionnel.

[Ventes d'immeubles de l'Etat. Tarif de 2 pour 100 (V. L. 15 floréal an X, art. 6, et la note).]

Art. 53. — Les droits des donations entre-vifs et des mutations qui s'effectuent par décès, soit par succession, soit par testament ou autres actes de libéralité à cause de mort, de propriété ou d'usufruit de biens meubles et immeubles, entre époux, en ligne collatérale et entre personnes non parentes, seront perçus selon les quotités ci-après :

Pour les biens *immeubles :*

D'un époux à un autre époux, par donation ou testament, 3 francs par 100 francs ;

Des frères et sœurs à des frères et sœurs et descendants d'iceux, successions de neveux et nièces, petits-neveux et petites-nièces, dévolues à des oncles et tantes, grands-oncles et grand'tantes, et autres parents au degré successible, 5 francs par 100 francs ;

Entre toutes autres personnes, 3 1/2 pour 100 ;

Pour les biens *meubles :*

Entre époux, 1 1/2 pour 100 ; entre frères, sœurs, oncles, tantes, neveux et nièces, et autres parents au degré successible, 2 1/2 pour 100.

Lorsque l'époux survivant ou les enfants naturels sont appelés à la succession, à défaut de parents au degré successible, ils seront considérés, quant à la quotité des droits, comme personnes non parentes.

Lorsque les donations entre-vifs auront été faites par contrat de mariage aux futurs, il ne sera perçu que moitié du droit.

[L. 21 avril 1832, art. 33. — L. 18 mai 1850, art. 10.]

Art. 54 — Dans tous les cas où les actes seront de nature à être transcrits au bureau des hypothèques, le droit sera augmenté de 1 1/2 pour 100, et la transcription ne donnera plus lieu à aucun droit proportionnel.

[Partages d'ascendants. Exception (L. 16 juin 1824, art. 3, § 2).]

Art. 55. — Il sera perçu, au profit du Trésor royal, un droit d'enregistrement suivant le tableau ci-après :

[V. L. 15 mai 1818, art 77 ; L. 29 janvier 1831, art 14 ; L. 21 avril 1832, art. 1er ; L. 20 juillet 1837, art. 1er ; Décr. 28 mars 1848, art. 2 ; L. 7 août 1850, art. 17 ; L. 10 décembre 1850, art. 4.]

ÉTAT des droits perçus par le Conseil du Sceau des titres, et du droit d'enregistrement proposé pour le compte du Trésor royal.

DATES des ordonnances.	NATURE DES LETTRES-PATENTES SCELLÉES		MONTANT du droit du sceau.	MONTANT du droit d'enregistrement proposé à 20 p. 100.
			fr.	fr.
Ordonnance du 8 octobre 1814.	Renouvellement de lettres patentes portant confirmation du même titre et changement d'armoiries	de comte.	100	20
		de baron.	50	10
		de chevalier. . . .	15	3
	Collation du titre de duc.		»	3,000
	Collation du titre héréditaire de marquis, comte, vicomte et baron, lettres-patentes de chevalier et lettres de noblesse. .	de marquis et comte	6 000	1,200
		de vicomte. . . .	4,000	800
		de baron.	3,000	600
		de chevalier. . . .	60	12
		lettres de noblesse.	600	120
	Grandes lettres de naturalisation. . .		gratis	»
	Lettre de déclaration de naturalité . .		100	20
	Lettre portant autorisation de se faire naturaliser ou de servir à l'étranger. . .		500	100
	Dispense d'âge pour mariage.		100	20
	Dispense de parenté pour le mariage.		200	40
Ordonnance du 26 déc. 1814.	Lettres portant renouvellement d'anciennes armoiries. .	pour les villes de 1re classe. . . .	150	30
		pour les villes de 2e classe. . . .	100	20
		villes et communes de 3e classe. . .	50	10
	Lettres accordant des armoiries aux villes qui n'en ont pas encore	Les villes de 1re classe.	600	120
		Les villes de 2e classe.	400	80
		Les villes de 3e classe.	200	40

Aucune expédition desdites lettres patentes ne pourra être délivrée par le Conseil du sceau des titres, que le droit d'enregistrement n'ait préalablement été payé.

ART. 56. — L'article 41 de la loi du 22 frimaire an VII continuera d'être exécuté : néanmoins, à l'égard des actes que le même officier aurait reçus, et dont le délai d'enregistrement ne serait pas encore expiré, il pourra en énoncer la date, avec la mention que ledit acte sera présenté à l'enregistrement en même temps que celui qui contient ladite mention ; mais, dans aucun cas, l'enregistrement du second acte ne pourra être requis avec celui du premier, sous les peines de droit.

ART. 57. — Lorsque après une sommation extrajudiciaire ou une demande tendant à obtenir un payement, une livraison, ou l'exécution de toute autre convention dont le titre n'aurait point été indiqué dans lesdits exploits, ou qu'on aura simplement énoncée comme verbale, on produira, au cours d'instance, des écrits, billets, marchés, factures acceptées, lettres, ou tout autre titre émané du défendeur, qui n'auraient pas été enregistrés avant ladite demande ou sommation, le double droit sera dû et pourra être exigé ou perçu lors de l'enregistrement du jugement intervenu.

[Comp. L. 22 frimaire an VII, art. 23, 42 et 47. — Dépôt au greffe des actes produits (L. 23 août 1871, art. 16). — *V.* pour les marchés et traités réputés acte de commerce, L. 11 juin 1850, art. 23.]

ART. 58. — Il ne pourra être fait usage, en justice, d'aucun acte passé en pays étranger ou dans les colonies, qu'il n'ait acquitté les mêmes droits que s'il avait été souscrit en France et pour des biens situés dans le royaume; il en sera de même pour les mentions desdits actes dans des actes publics.

[Comp. L. 22 frimaire an VII, art. 23, 42 et 47 ; Code civ. art. 1000. — Dépôt au greffe des actes produits (L. 23 août 1861, art. 16). — Actes translatifs d'immeubles à l'étranger : droit fixe de 10 fr. (L. 16 juin 1824, art. 4); — droit gradué (L. 28 février 1872, art. 1, n° 2). — Transmission de valeurs mobilières étrangères (LL. 18 mai 1850, art. 7, et 23 août 1871, art. 3 et 4).]

ART. 59. — Les droits de mutation établis par la présente loi ne seront perçus que sur les mutations qui surviendront après sa publication; les lois antérieures s'appliqueront aux mutations effectuées jusqu'à ladite publication. — Quant aux actes, l'article 1er de la loi du 27 ventôse an IX continuera d'être exécuté.

[Comp. LL. 22 frimaire an VII, art 73, 27 ventôse an IX, art. 1er, et 18 mai 1850, art. 9.]

DES HYPOTHÈQUES.

ART. 60. — Le droit d'inscription des créances hypothécaires sera de 1 pour 1000, sans distinction des créances antérieures ou postérieures à la loi du 11 brumaire an VII. — La perception de ce droit suivra les sommes et valeurs de 20 francs en 20 francs inclusivement, et sans fraction.

[Comp. L. 21 ventôse an VII, art. 20.]

ART. 61. — Les actes de transmission d'immeubles et droits immobiliers, susceptibles de transcription, ne seront assujettis à cette formalité que pour un droit fixe de 1 franc, outre le droit du conservateur, lorsque les droits en auront été acquittés de la manière prescrite par les articles 52 et 54 de la présente loi.

[*V.* dispositions exceptionnelles mentionnées sous l'art. 25 de la loi du 21 ventôse an VII.]

DES DROITS DE TIMBRE

ART. 62. — A compter de la promulgation de la présente loi, le droit du timbre ordinaire et extraordinaire pour les actes sera fixé ainsi qu'il suit :

Demi-feuille de petit papier.	» fr.	35 c.
Feuille *idem*.	»	70
Feuille de moyen papier.	1	25
Feuille de grand papier.	1	50
Feuille de dimensions supérieures . . .	2	»

[Droits élevés à 0 fr. 50, 1 fr., 1 fr. 50, 2 fr. et 3 fr. (L 2 juillet 1862, art. 17), — avec addition de deux décimes (L 23 août 1871, art. 2).]

ART. 63. — Aucune expédition, copie ou extrait d'actes reçus par des notaires, greffiers ou autres dépositaires publics, ne pourra être délivré que sur papier de 1 franc 25 centimes. — Il n'est point dérogé à ce qui a lieu pour les certificats de vie des rentiers et des pensionnaires de l'Etat, ou des administrations et établissements publics.

[Comp. L. 13 brumaire an VII, art. 19 et 20. — Certificats de vie (Décr. 21 août 1806, art. 10).]

ART. 64. — Les droits du timbre proportionnel sur les effets de commerce seront augmentés des deux cinquièmes du montant fixé par l'article 20 de la loi du 13 brumaire an VII.

[*V.* LL. 24 mai 1834, art. 18, 5 juin 1850, art. 1er, et 23 août 1871, art. 2 ; 19 février 1874, art. 3).]

ART. 65. — Toutes les affiches, quel qu'en soit l'objet, seront sur papier timbré, qui sera fourni par la Régie, et dont le débit sera soumis aux mêmes règles que celui du papier timbré destiné aux actes. — Conformément à la loi du 28 juillet 1791, ce papier ne pourra être de couleur blanche; il portera le même filigrane que les autres papiers timbrés. — Le prix de la feuille portant vingt-cinq décimètres carrés de superficie sera de 10 centimes; celui de la demi-feuille de 5 centimes.

[*V.* LL. 25 mars 1817, art. 77, 15 mai 1818, art. 76, et 18 juillet 1866, art. 4). — Affiches peintes (*V.* L. 8 juillet 1852, art. 30). — Affiches judiciaires (*V.* décr. 15 janvier 1853). — Affiches électorales (*V.* L. 11 mai 1868, art. 3, § 3).]

ART. 66. — Les avis et autres annonces, de quelque nature et espèce qu'ils soient, assujettis au timbre par la loi du 6 prairial an VII, qui ne sont pas destinés à être affichés, pourront être imprimés sur papier blanc. — Le prix de la feuille sera de 10 centimes; celui de la demi-feuille de 5 centimes; celui du quart de la feuille de 2 centimes 1/2; celui du demi-quart, cartes et autres de plus petite dimension sera de 1 centime. — Le papier sera fourni par la Régie; les cartes seront fournies par les particuliers, mais timbrées avant tout emploi.

[*V.* LL. 25 mars 1817, art. 76 et 77, 15 mai 1818, art. 76 et 83, 23 juin 1857, art. 12.]

Art. 67. — La subvention du dixième ne sera point ajoutée aux droits de timbre énoncés aux cinq articles précédents.

[Établissement de deux décimes (L. 23 août 1871, art. 2).]

Art. 68. — Il est défendu aux imprimeurs de tirer aucun exemplaire desdites annonces, affiches ou avis, sur papier non timbré, sous prétexte de les faire frapper d'un timbre extraordinaire. Une ordonnance déterminera l'époque à laquelle l'approvisionnement de la Régie permettra de faire exécuter le présent article.

[V. pour les affiches (L. 18 juillet 1866, art. 4, §§ 3 et 4; — pour les avis et annonces (L. 23 juin 1857, art. 12).]

Art. 69. — La contravention d'un imprimeur à ces dispositions sera punie d'une amende de 500 francs, sans préjudice du droit de Sa Majesté de lui retirer sa commission. — Ceux qui seront convaincus d'avoir ainsi fait afficher et distribuer des imprimés non timbrés, seront condamnés à une amende de 100 francs. — Les afficheurs et distributeurs seront, en outre, condamnés aux peines de simple police, déterminées par l'article 474 du Code pénal. — L'amende sera solidaire, et emportera contrainte par corps.

[Amende de 500 fr. réduite à 50 fr., de 100 fr. réduite à 20 fr. (L. 16 juin 1824, art. 10). — V. pour les affiches, L. 18 juillet 1866, art. 4, §§ 3 et 4; — pour les avis et annonces, L. 23 juin 1857, art. 12.]

Art. 70. — Les autres dispositions des lois du timbre relatives aux prospectus, catalogues de livres, tableaux et objets de science et journaux, continueront d'être exécutées. Celles qui concernent le timbre des journaux s'appliqueront à tous ouvrages, de quelque étendue qu'ils soient, qui paraîtraient, soit régulièrement, soit irrégulièrement, par mois, par semaine, soit par numéro, quand même le service n'en serait pas régulier.

[V. L. 25 mars 1817, art. 76, Décr. 4 mars 1848 et 5 septembre 1870, L. 23 juin 1857, art. 12.]

Art. 71. — Il ne pourra, sous quelque prétexte que ce soit, être admis aucune espèce de papier au timbre *en débet*, et les receveurs seront poursuivis en recette de tous les droits résultant du timbre des feuilles qui auront été frappées, sans qu'aucune dispense ou crédit accordé puisse être invoqué par eux.

[Modifié (V. Ord. 22 mai 1816, et L. 25 mars 1817, art. 74). — Le visa pour timbre en débet a en outre été autorisé par les lois et décrets ci-après : Code forestier, art. 104 (délivrance de coupes et arbres en nature); Décr. 18 juin 1811, art. 118, 121 et 122 (interdiction et poursuites d'office en matière civile); L. 30 juin 1838, art. 29 (aliénés); Ord. 17 avril 1839, art. 42 (poids et mesures); LL. 15 juillet 1845, art. 24 (police des chemins de fer); 7 août 1850 (prud'hommes); 22 janvier 1851, art. 14 et 27 (assistance judiciaire); 30 mai 1851, art. 19 (roulage); Décr. 27 décembre 1851, art. 11 (lignes télégraphiques); 28 mars 1852, art. 14 (pêche du hareng); 10 août 1853, art. 40 et 47 (servitudes militaires); 16 août 1853, art. 31 et 39 (délimitation de la zone frontière); 1er mars 1854, art. 491 à 493 (gendarmerie); LL. 22 juin 1854, art. 4 (servitudes militaires); 14 juillet 1856, art. 16 (eaux minérales); 21 juillet 1856, art. 22 (appareils et bateaux à vapeur); 18 juillet 1860, art. 11 (émigration).]

Art. 72. — Les livres de commerce qui, aux termes du Code de commerce, doivent être parafés, seront timbrés, à tous les feuillets, d'un timbre spécial, et dont le prix sera, indépendamment du papier que les parties fourniront :

Pour les registres de papier petit ou moyen, par chaque feuillet, *recto* et *verso* . . . . » f. 20 c.
Pour les registres de grand papier . . . . . » 30
Pour les registres de toutes autres dimensions supérieures. . . . . » 50

Tous individus assujettis à tenir des livres par les lois et règlements, seront tenus de les faire timbrer, sous peine d'une amende de 500 francs pour chaque contravention. Ils seront néanmoins admis à présenter au *visa* pour timbre leurs livres actuels dans les trois mois de la promulgation de la présente loi, sans qu'il puisse être exigé d'amende pour contravention aux lois antérieures. Ils ne seront tenus que de faire timbrer la partie de leursdits livres ou registres qui se trouvera alors en blanc.

[V. L. 16 juin 1824, art. 9. — Abrogé (L. 20 juillet 1837, art. 4).]

Art. 73. — Le parafe qui doit précéder l'usage d'un registre sera enregistré moyennant un simple droit de 1 fr.

[Par acte civil ou administratif, 2 fr. (L. 18 mai 1850, art. 8); — 3 fr. (L. 28 février 1872, art. 4). — Par acte judiciaire, 1 fr. 50 c. (L. 28 février 1872, art. 4).]

Art. 74. — Aucun livre assujetti au timbre par les lois ne pourra être produit en justice ou devant les arbitres, déposé à un greffe en cas de faillite, ni énoncé dans aucun acte, s'il n'est timbré, ou si l'amende n'a été acquittée. — Aucun concordat ne pourra être rédigé sans énoncer si les livres du failli sont revêtus des formalités ci-dessus, ni recevoir d'exécution avant que les amendes aient été payées.

[Abrogé (L. 20 juillet 1837, art. 4).]

Art. 75. — Seront *solidaires* pour le payement des droits de timbre et des amendes : Tous les signataires, pour les actes synallagmatiques; — Les prêteurs et les emprunteurs, pour les obligations; — Les créanciers et les débiteurs pour les quittances; — Les officiers ministériels qui auront reçu ou rédigé des actes énonçant des actes ou livres non timbrés.

[Solidarité : Lettres de voiture et connaissements (Décr. 16 messidor an XIII, art. 2 et L. 11 juin 1842, art. 7); — affiches (L. 28 avril 1816, art. 69, § 4); — timbre proportionnel (LL. 24 mai 1834, art. 21 et 22, 5 juin 1850, art. 6); — titres étrangers (L. 30 mars 1872, art. 2, § 4); — effets publics étrangers (L. 25 mai 1872, art. 3, § 2); — Chèques (L. 19 février 1874, art. 9).]

Art. 76. — Le recouvrement des droits de timbre et des amendes de contravention y relatives sera poursuivi par voie de contrainte; et, en cas d'opposition, les instances seront instruites et jugées selon les formes prescrites par les lois des 22 frimaire an VII et 27 ventôse an IX sur l'enregistrement. — En cas de décès des contrevenants, lesdits droits et amendes seront dus par leurs successeurs, et jouiront, soit dans les successions, soit dans les faillites ou tous autres cas, du privilége des contributions directes.

[Comp. L. 13 brumaire an VII, art. 32. — V. pour le timbre des écrits périodiques et non périodiques, Décr. 17 février

1852, art. 10, et L. 11 mai 1868, art. 6, § 1er. — Affiches peintes (V. Décr. 25 août 1852, art. 7). — Marques de fabrique (L. 26 novembre 1873).]

ART. 77. — Les autres dispositions des lois, décrets et ordonnances, auxquelles il n'est pas dérogé par la présente loi, et qui régissent actuellement la perception des droits d'enregistrement, hypothèque, timbre, greffe, passe-ports, ports d'armes, et décime pour franc sur ceux de ces droits qui n'en sont pas affranchis, sont et demeurent maintenues. Néanmoins, le droit sur les permis de port d'armes est réduit à 15 francs.

[Permis de port d'armes (V. Déc. 11 juillet 1810, art. 13).]

LOI DU 28 AVRIL 1816

Douanes et contributions indirectes.

ART. 19. — Les actes délivrés par les douanes porteront un timbre particulier, dont le droit est réglé comme suit, sans qu'il puisse y avoir addition du décime : pour les acquits-à-caution, les actes relatifs à la navigation et les commissions d'emploi, 75 cent.; pour les quittances de droits au-dessus de 10 fr., 25 cent.; pour toutes les autres expéditions, 5 cent. — L'administration des douanes fera elle-même appliquer ce timbre, et comptera de son produit. — Les dispositions ci-dessus ne concernent pas les actes judiciaires dressés par les agents des douanes. Ces actes seront assujettis au timbre ordinaire.

Contributions indirectes.

ART. 243. — Les expéditions et quittances délivrées par les employés, seront marquées d'un timbre spécial dont le prix est fixé à 10 centimes.

ORDONNANCE DU ROI DU 1er MAI 1816

Timbre.

(Inst. 716.)

ARTICLE PREMIER. — L'administration de l'Enregistrement et des domaines continuera à faire débiter les papiers frappés des timbres actuellement en usage, après y avoir fait apposer un contre-timbre qui indiquera l'augmentation des droits. — Pour les effets de commerce et pour les feuilles et demi-feuilles de petit papier de dimension, dont le prix est augmenté de deux cinquièmes, le contre-timbre portera en légende : *Deux cinquièmes en sus* (Loi de 1816). — Pour les feuilles de moyen papier et de grand papier, celles de dimensions supérieures, dont l'augmentation est portée à *cinquante centimes*, la légende sera : *Cinquante centimes en sus* (Loi de 1816). Ces contre-timbres seront également apposés, outre les timbres actuellement en usage, sur les papiers qu'on présentera au timbre extraordinaire.

ART. 2. — Pour les affiches, un timbre destiné aux feuilles de 25 décimètres carrés portera le prix de *dix centimes*. Le timbre actuel de *cinq centimes* servira pour les demi-feuilles.

ART. 3. — Pour les avis et annonces, les feuilles de 25 décimètres carrés et les demi-feuilles recevront l'empreinte des timbres de *dix centimes* et de *cinq centimes* indiqués à l'article précédent. — Deux autres timbres, portant les prix de *deux centimes et demi* et d'*un centime*, serviront pour les quarts de feuille et les dimensions inférieures.

ART. 4. — Pour les livres de commerce, deux nouveaux timbres seront mis en activité, avec l'indication des droits de *vingt centimes* et de *trente centimes*, fixés pour chaque feuillet de papier petit ou moyen et de grand papier. — Le timbre actuel de *cinquante centimes* sera appliqué sur chaque feuillet des registres de dimensions supérieures.

ART. 5. — Dans les trois mois qui suivront la publication de la loi, les officiers publics et les particuliers seront admis à échanger, au bureau de distribution de leur domicile, les papiers de la débite ordinaire qui resteront sans emploi entre leurs mains, contre les papiers frappés des contre-timbres établis par la présente, en acquittant les suppléments de droit. — Ils pourront, dans le même délai, présenter à la formalité du contre-timbre, en acquittant les suppléments de droits, les papiers précédemment soumis au timbre extraordinaire, et non employés.

ART. 6. — Dans le même délai de trois mois, le papier pour les affiches, avis et annonces, sera fourni par la Régie. Jusqu'à l'expiration de ce délai, les imprimeurs et les particuliers présenteront le papier au timbre, ainsi qu'il a été d'usage jusqu'à présent, et acquitteront les droits suivant les nouvelles quotités.

ART. 7. — L'administration de l'Enregistrement fera déposer aux greffes des cours et tribunaux les empreintes des timbres et contre-timbres établis par la présente.

ART. 8. — Dans les cas où les timbres et contre-timbres ne pourraient être mis en activité, au moment de la publication de la loi, dans quelques départements du royaume, il y sera suppléé par un visa daté et signé du receveur de l'administration, énonçant la quotité du droit, ou supplément de droit, conformément aux articles 1er, 2, 3 et 4 de la présente.

ORDONNANCE DU 1er MAI 1816

Ventes de meubles.

(VIIe série, Bull. 87, n° 713; Instr. n° 725.)

ARTICLE PREMIER. — La disposition de l'arrêt du conseil d'État du 13 novembre 1778 qui oblige les notaires, greffiers, huissiers et tous autres officiers publics, ayant droit de procéder aux ventes mobilières, de comprendre dans leurs procès-verbaux tous les articles exposés en vente, tant ceux par eux adjugés soit en totalité ou sur simple échantillon, que ceux retirés ou livrés par les propriétaires ou les héritiers pour le prix de l'enchère et de la prisée, sous peine de 100 francs d'amende, est remise en vigueur, et sortira sa pleine et entière exécution.

[V. L. 22 pluviôse an VII, art. 5. — Amende réduite. à 20 fr. (L. 16 juin 1824, art. 10).]

ORDONNANCE DU 1er MAI 1816

Salaire des conservateurs des hypothèques.

(VIIe série, Bull. 83, n° 636; Instr. n° 719.)

ARTICLE PREMIER. — A partir de la publication de la loi de finances de 1816, les conservateurs des hypothèques porteront en recette, pour le compte du Trésor royal, la moitié des salaires fixés par le n° 7 du tableau annexé au décret du 21 septembre 1810, pour la transcription des actes de mutation.

[Abrogé (Décr. 24 novembre 1855, art. 2).]

ORDONNANCE DU 22 MAI 1816

Procès-verbaux, actes et jugements en matière criminelle, etc.

(VIIe série, Bull. 88, n° 731; Instr. n° 726.)

ARTICLE PREMIER. — Les procès-verbaux, actes et jugements en matière criminelle, lorsqu'il n'y a pas de partie civile, continueront à être exempts de la formalité de l'enregistrement, ou à être enregistrés *gratis*, conformément aux dispositions de l'article 70, paragaphe 2, n° 3, et paragraphe 3, n° 9, de la loi du 22 frimaire an VII. — Tous autres actes et jugements en matière criminelle, correctionnelle et de police, qui étaient précédemment soumis à l'enregistrement sur les expéditions, seront, conformément à l'article 38 de la loi du 28 avril dernier, enregistrés sur les minutes ou originaux, dans les vingt jours de leur date.

ART. 2. — Lorsqu'il y aura une partie civile, les droits seront acquittés par elle. A cet effet, le greffier pourra exiger d'avance la consignation, entre ses mains, du montant des droits. A défaut de cette consignation et de l'accomplissemet de la formalité dans le délai prescrit, le recouvrement du droit ordinaire et du droit en sus sera poursuivi contre la partie civile, par le receveur de l'enregistrement, sur l'extrait du jugement que le greffier sera tenu de lui délivrer dans les dix jours qui suivront l'expiration du délai fixé pour l'enregistrement, le tout conformément à l'article 37 de la loi du 22 frimaire an VII.

ART. 3. — Tout greffier qui aura négligé de faire enregistrer, dans le délai fixé, les jugements pour l'enregistrement desquels le montant des droits lui aura été consigné, ou qui, dans les dix jours qui suivront l'expiration de ce délai, n'aura pas remis au receveur de l'Enregistrement l'extrait des jugements non enregistrés, faute de consignation des droits par la partie civile, sera personnellement tenu au payement des droits et de l'amende pour chaque contravention, conformément aux articles 35 et 37 de la même loi.

ART. 4. — Dans les affaires de police correctionnelle ou de simple police qui sont poursuivies à la seule requête du ministère public, sans partie civile, ou même à la requête d'une administration publique agissant dans l'intérêt de l'Etat, d'une commune ou d'un établissement public, la partie poursuivante ne sera pas tenue de consigner d'avance le montant des frais de poursuite ni des droits d'enregistrement auxquels peuvent donner lieu les jugements; mais les minutes de ces jugements devront être enregistrées *en débet*, conformément au paragraphe 1er de l'article 70 de la loi du 22 frimaire an VII; et il y aura lieu de suivre la rentrée des droits contre les parties condamnées, en même temps et de la même manière que celle des frais de justice. — Les dispositions du présent article ne sont pas applicables à la Régie des contributions indirectes, laquelle continuera à faire l'avance des frais de poursuite et des droits de timbre et d'enregistrement, dans toutes les affaires poursuivies à sa requête et dans son intérêt ou celui de ses agents.

ART. 5. — Les actes et procès-verbaux des huissiers, gendarmes, préposés, gardes champêtres ou forestiers (autres que ceux des particuliers), et généralement tous actes et procès-verbaux concernant la police ordinaire, et qui ont pour objet la poursuite et la répression des délits et contraventions aux règlements généraux de police ou d'impositions, continueront à être visés pour timbre et enregistrés *en débet* lorsqu'il n'y aura pas de partie civile poursuivante, ou qu'elle aura négligé ou refusé de consigner les frais de poursuite, sauf à poursuivre le recouvrement des droits contre qui il appartiendra. — Le *visa* du receveur de l'enregistrement devra toujours faire mention du montant des droits en suspens, pour en faciliter l'emploi et le recouvrement dans la taxe des frais.

[V. L. 25 mars 1817, art. 74; — Comp. L. 28 avril 1816, art. 71 (timbre).]

ORDONNANCE DU 26 JUIN 1816

Commissaires-priseurs, etc.

(VIIe série, Bull. 101, n° 911; Instr. n° 1136, § 11.)

ART. 13. — Les commissaires-priseurs tiendront un répertoire sur lequel ils inscriront leurs procès-verbaux jour par jour, et qui sera préalablement visé au commencement, coté et parafé à chaque page par le président du tribunal de leur arrondissement. Ce répertoire sera arrêté tous les trois mois par le receveur de l'Enregistrement : une expédition en sera déposée chaque année, avant le 1er mars, au greffe du tribunal civil.

[L. 16 juin 1824, art. 11.]

ORDONNANCE DU 3 JUILLET 1816

Caisse des Dépôts et Consignations.

(VIIe série, Bull. 98, n° 876; Instr. n° 736.)

ART. 5. — Tout officier ministériel qui aurait fait des offres réelles extrajudiciairement ou judiciairement, sera tenu, si elles ne sont pas acceptées, d'en effectuer le versement, dans les vingt-quatre heures qui suivront l'acte desdites offres, à la Caisse des dépôts et consignations, à moins qu'il n'en ait été dispensé par ordre écrit de celui qui l'a chargé de faire lesdites offres.

ART. 6. — Tout garde de commerce, huissier ou geôlier, qui, ayant reçu des sommes dans les cas prévus par les nos 3 et 4 de l'article 2 ci-dessus, n'en aura pas fait le versement à la Caisse des dépôts et consignations dans les délais prescrits par ledit article 2, sera poursuivi comme rétentionnaire de deniers publics. — Seront, à cet effet, tenus les gardes de commerce et huissiers de mentionner au pied de leurs exploits, et avant de les présenter à l'enregistrement, s'ils ont remis au créancier les sommes par eux reçues, et de mentionner également cette remise sur leurs répertoires, et les geôliers feront ladite mention sur leurs registres d'écrou.

ART. 7. — Tout notaire, greffier, huissier, commissaire-priseur, courtier, etc., qui aura procédé à une vente, sera tenu de déclarer au pied de la minute du procès-verbal, en le présentant à l'enregistrement, et de certifier par sa signature qu'il a ou n'a pas d'oppositions, et qu'il a ou n'a pas connaissance d'oppositions aux scellés ou autres opérations qui ont précédé ladite vente.

LOI DU 25 MARS 1817

Timbre et enregistrement.

(VIIe série, Bull. 145, n° 1789; Instr. n° 768.)

ART. 74.— Les actes et procès-verbaux des huissiers, gendarmes, préposés, gardes champêtres ou forestiers (autres que ceux des particuliers), et généralement tous actes et procès-verbaux concernant la police ordinaire, et qui ont pour objet la poursuite et la répression des délits et contraventions aux règlements généraux de police et d'impositions, seront visés pour timbre et enregistrés en débet, lorsqu'il n'y aura pas de partie civile poursuivante, sauf à suivre le recouvrement des droits contre les condamnés. — Seront également visées pour timbre et enregistrées en débet, les déclarations d'appel de tous jugements rendus en matière de police correctionnelle, lorsque l'appelant sera emprisonné.

[V. LL. 22 frimaire an VII, art. 70, § 1er, 28 avril 1816, art. 71 (timbre), — et Ord. 22 mai 1816.]

ART. 75. — Seront visés pour timbre et enregistrés *gratis* les actes de procédure et les jugements à la requête du ministère public, ayant pour objet : 1° de réparer les omissions et faire les rectifications, sur les registres de l'état civil, d'actes qui intéressent les individus notoirement indigents; 2° de remplacer les registres de l'état civil perdus ou incendiés par les événements de la guerre, et de suppléer aux registres qui n'auraient pas été tenus.

[V. L. 3 juillet 1846, art. 8, et L. 10 décembre 1850, art. 3 et 4.]

ART. 76. — Les ouvrages périodiques relatifs aux sciences et aux arts, ne paraissant qu'une fois par mois ou à des intervalles plus éloignés, et contenant au moins deux feuilles d'impression, seront exempts du timbre.

[V. LL. 16 juillet 1846, art. 3 et 4, 16 juillet 1850, art. 22, et Décr. 28 mars 1852. — Abolition (Décr. 4 mars 1848 et 5 septembre 1870).]

Seront également exempts les annonces, prospectus et catalogues de librairie.

[V. LL. 15 mai 1818, art. 83, et 23 juin 1857, art. 12.)

ART. 77. — Les particuliers qui voudront se servir, pour affiches, avis ou annonces, d'autre papier que celui de l'administration de l'Enregistrement, seront admis à le faire timbrer avant l'impression.—La contravention à la disposition de l'article 65 de la loi du 28 avril 1816, qui défend de se servir, pour les affiches, de papier de couleur blanche, sera punie d'une amende de 100 francs à la charge de l'imprimeur, qui sera toujours tenu d'indiquer son nom et sa demeure au bas de l'affiche.

[V. LL. 15 mai 1818, art. 76, 18 juillet 1866, art. 4, § 3, et 23 juin 1857, art. 12. — Amende réduite à 20 fr. (L. 16 juin 1824, art. 10). — Nom et demeure de l'imprimeur (V. L. 28 avril 1816, art. 69, note 1).]

ART. 78. — Remise est faite aux héritiers et représentants des propriétaires émigrés dont les biens ont été confisqués, des droits de mutation par décès dus à raison des biens appartenant à leur auteur, et dans la propriété desquels lesdits héritiers et représentants ont été réintégrés en vertu des lois du 5 décembre 1814 et 28 avril 1816. — L'effet de cette remise est exclusivement limité aux droits résultant de cette entrée en possession; toute autre mutation postérieure des mêmes biens et à quelque titre que ce soit, est et demeure passible des droits d'enregistrement établis par les lois sur chaque nature de mutation. — Quant aux biens qui n'auraient été que séquestrés, la compensation des droits de mutation n'aura lieu que jusqu'à concurrence du montant net des sommes perçues par l'État, et provenant desdits biens.

ORDONNANCE DU 2 JUILLET 1817

Consignation.

—

ARTICLE PREMIER. — Les receveurs de l'Enregistrement feront des relevés ou extraits, et tiendront note de tous les actes et jugements qui donnent lieu à consignations dans les différents cas prévus par notre ordonnance du 3 juillet 1816, à mesure qu'ils leur seront présentés pour être enregistrés. — Ils exigeront que les déclarations prescrites par les articles 5, 6 et 7 de ladite ordonnance, soient faites au bas des actes présentés par les fonctionnaires auxquels l'obligation en est imposée. Dans le cas où ceux-ci refuseraient de faire lesdites déclarations, ou en feraient qui seraient reconnues inexactes, les receveurs de l'Enregistrement soumettront ces refus ou inexactitudes à nos procureurs près les tribunaux de leur arrondissement, qui, après avoir pris connaissance des faits, exerceront à l'égard de ces fonctionnaires, s'il y a lieu, les voies de répression autorisées par l'article 10 de la même ordonnance.....

[Instr. n° 795.]

LOI DU 21 AVRIL 1818

Douanes.

(VII° série, Bull. 207, n° 3958; Instr. n° 830.)

—

ART. 52. — Cette vente (*de marchandises avariées par suite d'événements de mer*) aura lieu par courtiers de commerce ou autres officiers publics, et sous la surveillance du receveur des douanes, sans le concours duquel il ne pourra être fait aucune opération ni passé aucun acte.

ART. 56. — Les procès-verbaux de vente ou de destruction, dressés en vertu de la présente, ne seront assujettis qu'au droit fixe de 1 franc pour leur enregistrement.

[Abrogé (L. 28 février 1872, art. 5, n° 2, § 2). — Ventes de marchandises avariées et de débris de navires naufragés, droit fixe gradué (L. préc., art. 1er, n° 3).]

ART. 64. — Les actes ou procès-verbaux constatant les ventes de navires, soit totales ou partielles, ne seront passibles, à l'enregistrement, que du droit fixe de 1 franc.

[Abrogé. Mutations de propriété de navires, droit proportionnel (L. 28 février 1872, art. 5, n° 2).]

LOI DU 15 MAI 1818

Enregistrement et timbre.

(VII° série, Bull. 211, n° 4101; Instr. n° 834.)

—

ART. 73. — Ne seront sujets qu'au droit fixe de 1 franc d'enregistrement :

1° Les adjudications au rabais et marchés pour constructions, réparations, entretien, approvisionnements et fournitures dont le prix doit être payé directement ou indirectement par le Trésor royal;

2° Les cautionnements relatifs à ces adjudications et marchés.

[Abrogé. Droit gradué (L. 28 fév. 1872, art. 1er, n° 9). — *V.* LL. 22 frim. an VII, art. 69, § 2, n° 3, et 28 avril 1816, art. 51, n° 3.]

ART. 74. — Le droit d'enregistrement des ventes d'objets mobiliers, fixé à 2 pour 100 par l'article 69 de la loi du 22 frimaire an VII, est réduit à 50 centimes par 100 francs pour les ventes publiques de marchandises, qui, conformément au décret du 17 avril 1812, seront faites à la Bourse et aux enchères, par le ministère des courtiers de commerce, d'après l'autorisation du tribunal de commerce.

[Ventes après faillite, même droit de 50 cent. pour 100 fr., pour les ventes faites conformément à l'art. 492 C. com. (L. 24 mai 1834, art. 12). — *V.* pour les ventes publiques de marchandises en gros, LL. 28 mai 1858, art. 4; 3 juil. 1861, art. 3; — et pour les ventes publiques de valeurs données en gage, L. 23 mai 1863, art. 93 C. comm.]

ART. 75. — Pour les rentes et les baux stipulés payables en quantité fixe de grains et denrées dont la valeur est déterminée par des mercuriales, et pour les donations entre-vifs et les transmissions par décès de biens dont les baux sont également stipulés payables en quantité fixe de grains et denrées dont la valeur est également déterminée par des mercuriales, la liquidation du droit proportionnel d'enregistrement sera faite d'après l'évaluation du montant des rentes ou du prix des baux résultant d'une année commune de la valeur des grains ou autres denrées, selon les mercuriales du marché le plus voisin. — On formera l'année commune d'après les quatorze dernières années antérieures à celle de l'ouverture du droit; on retranchera les deux plus fortes et les deux plus faibles; l'année commune sera établie sur les dix années restantes.

[*V.* L. 22 frim. an VII, art. 14, n° 9, et 15, nos 1, 2 et 3. — L'art. 75 modifie l'art. 1er du décret du 26 avril 1808.]

ART. 76. — A compter du 1er juillet prochain, le papier pour affiches, avis ou annonces ne sera plus fourni par la Régie de l'Enregistrement. — Conformément à l'article 58 de la loi du 30 septembre 1797 (9 vendémiaire an VI), les particuliers feront timbrer le papier dont ils voudront faire usage. — Ils acquitteront le droit réglé par les articles 65, 66 et 67 de la loi du 28 avril 1816. Le papier sera présenté au timbre avant l'impression, sous les peines portées par l'article 69 de cette dernière loi. — Néanmoins, la disposition de l'article 77 de la loi du 25 mars 1817, qui défend de se servir, pour les affiches, de papier de couleur blanche, et qui prononce une amende de 100 francs contre l'imprimeur, en cas de contravention, est et demeure maintenue.

[*V.* pour les affiches (L. 18 juillet 1866, art. 4, §§ 3 et 4). — Le timbre a été supprimé pour les avis et annonces (L. 23 juin 1857, art. 12). — Amende de 100 fr. réduite à 20 fr. (L. 16 juin 1824, art. 10).]

ART. 77. — Seront exemptes du droit proportionnel établi par l'article 55 de la loi du 28 avril 1816, les lettres patentes de dispenses d'âge pour mariage, délivrées aux personnes reconnues indigentes. Dans ce cas, la formalité de l'enregistrement sera donnée *gratis*. — Seront également enregistrés *gratis* les actes de reconnaissance d'enfants naturels appartenant à des individus notoirement indigents.

[*V.* LL. 3 juil. 1846, art. 8, et 10 déc. 1850, art. 4.]

ART. 78. — Demeurent assujettis au timbre et à l'enregistrement sur la minute, dans le délai de vingt jours, conformément aux lois existantes :

1° Les actes des autorités administratives et des établissements publics portant transmission de propriété, d'usufruit et de jouissance; les adjudications ou marchés de toute nature, aux enchères, au rabais ou sur soumission ;

2° Les cautionnements relatifs à ces actes.

[Comp. L. 22 frim. an VII, art. 20, 29, § 4, et 70, § 3, n° 2; Décr. 4 mess. an XIII, art. 3.]

ART. 79. — La disposition de l'article 37 de la loi du 12 décembre 1798 (22 frimaire an VII), qui autorise, pour les adjudications en séance publique seulement, la remise d'un extrait au receveur de l'Enregistrement, pour la décharge du secrétaire, lorsque les parties n'ont pas consigné les droits en ses mains, est étendue aux autres actes ci-dessus énoncés.

ART. 80. — Tous les actes, arrêtés et décisions des autorités administratives non dénommées dans l'artiticle 78 sont exempts du timbre sur la minute, et de l'enregistrement tant sur la minute que sur l'expédition. Toutefois, aucune expédition ne pourra être délivrée aux parties que sur papier timbré, si ce n'est à des individus indigents, et à la charge d'en faire mention dans l'expédition.

ART. 81. — L'exemption prononcée par l'article précédent est applicable aux actes des autorités administratives antérieurs à la publication de la présente. — Il est fait remise des doubles droits et amendes encourus pour contraventions aux lois du timbre et de l'enregistrement, à raison d'actes dénommés dans ledit article et antérieurs à ladite publication.

ART. 82. — Les seuls actes dont il devra être tenu répertoire sur papier timbré dans les préfectures, sous-préfectures et mairies, et dont les préposés pourront demander communication sont ceux dénommés dans l'article 78 de la présente loi.

[Comp. L. 22 frim. an VII, art. 49 et 54; Décr. 4 mess. an XIII, art. 1er.]

ART. 83. — L'exemption du timbre, portée en l'article 76 de la loi du 25 mars 1817, en faveur des annonces, prospectus et catalogues de librairie, est étendue aux annonces, prospectus et catalogues d'objets relatifs aux sciences et arts.

[*V.* L. 23 juin 1857, art. 12, qui abroge l'art. 1er de la loi du 6 prair. an VII.]

1. Projet de loi envoyé à la Chambre, le 15 décembre 1817.

Louis, par la grâce de Dieu, roi de Fance et de Navarre,

A tous ceux qui ces présentes verront, salut :

Nous avons ordonné et ordonnons que le projet de loi dont la teneur suit soit présenté à la Chambre des députés par notre ministre secrétaire d'Etat au département des finances et par le baron de la Bouillerie, sous-secrétaire d'Etat; le chevalier Allent, M. de Saint-Cricq, conseiller d'Etat, directeur de l'administration des Douanes, et le baron de Barante, conseiller d'Etat, directeur général des Contributions indirectes, que nous chargeons d'en soutenir la discussion.

TITRE V. — *Enregistrement, timbre et domaine. — Droits d'enregistrement et de timbre.*

ART. 21. — Les droits d'enregistrement, de timbre, de greffe, d'hypothèque, de passe-port et permis d'armes, et le décime pour franc de ceux de ces droits qui n'en sont pas affranchis, continueront d'être perçus conformément aux lois, ordonnances, règlements et décrets existants, sauf les modifications ci-après.

ART. 22. — Ne seront sujets qu'au droit fixe de 1 franc d'enregistrement :

1° Les adjudications au rabais et marchés pour constructions, réparations, entretien, approvisionnements et fournitures dont le prix doit être payé directement ou indirectement par le Trésor royal ;

2° Les cautionnements relatifs à ces adjudications et marchés.

ART. 23. — Le droit d'enregistrement des ventes d'objets mobiliers fixé à 2 pour 100 par l'article 69 de la loi du 22 frimaire an VII, est réduit à 50 centimes par 100 francs pour les ventes publiques de marchandises qui, conformément au décret du 17 mars 1812, seront faites à la Bourse et aux enchères par le ministère des courtiers de commerce, d'après l'autorisation du tribunal de commerce.

ART. 24. — Pour les rentes et les baux stipulés payables en nature, et pour les donations entre-vifs et les transmissions par décès de biens dont les baux sont également stipulés payables en nature, la liquidation du droit proportionnel d'enregistrement sera faite d'après l'évaluation du montant des rentes ou du prix des baux résultant d'une année commune de la valeur des grains et autres denrées, selon les mercuriales.

On formera l'année commune d'après les dix dernières années antérieures à celles de l'ouverture du droit; on retranchera les deux plus fortes et les deux plus faibles, l'année commune sera établie sur les six années restantes.

ART. 25. — A compter du 1er juillet prochain, le papier pour affiches, avis ou annonces, ne sera plus fourni par la Régie de l'Enregistrement.

ART. 26. — Seront exemptes du droit proportionnel, établi par l'article 55 de la loi du 28 avril 1816, les lettres patentes de dispense d'âge pour mariage délivrées aux personnes reconnues indigentes. Dans ce cas, la formalité de l'enregistrement sera donnée gratis.

Seront également enregistrés gratis les actes de reconnaissance d'enfants naturels appartenant à des individus notoirement indigents.

ART. 27.— Demeurent assujettis au timbre et à l'enregistrement sur la minute, dans le délai de vingt jours, conformément aux lois existantes :

1° Les actes et délibérations des autorités administratives et des établissements publics portant transmission de propriété, d'usufruit et de jouissance; les adjudications ou marchés de toute nature aux enchères, au rabais ou par soumission;

2° Les cautionnements relatifs à ces actes.

ART. 28. — La disposition de l'article 37 de la loi du 12 décembre 1798 (22 frimaire an VII), qui autorise pour les adjudications, en séance publique seulement, la remise d'un extrait au receveur de l'Enregistrement pour la décharge du secrétaire, lorsque les parties n'ont pas consigné les droits en ses mains, est étendue aux autres actes civils énoncés.

ART. 29.— Tous les actes, arrêtés ou décisions des autorités administratives non dénommés dans l'article 27, sont exempts de timbre sur la minute et de l'enregistrement tant sur la minute que sur l'expédition. Toutefois, une expédition ne pourra être délivrée aux parties que sur papier timbré.

ART. 30. — L'exemption prononcée par l'article précédent est applicable aux actes et arrêtés des autorités administratives antérieurs à la publication de la présente.

Il est fait remise des doubles droits et amendes encourus pour contraventions aux droits du timbre et de l'enregistrement, à raison d'actes dénommés dans l'article et antérieurs à ladite publication, à la charge d'acquitter les droits dans le délai de trois mois.

ART. 31. — Les seuls actes dont il devra être tenu répertoire sur papier timbré dans les préfectures, sous-préfectures et mairies, et dont les préposés pourraient demander communication, sont ceux dénommés dans l'article 27 de la présente loi, sans préjudice de l'exécution des dispositions de la loi du 12 décembre 1798 (22 frimaire an VII) sur la tenue et la présentation périodique du répertoire au visa du receveur, et sur la communication que le receveur ou tout autre préposé de l'Enregistrement pourra prendre, tant dudit répertoire que des titres déposés aux archives.

2. Rapport du comte Beugnot au nom de la Commission du budget.

CHAPITRE IV. — *Droits d'enregistrement et de timbre.*

Cette branche importante du revenu public et qui figure au budget de la dette consolidée, dans le tableau des ressources, pour un produit net de 145,600,000 francs, ne subit cette année que de légers changements dans sa législation.

Il consiste à étendre l'échelle des années sur laquelle s'établit l'année commune pour la perception des droits, à restreindre aux seuls actes translatifs de propriétés les actes des corps administratifs *sujets à l'enregistrement*, et à défendre les membres de ces corps des amendes et des restitutions de droits qu'ils auraient encourues par des contraventions aux lois précédentes.

La commission a considéré ici les maires et les autres membres des corps administratifs sous deux rapports : comme dépositaires du pouvoir municipal proprement dit, qui n'est autre chose que l'exécution d'un mandat donné par une collection d'individus soumise, comme les individus isolés, aux lois qui régissent la société, et comme délégués de la puissance exécutive.

S'il n'est pas possible de soustraire à l'enregistrement les actes qu'ils passent dans la première qualité, il ne faut pas qu'on puisse s'en prévaloir pour porter l'inquisition sur ceux beaucoup plus nombreux qu'ils passent dans la seconde. On s'est plaint cependant de ce que les procédés humiliants étaient exercés envers des citoyens qui devaient en être préservés par leur considération personnelle et la gratuité de leurs fonctions; il paraît même qu'il a été prononcé contre eux des restitutions de droits et des amendes qui les ont induits en des pertes personnelles, tandis que le bénéfice qui serait résulté des contraventions n'aurait point tourné à leur profit, mais à celui des communes. Votre commission propose donc aux lois existantes certaines modifications qui concilient les intérêts de la perception avec les ménagements que l'on doit aux citoyens respectables qui, par un privilége particulier à la France, y exercent gratuitement le dernier et le plus utile degré du pouvoir, celui qui s'adresse directement à chaque individu.

Le produit de l'enregistrement a reçu une destination sacrée, puisqu'il est affecté au payement des arrérages de la dette publique et à son amortissement. Il est donc à souhaiter que ce produit aille toujours en augmentant. Votre commission a pensé qu'une révision du tarif, et même la modération de certains droits, seconderaient cette augmentation si désirable; parce qu'entre ces droits, on en signale de trop élevés, et par cela même qui font obstacle aux transactions. Mais elle se contente d'offrir cette observation à l'expérience du Gouvernement.

Séance du 18 avril 1818.

M. DE CORBIÈRES demande que l'article 24 du titre soit modifié dans sa rédaction. Il demande qu'au lieu de ces mots, *baux en nature*, on dise *baux en quantité fixe*, en grains et autres denrées dont la valeur est déterminée par les mercuriales, et en second lieu, quant aux mercuriales, qu'elles soient déterminées sur le prix du marché le plus voisin, et de l'époque où ces denrées doivent être fournies.

M. VOYSIN DE GARTEMPE admet la première proposition et combat la seconde comme inexécutable, en ce que les baux stipulent un prix convenu et non celui de l'époque précise à laquelle les denrées doivent être livrées.

M. BARAIRON pense qu'il résulterait de la dernière disposition de M. de Corbières qu'il pourrait y avoir dans la perception du droit ou excès ou insuffisance; car, si on établissait la mercuriale sur le prix du dernier marché, on pourrait trouver que le prix du grain serait ou très-considérable ou très-bas : c'est un terme moyen que les mercuriales ont pour objet.

M. DE VILLÈLE répond qu'en effet la mercuriale se prend sur les années précédentes, mais en combinant la mercuriale de chacune de ces années sur l'époque où la denrée doit être livrée en vertu du bail.

La première partie de la rédaction de M. de Corbières est adoptée, la seconde est rejetée.

L'article 24 est adopté ainsi amendé.

Les articles 25, 26, etc., sont adoptés dans les termes suivants, avec les amendements divers de la commission. On lit l'article additionnel qu'elle propose, article qui devient le 32ᵉ du titre.

La loi a été adoptée à la Chambre des députés par 178 voix contre 30, et à la Chambre des pairs par 108 contre 25.

AVIS DU CONSEIL D'ÉTAT DU 21 AOUT 1818

Acte de l'étranger. — Usage en France.

—

Le comité de législation, sur le renvoi qui lui a été fait d'un mémoire de Son Excellence le ministre des finances, qui présente la question de savoir si l'article 58 de la loi du 28 avril 1816, portant « qu'il ne pourra être fait usage, en justice, d'aucun acte passé en pays étranger ou dans les colonies, qu'il n'ait acquitté les mêmes droits que s'il avait été souscrit en France, et pour des biens situés dans le royaume, et qu'il en sera de même pour les mentions desdits actes dans les actes publics, » est applicable aux actes passés en France pour des biens situés en pays étrangers ou aux colonies; et si l'avis du conseil d'État, du 12 décembre 1806, d'après lequel ils n'avaient été assujettis qu'à un droit fixe, se trouve rapporté par cette loi.

Vu un précédent avis du conseil d'État, du 10 brumaire an XIV, portant « qu'il n'y avait lieu de percevoir de droit proportionnel sur les actes passés en pays étrangers ou dans les colonies, portant transmission ou mutation de propriétés situées dans lesdits pays, lorsqu'ils étaient présentés à l'enregistrement, pour leur donner une date légale en France » ;

Considérant que ce dernier avis a évidemment dû rester sans effet par la publication de la loi du 28 avril 1816, puisque l'article 58 de cette loi, ci-dessus cité, prescrit la perception du droit proportionnel d'enregistrement, identiquement pour les cas pour lesquels cet avis n'autorisait la perception que du droit fixe ;

Et que l'annulation de ce premier avis a dû nécessairement entraîner celle du deuxième avis, du 12 décembre 1806, qui en était une suite, et qui était fondé sur les mêmes motifs ;

Est d'avis que le droit d'enregistrement doit être perçu tel qu'il est établi par l'article 58 de la loi du 28 avril 1816, dans les cas prévus, soit par l'avis du conseil d'Etat, du 10 brumaire an XIV, soit par celui du 12 décembre 1806.

Du 21 août 1818. — Avis du conseil d'État.

LOI DU 23 JUILLET 1820

Remises des greffiers.

(VII° Série, Bull. 385, n° 9043; Instr. n° 944.)

—

Art. 2. — Les droits et remises attribués aux greffiers des tribunaux civils et de commerce par la loi du 21 ventôse an VII, seront perçus par eux directement des parties qui en sont tenues; mais les receveurs de l'Enregistrement mentionneront désormais en toutes lettres, dans la relation au pied de chaque acte : 1° le montant des droits de greffe appartenant au Trésor; 2° le montant de la remise qui revient au greffier pour l'indemnité qui lui est allouée par la loi.

[L. 21 ventôse an VII, art. 10 et 21.]

LOI DU 1er MAI 1822

Lettres de change.

(VII° Série, Bull. 524, n° 12637; Instr. 1039.)

—

Art. 6. — Les lettres de change tirées par seconde, troisième ou quatrième, pourront, quoique étant écrites sur papiers non timbrés, être enregistrées, dans le cas de protêt, sans qu'il y ait lieu au droit de timbre et à l'amende, pourvu que la première, écrite sur papier au timbre proportionnel, soit représentée conjointement au receveur de l'Enregistrement.

[V. L. 13 brumaire an VII, art. 14 et 25; L. 5 juin 1850, art. 10.]

ORDONNANCE DU 5 MARS 1823

Enregistrement.

(VII° Série, Bull. 592, n° 14263.)

—

Article premier. — Les transferts d'inscriptions directes ou départementales au-dessous de 50 francs de rente pourront s'opérer à l'avenir, tant à Paris que dans les départements, sur la production de procurations en brevet et sous signature privée, dûment certifiées ou légalisées, et soumises, quant à l'enregistrement, au *minimum* du droit déterminé par la loi, mais non assujetties à la formalité du dépôt.

LOI DU 16 JUIN 1824

Enregistrement, Timbre, Hypothèques.

(Instr. 1136.)

—

Article premier. — Les baux à ferme ou à loyer de biens meubles ou immeubles, les baux de pâturage et nourriture d'animaux, les baux à cheptel ou reconnaissance de bestiaux, et les baux ou conventions pour nourriture de personnes, lorsque la durée sera limitée, ne seront désormais soumis qu'au droit de 20 centimes par 100 francs, sur le prix cumulé de toutes les années. — Le droit de cautionnement de ces baux sera de moitié de celui fixé par le présent article.

[Comp. L. 22 frimaire an VII, art. 69, § 1, nos 1 et 2, § 2, n° 5, et § 3, n° 2; L. 27 ventôse an IX, art. 8 et 9. — V. L. 24 août 1871, art. 11, § 7.]

Art. 2. — Les droits sur les échanges de biens immeubles sont modérés ainsi qu'il suit : — Les échanges d'immeubles ruraux ne payeront que 1 franc fixe pour tous droits d'enregistrement et de transcription, lorsque l'un des immeubles échangés sera contigu aux propriétés de celui des échangistes qui le recevra.

[Abrogé (L. 24 mai 1834, art. 16); — Échange d'immeubles contigus (L. 27 juillet, 1870, art. 4).]

A l'égard de tous les autres échanges de biens immeubles, quelle que soit leur nature, le droit de 2 pour 100, fixé par l'article 69 de la loi du 12 décembre 1798 (22 frimaire an VII), est réduit à 1 pour 100; il sera perçu, comme par le passé, sur la valeur d'une des parts seulement, et celui de 1 1/2 pour 100, fixé par l'article 54 de la loi du 28 avril 1816, n'aura lieu également que sur la valeur d'une des parts. — Dans tous les cas, le droit réglé par l'article 52 de la même loi continuera d'être perçu sur le montant de la soulte ou de la plus-value.

Art. 3. — Le droit d'enregistrement fixé par les paragraphes 4 et 6 de l'article 69 de la loi du 12 décembre 1798 (22 frimaire an VII), pour les donations entre-vifs en ligne directe, à 1 fr. 25 cent. par 100 francs sur les biens meubles, et à 2 fr. 50 cent. sur les immeubles, est réduit, en ce qui concerne les donations portant partage, faites par actes entre-vifs, conformément aux articles 1075 et 1076 Code civ., par les père et mère ou autres ascendants, entre leurs enfants et descendants, au droit de 25 cent. par 100 francs sur les biens meubles, et de 1 franc par 100 francs sur les immeubles, ainsi qn'il est réglé pour les successions en ligne directe. — Le droit de 1 1/2 pour 100, ajouté au droit d'enregistrement par l'arttícle 54 de la loi du 28 avril 1816, ne sera perçu pour lesdites donations que lorsque la transcription en sera requise au bureau des hypothèques.

[Donations de biens meubles, porté à 1 fr., par 100 fr. (L. 18 mai 1850, art. 5 et 10). — Partages d'ascendants (L. 12 ventôse an VII, art. 21).]

Art. 4. — Les actes translatifs de propriété, d'usufruit ou de jouissance de biens immeubles situés soit en pays étranger, soit dans les colonies françaises où le droit d'enregistrement n'est pas établi, ne seront soumis, à raison de cette transmission, qu'au droit fixe de 10 francs, sans que, dans aucun cas, le droit fixe puisse excéder le droit proportionnel qui serait dû s'il s'agissait de biens situés en France.

[Actes soumis au droit fixe gradué (L. 18 février 1872, art. 1er, n° 2). — Transmissions de valeurs mobilières étrangères (LL. 18 mai 1850, art. 7, et 23 août 1871, art. 3 et 4; L. 22 frimaire an VII, art. 23 et 42, et 28 avril 1816, art. 58).]

Art. 5. — Les polices d'assurances maritimes ne seront assujetties qu'au droit fixe de 1 franc pour enregistrement. Le payement du droit proportionnel, fixé par l'article 51 de la loi du 28 avril 1816, sera perçu seulement lorsqu'il sera fait usage de ces actes en justice.

[Assurances maritimes (L. 23 août 1871, art. 6 à 10).]

Art. 6. — Seront enregistrés *gratis* les actes de poursuites et tous autres actes, tant en action qu'en défense, ayant pour objet soit le recouvrement des contributions publiques et de toutes autres sommes dues à l'Etat, ainsi que des contributions locales, soit le recouvrement des sommes dues pour mois de nourrice; le tout, lorsqu'il s'agira de cotes, droits et créances non excédant en total la somme de 100 francs.

[L. 22 frimaire an VII, art. 68, § 1er, n° 30; 70, § 2, n° 2). — Actes des porteurs de contrainte (Arr. 16 thermidor an VIII). — Jugements (V. L. 28 avril 1816, art. 30).]

Art. 7. — Les départements, arrondissements communes, hospices, séminaires, fabriques, congrégations religieuses, consistoires et généralement tous établissements publics légalement autorisés, payeront 10 francs pour droit fixe d'enregistrement et de transcription hypothécaire sur les actes d'acquisition qu'ils feront, et sur les donations ou legs qu'ils recueilleront, lorsque les immeubles acquis ou donnés devront recevoir une destination d'utilité publique et ne pas produire de revenus, sans préjudice des exceptions déjà existantes en faveur de quelques-uns de ces établissements. — Le droit de 10 francs fixé par le présent article, sera réduit à 1 franc toutes les fois que la valeur des immeubles acquis ou donnés n'excédera pas 500 francs en principal.

[Abrogé (L. 18 avril 1831, art. 17).]

Art. 8. — Le droit de timbre proportionnel, pour les effets, billets et obligations d'une somme de 500 francs et au-dessous, est réduit à 35 centimes au lieu de 70 centimes.

[V. LL. 24 mai 1834, art. 18; 20 juillet 1837, art. 16; 5 juin 1850, art. 1er; 23 août 1871, art. 2, et 19 février 1874, art. 3).]

Art. 9. — Le droit de timbre spécial des livres de commerce, fixé par l'article 72 de la loi du 28 avril 1816 à 20 centimes par feuille de papier petit ou moyen, est réduit à 5 centimes par feuille. — Le droit de 30 centimes ou 50 centimes, par feuille, selon le format des papiers de dimension supérieure, est réduit à 10 centimes par feuille, quelle que soit la dimension du papier.

[Abrogé (L. 20 juillet 1837, art. 4).]

Art. 10. — Les amendes progressives prononcées, dans certains cas, contre les fonctionnaires publics et les officiers ministériels, par les lois sur l'enregistrement et le dépôt des répertoires, sont réduites à une seule amende de 10 francs, quelle que soit la durée du retard. — Toutes les amendes fixes prononcées par les lois sur l'enregistrement, le timbre, les ventes publiques de meubles et le notariat, ainsi que celles résultant du défaut de mention des patentes dans les actes et du défaut de consignation des amendes d'appel, sont réduites, savoir : celles de 500 francs, à 50 francs.; celles de 100 francs, à 20 francs; celles de 50 francs, à 10 francs; et toutes celles au-dessous de 50 francs, à 5 francs.

[Mention des patentes supprimée (L. 18 mai 1850, art. 1er).]

Art. 11. — Les dispositions des lois relatives à la tenue et au dépôt des répertoires sont applicables aux commissaires-priseurs et aux courtiers de commerce, mais seulement pour les procès-verbaux de ventes de meubles et de marchandises, et pour les actes faits en conséquence de ces ventes. — Les articles 41 et 42 de la loi du 12 décembre 1798 (22 frimaire an VII), sur l'enregistrement, sont applicables aux avoués, le tout sauf la réduction aux sommes fixées par l'article précédent des amendes prononcées par lesdites lois.

[Tenue et dépôt des répertoires (V. *suprà*, L. 22 frimaire an VII, art. 49 à 53; Ord. 26 juin 1816, art. 13; Décr. 29 sept.-6 oct. 1791, et L. 16 floréal an IV).]

Art. 12. — L'amende fixe de 30 francs, prononcée par

les articles 26 de la loi du 3 novembre 1798 (13 brumaire an VII), et 6 de la loi du 25 mai 1799 (6 prairial an VII), à l'égard des effets, billets et obligations au-dessous de 600 francs, écrits sur papier non timbré, est réduite au vingtième du montant de ces effets, sans qu'elle puisse néanmoins, dans aucun cas, être inférieure à 5 francs. — Lorsqu'un effet, un billet ou une obligation aura été écrit sur du papier d'un timbre inférieur à celui qui aurait dû être employé, l'amende du vingtième prononcée par lesdits articles, ne sera perçue que sur le montant de la somme excédant celle qui aurait pu être exprimée sans contravention dans le papier employé, mais sans qu'elle puisse, dans aucun cas, être inférieure à 5 francs. — Les effets, billets ou obligations, écrits sur papier portant le timbre de dimension, ne seront assujettis à aucune amende, si ce n'est dans le cas d'insuffisance du prix du timbre et dans la proportion ci-dessus fixée.

[V. LL. 22 mai 1834, art. 18 à 21; 5 juin 1850, art. 4 et 6, et 19 février 1874, art. 4.]

Art. 13. — Les notaires pourront faire des actes en vertu et par suite d'actes sous seing privé non enregistrés, et les énoncer dans leurs actes, mais sous la condition que chacun de ces actes sous seing privé demeurera annexé à celui dans lequel il se trouvera mentionné, qu'il sera soumis avant lui à la formalité de l'enregistrement, et que les notaires seront personnellement responsables non-seulement des droits d'enregistrement et de timbre, mais encore des amendes auxquelles les actes sous seing privé se trouveront assujettis. — Il est dérogé, à cet égard seulement, à l'article 41 de la loi du 12 décembre 1798 (22 frimaire an VII).

[Protêts (V. L. 24 mai 1834, art. 23, et L. 28 février, 1872, art. 10, § 1er).]

Art. 14. — La prescription de deux ans, établie par le nombre 1er de l'article 61 de la loi du 12 décembre 1798 (22 frimaire an VII), s'appliquera tant aux amendes de contravention aux dispositions de ladite loi qu'aux amendes pour contravention aux lois sur le timbre et sur les ventes de meubles. Elle courra du jour où les préposés auront été mis à portée de constater les contraventions, au vu de chaque acte soumis à l'enregistrement, ou du jour de la présentation des répertoires à leur *visa*. — Dans tous les cas, la prescription pour le recouvrement des droits simples d'enregistrement et des droits de timbre qui auraient été dus indépendamment des amendes, restera réglée par les lois existantes. — L'action pour faire condamner aux amendes sera prescrite après deux ans, à compter du jour où les contraventions auront été commises, dans les cas déterminés :

1° Par l'article 1er de la loi du 5 mai 1796 (16 floréal an IV), concernant le dépôt des répertoires;

2° Par l'article 37 de la loi du 22 octobre 1798 (1er brumaire an VII), pour la mention à faire des patentes;

3° Par la loi du 16 mars 1803 (25 ventôse an XI), contenant organisation du notariat;

4° Par l'article 68 Code com., pour la publication des contrats de mariage de commerçants.

Art. 15. — Toutes les dispositions qui précèdent seront applicables aux perceptions à faire et aux amendes encore dues au moment de la publication de la présente loi.

Art. 16. — Il est accordé un délai de six mois, à compter de la publication de la présente loi, pour faire enregistrer et timbrer, sans droits en sus ni amendes, tous les actes, effets et registres qui, en contravention aux lois sur l'enregistrement et le timbre, n'auraient pas été soumis à ces deux formalités. Le même délai de faveur est accordé pour faire la déclaration des biens transmis, soit par décès, soit entre-vifs, lorsqu'il n'existera pas de conventions écrites.

Les héritiers, donataires ou légataires, et tous nouveaux possesseurs qui auraient fait des omissions ou des estimations insuffisantes dans leurs actes ou déclarations, seront admis à les réparer sans être soumis à aucune peine, pourvu qu'ils acquittent les droits simples et les frais dans le délai de six mois.

Le bénéfice résultant du présent article ne pourra être réclamé que pour les contraventions existantes au jour de la promulgation de la présente loi.

Exposé des motifs par M. le comte de Chabrol, directeur général de l'Enregistrement.

Messieurs, les droits d'enregistrement forment l'une des parties les plus importantes des revenus de l'État. On a réclamé la révision des dispositions et des tarifs qui en règlent la perception, et on a demandé des réductions dans la fixation des droits.

Cet objet a fixé l'attention du Gouvernement. Mais il est reconnu qu'il n'existe point de législation sur les impôts à laquelle il soit plus délicat et peut-être même plus dangereux de toucher, qu'à celle de l'Enregistrement. Elle a besoin d'être stable à raison de ses rapports immédiats avec les transactions qui ont lieu journellement dans la société. D'ailleurs, une exception, en apparence peu importante, peut produire sur les recettes des effets difficiles à calculer. Ce n'est qu'avec une extrême circonspection, et qu'après en avoir pesé toutes les conséquences, qu'il est permis d'apporter des changements dans cette législation, et d'en corriger les tarifs. Une révision entière serait évidemment prématurée dans des circonstances où le succès des recouvrements ne doit pas être livré aux hasards d'un essai.

La première amélioration à adopter sur cette partie, paraîtrait naturellement devoir consister dans l'abrogation des dispositions de la loi du 28 avril 1816, qui, par l'élévation des tarifs, ont notablement augmenté le produit de l'enregistrement et du timbre.

Mais il est indispensable de rappeler à ce sujet que l'article 37 de cette loi porte, en termes exprès, que les augmentations qu'elle établit seront maintenues jusqu'à ce que l'acquittement des charges extraordinaires de l'État soit terminé. Personne ne prétendra, sans doute, que nous soyons encore arrivés à l'époque que la loi a prévue, et que l'on puisse priver le Trésor d'une ressource d'environ 26 millions que ces augmentations lui procurent annuellement.

Le Gouvernement a donc dû se borner, quant à présent, à examiner quelles étaient les modifications qu'il paraissait le plus urgent d'apporter à cette partie; il a eu surtout en vue certains actes d'un usage fréquent qui intéressent particulièrement l'agriculture ou le commerce, et quelques dispositions pénales reconnues trop rigoureuses.

Nous allons avoir l'honneur, Messieurs, de vous exposer les motifs de chacune des dispositions du projet de loi que Sa Majesté nous a chargés de vous présenter.

La loi du 22 frimaire an VII avait fixé le droit d'enregistrement des baux à ferme ou à loyer, à raison de 1 franc par 100 francs, sur le prix cumulé des deux premières années, et de 25 centimes par 100 francs sur le prix cumulés des années suivantes.

Ces fixations parurent trop élevées, et la loi du 21 ventôse an IX en prononça la réduction. D'après cette loi, les droits sur les baux se perçoit à raison de 75 centimes par 100 francs sur le prix cumulé des deux premières années, et de 20 centimes sur le prix des années subséquentes.

Cette nature de conventions, qui touche de si près aux intérêts de l'agriculture, semble devoir être favorisée par une nouvelle modération de droits. Il convient aussi de rendre plus simple la perception, qui se trouve actuellement compliquée à raison des diverses quotités de droits à percevoir sur le même bail. Pour atteindre ce double but, l'article 1er du projet n'établit qu'une seule quotité de droits sur toutes les années du bail, et la fixe à 20 centimes par 100 francs.

Cette réduction a paru devoir être étendue aux baux à cheptel, ainsi qu'à ceux de pâturage et de nourriture d'animaux, et même aux baux ou conventions pour nourriture de personnes.

Le même article réduit le droit de cautionnement à moitié de celui du bail.

Sous le régime des droits de centième denier, les échanges, considérés comme opérant une double mutation, acquittaient, sur la valeur entière des deux immeubles cédés, le même droit que les ventes. La loi du 22 frimaire an VII a réduit le droit d'enregistrement sur les échanges à moitié de celui réglé pour les aliénations à titre onéreux. Ainsi, le droit des échanges faits sans soulte ni retour, se perçoit à raison de 2 pour 100 de la valeur d'une des parts, indépendamment de celui de transcription hypothécaire, au taux de 1 et demi pour 100, aussi de la valeur d'une des portions échangées.

Pour faciliter cette nature de transactions, l'article 2 réduit à 1 *franc* par 100 francs, celui de 2 *francs*, actuellement perçu sur la valeur d'une des parts.

Il avait été reconnu que le droit *proportionnel* d'enregistrement ne devait pas être exigé sur les actes translatifs d'immeubles situés en pays étrangers ou dans les colonies, soit que ces actes fussent passés dans ces pays et produits en France, soit qu'ils fussent passés dans le royaume.

L'article 58 de la loi du 28 avril 1816 a révoqué cette règle en ce qui concerne les actes passés en pays étrangers ou dans les colonies. Aux termes de cet article, il ne peut être fait usage en justice, ni mention dans un acte public, des actes dont il s'agit, qu'ils n'aient acquitté les mêmes droits que s'ils avaient été souscrits en France et pour des biens qui y seraient situés.

Des réclamations se sont élevées contre cette disposition. Il paraît convenable de les accueillir. La perception qu'elles ont pour objet doit, en effet, être considérée comme contraire aux principes de droit public selon lequel le droit proportionnel d'enregistrement qui se perçoit sur les transmissions de propriété, est un impôt qui ne doit atteindre que les biens situés sur le territoire où il est établi. L'article 3 du projet remet ces principes en vigueur et exempte du droit proportionnel les transmissions de biens situés hors du royaume.

L'article 70 de la loi du 22 frimaire an VII a classé parmi les actes à enregistrer gratis, les commandements, significations, saisies et autres actes relatifs au recouvrement des contributions publiques et de toutes autres sommes dues à l'État, lorsqu'il s'agit de cotes, droits ou créances non excédant 25 *francs*.

Cette disposition a eu pour objet d'éviter que les frais de poursuites qu'ont à supporter les contribuables en retard de se libérer de sommes modiques, ne soient augmentés de droits d'enregistrement au profit du Trésor; mais elle a paru insuffisante; et pour en étendre le bienfait, on propose, par l'article 4, de fixer à 100 *francs* au lieu de 25 *francs*, les cotes ou sommes pour le recouvrement desquelles les actes de poursuites seront enregistrés gratis.

La législation actuelle n'accorde la faveur de l'enregistrement moyennant le simple droit fixe, qu'aux *donations*, et *legs* faits aux séminaires et aux fabriques, ainsi qu'aux pauvres et aux hospices. Les seules congrégations hospitalières ont été admises, par un décret du 18 février 1809, à ne payer que le droit fixe sur les *acquisitions* qu'elles pourraient faire. Les acquisitions faites par tous autres établissements publics restent soumises au droit proportionnel.

Cependant les acquisitions que font ces établissements ont lieu, le plus souvent, au moyen de centimes additionnels, de taxes locales, et quelquefois aussi avec le produit de dons particuliers. D'un autre côté, ces acquisitions ajoutent à la prospérité d'établissements utiles, et le Gouvernement lui-même profite de cette prospérité.

Il a en conséquence paru convenable d'affranchir du droit proportionnel les acquisitions faites par tous établissements publics légalement autorisés, lorsque les immeubles acquis ne produiront pas de revenu et auront une destination d'utilité publique.

L'article 5 du projet contient une disposition à ce sujet.

Le droit de timbre proportionnel pour les effets négociables ou de commerce, et pour les simples obligations de sommes entre particuliers, était fixé par les lois des 13 brumaire et 6 prairial an VII, à 50 centimes par 1,000 francs inclusivement et *sans fraction*. Ce droit, augmenté de deux cinquièmes par l'article 64 de la loi du 28 avril 1816, est actuellement de 70 centimes par 1,000 francs aussi sans fraction.

La disposition qui n'admet aucune fraction au-dessous de 1,000 francs, a l'inconvénient d'assujettir les billets des sommes les plus modiques au même droit que les lettres de change de 1,000 francs. Les particuliers qui, notamment dans les campagnes, sont dans le cas de souscrire des reconnaissances pour de petites sommes, souffrent de cette disposition, dont la rigueur peut d'ailleurs provoquer la désobéissance à la loi.

Pour remédier à cet état de choses, l'article 6 réduit de 70 centimes à 35 centimes le droit de timbre des effets de 500 francs et au-dessous.

D'après la loi du 13 brumaire an VII, les livres de commerce étaient assujettis aux droits de timbre ordinaire, d'après la dimension du papier. La quotité de ces droits a été réduite par la loi du 28 avril 1816. Nonobstant cette réduction, peu de livres de commerce sont présentés à la formalité du timbre.

On propose, par l'article 7, une nouvelle réduction de ces droits au taux le plus modique, savoir: le droit de 20 centimes à 5 centimes par feuille, et ceux de 30 et 50 centimes à 10 centimes par feuille, quelle que soit la dimension du papier. On doit espérer que le commerce appréciera cette nouvelle faveur, et remplira désormais l'obligation que la loi lui impose relativement au timbre des registres.

Les notaires et les officiers ministériels sont assujettis, par les lois existantes, à des amendes *progressives* qui s'élèvent souvent à des sommes considérables ou à des amendes *fixes* dont le taux est trop élevé. Il en résulte la nécessité d'accorder la modération ou la remise de ces amendes, et l'impunité devient la conséquence la plus habituelle de cet état de choses. Pour y remédier, il a paru indispensable de réduire la quotité des amendes, de manière à ce qu'étant dans une juste proportion avec la nature des contraventions, le payement pût en être intégralement exigé.

Tel est l'objet de l'article 8, qui présente en outre deux dispositions, dont l'une, nécessaire dans l'ordre public, assujettit les commissaires-priseurs et les courtiers de commerce à la tenue et au dépôt des répertoires, mais seulement pour les ventes auxquelles ils procèdent; et l'autre complète les articles 41 et 42 de la loi du 22 frimaire an VII, en soumettant aux obligations que ces articles imposent aux officiers ministériels, les avoués, dont la création est postérieure à cette loi.

Les motifs qui ont déterminé à modérer les amendes en

matière d'enregistrement doivent naturellement faire réduire aussi celles pour contravention au timbre.

La loi du 13 brumaire an VII prononçait une amende fixe de 30 francs pour les effets ou obligations au-dessous de 600 francs écrits sur papier non timbré, ou sur papier d'un timbre inférieur à celui qui aurait dû être employé. Cette amende est trop élevée, puisqu'un billet de la somme la plus modique est passible de la même peine qu'une obligation de 600 francs. L'article 9 du projet tend à réduire l'amende au vingtième du montant du billet, ainsi qu'il en est usé à l'égard des effets au-dessus de 600 francs, mais sans toutefois que l'amende puisse être au-dessous de 5 francs.

Il a paru également convenable d'admettre une modification en ce qui concerne l'amende résultant de ce qu'un billet a été écrit sur papier d'un timbre inférieur à celui qui aurait dû être employé. Cette amende est du vingtième de la somme exprimée, sans distraction de celle sur laquelle le droit de timbre a été payé. On propose, pour le cas dont il s'agit, de n'exiger l'amende du vingtième que sur le montant de la somme excédant le timbre dont il a été fait usage.

L'article 10 applique la prescription de deux ans, telle qu'elle existe en matière d'enregistrement lorsque les préposés sont en état d'agir, aux amendes de contravention aux lois sur le timbre; les ventes publiques de meubles, le dépôt des répertoires, la mention des patentes et sur le notariat. Cette disposition est favorable pour la tranquillité des particuliers, des officiers publics et de leurs familles.

Un délai de trois mois est accordé par l'article 11 du projet pour faire enregistrer et timbrer sans amendes ni droits en sus, les actes ou mutations qui n'ont pas été soumis en temps utile à ces formalités. Une mesure semblable avait été prise par deux ordonnances du roi rendues en 1814 et 1815. Mais les circonstances d'alors avaient paralysé les effets de cette disposition. Il y a lieu d'espérer qu'en la renouvelant, on en obtiendra des résultats plus utiles.

Enfin, le dernier article du projet veut que les dispositions de la nouvelle loi soient applicables aux perceptions à faire et aux amendes restant dues lors de sa publication. Ainsi, le bénéfice, soit de l'exemption, soit de la modération des droits et amendes, appartiendra à tous actes antérieurs à la loi, qui ne seront présentés à la formalité que depuis sa publication. On reconnaîtra que cette disposition spéciale est uniquement dans l'intérêt des redevables.

ORDONNANCE DU 12 DÉCEMBRE 1827

Échanges d'immeubles de l'État.

(VIIe Série, Bull. 203, n° 7627; Instr. n° 1233.)

Art. 8. — Le contrat d'échange sera enregistré et transcrit; l'enregistrement sera fait *gratis*, conformément à l'article 70 de la loi du 22 frimaire an VII (12 décembre 1798). Il ne sera payé pour la transcription que le salaire du conservateur. — La soulte sera régie, quant au droit proportionnel d'enregistrement dont elle est passible, par les lois relatives aux aliénations ordinaires de biens de l'Etat.

[Soulte passible du droit de 2 pour 100 (*V.* L. 15 floréal an X, art. 6, et la note 1).]

Art. 14. — Tous les frais auxquels l'échange aura donné lieu seront supportés par l'échangiste, s'il a été résilié de plein droit dans les cas prévus par les articles 7, 10 et 12 de la présente ordonnance. — Dans les cas où l'échange sera sanctionné par la loi, comme dans le cas où il sera rejeté, les frais seront supportés moitié par l'échangiste et moitié par l'Etat. — Le droit d'enregistrement des soultes payables à l'Etat sera toujours à la charge de l'échangiste.

LOI DU 2 JUILLET 1829

Amende de consignation. — Révision des listes électorales et du jury.

(Circ. 8 juin 1830.)

Art. 18. — Toute partie qui se croira fondée à contester une décision rendue par le préfet en conseil de préfecture pourra porter son action devant la Cour royale du ressort. L'exploit introductif d'instance devra, sous peine de nullité, être notifié dans les dix jours, tant aux préfets qu'aux parties intéressées. Dans le cas où la décision du préfet en conseil de préfecture aurait rejeté une demande d'inscription formée par un tiers, l'action ne pourra être intentée que par l'individu dont l'inscription était réclamée. — La cause sera jugée sommairement, toutes affaires cessantes, et sans qu'il soit besoin du ministère d'avoué. *Les actes judiciaires auxquels elle donnera lieu seront enregistrés gratis.* L'affaire sera rapportée en audience publique par un des membres de la Cour, et l'arrêt sera prononcé après que le ministère public aura été entendu. — S'il y a pourvoi en cassation, il sera procédé comme devant la Cour royale, *avec la même exemption de droits d'enregistrement*, sans consignation d'amende.

[*V.* L. 19 avril 1831, art. 33; Décr. 7 août 1848, art. 6; L. 15 mars 1849, art. 13; Décr. 2 février 1852, art. 24.]

Art. 26. — Les percepteurs des contributions directes sont tenus de délivrer sur papier libre, et moyennant une rétribution de 25 centimes par extrait de rôle concernant le même contribuable, l'extrait relatif à ses contributions, et, à tout individu inscrit sur la liste du département, tout certificat négatif ou tout autre extrait des rôles des contributions.

LOI DU 15 AVRIL 1829

Pêche fluviale.

(VIIIe Série, Bull. 286, n° 10958.)

Art. 47. — Les procès-verbaux seront, sous peine de nullité, enregistrés dans les quatre jours qui suivront celui de l'affirmation, ou celui de la clôture du procès-verbal, s'il n'est pas sujet à l'affirmation. — L'enregistrement s'en fera *en débet*.

[L. 22 frimaire an VII, art. 20 et 34.]

AVIS DU CONSEIL D'ÉTAT DU 17 AOUT 1829

Timbre. — Consultations d'avocat.

—

Le conseil d'État : — Considérant que la loi du 13 brumaire an VII n'autorise aucune exemption du timbre autre que celles qui y sont nommément exprimées; — Que les consultations dont il s'agit, loin d'être exemptées du timbre par ladite loi, y sont nommément assujetties par le huitième paragraphe de l'article 12, ainsi conçu : « Les consultations, mémoires, observations et précis signés des hommes de loi et des défenseurs officieux ; — Considérant que les avocats, bien qu'institués postérieurement à la loi de brumaire an VII, sont dans la classe des personnes désignées par la loi sous les noms d'hommes de loi et de défenseurs officieux ; — Considérant que la circonstance de la production en justice n'est point exigée par la loi pour donner ouverture au droit de timbre sur les consultations, et que, du moment qu'elles sont signées par un avocat, elles ont le caractère d'actes définis et passibles de ce droit ; — Considérant que la loi ne distingue pas entre les consultations gratuites et les consultations rétribuées; qu'en effet, une telle distinction eût été difficile à constater, et aurait été une source d'embarras et d'abus dans l'application ; — Considérant que les motifs allégués en faveur de l'exemption seraient admissibles dans la discussion d'une disposition législative sur la matière, mais que, la loi s'étant prononcée en termes exprès, il n'est pas possible de s'écarter de son texte;

Le comité est d'avis que les consultations signées par les avocats, lors même qu'elles sont gratuites et qu'elles ne sont pas produites devant les tribunaux, doivent être écrites sur papier timbré.

LOI DU 8 SEPTEMBRE 1830

Prêts sur dépôt.

(IXe série, Bull. 7, n° 62; Instr. n° 1332.)

—

Article unique. — Les actes de prêts sur dépôts ou consignations de marchandises, fonds publics français, et actions de compagnies d'industrie et de finance, dans le cas prévu par l'article 95 du Code de commerce, seront admis à l'enregistrement moyennant le droit fixe de 2 francs.

[Droit porté à 3 fr. (L. 28 février 1872, art. 4). — V. Décr. 21 mars et 23 août 1848. — L'art. 95 Cod. com. fait partie du titre IV, modifié par L. 23 mai 1863, XIe série, Bull. 1119, n° 11297).]

LOI DU 14 DÉCEMBRE 1830

Journaux ou écrits périodiques.

(IXe série, Bull. 16, n° 80. Inst. 1343.)

—

Article premier. — Si un journal ou écrit périodique paraît plus de deux fois par semaine, soit à jour fixe, soit par livraison et irrégulièrement, le cautionnement sera de 2,400 francs de rente. — Le cautionnement sera égal aux trois quarts du taux fixé si le journal ou écrit périodique ne paraît que deux fois par semaine. — Il sera égal à la moitié si le journal ou écrit périodique ne paraît qu'une fois par semaine. — Il sera égal au quart si le journal ou écrit périodique paraît seulement plus d'une fois par mois. — Le cautionnement des journaux quotidiens publiés dans les départements autres que ceux de la Seine et Seine-et-Oise sera de 800 francs de rente dans les villes de cinquante mille âmes et au-dessus, de 500 francs de rente dans les autres villes, et respectivement de la moitié de ces deux rentes pour les journaux ou écrits périodiques qui paraissent à des termes moins rapprochés. — Le gérant responsable du journal devra posséder, en son propre et privé nom, la totalité du cautionnement. S'il y a plusieurs gérants responsables, ils devront posséder en leur propre et privé nom, et par portions égales, la totalité du cautionnement. — Il est accordé aux gérants responsables des journaux qui auront déposé leur cautionnement à l'époque où la présente loi sera promulguée, un délai de six mois pour se conformer à ces dispositions. — La partie du cautionnement déjà fourni qui excède le taux ci-dessus fixé sera remboursée.

Art. 2. — Le droit de timbre fixe ou de dimension sur les journaux ou écrits périodiques sera de six centimes pour chaque feuille de trente décimètres carrés et au-dessus, et de trois centimes pour chaque demi-feuille de quinze décimètres carrés et au-dessous.

Tout journal ou écrit périodique imprimé sur une demi-feuille de plus de 15 décimètres et de moins de trente décimètres carrés payera un centime en sus pour chaque cinq décimètres carrés.

Il ne sera perçu aucune augmentation de droit pour fraction au-dessous de cinq décimètres carrés.

Il ne sera perçu aucun droit pour un supplément qui n'excédera pas trente décimètres carrés publié par les journaux imprimés sur une feuille de trente décimètres et au-dessus.

La loi du 13 vendémiaire an VI et l'article 89 de la loi du 15 mai 1818 sont et demeurent abrogés.

La loi du 6 prairial an VII est abrogée en ce qui concerne le droit de timbre sur les journaux ou feuilles périodiques.

[Abrogé (Déc. 4 mars 1848 et 5 septembre 1870).]

LOI DU 29 JANVIER 1831

Sceau des titres.

(IXe Série, Bull. 19, n° 84; Instr. n° 1807.)

—

ART. 14. — A partir du 1er janvier 1831, les droits précédemment versés à la caisse du sceau seront perçus directement par les agents du Trésor public. Il sera justifié du payement de ces droits pour obtenir la délivrance des expéditions du sceau. — A partir de la même époque, les dépenses d'administration du sceau seront comprises au budget du ministère de la justice.

[*V.* L. 28 avril 1816, art. 55; L. 21 avril 1832, art. 1er; L. 20 juillet 1837, art. 12; Décr. 28 mars 1848, art. 2; L. 7 août 1850, art. 17.]

LOI DU 26 MARS 1831

Contributions.

(IXe Série, Bull. 29, n° 96.)

—

Le recours contre les arrêtés du conseil de préfecture sera affranchi de tous droits d'enregistrement autres que celui du timbre. Il pourra être transmis au Gouvernement par l'intermédiaire du préfet, sans frais.

LOI DU 18 AVRIL 1831

Mutations. — Communes, départements et établissements publics.

(IXe Série, Bull. 38, n° 106; Instr. n° 1362.)

—

Art. 17. — Sont et demeurent abrogés l'article 7 de la loi du 16 juin 1824, et les dispositions des lois, décrets et arrêtés du Gouvernement qui n'ont assujetti qu'au droit fixe, pour l'enregistrement et la transcription hypothécaire, les actes d'acquisition et les donations de legs faits au profit des départements, arrondissements, communes, hospices, séminaires, fabriques, congrégations, consistoires et autres établissements publics. — En conséquence, ces acquisitions, donations et legs, seront soumis au droit proportionnel d'enregistrement et de transcription établis par les lois existantes.

[*V.* l'art. 15, n° 6, L. 22 frimaire an VII, taxe de mainmorte; LL. 20 février 1849 et 30 mars 1872, art. 4.]

LOI DU 18 AVRIL 1831

Élections de députés. — Amende de fol appel.

—

ART. 10. — Le domicile politique de tout Français est dans l'arrondissement électoral où il a son domicile réel. Néanmoins il pourra le transférer dans tout autre arrondissement électoral où il paye une contribution directe, à la charge de faire, six mois d'avance, une déclaration expresse au greffe du tribunal civil de l'arrondissement électoral où il aura son domicile politique actuel, et au greffe du tribunal civil de l'arrondissement électoral où il voudra le transférer. *Cette double déclaration sera soumise à l'enregistrement.* Dans le cas où un électeur aura séparé son domicile politique de son domicile réel, la translation de son domicile réel n'emportera pas le changement de son domicile politique, et ne le dispensera pas des déclarations ci-dessus prescrites, s'il veut le réunir à son domicile réel.

ART. 33. — Toute partie qui se croira fondée à contester une décision rendue par le préfet pourra porter son action devant la Cour royale du ressort.... La cause sera jugée sommairement, toutes affaires cessantes, et sans qu'il soit besoin du ministère d'avoué. *Les actes judiciaires auxquels elle donnera lieu seront enregistrés gratis*... S'il y a pourvoi en cassation, il sera procédé sommairement, et toutes affaires cessantes, comme devant la Cour royale, avec la même exemption du droit d'enregistrement, *sans consignation d'amende.*

[*V.* L. du 15 mars 1849, art. 13; Décr. org. du 2 février 1852, art. 24.]

ART. 36. — Les percepteurs des contributions directes seront tenus de délivrer sur *papier libre*, et moyennant une rétribution de 25 centimes par extrait de rôle concernant le même contribuable, à toute personne portée au rôle, l'extrait relatif à ses contributions, et à tout individu qualifié comme il est dit à l'article 25, tout certificat négatif et tout extrait des rôles de contributions.

LOI DU 21 AVRIL 1832

Enregistrement. — Timbre.

(Instr. 1399.)

—

ART. 28. — Ne sont point assujetties au droit de timbre les réclamations (en décharge ou réduction de cotes, soit en contribution personnelle et mobilière, soit en portes et fenêtres) ayant pour objet une cote moindre de 30 francs.

ART. 30. — Le recours contre les arrêtés du conseil de préfecture (*rendus sur les réclamations en matière de contributions*) ne sera soumis qu'au droit de timbre. Il pourra être transmis au Gouvernement par l'intermédiaire du préfet, sans frais.

[Disposition semblable (L. 26 mars 1831, art. 29). — Comp. L. 13 brumaire an VII, art. 12, n° 1, § 9.]

Art. 33. — Les droits d'enregistrement des donations entre-vifs, et des mutations par décès soit par succession, soit par testament, ou autres actes de libéralité à cause de mort, qui auront lieu à compter de la promulgation de la présente loi, de biens meubles ou immeubles, en ligne collatérale et entre personnes non parentes, seront perçus selon les quotités établies ci-après :

Entre frères et sœurs, oncles et tantes, neveux et nièces: pour les donations entrevifs par contrat de mariage : — sur les meubles, 2 fr. pour 100 fr. ; — sur les immeubles, 4 fr. 50 pour 100 fr. ; — pour les donations entre-vifs hors contrat de mariage et les mutations par décès ; — sur les meubles, 3 fr. pour 100 fr.; — sur les immeubles, 6 fr. 50 pour 100 fr.

Entre grands-oncles et grand'tantes, petits neveux et petites nièces, cousins germains ; — pour les donations entre-vifs par contrat de mariage ; — sur les meubles, 2 fr. 50 cent. pour 100 fr. ; — sur les immeubles, 5 fr. pour 100 fr. ; — pour les donations entre-vifs hors contrat de mariage et les mutations par décès ; — sur les meubles, 4 fr. pour 100 fr.; — sur les immeubles, 7 fr. pour 100 fr.

Entre parents au-delà du quatrième degré et jusqu'au douzième : — pour les donations entrevifs par contrat de mariage : — sur les meubles, 3 fr. pour 100 fr.; sur les immeubles, 5 fr. 50 cent. pour 100 fr.; pour les donations entre-vifs hors contrat de mariage et les mutations par décès : sur les meubles, 5 fr. pour 100 fr.; — sur les immeubles, 8 fr. pour 100 fr.

Entre personnes non parentes : — Pour les donations entre-vifs par contrat de mariage : — sur les meubles, 4 fr. pour 100 fr.; — sur les immeubles, 6 fr. pour 100 fr. — pour les donations entre-vifs hors contrat de mariage et les mutations par décès: — sur les meubles, 6 fr. pour 100 fr.; — sur les immeubles, 9 fr. pour 100 fr.

[Biens meubles à titre gratuit, quotités de droits (L. 18 mai 1855, art. 10).]

Art. 33. — Les expéditions des ordonnances de nomination des avocats à la Cour de cassation, notaires, avoués, greffiers, huissiers, agents de change, courtiers, et commissaires-priseurs, destinées aux parties, sont assujetties au timbre.

Art. 34. — Les ordonnances portant nomination des avocats à la Cour de cassation, notaires, avoués, greffiers, huissiers, agents de change, courtiers et commissaires-priseurs, seront assujettis, à compter du jour de la promulgation de la présente loi, à un droit d'enregistrement de 10 pour 100 sur le montant du cautionnement attaché à la fonction ou à l'emploi.

Ce droit sera perçu sur la première expédition de l'ordonnance, dans le mois de sa délivrance, sous peine d'un double droit. Les nouveaux titulaires ne pourront être admis au serment qu'en produisant ladite expédition revêtue de la formalité de l'enregistrement; en cas de délivrance d'une seconde ou de subséquentes expéditions, la relation de l'enregistrement y sera mentionnée sans frais, par le receveur du bureau où la formalité aura été donnée et les droits acquittés.

Les expéditions des ordonnances de nomination destinées aux parties sont assujetties au timbre.

[V. loi du 25 juin 1841, art. 6 et suivants.]
[Comp. L. 13 brumaire an VII, art. 12, n° 1, § 8, et L. 15 mai 1818, art. 80.]

CHAMBRE DES DÉPUTÉS

Séance du 3 février 1832

Rapport fait au nom de la Commission du budget par M. Humann.

La propriété, messieurs, serait un vain mot, si elle se réduisait à la jouissance viagère, si la mort la frappait en même temps que le possesseur. L'union sociale n'a d'autre bases que la famille et la propriété, la propriété dans sa véritable acception, c'est-à-dire impérissable par les droits d'hérédité et de transmission. Ces droits ne sont pas seulement respectés religieusement parmi nous; l'Etat fait plus : par l'enregistrement, il imprime aux actes de la vie civile et aux contrats qui dérivent de la propriété, un caractère de régularité inaltérable; il leur donne une date certaine et en conserve les minutes dans des dépôts publics placés sous sa sauvegarde; par le timbre, il assure une garantie de plus aux engagements civils et commerciaux. En retour de ces avantages, le Trésor public perçoit, sur les mutations et les transactions de toute nature, des redevances qui lui rapportent un revenu considérable.

Des impôts analogues, et dont quelques-uns remontent au seizième siècle, existaient autrefois en France; ils furent supprimés en 1790, et remplacés par des droits d'enregistrement qui n'ont été exactement définis et bien régularisés que par la loi du 22 frimaire an VII. L'impôt, tel qu'il existe aujourd'hui, a le double avantage de ne coûter que 5 1/2 pour 100 de frais de recouvrement, et de ne point mettre les agents de la perception en contact immédiat avec les redevables; en effet, les fonctionnaires publics et les officiers ministériels en sont les premiers percepteurs; c'est à eux à présenter leurs actes à l'enregistrement et à en acquitter les droits.

L'administration à laquelle cette branche de revenu est confiée est chargée en outre de la perception des droits de timbre et de greffe; du recouvrement des amendes et des frais de justice; de l'administration et conservation des domaines et forêts de l'Etat; de la perception des revenus; de l'aliénation et du recouvrement des prix de ventes des domaines autres que les forêts. C'est elle encore qui dirige et surveille une institution à laquelle la fortune de tous les propriétaires d'immeubles et celle de leurs créanciers sont intéressées : je veux dire la conservation des hypothèques.

En 1816, les charges extraordinaires de l'Etat ayant nécessité l'augmentation de quelques impôts, plusieurs quotités de droits d'enregistrement ont été élevées, et, malgré ce rehaussement des tarifs, le nombre des transactions a continué à s'accroître. Les produits de l'enregistrement qui, avant 1816, ne s'élevaient qu'à 95 millions, ont dépassé 145 millions en 1829; ils sont portés au budget de 1832 pour 141,536,000 francs.

Dans l'état de gêne que le pays éprouve, il est douteux messieurs, que cette somme puisse être réalisée, et votre commission a dû chercher à balancer cette non-valeur probable par quelques ressources supplétives : voici ses vues à ce sujet.

Elle vous propose, d'abord, d'augmenter la quotité des droits sur quelques mutations qui échappent à l'empire des circonstances : telles sont celles qui, s'effectuant par décès, ne dépendent que de la marche invariable de la nature; telles sont encore les donations entre-vifs, qui tiennent des affectations de personnes et de familles, et se trouvent ainsi déplacées en dehors du mouvement habituel des affaires. Ces augmentations n'atteindront point les mutations et donations en ligne directe, ni celles entre époux qui, par leur nature, ne doivent être imposées qu'à un droit modéré.

D'un autre côté, en élevant le tarif des droits de mutation en ligne collatérale, il est juste de les graduer suivant les degrés de parenté plus ou moins éloignés; nous vous proposons, en conséquence, d'imposer plus fortement les donations entre-vifs et les mutations par décès qui s'opèrent entre parents au delà du quatrième degré et jusqu'au douzième.

Nous vous proposons, de plus, de soumettre à un droit d'enregistrement certains offices; voici nos motifs : La loi du 28 avril 1816, en donnant à des fonctionnaires ou officiers ministériels la faculté de présenter leurs successeurs, a créé entre leurs mains et à leur profit une nouvelle propriété transmissible, qui n'a été assujettie jusqu'à présent à aucune espèce d'impôt. Il est juste qu'à l'exemple de ce qui se pratique en Angleterre, en Autriche et dans plusieurs autres pays, on impose d'un droit proportionnel les mutations de cette nature; nous pensons que le cautionnement attaché à chaque emploi peut être considéré comme l'indication la moins trompeuse de la valeur imposable, et que le droit à percevoir doit être fixé à 10 pour 100 du montant des cautionnements. Le rehaussement des tarifs et le nouveau droit sur les offices promettent une augmentation de 6 millions sur les produits de l'enregistrement.

Votre commission a rédigé ses propositions en articles de loi, qui feront partie de la loi des recettes, si vous leur donnez votre assentiment.

LOI DU 21 AVRIL 1832

Droit de Sceau.

ARTICLE PREMIER. — La remise de tout ou partie des droits de sceau pour la délivrance des lettres de naturalité et des dispenses d'âge et de parenté pour mariage pourra être accordée par ordonnance du roi, sur la proposition du garde des sceaux, ministre de la justice, lorsque les impétrants auront dûment justifié qu'ils sont hors d'état d'acquitter les droits fixés par la loi du 28 avril 1816. — Le droit d'enregistrement établi pour lesdites lettres par la même loi sera réduit proportionnellement à la remise prononcée sur le droit de sceau.

[V. L. 20 juillet 1837, art. 12; Décret 28 mars 1848, art. 2, et L. 7 août 1850, art. 17, qui permet de faire remise des droits dus pour l'autorisation d'établir domicile en France.]

LOI DU 21 AVRIL 1832

Navigation du Rhin.

ART. 11. — Seront exempts de la formalité et des droits de timbre les actes de procédure et les jugements rendus dans toutes les causes portées devant les juges des droits de navigation du Rhin. — Les actes de procédure et les jugements seront enregistrés gratis et sur papier simple. — Les parties ne supporteront d'autres frais que ceux portés aux articles 21, 22, 23, 24 et 25 du décret du 16 février 1811.

LOI DU 7 JUILLET 1833

Expropriation pour cause d'utilité publique.

ART. 58. — Les plans, procès-verbaux, certificats, jugements, contrats, quittances et autres actes faits en vertu de la présente loi, seront visés pour timbre et enregistrés gratis, lorsqu'il y aura lieu à la formalité de l'enregistrement.

[V. L. 3 mai 1841.]

LOI DU 24 MAI 1834

Enregistrement et timbre.

(Instr. 1457, 1469 et 1471.)

ART. 11. — Les procès-verbaux d'apposition, de reconnaissance et de levée de scellés, et les inventaires dressés après faillite dans les cas prévus par les articles 449, 450 et 486 Cod. comm. (art. 455, 457 et 477 nouveau), ne seront assujettis chacun qu'à un seul droit fixe d'enregistrement de 2 francs, quel que soit le nombre des vacations.

[3 fr. (L. 28 février 1872, art. 4).]

ART. 12. — Les ventes de meubles et marchandises qui seront faites conformément à l'article 492 (art. 486 nouveau) Cod. comm. ne seront assujetties qu'au droit proportionnel de 50 cent. par 100 fr.

[L. 22 frimaire an VII, art. 69, § 5, n° 1, et L. 15 mai 1818, art. 74. — V. Ventes publiques de marchandises en gros (LL. 28 mai 1858, art. 4; 3 juillet 1861, art. 3); — Ventes publiques des objets donnés en gage (L. 23 mai 1863, art. 93 nouv. Cod. comm.).]

ART. 13. — Les procès-verbaux d'affirmation de créances, faits en exécution de l'article 507 (497 nouveau) Cod. comm. ne seront assujettis qu'à un seul droit fixe de 3 fr., quel que soit le nombre des déclarations affirmatives.

[Comp. L. 22 frimaire an VII, art. 60, § 2, n° 4. — Droit, 4 fr. 50 c. (L. 28 février 1872, art. 4).]

ART. 14. — Les concordats ou atermoiements, consentis conformément aux articles 519 (507 nouveau) et suivants Cod. comm., ne seront assujettis qu'au droit fixe de 3 francs, quelle que soit la somme que le failli s'oblige à payer.

[Comp. L. 22 frimaire an VII, art. 68, § 3, n° 7. — 4 fr. 50 c. (L. 22 février 1872, art. 4). — Concordats par abandon (L. 17 juillet 1856, art. 1er).]

ART. 15. — Les quittances de répartition données par les créanciers aux syndics ou au caissier de la faillite, en exécution de l'article 561 (569 nouveau) Cod. comm., ne seront sujettes qu'au droit fixe de 2 francs, quel que soit le nombre d'émargements sur chaque état de répartition.

[Comp. L. 22 frimaire an VII, art. 69, § 2, n° 11. — 3 fr. (L. 28 février 1872, art. 4).]

Art. 16. — La disposition de l'article 2 de la loi du 16 juin 1824, qui réduit à 1 franc fixe le droit d'enregistrement des échanges dans lesquels l'une des parties reçoit des biens qui lui sont contigus, est et demeure abrogée. — Ces échanges jouiront toutefois de la modération de droit introduite pour les échanges en général dans la seconde disposition du même article.

[20 cent. par 100 fr., et droit de soulte réduit à 1 fr. par 100 fr. pour les échanges d'immeubles contigus (L. 27 juillet 1870, art. 4).]

Art. 17. — Les dispositions des articles 11, 12, 13, 14, 15 et 16 ci-dessus seront exécutées seulement à compter du 1er janvier 1835.

Art. 18. — A compter du 1er janvier 1835, le droit proportionnel de timbre sur les lettres de change et billets à ordre, sur les billets et obligations non négociables, sera réduit ainsi qu'il suit : — à 25 cent. au lieu de 35 cent., pour ceux de 500 fr. et au-dessous ; — à 50 cent., au lieu de 70 cent., pour ceux au-dessus de 500 fr. jusqu'à 1,000 fr. ; — à 50 cent. par 1,000 fr., au lieu de 70 cent., pour ceux au-dessus de 1,000 fr. — Le décime pour franc ne sera point ajouté aux droits ainsi réduits.

[Ces droits, après avoir été modifiés par l'art. 16 de la loi du 20 juillet 1837, ont été fixés par l'art. 1er de la loi du 5 juin 1850, et portés au double (L. 23 août 1871, art. 2). *V.* L. 19 février 1874, art. 3.]

Art. 19. — L'amende due en cas de contravention aux lois sur le timbre proportionnel, par le souscripteur d'une lettre de change ou d'un billet à ordre, d'un billet ou obligation non négociable, et qui était fixée au vingtième (5 pour 100) du montant des sommes exprimées dans lesdits actes, est portée à 6 pour 100 du montant des mêmes sommes. L'accepteur d'une lettre de change qui n'aura pas été écrite sur papier du timbre prescrit, ou qui n'aura pas été visée pour timbre, sera soumis à une amende de même quotité, indépendamment de celle encourue par le souscripteur. A défaut d'accepteur, cette amende sera due par le premier endosseur. — Une amende semblable sera due par le premier cessionnaire d'un billet à ordre, et par le premier cessionnaire d'un billet ou obligation non négociable qui aura été souscrit en contravention aux lois sur le timbre.

[Comp. LL. 16 juin 1824, art. 12 ; 5 juin 1850, art. 4, 6 et 7.]

Art. 20. — Lorsqu'une lettre de change ou un billet à ordre venant, soit de l'étranger, soit des îles ou des colonies dans lequel le timbre ne serait pas encore établi, aura été accepté ou négocié en France, avant d'avoir été soumis au timbre ou au visa pour timbre, l'accepteur et le premier endosseur résidant en France seront tenus chacun d'une amende de 6 pour 100 du montant de l'effet.

[Comp. LL. 13 brumaire an VII, art. 13 ; 5 juin 1850, art. 3, 4, 6 et 7 ; 19 février 1874, art. 4).]

Art. 21. — Aucune des amendes prononcées par les articles 19 et 20 ci-dessus ne pourra être au-dessous de 5 francs. — Les contrevenants seront solidaires pour le payement du droit et des amendes, sauf le recours de celui qui en aura fait l'avance, pour ce qui ne sera pas à sa charge personnelle.

[*V.*, pour la fixation de l'amende et la solidarité, LL. 5 juin 1850, art. 4, 6 et 7 ; 28 avril 1816, art. 75.]

Art. 22. — Les dispositions des articles 19, 20 et 21 ci-dessus, concernant les accepteurs et endosseurs, et l'augmentation de la quotité de l'amende, ne seront applicables que lorsqu'il s'agira d'effets, billets ou obligations souscrits à partir du 1er janvier 1835 ; à l'égard de ceux qui auront été souscrits antérieurement, les dispositions pénales des lois actuellement en vigueur continueront d'être observées.

Art. 23. — A compter du jour de la pubication de la présente loi, les actes de protêt faits par les notaires devront être enregistrés dans le même délai, et seront assujettis au même droit d'enregistrement que ceux faits par les huissiers. — Aucun notaire ou huissier ne pourra protester un effet négociable ou de commerce non écrit sur papier du timbre prescrit, ou non visé pour timbre, sous peine de supporter personnellement une amende de 20 francs pour chaque contravention ; il sera tenu, en outre, d'avancer le droit de timbre et les amendes encourues dans les cas déterminés par les articles 19, 20, 21 et 22 ci-dessus, sauf son recours contre les contrevenants. — L'article 13 de la loi du 16 juin 1824 est abrogé en ce qu'il peut contenir de contraire au présent article.

[Comp. LL. 22 frimaire an VII, art. 20 ; 13 brumaire an VII, art. 24 ; 1er mai 1822. Décr. 23 mai 1848).]

LOI DU 24 MAI 1834

Enregistrement et timbre.

CHAMBRE DES DÉPUTÉS

Séance du 18 janvier 1834.

Exposé des motifs par M. Humann, des finances.

J'ai eu l'honneur de vous annoncer l'année dernière que deux modifications à la législation de l'enregistrement seraient proposées dans le cours de cette session : l'une relative aux actes en matière de faillite, l'autre concernant les échanges de biens ruraux.

La faillite est un malheur pour les créanciers du failli ; et il ne faut pas que le fisc l'aggrave par l'élévation des frais de justice ; de toute part on demande la réduction des droits d'enregistrement pour les actes de cette nature : la réclamation est fondée et doit être accueillie. Si les articles qui ont été insérés dans la loi des recettes obtiennent votre assentiment, les procès-verbaux d'apposition, de reconnaissance et de levée des scellés, de même que les inventaires ne seront soumis qu'au droit fixe de 2 francs, quelque soit le nombre des vacations employées à la confection de ces actes. Il ne sera perçu qu'un seul droit fixe de 3 francs sur les procès-verbaux de déclarations affirmatives de créance, lesquels donnent maintenant ouverture à autant de droits fixes qu'il y a de déclarations. Le bénéfice de l'article 74 de la loi du 15 mai 1818, qui a réduit à 50 cent. par 100 francs le droit à percevoir sur les ventes autorisées par jugements des tribunaux de commerce, sera étendu aux ventes d'objets mobiliers par suite de faillite. Enfin les concordats ou atermoiements ne seront assujettis qu'à des droits fixes au lieu du droit proportionnel de 50 cent. par 100 francs. Ces réductions répondront aux vœux généralement exprimés par les tribunaux et les chambres de commerce, et, quoiqu'il en doive résulter une diminution de recettes d'environ 500,000 francs, il y a lieu de les admettre ; le sacrifice est nécessaire, non-seulement pour rendre l'impôt plus équitable, mais aussi pour assurer un libre cours à l'action de la justice. Dans l'état actuel des choses, il arrive trop souvent que les créanciers, craignant de voir absorber par les frais de procédure une partie notable des faibles dividendes qu'ils ont à attendre, consentent à des arrangements extrajudiciaires qui encouragent la mauvaise foi en lui assurant l'impunité.

L'article 2 de la loi du 16 juin 1824 a statué que les échanges d'immeubles ruraux ne payeront que 1 franc pour tous droits d'enregistrement et de transcription, lorsque l'un des immeubles échangés sera contigu aux propriétés de celui des échangistes qui le recevra. Cette disposition est devenue une source d'abus, et fait éprouver au Trésor un dommage que l'on ne peut évaluer à moins de 300,000 francs par an. La petite propriété, qu'elle devait avantager, n'en profite point, puisqu'elle n'échange que des immeubles de très-peu de valeur, et que le droit fixe que l'on perçoit égale presque toujours le droit qui serait dû si la contiguïté n'existait pas. La grande propriété, au contraire, a trouvé le moyen d'abuser de l'exception : avant d'échanger un immeuble considérable, l'échangiste qui doit le recevoir en acquiert une fraction, et, à l'aide d'une contiguïté ainsi arrangée, il ne paye qu'un droit fixe, au lieu de la somme importante que le fisc devait recouvrer par le droit proportionnel. Cette fraude échappe à la répression et à l'action de la justice ; vous y mettrez un terme, en adoptant l'article 13 du projet de loi.

TITRE III. — *Des droits d'enregistrement.*

Art. 8. — Les procès-verbaux d'apposition et de reconnaissance de scellés, ainsi que les inventaires dressés après faillites, dans les cas prévus par les articles 449, 450 et 486 du Code de commerce, ne seront sujets qu'à un seul droit fixe de 2 francs, quel que soit le nombre des vacations.

Art. 9. — Les ventes d'immeubles et marchandises provenant du failli, auxquelles il sera procédé par le ministère des syndics ou d'un officier public, ne seront plus assujetties qu'au droit de 50 cent. pour 100 francs, au lieu de 2 francs pour 100.

Art. 10. — Il ne sera perçu sur les procès-verbaux d'affirmation de créances, en exécution de l'article 507 du Code de commerce, qu'un seul droit fixe de 3 francs, quel que soit le nombre des déclarations affirmatives.

Art. 11. — Les concordats ou atermoiements, qui étaient sujets au droit proportionnel de 50 cent. pour 100 francs sur les sommes que le failli s'oblige de payer, seront enregistrés moyennant un simple droit fixe de 3 francs.

Art. 12. — Les quittances de répartition données au syndic ou au caissier de la faillite, ne seront assujetties qu'au droit fixe de 2 francs, comme simples décharges.

Art. 13. — La disposition de l'article 2 de la loi du 16 juin 1824, qui réduit à 1 franc fixe le droit d'enregistrement des échanges dans lesquels l'une des parties reçoit des biens qui lui sont contigus, est et demeure abrogée. Ces échanges jouiront toutefois de la modération du droit introduite pour les échanges en général dans la seconde disposition du même article.

ORDONNANCE DU 10 OCTOBRE 1834

Timbre.

(IXe Série, Bull. 330, n° 5501.)

Article premier. — Sont exceptés de la formalité et du droit de timbre, conformément à l'article 16 de la loi du 13 brumaire an VII, les extraits d'inscriptions de rentes sur le grand-livre, les bons royaux, les mandats et les traites du Trésor sur les départements, les traites du caissier central du Trésor sur lui-même pour le service des armées et des colonies, et tous autres effets ou valeurs négociables créés et émis directement par le Trésor public.

Art. 2. — Continueront d'être assimilés aux effets du Trésor, et à ce titre seront également exceptés du droit et de la formalité du timbre, les mandats tirés par les receveurs généraux et servant de moyens de transmission ou de virement des sommes affectées, — à la caisse d'amortissement et à celle des dépôts et consignations ; — à la solde des troupes de terre et de mer ; — aux fonds de masse des corps de troupes de la guerre et de la marine ; — au service des subsistances militaires, — des invalides de la marine, — du génie et de l'artillerie, — des hôpitaux militaires et de la marine, — de l'instruction publique ; — aux masses des condamnés libérés ; — aux dépenses des aliénés, enfants trouvés et hospices ; — aux pensions des élèves entretenus dans les écoles militaires et des arts et métiers, — et généralement aux services publics et de bienfaisance déterminés par les instructions du ministre des finances, et qui sont exécutés par le Trésor.

Art. 3. — Les mandats des receveurs généraux, qui auront pour cause les services énoncés en l'article 2, seront frappés, par les comptables qui les auront tirés, d'une empreinte portant les mots : *Service public : non sujet au timbre.*

Art. 4. — Tous les autres mandats qui seront tirés par les receveurs généraux à partir du 1er janvier 1835, soit sur les départements, soit sur la caisse centrale à Paris, seront soumis à l'impôt établi par l'article 18 de la loi du 24 mai dernier. La perception en sera faite par le Trésor au moyen d'un débit qui sera donné à la fin de chaque trimestre aux receveurs généraux dans leur compte courant d'une somme équivalente aux droits de timbre dus sur leurs dispositions. Les receveurs généraux seront tenus d'apposer sur chacun des mandats formant l'objet du présent article une empreinte qui suppléera le timbre de la régie et portera ces mots : *Timbre en compte courant avec le Trésor public.*

Art. 5. — Le droit à porter au débit des receveurs généraux sera décompté sur la somme totale des mandats tirés par eux pendant chaque trimestre, d'après un taux uniforme qui ne pourra être inférieur à 50 cent. par 1000 francs. Le montant brut de ce décompte entrera en recette dans le compte des produits du timbre.

[Tarif (*V.* LL. 5 juin 1850, art. 1er et 23 août 1871, art. 2 ; L. 19 février 1874, art. 3).]

Art. 6. — Lorsqu'il aura été reconnu que les mandats émis par les receveurs généraux ont été négociés pour se procurer des fonds nécessaires au service et pour suppléer à l'insuffisance des recettes locales, le droit de timbre leur sera restitué jusqu'à due concurrence d'après le taux fixé par l'article 5 ci-dessus. Le compte des frais de service et de trésorerie en supportera la dépense.

Art. 7. — Les lettres de change, billets à ordre et valeurs de commerce qui seront remis par les receveurs généraux et qui arriveront au Trésor à compter du 1er janvier 1835 devront être timbrés et avoir acquitté le droit proportionnel fixé par l'article 18 de la loi du 24 mai 1834.

Art. 8. — Les effets de commerce et billets négociables ou non négociables qui seront envoyés au Trésor sans avoir été timbrés, seront immédiatement présentés par les soins du caissier central du Trésor au bureau de l'Enregistrement, pour y être visés pour timbre et soumis aux amendes prononcées par l'article 19 de la loi précitée. Le receveur général qui en aura fait l'envoi sera aussitôt débité dans son compte courant du montant du droit de timbre et des amendes. — La même mesure sera appliquée en cas de contravention aux articles 3 et 4 ci-dessus.

ORDONNANCE DU 30 NOVEMBRE 1834

Passe-ports et permis de chasse

(IXe Série, 2e partie, Bull. 340, n° 5508 ; Instr. n° 1472.)

—

Article premier. — Les préfets sont autorisés à se faire remettre désormais, sur leur demande, par les directeurs de l'Enregistrement dans les départements, les formules de passe-ports et de permis de port d'armes de chasse nécessaires aux besoins de leur service.

[Comp. Décr. 11 juillet 1810, art. 1er.]

LOI DU 12 MAI 1835

Majorats.

(IXe Série, Bull. 138, n° 308.)

—

Article premier. — Toute institution de majorats est interdite à l'avenir.

Art. 2. — Les majorats fondés jusqu'à ce jour avec des biens particuliers ne pourront s'étendre au delà de deux degrés, l'institution non comprise.

Art. 3. — Le fondateur d'un majorat pourra le révoquer en tout ou en partie, ou en modifier les conditions. — Néanmoins, il ne pourra exercer cette faculté s'il existe un appelé qui ait contracté, antérieurement à la présente loi, un mariage non dissous ou dont il soit resté des enfants. En ce cas, le majorat aura son effet restreint à deux degrés, ainsi qu'il est dit dans l'article précédent.

Art. 4. — Les dotations ou portions de dotation consistant en biens soumis au droit de retour en faveur de l'Etat continueront à être possédées et transmises conformément aux actes d'investiture, et sans préjudice des droits d'expectative ouverts par la loi du 5 décembre 1814.

LOI DU 5 JUIN 1835

Caisses d'épargne.

(IXe Série, Bull. 142, n° 316.)

—

Art. 9. — Seront exempts des droits de timbre les registres et livrets à l'usage des caisses d'épargne.

[V. loi du 21 novembre 1848, art. 7.]

Art. 10. — Les caisses d'épargne pourront, dans les formes et selon les règles prescrites pour les établissements d'utilité publique, recevoir les dons et legs qui seraient faits en leur faveur.

LOI DU 21 MAI 1836

Chemins vicinaux.

(IXe Série, Bull. 422, n° 6293 ; Instr. n° 1617.)

—

Art. 20. — Les plans, procès-verbaux, certificats, significations, jugements, contrats, marchés, adjudications de travaux, quittances et autres actes ayant pour objet exclusif la construction, l'entretien et la réparation des chemins vicinaux, seront enregistrés moyennant le droit fixe de 1 franc...

[V. L. 18 mai 1850, art. 30. — Droit porté à 1 fr. 50 cent. (L. 28 février 1872, art. 4). — V. L. 3 mai 1841, sur l'expropriation pour cause d'utilité publique, art. 58.]

LOI DU 18 JUILLET 1836

Donations. — Rentes sur l'état.

(IXe Série, Bull. 445, n° 6407 ; Instr. n° 1525.)

—

Art. 6. — A compter du 1er janvier 1837, les donations entre-vifs de rentes sur l'État ne seront exemptes du droit proportionnel d'enregistrement, en vertu du paragraphe 3, nº 3, de l'article 70 de la loi du 22 frimaire an VII, qu'autant que l'inscription de la rente donnée existera sous le nom du donateur ou de celui auquel il a succédé, depuis plus d'un an, et que l'acte de donation en indiquera le numéro, la date et le montant. — Le droit proportionnel sera perçu si, lors de la donation, la rente donnée est déjà inscrite sous le nom du donataire, à moins qu'il ne soit énoncé dans l'acte et dûment justifié qu'elle était précédemment inscrite depuis plus d'un an sous celui du donateur. — Ce droit sera liquidé sur la valeur réelle de la rente, d'après le cours moyen de la Bourse de Paris au jour de la donation.

[V. L. du 18 mai 1850, art. 7.]

SOMMAIRE

Présentation à la Chambre des députés, le 14 janvier 1836 (*Monit.* du 15). — Rapport par M. Calmon, le 26 mai (*Monit.* du 27). — Discussion les 16 et 17 juin (*Monit.* des 17 et 18). — Présentation à la Chambre des pairs, le 21 juin. — Rapport par M. Humblot Conté le 30. — Discussion le 6 juillet (*Monit.* des 22 juin, 1er et 7 juillet).

Dans son rapport, M. Calmon a donné, sur l'article 6, l'explication suivante : La loi du 22 frimaire an VII a affranchi du droit d'enregistrement les transferts et mutations de rentes inscrites au grand-livre de la dette publique. Deux fois on a proposé à la Chambre de soumettre à l'impôt celles des mutations qui s'opèrent par décès ou par donation entre-vifs, et la proposition a toujours été repoussée. Non-seulement on ne sait pas se contenter de cette faveur, mais on s'en fait un moyen pour frustrer le Trésor. Il arrive fréquemment aujourd'hui que, pour échapper au payement du droit proportionnel, fixé pour les donations mobilières faites, soit par contrat, soit hors contrat de mariage, le donateur achète des rentes sur l'Etat peu de jours avant la donation, et ces rentes, devenant l'objet de la donation, ne sont soumises à aucun droit; de cette manière, l'impôt est éludé. Cependant, les donations de valeurs mobilières, faites par contrat de mariage et en ligne directe, ne sont tarifées qu'à 62 centimes et demi pour 100 francs. On ne peut donc pas attribuer la fraude à l'excès du tarif. Ceci prouve qu'elle s'attache et s'attachera toujours aux droits même les plus faibles. Les lois en vigueur ne prévoyant pas l'abus dont nous venons de vous entretenir, les tribunaux seraient impuissants pour la réprimer...

LOI DU 4 JUILLET 1837

Poids et mesures.

(IXe Série, Bull. 513, nº 6901; Inst. 1594.)

ARTICLE PREMIER. — Le décret du 12 février 1812 concernant les poids et mesures est et demeure abrogé.

ART. 2. — Néanmoins, l'usage des instruments de pesage et de mesurage confectionnés en exécution des articles 2 et 3 du décret précité, sera permis jusqu'au 1er janvier 1840.

ART. 3. — A partir du 1er janvier 1840, tous poids et mesures autres que les poids et mesures établis par les lois des 18 germinal an III et 19 frimaire an VIII, constitutives du système métrique décimal, seront interdits, sous les peines portées par l'article 479, Code. pén.

ART. 4. — Ceux qui auront des poids et mesures autres que les poids et mesures ci-dessus reconnus, dans leurs magasins, boutiques, ateliers ou maisons de commerce, ou dans les halles, foires ou marchés, seront punis comme ceux qui les emploieront, conformément à l'article 479 Code. pén.

ART. 5. — A compter de la même époque (1er janvier 1840), toutes dénominations de poids et mesures autres que celles portées dans le tableau annexé à la présente loi et établies par la loi du 18 germinal an III, sont interdites dans les actes publics, ainsi que dans les affiches et les annonces.

Elles sont également interdites dans les actes sous seing privé, les registres de commerce et autres écritures privées produites en justice.

Les officiers publics contrevenants seront passibles d'une amende de 20 francs, qui sera recouvrée sur contrainte, comme en matière d'enregistrement.

L'amende sera de 10 francs pour les autres contrevenants; elle sera perçue pour chaque acte ou écriture sous signature privée; quant aux registres de commerce, ils ne donneront lieu qu'à une seule amende pour chaque contestation dans laquelle ils seront produits.

ART. 6. — Il est défendu aux juges et arbitres de rendre aucun jugement ou décision en faveur des particuliers sur des actes, registres ou écrits dans lesquels les dénominations interdites par l'article précédent auraient été insérées, avant que les amendes encourues aux termes dudit article aient été payées.

ART. 7. — Les vérificateurs des poids et mesures constateront les contraventions prévues par les lois et règlements concernant le système métrique des poids et mesures. — Ils pourront procéder à la saisie des instruments de pesage et de mesurage dont l'usage est interdit par lesdites lois et règlements. — Leurs procès-verbaux feront foi en justice jusqu'à preuve contraire. — Les vérificateurs prêteront serment devant le tribunal d'arrondissement.

ART. 8. — Une ordonnance royale réglera la manière dont s'effectuera la vérification des poids et mesures.

[V. Ordonn. 17 avril 1839.]

TABLEAU DES MESURES LÉGALES

(Loi du 18 germinal an III).

Annexé à la loi du 4 juillet 1837.

NOMS SYSTÉMATIQUES.	VALEUR.
MESURES DE LONGUEUR.	
Myriamètre	Dix mille mètres.
Kilomètre	Mille mètres.
Hectomètre	Cent mètres.
Décamètre	Dix mètres.
Mètre	Unité fondamentale des poids et mesures (dix-millionième partie du quart du méridien terrestre).
Décimètre	Dixième du mètre.
Centimètre	Centième du mètre.
Millimètre	Millième du mètre.
MESURES AGRAIRES.	
Hectare	Cent ares ou dix mille mètres carrés.
Are	Cent mètres carrés, carré de dix mètres de côté.
Centiare	Centième de l'are ou mètre carré.
MESURES DE CAPACITÉ POUR LES LIQUIDES ET LES MATIÈRES SÈCHES.	
Kilolitre	Mille litres.
Hectolitre	Cent litres.
Décalitre	Dix litres.
Litre	Décimètre cube.
Décilitre	Dixième du litre.
MESURES DE SOLIDITÉ.	
Décastère	Dix stères.
Stère	Mètre cube.
Décistère	Dixième du stère.
POIDS.	
	Mille kilogrammes, poids du mètre cube d'eau et du tonneau de mer.
	Cent kilogrammes, quintal métrique.
Kilogramme	Mille grammes, poids dans le vide d'un décimètre cube d'eau distillée à la température de quatre degrés centigrades.
Hectogramme	Cent grammes.
Décagramme	Dix grammes.
Gramme	Poids d'un centimètre cube d'eau à quatre degrés centigrades.
Décigramme	Dixième du gramme.
Centigramme	Centième du gramme.
Milligramme	Millième du gramme.
MONNAIE.	
Franc	Cinq grammes d'argent au titre de neuf dixièmes de fin.
Décime	Dixième du franc.
Centime	Centième du franc.

Conformément à la disposition de la loi du 18 germinal an III, concernant les poids et mesures de capacité, chacune des mesures décimales de ces deux genres a son double et sa moitié.

LOI DU 20 JUILLET 1837

Timbre.

Art. 4. — A dater du 1er janvier 1838, il sera ajouté 3 centimes additionnels au principal de la contribution des patentes, pour tenir lieu du droit de timbre des livres de commerce, qui en seront alors affranchis. Aucune partie de ces centimes additionnels n'entrera dans le calcul de la portion du droit des patentes qui est attribuée aux communes.

[*V.* LL. 28 avril 1816, art. 72 et 74; 16 juin 1824, art. 9; septembre 1871.]

L'article 4 supprime le droit de timbre sur les livres de commerce, et remplace cet impôt par 3 centimes additionnels au principal de la contribution des patentes. « C'est un impôt, a dit M. J. Lefebvre dans son rapport, qui manque de sanction. Il convient de le supprimer, non-seulement parce qu'il est improductif, mais encore parce qu'il repose sur une loi à laquelle les contribuables peuvent à volonté se dispenser d'obéir... » — L'article 16 a été adopté sur la proposition de la commission, qui a voulu faire cesser les mauvais effets du tarif alors existant, et par suite duquel l'impôt devenait d'autant plus onéreux que les effets étaient d'une plus forte valeur. La Banque de France, le tribunal et la chambre de commerce de Paris, avaient demandé que le droit du timbre fût fixé à un taux uniforme de 5 cent. pour 100 fr. Mais le Gouvernement, d'accord avec la Chambre des députés, trouvant de grandes difficultés dans cette proposition, a consenti à abaisser à 15 centimes le timbre des effets de commerce dont le montant n'excède pas 300 francs.

LOI DU 20 JUILLET 1837

Droit de sceau. — Timbre

(Instr. 1544.)

Art. 12. — Les lettres patentes portant réintégration dans la qualité de Français sont assimilées, en ce qui concerne les droits de sceau et d'enregistrement à percevoir, aux lettres de naturalité.— Il sera exigé, pour les autorisations relatives aux changements et additions de nom, un droit de sceau fixé à 600 francs. — Néanmoins, les droits ci-dessus établis pourront être remis en tout ou en partie, conformément aux dispositions de la loi du 21 avril 1832. Ces dispositions sont également étendues aux autorisations de service militaire ou d'acceptation de fonctions publiques à l'étranger.

[*V.* Décr. 28 mars 1848, art. 2, et L. 7 août 1850, art. 17.]

Art. 16. — A compter du 1er janvier 1838, le droit proportionnel du timbre sur les lettres de change et billets à ordre, sur les billets et obligations négociables d'une somme de 300 francs et au-dessous, sera réduit à 15 centimes au lieu de 25 centimes. — Les amendes dues en cas de contravention seront perçues conformément aux articles 19, 20 et 21 de la loi du 24 mai 1834.

[*V.* LL. 5 juin 1850, art. 1er et suiv.; 23 août 1871, art. 2; 19 février 1874, art. 3 et 4.]

LOI DU 30 JUIN 1838

Aliénés.

(IXe Série, Bull. 581, no 7443; Instr. nos 1666 et 1731.)

—

Art. 26. — La dépense du transport des personnes dirigées par l'Administration sur les établissements d'aliénés sera arrêtée par le préfet, sur le mémoire des agents préposés à ce transport.

La dépense de l'entretien, du séjour et du traitement des personnes placées dans les hospices ou établissements publics d'aliénés sera réglée d'après un tarif arrêté par le préfet.

La dépense de l'entretien, du séjour et du traitement des personnes placées par les départements dans les établissements privés sera fixée par les traités passés par le département, conformément à l'article 1er.

Art. 27. — Les dépenses énoncées en l'article précédent seront à la charge des personnes placées ; à défaut, à la charge de ceux auxquels il peut être demandé des aliments, aux termes des articles 205 et suivants du Code civil.

S'il y a contestation sur l'obligation de fournir des aliments ou sur leur quotité, il sera statué par le tribunal compétent, à la diligence de l'administrateur désigné en exécution des articles 31 et 32.

Le recouvrement des sommes sera poursuivi et opéré à la diligence de l'administration de l'Enregistrement et des Domaines.

[*V.* LL. 22 frimaire an VII, art. 64 et 65, et 27 ventôse an IX, art. 17.]

Art. 28 — A défaut, ou en cas d'insuffisance des ressources énoncées en l'article précédent, il y sera pourvu sur les centimes affectés, par la loi de finances, aux dépenses ordinaires du département auquel l'aliéné appartient, sans préjudice du concours de la commune du domicile de l'aliéné, d'après les bases proposées par le conseil général sur l'avis du préfet, et approuvées par le Gouvernement.....

Art. 29. — Toute personne placée ou retenue dans un établissement d'aliénés, son tuteur, si elle est mineure, son curateur, tout parent ou ami, pourront, à quelque époque que ce soit, se pourvoir devant le tribunal du lieu de la situation de l'établissement, qui, après les vérifications nécessaires, ordonnera, s'il y a lieu, la sortie immédiate.

Les personnes qui auront demandé le placement, et le procureur du roi, d'office, pourront se pourvoir aux mêmes fins.

Dans le cas d'interdiction, cette demande ne pourra être formée que par le tuteur de l'interdit.

La décision sera rendue, sur simple requête, en chambre du conseil et sans délai ; elle ne sera point motivée.

La requête, le jugement et les autres actes auxquels la réclamation pourrait donner lieu, seront visés pour valoir timbre et enregistrés *en débet*.

ORDONNANCE DU 17 AVRIL 1839

Poids et mesures.

(IXe Série, Bull. 645, no 7909 ; Instr. no 1794.)

—

Art. 41. — Les vérificateurs dressent leurs procès-verbaux dans les vingt-quatre heures de la contravention par eux constatée; ils les écrivent eux-mêmes, ils les signent, affirment au plus tard le lendemain de la clôture desdits procès-verbaux, par devant le maire ou l'adjoint, soit de la commune de leur résidence, soit de celle où l'infraction a été commise. L'affirmation est signée tant par les maires et adjoints que par les vérificateurs.

Art. 24. — Leurs procès-verbaux sont enregistrés dans les quinze jours qui suivent celui de l'affirmation, et, conformément à l'article 74 de la loi du 25 mars 1817, ils sont visés pour timbre et enregistrés *en débet*, sauf à suivre le recouvrement des droits contre le condamné.

Art. 45. — Si des affiches ou annonces contiennent des dénominations de poids et mesures autres que celles portées dans le tableau annexé à la loi du 4 juillet 1837, les maires, adjoints et commissaires de police sont tenus de constater cette contravention, et d'envoyer immédiatement leurs procès-verbaux au receveur de l'Enregistrement. — Les vérificateurs et tous autres agents de l'autorité publique sont tenus également de signaler au même fonctionnaire toutes les contraventions de ce genre qu'ils pourront découvrir. — Les receveurs d'Enregistrement, soit d'office, soit d'après ces dénonciations, soit sur la transmission qui leur est faite des procès-verbaux ou rapports, dirigent contre les contrevenants les poursuites prescrites par l'article 5 de la loi précitée.

LOI DU 30 JUIN 1840

Banque de France.

(IXe Série, Bull. 741, no 8901.)

—

Art. 9. — A dater de la promulgation de la présente loi, les droits de timbre à la charge de la Banque seront perçus sur la moyenne des billets au porteur ou à ordre qu'elle aura tenu en circulation pendant le cours de l'année. — A partir du 1er janvier 1841, le même mode de perception sera appliqué aux banques autorisées dans les départements.

[*V.* LL. 5 juin 1850, art. 1er, et 23 août 1871, art. 2; 19 février 1874, art. 3. — Comp. L. 4 août 1851, relative à la Banque algérienne, art. 14.]

LOI DU 16 JUILLET 1840

Timbre.

(IXe Série, Bull. 748, n° 8741; Instr. n° 1623.)

Art. 3. — Sont et demeurent abrogées, à partir du 1er janvier 1841, les dispositions de l'article 56 de la loi du 9 vendémiaire an VI, et de l'article 1er de la loi du 2 floréal suivant, qui assujettissaient au timbre les œuvres de musique. — Les dispositions de l'article 76 de la loi du 25 mars 1817 et de l'article 2 de la loi du 14 décembre 1830, continueront d'être appliquées aux journaux et écrits périodiques consacrés à l'art musical.

[Abolition de l'impôt du timbre sur les écrits périodiques (Décr. 4 mars 1848 et 5 septembre 1870).]

Art. 4. — A dater du 1er janvier prochain, le timbre cessera d'être exigé des écrits périodiques consacrés à l'agriculture, lors même qu'ils paraîtront plus d'une fois par mois, pourvu qu'ils restent étrangers à la politique.

[V. Décret 4 mars 1848. — Comp. L. 16 juillet 1850, art. 22, décr. 28 mars 1852 et 5 septembre 1870).]

LOI DU 22 MARS 1841

Travail des enfants dans les manufactures.

(IXe Série, Bull. 795, n° 9208.)

Art. 2. — Les enfants devront, pour être admis, avoir au moins huit ans... — L'âge des enfants sera constaté par un certificat délivré, sur papier non timbré et sans frais, par l'officier de l'état civil.

LOI DU 3 MAI 1841

Expropriation pour cause d'utilité publique.

(IXe Série, Bull. 808, n° 9285; Instr. n° 1660.)

Art. 2. — Les tribunaux ne peuvent prononcer l'expropriation qu'autant que l'utilité en a été constatée et déclarée dans les formes prescrites par la présente loi. — Ces formes consistent : 1° Dans la loi ou l'ordonnance royale qui autorise l'exécution des travaux pour lesquels l'expropriation est requise; 2° Dans l'acte du préfet qui désigne les localités ou territoires sur lesquels les travaux doivent avoir lieu, lorsque cette désignation ne résulte pas de la loi ou de l'ordonnance royale; 3° Dans l'arrêté ultérieur, par lequel le préfet détermine les propriétés particulières auxquelles l'expropriation est applicable...

Art. 11. — Sur le vu du procès-verbal et des documents y annexés, le préfet détermine, par un arrêté motivé, les propriétés qui doivent être cédées, et indique l'époque à laquelle il sera nécessaire d'en prendre possession. Toutefois, dans le cas où il résulterait de l'avis de la commission qu'il y aurait lieu de modifier le tracé des travaux ordonnés, le préfet surseoira jusqu'à ce qu'il ait été prononcé par l'Administration supérieure. — L'Administration supérieure pourra, suivant les circonstances, ou statuer définitivement, ou ordonner qu'il soit procédé de nouveau à tout ou partie des formalités prescrites par les articles précédents.

Art. 56. — Les contrats de vente, quittances et autres actes relatifs à l'acquisition des terrains, peuvent être passés dans la forme des actes administratifs; la minute restera déposée au secrétariat de la préfecture; expédition en sera transmise à l'Administration des domaines.

Art. 57. — Les significations et notifications mentionnées en la présente loi sont faites à la diligence du préfet du département de la situation des biens. — Elles peuvent être faites tant par huissier que par tout agent de l'Administration dont les procès-verbaux font foi en justice.

Art. 58. — Les plans, procès-verbaux, certificats, significations, jugements, contrats, quittances et autres actes faits en vertu de la présente loi seront visés pour timbre et enregistrés *gratis*, lorsqu'il y aura lieu à la formalité de l'enregistrement. — Il ne sera perçu aucuns droits pour la transcription des actes au bureau des hypothèques. — Les droits perçus sur les acquisitions amiables faites antérieurement aux arrêtés du préfet seront restitués, lorsque, dans le délai de deux ans, à partir de la perception, il sera justifié que les immeubles acquis sont compris dans ces arrêtés. La restitution des droits ne pourra s'appliquer qu'à la portion des immeubles qui aura été reconnue nécessaire à l'exécution des travaux.

[Applicable aux actes relatifs aux terrains acquis pour la voie publique, par simple mesure de voirie dans certaines villes (Décr. 26 mars 1852, art. 2. §§ 5 et 9); — Allumettes (L. 2 août 1872).]

Art. 77. — Les lois des 8 mars 1810 et 7 juillet 1833 sont abrogées.

CHAMBRE DES DÉPUTÉS

SOMMAIRE

Présentation à la Chambre des pairs, le 19 février 1840 (*Monit.* des 20 et 22). — Rapport de M. Daru, le 6 avril (*Monit.* du 7). — Discussion, les 4, 5, 6, 7, 8, 9, et 11 mai 1840. — Adoption, le 12 (*Monit.* des 5, 6, 7, 8, 9, 10, 12 et 13). — Présentation à la Chambre des députés, le 20 mai 1840 (*Monit.* du 21). — Rapport de M. Dufaure, le 19 juin 1840 (*Monit.* des 20 juin 1840 et 10 janvier 1841). — Discussion, les 1er, 2, 3, 4 et 5 mars 1841 (*Monit.* des 2, 3, 4, 5, et 6). Adoption, le 9 mars (*Monit.* du 10). — Nouvelle présentation à la Chambre des pairs, le 26 mars 1841 (*Monit.* du 27). — Rapport de M. Daru, le 17 avril (*Monit.* du 18 et 20). — Discussion, les 22 et 23 avril (*Monit.* des 23 et 24). — Adoption, le 24 avril (*Monit.* du 25).

Séance du 12 mai 1840.

Projet de l'article 58.

« Les plans, procès-verbaux, certificats, significations, jugements, contrats, quittances et autres actes faits en vertu de la présente loi, seront visés pour timbre et enregistrés gratis, lorsqu'il y aura lieu à la formalité de l'enregistrement. »

La commission propose d'ajouter les deux paragraphes suivants :

« Il ne sera perçu aucuns droits pour la transcription des actes au bureau des hypothèques.

« Les droits perçus sur les acquisitions amiables faites antérieurement aux arrêtés des préfets, seront restitués, lorsque, dans le délai de deux ans, à partir de l'accomplissement de cette formalité, il sera justifié que les immeubles acquis sont compris dans ces arrêtés. La restitution des droits ne pourra s'appliquer qu'à la portion des immeubles qui auront été reconnus nécessaires à l'exécution des travaux. »

M. le comte Roy a la parole.

M. LE COMTE ROY. Les articles soumis en ce moment à la délibération de la Chambre n'ont pas été admis sans contradiction par la commission. Sur sept membres présents, ils ont été adoptés par quatre, et repoussés par trois. Je fais partie de la minorité, et je vais avoir l'honneur de présenter à la Chambre les motifs sur lesquels j'appuie mon opinion.

Ces lois sur l'expropriation pour cause d'utilité publique sont sans doute des lois extraordinaires, en ce sens que les règles du droit commun ne leur sont pas toujours applicables ; autrement elles ne seraient pas nécessaires. C'est surtout sous le rapport qu'elles ont pour objet de forcer le propriétaire de céder sa propriété lorsque l'utilité publique l'exige, qu'elles sont contraires au droit commun. Elles ont encore pour objet de diminuer les formalités et les délais établis par les lois ordinaires ; mais ce n'est jamais sans nécessité, ou sans utilité reconnue, et sans indemnité pour les sacrifices qu'elles commandent dans l'intérêt de la société. Il n'est pas même dérogé à cette règle fondamentale à l'égard de l'Etat ou du domaine public. C'est ainsi que vous avez déjà admis que l'indemnité était due à l'Etat, dans le cas où il y aurait lieu d'exproprier des biens qui lui appartiendraient, ou qui feraient partie de la dotation de la couronne ou de la liste civile.

Après cette première observation j'examine les articles en discussion.

Ils établissent d'abord pour règles que tous les actes qui seront faits en vertu de la loi seront visés pour timbre et enregistrés gratis, lorsqu'il y aura lieu à la formalité de l'enregistrement ; et, en second lieu, qu'il ne sera perçu aucuns droits pour la transcription des actes au bureau des hypothèques ; et même que les droits perçus sur les acquisitions amiables faites antérieurement aux arrêtés des préfets seront restitués, lorsque, dans le délai de deux ans, à partir de l'accomplissement de cette formalité, il sera justifié que les immeubles acquis sont compris dans ces arrêtés ; mais que la restitution des droits ne pourra s'appliquer qu'à la portion des immeubles qui aura été reconnue nécessaire à l'exécution des travaux.

D'après ces dispositions, les compagnies et les particuliers entrepreneurs de travaux publics, seraient exempts du payement de l'impôt, et pourraient même exiger, pendant deux ans, à partir de l'arrêté du préfet, le remboursement de l'impôt payé pour des immeubles qui seraient ensuite compris dans cet arrêté.

Dans mon opinion, ces dispositions ne peuvent se soutenir.

Je conçois qu'à l'époque de la loi de 1833, où l'État seul entreprenait les travaux publics, on ait pu établir que les actes seraient enregistrés *en débet*, comme cela se pratique pour les actes du Gouvernement, parce que l'Etat n'est pas débiteur envers lui-même. Mais, dans les circonstances où les travaux publics sont entrepris par des particuliers, les actes ne peuvent être enregistrés, ni timbrés, ni transcrits *gratis* ; ce serait l'exemption de l'impôt, lorsque c'est une maxime constitutionnelle que tous les Français participent indistinctement aux charges de l'Etat.

Ce serait la création d'un privilége, et du privilége le plus odieux de tous, du privilége en matière d'impôt.

D'une autre part, le remboursement rétroactif du droit acquitté serait la violation de la maxime fondamentale de la loi sur l'enregistrement, d'après laquelle le droit régulièrement payé est acquis au Trésor, et ne peut, dans aucun cas, être remis au contribuable, pas même dans celui où l'acte qui a donné lieu à la prescription serait annulé par les tribunaux.

Voyez, d'ailleurs, Messieurs, à combien de difficultés, et même de fraudes, pourraient donner lieu la supposition que tel immeuble a été acquis, avant l'arrêté du préfet, dans la vue de l'entreprise ; et les fixations et ventilations de la portion des immeubles qui serait reconnue nécessaire à l'exécution des travaux.

Ces dérogations aux dispositions de la Charte en matière d'impôt et aux bases fondamentales de la loi de l'enregistrement sont encore en opposition avec les principes de l'administration publique d'après lesquels tous les produits et toutes les dépenses doivent être mis en évidence, et ne peuvent s'effacer par des compensations obscures et toujours abusives. C'est ainsi que les lois ont réprouvé tous ces marchés où des objets hors de service étaient donnés en payement de services courants, et ont prescrit la vente publique de ces objets, et leur versement aux caisses du Trésor, sauf le payement distinct des services.

Ce n'est sûrement pas que je sois opposé aux encouragements qui peuvent être donnés aux entreprises des travaux publics : mais ces encouragements doivent être pris dans la nature même de l'entreprise, et résulter principalement des facilités d'exécution, et ne peuvent jamais être pris dans des exemptions d'impôts, ni être établis sur le bouleversement des lois fondamentales.

M. LE RAPPORTEUR. M. le comte Roy vient de soulever deux questions : la première se rattache à l'article 58 de la loi de 1833. L'honorable préopinant s'oppose à l'adoption de cet article, qui a pour but d'exempter des droits de timbre et d'enregistrement les différents actes faits en vue de l'expropriation. En outre, il s'oppose aux deux paragraphes additionnels que nous avons eu l'honneur de vous soumettre.

La majorité de la commission, Messieurs, n'a pas partagé cet avis. Je dois en donner les motifs à la Chambre. Sur le premier point, c'est-à-dire sur la question de savoir si on doit admettre quelques exceptions aux règles ordinaires du fisc en faveur des entrepreneurs de travaux, nous avons considéré que, depuis sept ans, ces exceptions sont établies, qu'il y a une sorte de droit acquis sous ce rapport. Nous avons considéré, en second lieu, que si l'Etat perd par là une partie des revenus qu'il pourrait recevoir, d'un autre côté, l'exécution des grands travaux d'utilité publique lui fait retrouver, sous une autre forme, des sommes bien supérieures à celles qu'il sacrifie.

Nous nous sommes demandé si la suppression de cette mesure, d'une libéralité bien entendue, ne présenterait pas quelques inconvénients ; si, par exemple, il ne serait pas possible que, pour se soustraire au payement des droits, dans un but de fraude, on mît des pièces irrégulières et inauthentiques sous les yeux des jurés. En conséquence, et parce que le sacrifice fait par le Trésor est largement compensé, et parce que la loi en vigueur est appliquée depuis sept ans, et parce que la procédure doit être autant que possible régulière, nous vous demandons le maintien de la disposition existante.

Maintenant, je dois expliquer comment la commission a été conduite à vous proposer ces deux paragraphes additionnels dont il s'agit. Dans l'interprétation de l'article 58, l'Administration du fisc avait déployé, il faut le dire, une sévérité qui allait à l'encontre du but que l'on s'était proposé. De nombreuses, de vives réclamations s'étaient produites contre quelques-unes des décisions de la Régie. M. le ministre des travaux publics et M. le ministre des finances se sont concertés pour aviser au moyen de les faire cesser.

Il est résulté, de ces conférences, une série de dispositions adoptées en commun, dont quelques-unes ne nous ont pas paru susceptibles d'être transformées en articles de loi, parce qu'elles appartenaient évidemment au pouvoir administratif, dont quelques autres ont été adoptées par votre commission. Je demande la permission à la Chambre de lui donner lecture du passage de la lettre de M. le directeur de l'Enregistrement, où les dispositions qui forment l'objet du paragraphe en question sont discutées.

Les dispositions de ce même article s'appliquent à tous actes faits en vertu de la présente loi. Par conséquent, les actes d'acquisition consentis à l'amiable par les propriétaires au profit de l'Etat ou des compagnies concessionnaires, à quelque époque que ce soit de l'instruction ou de la procédure, sont exempts des droits de timbre et d'enregistrement. Cette interprétation, qui s'accorde avec la lettre de la loi, rentre parfaitement dans l'esprit du nouveau projet, qui est de favoriser autant que possible les conventions amiables, ainsi que le déclare M. le comte Daru, dans son rapport à la Chambre des pairs.

Mais l'exemption s'étend-elle aux contrats d'acquisitions passés avant que la déclaration d'utilité publique ait été prononcée dans la forme prescrite par l'article 2 de la loi du 7 juillet 1833? Il résulte d'une décision ministérielle du 17 août 1838, que le bénéfice de l'article 58 ne peut être réclamé que pour les contrats *postérieurs* à l'arrêté du préfet, qui détermine les propriétés qui doivent être cédées, et ayant pour objet des immeubles expressément désignés dans cet arrêté; que le droit proportionnel, perçu sur les contrats passés antérieurement à l'arrêté du préfet, ne peut, d'après la législation de l'enregistrement, être restitué lorsque, plus tard, il est justifié de la désignation des immeubles acquis dans l'arrêté du préfet.

Cependant il faut reconnaître que les acquisitions antérieures à la déclaration légale d'utilité publique ont droit aux mêmes faveurs, aux mêmes encouragements que celles qui ont lieu postérieurement; mieux que ces dernières encore, elles ont pour résultat d'accélérer ces travaux. Mais, d'un autre côté, si elles étaient immédiatement enregistrées *gratis*, il pourrait en résulter des fraudes et des abus avant la déclaration d'utilité publique. Rien n'atteste, en effet, et il n'y a pas moyen de vérifier, la destination donnée aux immeubles acquis dans les contrats de vente. On a pensé que, sans compromettre les intérêts du Trésor, on pourrait faire jouir les acquisitions antérieures à la déclaration d'utilité publique de la faveur qu'il est dans l'esprit de la loi de leur accorder, en faisant fléchir la règle qui défend de restituer les droits d'enregistrement régulièrement perçus, quels que soient les événements ultérieurs, en ajoutant une nouvelle exception à celles qui sont déjà légalement consacrées. Ainsi, les acquisitions dont il s'agit seraient soumises, lors de l'enregistrement, au droit proportionnel; mais ce droit serait restitué si, dans les deux années de l'enregistrement, il était justifié que les immeubles acquis ont été expressément désignés dans les arrêtés du préfet déterminant les propriétés sujettes à l'expropriation.

Vous le voyez, Messieurs, M. le directeur de l'Enregistrement lui-même accepte les dispositions supplémentaires dont il s'agit. La rigueur de la règle doit plier devant la saine interprétation de la loi. Tels sont les motifs qui ont engagé votre commission à vous proposer cette addition à l'article 58.

M. LE GARDE DES SCEAUX. Messieurs, l'article que la commission vous propose d'adopter se compose de deux dispositions distinctes. La première est empruntée à la loi de 1833 elle porte :

« Les plans, procès-verbaux certificats, significations, jugements, contrats, quittances et autres actes faits en vertu de la présente loi, seront visés pour timbre et enregistrés gratis, lorsqu'il y aura lieu à la formalité de l'enregistrement. »

L'honorable préopinant propose à la Chambre de revenir sur cette disposition.

M. LE COMTE ROY. Parce que l'article est en question.

M. LE GARDE DES SCEAUX. L'article est en question comme toute la loi de 1833 elle-même. Il est surtout en question quand un homme aussi éminent que M. le comte Roy vient l'attaquer. C'est précisément parce qu'il en est question que je demande à en dire quelques mots. Je répète donc que ce premier paragraphe est emprunté à la loi de 1833, et je ne pense pas que la Chambre veuille retirer à l'industrie le bienfait qu'il lui accorde. L'honorable préopinant objecte que dans cette loi on n'a entendu s'occuper que des travaux exécutés par l'Etat. Mais elle contient un article qui détruit cette proposition, c'est celui qui dispose que « Les concessionnaires des travaux publics exerceront tous les droits conférés à l'Administration. »

Ainsi, le texte de la loi répond à l'observation. Maintenant, quant à la raison de cette disposition, elle s'explique d'abord par la considération qu'a fait valoir M. le rapporteur, c'est-à-dire la faveur due aux travaux publics, et plus encore par un autre motif. Le Gouvernement, vous le savez, ne fait pas de concessions perpétuelles; et toutes les fois qu'une compagnie se forme, il ne lui accorde que la jouissance temporaire des terrains qu'elle achète pour y établir ses travaux. On conçoit dès lors que l'Etat renonce au droit d'enregistrement sur des terrains qu'il s'attribue et qui doivent lui faire retour au bout d'un certain temps. Cette raison est décisive et justifie la disposition de la loi de 1833. J'ajoute qu'elle répond à l'objection qu'on a faite, objection fondée sur la disposition de la Charte, qui veut que tous les citoyens soient soumis aux mêmes charges, et qu'aucune distinction ne soit faite entre eux quant à l'obligation de payer l'impôt. Les propriétés que le Gouvernement s'attribue pour un temps à venir deviennent en quelque sorte, dès ce moment, domaines publics et ne peuvent être confondues avec les propriétés privées.

Après ces réflexions sur le premier paragraphe de l'article, voyons ce que la commission veut y ajouter; voici les termes du deuxième paragraphe qu'elle vous propose :

« Il ne sera perçu aucun droit pour la transcription des actes au bureau des hypothèques.

« Les droits perçus sur les acquisitions amiables faites antérieurement aux arrêtés des préfets seront restitués, lorsque, dans le délai de deux ans, à partir de l'accomplissement de cette formalité, il sera justifié que les immeubles acquis sont compris dans ces arrêtés. »

Voici l'objet de cette disposition, que, du reste, M. le rapporteur a parfaitement expliquée. On passe des contrats amiables avant même l'arrêté du préfet, qui désigne les propriétés sur lesquelles les travaux publics devront s'exécuter. Comme à cette époque il n'est pas encore certain d'une manière officielle et authentique que les terrains qui en sont l'objet doivent servir aux travaux publics, le droit d'enregistrement est perçu et doit l'être.

Quand plus tard l'arrêté du préfet intervient, les compagnies s'adressent à l'Enregistrement et lui disent : Si nous avions acheté après l'arrêté, nous aurions été affranchies du droit d'enregistrement. Est-il juste que nous le payions par cela seul que nous avons acheté avant? » L'Administration leur oppose un principe qui, dans les cas ordinaires, est une garantie contre la fraude. C'est le principe que toute perception bien faite n'est jamais restituée, même quand le contrat serait annulé postérieurement : principe absolu et qu'on a raison d'appliquer dans les matières ordinaires. Si l'Administration ne l'avait pas établi, il serait arrivé souvent qu'on aurait feint d'annuler des contrats définitifs qu'on aurait dans la réalité voulu rétracter, et qu'ainsi on se serait soustrait au payement des droits. Mais dans le cas qui nous occupe, l'arrêté du préfet désigne clairement et sans fraude possible les propriétés qui auraient été soumises à l'expropriation si l'on n'eût pas traité à l'amiable, et qui dès lors doivent profiter de l'exemption du droit. De la règle établie par l'Administration il résulte une véritable injustice. En effet, de deux terrains également nécessaires à la collection d'un travail public, parce que l'un aura été acheté à l'amiable avant l'exécution des formalités légales, il ne jouira pas de l'exemption, tandis que l'autre acheté postérieurement en profitera : cela, Messieurs, est une injustice. C'est cette injustice, cette inégalité de répartition, cette inexécution manifeste de la loi de 1833, que la commission propose de faire disparaître, et le Gouvernement ne peut que donner son adhésion à cette demande.

(Les paragraphes de l'article et l'ensemble de l'article lui-même sont adoptés.)

CHAMBRE DES DÉPUTÉS

Séance du 4 mars 1841.

ART. 58. — Les plans, procès-verbaux, certificats, significations, jugements, contrats, quittances et autres actes faits en vertu de la présente loi, seront visés pour timbre et enregistrés gratis, lorsqu'il y aura lieu à la formalité de l'enregistrement.

Le Gouvernement et la commission proposent de remplacer cet article par le suivant:

« Les plans, procès-verbaux, certificats, significations, jugements, contrats, quittances et autres actes faits en vertu de la présente loi seront visés pour timbre et enregistrés gratis, lorsqu'il y aura lieu à la formalité de l'enregistrement.

« Il ne sera perçu aucuns droits pour la transcription des actes au bureau des hypothèques.

« Les droits perçus sur les acquisitions amiables faites antérieurement aux arrêtés des préfets seront restitués, lorsque, dans le délai de deux ans à partir de l'accomplissement de cette formalité, il sera justifié que les immeubles acquis sont compris dans ces arrêtés. La restitution des droits ne pourra s'appliquer qu'à la portion des immeubles qui aura été reconnue nécessaire à l'exécution des travaux. »

M. LE RAPPORTEUR. Dans le dernier paragraphe que vous venez de lire se trouvent ces mots : *à partir de l'accomplissement de cette formalité*. Ces mots ont paru équivoques à votre commission, qui propose de les remplacer par ceux-ci : *dans le délai de deux ans à partir de la perception*.

M. LE PRÉSIDENT. La commission propose de remplacer ces mots : *à partir de l'accomplissement de cette formalité*, par ceux-ci : *à partir de la perception*.

M. VAVIN. Je propose d'ajouter au dernier paragraphe ces mots :

« La restitution des droits s'appliquera aussi à la portion des immeubles dont les propriétaires auraient eu le droit de requérir l'acquisition aux termes de l'article 50. »

On se rappelle que l'article 50 porte que lorsqu'une portion de la propriété a été prise par suite d'un jugement d'expropriation, les propriétaires peuvent avoir le droit, dans certains cas spécifiés en l'article 50, de requérir l'acquisition.

Je demande que la dispense des droits d'enregistrement et autres s'applique non-seulement aux terrains qui ont servi à l'exécution des travaux, mais encore à cette portion que les entrepreneurs et l'Etat auraient été forcés d'acquérir, s'ils n'en avaient traité à l'amiable. Je pense qu'il est logique et équitable de faire jouir de la faveur de la restitution l'accessoire aussi bien que le principal, et de reconnaître que l'État ou le concessionnaire ne soit pas traité plus sévèrement pour une partie d'acquisition que pour l'autre, lorsque pour toutes deux il aurait été contraint à l'acquisition s'il n'avait pas traité amiablement.

M. LE PRÉSIDENT. Je consulte la Chambre sur les deux premiers paragraphes qui n'ont pas été contestés.

(Les deux premiers paragraphes sont mis aux voix et adoptés.)

Je proposerai de voter sur le paragraphe 3, sauf les additions qui pourront être proposées.

M. LANJUINAIS. Je crois que le paragraphe 1er de l'article 58 répond à l'observation qu'a faite l'honorable M. Vavin. En effet, ce paragraphe est ainsi conçu :

« Les plans, procès-verbaux, certificats, significations, jugements, contrats, quittances et autres actes faits en vertu de la présente loi seront visés pour timbre et enregistrés gratis. »

Par conséquent, il n'y aurait pas de restitution, et je crois que, dans la pratique, cela se fait ainsi.

M. VAVIN. M. Lanjuinais se trompe. L'article dont il vient de parler doit s'appliquer à l'acquisition faite en vertu d'un jugement d'expropriation ; et l'article 58, celui qui est actuellement en discussion, parle, dans son dernier paragraphe, des droits perçus sur les conventions amiables. Cet article restitue les droits qui ont été perçus sur les acquisitions amiables; mais, par une restriction que je crois contraire à la logique aussi bien qu'à l'esprit de la loi, la disposition dont je propose l'amendement veut ne faire profiter de cette restitution que les parties qui ont servi à l'exécution des travaux, et veut en priver les parties accessoires dont il ne pouvait, d'après l'article 50, sur la demande du propriétaire, se dispenser de faire l'acquisition. Ce que je demande se réduit à ceci, Messieurs : ne traitez pas plus défavorablement les traités amiables que les jugements d'expropriation.

M. LE RAPPORTEUR. Je crains que l'amendement de l'honorable M. Vavin ne soit pas praticable, et je vais en dire le motif à la Chambre. Le paragraphe en discussion s'applique aux acquisitions faites à l'amiable par les concessionnaires de terrains dans les deux ans qui précèdent l'arrêté du préfet, ou dans les deux ans où l'on se prévaut de l'arrêté du préfet. Ce sont des acquisitions amiables, je prie la Chambre de ne pas l'oublier.

Après que l'arrêté du préfet a déterminé les terrains qui seront compris dans les travaux, l'acquéreur, l'administration ou un concessionnaire, se présente à l'Administration de l'enregistrement, et demande la restitution des droits perçus pour l'acquisition. Dans ce cas, votre article dit qu'on rendra les droits perçus sur les immeubles reconnus nécessaires à l'entreprise. Jusque-là il n'y a pas de difficulté; l'article est très-clair et la pratique en est facile. M. Vavin dit qu'aux termes d'un article de la loi, quand on veut exproprier forcément un propriétaire, il a le droit, dans certains cas, d'obliger l'administration qui l'exproprie à prendre une portion de terrain qui lui est inutile pour la confection des travaux, et il veut, lorsqu'on vient demander la restitution des droits, qu'on puisse les demander à la fois pour l'immeuble nécessaire à l'exécution des travaux, et pour ceux que le concessionnaire ou l'administration est obligée de prendre en outre du terrain nécessaire. Eh bien, voici une difficulté insoluble qui se rencontrera. Quand il y a expropriation forcée, le propriétaire requiert le magistrat directeur du jury. Il indique l'immeuble qu'il veut faire prendre en vertu de la faculté de la loi, quoiqu'il ne soit pas nécessaire. On connaît ces biens, on peut très-bien les définir et les déterminer; mais quand l'acquisition est fiate à l'amiable avant l'arrêté du préfet, rien n'indique dans l'acquisition faite ce qui était vendu comme nécessaire aux travaux, et ce qui était vendu en vertu d'un article qu'on n'avait pas besoin d'invoquer. Je demande à M. Vavin comment, dans ce cas, quand la vente est amiable, il pourra déterminer la portion de terrain qui a été vendue en vertu de cet article. Il n'y a pas de réquisition adressée au magistrat directeur du jury pour la détermination de cette portion de l'immeuble, et l'acquéreur est obligé d'engager, avec la Régie de l'enregistrement, un procès, pour faire déterminer que s'il a acquis une propriété qui ne lui était pas nécessaire pour l'exécution des travaux, il ne l'a acquise que parce qu'il supposa qu'il pourrait être forcé, s'il y avait une expropriation forcée, d'acheter cette portion de terrain.

Il est évident que, dans ce cas, rien ne peut distinguer ce qui a été acheté d'un consentement amiable de ce que l'on aurait été obligé d'acheter, en vertu d'une réquisition au directeur du jury; que, par conséquent, il est impossible de mettre en pratique l'amendement que l'honorable M. Vavin propose à la Chambre.

M. VAVIN. Messieurs, je pense que le but que la loi s'est proposé a été de rendre aussi fréquentes, aussi faciles que possible, les acquisitions amiables : elle s'est proposé ce but, et pour favoriser l'exécution des grands ouvrages d'utilité publique, et pour simplifier les formalités, et pour rendre hommage au droit de propriété privée, même lorsqu'elle est obligée de le faire fléchir devant l'intérêt général. J'entendais cependant dire tout à l'heure, et au banc du Gouvernement, que cet article 58, qui applique l'exemption des droits d'enregistrement et autres aux traités volontaires, était un mauvais article. Je professe, quant à moi, l'opinion contraire; mais à ceux qui condamnent une telle disposition, je dirai : Si le principe vous paraît mauvais, retranchez-le, mais ne l'appliquez pas inégalement, comme on le fait en en bornant le bénéfice à une partie de ces acquisitions amiables, sans l'étendre à l'autre, également faite en vue de l'entreprise d'utilité publique, et en vue des prescriptions de la loi.

Quant à moi, je soutiens que cette disposition est bonne et très-bonne, parce qu'elle doit avoir pour résultat de favoriser, d'encourager les acquisitions amiables; je dis même qu'elle est nécessaire, car on ne peut réellement exempter de droits l'acquisition faite suivant la rigueur de la justice et en frapper au contraire celle faite et consentie par un propriétaire de bonne foi, de bonne composition et suffisamment intelligent du bien public. Vous ne pouvez établir une telle distinction entre ces deux acquisitions faites pour la même cause ; cela est impossible : et ce principe une fois posé, vous ne pouvez, sans manquer à la justice et à la logique, scinder cette même acquisition amiable qui, dans sa totalité, a été faite ainsi, parce que, autrement, il aurait fallu le faire judiciairement ; vous ne pouvez la scinder en deux parties, dont l'une supporte les droits et l'autre en est affranchie.

L'honorable rapporteur a dit qu'il serait difficile, impossible même de reconnaître l'état où se trouvait l'immeuble lors de l'acquisition, et de reconnaître si les parties non employées à l'exécution des travaux étaient dans les conditions de l'article 50. Je reconnais que souvent, en effet, pour les propriétés bâties, il peut y avoir des difficultés; mais non pas, suivant moi, des difficultés insolubles. On pourrait ajouter à l'amendement que j'ai proposé une disposition qui pourrait être ainsi conçue : « Si toutefois l'état primitif n'a pas été changé, et s'il est établi que la portion d'immeuble dont il est question se trouvait bien dans les conditions de l'article 50. »

On peut trouver une rédaction à la fois plus précise et plus complète; mais je pense qu'en adoptant le sens que je viens d'indiquer, on arrivera à une disposition qui donnera satisfaction à tous les justes intérêts, et ne laissera rien au vague et à l'arbitraire.

M. CALMON. Messieurs, c'est l'Administration qui a pris l'initiative, auprès de la Chambre des pairs, de l'amendement qui a été adopté par elle, et qui est soumis à votre délibération. C'est l'Administration qui l'a proposé, parce qu'il lui a paru juste de restituer les droits perçus sur l'acquisition des terrains qui se trouvent compris dans l'arrêté du préfet.

Que vous propose-t-on? Une chose exorbitante, un amendement qui donnerait lieu certainement à beaucoup de contestations entre l'Administration et les compagnies qui provoquent l'expropriation pour cause d'utilité publique. On demande que les droits perçus sur les acquisitions des portions de bâtiments, de terrains, qui ne seraient pas appliqués à la construction d'un chemin ou d'un canal, soient restitués. Ce n'est pas possible ; ce serait sortir du principe consacré par la Chambre des pairs, qu'il n'y a de restitution possible que celle des droits perçus sur les acquisitions des terrains destinés à la confection de la route ou du canal. En sortant de là, vous donnez une plus grande extension à l'amendement qui a été adopté par la Chambre des pairs. Vous exposeriez le Trésor non-seulement à des pertes considérables, mais encore à des procès interminables, et qui sont également désagréables et pour l'Administration et pour les compagnies.

M. LE PRÉSIDENT. L'amendement est-il appuyé? (Non! non!) Alors je n'ai pas à le mettre aux voix.

M. GILLON. Sans doute le mot *acquisition* est pris ici dans le sens le plus large; ainsi on restituera aussi les droits perçus pour des marchés ou des traités relatifs à des constructions ou à des ouvrages de toute nature qui ont amélioré l'immeuble exproprié. De même la *justification* dont parle notre article aura lieu sans frais aucuns ; c'est là le sens véritable. Quant à l'action en réclamation, elle est enfermée dans le cercle de deux ans, espace ordinaire fixé pour réclamer, en matière d'enregistrement, toutes les restitutions auxquelles on croit avoir droit; et notre loi, conforme à la règle générale en pareille matière, entend aussi qu'aucune cause n'empêche ni ne suspende le cours de cette prescription bisannuelle; voilà quel est l'esprit des dispositions et je les vote.

Mais M. le rapporteur vient de corriger une obscurité qui naît de ces mots : *à partir de cette formalité*, mots d'un sens louche, en effet. Nous n'avons qu'à demi entendu la correction proposée par l'honorable M. Dufaure, et je le prie de la répéter de manière qu'elle arrive jusqu'à nous.

M. LE RAPPORTEUR. Voici l'explication que j'ai à donner à l'honorable préopinant. Le paragraphe que nous proposons est ainsi conçu, je dois le lire pour que mes explications soient claires :

« Les droits perçus sur les acquisitions d'immeubles faites antérieurement aux arrêtés des préfets seront restitués lorsque, dans le délai de deux ans à partir de la perception, il sera justifié que ces immeubles acquis sont compris dans ces arrêtés. »

Ainsi un droit est perçu. Dans les deux ans de la perception, on doit justifier que ces immeubles acquis sont compris dans l'arrêté du préfet, c'est-à-dire destiné aux travaux. Alors on obtient la restitution des droits.

(Le paragraphe, ainsi rédigé, est mis aux voix et adopté. — L'ensemble de l'article 58 est également mis aux voix et adopté.)

LOI DU 25 JUIN 1841

Transmission d'office.

(IXe Série, Bull. 832, no 9412; Instr. no 1640.)

ART. 6. — A compter de la promulgation de la présente loi, tout traité ou convention ayant pour objet la transmission, à titre onéreux ou gratuit, en vertu de l'article 91 de la loi du 28 avril 1816, d'un office, de la clientèle, des minutes, répertoires, recouvrements et autres objets en dépendant, devra être constaté par écrit et enregistré avant d'être produit à l'appui de la demande de nomination du successeur désigné. — Les droits d'enregistrement seront perçus selon les bases et quotités ci-après déterminées.

Art. 7. — Pour les transmissions à titre onéreux, le droit d'enregistrement sera de 2 pour 100 du prix exprimé dans l'acte de cession et du capital des charges qui pourront ajouter au prix.

Art. 8. — Si la transmission de l'office et des objets en dépendant s'opère par suite de disposition gratuite entre-vifs ou à cause de mort, les droits établis pour les donations de biens meubles par les lois existantes seront perçus sur l'acte ou écrit constatant la libéralité, d'après une évaluation en capital. — Dans aucun cas le droit ne pourra être au-dessous de 2 pour 100.

Art. 9. — La perception aura lieu conformément à l'article 7, lorsque l'office transmis par décès passera à l'un des héritiers; lorsqu'il passera à l'héritier unique du titulaire, le droit de 2 pour 100 sera perçu d'après une déclaration estimative de la valeur de l'office et des objets en dépendant. — Cette déclaration sera faite au bureau de l'Enregistrement de la résidence du titulaire décédé. La quittance du receveur devra être jointe à l'appui de la demande de nomination du successeur. — Le droit acquitté sur cette déclaration ou sur le traité fait entre les cohéritiers sera imputé, jusqu'à due concurrence, sur celui que les héritiers auront à payer, lors de la déclaration de succession, sur la valeur estimative de l'office, d'après les quotités fixées, pour les biens meubles, par les lois en vigueur.

Art. 10. — Le droit d'enregistrement de transmission des offices, déterminé par les articles 7, 8 et 9 ci-dessus, ne pourra, dans aucun cas, être inférieur au dixième du cautionnement attaché à la fonction ou à l'emploi.

Art. 11. — Lorsque l'évaluation donnée à un office pour la perception du droit d'enregistrement d'une transmission à titre gratuit, entre-vifs ou par décès, sera reconnue insuffisante, ou que la simulation du prix exprimé dans l'acte de cession à titre onéreux sera établie d'après des actes émanés des parties ou de l'autorité administrative ou judiciaire, il sera perçu, à titre d'amende, un droit en sus de celui qui sera dû sur la différence de prix ou d'évaluation. — Les parties, leurs héritiers ou ayants cause sont solidaires pour le payement de cette amende.

Art. 12. — En cas de création nouvelle de charges ou offices, ou en cas de nomination de nouveaux titulaires sans présentation, par suite de destitution ou par tout autre motif, les ordonnances qui y pourvoiront seront assujetties à un droit d'enregistrement de 20 pour 100 sur le montant du cautionnement attaché à la fonction ou à l'emploi. — Toutefois, si les nouveaux titulaires sont soumis, comme condition de leur nomination, à payer une somme déterminée pour la valeur de l'office, le droit d'enregistrement de 2 pour 100 sera exigible sur cette somme, sauf l'application du minimum de perception établi à l'article 10 ci-dessus. Ce droit devra être acquitté avant la prestation de serment du nouveau titulaire, sous peine du double droit.

Art. 13. — En cas de suppression d'un titre d'office, lorsqu'à défaut de traité l'ordonnance qui prononcera l'extinction fixera une indemnité à payer au titulaire de l'office supprimé ou à ses héritiers, l'expédition de cette ordonnance devra être enregistrée dans le mois de la délivrance, sous peine du double droit. — Le droit de 2 pour 100 sera perçu sur le montant de l'indemnité.

Art. 14. — Les droits perçus en vertu des articles qui précèdent seront sujets à restitution toutes les fois que la transmission n'aura pas été suivie d'effet. — S'il y a lieu seulement à réduction du prix, tout ce qui aura été perçu sur l'excédant sera également restitué. — La demande en restitution devra être faite conformément à l'article 61 de la loi du 22 frimaire an VII, dans le délai de deux ans à compter du jour de l'enregistrement du traité ou de la déclaration.

LOI DU 25 JUIN 1841

Ventes aux enchères de marchandises neuves.

(IXe Série, Bull. 828, n° 9389; Instr. n° 1836.)

Article premier. — Sont interdites les ventes en détail des marchandises neuves, à cri public, soit aux enchères, soit au rabais, soit à prix fixe proclamé avec ou sans l'assistance des officiers ministériels.

Art. 2. — Ne sont pas comprises dans cette défense les ventes prescrites par la loi, ou faites par autorité de justice, non plus que les ventes après décès, faillite ou cessation de commerce, ou dans tous les autres cas de nécessité dont l'appréciation sera soumise au tribunal de commerce. — Sont également exceptées les ventes à cri public de comestibles et objets de peu de valeur, connues dans le commerce sous le nom de menue mercerie.

[V. L. 28 mai 1858, Ventes publiques de marchandises en gros; — L. 3 juillet 1861, Ventes publiques de marchandises en gros, autorisées ou ordonnées par la justice consulaire, — et L. 23 mai 1863, qui modifie l'art. 93 du Code de commerce.]

Art. 3. — Les ventes publiques et en détail de marchandises neuves qui auront lieu après décès ou par autorité de justice seront faites selon les formes prescrites et par les officiers ministériels préposés pour la vente forcée du mobilier, conformément aux articles 625 et 945 du Code de procédure civile.

Art. 4. — Les ventes de marchandises après faillite seront faites, conformément à l'article 486 du Code de commerce, par un officier public de la classe que le juge commissaire aura déterminée. — Quant au mobilier du failli, il ne pourra être vendu aux enchères que par le ministère des commissaires-priseurs, notaires, huissiers ou greffiers de justice de paix, conformément aux lois et règlements qui déterminent les attributions de ces différents officiers.

Art. 5. — Les ventes publiques et par enchères, après cessation de commerce, ou dans les autres cas de nécessité prévus par l'article 2 de la présente loi, ne pourront avoir lieu qu'autant qu'elles auront été préalablement autorisées par le tribunal de commerce, sur la requête du commerçant propriétaire, à laquelle sera joint un état détaillé des marchandises. — Le tribunal constatera, par son jugement, le fait qui donne lieu à la vente; il indiquera le lieu de son arrondissement où se fera la vente; il pourra même ordonner que les adjudications n'auront lieu que par lots dont il fixera l'importance. — Il décidera, d'après les lois et règlements d'attribution, qui, des courtiers ou des commissaires-priseurs et autres officiers publics, sera chargé de la réception des enchères. — L'autorisation ne pourra être accordée pour cause de nécessité qu'au marchand sédentaire, ayant depuis un an au moins son domicile réel dans l'arrondissement où la vente doit être opérée. — Des affiches apposées à la porte du lieu où se fera la vente énonceront le jugement qui l'aura autorisée.

Art. 6. — Les ventes publiques aux enchères de marchandises en gros continueront à être faites par le ministère des courtiers, dans les cas, aux conditions et selon les formes indiquées par les décrets des 22 novembre 1811, 17 avril 1812, la loi du 15 mai 1818, et les ordonnances des 1er juillet 1818 et 9 avril 1819.

Art. 7. — Toute contravention aux dispositions ci-dessus sera punie de la confiscation des marchandises mises en vente, et, en outre, d'une amende de 50 à 3,000 francs, qui sera prononcée solidairement, tant contre le vendeur que contre l'officier public qui l'aura assisté, sans préjudice des dommages-intérêts, s'il y a lieu. — Ces condamnations seront prononcées par les tribunaux correctionnels.

Art. 8. — Seront passibles des mêmes peines les vendeurs ou officiers publics qui comprendraient sciemment dans les ventes faites par autorité de justice, sur saisie, après décès, faillite, cessation de commerce, ou dans les autres cas de nécessité prévus par l'article 2 de la présente loi, des marchandises neuves ne faisant pas partie du fonds ou mobilier mis en vente.

Art. 9. — Dans les cas ci-dessus, où les ventes publiques seront faites par le ministère des courtiers, ils se conformeront aux lois qui les régissent, tant pour les formes de la vente que pour les droits de courtage.

Art. 10. — Dans les lieux où il n'y aura point de courtiers de commerce, les commissaires-priseurs, les notaires, huissiers et greffiers de justice de paix feront les ventes ci-dessus, selon les droits qui leur sont respectivement attribués par les lois et règlements. — Ils seront, pour lesdites ventes, soumis aux formes, conditions et tarifs imposés aux courtiers.

[Comp. L. 22 pluviôse an VII.]

ORDONNANCE DU 10 OCTOBRE 1841

Tarif des frais et dépens, ventes judiciaires.

(IXe Série, Bull. 854, n° 9609; Instr. n° 1651.)

Art. 2. — Il est alloué aux conservateurs des hypothèques, pour :

La transcription de chaque procès-verbal de saisie immobilière et de chaque exploit de dénonciation de ce procès-verbal au saisi (art. 677 et 678 du Code de procédure civile), par rôle d'écriture du conservateur, contenant vingt-cinq lignes à la page et dix-huit syllabes à la ligne. . . . . 1 fr. »

L'acte du conservateur contenant son refus de transcription, en cas de précédente saisie (art. 680 du Code de procédure civile). . . . . 1 »

Chaque extrait d'inscription ou certificat qu'il n'en existe aucune (argument de l'art. 692 du Code de procédure civile). . . . . 1 »

La mention des deux notifications prescrites par les articles 691 et 692 du Code de procédure (art. 693 du Code de procédure civile). 1 »

La radiation de la saisie immobilière (art. 693 du Code de procédure civile). . . . . 1 »

[V. Décr. 9 juin 1866, art. 1er, qui réduit à 50 cent. par rôle de 30 lignes à la page et 18 syllabes à la ligne, le salaire alloué par le n° 11 du tableau annexé au décret du 21 septembre 1810 (transcription de chaque procès-verbal de saisie immobilière).]

La mention du jugement d'adjudication (art. 716 du Code de procédure civile). . . . 1 fr. »

La mention du jugement de conversion (art. 748 du Code de procédure civile). . . . 1

Art. 20. — Sont et demeurent abrogés les nos 11, 12, 13, 14 et 15 du tableau annexé au décret du 21 septembre 1810...

LOI DU 11 JUIN 1842

Lettres de voiture. — Connaissements.

(IXe Série, Bull. 915, n° 10034; Instr. n° 1665.)

Art. 6. — A partir de la promulgation de la présente loi, les lettres de voiture et les connaissements ne pourront être rédigés que sur du papier timbré fourni par l'Administration ou sur du papier timbré à l'extraordinaire et frappé d'un timbre noir et d'un timbre sec. — Les particuliers qui, dans les départements autres que celui de la Seine, voudront faire timbrer à l'extraordinaire des papiers destinés aux lettres de voiture ou aux connaissements, seront admis à les remettre, en payant préalablement les droits, au receveur du timbre à l'extraordinaire, établi au chef-lieu de chaque département. Ces papiers seront transmis par le directeur à l'Administration, qui les fera timbrer et les renverra immédiatement. — Les frais de transport seront à la charge de l'Administration.

[Lettres de voiture (V. LL. 28 février 1872, art. 11 et 30 mars 1872, art. 1er). — Connaissements (V. LL. 30 mars 1872, art. 3 et suiv.; 25 mai 1872, art. 4; Décr. 30 avril et 24 juillet 1872). — Récépissé des chemins de fer (V. L. 13 mai 1863, art. 10; Décr. 2 janvier 1864; LL. 23 août 1871, art. 2; 28 février, 1862, art. 11, et 30 mars 1872, art. 1er et 2); — Envois de fonds (L. 19 février 1874, art. 20).]

Art. 7. — Pour toute lettre de voiture ou connaissement, non timbré ou non frappé du timbre noir et du timbre sec, la contravention sera punie d'une amende de 30 francs, payable solidairement par l'expéditeur et par le voiturier, s'il s'agit d'une lettre de voiture, et par le chargeur et le capitaine s'il s'agit de connaissement.

[Amende portée à 50 fr. (L. 8 juillet 1862, art. 22). — Pluralité des amendes pour les connaissements (L. 30 mars 1872, art. 6). — Solidarité (Décr. 16 messidor an XIII, art. 2, et L. 28 avril 1816, art. 75).]

ORDONNANCE DU 4 JANVIER 1843

Chambres de notaires. — Discipline du notariat.

(IXe Série, Bull. 972, no 10456.)

Art. 20. — ... Les délibérations de la Chambre seront notifiées et signées par le président et le secrétaire, à la séance même où elles seront prises. — Chaque délibération contiendra les noms des membres présents. — Ces délibérations n'étant que de simples actes d'administration, d'ordre ou de discipline, ou de simples avis, ne sont, dans aucun cas, sujettes à l'enregistrement, non plus que les pièces y relatives.

[V. Avoués (Arr. 13 frimaire an IX, art. 13); — Commissaires-priseurs (arr. 29 germinal an IX, art. 1er); — Huissiers (Décr. 14 juin 1813, art. 89).]

LOI DU 21 JUIN 1843

Forme des actes notariés.

(IXe Série, Bull. 1015, no 10713.)

Article premier. — Les actes notariés passés depuis la promulgation de la loi du 25 ventôse an XI ne peuvent être annulés par le motif que le notaire en second ou deux témoins instrumentaires n'auraient pas été présents à la réception desdits actes.

Art. 2. — A l'avenir, les actes notariés contenant donation entre-vifs, donation entre époux pendant le mariage, révocation de donation ou de testament, reconnaissance d'enfants naturels, et les procurations pour consentir ces divers actes, seront, à peine de nullité, reçus conjointement par deux notaires, ou par un notaire en présence de deux témoins. — La présence du notaire en second ou des deux témoins n'est requise qu'au moment de la lecture des actes par le notaire et de la signature par les parties : elle sera mentionnée à peine de nullité.

Art. 3. — Les autres actes continueront à être régis par l'article 9 de la loi du 25 ventôse an XI, tel qu'il est expliqué dans l'article 1er de la présente loi.

Art. 4. — Il n'est rien innové aux dispositions du Code civil sur la forme des testaments.

[V. Code civ., art. 971 et suiv.]

LOI DU 25 AVRIL 1844

Patentes.

(IXe Série, Bull. 1095, no 11262.)

Art. 26. — Les formules de patentes sont expédiées par le directeur des Contributions directes sur des feuilles timbrées de 1 fr. 25. Le prix du timbre est acquitté en même temps que le premier douzième des droits de patente...

[Modifié (L. 4 juin 1858, art. 12).]

LOI DU 3 MAI 1844

Permis de chasse.

(IXe Série, Bull. 1094, no 11257.)

Art. 5. — Les permis de chasse seront délivrés, sur l'avis du maire et du sous-préfet, par le préfet du département dans lequel celui qui en fera la demande aura sa résidence ou son domicile. La délivrance des permis de chasse donnera lieu au payement d'un droit de 15 francs au profit de l'Etat, et de 10 francs au profit de la commune dont le maire aura donné l'avis énoncé au paragraphe précédent.

[Le droit au profit de l'État, élevé à 30 fr. (L. 23 août 1871, art. 2), a été fixé de nouveau à 15 fr. (L. 20 décembre 1872, art. 21).]

LOI DU 15 JUILLET 1845

Police des chemins de fer.

(IXe Série, Bull. 1221, no 12095; Instr. no 1758.)

Art. 23. — Les crimes, délits ou contraventions prévus dans les titres 1er et 3 de la présente loi pourront être constatés par des procès-verbaux dressés concurremment par les officiers de police judiciaire, les ingénieurs des ponts et chaussées et des mines, les conducteurs, gardes-mines, agents de surveillance et gardes nommés ou agréés par l'Administration et dûment assermentés. — Les procès-verbaux des délits et contraventions feront foi jusqu'à preuve contraire. — Au moyen du serment prêté devant le tribunal de première instance de leur domicile, les agents de surveillance de l'Administration et des concessionnaires ou fermiers pourront verbaliser sur toute la ligne du chemin de fer auquel ils seront attachés.

ART. 24. — Les procès-verbaux dressés en vertu de l'article précédent seront visés pour timbre et enregistrés *en débet*. — Ceux qui auront été dressés par les agents de surveillance et gardes assermentés devront être affirmés dans les trois jours, à peine de nullité, devant le juge de paix ou le maire soit du lieu du délit ou de la contravention, soit de la résidence de l'agent.

[Comp. LL. 22 frimaire an VII, art. 70, § 1er, et 25 mars 1817, art. 74.]

LOI DU 19 JUILLET 1845

Exploits. — Avis de parents. — Scellés. Émancipation.

(IXe Série, Bull. 1224, n° 12112; Instr. n° 1736.)

ART. 5. — A partir du 1er janvier 1846, le droit d'enregistrement de 1 franc établi par l'article 68, paragraphe 1er, n° 30, de la loi du 22 frimaire an VII, pour les exploits relatifs aux procédures en matière civile devant les juges de paix, jusques et y compris les significations des jugements définitifs, sera porté à 1 fr. 50 cent. en principal. — Le droit de 2 francs établi par l'article 68, paragraphe 2, nos 3 et 4, de la loi du 22 frimaire an VII, et par l'article 43, n° 4, de la loi du 28 avril 1816, pour les avis de parents, les procès-verbaux de nomination de tuteurs et curateurs, et les procès-verbaux d'apposition, de reconnaissance et de levée de scellés, sera porté à 4 francs en principal.

[Droit de 1 fr. 50 élevé à 2 fr. 25 (L. 19 février 1874, art. 2); — Droit de 4 fr. élevé à 6 fr. (L. 28 février 1872, art. 4). — Scellés après faillite (V. L. 24 mai 1834, art. 11).]

Le droit de 5 francs établi par l'article 68, paragraphe 4, n° 2, de la loi du 22 frimaire an VII, pour les actes d'émancipation, sera porté à 10 francs en principal.

[Droit élevé à 15 fr. (L. 28 février 1872, art. 4).]

LOI DU 23 JUIN 1846

Pêcheries.

(IXe série, Bull. 1305, n° 12805; Instr. n° 1776.)

ARTICLE PREMIER. — Les infractions au règlement général du 23 juin 1843 sur les pêcheries dans les mers situées entre les côtes de France et celles du royaume uni de la Grande-Bretagne et d'Irlande, qui seront commises par un Français ou par tout individu à bord d'un bateau de pêche français, seront jugées par le tribunal de police correctionnelle de l'arrondissement où sera situé le port auquel appartiendra le bateau du délinquant.

ART. 3. — Tous les actes de la procédure seront sur papier libre. — Les assignations et significations seront remises *sans frais* par les soins du commissaire de l'inscription maritime. — La signification des jugements sera faite par simple extrait qui contiendra le nom des parties, les motifs et le dispositif du jugement. — Cette signification fera courir les délais de l'opposition et de l'appel.

[Comp. L. 22 frimaire an VII, art. 70, § 2.]

ART. 15. — En cas de recours en cassation, l'amende à consigner sera réduite à moitié du taux fixé par l'article 419 du Code d'instruction criminelle.

LOI DU 3 JUILLET 1846

Mariage. — Légitimation. — Indigents. Rétribution scolaire.

(IXe Série, Bull. 1411, n° 12825; Instr. n° 1774.)

ART. 8. — A partir du 1er janvier 1847, les extraits des registres de l'état civil, les actes de notoriété, de consentement, de publication, les délibérations des conseils de famille, les actes de procédure, les jugements et arrêts dont la production sera nécessaire pour la célébration du mariage des personnes indigentes, et pour la légitimation de leurs enfants, seront visés pour timbre ou enregistrés *gratis*, lorsqu'il y aura lieu à l'enregistrement. — Il ne sera perçu aucun droit de greffe, au profit du Trésor, sur les copies ou expéditions qui en seraient passibles. — L'indigence sera constatée selon les formes déterminées, avant le 1er janvier 1847, par une ordonnance rendue dans la forme des règlements d'administration publique. Les actes, extraits, copies ou expéditions, ainsi délivrés, ne pourront servir que pour les causes ci-dessus indiquées, sous les peines prévues par les lois en vigueur.

[Abrogé (Loi du 10 décembre 1850, art. 10).]

ART. 9. — Sont exempts du timbre les états que les instituteurs primaires produisent, mois par mois, des élèves, conformément à l'article 14 de la loi du 28 juin 1833, les rôles de recouvrement de la rétribution scolaire et les quittances des instituteurs.

[V. LL. 15 mars 1850, art. 41, et 14 juin 1859, art. 1er). — Pour les quittances, V. L. 23 août 1871, art. 18, et 20, dernier alinéa.]

DÉCRET DU 4 MARS 1848

Écrits périodiques.

(XIe Série, Bull. 5, n° 66.)

—

Art. 3. — L'impôt du timbre sur les publications périodiques est supprimé.

[Impôt rétabli (L. 16 juillet 1850, art. 12 et suiv.; Décr. 17 février 1852, art. 6 et suiv.; Décr. 28 mars 1852; L. 2 mai 1861, et L. 11 mai 1868, art. 2 et suiv.); — Nouvelle suppression (Décr. 5 septembre 1870).]

DÉCRET DU 21 MARS 1848

Magasins généraux.

(Xe Série, Bull. 15, n° 141; Inst. n° 1802, § 1er.)

—

Article premier. — Il sera établi à Paris, et dans les autres villes où le besoin s'en fera sentir, des magasins généraux où les négociants et les industriels pourront déposer les matières premières, les marchandises, les objets fabriqués dont ils seront propriétaires.

Art. 3. — Il sera délivré aux déposants des récépissés revêtus : 1° du timbre de la République; 2° du timbre des magasins où les marchandises auront été déposées. — Ces récépissés, extraits de registres à souche, transférant la propriété des objets déposés, seront transmissibles par voie d'endossement.— Ils seront passibles d'un droit fixe qui ne pourra dépasser 1 fr. 10 cent.

Art. 4. — Ces magasins seront placés sous la surveillance de l'Etat.

[Décret abrogé (L. 28 mai 1858, art. 13 et 15). — V. Décr. 23 août 1848.]

DÉCRET DU 23 MARS 1848

Protêts.

(Xe Série, Bull. 17, n° 1854; Instr. n° 1802, § 4.)

—

Article premier. — Provisoirement, et jusqu'à ce qu'il en soit autrement ordonné, le tarif actuel est modifié comme il suit :

Nouveau tarif.	Protêt simple. Enregistrement	1 fr. 10 c.
—	Protêt à deux domiciles.	—
—	Protêt de deux effets. .	—
—	Protêt de perquisition .	—
—	Protêt au parquet . . .	—
—	Intervention	—
—	Dénonciation de protêt.	—

[Comp. L. 28 avril 1816, art. 43, n° 13. — Droit de 1 fr. élevé à 1 fr. 50 (L. 19 février 1874, art. 2).]

Art. 3. — Les actes de protêts seront désormais dressés sans assistance de témoins.

DÉCRET DU 24 MARS 1848

Sous-Comptoirs de garantie.

(Xe Série, Bull. 17, n° 160; Instr. n° 1802, § 2.)

—

Article premier. — Dans les villes où un comptoir d'escompte existera, il pourra être établi, soit par localité, soit par agrégations d'industries, des sous-comptoirs de garantie destinés à servir d'intermédiaire entre l'industrie, le commerce et l'agriculture, d'une part, et les comptoirs nationaux de l'autre.

Art. 4. — Les opérations des sous-comptoirs consisteront à procurer aux commerçants, industriels et agriculteurs, soit par engagement direct, soit par aval, soit par endossement, l'escompte de leurs titres et effets de commerce auprès du comptoir principal, moyennant des sûretés données aux sous-comptoirs par voie de nantissement sur marchandises, récépissés des magasins de dépôt, titres et autres valeurs.

Art. 10. — Tous actes qui auront pour objet de constituer les nantissements au profit des sous-comptoirs par voie de transport ou autrement, et d'établir leurs droits comme créanciers, seront enregistrés au droit fixe de 2 fr. 20.

[V. L. 28 février 1872, art. 4, qui augmente de moitié les droits fixes auxquels sont assujettis les actes civils, administratifs ou judiciaires; Loi du 19 février 1874, qui augmente de 1/2 les actes extrajudiciaires.]

Art. 11. — Les actes de société contenant les statuts des sous-comptoirs seront dispensés de l'avis du conseil d'Etat et de toute formalité autre que l'inscription au *Bulletin des lois*. — Ils seront passés en présence du directeur nommé par le ministre, et enregistrés gratuitement.

[V. L. 10 juin 1853.]

DÉCRET DU 24 MARS 1848

Retraite.

(Xe Série, Bull. 17, n° 156.)

—

Article unique. — Provisoirement, les articles 178 et 179 du Code de commerce sont modifiés de la manière suivante :

Art. 178. — La retraite comprend, avec le bordereau détaillé et signé du tireur seulement, et transcrit au dos du titre : 1° le principal du titre protesté; 2° les frais de protêt et de dénonciation, s'il y a lieu; 3° les intérêts de retard; 4° la perte de change; 5° le timbre de la retraite, qui sera soumise au droit fixe de 35 centimes.

[Les retraites sont passibles du timbre proportionnel (*V.* L. 5 juin 1850, art. 1er).]

DÉCRET DU 28 MARS 1848

Naturalisation des étrangers.

(Xe Série, Bull. 20, n° 178; Instr. n° 1807.)

Article premier. — Le ministre de la justice est provisoirement autorisé à accorder la naturalisation à tous les étrangers qui la demanderont, et qui justifieront par actes officiels ou authentiques qu'ils résident en France depuis cinq ans au moins, et qui, en outre, produiront, à l'appui de leur demande, l'attestation par le maire de Paris ou le préfet de police, pour le département de la Seine, et par les commissaires du Gouvernement, pour les autres départements, qu'ils sont dignes, sous tous les rapports, d'être admis à jouir des droits de citoyen français.

Art. 2. — Le payement des droits établis dans l'intérêt du Trésor national, par l'ordonnance du 8 octobre 1814 et par la loi du 28 avril 1816, continuera d'être opéré. Est également maintenue la disposition de l'ordonnance du 8 octobre 1814, qui autorise à remettre lesdits droits, en tout ou en partie, mais seulement quand l'état de fortune des parties exigera cette remise.

[*V.* L. 7 août 1850, art. 17.]

DÉCRET DU 23 AOUT 1848

Prêts sur dépôts de marchandises.

(Xe Série, Bull. 64, n° 644.)

Article premier. — Toute personne qui, en vertu des décret et arrêté des 21 et 26 mars dernier, aura prêté ou prêtera sur des marchandises déposées dans les magasins publics, sera valablement saisie du privilége de nantissement par le transfert du récépissé à son ordre, et par la mention dudit transfert sur le registre du magasin avec indication de la somme prêtée. — Le récépissé sera passible d'un droit fixe de 1 franc pour tout droit d'enregistrement.

[Modifié (L. 28 mai 1858, art. 13 et 15). — *V.* L. 10 juin 1853, art. 1er.]

DÉCRET DU 28 AOUT 1848

Élections.

(Xe Série, Bull. 65, n° 653.)

Pendant les quinze jours qui suivront la publication et l'affiche, tout commerçant patenté de l'arrondissement aura le droit d'élever des réclamations sur la composition de la liste...

Les réclamations seront jugées en dernier ressort par le tribunal civil de l'arrondissement, toute affaire cessante, sommairement, sans qu'il soit besoin du ministère d'avoué.

Les actes judiciaires auxquels l'instance donnera lieu ne seront pas soumis au timbre et seront enregistrés *gratis*.

En cas de pourvoi en cassation, il sera procédé, toutes affaires cessantes, comme devant le tribunal, avec exemption des droits de timbre, d'enregistrement, et sans consignation d'amende.

[Abrogé (Décr. 2 mars 1852).]

LOI DU 15 NOVEMBRE 1848

Associations ouvrières.

(Xe Série, Bull. 91, n° 862; Instr. n° 1826, § 1er.)

Article premier. — Les actes à passer pour la constitution des associations ouvrières encouragées en exécution du décret du 5 juillet 1848, ainsi que ceux constatant les frais faits par l'Etat à ces associations seront enregistrés *gratis*. — En cas de constitution d'hypothèque, il ne sera payé d'autres frais d'inscription que le salaire revenant au conservateur. — Le ministre de l'agriculture et du commerce, sur l'avis du conseil d'encouragement institué conformément au décret susdaté, déterminera, dans chaque affaire, les actes admis au bénéfice du présent décret.

LOI DU 28 NOVEMBRE 1848

Caisses d'épargne.

(Bull. 93, n° 898; Instr. 1826, § 2.)

Art. 7. — Les pouvoirs à donner par les porteurs de livret qui voudront vendre leurs inscriptions seront exempts du timbre et de l'enregistrement.

Les autres pièces à produire pour la vente dans certains cas, telles que certificats de propriétés, intitulés d'inventaires, etc., sont aussi exempts du timbre et de l'enregistrement.

LOI DU 20 FÉVRIER 1849

Impôt de main-morte.

(Xe Série, Bull. 129, n° 1109.)

—

Article premier. — Il sera établi, à partir du 1er janvier 1849, sur les biens immeubles passibles de la contribution foncière, appartenant aux départements, communes, hospices, séminaires, fabriques, congrégations religieuses, consistoires, établissements de charité, bureaux de bienfaisance, sociétés anonymes, et tous établissements publics également autorisés, une taxe annuelle représentative des droits de transmission entre-vifs par décès. Cette taxe sera calculée à raison de 62 centimes et demi par franc du principal de la contribution foncière.

Art. 2. — Les formes prescrites pour l'assiette et le recouvrement de la contribution foncière seront suivies pour l'établissement et la perception de la nouvelle taxe.

[Portée à 70 cent. par franc, et soumise aux décimes (L. 30 mars 1872, art. 4).]

LOI DU 15 MARS 1849

Élections.

(Xe Série, Bull. 136, n° 1182; Instr. n° 1833.)

—

Art. 11. — La décision du juge de paix sera en dernier ressort, mais elle pourra être déférée à la Cour de cassation.

Art. 12. — Le pourvoi ne sera recevable que s'il est formé dans les dix jours de la notification de la décision; il ne sera pas suspensif. — Il sera formé par simple enquête, dispensé de l'intermédiaire d'un avocat à la cour, et jugé d'urgence sans frais ni consignation.

Art. 13. — Tous les actes judiciaires seront, en matière électorale, dispensés du timbre et enregistrés *gratis*. — Les extraits des actes de naissance nécessaires pour établir l'âge des électeurs seront délivrés gratuitement, sur papier libre, à tout réclamant. Ils porteront, en tête de leur texte, l'énonciation de leur destination spéciale, et ne seront admis pour aucune autre.

[*V.* Décret organique du 2 février 1852, art. 24. — Affiches électorales, exemptes de timbre (L. 11 mai 1868, art. 3, § 3).]

LOI DU 7 MAI 1849

Majorats et substitutions.

(Xe Série, Bull. 160, n° 1299; Instr. n° 1836.)

—

Article premier. — Les majorats de biens particuliers qui auront été transmis à deux degrés successifs, à partir du premier titulaire, sont abolis. Les biens composant ces majorats demeurent libres entre les mains de ceux qui en sont investis.

Art. 2. — Pour l'avenir, la transmission, limitée à deux degrés, à partir du premier titulaire, n'aura lieu qu'en faveur des appelés déjà nés ou conçus lors de la promulgation de la présente loi. — S'il n'existe point d'appelés à cette époque, ou si ceux qui existaient décèdent avant l'ouverture de leur droit, les biens des majorats deviendront immédiatement libres entre les mains du possesseur.

Art. 3. — Pendant une année, à partir de la promulgation de la présente loi, lorsqu'une saisie sera pratiquée sur les biens devenus libres en vertu de l'article précédent, les juges pourront toujours, quelle que soit la nature du titre, appliquer l'article 1244 du Code civil, et surseoir aux poursuites ultérieures pendant le délai qu'ils détermineront.

Art. 4. — Il n'est rien innové quant au droit spécial de révocation conféré au fondateur par l'article 3 de la loi du 12 mai 1835.

Art. 5. — Dans les cas prévus par les articles 1, 2 et 4 de la présente loi, le ministre de la justice statuera sur les demandes en radiation, soit de la transcription hypothécaire, soit de l'annotation spéciale d'immobilisation des rentes sur l'Etat ou des actions de la Banque de France. Sur son refus, les parties intéressées pourront se pourvoir devant les tribunaux ordinaires, qui statueront définitivement.

Art. 6. — Sont abrogées, relativement aux majorats de biens particuliers, les dispositions du décret du 1er mars 1808, article 6, et du décret du 4 juin 1809, relatives à la retenue et à la capitalisation du dixième du revenu des rentes sur l'Etat ou des actions de la Banque.

Art. 7. — La mutation par décès d'un majorat de biens particuliers donnera ouverture au droit de transmission de propriété en ligne directe. — La taxe du cinquième d'une année de revenu, établie par le décret du 4 mai 1809, est abolie pour l'avenir. — Il ne sera perçu qu'un droit de transmission d'usufruit mobilier sur la pension de la veuve.

[*V.* L. 18 mai 1850, art. 10; — Comp. Décr. 24 juin 1808, art. 6.]

Art. 8. — La loi du 17 mai 1826, sur les substitutions, est abrogée.

Art. 9. — Les substitutions déjà établies sont maintenues au profit de tous les appelés nés ou conçus lors de la promulgation de la présente loi. — Lorsqu'une substitution sera recueillie par un ou plusieurs des appelés dont il vient d'être parlé, elle profitera à tous les autres appelés du même degré, ou à leurs représentants, quelle que soit l'époque où leur existence aura commencé.

LOI DU 15 MARS 1850

Rétribution scolaire.

(Xe Série, Bull. 246, n° 2029; Instr. n° 2187, § 4.)

—

TITRE II. — *De l'enseignement primaire.*

CHAPITRE III. — *Des écoles communales.*

ART. 41. — La rétribution scolaire est perçue dans la même forme que les contributions publiques directes; elle est exempte des droits de timbre, et donne droit aux mêmes remises que les autres recouvrements. — Néanmoins, sur l'avis conforme du conseil général, l'instituteur communal pourra être autorisé par le conseil académique à percevoir lui-même la rétribution scolaire.

[*V.* LL. 3 juillet 1846, art. 9, et 14 juin 1859, art. 1er. — Certificats de stage (*V.* Décr. 20 décembre 1850, art. 2). — Pour les quittances (*V.* L. 23 août 1871, art. 18 et 20, dernier alinéa).]

LOI DU 18 MAI 1850

Enregistrement.

(Xe Série, Bull. 259, n° 2128; Instr. nos 1852 et 1856.)

—

ART. 5. — Conformément à l'article 3 de la loi du 16 juin 1824, les donations portant partage faites par actes entre-vifs par les père et mère ou autres ascendants ne donneront ouverture qu'aux droits établis pour les successions en ligne directe; mais les règles de perception concernant les soultes de partage leur serout applicables, ainsi qu'aux partages testamentaires également autorisés par les articles 1075 et 1076 du Code civil.

[Soultes (*V.* L. 22 frimaire an VII, art. 69, § 5, n° 7, et § 7, n° 6).]

ART. 6. — Les actes renfermant soit la déclaration par le donataire ou ses représentants, soit la reconnaissance judiciaire d'un don manuel, seront sujets au droit de donation.

ART. 7. — Les mutations par décès et les transmissions entre-vifs à titre gratuit d'inscriptions sur le grand-livre de la dette publique seront soumises aux droits établis pour les successions ou donations. — Il en sera de même des mutations par décès de fonds publics et d'actions des compagnies ou sociétés d'industrie et de finances étrangers, dépendant d'une succession régie par la loi française, et des transmissions entre-vifs à titre gratuit de ces mêmes valeurs au profit d'un Français. — Le capital servant à la liquidation du droit d'enregistrement sera déterminé par le cours moyen de la Bourse au jour de la transmission. — S'il s'agit de valeurs non cotées à la Bourse, le capital sera déterminé par la déclaration estimative des parties, conformément à l'article 14 de la loi du 22 frimaire an VII, sauf l'application de l'article 39 de la même loi, si l'estimation reconnue est insuffisante.

[*V.*, pour les rentes sur l'État transmises par décès, L. 8 juillet 1852, art 25.]

ART. 8. — Le moindre droit fixe d'enregistrement pour les actes civils et administratifs est porté à 2 francs, à l'exception du droit sur les certificats de vie et de résidence, qui est maintenu au taux actuel.

[Droit de 2 fr. élevé à 3 fr. (L. 28 février 1872, art. 4). — *V.*, pour les certificats de vie et de résidence, LL. 22 frimaire an VII, art. 68, § 1er, n° 17, et 28 février 1872, art. 4. — Allumettes, 1 fr. 50 (L. 15 mars 1873, art. 4).]

ART. 9. — Les actes et mutations qui auront acquis date certaine avant la promulgation de la présente loi seront régis par les lois antérieures.

[Comp. LL. 22 frimaire an VII, art. 73; 27 ventôse an IX, art. 1er, et 28 avril 1816, art. 59.]

ART. 10. — Les transmissions de biens meubles à titre gratuit entre-vifs, et celles qui s'effectuent par décès, seront assujetties aux diverses quotités de droits établies pour les transmissions d'immeubles de la même espèce.

ART. 11. — Les prescriptions de trois et de cinq années, établies par les paragraphes 2 et 3 de l'article 61 de la loi du 22 frimaire an VII, pour la demande des droits concernant les omissions de biens dans les déclarations après décès et les successions non déclarées, sont étendues à cinq années pour la première prescription et à dix années pour la seconde.

[Trente ans, pour les rentes sur l'État (L. 8 juillet 1852, art. 26).]

ART. 12. — Les héritiers, donataires ou légataires, n'ayant pas encore acquis lesdites prescriptions de trois ou cinq années, et qui, dans les trois mois de la promulgation de la présente loi, passeront la déclaration de biens n'ayant motivé aucune poursuite de l'administration de l'Enregistrement, seront affranchis des droits en sus par eux encourus, en payant les droits simples de mutation par décès.

ART. 22. — L'article 37 de la loi du 1er brumaire an VII et l'article 29 de la loi du 25 avril 1844 sont abrogés.

ART. 30. — ... Il n'est pas dérogé... aux dispositions des lois du 21 mai 1836 sur les chemins vicinaux...

SOMMAIRE.

Présentation par M. Passy, ministre des finances, à la séance du 3 août 1849, et renvoi aux bureaux (*Monit.* du 4). — Présentation par le même ministre d'un projet de loi sur l'enregistrement, le 9 août (*Monit.* du 13); — d'un projet de loi sur les patentes le 1er octobre (*Monit.* du 10). — Plus tard, autre présentation par M. Fould, nouveau ministre des finances, d'un projet de loi sur l'Enregistrement, d'un projet de loi sur la taxe des lettres le 14 nov. et d'un projet de loi additionnel sur les patentes le 17 novembre. Renvoi à la commission du budget (*Monit.* du 18 nov). — Rapport par M. Gouin sur le budget et sur l'ensemble des projets de loi y annexés, déposé à la séance du 8 mars 1850 (*Monit.* du 17, supplém. au n° 76). — Discussion les 16, 17 et 18 mai (*Monit.* des 17, 18 et 19). — Adoption, le 18 mai [1], à la majorité de 473 voix contre 180 (*Monit.* du 19).

Voici en quels termes s'est exprimé M. Gouin, dans son rapport, sur les cinq articles qui composent ce titre, et qui ont été adoptés dans les termes mêmes du projet : — Deux projets de loi ont été présentés sur l'enregistrement, l'un à la date du 9 août 1849 (*Monit.* du 13), par M. Passy, l'autre à la date du 14 novembre 1849 (*Monit.* du 17), par M. Fould. L'un et l'autre se bornent à faire disparaître, dans la perception des droits d'enregistrement, quelques anomalies ou inégalités que la pratique a fait découvrir, et à détruire quelques priviléges qui ne peuvent plus se justifier aujourd'hui. Comme conséquences financières, les recettes du budget doivent y trouver chaque année une augmentation évaluée à 27 millions. En raison de l'identité de vue et de nature de ces deux projets, votre commission du budget, à laquelle vous les avez renvoyés, a cru pouvoir les réunir et n'en faire l'objet que d'un seul et même rapport, en maintenant toutefois la division, par article de loi, établie par les deux projets. — Nous ne ferons précéder d'aucune observation générale l'examen des diverses dispositions sur lesquelles nous avons à nous expliquer; chacune d'elles a un caractère spécial qu'il faut apprécier isolément pour donner plus de clarté à notre travail.

Art. 5. — L'article 5 de la loi du 16 juin 1824, a dit M. Gouin dans son rapport, assimile aux successions en ligne directe les donations en ligne directe, contenant partage, et faites conformément aux articles 1075 et 1076, C. civ. Ces actes sont, avec raison, considérés comme l'ouverture d'une succession, et sous ce rapport, l'article 1er du projet de loi ne propose aucun changement; il s'agit seulement de réparer une omission de la loi du 16 juin 1824, en rendant entière l'assimilation qu'elle établit, c'est-à-dire en soumettant les partages contenus dans les démissions de biens aux mêmes règles de perception, concernant les soultes, imposées au partage d'une succession. L'identité de ces deux cas une fois admise, il est juste effectivement qu'elle existe dans la perception de tous les droits qui la frappent. C'est pour réparer cette omission qu'est rédigé l'article 1er du projet de loi présenté par M. Passy. Nous vous en proposons l'adoption.

Art. 6. — L'article 2 du projet (6 de la loi), a dit M. Gouin, a pour but de soumettre les dons manuels aux mêmes droits que les donations. Avant le Code civil, un don manuel n'était valable que lorsqu'il était de peu d'importance; cette distinction n'ayant pas été autorisée par le Code, il en est résulté des abus, au préjudice du Trésor, notamment dans les contrats de mariage, où l'on déclare que les dots constituées aux futurs proviennent de dons manuels; c'est cette fraude qu'il s'agit de faire cesser, en soumettant désormais au droit de donation tous les actes portant, soit la déclaration, soit la reconnaissance judiciaire d'un don manuel. Cette disposition nous paraît conforme à l'équité aussi bien qu'aux principes sur lesquels reposent nos impôts; nous sommes d'avis de l'adopter.

Art. 7. — Cet article est un pas de plus dans la voie qui doit conduire tôt ou tard à imposer la transmission des rentes sur l'Etat comme celle de toutes autres valeurs mobilières. Voyez à ce sujet la note 33 sur la loi du 5 juin 1850, relative au timbre des valeurs commerciales, *suprà*, p. 46.

On lit, dans le rapport de M. Gouin, sur l'ensemble des dispositions de cet article : — L'article 3 (du projet) assujettit au droit de transmission par décès et au droit de donation entre-vifs les rentes sur l'Etat. — La législation était déjà entrée dans cette voie ; l'article 6 de la loi du 18 juillet 1836 soumet au droit proportionnel d'enregistrement les actes de donation de rentes sur l'Etat, toutes les fois que la rente donnée n'a pas été inscrite sous le nom du donataire depuis plus d'une année. — Aujourd'hui, il s'agit d'arriver à une application entière et sans exception des lois financières qui régissent les transmissions par décès et les donations entre-vifs. La possession acquise à ces deux titres reçoit la même protection, quelle que soit la nature de la valeur transmise. Rien ne justifie une exception à ce droit commun, et on ne serait pas fondé, ainsi que M. le ministre des finances l'établit dans son exposé des motifs, à l'invoquer en faveur des rentes sur l'Etat. — On n'y rencontre pas une raison d'intérêt général ni même de crédit : c'est simplement l'égalité de tous les contribuables et de toutes les valeurs mobilières devant la loi, que l'on rétablit en matière de successions et de donations. — Votre commission vous propose, sans modification, l'adoption du paragraphe 1er de l'article 3 du projet du Gouvernement.

Elle vous fait la même proposition pour les trois paragraphes suivants du même article. Le principe étant admis pour les rentes et valeurs françaises doit naturellement s'appliquer à toutes les valeurs étrangères, sans aucune exception.

Art. 8. — L'article 4 (8 de la loi), a dit M. Gouin, établit que le moindre droit fixe d'enregistrement, pour les actes civils et administratifs, sera portée à 2 francs à l'exception du droit concernant les certificats de vie et de résidence, qui serait maintenu au taux actuel de 1 franc. — Outre que cette disposition sera favorable à l'accroissement de nos recettes, elle se justifie encore par cette circonstance, qu'à côté de la loi du 22 frimaire an VII, qui a fixé le minimum d'enregistrement des actes civils et administratifs à 1 franc, la loi du 28 avril 1816 a soumis à un droit fixe de 2 francs les acquiescements, les consentements, les déclarations; qu'il en résulte que les actes civils ou administratifs peuvent souvent recevoir l'une ou l'autre de ces deux qualifications, et qu'alors le receveur est fort embarrassé pour connaître les actes qui restent tarifés au droit fixe de 1 franc. L'article 4 fera cesser cette incertitude.

Art. 9. — Cet article, a dit M. Gouin, n'a d'autre but que de ne pas donner d'effet rétroactif aux dispositions qui précèdent.

Art. 10. — Cet article, qui introduit relativement aux biens meubles, une innovation fort grave, en les assimilant, sous le rapport des droits de mutation, aux immeubles, a été justifié en ces termes par M. le rapporteur : — La loi du 22 frimaire an VII, a dit M. Gouin, dans son rapport, en fixant la quotité des droits imposés aux transmissions de toute nature, avait admis deux principes applicables aux valeurs mobilières et immobilières pour leur transmission, par décès ou à titre gratuit entre-vifs. — L'un avait en vue de ménager les transmissions en ligne directe, en établissant un tarif de droits

1. La date donnée à la loi, dans le *Bulletin officiel*, est celle du 15 mai; mais c'est évidemment une erreur, qu'ont reproduite ensuite plusieurs recueils: la loi n'a été définitivement votée qu'à la séance du 18 mai.

progressifs en raison de l'éloignement du degré de parenté; aucun changement n'est apporté par le projet de loi à ce principe, dont tout le monde reconnaît l'équité. — L'autre consistait à placer dans des conditions plus favorables les valeurs mobilières, comparativement aux valeurs immobilières, tout en conservant la base progressive applicable au degré de parenté. Antérieurement à la loi de l'an VII, les biens meubles n'étaient sujets à aucun droit de mutation par décès, c'est sans doute ce qui explique la voie dans laquelle cette loi est entrée; peut-être aussi le législateur avait-il pensé que la fraude était plus facile sur les valeurs mobilières et que le meilleur moyen d'en atténuer les effets était d'affaiblir la quotité des droits auxquels elles seraient soumises.

Le Gouvernement a cru que cette faveur excessive pour les valeurs mobilières ne se justifiait plus aujourd'hui, en présence de l'immense développement qu'elles ont acquis et des revenus qu'elles produisent généralement. C'est un préjudice apporté à la fortune publique contrairement à ce que veut l'équité; c'est en s'appuyant sur ces considérations, que le ministre des finances propose d'élever les droits concernant les transmissions de biens meubles, à titre gratuit, entre-vifs, et celles qui s'effectuent par décès, aux deux tiers des droits applicables, dans les mêmes circonstances, aux transmissions d'immeubles.

Pour bien apprécier cette mesure, nous avons dû avant tout nous rendre compte de son effet, par rapport à la proportionnalité des tarifs actuels; le résultat de notre travail nous a fait connaître que, pour les successions en ligne directe, le droit

s'élèverait de.	0 f.	25 c. à	0 f.	66 c. 2/3.
Entre époux, de.	1	50	2	»
Entre frères et sœurs, de. . .	3	»	4	33 1/3.
Du 4e au 12e degré, de. . . .	5	»	5	33 1/3.
Entre personnes non parentes, de.	6	»	6	»
Entre-vifs par contrat de mariage.	0	62 1/2 à	1	83 1/3.

Ainsi donc les droits nouveaux sur les successions en ligne directe seraient presque triplés, tandis que ceux supportés par les personnes non parentes n'éprouveraient aucune augmentation. Ce simple rapprochement a suffi pour nous convaincre que la mesure proposée renfermait en elle quelque chose de contradictoire, puisqu'elle nous conduisait à surcharger les successions en ligne directe, sans atteindre proportionnellement les successions collatérales et celles entre personnes non parentes. Le ministre des finances a été d'avis, comme nous, de renoncer au chiffre des deux tiers indiqué par le projet de loi, et d'arriver franchement à l'assimilation entière pour la quotité du droit des transmissions mobilières, avec celles que supportent aujourd'hui les transmissions immobilières soit par décès, soit à titre gratuit entre-vifs.

Cette nouvelle proposition, conforme aux principes que nous avons posés, se justifie facilement au point de vue de l'équité. Effectivement, on comprend difficilement pourquoi, dans une succession échue à une même personne, toutes les valeurs de même nature dont elle se compose seraient soumises à des droits différents.

Aussi bien pour les valeurs mobilières que pour celles immobilières, n'est-ce pas sur le capital réel, apprécié le jour de la transmission, que porte le droit? Pourquoi établir une inégalité entre l'un et l'autre? Ne sait-on pas que celui qui hérite d'un immeuble est souvent plus embarrassé pour en acquitter les droits que celui qui reçoit des valeurs mobilières, dont la réalisation est presque toujours plus facile et moins préjudiciable que la vente d'un immeuble?

Reste la question de la fraude : nous ne la croyons pas sérieuse, et les renseignements que nous avons reçus de l'administration nous ont confirmé dans cette opinion. Effectivement, elle n'est guère possible et habituelle que dans la transmission en ligne directe; et même alors elle résulte bien plus du caractère de ceux qui la font que de l'avantage qu'elle procure. Avec la législation actuelle, les droits perçus sur les mutations de meubles, par décès, en ligne directe, produisent annuellement 1,280,000 fr.; en admettant une plus grande fraude provoquée par la mesure proposée, ce que nous ne croyons vrai que dans une proportion ordinaire, le Trésor aura encore une forte augmentation sur le produit des droits qu'il recouvrera à ce titre.

Pour les transmissions dans tous les autres degrés de parenté, la fraude y est presque toujours impossible en raison des formalités auxquelles sont soumises ces successions, et qui sont habituellement exigées par les parties intéressées.

En vous proposant l'égalité du droit, au lieu de l'assimilation aux deux tiers, nous pensons satisfaire aussi bien aux principes d'équité qu'aux intérêts du Trésor. L'accroissement de recette résultant de cette disposition compensera la somme qu'aurait donnée l'article 1er. Ce sera toujours une augmentation annuelle de 27 millions que le budget recouvrera. — Nous espérons que vous ne refuserez pas cette ressource importante, dont la nécessité vous est si bien démontrée.»

Cette disposition n'a cependant pas été adoptée sans un vif débat, dans lequel plusieurs des assertions de M. le rapporteur ont été contredites par MM. Gaslonde, Chégaray, Monet et autres.

Je viens, a dit M. Monet, poser une question à la commission, et je prie l'Assemblée de vouloir bien m'écouter un instant. — Tout à l'heure, Messieurs, M. Gasc nous disait que, dans la constatation des valeurs mobilières, 100 valait toujours 100. Eh bien! je le nie formellement, et j'adresse à la commission cette question : Dans le cas où dans une jouissance mobilière il se trouverait une valeur fictive, c'est-à-dire une de ces valeurs comme il s'en trouve malheureusement trop souvent, qui, valant en apparence 10,000 francs, ne vaudrait presque rien, je demande comment, dans cette circonstance, on évaluera le droit qui devra être payé par cette valeur. Si l'on applique rigoureusement la loi, et on devra le faire, le droit sera perçu sur le chiffre nominal de cette valeur, et vous vous exposerez peut-être à exiger, sous la forme de taxe, une somme plus forte que la valeur réelle qu'auront certains capitaux mobiliers.

M. Gouin, *rapporteur*. Messieurs, pour bien apprécier cette question, il importe de se rendre compte des modifications que nous apportons à la législation actuelle. Ainsi, il ne s'agit d'abord, et je demande que l'Assemblée se pénètre bien de ce premier point, il ne s'agit uniquement que des mutations par décès et par donation. Dans l'état actuel, la législation qui subsiste détermine les conditions de l'appréciation des valeurs. Que le tarif soit de 25 centimes pour 100 ou de toute autre quotité, l'appréciation se fera toujours par les mêmes procédés que ceux qui sont appliqués jusqu'à présent.

Mais ce que la commission a voulu, c'est que, lorsqu'il y a une succession ouverte, il n'y ait pas deux poids et deux mesures pour les valeurs qui se trouvent dans la succession. A ses yeux, rien ne justifierait, surtout aujourd'hui, la faveur donnée aux valeurs mobilières. C'est pour atteindre cette égalité que la commission vous a fait la proposition qui vous est soumise.

Déjà le Gouvernement, le premier, s'était aperçu de la nécessité de faire un pas de plus vers cette égalité. Il y a été conduit, je le reconnais, par le besoin absolu de nos finances : car, sachez-le bien, cette disposition apporte 21 millions de ressources de plus que l'impôt existant, et dans la situation où nous nous trouvons, il s'agit de savoir si nous pouvons nous passer de cette somme.

Le Gouvernement, après avoir fait connaître lui-même quelle était l'origine de cet impôt, a rappelé que, par la loi du 22 frimaire an VII, les valeurs mobilières ont été soumises à une taxe minime, pourquoi? Parce que, précédemment, elles n'en supportaient aucune, et qu'à cette époque les valeurs mobilières jouaient un rôle infiniment petit parmi les fortunes qui existaient en France. Depuis lors, cet état de choses a changé progressivement. Il est juste alors que ces sortes de valeurs soient soumises à des charges proportionnées à l'accroissement qu'elles ont pris dans la fortune publique. Il ne s'agit pas ici d'établir deux classes de fortunes distinctes, l'une mobilière et l'autre immobilière; chacun de ces éléments constitue la fortune privée des familles. Nous devons simplement apprécier s'il y a équité à continuer de favoriser l'une aux dépens de l'autre. Le Gouvernement, au lieu de 1/4 pour 100 qui atteint les valeurs mobilières, comparativement au droit de 1 pour 100 qui atteint les valeurs immobilières, vous a proposé de le porter à 2/3 pour 100. Votre commission était d'abord disposée à accepter cette base; elle a cru que cette proportion serait une transaction plus convenable, comme le demande l'honorable M. Chégaray, mais elle n'a pas tardé à s'apercevoir du mauvais effet que produirait l'application de cette nouvelle proportion. Effectivement, en en faisant l'application, en prenant purement et simplement comme base du tarif les deux tiers appliqués aux valeurs immobilières, nous arrivions à ce résultat, que les valeurs provenant des successions directes étaient augmentées dans la proportion de un à trois, c'est-à-dire qu'au lieu de 25 cent., elles supportaient un droit de 66 cent. 2/3 pour 100, tandis que, au contraire, les valeurs transmises par voie collatérale n'éprouvaient aucun changement, aucune aggravation. — Effectivement, le droit actuel pour les successions collatérales est de 9 pour 100 sur les immeubles. Or, les deux tiers de 9 pour 100 donnaient 6 pour 100; c'est justement le droit actuel qui est payé par les valeurs mobilières.....

Par la loi actuelle, on multiplie par 20 au denier 5 le revenu d'un immeuble, et c'est ce capital ainsi obtenu qui supporte la taxe existante. Le Gouvernement vous avait proposé d'accroître ce multiple, de le porter à 25; par conséquent, de calculer le capital des immeubles au revenu de 4 pour 100. Nous n'avons pas contesté le principe posé par le Gouvernement, mais nous n'avons pas cru que l'application pût en être faite actuellement. Il nous a été impossible d'oublier la dépréciation qui a atteint depuis deux années les immeubles; nous n'avons pu oublier la perte qui en résultait, surtout pour les immeubles des villes; nous n'avons pas cru que, dans le moment où l'on apporte un dégrèvement pour la propriété immobilière, on dût la surcharger sous un autre point de vue.

Ainsi donc, d'accord avec le Gouvernement, qui voulait retirer 21 millions de cet impôt, nous avons rejeté l'article 9, qui avait pour but d'augmenter le multiple des valeurs immobilières, en le portant à 25 au lieu de 20. Mais, en compensation, nous avons cru pouvoir entrer franchement et nettement dans ce principe incontestable, que nos adversaires admettent eux-mêmes; seulement ils en demandent l'ajournement, ils veulent qu'on n'y arrive que progressivement.

Ainsi, en dernière analyse, nous nous bornons à mettre sous vos yeux cette solution. L'État a désiré trouver une augmentation de revenu; il a cherché à se rendre compte de la proportion des impôts existants; il a cru qu'il était facile et juste d'accroître la taxe qui pesait sur les valeurs mobilières en fait de succession : il vous a proposé d'élever cette taxe aux deux tiers de celle qui frappe les valeurs immobilières. Votre commission, tout en adoptant cette proposition, a trouvé dans son application des inégalités que je viens de vous signaler, et c'est enfin, d'accord avec le Gouvernement, que nous avons substitué aux produits qui devaient être obtenus par l'article 9 ceux qui résultent de l'assimilation entre l'assujettissement au droit des valeurs immobilières de toutes les valeurs mobilières. De cette manière, nous maintenons la somme réclamée par le Trésor; vous obtiendrez toujours le chiffre de 21 millions, et nous croyons de plus être entrés dans le principe d'équité.

M. Gaslonde. Permettez, c'est très-grave, c'est un impôt nouveau. Il y a un premier point établi : ce n'est pas l'égalité qu'on vous propose, c'est une inégalité flagrante, monstrueuse, au détriment des valeurs mobilières. M. le rapporteur de la commission du budget dit : « Qu'importe le procédé dont on se sert pour former le capital imposable sur les immeubles? » Comment! qu'importe? Cela importe beaucoup; car, en fait, dans la pratique, c'est le procédé qui fait fonctionner l'impôt.

Eh bien! comment procédez-vous quand il s'agit d'un immeuble? Vous commencez par constater le revenu : première cause d'erreur; car, en réalité, à moins qu'il n'y ait un bail authentique, le revenu constaté par l'enregistrement est toujours inférieur au revenu réel. Et ensuite, comment procédez-vous? Vous multipliez par 20 le revenu : seconde cause d'erreur; car, évidemment, en supposant même que vous ayez constaté le revenu réel, même aujourd'hui, malgré l'immense dépréciation des valeurs immobilières, même aujourd'hui la valeur de la terre, des domaines en terre, en fonds, est certainement supérieure à vingt fois le revenu.

Par conséquent, il ne faut pas me parler d'égalité. Qu'est-ce donc que l'impôt de l'enregistrement? Je vous l'ai dit, l'impôt de l'enregistrement n'est pas un impôt sur le revenu, c'est un impôt sur le capital. Eh bien! il est maintenant clairement établi que vous frappez un capital imposable très-inférieur au capital réel, à la valeur vénale de l'immeuble...

M. de Beaumont (de la Somme). Nous ne sommes pas dans les mêmes conditions.

M. Gaslonde. Comment! c'est, au contraire, le vif de la question! Je ne demande pas, Messieurs, de faveur pour la propriété mobilière, mais je maintiens que si vous faites plus qu'élever les tarifs, et il faut les élever, si vous allez jusqu'à l'assimilation, alors ce n'est pas une inégalité que vous créez, c'est une disproportion véritable; car, lorsqu'il s'agit de constater le capital imposable dans les créances chirographaires, dans les créances hypothécaires, c'est le capital nominal, entendez-le bien, ce n'est pas le prix du transport du tout : ce n'est même pas le prix général de la créance, c'est le capital nominal : et vous appelez cela de l'égalité!

Mais ce n'est pas tout, et vous allez voir, que la commission me permette de le dire, avec quelle légèreté on a procédé. — Ce n'est pas tout, Messieurs, et on a tenu ici de magnifiques discours contre la propriété mobilière, on a flatté les passions territoriales. Je sais et je respecte les souffrances de la terre, dans ce moment; c'est une question d'égalité; j'ajoute, pas de faveur; mais voyons. Quand on vous dit : Mais les valeurs mobilières se sont accrues, se sont multipliées, ont grandi dans notre pays; aujourd'hui le patrimoine, mais il se compose de valeurs mobilières autant que d'immeubles. C'est vrai, messieurs; mais entendons-nous : il y a une distinction qui est parfaitement connue, c'est la distinction entre le mobilier productif et le mobilier improductif, entre le mobilier incorporel et le mobilier corporel. — Quel est donc le mobilier qui peut-être considéré comme composant le patrimoine de famille? C'est le mobilier productif, ce sont les créances qui portent intérêt, ce sont les rentes sur l'État qui donnent de bons arrérages. Mais vous allez, en regard d'un immeuble productif, me placer, quoi? un mobilier corporel! Ce mobilier improductif, ce mobilier périssable, ce mobilier qui est soumis à des décroissements et aux mobilités de valeurs, vous allez placer ce mobilier en face des immeubles, et vous allez l'atteindre de la même manière que des créances productives ou que des immeubles.

Si vous frappez le capital en voie de formation, en voie d'accroissement, en voie de placement; si vous le frappez en matière de succession, non pas de la même manière que les immeubles, mais plus rudement que les immeubles; si vous le frappez dans une proportion plus forte que les immeubles, il est évident que c'est, en définitive, la terre qui en pâtira, car la terre a besoin du capital; car le capital, c'est la baguette de la fée, qui, en frappant la terre, la fertilise. — Ainsi, ce sont de fausses flatteries, ce sont de fausses caresses adressées à la terre.

Et puis, messieurs, c'est bien, vous allez frapper les capitaux, quelques gros capitalistes, quelques gros banquiers. Mais réfléchissez à ceci : pour quelques gros banquiers, pour quelques gros capitalistes que vous allez atteindre, mais vous allez frapper tous les petits ménages, vous allez atteindre de la manière la plus injuste l'ouvrier de nos villes, le paysan de nos campagnes; car qu'est-ce qu'ils ont, ces gens-là? Ils n'ont qu'un très-petit mobilier personnel et puis quelques fonds; ils ont des ustensiles aratoires, ils ont des bestiaux, ils ont des mobiliers improductifs, et puis ils ont quelques petits capitaux, péniblement amassés, déposés à la caisse d'épargne ou placés chez des particuliers. Ainsi prenez-y garde; le côté moral, le côté politique de la disposition de la commission du budget, apercevez-le tel qu'il est.

Je dis que la loi est très-peu morale et qu'elle est souverainement impolitique; je me résume, je ne veux pas fatiguer l'Assemblée. Voici ce que je demande en principe : il faut repousser l'égalité des tarifs dans la valeur mobilière et immobilière, il faut repousser cette assimilation; car cette assimilation est au fond une véritable inégalité : appliquer les mêmes chiffres quand on n'a pas le même procédé pour rendre le capital imposable, c'est faire de l'égalité apparente, c'est faire de l'inégalité très-réelle.

En deuxième lieu, tout en repoussant le principe d'assimilation, vous avez une chose à faire, c'est d'élever les tarifs mobiliers partout, et en ligne directe et au degré de parenté le plus éloigné. Il y a là une question de tarif, c'est pour cela que je n'ai pas voulu soumettre d'amendement à l'Assemblée, parce que je ne comprends pas qu'on procède à un tarif par amendement. Si l'Assemblée juge qu'il faut repousser le principe d'assimilation tout en élevant considérablement les tarifs mobiliers, elle renverra à la commission, qui fera un tarif où les droits sur le mobilier seront considérablement élevés partout, aussi bien et même plus dans les degrés éloignés qu'en ligne directe. Voilà mon premier point.

Maintenant, tout en élevant en principe le tarif sur les meubles, je vous demande en grâce d'excepter le mobilier corporel; ne frappez pas le mobilier improductif. On vous dit qu'il ne faut pas avoir deux poids et deux mesures. J'en demande pardon à l'honorable M. Gouin, il faut avoir deux poids et deux mesures quand les choses sont aussi diverses par leur nature. C'est précisément l'unité de règle, l'unité de mesure qui constitue l'injustice, quand il s'agit de choses aussi différentes, quand il s'agit de frapper de petits mobiliers, des mobiliers improductifs et des créances qui produisent des arrérages.

Voilà donc trois principes, je les résume, je les livre avec confiance à la méditation de la Chambre, et je demande instamment qu'en repoussant le principe d'assimilation, l'Assemblée veuille bien renvoyer la proposition à la commission du budget. — Ces trois principes sont : 1° repousser l'assimilation; 2° élever le tarif du mobilier; 3° laisser dans l'état actuel le mobilier corporel improductif.

Après une réplique de M. Prosper de Chasseloup-Laubat, l'article a été adopté dans les termes proposés par la commission.

(Séance du 17 mai. *Monit.* du 18, p. 1730 et suiv.).

LOI DU 5 JUIN 1850

Effets de commerce, actions, obligations négociables et polices d'assurances.

(Xe Série, Bull. 273, n° 2214; Instr. n° 1854.)

—

TITRE PREMIER. — CHAPITRE PREMIER. — *Des effets de commerce.*

ARTICLE PREMIER. — Le droit de timbre proportionnel sur les lettres de change, billets à ordre ou au porteur, mandats, retraites et tous autres effets négociables ou de commerce, est fixé ainsi qu'il suit : — A 5 centimes pour les effets de 100 francs et au-dessous; à 10 centimes pour ceux au-dessus de 100 francs jusqu'à 200 francs; — à 15 centimes pour ceux au-dessus de 200 francs jusqu'à 300 francs; — à 20 centimes pour ceux au-dessus de 300 francs jusqu'à 400 francs; — à 25 centimes pour ceux au-dessus de 400 francs, jusqu'à 500 francs; — à 50 centimes pour ceux au-dessus de 500 jusqu'à 1,000 francs; — à 1 franc pour ceux au-dessus de 1,000 francs jusqu'à 2,000 francs; — à 1 fr. 50 cent. pour ceux au-dessus de 2,000 francs jusqu'à 3,000 francs; — à 2 francs pour ceux au-dessus de 3,000 francs jusqu'à 4,000 francs; — et ainsi de suite, en suivant la même progression et sans fraction.

[Effets de commerce (Décr. 27 juillet 1850, art. 1 et 2). — Timbres mobiles (LL. 8 juillet 1865, art. 5, et 27 juillet 1870, art. 6). — Tarif porté au double (L. 23 août 1871, art. 2); puis augmenté de moitié en sus (L. 19 février 1874, art. 3).

[Billets et obligations non négociables (L. 6 prairial an VII, art. 6; L. 19 février 1874, art. 4).

[Warrants (LL. 28 mai 1858, art. 13; 2 juillet 1862, art. 25; Décr. 29 octobre 1862 et 23 janvier 1864).

[Chèques (LL. 14 juin 1865 et 23 août 1871, art. 18-2; L. 19 février 1874, art. 5-9).

[Obligations et lettres de gage du Crédit foncier (LL. 8 juillet 1852, art. 29, et 30 mars 1872, art. 1er).

[Billets au porteur ou à ordre de la Banque de France (LL. 30 juin 1840, art. 9, et 4 août 1851, art. 14).

[Mandats des receveurs des finances (Ord. 10 octobre 1834, art. 4).

[Bons de liquidation de la Ville de Paris (Déc. 23 août 1873, art. 2).]

ART. 2. — Celui qui reçoit du souscripteur un effet non timbré conformément à l'article, est tenu de le faire viser pour timbre, dans les quinze jours de sa date, ou avant l'échéance si cet effet a moins de quinze jours de date, et dans tous les cas avant toute négociation. — Ce visa pour timbre sera soumis à un droit de 15 centimes pour 10 francs ou fraction de 100 francs, qui s'ajoutera au montant de l'effet, nonobstant toute stipulation contraire.

[Tarif porté au double (L. 23 août 1871, art. 2); puis augmenté en sus (L. 19 février 1874, art. 3).]

ART. 3. — Les effets venant soit de l'étranger, soit des îles ou des colonies dans lesquelles le timbre n'aurait pas encore été établi, et payables en France, seront, avant qu'ils puissent y être négociés, acceptés ou acquittés, soumis au timbre ou au visa pour timbre, et le droit sera payé d'après la quotité fixée par l'article 1er.

[Comp. LL. 13 brumaire an VII, art. 13, et 24 mai 1834, art. 20. — Effets tirés de l'étranger sur l'étranger (L. 23 août 1871, art. 2, et L. 20 décembre 1872, art. 3). — Timbres mobiles (L. 11 juin 1859, art. 19 et suiv.; Décr. 18 janvier 1860 et 23 janvier 1864; Déc. 19 février 1874; L. 20 décembre 1872, art. 3, § 2).]

Art. 4. — En cas de contravention aux articles précédents, le souscripteur, l'accepteur, le bénéficiaire ou premier endosseur de l'effet non timbré ou non visé pour timbre seront passibles chacun d'une amende de 6 pour 100. — A l'égard des effets compris en l'article 3, outre l'application, s'il y a lieu, du paragraphe précédent, le premier des endosseurs résidant en France, et, à défaut d'endossement en France, le porteur sera passible de 6 pour 100. — Si la contravention ne consiste que dans l'emploi d'un timbre inférieur à celui qui devait être employé, l'amende ne portera que sur la somme pour laquelle le droit de timbre n'aura pas été payé.

[Comp. LL. 16 juin 1824, art. 12, et 24 mai 1834, art. 19.]

Art. 5. — Le porteur d'une lettre de change non timbrée, ou non visée pour timbre, conformément aux articles 1er, 2 et 3, n'aura d'action, en cas de non acceptation, que contre le tireur ; en cas d'acceptation, il aura seulement action contre l'accepteur et contre le tireur, si ce dernier ne justifie pas qu'il y avait provision à l'échéance. — Le porteur de tout autre effet sujet au timbre et non timbré, ou non visé pour timbre, conformément aux mêmes articles, n'aura d'action que contre le souscripteur. — Toutes stipulations contraires seront nulles.

Art. 6. — Les contrevenants seront soumis solidairement au payement du droit de timbre et des amendes prononcées par l'article 4. Le porteur fera l'avance de ce droit et de ces amendes, sauf son recours contre ceux qui en seront passibles. Ce recours s'exercera devant la juridiction compétente pour connaître de l'action en remboursement de l'effet.

[Comp. L. 28 avril 1816, art. 75, et L. 24 mai 1834, art. 21 et 22.]

Art. 7. — Il est interdit à toutes personnes, à toutes sociétés, à tous établissements publics d'encaisser ou de faire encaisser, pour leur compte ou pour le compte d'autrui, même sans leur acquit, des effets de commerce, non timbrés ou non visés pour timbre, sous peine d'une amende de 6 pour 100 du montant des effets encaissés.

Art. 8. — Toute mention ou convention de retour sans frais, soit sur le titre, soit en dehors du titre, sera nulle, si elle est relative à des effets non timbrés ou non visés pour timbre.

Art. 9. — Les dispositions de la présente loi sont applicables aux lettres de change, billets à ordre, ou autres effets souscrits en France et payables hors de France.

[Comp. LL. 13 brumaire an VII, art. 14, et L. 23 août 1871, art. 2-1 ; et 19 février 1874, art. 4-9).]

Art. 10. — L'exemption du timbre accordée, par l'article 6 de la loi du 1er mai 1822, au duplicata des lettres de change, est maintenue. Toutefois, si la première, timbrée ou visée pour timbre, n'est pas jointe à celle mise en circulation et destinée à recevoir les endossements, le timbre ou visa pour timbre devra toujours être apposé sur cette dernière, sous les peines prescrites par la présente loi.

Art. 11. — Les dispositions des articles précédents ne seront applicables qu'aux effets souscrits à partir du 1er octobre 1850.

DISPOSITION TRANSITOIRE

Art. 12. — Jusqu'au 1er octobre 1850 et vingt-quatre heures au moins avant l'échéance, le porteur de tout effet de commerce assujetti au timbre aura la faculté de le faire timbrer à l'extraordinaire ou viser pour timbre, sans amende. — Il ne sera dû que le droit fixé par la loi ancienne. L'avance de ce droit sera faite par le porteur, sauf son recours contre les divers obligés. — Toute contravention sera passible d'une amende de 6 pour 100 contre le porteur, outre les amendes prononcées par les lois anciennes contre le souscripteur, l'accepteur et le premier endosseur. — Les effets assujettis au timbre et échus antérieurement à la promulgation de la présente loi seront admis, jusqu'au 1er août inclusivement, au visa pour timbre sans amende, et au droit fixé par la loi ancienne.

CHAPITRE II. — *Des bordereaux de commerce.*

Art. 13. — A compter du 1er juillet 1850, les bordereaux et arrêtés des agents de change ou courtiers ne pourront être rédigés, sous peine d'une amende de 500 francs contre l'agent de change ou le courtier contrevenant, que sur du papier au timbre de dimension, ou timbré à l'extraordinaire conformément à l'article 6 de la loi du 11 juin 1842.

[Tarif porté à 0,50 pour les sommes de 10,000 fr. et au-dessous et à 1,50 pour les sommes au-dessus (L. 2 juillet 1862, art. 19). — Ces droit sont passibles des décimes (L. 23 août 1871, art. 2).]

TITRE II. — CHAPITRE PREMIER. — *Actions dans les sociétés.*

Art. 14. — Chaque titre ou certificat d'action, dans une société, compagnie ou entreprise quelconque, financière, commerciale, industrielle ou civile, que l'action soit d'une somme fixe ou d'une quotité, qu'elle soit libérée ou non libérée, émis à partir du 1er janvier 1851, sera assujetti au timbre proportionnel de 50 centimes pour 100 francs du capital nominal pour les sociétés, compagnies ou entreprises dont la durée n'excédera pas dix ans, et à 1 pour 100 pour celles dont la durée dépassera dix années. — A défaut de capital nominal, le droit se calculera sur le capital réel, dont la valeur sera déterminée d'après les règles établies par les lois sur l'enregistrement. — L'avance en sera faite par la compagnie, quels que soient les statuts. — La perception de ce droit proportionnel suivra les sommes et valeurs de 20 francs en 20 francs inclusivement et sans fractions.

[Évaluation (L. 22 frimaire an VII, art. 16). — Droits assujettis à deux décimes (L. 23 août 1871, art. 2); — Actions émises par des sociétés étrangères (LL. 22 juin 1857, art. 9; 30 mars 1872, art. 2, et 29 juin 1872, art. 4, § 2).]

Art. 15. — Au moyen du droit établi par l'article précédent, les cessions de titre ou de certificat d'action seront exempts de tout droit et de toute formalité d'enregistrement.

[V. L. 22 frimaire an VII, art. 69, § 2, n° 6. — Abrogé [L. 23 juin 1857, art. 11).]

Art. 16. — Les titres ou certificats d'actions seront tirés d'un registre à souche; le timbre sera apposé sur la souche et le talon. — Le dépositaire du registre sera tenu de le communiquer aux préposés de l'Enregistrement, selon le mode prescrit par l'article 54 de la loi du 22 frimaire an VII, et sous les peines y énoncées.

[V. L. 23 août 1871, art. 22.]

Art. 17. — Le titre ou certificat d'action, délivré par suite de transfert ou de renouvellement, sera timbré à l'extraordinaire ou visé pour timbre *gratis*, si le titre ou certificat primitif a été timbré.

Art. 18. — Toute société, compagnie ou entreprise qui sera convaincue d'avoir émis une action en contravention à l'article 14 et au premier paragraphe de l'article 16, sera passible d'une amende de 12 pour 100 du montant de cette action.

Art. 19. — L'agent de change ou le courtier qui aura concouru à la cession ou au transfert d'un titre ou certificat d'action non timbré sera passible d'une amende de 10 pour 100 du montant de l'action.

Art. 20. — Il est accordé un délai de six mois pour faire timbrer à l'extraordinaire ou viser pour timbre sans amende et au droit proportionnel de 5 centimes par 100 francs, conformément à l'article 1er, les titres ou certificats d'actions qui auront été, en contravention aux lois existantes, délivrés antérieurement au 1er janvier 1851. — Le droit sera perçu sur la représentation du registre à souche, ou tout autre constatant la délivrance du certificat, et l'avance en sera faite par la compagnie, la société ou l'entreprise. — Le délai de six mois expiré, la société, la compagnie ou l'entreprise sera, en cas de contravention, passible de l'amende déterminée par l'article 18. — L'avis officiel de l'acquittement du droit, inséré dans le *Moniteur*, équivaudra à l'apposition du timbre pour les titres ou certificats énoncés au premier paragraphe de cet article.

[Avis officiels insérés, sous forme d'états, au *Moniteur* des 24 août, 17 septembre, 9 octobre, 8 et 22 novembre 1850; 8 janvier, 19 février, 11, 12, 18 et 26 mars, 12 et 26 avril, 3 et 21 juin, 6 juillet, 8 et 23 septembre et 18 décembre 1851; 10 juin 1853, 11 septembre 1854 et 8 juillet 1855. Circ. des 10 octobre et 10 décembre 1850; 16 janvier, 21 et 31 mars, 15 avril, 6 juin, 4 septembre et 20 décembre 1851; 15 novembre 1853 et 18 juillet 1855.]

Art. 21. — L'article 17 ne sera pas applicable aux renouvellements des titres énoncés en l'article 20. Ces renouvellements resteront assujettis au timbre déterminé par cet article, et les cessions de titres ainsi renouvelés au droit d'enregistrement fixé par les lois anciennes, s'il résulte du titre nouveau que le titre primitif avait été émis antérieurement au 1er janvier 1851.

Art. 22. — Les sociétés, compagnies ou entreprises pourront s'affranchir des obligations imposées par les articles 14 et 20, en contractant avec l'Etat un abonnement pour toute la durée de la société. — Le droit sera annuel, et de 5 centimes par 100 francs du capital nominal de chaque action émise; à défaut de capital nominal, il sera de 5 centimes par 100 francs du capital réel, dont la valeur devra être déterminée conformément au deuxième paragraphe de l'article 14. Le payement du droit sera fait, à la fin de chaque trimestre, au bureau de l'Enregistrement du lieu où se trouvera le siége de la société, de la compagnie ou de l'entreprise. — Même en cas d'abonnement, les articles 16 et 18, resteront applicables. Un règlement d'administration publique déterminera les formalités à suivre pour l'application du timbre sur les actions.

[V. Décr. 27 juillet 1850, art. 3 et suiv. — Droits assujettis à deux décimes (LL. 23 août 1871, art. 2, et 30 mars 1872, art. 3).]

Art. 23. — Chaque contravention aux dispositions de ce règlement sera passible d'une amende de 50 francs.

Art. 24. — Seront dispensées du droit les sociétés, compagnies ou entreprises abonnées qui, depuis leur abonnement, se seront mises ou auront été mises en liquidation. — Celles qui, postérieurement à leur abonnement, n'auront, dans les deux dernières années, payé ni dividendes ni intérêts, seront aussi dispensés du droit, tant qu'il n'y aura pas de répartition de dividendes ou de payement d'intérêts. — Jouiront de la même dispense les sociétés et compagnies qui, dans les deux dernières années antérieures à la promulgation de la présente loi, n'auront payé ni dividendes ni intérêts, à la charge toutefois par elles de s'abonner dans les six mois qui suivront cette promulgation, et de payer le droit annuel à partir de la première répartition de dividendes ou du premier payement d'intérêts.

[Applicable aux titres d'actions des sociétés étrangères (Décr. 28 mars 1868).]

Art. 25. — Les dispositions des articles précédents ne s'appliquent pas aux actions dont la cession n'est parfaite, à l'égard des tiers, qu'au moyen des conditions déterminées par l'article 1690 du Code civil, ni à celles qui en ont été formellement dispensées par une disposition de loi.

Art. 26. — Dans le cas de renouvellement d'une société ou compagnie constituée pour une durée n'excédant pas dix années, les certificats d'actions seront de nouveau soumis à la formalité du timbre, à moins que la société ou compagnie n'ait contracté un abonnement qui, dans ce cas, se trouvera prorogé pour la nouvelle durée de la société.

CHAPITRE II. — *Obligations négociables des départements, communes, établissements et compagnies.*

Art. 27. — Les titres d'obligations souscrits à compter du 1er janvier 1851 par les départements, communes, établissements publics et compagnies, sous quelque dénomination que ce soit, dont la cession, pour être parfaite à l'égard des tiers, n'est pas soumise aux dispositions de l'article 1690 du Code civil, seront assujettis au timbre proportionnel de 1 pour 100 du montant du titre. — L'avance en sera faite par les départements, communes, établissements publics et compagnies. — La perception du droit suivra les sommes et valeurs de 20 francs en 20 francs inclusivement, et sans fraction.

[Droits assujettis à deux décimes (LL. 23 août 1871, art. 2 et 30 mars 1872, art. 3). — Obligations et lettres de gage du Crédit foncier (LL. 8 juillet 1852, art. 29, et 30 mars 1872, art. 1er). — Titres émis par les sociétés, villes, provinces ou établissements publics étrangers (LL. 23 juin 1857, art. 9; 30 mars 1872, art. 1er et 2, et 29 juin 1872, art. 4, § 2). — Effets publics des gouvernements étrangers (LL. 13 mai 1863, art. 6 et 7, et 25 mai 1872, art. 1er, 2 et 3). — Bons de liquidation de la Ville de Paris, Effets de commerce (Déc. 23 août 1873, art. 2).]

Art. 28. — Les titres seront tirés d'un registre à souche. — Le dépositaire du registre sera tenu de le communiquer aux préposés de l'Enregistrement, selon le mode prescrit par l'article 54 de la loi du 22 frimaire an VII, et sous les peines y énoncées.

[V. L. 23 août 1871, art. 22.]

Art. 29. — Toute contravention à l'article 27 et au premier paragraphe de l'article 28 sera passible, contre les départements, communes, établissements publics et sociétés, d'une amende de 10 pour 100 du montant du titre.

Art. 30. — Les départements, communes, établissements publics et compagnies auront un délai de six mois, à partir de la promulgation de la présente loi, pour faire timbrer à l'extraordinaire sans amende, ou viser pour timbre, au droit fixé par les lois existantes, les titres compris dans l'article 27, et souscrits antérieurement au 1er janvier 1851. — Ce délai expiré, les départements, communes, établissements publics et compagnies seront passibles de l'amende déterminée par l'article 29.

Art. 31. — Les départements, communes, établissements publics et compagnies pourront s'affranchir des obligations imposées par les articles 27 et 30, en contractant avec l'État un abonnement pour toute la durée des titres. Le droit sera annuel, et de 5 centimes par 100 francs du montant de chaque titre. — Le payement du droit sera fait à la fin de chaque trimestre au bureau d'enregistrement du lieu où les départements, communes, établissements publics et compagnies auront le siége de leur administration. — En cas d'abonnement, le dernier paragraphe de l'article 22 et l'article 28 seront applicables.

[Droit assujetti à deux décimes (LL. 23 août 1871, art. 2, et 30 mars 1872, art. 3).]

Art. 32. — Les articles 15, 19, 23 et 25 sont applicables aux titres compris en l'article 27.

[L'art. 15 est abrogé (L. 23 juin 1857, art. 11).]

TITRE III. — DES POLICES D'ASSURANCES.

SECTION PREMIÈRE. — *Des polices d'assurances autres que les assurances maritimes.*

Art. 33. — A compter du 1er octobre 1850, tout contrat d'assurance, ainsi que toute convention postérieure contenant prolongation de l'assurance, augmentation dans la prime ou le capital assuré, sera rédigé sur papier d'un timbre de dimension, sous peine de 50 francs d'amende contre l'assureur, sans aucun recours contre l'assuré. Si l'assuré en fait l'avance, il aura un recours contre l'assureur. — Lorsque la police contiendra une clause de tacite reconduction, elle sera en outre soumise au visa pour timbre dans le délai de cinq jours de sa date sous la même peine de 50 francs d'amende contre l'assureur. Le droit de visa sera le même que celui du timbre employé pour l'acte.

Art. 34. — Les sociétés d'assurances mutuelles, les compagnies d'assurances à primes ou autres, sous quelque dénomination que ce soit, et tous assureurs à primes ou autres, seront tenus de faire, au bureau d'enregistrement du lieu où ils auront le siége de leur principal établissement, une déclaration constatant la nature des opérations et les noms du directeur de la société ou du chef de l'établissement. — Cette déclaration sera faite avant le 1er octobre 1850 par les sociétés, compagnies et assureurs actuellement établis, et par les autres, avant de commencer leurs opérations. — Toute infraction aux dispositions de cet article sera passible d'une amende de 1,000 francs.

Art. 35. — Les sociétés, compagnies et assureurs seront tenus d'avoir, au siége de l'établissement, un répertoire sommaire en un ou plusieurs volumes, non sujet au timbre, mais coté, parafé et visé, soit par un des juges du tribunal de commerce, soit par le juge de paix, sur lequel ils porteront, par ordre de numéros, et dans les six mois de leur date, toutes les assurances faites soit directement, soit par leurs agents, ainsi que les conventions qui prolongeront l'assurance, augmenteront la prime ou le capital assuré. — A l'égard des sociétés, compagnies et assureurs actuellement établis, le répertoire ne sera obligatoire que pour les opérations qui seront faites à compter du 1er octobre 1850. Ce répertoire sera soumis au visa des préposés de l'Enregistrement, selon le mode indiqué par la loi du 22 frimaire an VII. — Les préposés de l'Enregistrement pourront exiger, au siége de l'établissement, la représentation: 1° des polices en cours d'exécution ou renouvelées par tacite reconduction depuis au moins six mois; 2° de celles expirées depuis moins de deux mois.

[V. LL. 22 frimaire an VII, art. 51 et suiv., et 23 août 1871, art. 7 et 22.]

Art. 36. — Chaque contravention aux dispositions de l'article précédent sera passible d'une amende de 10 francs.

Art. 37. — Les sociétés, compagnies d'assurances et tous autres assureurs contre l'incendie et contre la grêle pourront s'affranchir des obligations imposées par l'article 33 en contractant avec l'Etat un abonnement annuel, à raison de 2 centimes par 1,000 francs du total des sommes assurées, d'après les polices ou contrats en cours d'exécution. — Les caisses départementales administrées gratuitement, ayant pour but d'indemniser ou de secourir les incendiés au moyen de collectes, pourront aussi s'affranchir des mêmes obligations, en contractant avec l'Etat un abonnement annuel de 1 pour 100 du total des collectes de l'année. — Les compagnies et tous assureurs sur la vie pourront également s'affranchir de l'obligation imposée par l'article 33, en contractant avec l'Etat un abonnement annuel de 2 francs par 1,000 du total des versements faits chaque année aux compagnies ou aux assureurs. — L'abonnement de l'année courante se calculera sur le chiffre total des opérations de l'année précédente. — Le payement du droit sera fait par moitié et par semestre au bureau de l'Enregistrement du lieu où se trouvera le siége de l'établissement.

[Assureurs contre la mortalité des bestiaux, la grêle, la gelée, les inondations et autres risques agricoles (L. 9 mai 1860). — Le droit de 2 cent. est élevé à 3 cent. par 1,000 fr. (L. 2 juillet 1862, art. 18. LL. 23 août 1871, art. 2, et 30 mars 1872, art. 3).]

Art. 38. — Les sociétés, compagnies ou assureurs qui, après avoir contracté un abonnement, voudront y renoncer, seront tenus de payer un droit de 35 centimes par chaque police en cours d'exécution, quels que soient la dimension du papier et le nombre des doubles.

[V. LL. 2 juillet 1862, art. 17 et 23 avril 1871, art. 2.]

Art. 39. — Le pouvoir exécutif déterminera la forme du timbre qui, en cas d'abonnement, sera apposé, sans frais, sur le papier destiné aux polices d'assurances et aux feuilles de collectes.

[V. décret 27 juillet 1850, art. 3 et suiv.]

Dispositions transitoires.

Art. 40. — Les sociétés, compagnies d'assurances et tous autres assureurs seront tenus, dans le délai de six mois à partir de la promulgation de la présente loi, de faire timbrer à l'extraordinaire, ou viser pour timbre, les actes d'assurances en cours d'exécution, et antérieurs au 1er octobre 1850. Il sera perçu par police, quels que soient le nombre des doubles et la dimension du papier, un droit fixe de 35 centimes, sans aucune amende. L'avance de ce droit sera faite par la société, la compagnie ou l'assureur, sauf recours, pour moitié, contre l'assuré. — Passé le délai de six mois, la société, la compagnie ou l'assureur sera passible d'une amende de 10 francs par chaque police d'assurance non timbrée.

Art. 41. — Les sociétés, compagnies ou assureurs qui, pour l'année 1850, et dans les trois mois de la promulgation de la présente loi, contracteront avec l'Etat l'abonnement annuel autorisé par l'article 37, seront affranchis du droit fixé par l'article précédent, et leurs polices seront timbrées sans frais, quel qu'en soit le format.

Section II. — *Des polices d'assurances maritimes.*

Art. 42. — A compter du 1er octobre 1850, tout contrat d'assurance maritime, ainsi que toute convention postérieure contenant prolongation de l'assurance, augmentation dans la prime ou dans le capital assuré, ou bien (en cas de police flottante) portant désignation d'une somme en risque ou d'une prime à payer, sera rédigé sur papier d'un timbre de dimension, sous peine de 50 francs d'amende contre chacun des assureurs et assurés. — Les conventions postérieures énoncées dans le paragraphe précédent pourront être inscrites à la suite de la police, à la charge pour chacune d'un visa pour timbre au même droit que celui de la police. — Le visa devra être apposé dans les deux jours de la date des nouvelles conventions.

Art. 43. — Les compagnies d'assurances maritimes seront tenues de faire, au bureau d'enregistrement du siége de leur établissement et à celui du siége de chaque agence, une déclaration constatant la nature des opérations et les noms du directeur et de l'agent de la compagnie. — Cette déclaration sera faite, pour les compagnies actuellement existantes, avant le 1er octobre 1850, et pour les autres avant de commencer leurs opérations. — Toute contravention aux dispositions de cet article sera passible d'une amende de 1,000 francs.

Art. 44. — Les compagnies d'assurances maritimes seront tenues d'avoir, dans chaque agence, un répertoire non sujet au timbre, mais coté, parafé et visé, soit par un des juges du tribunal de commerce, soit par le juge de paix, sur lesquels seront, dans les trois jours de leur date, portées, par ordre de numéros, les assurances qui auront été faites dans ladite agence sans intermédiaire de courtier ou de notaire, ainsi que les conventions qui prolongeront l'assurance, augmenteront la prime ou le capital assuré, ou bien (en cas de police flottante) qui porteront la désignation d'une somme en rixe ou d'une prime à payer. — A l'égard des compagnies actuellement existantes, le répertoire ne sera obligatoire que pour les opérations qui seront faites à compter du 1er octobre 1850. Ce répertoire sera soumis au visa des préposés de l'Enregistrement, selon le mode indiqué par la loi du 22 frimaire an VII, et, toutes les fois qu'ils le requerront, la représentation des polices pourra être exigée an moment du visa.

[V. L. 22 frimaire an VII, art. 51 et suiv.; L. 23 août 1871, art. 7 et 22; Décr. 25 novembre 1871, art. 2 et 4.]

Art. 45. — Quiconque voudra faire des assurances maritimes autrement que par l'entremise des notaires ou courtiers, sera tenu de se conformer à l'article 43 et au premier paragraphe de l'article 44. — Le répertoire des assureurs particuliers ne donnera lieu qu'au visa prescrit par l'article 51 de la loi du 22 frimaire an VII. La représentation des polices pourra être exigée lors du visa.

[V. L. 23 août 1871, art. 7 et 22; Décr. 25 novembre 1871, art. 2 et 4.]

Art 46. — Chaque contravention à l'article 44 et au deuxième paragraphe de l'article 45 sera passible d'une amende de 10 francs.

Art. 47. — Le livre que les courtiers doivent tenir, conformément à l'article 84 du Code de commerce, sera assujetti au timbre de dimension. — Les notaires seront tenus, comme les courtiers, d'avoir un registre spécial et timbré sur lequel ils transcriront les polices des assurances faites par leur ministère. — Le livre des courtiers et le registre des notaires seront soumis au visa des préposés de l'Enregistrement, toutes les fois que ceux-ci le requerront. — Toute contravention aux dispositions de cet article emportera une amende de 50 francs.

[*V.* L. 23 août 1871, art. 7. et Décr. 25 novembre 1871, art. 2 et 4.]

ART. 48. — Tout courtier ou notaire qui sera convaincu d'avoir rédigé une police d'assurance ou d'en avoir délivré une expédition ou un extrait sur papier non timbré, conformément à l'article 42, encourra une amende de 500 francs, et, en cas de récidive, une amende de 1,000 francs, outre les peines disciplinaires prononcées par les lois spéciales.

TITRE IV. — *Dispositions générales.*

ART. 49. — Lorsqu'un effet, certificat d'action, titre, livre, bordereau, police d'assurance ou tout autre acte sujet au timbre et non enregistré, sera mentionné dans un acte public, judiciaire ou extrajudiciaire, et ne devra pas être représenté au receveur lors de l'enregistrement de cet acte, l'officier public ou officier ministériel sera tenu de déclarer expressément dans l'acte si le titre est revêtu du timbre prescrit, et d'énoncer le montant du droit de timbre payé. — En cas d'omission, les notaires, avoués, greffiers, huissiers et autres officiers publics seront passibles d'une amende de 10 francs par chaque contravention.

[Comp. LL. 13 brumaire an VII, art. 24; 13 mai 1863, art. 7, et 30 mars 1872, art. 2.]

SOMMAIRE.

Présentation d'un premier projet par M. Trouvé-Chauvel, ministre des finances, à la séance du 24 octobre 1848, et renvoi aux bureaux; — Rapport par M. Emile Leroux, le 27 janvier 1849 (*Monit.* du 7 février, page 403). — Lors de ce premier travail, la commission ajouta au projet du Gouvernement le chap. 2. du titre 1er, relatif au timbre des bordereaux de commerce, et signala de nombreuses questions d'intérêt public ou fiscal restées jusqu'alors sans solution. — La loi remise à l'étude, un nouveau projet fut présenté par M. Passy, ministre des finances, à la séance du 1er octobre 1849 (*Monit.* du 4 octobre p. 2963). — Nouveau rapport par M. Emile Leroux, le 31 janvier 1850 (*Monit.* du 16 février, p. 561). Dans ce nouveau travail, la commission donna au projet du Gouvernement une plus grande extension : elle maintint au titre 1er de la loi le chap. 2 relatif aux bordereaux de commerce, que le projet ministériel n'avait pas reproduit, et elle ajouta plusieurs titres ou chapitres nouveaux, concernant les obligations négociables des départements, communes, établissements et compagnies, les rentes sur l'Etat et les effets publics, titre rejeté lors de la troisième délibération (Voy. *infrà*, note 33), enfin les polices d'assurance maritime. C'est dans cet état que la loi est venue à la discussion. Première délibération, le 7 mars (*Monit.* du 8). — Deuxième délibération, les 18, 19, 20, 21 et 22 mars (*Monit.* des 19, 20, 21, 22 et 23). — Troisième délibération, les 3, 4 et 5 juin. — Adoption de l'ensemble de la loi, le 5, à la majorité de 413 voix contre 173 (*Monit.* des 4, 5 et 6 juin).

1. Rapport de M. Émile Lacroix, au nom de la Commission du budget, du 31 janvier 1850.

Messieurs, dans un moment où le budget du pays a besoin de toutes ses ressources, le Gouvernement a pensé qu'il devait appeler spécialement votre attention sur les lois de taxes et de produits financiers. Il a reconnu que, malgré la vigilance de l'Administration, les lois sur le timbre ne recevaient pas leur exécution, parce que ces lois manquaient de sanction suffisante.

Après avoir constaté les fraudes nombreuses dont elles étaient l'objet, le législateur, pour assurer le recouvrement d'un impôt légitime dans son principe, irréprochable dans les formes de sa perception, s'est d'abord attaché à en diminuer la quotité, puis, pour donner toute facilité au commerce et enlever un prétexte spécieux aux habitudes d'illégalité, l'Administration s'est appliquée à généraliser le débit des coupons timbrés. — Vaines précautions! Le but qu'on s'était proposé n'a pas été atteint : les effets émanés des souscripteurs le plus en crédit, les effets émis pour les plus fortes sommes ont continué à circuler sans la formalité du timbre, et dès 1841 le Trésor constatait à son préjudice une perte annuelle de plus de 7 millions.

Frappé de l'insuffisance de la législation et de la nécessité de la modifier, le Gouvernement a fait un appel aux chambres de commerce et au conseil général du commerce; puis il a préparé un projet, qui a été soumis, en 1841, à une commission de la Chambre des députés. Bien qu'il eût été amené à l'état de rapport, ce projet n'a pas été discuté.

Le Gouvernement républicain dut à son tour s'occuper de cette partie importante de la législation du pays, et le 24 octobre 1848, M. le ministre des finances a présenté à l'Assemblée constituante un projet qui avait pour but de prévenir la fraude et de faire peser l'impôt sur tous avec égalité. — Ce projet, renvoyé à une commission, a été de sa part l'objet d'une étude sérieuse. Les procès-verbaux qu'elle a rédigés constatent qu'elle a appelé dans son sein le ministre des finances, le directeur général de l'Enregistrement, les gouverneurs de la Banque, les président et juges du tribunal de commerce, les directeurs des comptoirs d'escompte, les courtiers et les directeurs des principales compagnies d'assurances. Son rapport, déposé sur le bureau de l'Assemblée le 27 janvier 1849, devait être discuté dans le courant de mai, mais les préoccupations politiques agitaient alors si vivement les esprits, qu'il parut difficile d'élaborer avec fruit des dispositions qui touchent à des intérêts si graves, et qui réclament la plus scrupuleuse attention. Aussi l'Assemblée a-t-elle ajourné la discussion dans sa séance du 19 mai, et s'est-elle ensuite dissoute sans avoir pu doter le pays d'une loi dont le commerce lui-même reconnaît la nécessité.

C'est à vous, Messieurs, qu'il appartient d'achever l'œuvre commencée par l'Assemblée constituante. L'honorable M. Passy, ancien ministre des finances, vous a saisis du projet rédigé par la commission de cette Assemblée. En acceptant toutes ses dispositions, il a donné à ce projet l'autorité de sa longue expérience et de sa haute capacité. Vos méditations ont été ainsi appelées sur les modifications à faire aux lois actuelles, modifications qui doivent avoir pour résultat de faire arriver dans la caisse du Trésor des millions que la fraude lui enlève aujourd'hui.

La commission que vous avez nommée pour l'examen de ce projet s'est environnée des renseignements propres à éclairer sa religion. Non-seulement elle a puisé les éléments de sa conviction dans les procès-verbaux rédigés par la commission de l'Assemblée constituante, mais elle a entendu de nouveau les courtiers, les directeurs des compagnies d'assurances, le syndic des agents de change et M. le ministre des finances. L'examen approfondi auquel elle s'est livrée l'a conduite à reconnaître que le relâchement qui existait dans le recouvrement de l'impôt sur le timbre était non-seulement préjudiciable au Trésor, mais encore injuste et immoral.

Injuste, parce qu'il faisait peser presque exclusivement sur les hommes de bonne foi un impôt qui doit être réparti sur tous, et qu'il surchargeait la propriété foncière, en ne faisant pas supporter à la richesse mobilière la part que la loi lui attribue. — Immoral, parce qu'il plaçait les citoyens qui respectent la loi dans une condition de concurrence désavantageuse vis-à-vis de ceux qui la violent.

Pénétrée de cette pensée, que le devoir de tout gouvernement, et surtout d'un gouvernement républicain, est de faire supporter à chacun, d'une manière égale, sa part des charges communes; de ne pas souffrir que la loi, consciencieusement exécutée par les uns, soit impunément violée par les autres, la commission a formulé un ensemble de dispositions qui doit mettre un terme aux abus qu'elle vous signale, et rétablir l'égalité dans la répartition de l'impôt du timbre.

En me faisant l'honneur de me choisir pour son organe, elle m'a chargé de vous exposer les motifs de ses résolutions.

Le projet, tel qu'il a été modifié et amendé par elle, se divise maintenant en cinq titres : le premier est relatif aux effets et aux bordereaux de commerce; le deuxième aux actions dans les sociétés et entreprises, ainsi qu'aux obligations négociables des départements, communes, établissements publics et compagnies; le troisième aux rentes sur l'Etat et aux effets publics; le quatrième aux polices d'assurances; le cinquième comprend les dispositions générales.

TITRE Ier. — § 1er. — *Des effets de commerce.*

En vous soumettant les modifications qu'elle propose à la législation sur le timbre, votre commission doit vous faire remarquer qu'il ne s'agit pas de poser un principe nouveau, mais d'appliquer avec discernement et d'étendre jusqu'à ses véritables limites le principe admis par la législation existante, et qui n'a jusqu'alors soulevé aucune objection sérieuse.

L'usage du timbre date d'une époque ancienne : il consistait, dans l'origine, à inscrire, en tête de l'acte, le nom de l'intendant des finances alors en fonctions, l'époque de la fabrication du papier et le nom de celui qui l'avait ouvragé. Il avait pour principal objet de donner plus d'authenticité aux actes publics et de prévenir les abus qui s'y étaient successivement introduits. — Cet usage subsista longtemps. Il se pratiquait encore dans la Provence en 1481, et il s'introduisit en Hollande et en Espagne vers le milieu du seizième siècle.

Les charges de l'État s'étant multipliées, Louis XIV établit un impôt sur le timbre, par un édit du mois d'avril 1674, qui obligea les officiers publics à employer, pour leurs actes, des *papiers marqués*. Alors cet impôt, dont plusieurs provinces étaient exemptes, consistait en un droit fixe, en raison de la dimension des papiers ou parchemins.

Nous n'analyserons pas les édits qui se succédèrent sur cette matière, pendant l'espace de plus d'un siècle; nous ne suivrons point le droit de timbre dans le cercle qu'il a parcouru, dans toutes les modifications qu'il a subies. Nous dirons seulement qu'en résistant à toutes les innovations financières, qu'en s'introduisant dans presque tous les États de l'Europe, il est devenu, depuis longtemps, l'une des ressources de la puissance publique.

En Angleterre, il est proportionnel; son chiffre est très-élevé, et sa perception est assurée par de sévères dispositions législatives.

En France, il a été considéré, depuis longtemps, comme l'un des moyens de rétablir, jusqu'à un certain degré, entre la propriété territoriale et la richesse mobilière, cette égalité de charges que l'extrême diversité de leur nature et de leurs conditions ne permet de réaliser que très-imparfaitement. Il a été combiné avec le droit d'enregistrement, de manière à faire supporter à la fortune mobilière une partie des charges publiques. Aussi n'est-il pas juste de prétendre que le capital soit exonéré de toutes charges : il paye sa portion de l'impôt, par le timbre et l'enregistrement, sous la forme de l'obligation, quand le propriétaire le prête; il paye de nouveau, sous la forme du cautionnement ou de l'inscription, quand il est garanti; il paye encore, sous la forme de la cession, quand le titre passe d'une main dans une autre; il paye enfin, sous la forme de la quittance, quand il est restitué. Il est donc vrai de dire qu'il apporte son tribut au budget de l'État.

On peut soutenir que l'impôt doit être augmenté, mieux réparti; que le législateur doit tenir compte de l'accroissement des capitaux, de l'utilité de leur circulation; qu'il doit suivre la richesse dans ses transformations et la saisir, au moment où elle se met en évidence, pour lui faire payer la protection que lui accorde l'État. Là est la justice, et là, par conséquent, est le but que doivent se proposer des réformateurs éclairés, partisans des saines doctrines de l'économie politique.

Or, pour bien déterminer les modifications que la législation sur le timbre doit subir, il faut rechercher le véritable esprit de cette législation. Les rapports faits à l'Assemblée constituante, en 1791, et, depuis cette époque, aux diverses Assemblées législatives qui lui ont succédé, ne laissent sur cet esprit aucune incertitude. Il en résulte : 1° que la contribution de l'enregistrement et celle du timbre, qui en est l'émanation, ont été, autant que possible, mises en harmonie; 2° que la proportionnalité dans le droit a été admise, comme compensation des avantages attachés à certains actes soumis au timbre proportionnel. — En présence des motifs qui ont fait admettre le principe de la proportionnalité, votre commission ne pense pas que ce principe puisse être modifié. Le chiffre seul doit être examiné.

La loi du 14 thermidor an IV fixait le droit à 1 franc pour le billet de 1,000 francs. Il a été réduit à 50 centimes par la loi du 13 brumaire an VII, puis augmenté des 2/5 par la loi du 28 avril 1816, et fixé à 35 centimes par la loi du 16 juin 1824 pour les billets de 500 francs et au-dessous. La loi du 24 mai 1834 l'a réduit de nouveau de 35 centimes à 25 pour les billets de 500 francs, et de 70 à 50 centimes pour les billets de 1,000 francs. Enfin, la loi du 20 juillet 1837 a fait des coupons de 300 francs et fixé le droit à 15 centimes, au lieu de 25, pour les billets de 300 francs et au-dessous. Ainsi déterminé, l'impôt du timbre est à l'abri de toute critique.

Quoique juste dans son application, cet impôt rencontre dans les habitudes du commerce une résistance opiniâtre, et tous les efforts tendent à l'éluder. La confiance, qui détermine souvent la circulation et la transmission des titres, contribue puissamment à favoriser les contraventions et à les faire échapper à la surveillance de l'autorité publique.

Le but que la loi doit atteindre est d'assurer à l'État la perception régulière et complète de cet impôt, sans grever le commerce d'entraves nuisibles et de pénalités trop rigoureuses. — Pour arriver à ce but, et pour que la réforme pénètre dans la conscience en même temps que dans les habitudes, il faut deux choses : rendre l'exécution de la loi plus facile, et l'inexécution plus dangereuse.

Article premier. — Persuadée que les avantages que la nouvelle loi pourra offrir au commerce contribueront activement à l'emploi du timbre, la commission aurait voulu vous proposer une réduction dans le droit; mais la législation existante a fait tout ce qui était désirable à cet égard. Il ne reste qu'à étendre les conséquences de la loi de 1837, qu'à créer des coupons de 100 et 200 francs, et à fixer le droit à 5 centimes pour les premiers, et à 10 centimes pour les seconds. C'est ce que fait l'article 1er du projet.

La création de ces coupons facilitera, pour les petits commerçants, l'exécution de la loi. L'Administration du timbre y trouvera, sans doute, une charge, surtout pour les coupons de 100 francs; mais les avantages que le commerce doit en recueillir ont paru à votre commission devoir l'emporter sur les inconvénients qu'il y avait à imposer une nouvelle dépense au Trésor. Il lui a semblé juste, en se montrant sévère contre la fraude, de ne pas oublier les besoins de ceux qui supportent les charges publiques.

Art. 2. — Il y a encore un autre moyen de venir en aide au commerce : souvent il arrive que le bénéficiaire reçoit le billet non timbré ou non revêtu du timbre proportionnel, par condescendance pour le souscripteur, parce qu'il a des ménagements à garder avec lui, ou parce qu'il est dans l'impossibilité d'obtenir un billet timbré. Faudra-t-il, dans ce cas, faire tomber irrévocablement sur lui les conséquences du défaut de timbre? N'est-il pas plus juste et plus utile en même temps, au point de vue de l'acquittement régulier de l'impôt, de lui accorder le droit dans un délai déterminé, de régulariser sa position, c'est-à-dire de faire viser pour timbre le billet?

Le Gouvernement et la commission ont été de cet avis. Ils ont seulement cru convenable d'augmenter, dans ce cas, le droit de timbre, afin d'indemniser l'Administration des frais que lui occasionnerait le visa pour timbre. Ce droit s'ajoutera au montant de l'effet, nonobstant toute stipulation contraire. Cette addition à la dette est de trop peu d'importance pour altérer la confiance que le recouvrement de la créance peut inspirer, et pour arrêter le bénéficiaire dans l'accomplissement d'une formalité qui doit faciliter la négociation du titre.

On a agité la question de savoir si la faculté du visa serait étendue à tous les endosseurs ; mais la commission a reconnu que l'extension de cette faculté serait de nature à annihiler presque complétement les effets du projet, et ce que le billet pourrait n'être présenté au timbre qu'autant qu'il y aurait certitude de non-payement à l'échéance, tandis qu'en la bornant au premier endosseur, on créerait pour celui-ci, par la prévision des difficultés de la négociation postérieure, un motif presque toujours déterminant de faire viser pour timbre l'effet non timbré.

Si vous vous associez, Messieurs, à la pensée de votre commission, et si vous donnez au commerce la facilité d'exécuter les prescriptions de la loi, vous aurez le droit de vous montrer plus sévères contre les infractions dont elle pourra être l'objet. A cet égard, votre commission pense comme le Gouvernement que, pour opérer un changement complet dans les habitudes actuelles, il fait une mesure législative qui soit capable de frapper vivement l'esprit du commerce, et d'y introduire immédiatement la règle de n'admettre aucun effet non timbré.

Ce résultat sera-t-il obtenu seulement par l'application d'une peine pécuniaire? Nous ne le pensons pas. Cette peine existe depuis longtemps, et l'expérience a démontré son inefficacité. La crainte de l'amende n'a jamais arrêté le commerçant dans les infractions journalières qu'il commet. En France, il faut bien l'avouer, le respect de la loi n'est pas religieusement gardé, on ne se fait pas scrupule de tromper le fisc ; on oublie trop que, sous un gouvernement libre, le produit de l'impôt est la propriété commune.

Rappelons donc tous les citoyens à l'exécution scrupuleuse de la loi, non-seulement en maintenant les pénalités existantes, mais encore en prononçant la déchéance de certains avantages attachés aux actes pour lesquels le timbre proportionnel est exigé. Tel est, du moins, l'avis de votre commission.

A l'égard des pénalités, l'article 4 maintient l'amende de 6 pour 100 contre le souscripteur, l'accepteur, le bénéficiaire ou premier endosseur de l'effet non timbré. Pour les effets venant de l'étranger, ou des îles et colonies dans lesquelles le timbre n'aurait pas encore été établi, le premier des endosseurs résidant en France, et à défaut d'endossement en France, le porteur, sera aussi passible de la même amende de 6 pour 100.

Lorsque la contravention ne consistera que dans l'emploi d'un timbre inférieur à celui qui devait être employé, l'amende ne portera que sur la somme pour laquelle le droit n'aura pas été payé. Nous avons cru devoir reproduire dans l'article 4 les dispositions équitables de l'article 12 de la loi du 16 juin 1824.

Le même principe devra être appliqué lors du visa pour timbre prescrit par l'article 2 du projet, si l'effet est déjà sur un timbre non proportionnel.

Dans le but de donner plus d'efficacité à la loi, un membre de la commission avait proposé d'appliquer à tous les endosseurs l'amende de 6 pour 100. Cette proposition, provisoirement adoptée, a bientôt révélé des inconvénients graves dans l'application. D'abord, il devenait juste d'accorder à tous les endosseurs la faculté de faire viser pour timbre, du moment où on les soumettait tous à l'amende; or, nous avons déjà démontré que l'extension de cette faculté énervait la loi.

Ensuite, dans le cas où le nombre des endosseurs est considérable, ce qui arrive fréquemment, surtout pour les petites valeurs, l'accumulation des valeurs élèverait le chiffre à une somme énorme; et alors qui en ferait l'avance? Serait-ce le porteur? Mais il préférerait, dans un grand nombre de cas, perdre sa créance, ou il s'entendrait avec le débiteur pour substituer un titre timbré à celui qui ne l'est pas; et, dans ce cas, les amendes échapperaient au fisc.

Laisserait-on à l'Administration le soin de recouvrer ces amendes? Mais, alors, elles lui échapperaient encore, parce qu'elle n'aurait pas le titre dans les mains; parce que ce titre, d'ailleurs, ne contiendrait jamais des indications suffisantes pour faire connaître la demeure des endosseurs, et que ceux-ci auraient mille moyens pour se soustraire à l'action du fisc.

Toutes ces difficultés d'exécution ont ramené la commission au projet du Gouvernement. Elle s'est bornée à maintenir les amendes contre le souscripteur, l'accepteur, le bénéficiaire ou premier endosseur, et elle a cherché dans un autre ordre de mesures l'efficacité qu'elle ne trouvait pas suffisamment dans les amendes.

Ici, deux systèmes ont été mis en présence : celui de la loi anglaise, qui admet la nullité du titre non timbré, et celui du projet du Gouvernement, qui prononce la déchéance de certains avantages attachés spécialement à la forme des effets de commerce.

Contre ces deux systèmes, il s'élève une objection générale qu'il faut d'abord détruire. On prétend que, dans un intérêt fiscal, le législateur ne doit pas porter atteinte à la convention des parties; que, pour assurer les recouvrements du Trésor, il n'a pas le droit d'annuler cette convention, ou de dégager, les uns envers les autres, des obligations qui en résultent.

Où donc un pareil principe prend-il son origine? Est-ce que le législateur n'est pas souverain? Sans doute, dans l'accomplissement de sa mission, il ne doit jamais s'écarter des règles de la justice, sous peine de voir ses lois condamnées par la conscience publique, mais là est son seul guide : il ne peut pas en avoir d'autre. Comment! les représentants de la nation édicteront une disposition fiscale réclamée par les besoins du Trésor et la nécessité publique, ils reconnaîtront que les peines pécuniaires sont insuffisantes pour assurer l'exécution de la loi, et ils n'auraient pas le droit de créer un autre moyen de sanction! Admettre un pareil système serait nier la souveraineté nationale. Ouvrons les lois civiles : à chaque page, nous voyons des nullités, des déchéances prononcées au nom de la morale publique, au nom de l'intérêt social; pourquoi n'en prononcerait-on pas au nom de l'intérêt national? Faudra-t-il qu'une loi ne soit qu'une lettre morte, contre laquelle la fraude pourra s'insurger à son gré? Votre commission ne l'a pas pensé. Elle a d'ailleurs trouvé des précédents dans la législation applicable à la matière qui nous occupe.

La loi du 12 décembre 1790, sur le timbre, contenait cette disposition, article 19 :

Les juges n'auront aucun égard aux effets de commerce, actes, pièces, écritures, registres et extraits d'iceux soumis au timbre par les articles précédents, s'ils ne sont écrits sur papier marqué du timbre auquel ils sont assujettis; ils ne pourront rendre de jugement sur ces actes à peine de nullité de leurs jugements, de toutes poursuites et significations faites en conséquence.

Le projet de loi relatif au timbre, présenté à la Chambre des députés en 1841 et adopté par la commission de cette Chambre, portait « que l'effet ne serait pas moins négociable, ni la créance réputée commerciale, si le titre n'avait pas été revêtu du timbre ou du visa pour timbre. »

Vous le voyez, Messieurs, à aucune époque le législateur ne s'est arrêté devant l'objection que nous combattons, et il est entré hardiment dans la voie des réformes réclamées par les besoins du Trésor; nous vous proposons donc de choisir entre les deux systèmes que nous avons énoncés, persuadés qu'en adoptant l'un ou l'autre, vous resterez dans le cercle de la haute mission qui vous est confiée.

Le système de la loi anglaise convient-il aux usages, aux habitudes qui se sont introduits dans le commerce français? Examinons d'abord en quoi il consiste. — Un acte du roi Georges III, de l'année 1791, porte que : « *Les lettres de change, les billets à ordre, mandats, traites ou quittances ne peuvent être produits en justice, ni être reconnus valables, s'ils ne sont revêtus du timbre prescrit par la loi.* » — Nul de ces titres ne peut être timbré postérieurement à sa création.

Par des actes plus récents, de fortes amendes ont été prononcées contre quiconque aurait souscrit, signé, émis, négocié, accepté ou payé des titres commerciaux dépourvus de l'empreinte légale. Nul effet ne peut être relevé de ce vice, même par les hautes cours de justice, dont le pouvoir discrétionnaire est presque sans bornes à d'autres égards. Nous avons cité pour exemple à l'Assemblée constituante, et M. le ministre des finances a rappelé qu'un conseiller de la couronne, en 1837, fut débouté, par la Cour du banc du roi, d'une demande en payement de 150,000 francs, parce que l'arrangement conclu entre lui et sa partie adverse n'avait pas été écrit sur un papier d'un timbre convenable.

Votre commission ne nie pas l'efficacité de la loi anglaise : c'est grâce à l'énergique sanction qu'elle a donnée à l'impôt que son recouvrement est assuré; mais cette disposition est-elle juste dans son principe?

Quel est le véritable auteur de la contravention? le souscripteur. Le créancier aurait certainement préféré un titre sur papier timbré; mais, pressé du besoin d'avoir un règlement, il a été forcé d'accepter celui qu'on lui a donné, et c'est néanmoins sur lui que tombe toute la sévérité de la loi. Celui qui a souscrit ce titre est, certes, le plus blâmable de tous les contrevenants, et, cependant, la loi l'autorise à se faire une arme de sa propre fraude et à se soustraire à l'obligation de payer sa dette au moyen d'une contravention. Une pareille disposition paraît, à votre commission, violer les règles de la justice et ne pouvoir trouver place dans notre législation.

D'ailleurs, si des dispositions aussi rigoureuses ont pu entrer dans les mœurs anglaises, elles seraient évidemment repoussées par les nôtres et rencontreraient d'invincibles obstacles dans l'application : le commerce ne vit que du crédit et le crédit ne vit que par la confiance qu'inspire la probité; le moindre échec à la probité d'un négociant altère son crédit et lui fait plus perdre qu'il ne pourrait gagner à refuser le payement d'un effet non timbré. Ce ne serait donc que les négociants qui n'auraient rien à perdre qui profiteraient des termes de la loi; le négociant honnête n'invoquerait jamais la nullité, et la bonne foi étant l'âme du commerce, le juge lui-même chercherait les moyens d'éluder une loi dont l'application répugnerait à sa conscience.

La minorité de la commission avait proposé d'annuler seulement le titre et de laisser subsister l'action contre le souscripteur; mais, alors, s'est élevée cette objection péremptoire: entre le porteur et le souscripteur, il n'y a plus aucun contrat. Le droit du porteur est né de la cession qui lui a été faite du titre; si le titre disparaît, il n'y a plus rien contre le souscripteur qui alors est autorisé à ne pas payer ce qu'il doit. Aussi votre commission, à une forte majorité, s'est prononcée contre le système de la nullité. Elle accorde la préférence au projet du Gouvernement.

Les termes de l'article 5 reproduisent la pensée du projet. Le porteur d'une lettre de change non timbrée n'aura d'action, en cas d'acceptation, que contre l'accepteur et contre le tuteur, si ce dernier ne justifie pas qu'il y ait provision. En cas de non acceptation, il n'aura d'action que contre le tireur. Le porteur de tout autre effet n'aura d'action que contre le souscripteur.

Pour assurer l'exécution de cet article, il fallait ne permettre aucune stipulation contraire; c'est ce que fait le dernier paragraphe.

Le principe de la proportionnalité, que nous avons examiné plus haut, justifie le système adopté par la commission. En effet, c'est par un privilége spécial de la loi commerciale que les endosseurs et l'accepteur sont solidairement tenus au payement de l'effet de commerce; car, d'après les règles du droit commun, le cédant ne répond pas de la solvabilité du débiteur, à moins d'un engagement formel. Ce privilége doit donc disparaître si toutes les conditions de la loi ne sont pas remplies. Nous en trouvons des exemples dans le Code de commerce lui-même : l'omission du protêt de la dénonciation dans les délais prescrits, n'entraîne-t-elle pas la déchéance? Pourquoi le législateur n'attacherait-il pas la déchéance à une autre condition s'il la juge utile à l'intérêt général? Est-ce que les droits de l'État ne doivent pas être protégés par une sanction aussi énergique que celle des particuliers? — La commission n'a vu aucune raison de différence, et elle accepte la sanction indiquée par le projet du Gouvernement et résumée dans l'article 5.

Reste à examiner si cette sanction sera efficace. La commission n'en doute pas. — D'abord, elle aura l'avantage de ne pas contrarier les habitudes du commerce et de ne pas soulever contre elle le sentiment de l'équité. Aujourd'hui, il est admis généralement dans le commerce que, sans violer les règles de la bonne foi, on peut opposer la déchéance résultant de l'omission des formalités prescrites par la loi. Personne n'éprouve le moindre scrupule à cet égard, pas même les maisons les plus solidement établies et le plus en crédit. Elles n'opposeraient jamais la nullité de leur engagement; mais elles n'hésiteront pas à opposer la déchéance, par une raison bien simple; c'est que, par la nullité, elles se soustrairaient au payement de leur dette, qu'elles s'enrichiraient au préjudice du porteur du titre, tandis que, par la déchéance, elles ne font aucun bénéfice : elles échappent seulement à une garantie et quelquefois à une perte.

Ensuite, la négation est frappée dans son principe. En effet, quel est l'élément principal de la négociation du titre? La solvabilité du cédant et sa garantie solidaire. En détruisant cette solidarité, le commerçant n'osera pas présenter à la négociation un effet non timbré, parce qu'il sait qu'il n'offre plus sa garantie personnelle. Le banquier n'acceptera plus cet effet, parce qu'il pourra invoquer la difficulté qu'il éprouverait lui-même à le négocier, et qu'il sera, de plus, exposé à perdre la somme avancée, s'il ne peut pas opérer la négociation et si le souscripteur devient insolvable.

La même confiance que la commission accorde à ce moyen dépend, cependant, d'une autre mesure sur laquelle elle doit appeler votre attention.

Art. 8. — Pour échapper à la loi du timbre et aux frais de protêt et de dénonciation, on a introduit dans le commerce un usage qui s'est beaucoup propagé depuis plusieurs années : c'est celui d'inscrire sur les effets, et surtout sur les mandats, l'injonction d'en faire le renvoi *sans frais*, à défaut de payement. — Cette clause a de graves inconvénients pour le commerce et donne lieu à de nombreux abus. Nous en signalerons un entre autres. Souvent, lorsque l'effet est payable dans des lieux où la correspondance est difficile, le porteur ne le fait pas présenter au domicile et le retourne à son cédant sans remplir aucune formalité. De là, des frais de retour.

Mais elle a aussi de grands avantages, surtout pour le petit commerce. Quand la convention est loyalement exécutée, elle lui évite les poursuites judiciaires et les frais considérables qui en sont la conséquence. Sous ce rapport, elle appelle l'attention du législateur.

La jurisprudence, jusqu'alors, est incertaine sur la valeur légale de cette mention. Dispense-t-elle du protêt et des autres formalités exigées par la loi? Les tribunaux de commerce décident, les uns, qu'elle ne dispense pas de la dénonciation, les autres qu'elle ne dispense même pas du protêt; mais des cours d'appel, et la Cour de cassation se sont souvent prononcées en sens opposé, en se fondant sur le droit commun qui n'interdit que les conventions contraires à l'ordre public et aux bonnes mœurs.

Cette incertitude de la jurisprudence est devenue une source de difficultés et de procès, qui doivent exciter la sollicitude du Gouvernement. Déjà en 1836, le conseil général de la Banque avait proposé d'interdire la stipulation du retour sans frais. Il indiquait cette prohibition comme l'un des moyens les plus efficaces de suppléer l'insuffisance de la législation sur le timbre. La commission spéciale, instituée par l'ordonnance du 21 décembre 1841, a exprimé le même avis, à l'unanimité. Les chambres de commerce, consultées, ont été divisées : sur trente-cinq qui ont donné leur opinion, vingt réclament le maintien du retour sans frais, et quinze en demandent la prohibition. Dernièrement, les chambres de commerce de Rouen et de Lille se sont prononcées pour la nullité.

Au point de vue de la loi du timbre et de l'intérêt du Trésor, il faut reconnaître que le maintien pur et simple de l'usage actuel serait une large porte ouverte à la fraude. A l'aide de la mention de retour sans frais, presque tous les effets, et surtout les mandats, échapperaient au timbre. En présence de ce danger, votre commission a pensé, comme le Gouvernement, que la loi devait édicter des dispositions protectrices des intérêts de l'Etat. Mais quelles devraient être ces dispositions?

Prononcerait-on la nullité absolue de la mention de *retour sans frais*, ou réglerait-on les véritables effets de cette mention?

Se bornerait-on à prononcer la nullité relative comme sanction de la loi sur le timbre?

La première question, dont l'affirmative a été soutenue par la minorité de la commission, a soulevé des objections de la part de la majorité. Elle a pensé que, pour prononcer la nullité absolue, ou pour réglementer le retour sans frais, il fallait combiner diverses dispositions conservatrices de tous les intérêts, du grand comme du petit commerce. Il lui a paru que ces dispositions devaient être l'objet d'un projet spécial, dont elle n'a pas cru devoir prendre l'initiative.

Elle n'a pas rencontré la même difficulté dans la nullité relative, considérée comme moyen de contrainte. En effet, une seule chose est à rechercher, savoir, si cette nullité déterminera l'emploi du timbre? Or, l'affirmative paraît certaine à votre commission. Les commerçants, qui comptent sur la mention du retour sans frais pour éviter toutes poursuites, ne s'exposeront pas à perdre les avantages de cette mention pour épargner un timbre le plus souvent de 5 ou de 10 centimes. Ils préféreront certainement se conformer à la loi. Ici, la commission n'a pas dû se préoccuper du point de savoir si cette nullité, comme peine, serait préjudiciable au commerce, puisqu'il a le moyen de l'éviter. Dans tous les cas, plus elle sera préjudiciable, plus elle sera efficace. Le but sera donc atteint.

Un doute a été exprimé sur les véritables effets de l'article 7 (8 de la loi). On a dit : Si vous annulez la mention du retour sans frais relative à des effets non timbrés, vous êtes censés la valider pour les effets timbrés, et là, vous entrez dans le domaine de la jurisprudence; vous tranchez, indirectement, les questions les plus graves, vous créez de nouvelles difficultés au commerce.

S'il en était ainsi, la pensée de la commission, comme celle du Gouvernement, serait mal comprise. En prononçant la nullité relative comme peine, la loi entend rester muette sur les effets de la mention de retour sans frais à l'égard des effets timbrés. Elle les laisse complétement sous l'empire de la législation actuelle, jusqu'à ce qu'elle ait été modifiée. Dès lors, plus d'équivoque possible : si la mention ou convention de retour sans frais, sur le titre ou en dehors du titre, est relative à un effet non timbré, elle sera nulle; si elle est relative à un effet timbré, elle vaudra, après la loi, ce qu'elle valait avant, ni plus ni moins. — Cette nullité relative achèvera, la commission l'espère, d'écarter tous les moyens qui tendraient à éluder une loi dont la modération et la justice devraient appeler le respect de tous. Quel que soit, du reste, le résultat des précautions que nous prenons, l'intérêt si légitime du commerce nous interdit de pousser plus loin les mesures de prévention et de répression.

Les autres dispositions du titre 1er sont purement réglementaires. L'article 6 soumet tous les contrevenants solidairement au payement du droit de timbre et des amendes prononcées par l'article 4. L'avance en sera faite par le porteur, sauf son recours contre ceux qui en sont passibles. Cette action s'exercera devant la juridiction compétente pour connaître de l'action en remboursement de l'effet.

Les lois existantes assujettissent au droit de timbre les effets venant de l'étranger ou des colonies, lorsqu'ils sont mis en circulation en France. Les mesures conçues pour faire cesser la fraude doivent leur être appliquées, avec d'autant plus de raison que l'exception dont ils seraient l'objet suffirait pour atténuer visiblement l'efficacité de la loi nouvelle. En effet, pour étudier la loi, on daterait faussement d'une place étrangère des billets créés en France. L'article 2 (3 de la loi) oblige à faire timbrer l'effet avant qu'il puisse être négocié, accepté ou acquitté en France.

Les billets ou lettres de change tirés de l'étranger sur l'étranger, qui ne sont, pour ainsi dire, qu'en transit sur notre territoire, doivent demeurer exempts du timbre; mais doit-il en être de même des billets souscrits en France et payables en pays étrangers? — La commission ne l'a pas pensé. Le titre étant créé en France, la logique veut qu'il soit soumis aux conditions de la loi française. On objecte, il est vrai, que, dans ce cas, le banquier français se trouverait dans une situation plus désavantageuse que le banquier étranger, puisque chez nos voisins, en Belgique, en Hollande, en Suisse et en Allemagne, les lettres de change tirées de ces pays sur l'étranger ne sont généralement soumises à aucun impôt; mais on peut répondre qu'il n'en est pas ainsi partout : chez les Anglais, par exemple, si désireux d'attirer à eux les opérations de commerce, le billet sur l'étranger est soumis à un timbre beaucoup plus élevé que le nôtre.

Les considérations militant en faveur du commerce et tirées de la concurrence n'ont pas paru suffisantes à votre commission pour déroger au principe, à l'article 8 (9 de la loi) qui soumet au timbre les billets souscrits en France et payables en pays étrangers.

Art. 10. — Pour épuiser la matière du timbre des effets de commerce, il reste à régler le sort des duplicata de la lettre de change. — Le projet du Gouvernement vous propose d'abroger l'exemption du timbre accordée par l'article 6 de la loi du 1er mai 1822, mais à la condition que le timbre ou visa pour timbre sera toujours apposé sur la lettre de change mise en circulation et destinée à recevoir les endossements. La commission est d'avis d'ajouter que cette condition cessera si la première lettre de change est jointe à celle mise en circulation, parce qu'alors il y aura certitude que la loi aura été exécutée.

L'article 10 (11 de la loi) accorde un délai pour la mise en pratique des dispositions nouvelles. La commission a pensé que ce délai était nécessaire à l'administration pour faire confectionner les nouveaux timbres, et utile aux contribuables qui, dûment avertis, ne pourraient prétexter de leur ignorance de la loi.

Après ce délai, et pour empêcher la fraude à l'aide de l'antidate, l'article 11 (12 de la loi) soumet tous les billets antérieurement souscrits au visa pour timbre vingt-quatre heures au moins avant l'échéance. Dans ce cas, la commission est d'avis de n'exiger que le droit fixé par la loi ancienne, sans amende. Elle en met l'avance à la charge du porteur, sauf son recours contre les endosseurs et le souscripteur.

Comme il fallait une sanction à cet article, le projet a disposé que le porteur, en cas de contravention, serait passible d'une amende de 6 pour 100, outre celles prononcées par les lois actuelles contre le souscripteur, l'accepteur et le premier endosseur.

Nous ferons remarquer à l'Assemblée, en terminant ce premier chapitre, que la commission n'a dû traiter que la question relative au timbre des effets de commerce; mais il reste au Gouvernement à porter son attention sur le timbre des obligations civiles. Jusqu'au moment où une nouvelle loi, que nous appelons de tous nos vœux, aura établi, quant au droit de timbre, une juste proportion entre le capital commercial et le capital civil, il est bien entendu que les lois existantes conservent toute leur force, et notamment celle du 6 prairial an VII.

Nous devons aussi appeler l'attention de l'Assemblée sur un décret du 24 mars 1848, qui modifie provisoirement les articles 178 et 179 Code commercial, et suspend l'exécution des articles 180, 181 et 186. Par ce décret, la retraite est soumise à un droit fixe de 35 centimes. La commission pense que ce décret provisoire, n'ayant pas reçu la sanction de l'Assemblée constituante, ne peut plus être obligatoire. Dans tous les cas, la loi actuelle entraîne son abrogation [1].

La commission n'a pas hésité à imposer de nouvelles obligations au commerce, pour l'astreindre à l'exécution de la loi du timbre; mais elle considère comme un devoir de mettre le timbre à la portée de tous les commerçants. Ainsi, ce n'est pas seulement dans les villes et dans les bureaux d'enregistrement que l'Administration devra avoir des dépôts, elle devra en avoir encore dans la plus grande partie des communes, comme elle y a des débits de tabac. La commission appelle sur ce point la sollicitude de l'Administration, et elle a la ferme confiance que la satisfaction qu'elle sollicite pour le commerce lui sera prochainement accordée.

§ 2. — *Des bordereaux de commerce.*

Art. 13. — Le timbre des bordereaux de commerce n'est pas compris dans le projet du Gouvernement; mais la commission a pensé qu'il devait trouver place dans le cadre de la loi et appeler aussi votre attention. M. le ministre des finances, consulté à cet égard, a partagé l'avis de la commission.

La législation actuelle assujettit au timbre les bordereaux et arrêtés des agents de change et courtiers, puisque ces actes sont destinés à constater les achats et les ventes, et que, d'après l'article 1er de la loi du 13 brumaire an VII, la contribution du timbre est établie sur tous les actes destinés à faire foi en justice.

Malgré cette disposition formelle de la loi, les bordereaux de commerce, dans l'usage, ne sont jamais timbrés, parce que cette loi manque de sanction suffisante. Pour contraindre les agents de change et les courtiers à l'emploi du papier timbré, la commission vous propose de réduire le droit de timbre, de le fixer à 25 centimes, et de prononcer contre ces officiers publics personnellement une amende de 500 francs par chaque contravention, outre les peines disciplinaires dont la violation de la loi pourrait les rendre passibles. Cette juste sévérité paraît à votre commission le moyen le plus efficace d'assurer l'exécution de la loi.

TITRE II. — § 1er. — *Actions dans les sociétés.*

Art. 14 *et suiv.* — Le projet de loi, en ce qui concerne les actions dans les sociétés, a été l'objet des attaques les plus vives, soit lorsqu'il a été soumis à l'Assemblée constituante, soit depuis qu'il a été déféré à l'Assemblée législative. On n'a pas craint de dire, au nom des compagnies et sociétés de commerce, que les auteurs de ce projet voulaient arracher à l'industrie le peu de ce qui lui restait. Pour apprécier la valeur d'un pareil reproche, il faut examiner, au regard de la législation actuelle, la véritable position des compagnies, et rechercher quelles sont les charges qui pèsent sur les actions. Il faut examiner cette position, non pas telle que les abus et la fraude l'ont faite, mais telle que la législation voulait qu'elle fût.

Les lois des 12 décembre 1790 et 12 brumaire an VII assujettissent les actions à la formalité du timbre. La dernière, quoique moins explicite que celle de 1790, ne laisse cependant aucun doute à cet égard. En effet, la disposition générale de l'article 1er s'appliquait à tous les actes susceptibles de faire foi en justice. Le premier numéro de l'article 12 comprenait tous les extraits, copies et expéditions d'actes publics et privés, devant ou pouvant faire titre, ou être produits pour obligation, décharge, justification, demande ou défense.

Quant aux actions au porteur transmissibles par la voie de l'endossement, on pourrait soutenir qu'elles tombaient sous l'application de l'article 14, qui astreignait à la formalité du timbre proportionnel les billets à ordre ou au porteur, les rescriptions, mandats, mandements ou ordonnances et tous autres effets négociables ou de commerce.

Outre le droit de timbre, elles étaient soumises au droit proportionnel d'enregistrement. L'article 69 de la loi du 22 frimaire an VII fixe ce droit d'enregistrement à 50 centimes pour 100 francs, pour les cessions d'actions et coupons d'actions mobilières comme pour les billets à ordre et tous autres effets négociables de particuliers ou de compagnies.

Par cette disposition générale, le législateur a établi une similitude entre les actions et les effets de commerce. Cette similitude, cependant, l'administration de l'Enregistrement l'a toujours méconnue, et la jurisprudence est restée longtemps incertaine à cet égard. L'Administration prétendait soumettre les cessions d'actions au droit fixé pour les ventes d'immeubles, quand la compagnie possédait des immeubles. Plus tard, ses prétentions ayant été repoussées par la justice, elle exigea un droit de 2 pour 100 comme pour les cessions mobilières. Ce n'est qu'en 1837 que la Cour de cassation, par divers arrêts, a résolu définitivement la question et décidé que le seul droit exigible était de 50 centimes pour 100 francs, quelle que fût la dénomination sous laquelle les fractionnements du capital social eussent été désignés et quel que fût le mode de transport. Ainsi que l'objet cédé se nomme action, part, denier, sou, intérêt, peu importe; que la cession s'opère par la tradition du titre, par un endossement, par une déclaration de transport inscrite sur les registres de la société, ou par tout autre mode admis par la loi commune, pour constater ce transport de la vente des droits incorporels, peu importe encore : la cession ne peut être passible que de 50 centimes pour 100 francs.

Ainsi, d'après ces dernières dispositions législatives, l'action était d'abord soumise à un timbre de dimension, si le certificat était un simple extrait de l'acte de société, de plus, à chaque cession, elle payait un nouveau droit de timbre et un droit d'enregistrement de 50 centimes pour 100 francs.

1. Il y a ici une erreur de M. le rapporteur.

Si l'action était au porteur ou transmissible par la voie de l'endossement, on pouvait exiger un timbre proportionnel, et de plus un droit d'enregistrement de 50 centimes comme pour les billets à ordre, sauf à profiter du bénéfice de l'article 70 de la loi du 22 frimaire, qui exempte les endossements de la formalité de l'enregistrement. Toutefois, nous devons faire remarquer que ces dispositions n'ont jamais été interprétées dans ce sens par l'Administration, qu'elle s'est, au contraire, toujours refusée à admettre la similitude, et qu'elle a constamment exigé le droit de 50 centimes pour chaque cession, sans les astreindre au timbre proportionnel. La loi, en effet, ne parle pas des actions au porteur ou à ordre, sans doute parce qu'alors elles étaient peu en usage, et que la transmission ne s'en opérait que dans les formes ordinaires. Toujours est-il que le droit le plus certain sur les actions était d'un timbre fixe et de 50 centimes d'enregistrement par chaque cession.

A l'époque où ces impôts étaient établis, la richesse mobilière n'était pas ce qu'elle est aujourd'hui : les entreprises, les sociétés de commerce n'absorbaient pas la plus grande partie des capitaux comme elles le font depuis quelques années ; l'État obtenait un produit plus considérable lorsque ces capitaux avaient une autre destination, parce qu'il prélevait un droit plus fort sur les obligations ordinaires. L'assiette de l'impôt peut donc être modifiée sans blesser les règles de la justice. La commission, sur ce point, partage l'opinion du Gouvernement et s'associe à la pensée du projet.

Mais, avant de formuler les dispositions de la loi, elle a voulu connaître l'opinion du nouveau ministre des finances. L'honorable M. Fould, appelé au sein de la commission, a déclaré que le timbre proportionnel pour les actions lui paraissait raisonnable, mais que le droit était trop élevé. Du reste, en ce qui concerne le chapitre de la loi relatif aux actions, il a positivement annoncé qu'il adoptait le système de l'honorable M. Passy.

En présence de cette déclaration, la commission n'a plus hésité, elle est entrée dans l'examen de chaque article.

L'article 13 (14 de la loi) pose en principe la proportionnalité dans le droit de timbre. La commission a pensé que c'était une conséquence logique des points de similitude, admis par les lois existantes entre les actions dans les sociétés et les billets de commerce. En effet, les actions ne représentent-elles pas un capital comme l'effet de commerce? Ce capital n'a-t-il pas une affectation, ne doit-il pas produire de revenus ? N'est-il pas destiné à circuler, sous la forme d'une action au porteur, à ordre ou nominative, comme le capital commercial circule sous la forme d'une lettre de change? L'action ne jouit-elle pas de certains avantages spéciaux comme les billets à ordre? Ne se transmet-elle pas sous une forme autre que celle des obligations ordinaires? La cession n'échappe-t-elle pas au droit de timbre et au droit d'enregistrement? Pourquoi donc admettrait-on un principe différent? Aucune raison ne pourrait le justifier.

Quant à la fixation du droit, la commission a pensé qu'elle devait adopter pour base la somme des avantages accordés à la forme de l'action et de la transmission. C'est la conséquence du principe admis par la loi ancienne. Or, si elle peut se transmettre sous une autre forme que celle déterminée par le Code civil, elle évitera autant de droits de timbre et d'enregistrement qu'il y aura de cessions. La durée doit donc être prise aussi en considération, puisque, pendant trente ans, par exemple, il est présumable qu'il y aura plus de transmissions que dans l'intervalle de dix années.

Comme c'est la circulabilité que l'on veut atteindre indirectement, il n'y a aucun inconvénient à admettre, en cette matière, le système anglais, qui consiste à calculer le droit sur l'importance de la somme portée en titre et sur la durée de ce titre.

Le projet du Gouvernement exigeait 1 pour 100. La commission propose 50 centimes pour 100 pour les sociétés dont la durée n'excède pas dix ans, et 1 franc pour celles dont la durée dépasse dix années.

Le droit portera-t-il sur le capital nominal ou sur le capital réel?

La commission préfère le capital nominal. Ce mode rendra plus facile la perception du droit et se renfermera davantage dans les règles relatives à l'enregistrement.

On a fait remarquer que souvent le capital n'était pas réalisé au moment de l'émission de l'action, et qu'alors on percevait un droit sur un capital qui n'était pas réel et qui ne se transmettait pas par la cession de cette action.

A cela, deux réponses :

La première est puisée dans les lois existantes. En principe, le droit d'enregistrement est perçu sur l'obligation, quoique la somme ne soit pas versée. Il suffit qu'il y ait promesse de la remettre à une époque déterminée.

La deuxième découle des principes généraux de la cession : sans doute, on ne cède pas le capital qui n'est pas versé; mais on cède les droits qui y sont attachés et qui se calculent en raison de ce capital.

Si on ne faisait frapper le droit que sur le versement, il arriverait que les entreprises les plus heureuses seraient exonérées. En effet, souvent il n'y a appel que d'une partie des capitaux, et, cependant, l'entreprise continue ses opérations et perçoit des bénéfices considérables. Pourquoi, dans ce cas, ne supporterait-elle pas l'impôt du timbre? Ajoutez à cette raison la difficulté d'une perception à chaque versement, et vous serez d'avis, comme la commission, d'imposer le droit sur le capital nominal, réalisé ou non réalisé.

L'action peut consister dans une quotité, dans une part de bénéfices, dans un intérêt; alors, le capital n'étant pas déterminé, la commission s'en est référée, pour fixer la valeur réelle, aux règles établies par les lois sur l'enregistrement.

Au moyen du droit de timbre ainsi fixé, l'article 14 lève les doutes qui existent encore, dans la législation actuelle, sur le véritable droit d'enregistrement des cessions d'action : il assimile complétement les actions aux effets de commerce, en ce qui concerne les droits d'enregistrement. Ainsi, que les cessions s'opèrent par la remise du titre, par l'endossement ou par une déclaration sur les registres de la société, il n'y aura jamais lieu à percevoir un droit d'enregistrement plus considérable que pour les billets à ordre, et elles profiteront des mêmes exceptions.

D'après cet ensemble de dispositions, une action de 500 francs payera 2 fr. 50 cent. pour droit de timbre, et 2 fr. 50 cent. pour droit d'enregistrement, ensuite elle pourra circuler en franchise pendant dix ans, tandis que, d'après la loi actuelle, si elle était exécutée, les droits de timbre et d'enregistrement devraient être payés à chaque cession. On voit par là, quel sera le résultat réel de la modification apportée dans le droit de timbre.

En harmonisant mieux ce droit avec le droit d'enregistrement, nous ne faisons pas d'exception funeste à la prospérité des compagnies, nous les rétablissons purement et simplement dans la loi commune.

L'avance du droit sera faite par la compagnie, quels que soient les statuts. C'est, comme le dit l'exposé des motifs et comme l'avait dit avant lui la commission de l'Assemblée constituante, un moyen d'assurer la perception de l'impôt et de forcer les compagnies à faire des entreprises sérieuses et moins hasardées que celles dont on a vu de si funestes exemples.

L'article 15 (16 de la loi) exige que toutes les actions soient extraites d'un registre à souche et que le timbre soit apposé sur la souche et le talon. Cette mesure doit être générale et applicable à toutes les sociétés. C'est le seul moyen d'empêcher la fraude et de donner à la loi une véritable efficacité. Du reste, la commission, comme le projet, soumet le registre au contrôle des préposés de l'Enregistrement.

En assujettissant des actions à un droit proportionnel basé sur la négociabilité, il a paru juste à votre commission de dispenser du timbre le transfert des actions nominatives, si ce transfert s'opère par la délivrance d'un nouveau coupon portant le même numéro que l'action, et énonçant que celle-ci a été timbrée, de sorte que la vérification soit possible et que, sous l'apparence d'un coupon, la société ne puisse délivrer des actions non timbrées.

Il ne suffisait pas de prendre des précautions pour empêcher la fraude; la commission a partagé l'opinion du Gouvernement sur la répression. Elle admet une amende de 6 pour 100, comme pour les effets de commerce. Elle fait frapper cette amende par l'article 16 (18 de la loi), sur toutes les actions sociales, sauf réduction proportionnelle pour celles non émises et pour celles émises conformément à la loi. De cette manière, la compagnie qui sera prise en contravention, par la découverte d'une action émise en fraude, sera exposée à l'amende pour toutes les actions qu'elle aurait émises sans les soumettre au timbre. C'est tout à la fois garantie contre la fraude et justice dans la répression.

Pour assurer l'exécution de la loi, il était convenable d'arrêter la négociation des actions non timbrées : l'article 17 (19 de la loi) prononce une amende de 10 pour 100 contre l'agent de change ou le courtier qui aurait concouru au transfert de ces actions.

Si le législateur doit se montrer sévère pour l'avenir, il doit être indulgent pour le passé : en conséquence, votre commission vous propose, par l'article 18 (20 de la loi), d'accorder un délai de six mois pour faire timbrer, à l'extraordinaire, au timbre de dimension, ou viser pour timbre, sans amende, au droit fixé par les lois existantes, les certificats d'actions qui auront été délivrés en contravention aux lois sur le timbre, antérieurement à la mise à exécution de la loi nouvelle. Le droit sera perçu sur la présentation du registre à souche ou tout autre, constatant la délivrance de l'acton, et l'avance du droit sera faite par la compagnie.

Si les sociétés ne profitent pas de cette faveur toute particulière, accordée en raison de la tolérance exercée jusqu'alors par l'Administration, elles perdront tout droit à l'indulgence, et vous penserez sans doute avec votre commission que toute la rigueur de la nouvelle loi devra leur être appliquée.

Ici une difficulté s'est présentée : la commission s'est demandé si elle pourrait appliquer l'amende prévue par la loi proposée à une contravention antérieure. Elle a d'abord éprouvé un doute qui s'est bientôt dissipé pour la majorité de la commission, devant cette considération que la loi, accordant une faveur, relevant le contrevenant d'une contravention commise, avait bien le droit d'y apposer une condition dans le cas où il commettrait une nouvelle contravention.

Parmi les objections faites, il en est une qui a vivement frappé l'attention de la commission et qui lui a paru nécessiter une disposition spéciale dans la loi. On a dit : Si vous calculez le droit de timbre sur le capital nominal et si vous exigez le payement lors de l'émission de l'action, vous sauvez sans doute la part du fisc de toute éventualité, mais vous diminuez le premier capital versé au moment où la compagnie en a tant besoin; vous vous exposez à lui enlever les bénéfices de la première année, à la constituer en perte, et constituer une société en perte dès le début, c'est la tuer.

Cette objection est sérieuse. Il est vrai qu'on pourrait répondre que les compagnies ne manqueront pas de faire payer le droit de timbre, par les actionnaires, au moment de l'émission de l'action, et que, dès lors, le premier capital versé ne sera pas diminué; mais la commission ne veut pas s'arrêter à cette réponse qui a cependant sa valeur. S'élevant à la hauteur de la mission qui vous est confiée, elle croit que vous devez, dans cette circonstance, donner au commerce une nouvelle preuve de votre sollicitude, en lui offrant une grande facilité pour l'exécution d'une loi qui nous paraît se renfermer dans les limites du possible et du raisonnable. L'article 19 (22 de la loi) permet aux compagnies ou entreprises, qui voudront s'affranchir des obligations imposées par les articles 13 et 18 (14 et 20 de la loi), de contracter avec l'État un abonnement pour toute la durée de la société. Dans ce cas, le payement du droit, au lieu d'être fait immédiatement, le sera par annuité. Il est fixé seulement à 5 centimes pour 100 du capital nominal, ou à défaut du capital nominal, du capital réel.

En présence d'une pareille disposition, toutes les objections s'effacent. Où serait, en effet, l'obstacle sérieux qui pourrait être apporté au payement de 5 centimes par 100 francs? La commission ne le voit pas, et elle croit que toutes les compagnies auront un véritable intérêt à contracter l'abonnement. Dans ce cas, un règlement d'administration publique déterminera les formalités à suivre pour l'application du timbre sur les actions.

L'article 20 (23 de la loi) fixe l'amende pour chaque contravention aux dispositions de ce règlement.

L'article 21 (24 de la loi) est une nouvelle preuve de l'intérêt qu'inspirent les compagnies : nous avons voulu que l'État supportât sa part de leur mauvaise fortune, si leurs entreprises étaient infructueuses. En cas d'abonnement, les compagnies ou entreprises en liquidation, seront dispensées du droit annuel. Celles qui, dans les deux dernières années, n'auront payé ni dividendes, ni intérêts, seront aussi dispensées du droit, tant qu'il n'y aura pas de répartitions ou de payements d'intérêts.

Nous avons eu l'honneur de vous dire, messsieurs, que le droit proportionnel était fondé sur la facilité et les avantages de la négociation. La conséquence naturelle de ce principe, c'est qu'il n'est pas applicable aux actions qui ne sont transmissibles que dans la forme déterminée par le chapitre 8, titre 6, liv. 3 du Code civil.

Il ne reste plus sur ce chapitre, qu'à appeler votre attention sur une modification apportée à l'article 17 du projet (18 de la loi) et nécessitée par la différence établie dans le droit par l'article 13 (14), en raison de la durée de la société. Cette modification a pour objet de prévenir la fraude qui pourrait se commettre au moyen de la fixation de la durée de la société au-dessous de dix années, et de sa prorogation ou de son renouvellement. Dans ce cas, les certificats d'actions devront être soumis de nouveau à la formalité du timbre, à moins que la société ou compagnie n'ait contracté un abonnement annuel, qui alors se trouverait prorogé par la nouvelle durée de la société.

Telles sont, messieurs, dans leur ensemble, les dispositions relatives aux actions dans les sociétés de commerce. Votre commission espère que les raisons qui l'ont déterminée dans ses résolutions obtiendront votre approbation, et qu'en les adoptant vous comblerez la lacune qui existe dans la législation actuelle.

§ 2. — *Obligations négociables des départements, communes, établissements publics et compagnies.*

Art. 27 *et suiv.* — Les obligations des départements, communes, établissements publics et compagnies, sont aujourd'hui assujetties au timbre proportionnel, comme les billets à ordre, par la loi du 6 prairial an VII, et aux droits d'enregistrement de 1 franc par 100 francs, par la loi du 22 frimaire. Les cessions de ces sortes d'obligations sont aussi astreintes au timbre de dimension et au droit d'enregistrement de 1 pour 100.

Ces diverses lois supposent que la cession ne s'opère que dans les formes tracées par le Code civil. Or ces formes assurent le payement du droit du timbre et d'enregistrement, puisqu'on ne peut être saisi vis-à-vis des tiers que par l'acceptation faite dans un acte authentique ou par une signification régulière.

Les prescriptions de la loi ont été méconnues, et l'usage a introduit, pour la transmission des obligations, la même forme que pour la cession des actions. Elles se transportent par la remise du titre, lorsqu'il est au porteur, et par la voie de l'endossement ou une déclaration sur les registres, lorsqu'elles sont à ordre ou nominatives.

La similitude dans les avantages doit amener l'égalité dans le droit du timbre. Une autre raison plus puissante la détermine encore : c'est que, si les obligations restaient sous l'empire de la loi ancienne, elles deviendraient un moyen facile pour les compagnies de se soustraire, en grande partie, à l'application de la loi nouvelle, parce que, d'une part, elles diminueraient le capital social et par conséquent le capital nominal de chaque action, et que, d'une autre part, elles créeraient des obligations et forceraient chaque actionnaire à en prendre un certain nombre pour jouir des bénéfices attachés à son action.

Pour obvier à cet inconvénient, la commission vous propose, par l'article 23 (27 de la loi), d'assujettir les titres et obligations dont il s'agit au timbre proportionnel de 1 pour 100 du montant du titre.

Les titres devront être tirés d'un registre à souche, comme les actions.

L'article 25 (29) fixe l'amende à 10 pour 100, par chaque contravention aux articles 23 et 24 (27 et 28).

A l'égard des obligations non timbrées souscrites antérieurement à la mise à exécution de la présente loi, les départements, communes, établissements publics et compagnies auront un délai de six mois pour les faire timbrer à l'extraordinaire, ou viser pour timbre au droit fixe par les lois anciennes.

La commission a pensé qu'elle devait, de plus, leur accorder la faveur de l'abonnement comme pour les actions. Les conditions sont absolument les mêmes.

Ces précautions assureront le recouvrement de l'impôt proportionnel, qui, bien entendu, ne s'appliquera pas aux obligations transmissibles seulement dans la forme déterminée par le chapitre 8, titre 6, liv. 3 du Code civil.

TITRE III. — *Des rentes sur l'État et des effets publics* [1].

Le projet du Gouvernement ne contient aucune disposition relative aux rentes sur l'État et aux effets publics. Cependant, lorsque le premier projet fut déféré à l'Assemblée constituante, une proposition formelle avait été faite de les soumettre à l'impôt du timbre. Depuis que l'Assemblée législative est saisie du projet actuel, diverses autres propositions analogues ont été déposées sur le bureau de l'Assemblée par MM. Soutayra, Prudhomme, Pougeard et d'Adelswærd, et renvoyées à la commission d'initiative parlementaire.

Ces diverses propositions, discutées au sein de cette commission, n'ont pas obtenu son approbation, par la raison principale qu'elles devraient se présenter plus utilement, à titre d'amendements, lors de la discussion des projets de lois relatifs à l'enregistrement et au timbre.

Dans son rapport, au nom de la cinquième commission d'initiative parlementaire, l'honorable M. Chégaray vous disait : « Il nous semble, d'ailleurs, que les questions soulevées par M. d'Adelswærd n'aboutissent en réalité qu'à des amendements au budget des recettes, ou, si l'on veut, au projet de loi sur le timbre, dont une de vos commissions est saisie, projet de loi qui a pour objet d'atteindre les capitaux circulant dans le commerce et l'industrie sous forme d'actions, d'obligations ou d'autres engagements, et qui imposerait ainsi, non-seulement les valeurs indiquées par M. d'Adelswærd, mais beaucoup d'autres que sa proposition néglige. »

En présence des résolutions prises par la commission d'initiative parlementaire et des réclamations qui s'élevaient de toutes parts, au sujet de l'immunité dont jouissent les rentes et les effets publics, la commission a pensé qu'il lui était impossible de garder le silence sur une question qui préoccuperait si vivement l'opinion publique, et qui, dans tous les cas, devait se présenter lors de l'examen du projet que nous vous soumettons.

Une objection cependant a été faite au sein de la commission ; plusieurs membres ont prétendu que le projet de loi était spécial aux effets de commerce, aux actions dans les sociétés, aux polices d'assurance, et qu'elle n'était pas compétente pour se saisir de la question des rentes.

La majorité ne s'est pas arrêtée devant cette objection : elle pense que le devoir d'une commission est d'examiner un projet dans son ensemble, dans tous les points qui s'y rattachent essentiellement, et d'appliquer le principe qui lui est soumis, par la déduction de toutes les conséquences. La doctrine contraire tendrait à restreindre les droits de l'Assemblée elle-même, puisqu'elle ne recevrait plus de sa commission tous les renseignements susceptibles d'éclairer sa religion. Son rôle, ainsi renfermé dans des limites étroites, se bornerait à approuver ou improuver un projet, sans pouvoir le modifier ni l'augmenter. Telle ne peut être la volonté d'une Assemblée qui exerce le souverain pouvoir dans l'État.

Aussi, la commission a-t-elle résolu de discuter, au fond, la question soulevée dans son sein, et d'examiner si les transferts de rentes et effets publics devaient ou non être soumis à la formalité du timbre.

Avant tout, elle a entendu M. le syndic des agents de change, près duquel elle a pris tous les renseignements utiles à la décision de la question ; puis, elle a désiré connaître l'opinion de M. le ministre des finances. L'honorable M. Fould s'est rendu au sein de la commission et s'est prononcé pour le maintien de l'immunité dont jouissent les rentes et les effets publics : le moindre changement aux lois existantes jetterait, selon lui, la perturbation dans le monde financier, et porterait atteinte au crédit public. La loi garantit le payement de la dette, sans retenue, et il y aurait violation de ce principe si l'on soumettait les transferts aux droits de timbre. Il ajoute que la grande facilité des négociations détermine les emprunts, augmente le cours de la rente, et que la formalité du timbre aurait pour effet de le diminuer ; qu'à ses yeux, le véritable moyen de faire une économie sur la dette publique serait de faciliter l'élévation du cours, de le faire arriver au pair, pour ensuite arriver à la conversion. Telles sont les raisons principales que M. le ministre a déduites à l'appui de son opinion.

Les observations de M. le ministre donnent encore plus de gravité à la question, et pour la résoudre, il faut bien se pénétrer de l'esprit des lois qui régissent la matière.

Avant 1790, divers édits avaient proclamé les rentes sur l'État exemptes de retenue. Après la Révolution de 1789, la question relative à l'impôt des rentes a été plusieurs fois agitée au sein de l'Assemblée constituante, et, par divers décrets des 17 juin, 13 juillet, 27 août 1789 et 4 décembre 1790, cette Assemblée a maintenu le principe de l'immunité, en plaçant les créanciers de l'État sous la garde de l'honneur et de la loyauté de la nation française.

Dans la loi du 9 vendémiaire an VI, relative à la consolidation du tiers de la rente, elle a inséré cette disposition expresse : « Art. 90. *Le tiers de la dette publique, conservé en inscriptions, est déclaré exempt de toute retenue présente et future.* »

Cette exemption de toute retenue entraîne-t-elle, comme conséquence directe, l'exemption à toujours des droits de

---

1. Ce titre a été supprimé à la troisième délibération.

timbre et d'enregistrement sur le transfert et la mutation des rentes?

La commission ne le pense pas. La retenue dont il est question dans cette loi est celle qui était autorisée par l'édit de mai 1749 et la loi du 22 novembre 1790. C'était la portion de revenu qui était réservée comme représentation des impositions directes. Elle frappait la chose elle-même, et elle n'avait rien de commun avec les droits relatifs à la transmission de la propriété.

En effet, des lois spéciales ont déterminé ces droits de transmission; d'abord celles des 5 décembre 1790, 24 août 1793, 18 fructidor an II, 14 thermidor an IV, par celle du 9 vendémiaire an VI.

Jusqu'à l'époque de cette dernière loi, aucune disposition législative n'avait excepté les rentes et les transferts des droits de timbre et d'enregistrement. Les lois des 13 brumaire et 22 frimaire an VII sont les premières qui statuent à cet égard.

Nous devons vous faire remarquer, messieurs, que celle du 13 brumaire exempte bien du timbre les inscriptions sur le grand-livre de la dette nationale et les effets publics, mais qu'elle garde le silence le plus complet sur les transferts.

« L'ordonnance du 10 octobre 1834, rendue pour l'exécution de la loi du 24 mai de la même année, observe le même silence.

D'après ces dispositions législatives, il faut établir une distinction entre les diverses concessions faites en faveur des rentes sur l'État; les uns tiennent à l'essence même du contrat, à la fixation du capital et des arrérages auxquels il n'est permis d'apporter aucune réduction sans violer la foi promise. Les autres sont relatives au mode de transmission de ce genre de propriété. On peut les considérer comme mobiles et de nature à être modifiées par l'État, toutes les fois que les circonstances d'intérêt général en font sentir la nécessité.

Telle a été l'opinion de la commission d'initiative parlementaire, ainsi que le constate le rapport de l'honorable M. Augustin Giraud.

L'honorable M. Passy, ancien ministre des finances, a adopté cette distinction, en saisissant l'Assemblée du projet de loi du 9 août, dont le but est d'assujettir au droit d'enregistrement les rentes transmises par voie de succession et de donation entre-vifs. M. le ministre actuel partagera sans doute l'avis de son prédécesseur, puisqu'il persiste dans son projet.

En présence de cette distinction, il semble que la question de l'impôt du timbre sur les transferts ne devrait, en principe, soulever aucune difficulté sérieuse puisque, si on peut, sans porter atteinte au crédit, et sans méconnaître le principe de l'immunité, imposer les transmissions par décès et les transmissions entre-vifs à titre gratuit, on doit pouvoir, par voie de conséquence, assujettir les transferts au timbre. Il ne devrait y avoir à examiner qu'une question d'utilité et de nécessité.

Cependant la minorité de la commission, s'emparant de l'opinion émise par M. le ministre des finances, a vivement combattu, en principe, la proposition faite au sein de la commission de soumettre au timbre les transferts de rentes. Elle a soutenu que l'admission de cette proposition serait tout à la fois une violation de contrat et une opération funeste au crédit public.

Violation du contrat. En effet, dit-elle, la loi du 9 vendémiaire an VI, mettant les rentes à l'abri de toute retenue, a eu pour objet de leur accorder une immunité complète et de les soustraire à toute espèce d'impôt, direct ou indirect. Les lois des 13 brumaire et 22 frimaire an VII, en exceptant les rentes de la formalité du timbre et de l'enregistrement, n'ont fait qu'une saine application de ce principe. Soumettre aujourd'hui les transferts au timbre serait diminuer le capital dans les mains du rentier, puisque la rente supporterait, au moment de son émission, une dépréciation égale au droit du timbre. Ce serait une véritable violation de la loi donnée, un abus de pouvoir, une atteinte à la propriété, tandis que l'État doit l'exemple du respect le plus religieux pour les engagements contractés.

Opération funeste au crédit public. En effet, la première conséquence de la dépréciation de la rente sera d'éloigner les capitalistes, et notamment les capitalistes étrangers, qui iront chercher dans d'autres pays pour la sûreté de leur fortune, une législation plus libérale et moins capricieuse. De là une perte réelle pour l'État qui, à chaque emprunt nouveau, aurait à payer en intérêts au moins autant et probablement au delà de ce qu'il aurait perçu par l'impôt.

Ces raisons n'ont pas paru déterminantes à la grande majorité de votre commission. En ce qui concerne la prétendue violation du contrat, elle vous a déjà fait remarquer que l'exemption de toute retenue, dans la loi du 9 vendémiaire an VII, n'avait pas, pour conséquence logique, la décharge présente et future de toute espèce d'impôt indirect sur les transmissions. En effet, les édits antérieurs à 1790 portaient la même exemption, et l'Assemblée constituante, en en proclamant le maintien, n'en soumit pas moins, dès le lendemain, les transferts au droit d'enregistrement. Une autre preuve résulte encore de la loi de vendémiaire elle-même, puisqu'elle détermine le droit d'enregistrement sur les transferts, tout en consacrant le principe de l'exemption. Ainsi, en fait, on ne violerait pas plus la foi promise en soumettant les transferts au droit de timbre, qu'on ne la violerait en assujettissant au droit d'enregistrement les transferts par suite de donation.

Il faut distinguer entre le devoir et le droit de la nation: son devoir est aussi rigoureux que celui du particulier; quand elle passe un contrat, elle doit le respecter et s'y conformer. Mais, en émettant des rentes, elle n'a jamais promis ni pu promettre que le mode de transmission serait invariable et qu'il ne subirait pas les modifications dont sont susceptibles tous les autres modes de transmissions de propriété. Son droit, quand elle fait la loi, est souverain, parce qu'elle exerce la puissance publique : elle agit avec la plénitude de ses pouvoirs, et elle ne doit jamais consulter que l'intérêt général et celui de la justice. Donc, si l'intérêt a pu, dans un temps, réclamer l'exemption du droit d'enregistrement et de timbre, il peut, dans un autre, en demander le rétablissement. Des modifications de cette nature ne violent jamais la foi promise, puisqu'elles n'atteignent, en définitive, que les transmissions à venir.

On dit que : soumettre le transfert au droit de timbre, c'est diminuer le capital dans les mains du rentier, puisqu'en cas de vente le prix serait diminué d'autant. Mais ce raisonnement s'appliquerait à toute espèce d'augmentation d'impôt et à toute création nouvelle : en effet, c'est toujours le possesseur de l'objet imposé qui supporte les conséquences de l'impôt. Soutenir, par cette raison, que le droit du timbre ne peut être exigé, serait apporter un obstacle invincible à l'exercice du pouvoir souverain de la nation.

M. le ministre des finances et la minorité de la commission craignent une dépréciation dans la rente, qui est la boussole de la prospérité nationale. Réduisons ces craintes à leur juste valeur. Certes, si le droit de timbre devait être considérable, il pourrait devenir un embarras dans la négociation et éloigner de la rente les spéculateurs et les capitalistes. Mais si, comme le propose la commission, ce droit est fixé à 5 centimes par 100 francs, ces appréhensions deviennent chimériques. Quel est, en effet, le capitaliste qui renoncera au projet d'acquérir un capital de 100,000 francs en rentes, parce qu'il aura à payer un timbre de 50 francs? Où sera l'atteinte portée au crédit public, parce que le cours de la rente diminuerait de 5 centimes?

On dit encore : si vous assujettissez le transfert au timbre, c'est, en définitive, l'État qui payera. Il y a, à cet égard, une différence importante à faire entre le titre primitif et le transfert. Quant au titre primitif, il est raisonnable de ne pas l'assujettir au droit de timbre, puisque les frais de l'acte devant, en principe, être à la charge du débiteur, c'est l'État qui devrait le payer. Le transfert est tout différent : c'est un contrat qui s'opère entre le propriétaire de la rente et son concessionnaire; or, la règle générale ne met jamais les droits de cession à la charge du débiteur.

En affranchissant le titre primitif et en frappant le transfert, on reste donc dans les principes généraux.

Pour concilier les besoins du Trésor avec les facilités que l'on doit accorder à la négociation des rentes et des effets publics, la commission a pensé que le droit devait être en rapport avec celui perçu par les effets de commerce; et en le fixant au même chiffre, elle s'est renfermée dans les bornes tracées, selon elle, par le véritable intérêt du pays; elle a tenu compte de la fréquence des mutations et de la nature du contrat. Aller au delà, ce ne serait plus donner satisfaction à la justice et à l'opinion publique, ce serait s'exposer à compromettre le crédit et à sacrifier la cause que nous voulons défendre.

Vous remarquerez, messieurs, que, d'après l'article 31, ce n'est pas l'inscription elle-même qui devra être soumise au timbre, mais la feuille de déclaration de transfert des rentes nominatives, ainsi que celle contenant la demande de renouvellement de titre pour les rentes au porteur.

L'article 32 vous prouvera toute la sollicitude de la commission pour les opérations qui se font à la Bourse. Vous savez qu'il y a des transferts nécessités par des opérations d'ordre; en les soumettant au timbre, on aurait pu entraver les négociations. La commission pense que les déclarations de transferts définitifs doivent seules être assujetties à cette formalité; elle en exempte les autres.

Si vous accordez votre approbation à l'ensemble des deux dispositions que nous vous soumettons, relativement aux rentes et aux effets publics, nous croyons que vous respecterez la foi promise, tout en donnant une juste satisfaction aux besoins du Trésor; que vous ferez disparaître une inégalité dont l'opinion publique s'émeut avec raison, et que votre loi, loin d'être préjudiciable aux intérêts des rentiers, sera la meilleure sanction de la dette publique.

TITRE IV. — § Ier. — *Des polices d'assurances autres que les assurances maritimes.*

Art. 33 *et suiv.* — La vigilance de l'Administration n'a pas été plus active à l'égard des compagnies d'assurances que pour les sociétés de commerce. Cependant, il n'y avait pas d'incertitude sur le texte des lois. Ce texte est très-positif : les polices d'assurances sont formellement astreintes à la formalité du timbre de dimension par la loi du 9 vendémiaire an VI et par le décret du 3 janvier 1809.

Loin de faire exécuter ces dispositions législatives, le Gouvernement, s'il faut en croire les compagnies, aurait usé à leur égard d'une extrême indulgence, dans le but de favoriser le développement des assurances. Ce but pouvait être légitime à l'origine des compagnies; mais, depuis longtemps, elles avaient pris assez d'accroissement, et leurs bénéfices étaient devenus notoirement assez considérables pour que le Trésor revendiquât la part que la loi lui avait faite dans les actes d'assurances. Cela était d'autant plus facile que l'autorisation du Gouvernement était nécessaire pour l'établissement des compagnies, et qu'il aurait pu exiger, soit par des dispositions formelles insérées dans les statuts, soit par une surveillance spéciale, que les lois sur le timbre fussent, à leur égard, rigoureusement exécutées. Sa trop grande bienveillance a causé au Trésor une perte considérable; car le ministre énonce dans son exposé des motifs, que les droits de timbre et d'enregistrement des actes d'assurance produisent à peine annuellement 3 ou 4,000 francs, tandis que le timbre seul, si la loi était exécutée, devrait produire une somme annuelle de 1,500,000 francs à 2 millions. Aussi, le Gouvernement n'hésite pas à vous proposer des mesures qui doivent, selon lui, assurer la perception régulière de cet impôt.

L'article 20 du projet (33 de la loi) n'a donné lieu à aucune objection au sein de la commission. Seulement, en assujettissant au timbre tout acte d'assurance, elle a pensé, comme le demandaient les compagnies, qu'elle ne devait astreindre à la même formalité que la convention postérieure qui contiendrait prolongation de l'assurance, augmentation dans la prime ou le capital assuré. Tous les autres actes connus sous le nom *d'avenants*, qui n'auraient pour but que de constater le transport des objets assurés d'un lieu dans un autre, des changements dans la disposition et la destination des lieux, seront affranchis du droit de timbre.

Le moyen d'assurer l'exécution de la loi a paru à la commission ne pouvoir consister que dans une amende et dans un ensemble de dispositions préventives. Elle a discuté la valeur de la nullité du contrat qui lui était indiquée, par l'exposé des motifs, comme moyen de contrainte. Elle ne nie pas l'efficacité de ce moyen; mais les raisons qui lui ont fait repousser la nullité à l'égard des effets de commerce la déterminent à la repousser aussi pour les actes d'assurance, et à persister dans le principe qu'elle a posé.

Les articles 34 et 35 règlent les mesures préventives : les sociétés d'assurances et les assureurs seront tenus de faire, au bureau d'enregistrement du lieu où sera le siége de leur principal établissement, une déclaration constatant la nature des opérations et les noms des directeurs de la société ou du chef de l'établissement. Pour les sociétés actuellement existantes, cette déclaration sera faite dans le délai que vous déterminerez, et pour les autres, avant le commencement de leurs opérations.

Cette déclaration a pour but d'avertir l'Administration, afin qu'elle puisse exercer sa surveillance et assurer l'exécution de la loi. Il fallait à cette prescription une sanction sévère : la commission vous propose de fixer l'amende à 1,000 francs en cas d'infraction.

Par l'article 35, les assureurs sont astreints à avoir au siége de l'établissement un répertoire, sur lequel ils devront porter, par ordre de numéros et dans trois mois de leur date, tous les actes assujettis au timbre par l'article 33. Nous n'avons entendu exiger cette mesure que dans l'avenir, et les compagnies actuelles n'y seront soumises que pour les opérations qui sont faites à partir du délai que vous déterminerez.

La tenue du répertoire ne peut être efficace qu'autant qu'il sera soumis au visa, et que les préposés de l'Enregistrement pourront exiger la représentation des polices. C'est ce que nous nous proposons d'édicter par les derniers paragraphes de l'article.

Le Gouvernement vous proposait de fixer une amende de 100 francs par chaque contravention aux prescriptions que nous venons d'énumérer : mais cette amende a paru trop forte à votre commission. Il peut arriver qu'il n'y ait qu'une simple omission, sans aucune pensée de fraude. Votre commission vous propose de fixer cette amende à 10 francs.

Le principe de l'abonnement que vous avez admis à l'égard des actions dans les sociétés de commerce semble à votre commission devoir aussi recevoir son application pour les compagnies d'assurances. Il aura le double avantage de leur faciliter le payement du droit et de leur donner le moyen d'en faire une répartition plus équitable entre les assurés, de telle sorte que la petite propriété ne supporte pas une charge aussi forte que la grande.

L'article 37 autorise les assureurs contre l'incendie à s'affranchir des obligations imposées par l'article 33 et le troisième paragraphe de l'article 35, en contractant avec l'État un abonnement annuel à raison de 2 centimes par 1,000 francs sur le total des valeurs assurées par les polices ou contrats en cours d'exécution. Ce chiffre de 2 centimes sur l'ensemble de toutes les assurances d'une compagnie, représente à peu près le chiffre auquel s'élèverait, en moyenne, le droit de timbre sur tous les actes d'assurances de l'année. Il n'y a aucune perte pour le Trésor, et il y a un avantage réel pour les compagnies. Mais pour que la base de l'abonnement soit certaine, la commission pense que le calcul doit se faire sur le chiffre total des opérations de l'année précédente.

Le payement du droit sera fait par semestre, au bureau de l'Enregistrement du lieu où est le siége de l'établissement.

La faveur de l'abonnement est aussi accordée aux assureurs sur la vie; mais, les opérations n'étant pas les mêmes, le chiffre a dû varier : il est de 2 francs pour 1,000 francs sur le total des versements faits chaque année. Selon votre commission, il représente aussi la valeur du droit de timbre qui serait perçu sur toutes les assurances.

Vous savez, Messieurs, qu'il existe, dans certains départements, des caisses ayant pour but de secourir les incendies au moyen de collectes. Ces collectes sont faites annuellement dans chaque commune, sur des feuilles spéciales. La souscription n'a pas pour effet de former un contrat obligatoire entre le souscripteur et la caisse : celle-ci reste toujours maîtresse, en cas d'incendie, d'accorder ou de refuser le secours. Cependant, il existe des tarifs, et habituellement le secours se calcule sur la somme versée. S'il n'y a pas là un véritable contrat d'assurance, il y a au moins un engagement tacite dont l'exécution est confiée à la foi de l'administration et à sa justice. La commission a pensé que les feuilles de collectes ne pouvaient pas échapper à la loi du timbre, sans devenir une source de fraudes possibles pour les assureurs. Aussi, la commission les a-t-elle astreintes au timbre; mais en même temps elle a appliqué aux caisses départementales les avantages de l'abonnement, en fixant le chiffre à 1 pour 100 sur le total des collectes de l'année.

La commission aurait voulu faire participer à l'abonnement tous les autres genres d'assurances; mais la nature diverse des opérations lui a semblé mettre obstacle à la généralisation de cet avantage.

L'abonnement pourrait devenir un moyen de fraude, si la loi ne contenait une disposition spéciale pour le cas où les compagnies viendraient à y renoncer. En effet, les compagnies nouvelles pourraient contracter l'abonnement pendant les premières années, et, comme les capitaux assurés n'auraient point atteint un chiffre normal, le droit serait presque nul. En renonçant ensuite à l'abonnement, elles n'auraient presque rien payé, et cependant tous les actes qu'elles auraient passés se trouveraient exonérés du timbre. L'article 38 a pour objet de prévenir cette fraude : il stipule qu'en cas de renonciation à l'abonnement, les assureurs sont tenus de payer un droit de 35 centimes par chaque police en cours d'exécution, quels que soient la dimension et le nombre des doubles. Dans la fixation de ce chiffre, la commission a dû prendre en considération le droit déjà payé par l'abonnement et le format ordinaire des polices.

L'article 39 laisse au pouvoir exécutif le soin de déterminer la forme du timbre qui, en cas d'abonnement, sera apposé, sans frais, sur le papier destiné aux polices. Les compagnies choisiront le format qu'elles jugeront convenable.

Il ne suffisait pas à votre commission de porter son attention sur l'avenir; elle croirait ne pas avoir entièrement accompli sa mission si elle ne vous proposait d'introduire dans la loi une disposition transitoire.

Nous avons eu l'honneur de vous faire remarquer, Messieurs, que l'Administration avait usé envers les compagnies d'une extrême tolérance. Par suite, dans la pensée qu'elles échapperaient à la loi du timbre, elles ont rédigé leurs polices sur papier d'un grand format, ce qui les obligerait aujourd'hui à une dépense énorme, si ces polices devaient être soumises au timbre de dimension. Faudra-t-il imposer cette charge aux compagnies, ou faudra-t-il les en affranchir?

Ces deux extrêmes ont paru également injustes à votre commission : elle a été d'avis, comme le proposait le Gouvernement, d'accorder aux compagnies la faculté de faire timbrer ou viser pour timbre les actes d'assurances antérieurs à la promulgation de la loi, en payant un droit fixe de 25 centimes par police, quels que soient la dimension et le nombre des doubles. Tel est le but de l'article 41, qui fixe, pour l'accomplissement de cette formalité, un délai de six mois, délai de rigueur.

Le projet du Gouvernement accorde à l'assureur un recours contre l'assuré pour la moitié du droit de 35 centimes. La commission a pensé que, le contrat étant synallagmatique, chaque partie devait supporter la moitié de ce droit.

Le dernier paragraphe de l'article 23 du projet (du Gouvernement) porte : qu'après le délai de six mois, tous les contrats antérieurs à la loi nouvelle seront soumis aux conditions qu'elle exige, et les articles 24 et 25 assujettissent les compagnie à la rédaction et à la remise à l'administration de l'Enregistrement d'un état constatant le nombre de toutes les polices en cours d'exécution.

La commission n'a pas adopté ces diverses dispositions : elle admet que le législateur puisse relever de la contravention, obliger le contrevenant à se conformer à la loi dans un délai déterminé, augmenter même la peine, s'il persiste dans sa contravention; mais elle ne pense pas que des mesures spéciales, susceptibles d'assurer la perception de l'impôt, doivent être exigées pour les contrats passés au moment où la loi existante ne prescrivait pas ces mesures. Elle vous propose seulement de fixer une amende de 10 francs par chaque acte d'assurance non timbré.

Dans le but de favoriser les abonnements, la commission est d'avis d'affranchir du droit de timbre, fixé par l'article 40, les compagnies qui, dans les trois mois de la promulgation de la loi, contracteront un abonnement avec l'État pour 1850. C'est une nouvelle facilité accordée pour l'exécution des dispositions que nous avons de nouveau consacrées, et qui ont trop souvent été méconnues. Il est bien entendu que le droit de l'abonnement ne serait payé qu'à partir du jour où la loi doit être mise à exécution; il est bien compris aussi que, dans le cas où les compagnies cesseraient l'abonnement, elles retomberaient sous l'application de l'article 38.

Par cet ensemble de dispositions, nous voulons faire acte de bienveillance pour les compagnies qui se soumettront franchement à la loi; mais nous appelons aussi toute la sévérité de la justice sur celles qui chercheraient à l'enfreindre.

§ 2. — *Des polices d'assurances maritimes.*

Art. 42 et suiv. — Les assurances maritimes se distinguent de toutes les autres assurances par la durée du contrat, par la manière dont il se forme, par le nombre des personnes qui y figurent. Aussi, la commission a pensé que le projet du Gouvernement avait eu tort de les confondre avec les assurances contre l'incendie, celles sur la vie, etc., et de leur appliquer les mêmes dispositions. Dans son projet, la commission leur consacre un chapitre spécial, et, tout en leur appliquant les principes généraux, elle leur fait subir les modifications qu'exigent les particularités relatives au contrat d'assurance maritime.

L'article 42 n'est que la répétition de l'article 33. Il y a cependant cette différence que l'amende de 50 francs en cas de contravention sera applicable à chacun des assureurs et assurés. Il n'y avait pas, pour exonérer ces derniers, leur ignorance présumée, comme dans les assurances contre l'incendie. Ceux qui font les assurances maritimes sont des hommes lettrés qui, par leur position sociale, connaissent parfaitement les lois. Il n'y a donc aucun danger à les rendre passibles de l'amende. Il y en aurait un grand à les en affranchir; car, les droits de timbre devant être à leur charge, ils auraient pu se laisser entraîner par leur intérêt personnel, et devenir les agents les plus actifs de la fraude.

La déclaration prescrite par l'article 43, pour être efficace, ne doit pas être faite seulement au lieu du principal établissement : il convient que l'Administration soit avertie de la création de chaque agence, afin qu'elle puisse exercer sa surveillance.

Le répertoire exigé pour les autres compagnies doit l'être aussi par les compagnies d'assurances maritimes, avec cette différence toutefois, que ce n'est pas seulement au siége de l'établissement qu'il doit être tenu, mais dans chaque agence. De cette manière, l'inspection de l'Administration sera sérieuse et efficace pour le recouvrement de l'impôt. Le répertoire devra comprendre, par ordre de numéros, et dans les trois jours de leur date, toutes les assurances faites directement par l'agent. Celles faites par l'intermédiaire des courtiers ou notaires sont exceptées de cette obligation, les précautions qui sont prises, et dont nous vous entretiendrons tout à l'heure, ayant pour effet d'empêcher toute espèce de fraude à leur égard.

Ce répertoire sera soumis au visa lorsque les préposés le requerront, et représentation des polices faites par l'agent pourra être exigée.

On sait que, dans certaines villes de France, quelques personnes se livrent accidentellement à des assurances maritimes ou prennent une part dans ces assurances, sans en faire leur profession habituelle.

La commission n'a pas voulu astreindre ces assureurs particuliers aux mêmes obligations que les compagnies spéciales. S'ils font leurs assurances par l'entremise des notaires et courtiers, la loi n'exige rien d'eux; s'ils les font directement ou par des agents, ils devront alors se conformer à l'article 43 et au premier paragraphe de l'article 44.

Une distinction a encore été apportée dans la formalité du visa : l'entrée des employés de l'Enregistrement ne sera pas obligatoire chez ces assureurs particuliers; leur répertoire ne sera visé qu'au bureau de l'Enregistrement, s'ils le jugent convenable.

L'article 46 fixe la peine, en cas de contravention aux articles 44 et 45.

Le livre des courtiers, tenu en exécution de l'article 84, Cod. com., est considéré comme livre de commerce et, par conséquent, excepté de la formalité du timbre par la loi du 20 juillet 1837, article 4. Ce livre est destiné à servir de minute à toutes les opérations faites par le ministère des courtiers et, par conséquent, aux contrats d'assurances maritimes. Si on maintient l'exception du timbre à l'égard de ce livre, il en résultera que, le plus souvent, les assurances faites par l'entremise des courtiers ne supporteront le droit de timbre que sur le double de la police remise à l'assuré, l'assureur se réservant de recourir au livre du courtier, s'il avait besoin de produire le contrat en justice. Votre commission vous propose, pour rétablir l'égalité entre tous les contractants, d'assujettir le livre des courtiers à la formalité du timbre de dimension.

L'article 48 édicte des peines sévères contre les courtiers et notaires qui se prêteraient à la violation de la loi du timbre. La commission a la certitude que ces peines assureront l'exécution complète d'une loi dans laquelle nous avons cherché à concilier toutes les facultés qu'on devait accorder aux contribuables avec les droits du Trésor public.

TITRE V. — *Dispositions générales.*

L'expérience a démontré que le principal obstacle qui s'opposait à la découverte de la fraude, dans la perception de l'impôt sur le timbre, provenait de la précaution prise par les officiers ministériels de ne jamais énoncer, dans leurs actes, le titre soumis à la loi du timbre, en même temps que de la trop grande indulgence des tribunaux.

A l'égard des officiers ministériels, l'article 49 ajoute une disposition nouvelle aux obligations qui leur sont déjà imposées par les lois spéciales.

Quant aux magistrats, nous nous bornerons à leur rappeler les dispositions de la loi du 13 brumaire an VII, qui leur font défense de prononcer aucun jugement sur un acte, registre ou effet de commerce non écrit sur papier timbré du timbre prescrit, ou non visé pour timbre. Quel que soit leur désir, bien naturel, d'éviter aux malheureux plaideurs des frais déjà trop considérables, nous avons la confiance que les tribunaux ne toléreront pas plus longtemps l'exécution de la loi, et qu'ils en feront religieusement observer toutes les dispositions. — (*Suit, au* Monit., p. 566, *le texte du projet amendé par la commission.*)

LOI DU 18 JUIN 1850

Caisse de retraites pour la vieillesse.

(Xe Série, Bull. 277, n° 2227; Instr. n° 1880.)

ART. 11. — Les certificats, actes de notoriété et autres pièces exclusivement relatives à l'exécution de la présente loi, seront délivrés gratuitement et dispensés des droits de timbre et d'enregistrement.

[Certificats de vie. Timbre (*V.* Déc. 27 juillet 1861, art. 28).]

LOI DU 10 JUILLET 1850

Publicité des contrats de mariage.

(Xe Série, Bull. 288, n° 2288; Instr. n° 1872.)

ARTICLE PREMIER. — Il sera ajouté aux articles 75, 76, 1391 et 1394 du Code civil les dispositions suivantes : . . .

« *Article* 1391 *du Code civil.* (A placer à la fin de l'article actuel.) Toutefois, si l'acte de célébration de mariage porte que les époux se sont mariés sans contrat, la femme sera réputée, à l'égard des tiers, capable de contracter dans les termes du droit commun, à moins que, dans l'acte qui contiendra son engagement, elle n'ait déclaré avoir fait un contrat de mariage. »

« *Article* 1394 *du Code civil.* (A placer à la fin de l'article actuel.) Le notaire donnera lecture aux parties du dernier alinéa de l'article 1391, ainsi que du dernier alinéa du présent article. Mention de cette lecture sera faite dans le contrat, à peine de 10 francs d'amende contre le notaire contrevenant. — Le notaire délivrera aux parties, au moment de la signature du contrat, un certificat sur papier libre et sans frais, énonçant ses nom et lieu de résidence, les noms, prénoms, qualités et demeures des futurs époux, ainsi que la date du contrat. Ce certificat indiquera qu'il doit être remis à l'officier de l'état civil avant la célébration du mariage. »

[V. L. 25 ventôse an XI, art. 53.]

LOI DU 16 JUILLET 1850

Cautionnement et timbre des journaux.

(Xe Série, Bull. 291, n° 2301 ; Instr. n° 1859.)

—

TITRE II. — *Du timbre.*

.... Art. 12. — A partir du 1er août prochain, les journaux ou écrits périodiques, ou les recueils périodiques de gravures ou lithographies politiques, de moins de dix feuilles de vingt-cinq à trente-deux décimètres carrés, ou de moins de cinq feuilles de cinquante à soixante-douze décimètres carrés, seront soumis à un droit de timbre. — Ce droit sera de 5 centimes par feuille de soixante-douze décimètres carrés et au-dessous, dans les départements de la Seine et de Seine-et-Oise, et de 2 centimes pour les journaux, gravures ou écrits périodiques publiés partout ailleurs.

Art. 13. — Les écrits non périodiques traitant de matières politiques ou d'économie sociale qui ne sont pas actuellement en cours de publication, ou qui, antérieurement à la présente loi, ne sont pas tombés dans le domaine public, s'ils sont publiés en une ou deux livraisons ayant moins de trois feuilles d'impression de vingt-cinq à trente-deux décimètres carrés, seront soumis à un droit de timbre de 5 centimes. — Par chaque dix décimètres carrés ou fraction en sus, il sera perçu 1 centime et demi. — Cette disposition est applicable aux écrits non périodiques publiés à l'étranger, lesquels seront, à l'importation, soumis aux droits de timbre fixés pour ceux publiés en France.

[V. Déc. 17 février 1852, art. 9.]

Art. 14. — Tout roman-feuilleton publié dans un journal ou dans son supplément sera soumis à un timbre de 1 centime par numéro. — Ce droit ne sera que d'un demi-centime pour les journaux des départements autres que ceux de la Seine et de Seine-et-Oise.

[Abrogé (Déc. 17 février 1852, art. 36).]

Art. 15. — Le timbre servira d'affranchissement au profit des éditeurs de journaux et écrits, savoir : — Celui de 5 centimes pour le transport et la distribution sur tout le territoire de la République ; — celui de 2 centimes pour le transport des journaux et écrits périodiques dans l'intérieur du département (autre que ceux de la Seine et de Seine-et-Oise) où ils sont publiés, et des départements limitrophes. — Les journaux ou écrits seront transportés et distribués par le service ordinaire de l'administration des Postes.

Art. 16. — Les journaux ou écrits périodiques frappés du timbre de 2 centimes devront, pour être transportés et distribués hors des limites déterminées par le troisième paragraphe de l'article précédent, payer un supplément de prix de 3 centimes. — Ce supplément de prix sera acquitté au bureau de poste du départ, et le journal sera frappé d'un timbre constatant l'acquittement de ce droit.

Art. 17. — L'affranchissement résultant du timbre ne sera valable, pour les journaux et écrits périodiques, que pour le jour et pour le départ du lieu de leur publication. — Pour les autres écrits, il ne sera également valable que pour un seul transport, et le timbre sera maculé au départ par les soins de l'Administration. — Toutefois, les éditeurs des journaux ou écrits périodiques auront le droit d'envoyer en franchise à tout abonné, avec la feuille du jour, les numéros publiés depuis moins de trois mois.

Art. 18. — Un supplément qui n'excédera pas soixante-douze décimètres carrés, publié par les journaux qui paraissent plus de deux fois par semaine, sera exempt de timbre, sous la condition qu'il sera uniquement consacré aux nouvelles politiques, aux débats de l'Assemblée nationale et des tribunaux, à la reproduction et à la discussion des actes du Gouvernement. — Les suppléments du *Moniteur universel*, quel que soit leur nombre, seront exempts de timbre.

[Abrogé (Déc. 17 février 1852, art. 36).]

Art. 19. — Quiconque, autre que l'éditeur, voudra faire transporter un journal ou écrit par la poste sera tenu d'en payer l'affranchissement à raison de 5 centimes ou de 2 centimes par feuille, selon les cas prévus par la présente loi. — Le journal sera frappé, au départ, d'un timbre indiquant cet affranchissement. — A défaut de cet affranchissement, le journal sera, à l'arrivée, taxé comme lettre simple.

Art. 20. — Une remise de 1 pour 100 sur le timbre sera accordée aux éditeurs de journaux et d'écrits périodiques pour déchets de maculature. — Il sera fait remise de 1 centime par feuille de journal qui sera transportée et distribuée aux frais de l'éditeur dans l'intérieur de la ville, et, en outre, à Paris, dans l'intérieur de la banlieue. — Les conditions à observer pour jouir de cette remise seront fixées par un arrêté du ministre des finances.

Art. 21. — Un règlement déterminera le mode d'apposition du timbre sur les journaux ou écrits, la place où devra être indiqué le jour de leur publication, le mode de pliage, enfin les conditions à observer pour la remise à la poste des journaux ou écrits par les éditeurs qui voudront profiter de l'affranchissement.

Art. 22. — Les recueils et écrits périodiques qui étaient dispensés du timbre, avant le décret du 4 mars 1848, continueront à jouir de cette exemption.

[V. Déc. 28 mars 1852.]

Art. 23. — Les préposés de l'Enregistrement, les officiers de police judiciaire et les agents de la force publique sont autorisés à saisir ceux de ces journaux ou écrits qui seraient en contravention, sauf à constater cette saisie par des procès-verbaux dont la signification sera faite aux contrevenants dans le délai de trois jours.

[V. Déc. 17 février 1852, art. 10, et L. 11 mai 1868, art. 6, § 1er.]

Art. 24. — Pour les journaux, gravures ou écrits périodiques, chaque contravention aux dispositions de la présente loi sera punie, indépendamment de la restitution des droits frustrés, d'une amende de 50 francs pour chaque feuille ou fraction de feuille non timbrée. L'amende sera de 100 francs en cas de récidive. — Pour les autres écrits, chaque contravention sera punie, indépendamment de la restitution des droits frustrés, d'une amende égale au double desdits droits, sans que, dans aucun cas, cette amende puisse être moindre de deux cents francs. — Les auteurs, éditeurs, gérants, imprimeurs et distributeurs desdits journaux ou écrits soumis au timbre, seront solidairement tenus de l'amende, sauf leur recours les uns contre les autres.

[V. Déc. 17 février 1852, art. 11.]

Art. 25. — Le recouvrement des droits de timbre et des amendes de contravention sera poursuivi, et les instances seront instruites et jugées conformément à l'article 76 de la loi du 28 avril 1816.

[V. Déc. 17 février 1852, art. 12.]

DISPOSITIONS TRANSITOIRES.

Art. 26. — Le droit de timbre afférent aux abonnements contractés avant la promulgation de la présente loi sera remboursé aux propriétaires de journaux ou écrits périodiques. — Un règlement déterminera le délai et la forme des réclamations, ainsi que les justifications à produire. — Cette dépense sera imputée sur le crédit alloué au chapitre 70 du budget des finances concernant les remboursements sur produits indirects et divers. — Un crédit supplémentaire de 35,000 francs sur l'exercice 1850 est ouvert au ministre des finances pour l'exécution de la présente loi.

Art. 27. — Il est accordé aux journaux actuellement existants, pour se conformer aux conditions imposées par les articles 3 et 4, un délai de deux mois, à partir du jour de la promulgation de la présente loi. — Le ministre des finances est autorisé à tenir compte aux éditeurs de journaux du prix du timbre pour les feuilles timbrées avant le décret du 4 mars 1848, et qui n'ont pas été employées.

Art. 28. — Sont affranchis du cautionnement et du timbre tous journaux ou publications imprimés en France, en langues étrangères, mais destinés à être publiés et distribués dans les pays étrangers.

DÉCRET DU 27 JUILLET 1850

Timbre des effets de commerce, etc.

(Xe Série, Bull. 297, no 2322; Inst. nos 1865, 1867 et 1873.)

Article premier. — A partir du 1er octobre 1850, les papiers destinés aux lettres de change, billets à ordre ou au porteur, mandats, retraites et tous autres effets négociables ou de commerce, de sommes n'excédant pas 500 francs, seront marqués de timbres conformes aux modèles annexés au présent, et indiquant le montant des droits de timbre, tels qu'ils sont fixés par l'article 1er de la loi des 7, 22 mars et 5 juin 1850. Néanmoins, les papiers aux timbres proportionnels de 15 et 25 centimes existant actuellement dans les magasins et bureaux de l'Enregistrement pourront, à partir du 1er octobre 1850, être débités concurremment avec les papiers frappés des nouveaux timbres, pour être employés, savoir: ceux du timbre de 15 centimes pour les effets négociables de 200 à 300 francs, et ceux du timbre de 25 centimes pour les effets négociables de 400 à 500 francs. Il continuera d'être fait usage des timbres actuels pour les papiers destinés, soit aux effets négociables, soit aux billets et obligations non négociables de sommes au-dessus de 500 francs jusqu'à 20,000 francs. Lorsqu'il s'agira de sommes supérieures à 20,000 francs, les papiers seront visés pour timbre au droit de 50 centimes par 1,000 francs et sans fraction, conformément à l'article 11 de la loi du 13 brumaire an VII.

Art. 2. — Des timbres semblables à ceux créés par l'article précédent et appliqués au papier de la débite seront employés pour les papiers destinés aux effets négociables, et présentés au timbrage à l'extraordinaire à l'atelier général, à Paris; mais l'exergue du timbre sec portera le mot *extraordinaire*, au lieu de l'indication du montant du droit.

[Modifications des types (Déc. 7 avril 1853, art. 1er, et Arr. 25 août 1871, art. 5; Déc. 19 février 1874, art. 5). — Timbres mobiles (LL. 8 juillet 1865, art. 5, et 27 juillet 1870, art. 6).]

Art. 3. — Il sera créé six nouveaux types pour l'exécution des dispositions des titres 2 et 3 de la loi des 7, 22 mars et 5 juin 1850. Ces types, conformes aux modèles ci-annexés, seront employés pour le timbrage, soit au comptant, soit pour abonnement des actions dans les sociétés, des obligations négociables des départements, communes, établissements publics, d'assurances autres que les assurances maritimes.

Art. 4. — Les actions dans les sociétés et les obligations négociables mentionnées dans l'article précédent ne pourront être timbrées au comptant qu'à l'atelier général du timbre à Paris, où elles seront frappées, à partir du 1er janvier 1851, d'un timbre noir et d'un timbre sec. Le timbre sec sera celui dont il est fait usage pour les formules d'effets de commerce et de lettres de voiture. — Les sociétés, départements, communes, établissements publics et compagnies qui auront, dans les départements autres que celui de la Seine, à faire timbrer des actions et obligations, devront les remettre, en feuilles détachées et en payant comptant les droits au receveur du timbre extraordinaire, au chef-lieu de chaque département. Ces titres seront transmis, par la poste, à l'administration centrale de l'Enregistrement, qui les fera timbrer sur la souche et le talon, conformément aux articles 16 et 28 de la loi, et les renverra immédiatement, ainsi qu'il est pratiqué pour les formules d'effets de commerce et de lettres de voiture, conformément à l'article 6 de la loi du 11 juin 1842, portant fixation du budget des recettes pour l'exercice 1843, et à une ordonnance du même jour.

Art. 5. — En cas d'abonnement pour les actions à émettre et les obligations à souscrire, à partir du 1er janvier 1851, des timbres spéciaux seront appliqués sur la souche et le talon de ces titres au chef-lieu du département où l'abonnement aura été souscrit, et la formalité sera donnée après la souscription de cet abonnement.— Ces timbres, au nombre de deux, ne différeront des autres types que par la légende, qui portera ces mots : *Action-abonnement*, ou ceux-ci : *Obligation-abonnement*. — Les papiers destinés aux polices d'assurances et aux feuilles de collectes seront également frappés, dans tous les chefs-lieux de département, et dans les cas prévus par les articles 37 et 39 de la loi, d'un timbre spécial d'abonnement, aussitôt que les bureaux du timbre extraordinaire en auront été pourvus. — En attendant, les polices dont les assureurs abonnés voudront faire usage pourront être visées pour timbre *gratis*, avec mention de l'existence et de la date de l'abonnement souscrit. Le timbre de l'abonnement sera uniforme pour les trois catégories d'assurances et portera pour légende : *Assurance-abonnement.*

Art. 6. — Dans l'exergue des timbres d'abonnement qui seront destinés au département de la Seine, on placera le mot *Seine*. Pour les autres départements, la griffe portant le nom du département continuera d'être appliquée, conformément à l'article 10 de l'arrêté du Gouvernement du 7 fructidor an X.

[Suppression de la griffe (Déc. 8 octobre 1864 et 12 juin 1869).]

Art. 7. — L'administration de l'Enregistrement et des Domaines fera déposer aux greffes des cours et tribunaux des empreintes des nouveaux timbres, appliquées sur papier filigrané. — Il sera dressé, sans frais, procès-verbal de chaque dépôt.

LOI DU 7 AOUT 1850

Les conseils de prud'hommes.

(Xe Série, Bull. 303, n° 2358 ; Instr. n° 1861.)

Article premier. — Dans les contestations entre patrons et ouvriers devant les conseils de prud'hommes, les actes de procédure, ainsi que les jugements et les actes nécessaires à leur exécution, seront rédigés sur papier visé pour timbre, conformément à l'article 70 de la loi du 22 frimaire an VII. — L'enregistrement aura lieu *en débet*.

Art. 2. — Les dispositions de l'article 1er sont applicables aux causes du ressort du conseil des prud'hommes portées en appel ou devant la Cour de cassation.

Art. 3. — Le visa pour timbre sera donné sur l'original au moment de son enregistrement.

Art. 4. — La partie qui succombera sera condamnée aux dépens envers le Trésor ; le recouvrement aura lieu suivant les règles ordinaires contre les parties condamnées.

[V. L. 22 janvier 1851, art. 27.]

LOI DU 7 AOUT 1850

Enregistrement.

(Xe Série, Bull. 303, n° 2357 ; Instr. nos 1864 et 1874.)

Art. 9. — A partir du 1er janvier 1851, les actes ou écrits tarifés au droit de 1 pour 100 par l'article 69, paragraphe 3, n° 3, de la loi du 22 frimaire an VII, ne seront sujets qu'au droit de 1/2 pour 100. — Le droit des actes ou écrits portant libération de sommes et valeurs mobilières, désignés au n° 11 du paragraphe 2 de l'article 69 de la loi du 22 frimaire an VII, est réduit à 25 centimes pour 100 francs.

[Abrogé (L. 5 mai 1855, art. 15).]

Art. 17. — L'autorisation d'établir son domicile en France, accordée conformément à l'article 13 du Code civil, donnera lieu à la perception, au profit de l'État, des mêmes droits qui sont fixés pour la naturalisation. Le Gouvernement pourra faire remise totale ou partielle de ces droits.

[V. L. 28 avril 1816, art. 55. — Comp. LL. 21 avril 1832, art. 1er, et 20 juillet 1837, art. 12.]

LOI DU 6 DÉCEMBRE 1850

Colonies. — Esclaves.

Art. 2. — Les instances en constatation ou rectification des actes de l'état civil des personnes mentionnées au présent article (non libres antérieurement au décret de l'abolition de l'esclavage), seront exemptes de tout droit de timbre et d'enregistrement.

LOI DU 10 DÉCEMBRE 1850

Mariage des indigents, légitimation de leurs enfants naturels et retrait de ces enfants déposés dans les hospices.

(Xe Série, Bull. 344, n° 2592 ; Instr. n° 1876.)

Article premier. — Les pièces nécessaires au mariage des indigents, à la légitimation de leurs enfants naturels et au retrait de ces enfants déposés dans les hospices, seront réclamées et réunies par les soins de l'officier de l'état civil de la commune dans laquelle les parties auront déclaré vouloir se marier. — Les expéditions de ces pièces pourront, sur la demande du maire, être réclamées et transmises par les procureurs de la République.

Art. 2. — Les procureurs de la République pourront, dans les mêmes cas, agir d'office et procéder à tous actes d'instruction préalables à la célébration du mariage.

Art. 3. — Tous jugements de rectification ou d'inscription des actes de l'état civil, toutes homologations d'actes de notoriété, et généralement tous actes judiciaires ou procédures nécessaires au mariage des indigents, seront poursuivis et exécutés d'office par le ministère public.

Art. 4. — Les extraits des registres de l'état civil, les actes de notoriété, de consentement, de publications; les délibérations de conseil de famille, les certificats de libération du service militaire, les dispenses pour cause de parenté, d'alliance ou d'âge, les actes de reconnaissance des enfants naturels, les actes de procédure, les jugements et arrêts dont la production sera nécessaire dans les cas prévus par l'article 1er, seront visés pour timbre enregistrés *gratis*, lorsqu'il y aura lieu à enregistrement. Il ne sera perçu aucun droit de greffe ni aucun droit de sceau au profit du Trésor sur les minutes et originaux, ainsi que sur les copies ou expéditions qui en seraient passibles. — L'obligation du visa pour timbre n'est pas applicable aux publications civiles ni au certificat constatant la célébration civile du mariage.

Art. 5. — La taxe des expéditions des actes de l'état civil requises pour le mariage des indigents est réduite, quels que soient les détenteurs de ces pièces, à 30 centimes lorsqu'il n'y aura pas lieu à légalisation, à 50 centimes lorsque cette dernière formalité devra être accomplie. — Le droit de recherche alloué aux greffiers par l'article 14 de la loi du 21 ventôse an VII, les droits de légalisation perçus au ministère des affaires étrangères ou dans les chancelleries de France à l'étranger, sont supprimés en ce qui concerne l'application de la présente loi.

Art. 6. — Seront admises au bénéfice de la loi les personnes qui justifieront d'un certificat d'indigence, à elles délivré par le commissaire de police, ou par le maire dans les communes où il n'existe pas de commissaire de police, sur le vu d'un extrait du rôle des contributions constatant que les parties intéressées payent moins de 10 francs, ou d'un certificat du percepteur de leur commune portant qu'elles ne sont pas imposées. — Le certificat d'indigence sera visé et approuvé par le juge de paix du canton. Il sera fait mention dans le visa de l'extrait des rôles ou du certificat négatif du percepteur.

Art. 7. — Les actes, extraits, copies ou expéditions ainsi délivrés, mentionneront expressément qu'ils sont destinés à servir à la célébration d'un mariage entre indigents, à la légitimation ou au retrait de leurs enfants naturels déposés dans les hospices. — Ils ne pourront servir à autres fins, sous peine de 25 francs d'amende, outre le payement des droits, contre ceux qui en auront fait usage, ou qui les auront indûment délivrés ou reçus. — Le recouvrement des droits et des amendes de contravention sera poursuivi par voie de contrainte, comme en matière d'enregistrement.

Art. 8. — Le certificat prescrit par l'article 6 sera délivré en plusieurs originaux, lorsqu'il devra être produit à divers bureaux d'enregistrement. Il sera remis au bureau de l'Enregistrement, où les actes, extraits, copies ou expéditions devront être visés pour timbre et enregistrés *gratis*. Le receveur en fera mention dans le visa pour timbre et dans la relation de l'enregistrement. — Néanmoins, les réquisitions des procureurs de la République tiendront lieu des originaux ci-dessus prescrits, pourvu qu'elles mentionnent le dépôt du certificat d'indigence à leur parquet. — L'extrait du rôle ou le certificat négatif du percepteur sera annexé aux pièces déposées pour la célébration du mariage.

Art. 9. — La présente loi est applicable au mariage entre Français et étrangers. — Elle sera exécutoire aux colonies.

Art. 10. — L'article 8 de la loi du 3 juillet 1846, l'ordonnance du 30 décembre 1846, et toutes dispositions contraires à la présente loi, sont abrogés.

[*V.* LL. 25 mars 1817, art. 75, et 15 mai 1818, art. 77.]

DÉCRET DU 20 DÉCEMBRE 1850

Certificats de stage.

(Xe Série, Bull. 346, n° 2698.)

Article premier. — Les certificats de stage délivrés par les conseils académiques, en vertu de l'article 61 de la loi du 15 mars 1850, doivent énoncer : 1° les nom, prénoms, âge et lieu de naissance du postulant; 2° l'époque où le stage a commencé, la nature des fonctions remplies et la durée du stage attestées par le chef de l'établissement où le stage aura été accompli. — Lorsque le chef de l'établissement est décédé, absent ou empêché, son attestation peut être suppléée par un acte de notoriété publique.

Art. 2. — Les attestations sont écrites sur papier timbré et les signatures en sont légalisées.

LOI DU 22 JANVIER 1851

Assistance judiciaire.

(Xe Série, Bull. 346, n° 2680; Instr. n° 1879.)

Article premier. — L'assistance judiciaire est accordée aux indigents, dans les cas prévus par la présente loi.

[Conventions internationales avec l'Italie (le 19 février 1870), la Bavière (le 11 mars 1870), le Grand-Duché de Luxembourg (le 22 mars 1870), la Belgique (le 22 mars 1870).] — *V.* XIe Série, Bull. 1803, nos 17714 à 17716, et Bull. 1807, n° 17762; Comp. Inst., n° 2407).

TITRE PREMIER. — *De l'assistance judiciaire en matière civile.*

CHAPITRE PREMIER. — *Des formes dans lesquelles l'assistance judiciaire est accordée.*

ART. 2. — L'admission à l'assistance judiciaire devant les tribunaux civils, les tribunaux de commerce et les juges de paix, est prononcée par un bureau spécial établi au chef-lieu judiciaire de chaque arrondissement, et composé : 1° Du directeur de l'Enregistrement et des domaines, ou d'un agent de cette Administration délégué par lui; 2° d'un délégué du préfet; 3° de trois membres pris parmi les anciens magistrats, les avocats ou anciens avocats, les avoués ou anciens avoués, les notaires ou anciens notaires. Ces trois membres seront nommés par le tribunal civil. — Néanmoins, dans les arrondissements où il y aura au moins quinze avocats inscrits au tableau, un des trois membres mentionnés dans le paragraphe précédent sera nommé par le conseil de discipline de l'ordre des avocats, et un autre par la chambre des avoués près le tribunal civil; le troisième sera choisi par le tribunal, conformément au paragraphe précédent.

ART. 3. — Le bureau d'assistance établi près d'une cour d'appel se compose de sept membres, savoir : — de deux délégués nommés comme il est dit dans les n°s 1 et 2 de l'article précédent; — et de cinq autres membres choisis de la manière suivante : — deux par la cour, en assemblée générale, parmi les citoyens des qualités énoncées dans le quatrième paragraphe de l'article précédent; — deux par le conseil de discipline de l'ordre des avocats; — et un par la chambre de discipline des avoués à la cour.

ART. 4. — Lorsque le nombre des affaires l'exige, le bureau peut, en vertu d'une décision du ministre de la justice, prise sur l'avis du tribunal ou de la cour, être divisé en plusieurs sections. — Dans ce cas, les règles prescrites par les deux articles précédents, relativement au nombre des membres du bureau et à leur nomination, s'appliquent à chaque section.

ART. 5. — Près de la Cour de cassation et près du Conseil d'État, le bureau est composé de sept membres, parmi lesquels deux délégués du ministre des finances. — Trois autres membres sont choisis, savoir : — Pour le bureau établi près de la Cour de cassation, par cette cour, en assemblée générale, parmi les anciens membres de la cour, les avocats et les anciens avocats du Conseil d'État et à la Cour de cassation, les professeurs et les anciens professeurs en droit; — et, pour le bureau établi près du Conseil d'État, par ce conseil, en assemblée générale, parmi les anciens conseillers d'État, les anciens maîtres des requêtes, les anciens préfets, les avocats et les anciens avocats au Conseil d'État et la Cour de cassation. — Près de l'une et de l'autre de ces juridictions, les deux derniers membres sont nommés par le conseil de discipline de l'ordre des avocats au Conseil d'État et à la Cour de cassation.

ART. 6. — Chaque bureau d'assistance ou chaque section nomme son président. — Les fonctions de secrétaire sont remplies par le greffier de la cour ou du tribunal près duquel le bureau est établi, ou par un de ses commis assermentés; et, pour le bureau établi près du Conseil d'État, par le secrétaire général de ce conseil, ou par un secrétaire de comité ou de section délégué par lui. — Le bureau ne peut délibérer qu'autant que la moitié plus un de ses membres sont présents, non compris le secrétaire, qui n'a pas voix délibérative. — Les décisions sont prises à la majorité; en cas de partage, la voix du président est prépondérante.

ART. 7. — Les membres du bureau, autres que les délégués de l'Administration, sont soumis au renouvellement, au commencement de chaque année judiciaire et dans le mois qui suit la rentrée; les membres sortants peuvent être réélus.

ART. 8. — Toute personne qui réclame l'assistance judiciaire adresse sa demande sur papier libre au procureur de la République du tribunal de son domicile. Ce magistrat en fait la remise au bureau établi près de ce tribunal. Si le tribunal n'est pas compétent pour statuer sur le litige, le bureau se borne à recueillir des renseignements, tant sur l'indigence que sur le fond de l'affaire. Il peut entendre les parties. Si elles ne sont pas accordées, il transmet, par l'intermédiaire du procureur de la République, la demande, le résultat de ses informations et les pièces, au bureau établi près de la juridiction compétente.

ART. 9. — Si la juridiction devant laquelle l'assistance judiciaire a été admise se déclare incompétente, et que, par suite de cette décision, l'affaire soit portée devant une autre juridiction de même nature et de même ordre, le bénéfice de l'assistance subsiste devant cette dernière juridiction. — Celui qui a été admis à l'assistance judiciaire devant une première juridiction continue à en jouir sur l'appel interjeté contre lui, dans le cas même où il se rendrait incidemment appelant. Il continue pareillement à en jouir sur le pourvoi en cassation, formé contre lui. — Lorsque c'est l'assisté qui émet un appel principal ou qui forme un pourvoi en cassation, il ne peut, sur cet appel ou sur ce pourvoi, jouir de l'assistance qu'autant qu'il y est admis par une décision nouvelle. Pour y parvenir, il doit adresser sa demande, savoir : — s'il s'agit d'un appel à porter devant le tribunal civil, au procureur de la République près ce tribunal; — s'il s'agit d'un appel à porter devant la cour d'appel, au procureur général près cette cour; — s'il s'agit d'un pourvoi en cassation, au procureur général près la Cour de cassation. — Le magistrat auquel la demande est adressée en fait la remise au bureau compétent.

ART. 10. — Quiconque demande à être admis à l'assistance judiciaire doit fournir : —1° un extrait du rôle de ses contributions, ou un certificat du percepteur de son domicile, constatant qu'il n'est pas imposé; —2° une déclaration attestant qu'il est, à raison de son indigence, dans l'impossibilité d'exercer ses droits en justice, et contenant l'énumération détaillée de ses moyens d'existence, quels qu'ils soient. — Le réclamant affirme la sincérité de sa déclaration devant le maire de la commune de son domicile ; le maire lui en donne acte au bas de la déclaration,

Art. 11. — Le bureau prend toutes les informations nécessaires pour s'éclairer sur l'indigence du demandeur, si l'instruction déjà faite par le bureau du domicile du demandeur, dans le cas prévu par l'article 8, ne lui fournit pas, à cet égard, des documents suffisants.—Il donne avis à la partie adverse qu'elle peut se présenter devant lui, soit pour contester l'indigence, soit pour fournir des explications sur le fond. — Si elle comparaît, le bureau emploie ses bons offices pour opérer un arrangement amiable.

Art. 12.—Les décisions du bureau ne contiennent que l'exposé sommaire des faits et des moyens, et la déclaration que l'assistance est accordée ou qu'elle est refusée, sans expression de motifs dans l'un ni dans l'autre cas. — Les décisions du bureau ne sont susceptibles d'aucun recours. — Néanmoins, le procureur général, après avoir pris communication de la décision d'un bureau établi près d'un tribunal civil et des pièces à l'appui, peut, sans retard de l'instruction ni du jugement, déférer cette décision au bureau établi près la cour d'appel, pour être réformée s'il y a lieu. — Le procureur général près la Cour de cassation, et le procureur général près la cour d'appel, peuvent aussi se faire envoyer les décisions des bureaux d'assistance, qui ont été rendues dans une affaire sur laquelle le bureau d'assistance établi près de l'une ou de l'autre de ces cours est appelé à statuer, si ce dernier bureau en fait la demande. — Hors les cas prévus par les deux paragraphes précédents, les décisions du bureau ne peuvent être communiquées qu'au procureur de la République, à la personne qui a demandé l'assistance et à ses conseils ; le tout sans déplacement. — Elles ne peuvent être produites ni discutées en justice, si ce n'est devant la police correctionnelle, dans le cas prévu par l'article 26 de la présente loi.

CHAPITRE II. — *Des effets de l'assistance judiciaire.*

Art. 13. — Dans les trois jours de l'admission à l'assistance judiciaire, le président du bureau envoie, par l'intermédiaire du procureur de la République, au président de la cour ou du tribunal, ou au juge de paix, un extrait de la décision, portant seulement que l'assistance est accordée ; il y joint les pièces de l'affaire. — Si la cause est portée devant une cour ou un tribunal civil, le président invite le bâtonnier de l'ordre des avocats, le président de la chambre des avoués et le syndic des huissiers, à désigner l'avocat, l'avoué et l'huissier qui prêteront leur ministère à l'assisté. — S'il n'existe pas de bâtonnier, ou s'il n'y a pas de chambre de discipline des avoués, la désignation est faite par le président du tribunal. — Si la cause est portée devant un tribunal de commerce ou devant un juge de paix, le président du tribunal ou le juge de paix se borne à inviter le syndic des huissiers à désigner un huissier. — Dans le même délai de trois jours, le secrétaire du bureau envoie un extrait de la décision au receveur de l'Enregistrement,

Art. 14. — L'assisté est dispensé provisoirement du payement des sommes dues au Trésor pour droits de timbre, d'enregistrement et de greffe, ainsi que de toute consignation d'amende. — Il est aussi dispensé provisoirement du payement des sommes dues aux greffiers, aux officiers ministériels et aux avocats pour droits, émoluments et honoraires. — Les actes de la procédure faite à la requête de l'assisté sont visés pour timbre et enregistrés *en débet*. Le visa pour timbre est donné sur l'original, au moment de son enregistrement.— Les actes et titres produits par l'assisté, pour justifier de ses droits et qualités, sont pareillement visés pour timbre et enregistrés *en débet*. — Si ces actes et titres sont du nombre de ceux dont les lois ordonnent l'enregistrement dans un délai déterminé, les droits d'enregistrement deviennent exigibles immédiatement après le jugement définitif ; il en est de même des sommes dues pour contravention aux lois sur le timbre. — Si ces actes et titres ne sont pas du nombre de ceux dont les lois ordonnent l'enregistrement dans un délai déterminé, les droits d'enregistrement de ces actes et titres sont assimilés à ceux des actes de la procédure. — Le visa pour timbre et l'enregistement en débet doivent mentionner la date de la décision qui admet au bénéfice de l'assistance ; ils n'ont d'effet, quant aux actes et titres produits pas l'assisté, que pour le procès dans lequel la production a eu lieu. — Les frais de transport des juges, des officiers ministériels et des experts, les honoraires de ces derniers et les taxes des témoins dont l'audition a été autorisée par le tribunal ou le juge-commissaire, sont avancés par le Trésor, conformément à l'article 118 du décret du 18 juin 1811. Le paragraphe 5 du présent article s'applique au recouvrement de ces avances,

Art. 15. — Le ministère public est entendu dans toutes les affaires dans lesquelles l'une des parties a été admise au bénéfice de l'assistance.

Art. 16. — Les notaires, greffiers et tous autres dépositaires publics ne sont tenus à la délivrance gratuite des actes et expéditions réclamés par l'assisté que sur une ordonnance du juge de paix ou du président.

Art. 17. — En cas de condamnation aux dépens prononcée contre l'adversaire de l'assisté, la taxe comprend tous les droits, frais de toute nature, honoraires et émoluments auxquels l'assisté aurait été tenu, s'il n'y avait pas eu assistance judiciaire.

Art. 18. — Dans le cas prévu par l'article précédent. la condamnation est prononcée et l'exécutoire est délivré au nom de l'administration de l'Enregistrement et des Domaines, qui en poursuit le recouvrement comme en matière d'enregistrement. — Il est délivré un exécutoire séparé, au nom de l'administration de l'Enregistrement et des Domaines, pour les droits qui, n'étant pas compris dans l'exécutoire délivré contre la partie adverse, restent dus par l'assisté au Trésor, conformément au cinquième paragraphe de l'article 14. — L'administration de l'Enregistrement et des Domaines fait immédiatement aux divers ayants-droit la distribution des sommes recouvrées. — La créance du Trésor, pour les avances qu'il a faites, ainsi que pour tous droits de greffe, d'enregistrement et de timbre, a la préférence sur celles des autres ayants-droit.

ART. 19. — En cas de condamnation aux dépens prononcée contre l'assisté, il est procédé, conformément aux règles tracées par l'article précédent, au recouvrement des sommes dues au Trésor, en vertu des paragraphes 5 et 8 de l'article 14.

ART. 20. — Les greffiers sont tenus de transmettre, dans le mois, au receveur de l'Enregistrement, l'extrait du jugement de condamnation ou l'exécutoire, sous peine de 10 francs d'amende pour chaque extrait de jugement ou chaque exécutoire non transmis dans ledit délai.

CHAPITRE III. — *Du retrait de l'assistance judiciaire.*

ART. 21. — Devant toutes les juridictions, le bénéfice de l'assistance peut être retiré en tout état de cause, soit avant, soit même après le jugement : — 1° s'il survient à l'assisté des ressources reconnues suffisantes ; — 2° s'il a surpris la décision du bureau par une déclaration frauduleuse.

ART. 22. — Le retrait de l'assistance peut être demandé soit par ministère public, soit par la partie adverse. — Il peut aussi être prononcé d'office par le bureau. — Dans tous les cas, il est motivé.

ART. 23. — L'assistance judiciaire ne peut être retirée qu'après que l'assisté a été entendu ou mis en demeure de s'expliquer.

ART. 24. — Le retrait de l'assistance judiciaire a pour effet de rendre immédiatement exigibles les droits, honoraires, émoluments et avances de toute nature, dont l'assisté avait été dispensé. — Dans tous les cas où l'assistance judiciaire est retirée, le secrétaire du bureau est tenu d'en informer immédiatement le receveur de l'Enregistrement, qui procédera au recouvrement et à la répartition, suivant les règles tracées en l'article 18 ci-dessus.

ART. 25. — L'action tendant au recouvrement de l'exécutoire délivré à la régie de l'Enregistrement et des Domaines, soit contre l'assisté, soit contre la partie adverse, se prescrit par dix ans. — La prescription de l'action de l'adversaire de l'assisté contre celui-ci, pour les dépens auxquels il a été condamné envers lui, reste soumise au droit commun.

ART. 26. — Si le retrait de l'assistance a pour cause une déclaration frauduleuse de l'assisté, relativement à son indigence, celui-ci peut, sur l'avis du bureau, être traduit devant le tribunal de police correctionnelle et condamné, indépendamment du payement des droits et frais de toute nature, dont il avait été dispensé, à une amende égale au montant total de ces droits et frais, sans que cette amende puisse être au-dessous de 100 francs, et à un emprisonnement de huit jours au moins et de six mois au plus. — L'article 463 du Code pénal est applicable.

ART. 27. — Les dispositions de la loi du 7 août 1850 sont applicables : — 1° A toutes les causes qui sont de la compétence des conseils de prud'hommes, et dont les juges de paix sont saisis dans les lieux où ces conseils ne sont pas établis; — 2° A toutes les contestations énoncées dans les nos 3 et 4 de l'article 5 de la loi du 25 mai 1838.

TITRE II. — *De l'assistance judiciaire en matière criminelle et correctionnelle.*

ART. 28. — Il sera pourvu à la défense des accusés devant les cours d'assises, conformément aux dispositions de l'article 294 du Code d'instruction criminelle.

ART. 29. — Les présidents des tribunaux correctionnels désigneront un défenseur d'office aux prévenus poursuivis à la requête du ministère public, ou détenus préventivement, lorsqu'ils en feront la demande, et que leur indigence sera constatée, soit par les pièces désignées dans l'article 10, soit par tous autres documents.

ART. 30. — Les présidents des cours d'assises et les présidents des tribunaux correctionnels pourront, même avant le jour fixé pour l'audience, ordonner l'assignation des témoins qui leur seront indiqués par l'accusé ou le prévenu indigent, dans le cas où la déclaration de ces témoins serait jugée utile pour la découverte de la vérité. — Pourront être également ordonnées d'office toutes productions et vérifications de pièces. — Les mesures ainsi prescrites seront exécutées à la requête du ministère public.

ART. 31. — La présente loi pourra, par des règlements d'administration publique, être appliquée aux colonies et à l'Algérie.

LOI DU 22 FÉVRIER 1851

Contrats d'apprentissage.

(Xe Série, Bull. 339, n° 2765; Instr. n° 1878.)

ARTICLE PREMIER. — Le contrat d'apprentissage est celui par lequel un fabricant, un chef d'atelier ou un ouvrier s'oblige à enseigner la pratique de sa profession à une autre personne, qui s'oblige, en retour, à travailler pour lui ; le tout à des conditions et pendant un temps convenus.

ART. 2. — Le contrat d'apprentissage est fait par acte public ou par acte sous seing privé. Il peut aussi être fait verbalement; mais la preuve testimoniale n'en est reçue que conformément au titre du Code civil *des Contrats ou des Obligations conventionnelles en général*. — Les notaires, les secrétaires des conseils de prud'hommes et les greffiers de justice de paix peuvent recevoir l'acte d'apprentissage. — Cet acte est soumis, pour l'enregistrement, au droit fixe de 1 franc, lors même qu'il contiendrait des obligations de sommes ou valeurs mobilières, ou des quittances.

[Comp. L. 22 frimaire an VII, art. 68, § 1er, n° 14, et 69, § 2, n° 7. — Droit porté à 1 fr. 50 cent. (L. 28 février 1872, art. 4).]

LOI DU 30 MAI 1851

Police du roulage.

(Xe Série, Bull. 398, n° 2971 ; Instr. n° 1896.)

—

Art. 19. — Les procès-verbaux doivent être enregistrés *en débet* dans les trois jours de leur date ou de leur affirmation, à peine de nullité.

[Comp. L. 25 mars 1817, art. 74, et Déc. 1er mars 1854, art. 493, sur la gendarmerie.]

LOI DU 5 JUIN 1851

Récoltes et bois taillis.

—

Article premier — Les ventes publiques volontaires, soit à terme, soit au comptant, de fruits et de récoltes pendants par racines, et des coupes de bois taillis, seront faites, en concurrence et au choix des parties, par les notaires, commissaires-priseurs, huissiers et greffiers de justice de paix, même dans le lieu de la résidence des commissaires-priseurs.

Art. 2. — Pour l'exécution de la présente loi, et dans les trois mois de sa promulgation, il sera fait un tarif spécial dans la forme des règlements d'administration publique.

Art. 3. — Toutes les dispositions contraires à la présente loi sont et demeurent abrogées (*V.* Déc. du 5 novembre 1851.)

LOI DU 13 JUIN 1851

Amende de consignation. — Garde nationale.

(Inst. 1888.)

—

Art. 104. — Il n'y a de recours contre les jugements des conseils de discipline que devant la Cour de cassation, pour incompétence, excès de pouvoirs en violation de la loi. — Le pourvoi en cassation est suspensif à l'égard des jugements prononçant soit l'emprisonnement, soit une autre peine avec mise à l'ordre dans les cas prévus par les nos 2, 4 et 5 de l'article 72. Le condamné est dispensé de la mise en état. Dans tous les cas, ce recours n'est assujetti qu'à l'amende de 50 francs pour les jugements contradictoires et de 25 francs pour les jugements par défaut ; l'amende sera déposée dans les dix jours du pourvoi, sous peine de déchéance.

Art. 106. — Les jugements des conseils de discipline ne peuvent, dans aucun cas, prononcer de condamnation aux dépens. Tous actes de poursuite devant les conseils de discipline, tous jugements, recours et arrêts rendus en vertu de la présente loi, sont dispensés du timbre et enregistrés gratis.

LOI DU 24 JUIN 1851

Monts-de-piété.

(Xe Série, Bull. 417, n° 3089 ; Instr. n° 1887.)

—

Art. 8. — Les obligations, reconnaissances et tous actes concernant l'administration des monts-de-piété sont exempts des droits de timbre et d'enregistrement.

(Comp. Règl. 8 thermidor an XIII, art. 89.)

LOI DU 4 AOUT 1851

Banque d'Algérie.

—

Atr. 9. — Tous actes qui ont pour objet de constituer les nantissements par voie d'engagement, de transport ou autrement, au profit de la Banque, et d'établir ses droits comme créancière, sont enregistrés au droit fixe de 2 francs.

Art. 14. — Les billets, traites et mandats émis par la Banque algérienne et par ses succursales sont affranchis de la formalité préalable du timbre proportionnel. — Le droit sera perçu, par voie d'abonnement, conformément à l'article 9 de la loi du 30 juin 1840.

DÉCRET DU 5 NOVEMBRE 1851

Vente de meubles. — Honoraires. — Tarif.

—

Article premier. — Il est alloué, pour tous droits d'honoraires, non compris les déboursés, à l'officier public chargé de procéder à une vente volontaire et aux enchères de fruits et récoltes pendants par racines ou de coupes de bois taillis, une remise sur le produit de la vente, qui est fixée à 2 pour 100 jusqu'à 10,000 fr., et un quart pour 100 sur l'excédant, sans distinction entre les ventes faites au comptant et celles faites à terme.

En cas d'adjudication par lots, consentie au nom du même vendeur, la remise proportionnelle établie au présent article est calculée sur le prix total des lots réunis.

La remise ne peut, en aucun cas, être inférieure à 6 francs.

Art. 2. — Lorsque l'officier public qui a procédé à une vente à terme est chargé d'opérer le recouvrement du prix, il a droit à une remise de 1 pour 100 sur le montant des sommes par lui recouvrées.

Art. 3. — S'il est requis expédition ou extrait de procès-verbaux de vente, il est alloué, outre le timbre, 1 franc pour chaque rôle de vingt-cinq lignes à la page et de quinze syllabes à la ligne.

Art. 4. — Pour versement à la Caisse des consignations, payement des contributions ou assistance aux référés, s'il y a lieu, il est alloué :

A Paris, Lyon, Bordeaux, Rouen, Toulouse et Marseille, 4 francs.

Partout ailleurs, 3 francs.

Art. 5. — Toutes perceptions directes ou indirectes autres que celles autorisées par le présent règlement, à quelque titre et sous quelque dénomination qu'elles aient lieu, sont formellement interdites.

En cas de contravention, l'officier public pourra être suspendu ou destitué, sans préjudice de l'action en répétition de la partie lésée et des peines prononcées par la loi contre la concussion.

Art. 6. — Il est également interdit aux officiers publics de faire aucun abonnement ou modification à raison des droits ci-dessus fixés, si ce n'est avec l'État et les établissements publics.

Toute contravention sera punie d'une suspension de quinze jours à six mois. En cas de récidive, la destitution pourra être prononcée.

DÉCRET DU 27 DÉCEMBRE 1851

Lignes télégraphiques.

(Xe Série, Bull. 475, no 3478; Instr. no 1899.)

—

Art. 10.—Les crimes, délits ou contraventions prévus dans la présente loi pourront être constatés par les procès-verbaux dressés concurremment par les officiers de police judiciaire, les commissaires et sous-commissaires préposés à la surveillance des chemins de fer, les inspecteurs des lignes télégraphiques, les agents de surveillance nommés ou agréés par l'Administration et dûment assermentés. — Ces procès-verbaux feront foi jusqu'à preuve contraire.

Art. 11. — Les procès-verbaux dressés en vertu de l'article précédent seront visés pour timbre et enregistrés *en débet*. — Ceux qui auront été dressés par des agents de surveillance assermentés devront être affirmés dans les trois jours, à peine de nullité, devant le juge de paix ou le maire, soit du lieu du délit ou de la contravention, soit de la résidence de l'agent.

[Comp. L. 22 frimaire an VII, art. 70, § 1er, et L. 25 mars 1817, art. 74.]

DÉCRET DU 9 JANVIER 1852

Amende de consignation. — Pêche côtière.

(Xe Série, Bull. 488, no 3561; Instr. no 1951.)

—

Art. 21. — Les citations, actes de procédure et jugements sont dispensés de timbre et enregistrés *gratis*.

Art. 22. — En cas de recours en cassation, l'amende à continuer est réduite à moitié du taux fixé par l'article 419 C. inst. crim.

DÉCRET DU 2 FÉVRIER 1852

Élections. — Amendes de consignation.

(Xe Série, Bull. 488; no 3636.)

—

Art. 23. — La décision du juge de paix est en dernier ressort, mais elle peut être déférée à la Cour de cassation; le pourvoi n'est recevable que s'il est formé dans les dix jours de la notification de la décision; il n'est pas suspensif; il est formé par simple requête dénoncée aux défendeurs dans les dix jours qui suivent; il est dispensé de l'intermédiaire d'un avocat à la Cour et jugé d'urgence, sans frais ni consignation d'amende.

Les pièces et mémoires fournis par les parties sont transmis, sans frais, par le greffier de la justice de paix au greffier de la Cour de cassation. La chambre des requêtes de la Cour de cassation statue définitivement sur le pourvoi.

Art. 24. — Tous les actes judiciaires sont, en matière électorale, dispensés du timbre et enregistrés *gratis*. — Les extraits des actes de naissance nécessaires pour établir l'âge des électeurs sont délivrés gratuitement, sur papier libre, à tout réclamant. Ils portent en tête de leur texte l'énonciation de leur destination spéciale et ne peuvent servir à aucune autre.

[V. L. 15 mars 1849, art. 13, et la note. — Affiches électorales, exemptes de timbre (L. 11 mai 1868, art. 3, § 3).]

DÉCRET ORGANIQUE DU 17 FÉVRIER 1852

Presse.

(Xe Série, Bull. 490, no 3651; Instr. nos 1908 et 1976.)

—

CHAPITRE II. — *Du timbre des journaux périodiques.*

Art. 6. — Les journaux ou écrits périodiques et les recueils périodiques de gravures ou lithographies politiques de moins de dix feuilles de vingt-cinq à trente-deux décimètres carrés, ou de moins de cinq feuilles de cinquante à soixante et douze décimètres carrés, seront soumis à un droit de timbre. — Ce droit sera de 6 centimes par feuille de soixante et douze décimètres carrés et au dessous, dans les départements de la Seine et de Seine-et-Oise, et de 3 centimes pour les journaux, gravures ou écrits périodiques publiés partout ailleurs.— Pour chaque fraction en sus de dix décimètres carrés et au-dessous, il sera perçu 1 centime et demi dans les départements de la Seine et de Seine-et-Oise, et 1 centime partout ailleurs. — Les suppléments du *Journal officiel*, quel que soit leur nombre, sont exempts de timbre.

[Droits de 6 et 5 cent. respectivement réduits à 5 et 4 cent. (L. 11 mai 1868, art. 3.) — Le § 3 est abrogé (L. 13 mai 1868, art. 3.) — Exemptions (V. L. 16 juillet 1850, art. 22; Déc. 28 mars 1852, art. 1er; LL. 2 mai 1861, art. 1er et 2, 11 mai 1868, art. 5 et 7).]

Art. 7. — Une remise de 1 pour 100 sur le timbre sera accordée aux éditeurs de journaux ou écrits périodiques pour déchets de maculature.

Art. 8. — Les droits de timbre imposés par la présente loi seront applicables aux journaux et écrits périodiques publiés à l'étranger, sauf les conventions diplomatiques contraires. — Un règlement d'administration publique déterminera le mode de perception de ce droit.

[V. Déc. 1er mars 1852.]

Art. 9. — Les écrits non périodiques traitant de matières politiques ou d'économie sociale qui ne sont pas actuellement en cours de publication, ou qui, antérieurement à la présente loi, ne sont pas tombés dans le domaine public, s'ils sont publiés en une ou plusieurs livraisons ayant moins de dix feuilles d'impression de vingt-cinq à trente-deux décimètres carrés, seront soumis à un droit de timbre de 5 centimes par feuille. — Il sera perçu 1 centime et demi par chaque fraction en sus de dix décimètres carrés et au-dessous. — Cette disposition est applicable aux écrits non périodiques publiés à l'étranger. Ils seront, à l'importation, soumis aux droits de timbre fixés pour ceux publiés en France.

[Nombre de dix feuilles réduit à six; droit de timbre abaissé à 4 cent. par feuille (L. 12 mai 1868, art. 3, § 4). — V. pour les écrits publiés à l'étranger, Déc. 1er mars 1852.]

Art. 10. — Les préposés de l'Enregistrement, les officiers de police judiciaire et les agents de la force publique sont autorisés à saisir les journaux ou écrits qui seraient en contravention aux présentes dispositions sur le timbre. — Ils devront constater cette saisie par des procès-verbaux qui seront signifiés aux contrevenants dans le délai de trois jours.

[V. LL. 25 germinal an XI; 28 avril 1816, art. 76; 11 mai 1868, art. 6, § 1er.]

Art. 11. — Chaque contravention aux dispositions de la présente loi, pour les journaux, gravures ou écrits périodiques, sera punie, indépendamment de la restitution des droits frustrés, d'une amende de 50 francs par feuille ou fraction de feuille non timbrée. Elle sera de 100 francs en cas de récidive. L'amende ne pourra, au total, dépasser le chiffre du cautionnement. — Pour les autres écrits, chaque contravention sera punie, indépendamment de la restitution des droits frustrés, d'une amende égale au double desdits droits. — Cette amende ne pourra, en aucun cas, être inférieure à 200 francs, ni dépasser en total 50,000 francs.

[V. LL. 16 juillet 1850, art. 24, § 3, et 11 mai 1868, art. 6.]

Art. 12. — Le recouvrement des droits de timbre et des amendes de contravention sera poursuivi, et les instances seront instruites et jugées conformément à l'article 76 de la loi du 28 avril 1816.

Art. 13. — En outre des droits de timbre fixés par la présente loi, les tarifs existant antérieurement à la loi du 16 juillet 1850, pour le transport par la poste des journaux et autres écrits, sont remis en vigueur.

CHAPITRE IV. — *Dispositions transitoires.*

Art. 34. — Les dispositions de la présente loi relatives au timbre des journaux et écrits périodiques ne sont exécutoires qu'à partir du 1er mars prochain. — Les droits de timbre et de poste afférents aux abonnements contractés avant la promulgation de la présente loi seront remboursés aux propriétaires des journaux ou écrits périodiques. — Les réclamations et justifications nécessaires seront faites dans les formes et délais déterminés par le décret réglementaire du 27 juillet 1850. — Cette dépense sera imputée sur le crédit alloué au chapitre LXX du budget des finances, concernant les remboursements sur produits indirects et divers.

Art. 36. — La présente loi n'est pas applicable à l'Algérie et aux colonies. — Sont abrogées les dispositions des lois antérieures contraires à la présente loi, et notamment les articles 14 et 18 de la loi du 16 juillet 1850.

[Droit de timbre aboli (Déc. 5 sept. 1870).]

DÉCRET DU 28 FÉVRIER 1852

Crédit foncier.

(Xe Série, Bull. 516, n° 3930.)

Art. 13. — Les obligations ou lettres de gage des sociétés de crédit foncier sont nominatives ou au porteur. Les obligations nominatives sont transmissibles par voie d'endossement, sans autre garantie que celle qui résulte de l'article 1693 du Code civil.

Art. 14. — La valeur des lettres de gage ne peut dépasser le montant des prêts. — Elles ne sont émises qu'après avoir été visées par un notaire et enregistrées. — Le visa est donné gratuitement par le notaire dépositaire de la minute de l'acte de prêt. — Il est fait mention sur la minute du nombre et du montant des lettres de gage visées. — Les lettres de gage doivent être enregistrées en même temps que l'acte de prêt. — L'enregistrement des lettres de gage a lieu au droit fixe de 10 centimes.

[Déc. du 31 décembre 1852, art. 1er. — Les lettres de gage ne sont émises qu'après avoir été visées et enregistrées; le visa est donné par le commissaire du Gouvernement (XIe Série, Bull. 10, n° 69).

[Impôt de transmission (V. L. 16 septembre 1871, art. 11).]

Art. 15. — Il ne peut être créé de lettres de gage inférieures à 100 francs.

Art. 47. — Les inscriptions hypothécaires prises au

profit des sociétés de crédit foncier sont dispensées, pendant toute la durée du prêt, du renouvellement décennal prescrit par l'article 2154 du Code civil.

DÉCRET DU 1er MARS 1852

Écrits publiés à l'étranger et importés en France.

(Inst. 1908.)

Article premier. — Les journaux et écrits périodiques et les écrits non périodiques traitant de matières politiques ou d'économie sociale, désignés dans les articles 8 et 9 du décret du 17 février 1852, publiés et importés en France par la voie de la poste, seront frappés par les agents de l'administration des Postes d'un timbre spécial à date, portant, à l'encre rouge, le nom du bureau de poste par lequel ils seront entrés sur le territoire français. Les droits de timbre exigibles, sauf conventions diplomatiques contraires, seront perçus par addition aux droits de poste.

Art. 2. — Les expéditeurs, introducteurs ou destinataires d'écrits de ces catégories, adressés en France par une autre voie que celle de la poste, devront faire à un des bureaux de douanes désignés pour l'importation des livres et écrits publiés à l'étranger une déclaration de quantité et dimension des écrits assujettis au timbre. L'exactitude de cette déclaration sera vérifiée par les vérificateurs inspecteurs de la librairie, ou, à défaut de ces agents, par les employés délégués à cet effet par les préfets.

Les écrits ainsi importés seront, après acquittement ou consignation des droits de douane, dirigés sous plomb et par acquits-à-caution, aux frais des déclarants, sur le chef-lieu du département le plus voisin ou de tout autre chef-lieu de département que les redevables auront indiqué, pour y recevoir l'application du timbre moyennant le payement des droits dus.

Art. 3. — A défaut de la déclaration exigée par l'article précédent, les écrits imprimés passibles du timbre qui seront importés en France seront retenus, selon le cas, au bureau des douanes ou à la préfecture ; la saisie en sera opérée conformément à l'article 10 du décret du 17 février 1852 par les préposés de l'administration de l'Enregistrement et des Domaines, et des poursuites seront exercées pour le recouvrement des droits de timbre, et, s'il y a lieu, des droits de douane ainsi que des amendes contre les introducteurs ou distributeurs.

Les mêmes pénalités seront encourues, à défaut de décharge régulière et du rapport, dans les délais fixés, des acquits-à-caution délivrés en vertu de l'article précédent ; le tout sans préjudice de l'action qui pourrait être intentée en vertu de l'article 2 du décret du 17 février 1852.

[V. Déc. 5 septembre 1870.]

DÉCRET DU 14 MARS 1852

Conversion des rentes.

(Xe Série, Bull. 500, no 3765 ; Instr. no 1910.)

Art. 9. — Tous titres ou expéditions à produire pour le remboursement ou la conversion des rentes 5 pour 100, en tant qu'ils serviraient uniquement aux opérations nécessitées par le présent décret, seront visés pour timbre et enregistrés *gratis*, pourvu que cette destination soit exprimée.

[V. L. 12 février 1862, art. 10.]

DÉCRET DU 24 MARS 1852

Marine marchande.

(Xe Série, Bull. 524, no 4006; Instr. 1983.)

Art. 46. — La procédure devant les tribunaux maritimes commerciaux ne donne lieu à la perception d'aucuns frais ni d'aucunes taxes quelconques.

DÉCRET DU 26 MARS 1852

Sociétés de secours mutuels.

(Xe Série, Bull. 514, no 3919; Instr. no 1032.)

Art. 11. — Tous les actes intéressant les sociétés de secours mutuels approuvées sont exempts des droits de timbre et d'enregistrement.

DÉCRET DU 26 MARS 1852

Rues de Paris.

(Xe Série, Bull. 514, no 3914; Instr. no 2106, § 2.)

Article premier. — Les rues de Paris continueront d'être soumises au régime de la grande voirie.

Art. 2. — Dans tout projet d'expropriation pour l'élargissement, le redressement ou la formation des rues de Paris, l'Administration aura la faculté de comprendre la totalité des immeubles atteints, lorsqu'elle jugera que les parties restantes ne sont pas d'une étendue ou d'une forme qui permette d'y élever des constructions salubres. — Elle pourra pareillement comprendre dans l'expropriation, des immeubles en dehors des alignements, lorsque leur acquisition sera nécessaire pour la suppression d'anciennes voies publiques jugées inutiles. — Les parcelles de terrain acquises en dehors des alignements et non susceptibles de recevoir des constructions salubres, seront réunies aux propriétés contiguës, soit à l'amiable, soit par l'expropriation de ces propriétés, conformément à l'article 53 de la loi du 16 septembre 1807. — La fixation du prix de ces terrains sera faite suivant les mêmes formes et devant la même juridiction que celle des expropriations ordinaires. — L'article 58 de la loi du 3 mai 1841 est applicable à tous les actes et contrats relatifs aux terrains acquis pour la voie publique par simple mesure de voirie.

Art. 9. — Les dispositions du présent décret pourront être appliquées à toutes les villes qui en feront la demande, par des décrets spéciaux rendus dans la forme des règlements d'administration publique.

DÉCRET DU 28 MARS 1852

Timbre des journaux.

(Xe Série, Bull. 512, no 3889; Instr. no 1913.)

Article premier. — Sont exempts du droit de timbre, les journaux et écrits périodiques et non périodiques, exclusivement relatifs aux lettres, aux sciences, aux arts et à l'agriculture.

[Annonces (V. L. 11 mai 1868, art. 4).]

Art. 2. — Ceux de ces journaux et écrits, qui, même accidentellement, s'occuperaient de matières politiques ou d'économie sociale, seront considérés comme étant en contravention aux dispositions du décret du 17 février 1852, et seront passibles des peines établies par les articles 5 et 11 de ce décret.

[L'impôt du timbre sur les journaux et autres publications est aboli (Déc. 5 septembre 1870).]

DÉCRET DU 28 MARS 1852

Pêche du hareng.

(Xe Série, Bull. 519, no 3960; Instr. no 1950.)

Art. 14. — Les procès-verbaux dressés pour contravention au présent décret, et à ceux qui interviendront pour son exécution, seront visés pour timbre et enregistrés *en débet*.

[Comp. L. 22 frimaire an VII, art. 70, § 1er, et L. 25 mars 1817, art. 74.]

Art. 15. — Sont abrogées toutes les dispositions des lois, ordonnances et règlements en vigueur contraires à celles du présent décret, notamment l'article 9 de la loi du 6 mai 1841 et l'ordonnance du 2 juillet 1843.

DÉCRET DU 23 AVRIL 1852

Actes de notoriété. — Concession en Algérie.

(XIe Série, Bull. 258, no 2300; Instr. no 2049, § 1er.)

Article premier. — A l'avenir, les actes de notoriété destinés à constater les ressources des demandeurs en concession de terres seront, tant en France qu'en Algérie, passés devant les juges de paix. — Dans les localités de l'Algérie où il n'existe pas de juges de paix, ces actes seront délivrés soit par des commissaires civils, soit par les commandants de places, suivant le territoire.

Art. 2. — Il sera alloué à tous greffiers de justice de paix, pour vacation, par chaque acte, 2 francs... — Les actes de notoriété seront délivrés, en brevet, sur papier timbré, et enregistrés au droit fixe de 1 franc.

[Comp. L. 28 avril 1816, art. 43, no 2. — Droit élevé à 1 fr. 50 cent. (L. 28 février 1872, art. 4).]

LOI DU 8 JUILLET 1852

Enregistrement et timbre.

(Xe Série, Bull. 559, no 4257; Instr. no 1933.)

Art. 25. — Le transfert ou la mutation au grand-livre de la dette publique d'une inscription de rente provenant de titulaires décédés ou déclarés absents, ne pourra être effectué que sur la présentation d'un certificat délivré sans frais par le receveur de l'Enregistrement, et visé par le directeur du département, constatant l'acquittement du droit de mutation par décès établi par l'article 7 de la loi du 18 mai 1850. — Dans les départements autres que celui de la Seine, la signature du directeur de l'Enregistrement devra être légalisée par le préfet.

[Absents (V. L. 29 avril 1816, art. 40).]

Art. 26. — Les droits de mutation par décès des inscriptions sur l'État, et les peines encourues en cas de retard ou d'omission de ces valeurs dans la déclaration des héritiers, légataires ou donataires, ne seront soumis qu'à la prescription de trente ans.

[Comp. L. 22 frimaire an VII, art. 61.]

Art. 29. — Le droit de timbre fixé pour les lettres de gage des compagnies de crédit foncier à 50 centimes par 1,000 francs, conformément à l'article 1er de la loi du 5 juin 1850, pourra être perçu par voie d'abonnement annuel à raison de 2 centimes par 1,000 francs du total des lettres de gage en circulation, suivant le mode réglé par l'article 37 de la loi du 5 juin 1850.

[Droit d'abonnement élevé à 5 cent. par 1,000 fr. (L. 30 mars 1872, art. 1er et 3).]

ART. 30. — A partir du 1er août 1852, toute affiche inscrite dans un lieu public, sur les murs, sur une construction quelconque, ou même sur toile, au moyen de la peinture ou de tout autre procédé, donnera lieu à un droit d'affichage fixé à 50 centimes pour les affiches d'un mètre carré et au-dessous, et à 1 franc pour celles d'une dimension supérieure. — Un règlement d'administration publique déterminera le mode d'exécution du présent article. — Toute infraction à la présente disposition, et toute contravention au règlement à intervenir, pourront être punies d'une amende 100 à 500 francs, ainsi que des peines portées à l'article 464 du Code pénal.

[V. Déc. du 27 aout 1852. — Les droits de 50 cent. et de 1 fr. sont passibles de deux décimes (L. 23 août 1871, art. 2).]

DÉCRET DU 25 AOUT 1852

Portant règlement sur l'affichage.

(Xe Série, Bull. 570, no 4379: Instr. no 1937.)

ARTICLE PREMIER. — Tout individu qui voudra, au moyen de la peinture ou de tout autre procédé, inscrire des affiches dans un lieu public, sur les murs, sur une construction quelconque ou même sur toile, sera tenu préalablement de payer le droit d'affichage établi par l'article 30 de la loi du 8 juillet 1852, et d'obtenir de l'autorité municipale dans les départements, et à Paris du préfet de police, l'autorisation ou permis d'afficher. — Le payement du droit se fera au bureau de l'Enregistrement dans l'arrondissement duquel se trouvent les communes où les affiches devront être placées. — Dans le département de la Seine, il se fera à un ou plusieurs bureaux d'enregistrement désignés à cet effet.

ART. 2. — Le droit sera perçu sur la présentation, pour chaque commune, d'une déclaration en double minute, datée et signée, contenant : — 1° le texte de l'affiche ; — 2° les noms, prénoms, professions et domiciles de ceux dans l'intérêt desquels l'affiche doit être inscrite et de l'entrepreneur de l'affichage ; — 3° la dimension de l'affiche ; — 4° le nombre total des exemplaires à inscrire ; — 5° la désignation précise des rues et places où chaque exemplaire devra être inscrit ; — 6° et le nombre des exemplaires à inscrire dans chacun de ces emplacements. — Un double de la déclaration restera au bureau pour servir de contrôle à la perception ; l'autre, revêtu de la quittance du receveur de l'Enregistrement, sera rendu au déclarant. — Les droits régulièrement perçus ne seront point restituables, lors même que, par le fait des tiers, l'affichage ne pourrait avoir lieu. — Mais ces droits seront restitués si l'autorisation d'afficher est refusée par l'Administration.

ART. 3. — L'autorité municipale ou le préfet de police ne délivrera le permis d'affichage qu'au vu et sur le dépôt de la déclaration portant quittance dont il est parlé dans l'article précédent, et sans préjudice des droits des tiers. — Chaque permis sera enregistré sur un registre spécial, par ordre de date et de numéro. Le numéro du permis devra être lisiblement indiqué au bas de chaque exemplaire de l'affiche, qui devra porter, en outre, son numéro d'ordre.

ART. 4. — Aucun exemplaire de l'affiche ne pourra être d'une dimension supérieure à celle pour laquelle le droit aura été payé.

ART. 5. — Les contraventions à l'article 30 de la loi du 8 juillet 1852 et aux dispositions du présent règlement seront constatées par des procès-verbaux rapportés, soit par les préposés de l'administration de l'Enregistrement et des Domaines, soit par les commissaires, gendarmes, gardes champêtres, et tous les autres agents de la force publique.

ART. 6. — Il sera accordé, à titre d'indemnité, aux gendarmes, gardes champêtres et autres agents de la force publique qui auront constaté les contraventions, un quart des amendes payées par les contrevenants.

ART. 7. — Les poursuites seront faites à la requête du ministère public et portées devant le tribunal de police correctionnelle dans l'arrondissement duquel la contravention aura été commise.

ART. 8. — Les contraventions à l'article 1er, au dernier alinéa de l'article 3 et à l'article 4 du présent règlement, seront passibles des peines portées par l'article 30 de la loi du 8 juillet 1852. — Il sera dû une amende pour chaque exemplaire d'affiche inscrit sans payement du droit ou d'une dimension supérieure à celle pour laquelle le droit aura été payé, et pour chaque exemplaire posé dans un emplacement autre que celui indiqué par la déclaration. — Dans tous les cas, les contrevenants devront rembourser les droits dont le Trésor aura été frustré.

ART. 9. — Ces droits, amendes et frais seront recouvrés par l'administration de l'Enregistrement et des Domaines.

ART. 10. — Les individus qui auront fait inscrire des affiches sur les murs antérieurement au 1er août 1852 auront un délai de deux mois, à compter de la même époque, pour acquitter le droit d'affichage et se faire délivrer un permis, en se conformant aux dispositions du présent règlement. — Ce délai expiré, l'Administration aura la faculté de faire supprimer lesdites affiches.

ART. 11. — Le ministre des finances et le ministre de la police générale sont chargés, chacun en ce qui le concerne, de l'exécution du présent décret.

DÉCRET DU 15 JANVIER 1853

Tarif des frais et dépens. — Ventes judiciaires.

(XI° Série, Bull. 14; n° 109; Instr. n° 1964.)

—

ARTICLE PREMIER. — Le timbre des placards autorisés par les articles 699 et 700 du Code de procédure civile ne passera en taxe que sur un certificat délivré sans frais par le receveur du Timbre ou de l'Enregistrement du bureau dans l'arrondissement duquel la vente a eu lieu, constatant que le nombre des exemplaires a été vérifié par lui et indiquant le montant total des droits de timbre. — La seconde disposition de l'article 19 de l'ordonnance du 10 octobre 1841 est abrogée.

DÉCRET DU 7 AVRIL 1853

Timbre. — Établissement de nouveaux timbres.

(XI° Série, Bull. 33; n° 2985; Inst. n° 1966.)

—

ARTICLE PREMIER. — A partir du 1er novembre 1853, les papiers sujets au timbre et destinés à la débite, ainsi que les papiers présentés au timbre à l'extraordinaire, seront marqués de nouveaux timbres, semblables au modèles annexés au présent décret.

ART. 2. — La griffe qui s'applique, dans les départements autres que ceux de la Seine, sur les papiers à timbrer à l'extraordinaire, sera conservée.

ART. 3. — Jusqu'au 1er juillet 1854, il pourra être fait usage des papiers frappés des timbres actuels. Les distributeurs de papiers timbrés ne devront, jusqu'à la même époque, débiter du papier frappé des nouveaux timbres qu'après l'entier épuisement des papiers au timbre actuel existant entre leurs mains.

ART. 4. — Les officiers publics et les particuliers à qui il restera des papiers frappés des timbres de la débite, supprimés par le présent décret, seront admis, dans le délai d'un mois à partir du 1er juillet 1854, à les échanger contre la même quantité de papiers aux nouveaux timbres du même prix.

Les formules imprimées sur papier de la débite, et dont il n'aura pas été fait usage, seront, dans le même délai, admises à l'échange comme papier blanc.

ART. 5. — Les porteurs de papiers timbrés à l'extraordinaire, quelle que soit la destination de ces papiers, seront admis, dans le délai de trois mois à partir du 1er avril 1854, à les faire revêtir des timbres nouveaux ou à faire timbrer d'autres papiers en remplacement, le out sans payement de droits.

Dans les départements autres que celui de la Seine, les formules frappées des anciens timbres et destinées aux effets de commerce, aux bordereaux des agents de change et courtiers, aux lettres de voiture et aux connaissements, qui ne peuvent être timbrées qu'à l'atelier général du Timbre, à Paris, devront être remises, avec les formules non timbrées destinées à les remplacer, au receveur du Timbre du chef-lieu, pour être transmises à l'atelier général du Timbre, qui renverra, sans frais, les formules revêtues des nouveaux timbres.

ART. 6. — A compter du 1er juillet 1854, l'emploi des papiers au timbre supprimé donnera lieu aux peines et amendes établies par la loi pour réprimer l'usage du papier non revêtu du timbre prescrit.

ART. 7. — Sont exceptés de cette disposition les imprimés de patente restés entre les mains des percepteurs des contributions directes, les registres de formalités hypothécaires, les expéditions des douanes et autres formules imprimées pour le service des administrations publiques, ainsi que les formules frappées des timbres d'abonnement. Ces impressions pourront servir sans être assujetties à l'application des nouveaux timbres.

ART. 8. — Les registres, quels qu'ils soient, y compris les registres à souche, concernant les actions et obligations négociables, et les répertoires frappés des timbres actuels, pourront être employés jusqu'à épuisement, sans qu'il soit nécessaire de soumettre aux nouveaux timbres les feuilles ou formules de ces registres et répertoires dont il n'aura pas encore été fait usage au 1er juillet 1854.

ART. 9. — L'administration de l'Enregistrement et des Domaines fera déposer aux greffes des cours et tribunaux des empreintes des nouveaux timbres appliqués sur papier filigrané.

Il sera dressé, sans frais, procès-verbal de chaque dépôt.

[*V.* Déc. 3 juillet 1862. — Arr. 25 avril 1871, art. 3; Déc. 19 février 1874, art. 5.]

ARRÊTÉ MINISTÉRIEL DU 10 MAI 1853

Vente judiciaire.

(Inst. n° 1964.)

—

Les vérifications et justifications prescrites par le décret du 15 janvier 1853 pour l'admission des taxes des droits de timbre s'appliquent non-seulement aux affiches ou placards en matière de vente sur saisie immobilière, mais encore aux placards relatifs à toutes ventes judiciaires de biens immeubles et aux adjudications par suite de surenchère et de folle enchère de ces mêmes biens, qui font l'objet des articles 709, 735, 836, 959, 965, 972 et 998 du Code de procédure, attendu que, dans ces cas, les placards sont apposés conformément à l'article 699 du même Code.

Ces vérifications seront effectuées, à Paris, par le receveur du bureau du timbre extraordinaire des affiches et annonces; dans les autres chefs-lieux de département, par le receveur du timbre extraordinaire, et dans les chefs-lieux d'arrondissement et de canton, au bureau de l'enregistrement des actes judiciaires dans l'arrondissement duquel la vente aura lieu.

Les avoués poursuivants ou les notaires commis produiront, à l'appui des affiches dont ils requerront la vérification, une déclaration en double, sur papier non timbré, énonçant :

1° Le nombre des affiches destinées à être apposées aux lieux déterminés par la loi, lesquelles sont, aux termes d'un arrêt de la Cour de cassation du 2 avril 1818, sujettes au timbre de dimension établi pour les actes et écrits publics;

2° Le nombre des exemplaires de placards destinés à être affichés en dehors des lieux désignés par la loi, et qui sont passibles seulement du timbre spécial des affiches volontaires;

3° La quotité du droit de timbre applicable à chacune de ces espèces de placards;

4° Le montant total des droits de timbre;

5° Enfin l'affaire à laquelle ces affiches se rapportent.

Le certificat, émargé d'un numéro d'ordre, ne sera délivré par le receveur du Timbre ou de l'Enregistrement qu'après la vérification du nombre de chacune des espèces d'affiches et de la quotité du timbre de chacun des exemplaires concernant la même affaire; ce certificat sera mis à la suite de l'un des doubles de la déclaration, qui servira de pièce justificative lors de la taxe.

Quant à l'autre double, qui devra être émargé du même numéro d'ordre que celui donné au certificat remis au requérant, il sera conservé et enliassé, afin qu'on puisse y recourir au besoin.

LOI DU 10 JUIN 1853

Comptoirs d'escompte.

(XI° Série, Bull. 56, n° 517; Instr. n° 1987.)

Article premier.— Les comptoirs et sous-comptoirs d'escompte pourront être établis ou prorogés avec les droits énoncés dans les articles 9 et 10 du décret du 24 mars et dans l'alinéa deuxième de l'article 2 du décret du 23 août 1848, mais sans aucun concours ni aucune garantie de la part de l'État, des départements et des communes.

Art. 2. — Des décrets impériaux rendus sur la proposition du ministre des finances, le conseil d'État entendu, statueront sur l'établissement et la prorogation des comptoirs et sous-comptoirs d'escompte, et sur la modification de leurs statuts...

Art. 3. — Les lois, décrets et arrêtés relatifs aux comptoirs et sous-comptoirs d'escompte continueront à être appliqués aux établissements actuellement existants, jusqu'à l'expiration du terme pour lequel ils ont été prorogés.

DÉCRET DU 10 AOUT 1853

Places de guerre et servitudes militaires.

(XI° Série, Bull. 91, n° 780; Instr. n° 1994.)

Art. 28. — Les soumissions concernant les servitudes défensives sont faites en double, sur papier timbré; elles ne sont assujetties qu'au droit fixe de 1 franc pour l'enregistrement, décime en sus, et leur effet subsiste indéfiniment, sans qu'il soit besoin de les renouveler......

[Droit porté à 1 fr. 50 cent. (L. 28 février 1872, art. 4).]

Art. 40. — Les gardes du génie, dûment assermentés, recherchent les contraventions et les constatent aussitôt qu'elles sont reconnues. A cet effet, ils dressent des procès-verbaux qui font foi jusqu'à inscription de faux, conformément à la loi du 29 mars 1806. Ces procès-verbaux doivent être affirmés dans les vingt-quatre heures devant le juge de paix ou le maire du lieu où la contravention a été commise; ils sont visés pour timbre et enregistrés *en débet* dans les quatre jours de leur date...

Art. 47. — Les droits de timbre et d'enregistrement *en débet* sont payés par le contrevenant après le jugement définitif de condamnation. La rentrée de ces droits est suivie par les agents de l'Enregistrement.

[Comp. LL. 22 frimaire an VII, art. 70, § 1er, et 25 mars 1817, art. 74.]

DÉCRET DU 16 AOUT 1853

Zone frontière. — Commission mixte.

(XI° Série, Bull. 97, n° 816; Instr. n° 2007.)

Art. 31. — Les gardes du génie, dûment assermentés, recherchent les contraventions et les constatent aussitôt qu'elles sont reconnues. — A cet effet, ils dressent des procès-verbaux, qui font foi jusqu'à inscription de faux, conformément à la loi du 29 mars 1806. Ces procès-verbaux doivent être affirmés dans les vingt-quatre heures devant le juge de paix ou le maire du lieu où la contravention a été commise : ils sont visés pour timbre et enregistrés *en débet* dans les quatre jours de leur date...

Art. 32. — Les procès-verbaux de contravention sont notifiés sans délai au contrevenant par les gardes du génie assermentés...

Art. 39. — Les droits de timbre et d'enregistrement *en débet* sont payés par le contrevenant, après le jugement définitif de condamnation. La rentrée de ces droits est suivie par les agents de l'Enregistrement.

[Comp. LL. 22 frimaire an VII, art. 70, § 1er, et 25 mars 1817, art. 74.]

DÉCRET DU 1er MARS 1854

Gendarmerie.

(XIe Série, Bull. 152, n° 1259; Instr. n° 2018.)

—

Art. 306. — Toutes visites et perquisitions doivent, quand bien même elles ne sont suivies d'aucune saisie, être constatées par un procès-verbal conforme au modèle adopté par l'Administration. — Lorsque ce procès-verbal ne donne lieu à aucune poursuite devant les tribunaux, il n'a pas besoin d'être timbré, ni enregistré; il en est donné copie au particulier qui a été soumis à la visite, s'il le requiert.

Art. 308. — Les procès-verbaux de saisie (*de lettres ou journaux transportés en fraude*) doivent être visés pour timbre et enregistrés dans les quatre jours qui suivent la saisie. Ces formalités s'accomplissent, soit dans le lieu de la résidence des gendarmes qui ont procédé aux saisies, soit dans le lieu même où le procès-verbal a été dressé. Le procès-verbal, avec les objets saisis, est remis au directeur des postes, qui acquitte les frais de timbre et d'enregistrement.

[Compt. L. 22 frimaire an VII, art, 20 et 26, § 2.]

Art. 491. — Les procès-verbaux des sous-officiers, brigadiers et gendarmes sont faits sur papier libre; ceux de ces actes qui sont de nature à donner lieu à des poursuites judiciaires sont visés pour timbre et enregistrés *en débet* ou *gratis*, suivant les distinctions établies par les lois de finances ou règlements spéciaux. — Ils sont présentés à cette formalité par les gendarmes dans le délai de quatre jours, lorsqu'il se trouve un bureau d'enregistrement dans le lieu de leur résidence; dans le cas contraire, l'enregistrement a lieu à la diligence du ministère public chargé des poursuites.

[Comp. L. 22 frimaire an VII, art. 20, 26, § 2, 70, §§ 1 et 2.]

Art. 492. — Les procès-verbaux constatent des contraventions du ressort des tribunaux de simple police sont essentiellement soumis à la double formalité du timbre et de l'enregistrement *en débet*. — Il en est de même de ceux constatant des faits intéressant l'État, les communes et les établissements publics, enfin de ceux rédigés pour mort violente, lorsqu'ils contiennent l'inventaire des effets trouvés sur le décédé ou près de lui. — Sont également soumis aux droits de timbre et d'enregistrement les procès-verbaux de contravention en matière de douanes et de contributions indirectes, indépendamment de l'affirmation qui est exigée.

Art. 493. — Les procès-verbaux de la gendarmerie en matière de contraventions aux lois et règlements sur la grande voirie et sur la police du roulage doivent être affirmés. L'affirmation a lieu dans le délai de trois jours, à partir de la date de la rédaction du procès-verbal. — Ces procès-verbaux sont exempts de la doube formalité du timbre et de l'enregistrement (*Ainsi modifié par décision impériale du* 29 *juillet* 1854, *XIe Série*, *Bull.* 217, *n°* 1977). Ces procès-verbaux sont visés pour timbre et enregistrés *en débet* dans les trois jours de leur date ou de leur affirmation à peine de nullité.)

[L'art. 493 a été supprimé par décision impériale du 24 avril 1858 (XIe Série, Bull. 622, n° 5770, Instr. n° 2132, § 3). — V., pour la police du roulage, L. 30 mai 1851, art. 19; L. 17 octobre 1856.

DÉCRET DU 2 AVRIL 1854

Partage ou licitation des biens indivis entre l'État et les particuliers en Algérie.

—

Art. 22. — Tous actes et pièces relatifs à l'exécution du présent décret seront dispensés de la formalité du timbre et enregistrés gratis.

DÉCRET DU 24 MAI 1854

Émoluments des greffiers.

(Inst. 2224.)

—

§ 1er. — *Des émoluments des greffiers des tribunaux civils de première instance.*

Article premier. — Les greffiers des tribunaux civils de première instance ont droit aux émoluments suivants :

1° Pour dépôt de copies collationnées des contrats translatifs de propriété. . . . . 3 »

2° Pour extrait à afficher. . . . . 1 »

Plus par chaque acquéreur en sus, lorsqu'il y a des lots distincts. » 50

3° Pour soumission de caution avec dépôt de pièces, déclaration affirmative, déclaration de surenchère ou de command, certificat relatif aux saisies-arrêts sur cautionnement et aux condamnations pour faits de charge, acceptation bénéficiaire, renonciation à communauté ou succession. 2 »

4° Pour bordereau ou mandement de collocation, certificat de propriété. . . . . 2 »

Si le montant du bordereau ou du mandement s'élève à 3,000 francs, ou si le certificat de propriété s'applique à un capital de pareille somme, l'émolument est de 3 »

5° Pour opérer le dépôt d'un testament olographe ou mystique, non compris le transport, s'il y a lieu. . 6 »

6° Pour communication des pièces et des procès-verbaux ou états de collocation, dans les procédures d'ordre et de distribution par contribution, quel que soit le nombre des parties, si la somme principale à distribuer n'excède pas 10,000 francs. . . . . 5 »

Si elle dépasse ce chiffre. . . . . 10 »

L'allocation accordée par l'article 4 de la loi du 22 prairial an VII est supprimée.

7° Pour tout acte, déclaration ou certificat fait ou transcrit au greffe, et qui ne donne pas lieu à un émolument particulier, quel que soit le nombre des parties. . 1 50

8° Pour communication, sans déplacement, de pièces dont le dépôt est constaté par un acte du greffe. . 1 »

Dans les affaires où il y a constitution d'avoué, ce droit ne peut être perçu qu'une fois pour chaque avoué à qui la communication est faite, quel que soit le nombre des parties, et à la charge de justifier d'une réquisition écrite en marge de l'acte de dépôt.

9° Pour recherche des actes, jugements et ordonnances faits ou rendus depuis plus d'une année et dont il n'est pas demandé expédition :

Pour la première année indiquée. . . . . » 50
Pour chacune des années suivantes. . . . . . » 25

[L. 21 ventôse an VII, art. 14.]

10° Pour législation. . . . . » 25

[Mêmes loi et article précités.]

11° Pour l'insertion au tableau placé dans l'auditoire de chaque extrait d'acte ou de jugement soumis à cette formalité. . . . . » 50

12° Pour visa d'exploits. . . . . » 25

13° Pour chaque bulletin de distribution et de remise de cause. . . . . » 10

14° Pour la mention de chaque acte sur le répertoire prescrit par l'article 49 de la loi du 22 frimaire an VII » 10

Art. 2. — Lorsque, dans l'exercice de leurs fonctions, les greffiers des tribunaux civils de première instance se transportent à plus de cinq kilomètres de leur résidence, ils reçoivent, pour frais de voyage, nourriture et séjour, une indemnité, par jour, de. . . . . 8 »

S'ils se transportent à plus de deux myriamètres, l'indemnité par jour est de. . . . . 10 »

Art. 3. — Il est alloué aux greffiers des tribunaux civils de première instance, comme remboursement du papier timbré :

1° Pour chaque jugement rendu à la requête des parties, ceux de simple remise exceptés. . . . . » 80

2° Pour chaque acte porté sur un registre timbré » 40

Et 3° pour chaque mention également portée sur un registre timbré. » 15

[V. Déc. 8 décembre 1862, art. 1er, et 24 novembre 1871, art. 1er.]

§ 2. — *Des greffiers des tribunaux civils qui exercent la juridiction commerciale.*

Art. 4.— Les allocations établies par l'ordonnance des 9-12 octobre 1825 et l'arrêté modificatif du 8 avril 1848, au profit des greffiers des tribunaux de commerce, sont accordées aux greffiers des tribunaux civils de première instance qui exercent la juridiction commerciale ; néanmoins ils n'ont droit à aucun émolument dans les cas prévus par l'article 8 du présent tarif.

Art. 5. — Les dispositions des articles, 2, 3 et 4 du décret sont applicables aux greffiers des tribunaux civils qui exercent la juridiction commerciale; mais l'allocation, à titre de remboursement du timbre employé aux feuilles d'audience, est fixée, par chaque jugement, à. . . » 50

[Modifié par déc. 8 décembre 1862, art. 2, et 24 novembre 1871, art. 2.]

§ 3. — *Des greffiers des Cours.*

Art. 6. — Les greffiers des cours impériales ont droit aux émoluments suivants :

1° Pour tout acte fait ou transcrit au greffe, quel que soit le nombre des parties. . . . . 3 »

2° Pour chaque bulletin de distribution et de remise de cause. . . . . » 20

3° Il leur est alloué une somme double de celle due aux greffiers des tribunaux civils de première instance pour les formalités prévues aux nos 8, 9, 10, 11, 12 et 14 de l'article 1er du présent décret.

Art. 7. — Les greffiers des Cours ont droit aux allocations établies par l'article 2 et l'article 3 du présent décret. Leur remise, par chaque rôle d'expédition, est fixée à 40 centimes, sans diminution des droits de l'État.

[V. Déc. 8 décembre 1862, art. 1er, et 24 novembre 1871, art. 1er.]

§ 4. — *Dispositions générales.*

Art. 8. — Les greffiers n'ont droit à aucun émolument : 1° pour les minutes des arrêts, jugements et ordonnances, ou pour celles des actes et procès-verbaux reçus ou dressés par les magistrats avec leur assistance ; 2° pour les simples formalités qui n'exigent aucune écriture, ou dont il est seulement fait mention sommaire, soit sur les pièces produites, soit sur les registres du greffe, à l'exception du répertoire prescrit par la loi du 22 frimaire an VII; 3° pour l'accomplissement des obligations qui leur sont imposées, soit à l'effet de régulariser le service des greffes, soit dans un intérêt d'ordre public ou d'administration judiciaire.

[Répertoires (V. *suprà*, art. 1er, 14°, et 6, 3°).]

Art. 9. — Les greffiers doivent inscrire au bas des expéditions qui leur sont demandées le détail des déboursés et des droits auxquels chaque arrêt, jugement ou acte donne lieu. — A défaut d'expédition, ils doivent faire cette mention sur des états signés d'eux et qu'ils remettent aux parties ou aux avoués. — Il leur est alloué, pour chaque état, un émolument de 10 centimes. — Ils portent sur les registres dont la tenue est prescrite par la loi toutes les sommes qu'ils perçoivent. — Les déboursés et les émoluments sont inscrits sur des colonnes séparées.

Art. 10. — Les greffiers ne peuvent écrire sur les minutes ou feuilles d'audience et sur les registres timbrés plus de trente lignes à la page, et de quinze à vingt syllabes à la ligne sur une feuille au timbre de 70 centimes de quarante lignes à la page et de vingt à vingt-cinq syllabes à la ligne lorsque la feuille est au timbre de 1 fr. 25 cent.; et plus de cinquante lignes à la page et de vingt-cinq à trente syllabes à la ligne, lorsque la feuille est au timbre de 1 fr. 50 cent. — Toute contravention est constatée conformément à la loi du 13 brumaire an VII, et punie de l'amende prononcée par l'article 12 de la loi du 16 juin 1824, sans préjudice des droits de timbre à la charge des contrevenants.

[V. Déc. 8 décembre 1862, art. 4.]

Art. 11. — Les émoluments déterminés par le présent tarif sont indépendants des droits et remises fixés par les lois des 21 ventôse, 22 prairial an VII, le décret du 12 juillet 1808 et tous décrets, lois, ordonnances et règlements d'administration publique postérieurement publiés. — L'ordonnance du 18 septembre 1833, concernant les expropriations pour cause d'utilité publique, et celle du 10 octobre 1841, sur les ventes judiciaires, continuent à être exécutées dans toutes leurs dispositions. . . . .

Art. 12. — Il est interdit aux greffiers des Cours impériales et des tribunaux civils de première instance, ainsi qu'à leurs commis, de recevoir, sous quelque prétexte que ce soit, d'autres ou plus forts droits que ceux qui leur sont alloués par le présent décret; ils ne peuvent exiger ni recevoir aucun droit de prompte expédition. — Le contrevenant est, suivant la gravité des circonstances, destitué de son emploi et poursuivi, pour l'application des peines prononcées, soit par l'article 23 de la loi du 21 ventôse an VII, soit par l'article 174 C. pén., sans préjudice de la restitution des sommes perçues et de tous dommages-intérêts, s'il y a lieu.

Art. 13. Le présent règlement sera exécutoire à partir du 1er juin 1854.

LOI DU 22 JUIN 1854

Servitudes autour des magasins à poudre.

(XIe Série, Bull. 189, n° 1618; Instr. n° 2012.)

Art. 4. — Les contraventions à la présente loi seront constatées, poursuivies et réprimées conformément à la loi du 17 juillet 1819, et suivant les formes établies au titre VII du règlement d'administration publique du 10 août 1853, concernant les servitudes imposées à la propriété autour des fortifications. — A cet effet, les gardes d'artillerie, chargés de dresser les procès-verbaux, seront assimilés aux gardes du génie et dûment assermentés.

[V. Déc. du 10 août 1853, art. 40 et 47.]

LOI DU 22 JUIN 1854

Enregistrement. — Crédit foncier.

Art. 23. — La cession des contrats hypothécaires que les Sociétés de crédit foncier de Marseille et de Nevers pourront être autorisées à consentir à la Société de crédit foncier de France, à raison des avances qui leur seront faites par celle-ci, sera enregistrée au droit fixe de 2 francs.

LOI DU 22 JUIN 1854

Timbre. — Livrets d'ouvriers.

(XIe Série, Bull. 189, n° 1617.)

Art. 4. — Si l'ouvrier est attaché à l'établissement, le chef ou directeur doit, au moment où il le reçoit, inscrire sur son livret la date de son entrée. Il transcrit sur un registre non timbré, qu'il doit tenir à cet effet, les nom et prénoms de l'ouvrier, le nom et le domicile du chef de l'établissement qui l'aura employé précédemment, et le montant des avances dont l'ouvrier serait resté débiteur envers celui-ci.

[V. Arr. du Gouv., 9 frimaire an XII.]

LOI DU 23 MARS 1855

Transcription en matière hypothécaire.

(XIe Série, Bull. 277, n° 2474; Instr. n° 2051.)

Article premier. — Sont transcrits au bureau des hypothèques de la situation des biens :

1° Tout acte entre-vifs, translatif de propriété immobilière ou de droits réels susceptibles d'hypothèque ;

2° Tout acte portant renonciation à ces mêmes droits ;

3° Tout jugement qui déclare l'existence d'une convention verbale de la nature ci-dessus exprimée ;

4° Tout jugement d'adjudication, autre que celui rendu sur licitation au profit d'un cohéritier ou d'un copartageant.

Art. 2. — Sont également transcrits :

1° Tout acte constitutif d'antichrèse, de servitude, d'usage et d'habitation ;

2° Tout acte portant renonciation à ces mêmes droits;

3° Tout jugement qui en déclare l'existence en vertu d'une convention verbale ;

4° Les baux d'une durée de plus de dix-huit années ;

5° Tout acte ou jugement constatant, même pour bail de moindre durée, quittance ou cession d'une somme équivalente à trois années de loyers ou fermages non échus.

Art. 3. — Jusqu'à la transcription, les droits résultant des actes et jugements énoncés aux articles précédents ne peuvent être opposés aux tiers qui ont des droits sur l'immeuble et qui les ont conservés en se conformant aux lois. — Les baux qui n'ont point été transcrits ne peuvent jamais leur être opposés pour une durée de plus de dix-huit ans.

Art. 4. — Tout jugement prononçant la résolution, nullité ou rescision d'un acte transcrit doit, dans le mois à dater du jour où il a acquis l'autorité de la chose jugée, être mentionné en marge de la transcription faite sur le registre. — L'avoué qui a obtenu ce jugement est tenu, sous peine de 100 francs d'amende, de faire opérer cette mention en remettant un bordereau rédigé et signé par lui au conservateur, qui lui en donne un récépissé.

Art. 5. — Le conservateur, lorsqu'il en est requis, délivre, sous sa responsabilité, l'état spécial ou général des transcriptions et mentions prescrites par les articles précédents.

[V. Cod. civ., art. 2196.]

Art. 6. — A partir de la transcription, les créanciers privilégiés ou ayant hypothèque, aux termes des articles 2123, 2127 et 2128 du Code civil, ne peuvent prendre utilement inscription sur le précédent propriétaire. —

Néanmoins, le vendeur ou le copartageant peuvent utilement inscrire les priviléges à eux conférés par les articles 2108 et 2109 du Code civil, dans les quarante-cinq jours de l'acte de vente ou de partage, nonobstant toute transcription d'actes faits dans ce délai. — Les articles 834 et 835 du Code de procédure civile sont abrogés.

Art. 7. — L'action résolutoire établie par l'article 1654 du Code civil ne peut être exercée après l'extinction du privilége du vendeur, au préjudice des tiers qui ont acquis des droits sur l'immeuble du chef de l'acquéreur, et qui se sont conformés aux lois pour les conserver.

Art. 8. — Si la veuve, le mineur devenu majeur, l'interdit relevé de l'interdiction, leurs héritiers ou ayants cause, n'ont pas pris inscription dans l'année qui suit la dissolution du mariage ou la cessation de la tutelle, leur hypothèque ne date, à l'égard des tiers, que du jour des inscriptions prises ultérieurement.

Art. 9. — Dans le cas où les femmes peuvent céder leur hypothèque légale ou y renoncer, cette cession ou cette renonciation doit être faite par acte authentique, et les cessionnaires n'en sont saisis à l'égard des tiers que par l'inscription de cette hypothèque prise à leur profit, ou par la mention de la subrogation en marge de l'inscription préexistante. — Les dates des inscriptions ou mentions déterminent l'ordre dans lequel ceux qui ont obtenu des cessions ou renonciations exercent les droits hypothécaires de la femme.

Art. 10. — La présente loi est exécutoire à partir du 1er janvier 1856.

Art. 11. — Les articles 1, 2, 3, 4 et 9 ci-dessus ne sont pas applicables aux actes ayant acquis date certaine et aux jugements rendus avant le 1er janvier 1856. — Leur effet est réglé par la législation sous l'empire de laquelle ils sont intervenus. — Les jugements prononçant la résolution, nullité ou rescision d'un acte non transcrit, mais ayant date certaine avant la même époque, doivent être transcrits conformément à l'article 4 de la présente loi. — Le vendeur dont le privilége serait éteint au moment où la présente loi deviendra exécutoire pourra conserver vis-à-vis des tiers l'action résolutoire qui lui appartient, aux termes de l'article 1654 du Code civil, en faisant inscrire son action au bureau des hypothèques, dans le délai de six mois à partir de la même époque. — L'inscription exigée par l'article 8 doit être prise dans l'année, à compter du jour où la loi est exécutoire ; à défaut d'inscription dans ce délai, l'hypothèque légale ne prend rang que du jour où elle est ultérieurement inscrite. — Il n'est point dérogé aux dispositions du Code civil relatives à la transcription des actes portant donation ou contenant des dispositions à charge de rendre ; elles continueront à recevoir leur exécution.

Art. 12. — Jusqu'à ce qu'une loi spéciale détermine les droits à percevoir, la transcription des actes ou jugements qui n'étaient pas soumis à cette formalité avant la présente loi est faite moyennant le droit fixe de 1 franc.

A l'occasion des articles 17 et 24, un député (M. André), a présenté les observations suivantes : — « Il appelle l'attention de la Chambre et celle de MM. les commissaires du Gouvernement sur les conséquences financières qu'entraînera la mise à exécution de la loi. Le but de la loi est de rendre obligatoire la transcription de tous les contrats translatifs de la propriété immobilière, qui jusqu'ici n'étaient pas présentés à la transcription. Tous les contrats seront donc dorénavant transcrits ; vendeurs et acquéreurs rempliront cette formalité. L'honorable membre recherche quel pourra être le nombre des contrats non transcrits jusqu'à présent auxquels la transcription devra être appliquée. Les documents sur le régime hypothécaire recueillis en 1841 par M. Martin (du Nord), garde des sceaux, fournissent le moyen de répondre à cette question. En 1841, on comptait 1,058,441 contrats de vente. Sur ce nombre, 131,777 seulement étaient transcrits, 827,000 (chiffre rond) ne l'étaient pas. Ce dernier chiffre serait-il encore le même aujourd'hui?

« De 1832 à 1841, la progression a été d'un quart. Si elle est la même de 1841 à 1854, on arrive au chiffre d'au moins un million de contrats de vente qui n'étaient pas transcrits, et qui devront l'être désormais. Les frais de transcription pour chaque contrat sont de 12 francs, soit, pour un million de contrats, 12 millions de francs. Voilà donc une charge de 12 millions de francs imposée à la propriété foncière. Ce n'est pas tout : d'après le projet de loi, outre le vendeur qui sera obligé de transcrire pour conserver son action résolutoire, la transcription sera également obligatoire pour tout acte constitutif d'antichrèse, de servitude, d'usage et d'habitation, pour les baux d'une durée de plus de dix-huit ans, pour tout acte ou jugement constatant quittance ou cession d'une somme équivalente à trois années de loyers ou fermages non échus, etc. Par suite de ces innovations, l'honorable membre n'évalue pas à moins de 20 millions de francs le chiffre des frais qui résulteront de la loi. Ce qui le touche particulièrement, c'est que ce sera la petite propriété qui aura à supporter la plus lourde partie de cette charge. Il résulte, en effet, des documents publiés en 1841, que, sur 1,059,441 contrats de vente qui avaient été enregistrés, il y en avait 701,021 d'une valeur de 600 francs et au-dessous, dont 85,939 seulement, c'est-à-dire 12 pour 100, étaient transcrits ; 162,503 d'une valeur de 600 francs à 1,200, dont 48,?00 transcrits, soit 30 pour 100, et 195,917 d'une valeur de 1,200 francs et au-dessus, dont 97,538 transcrits, soit 60 pour 100.

« Ainsi c'est la petite propriété qui sera particulièrement atteinte. Les frais de transcription, qui s'élèvent en moyenne à 12 francs par contrat, sont peu de chose pour les ventes d'un certain prix ; mais ils aggravent considérablement les charges de l'acquéreur pour les ventes de 600 francs et au-dessous. Le prix moyen de ces ventes, qui forment les deux tiers du nombre total des ventes enregistrées, est d'un peu plus de 200 francs. Les frais de transcription égaleront donc les frais de timbre et d'enregistrement. L'orateur s'inquiète de ces conséquences de la loi... »

M. Rouher, vice-président du conseil d'État, s'oppose à l'ajournement. « Le tableau qui vient d'être tracé lui paraît empreint d'exagération. Dans l'état actuel de la législation, que l'on fasse ou que l'on ne fasse pas transcrire, le droit de transcription est perçu en même temps que les frais d'enregistrement. C'est ce qui fut établi en 1816 dans un intérêt fiscal. Un droit proportionnel de transcription se perçoit donc aujourd'hui sur tous les contrats de vente, excepté sur ceux qui ne sont pas enregistrés, et l'on en connaît le nombre. A ce droit, il faut ajouter le droit de copie et de timbre. Que fait la loi nouvelle ? Pour tous les actes qui, originairement, n'étaient pas soumis à la transcription, elle établit par l'article 12, au lieu du droit proportionnel, un droit fixe, le plus minime qui existe dans nos lois fiscales en matière d'enregistrement, le droit fixe de 1 franc. Le droit de transcription est régi par des règlements particuliers. Ce sont ces tarifs qu'il s'agira d'examiner et de rectifier, s'il y a lieu. M. le commissaire du Gouvernement n'hésite pas à dire que si la loi nouvelle, en augmentant le nombre des transcriptions, élevait considérablement le chiffre des recettes, il y aurait sans doute lieu d'entrer dans un système qui réduirait le droit proportionnel de 1816, et cela surtout dans l'intérêt de la petite propriété. Mais ces modifications de tarifs ne peuvent s'improviser : il faut attendre qu'on ait fait l'expérience de la loi, qu'on ait recueilli les explications des directeurs de l'Enregistrement et des conservateurs des hypothèques. Si c'est un vœu que l'honorable membre a voulu exprimer, M. le vice-président du conseil d'Etat s'empresse de s'y associer. La question sera soumise à un examen approfondi ; mais il n'y a pas lieu d'ajourner l'adoption du projet de loi. »

LOI DU 2 MAI 1855

Justices de paix.

(Xe Série, Bull. 290, n° 2610 ; Instr. n° 2049, § 3.)

Art. 2. — L'article 17 de la loi du 15 mai 1838 est modifié ainsi qu'il suit :

Art. 17. — Dans toutes les causes, excepté celles qui requièrent célérité, et celles dans lesquelles le défendeur serait domicilié hors du canton ou des cantons de la même ville, il est interdit aux huissiers de donner aucune citation en justice, sans qu'au préalable le juge de paix n'ait appelé les parties devant lui, au moyen d'un avertissement sur papier non timbré, rédigé et délivré par le greffier, au nom et sous la surveillance du juge de paix, et expédié par la poste, sous bande simple, scellée du sceau de la justice de paix avec affranchissement. — A cet effet, il sera tenu par le greffier un registre sur papier non timbré, constatant l'envoi et le résultat des avertissements ; ce registre sera coté et parafé par le juge de paix. Le greffier recevra, pour tout droit et par chaque avertissement, une rétribution de 25 centimes, y compris l'affranchissement, qui sera, dans tous les cas, de 10 centimes. — S'il y a conciliation, le juge de paix, sur la demande de l'une des parties, peut dresser procès-verbal des conditions de l'arrangement ; ce procès-verbal aura force d'obligation privée. — Dans les causes qui requièrent célérité, il ne sera remis de citation non précédée d'avertissement qu'en vertu d'une permission donnée sans frais par le juge de paix sur l'original de l'exploit. — En cas d'infraction aux dispositions ci-dessus de la part de l'huissier, il supportera sans répétition les frais de l'exploit.

[Avertissements, papier timbré (L. 23 août 1871, art. 21).— Droit du greffier élevé à 30 cent. (Déc. 24 novembre 1871, art. 5).]

LOI DU 5 MAI 1855

Enregistrement. — Obligations et quittances.

(Xe Série, Bull. 295 ; n° 2717.)

Art. 15. — L'article 9 de la loi du 7 août 1850 est abrogé. Les droits dont la réduction a été prononcée par cet article sont rétablis, à partir du 1er mai 1855, aux quotités fixées par la loi du 22 frimaire an VII.

LOI DU 14 JUILLET 1855

Décime.

(XIe Série, Bull. 310, n° 2859 ; Instr. n° 2037.)

Art. 5. — Le principal des impôts et produits de toute nature soumis au décime par les lois en vigueur sera augmenté d'un nouveau décime, à dater de la promulgation de la présente loi, jusqu'au 1er janvier 1858.

[V. L. 23 juin 1857, art. 13.— V. L. 2 juillet 1862, art. 14, et L. 23 août 1871, art. 1er, rétablissant un nouveau décime.]

DÉCRET DU 29 SEPTEMBRE 1855

Enregistrement et timbre. — Amendes et droits en sus.

Article premier. — Il est accordé jusqu'au 1er janvier 1856 pour soumettre au visa pour timbre et à l'enregistrement, sans droits en sus ou amendes, les actes sous seing privé translatifs de propriétés immobilières ou de droits réels susceptibles d'hypothèques, aux constitutifs d'antichrèse, de servitude, d'usage ou d'habitation et tous les baux de biens immeubles.

Art. 2. — Cette disposition ne s'applique qu'aux contraventions existantes au jour de la publication du présent décret.

DÉCRET DU 24 NOVEMBRE 1855

Salaire des conservateurs. — Transcription.

(XIe Série, Bull. 341, n° 3145 ; Instr. n° 2053.)

Article premier. — A partir du 1er janvier 1856, le salaire alloué aux conservateurs des hypothèques par le n° 7 du tableau annexé au décret du 11 septembre 1810, pour la transcription des actes de mutation, est réduit à 50 centimes par rôle de vingt-cinq lignes à la page et de dix-huit syllabes à la ligne.

[Salaire réduit à 50 cent. par rôle de trente lignes à la page et de dix-huit syllabes à la ligne (Décr. 9 juin 1866, art. 1er).]

Art. 2. — A compter de la même époque, l'article 1er

(unique) de l'ordonnance du 1er mai 1816 cessera de recevoir son exécution.

LOI DU 14 JUILLET 1856

Eaux minérales.

(XIe Série, Bull. 418, n° 3827.)

Art. 15. — Les infractions prévues par la présente loi sont constatées, concurremment, par les officiers de police judiciaire, les ingénieurs des mines et les agents sous leurs ordres ayant droit de verbaliser.

Art. 16. — Les procès-verbaux dressés en vertu des articles 13 et 14 sont visés pour timbre et enregistrés *en débet.*

[*V.* L. 22 frimaire an VII, art. 70, § 1er, et L. 25 mars 1817, art. 74.]

LOI DU 17 JUILLET 1856

Concordats par abandon.

(XIe Série, Bull. 414, n° 3828; Instr. n° 2079.)

Article unique. — L'article 541 du Code de commerce est modifié ainsi qu'il suit :

Art. 541. — Aucun débiteur commerçant n'est recevable à demander son admission au bénéfice de cession de biens. — Néanmoins, un concordat par abandon total ou partiel de l'actif du failli peut être formé, suivant les règles prescrites par la section 2 du présent chapitre. — Ce concordat produit les mêmes effets que les autres concordats; il est annulé ou résolu de la même manière. — La liquidation de l'actif abandonné est faite conformément aux paragraphes 2, 3 et 4 de l'article 529, aux articles 532, 533, 534, 535 et 536, et aux paragraphes 1 et 2 de l'article 537. — Le concordat par abandon est assimilé à l'union pour la perception des droits d'enregistrement.

[*V.* L. 22 frimaire an VII, art. 68, § 3, n° 6. — Comp. L. préc. art. 68, § 4, n° 1, 69, § 2, n° 4, et L. 24 mai 1834, art. 14.]

LOI DU 21 JUILLET 1856

Contraventions. — Bateaux à vapeur.

(XIe Série, Bull. 415, n° 3849.)

Art. 21. — Les contraventions prévues par la présente loi sont constatées par les ingénieurs des mines, les ingénieurs des ponts et chaussées; les gardes-mines, les conducteurs et autres employés des ponts et chaussées et des mines, commissionnés à cet effet, les maires et adjoints, les commissaires de police, et, en outre, pour les bateaux à vapeur, les officiers de port, les inspecteurs et gardes de la navigation, les membres des commissions de surveillance instituées en exécution des règlements, et les hommes de l'art qui, dans les ports étrangers, auront, en vertu de l'article 49 de l'ordonnance du 17 janvier 1846, été chargés par les consuls ou agents consulaires français de procéder aux visites des bateaux à vapeur.

Art. 22. — Les procès-verbaux dressés en exécution de l'article précédent sont visés pour timbre et enregistrés *en débet*...

[*V.* L. 22 frimaire an VII, art. 70, § 1er, et L. 25 mars 1817, art. 74.]

LOI DU 6 JUIN 1857

Marchés. — Travail dans les prisons.

(XIe Série, Bull. 506, n° 4627; Instr. n° 2099.)

Article unique. — Sont soumis au droit fixe de 2 francs établi par l'article 8 de la loi du 18 mai 1850, les adjudications et marchés de toute nature ayant pour objet le travail dans les prisons.

[Droit porté à 3 fr. (L. 28 février 1872, art. 4).]

LOI DU 23 JUIN 1857

Droit de transmission.

(XIe Série, Bull. 514, n° 4718; Instr. nos 2104 et 2112.)

Art. 6. — Indépendamment des droits établis par le titre II de la loi du 5 juin 1850, toute cession de titres ou promesses d'actions et d'obligations dans une société, compagnie ou entreprise quelconque, financière, industrielle, commerciale ou civile, quelle que soit la date de sa création, est assujettie, à partir du 1er juillet 1857, à un droit de transmission de 20 centimes par 100 francs de la valeur négociée.

Ce droit, pour les titres au porteur, et pour ceux dont la transmission peut s'opérer sans un transfert sur les registres de la société, est converti en une taxe annuelle et obligatoire de 12 centimes par 100 francs du capital desdites actions et obligations, évalué par leur cours moyen pendant l'année précédente, et, à défaut de cours dans cette année, conformément aux règles établies par les lois sur l'enregistrement.

[Obligations des départements, communes, établissements publics et du Crédit foncier (L. 16 septembre 1871, art. 11); — Bons de liquidation de la ville de Paris (Déc. [illegible] août 1873, art. 2).

[Droit de 20 cent. porté à 50 cent. (L. 16 septembre 1871, art. 1er), — puis à 50 cent. sans addition de décimes (L. 29 juin 1872, art. 3.)

[Taxe de 12 cent. portée à 15 cent. (L. 16 septembre 1871, art. 11), — puis à 25 cent. (L. 30 mars 1872, art. 1er), — puis à 20 cent. sans addition de décimes (L. 25 juin 1872, art. [illegible]).]

ART. 7. — Le droit pour les titres nominatifs, dont la transmission ne peut s'opérer que par un transfert sur les registres de la société, est perçu, au moment du transfert, pour le compte du Trésor, par les sociétés, compagnies et entreprises, qui en sont constituées débitrices par le fait du transfert. — Le droit sur les titres mentionnés au paragraphe 2 de l'article précédent est payable par trimestre, et avancé par les sociétés, compagnies et entreprises, sauf recours contre les porteurs desdits titres. — A la fin de chaque recours, lesdites sociétés seront tenues de remettre au receveur de l'Enregistrement du siége social le relevé des transferts et des conversions, ainsi que l'état des actions et obligations soumises à la taxe annuelle.

ART. 8. — Dans les sociétés qui admettent les titres au porteur, tout propriétaire d'actions et d'obligations a toujours la faculté de convertir ses titres au porteur en titres nominatifs, et réciproquement. — Dans l'un et l'autre cas, la conversion donne lieu à la perception du droit de transmission. — Néanmoins, pendant un délai de trois mois à partir de la mise à exécution de la présente loi, la conversion des obligations au porteur, en actions et obligations nominatives, sera affranchie de tout droit.

ART. 9. — Les actions et obligations émises par les sociétés, compagnies ou entreprises étrangères, sont soumises, en France, à des droits équivalents à ceux qui sont établis par la présente loi et par celle du 5 juin 1850, sur les valeurs françaises; elles ne pourront être cotées et négociées en France qu'en se soumettant à l'acquittement de ces droits.

[Impôt de transmission appliqué aux titres des villes, provinces, corporations et établissements publics étrangers, cotés, négociés, exposés en vente, ou émis en France (LL. 30 mars 1872, art. 1er, et 29 juin 1872, art. 4, § 2).

[Applications de l'art. 24. L. 3 juin 1850 aux sociétés étrangères infructueuses (Décr. 28 mars 1868); — Titres émis par les villes, provinces, corporations et établissements publics étrangers (L. 30 mars 1872, art. 1er); — Titres étrangers non admis à la cote (L. 30 mars 1782 art. 2); — Titres étrangers émis en France (L. 25 juin 1872, art. 4, § 2); — Effets publics des gouvernements étrangers, droits de timbre (LL. 13 mai 1863, art. 6 et 7, 30 mars 1872, art. 2, § 2, et 25 mai 1872).]

Un règlement d'administration publique fixera le mode d'établissement et de perception de ces droits, dont l'assiette pourra reposer sur une quotité déterminée du capital social. — Le même règlement déterminera toutes les mesures nécessaires pour l'exécution de la présente loi.

[V. Déc. 17 juillet 1857, art. 10 et 11.]

ART. 10. — Toute contravention aux précédentes dispositions, et à celles des règlements qui seront faits pour leur exécution, est punie d'une amende de 100 francs à 5,000 francs, sans préjudice des peines portées par l'article 39 de la loi du 22 frimaire an VII, pour omission ou insuffisance de déclaration.

ART. 11. — L'article 15 de la loi du 5 juin 1850 est abrogé.

[V. L. du 5 juin 1850, sur le timbre.]

ART. 13. — L'article 5 de la loi du 14 juillet 1855 continuera à recevoir son exécution pour l'exercice 1858, sauf en ce qui concerne le second décime établi sur les droits d'enregistrement.

DÉCRET DU 17 JUILLET 1857

Droit de transmission.

(XIe Série, Bull. 522, n° 4803; Instr. n° 2104.)

—

ARTICLE PREMIER. — Les compagnies, sociétés et entreprises dont les actions et obligations sont assujetties au droit de transmission établi par l'article 6 de la loi du 23 juin 1857, seront tenues de faire, au bureau de l'Enregistrement du lieu où elles auront le siége de leur principal établissement, une déclaration constatant: 1° l'objet, le siége et la durée de la société ou de l'entreprise; 2° la date de l'acte constitutif et celle de l'enregistrement de cet acte; 3° les noms des directeurs ou gérants; 4° le nombre et le montant des titres émis, en distinguant les actions des obligations, et les titres nominatifs des titres au porteur. — Cette déclaration devra être faite avant le 15 août prochain pour les compagnies et entreprises existantes au jour de la promulgation de la loi du 23 juin 1857, et dans le mois de leur constitution définitive, pour les sociétés, compagnies et entreprises qui se formeront postérieurement. — En cas de modifications dans la constitution sociale, de changements de siége, de remplacement du directeur ou gérant, d'émission de titres nouveaux, lesdites sociétés, compagnies et entreprises devront en faire la déclaration, dans le délai d'un mois, au bureau qui aura reçu la déclaration primitive.

ART. 2. — Le droit de 20 centimes par 100 francs, établi par les articles 6 et 8 de la loi du 23 juin 1857 sur les transferts des actions et obligations nominatives, ainsi que sur les conversions de titres, sera acquitté, conformément à l'article 7 de la même loi, par les sociétés, compagnies et entreprises, au bureau de l'enregistrement du siége social, après l'expiration de chaque trimestre, et dans les vingt premiers jours du trimestre suivant. — Le relevé des transferts et des conversions sera remis au receveur de l'Enregistrement lors de chaque versement. — Ce relevé énoncera : 1° la date de chaque opération; 2° les noms, prénoms et domicile du cédant et du cessionnaire ou du détenteur des titres convertis; 3° la désignation et le nombre des actions et obligations transférées ou converties; 4° le prix de chaque transfert ou la valeur des actions et obligations converties; 5° le total, en toutes lettres, de la somme soumise au droit de 20 centimes par 100 francs.

ART. 3. — La valeur des actions et obligations converties sera établie, pour celles cotées à la Bourse, d'après le dernier cours moyen constaté avant le jour de la conversion, et pour les autres, conformément à l'article 16 de la loi de 22 frimaire an VII. — A l'égard des actions et obligations dont la conversion aura été opérée sans payement de droits, en exécution du dernier paragraphe de l'article 8 de la loi du 23 juin 1857, les sociétés, compagnies et entreprises remettront au receveur de l'enregistrement un état indicatif du nombre de ces titres dans les vingt jours qui suivront l'expiration du délai accordé pour la conversion gratuite.

Art. 4. — Les transferts faits à titre de garantie, et n'emportant pas transmission de propriété, feront l'objet d'un état spécial joint au relevé trimestriel qui doit être remis au receveur de l'Enregistrement, conformément à l'article 2 du présent règlement. — Il ne sera pas tenu compte de ces transferts dans la liquidation des droits.

Art. 5. — Pour l'acquittement de la taxe établie sur les titres au porteur et ceux dont la transmission peut s'opérer sans un transfert sur les registres, les sociétés formeront un état distinct des actions et des obligations de cette nature existantes au dernier jour de chacun des trimestres de janvier, avril, juillet et octobre, et elles le déposeront entre les mains du receveur de l'Enregistrement du lieu de l'établissement. — Cet état mentionnera le cours moyen, pendant l'année précédente, des actions et obligations cotées à la Bourse. A l'égard de celles non cotées dans le cours de cette année, il contiendra une déclaration estimative faite conformément à l'article 16 de la loi du 22 frimaire an VII. — La taxe sera payée dans les vingt jours qui suivront l'expiration de chaque trimestre, et perçue, pour le trimestre entier, d'après la situation établie conformément au premier paragraphe du présent article. — En ce qui concerne les compagnies qui seront créées, à l'avenir, après l'ouverture d'un trimestre, le droit ne sera liquidé, pour la première fois, que proportionnellement au nombre des jours écoulés depuis leur constitution.

Art. 6. — Les états, relevés et déclarations qui seront fournis au receveur de l'Enregistrement, conformément aux articles précédents, seront certifiés véritables par les directeurs ou gérants des sociétés, compagnies ou entreprises. — Dans ces états, relevés et déclarations, comme pour la perception des droits, il ne sera fait aucune déduction des sommes restant à verser sur les actions et obligations non libérées.

[Le second alinéa de cet article est abrogé (L. 30 mars 1872, art. 1er).]

Art. 7. — Le cours moyen qui, suivant l'article 6 de la loi du 23 juin 1867, doit servir de base à la perception de la taxe sur les titres au porteur, sera établi en divisant la somme des cours moyens de chacun des jours de l'année, par le nombre de ces cours. — A l'égard des valeurs cotées dans les bourses des départements et à la Bourse de Paris, il sera tenu compte exclusivement des cotes de cette dernière bourse pour la formation du cours moyen.

Art. 8. — Les titres au porteur des sociétés nouvellement formées ne supporteront la taxe, dans le courant de la première année de la constitution, que d'après une déclaration estimative faite par ces sociétés, de la valeur de leurs titres, conformément à l'article 16 de la loi du 22 frimaire an VII.

Art. 9. — Les dépositaires des registres à souche et des registres de transferts et conversions de titres de sociétés, compagnies et entreprises, seront tenus de les communiquer sans déplacement, ainsi que toutes les pièces et documents relatifs auxdits transferts et conversions, aux préposés de l'Enregistrement, à toute réquisition, et de leur laisser prendre, sans frais, les renseignements, extraits et copies qui seront nécessaires dans l'intérêt du Trésor public, à peine de l'amende prononcée par l'article 10 de la loi du 23 juin 1857, pour chaque refus. — Le refus de la société ou de ses agents sera établi, jusqu'à inscription de faux, par le procès-verbal du préposé, affirmé dans les vingt-quatre heures.

[Comp. L. 22 frimaire an VII, art. 54, et L. 23 août 1871 (sur le timbre), art. 22.]

Art. 10. — Pour l'exécution de l'article 9 de la loi, les sociétés, compagnies ou entreprises étrangères qui ont été autorisées à faire coter leurs actions et obligations, soit à la Bourse de Paris, soit aux bourses départementales, seront tenues, dans les deux mois de la promulgation de la loi, de désigner un représentant responsable en France, et de le faire agréer par le ministre des finances, sous peine de se voir retirer l'autorisation dont elles jouissent. — Toute compagnie qui, à l'avenir, sera autorisée à faire coter ses titres en France, devra également faire agréer par le ministre des finances un représentant responsable. — Les sociétés, compagnies et entreprises mentionnées aux deux paragraphes précédents, remettront au ministre des finances une déclaration indiquant le nombre de leurs actions et obligations, qui devra servir de base à l'impôt. Ce nombre sera fixé par le ministre des finances. — Ces sociétés, compagnies et entreprises payeront, pour leurs actions et obligations soumises à l'impôt, une taxe annuelle et obligatoire de 12 centimes par 100 francs, conformément au paragraphe 2 de l'article 6 de la loi du 23 juin 1857, sans faire aucune distinction entre les titres nominatifs et les titres au porteur. — Les dispositions des articles 5 et 7 du présent règlement, relatives aux époques du payement et à la fixation du cours moyen, seront applicables aux valeurs étrangères.

[Fixation du nombre de titres passibles de l'impôt (Déc. 11 janvier 1862, art. 1er; 11 décembre 1864, art. 1er; 24 mai 1872, art. 1er, 2 et 3).]

Art. 11. — Le droit de timbre auquel sont assujetties les actions et obligations émises par les sociétés françaises sera acquitté par les sociétés, compagnies et entreprises étrangères dont les titres sont ou seront cotés en France. Ce droit sera établi sur la quotité du capital déclaré, conformément à l'article 10 du présent règlement, et payé suivant le mode prescrit par les articles 22 et 31 de la loi du 5 juin 1850. — Un avis officiel inséré au *Moniteur* équivaudra à l'apposition du timbre.

[V. art. 9, L. 23 juin 1857. — Avis officiels insérés, sous forme d'états, au *Moniteur* des 30 juin 1860 et 9 septembre 1865 (Circ. 9 juillet 1860 et 16 novembre 1865).]

Art. 12. — En cas d'infraction aux dispositions du présent règlement, ou de retard, soit dans le payement des droits, soit dans le dépôt des états, relevés et déclarations prescrits par les articles précédents, les sociétés, compagnies et entreprises seront passibles de l'amende prononcée par l'article 10 de la loi du 23 juin 1857, sans préjudice des peines portées par l'article 39 de la loi du 22 frimaire an VII, pour omission ou insuffisance de déclaration. — En cas d'omission ou d'insuffisance dans les états, relevés et déclarations, la preuve en sera faite comme en matière d'enregistrement. — Les dispositions du présent article seront applicables aux sociétés, compagnies ou entreprises étrangères, et à leurs représentants.

SOMMAIRE

Présentation du projet au Corps législatif, le 21 mars 1857 (*Monit.* du 23, p. 325, 2e col. ; *id.* du 25, p. 333, col. 3). — Présentation de dispositions modificatives à la séance du 30 avril. — Rapport par M. Alfred Leroux, à la séance du 7 mai (*Monit.*, annexe I, p. 35). — Discussion aux séances des 18, 19, 20 et 22 mai (*Monit.* du 20, p. 553, col. 2 ; du 21, p. 557, col. 5 ; du 23, p. 561, col. 5 ; du 24, p. 565, col. 4). — Adoption à la séance du 23, à l'unanimité de 242 suffrages (*Monit.* du 25, p. 569, 1re col.). — Délibération du Sénat, le 9 juin.

L'article 6 et les suivants créent un nouveau droit de transmission sur les actions et obligations des sociétés commerciales ou civiles, à l'égard duquel le projet du Gouvernement a subi de notables modifications.

D'après les dispositions principales de ce projet, les droits établis par la loi du 5 juin 1850 concernant le timbre des actions et obligations des sociétés de toute nature (Lois annotées de 1850, p. 33) étaient remplacés par un droit annuel et obligatoire de 15 centimes, calculé non sur la valeur nominale desdites actions et obligations, mais sur leur valeur vénale, déterminée par le cours moyen des trois années précédentes. Toutes les sociétés y étaient soumises, même celles dont les titres auraient été émis antérieurement au 1er janvier 1851. Le montant du droit proportionnel acquitté, comme droit principal, en vertu de la loi de 1850, était imputé sur les droits payables à l'avenir.

On a reproché à ce projet d'être, sous une forme déguisée (celle d'un abonnement obligatoire), un impôt sur le revenu ; d'être injuste, en ce qu'il grevait d'un impôt trop lourd les sociétés peu connues ou peu prospères, dans lesquelles les actions sont rarement l'objet de transmissions ; d'être entaché d'effet rétroactif, en ce qu'il soumettait à une taxe nouvelle, ou tout au moins à un droit de timbre nouveau, des titres qui avaient déjà acquitté ce droit, etc. (*V.*, pour plus de développements sur ces divers points, le rapport de M. Alfred Leroux, au *Monit.*, *ubi supra*.)

Sur le nouveau projet présenté par la commission, et élaboré par elle de concert avec le conseil d'État, voici en quels termes s'est exprimé M. le rapporteur :

Maintien de la loi de 1850.

En laissant intacte, en respectant la loi de 1850, en nous occupant exclusivement du droit d'enregistrement, nous écartons toute confusion, et l'incertitude laissée par cette loi dans quelques esprits disparaît entièrement.

Distinction des titres nominatifs et des titres au porteur.

Ce point fondamental posé, une autre idée, que nous appellerons également fondamentale, caractérise le projet présenté par nous : nous voulons parler de la distinction entre les titres nominatifs et les titres au porteur. Les titres nominatifs ne peuvent se transmettre sans laisser de trace. Pour eux, la perception du droit est facile et n'entrave par la circulation, car elle s'opère sur des transferts dont les registres des compagnies font foi. L'intérêt du Trésor n'est donc pas lésé ; celui de la justice et de la vérité est servi par le nouveau système.

La nature des titres au porteur rend impossible, au contraire, la perception directe du droit de mutation. La plupart échapperaient à l'impôt. On doit donc, pour eux, faire une sorte d'évaluation moyenne résumée en un abonnement annuel. Nous sommes tombés parfaitement d'accord avec le Gouvernement, de la nécessité de cet abonnement et de son caractère obligatoire.

Expliquons plus clairement encore notre pensée.

Le droit proposé est un droit de transmission ; il faut donc saisir la transmission dans sa réalisation véritable, toutes les fois que cela est possible, comme pour les titres nominatifs ; ou par évaluation, quand on ne peut agir autrement, comme pour les titres au porteur. Ce double mode a l'avantage de rentrer entièrement dans l'esprit de la loi de l'an VII et de la loi de 1850, et d'être conforme à la vérité des faits ; il l'est en outre à l'équité, qui, pour de certaines entreprises, se trouverait singulièrement froissée par un abonnement uniforme et obligatoire.

Compagnies dont les titres se transmettent peu. — Sociétés existant en province.

En effet, toutes les compagnies ne sont pas semblables entre elles. A côté des grandes compagnies financières ou de chemins de fer qui absorbent presque toute l'attention du public, nous pourrions même dire de l'impôt, il y a de nombreuses compagnies, les unes dans de bonnes conditions, mais dont les actions sont classées et presque immobilisées ; les autres prospérant à peine, vivant modestement, difficilement parfois, toutes donnant lieu à peu de transactions par des motifs divers, comme vous venez de le voir. Une partie considérable de ces entreprises existe, non pas à Paris, ce centre du mouvement et de la circulation, mais en province, où l'amélioration est plus lente, l'esprit d'association moins audacieux, la circulation des valeurs presque nulle, et, dans tous les cas, toujours facile à constater. Et c'est à ces entreprises que l'on aurait demandé un droit annuel pour des faits qui ne se réalisent pas, droit onéreux par conséquent et injuste, qui eût ainsi directement atteint le revenu, parfois même le capital ! Telle ne pouvait être la pensée du Gouvernement et de la commission.

Option des porteurs de titres.

Si la distinction est nécessaire pour les compagnies entre elles, elle ne l'est pas moins pour les porteurs de titres ; il faut que leur option puisse s'exercer. Ceux qui, par des raisons de prudence, de famille, de stabilité, opteront pour des titres nominatifs, payeront le droit de mutation chaque fois qu'ils y donneront lieu. Ceux qui préféreront des titres au porteur sauront apprécier la somme d'avantages que leur confère ce droit d'abonnement, et faire leurs calculs en conséquence. Ceux-là désirent avoir des valeurs exemptes des lenteurs du transfert, se transmettant rapidement et, pour ainsi dire, sans généalogie, se prêtant mieux à ces emprunts à courts termes qu'on nomme reports, toujours disponibles, insaisissables, toujours faciles à réaliser. En énumérant ces avantages, nous venons de répondre à l'objection qui tendrait à faire croire que le système proposé nuirait à l'impôt et au mouvement des actions, en diminuant par trop le nombre des actions au porteur. Tel ne sera pas, nous le croyons, le résultat de la distinction indiquée. Les privilèges des titres au porteur sont considérables, et le droit d'abonnement n'est pas assez fort pour y faire renoncer.

Vous le voyez, au lieu d'atteindre également celui qui transmet et celui qui ne transmet pas, la loi sera juste, elle frappera le fait partout où elle pourra le saisir; lorsqu'il lui échapperait, elle l'évaluera, et personne ne pourra se plaindre d'une situation où la liberté du choix sera complète.

La distinction entre les titres nominatifs et les titres au porteur aurait manqué de consécration, et notre but n'aurait point été atteint, si la loi n'avait donné aux porteurs d'actions et d'obligations le droit de demander aux compagnies la nature de titres pour laquelle ils opteraient. Cette faculté a été réclamée par nous et accordée par le conseil d'Etat.

Faculté donnée aux porteurs de titres.

Les statuts des principales compagnies renferment la plupart la faculté d'émettre les deux genres de titres. Si d'ailleurs des modifications étaient nécessaires, les compagnies les demanderaient, car elles ne sauraient avoir d'autres intérêts que les actionnaires, et elles les obtiendraient sans peine.

Ainsi se trouvent évités les inconvénients auxquels nous avons voulu parer; ainsi nous assurons l'élément qui fait la force de notre système, à savoir l'option libre entre les deux natures de titres, et, par conséquent, les deux natures de charges.

Droit sur la conversion des titres.

Vous remarquerez qu'appréciant au point de vue de l'impôt la conversion des titres au porteur en titres nominatifs, et réciproquement, nous avons évité toutes les possibilités de fraude. Nous avons, dans le même ordre d'idées, défini la portée du certificat de dépôt, qui, tout en étant nominatif, ne change pas la nature de l'action déposée, si elle est au porteur. Mais nous devons encore envisager ce certificat à un autre point de vue. En ce moment, le nombre est assez considérable des titres déposés dans les grandes compagnies contre certificats de dépôt; ces derniers répondent aux mêmes idées que les titres nominatifs, ils en tiennent lieu et sont aussi sédentaires qu'eux. En se transformant, ils n'ôteront donc rien à la circulation. Ils enlèveront seulement aux compagnies le poids de la responsabilité dont elles cherchent depuis quelque temps à s'exonérer.

Avantage du Trésor.

Nous devons faire ressortir un autre point qui a aussi sa valeur. — La transformation de certains titres au porteur en titres nominatifs fera rentrer au Trésor des droits de mutation qui, dans la plupart des successions, lui échappent aujourd'hui. Il y a là une source d'augmentation ou tout au moins de compensation dont on doit tenir compte. En outre, la morale publique et l'intérêt des familles y gagneront. Nous ne croyons donc pas que le système proposé diminuera sensiblement le chiffre de l'impôt. Un impôt doit produire. Il est permis de croire que celui-ci ne manquera pas à cette condition fondamentale, et alors on ne peut hésiter entre deux modes dont l'un a sur l'autre l'avantage de la justice, de la netteté et de la conciliation de tous les intérêts. Il ne faut pas oublier non plus que l'impôt dont vous avez à voter le principe a dans l'avenir une source certaine d'augmentation par la création d'entreprises nouvelles et la progression naturelle de celles qui existent aujourd'hui.

Obligations des communes, des départements et du Crédit foncier.

Les obligations des communes et des départements sont, vous le savez, exemptes du droit proposé. Il en est de même de celles émises par le Crédit foncier, qui sont régies par une loi spéciale, la loi de sa création.

Égalité de droit sur les deux natures de titres.

Nous aurions voulu et nous avions demandé l'égalité des droits sur les titres nominatifs aussi bien que sur les titres au porteur. Si cette égalité eût été une faveur pour le titre nominatif, nous ne craignons pas de dire qu'elle eût été une faveur méritée. Cet ordre de valeurs représente pour nous le détenteur sérieux, celui qu'il convient d'encourager. L'égalité servait notre pensée. Nous ne méconnaissons pas la portée de l'argument qui objecte qu'un titre nominatif peut, pendant des années, échapper à l'impôt, tandis que le titre au porteur le payera toujours. Mais nous croyons que le titre nominatif, bien qu'étant un placement sérieux, ne s'interdit pas d'une façon absolue les mutations; il se transmet quand l'intérêt le conseille, et, surtout s'il se multiplie, il se transmettra plus souvent qu'on ne pense. Enfin, à droit égal, une seule transmission dans l'année, sur un titre nominatif, aurait représenté l'abonnement sur un titre au porteur, qui aurait eu le privilége de se transmettre indéfiniment.

Droit d'abonnement sur les titres au porteur.

Le conseil d'État n'a point partagé notre opinion. Le chiffre égal, proposé d'abord par nous, était de 10 centimes. Celui de 12 centimes, qui lui a été substitué, a été adopté par la majorité de la commission. La minorité maintenait le chiffre de 10 centimes. L'opinion qui a prévalu s'est fondée sur la pensée que l'augmentation proposée, soit 2 centimes, n'est point une aggravation de l'impôt, ce qui eût été contraire à nos désirs, mais qu'elle représente, aussi exactement que possible, la différence résultant du système nouveau. En effet, la loi de 1850 restant intacte, le droit de 5 centimes qu'elle renferme continue à porter sur la valeur nominale, tandis que le droit primitivement proposé de 15 centimes devait porter sur la valeur réelle des actions et obligations. Le droit d'abonnement pour les actions et obligations au porteur est donc fixé à 12 centimes. Voulant rapprocher le plus possible son calcul annuel de la réalité des faits, nous avons décidé, d'accord avec le conseil d'Etat, qu'il serait basé sur la moyenne de l'année précédente.

Droit sur les titres nominatifs.

Quant au droit sur les titres nominatifs, le conseil d'État a maintenu le chiffre de 20 centimes. Nous avions demandé celui du 18 centimes dans la pensée de diminuer, autant que possible, l'écart entre les deux droits.

Après avoir insisté à plusieurs reprises, nous avons dû céder, reconnaissant du reste l'esprit de conciliation dont le conseil d'Etat avait fait preuve dans l'ensemble de cette discussion, suivie pied à pied et portée même dans son sein par trois délégués de la commission. Les modifications obtenues par nous ont une portée considérable qui ne vous aura point échappé.

Sociétés existantes.

Les actions des sociétés déjà existantes à l'époque de la mise à exécution de la présente loi sont passibles des droits nouveaux créés par cette loi, bien qu'elles aient déjà payé soit le droit proportionnel de timbre de 50 centimes pour 100 francs, établi par l'article 14 de la loi du 5 juin 1850, sur les titres d'actions en circulation, soit le prix de l'abonnement (5 cent. annuels pour 100 fr. de la valeur de l'action), contractée avec l'État, en vertu de l'article 22 de la même loi. — Cette disposition a été combattue dans le sein de la commission comme entachée d'effet rétroactif, l'article 15 de la loi du 5 juin 1850 ayant déclaré que « au moyen du droit établi par l'article précédent, les cessions de titres ou de certificats d'actions seront exemptes de tout droit et de toute formalité d'enregistrement. » — Il a été répondu que, dans les droits établis par la loi de 1850, se trouvaient compris deux éléments distincts: la création des titres et leur circulation ou *circulabilité;* que le premier de ces éléments se trouvait atteint par un droit de timbre auquel la loi nouvelle n'apportait aucun changement, et le second par un droit d'enregistrement, s'appliquant à des faits sans cesse nouveaux, et qui par conséquent pouvaient toujours être atteints par une loi nouvelle; qu'au surplus, il était de principe qu'en matière fiscale, il n'y a pas d'effet rétroactif, l'Etat n'aliénant jamais son droit souverain, etc. (*V.* au surplus le rapport de M. Alfred Leroux, *Réponse aux object.*)

Actions non libérées.

A la séance du 23 mai, M. Morin a demandé si, pour les actions ou obligations non encore libérées, on devrait défalquer les sommes non encore versées. — M. Lequien, président de la commission du budget, a répondu que la question avait été examinée dans le sein de la Commission, et qu'il avait été décidé qu'il n'y avait pas de déduction à faire. « En matière d'enregistrement, a-t-il dit, le droit se perçoit sur le prix même de la cession. Peu importe à qui le prix devra être payé. » C'est sur la totalité du prix que le droit devra être perçu (*Moniteur* du 25 mai, p. 570, 3e colonne). — C'est aussi ce que porte l'article 6 du décret réglementaire du 17 juillet 1857 (*inf.*, à sa date), rendu en conformité du paragraphe 3 de l'article 9 de la présente loi.

LOI DU 23 JUIN 1857

Marques de fabrique et de commerce.

(XIe Série, Bull. 514, n° 4720; Instr. n° 2133.)

Art. 2. — Nul ne peut revendiquer la propriété exclusive d'une marque, s'il n'a déposé deux exemplaires du modèle de cette marque au greffe du tribunal de commerce de son domicile.

Art. 4. — Il est perçu un droit fixe de 1 franc pour la rédaction du procès-verbal de dépôt de chaque marque et pour le coût de l'expédition, non compris les frais de timbre et d'enregistrement.

Art. 22. — ... Un règlement d'administration publique déterminera les formalités à remplir pour le dépôt et la publicité des marques, et toutes les autres mesures nécessaires pour l'exécution de la loi.

[*V.* Déc. du 26 juillet 1858; L. 26 novembre 1873 sur le timbre des marques de fabrique.]

LOI DU 28 MAI 1858

Magasins généraux.

(XIe Série, Bull. 608, n° 5653; Instr. n° 2149.)

Article premier. — Les magasins généraux établis en vertu du décret du 21 mars 1848, et ceux qui seront créés à l'avenir, recevront les matières premières, les marchandises et les objets fabriqués que les négociants et industriels voudront y déposer. — Ces magasins sont ouverts, les chambres de commerce ou les chambres consultatives des arts et manufactures entendues, avec l'autorisation du Gouvernement, et placés sous sa surveillance. — Des récépissés délivrés aux déposants énoncent leurs noms, professions et domiciles, ainsi que la nature de la marchandise déposée et les indications propres à en établir l'identité et à en déterminer la valeur.

[Ouverture en vertu d'autorisation préfectorale (L. 31 août 1870, art. 5).]

Art. 2. — A chaque récépissé de marchandises est annexé, sous la dénomination de *warrant*, un bulletin de gage contenant les mêmes mentions que le récépissé.

Art. 3. — Les récépissés et les warrants peuvent être transférés par voie d'endossement, ensemble ou séparément.

Art. 4. — L'endossement du warrant séparé du récépissé vaut nantissement de la marchandise au profit du cessionnaire du warrant. — L'endossement du récépissé transmet au cessionnaire le droit de disposer de la marchandise, à la charge par lui, lorsque le warrant n'est pas transféré avec le récépissé, de payer la créance garantie par le warrant, ou d'en laisser payer le montant sur le prix de la vente de la marchandise.

Art. 5. — L'endossement du récépissé et du warrant, transférés ensemble ou séparément, doit être daté. — L'endossement du warrant séparé du récépissé doit, en outre, énoncer le montant intégral, en capital et intérêts, de la créance garantie, la date de son échéance, et les nom, profession et domicile du créancier. — Le premier cessionnaire du warrant doit immédiatement faire transcrire l'endossement sur les registres du magasin, avec les énonciations dont il est accompagné. Il est fait mention de cette transcription sur le warrant.

Art. 6. — Le porteur du récépissé séparé du warrant peut, même avant l'échéance, payer la créance garantie par le warrant. — Si le porteur du warrant n'est pas connu ou si, étant connu, il n'est pas d'accord avec le débiteur sur les conditions auxquelles aurait lieu l'anticipation de payement, la somme due, y compris les intérêts jusqu'à l'échéance, est consignée à l'administration du magasin général qui en demeure responsable, et cette consignation libère la marchandise.

Art. 7. — A défaut de payement à l'échéance, le porteur du warrant séparé du récépissé peut, huit jours après le protêt, et sans aucune formalité de justice, faire procéder à la vente publique aux enchères et en gros de la marchandise engagée, dans les formes et par les officiers publics indiqués dans la loi du 28 mai 1858. — Dans le cas où le souscripteur primitif du warrant l'a remboursé, il peut faire procéder à la vente de la marchandise, comme il est dit au paragraphe précédent, contre le porteur du récépissé, huit jours après l'échéance, et sans qu'il soit besoin d'aucune mise en demeure.

Art. 8. — Le créancier est payé de sa créance sur le prix, directement et sans formalité de justice, par privilége et préférence à tous créanciers, sans autre déduction que celle : 1° des contributions indirectes, des taxes d'octroi et des droits de douane dus par la marchandise; 2° des frais de vente, de magasinage et autres faits pour conservation de la chose. — Si le porteur du récépissé ne se présente pas lors de la vente de la marchandise, la somme excédant celle qui est due au porteur du warrant est consignée à l'administration du magasin général, comme il est dit à l'article 6.

Art. 9. — Le porteur du warrant n'a de recours contre l'emprunteur et les endosseurs qu'après avoir exercé ses droits sur la marchandise, et en cas d'insuffisance. — Les délais fixés par les articles 165 et suivants du Code de commerce, pour l'exercice du recours contre les endosseurs, ne courent que du jour où la vente de la marchandise est réalisée. — Le porteur du warrant perd, en tout cas, son recours contre les endosseurs, s'il n'a pas fait procéder à la vente dans le mois qui suit la date du protêt.

Art. 10. — Les porteurs de récépissés et de warrants ont sur les indemnités d'assurances dues, en cas de sinistres, les mêmes droits et priviléges que la marchandise assurée.

Art. 11. — Les établissements publics de crédit peuvent recevoir les warrants comme effets de commerce, avec dispense d'une des signatures exigées par leurs statuts.

Art. 12. — Celui qui a perdu un récépissé ou un warrant peut demander et obtenir par ordonnance du juge, en justifiant de sa propriété et en donnant caution, un duplicata, s'il s'agit du récépissé ; le payement de la créance garantie, s'il s'agit du warrant.

Art. 13. — Les récépissés sont timbrés; il ne donnent lieu, pour l'enregistrement, qu'à un droit fixe de 1 franc. — Sont applicables aux warrants endossés séparément des récépissés, les dispositions du titre 1er de la loi du 5 juin 1850 et de l'article 69, § 2, n° 6, de la loi du 22 frimaire an VII. — L'endossement d'un warrant séparé du récépissé, non timbré ou non visé pour timbre conformément à la loi, ne peut être transcrit ou mentionné sur les registres du magasin, sous peine, contre l'administration du magasin, d'une amende égale au montant du droit auquel le warrant est soumis. —Les dépositaires des registres des magasins généraux sont tenus de les communiquer aux préposés de l'Enregistrement, selon le mode prescrit par l'article 54 de la loi du 22 frimaire an VII, et sous les peines y énoncées.

[Droit d'enregistrement élevé à 1 fr. 50 cent. (L. 28 février 1872, art. 4). — Droit de timbre porté au double (L. 23 août 1871, art. 2, 1°).—Timbres mobiles (L. 2 février 1862, art. 25; Déc. 29 octobre 1862 et 23 janvier 1864). — Représentation des registres et pièces de comptabilité (L. 23 août 1871, art. 22).]

Art. 14. — Un règlement d'administration publique prescrira les mesures qui seraient nécessaires à l'exécution de la présente loi.

[V. Déc. 12 mars 1859.]

Art. 15. — Sont abrogés le décret du 21 mars 1848 et l'arrêté du 26 mars de la même année. — Est également abrogé, en ce qu'il a de contraire à la présente loi, le décret des 23-26 août 1848.

SOMMAIRE

Présentation des deux projets de loi au Corps législatif (l'un sur les warrants ou bulletins de gage, l'autre sur la vente des marchandises en gros), le 27 mars 1858 (*Monit.* du 11 avril, p. 449, 4e col.). — Rapport par M. Ancel, sur les deux projets, à la séance du 30 avril (*Monit.* du 9 mai, p. 596, 2e col.). — Discussion et adoption des deux lois à l'unanimité, à la séance du 5 mai (*Monit.* du 7, p. 591, 5e col.). — Délibération du Sénat, le 17 mai.

Exposé des motifs.

XI. *Art. 12 du projet, devenu l'art. 13 de la loi.* — L'article 12 seul comporte de courtes observations. C'est celui qui est relatif aux droits de timbre et d'enregistrement auxquels sont soumis les récépissés et les bulletins.

Le droit de timbre est dû par le récépissé et par le bulletin, mais dans des conditions différentes, en raison de la différence de caractères des deux titres.

Le récépissé, entre les mains du déposant, est un certificat de propriété; s'il est transmis, il vaut habituellement vente. A ce double point de vue, il rentre dans la classe des actes assujettis au timbre de dimension par l'article 12 de la loi du 13 brumaire an VII.

Le bulletin de gage, tant qu'il n'est pas transmis séparément du récépissé, n'a aucun rôle qui l'assujettisse à un droit de timbre; mais par sa négociation au profit de celui qui reçoit la marchandise en gage pour garantie de la somme qu'il avance, et qui jouit de la faculté de le transférer lui-même par endossement, il devient, comme nous l'avons déjà dit plusieurs fois, un véritable effet de commerce, et comme tel il est évidemment du nombre des actes que l'art 1er de la loi du 5 juin 1850, assujettit au timbre proportionnel de 50 centimes par 1,000 francs. Il n'y a pas de raison pour le traiter, au point de vue de l'impôt, plus favorablement qu'un effet de commerce ordinaire.

Il est d'ailleurs conforme aux règles de la matière, que le timbre de dimension soit apposé sur le récépissé au moment de sa création, ce qui, dans la pratique, aura lieu en timbrant d'avance les récépissés sur le registre à souche des magasins, et que le timbre proportionnel auquel sont assujettis les bulletins de gage transférés séparément des récépissés, mais qui ne peut pas être appliqué d'avance, soit remplacé par un visa pour timbre donné au moment du premier endossement du bulletin.

Quant aux droits d'enregistrement, ils sont fixés de la manière suivante:

Lorsque le récépissé reste entre les mains du déposant, en tant que certificat de propriété, il ne donne ouverture, d'après les principes généraux de l'enregistrement, qu'à un droit fixe. Lorsqu'il est transféré et qu'il opère transmission de la propriété, régulièrement, selon les mêmes principes, il devrait donner lieu à un droit proportionnel de 2 pour 100. Mais cette perception n'était point conciliable avec l'esprit du projet de loi, qui est de favoriser ces sortes d'opérations, et l'on a pensé qu'il n'y avait pas lieu de rien changer au droit d'enregistrement actuel, qui est de 1 franc seulement.

Les bulletins de gage devront nécessairement, de leur côté, être assujettis au droit d'enregistrement de 50 centimes par 100 francs établi par l'article 69, § 2, n° 6, de la loi du 22 frimaire an VII, pour les billets à ordre et les effets négociables ou de commerce autres que les lettres de change.

Ces propositions n'aggravent pas la situation des négociants qui auront à faire des opérations sur les marchandises déposées dans les magasins généraux, car, dans l'état actuel des choses, les récépissés délivrés conformément au décret du 21 mars 1848, supportent le droit de timbre de dimension, et, lorsqu'il y a lieu, un droit fixe d'enregistrement égal à celui auquel le projet assujettit les récépissés nouveaux; et les effets négociés sous la garantie de ces récépissés sont passibles des mêmes droits proportionnels de timbre et d'enregistrement qu'on propose de percevoir sur les bulletins de gage.

Il faut ajouter que, comme le caractère des récépissés et des bulletins est celui d'actes sous seing privé, les droits d'enregistrement ne peuvent être exigés, d'après l'article 23 de la loi du 22 frimaire an VII, que lorsqu'on veut en faire usage, soit par acte public, soit en justice, ou devant toute autre autorité constituée, et que par conséquent, ils seront rarement nécessaires.

LOI DU 28 MAI 1858

Ventes publiques de marchandises en gros.

(Instr. 2149.)

ARTICLE PREMIER. — La vente volontaire aux enchères, en gros, des marchandises comprises au tableau annexé à la présente loi peut avoir lieu par le ministère des courtiers, sans autorisation du tribunal de commerce. — Ce tableau peut être modifié, soit d'une manière générale, soit pour une ou plusieurs villes, par un décret rendu dans la forme des règlements d'administration publique, et après avis des chambres de commerce.

[*V.* le nouveau tableau annexé au décret du 30 mai 1863, art. 1er.]

ART. 2. — Les courtiers établis dans une ville où siége un tribunal de commerce ont qualité pour procéder aux ventes régies par la présente loi, dans toute localité dépendant du ressort de ce tribunal où il n'existe pas de courtiers. — Ils se conforment aux dispositions prescrites par la loi du 22 pluviôse an VII, concernant les ventes publiques de meubles.

[L'enregistrement des procès-verbaux doit avoir lieu dans les dix jours (L. 28 juin 1861, art. 17).]

ART. 4. — Le droit d'enregistrement des ventes publiques en gros est fixé à 10 centimes pour 100 francs.

ART. 7. — Un règlement d'administration publique prescrira les mesures nécessaires à l'exécution de la présente loi. — Il déterminera notamment les formes et les conditions des autorisations prévues par l'article 6.

[*V.* Déc. 12 mars 1859. — Les art. 2 à 7 sont applicables aux ventes autorisées ou ordonnées par la justice consulaire, en vertu de la loi du 3 juillet 1861, et aux ventes prévues par la loi du 23 mai 1863, nouvel art. 93, C. com.]

ART. 8. — Les décrets du 22 novembre 1811 et du 17 avril 1812, et les ordonnances des 1er juillet 1818 et 9 avril 1819, sont abrogés en ce qui concerne les ventes régies par la présente loi; ils sont maintenus en ce qui touche les ventes publiques de marchandises faites par autorité de justice.

[*V.* L. 3 juillet 1861 sur les ventes autorisées ou ordonnées par les tribunaux de commerce.]

(*V.*, pour les indications législatives concernant cette loi, la note de la loi précédente.)

1. Exposé des motifs.

Art. 4. — Le droit d'enregistrement des ventes publiques en gros, fixé primitivement à 2 pour 100, avait été réduit à 50 centimes par 100 francs par l'article 74 de la loi du 15 mai 1816. Nous proposons, pour favoriser l'impulsion à donner à ces sortes de ventes, de l'abaisser encore et de le fixer à 10 centimes par 100 francs. Ce n'est pas un sacrifice que fait le Trésor. Dans l'état actuel des choses, le droit de 50 centimes ne produit qu'une somme insignifiante. Si les ventes publiques prennent du développement par la loi nouvelle, le droit de 10 centimes sera évidemment plus productif que ne l'est en ce moment le droit de 50 centimes.

Nous n'avons pas besoin de faire remarquer au Corps législatif que toutes les dispositions réglementaires, utiles et conformes à l'esprit de la loi nouvelle, qui se trouvaient dans le décret de 1812 et dans les ordonnances des 1er juillet 1818 et 9 avril 1819, qu'on propose d'abroger, seront replacées dans le règlement d'administration publique qui sera fait pour l'exécution de la loi.

2. Rapport fait au nom de la Commission, par M. Ancel.

Art. 4. — L'article 4 du projet réduit à 10 centimes pour 100 francs le droit d'enregistrement des ventes publiques, fixé aujourd'hui à 50 centimes. C'est une facilité d'économie accordée aux ventes publiques, sans sacrifice pour le Trésor: car, ainsi que le fait remarquer l'exposé des motifs, le droit de 50 centimes donne, dans l'état de choses présent, un produit presque nul que le droit de 10 centimes excédera évidemment, pour peu que le système des ventes publiques prenne quelque extension.

LOI DU 4 JUIN 1858

Patentes.

(IXe Série, Bull. 609, no 5664; Instr. no 2126.)

ART. 12. — Les formules de patentes sont affranchies du droit de timbre établi par l'article 26 de la loi du 25 avril 1844. — En remplacement de ce droit, il est ajouté 4 centimes additionnels au principal de la contribution des patentes.

DÉCRET DU 26 JUILLET 1858

Règlement d'administration publique. — Marques de fabrique et de commerce.

(XIe Série, Bull. 625, n° 5785; Instr. gén., n° 2133.)

—

Article premier. — Le dépôt que les fabricants, commerçants ou agriculteurs peuvent faire de leur marque au greffe du tribunal de commerce de leur domicile, ou, à défaut du tribunal de commerce, au greffe du tribunal civil, pour jouir des droits résultant de la loi du 23 juin 1857, est soumis aux dispositions suivantes :

Art. 2. — Ce dépôt doit être fait par la partie intéressée ou par son fondé de pouvoir spécial. — La procuration peut être sous seing privé, mais *enregistrée;* elle doit être laissée au greffier. — Le modèle à fournir consiste en deux exemplaires, *sur papier libre*, d'un dessin, d'une gravure ou d'une empreinte représentant la marque adoptée. — Le papier forme un carré de dix-huit centimètres de côté, dont le modèle occupe le milieu.

Art. 4. — Un des deux exemplaires de la marque est collé par le greffier sur une des feuilles d'un registre tenu à cet effet, et dans l'ordre des présentations. L'autre est transmis dans les cinq jours, au plus tard, au ministre de l'agriculture, du commerce et des travaux publics, pour être déposé au Conservatoire impérial des arts et métiers. — Le registre est *en papier libre* du format de vingt-quatre centimètres de largeur sur quarante de hauteur, coté et parafé par le président du tribunal de commerce ou du tribunal civil, suivant les cas.

Art. 5. — Le greffier dresse le procès-verbal du dépôt dans l'ordre des présentations, sur un registre *en papier timbré*, coté et parafé comme il est dit à l'article précédent...

Art. 6. — Il est dû au greffier, outre le droit fixe de 1 franc pour le procès-verbal de dépôt de chaque marque, y compris le coût de l'expédition, le remboursement des droits de timbre et d'enregistrement. Le remboursement du timbre du procès-verbal est fixé à 35 centimes. — Toute expédition délivrée après la première donne également lieu à la perception de 1 franc au profit du greffier.

Art. 8. — Au commencement de chaque année, les greffiers dressent, *sur papier libre*, et d'après le modèle donné par le ministre de l'agriculture, du commerce et des travaux publics, une table ou répertoire des marques dont ils ont reçu le dépôt pendant le cours de l'année précédente.

[*V.* L. 26 novembre 1873, timbre des marques de fabrique.]

DÉCRET DU 12 MARS 1859

Règlement d'administration. — Magasins généraux. — Ventes publiques de marchandises en gros.

(XIe Série, Bull. 673, n° 6304; Instr. n° 2149.)

—

TITRE PREMIER. — *Dispositions communes aux magasins généraux et aux salles de ventes publiques.*

Article premier. — Toute demande ayant pour objet l'autorisation d'ouvrir un magasin général ou une salle de ventes publiques est adressée au ministre de l'agriculture, du commerce et des travaux publics, par l'intermédiaire du préfet, avec l'avis de ce fonctionnaire et celui des corps désignés dans les lois du 28 mai 1858. — Le ministre des finances est consulté, lorsque l'établissement projeté doit être placé dans les locaux soumis au régime de l'entrepôt réel, ou recevoir des marchandises en entrepôt fictif. — Les autorisations sont données par décrets rendus sur l'avis de la section des travaux publics, de l'agriculture et du commerce du conseil d'État. — L'établissement peut être formé spécialement pour une ou plusieurs espèces de marchandises.

[Modifié (*V.* L. 31 août 1870, art. 1er).]

TITRE II. — *Dispositions particulières aux magasins généraux et aux récépissés et warrants.*

Art. 13. — Les récépissés de marchandises et les warrants y annexés sont extraits d'un registre à souche.

Art. 14. — Dans le cas où un courtier est requis pour l'estimation des marchandises, il n'a droit qu'à une vacation, dont la quotité est fixée, pour chaque place, par le ministre de l'agriculture, du commerce et des travaux publics, après avis du tribunal de commerce.

Art. 15. — A toute réquisition du porteur du récipissé et du warrant réunis, la marchandise déposée doit être fractionnée en autant de lots qu'il lui conviendra, et le titre primitif remplacé par autant de récépissés et de warrants qu'il y aura de lots.

Art. 16. — Tout cessionnaire du récépissé ou du warrant peut exiger la transcription, sur les registres à souche dont ils sont extraits, de l'endossement fait à son profit, avec indication de son domicile.

Art. 17. — A toute époque, l'administration du magasin général est tenue, sur la demande du porteur du récépissé ou du warrant, de liquider les dettes et les frais énumérés à l'article 8 de la loi du 28 mai 1858, sur les négociations de marchandises, et dont le privilége prime celui de la créance garantie sur le warrant. Le bordereau de liquidation délivré par l'administration du magasin général relate les numéros du récépissé et du warrant auxquels il se réfère.

Art. 18. — Sur la présentation du warrant protesté, l'administration du magasin général est tenue de donner au courtier désigné pour la vente par le porteur du warrant toutes facilités pour y procéder. — Elle ne délivre la marchandise à l'acheteur que sur le vu du procès-verbal de la vente et moyennant : 1° la justification du payement des droits et frais privilégiés, ainsi que du montant de la somme prêtée sur le warrant; 2° la consignation de l'excédant, s'il en existe, revenant au porteur du récépissé, dans le cas prévu par le dernier paragraphe de l'article 8 de la loi.

ART. 19. — Outre les livres ordinaires de commerce et le livre des récépissés et warrants, l'Administration du magasin général doit tenir un livre à souche destiné à constater les consignations qui peuvent lui être faites en vertu des articles 6 et 8 de la loi. — Tous ces livres sont cotés et parafés par première et dernière, conformément à l'article 11 du Code de commerce.

TITRE III. — *Dispositions particulières aux ventes publiques de marchandises en gros.*

ART. 20. — Il est procédé aux ventes publiques à la Bourse ou dans les salles autorisées conformément au présent décret; toutefois, le courtier est autorisé à vendre sur place, dans le cas où la marchandise ne peut être déplacée sans préjudice pour le vendeur, et où, en même temps, la vente ne peut être convenablement faite que sur le vu de la marchandise.

[Modifié (V. Déc. du 30 mai 1863, art. 2).]

ART. 21. — Le lieu, les jours, les heures et les conditions de la vente, la nature et la quantité de la marchandise doivent être, trois jours au moins à l'avance, publiés au moyen d'une annonce dans l'un des journaux désignés pour les annonces judiciaires de la localité, et, en outre, au moyen d'affiches apposées à la Bourse, ainsi qu'à la porte du local où il doit être procédé à la vente, et du magasin où les marchandises sont déposées.

[Pour les ventes autorisées ou ordonnées par la justice consulaire, V. Déc. du 6 juin 1863, art. 2.]

Deux jours au moins avant la vente, le public doit être admis à examiner et vérifier les marchandises, et toutes facilités doivent lui être données à cet égard.

[Modifié (V. Déc. du 30 mai 1863, art. 2).]

ART. 22. — Avant la vente, il est dressé et imprimé un catalogue des denrées et marchandises à vendre, lequel porte la signature du courtier chargé de l'opération. Ce catalogue est délivré à tout requérant.

[Pour les ventes autorisées ou ordonnées par la justice consulaire, V. Déc. du 6 juin 1863, art. 2.]

ART. 23. — Le catalogue énonce les marques, numéros, nature et quantité de chaque lot de marchandises, les magasins où elles sont déposées, les jours et les heures où elles seront vendues.

[Modifié (V. Déc. du 30 mai 1863, art. 2).]

Sont mentionnées également les époques de livraison, les conditions de payement, les tares, avaries et toutes les autres indications et conditions qui seront la base et la règle du contrat entre les vendeurs et les acheteurs.

ART. 24. — Lors de la vente, le courtier inscrit immédiatement sur le catalogue, en regard de chaque lot, les nom et domicile de l'acheteur, ainsi que le prix d'adjudication.

ART. 25. — Les lots ne peuvent être, d'après l'évaluation approximative et selon le cours moyen des marchandises, au-dessous de 500 francs. — Ce minimum peut être élevé ou abaissé, dans chaque localité, pour certaines classes de marchandises, par arrêté du ministre de l'agriculture, du commerce et des travaux publics, rendus après avis de la chambre de commerce ou de la chambre consultative des arts et manufactures.

[Modifié (V. Déc. du 30 mai 1863, art. 2).]

ART. 26. — Les enchères sont reçues et les adjudications faites par le courtier chargé de la vente. — Le courtier dresse procès-verbal de chaque séance sur un registre coté et parafé, conformément à l'article 11 du Code de commerce.

ART. 27. — Faute par l'adjudicataire de payer le prix dans les délais fixés, la marchandise est revendue, à la folle enchère et à ses risques et périls, trois jours après la sommation qui lui a été faite de payer, sans qu'il soit besoin de jugement.

LOI DU 11 JUIN 1859

Effets de commerce. — Timbres mobiles. Actes de commune.

(XIe Série, Bull. 698, n° 6583; Instr. n° 2170.)

ART. 19. — Le droit de timbre auquel l'article 3 de la loi du 5 juin 1850 assujettit les effets de commerce venant, soit de l'étranger, soit des îles ou des colonies dans lesquelles le timbre n'aurait pas encore été établi, pourra être acquitté par l'apposition, sur ces effets, d'un timbre mobile que l'administration de l'Enregistrement est autorisée à vendre et faire vendre. — La forme et les conditions d'emploi de ce timbre mobile seront déterminées par un règlement d'administration publique.

[Déc. 18 janvier 1860 et 23 janvier 1864. — Comp. L. 20 décembre 1872, art. 3, § 2.]

ART. 20. — Seront considérés comme non timbrés : — 1° les effets mentionnés en l'article 19, sur lesquels le timbre mobile aurait été apposé sans l'accomplissement des conditions prescrites par le règlement d'administration publique, ou sur lesquels aurait été apposé un timbre mobile ayant déjà servi; — 2° les actes, pièces et écrits autres que ceux mentionnés en l'article 19, et sur lesquels un timbre mobile aurait été indûment apposé. — En conséquence, toutes les dispositions pénales et autres des lois existantes concernant les actes, pièces et écrits non timbrés, pourront leur être appliquées.

ART. 21. — Ceux qui auront sciemment employé, vendu ou tenté de vendre des timbres mobiles ayant déjà servi, seront poursuivis devant le tribunal correctionnel et punis d'une amende de 50 francs à 1,000 francs. En cas de récidive, la peine sera d'un emprisonnement de cinq jours à un mois et l'amende sera doublée. — Il pourra être fait application de l'article 463 du Code pénal.

[Comp. L. 2 juillet 1862, art. 21. — Disposition applicable aux timbres mobiles créés par les lois des 2 juillet 1862, art. 24 et 26; 31 juillet 1867, art. 29; 27 juillet 1870, art. 6; 23 août 1871, art. 18 et 24; 30 mars 1872, art. 4, 5 et 7, et 25 mai 1872, art. 4; L. 29 décembre 1873, art. 2 et suiv.]

Art. 22. — Les marchés et traités réputés actes de commerce par les articles 632, 633 et 634, n° 1, du Code de commerce, faits ou passés sous signature privée, et donnant lieu au droit proportionnel, suivant l'article 69, § 3, n° 1, et § 5, n° 1 de la loi du 22 frimaire an VII, seront enregistrés provisoirement, moyennant un droit fixe de 2 francs, et les autres droits fixes auxquels leurs dispositions peuvent donner ouverture d'après les lois en vigueur. Les droits proportionnels édictés par ledit article seront perçus lorsqu'un jugement portant condamnation, liquidation, collocation ou reconnaissance, interviendra sur ces marchés et traités, ou qu'un acte public sera fait ou rédigé en conséquence, mais seulement sur la partie du prix ou des sommes faisant l'objet, soit de la condamnation, liquidation, collocation ou reconnaissance, soit des dispositions de l'acte public.

[Droit porté à 3 fr. (L. 28 février 1872, art. 4). — Ventes de navires (L. préc. art. 5, n° 2); — de fonds de commerce (L. préc. art. 7 et suiv).]

Art. 23. — Dans le cas prévu par l'article 57 de la loi du 28 avril 1816, le double droit dû en vertu de cet article sera réglé conformément aux dispositions de l'article 22 de la présente loi, et pourra être perçu lors de l'enregistrement du jugement.

Art. 24. — Les dispositions qui précèdent seront appliquées aux marchés et traités sur lesquels des demandes en justice ont été formées antérieurement à la présente loi, et qui n'auraient pas encore été enregistrés. Néanmoins, il ne sera perçu que les droits simples, si lesdits marchés et traités sont soumis à la formalité de l'enregistrement dans le mois de la promulgation de la présente loi, ou, au plus tard, en même temps que le jugement, s'il est rendu avant l'expiration de ce mois.

SOMMAIRE

Présentation au Corps législatif à la séance du 9 avril (*Monit.* du 11, p. 418, 1re col.). — Rapport de M. Devinck à la séance du 3 mai (*Monit.* du 21, p. 578, 3e col.). — Discussion aux séances des 20, 21, 23 et 24 mai, et adoption (*Monit.* du 22, p. 586; du 23, p. 590; du 25, p. 597). — Délibération du Sénat, le 1er juin 1859.

Exposé des motifs.

Sur les articles relatifs au timbre, l'exposé des motifs, après avoir exprimé la pensée qu'il serait imprudent de chercher à opérer une réforme radicale dans le mode de perception de l'impôt du timbre, et d'appliquer le système des timbres mobiles à tous les actes qui doivent être écrits sur papier timbré, ou même à tous les effets de commerce en général, les commerçants qui veulent se servir de leur propre papier pouvant en être toujours approvisionnés, en ayant la précaution de le faire timbrer à l'avance, a justifié dans les termes suivants l'établissement du timbre mobile pour les effets venant de l'étranger.

« Le banquier auquel ils sont présentés à l'escompte, le commerçant qui les reçoit en payement, doivent les faire timbrer avant de les négocier, de les accepter ou de les acquitter. Ils ne peuvent acquitter l'impôt qu'en allant les présenter au bureau du receveur de l'Enregistrement, qui les vise pour timbre. La nécessité de ce déplacement et les retards qu'il occasionne peuvent être souvent une gêne pour le commerce, qui, dans tout le cours de ses opérations, a besoin que rien n'en vienne retarder l'accélération. En Angleterre les inconvénients de ce déplacement avaient paru tels qu'on avait préféré s'abstenir de soumettre au timbre les effets de commerce venant de l'étranger : ils n'ont été assujettis à l'impôt (ce qui, d'ailleurs, est conforme à tous les principes d'égalité et de justice, lorsque les effets de commerce créés à l'intérieur en supportent eux-mêmes la charge) qu'en 1854, quand, par le système des timbres mobiles, il a été possible, comme le disait alors le chancelier de l'échiquier, *au lieu de faire aller le porteur au bureau du timbre, de faire venir à lui ce bureau.* C'est ici, et ici seulement, qu'on peut trouver des avantages analogues à ceux qu'a présentés l'usage des timbres-poste. De même que ceux-ci ont évité au public l'obligation de se rendre à certains bureaux de poste pour l'affranchissement de ses lettres, ils éviteraient au commerce la nécessité de se rendre au bureau de l'enregistrement pour y faire viser pour timbre les effets qu'il reçoit de l'étranger. L'avantage est incontestable, et les dangers qui pourront en résulter pour le fisc n'ont rien de bien inquiétant. Le produit spécial de l'impôt du timbre sur les effets étrangers n'est pas assez élevé pour que la fraude, si elle s'accroît, puisse causer une perte sérieuse au Trésor. D'ailleurs, si le nouveau système permet, dans certains cas, de retarder l'acquittement de l'impôt et de finir par y échapper, les facilités plus grandes qu'il donnera à ceux qui veulent scrupuleusement s'y soumettre pourront bien aussi, par compensation, faire appliquer des timbres mobiles à bon nombre d'effets de commerce qu'on se dispenserait d'aller porter au bureau de l'enregistrement, au moment où on les recevrait de l'étranger. — Dans cette mesure, la substitution de timbres mobiles *au visa* aujourd'hui donné par les receveurs de l'Enregistrement, a paru devoir être adoptée en France, comme elle l'a été en Belgique par la loi du 14 août 1857. Elle a été depuis un an réclamée par plusieurs chambres de commerce, et nous avons l'honneur de vous la proposer.

« Les dispositions législatives que nous vous soumettons dans ce but se composent de trois articles, dont le premier ne fait que poser le principe, en laissant à un règlement d'administration publique le soin de déterminer la forme du timbre mobile, et les conditions auxquelles son emploi devra être assujetti pour que des garanties suffisantes soient assurées à la perception de l'impôt. Ce sont là des détails d exécution qu'il est préférable de ne pas régler par la loi. — Mais pour que ces conditions, quand elles auront été prescrites par le règlement d'administration publique, soient accomplies, il faut que le défaut de cet accomplissement fasse considérer l'effet de commerce comme non timbré, et qu'il lui soit fait application de toutes les dispositions de droit civil et de droit pénal que la législation existante a édictées, pour punir et prévenir les contraventions. Il en doit être de même, à plus forte raison, de l'effet de commerce sur lequel aurait été apposé un timbre mobile ayant déjà servi. Enfin, puisqu'il ne paraît pas possible d'autoriser l'emploi des timbres mobiles pour d'autres écrits que les effets de commerce venant de l'étranger, il est indispensable que cette spécialité des timbres mobiles soit assurée, et que l'usage qui en sera fait par le public, pour acquitter l'impôt du timbre, dans tout autre cas, soit déclaré par la loi inefficace et non avenu. Tel est l'objet de l'article 2. — L'article 3 prévoit, non plus de simples contraventions à la loi fiscale, mais de véritables délits qu'elle punit de peines correctionnelles, en permettant toutefois d'appliquer l'article 463 du Code pénal; ces dispositions sont conformes à celle de la loi des 16-21 octobre 1849, relatives aux timbres-poste.

M. Paul Dupont avait proposé l'amendement suivant à l'article 19 : « Lorsqu'un effet non timbré en France sera passé directement soit à l'étranger, soit aux îles ou aux colonies dans lesquelles le timbre n'aurait pas encore été établi, s'il revient en France, le premier endosseur, avant toute négociation, pourra le timbrer au moyen des timbres mobiles, à raison de 15 centimes par 100 francs, qui s'ajouteront au capital, nonobstant toute stipulation contraire. »

« Dans l'opinion de l'honorable membre, porte le rapport de la commission, les effets de commerce créés en France sur papier libre, et passés à l'ordre d'un bénéficiaire étranger, sont soumis, quand ils reviennent en France, lors du visa du timbre, à une amende de 18 pour 100 qui n'est pas justifiée, et qui se base sur de simples instructions administratives. Or, le porteur français, fort innocent de l'infraction, ne demanderait pas mieux que de satisfaire à l'impôt du timbre s'il n'avait à supporter tout ou partie de l'amende imméritée quant à lui; mais, pour échapper à cette pénalité, il se trouve amené à contrevenir à la loi, soit en encaissant sans timbre, soit en renvoyant l'effet à l'étranger. Dans tous les cas, la Régie perd son droit de timbre. — Notre honorable collègue reconnaît que l'effet souscrit en France à l'ordre d'un étranger doit être timbré, mais qu'il est passible de l'amende. Sa proposition aurait donc pour résultat, si elle était admise, d'encourager, d'une manière indirecte, une contravention à la loi. — Tel est le motif qui n'a pas permis à la commission d'admettre l'amendement de l'honorable M. Dupont. »

Voici en quels termes l'exposé des motifs s'est exprimé à l'égard des actes de commerce :

« Le projet de loi n'a pas pour objet de modifier dans leur ensemble, ni même profondément, les lois sur l'enregistrement en matière commerciale. Il s'applique seulement aux marchés et traités réputés acte de commerce par les articles 632, 633 et 634, § 1er du Code de commerce, lorsqu'ils ont été faits sous signature privée et qu'ils donnent ouverture à un droit proportionnel suivant l'article 69, § 3, n° 1, et § 5, n° 1, de la loi du 22 frimaire an VII. Cela exclut les actes passés sous la forme authentique, et ceux qui ne donnent lieu qu'à la perception de droits fixes, ou ne sont pas compris dans les dispositions de la loi du 22 frimaire an VII, que nous venons de rappeler.

« D'un autre côté, comme les marchés et traités que le projet de loi concerne constituent des actes synallagmatiques, il en résulte que les actes unilatéraux, tels que les billets à ordre, les lettres de change et les autres effets de commerce, restent, sous tous les rapports, soumis à la législation qui les régit aujourd'hui.

« Nous avons déterminé d'une manière générale les limites du projet de loi. Mais les transactions commerciales sont si variées et se présentent sous des formes si diverses qu'il serait impossible de donner la nomenclature complète des actes auxquels seront applicables les articles qu'il s'agit d'introduire dans la loi du budget. Cela nous paraît d'ailleurs inutile. Les dispositions de la loi de frimaire, que nous avons déjà citées, définissent suffisamment les actes qu'elles frappent d'un droit proportionnel et dont nous vous proposons de changer le mode d'enregistrement.

« L'enregistrement de ces traités et marchés, quand ils sont passés sous signatures privées, n'est pas obligatoire dans un délai déterminé; mais il ne peut en être fait usage soit dans un acte public, soit en justice, sans qu'ils aient été préalablement enregistrés (art. 23 de la loi du 22 frimaire an VII). Lorsqu'ils sont présentés à la formalité de l'enregistrement, tous les droits fixes et proportionnels auxquels ils peuvent donner ouverture sont intégralement perçus, quelle que soit l'importance ou la nature des dispositions qui sont reprises dans l'acte public, ou qui font naître des contestations judiciaires, quand même le marché serait presque entièrement exécuté et que le procès, par exemple, aurait pour cause un simple reliquat de compte.

« Ce mode de perception a donné lieu à des réclamations très-vives et très-persistantes, surtout relativement aux marchés dont il doit être fait usage devant la justice consulaire. L'Administration elle-même a reconnu depuis longtemps les inconvénients de ce régime, et elle a pu constater souvent que les droits à percevoir s'élevaient bien au-dessus des sommes ou valeurs faisant l'objet du litige, et que, dans un grand nombre de cas, les parties se trouvaient placées dans cette alternative, ou de dissimuler leurs titres, ou de renoncer à les faire valoir devant la justice. Elle a été ainsi amenée à penser qu'une législation qui avait de pareilles conséquences devait être modifiée, et qu'il fallait donner une base plus équitable à la perception des droits proportionnels auxquels sont assujettis les marchés et traités que nous avons définis plus haut.

« Le système du projet de loi est fort simple. Lorsque les actes dont il s'agit seront présentés à l'enregistrement, il sera perçu, indépendamment des droits fixes auxquels ils peuvent donner ouverture, d'après la législation actuelle, un droit fixe spécial de deux francs. C'est un droit nouveau, dont l'acquittement permettra de faire usage de l'acte ainsi enregistré, soit dans un acte public, soit en justice. Quant aux droits proportionnels édictés, par l'article 69, § 3, n° 1, et § 5, n° 1, de la loi du 22 frimaire an VII, ils ne seront perçus, aux termes du projet, que « lorsqu'un jugement portant condamnation, liquidation, collocation ou reconnaissance, interviendra sur ces marchés et traités, ou qu'un acte public sera fait ou rédigé en conséquence, mais seulement sur la partie du prix des sommes faisant l'objet soit de la condamnation, liquidation, collocation ou reconnaissance, soit des dispositions de l'acte.

« Ainsi, lorsqu'il n'y aura pas de jugement rendu, ni d'acte public passé en vertu de l'acte sous signature privée, les droits proportionnels ne seront pas perçus. L'enregistrement, moyennant un droit fixe de deux francs, sera définitif. Dans le cas contraire, la perception des droits proportionnels aura lieu, non plus sur toutes les clauses du marché, mais seulement sur les dispositions du jugement ou de l'acte public.

« La nécessité d'établir ces règles nouvelles, dans l'intérêt du commerce et de l'industrie, vous est déjà en grande partie démontrée. Il ne nous reste à vous présenter qu'un petit nombre de considérations. Mais nous voulons, avant tout, laisser parler l'expérience du tribunal de commerce de la Seine. Bien placé pour apprécier les inconvénients de la loi actuelle et constater les abus qui en découlent, il signale les uns et les autres avec une grande force. Nous lisons dans une note émanée de lui : « La plus grande partie des demandes formées devant les tribunaux consulaires s'appuie sur l'énonciation que la convention est verbale (lors même qu'un écrit existe entre les parties). — Le juge consulaire lui-même ne peut exiger la production d'un acte qui rendrait sa tâche plus facile, mais ruinerait le plaideur. »

« Il est impossible de ne pas reconnaître qu'un pareil état de choses est à la fois contraire à la bonne administration de la justice commerciale et aux intérêts du Trésor public.....

« Il existe d'ailleurs, aujourd'hui, dans l'application des lois de l'Enregistrement aux actes de commerce, une singulière anomalie. Nous chercherons à la faire bien comprendre par un exemple, et nous prendrons une hypothèse, celle d'une vente de marchandises faite moyennant 100,000 francs.

« Si cette vente donne lieu à des contestations, et que l'on s'appuie sur une convention écrite, l'acte doit être enregistré et le droit perçu sur le prix total de la vente, quel que soit le montant de la demande et de la condamnation. Si, au contraire, il n'y a pas d'acte écrit, ou si celui qui existe est dissimulé, le droit est perçu sur les dispositions du jugement, quand même le chiffre de la demande serait supérieur à celui des condamnations, et que l'on aurait fait connaître, dans les énonciations verbales, la véritable importance du marché. Il y avait à la fois des motifs d'équité et une raison morale pour faire disparaître cette anomalie. Le projet étend, au cas où un acte écrit est produit devant la justice, la règle que la loi et la jurisprudence avaient établie pour le cas moins favorable où les parties n'invoquaient que des conventions verbales.

« Nous nous sommes surtout occupés jusqu'ici des dispositions du projet de loi qui concernent les marchés et traités produits en justice. C'est en effet le côté le plus important de ce projet, celui qui a surtout fixé l'attention des tribunaux consulaires et de l'administration de l'Enregistrement. Il arrive très-rarement qu'un acte public soit fait ou rédigé en conséquence d'un marché ou d'un traité ayant le caractère d'un acte de commerce. Les opérations commerciales et industrielles s'accomplissent en général si rapidement, que l'on n'éprouve guère le besoin de confirmer par un acte authentique les conventions, sous signature privée, qui les ont constatées. Pourtant cela se produit quelquefois, et il était logique d'appliquer à la juridiction amiable le principe nouveau établi par le projet de loi à l'égard de la juridiction contentieuse.

« Nous nous sommes occupés jusqu'ici de l'article 1er du projet. Vous en connaissez maintenant l'objet et les motifs.

« L'article 2 détermine le mode de perception du double droit, dans le cas prévu par l'article 57 de la loi du 8 avril 1816, c'est-à-dire lorsqu'un acte sous signature privée est produit en justice sans avoir été enregistré avant le commencement de l'instance. La perception aura lieu conformément aux dispositions de l'article 1er.

« L'article 3 contient des dispositions transitoires relatives aux marchés et traités sur lesquels des demandes en justice auront été formées avant la promulgation de la loi, et qui n'auraient pas encore été enregistrées. Elles ont été conçues dans le même esprit que les deux premiers articles, et elles ont pour but d'étendre les avantages qui en résultent aux actes qui pourront être produits dans les procédures engagées au moment de la promulgation de la loi. »

Un amendement avait été proposé par MM. Carteret et Riché dans le but de rendre les dispositions ci-dessus applicables aux conventions dans lesquelles l'une des parties seulement aurait fait acte de commerce. — A l'appui de cet amendement, ils faisaient valoir les considérations suivantes : « Les marchés et traités n'interviennent pas toujours entre marchands; il en est dans lesquels l'une des parties seulement est commerçante, et, dès lors, ils ont à l'égard de l'une le caractère commercial, tandis qu'ils conservent à l'égard de l'autre le caractère civil. Ainsi, qu'un propriétaire vende à un marchand sa récolte de vin, sa coupe de bois, l'acte est civil à son égard, commercial vis-à-vis de l'acheteur. Qu'un propriétaire traite avec un entrepreneur pour la construction d'un bâtiment, ce dernier seul fait acte de commerce; les exemples pourraient se multiplier à l'infini. — Comment l'acte sera-t-il envisagé pour la perception de l'enregistrement? N'est-il pas à craindre que les agents de l'Administration soutiennent que ces marchés ne rentrent pas dans les prévisions de la loi? » Mais la commission n'a pas cru devoir admettre cette proposition, « dans la crainte, a-t-elle dit, de donner de l'extension à une disposition exceptionnelle qui, dans sa pensée, ne doit pas s'étendre au delà de la juridiction commerciale. »

Lors de la discussion, des explications ont été demandées sur le rejet de cet amendement, et l'un de ses auteurs, M. Carteret, a dit qu'il ne voudrait pas que du rejet de l'amendement on tirât cette conséquence regrettable que, pour profiter des dispositions de l'article 22, les traités devraient avoir été passés entre commerçants seulement. A la suite de diverses explications rentrant dans la même idée, M. Baroche, président du conseil d'Etat, a dit : « L'acte, qui sera un acte de commerce en lui-même indépendamment de la condition d'une des parties contractantes, aura droit à la faveur de la loi; c'est pour cet acte que la loi est faite. La commission a donné un autre motif pour rejeter l'amendement de MM. Carteret et Riché. Le Gouvernement n'accepte pas le motif de la commission; s'il pense que l'amendement devait être rejeté, c'est parce que, dans son opinion, l'amendement était inutile; il ne faisait en effet que développer d'une manière plus ou moins heureuse ce que la loi avait voulu dire, et ce qu'elle disait. M. le président du conseil d'Etat ajoute qu'il tient à la main une note de l'administration de l'Enregistrement, qui ne laisse aucun doute sur la manière dont l'article doit être interprété. La pensée de cette note est parfaitement conforme à ce qu'il vient de dire. » — M. Carteret dit qu'il prend acte de la déclaration qui est faite au nom du Gouvernement.

[*V.*, pour plus de développements, le n° 1149 du R. P.]

LOI DU 14 JUIN 1859

Rétribution scolaire.

(IVe Série, Bull. 701, n° 6619; Instr. n° 2187, § 4.)

ARTICLE UNIQUE. — A partir du 1er janvier 1860, la rétribution scolaire dans les écoles communales de filles sera perçue, par le receveur municipal, dans la même forme que les contributions publiques directes. Elle sera exempte des droits de timbre et donnera droit aux mêmes remises que les autres recouvrements...

[Comp. L. 3 juillet 1846, art. 9, et L. 15 mars 1850, art. 41. — (*V.*, pour le timbre des quittances, L. 23 août 1871, art. 18 et 20, dernier alinéa).]

DÉCRET DU 31 DÉCEMBRE 1859

Actes judiciaires en Algérie.

TITRE V. — *Du timbre et de l'enregistrement.*

ART. 54. — Tous les registres dont la tenue est prescrite par le présent décret sont affranchis du droit et de la formalité du timbre.

ART. 55. — Aucun extrait, copie ou expédition d'actes ou de jugements ne peut être délivré aux parties que sur papier timbré, conformément à l'article 12 de la loi du 13 brumaire an VII, sous peine de l'amende prononcée contre le fonctionnaire public par l'article 26 de la même loi.

Toutefois, ces copies, extraits ou expéditions peuvent être délivrés par les cadis sur papier d'une dimension inférieure à celle du papier dit *papier moyen* ou *d'expédition.*

ART. 56. — En territoire civil, les expéditions des jugements et actes qui emportent transmission de propriété ou d'usufruit de biens immeubles, les baux à ferme, à loyer ou à rente, les sous-baux, cessions ou subrogations de baux et les engagements de biens de même nature, sont soumis à l'enregistrement dans les trois mois de leur date.

Pour tous autres actes, l'enregistrement n'est de rigueur que lorsqu'il en est fait usage, soit par acte public, soit en justice ou devant toute autre autorité constituée.

ART. 57. — Les jugements et actes autres que ceux mentionnés dans les articles précédents ne sont soumis au timbre et à l'enregistrement que dans les cas prévus par les lois, ordonnances, décrets et arrêtés réglant la matière en Algérie.

DÉCRET DU 18 JANVIER 1860

Timbres mobiles. — Effets de commerce de l'étranger, des îles ou des colonies dans lesquelles le timbre n'aurait pas encore été établi.

(XI° Série, Bull. 763, n° 7270; Instr. n° 2176.)

ARTICLE PREMIER. — Il sera établi, pour l'exécution des articles 19, 20 et 21 de la loi du 11 juin 1859, des timbres mobiles, dont le prix et l'emploi sont fixés, conformément à l'article 1er de la loi du 5 juin 1850, ainsi qu'il suit :

A 0f 05c	pour les effets	de	100f	et au-dessous;
A 0 10	pour ceux au-dessus de	100	jusqu'à	200f;
A 0 15	pour ceux au-dessus de	200	jusqu'à	300 ;
A 0 20	pour ceux au-dessus de	300	jusqu'à	400 ;
A 0 25	pour ceux au-dessus de	400	jusqu'à	500 ;
A 0 50	pour ceux au-dessus de	500	jusqu'à	1,000 ;
A 1 00	pour ceux au-dessus de	1,000	jusqu'à	2,000 ;
A 1 50	pour ceux au-dessus de	2,000	jusqu'à	3,000 ;
B 2 00	pour ceux au-dessus de	3,000	jusqu'à	4,000 ;

Et ainsi de suite, en suivant la même progression et sans fraction. — Ces timbres seront conformes au modèle annexé au présent décret.

[Nouveau modèle (Déc. 23 janvier 1864, art. 1er). — Modification des types (Arr. 25 août 1871, art. 5).— Effets de l'étranger sur l'étranger (L. 20 décembre 1872, art. 3, § 2). — Modèle remplacé (Déc. 19 février 1874).]

ART. 2. — Les timbres mobiles ne pourront être apposés sur les effets de plus de 20,000 francs. Ces effets continueront à être soumis au visa pour timbre, moyennant le payement à raison de 50 centimes par 1,000 francs, sans fraction, conformément aux articles 10 et 11 de la loi du 13 brumaire an VII.

[Abrogé (Déc. 23 janvier 1864, art. 2).]

ART. 3. — Le timbre mobile sera apposé sur les effets pour lesquels l'emploi en est autorisé, avant tout usage de ces effets en France. — Il sera collé sur l'effet, savoir : avant les endossements, si l'effet n'a pas encore été négocié, et, s'il y a eu négociation, immédiatement après le dernier endossement souscrit en pays étranger. — Le signataire de l'acceptation, de l'aval, de l'endossement et de l'acquit, après avoir apposé le timbre, l'annulera immédiatement, en y inscrivant la date de l'apposition et sa signature.

[Timbres mobiles communs aux effets venant de l'étranger et aux warrants (Déc. 29 octobre 1862, art. 3, et 23 janvier 1864, art. 1er).]

ART. 4. — L'administration de l'Enregistrement et des domaines fera déposer aux greffes des cours et tribunaux des spécimens de timbres mobiles. Il sera dressé, sans frais, procès-verbal de chaque dépôt.

LOI DU 9 MAI 1860

Assurance contre la mortalité des bestiaux, la gelée, les inondations et autres risques agricoles.

(XI° Série, Bull. 791, n° 7576; Instr. n° 2173.)

ARTICLE UNIQUE. — Les sociétés, compagnies et tous autres assureurs contre la mortalité des bestiaux, contre la gelée, les inondations et autres risques agricoles, pourront s'affranchir des obligations imposées par l'article 33 de la loi du 5 juin 1850, en contractant avec l'Etat un abonnement annuel, à raison de 2 centimes par 1,000 francs du total des sommes assurées d'après les polices ou contrats en cours d'exécution. — L'abonnement de l'année courante se calculera sur le chiffre total des opérations de l'année précédente.

[Droit de 2 cent. élevé à 3 cent. par 1,000 fr. (L. 2 juillet 1862, art. 18); — augmenté de 2 décimes (LL. 23 août 1871, art. 2, et 30 mars 1872, art. 3).]

DÉCRET DU 25 JUIN 1860

Timbre : Savoie, Haute-Savoie et Nice.

(XI° Série, Bull. 812, n° 7790; Instr. n° 2177.)

ARTICLE PREMIER. — Les lois, décrets et ordonnances relatifs à la perception des droits de timbre seront appliqués, dans le département de la Savoie, dans celui de la Haute-Savoie et dans l'arrondissement de Nice, à partir de la publication du présent décret.

ART. 2. — A dater du 1er août 1860, il ne pourra plus être fait usage que des papiers marqués du timbre impérial, sous les peines et amendes portées par la loi.

ART. 3. — Tout détenteur de papiers frappés du timbre sarde sera admis pendant deux mois, à compter dudit jour, à les échanger contre des papiers au timbre impérial.

Cet échange s'opérera de manière que le Trésor français n'ait à faire aucun remboursement, et, dans le cas où, par le résultat de l'échange, le montant des droits des papiers rapportés se trouverait inférieur à celui des papier au timbre impérial, les détenteurs devront payer l'excédant ou l'appoint.

Art. 4. — Les dispositions de l'article précédent sont applicables aux papiers timbrés à l'extraordinaire au timbre sarde et que les détenteurs voudraient échanger contre des papiers de même nature au timbre impérial.

Art. 5. — Conformément à l'article 38 de la loi du 13 brumaire an VII, l'administration de l'Enregistrement et des domaines fera déposer aux greffes des cours et tribunaux des départements de la Savoie, de la Haute-Savoie et de l'arrondissement de Nice, les empreintes des timbres impériaux appliqués sur papier filigrané.

Il sera dressé, sans frais, procès-verbal de chaque dépôt.

LOI DU 18 JUILLET 1860

Émigration.

(XI° Série, Bull. 823, n° 7899.)

Art. 11. — Les délits et contraventions peuvent être constatés : 1° en France, par les commissaires d'émigration, en la qualité d'officiers de police auxiliaires du procureur impérial, par tous officiers de police judiciaire, et par les fonctionnaires ou agents qu'un arrêté ministériel aura investis, soit à titre définitif, soit temporairement, des attributions du commissaire de l'émigration; 2° à bord des navires français dans les ports étrangers, par les consuls, assistés, s'il y a lieu; de tels hommes de l'art qu'ils jugeront à propos de désigner. — Les procès-verbaux font foi jusqu'à preuve contraire. — Ils sont visés pour timbre et enregistrés *en débet*.

[V. LL. 22 frimaire an VII, art. 70, § 1er, et 25 mars 1817, art. 74.]

LOI DU 26 JUILLET 1860

Élèves en pharmacie.

(XI° Série, Bull. 824, n° 7916.)

Art. 20. — Est autorisée, à partir du 1er janvier 1861, au profit des secrétaires des écoles de pharmacie, des secrétaires des écoles préparatoires de médecine et de pharmacie et des greffiers des justices de paix, la perception de 1 franc, tant pour chaque inscription des élèves stagiaires en pharmacie, que pour la délivrance des extraits de ces inscriptions.

Les registres destinés à recevoir ces inscriptions et les extraits de ces registres sont dispensés des formalités et des droits de timbre et d'enregistrement.

DÉCRET DU 17 OCTOBRE 1860

Enregistrement : Savoie, Haute-Savoie, Nice.

(XI° Série, Bull. 860, n° 8328; Instr. n° 2183.)

Article premier. — A partir du 1er novembre 1860 seront appliqués dans les départements de la Savoie et de la Haute-Savoie, et dans la partie des Alpes-Maritimes devenue récemment française, les lois, ordonnances et décrets concernant le domaine de l'Etat, les droits d'enregistrement, de greffe et d'hypothèque, et en général tous autres objets faisant partie des attributions de l'administration de l'Enregistrement et des Domaines.

Art. 2. — Sont exceptées, en ce qui concerne les hypothèques, les dispositions de la loi du 23 mars 1855 sur la transcription hypothécaire, dont l'exécution a été ajournée au 1er juillet 1861.

LOI DU 2 MAI 1861

Suppléments des journaux.

(XI° Série, Bull. 924, n° 8955; Instr. n° 2192.)

Article premier. — Sont exempts de timbre et de droits de poste les suppléments des journaux, lorsque ces suppléments sont exclusivement consacrés, soit à la publication des débats législatifs, reproduits par la sténographie ou par le compte rendu conformément à l'article 42 de la Constitution, soit à l'insertion des exposés des motifs de projets de loi ou de sénatus-consultes, des rapports de commissions et des documents officiels déposés, au nom du Gouvernement, sur le bureau du Sénat et du Corps législatif. — Pour jouir de l'exemption susénoncée, les suppléments doivent être publiés sur feuilles détachées du journal. — La même exemption s'appliquera aux suppléments des journaux non quotidiens des départements autres que ceux de la Seine et de Seine-et-Oise, publiés en dehors des conditions de périodicité déterminées par leur cautionnement et leur autorisation.

[V. L. 11 mai 1868, art. 5; Déc. 5 septembre 1870.]

Art. 2. — Sont exemptes de timbre toutes autres publications périodiques exclusivement consacrées aux matières indiquées dans l'article 1er.

[Annonces (V. L. 11 mai 1868, art 4).]

Art. 3. — Il sera tenu compte aux ayants droits des perceptions qui pourraient être opérées, en vertu des lois en vigueur, pour les suppléments publiés à partir du 4 février 1861, dans les conditions prescrites par l'article 1er ci-dessus.

[Timbre des journaux aboli (Déc. du 5 septembre 1870).]

LOI DU 28 JUIN 1861

Ventes. — Courtiers.

(XIe Série, Bull. 945, n° 9208 ; Instr. n° 2197, § 2.)

ART. 17. — Le délai pour faire enregistrer les procès-verbaux des vente publiques de marchandises faites par les courtiers, est fixé à dix jours.

[Comp. L. 22 frimaire an VII, art 20. — (V. LL. 15 mai 1818, art. 74; 24 mai 1834, art. 12; 28 mai 1858, art. 1er et 2; 3 juillet 1861, art. 2, et 20 mai 1863, art. 1er).]

DÉCRET DU 29 JUIN 1861

Marchandises avariées.

ARTICLE PREMIER. — Il est ajouté à l'article 25 précité du décret du 12 mars 1859, un troisième paragraphe ainsi conçu :

« Les marchandises avariées peuvent être vendues par lots d'une valeur inférieure à 500 francs, mais sous la condition d'une autorisation donnée sur requête par le président du tribunal de commerce du lieu de la vente ou par le juge de paix, dans les lieux où il n'y a pas de tribunal de commerce. Le magistrat peut toujours, s'il le juge nécessaire, faire constater l'avarie par un expert qu'il désigne. »

[Abrogé (Déc. 30 mai 1863, art. 3).]

LOI DU 3 JUILLET 1861

Ventes. — Marchandises en gros.

(XIe Série, Bull. 948, n° 9252 ; Instr. n° 2197, § 1er.)

ARTICLE PREMIER. — Les tribunaux de commerce peuvent, après décès ou cessation de commerce, et dans tous les autres cas de nécessité dont l'appréciation leur est soumise, autoriser la vente aux enchères en gros des marchandises de toute espèce et de toute provenance. — L'autorisation est donnée sur requête ; un état détaillé des marchandises à vendre est joint à la requête. — Le tribunal constate par son jugement le fait qui donne lieu à la vente.

ART. 2. — Les ventes autorisées en vertu de l'article précédent, ainsi que toutes celles qui sont autorisées ou ordonnées par la justice consulaire dans les divers cas prévus par le Code de commerce, sont faites par le ministère des courtiers. — Néanmoins, il appartient toujours au tribunal ou au juge qui autorise ou ordonne la vente, de désigner, pour y procéder, une autre classe d'officiers publics; dans ce cas, l'officier public, quel qu'il soit, est soumis aux dispositions qui régissent les courtiers, relativement aux formes, aux tarifs et à la responsabilité.

[Délai de dix jours (L. 28 juin 1861, art. 17).]

ART. 3. — Les dispositions des articles 2 à 7 inclusivement de la loi du 28 mai 1858, sur les ventes publiques sont applicables aux ventes autorisées ou ordonnées comme il est dit dans les deux articles qui précèdent.

[V. Déc. du 6 juin 1863.]

DÉCRET DU 27 JUILLET 1861

Caisse de retraite pour la vieillesse

(XIe Série, Bull. 958, n° 9408.)

ART. 28. — Les certificats de vie à produire, soit pour l'inscription des rentes viagères de la vieillesse, soit pour le payement des arrérages desdites rentes, sont exemptés des droits de timbre et peuvent être délivrés, soit par les notaires, soit par le maire de la résidence du rentier.

[Comp. L. 18 juin 1850, art. 11.]

DÉCRET DU 11 JANVIER 1862

Droit de transmission. — Sociétés étrangères.

(XIe Série, Bull. 993, n° 9832.)

ARTICLE PREMIER. — Le droit de transmission établi par l'article 9 de la loi du 23 juin 1857 et par l'article 10 du décret du 17 juillet suivant, sur les actions et obligations des sociétés, compagnies et entreprises étrangères, est perçu de la manière suivante : pour les sociétés compagnies et entreprises dont les titres sont cotés et circulent simultanément dans les places de commerce de l'étranger et à la Bourse de Paris, ou dans les bourses départementales, la moitié du capital représenté par leurs actions et obligations est soumise à l'impôt; pour les sociétés, compagnies et entreprises dont il est notoire que les titres circulent particulièrement en France, l'impôt est perçu sur le montant total de leurs actions et obligations.

ART. 2. — Les représentants des sociétés devront fournir au ministre des finances une déclaration émanée des conseils d'administration desdites sociétés, faisant connaître l'importance du capital émis, tant en actions qu'en obligations. Cette déclaration doit être certifiée par le consul de France du lieu où est établi le siége de ladite société.

[Modifié (V. Déc. des 11 décembre 1864 et 24 mai 1872).]

DÉCRET DU 6 FÉVRIER 1862

Transfert d'inscriptions de rentes sur l'État.

(Instr. du 14 février 1862, n° 2212, § 1er.)

Article unique. — Les transferts d'inscriptions de rentes directes ou départementales pourront s'opérer, tant à Paris que dans les départements, sur la production de procurations sous signature privée, légalisées par les maires, et qui seront soumises, quant au droit d'enregistrement, *au minimum du droit déterminé par la loi*. Elles ne seront point assujetties à la formalité du dépôt.

[2 fr. (L. 18 mai 1850, art. 8); 3 fr. (L. 28 février 1872, art. 4).]

LOI DU 12 FÉVRIER 1862

Conversion de la rente et des obligations trentenaires.

(XIe Série, Bull. 998, n° 9929; Instr. n° 2212, § 2.)

Art. 10. — Tous titres et expéditions à produire, en tant qu'ils serviraient uniquement aux opérations nécessitées par la présente loi, seront visés pour timbre et enregistrés *gratis*, pourvu que cette destination soit exprimée.

[V. Déc. du 14 mars 1852, art. 9.]

LOI DU 2 JUILLET 1862

Enregistrement et timbre.

(XIe Série, Bull. 1034, n° 10324; Instr. n° 2224.)

Art. 14. — Le principal des droits et produits soumis au décime par les lois en vigueur, et dont la perception est confiée à l'administration de l'Enregistrement, sera augmenté d'un nouveau décime à partir du 1er juillet 1862 jusqu'à la fin de l'année 1863.

[V. L. 13 mai 1863, art. 14. — Second décime réduit de moitié à partir du 1er juillet 1864 (LL. 8 juin 1864, art. 13; 8 juin 1864, art. 3, et 8 juillet 1865, art. 3). — Supprimé pour certains droits à partir du 1er janvier 1867 (LL. 18 juillet 1866, art. 3; 31 juillet 1867, art. 3; 2 août 1868, art. 5; 8 mai 1869, art. 4, et 27 juillet 1870, art. 5). — Rétablie en entier (L. 23 août 1871, art. 1er). — Demi-décime nouveau (L. 30 décembre 1873, art. 2.]

Art. 17. — A partir du 15 juillet 1862, le droit de timbre perçu à raison de la dimension du papier est fixé comme il suit :

Demi-feuille de petit papier.	» fr.	50 c.
Feuille de petit papier.	1	»
Feuille de moyen papier.	1	50
Feuille de grand papier	2 fr.	» c.
Feuille de grand registre.	3	»

[Comp. L. 28 avril 1816, art. 62. — Décimes (V. L. 23 août 1871, art. 2).]

Art. 18. — A partir de la même époque, la faculté d'abonnement établie par l'article 37 de la loi du 5 juin 1850, au profit des sociétés, compagnies d'assurance et assureurs, s'exercera à raison de 3 centimes par 1,000 francs du total des sommes assurées.

[Décimes (LL. 23 août 1871, art. 2, et 30 mars 1872, art. 3).]

Art. 19. — Les bordereaux et arrêtés des agents de change et courtiers seront assujettis au droit de timbre du total des sommes employées aux opérations qui y sont mentionnées. — Ce droit sera, savoir :

Pour les sommes	de 10,000 fr. et au-dessous.	0 f. 50 c.
	au-dessus de 10,000 fr. . .	1 50

[Comp. L. 5 juin 1850, art. 13. — Décimes (L. 23 août 1871, art. 2).]

Le papier destiné à ces bordereaux et arrêtés sera fourni par les agents de change et courtiers, et timbré à l'extraordinaire, conformément à l'article 6 de la loi du 11 juin 1842.

[V. Déc. 3 juillet 1862.]

Art. 20. — Les copies des exploits, celles des significations d'avoués à avoués et des significations de tous jugements, actes ou pièces, doivent être correctes, lisibles et sans abréviations. — Un règlement d'administration publique déterminera le nombre de lignes et de syllabes que devront contenir les copies. — Toute contravention aux dispositions du présent article et à celles du règlement d'administration publique est punie d'une amende de 25 francs.

[Comp. Déc. 29 août 1813, art. 1er et 2. — (V. Déc. 30 juillet 1862, art. 1er); — Papier pour copies (L. 29 décembre 1873, art. 3).]

Art. 21. — Ceux qui, dans une intention frauduleuse, ont altéré, employé, vendu ou tenté de vendre des papiers timbrés ayant déjà servi, sont poursuivis devant le tribunal correctionnel et punis d'une amende de 50 à 1,000 francs. En cas de récidive, la peine est d'un emprisonnement de cinq jours à un mois et l'amende est doublée. — Il peut être fait application de l'article 463 du Code pénal.

[V., pour les timbres mobiles, art. 26 *infrà*, et LL. 11 juin 1859, art. 21; 31 juillet 1867, art. 29; 27 juillet 1870, art. 6; 23 août 1871, art. 18 et 24; 30 mars 1872, art. 4, 5 et 7, et 25 mai 1872, art. 4.]

Art. 22. — L'amende est de 50 francs pour chaque acte ou écrit sous signature privée sujet au timbre de dimension et fait sur papier non timbré.

[Comp. LL. 13 brumaire an VII, art. 26, n° 3, et 11 juin 1842, art. 7.]

Art. 23. — Les préposés des douanes, des contributions indirectes et ceux des octrois ont, pour constater les contraventions au timbre des actes ou écrits sous signature privée, et pour saisir les pièces en contravention, les mêmes attributions que les préposés de l'Enregistrement. . . .

[Comp. Déc. 16 messidor an XIII, LL; 3 août 1871, art. 23, et 30 mars 1872, art. 2, § 5, et 6, § 2.]

ART. 24. — Les receveurs de l'Enregistrement pourront suppléer à la formalité du visa, pour toute espèce de timbres de dimension, au moyen de l'apposition de timbres mobiles.

[V. Déc. 29 octobre 1862 et 2 janvier 1864, art. 1er; L. 27 juillet 1870, art. 6.]

ART. 25. — A partir du 1er janvier 1863, le droit de timbre auquel les warrants endossés séparément des récépissés sont soumis par l'article 13 de la loi du 28 mai 1858, sur les négociations relatives aux marchandises déposées dans les magasins généraux, pourra être acquitté par l'apposition, sur ces effets, de timbres mobiles, que l'administration de l'Enregistrement est autorisée à vendre et à faire vendre.

ART. 26. — Un règlement d'administration publique déterminera la forme et les conditions d'emploi des timbres mobiles créés en exécution de la présente loi. — Sont applicables à ces timbres les dispositions de l'article 21 de la loi du 11 juin 1859.

[Déc. 29 octobre 1862 et 23 janvier 1864.]

ART. 27. — Sont considérés comme non timbrés les actes ou écrits sur lesquels le timbre mobile aurait été apposé sans l'accomplissement des conditions prescrites par le règlement d'administration publique, ou sur lesquels aurait été apposé un timbre ayant déjà servi.

ART. 28. — Sont maintenues toutes les exemptions et exceptions prononcées par les lois existantes. — Sont également maintenues toutes les dispositions des lois sur le timbre non contraires à la présente loi.

DÉCRET DU 3 JUILLET 1862

Timbre.

(XIe Série, Bull. 1036, n° 10363; Instr. n° 2225, § 1er.)

ARTICLE PREMIER. — A partir du 15 juillet 1862, les timbres aux prix de 1 fr. 50 et 2 francs, actuellement employés pour le timbrage du grand papier et du papier de grand registre, serviront à timbrer, savoir : celui de 1 fr. 50 le moyen papier, et celui de 2 francs le grand papier. — Pour les autres papiers, il sera établi des timbres conformes au type actuel, qui indiqueront : pour la demi-feuille de petit papier, le droit de 50 centimes au lieu de celui de 35 centimes; — pour la feuille de petit papier, le droit de 1 franc au lieu de celui de 70 centimes, et pour la feuille de grand registre, le droit de 3 francs au lieu de celui de 2 francs.

[Modification des types (Arr. 25 août 1871, art. 5).]

DÉCRET DU 3 JUILLET 1862

Bordereaux et arrêtés des agents de change et courtiers.

(XIe Série, Bull. 1036, n° 1036, n° 10364; Instr. n° 2225, § 3.)

ARTICLE PREMIER. — Il sera établi, pour les bordereaux et arrêtés des agents de change et courtiers, des timbres indiquant le montant des droits fixés par l'article 19 de la loi du 2 juillet 1862. — Ces timbres seront conformes aux modèles annexés au présent décret.

[Modification des types (Arr. 25 août 1871, art. 5).]

DÉCRET DU 30 JUILLET 1862

Nombre de lignes et de syllabes. — Copies des exploits, celles des significations d'avoués à avoués et des significations de tous jugements, actes ou pièces.

(XIe Série, Bull. 1044, n° 10517; Inst. n° 2228.]

ARTICLE PREMIER. — Les copies des exploits, celles des significations d'avoués à avoués et des significations de tous jugements, actes ou pièces, ne peuvent contenir, savoir : — sur le petit papier (feuilles et demi-feuilles), plus de trente lignes à la page et de trente syllabes à la ligne; — sur le moyen papier, plus de trente-cinq lignes à la page et de trente-cinq syllabes à la ligne; — sur le grand papier, plus de quarante lignes à la page et de quarante syllabes à la ligne; — sur le grand registre, plus de quarante-cinq lignes à la page et de quarante-cinq syllabes à la ligne.

[V. Déc. 29 août 1813, art. 1er et 2; L. 2 juillet 1862, art. 20; L. 29 décembre 1873.]

DÉCRET DU 29 OCTOBRE 1862

Timbres mobiles.

(XIe Série, Bull. 1073, n° 10555; Instr. n° 2242.]

ARTICLE PREMIER. — Il est établi, pour l'exécution de l'article 24 de la loi du 2 juillet 1862, des timbres mobiles correspondants aux droits de timbre à percevoir, à raison de la dimension du papier, tels qu'ils ont été fixés par l'article 17 de cette loi. — Ces timbres seront conformes aux modèles annexés au présent décret. — Ils seront apposés et annulés immédiatement au moyen d'une griffe, soit par les receveurs de l'Enregistrement, soit par les fonctionnaires désignés à cet effet par notre ministre des finances pour suppléer ces préposés.

[V. Arr. 20 juillet 1863, Arr. 25 août 1871, art. 5.]

ART. 2. — L'administration de l'Enregistrement et des Domaines fera déposer aux greffes des cours et tribunaux un spécimen des timbres mobiles établis par l'article 1er ci-dessus. — Il sera dressé, sans frais, procès-verbal de ce dépôt.

ART. 3. — Provisoirement, les timbres mobiles employés en vertu de notre décret du 18 janvier 1860, pour timbrer les effets venant, soit de l'étranger, soit des colonies où le timbre n'est pas établi, pourront en exécution de l'article 25 de la loi du 2 juillet 1862, être apposés sur les warrants endossés séparément des récépissés. — Le timbre mobile sera collé au dos du warrant par le premier endosseur, qui devra le placer au-dessus de l'endossement et l'annuler immédiatement en y inscrivant la date de l'apposition et sa signature.

[V. Déc. 23 janvier 1864.]

DÉCRET DU 8 DÉCEMBRE 1862

Allocations. — Greffiers des tribunaux de commerce. — Remboursement de papier timbré.

(XIe Série, Bull. 1073, no 10757; Instr. no 2240.)

ARTICLE PREMIER. — Il est alloué aux greffiers des cours impériales et aux greffiers des tribunaux civils de première instance, comme remboursement du papier timbré :

1° Pour chaque arrêt ou jugement rendu à la requête des parties, ceux de simple remise exceptés. . . 1 00

2° Pour chaque acte porté sur un registre timbré. . . . . » 50

3° Pour chaque mention portée sur un registre timbré. . . . . » 20

[V. Déc. 24 novembre 1871, art. 1er.]

ART. 2. — Les dispositions de l'article précédent sont applicables aux greffiers des tribunaux spéciaux de commerce et aux greffiers des tribunaux civils qui exercent la juridiction commerciale ; mais l'allocation à titre de remboursement du timbre employé aux feuilles d'audience est fixée pour chaque jugement, ceux de simple remise exceptés, à 65 centimes.

[V. Déc. 24 novembre 1871, art. 1er.]

ART. 3. — Il est alloué aux greffiers des justices de paix, à titre de remboursement du papier timbré :

1° Pour chaque jugement porté sur la feuille d'audience, ceux de remise exceptés . . . . » 65

2° Pour chaque jugement de remise. . . . . . » 20

3° Pour procès-verbal de conciliation inscrit sur un registre timbré . . . . » 50

4° Pour le procès-verbal sommaire constatant que les parties n'ont pu être conciliées. . . . . . » 25

[V. Déc. 24 novembre 1871, art. 1er.]

ART. 4. — Les greffiers mentionnés au présent décret ne peuvent écrire, sur les minutes ou feuilles d'audiences et sur les registres timbrés, plus de trente lignes à la page et de vingt syllabes à la ligne, sur une feuille au timbre de 1 franc; de quarante lignes à la page et de vingt-cinq syllabes à la ligne, lorsque la feuille est au timbre de 1 fr. 50 cent. et plus de cinquante lignes à la page et de trente syllabes à la ligne, lorsque la feuille est au timbre de 2 francs. — Toute contravention est constatée conformément à la loi du 18 brumaire an VII, et punie de l'amende prononcée par l'article 12 de la loi du 16 juin 1824, sans préjudice des droits de timbre à la charge des contrevenants.

[Comp. Déc. 24 mai 1854, art. 10.]

ART. 5. — Il est alloué aux huissiers, comme remboursement du papier timbré du registre tenu en exécution de l'article 176 du Code de commerce :

1° Pour protêt simple et intervention . . . . . » 35

2° Pour protêt de perquisition. . . . . » 50

[V. Déc. 24 novembre 1871, art. 4.]

SOMMAIRE

Présentation au Corps législatif et Exposé des motifs le 6 mars 1862 (*Monit.* du 7, p. 317, 1re col., et du 12, p. 354, 6e col.). — Rapports de M. Alfred Leroux sur le budget ordinaire, et de M. Segris sur les nouveaux impôts, séance du 3 juin (*Monit.* du 4, p. 802, 3e col.). — Discussion et délibération, les 16, 17, 18, 19, 20, 21, 23, 24, 25 et 27 juin (*Monit.* du 17, p. 877, 3e col.; du 18, p. 884, 5e col.; du 19, p. 894, 6e col.; du 20, p. 904, 1re col.; du 21, p. 914, 1re col.; du 22, p. 922, 6e col.; du 24, p. 936, 3e col.; du 25, p. 943, 5e col.; du 26, p. 954, 1re col.; et du 28, p. 974, 3e col.) — Délibération du Sénat sur le rapport de M. le marquis d'Audiffret, à la séance du 1er juillet 1862 (*Monit.* du 2, p. 998, 6e col.)

Rapport de la Commission.

Décime.

Après de longs et laborieux débats, auxquels votre Commission s'est attachée avec d'autant plus de persistance qu'elle avait donné une adhésion plus entière à la sage pensée du Gouvernement d'emprunter ses ressources, avant toute aggravation d'impôts, aux conditions d'une meilleure perception, en réprimant les dissimulations et les fraudes, nous avons été amenés à reconnaître :

Qu'il serait impossible d'obtenir un résultat vraiment efficace pour atteindre ce but, autrement qu'en subordonnant les effets de l'acte à la condition de son enregistrement et de l'acquittement des droits qu'il doit à l'État;

Que l'expertise et les pénalités, déjà insuffisantes pour comprimer les fraudes dans l'acte qui s'enregistre, resteraient toujours impuissantes contre l'acte qui se dérobe;

Que l'intérêt des parties à se soustraire au payement du droit dû à l'État ne pouvait être contenu que par un intérêt supérieur à s'y soumettre;

Que cet intérêt, on ne pouvait le rencontrer que dans l'acte même, à moins que, par une mesure hardie, mais dont il faudrait mesurer la portée, le droit lui-même n'assurât la généralité de sa perception et l'importance de ses produits par son propre abaissement, en même temps que par l'aggravation des peines en cas de non-payement;

En énumérant ces propositions, votre Commission n'entend attacher aucune adhésion anticipée aux solutions qu'elles comportent;

Des questions aussi graves ne peuvent évidemment être

tranchées par voie d'incident à la loi de finances; aussi, placée en regard du système du projet de loi, qu'elle ne croyait pas devoir admettre dans son ensemble, convaincue que celles des dispositions qu'elle aurait été disposée à accepter n'aboutiraient qu'à des résultats inefficaces pour atteindre le but que le Gouvernement s'était proposé, votre commission a pensé que ces questions étaient trop complexes et n'étaient pas assez mûres pour obtenir dans son sein une sérieuse et pratique solution; qu'en conséquence il y avait lieu de les ajourner et d'appeler de nouveau les méditations du Gouvernement sur ce difficile problème, dont la solution doit appartenir à son initiative éclairée: « assurer, par un ensemble de mesures, l'enregistrement des actes et la sincérité des déclarations. »

Il nous a semblé qu'il ne fallait pas séparer les deux termes de cette proposition. Tout se lie et s'enchaîne dans la perception, et le seul fait de l'enregistrement de tous les baux d'immeubles dans les délais que la loi leur impartit, en donnant l'expression certaine du revenu qu'ils produisent, fournirait ses éléments d'appréciation les plus sûrs à la perception du droit de mutation et à l'assiette équitable de l'impôt.

. . . .

Les résolutions qui précèdent avaient pour résultat, sans modifier sensiblement l'équilibre du budget, d'apporter des modifications profondes aux dispositions du projet de loi.

Communiquées au Gouvernement avant de se formuler en amendements, elles ont donné lieu, de la part de MM. les ministres sans portefeuille, aux explications les plus conciliantes.

Ils nous ont déclaré que, sans entrer dans la discussion des dispositions diverses du projet de loi concernant les nouveaux impôts dont la modification était demandée, mais dont ils n'entendaient nullement infirmer la valeur, toutes ces dispositions ayant été l'objet des études les plus attentives et les plus approfondies, ils seraient cependant disposés, par esprit de conciliation, à accueillir au nom du Gouvernement les modifications proposées par otre commission.

C'est donc sous l'influence de ces sentiments de bon accord, dont le concours réciproque peut seul assurer le bien du pays, que les amendements suivants ont été par nous transmis au conseil d'Etat, qui les a adoptés.

Nous transcrivons ici ces amendements, avec les résolutions du conseil d'Etat.

Un premier amendement porte ce qui suit:

« Ajouter à l'article 15 un deuxième alinéa ainsi conçu:

« Le double décime sur les droits d'enregistrement est rétabli à partir du 1er juillet 1862 jusqu'à la fin de l'année 1863. »

Un membre propose de dire:

« Le principal des droits et produits soumis au décime par les lois en vigueur, et dont la perception est confiée à l'administration de l'Enregistrement, sera augmenté d'un nouveau décime à partir du 1er juillet 1862 jusqu'à la fin de l'année 1863. »

L'amendement ainsi modifié est adopté.

Art. 17. — Augmentation du tarif du timbre de dimension. « L'augmentation des droits de timbre de dimension n'a rien de très-onéreux, » a dit le rapporteur au Corps législatif. Depuis 1816 les droits n'ont subi aucune augmentation. Le nouveau tarif se proportionne à peine aux variations de la valeur monétaire depuis cette époque; la perception est facile, le résultat financier certain.

Votre commission, en présence des besoins impérieux du Trésor, n'hésite pas à adopter la taxe nouvelle, dont la perception devra commencer immédiatement à partir de la promulgation de la loi.

Nous nous sommes ensuite préoccupés de savoir si l'augmentation du timbre de dimension n'aurait point pour résultat d'élever le droit de 35 centimes perçu sur les articles dits mandats d'argent au-dessus de 10 francs délivrés par la poste. Pour 11 francs versés il y aurait lieu, en ce cas, à un droit de timbre de 50 centimes, ce qui serait vraiment une charge onéreuse pour un nombre considérable de personnes qui versent de très-petites sommes à la poste. D'un autre côté, il semblerait contradictoire, alors que l'article 45 du projet de loi abaisse de 2 à 1 pour 100 la taxe à percevoir sur les envois de fonds confiés à la poste, que ces mêmes droits fussent en même temps relevés par une augmentation de taxe sur le timbre, supérieure en certains cas à cette réduction.

Pour prévenir une telle anomalie, l'amendement suivant a été transmis au conseil d'Etat par votre commission:

Ajouter à l'article 32 de la loi de finances le paragraphe suivant:

« Néanmoins, le droit de timbre sur les mandats relatifs à des envois d'argent par la poste demeure fixé à 35 centimes. »

Cet amendement n'a pas été adopté.

MM. les commissaires du Gouvernement nous ont déclaré que l'application du timbre aux mandats d'argent n'était que l'application d'une loi générale, que le droit fixé d'abord à 25 centimes par la loi de brumaire an VII avait été ensuite élevé à 35 centimes par la loi de 1816, aussi bien à la charge de ces mandats que pour tous autres actes de même nature; qu'aujourd'hui qu'une loi nouvelle élevait la taxe du timbre à 50 centimes, il n'y avait pas lieu d'entrer dans une voie d'exception dont il serait difficile de fixer la limite; que l'abaissement du droit proportionnel sur les valeurs envoyées n'en resterait pas moins un bienfait, malgré l'anomalie signalée, qui n'existe du reste que pour les envois d'argent de 10 à 15 francs, ceux au-dessous de 10 francs étant affranchis du timbre, et que le Gouvernement apprécierait plus tard, lorsque l'état des finances le permettrait, s'il n'y aurait pas lieu d'affranchir ces mandats du timbre pour ne percevoir que le droit proportionnel d'expédition.

Un membre de la Chambre a demandé, lors du vote de l'article 17, si l'augmentation des droits de timbre n'entraînerait pas la révision du décret du 24 mai 1854 (*Rép. gén.*, no 6848, *note*), concernant les émoluments des greffiers des tribunaux civils. L'un des commissaires du Gouvernement a répondu négativement à cette question, par le motif que les droits que les greffiers des tribunaux perçoivent sur les jugements sont indépendants du prix du timbre.

Polices d'assurances. — Le rapport déjà cité s'exprime ainsi sur cet article:

L'augmentation de taxe sur le timbre de dimension devait nécessairement nous conduire à proposer la modification de l'article 37 de la loi du 5 juin 1850, relatif au timbre des polices d'assurance, dont il n'était pas question au projet de loi.

L'article 33 de cette loi exige que tout contrat d'assurance, ainsi que toute convention postérieure contenant prolongation d'assurance, augmentation dans la prime ou sur le capital assuré, soit rédigé sur papier d'un timbre de dimension, à peine de 50 francs contre l'assureur.

Aux termes de l'article 37 de la même loi, les sociétés, compagnies d'assurances et tous autres assureurs contre l'incendie et contre la grêle ont la faculté de s'affranchir des obligations imposées par l'article 33 en contractant avec l'Etat un abonnement annuel à raison de 2 centimes par 1,000 francs du total des sommes assurées d'après les polices ou contrats en cours d'exécution.

Le prix de l'abonnement doit nécessairement s'élever avec le prix du timbre dont il est l'équivalent, et votre commission a pensé qu'il serait juste de le porter de 2 à 3 centimes. Mais cette disposition ne devant pas avoir d'effet rétroactif, l'abonnement ne devra être calculé à ce taux que sur les polices postérieures en date à la promulgation de la loi.

Les 2 centimes perçus aujourd'hui par l'État donnant environ 1 million à 1,200,000 francs, ce serait une augmentation de ressources de 500,000 francs à inscrire au budget des recettes.

Un amendement en ce sens a été transmis par nous au conseil d'Etat. L'amendement a été adopté.

Bordereaux et arrêtés des agents de change et courtiers. — Les termes de l'article 19 ont été substitués à ceux du premier projet par la commission au moyen d'un amendement adopté par le conseil d'Etat, et dont voici les motifs :

L'article 33 du projet de loi imposait un droit spécial de timbre aux bordereaux et arrêtés des agents de change et des courtiers que la législation actuelle assujettit à un timbre de dimension.

Ce droit, variant avec le chiffre des opérations constatées par les bordereaux et dans des proportions déterminées par le projet de loi, était gradué de 50 centimes jusqu'à 5 francs au maximum, et combiné dans de telles limites de modération qu'il ne pût avoir pour résultat d'entraver les opérations de bourse et de commerce.

Les bordereaux et arrêtés exclusivement relatifs à des négociations de valeurs émises directement par l'État étaient, aux termes de l'article 34, affranchis du nouveau droit, et restaient soumis au timbre de dimension, conformément à l'article 13 de la loi du 13 juin 1850.

Diverses objections se sont élevées contre ces articles.

On a fait observer que si l'on adoptait le système de progression proposé par l'article 33 pour le timbre des bordereaux et basé sur l'importance des opérations, il serait peut-être difficile d'expliquer pourquoi la limite fixée au maximum de 5 francs restait invariable au-dessus de 20,000 francs.

D'un autre côté, il était à craindre, si le droit de timbre s'élevait au delà de certaines limites, que la perception qu'on se proposait de réaliser n'échappât complétement, par la facilité même qu'il y aurait à s'y soustraire et par l'absence des moyens de contrôle.

Un amendement aux dispositions des articles 33 et 34, présenté par notre honorable collègue M. Descours, a rallié toutes les opinions. Il est ainsi conçu :

« Les bordereaux et arrêtés des agents de change et courtiers seront assujettis au droit de timbre, en raison du total des sommes employées aux opérations qui y sont mentionnées. Ce droit sera, savoir :

« Pour les sommes de 10,000 francs et au-dessous, 50 centimes.

« Pour les sommes au-dessus de 10,000 francs, 1 fr. 50 cent.

« Le papier destiné à ces bordereaux et arrêtés sera fourni par les agents de change et courtiers, et timbré à l'extraordinaire, conformément à l'article 6 de la loi du 11 juin 1842. »

Notre honorable collègue, admis au sein de la commission, nous a expliqué comment les coupures de 3,000 francs 6,000 francs, 10,000 francs, 15,000 et 20,000 francs, admises au projet de loi comme base de progression de la taxe du timbre, ne se trouvaient pas en rapport avec les opérations des agents de change, le chiffre de 20,000 francs admis comme chiffre exceptionnel, et frappé du droit maximum de 5 francs, n'étant que l'expression d'opérations très-communes.

Il nous a signalé tout à la fois le danger qu'il y aurait à élever un droit qui ne pouvait se faire accepter en réalité que par son extrême modération, en même temps que les embarras qui se produiraient pour séparer sur des bordereaux de négociations, renfermant le plus souvent des valeurs multiples, celles émises par l'Etat des autres valeurs qui s'y trouveraient comprises.

Une taxe unique pour les opérations au-dessous de 10,000 francs, et pour toutes celles au delà de ce chiffre, s'appliquant aussi bien aux valeurs émises par l'Etat qu'à toutes les autres, présenterait ce double avantage, sans entraver les opérations, d'être facilement acceptée et mise en pratique, et d'assurer à l'Etat, en se généralisant, un produit plus considérable, que l'auteur de l'amendement n'évalue pas à moins de 2 millions.

Ces considérations ont déterminé votre commission à admettre l'amendement qui lui était proposé. Transmis au conseil d'État, cet amendement a été adopté.

LOI DU 13 MAI 1863

Enregistrement. — Timbre.

(XIe Série, Bull. 1114, n° 11234; Instr. n°s 2245 et 2263.)

ART. 4. — L'article 13 de la loi du 23 juin 1857 et l'article 14 de celle du 2 juillet 1862, relatifs à la perception d'un second décime sur les impôts indirects qui supportent le premier décime, continueront à recevoir leur exécution pour l'exercice 1864.

[*V.* L. 8 juin 1864, art. 13.]

ART. 6. — A dater du 1er juillet 1863, sont soumis à un droit de timbre de 50 centimes par 100 francs ou fraction de 100 francs du montant de leur valeur nominale, les titres de rentes, emprunts et autres effets publics des gouvernements étrangers, quelle qu'ait été l'époque de leur création. — La valeur des monnaies étrangères en monnaies françaises sera fixée annuellement par un décret.

[Tarif porté à 1 fr. pour 100 (L. 8 juin 1864, art. 7); — fixé à 75 cent. pour chaque titre de 500 fr. et au-dessous; 1 fr. 50 par titre de 500 à 1,000 fr.; 3 fr. par titre de 1,000 à 2,000 fr., etc., sans décimes (L. 25 mai 1872, art. 1er).]

ART. 7. — Aucune transmission des titres énoncés en l'article précédent ne peut avoir lieu avant que ces titres aient acquitté le droit de timbre. — En cas de contravention, le propriétaire du titre et l'agent de change ou tout autre officier public qui aura concouru à sa transmission, seront passibles chacun d'une amende de 10 pour 100 de la valeur nominale de ce titre.

[Négociation, exposition en vente ou énonciation dans les actes (L. 30 mars 1872, art. 2); — émission ou souscription en France (L. 25 mai 1872, art. 2 et 3). — Comp. L. 29 juin 1872, art. 4, § 2.]

ART. 8. — L'acquittement du droit de timbre établi par la présente loi sera constaté, soit au moyen du visa pour timbre, soit par l'apposition sur les titres de timbres mobiles que l'administration de l'Enregistrement est autorisée à vendre et à faire vendre. — Un règlement d'administration publique déterminera la forme et les conditions d'emploi des timbres mobiles créés en exécution du paragraphe précédent. — Sont applicables à ces timbres les dispositions de l'article 21 de la loi du 11 juin 1859.

[Le règlement d'administration publique prévu par cet article n'a pas été rendu. Le payement de l'impôt est constaté par une question de visa de timbre (L. 30 mars 1872, art. 2, § 2).]

ART. 9. — Sont considérés comme non timbrés les

titres sur lesquels le timbre mobile aurait été apposé sans l'accomplissement des conditions prescrites par le règlement d'administration publique, ou sur lesquels aurait été apposé un timbre ayant déjà servi.

ART. 10. — A partir du 1er juillet prochain, est réduit à 20 centimes le droit de timbre des récépissés que les compagnies de chemins de fer sont tenues de délivrer aux expéditeurs, lorsque ces derniers ne demandent pas de lettres de voiture. — Le récépissé énoncera la nature, le poids et la désignation des colis, les noms et l'adresse du destinataire, le prix total du transport et le délai dans lequel ce transport devra être effectué. — Un double du récépissé accompagnera l'expédition et sera remis au destinataire. — Toute expédition non accompagnée d'une lettre de voiture doit être constatée sur un registre à souche et sur le talon, à peine d'une amende de 50 francs. — Les préposés de l'Enregistrement sont autorisés à prendre communication de ce registre, ainsi que de ceux mentionnés par l'article 50 de l'ordonnance du 15 novembre 1846 et des pièces relatives aux transports qui y sont énoncés. — La communication aura lieu selon le mode prescrit par l'article 54 de la loi du 22 frimaire an VII, et sous les peines y portées.

[*V.* Timbres mobiles (Déc. 2 janvier 1864). — Droit porté à 25 cent. (L. 23 août 1871, art. 2) ; — droit de décharge compris (L. 28 février 1872, art. 11), — et à 70 cent. pour les transports autrement qu'en grande vitesse (L. 30 mars 1872, art. 1er). — Groupage, récépissés collectifs et individuels (L. 30 mars 1872, art. 2). — Communication des registres et pièces (L. 23 août 1871, art. 22).]

ART. 11. — Les dispositions de l'article 7 de la loi du 15 (18) mai 1850 sont applicables aux obligations des compagnies ou sociétés d'industrie et de finances étrangères.

[Comp. L. 23 août 1871, art. 3.]

SOMMAIRE

Présentation au Corps législatif le 13 janvier (*Monit.* du 14, p. 60). — Exposé des motifs (*Monit.* du 19, p, 84). — Présentation de la disposition sur les récépissés le 27 mars (*Monit.* du 28, p. 462). — Exposé des motifs (*Monit.* du 25 avril, p. 636). — Présentation de la disposition relative aux effets publics étrangers, le 31 mars (*Monit.* du 1er avril). — Exposé des motifs (*Monit.* du 28 avril, p. 647). — Rapport de la commission (*Monit.* du 11, p. 528; du 19, p. 596, et du 21, p. 606). — Discussion, les 23, 24, 25, 27 et 28 avril (*Monit.* du 24, p. 626; du 25, p. 633; du 26, p. 642; du 28, p. 654; du 29, p. 664). — Délibération du Sénat, le 5 mai (*Monit.* du 6, p. 715).

Exposé des motifs.

Effets publics étrangers.

Voici en quels termes le droit de timbre établi sur les effets publics étrangers est justifié dans l'Exposé des motifs : — « Le principe général de notre législation sur le timbre veut que toute valeur destinée à circuler, qu'elle ait été souscrite en France ou qu'elle vienne de l'étranger, soit soumise à la formalité du timbre au moment de sa création, ou pour mieux dire, au moment de sa première négociation en France. L'impôt que ces valeurs acquittent ainsi est une juste indemnité due à l'État en échange de la protection qu'il accorde à leur circulation. Les titres de rentes soit françaises, soit étrangères, sont seuls exceptés. En ce qui touche les rentes françaises, on se rend facilement compte des motifs de l'exemption. Si l'on soumettait au timbre des titres de rentes émises par le Trésor français lorsqu'il contracte un emprunt, l'impôt serait illusoire : ou l'État se le payerait à lui-même, ou s'il était à la charge des premiers souscripteurs, il devrait en être tenu compte dans la fixation du prix d'émission de l'emprunt. Mais l'exemption dont jouissent aujourd'hui les titres de rentes étrangères circulant en France ne peut se justifier. Ces titres, conformément aux prescriptions assurément très-libérales d'une ordonnance du 18 novembre 1823, peuvent être cotés sur le cours authentique de la Bourse; ils jouissent en France de la même liberté, de la même protection, des mêmes droits que les titres français, industriels, communaux ou départementaux. Pourquoi ne seraient-ils pas soumis aux mêmes charges? Si l'un de nos départements, si l'une de nos grandes villes contracte un emprunt en émettant des obligations, la formalité du timbre est obligatoire et un impôt doit être perçu au profit de l'État; il est rigoureusement juste que les gouvernements étrangers qui placent en France une partie des emprunts nécessaires à leurs besoins soient soumis aux mêmes conditions. Le principe est tellement incontestable, que l'exception actuellement établie n'est susceptible d'aucune explication rationnelle : elle tient évidemment à ce que la formalité du timbre n'a été exigée de toutes les valeurs françaises ou étrangères que successivement et par des lois différentes; elle constitue dans nos lois une véritable omission échappée à la sollicitude du législateur et que nous avons l'honneur de vous proposer de réparer.....

« Les titres étrangers actuellement placés en France ne seront pas obligés de remplir, immédiatement ou dans un délai déterminé, la formalité du timbre. Il ne serait pas possible de trouver une sanction pour assurer l'exécution d'une semblable prescription. La loi se borne à interdire la transmission du titre, s'il n'a préalablement satisfait à l'obligation du timbre; l'amende établie en cas de contravention non-seulement contre le propriétaire du titre, mais contre l'agent de change ou l'officier public qui a concouru à sa transmission, devient une garantie efficace pour le Trésor. Cette disposition n'est d'ailleurs que la reproduction de l'article 10 de la loi du 5 juin 1850, sur les actions non timbrées des sociétés de commerce. »

Récépissé du chemin de fer.

On lit dans l'Exposé des motifs : — « Il y a deux espèces de récépissés délivrés par les compagnies de chemins de fer, savoir : les bulletins de bagages remis aux voyageurs et les récépissés proprement dits, dont la délivrance, à défaut de lettre de voiture, est rendue obligatoire par l'article 49 des cahiers des charges pour toutes les expéditions par la grande comme par la petite vitesse. Le projet ne s'applique pas aux bulletins de bagages qui ne sont guère qu'un moyen d'ordre et de régularité dans le service, et un complément du billet remis au voyageur pour lui assurer sa place dans les wagons. Il s'applique exclusivement aux récépissés destinés à constater les expéditions par la grande et la petite vitesse. — Ces récépissés, qui doivent *énoncer la nature et le poids des colis, le prix total du transport et le délai dans lequel il devra être effectué*, forment titre entre les mains de l'expéditeur et ont presque le caractère d'une lettre de voiture. Ils sont assujettis au droit de timbre établi en raison de la dimension du papier, en vertu de l'article 12 de la loi du 13 brumaire an VII, c'est-à-dire à un droit de 50 centimes au minimum. Mais les expéditions par les chemins de fer comprennent des objets si variés et d'une valeur si différente, que l'impôt qui doit les atteindre ne pouvant être proportionnel, doit être extrêmement modéré, afin de ne pas augmenter sensiblement les frais de transport et de ne pas encourir le reproche d'injustice. Telle est la raison qui a déterminé le Gouvernement à proposer de réduire à dix centimes le droit sur les récépissés dont il s'agit. »

Et le rapport de la commission s'exprime en ces termes sur le même sujet: — « Dans l'état actuel des faits, les récépissés tendent à se substituer de plus en plus aux lettres de voiture; celles-ci conservent cependant une certaine utilité, surtout lorsque l'expédition ne doit pas s'arrêter sur le réseau des voies ferrées, qu'elle emprunte ensuite d'autres moyens de transport. — Mais s'ils se substituent à la lettre de voiture, les récépissés n'en offrent pas les garanties; ils ne contiennent pas une désignation suffisante des colis pour éviter les erreurs, surtout ils n'accompagnent pas l'expédition, de manière à permettre au destinataire de la reconnaître et de vérifier le prix et le délai de transport. — Pourquoi ne pas donner ces avantages aux récépissés, puisqu'ils constatent aujourd'hui la plus grande partie des expéditions? Le commerce ne pouvait que se féliciter de ces garanties nouvelles; de leur côté, les compagnies de chemins de fer y trouvaient une sécurité plus grande pour leur exploitation commerciale. » — La commission a formulé ces améliorations dans un amendement ainsi conçu: — « A la suite du premier paragraphe, insérer les paragraphes suivants: — Le récépissé énoncera la nature, le poids et la désignation des colis, le nom et l'adresse du destinataire, le prix total du transport et le délai dans lequel ce transport devra être effectué. » — « Un double du récépissé accompagnera l'expédition et sera remis au destinataire. » — Ces modifications auront pour résultat inévitable de diminuer encore le nombre des lettres de voiture. Chacune d'elles paye au moins un timbre de 50 centimes. Il nous a paru équitable d'élever à 20 centimes par chaque expédition le droit proposé. Il sera perçu au moyen d'un registre timbré sur la souche et sur le talon, à peine d'une amende de 50 francs par chaque contravention. — L'article 54 de la loi du 22 frimaire an VII donne à l'administration de l'Enregistrement les moyens de s'assurer de l'exécution de ces prescriptions. — Dans ces termes, la mesure est pour le commerce un véritable dégrèvement, puisque, avec une économie de 60 pour 100 sur les frais, il aura les garanties que, dans l'état de la jurisprudence, présente la lettre de voiture. »

M. Darimon ayant demandé si, en assimilant dans son énoncé le récépissé et la lettre de voiture, la commission avait entendu donner au récépissé les mêmes conséquences légales qu'à la lettre de voiture, M. Busson, rapporteur, a répondu: — « Quelles sont les conséquences de ces dispositions? Les voici: On pourra toujours employer les lettres de voiture ou les apporter aux chemins de fer, suivant que ce sera la compagnie qui les délivrera ou l'expéditeur qui les aura préparées. Leur emploi aura encore un grand intérêt, surtout quand, après un certain parcours sur la voie de fer, ces expéditeurs devront prendre une autre voie, soit la voie terrestre, soit la voie fluviale. — C'est l'expéditeur qui sera juge de l'utilité pour lui d'avoir une lettre de voiture. S'il n'y a pas de lettre de voiture accompagnant l'expédition, alors obligatoirement, pour établir les rapports entre la compagnie et le public, afin d'assurer la sécurité des expéditions, un récépissé au timbre de 20 centimes sera remis aux expéditeurs, et je constate en passant que ce timbre s'applique non pas à chaque double, mais à l'expédition même sur la souche de laquelle les doubles sont détachés. Un double sera délivré à l'expéditeur pour qu'il ait la preuve de son envoi; l'autre double accompagnera la marchandise jusqu'à sa remise au destinataire. Le récépissé garantira donc non-seulement le transport, mais il permettra d'en vérifier le prix et la régularité. Ce but sera atteint au moyen des énonciations du récépissé, qu'il convient de rappeler en peu de mots: la nature et le petit poids des colis, avec les indications qui sont en usage dans le commerce, et permettent de constater l'identité de la marchandise, le nom du destinataire et son adresse, le délai dans lequel le transport doit être opéré, et en même temps le prix du transport. Toutes ces énonciations mettent le destinataire à même si le colis qui lui est remis est bien celui qui lui a été expédié, de vérifier si le transport a été fait conformément aux conventions, et si la marchandise expédiée lui a été remise dans le temps et au prix qui étaient déterminés au point de départ. — Ce sont là des garanties qui ne se trouvent pas toutes dans les récépissés qui sont délivrés encore actuellement. Les cahiers des charges n'en faisaient pas une obligation; on ne trouve ces avantages que dans les lettres de voiture. Mais vous savez par suite de quelles circonstances les lettres de voiture pour les transports par chemins de fer ont perdu de leur importance et de leur emploi. — Puisque les transports par chemins de fer ne sont plus guère constatés que par des récépissés, votre commission a jugé utile de donner à ces récépissés toutes les garanties que, dans l'état de la jurisprudence, présente la lettre de voiture, en dehors de la clause d'indemnité pour retard qui peut résulter de la seule volonté des parties, et ne peut être imposée au voiturier, surtout au voiturier nécessaire. Cependant ces récépissés seront frappés d'un timbre de 20 centimes, au lieu d'être soumis au timbre de 50 centimes, comme les lettres de voiture dont ils présenteront toutes les garanties dans l'état de la jurisprudence pour les transports faits exclusivement par chemins de fer. — Ce sont là, messieurs, nous le croyons du moins, des améliorations considérables qui recommandent à votre attention et à votre approbation la disposition qui vous est soumise. »

A la suite de ces explications, M. Javal a dit: « Il demeure donc bien entendu que le récépissé aura identiquement les mêmes effets que la lettre de voiture, sauf la fixation du chiffre de l'indemnité. — Il est bon que le public soit bien fixé sur les nouveaux droits que lui confère le récépissé. » — Sur quoi M. le commissaire du Gouvernement a répondu: « Oui, le récépissé aura les effets de la lettre de voiture pour les expéditions par chemins de fer. »

Obligations des sociétés étrangères.

L'article 6 n'existait pas dans le projet de loi; il a été introduit sur la proposition de la commission. L'article 7 de la loi du 15 mai 1850 assujettit aux droits de mutation les transmissions par décès des actions des compagnies ou sociétés d'industries et de finances étrangères dépendant d'une succession régie par la loi française, et les transmissions entre-vifs à titre gratuit de ces mêmes valeurs au profit d'un Français. Cette disposition ne parlant que des *actions*, il s'ensuivait que les *obligations* n'étaient soumises à aucun droit, tandis que ces derniers titres sont assujettis aux droits quand ils émanent d'une société ou compagnie française. C'est pour faire disparaître cette inégalité que l'article ci-dessus a été proposé et adopté.

LOI DU 23 MAI 1863

Gage.

(XI° Série, Bull. 1119, n° 11297; Instr. n° 2251, § 1er.)

ARTICLE UNIQUE. — Le titre IV du livre 1er du Code de commerce est modifié ainsi qu'il suit:

TITRE VI. — *Du gage et des commissionnaires.*
Section 1re. — Du gage.

ART. 93. — A défaut de payement à l'échéance, le créancier peut, huit jours après une simple signification faite au débiteur et au tiers bailleur de gage, s'il y en a un, faire procéder à la vente publique des objets donnés en gage, s'il y en a un, faire procéder à la vente publique des objets donnés en gage. — Les ventes autres que celles dont les agents de change peuvent seuls être chargés sont faites par le ministère des courtiers. Toutefois, sur la requête des parties, le président du tribunal de commerce peut désigner, pour y procéder, une autre classe d'officiers publics. Dans ce cas, l'officier public, quel qu'il soit, chargé de la vente, est soumis aux dispositions qui régissent les courtiers relativement aux formes, aux tarifs et à la responsabilité. — Les dispositions des articles 2 à 7 inclusivement de la loi du 28 mai 1858, sur les ventes publiques, sont applicables aux ventes prévues par le paragraphe précédent. — Toute clause qui autoriserait le créancier à s'approprier le gage ou à en disposer sans les formalités ci-dessus prescrites est nulle.

DÉCRET DU 30 MAI 1863

Tableau sur les ventes publiques de marchandises en gros. — Règlement d'administration publique.

(XIe Série, Bull. 1126, n° 11371; Instr. n° 2251, § 2.)

—

Article premier. — Peuvent être vendues en gros aux enchères publiques, conformément à la loi du 28 mai 1858, dans tout l'Empire : 1° les marchandises de toute provenance portées au tableau annexé au présent décret, lequel remplacera le tableau annexé à ladite loi; 2° toutes les marchandises exotiques quelconques destinées à la réexportation.

Art. 2. — Les articles 20, 21, 23 et 25 du règlement d'administration publique du 12 mars 1859 sont modifiés ainsi qu'il suit :

« *Art.* 20. — Il sera procédé aux ventes publiques, à la Bourse ou dans les salles autorisées, conformément au présent décret; toutefois, le courtier est autorisé à vendre sur place, dans le cas où la marchandise ne peut être déplacée sans préjudice pour le vendeur, et où en même temps, la vente ne peut être convenablement faite que sur le vu de la marchandise. Le courtier peut également vendre sur place, s'il n'existe pas de Bourse ni de salle de vente autorisées dans la commune où la marchandise est déposée.

« *Art.* 21. — Le lieu, les jours, les heures et les conditions de la vente, la nature et la quantité de la marchandise doivent être, trois jours au moins à l'avance, publiés au moyen d'une annonce dans l'un des journaux désignés pour les annonces judiciaires de la localité et, en outre, au moyen d'affiches apposées à la Bourse, ainsi qu'à la porte du local où il doit être procédé à la vente, et du magasin où les marchandises sont déposées. — Deux jours au moins avant la vente, le public doit être admis à examiner et vérifier les marchandises, et toutes facilités doivent lui être données à cet égard. — Toutefois, le président du tribunal de commerce du lieu de la vente peut, sur requête motivée, accorder dispense de l'exposition préalable prescrite par le paragraphe précédent, lorsqu'il s'agit de marchandises qui, à cause de leur nature ou de leur état d'avarie, ne pourraient pas y être soumises sans inconvénients. Mais, en tous cas, des mesures doivent être prises pour que le public puisse examiner les marchandises avant qu'il soit procédé à la vente.

« *Art.* 23. — Le catalogue énonce les marques, numéros, nature et quantité de chaque lot de marchandises, les magasins où elles sont déposées, les jours et les heures où elles peuvent être examinées, et le lieu, le jour et les heures où elles seront vendues. — Sont mentionnées également les époques de livraison, les conditions de payement, les tares, avaries et toutes les autres indications et conditions qui seront la base et la règle du contrat entre les vendeurs et les acheteurs. — La formation préalable de lots distincts n'est pas obligatoire pour les marchandises en grenier ou en chantier. Si elle n'a pas lieu, le catalogue doit mentionner la cause qui empêche d'y procéder et la manière dont s'opérera la livraison. La même mention doit être reproduite dans le procès-verbal de la vente.

« *Art.* 25. — Les lots ne peuvent être, d'après l'évaluation approximative et selon le cours moyen des marchandises, au-dessous de 500 francs. — Ce minimum peut être élevé ou abaissé dans chaque localité, pour certaines classes de marchandises, par arrêté du ministre de l'agriculture, du commerce et des travaux publics, rendu après avis de la chambre de commerce ou de la chambre consultative des arts et manufactures. En cas d'avaries, les marchandises peuvent être vendues par lots d'une valeur inférieure au minimum fixé pour chacune d'elles, mais après autorisation donnée sur requête par le président du tribunal de commerce du lieu de la vente. Le magistrat peut toujours, s'il le juge nécessaire, faire constater l'avarie par un expert qu'il désigne. Le minimum de la valeur des lots est fixé à 100 francs pour les ventes, après protêt de warrant, de marchandises de toutes espèces. »

[Pour le minimum en matière de ventes autorisées ou ordonnées par la justice consulaire, *V.* Déc. du 6 juin 1863, art. 3.]

Art. 3. — Sont abrogés les décrets susvisés des 8 mai et 29 juin 1861, dont les dispositions sont remplacées par celles du présent décret.

DÉCRET DU 6 JUIN 1863

Ventes publiques de marchandises en gros.

(XIe Série, Bull. 1126, n° 11373; Instr. n° 2251, § 3.)

—

Article premier. — Les dispositions des articles 3, 6 et 20 à 27 inclusivement du règlement d'administration publique du 12 mars 1859, sont applicables aux ventes prévues par la loi du 3 juillet 1861, sauf les additions et modifications ci-après.

Art. 2. — Les annonces et affiches prescrites par l'article 21 du décret du 12 mars 1859, ainsi que le catalogue qui est dressé et imprimé en exécution de l'article 22 du même décret, doivent énoncer la décision judiciaire qui a autorisé ou ordonné la vente. — La même énonciation doit être insérée au procès-verbal de la vente.

Art. 3. — Le minimum de la valeur des lots est fixé à 100 francs pour les ventes de marchandises de toutes espèces, ordonnée ou autorisées dans les cas prévus par la loi du 3 juillet 1861. — Ce minimum peut être abaissé par le tribunal ou le juge qui ordonne ou autorise la vente.

ARRÊTÉ MINISTÉRIEL DU 20 JUILLET 1863

Timbres mobiles.

Article premier. — Sont autorisées, conformément à l'article 1er du décret du 29 octobre 1862, à apposer des timbres mobiles sur les quittances et récépissés qu'ils délivrent et sur les acquits et quittances qui leur sont donnés en leur qualité :

1° Le caissier payeur central, les sous-caissiers et sous-payeurs du Trésor;

2° Les payeurs du Trésor dans les départements;

3° Les caissiers et caissiers adjoints de la Caisse des dépôts et consignations;

4° Les receveurs généraux et particuliers des finances;

5° Les percepteurs;

6° Les receveurs municipaux;

7° Les receveurs des établissements de bienfaisance;

8° Ceux des asiles d'aliénés et des établissements de mendicité;

9° Les secrétaires agents comptables d'établissements d'enseignement supérieur,

L'application des timbres mobiles sur tous actes ou écrits autres que ceux désignés ci-dessus est expressément interdite à ces fonctionnaires.

Pourront apposer aussi le timbre mobile de dimension sur les lettres de voiture et connaissements, en exécution de l'arrêté du 24 décembre 1842, les receveurs des douanes établis dans les lieux où il n'existe pas de bureau d'enregistrement.

Art. 2. — Les griffes dont les receveurs de l'Enregistrement des domaines et du timbre et les fonctionnaires indiqués au précédent article feront usage, pour annuler les timbres mobiles de dimension qu'ils auront apposés, conformément à l'article 1er du décret du 29 octobre 1862, seront conformes aux modèles ci-joints.

Elles seront appliquées à l'encre grasse et de manière qu'une partie de leur empreinte soit imprimée sur la feuille de papier de chaque côté du timbre mobile.

Art. 3. — Les directeurs des postes pourront apposer les timbres mobiles établis par l'article 24 de la loi du 2 juillet 1862 sur les acquits et quittances relatifs aux dépenses de leur administration et sur les mandats dits d'articles d'argent. Ils annuleront ces timbres au moyen de griffes en usage pour l'oblitération des timbres-poste, et en faisant porter l'empreinte partie sur la feuille de papier timbré et partie sur le timbre mobile.

Art. 4. — Les fonctionnaires ci-dessus désignés prendront dans les bureaux de l'Enregistrement les timbres mobiles qui leur seront nécessaires; ils en payeront le prix comptant, et les comprendront comme numéraire dans leur situation de caisse.

Art. 5. — Les infractions aux dispositions de l'article 1er du décret du 29 octobre 1862, et à celle du présent arrêté, pourront donner lieu, indépendamment des amendes et de la responsabilité édictées en cas de contravention, à l'application des peines disciplinaires autorisées par les lois et règlements.

Art. 6. — Les frais d'achats et d'entretien des griffes et des tampons, ceux de fourniture de l'encre grasse et toutes autres dépenses relatives à l'oblitération des timbres mobiles, sont à la charge des receveurs de l'Enregistrement et des domaines et du timbre et des fonctionnaires autorisés à les suppléer.

Art. 7. — Le présent arrêté sera déposé au secrétariat général pour être notifié à qui de droit.

DÉCRET DU 2 JANVIER 1864

Timbre mobiles au droit de vingt centimes.

(XIe Série, Bull. 1173, n° 11932; Instr. n° 2279.)

Article premier. — Il est établi, en exécution de l'article 24 de la loi du 2 juillet 1862, des timbres mobiles au droit de 20 centimes. — Ces timbres seront conformes au modèle annexé au présent décret, et ne pourront être apposés que sur des récépissés accompagnant les envois venant des pays étrangers ou sur les pièces tenant lieu de récépissés. — Ces timbres seront annulés, après leur apposition, au moyen d'une griffe, soit par les receveurs de l'Enregistrement, soit par les préposés des douanes désignés à cet effet par notre ministre des finances.

[V. L. 13 mai 1863, art. 10, et ses annotations. — Modification des types (Arr. 20 juillet 1863; 25 août 1871, art. 5).]

Art. 2. — L'administration de l'Enregistrement, des Domaines et du Timbre fera déposer aux greffes des cours et tribunaux des spécimens de ces timbres mobiles. — Il sera dressé, sans frais, procès-verbal de chaque dépôt.

DÉCRET DU 23 JANVIER 1864

Timbres mobiles.

(XIe Série, Bull. 1179, n° 11996; Instr. n° 2277.)

—

Article premier. — Les timbres mobiles créés par l'article 1er de notre décret du 18 janvier 1860 seront, à l'avenir, conformes au modèle annexé au présent décret; ils serviront à timbrer les warrants détachés des récépissés et les effets de commerce venant, soit de l'étranger, soit des îles et colonies dans lesquelles le timbre n'aurait pas encore été établi. — Toutefois, les timbres mobiles actuellement en usage, en vertu des décrets susvisés, pourront être employés jusqu'à l'épuisement de ceux qui ont été mis en vente.

[Modification des types (Arr. 25 août 1871, art. 5).]

Art. 2. — Le payement du droit de timbre des effets désignés dans l'article 1er pourra être constaté, comme pour les warrants, par l'apposition de plusieurs timbres mobiles. — Est rapporté l'article 2 de notre décret du 18 janvier 1860 qui limitait l'emploi des timbres mobiles aux effets d'une valeur de 20,000 francs.

Art. 3. — L'administration de l'Enregistrement, du Timbre et des Domaines fera déposer aux greffes des cours et tribunaux des spécimens de ces timbres mobiles. Il sera dressé, sans frais, procès-verbal de ce dépôt.

Art. 4. — Sont maintenus nos décrets du 18 janvier 1860 et du 29 octobre 1862, en tout ce qui n'est pas contraire aux dispositions ci-dessus.

[Décret remplacé par celui du 19 février 1874.]

ARRÊTÉ DU MINISTRE DES FINANCES DU 7 MAI 1864

Timbres mobiles.

(Instr. n° 2279.)

—

Article premier. — Les receveurs des bureaux de douanes *frontières de terre*, placés dans les gares des chemins fer, sont autorisés à apposer les timbres mobiles établis par l'article 1er du décret du 2 janvier 1864, sur les récépissés accompagnant les envois venant des pays étrangers, ou sur les pièces tenant lieu de ces récépissés.

Art. 2. — Les griffes dont ces receveurs feront usage pour annuler les timbres mobiles seront conformes au modèle ci-joint. Elles seront appliquées à l'encre grasse et de manière qu'une partie de leur empreinte soit imprimée sur la feuille de papier de chaque côté du timbre mobile.

Art. 3. — Les infractions aux dispositions de l'article 1er du décret du 2 janvier 1864 et à celles du présent arrêté pourront donner lieu, indépendamment des amendes et de la responsabilité édictées en cas de contravention, à l'application des peines disciplinaires autorisées par les lois et règlements.

Art. 4. — Le présent arrêté, dont l'exécution est confiée à l'administration des Douanes et à celle de l'Enregistrement, des Domaines et du Timbre, sera déposé au secrétariat général, pour être notifié à qui de droit.

[V. Arr. 20 juillet 1863; 25 août 1871.]

LOI DU 8 JUIN 1864

Décime.

(XIe Série, Bull. 1212, n° 12374; Instr. n° 2281.)

—

Art. 13. — A compter du 1er juillet 1864, le second décime, établi par la loi du 2 juillet 1862 et prorogé par celle du 13 mai 1863, sera réduit de moitié en ce qui concerne les droits et produits dont la perception est confiée à l'administration de l'Enregistrement.

[V. L. 8 juin 1864, art. 3.]

LOI DU 8 JUIN 1864

Décime. — Timbre. — Cautionnement.

(XIe Série, Bull. 1215, n° 12396; Inst. n° 2281.)

—

Art. 3. — Il ne sera perçu, pour l'exercice 1865, que moitié du second décime établi par la loi du 2 juillet 1862 sur les droits et produits dont la perception est confiée à l'administration de l'Enregistrement.

[V. L. 8 juillet 1865, art. 3.]

Art. 6. — A partir du 1er janvier 1865, est réduit à 20 centimes le droit de timbre dû pour les reconnaissances des valeurs cotées ou les quittances de sommes au-dessus de 10 francs envoyées par l'administration des postes.

[Timbres mobiles (Déc. 27 novembre 1864). — Droit élevé à 25 cent. (L. 23 août 1871, art. 2). Abrogé (L. 25 janvier 1873, art. 8).]

Art. 7. — A partir du 1er juillet 1864, le droit de timbre établi par la loi du 13 mai 1863 sur les rentes, emprunts et effets publics des gouvernements étrangers, est porté de 50 centimes à 1 franc.

[Droit fixé à 75 cent. par titre de 500 fr. et au-dessous; 1 fr. 50 par titre de 500 à 1,000 fr.; 3 fr. par titre de 1,000 à 2,000 fr., etc., sans décimes (L. 25 mai 1872, art. 1er).]

Art. 26. — A partir de la promulgation de la présente loi, les cautionnements que les conservateurs des hypothèques sont tenus de fournir en immeubles, conformément aux articles 5 et 8 de la loi du 21 ventôse an VII, pourront être constitués, en totalité ou en partie, soit en immeubles, soit en rentes nominatives 3 pour 100 sur l'État. — La quotité de ces cautionnements aura pour base la moyenne des salaires des cinq années antérieures à la nomination, en déduisant la plus forte et la plus faible, et en prenant le tiers des autres. Elle sera réglée, à chaque mutation, suivant les bases ci-après :

12,500 francs en immeubles ou 500 francs de rente pour 2,500 francs de salaire et au-dessous;

25,000 francs en immeubles ou 1,000 francs de rente pour 2,501 francs à 10,000 francs de salaires;

37,500 francs en immeubles ou 1,500 francs de rente pour 5,001 francs à 10,000 francs de salaires;

50,000 francs en immeubles ou 2,000 francs de rente pour 10,001 francs à 15,000 francs de salaires;

62,500 francs en immeubles ou 2,500 francs de rente pour 15,001 francs à 20,000 francs de salaires;

75,000 francs en immeubles ou 3,000 francs de rente pour 20,001 francs à 25,000 francs de salaires;

87,500 francs en immeubles ou 3,500 francs de rente pour 25,001 francs à 30,000 franc de salaires;

100,000 francs en immeubles ou 4,000 francs de rente pour 30,001 francs à 35,000 francs de salaires;

112,500 francs en immeubles ou 4,500 francs de rente pour 35,001 francs à 40,000 francs de salaires;

125,000 francs en immeubles ou 5,000 francs de rente pour 40,001 francs à 45,000 francs de salaires ;

137,500 francs en immeubles ou 5,500 francs de rente pour 45,501 francs à 50,000 francs de salaires;

150,000 francs en immeubles ou 6,000 francs de rente pour 50,001 francs à 55,000 francs de salaires ;

162,500 francs en immeubles ou 6,500 francs de rente pour 55,001 francs à 60,000 francs de salaires;

175,000 francs en immeubles ou 7,000 francs de rente pour 60,001 francs à 100,000 francs de salaires ;

200,000 francs en immeubles ou 8,000 francs de rente pour 100,001 francs de salaires et au-dessus.

[Inscriptions non susceptibles d'être affectées (Déc. 11 août 1862, art. 3). — Constitution des cautionnements en rentes françaises de toute nature (L. 16 septembre 1871, art. 29.— Capitalisation (L. 22 mars 1873, art. 2).]

Art. 27. — Les conservateurs qui ont cessé leurs fonctions depuis moins de dix ans auront la faculté de transformer leur cautionnement actuel en immeubles en un cautionnement en rentes. — La même faculté est accordée aux conservateurs en exercice. — Les conservateurs appelés à une nouvelle résidence pourront fournir en immeubles ou en rentes le supplément de cautionnement dont ils seront tenus, par application des bases posées en l'article 26. — L'affectation des immeubles actuellement hypothéqués cessera de plein droit aussitôt que le cautionnement aura été reconstitué en rentes.

[Modifié (L. 22 mars 1873, art. 3).]

Art. 28. — Les cautionnements pourront être faits en tout ou en partie au moyen de rentes appartenant à des tiers,

Art. 29. — Avant de prêter le serment prescrit par la loi, le conservateur qui fournira la totalité ou partie de son cautionnement en rentes sur l'État déposera au greffe du tribunal civil de l'arrondissement dans lequel il remplira ses fonctions, une expédition de l'acte de cautionnement qu'il aura souscrit ou qui aura été souscrit en son nom. — Sont maintenues, en ce qui concerne les immeubles affectés au cautionnement, les dispositions de l'article 6 de la loi du 21 ventôse an VII.

Art. 30.— La libération des cautionnements en rentes aura lieu conformément à l'article 8 de la loi du 21 ventôse an VII. Elle sera prononcée par le tribunal de l'arrondissement dans lequel le conservateur aura exercé ses fonctions en dernier lieu, et le procureur impérial entendu.

Art. 31. — Un règlement d'administration publique déterminera les mesures à prendre pour l'exécution des articles 26, 27, 28, 29 et 30 de la présente loi, et notamment les dispositions concernant l'affectation des inscriptions de rentes fournies à titre de cautionnement, leur réalisation partielle ou totale, et leur restitution à ceux qui les auront fournies, ainsi que le rétablissement du cautionnement dans son intégralité, s'il y a eu vente totale ou partielle de la rente.

[V. Déc. 11 août 1864.]

SOMMAIRE

Présentation au Corps législatif, le 21 janvier 1864 (*Monit.* du 22, p. 110, 6e col.). — Exposé des motifs (*Monit.* du 25, p. 125, 1re col.). — Rapport de M. O'Quin, le 4 avril (*Monit.* du 12, p. 475, 1re col.). — Discussion du 6 au 26 mai (*Monit.* du 7, p. 624, 1re col; du 8, p. 633, 1re col.; du 10, p. 646, 1re col.; du 11, p. 653, 4e col.; du 12, p. 663, 1re col.; du 13, p. 668, 4e col.; du 14, p. 678, 5e col.; du 18, p. 685, 5e col.; du 17, p. 693, 1re col.; du 19, p. 710, 4e col.; du 20, p. 916, 2e col.; du 21, p. 727, 1re col.; du 22, p. 732, 3e col.; du 25, p. 754, 4e col.; du 26, p. 760, 1re col.; du 27, p. 770, 1re col.) — Délibération du Sénat, sur le rapport de M. d'Audiffret, à la séance du 1er juin (*Monit.* du 2, p. 807, 1re col.).

Décime.

Un projet de loi portant suppression complète du second décime sur les droits d'enregistrement avait été présenté par le Gouvernement; mais cette suppression se combinait avec la fixation de divers droits d'enregistrement. De graves difficultés s'étant élevées à ce sujet, la discussion a été ajournée jusqu'à la session prochaine; et par un accord avec le Gouvernement, le second décime, au lieu d'être supprimé en totalité, a été réduit de moitié. (Ce projet de loi, écarté par le Corps législatif, a été publié au n° 1873 du *Rép. pér.*)

Effets publics.

L'article 7 est dû à l'initiative de la commission. « Vous n'avez pas oublié, disait-elle, que la loi du 13 mai 1863 a soumis à un droit de timbre de 50 centimes du montant de leur valeur nominale les titres d'effets publics des gouvernements étrangers. Après un examen attentif de la question, nous avons considéré que les titres des rentes étrangères, affranchis du droit de mutation que supportent nos actions et obligations françaises, payent un droit de timbre moitié moindre que ces mêmes valeurs. Cette inégalité nous a paru présenter un double inconvénient, au point de vue du crédit des sociétés françaises et des intérêts du Trésor. La commission a donc proposé d'élever le droit de timbre sur les effets publics étrangers de 50 centimes à 1 franc du capital nominal, et l'amendement formulé dans ce but a été adopté par le conseil d'État. — Quant aux titres étrangers autres que les effets publics, ils acquittent, aux ...nes des lois de finances de 1858 et 1863, des droits équivalents à ceux qui ont été établis sur les valeurs françaises par la loi du 5 juin 1850, savoir : — Droit de timbre, par abonnement, 5 centimes par 100 francs perçus chaque année sur le capital nominal ; — Droit de transmission, par abonnement, 12 centimes par 100 francs de la même valeur. — Les décrets des 18 juillet 1857 et 11 janvier 1862 ont disposé que ce droit serait perçu sur la moitié du capital social des entreprises qui ne mettent qu'une partie de leurs titres en circulation en France, et sur la totalité de ce capital pour celles dont les valeurs se négocient toutes sur le marché français. — Le nombre des titres étrangers admis à la négociation en France s'élève à 4,043,066 actions et à 4,802,303 obligations, représentant un capital de plus de 4 milliards. Il convient de faire remarquer que la plupart de ces valeurs n'ont d'autres marchés que les bourses de Paris et des départements, et qu'il serait par conséquent très-juste, pour placer les sociétés françaises et étrangères dans des conditions d'égalité complète, d'étendre les droits de timbre et de transmission à la totalité des titres ; d'autant plus que l'impôt acquitté par les sociétés étrangères figure parmi leurs frais généraux et ne vient pas, comme pour les sociétés françaises, en atténuation du dividende ou des intérêts à payer aux porteurs, avantage qui les fait rechercher par un grand nombre de petits placements. Votre commission croit devoir appeler l'attention du Gouvernement sur une situation qu'il lui appartient de modifier par une révision des décrets qui réglementent la perception des droits. »

DÉCRET DU 11 AOUT 1864

Portant règlement d'administration publique. — Cautionnements des conservateurs des hypothèques.

(XIe Série, Bull. 1234, n° 12554 ; Instr. n° 2289.)

ARTICLE PREMIER. — Les conservateurs des hypothèques nommés postérieurement à la loi du 8 juin 1864, qui voudront constituer en rentes nominatives 3 pour 100 la totalité ou partie seulement de leur cautionnement ou du supplément de leur cautionnement, sont tenus d'en faire la déclaration à l'agent judiciaire du Trésor à Paris, s'il s'agit d'inscriptions de rentes directes, ou, s'il s'agit d'inscriptions départementales, au directeur de l'Enregistrement du département au livre auxiliaire duquel appartiendra la rente. — Le conservateur joint à cette déclaration la lettre d'avis de sa nomination, laquelle détermine la quotité du cautionnement à fournir.

[Constitution des cautionnements en rentes françaises de toute nature (LL. 16 septembre 1871, art. 29, et 22 mars 1873).]

ART. 2. — Les conservateurs qui ont cessé leurs fonctions et les conservateurs en exercice à la date du 8 juin 1864, qui voudront, conformément aux dispositions de l'article 27 de la loi précitée, transformer la totalité de leur cautionnement actuel en immeubles en un cautionnement en rentes 3 pour 100, doivent faire la déclaration prescrite par le paragraphe 1er de l'article précédent. — Ils joindront à cette déclaration un certificat délivré par le directeur général de l'Enregistrement, qui détermine la quotité du cautionnement à fournir en rentes pour former l'équivalent du cautionnement actuel, d'après le rapport établi par l'article 26 de la loi du 8 juin 1864 entre la valeur en immeubles et la quotité de rentes à fournir.

[L. 22 mars 1873, art. 2.]

ART. 3. — Ne peuvent être affectées à un cautionnement : 1° les inscriptions nominatives pourvues de coupons, créées par notre décret du 18 juin 1864 ; 2° les inscriptions qui représentent les fonds des majorats constitués, ceux des établissements publics ou religieux, ceux de la caisse des retraites de la vieillesse, ceux qui auront été produits pour la vente des biens avec charge de remploi, qui proviendront de constitutions dotales, qui appartiendront à des mineurs, à des interdits ou à des absents, enfin toutes les rentes dont les titulaires n'ont pas la libre disposition.

ART. 4. — L'acte de cautionnement contient affectation spéciale en nantissement, non-seulement pendant toute la durée des fonctions, et quels que soient les bureaux auxquels le conservateur pourrait être appelé, mais encore pendant dix ans après la cessation de ces fonctions. — S'il s'agit d'un conservateur hors d'exercice, l'acte ne contient affectation en nantissement que pour le temps pendant lequel la responsabilité du conservateur envers les tiers peut rester engagée. — Néanmoins le conservateur, le titulaire de l'inscription ou ses ayants droit ont la faculté de substituer, à toute époque, aux rentes affectées aux cautionnements d'autres rentes de même nature.

ART. 5. — Lorsque le cautionnement est fourni en inscriptions directes, l'acte est fait entre l'agent judiciaire et les titulaires des inscriptions en autant d'originaux qu'il y a de parties contractantes. Il est fait, en outre, un original pour tenir lieu de l'expédition dudit acte, dont le dépôt au greffe est prescrit par l'article 29 de la loi du 8 juin 1864. L'inscription directe est déposée à la caisse centrale du Trésor public. — Les arrérages des inscriptions affectées sont payés sur la présentation d'un bordereau représentatif du titre pour le payement des arrérages, dit *bordereau d'annuel*, délivré par l'agent judiciaire.

ART. 6. — Lorsque le cautionnement est constitué en inscriptions départementales, le directeur de l'Enregistrement, dans le département au livre auxiliaire duquel appartient la rente, remplit les fonctions attribuées à l'agent judiciaire par l'article précédent. — L'inscription est déposée à la caisse du receveur des domaines du chef-lieu du département. — Le directeur transmet sans délai des copies certifiées de l'acte de cautionnement au directeur général et à la division du contentieux des finances.

ART. 7. — Toute inscription affectée à un cautionnement doit, préalablement au dépôt prescrit par les deux articles précédents, être visée pour cautionnement par le directeur de la dette inscrite, si elle est directe, ou par le receveur général des finances, si elle est départementale.

ART. 8. — L'acte d'affectation est enregistré au droit fixe de 2 francs, déterminé, pour l'enregistrement du cautionnement en immeubles, par l'article 5 de la loi du 21 ventôse an VII, modifié par l'article 8 de la loi du 18 mai 1850.

[Droit porté à 3 fr. (L. 28 février 1872, art. 4).]

Art. 9. — Le conservateur nommé postérieurement à la loi du 8 juin 1864, qui ne constitue son cautionnement en rentes que pour partie seulement, est tenu, lors du dépôt au greffe prescrit par l'article 29 de la loi précitée, de déclarer, dans l'acte même du dépôt, le montant du cautionnement en immeubles qu'il doit fournir à titre de complément, et le faire recevoir dans le délai fixé par l'article 6 de la loi du 21 ventôse an VII.

Art. 10. — Le conservateur appelé à une nouvelle résidence, qui fournit en rentes le supplément de cautionnement auquel il est tenu, doit justifier, soit à l'agent judiciaire, soit au directeur de l'Enregistrement, dans les cas prévus par l'article 1er ci-dessus, du montant et de la nature de son cautionnement antérieur. — Mention expresse des justifications produites est faite dans l'acte constitutif du supplément du cautionnement.

Art. 11. — La libération du cautionnement en rentes est prononcée par le tribunal de l'arrondissement dans lequel le conservateur aura exercé ses fonctions en dernier lieu, et par jugement rendu sur simple requête présentée par le titulaire de l'inscription ou ses ayants droit, et le procureur impérial entendu. — Il est produit à l'appui de la requête :

1° Un certificat du directeur de l'Enregistrement constatant la date à laquelle le conservateur a cessé ses fonctions ;

2° Un certificat du greffier près le tribunal appelé à statuer sur la requête, et constatant qu'il n'existe ni opposition ni action en garantie ou responsabilité contre le conservateur.

Art. 12. — Sur la remise du bordereau d'annuel et d'un extrait ou d'une expédition du jugement prononçant la libération du cautionnement, l'inscription affectée au cautionnement est remise au titulaire, affranchie de la mention prescrite par l'article 7. — Si le titulaire de l'inscription est décédé, son ayant droit fournit, en outre, un certificat de propriété délivré en conformité de la loi du 28 floréal an VII ainsi que le certificat prescrit par l'article 25 de la loi du 28 juillet 1852, constatant l'acquittement du droit de mutation par décès. — Des extraits d'inscription sont ensuite délivrés par la direction de la dette inscrite aux nouveaux propriétaires, et immatriculés en leur nom.

Art. 13. — Le conservateur, les titulaires des inscriptions ou leurs ayants droit, qui voudront substituer une rente à une autre rente déjà affectée à un cautionnement, remplissent les formalités prescrites par le présent règlement pour la constitution du cautionnement. L'inscription précédemment affectée au cautionnement est restituée au titulaire, affranchie de la mention prescrite par l'article 7, sur la remise du bordereau d'annuel et du nouvel acte de cautionnement. — Sont également applicables, en cas de substitution, les dispositions des paragraphes 2 et 3 de l'article précédent.

Art. 14. — Lorsque, à défaut par le conservateur d'avoir acquitté le montant des condamnations prononcées contre lui, et en exécution d'un jugement ou d'un arrêt ayant acquis force de chose jugée, il y a lieu de réaliser tout ou partie ces inscriptions affectées au cautionnement, l'agent judiciaire de Trésor provoque la vente et y fait procéder jusqu'à due concurrence, après notification à lui faite du jugement ou de l'arrêt, après remise à lui faite des certificats prescrits par l'article 548 du Code de procédure, et après que l'agent a été autorisé par le ministre des finances à signer le transfert. — S'il s'agit d'inscriptions de rentes départementales, elles sont transmises par le directeur de l'Enregistrement, des Domaines et du Timbre à l'agent judiciaire, pour qu'il soit procédé à la vente totale ou partielle, conformément aux dispositions du paragraphe précédent. — Le produit de la négociation est versé par l'agent de change à la caisse des dépôts et consignations, qui reste chargée d'en opérer la remise à qui de droit, sur la production des justifications prescrites par les lois et règlements.

Art. 15. — Lorsque le cautionnement constitué en rentes appartient partie à des tiers et partie au conservateur, et qu'il doit être réalisé par suite des condamnations encourues par ce dernier, il est procédé d'abord à la vente totale ou partielle des rentes appartenant au conservateur, et subsidiairement à celle des rentes fournies par des tiers. — Si ces dernières rentes sont la propriété de plusieurs intéressés, la vente en est faite, à défaut d'accord entre ces derniers, proportionnellement à l'importance de chaque inscription.

Art. 16. — Dans les quinze jours qui suivent la réalisation, le conservateur est tenu de remplacer ou de compléter le cautionnement en rentes dont tout ou partie a été vendu, en observant les formes et conditions exigées pour le cautionnement primitif.

DÉCRET DU 8 OCTOBRE 1864

Suppression de la griffe.

(XIe Série, Bull. 1243, n° 12653 ; Instr. n° 2296.)

Article premier. — La griffe établie par l'article 10 de l'arrêté des consuls susvisé (du 7 fructidor an X) est supprimée dans tous les départements où il existe un receveur spécial du timbre extraordinaire.

Art. 2. — Les timbres en usage dans ces départements porteront un numéro ou un signe spécial pour chaque département.

[V. Déc. du 12 juin 1869.]

DÉCRET DU 27 NOVEMBRE 1864

Timbre mobile de vingt centimes.

(XIe Série, Bull. 1251, n° 12,765 ; Instr. n° 2297.)

Article premier. — Il est établi, pour l'exécution de l'article 6 de la loi du 8 juin 1864, un timbre mobile du prix de 20 centimes. Ce timbre sera conforme au modèle annexé au présent décret. Il sera apposé et annulé suivant le mode prescrit par l'article 1er de notre décret du 29 octobre 1862, susvisé.

[Modification du type (Arr. 25 août 1871, art. 5).]

Art. 2. — L'administration de l'Enregistrement, des Domaines et du Timbre fera déposer aux greffes des cours et tribunaux un spécimen du timbre établi par l'article précédent. — Il sera dressé, sans frais, procès-verbal de ce dépôt.

DÉCRET DU 11 DÉCEMBRE 1864

Droit de transmission.— Sociétés étrangères.

(XIe Série, Bull. 1255, n° 12811 ; Instr. n° 2302.)

Article premier. — A partir du 1er janvier 1865, le droit de transmission établi par l'article 9 de la loi du 23 juin 1857 et par l'article 10 de notre décret du 17 juillet suivant, sur les titres des sociétés, compagnies et entreprises étrangères, sera perçu sur la moitié du capital représenté par les actions et sur la totalité des obligations.

[Abrogé (*V.* Déc. 24 mai 1872, art. 5).]

Art. 2. — Sont maintenues les dispositions de notre décret du 11 janvier 1862, qui ne sont pas contraires à l'article qui précède.

[Abrogé (*V.* Déc. préc.).]

LOI DU 14 JUIN 1865

Chèques.

(XIe Série, Bull. 1296, n° 13291 ; Instr. n° 2312.)

Article premier. — Le chèque et l'écrit qui, sous la forme d'un mandat de payement, sert au tireur à effectuer le retrait, à son profit ou au profit d'un tiers, de tout ou partie de fonds portés au crédit de son compte chez le tiré et disponibles. — Il est signé par le tireur et porte la date du jour où il est tiré. — Il ne peut être tiré qu'à vue. — Il peut être souscrit au porteur ou au profit d'une personne dénommée. — Il peut être souscrit à ordre et transmis même par voie d'endossement en blanc.

[L. 19 février 1874, art. 5.]

Art. 2. — Le chèque ne peut être tiré que sur un tiers ayant provision préalable ; il est payable à présentation.

Art. 3. — Le chèque peut être tiré d'un lieu sur un autre ou sur la même place.

Art. 4. — L'émission d'un chèque, même lorsqu'il est tiré d'un lieu sur un autre, ne constitue pas, par sa nature, un acte de commerce. — Toutefois, les dispositions du Code de commerce relatives à la garantie solidaire du tireur et des endosseurs, au protêt et à l'exercice de l'action en garantie, en matière de lettres de change, sont applicables aux chèques.

Art. 5. — Le porteur d'un chèque doit en réclamer le payement dans le délai de cinq jours, y compris le jour de la date, si le chèque est tiré de la place sur laquelle il est payable, et dans le délai de huit jours, y compris le jour de la date, s'il est tiré d'un autre lieu. — Le porteur d'un chèque qui n'en réclame pas le payement dans les délais ci-dessus perd son recours contre les endosseurs ; il perd aussi son recours contre le tireur, si la provision a péri par le fait du tiré, après lesdits délais.

Art. 6. — Le tireur qui émet un chèque sans date ou qui le revêt d'une fausse date est passible d'une amende égale à 6 pour 100 de la somme pour laquelle le chèque est tiré. — L'émission d'un chèque sans provision préalable est passible de la même amende, sans préjudice de l'application des lois pénales, s'il y a lieu.

[L. 19 février 1874, art. 6.]

Art. 7. — Les chèques sont exempts de tout droit de timbre pendant dix ans à dater de la promulgation de la présente loi.

[Droit de timbre de 10 cent. (L. 23 août 1871, art. 18, n° 2). — 20 cent., chèques de place à place (L. 19 février 1874, art. 6 ; — Chèques de l'étranger (L. 19 février 1874, art. 9).]

LOI DU 8 JUILLET 1865

Décime. — Timbre.

(XIe Série, Bull. 1312, n° 13462 ; Instr. n° 2317.)

Art. 3. — Sont maintenues, pour l'exercice 1866, les dispositions du premier paragraphe de l'article 3 de la loi du 8 juin 1864, qui réduit à un demi-décime le second décime établi par la loi du 2 juillet 1862 sur les droits et produits dont la perception est confiée à l'administration de l'Enregistrement.

[*V.* L. 18 juillet 1866, art. 3.]

Art. 4. — Le timbre des quittances de produits et revenus de toute nature, délivrées par les comptables des deniers publics, est réduit à 20 centimes. La délivrance de ces quittances est obligatoire. Le prix du timbre, lorsqu'il est exigible, s'ajoute de plein droit au montant de la somme due et est soumis au même mode de recouvrement. — Sont maintenues les dispositions de l'article 16 de la loi du 13 brumaire an VII, concernant les contributions directes, et celles des articles 19 et 243 de la loi du 28 avril 1846, relatives aux quittances des douanes et à celles des contributions indirectes.

[Timbre mobile (Déc. 21 juillet 1865, art. 1er). — Droit élevé à 25 cent. (L. 23 août 1871, art. 2).]

ART. 5. — Les receveurs de l'Enregistrement procéderont à la formation du visa pour timbre proportionnel par l'application d'un ou plusieurs timbres mobiles. Ils énonceront, en outre, par une mention datée et signée, le montant des droits perçus. — La forme et les conditions d'emploi de ces timbres mobiles seront déterminées par un règlement d'administration publique. Sont applicables à ces timbres les dispositions de l'article 21 de la loi du 11 juin 1859. — Sont considérés comme non timbrés les actes ou écrits qui n'auraient pas été visés pour timbre, conformément aux dispositions du paragraphe 1er du présent article, ou sur lesquels le timbre mobile aurait été apposé sans l'accomplissement des formalités prescrites par le règlement d'administration publique.

[Règlement d'administration publique du 19 février 1874. — (V. sur la même matière, la loi postérieure du 27 juillet 1870, art. 6).]

DECRET DU 21 JUILLET 1865

Timbres mobiles.

(XIe Série, Bull. 1318, n° 13537; Inst. n° 2314.)

ARTICLE PREMIER. — Pour l'exécution de l'article 4 de la loi de finances du 8 juillet 1865, il est établi un nouveau timbre mobile du prix de 20 centimes, conforme au modèle annexé au présent décret. L'apposition et l'annulation de ce timbre auront lieu suivant le mode prescrit par l'article 1er de notre décret du 29 octobre 1862 susvisé.

ART. 2. — Les différents timbres de dimension établis pour l'exécution des articles 24 de la loi du 2 juillet 1862, 10 de la loi de finances du 13 mai 1863, et 6 de la loi de finances du 8 juin 1864, seront également conformes au modèle ci-annexé à partir du 1er janvier 1866. — L'administration de l'Enregistrement, des Domaines et du Timbre prendra les mesures nécessaires pour le retrait des timbres de l'ancien modèle qui n'auraient pas été employés avant cette époque.

[Modification des types (Arr. 25 août 1861, art. 5, et Déc. 23 juin 1872, art. 1er).]

DÉCRET DU 9 JUIN 1866

Salaire des conservateurs des hypothèques. — Transcription des actes de mutation et procès-verbaux de saisie immobilière.

(XIe Série, Bull. 1411, n° 14464; Instr. n° 2333.)

ARTICLE PREMIER. — A partir du 1er juillet 1866, le salaire alloué aux conservateurs des hypothèques, par les nos 7 et 11 du tableau annexé au décret du 21 septembre 1810 susvisé, est réduit à 50 centimes par rôle contenant trente lignes à la page et dix-huit syllabes à la ligne.

[Comp. Déc. 24 novembre 1855, art. 1er.]

LOI DU 14 JUILLET 1866

Propriété littéraire.

ARTICLE PREMIER. — La durée des droits accordés par les lois antérieures aux héritiers, successeurs irréguliers, donataires ou légataires des auteurs, compositeurs ou artistes, est portée à cinquante ans à partir du décès de l'auteur.

Pendant cette période de cinquante ans, le conjoint survivant, quel que soit le régime matrimonial, et indépendamment des droits qui peuvent résulter, en faveur de ce conjoint, du régime de la communauté, a la simple jouissance des droits dont l'auteur prédécédé n'a pas disposé par acte entre-vifs ou par testament.

Toutefois, si l'auteur laisse des héritiers à réserve, cette jouissance est réduite, au profit de ces héritiers, suivant les proportions et distinctions établies par les articles 913 et 915 du Code Napoléon.

Cette jouissance n'a pas lieu lorsqu'il existe, au moment du décès, une séparation de corps prononcée contre ce conjoint; elle cesse au cas où le conjoint contracte un nouveau mariage.

Les droits des héritiers à réserve et des autres héritiers ou successeurs, pendant cette période de cinquante ans, restent d'ailleurs réglés conformément aux prescriptions du Code Napoléon.

Lorsque la succession est dévolue à l'État, le droit exclusif s'éteint, sans préjudice des droits du créancier et de l'exécution des traités de cession qui ont pu être consentis par l'auteur ou par ses représentants.

ART. 2. — Toutes les dispositions des lois antérieures contraires à celles de la loi nouvelle sont et demeurent abrogées.

LOI DU 18 JUILLET 1866

Décime. — Affiches.

(XIe Série, Bull. 1409, no 14457; Instr. no 2345.)

Art. 3. — A partir du 1er janvier 1867, les baux et échanges de biens immeubles, les actes énumérés au paragraphe 7, nos 1, 3, 4, 5 et 6 de l'article 69 de la loi du 22 frimaire an VII, les obligations et délibérations hypothécaires, cesseront d'être soumis au demi-décime établi par le paragraphe 1er de l'article 3 de la loi du 8 juin 1864. — La perception de ce demi-décime continuera d'être effectuée, pour l'exercice 1867, sur tous les autres droits et produits dont le recouvrement est confié à l'administration de l'Enregistrement.

[V. L. 31 juillet 1867, art. 8.]

Art. 4. — A partir du 1er janvier 1867, le droit de timbre du papier des affiches est fixé de la manière suivante :

Par feuille de douze décimètres et demi carrés et au-dessous . . . . » 05

Au-dessus de douze décimètres et demi jusqu'à vingt-cinq décimètres carrés. . . . . . . » 10

Au-dessus de vingt-cinq décimètres jusqu'à cinquante décimètres carrés. . . . . » 15

Au delà de cette dernière dimension. . . . . » 20

Dans le cas où une affiche contiendrait plusieurs annonces distinctes, le maximum ci-dessus fixé sera toujours exigible. Ce maximum sera doublé si l'affiche contient plus de cinq annonces. — Les affiches peuvent être imprimées sur papier non timbré, pourvu que le timbre y soit apposé avant l'affichage. — Néanmoins sont maintenues, en cas de contraventions aux paragraphes qui précèdent, les amendes et pénalités édictées par l'article 69 de la loi du 28 avril 1816, modifié par l'article 10 de la loi du 16 juin 1824.

[Comp. LL. 25 mars 1817, art. 77, et 15 mai 1818, art. 76. — Droits assujettis aux décimes (L. 23 août 1871, art. 2). — Affiches électorales, exemption (L. 11 mai 1868, art. 3, § 3). Timbres mobiles (L. 27 juillet 1870, art. 6, et Déc. 21 décembre 1872).]

SOMMAIRE

Présentation et exposé des motifs, le 23 janvier 1866 (*Monit.* du 28, p. 95, 1re col.). — Disp. addit., le 24 mai (*Monit.* du 25, p. 624, 2e col., et du 12 juin, p. 735, 6e col.). — Rapport de M. Du Miral, le 28 mai (*Monit.* du 4 juin, p. 682, 1re col., et du 30, p. 865, 5e col.). — Discussion du 13 au 30 juin (*Monit.* du 14, p. 746, 2e col.; du 15, p. 751, 3e col.; du 16, p. 761, 3e col.; du 17, p. 767, 4e col.; du 19, p. 775, 6e col.; du 20, p. 787, 1re col.; du 21, p. 792, 3e col.; du 22, p. 79?, 1re col.; du 23, p. 809, 4e col.; du 24, p. 819, 2e col.; du 26, p. 830, 1re col.; du 27, p. 837, 6e col.; du 28, p. 845, 5e col.; du 29, p. 853, 6e col.; du 30, p. 862 4e col., et du 1er juillet, p. 874, 3e col.). — Délibération du Sénat, sur le rapport de M. le marquis d'Audiffret, le 6 juillet (*Monit.* du 7, p. 896, 2e col.).

Rapport de la Commission.

Affiches.

La modification à la législation du timbre des affiches a été motivée en ces termes dans le rapport de la commission du Corps législatif : — « L'article 65 de la loi du 28 avril 1816, qui est toujours en vigueur, fixe pour les affiches le tarif suivant : 5 centimes pour une feuille de douze décimètres et demi carrés, 10 centimes pour une feuille de vingt-cinq décimètres carrés et au-dessus. — Le droit d'affichage est fixé, par l'article 30 de la loi de finances du 8 juillet 1852, à 50 centimes pour les affiches de un mètre carré et au-dessus; 1 franc pour celles d'une dimension supérieure. — L'une et l'autre de ces lois établissent donc un maximum de tarif, sans fixer de maximum correspondant à la dimension et au-dessous d'une dimension déterminée, deux catégories de droits en raison de la surface des affiches. — D'après la disposition nouvelle, le droit de timbre est pour chaque feuille de 5 centimes par dix décimètres carrés ou fraction de dix décimètres carrés, celui d'affichage de 50 centimes par mètre carré ou fraction de mètre carré. — Sous l'empire de la législation actuelle, les industries sur lesquelles frappent le plus habituellement les taxes d'affichage ont profité des progrès mécaniques de la fabrication du papier pour rendre plus léger le poids de ces taxes. — Des feuilles d'une surface très-considérable leur sont livrées à des prix très-réduits, et comme chacune d'elles n'est soumise qu'au droit maximum de 10 centimes, on voit fréquemment sur une même feuille des affiches distinctes les unes des autres par suite de l'application avant l'impression de couleurs variées. — Pour n'en citer qu'un exemple, vingt-quatre des théâtres de Paris font imprimer leurs affiches sur quatre feuilles seulement; ils n'acquittent ainsi que quatre droits au lieu de vingt-quatre et ne payent que 40 centimes au lieu de 2 fr. 40 cent. — L'administration de l'Enregistrement voit dans ces pratiques un abus et une dérogation au principe général de la proportionnalité des droits de timbre à la dimension. — MM. les commissaires du Gouvernement nous ont, à ce point de vue, indiqué que l'article 58 de la loi du 9 vendémiaire an VI, qui a établi le droit de timbre, avait un tarif progressif et quasi proportionnel à la dimension : — 3 centimes pour une feuille de douze décimètres et demi carrés; 5 centimes pour une feuille de vingt-cinq décimètres carrés; et, au-dessus de vingt-cinq décimètres carrés, 1 centime par cinq décimètres en sus. Ils ont ajouté que l'intention de la loi de 1816 n'avait pas été de déroger à ce principe; qu'à cette époque, le papier destiné aux affiches était vendu par la Régie; qu'elle ne vendait que des feuilles de douze ou vingt-cinq centimètres carrés; qu'il était donc indispensable, lorsqu'on voulait dépasser cette dimension, d'ajouter des feuilles aux autres; que si plus tard, en 1818, on avait supprimé le monopole de la Régie pour la vente du papier des affiches, cette modification avait paru sans danger parce qu'on ne pressentait pas alors les progrès que réservait l'avenir à la fabrication mécanique. — Votre commission, malgré son peu de tendance pour les remaniements de taxe même les plus inoffensifs, à moins qu'ils n'en constituent la réduction, n'a pu s'empêcher de reconnaître que celui qui vous est proposé relativement aux affiches, était en harmonie avec les dispositions les plus usuelles de notre législation sur le timbre; elle a considéré que la légère augmentation qui en résultera sera pour le grand nombre des cas presque insensible, et elle s'est décidée à vous en proposer l'adoption en tenant compte tout à la fois des exigences de l'équilibre du budget et des réductions de taxes que nous avions obtenues pour des sommes beaucoup plus considérables.

LOI DU 18 JUILLET 1866

Dessèchement des marais de la Dombes.

Article premier. — Seront enregistrés au droit fixe de 1 franc les actes intervenus ou à intervenir entre la compagnie du chemin de fer de Bourg à Sathonay et les propriétaires intéressés, pour l'exécution des articles 3 et 4 de la convention du 1er avril 1863 et du décret du 25 juillet 1864, relatifs au desséchement des étangs de la Dombes (Ain).

La transcription au bureau des hypothèques ne donnera lieu qu'au droit fixe de 1 franc.

LOI DU 18 JUILLET 1866

Courtiers de marchandises.

(XIe Série, Bull. 1408, n° 14444; Instr. n° 2361, § 7.)

ARTICLE PREMIER. — A partir du 1er janvier 1867, toute personne sera libre d'exercer la profession de courtier de marchandises, et les dispositions contraires du Code de commerce, des lois, décrets, ordonnances et arrêtés actuellement en vigueur seront abrogées.

ART. 2. — Il pourra être dressé par le tribunal de commerce une liste des courtiers de marchandises de la localité qui auront demandé à y être inscrits...

ART. 4. — Les ventes publiques de marchandises aux enchères et en gros qui, dans les divers cas prévus par la loi, doivent être faites par un courtier, ne pourront être confiées qu'à un courtier inscrit sur la liste dressée conformément à l'article 2, ou, à défaut de liste, désigné, sur la requête des parties intéressées, par le président du tribunal de commerce.

[V. LL. 28 mai 1858, 3 juillet 1861 et 23 mai 1863.]

ART. 5. — A défaut d'experts désignés d'accord entre les parties, les courtiers inscrits pourront être requis pour l'estimation des marchandises déposées dans un magasin général...

DÉCRET DU 5 DÉCEMBRE 1866

Timbre du papier des affiches.

(XIe Série, Bull. 1444, n° 14723; Instr. n° 2344.)

ARTICLE PREMIER. — Il est établi, pour l'exécution de la loi du 18 juillet 1866 susvisée, des timbres à 15 centimes et à 20 centimes. Ces timbres seront conformes au modèle annexé au présent décret. — Provisoirement, le payement du double du maximum du droit sera constaté par l'apposition de deux empreintes du timbre à 20 centimes.

[Modification des types (Arr. 25 août 1871, art. 5).]

LOI DU 31 JUILLET 1867

Décime. — Timbres mobiles des journaux.

(XIe Série, Bull. 1516, n° 15363; Instr. n° 2360.)

ART. 3. — La perception du demi-décime établi par le paragraphe 1er de l'article 3 de la loi du 8 juin 1864 continuera d'être effectuée, pour l'exercice 1868, sur tous les droits et produits dont le recouvrement est confié à l'administration de l'Enregistrement, autres que ceux mentionnés au paragraphe 1er de l'article 3 de la loi de finances du 18 juillet 1866.

[V. L. 2 août 1868, art. 5.]

ART. 29. — Le droit de timbre établi sur les journaux et écrits périodiques peut être acquitté par l'apposition, sur les papiers destinés à leur publication, de timbres mobiles que l'administration de l'Enregistrement, des Domaines et du Timbre est autorisée à vendre et à faire vendre. — Un règlement d'administration publique déterminera la forme et les conditions d'emploi de ces timbres, ainsi que le mode suivant lequel il sera tenu compte de la remise accordée, pour déchets de maculature, par l'article 7 de la loi du 17 février 1852. — Sont considérés comme non timbrés, et soumis aux peines et obligations résultant du paragraphe 1er de l'article 11 du décret du 17 février 1852, les journaux et écrits périodiques sur lesquels les timbres mobiles auraient été apposés sans l'accomplissement des conditions prescrites par le règlement d'administration publique, ou sur lesquels auraient été apposés des timbres ayant déjà servi. — Chacune des autres contraventions aux dispositions de ce règlement sera punie d'une amende de 50 francs. — Les dispositions de l'article 21 de la loi du 11 juin 1859, portant fixation du budget général des dépenses et des recettes de l'exercice 1860, sont applicables aux timbres mobiles créés en exécution de la présente loi.

[V. Déc. 19 décembre 1868. — L'impôt du timbre sur les journaux et autres publications est aboli (Déc. 5 septembre 1870).]

DÉCRET DU 28 MARS 1868

Actions dans les sociétés étrangères dont les titres sont cotés aux bourses françaises.

(XIe Série, Bull. 1582, n° 15904; Instr. 2373.)

ARTICLE PREMIER. — Les sociétés, compagnies et entreprises étrangères dont les titres sont cotés aux bourses françaises sont admises à jouir du bénéfice de l'article 24 de la loi du 5 juin 1850, en justifiant que, pendant les deux dernières années, elles n'ont pu payer ni dividendes ni intérêts; elles devront, à cet effet, produire à l'administration de l'Enregistrement les procès-verbaux et délibérations des assemblées générales, les inventaires, balances et tous autres documents de comptabilité, vérifiés et certifiés par les agents diplomatiques ou consulaires français.

LOI DU 11 MAI 1868

Presse.

(XIe Série, Bull. 1588, n° 15979; Instr. nos 2365 et 2376.)

Art. 3. — Le droit de timbre, fixé par l'article 6 du décret du 17 février 1852, est réduit à 5 centimes dans les départements de la Seine et de Seine-et-Oise, et à 2 centimes partout ailleurs. — Le paragraphe 3 de l'article 6 du décret du 17 février 1852 est abrogé. — Sont affranchies du timbre les affiches électorales d'un candidat, contenant sa profession de foi, une circulaire signée de lui, ou seulement son nom. — Le nombre de dix feuilles d'impression des écrits non périodiques, prévu par l'article 9 du décret du 17 février 1852, est réduit à six, et le droit de timbre abaissé à 4 centimes par feuille.

[V. L. 31 juillet 1867, art. 29, et Déc. 11 mai 1868, art 1er et 19 décembre 1868.]

Art. 4. — Sont considérées comme supplément et assujetties au timbre, ainsi que le journal lui-même, s'il n'est déjà timbré, les feuilles contenant des annonces, lorsqu'elles servent de couverture au journal ou qu'elles y sont annexées, ou lorsque, publiées séparément, elles sont néanmoins distribuées ou vendues en même temps.

Art. 5. — Sont exempts de timbre et des droits de poste les suppléments des journaux ou écrits périodiques assujettis au cautionnement, lorsque ces suppléments ne comprennent aucune annonce, de quelque nature qu'elle soit et quelque place qu'elle y occupe, et que la moitié au moins de leur superficie est consacrée à la reproduction des documents énumérés en l'article 1er de la loi du 2 mai 1861.

Art. 6. — Sont applicables, en cas de contravention aux articles précédents, les dispositions des articles 10 et 11, paragraphe 1er, du décret du 17 février 1852. — Dans aucun cas, l'amende ne peut dépasser le tiers du cautionnement versé par le journal ou de celui auquel il aurait été assujetti s'il eût traité de matières politiques ou d'économie sociale.

Art. 7. — Au moment de la publication de chaque feuille ou livraison du journal ou écrit périodique, il sera remis à la préfecture pour les chefs-lieux de département, à la sous-préfecture pour ceux d'arrondissement, et pour les autres villes à la mairie, deux exemplaires signés du gérant responsable, ou de l'un d'eux s'il y a plusieurs gérants responsables. — Pareil dépôt sera fait au parquet du procureur impérial, ou à la mairie dans les villes où il n'y a pas de tribunal de première instance. — Ces exemplaires sont dispensés du droit de timbre.

[Abrogé (Déc. 5 septembre 1870).]

DÉCRET DU 11 MAI 1868

Timbres de quatre et deux centimes pour l'exécution de l'article 3 de la loi du 11 mai 1868, relative à la presse.

(XIe Série, Bull. 1588, n° 15980; Instr. n° 2365.)

Article premier. — Il est établi, pour l'exécution de l'article 3 de la loi du 11 mai 1868, des timbres de 4 et de 2 centimes, conformes aux modèles ci-joints.

[Comp. L. 31 juillet 1867, art. 29.]

LOI DU 11 JUILLET 1868

Caisses d'assurances en cas de décès et d'accidents résultant de travaux agricoles et industriels.

(XIe Série, Bull. 1609, n° 16152.)

Art. 19. — Un règlement d'administration publique déterminera, d'après les bases posées dans la présente loi, les conditions spéciales des polices et la forme des assurances; il désignera les agents de l'État par l'intermédiaire desquels les assurances pourront être contractées.

[Déc. 10 août 1868, XIe série, Bull. 1637, n° 16339.]

Les certificats, actes de notoriété et autres pièces exclusivement relatives à l'exécution de la présente loi seront délivrés gratuitement et dispensés des droits de timbre et d'enregistrement.

LOI DU 2 AOUT 1868

Décime.

(XIe Série, Bull. 1621, n° 16221; Instr. n° 2371.)

Art. 5. — La perception du demi-décime établi par le paragraphe 1er de l'article 3 de la loi du 8 juin 1864 continuera d'être effectuée, pour l'exercice 1869, sur tous les droits et produits dont le recouvrement est confié à l'administration de l'Enregistrement, autres que ceux mentionnés au paragraphe 1er de l'article 3 de la loi de finances du 18 juillet 1866.

[V. L. 8 mai 1869, art. 4.]

LOI DU 8 MAI 1869

Décime.

(XI° Série, Bull. 1703, n° 16867; Instr. n° 2387.)

—

Art. 4. — La perception du demi-décime établi par le paragraphe 1er de l'article 3 de la loi du 8 juin 1864 continuera d'être effectuée, pour l'exercice 1870, sur tous les droits et produits dont le recouvrement est confié à l'administration de l'Enregistrement, autres que ceux mentionnés au paragraphe 1er de l'article 3 de la loi de finances du 18 juillet 1866.

[V. LL. 27 juillet 1870, art. 5 ; 30 décembre 1873, art. 2.]

DÉCRET DU 12 JUIN 1869

Suppression de la griffe.

(XI° Série, Bull. 1722, n° 16703 ; Instr. n° 2388.)

—

Article premier. — Les dispositions de notre décret susvisé du 8 octobre 1864 pourront être étendues à tous les départements de l'empire [1].

LOI DU 27 JUILLET 1870

Échange d'immeubles contigus. — Décime. Timbre mobile.

(XI° Série, Bull. 1830, n° 17945 ; Instr. nos 2404 et 2410.)

—

Art. 4. — A partir de la promulgation de la présente loi, il ne sera perçu sur les échanges d'immeubles ruraux non bâtis que 20 centimes par 100 francs pour tout droit proportionnel d'enregistrement et de transcription, lorsqu'il sera justifié, conformément aux énonciations de l'acte : 1° Que l'un des immeubles échangés est contigu aux propriétés de celui des échangistes qui le reçoit ; 2° que les immeubles échangés ont été acquis par les contractants, par acte enregistré, depuis plus de deux ans, ou recueillis par eux à titre héréditaire ; 3° que les immeubles échangés sont situés dans le même canton ou dans les cantons limitrophes ; 4° que la contenance de la parcelle contiguë aux propriétés de l'un des échangistes ne dépasse pas cinquante ares.—Est en outre réduit à 1 pour 100 le droit perçu sur le montant de la soulte ou de la plus-value des échanges opérés conformément aux dispositions qui précèdent, lorsque ces soultes ou plus-value n'excèdent pas un quart de la valeur de la moindre part. — Dans le cas où les énonciations relatives à l'une des conditions spécifiées au paragraphe 1er seraient inexactes, les droits seront dus au taux ordinaire, indépendamment d'un droit en sus. — La réduction du droit sur la soulte ou sur la plus-value cessera également d'être applicable en cas d'insuffisance de ces soultes ou plus-value. Il sera perçu, à titre d'amende, un droit en sus. — La demande des droits devra être formée dans le délai fixé par l'article 61, n° 1er, de la loi du 22 frimaire an VII.

[Comp. LL. 16 juin 1824, art. 2, et 24 mai 1834, art. 16.]

Art. 5. — La perception du demi-décime établi par le paragraphe 1er de l'article 3 de la loi du 8 juin 1864 continuera d'être effectuée, pour l'exercice 1871, sur tous les droits et produits dont le recouvrement est confié à l'administration de l'Enregistrement, autres que ceux mentionnés au paragraphe 1er de l'article 3 de la loi de finances du 18 juillet 1866.

[Modifié (L. 23 août 1871, art. 1er).]

Art. 6. — Le droit de timbre auquel sont assujettis les effets de commerce créés en France pourra être acquitté par l'apposition de timbres mobiles. — Pourront également être timbrés au moyen de timbres mobiles les papiers destinés à l'impression des affiches et des formules assujetties au timbre de dimension. — La forme et la condition d'emploi de ces timbres seront déterminées par un règlement d'administration publique. — Sont applicables à ces timbres les dispositions pénales des articles 20 et 21 de la loi du 11 juin 1859.

[Comp. L. 8 juillet 1865, art. 5. — Affiches (V. Déc. 21 décembre 1872).]

SOMMAIRE

1. Échange. — 2. Timbre.

1. Échange.

1° *Exposé des motifs.*

La question relative à la quotité des droits d'enregistrement applicable aux échanges d'immeubles contigus a été fréquemment soulevée dans les chambres législatives, et elle ne pouvait manquer d'exciter l'attention des commissaires et des déposants dans l'enquête agricole. Les partisans les plus con-

1. Tableau indiquant les numéros que doivent porter les timbres des départements, autres que celui de la Seine, par suite de la suppression de la griffe (Déc. 8 octobre 1864, art. 2) :
Ain (1), Aisne (2), Allier (3), Alpes [Basses-] (4), Alpes [Hautes-] (5), Alpes-Maritimes (6), Ardèche (7), Ardennes (8), Ariége (9), Aube (10), Aude (11), Aveyron (12), Bouches-du-Rhône (13), Calvados (14), Cantal (15), Charente (16), Charente-Inférieure (17), Cher (18), Corrèze (19), Corse (20), Côte-d'Or (21), Côtes-du-Nord (22), Creuse (23), Dordogne (24), Doubs (25), Drôme (26), Eure (27), Eure-et-Loir (28), Finistère (29), Gard (30), Garonne [Haute-] (31), Gers (32), Gironde (33), Hérault (34), Ille-et-Vilaine (35), Indre (36), Indre-et-Loire (37), Isère (38), Jura (39), Landes (40), Loir-et-Cher (41), Loire (42), Loire [Haute-] (43), Loire-Inférieure (44), Loiret (45), Lot (46), Lot-et-Garonne (47), Lozère (48), Maine-et-Loire (49), Manche (50), Marne (51), Marne [Haute-] (52), Mayenne (53), Meurthe (54), Meuse (55), Morbihan (56) Nièvre (58), Nord (59), Oise (60), Orne (61), Pas-de-Calais (62), Puy-de-Dôme (63), Pyrénées [Basses-] (64), Pyrénées [Hautes-] (65), Pyrénées-Orientales (66), Rhône (69), Saône [Haute-] (70), Saône-et-Loire (71), Sarthe (72), Savoie (73), Savoie [Haute-] (74), Seine-Inférieure (76), Seine-et-Marne (77), Seine-et-Oise (78), Sèvres (Deux-] (79), Somme (80), Tarn (81), Tarn-et-Garonne (82), Var (83), Vaucluse (84), Vendée (85), Vienne (86), Vienne [Haute-] (87), Vosges (88), Yonne (89).

vaincus de la division légitime et naturelle de la propriété foncière, ne méconnaissent pas les inconvénients qui naissent parfois du morcellement exagéré des parcelles; aussi tout le monde voit-il avec faveur les opérations qui tendent à réunir plusieurs parcelles trop morcelées en une seule, particulièrement lorsque cette réunion s'opère par la voie de l'échange, car alors il y a moins de parcelles et il n'y a pas moins de propriétaires.

On a donc cherché depuis longtemps à faciliter les échanges d'immeubles contigus, et un des moyens les plus efficaces a paru être d'accorder à cette nature de contrat un traitement privilégié sous le rapport du droit d'enregistrement. C'est dans cet esprit que la loi du 16 juin 1824 affranchit de tout droit proportionnel les échanges d'immeubles en cas de contiguïté, et n'assujettit ces échanges qu'au droit fixe de 1 franc. Malgré les motifs sérieux qui avaient fait adopter cette disposition bienveillante, elle fut abrogée par la loi des finances de 1834; le Gouvernement se plaignait qu'elle eût donné lieu à des abus; il la considérait comme inutile à la petite propriété, pour laquelle le droit fixe de 1 franc était aussi onéreux que le droit proportionnel, et comme ne profitant qu'à la grande propriété, qui n'en avait pas besoin. Tous les échanges furent ramenés à la même condition et assujettis à un droit proportionnel de 2 et demi pour 100.

C'est ce droit proportionnel de 2 fr. 50 pour 100 qui a été signalé à la commission supérieure de l'enquête agricole, comme trop élevé et comme entravant d'une manière fâcheuse les échanges d'immeubles contigus. Cette commission n'a pas hésité à admettre le principe d'une réduction, mais elle a examiné si cette réduction devait être effectuée par la substitution d'un droit fixe au droit proportionnel, comme on l'avait fait en 1824, ou par l'abaissement dans une proportion très-notable du droit proportionnel lui-même. Les motifs qui paraissaient, en partie du moins, avoir déterminé le législateur de 1834 à abroger la loi de 1824 ont amené la commission supérieure à se prononcer dans ce dernier sens.

Le Gouvernement a adopté son avis, et il vous propose de réduire à 20 centimes pour 100 le droit proportionnel sur les échanges d'immeubles contigus. Il croit ainsi mieux servir les intérêts de l'agriculture. La mesure, en effet, a principalement en vue les petites parcelles, et ce sont en général les propriétaires de petites parcelles qui sont le plus sensibles à la quotité du droit. Or, pour toute parcelle d'une valeur inférieure à 500 francs, un droit proportionnel de 20 centimes par 100 francs sera plus avantageux que le droit fixe de 1 franc. Quant aux parcelles d'une valeur supérieure à 500 francs, ce droit de 20 centimes, quoique plus considérable que le droit fixe de 1 franc, sera encore bien léger et même insignifiant, relativement à l'importance des contrats.

En ce qui concerne les soultes auxquelles pourra parfois donner lieu l'inégalité de valeur des biens échangés, la rigueur des principes aurait voulu que l'on continuât à leur appliquer le droit de vente, car il n'y a, à véritablement parler, échange que jusqu'à concurrence des équivalents; néanmoins, en raison de la faveur du contrat dont il s'agit, et en considérant qu'une certaine soulte en est souvent l'accessoire nécessaire, le Gouvernement a pensé qu'il y avait lieu de réduire de 5 fr. 50 à 1 franc pour 100 le droit proportionnel sur les soultes, à la condition qu'elles ne dépassassent pas le quart de la valeur de l'immeuble échangé, et qu'elles ne pussent ainsi servir à dissimuler une véritable vente sous l'apparence d'un échange.

Les concessions fiscales ainsi consenties, il reste toutefois une chose à faire, c'est de prémunir le Trésor contre la fraude et de prévenir le retour des abus qui une fois déjà ont amené l'abrogation de la loi de 1824, abus d'autant plus à craindre que la loi ne devant exiger la contiguïté que du côté d'un seul des échangistes, plusieurs combinaisons pourraient se présenter pour détourner la réduction de droit de son but. Nous vous proposons donc de subordonner le bénéfice de cette réduction aux deux conditions suivantes: 1° que les immeubles échangés aient été acquis par les contractants depuis plus de deux ans ou recueillis par eux à titre héréditaire; 2° que les immeubles échangés soient situés dans le même canton ou dans des cantons limitrophes. Nous ne pensons pas que ces conditions puissent porter préjudice aux intérêts agricoles, et elles auront pour effet, en garantissant l'exécution légale de la loi, d'en assurer la durée.

2° *Texte du projet de loi présenté par le Gouvernement.*

Art. 4. — A partir de la promulgation de la présente loi, il ne sera perçu sur les échanges d'immeubles ruraux non bâtis que 20 centimes par 100 francs pour tout droit proportionnel d'enregistrement et de transcription, lorsqu'il sera justifié par les énonciations de l'acte: 1° que l'un des immeubles échangés est contigu aux propriétés de celui des échangistes qui le reçoit; 2° que les immeubles échangés ont été acquis par les contractants par acte enregistré depuis plus de deux ans, ou recueillis par eux à titre héréditaire; que les immeubles échangés sont situés dans le même canton ou dans les cantons limitrophes.

Est en outre réduit à 1 pour 100 le droit perçu sur le montant de la soulte ou de la plus-value des échanges opérés conformément aux dispositions qui précèdent, lorsque ces soultes ou plus-values n'excèdent pas un quart de la valeur de la moindre part.

Dans le cas où les énonciations relatives à l'une des conditions spécifiées au paragraphe 1er seraient inexactes, les droits seront dus au taux ordinaire, indépendamment d'un droit en sus.

La réduction du droit sur la soulte ou sur la plus-value cessera également d'être applicable en cas d'insuffisance de ces soultes ou plus-values. Il sera en outre perçu, à titre d'amende, un droit en sus.

La demande des droits devra être formée dans le délai fixé par l'article 61, n° 1, de la loi du 22 frimaire an VII.

3° *Rapport fait au nom de la commission du budget par M. Chesnelong, député.* (Séance du 9 juin 1870.)

Le morcellement de la propriété, excellent en soi, en ce qu'il multiplie les propriétaires, produit quelquefois des résultats peu compatibles avec les exigences d'une bonne culture. C'est la condition de toutes les institutions humaines que l'abus possible se rencontre dans les meilleures; aussi, et malgré les plaintes que soulève ce morcellement des exploitations rurales, nous sommes bien loin de considérer comme un mal cette division des héritages qui est la conséquence naturelle des dispositions équitables de nos lois.

Le bénéfice moral qui en résulte l'emporte de beaucoup sur l'inconvénient économique qu'on lui attribue. L'homme passe avant la terre. C'est l'homme surtout que les lois doivent avoir en vue et qu'il importe d'améliorer; le reste vient de soi-même et par surcroît. Toutefois, si l'on pouvait, sans diminuer le nombre des propriétaires, diminuer celui des parcelles, et, sans viser à la reconstitution des grands domaines, favoriser le groupement des petites exploitations, on conserverait tout le bienfait de la loi en atténuant ses inconvénients. Tel est le but de l'article 4.

La loi du 16 juin 1824 avait dépassé ce but. Elle réduisait au droit fixe de 1 franc tout échange entre deux immeubles ruraux contigus, quelle que fût leur étendue et sans exclusion des propriétés bâties, et à 2 et demi pour 100, tout échange entre deux immeubles non contigus, quelle que fût leur nature, la soulte restant d'ailleurs assujettie aux perceptions du droit commun. Elle succomba dix ans plus tard sous les abus de son application; la loi de finances du 24 mai 1834 se borna à maintenir le droit proportionnel de 2 et demi pour 100, en l'étendant à tous les échanges.

Aujourd'hui les procès-verbaux de l'enquête agricole contiennent le vœu général d'une réduction de droit propre à faciliter la réunion des parcelles de terrain contiguës. C'est dans cet objet, ainsi précisé et limité, que l'article 4 vous est proposé.

Il ne s'applique qu'aux immeubles ruraux *non bâtis*, et exclut par cela même les bâtiments, maisons et usines du bénéfice de la loi. C'est une précaution commandée par l'un des abus que la loi de 1824 avait fait naître.

Il exige la contiguïté pour l'un des immeubles échangés. Une contiguïté double serait une entrave qui laisserait la loi à peu près sans effets possibles; mais la contiguïté simple est la raison d'être même de la disposition nouvelle et doit, par conséquent, en être la condition première.

Il réduit, pour l'échange des immeubles ruraux non bâtis dont l'un est contigu aux propriétés de celui qui le reçoit, le droit proportionnel de 2 et demi pour 100 à 20 pour 100. La loi de 1824 édictait un droit fixe de 1 franc. Le droit nouveau sera moins onéreux pour les échanges d'une valeur inférieure à 500 francs, et il aura, en outre, le mérite de mieux s'harmoniser avec l'ensemble de nos lois fiscales sur les mutations. Indépendamment de l'exclusion des bâtiments et de l'obligation de la contiguïté, l'article subordonne la réduction à deux autres conditions :

Premièrement, les immeubles échangés devront avoir été acquis par les contractants par acte enregistré depuis plus de deux ans, ou recueillis par eux à titre héréditaire;

Secondement, ils devront être situés dans le même canton ou dans deux cantons limitrophes. — Ces précautions sont destinées à garantir la loyale exécution de la loi ; la première exige un intérêt existant préalablement à l'échange et non point créé facticement en vue de la transaction elle-même; la seconde pose une limitation en dehors de laquelle l'échange perdrait le caractère qui justifie la faveur de la loi.

Votre commission vous propose de compléter ces conditions par une dernière portant que la parcelle contiguë à la propriété de l'un des échangistes ne pourra être de plus de cinquante ares. La loi ne doit, en effet, placer certaines transactions en dehors du droit commun qu'avec une grande réserve et en vue d'un intérêt certain et nettement déterminé. Dans l'espèce, quand il s'agit de parcelles dont l'une est inférieure à cinquante ares, l'intérêt de la transaction est incontestable, et de plus les immeubles, par leur modicité même, ont besoin d'être protégés contre de fortes perceptions. Pour les immeubles d'une contenance supérieure, il n'y a plus qu'une convenance au lieu d'une nécessité de culture, et leur valeur même les affranchit du besoin d'invoquer un droit privilégié.

L'article 4, plus libéral en cela que la loi de 1824, réduit en outre de 5 fr. 50 à 1 franc pour 100 le droit proportionnel de soulte, pourvu que la soulte n'excède pas le quart de la valeur de la moindre partéchangée. C'est une seconde faveur renfermée dans une limite qui en prévient l'abus.

Il stipule enfin des pénalités fiscales pour le cas d'inexactitude des énonciations relatives aux conditions de l'échange ou au montant de la soulte. C'est la sanction de la loi contre les fraudes qui la détourneraient de son véritable but.

Le premier paragraphe de l'article proposé par le Gouvernement dispose qu'il ne sera perçu qu'un droit proportionnel de 0,20 lorsqu'il sera justifié *par les énonciations de l'acte*, etc. Votre commission propose de modifier la rédaction comme suit : *lorsqu'il sera justifié conformément aux énonciations de l'acte*, etc. D'un côté, l'énonciation de l'acte ne saurait être une justification de la réalité des conditions; de l'autre, il est inutile de subordonner cette justification à un mode particulier et exclusif.

Nous vous demandons de voter l'article 4 avec les modifications que la commission y a apportées. Nous devons dire cependant que quelques membres ont vu dans cette disposition législative nouvelle une dérogation au principe de l'égalité de l'impôt, et l'ont repoussée comme entachée de privilége. La majorité de la commission ne s'est pas arrêtée à l'objection. Elle a pensé que l'inégalité du droit était justifiée par l'intérêt spécial de la transaction, et qu'étant établie au profit de tous ceux qui seront dans le cas d'en user, elle n'a pas, à proprement parler, le caractère d'un privilége. C'est, du reste, pour ne laisser aucune prise à l'objection que la commission a tenu à spécialiser par une limite de contenance la portée précise de la disposition que nous vous proposons d'adopter.

4° Texte du projet de loi amendé par la commission.

Art. 4. — A partir de la promulgation de la présente loi, il ne sera perçu sur les échanges d'immeubles ruraux non bâtis que 20 centimes par 100 francs pour tout droit proportionnel d'enregistrement et de transcription, lorsqu'il sera justifié, conformément aux énonciations de l'acte : 1° que l'un des immeubles échangés est contigu aux propriétés de celui des échangistes qui le reçoit; 2° que les immeubles échangés ont été acquis par les contractants par acte enregistré depuis plus de deux ans, ou recueillis par eux à titre héréditaire; 3° que les immeubles échangés sont situés dans le même canton ou dans les cantons limitrophes; 4° que la contenance de la parcelle contiguë aux propriétés de l'un des échangistes ne dépasse pas cinquante ares.

Est en outre réduit à 1 pour 100 le droit perçu sur le montant de la soulte ou de la plus-value des échanges opérés conformément aux dispositions qui précèdent, lorsque ces soultes ou plus-values n'excèdent pas un quart de la valeur de la moindre part.

Dans le cas où les énonciations relatives à l'une des conditions spécifiées au paragraphe 1er seraient inexactes, les droits seront dus au taux ordinaire, indépendamment d'un droit en sus.

La réduction du droit sur la soulte ou sur la plus-value cessera également d'être applicable en cas d'insuffisance de ces soultes ou plus-values. Il sera en outre perçu, à titre d'amende, un droit en sus.

La demande des droits devra être formée dans le délai fixé par l'article 61, n° 1, de la loi du 22 frimaire an VII.

2. Timbre.

1° Exposé des motifs du Gouvernement.

L'article 19 de la loi du 11 juin 1859 dispose que le droit de timbre sur les effets de commerce venant de l'étranger pourra être acquitté par l'apposition d'un timbre mobile que l'administration de l'Enregistrement est autorisée à vendre. Il a été souvent demandé que les effets de commerce créés en France fussent admis à jouir du bénéfice de cette disposition. La question a été soumise il y a environ dix-huit mois à une commission instituée par le ministre des finances [1]. Cette commission a émis son avis après avoir procédé à une enquête dans laquelle ont été entendus un certain nombre de banquiers, de commerçants et de représentants de l'Administration. Le résultat de l'enquête a été celui-ci : les banquiers se sont généralement montrés peu favorables à la mesure; les commerçants, au contraire, ont réclamé son adoption avec une certaine ardeur; l'Administration ne l'envisageait pas sans quelque appréhension.

1. Cette mesure a été prise sur un amendement que nous avions déposé en ce sens, avec plusieurs collègues, au budget de 1869.

Les banquiers redoutaient surtout les risques que pouvaient leur faire courir le décollement du timbre, en les exposant d'une part à des amendes assez considérables, d'autre part à la perte du recours contre les endosseurs prononcée par l'article 4 de la loi du 5 juin 1850; ils se préoccupaient aussi des embarras que pouvaient leur faire subir les annulations irrégulières et du surcroît d'épaisseur que l'application des timbres mobiles donne aux effets lorsqu'ils sont réunis en un certain nombre dans la même enveloppe pour être confiés à la poste.

Les commerçants, au contraire, envisageaient presque exclusivement la commodité qu'il y aurait pour eux à être toujours en mesure de timbrer les effets qu'ils auraient à souscrire, au moyen d'un approvisionnement de timbres mobiles, peu volumineux et facile à renouveler. Ils faisaient remarquer que les maisons importantes ont l'habitude d'émettre leurs engagements sur du papier à vignettes spéciales, qu'elles sont obligées de faire timbrer ce papier à l'avance et d'en avoir toujours un approvisionnement complet de toutes valeurs; que lorsqu'il manque le numéro correspondant à l'émission d'une certaine valeur, le souscripteur est dans l'embarras, tandis que l'emploi des timbres mobiles permet de suppléer au numéro qui manque par l'apposition de deux ou plusieurs timbres d'une valeur inférieure. — Quant à l'Administration, elle craignait que l'usage des timbres mobiles n'introduisît l'habitude de subordonner l'accomplissement de la formalité à la circonstance que l'effet dût être produit en justice, la connivence des intéressés pouvant souvent être espérée pour cette éventualité; elle craignait surtout que l'irrégularité dans la forme des annulations ne permît des doubles emplois pour un certain nombre de timbres.

Dans cette situation, la commission avait pensé que l'emploi des timbres mobiles pour les effets souscrits en France pouvait être ajourné, et qu'il suffirait, pour donner satisfaction aux demandes du commerce, de faciliter, par certaines mesures, le timbrage des papiers à vignettes. Ces mesures consistaient à imposer à tous les receveurs de l'Enregistrement l'obligation de recevoir les papiers à vignettes présentés par les commerçants, de les renvoyer en franchise à la direction du timbre, à Paris, et de les remettre sans frais aux déposants dans un délai de huit jours. Il avait paru à la commission que, dans ces conditions, il serait facile à tous les commerçants d'avoir toujours à leur disposition l'approvisionnement complet de papier à vignettes nécessaire pour les effets qu'ils pourraient avoir à souscrire. Les propositions de la commission ont été accueillies par le ministre des finances et appliquées aux termes d'un arrêté rendu par lui.

Néanmoins le commerce paraît avoir continué à demander l'usage des timbres mobiles. L'administration de l'Enregistrement a fait étudier et a obtenu un modèle de timbre mobile qui, par sa disposition, rend facile l'annulation régulière et prévient les doubles emplois. Le Gouvernement n'aperçoit pas de raison suffisante pour refuser aux commerçants une facilité à laquelle un grand nombre d'entre eux semblent attacher de l'importance, et il vous propose d'utiliser, par l'article 6 du projet de loi, l'emploi des timbres mobiles sur les effets souscrits en France comme sur ceux venant de l'étranger.

2° *Texte du projet de loi présenté par le Gouvernement.*

Le droit de timbre auquel sont assujettis les effets de commerce créés en France pourra être acquitté par l'apposition des timbres mobiles.

La forme et la condition d'emploi de ces timbres seront déterminées par un règlement d'administration publique.

Sont applicables à ces timbres les dispositions pénales des articles 20 et 21 de la loi du 11 juin 1859.

3° *Rapport fait au nom de la commission du budget par M. Chesnelong, député.* (Séance du 9 juin 1870.)

L'article 6 étend aux effets de commerce créés en France le bénéfice de la disposition de la loi du 11 juin 1859, qui permet, pour les effets venant de l'étranger, d'acquitter le droit de timbre par l'apposition d'un timbre mobile que l'administration de l'Enregistrement est autorisée à vendre. Le commerce y trouvera une facilité qu'il réclamait depuis longtemps et avec instance. L'Administration, qui se préoccupait avec raison des intérêts du Trésor, et qui, en créant une commodité pour le commerce, ne voulait pas ouvrir la porte à la fraude, a étudié et croit avoir trouvé un moyen à peu près certain d'éviter les annulations irrégulières et de prévenir les doubles emplois; elle est aussi fondée à penser que la condition imposée de la signature du souscripteur de l'effet sur le timbre même mettra obstacle aux appositions tardives des timbres mobiles et, par suite, à la circulation des effets non timbrés.

Un règlement d'administration publique déterminera la forme et les conditions d'emploi des timbres mobiles, et les dispositions pénales de la loi du 11 juin 1859 leur seront applicables. Sous le bénéfice de ces garanties, votre commission voit dans l'article 6 une satisfaction donnée sans péril à des réclamations légitimes, et vous propose de l'adopter. (Le texte du projet de la commission est semblable à celui du Gouvernement.)

LOI DU 31 AOUT 1870

Magasins généraux.

(XIIe Série, Bull. 1851, n° 18050; Instr. n° 2408.)

ARTICLE PREMIER. — Les magasins généraux autorisés par la loi du 28 mai 1858 et le décret du 12 mars 1859 pourront être ouverts par toute personne et par toute société commerciale, industrielle ou de crédit, en vertu d'une autorisation donnée par un arrêté du préfet, après avis de la chambre de commerce, à son défaut, de la chambre consultative, et, à défaut de l'une et de l'autre, du tribunal de commerce...

ART. 2. — Le concessionnaire d'un magasin général devra être soumis par l'arrêté préfectoral à l'obligation d'un cautionnement variant de 20,000 à 100,000 francs. — Ce cautionnement pourra être fourni, en totalité ou en partie, en argent, en rentes, en obligations cotées à la Bourse, ou par une première hypothèque sur des immeubles d'une valeur double de la somme garantie. — Cette valeur sera estimée par le directeur de l'Enregistrement et des Domaines, sur les bases établies pour la perception des droits de mutation en cas de décès. — Pour la conservation de cette garantie, une inscription sera prise dans l'intérêt des tiers, à la diligence et au nom du directeur de l'Enregistrement et des Domaines...

ART. 3. — Sont abrogés le deuxième paragraphe de l'article 1er de la loi du 28 mai 1858 et toutes les dispositions de lois ou décrets antérieurs contraires à la présente loi.

DÉCRET DU 5 SEPTEMBRE 1870

Timbre sur les journaux.

(XII° Série, Bull. 1, n° 9; Instr. n° 2408.)

ARTICLE UNIQUE. — L'impôt du timbre sur les journaux et autres publications est aboli.

LOI DU 23 AOUT 1871

Enregistrement et timbre.

(XII° Série, Bull. 50, n° 480.)

ARTICLE PREMIER. — Les dispositions de l'article 14 de la loi du 2 juillet 1862, relatives à la perception d'un second décime sur les droits et produits dont le recouvrement est confié à l'administration de l'Enregistrement, sont remises en vigueur.

[*V. infrà*, art. 6, n° 1. Assurances maritimes, droit de 50 cent. pour 100, décimes compris. — Et pour l'impôt de transmission sur les actions et obligations (L. 29 juin 1872, art. 3). — Demi-décime (L. 30 décembre 1873, art. 2).]

ART. 2. — Il est ajouté deux décimes au principal des droits de timbre de toute nature.

Ne sont pas soumis à ces 2 décimes : — 1° les effets de commerce spécifiés en l'article 1er de la loi du 5 juin 1850, dont le tarif fixé par ledit article et par l'article 2 de la même loi est porté au double, ainsi que les effets tirés de l'étranger, négociés, endossés, acceptés ou acquittés en France, qui sont soumis aux mêmes droits; — 2° les récépissés des chemins de fer, les quittances de produits et revenus délivrées par les comptables des deniers publics, conformément à l'article 4 de la loi du 8 juillet 1865, les reconnaissances de valeurs cotées, ainsi que les quittances de sommes envoyées par la poste, lesquels seront à l'avenir assujettis à un droit de timbre de 25 centimes; — 3° les permis de chasse, dont le droit, perçu au profit du Trésor, est élevé de 15 francs à 30 francs.

[V., pour la taxe d'abonnement, L. 30 mars 1872, art. 3. — Tarif des effets de commerce applicable aux billets et obligations non négociables (L. 6 prairial an VII, art. 6); — aux warrants (L. 28 mai 1858, art. 13); — aux billets au porteur ou à ordre de la Banque de France (L. 30 juin 1840, art. 9); — aux mandats des receveurs des finances, non relatifs à un service public (Ord. 10 octobre 1834, art. 4). — Effets tirés sur l'étranger, tarif de 50 cent. par 2,000 fr. (L. 20 décembre 1872, art. 3). — Effets publics étrangers, nouveau tarif, droits non assujettis aux décimes (L. 25 mai 1872, art. 1er). — Comp. récépissés des chemins de fer (LL. 13 mai 1863, art. 10; 28 février 1872, art. 11, et 30 mars 1872, art. 1er). — Reconnaissances et quittances des postes (L. 8 juin 1864, art. 6). — Permis de chasse. Le droit est réduit à 15 fr. (L. 20 décembre 1872, art. 21). — Tarif augmenté de moitié (L. 19 février 1874, art. 3). — Bons de liquidation de la ville de Paris (Déc. 23 août 1873, art. 2). — Valeurs cotées (L. 25 janvier 1873, art. 8).]

ART. 3. — Les dispositions de l'article 7 de la loi du 18 mai 1850 concernant les valeurs mobilières étrangères dépendant des successions régies par la loi française, et les transmissions entre-vifs à titre gratuit de ces mêmes valeurs au profit d'un Français, sont étendues aux créances, part d'intérêt, obligations des villes, établissements publics, et généralement à toutes les valeurs mobilières étrangères, de quelque nature qu'elles soient.

ART. 4. — Sont assujettis aux droits de mutation par décès les fonds publics, actions, obligations, parts d'intérêt, créances, et généralement toutes les valeurs mobilières étrangères, de quelque nature qu'elles soient, dépendant de la succession d'un étranger domicilié en France, avec ou sans autorisation. — Il en sera de même des transmissions entre-vifs à titre gratuit ou à titre onéreux de ces mêmes valeurs, lorsqu'elles s'opéreront en France.

[Comp. LL. 28 avril 1816, art. 58, et 28 février 1872, art. 1er, n° 2, qui assujettit au droit gradué les actes translatifs d'immeubles situés à l'étranger.]

ART. 5. — Les actes d'ouverture de crédit sont soumis à un droit proportionnel d'enregistrement de 50 centimes par 100 francs. — La réalisation ultérieure du crédit sera assujettie aux droits fixés par les lois en vigueur, mais il sera tenu compte dans la liquidation du montant du droit payé en exécution du paragraphe 1er du présent article. — Le droit d'hypothèque, fixé à 1 pour 1,000 par l'article 60 de la loi du 28 avril 1816, sera perçu lors de l'inscription des hypothèques garantissant les ouvertures de crédit.

[V. L. 22 frimaire an VII, art. 69, § 3, n° 3.]

ART. 6. — Tout contrat d'assurance maritime ou contre l'incendie, ainsi que toute convention postérieure contenant prolongation de l'assurance, augmentation dans la prime ou le capital assuré, désignation d'une somme en risque ou d'une prime à payer, est soumis à une taxe obligatoire, moyennant le payement de laquelle la formalité de l'enregistrement sera donnée *gratis* toutes les fois qu'elle sera requise. — La taxe est fixée ainsi qu'il suit, savoir :

1° Pour les assurances maritimes et par chaque contrat, à raison de 50 centimes par 100 francs, *décimes compris*, du montant des primes et accessoires de la prime. — La perception suivra les sommes de 20 francs en 20 francs, sans fraction, et la moindre taxe perçue pour chaque contrat sera de 25 centimes, *décimes compris* ;

2° Pour les assurances contre l'incendie et annuellement, à raison de 8 pour 100 du montant des primes, ou, en cas d'assurance mutuelle, de 8 pour 100 des cotisations ou des contributions. — La taxe sera perçue d'après les mêmes bases sur les contrats en cours, mais seulement pour le temps restant à courir et sauf recours par les assureurs contre les assurés.

Les contrats de réassurance ne sont pas assujettis à la taxe, à moins que l'assurance primitive, souscrite à l'étranger, n'ait pas été soumise au droit.

[Comp. L. 16 juin 1824, art. 4 (Assurances maritimes), et L. 28 avril 1816, art. 51, n° 2 (Assurances contre l'incendie). — Demi décime (L. 30 décembre 1873, art. 2).]

ART. 7. — La taxe fixée par l'article précédent sera perçue, pour le compte du Trésor, par les compagnies, sociétés et tous autres assureurs, courtiers ou notaires qui auraient rédigé les contrats. — Les répertoires et les livres dont la tenue est prescrite par les articles 35, 44, 45 et 47 de la loi du 5 juin 1850, feront mention expresse, pour chaque contrat, du montant des primes ou cotisations exigibles, ainsi que de la taxe payée par les assurés en exécution de l'article 6 de la présente loi. — Chaque contravention à cette disposition sera passible d'une amende de 10 francs. — Ces dispositions, celles de l'article 6 et celles des lois des 5 juin 1850 et 2 juillet 1862 sont applicables aux sociétés et assureurs étrangers qui auraient un établissement ou une succursale en France.

ART. 8. — Les contrats d'assurance passés à l'étranger, pour des immeubles situés en France ou pour des objets ou valeurs appartenant à des Français, doivent être enregistrés avant toute publicité ou usage en France, à peine d'un droit en sus qui ne peut être inférieur à 50 francs. — Le droit est fixé ainsi qu'il suit : pour les assurances contre l'incendie, à raison de 8 francs par 100 francs du montant des primes multiplié par le nombre d'années pour lequel l'assurance a été contractée; — pour les assurances maritimes, au taux fixé par l'article 6 ci-dessus.

ART. 9. — Les contrats d'assurance contre l'incendie passés en France pour des immeubles ou objets mobiliers situés à l'étranger ne sont pas assujettis au payement de la taxe; mais il ne pourra en être fait aucun usage en France, soit par acte public, soit en justice ou devant toute autorité constituée, sans qu'ils aient été préalablement enregistrés. Le droit sera perçu au taux fixé par l'article précédent, mais seulement pour les années restant à courir.

ART. 10. — Un règlement d'administration publique déterminera le mode de perception et les époques de payement de la taxe établie par l'article 6 ci-dessus, ainsi que toutes les mesures nécessaires pour assurer l'exécution des articles 6 et 7 de la présente loi. Chaque contravention aux dispositions de ce règlement sera passible d'une amende de 50 francs.

[V. Déc. 25 novembre 1871.]

ART. 11. — Lorsqu'il n'existe pas de conventions écrites constatant une mutation de jouissance de biens immeubles, il y est suppléé par des déclarations détaillées et estimatives, dans les trois mois de l'entrée en jouissance. — Si la location est faite suivant l'usage des lieux, la déclaration en contiendra la mention. Les droits d'enregistrement deviendront exigibles dans les vingt jours qui suivront l'échéance de chaque terme, et la perception en sera continuée jusqu'à ce qu'il ait été déclaré que le bail a cessé ou qu'il a été résilié. — En cas de déclaration insuffisante, il sera fait application des dispositions des articles 19 et 39 de la loi du 22 frimaire an VII. — La déclaration doit être faite par le preneur, ou, à son défaut, par le bailleur, ainsi qu'il est dit à l'article 14 ci-après. — Ne sont pas assujetties à la déclaration les locations verbales ne dépassant pas trois ans et dont le prix annuel n'excède pas 100 francs. Toutefois, si le même bailleur a consenti plusieurs locations verbales de cette catégorie, mais dont le prix cumulé excède 100 francs annuellement, il sera tenu d'en faire la déclaration et d'acquitter personnellement et sans recours les droits d'enregistrement. — Si le prix de la location verbale est supérieur à 100 francs, sans excéder 300 francs annuellement, le bailleur sera également tenu d'en faire la déclaration et d'acquitter les droits exigibles, sauf son recours contre le preneur, qui sera dispensé, dans ce cas, de la formalité de la déclaration. Le droit sera exigible lors de l'enregistrement ou de la déclaration. Toutefois, si le bail est de plus de trois ans et si les parties le requièrent, le montant du droit pourra être fractionné en autant de payements égaux qu'il y aura de périodes triennales dans la durée du bail. Le payement des droits afférents à la première période sera seul acquitté lors de l'enregistrement ou de la déclaration, et celui des périodes subséquentes aura lieu dans le premier mois de l'année qui commencera chaque période. — La dernière disposition du n° 2 du paragraphe 3 de l'article 69 de la loi du 22 frimaire an VII, relative aux baux de trois, six ou neuf années, est abrogée. — Les dispositions du présent article ne seront exécutoires qu'à partir du 1er octobre prochain.

[La déclaration est mise à la charge du bailleur (L. 28 février 1872, art. 6).]

ART. 12. — Toute dissimulation dans le prix d'une vente et dans la soulte d'un échange ou d'un partage sera punie d'une amende égale au quart de la somme dissimulée, et payée solidairement par les parties, sauf à la répartir entre elles par égales parts.

[Comp. L. 27 ventôse an IX, art. 5. — V., pour les mutations de propriétés des fonds de commerce, L. 28 février 1872, art. 8.]

ART. 13. — La dissimulation peut être établie par tous les genres de preuves admises par le droit commun. Toutefois, l'Administration ne peut déférer le serment décisoire, et elle ne peut user de la preuve testimoniale que pendant dix ans à partir de l'enregistrement de l'acte. — L'exploit d'ajournement est donné soit devant le juge du domicile de l'un des défendeurs, soit devant celui de la situation des biens, au choix de l'Administration. La cause est portée, suivant l'importance de la réclamation, devant la justice de paix ou devant le tribunal civil. Elle est instruite et jugée comme en matière sommaire; elle est sujette à appel, s'il y a lieu. Le ministère des avoués n'est pas obligatoire; mais les parties qui n'auraient pas constitué avoué ou qui ne seraient pas domiciliées dans le lieu où siége la justice de paix ou le tribunal seront tenues d'y faire élection de domicile, à défaut de quoi toutes significations seront valablement faites au greffe. — Le notaire qui reçoit un acte de vente, d'échange ou de partage, est tenu de donner lecture aux parties des dispositions du présent article et de celles de l'article 12 ci-dessus. Mention expresse de cette lecture sera faite dans l'acte, à peine d'une amende de 10 francs.

[V., pour les mutations de propriétés des fonds de commerce, L. 28 février 1872, art. 8.]

ART. 14. — A défaut d'enregistrement ou de déclaration dans les délais fixés par les lois des 22 frimaire an VII, 27 ventôse an IX, et par l'article 11 de la présente loi, l'ancien et le nouveau possesseur, le bailleur et le preneur sont tenus personnellement et sans recours, nonobstant toute stipulation contraire, d'un droit en sus, lequel ne peut être inférieur à 50 francs. — L'ancien possesseur et le bailleur peuvent s'affranchir du droit en sus qui leur est personnellement imposé, ainsi que du versement immédiat des droits simples, en déposant dans un bureau d'enregistrement l'acte constatant la mutation, ou, à défaut d'acte, en faisant les déclarations prescrites par l'article 4 de la loi du 27 ventôse an IX et par l'article 11 de la présente loi. Outre les délais fixés pour l'enregistrement des actes ou déclarations, un délai d'un mois est accordé à l'ancien possesseur et au bailleur pour faire le dépôt ou les déclarations autorisés par le paragraphe qui précède. Les dispositions du présent article ne sont pas applicables au preneur dans les cas prévus par les paragraphes 5 et 6 de l'article 11 ci-dessus.

[V. LL. 22 frimaire an VII, art. 22 et 38; 27 ventôse an IX, art. 4. — Le § 1er est applicable aux mutations de propriété des fonds de commerce (L. 28 février 1872, art. 8). — V. L. 28 février 1872, art. 6.]

ART. 15. — Lorsque, dans les cas prévus par la loi du 22 frimaire an VII, et par l'article 11 de la présente loi, il y a lieu à expertise, et que le prix exprimé ou la valeur déclarée n'excède pas 2,000 francs, cette expertise est faite par un seul expert nommé par toutes les parties, ou, en cas de désaccord, par le président du tribunal et sur simple requête.

[Comp. L. 22 frimaire an VII, art. 18.]

ART. 16. — Les tribunaux devant lesquels sont produits des actes non enregistrés doivent, sur les réquisitions du ministère public, soit même d'office, ordonner le dépôt au greffe de ces actes, pour être immédiatement soumis à la formalité de l'enregistrement. — Il est donné acte au ministère public de ses réquisitions.

[Comp. L. 22 frimaire an VII, art. 47, et L. 28 avril 1816, art. 57.]

ART. 17. — Il est accordé un délai de trois mois, à compter de la promulgation de la présente loi, pour faire enregistrer, sans droits en sus ni amendes, tous les actes sous signature privée, qui, en contravention aux lois sur l'enregistrement, n'auraient pas été soumis à cette formalité. — Le droit ne sera perçu pour les baux ainsi présentés à l'enregistrement que pour le temps restant à courir au jour de la promulgation de la présente loi. — Le même délai de faveur est accordé pour la déclaration des biens transmis, soit par décès, soit entre-vifs, lorsqu'il n'existera pas de conventions écrites. — Les nouveaux possesseurs qui auraient fait des omissions ou des estimations insuffisantes dans leurs actes ou déclarations sont admis à les réparer sans être soumis à aucune peine, pourvu qu'ils acquittent les droits simples et les frais dans le délai de trois mois. — Les dispositions du paragraphe 1er du présent article sont également applicables aux contraventions aux lois sur le timbre de dimension encourues, à raison des actes sous signature privée qui n'auraient pas été régulièrement timbrés. — Le bénéfice résultant du présent article ne peut être réclamé que pour les contraventions existant au jour de la promulgation de la présente loi.

ART. 18. — A partir du 1er décembre 1871, sont soumis à un droit de timbre de 10 centimes : — 1° les quittances ou acquits donnés au pied des factures et mémoires, les quittances pures et simples, reçus ou décharges de sommes, titres, valeurs ou objets, et généralement tous les titres, de quelque nature qu'ils soient, signés ou non signés, qui emporteraient libération, reçu ou décharge ; — 2° les chèques, tels qu'ils sont définis par la loi du 14 juin 1865, dont l'article 7 est et demeure abrogé. — Le droit est dû pour chaque acte, reçu, décharge ou quittance ; il peut être acquitté par l'apposition d'un timbre mobile, à l'exception toutefois du droit sur les chèques, lesquels ne peuvent être remis à celui qui doit en faire usage sans qu'ils aient été préalablement revêtus de l'empreinte du timbre à l'extraordinaire. — Le droit du timbre de 10 centimes n'est applicable qu'aux actes faits sous signature privée et ne contenant pas de dispositions autres que celles spécifiées au présent article.

[Comp. L. 13 brumaire an VII, art. 12, nos 1, et 16 no 1. — Droit de décharge de 10 cent. réuni à la taxe due pour les récépissés et lettres de voiture (LL. 28 février 1872, art. 11, et 30 mars 1872, art. 1er). — Chèques (L. 19 février 1874, art. 8).]

ART. 19. — Une remise de 2 pour 100 sur le timbre est accordée, à titre de déchet, à ceux qui feront timbrer préalablement leurs formules de quittances, reçus ou décharges.

ART. 20. — Sont seuls exceptés du droit de timbre de 10 centimes : — 1° les acquits inscrits sur les chèques, ainsi que sur les lettres de change, billets à ordre et autres effets de commerce assujettis au droit proportionnel ; — 2° les quittances de 10 francs et au-dessous, quand il ne s'agit pas d'un à-compte ou d'une quittance finale sur une plus forte somme ; — 3° les quittances énumérées en l'article 16 de la loi du 13 brumaire an VII, à l'exception de celles relatives aux traitements et émoluments des fonctionnaires, officiers des armées de terre et de mer, et employés salariés par l'Etat, les départements, les communes et tous les établissements publics ; — 4° les quittances délivrées par les comptables de deniers publics, celles des douanes, des contributions indirectes et des postes, qui restent soumises à la législation qui leur est spéciale. — Toutes autres dispositions contraires sont abrogées.

[Quittances de deniers publics et des postes (V. suprà, art. 2). — Douanes et contributions indirectes (V. L. 18 juillet 1865, art. 4, note 1re). — Reçus donnés pour constater la remise d'effets de commerce (V. L. 30 mars 1872, art. 4).]

ART. 21. — Les avertissements donnés, aux termes de la loi du 2 mai 1855, avant toute citation, devront être rédigés par le greffier du juge de paix sur papier au timbre de 50 centimes.

[Les avertissements étaient précédemment dispensés du timbre (L. 2 mai 1855 art. 2). — Le registre constatant l'envoi des avertissements est sur papier non timbré. Même article. — Décimes (V. suprà, art. 2, § 1er).]

ART. 22. — Les sociétés, compagnies, assureurs, entrepreneurs de transports et tous autres assujettis aux vérifications des agents de l'Enregistrement par les lois en vigueur, sont tenus de représenter auxdits agents leurs livres, registres, pièces de recette, de dépense et de comptabilité, afin qu'ils s'assurent de l'exécution des lois sur le timbre. — Tout refus de communication sera constaté par procès-verbal et puni d'une amende de 100 à 1,000 francs.

[*V.* Déc. 13 août 1810, art. 6; L. 5 juin 1850, art. 16, § 2; art. 28, § 2; art. 35, § 3; art. 44, § 2; art. 45, § 2; Déc. 27 juillet 1857, art. 9 et 10; LL. 28 mai 1858, art. 13, § 4; 13 mai 1863, art. 10, §§ 5 et 6. — Comp. L. 30 mars 1872, art. 2, § 3.]

Art. 23. — Toute contravention aux dispositions de l'article 18 sera punie d'une amende de 50 francs. L'amende sera due par chaque acte, écrit, quittance, reçu ou décharge, pour lequel le droit de timbre n'aurait pas été acquitté. — Le droit de timbre est à la charge du débiteur; néanmoins, le créancier qui a donné quittance, reçu ou décharge en contravention aux dispositions de l'article 18, est tenu personnellement et sans recours, nonobstant toute stipulation contraire, du montant des droits, frais et amendes. — La contravention sera suffisamment établie par la représentation des pièces non timbrées et annexées aux procès-verbaux que les employés de l'Enregistrement, les officiers de police judiciaire, les agents de la force publique, les préposés des douanes, des contributions indirectes et ceux des octrois sont autorisés à dresser, conformément aux articles 31 et 32 de la loi du 13 brumaire an VII. Il leur est attribué un quart des amendes recouvrées. — Les instances seront instruites et jugées selon les formes prescrites par l'article 76 de la loi du 28 avril 1816.

[Timbre des quittances fournies à l'État (L. 13 brumaire an VII, art. 29). — Procès-verbaux (Comp. Déc. 16 messidor an XIII et 25 août 1852, art. 5; LL. 2 juillet 1862, art. 23, et 38 mars 1872, art. 2, § 5).]

Art. 24. — Un règlement d'administration publique déterminera la forme et les conditions d'emploi des timbres mobiles créés en exécution de la présente loi. Toute infraction aux dispositions de ce règlement sera punie d'une amende de 20 francs. — Sont applicables à ces timbres les dispositions de l'article 21 de la loi du 11 juin 1859. — Sont considérés comme non timbrés : 1° les actes, pièces ou écrits sur lesquels le timbre mobile aurait été apposé sans l'accomplissement des conditions prescrites par le règlement d'administration publique ou sur lesquels aurait été apposé un timbre ayant déjà servi; 2° les actes, pièces ou écrits sur lesquels un timbre mobile aurait été apposé en dehors des cas prévus par l'article 18.

[*V.* Déc. 27 novembre 1871.]

SOMMAIRE

N° 1. Exposé des motifs.

En vous proposant, ces jours derniers, un projet de loi pour autoriser l'emprunt de 2 milliards, nous vous annoncions, dans l'exposé des motifs, que, sans porter atteinte aux forces productives du pays, l'agriculture, l'industrie et le commerce, nous trouverions dans des économies réelles et sages et dans de nouveaux impôts les moyens de faire face à toutes nos obligations.

Le moment est venu de soumettre nos projets à votre appréciation et d'appeler l'Assemblée à les sanctionner.

. . . .

Au milieu des circonstances qui ont arrêté le mouvement industriel, troublé les relations commerciales et multiplié les obstacles au développement de la richesse publique, nous n'avons voulu ni remanier le système général des impositions, ni tenter quelques réformes radicales. Ces remaniements, ces tentatives ne conviennent qu'à des temps calmes où, toutes choses suivant un cours normal, on peut asseoir sur des produits réguliers des prévisions certaines. Nous avons préféré maintenir le système actuel, qui fonctionne depuis plus d'un demi-siècle et qui, par de simples augmentations de tarifs, nous a toujours permis de surmonter les crises financières que le pays a traversées.

. . . .

L'impôt de l'enregistrement a subi, depuis son origine, des augmentations de taxes successives qui ne permettent plus d'augmentations nouvelles, sauf la charge accidentelle d'un double décime de guerre sur la totalité de ses produits. Mais des lacunes dans les lois, des vices de rédaction, des interprétations extensives de la jurisprudence, ont nui au rendement de certaines taxes et donné lieu à des fraudes qu'il importe de réprimer. Tel est l'objet des mesures proposées. Ces mesures, malgré leur caractère de rigueur apparente, ne tendent néanmoins qu'à ramener la sincérité dans les contrats et à forcer les contribuables à respecter le principe de l'égalité de l'impôt en les obligeant à payer intégralement leur part contributive dans une dette commune.

. . . .

Les développements qui suivent sont destinés à éclairer l'Assemblée et le pays sur l'économie des mesures dont l'adoption vous est proposée.

ENREGISTREMENT ET TIMBRE

Les articles 1 à 18 du projet de loi concernent l'enregistrement et le timbre. Ils n'ont pas pour but de modifier le système général de l'impôt; ils ont pour objet :

D'augmenter les produits par la perception temporaire de décimes;

De combler certaines lacunes de la loi fiscale en ce qui concerne les valeurs mobilières étrangères, les actes d'ouverture de crédit, et les contrats d'assurance, qui ont joui jusqu'ici d'une sorte d'immunité;

D'assurer la perception des droits exigibles sur les baux à ferme ou à loyer;

D'empêcher et de réprimer les dissimulations qui se produisent fréquemment dans les transmissions à titre gratuit ou à titre onéreux;

Enfin, de rétablir par un retour aux dispositions votées en 1850 par l'Assemblée législative les droits de timbre sur les journaux, écrits périodiques et non périodiques.

§ 1er. — *Décimes*

Nous proposons de rétablir le second décime sur les produits de l'enregistrement, et d'assujettir à ces deux décimes les produits du timbre.

La loi du 6 prairial an VII a créé, sous le nom de subvention extraordinaire de guerre, un droit additionnel d'un décime du principal des divers impôts indirects perçus en France. Ce décime, destiné dès l'origine à constituer une ressource provisoire, a été maintenu, depuis plus de soixante-dix ans, par les lois annuelles de finances. De plus, lorsque des nécessités financières se sont imposées, c'est encore au décime que le législateur a emprunté la majeure partie des ressources indispensables.

Toutefois, en ce qui concerne les produits de l'enregistrement et ceux du timbre, la perception des décimes a varié et dans sa quotité et dans son application.

Les lois de finances ont toujours maintenu le décime établi en l'an VII sur les produits de l'enregistrement; elles l'ont même augmenté, en 1855, d'un second décime. Ce second décime, aboli en 1857, a été rétabli en 1862; réduit à un demi-décime à partir du 1er juillet 1864, il a été de nouveau aboli en 1867, mais seulement en ce qui concerne certains droits d'enregistrement qui frappent plus spécialement sur la propriété foncière.

Quant aux produits du timbre, ils ont été pendant dix-huit ans soumis au décime; ils n'en ont été affranchis qu'en 1816, mais ce dégrèvement a coïncidé avec une augmentation de deux cinquièmes des droits.

En présence des charges qui pèsent sur le Trésor public, l'établissement de deux décimes sur le produit du timbre et d'un second décime sur les produits de l'enregistrement constituerait une ressource importante, d'un rendement certain, et qui, s'incorporant aux impôts anciens, échapperait aux inconvénients qui accompagnent toujours les impôts nouveaux. Cette taxe atteindrait tous les droits et produits. Elle n'entraîne aucune augmentation des frais de perception; son rendement intégral profite au Trésor, car il est exempt de prélèvement au profit des agents de l'Etat. Ajoutons que la taxe des décimes ne constitue qu'une charge temporaire dont le poids peut être atténué à mesure que l'état des finances s'améliore.

L'article 2 élève à 25 centimes le droit de timbre de 20 centimes auquel sont assujettis les récépissés de chemins de fer et les quittances délivrées par les comptables publics. Mais, en même temps, ces écrits sont exemptés du double décime, de telle sorte que cette augmentation des droits de timbre (25 cent.) correspond, à un centime près (25 cent.), au droit que ces écrits eussent supporté s'ils eussent été soumis, comme tous les droits de timbre, à 2 décimes.

§ 2. — ***Dispositions relatives aux valeurs étrangères faisant partie des successions de Français ou d'étrangers, aux actes d'ouverture de crédit, ainsi qu'aux contrats d'assurance.***

Valeurs mobilières étrangères. — En principe, les valeurs mobilières incorporelles n'ont point, par leur nature, de situation absolue; elles sont, pour ainsi dire, inhérentes à la personne du créancier; elles se meuvent avec lui, et font partie du patrimoine de ce créancier en quelque lieu qu'il se trouve. Ces valeurs ne pourraient donc échapper aux taxes fiscales sans que le principe de l'égale répartition de l'impôt fût violé.

Une loi du 18 mai 1850 (art. 7) a soumis aux droits de mutation par décès et de donation les fonds publics et actions des compagnies ou sociétés d'industrie et de finance étrangers dépendant d'une succession régie par la loi française, ou transmis entre-vifs, à titre gratuit, au profit d'un Français. Mais cette disposition n'a point atteint entièrement son but.

En premier lieu, elle a fait une énumération incomplète des valeurs soumises à l'impôt. Les obligations des compagnies, les créances, les obligations des villes et des établissements publics étrangers, les fonds placés dans les banques ou en compte-courant, n'ont point été compris dans cette énumération. Il est vrai qu'une loi postérieure, du 13 mai 1863 (art. 11), a réparé l'une de ces omissions en soumettant aux droits de mutation les obligations des compagnies; mais les autres valeurs mobilières, qui sont nombreuses et importantes, ont continué de jouir de l'immunité de l'impôt.

D'un autre côté, les successions des étrangers domiciliés de fait en France échappent aux droits de transmission. La jurisprudence considère que la succession d'un étranger établi, même depuis longues années, en France, mais qui n'y a point son domicile de droit, n'est pas régie par la loi française. Il a été fait de cette doctrine une application tellement rigoureuse, qu'il a été jugé souverainement que l'immunité d'impôt s'étend à toutes les valeurs étrangères possédées par cet étranger.

Les articles 3 et 4 du projet ont pour but de remédier à cet état de choses; ils comblent les lacunes de la loi de 1850 en étendant aux successions des étrangers qui ont en France un domicile de fait ou de droit l'application des principes déposés dans cette loi.

Par voie de conséquence, l'article 4 soumet aux droits de transmission entre-vifs, à titre gratuit ou à titre onéreux, les mutations de valeurs étrangères mobilières, lorsqu'elles s'opèrent en France.

Nous ferons remarquer que cette extension de la matière imposable aura pour résultat d'augmenter les produits sans peser sur la masse des contribuables. Sans doute, le nombre d'étrangers ayant leur domicile en France et qui y meurent est relativement peu considérable; mais ces successions sont presque toujours importantes, et les fortunes qui en dépendent se sont constituées ou accrues sous la protection des lois françaises.

N'est-il pas juste, d'ailleurs, que l'étranger qui s'est fixé sur notre territoire contribue aux charges publiques en raison de sa fortune, et que sa qualité d'étranger ne soit plus un motif pour être exempté des impôts que payent les Français lorsqu'ils possèdent des valeurs étrangères?

Ouvertures de crédit. — Les ouvertures de crédit, que les lois sur l'enregistrement n'ont pas nommément tarifées, rentrent dans la classe des obligations de sommes. Pendant de longues années, elles ont été considérées comme des promesses de payer, assujetties par la loi organique de l'enregistrement à un droit de 1 pour 100. Cependant, comme en réalité ces actes n'acquièrent toute leur perfection que par la réalisation du prêt, la jurisprudence ne les a plus assujettis qu'à un droit fixe, sauf recouvrement ultérieur du droit proportionnel de 1 pour 100 lorsque la tradition des deniers est constatée par des actes parvenus à la connaissance de l'Administration.

Or l'expérience démontre qu'il y a très-peu d'ouvertures de crédit qui ne soient pas suivies de réalisation, et qu'en général des actes ne servent qu'à dissimuler de véritables prêts et à fournir le moyen d'échapper au payement des taxes fiscales. La jurisprudence civile ayant, en outre, reconnu que les effets de l'hypothèque qui garantit une ouverture de crédit remontent non à l'époque de la réalisation, mais à la date même de l'ouverture de crédit, ces sortes de conventions se sont multipliées, et le Trésor en éprouve un préjudice notable.

Nous avons pensé que ce contrat, constituant entre les parties une promesse de prêter obligatoire dont l'inexécution donne lieu à dommages-intérêts, ne pouvait être confondu dans la classe des conventions qui, subordonnées à une condition suspensive, sont dénuées de tout effet légal jusqu'à l'accomplissement de cette condition. Or, du moment où un lien de droit quelconque existe entre les parties et fait naître un avantage juridique, l'existence de ce lien et de cet avantage suffit pour justifier l'application du droit proportionnel. Cependant, comme la promesse de prêter, bien qu'obligatoire, ne devient parfaite que par la livraison effective des sommes prêtées, il est juste et équitable de ne percevoir sur la promesse qu'un droit modéré, sauf à répéter ultérieurement le droit fixé pour les obligations de sommes, lorsque la preuve du versement des deniers sera fournie par des actes parvenus à la connaissance de l'Administration. C'est dans cet ordre d'idées que l'article 5 a été conçu et que le droit proportionnel des ouvertures de crédit n'est fixé qu'à 50 centimes par 100 francs.

Assurances. — Le contrat d'assurance est peut-être de tous les contrats celui qui profite le plus des dépenses que l'État s'impose pour la conservation de la propriété, la protection de la vie humaine, et l'amélioration des ports et des passes maritimes. Et, en outre, ce contrat crée entre les parties qui le forment des droits et des obligations réciproques pour lesquels chacune d'elles vient fréquemment demander appui et protection aux diverses branches de l'autorité publique.

Cependant, ce contrat n'a été soumis jusqu'ici à aucune taxe obligatoire, si ce n'est celle du timbre, à laquelle sont assujetties d'ailleurs toutes les conventions qui doivent être rédigées par écrit. Les lois sur l'enregistrement ne font mention expresse que des assurances maritimes, et la loi de 1824 ne les assujettit qu'à un droit fixe, à moins que les difficultés qui surgissent entre les parties ne les contraignent d'avoir recours à la justice. Le droit est alors de 1 pour 100 du montant des primes.

Le Trésor ne recueille donc aucun avantage appréciable des sacrifices qu'il s'impose, et le compte définitif des recettes de l'exercice 1868 (le dernier qui ait été rendu) nous démontre que les assurances contre l'incendie ne rapportent à l'État que 100,000 francs environ, et que la part contributive des assurances maritimes dans les recettes du Trésor ne dépasse pas 7,000 francs.

Nous avons pensé que cette sorte d'immunité dont les contrats d'assurance ont joui jusqu'ici devait cesser en présence des charges nouvelles imposées aux finances de l'État, et qu'une fois la légitimité de l'impôt reconnue, il y avait lieu d'examiner les diverses natures d'assurances, d'étudier les bases sur lesquelles l'impôt doit être assis, d'en déterminer la quotité, et enfin de rechercher les moyens de perception.

Il nous a paru tout d'abord que certaines assurances, soit à raison de l'objet auquel elles s'appliquent, soit à raison des risques qu'elles courent, et dont la probabilité n'a point encore acquis un degré de certitude suffisant, il nous a paru, disons-nous, que certaines assurances devaient rester placées sous le régime fiscal actuel. Telles sont, par exemple, les assurances sur la vie, contre la grêle, la gelée, l'inondation, l'épizootie, et pour les objets transportés sur les fleuves et canaux. C'est sur les assurances contre l'incendie (quelle qu'en soit la cause) et sur les assurances maritimes qu'il nous a paru juste d'établir des droits nouveaux. Mais sur quelles bases l'impôt doit-il être assis?

L'assurance n'est autre chose que la probabilité d'une perte transformée en une certitude de réparation ou d'indemnité moyennant le payement d'une somme dont le taux varie et s'accroît en raison de la probabilité du sinistre. Cette somme, dont le versement est annuel, prend le nom de *prime*. La prime est donc l'expression, la mesure du risque couru par l'assurance. C'est sur cette base que nous vous proposons, Messieurs, d'asseoir la nouvelle taxe, sauf en ce qui concerne les compagnies d'assurances mutuelles. La raison de cette différence se trouve dans la constitution même de diverses sociétés.

Dans les sociétés d'assurances mutuelles, en effet, il n'y a pas payement d'une prime proprement dite. Le montant des sinistres est réparti chaque année entre les associés proportionnellement au capital assuré par chacun d'eux, de telle sorte que le montant des sommes payées par les associés, et qui prend le nom de cotisation ou de contribution, représente le montant des sinistres éprouvés, sauf une somme destinée à pourvoir aux frais d'administration. Imposer les sociétés d'assurances mutuelles d'après la cotisation, ce serait, en réalité, soumettre à la taxe le montant des sinistres, et c'est pour ce motif que nous proposons d'asseoir cette taxe sur le capital assuré. Ce mode favorisera d'ailleurs, dans une certaine mesure, les habitations agricoles, dont la majorité est assurée à des compagnies mutuelles, et qui, par suite d'une construction défectueuse, supportera des cotisations élevées.

La quotité de la taxe a semblé devoir être fixée annuellement, pour les assurances à prime fixe et sur l'incendie, à 8 pour 100 des primes, soit 9 fr. 60 cent., décimes compris.

Ce chiffre est élevé, sans doute; mais il ne présente pas, en ce qui concerne la grande majorité des cas, une surtaxe qui puisse nuire au développement des assurances, car, la prime annuelle pour une assurance ordinaire ne dépassant pas 30 à 50 francs, ce sera un impôt annuel de 2 fr. 88 cent. à 4 fr. 80 cent. que nous demanderons au plus grand nombre des assurés.

Quant aux assurances mutuelles, c'est à 5 centimes par 1,000 francs du capital assuré que la taxe est fixée.

Nous devions tenir compte, pour déterminer la taxe à laquelle sont assujetties les assurances maritimes, du régime fiscal établi sur ces sortes de contrats dans les pays voisins et principalement en Angleterre, dont la marine marchande a atteint un si prodigieux développement. Une loi (1er août 1870, Victoria, ch. 44) a réduit le droit à percevoir sur les assurances maritimes à 3 et à 6 deniers par 100 livres assurées (31 ou 62 cent. par 2,500 fr.), suivant que les assurances sont faites au voyage ou pour plus de six mois. Il convenait de ne pas excéder ce tarif. Nous avons pensé que ce but pouvait être atteint par la combinaison suivante :

La base du droit anglais repose sur le capital assuré, de telle sorte que les assurances dont le risque est très-limité et la durée très-courte, comme, par exemple, les assurances au cabotage, supportent un droit égal aux contrats pour la navigation au long cours, dont les risques multiples donnent lieu au payement d'une prime élevée. Ce mode d'assiette de l'impôt est contraire au principe de la proportionnalité des charges, et nous avons dû le repousser.

Mais si, d'un côté, le tarif anglais grève les assurances dont les primes sont relativement faibles, il favorise au contraire les contrats qui donnent lieu à des primes plus élevées, puisque l'impôt ne peut jamais dépasser 25 centimes pour 1,000 francs du capital assuré. Il était indispensable de tenir compte de ce mode d'opérer, et c'est pourquoi nous avons fixé le tarif des assurances maritimes à demi pour 100 du montant des primes (ce qui donne satisfaction aux primes peu élevées), sans que le droit puisse jamais s'élever au-delà de 20 centimes par 1,000 francs du capital assuré; disposition qui permet à l'assurance française de ne jamais acquitter des droits supérieurs à ceux qui sont perçus en Angleterre.

Afin de faciliter les calculs, la liquidation du droit perçu sur les primes s'opérera comme en matière d'enregistrement, c'est-à-dire en suivant les sommes de 20 francs en 20 francs. Le minimum de la taxe, pour chaque contrat, sera de 25 centimes. Les taxes sont également sujettes au décime. Moyennant le payement des taxes, tous les contrats d'assurance seront soumis gratuitement à l'enregistrement lorsque les compagnies jugeront convenable de recourir à une formalité qui, en donnant aux actes une date certaine, peut empêcher des antidates et des inconvénients qui plus d'une fois ont été nuisibles à leurs intérêts.

Le mode adopté pour le recouvrement de la taxe sur les assurances soit maritimes, soit contre l'incendie, est des plus simples. La loi du 5 juin 1850, en soumettant au timbre les polices d'assurances de toute nature, a imposé aux sociétés, compagnies, assureurs, courtiers et notaires, la tenue de répertoires ou livres sur lesquels ils sont tenus de porter tous les contrats d'assurance qu'ils réalisent soit par eux-mêmes, soit par leurs agents. De plus, ce sont les compagnies qui recouvrent pour le Trésor les droits de timbre et qui les versent à des époques déterminées dans les caisses des receveurs de l'Enregistrement. Nous profitons, pour assurer le recouvrement de la taxe obligatoire, de cette organisation préexistante, en la complétant par certaines indications spéciales qui seront déterminées par un règlement d'administration publique, et nous constituons comme les auxiliaires du Trésor les sociétés, compagnies, courtiers et notaires qui reçoivent des assurances et dont la situation personnelle inspire toute sécurité.

Les autres dispositions du projet concernent soit les assurances passées à l'étranger pour des immeubles ou des valeurs situés en France, soit les immeubles situés à l'étranger qui seraient assurés par des compagnies françaises.

Dans le premier cas, il ne peut être fait en France aucun usage des contrats, à moins qu'ils n'aient été préalablement enregistrés. Les droits sont perçus lors de la formalité, au taux fixé par les assurances françaises; mais ce droit est immédiatement exigible sur le nombre d'années pour lesquelles l'assurance a été contractée.

Quant aux immeubles situés à l'étranger et assurés en France, ils sont exempts du payement de la taxe; l'enregistrement ne devient obligatoire qu'autant qu'il en est fait usage en France soit par acte public, soit en justice. Le droit n'est perçu que sur les années restant à courir au moment où l'enregistrement est requis.

§ 3. — *Dispositions relatives à l'enregistrement des baux.*

La loi du 22 frimaire an VII, en assujettissant au droit proportionnel les mutations de jouissance de biens immeubles, a disposé que la mutation était suffisamment établie par les « actes qui la feraient connaître ou par les payements de contributions imposées aux fermiers et locataires. » (Art. 13.)

L'Administration a cru pendant longtemps qu'elle pouvait, lorsque la location était ainsi prouvée, demander le payement du droit de bail sans être tenue de démontrer qu'il existe un bail écrit. Mais par une série d'arrêts successifs, dont le dernier est du 3 décembre 1811, la Cour de cassation a décidé que la formalité de l'enregistrement ne peut être donnée à des conventions qui ne sont point écrites, reconnaissant néanmoins que si la vente verbale est assujettie à l'impôt, c'est que l'article 4 de la loi du 27 ventôse an IX contient à cet égard une disposition exceptionnelle et spéciale.

La jurisprudence étant ainsi fixée, l'Administration est obligée, pour demander le payement du droit, non-seulement d'établir que le bail existe, mais encore de prouver que ce bail a été rédigé par écrit. De cette jurisprudence découle cette autre conséquence, à savoir que tous les baux annoncés comme verbaux, bien qu'ils soient écrits, sont impunément soustraits aux taxes fiscales.

Dès lors, si l'on veut sincèrement obtenir l'enregistrement des baux, il faut donner au Trésor le droit d'exiger la perception du droit sur les locations verbales; il faut faire pour les baux ce qui a été fait pour les ventes et les échanges par la loi de ventôse an IX, c'est-à-dire rendre exigibles les droits sur la location toutes les fois qu'elle sera prouvée, sauf à suppléer à l'acte par une déclaration, lorsque l'on prétendra qu'il n'existe pas de conventions écrites. C'est ce que nous avons l'honneur de vous proposer par l'article 11 du projet.

L'article 13 de la loi du 22 frimaire an VII, qui permet de prouver la location par des actes et par l'inscription au rôle des contributions, reprendra alors toute son efficacité.

L'enregistrement des baux constituera par lui-même une ressource importante; mais c'est surtout par l'influence qu'il exercera sur le produit des droits de succession que la disposition proposée se recommande à l'attention. Il nous a paru également qu'il n'y avait pas lieu de redouter outre mesure les inconvénients qui pourront surgir de la nécessité de la déclaration : d'abord, parce qu'il existe un grand nombre de baux écrits qu'il suffira de soumettre à la formalité; en second lieu, parce que l'usage du bail verbal tendra à disparaître du moment qu'il ne procurera plus l'exemption du droit d'enregistrement, et enfin, parce que l'Administration pourra, par l'intermédiaire des percepteurs et au moyen de formules imprimées, faciliter les déclarations et éviter des déplacements.

Mentionnons que la disposition qui fait l'objet de l'article 11 ne s'applique pas au bail à colonage dit bail à moitié fruit. Ce bail est considéré au regard de la loi fiscale comme une association, et il n'est passible que d'un droit fixe.

§ 4. — *Transmissions. Mesures répressives.*

On ne saurait nier que le principe de l'égalité de l'impôt, inscrit dans toutes nos constitutions politiques, n'est point encore entré dans les mœurs du pays. Chaque jour nous voyons les consciences les plus délicates et les plus scrupuleuses dans leurs relations privées se soustraire à l'impôt ou essayer d'atténuer leur part contributive dans les charges publiques.

Les droits d'enregistrement qui frappent les mutations sont principalement l'objet de fraudes qui causent un préjudice considérable aux finances de l'Etat.

Sous l'ancien régime, la Régie avait pour réprimer ces fraudes deux actions (retrait et rescision), qui constituaient pour ainsi dire entre ses mains une sorte de droit de préemption. A ce droit, la loi de frimaire a substitué l'action en expertise (art. 17 et 19). Mais l'expérience n'a pas tardé à démontrer que l'expertise ne constitue qu'un moyen de répression insuffisant et inefficace. Elle nécessite, en effet, une procédure compliquée aussi onéreuse aux parties qu'au Trésor, et qui, par ces motifs, ne peut être appliquée qu'aux mutations d'une certaine importance. Elle doit être, en outre, engagée dans un délai très-court (*un an* à dater de l'enregistrement), et, dès que ce délai est expiré, les parties, protégées par la prescription, peuvent impunément reconnaître, même dans les actes publics, les simulations de prix ou les insuffisances contenues dans des actes ou dans des déclarations antérieures.

Pour remédier à cet état de choses, on a proposé successivement, à l'imitation d'un pays voisin, de prononcer la nullité des contrats qui n'auraient pas été sincères, ou de soumettre les parties contractantes à l'obligation d'un serment ou d'affirmations solennelles. Mais ces propositions ont dû être écartées, comme étant en désaccord avec la susceptibilité de nos mœurs et de notre caractère national.

Cependant, la fraude s'étend et se propage chaque jour, et il devient urgent de mettre un terme à ses développements. La société n'y est pas moins intéressée que le Trésor lui-même. Si le Trésor, en effet, doit assurer l'application du grand principe de l'égalité de l'impôt par le recouvrement intégral de la part de chacun dans la dette commune, la société doit également assurer l'avenir des familles par la conservation des patrimoines. Or, dans tous les cas d'aliénation d'immeubles, où sont engagés les droits des femmes mariées, des mineurs, des tiers créanciers, etc., le droit de recours et le gage que la loi civile accorde aux intéressés n'existent que pour les prix d'aliénation portés dans les actes. — Toute atténuation de ces prix constitue donc une fraude préjudiciable aux droits les plus légitimes et aux intérêts les plus respectables; sans doute, on peut objecter que les créanciers lésés ont le droit d'exercer une action pour démontrer que le prix de vente a été atténué en fraude de leurs droits; mais, pour parvenir à se faire rendre justice, il faut un procès, une expertise, une enquête difficile et coûteuse, que l'on peut éviter en intéressant les parties à être sincères dans leurs déclarations.

En vue de sauvegarder les intérêts moins considérables, la jurisprudence, interprétant la loi de 1811, n'a pas hésité, en matière de transmissions d'offices, à frapper de nullité toute convention secrète ayant pour objet de modifier d'une manière quelconque le traité ostensible contenant la transmission, — nullité tellement radicale et absolue qu'elle ne peut être couverte ni par la ratification expresse, ni par l'exécution volontaire, ni même par le payement.

Par voie d'analogie, nous proposons :

1° De dénier au vendeur l'action en justice pour le payement de ce qui aurait été stipulé en sus du prix de vente, et d'autoriser la répétition de ce qui aurait été payé dans les mêmes conditions (art. 12) ;

2° D'admettre, comme moyen de preuve des dissimulat des de prix de vente ou des soultes, tous les actes émanés des parties, ainsi que les jugements postérieurs à la mutation (art. 13) ;

3° De simplifier les formes de l'expertise des petits immeubles (art. 15).

Ces dispositions n'ont en elles-mêmes, malgré leur caractère apparent de sévérité, rien de contraire aux principes généraux de la matière.

En droit civil comme en matière fiscale, les lois ne reconnaissent que les stipulations ostensibles des contrats : la protection sociale ne saurait s'étendre, en effet, à des conventions secrètes et frauduleuses. Or, la première disposition de l'article n'est qu'une application de ce principe. La seconde disposition est la sanction de la première. Il ne suffirait pas, en effet, de refuser l'action en justice pour le payement de ce qui excède le prix exprimé au contrat, car le vendeur exigerait immédiatement ce payement, et l'acquéreur resterait lié par un traité dont les charges seraient sans compensation ; il faut donc donner à l'acquéreur le moyen de se faire rembourser l'excédant qu'il aurait payé.

Ces deux dispositions, dont l'une est le complément logique de l'autre, sont absolument nécessaires pour atteindre le but qu'on se propose. Leur efficacité n'est pas douteuse, et elles seules peuvent mettre fin à ces fraudes journalières avouées, étalées au grand jour, dont souffre la société tout entière, puisque le Trésor est obligé d'aller puiser à d'autres sources les impôts qui lui sont enlevés par les consciences faciles.

Que si l'on objectait qu'accorder à l'acquéreur le droit de revendiquer ce qu'il a consenti à payer, c'est l'autoriser à faire un acte peu délicat ; nous répondrions que la morale publique n'a rien à y perdre, et que si le vendeur est puni par son complice de sa participation à la fraude, il n'y a pas lieu de s'en préoccuper outre mesure, d'autant plus qu'il aura été prévenu de cette répétition par le notaire rédacteur. Le troisième paragraphe de l'article 12 impose en effet à cet officier public l'obligation de donner lecture aux parties des dispositions de cet article, et mention de cette lecture doit être faite dans l'acte, à peine d'une amende de 10 francs.

Nous ne pensons pas que la proposition d'admettre l'Administration à prouver les dissimulations par les actes émanés des parties, c'est-à-dire par leur aveu même, soulève d'objection sérieuse.

En effet, il est de principe que l'Administration a le droit de prouver la fraude et la simulation dont les actes sont entachés, et les lois de son institution, interprétées par la jurisprudence, lui permettent de recourir à cet effet à tous les genres de preuves autres que le serment et la preuve testimoniale. En proposant d'établir les dissimulations de prix par des actes ou jugements, on ne crée donc aucune innovation ; on ne fait que combler une lacune, en étendant aux ventes et soultes d'échange l'application d'un principe incontesté en matière de mutation par décès.

La sanction de cette dernière disposition se trouve dans l'article 14 du projet.

D'après la loi de frimaire an VII, toute convention assujettie à l'enregistrement dans un délai déterminé donne lieu, d'abord, à un droit simple dont les parties sont solidaires, sauf recours de l'ancien possesseur contre le nouveau, et ensuite à un droit en sus à la charge de celui-ci.

Il résulte de ce système que l'ancien possesseur n'a jamais à supporter aucuns droits ou amendes d'enregistrement, et que, dans aucun cas, il n'a intérêt à veiller à l'exécution des lois fiscales.

Le but de l'art. 14 est d'intéresser le vendeur à cette exécution en lui imposant une peine personnelle ; mais pour que la peine soit conforme aux règles de la justice, elle ne doit être encourue que dans le cas seulement où, le débiteur du droit ne satisfaisant pas à ses obligations, le vendeur n'aurait pas, soit par le dépôt de l'acte non enregistré, soit par la déclaration de la mutation, mis l'Administration à même d'exercer des poursuites. Le projet lui accorde pour accomplir cette obligation un délai supplémentaire de quinze jours. En ouvrant cette faculté au vendeur, on ne cause à l'acquéreur aucun préjudice dont il puisse être tenu compte, car ce dernier, en laissant écouler les délais légaux, a clairement manifesté son intention de se soustraire au payement de l'impôt.

Il nous a paru que ce système de pénalité devait être également admis pour le défaut d'enregistrement ou de déclaration des baux. Le bailleur solidaire du droit doit veiller à l'accomplissement de la formalité, et il peut dégager sa responsabilité en déposant l'acte au bureau de l'Enregistrement ou en déclarant la mutation.

Dans ces limites et avec ce tempérament, l'amende personnelle au vendeur et au bailleur ne nous a pas semblé présenter un caractère de rigueur exagérée. Nous ne faisions en réalité qu'étendre par analogie au droit d'enregistrement la responsabilité du propriétaire en matière de contributions directes.

Nous avons dit que les formes de l'expertise, telle que la loi de frimaire l'a organisée dans son article 18, sont longues et compliquées, que les frais sont considérables et que l'Administration ne peut y avoir recours qu'avec la plus grande réserve. Nous ajouterons que ces inconvénients se font d'autant plus sentir aujourd'hui que le morcellement du sol s'est étendu, et qu'il est presque impossible d'appliquer cette procédure coûteuse à ces ventes de faible valeur où la dissimulation s'abrite le plus souvent, assurée de son impunité par la complication même des procédures auxquelles la répression donnerait lieu. Aussi nous proposons de simplifier les formes de cette expertise et d'en diminuer les frais en confiant à un seul expert nommé par toutes les parties, ou en cas de désaccord par le président du tribunal, le soin de déterminer la valeur des propriétés dont le prix ou l'estimation n'excède pas 2,000 francs. Le Trésor comme les contribuables sont intéressés à cette réforme consacrée par l'article 15 du projet.

Aucun acte ou écrit ne peut être produit en justice sans avoir été préalablement revêtu de la formalité de l'enregistrement. Les juges qui rendent des jugements « sur des actes non enregistrés sont personnellement responsables des droits » (art. 47 de la loi du 22 frimaire an VII). Mais, il faut le reconnaître, cette prescription de la loi est méconnue, et trop souvent il est donné lecture, dans les audiences, de conventions écrites que le jugement désigne comme verbales.

Vainement le garde des sceaux a, par des circulaires, rappelé aux magistrats les prescriptions qui précèdent ; vainement la loi du 11 juin 1859 a édicté des dispositions libérales pour l'enregistrement des actes de commerce, la loi fiscale est restée inobservée. Il est donc nécessaire aujourd'hui d'avoir recours à l'autorité de la loi et d'imposer aux tribunaux l'obligation d'ordonner d'office le dépôt au greffe des actes et des écrits non enregistrés et produits en justice. Il a paru également qu'il convenait de placer sous la sauvegarde du ministère public, gardien des droits de tous, la perception de taxes qui font partie de la fortune publique et dont l'égale répartition intéresse la société tout entière.

Tel est le but de l'article 16 du projet de loi.

L'article 17, emprunté à la loi du 16 juin 1824 dont il forme l'article 16, se justifie par lui-même. En accordant une sorte de remise générale des peines encourues au jour de la promulgation de la loi nouvelle, on déterminera sans doute l'enregistrement d'un grand nombre d'actes en contravention. On permettra ainsi aux contribuables de régulariser leur situation vis-à-vis de l'État, et au Trésor de réaliser des recettes qui lui soient légitimement dues.

§ 5. — *Timbre des journaux et écrits périodiques.*

L'impôt du timbre appliqué aux journaux et écrits périodiques par la loi du 9 vendémiaire an VIII a été successivement maintenu, en 1816 comme en 1830, malgré les changements survenus dans la forme des gouvernements. Aboli momentanément, en mars 1848, il n'a pas tardé à être rétabli par la loi du 16 juillet 1850, à laquelle ont été substitués les décrets des 17 février et 28 mars 1852, abolis aujourd'hui par le décret du 5 septembre 1870. A ces diverses époques, il a paru juste d'assujettir au timbre des publications qui constituent une industrie considérable et qui, affranchie de la patente, ne supporterait aucune autre charge fiscale si l'impôt du timbre n'était rétabli.

Nous avons pensé qu'en présence de l'aggravation d'impôt que les nécessités actuelles nous contraignent de demander au pays, il n'était pas possible de laisser la presse sous un régime d'immunité complète. Toutefois, comme l'impôt du timbre sur les journaux (qui produisait au Trésor une ressource de 10 millions) soulève, nous le reconnaissons, des questions graves et complexes dont l'étude est difficile et pour laquelle le temps pourrait manquer, il nous a paru préférable de remettre purement et simplement en vigueur la loi du 16 juillet 1850, votée par une Assemblée républicaine et qui, comme aujourd'hui, faisait succéder un régime fiscal à un régime d'immunité absolue.

La loi de 1850 se résume dans un tarif modéré du droit de timbre, combiné avec le droit de poste, et atténué par des remises ou par des exceptions.

Le tarif atteint exclusivement les journaux et écrits périodiques, et les recueils périodiques de gravures politiques, ainsi que les écrits non périodiques traitant de matières politiques ou d'économie sociale; il est établi sur les bases suivantes :

Journaux et écrits périodiques. — Feuille de soixante-douze décimètres carrés :

1° Journaux et recueils avec roman-feuilleton :

Distribués par la poste : Seine et Seine-et-Oise.	06 c.
Distribués par la poste : Autres départements. . .	02 c. 1/2
Distribués par l'éditeur : Seine et Seine-et-Oise.	05 c.
Distribués par l'éditeur : Autres départements.	01 c. 1/2

2° Journaux et recueils sans roman-feuilleton :

Distribués par la poste : Seine et Seine-et-Oise.	05 c.
Distribués par l'éditeur : Autres départements.	02 c.
Distribués par l'éditeur : Seine et Seine-et-Oise.	04 c.
Distribués par l'éditeur : Autres départements.	01 c.

Écrits non périodiques. — Par feuille de 25 à 32 décimètres carrés . . . . 05 c.

Chaque dix décimètres carrés ou fraction en sus 00 c. 1/2

Ces taxes supporteraient en outre 2 décimes.

Une remise de 1 pour 100 est accordée aux éditeurs de journaux pour déchets de maculatures. Enfin, les ouvrages périodiques relatifs soit à l'agriculture, soit aux sciences et aux arts, et ne paraissant qu'une fois par mois, sont exempts de l'impôt.

Telle est, en résumé et dans ses traits principaux, la loi du 16 juillet 1850, faite pour un régime libéral; elle avait limité la charge fiscale, sans exagération et avec justice, aux exigences du moment. Remettre cette loi en vigueur, sans y rien ajouter, en face des charges nouvelles qui pèsent sur nous, c'est, ce semble, ne demander à la presse que sa part contributive dans les sacrifices que le pays s'impose.

Le produit des taxes nouvelles sur l'enregistrement et le timbre se résume ainsi :

Double décime sur l'enregistrement . .	31,500,000 fr.
Deux décimes sur le timbre et élévation de 20 à 25 centimes des droits sur les récépissés de chemins de fer, etc.	15,000,000
Dispositions relatives à certaines valeurs mobilières étrangères et aux ouvertures de crédit	4,000,000
Taxe sur les assurances	15,000,000
Enregistrement des baux et mesures répressives de la fraude.	16,000,000
Rétablissement de l'impôt du timbre sur les journaux.	8,500,000
Total. . .	90,000,000 fr.

N° 2. — Rapport fait au nom de la commission du budget, par M. Mathieu-Bodet, membre de l'Assemblée nationale.

Messieurs,

Les augmentations d'impôts et les impôts nouveaux sur l'enregistrement et le timbre devaient produire, d'après les propositions du budget rectifié de l'exercice 1871, une somme de 90 millions.

Ils se résument ainsi :

Double décime sur l'enregistrement . .	31,500,000 fr.
Deux décimes sur le timbre et élévation de 20 à 25 centimes des droits sur récépissés de chemins de fer, etc.	15,000,000
Dispositions relatives à certaines valeurs mobilières étrangères et aux ouvertures de crédits	4,000,000
Taxes sur les assurances	15,000,000
Enregistrement de baux et mesures répressives	16,000,000
Rétablissement de l'impôt du timbre sur les journaux	8,500,000
Total. . .	90,000,000 fr.

En temps ordinaire, nous n'aurions revisé les lois sur l'enregistrement et le timbre que pour en diminuer les taxes. Des réformes sont, en effet, depuis longtemps proposées en vue d'arriver à l'adoucissement de certains droits, et aussi, dans certains cas, pour rendre plus équitable la répartition de l'impôt, particulièrement en matière de successions. — Nous nous serions félicités de pouvoir réaliser ces réformes justement désirées : mais en présence des charges nouvelles, des lourdes charges créées par la guerre étrangère et par la guerre civile, nous devons réserver pour des temps meilleurs les changements, même les plus légitimes, qui auraient pour résultat de diminuer nos ressources, et nous renfermer dans la mission ingrate et patriotique de créer les recettes qui sont nécessaires pour remplir les engagements de la France.

La commission a examiné consciencieusement les propositions du Gouvernement.

Voici, sur la partie du projet de loi qui fait l'objet de ce rapport, quelles sont les raisons qui l'ont déterminée à accepter les résolutions qu'elle propose à l'approbation de l'Assemblée.

§ 1er. — *Double décime sur les produits de l'enregistrement.*

Nous passerons rapidement sur les articles qui n'ont besoin d'aucun commentaire, en nous bornant alors à rappeler les lois qui sont nécessaires pour l'intelligence des textes du projet.

Art. 1er. — Les droits d'enregistrement ont été fixés par la loi du 22 frimaire an VII.

Quelques mois après, les guerres de cette époque ayant amené des embarras financiers, la loi du 6 prairial établit au profit de l'État, à titre de subvention extraordinaire de guerre, pour l'an VII, 1 décime par franc en sus des droits d'enregistrement.

Ce décime qui ne devait être qu'une subvention extraordinaire, dont la perception devait cesser à la fin de l'année, s'est perpétué depuis cette époque : il a été, il est renouvelé tous les ans par les lois de finances.

Un deuxième décime a été créé en 1855 à l'époque de la guerre de Crimée, et a été perçu jusqu'à la fin de 1857;

Il a été rétabli en 1862;

Et réduit à 1 demi-décime en 1864;

Il a été aboli, sur certains actes, en 1867.

Le projet rétablit de nouveau ce second décime.

La nécessité n'en est pas contestable.

La commission propose de l'accepter.

Produit. . . 31,500,000 fr.

§ 2. — *Décimes sur les produits du timbre de dimension, sur les produits perçus par voie d'abonnement, et sur les rentes étrangères.*

Art. 2. — Les droits de timbre sont établis par la loi du 13 brumaire an VII, qui est la loi fondamentale en cette matière.

La loi de prairial an VII avait ajouté également 1 décime de guerre qui a été maintenu jusqu'en 1816; la loi du 28 avril 1816 supprima ce décime, mais elle éleva sensiblement les droits.

Le timbre sur les journaux fut seul conservé. Il n'a été supprimé que par la loi du 14 décembre 1830.

Le Gouvernement demande aujourd'hui 2 décimes sur le timbre comme sur l'enregistrement.

La commission a adhéré à cette proposition.

Produit. . . 11,600,000 fr.

La perception des décimes additionnels ne donne lieu à aucun frais. Ils sont recouvrés en même temps que le principal et sans aucune retenue au profit des employés de la Régie.

§ 3. — *Permis de chasse.*

Le décret du 11 juillet 1810 fixait le prix des permis de port d'armes à 30 francs.

La loi du 28 avril 1816 l'a réduit à 15 francs.

Celle du 3 mai 1844, sur la chasse, l'a maintenu à 15, en substituant la qualification de permis de chasse à celle de port d'armes; elle y a ajouté un droit de 10 francs au profit spécial des communes.

La commission a été d'avis de revenir au droit de 30 francs fixé par le décret de 1810, en maintenant toujours la taxe supplémentaire de 10 francs au profit des communes.

La chasse est un plaisir et un luxe : cette augmentation d'impôt lui a paru bien justifiée à tous les points de vue.

Produit. . . 4,000,000 fr.

§ 4. — *Timbre sur les effets de commerce.*

Le droit de timbre proportionnel sur les lettres de change, billets à ordre... et autres effets négociables, a été fixé par l'article 1er de la loi du 5 juin 1850, ainsi qu'il suit :

A 0 fr.	5 c.	pour les effets de	100	fr. et au-dessous.	
—	10	pour ceux au-dessus de	100	jusqu'à	200
—	15	—	200	—	300
—	20	—	300	—	400
—	25	—	400	—	500
—	50	—	500	—	1000
— 1	»	—	1000	—	2000
— 1	50	—	2000	—	3000
— 2	»	—	3000	—	4000

et ainsi de suite en suivant la même proportion.

Le Gouvernement propose d'augmenter le timbre proportionnel des effets de commerce de 2 décimes comme les autres droits de timbre.

La commission a été d'avis de tarifer, à nouveau, ces sortes d'effets.

A ce sujet, il faut expliquer comment elle a été amenée à prendre l'initiative d'augmentations ou créations d'impôts.

Le budget rectifié expose les charges et les ressources du pays. Les ressources qui sont demandées à l'Assemblée sont absolument nécessaires : c'est pour la commission un devoir d'honneur et de conscience de ne rejeter la proposition d'un impôt reconnu indispensable qu'à la condition de le remplacer par le produit d'un autre impôt qui, à ses yeux, serait moins préjudiciable à la prospérité ainsi qu'à l'essor du commerce et de l'industrie.

Plusieurs taxes proposées par le Gouvernement seront sensiblement diminuées, d'autres seront même entièrement supprimées. Nous sommes donc tenus de créer d'autres recettes pour combler le déficit.

La commission a pensé qu'une augmentation du droit de timbre proportionnel sur les effets de commerce ne causera aux affaires aucune entrave sérieuse.

Elle est d'avis de doubler le droit actuel.

Sans méconnaître la gravité de cette élévation de taxe, nous devons faire remarquer, pour donner une idée exacte de son importance relative, que l'impôt du timbre sur les effets de commerce n'a pas été augmenté depuis l'an VII; c'est peut-être le seul impôt indirect qui, depuis cette époque, n'ait pas été l'objet d'une aggravation. Il a même été successivement adouci, car en l'an VII la plus petite coupure était de 1,000 francs. Pour un effet de 100 francs les parties supportaient donc un droit de timbre de 50 centimes; en sorte que les effets inférieurs à 500 francs, même avec la taxe doublée proposée actuellement, ne se trouveront pas assujettis à un impôt supérieur à celui de l'an VII. Ce n'est qu'en 1837 que la loi a autorisé des coupures de 300 francs; en 1850, on les a fait descendre à 100 francs.

Les taxes que nous proposons donnent le moyen d'atteindre, par l'impôt, dans des proportions modérées, les capitaux circulant dans le commerce et l'industrie sous la forme de lettres de change et tous autres effets négociables, c'est-à-dire la moins saisissable des valeurs mobilières.

Cette augmentation de taxes sur les effets négociables produira. . . . . 12,000,000 fr.

§ 5. — *Récépissés de chemin de fer; quittances délivrées par les comptables; reconnaissances de valeurs cotées et quittances de sommes envoyées par l'administration des postes.*

Ces divers titres étaient autrefois frappés d'un droit de timbre de 50 centimes, qui fut réduit à 20 centimes en 1863. Le Gouvernement propose de le porter seulement à 25 centimes, décime compris.

La commision n'y a fait aucune objection.

Le produit de supplément d'impôt sera de 1,400,000 fr.

§ 6.

Un de nos honorables collègues, M. le comte Jaubert, a saisi la commission du budget d'un projet relatif à la taxation des permis de séjour des étrangers en France. Il demande que la commission fixe le chiffre de cette recette, qu'il a laissé en blanc dans sa note.

Le permis de séjour pourrait sans doute être délivré sur papier timbré, comme tous les actes destinés à faire preuve, mais la taxe attachée au permis ne saurait consister en un droit fixe. Il semble qu'elle devrait varier en raison de la durée du séjour, de la profession et même de la nationalité, si des taxes analogues étaient établies sur nos nationaux à l'étranger.

Le droit de timbre ne saurait se prêter à ces tarifs variables. La taxe de séjour ne saurait non plus constituer un droit d'enregistrement, lequel ne peut être perçu que sur des contrats ou pour des mutations. Il nous a semblé que cette taxe, si elle prenait place parmi nos ressources financières, devrait être assise par la police, et perçue à titre de recettes accidentelles, soit par un comptable spécial à Paris, soit par les receveurs des finances, ou par leurs subordonnés dans les départements.

C'est pour ces motifs que nous n'avons pas cru devoir mettre au nombre des dispositions spécialement relatives au timbre la proposition de notre honorable collègue.

§ 7. — *Dispositions relatives aux valeurs étrangères faisant partie des successions de Français ou d'étrangers.*

Art. 3. — L'expérience a révélé successivement des lacunes dans la loi du 22 frimaire an VII.

D'après cette loi, lorsqu'il se trouvait dans la succession d'un Français ou d'un étranger domicilié en France, des valeurs étrangères, ces valeurs n'étaient pas atteintes par la loi française : elles passaient aux héritiers, affranchis de tous droits de mutation. La loi du 18 mai 1850 a eu l'intention de faire cesser cette injustice. Le deuxième paragraphe de son article 7 soumet aux droits établis pour les successions ou donations, les mutations par décès de *fonds publics* et d'*actions* de compagnies ou de sociétés d'industrie et de finances étrangers, dépendant d'une succession régie par la loi française, et les transmissions entre-vifs à titre gratuit de ces mêmes valeurs au profit d'un Français qui doivent être assujetties au droit de mutation.

On s'aperçut bientôt que cette loi n'avait compris qu'une partie des valeurs étrangères qui devaient être soumises au droit de mutation.

La loi de finances du 13 mai 1863 y ajouta les *obligations* des compagnies dont les actions étaient mentionnées dans l'article 7 de la loi de 1850. Cette dernière disposition a été elle-même reconnue insuffisante : le Trésor y a perdu des droits considérables. Le projet de loi, par sa forme générale, comprend généralement toutes les valeurs mobilières étrangères de quelque nature qu'elles soient. Désormais les droits du Trésor seront complétement garantis.

Art. 4. — L'article 4 prévoit une autre situation où un étranger habite la France, il y a son domicile réel, c'est-à-dire son principal établissement, sa résidence habituelle, mais il n'a pas été autorisé par le chef du pouvoir exécutif à y établir son domicile conformément aux prescriptions de l'article 13 du Code civil. Le domicile de cet étranger constitue-t-il un domicile légal? Cette question a été controversée dans la doctrine et la jurisprudence. La Cour de cassation avait admis la légalité de ce domicile pour la signification des actes judiciaires; néanmoins elle a décidé récemment que la législation française ne régit pas la succession d'un étranger ayant en France un domicile de cette nature. D'après cette dernière jurisprudence, voici ce qui arrive : un étranger a quitté son pays sans y conserver aucun domicile, et même sans esprit de retour, il s'est établi en France; il y a fait sa fortune, on y a transporté sa fortune réalisée ailleurs; il a acheté un hôtel dont il a fait son habitation définitive; il meurt dans cette situation, après un séjour qui a pu durer plus de trente ans; parce qu'il n'a pas demandé au Gouvernement l'autorisation d'avoir son domicile en France, toutes les valeurs mobilières étrangères qui se trouveront dans sa succession ne seront assujetties à aucun droit de mutation! Ces valeurs seraient soumises à l'impôt si elles appartenaient à un Français, ou même à un étranger autorisé à avoir un domicile en France; appartenant à un étranger qui n'a pas obtenu cette autorisation, elles en seront affranchies, bien que cet étranger ait un domicile réel en France. Cela n'est ni juste, ni raisonnable. La loi proposée fera cesser cette injustice. Mais il est bien entendu que l'article 4 ne sera applicable qu'autant qu'il sera constaté que l'étranger avait en France un établissement ou une résidence qui, pour un Français, constituerait un véritable domicile. S'il s'agissait au contraire d'un étranger voyageant en France, qui y décéderait pendant une résidence accidentelle et passagère, sa succession ne serait pas régie par les mêmes règles.

D'après l'article 4 de la loi du 16 juin 1824, les actes translatifs de propriété, d'usufruit ou de jouissance de biens immeubles situés en pays étrangers, ne sont soumis, en raison de cette transmission, qu'à un droit fixe.

La jurisprudence a étendu aux valeurs mobilières étrangères les dispositions de cet article, qui pourtant ne parle que des immeubles. Ces valeurs payent le droit de mutation par décès dans les cas prévus par les articles 3 et 4. Il est logique qu'elles y soient assujetties dans les cas de transmission à titre gratuit ou à titre onéreux opérés en France.

Toutes ces dispositions semblent indiscutables. La commission n'a pas hésité à les accepter.

§ 8. — *Ouvertures de crédit.*

Art. 5. — I. La loi de frimaire n'a pas prévu expressément l'ouverture de crédit.

En partant de cette idée que ce contrat est obligatoire; qu'il forme des engagements réciproques, la Régie avait d'abord été d'avis qu'il contenait ce que la loi sur l'enregistrement appelle une *obligation de somme*, et donnait lieu à la perception, au moment de sa formation, d'un droit de 1 pour 100 sur la totalité de la somme que le créditeur s'oblige à verser au crédité. Cette prétention a été justement condamnée par la jurisprudence. L'obligation de payer contractée par l'emprunteur n'existe réellement qu'après la réalisation du crédit; et cette réalisation elle-même est subordonnée à l'usage que le crédité voudra faire de cette ressource, à raison de ses besoins, dont il est seul juge.

L'obligation du crédité est donc éventuelle, et, à ce titre, elle n'est assujettie qu'à un droit fixe.

Le droit proportionnel est dû au moment où la promesse de prêter se réalise et sur le montant des sommes effectivement prêtées.

Mais comme les parties ne sont tenues à aucune déclaration dans un délai quelconque, il en résulte, en fait, que le droit proportionnel n'est presque jamais perçu. Un procès sur l'exécution du contrat ou la faillite du débiteur font arriver quelquefois à la connaissance de la Régie l'existence du prêt. Alors, le droit est exigé. Mais ce sont là de rares exceptions.

Aussi, c'est généralement sous cette forme que se font les emprunts hypothécaires dans les affaires industrielles et commerciales. L'emprunteur y trouve l'avantage de se soustraire au payement du droit de 1 pour 100; le créancier n'y perd rien, puisque son hypothèque, dans le cas où il a à s'en prévaloir, remonte, par ses effets, au jour de l'inscription.

Le Trésor perd ainsi des droits considérables.

Aurait-on dû soumettre la réalisation à une déclaration obligatoire dans un délai déterminé? — On y avait songé. Mais comment trouver une sanction efficace? à partir de quel moment faire courir le délai lorsque les versements sont faits en compte-courant? Ces difficultés l'ont engagée à abandonner ce projet.

Cependant faut-il tolérer la continuation de cet abus? Les ouvertures de crédit ne servent le plus souvent qu'à dissimuler de véritables prêts. Les hommes d'affaires savent qu'il y a bien peu de ces contrats qui ne soient suivis d'une réalisation.

Ne pouvant pas exiger le droit d'obligation de 1 pour 100, puisque le contrat ne constate pas l'existence d'une obligation de somme actuelle, le Gouvernement propose de créer un droit spécial, de 50 centimes pour 100, sur la promesse de prêter. Ce droit sera imputable sur la taxe entière, si ultérieurement il est prouvé que le crédit a été effectivement réalisé.

La commission approuve cette disposition.

Le deuxième paragraphe de l'article 5 dit que « la réalisation ultérieure du crédit sera assujettie, conformément aux lois en vigueur, *au droit de 1 franc par 100 francs.* » Cela n'est pas complétement exact, car lorsque la réalisation consiste en objets mobiliers (ce qui est très-rare, il est vrai), le droit est de 2 francs. La commission a corrigé cette petite inexactitude en substituant au texte du projet du Gouvernement la rédaction suivante: « La réalisation ultérieure du crédit sera assujettie aux droits établis par les lois en vigueur. »

Il est bien entendu que les dispositions des décrets du 24 mars et du 4 juillet 1848, qui soumettent au droit fixe, sous les conditions qu'elles déterminent, les actes ayant pour objet de constituer des nantissements au profit des sous-comptoirs, sont maintenues.

II. Le projet du Gouvernement ne s'occupe pas du droi d'hypothèque sur les inscriptions prises en vertu des ouvertures de crédit.

Que le droit sur l'obligation du crédité ne puisse pas être exigé, cela se conçoit, puisqu'au moment de la formation du contrat cette obligation n'a pas encore d'existence; mais pourquoi le droit d'hypothèque ne serait-il pas exigible au moment où l'inscription est prise? Une hypothèque peut être valablement constituée au profit d'une créance purement éventuelle; l'hypothèque consentie dans l'acte d'ouverture de crédit, spécialement, produit des effets à partir du jour de l'inscription, et garantit, à sa date, toutes les réalisations ultérieures; elle prime, par conséquent, tous autres créanciers, dont les inscriptions seraient postérieures, bien que leurs prêts et leurs inscriptions fussent antérieurs aux versements faits au crédité.

Si l'hypothèque produit ainsi des effets immédiats, il est juste de percevoir le droit au moment de l'inscription.

La commission a pensé que le projet du Gouvernement devait être complété par une disposition à cet effet.

Ce droit d'hypothèque est de 1 franc par 1000.

§ 9. — *Assurances.*

Art. 6. — L'historique de la législation de l'enregistrement et du timbre sur les assurances peut se résumer en peu de mots.

Les assurances contre l'incendie n'ont jamais été assujetties à aucun droit proportionnel d'enregistrement. La loi de frimaire an VII parle des assurances en général, mais la disposition qu'elle leur consacre ne concerne que les assurances maritimes. Elles ont été frappées d'un droit de timbre de dimension par les lois du 5 vendémiaire an VI, par le décret du 3 janvier 1809 et enfin par la loi du 5 juin 1850, qui autorise les compagnies à s'affranchir de cet impôt, en contractant avec l'État un abonnement annuel, à raison de 2 centimes par 1,000 francs, du total des sommes assurées. Cet abonnement a été porté à 3 centimes par l'article 18 de la loi du 2 juillet 1862.

Les contrats d'assurances maritimes ont été frappés d'un droit d'enregistrement de 50 centimes par 100 francs par la loi de frimaire an VII. La loi du 28 avril 1816 l'a fixé à 1 pour 100 et à 50 centimes seulement en temps de guerre. La loi du 16 juin 1824 a converti ce droit proportionnel en un droit fixe de 1 franc, le payement du droit proportionnel de 1 franc ou 50 centimes pour 100 ne devant être perçu que lorsqu'il est fait usage de la police en justice. Elles ont été assujetties également au timbre de dimension par la loi du 5 juin 1850.

Le Gouvernement propose, dans le projet actuel, de créer des taxes proportionnelles annuelles sur les contrats d'assurances contre l'incendie et sur les contrats d'assurances maritimes; il laisse encore en dehors de l'application de la loi les assurances sur la vie, contre la grêle, la gelée, les inondations, les épizooties, etc., qu'il considère comme n'étant pas encore en état de supporter la charge d'un impôt.

Quelques personnes contestent le principe même de l'impôt sur les assurances. Ce contrat, disent-elles, mérite toutes les faveurs de la loi : il développe l'esprit de prévoyance; il procure aux familles, victimes de sinistres, le moyen de réparer leurs ruines; il crée, dans l'intérêt de l'Etat, une nouvelle matière imposable, en facilitant la reconstruction des immeubles incendiés. A ce double point de vue, les assurances devraient être affranchies d'entraves et de tout impôt.

Cette considération ne pouvait point arrrêter la commission. Les assurances sont certainement très-favorables et grandement dignes d'intérêt, personne ne le conteste. Mais est-ce une raison pour les soustraire aux charges qui pèsent sur tous les autres contrats? La vente, l'échange, le louage, les donations, les contrats de mariage ne sont pas moins dignes de faveur; ces contrats ont dans les affaires sociales une bien plus grande importance encore que les assurances; cependant ils n'en sont pas moins soumis à l'impôt, à un impôt très-élevé. Pourquoi la taxe que le projet établit sur les assurances serait-elle moins légitime que celle qui est perçue sur les autres contrats dont nous venons de parler? Que ce nouvel impôt, par sa modération, n'ait pas pour effet de détourner les propriétaires de ces actes de sage prévoyance, c'est ce qu'on doit désirer; on est même autorisé à demander que l'impôt soit restreint dans cette limite : mais la commission a pensé que l'impôt en lui-même ne pouvait pas être l'objet d'une critique fondée.

Le projet fixe les taxes sur diverses bases et à différents taux pour les compagnies d'assurances contre l'incendie et pour les compagnies d'assurances maritimes.

Nous allons examiner successivement les deux dispositions du projet, en commençant par les assurances contre l'incendie.

I. — ASSURANCES CONTRE L'INCENDIE.

D'après le projet du Gouvernement, la taxe est fixée pour les assurances contre l'incendie, annuellement, à raison de

8 pour 100 du montant des primes, et, en cas d'assurances mutuelles, de 5 centimes pour 1,000 du capital assuré.

Ce système mixte a été unanimement repoussé. Les exemples cités par des membres de la commission, prouvent, en effet, qu'il aurait produit des résultats tout à fait inadmissibles. Ainsi, pour une usine de 100,000 francs, assurée à une Compagnie à primes fixes, à raison de 12 francs pour 1,000, payant ainsi une prime de 1,200 francs; au taux de 8 pour 100 sur la prime, l'impôt auquel la police aurait donné lieu se serait élevé à 96 francs. — Pour la même usine, assurée à une Compagnie mutuelle, l'impôt n'aurait produit que 5 francs, à raison de 5 centimes pour 1,000 francs du capital assuré, bien que le risque fût le même puisqu'il s'agit de la même usine, et quand bien même la cotisation, perçue par la Compagnie mutuelle, aurait été aussi élevée que la prime stipulée par l'autre compagnie!

La commission a été d'avis qu'il fallait prendre, pour en faire la base de l'impôt, la prime ou le capital, et non pas l'une et l'autre. M. le ministre des finances s'est rangé à cette opinion.

Mais quelle sera cette base unique? la commission s'est divisée sur cette question.

La minorité, d'accord avec M. le ministre des finances, a soutenu que la taxe devait porter sur la prime. Cette solution, disent les partisans de ce système, est conforme aux principes de la matière. En effet, il s'agit ici d'un droit d'enregistrement à percevoir sur un contrat, sur la police d'assurances. Or, que contient ce contrat? — Deux obligations : l'obligation de l'assuré de payer sa prime ou sa cotisation; celle de la Compagnie de procurer la valeur de la chose assurée, en cas de sinistre. — On ne peut pas asseoir un droit proportionnel sur ce dernier engagement qui est essentiellement éventuel. Cela est évident. Le droit d'enregistrement ne peut être perçu que sur un engagement certain, actuel, c'est-à-dire sur celui de l'assuré, sur la prime. Tout cela est élémentaire. C'est, du reste, la prime qui fixe l'importance du risque, comme c'est le risque qui est l'objet du contrat. Il est donc tout naturel qu'un impôt sur les contrats d'assurances soit proportionnel au risque, c'est-à-dire à la prime.

Aussi les lois fiscales antérieures qui ont établi un droit proportionnel sur les assurances, ont toutes fait l'application de ces principes en faisant porter la taxe sur la prime.

On a objecté que la prime n'intéresse que les parties; qu'elle ne regarde pas l'Etat; que l'Etat n'a qu'une chose à considérer : la valeur du capital assuré.

Cette objection repose sur une erreur évidente. En matière d'enregistrement, ce sont les conventions mêmes des parties qui engendrent le droit à percevoir au profit du Trésor; on ne peut pas l'asseoir sur une autre base. Pourquoi, d'ailleurs, la taxe serait-elle fixée proportionnellement au capital? Ce n'est pas un impôt immobilier que nous établissons en ce moment, c'est uniquement un droit d'enregistrement sur les polices d'assurances. S'il s'agissait de créer un nouvel impôt immobilier, il n'y aurait pas de raison pour ne pas l'étendre à tous les immeubles, à ceux qui ne sont pas assurés comme aux autres; il y aurait même un motif pour favoriser ces derniers, car, comme nous l'avons déjà dit, les assurances profitent à l'Etat, bien qu'elles soient faites dans l'intérêt seul de l'assuré.

On s'étonne que l'usine, qui paye déjà une forte prime à la compagnie d'assurance, soit frappée d'un impôt plus élevé parce qu'elle est plus exposée aux incendies; ou que la maison, couverte en chaume, située à la campagne, ait à supporter une taxe plus forte qu'une maison de même valeur située à la ville et construite en pierres.

Tout cela est pourtant naturel et juste; l'assurance est beaucoup plus importante pour l'usine et la maison de campagne, couverte en chaume, que pour les maisons urbaines de même valeur auxquelles on les compare. Or, comme l'impôt porte sur le contrat, on conçoit qu'il soit plus élevé dans le premier cas que dans le second.

L'impôt sur le capital modifierait sensiblement la situation respective de certaines compagnies : la *Société d'assurance mutuelle contre l'incendie pour Paris* a adressé à la compagnie une note de laquelle il résulte qu'une taxe de 5 centimes par 1,000 francs de capital ferait supporter à ses assurés un impôt représentant 45 pour 100 de la cotisation qu'ils payent à la société, tandis que l'impôt supporté par les gros risques serait à peine de demi pour 100 de la prime. La position relative de ces diverses compagnies serait altérée, et les conditions de la concurrence modifiées.

M. le ministre des finances a fait remarquer, en outre, que la taxe sur les primes a l'avantage d'atteindre plus efficacement, par l'impôt, le mobilier meublant qui, jusqu'à présent, n'a rien payé à l'Etat. Ce mobilier étant assuré généralement moyennant de grosses primes, serait moins imposé si la taxe portait sur le capital.

Ces raisons n'ont pas convaincu la commission, qui est d'avis, au contraire, que le droit doit être perçu sur le capital assuré. Dans ce système, on considère le contrat d'assurance à un autre point de vue : ce qui constitue l'importance de l'assurance, dit-on, ce n'est pas le risque, mais la chose assurée. Ce que le propriétaire a en vue quand il fait assurer sa maison, c'est sa sécurité, c'est-à-dire le payement, en cas d'incendie, d'une somme représentant la valeur de sa propriété. C'est donc, en réalité, cette valeur qui est l'objet du contrat; il est tout naturel, par suite, que l'impôt soit proportionnel au capital assuré. Le législateur ne doit pas faire de la métaphysique légale; il doit se préoccuper des effets équitables de la loi. Or, en équité, l'assurance portant sur l'immeuble de la plus grande valeur, doit donner ouverture au plus fort impôt.

L'impôt sur la prime serait trop onéreux pour les gros risques, c'est-à-dire pour les risques industriels, agricoles, pour les risques de la petite propriété rurale. Il ferait peser des charges trop lourdes sur les contrats d'assurance les plus intéressants. L'usinier paye une prime qui s'élève jusqu'à 14 francs pour 1,000; le propriétaire de récoltes de 1 franc à 6 francs; le paysan qui a une maison couverte en chaume, jusqu'à 4 et 5 francs; au contraire, les propriétaires des maisons de ville bien construites, sont assurés moyennant des cotisations qui descendent jusqu'à 10 centimes pour 1,000 francs. Si la taxe est basée sur les primes, l'impôt accablera le débiteur des grosses primes, et sera presque insensible pour les autres assurés. Ce n'est pas équitable.

On objecte, dit-on, que l'impôt sur le capital, dans certains cas, sera très-élevé, comparé au montant des primes ou cotisations payées aux sociétés; cela est vrai, mais parce que certains propriétaires sont favorisés pour leurs assurances, à raison de la nature exceptionnelle de leurs constructions, ce n'est pas un motif pour augmenter encore les taxes des assurances dont les primes sont très-élevées.

On répond, enfin, que l'impôt sur le capital ne favorise pas, comme l'affirment les partisans de l'autre système, certaines compagnies au préjudice de quelques autres. Puisque l'impôt sur le capital est établi proportionnellement sur tous les assurés, leurs conditions relatives antérieures ne sont pas modifiées.

La commission a décidé que la taxe serait basée sur le capital assuré.

Elle l'a fixée à 7 centimes pour 1,000 francs, décimes compris.

Mais il est entendu que l'impôt ne sera pas établi sur les réassurances. Bien que la compagnie cède une fraction de son assurance à une ou plusieurs autres compagnies, ou que celles-ci fassent la cession, à leur tour, d'une partie des risques réassurés, il n'y a jamais qu'un seul capital assuré, qu'une seule prime. Un seul impôt doit donc être perçu. L'exception doit cesser, par suite, lorsque l'assurance primitive a été passée à l'étranger et n'a pas été soumise au payement de la taxe.

II. — ASSURANCES MARITIMES.

Le projet du Gouvernement proposait, comme nous l'avons déjà dit, de fixer la taxe pour les assurances maritimes et par chaque contrat à raison de 50 centimes par 100 francs du montant des primes, sans que la taxe due pour chaque acte puisse dépasser 20 centimes par 1,000 francs ou fraction de 1,000 francs du capital assuré.

Cette taxe n'a pas été contestée. Quelques intéressés ont adressé des observations. Ils ont demandé que le droit de 50 centimes ne fût pas augmenté de 2 décimes, et, pour la simplification des écritures, que la taxe ne fût pas calculée alternativement sur la prime et sur le capital. Ils préfèrent qu'elle soit fixée, dans tous les cas, sur le montant des primes.

La commission a donné satisfaction à ces deux réclamations.

De même que pour les assurances contre l'incendie, la taxe ne sera perçue sur les réassurances que lorsque le droit n'a pas été payé sur l'assurance primitive.

RECOUVREMENT DE LA TAXE.

Art. 7. — Le recouvement du droit annuel d'enregistrement sur les assurances se fera dans la forme suivie pour la perception du droit de timbre déjà établi. Il sera perçu, pour le compte du Trésor, par les sociétés elles-mêmes; ce mode de perception est facile et n'entraîne pas de frais à la charge de l'Etat.

Il est entendu que les assureurs ne seront pas responsables des non-valeurs.

Les compagnies et assureurs étrangers ayant des établissements ou succursales en France, seront régis par les mêmes règles que les compagnies et assureurs français.

Art. 8. — Les contrats d'assurances passés à l'étranger pour des immeubles ou objets mobiliers situés en France, pour lesquels la taxe ne pourrait pas être perçue annuellement, conformément aux articles 6 et 7 de la présente loi, devront être enregistrés avant qu'on puisse en faire un usage quelconque en France, à peine d'un droit en sus qui ne pourra pas être inférieur à 50 francs. Le droit entier sera perçu au moment de l'enregistrement, pour toute la durée de l'assurance.

Art. 9. — La taxe ne sera pas perçue sur les assurances contre l'incendie qui auraient pour objet des immeubles ou objets mobiliers situés à l'étranger. Elle ne serait exigible, conformément aux dispositions de l'article 8 de la présente loi, qu'autant qu'on en ferait usage en France, soit par acte public, soit en justice, soit devant toute autre autorité constituée.

Art. 10. — Les mesures d'exécution que nécessiterait l'application des articles 6 et 7, seront déterminées par un règlement d'administration publique. Les détails qu'elles comportent ne sont pas du domaine de la loi. On a, du reste, procédé ainsi pour l'exécution des dispositions de la loi du 5 juin 1851, relative au timbre des polices d'assurances.

Dans les prévisions du Gouvernement, l'impôt sur les assurances devait produire 15 millions de francs. Les compagnies d'assurances contre l'incendie seules devaient donner 14,200,000 francs. Le Gouvernement supposait que le montant des primes s'élevait à 140 millions de francs, qui, à raison de 8 pour 100, rapporteraient environ 11 millions de francs; les Compagnies mutuelles assurent, en capital, à peu près 16 milliards : à 5 centimes pour 1,000 francs, le produit aurait été de 800,000 francs, avec les 2 décimes; ces bases admises, on arrivait en effet au chiffre de 14,200,000 francs; les assurances maritimes figuraient dans le produit total de l'impôt pour 800,0[illegible]0 francs.

La commission a pensé que cette évaluation était exagérée : le montant des primes fixes, d'après les renseignements qui lui ont été officieusement communiqués, ne s'élève pas au-dessus de 75 millions de francs. Le montant total des primes fixes et des cotisations payées aux compagnies mutuelles est d'environ 90 millions de francs. Si ce renseignement est exact, il y aurait donc eu, sur ce point, un déficit de 6 millions de francs, décimes compris, sur les prévisions du Gouvernement.

D'après la décision de la commission, qui a fixé la taxe à 7 centimes, décimes compris, sur le montant du capital assuré, le capital assuré étant évalué à 90 milliards, le produit de l'impôt sur les assurances contre l'incendie, serait de. . . . . 6,300,000 fr.

Le capital assuré par les compagnies d'assurances maritimes, est, paraît-il, d'environ 5 milliards de francs; la prime moyenne, de 2 fr. 50 cent. pour 1,000. — Le montant des primes est donc de 125 millions de francs. — A raison de 50 centimes pour 100, décimes compris, la recette serait de. . . . 625,000

Le produit total de l'impôt sur les assurances est donc évalué à. . . . . . . 6,925,000 fr.

soit, en chiffres ronds, 7 millions de francs.

§ 10. — *Enregistrement obligatoire des baux.*

Art. 11 *et* 14. — Les dispositions du projet du Gouvernement relatives à l'enregistrement des baux ont vivement préoccupé la commission et ont été l'objet d'un examen approfondi. Comme ces dispositions, si elles sont adoptées par l'Assemblée, auront pour effet de modifier les habitudes des populations, c'est pour nous un devoir d'en établir l'incontestable légitimité.

L'article que nous allons examiner oblige le preneur et le bailleur à faire enregistrer leur bail dans un délai de trois mois de sa date, ou à faire une déclaration estimative, si le bail est verbal, dans le même délai, à partir de l'entrée en possession, et il crée un ensemble de mesures destinées à assurer l'exécution de cette double obligation.

Cette exigence n'est pas arbitraire.

Si le droit de bail établi par la loi du 22 frimaire an VII, sur ce contrat, était un *droit d'acte*, il est certain que le législateur ne pourrait pas, sans abus, sans méconnaître les principes de la matière, obliger les parties au payement de cet impôt, avant la présentation volontaire du bail écrit, à la formalité de l'enregistrement. Mais, s'il s'agit d'un droit sur la *mutation de la jouissance*, il est tout naturel et tout à fait conforme au principe de l'égalité devant l'impôt que l'Administration en exige le payement, quand même il n'y aurait pas d'écrit, si, d'ailleurs, l'existence de la mutation de jouissance est régulièrement prouvée.

La loi de frimaire an VII a consacré expressément cette distinction : elle établit un *droit d'acte* sur les actes contenant obligations, libérations, etc... et un droit de *mutation* pour les transmissions de propriété, d'usufruit ou de jouissance des biens immeubles.

C'est le fait de la mutation de la propriété, de l'usufruit ou de la jouissance qui rend le droit exigible. Aussi, l'enregistrement de l'acte sous signatures privées, dans le cas de vente, de constitution d'usufruit ou de bail, n'est pas facultatif. Les parties sont tenues de soumettre l'acte à cette formalité, dans un délai de trois mois, sous peine d'un double droit.

Il est si vrai que l'existence d'un acte écrit est indifférente dans la pensée des auteurs de la loi de l'an VII, pour l'exigibilité du droit, lorsqu'il y a mutation de propriété ou de jouissance de biens immeubles, que cette loi détermine les circonstances qui établiront suffisamment cette mutation, pour la demande des droits d'enregistrement, à défaut de production d'actes écrits.

Pour ce qui concerne spécialement les baux, la loi de frimaire an VII dit expressément *que leur existence sera suffisamment établie pour la perception du droit d'enregistrement par les actes qui les feront connaître, ou par des payements de contributions imposées aux fermiers, locataires et détenteurs temporaires.*

Cependant la loi du 27 ventôse an IX qui a imposé au nouveau possesseur l'obligation, à défaut d'actes, de faire une déclaration estimative, n'ayant parlé expressément que des mutations de propriété et d'usufruit, la Cour de cassation a décidé, en se fondant sur le silence de cette loi quant aux mutations de jouissance, et sans tenir compte d'un article formel de la loi de frimaire (art. 13), que le droit n'était pas dû lorsque le bail était purement verbal.

L'Administration a dû s'incliner devant cette jurisprudence, et depuis cette époque le droit n'est perçu ni sur les baux verbaux, ni, le plus souvent, sur les baux écrits, les parties se mettant toujours d'accord, même quand il y a litige entre elles, pour reconnaître qu'elles ne sont liées que par des conventions verbales.

La loi actuelle fait un retour aux principes de la loi fondamentale du 22 frimaire an VII, et complète celle du 27 ventôse an IX.

Cette disposition est du reste parfaitement juste. Elle rétablit l'égalité de l'impôt en le faisant payer indistinctement par tous ceux qui le doivent.

Cet article a été combattu par plusieurs membres de la commission, qui demandent le maintien des dispositions de la législation actuelle, telles qu'elles ont été interprétées par la jurisprudence et, par suite, l'immunité d'impôt en faveur des locations verbales. Ils pensent que la déclaration estimative serait très-gênante pour les petites locations, surtout dans les campagnes, où les fermiers seraient obligés de faire le voyage au chef-lieu de canton. L'amende leur paraît d'ailleurs excessive. On ne peut pas admettre que le défaut d'enregistrement ou de déclaration, dans le délai prescrit, expose les fermiers de petites parcelles de terre, gens souvent illettrés, à une amende de 50 francs, quelquefois dix fois supérieure au prix du bail. Ils ont demandé, dans tous les cas, si l'article était adopté, qu'on facilitât l'exécution de la loi et qu'on fît une disposition particulière pour les petites locations, au point de vue de l'application des amendes. Ils ont demandé, enfin, que l'impôt ne fût pas perçu en totalité sur le montant cumulé des loyers de toute la durée du bail.

La commission a donné satisfaction à une partie des observations qui précèdent.

Elle a adopté l'article 11 du projet. Les parties seront tenues, lorsqu'il n'existe pas de bail écrit, de faire une déclaration estimative dans le délai de trois mois, à partir de l'entrée en jouissance.

A défaut de déclaration, le bailleur et le preneur sont passibles personnellement et sans recours, nonobstant toute stipulation contraire, d'un droit en sus, qui ne pourra être inférieur à 50 francs.

Le bailleur aura, pour faire sa déclaration, outre le délai de trois mois dont nous venons de parler, un délai supplémentaire d'un mois.

Néanmoins, l'obligation de faire la déclaration ne sera pas imposée pour les baux d'un loyer annuel inférieur à 100 francs, et d'une durée qui n'excède pas trois ans.

Toutefois, cette exception ne sera pas applicable au cas où le même bailleur aurait consenti plusieurs conventions verbales au-dessous de 100 francs, mais dont le prix annuel cumulé excéderait cette somme. Le bailleur sera tenu alors d'en faire la déclaration, et d'acquitter personnellement et sans recours les droits d'enregistrement.

Nous avons voulu, par cette disposition, atteindre les propriétaires qui font quelquefois, sous cette forme, des locations considérables, et retirent, par ce moyen, de leurs parcelles un prix d'autant plus élevé. Par cette considération, et à raison de la multiplicité de ces petites locations faites par la même personne, la loi met, dans ce cas, le droit de bail à la charge du bailleur.

Quant aux difficultés pratiques dont on se préoccupe justement, elles seront aplanies par l'Administration des finances, qui s'efforcera d'éviter, autant que possible, les déplacements.

La commission a décidé, en outre, que pour les baux de plus de trois ans le payement du droit d'enregistrement, si les parties le requièrent, sera fractionné en autant de payements égaux qu'il y aura de périodes triennales dans la durée du bail. Il est bien entendu que si le nombre des années n'est pas exactement divisible par trois, le dernier payement se composera des droits afférents aux années qui ne formeraient pas une période triennale entière.

Le fractionnement du droit d'enregistrement en termes annuels, pour des sommes généralement peu considérables, aurait créé un embarras plutôt qu'il n'aurait donné de sérieuses facilités.

D'après l'article 69, paragraphe 3, de la loi du 22 frimaire an VII, les baux de trois, six ou neuf années donnent ouverture à la perception du droit proportionnel sur le montant des loyers des neuf années, bien que les deux parties soient libres réciproquement de faire cesser le bail à fin des deux premières périodes, et qu'il n'y ait en réalité de lien obligatoire entre elles que pour les trois premières années. Cette disposition, contraire aux principes et à l'équité, est abrogée par la présente loi.

Art. 17. — Cette loi décide enfin que les taxes ne seront perçues, pour les baux en cours, que sur les années non expirées au moment de sa promulgation, si l'enregistrement a lieu dans le délai de trois mois à partir de cette époque.

Le bail à colonage ou à moitié fruit est considéré, en doctrine et en jurisprudence, pour l'application de la loi fiscale, comme une association entre le propriétaire et le colon; par suite, les dispositions de la présente loi ne lui sont pas applicables.

La loi de frimaire an VII avait tarifé les baux à 1 pour 100 pour les deux premières années, et à 25 centimes pour 100 pour les années suivantes. La loi du 27 ventôse an IX a réduit la taxe à 75 centimes pour 100 pour les deux premières années, et pour le surplus de la durée du bail à 20 centimes.

La loi du 16 juin 1824 fixe le droit indistinctement à 20 centimes.

§ 11. — *Dissimulation de prix.*

D'après l'article 12 du projet de loi :

Art. 12 *et* 13. — Le vendeur de biens immeubles et l'échangiste n'ont aucune action en justice pour le payement de ce qui aurait été stipulé en sus du prix de vente ou de la soulte énoncés dans l'acte.

Et toute somme payée par suite de stipulations de cette nature, relatives à une transmission postérieure à la promulgation de la présente loi, est sujette à répétition.

Ces dispositions supposent que les parties ont fait en dehors du contrat ostensible une contre-lettre (ou une convention verbale) par laquelle elles ont reconnu l'existence d'un prix supplémentaire non porté au contrat,

Cette contre-lettre est-elle valable d'après les principes généraux du droit, les exigences de l'ordre public et de l'intérêt général?

La Cour de cassation reconnaît la validité d'une semblable contre-lettre. Mais cette jurisprudence ne peut être acceptée par le législateur. La loi du 22 frimaire an VII l'avait déclarée nulle et d'une nullité absolue. La loi antérieure du 9 vendémiaire n'en reconnaissait pas non plus la validité. M. Duchâtel, rapporteur de la loi du 22 frimaire, au conseil des Cinq-Cents, au nom de la commission des finances, s'exprimait ainsi, au sujet des contre-lettres de cette nature : « Vous trouverez dans notre projet la disposition qui existe dans la loi du 9 vendémiaire sur les contre-lettres (destinées à dissimuler une partie d'un prix de vente). Ces sortes d'actes sont d'une telle immoralité qu'on ne peut se dispenser de les frapper de nullité dans leurs principes, sans permettre que l'enregistrement puisse les purger de la tache que leur dénomination seule met en évidence. »

On conçoit difficilement comment la jurisprudence a pu trouver dans l'article 1321 du Code civil, qui reconnaît en général la validité des contre-lettres entre les parties, l'abrogation d'une disposition spéciale annulant, à cause de son immoralité, cette espèce particulière de contre-lettres.

Le blâme mérité du savant rapporteur de la loi de frimaire sur ces contre-lettres spéciales doit être maintenu ; la rigueur salutaire de la loi de l'an VII doit être rétablie.

La dissimulation d'une partie d'un prix de vente fait perdre au Trésor les droits qui lui sont dus; elle viole le principe de l'égalité en matière d'impôt; elle met à la charge des autres contribuables les sommes que l'acquéreur a frauduleusement retenues. Elle compromet gravement l'intérêt des femmes et des mineurs qui perdent généralement, dans les liquidations ultérieures, la partie du prix qui n'a pas été portée dans l'acte; elle est préjudiciable aussi aux créanciers à qui on enlève ainsi subrepticement une partie de leur gage.

Ces contre-lettres sont donc essentiellement frauduleuses et nulles.

La convention verbale, qui a pour objet la même dissimulation, doit être frappée, bien entendu, de la même nullité.

Ces principes admis, devait-on donner aux vendeurs une action en justice pour le payement de ce qui aurait été stipulé en sus du prix? La réponse ne peut être douteuse. Puisque la convention est frappée d'une nullité édictée dans un intérêt public, elle ne peut engendrer aucune action utile.

Cette solution a été admise unanimement par la commission.

Mais, si la somme qui fait l'objet de cette convention illicite a été payée, peut-elle être répétée par l'acquéreur? — Cette seconde question a fait l'objet d'un débat très-vif.

Plusieurs membres de la commission ont soutenu que l'action en répétition devait être accordée, car, en principe, les payements effectués sans cause, ou en vertu d'une cause contraire aux bonnes mœurs ou à l'intérêt public, donne à celui qui a payé le droit de demander le remboursement des sommes versées.

On ne peut pas invoquer la disposition du Code civil, d'après laquelle la répétition n'est pas admise à l'égard des obligations naturelles qui ont été volontairement acquittées, car ce qui est fait en exécution d'engagements qui sont à considérer comme frappés de réprobation, ne constitue pas l'acquittement d'une obligation naturelle. C'est ainsi que le payement volontaire d'intérêts usuraires ne forme aucun obstacle à une action en remboursement de la part du débiteur.

Les partisans de ce système demandent qu'on applique aux contre-lettres en matière de dissimulation de prix de vente, le principe admis pour la dissimulation de prix à l'occasion d'une cession d'office. Les deux situations ne sont pas absolument analogues, on le reconnaît : dans le dernier cas, le contrat ne devient obligatoire qu'après l'approbation du Gouvernement, et l'on peut dire que la convention qui n'a pas été approuvée par l'autorité publique est non existante. Mais ce n'est pas cette raison qui sert de fondement aux arrêts de la Cour de cassation. L'action du cessionnaire est basée sur la nullité d'ordre public de la contre-lettre. — Si une nullité de même nature entache les conventions ayant pour objet des dissimulations de prix en matière de vente, elle doit donc produire les mêmes effets.

La répétition des sommes payées en sus du prix porté dans l'acte ostensible est, du reste, un des moyens les plus efficaces d'empêcher désormais les dissimulations de prix. Les fraudes sont malheureusement passées dans nos mœurs ; elles sont pratiquées par des personnes d'ailleurs très-honorables. Il faut employer un moyen énergique pour faire cesser un scandale qui coûte environ 30 millions chaque année au Trésor public. La crainte d'une demande en restitution pendant trente ans de la part d'héritiers qu'il ne connaît pas, empêchera certainement le vendeur de se prêter à de pareilles dissimulations.

Cependant la majorité de la commission n'a pas adopté cette opinion. Elle s'est principalement préoccupée de l'immoralité de l'action en répétition. La dissimulation d'une partie du prix en vue de frauder le Trésor est certainement coupable; elle produit, à d'autres points de vue encore, des effets regrettables, c'est incontestable. Néanmoins, l'acheteur qui demande la restitution d'une somme volontairement payée en exécution d'une convention librement consentie, commet un acte d'improbité. La loi ne doit pas favoriser, dans un intérêt fiscal ou autre, une action condamnée par la morale et l'honnêteté.

La commission ne conteste pas que la convention, par laquelle les parties reconnaissent qu'une somme a été stipulée en sus du prix porté dans l'acte, doive être déclarée nulle, puisqu'elle admet que le vendeur ne peut y trouver le principe d'une action en justice pour se faire payer la somme qui fait l'objet de cette convention. Mais il ne s'ensuit pas, si cette somme a été volontairement payée, que l'acquéreur puisse se la faire rembourser. Le législateur pouvait sans doute, comme moyen de prévenir les fraudes contre l'Etat et les particuliers, donner, dans ce cas, une action en répétition, mais la rigueur des principes ne lui en fait pas une obligation. En effet, il est de principe qu'une convention qui procure aux deux parties des avantages illicites réciproques ne peut être invoquée par aucune d'elles; or, c'est ce qui a lieu dans l'espèce. La dissimulation profite au vendeur, car en diminuant les frais, elle lui donne le moyen de vendre plus cher; elle profite également à l'acquéreur, qui est dispensé illicitement de payer une partie des droits d'enregistrement. L'avantage est présumé se répartir entre les deux parties. La convention ne peut donc, sans turpitude, être alléguée ni par l'une ni par l'autre.

La commission, par toutes ces considérations, a pensé que la loi ne devait pas donner à l'acquéreur le droit de répéter la somme volontairement payée par lui au vendeur, en sus du prix porté dans l'acte.

Elle a également repoussé une autre proposition, faite dans le même but, d'après laquelle le vendeur et l'acquéreus auraient eu la faculté, dans le même cas de dissimulation, de demander, pendant dix ans, la résiliation du contrat, sans nuire, bien entendu, aux droits légalement acquis par des tiers.

Mais elle a cherché à armer la Régie des mesures répressives les plus efficaces contre les dissimulations de prix.

D'après la législation actuelle, s'il y a eu dissimulation d'une partie du prix au moyen d'une contre-lettre dont l'existence est constatée, l'acquéreur est condamné, à titre d'amende, à un triple droit.

Si la dissimulation est établie par un autre moyen, ou si

l'insuffisance du prix porté dans l'acte est constatée par une expertise, l'acquéreur est condamné à payer le droit simple et un droit en sus.

On ne peut, dans tous les cas, demander au vendeur que le droit simple dont il est débiteur solidaire, sauf son recours contre l'acquéreur.

L'expertise doit être demandée dans l'année à partir de l'enregistrement. Après ce délai, les parties peuvent impunément révéler la convention secrète, et même s'en prévaloir.

La commission a organisé un système de répression différent.

D'abord le projet de loi donne à la régie des moyen des preuve qu'elle n'avait pas antérieurement pour établir l'existence de toute convention écrite ou verbale, ayant pour objet une dissimulation de prix.

Cette preuve pourra être faite par des actes ou écrits émanés des parties, de leurs auteurs ou de leurs héritiers, ou enfin par des jugements.

Nous avons ajouté que la dissimulation pourra être prouvée par des actes ou écrits émanés de *l'une des parties;* mais il est bien entendu que ces actes ou écrits ne pourront, dans tous les cas, être opposés qu'à celle des parties qui en est l'auteur, ou à ceux qui la représentent.

L'action de la Régie durera deux ans à partir du jour de l'enregistrement de ces actes ou écrits.

Et lorsque la preuve sera acquise, la dissimulation donnera lieu au payement d'une amende égale au montant des sommes dissimulées, sans que cette amende puisse être inférieure à 100 francs.

La loi décide que cette amende sera due par le vendeur personnellement et sans recours contre l'acquéreur, nonobstant toute stipulation contraire.

L'acquéreur restera débiteur du droit simple seulement.

On voit facilement quelle est la portée de cette disposition. La pénalité est prononcée contre celle des parties qui a le moins d'intérêt à la fraude, afin de créer, de sa part, une cause de résistance plus efficace contre toute proposition de complicité.

La loi veut, en outre, que l'une des parties n'ait qu'un faible intérêt à empêcher la découverte de l'existence de la dissimulation.

Le notaire ne pourra, à peine de destitution, recevoir d'autres émoluments que ceux exigibles en raison des sommes exprimées au contrat.

Il devra donner lecture aux parties des propositions relatives aux moyens de preuves mis à la disposition de la Régie et aux pénalités qui sont prononcées contre le vendeur.

Art. 14. — La Régie pourra toujours recourir à l'expertise.

Le résultat de l'expertise prouve, sans doute, que le prix porté dans l'acte est inférieur à la valeur de la chose vendue, mais on ne peut pas, nécessairement, en conclure qu'il y a eu, effectivement, dissimulation. Par suite, les pénalités de la présente loi ne sont pas applicables à ce cas-là, qui continue à être régi par la loi ancienne.

L'article 14 impose au vendeur (comme au bailleur) l'obligation de faire enregistrer l'acte de vente sous signature privée, ou de faire la déclaration estimative, s'il n'y a qu'une convention verbale, dans le délai de trois mois, augmenté d'un autre délai supplémentaire d'un mois, sous peine d'un droit en sus qui ne peut être inférieur à 50 francs, auquel il est condamné personnellement et sans recours nonobstant toute stipulation contraire.

L'article ajoute que le vendeur peut s'affranchir de cette amende et même du versement immédiat des droits simples en se conformant à cette prescription de la loi.

Art. 15. — Le projet de loi propose de simplifier les formes de l'expertise appliquée à des immeubles dont le prix ou l'estimation n'excède pas 2,000 francs. La commission ne peut qu'adhérer à cette réforme.

Art. 16. — La commission a approuvé également la disposition qui impose au ministère public le devoir de requérir le dépôt au greffe pour être soumis à la formalité de l'enregistrement, de tous les actes non enregistrés qui seraient produits devant les tribunaux. Il y a lieu d'espérer que cette disposition sera plus efficace que les autres mesures qui ont été édictées jusqu'à présent.

Art. 17. — La loi accorde un délai de trois mois pour faire enregistrer, sans amende, tous les actes sous signatures privées, qui, en contravention aux lois, n'auraient pas été soumis à cette formalité;

Pour faire la déclaration des biens transmis entre-vifs sans convention;

Pour réparer les omissions ou estimations insuffisantes faites antérieurement dans des actes ou déclarations.

La même remise de peine est accordée pour les contraventions aux lois sur le timbre de dimension.

§ 12. — *Droit de timbre sur les quittances.*

Art. 18 *à* 23. — La loi du 13 brumaire an VII a soumis au droit de timbre tous les actes civils et judiciaires, toutes les écritures qui peuvent être produites en justice et y faire foi. Elle y a soumis spécialement les quittances de sommes supérieures à 10 francs.

Ce droit a été élevé successivement. Il est actuellement, pour les feuilles de la plus petite dimension, de 50 centimes.

Le timbre sur les quittances ne donne, en ce moment, presque rien au Trésor; si l'on excepte les fournisseurs de l'État, des communes et des établissements publics, dont les quittances sont l'objet d'un contrôle effectif, personne n'acquitte le droit.

L'inexécution de la loi, sur ce point, provient de plusieurs causes;

Le droit de timbre dans le plus grand nombre de cas est trop élevé.

Actuellement, le papier est timbré à l'avance. Les parties, n'ayant pas la précaution de s'en approvisionner, sont le plus souvent dans l'impossibilité de s'en procurer quand elles ont à en faire usage.

Les amendes ne sont pas suffisamment élevées.

Enfin, l'Administration n'a pas les moyens suffisants pour assurer la perception des taxes.

La commission a pensé qu'il ne suffisait pas de maintenir le droit de timbre sur les quittances, qu'il fallait encore édicter un ensemble de dispositions pour assurer le payement de ce droit.

Elle croit qu'elle atteindra ce but en abaissant sensiblement les taxes, en rendant le mode de perception facile, en édictant une pénalité sévère, et en donnant à l'Administration des moyens de contrôle qui lui manquaient antérieurement.

Elle s'est particulièrement préoccupée des résultats obtenus en Angleterre. Jusqu'en 1853, dans le Royaume-Uni comme en France, les quittances devaient être rédigées sur papier timbré; la taxe était proportionnelle. L'impôt ne produisait presque rien. Le chancelier de l'Échiquier (M. Gladstone) proposa de supprimer le droit proportionnel, de le remplacer par un droit fixe de 1 penny sur toutes les quittances de 2 livres, et de permettre l'usage des timbres mobiles. Le système de M. Gladstone eut un succès complet. Voici ce que dit, à ce sujet, une note du consul français à Londres :

« M. Gladstone, en rendant compte des résultats à la Chambre des communes, quelques mois après la mise à exécution du statut, annonça que le produit avait de beaucoup dépassé l'attente. L'empressement apporté dans tout le pays à se procurer des timbres fut en effet si grand, que l'Administration chargée de les fabriquer ne put que difficilement satisfaire à toutes les demandes. La consommation avait pris des proportions inconnues jusque-là, ce qu'explique du reste la modicité du droit; et le chancelier de l'Echiquier put dire avec raison que l'obéissance qui, sous l'ancienne loi, n'avait été que l'exception, était devenue la règle. On est unanime aujourd'hui à reconnaître, après une expérience de plusieurs années, que jamais la loi n'a mieux fonctionné, n'a mieux concilié tous les intérêts, en assurant le payement de l'impôt sans qu'il en résulte pour le contribuable aucune perte de temps ni aucun dérangement. »

La commission fait l'application du même système en France. L'article 18 abaisse à 10 centimes le droit de timbre auquel sont imposées les quittances. Ce droit fixe de 10 centimes sera perçu sur toutes les quittances ou acquits donnés au pied des factures; sur les reçus et décharges de sommes, titres, valeurs et objets, la loi ajoute : « et généralement tous les titres de quelque nature qu'ils soient, signés ou non signés qui emporteraient libération, reçu ou décharge », pour empêcher qu'on ne parvienne à éluder les dispositions fiscales, au moyen de conventions ou déclarations faites à l'avance, ou de tout autre signe conventionnel, qui remplaceraient les quittances, bien que la signature du créancier ne fût pas apposée sur le titre.

Les termes généraux de l'article 18 comprennent, dans leur définition, les billets de chemins de fer, car ces billets emportent libération et décharge; par conséquent, lorsqu'un billet donnera lieu à une perception supérieure à 10 francs, il sera sujet au droit de timbre de 10 centimes. Ainsi, pour un trajet en chemin de fer d'environ 80 kilomètres et au-dessus, en première classe, le voyageur payera une taxe supplémentaire de 10 centimes; en seconde classe, la taxe ne sera perçue que pour un trajet de plus de 115 kilomètres; elle ne sera exigible que pour un trajet excédant 160 kilomètres en troisième classe.

La commission n'a pas considéré le bulletin de bagages comme un reçu d'objets, mais comme un reçu de sommes. Par suite, il ne donnera ouverture au droit de 10 centimes que lorsque le prix de l'excédant de bagages s'élèvera au-dessus de 10 francs.

Le droit de 0 centimes est dû par chaque quittance, reçu ou décharge. Ce n'est pas, en effet, un droit de timbre sur la consommation du papier, c'est une taxe prélevée sur l'écrit libératoire, indépendante, par conséquent, de la dimension du papier.

La taxe sera perçue au moyen de timbres mobiles. Les négociants pourront, néanmoins, faire usage de papiers timbrés à l'avance. L'article 19 leur accorde, dans ce dernier cas, un déchet de 2 pour 100.

La commission soumet également au droit de 10 centimes les chèques créés par la loi du 14 juin 1865, quelles que soient les sommes qui y seront portées. Ces titres peuvent, sans aucun inconvénient, être assujettis à un droit aussi minime.

L'impôt ne peut être productif, à raison de son abaissement, qu'à la condition de frapper toutes les quittances, reçus, décharges, même les quittances des arrérages des rentes sur l'Etat, de toutes créances, même des traitements des fonctionnaires, employés, officiers de l'armée, qui, jusqu'ici, ont été afranchis de toute taxe.

L'article 20 admet des exceptions pour les acquits au pied des effets de commerce qui ont déjà acquitté le droit proportionnel, et pour les quittances énumérées en l'article 16, relatives au payement des contributions directes, des droits d'enregistrement, et de la solde des troupes.

Quant aux quittances délivrées par les comptables des deniers publics, à celles des douanes et des contributions indirectes, et aux envois de valeurs confiées à la poste, elles sont aujourd'hui soumises à un droit de timbre et à une législation spéciale. Cette législation est maintenue.

La commission s'est occupée particulièrement de la sanction de la loi et des moyens d'en assurer l'exécution.

La loi prononce une amende de 50 francs contre le créancier qui a consenti à délivrer une quittance ou un reçu non timbrés. Cette amende qui n'a, d'ailleurs, rien d'excessif, est celle qui est édictée contre les actes sous signatures privées non timbrés. Bien que la loi civile déclare que les frais de quittance sont supportés par le débiteur, il est naturel de mettre l'amende à la charge du créancier, car c'est lui qui commet, en réalité, la contravention en signant la quittance ou le reçu sur une pièce qui n'a pas acquitté l'impôt. C'est, d'ailleurs, le seul moyen de l'intéresser à l'exécution de la loi. L'amende contre le débiteur aurait porté ce dernier à dissimuler avec plus de soin l'existence des quittances irrégulières au point de vue du fisc.

C'est, du reste, le système de répression employé en Angleterre, où il a produit de bons résultats. L'amende, en Angleterre, est de 250 francs.

Les agents de l'administration de l'Enregistrement auront le droit d'exiger la représentation des pièces de comptabilité déposées au siége des grandes compagnies, telles que les compagnies de chemins de fer, d'assurances, de transport et de navigation. Cette faculté n'a rien d'insolite : tous les établissements publics y sont soumis, et les compagnies elles-mêmes ont été assujetties aux vérifications des employés de l'Enregistrement pour l'assiette et le recouvrement des droits imposés par les lois du 5 juin 1850 sur le timbre des actions et obligations, et des polices d'assurances de toute nature, du 23 juin 1857, sur le droit de transmission, du 13 mai 1863, sur les récépissés de chemins de fer, et du 13 août 1810, sur les colis et objets abandonnés chez les entrepreneurs de transports.

Les Compagnies sont appelées à donner et à recevoir un grand nombre de quittances et de reçus. Nous exigeons qu'elles se conforment strictement à la loi nouvelle. Leur exemple sera suivi et il contribuera efficacement à vulgariser les prescriptions de la loi fiscale.

Les contraventions seront constatées par tous les agents qui sont déjà autorisés à verbaliser en matière de timbre. Nous y ajoutons les agents de la force publique : il importe, en effet, que la surveillance soit aussi étendue que possible pour atteindre le but que nous nous proposons. La loi ne demande pas compte aux agents des moyens par lesquels ils se sont procuré les pièces qui constatent la contravention; elle exige seulement la représentation de ces pièces ou l'aveu de la contravention par ceux qui l'ont commise. Un quart des amendes recouvrées sera attribué aux agents qui auront ainsi constaté la fraude.

Il est bien entendu que la quittance ne sera pas obligatoire. Si le débiteur veut s'exposer à payer une seconde fois en cas de réclamation nouvelle de la part du créancier, par suite d'oubli ou d'autre cause, il sera libre de ne pas se faire donner une quittance. Mais s'il y a quittance sans payement du droit de timbre, l'amende sera encourue.

Il est difficile de déterminer, *à priori*, le produit du timbre à 10 centimes. Il sera, dans tous les cas, considérable; en effet, la taxe s'applique à toutes les factures acquittées délivrées par les négociants et par le commerce de détail, au payement des rentes sur l'Etat, des dividendes et des intérêts des compagnies, aux billets et aux bulletins de bagages des chemins de fer ayant donné lieu à une perception supérieure à 10 francs, aux reçus des objets transportés dont le destinataire donne décharge sur les registres du factage, aux émargements individuels donnés chaque mois par les fonctionnaires, officiers, employés salariés de l'État, des départements, des communes et des compagnies; aux chèques, aux quittances de loyer; aux reçus pour livraison de titres ou valeurs négociés ou déposés, etc.

Le nombre de toutes ces pièces peut être annuellement de

plus de 100 millions; la commission a prévu en conséquence une recette de 10 millions, qui sera probablement dépassée.

§ 13. — *Timbre des journaux.*

. . . .

En résumé :

D'après les résolutions de la commission, voici quel sera le produit probable des augmentations et créations d'impôts en matière d'enregistrement et de timbre :

Double décime sur les produits de l'enregistrement	31,500,000 fr.
Décimes sur les produits du timbre de dimension, sur les produits perçus par voie d'abonnement et sur les rentes étrangères	11,600,000
Permis de chasse	4,000,000
Timbre sur les effets de commerce	12,000,000
Récépissés des chemins de fer, quittances délivrées par les comptables, reconnaissances de valeurs, colis, etc.	1,400,000
Dispositions relatives aux valeurs étrangères, faisant partie des successions de Français et d'étrangers, et aux ouvertures de crédit	4,000,000
Taxes sur les assurances	7,000,000
Enregistrement obligatoire des baux et mesures répressives	15,000,000
Droit de quittances et reçus	10,000,000
Timbre sur les journaux	
	96,500,000 fr.

N° 3. — Rapport supplémentaire fait au nom de la commission du budget par M. Mathieu-Bodet.

Le projet de la commission déposé sur le bureau de l'Assemblée, le 20 juillet, est modifié de la manière suivante :

I. — Après le cinquième paragraphe de l'article 11, la commission propose d'ajouter une nouvelle disposition ainsi conçue :

Si le prix de la location verbale est supérieur à 100 francs sans excéder 300 francs annuellement, le bailleur sera également tenu d'en faire la déclaration et d'acquitter les droits exigibles, sauf son recours contre le preneur, qui sera dispensé dans ce cas de la formalité de la déclaration.

La commission a voulu simplifier autant que possible l'application de la loi.

Dans son premier rapport, elle a exposé les motifs qui l'ont déterminée à affranchir de toute déclaration les locations verbales dont le prix annuel n'excède pas 100 francs.

Elle a pensé qu'elle devait aller plus loin; qu'elle devait dispenser de la déclaration les preneurs pour les locations verbales qui n'excéderaient pas 300 francs. Le nombre de ces petites locations est très-considérable dans certaines villes. A Paris particulièrement, il y a, paraît-il, 316,000 baux au-dessous de 250 francs.

Il serait difficile, sans causer de grands embarras, d'obliger ces petits locataires à faire une déclaration estimative.

Les propriétaires dont les maisons sont affectées aux habitations de cette importance ont généralement un grand nombre de locataires : ils ont déjà des rapports obligés avec l'Administration pour les contributions foncières, mobilières et des portes et fenêtres; il leur sera facile, sans dérangement nuisible, de faire la déclaration pour tous les baux de la catégorie qui fait l'objet de ce paragraphe.

Dans ce cas, ils seront tenus au payement de l'impôt, mais ils conserveront leurs recours contre leurs locataires. Le projet de loi ne leur impose à cet égard qu'une obligation analogue à celle qui leur incombe pour le payement de l'impôt des portes et fenêtres.

Cette disposition simplifiera heureusement l'application de la loi relativement aux petits baux qui ont particulièrement préoccupé la commission.

II. — Une autre modification est faite dans le sixième paragraphe de l'article 11, qui, sans en changer le sens, en rend la rédaction plus exacte.

III. — Le deuxième paragraphe de l'article 12 porte dans une de ses dispositions que l'amende, en cas de dissimulation d'une partie du prix, est due par l'ancien possesseur personnellement et sans recours, nonobstant toute stipulation contraire. Après ces mots : ancien possesseur, nous ajoutons ceux-ci : *ou ses successeurs*. Sans cette addition, la pénalité édictée par la loi n'aurait pu recevoir aucune application en cas de mort de l'ancien possesseur avant la condamnation.

La loi du 28 avril 1816 contient une disposition semblable pour les contraventions en matière de timbre.

C'est par oubli que le projet primitif de la commission n'avait pas mis cette amende à la charge des successeurs après le décès de la partie signataire.

IV. — Nous ajoutons à l'article 14 un dernier paragraphe qui est rendu nécessaire par les modifications apportées au texte primitif du projet du Gouvernement dans les paragraphes 5 et 6 de l'article 11.

L'article 17 accorde un nouveau délai de trois mois pour faire enregistrer sans amende les actes sous signatures privées qui n'ont pas été soumis à la formalité de l'enregistrement dans le délai légal, et pour faire la déclaration des biens transmis entre-vifs lorsqu'il n'existe pas de conventions écrites, etc. Mais il a oublié de comprendre dans ses dispositions les transmissions par décès.

La nouvelle rédaction a pour but de réparer cette omission. (Voici le texte définitif des articles 11, 12, 14 et 17.)

Art. 11. — Les cinq premiers paragraphes comme au projet primitif de la commission.

Sixième paragraphe (nouveau) :

Si le prix de la location verbale est supérieur à 100 francs, sans excéder 300 francs annuellement, le bailleur sera également tenu d'en faire la déclaration et d'acquitter les droits exigibles, sauf son recours contre le preneur, qui sera dispensé dans ce cas de la formalité de la déclaration.

Septième paragraphe (rédaction modifiée) :

Le droit sera exigible lors de l'enregistrement ou de la déclaration. Toutefois, *si le bail est de plus de trois ans* et si les parties le requièrent. (Le reste comme au projet primitif de la commission.)

Art. 12. — Le premier paragraphe comme au projet primitif de la commission.

Deuxième paragraphe (modifié) :

Toute dissimulation établie conformément à l'article 13 ci-après et relative à une transmission postérieure à la promulgation de la présente loi, donnera lieu au payement d'une amende égale au montant des sommes dissimulées sans que cette amende puisse être inférieure à 100 francs. L'amende est due par l'ancien possesseur *ou ses successeurs* personnellement... (Le reste de l'article comme au projet primitif de la commission.)

Art. 14. — Les trois premiers paragraphes comme au projet primitif de la commission.

Quatrième paragraphe (nouveau) :

Les dispositions du présent article ne sont pas applicables

au premier dans les cas prévus par les paragraphes 5 et 6 de l'article 11 ci-dessus.

Art. 17. — *Le premier paragraphe* comme au projet primitif de la commission.

Deuxième paragraphe (modifié) :

Le même délai de faveur est accordé pour faire la déclaration des biens transmis *soit par décès, soit* entre-vifs lorsqu'il n'existera pas de conventions écrites.

Les trois derniers paragraphes comme au projet primitif de la commission.

ARRÊTÉ DU CHEF DU POUVOIR EXÉCUTIF DU 25 AOUT 1871

Papiers timbrés.

(Promulgué au *Journal officiel* du 25 août 1871.)

XII° Série, Bull. 66, n° 545; Instr. n° 2413.)

ARTICLE PREMIER. — A partir de la promulgation de la loi du 23 août 1871, les papiers timbrés actuellement en usage seront revêtus d'un contre-timbre indiquant l'augmentation des droits. — Le contre-timbre portera : — *Deux décimes en sus*, pour les papiers soumis à ces deux décimes; — *Un droit en sus*, pour les effets de commerce, dont la quotité a été élevée au double; — *Cinq centimes en sus*, pour les récépissés des chemins de fer et les quittances des comptables publics, dont le droit est élevé de 20 à 25 centimes. — Ces contre-timbres, conformes au modèle ci-joint, seront appliqués au milieu de la partie supérieure de chaque feuille. — Ils seront apposés, outre les timbres actuellement en usage, sur les papiers présentés au timbre extraordinaire.

ART. 2. — Dans le cas où les contre-timbres ne pourraient pas être mis en activité au jour de la promulgation de la loi, il y sera suppléé soit par l'application d'un ou de plusieurs des timbres actuellement en usage et dont la quotité représenterait le supplément de droit, soit par un visa daté et signé par le receveur.

ART. 3. — Dans les trois mois à partir de la promulgation de la loi, les officiers publics et les particuliers seront admis à échanger les papiers filigranés et timbrés restés sans emploi entre leurs mains contre des papiers de même nature portant les timbres et contre-timbres établis par le présent arrêté. — Cet échange s'opérera de manière que le Trésor n'ait à faire aucun remboursement, et, dans le cas où le montant des droits afférents aux papiers rapportés serait inférieur à celui des papiers donnés en échange, les détenteurs seront tenus de payer l'excédant ou l'appoint.

ART. 4. — Les détenteurs de papiers timbrés à l'extraordinaire antérieurement à la promulgation de la loi susvisée et non encore employés seront également admis, dans le délai de trois mois, à les présenter à la formalité du contre-timbre, en acquittant les suppléments de droit.

ART. 5. — Les types des timbres en usage seront modifiés de telle sorte qu'ils indiquent, indépendamment de la quotité actuelle, que cette quotité est assujettie à une perception supplémentaire, soit de deux dixièmes, soit d'un droit entier, soit de 5 centimes. . . . . . .

[Décr. du 19 février 1874, art. 5.] . . . .

ART. 6. — L'administration de l'Enregistrement, des Domaines et du Timbre fera déposer aux greffes des cours et tribunaux des empreintes des timbres et contre-timbres établis par le présent arrêté. Le dépôt sera constaté par un procès-verbal dressé sans frais.

LOI DU 11 SEPTEMBRE 1871

Garde nationale mobilisée.

(Promulguée au *Journal officiel* du 16 septembre 1871.)

(XII° Série, Bull. 64, n° 503.)

ARTICLE PREMIER. — Les décrets des 22 octobre, 3, 22 et 25 novembre 1870 sur la garde nationale sont et demeurent abrogés. — Toutes les dépenses imposées aux départements et aux communes pour la garde nationale mobilisée seront supportées par l'État.

ART. 3. — Les sommes payées par les départements, les communes et les particuliers pour la garde nationale mobilisée, et le montant des droits d'enregistrement perçus par le Trésor sur les emprunts contractés à cet effet par les départements et les communes, leur seront remboursés sans intérêts en cinq annuités égales, à partir de 1872.

[Comp. L. 26 novembre 1872.]

LOI DU 15 SEPTEMBRE 1871

Reconstitution des consignations.

(Promulguée au *Journal officiel* du 12 octobre 1871.)

(XII° série, Bull. 68, n° 561; Instr. n° 2429.)

ART. 6. — Les actes faits, les copies et pièces justificatives fournies en exécution de la présente loi, ainsi que tous actes de procédure et d'instance auxquels elle donnerait lieu, seront dispensés des droits de timbre et d'enregistrement. — Il en sera de même pour les actes portant mainlevée des oppositions que la caisse des consignations aurait inscrites d'office, s'il est justifié que la mainlevée avait été donnée avant le 31 mars 1871.

LOI DU 16 SEPTEMBRE 1871

Droit de transmission. — Cautionnement.

(Promulguée au *Journal officiel* du 2 octobre 1871.)

(XIIe Série, Bull. 67, no 556; Instr. nos 2422 et 2466.)

—

Art. 11. — A partir du 15 octobre 1871, les droits de 20 centimes pour 100 francs de la valeur négociée, sur les titres nominatifs, et de 12 centimes sur les titres au porteur, établis par l'article 6 de la loi du 23 juin 1857, sont respectivement élevés à 50 centimes et 15 centimes.

[Droit de 50 cent. fixé à 50 cent. sans addition de décimes (L. 29 juin 1872, art. 3). — Taxe de 15 cent. fixée à 25 cent. (L. 30 mars 1872, art. 1er); — puis à 20 cent., sans addition de décimes (L. 29 juin 1872, art. 3).]

Ces droits seront applicables à la transmission des obligations des départements, des communes, des établissements publics et de la Société du Crédit foncier.

[Obligations du Crédit foncier (*V.* Déc. 28 février et 31 décembre 1852). — Bons de liquitation de la ville de Paris (Déc. 23 août 1873, art. 2).]

Art. 29. — Les cautionnements qui, aux termes des lois actuellement en vigueur, doivent ou peuvent être constitués, en totalité ou en partie, soit en immeubles, soit en rentes françaises d'une nature spéciale, pourront être constitués en rentes françaises de toute nature.

[*V.* L. 8 juin 1864, art. 26 et suiv. (Déc. 11 août 1864, art. 3). — Capitalisation (L. 22 mars 1873, art. 2).]

SOMMAIRE

Rapport de la commission du budget.

La commission vous propose de porter de 20 centimes à 50 centimes pour 100 francs de la valeur négociée le droit de transmission établi par l'article 6 de la loi du 23 juin 1857 sur toute cession de titre ou promesse d'actions et d'obligations dans une société, compagnie ou entreprise quelconque, financière, industrielle, commerciale ou civile, et de porter à 15 centimes au lieu de 12 centimes par 100 francs du capital desdites actions et obligations la taxe annuelle et obligatoire destinée, par le même article, à remplacer le droit pour les titres au porteur dont la transmission peut s'opérer sans un transfert sur les registres de la société.

Nous vous proposons d'étendre les effets de ces dispositions à des valeurs qui en sont restées jusqu'à présent affranchies.

L'Exposé des motifs de la loi du 5 juin 1850 a établi un droit de timbre proportionnel sur les obligations des départements, des communes et des établissements publics, aussi bien que sur les actions et obligations des sociétés d'industrie, de commerce et de finances.

Mais celle du 23 juin 1857, qui créa un droit de transmission sur les valeurs mobilières, n'a assujetti à ce droit que les cessions de titres ou promesses d'actions et d'obligations dans une société, compagnie ou entreprise quelconque, financière, commerciale ou civile; elle ne s'occupe pas des obligations des départements, des communes et des établissements publics. Il en résulte que ces obligations, d'après la législation actuelle, ne sont soumises qu'au droit de timbre proportionnel. Il n'y a pas de raison pour que la transmission de ces titres ne donne pas lieu également à la perception des droits de mutation.

Quant aux obligations de la Société du Crédit foncier, il semble qu'elles devraient tomber sous l'application de la loi du 23 juin 1857, puisque cette loi parle d'une manière générale des cessions de toutes les obligations des sociétés, compagnies ou entreprises quelconques, commerciales ou civiles. Cependant le rapport de la commission dit expressément que ces obligations sont exemptes du droit de transmission; qu'elles sont régies par une loi spéciale, la loi de la création de cette société. La commission n'a pas pensé que le décret du 28 février 1852 pût mettre obstacle à ce que les obligations du Crédit foncier fussent assujetties au droit de transmission qui atteint les obligations de toutes les autres sociétés de finances ou d'industrie. L'article 14 du décret décide, il est vrai, que l'enregistrement de ces titres a lieu au droit fixe de 10 centimes, mais il ne s'ensuit pas que cette immunité doive les exempter de la perception du droit de mutation qui a été établi ultérieurement sur la cession des valeurs mobilières.

Le droit de demi pour 100 sur les titres nominatifs n'a rien d'excessif pour les valeurs dont les mutations ne sont pas fréquentes; c'est celui qui est édicté par l'article 69 de la loi du 22 frimaire an VII sur les cessions d'actions et coupons d'actions mobilières des compagnies et sociétés d'actionnaires, et quant à celui de 15 centimes au lieu de 12, sur les valeurs au porteur, il représente une taxe annuelle de 3 pour 100 sur les revenus; le taux actuel est d'un peu moins de 2 et demi.

DÉCRET DU 24 NOVEMBRE 1871

Augmentation du tarif des greffiers et des huissiers.

(Promulgué au *Journal officiel* du 16 décembre 1871.)

(XIIe Série, Bull. 70, no 712; Instr. no 2440.)

—

Article premier. — Il est alloué aux greffiers des cours d'appel et aux greffiers des tribunaux civils de première instance, comme remboursement du papier timbré: — 1° Pour chaque arrêt ou jugement rendu à la requête des parties, ceux de simple remise exceptés, 1 fr. 20 cent.; — 2° pour chaque acte porté sur un registre timbré, 60 centimes; — 3° pour chaque mention portée sur un registre timbré, 25 centimes.

Art. 2. — Les dispositions de l'article précédent sont applicables aux greffiers des tribunaux spéciaux de commerce et aux greffiers des tribunaux civils qui exercent la juridiction commerciale; mais l'allocation à titre de remboursement du timbre employé aux feuilles d'audience est fixée, pour chaque jugement, ceux de simple remise exceptés, à 80 centimes.

Art. 3. — Il est alloué aux greffiers de justice de paix, à titre de remboursement du papier timbré: — 1° pour chaque jugement porté sur la feuille d'audience, ceux de simple remise exceptés, 80 centimes; — 2° pour chaque jugement de remise, 25 centimes; — 3° pour procès-verbal de conciliation inscrit sur un registre timbré, 60 centimes; — 4° pour le procès-verbal sommaire constatant que les parties n'ont pu être conciliées, 30 centimes; — 3° pour chaque mention sur un registre timbré, 25 centimes.

Art. 4. — Il est alloué aux huissiers, comme remboursement du papier timbré du registre tenu en exécution de l'article 176 du Code de commerce : — 1° pour protêt simple et intervention, 40 centimes; — 2° pour protêt de perquisition, 60 centimes.

Art. 5. — La rétribution due au greffier de la justice de paix, en vertu de l'article 2 de la loi du 2 mai 1855, pour tout droit, par chaque billet d'avertissement avant citation, est fixée à 30 centimes, y compris l'affranchissement, qui sera, dans tous les cas, de 15 centimes, et sans préjudice du remboursement du coût de la feuille de papier timbré exigée par l'article 21 de la loi du 23 août dernier.

[Comp. Déc. 24 mai 1854 et 8 décembre 1862.]

DÉCRET DU 25 NOVEMBRE 1871

Taxe sur les assurances.

(Promulgué au *Journal officiel* du 26 novembre 1871.)

(XIIe Série, Bull. 72, n° 713; Instr. n° 2425.)

TITRE PREMIER. — *Des assurances maritimes.*

Article premier. — La perception de la taxe établie sur les assurances maritimes est faite pour le compte du Trésor et au moment de la signature des polices, savoir : par les courtiers ou notaires qui auront rédigé les contrats; — par les compagnies, sociétés ou tous autres assureurs, pour les contrats souscrits sans intervention de courtiers ou de notaires. — Si, dans ce dernier cas, le contrat est souscrit par plusieurs sociétés, compagnies ou assureurs, le montant intégral de la taxe est perçu par le premier signataire, désigné sous le nom d'*apériteur* de la police. — Néanmoins, toutes les parties restent tenues solidairement du payement des droits qui n'auraient pas été versés au Trésor aux époques ci-après.

Art. 2. — Les polices provisoires et les polices flottantes ne donnent pas lieu au payement immédiat de la taxe; mais cette taxe est perçue au moment de la signature de la police définitive connue sous le nom de *police d'aliment*, *avenant*, *application*, ou sous toute autre dénomination que ce soit. — A cet effet, les polices, avenants ou applications contiennent la mention expresse de la date, du numéro de la police provisoire ou flottante, ainsi que du nom de l'assuré et du navire. — Pareille mention est inscrite sur le livre ou registre que les courtiers ou notaires doivent tenir, en exécution de l'article 84 du Code de commerce, et de l'article 47 de la loi du 5 juin 1850, ainsi que sur le répertoire tenu par les compagnies, sociétés ou assureurs, conformément aux articles 44 et 45 de la loi précitée. — Les polices de réassurance doivent aussi faire mention expresse de la date et du numéro de la police primitive, ainsi que des noms du navire et de l'assureur primitif. Ces indications sont inscrites sur le répertoire tenu par le réassureur. L'assureur primitif inscrit également en marge de son répertoire la date et le numéro de la police de réassurance et le nom du réassureur.

Art. 3. — Le versement du montant des taxes perçues par les courtiers, notaires, sociétés, compagnies ou tous autres assureurs, a lieu dans les dix premiers jours qui suivent l'expiration de chaque trimestre, et au moment du dépôt des livres et répertoires assujettis au visa trimestriel du receveur de l'Enregistrement. — Il est déposé à l'appui du versement un relevé, article par article, de toutes les polices inscrites pendant le trimestre précédent, soit au livre des courtiers ou notaires, soit au répertoire des compagnies, sociétés ou assureurs. — Ce relevé est totalisé, arrêté et certifié. — Il comprend dans des colonnes distinctes : — le numéro d'ordre du livre ou du répertoire; — le numéro de la police; — la date de la police; — le nom de l'assuré; — le nom du navire; — le montant des capitaux assurés; — le montant de la prime; — le montant de la taxe perçue. — Les polices provisoires, les polices flottantes, les polices de réassurance non sujettes à la taxe, sont portées au relevé, mais pour mémoire seulement. — Par exception, le premier versement comprendra les taxes afférentes aux polices souscrites depuis la promulgation de la loi du 23 août 1871 jusques et y compris le 31 décembre suivant.

Art. 4. — Les polices souscrites sans intermédiaire de courtiers ou de notaires sont inscrites, avec mention de la taxe perçue, au répertoire des compagnies, sociétés et assureurs. — La taxe afférente aux polices concernant plusieurs assureurs est inscrite pour son montant intégral sur le répertoire du premier signataire ou apériteur, avec indication du nom des autres assureurs qui ont souscrit la police commune. Cette police figure, en outre, au répertoire de chacun de ses assureurs, mais seulement pour mémoire. — Les polices de réassurance, lorsqu'elles sont exemptes de la taxe, sont également inscrites pour mémoire, avec les annotations marginales prescrites par le dernier alinéa de l'article 2. — Les polices provisoires et les polices flottantes sont inscrites au répertoire à l'encre rouge.

TITRE II. — *Des assurances contre l'incendie.*

Art. 5. — La taxe fixée par l'article 6 de la loi du 23 août 1871, pour les assurances contre l'incendie, est établie sur l'intégralité des primes, cotisations ou contributions constatées dans les écritures des compagnies, sociétés et assureurs. — Toutefois, sont déduites pour le calcul de la taxe :

1° Les primes, cotisations ou contributions relatives à des immeubles ou objets mobiliers situés à l'étranger;

2° Celles perçues pour réassurances, à moins que l'assurance primitive souscrite à l'étranger n'ait pas été soumise à la taxe;

3° Les primes, cotisations ou contributions que les sociétés, compagnies et assureurs justifieraient n'avoir pas recouvrées par suite de la résiliation ou de l'annulation des contrats.

Il sera ouvert dans les écritures des sociétés, compagnies et assureurs, un compte spécial à chacune des différentes natures de primes, cotisations ou contributions énumérées aux trois paragraphes précédents.

Art. 6. — Le payement de la taxe est effectué, pour chaque trimestre, avant le dixième jour du troisième mois du trimestre suivant, au bureau de l'enregistrement du siége des sociétés ou compagnies, ou du domicile de l'assureur. — Toutefois, pour les sociétés d'assurances mutuelles dans lesquelles le montant des cotisations annuelles est, d'après les statuts, exigible par avance le 1er janvier de chaque année, le payement de la taxe afférente aux contrats existants à cette époque est effectué par quart et dans les dix jours qui suivent l'expiration de chaque trimestre.

Art. 7. — Chaque année, après la clôture des écritures relatives à l'exercice précédent, et au plus tard le 31 mai, il est procédé, pour toutes les compagnies, sociétés ou assureurs, à une liquidation générale de la taxe due pour l'exercice entier. — Si de cette liquidation il résulte un complément de taxe au profit du Trésor, il est immédiatement acquitté. Dans le cas contraire, l'excédant versé est imputé sur l'exercice courant.

Art. 8. — A l'appui des versements prescrits par l'article 7, les sociétés, compagnies et assureurs remettent au receveur de l'Enregistrement un état certifié conforme à leurs écritures commerciales et indiquant :

1° Le montant des primes, cotisations ou contributions échues pendant le trimestre et provenant des exercices antérieurs ;

2° Le montant des mêmes primes, cotisations ou contributions provenant de souscriptions nouvelles ;

3° Les déductions à opérer en exécution de l'article 5; il est ouvert une colonne spéciale à chaque nature de déduction ;

4° Le montant net des primes, cotisations ou contributions assujetties à la taxe.

Pour opérer la liquidation générale prévue par l'article 7, les sociétés, compagnies et assureurs remettent au receveur de l'Enregistrement, avec la balance des comptes ouverts à leur grand-livre, un état récapitulatif de la totalité des opérations de l'année précédente. Cet état, dûment certifié, est vérifié au siége social par les agents de l'Administration, auxquels sont représentés, à toute réquisition, tous les livres, registres, polices, avenants et autres documents, quelle que soit d'ailleurs leur date.

Art. 9. — La taxe due pour la période écoulée depuis le jour où la loi du 23 août 1871 est devenue exécutoire, jusques et y compris le 31 décembre 1871, sera liquidée conformément au dernier paragraphe de l'article 8, et au plus tard le 31 mai 1872. — Il ne sera pas tenu compte des encaissements ou annulations de primes, cotisations ou contributions échues antérieurement à la promulgation de la loi précitée.

TITRE III. — *Dispositions générales.*

Art. 10. — Les compagnies, sociétés et assureurs étrangers qui feraient en France des opérations d'assurances, soit maritimes, soit contre l'incendie, sont soumis aux dispositions du présent règlement. De plus, ils doivent, avant toute opération ou déclaration, faire agréer par l'administration de l'Enregistrement un représentant français personnellement responsable des droits et amendes. — Les compagnies, sociétés et assureurs étrangers établis en France au moment de la promulgation du présent règlement, devront faire agréer ce représentant avant le 1er janvier 1872.

DÉCRET DU 27 NOVEMBRE 1871

Timbre des quittances, acquits, reçus ou décharges de sommes, titres, valeurs ou objets.

(Promulgué au *Journal officiel* du 28 novembre 1871.)

(XIIe Série, Bull. 74, n° 760 ; Instr. n° 2424.)

Article premier. — Il est établi, pour l'exécution de l'article 18 de la loi susvisée, un timbre mobile à 10 centimes, conforme au modèle annexé au présent décret. — L'administration de l'Enregistrement, des domaines et du timbre fera déposer au greffe des cours et tribunaux des spécimens de ce timbre mobile. Le dépôt sera constaté par un procès-verbal dressé sans frais.

Art. 2. — Le timbre mobile est apposé sur les quittances ou acquits donnés au pied des factures et mémoires, les quittances pures et simples, les reçus ou décharges de sommes, titres, valeurs ou objets, et généralement sur tous les titres, de quelque nature qu'ils soient, signés ou non signés, et qui emporteraient libération, reçu ou décharge. — Ce timbre est collé et immédiatement oblitéré par l'apposition, *à l'encre noire*, en travers du timbre, de la signature du créancier ou de celui qui donne reçu ou décharge, ainsi que de la date de l'oblitération. — Cette signature peut être remplacée par une griffe apposée *à l'encre grasse*, faisant connaître la résidence, le nom ou la raison sociale du créancier et la date de l'oblitération du timbre.

Art. 3. — Les ordonnances, taxes, exécutoires, et généralement tous mandats payables sur les caisses publiques, les bordereaux, quittances, reçus ou autres pièces, peuvent être revêtus du timbre à 10 centimes par les agents chargés du payement. Le timbre est oblitéré au moyen d'une griffe par ces agents, qui demeurent responsables des contraventions commises à raison des pièces acquittées à leur caisse. — Les sociétés et compagnies, assureurs, entrepreneurs de transport et tous autres assujettis aux vérifications des agents de l'Enregistrement par l'article 22 de la loi du 23 août 1871 et par les lois antérieures peuvent également, sous leur responsabilité, user de la même faculté, en ce qui concerne les actions, obligations, dividendes et intérêts payables au porteur, les rentes sur l'étranger, ainsi que toutes autres pièces de dépenses, états de solde et d'émargement.

ART. 4. — Les sociétés, compagnies et particuliers qui, pour s'affranchir de l'obligation d'apposer et d'oblitérer les timbres mobiles, veulent soumettre au timbre à l'extraordinaire des formules imprimées pour quittances, reçus ou décharges, sont tenus de déposer ces formules et d'acquitter les droits (sauf la remise de 2 pour 100 accordée à titre de déchet) au bureau de l'Enregistrement de leur résidence ou à celui qui leur sera désigné par l'Administration, s'il existe plusieurs bureaux dans la même ville.

ART. 5. — Les formules d'états de solde ou de payement, dits états d'*émargement*, les registres de factage ou de camionnage et les autres documents pour lesquels il est dû un droit de timbre, par chaque payement excédant 10 francs ou par chaque objet reçu ou déposé, ne peuvent être timbrés à l'extraordinaire qu'autant que le droit à percevoir, par chaque page, correspondra à l'une des quotités des timbres de dimension en usage.

ART. 6. — Les billets de place délivrés par les compagnies et entrepreneurs, et dont le prix excède 10 francs, peuvent, si la demande en est faite, n'être revêtus d'aucun timbre; mais ces compagnies et entrepreneurs sont tenus de se conformer au mode de justification et aux époques de payement déterminés par l'Administration.

LOI DU 21 DÉCEMBRE 1871

Élection des juges des tribunaux de commerce.

(Promulguée au *Journal officiel* du 29 décembre 1871.)

(XIIe Série, Bull. 75, n° 782.)

—

ARTICLE PREMIER. — Le décret du 2 mars 1852 est abrogé.

ART. 2. — Les articles 618, 619, 620 et 621 du Code de commerce sont remplacés par les articles suivants :

ART. 619. — La liste des électeurs... sera envoyée au préfet, qui la fera publier et afficher... Tout patenté du ressort aura le droit d'en prendre connaissance et, à toute époque, de demander la radiation des électeurs qui se trouveraient dans un des cas d'incapacité ci-dessus. L'action sera portée *sans frais* devant le tribunal civil, qui prononcera en la chambre du conseil. En appel, la cour statuera dans la même forme.

ART. 621. — ... Tout électeur pourra, dans les cinq jours après l'élection, attaquer les opérations devant la cour d'appel, qui statuera sommairement et *sans frais*. Le procureur général aura un délai de dix jours pour demander la nullité.

LOI DU 6 JANVIER 1872

État civil.

—

ARTICLE PREMIER. — Les actes inscrits sur les registres de l'état civil, depuis le 4 septembre 1870 jusqu'à ce jour, ne pourront être annulés à raison du seul défaut de qualité des personnes qui les ont reçus, pourvu que ces personnes aient eu, à ce moment, l'exercice public des fonctions municipales ou de celles d'officier d'état civil, à quelque titre ou sous quelque nom que ce soit.

ART. 2. — La disposition de l'article précédent n'est pas applicable aux actes reçus à Paris et dans les autres communes du département de la Seine pendant la période insurrectionnelle.

ART. 3. — Seront visés pour timbre et enregistrés gratis les procédures et les jugements à la requête du ministère public, ayant pour objet soit de reconstituer des registres perdus, soit de rétablir ou de compléter des actes se rapportant à la période écoulée du 4 septembre 1870 jusqu'à ce jour. — Les registres destinés à remplacer les registres perdus sont exemptés du timbre.

LOI DU 28 FÉVRIER 1872

Enregistrement. — Timbre.

(Promulguée au *Journal officiel* du 29 février 1872.)

(XIIe Série, Bull. 83, n° 929; Instr. n° 2433.)

—

ARTICLE PREMIER. — La quotité du droit fixe d'enregistrement auquel sont assujettis par la loi du 22 frimaire an VII et par les lois subséquentes les actes ci-après, sera déterminée ainsi qu'il suit, savoir :

1° Les actes de formation et de prorogation de société, qui ne contiennent ni obligation, ni libération, ni transmission de biens meubles ou immeubles, entre les associés ou autres personnes, par le montant total des apports mobiliers et immobiliers, déduction faite du passif;

[Comp. L. 28 avril 1816, art. 41 n° 2.]

2° Les actes translatifs de propriété, d'usufruit ou de jouissance de biens immeubles en pays étranger ou dans les colonies françaises, dans lesquels le droit d'enregistrement n'est pas établi, par le prix exprimé en y ajoutant toutes les charges en capital. — L'article 4 de la loi du 16 juin 1824 est abrogé;

3° Les actes ou procès-verbaux de vente de marchandises avariées par suite d'événements de mer et de débris de navires naufragés, par le prix exprimé en y ajoutant toutes les charges en capital;

[Comp. L. 21 avril 1818, art. 56 et 64.]

4° Les contrats de mariage soumis actuellement au droit fixe de 5 francs, par le montant net des apports personnels des futurs époux ;

[Comp. L. 28 avril 1816, art. 45, n° 2.].

5° Les partages de biens meubles et immeubles entre copropriétaires, cohéritiers et coassociés à quelque titre que ce soit, par le montant de l'actif net partagé;

[Comp. L. 28 avril 1816, art. 45, n° 3.]

6° Les délivrances de legs, par le montant des sommes ou par la valeur des objets légués;

[Comp. L. 22 frimaire an VII, art. 68, § 1, n° 25.]

7° Les consentements à mainlevées totales ou partielles d'hypothèques, par le montant des sommes faisant l'objet de la mainlevée. — S'il y a seulement réduction de l'inscription, il ne sera perçu qu'un droit de 5 francs par chaque acte;

[Comp. L. 28 avril 1816, art. 43, n° 7.]

8° Les prorogations de délai pures et simples, par le montant de la créance dont le terme d'exigibilité est prorogé;

[Comp. L. 22 frimaire an VII, art. 68, § 1er, n° 51.]

9° Les adjudications et marchés pour constructions, réparations, entretien, approvisionnements et fournitures dont le prix doit être payé directement par le Trésor public, et les cautionnements relatifs à ces adjudications et marchés, par le prix exprimé ou par l'évaluation des objets; — l'article 73 de la loi du 15 mai 1818 est abrogé;

10° Les titres nouvels et reconnaissances de rentes dont les actes constitutifs ont été enregistrés, par le capital des rentes.

[Comp. L. 28 avril 1816, art. 44, n° 5.]

Art. 2. — Le taux du droit établi par l'article précédent est fixé ainsi qu'il suit :

A 5 francs pour les sommes ou valeurs de 5,000 francs et au-dessous, et pour les actes ne contenant aucune énonciation de sommes et valeurs, ni dispositions susceptibles d'évaluation;

A 10 francs pour les sommes ou valeurs supérieures à 5,000 francs, mais n'excédant pas 10,000 francs;

A 20 francs pour les sommes ou valeurs supérieures à 10,000 francs, mais n'excédant pas 20,000 francs;

Et ensuite à raison de 20 francs par chaque somme ou valeur de 20,000 francs ou fraction de 20,000 francs.

Si les sommes ou valeurs ne sont pas déterminées dans l'acte, il y sera suppléé conformément à l'article 16 de la loi du 22 frimaire an VII.

Art. 3. — Si, dans le délai de deux années à partir de l'enregistrement des actes spécifiés en l'article 1er ci-dessus, la dissimulation des sommes ou valeurs ayant servi de base à la perception du droit est établie par des actes ou écrits émanés des parties ou par des jugements, il sera perçu, indépendamment des droits simples supplémentaires, un droit en sus, lequel ne peut être inférieur à 50 francs.

[Comp. L. 22 frimaire an VII, art. 39.]

Art. 4. — Les droits divers fixes auxquels sont assujettis par les lois en vigueur les actes civils, administratifs ou judiciaires, autres que ceux dénommés en l'article 1er, sont augmentés de moitié. — Les actes de prestation de serment des gardes des particuliers et des agents salariés par l'État, les départements et les communes, dont le traitement et ses accessoires n'excèdent pas 1,500 francs, ne seront soumis qu'à un droit de 3 francs;

[Comp. L. 18 mai 1850, art. 8. — Prestations de serment (V. L. 22 frimaire an VII, art. 68, § 3, n° 3, et § 6, n° 4). — Actes extrajudiciaires. Augmentation de moitié (L. 19 février 1874, art. 2).]

Art. 5. — Sont soumis au droit proportionnel, d'après les tarifs en vigueur :

1° Les ordres, collocations et distributions de sommes, quelle que soit leur forme, et qui ne contiennent ni obligation ni transport par le débiteur;

[V. L. 22 frimaire an VII, art. 69, § 2, n° 9.]

2° Les mutations de propriété de navires, soit totales, soit partielles. Le droit est perçu soit sur l'acte ou le procès-verbal de vente, soit sur la déclaration faite pour obtenir la francisation ou l'immatricule au nom du nouveau possesseur. — Les articles 56 et 64 de la loi du 21 avril 1818 sont abrogés.

[V. L. 22 frimaire an VII, art. 69, § 5, n° 1. — Comp. L. 11 juin 1859, art. 22.]

Art. 6. — Les obligations imposées au preneur, dans le cas de location verbale, par l'article 11 de la loi du 23 août 1871, seront accomplies, à l'avenir, par le bailleur, qui sera tenu du payement des droits, sauf son recours contre le preneur. — Néanmoins, les parties restent solidaires pour le recouvrement du droit simple.

Art. 7. — Les mutations de propriété à titre onéreux de fonds de commerce ou de clientèle sont soumises à un droit d'enregistrement de 2 francs par 100 francs. Ce droit est perçu sur le prix de la vente de l'achalandage, de la cession du droit au bail et des objets mobiliers ou autres, servant à l'exploitation du fonds, à la seule exception des marchandises neuves garnissant le fonds. Ces marchandises ne seront assujetties qu'à un droit de 50 centimes par 100 francs, à condition qu'il sera stipulé pour elles un prix particulier et qu'elles seront désignées et estimées, article par article, dans le contrat ou dans la déclaration.

[Comp. L. 22 frimaire an VII, art. 9 et 69, § 5, n° 1, et L. 11 juin 1859, art. 22.]

Art. 8. — Les actes sous signatures privées contenant mutation de propriété des fonds de commerce ou des clientèles sont enregistrés dans les trois mois de leur date. — A défaut d'acte constatant la mutation, il y est suppléé par des déclarations détaillées et estimatives faites au bureau de l'Enregistrement de la situation du fonds de commerce ou de la clientèle, dans les trois mois de l'entrée en possession. — A défaut d'enregistrement ou de déclaration dans les délais fixés ci-dessus, il sera fait application des dispositions du paragraphe 1er de l'article 14 de la loi du 23 août 1871. Sont également applicables aux mutations de propriété des fonds de commerce ou des clientèles, les dispositions des paragraphes 2 et 3 dudit article relatives à l'ancien possesseur, et celles des articles 12 et 13 de la même loi concernant les dissimulations dans les prix de vente. — L'insuffisance du prix de vente du fonds de commerce ou des clientèles peut également être constatée par expertise, dans les trois mois de l'enregistrement de l'acte ou de la déclaration de la mutation. — Il sera perçu un droit en sus sur le montant de l'insuffisance, outre les frais d'expertise, s'il y a lieu, et si l'insuffisance excède un huitième.

[Comp. L. 22 frimaire an VII, art. 17, 18 et 23 (L. 23 ventôse an IX, art. 4 et 5).]

Art. 9. — La mutation de propriété des fonds de commerce ou des clientèles est suffisamment établie, pour la demande et la poursuite des droits d'enregistrement et des amendes, par les actes ou écrits qui révèlent l'existence de la mutation ou qui sont destinés à la rendre publique, ainsi que par l'inscription au rôle des contributions du nom du nouveau possesseur, et des payements faits en vertu de ces rôles, sauf preuve contraire.

[Comp. L. 22 frimaire an VII, art. 12.]

Art. 10. — Sont soumis au droit proportionnel de 50 centimes par 100 francs les lettres de change et tous autres effets négociables, lesquels pourront n'être présentés à l'enregistrement qu'avec les protêts qui en auraient été faits. — Les dispositions de l'article 50 de la loi du 28 avril 1816, concernant les lettres de change, sont abrogées. — Il n'est rien innové en ce qui concerne les warrants.

[V. L. 22 frimaire an VII, art. 69, § 2, n° 6. — Warrants (V. L. 28 mai 1858, art. 13, § 2).]

Art. 11. — Le droit de décharge de 10 centimes créé par l'article 18 de la loi du 23 août 1871, pour constater la remise des objets, sera réuni à la taxe due pour les récépissés et lettres de voiture, qui est fixée ainsi qu'il suit : récépissé délivré par les compagnies de chemins de fer (droit de décharge compris), 35 centimes; lettres de voiture (droit de décharge compris), 70 centimes.

[Droit de 35 cent. élevé à 70 cent., pour les transports effectués autrement qu'en grande vitesse (L. 30 mars 1872, art. 1er). — Droit de 35 cent. pour les transports de fonds recouvrés (L. 19 février 1874, art. 10).]

SOMMAIRE

1. Exposé des motifs. — 2. Projet de loi. — 3. Rapport de la commission. — 4. Projet de la commission.

N° 1. — Exposé des motifs du Gouvernement.

Messieurs, l'attention du Gouvernement a été appelée sur les droits fixes d'enregistrement. La loi organique de l'impôt et celles qui l'ont suivie ont pris pour base du droit fixe la nature des divers actes. Il nous a paru qu'il était à la fois plus juste et plus fructueux pour le Trésor de faire varier la quotité des droits fixes en raison des sommes ou valeurs exprimées dans ces actes. Certains contrats, tels que les sociétés, les partages, les apports par contrat de mariage, les mainlevées, etc., se prêtent incontestablement à ce mode d'évaluation, qui en indique l'intérêt pour les contractants, et qui, à ce point de vue, peut servir de base à l'impôt.

Le tarif proposé est d'ailleurs très-léger. Nous proposons également de relever de moitié les autres droits fixes d'enregistrement, à l'exception de ceux qui frappent les actes extrajudiciaires. Nous avons dû éviter avec le plus grand soin d'augmenter les frais de justice dont les droits, sur les exploits et les significations, forment la majeure partie. Nous faisons observer que les droits fixes que nous proposons de surtaxer sont encore au taux où ils ont été fixés par la loi du 27 avril 1816, et que cette augmentation se justifie pour ainsi dire d'elle-même, et par suite des modifications qu'a subies, depuis cette époque, la valeur de l'argent.

Nous avons l'honneur de vous proposer également de soumettre à un droit d'enregistrement, dans un délai déterminé, les ventes de fonds de commerce.

Ces ventes, fort importantes, ne contribuent à l'impôt que lorsqu'elles ont lieu par acte devant notaire. Il nous a paru qu'elles devaient être, dans tous les cas, soumises aux droits d'enregistrement, comme le sont toutes les mutations immobilières dont l'importance est souvent bien inférieure aux transmissions de fonds de commerce.

Enfin, nous vous proposons de soumettre à un droit d'enregistrement uniforme les billets à ordre et les lettres de change. Ces dernières ont joui jusqu'ici d'une sorte de privilége que l'intérêt du commerce a sans doute justifié, mais qui nous a paru devoir céder dans les circonstances actuelles.

Les dispositions sont complétées par une modification à la loi du 23 août 1871 sur les baux. D'après la loi, l'obligation de la déclaration et du payement des droits est imposée au preneur. L'expérience qui vient d'être faite de cette disposition nous a conduits à penser qu'il n'y aurait que des avantages d'imposer au bailleur, en cas de location verbale, les obligations que la loi précitée a imposées au preneur. Nous avons été encouragés dans cette voie par un grand nombre de propriétaires qui se sont spontanément substitués à leurs locataires, pour faire les déclarations prescrites, et, de plus, par cette déclaration qu'à Paris, par exemple, où il n'existe que 80,000 bailleurs environ, il a été reçu 411,000 déclarations de location verbale; — en laissant au bailleur ses recours contre le preneur, la disposition que nous avons l'honneur de vous proposer ne lésera aucun intérêt, tout en facilitant le recouvrement de l'impôt.

Nous nous plaisons à constater ici l'empressement du public à acquitter l'impôt des baux, dont l'application n'a donné lieu qu'à des difficultés de détail.

N° 2. — Projet de loi présenté par le Gouvernement.

Article premier. — La quotité du droit d'enregistrement auquel sont assujettis, par la loi du 22 frimaire an VII, et par les lois subséquentes, les lois ci-après, sera déterminée ainsi qu'il suit, savoir :

1. Les actes de formation et de prorogation de société, qui ne contiennent ni obligation, ni libération, ni transmission de biens meubles ou immeubles, entre les associés ou autres personnes, par le montant total des apports mobiliers et immobiliers;

2. Les actes translatifs de propriété, d'usufruit ou de jouissance de biens immeubles situés en pays étranger ou dans les colonies françaises dans lesquelles le droit d'enregistrement n'est pas établi, par le prix exprimé, en y ajoutant toutes les charges en capital;

3. Les actes ou procès-verbaux de vente de marchandises avariées par suite d'événements de mer, et de débris de navires naufragés, par le prix exprimé en y ajoutant toutes les charges en capital;

4. Les contrats de mariage soumis actuellement au droit fixe de 5 francs, par les apports personnels des futurs époux;

5. Les partages de biens meubles et immeubles entre copropriétaires, cohéritiers et coassociés, à quelque titre que ce soit, par le montant de l'actif net partagé;

6. Les délivrances de legs, par le montant des sommes payées ou par la valeur des objets délivrés.

7. Les consentements à mainlevées totales ou partielles d'hypothèques, les subrogations ou cessions d'antériorité d'hypothèques, par le montant des sommes faisant l'objet de la mainlevée et de la session d'antériorité;

8. Les prorogations de délai pures et simples, par le montant de la créance dont le terme d'exigibilité est prorogé;

9. Les adjudications et marchés pour constructions, réparations, entretien, approvisionnements et fournitures dont le prix doit être payé directement par le Trésor public, et les cautionnements relatifs à ces adjudications et marchés, par le prix exprimé ou par l'évaluation des objets;

L'article 73 de la loi du 15 mai 1818 est abrogé.

10. Les titres nouvels et reconnaissances de rentes dont les actes constitutifs ont été enregistrés, par le capital des rentes.

ART. 2. — Le taux du droit établi par l'article précédent est fixé ainsi qu'il suit :

A 5 francs pour les sommes ou valeurs de 5,000 francs et au-dessous, et pour les actes ne contenant aucune énonciation de sommes et valeurs ni dispositions susceptibles d'évaluation;

A 10 francs pour les sommes ou valeurs supérieures à 5,000 francs, mais n'excédant pas 10,000 francs;

A 20 francs pour les sommes ou valeurs supérieures à 10,000 francs, mais n'excédant pas 20,000 francs;

A 50 francs pour les sommes ou valeurs supérieures à 20,000 francs, mais n'excédant pas 50,000 francs;

Et ainsi de suite à raison de 50 francs par chaque somme ou fraction de 50,000 francs.

Si les sommes ou valeurs ne sont pas déterminées dans l'acte, il y sera suppléé conformément à l'article 16 de la loi du 22 frimaire an VII.

ART. 3. — Si dans le délai de deux années, à partir de l'enregistrement des actes spécifiés en l'article premier ci-dessus, la dissimulation des sommes ou valeurs ayant servi de base à la perception du droit, est établie par des actes ou écrits émanés des parties ou par des jugements, il sera perçu, indépendamment des droits simples supplémentaires, un droit en sus, lequel ne peut être inférieur à 50 francs.

ART. 4. — Les divers droits fixes auxquels sont assujettis par les lois en vigueur les actes civils, administratifs ou judiciaires, autres que ceux dénommés en l'article 1er, sont augmentés de moitié. Néanmoins, les actes de prestation de serment des gardes particuliers et des agents salariés par l'Etat, les départements et les communes, dont le traitement et ses accessoires n'excèdent pas 1,500 francs, ne seront soumis qu'à un droit de 3 francs.

ART. 5. — Sont soumis au droit proportionnel d'après les tarifs en vigueur :

1. Les ordres, collocation et distribution de sommes, quelle que soit leur forme;

2. Les mutations de propriété de navires, soit totales, soit partielles. Le droit est perçu soit sur l'acte ou le procès-verbal de vente, soit sur la déclaration faite pour obtenir la francisation ou l'immatricule au nom du nouveau possesseur.

Les articles 52 et 64 de la loi du 21 avril 1818 sont abrogés.

ART. 6. — Les obligations imposées au preneur, dans le cas de location verbale, par l'article 11 de la loi du 23 août 1871, seront accomplies, à l'avenir, par le bailleur qui sera tenu du payement des droits, sauf son recours contre le preneur.

Néanmoins, les parties restent solidaires pour le recouvrement du droit simple.

ART. 7. — Les mutations de propriété à titre onéreux de fonds de commerce sont soumises à un droit d'enregistrement de 4 francs par 100 francs. Ce droit est perçu sur le prix de la vente, de l'achalandage, de la cession du droit de bail, et des objets mobiliers ou autres servant à l'exploitation du fonds, à la seule exception des marchandises neuves garnissant le fonds. Ces marchandises ne seront assujetties qu'à un droit de 50 centimes par 100 francs, à condition qu'il sera stipulé pour elles un prix particulier et qu'elles seront désignées et estimées article par article dans le contrat ou dans la déclaration.

ART. 8. — Les actes sous signatures privées contenant mutation de propriété de fonds de commerce sont enregistrés dans les trois mois de leur date.

A défaut d'acte constatant la mutation, il y est suppléé par des déclarations détaillées et estimatives faites au bureau de l'Enregistrement de la situation du fonds de commerce, dans les trois mois de l'entrée en possession.

A défaut d'enregistrement ou de déclaration dans les délais fixés ci-dessus, il sera fait application des dispositions du paragraphe premier de l'article 14 de la loi du 23 août 1871.

Sont également applicables aux mutations de propriété des fonds de commerce, les dispositions des paragraphes 2 et 3 dudit article, relatives à l'ancien possesseur, et celles des articles 12 et 13 de la même loi concernant les dissimulations dans les prix de vente.

L'insuffisance du prix de vente du fonds de commerce peut également être constatée par expertise dans les deux années de l'enregistrement de l'acte ou de la mutation.

Il sera perçu un droit en sus sur le montant de l'insuffisance, outre les frais d'expertise s'il y a lieu.

ART. 9. — La mutation de propriété de fonds de commerce est suffisamment établie pour la demande et la poursuite des droits d'enregistrement et les amendes, par les actes ou écrits qui révèlent l'existence de la mutation ou qui sont destinés à la rendre publique, ainsi que par l'inscription aux rôles des contributions du nom du nouveau possesseur, et des payements faits en vertu de ces rôles.

ART. 10. — Sont soumis au droit proportionnel de 50 centimes par 100 francs les lettres de change et tous autres effets négociables.

Les dispositions de l'article 50 de la loi du 23 avril 1816, concernant les lettres de change, sont abrogées.

Il n'est rien innové en ce qui concerne les warrants.

No 3. — Rapport de la commission du budget fait par M. Mathieu-Bodet, membre de l'Assemblée nationale.

Messieurs, l'Assemblée nationale a renvoyé à la commission du budget un projet de loi dont elle a déclaré l'urgence, et qui a pour objet : 1° de modifier les droits fixes d'enregistrement; 2° de soumettre à un droit obligatoire les mutations de fonds de commerce; 3° d'apporter une modification dans le mode de recouvrement du droit sur les locations verbales; 4° enfin, d'élever au taux fixé pour les billets à ordre, le droit proportionnel établi sur les lettres de change.

La commission du budget a procédé immédiatement à l'étude de ce projet de loi, et je viens en son nom exposer le résultat de son examen.

§ 1er. — *Droits fixes.*

L'article 1er s'occupe des droits fixes.

La loi du 22 frimaire an VII a divisé les droits d'enregistrement en droits fixes et en droits proportionnels. — Le droit proportionnel est établi sur les obligations, libérations, condamnations, collocations ou liquidations de sommes et valeurs, et sur toutes les transmissions de propriété, d'usufruit ou de jouissance de biens, meubles et immeubles.

Tous les autres droits sur les actes civils, judiciaires ou extrajudiciaires sont des droits fixes.

Les droits fixes varient suivant la nature des actes : ils sont de 2 francs sur les actes simples, tels que les procurations, les désistements, les autorisations, les actes de notoriété, les inventaires, les certificats, les actes extrajudiciaires, etc.

Le tarif s'élève à 3 francs pour les transactions, les concordats, les titres nouvels, les compromis, etc.

Enfin, sous le tarif de 5 francs, viennent se ranger les actes qui ont paru les plus importants, tels que les sociétés, les contrats de mariage, les partages, les testaments, les donations à cause de mort, etc.

Il existe encore un droit de 15 francs pour certaines prestations de serment.

Les droits fixes ont été depuis longtemps l'objet de critiques. Dans l'enquête agricole, spécialement, des plaintes ont été formulées contre cette tarification. On a objecté que ces droits constituaient une charge trop inégale; qu'elle atteignait les contrats d'après leur importance présumée et non d'après leur importance réelle; et on a demandé que ces droits fussent remplacés, autant que possible, par des droits proportionnels.

La commission du budget de l'exercice 1863 avait exprimé le vœu qu'une étude dans ce sens fût tentée.

Devait-on, en effet, convertir tous les droits fixes en droits proportionnels?

Il a d'abord été reconnu que dans la grande majorité des cas, il y aurait impossibilité absolue, parce qu'il n'est pas possible de discerner l'importance des actes autrement que par l'énumération des sommes ou valeurs qu'ils contiennent, et que la plupart ne renferment aucune évaluation de ce genre. Mais il a été reconnu en même temps qu'une certaine catégorie de contrats se prêtait à cette évaluation. Le conseil d'État, saisi de la question en 1864, avait écarté le droit proportionnel, qui aurait fait peser sur ces actes des charges trop lourdes; mais il avait pensé qu'il convenait de donner satisfaction, dans une certaine limite, à ces réclamations en frappant quelques-uns de ces actes d'un droit nouveau, intermédiaire entre le droit fixe et le droit proportionnel, et qu'il a appelé droit *fixe gradué*.

Pour les actes dont il s'agit, et dont nous allons donner l'énumération, la loi tient compte, pour la liquidation de la taxe d'enregistrement, de l'importance des valeurs qu'ils contiennent. Au lieu de faire croître cette taxe proportionnellement à l'importance de ces valeurs, elle établit de grandes divisions et elle applique à chaque division une taxe fixe; mais à chacune de ces divisions correspond une augmentation du tarif; de telle sorte que le droit est à la fois fixe parce qu'il reste invariable, unique dans chaque division, et proportionnel et gradué parce que chaque division consacre un accroissement modéré de tarif. C'est ce qui existe déjà dans notre législation fiscale en ce qui concerne le droit des patentes, qui est fixe dans la même ville pour tous les négociants de la même classe, mais qui s'élève pour les patentés de la même catégorie lorsqu'ils habitent une ville dont la population est plus considérable.

Ce principe a paru équitable à votre commission.

Le principe admis, il ne s'agit plus que de déterminer les actes qui doivent être soumis au droit nouveau.

I. *Sociétés.* — La loi s'occupe d'abord des actes de société qui ne contiennent ni obligation, ni libération, ni transmission de biens meubles ou immeubles entre les associés ou autres personnes.

D'après la loi actuelle, l'acte de société est assujetti à un droit fixe de 5 francs. Qu'on ait fait dans la société un apport d'une valeur de 100 francs ou d'une valeur de 1 million, le droit d'enregistrement est toujours de 5 francs. A la rigueur, on aurait pu exiger un droit de mutation mobilier ou immobilier sur le montant des apports sociaux, car l'apport dans une société entraîne, en réalité, si ce n'est au point de vue du droit fiscal, une véritable translation de propriété; c'est pour favoriser la création des associations que la loi de l'an VII a accordé cette immunité aux sociétés.

La commission pense, comme le Gouvernement, qu'il convient de maintenir les facilités accordées aux associations de capitaux, mais elle est d'avis, néanmoins, qu'il y a lieu de tenir compte, pour la fixation de la taxe, de l'importance des apports. C'est pour répondre à cette double considération que le projet de loi propose d'assujettir ces actes non à un droit proportionnel, mais à un droit gradué dont la quotité sera déterminée par le montant total des apports sociaux.

Il est bien entendu que le droit nouveau n'innove rien en ce qui concerne la liquidation des droits d'enregistrement exigible au moment de la dissolution de sociétés. Les divers droits fixes ou proportionnels continueront à être perçus, dans ce cas, comme par le passé.

II. *Immeubles étrangers.* — La deuxième catégorie d'actes soumis à une taxe de même nature comprend les actes translatifs de propriété, d'usufruit ou de jouissance des biens immeubles situés en pays étrangers. Les actes de vente passés en France, d'immeubles de cette nature, ne sont assujettis actuellement qu'à un droit fixe de 10 francs. La loi de frimaire an VII n'avait pas fait de distinction entre les biens étrangers et les biens situés sur notre territoire; le droit de mutation était perçu dans tous les cas. C'est la loi du 16 juin 1824 (art. 4) qui a créé cette faveur au profit des ventes de biens étrangers. Déjà, par la loi du 23 août 1871, l'Assemblée a décidé que les mutations à titre onéreux ou à titre gratuit de meubles, de créances et généralement de toutes valeurs mobilières étrangères, seraient frappées, à l'avenir, des mêmes droits que les mutations de meubles et créances appartenant à des Français.

Par la loi actuelle, nous complétons, dans une certaine mesure, l'assimilation, en tenant compte également, dans ce cas, pour la fixation de la taxe d'enregistrement, comme on le fait pour les immeubles situés en France, de l'importance de la valeur des biens aliénés; les deux droits, pourtant, diffèrent encore en ce que le droit est entièrement proportionnel dans un cas et d'un tarif très-élevé, tandis qu'il n'est que gradué dans l'autre et sujet à un droit très-modéré.

La taxe sera déterminée par le prix exprimé en y ajoutant les charges en capital.

La commission a pensé qu'il était utile, pour éviter toute difficulté, d'abroger expressément l'article 4 de la loi du 16 juin 1824. Nous avons ajouté une disposition expresse, à cet effet, à la fin du paragraphe 2 de l'article 1er.

III. *Débris des navires. Marchandises avariées.* — La loi de douanes du 21 avril 1818 a tarifé au droit fixe les actes ou procès-verbaux de marchandises avariées par suite d'événements de mer et de débris de navires naufragés. Ces actes étaient assujettis au droit proportionnel par la loi du 22 frimaire an VII. On conçoit les raisons d'humanité qui ont motivé cette immunité. Le projet maintient la faveur dans une certaine limite, en n'appliquant pas le droit proportionnel; mais il substitue au droit fixe le droit gradué, dont la quotité sera déterminée par le prix de la vente.

IV. *Contrats de mariage.* — Les donations comprises dans les contrats de mariage sont actuellement soumises au droit proportionnel; mais les apports faits par les époux ne sont assujettis à aucun droit; le contrat seul donne lieu à une perception invariable de 5 francs. Le droit proportionnel ne peut pas effectivement être exigé dans ce cas, puisque les apports personnels des époux n'entraînent aucune mutation de propriété. Mais il a paru à la commission que la loi pouvait équitablement établir un droit gradué sur le montant de ces apports personnels. Ce n'est, du reste, qu'une sorte de retour à la législation antérieure à l'an VII, qui soumettait les contrats de mariage à des droits différents suivant la classe sociale des futurs époux.

V. *Partages*. — Les partages de biens meubles et immeubles entre copropriétaires, cohéritiers et coassociés ne donnent ouverture qu'au droit fixe de 5 francs. Ces actes ne sont pas considérés en droit comme translatifs de propriété : ils ne sont que déclaratifs. Cependant, c'est le partage qui a pour effet de faire cesser l'indivision dans chaque parcelle de la chose commune, et de créer, sur chaque lot, la propriété personnelle de chaque copartageant. Il est donc tout naturel que le droit d'enregistrement varie dans une certaine limite, à raison de l'importance de l'actif net partagé.

VI. *Délivrance de legs*. — Les mêmes raisons justifient l'application d'une taxe analogue sur le montant des sommes payées ou sur la valeur des choses qui font l'objet de la délivrance des legs.

VII. *Mainlevées. Cession d'antériorité*. — Le projet assujettit également au droit gradué les consentements à mainlevées totales ou partielles d'hypothèques, les subrogations ou cessions d'antériorité hypothécaires. Ces actes ont en effet plus ou moins d'importance selon le montant des sommes qui font l'objet de la mainlevée ou de la cession d'antériorité. Il est donc juste que la taxe ne soit pas invariable pour tous ces actes. On a même soutenu que les mainlevées devraient être assujetties au droit proportionnel de quittance, car elles font présumer le payement. Il arrive, en effet, souvent que le créancier donne quittance sous signatures privées, sur le titre ou autrement, et accorde ensuite mainlevée par acte public, pour éviter le payement du droit proportionnel. Généralement, le créancier ne donne mainlevée que lorsqu'il a reçu la somme qui lui était due.

Le projet ne va pas jusque-là. Il établit seulement une taxe graduée beaucoup moins élevée que la taxe proportionnelle. La commission a approuvé cette disposition.

VIII. *Prorogations de délais*. — Les prorogations de délais ne produisent pas, à la vérité, des mutations de valeurs, mais elles contiennent des engagements dont l'importance varie à raison du montant des créances dont le terme d'exigibilité est prorogé. Ces actes paraissent donc de nature à pouvoir donner lieu à la perception des droits variables.

IX. *Marchés avec l'État*. — Les adjudications et marchés pour contructions et fournitures dont le prix doit être payé directement par le Trésor public, et les cautionnements relatifs à ces actes, sont assujettis à un droit proportionnel par la loi du 22 frimaire an VII.

La loi du 15 mai 1818 les en a affranchis, parce qu'on a pensé que le droit d'enregistrement, étant toujours payé par celui pour le compte duquel l'ouvrage ou la fourniture sont faits puisque l'entrepreneur ou fournisseur en tient compte dans son marché, la perception de ce droit n'avait aucun intérêt. Le motif qui a dicté la disposition de la loi de 1818 est exact en théorie, mais en fait, il arrive le plus souvent que les adjudicataires ne tiennent aucun compte du droit d'enregistrement à payer, surtout quand ce droit ne présente pas une grosse somme. Il est vraisemblable, dans tous les cas, qu'un droit aussi faible que celui qui est proposé par le projet de loi (1 fr. pour 1,000 fr.) n'exercera le plus souvent aucune influence sur les prix des marchés. C'est la considération qui a déterminé la commission à l'adopter.

X. *Titres nouvels*. — Les titres nouvels ou reconnaissances de rentes ne constatent pas non plus une nouvelle mutation. Mais ne devenant nécessaires qu'à l'expiration d'une période de trente ans, pour prévenir la prescription, le législateur peut sans excès percevoir une partie du droit primitif, en même temps qu'un nouveau titre devient obligatoire pour confirmer et assurer tous les droits du créancier.

Tels sont les divers actes sur lesquels le projet de loi propose d'établir le droit gradué. Ces diverses dispositions nous ont paru fondées en raison et en équité. La commission espère que l'Assemblée sera également de cet avis.

§ 2. — *Tarif*.

Le projet fixe ensuite les divisions des sommes et valeurs sur lesquelles le droit est perçu. A chaque division correspond une taxe invariable.

Cette taxe est de 5 francs pour les actes dans lesquels les sommes ou valeurs énoncées n'excèdent pas 5,000 francs.

Elle est de 10 francs, lorsque ces valeurs sont supérieures à 5,000 francs, sans dépasser 10,000 francs.

Au-dessus de 10,000 francs jusqu'à 20,000, le tarif est fixé à 20 francs.

De 20,000 à 50,000 francs, la taxe est de 50 francs.

Enfin, pour toutes les sommes ou valeurs excédant 50,000 francs, la quotité du droit est de 50 francs par chaque somme ou fraction de 50,000 francs.

Ces taxes sont assujetties aux 2 décimes.

Ce tarif est modéré; il a l'avantage d'atteindre plus efficacement les actes importants, sans augmenter le droit des petits contrats. Ainsi, à l'exception de deux ou trois des actes énumérés ci-dessus, le tarif gradué ne constituera pas une augmentation d'impôt toutes les fois que les valeurs énoncées ne dépasseront pas 5,000 francs.

II. — L'article 3 n'est que la sanction des dispositions qui précèdent. On devait, en effet, prévoir la dissimulation des sommes ou valeurs ayant servi de base à la perception du droit gradué. Cette disposition est punie d'un droit en sus, lequel ne peut être inférieur à 50 francs; mais cette dissimulation ne peut être prouvée que par des actes émanés des parties ou par des jugements.

Cette sanction a paru suffisante, en raison de la modération du droit gradué, pour assurer la sincérité des énonciations ou des évaluations. Mentionnons que dans le cas où les sommes ou valeurs ne peuvent être déterminées au moment de la rédaction de l'acte que par une évaluation (tels que certains marchés, certains contrats de mariage, etc.), l'Administration conserve le droit de prouver, par des actes ultérieurs, que l'évaluation a été insuffisante. Si l'insuffisance résulte d'actes antérieurs au contrat soumis au droit gradué, il y a alors une dissimulation intentionnelle punie d'un double droit; mais si l'insuffisance n'est que le résultat de faits postérieurs à l'enregistrement de cet acte et inconnus à ce moment, il n'est plus dû qu'un supplément de droit simple.

Le produit de ce remaniement d'impôt ne sera pas inférieur à 7 millions 500,000 francs.

4. — *Droits fixes invariables*.

Les autres droits restent absolument fixes. Comme les actes sur lesquels ils sont perçus ne contiennent aucune indication de valeurs, il était en effet impossible de rendre ces droits variables. Mais devait-on maintenir les taxes actuelles? Le Gouvernement ne l'a pas pensé. Il faut remarquer que les taxes n'ont pas été augmentées depuis 1816. Elles avaient été fixées primitivement par la loi du 22 frimaire an VII. Déjà en 1816 il parut équitable de les augmenter, l'or et l'argent n'ayant plus, à cette époque, la même valeur qu'en 1798, on jugea qu'il convenait de faire un nouveau tarif qui compensât cette dépréciation. Le nouveau tarif éleva au double la plus grande partie des actes. Une dépréciation bien plus considérable s'est produite dans la période de plus d'un demi-siècle qui s'est écoulée depuis 1816; cette considération a déterminé le Gouvernement à proposer d'augmenter, mais de moitié seulement, les droits fixes autres que ceux dont il est question dans l'article 1er du projet.

Logiquement, tous les droits fixes auraient dû être également augmentés. Néanmoins, le projet de loi ne propose d'élever que les droits applicables aux actes civils, ce qui comprend, bien entendu, les actes de commerce, administratifs et judiciaires. Il maintient les anciens tarifs pour les actes extrajudiciaires, tels que les exploits, les significations, saisies, protêts, etc., bien que l'augmentation du droit sur les actes de cette nature eût produit un accroissement de recettes de plus de 5 millions 500,000 francs; mais cette charge nouvelle aurait atteint principalement des contribuables particulièrement intéressants, tels que les mineurs, les personnes dont les affaires sont en souffrance; le Gouvernement a préféré renoncer à cette ressource que d'aggraver des positions dignes d'intérêt.

La dernière disposition de l'article 4 a pour but, non de modifier les droits exigibles sur les actes de prestation de serment, mais uniquement de prévenir à l'avenir des difficultés qui s'élèvent fréquemment, en pratique, pour l'application des taxes établies par la loi de frimaire an VII. Le projet prend pour base, désormais, le chiffre du traitement; les prestations de serment des agents, quels qu'ils soient, dont le traitement n'excède pas 1,500 francs, ne seront assujetties qu'à un droit de 3 francs; les prestations de serment des autres agents donneront lieu à la perception d'une taxe de 15 francs.

Il est bien entendu que ces droits subiront néanmoins l'augmentation générale de 50 pour 100 à laquelle tous les droits fixes sont assujettis par la présente loi.

La commission a donné son adhésion à toutes les dispositions de l'article 4 du projet.

Les droits fixes ainsi modifiés par l'article 4 de la présente loi, donneront pour le Trésor un accroissement de recettes de 6 millions de francs.

§ 5. — *Ordres amiables et ventes de navires.*

I. *Ordres amiables.* — Les ordres, collocations et distributions de sommes étaient assujettis, par l'article 4 de la loi du 22 frimaire an VII, au droit proportionnel.

Jusqu'en 1830, un droit de 50 centimes pour 100 a été perçu sur les actes de cette nature. Mais à cette époque, un arrêt de la Cour de cassation a décidé que cette perception n'était pas autorisée par le texte de la loi. L'article 69, paragraphe 2, n° 9 (qui fixe la quotité des droits), dit que la taxe proportionnelle sera perçue sur les minutes des jugements; la Cour en a conclu que les ordres amiables faits devant notaires n'étaient pas compris dans cette disposition, par la raison que les actes notariés n'étaient pas des jugements; que, comme actes innomés, ils n'étaient assujettis qu'à un droit fixe.

La Régie de l'Enregistrement a dû se soumettre à cette jurisprudence.

Plus tard, la loi du 21 mai 1858 a créé les ordres amiables devant un juge.

L'Administration avait pensé que le procès-verbal de distribution dressé devant le juge, en exécution de cette loi, devait être assimilé à un jugement, puisqu'il était fait sous l'autorité du magistrat, et qu'à ce titre il donnait ouverture à la perception du droit proportionnel de 50 centimes pour 100.

Mais cette nouvelle prétention a encore été condamnée par la jurisprudence. La Cour de cassation a décidé que ce procès-verbal n'était pas un jugement; qu'étant de principe en matière d'enregistrement que l'interprétation ne doit jamais dépasser les termes de la loi, la Régie ne peut exiger que les droits dont la quotité est expressément fixée; qu'en conséquence, le droit proportionnel n'était pas exigible.

Le projet de loi propose de rectifier la rédaction de l'article 69, paragraphe 2, n° 9, en mettant cette disposition en harmonie avec l'article 4 de la même loi qui pose le principe de l'exigibilité de la taxe proportionnelle, et de décider que cette taxe est applicable aux ordres, collocations et distributions de sommes, quelle que soit leur forme.

La commission a trouvé cette rectification aussi équitable que rationnelle : elle en propose l'adoption.

Elle a pensé qu'il était utile d'ajouter au paragraphe premier de l'article 5 du projet une autre disposition, pour qu'il fût bien entendu que si les ordres amiables contenaient des obligations ou des transports, le droit de 50 centimes pour 100 ne serait pas applicable à ces obligations et transports, qui restent toujours soumis au droit de 1 pour 100.

II. *Ventes de navires.* — Les mutations de propriété de navire étant assujetties par la loi de frimaire an VII (art. 69, § 5, n° 1) au droit proportionnel de 2 pour 100, par faveur pour le commerce maritime, la loi de douane du 21 avril 1818 avait affranchi les aliénations de cette nature du droit proportionnel; elle ne les avait imposées qu'au droit fixe de 1 franc.

Le projet de loi propose d'abroger les articles 56 et 65 de la loi du 21 avril 1818 et de soumettre ces ventes au droit commun. Le droit proportionnel sera perçu sur les ventes faites en France aussi bien que sur celles faites à l'étranger; car la déclaration qui sera faite dans ce dernier cas pour obtenir la francisation ou l'immatricule au nom du nouveau possesseur, donnera ouverture à la taxe.

La loi en fait mention expresse afin d'assurer l'égalité d'impôt entre les transactions passées en France et celles qui auraient lieu à l'étranger.

Le produit probable de ce paragraphe est de 800,000 francs.

§ 6. — *Baux verbaux.*

La loi du 23 août 1871 a imposé au locataire, en vertu d'un bail verbal, l'obligation de déclarer sa location et d'acquitter les droits à l'expiration de chaque terme.

Cette disposition, qui avait à si juste titre préoccupé l'Assemblée, a reçu partout son application. Grâce aux mesures prises par l'Administration, au zèle, au dévouement de ses agents et à l'empressement désintéressé du public, la loi a été obéie et n'a donné lieu qu'à des difficultés matérielles et de détail.

L'exposé des motifs nous apprend que dans la seule ville de Paris, 92,000 baux ont été enregistrés, et que 411,000 déclarations de locations verbales ont été reçues.

La moyenne de ces déclarations est de 80 centimes, soit environ 2 fr. 40 cent. par an. La taxe est donc légère, payée sans difficultés, mais son mode de perception nécessite des déplacements plus onéreux que la taxe elle-même. On est presque unanime aujourd'hui, même parmi les propriétaires, pour reconnaître que le droit de location verbale serait mieux établi s'il devait être payé par le bailleur, sauf son recours contre le preneur. L'effet de cette disposition appliquée à Paris, par exemple, serait d'exonérer 411,000 locataires de la charge d'aller payer chaque trimestre une somme minime et qui n'atteint pas 1 franc, alors que les 80,000 propriétaires pourraient facilement, et sauf leur recours, être chargés de ce soin.

La disposition de l'article 6 du projet consacre cette innovation qui, sans léser aucun droit légitime, facilitera le recouvrement de l'impôt et épargnera à un grand nombre de citoyens, dont la plupart ne vit que de son travail, des pertes de temps et des déplacements onéreux.

Votre commission a donc adopté l'article 5 du projet de loi. L'Assemblée voudra bien remarquer que nous n'innovons rien en ce qui concerne les baux écrits. Les obligations respectives du preneur et du bailleur continueront à être régies par la loi du 23 août dernier.

§ 7. — *Fonds de commerce*

I. — Les aliénations des fonds de commerce sont soumises comme des choses mobilières, par la loi de frimaire an VII, à un droit de 2 pour 100.

Par la même raison, les actes de vente des fonds de commerce, faits sous signatures privées n'étaient pas assujettis à la formalité de l'enregistrement dans un délai déterminé.

Le projet de loi propose, sur ce point, une innovation considérable. Il considère, au point de vue fiscal (au point de vue fiscal seulement, bien entendu), les fonds de commerce comme une sorte de propriété immobilière. Par suite, il soumet les actes sous signatures privées constatant les mutations de propriété dont ils peuvent être l'objet, à l'obligation de l'enregistrement dans le délai de trois mois, et les ventes verbales à une déclaration dans le même délai, et il soumet la mutation de propriété au droit proportionnel immobilier, en exceptant, bien entendu, le droit de transcription.

Ne pouvait-on pas dire, en effet, que le fonds de commerce a, en quelque sorte, une nature mixte? Sans doute, il a une existence distincte de celle de l'immeuble dans lequel il s'exerce, et a légalement un caractère mobilier. Cependant, il faut reconnaître qu'il emprunte la plus grande partie de sa valeur à cet immeuble, à sa situation. Exploité dans une autre maison il n'aurait plus la même importance; une partie de ses agencements, ses rayons, ses glaces, son enseigne, sont le plus souvent adhérents à l'immeuble, et s'ils avaient été établis par le propriétaire lui-même, ils seraient considérés comme immeubles par destination; le droit au bail, qui est toujours compris dans la vente du fonds, confère un droit de jouissance immobilier.

Toutes ces considérations ont pu autoriser le Gouvernement à considérer légitimement et équitablement les fonds de commerce comme des immeubles pour l'assiette et la perception du droit de mutation.

Néanmoins la commission n'a pas admis cette opinion. Elle a considéré que le fonds de commerce étant par sa nature, d'après les règles du droit civil, une chose mobilière, ne pouvait pas logiquement être assujetti à un droit de mutation immobilière. Elle a décidé, en conséquence, que la taxe serait fixée à 2 pour 00, conformément à l'article 69, paragraphe 5, n° 2, de la loi du 22 frimaire an VII.

Les marchandises neuves garnissant le fonds doivent-elles être assujetties à la perception de la même taxe 2 pour 100? Le projet de loi ne l'admet pas. Il applique à ces cas la taxe établie par la loi du 24 mai 1834, relative aux ventes de meubles et marchandises des faillis, et aux ventes publiques de marchandises faites par l'intermédiaire des courtiers et commissaires-priseurs (loi du 15 mai 1818 et du 25 juin 1841), c'est-à-dire la taxe de 50 centimes pour 100.

II. *Sanctions et pénalités.* — Bien que la commission n'ait pas admis que les mutations des fonds de commerce pussent être assimilées aux mutations immobilières, elle a cependant considéré, eu égard à l'importance de cette propriété, qu'il fallait chercher dans la législation existante les moyens de répression de la fraude applicable aux mutations immobilières.

L'article 8 n'a d'autre objet que d'étendre aux ventes de fonds de commerce le mode de déclaration, les procédés de répression et les moyens de preuve admis en matière de vente d'immeubles et notamment par les dispositions pénales que vous avez votées en août dernier.

L'article 9 permet de prouver la mutation par tous les actes qui la font connaître, par la publicité qu'elle reçoit dans les journaux, et enfin par l'inscription au rôle des contributions. Ce moyen de preuve n'est autre que celui admis par la loi du 22 frimaire an VII (art. 12) pour les mutations immobilières.

Malgré la réduction à 2 pour 100 du droit proportionnel, la commission a pensé que le produit pourrait néanmoins s'élever à 6 millions de francs, attendu qu'il n'estime pas à moins de 300 millions de francs le montant des ventes annuelles des fonds de commerce faites par actes sous signatures privées non enregistrés.

§ 8. — *Lettres de change.*

Aux termes de la loi organique de l'Enregistrement, les actes sous seings privés doivent être enregistrés toutes les fois qu'il en est fait usage dans un acte public ou de justice. C'est d'après ce principe que les billets à ordre et autres effets négociables sont soumis à la formalité de l'enregistrement, lorsqu'ils sont protestés. Seules, les lettres de change échappent à cette obligation; elles peuvent n'être enregistrées qu'avec l'assignation à comparaître en justice, et le droit, qui est de 50 centimes pour le billet à ordre, est de 25 centimes seulement pour la lettre de change.

La lettre de change est certainement un des agents de circulation les plus précieux, mais dans les circonstances actuelles les priviléges de l'impôt doivent céder devant des considérations malheureusement plus puissantes, et votre commission vous propose, en conséquence, d'assimiler la lettre de change, au point de vue de la quotité et de l'exigibilité du droit, à tous les autres effets négociables.

RÉSUMÉ :

Voici quel sera le produit probable des décisions contenues dans le projet de loi :

Droit gradué.	7,500,000 fr.
Élévation des autres droits fixes . . .	6,000,000
Ventes de navires et ordres amiables . .	800,000
Ventes de fonds de commerce	6,000,000
Lettres de change	1,000,000
Soit au total. . .	21,000,000 fr.

Résumé. — La commission du budget approuve, sauf quelques modifications de détail, le projet du Gouvernement. Elle l'a examiné avec tout le soin que méritaient la gravité des questions qui lui étaient soumises et l'importance des charges qui doivent résulter de ce projet. Elle soumet les résolutions qui viennent d'être exposées à l'approbation suprême de l'Assemblée nationale.

N° 4. — Projet de la commission du budget.

ARTICLE PREMIER. — La quotité du droit d'enregistrement auquel sont assujettis par la loi du 22 frimaire an VII et par les lois subséquentes, les actes ci-après, sera déterminée ainsi qu'il suit, savoir :

1. Les actes de formation et de prorogation de société, qui ne contiennent ni obligation, ni libération, ni transmission de biens meubles ou immeubles entre les associés ou aux autres personnes, par le montant total des apports mobiliers et immobiliers;

2. Les actes translatifs de propriété, d'usufruit ou de jouissance de biens immeubles, situés en pays étranger ou dans les colonies françaises, dans lesquelles le droit d'enregistrement n'est pas établi, par le prix exprimé, en y ajoutant toutes les charges en capital;

L'article 4 de la loi du 16 juin 1824 est abrogé.

3. Les actes ou procès-verbaux de vente de marchandises avariées par suite d'événements de mer et de débris de navires naufragés, par le prix exprimé, en y ajoutant toutes les charges en capital;

4. Les contrats de mariage soumis actuellement au droit fixe de 5 francs, par les apports personnels des futurs époux;

5. Les partages de biens, meubles et immeubles entre co-

Propriétaires, cohéritiers et coassociés à quelque titre que ce soit, par le montant de l'actif net partagé;

6. Les délivrances de legs, par le montant des sommes payées ou par la valeur des objets délivrés;

7. Les consentements à mainlevées totales ou partielles d'hypothèques, par le montant des sommes faisant l'objet de la mainlevée et de la cession d'antériorité;

8. Les prorogations de délai pures et simples, par le montant de la créance dont le terme d'exigibilité est prorogé;

9. Les adjudications et marchés pour constructions, réparations, entretien, approvisionnements et fournitures dont le prix doit être payé directement par le Trésor public, et les cautionnements relatifs à ces adjudications et marchés, par le prix exprimé ou par l'évaluation des objets;

L'article 73 de la loi du 15 mai 1818 est abrogé.

10. Les titres nouvels et reconnaissances de rentes dont les actes constitutifs ont été enregistrés, par le capital des rentes.

Art. 2. — (Comme au projet du Gouvernement.)

Art. 3. — Si, dans le délai de deux années, à partir de l'enregistrement des actes spécifiés en l'article 1er ci-dessus, la dissimulation des sommes ou valeurs ayant servi de base à la perception de droit, est établie par des actes ou écrits émanés des parties ou par des jugements, il sera perçu, indépendamment des droits simples supplémentaires, un droit en sus, lequel ne peut être inférieur à 50 francs.

Art. 4. — Les divers droits fixes auxquels sont assujettis par les lois en vigueur les actes civils, administratifs ou judiciaires, autres que ceux dénommés en l'article 1er, sont augmentés de moitié. Néanmoins, les actes de prestation de serment des gardes des particuliers et des agents salariés par l'État, les départements et les communes, dont le traitement et ses accessoires n'excèdent pas 1,500 francs, ne seront soumis qu'à un droit de 3 francs.

Art. 5. — Sont soumis au droit proportionnel d'après les tarifs en vigueur :

1. Les ordres, collocations et distributions de sommes quelle que soit leur forme, et qui ne contiennent ni obligation ni transport par le débiteur;

2. Les mutations de propriété de navires, soit totales, soit partielles. Le droit est perçu soit sur l'acte ou le procès-verbal de vente, soit sur la déclaration faite pour obtenir la francisation ou l'immatricule au nom du nouveau possesseur;

Les articles 56 et 64 de la loi du 21 avril 1818 sont abrogés.

Art. 6. — (Comme au projet du Gouvernement.)

Art. 7. — Les mutations de propriété à titre onéreux de fonds de commerce sont soumises à un droit d'enregistrement de 2 francs par 100 francs. Ce droit est perçu sur le prix de la vente de l'achalandage, de la cession du droit au bail, et des objets mobiliers ou autres servant à l'exploitation du fonds, à la seule exception des marchandises neuves garnissant le fonds. Ces marchandises ne seront assujetties qu'à un droit de 50 centimes par 100 francs, à condition qu'il sera stipulé pour elles un prix particulier, et qu'elles seront désignées et estimées article par article dans le contrat ou dans la déclaration.

Art. 8. — Les actes sous signatures privées contenant mutation de propriété de fonds de commerce sont enregistrés dans les trois mois de leur date.

A défaut d'acte constatant la mutation, il y est suppléé par des déclarations détaillées et estimatives, faites au bureau de l'enregistrement de la situation du fonds de commerce, dans les trois mois de l'entrée en possession.

A défaut d'enregistrement ou de déclaration dans les délais fixés ci-dessus, il sera fait application des dispositions du paragraphe premier de l'article 14 de la loi du 23 août 1871. Sont également applicables aux mutations de propriété des fonds de commerce, les dispositions des paragraphes 2 et 3 dudit article, relatives à l'ancien possesseur et celles des articles 12 et 13 de la même loi concernant les dissimulations dans les prix de vente.

L'insuffisance du prix de vente de fonds de commerce peut être également constatée par l'expertise dans les deux années de l'enregistrement de l'acte ou de la mutation.

Il sera perçu un droit en sus, sur le montant de l'insuffisance, outre les frais de l'expertise, s'il y a lieu.

Art. 9. — (Comme au projet du Gouvernement.)

Art. 10. — (Comme au projet du Gouvernement.)

LOI DU 30 MARS 1872

Timbre des récépissés des expéditions faites par les chemins de fer en petite vitesse. — Timbre des récépissés des expéditions faites par tous les autres modes de transport. — Connaissements.

(Promulguée au *Journal officiel* du 4 avril 1872.)

(XIIe Série, Bull. 87, n° 1041; Instr. n° 2441.)

—

Article premier. — A partir du 8 avril 1872, le droit de timbre des récépissés délivrés par les chemins de fer, en exécution de la loi du 13 mai 1863, est fixé, y compris le droit de la décharge donnée par le destinataire, à 70 centimes, pour chacun des transports effectués autrement qu'en grande vitesse. — Ces récépissés pourront servir de lettres de voiture pour les transports qui, indépendamment des voies ferrées, emprunteront les routes, canaux et rivières. Les modifications qui pourraient survenir en cours d'expédition, tant dans la destination que dans le prix et les conditions du transport, pourront être écrites sur ces récépissés. — Le droit de 70 centimes n'est pas assujetti aux décimes.

[Comp. L. 28 février 1872, art. 11. — Transports de fonds recouvrés (L. 19 février 1874, art. 10).]

Art. 2. — Les entrepreneurs de messageries et autres intermédiaires de transports, qui réunissent en une ou plusieurs expéditions des colis ou paquets envoyés à des destinataires différents, sont tenus de remettre aux gares expéditrices un bordereau détaillé et certifié, écrit sur du papier non timbré, et faisant connaître le nom et l'adresse de chacun des destinataires réels. — Il sera délivré, outre le récépissé pour l'envoi collectif, un récépissé spécial à chaque destinataire. Ces récépissés spéciaux ne donneront pas lieu à la perception du droit d'enregistrement au profit des compagnies de chemins de fer, mais ils seront établis par les entrepreneurs de transports eux-mêmes, sur des formules timbrées que les compagnies de chemins de fer tiendront à leur disposition, moyennant remboursement des droits et frais. Les numéros de ces récépissés seront mentionnés sur le registre de factage ou de camionnage que lesdits entrepreneurs ou intermédiaires seront tenus de faire signer pour décharge par les destinataires. — Ces livres ou registres seront représentés à toute réquisition aux agents de l'Enregistrement. — Chaque contravention aux dispositions qui précèdent sera punie d'une amende de 50 francs, et de 100 francs en cas de récidive dans le délai d'un an. — Ces contraventions seront constatées par tous les agents ayant qualité pour verbaliser en matière de timbre et par les commissaires de surveillance administrative.

[*V.* L. 13 mai 1863, art. 10; communication des registres (*V.* Déc. 13 août 1810, art. 6 (sous l'article 22, note 1, de la loi du 23 août 1871); — Rédaction des procès-verbaux (*V.* Annotation de l'art. 31, L. 13 brumaire an VII).]

Art. 3. — Tout transport par mer et sur les fleuves, rivières et canaux dans le rayon de l'inscription maritime, doit être accompagné de connaissements. — A partir du 1er mai 1872, les quatre originaux prescrits par l'article 282 du Code de commerce seront présentés simultanément à la formalité du timbre. Celui des originaux qui sera destiné à être remis au capitaine sera soumis à un droit de timbre de 2 francs; les autres originaux seront timbrés gratis, mais ils ne seront revêtus que d'une estampille sans indication de prix. — Le droit de 2 francs est réduit à 1 franc pour les expéditions par le petit cabotage de port français à port français.

[Comp. L. 11 juin 1842, art. 6. — Droits passibles des décimes (L. 23 août 1871, art. 2). — Création de timbres mobiles (L. 25 mai 1872, art. 4; Déc. 24 juillet 1872).]

Art. 4. — Les connaissements venant de l'étranger seront soumis, avant tout usage en France, à des droits de timbre équivalents à ceux établis sur les connaissements créés en France. — Il sera perçu, sur le connaissement en la possession du capitaine, un droit minimum de 1 franc représentant le timbre du connaissement ci-dessus désigné et celui du consignataire de la marchandise. — Ce droit sera perçu par l'apposition de timbres mobiles.

[Comp. L. 13 brumaire an VII, art. 13. — Déc. 30 avril 1872, art. 1er, 3 et 4.]

Art. 5. — S'il est créé en France plus de quatre connaissements, ces connaissements supplémentaires seront soumis chacun à un droit de 50 centimes. — Ces droits supplémentaires pourront être perçus au moyen de timbres mobiles. Ils seront apposés sur le connaissement existant entre les mains du capitaine, et en nombre égal à celui des originaux qui auraient été rédigés et dont le nombre doit être mentionné conformément à l'article 1325 du Code civil. — Dans le cas où cette mention ne serait pas faite sur l'original représenté par le capitaine, il sera perçu un droit triple de celui fixé par l'article 3 ci-dessus.

[Droit passible des décimes (L. 23 août 1871, art. 2). — Déc. 30 avril 1872, art. 1er et 2.]

Art. 6. — Tout connaissement créé en France et non timbré donnera lieu à une amende de 50 francs contre le chargeur. En outre, une amende d'égale somme sera exigée personnellement et sans recours tant du capitaine que de l'armateur ou de l'expéditeur du navire. — Les contraventions seront constatées par les employés des douanes, par ceux des contributions indirectes et par tous autres agents ayant qualité pour verbaliser en matière de timbre. — Il leur est alloué un quart des amendes recouvrées. — Les capitaines de navires français ou étrangers devront exhiber aux agents des douanes, soit à l'entrée, soit à la sortie, les connaissements dont ils doivent être porteurs aux termes de l'article 3 ci-dessus. — Chaque contravention à cette prescription sera punie d'une amende de 100 francs à 600 francs.

[Comp. art. 2, § 5, *suprà*, et L. 11 juin 1842, art. 7.]

Art. 7. — Un règlement d'administration publique déterminera la forme et les conditions d'emploi des timbres mobiles créés par la présente loi, ainsi que toutes autres mesures d'exécution. Sont applicables à ces timbres les dispositions de l'article 21 de la loi du 11 juin 1859. — Chaque contravention au règlement d'administration publique à intervenir sera punie d'une amende de 50 francs. — Les formules de connaissements pourront être revêtues de l'empreinte du timbre dans les départements. Les dispositions des articles 6 et 7 de la loi du 11 juin 1842 sont abrogées en ce qui les concerne.

[*V.* Déc. 30 avril 1872.]

SOMMAIRE

Rapport de la commission du budget.

Rapport fait au nom de la commission du budget par M. Caillaux, membre de l'Assemblée nationale.

Les compagnies de chemins de fer sont de véritables entreprises de transport, quoiqu'elles ne soient pas libres de fixer et de débattre elles-mêmes les prix de leurs transports comme les voituriers par terre et par eau.

Lorsqu'on leur remet des marchandises à transporter, il se forme entre elles et les expéditeurs un véritable contrat.

Une législation spéciale a fixé les formes de ce contrat, dans l'article 49 du cahier des charges, ainsi conçu :

« Toute expédition de marchandises sera constatée, si l'expéditeur le demande, par une lettre de voiture dont un exemplaire restera aux mains de la compagnie et l'autre aux mains de l'expéditeur. Dans le cas où l'expéditeur ne demanderait pas de lettre de voiture, la compagnie sera tenue de lui délivrer un récépissé qui énoncera la nature et le poids du colis, le prix total du transport, et le délai dans lequel ce transport devra être effectué. »

Ce récépissé, comme on le voit, n'avait d'autre valeur que celle d'un simple reçu constatant la remise des marchandises, car le prix du transport et le délai sont fixés par le cahier des charges des compagnies.

Aussi, jusqu'en 1862, l'usage de dresser des lettres de voiture rédigées sur papier au timbre de 50 centimes, comme pour les transports par terre et par eau, s'est-il en partie maintenu, et on ne délivrait que fort peu de récépissés; mais à partir de cette époque, à la suite de difficultés tranchées en faveur des compagnies par les tribunaux, les expéditeurs cessèrent de demander des lettres de voiture.

Il en résulta alors un déficit marqué dans les recettes du timbre, et, pour le combler, on rendit obligatoire la remise de récépissés, en les assujettissant à un timbre de 20 centimes.

A cet effet, l'article 10 de la loi du 13 mars 1863 a été ainsi conçu :

« A partir du 1er juillet prochain, est réduit à 20 centimes le droit de timbre des récépissés que les compagnies de chemins de fer sont tenues de délivrer aux expéditeurs, lorsque ces derniers ne demandent pas de lettres de voiture. »

Il a été stipulé, en outre, que le récépissé énoncerait la nature, le poids et la désignation du colis, le nom et l'adresse du destinataire, le prix total du transport et le délai dans lequel ce transport devrait être effectué; qu'un double du récépissé accompagnerait l'expédition et serait remis au destinataire; que toute expédition non accompagnée d'une lettre de voiture serait constatée sur un registre à souche timbré sur la souche et sur le talon.

On a, par ces dispositions, donné aux récépissés, pour les transports qui se font exclusivement par chemin de fer, une valeur égale à celle des lettres de voiture.

Par la loi du 23 août 1871, vous avez élevé à 25 centimes le droit de timbre des récépissés, et à 60 centimes celui des lettres de voiture.

Enfin, récemment, la loi du 28 février 1872 a réuni à ce droit celui de décharge de 10 centimes des objets transportés, de sorte qu'aujourd'hui la taxe établie est de 35 centimes sur les récépissés, et de 70 centimes sur les lettres de voiture.

La loi du 13 mai 1863 a ainsi, par le fait, créé entre les transports de petite vitesse qui se font exclusivement par chemin de fer, ceux qui, outre les voies ferrées, empruntent les voies de terre et d'eau, et ceux qui se font par terre ou par eau, une inégalité que rien ne justifie. On fera disparaître cette inégalité en élevant à 70 centimes, comme pour les lettres de voiture, le timbre des récépissés délivrés pour tous transports autres que ceux de grande vitesse, qui supportent déjà, en sus du timbre de 35 centimes, un impôt de 20 pour 100, et en permettant d'ailleurs d'utiliser ces récépissés sur les voies de terre ou d'eau.

Cette augmentation dont l'Etat profitera n'est pas estimée à moins de 4 millions 500,000 francs. On évalue, en effet, à 27 millions 500,000 le nombre des expéditions faites aujourd'hui par chemin de fer, savoir :

13,000,000 en grande vitesse;
14,500,000 en petite vitesse.

Pour les 14 millions 500,000 expéditions en petite vitesse, il est délivré seulement 1 million de lettres de voiture, et 13 millions 500,000 récépissés.

C'est à ces 1 million 350,000 expéditions que s'appliquera l'augmentation du timbre de 35 centimes que nous vous proposons d'adopter.

Si ces évaluations étaient absolument exactes, le produit serait de 4 millions 725,000 francs. En le comptant par 4 millions 500,000 francs on se renfermera dans une juste appréciation.

II. — 2° Pour assurer au Trésor le bénéfice qui doit résulter de l'application du timbre à toutes les expéditions faites par chemin de fer, et rétablir à cet effet l'égalité de l'impôt entre tous les transports effectués, il est indispensable d'assujettir à autant de récépissés qu'il y a de destinataires réels, les expéditions faites par les entrepreneurs de messageries, roulage et autres intermédiaires de transport qui groupent, soit à couvert, soit à découvert, dans une même expédition, des colis adressés à divers destinataires.

Ces entrepreneurs de messageries et de roulages profitent déjà d'une réduction notable sur les tarifs des chemins de fer, par le système de groupage, qui a pour effet d'éviter les divisions, les arrondissements de poids et le minimum de perception prévus par le tarif.

L'article 49 du cahier des charges des compagnies dit en effet :

« Les fractions de poids ne seront comptées tant pour la grande que pour la petite vitesse que par centièmes de tonne ou par 10 kilogrammes.

« Toutefois, pour les excédants de bagages et marchandises à grande vitesse, les coupures seront établies : 1° de 0 à 5 kilogrammes; 2° au-dessus de 5 kilogrammes jusqu'à 10 kilogrammes; 3° au-dessus de 10 kilogrammes par fraction de 10 kilogrammes.

« Quelle que soit la distance parcourue, le prix d'une expédition quelconque soit en grande ou petite vitesse ne pourra être moindre que 40 centimes. »

Ces dispositions assurent aux groupeurs un bénéfice incontestable et aujourd'hui incontesté; mais il n'est pas juste, il est préjudiciable au Trésor, qu'à ces profits ils joignent encore ceux qu'ils peuvent faire sur les récépissés en réunissant en une seule plusieurs expéditions faites à des destinataires différents.

Ces profits se trouvent encore augmentés aujourd'hui, au détriment du Trésor, par la réunion du droit de décharge de 10 centimes au droit de timbre des récépissés, comme l'a décidé la loi du 28 février 1872.

Il n'est pas moral que des commissaires de transport puissent se soustraire, par le moyen du groupage, à l'impôt de timbre, et traduire en bénéfices personnels le produit sur lequel l'Etat a le droit de compter.

On estime que ce produit ne devrait pas être moindre que 500,000 francs.

III. — Les connaissements sont aux transports sur mer ce que les lettres de voiture et les récépissés sont aux envois par les messageries, le roulage et les voies ferrées. Les lois eu timbre soumettent ces écrits à un droit fiscal qui est actuellement de 60 centimes pour chaque original de connaissement. Cependant, malgré la multiplicité de ces écrits, le Trésor ne recueille de cet impôt que des sommes pour ainsi dire insignifiantes.

La fraude et le défaut de moyens légaux pour la répression sont la seule cause de ce résultat regrettable.

Le Gouvernement s'est préoccupé de cet état de choses, et la commission a été d'accord avec lui pour vous proposer d'y remédier.

Le mode projeté consiste en deux moyens principaux :

Le premier a pour objet de contraindre le capitaine à représenter aux agents du Trésor les connaissements qu'il est tenu d'avoir à son bord, conformément à l'article 226 du Code de commerce;

Le second assure la perception des droits du timbre en réunissant sur l'original entre les mains du capitaine les droits de timbre exigibles pour les quatre originaux de connaissements obligatoires, en vertu de l'article 282 du même Code.

Ainsi, dans ce système, les droits de timbre des quatre originaux, soit 2 francs (plus les décimes), seront perçus sur l'original destiné au capitaine. Les autres originaux seraient timbrés gratis et porteraient une estampille spéciale. Mais comme il ne serait pas possible de se procurer des originaux timbrés gratis sans avoir soumis au timbre en même temps et en nombre proportionnel des formules sur lesquelles le timbre de 2 francs serait appliqué, on serait certain que la perception du droit serait assurée par le contrôle que les agents du Trésor pourraient exercer sur les connaissements entre les mains des capitaines.

Nous avons cru devoir, dans l'intérêt de notre navigation côtière, abaisser à 1 franc le droit de la série des quatre connaissements nécessaires aux expéditeurs par le petit cabotage de port français à port français.

Les connaissements venant de l'étranger, soit par navires français, soit par navires étrangers, seront soumis à des droits équivalents à ceux perçus pour les connaissements créés en France.

Le minimum du droit est fixé à 1 franc (plus les décimes), c'est-à-dire un droit pour deux connaissements seulement.

Il eût été injuste, en effet, de percevoir un droit de timbre pour les deux originaux des connaissements restés à l'étranger entre les mains du chargeur et de l'expéditeur du navire.

Nous avons dû nous préoccuper du cas, assez fréquent d'ailleurs, où le connaissement est rédigé en plus de quatre originaux. Dans ce cas, et conformément aux dispositions de l'article 1325 du Code civil, chaque original doit contenir la mention du nombre des originaux qui ont été faits.

C'est cette mention qui servira de base à la perception, et il sera ajouté sur l'original destiné au capitaine un nombre de timbres mobiles égal au nombre d'originaux de connaissements excédant quatre. Si la mention prescrite par l'article 1325 était omise, comme cette omission pourrait être intentionnelle afin d'éviter le droit des timbres supplémentaires, il serait perçu sur l'original du capitaine un triple droit, soit 6 francs en principal.

Afin de donner au commerce des facilités plus grandes pour faire timbrer les formules de connaissement, nous vous proposons d'abréger en ce qui concerne ces formules la disposition de l'article 6 de la loi du 11 juin 1842. Aux termes de cet article, les connaissements doivent être revêtus d'un timbre noir et d'un timbre sec, et cette opération ne pouvait avoir lieu qu'à Paris. Il en résultait des retards préjudiciables au commerce, et qui sans doute n'ont pas été sans influence sur l'exacte exécution de la loi. D'ailleurs il a été reconnu que les craintes qu'avait inspirées la loi du 11 juin 1842 étaient exagérées.

Nous confions à un règlement d'ordonnance publique le soin de déterminer la forme et les conditions d'emploi des timbres mobiles créés par le projet de loi, ainsi que de réglementer toutes les mesures de détail et d'exécution qui seront nécessaires.

Nous avons la confiance, Messieurs, que, sans augmenter la taxe des connaissements, et sans recourir à des moyens vexatoires, le droit de timbre de ces écrits pourra produire une plus-value d'au moins 2 millions, déduction faite des droits perçus aujourd'hui.

En résumé, nous évaluons donc à 7 millions le produit annuel de la réforme proposée en ce qui concerne : 1° l'élévation du droit de timbre des récépissés pour la petite vitesse ; 2° la perception des droits de timbre sur les expéditions faites par les entreprises de messageries, roulage et tous autres intermédiaires ; 3° le droit de timbre sur les connaissements.

LOI DU 30 MARS 1872

Droit de transmission sur les titres au porteur. — Droits sur les titres émis par les villes, provinces et établissements publics étrangers.

(Promulguée au *Journal officiel* du 24 mai 1872.)

(XIIe Série, Bull. 91, n° 1120 ; Instr. n° 2445.)

ARTICLE PREMIER. — A dater du 1er avril 1872, le droit de transmission de 15 centimes sur les titres au porteur de toute nature, établi par la loi du 23 juin 1857 et par l'article 11 de la loi du 16 septembre 1871, est fixé à 25 centimes annuellement.

[Droit réduit à 20 cent., sans addition de décimes (L. 29 juin 1872, art. 3).]

Ce droit, ainsi que celui de 50 centimes sur la transmission des titres nominatifs, établi par l'article 11 de la loi du 16 septembre 1871, seront perçus à l'avenir sur la valeur négociée, déduction faite des versements restant à faire sur les titres non entièrement libérés...

[V. Déc. 17 juillet 1857, art. 6, § 2.]

Le taux d'abonnement au timbre des lettres de gage et obligations du Crédit foncier, fixé par l'article 29 de la loi du 8 juillet 1852, est élevé à 5 centimes par 1,000 francs. — Les titres émis par les villes, provinces et corporations étrangères, quelle que soit leur dénomination, et par tout autre établissement public étranger, seront soumis à des droits équivalents à ceux qui sont établis par la présente loi et par celle du 5 juin 1850 sur le timbre. Ils ne pourront être cotés ou négociés en France qu'en se soumettant à l'acquittement de ces droits. — Un règlement d'administration publique fixera pour ces titres le mode d'établissement et de perception de l'impôt, dont l'assiette pourra reposer sur une quotité déterminée du capital.

[V. L. 29 juin 1872, art. 4, droit de transmission des valeurs étrangères. — Le droit des lettres de gage et des obligations du Crédit foncier était de 2 cent. pour 1,000 fr.]

[Comp. L. 23 juin 1857, art. 9. — (V. Déc. 24 mai 1872, art. 4). — (L. 29 juin 8872, art. 4, § 2).]

ART. 2. — Nul ne peut négocier, exposer en vente ou énoncer dans des actes de prêt, de dépôt, de nantissement ou dans tout autre acte ou écrit, à l'exception des inventaires, des titres étrangers qui n'auraient pas été admis à la cote ou qui n'auraient pas été dûment timbrés au droit de 1 pour 100 du capital nominal. — Tout acte, soit public, soit sous seing privé, qui énoncera un titre de rente ou effet public d'un gouvernement étranger, ou tout autre titre étranger non coté aux Bourses françaises, devra indiquer la date et le numéro du visa pour timbre apposé sur ce titre, ainsi que le montant du droit payé. — Chaque contravention à ces dispositions pourra être constatée, dans tous les lieux ouverts au public, par les agents qui ont qualité pour verbaliser en matière de timbre ; elle sera punie d'une amende de 5 pour 100 de la valeur nominale des titres qui seront négociés, exposés en vente, énoncés dans des actes ou dont il aura été fait usage. En aucun cas, l'amende ne pourra être inférieure à 50 francs. — Toutes les parties sont solidaires pour le recouvrement des droits et amendes. — Une amende de 50 francs sera encourue personnellement par tout officier public ou ministériel qui aura contrevenu aux dispositions qui précèdent.

[L'article 49, L. 5 juin 1850, n'avait prohibé que la mention dans un acte public (V., pour l'émission en France, LL. 25 mai 1872, art. 2 et 3, et 29 juin 1872, art. 4, § 2). — Tarif, effets publics étrangers (L. 25 mai 1872, art. 1er). — Rédaction des procès-verbaux (V. annotation de l'article 31, L. 13 brumaire an VII). — Solidarité (V. L. 28 avril 1816, art. 75).]

ART. 3. — Les 2 décimes ajoutés au principal des droits de timbre de toute nature par l'article 2 de la loi du 23 août 1871 sont applicables aux taxes d'abonnement exigibles depuis la mise à exécution de cette loi, quelle que soit d'ailleurs l'époque à laquelle l'abonnement ait été contracté.

[V. LL. 5 juin 1850, art. 22, 31 et 37 ; 8 juillet 1852, art. 29.]

ART. 4. — Sont exempts du droit de timbre des quittances, reçus ou décharges de toute nature, les reconnaissances et reçus donnés, soit par lettres, soit autrement, pour constater la remise d'effets de commerce à négocier, à accepter ou à encaisser.

[Comp. L. 23 août 1871, art. 20.]

ART. 5. — A partir du 1er janvier 1873, la taxe annuelle représentative des droits de transmission entre-vifs et par décès, fixée par l'article 1er de la loi du 20 février 1849, est élevée à 70 centimes par franc du principal de la contribution foncière. — Cette taxe sera, en outre, soumise à l'avenir aux décimes auxquels sont assujettis les droits d'enregistrement.

Rapport de la commission du budget fait par M. Mathieu-Bodet, membre de l'Assemblée nationale.

Les deux premiers articles de la présente loi sont relatifs aux droits de transmission sur les actions et obligations au porteur, françaises ou étrangères.

Art. 1er. — Le paragraphe premier du premier article élève à 25 centimes pour 100 le droit de transmission sur les titres au porteur, antérieurement fixé à 15 centimes par l'article 11 de la loi du 16 septembre 1861.

La loi du 23 juin 1857, en assujettissant à un droit de 20 centimes par 100 francs toute cession d'action ou d'obligation des sociétés, a statué que ce droit pouvait être converti en une taxe annuelle et obligatoire de 12 centimes pour les titres au porteur dont la transmission échappe à toute constatation. Elle a soumis en conséquence ces derniers titres à un impôt de 1 centime par 100 francs et par mois, ou 12 centimes annuellement. Il en est résulté que tout titre au porteur supportait, dans un délai moyen de vingt mois, un impôt égal à celui qui était acquitté pour la cession d'un titre nominatif de même valeur.

La statistique du mouvement des titres admis en dépôt dans les caisses ouvertes par les compagnies à leurs actionnaires et à leurs porteurs d'obligations confirmait d'ailleurs cette donnée, et c'est sous l'empire de ce tarif différentiel que les titres nominatifs et les titres au porteur se sont classés dès l'origine.

Cet état de choses s'est maintenu pendant quatorze ans et jusqu'à la loi du 16 septembre dernier. Mais cette loi ayant porté à 60 centimes (décimes compris), le droit dû pour les cessions de titres nominatifs et à 18 centimes seulement la taxe applicable aux titres au porteur, l'équilibre entre ces deux natures de titres a été brusquement rompu. En effet, le titre au porteur n'étant frappé que de 1 centime et demi par mois, ce n'est qu'après un laps de quarante mois qu'un titre de cette nature aura supporté un impôt égal au droit de 60 centimes auquel donne ouverture la cession d'un titre nominatif de même valeur. En fait, la différence entre ces deux droits est encore bien plus considérable, car quand le propriétaire d'un titre nominatif veut l'aliéner, il faut qu'il commence par le faire convertir en un titre au porteur : cette conversion est assujettie au droit de 60 centimes et l'acquéreur paye encore un nouveau droit de 60 centimes pour transférer le titre à son nom. En réalité, la conversion d'un titre nominatif en un autre titre nominatif est donc soumise à un droit de 1 franc 20 pour 100 ; par suite il faut six ans et huit mois pour qu'un titre au porteur ait acquitté un droit égal à celui qui est perçu sur une seule transmission d'un titre nominatif.

Il importe à un double point de vue de revenir aux conditions respectives d'impôt établies par la loi de 1857. D'abord, le titre nominatif présente pour la sécurité des familles des avantages incontestables ; ensuite cette nature de titre ne peut échapper aux diverses perceptions fiscales qui l'atteignent en cas de donation et de succession. Si les nécessités pécuniaires ne permettent pas de dégrever les titres nominatifs, au moins faudrait-il les replacer dans les conditions où ils se trouvaient avant la loi du 16 septembre 1871. Pour arriver à ce résultat, il aurait fallu élever le droit sur les titres au porteur à 3 centimes par mois, soit à 36 centimes par an, décimes compris. De cette manière, en effet, ces derniers titres se seraient trouvés soumis comme précédemment tous les vingt mois à un impôt équivalant au droit dû pour les cessions de titres nominatifs. Mais nous n'avons pas voulu aller jusque-là. Nous n'avons élevé qu'à 25 centimes (30 avec les 2 décimes) le droit antérieur de 15 centimes. Il faudra deux années pour que l'impôt sur les valeurs au porteur soit égal au droit perçu sur une seule transmission des valeurs nominatives.

Nous faisons remarquer que l'impôt annuel de 30 centimes pour 100 sur les titres au porteur représente 6 pour 100 du revenu de ces valeurs.

II. — Le paragraphe 2 a pour but de faire cesser une fausse interprétation et une fausse application des lois du 23 juin 1857 et du 16 septembre 1871.

Le droit de transmission est dû, conformément au droit commun, sur le prix de la vente, sur le montant de la valeur négociée.

Quand on achète à la Bourse une valeur non entièrement libérée, le chiffre nominal du cours de la Bourse comprend avec le prix réel le montant des versements restant à faire, mais l'acheteur déduit le montant de ce qui reste à verser pour la libération complète du titre et il ne paye que l'excédant. C'est cet excédant qui constitue le prix.

C'est ainsi que la commission du budget avait entendu l'article 11 de la loi du 16 septembre. Il résulte des termes du rapport de M. Casimir Périer que la commission a entendu assimiler le droit de transmission sur les valeurs négociées à la Bourse au droit perçu sur les parts d'intérêts dans une société industrielle aliénée dans une étude de notaire. Or il est certain que le droit d'enregistrement ne serait perçu pour les ventes de parts d'intérêts, que sur le prix réel, c'est-à-dire sur la somme effectivement déboursée par l'acheteur.

Néanmoins, dans la pratique le droit est liquidé sur la valeur totale indiquée par le cours de la Bourse. Ainsi, le prix d'une action de 500 francs sur laquelle il y a eu seulement 125 versés est porté néanmoins au cours de la Bourse pour 500 francs, si l'action est au pair, bien que, en réalité, l'acquéreur ne la paye que 125 ; et l'impôt est perçu sur 500 francs. Il s'ensuit que l'impôt qui ne devrait être, à raison de 60 pour 100 s'il s'agit d'une valeur nominative (et les valeurs non libérées sont généralement nominatives), que de 75 centimes, est en fait de 3 francs ; et comme cette valeur ne peut être transférée au nom d'un nouvel acquéreur qu'au moyen d'un double transport, comme nous l'avons déjà expliqué, la Régie perçoit 6 francs, bien qu'il ne soit dû que 1 fr. 50 cent. Il faut ajouter que le droit de l'agent de change est liquidé également sur 500 francs alors qu'il ne devrait être perçu que sur 125 francs.

La Régie procède ainsi en exécution d'un règlement d'administration publique en date du 19 juillet 1857, qui décide en effet expressément, que pour la liquidation du droit de transmission on ajoutera au prix réel le montant des versements restant à faire. Le conseil d'Etat s'est fondé sur l'opinion émise dans la discussion de la loi du 16 juin 1857 au Corps législatif, par un membre de la commission qui a dit en effet qu'il n'y a pas de déduction à faire, dans ce cas, parce que en matière d'enregistrement le droit se perçoit sur le prix même de la cession, sur la totalité du prix, dont les versements à faire font partie.

Mais cette opinion est évidemment erronée. Ce qui reste à verser à la société par les actionnaires ne peut pas constituer une partie du prix, car c'est à eux-mêmes et à leur profit que les actionnaires font les versements.

Le deuxième paragraphe de l'article 1er a pour objet de faire cesser cette fausse application des lois du 23 juin 1857 et du 16 septembre 1871 et l'iniquité qui en résulte.

La commission invite M. le ministre des finances à prendre les mesures nécessaires pour que le courtage des agents de change soit établi également désormais sur la même base.

III. — La loi du 8 juillet 1852 a assimilé, au point de vue du timbre, les lettres de gage de la société du Crédit foncier aux effets de commerce. Par suite, elle les a assujetties à un droit de timbre de 50 centimes pour 100. L'article 29 de cette loi autorise la compagnie à se libérer de cet impôt au moyen d'un abonnement annuel. Le droit annuel, qui aurait dû être de 2 centimes et demi à raison d'un droit principal de 50 centimes pour 100 et conformément au principe de la loi du 11 juin 1850, a cependant été fixé à 2 centimes sans fraction.

Le droit de timbre sur les effets négociables ou non négociables ayant été élevé par la loi du 23 août 1871, de 50 centimes à 1 fr. pour 100, par voie de conséquence le droit de timbre sur les lettres de gage doit également être doublé et l'abonnement annuel fixé à 5 centimes pour 100. Cette taxe ne sera pas, par exception, sujette aux décimes, le droit sur les effets de commerce n'y étant pas soumis.

Le quatrième paragraphe a pour but de combler une lacune des lois antérieures, en assujettissant les obligations des communes et provinces étrangères, qui ne supportent actuellement aucune espèce d'impôt à des droits équivalents à ceux qui ont été établis par la loi du 16 septembre 1871 sur les obligations de nos départements, de nos communes et de nos établissements publics.

L'augmentation de recettes qui résultera de ces diverses dispositions peut être évaluée, savoir :

Pour l'augmentation du droit de 15 à 25 centimes sur les titres au porteur.	6,000,000 fr.
Le droit établi sur les valeurs étrangères.	1,925,000
Total. . .	7,925,000 fr.

Nous ne croyons pas que le paragraphe 2 de l'article 1er, qui modifie la base de la liquidation des droits de transmission sur les titres non libérés, cause une diminution sérieuse de revenus, car l'exagération du droit, tel qu'il était appliqué, avait pour conséquence de restreindre la négociation de ces valeurs et d'empêcher même entièrement les opérations de reports. L'augmentation des négociations compensera vraisemblablement la perte résultant de l'application du nouveau mode de liquidation.

Art. 2. — IV. L'article 2 comprend la sanction de l'article 1er. Il a ensuite pour objet de mettre fin aux négociations irrégulières qui se font chez les changeurs, dont les vitrines contiennent un nombre considérable de titres en contravention aux lois du timbre.

Les dispositions concernant la mention constatant le payement du droit de timbre des titres énoncés dans les actes sont d'ailleurs empruntées à la législation en vigueur et notamment à l'article 49 de la loi du 5 juin 1850.

Art. 3. — V. La loi que l'Assemblée a votée le 23 août 1871 a établi 2 décimes sur les produits du timbre de toute nature. Parmi ces produits sont comprises les taxes perçues par voie d'abonnement annuel en vertu de la loi du 5 juin 1850, pour tenir lieu du droit de timbre au comptant sur les actions et obligations des sociétés et entreprises. La commission du budget a entendu que ces décimes devaient frapper les produits de l'abonnement, qui seraient exigibles postérieurement à la loi, bien que l'abonnement eût été contracté antérieurement. Elle a, en effet, compris dans l'évaluation des 2 décimes créés par cette loi tous les produits de cette nature à percevoir, sans distinguer entre les abonnements antérieurs et ceux qui seraient postérieurs à la promulgation de la nouvelle loi; c'est en comptant les produits des décimes sur tous les abonnements comme sur les autres droits de timbre qu'elle est arrivée à la prévision d'une recette de 11 millions de francs (p. 38 du rapport sur la loi du 23 août 1871).

Toutes les compagnies, sauf trois, se sont conformées aux prescriptions de la loi, telle qu'elle avait été conçue par la commission.

Le tribunal de la Seine vient de juger, sur les réclamations de ces trois compagnies, que la taxe des décimes ne serait applicable qu'aux abonnements contractés à raison d'émissions postérieures à la loi.

Cette doctrine est contraire au double but que la loi a voulu atteindre; savoir, en premier lieu, créer une ressource immédiate sur tous les produits du timbre, et, en second lieu, n'imposer à ces produits qu'une charge temporaire. Or, la décision du tribunal de la Seine a pour conséquence, d'une part, de priver le Trésor d'un revenu annuel immédiat de plus de 2 millions, que la loi avait eu l'intention de lui créer, et, d'autre part, de grever perpétuellement de la taxe des décimes les actions et obligations qui seront émises pendant tout le temps où cette taxe sera en vigueur. Cette interprétation, on le voit, est loin d'être aussi favorable aux compagnies qu'elles le supposent, car pour un avantage actuel, cette jurisprudence impose aux émissions futures des charges indéfinies, alors qu'il y a lieu d'espérer que les décimes sur les produits du timbre et de l'enregistrement seront une des premières surtaxes qui seront supprimées lorsque l'amélioration de notre situation financière permettra d'entrer dans la voie des dégrèvements d'impôts.

L'article 2 a donc pour objet d'affirmer les principes déposés dans la loi du 23 août 1871, en ce qui concerne le double décime des taxes d'abonnement, en déclarant formellement que ces 2 décimes sont applicables à toutes les taxes d'abonnement qui sont devenues exigibles depuis la mise à exécution de cette loi.

Art. 4. — VI. L'article 4 introduit dans la loi une exception au principe de l'article 18 de la loi du 23 août 1871, qui assujettit à un droit de timbre de 10 centimes toutes les quittances, reçus ou décharges de sommes, titres, valeurs ou objets et généralement tous les titres de quelque nature qu'ils soient, signés ou non signés, qui emportent libération, reçu ou décharge.

Cet article est général et doit recevoir son application dans tous les cas qui ne sont pas exceptés par l'article 20.

Mais la commission a pensé qu'il convenait d'excepter de cette règle les accusés de réception, donnés par les banquiers, d'effets ou billets qui doivent être présentés à l'escompte ou à l'encaissement.

Cette exception est admise, à peu près dans les mêmes termes, par la loi anglaise. Elle est d'abord justifiée par la nature même des effets de commerce. Créés pour remplir l'office de la monnaie, ils doivent passer de mains en mains; l'acte qui constate cette circulation nécessaire doit donc être exempt du timbre.

Cette exception devra être restreinte dans les limites expressément déterminées par la loi; elle ne pourra même pas être étendue aux lettres qui constateraient des réceptions d'espèces, de billets de banque ou de titres autres que ceux nommément exceptés.

Art. 5. — VII. L'article 5 élève à 70 centimes pour franc du principal de la contribution foncière la taxe des biens de mainmorte, et assujettit cette taxe aux décimes applicables aux droits d'enregistrement.

En vertu de la loi du 20 février 1849, une taxe annuelle représentative des droits de mutation entre-vifs et par décès est établie sur les biens immeubles productifs de revenus, appartenant aux départements, communes, hospices, séminaires, congrégations, sociétés anonymes et tous autres établissements publics légalement autorisés.

Cette taxe, qui a reçu le nom de taxe des biens de mainmorte, a été calculée à l'origine à raison de 62 centimes et demi du principal de la contribution foncière, représentant 5 pour 100 au revenu des immeubles. Bien qu'elle soit destinée à remplacer un impôt indirect variable suivant la valeur et le revenu des immeubles, elle a été assise sur une base fixe et immuable de sa nature. Aussi, quoique la valeur et le revenu des immeubles se soient accrus sensiblement depuis 1849, la taxe des biens de mainmorte n'en est pas moins restée immuable comme le principal de la contribution foncière.

L'article 5, en relevant à 70 centimes du principal le taux de 62 centimes et demi déterminé en 1849 et qui est resté le même depuis cette même époque, ne fait que rétablir l'égalité au point de vue de la perception de l'impôt entre les autres immeubles appartenant à des particuliers. Un relèvement de 7 centimes et demi représente un accroissement d'environ 12 pour 100 dans une période de vingt-deux ans. En fait, l'accroissement de la valeur des immeubles en France est certainement plus considérable.

Cette augmentation de taxe nous paraît donc très-modérée, nécessaire même pour maintenir le principe de l'égalité de l'impôt. Elle ne semble devoir donner lieu à aucune objection sérieuse.

Le projet a, en outre, pour but de combler une lacune des lois antérieures. La taxe des biens de mainmorte n'étant que la représentation ou l'équivalent des droits d'enregistrement sur les transmissions entre-vifs ou par décès, il est juste que cette taxe subisse les accroissements de tarif auxquels les droits d'enregistrement sont assujettis d'une façon permanente ou accidentelle.

A cet effet, le deuxième paragraphe de l'article 5 dispose qu'à l'avenir la taxe des biens de mainmorte sera passible des décimes. Il est bien entendu, d'ailleurs, que lorsque les droits de mutation seront dégrevés de tout ou partie des décimes, la taxe des biens de mainmorte sera également déchargée dans la même proportion. Cette surélévation de taxe et les 2 décimes donneront un produit de 800,000 francs.

Nous espérons que l'Assemblée donnera son approbation à toutes ces dispositions, qui, sans rien toucher aux principes et aux bases de l'impôt, ont l'avantage de procurer au Trésor une ressource importante, de replacer le titre nominatif dans des conditions normales et consacrées par l'expérience, de rétablir l'égalité d'impôt en ce qui concerne les biens de mainmorte, et de faire cesser les interprétations erronées dont les lois du 23 juin 1857, du 23 août et du 16 septembre 1871 ont été l'objet.

DÉCRET DU 30 AVRIL 1872

Timbres mobiles. — Connaissements.

(Promulgué au *Journal officiel* du 1er mai 1872.)

(XIIe Série, Bull. 91, n° 1135; Instr. n° 2443.)

Article premier. — Il est établi, pour l'exécution des articles 4 et 5 de la loi du 30 mars 1872, des timbres mobiles à 50 centimes et 1 franc, conformes aux modèles annexés au présent décret. — Chaque timbre se compose de deux empreintes, dont l'une, portant l'indication du prix, est toujours apposée sur le connaissement destiné au capitaine, et dont l'autre, désignée sous le nom *d'estampille du contrôle*, est appliquée, savoir : — pour les connaissements créés en France en excédant du nombre prescrit par l'article 282 du Code de commerce, sur chaque original supplémentaire; — pour les connaissements venant de l'étranger, sur l'original destiné au consignataire et sur tous autres originaux qui seraient représentés par le capitaine. — L'administration de l'Enregistrement, des Domaines et du Timbre fera déposer au greffe des cours et tribunaux des spécimens de ces timbres mobiles. Le dépôt sera constaté par un procès-verbal dressé sans frais.

Art. 2. — Les timbres mobiles à 50 centimes destinés aux originaux supplémentaires des connaissements créés en France sont apposés au moment même de la rédaction des connaissements. — Le timbre avec indication de prix appliqué sur le connaissement qui est entre les mains du capitaine, ainsi que l'estampille de contrôle placée sur l'original supplémentaire, sont oblitérés immédiatement, soit au moyen de l'apposition à l'encre noire de la signature du chargeur ou de l'expéditeur et de la date de l'oblitération, soit par l'apposition à l'encre grasse d'une griffe faisant connaître le nom et la raison sociale du chargeur ou de l'expéditeur, ainsi que la date de l'oblitération.

Art. 3. — Les timbres mobiles à 1 franc établis pour les connaissements venant de l'étranger sont apposés par les agents des douanes, comme suppléant les receveurs de l'Enregistrement. — Le timbre avec indication de prix est appliqué sur l'original existant entre les mains du capitaine, et l'estampille de contrôle sur le connaissement destiné au consignataire, s'il est représenté. Ces timbres sont oblitérés immédiatement sur les deux originaux au moyen d'une griffe. — Lorsque le connaissement destiné au consignataire n'est pas représenté en même temps que celui du capitaine, l'estampille de contrôle est remise au capitaine. — Cette estampille est apposée par le consignataire, et elle doit être oblitérée soit au moyen de l'inscription à l'encre noire de sa signature et de la date de l'oblitération, soit au moyen d'une griffe à date établie dans les conditions prévues à l'article précédent.

Art. 4. — Lorsque le capitaine venant de l'étranger représente plus de deux connaissements, le droit de 50 centimes en principal dû pour chaque connaissement supplémentaire est perçu par l'administration des Douanes au moyen de l'apposition de timbres mobiles à 50 centimes créés par le présent décret. — Ces timbres mobiles sont apposés et oblitérés par les agents des Douanes, selon le mode prescrit par les deux premiers alinéas de l'article qui précède.

DÉCRET DU 24 MAI 1872

Titres émis par les villes, provinces et corporations étrangères, et par tout établissement public étranger.

(Promulgué au *Journal officiel* du 25 mai 1872.)

(XIIe Série, Bull. 97, n° 1235; Instr. n° 2445.)

—

Article premier. — Le nombre des titres qui doit, en vertu de l'article 10 du décret du 17 juillet 1857, servir de base à la perception des droits de timbre et de transmission établis par les lois ci-dessus visées, sur les actions et obligations des sociétés étrangères, est fixé par le ministre des finances, sur l'avis préalable d'une commission composée ainsi qu'il suit : — le président de la section des finances au Conseil d'État, président; — le directeur général de l'Enregistrement, des Domaines et du Timbre; — le directeur du mouvement général des fonds; — un régent de la Banque de France; — le syndic des agents de change de Paris. — La commission désigne son secrétaire, qui a voix consultative.

Art. 2. — Le nombre des titres assujettis aux droits de timbre et de transmission ne peut être inférieur, pour les actions, à un dixième, et pour les obligations, à deux dixièmes du capital.

Art. 3. — Le nombre de titres fixé par le ministre des finances, conformément aux articles qui précèdent, peut être revisé tous les trois ans. — S'il n'y a pas lieu à révision, la fixation précédente sert de base pour une nouvelle période de trois ans. — S'il y a lieu à révision, elle est effectuée dans le trimestre qui précède l'échéance de la troisième année et sert de base pour une nouvelle période de trois ans. — A défaut par les sociétés, compagnies, entreprises, d'acquitter les droits, les titres sont rayés de la cote. Néanmoins, le représentant établi en France, conformément à l'article 10 du décret du 17 juillet 1857, reste responsable des droits jusqu'à l'époque à laquelle les titres auront cessé d'être cotés.

Art. 4. — Les droits de timbre et de transmission dus en vertu de l'article 1er de la loi du 30 mars 1872, pour les titres émis par les villes, provinces, corporations étrangères et par tous autres établissements publics étrangers, sont fixés et perçus conformément aux dispositions du règlement d'administration publique du 17 juillet 1857 et à celles du présent règlement.

Art. 5. — Le décret du 11 décembre 1864 est abrogé.

LOI DU 25 MAI 1872

Timbre des titres de rentes et effets publics des gouvernements étrangers.

(Promulguée au *Journal officiel* du 26 mai 1872.)

(XIIe Série, Bull. 91, n° 1129; Instr. n° 2446.)

—

Article premier. — Le droit de timbre établi par les lois des 13 mai 1863 et 8 juin 1864 sur les titres de rentes, emprunts et tous autres effets publics des gouvernements étrangers, est fixé, à l'avenir, ainsi qu'il suit, savoir : — à 75 centimes pour chaque titre de 500 francs et au-dessous; — à 1 5 fr. 50 cent. pour chaque titre de 500 fr. jusqu'à 1,000 francs; — à 3 francs, pour chaque titre au-dessus de 1,000 francs jusqu'à 2,000 francs, et ainsi de suite à raison de 1 fr. 50 cent. par 1,000 francs ou fraction de 1,000 francs. — Ce droit n'est pas assujetti aux décimes. — Il est perçu sur la valeur nominale du titre.

Art. 2. — Aucune émission ou souscription de titres de rentes ou effets publics des gouvernements étrangers ne peut être annoncée, publiée ou effectuée en France, sans qu'il ait été fait, dix jours à l'avance, au bureau de l'Enregistrement de la résidence, une déclaration dont la date est mentionnée dans l'avis ou annonce. — Les titres ou les certificats provisoires de titres souscrits ou émis en France ne pourront être remis aux souscripteurs ou preneurs sans avoir préalablement acquitté les droits de timbre fixés par l'article précédent. — Si le droit a été payé sur le certificat provisoire, le titre définitif correspondant sera timbré sans frais sur la représentation de ce certificat.

[Comp. LL. 13 mai 1863, art. 7; 30 mars 1872, art. 2, et 29 juin 1872, art. 4, § 2.]

Art. 3. — Chaque contravention aux dispositions des paragraphes 1er et 2 de l'article précédent pourra être constatée dans les formes et conditions indiquées au troisième paragraphe de l'article 2 de la loi du 30 mars 1872. Elle sera également punie d'une amende de 5 pour 100 de la valeur nominale des titres annoncés ou émis, sans que cette amende puisse être inférieure à 50 francs. — L'amende est due personnellement et sans recours par celui qui a fait des annonces sans déclaration préalable, qui a émis ou qui a servi d'intermédiaire pour l'émission ou la souscription de titres non timbrés. La même amende sera exigible à raison d'émissions ou de souscriptions faites sans déclaration préalable. Le souscripteur ou le preneur de titres non timbrés est tenu solidairement de l'amende, sauf son recours contre celui qui a ouvert la souscription ou émis les titres.

[Solidarité, Comp. L. 28 avril 1816, art. 75.]

Art. 4. — Le droit de timbre des connaissements créés en France pourra être acquitté par l'apposition de timbres mobiles. — Sont applicables à ces timbres les dispositions des deux premiers paragraphes de l'article 7 de la loi du 30 mars 1872.

[V. Déc. 24 juillet 1872.]

SOMMAIRE

1. Exposé des motifs. — 2. Rapport de la commission du budget.

N° 1. — Exposé des motifs du Gouvernement.

Messieurs, c'est un principe général de la législation sur le timbre que toute valeur destinée à circuler, qu'elle ait été souscrite en France ou qu'elle vienne de l'étranger, doit être soumise à l'impôt, au moment de sa création ou lors de sa première négociation dans notre pays.

Les lois des 13 mai 1863 et 8 juin 1864 ont appliqué ce principe aux rentes et aux effets publics des gouvernements étrangers circulant en France, et ces titres sont actuellement soumis à un droit de timbre de 1 pour 100 du capital nominal, droit qui, originairement, avait été fixé à 50 centimes par 100 francs.

Ces lois prohibent la transmission ou plutôt la négociation des rentes étrangères qui n'auraient pas été préalablement soumises au timbre; elles punissent les contraventions d'une amende de 10 pour 100 encourue, tant par le propriétaire du titre que par l'agent de change ou tout autre officier public qui prête son ministère à la négociation.

Quelque rigoureuse que cette sanction puisse paraître au premier aspect, il faut cependant reconnaître qu'elle a été impuissante à assurer l'exacte perception de l'impôt. La négociation d'un titre au porteur non timbré est tellement insaisissable qu'elle peut s'opérer pour ainsi dire impunément toutes les fois qu'elle a lieu en dehors du marché régulier.

Nous avons dû nous préoccuper de cette situation, et vous avez bien voulu voter, le 30 mars 1872, une loi dont l'article 2 punit, non-seulement la négociation des valeurs mobilières de toutes espèces non timbrées, mais encore leur exposition en vente, leur énonciation dans les actes de prêt, de dépôt, de nantissement, etc... Cette sanction nécessaire et indispensable des lois préexistantes s'applique non-seulement aux actions et aux obligations des sociétés étrangères, mais encore aux fonds d'Etat des gouvernements étrangers.

En ce qui concerne les actions et les obligations, il ne saurait en résulter d'inconvénients graves, d'abord parce que les droits de timbre et de transmission auxquels sont assujetties ces valeurs, sont perçus par voie d'abonnement, ensuite parce que la loi organique de l'impôt (loi du 23 juin 1857) a confié à un règlement d'administration publique le soin de fixer le nombre des titres servant de base à l'impôt et qu'il est toujours possible, par ce moyen, de déterminer équitablement cette base en raison des oscillations de la circulation.

Quant aux fonds d'Etat étrangers, le droit de timbre fixé à 1 pour 100 de la valeur en capital (1 fr. 20 cent. avec les décimes), est exigible au moment où la formalité est accomplie en un seul payement; de plus, il est assis sur la valeur nominale du titre, d'où il résulte que pour les fonds d'Etat étrangers qui se cotent au-dessous du pair, ce droit peut représenter jusqu'à 4 pour 100 environ du capital d'achat.

On fait observer, en outre, que si, en vertu du principe du droit de souveraineté, un Etat est libre d'imposer les valeurs nationales au chiffre qu'il juge convenable, cette liberté d'action équivaudrait à une véritable prohibition en ce qui concerne les valeurs étrangères, si, pour régler l'impôt auquel doivent être soumises ces valeurs, l'on ne tenait pas compte des droits fiscaux qui les frappent sur les marchés étrangers.

On a ajouté que, dans l'état où se trouve le crédit en France, en présence de la nécessité où nous sommes d'attirer les capitaux étrangers sur notre marché et de nous procurer ainsi des titres qui puissent servir de monnaie d'échange pour l'acquittement de nos lourdes charges, il y avait un intérêt de premier ordre à favoriser la circulation des valeurs étrangères dans notre pays et à placer ces titres sous un régime fiscal équivalant à celui d'un grand marché voisin, c'est-à-dire de l'Angleterre.

Voici quels sont, dans le Royaume-Uni, le système et le tarif de l'impôt sur les valeurs mobilières et étrangères :

Le droit est perçu sur la valeur nominale du titre; ce droit est de 8 pence (82 cent.) pour toute valeur dont le capital nominal est inférieur à 25 livres (625 fr.). Il est de 1 sh. 3 p. (1 fr. 55 cent.) pour les valeurs de 25 livres à 50 livres (625 fr. à 1,250 fr.), et ainsi de suite jusqu'à 300 livres (7,500 fr.) à raison de 1 sh. 3 p. par 50 livres.

Au-dessus de 300 livres, la taxe est de 2 sh. 6 p. par 100 livres ou fraction de 100 livres.

Le droit est acquitté sur la représentation du titre et au moyen d'une estampille ou timbre sec.

Sont soumis au droit (*Stamp act* — 1870 — n° 113, v° *Mortgage, Bond... and Foreing security*) tout titre :

1° Qui est créé ou émis dans le Royaume-Uni;

2° Sur lequel un intérêt est payable dans le Royaume-Uni;

3° Qui est cédé, transmis ou généralement négocié dans le Royaume-Uni.

Toute contravention est punie d'une amende de 20 livres (500 francs, n° 114 du *Stamp act*).

Il résulte de cet exposé que la loi anglaise atteint non-seulement les titres cédés, transmis ou négociés (les seuls que la loi française assujettit à l'impôt), mais encore les titres dont l'intérêt est payable en Angleterre, et ceux qui sont émis sur le territoire du Royaume-Uni.

Nous avons pensé qu'en présence des difficultés du moment, il y avait lieu d'adopter le régime anglais.

Il en résultera, sans doute, une diminution considérable des tarifs. Mais, d'un autre côté, en imposant l'émission des titres qui a lieu sur le sol français, émission qui n'est assujettie aujourd'hui à aucune taxe, nous augmenterons, dans une proportion qui peut être considérable, le montant de la matière imposable.

Nous avons donc lieu de croire que le Trésor n'éprouvera aucune perte sensible de cette réforme, qui se recommande à votre attention plutôt au point de vue économique qu'au point de vue fiscal. D'ailleurs, le produit que nous recueillons de l'impôt actuel (à 1 fr. 20 pour 100 du capital), n'est pas considérable et il est surtout très-intermittent. En effet, si dans les années 1865, 1866 et 1870 le produit de cet impôt a atteint 3 millions et même 4 millions, ce n'a été que sous l'influence de l'emprunt du Mexique, dont la France a fait tous les frais, et de l'émission des titres ottomans.

Mais, dans tous les autres exercices, les recouvrements opérés de ce chef ont été de 1,500,000 francs en moyenne. Ce résultat doit nous donner l'assurance, Messieurs, que si le Trésor, par suite de la réforme que nous avons l'honneur de vous proposer, subit une perte, cette perte sera renfermée dans des limites telles que notre situation budgétaire n'en puisse éprouver aucune atteinte.

Il nous reste à vous donner quelques explications sur les articles du projet de loi.

Art. 1er. — L'article 1er maintient le principe déposé dans les lois des 13 mai 1863 et 8 juin 1864, qui assujettissent à un droit de timbre la transmission de la négociation des titres des fonds d'Etat étrangers.

Le tarif, au lieu de 1 fr. 20 cent. par 100 francs ou fraction de 100 francs, est gradué ainsi qu'il suit :

A 75 centimes pour chaque titre de 500 francs de capital et au-dessous.

A 1 fr. 50 cent. pour les titres au-dessus de 500 francs jusqu'à 1,000 francs.

A 3 francs pour les titres au-dessus de 1,000 francs jusqu'à 2,000 francs.

Et ainsi de suite à raison de 1 fr. 50 cent. par 1,000 francs ou fraction de 1,000 francs.

Cette taxe n'est pas assujettie aux décimes.

Art. 2. — Par l'article 2, nous vous proposons d'imposer aux mêmes droits que ceux spécifiés ci-dessus, l'émission en France de fonds d'État étrangers. Nous exigeons qu'aucune émission ne puisse avoir lieu sans l'autorisation du Gouvernement et qu'aucun titre ou certificat provisoire ne puisse être livré aux souscripteurs sans avoir acquitté les droits du timbre.

Mais, par esprit de justice et d'équité, la loi dispose que, si le droit a été payé sur le certificat provisoire, le titre définitif correspondant sera timbré sans frais sur la représentation de ce certificat.

Nous avons dû faire de cette disposition une mention formelle dans la loi, car le droit du timbre étant, par essence, un droit de consommation du papier, ne peut jamais être remboursé ni être admis en compensation des droits de timbre exigibles sur un autre titre, fût-il de même nature.

Art. 3. — L'article 3 édicte les pénalités contre ceux qui ont émis des fonds d'Etat étrangers sans autorisation, ou qui ont livré aux souscripteurs des titres ou des certificats provisoires non timbrés. Celui qui a émis les titres est débiteur personnellement de l'amende. Le souscripteur en est tenu solidairement vis-à-vis du Trésor, mais il conserve son recours contre celui qui a ouvert la souscription.

Les pénalités ne sont autres que celles que vous avez déjà votées le 30 mars dernier, et qui punissent la négociation, l'exposition en vente ou l'énonciation de titres étrangers non timbrés. L'amende est de 5 pour 100 de la valeur nominale du titre, sans qu'elle puisse être inférieure à 50 francs.

Nous vous demandons, Messieurs, de vouloir bien sanctionner par votre vote le projet dont l'exposé précède. Nous avons la confiance qu'il assurera au Trésor la perception d'un impôt qui lui est légitimement dû, et que, par la modification de son tarif, il ne placera pas le marché français dans des conditions d'infériorité vis-à-vis des marchés voisins.

N° 2. — Rapport de la commission du budget fait par M. Mathieu-Bodet, membre de l'Assemblée nationale.

Messieurs, avant d'exposer les dispositions spéciales de la loi qui est actuellement soumise à l'approbation de l'Assemblée nationale, et afin de rendre plus intelligibles les observations que nous aurons à présenter sur ces dispositions, il n'est peut-être pas inutile de faire préalablement l'historique sommaire des lois successives qui ont établi sur les actions et obligations françaises et étrangères, et sur les fonds publics étrangers, les droits de timbre et de transmission auxquels ces valeurs sont assujetties; de préciser succinctement l'état actuel de notre législation sur cette matière, en comparant les droits applicables aux valeurs françaises avec ceux auxquels les valeurs étrangères sont imposées.

I. — Un droit de transmission a été établi par la loi du 23 juin 1857 (art. 6), sur les actions et obligations des sociétés de toute nature, commerciales ou civiles.

Ce droit, qui était primitivement de 20 centimes par 100 francs de la valeur négociée, est perçu au moment du transfert.

Il est converti, pour les titres au porteur et pour tous ceux dont la transmission peut s'opérer sans transfert sur les registres de la société, en une taxe annuelle que la loi de 1857 avait fixée à 12 centimes du capital des actions ou obligations, évalué d'après le cours moyen de l'année précédente.

Le droit de transmission sur les transferts des actions nominatives a été porté à 50 centimes par l'article 11 de la loi du 16 septembre 1871 ; la taxe annuelle, qui en est l'équivalent pour les titres au porteur, a été élevée à 15 centimes par la même disposition.

La loi du 16 septembre a également soumis à cet impôt les obligations des départements, des communes, des établissements publics et de la société du Crédit foncier.

Enfin, la loi du 30 mars 1872, pour rétablir l'équilibre entre le droit de transmission de 50 centimes et la taxe annuelle sur les titres au porteur, a élevé cette taxe de 15 à 25 centimes.

Quant à la rente française, elle est affranchie de tout droit de transmission, du moins pour les mutations à titre onéreux. La loi du 18 mai 1820 (art. 7) ne l'a assujettie qu'à un droit de mutation dans le cas de transmission par succession ou donation, droit qui varie suivant la nature ou le degré de la parenté entre le défunt et l'héritier ou entre le donateur et le donataire.

II. — Les actions des sociétés françaises quelconques, civiles ou commerciales, sont frappées par la loi du 5 juin 1850 d'un droit de timbre de 50 centimes par 100 francs de leur valeur nominale, lorsque la durée des sociétés n'excède pas dix ans, et de 1 franc pour les sociétés dont la durée dépasse dix ans.

Les obligations de ces compagnies, celles des départements, des communes et des établissements publics sont soumises par la même loi à un droit de timbre de 1 pour 100 de leur valeur nominale.

Ces droits de 50 centimes ou de 1 pour 100 peuvent également être convertis en une taxe d'abonnement annuel de 5 centimes par 100 francs pendant toute la durée de la société. Cette taxe a été portée à 6 centimes par l'addition de 2 décimes (Lois des 23 août 1871 et 30 mars 1872).

Par exception, les obligations du Crédit foncier, dites lettres de gage, ont été assimilées aux effets de commerce par la loi du 8 juillet 1851, et assujetties, à ce titre, au droit de timbre de 50 centimes pour 1,000 francs, droit qui pouvait être converti en une taxe annuelle de 2 centimes par 100 francs.

La loi du 23 août 1871 ayant doublé le droit de timbre sur les effets négociables et non négociables, la taxe annuelle sur les obligations du Crédit foncier a été portée à 5 centimes par la loi du 30 mars 1872.

Les inscriptions de la rente française ont été affranchies de tout droit de timbre par la loi organique du 13 brumaire an VII.

III. — Les actions et obligations des sociétés étrangères sont soumises, en France, par l'article 9 de la loi du 23 juin 1857, à des droits de transmission équivalents à ceux établis par la même loi (art. 6), sur les actions et obligations des compagnies françaises.

Elles ne peuvent être cotées en France qu'autant qu'elles sont soumises au payement de l'impôt.

Les droits de transmission ont été successivement augmentés, comme sur les valeurs françaises, par les lois des 16 septembre 1871 et 30 mars 1872. Cette dernière loi en a étendu l'application aux titres émis par les villes, provinces ou corporations étrangères dont la loi de 1857 ne parlait pas.

Le transfert des actions nominatives sur les registres des sociétés étrangères n'étant pas matériellement possible en France, les actions et obligations de ces sociétés, admises à la cote officielle française, sont toujours soumises à la taxe annuelle.

Le mode d'établissement et de perception de cette taxe est fixé par un règlement d'administration publique. Son assiette peut reposer sur une quotité déterminée du capital social en actions et obligations (2e et 3e paragraphes de l'article 9, loi du 23 juin 1857).

Un premier règlement d'administration publique en date du 17 juillet 1857 a disposé, par son article 10, que les sociétés, compagnies ou « entreprises étrangères qui ont été autorisées à faire coter leurs actions et obligations aux bourses françaises sont tenues... de désigner un représentant responsable en France et de le faire agréer par le ministre des finances sous peine de se voir retirer l'autorisation dont elles jouissent. »

Que « toute compagnie qui, à l'avenir, sera autorisée à faire coter ses titres en France, sera soumise à la même obligation, et qu'enfin les sociétés dont il s'agit remettront au ministre des finances une déclaration indiquant le nombre de leurs actions et obligations qui devra servir de base à l'impôt. »

« Ce nombre, ajoute ce règlement, sera fixé par le ministre des finances. »

Cet état de choses a subsisté jusqu'en 1862. La faculté accordée au ministre de fixer le nombre des actions et obligations lui a été retirée par un règlement du 11 janvier 1862, qui admettait comme base de l'impôt, tantôt la totalité, tantôt la moitié des actions et obligations.

Après une expérience de deux années, ce règlement fut encore modifié et, à partir du 1er janvier 1865 (décret du 11 décembre 1864), la moitié du capital actions et la totalité des obligations ont été soumises à la taxe. Ce décret est encore en vigueur aujourd'hui.

Les fonds publics étrangers ne sont assujettis à aucun droit de transmission : il n'y a d'exception que dans les cas de mutation par acte authentique ou par succession.

IV. — La loi du 5 juin 1850 n'avait assujetti ni les valeurs industrielles ni les rentes étrangères aux droits de timbre. Celle du 23 juin 1857 (art. 9), a soumis à cet impôt les actions des compagnies. Ces actions et obligations ne peuvent être cotées et négociées en France qu'après que les sociétés se sont conformées aux prescription réglementaires.

Le droit est payé annuellement par abonnement, à raison de 5 centimes (plus 2 centimes) par 100 francs de la valeur nominale. Il est assis sur tout ou partie du capital social et perçu d'après le nombre fixé pour la liquidation du droit de transmission.

Les titres de rentes et autres effets publics des gouvernements étrangers étaient restés affranchis du droit de timbre; ce n'est que par la loi du 13 mai 1863 (art. 6) qu'ils y ont été soumis.

Ce droit avait été fixé d'abord à 50 centimes par 100 francs ou fraction de 100 francs du capital nominal.

On n'a pas admis, à cette époque, pour les fonds publics étrangers, le mode d'établissement et de perception du droit adopté pour les valeurs industrielles.

Il a paru difficile, en effet, de fixer conventionnellement une taxe annuelle sur tout ou partie du capital représenté par les titres de rente d'un Etat, parce qu'il a semblé que le Trésor français ne pouvait pas entrer, pour l'acquittement de l'impôt, en relation directe avec le gouvernement qui a émis ces rentes. — D'un côté, l'obligation qui aurait été imposée aux porteurs de ces titres de les faire timbrer dans un délai déterminé ne pouvait pas non plus avoir de sanction efficace. — La loi s'est donc bornée à interdire la transmission en France des titres de fonds publics étrangers non timbrés (art. 7 et 8, loi du 13 mai 1863.)

Le droit de timbre, primitivement fixé à 50 centimes par 100 francs, a été élevé à 1 franc par l'article 7 de la loi du 8 juin 1864, et à 1 fr. 20 cent. par l'addition de 2 décimes (Loi du 23 août 1871).

V. — Lorsque la loi du 30 mars 1872, qui élève à 25 centimes par 100 francs la taxe annuelle sur les actions et obligations étrangères cotées aux bourses françaises, a été présentée, il a été entendu entre la commission du budget et le Gouvernement que les règlements d'administration publique des 17 juillet 1857 et 11 décembre 1864 seraient modifiés.

Les dispositions de ces règlements, et surtout du dernier, ne sont plus en rapport avec les faits.

Le Gouvernement ne peut créer un impôt sur les valeurs étrangères qu'autant que ces valeurs circulent en France. Pour fixer l'assiette de cet impôt, il y a donc à déterminer la quantité de titres des sociétés étrangères qui se négocient sur les marchés français.

Le règlement du 14 décembre 1864 décide que les droits de transmission et de timbre seront perçus en ce qui concerne les actions et obligations étrangères admises à la cote officielle française, sur la moitié du capital des actions et sur la totalité des obligations. Le règlement suppose donc que toutes les obligations sont en France ; or, en fait, le plus souvent cela est loin d'être vrai.

Ces dispositions réglementaires ne reposent pas seulement sur des appréciations de fait inexactes ; elles ont encore pour conséquence d'imposer aux compagnies des charges excessives.

Ces dispositions réglementaires ne reposent pas seulement sur des appréciations de fait inexactes; elles ont encore pour conséquence d'imposer aux compagnies des charges excessives.

Ainsi, par exemple, la compagnie des chemins de fer Lombards devrait payer, pour maintenir ses obligations à la cote des marchés français, une taxe annuelle de 2 millions 625,000 francs.

Il faut remarquer qu'elle ne pourrait pas recouvrer cette somme sur les porteurs des obligations, puisqu'elle ne connaît pas ceux dont les titres profitent du bénéfice de la circulation en France. L'impôt qui frappe les obligations est donc en définitive une charge pour les actionnaires. Or, si à cette charge, qui représente une somme annuelle de 3 fr. 50 cent. par action, on ajoute l'impôt que les actions ont à payer pour leur propre circulation, on trouve que l'impôt total auquel chacune de ces actions est assujettie de ces deux chefs est de 5 fr. 40 cent.

Cet exemple suffit pour faire apprécier la justesse de notre critique.

Pour se soustraire à un impôt aussi onéreux, les compagnies étrangères demandent successivement la radiation de leurs titres de la cote officielle des marchés français.

C'est en effet ce qui est arrivé pour plusieurs compagnies importantes; l'exagération des droits tendrait donc à devenir une cause de préjudice pour le Trésor français.

Le règlement de 1864 avait sa raison d'être à l'époque où il a été fait. A ce moment, les sociétés étrangères avaient absolument besoin de nos marchés pour le placement de leurs actions et obligations; elles devaient donc subir forcément les conditions que le Gouvernement français voulait leur imposer. Il faut remarquer, en outre, que la taxe n'était alors que de 12 centimes au lieu de 30 centimes. Aujourd'hui leurs titres sont classés; la négociation en France n'a plus d'intérêt que pour les porteurs; or, si l'impôt est trop élevé, les compagnies, qui ont le droit de s'y soustraire, ne feront pas porter leurs titres à notre cote officielle.

C'est pour maintenir la circulation des valeurs étrangères en France, et faciliter leur négociation au profit des porteurs français, que des modifications aux dispositions réglementaires ont été reconnues nécessaires par la commission et par le Gouvernement.

Un nouveau projet, rédigé dans cet esprit, est effectivement soumis, actuellement, au conseil d'Etat. Par un retour aux dispositions du premier règlement d'administration publique sur la matière (17 juillet 1857), c'est au ministre des finances qu'il appartiendra désormais de fixer le nombre d'actions et d'obligations qui devra servir de base à l'impôt. Mais le ministre, avant de déterminer ce nombre, que le règlement antérieur lui permettait de fixer sous sa seule responsabilité, sera tenu de prendre l'avis d'une commission mixte, composée du président de la section des finances au conseil d'Etat, du directeur général de l'Enregistrement, des Domaines et du

Timbre, du directeur du mouvement général des fonds au ministère des finances, d'un régent de la Banque, et enfin du syndic des agents de change de Paris. La composition de cette commission mixte permet de penser que les intérêts de l'Etat, ni ceux des compagnies étrangères, ne seront compromis, et que les taxes fiscales seront perçues, autant que possible, sur le véritable chiffre de la circulation des titres étrangers en France et sur la circulation spéciale à chaque compagnie.

Le nombre des titres déterminé par ce procédé pourra être revisé tous les trois ans, et sera ainsi toujours en concordance avec les oscillations de la circulation.

Enfin ce nombre ne pourra être inférieur à 1 dixième des actions et à 2 dixièmes des obligations.

VI. — Mais ce règlement, qui donne satisfaction aux compagnies étrangères, ne pourra pas s'appliquer aux rentes et effets publics des Etats étrangers.

Le Gouvernement pense qu'il convient de diminuer également le droit de timbre auquel ces rentes sont assujetties.

C'est l'objet du projet de loi que nous allons examiner.

L'expérience a démontré que cet impôt perçu actuellement est en effet exagéré. Il est, comme nous l'avons déjà dit, de 1 franc par 100 francs, et, avec les décimes, 1 fr. 20 cent. Il faut remarquer, en outre, que, lorsque la rente est au-dessous du pair, cet impôt, qui est établi sur la valeur nominale des titres, croît relativement aux prix de vente, en proportion inverse de ce prix; pour certaines rentes il s'élève jusqu'à 4 francs par 100 francs de la valeur négociée. Il faut ajouter encore que ces droits sont d'autant plus lourds que, ne pouvant pas être payés par abonnement, ils doivent être acquittés en une seule fois.

Aussi, en fait, la loi est généralement éludée, car les titres se négocient, en grande partie, en dehors de la bourse officielle, sur les marchés irréguliers qu'on appelle la coulisse.

Si la loi voulait contraindre effectivement les porteurs au payement de ce droit de 1 fr. 20 cent. pour 100 du capital nominal (droit qui est supérieur à celui qu'ils auraient à subir sur ceux des marchés étrangers qui offrent des avantages de négociation équivalents), les rentes étrangères passeraient la frontière, au grand préjudice du Trésor français, car il perdait d'abord l'impôt auquel il a légitimement le droit de prétendre, et, en outre, d'autres avantages non moins importants attachés à l'existence sur les marchés français, d'une grande quantité de valeurs étrangères, facilement négociables, qui alimentent les opérations d'arbitrage dont on a pu récemment apprécier les bons effets, lorsque l'Etat a eu à réaliser le payement du premier terme de l'indemnité allemande, et dont il convient de ne pas se priver pour l'avenir.

Le projet de loi dont la commission demande à l'Assemblée d'approuver les dispositions réalisera, en faveur des fonds publics étrangers, une réforme analogue à celle que le nouveau règlement d'administration publique va apporter au profit des valeurs industrielles étrangères.

Il sauvegardera les intérêts du Trésor en assurant, mieux que ne le fait la loi de 1864, la perception de l'impôt; il favorisera nos négociations financières en conservant en France un grand marché de valeurs et de capitaux.

VII. — En cette matière il faut se défier des théories et éviter autant que possible les expériences nouvelles. Nous avons consulté les législations des nations voisines. Le marché anglais étant à peu près du même ordre que le nôtre, nous avons pensé qu'il y avait avantage à imposer les fonds publics étrangers des droits de timbre équivalents dans les deux pays, afin d'éviter que les porteurs ne fussent tentés d'aller chercher sur le marché voisin des conditions de négociation plus favorables.

Nous nous sommes donc rapprochés, autant que possible, du système et du tarif adopté dans le Royaume-Uni.

En Angleterre, le droit de timbre est établi sur les bases suivantes :

Il est de :

8 pence (0 fr. 82 cent.) sur la valeur nominale du titre pour chaque titre inférieur à 25 livres (625 fr.)

1 sh. 3 pence (1 fr. 55 cent.) pour chaque titre de 25 livres à 50 livres (625 fr. à 1,250 fr.).

De 1 sh. 3 pence pour chaque fraction de 50 livres jusqu'à 300 livres (7,500 fr.).

De 2 sh. 6 pence pour chaque fraction de 100 livres au-dessus de 300 livres.

Il est perçu :

1° Sur les titres qui sont créés ou émis dans le Royaume-Uni;

2° Sur ceux dont les intérêts sont payables dans ledit royaume;

3° Sur ceux qui sont cédés, transmis, ou généralement négociés en Angleterre.

Toute contravention est punie d'une amende de 20 livres (500 fr.).

L'article 1er du projet de loi fixe le droit sur les rentes et effets publics des gouvernements étrangers ainsi qu'il suit, savoir :

A 75 centimes pour chaque titre de 500 francs et au-dessous;

A 1 fr. 50 cent. pour chaque titre de 500 francs jusqu'à 1,000 francs;

A 3 francs pour chaque titre au-dessus de 1,000 francs jusqu'à 2,000 francs.

Ce droit n'est pas assujetti aux décimes.

Il est perçu sur la valeur nominale.

Comme on le voit, c'est un tarif gradué qui procède par fraction indivisible de 500 francs jusqu'à 1,000 francs, et par 1,000 francs au-dessus de cette somme.

Le tarif anglais procède par fraction de 625 francs (25 livres), jusqu'à 1,250 francs (50 livres); puis par fraction indivisible de 1,250 francs jusqu'à 7,500 francs (300 livres) et au delà de cette somme par fraction indivisible de 2,500 fr. (100 livres).

Il résulte de la comparaison de ces tarifs, fondés tous deux sur le système monétaire des deux pays, que le tarif français sera alternativement tantôt supérieur, tantôt inférieur au tarif anglais, suivant la nature des titres qui seront négociés. Mais ces différences sont toujours minimes, et l'application comparative des tarifs, faite par la négociation de 50 florins, piastres, ducats, écus ou livres, des Etats d'Autriche, d'Espagne, d'Italie ou de Hollande, démontre que le tarif français est inférieur cinq fois sur huit à la taxe anglaise.

VIII. — Pour déterminer les cas dans lesquels les droits de timbre, tels qu'ils sont fixés par l'article 1er de la loi, seront exigibles, il faut combiner les lois du 13 mai 1863 et du 30 mars 1872 avec les dispositions du projet actuel.

Les droits de timbre seront exigibles :

1° En vertu de la loi du 13 mai 1863, sur les titres de rentes étrangères qui sont l'objet de transmissions ou négociations en France;

2° En vertu du deuxième paragraphe de l'article 2 du projet de loi, sur les titres qui sont émis ou souscrits en France.

Pour compléter l'assimilation avec la législation anglaise, il aurait fallu ajouter encore tous les titres dont les coupons sont payables sur le territoire français.

Mais nous avons pensé qu'il y aurait de graves inconvénients à adopter cette dernière disposition de la loi anglaise : les coupons sont généralement détachés du titre lorsqu'ils sont présentés à la caisse de l'établissement chargé d'en payer le montant. Comment pourrait-on alors constater si la formalité du timbre a été accomplie?

Pour savoir si ce droit de timbre a été payé, il faudrait

exiger la représentation du titre lui-même. La loi pourrait sans doute imposer cette obligation pour assurer le recouvrement de l'impôt, mais on ne peut méconnaître qu'il en résulterait de réels embarras et des mécontentements qu'il faut éviter.

Il est à remarquer, du reste, que la prescription de la loi anglaise dont nous nous occupons n'est pas observée dans la pratique. La jurisprudence de la Trésorerie ne soumet à l'impôt du timbre les valeurs dont les coupons sont payables dans le Royaume-Uni, qu'autant qu'elles ont été émises ou qu'elles sont négociées sur le territoire de la Grande-Bretagne.

Ainsi, désormais, les titres ou les certificats de rentes ou effets publics des gouvernements étrangers, souscrits ou émis en France, ne pourront être remis aux souscripteurs ou preneurs sans avoir préalablement acquitté les droits de timbre fixés par l'article 1er du projet de loi.

Les négociations, les transmissions quelconques définitives ou éventuelles donneront ouverture à la perception de ces droits (art. 7, loi du 13 mai 1863).

Le projet de loi actuel assure la perception de l'impôt qu'il établit sur les titres émis ou souscrits en France.

La loi du 13 mai 1863, au contraire, après avoir admis le principe du droit sur les transmissions, ne donnait aucun moyen de saisir les négociations faites en dehors du marché officiel.

Cette lacune a été comblée en partie par la loi du 30 mars 1872, dont l'article 2 porte :

Que nul ne peut négocier, exposer en vente ou énoncer dans un acte de prêt, de dépôt, de nantissement, ou dans tout autre acte ou écrit, à l'exception des inventaires, des titres étrangers qui n'auraient pas été admis à la cote ou qui n'auraient pas été dûment timbrés au droit de 1 pour 100 du capital nominal;

Que chaque contravention à ces dispositions pourra être constatée, dans tous les lieux ouverts au public, par les agents qui ont qualité pour verbaliser en matière de timbre; qu'elle sera punie d'une amende de 5 pour 100 de la valeur nominale des titres qui seront négociés, exposés en vente, énoncés dans des actes, ou dont il aura été fait usage. Qu'en aucun cas l'amende ne pourra être inférieure à 50 francs.

Le projet de loi ne modifie cet article qu'en ce qu'il substitue au droit de 1 pour 100 sur les rentes étrangères les droits proportionnels fixés par son article 1er. Toutes les autres dispositions de l'article 2 de la loi du 30 mars sont maintenues.

Mais il importe d'en bien préciser le sens et la portée.

Les droits de timbre seront dus :

Quand les titres seront négociés : la négociation constitue en effet le principal usage des titres;

Quand ils seront exposés en vente : la mise en vente n'implique pas nécessairement, à la vérité, l'aliénation effective, mais elle manifeste l'intention d'aliéner d'une manière suffisante pour rendre exigible le payement du droit.

Quand les titres sont énoncés dans un acte de prêt ou de nantissement : le prêt et le nantissement contiennent l'un et l'autre le principe d'une aliénation. Celui qui prête son titre à quelqu'un pour qu'il en fasse ressource en autorise la vente; — celui qui le donne en nantissement le soumet à une aliénation éventuelle pour le cas où l'obligation garantie ne serait pas exécutée conformément aux conventions des parties.

Quand les titres sont énoncés dans un acte de dépôt :

Il est nécessaire de donner quelques explications pour préciser exactement le sens de cette disposition :

L'énonciation de titres étrangers dans un acte de dépôt ne donne pas toujours lieu à la perception des droits de timbre. En effet, si quelquefois les actes de dépôt contiennent le germe d'une transmission éventuelle, dans d'autres cas, au contraire, ils n'impliquent aucune disposition, aucun usage légal.

Lorsque le titre est déposé pour servir de gage, conformément à l'article 2076 du Code civil, le créancier gagiste acquiert un droit sur cette valeur; il est donc tout naturel, dans ce cas, que la formalité du timbre soit exigée par application du principe de la loi du 13 mai 1863.

Il y a même des dépôts purs et simples qui donnent lieu au payement du droit de timbre, ce sont ceux qui sont faits par acte notarié ou en exécution d'un mandat de justice.

Mais lorsque les dépôts sont faits uniquement en vue de mettre les valeurs qui en sont l'objet en plus grande sécurité, de les soustraire aux chances de vol, d'incendie ou autres causes de perte (ce qui a lieu lorsqu'on les dépose à la Banque de France ou dans les caisses d'une société financière), les droits de timbre ne sont plus exigibles. Il n'y a pas là usage légal dans le sens de l'article 2 de la loi du 30 mars 1872; ces titres ne sont pas mis en circulation; ils restent toujours à la disposition absolue et exclusive du déposant.

L'article ajoute : ou dans tout autre acte ou écrit. Une observation est encore nécessaire ici pour éviter une interprétation erronée. Les titres énoncés dans des actes ou écrits quelconques ne sont soumis également à la formalité de l'enregistrement que lorsque ces actes ou écrits constatent une transmission directe ou indirecte, immédiate ou future, définitive ou éventuelle.

La commission du budget a compris du reste les mots : dépôt, acte ou écrit, avec cette distinction nécessaire.

Le Gouvernement les avait entendus dans le même sens, ainsi que le démontre la circulaire adressée aux agents de l'Enregistrement pour l'exécution de la loi du 30 mars 1872. Voici comment s'exprime à ce sujet M. le directeur général de l'Enregistrement (Instruct. 2445, p. 5).

« Ces dispositions, dit-il, ne sont que la consécration du principe général en vertu duquel il ne peut être fait usage d'aucun titre sans qu'il ait été assujetti au droit de timbre. Les mots actes de dépôt, rapprochés de ceux « tous autres actes ou écrits, » exigent seuls une explication. Il arrive parfois que des étrangers résidant en France sont porteurs de titres qu'ils déposent dans des maisons de banque uniquement pour en assurer la conservation. Le même fait se produit pour des Français qui, voulant se soustraire aux risques de perte, de vol ou d'incendie, déposent également leurs titres dans des maisons spéciales qui se chargent de leur garde moyennant un droit modique. Ces dépôts sont constatés, soit par correspondance, soit par un récépissé ou certificat.

« Il a été entendu que pour opérer ces sortes de dépôts, ainsi que les retraits qui en sont la conséquence, il ne serait pas nécessaire que les titres étrangers fussent préalablement timbrés, car le dépôt, dans ces conditions, ne constitue pas, à proprement parler, un usage des titres, mais une substitution à des titres multiples d'un titre collectif qui n'en est que la représentation, sans novation d'aucune sorte, sans avantage ni profit. Il est bien entendu d'ailleurs que si, soit par correspondance, soit par endossement ou autrement, le récépissé de dépôt était négocié, prêté ou donné en nantissement, les titres que ce récépissé représente devraient être timbrés préalablement.

« Il peut arriver également que des titres étrangers soient énoncés dans des lettres ou correspondances.

« On se rappelle que les lettres sont des écritures privées qui, aux termes de l'article 30 de la loi du 13 brumaire an VII, ne sont assujetties au timbre de dimension que lorsqu'elles sont produites en justice. La disposition de l'article 2 de la loi du 30 mars 1872 ne s'applique donc pas aux titres énoncés dans des lettres ou dans la correspondance, à moins que ces correspondances ne consacrent elles-mêmes la négociation, le nantissement ou l'usage juridique des titres. »

IX. — Le premier paragraphe de l'article 2 du projet de

loi porte qu'aucune émission ou souscription de titres de rentes ou d'effets publics des gouvernements étrangers ne peut être annoncée, publiée ou effectuée en France sans une autorisation du Gouvernement.

Actuellement, cette autorisation ne paraît exigée par aucun texte de loi. Un arrêt du conseil du 9 août 1785 (art. 4), faisait défense aux agents de change de coter à la Bourse d'autres effets que les effets royaux et le cours des changes; les motifs pour lesquels cet arrêt avait été rendu auraient fait interdire également toute émission d'un emprunt étranger si les emprunts s'étaient faits alors par voie d'émission; mais cet arrêt a été rapporté par une ordonnance du 12 novembre 1823, qu'il est utile de faire connaître, car elle montre que le Gouvernement français de cette époque appréciait les opérations de banque et de finance à un point de vue élevé et éminemment libéral.

« Considérant, dit cette ordonnance, que la permission de coter sur le cours authentique de la Bourse de Paris les effets publics des emprunts des gouvernements étrangers n'implique, de la part de notre Gouvernement, ni approbation desdits emprunts, ni obligation d'intervenir en faveur de ceux de nos sujets qui, de leur plein gré, y placeraient leurs capitaux;

« Considérant que, depuis plusieurs années, les opérations de banque, de finance et de commerce ont reçu dans tout le royaume, mais plus particulièrement à Paris, une très-grande extension; — Qu'il en est résulté un accroissement de capitaux qui rend désormais sans objet les dispositions de l'arrêt du conseil ci-dessus relaté; — Considérant, enfin, qu'il ne peut qu'être utile de donner un caractère légal et authentique aux opérations nombreuses qui se font déjà sur les emprunts des gouvernements étrangers, les lois actuelles suffisant pour prévenir la fraude et l'insertion des conditions illicites ou illégales dans leur négociation; notre conseil entendu, nous avons ordonné et ordonnons ce qui suit :

« ARTICLE PREMIER. — A l'avenir, les effets publics des emprunts des gouvernements étrangers seront cotés sur le cours authentique de la Bourse de Paris.

« ART. 2. — L'arrêt du conseil du 9 août 1785 est rapporté en ce qu'il a de contraire à la présente ordonnance. »

La commission a pensé que le législateur de 1872 devait s'inspirer, en cette matière, de l'esprit libéral de l'ordonnance de 1823, en repoussant la disposition qui assujettit à une autorisation préalable du Gouvernement l'émission en France de titres de rentes des gouvernements étrangers.

Pour accorder ou refuser cette autorisation, le Gouvernement français devrait, dans une certaine mesure, se faire juge du crédit de l'Etat emprunteur; — le refus d'autorisation aurait nécessairement quelque chose de blessant et pourrait créer des difficultés diplomatiques; — l'autorisation du Gouvernement, d'un autre côté, engagerait en quelque sorte sa responsabilité morale, car le public français est toujours disposé à croire qu'une opération autorisée par l'autorité publique lui offre toute garantie de sécurité.

La commission a substitué à l'autorisation du Gouvernement l'obligation d'une simple déclaration de la part de la personne qui voudra faire l'émission ou la souscription de titres de rentes des gouvernements étrangers. Aucune de ces émissions ou souscriptions ne pourra être annoncée, publiée ou effectuée en France sans que cette déclaration ait été faite dix jours à l'avance au bureau de l'Enregistrement du lieu.

Plusieurs membres de la commission étaient d'avis de donner au ministre des finances, dans l'intérêt de l'Etat et dans l'intérêt du public, le droit de s'opposer, pendant ce délai de dix jours, à ces émissions ou souscriptions, mais la majorité de la commission a rejeté cette opinion.

Le dernier paragraphe de l'article 2 du projet du Gouvernement prévoit le cas où le droit de timbre a été payé sur le certificat provisoire d'emprunt. Par une dérogation libérale aux principes de la matière, le titre définitif correspondant sera timbré sans frais sur la représentation du certificat.

X. — L'article 3 ne soulève aucune difficulté.

La première partie du paragraphe 1er est relative au moyen de constater les contraventions aux nouvelles prescriptions de la loi; il ne fait que reproduire une disposition antérieure, déjà votée par l'Assemblée, d'après laquelle les contraventions peuvent être constatées dans tous les lieux ouverts au public, par les agents qui ont qualité pour verbaliser en matière de timbre.

La deuxième disposition du même paragraphe édicte les pénalités contre les auteurs de ces contraventions. Nous avons dû étendre la pénalité à ceux qui ouvriraient des souscriptions ou émettraient des titres sans déclaration préalable.

Ces pénalités sont celles déjà établies par le troisième paragraphe de l'article 2 de la loi du 30 mars 1872 contre la négociation, l'exposition en vente ou l'énonciation dans des actes impliquant que le porteur a fait usage juridique de titres étrangers non timbrés. L'amende est de 5 pour 100 de la valeur nominale du titre. Elle est inférieure de moitié à celle qui était édictée par la loi du 13 mai 1863.

Celui qui a émis les titres non timbrés est débiteur personnellement de l'amende. Le souscripteur en est tenu solidairement, sauf son recours contre celui qui a ouvert la souscription.

Nous avons modifié le texte des articles 2 et 3 du projet du Gouvernement pour mettre ce texte en harmonie avec la disposition que nous nous proposons d'introduire pour substituer à l'autorisation du Gouvernement l'obligation d'une déclaration.

XI. — Il nous reste à vous entretenir d'une disposition qui n'a rien de commun avec la circulation des valeurs étrangères, mais qui est le complément d'une loi que vous avez votée le 30 mars dernier sur le timbre des connaissements.

Vous avez, par cette loi (art. 4), ouvert au commerce la faculté d'acquitter, au moyen de timbres mobiles, les droits dus pour les connaissements excédant le nombre fixé par l'article 282 du Code de commerce, et ceux exigibles sur les connaissements venant de l'étranger. Mais la loi n'a pas disposé que le droit des connaissements créés en France pourra être acquitté au moyen de timbres mobiles. Le commerce réclame cette faculté et l'Administration n'y voit pas d'inconvénients.

La disposition additionnelle que nous vous proposons n'a donc d'autre but que de créer une facilité nouvelle pour le Trésor; la commission du budget n'a pas hésité à l'adopter et à vous demander votre sanction.

DÉCRET DU 25 JUIN 1872

Timbres mobiles de dimension.

(XIIe Série, Bull. 98, no 1276; Circ. 21 juillet 1872.)

ARTICLE PREMIER. — Les différents timbres mobiles destinés à l'acquittement des droits de timbre de dimension seront conformes aux six modèles ci-annexés. — L'administration de l'Enregistrement, des Domaines et du Timbre fera déposer aux greffes des cours et tribunaux des spécimens de ces timbres mobiles. — Le dépôt sera constaté par un procès-verbal dressé sans frais.

ART. 2. — L'administration de l'Enregistrement prendra les mesures nécessaires pour le retrait des timbres mobiles de l'ancien modèle qui n'auraient pas été employés avant le 1er octobre 1872.

LOI DU 29 JUIN 1872

Impôt sur le revenu des valeurs mobilières.

(Promulguée au *Journal officiel* du 30 juin 1872.)

(XIIe Série, Bull. 97, n° 1233; Instr. n° 2451.)

ARTICLE PREMIER. — Indépendamment des droits de timbre et de transmission établis par les lois existantes, il est établi, à partir du 1er juillet 1872, une taxe annuelle et obligatoire :

1° Sur les intérêts, dividendes, revenus et tous autres produits des actions de toute nature, des sociétés, compagnies ou entreprises quelconques, financières, industrielles, commerciales ou civiles, quelle que soit l'époque de leur création;

2° Sur les arrérages et intérêts annuels des emprunts et obligations des départements, communes et établissements publics, ainsi que des sociétés, compagnies et entreprises ci-dessus désignées;

3° Sur les intérêts, produits et bénéfices annuels des parts d'intérêt et commandites dans les sociétés, compagnies et entreprises dont le capital n'est pas divisé en actions.

[Bons de liquidation de la ville de Paris (Déc. 23 août 1873, art. 2).]

ART. 2. — Le revenu est déterminé :

1° Pour les actions, par le dividende fixé d'après les délibérations des assemblées générales d'actionnaires ou des conseils d'administration, les comptes rendus ou tous autres documents analogues;

2° Pour les obligations ou emprunts, par l'intérêt ou le revenu distribué dans l'année;

3° Pour les parts d'intérêt et commandites, soit par les délibérations des conseils d'administration des intéressés, soit, à défaut de délibération, par l'évaluation à raison de 5 pour 100 du montant du capital social ou de la commandite, ou du prix moyen des cessions de part d'intérêt consenties pendant l'année précédente.

Les comptes rendus et les extraits des délibérations des conseils d'administration ou des actionnaires seront déposés, dans les vingt jours de leur date, au bureau de l'Enregistrement du siége social.

ART. 3. — La quotité de la taxe établie par la présente loi est fixée à 3 pour 100 du revenu des valeurs spécifiées en l'article 1er. — Le montant en est avancé, sauf leur recours, par les sociétés, compagnies, entreprises, villes, départements ou établissements publics. — Pour l'année 1872, les revenus, intérêts et dividendes seront sujets à la taxe pour moitié seulement de leur montant, quelle que soit d'ailleurs l'époque à laquelle le payement aura lieu. — A partir de la promulgation de la présente loi, le taux des droits et taxe établis par la loi du 23 juin 1857 et par celles des 16 septembre 1871 et 30 mars 1872, est réduit ainsi qu'il suit, savoir : — A 50 centimes par 100 francs pour la transmission ou la conversion des titres nominatifs; — à 20 centimes par 100 francs pour la taxe à laquelle sont assujettis les titres au porteur. — Ces droits et taxe ne sont pas soumis aux décimes.

ART. 4. — Les actions, obligations, titres d'emprunts, quelle que soit d'ailleurs leur dénomination, des sociétés, compagnies, entreprises, corporations, villes, provinces étrangères, ainsi que tout autre établissement public étranger, sont soumis à une taxe équivalente à celle qui est établie par la présente loi sur le revenu des valeurs françaises. — Les titres étrangers ne pourront être cotés, négociés, exposés en vente ou émis en France qu'en se soumettant à l'acquittement de cette taxe, ainsi que des droits de timbre et de transmission. — Un règlement d'administration publique fixera le mode d'établissement et de perception de ces droits, dont l'assiette pourra reposer sur une quotité déterminée du capital social. — Le même règlement déterminera les époques de payement de la taxe, ainsi que toutes les autres mesures nécessaires pour l'exécution de la présente loi.

[*V.* Déc. 6 décembre 1872.]

ART. 5. — Chaque contravention aux dispositions qui précèdent et à celles du règlement d'administration publique qui sera fait pour leur exécution sera punie conformément à l'article 10 de la loi du 23 juin 1857. — Le recouvrement de la taxe sur le revenu sera suivi, et les instances seront introduites et jugées comme en matière d'enregistrement.

[*V.* L. 22 frimaire an VII, art. 63 et suiv., et L. 27 ventôse an IX, art. 17.]

La loi du 29 juin 1872 n'a été l'objet d'aucune discussion spéciale à l'Assemblée.

Elle était saisie d'un certain nombre de projets portant établissement de l'impôt général sur le revenu ou sur les revenus, et repoussés par le Gouvernement.

La loi du 29 juin 1872 est le produit d'une transaction pour ainsi dire improvisée dans le cours d'une séance entre la commission du budget et le Gouvernement.

Voici en quels termes M. Deseilligny, membre de l'Assemblée nationale, l'a annoncée à la Chambre, au nom de la commission du budget :

Messieurs, la commission du budget s'est mise en communication avec le Gouvernement au sujet du projet de loi relatif aux valeurs mobilières. Le Gouvernement nous a produit des calculs d'après lesquels la loi proposée par la commission ne devait pas atteindre, comme nous l'avions espéré, un produit de 15 millions. Désireux, dans les circonstances difficiles que nous traversons, d'assurer un revenu en rapport avec les besoins du Trésor, nous avons remanié le projet de loi que nous vous avions proposé en élevant le taux à 3 pour 100 et en assurant ainsi un produit de 15 millions.

M. le ministre des finances nous a donc autorisés à vous dire que, tout en ayant étudié une combinaison différente, il ne s'opposait pas à l'adoption du projet qui va suivre.

Le projet de loi est ainsi conçu :

ARTICLE PREMIER. — Indépendamment des droits de timbre et de transmission établis par les lois existantes, il est établi, à partir du 1er juillet 1872, une taxe annuelle et obligatoire :

1° Sur les intérêts, dividendes, revenus et tous autres produits des actions de toute nature, des sociétés, compagnies ou entreprises quelconques, financières, industrielles, commerciales ou civiles, quelle que soit l'époque de leur création;

2° Sur les arrérages et intérêts annuels des emprunts et obligations des départements, communes et établissements publics, ainsi que des sociétés, compagnies et entreprises ci-dessus désignées;

3° Sur les intérêts, produits et bénéfices annuels des parts d'intérêt et commandites dans les sociétés, compagnies et entreprises dont le capital n'est pas divisé en actions.

Art. 2. — Le revenu est déterminé:

1° Pour les actions, d'après les délibérations des assemblées générales d'actionnaires ou des conseils d'administration, les comptes rendus ou tous autres documents analogues;

2° Pour les obligations ou emprunts, par l'intérêt du revenu distribué dans l'année:

3° Pour les parts d'intérêts et commandites, soit par les délibérations des conseils d'administration des intéressés, soit, à défaut de délibération, par l'évaluation à raison de 5 pour 100 du montant du capital social ou de la commandite, ou du prix moyen des cessions de parts d'intérêt consenties pendant l'année précédente.

Les comptes rendus et les extraits des délibérations des conseils d'administration ou des actionnaires seront déposés dans les vingt jours de leur date au bureau de l'Enregistrement du siége social.

Art. 3. — La quotité de la taxe établie par la présente loi est fixée à 3 pour 100 du revenu des valeurs spécifiées en l'article 1er.

Le montant en est avancé, sauf leur recours, par les sociétés, compagnies, entreprises, villes, départements ou établissements publics.

Pour l'année 1872, les revenus, intérêts et dividendes, seront sujets à la taxe pour moitié seulement de leur montant, quelle que soit d'ailleurs l'époque à laquelle le payement aura lieu.

A partir de la promulgation de la présente loi, le taux des droit et taxe établis par la loi du 23 juin 1857 et par celles des 16 septembre 1871 et 30 mars 1872, est réduit ainsi qu'il suit, savoir:

A 50 centimes par 100 francs pour la commission ou la conversion des titres nominatifs.

A 20 centimes par 100 francs pour la taxe à laquelle sont assujettis les titres au porteur.

Ces droit et taxe ne sont pas soumis aux décimes.

Art. 4. — Les actions, obligations, titres d'emprunts, quelle que soit d'ailleurs leur dénomination, des sociétés, compagnies, entreprises, corporations, villes, provinces étrangères, ainsi que tout autre établissement public étranger, sont soumis à une taxe équivalente à celle établie par la présente loi sur le revenu des valeurs françaises.

Les titres étrangers ne pourront être cotés, négociés, exposés en vente ou émis en France qu'en se soumettant à l'acquittement de ces droits, ainsi que du droit de timbre et de transmission.

Un règlement d'administration publique fixera le mode d'établissement et de perception de ces droits, dont l'assiette pourra reposer sur une quotité déterminée du capital social.

Le même règlement déterminera les époques de payement de la taxe, ainsi que toutes les autres mesures nécessaires pour l'exécution de la présente loi.

Art. 5. — Chaque contravention aux dispositions qui précèdent et à celles du règlement d'administration publique qui sera fait pour leur exécution, est punie conformément à l'article 10 de la loi du 23 juin 1857. Le recouvrement de la taxe sur le revenu est suivi, et les instances seront introduites et jugées comme en matière d'enregistrement.

LOI DU 23 JUILLET 1872

Timbre des livres de commerce.

(Bull. off. 100, n° 1321.)

Art. 2. — Pour tenir compte de l'accroissement du droit de timbre dont seraient passibles les livres de commerce et les formules de patente, le nombre des centimes additionnels au principal de la contribution des patentes établie en remplacement de ce droit par les lois des 20 juillet 1837 et 4 juin 1858, est augmenté de 3 centimes huit dixièmes.

DÉCRET DU 24 JUILLET 1872

Timbre des connaissements.

(Promulgué au *Journal officiel* du 8 août 1872.)

(XIIe Série, Bull. 99, n° 1315; Instr. n° 2434.)

Article premier. — Il est établi, pour l'exécution de l'article 4 susvisé de la loi du 25 mai 1872, des timbres mobiles conformes au modèle annexé au présent décret. Chaque timbre se compose : — 1° d'une empreinte portant l'indication du prix et qui doit toujours être apposée sur le connaissement destiné au capitaine; — 2° d'empreintes désignées sous le nom d'*estampilles de contrôle*, et qui sont appliquées sur les autres originaux.

Art. 2. — Les timbres mobiles mentionnés à l'article qui précède sont apposés au moment de la rédaction des connaissements. — Ils sont oblitérés immédiatement, soit au moyen de l'application, à l'encre noire, de la signature du chargeur ou de l'expéditeur et de la date de l'oblitération, soit par l'apposition, à l'encre grasse, d'une griffe faisant connaître le nom et la raison sociale du chargeur ou de l'expéditeur, ainsi que la date de l'oblitération.

Art. 3. — L'administration de l'Enregistrement, des Domaines et du Timbre fera déposer aux greffes des cours et tribunaux des spécimens de ces timbres mobiles. Le dépôt sera constaté par un procès-verbal dressé sans frais.

Art. 4. — Lorsque le capitaine venant de l'étranger représente plus de deux connaissements, le droit de 50 centimes en principal dû pour chaque connaissement supplémentaire est perçu par l'administration des Douanes au moyen de l'apposition de timbres mobiles à 50 centimes créés par le présent décret. — Ces timbres mobiles sont apposés et oblitérés par les agents des douanes, selon le mode prescrit par les deux premiers alinéas de l'article qui précède.

DÉCRET DU 8 NOVEMBRE 1872

Timbre. — Expédition d'actes de l'état civil. Alsace-Lorraine.

(Promulgué au *Journal officiel* du 10 novembre 1872.)

(XIIe Série, Bull. 112, n° 1523 ; Inst. n° 2458.)

—

ARTICLE PREMIER. — Une déclaration ayant été signée, à Paris, le 4 novembre 1872, entre la France et l'empire d'Allemagne, ladite déclaration, dont la teneur suit, est approuvée et sera insérée au *Journal officiel:*

« DÉCLARATION. — Les soussignés, agissant au nom de leurs gouvernements respectifs, ont arrêté d'un commun accord et déclaré ce qui suit:

« Les expéditions des actes de l'état civil demandées par les autorités françaises et délivrées en Alsace-Lorraine, ou demandées par les autorités d'Alsace-Lorraine et délivrées en France, seront, à l'avenir, exemptées de tous frais de timbre.

« Le présent arrangement est conclu pour une période de cinq années à compter de ce jour, mais il sera renouvelé de plein droit et continuera d'être observé si aucune des deux parties n'a notifié une intention contraire trois mois au moins avant l'expiration de ce terme.

« Fait en double à Paris, le 4 novembre 1872.

« *Signé:* RÉMUSAT.

« *Signé:* ARNIM. »

LOI DU 26 NOVEMBRE 1872

Taxes spéciales imposées. — Gardes nationales mobilisées.

(Pomulguée au *Journal officiel* du 4 décembre 1872.)

(XIIe Série, Bull. 112, n° 1514.)

—

ARTICLE PREMIER. — Le montant des taxes spéciales payées par les particuliers, pour l'organisation de la garde nationale mobilisée, et que l'État doit rembourser en exécution de la loi du 11 septembre 1871, pourra être employé à des dépenses d'utilité communale, en vertu de délibérations des conseils municipaux, assistés des plus imposés, quel que soit le revenu de la commune....

[Comp. L. 11 septembre 1871, série des lois sur l'enregistrement.]

ART. 2. — Toutefois, les communes qui feront usage de cette faculté devront rembourser, avant le 31 décembre 1873, les contribuables retranchés des rôles depuis 1871. — Ces derniers, sous peine de déchéance, devront, dans le délai de trois mois à partir de la promulgation de la présente, adresser leur demande de remboursement au maire, qui sera tenu d'en délivrer récépissé.

ART. 3. — ... Toutes les contestations auxquelles donneront lieu les remboursements à effectuer, en vertu du présent article et de l'article 2, seront jugées sommairement et sans frais par le juge de paix qui délivrera aux intéressés un certificat sur papier libre, établissant leurs droits. Ce certificat tiendra lieu des pièces justificatives exigées par les règlements sur la comptabilité publique.

DÉCRET DU 6 DÉCEMBRE 1872

Impôt sur le revenu des valeurs mobilières.

(Promulgué au *Journal officiel* du 11 décembre 1872.)

(Instr. n° 2457.)

—

ARTICLE PREMIER. — La taxe de 3 pour 100 établie par la loi du 29 juin 1872 est avancée par les sociétés, compagnies, entreprises, départements, communes et établissements publics, et payée au bureau de l'Enregistrement du siége social ou administratif désigné à cet effet, savoir:

1° Pour les obligations, emprunts et autres valeurs dont le revenu est fixé et déterminé à l'avance, en quatre termes égaux d'après les produits annuels afférents à ces valeurs;

2° Pour les actions, parts d'intérêt, commandites et emprunts à revenu variable, en quatre termes égaux déterminés provisoirement d'après le résultat du dernier exercice réglé et calculés sur les quatre cinquièmes du revenu s'il en a été distribué, et, en ce qui concerne les sociétés nouvellement créées, sur le produit évalué à 5 pour 100 du capital appelé.

Chaque année, après la clôture des écritures relatives à l'exercice, il est procédé à une liquidation définitive de la taxe due pour l'exercice entier. Si de cette liquidation il résulte un complément de taxe au profit du Trésor, il est immédiatement acquitté. Dans le cas contraire, l'excédant versé est imputé sur l'exercice courant, ou remboursé si la société est arrivée à son terme ou si elle cesse de donner des revenus.

ART. 2. — Les payements à faire en quatre termes doivent être effectués dans les vingt premiers jours des mois de janvier, avril, juillet et octobre de chaque année. — La liquidation définitive a lieu au moment du dépôt, prescrit par l'article 2 de la loi du 29 juin 1872, des comptes rendus et extraits des délibérations des assemblées générales d'actionnaires ou des conseils d'administration, ou de tous autres documents analogues fixant le dividende distribué. — Cette liquidation doit être établie dans les vingt premiers jours du mois de mai pour les sociétés auxquelles leurs statuts n'imposent pas l'obligation de prendre des délibérations sur cet objet. Dans ce cas, la liquidation définitive est opérée à raison de 5 pour 100 du prix moyen des cessions de parts d'intérêt consenties pendant l'année précédente et dûment enregistrées, et, à défaut de cessions, d'après l'évaluation à

5 pour 100 du montant du capital social ou de la commandite.

ART. 3. — Toutes les dispositions des deux articles précédents sont applicables aux sociétés, compagnies, entreprises, corporations, villes, provinces étrangères, ainsi qu'à tous autres établissements publics étrangers dont les titres sont cotés ou circulent en France, ou qui ont pour objet des biens soit mobiliers, soit immobiliers situés en France. — La taxe sur le revenu, pour les titres cotés à la Bourse ou émis en France, est assise sur la même base que les droits de timbre et de transmission; elle est déterminée en la forme prévue au règlement d'administration publique du 24 mai 1872. — Les sociétés, compagnies et entreprises étrangères dont les titres ne sont pas cotés, mais qui ont pour objet des biens meubles ou immeubles situés en France, doivent la taxe sur le revenu, à raison des valeurs françaises qui en dépendent, et acquittent cette taxe d'après une quotité du capital social fixée par le ministre des finances, sur l'avis préalable de la commission instituée par le règlement ci-dessus indiqué. Elles doivent, à cet effet, faire agréer par le ministre des finances, avant le 1er décembre 1872, si elles existent actuellement, et, dans le cas contraire, avant toute opération en France, un représentant français personnellement responsable des droits et amendes.

ART. 4. — Aucune émission ou souscription de titres étrangers ne peut avoir lieu en France qu'après qu'un représentant responsable a été agréé par le ministre des finances. — Dans le mois qui suit la clôture de l'émission ou de la souscription, le ministre des finances détermine le nombre des titres qui doivent servir de base à la perception des droits de timbre et de transmission, ainsi qu'à l'assiette de la taxe sur le revenu. Ce nombre est fixé conformément aux dispositions des règlements d'administration publique des 17 juillet 1857 et 24 mai 1872.

ART. 5. — La caisse des dépôts et consignations est autorisée à payer directement à Paris, au bureau qui sera désigné, la taxe annuelle due à raison des prêts de toute nature qu'elle a faits à des départements, communes et établissements publics.

ART. 6. — Les dispositions des articles 1, 2, 3, et 5 qui précèdent sont applicables à la taxe due, pour l'année 1872, sur la moitié des revenus, intérêts et dividendes distribués, quelle que soit d'ailleurs l'époque du payement. — Le premier versement aura lieu dans les vingt jours de la promulgation du présent décret. — A cette époque, les sociétés qui n'auront pas encore effectué le dépôt prescrit par l'article 2 de la loi du 29 juin 1872, devront remettre au receveur de l'Enregistrement les extraits ou comptes rendus des délibérations des assemblées générales d'actionnaires ou des conseils d'administration, ou de tous autres documents analogues qui ont fixé le chiffre total du dividende distribué pour le dernier exercice.

LOI DU 20 DÉCEMBRE 1872

Effets de commerce. — Permis de chasse.

(Promulguée au *Journal officiel* du 30 décembre 1872.)

(XIIe Série, Bull. 113, no 1544; Instr. no 2459.)

ART. 3. — Les effets spécifiés dans l'article 1er de la loi du 5 juin 1850, tirés de l'étranger sur l'étranger et circulant en France, ne seront plus assujettis qu'à un droit de timbre proportionnel fixé à 50 centimes pour 2,000 francs ou par fraction de 2,000 francs. — Ces effets pourront être valablement timbrés au moyen des timbres mobiles en usage en France. Les timbres seront employés à raison de leur quotité seulement et non des sommes qu'ils indiquent.

[Tarif (Comp. L. 5 juin 1850, art. 3, et L. 23 août 1871, art. 2, no 1). — Timbres mobiles (Comp. L. 11 juin 1859, art. 19, et Déc. 18 janvier 1860).]

ART. 21. — A l'avenir, le prix du permis de chasse sera fixé comme autrefois à 25 francs.

[Comp. L. 28 avril 1816, art. 77; L. 3 mai 1844, art. 5, *suprà* p. 211, note 2, et L. 23 août 1871, art. 2.]

DÉCRET DU 21 DÉCEMBRE 1872

Timbres mobiles. — Affiches.

(Promulgué au *Journal officiel* du 5 janvier 1873.)

(XIIe Série, Bull. 115, no 1605; Instr. no 2462.)

ARTICLE PREMIER. — Il est créé, pour l'exécution de la loi du 27 juillet 1870, des timbres mobiles à 5, 10 et 20 centimes en principal, conformes aux modèles annexés au présent décret. — Provisoirement, les droits de 15 centimes et de 40 centimes seront acquittés par l'apposition de deux timbres mobiles.

[Comp. L. 18 juillet 1866, art. 4, et L. 27 juillet 1870, art. 6.]

ART. 2. — Les timbres mobiles seront collés par les soins des imprimeurs et à leurs risques et périls. Ces timbres seront apposés de manière à ce qu'ils soient oblitérés par l'impression de deux lignes au moins du texte de l'affiche. Dans le cas où, par suite de la disposition des caractères typographiques, l'oblitération ne pourrait avoir lieu ainsi qu'il est prescrit par l'article précédent, il y serait suppléé par une griffe apposée à l'encre grasse en travers du timbre et faisant connaître le nom de l'imprimeur ou la raison sociale de sa maison de commerce, ainsi que la date de l'oblitération.

ART. 3. — L'administration de l'Enregistrement, des Domaines et du Timbre fera déposer aux greffes des cours et tribunaux des spécimens des timbres mobiles. Le dépôt sera constaté par un procès-verbal, dressé sans frais.

LOI DU 21 DÉCEMBRE 1872

Biens de la famille d'Orléans.

(Instr. n° 2461.)

Article premier. — Les décrets du 22 janvier 1852, concernant les biens de la famille d'Orléans, sont et demeurent abrogés.

Art. 2. — Les biens meubles et immeubles saisis par l'État en vertu desdits décrets, et non aliénés à ce jour, seront immédiatement rendus à leurs propriétaires. Les prix non payés des biens et coupes de bois vendus et les annuités non échues représentatives des actions des canaux d'Orléans, du Loing et de Briare, seront également restitués avec jouissance des intérêts qu'ils peuvent produire à partir du 1er janvier 1872.

Art. 3. — Conformément à la renonciation offerte par les héritiers du roi Louis-Philippe avant la présentation de la présente loi et réalisée depuis, aucunes répétitions ne pourront être exercées par eux contre l'État, soit par suite de l'exécution des décrets du 22 janvier 1852, soit pour toute autre cause antérieure à ces décrets. Toute réclamation de l'État contre ces mêmes héritiers est pareillement considérée comme éteinte et non avenue.

Art. 4.— Aucune action ne pourra être dirigée contre les acquéreurs des biens vendus par l'État en exécution des décrets abrogés, ni contre leurs ayants cause.

Art. 5. — Tous les actes par lesquels les princes d'Orléans seront mis en possession, soit par suite de restitutions de l'État, soit par suite de reventes opérées dans le délai d'un an par les particuliers acquéreurs des biens dont la vente a été imposée par lesdits décrets, ne seront soumis qu'à un droit fixe d'enregistrement.

LOI DU 25 JANVIER 1873

Objets recommandés par la poste.

(Promulguée au *Journal officiel* du 16 février 1873.)

(XIIe série, Bull. 119, n° 1741.)

Art. 8. — ... Le droit de timbre auquel les reconnaissances de valeurs cotées sont assujetties par l'article 2 de la loi du 23 août 1871 est aboli.

[L. 8 juin 1864, art. 2.]

LOI DU 15 MARS 1873

Monopole et vente des allumettes chimiques.

(Promulguée au *Journal officiel* du 25 mars 1873.)

(XIIe Série, Bull. 122, n° 1861.)

Article premier. — Les actes relatifs à l'adjudication de l'exploitation du monopole des allumettes ne sont assujettis, pour l'enregistrement, qu'au droit fixe de 1 fr. 50 cent.

LOI DU 22 MARS 1873

Cautionnements fournis par les conservateurs des hypothèques en rentes sur l'État.

(Promulguée au *Journal officiel* du 26 mars 1873.)

(XIIe Série, Bull. 122, n° 1867; Instr. n° 2466.)

Article premier. — La faculté accordée aux conservateurs des hypothèques en exercice à la date du 8 juin 1864, de convertir, en tout ou en partie, en rentes sur l'État de toute nature, les cautionnements qu'ils avaient primitivement fournis en immeubles, est étendue à tous les conservateurs nommés depuis cette époque et à ceux qui seront nommés dans l'avenir. — Cette faculté pourra s'exercer pendant toute la durée de leurs fonctions et dix années après la cessation desdites fonctions.

[L. 21 ventôse an VII, art. 5 et 8; L. 8 juin 1864, art. 27, deuxième alinéa.]

Art. 2. — Les rentes offertes à titre de cautionnement devront, pour leur évaluation, être capitalisées au denier 20, de manière à représenter, par le résultat de cette capitalisation, un chiffre égal à celui du cautionnement ou de la partie du cautionnement en immeubles qu'elles doivent remplacer, en conformité des dispositions des lois des 8 juin 1864 et 16 septembre 1871.

[L. 8 juin 1864, art. 26; Déc. 11 août 1864, art. 2; L. 16 septembre 1871, art. 29.]

Art. 3. — Il n'est rien innové aux dispositions des ordonnances des 14 juin et 22 novembre 1829, qui ont trait aux conservateurs des hypothèques nommés dans les colonies françaises.

LOI DU 4 AVRIL 1873

Conservation des tombes des soldats morts pendant la guerre.

Art. 2. — L'État est autorisé à acquérir par voie d'expropriation pour cause d'utilité publique les terrains non clos, situés en dehors des cimetières, dans lesquels se trouvent une ou plusieurs tombes militaires, et les terrains nécessaires pour les exhumations et les chemins d'accès; ces acquisitions sont déclarées d'utilité publiques. — Les terrains à acquérir et les terrains occupés temporairement jusqu'aux exhumations, qui ne pourront avoir lieu qu'après un délai de cinq années, seront désignés après enquête par des arrêtés du préfet, approuvés par le ministre de l'intérieur. Ces arrêtés décideront dans quelle mesure les terrains environnants seront soumis aux servitudes établies par les décrets du 23 prairial an XII et du 7 mars 1808.

ART. 3. — Sur la production de l'arrêté rendu par le préfet et approuvé par le ministre, l'expropriation sera prononcée et suivie conformément aux dispositions de la loi du 3 mai 1841.

ART. 4. — Les indemnités dues pour l'expropriation des terrains d'inhumation, pour l'occupation temporaire des terrains jusqu'à l'exhumation et pour les servitudes dont pourront être frappés les terrains environnants, seront réglées par le jury, conformément aux dispositions de la loi du 21 mai 1836.

ART. 5. — Les dispositions de l'article 58 de la loi du 3 mai 1841 sont applicables à la présente loi.

DÉCRET DU 23 AOUT 1873

Bons de liquidation de la Ville de Paris.

(Promulgué au *Journal officiel* du 28 août 1873.)

(XIIe Série, Bull. 152, n° 2326.)

ARTICLE PREMIER. — Le nombre de bons de liquidation de 500 francs que la Ville de Paris est autorisée à émettre en vertu de la loi du 26 juillet 1873 est fixé à 277,300 bons.

ART. 2. — Ces bons seront délivrés par le préfet de la Seine et visés par le caissier payeur central et par le contrôleur du Trésor public. — Ils sont exemps du payement des droits de transmission et de l'impôt sur le revenu, mais ils sont assujettis au timbre de 1 pour 1,000 établi pour les effets de commerce.

ART. 3. — Chaque bon portera un numéro d'ordre de 1 à 277,300, et une série numérotée de 51 coupons d'une valeur de 12 fr. 50 cent.

LOI DU 26 NOVEMBRE 1873

Timbre des marques commerciales et de fabrique.

(Promulguée au *Journal officiel* du 2 décembre 1873.)

(XII° Série, Bull. 165, n° 2488.)

ARTICLE PREMIER. — Tout propriétaire d'une marque de fabrique ou de commerce, déposée conformément à la loi du 23 juin 1857, pourra être admis, sur sa réquisition écrite, à faire apposer par l'État, soit sur les étiquettes, bandes ou enveloppes de papier, soit sur les étiquettes ou estampilles en métal sur lesquelles figure sa marque, un timbre ou poinçon spécial, destiné à affirmer l'authenticité de cette marque. Le poinçon pourra être apposé sur la marque faisant corps avec les objets eux-mêmes, si l'Administration les en juge susceptibles.

[L. 23 juin 1857, art. 2; Déc. 26 juillet 1858.]

ART. 2. — Il sera perçu, au profit de l'État, par chaque apposition de timbre, un droit qui pourra varier de 1 centime à 1 franc. Le droit dû pour chaque apposition du poinçon sur les objets eux-mêmes ne pourra être inférieur à 5 centimes ni excéder 5 francs.

[L. 13 brumaire an VII, art. 2.]

ART. 3. — La quotité des droits perçus au profit du Trésor sera proportionnée à la valeur des objets sur lesquels doivent être apposées les étiquettes soit en papier, soit en métal, et à la difficulté de frapper d'un poinçon les marques fixes sur les objets eux-mêmes. Cette quotité sera établie par des règlements d'administration publique, qui détermineront, en outre, les métaux sur lesquels le poinçon pourra être appliqué, les conditions à remplir pour être admis à obtenir l'apposition du timbre ou poinçon, les lieux dans lesquels cette apposition pourra être effectuée, ainsi que les autres mesures d'exécution de la présente loi.

ART. 4. — La vente des objets par le propriétaire de la marque de fabrique ou de commerce à un prix supérieur correspondant à la quotité du timbre ou du poinçon sera punie, par chaque contravention, d'une amende de 100 francs à 5,000 francs. Les contraventions seront constatées dans tous les lieux ouverts au public, par tous les agents qui ont qualité pour verbaliser en matière de timbre et de contributions indirectes, par les agents des postes et par ceux des douanes, lors de l'exportation. Il leur est accordé un quart de l'amende ou portion d'amende recouvrée. Les contraventions seront constatées, et les instances seront suivies et jugées, savoir : 1° comme en matière de timbre, lorsqu'il s'agira du timbre apposé sur les étiquettes, bandes ou enveloppes en papier ; 2° comme en matière de contributions indirectes, en ce qui concerne l'application du poinçon.

[L. 13 brumaire an VII, art. 31 et 32; L. 28 avril 1816, art. 76.]

ART. 5. — Les consuls de France à l'étranger auront qualité pour dresser les procès-verbaux des usurpations de marques et les transmettre à l'autorité compétente.

ART. 6. — Ceux qui auront fait ou falsifié les timbres ou poinçons établis par la présente loi ; ceux qui auront fait usage des timbres ou poinçons falsifiés ou contrefaits, seront punis des peines portées en l'article 140 du Code pénal, et sans préjudice des réparations civiles. Tout usage frauduleux de ces timbres ou poinçons et des étiquettes, bandes, enveloppes et estampilles qui en seraient revêtues, sera puni des peines portées en l'article 142 dudit code. Il pourra être fait application des dispositions de l'article 463 du Code pénal.

ART. 7. — Le timbre ou poinçon de l'État apposé sur une marque de fabrique ou de commerce fait partie intégrante de cette marque. A défaut, par l'État, de poursuivre, en France ou à l'étranger, la contrefaçon ou la falsification desdits timbre ou poinçon, la poursuite pourra être exercée par le propriétaire de la marque.

ART. 8. — La présente loi sera applicable dans les colonies françaises et en Algérie.

ART. 9. — Les dispositions des autres lois en vigueur

touchant le nom commercial, les marques, dessins ou modèles de fabrique, seront appliquées au profit des étrangers, si, dans leur pays, la législation ou des traités internationaux assurent aux Français les mêmes garanties.

LOI DU 29 DÉCEMBRE 1873

Copies d'exploits. — Recouvrement des amendes et frais de justice.

(Promulguée au *Journal officiel* du 30 décembre 1873.)

(XII° Série, Bull. 174, n° 2060; Instr. n° 2474.)

Art. 3. — Le droit de timbre des copies des exploits, des notifications d'avoué à avoué et des significations de tous jugements, actes ou pièces, sera acquitté au moyen de timbres mobiles apposés sur l'original de l'exploit. Néanmoins, ces copies ne pourront être faites que sur un papier timbré spécial, de la dimension des feuilles aux droits de 50 centimes ou de 1 franc, et qui sera fourni gratuitement par l'administration de l'Enregistrement, des Domaines et du Timbre.

Art. 3. — Indépendamment des mentions prescrites par l'article 48 du décret du 14 juin 1813 et par l'article 67 du Code de procédure civile, les huissiers seront tenus d'indiquer distinctement, au bas de l'original et des copies de chaque exploit : 1° le nombre des feuilles de papier spécial employées tant pour les copies de l'original que pour les copies des pièces signifiées ; 2° le montant des droits de timbre dus à raison de la dimension de ces feuilles.

Art. 4. — Il ne pourra être alloué en taxe, et les officiers ministériels ne pourront demander et se faire payer, à titre de remboursement de droit de timbre des copies, aucune somme excédant la valeur des timbres mobiles apposés en exécution des dispositions qui précèdent. Un règlement d'administration publique déterminera la forme et les conditions d'emploi du papier spécial et des timbres mobiles créés par la présente loi, ainsi que toutes les autres mesures d'exécution. Sont applicables à ces timbres les dispositions de l'article 21 de la loi du 11 juin 1859.

[L. 11 juin 1859, art. 21; Déc. 30 décembre 1873.]

Art. 5. — Chaque contravention aux dispositions des articles 2 et 3 ci-dessus et à celles du règlement d'administration publique à intervenir, sera punie d'une amende de 50 francs. Seront considérés non timbrés les actes et pièces autres que les copies spécifiées en l'article 2 et qui auraient été écrits sur le papier spécial exclusivement destiné à ces copies.

Art. 25. — A partir du 1er février 1874, les percepteurs des contributions directes seront substitués aux receveurs de l'Enregistrement pour le recouvrement des amendes et des condamnations pécuniaires autres que celles concernant les droits d'enregistrement, de timbre, de greffe, d'hypothèques, le notariat et la procédure civile. — Sont maintenues toutes les dispositions des lois qui ne sont pas contraires au paragraphe précédent; toutefois, les porteurs de contraintes pourront remplacer les huissiers pour l'exercice des poursuites. — Un règlement d'administration publique déterminera, s'il y a lieu, les mesures nécessaires pour assurer l'exécution du présent article.

DÉCRET DU 30 DÉCEMBRE 1873

Portant règlement d'administration publique pour l'exécution des articles 2, 3, 4 et 5 de la loi du 20 décembre 1873, relatifs au timbre des copies d'exploits et des significations de tous actes ou pièces.

(Promulgué au *Journal officiel* du 31 décembre 1873.)

(XII° Série, Bull. 175, n° 2640; Instr. n° 2474.)

Article premier. — L'administration de l'Enregistrement, des domaines et du timbre est autorisée à débiter, pour l'exécution de l'article 2 susvisé de la loi du 29 décembre 1873, des feuilles et des demi-feuilles de petit papier de la dimension prescrite par l'article 3 de la loi du 13 brumaire an VII. — Chaque feuille est revêtue d'un timbre apposé à l'encre grasse de couleur, et de l'empreinte d'un timbre sec portant le mot *copies*. — Les empreintes sont appliquées sur les feuilles ou demi-feuilles de dimension au haut de la partie gauche de la feuille (non déployée) ou de la demi-feuille. — Provisoirement, l'empreinte du timbre sec pourra être remplacée par un timbre appliqué à l'encre grasse et portant également le mot *copies*. — Il est, en outre, établi, pour l'exécution dudit article 2 de la loi susvisée du 29 décembre 1873, des timbres mobiles conformes au modèle ci-annexé, mais dont la quotité pourra varier de 50 centimes à 10 francs, non compris les décimes. — L'administration de l'Enregistrement, des Domaines et du Timbre fera déposer, aux greffes des cours et tribunaux, des spécimens du papier et des timbres mobiles. Le dépôt sera constaté par un procès-verbal dressé sans frais.

Art. 2. — Les huissiers et autres officiers ministériels, chargés de faire ou de signifier des copies d'exploits ou de pièces, ne peuvent s'approvisionner du papier spécial et des timbres mobiles représentant la valeur des droits de timbre exigibles d'après la dimension des feuilles de papier spécial, qu'au bureau d'enregistrement désigné à cet effet. — Les timbres mobiles et le papier spécial sont délivrés en même temps. Il ne peut être remis de timbres mobiles que pour une valeur équivalente au droit de timbre exigible à raison de la dimension des papiers délivrés.

Art. 3. — L'officier ministériel est tenu, avant toute signification de copies, d'apposer sur l'original de son exploit un ou plusieurs timbres mobiles représentant le montant des droits de timbre dus à raison du nombre et de la dimension des feuilles du papier spécial employé pour les copies. — Le timbre mobile est collé à la marge gauche de la première page de l'original, immédiatement au-dessous de l'empreinte du timbre sec. — Le timbre mobile est oblitéré, lors de l'enregistrement de l'original de l'exploit, par le receveur, au moyen d'une griffe qui lui est fournie par l'Administration.

Art. 4. — Les huissiers et tous autres officiers ministériels, chargés de faire les significations d'actes ou pièces, sont tenus de reproduire, dans les colonnes distinctes de leur répertoire, les indications prescrites par les n°s 1 et 2 de l'article 3 de la loi du 29 décembre 1873.

[L. 22 frimaire an VII, art. 50; Déc. 14 juin 1813, art. 47.]

Art. 5. — Le ministre des finances est chargé de l'exécution du présent décret, qui sera inséré au *Journal officiel* et au *Bulletin des lois*.

Exposé des motifs du Gouvernement.

(Séance de l'Assemblée nationale du 17 mars 1873, *Journal officiel* des 16, 18 et 19 avril 1873.)

—

Malgré les prescriptions des décrets de 1807 et de 1813 sur les tarifs civils, malgré les fréquentes instructions du ministère de la justice, les copies des exploits et des pièces signifiées ne sont pas toujours remises aux parties, qui néanmoins en acquittent le coût et le droit de timbre. — L'Administration s'est constamment préoccupée des moyens de réprimer ce genre de fraude, qui depuis longtemps enlève au Trésor des sommes importantes, et auquel l'augmentation des droits de timbre votée en 1871 a imprimé une nouvelle activité. Il est donc devenu nécessaire de recourir à la loi, non pour obtenir des moyens de répression nouveaux, mais pour entourer la perception de garanties qui préviennent la fraude. — Ces garanties sont les suivantes :

Les copies seraient faites sur un papier spécial revêtu d'un timbre de couleur. Pour se procurer ce papier, qui serait fourni gratuitement par l'Administration, l'officier ministériel serait tenu d'acheter des timbres mobiles représentant la valeur des droits de timbre dus à raison de la dimension et du nombre de feuilles de papier employées pour ces copies. Ces timbres mobiles seraient oblitérés au moyen d'une griffe à date au moment de l'enregistrement de l'original. — Comme moyen de contrôle, l'huissier serait tenu d'ajouter aux mentions prescrites par le décret du 14 juin 1813 et par l'article 67 du Code de procédure civile, l'indication du nombre de feuilles de papier spécial employées et le montant des droits de timbre exigibles à raison de leur dimension. — Comme sanction, il ne pourrait être alloué en taxe ni réclamé une somme supérieure à la valeur des timbres mobiles apposés au bas de l'original de l'exploit. — De l'ensemble de ces mesures, il résultera que l'officier ministériel ne pourra pas s'attribuer le droit de timbre des copies, puisque ces droits seraient représentés par les timbres mobiles apposés au bas de l'original. Si, persistant dans une pratique regrettable, il voulait s'approprier ces droits, il serait obligé de dissimuler le nombre et l'étendue de ces copies, et de renoncer ainsi à l'émolument qui lui est attribué par les tarifs. — Les articles 4, 5, 6 et 7, que nous présentons d'accord avec M. le garde des sceaux, ont pour objet de sanctionner ces mesures, qui, nous en avons la confiance, suffiront pour prévenir des abus invétérés et pour faire rentrer dans les caisses du Trésor, sans rien demander aux contribuables, une somme que nous n'estimons pas à moins de un million.

. . . .

L'honorable rapporteur de la commission du budget pour l'exercice 1873 s'exprime ainsi dans son rapport : « Nous ne voulons pas quitter l'administration de l'Enregistrement sans appeler l'attention du Gouvernement sur une question non pas d'économies à faire, mais d'améliorations à apporter dans le service des receveurs. Ces derniers, surchargés de besogne par suite des nouveaux impôts, sont obligés, aux termes de la loi des 5 et 19 décembre 1790, par l'article 197 du Code d'instruction criminelle, et par l'article 1er de l'ordonnance du 29 décembre 1823, de percevoir pour les communes les amendes de police. Il s'agirait de les faire recouvrer par les percepteurs. Nous ne faisons qu'indiquer la réforme à opérer. Le Gouvernement, s'il adopte l'idée, trouvera le moyen de la mettre en pratique. »

Afin de répondre au désir de la commission, cette proposition a été étudiée. On a reconnu qu'elle répondait à une idée juste et qu'elle conciliait à la fois les intérêts du public, ceux du Trésor et ceux des communes.

Le redevable, en effet, au lieu de se transporter au chef-lieu du canton pour acquitter le montant de la condamnation, pourra se libérer sans déplacement, lorsque le percepteur se rendra dans la commune pour le recouvrement de l'impôt direct.

Cette facilité de payement sera en outre très-profitable au Trésor et aux communes et établissements auxquels les amendes sont attribuées. Le percepteur, plus rapproché des contribuables, connaissant mieux leur situation pécuniaire, pourra assurer le recouvrement d'une manière plus efficace que le receveur de l'Enregistrement, dont les fonctions sont essentiellement sédentaires. Cette mesure augmentera donc la recette des amendes et des frais de justice dont une partie importante tombe en non-valeurs, en même temps qu'elle accroîtra les produits de l'enregistrement, en permettant aux receveurs d'exercer une plus exacte vigilance sur les perceptions qui leur sont confiées. Le recouvrement des amendes s'opère au moyen d'extraits de jugements délivrés par les greffiers des tribunaux et des cours, et sous ce rapport l'apurement des condamnations ne diffère pas sensiblement du mode de recouvrement effectué au moyen des rôles.

Une disposition de l'article 31 autorise les porteurs de contraintes à remplacer les huissiers pour l'exercice des poursuites, dont les frais, par suite de cette substitution, seront notablement diminués. Cette substitution, toutefois, n'est que facultative; le ministère des huissiers pourra être employé toutes les fois qu'il s'agira d'actes importants ou qui présenteraient des difficultés spéciales.

Il ne s'agit, comme on peut le voir, que d'une simple réforme administrative, qui aurait même pu s'opérer sans recourir à votre sanction, si la législation antérieure n'avait nommément attribué à l'administration de l'Enregistrement le recouvrement des amendes. La modification que nous avons l'honneur de vous proposer, et celle relative aux porteurs de contrainte que nous avons indiquée ci-dessus, sont, en effet, les seules qu'il s'agisse d'introduire dans la législation actuelle. Toutes les autres dispositions concernant les amendes et les condamnations pécuniaires sont maintenues.

L'administration de l'Enregistrement conserve d'ailleurs, comme toutes les autres administrations fiscales, le recouvrement des amendes rentrant plus spécialement dans ses attributions, telles que, par exemple, les amendes concernant les droits d'enregistrement, de timbre, de greffe, d'hypothèque, le notariat, la procédure civile, etc.

Elle reste, en outre, comme par le passé, chargée d'acquitter les dépenses concernant l'exercice de la justice.

Dans la pensée que vous voudrez bien adopter l'article 31, nous avons inscrit au budget, tant en recette qu'en dépense, les modifications qui doivent résulter de ce changement d'attributions; il n'entraîne aucune augmentation de crédit, mais un simple déplacement de chapitre à chapitre. . . .

Rapport fait au nom de la commission du budget par M. Chesnelong, député.

Les décrets de 1805 et 1813 sur les tarifs civils prescrivent que les copies des exploits et des pièces signifiées doivent être remises aux parties. Or, il arrive souvent que ces copies ne sont pas remises et que le coût et les droits de timbre, payés néanmoins par les parties, profitent irrégulièrement aux officiers ministériels et échappent au Trésor. Les articles 2 à 5 du projet de loi ont pour objet de prévenir cet abus en entourant la perception de garanties efficaces.

Les copies ne pourraient être faites désormais que sur un papier spécial fourni gratuitement par l'Administration. Le droit de timbre serait acquitté au moyen de timbres mobiles apposés sur l'original de l'exploit. L'officier ministériel serait tenu, en se procurant le papier des copies, d'acheter le nombre de timbres mobiles représentant la valeur des droits de timbre dus à raison du nombre et de la dimension des feuilles délivrées. Telle est la portée de l'article 2.

Aux termes de l'article 3, l'huissier devra indiquer au bas de l'original et des copies de chaque exploit le nombre de feuilles de papier spécial employées et le nombre des droits de timbre exigibles à raison de leur dimension. C'est un moyen de contrôle destiné à assurer l'exécution de l'article précédent.

L'article 4 ne permet ni de réclamer, ni d'allouer en taxe une somme supérieure à la valeur des timbres mobiles apposés au bas de l'original de l'exploit. Grâce à cette sanction, l'officier ministériel ne pourra point s'approprier les droits de timbre, puisque les timbres mobiles apposés au bas de l'original devront toujours représenter ces droits. Il ne pourrait d'ailleurs dissimuler, au préjudice du Trésor, le nombre et l'étendue des copies qu'en renonçant à l'émolument que les tarifs lui attribuent. L'efficacité de cette disposition ne paraît pas douteuse.

L'article 5 punit d'une amende de 50 francs chaque contravention, et dispose que tous les actes et pièces, autres que les copies, écrits sur le papier spécial exclusivement destiné à celles-ci, seront considérés comme non timbrés.

Votre commission vous demande de voter ces dispositions qui s'attaquent à des pratiques dont une longue tolérance ne saurait légitimer le maintien; elles rendront au Trésor des droits que, dans l'état actuel, les contribuables payent sans que le Trésor les perçoive. Il ne s'agit pas, en effet, de la création d'une taxe, mais de la suppression d'un abus.

Nous devons reconnaître qu'en ce qui concerne les protêts, les tarifs des huissiers furent notablement réduits en 1848, en raison précisément de cette rémunération supplémentaire du timbre de la copie que l'usage avait consacré. Nous enlevons la compensation aux huissiers par les dispositions que nous venons de vous soumettre; le Gouvernement aura à apprécier s'il ne serait pas juste de reviser le tarif de 1848 en vue de la situation nouvelle.

LOI DU 30 DÉCEMBRE 1873

Décime.

(Promulguée au *Journal officiel* du 31 décembre 1873.)

(XIIe Série, Bull. 174, n° 2608 ; Instr. n° 2475.)

Art. 2. — Il est ajouté aux impôts et produits de toute nature déjà soumis aux décimes par les lois en vigueur : — 5 pour 100 du principal pour les impôts et produits dont le principal seul est déterminé par la loi, ainsi que pour les amendes et condamnations judiciaires ; — 4 pour 100 du droit total actuel sur les sucres, les taxes de douanes et autres dont la quotité fixée par la loi comprend à la fois le principal et les décimes. — Cette disposition ne s'applique pas : — 1° aux droits de greffe et de timbre ; — 2° ...

LOI DU 19 FÉVRIER 1874

Enregistrement et timbre.

(Promulguée au *Journal officiel* du 20 février 1874.)

(XIIe Série, Bull. 182, n° 2713; Instr. n° 2480.)

Article premier. — Sont établis à titre extraordinaire et temporaire les augmentations d'impôts et les impôts énumérés dans la présente loi.

Art. 2. — Les divers droits fixes d'enregistrement auxquels les actes extrajudiciaires sont assujettis par les lois en vigueur sont augmentés de moitié.

Art. 3. — Le tarif du droit de timbre proportionnel, établi par le n° 1 de l'article 2 de la loi du 23 août 1871, sur les effets négociables ou de commerce autres que ceux tirés de l'étranger sur l'étranger et circulant en France, est augmenté de moitié. — A partir du 1er juillet 1874, le droit de timbre des effets négociables ou de commerce au-dessus de 500 francs jusqu'à 1,000 francs sera gradué de 100 francs en 100 francs, sans fraction.

[Création de contre-timbres et de nouveaux timbres ordinaires et mobiles (*V.* deux Déc. du 19 février 1874; LL. 13 brumaire an VII, art. 8, 2°; 28 avril 1816, art 64; 16 juin 1824, art. 8; 24 mai 1834, art. 18; Ord. 10 octobre 1834, art. 5; LL. 30 juin 1840, art. 9; 5 juin 1850, art. 1er et 2; 28 mai 1858, art. 13, et 23 août 1871, art. 2; Déc. 19 février 1874).]

Art. 4. — Sont soumis au droit de timbre proportionnel fixé par l'article précédent : — Les billets, obligations, délégations et tous mandats non négociables, quelle que soit d'ailleurs leur forme ou leur dénomination, servant à procurer une remise de fonds de place à place. Cette disposition est applicable aux écrits spécifiés ci-dessus, souscrits en France et payables hors de France, et réciproquement. — En cas de contravention, le souscripteur, le bénéficiaire ou le porteur sont passibles chacun de l'amende de 6 pour 100 édictée par l'article 4 de la loi du 5 juin 1850. Sont également applicables, en cas de contravention, les dispositions pénales des articles 6 et 7 de ladite loi du 5 juin 1850.

[LL. 6 prairial an VII, art. 6; 16 juin 1824, art. 12; 24 mai 1834, art. 19, et 20 juillet 1837, art. 16; L. 5 juin 1850, après l'article 1er, Billets et obligations non négociables.]

Art. 5. — Les dispositions suivantes sont ajoutées à l'article 1er de la loi du 14 juin 1865 :

« Le chèque indique le lieu d'où il est émis. La date du jour où il est tiré est inscrite en toutes lettres et de la main de celui qui a écrit le chèque. — Le chèque, même au porteur, est acquitté par celui qui le touche; l'acquit est daté. — Toutes stipulations entre le tireur, le bénéficiaire ou le tiré, ayant pour objet de rendre le chèque payable autrement qu'à vue et à première réquisition, sont nulles de plein droit.

[L. 14 juin 1865, art. 1er.]

Art. 6. — L'article 6 de la loi du 14 juin 1865 est abrogé, et remplacé par les dispositions suivantes :

« Le tireur qui émet un chèque sans date, ou non daté en toutes lettres s'il s'agit d'un chèque de place à place; celui qui revêt un chèque d'une fausse date ou d'une fausse énonciation du lieu d'où il est tiré, est passible d'une amende de 6 pour 100 de la somme pour laquelle le chèque est tiré, sans que cette amende puisse être inférieure à 100 francs. — La même amende est due personnellement et sans recours par le premier endosseur ou le porteur d'un chèque sans date ou non daté en toutes lettres; s'il est tiré de place à place, ou portant une date postérieure à l'époque à laquelle il est endossé ou présenté. Cette amende est due, en outre, par celui qui paye ou reçoit en compensation un chèque sans date ou irrégulièrement daté, ou présenté au payement avant la date d'émission. — Celui qui émet un chèque sans provision préalable et disponible est passible de la même amende, sans préjudice des peines correctionnelles, s'il y a lieu. »

[L. 14 juin 1865, art. 6.]

Art. 7. — Celui qui paye un chèque sans exiger qu'il soit acquitté, est passible personnellement, et sans recours, d'une amende de 50 francs.

[L. 14 juin 1865, art. 6.]

Art. 8. — Les chèques de place à place sont assujettis à un droit de timbre fixe de 20 centimes. — Les chèques sur place continueront à être timbrés à 10 centimes. — Sont applicables aux chèques de place à place non timbrés, conformément au présent article, les dispositions pénales des articles 4, 5, 6, 7 et 8 de la loi du 5 juillet 1850. — Le droit de timbre additionnel peut être acquitté au moyen d'un timbre mobile de 10 centimes.

[LL. 13 brumaire an VII, art. 7; 5 juin 1850, art. 1er; 14 juin 1865, art. 7; 23 août 1871, art. 18-2.]

Art. 9. — Toutes les dispositions législatives relatives aux chèques tirés de France sont applicables aux chèques tirés hors de France et payables en France. — Les chèques pourront, avant tout endossement en France, être timbrés avec des timbres mobiles. — Si le chèque tiré hors de France n'a pas été timbré conformément aux dispositions ci-dessus, le bénéficiaire, le premier endosseur, le porteur ou le tiré, sont tenus, sous peine de l'amende de 6 pour 100, de le faire timbrer aux droits fixés par l'article précédent, avant tout usage en France. — Si le chèque tiré hors de France n'est pas souscrit conformément aux prescriptions de l'article 1er de la loi du 14 juin 1865 et de l'article 5 ci-dessus, il est assujetti aux droits de timbre des effets de commerce. Dans ce cas, le bénéficiaire, le premier endosseur, le porteur ou le tiré sont tenus de le faire timbrer, avant tout usage en France, sous peine d'une amende de 6 pour 100. — Toutes les parties sont solidaires pour le recouvrement des droits et amendes.

[L. 14 juin 1865, art. 1er; 13 brumaire an VII, art. 7; 28 avril 1816, art. 7.]

Art. 10. — Les recouvrements effectués par les entrepreneurs de transport, à titre de remboursement des objets transportés, quel que soit d'ailleurs le mode employé pour la remise des fonds au créancier, ainsi que tous autres transports fictifs ou réels de monnaies ou de valeurs, sont assujettis à la délivrance d'un récépissé ou d'une lettre de voiture dûment timbrés. — Le droit de timbre du récépissé ou d'une lettre de voiture, fixé dans ce cas à 35 centimes, y compris le droit de la décharge, est supporté par l'expéditeur de la marchandise.

[L. 11 juin 1842, art. 6; 13 mai 1863, art. 10; 28 février 1872, art. 11; 30 mars 1872, art. 1er.]

1° Projet de loi du Gouvernement.

(Présenté à la séance de l'Assemblée nationale du 5 novembre 1873, *Journal officiel* du 16 novembre.)

Article premier. — Sont établis à titre extraordinaire et temporaire les augmentations d'impôts et les impôts énumérés dans la présente loi.

Art. 2. — Il est ajouté aux impôts et produits de toute nature, déjà soumis aux décimes par les lois en vigueur :

5 pour 100 du principal pour les impôts et produits dont le principal seul est déterminé par la loi, ainsi que pour les amendes et condamnations judiciaires;

4 pour 100 du droit total actuel sur les sucres et de toutes les taxes dont la quotité fixée par la loi comprend à la fois le principal et les décimes.

Cette disposition ne s'applique pas :

1° Aux droits de greffe et de timbre;

2° Aux droits sur les allumettes et la chicorée;

3° A l'impôt sur les places de voyageur et le transport à grande vitesse en chemin de fer et en voitures de terre et d'eau.

Art. 6. — Les divers droits fixes d'enregistrement auxquels les actes extrajudiciaires sont assujettis par les lois en vigueur sont augmentés de moitié.

Art. 7. — Le tarif du droit de timbre proportionnel établi par le n° 1 de l'article 2 de la loi du 23 août 1871, sur les effets négociables ou de commerce, autres que ceux tirés de l'étranger sur l'étranger et circulant en France, est augmenté de moitié.

ART. 8. — Sont soumis aux droits de timbre proportionnel fixé par l'article précédent :

1° Les chèques tirés de place à place;

2° Les mandats, délégations et tous autres écrits non négociables, quelle que soit d'ailleurs leur forme ou leur dénomination, servant à procurer une remise de fonds ou de valeurs, de place à place;

3° Les recouvrements effectués par les entrepreneurs de transport à titre de remboursement du prix des objets transportés. Le droit proportionnel et celui de la décharge ou de la quittance au retour sont avancés par l'entrepreneur de transport, sauf son recours contre l'expéditeur.

Ces dispositions sont applicables aux chèques et aux écrits spécifiés ci-dessus, souscrits en France et réciproquement, ainsi qu'aux transports internationaux.

ART. 9. — En cas de contravention à l'article précédent, le souscripteur, le bénéficiaire ou premier endosseur du chèque ou de l'écrit, le premier endosseur résidant en France ou le porteur s'il s'agit de chèques ou d'écrits souscrits hors de France et non endossés en France, sont passibles chacun de l'amende de 6 pour 100 établie par l'article 4 de la loi du 5 juin 1850.

Sont également applicables aux chèques et écrits spécifiés en l'article 10 les dispositions pénales des articles 5, 6, 7 et 8 de la loi du 5 juin 1850.

ART. 10. — Un règlement d'administration publique déterminera le mode de perception du droit auquel sont assujettis les recouvrements spécifiés au n° 3 de l'article 8, ainsi que toutes autres mesures d'exécution. Chaque contravention aux dispositions de ce règlement sera punie d'une amende de 50 francs.

Les contraventions seront constatées, les instances introduites et jugées comme en matière de timbre.

2° *Exposé des motifs du projet de loi.*

Le rapport du 28 octobre dernier au Président de la République a exposé la situation de nos finances et particulièrement celle du budget de 1874. — De cette situation ressort nettement la nécessité pour le Gouvernement de demander au pays de nouvelles ressources jusqu'à concurrence d'une somme annuelle d'environ 150 millions. Ce rapport fait également connaître les motifs qui ont obligé le Gouvernement à renoncer à quelques-uns des nouveaux impôts qui lui avaient été recommandés par le conseil supérieur du commerce et à leur substituer, à titre temporaire, quelques taxes nouvelles et une augmentation de quelques-uns de nos anciens impôts. — En voici l'énumération :

Produit d'un demi-décime sur les droits d'enregistrement, de douanes et contributions indirectes déjà soumis aux décimes	35,494,000 fr.
Augmentation des droits fixes des actes extrajudiciaires	5,000,000
Droit de timbre proportionnel sur les effets de commerce	13,000,000
Droit de timbre proportionnel sur les chèques	6,000,000
1/2 décime sur le droit principal des sucres de toute origine	6,928,000
1/2 décime sur les sels de toute provenance	16,125,000
Sels de soude (produit brut)	12,200,000
Augmentation du droit d'expédition des boissons	1,873,000
Sur le droit d'entrée des boissons	10,238,000
Droit sur les huiles	6,250,000
A reporter	113,108,000 fr.
Report	113,108,000 fr.
Augmentation des droits sur les huiles minérales	1,000,000
Droit sur la stéarine	8,000,000
1/2 décime sur la petite vitesse	25,000,000
Taxe des lettres expédiées	1,100,000
Transformation des distributions en bureaux de poste (produit brut)	1,100,000
Total	149,303,000 fr.

Je vais donner ci-après les explications nécessaires pour mettre l'Assemblée à même de se rendre un compte exact de l'assiette et du produit de ces nouveaux impôts et augmentation d'impôts.

Art. 1er. — Cet article consacre législativement le caractère temporaire des nouveaux impôts et augmentations d'impôts proposés. C'est pour les pouvoirs publics l'engagement, dès que la situation financière le permettra, de dégrever ceux de ces impôts qui pèsent le plus sur les classes laborieuses.

Art. 2. — Demi-décime. — En présence des nécessités budgétaires, une ressource importante, d'une perception facile et peu onéreuse, se présentait tout d'abord : nous voulons parler d'un demi-décime ajouté à la plupart des impôts indirects. Déjà, en 1855, le Gouvernement avait eu recours au même procédé, et il n'a eu qu'à s'en féliciter, puisque plus tard il a pu y renoncer. Cette ressource ne s'élèverait pas à moins de 35,494,000 francs, sans les sucres.

La loi du 14 juillet 1855 était ainsi conçue : « Le principal des impôts et produits de toute nature soumis au décime par les lois en vigueur sera augmenté d'un nouveau décime. » Nous avons dû, dans l'intérêt de la perception et des contribuables eux-mêmes, renoncer à cette formule. En effet, parmi les produits qui se trouveront atteints par la surtaxe, les uns sont imposés au principal, les autres contiennent dans leur quotité le principal et les décimes. Les agents des régies financières auraient été dans l'obligation de se livrer à un travail long et minutieux pour ramener ces derniers au principal passible du demi-décime; c'est dans le but d'éviter cet inconvénient qu'en vertu de l'article 2 nous proposons d'ajouter 5 pour 100 au principal des impôts et produits dont le principal seul est déterminé par la loi, et 4 pour 100 au montant du principal et des décimes quand ils sont confondus dans les tarifs, ce qui ramène les deux droits à des termes à peu près équivalents.

Nous allons maintenant énumérer les droits qui ne seront pas soumis à la surtaxe de 4 et de 5 pour 100.

Figurent en premier lieu ceux qui sont perçus par la douane, en vertu de traités internationaux. Cette exception s'imposait tellement qu'il ne nous a pas paru nécessaire de l'énoncer dans le projet de loi.

Le produit des allumettes venant d'être mis en ferme moyennant un prix débattu, il n'était pas possible de modifier les conditions du contrat.

Les droits de timbre et ceux établis sur la chicorée sont perçus par l'apposition de vignettes ou estampilles. Si le demi-décime devait être acquitté au moyen de figurines complémentaires, leur quotité serait tellement fractionnée que la perception deviendrait bien compliquée et dans certains cas très-difficile.

En ce qui concerne spécialement la chicorée, nous avons en outre pensé qu'il y aurait des inconvénients réels à augmenter les droits qu'elle supporte depuis 1871.

Les droits de greffe sont d'une quotité minime; l'application d'une surtaxe de 5 pour 100 était une complication et une entrave à l'expédition des affaires, sans grand profit pour le Trésor.

Enfin les droits sur le transport à grande vitesse par chemins de fer et voitures publiques ayant été augmentés d'un dixième en 1871, il n'était pas opportun d'aggraver une charge qui pèse sur les relations sociales et commerciales.

ENREGISTREMENT ET TIMBRE.

Art. 6. — *Droit fixe.* — L'article 4 de la loi du 28 février 1872 a augmenté de moitié les droits fixes de toute nature auxquels les diverses lois sur l'Enregistrement avaient assujetti les actes civils, administratifs ou judiciaires. — Cette augmentation, justifiée par la dépréciation que la valeur de l'or et de l'argent a subie depuis l'époque à laquelle les droits fixes ont été établis (28 avril 1816), n'a pas été étendue aux actes extrajudiciaires, tels que les exploits, les significations, les protêts, etc. Le législateur a voulu favoriser cette nature d'actes, et, comme l'exprime le rapporteur de la commission du budget de 1872, M. Mathieu-Bodet, « logiquement tous les droits fixes auraient dû être augmentés. » — Mais en présence des nouveaux besoins du Trésor, il n'est plus opportun de maintenir cette faveur, et nous proposons de maintenir l'égalité entre les divers tarifs, en augmentant de moitié la quotité des droits fixes auxquels sont soumis les actes extrajudiciaires. On voudra bien remarquer que, comparativement à la valeur des métaux, les droits fixes augmentés de moitié seront même relativement moins élevés qu'ils ne l'étaient en 1816, car la dépréciation du signe monétaire est certainement supérieure à 50 pour 100.

Produit : 5 millions.

Art. 7. — *Timbre des effets de commerce.* — Le tarif du droit de timbre proportionnel sur les effets de commerce et autres valeurs assimilées a été successivement déterminé par les lois des 13 brumaire an VII, 28 avril 1816, 16 juin 1824, 26 juillet 1837 et 5 juin 1850.

En l'an VII, le droit de 50 centimes par 1,000 francs, ou proportion de 1,000 augmentée de 1 décime. Le maximum du droit pour un effet de 100 francs s'élevait donc à 55 centimes. — En 1816, le droit fut fixé à 70 centimes, sans décime et sans fraction inférieure à 1,000 francs, de telle sorte qu'un effet de 100 francs supportait un droit de 70 centimes. En 1824, ce tarif fut abaissé à 35 centimes pour les effets au-dessous de 500 francs. — A partir du 1er janvier 1835, le droit établi dix-neuf ans auparavant par la loi de 1816 fut remplacé par la taxe ordinaire de 50 centimes par 1,000 francs ; toutefois, le minimum du droit ne descendit pas au-delà de 25 centimes. — En 1837, ce minimum fut abaissé à 15 centimes, et ce n'est qu'en 1850 que les effets de 100 francs et au-dessous furent tarifés au minimum de 5 centimes.

Ces divers remaniements des lois d'impôt ont constitué pour le commerce, ainsi que le fait remarquer le rapporteur de la loi du 23 août 1871, un véritable dégrèvement, non-seulement pour les petits effets, mais encore pour tous ceux relatifs à des transactions qui ne se soldent pas en sommes rondes de 1,000 francs. Ce sont ces droits, établis par la loi du 5 juin 1850, qui ont été doublés par la loi du 23 août 1871. Nous proposons de les augmenter encore de moitié et de les porter par conséquent à 1 fr. 50 par 1,000 francs, soit 15 centimes pour les effets de 100 francs et au-dessous.

Nous ne pensons pas que cette proportion soit de nature à exercer sur les affaires aucune entrave sérieuse. En effet, comparé au tarif de 1816, époque à laquelle la France devait, comme aujourd'hui, faire appel à toutes ses ressources, le tarif projeté constitue un dégrèvement notable pour tous les effets au-dessous de 500 francs. Les valeurs de 100 et 200 francs seront encore moins taxées qu'elles ne l'étaient après la réduction opérée en 1824 ; enfin, l'effet de 100 francs supportera un droit moindre qu'en 1835, et qui ne sera pas supérieur à celui établi en 1837.

D'ailleurs, au moment où les impôts, même doublés en 1871, sont frappés d'un nouveau demi-décime, alors surtout qu'il s'agit de rechercher des taxes en remplacement de celles qui, par l'impôt des matières premières et des tissus, devaient frapper directement le commerce, n'est-il pas équitable de lui demander sous une autre forme un sacrifice infiniment moindre ? — On ne saurait, en effet, augmenter de centimes ou de fractions de centimes le prix de papiers qui se débitent un à un.

La proposition d'augmenter le tarif des effets de commerce a été faite et repoussée au sein du conseil supérieur du commerce, mais l'augmentation proposée ne tendait rien moins qu'à tripler le droit actuel. — En augmentant le tarif de moitié seulement, nous pensons avoir évité et les inconvénients qui résulteraient de l'exagération de la taxe et l'inégalité que ferait naître, dans les circonstances actuelles, l'exemption de toute surcharge sur le timbre des effets de commerce. — On voudra bien remarquer que le relèvement du tarif proposé ne porte pas sur les effets tirés de l'étranger et circulant en France. — Le tarif de faveur établi par la loi du 20 décembre 1872, et justifié par les relations internationales, continuera à subsister (0 fr. 50 par 2,000 francs). — Les timbres mobiles employés pour ces sortes de valeurs ne seront pas retirés de la circulation. La quotité de ceux actuellement en usage sera modifiée à raison du nouveau tarif. — Le produit de cette augmentation ne sera pas inférieur à 13 millions de francs.

Art. 8. — *Chèques.* — Le chèque est défini par la loi du 20 juin 1865 l'écrit qui, sous la forme d'un mandat de payement, sert au tireur à effectuer le retrait, à son profit ou au profit d'un tiers, de tout ou partie de fonds portés au crédit de son compte chez le tiré et disponibles. — Le chèque ne peut être émis qu'à vue; il peut être tiré de place en place ou sur la même place; il peut être endossé même en blanc; il est payable à présentation. — Ainsi que le fait remarquer l'exposé des motifs de la loi de 1865, « le chèque dans son essence n'est et ne doit être qu'un instrument de liquidation et de payement; c'est à ce titre qu'une exception à la loi fiscale est réclamée en sa faveur; si des opérations de crédit, spéculant sur ce que présente d'équivoque la forme extérieure du mandat, cherchait à revêtir l'apparence du chèque pour se soustraire à l'impôt qu'elles doivent au Trésor, il pourrait se produire dans les recettes budgétaires une diminution d'autant plus fâcheuse qu'elle ne profiterait pas à la masse des contribuables, mais à la fraude. » — Ces prévisions se sont malheureusement réalisées. Ainsi, bien que le chèque ne doive légalement servir qu'à opérer le retrait de fonds portés au crédit du tireur et disponibles, il est cependant employé pour le recouvrement du prix des marchandises; souvent encore il est tiré alors que les sommes ne sont pas disponibles et qu'il n'y a pas même provision. — « L'homme qui doit pour la fin du mois, disait-on au sein du conseil supérieur du commerce, fait un chèque; il le date pour la fin du mois, mais il ajoute une fiche indiquant que le chèque ne doit être présenté qu'à la fin du mois. » — Enfin les grandes compagnies de dépôts et de comptes courants ne se conforment même pas à la loi, car elles ne payent pas à vue, mais seulement quarante-huit heures après visa ou avis, les chèques supérieurs à 10,000 ou 20,000 francs. — Le conseil supérieur de commerce a été unanime pour que la loi du 23 août 1871, qui ne soumet les chèques qu'au droit de quittance de 10 centimes, soit revisée, et il résulte des diverses opinions émises que cette révision doit consister dans la suppression des chèques de place en place. C'est ce que décide le n° 1 de l'article.

Mais le but que l'on se propose ne serait certainement pas atteint si l'on ne soumettait au droit proportionnel tous les écrits qui, sous la forme non négociable, peuvent remplir le même but que les chèques. — Comme on l'a fait remarquer au conseil supérieur, « si l'on supprime les chèques, ils reparaîtront sous une autre forme, on aura recours aux reçus, aux délégations ou à tous autres écrits de cette nature. » La loi doit donc soumettre à l'impôt tous les écrits, de quelque nature qu'ils soient, qui ont pour objet de procurer une remise de fonds de place en place. Et il importe peu que l'instrument qui sert à opérer cette remise soit négociable ou non négociable, puisque toutes les dispositions, et notamment le tarif concernant les effets négociables, sont applicables aux effets non négociables, aux termes de l'article 6 de la loi du 6 prairial an VII.

Enfin, selon un récent arrêt de la Cour de cassation, les recouvrements effectués, par les entrepreneurs de transports, du prix des marchandises qui leur ont été confiées, ne constituent plus, à moins que les fonds ne soient transmis *in specie*, une opération de transport de finances, mais une simple opération de banque exempte, pour ce motif, de la taxe de 35 centimes qui atteint tous les transports en grande vitesse. D'après cette nouvelle doctrine, les recouvrements opérés doivent être assujettis à l'impôt qui frappe tous les mouvements de valeurs, et cette perception fait l'objet du nº 3 de l'article.

Art. 9. — Les pénalités destinées à assurer l'exécution de la loi sont toutes empruntées au système de la législation établie le 5 juin 1850. — Elles ont suffi jusqu'à présent pour garantir la perception de l'impôt, et nous pensons qu'il n'y a pas lieu d'innover en cette matière.

Le conseil supérieur du commerce a évalué à 10 millions le montant du produit de la suppression des chèques de place en place. Nous pensons que cette évaluation est exagérée. Le produit de l'impôt du timbre proportionnel sur les effets de commerce et autres valeurs assimilées a atteint, en 1872, le chiffre de 26 millions. Nous croyons que la perte pouvant résulter pour le Trésor de l'emploi des chèques ne peut pas s'élever à plus du cinquième du montant de l'impôt. Encore faut-il remarquer que les chèques inférieurs à 100 francs sont taxés par la loi du 23 août 1871 à un droit de quittance de 10 centimes équivalent au droit proportionnel qu'ils devraient subir d'après le tarif actuel. Assimilés aux effets de commerce, les chèques de place en place ne subiront plus de droit de quittance (art. 20, nº 1, de la loi du 23 août 1871). Il n'y a donc lieu de faire entrer en ligne de compte, pour calculer le produit qui résultera pour le Trésor de leur assimilation avec les effets de commerce, que la différence entre la taxe proportionnelle que subiront les chèques et le droit fixe de 10 centimes auquel ils sont soumis par la législation actuelle. — En conséquence, nous pensons que le produit du remboursement s'élèvera à 6 millions environ.

Ce projet de loi, examiné par le conseil d'État, a été approuvé dans ses parties principales. Quelques observations ont été présentées par le conseil; mais elles ne sont pas parvenues en temps utile au ministère des finances pour pouvoir être étudiées avec le soin qu'elles comportent. Ces observations seront communiquées à la commission du budget, qui les examinera d'accord avec le Gouvernement.

3° *Premier rapport fait au nom de la commission du budget, par M. le comte Benoist-d'Azy.*

Demi-décime. — Le premier impôt proposé par M. le ministre des finances est une taxe d'un *demi-décime* ajouté aux droits d'enregistrement, de douanes, de contributions indirectes, déjà soumis aux décimes, dont il calcule que le produit pourrait s'élever à 35,494,000 francs.

C'est là l'objet de l'article 2 du projet de loi.

. . . .

Votre commission a pensé que cette proposition pouvait être accueillie et que cette faible addition à un grand nombre de taxes ne pèserait pas bien lourdement sur ceux qu'elle devra atteindre. Nous n'avons pas perdu de vue que cet impôt pèserait sur la propriété comme sur l'industrie, et cette généralité même nous fait espérer qu'il sera supporté sans murmure. . . . . . .

Actes extrajudiciaires. — M. le ministre propose une augmentation d'impôts sur les actes extrajudiciaires tels que les exploits, significations, protêts.

La commission a adopté cette proposition.

Effets de commerce et chèques. — M. le ministre des finances explique longuement, dans son rapport, les motifs qui le déterminent à porter les timbres des lettres de change et effets de commerce à 1 fr. 50 pour 1,000 francs au lieu du timbre de 1 franc, aujourd'hui admis, et à assujettir aux mêmes timbres proportionnels les chèques qui tendent à se substituer aux véritables lettres de change.

Votre commission n'a pu adopter ces conclusions. Elle a pensé d'abord pour les lettres de change ou effets de commerce que le droit de 1 franc par 1,000 était déjà très-élevé; un impôt réel très-lourd pour le petit commerce pour lequel ces effets sont très-multipliés et se renouvellent tous les jours pour les achats comme pour les ventes.

Ces frais généraux ne sont pas de la nature de ceux qui peuvent être recouvrés sur l'acheteur, ils sont un véritable accroissement des frais de production et analogues à la patente. La quotité actuelle a paru suffisante; la commission, après de longues discussions, a repoussé cet article.

Nous passons ensuite à l'article 8 du projet du Gouvernement.

On vous propose, par cet article, de soumettre au droit des lettres de change :

1° Les chèques tirés de place à place;
2° Les mandats, délégations et autres écrits assimilés ;
3° Les recouvrements effectués par les entrepreneurs de transports, à titre de remboursement des objets transportés.

Nous aurons l'honneur de vous faire connaître ci-après les motifs qui ne nous ont pas permis d'adopter la proposition du Gouvernement, en ce qui concerne les chèques et les recouvrements en remboursement.

La commission n'a retenu de ces propositions que celle qui est relative aux mandats, délégations et autres écrits assimilés.

Cette disposition n'est que l'application des principes déposés dans la loi du 6 prairial an VII, article 6, qui assimile quant aux tarifs et aux peines, les effets non négociables de toute nature aux effets négociables. Nous avons voulu, ainsi que le Gouvernement, mettre un terme à des abus réels et qui causent un grave préjudice au Trésor. Ce n'est pas seulement sous la forme de mandats et de délégation que la fraude s'opère. La conférence des banquiers de Paris et de la province, dans une circulaire qui mérite tous les éloges, signale « qu'on émet également des reçus revêtus d'un timbre à 10 centimes, indiquant une échéance et portant des signes de transmission au moyen d'endos simulés, comme par exemple : *payable entre les mains et sur l'acquit de*... ou bien encore : *à recevoir par l'entremise de*... Dans ces conditions, ajoute la conférence, ces écrits sont ou des lettres de change déguisées qui devraient être soumises au timbre proportionnel ou des chèques irréguliers.

Quant aux recouvrements opérés par les entrepreneurs de transports en remboursement du prix des objets transportés, ils donnaient lieu, lors de la transmission des fonds ou des avis de recouvrement, à la délivrance d'un récépissé timbré au droit de 35 centimes, conformément aux dispositions de l'article 10 de la loi du 13 mai 1863. Une jurisprudence récente tend à priver le Trésor de cette ressource, toutes les fois que les fonds ne sont pas transmis en nature et par groupe, et lorsque le payement s'opère au moyen d'avis échangés entre les gares. Nous vous proposons de maintenir l'état des choses existant au moment où la jurisprudence a changé, et d'étendre l'obligation de délivrer un récépissé, quel que soit le mode de transmission, aux entreprises de transports autres que les chemins de fer. Toutefois, comme le droit de récépissé, y compris la décharge à l'arriéré, est de 35 centimes et que celui de la lettre de voiture est fixé à 70 centimes, nous vous proposons par une disposition expresse de décider que la lettre de voiture, obligatoire dans ce cas, ne sera soumise qu'à un droit de timbre de 35 centimes seulement. Cette disposition fait l'objet de l'article 13 du projet.

Chèques. — Les chèques ont été créés par la loi du 14 juin 1865, pour donner le moyen d'effectuer le retrait de fonds portés au crédit du compte du tireur exigibles et disponibles. Le législateur a eu en vue, par la création de ce titre nouveau, d'encourager les dépôts dans des caisses d'établissements financiers, de sommes qui restaient disséminées et inutiles dans les mains des particuliers.

Mais, dans la pratique, on a fait du chèque un usage que la loi n'avait pas prévu : on en a fait un moyen de frauder les lois sur le timbre. Pour éviter le payement des droits proportionnels applicables aux effets de commerce, les contribuables, dans un grand nombre de cas, remplacent abusivement les lettres de change par les chèques. La conférence des banquiers a loyalement signalé l'existence de fraudes nombreuses pratiquées au moyen des chèques, et elle a pris l'initiative des mesures destinées à prévenir autant que possible ces fraudes.

Le conseil supérieur du commerce et de l'industrie a constaté également les fréquentes violations de la loi fiscale et le préjudice qui en résulte pour le Trésor public.

Il a demandé unanimement la réforme de la loi du 14 juin 1865.

L'administration s'est conformée au vœu exprimé par le conseil supérieur.

Elle a proposé d'assujettir les chèques tirés de place à place aux droits de timbre proportionnel applicables aux lettres de change.

La commission du budget n'a pas accepté cette assimilation.

Les lettres de change n'ont pas seulement pour objet une opération et de procurer un payement sur une autre place. Elles constituent, en outre, un moyen de crédit ; elles donnent au tireur la possibilité de se créer des ressources immédiates avec des titres non exigibles.

Les chèques, au contraire, ne sont que les mandats de payement. Ils doivent être présentés au payement dans un délai de huit jours.

Pour ces deux raisons nous avons pensé qu'ils ne comportent pas légitimement le même droit de timbre que la lettre de change.

Nous ajoutons que si la loi assujettissait ce titre à un droit proportionnel de 1 franc pour 1,000, le plus souvent elle en empêcherait l'usage. Le débiteur qui a à sa disposition la somme qu'il a à payer sur une autre place est toujours maître d'en faire l'envoi par la voie qui lui convient le mieux. Or, comme il pourrait effectuer ce payement par des procédés plus économiques, il ne manquerait pas de les employer. — Par suite, cet impôt ne produirait pas la recette prévue par le Gouvernement.

La commission propose de substituer au droit de 1 franc pour 1,000, des droits réduits fixés, conformément au tableau ci-après :

A » f. 10 c.	pr les chèques de. . .	1,000 fr. et au-dessous.			
A » 20	pr ceux au-dessus de.	1,000 fr.	jusqu'à	2,000 fr.
A » 30	Id.	2,000	—	3,000
A » 40	Id.	3,000	—	4,000
A » 50	Id.	4,000	—	4,000
A 1 »	Id.	5,000	—	10,000
A 2 »	Id.	10,000	—	20,000
A 3 »	Id.	20,000	—	30,000

Et ainsi de suite, à raison de 1 franc par 10,000 francs ou fraction de 10,000 francs.

La commission estime que l'application de ces droits, quoique réduits, procurera une recette plus élevée. Mais elle sait également que les lois fiscales sont souvent éludées, et qu'il ne suffit pas de diminuer les droits pour en assurer l'exacte perception : elle a dû prendre des mesures pour empêcher la violation des prescriptions de la loi antérieure et des nouvelles dispositions dont elle propose l'adoption. Elle a pensé qu'établissant un tarif relativement léger, elle devait se montrer sévère sur les moyens de répression.

Les fraudes commises en matière de chèques ont été signalées par la conférence des banquiers de Paris et de la province dans les termes suivants :

« On nous présente, en effet, des chèques tirés sur papier libre...D'autres portent une échéance. Ceux-ci sont payables à vue, en apparence du moins ; mais au moyen d'une fiche volante qui leur est annexée, on leur donne une échéance. Ceux-là sont sans date, afin d'être plus facilement postdatés, ou revêtus d'une fausse date dans le but de les mettre prématurément en circulation...

« Aussi arrive-t-il souvent qu'ils sont revêtus d'endossements antérieurs à la date de création apparente, ce qui fait ressortir la postdate d'une manière flagrante... »

La commission a cherché à faire cesser ces abus regrettables. Le moyen le plus efficace lui a paru consister dans l'addition aux prescriptions de la loi du 14 juin 1865, de dispositions ayant pour objet d'assurer la sincérité de la date à laquelle le chèque est tiré, l'exactitude de la désignation du lieu d'où il est émis.

Ces dispositions, qui font l'objet de l'article 9, sont applicables à tous les chèques, même à ceux qui sont tirés sur la même place. Mais la sanction de ces nouvelles dispositions est inscrite dans les articles suivants.

Indépendamment des pénalités prévues par la loi du 14 juin 1865, nous proposons d'imposer au tireur une amende lorsqu'il y aura supposition du lieu dans lequel le chèque est tiré, lorsque la date du chèque ne sera pas écrite en toutes lettres, et par date nous entendons seulement le *quantième* du mois, le millésime pouvant être inscrit en chiffres. Le motif de cette exigence nouvelle s'explique de lui-même. Tout le monde sait que les chiffres permettent, par des additions et sans qu'il soit besoin de surcharger, de modifier très-facilement les dates. La commission maintient la pénalité de la loi du 14 juin 1865 (6 pour 100). Elle en élève seulement le minimum à 100 francs. Elle a cru devoir aussi élever à 10 pour 100 la pénalité encourue par le tireur qui émet un chèque sans provision préalable et *disponible*, le tout sans préjudice des peines correctionnelles pour le cas où cette émission serait délictueuse. Elle exige, dans tous les cas, que la provision soit disponible, afin de trancher définitivement tous les doutes qui auraient pu surgir sur les mots : *provision préalable*, employés par l'article 6 de la loi du 14 juin 1865. — On s'est cru autorisé à donner à ces mots une interprétation tellement large, qu'on a tiré des chèques pour prix de marchandises livrées, alors que le chèque, d'après la définition qui en est donnée par la loi, ne peut servir qu'à opérer le retrait de fonds et non le recouvrement de créances[1].

La législation de 1855, n'imposant aux chèques aucune taxe fiscale, n'avait établi aucune pénalité pour les endosseurs, porteurs ou pour ceux qui payent un chèque irrégulier.

Mais aujourd'hui que nous vous proposons de soumettre les chèques à des droits de timbre proportionnels, nous avons dû nous inspirer des dispositions prises par la loi du 5 juin 1850 sur le timbre des effets de commerce, afin d'assurer au Trésor la perception des droits qui lui sont légitimement dus.

Nous vous proposons donc :

1° D'appliquer aux chèques de place à place régulièrement tirés, mais qui ne seraient pas timbrés conformément au tarif spécifié en l'article ci-dessus, les pénalités générales établies par la loi du 5 juin 1850 pour les effets négociables non timbrés;

2° D'édicter pour les mêmes chèques qui, bien qu'ayant acquitté les droits établis par le tarif ci-dessus, seraient émis irrégulièrement et pourraient remplacer l'usage de lettres de change, les pénalités spéciales suivantes, savoir :

Pour le chèque non daté, ou non daté en toutes lettres, amende personnelle de 6 pour 100 contre le bénéficiaire, premier endosseur ou porteur et contre celui qui paye ce chèque irrégulier;

Pour le chèque faussement daté, mêmes amendes contre le bénéficiaire, l'endosseur, le porteur et le tiré, dans le cas où ils endosseraient, recevraient ou acquitteraient un chèque portant une date postérieure à celle de l'endos, de la présentation ou du payement;

Pour le chèque non acquitté, ou pour l'acquit non daté, amende de 50 francs envers le tiré qui a négligé de faire exécuter cette disposition.

Dans tous les cas ci-dessus, il est dû, indépendamment de l'amende dont le ministre peut modérer le chiffre suivant les cas d'excuse, le droit de timbre des lettres de change dont le Trésor a été frustré.

La loi du 14 juin 1865 est restée muette en ce qui concerne les chèques tirés de France sur l'étranger et réciproquement. Il résulte des observations présentées par le Gouvernement, lors du vote, que les chèques tirés dans ces conditions sont assujettis à l'impôt. La loi de 1865 est, d'ailleurs, au point de vue fiscal, une loi d'exception qui ne peut être appliquée à l'étranger sans une prescription spéciale. Nous vous proposons d'étendre aux relations internationales le bénéfice de la loi sur les chèques, tout en prenant les dispositions nécessaires pour empêcher les abus.

C'est l'objet de l'article 13.

Nous estimons le produit de ces dispositions diverses à 4 millions.

4° *Premier projet de loi de la commission du budget.*

ARTICLE PREMIER. — Conforme au projet du Gouvernement.

ART. 2. — (*Demi-décime*). Conforme au projet du Gouvernement.

1. Le chèque ne peut être tiré que sur des fonds disponibles, et l'article 2 déclare que le chèque doit être exclusivement tiré sur un tiers ayant provision préalable. Evidemment la disponibilité des fonds ne peut s'entendre que de fonds dont on peut disposer à la suite du consentement du tiré... On a attribué à la commission cette opinion que, par cela seul qu'une créance serait exigible, on aurait le droit d'en réclamer le payement en tirant un chèque. La commission se doit à elle-même de repousser une pareille prétention, qu'elle n'a jamais eue, qu'elle n'a jamais pu avoir. A ses yeux, une créance exigible constitue une dette et non cette provision préalable qui est le caractère essentiel du chèque... (Rapport supplémentaire de la commission au Corps législatif, sur le projet de loi du 14 juin 1865, n° 34).

ART. 7. — (*Augmentation des droits des actes extrajudiciaires*). Conforme au projet du Gouvernement.

ART. 8. — (*Chèques*). Sont soumis au droit de timbre établi par l'article 6 de la loi du 6 prairial an VII, et par le n° 1 de la loi du 23 août 1871 :

Les mandats, délégations et tous autres écrits non négociables, quelle que soit d'ailleurs leur forme ou leur dénomination, servant à procurer une remise de fonds ou de valeurs de place à place.

Cette disposition est applicable aux écrits spécifiés ci-dessus, souscrits en France et payables hors de France, et réciproquement.

En cas de contravention, le souscripteur et le bénéficiaire ou le porteur sont passibles chacun de l'amende de 6 pour 100, édictée par l'article 4 de la loi du 5 juin 1850. Sont également applicables, en cas de contravention, les dispositions pénales des articles 6 et 7 de la loi précitée.

ART. 9. — Les dispositions suivantes sont ajoutées à l'article 1er de la loi du 14 juin 1865.

Le chèque indique le lieu d'où il est émis. La date du jour où il est tiré est inscrite en toutes lettres et de la main de celui qui a écrit le chèque.

Le chèque, même au porteur, est acquitté par celui qui le touche ; l'acquit est daté.

Toutes stipulations entre le tireur, le bénéficiaire ou le tiré, ayant pour objet de rendre le chèque payable autrement qu'à vue et à première réquisition, sont nulles de plein droit.

ART. 10. — L'article 6 de la loi du 14 juin 1865 est abrogé et remplacé par les disposition suivantes :

Le tireur qui émet un chèque sans date, ou non daté en toutes lettres s'il s'agit d'un chèque de place à place, celui qui revêt un chèque d'une fausse date ou d'une fausse énonciation du lieu d'où il est tiré, est passible d'une amende de 6 pour 100 de la somme pour laquelle le chèque est tiré, sans que cette amende puisse être inférieure à 100 francs.

La même amende est due personnellement et sans recours par le premier endosseur ou le porteur d'un chèque sans date ou non daté en toutes lettres s'il est tiré de place à place, ou portant une date postérieure à l'époque à laquelle il est endossé ou présenté. Cette amende est due en outre par celui qui paye ou reçoit en compensation un chèque sans date, ou irrégulièrement daté, ou présenté au payement avant la date d'émission.

L'émission d'un chèque sans provision préalable et disponible est passible d'une amende de 10 pour 100 du montant de la somme pour laquelle le chèque est tiré, sans que cette amende puisse être inférieure à 200 francs, et sans préjudice des peines correctionnelles, s'il y a lieu. L'amende est perçue et acquise au Trésor lors de l'enregistrement du protêt motivé sur le refus de payer à défaut de provision préalable et disponible.

ART. 11. — Celui qui paye un chèque sans exiger qu'il soit acquitté est passible personnellement et sans recours d'une amende de 50 francs.

ART. 12. — Les chèques tirés de place à place et dans les conditions prévues aux articles 1er de la loi du 14 juin 1865 et 8 de la présente loi sont assujettis à un droit de timbre proportionnel ainsi qu'il suit :

A » f. 10 c.	pr les chèques de. . .	1,000 fr.	et au-dessous.		
A » 20	pr ceux au-dessus de.	1,000 fr.	jusqu'à	2,000 fr.	
A » 30	Id.	2,000	—	3,000	
A » 40	Id.	3,000	—	4,000	
A » 50	Id.	4,000	—	5,000	
A 1 »	Id.	5,000	—	10,000	
A 2 »	Id.	10,000	—	20,000	
A 3 »	Id.	20,000	—	30,000	

Et ainsi de suite à raison de 1 franc par 10,000 francs ou fraction de 10,000 francs.

Sont applicables aux chèques de place à place non timbrés, conformément au présent article, les dispositions pénales des articles 4, 5, 6, 7 et 8 de la loi du 5 juin 1850.

Ces chèques pourront être valablement timbrés au moyen des timbres mobiles en usage en France. Les timbres seront employés à raison de leur quotité seulement et non des sommes qu'ils indiquent.

ART. 13.—Les dispositions qui précèdent et celles de la loi du 14 juin 1865 sont applicables aux chèques tirés de France et payés hors de France, et réciproquement.

Si le chèque tiré hors de France n'a pas été timbré conformément aux dispositions ci-dessus, le bénéficiaire, le premier endosseur, le porteur ou le tiré, sont tenus, sous peine de l'amende de 6 pour 100, de le faire timbrer aux droits fixés par l'article précédent, avant tout usage en France.

Si le chèque tiré hors de France n'est pas souscrit conformément aux prescriptions de l'article 1er de la loi du 14 juin 1865 et de l'article 8 ci-dessus, il est assujetti aux droits de timbre des effets de commerce. Dans ce cas, le bénéficiaire, le premier endosseur, le porteur ou tiré, sont tenus de le faire timbrer avant tout usage, sous peine d'une amende de 6 pour 100.

Toutes les parties sont solidaires pour le recouvrement des droits et amendes.

ART. 14. — (*Recouvrements*). Les recouvrements effectués par les entrepreneurs de transport, à titre de remboursement des objets transportés, quel que soit d'ailleurs le mode employé pour la remise des fonds au créancier, ainsi que tous autres transports fictifs ou réels de monnaies ou de valeurs, sont assujettis à la délivrance d'un récépissé ou d'une lettre de voiture dûment timbré.

Le droit de timbre du récépissé, celui de la lettre de voiture, fixé dans ce cas à 35 centimes, y compris le droit de la décharge, sont supportés par l'expéditeur de la marchandise.

8° *Deuxième rapport fait au nom de la commission du budget par M. Benoist-d'Azy.*

Plusieurs amendements, ou plutôt propositions de taxes nouvelles, ont été présentés par quelques-uns de nos collègues, propositions ayant à peu près le même objet : élever les droits de succession, soit par modification du tarif, soit par changement du mode d'évaluation des propriétés ou valeurs sur lesquelles le droit doit être prélevé.

L'un de ces amendements comprend la question grave de la déduction des dettes d'une succession pour fixer la valeur de l'actif sur lequel le droit doit porter.

M. Raoul Duval propose de porter à 2 pour 100, décime compris, le droit de mutation en ligne directe après décès.

M. Sebert propose d'ajouter seulement 50 centimes au droit actuel de 1 pour 100 sur les mêmes mutations et sur tout acte portant donation à titre de partage anticipé.

En outre, il propose de décider que tout acte portant partage d'immeubles ou mutations d'immeubles à titre onéreux soit, à peine de nullité, enregistré dans les trois mois de sa date.

M. Amat propose une disposition particulière qui impose une augmentation de droit, si la mutation de propriété n'est pas opérée en vertu d'un testament ou d'un autre acte exprimant la volonté du défunt.

MM. Méline, Girerd, Ducuing, Tassin, Jozon, Dietz-Monnin, de Janzé, Noël Parfait, proposent tout un système nouveau pour les transmissions de propriété par suite des successions.

M. Parent propose de prendre pour évaluation des droits de succession en ligne collatérale la *valeur vénale courante* des propriétés. Il exclut de cette disposition la transmission en ligne directe à titre gratuit ou par décès.

M. Wolowski propose de prendre, pour base d'évaluation, vingt-cinq fois le revenu pour les biens ruraux, et vingt fois pour les maisons; pour les usufruits, douze fois pour les biens ruraux, et dix fois pour les maisons.

M. Pagès-Duport demande que les droits de succession à partir du quatrième degré, c'est-à-dire entre cousins germains, soient augmentés de 50 pour 100.

Ces différents amendements divergeant sur plusieurs points, ont cependant pour base une pensée commune, créer, soit pour remplacer l'impôt du sel, soit pour apporter des ressources nouvelles au budget, un impôt qui accroîtrait plusieurs des taxes imposées à la transmission des biens et valeurs par succession, soit en ligne directe, soit en ligne collatérale. Cette augmentation d'impôt résulte, soit de l'élévation du tarif, soit de la manière de calculer la valeur des propriétés transmises, pour en conclure le chiffre du droit à imposer.

Les uns portent sur toutes les transmissions, quel que soit le degré de parenté qui constitue l'héritage, et élèvent les droits dans une proportion très-sensible en ligne collatérale, quoiqu'ils aient déjà été élevés. On s'était refusé jusqu'ici à élever le droit en ligne directe, et il est toujours resté à 1 pour 100 de la valeur des objets transmis. Plusieurs amendements s'attachent à la modification de ce droit, soit en l'élevant d'un quart ou de moitié en sus, soit en l'élevant au double, c'est-à-dire à 1/4 et 1 1/2 pour les uns, et 2 pour 100 pour les autres.

La valeur des objets transmis est fixée sur des propriétés dont on peut calculer un revenu à vingt fois ce revenu, et c'est sur ce capital ainsi apprécié qu'on a jusqu'ici fixé le droit de 1 pour 100. Plusieurs amendements proposent de porter cette base de l'impôt à vingt-cinq fois le revenu, au lieu de vingt, pour les propriétés rurales, tout en maintenant le chiffre vingt pour les propriétés bâties. L'amendement de M. Raoul Duval, qui porte à 2 pour 100 en ligne directe, au lieu de 1 pour 100, calcule que l'augmentation de produit résultant de cette taxe serait de 24,783,064 francs.

En élevant la taxe de 1/2 seulement au lieu de 2 pour 100, d'autres calculs ont porté cette recette à environ 14 à 15 millions, dont 7 millions environ pour les six derniers mois de l'année 1874, parce que six mois sont toujours accordés pour le payement des droits de succession. Ces différentes propositions ont ramené une question souvent reproduite, celle de savoir si, dans le calcul des droits de succession, le montant des dettes constatées ne devait pas être défalqué de l'appréciation des valeurs actives. Cette question va être en ce moment soumise à une commission de l'Assemblée, sur la proposition de M. Folliet; évidemment, elle doit être renvoyée à cette commission.

Mais cependant des discussions graves ont eu lieu dans la commission du budget; elles ont porté surtout sur la question de savoir si le droit de mutation en ligne directe devait être augmenté, soit par l'élévation de la taxe, soit en acceptant le chiffre de vingt-cinq au lieu de celui de vingt pour la fixation de la valeur des objets transmis.

Les opinions contradictoires peuvent se résumer en ces termes : on a pensé d'un côté que la taxe de 1 pour 100 n'a pas été modifiée depuis la loi de 1807, tandis que toutes les autres taxes du même genre, en ligne collatérale, ont été très-aggravées. Le fait même de l'impôt existant prouve que la transmission par succession peut donner droit à un impôt au profit de l'État, qui garantit, d'après les lois, la transmission et la conservation de la propriété, qui protége aussi par les lois les partages et qui a besoin que le produit des impôts vienne fournir les moyens d'assurer le maintien de l'ordre et de la défense du pays. Que partant de ce principe, il est juste aussi de calculer la proportion de chaque impôt en raison des besoins généraux et en proportion avec les autres impôts qui pèsent sur toutes les branches de la propriété générale du pays. — Ces opinions ont déterminé la majorité de la commission à adopter l'amendement de M. Sebert, qui porterait l'impôt sur la transmission en ligne directe à environ 12 millions, ce qui ferait pour le second semestre de 1874 un revenu de 7 millions; cet impôt pourrait encore être accru.

La commission spéciale dont nous avons parlé ci-dessus, et qui sera chargée de l'étude de la question de savoir si les dettes composant le passif des successions devraient être défalquées avant d'établir le chiffre sur lequel la somme à payer doit être calculée, devra sans doute tenir compte de l'augmentation apportée au droit de succession en ligne directe.

La minorité de la commission a demandé à exprimer dans ce rapport les motifs pour lesquels elle est absolument opposée à cette résolution d'augmenter le droit de transmission en ligne directe; le rapporteur se croit obligé de dire qu'il fait partie de cette minorité : voici les objections qu'a présentées la minorité.

Le droit de transmission en ligne directe n'est pas un changement de propriétaire, c'est la famille qui conserve sous une autre forme ce qui lui a appartenu jusque-là, et sera transmis plus tard encore à une autre génération de la famille. La propriété est un lien pour la famille, tout ce qui tend à affaiblir ce lien tend à affaiblir aussi le lien social. Le père de famille a sans doute par la loi la disposition de sa propriété, mais il y a une loi morale supérieure qui lui dit qu'il doit la conserver et l'accroître s'il le peut pour rendre à ses enfants ce qu'il a reçu lui-même. Le sentiment général de l'honneur des familles est une loi suprême que l'on s'honore de respecter.

Le père de famille est tenu par la loi dans certaines limites pour le partage entre ses enfants; la faculté de tester n'est pas illimitée, la famille a donc déjà une part du droit de propriété.

Si la taxe actuelle n'existait pas depuis plus de soixante ans, il ne faudrait pas la créer; ce n'est pas ici une taxe transitoire de consommation journalière que l'on supporte en proportion des besoins qu'on se crée plus ou moins soi-même, non, c'est le capital de la famille qui supporte péniblement une taxe qu'on propose d'augmenter et d'aggraver encore par l'évaluation. — Ce sera la cause d'une inquiétude vive et d'une irritation réelle. — Ajoutez à ces charges toutes les formalités existantes, expertises, partages, jugements, et tout cela aggravé souvent par la présence de mineurs; une pauvre fortune de 4 ou 5,000 francs, s'il y a des mineurs, est absorbée en entier par les exigences de ces lois qui semblent devoir être protectrices des mineurs et sont en fait spoliatrices.

La minorité de la commission s'est réservé le droit de discuter ces questions devant l'Assemblée.

Quant aux amendements qui proposent d'accroître considérablement le droit de succession déjà très-élevé, soit en ligne collatérale, soit entre époux, la commission les a rejetés. — Elle a rejeté également les amendements qui proposent d'élever cette nature d'impôts, en prenant pour base de la perception la valeur vénale des propriétés au lieu du calcul de vingt fois le revenu, comme l'ordonne la loi de frimaire an VII.

. . . .

Dans notre premier rapport, nous avons proposé des modifications importantes au système indiqué par M. le ministre des finances pour les effets de commerce, lettres de change et chèques. — Après avoir proposé d'élever le timbre des effets de commerce de 1 franc pour 1,000 francs, droit actuel, à 1 fr. 50 cent., le projet du Gouvernement élevait à la même taxe les chèques de place sur place.

La commission du budget, après de longues discussions sur les vives réclamations du commerce, a la conviction que, d'une part, le droit du timbre déjà élevé sur les lettres de change ne pourrait l'être davantage sans préjudice sérieux pour le commerce; que, d'autre part, l'assimilation du chèque à la lettre de change pour le payement de ce droit serait rendre impossible l'usage du chèque dont on reconnaît aujourd'hui partout l'utilité pratique dans l'intérêt particulier pour toutes les affaires commerciales, dans l'intérêt général du mouvement des capitaux du pays.

Les articles présentés dans le premier rapport de la commission n'ont pas été discutés par l'Assemblée. Mais deux amendements ont été produits, dont l'un, par MM. Adam et de Soubeyran, a donné lieu à de nouvelles discussions dans la séance de la commission.

La commission a adopté la première disposition de l'amendement à l'article 8 du projet de loi, qui a pour objet la suppression du mot *valeurs* dans le deuxième paragraphe de cet article.

La commission et l'honorable M. Adam sont d'accord pour soumettre au droit de timbre proportionnel, établi par les lois du 6 prairial an VII et du 23 août 1871, les délégations et autres écrits servant à procurer une remise de somme de place à place. Le Gouvernement et la commission s'étaient servis des mots *fonds ou valeurs*, pour comprendre toutes les remises en argent ou en billets de banque; l'auteur de l'amendement ne fait pas d'objection contre cette expression ainsi entendue; mais il craint qu'on ne donne dans la pratique au mot *valeur* un sens plus étendu et non défini qui pourrait créer des difficultés d'application. C'est pour éviter cette interprétation abusive qu'il demande la suppression de ce mot *valeurs*. L'article de la commission étant bien précisé dans le sens que nous avons indiqué, la commission ne voit pas d'inconvénient à supprimer le mot *valeurs* de sa rédaction.

L'honorable M. Adam demande, en second lieu, une disposition additionnelle à l'article 8, pour soustraire à l'application des droits les reçus de lettres chargées, les reçus de fonds confiés à des tiers pour la transmission de place à autre, les écrits autorisant le versement sur une autre place quand ils ne sont pas remis au bénéficiaire pour être présentés au détenteur.

La commission avait considéré cette disposition comme inutile, par la raison que l'article proposé par elle ne comprend pas les reçus et écrits dont il s'agit. Néanmoins, puisqu'on demande que l'exclusion soit mentionnée expressément, elle ne s'y oppose pas; mais pour qu'on ne puisse pas abuser de cette disposition additionnelle, la commission a modifié la rédaction de cette disposition de l'amendement, qui sera ainsi conçu :

« Les reçus de lettres chargées, les reçus de fonds confiés à des tiers pour la transmission de place à place, les écrits autorisant le versement de fonds sur une autre place, quand *ces reçus ou écrits* ne sont pas remis au bénéficiaire pour être présentés au détenteur des fonds, ne sont pas compris dans la nomenclature du paragraphe 2 de l'article 8. »

Notre honorable collègue propose d'ajouter à l'article 10 du projet de la commission une première disposition qui serait destinée à remplacer le premier paragraphe de l'article 1er de la loi du 14 juin 1865, et qui serait conçue en ces termes : « Le chèque est un ordre de payement donné à un banquier par un de ses clients ou par un autre banquier. »

L'auteur de l'amendement pense que cette disposition aurait pour résultat de prévenir la plus grande partie des fraudes dont on se plaint si justement.

Pour encourager les particuliers à déposer dans les caisses des établissements financiers les petits capitaux qui sont disséminés et improductifs entre leurs mains, et qu'on pourrait utiliser au profit du commerce et de l'industrie et leur faire en même temps produire un intérêt en faveur des déposants, le législateur de 1865 a créé un moyen de retirer facilement et économiquement les sommes ainsi déposées : c'est là l'origine des chèques. C'est pour encourager ces dépôts que la loi du 14 juin 1865 a accordé des immunités particulières aux titres de cette nature. La définition trop générale du chèque par le paragraphe premier de l'article 1er de cette loi a engendré des abus très-préjudiciables au Trésor public. Dans la pratique, les chèques ont été substitués aux lettres de change dans des circonstances où la loi n'avait pas entendu qu'il y eût lieu à en faire usage. Ainsi, notamment, on les emploie fréquemment pour le recouvrement du prix des marchandises vendues à terme.

Le chèque n'a évidemment pas été créé pour cet usage. L'Etat perd ainsi des droits de timbre considérables. Si le chèque ne peut être tiré que sur des maisons de dépôts, ou sur des banquiers, c'est-à-dire pour le retrait de sommes déposées, ce qui était sa vraie destination, la plus grande partie des abus et des fraudes seront prévenus.

Ces considérations sont certainement très-graves. Néanmoins la commission du budget a considéré que cette disposition avait pour objet une modification grave à la loi de 1865; qu'il n'y avait pas lieu de l'examiner incidemment à l'occasion de la loi fiscale qui est en discussion. Cette réforme pourra être examinée ultérieurement sur une proposition d'un membre de l'Assemblée; pour le moment, la commission repousse cette disposition de l'amendement.

Les autres chefs de l'amendement de l'honorable M. Adam, relatifs à l'obligation de dater les chèques en toutes lettres, de les acquitter, et de dater les acquits, aux pénalités applicables aux infractions à la loi, aux créations du droit proportionnel applicable aux chèques de place à place, ont également été repoussés par la commission.

L'honorable M. Guibal a présenté un amendement qui soumettrait les chèques de place à place à un droit de timbre proportionnel de 1 franc pour 1,000, comme les lettres de change et autres effets de commerce.

C'est la suppression du chèque pour les payements des sommes de place à place. La commission a pensé que les chèques destinés à effectuer des payements dans les conditions de la loi du 14 juin 1865 ne doivent, dans aucun cas, être assimilés aux lettres de change et autres effets de commerce. Elle est d'avis de maintenir les chèques de place à place avec certaines immunités. Elle a proposé de les soumettre à des droits particuliers. Elle persiste dans l'opinion qu'elle a déjà émise sur ce point. Elle repousse en conséquence l'amendement de l'honorable M. Guibal.

Après avoir ainsi passé en revue les divers amendements et projets que la commission a eu à examiner, nous devons revenir à l'examen des articles auxquels elle s'est arrêtée et aux propositions qu'elle soumet à l'Assemblée.

Dans le projet présenté par M. le ministre des finances et dont la discussion a été comprise dans le précédent rapport, il reste plusieurs articles sur lesquels l'Assemblée n'a pas été appelée à voter.

1° Le ministre, au sujet d'une augmentation des droits fixes d'enregistrement sur les actes extrajudiciaires, s'exprimait dans les termes suivants :

Enregistrement et timbre. — Actes extrajudiciaires.

« *Art.* 6. — M. le ministre propose, dans les termes suivants, une augmentation d'impôts sur les actes extrajudiciaires, tels que les exploits, significations, protêts. »

Enregistrement et timbre.

« L'article 4 de la loi du 28 février 1872 a augmenté de moitié les droits fixes de toute nature auxquels diverses lois sur l'enregistrement avaient assujetti les actes civils, administratifs ou judiciaires.

« Cette augmentation, justifiée par la dépréciation que la valeur de l'or et de l'argent a subie depuis l'époque à laquelle les droits fixes ont été établis (28 avril 1816), n'a pas été étendue aux actes extrajudiciaires, tels que les exploits, les significations, les protêts, etc. Le législateur a voulu favoriser cette nature d'actes, et, comme l'exprime le rapporteur de la commission du budget de 1872, M. Mathieu-Bodet, *logiquement tous les droits fixés auraient dû être augmentés.*

« Mais en présence des nouveaux besoins du Trésor, il n'est plus opportun de maintenir cette faveur, et nous proposons de rétablir l'égalité entre les nouveaux tarifs, en augmentant de moitié la quotité des droits fixes auxquels sont soumis les actes extrajudiciaires. On voudra bien remarquer que, comparativement à la valeur des métaux, les droits fixes augmentés de moitié seront même relativement moins élevés qu'ils ne l'étaient en 1816, car la dépréciation du signe monétaire est certainement supérieure à 50 pour 100.

« Produit : 5 millions de francs. »

L'article 7 du projet de loi était ainsi conçu :

« Les droits fixes d'enregistrement auxquels les actes extrajudiciaires sont assujettis par les lois en vigueur sont augmentés de moitié. »

La commission n'a aucune objection à faire à cette proposition, et c'est parce que le temps seul a manqué qu'elle n'a pas été comprise dans le vote des articles sur lesquels nous étions d'accord avec M. le ministre.

2° L'article 7, dans le même projet du ministre, est ainsi conçu :

« *Art.* 7. — Le tarif du droit de timbre proportionnel établi par le n° 1 de l'article 2 de la loi du 23 août 1871, sur les effets négociables et de commerce autres que ceux tirés de l'étranger sur l'étranger et circulant en France, est augmenté de moitié. »

Dans le projet présenté par M. le ministre et dans notre précédent rapport, une longue discussion a exposé les motifs qui ont déterminé M. le ministre à proposer d'élever de moitié le droit de timbre sur les effets de commerce, lettres de change, chèques, etc. Cette taxe devant donner un produit nouveau sur les lettres de change de. 13,000,000 et sur les chèques de . . . . 6,000,000 } 19,000,000 nous avons indiqué aussi quels étaient les motifs qui nous empêchaient d'adopter : 1° cet accroissement de taxe sur les lettres de change; 2° l'assimilation du chèque à la lettre de change; nous avons proposé une taxe très-modérée sur les chèques de place sur place, et enfin une simple taxe de quittance de 10 centimes sur le chèque sur place; nous avons indiqué dans plusieurs articles les conditions propres à observer qu'il ne soit pas fait un usage abusif du chèque à la place de la lettre de change.

La commission persévère dans ses propositions, et elle espère qu'elles seront admises par l'Assemblée.

Le produit de ce double impôt, au lieu d'être de 15,000,000 serait réduit à la seule taxe sur les chèques, produit. 4,000,000

Différence. . . 11,000,000

. . . .

Un amendement de M. Bidard a été soumis à la commission; il propose deux mesures graves relativement à la presse; d'abord le rétablissement du timbre pour les journaux, ensuite le transport régulier par la poste. Il critique les évaluations qui avaient été faites par la Direction générale des postes, au sujet d'un amendement antérieur, et qui sont consignées dans un rapport de M. Crespin, en date du 14 juillet 1871, sur lequel il n'y a pas eu de discussion quoique l'urgence eût été déclarée.

La commission du budget a entendu les explications de M. Bidard et examiné les notes qu'il a fournies ; mais elle n'a pas cru devoir entrer dans la discussion de cette question, dont l'initiative ne peut être prise que par le Gouvernement. Ces renseignements demandés n'ont pu être fournis en temps utile. Elle n'a donc pu que rejeter cet amendement sans y donner en ce moment d'autre suite.

6° Deuxième projet de loi de la commission du budget.

ARTICLE PREMIER. — *(Augmentation des droits des actes extra-judiciaires)*. Maintenu conforme au projet du Gouvernement.

ART. 3. — Sont soumis au droit de timbre établi par l'article 6 de la loi du 6 prairial an VII, et par le n° 1 de la loi du 23 août 1871 :

Les mandats, délégations et tous autres écrits non négociables, quelle que soit d'ailleurs leur forme ou leur dénomination, servant à procurer une remise de fonds ou de valeurs de place à place.

Cette disposition est applicable aux écrits spécifiés ci-dessus, souscrits en France et payables hors de France, et réciproquement.

Les reçus de lettres chargées, les reçus de fonds confiés à des tiers pour la transmission de place à place, les écrits autorisant le versement de fonds sur une autre place quand les reçus ou écrits ne sont pas remis au bénéficiaire pour être présentés au détenteur des fonds, ne sont pas compris dans la nomenclature du paragraphe 2 ci-dessus.

En cas de contravention, le souscripteur et le bénéficiaire ou le porteur sont passibles chacun de l'amende de 6 pour 100, édictée par l'article 4 de la loi du 5 juin 1850. Sont également applicables, en cas de contravention, les dispositions pénales des articles 6 et 7 de la loi précitée.

ART. 4. — Les dispositions suivantes sont ajoutées à l'article 1er de la loi du 14 juin 1865.

Le chèque indique le lieu d'où il est émis. La date du jour où il est tiré est inscrite en toutes lettres et de la main de celui qui a écrit le chèque.

Le chèque, même au porteur, est acquitté par celui qui le touche ; l'acquit est daté.

Toutes stipulations entre le tireur, le bénéficiaire ou le tiré, ayant pour objet de rendre le chèque payable autrement qu'à vue et à première réquisition, sont nulles de plein droit.

ART. 5. — L'article 6 de la loi du 11 juin 1865 est abrogé et remplacé par les dispositions suivantes :

Le tireur qui émet un chèque sans date ou non daté en toutes lettres s'il s'agit d'un chèque de place à place, celui qui revêt un chèque d'une fausse date ou d'une fausse énonciation du lieu d'où il est tiré, est passible d'une amende de 6 pour 100 de la somme pour laquelle le chèque est tiré, sans que cette amende puisse être inférieure à 100 francs.

La même amende est due personnellement et sans recours par le premier endosseur ou le porteur d'un chèque sans date ou non daté en toutes lettres s'il est tiré de place à place, ou portant une date postérieure à l'époque à laquelle il est endossé ou présenté. Cette amende est due en outre par celui qui paye ou reçoit en compensation un chèque sans date ou irrégulièrement daté, ou présenté en payement avant la date d'émission.

L'émission d'un chèque sans provision préalable et disponible est passible d'une amende de 10 pour 100 du montant de la somme pour laquelle le chèque est tiré sans que cette amende puisse être inférieure à 200 francs, et sans préjudice des peines correctionnelles, s'il y a lieu. L'amende est perçue et acquise au Trésor lors de l'enregistrement du protêt motivé sur le refus de payer à défaut de provision préalable et disponible.

ART. 6. — Celui qui paye un chèque sans exiger qu'il soit acquitté est passible personnellement et sans recours d'une amende de 50 francs.

ART. 7. — Les chèques tirés de place à place et dans les conditions prévues aux articles 1er de la loi du 14 juin 1865 et 8 de la présente loi sont assujettis à un droit de timbre proportionnel ainsi qu'il suit :

A »	f. 10 c.	pr les chèques de. .	1,000	fr. et au-dessous.		
A »	10	pr ceux au-dessus de	1,000	fr. jusqu'à	2,000	fr.
A »	30	Id.	2,000	—	3,000	
A »	40	Id.	3,000	—	4,000	
A »	50	Id.	4,000	—	5,000	
A 1	»	Id.	5,000	—	10,000	
A 2	»	Id.	10,000	—	20,000	
A 3	»	Id.	20,000	—	30,000	

Et ainsi de suite à raison de 1 franc par 10,000 francs ou fraction de 10,000 francs.

Sont applicables aux chèques de place à place non timbrés, conformément au présent article, les dispositions pénales des articles 4, 5, 6, 7 et 8 de la loi du 5 juin 1850.

Ces chèques pourront être valablement timbrés au moyen de timbres mobiles en usage en France. Les timbres seront employés à raison de leur quotité seulement et non des sommes qu'ils indiquent.

ART. 8. — Les dispositions qui précèdent et celles de la loi du 14 juin 1865 sont applicables aux chèques tirés de France et payables hors de France et réciproquement.

Si le chèque tiré hors de France n'a pas été timbré conformément aux dispositions ci-dessus, le bénéficiaire, le premier endosseur, le porteur ou le tiré, sont tenus, sous peine de l'amende de 6 pour 100, de le faire timbrer aux droits fixés par l'article précédent, avant tout usage en France.

Si le chèque tiré hors de France n'est pas souscrit conformément aux prescriptions de l'article 1er de la loi du 14 juin 1865 et de l'article 8 ci-dessus, il est assujetti aux droits de timbre des effets de commerce. Dans ce cas, le bénéficiaire, le premier endosseur, le porteur ou le tiré, sont tenus de le faire timbrer, avant tout usage en France, sous peine d'une amende de 6 pour 100.

Toutes les parties sont solidaires pour le recouvrement des droits et amendes.

ART. 9. — Les recouvrements effectués par les entrepreneurs de transport, à titre de remboursement des objets transportés, quel que soit d'ailleurs le mode employé pour la remise des fonds au créancier, ainsi que tous autres transports fictifs ou réels de monnaies ou de valeurs, sont assujettis à la délivrance d'un récépissé ou d'une lettre de voiture dûment timbrés.

Le droit de timbre du récépissé, celui de la lettre de voiture, fixé dans ce cas à 35 centimes, y compris le droit de la décharge, sont supportés par l'expéditeur de la marchandise.

ART. 10. — Un règlement d'administration publique déterminera les formes de perception et de surveillance de ces taxes. Chaque contravention aux dispositions de ce règlement sera punie d'une amende de 50 francs.

Les contraventions seront constatées, les instances introduites et jugées comme en matière de timbre.

DÉCRET DU 19 FÉVRIER 1874

Timbres et contre-timbres créés pour l'exécution de l'article 3 de la loi du 19 février 1874.

(Promulgué au *Journal officiel* du 20 février 1874.)

(XII° Série, Bull. 182, n° 2715; Instr. n° 2480.)

Article premier. — A partir de la promulgation de la loi du 19 février 1874, les papiers timbrés actuellement en usage pour les effets de commerce seront revêtus d'un contre-timbre indiquant l'augmentation du droit au moyen de la mention : *demi-droit en sus*. — Le contre-timbre sera appliqué au milieu de la partie supérieure de chaque feuille. — Il sera également appliqué sur les papiers présentés au timbre extraordinaire.

Art. 2. — Dans le cas où le contre-timbre ne pourrait pas être mis en activité au jour de la promulgation de la loi, il y serait suppléé par un visa daté et signé par le receveur de l'Enregistrement.

Art. 3. — Les timbres mobiles actuellement en usage pour les effets de commerce seront également revêtus d'un contre-timbre indiquant l'augmentation du droit au moyen de la mention : *demi-droit en sus*.

Art. 4. — Les détenteurs de papiers et de timbres mobiles émis antérieurement à la nouvelle loi, et non encore employés, seront admis, dans le délai de trois mois à partir de ce jour, à les présenter à la formalité du contre-timbre en acquittant les suppléments de droits.

Art. 5. — Il est créé de nouveaux types destinés à timbrer les coupons pour effets de commerce et portant l'indication des quotités établies par l'article 3 de la loi du 19 février 1874. — Ces types sont conformes au modèle annexé au présent décret.

[LL. 11 juin 1842, art. 6; 13 mai 1863, art. 10; 28 février 1872, art. 11, et 30 mars 1872, art. 1er.]

Art. 6. — Le directeur général de l'Enregistrement, des Domaines et du Timbre fera déposer aux greffes des cours et tribunaux des empreintes des timbres et contre-timbres établis par les articles qui précèdent. — Ce dépôt sera constaté par un procès-verbal dressé sans frais.

Art. 7. — Le ministre des finances est chargé de l'exécution du présent décret, qui sera inséré au *Bulletin des lois*.

DÉCRET DU 19 FÉVRIER 1874

Portant règlement d'administration publique et relatif aux timbres mobiles proportionnels pour les effets de commerce et les warrants.

(Promulgué au *Journal officiel* du 20 février 1874.)

(XII° Série, Bull. 182, n° 2716; Instr. n° 2480.)

Article premier. — Les timbres mobiles proportionnels qui peuvent être apposés, en exécution des lois susvisées (11 juin 1859, art. 19; 2 juillet 1862, art. 25; et 27 juillet 1870, art. 6), sur les effets de commerce venant de l'étranger ou des colonies, sur les warrants endossés séparément des récépissés et sur les effets négociables de toute nature créés en France, seront conformes au modèle annexé au présent décret. Néanmoins, l'administration de l'Enregistrement, des Domaines et du Timbre pourra modifier les couleurs de ce timbre, suivant les quotités et toutes les fois qu'elle le jugera convenable.

[LL. 13 brumaire an VII, après l'article 7, p. 188 (Timbres mobiles), et art. 11; 5 juin 1850, art. 3; 28 mai 1858, art. 13; 11 juin 1859, art. 19, et 27 juillet 1870, art. 6.]

Art. 2. — Il est créé des timbres mobiles :
Pour les effets de 100 francs et au-dessous ;
Pour ceux au-dessus de 100 francs jusqu'à 200 francs,
Pour ceux au-dessus de 200 francs jusqu'à 300 francs ;
Pour ceux au-dessus de 300 francs jusqu'à 400 francs ;
Pour ceux au-dessus de 400 francs jusqu'à 500 francs ;
Pour ceux au-dessus de 500 francs jusqu'à 1,000 francs ;
Pour ceux au-dessus de 1,000 francs jusqu'à 2,000 francs ;
Pour ceux au-dessus de 2,000 francs jusqu'à 3,000 francs, et ainsi de suite, en suivant la même progression et sans fraction de 1,000 francs.

La quotité des droits fixés par les lois en vigueur pour les diverses catégories sera indiquée sur les timbres. — Il n'est pas créé de timbre mobile d'une quotité supérieure au droit exigible pour un effet de 10,000 francs ; mais le payement du droit de timbre des effets négociables et des warrants pourra, même pour les sommes supérieures à 10,000 francs, être constaté par l'apposition de plusieurs timbres mobiles.

Art. 3. — Le timbre mobile est apposé avant tout usage. Il est collé, savoir : 1° *Pour les effets créés en France*, au recto de l'effet, à côté de la signature du souscripteur ; — 2° *Pour les effets venant de l'étranger ou des colonies*, au recto de l'effet, à côté de la mention de l'acceptation ou de l'aval; à défaut d'acceptation ou d'aval, au verso, avant tout endossement ou acquit, si l'effet n'a pas encore été négocié, et, en cas de négociation, immédiatement après le dernier endossement souscrit en pays étranger ou dans les colonies; — 3° *Pour les warrants*, au dos des warrants et au-dessus du premier endossement.

ART. 4. — Chaque timbre mobile est oblitéré au moment même de son apposition, savoir : — Par le souscripteur pour les effets créés en France ; — par le signataire de l'acceptation, de l'aval, de l'endossement ou de l'acquit, s'il s'agit d'effets venant de l'étranger ou des colonies ; — par le premier endosseur en ce qui concerne les warrants. — L'oblitération consiste dans l'inscription à l'encre noire usuelle et à la place réservée à cet effet sur le timbre mobile : — 1° Du lieu où l'oblitération est opérée ; — 2° de la date (*quantième, mois et millésime*) à laquelle elle est effectuée ; — 3° de la signature, suivant les cas prévus en l'article précédent, du signataire de l'effet, de l'acceptation, de l'aval, de l'endossement ou de l'acquit. — En cas de protêt, faute d'acceptation, d'un effet venant de l'étranger ou des colonies, le timbre est collé par le porteur et oblitéré par le receveur chargé de l'enregistrement du protêt. Il appose sur ce timbre la griffe de son bureau et sa signature.

ART. 5. — Les sociétés, compagnies, maisons de banque ou de commerce peuvent, pour l'oblitération, faire usage d'une griffe apposée sur le timbre à *l'encre grasse*, et faisant connaître le nom et la raison sociale, le lieu où l'oblitération est opérée, enfin la date (*quantième, mois et millésime*) à laquelle elle est effectuée. — L'empreinte de cette griffe, dont le modèle doit être agréé par l'Administration, est déposée, préalablement à tout usage, au bureau de l'Enregistrement de la résidence de celui qui veut en faire emploi. — Il est délivré un récépissé de ce dépôt.

ART. 6. — L'administration de l'Enregistrement, des Domaines et du Timbre fera déposer aux greffes des cours et tribunaux des spécimens des timbres mobiles créés par le présent décret. Il sera dressé, sans frais, procès-verbal de chaque dépôt. — Les timbres mobiles actuellement en usage pour les effets de commerce venant de l'étranger et des colonies et pour les warrants, pourront être employés jusqu'au 1er juillet 1874. A partir de cette époque, les timbres mobiles créés par le présent décret pourront seuls être employés. — L'administration de l'Enregistrement, des Domaines et du Timbre prendra les mesures nécessaires pour le retrait des timbres mobiles aux anciens modèles qui n'auront pas été employés avant le 1er juillet 1874.

ART. 7. — Les décrets des 18 janvier 1860, 29 octobre 1862 (art. 3) et du 23 janvier 1864, sont abrogés.

[Déc. 18 janvier 1860, 29 octobre 1862, art. 3, et 23 janvier 1864.]

ART. 8. — Le ministre des finances est chargé de l'exécution du présent décret, qui sera inséré au *Journal officiel* et au *Bulletin des lois.*

DÉCRET DU 18 JUIN 1874

Timbres mobiles d'effets de commerce

(Promulgué au *Journal officiel* du 20 juin 1874.)

(Instr. n° 2485.)

ARTICLE PREMIER. — Il est créé, à partir du 1er juillet 1874, des timbres mobiles ;

Pour les effets au-dessus de 500 francs jusqu'à 600 francs ;

Pour ceux au-dessus de 600 francs jusqu'à 700 francs ;

Peur ceux au-dessus de 700 francs jusqu'à 800 francs ;

Pour ceux au-dessus de 800 francs jusqu'à 900 francs ;

Pour ceux au-dessus de 900 francs jusqu'à 1,000 fr.

Ces timbres mobiles porteront l'indication de la quotité des droits afférents à chaque catégorie. Ils seront conformes au modèle annexé au décret du 19 février 1874 susvisé.

ART. 2. — Les dispositions du paragraphe final de l'article 1er et celles des articles 3, 4, 5, 6 et 7 du décret du 19 février 1874 sont applicables aux timbres mobiles créés par l'article précédent.

DÉCRET DU 25 JUIN 1874

Marques de fabrique. — Timbre.

(*Journal officiel* du 18 juillet 1874.)

ARTICLE PREMIER. — Tout propriétaire d'une marque de fabrique ou de commerce qui veut être admis à user de la faculté ouverte par la loi du 26 novembre 1873 doit préalablement en faire la déclaration à l'un des bureaux désignés par les articles 5 et 9 ci-après et y déposer en même temps :

1° Une expédition du procès-verbal du dépôt de sa marque fait en exécution de la loi du 23 juin 1857 et du décret du 26 juillet 1858 ;

2° Un exemplaire du dessin, de la gravure ou de l'empreinte qui représente sa marque. Cet exemplaire est revêtu d'un certificat du greffier, attestant qu'il est conforme au modèle annexé au procès-verbal de dépôt ;

3° L'original de sa signature, dûment légalisé. Il y a autant de signatures déposées que de propriétaires ou d'associés ayant la signature sociale et qui voudront user de la faculté de requérir l'apposition du timbre ou du poinçon de l'État.

En cas de transmission, à quelque titre que ce soit, de la propriété de la marque, le nouveau propriétaire justifie de son droit par le dépôt des actes ou pièces qui établissent cette transmission. Il dépose, en outre, l'original de sa signature dûment légalisé.

Il est dressé, sur un registre, procès-verbal des déclarations et dépôts prescrits par le présent article. Le procès-verbal est signé par le déclarant, à qui en est délivré récépissé ou ampliation.

ART. 2. — Toutes les fois que le propriétaire d'une marque de fabrique ou de commerce veut faire apposer sur cette marque le timbre ou le poinçon, il remet au receveur du bureau dans lequel la déclaration et le dépôt prévus par l'article précédent ont été effectués, une réquisition écrite sur papier non timbré, et conforme aux modèles ci-annexés sous les nos 1 et 2.

La réquisition, dressée au bureau sur une formule fournie gratuitement par l'Administration, est datée et signée. Elle est accompagnée d'un spécimen des étiquettes, bandes, enveloppes ou estampilles à timbrer ou poinçonner, lequel reste déposé avec la réquisition.

Ne peuvent être admises que les réquisitions donnant ouverture à la perception de 5 francs de droits au moins.

ART. 3. — Les déclarations, dépôts et réquisitions prévus par les deux articles précédents peuvent être faits par un mandataire spécial, à la condition de déposer au bureau soit l'original en brevet, soit une expédition authentique de sa procuration, laquelle est certifiée par le fondé de pouvoirs.

ART. 4. — Les droits de timbre à percevoir en exécution de l'article 2 de la loi susvisée du 26 novembre 1873, pour les étiquettes, bandes ou enveloppes en papier sur lesquelles figurent des marques de fabrique ou de commerce, sont fixés ainsi qu'il suit, savoir :

1 centime par chaque marque timbrée se rapportant à des objets d'une valeur de 1 franc et au-dessous.

2 centimes	s'il	s'agit d'une valeur	supérieure à	1 fr.	jusq.	2 fr.
3	—	—	—	2	—	3
5	—	—	—	3	—	5
10	—	—	—	5	—	10
20	—	—	—	10	—	20
30	—	—	—	20	—	30
50	—	—	—	30	—	50

1 franc s'il s'agit d'objets d'une valeur supérieure à 50 francs.

ART. 5. — La déclaration et le dépôt prescrits par l'article 1er ci-dessus, ainsi que la réquisition, ne peuvent être opérés que dans les chefs-lieux de département désignés comme centre d'une circonscription.

Les départements sont répartis entre dix circonscriptions :

1. — **Lille** : Nord, Pas-de-Calais.
2. — **Rouen** : Calvados, Eure, Manche, Orne, Seine-Inférieure.
3. — **Paris** : Aisne, Eure-et-Loir, Loiret, Oise, Seine, Seine-et-Marne, Seine-et-Oise, Somme, Yonne.
4. — **Châlons-sur-Marne** : Ardennes, Aube, Marne, Haute-Marne, Meurthe-et-Moselle, Meuse, Haute-Saône, Vosges.
5. — **Nantes** : Côtes-du-Nord, Finistère, Ille-et-Vilaine, Loire-Inférieure, Mayenne, Morbihan.
6. — **Tours** : Cher, Creuse, Indre, Indre-et-Loire, Loir-et-Cher, Maine-et-Loire, Sarthe, Deux-Sèvres, Vendée, Vienne, Haute-Vienne.
7. — **Lyon** : Ain, Allier, Ardèche, Côte-d'Or, Doubs, Drôme, Isère, Jura, Loire, Haute-Loire, Nièvre, Puy-de-Dôme, Rhône, Saône-et-Loire, Savoie, Haute-Savoie.
8. — **Bordeaux** : Charente, Charente-Inférieure, Corrèze, Dordogne, Gironde, Landes, Lot-et-Garonne, Basses-Pyrénées.
9. — **Toulouse** : Ariége, Aude, Aveyron, Cantal, Haute-Garonne, Gers, Lot, Lozère, Hautes-Pyrénées, Pyrénées-Orientales, Tarn, Tarn-et-Garonne.
10. — **Marseille** : Basses-Alpes, Hautes-Alpes, Alpes-Maritimes, Bouches-du-Rhône, Corse, Gard, Hérault, Var, Vaucluse.

Les marques ne peuvent être timbrées qu'au chef-lieu de la circonscription dans laquelle a eu lieu le dépôt au greffe prescrit par la loi du 23 juin 1857.

ART. 6. — Le timbre sera apposé, après payement des droits, sur la marque, si cette apposition peut avoir lieu sans oblitérer cette marque et sans nuire à la netteté du timbre. Dans le cas contraire, le timbre sera apposé partie sur la marque et partie sur la bande, étiquette ou enveloppe.

L'Administration de l'Enregistrement, des Domaines et du Timbre est autorisée à refuser de timbrer :

1° Les marques apposées sur des étiquettes, bandes ou enveloppes dont la dimension serait inférieure à 35 millimètres en largeur et en longueur ;

2° Les marques qui seraient reproduites en relief ou qui seraient imprimées ou apposées sur des papiers drapés, veloutés, gaufrés, vernissés ou enduits, façonnés à l'emporte-pièce, sur papier joseph, sur papier végétal et tous autres papiers sur lesquels l'Administration jugerait que l'empreinte du timbre ne peut être apposée ;

3° Les papiers noirs, de couleur foncée ou disposés de manière que l'empreinte du timbre ne puisse y être appliquée d'une façon suffisamment distincte.

ART. 7. — Les étiquettes ou bandes doivent être présentées en feuilles et divisées en séries de dix, destinées à être frappées du timbre de la même quotité. Toutefois, les étiquettes ou bandes destinées à être frappées du timbre de 1 franc peuvent être reçues au nombre minimum de cinq.

Si la dimension des papiers portant les étiquettes ou bandes présentées au timbre est inférieure à 10 centimètres en longueur et en largeur, il est perçu, à titre de frais extraordinaires de manipulation, un droit supplémentaire de 2 francs par 1,000 étiquettes ou bandes, sans que ce supplément puisse être jamais inférieur à 20 centimes.

Les feuilles, étiquettes, bandes ou enveloppes maculées ou avariées pendant l'opération sont oblitérées et remises au propriétaire de la marque ou à son mandataire, et il lui est tenu compte des droits afférents à ces maculatures.

Dans tous les cas, le propriétaire ou son mandataire donne décharge des marques qui lui sont remises après avoir reçu l'apposition du timbre, et de celles qui ont été maculées ou avariées pendant l'opération.

LOI DU 5 JANVIER 1875

Conservation des registres hypothécaires. — Reconstitution partielle.

(Promulguée au *Journal officiel* du 16 janvier 1875.)

(XIIe SÉRIE, BULL. 241, N° 3824; INSTR. N° 2503.)

—

1. L'art. 2200 du C. civ. est modifié ainsi qu'il suit :

« Néanmoins les conservateurs seront tenus d'avoir un registre sur lequel ils inscriront jour par jour, et par ordre numérique, les remises qui leur seront faites d'actes de mutation et de saisie immobilière, pour être transcrits; de bordereaux, pour être inscrits; d'actes, expéditions ou extraits d'actes, contenant subrogation ou antériorité, et de jugements prononçant la résolution, la nullité ou la rescision d'actes transcrits, pour être mentionnés.

« Ils donneront aux requérants, par chaque acte ou par chaque bordereau à transcrire, à inscrire ou à mentionner, une reconnaissance sur papier timbré, qui rappellera le numéro du registre sur lequel la remise aura été inscrite, et ils ne pourront transcrire les actes de mutation et de saisie immobilière, ni inscrire les bordereaux ou mentionner les actes contenant subrogation ou antériorité et les jugements portant résolution, nullité ou rescision d'actes transcrits sur les registres à ce destinés, qu'à la date ou dans l'ordre des remises qui leur auront été faites.

« Le registre prescrit par le présent article sera tenu double, et l'un des doubles sera déposé sans frais, et dans les trente jours qui suivront sa clôture, au greffe du tribunal civil d'un arrondissement autre que celui où réside le conservateur.

« Le tribunal au greffe duquel sera déposé le double du registre de dépôt sera désigné par une ordonnance du président de la cour dans le ressort de laquelle se trouve la conservation. Cette ordonnance sera rendue sur les réquisitions du procureur général. »

2. Il sera statué par un décret sur toutes les autres mesures d'exécution nécessitées par la présente loi. — (V. Décr. 28 août 1875.)

DÉCRET DU 22 MARS 1875

Nouveau type destiné à timbrer les chèques de place à place.

(XIIe SÉRIE, BULL. 250, N° 4048; INSTR. 2510.)

—

1. Il est créé un nouveau type destiné à timbrer les chèques de place à place et portant l'indication de la quotité établie par l'art. 8, § 1er, de la loi du 19 février 1874.

Ce type sera conforme au modèle annexé au présent décret.

2. L'Administration de l'enregistrement, des domaines et du timbre fera déposer aux greffes des cours et tribunaux une empreinte du timbre créé par l'article précédent.

Ce dépôt sera constaté par un procès-verbal dressé sans frais.

LOI DU 2 JUIN 1875

Établissement de décimes additionnels à divers droits de douanes, de contributions indirectes et de timbre.

(Promulguée au *Journal officiel* du 5 juin 1875.)

(XIIe SÉRIE, BULL. 255, N° 4155; INSTR. N° 2514.)

—

6. Seront soumis aux décimes établis par la législation actuelle, les droits de douanes, de contributions indirectes et de timbre existant avant 1870 et qui, depuis cette époque, n'ont pas été augmentés en principal ou en décimes....

LOI DU 21 JUIN 1875

Enregistrement.

(Promulguée au *Journal officiel* du 23 juin 1875.)

(XIIe SÉRIE, BULL. 259, N° 4246; INSTR. N° 2517.)

—

1. Le droit sur la transcription des actes de donation contenant partage, faits entre-vifs, conformément aux art. 1075 et 1076 du Code civil, est réduit à 50 centimes par 100 francs.

Ce droit sera perçu lors de l'enregistrement de l'acte de donation, mais la formalité de la transcription au bureau des hypothèques ne donnera plus lieu qu'au droit fixe déterminé par l'article 61 de la loi du 28 avril 1816.

Dans le délai d'une année, à compter de la promulgation de la présente loi, les donations contenant partage, faites dans les conditions ci-dessus, avant cette promulgation, seront admises à la transcription moyennant le payement de 50 centimes par 100 francs.

2. Dans tous les cas où, conformément à l'article 15 de la loi du 22 frimaire an VII, le revenu doit être multiplié par 20 et par 10, il sera, à l'avenir, multiplié par 25 et par 12 1/2.

Cette disposition ne s'appliquera qu'aux immeubles ruraux.

3. La valeur de la propriété et de l'usufruit des biens meubles est déterminée pour la liquidation et le payement du droit de mutation par décès :

1° Par l'estimation contenue dans les inventaires ou autres actes passés dans les deux années du décès;

2° Par le prix exprimé dans les actes de vente, lorsque cette vente a lieu publiquement et dans les deux années qui suivent le décès. Cette disposition s'applique aux objets inventoriés et estimés conformément au paragraphe 1er, et dont l'évaluation serait inférieure au prix de la vente.

3° Enfin, à défaut d'inventaire, d'actes ou de vente, par la déclaration faite conformément au paragraphe 8 de l'article 14 de la loi du 22 frimaire an VII, le tout sans distraction des charges.

L'insuffisance dans l'estimation des biens déclarés sera punie d'un droit en sus, si elle résulte d'un acte antérieur à la déclaration. Si, au contraire, l'acte est postérieur à cette déclaration, il ne sera perçu qu'un droit simple sur la différence existant entre l'estimation des parties et l'évaluation contenue aux actes.

Les dispositions qui précèdent ne sont applicables ni aux créances, ni aux rentes, actions, obligations, effets publics et tous autres biens meubles dont la valeur et le mode d'évaluation sont déterminés par des lois spéciales.

4. Le droit principal des échanges d'immeubles, réduit à 1 0/0 par l'article 2 de la loi du 16 juin 1824, est reporté, indépendamment du droit de transcription, à 2 0/0, conformément à l'article 69, § 5, n° 3, de la loi du 22 frimaire an VII; mais la formalité de la transcription au bureau de la conservation des hypothèques ne donnera plus lieu à aucun droit proportionnel.

Sont maintenues les dispositions de l'art. 4 de la loi du 27 juillet 1870, en ce qui concerne les échanges d'immeubles ruraux contigus.

5. Sont assujettis à la taxe de 3 0/0 établie par la loi du 29 juin 1872, les lots et primes de remboursement payés aux créanciers et aux porteurs d'obligations, effets publics et tous autres titres d'emprunt.

La valeur est déterminée, pour la perception de la taxe, savoir :

1° Pour les lots, par le montant même du lot en monnaie française ;

2° Pour les primes, par la différence entre la somme remboursée et le taux d'émission des emprunts.

Un règlement d'administration publique déterminera le mode d'évaluation du taux d'émission, ainsi que toutes autres mesures d'exécution.

Sont applicables à la taxe établie par le présent article, les dispositions des articles 3, 4 et 5 de la loi du 29 juin 1872. —

6. Sont considérés pour la perception du droit de mutation par décès, comme faisant partie de la succession d'un assuré, sous la réserve des droits de communauté, s'il en existe une, les sommes, rentes ou émoluments quelconques dus par l'assureur, à raison du décès de l'assuré.

Les bénéficiaires à titre gratuit de ces sommes, rentes ou émoluments, sont soumis aux droits de mutation, suivant la nature de leurs titres et leurs relations avec le défunt, conformément au droit commun.

7. Les sociétés, compagnies d'assurances, assureurs contre l'incendie ou sur la vie, et tous autres assujettis aux vérifications de l'Administration, sont tenus de communiquer aux agents de l'enregistrement, tant au siége social que dans les succursales et agences, les polices et autres documents énumérés dans l'article 22 de la loi du 23 août 1871, afin que ces agents s'assurent de l'exécution des lois sur l'enregistrement et le timbre.

Tout refus de communication sera constaté par procès-verbal et puni de l'amende spécifiée à l'article 22 de la loi du 23 août 1871. — (Comp. Décr. 15 décembre 1875, art. 4, I. D.)

(Rapport du ministre sur le projet de loi, n° 3989 R. P.; — Exposé des motifs et texte du projet de loi, n° 4014 R. P.; — Rapport de la commission du budget, n° 4111 R. P.; — Discussion à l'Assemblée nationale, n° 4126 R. P.).

LOI DU 3 AOUT 1875

Adjudications. — Lecture.

(Promulguée au *Journal officiel* du 17 août 1875.)
(XII° SÉRIE, BULL. 272, N° 4597; INSTR. N° 2520.)

11. A compter de la promulgation de la présente loi, la disposition du dernier paragraphe de l'article 13 de la loi du 23 août 1871, relative à la lecture aux parties de cet article et de l'article 12 de la même loi, et à la mention de cette lecture dans les actes, cessera de s'appliquer aux adjudications publiques.

DÉCRET DU 23 AOUT 1875

Intervention des percepteurs des contributions directes et des receveurs des postes dans le service des caisses d'épargne

(Promulgué au *Journal officiel* du 29 août 1875.)
(XII° SÉRIE, BULL. 269, N° 4514; INSTR. N° 2528.)

4. Les percepteurs et receveurs des postes dont le concours aura été autorisé seront munis d'une commission spéciale émanée du conseil d'administration de la caisse d'épargne.

Cette commission devra être contre-signée, pour autorisation, soit par le trésorier payeur général, soit par le directeur des postes du département.

5. Tout versement fait à un percepteur ou à un receveur des postes, pour le service des caisses d'épargne, donne lieu à la délivrance d'une *quittance à souche*. Les versements sont ultérieurement consignés par le caissier de la caisse d'épargne sur le livret qui doit être déposé entre les mains des comptables du Trésor.

Les demandes de remboursement sont également accompagnées du livret correspondant. Un bulletin de dépôt en est remis à la partie.

Les livrets sont restitués au déposant en échange de la quittance à souche ou du bulletin de dépôt, dans les délais déterminés par le Ministre des finances.

Les livrets qui n'auront pas été réclamés dans le mois qui suivra l'expiration des délais ci-dessus seront renvoyés au siége de la caisse d'épargne, et il incombera aux ayants droit de les y faire retirer directement.

En cas de perte des quittances à souche ou bulletins de dépôt, il peut y être suppléé par une déclaration de perte formée par le déposant et visée par le maire de sa résidence. Les comptables du Trésor peuvent d'ailleurs exiger telles justifications que de droit en vue de sauvegarder leur responsabilité.

9. Les quittances de sommes déposées aux caisses d'épargne, ainsi que les quittances de sommes remboursées aux déposants, sont exemptes de timbre.

DÉCRET DU 28 AOUT 1875

Registre sur lequel les conservateurs des hypothèques inscrivent les remises d'actes et de bordereaux pour être transcrits, mentionnés ou inscrits.

(Promulgué au *Journal officiel* du 17 septembre 1875.)
(XII° SÉRIE, BULL. 271, N° 4579; INSTR. N° 2524.)

1. Le registre dont la tenue double est prescrite par l'article 1er de la loi du 5 janvier 1875, est en papier timbré et conforme au modèle fourni par l'Administration de l'enregistrement.

Le coût du timbre est à la charge des parties.

2. Il est alloué au conservateur 20 centimes, à titre de salaire, pour l'enregistrement sur les deux registres et pour la reconnaissance des dépôts d'actes ou de bordereaux à transcrire, à mentionner ou à inscrire, conformément aux dispositions de l'article 1er de la loi du 5 janvier 1875.

Les droits de timbre des cases employées à l'inscription des arrêtés quotidiens sur le registre à déposer au greffe resteront à la charge de l'Etat.

3. Le dépôt du double du registre est effectué par les soins du conservateur, dans le délai prescrit par la loi. L'envoi a lieu par la poste, au moyen d'un paquet chargé.

Le jour même de la réception du registre, le greffier dresse acte de la remise et il en fait parvenir, par lettre chargée, le récépissé au conservateur.

Le tout a lieu sans frais.

4. Les doubles des registres sont gardés au greffe sous clef; il est interdit au greffier d'en donner connaissance à toute autre personne qu'aux agents de l'Administration de l'enregistrement.

En cas de destruction des registres de dépôts, les doubles conservés au greffe sont immédiatement remis, contre récépissé, à l'Administration de l'enregistrement, qui procède à la reconstitution de ces registres, sans qu'il en puisse résulter aucune charge nouvelle pour les parties; cette reconstitution aura lieu dans la même forme, dans le cas de destruction des doubles gardés au greffe.

5. Les Ministres des finances et de la justice sont chargés, chacun en ce qui le concerne, de l'exécution du présent décret, qui sera publié au *Journal officiel* et inséré au *Bulletin des lois*.

LOI DU 16 NOVEMBRE 1875

Traitement des greffiers de justice de paix.

(Promulguée au *Journal officiel* du 24 novembre 1875.)

(XIIe SÉRIE, BULL. 273, N° 4605; INSTR. N° 2533.)

1. Le traitement des greffiers de justice de paix est élevé de 200 francs, à partir du 1er janvier 1876.

2. A partir du 1er janvier 1876, il sera perçu, dans les greffes des justices de paix, un droit de 1 franc en principal, pour l'inscription au rôle de chaque cause portée à l'audience, afin d'y recevoir jugement.

Il ne sera accordé aux greffiers de justice de paix aucune remise pour la perception de ce droit, qui sera effectuée conformément aux dispositions des articles 3, 4, 10 et 24 de la loi du 21 ventôse an VII.

Instruction de l'Administration du 9 décembre 1875, n° 2533, relative à l'exécution de la loi précédente.

Une loi du 16 novembre 1875, dont copie est ci-jointe, a augmenté le traitement des greffiers de justice de paix et établi, pour compenser la charge que cette augmentation impose au Trésor, un droit de 1 franc en principal, à percevoir pour l'inscription au rôle de chaque cause portée à l'audience des juges de paix, afin d'y recevoir jugement.

Ce droit constitue un droit de *greffe*; à ce titre, il est passible des deux décimes établis par la loi du 6 prairial an 7 et par l'art. 1er de la loi du 23 août 1871, mais il est exempt de la taxe supplémentaire de 5 pour 100 (demi-décime) établie par l'art. 2 de la loi du 30 décembre 1873 (*Instr.* n° 2475).

Il résulte des termes de la loi et des travaux qui l'ont précédée, que le droit de 1 franc ne doit atteindre que les inscriptions de causes en matière contentieuse, rentrant dans les prévisions des articles 8 et suivants du Code de procédure civile, à l'exclusion des affaires portées en conciliation et régies par les articles 48 et suivants du même Code.

Les causes de simple police dont les juges de paix sont saisis, même à la requête ou avec l'intervention des parties civiles, demeurent pareillement exemptes du droit de mise au rôle.

La loi du 16 novembre 1875 impose aux greffiers de justice de paix l'obligation de percevoir le droit qu'elle établit; elle ajoute que les greffiers n'auront droit à aucune remise à raison de ce recouvrement, et que la perception sera effectuée conformément aux articles 3, 4, 10 et 24 de la loi du 21 ventôse an VII, relative aux droits de greffe perçus dans les tribunaux de première instance ou de commerce et dans les cours.

On appliquera également au droit de mise au rôle dont il s'agit l'art. 6 du décret du 12 juillet 1808, en vertu duquel les droits de greffe sont assimilés, d'une manière générale, aux droits d'enregistrement, en ce qui concerne les délais de prescription établis par l'art. 61 de la loi du 22 frimaire an VII.

Les articles 3, 4, 10 et 24 de la loi du 21 ventôse an VII, auxquels se réfère la loi nouvelle, contiennent notamment les prescriptions suivantes :

ART. 3. — *Le droit perçu lors de la mise au rôle est la rétribution due pour la formation et tenue des rôles, et l'inscription de chaque cause sur le rôle auquel elle appartient. — Le droit de mise au rôle ne pourra être exigé qu'une seule fois; en cas de radiation, elle sera replacée gratuitement à la fin du rôle, et il y sera fait mention du premier placement.*

ART. 4. — *Le droit de mise au rôle sera perçu par le greffier en y inscrivant la cause; et le premier de chaque mois il en versera le montant à la caisse du receveur de l'enregistrement, sur la représentation des rôles, cotés et parafés par le président, sur lesquels les causes seront appelées.*

ART. 10. — *La perception de ce droit sera faite par le receveur de l'enregistrement... sur les rôles de placement de causes qui lui seront présentés par le greffier; il y mettra son reçu.*

ART. 24. — *Les droits établis par la présente seront alloués aux parties dans la taxe des dépens, sur les quittances données par les greffiers, de l'acquit du droit de mise au rôle, lesquelles ne seront assujetties à d'autres droits que ceux du timbre.*

Le *rôle* des greffiers de justice de paix (art. 3, 4 et 10) consiste dans le registre dont la tenue est prescrite par les articles 1 et 2 du titre VIII du décret des 18-26 octobre 1790, contenant *Règlement sur la procédure en la justice de paix*, dans les termes suivants :

ART. 1er. — « Chaque affaire portée devant le juge de paix, à la suite d'une citation, sera enregistrée et numérotée par le greffier, dans un registre tenu à cet effet, coté et parafé par le juge de paix à toutes ses pages, et mention sera faite de la date de chaque enregistrement.

ART. 2. — « Il en sera usé de même pour toutes les affaires sur lesquelles les parties se présenteront volontairement devant le juge de paix, sans citation. »

Ce registre devra être représenté au receveur, le premier jour de chaque mois, par le greffier, qui versera en même temps le montant des droits de mise au rôle recouvrés par ses soins au fur et à mesure des inscriptions de causes faites pendant le mois précédent (art. 4 et 10).

Après vérification, le receveur donnera quittance sur le registre du greffier, à la suite de la dernière inscription, du montant des droits versés en principal et décimes (art. 10), et il s'en chargera immédiatement en recette.

La recette sera portée sur le registre destiné à l'enregistrement des actes judiciaires et constatée, dans une case spéciale pour chaque justice de paix, par une mention sommaire faisant connaître le nombre d'inscriptions de cause relevées sur le registre du greffier (*Comp. Instr.* n° 2508 § 3).

Les droits seront tirés hors ligne, savoir : dans la colonne affectée aux droits de greffe de rédaction, si le bureau est pourvu du modèle de registre en usage pour l'enregistrement des jugements des tribunaux de première instance, cours, etc., et dans la colonne des droits d'enregistrement, si le bureau ne comporte que le modèle de registre spécial à l'enregistrement des actes et jugements des justices de paix. Dans un cas comme dans l'autre, les receveurs auront soin d'établir, à la fin de chaque mois, en marge de l'arrêté des recettes du registre, le décompte nécessaire pour faire ressortir l'importance du droit de mise au rôle perçu en vertu de la loi nouvelle et pour en assurer le classement régulier dans les documents de comptabilité, selon les indications qui seront ultérieurement fournies par le service de la comptabilité publique.

Le rôle ou registre tenu par les greffiers de justice de paix en vertu du décret précité des 18-26 octobre 1790 constitue, comme le rôle général des causes tenu dans les greffes des cours et tribunaux, un registre d'ordre intérieur pour l'administration de la justice; il est, par conséquent, exempt de timbre, en vertu de l'art. 16 n° 2 de la loi du 13 brumaire an VII.

Les quittances mensuelles qui y sont inscrites par le receveur sont aussi exemptes de timbre, en vertu de la disposition de l'art. 16 n° 1 de la même loi, relative aux quittances d'impots indirects qui sont données sur les actes.

Les agents remarqueront que la loi du 21 ventose an VII, à laquelle se réfère la loi du 16 novembre 1875, n'édicte aucune pénalité contre les greffiers qui s'abstiendraient de verser exactement le produit du droit de mise au rôle à la caisse du receveur de l'enregistrement, *le premier jour de chaque mois*. En cas de retards présentant quelque gravité, les receveurs devraient en référer aux juges de paix et, au besoin, aux magistrats du parquet par l'intermédiaire des directeurs.

La loi du 16 novembre 1875 est exécutoire à partir du 1er janvier 1876.

LOI DU 1er DÉCEMBRE 1875

Impôt sur le revenu.—Sociétés de commerce en nom collectif. — Associés gérants des sociétés en commandite. — Sociétés dites de coopération.

(Promulguée au *Journal officiel* du 10 décembre 1875.)

(XIIe SÉRIE, INSTR. N° 2534.)

1. Les dispositions de l'article 1er, § 3, de la loi du 29 juin 1872, ne sont pas applicables aux parts d'intérêt dans les sociétés commerciales en nom collectif, et elles ne s'appliquent, dans les sociétés en commandite dont le capital n'est pas divisé par actions, qu'au montant de la commandite.

2. La même exception s'applique aux parts d'intérêt dans les sociétés de toute nature, dites de coopération, formées exclusivement entre des ouvriers ou artisans au moyen de leurs cotisations périodiques.

(Rapport de la commission parlementaire et discussion à l'Assemblée nationale, n° 4273 R. P.).

LOI DU 14 DÉCEMBRE 1875

Taxe des biens de main morte. — Sociétés anonymes ayant pour objet exclusif l'achat et la vente d'immeubles.

(Promulguée au *Journal officiel* du 29 décembre 1875.)

(XIIe SÉRIE, BULL. 278, N° 4715.)

ARTICLE UNIQUE. — Sont exceptées, à partir du 1er janvier 1876, de la taxe établie par l'article 1er de la loi du 20 février 1849 ; Les sociétés anonymes ayant pour objet exclusif l'achat et la vente d'immeubles.

Néanmoins, la taxe continuera d'être perçue pour les immeubles exploités par la société ou qui ne sont pas destinés à être vendus.

DÉCRET DU 15 DÉCEMBRE 1875

Taxe sur les lots et primes de remboursement.

(Promulgué au *Journal officiel* du 16 décembre 1875.)

(XIIe SÉRIE, INSTR. N° 2536.)

1. Lorsque les obligations, les effets publics et tous autres titres d'emprunts dont les lots et primes de remboursement sont assujettis à la taxe de 3 0/0 par l'article 5 de la loi du 21 juin 1875 auront été émis à un taux unique, ce taux servira de base à la liquidation du droit sur les primes.

Si le taux d'émission a varié, il sera déterminé, pour chaque emprunt, par une moyenne établie en divisant par le nombre de titres correspondant à cet emprunt, le montant brut de l'emprunt total, sous la seule déduction des arrérages courus au moment de chaque vente.

A l'égard des emprunts dont l'émission faite à des taux variables n'est pas terminée, la moyenne sera établie d'après la situation de l'emprunt au 31 décembre de l'année qui a précédé celle du tirage.

2. Lorsque le taux d'émission ne pourra pas être établi conformément à l'article 1er, ce taux sera représenté par un capital formé de vingt fois l'intérêt annuel stipulé, lors de l'émission, au profit du porteur du titre.

A défaut de stipulation d'intérêt, il sera pourvu à la fixation du taux d'émission dans la forme tracée par l'article 16 de la loi du 22 frimaire an VII.

3. La taxe, avancée par les sociétés, compagnies, entreprises, départements, communes et établissements publics, conformément à l'article 3 de la loi du 29 juin 1872, est payée dans les vingt jours qui suivront le jour fixé pour le payement des lots et primes de remboursement, au bureau de l'enregistrement du siége social ou administratif désigné, conformément à l'article 1er du décret du 6 décembre 1872, pour recevoir la taxe sur le revenu.

Pour l'acquittement de cette taxe, il sera remis au receveur, lors du payement, une copie certifiée du procès-verbal de tirage au sort, avec un état indiquant pour chaque tirage :

1° Le nombre des titres amortis; 2° le taux d'émission de ces titres, déterminé conformément aux articles 1er et 2, s'il s'agit de primes de remboursement; 3° le montant des lots et des primes échus aux titres sortis; 4° la somme sur laquelle la taxe est exigible.

4. Les sociétés, compagnies, entreprises et tous autres assujettis au payement de la taxe seront tenus de communiquer aux agents de l'enregistrement, tant au siége social que dans les succursales ou agences, les documents et écritures relatifs aux lots et aux primes de remboursement, afin qu'ils s'assurent de l'exécution de toutes les dispositions qui précèdent. (Comp. L. 23 août 1871, art. 22, et L. 21 juin 1875, art. 7.)

5. Les dispositions des articles ci-dessus sont applicables aux sociétés, compagnies, entreprises, corporations, villes et provinces étrangères, ainsi qu'à tous autres établissements publics étrangers assujettis à la taxe de 3 0/0 sur le revenu. (Comp. L. 29 juin 1872, art. 4.)

La taxe sur les lots et primes de remboursement est assise, comme la taxe de 3 0/0 établie par la loi du 29 juin 1872, sur la même base que les droits de timbre et de transmission, d'après le nombre de titres déterminé en la forme prévue par le règlement d'administration publique du 24 mai 1872.

Les représentants responsables devront produire les documents dont le dépôt est prescrit par l'article 3, vérifiés et certifiés par les agents diplomatiques ou consulaires français, conformément à l'article 1er du décret du 28 mars 1868.

6. Dans le mois de la promulgation du présent décret, tous les assujettis à la taxe établie par l'article 5 de la loi du 21 juin 1875 seront tenus de déposer au bureau de l'enregistrement désigné pour la recette du droit : 1° la copie certifiée des tableaux d'amortissement de tous leurs emprunts; 2° le bordereau détaillé, certifié conforme aux écritures, indiquant, pour chaque emprunt entièrement émis, le nombre des titres, le montant brut porté en recette sur le capital, le taux fixe ou le taux moyen de l'émission, le taux de remboursement et le montant de la prime ou des lots.

Instruction de l'Administration du 17 déc. 1875 n° 2536 relative au mode d'application du décret précédent. — V. décret du 30 avril 1876, 4495-44 R. P.

L'art. 4 de la loi du 21 juin 1875 (*Instr.* n° 2517), assujettit à la taxe de 3 pour 100, établie par la loi du 29 juin 1872, sur le revenu de valeurs mobilières, les lots et primes de remboursement payés aux créanciers et aux porteurs d'obligations, effets publics et tous autres titres d'emprunts.

Cet article contient une disposition ainsi conçue :

« La valeur est déterminée, pour la perception de la taxe, savoir :

« 1° Pour les lots, par le montant même du lot en monnaie française;

« 2° Pour les primes, par la différence entre la somme remboursée et le taux d'émission des emprunts.

« Un règlement d'administration publique déterminera le mode d'évaluation du taux d'émission, ainsi que toutes autres mesures d'exécution.

« Sont applicables à la taxe établie par le présent article, les dispositions des articles 3, 4 et 5 de la loi du 29 juin 1872. »

La taxe de 3 pour 100, établie par l'article qui précède, est exigible sur tous les lots et primes de remboursement résultant de tirages effectués à partir du jour où la loi du 21 juin 1875 est devenue exécutoire. Mais le recouvrement a dû en être suspendu jusqu'à la promulgation du règlement d'administration publique auquel a été renvoyée la détermination du taux d'émission des emprunts et des autres mesures d'exécution de la loi (*Instr.* n° 2517).

Ce règlement fait l'objet d'un décret du 15 décembre courant, inséré au *Journal officiel* du 16 du même mois (*annexe ci-jointe*). La présente instruction a pour objet d'en faire connaître les dispositions.

I.

Taux d'émission des emprunts. Les emprunts, sous quelque forme qu'ils se produisent, se divisent en deux classes : ceux qui ont lieu moyennant un taux d'émission unique pour tous les titres souscrits et attribués, et ceux qui sont réalisés successivement à des cours différents, selon la date de la souscription des titres.

Taux unique. Toutes les fois que l'emprunt a été fait à un taux unique, c'est ce taux qui doit nécessairement déterminer la valeur servant de base à la perception de la taxe. Il n'y a pas à se préoccuper des moyens employés par la société ou par l'établissement public pour réaliser cet emprunt, ni à tenir compte des conventions passées dans ce but avec les intermédiaires. Le taux d'émission dont il s'agit est celui qui règle les souscriptions publiques. Il est représenté par la somme en capital que chaque souscripteur paye ou s'engage à payer pour obtenir la délivrance d'une obligation.

Telle est la disposition du premier paragraphe de l'article 1er du décret.

Taux variables. Emprunts terminés. Certains emprunts sont réalisés successivement moyennant des taux divers d'émission. La souscription reste ouverte jusqu'à ce que toutes les obligations soient placées et les titres du même emprunt sont souvent divisés en séries distinctes. Il s'écoule quelquefois plusieurs années avant que l'emprunt ou qu'une série de l'emprunt soit entièrement souscrit, et, durant cette période, les taux d'émission suivent les variations du marché.

Il y avait lieu, dans cette hypothèse, de déterminer, conformément à l'art. 5 de la loi du 21 juin 1875, un taux moyen d'émission servant de base à la liquidation de la taxe de 3 pour 100.

Le deuxième paragraphe de l'art. 1er du règlement d'administration publique décide que ce taux moyen sera déterminé *pour chaque emprunt*, c'est-à-dire pour toutes les obligations du même type faisant, le cas échéant, l'objet d'une seule inscription à la cote de la Bourse, et sans distinction entre les différentes séries dont l'emprunt peut se composer.

Ce taux moyen sera établi en divisant par le nombre de titres correspondant à cet emprunt le montant brut de l'emprunt total, sous la seule déduction des arrérages courus au moment de chaque vente. Il n'y a donc lieu de tenir compte, dans ce calcul, que des sommes représentant le capital emprunté. En effet, quand le titre est émis avec jouissance des intérêts à partir d'une époque antérieure à l'émission, la souscription comprend le montant des intérêts courus, et ces intérêts, classés à part de l'emprunt, sont restitués au souscripteur lors de la première échéance, avec les arrérages postérieurs à la souscription. Dans ce cas, les intérêts courus ne font pas partie de la somme réellement empruntée, et il convient de ne tenir compte, pour le calcul du taux d'émission, que du capital porté en recette par l'emprunteur.

Taux variable. Emprunts non terminés. Des règles spéciales ont dû être adoptées à l'égard des emprunts qui sont encore en cours d'émission au moment du tirage. Le décret du 15 décembre 1875 décide (art. 1er § 3) que la moyenne sera établie d'après la situation de l'emprunt au 31 décembre de l'année qui a précédé celle du tirage. Mais, sauf cette disposition, il sera procédé, en ce qui concerne les emprunts non terminés, de la même manière que pour les emprunts terminés.

Taux d'émission inconnu. L'art. 2 du règlement d'administration publique prévoit le cas où le taux d'émission des titres ne peut être déterminé d'après les moyens qui précèdent, soit parce que les emprunteurs seraient dans l'impossibilité absolue de faire connaître exactement le produit réel des anciennes souscriptions, soit pour toute autre cause. Il y aura lieu alors d'admettre que le titre a été émis moyennant un capital représentant vingt fois l'intérêt annuel stipulé au profit du porteur du titre. Cet intérêt est celui qui est fixé lors de la souscription. L'Administration n'a pas à se préoccuper des conventions ultérieures à la suite desquelles l'intérêt peut se trouver modifié.

En outre, comme il est possible que le taux de l'intérêt n'ait pas été indiqué ou que cet intérêt n'ait pas été stipulé payable par annuités, ou encore qu'il se présente une combinaison financière ne se prêtant pas à l'application des mesures ci-dessus, le second paragraphe de l'art. 2 du règlement d'administration publique ajoute qu'il sera pourvu à la fixation du taux d'émission dans la forme tracée par l'art. 16 de la loi du 22 frimaire an VII. En conformité de cet article, les sociétés, établissements publics et autres redevables chargés du versement de l'impôt, devront déposer au receveur, au moment du payement de la taxe, une déclaration certifiée et signée par leurs représentants légaux, et fixant le taux d'émission de chacun des titres sortis au tirage avec prime de remboursement. Cette déclaration sera conservée au bureau avec les autres pièces relatives à l'emprunt.

Les préposés remarqueront que les dispositions de l'art. 2 du décret du 15 décembre 1875 ne sont applicables que s'il y a impossibilité de se conformer à l'art. 1er. En cas de doute, ils devront en référer au directeur, qui prendra, le cas échéant, les ordres de l'Administration.

II.

Lots. Le règlement d'administration publique n'a édicté aucune mesure en ce qui concerne la détermination de la valeur des lots. L'art. 5 de la loi du 21 juin 1875 porte que cette valeur est représentée par le montant même du lot en monnaie française.

S'il s'agit d'un lot payé en monnaie étrangère, c'est à la société ou à l'établissement public à indiquer au receveur, lors du payement de la taxe, la valeur représentative du lot en monnaie française. Sa déclaration sera contrôlée, soit par les énonciations des décrets rendus en exécution de la loi du 13 mai 1863 sur la conversion des monnaies étrangères (*Instr.* n° 2250), soit par celles des bulletins authentiques du cours de la Bourse, ou par d'autres moyens analogues.

III.

Payement de la taxe. L'art. 3 du règlement d'administration publique rappelle, comme l'avait indiqué l'art. 1er du décret du 6 décembre 1872, rendu pour l'exécution de la loi du 29 juin précédent, que le droit applicable aux lots et aux primes de remboursement est avancé par les sociétés, compagnies, entreprises, départements, communes et établissements publics. Il ajoute que ce droit sera payé au bureau de l'enregistrement du siége social ou administratif désigné par l'art. 1er du décret du 6 décembre 1872 pour recevoir la taxe sur le revenu. Cette désignation a été faite au paragraphe 2 de l'instruction n° 2457.

La taxe sera acquittée dans les vingt jours qui suivront le jour fixé pour le payement des lots et des primes de remboursement. Elle sera portée en recette avec les droits ordinaires perçus sur les obligations et emprunts, et, jusqu'à nouvel ordre, elle figurera dans les écritures sous le même titre. Toutes les dispositions de l'Instruction n° 2457, relatives à la recette de ces droits, sont donc applicables à la taxe sur les lots et primes de remboursement.

Justifications. D'après le dernier paragraphe de l'art. 3 du décret, le versement de la taxe doit être accompagné de certaines justifications propres à servir de titre de la recette et à faciliter la liquidation et le contrôle de la perception. Il sera remis au receveur une copie certifiée du procès-verbal de tirage au sort et un état indiquant, pour chaque tirage : 1° le nombre des titres amortis; 2° le taux d'émission de ces titres, déterminé conformément aux articles 1 et 2 du règlement d'administration publique, s'il s'agit de primes de remboursement; 3° le montant de lots et des primes échus aux titres sortis; 4° la somme sur laquelle la taxe est exigible. Le receveur établira la liquidation de la taxe, au vu de ces documents qui devront être conservés au bureau et qui seront vérifiés par lui, ainsi que par les employés supérieurs, au moyen du rapprochement des pièces déposées en exécution de l'art. 6 du décret du 15 décembre 1875, et à l'aide de tous autres renseignements.

L'art. 6 du décret précité, dans le but de préparer les éléments du contrôle et afin de permettre aux receveurs de s'assurer de l'exactitude de la liquidation du droit, lors du versement de la taxe, oblige les redevables à déposer au bureau : 1° la copie certifiée des tableaux d'amortissement de tous leurs emprunts; 2° le bordereau détaillé, certifié conforme aux écritures, indiquant, pour chaque emprunt entièrement émis, le nombre de titres, le montant brut porté en recette sur le capital, le taux fixe ou le taux moyen de l'émission, le taux de remboursement et le montant de la prime ou des lots. Ce dépôt devra avoir lieu, à peine d'une amende de 100 francs à 5,000 francs, dans le mois de la promulgation du décret.

Droit de communication. Pour assurer plus efficacement encore l'exécution des dispositions qu'il renferme, le décret du 15 décembre 1875 décide (art. 4), que les sociétés, compagnies, entreprises et tous autres assujettis au payement de la taxe seront tenus de communiquer aux agents de l'enregistrement, tant au siége social que dans les succursales ou agences, les documents et écritures relatifs aux lots et aux primes de remboursement. L'exercice du droit de communication est soumis aux règles établies par les articles 22 de la loi du 23 août 1871 et 7 de la loi du 21 juin 1875. Le refus, constituant une contravention au règlement d'administration publique, tombe, d'après le dernier paragraphe de l'art. 5 de la loi du 21 juin 1875, sous l'application de l'art. 5 de la loi du 29 juin 1872, et donne lieu, par conséquent, à l'amende de 100 francs à 5,000 francs fixée par l'art. 10 de la loi du 23 juin 1857 (*Instr.* n° 2104).

IV.

Sociétés étrangères. L'art. 5 du règlement d'administration publique étend aux sociétés, compagnies, entreprises, corporations, villes et provinces étrangères, ainsi qu'à tous autres établissements publics étrangers, les dispositions édictées au sujet des sociétés et des établissements publics français.

La taxe est assise sur la même base que pour les intérêts annuels. Cette base est fixée d'après une quotité du *capital obligations*, en vertu de l'art. 3 du décret du 6 décembre 1872, par la commission spéciale instituée conformément au décret du 24 mai 1872 (*Instr.* n° 2445). Si une société étrangère acquitte par exemple, pour les intérêts annuels, la taxe sur la moitié de ses obligations, elle devra payer le droit de 3 pour 100 sur la moitié également des lots et des primes de remboursement sortis aux tirages, sans distinction entre les porteurs français et les porteurs étrangers.

La comptabilité des sociétés et établissements publics étrangers ne pouvant être, en général, consultée par les agents de l'Administration, le 3e paragraphe de l'art. 5 exige que les documents dont le dépôt est prescrit par l'art. 3 soient vérifiés et certifiés par les agents diplomatiques ou consulaires français. Cette disposition, indispensable pour donner au Trésor des garanties, est empruntée au décret du 28 mars 1866 concernant la dispense du droit de timbre accordée aux sociétés étrangères improductives (*Instr.* n° 2373).

V.

PÉNALITÉS. — POURSUITES. La loi du 21 juin 1875 se réfère à l'art. 10 de la loi du 23 juin 1857 pour les pénalités relatives à l'inexécution de ses dispositions ou aux infractions au décret réglementaire qui la complète (*Instr.* nos 2104 et 2517).

L'amende de 100 francs à 5,000 francs est donc encourue en cas de retard de payement de la taxe. Mais le recouvrement de cette amende pourra être suspendu dans les conditions indiquées par l'instruction n° 2457 au sujet de la perception du droit sur les intérêts annuels.

Le droit en sus est, en outre, exigible, d'après le même art. 10 de la loi du 23 juin 1857, pour les omissions ou les insuffisances résultant soit des déclarations souscrites par les redevables, soit des documents déposés par eux pour servir de base à la liquidation de la taxe, en exécution de l'art. 3 du décret du 15 décembre 1875.

Les poursuites tendant au recouvrement de la taxe applicable aux lots et primes de remboursement auront lieu dans les mêmes formes que celles relatives à l'impôt direct sur les intérêts annuels (art. 5 de la loi du 29 juin 1872). On se réfère aux explications qui ont été données à cet égard dans l'Instruction n° 2457.

DÉCRET DU 30 AVRIL 1875

Apurement et remboursement des primes de militaires alsaciens-lorrains disparus.

(Promulgué au *Journal officiel* du 6 mai 1876.)

(XIIe SÉRIE, BULL. 300, N° 5156; INSTR. N° 2547.)

1. Une décision sur l'apurement et le remboursement des primes de militaires alsaciens-lorrains disparus, ayant été prise le 21 décembre 1875, par la commission mixte de liquidation instituée en vertu de l'article 11 de la convention additionnelle du 11 décembre 1871 au traité de paix du 10 mai de la même année, entre la France et l'Allemagne; ladite décision, dont la teneur suit, ayant été approuvée par les gouvernements respectifs, sera insérée au *Journal officiel*.

DÉCISION.

« La commission mixte de liquidation instituée par l'article 11 de la convention additionnelle du 11 décembre 1871, au traité de paix du 10 mai de la même année, entre la France et l'Allemagne,

« Voulant obvier aux difficultés qui se sont produites pour l'apurement et la répartition entre tous les ayants droit, sans distinction de nationalité, des primes d'encouragement ou de remplacement encore dues par la caisse de la dotation de l'armée à d'anciens militaires alsaciens-lorrains, portés comme disparus;

« Vu la loi allemande du 21 octobre 1873, sur la disparition de personnes ayant pris part à la guerre en 1870 et 1871;

« Vu la décision spéciale prise par la commission mixte, le 13 février 1873;

« Après en avoir délibéré,

« *Arrête* ce qui suit :

« ART. 1er. Les reliquats de primes acquis à des militaires alsaciens-lorrains, disparus pendant le cours de la dernière guerre, qui avaient leur domicile dans les territoires cédés, seront apurés par la caisse de la dotation de l'armée, sur le vu des jugements déclaratifs de disparition prononcés en Alsace-Lorraine, et, en outre, sur la production de certificats de propriété, dans le cas où lesdits jugements ne spécifieraient pas la quote-part héréditaire revenant à chaque ayant droit.

« Les expéditions en forme exécutoire des jugements de disparition, les procurations notariées et les certificats de propriété que les ayants cause respectifs devront produire, dans l'un ou l'autre pays, pour la justification de leurs droits, seront réciproquement affranchis de tous frais et formalités de timbre et d'enregistrement.

« ART. 2. Le montant intégral de ces reliquats de primes sera versé entre les mains du gouvernement allemand, qui le fera tenir aux ayants droit respectifs.

« ART. 3. Décharge de ces reliquats sera donnée au Gouvernement français par le président de la commission mixte de liquidation, agissant au nom et par ordre du gouvernement allemand avec garantie contre toute revendication ultérieure de la part des tiers jusqu'à concurrence de la somme quittancée.

« Ainsi fait et arrêté, à Strasbourg, le vingt et un décembre mil huit cent soixante-quinze.

2. Le Ministre des affaires étrangères est chargé de l'exécution du présent décret.

LOI DU 29 JUILLET 1876

Ouverture, à Paris, d'une exposition internationale universelle en 1878.

(Promulguée au *Journal officiel* du 1er août 1876.)

(XIIe SÉRIE, BULL. 310, N° 5333; INSTR. N° 2558.)

1. Le Ministre des finances est autorisé à ouvrir, parmi les services spéciaux du Trésor, un compte auquel seront imputés, d'une part, en dépense, les frais de construction, d'appropriation et d'exploitation de l'exposition universelle internationale de 1878, et, d'autre part, en recette, le produit des droits d'entrée, locations et autres perceptions dérivant de ladite exposition, ainsi que la subvention qui doit être fournie par la ville de Paris, lesquels devront être versés dans les caisses du Trésor public au fur et à mesure de leur rentrée.

2. La part contributive de l'État, nécessaire pour balancer le compte spécial prévu par l'article 1er de la présente loi, sera seule inscrite au budget de 1878.

3. Les projets de toute nature, relatifs à la construction, l'appropriation et l'exploitation de l'exposition de 1878, seront, préalablement à leur exécution, soumis à l'approbation du Ministre de l'agriculture et du commerce.

4. Par extension des dispositions des articles 69 et 73 du décret du 31 mai 1862, sur la comptabilité publique, le Ministre aura la faculté d'accepter des soumissions directes pour l'exécution de ceux desdits travaux qu'il ne jugerait pas devoir être soumis à l'adjudication.

Toutefois, cette faculté est subordonnée à l'avis préalable d'une commission spéciale qui sera nommée par le Ministre; les noms des membres de cette commission seront publiés au *Journal officiel*.

5. Il sera rendu au Sénat et à la Chambre des députés un compte détaillé des opérations de recettes et de dépenses de l'exposition de 1878.

6. Les actes désignés dans l'article 1er, § 9, de la loi du 28 février 1872, et passés par le Ministre de l'agriculture et du commerce, en exécution de la présente loi, seront assujettis au droit fixe de trois francs (3 francs).

LOI DU 30 DÉCEMBRE 1876

Timbre des contrats d'assurance ayant exclusivement pour objet des biens situés à l'étranger.

(Promulguée au *Journal officiel* du 31 décembre 1876.)
(XIIe SÉRIE, BULL. 330, n° 5695; INSTR. n° 2567.)

ARTICLE UNIQUE. À partir de la promulgation de la présente loi, le droit de timbre établi par les articles 33 et 37 de la loi du 5 juin 1850 cessera d'être perçu sur les contrats d'assurance passés en pays étranger et ayant exclusivement pour objet des immeubles, des meubles ou des valeurs situés à l'étranger. Mais ces contrats doivent être soumis au timbre moyennant le payement du droit au comptant, avant qu'il puisse en être fait aucun usage en France, soit dans un acte public, soit dans une déclaration quelconque, soit devant une autorité judiciaire ou administrative, à peine d'une amende de 50 francs.

Les mêmes dispositions sont applicables aux contrats de réassurance passés en France par actes sous signatures privées applicables à des polices souscrites à l'étranger et ayant également pour objet exclusif des immeubles, des meubles ou des valeurs situés à l'étranger.

(Exposé des motifs de la loi, rapports des commissions parlementaires, discussions aux Chambres et instruction de l'Administration, n° 4600 R. P.).

LOI DU 26 JANVIER 1877

Qui rend applicables aux élections consulaires les règles de procédure en cassation suivies pour les élections législatives.

(Promulguée au *Journal officiel* du 4 mars 1877.)
(XIIe SÉRIE, BULL. 332, n° 5754.)

ARTICLE UNIQUE. — Les pourvois en cassation formés en matière d'élections consulaires seront portés directement devant la Chambre civile. — Ils seront instruits et jugés dans les formes prescrites par l'article 23 du décret du 2 février 1852, sur les élections législatives. (L. 21 déc. 1871, art. 2; (L. 21 déc. 1871, art. 2, décret du 2 fév. 1852, art. 23.)

LOI DU 28 JUIN 1877

Qui modifie les art. 420 et 421 du Code d'instruction criminelle.

(Promulguée au *Journal officiel* du 30 juin 1877.)
(XIIe SÉRIE, BULL. 344, n° 6080.)

ARTICLE UNIQUE. — Les articles 420 et 421 du Code d'instruction criminelle sont modifiés ainsi qu'il suit :

ART. 420. — Sont dispensés de l'amende : 1° les condamnés en matière criminelle; 2° les agents publics pour affaires qui concernent directement l'administration et les domaines de l'Etat.

A l'égard de toutes autres personnes, l'amende sera encourue p_r celles qui succomberont dans leur recours. Seront néanmoins dispensés de la consigner : 1° les condamnés en matière correctionnelle et de police à une peine emportant privation de la liberté; 2° les personnes qui joindront à leur demande en cassation : premièrement, un extrait du rôle des contributions constatant qu'elles payent moins de six francs (6 fr.), ou un certificat du percepteur de leur commune portant qu'elles ne sont point imposées; et deuxièmement, un certificat constatant qu'elles sont, à raison de leur indigence, dans l'impossibilité de consigner l'amende. Ce certificat leur sera délivré par le maire de la commune de leur domicile ou par son adjoint, approuvé par le sous-préfet de l'arrondissement ou, dans l'arrondissement du chef-lieu du département, par le préfet.

ART. 421. — Seront déclarés déchus de leur pourvoi en cassation les condamnés à une peine emportant privation de la liberté pour une durée de plus de six mois, qui ne seront pas en état ou qui n'auront pas été mis en liberté provisoire avec ou sans caution....

DÉCRET DU 8 SEPTEMBRE 1877

Portant création de timbres mobiles pour les effets de commerce et les warrants.

(Promulgué au *Journal officiel* du 12 septembre 1877.)
(XIIe SÉRIE, BULL. 351, n° 6286; INSTR. n° 2584.)

1. Il est créé des timbres mobiles pour les effets au-dessus de

10,000 fr.	jusqu'à	11,000 fr.	15,000 fr.	jusqu'à	16,000 fr.
11,000	—	12,000	16,000	—	17,000
12,000	—	13,000	17,000	—	18,000
13,000	—	14,000	18,000	—	19,000
14,000	—	15,000	19,000	—	20,000

La quotité des droits fixés par les lois en vigueur et afférents à chaque catégorie sera indiquée sur ces timbres, qui seront conformes au modèle annexé au décret du 19 février 1874.

Le payement des droits de timbre des effets négociables et des warrants pourra être constaté au moyen de l'apposition de plusieurs timbres mobiles, même sur les effets d'une valeur supérieure à 20,000 francs, pour lesquels il n'est pas créé de timbres spéciaux.

(L. 13 brumaire an VII, art. 7 et art. 11; LL. 28 mai 1858, art. 13, 11 juin 1859, art. 19, 2 juillet 1862, art. 26, 27 juillet 1870, art. 6, et Décr. 19 février 1874, art. 2.)

2. Les dispositions du paragraphe final de l'article 1er et celles des articles 3, 4 et 5 et du premier paragraphe de l'article 6 du décret du 19 février 1874 sont applicables aux timbres mobiles créés par le présent décret.

LOI DU 26 MARS 1878

Enregistrement. — Partages anticipés. — Transcription.

(INSTR. N° 2595.)

—

ART. 6. — Dans le délai d'une année à partir de la promulgation de la présente loi, les donations contenant partage, faites entre-vifs, conformément aux articles 1075 et 1076 du Code civil, avant la promulgation de la loi du 21 juin 1875, et qui n'ont pas encore été transcrites, seront admises à recevoir cette formalité moyennant le payement du droit proportionnel de 50 centimes par 100 francs.

(Discussion de la proposition à la séance de la Chambre des députés du 21 mars 1878, Rép. pér., n° 4910.)

DÉCRET DU 16 AVRIL 1878

Timbre.—Taxes télégraphiques.—Récépissés.

ARTICLE PREMIER. — Il n'est délivré de récépissé d'un télégramme déposé, que sur la demande de l'expéditeur et contre le payement de la taxe de 10 centimes édictée par l'art. 18 de la loi du 23 août 1871.

LOI DU 13 JUIN 1878

Timbre. — Billets de banque.

(BULL. 396, N° 7073.)

—

ARTICLE PREMIER. —Les droits de timbre à la charge de la Banque de France, qui sont perçus, aux termes de l'article 9 de la loi du 30 juin 1840, de l'article 2 de la loi du 23 août 1871 et de l'article 3 de la loi du 19 février 1874, sur la moyenne des billets au porteur ou à ordre en circulation pendant le cours de l'année, ne porteront, à l'avenir, que sur la quotité moyenne desdits billets correspondant aux opérations productives et commerciales, telles que l'escompte, le prêt ou les avances.

La quotité des billets au porteur ou à ordre formant le complément de la circulation moyenne sera passible d'un droit de timbre de 20 centimes par 1000 francs.

Un arrêté du Ministre des finances déterminera le mode de calcul à suivre pour établir, d'après ces bases, le chiffre de la circulation passible des droits de timbre de 1 fr. 50 cent. par 1000 francs ou de 20 centimes par 1000 francs.

L'enregistrement de la convention annexée à la présente loi donnera lieu à la perception du droit fixe de 3 francs.

Arrêté du Ministre des finances du 24 juin 1878.

ARTICLE PREMIER. — Pour la perception du droit de timbre sur les billets de la Banque de France au porteur ou à ordre, il sera procédé de la manière suivante :

On relèvera, par chaque jour de travail, tant à Paris que dans les succursales, 1° le montant des billets au porteur ou à ordre en circulation ainsi que cela se pratique actuellement, 2° le solde débiteur des comptes : portefeuilles, avances sur titres et sur matières d'or et d'argent, billets à ordre en circulation.

ART. 2. — Ces relevés seront récapitulés par la Banque sur deux états dont le total, divisé par le nombre de jours de travail, présentera, le premier la moyenne de la circulation des billets au porteur ou à ordre pour l'année, le second la moyenne pour cette même année des opérations productives de la Banque.

Le chiffre formant la moyenne des opérations productives sera retranché du chiffre moyen de la circulation et la différence représentera la partie de la circulation fiduciaire passible du droit de timbre à 20 pour 1000 seulement.

ART. 3. — Il n'y aura lieu de faire figurer dans la moyenne des opérations productives de la Banque, l'avance de 80 millions stipulée par le traité du 29 mars 1878, et celle des 60 millions stipulée par le traité du 10 juin 1857, qu'autant que ces avances cesseraient d'être compensées par le solde créditeur du compte courant du Trésor, et seulement pour la portion qui porterait en conséquence intérêt au profit de la Banque.

LOI DU 15 JUIN 1878

Reconstitution des formalités hypothécaires accomplies au bureau de Tulle (Corrèze) et dont les registres ont été detruits par un incendie.

(Promulguée au *Journal officiel* du 16 juin 1878, *Instr.* 2599.)

—

ARTICLE PREMIER. — Les formalités hypothécaires accomplies au bureau de Tulle et dont les registres ont été détruits par l'incendie du 24 octobre 1877 seront reconstituées.

Ce travail portera :

1° Sur les inscriptions prises postérieurement au 1er janvier 1867, et sur toutes les inscriptions antérieures dispensées du renouvellement ;

2° Sur les transcriptions effectuées depuis le 1er janvier 1856, et sur celles qui ont eu lieu avant cette époque, en exécution des articles 939 et 1069 du Code civil ;

3° Sur les transcriptions de saisies encore subsistantes.

ART. 2. — Une commission composée du président du tribunal civil de Tulle, ou du juge par lui délégué, du directeur des domaines, du président de la chambre des notaires ou du membre de cette chambre par lui désigné et résidant à Tulle, du président de la chambre des avoués et du conservateur des hypothèques, sera chargée de la reconstitution des formalités.

La commission sera présidée par le président du tribunal ou par le juge qui le remplacera. Elle pourra choisir un ou plusieurs secrétaires en dehors des membres qui la composent.

Il sera dressé un procès-verbal de chaque séance tenue par la commission. Ce procès-verbal, écrit sur un registre spécial et signé du président et du secrétaire désigné, mentionnera sommairement les décisions prises dans la séance.

Art. 3. — § 1er. — Toute personne qui a intérêt au rétablissement d'une des formalités hypothécaires désignées dans l'art. 1er de la présente loi devra, dans le délai de six mois, à partir de la promulgation, adresser une demande de rétablissement au président de la commission. Elle joindra à sa demande toutes les pièces constatant que la formalité à rétablir avait été antérieurement remplie.

§ 2. — Toute personne qui détient, à un titre quelconque, une pièce constatant l'accomplissement d'une des formalités désignées dans le même article, sera également tenue, dans le même délai, d'en effectuer la remise ou l'envoi au président de la commission.

§ 3. — Après l'expiration de ce délai, le particulier qui aura sciemment retenu une des pièces dont la remise est ordonnée par le paragraphe précédent, sera punie d'une amende de 16 à 300 francs, indépendamment des dommages-intérêts dus à la partie.

§ 4. — Les notaires, avoués, huissiers et tous autres officiers publics ou ministériels seront personnellement responsables des conséquences du défaut de remise ou d'envoi des pièces dont ils seraient détenteurs.

§ 5. — La pièce renfermant la mention de la formalité pourra, en cas d'impossibilité par la partie de s'en dessaisir, être remplacée par une copie collationnée.

Art. 4. — § 1er.— L'envoi à la commission des pièces susmentionnées pourra être fait par la poste, sans frais, avec toutes les garanties assurées aux lettres recommandées.

L'objet de l'envoi sera indiqué sur l'enveloppe de chaque paquet.

§ 2. — Un récépissé par chaque pièce sera délivré au déposant par le secrétaire de la commission au moment de la remise ou dans les vingt-quatre heures de cette remise.

§ 3. — Toute pièce reçue par la commission pour la reconstitution des formalités hypothécaires sera, à la date de l'arrivée, mentionnée sommairement sur un ou plusieurs registres d'entrée présentant une série de numéros d'ordre unique et non interrompue pour l'ensemble de ces registres. Le numéro d'enregistrement sera reproduit sur la pièce.

§ 4. — Les pièces reçues seront, après leur enregistrement sur le registre d'arrivée, distribuées en trois catégories : 1° inscriptions; 2° transcriptions; 3° saisies.

§ 5. — Ces pièces seront classées dans chaque catégorie suivant l'ordre de leur date et du numéro de la formalité qu'elle constate. Lorsqu'une pièce contiendra plusieurs formalités ayant des dates différentes, la pièce sera classée à la première date et il sera rédigé des extraits sommaires qui seront classés aux autres dates.

§ 6. — On annexera à chacune des pièces, également par ordre chronologique, les certificats relatifs aux mentions dont chaque formalité était émargée.

§ 7.—Lorsque le classement des pièces relatives aux transcriptions sera opéré, il sera rédigé, sous la surveillance spéciale du conservateur des hypothèques, au vu des actes de vente ou de leur copie ou expédition transcrite, des inscriptions d'office qui seront ensuite classées d'après leur date et d'après le numéro de la formalité qu'elle constate, parmi les pièces relatives aux inscriptions.

Art. 5. —En cas de rejet par la commission des demandes de rétablissement prévues par l'article 3, avis en sera donné, dans la huitaine, au requérant, par lettre recommandée à la poste sans frais. S'il y a contestation, il sera statué comme en matière sommaire, et sans frais, par le tribunal de première instance qui sera saisi par les parties intéressées.

L'expédition du jugement qui ordonnera le rétablissement sera déposée à la commission.

Art. 6. — Indépendamment des pièces remises ou envoyées à la commission, il sera procédé à la reconstitution du bureau d'hypothèques au moyen des pièces que l'administration possède.

Les pièces mentionnées dans le paragraphe précédent seront réunies selon l'ordre et les divisions indiqués dans l'article 4 précité aux pièces déposées par les parties ou par les officiers publics.

Art. 7. — A l'expiration du délai fixé par l'article 3, les pièces existant entre les mains de la commission seront comparées avec les mentions inscrites sur ceux des registres des dépôts qui n'ont pas été détruits. S'il est reconnu qu'il n'existe aucune pièce relative à des réquisitions de formalités inscrites sur ces registres, un avertissement sera adressé sans délai au requérant indiqué sur le registre, afin de le mettre en demeure de satisfaire à l'article 3.

Un délai de 60 jours francs, à partir de l'expiration du délai ci-dessus, est accordé pour faire la vérification, adresser les avis individuels et recevoir les réponses.

Art. 8. — Les pièces ayant servi au travail de reconstitution resteront déposées au bureau des hypothèques, à l'exception toutefois de celles que la commission jugera inutiles à cet effet et que le déposant pourra retirer ultérieurement.

Les pièces conservées seront communiquées sans déplacement et sans frais à toute réquisition du déposant.

Les intéressés pourront, à toute époque, faire prendre, également sans déplacement, copie collationnée des originaux ou des expéditions déposées.

Art. 9. — § 1er. — Les inscriptions seront rétablies :

1° D'après les bordereaux remis par les parties ou possédés par l'administration, ou d'après les états d'inscriptions antérieurement délivrés par le conservateur et représentés;

2° A défaut de ces documents, d'après le dépôt de la copie collationnée des états ou des bordereaux contenant la mention de l'ancien certificat du conservateur et admis par la commission;

3° A défaut de ces pièces, sur le dépôt d'une expédition du jugement ordonnant le rétablissement;

4° Au moyen de l'inscription d'office rédigée dans la forme prévue par l'article 4, § 7.

§ 2. — Ces documents, classés suivant l'ordre de date et de numéro des formalités, seront réunis dans des liasses correspondant au volume détruit. Chaque liasse sera reliée séparément. Les volumes seront cotés et paraphés par première et dernière par le président de la commission.

§ 3. — Les inscriptions dispensées du renouvellement seront rétablies pendant trente ans et par ordre chronologique, dans les conditions ci-dessus.

§ 4. — Chaque pièce établissant l'existence de l'inscription sera suivie, par ordre chronologique, des certificats constatant les subrogations, changements de domicile, radiations et autres mentions détruites relatives à cette inscription.

Elle sera revêtue d'une annotation de référence avec ces certificats. Les mêmes annotations de référence seront inscrites à la suite de chacun de ces certificats.

Art. 10. — § 1er. — Il sera procédé conformément aux dispositions de l'article précédent à l'égard des transcriptions.

§ 2. — Le rétablissement de ces formalités aura lieu : 1° sur le dépôt de l'original de l'acte contenant la mention de transcription ou sur le dépôt d'une expédition ou d'une copie collationnée contenant la mention ou la reproduction de la mention de la transcription; 2° à défaut de ces pièces, sur le dépôt de l'expédition du jugement qui ordonne le rétablissement.

§ 3. — Indépendamment des formalités reconstituées conformément aux dispositions du paragraphe précédent, les transcriptions effectuées avant le 1er janvier 1856, en exécution des articles 939 et 1069 du Code civil, devront être rétablies dans le même délai et dans la même forme.

§ 4. — En outre, tout tiers détenteur d'un immeuble aliéné par acte transcrit avant le 1er janvier 1856 pourra remettre au conservateur des hypothèques l'original ou une expédition ou une copie collationnée de son contrat, et obtenir, au vu de cette pièce qui restera déposée au bureau, le certificat prescrit par l'article 2183 du Code civil pour l'accomplissement des formalités de la purge.

Art. 11. — Les transcriptions de saisies désignées dans l'article 1er seront rétablies dans leur ancienne forme. Les certificats constatant l'existence de mentions marginales détruites seront copiés à la suite de chaque saisie.

Art. 12. — Les formalités rétablies conformément aux dispositions de la présente loi feront la même foi que les formalités qu'elles remplacent.

Le défaut de rétablissement de la formalité pourra être opposé par ceux qui auront acquis des droits sur l'immeuble postérieurement à la reconstitution du bureau des hypothèques et qui les auront conservés en se conformant aux lois.

Les autres intéressés pourront également l'opposer si, dans le délai de dix ans à partir de la promulgation de la loi, l'existence de la formalité non rétablie n'a pas été reconnue par le tribunal civil, et si cette formalité n'est pas accomplie de nouveau au bureau des hypothèques avec mention du jugement.

Toutefois le créancier retardataire sera déchu du bénéfice de ce délai de dix ans, à compter du jour où l'immeuble ayant été aliéné, le prix en aura été payé ou définitivement attribué par voie d'ordre.

Art. 13. — Ni l'État ni aucun des membres de la commission ne pourra être rendu responsable des erreurs ou des omissions qui auront été commises dans le travail de reconstitution ordonné par la présente loi. La rectification de ces erreurs et omissions sera opérée sur le registre à la date courante, sans préjudice des droits acquis au tiers, conformément à l'article 12 de la présente loi.

Art. 14. — Les actes et pièces de toute nature, exclusivement relatifs à l'exécution de la présente loi, seront dispensés du timbre et enregistrés *gratis* lorsqu'il y aura lieu à l'enregistrement.

Les copies collationnées nécessaires pour obtenir le rétablissement des formalités seront délivrées par les officiers publics moyennant le remboursement des frais et avances de rédaction qui seront payés par le requérant et qui resteront à sa charge. Il ne sera dû aucun honoraire pour la délivrance de ces copies.

Art. 15. — Lorsque les formalités auront été reconstituées, la commission dressera un procès-verbal descriptif des volumes et des documents remis au conservateur. Celui-ci en prendra charge et en demeurera personnellement responsable à partir de cette remise.

Le procès-verbal sera présenté au tribunal civil qui déclarera, en audience publique, que la reconstitution prescrite par la présente loi est effectuée.

Extrait de cette déclaration sera inséré sans délai dans le *Recueil des actes administratifs* de la préfecture de la Corrèze et dans tous les journaux du département, ainsi que dans le *Journal officiel*.

La reconstitution des formalités sera légalement opérée à partir du jour où le tribunal civil aura prononcé la déclaration exigée par le présent article.

Art. 16. — Le conservateur des hypothèques délivrera aux parties qui le requerront, pour constater le rétablissement de chaque formalité, un certificat sur papier non timbré pour lequel il ne sera payé qu'un salaire de 50 centimes.

Le conservateur aura un délai d'un an pour délivrer ces certificats.

LOI DU 9 NOVEMBRE 1878

Timbre et enregistrement des actes faits pour l'exécution de la loi sur les réquisitions militaires.

Article unique. — Les procès-verbaux, certificats, significations, jugements, contrats, quittances et autres actes faits en vertu de la loi du 3 juillet 1877 sur les réquisitions militaires et exclusivement relatifs au règlement de l'indemnité, sont dispensés du timbre et enregistrés gratis lorsqu'il y aura lieu à la formalité de l'enregistrement.

TABLE DES PRINCIPALES ABRÉVIATIONS

ABRÉVIATIONS	SIGNIFICATIONS	ABRÉVIATIONS	SIGNIFICATIONS
A. com. fin.	Avis du comité des finances.	Fess.	Recueil de Fessard.
A. Cons. d'Ét.	Avis du Conseil d'État.	févr.	février.
arg	argument.	flor.	floréal.
arr	arrêt.	frim.	frimaire.
Arr. Gouv.	Arrêté du Gouvernement.	fruct	fructidor.
avr.	avril.	germ.	germinal.
B. c. ou Bull. . . .	Bulletin civil de la Cour de cassation.	I. G.	Instruction générale de l'Administration.
brum.	brumaire.	Inst. des fin.	Instruction du ministre des finances.
C.	Contrôleur de l'Enregistrement.	J.	Jugement du tribunal de...
C. a.	Code annoté.	janv.	janvier.
cass.	Arrêt de la Cour de cassation.	J. du not.	Journal du notariat.
Cass. ch. réun. . . .	Chambres réunies.	J. É.	Journal de l'Enregistrement.
Cass. civ.	Chambre civile.	J. E. belge.	Journal de l'Enregistrement belge.
Cass. req.	Chambre des requêtes.	J. N.	Journal des notaires et des avocats.
C. C.	Code civil.	juill.	juillet.
C. cass.	Cour de cassation.	Jur. du not.	Jurisprudence du notariat.
C. com.	Code de commerce.	L.	Loi.
C. for.	Code forestier.	mess.	messidor.
C. i. crim.	Code d'instruction criminelle.	niv.	nivôse.
C. pén	Code pénal.	not.	notamment.
C. proc.	Code de procédure.	nov.	novembre.
Champ. et Rig. . . .	Championnière et Rigaud.	oct.	octobre.
Circ.	Circulaire de l'Administration.	Ord.	Ordonnance.
Conf.	Conforme.	P.	Journal du Palais.
Comp.	Comparez.	*P. chr.*	Précis chronologique.
Cont.	Contraire.	pluv.	pluviôse.
D.	Dalloz (*Répertoire périodique*).	prair.	prairial.
Dalloz	Dalloz (cité comme auteur).	Rég.	Régie.
D. de Bosquet. . . .	Dictionnaire de Bosquet.	R. G.	Répertoire général.
déc.	décembre.	R. P.	Répertoire périodique.
Déc.	Décision.	Rev.	Revue du notariat.
Déc.	Décret.	Roll. ou R. Roll. .	Recueil de Rolland.
Dél.	Délibération du conseil d'Administration.	Roll. de Vill.	Rolland de Villargues.
D. Fess.	Dictionnaire de M. Fessard.	S.	Sirey de Villeneuve.
D. m.*.	Décision ministérielle.	Sol.	Solution de l'Administration.
D. m. f.	Décision du ministre des finances.	V. ou *V.*	Voir, Voyez.
D. m. i.	Décision du ministre de l'intérieur.	V° ou v° ou v^{is}. . .	au mot, aux mots.
D. m. j.	Décision du ministre de la justice.	vend	vendémiaire.
D. N.	Dictionnaire du Notariat.	vent	ventôse.

ERRATA

TOME I

Page 37, art. 150, dernière ligne, *au lieu de :* V. n°s 7694 et 16859, *lire :* V. n°s 7694 et 14859.

Page 222, ligne 18, *au lieu de :* la juridiction, *lire :* la production.

Page 404, n° 1452, *au lieu de :* restriction de crédit, *lire :* réalisation de crédit.

Page 561, ligne 21, n° 2040 § 5, *au lieu de :* partages ou destructions de territoires, *lire :* partages ou distractions de territoires.

Page 630, art. 2337, ligne 21, *au lieu de :* 1876, *lire :* 1878.

Page 646-6, art. 2401-7, ligne 27, *au lieu de :* Si l'attribution résulte de la survie de la sœur, *lire :* .... de la survie de la veuve.

Page 688, art. 2556 3, ligne 3, *au lieu de :* Disons, *lire :* Décidé...

Page 698, art. 2581, ligne 27, *au lieu de :* elle laissait la cession, *lire :* elle traitait la cession...

Page 698, art. 2581, ligne 29, *au lieu de :* V. 2615, *lire :* 2625.

Page 812, art. 3043-1, ligne 48, *au lieu de :* Nimes, 27 juill. 1852, 3-53, 2-701, *lire :* Nîmes, 27 juill. 1852, S. 53-2-701.

TOME II

Page 41, col. 1, ligne 11, *ajouter après* ... plus récemment : le 10 mai 1878.

Page 432, col. 2, ligne 46, *au lieu de :* 4978 R. P., *lire :* 4938 R. P.

Page 683, col. 1, ligne 25, *au lieu de :* on lui, *lire :* ou lui.

Page 723, col. 1, ligne 54, ajouter à la fin de la ligne : R. P. après 4968.

Page 752, col. 1, ligne 49, *au lieu de :* R. P. et 4967, *lire :* et 4967 R. P.

Page 786, art. 6847, ligne 18, *lire après :* Sol. 17 juin 1875, 19805 : J. E.

Page 803, col. 1, ligne 50, commencement de la ligne, *au lieu de :* « L'usufruit, *lire :* « L'impôt...

Page 829, col. 2, ligne 8, *au lieu de :* ... Nous l'avons examinée avec développement au n° 1914, *lire :* 4914.

Page 829, col. 2, ligne 9, *au lieu de :* — V. 12401, 10847 et 15246, *lire :* 15244.

TOME III

Page 113, art. 7806, dernière ligne' *au lieu de :* Voy. 7806 et 16530, *lire :* 16536.

Page 188, art. 8243 *ter*, avant-dernière ligne, *au lieu de :* ... 1809-179, *lire :* 1809-139.

Page 234, art. 8459, dernière ligne, *au lieu de :* (Seine, 26 mars 1866, 18219 J. E., 1741 *Rép.*), *lire :* 1741 *Revue*.

Page 271, ligne 51, *au lieu de :* ... L'exploit de rectification, *lire :* de notification.

Page 446, art. 9526 *bis*, 2e ligne, *au lieu de :* que les actes pour lesquels, *lire :* par lesquels.

Page 447, col. 1, ligne 9, *au lieu de :* ... mais ce jugement est aussi déféré, *lire :* est déferé...

Page 459, art. 9572, ligne 11, *au lieu de :* ... provient de ce que le léguant a déposé, *lire :* ... le gérant.

Page 653, art. 10412, ligne 10, *au lieu de :* ... 2 janvier 1858, *lire :* ... 1878.

Page 654, ligne 43, *au lieu de :* ... le 9 mars 1878, *lire :* ... 1858.

TOME IV

Page 14, art. 11023, dernière ligne, *au lieu de :* 28 janv. 1878, 20675 I. G., *lire :* ... 20675 J. E.

Page 35, col. 2, ligne 6, *au lieu de :* 30 mars 1878, 4916 R. P., suiv. d'enq. du 17 mai 1878, *lire :* ... suiv. d'acq.

Page 50, col. 2, ligne 17, *au lieu de :* ... Seine, 8 mars 1878, *lire :* 8 mars 1873.

Page 175, col. 1, ligne 15, *au lieu de :* ... Seine, 15 mai 1878, 4852 R. P., *lire :* 4952 R. P.

Page 309, col. 2, ligne 45, *au lieu de :* question constitutive, *lire :* opération constitutive.

Page 335, art. 12323 *bis*, 2e ligne, *au lieu de :* intérêts du créancier, *lire :* intérêts des créances.

Page 359, col. 2, ligne 17, *au lieu de :* notes d'indivision, *lire :* sortie d'indivision.

Page 364, col. 2, ligne 41, *au lieu de :* Le droit de soulte n'est dû que s'il n'y a préciput, *lire :* s'il n'y a pas préciput.

Page 394, col. 1, ligne 45, *au lieu de :* S. 76-1-348, *lire :* 70-1-348.

Page 408, col. 2, ligne 39, *au lieu de :* Quesnoy, *lire :* Épernay.

Page 550, col. 1, ligne 3, *au lieu de :* S'il s'agit d'une donation non acceptée, le droit ne se perçoit, *lire :* ... le droit ne se prescrit.

Page 683, n° 89, ligne 20, *au lieu de :* V. pour les payements, *lire :* pour les forcements.

Page 839, n° 14059 *bis*, ligne 16, *au lieu de :* pendant 5 ans et de 1700 f. pour ensuite, *lire :* pendant 5 ans et de 1700 fr. ensuite

RÉPERTOIRE GÉNÉRAL

ET RAISONNÉ

DE

L'ENREGISTREMENT

NOUVEAU TRAITÉ

EN FORME DE DICTIONNAIRE

DES DROITS DE L'ENREGISTREMENT, DE TRANSCRIPTION, DE TIMBRE, DE GREFFE, ETC.

A

ABANDON.

1. Abandon. — C'est l'action d'abandonner, de délaisser. Le mot est, comme on le voit, générique. Il se dit des animaux, des personnes et des choses. Il est souvent synonyme des termes *délaissement*, *renonciation*, *abdication*, *délivrance*. Sa signification varie suivant la nature de l'objet abandonné. Il serait donc oiseux d'en faire ici le cadre d'un certain ensemble de règles qu'on sera toujours porté à aller étudier à l'article relatif aux mots qui caractérisent la nature de l'abandon que l'on peut avoir en vue.

Les observations que nous pourrions faire ici, nous serions obligés de les reproduire sous une forme plus amplifiée en traitant les parties du droit dans lesquelles le terme *abandon* a été employé par la législation, soit en matière civile, soit en matière fiscale.

1° NATURE DES DROITS A PERCEVOIR. — Contentons-nous de faire observer, puisque nous voulons ne pas sortir de l'idée générale, que, conformément aux articles 2 et 4 de la loi du 22 frimaire an 7, le droit proportionnel devient exigible toutes les fois que l'acte d'abandon emporte obligation, ou libération, ou transmission de propriété, d'usufruit ou de jouissance de biens meubles et immeubles; tandis que, dans le cas contraire, c'est le droit fixe qui seul peut être perçu.

D'ailleurs, lorsque l'abandon opère transmission de biens, c'est le caractère onéreux ou gratuit de la convention qui détermine la nature du droit proportionnel.

ABANDON DE SERVITUDE.

2. Principe. — L'abandon d'un immeuble grevé de servitude ne comportant presque pas de développement au point de vue de l'enregistrement, nous pouvons en parler ici.

L'art. 699 du Code civil porte textuellement que, « dans le cas où le propriétaire du fonds assujetti est chargé par le titre de faire à ses frais les ouvrages nécessaires pour l'usage ou la conservation de la servitude, il peut toujours s'affranchir de la charge en abandonnant le fonds assujetti au propriétaire du fonds auquel la servitude est due. »

En effet, la servitude étant une charge du fonds et non une obligation personnelle du propriétaire (Marcadé, *sur l'art.* 699, n° 664 *bis*; Demante 1, n° 714), l'abdication de la possession de la part du possesseur entraîne par cela même la libération de la charge. C'est là un principe général applicable à toutes les espèces de servitude; on peut s'en libérer par l'abandon du fonds assujetti.

3. Droit à percevoir. — Par suite de l'abandon d'un fonds assujetti, la confusion s'opère sur la tête du propriétaire dominant, la propriété des deux héritages se trouvant alors réunie en sa personne (Demolombe, *Des Servitudes*, n° 886). Cette réunion, qui est *translative de propriété* (même auteur, n° 885), donne ouverture au droit proportionnel, et ce droit doit être celui des contrats à titre onéreux. En effet, le propriétaire du fonds se trouvant libéré de la charge qui lui incombait, le nouveau possesseur, c'est-à-dire le propriétaire du fonds dominant, perd le bénéfice de cette charge; c'est cette perte qui donne à l'abandon le caractère onéreux passible du droit de 5 50.

1° LIQUIDATION DU DROIT. — Le droit se liquide alors sur la valeur de l'objet abandonné, déclarée par les parties conformément aux prescriptions de l'art. 16, L., 22 frimaire an 7, si l'estimation n'est pas faite dans l'acte (1205 § 13 I. G.).

4. Acceptation. — On a enseigné (D. N. v[is] *Abandon de servitude*, n° 12) que, l'abandon ne pouvant être considéré comme transférant de plein droit à celui au profit duquel il est fait la propriété de la chose, en ce sens que celui qui fait l'abandon peut le révoquer tant que l'acceptation n'a pas eu lieu, le droit proportionnel n'est exigible que sur l'acte d'acceptation.

Nous ne partageons pas cette opinion, car l'acceptation pourrait être tacite et alors le Trésor serait complètement désarmé en l'absence d'une acceptation expresse. D'ailleurs comme l'abandon dépend de la volonté du grevé, et que le propriétaire dominant ne peut s'y refuser sous le prétexte qu'il blesse ses convenances ou son intérêt (Pardessus, n°s 185 et 316, Demolombe, *loc. cit.* 884), cet abandon rend forcément exigible le droit proportionnel.

5. Signification. — Dans tous les cas, l'abandon sera toujours considéré comme complet lorsqu'il aura été signifié au propriétaire dominant (Pardessus, *loc. cit.*) et, dès lors, pas de discussion possible sur la perception du droit proportionnel.

ABANDON DE MITOYENNETÉ.

6. Principe. — C'est également par suite du peu de développements que comporte l'abandon du droit de mitoyenneté, au point de vue fiscal, que nous en parlons ici à la suite de l'abandon de servitude.

D'après l'art. 656 C. C., « tout propriétaire d'un mur mitoyen peut se dispenser de contribuer aux réparations et reconstructions en abandonnant le droit de mitoyenneté, pourvu que le mur mitoyen ne soutienne pas un bâtiment qui lui appartienne. »

Cette faculté est fondée sur le même principe qu'au numéro précédent qui autorise, en général, l'abandon d'un fonds grevé de servitude. Elle s'applique naturellement, ainsi que l'enseigne Pardessus, n°s 184 et 187, aux fossés, haies, égouts, fosses d'aisance et puits mitoyens.

7. Enregistrement. — Le droit à percevoir sur cette nature d'acte est naturellement le même qu'en matière d'abandon d'un immeuble grevé de servitude (n° 3) : l'abandon, *lorsqu'il rend le voisin propriétaire* (*V.* le numéro suivant), étant translatif de propriété, rend le droit proportionnel exigible. Et comme l'*onus* est représenté par l'obligation qui incombera dorénavant au voisin devenu propriétaire de l'objet mitoyen d'entretenir à la place de l'abandonnataire, ce droit sera à titre onéreux, c'est-à-dire à 5 50 par 100 francs sur la valeur de l'objet abandonné; sauf, si l'estimation n'est pas faite dans l'acte, à exiger des parties la déclaration prévue par l'art. 16 de la loi du 22 frim. an 7 (1205 § 13 I. G.).

Décide toutefois que le droit de 50 centimes est seul dû sur l'acte par lequel le propriétaire d'un mur construit à la limite de son terrain prête, moyennant un prix, son concours à l'exercice du droit qu'a le voisin de rendre le mur mitoyen, en vertu de l'art. 661 C. C. (Sol. belge 15 avr. 1874, 12450 J. E. belge).

8. Acceptation. — Mais ce droit n'est pas, comme en matière d'abandon d'un immeuble grevé de servitude, exigible *ipso facto*; il faut que le copropriétaire accepte l'abandon de la mitoyenneté par son voisin pour que la mutation s'opère. Son acceptation n'est pas forcée, car on ne peut l'obliger à rester seul désormais chargé de l'entretien. La faculté d'abandon est réciproque, et à la notification par le voisin de l'abandon du droit de mitoyenneté, pour se décharger des frais de réparations, le copropriétaire peut répondre par une notification semblable; et alors il ne restera qu'un parti à prendre : celui de partager les matériaux et le sol (Demolombe, *loc. cit.* n° 390).

Dès lors le droit proportionnel ne devient exigible que lorsque l'abandon a été formellement accepté.

9. Rétrocession. — Mais de ce que le copropriétaire qui a accepté l'abandon fait par son voisin est devenu propriétaire exclusif de l'objet abandonné, faut-il conclure qu'il peut le laisser dépérir pour profiter seul soit des matériaux, soit du sol? Nullement; l'abandon du voisin n'est fait que dans le but de se décharger de l'obligation de réparer ou de reconstruire, et par conséquent il implique naturellement que l'obligation de reconstruire ou de réparer subsistera; donc l'abandon serait sans cause, si le copropriétaire, au lieu de prendre sur lui toute la charge des dépenses abandonnait lui-même l'objet mitoyen. Le voisin qui a fait l'abandon serait fondé dans ce cas à répéter sa part comme s'il n'avait pas abandonné (Pothier, *De la Société*, n° 221; Toullier, t. 2, n° 220; Duranton, t. 5, n° 320; Pardessus, t. 1, n° 168; Zachariæ, t. 2, n° 46; Demante, t. 2, n° 510 *bis*).

Dans ce cas, il n'y a évidemment pas rétrocession et le droit de cette nature de contrat ne deviendrait exigible que si le voisin reprenait non pas sa part à titre de copartageant, mais rentrait dans son ancienne situation de copropriétaire pour entretenir et restaurer de nouveau.

ABANDON POUR NE PAS PAYER L'IMPOT.

10. — Les déclarations des propriétaires qui, pour ne pas payer les impôts, renoncent à leurs propriétés, sont sujettes à l'enregistrement dans les 20 jours moyennant le droit fixe de 3 francs à la charge de la commune (D. m. f. 18 août 1812, 4425 J. E.; D. N. t. 4, p. 331, n° 12). — *V.* 5580.

ABANDONNEMENT.

DIVISION

11. Définition. —Le mot *abandonnement* est générique comme le mot *abandon* dont nous venons de traiter. Il s'applique aux biens, c'est-à-dire à leur transmission, quel qu'en soit le mode. Cependant il sert plus spécialement à désigner le contrat qui intervient entre un débiteur malheureux et ses créanciers. On le désigne alors plus volontiers du nom de *cession de biens*. Toutefois le Code civil l'appelle également *abandonnement*.

Quoi qu'il en soit, c'est au point de vue du contrat entre le débiteur et ses créanciers que nous allons parler ici de l'abandonnement.

CHAPITRE PREMIER. — PRINCIPES GÉNÉRAUX

[12-14 *bis*]

12. Principe.— L'abandonnement ou cession de biens est défini par l'art. 1265 du Code civil « l'abandon qu'un débiteur fait de tous ses biens à ses créanciers, lorsqu'il se trouve hors d'état de payer ses dettes. »

Ainsi le bénéfice de la loi est ouvert non-seulement au débiteur dont les biens sont insuffisants pour faire face à toutes ses dettes, mais encore à celui qui, soit qu'il se trouve empêché de réaliser, soit par une autre cause, ne peut se libérer, bien qu'il ait un actif égal ou même supérieur à son passif. Il est, par le fait, *hors d'état de payer ses dettes*, et, par conséquent, il est dans la situation décrite par la loi.

13. Deux natures d'abandonnement. — L'abandonnement, d'après l'art. 1266 C. C. est volontaire ou judiciaire.

14. Caractère. — La cession volontaire de biens, *pour être vendus en direction*, et la cession judiciaire *ne confèrent point la propriété* des biens aux créanciers, elles leur donnent seulement le droit de les administrer, d'en percevoir les revenus par imputation sur leurs créances, et de les faire vendre à leur profit et au nom du débiteur. Au surplus, elles ne libèrent le débiteur que jusques à concurrence de la valeur des biens abandonnés (1267-1270 C. C., 568 C. com; Pothier, *De la Propriété* 273; Pardessus, n° 1326; Toullier, t. 7, nos 214 et 219; Duranton, t. 12, n° 244 — Cass. 3 vent. et 1er mess. an 12; 7 juin 1807 et 28 juin 1810, 3508 et 3804 J. N.)

1. DISTINCTIONS ENTRE L'ABANDONNEMENT ET D'AUTRES CONTRATS. — De ce que nous venons de dire ressortent des différences essentielles entre l'abandonnement et les divers contrats ci-après qui semblent présenter de l'analogie avec lui.

Ainsi l'abandonnement diffère : 1. *De la dation en payement*, en ce que, outre qu'il n'y a pas transmission des biens abandonnés, l'obligation du cédant n'est pas éteinte; — 2. *De l'antichrèse*, en ce que ce dernier contrat ne confère pas aux créanciers le pouvoir de vendre; — 3. *De l'atermoiement*, qui laisse au débiteur la possession et même la jouissance de ses biens; — 4. *Du délaissement par hypothèque et du déguerpissement*, qui éteignent complétement l'obligation; — 5. Il diffère encore du *concordat*, en ce que, si la cession est volontaire, la réunion d'une certaine majorité de voix et de sommes ne suffit pas pour lui donner l'existence (le concours de la généralité des créanciers est indispensable), et si elle est forcée, cette majorité n'est pas même exigée. — Ces distinctions sont essentielles et ne doivent pas être perdues de vue pour l'application des droits d'enregistrement.

14 *bis*. Effets de la cession de biens. — Plusieurs conséquences découlent directement du caractère que l'abandonnement de biens a de ne pas transmettre la propriété aux créanciers.

1. RÉTROCESSION. — Un de ses effets est que si le débiteur se rend adjudicataire de tout ou partie des biens par lui abandonnés *pour être vendus en direction*, cet abandon *ne l'ayant pas dessaisi*, il n'y a pas rétrocession à son profit, et le droit proportionnel de mutation n'est pas exigible (Dél. 14 nov. 1834, Dalloz, n° 794). — *V.* 14.

La rétrocession ne résulterait pas davantage de ce que le créancier, en recevant son payement, céderait *ses droits* au débiteur. Dès l'instant que ce créancier n'était pas investi de la propriété, il est évident que la cession de ses droits équivaut à une simple quittance (Sol. 8 avril 1864).

2. MUTATION PAR DÉCÈS. — Un second effet c'est que si le débiteur meurt avant la vente, il demeure saisi de ses biens, qui, dès lors, doivent être compris dans la déclaration de succession (Cass. 27 juin 1809, 3681 J. E.; 28 juin 1810, approuvé par Merlin, Rép. V. *Aband.*; 1er mess. an 12, S. ch. — *Conf.* Nouveau Denizart; V. *Cession*, § 4, n° 4; Toullier, t. 7, n° 247; D. N. 4e édit., V. *Aband.*, n° 43). La Cour suprême l'avait déjà reconnu en déclarant, par voie de conséquence, que le droit de mutation auquel donne lieu le décès du débiteur, arrivé *postérieurement* à l'abandon mais *antérieurement* à la vente des biens cédés, doit être acquitté dans les délais légaux et sans attendre le résultat de la vente et du compte à faire, sur la valeur intégrale desdits biens et non pas seulement sur ce qui restera dans la succession après le payement des dettes (Cass. 3 vent. an 11, 1514 J. E. — Grenoble, 31 août 1840, 12574 J. E.; Riom, 12 juin 1857).

L'arrêt du 27 juin 1809 porte : « Vu l'art. 68, § 4, n° 1, de la loi du 22 frimaire an 7, par lequel les abandonnements de biens, soit volontaires, soit forcés, pour être vendus en direction, ne sont assujettis qu'à un droit fixe; disposition qui démontre que l'abandonnement volontaire ne confère pas davantage la propriété que l'abandonnement forcé, puisque cet acte n'est pas assujetti au droit proportionnel imposé sur toute mutation. »

Celui du 3 ventôse an 11 est ainsi conçu : « Attendu que l'abandon fait par un débiteur à ses créanciers n'est, jusqu'à leur entier payement, qu'un mandat irrévocable, qui, comme tel, ne dépouille pas le débiteur de sa propriété ; qu'en conséquence de ce principe, cet acte n'est assujetti, par l'art. 68, § 4, n° 1, qu'au droit fixe de 5 francs (7 fr. 50), et non au droit proportionnel, auquel la loi aurait soumis, si, comme l'ont décidé les jugements attaqués, il était translatif de propriété. »

Les biens étant vendus avant le décès, les héritiers devraient comprendre dans leur déclaration le reliquat du prix qui reviendrait au débiteur après le payement des créanciers (4650 J. E.) — Quant à la portion du prix affectée au payement des dettes, il appartient virtuellement dès le jour de la vente aux créanciers à qui le débiteur l'a délégué : on ne saurait donc l'assujettir à l'impôt. — V. *Succession*, n° 16869.

CHAPITRE II. — ABANDONNEMENT JUDICIAIRE

[15-16 *bis*]

15. Principe. — L'art. 1268 C. C. définit la *cession judiciaire*, un bénéfice que la loi accorde au débiteur malheureux et de bonne foi, auquel il est permis, pour avoir la liberté de sa personne, de faire en justice l'abandon de tous ses biens à ses créanciers, nonobstant toute stipulation contraire.

1. CONTRAINTE PAR CORPS. — Ces mots : *pour avoir la liberté de sa personne*, de l'art. 1268 C. C., indiquent clairement que la loi du 22 juillet 1867, qui a aboli la contrainte par corps, ne laisse plus qu'un intérêt très-secondaire à la cession judiciaire. En effet, l'effet principal de cette nature d'acte était, quant au débiteur, d'opérer la décharge de la contrainte par corps (1270 C. C.).

2. CARACTÈRE NON TRANSMISSIF. — Quant aux créanciers, la cession judiciaire a pour effet non point de leur conférer la propriété des biens abandonnés, mais de leur donner seulement le droit de faire vendre ces biens à leur profit et d'en percevoir les revenus (1269 C. C.). C'est là, au point de vue de l'enregistrement, la distinction essentielle entre la cession judiciaire et la cession volontaire.

En effet, la cession volontaire est essentiellement conventionnelle, car son effet est, suivant l'expression de l'art. 1267 C. C., celui qui résulte des stipulations mêmes des parties.

16. Tarif. — De ce que la cession judiciaire ne confère *jamais* la propriété aux créanciers, il résulte que le droit à percevoir est, *dans tous les cas*, le droit fixe. Ce droit, qui était de 5 francs aux termes de l'art. 68, § 4, n° 1 de la loi du 22 frimaire an 7, est aujourd'hui de 7 francs 50 cent. d'après l'art. 4 de la loi du 28 février 1872.

16 *bis*. Questions d'enregistrement. — Quelques questions d'enregistrement se rattachent aux formalités prescrites pour la cession judiciaire.

1. DÉPOT DES TITRES. — Ainsi, le dépôt fait au greffe (898 C. proc.) des titres actifs de celui qui réclame le bénéfice de cession, n'ayant pour objet que de mettre en évidence sa véritable situation, ce serait *contrarier* le vœu de l'art. 1268 C. C., et *aggraver la gêne* du débiteur, que d'assujettir préalablement les titres déposés à l'enregistrement et au timbre ; le seul acte passible de ces deux formalités est l'inventaire qui doit être annexé au dépôt. Cependant, il y aurait lieu de poursuivre le recouvrement des droits de la mutation de propriété et de jouissance d'immeubles non enregistrée dans les trois mois, si des titres de mutation étaient produits, et de constater les contraventions relatives au timbre, pour faire acquitter les droits et amendes encourus (D. m. f. 7 juin 1808, I. G. 386-18 ; 2882 J. E.).

2. DÉCLARATION DU DÉBITEUR. — RÉITÉRATION. — La déclaration que le débiteur, admis à bénéfice de cession, est tenu (901 C. proc.) de réitérer au tribunal de commerce, ou, par procès-verbal d'huissier, à la mairie, s'il n'y a pas de tribunal de commerce, ne peut être considérée que comme *le complément* du jugement qui admet au bénéfice de cession. Comme telle, elle n'est passible que du droit fixe de 4 fr. 50 cent. (art. 68 § 1 n° 6 L. 22 frim. an 7, et 4 L. 28 fév. 1872), si elle est faite devant le tribunal, et du droit de 3 francs (L. 28 avr. 1816, art. 13 et L. 19 fév. 1874, art. 4), si elle a lieu par huissier (3882, J. E.).

3. RETROCESSION. — Malgré le jugement qui a admis le débiteur au bénéfice de cession, comme c'est la vente qui seule opère l'expropriation du débiteur et que jusque-là la propriété réside sur sa tête, il peut toujours révoquer la cession en désintéressant tous ses créanciers intégralement, et dès lors, en aucun cas, le droit de rétrocession ne peut être exigible. — *V.* 14 *bis*.

CHAPITRE III. — ABANDONNEMENT VOLONTAIRE

[17-22 *bis*]

17. Caractère. — Le caractère et les effets de la cession volontaire sont précisés dans la définition qu'en a donnée le législateur. C'est, dit l'art. 1267 C. C., celle qui est volontairement acceptée par les créanciers et dont les effets se déterminent par les stipulations du contrat passé entre eux et le débiteur.

C'est ce contrat qui est plus spécialement appelé, dans l'usage, *contrat d'abandonnement*.

1. EFFETS. — La cession volontaire est donc essentiellement conventionnelle d'après l'art. 1267 C. C. Les parties peuvent en régler les effets comme elles l'entendent. Mais à défaut de conventions précises et expresses, le contrat ne transfère pas la propriété aux créanciers ; il leur transmet la simple possession avec mandat de faire vendre les biens indiqués à l'acte, d'en toucher et de s'en répartir le prix. Toutefois, ce mandat, irrévocable de la part du débiteur qui fait la cession, n'empêche pas ce dernier de reprendre les biens tant qu'ils ne sont pas vendus, en désintéressant les créanciers d'une manière complète.

18. Tarif. — A défaut de conventions particulières, le débiteur et les créanciers sont réputés avoir pris tacitement pour règle entre eux celles de la cession judiciaire (Massé, t. 2, p. 447 et suiv.; Duranton, t. 12, n° 244) ; aussi le droit a percevoir est-il le même que pour la cession judiciaire. — *V.* 16.

Il en était ainsi déjà dans l'ancienne jurisprudence : « Les créanciers n'étant pas acquéreurs, dit Merlin, on ne percevait ni le centième denier ni les lods et ventes : la même disposition se retrouve pour l'enregistrement dans l'art. 68 § 4 n° 1 de la loi du 21 frim. an 7. » (*Rép.*, V. *Abandon.*)

1. DROIT FIXE. — Ainsi il n'est dû que le droit fixe:

1° Lorsqu'il est stipulé que le débiteur abandonne à ses créanciers les biens qu'il possède, pour être vendus par des commissaires salariés choisis entre eux (D. m. 18 mai 1833, 10637 J. E.).

2° Lorsque, sans être en état de faillite, un négociant, après avoir cessé ses payements, abandonne ses marchandises à ses créanciers pour être vendues par des commissaires nommés par eux et chargés de la répartition du produit de la vente au marc le franc des créances, la Cour de cassation a jugé, le 15 avril 1857 (844 R. P.), qu'il y a simple abandonnement volontaire de biens pour être vendus en direction. — V. 20 § 6.

3° C'est toujours par suite du même principe que quand un débiteur, après avoir fait à ses créanciers l'abandon de ses biens pour être vendus en direction, se rend adjudicataire d'une partie de ces mêmes biens, il n'est dû sur cette adjudication que le droit fixe (Dél. 14 nov. 1834). — *V.* 14 *bis.*

19. Stipulations des parties. — Mais l'art. 1267 C. C. *permettant* aux créanciers et au débiteur de *déterminer* les effets que le contrat de cession *produira entre eux*, il en résulte que les créanciers peuvent, dans le contrat de cession, acquérir *le droit* d'en disposer à leur gré, ce qui équivaut à l'acquisition des biens abandonnés.

C'est ce qu'enseignait déjà en ces termes Bosquet. « Si l'abandonnement fait aux créanciers n'est pas à la charge que les biens soient vendus en direction, en sorte qu'ils peuvent les conserver ou en disposer de telle façon qu'il leur plaît, l'acte est translatif de propriété: c'est alors ce qu'on appelle *datio in solutum*, et le centième denier doit être payé comme d'une vente pure et simple » (V. *Aband.*).

20. Droit proportionnel. — D'où la conséquence que, dans notre législation moderne, le droit de mutation est également exigible toutes les fois que les créanciers *sont dispensés de faire vendre les biens en direction.* L'art. 4 L. 22 frim. an 7 qui assujettit au droit proportionnel tout acte emportant transmission, règle alors le contrat (1751 J. E.— D. m. f. 18 mai 1833, 10637 J. E.; — Champ. et Rig., n° 1800; — Demante, n° 527).

1. VENTE DE MEUBLES. — C'est ainsi que, dès le 30 janvier 1809, la Cour de cassation a décidé que la cession par un débiteur à ses créanciers d'objets mobiliers pour une somme déterminée, au moyen de quoi *ils lui font remise* du surplus de leurs créances, constitue une vente passible du droit de 2 pour 100. « Attendu, porte l'arrêt, que l'art. 69 § 2 n° 4 n'est relatif qu'au cas où il s'agit de sommes à payer par le débiteur en faillite à ses créanciers; et que telle n'est pas la position où le contrat d'atermoiement a placé Perlet vis-à-vis de ses créanciers, puisque ce n'est pas une somme de 20,000 fr. qu'il leur a payée, mais une cession d'objets mobiliers qu'il leur a faite, et moyennant laquelle ils lui ont fait une remise pure et simple du surplus de leurs créances ; — Attendu que, s'agissant évidemment de la vente et cession de valeurs mobilières, c'était le cas d'appliquer à l'espèce la disposition du n° 1 du § 5 de l'art. 69 ci-dessus, qui autorise la perception de 2 pour 100 faite par la Régie sur la somme de 20,000 fr. moyennant laquelle ces valeurs avaient été abandonnées par Perlet à ses créanciers » (S. 10-1-55, 3402 J. E.).

2. CESSION DE CRÉANCE. — Ainsi encore, le droit proportionnel de cession de créances est dû sur l'acte par lequel le débiteur failli cède à ses créanciers la totalité de ses créances actives, *pour en faire le recouvrement et en disposer entre eux*, sans aucune participation de sa part. Il y a, en effet, traité à forfait, concordat et non pas simple contrat d'union. « Attendu, porte un arrêt de cassation du 3 janvier 1820, que Magnin, dessaisi, par l'effet de sa faillite, de l'administration, mais non de la propriété de ses biens, a pu traiter de cette propriété avec ses créanciers ; que c'est ce qu'il a fait par l'acte du 22 août 1817, contenant de sa part cession entière et définitive, au profit de ces derniers, de la totalité de ses créances actives, pour par eux en faire le recouvrement et en disposer entre eux, sans aucune participation du cédant ; qu'en retour de cette cession, les créanciers ont consenti à la libération pleine et entière de leur débiteur, et ont renoncé à toute répétition ultérieure contre lui; qu'un tel acte renferme évidemment un traité à forfait, et un véritable concordat entre les créanciers et le failli, et non un simple contrat d'union, lequel, aux termes de l'art. 527 C. com., n'a lieu qu'à défaut de traité passé entre lesdits créanciers et ledit failli... » (6634 J. E., 3475 J. N, S. 20-1-194).

Cette solution a été appliquée à un abandon fait à un créancier à charge par lui de payer les frais, les créanciers privilégiés, une partie des dettes chirographaires et moyennant l'abandon d'une partie des créances (Seine, 9 mai 1855, 15596 J. N., 10731 C.).

3. CESSION DE BAIL ET DE CONSTRUCTIONS. — Il a été jugé, dans le même sens, que l'acte par lequel D., ne pouvant payer ses créanciers, leur cède en payement de ses dettes ses droits à un bail, à la propriété de constructions et d'un matériel d'exploitation, n'est point un abandonnement de biens pour être vendus en direction, mais donne ouverture au droit proportionnel selon la nature des biens transmis (Rouen, 9 mars 1857).

4. VENTE. — Par le même motif, dans une espèce où un failli avait fait cession volontaire de ses biens à ses créanciers, *pour en disposer à leur gré*, il a été reconnu que le droit proportionnel était exigible. Seulement les créanciers chirographaires, cessionnaires, ayant consenti l'abandon au profit d'un créancier hypothécaire de l'immeuble hypothéqué, l'Administration a décidé que ce délaissement au créancier hypothécaire ne donnait pas ouverture à un *second* droit de mutation, car les créanciers chirographaires ne pouvant, en

aucune manière, contre-balancer l'effet de l'hypothèque, l'abandon qu'ils avaient fait équivalait à une simple reconnaissance du droit du créancier privilégié (Dél. 28 juin 1826, 8426 J. E.).

5. FORFAIT. — Enfin, une délibération du 28 juin 1836 a reconnu, en thèse générale, que le droit proportionnel de mutation doit être perçu si l'abandonnement présente le caractère d'un traité à forfait (Dalloz, n° 793).

6. INTENTION DES PARTIES. — Mais il ne faudrait attribuer au contrat le caractère translatif que si l'intention des parties était évidente. Nous croyons, par exemple, qu'il ne suffirait pas d'objecter que l'abandonnement n'impose pas aux créanciers, en termes exprès, l'obligation de vendre les biens *en direction, pour s'en partager le produit*. Les expressions d'un contrat doivent être entendues avec le sens qui résulte de l'acte entier et qui se concilie le mieux avec sa nature. Or, le droit de disposition accordé sans limitation apparente aux créanciers par un débiteur malheureux, implique plus naturellement un mandat qu'une vente, puisque le mandat est la règle. Pour admettre l'existence d'une acquisition personnelle par les créanciers, il faudrait rencontrer dans le contrat des signes certains de cette mutation.

Les difficultés varient nécessairement avec chaque contrat, et on ne saurait poser de principe certain à cet égard. Voici néanmoins une espèce très-caractéristique qui peut servir d'exemple.

Des débiteurs avaient déclaré céder des marchandises à leurs créanciers en payement de leurs dettes, sans rien ajouter de plus, et les créanciers avaient immédiatement nommé des commissaires, afin de prendre livraison des denrées, de réaliser les ventes et d'en répartir le prix entre eux. Le tribunal de la Seine, par un jugement du 6 juin 1855, et après lui la Cour de cassation, par un arrêt du 15 avril 1857, décidèrent que le droit fixe était seul exigible, « attendu que la convention du 1er octobre 1850 porte que les vins cédés par Cordier père et fils à leurs créanciers en payement de leurs créances, seront réalisés par des commissaires au mieux des intérêts de tous, pour l'encaissement à en provenir être fait par une maison de banque désignée, et les fonds répartis entre les créanciers au marc le franc, d'après l'état dressé par les commissaires et après vérification; qu'une pareille convention n'a pas eu pour résultat de conférer aux créanciers un droit de propriété absolu, mais de leur en transmettre seulement la possession, à l'effet de les faire vendre pour en distribuer le prix; qu'elle rentrait dès lors dans la catégorie des abandonnements volontaires » (553 et 844 R. P., 16030 et 16047 J. N., 11000 C., 16557 J. E., I. G. 2114 § 1, J. P. 57, 933).

Pour établir l'existence de la mutation, on pourrait invoquer les actes contemporains du contrat; mais s'ils émanaient des créanciers seuls, il faudrait les apprécier avec beaucoup de réserve, parce que les créanciers ne peuvent intervertir seuls leur titre de possession. Ainsi, on devrait conserver à l'abandonnement son caractère déclaratif, quoique par exemple les créanciers, au lieu de vendre les biens, les aient mis en société entre eux ultérieurement, après des tentatives inutiles d'aliénation, et se soient divisé les actions de cette entreprise (Sol. 29 août 1860).

7. CESSION PARTIELLE. — Il n'est pas indispensable que la cession, pour conserver le caractère d'un abandonnement, s'adresse à tous les créanciers et comprenne l'intégralité des biens du débiteur. L'abandon volontaire doit être réglé, en effet, par les stipulations des parties. Or, rien n'empêche le cédant de se réserver une portion de ces biens, notamment le solde à provenir de la liquidation après le payement des dettes, non plus que de traiter avec quelques-uns seulement de ses créanciers chargés de poursuivre la réalisation des biens au nom de la masse (Le Havre, 12 fév. 1857, 10944 C.).

8. ÉVALUATION PROVISOIRE. — On a reconnu que si les biens abandonnés ne sont pas évalués, l'estimation qui leur est donnée par le failli, pour la perception des droits d'enregistrement, doit être considérée comme provisoire. Et lorsque la valeur en est déterminée d'une manière définitive, il y a lieu, ou d'exiger un supplément, ou de restituer ce qui a été perçu de trop (Sol., 28 déc. 1831, 10243 J. E.).

Cette solution se justifie en fait, relativement à la restitution, parce que le droit avait été liquidé sur l'évaluation émanée des syndics dans leur compte rendu aux créanciers, et que la régularité de la perception pouvait être ainsi contestée. En droit strict, l'impôt liquidé sur une évaluation fournie conformément à l'art. 16 de la loi du 22 frim. an 7, n'est pas sujet à restitution, quels que soient les événements ultérieurs. C'est un principe que la Cour de cassation a appliqué aux marchés consentis pour un prix provisoire (V. *Acte administratif*, n° 402), et qui gouverne aussi la matière des abandonnements. — V. *Déclaration pour la perception*, n° 5929.

9. ÉVALUATION, DATION EN PAYEMENT. — Quand le contrat opère une véritable dation en payement, le droit de mutation est-il exigible sur la valeur estimative des biens abandonnés ou sur le montant des créances dont le débiteur se trouve libéré? On enseigne quelquefois, d'une manière absolue, que le droit est dans tous les cas exigible sur la dette. Mais cette solution est trop radicale; elle comporte certains tempéraments que nous faisons connaître au mot *Dation en payement*, n° 5761.

10. MEUBLES ET IMMEUBLES. — Enfin, si les biens transmis aux créanciers se composent de meubles et d'immeubles, le droit se liquidera au taux fixé pour les immeubles, à moins qu'il n'y ait détermination d'un prix particulier pour les meubles et estimation article par article. C'est l'application de l'art. 9 de la loi du 22 frim. an 7, qui sera amplement développée au mot *Vente d'immeubles*, nos 17772 et suiv.

21. Commerçant. — Les commerçants ne sont pas admis au bénéfice de la cession judiciaire; mais la cession volontaire leur est permise comme aux autres débiteurs (Cass. 18 avr. 1849, P. 1849, 2-45). Le contrat qu'ils passent à cet égard avec leurs créanciers est soumis aux mêmes règles que la cession de biens ordinaire (I. G. 2079). C'est même dans l'hypothèse d'un abandon fait par un négociant en vins qu'est intervenu l'arrêt de la Chambre civile du 15 avril 1857, rapporté ci-dessus n° 20 § 6.

1. CONCORDAT PAR ABANDON D'ACTIF. — La loi du 17 juillet 1856 dispose à cet égard : « Un concordat par abandon total ou partiel de l'actif du failli peut être formé

suivant les règles prescrites par la section 2 du présent chapitre. Ce concordat produit les mêmes effets que les autres concordats. Il est annulé ou conclu de la même manière. La liquidation de l'actif abandonné est faite conformément aux paragraphes 2, 3, et 4 de l'art. 529 C. com., aux art. 522, 533 et 536, et aux paragraphes 1er et 2 de l'art. 537. Le concordat par abandon est assimilé à l'union pour la perception des droits d'enregistrement. »

Cette espèce d'abandonnement est plus particulièrement traitée au mot *Faillite*, n° 8874.

Donc, dans le cas de concordat par abandonnement d'actif, les droits doivent être perçus comme dans toute espèce d'abandonnement volontaire, en ce sens que, en ce qui concerne le droit de mutation, la convention ne pouvant avoir pour but de conférer la propriété aux créanciers des biens abandonnés, mais seulement de leur donner pouvoir de les vendre, le droit de vente ne peut être exigé. Quant au droit de libération, la remise au débiteur de sa créance doit être considérée comme corrélative à l'abandon des biens consenti à leur profit. — V. 22.

22. Droit de quittance non exigible. — Ainsi, d'une part, comme d'après l'art. 1270 C. C., il est de l'essence de l'acte de cession judiciaire de libérer le débiteur jusqu'à concurrence de la valeur des biens cédés, comme, d'autre part, l'abandonnement volontaire accepté par les créanciers ne permet plus, aux termes de l'art. 1267 C. C., de considérer le cédant comme débiteur envers ses anciens créanciers, il résulte de là que la libération *étant de droit*, ne peut donner ouverture à aucune perception, lors même qu'elle serait surabondamment exprimée

1. REMISE DE DETTE. — C'est ce qu'exprime la Cour de cassation dans son arrêt du 15 avril 1857 (*suprà* 20 § 6) portant « que la remise aux débiteurs, par des créanciers, de la totalité de leurs créances, est corrélative à l'abandon des biens consenti à leur profit ; que les deux dispositions se lient entre elles, dérivent l'une de l'autre, et forment par leur réunion un seul et même contrat, soumis par sa nature au droit fixe » (*Conf.* Seine, 8 juin 1855, 553 R. P.).

2. QUITTANCE ULTÉRIEURE. — L'exemption dont profite la libération du débiteur en cette circonstance, s'étend aussi à l'acte ultérieur par lequel les créanciers reconnaissent s'être distribué les prix d'aliénation touchés des acquéreurs. A l'égard de ces derniers, la déclaration des créanciers peut bien constituer un titre libératoire sujet à l'impôt, d'après les règles ordinaires ; mais quant au débiteur lui-même, sa libération résulte du contrat d'abandonnement et les nouvelles clauses de l'acte de distribution ne sont qu'une confirmation surabondante de la remise de dette antérieurement consentie.

3. PARTAGE. — S'il s'agissait d'un abandonnement produisant l'effet d'une vente, le prix des biens aliénés deviendrait, comme ces biens eux-mêmes, la propriété personnelle des créanciers. Par conséquent, leur répartition postérieure entre les ayants droit serait un simple partage sujet au droit gradué, d'après la loi du 28 fév. 1872.

22 *bis*. Droit de quittance exigible. — Mais la raison de décider n'est plus la même, lorsque l'actif du débiteur comprend une somme en numéraire dont la remise est faite aux syndics de la masse des créanciers. Il y a *payement effectif* de la dette jusqu'à concurrence de cette somme, et non libération de droit résultant de l'essence du contrat. Le droit de quittance est exigible.

CHAPITRE IV. — DISPOSITIONS INDÉPENDANTES

23-26

23. Cautionnement. — La cession de biens doit émaner du débiteur. Si donc, un tiers, pour prévenir la faillite ou la déconfiture de ce dernier, abandonne certaines valeurs aux créanciers en leur conférant le pouvoir de les réaliser pour en appliquer le prix à leurs créances, c'est là un cautionnement ordinaire passible du droit proportionnel (Dél. du 16 janvier 1849). — Il faudrait même percevoir, dans ce cas, un droit fixe de 3 francs pour le mandat donné aux créanciers, car les deux clauses ne sont pas dépendantes l'une de l'autre, et le cautionnement n'implique nullement la nécessité de confier aux créanciers eux-mêmes le soin de réaliser le gage affecté à leur payement.

1. AFFECTATION HYPOTHÉCAIRE. — Si le débiteur, au moyen d'une affectation hypothécaire fournie par sa femme ou par un tiers, est remis en possession des biens qu'il avait cédés à ses créanciers, le droit de cautionnement est exigible à raison de ce *nouvel engagement*.

Ce principe est plus particulièrement développé au mot *Affectation hypothécaire* n° 1862.

En outre, lorsque la dette est établie par des effets de commerce, la dation d'hypothèque par le débiteur a pour objet de constituer un titre distinct de ces effets, et, quand même il n'y aurait pas de novation, ce titre donne lieu à un droit d'obligation particulier. — V. 1861.

23 *bis*. Titre (*Droit de*). — Lorsque pour obtenir le bénéfice de cession, le débiteur a dressé le tableau de ses dettes, et que ce tableau se trouve renfermé dans l'acte d'abandonnement volontaire, le droit de titre n'est pas exigible sur les créances non justifiées par des actes enregistrés. Ce détail, en effet, *ne dispense pas* les créanciers de faire vérifier leurs créances, *qui peuvent toujours être rejetées* après discussion. Il n'a pour but que d'établir la situation du débiteur, et non *de conférer* un titre au créancier (6046 J. E., 2515 J. N. Champ. et Rig., n° 918).

1. HYPOTHÈQUE. — Le tribunal de la Seine a consa-

cré ce principe dans une espèce où le débiteur avait donné hypothèque à ses créanciers, jusqu'à concurrence d'une somme de 14,000 francs. Les motifs de cette décision ont été que le débiteur n'avait accordé une garantie que pour raison des sommes qui pourraient être dues, et que l'acte, ne contenant ni obligation ni reconnaissance, ne faisait pas titre aux créanciers *et ne les dispensait point, en cas de contestation,* de justifier de leurs créances par les preuves de droit (Seine, 7 mai 1840, 12524-2 J. E.).

Mais il faut percevoir un droit fixe sur l'affectation hypothécaire ou le gage consentis par le débiteur, qui cède seulement une partie de ses immeubles aux créanciers, et qui leur confère une hypothèque ou un gage sur les autres. L'affectation constitue alors une disposition distincte du contrat même d'abandonnement (*V.* Cass., 18 août 1835, 11299 J. E., S. 35-1-342, I. G. 1504-3).

23 *ter*. **Nomination de commissaires.** — On a enseigné que si les créanciers chargeaient plusieurs d'entre eux dans le contrat même d'abandonnement de suivre, au nom de tous, la réalisation des biens donnés en gage, c'était là une clause particulière passible d'un droit fixe de mandat, et autorisant même la perception d'un droit de marché, si les commissaires désignés devaient recevoir un salaire (*V.* Dél. 3-18 mai 1833). Cette opinion peut se justifier quand l'abandon a transmis aux créanciers la propriété indivise des biens, parce que l'opération a produit tous ses effets à leur égard, et que la vente ultérieure des biens communs n'est plus une suite nécessaire du traité d'abandonnement. Mais lorsqu'il n'y a pas eu dation en payement, il semble que le mode plus ou moins expéditif de la réalisation motive la perception d'aucun droit particulier. Le tribunal de la Seine l'a ainsi décidé, le 6 février 1857, pour la clause d'un concordat par abandon d'actif portant désignation de commissaires chargés de suivre la vente des biens au nom de la masse (16495 J. E., 10970 C.). Sa solution s'appliquerait, à plus juste titre encore, aux abandonnements purs et simples dont le but est de produire une réalisation économique de gage.

24. Renonciation. — La renonciation par la femme du débiteur, à tous les droits qu'elle pourrait réclamer sur les objets cédés ou sur leur prix, constitue une disposition indépendante sujette au droit fixe de 2 francs (3 fr.) (Seine, 6 juin 1855, 553 R. P; —*V.* 2114 § 1er I. G.; J. E. 14053 § 1er).

25. Union (*Contrat d'*). — Si, dans l'acte même d'abandonnement, il y a *union* des créanciers, cette disposition, qui pouvait avoir lieu par acte séparé, doit être considérée comme ne dérivant pas nécessairement de la cession de biens. Dès lors, un droit particulier de 3 francs (4 fr. 50) est exigible (D. N., V. *Aband.* 4e édit., n° 37; Seine, 7 mai 1840, 12524-2 J. E.). — C'est un principe que nous retrouverons consacré par la jurisprudence en matière de *faillite* (Toulon, 21 avr. 1864, 2089 R. P.). — V. *Faillite*, n° 8898.

26. Usufruit. — Renonciation. — Il arrive fréquemment que l'usufruitier des immeubles cédés par le débiteur renonce à sa jouissance au profit des créanciers, pour aider au crédit du cédant. Cette réunion d'usufruit, acceptée par le propriétaire ou ses représentants est sujette aux droits ordinaires. Si la cession n'a pas transféré aux créanciers la propriété des biens, la renonciation n'est jamais sujette qu'au droit fixe de 4 francs 50 cent., avec ou sans droit de transcription, selon que ce droit a été ou non acquitté par avance, lors du démembrement originaire de la propriété. Si les créanciers sont devenus propriétaires des immeubles, il faut distinguer. Ou bien la renonciation d'usufruit à leur profit a eu lieu avant la cession même de la nue propriété, et alors elle donne ouverture au droit ordinaire de mutation, sans imputation possible sur le droit à percevoir pour cette nue propriété même; ou bien elle intervient, soit simultanément, soit plus tard, et dans ce cas, la réunion est censée s'opérer au profit du cédant lui-même, dont les cessionnaires tiennent la place, et on exige, comme dans la première hypothèse, le droit de 4 francs 50 cent. et, selon les cas, le droit de transcription.

Les règles de cette matière sont plus amplement développées au mot *Usufruit*, nos 17540 et suiv.

ABANDONNEMENT POUR FAIT D'ASSURANCE.

27. — L'abandonnement pour fait d'assurance est l'acte par lequel, après sinistre arrivé, l'assuré abandonne à l'assureur les marchandises et autres objets assurés pour obtenir l'indemnité convenue par la police d'assurance.

28. Effets du délaissement. — Le délaissement signifié et accepté ou jugé valable, les effets assurés appartiennent à l'assureur à partir de l'époque du délaissement. L'assuré ne peut, sous prétexte du retour du navire, se dispenser de payer la somme assurée (C. com. 385).

L'acceptation du délaissement ou le jugement qui le déclare valable en font remonter les effets au jour de la signification, et même du sinistre; de sorte que, quand même le navire reviendrait dans l'intervalle de la signification à l'acceptation ou au jugement de validité, ce délaissement n'en serait pas moins valable, tant à l'égard de l'assuré que de l'assureur (Pardessus, t. 3, n° 854).

Le fret des marchandises sauvées, quand même il aurait été payé d'avance, fait partie du délaissement du navire et appartient également à l'assureur, sans préjudice des droits des prêteurs à la grosse, de ceux des matelots pour leur loyer, et des frais et dépenses pendant le voyage (C. com. 386).

29. Tarif. — La loi du 28 avril 1816, art. 51 n° 1, a élevé à 1 pour 100 le droit de l'abandonnement pour fait d'assurance ou grosse aventure qui avait d'abord été fixé à 50 cent. pour 100 par l'art. 69 § 2 n° 1 L. 22 frimaire an 7. Le droit, aux termes de ces deux lois, doit être perçu sur la valeur des objets abandonnés; et en temps de guerre il n'est dû qu'un demi-droit.

30. Toutes assurances. — Ce tarif s'applique à toutes les assurances. Une décision du ministre des finances du 9 mai 1821, transmise par l'I. G. 983, ayant reconnu que les termes généraux dans lesquels les dispositions du n° 2 § 2 art. 69 L. 22 frimaire an 7, relatif au contrat d'assurance, sont conçues, ne permettent pas d'établir de distinction entre les actes d'assurance relatifs aux dangers de l'incendie et ceux concernant les risques de mer, il faut en conclure que le droit auquel l'abandonnement est soumis est le même pour *toutes sortes d'objets assurés* (Dalloz, n° 1581, Champ. et Rig., n° 1808).

On a enseigné au contraire que le législateur n'a eu probablement en vue que les assurances de mer, parce qu'il voulait seulement favoriser le commerce maritime, et on en conclut que les abandonnements consentis à la suite d'assurances terrestres ne sauraient, à défaut d'un texte de loi, profiter de la modération des droits établis pour les délaissements maritimes. Mais ce sentiment ne peut prévaloir. Rien ne prouve en effet que l'on ait voulu exclure du bénéfice de la réduction d'impôt les assurances terrestres, qui présentent au moins autant d'intérêt que les assurances maritimes et sont dans tous les cas de la même nature. Le législateur a parlé plus spécialement sans doute des assurances de mer, qui étaient à ce moment-là mieux connues que les autres : on n'en saurait conclure, pour ce seul motif, et surtout en présence des termes généraux de l'article, qu'il ait entendu limiter rigoureusement à ces contrats la faveur de ces dispositions (*Comp.* G. Demante, n° 527).

31. Délaissement maritime. — La jurisprudence ne s'est occupée jusqu'à ce jour que du délaissement maritime, dont les règles sont posées par les art. 369 à 396 Code com., et c'est spécialement pour cette nature d'abandonnement qu'ont été posés les principes ci-après, qui peuvent également s'appliquer à toute espèce d'abandonnement, d'après ce qui a été dit au numéro précédent.

32. Droit exigible sur la valeur des objets abandonnés. — Ce droit, aux termes des lois du 22 frimaire et de 1816, doit être perçu sur la valeur des biens *abandonnés*. Cependant une D. m. f. 4 janvier 1819 (876 I. G.) avait prescrit de liquider le droit d'après la valeur des objets *assurés*. Mais une seconde D. m. f. 29 déc. 1832 (7949 J. N.; I. G. 1422 § 1er), ayant reconnu que, suivant l'art. 385 C. com., les effets assurés n'appartiennent à l'assureur qu'à partir de l'époque du délaissement, a remis en vigueur le principe posé par la loi, et la perception doit être aujourd'hui établie sur les *objets restants* au moment du délaissement, c'est-à-dire sur la valeur (à l'époque du jugement ou de l'acceptation) des objets *abandonnés*.

33. Déduction de la prime. — On ne doit pas d'ailleurs faire déduction du montant de la prime sur la valeur des objets abandonnés pour la perception du droit. Il n'y a rien dans la loi qui autorise cette déduction (3351 J. E.).

34. Date de l'ouverture du droit. — La D. m. f. 4 janvier 1819, rappelée au n° 32, a de plus reconnu que le droit n'est exigible que sur l'acte d'acceptation de l'abandonnement, ou sur le jugement qui le déclare valable. Ce n'est effectivement qu'à partir de l'acceptation du délaissement ou du jugement qui le déclare valable que les effets assurés appartiennent à l'assureur, aux termes de l'article 385 C. com. (876 I. G.).

35. Temps de guerre et temps de paix. — Voici les règles adoptées en ce qui concerne la modération du tarif pour le temps de guerre. Si l'abandonnement résulte d'une perte éprouvée *en temps de paix*, sans que le navire ait couru les dangers de la guerre qui n'aurait été déclarée qu'après, le droit de 1 pour 100 doit être perçu, quoique l'abandonnement ait eu lieu *en temps de guerre*. Si, au contraire, l'abandonnement se fait par suite d'un événement quelconque, *arrivé en temps de guerre*, le droit n'est que de 50 cent. pour 100, quoiqu'il n'ait eu lieu qu'en temps de paix. Enfin, si l'abandonnement est fait *en temps de paix*, pour un événement arrivé *après la paix*, légalement connu au moment de la perte, le droit de 1 pour 100 est exigible (3351 J. E.). — *V.* 2371.

36. Enregistrement postérieur au temps de guerre. — Lorsqu'un acte d'abandonnement a été passé en temps de guerre, à la suite d'un sinistre arrivé pendant la même période, et qu'il est enregistré en temps de paix, le droit doit être perçu d'après la loi en vigueur au moment de l'abandon, mais *suivant la quotité* fixée pour le temps de paix. (Dél. 5 avr. 1823, 7424 J. E.; D. N. 3e édit., t. 3 p. 107 n° 22).

ABEILLES.

37. Abeilles. — Les abeilles que l'on entretient dans les ruches sont immeubles par destination lorsqu'elles ont été placées pour l'exploitation du fonds (524 C. C.).

38. Succession. — L'essaim qui s'est fixé sur un fonds exploité par un fermier, usufruitier ou tout autre possesseur précaire, appartient à ce fonds (Vandore, t. 2, n° 210); par conséquent, c'est dans la succession du propriétaire du fonds, et non dans celle du fermier ou usufruitier, que doivent être comprises les ruches à miel pour le payement des droits de mutation par décès. D'ailleurs, cette solution résulte implicitement du caractère d'immeuble par destination attribué aux abeilles par l'art. 524 C. C.

AB INTESTAT.

39. Ab intestat. — L'expression *ab intestat* dérive du latin *ab intestato*. L'héritier *ab intestat* est celui qui recueille une hérédité en vertu de la loi. L'on nomme succession *ab intestat* celle que la loi règle et non le testament. D'un individu qui est mort sans avoir fait de testament, on dit qu'il décède *intestat*.

AB IRATO.

40. Ab irato. — La locution *ab irato* est adoptée pour qualifier les libéralités consensuelles ou testamentaires dont la colère ou la haine ont été la cause impulsive.

ABONNEMENT.

DIVISION

SOMMAIRE

CHAPITRE Ier. — DE L'ABONNEMENT EN GÉNÉRAL

[41-42]

41. Définition. — L'abonnement est une convention bilatérale par laquelle on fixe à une certaine somme, et pour un temps ordinairement limité, des droits, services et fournitures dont le produit ou le prix est incertain, ou peut varier suivant les circonstances.

42. Anciens errements du contrôle. — Un édit du 1er juin 1771 (Denisart, t. 1er, p. 45) avait résilié les abonnements que l'on contractait autrefois avec les fermiers du fisc pour droits de contrôle et autres. Depuis cette époque, le Trésor n'avait passé d'abonnement qu'avec la Banque de France, pour la perception du droit de timbre de ses actions et billets (art. 35, L. 24 germ. an 2); et, pour le recouvrement de certaines branches de l'impôt recouvré par l'intermédiaire de l'Administration des contributions indirectes, pour les droits sur les liquides, l'octroi, sur les voitures publiques, etc., en vertu des lois des 24 avril 1806, 28 avril 1816 et autres. — La loi du 5 juin 1850 (I. G. 1854) a donné plus d'extension à l'abonnement en matière de droits de timbre. Elle en accorde le bénéfice aux sociétés, pour les actions qu'elles émettent, aux départements, communes, établissements et compagnies, pour les obligations négociables qu'ils souscrivent, et aux compagnies d'assurances, pour les polices qu'elles passent.

CHAPITRE II. — ABONNEMENT AVEC LES SOCIÉTÉS ET LES ÉTABLISSEMENTS PUBLICS

[43-120]

SECTION 1re. — FORME ET ÉPOQUE DE L'ABONNEMENT

[43-49]

43. Tarif des titres d'actions et d'obligations à partir de 1851.

1. ACTIONS. — Suivant l'art. 14 L. 5 juin 1850, chaque titre ou certificat d'action dans une société, compagnie ou entreprise quelconque, financière, commerciale, industrielle ou civile, que l'action soit d'une somme fixe ou d'une quotité, qu'elle soit libérée ou non libérée, émis à partir du 1er janvier 1851, est assujetti au timbre proportionnel de 50 cent. pour 100 du capital nominal pour les sociétés, compagnies ou entreprises dont la durée n'excède pas dix ans, et de 1 pour 100 pour celles dont la durée dépasse dix ans.

2. OBLIGATIONS. — L'art. 27, même loi, veut également que les titres d'obligations souscrits à compter du 1er janvier 1851 par les départements, communes, établissements publics et compagnies..... soient assujettis au même droit de 1 pour 100.

44. Délai aux titres émis avant le 1er janvier 1851. — D'autre part, l'art. 20 de la même loi a accordé un délai de six mois pour faire timbrer ou viser pour timbre sans amende, et au droit proportionnel de 5 cent. pour 100, les titres ou certificats d'actions qui auraient été délivrés antérieurement au 1er janvier 1851, en contravention aux lois existantes, c'est-à-dire à la disposition générale de l'art. 12 L. 13 brum. an 7, qui soumet au timbre tous actes et écritures devant ou pouvant faire titre, ou être produits pour obligation... D'après le même art. 20, l'avis officiel de l'acquittement du droit, inséré dans le *Moniteur*, équivaut à l'apposition du timbre. L'art. 30 accorde un pareil délai de six mois pour faire timbrer sans amende les titres d'obligations compris en l'art. 27, et souscrits antérieurement au 1er janvier 1851.

45. Faculté de l'abonnement. — Dans cet état de choses, le législateur de 1850, prenant en considération que le payement immédiat du nouveau droit de timbre pourrait nuire, dans certaines circonstances, au succès d'une entreprise, a autorisé, par l'art. 22 de la loi du 5 juin 1850, les sociétés, compagnies ou entreprises à s'affranchir des obligations qui leur sont imposées par les art. 14 et 20 en contractant un abonnement avec l'État pour le payement du droit de timbre. — La même faculté est accordée, par l'art. 31, aux départements, communes, établissements publics et compagnies pour les obligations qui leur sont imposées par les art. 27 et 30, rappelés ci-dessus.

Cette disposition a été étendue par la loi du 16 septembre 1871 aux départements, communes et établissements publics. Des mesures spéciales ont été prises pour assurer à leur égard le recouvrement du droit (4839, §§ 8 et 40 R.P.)

46. Forme de l'abonnement. — La déclaration d'abonnement est souscrite par le représentant de la compagnie ou de l'établissement public sur le registre des droits de timbre du bureau dans le ressort duquel se trouve le siége de la société ou de l'administration. Elle doit faire connaître le nom et l'objet de la société, ou de l'établissement public, le siége de son administration, le nom et le domicile de ses gérants ou représentants, la date de l'acte de société et de sa publication, le nombre et la valeur des titres que l'abonnement a pour objet, le temps pendant lequel doit durer la société, enfin l'indication des termes pour le payement du droit annuel d'abonnement (I. G., 1873). Nous avons donné des modèles de ces déclarations au n° 1823 du R. P.

1. DÉCLARATION INEXACTE. — RESPONSABILITÉ. — La loi n'a pas imposé au déclarant l'obligation de représenter au receveur les titres justificatifs des faits qu'il allègue, et elle n'a puni d'aucune peine particulière les erreurs commises sur ce point. Il en résulte que c'est au préposé à faire directement les recherches nécessaires pour établir sa perception, et que sans cela il s'expose à commettre des insuffisances soumises, comme toutes les irrégularités de l'espèce, à la prescription biennale de l'art. 61 de la loi du 22 frimaire an 7.

Le contraire a été cependant décidé, mais à tort selon nous, par une Sol. du 29 octobre 1877. Nous retrouverons l'application du même principe à propos du droit annuel exigible sur les cessions d'actions sociales en vertu de la loi du 23 juin 1857. — V. *Droit de Transmission*, n° 6981.

47. Époque de la souscription. — Pour savoir à quelle époque l'abonnement doit être souscrit, il faut distinguer entre les titres émis avant le 1er janvier 1851 et ceux dont l'émission est postérieure.

1. TITRES ANTÉRIEURS AU 1er JANVIER 1851. — Lorsque les titres émis avant le 1er janvier 1851 avaient été rédigés sur timbre, conformément aux lois de l'époque, il est évident qu'aucun supplément de droit n'est devenu exigible et qu'il n'y a pas eu d'abonnement à souscrire pour eux ; — mais s'ils se trouvaient sur papier non timbré, la loi de 1850 offrait le choix ou bien de les faire timbrer sans amende au droit de 5 cent. par 100 fr. (art. 20), ou bien de souscrire l'abonnement ordinaire.

2. DÉLAI POUR LA RÉGULARISATION. — Dans tous les cas, ce choix n'a pu se prolonger au delà du délai de six mois accordé pour la régularisation des pièces, et toutes les compagnies ou les établissements publics qui ont laissé passer cette période sans réclamer le bénéfice de l'abonnement ont été déchus de ce mode de payement (Sol. 4 déc. 1850).

48. Émission. — TITRES POSTÉRIEURS AU 1er JANVIER 1851. — La question est plus délicate pour les titres émis depuis le 1er janvier 1851. L'art. 22, qui autorise l'abonnement, se borne à énoncer que le droit annuel sera de 5 cent. (aujourd'hui 6 cent.) par 100 fr. du capital nominal de l'action *émise*, et il renvoie, pour l'application de la peine, à l'art. 18, qui punit d'une amende de 12 pour 100 toute société convaincue d'avoir *émis* une action non timbrée. Il en résulte bien que l'abonnement est recevable jusqu'au moment de l'émission des titres, mais il n'est pas sans difficultés de préciser ce qu'il faut entendre par *l'émission* d'une action ou d'une obligation. — Comme le nouvel impôt est destiné à remplacer le droit de timbre exigible sur les formules d'actions, on peut en conclure déjà que le simple versement des fonds dans la masse par l'associé ne suffit pas pour motiver l'application de la loi, s'il ne reçoit en échange aucun certificat représentatif de son intérêt. L'entreprise peut bien être alors divisée en actions, mais ces actions désignent simplement le droit incorporel de créance appartenant aux souscripteurs et non pas le titre écrit ou le certificat d'action dont l'existence seule peut donner lieu au timbre. — *V.* R. P. 2128, 12836 C.

1. L'IMPÔT N'EST DÛ QU'APRÈS L'ÉMISSION. — D'un autre côté, on ne peut pas non plus exiger que le Trésor prouve la délivrance effective de ces titres aux actionnaires ; car les sociétés s'arrangeraient aisément pour conserver, sans les détacher de la souche, les certificats d'actions destinés aux souscripteurs, et l'impôt serait éludé dans un cas où cependant la société a pris l'engagement de remettre des titres et où elle peut être à tout instant forcée d'en faire la délivrance. En droit, l'actionnaire est réellement investi d'un certificat d'action quand il lui suffit de se présenter au siége de l'entreprise pour le retirer; aussi croyons-nous qu'en une telle hypothèse, l'action est véritablement émise dans le sens de la loi et fait courir le délai d'abonnement. — *V.* 6932-1.

L'Administration voulait aller plus loin. Elle avait soutenu que, pour la perception du droit d'abonnement, l'action est émise dans le sens de l'art. 22 de la loi du 5 juin 1850 dès qu'elle est attribuée au souscripteur, encore bien qu'il n'existe ni registre ni certificat (*V.* Sol. 5 oct. 1864, 2128 R. P.). Dans la pensée de l'Administration il fallait distinguer :

S'il s'agit d'exiger le droit au comptant, conformément à l'art. 14 de la loi de 1850, il faut, selon le principe général admis en matière de timbre, prouver la délivrance matérielle d'un écrit.

Mais il n'en est plus de même quand la partie a souscrit une déclaration d'abonnement. D'après elle, ce contrat a modifié les conditions d'exigibilité et de recouvrement de l'impôt. La taxe annuelle représentant le droit de timbre au comptant est alors, d'après la loi elle-même, exigible pendant toute la durée de la société, et la société existe dès que les actions souscrites ont été émises, quoiqu'il n'y ait pas encore eu de certificat rédigé.

Ainsi que nous l'avons dit au n° 2128 du R. P., l'interprétation précédente soulève de sérieuses objections. L'abonnement n'est qu'un mode de payement du droit au comptant (*V.* Cass. 9 août 1865, *infrà* n° 50 § 1er). Il ne saurait donc être servi quand le droit au comptant n'est pas encore exigible, c'est-à-dire qu'il n'y a pas eu rédaction d'un titre d'action. D'un autre côté, il est bien difficile de croire que le législateur ait employé le mot *émis* dans les art. 14 et 22 avec des acceptions différentes, l'une se rapportant à la délivrance de l'action au souscripteur, l'autre indiquant seulement son attribution.

L'Administration s'est décidée d'ailleurs à modifier son interprétation primitive. Le tribunal de Lyon l'ayant condamnée par un jugement du 31 juillet 1868 (3043 R. P.), une délibération du 16 novembre suivant a autorisé l'exécution de ce jugement en ces termes :

« L'abonnement autorisé par l'art. 22 de la loi du 5 juin 1850 n'est qu'un mode de payement du droit de timbre créé par l'art. 14 de la même loi pour l'émission des titres ou certificats d'actions dans les sociétés. Ce moyen de libération ne saurait donc influer sur l'exigibilité de l'impôt, et il faut reconnaître que, dans tous les cas où le droit au comptant n'a pu prendre naissance, le service de l'abonnement ne saurait lui-même être imposé. Ni le texte de la loi, ni les discussions dont elle a été précédée, ne permettent d'attribuer au contrat d'abonnement l'effet exorbitant d'atteindre les titres d'actions avant qu'ils aient été émis, c'est-à-dire avant l'existence du fait qui motive l'assujettissement au timbre. Qu'il s'agisse du droit au comptant ou de la taxe annuelle qui le représente, l'impôt ne devient exigible qu'après l'émission du titre ou du certificat d'action. Il importe seulement de remarquer qu'au point de vue de l'exigibilité du droit de timbre, cette émission ne dépend pas toujours de la délivrance matérielle de la formule au souscripteur. Quand la société est actuellement obligée à remettre des titres et qu'ils ont été attribués aux actionnaires, il est vrai de dire que ces titres existent réellement et ont été émis pour le payement du droit de timbre » (3043 R. P.).

2. EXIGIBILITÉ DE L'AMENDE. — Quoi qu'il en soit, l'Administration a toujours admis que pour régler l'application de l'amende de 12 pour 100 prononcée par l'art. 18 de la loi du 5 juin 1850, il est indispensable, comme pour le recouvrement du droit au comptant, de prouver la rédaction matérielle du titre d'action (Sol. 5 oct. 1864, 2128 R. P.; Délib. 31 juill. 1868, 3043 R. P.).

3. ACTIONS ÉMISES MAIS NON SOUSCRITES. — Il ne suffit pas, à un autre point de vue, que les actions soient créées, si elles n'ont pas encore été souscrites. L'émission, en effet, ne consiste pas uniquement dans la création des titres des actions, ni dans l'autorisation accordée par les associés d'émettre ultérieurement un certain nombre d'actions, mais bien dans l'attribution de ces actions à des actionnaires. Tant que cette attribution n'a pas été faite, et qu'elles sont réservées par la société, il n'y a pas à proprement parler d'émission ; l'action n'existe même pas, puisque c'est le titre prouvant la copropriété d'un tiers à l'actif social ; quand il n'y a pas de tiers, le titre est sans valeur et comme non existant (Dél. 29 mars 1853; Sol. 26 avr., 5 juill. 1853 et 27 juin 1877).

Le tribunal de la Seine a donc bien jugé, le 22 janvier 1870, que l'émission ne résulte pas de ce qu'une société de crédit aurait pris l'engagement de faire souscrire les titres par le public : « Attendu que c'est là une garantie de souscription, un engagement de concourir à la composition du fonds social à mesure des besoins et à mesure des émissions de titres, une obligation contractée sous une condition suspensive, et pour le cas où des tiers ne souscriraient pas ; ce n'est en conséquence ni la preuve, ni même la présomption, soit d'une émission accomplie, soit d'un capital réalisé, conditions nécessaires pour l'exigibilité de l'impôt » (3295 R. P.).

Cette décision, rendue pour l'application de la loi du 23 juin 1857, s'étend, par identité de motifs, à la taxe d'abonnement de la loi de 1850, car les titres ne sont créés et n'existent réellement que quand ils sont souscrits. Ainsi que l'Administration le rappelait à la Cour dans le mémoire rapporté au n° 3101 R. P., « en thèse générale, un titre d'obligation existe dès qu'il a été souscrit par le débiteur. Peu importe que le bénéficiaire ait versé entre les mains du souscripteur le montant de l'obligation ; le titre existe nécessairement et légalement du moment où il constate un engagement, une dette pure et simple de celui qui l'a souscrit. »

Par la même raison, il faudrait décider que si l'émission des actions avait lieu avant la constitution de la société, le droit d'abonnement ne serait pas exigible. En effet, une société qui n'existe pas encore légalement ne saurait émettre d'actions, et, dès lors, toute base manque à l'application du droit.

4. ACTIONS REMISES EN NANTISSEMENT. — Mais il y a émission réelle quoique les titres aient été consignés en nantissement à des créanciers par la compagnie. Cette affectation emporte l'idée d'une disposition des titres et par conséquent de leur délivrance (Sol. 11 janvier 1867). Sans doute, tant que le titre existe entre les mains du créancier, il est en quelque sorte intransmissible, mais cela ne peut influer sur l'exigibilité d'un droit qui est subordonné à une seule condition, l'existence même du titre. C'est ce qui a été reconnu pour la perception du droit de transmission par des décisions qui s'appliquent également au droit d'abonnement (Cass. 6 avr. 1870, 3101 R. P., 14563 C., 19937 J. N., S. 70. 1. 273; D. 70. 1. 412; Seine, 22 janv. 1870, 3296 R. P.) — V. *Droit de transmission*, n° 6932.

La question a été d'ailleurs tranchée directement, pour le droit de timbre, par un arrêt du 19 juillet 1875 (4125 R. P., I. G. 2531-4).

5. PLURALITÉ DES TITRES. — Le nombre des titres émis ne peut être supérieur au capital souscrit, une action ne peut donc être représentée par deux titres, l'un au porteur et l'autre nominatif (Sol. 12 avr. 1878).

6. ÉTRANGER. — Il importe peu que les titres aient été émis à l'étranger s'ils émanent d'une société française (Sol. 5 juin 1878).

48 *bis*. Preuves d'émission. — La preuve de l'émission peut résulter d'une foule de circonstances qu'il est impossible d'indiquer. Le moyen le plus général de vérification est de consulter le registre à souche d'où les titres doivent être tirés et qui doit être communiqué à l'Administration (Art. 16 L. 16 juin 1850). Si ces formules, quoique adhérentes à la souche, renferment les mentions essentielles qui caractérisent leur attribution aux actionnaires, l'émission est établie, et les droits deviennent exigibles, encore bien qu'il existe certaines omissions dans les formalités accessoires, telles que le défaut de signature d'un membre du conseil d'administration, etc.

Mais le fait d'avoir présenté les titres au timbrage ne suffit pas pour prouver leur émission (Alençon, 2 juin 1873). V. 6932-2.

49. Délai. — Les sociétés peuvent demander à s'abonner à quelque époque que ce soit, pourvu qu'elles n'aient pas déjà fait timbrer leurs titres au comptant. La loi de 1850 n'a fixé aucun délai de rigueur pour formuler la déclaration. — V. 47-2.

SECTION 2. — DURÉE ET OBJET DE L'ABONNEMENT [50-59]

50. L'abonnement doit être servi jusqu'à la fin. — L'abonnement est un moyen de se libérer par termes du droit imposé par l'art. 14, et la taxe de 5 cent. (actuellement 6 cent.) par 100 fr. représente l'annuité de ce droit. La quotité de la taxe a été déterminée en prévision du payement qui doit en être effectué pendant une certaine période. On ne pourrait donc cesser de la percevoir sans violer la loi du contrat. D'une part, le Trésor serait privé de la redevance moyennant laquelle il a renoncé à exiger le droit au comptant; de l'autre, les sociétés qui auraient acquitté le droit au comptant seraient traitées plus défavorablement que celles qui, après avoir servi pendant quelque temps l'annuité de ce droit, arriveraient à s'en exempter au moyen de la réduction réelle ou simulée du nombre de leurs actions ou obligations.

1. ANNULATION DES TITRES. — Le tribunal de la Seine avait donc bien jugé, les 13 août 1858 et 14 janvier 1860, en décidant « que la réduction du capital social après l'émission des titres ainsi que l'annulation de ces titres sont des circonstances qui ne peuvent modifier l'abonnement, parce que ce droit est invariable et qu'il est assis par la loi elle-même sur un capital qu'elle a pris soin de déterminer, le capital d'émission » (1116 et 1740 *in fine* R. P., 11492 et 11708 C.). Et c'est à tort qu'il avait tenté de modifier ultérieurement sa jurisprudence, le 17 janvier 1863, pour déclarer « que l'annulation d'actions dans une société qui déclare les remplacer par des obligations entraîne une réduction proportionnelle dans l'annuité de l'abonnement » (1740 R. P., 12401 C. — V. *égal.*, Seine, 9 mai 1863, 1824 R. P.).

Il n'a pas tardé d'ailleurs à revenir à sa première opinion à propos de la société *du Ducroire*, qui avait, après la souscription d'un abonnement, annulé tous ses titres et transformé les souscripteurs en simples commanditaires. Un jugement du 8 août 1864 a reconnu que cette circonstance n'arrêtait pas le service des annuités (1928 R. P.), et c'est l'opinion qui a aussi prévalu dans un arrêt confirmatif de la Cour du 9 août 1865, portant : « Attendu qu'il résulte des art. 14 et 22 de la loi du 5 juin 1860 que le droit de timbre frappe les titres d'actions qui y sont assujettis au moment de leur émission; que ce droit est irrévocablement acquis au Trésor par le fait de l'apposition du timbre sur ces titres ; qu'il importe peu que les compagnies adoptent, pour l'acquittement du droit, l'un ou l'autre des deux modes admis par les art. 14 et 22 de la loi du 5 juin 1850, savoir : le payement intégral au comptant ou le payement par annuités au moyen d'un abonnement contracté pour toute la durée desdites sociétés; que leur engagement est définitif et irrévocable, aussi bien dans le second cas que dans le premier, et qu'on ne saurait en méconnaître le caractère de fixité sans introduire une injuste illégalité en matière d'impôt au préjudice de ceux qui l'ont payé comptant » (2149 R. P., 12934 C., 18357 J. N., 2326. 1 I. G., B. C. 147, S. 65. 1. 424, D. 65. 1. 446.)

La même doctrine a été consacrée par la chambre des requêtes, le 23 juillet 1868, sur rejet d'un pourvoi introduit contre un jugement du tribunal de la Seine du 6 juillet 1867 : « Attendu, porte l'arrêt, que le droit proportionnel de timbre établi par l'art. 14 de la loi du 5 juin 1850, sur les actions des compagnies financières et industrielles, est irrévocablement acquis au Trésor par le seul fait de l'émission des actions, et qu'il ne peut dès lors cesser de l'être par cela seul qu'ultérieurement les actions auraient été annulées » (2806 R. P., 2372 § 6 I. G., D. 68-5-387).

2. FUSION DE SOCIÉTÉ ET CRÉATION D'OBLIGATIONS EN REMPLACEMENT D'ACTIONS. — Il importe peu, du reste, on le conçoit, pour quelle cause la société croit devoir réduire le nombre ou l'importance des titres soumis à l'abonnement. Dès l'instant qu'elle ne se trouve pas dans l'une des hypothèses prévues par l'art. 24 de la loi du 5 juin 1850, il faut que l'abonnement soit continué. La jurisprudence a notamment appliqué ce principe au retrait d'actions créées à la suite de la fusion de deux entreprises, bien que ces actions aient été remplacées par des obligations timbrées : « Attendu, a dit la Cour de cassation, qu'aux termes des art. 14 et 22 de la loi du 5 juin 1850, le droit de timbre sur ces titres d'actions, libérées ou non libérées, doit être liquidé d'après leur valeur nominale d'émission, et que le droit fixé sur cette base est dû indépendamment des combinaisons diverses et opérations d'amortissement que peuvent faire ultérieurement les compagnies ; que la compagnie défenderesse était donc mal fondée à prétendre que le droit de timbre liquidé sur un certain nombre d'actions par elle émises et plus tard supprimées formait double emploi avec le droit perçu sur des obligations créées vers la même époque, dans lesquelles la régie n'a dû voir qu'un nouveau capital d'émission, formé par un emprunt et représenté par de nouveaux titres assujettis eux-mêmes au timbre et par conséquent au droit établi par la loi du 5 juin 1850 » (Cass., 2 mai 1865, 2111 R. P., 12864 C., 18315 J. N., S. 65. 1. 286, D. 65. 1. 270, B. C. 39. — *Conf.* Seine, 5 janv. 1861, 1464 R. P., 11948 C.).

51. Obligations. — Durée de l'abonnement. — Extinction des titres. — Les mêmes règles gouvernent à cet égard les actions et les obligations. Il y a seulement une différence essentielle entre eux pour la durée de l'abonnement. D'après l'art. 22 de la loi du 5 juin 1850, l'abonnement relatif aux actions a lieu *pour toute la durée de la société*, tandis que, selon l'art. 31, l'abonnement des obligations ne subsiste que pendant *la durée des titres*. On trouve le motif de cette distinction dans la nature particulière de l'action et de l'obligation. Celui qui a prêté ses fonds à la société est dans la position d'un créancier ordinaire auquel les biens du débiteur servent de gage pour assurer le payement de sa dette. Les modifications que subit la société n'altèrent pas le titre du porteur d'obligations. Sa dissolution même ne change point ses droits : il est toujours créancier de la masse, et il conservera cette qualité jusqu'au payement intégral de l'emprunt. L'action a un autre caractère. Celui qui la possède est copropriétaire du fonds social; elle représente une partie même de l'entreprise. L'actionnaire n'existe donc plus dès que la société disparaît, et son titre s'éteint avec elle. Voilà pourquoi le droit d'abonnement est dû sur les obligations jusqu'à leur remboursement effectif, tandis qu'il cesse d'être exigible sur les actions quand la société prend fin ou qu'elle subit soit une liquidation, soit un de ces événements malheureux qui sont prévus à l'art. 24 de la loi.

1. LIQUIDATION OU FAILLITE NE DISPENSANT PAS DU PAYEMENT. — Il faut donc tenir pour certain que ni la liquidation ni la faillite de la société ne peuvent la dispenser du payement du droit d'abonnement applicable à ses obligations (Seine, 17 janv. 1863, 1740 R. P., 12401 C.; 8 avr. 1864, 1943 R. P.; 18 avr. 1868, 3194 R. P.; — Chartres, 27 août 1875).

La chambre civile avait cependant décidé le contraire par plusieurs arrêts (8 août 1870, 3194 R. P., S. 70-1-434; 1er et 8 fév. 1875, 4053 R. P.). Mais cette jurisprudence, que nous avons vivement combattue, a été condamnée par un arrêt des chambres réunies du 27 décembre 1877, ainsi conçu: « Attendu que la mise en liquidation d'une société n'éteint pas les obligations qu'elle a émises; que, par conséquent, elle laisse subsister la redevance annuelle attachée par la loi à la durée de ces titres. Attendu que si la loi précitée, dans le chapitre premier de son titre II, art. 24, dispense de l'abonnement contracté pour les actions, toute société qui entre en liquidation, elle ne reproduit pas cette disposition dans le chap. 2 du même titre qui traite de l'abonnement des obligations; qu'au contraire, énumérant dans les art. 31 et 62 les dispositions du chapitre des actions qu'elle rend communes à l'abonnement des obligations, elle ne comprend pas dans cette énumération l'art. 24 et le paragraphe premier de l'article 22 : ce qui exclut l'application de ces textes aux obligations..... Attendu que si l'admission à la faillite d'un titre au porteur peut en rendre en fait la circulation moins libre et moins facile, elle n'en opère pas l'extinction et ne rend pas nécessaire, pour en effectuer la transmission à l'avenir, une déclaration de transfert sur les registres de la société; que le titre reste donc, dans ce cas encore, soumis à l'abonnement au timbre qui a été souscrit pour toute sa durée » (4853 R. P.).

Cet arrêt étend la même règle au droit de transmission établi par la loi du 23 juin 1857 sur les actions et sur les obligations des sociétés. — V. *Droit de transmission.* nº 6935.

Sa doctrine était d'ailleurs conforme aux énonciations d'une décision émanée de la chambre civile elle-même et d'après laquelle « tant qu'une société continue d'exister comme personne morale pour les besoins de sa liquidation, ses actions restent dans le mouvement commercial et sont sujettes à la taxe de transmission » (Cass. 28 mai 1870, 3149 R. P., S. 71-1-413).

2. EXTINCTION OU DÉCROISSEMENT DU DROIT D'ABONNEMENT. — Quant aux obligations, il n'est pas douteux que le droit cesse d'être exigible quand les titres ont pris fin, et qu'en cas d'amortissement, par exemple, le droit diminue à proportion des obligations amorties. « Attendu, porte un arrêt de Cass. du 19 mars 1873, que, d'après les statuts de la Société dite Pagarès, et en raison de l'amortissement qu'ils établissent, les titres ou parts de créance émis par cette société doivent décroître tous les six mois dans une proportion déterminée; que dès lors cette société est en droit de réclamer, en raison des amortissements successifs de ses obligations, le bénéfice de l'art. 31, et de demander que l'abonnement par elle contracté vis-à-vis de l'État pour le payement de l'impôt du timbre de ses titres diminue chaque semestre dans la proportion des obligations amorties » (3582 R. P.). — V. 105.

Quand la société est en faillite ou en liquidation, le capital nominal subit des réductions à proportion des répartitions. La prime de remboursement est représentée par la différence entre les intérêts payés au titulaire et les intérêts à 6 pour 100 de l'obligation (Cass. 10 août 1863).

52. Actions. — Durée de l'abonnement. — Fin de la société. — Les événements qui précèdent n'ont d'influence, à l'égard du droit d'abonnement des actions, que si la faillite ou la liquidation met fin à l'entreprise. Cette dissolution, jointe aux exceptions indiquées à l'art. 24, est elle-même sur ce point la seule cause de remise du droit. Toute autre circonstance, quelle que fût d'ailleurs sa gravité, ne pourrait arrêter le service de l'abonnement. On devrait le décider ainsi, notamment : 1º pour l'extinction des actions par voie de remboursement (Sol. 25 nov. 1864); — 2º pour le rachat de ces actions (Sol. 7 mars 1863); — 3º leur rentrée dans le portefeuille (D. m. f. 10-13 déc. 1850); — 4º leur conversion en obligations ou en actions de jouissance (Dél. 24 fév.-28 sept. 1860; 29 avr. 1862; D. m. j. 28 juill. 1872); — 5º pour des actions dont le montant a été réduit par une délibération approuvée (D. m. f. 13 déc. 1850; Seine, 14 janv. 1860).

1. MODIFICATIONS. — Il a été spécialement reconnu qu'une société qui modifie ses statuts, restreint son industrie, change ses gérants et même sa raison sociale, mais qui repose sur le même contrat, continue d'exister et motive la perception du droit d'abonnement (Marseille, 27 déc. 1866). — V. nº 78.

53. Point de départ de l'abonnement. — L'abonnement est dû à partir, non pas de la déclaration souscrite par le représentant de la compagnie, mais bien de l'émission des titres, puisque c'est cette émission qui donne ouverture au droit dont l'abonnement n'est qu'un mode de payement (Seine, 5 janv. 1861, 17303 J. E.).

Mais cette règle est spéciale aux titres émis depuis le 1er janvier 1851. Pour ceux qui ont été émis antérieurement (V. 47-2), rien n'autorisait à faire remonter la perception du droit à une autre époque que celle de la déclaration d'abonnement. — V. 62.

54. Distinction. — Il importe, d'après ce qui précède, de distinguer les actions des obligations. Quelquefois certains titres ont une physionomie assez douteuse, et participent à la fois de ces deux espèces de valeurs. C'est dans l'examen des circonstances de chaque affaire qu'il est seulement possible de découvrir la solution.

1. SOCIÉTÉ POUR RECOUVRER DES ANNUITÉS. — Il a été spécialement reconnu, à cet égard, que lorsque des banquiers qui ont prêté à un gouvernement étranger une somme en remboursement de laquelle ils doivent recevoir un certain nombre d'annuités, émettent par souscription publique une partie de ces annuités divisées en titres spéciaux, et que, conformément aux clauses de l'émission, les souscripteurs se forment en société pour le recouvrement de ces an-

nuités, les titres souscrits ont le caractère d'obligations représentatives de l'emprunt consenti au gouvernement étranger ; par suite, l'abonnement souscrit pour le timbre de ces titres par le représentant de la société, diminue au fur et à mesure de leur extinction ou de leur remboursement (Cass. 19 mars 1873, 3582 R. P.).

2. DÉLÉGATION. — Mais il a été décidé que les délégations émises par la compagnie du canal de Suez ont le caractère d'actions proprement dites : « Attendu qu'elles ont été émises dans la même forme et circulent par les mêmes modes de transmission que les actions; qu'en s'en tenant seulement à la qualification donnée par la compagnie à ces titres, il est constant qu'ils doivent tenir de la nature des droits qui sont délégués; que ces droits sont de ceux qui appartiennent essentiellement aux actions; qu'en effet, les délégations reçoivent, aux lieu et place d'une certaine catégorie d'actions, les produits annuels et variables afférents à ces actions ; que si elles ne réunissent pas tous les autres droits et avantages de cette catégorie de titres, tels que le droit de copropriété et celui d'assister aux assemblées générales, ces circonstances peuvent et doivent influer sur leur valeur comme déterminant la quotité de l'impôt, mais non sur la qualification à leur donner pour déterminer la nature des droits auxquels ils sont soumis » (Seine, 31 août 1872, 3551 R. P).

Ce jugement a été maintenu par un arrêt du 10 juin 1874 (3858 R. P.).

55. A quelles valeurs s'applique le droit d'abonnement. — Il n'y a pas à rechercher, pour la perception du nouvel impôt, quel est le but des entreprises ou l'emploi des fonds empruntés. La loi n'a subordonné l'exigibilité du droit qu'à l'émission régulière des titres. Aussi faut-il reconnaître que l'art. 58 de la loi du 3 mai 1841 sur l'expropriation pour cause d'utilité publique, n'empêcherait pas de réclamer le droit sur les obligations créées par un établissement public pour obtenir les ressources nécessaires à la confection de travaux d'utilité générale.

1. INDIGENTS. — Il faudrait également reconnaître que les obligations d'un emprunt départemental destiné à secourir les indigents ne pourraient profiter de la gratuité d'impôt, si la loi approbative de l'emprunt ne contenait aucune disposition particulière à cet égard (D. m. f. 17 mars 1851).

2. ÉTAT. — De même encore, le droit de timbre serait dû, quoique les obligations communales ou départementales aient pour objet d'éteindre une dette à la décharge de l'État, tel que, par exemple, un droit de péage, etc.

3. CERTIFICATS PROVISOIRES. — Lorsque l'abonnement a été souscrit pour un emprunt et le droit payé à partir de la souscription, le certificat provisoire remis au souscripteur doit être timbré gratis parce qu'il tient lieu du titre. Le certificat définitif doit être également timbré gratis en renouvellement (Sol. 17 juill. et 29 sept. 1877). — V. 15326.

56. Titres d'actions et d'obligations non soumis au nouveau droit de timbre. — Enfin, aux termes des art. 25 et 27, les dispositions ci-dessus ne s'appliquent pas, soit aux actions et obligations dont la cession n'est parfaite, à l'égard des tiers, qu'au moyen de la signification de la cession au débiteur, ou qu'après son acceptation donnée par acte authentique, ainsi que l'exige l'art. 1690 C. C., soit à celles qui ont été formellement dispensées du timbre par une disposition de loi.

1. COMMUNES. — L'exception précédente s'applique aux obligations des communes ou des établissements publics comme aux obligations des sociétés. Rien ne s'oppose, en effet, à ce qu'une commune crée des obligations non négociables, et c'est ce qui arrive fréquemment, quand elle emprunte une somme à un seul prêteur, en lui remettant un titre ordinaire dont la transmission reste sujette aux formalités du droit commun. Nul doute, dans ce cas, que la loi de 1850 ne soit sans application (Sol. 23 août 1850, 29 janv. 1851).

2. EFFETS DE COMMERCE. — Les effets de commerce régis par l'art. 1er de la loi du 5 juin 1850, ne sauraient être admis non plus à l'abonnement permis par l'art. 31 pour les titres d'obligations souscrits par les communes, départements ou établissements publics.

3. DISPENSE. — L'art. 25 de la loi du 5 juin 1850 porte que les dispositions précédentes ne s'appliquent pas aux actions dont la cession n'est parfaite, à l'égard des tiers, qu'au moyen des conditions déterminées par l'art. 1690 C. C., *ni à celles qui en ont été formellement dispensées par la loi.* — Il s'agit ici de la dispense des droits de timbre, car on ne conçoit pas dans quel cas une loi pourrait affranchir des formalités de l'art. 1690 (Sol. 11 mars 1852, I. G. 1873, § 1er *in fine*). — Les mêmes dispositions s'appliquent aux obligations qui auraient été formellement exemptées du timbre par une loi spéciale (I. G. 1873 n° 2 *in fine*)

57. Titres antérieurs au 1er janvier 1851. — Restitution. — Nous avons dit précédemment que les titres antérieurs au 1er janvier 1851, rédigés sur papier non timbré, avaient pu être admis à l'abonnement dans les six mois, au lieu d'être présentés au timbre extraordinaire de 5 cent. par 100 fr. C'est ce que la Cour suprême a reconnu le 27 juillet 1858, en confirmant un jugement du tribunal de Châlons-sur-Saône, du 1er mars 1855, et en décidant que la perception du droit annuel étant régulière ne pourrait motiver aucune demande en restitution. « L'art. 31, porte l'arrêt, qui permet l'abonnement pour toute la durée des titres, ne fait aucune distinction; dès lors, la faculté d'abonnement s'applique à tous les titres, tant antérieurs que postérieurs à la loi et qui se trouvent ainsi affranchis des droits auxquels ils étaient assujettis par les lois existantes au moment de leur création, aux termes des art. 15 et 32, qui, comme l'art. 31, doivent être entendus dans un sens absolu » (Cass. 27 juill. 1858, 1058 R. P.; I. G. 2137 § 14, C. 11381, S. 58-1-824).

1. DROIT D'ABORD PAYÉ AU COMPTANT. — Dans tous les cas, et quelle que soit la date des titres, l'abonnement est impossible dès que le droit ordinaire au comptant a été acquitté. On ne peut pas admettre le débiteur à revenir sur sa libération et lui permettre d'y substituer un autre mode. La

première liquidation étant régulière doit être maintenue (D. m. f. 17 août 1854, 2 sept. 1854 et 19 sept. 1863).

2. RENOUVELLEMENT. — L'abonnement ne peut pas non plus être accordé pour des titres délivrés en renouvellement de titres antérieurs au 1er janvier 1851 et pour lesquels la société n'est pas abonnée. Les renouvellements ne sont que la continuation des titres antérieurs, et quand la société a fait choix pour ces titres du timbrage au comptant, elle ne saurait revenir sur sa détermination (Sol. 25 fév. 1857 et 9 mars 1859).

58. Société non régulièrement constituée. — On n'accorde pas non plus le bénéfice de l'abonnement aux sociétés qui ne sont pas constituées régulièrement. Le droit étant dû par l'être moral qui représente l'entreprise, et le Trésor n'ayant de recours indéfini que contre le gérant, il est manifeste qu'il doit exiger d'abord la constitution régulière de la société et la désignation du gérant, pour transformer en annuités le payement de sa créance. En ce sens, le tribunal de la Seine a décidé, le 12 août 1859, que le droit d'abonnement contracté par une société anonyme est dû, savoir : pour les actions créées au moment où la société a été autorisée à partir du jour de l'autorisation ; et pour celles qui sont créées postérieurement à partir du jour du décret qui a permis l'émission (D. P. 61-3. 24).

Une société anonyme dont les statuts porteraient que la société ne sera pas constituée avant l'autorisation du Gouvernement ou avant tel autre événement, ne devrait donc pas être admise à l'abonnement.

Mais si des associations de l'espèce émettaient néanmoins des titres, l'administration n'aurait pas à rechercher si cette émission est régulière, et les titres deviendraient par le fait seul de leur existence soumis au timbre ordinaire.—V. 122.

59. Abonnement partiel. — L'abonnement peut d'ailleurs être partiel en ce sens que quand la société fait successivement plusieurs émissions de titres, il lui est permis de contracter l'abonnement soit pour la totalité, soit pour une partie des actions créées, par exemple pour une seule émission.

Ce résultat se produit encore quand la société souscrit l'abonnement après que des porteurs de titres ont fait timbrer leurs actions ou leurs obligations au comptant. Le droit perçu est définitivement acquis au Trésor. Mais les titres ne sont pas comptés dans l'abonnement.

Cependant il a été reconnu que si la société qui se proroge n'est pas abonnée pour ses anciens titres, elle n'a pas droit à l'abonnement pour l'émission des titres nouveaux qui représentent son capital supplémentaire (Sol. 19 sept. 1873).

SECTION 3. — QUOTITÉ ET LIQUIDATION DU DROIT [60-73]

60. Quotité.—Le droit à payer est *annuel*, et l'art. 22 en fixe l'importance à 5 pour 100 du capital nominal de chaque action émise ; à défaut de *capital nominal*, il est de 5 centimes pour 100 du *capital réel*, dont la valeur doit être déterminée par la déclaration estimative certifiée par les parties, conformément à l'art. 14, n° 8, et à l'art. 16 L. 22 frimaire an 7. Ce droit, augmenté de 2 décimes (L. 28 fév. 1871, art. 2), est actuellement de 6 centimes. — Le droit à payer par les départements, communes, etc., est également *annuel* et de 6 cent. par 100 fr. du *montant* de chaque titre.

1. FRACTIONNEMENT. — Le droit d'abonnement ne doit pas être liquidé sur des sommes de 20 en 20 francs comme en matière d'enregistrement. La loi du 5 juin 1850 ne contient aucune disposition à cet égard et il ne saurait être suppléé à son silence (Sol. 20 janv. 1857 ; 12 janv. 1858). Mais la question n'a pas d'intérêt pratique, parce que la partie du droit afférent à la portion de 20 francs est inférieure à un centime et qu'il n'y a pas de perception inférieure à ce chiffre.

Nul doute d'ailleurs que chaque titre d'actions ou d'obligations ne puisse pas être arrondi de 20 francs en 20 francs. L'impôt est dû sur le total des titres additionnés les uns avec les autres pour leur valeur réelle.

61. Décimes. — La loi du 23 août 1871 (art. 2) a ajouté deux décimes au principal des droits de timbre de toute nature, sauf les exceptions prévues par cette loi, et l'I. G. 2413 porte que cette surtaxe est applicable aux droits de timbre perçus soit au comptant, soit par voie d'abonnement.

Néanmoins, trois des principales compagnies de chemins de fer ont prétendu que la taxe d'abonnement n'était assujettie aux décimes que pour les émissions postérieures à la loi du 23 août 1871 ; le tribunal de la Seine a admis cette prétention.

Pour trancher la difficulté, l'art. 3 de la loi du 30 mars 1872 a disposé que les deux décimes étaient applicables aux taxes d'abonnement exigibles depuis la mise à exécution de la loi du 23 août 1871, quelle que soit d'ailleurs l'époque à laquelle l'abonnement a été contracté (I. G. 2445).

1. PAYEMENT PAR ANTICIPATION.—L'Administration a émis la prétention d'exiger les nouveaux décimes sur les termes d'abonnement dont l'échéance était postérieure aux lois qui ont établi ces décimes, mais, qui ont été payés par anticipation (Sol. 26 sept. 1873). Nous ne pensons pas qu'elle y soit fondée. En acceptant le payement sans réserve des annuités à échoir, elle a renoncé au terme stipulé à son profit et au profit du débiteur. Le redevable a donc été complétement libéré et sa dette, une fois éteinte, échappe à l'action des événements ultérieurs. Nous comprenons que l'Administration répugne à accepter ces anticipations de payement (V. 106). Mais dès quelle y a consenti, il nous semble impossible de l'autoriser à revenir sur son acquiescement pour traiter la dette du redevable comme si elle n'avait pas cessé d'exister... on n'insiste plus à cet égard (Sol. 29 janv. 1878). — V. 106.

62. Liquidation du droit. — Titres antérieurs au 1er janvier 1851. — De ce que l'abonnement, pour remplacer le droit au comptant, doit être servi pendant la durée de la société pour les actions et la durée des titres pour les obligations, on avait cru que les titres émis avant le 1er janvier 1851 devaient acquitter la taxe annuelle pour toute la période qui s'était écoulée depuis leur création jusqu'à la promulgation de la loi nouvelle.

Mais cette opinion trop rigoureuse ne pouvait prévaloir,

car c'eût été imprimer une véritable rétroactivité à la loi que de faire figurer le temps écoulé avant sa promulgation dans le calcul déterminant la valeur imposable pour la liquidation du droit proportionnel. L'Administration a donc admis les compagnies constituées avant le 1er janvier 1851 à souscrire l'abonnement sur les années restant à courir depuis la promulgation de cette loi.

On n'a même pas fait remonter le point de départ de l'abonnement au jour de cette promulgation; mais le premier terme de payement a commencé à courir seulement de la date de la déclaration. — V. 53.

63. Fraction d'année. — La loi portant que le droit sera annuel, peut-on l'établir pour des fractions d'année? On pourrait soutenir que par la qualification d'*annuel* le législateur a entendu que l'impôt ne se percevrait pas pour moins d'une année, ainsi que cela a lieu pour quelques impôts directs. Mais l'emploi de ce mot *annuel* ne suffit pas pour autoriser à percevoir le droit d'une année lorsque l'abonnement ne s'applique pas à une année entière. On doit donc considérer que le droit s'acquiert par jour comme les intérêts, et qu'il doit être calculé de la même manière (Dél. 4 nov. 1853; Sol. 23 sept. 1854, 20 avril 1858).

Autrement, une société qui dure six mois ou moins d'une année serait assujettie à la taxe pour l'année entière, ce qui est manifestement inadmissible, puisque les actions sont anéanties avec la société.

64. Capital nominal. — Le droit d'abonnement pour les actions se calcule, d'après l'art. 22 de la loi du 5 juin 1850, sur le capital *nominal*. Voici en quels termes le rapporteur de la loi justifiait cette mesure: « En principe, le droit d'obligation est perçu sur l'obligation, quoique la somme ne soit pas versée; il suffit qu'il y ait promesse de la remettre à une époque déterminée. Sans doute on ne cède pas le capital qui n'est pas versé, mais on cède les droits qui y sont attachés et qui se calculent sur ce capital. Si on ne faisait frapper le droit que sur le versement, il arriverait que les entreprises les plus heureuses seraient exonérées. En effet, souvent il n'y a appel que d'une partie des capitaux, et cependant l'entreprise continue ses opérations et perçoit des bénéfices considérables. Pourquoi, dans ce cas, ne supporterait-elle pas l'impôt du timbre? Ajoutez à cette raison, la difficulté d'une perception à chaque versement, et vous serez d'avis d'imposer le droit sur le capital nominal réalisé ou non réalisé. »

65. Capital réel. — Le capital nominal diffère souvent du capital réel. Celui-ci est représenté par la valeur effective que le crédit de l'entreprise attribue aux actions ou aux obligations et dont la cote est déterminée au parquet de la Bourse pour les titres qui y sont admis. Or, on ne saurait non plus liquider le droit d'abonnement sur ce capital réel. La loi du 5 juin 1850 ne contient à cet égard aucune disposition semblable à celle qui se trouve dans celle du 23 juin 1857 sur le droit de transfert des actions (art. 6) et on doit décider, que le cours de la Bourse ne sert pas de mode légal à la fixation du capital imposable (Sol. 19 mai 1864; Cass. 10 juin 1874, 3858 R. P.; Seine 5 août 1876, 4537 R. P.).

66. Évaluation. — Quand le titre n'a pas de valeur déterminée, qu'il s'agit par exemple d'une part d'intérêts ou de bénéfices, l'art. 14 accepte alors le capital réel et décide qu'il sera évalué d'après les règles établies par les lois sur l'enregistrement. Ces règles consistent dans une déclaration faite conformément à l'art. 16 de la loi du 22 frimaire an 7, sauf au Trésor à en constater la sincérité d'après les actes opposables aux parties (I. G., 1873).

67. Variations du capital. — Le droit d'abonnement étant acquis au Trésor, d'après le capital nominal existant au jour de l'émission des titres, les sociétés ne pourraient le faire réduire plus tard en invoquant des délibérations d'actionnaires qui ont, depuis l'abonnement, réduit la valeur des actions. Le droit d'abonnement est la représentation du droit au comptant et opère sur la même base. Les versements ultérieurs qui modifient le capital imposable n'ayant aucune influence sur l'exigibilité du droit au comptant doivent également rester sans action sur le droit d'abonnement. Il en est autrement pour les obligations réduites à la suite d'une faillite. — V. 105.

68. Déduction du passif. — Lorsqu'à défaut de capital nominal, les redevables sont admis à évaluer le capital nominal, peuvent-ils, pour en fixer la valeur, déduire le passif de l'actif et déclarer seulement l'excédant? On aurait pu le soutenir s'il s'agissait du droit de transmission; mais l'impôt actuel est l'équivalent du droit de timbre qui aurait dû être perçu sur la formule même du titre, si elle avait été présentée au visa dès son émission. Or, le soin que prend le législateur d'asseoir l'impôt sur le capital nominal quand il existe, sans tenir compte du passif de la société, indique bien que dans sa pensée le capital réel qui le remplace doit être aussi déterminé sans égard aux dettes (Sol. 1er août 1861).

69. Obligations à prime. — Comme l'impôt frappe sur la somme remboursable ou, en d'autres termes, sur l'obligation de payer, il en résulte que si des titres sont émis à prime, le droit se calcule sur le capital et sur la prime (Sol. 24 août 1854; Cass. 10 juin 1874, 3858 R. P.; — Cass. 12 juin 1877, 4700 R. P.). — V. 51 § 2 *in fine*.

70. Actions de jouissance. — Bien que les actions de jouissance ne confèrent pas les mêmes droits que les actions de capital, il faut cependant reconnaître qu'elles tombent également sous l'application de la loi et donnent lieu à l'impôt sur le capital nominal (Sol. 20 nov. 1852).

71. Intérêts. — La loi n'a d'ailleurs établi aucune différence entre les obligations souscrites pour le remboursement du capital et celles qui ont pour objet le payement successif des intérêts; et, du moment que les coupons ont, comme les titres, la forme d'une obligation négociable, le droit de 1 pour 100 est exigible (D. m. f. 24 mars 1854; Inst. 2003 § 7; 2341 § 11 et 2428 § 12 R. P.). — Mais cette décision ne s'appliquerait pas, bien entendu, aux coupons d'intérêt imprimés sur la même feuille que l'obligation, destinés à en être détachés à chaque échéance d'intérêt, mais ne portant ni date ni signature.

72. Différence entre les actions et les obligations. — Ainsi que nous l'avons déjà dit, le droit d'abonnement ne constitue pas une taxe annuelle qui doive être acquittée en entier dès que l'année est commencée. Il est acquis au Trésor jour par jour, à quelque époque du trimestre que la société ou que le titre prenne fin.

Mais comme l'abonnement se calcule, pour les actions, sur la durée de la société, et, pour les obligations, sur la durée des titres eux-mêmes, il y a nécessairement une différence dans le mode de liquidation du droit.

Le droit d'abonnement dû pour les actions devient exigible pour chaque action à partir du jour où elle est placée, c'est-à-dire souscrite et attribuée dans l'acte de société ou autrement. Constituant une taxe sur le capital que les actions représentent, il se liquide, lors des échéances, sur le montant total des actions, et non sur chaque action séparément. On doit par suite exiger :

1° Lors du premier payement, le droit des actions émises, en remontant jusqu'à la date de l'émission ou du placement, et en faisant une liquidation particulière pour chaque groupe d'actions émises le même jour ;

2° A l'expiration des trimestres suivants, le droit des actions déjà émises pendant le trimestre, en remontant à la date de l'émission, et en faisant de même une opération spéciale pour chaque groupe d'actions émises le même jour.

Enfin, le droit d'abonnement étant dû jusqu'au terme de la société pour toutes les actions qui ont été émises, sauf les cas de dispense énumérés à l'art. 24, il y a lieu, lorsque la société prend fin dans le cours d'une année, de retenir sur le droit *annuel*, c'est-à-dire calculé pour toute l'année, une part proportionnelle au nombre de mois et de jours pendant lesquels la société a existé.

Quant aux obligations négociables, l'abonnement est contracté et le droit est dû pour toute la durée des titres. Chaque titre supporte donc ce droit depuis le jour où il a été souscrit jusqu'à celui où il est éteint par le remboursement ou autrement, et toute obligation non payée à l'échéance continue de donner lieu au droit d'abonnement tant que l'extinction n'en a pas été matériellement effectuée.

Dès lors, à l'expiration de chaque trimestre, le droit est dû savoir : — *Pour le trimestre entier*, sur les titres ayant existé depuis le premier jusqu'au dernier jour du trimestre ; — *depuis le premier jour du trimestre jusqu'à la date de l'extinction*, sur les titres remboursés pendant le trimestre ; — *depuis le jour de la souscription jusqu'à la fin du trimestre*, sur les titres souscrits pendant le trimestre et non remboursés (D. m. f. 11 juill. 1865, I. G. 2341 § 11, 2428 § 12. — V. R. P. 1800, 1823).

Il n'y a pas besoin d'ajouter que la date du titre sert seule de point de départ au droit, encore bien que ce titre n'ait été remis que postérieurement au créancier, ou que les intérêts aient commencé à courir avant cette époque. Dans tous ces calculs, on suit l'année complète de trois cent soixante jours (Sol. 19 juill. 1873).

73. Privilèges accordés aux sociétés abonnées. — En considération de l'abonnement souscrit en vertu de l'art. 22, la loi du 5 juin 1850 accordait aux propriétaires des actions deux espèces d'immunités. D'une part, l'art. 15 porte que les cessions de ces titres ou certificats d'actions seront exemptes de tout droit et de toute formalité d'enregistrement. D'autre part, l'art. 17 dispose que le titre ou certificat de ces actions délivré par suite de transfert ou de renouvellement, sera timbré à l'extraordinaire ou visé pour timbre *gratis*, s'il est justifié que le titre ou certificat primitif a été timbré.

Ainsi, dans le cas d'abonnement, si le titre primitif a été frappé du timbre d'abonnement, ou si, pour en tenir lieu, l'insertion en a été faite au *Moniteur*, conformément à l'art. 20, c'est le timbre d'abonnement qui sera appliqué *sans frais* au nouveau titre délivré en remplacement (Inst. 1873).

C'est dans ce sens qu'une D. m. f., du 18 novembre 1850, a déclaré que les sociétés, compagnies ou entreprises qui, pour s'affranchir des obligations imposées par les art. 14 et 20 L. 5 juin 1850, contracteront avec l'État un abonnement pour toute la durée de la société, se trouveront affranchies des droits de timbre et d'enregistrement qui, d'après l'art. 21, et faute d'abonnement, auraient frappé les renouvellements et les cessions de titres émis antérieurement au 1er janvier 1851 (15069-2 J. E.).

Quant au droit d'enregistrement, la dispense a cessé depuis la loi du 23 juin 1857, dont le commentaire sera présenté au mot *Droit de transmission*.

SECTION 4. — RENOUVELLEMENT, PROROGATION, ETC. [74-78]

74. Renouvellement. — Dans le cas de renouvellement d'une société ou compagnie constituée pour une durée n'excédant pas dix ans, l'art. 26 L. 5 juin 1850 porte que si la société ou la compagnie a contracté un abonnement, il se trouvera prorogé pour la nouvelle durée de la société.

Le renouvellement de l'abonnement est facultatif ; la société abonnée peut, à l'expiration de la première période, choisir le payement au comptant si elle le juge convenable à ses intérêts. Mais une société non abonnée primitivement ne peut pas s'abonner en cas de prorogation. — V. *suprà* 59.

75. Fusion. — En cas de fusion entre des compagnies pour lesquelles l'abonnement existe, les nouveaux titres délivrés par suite de cette fusion en échange des anciens titres des compagnies fusionnées, délivrés antérieurement au 1er janvier 1851, sont considérés comme de simples renouvellements exempts des droits de timbre. C'est ce qui a été décidé à l'égard des actions nouvelles délivrées par la compagnie du chemin de fer d'Orléans en échange des anciens titres des quatre compagnies fusionnées (D. m. 7 sept. 1852).

Mais il résulte également de cette décision que les actions qui représentent un nouveau capital sont assujetties au droit de timbre établi par l'art. 14 de la loi de 1850.

76. Prorogation. — Lorsqu'il y a prorogation d'une société abonnée pour des actions émises *antérieurement au 1er janvier* 1851, il n'est dû aucun droit nouveau si aucune action nouvelle n'a été émise.

Le droit de timbre frappe le papier employé à la rédaction de ces actions, et aucune disposition de la loi n'autorise la perception d'un droit nouveau sur ce papier *lorsqu'il n'est pas renouvelé*. L'art. 21 ne s'occupe que du cas de renouvel lement, lorsque le papier d'une action antérieure au 1er janvier 1851 est remplacé par un autre papier semblable, qui est remis à l'actionnaire en échange de celui dont il ne peut plus se servir. Cette disposition de loi était indispensable pour établir une séparation radicale entre l'ancien tarif rappelé dans l'art. 20, et applicable aux actions ou renouvellements d'actions antérieures au 1er janvier 1851, et le nouveau tarif qui détermine, par l'art. 14, le droit de timbre auquel sont soumis les titres d'actions postérieurs à cette époque. D'un autre côté, l'art. 26, aux termes duquel un nouveau droit de timbre est exigible sur les actions, dans le cas de renouvellement d'une société non abonnée constituée pour une durée n'excédant pas dix années, ne concerne pas les sociétés dont il est question dans les art. 20 et 21. C'est ce qui a été formellement expliqué par l'Inst. 1854 § 3.

Ainsi, une société ancienne dont les actions ont été délivrées antérieurement au 1er janvier 1851 est soumise, quant aux droits de timbre, aux dispositions des art. 20 et 21 de la loi. Le payement qu'elle a fait le 20 novembre 1850 la dispense, quelle que soit sa durée, de tout droit nouveau sur les actions anciennes, à moins de renouvellement *du papier* dans le sens de l'art. 21.

Du reste, si, par suite de modifications à ses statuts, cette société venait à émettre une nouvelle série d'actions, ces actions seraient assujetties au droit de timbre fixé par l'art. 14 (Sol. 6 fév. 1852).

77. Extension de capital. — Lorsqu'une société constituée avant la loi du 5 juin 1850 a obtenu pour ses actions le bénéfice de l'art. 20 et que, se prorogeant ensuite avec une extension de capital et un accroissement de ressources, elle se propose le retrait des actions anciennes et l'émission nouvelle d'actions plus nombreuses exprimant un capital supérieur, on ne saurait voir dans une semblable opération un simple renouvellement d'actions affranchies du timbre. Il serait contraire à l'esprit comme au texte de la loi d'étendre au capital nouveau représenté par les nouvelles actions une immunité qui doit se restreindre à l'ancien capital sur lequel les anciennes actions ont payé le droit (Rouen, 29 janv. 1862, *Conf.* en Cass. le 13 juin 1864, 1922 R. P., I. G. 2288-7, C. 12685, 980 Rev., S. 64. 1. 364).

78. Société transformée. — Si une commandite se transforme en société à responsabilité limitée, la nouvelle société est complétement distincte de la précédente; elle doit souscrire un abonnement particulier, et c'est du jour de sa constitution que courent les deux années d'épreuve après lesquelles l'abonnement peut être suspendu (Seine 10 avril 1869, 3144 R. P.). Cette décision est conforme à la jurisprudence civile. Il a été reconnu, en effet, par un arrêt de la cour de Lyon du 6 février 1868 « qu'une transformation aussi importante que celle d'une commandite en société anonyme est bien la constitution d'une société nouvelle, et qu'on doit dès lors se conformer aux formalités constituantes prescrites par le législateur, c'est-à-dire obtenir une délibération de l'assemblée générale extraordinaire de tous les actionnaires » (S. 1868. 2. 165).

La même solution a prévalu pour une commandite transformée en société anonyme (Bordeaux 7 mai 1873, 3892 R. P.; Sol. 24 sept. 1853; 8 juill. et 23 nov. 1868).

Plus généralement, il faut dire qu'un nouveau droit d'abonnement est dû toutes les fois que la société éprouve une transformation telle que l'ancienne n'existe plus. On trouvera au mot *Société* des développements suffisants à cet égard.

SECTION 5. — SOCIÉTÉS INFRUCTUEUSES [79-97]

79. Dispense de droits. — A l'égard des entreprises infructueuses, l'art. 24 modifie les dispositions de l'art. 22 concernant le payement annuel de l'abonnement. Ainsi sont dispensées du droit les sociétés, compagnies ou entreprises abonnées qui, depuis leur abonnement, se sont mises ou ont été mises en liquidation.

Celles qui postérieurement à leur abonnement, n'ont, dans les deux dernières années, payé ni dividendes ni intérêts, sont aussi dispensées du droit, tant qu'il n'y a pas de répartition de dividendes ou de payement d'intérêts.

Ont joui de la même dispense les sociétés et compagnies qui, dans les deux dernières années antérieures à la promulgation de la loi, n'ont payé ni dividendes ni intérêts, à la charge toutefois par elles de s'être abonnées dans les six mois qui ont suivi cette promulgation, et d'avoir payé le droit annuel à partir de la première répartition de dividendes, ou du premier payement d'intérêts.

Cette disposition est la conséquence même du droit d'abonnement, car l'abonnement étant créé pour la durée de la société, et la société cessant de fonctionner lorsqu'elle est mise en liquidation, il est naturel que l'abonnement cesse aussi à cette époque de produire ses effets (Cass. 21 déc. 1857 Inst. 2118 § 9, S. 58. 1. 367, 955 R. P.).

« Attendu, porte l'arrêt, qu'après avoir établi le principe du droit et le mode de la perception, la loi a précisé les circonstances exceptionnelles qui, sans donner lieu à la restitution du droit perçu pour le passé, en affranchissent les compagnies dans l'avenir; que tel est le but que s'est proposé l'art. 24 de la loi précitée, dont les dispositions s'appliquent aux situations diverses que les événements peuvent faire aux compagnies; que le premier paragraphe dispense du droit les sociétés ou compagnies abonnées qui, depuis leur abonnement, se sont mises ou auraient été mises en liquidation; que les sociétés ou compagnies placées dans cette condition ayant cessé d'exister, la loi, après avoir exigé l'acquittement du droit ou maintenu la perception jusqu'au jour de la liquidation et les en avoir dispensées pour l'avenir, n'avait plus rien à statuer à leur égard. »

1. L'EXCEPTION NE S'APPLIQUE PAS AUX OBLIGATIONS. — Il est essentiel de remarquer que l'exception de l'art. 24 s'applique limitativement aux actions. La même disposition n'ayant pas été reproduite pour les obligations, on doit en conclure que l'abonnement devrait être servi jusqu'à l'extinction des titres malgré la faillite de la société ou son improductivité manifeste. — V. 51 n° 1.

2. SOCIÉTÉS NON ABONNÉES. — Il convient de remarquer aussi que le bénéfice de l'art. 24 est exclusivement applicable aux sociétés abonnées et qu'on ne saurait, par conséquent, en étendre les dispositions à celles qui ont acquitté le droit au comptant.

80. Mise en liquidation. — Il s'agit ici d'une mise en liquidation effective et régulièrement établie. On ne pourrait, par exemple, se dispenser de payer les trimestres échus de l'abonnement en alléguant que la société est restée sans effet, *alors qu'elle ne s'est pas mise en liquidation*. On comprend, en effet, que, jusqu'à dissolution, la société subsiste, et cela suffit pour justifier le maintien de l'abonnement (Seine, 16 mars 1852, 15452 J. E., 14616 J. N., D. N. 4e édit., t. 1er, p. 495, n° 27).

1. LIQUIDATION IRRÉGULIÈRE. — Dans un même ordre d'idées, le tribunal de Marseille a reconnu, le 3 octobre 1861, que la mise en liquidation ne pouvait être opposée au Trésor lorsqu'elle n'était pas contractée dans les formes voulues par la loi. Il serait trop facile, sans cela, d'éluder le payement de l'impôt par des liquidations fictives qui ne compromettraient pas la position de la société à l'égard de ses créanciers. L'Administration joue à cet égard le rôle d'un tiers et a les mêmes prérogatives; elle ne peut accepter l'ajournement de sa dette qu'en vertu d'une cause légale parfaitement établie.

2. SOCIÉTÉ N'AYANT PAS ATTEINT SON BUT. — Il ne suffit pas d'ailleurs pour cela de prouver que la société n'a pas atteint le but en vue duquel elle s'était constituée. Si les faits démontrent qu'elle a existé, le droit d'abonnement a pu être régulièrement établi et la dispense ne sera acquise aux parties que quand elles auront, après l'insuccès bien constaté de leurs efforts, provoqué la liquidation de leur entreprise (Sol. 8 mars 1862).

3. POINT DE DÉPART. — Mais quand la mise en liquidation est régulière, c'est du jour même où cette liquidation commence, et non pas seulement de celui où elle se termine, que court la dispense du droit (Sol. 15 mai 1862; Seine, 1er août 1855; Dél. 4 nov. 1863).

4. FAILLITE. — La déclaration de faillite d'une société donne lieu, d'ailleurs, comme sa mise en liquidation, à l'application de l'art. 24.

81. Défaut de payement de dividendes et d'intérêts. — L'affranchissement du droit n'est possible pour les compagnies que deux ans après l'époque à laquelle a commencé la cessation du payement des intérêts ou de la distribution des dividendes. Ainsi que le disait le rapporteur, on a voulu que l'État supportât sa part de la mauvaise fortune des sociétés, si leurs entreprises étaient infructueuses. Mais on ne pouvait lui imposer ce sacrifice qu'après la démonstration évidente de leur insuccès, et le législateur a fixé à deux années la période pendant laquelle l'abonnement serait servi, quelles que fussent les chances défavorables des opérations. Pendant ces deux années d'épreuves, les sociétés ne peuvent donc obtenir la remise du droit. La Cour de cassation l'a décidé ainsi par un arrêt du 21 décembre 1857, confirmatif d'un jugement de Lyon, du 27 décembre 1856. « Si sans être dissoute, dit la Cour, la société *cesse de payer à ses actionnaires ni dividendes ni intérêts*, la loi a fixé un *délai de deux ans* à compter de leur abonnement pour éprouver les sociétés, de sorte que ces deux années, loin de constituer un terme pendant lequel la perception serait suspendue, assignent un temps d'épreuve pendant lequel le droit est perçu mais à l'expiration duquel il cesse d'être exigible jusqu'au moment où la société ayant continué le cours de ses opérations sera en mesure de répartir un dividende ou de payer des intérêts » (Inst. 2118 § 9, 955 R. P., S. 58. 1. 367).

Cette jurisprudence a été appliquée depuis par les tribunaux de Lyon, le 5 février 1858; — de la Seine, les 5 et 26 mai 1860 (1345 R. P., 11789 C.) et 21 déc. 1877; — et de Marseille, le 13 octobre 1861.

82. Restitution. — Comme le droit a été régulièrement perçu pour les deux années d'épreuve, la restitution n'en pourrait être obtenue si, l'insuccès se prolongeant, la compagnie se trouvait alors placée dans les conditions nécessaires pour réclamer à l'avenir l'affranchissement de l'impôt. (V. Cass. 21 déc. 1857 cité n° 79).

83. Deux ans révolus. — Les deux années doivent être révolues, et la dispense ne serait point accordée s'il intervenait une distribution ou un payement quelconque avant l'expiration du dernier jour de cette période (Seine, 16 mars 1852).

84. Plusieurs abonnements. — Il a été reconnu que quand, à raison de l'émission de diverses séries d'action, une société contracte plusieurs abonnements à des dates différentes, les deux années d'épreuve commencent à courir, pour toutes les actions indistinctement, à partir du premier abonnement. On a considéré, pour le décider ainsi, que c'est l'entreprise dans son entier, et non pas une catégorie déterminée de titres, qui a droit à l'exemption ; que c'est donc la situation de la société dans son ensemble qu'il faut considérer.

85. Deux années successives. — Il faut aussi que les deux années pendant lesquelles la société n'a rien distribué se suivent sans interruption. C'est seulement la continuité du défaut de répartition qui témoigne des efforts infructueux de la compagnie. Mais il n'est pas nécessaire que ces deux ans fassent l'objet d'un inventaire unique destiné à établir aux associés la situation de l'entreprise. Ce n'est là qu'une mesure d'ordre intérieur, sans influence sur les faits accomplis (Sol. 23 juill. 1861).

86. Années antérieures à l'abonnement. — On ne devrait pas non plus prendre des années antérieures à la souscription de l'abonnement. Tous les événements qui ont précédé cette époque sont étrangers au maintien du contrat intervenu avec le Trésor; on n'en peut régler l'exécution que d'après les faits passés sous l'empire de l'abonnement (Sol. 24 juill. 1861).

Par la même raison, le délai d'épreuve court à partir de la déclaration d'abonnement et non pas à partir de l'émission des actions (Sol. 27 juin 1877).

87. Restitution. — L'art. 24 de la loi du 5 juin 1850 parlant des deux *dernières* années, on a pu croire que si la société, après avoir été deux ans sans rien distribuer à ses membres, continuait néanmoins à acquitter les annuités de l'abonnement, elle ne pouvait obtenir la décharge ou la restitution des droits que pour les deux dernières années limitativement, et non pas pour toute la période postérieure à l'expiration du temps d'épreuve.

Mais cette appréciation n'a pas prévalu.

On a considéré que la dispense de l'impôt est acquise de plein droit aux compagnies par l'accomplissement de la condition prévue; qu'elles versent dès lors au Trésor une somme dont il n'est pas créancier quand elles acquittent l'abonnement après cette époque, et que la prescription seule pourrait s'opposer dans cette circonstance à la restitution de toutes les sommes indûment reçues. Une délibération du 6 octobre 1857, approuvée le 9, a reconnu, par suite, que les parties pouvaient obtenir le remboursement de tous les payements non atteints par la prescription. Cette doctrine a été maintes fois appliquée (Sol. 28 oct. 1863, 14 déc. 1864).

88. Intérêts. — Il est nécessaire, d'après le texte même de l'art. 24, qu'il n'y ait eu ni distribution de dividendes ni payement d'intérêts. Lors de la discussion de la loi à l'Assemblée nationale, on demanda le retranchement des mots : *ni payement d'intérêts*, parce que le payement des intérêts, quand il n'y a pas de dividendes, est une prestation purement fictive opérée au moyen de prélèvements sur le capital. Mais cette proposition fut repoussée par le motif que si on dispensait les compagnies qui payent des intérêts du droit annuel résultant de l'abonnement, on payerait les dividendes sous le nom d'intérêts, et les compagnies s'affranchiraient ainsi de l'impôt.— Les deux conditions sont donc de rigueur.

89. Distribution aux dépens du capital. — Du reste, l'Administration n'a pas à rechercher quelles sont les causes de la distribution ou du payement, ni avec quelles ressources ces payements ont lieu. Une compagnie ne pourrait profiter de la dispense du droit sous le prétexte que les répartitions faites sous forme d'intérêts ont eu lieu aux dépens du capital (Seine, 14 janv. 1860, 11708 C.; 17 janv. et 24 juin 1863, 1740 et 2021 R. P.). — Par la dispense temporaire de l'impôt, la loi a voulu que l'État supporte sa part de la mauvaise fortune des sociétés qui éprouvent des mécomptes et dont les opérations sont infructueuses Mais il n'y a rien de tel dans la situation d'une société qui, prévoyant qu'à son début, pendant la période des travaux nécessaires pour préparer l'exploitation, elle ne pourra obtenir de bénéfices, veut cependant que ses actionnaires reçoivent non pas un dividende, mais l'intérêt de leurs actions, au moyen d'un prélèvement sur le capital. C'est ce qui arrive aux sociétés les plus prospères ; et bien que la loi l'interdise, les statuts de toutes les compagnies de chemins de fer ou de grands travaux publics contiennent une clause analogue, avec l'approbation du conseil d'État et la sanction du Gouvernement. Ces sociétés n'ont jamais eu la pensée de se prévaloir de cette clause et du fait qu'elle consacre, pour réclamer la dispense du droit de timbre pendant la période d'exécution des travaux et avant que l'exploitation puisse commencer d'une manière fructueuse. Aussi la Cour de cassation, appelée à trancher la question, a-t-elle repoussé la prétention des compagnies : « Attendu que la loi ne distingue pas entre le cas où les intérêts payés par la société proviennent des bénéfices réalisés, et celui où ces intérêts sont payés au moyen d'un prélèvement opéré sur le capital ; qu'elle ne distingue pas davantage entre le cas où les intérêts sont payés d'une manière générale et à tous les actionnaires, et celui où ils sont payés seulement à une catégorie déterminée. Attendu que le texte de la loi est général et absolu ; que son application doit avoir le même caractère » (Cass. 4 janv. 1865, 2021 R. P., 12800 C., I. G. 2325 § 2, S. 65-1-193). — *Conf.* : Cass. 9 août 1875, 4176 R. P., I. G. 2531-8.

1. RÉPARTITION FRAUDULEUSE. — Cependant il a été décidé que si les répartitions ont eu lieu frauduleusement et si le fait est judiciairement constaté, la société est considérée comme infructueuse (Sol. 5 août 1859; 12 août 1859). Mais ce sont là de pures décisions de faveur.

90. Intérêts à certains actionnaires. — L'arrêt du 4 janvier 1865 décide même que l'art. 24 cesse d'être applicable si les intérêts, au lieu d'être payés à tous les actionnaires, l'ont été seulement à quelques-uns d'entre eux. C'est également ce qui résulte d'un arrêt postérieur du 24 novembre 1869 (req.) portant : « qu'aux termes de l'art. 24 de la loi du 5 juin 1850, il suffit, pour que le droit d'abonnement reste dû par la société, que des intérêts aient été payés à une partie des actionnaires seulement » (3044 R. P., 19835 J. N., I. G. 2397 § 4, S. 70-1-135, D. 70-1-271. — *Conf.*: Seine 27 fév. 1869, 2959 R. P. ;—7 mars 1874;—Cass. 9 août 1875, 4176 R. P., I. G. 2531-8).

1. QUOTITÉ DES INTÉRÊTS. — Il importe peu que ces intérêts soient ou non considérables et demeurent même au-dessus de l'intérêt légal ordinaire. La Cour suprême a, avec raison, écarté la dispense dans un cas où chaque porteur d'une action de 100 fr. avait reçu seulement 1 fr. ou 1 fr. 50 cent. par titre (Cass. req. 23 juill. 1868, 2806 R. P., Inst. 2372-6, D. 68-5-387); — ou un intérêt ne dépassant pas 3 p. 100 (Cass. 9 août 1875, 4176 R. P., I. G. 2531 § 8).

91. Bénéfices conservés. — On a agité la question de savoir si le défaut de distribution de dividendes ou d'intérêts aux actionnaires pendant deux années exempte la compagnie du service de l'abonnement quand ces dividendes ou ces intérêts ont été conservés par la société pour l'augmentation du fonds social. Le tribunal de la Seine, après avoir décidé que le défaut de répartition de dividendes ou de payement d'intérêt n'est une cause de dispense que quand il est amené par une absence de bénéfices (1er août 1868, 3144 R. P.), a ensuite admis le contraire, « attendu que tout en ne distribuant aucuns bénéfices elle n'en a pas moins augmenté le chiffre de son capital, qui, de 750,000 francs qu'il était en juin 1860, est monté à 1 million en avril 1867 : mais qu'on ne peut considérer cette circonstance, dont les résultats ne se sont ni produits, ni traduits en répartitions individuelles. comme étant de nature à faire obstacle à l'application de la disposition précitée, laquelle est suffisamment claire et précise pour qu'on ne puisse se refuser à l'appliquer selon son texte et sa teneur » (Jug. du 10 avr. 1869, 3144 R. P.). Et c'est également ce qu'ont décidé les tribunaux de Lyon, le 25 juillet 1868, et de Lille, le 22 juin 1877, par le motif que la loi a pris soin de déterminer le caractère auquel une compagnie est légalement reconnue en mauvaise fortune et n'a pas voulu permettre d'autres recherches aux agents du fisc (3144 et 4759 R. P.).

Mais cette interprétation ne nous paraît pas admissible. Le rapport fait à l'Assemblée législative sur la loi du 5 juin 1850, a déterminé de la manière suivante la portée de l'art 24 : « L'art. 21 (devenu art. 24) est une nouvelle preuve de l'intérêt qu'inspirent les sociétés. *Nous avons voulu que l'État supportât sa part de leur mauvaise fortune si leurs entreprises étaient infructueuses.* En cas d'abonnement, les compagnies ou entreprises en liquidation seront dispensées du droit annuel. Celles qui, dans les deux dernières années, n'auront payé ni intérêts, ni dividendes, seront aussi dispensées du droit tant qu'il n'y aura pas de répartition de dividendes ou de payements d'intérêts. » Il a été ainsi entendu que la dispense du droit serait accordée uniquement aux sociétés dont les entreprises sont *infructueuses*, car ce n'est qu'alors que peut exister la *mauvaise fortune* dont l'État doit supporter sa part. L'art. 24 énonce comme indice de cette mauvaise fortune, d'un côté, la mise en liquidation; de l'autre, le défaut de payement d'intérêts et de dividendes pendant deux années consécutives.

Évidemment, ce n'est pas au fait matériel de la répartition entre les actionnaires que le législateur s'est arrêté, mais à l'absence de bénéfices qui le rend impossible. Si donc une société, malgré son état prospère et l'existence de profits considérables, conservait les dividendes pour accroître le fonds social ou étendre le cercle de ses opérations, on ne serait plus dans le cas d'une entreprise infructueuse. La dispense provisoire d'impôt n'aurait pas de cause. Autrement, ce serait entendre le mot *distribution*, employé par l'art. 24 de la loi de 1850, en un sens judaïque qui ne rendrait pas compte de son esprit.

Cette question, proposée à la Cour, y a donné lieu à un arrêt de la chambre civile du 13 juillet 1870, portant : « que la disposition de l'art. 24 ne subordonne pas la dispense qu'elle prononce au profit des sociétés à la preuve à faire par les sociétés qu'elles n'ont produit aucun bénéfice et qu'elles sont restées infructueuses ; que le législateur, voulant, dans un but favorable aux entreprises commerciales ou industrielles, exonérer du droit de timbre les sociétés infructueuses, a dû considérer comme telles celles qui, ne payant ni dividendes ni intérêts à leurs actionnaires, laissent sans fruits ni revenus les actions dont le capital sert d'assiette à ce droit » (3184 R. P., 14625 C., 2820 Rev., S. 70-1-372, D. 70-1-414).

Mais cet arrêt ne tranche pas la difficulté. Il ne décide pas qu'en thèse générale il faille considérer comme des sociétés infructueuses, dans le sens de l'art. 24 de la loi du 5 juin 1850, celles qui emploient les bénéfices de l'entreprise à augmenter le fonds social, soit par l'acquisition de valeurs communes, soit par la constitution ou l'accroissement du fonds de réserve. Il décide simplement que, quand aucune distribution n'a été opérée entre les actionnaires, ce fait établit suffisamment l'improductivité de l'association et la dispense de fournir d'autres justifications à cet égard. L'Administration avait tort, en effet, de soutenir que c'était aux compagnies à prouver qu'elles n'avaient pas employé leurs bénéfices à l'augmentation du capital social, ou qu'elles ne les avaient pas mis en réserve. Il lui appartient à elle-même, au contraire, de faire cesser la présomption d'improductivité qui résulte du défaut de distribution de dividendes ou d'intérêts pendant deux années (V. Cass. 5 mai 1875, 4122 R. P.). C'est parce qu'elle n'avait pas fait cette preuve dans l'espèce et parce qu'il s'agissait d'une société notoirement mauvaise, que la Cour a écarté sa demande. Mais nous persistons à penser que si l'Administration établissait que les bénéfices réalisés ont effectivement servi à l'accroissement du capital ou du fonds de réserve, la société ne pourrait pas être considérée comme infructueuse, dans le sens de l'art. 24 de la loi de 1850. C'est, en effet, ce qui a été décidé depuis par un arrêt de Cass. du 5 mai 1875 (4122 R. P.). *Conf.* Seine 6 mai 1876, 4563 R. P.

Ainsi que nous le faisions remarquer en rappelant l'arrêt du 13 juillet 1870, cette justification ne résulterait pas suffisamment de la clause des statuts portant que ces bénéfices *pourraient* être employés aux *besoins* de la société ; car, d'une part, il n'est pas établi que cet emploi purement facultatif a eu lieu, et, de l'autre, il n'y a de bénéfices proprement dits qu'après la satisfaction de tous les besoins de l'entreprise, c'est-à-dire le payement des frais généraux ou des dépenses accidentelles occasionnées par le fonctionnement de la société.

La question est actuellement soumise à la Cour par le pourvoi formé contre un jugement du tribunal de Lille du 22 juin 1877 (4759 R. P.).

1. PERTES ANTÉRIEURES. — Mais lorsque les bénéfices réalisés pendant un exercice et non distribués ne servent qu'à compenser les pertes subies dans un exercice antérieur, la taxe n'est pas due (Sol. 19 sept. 1865).

92. Point de départ. — C'est l'époque du dernier payement qu'il faut considérer pour calculer les deux années d'épreuve après lesquelles le droit cesse d'être dû. On ne serait pas autorisé à rechercher à quelle période de l'année appartiennent les bénéfices qui ont servi à effectuer ces payements, afin de faire courir depuis lors les deux dernières années (Dél. 7-10 oct. 1862). — La répartition rend exigible non-seulement la fraction du droit correspondant à la date du payement, mais le droit entier dû sur l'exercice (Cass. 29 fév. 1876, 4316 R. P.).

93. Absence de distribution prévue par les statuts. — Le défaut de payement de dividendes et d'intérêts n'étant considéré par le législateur que comme un témoignage de la mauvaise fortune des compagnies, il en résulte qu'on ne saurait plus l'invoquer quand il est la conséquence d'une convention statutaire. Si, ce qui arrive fréquemment dans certaines sociétés d'assurances, il est stipulé que les bénéfices seront répartis seulement tous les trois ans, on ne peut douter que l'absence de toute distribution durant cette période ne dispense pas du droit d'abonnement (Sol. 15 mars et 2 avr. 1862).

Il en est de même, quoiqu'il n'existe aucune convention de l'espèce, si l'Administration établit que la société a fait des bénéfices et pourrait, par conséquent, effectuer des distributions (Sol. 6 sept. 1861).

94. Augmentation de capital. — Malgré son improductivité, depuis plus de deux ans, une société abonnée peut vouloir augmenter son capital et émettre à cet effet de nouveaux titres. Il faudrait reconnaître que, dans une telle circonstance, l'art. 24 de la loi du 5 juin 1850 s'applique aux secondes actions comme aux premières, et que leurs formules doivent être admises au timbrage sans frais, sauf la perception de la taxe lors du retour de la compagnie à meilleure fortune (Dél. 29 avr., 2 mai 1861 ; Sol. 13 nov. 1871).

95. Dispenses successives. — Toute répartition nouvelle fait courir, au profit du Trésor, la période de deux années d'épreuve pendant laquelle les droits d'abonnement sont régulièrement exigibles; et cette période peut se renouveler autant de fois qu'après l'expiration de deux années improductives, un dividende est réparti ou des intérêts sont payés (Inst. 2325-2, 2299 R. P.).

96. Compagnies anciennes. — Pour les sociétés antérieures à la promulgation de la loi du 5 juin 1850, le temps d'épreuve doit se calculer, non à partir du jour de l'abonnement, mais des deux années qui ont précédé la promulgation de la loi, ou de l'émission des titres si cette émission a eu lieu depuis moins de deux ans. Par exemple, une société constituée le 7 mai 1849 et abonnée le 12 décembre 1850 et qui n'a, depuis sa constitution, payé ni dividende ni intérêts, a terminé, le 7 mai 1851, le temps d'épreuve de deux années consécutives imposée par la loi (Dél. 7 mai 1852, D. N. 4e édit., t. 1er p. 494 n° 76).

97. Compagnie transformée. — Si une commandite se transforme en société à responsabilité limitée, la nouvelle société est complètement distincte de la précédente; elle doit souscrire un abonnement particulier, et c'est du jour de sa constitution que courent les deux années d'épreuve après lesquelles l'abonnement peut être suspendu (Seine, 10 avr. 1869, 3144 R. P.). Il en est de même d'une commandite transformée en société anonyme (Bordeaux, 7 mai 1873). — V. *suprà*, n° 78.

SECTION 6. — SOCIÉTÉS ÉTRANGÈRES [98-101]

98. Législation. — La loi du 24 juin 1850 n'avait pas parlé expressément des sociétés étrangères dont les titres sont cotés en France; et, d'après le principe que l'impôt est un statut réel sans application hors de la frontière nationale, on pouvait soutenir que ces titres échappaient à la perception du droit.

L'art. 9 de la loi du 23 juin 1857 a comblé cette lacune, en disposant que les actions et obligations émises par les sociétés ou compagnies étrangères seraient soumises à des droits équivalents à ceux qui sont établis par la loi du 5 juin 1850 sur les valeurs françaises, et ne pourraient être cotées ou négociées en France qu'en se soumettant à l'acquit de ces droits (2104 I. G., 852 et 909 R. P.).

Aux termes de l'art. 11 du décret rendu pour l'exécution de la loi précédente, le 17 juillet 1857, le droit dû par ces sociétés étrangères est établi sur la quotité du capital déclaré *et payé suivant le mode prescrit par les art.* 22 *et* 31 *de la loi du* 5 *juin* 1850.

L'abonnement est donc obligatoire pour le timbrage de ces formules. — Il doit être continué tant que la société n'a pas renoncé à la cote dans toutes les bourses (Cass. 10 juin 1874, 3858 R. P.).

1. MODE DE PERCEPTION. — L'art. 10 du décret du 17 juillet 1857 avait réservé au ministre des finances le droit de fixer la quotité du capital social devant servir de base à l'impôt. Ultérieurement, un décret du 11 décembre 1864 avait décidé qu'à partir du 1er janvier 1865, le droit serait perçu sur la moitié du capital représenté par les actions et sur la totalité des obligations (2302 I. G.; 2018, § 10 R. P.).

Ces dispositions ont été modifiées.

Un règlement d'administration publique, rendu le 24 mai 1872, pour l'exécution d'une loi du 30 mai précédent, a déterminé le mode de perception des droits de timbre (et de transmission) dus par les sociétés étrangères.

Il renferme les dispositions suivantes :

ARTICLE PREMIER. — Le nombre des titres qui doit, en vertu de l'art. 10 du décret du 17 juillet 1857, servir de base à la perception des droits de timbre et de transmission établis par les lois ci-dessus visées sur les actions et obligations des sociétés étrangères, est fixé par le ministre des finances, sur l'avis préalable d'une commission composée ainsi qu'il suit :

Le président de la section des finances au conseil d'État, *président;*

Le directeur général de l'Enregistrement, des Domaines et du Timbre;

Le directeur du mouvement général des fonds;

Un régent de la Banque de France;

Le syndic des agents de change à Paris.

La commission désigne son secrétaire, qui a voix consultative.

ART. 2. — Le nombre des titres assujettis aux droits de timbre et de transmission ne peut être inférieur, pour les actions, à un dixième, et, pour les obligations, à deux dixièmes du capital.

ART. 3. — Le nombre de titres fixé par le ministre des finances, conformément aux articles qui précèdent, peut être revisé tous les trois ans. S'il n'y a pas lieu à révision, la fixation précédente sert de base pour une nouvelle période de trois ans. S'il y a lieu à révision, elle est effectuée dans le trimestre qui précède l'échéance de la troisième année, et sert de base pour une nouvelle période de trois ans.

A défaut par les sociétés, compagnies, entreprises, d'acquitter les droits, les titres sont rayés de la cote. Néanmoins, le représentant établi en France, conformément à l'art. 10 du décret du 17 juillet 1857, reste responsable des droits jusqu'à l'époque à laquelle les titres auront cessé d'être cotés.

2. ABONNEMENT. — Les compagnies étrangères et les représentants responsables qu'elles ont fait agréer par le ministre, en exécution de l'art. 10 du décret, sont d'ailleurs soumis aux mêmes obligations et aux mêmes pénalités que les sociétés françaises, en ce qui concerne le service de l'abonnement.

La valeur vénale des titres s'évalue comme celle des titres français (Cass. 10 juin 1874, 3858 R. P.).

99. Sociétés infructueuses. — La loi du 23 juin 1857 n'ayant pas réservé à ces compagnies le bénéfice de l'art. 24 de la loi du 5 juin 1850 en cas d'insuccès pendant deux années consécutives, cette circonstance n'empêchait pas le payement des annuités.

Un décret du 28 mars 1868 a modifié ces règles, en décidant que les compagnies étrangères dont les titres sont cotés aux Bourses françaises, pourront jouir, à l'égard de leurs *actions*, de la dispense de droits accordée par l'art. 24 de la loi du 5 juin 1850 aux sociétés françaises qui sont en liquidation, ou qui, dans les deux dernières années, n'auront payé ni dividendes ni intérêts.

C'est seulement pour l'avenir, et à partir de la promulgation du décret précédent, que les compagnies étrangères ont pu bénéficier des dispositions de l'art. 24 de la loi du 5 juin 1850 (Cass., 13 nov. 1871, 3376 R. P., 20199 J. N., I. G. 2434 § 2, S. 71-1-166, D. 72-1-177. — *Conf.* Seine, 23 avr. 1870, 3318 R. P.); — Cass. 25 mars 1874, 3828 R. P.),

« Attendu, porte l'arrêt de cassation du 13 nov. 1871, que la loi du 25 juin 1857, qui détermine les droits à percevoir, peut d'autant moins s'appliquer à l'exemption de ces mêmes droits, que c'est seulement par le décret du 25 mars 1868, rendu en exécution de l'art. 9 de la loi du 25 juin 1857, que les compagnies étrangères ont été admises à profiter du bénéfice que l'art. 24 de la loi du 5 juin 1850 accordait aux sociétés françaises; attendu, dès lors, que c'est seulement pour l'avenir, et à partir de la promulgation du décret impérial du 28 mars 1868, que les compagnies étrangères ont pu bénéficier des dispositions de l'art. 24 de la loi du 5 juin 1850. »

1. MODE DE JUSTIFICATION. — Pour être admises à jouir de ce bénéfice, les compagnies étrangères doivent justifier, soit qu'elles sont en liquidation, soit qu'elles n'ont ni payé d'intérêts ou de dividendes, ni réalisé de bénéfices. Elles font cette justification en produisant à l'Administration « les procès-verbaux et délibérations des assemblées générales, les inventaires, balances et tous autres documents de comptabilité, vérifiés et certifiés par les agents diplomatiques ou consulaires français. » — Il n'a été rien innové à l'égard, soit des droits de timbre dus par les compagnies étrangères sur le capital de leurs *obligations*, soit des droits de *transmission* dus par les mêmes compagnies, tant sur leurs obligations que sur leurs actions (2373 I. G., 2814 § 13 R. P.). — V. Seine 6 mai 1876, 4563 R. P.

Jugé spécialement qu'on ne peut considérer comme improductive la société qui met ses bénéfices en réserve (Seine, 6 mai 1876, 4759 R. P.). — *V.* 91.

100. Fonds publics étrangers. — Les titres de rentes et tous autres effets publics étrangers ont été assujettis au timbre par les lois du 13 mars 1863, 8 juin 1864 et 25 mai 1872.

Le droit a été fixé ainsi qu'il suit :

75 centimes pour chaque titre de 500 francs et au-dessous.

1 fr. 50 cent. pour chaque titre au-dessus de 500 francs jusqu'à 1,000 francs.

3 francs pour chaque titre au-dessus de 1,000 francs jusqu'à 2,000 francs.

Et ainsi de suite à raison de 1 fr. 50 cent. par 1,000 francs ou fraction de 1,000 francs.

Ce droit n'est pas assujetti aux décimes.

1. PAS D'ABONNEMENT. — La faculté d'abonnement n'ayant pas été accordée pour le payement du droit des titres d'emprunts, il est clair que les gouvernements ne sauraient en réclamer le bénéfice et doivent se libérer au comptant, suivant les règles ordinaires.

101. Titres non négociés en France. — La loi de 1857 ne s'applique qu'aux titres des sociétés étrangères appelés à la négociation en France. Si ces titres étaient uniquement destinés à circuler hors de la frontière, l'impôt ne pourrait les atteindre, encore bien que la compagnie ait passé en France l'acte constitutif de ses statuts, si d'ailleurs cet acte ne mentionne pas l'existence des titres et s'ils ne sont pas émis en France (L. 30 mars 1872, art. 2).

Par la même raison, le droit d'abonnement exigible sur les obligations d'une société française, cesserait d'être perçu, si cette société se transformait en une société étrangère dans le sens précédent. Mais il ne suffit pas d'alléguer une telle transformation; il faut en rapporter la preuve (Lyon, 15 fév. 1861).

Du reste, les émissions, souscriptions et négociations de titres étrangers sont soumis à une législation particulière que nous indiquons au mot *Étranger*, n° 8260 et suiv.

SECTION 7. — PAYEMENT DU DROIT [102-111]

102. Payement du droit. — C'est au lieu où se trouve le siége de la société, de la compagnie ou de l'administration, et au bureau chargé de la recette des droits de timbre, que doit être payé le droit d'abonnement des art. 22 et 31.

103. Siége de société. — Le payement a toujours lieu au siége de la société. Si, dans le cours de l'entreprise, ce siége est transféré dans une autre localité, l'abonnement doit être servi au bureau du timbre de cette nouvelle résidence.

Quand la société a son siége dans un endroit et son administration dans un autre, c'est au lieu du siége qu'il faut acquitter le droit.

Enfin si l'entreprise a plusieurs siéges, elle doit se libérer au bureau du plus important, et, s'ils sont tous égaux, au bureau de celui qui lui convient le mieux. Mais une fois son choix opéré, elle ne peut plus, sans l'assentiment de l'Administration, reporter ailleurs le service de l'abonnement.

104. Gérant. — C'est la société elle-même, représentée par son gérant, qui est débitrice des droits. Les art. 14 et 27, dont l'abonnement n'est qu'un mode d'exécution, disent catégoriquement, en effet, « que l'avance du droit sera faite par les compagnies, quels que soient leurs statuts. » Selon l'exposé des motifs de la loi, il a paru que c'était un moyen d'assurer la perception de l'impôt et de forcer les compagnies à faire des entreprises sérieuses.

Le recouvrement doit donc être poursuivi contre la société, directement et non pas contre chacun des associés.

Mais si la société était insolvable, l'Administration aurait évidemment son recours contre les associés eux-mêmes, qui sont les débiteurs véritables de l'impôt. Seulement il faudrait ici distinguer. Les associés en nom collectif ou les commanditaires qui se sont immiscés dans la gestion, étant indéfiniment responsables, pourraient être poursuivis sur leurs biens personnels. Mais un jugement du tribunal de la Seine du 6 février 1856 a reconnu que les autres associés n'étaient tenus que jusqu'à concurrence de leur apport, dans le passif de la société, et que l'Administration ne pouvait les actionner dès lors pour une somme supérieure, au sujet de l'abonnement des titres de la société.

105. Faillite. — Nous avons vu précédemment (n° 71) que la faillite de la société n'empêche pas le service de l'abonnement pour les obligations. Mais si les titres éprouvent, par suite de cette circonstance, des réductions partielles, la liquidation de l'impôt doit être modifiée. Aussi le tribunal de la Seine a-t-il décidé avec raison, le 8 avril 1864, qu'en produisant à la faillite pour toutes les annuités à échoir, l'Administration devait tenir compte des réductions successives que les répartitions à opérer feront subir aux obligations ou de celles qui résultent d'un jugement définitif (1943 R. P.). — V. 51 § 1.

106. Payement anticipé. — D'après les art. 22 et 31 de la loi du 5 juin 1850, l'abonnement se paye par trimestre, selon le mode que nous avons indiqué ci-dessus (n° 72). On pourrait croire que rien ne s'opposait à la libération anticipée des parties, pourvu que la liquidation de l'impôt fût établie conformément aux règles de l'abonnement, d'après la périodicité des versements (Sol. 28 sept. 1853 et 11 avr. 1861). Mais l'Administration est revenue depuis lors sur son sentiment. Une solution du 5 octobre 1864, paraissant servir de règle, déclare que le droit d'abonnement, étant exigible à des termes successifs, ne saurait être acquitté en une seule fois d'avance, parce que les modifications ultérieures que les événements font subir soit à la société, soit à la durée des titres, nécessiteraient des modifications de nature à compromettre l'ordre dans la perception des droits (2128 R. P.). — V. 61.

106 *bis*. Privilége. — Le droit d'abonnement est essentiellement un droit de timbre (Cass. 2 mai et 9 août 1865, S. 65-1-286 et 424, D. 65-1-270 et 311, 2326 § 1er I. G.).

« Attendu, portent ces arrêts, que la loi du 5 août 1850 est, comme son titre l'indique, *une loi de timbre*, et que l'impôt établi par cette loi sur les titres ou certificats d'actions dans les compagnies financières ou industrielles *est un impôt de timbre, et non de mutation;* que le caractère spécial de cet impôt a été mis en lumière lorsque la loi du 23 juin 1857 est venue établir un droit de transmission qui n'existait pas avant elle sur toute cession d'actions, *indépendamment du droit de timbre créé par la loi du 5 juin 1850.* » — V. aussi Cass. 28 juill. 1875, 4213 R. P.

A certains points de vue, il est soumis à quelques-unes des règles de perception applicables en matière d'enregistrement (Cass. 19 fév. 1866, *infrà*, n° 114), mais il n'en conserve pas moins sa nature de droit de timbre, et il profite à ce titre, comme les amendes, du privilége des contributions directes établi par l'art. 76 de la loi du 26 avril 1816. « Attendu, porte un arrêt de la Cour de Paris, du 12 janvier 1874, que la loi du 5 juin 1850 (art. 14 et 27) assujettit les titres des actions et des obligations de compagnies financières ou industrielles à un droit de timbre proportionnel; que cette loi, comme son titre l'indique, est une loi de timbre; que l'impôt établi par elle est un impôt de timbre et non de mutation; que le caractère spécial de cet impôt a été mis en lumière par la loi du 23 juin 1857, qui a établi un droit de transmission qui n'existait pas avant elle sur toute cession d'actions, indépendamment du droit de timbre créé par la loi du 5 juin 1850; que ce droit de timbre frappant les titres qui y sont soumis au moment de leur émission, le droit est irrévocablement acquis au Trésor par le fait de l'apposition du timbre sur les titres; qu'il importe peu dès lors que les compagnies adoptent pour l'acquittement du droit l'un ou l'autre des deux modes admis par les art. 14 et 22 de la loi; que la faculté accordée auxdites compagnies de s'affranchir des obligations imposées par les art. 14 et 27 de la loi en contractant avec l'État un abonnement pour toute la durée desdites sociétés n'a eu ni pour but ni pour effet de modifier la nature du droit, qui conserve son caractère propre, quelle que que soit la manière dont il soit recouvré. » (4052 R. P.)

107. — Type et application du timbre. — Un décret du 27 juillet 1850 (14980-3 J. E., 14138 J. N., I. G. 1873) porte, art. 5, qu'en cas d'abonnement pour les actions à émettre et les obligations à souscrire, à partir du 1er janvier 1851, des timbres spéciaux seront appliqués sur la souche et le talon de ces titres au chef-lieu du département où l'abonnement aura été souscrit, et que la formalité sera donnée après la souscription de cet abonnement.

Ces timbres porteront la légende *Action-abonnement*, ou celle-ci *Obligation-abonnement*. Et, aux termes de l'art. 6 du même décret, dans l'exergue des timbres d'abonnement qui sont destinés au département de la Seine, sera placé le mot *Seine;* pour les autres départements, la griffe portant le nom du département sera appliquée conformément à l'art. 10 de l'arrêté du Gouvernement du 7 fructidor an 10. La griffe est aujourd'hui supprimée. — V. *Timbre*, nos 17176 et suiv.

108. Souche et talon. — La double apposition du timbre sur la souche et sur le talon est impérieusement exigée. La loi n'admet à cet égard qu'une seule exception, transitoire à l'égard des titres ou certificats d'actions qui auraient été, en contravention aux lois existantes, délivrés antérieurement au 1er janvier 1851. Un délai de *six mois* a été accordé aux sociétés pour faire timbrer à l'extraordinaire ou viser pour timbre au droit proportionnel, sans amendes, les titres dont il s'agit, sur la représentation du titre. L'avis officiel de l'acquittement du droit équivaut à l'opposition du timbre sur les actions.

Mais c'est seulement au titre primitif que s'applique l'exception, et, en aucun cas, aux renouvellements. Ainsi, la simple apposition du timbre sur le registre à souche seulement n'est point admise pour le cas où de nouveaux titres sont délivrés en remplacement de titres adirés, maculés, ou bien cotés et parafés dans des inventaires (D. m. f. 5 mai 1851, J. E. 15279-6).

109. Renouvellement. — L'art. 17 dispose que le titre ou certificat d'actions délivré par suite de transfert ou de renouvellement sera timbré à l'extraordinaire ou visé pour timbre *gratis*, si le titre ou certificat primitif a été timbré.

Le visa pour timbre *gratis* a lieu si le titre primitif a été revêtu du timbre de 0 fr. 60 cent. ou de 1 fr. 20 cent. pour 100 établi par l'art. 14. Si ce titre primitif a été frappé du timbre d'abonnement, ou si, pour tenir lieu de l'empreinte du timbre, ce titre a été l'objet d'une mention officielle d'*abonnement* insérée au *Moniteur*, conformément à l'art. 20, c'est le timbre d'abonnement qui est appliqué *sans frais* au nouveau timbre délivré en remplacement (I. G. 1873). Les titres remplacés doivent être représentés (Sol. 13 déc. 1877).

Le renouvellement s'entend de la délivrance d'une nouvelle formule du même titre et non pas des titres distincts (Cass. 10 juin 1874, 3858 R. P.). Il s'applique également aux titres provisoires servant à opérer la conversion des actions ou des obligations (Cass. 11 avr. 1876, 4368 R. P.). — V. *Société* nº 15315.

110. Emission préalable.—Visa pour timbre. — Les dispositions précédentes supposent que les formules sont présentées au timbrage avant leur émission. S'il arrivait que les actions ou les obligations eussent été émises, contrairement au vœu des art. 14 et 27 de la loi du 5 juin 1850, avant la souscription de l'abonnement, on ne pourrait plus exiger, sans inconvénients, que les porteurs de titres en fissent faire le dépôt au chef-lieu pour l'application du timbre extraordinaire. Aussi devrait-on alors décider, selon nous, que dans cette hypothèse les titres peuvent être visés pour timbre dans tous les bureaux.

Mais, en dehors de ce cas, il n'est pas permis de faire viser ces pièces pour timbre. Le droit perçu pour cette formalité devrait être remboursé aux parties, sauf à exiger le timbrage, soit au comptant soit par abonnement (Sol. 19 janv. 1864).

111. Retrait des formules. — Les formules qui ont été déposées au receveur du timbre et ont donné lieu à un enregistrement au registre du timbre ne sauraient plus être rendues à la partie sans être timbrées. « Attendu, porte un arrêt de Cass. du 13 juin 1864, que la présentation à la formalité du timbre des formules d'actions d'une société, en exécution de la loi du 5 juin 1850, implique l'obligation d'acquitter intégralement l'impôt proportionnel auquel cette formalité donnera lieu ; qu'après la réquisition de la formalité et le versement en la caisse du préposé des droits inexactement liquidés par celui-ci, on ne peut, sous prétexte d'une réquisition tacitement conditionnelle et subordonnée à la suffisance de la perception, exiger la restitution ni des formules d'actions non encore revêtues du timbre, ni des droits alors perçus ; que, d'une part, en effet, la restitution d'un impôt régulièrement perçu et porté en recette ne saurait être ordonnée qu'en vertu d'une disposition de la loi qui n'existe pas dans l'espèce ; que, d'autre part, d'après les dispositions des art. 1er, 3 et 4 du décret du 23 juillet 1850, combinées avec celles du 5 juin précédent, le timbre à apposer est toujours indicatif du droit légalement dû, et ne doit être appliqué qu'à la condition du payement préalable de l'intégrité du droit » (1922 R. P., S. 64. 1. 364 ; 2288 § 7 I. G.).

SECTION 8. — RESTITUTIONS. PRESCRIPTIONS. AMENDES [112-118]

112. Restitution. — Le droit d'abonnement, comme tout impôt, est restituable quand il n'a pas été perçu régulièrement. Il est soumis en ce point aux mêmes principes que le droit d'enregistrement (*V.* Cass., 19 fév. 1866, 2252 R. P., D. 66. 1. 121). Or, l'exigibilité du droit d'abonnement suppose, d'une part, l'existence d'une société réellement constituée, et, de l'autre, l'émission réelle des titres soumis au timbre. Si donc une société en projet a été admise à l'abonnement par erreur, elle peut obtenir le remboursement des droits acquittés si elle prouve qu'il n'a été donné aucune suite à l'entreprise. C'est ce qu'on devait reconnaître notamment au sujet des sociétés anonymes auxquelles l'autorisation était refusée après la déclaration d'abonnement (Sol. 10 juin 1862).

1. ACTIONS NON ÉMISES. — La décision nous paraît devoir être la même pour le défaut bien constaté de l'émission des titres. Une solution du 6 juin 1854 l'a admis ainsi quand il s'agissait d'actions dont l'émission était indispensable à la formation de la société. Mais on a soutenu que, pour les autres, la souscription de l'abonnement manifeste la volonté d'émettre des actions sans contrôle, selon sa convenance, et que cela suffit et justifie le maintien du droit. Ce raisonnement nous semble erroné en ce qu'il admet que l'exigibilité du droit repose sur la seule déclaration de la partie, tandis qu'elle se fonde sur le fait même de l'émission des titres. Cette déclaration peut la faire présumer sans doute, et c'est pour cela que l'impôt est d'abord acquitté. Mais s'il est démontré que le déclarant s'est trompé et que la cause génératrice du droit n'existe pas, il n'y a aucune raison pour conserver une taxe mal à propos versée. D'ailleurs les registres de la compagnie sont à la disposition constante des employés, et ces derniers ont ainsi sur l'émission des titres un contrôle tout à fait efficace.

2. ABONNEMENT DÉJÀ SOUSCRIT. — Mais si les actions ont été régulièrement émises, l'abonnement souscrit par le redevable est irrévocable, en ce sens que ce dernier ne peut revenir sur son engagement pour payer le droit au comptant, ni obtenir par suite l'imputation ou la restitution des annuités déjà acquittées (Cass., 27 juill. 1858, 1058 R. P., I. G. 2137 § 14, 11381 C., S. 58. 1. 824).

3. ÉVÉNEMENTS ULTÉRIEURS. — Quoique le droit soit exigé d'après les règles établies en matière d'enregistrement (art. 14 et 22), cependant l'art. 60 de la loi du 22 frimaire an 7 qui prohibe la restitution des droits régulièrement perçus n'est pas applicable : « Attendu qu'il s'agit d'un impôt de timbre qui ne participe en aucune manière du droit d'enregistrement ; que, en l'absence, soit dans la loi fondamentale du 13 brumaire an 7 sur le timbre, soit dans les lois ultérieures relatives à cet impôt, de toute disposition reproduisant l'art. 60 de la loi du 22 frimaire an 7 sur l'enregistrement ou s'y référant, le principe de la répétition de l'indû reste applicable à la matière dans les termes du droit commun » (Cass. 20 août 1877, 4774 R. P.). —*V.* 114.

4. ACTIONS RACHETÉES. — Les droits de timbre par abonnement applicables aux actions rachetées ne sont pas restituables (Sol. 31 déc. 1877).

113. Erreur. — De ce que l'abonnement, une fois contracté, est définitif, il s'ensuit qu'une société ne pourrait pas se soustraire au service des annuités sous le prétexte qu'il a eu lieu par erreur. Les droits sont, en effet, acquis au Trésor par le seul fait de la déclaration de la société, ils ne peuvent cesser d'être dus que dans les cas expressément prévus par la loi (Châlon-sur-Saône, 1er mars 1855).

Il a été reconnu, dans le même ordre d'idées, que si le droit a été perçu sur les titres d'une société étrangère en conformité de la déclaration du gérant, la perception est régulière, et le droit ne peut être restitué sous le prétexte que le capital social a subi, depuis la déclaration, des rédutions qui n'ont pas été dénoncées régulièrement à l'Administration par une déclaration supplémentaire (Seine, 21 juin 1873, 3752 R. P.).

Cette décision mérite d'être remarquée en ce qu'elle applique à l'abonnement en matière de timbre le principe édicté par l'art. 60 de la loi du 22 frimaire an 7 pour les droits acquis en matière d'enregistrement. Elle reconnaît que « du texte même des décrets de 1862 et 1864, et de la loi de 1857, il résulte que les droits auxquels sont soumis les titres des sociétés étrangères sont des droits de transmission et de timbre qui tiennent lieu des droits d'enregistrement; que l'impôt ainsi établi, trouvant sa base dans les lois d'enregistrement, est soumis à la règle générale édictée par l'art. 60 de la loi de frimaire an 7. » C'est un principe qui a été contesté au sujet de la prescription, mais que la jurisprudence a tranché dans le même sens par l'arrêt que nous rappelons au numéro suivant.

Dans tous les cas, si les droits d'abonnement n'ont pas encore été acquittés, la seconde déclaration du gérant suffit pour en affranchir la société (Seine, 21 juin 1873, 3752 R. P.).

Cette seconde question touche à l'un des points les plus délicats et les plus controversés de la législation fiscale, celui de savoir si l'annulation régulière d'un acte ou l'événement en tenant lieu peut libérer le contribuable du droit qui était acquis au Trésor, mais qui n'avait pas encore été payé. On en trouvera le développement au mot *Restitution*.

Mais nous croyons que si des abonnements avaient été contractés par suite d'exigences mal fondées des agents de l'Administration et si ce fait était nettement établi, ils ne seraient pas maintenus.

114. Prescription. — La loi du 5 juin 1850 ne contenant aucune disposition spéciale au sujet de la prescription des droits qu'elle établit, on en avait conclu qu'ils tombaient sous l'empire de la prescription trentenaire applicable aux droits de timbre en général. Mais nous avons fait remarquer, au n° 1602 du Répertoire périodique, que la valeur du capital imposable atteint par la loi de 1850 se déterminant d'après les règles spéciales aux droits d'enregistrement, il fallait en conclure que la prescription aussi devait être gouvernée par les mêmes principes. C'est, en effet, ce que la Cour de cassation a reconnu par un arrêt du 19 février 1866, « attendu que l'impôt établi trouvant sa base dans les lois d'enregistrement, et l'Administration puisant sont droit d'exercice, de surveillance et de contrôle dans les règles relatives à la perception des droits d'enregistrement, et devant ainsi l'exercer de la même manière, la durée de la prescription en ce qui touche le droit spécial établi par la loi du 5 juin 1850 doit être réglé conformément aux mêmes lois » (2252 R. P.; D. 66. 1. 21). L'Administration a longtemps contesté cette interprétation adoptée depuis par le tribunal de la Seine, le 10 avril 1869 (3144 R. P.). Elle a fini par l'admettre et a même voulu en élargir les conséquences. L'impôt trouvant sa base dans la loi du 22 frimaire an 7 et pouvant être perçu sur une déclaration, il lui a paru que l'art. 60 s'appliquait, comme l'art. 61, à cette déclaration et que, par conséquent, les droits perçus régulièrement ne pouvaient être restitués quels que fussent les événements ultérieurs. Mais la Cour de cassation n'a pas voulu aller jusque-là. Elle a décidé, par un arrêt du 20 août 1877 (*suprà* 112 § 3), que l'art. 60 de la loi du 22 frimaire an 7 ne devait pas s'appliquer au droit de timbre. Cette solution peut sembler contestable, car l'art. 60 est un mode de détermination de la valeur imposable, puisqu'il fixe les effets de la déclaration des parties et que les art. 14 et 22 de la loi du 5 juin 1850 appliquent d'une manière générale à cette détermination les règles établies en matière d'enregistrement (4774 R. P.). Il y a certainement quelque inconséquence à décider que la perception est gouvernée par l'art. 61 pour la prescription, et quelle ne l'est pas par l'art. 60 pour la restitution. Des arrêtistes en ont conclu que l'arrêt du 20 août 1877 détruit celui du 19 février 1866. Mais nous ne saurions le croire. Les deux questions sont différentes au fond. En une matière où l'interprétation est si élastique, la solution admise pour la restitution ne s'étend pas nécessairement et *de plano* à la prescription. — V. 12980.

115. Déchéance. — Mais si l'Administration a 30 ans pour réclamer les droits de timbre, les parties n'ont que 5 ans pour solliciter le remboursement de ceux qui ont été indument perçus. L'article 9 de la loi du 29 janvier 1831 décide, en effet, que toutes les créances sur l'Etat qui n'ont pas été liquidées, ordonnancées et acquittées dans un délai de 5 ans après la clôture de l'exercice sont définitivement éteintes, si le défaut de payement ne vient pas du retard de l'Administration. Cette disposition s'applique en matière d'impôt comme en matière de dette ordinaire (Avis conseil d'Etat 1844; Dalloz, v° *Trésor*). De nombreuses solutions l'ont ainsi reconnu pour les droits de timbre (Sol. 3 nov. 1863, 28 fév. 1863, 14 déc. 1864, 17 avr. 1877; 29 avr. 1878; D. m. f. 10 mai 1878). Mais c'est au ministre seul, sauf recours au Conseil d'Etat, qu'il appartient, à l'exclusion des tribunaux, de prononcer la déchéance. — V. 9569 *ter* et 6981.

116. Amendes. — Les amendes de contravention prononcées par l'art. 18 de la loi du 5 juin 1850 sont soumises à la prescription biennale de la loi du 16 juin 1824. Cette prescription ne commence toutefois à courir qu'à partir du jour où les préposés ont pu constater les infractions sans recherches ultérieures (Sol. 4 sept. 1861). — V. *Prescription*, n°s 13056 et suiv.

117. Fausse évaluation. — L'art. 22 se réfère, pour la déclaration du capital réel, au mode déterminé par le deuxième paragraphe de l'art. 14, qui est ainsi conçu : « A défaut de capital nominal, le droit se calculera sur le capital réel, dont la valeur sera déterminée d'après les règles établies par les lois sur l'enregistrement. » Ces règles sont tracées par les art. 14, n° 8 et 16, L. 22 frimaire an 7, et par l'art. 39 de la même loi, qui réserve une action à l'Administration pour obtenir le payement d'un supplément, *si l'estimation est reconnue insuffisante*.

La peine encourue pour les insuffisances constatées dans les estimations des biens déclarés est, aux termes de l'art. 39, d'un droit en sus de celui qui se trouvera dû sur l'importance de l'évaluation simulée.

1. *Preuve des insuffisances*. — V. 6979 § 1.

118. Contraventions. — Les art. 16 et 18 L. 5 juin 1850 disposent : le premier, que les titres ou certificats d'actions doivent être tirés d'un registre à souche frappé du timbre sur la souche et le talon, et que le dépositaire du registre est tenu d'en donner communication aux employés selon le mode prescrit par l'art. 54, L. 22 frim. an 7, et sous les peines y énoncées ; le second, que toute société, compagnie ou entreprise qui sera convaincue d'avoir émis une action en contravention à l'art. 14, ou non tirée d'un registre à souche revêtu du timbre, conformément à l'art. 16, sera passible d'une amende de 12 pour 100 du montant de cette action.— L'art. 28 veut que les titres d'obligations des départements, communes, etc., soient tirés d'un registre à souche dont communication sera faite aux employés de l'Enregistrement.

Ces dispositions restent applicables, en cas d'abonnement, aux termes des art. 22 et 31 ; et l'art. 23 frappe d'une amende de 50 francs chaque contravention aux dispositions du règlement du 27 juillet 1850, qui a fait l'objet du numéro précédent.

Enfin l'Administration, dans l'I. G. 1873, déclare également applicable, en cas d'abonnement, l'art. 19, L. 5 juin 1850, qui frappe d'une amende de 10 pour 100 du montant de l'action, l'agent de change ou le courtier qui aura concouru à la cession ou au transfert d'un titre d'action non timbré.

L'art. 31 dispose qu'en cas d'abonnement, le dernier paragraphe de l'art. 22 sera applicable.

Ce paragraphe est ainsi conçu : « Même en cas d'abonnement, les art. 16 et 18 resteront applicables. Un décret d'administration publique déterminera les formalités à suivre pour l'application du timbre sur les actions. » Or, l'art. 16 a été copié dans l'art. 28, si ce n'est toutefois qu'on n'a pas inséré dans ce dernier article que le timbre serait apposé sur la souche et le talon du registre. Il n'y a donc là aucune disposition nouvelle, puisque cet art. 28 a été déclaré applicable en cas d'abonnement par l'art. 31. Quant à l'art. 18, il déclare que les sociétés qui auront émis des actions en contravention à l'art. 14 et au premier paragraphe de l'art. 16 seront passibles de 12 pour 100 du montant de ces actions. — Mais il n'est pas probable qu'après avoir établi dans l'art. 29 une amende de 10 pour 100 du montant du titre, le législateur ait voulu, par un renvoi à l'art. 22, qui lui-même oblige à se reporter à l'art. 18, élever cette amende, en cas d'abonnement, à 12 pour 100. Cette pénalité, plus forte quand il y aurait abonnement, ne serait pas motivée. De plus, si l'on se reporte aux dispositions relatives aux *actions dans les sociétés*, on verra que l'amende, en cas d'abonnement, est la même que celle qui a été fixée pour les contraventions aux art. 14 et 16. On ne saurait expliquer pourquoi il n'en serait pas de même pour les obligations des départements.

Il y a lieu de croire que ce renvoi à l'art. 22 a seulement pour but de rappeler qu'un règlement d'administration publique déterminera les formalités à suivre pour l'application du timbre sur les obligations, et nous pensons que, même en cas d'abonnement, l'amende encourue par les départements, communes, établissements et compagnies, pour contravention à l'art. 27 et au § 1er de l'art. 28, ne doit être que de 10 pour 100 du montant du titre.

SECTION 9. — BANQUE DE FRANCE. CRÉDIT FONCIER

[119-120]

119. Banque de France. — La loi du 24 germinal an 11, art. 35, avait accordé à la Banque de France la faculté de faire un abonnement annuel pour le timbre de ses billets ; mais cette faveur fut supprimée par la loi du 30 juin 1840, qui fit rentrer la Banque sous la loi commune.

D'après l'art. 9 de cette loi, les droits de timbre sont perçus sur la moyenne des billets au porteur ou à ordre que cet établissement a tenus en circulation pendant l'année. La Banque paye ce droit le 10 janvier de chaque année, à raison de 0 fr. 50 cent. par 1,000 fr., sur une déclaration de son gouverneur, laquelle comprend tous les billets mis en circulation pendant l'année précédente dans la capitale ou dans le rayon des comptoirs ou succursales (D. m. f., 9 oct. et 22 déc. 1840 ; L. 23 août 1871 et 30 déc. 1873).

120. Crédit Foncier. — Lettres de gage. — L'art. 29 de la loi de finances du 8 juillet 1852 a statué que le droit de timbre des lettres de gage ou obligations du Crédit foncier sera fixé conformément à l'art. 1er de la loi du 5 juin 1850, et que le taux de l'abonnement représentant le droit principal de timbre serait de 2 cent. par 1,000 fr. Cette disposition a eu pour effet de faire rentrer les lettres de gage et obligations du Crédit foncier dans la catégorie des effets de commerce et non dans celle des obligations négociables des compagnies, dont le timbre est fixé à 1 pour 100 par l'art. 27 de la loi précitée. Il était logique d'augmenter le taux du droit de timbre de ces titres dans une proportion équivalente à l'élévation de droit qu'ont subie les effets de commerce par l'art. 2, n° 1, de la loi du 23 août 1871. Le § 3 de l'art. 1er de la loi du 30 mars 1872 dispose, en conséquence, que le taux de l'abonnement des lettres de gage ou obligations du Crédit foncier, est fixé à 5 cent. par 1,000 fr. (I. G. 2445 ; R. P. 3441).

1. SURTAXE. — L'art. 3 de la loi du 29 février 1874 n'ayant augmenté de moitié en sus que le tarif établi par le n° 1 de l'art. 2 de la loi du 23 août 1871, ses dispositions ne sauraient être étendues de plein droit au tarif spécial édicté par l'art. 1er de la loi du 30 mars 1873. Les lettres de gage restent donc soumises au droit de 5 cent. par 1,000 fr.

1 *bis*. DÉCIMES. — Le droit de timbre des effets de commerce n'étant pas assujetti au décime, la taxe d'abonnement destinée à le remplacer doit en être également affranchie (2445 I.G., 3441 R. P.).

2. RÉTROACTIVITÉ. — Lors de la discussion de la loi du 30 mars 1872, il a été entendu que le taux de 5 cent.

par 1,000 fr. ne serait appliqué qu'aux lettres de gage et obligations émises depuis la mise à exécution de la loi (2445 I. G., 3441 R. P.).

CHAPITRE III. — ABONNEMENT AVEC LES COMPAGNIES D'ASSURANCES

[121-132]

121. Compagnies diverses. — Le bénéfice de l'abonnement est encore accordé par l'art. 37, L. 5 juin 1850, à diverses compagnies d'assurances, pour s'affranchir des obligations qui leur sont imposées par l'art. 33, relativement au timbre de leurs polices, savoir :

1. INCENDIE ET GRÊLE. — Les sociétés, compagnies d'assurances et tous autres assureurs contre l'incendie et contre la grêle, moyennant un abonnement annuel de 3 cent. par 1,000 fr. du total des sommes assurées (non compris les décimes), d'après les polices ou contrats en cours d'exécution (L. 5 juin 1850, art. 37 ; 2 juill. 1862, art. 18 ; 23 août 1871, art. 2 ; et 30 mars 1872, art. 3).

2. CAISSES DÉPARTEMENTALES DE SECOURS. — Les caisses départementales administrées gratuitement, ayant pour but d'indemniser ou de secourir les incendiés au moyen de collectes, moyennant un abonnement annuel de 1 fr. 20 cent. pour 100 du total des collectes de l'année (L. 5 juin 1850, art. 37; 23 août 1871, art. 2). — Cette réduction du droit ne serait pas applicable aux assurances mutuelles entre particuliers. Ces sociétés ne sont pas administrées gratuitement et ne méritent pas le même intérêt que les caisses départementales. — V. 2370 *bis*.

3. ASSURANCES SUR LA VIE. — Les compagnies et tous assureurs sur la vie, moyennant un abonnement annuel de 2 francs par 1,000 du total des versements faits chaque année aux compagnies ou aux assureurs (outre le double décime (L. 5 juin 1850, art. 37 ; 23 août 1871, art. 2 ; 30 mars 1872, art. 3).

4. ASSURANCES CONTRE LA MORTALITÉ DES BESTIAUX ET LES RISQUES AGRICOLES. — A ces compagnies, la loi du 9 mai 1860 a ajouté celles qui ont pour objet d'assurer contre la mortalité des bestiaux[1], contre la gelée, les inondations et autres risques agricoles, et elle leur a permis de s'abonner à raison de 2 cent. par 1,000 fr. du total des sommes assurées d'après les polices ou contrats en cours d'exécution (1387 R. P. ; 2173 I. G.). Ce droit est aujourd'hui de 3 centimes, plus les deux décimes (LL. 8 juill. 1862, art. 18; 23 août 1871, art. 2).

1. Avant la loi de 1860, il avait été décidé que les sociétés d'assurances contre la mortalité des bestiaux ne profitaient pas de l'abonnement (D. m. f. 17 juin 1851; 6 juill. 1853; 29 août 1859; 14496 J. N; D. m. f. 29 juill. 1858. — Cependant : *Contrà* Toulouse, 4 mars 1853).

122. Sociétés irrégulières. — Si la société n'est pas formée d'une façon régulière, elle n'a pas d'existence à l'égard du Trésor, pas plus qu'à l'égard des tiers, et elle ne saurait être admise à souscrire un abonnement dont les effets lui seraient inopposables. Mais rien ne s'oppose à ce que le gérant, agissant en sa qualité d'assureur particulier, soit admis à cet abonnement (Sol. 25 mai et 5 juin 1854). — V. 58

122 *bis*. Sociétés non susceptibles d'être abonnées. — La faveur de l'abonnement est limitée aux seuls genres d'assurances qui précèdent. « La commission, a dit le rapporteur de la loi de 1850, aurait voulu faire participer à l'abonnement toutes les autres assurances ; mais la nature diverse des opérations lui a semblé mettre obstacle à la généralisation de cet avantage. »

1. REMPLACEMENT MILITAIRE. — Aussi a-t-il été décidé que les compagnies d'assurances pour le remplacement militaire n'ayant pas été comprises dans la loi de 1850, il n'y avait pas lieu de les admettre au bénéfice de l'abonnement (D. m. f. 20 déc. 1850 ; 28 fév. 1863).

2. REMPLACEMENT MILITAIRE. — MUTUALITÉ. — Et il en est de même, bien qu'il s'agisse d'une société mutuelle contractée entre particuliers pour l'exonération de leurs enfants (Sol. 24 sept. 1861).

3. ACCIDENTS. — La même règle a été étendue à des compagnies formées pour assurer contre les accidents de chemins de fer (D. m. f. 24 juin 1855; 18 nov. 1856 et 28 fév. 1857), risques de prêts hypothécaires (Sol. 20 fév. 1858), et autres accidents (Sol. 22 fév. 1854).

123. Compagnies étrangères. — Mais la loi n'ayant fait aucune distinction entre les compagnies françaises et étrangères au sujet de l'abonnement, on doit penser que ces dernières y seraient admises comme les autres. Et cette interprétation se fonde avec toute justice sur ce qui a lieu en matière d'actions et d'obligations, puisque, dans ce cas, l'abonnement est imposé aux sociétés étrangères sous les mêmes conditions qu'aux sociétés françaises (Sol. 29 juin 1863) ; notamment sous l'obligation de faire agréer un représentant responsable (Sol. 24 janv. 1873).

124. Compagnies maritimes. — Les compagnies d'assurances maritimes n'ont pas été comprises non plus parmi les sociétés qui peuvent réclamer le bénéfice de l'abonnement. Elles ne peuvent donc pas échapper au timbrage de leurs polices au comptant, conformément à l'art. 42 de la loi du 5 juin 1850.

125. Augmentation du droit. — Loi du 2 juillet 1862. — En 1862, quand le Gouvernement eut résolu d'augmenter le prix des papiers timbrés de dimension, il songea aussi, par voie de conséquence, à augmenter le chiffre d'abonnement imposé aux compagnies d'assurances en représentation du droit de leurs polices. L'art. 18 de la loi du 2 juillet 1862 décida que : « à partir du 15 juillet 1862, la faculté d'abonnement établie par l'art. 37 de la loi du 5 juin 1850 au profit des sociétés, compagnies d'assurances et assureurs, s'exercerait à raison de 3 cent. par 1000 fr. du total des sommes assurées. »

Cette modification, dans les termes où elle est conçue, ne peut s'appliquer qu'aux compagnies désignées au premier paragraphe de l'art. 37 de la loi de 1850, c'est-à-dire à celles qui devaient la taxe d'abonnement de 2 centimes aujourd'hui augmentée. Quant aux sociétés d'assurances sur la vie ou aux caisses départementales d'incendies dont l'abonnement a été déterminé sur d'autres bases, la loi nouvelle leur demeure étrangère, et elles continuent à payer le droit d'après le tarif de la loi de 1850, additionné du double décime établi par l'art. 2 de la loi du 23 août 1871.

1. IDEM. — EFFET RÉTROACTIF. — L'accroissement de taxe n'a pu atteindre, d'ailleurs, que les polices rédigées à partir du 15 juillet 1862. Toutes celles qui étaient en cours d'exécution au moment où la loi nouvelle est devenue exécutoire sont demeurées soumises au droit de 2 cent. par 1000 fr. (2225 § 2 I. G., 12398 C.; Sol. 22 janv. 1863; 31 avr. 1863; 4 juill. 1863. V. *Exposé des motifs*, S., 1850, p. 39).

2. IDEM. — LIQUIDATION DU DROIT. — L'art. 18 de la loi du 2 juillet 1862 n'a pas reproduit la disposition de l'art. 37 de celle du 5 juin 1850 portant que l'abonnement de l'année courante se calculera sur le chiffre total des opérations de l'année précédente. Et on s'est demandé, par suite, s'il fallait, pour déterminer la valeur imposable passible de la taxe supplémentaire, considérer comme polices souscrites du 15 juillet au 31 décembre 1862 le chiffre de celles rédigées du 15 juillet au 31 décembre 1861. Le tribunal de la Seine a pensé que l'augmentation de droits ne frappait que les polices réellement souscrites depuis le 15 juillet 1862 (J. du 26 mai 1865, 2275 R. P, 12838 C.). Mais nous avons combattu son appréciation. L'art. 18, en effet, n'est qu'une augmentation du tarif de 1850; on ne concevrait donc pas pourquoi le législateur aurait refusé d'y étendre le même mode de liquidation, essentiellement propre à éviter les embarras de la perception. Dire que le droit de 3 centimes s'appliquerait sans rétroactivité aux polices souscrites à partir du 15 juillet 1862, ce n'était point évidemment déclarer que le montant de ces polices serait fictivement représenté, pour l'assiette de l'impôt, par le chiffre correspondant de l'année précédente. Il n'y a rien de contradictoire dans ces deux idées. D'ailleurs, l'interprétation du tribunal conduisait à deux résultats qui nous paraissaient tout à fait inadmissibles. D'après son système, en effet, le payement de l'impôt se trouvait retardé d'un an, et les compagnies ne versaient pas intégralement au Trésor les droits qu'elles faisaient payer à leurs assurés. Cette double conséquence, la dernière surtout, est tellement contraire à l'économie générale de nos lois de finances, que nous ne pouvions pas l'accepter. Cependant la Cour de cassation a maintenu le jugement par un arrêt du 16 juin 1868 (2711 R. P., 19309 J. N., 14197 C., D. 69. 1. 20, 112 B. C.).

126. Décimes. — Les droits d'abonnement sont soumis aux décimes établis sur les droits de timbre par la loi du 23 août 1871. Les explications que nous avons données sur ce point à propos de l'abonnement contracté par les sociétés, reçoivent ici leur application. — V. 61.

127. Actes divers de l'assurance. — Au moyen de l'abonnement, les compagnies sont dispensées soit de rédiger sur papier timbré leurs contrats ou autres conventions d'assurance, soit de faire viser pour timbre les polices contenant une clause de tacite réconduction.

Les originaux des polices des compagnies assurées doivent être tous visés pour timbre gratis.

L'abonnement affranchit également du timbre tout ce qui constitue le contrat d'assurance.

Mais il reste sans influence sur les quittances de primes à délivrer aux assurés. Ces pièces continuent à demeurer sujettes au timbre quand elles excèdent 10 francs (Sol. 12 juill. 1851; 11 nov. 1851; 3 nov. 1860). — V. *Quittance.*

Il en est de même des bons de cotisations souscrits au profit de l'assureur; ces bons restent assujettis au droit proportionnel des effets de commerce (Sol. 27 mars 1855).

L'abonnement ne dispense du timbre que les actes énumérés dans l'art. 33 de la loi du 5 juin 1850. Il ne couvre, par exemple, ni les copies des polices, ni les avenants autres que ceux prévus dans cet article. — V. Cass., 8 nov. 1876, 4538 R. P.; — Rouen, 30 janvier 1877, 4623 R. P.; — *Contrà :* Auxerre, 25 juillet 1876, 4541 R. P.). — V. 2335 et 2404.

128. Base de l'abonnement. — L'abonnement de l'année courante doit se calculer, conformément à l'art. 37 de la loi du 5 juin 1850 et à la loi du 9 mai 1860, sur le chiffre total de l'abonnement de l'année précédente, afin que la taxe de l'abonnement soit certaine, a dit le rapporteur. Mais s'il s'agit de sociétés, compagnies ou assureurs dont les opérations ne remontent pas à une année, le montant du droit d'abonnement doit être liquidé à l'échéance des deux premiers termes, d'après la déclaration estimative certifiée par les parties (I. G., 1854 § 5).

1. ABONNEMENT DE 1850. — Les compagnies, sociétés et assureurs qui ont contracté pour l'année 1850 l'abonnement prévu par l'art. 41 L. 5 juin 1850, n'ont dû payer pour prix de cet abonnement que le quart des sommes qui auraient été dues si la liquidation avait été faite, conformément à l'art. 37 de la loi, sur le *chiffre entier* des opérations de l'année précédente (D. m. f. 27 août 1850, 15033 J. E.).

2. ASSURANCES EN PAYS ÉTRANGER. — Il avait été reconnu que le droit de timbre s'appliquait aux polices passées à l'étranger pour les biens qui y sont situés, de la même manière qu'aux polices rédigées en France pour des valeurs françaises ou étrangères (Cass. 23 janv. 1854, 15 R. P., 2010 § 11 I. G., S. 54-1-247). Cette solution a donné lieu à des plaintes de la part des assureurs français. Il est intervenu, par suite, le 26 décembre 1876, une loi ainsi conçue : « A partir de la promulgation de la présente loi, le droit de timbre établi par les art. 33 et 37 de la loi du 5 juin 1850 cessera d'être perçu sur les contrats d'assurance passés en pays étranger et ayant exclusivement pour objet des immeubles, des meubles ou des valeurs situés à l'étranger. Mais ces contrats doivent être soumis au timbre, moyennant le payement du droit au comptant, avant qu'il puisse en être fait aucun usage en France, soit dans un acte public, soit dans une déclaration quelconque, soit devant une autorité judiciaire ou administrative, à peine d'une amende de 50 francs. Les mêmes dispositions sont applicables aux contrats de réassurance passés en France par acte sous signatures privées, applicables à des polices souscrites à l'étranger et ayant également pour objet exclusif des immeubles, des meubles ou des valeurs situés à étranger » (4600 R. P.). Ces dispositions s'étendent à toutes les assurances autres que les assurances maritimes. Mais elles ne s'appliquent qu'aux actes passés en pays étranger. Les polices souscrites en France relativement à des biens étrangers restent sujettes au timbre. Les réassurances seules en sont exemptées dans ce cas. Il faut remar-

quer que le droit de timbre dont il s'agit ne peut être acquitté par abonnement, mais au comptant. La loi du 30 décembre 1876 n'a d'ailleurs rien changé à l'obligation d'inscrire les polices relatives aux biens étrangers sur le répertoire et à la communication qui en est due aux agents de l'Administration (I. G. 2537; R. P. 4600).

La loi ne s'applique pas, d'ailleurs, aux contrats préparés à l'étranger au moyen d'adhésions qui y sont recueillies et qui donnent lieu à un acte souscrit en France (Sol. 12 juill. 1877).

3. RÉASSURANCES CÉDÉES OU REÇUES. — Il n'y a pas lieu de déduire du chiffre total des opérations pour la liquidation de la taxe d'abonnement le montant des réassurances reçues, ni celui des réassurances cédées. « Attendu, porte l'arrêt précité du 23 janvier 1854 (*suprà* 2), que le droit de timbre doit être pris sur chaque réassurance, et non pas seulement sur les traités généraux par lesquels les compagnies s'engagent d'avance les unes vis-à-vis des autres à faire ces sortes d'opérations; attendu en effet que chaque réassurance constitue un véritable contrat d'assurance qui a pour élément essentiel un risque existant, déterminé par une convention d'assurance et mis à la charge d'une compagnie qu'une autre compagnie consent à en garantir pour tout ou partie » (*Conf.* D. m. f. 28 sept. 1851; Seine, 3 août 1852; 6 déc. 1852; 14 avr. 1853; 5 avr. 1854.)

On a critiqué cette jurisprudence par le motif que les réassurances ne sont pas constatées par un acte spécial fait entre les compagnies, mais résultent de traités généraux dont l'exécution est indépendante de tout écrit (14784 J. N.). Mais l'objection repose sur une confusion d'idées. Elle avait été faite déjà lors de la discussion de la loi, et voici comment le rapporteur l'a réfutée : « L'abonnement, tel que la commission le propose, a-t-il dit, n'est pas un timbre proportionnel sur les contrats; c'est la représentation par annuités du droit de timbre de dimension que les compagnies devaient payer au moment où se souscrivent tous les contrats d'assurances. Or, dans l'art. 33, vous avez imposé à tout assureur de rédiger par écrit sur papier timbré tous les contrats d'assurances. La réassurance n'étant qu'un nouveau contrat d'assurances intervenu entre d'autres parties que celles qui ont signé le contrat primitif, il est impossible de ne pas exiger le timbre. »

On ne peut même faire aucune distinction entre les réassurances des compagnies françaises et celles des compagnies étrangères (Sol. 30 nov. 1854). Mais voyez, pour les réassurances de biens étrangers, le § 2 ci-dessus.

4. ASSURANCES ANNULÉES. — Pour opérer la liquidation du droit d'abonnement, il n'y a pas lieu de déduire du chiffre total des opérations de l'année la valeur des assurances annulées pour cause de perte de la chose assurée ou d'expiration du terme de l'assurance, si les polices étaient *en cours d'exécution* pendant une partie quelconque de l'année dont les opérations servent de base à la taxe d'abonnement (D. m. f. 29 sept. 1851; *Conf.* Cass. 2 août 1853, I. G. 1986 13, S. 54-1-246. — *Contrà*, 10037 C.)

4 *bis*. DISPARITION DES ASSURÉS. — Il doit en être de même pour le cas de disparition ou d'absence des assurés (D. m. f. 29 sept. 1851 et 16 fév. 1852).

5. SUBSTITUTION, NON RÉALISATION. — Mais la valeur des assurances pour lesquelles il y a eu substitution ou défaut de réalisation de police ne doit pas supporter le droit de timbre (D. m. f. 29 sept. 1851).

En effet, s'il y a changement ou substitution de police, la nouvelle police devient la base de l'opération. C'est elle qui détermine la prime à payer; l'ancienne police ne doit plus supporter la taxe d'abonnement : une seule valeur est assujettie au droit.

Dans le cas de non-réalisation, si le contrat est resté à l'état de projet, la compagnie n'aurait pas dû, en cas de non-abonnement, faire usage d'une feuille de papier timbré, et, par conséquent, la somme qui aurait fait l'objet de l'assurance ne devra pas, en cas d'abonnement, être comprise dans les valeurs passibles de la taxe.

6. REHAUSSEMENT DES VALEURS ASSURÉES. — La taxe d'abonnement doit être liquidée sur les valeurs assurées *telles* qu'elles sont fixées par la compagnie elle-même pour le règlement de ses primes, que ces valeurs soient réelles, ou fictivement exhaussées en raison des risques à courir (D. m. f. 29 sept. 1851).

Mais là question a été, depuis la décision ministérielle, résolue en sens contraire par le tribunal de Blois. Il a décidé, le 10 mars 1857, que le droit de timbre par abonnement, payé par les compagnies d'assurances mutuelles contre l'incendie, doit être calculé sur les valeurs estimatives, et non sur les valeurs fictivement rehaussées qui ont servi de base à la fixation de la cotisation annuelle versée par les associés. Cette jurisprudence a été acceptée par l'Administration (Sol. 18 sept. 1863.).

7. CAISSES DÉPARTEMENTALES. — ASSURANCES SUR LA VIE. — Le droit proportionnel d'abonnement dû par les caisses départementales de secours aux incendiés et par les compagnies d'assurances sur la vie doit porter sur les versements relatifs aux assurances de toute nature et de toute origine, et non pas seulement sur les versements afférents aux assurances de l'année pendant laquelle ils ont été opérés, parce que les expressions employées dans l'art. 37 de la loi du 5 juin 1850 ne laissent aucun doute sur la volonté du législateur de comprendre dans le calcul des bases de l'abonnement tous les actes quelconques faits par les compagnies, et que ces mots génériques *les opérations* de l'année précédente ne peuvent recevoir aucune autre interprétation (D. m. f. 29 sept. 1851. — *Conf.* Seine, 4 fév. 1852, 14603 J. N., 15595 J. E.; 16 mars et 25 août 1852, J. N. 14761; — Cass. 23 mai 1853, 14975 J. N., S. 53-1-507, I. G. 1982 § 8; — Cass. 2 août 1853, 1986 § 13, S. 54-1-246; — Sol. 20 juin 1877). — *V.* 121-2 et 2370 *bis*.

8. FRAIS DE GESTION. — Les frais de gestion versés aux compagnies d'assurances sur la vie sont passibles de la taxe d'abonnement, ces sommes provenant également des assurés et devant être par conséquent atteintes par l'impôt (*Conf.* Seine, 4 fév. 1852, 14603 J. N., 15595 J. E.; Seine, 25 août 1852, 14761 J. N.; — Cass. 23 mai 1853, I. G. 1982 § 8).

« Attendu, porte ce dernier arrêt, que la loi, en disposant que le prix de l'abonnement sera calculé sur le total des versements faits chaque année aux compagnies ou aux assureurs, a voulu atteindre toutes les sommes payés pour les assurés, sans distinguer entre la portion de ces sommes qui est accordée par les compagnies à leurs agents pour les frais de gestion, et les autres portions tombant dans la caisse des compagnies ou des assurés; que ces diverses sommes, étant versées par les assurés comme prix de l'assurance, doivent être également atteintes par l'impôt. »

9. ARRÉRAGES DE RENTES. — Mais cette taxe ne doit pas s'étendre aux arrérages de rentes sur l'État perçus par les compagnies, lorsque ces arrérages proviennent de la conversion qu'elles ont dû faire, en vertu de leurs statuts, des capitaux versés par les souscripteurs en rentes sur l'État. — En effet, le placement en rentes des capitaux versés et sur lesquels la taxe d'abonnement a déjà été perçue n'opère qu'une simple conversion de valeurs. Percevoir sur les arrérages après avoir perçu sur les capitaux serait violer la maxime *Non bis in idem* (D. m. f. 29 sept. 1851).

129. Payement du droit. — Le payement du droit sera fait par moitié et par semestre, au bureau de l'enregistrement du lieu où se trouvera le siége de l'établissement (Art. 37 L. 5 juin 1850).

Le droit est exigible jusqu'à l'extinction de chaque titre ou jusqu'à la dissolution de la société, si elle a lieu auparavant et se calcule jour par jour (Sol. 14 juin 1864).

En cas de prorogation, la compagnie peut obtenir un nouvel abonnement ou bien faire timbrer ses polices au comptant; mais il est indispensable qu'elle choisisse entre ces deux modes de payement.

Quand une compagnie d'assurances abonnée a cédé toutes ses assurances à une autre société, cette dernière est substituée à l'autre pour le payement des annuités et en devient débitrice directe envers le Trésor (Seine, 1er août 1855, 16 janv. 1856).

Lorsqu'une société souscrit l'abonnement pendant le cours de sa durée, les droits acquittés au comptant pour le timbre de ses formules de police sont imputés sur les droits d'abonnement qui deviendront exigibles, et les papiers sont remis à l'Administration (D. m. j. 16 juill. 1857; Sol. 27 oct. 1858).

129 *bis*. Prescriptions. — En principe, les droits de timbre ne se prescrivent que par trente ans (V. *Timbre*). Il en est différemment des droits établis sur les actions des sociétés par les art. 14 et 22 de la loi du 5 juin 1850. L'art. 14 de cette loi renvoyant, en termes formels, aux dispositions des lois sur l'enregistrement pour la détermination de la valeur imposable des titres, la jurisprudence en a conclu que la perception de l'impôt était également assujettie aux règles de prescription établies par ces lois (Cass. 19 fév. 1866, n° 114 *suprà*). Mais le titre 3 de la loi, relatif aux assurances, ne contient aucun renvoi de cette nature au sujet du timbre des polices. On ne peut donc appliquer à ces droits de timbre que la prescription de trente ans (Bordeaux, 7 mai 1873, 3658 R. P.; Cass. 28 juill. 1875, 4213 R. P., I. G. 2531 § 7).

On ne peut pas spécialement invoquer la prescription quinquennale de l'art. 2277 C. C. (Cass. 28 juill. 1875, 4213 R. P.).

130. Forme de l'abonnement. — L'abonnement se constate par une déclaration du représentant de la compagnie consignée sur le registre de recette des droits de timbre et renfermant tous les détails utiles pour justifier la perception. — Les erreurs ou les inexactitudes de la déclaration ne sont frappées d'aucune peine : c'est à l'Administration à les contrôler par l'examen des registres, afin de faire opérer ultérieurement les rectifications nécessaires.

131. Timbre d'abonnement. — L'abonnement ne dispense pas de faire revêtir du timbre les polices d'assurances ou les feuilles de collectes, avant leur émission; mais, aux termes de l'art. 39, L. 5 juin 1850, ce timbre doit être apposé sans frais. D'après l'art. 5 du décret du 27 juillet 1850 (1867 I. G.), c'est au chef-lieu de département que doit être apposé le timbre spécial d'abonnement dont la forme est indiquée par le décret.

Le timbre ne peut être apposé qu'au chef-lieu du département où la compagnie a souscrit l'abonnement (Sol. 29 août 1854 et 15 avr. 1857).

Il peut être apposé sur des polices en forme de ticket (Sol. 13 août 1877).

1. AMENDES. — La compagnie abonnée qui émet une police sur papier non revêtu du timbre encourt une amende de 50 francs, mais aucun droit de timbre n'est exigible (D. m. f. 16 avr. 1860).

132. Renonciation à abonnement. — L'art. 38, L. 5 juin 1850, prévoit le cas où les sociétés, compagnies ou assureurs, après avoir contracté un abonnement, voudraient y renoncer. Dans ce cas, ils seront tenus de payer un droit de 35 centimes par chaque police d'assurance en cours d'exécution, quels que soient la dimension du papier et le nombre des doubles, et ils deviennent passibles des dispositions de l'art. 33 (*V.* 2413) pour les polices et autres actes d'une date postérieure à leur renonciation. — Depuis la loi du 2 juillet 1862, le droit de timbre a été porté à 50 centimes pour toutes les polices postérieures à la promulgation. Il est assujetti au double décime (L. 23 août 1871, art. 2), et il s'applique aux avenants désignés dans l'art. 33 de la loi du 5 juin 1850 (Sol. 12 juill. 1877, 4875 R. P.).

CHAPITRE IV. — DISPOSITIONS PARTICULIÈRES

[133-134]

133. Contributions indirectes. — L'acte d'abonnement que l'Administration des contributions indirectes est autorisée à passer avec les débitants et fabricants, n'est pas assujetti au timbre prescrit par la loi du 13 brumaire an 7. Il est rédigé sur papier au timbre spécial des contributions indirectes (327 I. G.; 2620 J. E).

134. Octroi. — En général, les actes d'abonnement au sujet de la perception des droits d'octroi sont dispensés d'enregistrement. — V. *Octroi*, n° 12009.

ABRÉVIATION.

135. Abréviation. — C'est le retranchement qu'on fait de quelques lettres dans l'écriture d'un mot, comme quand, pour écrire *Monsieur*, on écrit seulement *M.* (Merlin, *Rép. Jurisp.*) — V. *Acte de notaire*, n° 946.

ABROGATION.

136. Abrogation. — L'abrogation d'une loi est l'acte

par lequel elle est détruite et anéantie. — Elle est expresse ou tacite (V. le mémoire inséré au n° 4002 R. P.).

137. Expresse. — Elle est expresse, lorsqu'une loi nouvelle porte textuellement que l'ancienne est abolie, ou se sert d'expressions équivalentes.

138. Tacite. — L'abrogation tacite est de deux sortes :

La première existe lorsque de deux lois promulguées, la seconde ne peut exister sans détruire la précédente (Cass., 16 déc. 1829, D. 30. 1. 27).

La deuxième espèce d'abrogation tacite résulte de la désuétude ou non-usage dans lequel la loi est tombée. Mais le non-usage doit être général, car cette espèce d'abrogation est fondée sur un consentement tacite et universel. Dans notre droit, les lois ne s'abrogent pas par désuétude.

139. Combinaison. — Abrogation partielle. — Si l'incompatibilité de deux lois n'est pas absolue, elles doivent être combinées l'une par l'autre, car l'abrogation des lois ne se présume pas, et si les lois sont contraires dans quelques points seulement, ce n'est que dans ces points que l'abrogation s'opère (Merlin, *Quest. de Dr.* v^is *Délits ruraux*, Tribunal d'appel, § 3).

140. Lois sur l'enregistrement. — Le principe d'abrogation n'a pas été uniformément établi dans les lois sur l'enregistrement.

1. — Ainsi l'art. 73, L. 22 frimaire an 7, tout en déclarant abrogées les lois antérieures, maintenait leurs dispositions à l'égard des actes faits et des mutations par décès arrivées avant sa promulgation, tandis que la loi du 27 ventôse an 9, art. 1er, avait assujetti aux droits en vigueur, *au moment de la formalité*, les actes et mutations, quelle que fût leur date.

2. — La loi du 28 avril 1816, art. 59, a déclaré, comme celle de frimaire, que les *mutations* antérieures à sa publication ne seraient pas assujetties aux droits qu'elle a établis (845 I. G.). Mais ce même article porte que, quant *aux actes*, l'art. 1er L. 27 ventôse an 9, continuera d'être appliqué. Or, cet article voulant, ainsi qu'on vient de le voir, qu'à compter de la publication de la loi, les droits, quelle que soit la date des actes, soient perçus au taux fixé par la loi de frimaire et autres postérieures, il en résulte que la perception des actes *ne portant pas mutation* d'immeubles, qui tombent sous l'empire de la loi de 1816, doit être régie par la loi en vigueur lors de la présentation de ces actes à la formalité. — *V. Décime*, 5842.

3. — L'art. 81 L. 15 mai 1818 a voulu que l'exemption d'enregistrement prononcée par l'art. 80 en faveur des actes administratifs autres que ceux dénommés en l'art. 78 fût applicable à tous les actes des autorités administratives antérieurs à la publication de la loi.

4. — L'art. 15 L. 16 juin 1824 a suivi le même système que la loi de 1818 ; elle a déclaré que les baux, les échanges, les démissions et autres actes pour lesquels les droits étaient réduits par les autres dispositions de la loi, ne donneraient lieu, *quelle que fût leur date*, qu'aux quotités déterminées par cet article (I. G. 1136, art. 15).

5. — Enfin l'art. 9 L. 18 mai 1850 a consacré le même principe que l'art. 73 L. 22 frimaire an 7, en établissant que les actes et mutations qui auront acquis date certaine avant sa promulgation seront régis par les lois antérieures.

Cette question est plus amplement traitée au mot *Décime*, n°s 5842 et suiv.

ABSENCE. — ABSENT.

DIVISION

SOMMAIRE

CHAPITRE PREMIER. — DISPOSITIONS GÉNÉRALES

[142-151]

SECTION PREMIÈRE. — DE L'ABSENCE EN GÉNÉRAL

[142-143]

142. Définition. — L'absence est l'état d'une personne dont on n'a pas de nouvelles et dont l'existence peut paraître douteuse (Merlin, *Rép.*, t. 16, p. 1).

143. — Trois périodes dans l'absence. — Ce qui caractérise essentiellement l'absence et la théorie juridique qui la gouverne, c'est l'incertitude entre la vie et la mort de l'absent, qui ne sont ni l'une ni l'autre prouvées; c'est la présomption de vie fondée sur ce que le décès n'est pas connu, et la présomption de mort fondée sur le défaut absolu de nouvelles. Aussi le Code civil a-t-il divisé l'absence en trois périodes distinctes que régit un principe commun, l'incertitude de la vie de l'absent, mais qui agit par gradation, en ce que cette incertitude va s'accroissant par la succession des années.

1. PRÉSOMPTION D'ABSENCE. — La première période (112 à 121 C. C.) est celle qui se trouve entre le moment du départ ou des dernières nouvelles et l'époque où les héritiers présomptifs peuvent être envoyés en possession provisoire des biens de l'absent. Cette période, qui dure cinq ans si l'absent n'a pas laissé de procuration, et onze ans dans le cas contraire, est celle de la présomption d'absence. *La supposition de la vie* de l'absent domine dans cette première période.

2. ENVOI EN POSSESSION PROVISOIRE. — La seconde période (120 à 128 C. C.) commence par la déclaration d'absence. Elle dure trente ans, à moins qu'il ne se soit écoulé cent ans depuis la naissance de l'absent. Dans cette seconde période, la vie et la mort de l'absent *sont incertaines*. Aussi n'est-ce que provisoirement que les héritiers peuvent être envoyés en possession des biens. Ils ne sont considérés que comme dépositaires, et ils doivent fournir caution pour sûreté de leur administration.

3. ENVOI EN POSSESSION DÉFINITIVE. — La troi-

sième période (129 C. C.) a son point de départ à l'expiration des trente ou cent années. L'idée fondamentale de cette troisième période est *la supposition de la mort de l'absent*. Les cautions sont alors déchargées, et les ayants droit peuvent être envoyés en possession définitive des biens.

4. RÉSOLUTION DE L'ENVOI EN POSSESSION DÉFINITIVE. — Cet envoi en possession n'est résoluble que dans deux cas: 1° si l'absent reparaît, ou si l'on a de ses nouvelles, à quelque époque que ce soit, et sans que les envoyés en possession puissent lui opposer aucune prescription; 2° s'il se présente des enfants ou autres descendants de l'absent, qui n'aient pas été connus lors de l'envoi définitif, pourvu qu'ils réclament dans les trente ans qui suivent l'envoi (Delvincourt, t. 1er, p. 53; Toullier, n° 448).

143 *bis*. Observations. — La division en trois périodes que nous avons établie dans les effets de l'absence résulte de l'esprit des différents articles du Code civil.

Aussi on continue de dire que, pendant la première période, la présomption dominante est celle de la vie; que, dans la seconde, la présomption de mort commence à prendre le dessus, et qu'enfin cette dernière présomption l'emporte et triomphe décidément dans la troisième période. Il ne faut cependant pas aller trop loin dans ces divers ordres d'idées, qui ne sont réellement exacts qu'à l'égard des droits qui appartenaient déjà à l'absent lors de sa disparition ou de ses dernières nouvelles. A l'égard des droits éventuels qui s'ouvrent depuis les dernières nouvelles de l'absent, la présomption de mort domine déjà, même dans la première période (135, 136 C. C.). Tandis qu'à l'égard du mariage, la présomption de vie domine toujours, même dans la dernière (147, 139 C. C.). Disons donc qu'il n'y a pas de proposition absolue à faire à cet égard, et, en effet, aucun texte de la loi ne consacre de véritable présomption (Proudhon, t. 1er, p. 256; Duranton, t. 1er, n° 389; Plasman, t. 1er, p. 119-123).

1. EFFET RÉTROACTIF. — Quoi qu'il en soit, une règle certaine, c'est que l'incertitude de la vie de l'absent, une fois qu'elle prend naissance, remonte au jour même de sa disparition ou de ses dernières nouvelles, et date toujours de cette époque, à mesure qu'elle se fortifie et s'aggrave avec le temps; si bien que lorsqu'il y a lieu de présumer le décès, c'est à cette même époque qu'il faut le reporter.

SECTION 2. — DROITS D'ENREGISTREMENT DES ACTES JUDICIAIRES RELATIFS A L'ABSENCE

[144-151]

144. Tarif. — La loi n'a nommément tarifé aucun des actes judiciaires auxquels peut donner lieu la procédure à suivre relativement à l'absence. Ces actes tombent donc sous l'application des principes généraux en matière judiciaire. Quelques décisions spéciales sont cependant intervenues, et leur place se trouve naturellement ici.

145. Jugement qui commet un notaire à l'absence. — Le jugement qui commet un notaire pour représenter les absents doit être considéré comme définitif et rendu en premier ressort, puisque l'art. 113 C. C. attribue aux tribunaux la nomination d'un notaire pour représenter les héritiers présumés absents dans les inventaires, comptes, partages, liquidations, et que ces nominations ne peuvent être attaquées *que par la voie de l'appel*: un pareil jugement est donc passible du droit fixe de 5 francs (7 fr. 50 cent.), conformément à l'art. 45, n° 5, L. 28 avril 1816 (Sol. 13 déc. 1830, 9859 J. E.).

1. JUGEMENT ORDONNANT L'ENQUÊTE. — Mais le jugement qui ordonne l'enquête aux termes de l'art. 116 du C. C. est simplement préparatoire et soumis à ce titre au droit fixe de 4 fr. 50 cent.

146. Jugement déclaratif. — Le jugement déclaratif de l'absence étant définitif, est passible du droit fixe de 7 fr. 50 cent.

147. Jugement. — Pluralité des droits. — Le jugement qui déclare l'absence de deux individus est passible de deux droits, comme contenant deux dispositions, lorsque celui qui poursuit la demande en déclaration d'absence a des droits *distincts* à l'égard *de chacun* des absents. Le motif de cette décision est que le tribunal aurait pu accepter une partie des conclusions et rejeter l'autre (Dél. 31 juill. 1824, 7898 J. E.).

148. Actes à la requête du ministère public. — L'art. 114 C. C., en imposant au ministère public l'obligation de veiller aux intérêts des absents, décide qu'il sera entendu dans toutes les demandes qui les concernent. L'intervention du ministère public est donc de pure formalité. Aussi a-t-il été décidé que tous les actes faits *à sa seule diligence*, dans l'intérêt des absents ou des mineurs, doivent être, quoique ayant lieu en matière civile, visés pour timbre et enregistrés en débet. On ne peut exiger, en effet, que le ministère public avance les droits de timbre et d'enregistrement quand il agit d'office et sans l'intervention d'une partie civile (D. m. f. 20 fruct. an 10; 1er prair. an 13, I. G. 290 § 13; D. m. f. 20 oct. 1817, 6028 J. E.).

1. ACTES A LA REQUÊTE DES PARTIES INTÉRESSÉES. — Mais toutes les fois que les parties intéressées *requièrent* les jugements, elles doivent en acquitter les droits, bien que le ministère public intervienne dans la cause, conformément à l'art. 114 C. C. Du moment, en effet, où il a été établi que les parties civiles, en matière de police, sont tenues à l'avance des droits, alors qu'il ne s'agit que de l'ordre public, il faut reconnaître qu'il doit, *à fortiori*, en être de même lorsque, comme dans l'espèce, l'intérêt privé est seul en cause.

149. Militaires absents. — Actes de notoriété. — Procès-verbaux. — Les actes de notoriété et les procès-verbaux rédigés par les juges de paix pour constater les causes et circonstances de la disparition des militaires, et le fait de la privation des moyens d'existence de leurs veuves et orphelins, sont exempts du timbre et de l'enregistrement. (D. m. f. 26 janv. 1824, I. G. 1124). — *V.* 868 et 14859.

150. Enquête. — L'espèce d'enquête que le juge de paix qui appose les scellés au domicile d'un absent fait pour s'assurer des causes de l'absence, et dont il consigne le résultat dans le procès-verbal, ne donne pas ouverture à un droit particulier d'enregistrement. — V. n°s 7694 et 16859.

151. Certificat. — Le certificat par lequel un maire constate l'absence d'un individu ne peut pas être considéré comme un acte de décès. — *V.* 709 *bis*.

CHAPITRE II. — PRÉSOMPTION D'ABSENCE

[152-157]

152. Définition. — La loi qualifie de *présumé absent* celui qui a quitté son domicile ou sa résidence habituelle par un motif quelconque, et dont on n'a pas de nouvelles depuis un assez long temps pour qu'on puisse concevoir des inquiétudes sérieuses sur son compte (Dalloz, *Jur. gén.*, t. 2, p. 20, n° 31).

153. Action des tribunaux. — Mais ces inquiétudes sérieuses sur l'existence de l'absent ne motivent pas de plein droit *la présomption d'absence.* C'est aux tribunaux qu'il appartient de reconnaître cette présomption d'absence; et, à cet égard, ils doivent consulter les circonstances qui ont accompagné ou suivi le départ pour déterminer le délai plus ou moins long après lequel *le non-présent* peut être présumé absent.

Dans tous les cas, il faut, pour que la justice s'occupe des affaires du présumé absent, qu'il y ait nécessité *réelle et actuelle*, soit dans son intérêt, soit dans l'intérêt des tiers. Hors le cas de nécessité, personne n'a le droit de s'immiscer dans les affaires du présumé absent (Duranton, t. 1er, n° 392). Et ce cas de nécessité ne peut même se présenter que si, pendant la présomption d'absence, il n'existe point de fondé de pouvoirs de l'absent, ou que celui qu'il aurait laissé n'ait pas des pouvoirs assez étendus ; il faut, en un mot, que l'administration des biens et des affaires de l'absent se trouve en souffrance.

154. Parties intéressées. — Lorsque cette nécessité existe, les parties intéressées seules (112 C. C.), telles que les créanciers, les coassociés et autres ayant un intérêt actuel, peuvent provoquer les mesures d'administration des biens de l'absent; mais il faut que cet intérêt soit *né et actuel.* Un intérêt *purement éventuel*, tel que celui des héritiers, ne suffirait pas. Ceux-ci peuvent seulement avertir le ministère public et stimuler son zèle (Merlin, *Rép.*, v° *Absent*, sur l'art. 115, n° 2; Marcadé, sur l'art. 112, n° 3; Toullier, t. 1er, n° 394; Delvincourt, t. 1er). — *V.* 47, n° 7.

Cependant, cette doctrine est contestée par beaucoup d'auteurs, relativement aux enfants et généralement aux héritiers présomptifs (Favard, v° *Absent*, p. 18; Locré, t. 5, p. 531; Plasman, t. 1er, p. 29 et suiv.; Arm. Dalloz, *Dict. gén.*, n° 26; Dalloz, *Jur. gén.*, v° *Absence*, n° 68).

155. Ordonnance. — Jugement. — Les formalités à suivre pour faire ordonner les mesures d'administration sont déterminées par l'art. 859 C. proc., aux termes duquel il faut présenter requête au président du tribunal. Dans ce cas, l'ordonnance que le président rend pour commettre un juge chargé de faire le rapport à l'effet de statuer sur l'absence *étant de pure formalité*, comme l'intervention du ministère public (*V.* 48), n'est pas sujette à l'enregistrement (2985 J. E.; I. G. n° 436 § 65). — Mais le jugement qui intervient ensuite doit être enregistré dans les vingt jours aux frais des parties intéressées (I. G. 436 § 65, J. E. 2985).

156. Caution. — Les héritiers présomptifs de l'absent peuvent se faire envoyer en possession provisoire, à la charge de donner caution pour sûreté de leur administration. S'ils déclarent, dans ce but, hypothéquer leurs biens personnels, cette affectation ne saurait équivaloir à la caution, qui est spécialement exigée par la loi, et elle n'ajoute point aux obligations des envoyés en possession. Cette déclaration ne peut donner lieu au droit proportionnel, d'une part, parce qu'elle ne remplit pas le vœu de la loi, et, de l'autre, parce qu'aux termes de la jurisprudence actuelle de la Cour de cassation, l'affectation hypothécaire consentie par le débiteur n'est soumise qu'au droit fixe, comme acte innomé (Cass., 20 fév. 1837; Dél. 18 avr. 1837; Sol. 21 oct. 1830, 8217, 9797, 11733, 11769, J. E.). — V. *Affectation hypothécaire.* n° 1856

157. Non présent. — Les mesures prescrites par les art. 112 et suiv. du C. C. au cas de présomption d'absence ne sont pas applicables à l'absent simplement non présent dont l'existence n'est pas devenue incertaine, mais dont on ignore seulement la résidence actuelle (Toullier, t. 1er, n° 385; Plasman, t. 1er, p. 13; Demolombe, *De l'Absence*, n° 18; Mourlon, *Rép. écrites*, t. 1er, n° 363; Demante, t. 1er, n° 136 *bis*; Massé et Vergé, t. 1er, § 93, p. 133; Aubry et Rau, t. 1er, § 147, p. 529).

CHAPITRE III. — OUVERTURE DES DROITS DE SUCCESSION

[158-165]

158. Déclaration d'absence. — La déclaration d'absence, qui doit être prononcée par le tribunal, après l'accomplissement des formalités et après l'expiration des délais déterminés par les art. 115 à 121 C. C., est, depuis le Code civil, *un préalable indispensable*, et nulle mesure ne peut être prise, relativement aux biens de l'absent, si l'absence n'a d'abord été déclarée.

1. PRESCRIPTION. — Tout droit, dès lors qu'il est relatif à un intérêt pécuniaire, tombe sous la prescription, à moins que la loi ne l'ait formellement déclaré imprescriptible. Or, rien ne soustrait à la règle générale le droit de demander l'envoi en possession des biens d'un absent ; ce droit se prescrirait donc par trente ans, aux termes de l'art. 2262. En conséquence, si, lors de la déclaration d'absence d'une personne ayant laissé deux parents, l'un plus proche, l'autre plus éloigné, c'était ce parent plus éloigné qui demandât et obtînt l'envoi en possession, parce que le parent plus proche ignorerait ce qui se passe, ou ne se donnerait pas la peine d'agir et si ce dernier voulait, plus tard, enlever la possession à celui qui l'a indûment obtenue, il devrait agir contre lui dans les trente ans de la déclaration d'absence. Passé ce délai, la prescription serait accomplie et le droit du parent plus proche éteint (Grenoble, 24 avril 1850, S. 51. 2. 93).

159. Envoi en possession provisoire. — Aux termes de l'art. 120 C. C., lorsque l'absence a été déclarée, les héritiers présomptifs peuvent se faire envoyer en possession des biens qui appartenaient à l'absent au jour de son départ ou de ses dernières nouvelles.

1. LÉGATAIRES. — DONATAIRES. — La déclaration d'absence produirait les mêmes effets que la mort, jusqu'à ce que l'existence soit prouvée ; tous ceux qui avaient des droits qui ne devaient s'ouvrir pour eux que par le décès de l'absent doivent être mis en exercice provisoire de ces droits. — Ainsi, le donataire d'un bien qu'il ne devait prendre qu'à la mort de son donateur, pourra prendre ce bien provisoirement. Les légataires institués pourront prendre possession des biens à eux légués.

2. DROIT DE RETOUR. — Les ascendants donateurs en position de succéder aux biens par eux donnés, conformément à l'art. 747, viendront prendre ces biens. — Ainsi encore, celui qui aurait fait à l'absent donation d'un bien, avec la clause, insérée dans l'acte, que ce bien lui reviendrait si l'absent mourait avant lui, pourra le reprendre également (Nancy, 31 janv. 1833, S. 34. 2. 603).

3. NU-PROPRIÉTAIRE. — Les mêmes droits naturellement incombent au nu-propriétaire d'un bien dont l'absent a l'usufruit. La déclaration d'absence opérerait sur sa tête la réunion de l'usufruit à la nue propriété.

160. Administrateurs provisoires. — Mais si la déclaration d'absence n'est pas prononcée, et si le tribunal, se laissant guider par des considérations particulières, comme l'art. 117 C. C. lui en donne le droit, nomme simplement les héritiers administrateurs provisoires, les droits de mutation par décès seront-ils ouverts ? Un Déc. m. f. 26 septembre 1817 (5884 J. E.) a décidé l'affirmative, par le motif que le Code n'autorise que la déclaration d'absence, que la nomination d'administrateurs provisoires est irrégulière, mais que les héritiers n'en sont *pas moins saisis des biens*, et que dès qu'ils recueillent l'effet de la déclaration d'absence, du moins quant à l'administration des biens, ils doivent payer les droits de la succession.

Dalloz et Championnière ont critiqué la décision du ministre. Selon ces auteurs, c'est l'envoi en possession provisoire qui seul est l'image de l'ouverture de la succession ; cet envoi ne peut être prononcé qu'à la suite de la déclaration d'absence : donc, tant que l'absence n'est pas déclarée, les droits de mutation ne peuvent être demandés. Ils ajoutent que l'administration provisoire confiée aux héritiers présomptifs de l'absent ne leur donne aucun des droits résultant de l'envoi en possession provisoire, et que d'ailleurs, si le tribunal ne prononce pas la déclaration d'absence aussitôt que le délai d'un an prescrit par l'art. 119 C. C. est expiré, il ne fait qu'user du pouvoir discrétionnaire qui lui est accordé par l'art. 117 (Dalloz, n° 3985 ; Champ. et Rig., n° 2483).

Nous n'hésitons pas à nous ranger à cette opinion, car il appartient toujours au tribunal d'apprécier les motifs de la disparition et les causes qui ont pu empêcher d'avoir des nouvelles du présumé absent, et c'est précisément parce que l'appréciation du tribunal lui fait écarter la présomption du décès qu'il refuse de déclarer l'absence, et nomme cependant les héritiers administrateurs provisoires dans le but d'une meilleure administration des biens qu'ils seront un jour appelés à recueillir.

161. Communauté entre époux. — Aux termes de l'art. 124 C. C. l'époux commun en biens, s'il opte pour la continuation de la communauté, peut empêcher l'envoi provisoire et l'exercice provisoire de tous les droits subordonnés à la condition du décès de l'absent, et prendre ou conserver par préférence l'administration des biens de l'absent.

1. OPTION DE LA COMMUNAUTÉ PAR LA FEMME. — Lorsque c'est le mari qui est en état d'absence déclarée, la femme, en optant pour la continuation de la communauté, n'acquiert pas les pouvoirs étendus qui appartiennent au mari dans l'hypothèse inverse. Elle ne succède pas à l'administration qu'avait celui-ci comme chef de la communauté, et son administration ne trouve aucune règle dans les principes qui régissent la communauté, puisque d'après ces principes elle est et doit rester complétement étrangère à la gestion des intérêts communs. C'est donc dans le titre même de l'absence que ses droits sont réglés ; d'après cela, ses pouvoirs ne sont pas autres, en général, que ceux des envoyés en possession provisoire. Aussi ne peut-elle ni vendre ni hypothéquer les immeubles soumis à son administration, pas plus les immeubles de la communauté que les immeubles personnels de l'absent ; mais la vente pourrait être autorisée par la justice en cas de nécessité, par exemple s'il s'agissait d'établir un enfant.

2. NON-EXIGIBILITÉ DES DROITS DE MUTATION PAR DÉCÈS. — *Quid*, dans ce cas, des droits de mutation par décès ? On verra au n° 162 que la loi du 28 avril 1816, provoquée peut-être en ce point par la jurisprudence de la Cour de cassation, d'après laquelle l'envoi en possession provisoire des biens d'un absent ne devait pas donner ouverture aux droits de mutation par décès (Cass. 14 fév. 1811 ;

16 janv. 1811; D. 1. 111. 170; S. 13. 1. 417), a voulu, au contraire, que les héritiers présomptifs acquittassent, dans les six mois de l'envoi en possession, les droits auxquels ils seraient réellement tenus si le décès était prouvé, sauf restitution si l'absent venait à reparaître, et déduction faite des droits auxquels aurait donné lieu la jouissance des héritiers.

Mais l'ancienne jurisprudence de la Cour de cassation n'en doit pas moins subsister vis-à-vis de la femme commune qui optera pour la continuation de la communauté. Cette jurisprudence n'a rien, en effet, d'inconciliable avec la disposition de l'art. 40 de la loi du 28 avril 1816, laquelle mentionne les héritiers, légataires et *tous autres appelés à exercer des droits subordonnés au décès de l'absent*. Or, cela ne saurait s'étendre à la femme qui opte pour la continuation de la communauté, puisque par là elle crée un état de choses qui justement exclut l'exercice des droits subordonnés au décès.

« Cette prérogative de l'époux commun en biens, dit M. Demante, est fondée sur la possibilité de la vie de l'absent. Ce cas ne rentre ni dans les termes ni dans l'esprit de la loi de 1816 ; aucun droit de mutation n'est donc encouru, ni par le mari qui *conserve*, ni par la femme qui *prend* l'administration des biens de son conjoint » (*Principes de l'enreg.*, 680 ; *Comp.* C. Orléans, 22 nov. 1850, S. 51. 2. 553 et P. 53. 1. 248.)

3. DATE DE LA DISSOLUTION. — Lorsque le conjoint présent n'a pas usé du droit qui lui est réservé d'opter pour la continuation de la communauté, cette communauté est réputée dissoute du jour de la disparition ou des dernières nouvelles de l'absent et doit être liquidée suivant son état à cette époque. (Douai, 13 janv. 1865, S. 66. 2. 612; Demolombe, n° 293; Pont et Rodière, t. 1er, n° 775 et 784 ; Massé et Vergé, t. 1er, § 99, notes 11 et 13; Aubry et Rau, t. 1er, p. 551 ; Marcadé, art. 124, n° 11.)

162. Ouverture des droits de succession. — C'est la date de l'envoi en possession qui, d'après l'art. 120 C. C., doit toujours être précédé du *jugement définitif* déclarant l'absence, que l'art. 40 de la loi du 28 avril 1816 prend pour *point de départ* de l'ouverture des droits de mutation par décès. Cet article est ainsi conçu : « Les héritiers, légataires et tous autres appelés à exercer des droits subordonnés au décès d'un individu dont l'absence est déclarée, sont tenus de faire, dans les six mois de l'envoi en possession provisoire, la déclaration à laquelle ils seraient tenus s'ils étaient appelés par l'effet de la mort et d'acquitter les droits sur la valeur entière des biens ou des droits qu'ils recueillent. »

163. Décès de l'héritier présomptif.

1. ANTÉRIEUR A L'ENVOI EN POSSESSION. — Si l'héritier présomptif de l'absent, au moment de sa disparition ou de ses dernières nouvelles, meurt avant l'envoi en possession, cette possession appartient à ses représentants (héritiers, donatair s, légataires ou autres ayants cause), qui sont alors appelés à recueillir les biens de l'absent, au cas où il ne se présenterait pas.

2. POSTÉRIEUR A L'ENVOI EN POSSESSION. — Et si cet héritier présomptif meurt après l'envoi obtenu, c'est encore évidemment à ses héritiers ou ayants cause que cette possession doit passer. Cette possession, en effet, doit toujours être à ceux qui seraient propriétaires si l'absent avait cessé de vivre lorsqu'il a disparu ou cessé de donner de ses nouvelles. Dès lors ceux-ci doivent le droit de succession sur les biens de l'absent.

164. Plusieurs absents. — Lorsque la même personne est envoyée en possession des biens de deux absents appelés à se succéder réciproquement, on ne peut pas appliquer ici les présomptions de survie, afin de percevoir un double droit de mutation. Celui des deux absents qui a disparu le dernier n'est point réputé avoir succédé à l'autre, car cette présomption ne pourrait résulter précisément que de l'envoi en possession prononcé à son profit. Le contraire n'aurait lieu que si le prédécès était positivement établi.

165. Contumax. — Une délibération du 3 février 1832 a décidé que l'art. 40 de la loi de 1816 est applicable aux héritiers d'un condamné contumax qui se font envoyer en possession de ses biens, et que ces héritiers doivent payer les droits de mutation par décès dans les six mois de l'envoi en possession (7636 D. N.). Nous ne croyons pas cette décision fondée, parce que le contumax n'est pas déclaré absent et que la loi statue seulement sur le mode de gestion de ces biens. — V. d'ailleurs 16142.

CHAPITRE IV. — DÉLAI POUR FAIRE LA DÉCLARATION DE SUCCESSION

[166-172]

166. Dispositions antérieures à la loi de 1816. — Avant la loi de 1816, et alors que l'on n'avait pour guide que les termes assez ambigus de l'art. 24 L. 22 frimaire an 7, qui, pour la succession de l'absent, faisait courir du jour *de la mise en possession* le délai pour le payement des droits de mutation par décès, il y avait doute sur la question de savoir si l'envoi en possession provisoire pouvait donner lieu aux droits de succession.

Le ministre des finances avait décidé l'affirmative, le 17 floréal an 9 (I. G. 290 § 72, 3101 J. E.), mais la Cour de cassation, après avoir adopté le même principe, le 27 avril 1807, avait décidé, les 16 janvier et 14 février 1811, que l'envoi en possession définitive faisait seul courir le délai pour le payement des droits de mutation par décès.

« Attendu, porte l'arrêt du 14 février, que les héritiers présomptifs de Van Acker ayant rempli les formalités prescrites par les art. 115, 116, 119 et 120 C. C., pour faire déclarer son absence et être envoyés en possession de ses biens, à la charge de donner caution, et que cette possession provisoire n'opérant, aux termes de l'art. 125 du même code, qu'un droit qui ne donne à ceux qui l'obtiennent que la simple administration des biens de l'absent, et les rend comptables envers lui, il n'y a pas eu, dans l'espèce, ouverture aux droits de mutation » (Dalloz, n° 3986; S. 13. 1. 417).

167. Point de départ du délai. — Le doute n'est plus possible depuis que l'art. 40 L. 28 avril 1816 a formellement déclaré que les droits de mutation par décès seraient acquittés *dans les six mois de l'envoi en possession provisoire* (*Conf.* : Orthez, 21 mars 1872).

168. Date du versement du cautionnement. — Les biens en possession desquels les héritiers présomptifs de l'absent se font envoyer, lui seront rendus s'il reparaît. Il est juste que ces héritiers donnent des garanties pour la conservation et la bonne administration des biens de l'absent. Aussi l'art. 120 C. C. exige-t-il qu'ils fournissent caution pour la sûreté de leur administration.

On avait voulu prétendre que le délai devait courir seulement du jour où le cautionnement aurait été fourni. Mais il résulterait de là que les héritiers auraient *la faculté* de différer le payement des droits autant qu'ils le jugeraient convenable; aussi cette prétention a-t-elle été repoussée (Sol. 20 mai 1818, 6094 J. E., 2565 J. N.).

La Cour de cassation a jugé dans le même sens les 9 novembre 1819 et 2 avril 1823 (3230 et 4449 J. N.).

« Attendu, porte l'arrêt de 1819, que l'envoi en possession s'opère par l'accomplissement des formalités prescrites à cet effet par l'art. 860 C. proc., aux termes duquel l'héritier doit seulement requérir et obtenir du tribunal compétent un jugement qui prononce cet envoi ; que si, d'après l'art. 120 C. C., l'héritier envoyé en possession doit fournir une caution solvable, cette obligation ne lui est pas imposée comme une condition préalable de son envoi en possession, mais seulement comme une charge attachée à cet envoi, et qu'il doit remplir dans un délai déterminé ; qu'en considérant même cette charge comme une condition résolutoire, en ce que son inobservation peut faire encourir à l'héritier la déchéance de son envoi en possession, cette condition résolutoire ne fait pas qu'il ne soit réellement censé posséder les biens de l'absent, et qu'il n'en jouisse en effet civilement du jour du jugement qui a prononcé l'envoi en possession; que c'est donc véritablement de ce jour que s'est opérée la mutation à son profit, et par conséquent de ce même jour que doit courir le délai fixé pour le payement des droits. »

169. Jugement d'envoi frappé d'appel. — L'appel étant suspensif, il en résulte nécessairement que s'il a été interjeté appel d'un jugement portant envoi en possession provisoire, le délai ne doit courir, lorsqu'il n'y a pas eu prise de possession de fait (*V.* 171) que du jour de l'arrêt confirmatif (D. m. f. 6 juin 1823, D. N. *Abs.* 467, basée sur un arrêt Cass. 20 août 1816 (5602 J. E.), qui a statué que les droits de mutation, pour des biens échus à des héritiers par la rescision de la vente que leur auteur en avait consentie, ne sont pas exigibles à partir du jugement de première instance qui met les héritiers en possession, mais seulement à compter de l'arrêt qui, sur l'appel, confirme le jugement.

170. Renonciation au jugement. — Les héritiers présomptifs ne pourraient éviter le payement des droits en déclarant au receveur qu'ils renoncent au bénéfice du jugement. L'annulation légale de cette décision ou le retour de l'absent pourraient seuls les en affranchir.

171. Présomptions suffisantes de prise de possession. — L'art. 40 de la loi du 28 avril 1816 a laissé dans toute sa vigueur les principes généraux posés par l'art. 12 L. 22 frimaire an 7, d'après lesquels la mutation d'un immeuble est suffisamment prouvée, pour la demande du droit au nouveau possesseur, par les actes qui constatent sa propriété. Si donc les héritiers, négligeant de faire déclarer l'absence, *prennent possession* de fait des biens de l'absent, il y a lieu de se prévaloir des présomptions établies dans l'art. 12 L. de frimaire, présomptions qui, si elles ne peuvent *servir de preuve légale* du décès de l'absent, sont suffisantes pour légitimer la perception des droits de mutation (*Conf.* G. Demante, n° 681.)

« Attendu, porte un arrêt de la Cour de cassation du 12 mai 1834 (I. G. 1467 § 4, 10940 J. E., 8560 J. N., S. 34. 1. 487) que la loi du 22 frimaire an 7 (art. 12) établit des présomptions qui, si elles ne suffisent pas pour servir de preuves légales du décès d'un absent, sont suffisantes pour légitimer la perception des droits d'enregistrement. Que, d'après ces dispositions, les droits de mutation par décès sont dus par les cohéritiers d'un absent, lorsqu'ils se mettent en possession de la part qui lui revient dans la succession à laquelle les uns et les autres sont appelés ; que l'art. 40 de la loi du 28 avril 1816 n'a pas eu pour objet de prohiber cette perception, mais seulement de rendre le droit de mutation exigible après l'envoi en possession provisoire des biens des absents, lorsque, jusqu'alors, il n'avait été exigible qu'après l'envoi en possession définitive; que cet article n'a dès lors rien innové pour le cas où il y a eu prise de possession de fait des biens d'un absent, sans envoi en possession judiciaire provisoire ou définitive. »

1. POINT DE DÉPART DU DÉLAI. — Dans ce cas, la loi du 22 frimaire an 7, art. 24, fixe elle-même le point de départ du délai pour passer déclaration. Il est de six mois à partir *de la mise en possession* (D. m. f. 7 juin 1808, I. G. 386 § 32, D. N. t. 1er p. 65 n° 83. — Seine, 8 mars 1848, 14466 J. E.).

2. PREUVE DU DÉCÈS. — Cette prise de possession établissant d'ailleurs une présomption légale du décès de l'absent, contre laquelle ne pourraient s'élever ceux-là même qui s'en seraient servis pour s'emparer des biens, on doit tirer cette conclusion : que l'Administration n'est pas tenue de *prouver* le décès pour contraindre au payement des droits de succession (Cass., 27 avr. 1807, D. N. t. 1er p. 63 n° 71-3, S. 7. 2. 742; Cass. 22 juin 1808, 3695 J. N., S. 9. 1. 276; Cass., 30 avr. 1821, 6975 J. E., 3848 J. N., S. 22. 1. 2; Cass., 2 juill. 1823, 7510 J. E., 4432 J. N., S. 23. 1. 401. — Lannion, 7 juill. 1846, 14042-1 J. E.).

3. ACTES DIVERS. — Le principe que nous venons d'établir, lorsqu'il y a prise de possession de fait, a été consacré, en thèse générale, par une décision ministérielle du 14 août 1818 (6145 J. E., 2627 J. N.), dont les motifs sont que la loi de 1816, en déclarant que l'envoi en possession provisoire soumet ceux qui l'obtiennent au payement des droits de succession, a entendu donner une facilité de plus pour faire payer les droits, *sans rien changer aux dispositions précédentes*, d'après lesquelles les actes de prise de possession, sans aucune formalité, donnent ouverture au payement des droits de mutation.

« Toute prise de possession, porte un arrêt Cass. 2 juillet 1823, place évidemment les héritiers dans l'application de l'art. 12 L. 22 frimaire, qui déclare que la mutation de propriété d'un immeuble sera suffisamment établie pour la poursuite des droits d'enregistrement contre le nouveau possesseur par tout acte constatant sa propriété » (7510 J. E.; 4432 J. N.).

Et un jugement du tribunal de la Seine du 8 mars 1848 (14466 J. E.) a reconnu, comme la décision ministérielle que nous venons de citer, que l'art. 40 L. 28 avril 1816 *n'a rien innové aux règles antérieures* pour le cas où il y a prise de possession de fait des biens de l'absent, sans envoi en possession judiciaire provisoire ou définitive.

Ont encore décidé dans le même sens : Cass., 27 avr. 1807, D. N. t. 1er p. 63 n° 71-3, S. 7. 2. 742. — Cass., 22 juin 1808, 3244 J. E., 3695 J. N., S. 9. 1. 276. — Cass., 30 avr. 1821, 6975 J. E., 3848 J. N., S. 22. 1. 2. — Lannion, 7 juill. 1846, 14042-1 J. E.

4. IRRÉGULARITÉ DANS LA PRISE DE POSSESSION. — L'arrêt du 30 avril 1821, rappelé ci-dessus, a de plus décidé qu'une irrégularité dans l'acte de prise de possession, telle que le défaut d'autorisation de la part du mari de l'héritière, n'est pas un obstacle à l'exigibilité du droit de mutation par décès.

« Attendu que la défenderesse a vainement excipé du défaut d'autorisation de son mari pour intervention dans cet acte, soit parce que, en fait, cette autorisation résultait suffisamment des termes de la procuration générale qui lui avait été donnée par son mari, soit parce que, en droit, l'irrégularité prétendue des actes ne peut pas priver la Direction de la faculté de percevoir les droits auxquels ils donnent ouverture, soit enfin parce que la prise de possession régulière de la part des cohéritiers de la dame Renous, suffisait pour rendre le droit exigible contre chacun d'eux. »

5. — Un grand nombre de décisions et opinions intervenues sur des questions spéciales ont confirmé ces principes. Nous allons les faire connaître.

6. AFFECTATION HYPOTHÉCAIRE. — Lorsque, dans une obligation, l'emprunteur affecte pour hypothèque, comme héritier, les biens d'un absent, il y a lieu à la demande des droits, l'hypothèque *ne pouvant*, aux termes de l'art. 2124 C. C. être consentie que par celui qui a la capacité d'aliéner les immeubles qu'il y soumet (Cass., 30 avr. 1821, S. t. 22, p. 2, 6661 J. E., S. 22. 1. 21. — *Arrêt rapporté*, n° 171-4).

7. BAIL. — Même décision au sujet du bail que les héritiers d'un absent passent de ses biens en leur propre et privé nom (D. m. f. 14 août 1818, 6145 J. E., 2627 J. N., I G. 386-32 ; V. I. G. 1200-13).

8. INSCRIPTION AU ROLE. — L'inscription des héritiers au rôle de la contribution foncière, au lieu et place de l'absent, suffit pour autoriser la demande des droits (Cass., 8 mai 1826, I. G. 1200 § 13, 5786 J. N.).

9. PARTAGE. — Même règle lorsque, dans un acte de partage, on comprend la portion d'un absent, alors même que l'on aurait formé un lot particulier pour le cas où cet absent reparaîtrait (Cass., 12 mai 1834, 10946 J. E., 8560 J. N., I. G. 1467 § 4, D. N., v° *Absent*, 480, 5313 J. E., S. 34. 1. 487). — V. 171.

Ou qu'il aurait été dit qu'on ferait raison à l'absent des biens à lui revenant à l'époque de son retour (Cass., 26 juill. 1814, 4899 J. E.; 1148 J. N.; S. 15. 1. 250).

« Attendu, porte l'arrêt, que par la transaction notariée du 6 juillet 1811, Jean-Étienne et Marie-Victoire Romestant ne se sont pas bornés à prendre une possession provisoire et à faire un simple acte d'administration ; qu'au contraire ils ont fait évidemment un acte de propriété en partageant entre eux les biens immeubles appartenant à leur frère, prétendu absent, pour chacun jouir et disposer, à son gré, de la portion à lui échue dans lesdits biens ; qu'il existe d'autant moins de doute à cet égard, que ladite Marie-Victoire a vendu sa portion dans les meubles provenant dudit absent, audit Jean-Étienne, son copartageant ; que la clause finale par laquelle ils ont déclaré qu'ils feraient raison de ces biens à leur frère, dans le cas où il viendrait à reparaître ou à donner de ses nouvelles, n'a pu dénaturer en rien la mutation qui s'est opérée par l'effet des dispositions précédentes. »

Il a été décidé dans le même sens et dans des espèces semblables (D. m. f., flor. an 13, 922 J. E., D. N., v° *Absent*, 477 à 480, I. G. 290-72; D. m. f., 27 déc. 1816, 5620 J. E., 1955 J. N.; Cass., 27 avr. 1807; 22 juin 1808, 1448 J. N.; 2 juill. 1823, 4432 J. N., *suprà* 171-2. — Altkirch, 7 mars 1851, 15166 J. E., 5591 et 6370 J. E.; — Seine, 8 mars 1848, 14466 J. E.).

10. PROCURATION. — Quand les héritiers ont donné mandat à un tiers de recueillir la succession d'un individu décédé hors de France, *c'est de la date de la procuration* et non de celle de l'envoi en possession des biens (si cet envoi est postérieur à la procuration) que commence à courir le délai pour faire la déclaration (D. m. f., 18 août 1814, 5028 J. E.; Champ. et Rig., p. 3, n° 13). — V. 172-5.

11. QUITTANCE. — Si les héritiers, du consentement du mandataire de l'absent, touchent une somme due à l'absent, *sous la condition* seulement de la restituer *au cas où il reparaîtrait*, il y a prise de possession (7093 J. E.).

Même décision quand les héritiers donnent quittance d'un legs fait à l'absent (Chambéry, 16 juin 1875).

12. REMISE DE DETTE. — On doit encore voir une preuve de prise de possession dans l'acte par lequel les héritiers de l'absent, pour toucher partie d'une somme qui lui est due, font remise au débiteur du surplus de la créance, alors même qu'ils stipuleraient qu'en cas de retour de l'absent, la remise sera non avenue afin que le débiteur ne puisse se prévaloir contre eux de cette remise (7237 J. E.). — V. § 9 *ci-dessus*.

13. VENTE. — L'aliénation des biens de l'absent par ses héritiers donne également ouverture aux droits de mutation par décès (D. m. f. 12 janv. 1808, 1017 J. E., I. G. 386 § 32; D. m. f. 12 janv. 1818, 3695-2 J. N., 6227 J. E., 2803 J. N., 16821 § 1er J. E.; — Lille, 22 janv. 1875).

Lors même que, dans l'acte de vente, ils se seraient engagés à restituer le prix des biens de l'absent au cas où il reparaîtrait (Cass. *adm.* 2 nov. 1813, 5301 J. E. *et suprà* § 9.)

Ou même qu'ils auraient agi en vertu d'une procuration de l'absent, lorsque *tout démontrerait* qu'ils ne se seraient servis de cette procuration que pour éviter une déclaration d'absence dans le cas, par exemple, où dix ans se seraient écoulés depuis la disparition ou les dernières nouvelles (7121 J. E.).

Jugé dans ce sens par le tribunal de Pau, le 22 janvier 1859, que si un fils a vendu divers immeubles lui provenant de la succession de son père, en déclarant agir en qualité *de légataire universel de son frère*, une telle vente constitue de sa part un acte établissant sa propriété, ce qui rendait toute autre preuve de la mutation complétement inutile (1267 R. P., 11498 C.).

14. TRANSACTION. — La prise de possession des biens d'un absent constatée par une transaction authentique autorise la demande du droit de mutation par décès (Cass. 30 avr. 1821). — V. n° 171-2.

15. CESSION DE DROITS. — La prise de possession est encore prouvée par une cession de droits dans la succession de l'absent, faite aux risques et périls du cessionnaire, car le défaut de garantie n'empêche pas qu'il y ait transmission actuelle (2803 J. N., 6227 J. E.).

172. Présomption insuffisante de prise de possession. — Mais il est des mesures que les héritiers peuvent prendre relativement aux biens de l'absent, qui, ne caractérisant pas suffisamment la prise de possession, ne peuvent donner ouverture aux droits de succession. En voici quelques exemples :

1. ACTES CONSERVATOIRES. — La Cour de cassation a décidé, le 18 avril 1809, que les droits de mutation ne sont pas dus dans le cas où les héritiers présomptifs de l'absent, appelés avec lui au partage d'une succession, n'ont recueilli sa portion *qu'en prenant* des mesures conservatoires dans son intérêt (3695-5 J. N.).

2. CERTIFICAT. — On ne peut, d'après le certificat d'un commissaire de marine, demander aux héritiers présomptifs d'un Français, embarqué à bord d'un bâtiment qui a péri, les droits de sa succession. Ce certificat n'est *qu'un indice* au moyen duquel les héritiers peuvent demander l'envoi en possession après avoir provoqué la déclaration d'absence ; mais jusque-là aucun droit n'est exigible, car le décès n'est pas prouvé (8200 J. E.).

Il en est de même du certificat du ministre de la guerre qui constate qu'un militaire est resté en arrière de son corps dans une campagne et qu'il a été rayé des contrôles du régiment (Cass. 9 mars 1819, 6484, 7074 et 9498 J. E.).

3. DÉCLARATION DE SUCCESSION. — De ce qu'on a fait figurer un absent dans la déclaration de la succession de sa mère et non dans celle de son père, mort postérieurement, on ne peut tirer la conclusion que l'absent a survécu à sa mère, et exiger les droits de mutation par décès à raison des biens qu'il aurait recueillis dans cette succession (Cass. 17 fév. 1829, 9275 J. E., 6846 J. N., I. G. 1293 § 5, S. 30. 1. 238. — Dél. 15 déc. 1829, 9498 J. E.).

4. NOMINATION D'EXPERTS. — La nomination d'experts pour procéder au partage des biens d'un absent n'équivaut pas à une prise de possession. Une pareille nomination peut indiquer l'intention d'un partage, d'une prise de possession, *mais elle ne suffit pas* pour autoriser la demande des droits. Il est nécessaire que cette prise de possession soit effective (Florac, 19 mars 1817, 5946 J. E., 2397 J. N., Déc. 24 sept. 1817, C. ann. 3960).

5. PROCURATION. — Si les héritiers présomptifs d'un absent aliènent ses biens en vertu d'une procuration générale qu'il aurait laissée, il n'y a pas présompion suffisante, sauf le cas où ils profiteraient directement de l'aliénation en laissant l'intérêt de l'absent tout à fait en dehors de la convention.

Mais s'il s'était écoulé plus de dix ans d'absence depuis la date de la procuration, il y aurait alors lieu d'appliquer l'art. 121 C. C. aux termes duquel, si l'absent a laissé une procuration, ses héritiers présomptifs peuvent poursuivre la déclaration d'absence et l'envoi en possession provisoire après dix ans révolus depuis sa disparition ou depuis ses dernières nouvelles. Dès lors, l'aliénation des biens de l'absent, opérée en vertu de la procuration, constituerait une présomption suffisante de prise de possession.

6. QUITTANCE. — Lorsqu'en recevant une somme due à l'absent, ses héritiers présomptifs déclarent la toucher comme se faisant fort pour cet absent, et à la charge *de lui faire ratifier la quittance*, il n'en résulte pas une prise de possession qui autorise à exiger les droits (Sol. 23 déc. 1820, D. N. V. *Absence*, p. 119 n° 155).

7. TESTAMENT. — De même, l'enregistrement du testament d'un absent n'est point un indice suffisant de l'ouverture de la succession; ce n'est point un acte de prise de possession (6206 J. E. — D. N., V. *Absent*, 485).

CHAPITRE V. — PEINE POUR DÉFAUT DE DÉCLARATION DANS LE DÉLAI

[173]

173. Demi-droit en sus. — On vient de voir que le délai pour faire la déclaration des biens de l'absent est de six mois à compter du jour de *l'envoi en possession provisoire* ou à partir de la *prise de possession de fait*. La peine pour défaut de déclaration dans ce délai tombe sous l'application de la disposition générale de l'art. 39 L. du 22 frim. an 7. Elle est du demi-droit en sus (D. m. f. 7 juin 1808, I. G. 386 § 32, 2603 J. E., D., N. t. 1. p. 65 n° 83. — Dél. 20 mai 1848, 6094 J. E., 2565 J. N. — Cass. 9 nov. 1819, 6580 J. E., 3230 J. N., S. 20. 1. 89. — Cass. 2 av. 1823, 7487 J. E., 4449 J. N., S. 23. 1. 300).

CHAPITRE VI. — BIENS A DÉCLARER

[174-183]

174. Biens au jour de l'envoi en possession. — On ne peut raisonnablement admettre, en présence des termes formels de la loi, que c'est ce qui appartenait au défunt *au moment* de sa disparition qui doit seul être compris dans la déclaration ; aussi, Champ. et Rig. posent-ils en principe, n° 3326, que les biens à déclarer sont tous ceux qui composaient l'actif de l'absent *au jour* du jugement qui a prononcé l'envoi provisoire.

1. SUCCESSIONS OUVERTES DEPUIS L'ABSENCE. — Nous n'avons pas besoin de faire remarquer que cette disposition est en oppposition formelle avec la loi civile. « Pour savoir quels biens l'envoi en possession doit comprendre, écrit Demolombe, V. *Absence*, n° 85, c'est à l'époque de la disparition ou des dernières nouvelles qu'on doit se reporter (Art. 120 et 135 C. C.), puisque, l'absent étant présumé mort dès cette époque, son patrimoine s'est trouvé ainsi déterminé définitivement. »

Marcadé, sur l'art. 113, n° 5, enseigne, de son côté, que, pour qu'il soit question de représenter un présumé absent dans les opérations auxquelles donne lieu l'ouverture d'une succession, il faut qu'il s'agisse d'une succession *ouverte avant sa disparition*. D'après la disposition de l'art. 136, toute succession est exclusivement dévolue à ceux dont l'existence est constante lors de son ouverture. Il est bien vrai que cette dévolution n'est que provisoire, et que si, plus tard, celui dont l'existence était douteuse, et que l'on croyait mort, reparaît, il pourra, s'il n'y a pas eu prescription, exercer ses droits et reprendre ce qu'il aurait eu s'il eût été présent lors de l'ouverture ; en fait, jusqu'à ce que son existence soit prouvée, *ceux avec qui il eût concouru garderont toute la succession*.

Tout cela est incontestable, au point de vue civil (*V.* aussi n° 180), pourra-t-on dire, mais nous nous trouvons ici en présence de la loi fiscale, c'est-à-dire de la loi d'exception, où la règle générale ne peut exercer son empire que lorsque la règle d'exception n'y contredit pas, et, ici, la disposition d'exception est formelle.

On pourrait donc conclure avec Championnière et Rigaud, qu'on ne suspectera pas à coup sûr de partialité envers le Trésor, que les biens à déclarer étant tous ceux qui composaient l'actif de l'absent au jour du jugement qui a prononcé l'envoi provisoire, les successions ouvertes entre la date de la disparition de l'absent et celle de l'envoi en possession de ses héritiers, doivent faire partir la déclaration de la succession de l'absent.

Mais nous ne saurions aller jusque-là, et nous admettons (avec un arrêt de la Cour de cassation du 17 fév. 1829, 1293 I. G. § 5 ; S. 30. 1. 238) que le droit de mutation par décès n'est pas exigible à raison des droits successifs qui seraient échus à l'absent, à moins qu'il ne soit prouvé qu'il a survécu à l'auteur de la succession. V. 180.

2. NOTAIRE COMMIS. — Quoi qu'il en soit, d'après la doctrine et la jurisprudence, la mission du notaire, nommé dans le cas de l'art. 113 C. C., est toute spéciale, et ne comporte que le genre d'opérations que précise cet article. Ainsi que l'enseigne Rolland de Villargues, v° *Absence*, n° 79, les pouvoirs du notaire, dans la circonstance dont il s'agit, se bornent aux actes purement conservatoires et à tout ce que la prudence peut lui suggérer pour l'exécution matérielle de l'opération à laquelle il est député, sauf le recours au tribunal pour tout ce qui n'en serait pas la suite nécessaire.

Dès lors, le notaire commis pour représenter un présumé absent, n'a pas qualité pour faire la déclaration des successions ouvertes à son profit. L'Administration de l'enregistrement, créancière privilégiée, et par conséquent intéressée, doit provoquer la nomination, par le tribunal, d'un notaire *ad hoc* (Sol. belge du 16 sept. 1867, 2686. R. P.)

175. Arrérages.—Fruits.—Les arrérages de rentes, les intérêts des capitaux et tous les fruits produits par les biens de l'absent, depuis sa disparition ou ses dernières nouvelles, jusqu'à l'envoi en possession, doivent être remis aux divers ayants droit envoyés en possession de ces biens, puisque l'effet de la déclaration d'absence est de faire supposer l'absent mort, dès le moment du départ ou des dernières nouvelles.

Dès lors ces arrérages, intérêts de capitaux et autres, fruits échus au jour de l'envoi en possession provisoire, font partie de la succession de l'absent et doivent être déclarés. — Il a été jugé, en effet, qu'après la disparition de l'absent, le mandataire a nécessairement le droit de recueillir les fruits qui viennent à échoir sans être tenu de prouver l'existence de l'absent au moment où ils sont échus (*V.* Bruxelles, 4 nov. 1827). — Et, alors même que l'absent serait décédé à cette époque, le mandataire n'en devrait pas moins compte des fruits aux héritiers. Si donc l'un des héritiers de l'absent n'a été envoyé en possession que longtemps après ces cohéritiers, il doit comprendre dans la déclaration de succession le reliquat actif du compte de fruits qui a dû lui être rendu par ses cohéritiers (3591 J. N.).

176. Acquisition non acceptée. — Mais on ne peut considérer comme appartenant à l'absent et faisant partie de son actif, un immeuble qui aurait été vendu à ses frères, stipulant pour eux et pour lui, *sans mandat spécial*, s'il n'a ni accepté ni ratifié l'acquisition (Lannion, 7 juill. 1846 14041-2 J. E.). — *V.* 13589 et 16541.

177. Lot de partage non accepté. — La déclaration dans l'acte de partage d'une succession d'après laquelle un héritier agit tant en son nom qu'en celui de son cohéritier absent, *sans son aveu et sans son intervention*, ne prouve pas que celui-ci a recueilli sa part, si ce fait n'est établi d'ailleurs. Cette part ne doit donc pas être comprise dans l'actif de l'absent (Cass. 2 août 1809, Champ. et Rig., Dict. V. *Absence*, n° 20, S. 10-1-251, 3554 J. E.).

178. Legs délivré. — *Aucune solidarité* n'existant entre les légataires, aux termes de l'art. 1016 C. C., on doit en conclure que le légataire d'un absent qui se trouve en possession de l'objet légué doit le droit de mutation par décès pour cet objet, sans que le droit soit exigible pour les autres legs, s'ils ne se trouvent pas dans des conditions qui rendent exigibles les droits de succession (Champ. et Rig., n° 2545 ; 7205 J. E.).

179. Prise de possession partielle. — Lorsque la demande des droits de mutation par décès est autorisée seulement par l'art. 12 L. 22 frimaire an 7, elle ne peut être dirigée *que contre celui* qui, en vendant ses droits, a fait acte de prise de possession, et *pour la portion* que cette prise de possession a eue pour objet, attendu que la succession *n'étant pas réellement ouverte*, on ne peut s'autoriser du principe *d'indivisibilité* du droit de mutation par décès, pour exiger les droits sur la totalité des biens de l'absent (Dél. 21 fév. 1821, D. N., V. *Absent*, 483; — Sol. 31 janv. 1873). — V. 171 § 4 et 190.

Mais bien que l'héritier n'ait fait acte de possession que d'une portion de sa part, en la vendant, le droit est exigible sur la totalité de ses droits, parce que la prise de possession *à l'égard* de la partie vendue *emporte* acceptation de la totalité (Champ. et Rig., n° 2544; — Lille, 22 janv. 1875; — Sol. 19 juin 1878).

180. Preuve de l'existence pour recueillir une succession. — La pensée de la loi, aux termes de l'art. 135 C. C., est que, s'il s'ouvre une succession à laquelle soit appelé un individu déclaré absent, ou seulement présumé tel, ce droit ne peut être réclamé en son non *sans qu'on rapporte la preuve de son existence au moment de l'ouverture de la succession*. C'est ce qui résulte de l'opinion générale des auteurs (Merlin sur l'art. 136; Toullier, n°s 477 et 478; Duranton, t. 1er, n°s 534 et 535; Marcadé, sur l'art. 135, n° 1; Delvincourt, t. 1er, n° 54; Arm. Dalloz, *D. gén.*, 127 et suiv.). — V. 174.

La jurisprudence a définitivement consacré cette doctrine par une série d'arrêts qui tous posent en principe que les héritiers présents ne sont pas obligés de tenir compte d'un cohéritier absent dont l'existence n'est pas reconnue au moment de l'ouverture de la succession; que la règle est la même, soit qu'il s'agisse d'un absent présumé, soit qu'il s'agisse d'un absent déclaré, et que *c'est à celui qui réclame* au nom de l'absent *à prouver* que ce dernier existait au moment de l'ouverture des droits réclamés (C. Poitiers, 29 av. 1807, S. 7. 2. 647. — Cass. 16 déc. 1807, 2873 J. E. — Agen, 4 janv. 1808, S. 13. 2. 299. — C. Turin, 15 juin 1808, S. 10. 2. 538. — C. Paris, 27 mai 1808, 2983 J. E. — C. Bruxelles, 20 juill. 1808, S. 9. 2. 160. — Cass. 8 avr. 1809, 13301 J. E.; — C. Paris, 6 juill. 1812; — C. Colmar, 24 déc. 1816; — C. Nancy, 20 janv. 1819. — V. C. Toulouse, 1er mai 1823; — C. Bordeaux, 16 mai 1832; — C. Nancy, 31 janv. 1833; — Cass. 15 déc. 1863, L. 6411-27; — Lyon, 20 août 1869, S. 70-2-124; — Cass. 14 août 1871, S. 72-1-101).

1. L'HÉRITIER VENANT DE SON CHEF ET A DÉFAUT DE L'ABSENT. — De cette jurisprudence, qui n'est d'ailleurs que la consécration du principe posé par l'art. 725 C. C., savoir : *que pour succéder il faut nécessairement exister à l'instant de l'ouverture de la succession*, on doit conclure que l'héritier présomptif de l'absent qui a recueilli une succession qui s'est ouverte pendant l'absence, et que l'absent aurait lui-même recueillie s'il eût été présent, ne doit pas comprendre les biens dépendant de cette succession dans l'actif de l'absent, sauf néanmoins la réserve des droits de la mutation intermédiaire dans le cas où il serait justifié que l'absent est décédé après l'ouverture de la succession qu'il n'avait pas recueillie pour cause de son absence (Cass. 18 av. 1809, D. N., t. 1er p. 64 n° 76; Cass. 17 fév. 1829, 9275 J. E., 6846 et 6990 J. N., I. G. 1293 § 5, *arrêt rapporté*, n° 181; 25 juill. 1828, 9098 J. E.; — 15 déc. 1829, 9498 J. E.; — Sol. 17 août 1872, 4 mars 1873, 14 déc. 1876 et 20 oct. 1877).

2. QUOTITÉ DU DROIT. — Cet héritier présomptif, qui se trouve ainsi appelé seul à la succession dont l'absent aurait recueilli une partie, ne doit donc pas non plus acquitter l'impôt sur cette partie d'après le degré de parenté existant entre lui et l'absent. Si ce sont deux frères également appelés à la succession de leur père commun, celui qui recueille tous les biens en l'absence de l'autre ne doit l'impôt qu'au taux de la ligne directe sur l'intégralité des valeurs (16511 § 1er J. E.).

3. PART RÉSERVÉE A L'ABSENT DANS UN PARTAGE. — On a vu au n° 174 que les biens échus à l'absent, pendant qu'il est en présomption d'absence, doivent être exclusivement dévolus à ses cohéritiers. Mais si ces derniers avaient laissé en réserve la part du présumé absent, à qui passeraient ces biens après la déclaration d'absence? Marcadé enseigne, contrairement à l'opinion de quelques auteurs, que ce ne seront pas les héritiers présomptifs de l'absent qui recueilleront ces biens, mais ses cohéritiers qui avaient pu présumer, en lui laissant une part dans la succession commune, qu'il reviendrait bientôt. En effet, la déclaration d'absence ayant pour effet de faire croire que l'absent n'ait jamais eu droit aux biens réservés, parce que son décès est censé remonter à une époque antérieure à la succession ouverte, et par conséquent à la réserve d'un lot en sa faveur, il s'ensuit que ses héritiers présomptifs ne peuvent avoir plus de droits que lui, et que la part réservée devant revenir aux cohéritiers de l'absent ne peut faire partie de sa succession.

4. RETOUR DE L'ABSENT. — Par contre, si l'absent se représente *avant le temps établi pour la prescription*, l'art. 137 C. C. lui accorde l'action en pétition d'hérédité. Il doit alors, dans les six mois de son entrée en jouissance, acquitter le droit des successions qui lui sont échues pendant son absence; mais le droit payé par ceux qui les auraient recueillies à sa place doit être déduit sur les fruits que leur attribue l'art. 138 du même Code, et l'excédant leur est restitué.

181. Successions échues aux militaires. — Une seule disposition, en ce qui concerne les successions, a survécu aux lois des 11 ventôse an 2, 6 brumaire an 5, 13 janvier 1817, qui avaient créé une législation spéciale en faveur des militaires absents (Dalloz, *Jur. gén.*, V. *Absent*, 637 et suiv.) Cette disposition, écrite dans la loi du 11 ventôse an 2, est une exception aux dispositions des art. 135 et 136 C. C. Elle veut que la part du militaire dans la succession ouverte pendant son absence soit réservée comme s'il eût été présent, et confiée à l'*administration d'un curateur* (Cass. 9 mars 1819 et 23 août 1837, 9798, 9827 J. N.) Mais cette mesure n'est *qu'un acte conservatoire*, par lequel la loi a pourvu aux intérêts éventuels des absents (Dalloz, n° 3993).

Et l'Administration ne peut, en aucun cas, s'en prévaloir pour exiger les droits de mutation par décès au nom du militaire, ainsi que l'avait décidé une dél. 18 décembre 1827 (8912 J. E.), en s'appuyant sur deux arrêts de cass. des 9 mars 1819 et 9 mars 1824 (6484 et 7781 J. E.), sur un arrêt d'admission du 30 mars 1825 (I. G. 1187 § 8, 5619 J. N.) et sur arrêt C. Poitiers, 5 juillet 1826 (8626 J. E.). La dél. du 18 décembre 1827 avait cependant admis que cette règle ne pouvait s'appliquer qu'aux successions ouvertes antérieurement à la loi du 13 janvier 1817.

Les militaires, à l'égard du payement des droits des successions ouvertes en leur absence, sont aujourd'hui dans le droit commun (V. 180), et l'Administration ne peut soutenir que le militaire absent a recueilli la succession, alors même que ses héritiers l'auraient considéré comme vivant dans une déclaration de succession, si elle ne prouve qu'il existait au moment de l'ouverture de la succession (Dél. 26 août 1828, 9098 J. E. — Gray 29 août 1839, D. N., V. *Absent*, 490. — Dél. 15 déc. 1829, 9498 J. E., 7041 J. N.; Champ. et Rig. n° 2541).

« Attendu, porte un arrêt de la C. cass. du 17 février 1829 (I. G. 1293 § 5, 6846 et 6990 J. N., S. 30. 1. 238), que si le décès de Pierre Deschamps a été reconnu comme constant par les défendeurs dans la déclaration par eux faite à ce sujet, le 8 décembre 1824, cette déclaration ne fixe cependant, en aucune manière, l'époque véritable de ce décès ; qu'en effet, les défendeurs ne l'admettent dans ladite déclaration que comme une conséquence des actes précédents, par lesquels eux-mêmes s'étaient mis, à l'exclusion de Pierre Deschamps, en possession des entières successions de Melchior Deschamps et de la veuve de Claude Deschamps ; mais que rien ne constatant, en fait, que le décès dudit Pierre Deschamps ait été postérieur à l'ouverture desdites successions, il ne reste, dans la cause, que la présomption légale de son existence à l'époque de cette ouverture, présomption résultant de la loi du 11 ventôse an 2. »

La C. cass. a encore consacré ce principe en décidant entre parties civiles, le 20 juin 1831, que les héritiers d'un militaire ne peuvent réclamer les successions qui lui seraient échues qu'en prouvant qu'il existait au moment où elles se sont ouvertes (10206 J. E.). — C'est ce que l'Administration a reconnu plus récemment, le 3 août 1874.

182. Curateur faisant acte de possession. — Cependant si le curateur nommé au militaire absent (V. 181), ne se bornant point à des actes conservatoires, et à faire constater l'état des biens sur lesquels l'absent a des droits éventuels, se met en possession de ces biens, il est hors de doute, quoique cette possession ne soit point fondée en droit, que le droit de mutation par décès sera exigible. Il y a là un fait matériel qui tranche la question : c'est celui de prise de possession (7074 J. E.).

183. Transaction. — Lorsque les cohéritiers d'un absent ont renoncé à une succession, ou transigé, tant pour eux que pour l'absent dont ils se sont portés fort, sa succession se règle d'après la renonciation ou la transaction faite en son nom, et que personne n'attaque. S'il ne lui était alloué qu'une légitime en argent, sa succession sera mobilière (Dél. 29 oct. 1812, 4356 J. E., 977 J. N., D. N., V. *Absent*, 495).

CHAPITRE VII. — LIQUIDATION DES DROITS

[184-186 *bis*]

184. Valeur entière des biens. — Aux termes de l'art. 40 L. 28 avril 1816, les héritiers présomptifs de l'absent, envoyé en possession, doivent acquitter les droits *sur la valeur entière* des biens qu'ils recueillent.

Déjà, antérieurement à la loi de 1816, la C. cass. avait consacré ce principe en cassant un jugement du tribunal de Mont-de-Marsan, qui avait décidé que les droits ne devaient porter que sur l'usufruit (22 juin 1808, 3244 J. E., 3695-4 J. N., D. N., V. *Absent*, 493).

185. Tarif. — Effet des lois sur la quotité du droit. — La quotité des droits est déterminée par la date du jugement d'envoi en possession, et non par l'époque de la disparition ou de la mort présumée. Ainsi, quoique le décès ait pu avoir avoir lieu antérieurement à la promulgation de la loi qui fixe la quotité de ces droits, c'est un taux réglé par cette loi, *si l'envoi en possession a été prononcé postérieurement*, que les droits doivent être perçus, et non à ceux qui étaient fixés par la loi en vigueur au moment de la mort présumée.

C'est l'opinion que nous avions émise sous le n° 93 de notre précédente édition. Depuis, la C. cass. nous a donné pleinement raison, en décidant, le 8 décembre 1856 (840 R. P., I. G. 2096 § 5, S. 57. 1. 299) que c'est la loi en vigueur au moment de l'envoi en possession provisoire des héritiers, et non la loi en vigueur au moment de la disparition ou des dernières nouvelles de l'absent, qui fixe le tarif applicable lors de la déclaration de la succession de l'absent.

Cet arrêt a une importance très-grande, non-seulement en ce qu'il offre le premier monument de jurisprudence qui, depuis la loi de 1816, ait fixé la date qu'il faut prendre en considération *pour appliquer* le tarif aux droits auxquels donne ouverture la succession de l'absent, mais encore en ce qu'il fait prévaloir, sur les principes du droit civil, pour la détermination de ce tarif, une disposition de la loi spéciale qui, il faut le reconnaître, n'est nullement explicite sur ce point. En effet, il est un principe qui, vivement controversé sous l'ancienne législation, est devenu incontestable aujourd'hui : c'est que l'incertitude de la vie de l'absent, une fois qu'elle prend naissance, remonte au jour même de sa disparition ou de ses dernières nouvelles, et date toujours de cette époque ; si bien que lorsqu'il y a lieu de présumer le décès, c'est à cette même époque qu'il faut, dans tous les cas, le reporter (120 C. C.).

Les effets de la mort présumée de l'absent remontant au jour de sa disparition, ou de ses dernières nouvelles, il en résulterait incontestablement, si l'on prenait en considération les principes du droit civil, que ce serait le tarif en vigueur à cette époque qui devrait gouverner le payement des droits de mutation par décès.

Mais, ainsi que nous l'avons fait remarquer dans nos éditions antérieures, ce sont les biens tels qu'ils existent au jour du jugement d'envoi en possession provisoire, qui doivent être déclarés par les envoyés en possession, puisque c'est le jugement d'envoi en possession qui, d'après les prescriptions de la loi fiscale, est considéré comme le point de départ de l'ouverture des droits de mutation à payer. Si l'on veut être conséquent dans l'interprétation de cette règle exceptionnelle édictée par la loi de l'impôt, il faut donc conclure que c'est le tarif en vigueur à la date du jugement d'envoi en possession provisoire qui doit régler le payement des droits de mutation par décès.

Il a été reconnu, en ce sens, que le tarif applicable est celui du jour où les droits sont exigibles (Sol. 21 avr. 1877).

185 *bis*. Nature des droits à percevoir à raison de l'envoi en possession. — Dans l'esprit du Code civil, ce ne sont pas ceux qui sont héritiers présomptifs, au jour de la demande en possession provisoire, qui peuvent former cette demande, mais bien ceux qui l'étaient au jour de la disparition ou des dernières nouvelles.

Ainsi, Pierre disparaît en 1866, sans laisser de procuration, et en 1870 on n'a encore reçu de lui aucune nouvelle : la déclaration de l'absence peut être demandée ; mais par qui ? Pierre, au moment de son départ, avait pour héritier présomptif Paul, son cousin germain, et, par conséquent, son parent au quatrième dègré ; il avait aussi un autre cousin, Louis, parent au sixième degré et que Paul aurait écarté de la succession. Aujourd'hui il s'agit de demander la déclaration de l'absence ; Paul est mort, laissant pour héritier un cousin qui n'est peut-être pas parent de Pierre, l'absent ; de sorte que si la succession de cet absent s'ouvrait aujourd'hui, ce serait Louis qui y viendrait. Eh bien, ce ne sera pas Louis qui pourra demander la déclaration d'absence, mais bien l'héritier de Paul. En effet, cette déclaration et l'envoi en possession qui en est la suite, sont fondés sur ce qu'il y a probabilité que l'individu qui a disparu est mort du moment même qu'il a disparu. Or, si sa succession s'était effectivement ouverte à ce moment de la disparition, ce serait Paul qui l'aurait recueillie et qui l'aurait transmise avec la sienne à son héritier. C'est donc cet héritier de Paul qui doit être envoyé en possession, puisque c'est à lui que les biens appartiendront définitivement, si l'absent ne reparaît jamais.

1. DERNIÈRES NOUVELLES. — Lorsque, depuis sa disparition, l'absent a donné des nouvelles, ce n'est pas à la date de la disparition, mais à la date des nouvelles qu'il faut s'attacher, puisqu'il est dès lors constant qu'à cette dernière époque, l'absent vivait encore. C'est donc ceux qui étaient héritiers présomptifs de l'absent à cette même date ou à leurs représentants, qu'appartiendra définitivement la succession de l'absent s'il ne se représente pas.

2. MORT DE L'ABSENT. — Si la mort de l'absent arrive à un moment où l'absent avait pour héritiers ceux qui se trouvaient nantis de la possession provisoire ou dont les représentants avaient cette possession, la qualité des possesseurs provisoires se changera pour eux de possesseurs en celle de propriétaires. Que si, au contraire, cette mort arrivait à un moment où ni les possesseurs actuels, ni leurs auteurs n'étaient plus héritiers de l'absent, les possesseurs perdraient leurs droits sur les biens et devraient les restituer à ceux qui étaient héritiers de l'absent au moment de sa mort ou de leurs représentants.

186. Époux succédant à défaut d'héritier au degré successible. — L'art. 140 C. C. porte que si l'époux absent n'a pas laissé de parents habiles à lui succéder, l'autre époux pourra demander l'envoi en possession provisoire des biens. Ce droit de l'époux a été consacré d'une *manière générale* par l'art. 767 C. C. aux termes duquel, lorsque le défunt ne laisse ni parents au degré successible, ni enfants naturels, les biens de sa succession appartiennent au conjoint non divorcé qui lui survit. Ainsi, même en dehors de l'art. 140, on ne pourrait contester à l'époux le droit que cet article lui confère. Du moment, en effet, où il se trouverait le seul apte à appréhender la succession, si l'absent était mort, l'envoi en possession provisoire ne pourrait lui être refusé en vertu des dispositions de l'art. 120 C. C. — Nous pensons donc que, de la combinaison de ces dispositions du C. C. avec l'art. 53 L. du 28 avril 1816, conçu en ces termes : « Lorsque l'époux survivant ou les enfants naturels seront appelés à la succession, à défaut de parents au degré successible, ils seront considérés, quant à la quotité des droits, comme personnes non parentes... » on doit tirer cette conclusion que si l'absent n'a pas laissé de parents habiles à lui succéder, et que son conjoint, *se prévalant de l'art.* 140, ait demandé et obtenu l'envoi en possession provisoire des biens, le droit doit être liquidé comme mutation *entre personnes non parentes.*

186 *bis*. Enfant naturel. — D'après l'art. 767 C. C., lorsqu'un défunt ne laisse ni héritiers légitimes au degré successible, ni enfants naturels, c'est à son conjoint que sa succession appartient.

D'après cet article, les enfants naturels sont appelés avant les conjoints à recueillir la succession du défunt qui ne laisse pas d'héritiers légitimes au degré successible. Il résulte de là, par voie de conséquence forcée, que, parmi les *parents habiles* à succéder, dont parle l'art. 140 C. C., il faut comprendre les enfants naturels, qui dès lors priment le conjoint.

CHAPITRE VIII. — PRESCRIPTION DES DROITS

[187-192]

187. Point de départ de la prescription. — L'art. 61, L. 22 frimaire an 7, fait courir la prescription de cinq ans (dix ans lorsqu'il y aura à appliquer la loi du 18 mai 1850, art. 11), pour la demande des droits de mutation par décès, *à compter du jour* du décès. Mais, ainsi qu'on l'a vu au chapitre 4, lorsque l'incertitude sur le décès suspend le cours du délai de rigueur pour faire la déclaration, il est d'une nécessité de conséquence que la prescription soit suspendue, ou il faudrait dire que la prescription peut s'accomplir sans que l'Administration ait eu la puissance et la liberté d'agir. Aussi a-t-il été reconnu, *pour les successions des absents*, que la prescription ne doit courir que du jour de l'envoi en possession, ou de l'enregistrement de l'acte constatant la prise de possession (Dél. du 18 frim. an 9, 661 J. E. — Cass., 22 brum. an 14, 2164 J. E.; 26 nov. 1810, 4477 J. E.; 29 avr. 1818, S. t. 28; 8 mai 1820, I. G. 1200 § 13; 23 juin 1806; 20 avr. 1807, S. 7. 2. 740; 5 nov. 1821, 4060 J. N.; 12 mai 1834, I. G. 1467 § 4. — Seine, 8 mars 1848, 14466 J. E. — Mauriac, 15 nov. 1855, 609 R. P. — *Conf.* Merlin, v° *Décès*).

« Attendu, porte l'arrêt du 20 avril 1807, qu'il est constant au procès que François Mercadier, frère de Jean Mercadier, défaillant, défenseur de la patrie, est décédé en activité de service hors de son département ; que, dès lors, la prescription de la demande pour le droit de mutation n'a pu courir que du jour de son décès connu ; que ce décès ne l'a été que par le contrat de mariage de Jeanne-Marie Mercadier, sa sœur, passé devant notaire le 5 prairial an 8, que la contrainte de la Régie contre ledit Jean Mercadier a été décernée le 17 nivôse an 9 ; qu'ainsi il s'en fallait de beaucoup que les cinq ans pour opérer la prescription fussent révolus. »

« Attendu, porte l'arrêt du 26 novembre 1810, que la loi de frimaire an 7, en établissant une prescription de cinq ans à compter du jour du décès pour les successions non déclarées, suppose un décès légalement constaté par l'inscription sur les registres de l'état civil, qui a mis la Régie à portée d'en connaître l'époque, et que cette intention du législateur se manifeste d'une manière positive par les dispositions des art. 54 et 55 de la même loi, qui enjoint aux dépositaires des registres de l'état civil. aux notaires, huissiers, greffiers et secrétaires d'administrations centrales et municipales, d'exhiber aux préposés de l'Enregistrement, à toutes réquisitions, les registres et les actes dont ils sont dépositaires, et qui enjoint aux secrétaires des administrations municipales de transcrire sur un registre particulier les notices des actes de décès, et d'en fournir les relevés, par quartier, aux receveurs de l'enregistrement, — Attendu que le décès de Pierre Blanchet, fils de Louis, dont il s'agit au procès, n'a pas été inscrit sur les registres de l'état civil, ni même constaté d'une manière légale, d'où il suit qu'en admettant les héritiers Blanchet à opposer à la Régie la prescription établie par la loi ci-dessus rapportée, le tribunal de Beaupréau a fait une fausse application de ladite loi. »

188. Renseignements suffisants pour faire courir la prescription. — Les mêmes motifs de décider n'existeraient plus si, en dehors de tout envoi en possession ou de toute prise de possession de fait, l'Administration avait été mise, *d'une manière certaine*, en situation d'exercer son action en payement des droits.

1. REGISTRES DE L'ÉTAT CIVIL. — C'est ainsi qu'il a été décidé que lorsque l'inscription du décès a été faite sur les registres de l'état civil, la prescription doit courir de la date de cette inscription (Cass., 5 vent. an 9 et 30 juin 1806; D. m. f., 11 oct. 1808, I. G. 424 § 1er. — Thionville, 25 sept. 1850, 15238-5 J. E. — Cass. Ch. civ., 21 juin. 1851, 14422 J. N., 15248 J. E., I. G. 1900 § 3, S. 51. 1. 617).

« Attendu, porte ce dernier arrêt, qu'il est constaté par le jugement attaqué que Félix Brothier est décédé le 26 novembre 1813, à Golhamstein près de Mayence, département du Mont-Tonnerre, commune située alors sur le territoire français, et que l'acte de son décès, qui a été produit, a été inscrit sur les registres de l'état civil de cette commune; que l'Administration de l'enregistrement a été ainsi mise en situation de connaître ledit décès et d'exercer son action en payement des droits; qu'il suit de là que le jugement attaqué, en rejetant l'exception de prescription de cinq ans formellement opposée par les défendeurs, a faussement appliqué l'art. 24 et expressément violé l'art. 61 n° 3 de la loi du 22 frimaire an 7. »

L'Administration, qui avait les moyens de faire réparer l'erreur, ne peut opposer l'omission du nom de l'inscrit faite par le maire dans la notice des décès qu'il fournit tous les trois mois au receveur de l'enregistrement, conformément à l'art. 55 L. 22 frimaire an 7.

2. MENTION DANS UN ACTE PUBLIC. — C'est encore d'après le même principe que la prescription doit courir du jour où le décès a été mentionné dans un acte public présenté à la formalité (Senlis, 30 mars 1836, 11621 J. E., 9584 J. N.; — Dél. 14 nov. 1829, 7090 J. N.).

3. DÉPÔT DE L'ACTE DU DÉCÈS. — Ou que l'acte qui constate le décès a été déposé en l'étude d'un notaire qui a dressé cet acte du dépôt (Cass., 25 juin 1806).

« Attendu, porte l'arrêt, que le sieur de Boisneau est décédé chef de bataillon en l'île de Saint-Domingue, le 3 vendémiaire an 8, et que son acte de décès fut déposé en l'étude de Me Gardien-Raumun, notaire à Château-Regnault, le troisième jour complémentaire an 11, et enregistré le 6, et qu'il n'est pas contesté que ses héritiers n'ont appréhendé sa succession que postérieurement à ce dépôt; Qu'à compter de cet acte, les héritiers auraient eu six mois pour faire leur déclaration, et que la Régie avait cinq ans, à compter du même jour, pour former sa demande du droit d'enregistrement. »

4. DÉPÔT DU REGISTRE DES DÉCÈS. — Ou même, selon un arrêt de cassation approuvé par Merlin (Rép., V. *Décès*), que le registre de l'hôpital où est mort le défunt et où son décès est constaté, a été régulièrement déposé à la mairie de son domicile :

« Attendu que la Régie a eu le moyen de s'instruire du décès de Durand par l'inspection des registres des hôpitaux de la marine à Toulon, qui sont reconnus avoir été déposés, dans le temps, à la mairie de Toulon, et auxquels la Régie n'a pas reproché, devant le tribunal d'Yvetot, d'être silencieux sur aucune des instructions dont elle pouvait avoir besoin » (Cass., 21 fév. 1809).

189. Renseignements insuffisants pour faire courir la prescription. — Mais, par une conséquence naturelle des principes ci-dessus, les héritiers ne peuvent faire remonter le point de départ de la prescription à la date de certains actes qu'ils auraient pu faire au sujet des biens de l'absent, et dans lesquels ils n'auraient pris *aucune qualité pouvant faire reconnaître* à l'Administration une prise de possession de fait (Seine, 8 mars 1848, 1446 J. E.).

190. Prise de possession partielle. — La prescription serait acquise si, cinq ans (dix ans, lorsqu'il y aura à appliquer l'art. 11 L. 18 mai 1850) après la prise de possession par un des héritiers de l'absent, d'une partie de la succession de celui-ci, les autres héritiers s'emparaient du surplus. La première prise de possession aurait, en effet, autorisé l'Administration à réclamer le droit de mutation sur la totalité de la succession (Dél. du 12 sept. 1828, 2303 Roll.). Nous pensons que cette délib. n'est pas fondée, par le motif que la demande des droits ne peut être adressée qu'à celui qui a fait acte de maître, et pour la portion qu'il a appréhendée (*Conf.* D. N., v° *Absent*, 499). V. 179

191. Délai de la prescription. — Dans tous les cas, le délai de la prescription des droits est de *cinq ans* (dix ans, lorsqu'il y aura lieu à appliquer l'art. 11 L. 18 mai 1850), soit que les héritiers aient été envoyés en possession provisoire, soit que la prise de possession résulte d'un partage, d'une vente ou de tout autre acte (Cass., 12 mai 1834, 10946 J. E., 8560 J. N., I. G. 1467 § 4, S. 34. 1. 487).

« Attendu, porte l'arrêt, qu'il résulte du jugement attaqué

que les défaillants se sont mis en possession de la part afférente à leur frère absent, non en vertu d'une vente ou d'une donation, mais en qualité d'héritiers présomptifs de l'absent et sur présomption de son décès; d'où il suit que la prescription biennale, établie pour les droits d'enregistrement, autres que ceux qui sont dus pour mutation par décès, ne pouvait être opposée à la Régie; Attendu que les droits dus pour mutation par décès ne se prescrivent que par cinq ans, aux termes de l'art. 61 de la loi du 22 frimaire an 7, auquel il n'a pas été dérogé par l'avis du conseil d'État du 22 août 1810 ».

192. Prescription des droits à restituer. — Les restitutions de droits de succession, dans le cas où l'absent reparaît, ou si les héritiers présomptifs sont évincés, ne sont pas soumises à la prescription de deux ans, ou de toute autre en matière de prescription, à partir du payement de ces droits, par le motif que la perception n'a eu lieu que *provisoirement et à titre de dépôt* (Dél. 26 août 1820, 6871 J. E., D. N., V. *Absent* 503).

CHAPITRE IX. — RESTITUTION

[193-199]

193. Retour de l'absent. — L'Instruction gén. du 3 fructidor an 13 (I. G. n° 290 § 72) porte ce qui suit :

« Il résulte des articles 127, 131 et 132 du Code civil, que si l'absent reparaît, ceux qui auront joui de ses biens seront tenus de les restituer, mais qu'ils profiteront d'une partie et peut-être même de la totalité des revenus perçus. En effet, ils ne seront obligés d'en rendre que le cinquième, s'il reparaît avant quinze ans révolus depuis le jour de sa disparition; le dixième, s'il ne reparaît qu'après les quinze ans; et si l'absence a duré trente ans, la totalité des revenus leur appartiendra. Ainsi, il y aura, dans tous les cas, une mutation de jouissance qui donne par elle-même une ouverture au droit d'enregistrement sur le capital au denier dix du revenu des biens, sauf restitution d'un cinquième ou d'un dixième, suivant que, par la durée de l'absence, les héritiers n'auraient profité que des quatre cinquièmes ou des neuf dixièmes des revenus. D'après ces considérations, le ministre des finances a décidé, ledit jour 24 fructidor, *que, si l'absent vient à reparaître, il y a lieu de ne restituer le droit acquitté sur le capital au denier vingt des revenus, par les héritiers, qu'à la déduction de celui auquel aurait donné lieu la mutation de jouissance d'après les bases ci-dessus établies.* »

Le *Dictionnaire du Notariat* trouve cette règle contestable. Selon lui, les envoyés en possession ne sont comptables que des revenus perçus et n'ont jamais été propriétaires ni usufruitiers; ils retiennent seulement dans leur compte la portion de ce revenu qui leur est attribuée par la loi, et le droit de mutation ne devrait être dès lors conservé que sur cette valeur (V. *Absent*, 502). Il est vraisemblable, répondrons-nous avec M. Demante, que le législateur de 1816, en consacrant les prétentions de l'Administration sur l'exigibilité des droits, au cas d'absence, a voulu consacrer également ses doctrines quant à la liquidation. Les héritiers présomptifs seront donc censés avoir eu l'usufruit du dixième, du cinquième ou de la totalité des biens, suivant les distinctions établies par l'art. 137 C. C., et le droit retenu sera liquidé en conséquence (*Principes*, n° 680). Il ne serait pas exact d'ailleurs de prétendre, avec Championnière (n° 3968) et avec un jugement du Havre du 12 juillet 1869 (3012 R. P.) que les fruits sont accordés aux envoyés en possession à titre de salaire ou d'indemnité de gestion. Demolombe démontre très-bien que ce n'est pas la raison principale de l'art. 127 du Code civil, et qu'on leur attribue les revenus parce qu'ils ont possédé les biens de bonne foi et qu'ils en ont réellement *joui* (*Traité de l'absence*, n° 120.) — D'ailleurs, la loi civile (art. 127 C. C.) et la loi fiscale (art. 40 de la loi du 28 avr. 1816) qualifient expressément de jouissance le droit de l'héritier évincé. Il n'y a donc rien que de très-naturel à lui appliquer dans toute son étendue les règles sur l'exigibilité et la liquidation de l'impôt établi sur les mutations de jouissance ordinaire.

1. LIQUIDATION DU DROIT. — Mais s'ensuit-il que, dans les circonstances où la perception s'opère, il faille toujours déterminer la valeur de la jouissance comme celle d'un usufruit ordinaire, par la capitalisation au denier dix du revenu des immeubles, ainsi que le porte l'instruction 290 § 72?

Le tribunal du Havre ne l'a pas pensé. Il a décidé, le 12 juillet 1869, que l'usufruit devait être capitalisé d'après la durée effective de la jouissance, parce que l'Administration, au moment de la liquidation des droits, a les éléments authentiques pour donner à la perception une base en rapport avec la durée effective de la jouissance (3012 R. P.)

Cette interprétation nous paraît fondée. « De ce que la loi, porte une délibération du 13 avril 1830, n'a pas établi explicitement le mode de perception sur l'usufruit limité, on ne saurait conclure qu'il n'existe pas de moyen de déterminer la valeur de ce même usufruit. Cette évaluation se fait d'une manière équitable et tout naturellement par le cumul du produit des années de jouissance qu'il doit embrasser, sauf réduction à dix ans si la durée doit dépasser ce terme, parce que, dans aucun cas, la valeur de l'usufruit ne peut excéder la moitié de celle de la propriété. »

Or, dans l'espèce, toute la question revient à savoir comment on calculera, après le retour de l'absent, le droit exigible pour la jouissance temporaire qui a pris naissance à son départ. Au moment où cette liquidation est nécessaire, la durée de la jouissance est parfaitement connue. Il faut donc l'assimiler à l'usufruit à terme et le soumettre aux mêmes règles.

Objectera-t-on que le droit à retenir est censé avoir été perçu lors de la déclaration de succession, et qu'il faut agir comme on l'aurait fait à cette époque quand la durée de la jouissance était incertaine?

Cette supposition est contraire aux faits.

Le droit que les héritiers ont acquitté s'appliquait à la mutation de la pleine propriété, et, sans une faveur de la loi, il n'eût pas été restituable (art. 60 de la loi du 22 frim. an 7). Le législateur a consenti à y substituer, le cas échéant, le droit exigible sur la simple jouissance; mais cette substitution n'est légalement possible qu'après l'arrivée de l'événement qui caractérise la détention des héritiers. C'est donc à cette époque, et à cette époque seule, que le droit sur la jouissance devient exigible, parce qu'auparavant il n'y avait que des propriétaires et non pas de simples détenteurs de la jouissance. Par conséquent, on doit s'arrêter à ce moment aussi pour déterminer la valeur imposable sujette au droit.

Cette solution n'est pas contraire au principe posé par l'Instruction 290 § 72, car au moment où l'Instruction a paru, la doctrine administrative n'était pas fixée sur le mode d'évaluation des usufruits temporaires ou à durée limitée. En admettant plus tard la règle exposée dans la Délibération de 1830, on a par cela même dérogé, pour le cas spécial qui nous occupe, au mode de calcul adopté par l'Instruction de l'an 13.

L'interprétation du tribunal du Havre a été admise par une solution du 10 décembre 1872.

2. POSSESSION DE FAIT. — Mais si les droits ont été perçus à raison de la possession *de fait* de l'héritier présomptif, ils doivent être restitués, en cas de retour de l'absent, sans aucune retenue. La raison en est que l'héritier présomptif, ayant possédé sans titre, et étant tenu de restituer tous les fruits (C. C. art. 549), n'a jamais eu, par conséquent, la *jouissance* des biens de l'absent (Sol. 9 fév. 1837, Masson Delompré 3968; G. Demante, 681;—Sol. 4 sept. 1872 et 20 avr. 1874).

194. Héritier évincé. — « Il est sans difficulté qu'il devrait être fait une restitution proportionnelle à l'héritier présomptif qui, après avoir obtenu l'envoi en possession, se trouverait évincé, en exécution de l'art. 130 C. C., par l'héritier plus proche de l'absent à l'époque du décès légalement prouvé. Dans ce cas, il y aurait lieu d'exiger de ce dernier une nouvelle déclaration et un nouveau droit pour la mutation qui s'opérerait irrévocablement en sa faveur » (I. G. 290 § 72; D. N., V. *Absent* 501.)

195. Restitution. — L'art. 40 L. 28 avril 1816 a sanctionné la dérogation que la décision ministérielle du 24 fructidor an 12 avait introduite au principe de non-restitution posé par l'art. 60 L. 22 frimaire an 7. Les art. 127, 131 et 132 C. C. ayant, en effet, subordonné le droit du possesseur à la condition résolutoire du retour de l'absent, il était juste d'autoriser la restitution de ce droit pour le cas où cette condition s'accomplirait. « En cas de retour de l'absent, *porte l'art.* 40, les droits payés seront restitués sous la seule déduction de celui auquel aura donné lieu la jouissance des héritiers. »

196. Décès de l'absent. — L'art. 40 ne prévoit que *le retour* de l'absent. La restitution devra-t-elle également avoir lieu dans le cas où, d'après les termes de l'art. 130 C. C., l'époque du décès venant à être prouvée, les envoyés en possession seraient évincés par des héritiers *plus proches?* La D. m. f. du 24 fructidor an 12 a adopté l'affirmative, en soumettant l'héritier définitif à une nouvelle déclaration et au payement d'un nouveau droit. On donne généralement ce principe comme devant servir de règle pour l'exécution de l'art. 40 L. du 28 avril 1816.

Champ. et Rig. n° 3968, se prononcent pour le principe de non-restitution à l'héritier évincé, et de non-payement d'un nouveau droit par l'héritier définitif. Ils fondent leur opinion sur le texte de l'art. 40, qui est précis, et sur ce qu'on ne peut, par voie d'analogie et sur le fondement de l'esprit de la loi, étendre une exception qu'elle apporte au principe rigoureux de l'art. 60 L. 22 frimaire an 7, qui veut que les droits régulièrement perçus ne soient pas restituables.

Mais dans les termes de cette opinion, il y aurait à compléter le droit payé, s'il se trouvait insuffisant à raison de la parenté plus éloignée des nouveaux héritiers (Champ. et Rig., n° 3329).

1. MUTATIONS INTERMÉDIAIRES. — La restitution s'applique également aux droits perçus sur les biens à la suite du décès des héritiers présomptifs (Sol. 26 oct. 1874).

197. Décès de l'absent postérieur à celui de l'envoyé provisoire. — Un nouveau droit ne pourrait pas être également exigé des héritiers de l'envoyé en possession provisoire qui se trouveraient appelés à succéder à l'absent, par l'effet de sa mort postérieure à celle de l'envoyé. Il n'existerait, en effet, qu'une mutation; les héritiers tiendraient leur droit directement de la loi, et ne le puiseraient pas dans la succession de l'envoyé provisoire (Champ. et Rig., n° 3329).

198. Offres réelles. — La restitution du demi-droit perçu pour défaut de déclaration des biens d'un absent dans le délai de six mois courus depuis l'arrêt qui confirme l'envoi en possession, doit avoir lieu, s'il a été fait par le légataire des offres en temps utile, qui, acceptées, auraient empêché le débiteur de se trouver exposé à cette peine (Dél. 6 juin 1823, Dict. Champ. et Rig., V. *Absence*, n° 23).

199. Pièces à fournir pour obtenir la restitution. — La liquidation de la portion de droits à retenir et de celle à restituer par l'Administration, peut être établie par un certificat du maire, constatant l'époque précise du retour de l'absent, sans qu'il y ait à exiger ou à produire aucune pièce (7739 J. E.).

ABSTENTION.

200. Abstention. — L'abstention est le fait de s'abstenir de tout acte d'héritier (Dalloz, J. *gén.*, t. 2, p. 171).

201. Dispositions antérieures au Code civil. — Sous l'ancienne jurisprudence, l'abstention suffisait, à l'égard de la succession collatérale, pour n'être pas héritier; mais il n'en était pas de même en ligne directe. Il fallait répudier la succession par *renonciation*, et après les délais pour renoncer, les héritiers du sang, saisis par la loi de la succession, pouvaient être poursuivis et même condamnés comme héritiers; ce qui ne les empêchait cependant pas de renoncer, si l'abstention avait été complète, sauf à payer les frais (D. de Bosquet, V. *Abstention*).

202. Effets du Code civil. — Depuis la promulgation du C. C., il ne peut plus y avoir d'acte d'abstention. — La distinction qu'un acte de notoriété du Châtelet de Paris du 24 juillet 1716 (*V.* D. de Bosquet, *loc. cit.*) avait faite entre les héritiers en ligne directe, *qui étaient héritiers nécessaires*, et les héritiers en ligne collatérale, *qui n'étaient pas héritiers nécessaires*, a été rendue sans objet par l'art. 775 C. C., qui veut que nul ne soit tenu d'accepter une succession qui lui est échue. — Un héritier, *quel que soit son degré*, ne peut être admis à déclarer qu'il veut simplement s'abstenir. La loi ne lui accorde que trois partis à prendre : accepter purement et simplement, sous bénéfice d'inventaire, ou renoncer (793 et suiv. C. C. ; Toullier, t. 4, p. 85, 320 et 337).

203. Droit de succession. — Il résulte de là que la règle qui, anciennement, ne s'appliquait qu'à l'héritier en ligne directe, considéré comme l'héritier *nécessaire*, régit aujourd'hui la succession déférée à l'héritier direct, comme à l'héritier collatéral et à l'héritier testamentaire, en vertu du principe posé par l'art. 784 C. C., que la renonciation à une succession ne se présume pas. Le recouvrement des droits peut donc être poursuivi contre l'héritier, quel que soit son titre à l'hérédité, jusqu'à ce qu'il ait justifié d'une renonciation par acte au greffe ou devant notaire, sauf à payer les frais de poursuites ainsi dirigées (D. m. f. 20 avr. 1808, I. G. 386 n° 27; Cass. 7 mars 1842, I. G. 1675 § 5, 12959 J. E.).

1. C'est dans l'esprit de l'art. 784 ci-dessus cité, que la C. C. a jugé, le 21 floréal an 10 (S., t. 2, p. 421), que pour pouvoir actionner en justice l'héritier, il n'est pas nécessaire de prouver qu'il a accepté ; il suffit que cet héritier ne prouve pas qu'il a renoncé.

2. Un second arrêt du 26 février 1823 a appliqué le même principe au légataire, par le motif que l'obligation imposée au légataire de faire la déclaration du legs à lui échu par testament, est absolue et n'est point subordonnée à la preuve que ce légataire a connu le testament et qu'il en a fait usage; qu'au contraire, d'après la seule existence du testament, le légataire *est légalement présumé vouloir en profiter*, jusqu'à ce qu'une renonciation formelle de sa part au legs qui y est contenu, vienne détruire cette présomption légale (S. 23. 1. 258. — *V.* C. Paris, 3 mai 1853, 13678 J. E. — *Conf.* Cass. 16 janv. 1811 et 4 fév. 1812, 4160 J. E.)

3. RENVOI. — C'est au mot *Succession* que cette matière trouvera son développement. — *V.* 15755 à 15855.

204. Enregistrement de testament. — Un autre arrêt, rendu le 4 février 1812 par la C. C., basé sur les art. 21 et 38 L. 22 frimaire an 7, *et motivé dans les mêmes termes*, a décidé que les légataires ne peuvent, à moins d'une renonciation formelle, se soustraire à l'obligation de faire enregistrer dans les trois mois du décès du testateur le testament fait à leur profit (7743 J. E., 15324-5 J. E., S. 12. 1. 177. — *Conf.* Dél. 11 oct. 1838, 12171-6 J. E.).

« Attendu, porte l'arrêt du 4 février 1812, que l'obligation imposée par le premier de ces articles, à tout légataire, de faire enregistrer, dans les trois mois, le testament portant quelque libéralité à son profit, est absolue et nullement subordonnée à la preuve que ce légataire a connu le testament, et qu'il en a fait usage ; qu'au contraire, d'après la seule existence du testament, le légataire est, par rapport à l'enregistrement de cet acte, légalement présumé vouloir en profiter, jusqu'à ce qu'une renonciation formelle de sa part au legs qui y est contenu, vienne détruire cette présomption légale. »

205. Tarif. — Des principes développés n. 202, on doit tirer cette conséquence que l'art. 68 § 1 n° 1er L. 22 frimaire an 7, qui tarife les actes d'abstention au droit fixe, devient sans application.

206. Succession de celui qui s'est abstenu. — Si l'héritier qui s'est abstenu de prendre qualité, et qui a laissé partager les biens par ses cohéritiers, décède après trente ans, l'Administration ne peut exiger de ses propres héritiers qu'ils comprennent dans la déclaration de sa succession la part qui lui revenait dans la succession dont il s'est abstenu (La Flèche, 30 nov. 1827, 8918 J. E.). — Le principe sur lequel repose cette décision est développé au mot *Succession*.

207. Donation. — On ne peut pas confondre le cas d'une répudiation par l'héritier ou le légataire d'une succession ou d'un legs avec celui d'une libéralité acceptée. Dans le premier, l'héritier n'a rien recueilli et ne cède rien. Dans l'autre le donataire a été approprié de son consentement et il s'exproprie par la répudiation (Cass. Ch. réun., 9 juin 1806, Dalloz n° 2449).

ACCEPTATION.

DIVISION

SOMMAIRE

CHAPITRE PREMIER. — DISPOSITIONS GÉNÉRALES

[208-212]

208. L'acceptation est, en général, l'acte par lequel on déclare recevoir ou agréer ce qui est offert ou proposé.

209. Nécessité de l'acceptation des contrats. — Toute convention se forme par le concours de plusieurs volontés. Il y a d'abord une offre qui, si elle n'est pas acceptée, reste un acte impuissant à transférer comme droit, mais qui trouve sa consécration dans l'acceptation. Ainsi la convention commence par la proposition, elle s'achève par l'acceptation.

Aussi Pothier enseigne-t-il (*Des Obligations*, § 2, nº 4) que pour *tout contrat* renfermant le concours des volontés de deux personnes, dont l'une promet quelque chose à l'autre, et l'autre accepte la promesse qui lui est faite, l'acceptation est nécessaire pour parfaire l'obligation.

1. RÉTRACTATION AVANT ACCEPTATION. — Il suit de là, que tant que les offres n'ont pas été acceptées, celui qui les a faites peut les rétracter, sa volonté lui appartient encore, et peut en disposer librement. Mais après l'acceptation, il y a contrat, et il y a lien. Celui qui a fait la proposition ne peut se soustraire à la loi de la convention contre le gré de l'autre partie.

La faculté de retirer l'offre avant l'acceptation n'est cependant pas absolue. Je puis, en effet, en vous offrant de vous vendre mon cheval, vous donner huit jours pour réfléchir. Dans ce cas, je ne reprendrai le droit de rétracter mon offre à défaut d'acceptation, qu'après l'expiration du délai accordé.

2. IDENTITÉ ENTRE L'OFFRE ET L'ACCEPTATION. — Mais il ne suffit pas que l'offre soit acceptée, il faut encore que l'acceptation soit identique avec elle, autrement il n'y aurait pas plus convention que si l'offre n'était pas acceptée. En un mot, l'acceptation doit prendre l'offre telle qu'elle est faite, et s'y conformer de tous points.

L'identité de l'offre ne se caractérise pas seulement par son objet matériel, par ses clauses et conditions diverses, mais encore par les personnes qui la font, par les personnes à qui elle est faite. Il faut donc que l'offre soit acceptée par tous ceux à qui elle s'adresse, et vis-à-vis de tous ceux qui la font.

210. Différents modes d'acceptation. — Il n'y a pas dans notre droit de formes sacramentelles pour exprimer soit la proposition, soit l'acceptation. Il suffit que chaque intention se fasse connaître et se mette avec l'autre en corrélation parfaite.

L'acceptation peut donc être expresse ou tacite.

1. EXPRESSE. — Elle est expresse lorsqu'elle fait l'objet d'un acte distinct de celui qui renferme l'obligation, ou que, faite dans le contrat même, elle est formellement mentionnée. — Elle est encore expresse lorsque, dans un acte authentique ou privé, on prend formellement la qualité *que peut seule* vous conférer l'acceptation, celle d'*héritier*, par exemple (778 C. C.). — Ou en matière de communauté, lorsque la femme, après la dissolution de la communauté, prend dans un acte quelconque la qualité de *commune* (1455 C. C.).

2. TACITE. — Le concours d'une partie dans le contrat où elle stipule, établit suffisamment son acceptation. Le concours simultané de toutes les parties forme entre elles *le lien de droit* sur l'objet de la convention. — L'acceptation peut encore résulter tacitement d'un fait quelconque qui la prouve : de l'exécution de l'acte, par exemple. — En matière de succession, elle est tacite, quand l'héritier fait un acte qui suppose nécessairement son intention d'accepter, et qu'il n'aurait droit de faire qu'en sa qualité d'héritier (778 C. C.). — L'acceptation est encore tacite lorsque la femme s'immisce dans les biens de la communauté, après la dissolution, lorsqu'elle fait quelque acte qu'elle n'a le droit de faire qu'en qualité de commune, et qui atteste par suite sa volonté d'être commune (1454 C. C.).

3. DISPOSITION INDÉPENDANTE. — Hors le cas de donation et quelques autres, l'acceptation n'a pas besoin d'être expresse. Dans les contrats elle résulte ordinairement du concours de toutes les parties à l'acte dont elle forme alors une partie intégrante, sans donner ouverture à un droit particulier. En tous cas, il faut se borner, lorsque dans un contrat quelconque une acceptation expresse est donnée, à percevoir le droit fixe de 3 francs (*V.* 212) dans les cas spéciaux où

la loi et la jurisprudence ont reconnu qu'un droit particulier est exigible.

Il est inutile de réunir ici les nombreuses décisions qui sont intervenues sur les cas où un droit d'acceptation particulier doit être perçu sur un contrat, à titre de disposition indépendante. Ces décisions trouveront plus naturellement leur place lorsqu'il s'agira des contrats même dans lesquels peut se rencontrer une acceptation à titre de disposition indépendante.

211. Effet rétroactif. — Droit proportionnel. — En règle générale, l'acceptation d'un contrat quelconque n'a pas d'effet rétroactif, et la convention ne doit être considérée comme parfaite, que du moment où elle a été acceptée (*V.* 209). L'application de ce principe, qui découle des articles 932 et 937 C., détermine l'exigibilité du droit proportionnel sur les actes d'acceptation ; à moins que, par erreur, ou par suite d'une jurisprudence spéciale, le droit proportionnel n'ait été perçu sur le contrat encore imparfait ; auquel cas le droit fixe est seul dû.

212. Droit fixe. — Quotité. — Le tarif de 1 franc a été édicté par la loi du 22 frimaire an 7, art. 68 §§ 1er 2 et 3 pour les acceptations de succession, legs ou communautés, lorsqu'elles sont pures et simples ; les acceptations de transport ou délégation de créances à terme faits par actes séparés, lorsque le droit proportionnel a été acquitté pour le transport ou la délégation, et celles qui se font dans les actes même de délégation de créances aussi à terme.

Ce droit a été élevé à 2 francs par la loi du 18 mai 1850, et il est aujourd'hui de 3 francs en vertu de la loi du 28 février 1872, art. 4.

C'est au même tarif qu'il faut soumettre l'acceptation qui intervient sur des cas autres que ceux que la loi du 22 février a spécifiés. L'acceptation est alors considérée comme un consentement ou comme un acte de complément ou d'exécution.

CHAPITRE II. — ACCEPTATION DE COMMUNAUTÉ. SUCCESSION OU LEGS

[213-217]

213. — L'acceptation de la communauté est l'acte par lequel une femme ou ses héritiers manifestent l'intention de prendre part dans la société de biens qui a existé, pendant le mariage, entre elle et son mari (Favard de Langlade. V. *Acceptation de communauté*).

214. Forme de l'acceptation. — L'acceptation de la communauté peut avoir lieu expressément ou tacitement.

Elle a lieu expressément lorsque la femme prend dans un acte, soit authentique, soit sous seing privé, la qualité de commune en biens. Dans ce cas, de même que la femme ne peut plus renoncer ensuite à la communauté, de même on ne peut plus exciper contre elle de la renonciation qu'elle aurait faite ultérieurement, pour la priver de ses droits dans la communauté.

L'acceptation a lieu tacitement, lorsque la femme fait un acte qui suppose en elle la volonté d'être commune, en ce qu'elle n'a le pouvoir de faire un tel acte qu'en sa qualité de copropriétaire du fonds commun.

214 *bis*. Acceptation expresse. — Lorsque l'acceptation est expresse, il n'y a guère d'équivoque possible : il est ordinairement facile, à la seule inspection, de voir si l'acte présente le caractère d'une acceptation.

1. ACCEPTATION PAR ACTE CIVIL. — QUOTITÉ DU DROIT. — Ainsi qu'on l'a vu au n° 212, les acceptations pures et simples de communauté, legs ou succession, *lorsqu'elles ne sont pas faites en justice*, ont été tarifées au droit fixe de 1 franc par la L. 22 frimaire an 7, nos 1 et 2 du § 1er de l'art. 68. Ce droit est aujourd'hui de 3 francs (art. 4 L. 28 fév. 1872.)

2. ACCEPTATION JUDICIAIRE. — QUOTITÉ DU DROIT. — Une D. m. f. 13 juin 1823 (I. G. 1086 n° 1) porte que les acceptations passées au greffe, comme cela est prescrit pour les acceptations sous bénéfice d'inventaire (793 C. C.; 1086 § 1er I. G.), doivent être considérées comme rentrant dans la classe des actes conservatoires et de formalité que les nos 6 et 7 du § 2 art. 68 L. 22 frimaire an 7, ont tarifés au droit de 2 francs, porté à 3 francs par le n° 10, art. 44 L. 28 avril 1816. C'est également ce qui a été reconnu par le journal de l'Enregistrement (7389, 7408, 7485), contrairement à une opinion insérée art. 1492 J. E.; et une Sol. 30 novembre 1829 (9504 J. E.) déclare ce droit de 3 francs exigible indistinctement pour les acceptations faites par des personnes majeures ou par un tuteur au nom des mineurs.

Ce droit a été porté à 4 fr. 50 cent. par l'art. 4 de la loi du 28 février 1872.

3. DROIT DE RÉDACTION. — Ce droit de 4 fr. 50 cent. est indépendant de celui de rédaction de 1 fr. 25 cent. établi par la loi du 21 ventôse an 7, art. 5.

4. RÉVOCATION DE RENONCIATION. — L'acte au greffe par lequel on révoque purement et simplement une renonciation est sujet au droit de 4 fr. 50 cent. Cet acte a le même effet que l'acceptation après renonciation prévue par l'art. 790 C., et il doit être passible des mêmes droits que l'acceptation (7408 J. E.).

214 *ter*. Acceptation tacite. — PAS DE DROIT EXIGIBLE. — S'il n'y a pas d'équivoque possible pour reconnaître l'acceptation expresse (*V.* 214 *bis*); il n'en est pas de même dans le cas d'acceptation tacite. Il est tels actes ou tels faits qui peuvent émaner de la femme ou des héritiers, sans aucune intention de se porter acceptante et qui ne doivent même pas être considérés comme impliquant une acceptation ; il en est d'autres auxquels on doit donner la signification précisément contraire. Où est la ligne de démarcation ? Pothier l'a tracée en ces termes : « La femme ne pouvant être commune que par la volonté qu'elle a eue de l'être et qu'elle a suffisamment déclarée, il faut, pour qu'un fait de la femme renferme une acceptation de la communauté, que ce fait soit tel qu'il suppose nécessairement en elle la volonté d'être commune, et qu'on ne puisse apercevoir de raison pourquoi elle aurait fait ce qu'elle a fait si elle n'eût pas voulu être commune » (*De la Communauté*, n° 537).

Dans le même ordre d'idées, l'art. 1454 C. C. porte que la femme qui s'est immiscée dans les biens de la communauté ne peut y renoncer, et que les actes purement conservatoires n'emportent point immixtion.

1. PAS DE DROIT EXIGIBLE. — Quel que soit l'agissement qui, d'après ce que nous venons de dire, emporte acceptation de la communauté, l'acte qui le constate ne peut donner ouverture au droit d'acceptation, du moment qu'il ne comporte qu'une acceptation tacite de la communauté; le seul droit exigible sera le droit propre à sa nature.

Ainsi prendre la qualité d'héritier dans un acte, ne donne pas ouverture au droit fixe, si l'objet de cet acte n'est pas une acceptation de la succession ou de la communauté.

215. Pluralité des droits. — L'art. 68 L. de frimaire veut qu'il soit perçu un droit particulier *pour chaque acceptant et pour chaque succession acceptée,* et une solution 30 novembre 1829, rapportée au numéro 214 *bis*-2, porte que cette pluralité de droits s'applique aux acceptations faites au greffe, comme à celles qui ont lieu par acte civil.

1. TUTEUR ET MINEURS. — Ainsi, quoique l'acceptation soit faite *collectivement* par un tuteur au nom de plusieurs mineurs, il est dû un droit pour chaque mineur comme pour les majeurs, et par chaque succession acceptée (5177 J. E.). Il n'y a, effectivement, aucune raison d'excepter les mineurs de l'application de la règle générale qui veut qu'il soit perçu un droit pour chaque acceptant. Les mineurs ont, comme tous les majeurs, un intérêt distinct, et ils pourront, à leur majorité, prendre ou ne pas prendre la qualité d'héritier pur et simple.

2. COMMUNAUTÉ ET SUCCESSION. — L'acceptation sous bénéfice d'inventaire de la succession d'un époux faite par cinq héritiers, en même temps que la renonciation à la communauté de cet époux avec son conjoint, donne lieu à dix droits (15280-1 J. E.).

Mais il semble que l'acceptation de cette communauté et de la succession de la femme par ses héritiers ne saurait être divisée, car d'une part l'acceptation de la communauté explique l'acceptation de la succession, et, d'un autre côté, il s'agit d'un seul intérêt pour les acceptants (Sol. 6 juill. 1867).

3. CRÉANCIERS D'UN FAILLI. — Lorsque l'acceptation d'une succession sous bénéfice d'inventaire est faite par les syndics de la faillite, il est dû les mêmes droits que si cette acceptation avait lieu au nom des héritiers eux-mêmes, car les syndics les représentent nécessairement (7485 J. E.).

4. LECTURE OU PUBLICATION DE TESTAMENT. — Il est d'usage, dans certains départements, de rédiger des actes de lecture ou de publication de testaments. Si un légataire déclarait accepter le legs à lui fait, et s'il était fait mention de sa déclaration dans l'acte de publication, le droit fixe de 3 francs (ou de 4 francs 50 cent. en cas d'acceptation au greffe) devrait être perçu sur son acceptation; mais, en pareil cas, il n'est dû qu'un seul droit fixe, car l'acte de lecture se confond avec l'acceptation du légataire (3778, 5287, 7680, 8069, J. E.). Le droit fixe serait gradué si l'acte emportait délivrance du legs (L. 28 fév. 1872, art. 2). — V. *Délivrance de legs*. n° 6117.

5. DROIT DE RÉDACTION. — Mais en ce qui concerne le droit de rédaction, il n'en est dû qu'un seul pour chaque acte, quel que soit le nombre des successions qui font l'objet de l'acceptation, et quel que soit aussi le nombre des acceptants. La raison en est que les droits de greffe sont établis *sur les actes* à la différence des droits d'enregistrement qui sont établis sur les dispositions ou stipulations (Sol. 11 mars 1831, 3287 Roll.).

217. Femme séparée de corps. — En règle générale, la femme qui ne fait point connaître sa renonciation est réputée avoir accepté la communauté jusqu'à preuve contraire, preuve qui résultera de la renonciation qu'elle aura faite après l'expiration des délais ordinaires. Lorsque la dissolution de la communauté a été prononcée par la justice, *c'est la présomption contraire qui est admise.*

En effet, aux termes de l'art. 1463 C. C., la femme est réputée *de droit* avoir renoncé, lorsqu'elle n'a point, dans les trois mois, et quarante jours après la séparation prononcée, accepté la communauté, soit formellement, soit tacitement (V. P. Poitiers, 23 fév. 1842, t. 2, 1842, p. 42. — Paris, 23 avr. 1840, t. 1er 1840 J. P., p. 673). Dans ce cas, la femme qui n'a pas fait une acceptation *expresse* n'a aucune portion de biens de la communauté.

Mais comme l'acceptation peut être tacite, de même qu'au prédécès du mari (Paris, 2 mai 1850, S. 51. 2. 26; Cass., 14 mars 1855, S. 55. 1. 335; Troplong, t. 3, n° 1581; Rodière et Pont, t. 1er, n° 808; Pont, *Revue critique*, 1, 393), la *présomption* de renonciation de l'art. 1463 céderait à des présomptions contraires (Paris, 2 mai 1850, *suprà;* Nîmes, 23 fév. 1858, S. 58-2, 385).

Nous reviendrons sur cette question au mot *Partage de communauté*, n° 12528.

CHAPITRE III. — ACCEPTATION DE TRANSPORT OU DE DÉLÉGATION

[218-234]

218. Tarif. — La L. 22 frimaire an 7, art. 68 § 1er n° 3, a tarifé à 1 franc les acceptations de délégations de créances à terme, faites par acte séparé, lorsque le droit proportionnel a été acquitté pour le *transport* ou la *délégation*, et celles qui se font dans les actes mêmes de délégations de créances à terme. Ce droit est aujourd'hui de 3 francs (L. 28 fév. 1872, art. 4).

Malgré les points de similitude qui les réunissent, les transports et les délégations ont cependant, en matière fiscale, une physionomie différente, et il importe d'examiner séparément les effets de l'acceptation sur chacun d'eux.

SECTION PREMIÈRE. — ACCEPTATION DE TRANSPORT [219-223]

219. Le transport est une vente. — La cession ou le transport de créances est une véritable vente par laquelle le propriétaire de l'obligation l'aliène au profit du cessionnaire moyennant un prix déterminé. Pour que le contrat existe, il faut donc nécessairement, comme dans les ventes ordinaires, le concours des volontés du cédant et du cessionnaire. C'est la réunion de ces deux consentements qui produit la convention tarifée au droit proportionnel. Dès lors, il est impossible de percevoir encore un droit fixe sur l'acceptation de l'une ou de l'autre de ces parties, pas plus qu'on ne le pourrait dans une vente sur le consentement de l'acheteur.

220. Consentement du débiteur. — Acte séparé. — Mais la participation au contrat du débiteur de la créance cédée n'a aucun de ces caractères. Son absence n'empêche pas la formation entière de la convention entre le cessionnaire et son cédant. Elle n'est utile que pour assurer l'exécution du transport et peut même être remplacée par une signification extrajudiciaire (C. C. 1690). Quand le consentement du débiteur cédé intervient après le transport et par acte séparé, il n'y a pas de doute qu'il est passible du droit fixe : c'est le cas littéralement prévu par l'art. 68, § 1er, n° 3 de la loi du 22 frimaire an 7.

221. — Acte même de transport. — En est-il de même s'il est donné dans le contrat de cession? A s'en tenir aux principes généraux, l'affirmative ne semblait pas douteuse et nous avons, en effet, pensé que le droit fixe était exigible (*V.* notam., 4e édit., 128). L'art. 68, § 1er, n° 3, prêtait sans doute à la controverse par les termes de sa rédaction, puisque, après avoir tarifé également au droit fixe les acceptations de transports et de délégations qui ont lieu par actes séparés, il n'y soumet plus que les acceptations contenues dans les actes mêmes de délégation. Championnière n'avait pas manqué d'en conclure que le silence de l'article exemptait de l'impôt les acceptations de transports faites dans les actes mêmes et il invoquait la maxime : *Qui de uno dicit de altero negat* (1205). Mais l'argument paraissait plus judaïque que vraiment rationnel, et, en considérant que le législateur n'avait aucun motif de traiter différemment les deux sortes d'acceptation, on se croyait fondé à voir dans le texte une omission à laquelle son esprit suppléait facilement (Dalloz, n° 1760; *V.*, dans le même sens, Bosquet, v° *Acceptation de transport*).

La jurisprudence n'en a pas jugé ainsi.

Le tribunal de Lyon décida que l'art. 68 n'assujettissant au droit fixe que les acceptations de *délégations* contenues dans les actes, on ne pouvait raisonner par analogie afin d'y soumettre aussi les acceptations de transport (Lyon, 25 fév. 1858, 1023 R. P., 11320 C., 16347 J. N.; 2 mars 1860, 1312 R. P.; 16839 J. E., 11705 C.). — La même interprétation prévalut au tribunal de Rambouillet, le 17 février 1860, et l'Administration se décida à la prendre pour règle dans son instruction générale, n° 2187 § 6 (1453 R. P., 17045 N., 12006 C.; *V.* G. Demante, 419).

En dehors de l'argument de texte, on peut dire, pour justifier cette conclusion, avec une décision de l'Administration belge, du 30 mars 1866, que si le transport est parfait par le consentement réciproque du cédant et du cessionnaire, nonobstant l'acceptation du débiteur, il faut néanmoins reconnaître que cette acceptation est *nécessaire* pour fixer, dans le chef du cessionnaire, le titre de propriétaire incommutable de la créance cédée; qu'en effet, d'après l'art. 1690 C. C., le cessionnaire n'est saisi, à l'égard des tiers, que par la signification du transport faite au débiteur ou par l'acceptation faite par le débiteur dans un acte authentique; que cette signification ou cette acceptation a donc pour but de prévenir l'effet des droits que le débiteur ou les tiers pourraient acquérir contre le cessionnaire par un acte postérieur; que, dès lors, on doit admettre que l'acceptation est le complément naturel de la cession, qu'elle forme une disposition tout à fait dépendante de celle-ci et exonérée par la perception du droit proportionnel établi sur la cession.

Quoi qu'il en soit, la question paraît trop bien résolue aujourd'hui pour qu'il y ait intérêt à y insister davantage.

1. TRANSPORT ET DÉLÉGATION. — On verra dans le chapitre suivant qu'à la différence des acceptations de transport les acceptations de délégations sont passibles d'un droit particulier. Il est donc très-intéressant de distinguer la cession proprement dite de la délégation.

Nul doute d'abord sur le caractère du contrat par lequel un créancier cède une créance à terme moyennant un prix qui lui est payé ou doit lui être payé en argent. C'est là une vente ou un transport ordinaire dont l'acceptation par le débiteur tomberait sous l'application de l'Inst. 2187.

Il n'y a pas doute non plus sur la nature de l'acte par lequel un créancier charge son débiteur de payer la somme par lui due entre les mains d'un tiers dont il est lui-même débiteur. Ce ne peut être qu'une délégation.

Mais quand un débiteur donne à son créancier un autre débiteur, en chargeant ce dernier de payer en son acquit à son créancier la somme à lui due, ce contrat peut être aussi bien une cession de créance qu'une délégation. La différence qui existe entre les deux contrats à propos de la garantie de droit (art. 1276 et 1694 C. C.) n'est pas une circonstance suffisante pour les différencier, puisqu'il est loisible aux parties de modifier ces clauses de garanties. C'est uniquement dans l'examen des termes dont les parties se sont servies comme dans le but qu'elles se proposent que l'on devra trouver la raison de décider. Il ne faudrait pas, pour en citer un exemple, hésiter à voir un simple transport en garantie et non pas une délégation dans la clause d'un contrat d'obligation par laquelle l'emprunteur déclarerait céder et déléguer à son prêteur pour assurer d'autant mieux son remboursement s'il ne le faisait pas lui-même à l'échéance, une créance sur un tiers. Nous reviendrons sur ce point, *infrà*, n° 229.

222. Débiteur et caution. — Dans le mot *débiteur*, employé à l'art. 1690 C. C., il faut d'ailleurs comprendre tout *coobligé* : or la caution ne s'est obligée qu'envers le cédant et se trouve, au regard du cessionnaire, dans une position analogue à celle du débiteur principal; l'intervention de cette caution, concomitante à celle du débiteur principal, sert donc avec celle-ci de complément au transport et échappe également, d'après les mêmes motifs, comme disposition dépendante, à un droit particulier (Sol. belge, 28 mars 1866; — *Comp.* 16699-1 J. E.).

223. Subrogation.—La subrogation n'étant considérée par l'Administration que comme un transport de créance, le consentement du débiteur donné dans l'acte qui la constate doit être dispensé d'un droit particulier au même titre que l'acceptation du débiteur dans un acte de cession ordinaire de créances. Du reste, le jugement du tribunal de Rambouillet du 17 février 1860, dont la doctrine a été prise pour règle (*suprà*, n° 221), a statué également sur des actes de transport et de subrogation (Op. *Conf.* n° 2030 J. du not.).

SECTION 2. — ACCEPTATION DE DÉLÉGATION [224-229]

224. Diverses délégations. — La délégation est l'acte par lequel un débiteur, pour s'acquitter, donne à son créancier ou à quelqu'un indiqué par lui une tierce personne qui s'oblige à sa place (*infrà*, n° 6039). Quand le débiteur délégué a accepté cette substitution et que le créancier y a consenti lui-même en déchargeant le délégant, il y a délégation parfaite opérant novation, c'est-à-dire extinction de la première créance. Si l'une ou l'autre de ces deux parties fait défaut ou refuse son acceptation, la délégation est imparfaite et ne produit plus l'extinction de la dette. Enfin, si la proposition du délégant n'est agréée ni par le créancier ni par le débiteur, il y a simple mandat ou indication de payement unilatérale impuissante à former actuellement aucun contrat.

225. Tarif.— L'art. 68, § 1er, n° 3, soumet au droit fixe, d'une part, les acceptations de délégations de créances à terme faites par actes séparés quand le droit proportionnel a été acquitté pour la délégation, et, d'autre part, les acceptations qui se font dans les actes mêmes de délégation de créances aussi à terme.

226. On ne peut tarifer qu'une seule acceptation. — La première question qui s'élève est de savoir si les acceptations dont il s'agit sont celles du délégué ou du délégataire ensemble, ou bien seulement l'une des deux. La dernière opinion a pu être soutenue par des raisons plausibles. Ramenée à sa plus simple expression, la délégation équivaut simplement à l'ordre donné au débiteur de payer une tierce personne. Si ce mandat est accepté par le débiteur, et si le créancier y donne aussi son assentiment, on peut en quelque sorte voir dans ces deux interventions des clauses séparées qui fondent des perceptions particulières. « Malgré l'unité de l'opération, dit M. Demante, la multiplicité des personnes ayant des intérêts différents, suffit pour donner lieu à des droits particuliers (429). » D'ailleurs, la pluralité des droits de contrôle était admise dans l'ancien droit. (Commentaire du tarif de 1722, art. 96; Bosquet, *Accept. de transp.*); et la généralité des termes de l'art. 68 paraît avoir consacré la même doctrine (*Conf.* Dalloz, n° 1703; Sol. 19 nov. 1853, 1900 R. P.).

Après mûr examen, ce sentiment ne nous paraît pas devoir être suivi.

En effet, l'acceptation que l'art. 68 tarife d'un droit particulier est celle qui intervient *quand la délégation a donné lieu déjà au droit proportionnel.* Or, ce dernier impôt ne peut jamais être perçu que s'il s'est formé une convention soit entre le délégant et le délégataire, soit entre le délégué et le délégant. Dans le premier cas, il y a cession de la créance, et dans le second, obligation nouvelle du débiteur délégué; mais dans chacun d'eux le contrat s'est formé par la réunion des deux consentements, et cela justifie la perception du droit de 1 pour 100. L'acceptation de la troisième personne (délégataire ou délégué) rentre donc dans les prévisions du tarif et peut alors donner ouverture à un droit particulier.

Quand la délégation consiste dans ce qu'on appelle l'indication de payement pure et simple, c'est-à-dire le mandat unilatéral donné à un débiteur de se libérer entre les mains d'un tiers, il n'y a là qu'une pollicitation sans effet translatif, et ce n'est point pour une pareille hypothèse que le droit de délégation est établi (V. *Délégation*). Ce droit devient seulement exigible dès que la convention se forme par l'accession de l'un ou l'autre des deux autres contractants. Mais il va de soi alors que le même consentement ne saurait plus être frappé d'un droit fixe particulier. Autant vaudrait exiger le droit fixe sur le consentement de l'acheteur dans la vente ou sur celui du débiteur dans l'obligation de sommes. Il n'y a donc plus que l'acceptation du tiers qui se trouve privativement sujet à l'impôt. — Autrefois, sans doute, la délégation intervenue entre les trois personnes qui y concourent donnait ouverture à deux droits de contrôle, mais cette pluralité se fondait sur le principe de la multiplicité *des personnes*, tandis que chez nous elle repose sur la règle bien différente de la multiplicité des *dispositions*.

Or, de quelque façon que l'on examine la délégation, on n'y saurait trouver que deux dispositions indépendantes: 1° le contrat lui-même exigeant le concours de deux volontés; 2° l'accession du tiers. Cette accession peut donc motiver seule la perception d'un droit particulier. Aussi approuvons-nous, en définitive, les solutions par lesquelles l'Administration, abandonnant sa première doctrine, décide aujourd'hui que: « lorsque les trois parties sont en présence, le droit fixe établi par l'art. 68 § 1 n° 3, ne peut être exigé que sur l'acceptation du créancier délégataire ou sur celle du débiteur délégué, mais non sur toutes deux à la fois » (Sol. 4 mars 1864, 1900 R. P., S. 64-2-311; Sol. 16 fév. 1870; — V. Demante, 429 *in fine*).

227. Quelle acceptation est tarifée. — Cela établi, il reste à rechercher laquelle des acceptations du créancier délégataire ou du débiteur délégué est passible du droit. Cette seconde question est intéressante au point de vue de la pluralité, mais sa solution offre de sérieux embarras. Quand un débiteur qui veut se libérer offre à un créancier un autre redevable qui s'oblige pour lui, est-ce avec le créancier ou avec le second débiteur que traite principalement le délégant? Par suite, est-ce l'acceptation du créancier ou bien plutôt celle du débiteur qui forme la disposition indépendante sujette au droit fixe?

On ne saurait évidemment répondre d'une manière absolue, car le délégant peut faire aussi bien sa convention avec le délégué qu'avec le délégataire, et l'intention des parties doit être avant tout respectée. Lorsque l'accession du délégué et celle du délégataire interviennent successivement, il est clair que le contrat tarifé au droit proportionnel s'est formé entre les deux parties dont le consentement s'est d'abord trouvé réuni, et que l'acceptation de la troisième, quelle qu'elle soit, devient la disposition indépendante sujette au simple droit fixe. Si cette troisième personne est le créancier, il faudra percevoir autant de droits fixes qu'il y a d'individus non cointéressés. Cela ne fait pas de doute pour l'acceptation qui intervient par un acte distinct de la délégation passée d'abord entre le délégant et le délégué. Mais la solution est évidemment la même pour l'acceptation constatée par le même acte dès qu'il est constant que les créanciers ont été appelés après la convention intervenue entre les autres parties et pour y donner leur simple assentiment.

La difficulté n'existe en réalité que si les trois personnes concourent simultanément à la délégation sans que rien indique entre qui le contrat s'est d'abord formé. D'après la solution du 4 mars 1864, le contrat se formerait principalement entre le délégant et le débiteur, parce que la loi subordonne les effets de la délégation à l'acceptation de ce débiteur; il faut qu'il s'oblige à la place du délégant (art. 1275 C. C.).

C'est au contraire avec les créanciers, répond-on, que le débiteur contracte, car si le créancier ne décharge pas le délégant, ce dernier n'est pas libéré et la convention ne produit pas son effet : l'acceptation du créancier est donc plus importante que celle du délégué (*V.* notam. D. N., 4e édit. vo *Délégation*, no 85)[1].

Ces raisons sont également insuffisantes, car, puisque la délégation parfaite exige le concours simultané des deux parties, il est clair que l'acceptation de chacune d'elles est nécessaire au même degré, et qu'il est puéril de chercher entre elles des causes de prédominance qui n'existent pas. Aussi croyons-nous qu'il faut se borner à rechercher si le législateur fiscal s'est décidé pour un cas plutôt que pour l'autre. Dans l'ancien droit, les commentateurs enseignaient que le consentement du débiteur délégué formait l'élément essentiel de la délégation. « Pour qu'une délégation soit valable, dit Bosquet, il faut le consentement de trois personnes, savoir : du débiteur principal qui délègue, de son débiteur qui est délégué, et du créancier qui accepte le délégué. Si la délégation n'est point acceptée par le débiteur délégué, ce n'est qu'un mandement. Ainsi, la délégation *véritable* ne peut se faire que du consentement du débiteur qui s'oblige à la place d'un autre, et elle acquitte le premier débiteur si le créancier se contente du nouveau » vo *Délégation*. — On voit que, dans la pensée de l'auteur, c'est surtout à l'acquiescement du débiteur que s'attache la perfection du contrat, et qu'il considère leur concours comme un élément secondaire à peu près semblable à l'exécution d'un mandat. Cette doctrine paraît encore celle de la loi moderne telle qu'elle est interprétée par la jurisprudence.

Il a été décidé, en effet, que l'acceptation de *chaque créancier* délégataire donne ouverture au droit fixe, indépendamment du droit proportionnel, si elle a lieu dans l'acte même de délégation (1270 I. G. — Cass. 27 fév. 1839, S. 39. 1. 316, P. 39-1-462, 12264 J. E., 10357 J. N., I. G. 1601 § 3. — Nantes, 10 nov. 1840, 12630 J. E. — *V.* Cass. 24 av. 1854, 71 R. P., P. 54. 2. 95).

Et c'est ce qui a été également reconnu lorsque, dans un ordre amiable, des créanciers acceptent les délégations qui leur sont faites par leur débiteur; le droit fixe est alors dû indépendamment du droit proportionnel (Cass. 27 fév. 1839, 12264 J. E., 10357 J. N., I. G. 1601 § 3, S. 39. 1. 316. — Nantes, 10 nov. 1840, 12630 J. E., 12289, 12352 J. E.).

Cette jurisprudence nous paraît suffisamment établie pour justifier, conformément à la solution du 9 mars 1864 (1900 R. P., S. 64. 2. 311), la perception de l'impôt sur l'acceptation des créanciers.

1. DROIT D'OBLIGATION. — Elle se concilie parfaitement, du reste, avec les principes qui régissent la perception du droit d'obligation sur les délégations ou les transports. En effet, quand le créancier d'une dette verbale en fait la cession à un tiers, du consentement du débiteur, l'acceptation de ce dernier donne toujours lieu au droit de 1 pour 100, parce qu'elle implique reconnaissance de la dette et que cette reconnaissance est distincte de la cession intervenue avec le créancier. Si la délégation était aussi et principalement une convention passée entre le délégant et le délégataire, l'acquiescement du délégué devrait produire également une reconnaissance de dette passible du droit. Or, I. G. 1270 enseigne que ce droit n'est pas dû, parce que la reconnaissance se confond avec la délégation même et constitue une convention unique sujette à un seul droit, qui est celui de la délégation. N'en faut-il pas conclure que l'on considère le contrat comme se formant d'abord entre le délégant et le débiteur, dont la reconnaissance est confondue avec la délégation même? Et si l'on admettait le contraire, pour voir dans le consentement du débiteur un accessoire indépendant de la convention principale, quelle raison y aurait-il de ne point exiger le droit d'obligation comme en matière de transport?

2. PLURALITÉ. — Dans tous ces cas, il est dû autant de droits qu'il y a de créanciers acceptants (arrêts de cassation cités aux numéros précédents, *V.* 15564-1 J. E). Mais on ne saurait, en outre, multiplier le nombre des créanciers par le nombre des débiteurs délégués. En effet, le contrat n'intervient pas principalement entre eux et le nouveau créancier, mais entre celui-ci et le délégant; ils n'apparaissent, pour ainsi dire, que dans les effets de la convention. Il n'est dû, par conséquent, qu'un seul droit par créancier, quel que soit le nombre des débiteurs délégués (Sol. 4 mars 1864, 1900 R. P., S. 64. 2. 311).

227 *bis*. Rente. — Les acceptations de délégation de rente donnent lieu à certaines difficultés particulières que l'on trouve résolues au mot *Délégation*.

1. Pour soutenir que c'est l'acceptation du débiteur délégué qui donne lieu au droit, Championnière allègue que la délégation ne saurait jamais être passible du droit proportionnel, que quand elle est acceptée par le créancier. Mais cette théorie a été condamnée par la jurisprudence, vo *Délégation*, et il est reconnu que la délégation acceptée par le débiteur est également sujette au droit de 1 pour 100.

228. Délégations de prix. — Les principes que nous venons de développer s'appliquent-ils sans distinction aux délégations de créances et aux délégations de prix? L'Administration l'enseigne en ces termes dans l'Inst. 1270 : « L'acceptation de la délégation ou du mode de payement réglé entre les contractants qui est faite par le créancier délégataire, *soit immédiatement dans le contrat*, soit par un acte ultérieur, n'est que le complément de la délégation. Cette acceptation, ainsi que l'a reconnu la Cour de cassation dans son arrêt du 5 septembre 1827, donne seulement ouverture au droit fixe de 1 franc (3 fr.). »

On peut citer dans le même sens un jugement du tribunal de la Seine du 19 août 1856, portant que, si le vendeur a chargé son acquéreur de payer son prix à des créanciers qui interviennent et acceptent, il est dû autant de droits fixes qu'il y a de créanciers. C'est ce qui a été fréquemment enseigné aussi par le *Journal de l'Enregistrement* (12289, 12802, 14043-3, 14080-2 J. E.).

Mais nous doutons de l'exactitude de cette opinion. Ce n'est pas qu'il faille dire avec Championnière que l'acceptation du créancier est toujours nécessaire à la perception du droit de reconnaissance de dette, parce que, sans elle, il n'y aurait qu'une déclaration unilatérale du débiteur sans effet obligatoire; que dès lors cette acceptation ne saurait motiver la perception d'un droit fixe particulier (n° 1154). On sait, en effet, que les reconnaissances de dettes même non acceptées par le créancier donnent lieu au droit de 1 pour 100 et que les délégations de prix tombent sous l'application de cette règle (*Infrà* 6072; Dalloz, n° 1673). Nous ne dirons pas non plus avec M. Demante que si la délégation de prix, stipulée dans un contrat, est considérée comme disposition dépendante de ce contrat, *à fortiori* l'acceptation est une disposition dépendante de la délégation elle-même (434). Car il n'y a pas de raison d'attribuer à l'accession du créancier délégataire dans cette circonstance le caractère dépendant qu'on lui refuse dans les délégations de créances.

Mais le motif capital de décider, c'est que l'art. 68 § 1er n° 3, tarife nommément les acceptations de délégations de *créances à terme*, sans parler des délégations de prix. Aujourd'hui que, d'après la jurisprudence acceptée par l'I. G. 2187, ce texte doit être interprété restrictivement et ne saurait être appliqué par voie d'analogie aux cas qui n'y sont pas expressément prévus, il est possible de soutenir que l'on ne saurait percevoir un droit sur les délégations de prix en vertu d'une disposition établie pour les délégations de créances. L'assujettissement de ces dernières au droit fixe en exclut virtuellement les autres [1]. D'ailleurs, l'arrêt invoqué par l'Inst. 1270 statue en dehors de cette hypothèse ; il a été rendu dans le cas d'une délégation faite par acte postérieur au contrat de vente, et l'exigibilité du droit d'acceptation sur les consentements des créanciers n'est alors que l'application littérale du texte. On n'en saurait donc tirer argument pour l'hypothèse tout à fait différente de la délégation de prix renfermée dans le contrat lui-même.

1. On a objecté que s'il en était ainsi l'omission aurait pour effet d'exempter du droit fixe les acceptations de délégations de prix faites *par actes séparés*, ce qui est inadmissible! Mais il n'en est rien, car les acceptations faites par actes séparés retombent sous l'application de la règle générale des actes innomés.

Nous avons rapporté au n° 2637 du R. P., une solution du 23 novembre 1866 qui l'a ainsi décidé.

229. Délégation en garantie. — L'Administration a décidé, le 16 mai 1866, que si un contrat d'obligation renferme une délégation de créances en garantie de cette obligation et acceptation de la délégation, tant par le prêteur que par les débiteurs délégués, il est dû un droit fixe de 2 francs (3 fr.) pour l'acceptation du créancier. Cette solution ne nous a pas paru fondée. La garantie qui permet au créancier de disposer du gage à l'événement équivaut en effet à un transport conditionnel de la créance, pour le cas où l'obligé principal ne se libérerait pas selon les termes de son engagement. L'intention des parties n'est pas de transporter actuellement la créance comme dans la délégation, mais seulement d'attribuer au créancier la propriété de cette créance si le cas prévu se réalise. Le gage ainsi fourni dans le contrat même d'obligation, est intimement lié à la convention principale qu'il garantit, car le créancier n'aurait pas consenti à prêter ses fonds si le débiteur ne lui avait fourni la sûreté qu'il exigeait. La dation du gage et son acceptation sont donc des éléments essentiels du prêt; on ne saurait les assujettir à un droit particulier. Quant à l'acceptation des débiteurs, du moment que le gage a le caractère d'une cession conditionnelle, elle tombe sous l'application de l'Inst. 2187 et se trouve affranchie de l'impôt comme disposition dépendante du transport. — L'exigibilité du droit ne se justifierait que s'il s'agissait d'une délégation véritable, mais alors il serait dû sur l'acceptation des débiteurs, qui est ici l'accessoire évident de la convention passée d'abord avec le créancier (2342 R. P.).

Une solution contraire à celle du 16 mai 1866 a été d'ailleurs rendue le 25 juin 1867, et c'est également l'avis du J. N. (18979). On a essayé depuis (18532 J. E.) de défendre le principe de la solution abandonnée, en soutenant qu'il s'agit d'une délégation véritable, et on ajoute même qu'il serait dû autant de droits qu'il y a de débiteurs délégués acceptants. Mais cette opinion repose sur la confusion que l'on fait entre la délégation proprement dite et la cession ou le transport en garantie. Ainsi que nous l'avons expliqué, il s'agit ici d'un contrat de cette dernière espèce, et l'acceptation du débiteur même échappe au droit par application de l'Inst. 2187.

SECTION 3. — QUESTIONS DIVERSES
[230-234]

230. Acceptation implicite. — En principe, le droit d'acceptation n'est dû que sur la manifestation formelle du consentement de la partie qui accepte. Il ne suffirait pas d'une énonciation indirecte (Champ. et Rig. 1180), si rien n'indiquait que son intention est d'accepter la stipulation. Mais comme, d'un autre côté, la loi n'exige l'emploi d'aucune expression sacramentelle, c'est dans la combinaison des termes de l'acte, dans ses effets ou dans la position des parties qu'il faut rechercher la preuve de cette acceptation.

1. DISPENSE DE SIGNIFICATION. — Ainsi, la disposition par laquelle le débiteur dispense le cessionnaire de

la signification du transport, en déclarant qu'il se le tient pour signifié, équivaut à l'acceptation, d'après l'art. 1690 C. C. Dès lors, le droit de l'acceptation est exigible dans les cas où cette acceptation formulée directement, donnerait elle-même ouverture à un droit particulier (Dél. 17 avr. 1822; D. Champ. et Rig., V. *Acceptation de transport*, 5. — Dél. 1er avr. 1826, 1402 Roll.).

2. RENTE. — Il en est de même de l'acte par lequel le débiteur d'une rente déclare tenir pour signifié le transport de cette rente, et n'avoir entre ses mains aucune opposition (Dél. 12 oct. 1825; D. Champ. et Rig., V. *Acceptation de transport*, n° 5.)

3. SIGNATURE DE L'ACTE. — On a enseigné que le droit d'acceptation de délégation n'est dû, dans un acte de délégation fait en présence de la personne à qui elle profite, que lorsqu'il y a stipulation formelle (17064 J. E.). Mais cette opinion est trop absolue, car si la présence du créancier au contrat ne s'explique que par la délégation même, on doit tenir pour certain que sa signature est la preuve d'un acquiescement (I. G. 290 § 21; D. N., 4e édit., t. 4 p. 449 n° 88).

4. AFFECTATION HYPOTHÉCAIRE. — Quand l'acceptation résulte d'une convention accessoire tarifée à un droit distinct de celui de la délégation même, il est clair qu'elle ne saurait donner encore ouverture au droit fixe. Par exemple, si le débiteur accède à la délégation antérieure et consent une affectation hypothécaire au profit du délégataire, cette garantie nouvelle constitue une disposition indépendante passible du droit fixe de 3 francs; mais l'acceptation n'opère aucun droit particulier, parce qu'elle est la conséquence forcée de la dation d'hypothèque (16546 J. E.).

5. QUITTANCE. — De même si le débiteur délégué paye au délégataire une partie de sa dette, cette quittance emporte nécessairement acceptation de la délégation, et le droit fixe de 3 francs n'est pas dû (16559-2 J. E.).

6. MANDATAIRE. — Mais l'acceptation du mandataire, même verbal, des créanciers, produit les mêmes effets pour la perception que celle des créanciers eux-mêmes (I. G. 290, § 21).

231. Pluralité. — Cessionnaires.— On a vu précédemment dans quels cas la pluralité est applicable aux acceptations de délégations. — Les mêmes règles gouvernent aussi les acceptations de transport.

Ainsi l'acceptation du transport d'une créance faite à deux personnes solidairement ne donne ouverture qu'à un seul droit, mais si les cessionnaires ne sont pas solidaires, il est dû deux droits, car cette acceptation dispense chaque cessionnaire de la signification au débiteur cédé (13296-4 J. E.).

Si trois créanciers indivis transportent à trois cessionnaires des sommes dues par quatre débiteurs non solidaires qui acceptent la cession, il n'est dû que quatre droits et il ne faut pas multiplier le nombre des acceptants par le nombre des cessionnaires. En effet, chaque signification faite, à défaut d'acceptation, par les cessionnaires de sommes indivises, aurait été soumise à un seul droit à cause de la communauté d'intérêts des cessionnaires. Il y aurait eu lieu de faire quatre significations, soumises à un droit chacune. Les droits fixes d'acceptation ne peuvent être plus nombreux que ceux auxquels les significations auraient donné ouverture (J. E. 10923-6).

1. CAUTION. — L'acceptation du transport faite par le débiteur principal et sa caution solidaire est passible d'un seul droit, parce que le débiteur et la caution sont cointéressés (16699-1 J. E.).

2. RENTES. — Le transport de rentes dues par des particuliers non solidaires qui acceptent leur nouveau créancier et s'obligent à lui payer les rentes, opère autant de droits fixes qu'il y a de débiteurs (Dél. 27 nov. 1818, D. N. t. 13, p. 119, n° 359).

S'il s'agit de rentes perpétuelles, créées avant la loi du 20 août 1792 et dues par plusieurs débiteurs qui n'ont pas accompli les formalités prescrites par l'art. 4 de cette loi pour être affranchis de la solidarité, ces débiteurs conservent la qualité de cointéressés, et l'acceptation du transport de la rente faite par eux ne donne pas lieu à plusieurs droits fixes (19643 J. N.).

232. Disposition indépendante. — Prorogation de délai. — Lorsque le débiteur intervient dans un acte de transport de créance pour accepter ce transport, qui a lieu avec prorogation de délai par le nouveau créancier, il est dû le droit d'acceptation indépendamment de celui de prorogation. D'un côté, en effet, l'acceptation est une formalité exigée pour donner au transport toute son efficacité; de l'autre la prorogation est en quelque sorte un nouveau contrat ou au moins une stipulation additionnelle (Dél. 25 janv. 1843, 13172 J. E.).

Cette question a été néanmoins controversée. Le tribunal de Lyon, dans deux jugements des 25 février 1858 et 2 mars 1860, avait décidé que la prorogation de délai n'étant pas tarifiée expressément par la loi fiscale, échappait à toute perception (1023 et 1312 R. P., 11320 et 11705 C., 16347, 16371 et 16839 J. N.). Mais cet argument de texte était évidemment sans valeur, puisque tous les consentements en général sont tarifés au droit fixe par l'art. 43 n° 7 de la loi du 28 avril 1816. Tout en reconnaissant l'erreur de ce motif, des recueils ont tenté cependant d'en soutenir la doctrine par cette autre raison, que la prorogation de délai était la condition de l'acceptation du transport et que l'exemption accordée à celle-ci couvrait aussi la première (16347, 16371, 17045 J. N.; 12006 C.). Le tribunal de Rambouillet, devant lequel la question a été portée, a répondu : « que la prorogation de délai est une convention nouvelle, indépendante du transport lui-même et qui intervient entre des parties différentes puisque, en effet, elle a lieu en dehors du cédant et seulement entre le cessionnaire et le cédé. » Cette solution a été transmise comme règle de perception par l'Inst. 2187 § 6 (R. P. 1453, 17045 J. N., 12006 C.). Elle est d'autant plus exacte aujourd'hui que les prorogations de délai sont expressément tarifées. — V. *Prorogation de délai*, n° 13225.

233. Opposition. — Mais aucun droit particulier n'est

exigible, en sus de celui d'acceptation, sur la déclaration par le débiteur qu'il fait toute réserve par suite d'une opposition sur les deniers, ou qu'il n'y a pas opposition. En effet, s'il n'y a pas opposition, l'acceptation est pure et simple; s'il existe une opposition l'acceptation est conditionnelle (9608 J. N., D. N. t. 13 p. 114. n° 127).

234. Titre verbal. — L'acceptation par le maire du transport ou de la délégation d'une somme due par la commune, sans titre enregistré, donne ouverture au droit proportionnel, car cette acceptation équivaut à reconnaissance de la dette, qui n'était pas établie par titre enregistré. Mais le droit fixe n'est pas exigible (14603-3 J. E.)[1].

Plus généralement l'acceptation par le débiteur suivant convention verbale du transport de sa créance donne lieu au droit d'obligation seulement. — V. *Cession de créances*, n° 3659.

CHAPITRE IV. — ACCEPTATIONS DIVERSES

[235-237]

235. Effets de commerce. — L'acceptation de lettres de change et autres effets négociables est l'acte par lequel celui sur qui une lettre de change est tirée s'engage à la payer à son échéance.

1. EXEMPTION D'ENREGISTREMENT. — L'acceptation apposée au bas des lettres de change, mandats et autres effets négociables, s'identifie avec ces effets et se trouve, par cela même, affranchie de tout droit d'enregistrement (L. 22 frim. an 7, art. 70, § 3, n° 15).

236. Donation. — La donation qui n'est pas acceptée par le donataire n'opère aucune transmission de propriété et ne donne pas, par conséquent, ouverture au droit proportionnel. Ce droit devient exigible, à l'exclusion du droit fixe sur l'acte ultérieur renfermant l'acceptation (290-29 I. G.). Toutefois, si le droit proportionnel avait été perçu par erreur sur la donation, l'acceptation ultérieure serait sujette au droit de 3 francs par chaque donataire (5371 J. E.). Aucun droit fixe ne serait exigible, bien entendu, sur l'acceptation renfermée dans le contrat même de donation, puisque c'est elle qui donne lieu au droit proportionnel (5371 J. E.) — V. *Donation*, n°s 6608 et 6609.

1. DONATIONS SECONDAIRES. — Un second droit de mutation n'est pas dû pour les sommes qu'un donataire est chargé de payer à des tiers à titre de libéralité, lorsque le droit proportionnel a été perçu sur la totalité des biens compris dans la donation. Mais les acceptations par les tiers de ces donations secondaires sont passibles du droit fixe, et ce droit est dû par chaque donataire acceptant. Il existe, en effet, autant d'acceptations qu'il y a de donations secondaires, et chaque acceptation est passible du droit. Il en est donc de même que pour les acceptations de succession ou de legs, qui sont passibles d'autant de droits qu'il y a de successions et d'acceptations (11465 J. E.).

2. INTERVENTION DU DONATEUR. — Lorsque le droit proportionnel a été perçu sur la donation, l'acceptation ultérieure et l'intervention du donateur, qui la tient pour signifiée, n'opèrent pas deux droits fixes. En effet, l'intervention, ou plutôt la présence du donateur à l'acte d'acceptation, ne doit pas plus engendrer de droit particulier que la présence du donataire à l'acte de donation. La déclaration de se tenir l'acte d'acceptation pour signifié paraît d'ailleurs surabondante, le donateur ne pouvant ignorer un fait auquel il assiste (11302-1 J. E.).

3. PAYS ÉTRANGER. — La donation non acceptée de biens sis à l'étranger ne donne ouverture qu'au droit fixe de 3 francs. — V. 1463.

4. SUCCESSION GREVÉE DE LEGS SUPÉRIEURS A SA VALEUR. — Le légataire universel qui accepte, en l'absence de réservataires, une succession grevée de legs particuliers supérieurs à l'actif héréditaire et consent néanmoins à acquitter ces legs, ne fait que se conformer à la loi, et aucun droit de donation n'est exigible sur l'excédant de cet actif (Le Mans, 20 mai 1869, 3255 R. P.).

Toute acceptation de succession oblige, en effet, de plein droit l'héritier au payement des dettes et des charges de la succession. C'est une conséquence nécessaire de la transmission qui s'opère à son profit et le constitue le représentant de la personne ou du patrimoine du défunt. Le droit acquitté pour cette transmission par décès en couvre nécessairement tous les résultats, de même que le droit payé pour l'achat d'un immeuble couvre aussi l'obligation d'en payer le prix. Il importe peu que l'opération soit sans profit pour l'héritier, qu'elle lui impose même des charges supérieures à l'actif. Ces circonstances sont indifférentes, puisque l'engagement, si étendu qu'il soit, procède toujours d'une transmission qui a payé son droit au Trésor. C'est la loi elle-même qui crée l'obligation de l'héritier à l'égard des créanciers ou des légataires. Or, les obligations dont le titre est dans la loi échappent à l'application de l'impôt tout le temps qu'elles demeurent exclusivement placées sous sa garantie. Autrement, il faudrait aller jusqu'à dire que le fils qui accepte volontairement la succession onéreuse de son père fait aux créanciers une libéralité implicite passible du droit de donation, conclusion absolument inadmissible ! La vérité est que quand l'acceptation a été sincère, le payement de legs particuliers, quels qu'ils soient, est l'exécution pure et simple de la loi ; il ne saurait donner ouverture qu'au droit fixé pour les délivrances de legs. — V. 207.

237. Cautionnement.

1. DROIT FIXE. — L'acceptation d'un cautionnement résultant d'une soumission sur laquelle le droit proportionnel a été perçu, n'est passible que du droit fixe de 3 francs comme acte de complément (L. 22 frim. an 7, art. 68, § 1er, n° 6;

[1] Une sol. 17 sept. 1830 (3138 Roll.) a décidé que, dans ce cas, le droit fixe est seul exigible, parce que le concours du débiteur à l'acte n'a pour objet que de saisir le créancier et de suppléer à la notification du transport.

L. 18 mai 1850, art. 8.; L. 28 fév. 1872, art. 4.) Si elle est faite au greffe, il est dû 4 fr. 50 cent. (L. 28 fév. 1872, art. 4).

2. DROIT PROPORTIONNEL. — Mais si la soumission a été enregistrée au droit fixe, le droit proportionnel de cautionnement est dû sur l'acceptation, à moins qu'il ne s'agisse d'un cautionnement qui ne serait lui-même assujetti qu'au droit fixe.

ACCEPTILATION.

DIVISION

CHAPITRE Ier. — CONSIDÉRATIONS GÉNÉRALES

238. Définition. — Le mot acceptilation est synonyme de remise de dette, qui est, dans un sens très-général, l'abandon que le créancier fait de sa créance.

1. DROIT ROMAIN. — On donnait anciennement le nom d'acceptilation à un acte par lequel le créancier déchargeait un débiteur et le tenait quitte, quoiqu'il n'en eût reçu aucun payement. C'était une sorte de donation qui n'était pas sujette aux formalités prescrites pour les donations proprement dites. L'acceptilation, d'après la loi 77, D. *De Regulis Juris*, était, dans le droit romain, au nombre des actes appelés *Actus legitimi*, qui ne pouvaient être faits qu'avec certaines formules.

Pour les contrats consensuels que formait le seul consentement des parties, la remise de la dette pouvait se faire par une convention écrite ou une déclaration par le créancier au débiteur qu'il le tenait quitte et déchargé. Cette convention éteignait de plein droit les obligations.

Quant aux contrats appelés réels ou ceux qui se formaient par la stipulation, c'était par la formalité de l'acceptilation, soit simple, soit agnitienne, que les obligations pouvaient s'éteindre de droit. — L'acceptilation simple consistait dans la demande adressée par le débiteur au créancier, s'il entendait le tenir quitte, et dans la réponse conforme et affirmative de ce dernier. — L'acceptilation agnitienne consistait dans la stipulation que le créancier faisait du débiteur, de ce que celui-ci lui devait déjà à un autre titre, puis le débiteur stipulait à son tour du créancier comme dans le cas de l'acceptilation simple qu'il entendait le tenir quitte, et l'obligation s'éteignait sur la réponse affirmative de celui-ci.

2. DROIT FRANÇAIS. — Ces formes subtiles n'ont pas été admises par notre ancienne jurisprudence française, et les obligations ont toujours été éteintes de plein droit par une simple convention de remise. C'est dans les articles 1282 et suivants que le Code civil s'occupe de la remise de la dette d'une manière plus ou moins directe.

Les art. 1282 et 1283 constituent une remise tacite en déclarant que la remise volontaire du titre original sous signature privée ou la remise volontaire de la grosse du titre font preuve de la libération ou la font présumer. — Quant à la remise expresse, que le Code civil appelle aussi décharge conventionnelle, c'est aux art. 1285 à 1288 qu'il faut se référer.

3. CARACTÈRE DE L'ACCEPTILATION. — Quant à l'acceptilation proprement dite, elle n'a point été spécialement caractérisée par nos lois; ainsi que nous l'avons dit au n° 238, elle se confond avec ce que nous appelons remise de dette, et c'est particulièrement dans les remises de dettes que l'appréciation de l'intention des parties présente de sérieuses difficultés pour arriver à déterminer le véritable caractère de la convention. Ces difficultés naissent surtout de ce que le Code civil garde le silence sur ce point. Les rédacteurs du Code ont pensé sans doute qu'il ne pouvait y avoir de difficulté ni sur l'existence de la remise *expresse*, parce qu'elle s'annonce par les termes mêmes de la convention, ni sur son effet, parce que cet effet consiste tout simplement dans l'extinction de l'obligation.

Mais c'est précisément dans le caractère gratuit ou onéreux à attribuer à cette extinction de l'obligation que gît la difficulté.— « L'acceptilation ou la remise de la dette, a dit M. Blanche, avocat général à la Cour de cassation, dans des conclusoins que nous avons insérées dans le n° 3088 R. P., peut revêtir un double caractère. Quand elle intervient dans l'intérêt commun du créancier et du débiteur, afin d'assurer par exemple au moyen d'un sacrifice partiel le recouvrement du surplus de la dette, le contrat ne saurait être une donation; il procède d'un sentiment intéressé de la part du créancier, et forme l'un des modes de libération expressément prévus par l'art. 1234 C. C. Le concordat, en matière de faillite, est le type de ces acceptilations. Il n'est pas douteux que le droit de donation serait sans cause, puisqu'il n'y a pas de libéralité. Mais la remise de dette qui n'est pas déterminée par ces circonstances, et qui procède d'un pur sentiment de bienveillance du créancier envers son débiteur, est une véritable donation entre-vifs. Ce point est admis par les auteurs (Demolombe, *Des Donations*, t. 3, n° 82; Aubry et Rau, t. 5, p. 317 et 563, t. 6, p. 109 et 115; Dalloz, V. *Enregistrement*, n° 3768); et il n'est pas, en vérité, contestable. »

Cette distinction a été consacrée par la jurisprudence de la Cour de cassation. « Si la remise volontaire d'une dette, porte un arrêt de la chambre civile du 26 février 1870, peut constituer un acte de pure libéralité passible du droit proportionnel des donations entre-vifs, il en est autrement lorsque cette remise partielle a lieu par le créancier à titre de transaction, en vue de s'assurer le payement du surplus de sa créance, c'est-à-dire avec l'intention non de gratifier le débiteur, mais de tirer de cette remise un avantage personnel » (3088 R. P., 14548 C., 19863 J. N., 2739 *Revue*, I. G. 2402-3, S. 70. 1. 225, D. 70. 1. 417, P. 70-549, 48 B. C.).

Pour parvenir à la solution des questions que peuvent faire naître les actes de l'espèce, il n'est pas possible d'établir une règle fixe et invariable qui permette de distinguer l'acte de libéralité de l'acte libératoire. Cette appréciation dépend des circonstances.

4. ACCEPTATION. — La remise de dette doit être acceptée par le débiteur. Il ne suffirait pas que le créancier eût manifesté sa volonté, car cette volonté pourrait toujours être rétractée tant que l'acceptation du débiteur n'aurait pas eu lieu. — Dans tous les cas, si c'est par lettre missive que le créancier manifeste l'offre de faire remise de la dette, il ne doit avoir pour la rétracter que le temps nécessaire au débiteur pour adresser sa réponse. On comprend qu'après ce délai, il ne soit plus admis à la retirer, sous prétexte que le débiteur ne l'a pas informé de son acceptation, car il serait toujours loisible au créancier de faire revivre la dette en supprimant la lettre du débiteur qui contenait son acceptation, si c'était par lettre que celui-ci eût accepté (Toullier, t. 7, n° 323).

Cependant, comme la remise de la dette n'est assujettie à aucune formalité, il convient de faire une distinction.

5. ACTE CONTRACTUEL. — Si le créancier, dans le but et l'intention de décharger son débiteur, emploie la forme expresse d'une convention, il est évident et incontestable que la remise ne sera parfaite et la convention formée que par l'acceptation du débiteur, et que si, par une cause quelconque, soit la mort du créancier, soit sa rétractation, le débiteur ne peut plus donner une acceptation utile, l'offre sera anéantie parce qu'il n'y aurait pas eu de convention de remise régulièrement formée.

6. ACTE UNILATÉRAL. — Mais si le créancier, au lieu d'employer la forme expresse d'une décharge conventionnelle (art. 1285 C. C.), emploie toute autre voie qui, loin d'offrir un caractère contractuel, se résume dans un fait unilatéral d'abdication et d'abandon absolu de son droit, lequel, pour être efficace, n'a pas besoin d'être accepté; si, par exemple, il charge un tiers de remettre au débiteur la quittance qu'il lui délivre de la dette; la remise doit produire effet, bien que, par une cause quelconque, le débiteur n'ait pas fait connaître son acceptation avant un événement qui la rendra dorénavant impossible.

7. CODÉBITEURS SOLIDAIRES. — Lorsque la remise expresse faite à l'un des débiteurs solidaires n'explique pas si l'intention a été d'éteindre la dette ou seulement de libérer ce débiteur (soit de sa part dans la dette, soit de la solidarité simplement), le Code (art. 1285), partant sans doute de l'idée que la solidarité fait de chacun des codébiteurs le mandataire et le représentant de tous les autres, décide, contrairement à ce que faisait Pothier (art. 2, § 2, al. 2), qu'à défaut de déclaration formelle du contraire, il y aura toujours extinction absolue de la dette, et dès lors libération de tous les débiteurs. C'est donc au créancier qui ne veut pas accorder un aussi large résultat de réserver expressément les droits auxquels il entend ne pas renoncer.

Quand le créancier déclare formellement ne remettre la dette au codébiteur que *pour sa part* ou *en conservant ses droits contre les autres débiteurs*, il a toujours action contre ceux-ci, mais seulement sous la déduction de la part du premier. Si, par exemple, la dette était de 12,000 francs, avec quatre débiteurs solidaires, la créance, après la remise ainsi faite à l'un d'eux, ne sera plus que de 9,000 francs, et il n'y aura plus solidarité entre les trois autres que pour ces 9,000 francs. Et si l'un de ceux-ci devenait insolvable, la portion que le codébiteur déchargé aurait dû supporter par suite de cette insolvabilité (art. 1214) se trouverait aussi, par une conséquence nécessaire, perdue pour le créancier, et ne pourrait être répétée contre les deux autres. Il est bien évident, en effet, que la remise faite à l'un des codébiteurs ne peut jamais aggraver la position des autres.

8. CAUTION. — Quant aux cautions, le Code civil stipule (art. 1287) que la remise ou décharge conventionnelle accordée au débiteur principal libère la caution; mais que celle accordée à la caution ne libère pas le débiteur principal; et enfin que celle accordée à l'une des cautions ne libère pas les autres.

9. EXIGIBILITÉ DU DROIT D'ENREGISTREMENT. — Une solution du 9 juin 1872 porte que comme la remise de dette en tant qu'elle a le caractère de libéralité forme un contrat, il est indispensable qu'elle soit acceptée, et que, si le consentement du débiteur faisait défaut, il n'y aurait plus qu'un projet ou qu'une pollicitation passible du droit fixe, et cette opinion paraît trouver sa consécration dans la teneur d'une autre solution du 3 décembre 1861, rapportée au n° 1618 du R. P.

Il s'agissait d'une remise de dette non acceptée, et l'Administration déclarait dans les considérants de sa solution « que la donation *non acceptée* est assimilée à la libération; que, n'ayant pas *encore* le caractère de libéralité, elle conserve le caractère libératoire; qu'elle n'est donc valable que comme acte unilatéral portant quittance par le créancier à ses débiteurs; *comme libéralité, elle n'est qu'une ébauche.* »

Nous ne saurions accepter ces distinctions. Nous avons parlé au n° 238-1 ci-dessus de la nécessité de l'acceptation pour rendre parfaite la remise de dette; et, en effet, la majorité des auteurs enseignent qu'une remise de dette n'opère extinction de l'obligation, par suite n'est libératoire, que par l'acceptation du débiteur (Pothier, *Obligat.*, n° 614; Toullier, t. 7, n° 321; Delvincourt, t. 2, p. 571 [notes]; Duranton, t. 8, n° 394; t. 12, n° 357; Rolland de Villargues, n° 66; Zachariæ, édit. Aubry et Rau, t. 2, p. 401), et nous avons dit au même numéro qu'une remise de dette peut être retirée tant que le débiteur ne l'a pas acceptée.

Mais cette acceptation n'est assujettie à aucune des règles établies en ce qui concerne les donations. — Elle peut être expresse ou tacite, verbale ou écrite. Il n'est point même nécessaire qu'elle soit formelle (arrêt de la Chambre des requêtes du 2 janv. 1843; D., *Périod.*, 1843, 1re partie, p. 54). En outre, elle est valablement faite par tous ceux qui ont pouvoir d'administrer les biens, par les ascendants qui ne sont pas tuteurs, au nom de leurs descendants (Argument de l'art. 935 du C. C. — V. Rolland de Villargues, nos 23, 24 et 25).

Puisque aucune forme n'est imposée pour la manifestation de l'acceptation d'une remise de dette, l'absence de cette manifestation ne saurait exercer d'influence sur l'exigibilité du droit proportionnel, et l'acte qui constate la remise n'est pas moins parfait à l'égard de la perception, quoiqu'on ne produise aucune acceptation formelle.

L'Administration a maintenu son interprétation dans une Sol. du 25 mars 1878 (4950 R. P.).

10. NATURE DU DROIT. — La donation, quelle que soit la forme qu'elle revête, qu'elle soit principale ou accessoire, directe ou indirecte, assujettie aux formes solennelles tracées par l'art. 931 ou exempte de ces formes (*V.* 241 *bis*), a été tarifée au droit proportionnel par les différentes dispositions des lois du 22 frimaire an 7, et du 21 avril 1832.

11. LIBÉRALITÉ. — Il suit de là que, toutes les fois que la remise de dette aura un caractère de libéralité incontestable, c'est le droit de donation qu'il faudra percevoir, au taux déterminé par les rapports de parenté ou de non parenté existant entre le créancier et le débiteur. C'est naturellement au mot *Donation* que l'on trouvera l'indication de la quotité des droits à percevoir dans cette circonstance.

12. LIBÉRATION. — Que si, au contraire, écartant toute idée de libéralité et de bienfaisance, le créancier n'agit que dans son intérêt propre, si la remise de dette n'est faite par lui que par suite de l'insolvabilité de son débiteur ou tout autre motif équivalent, si c'est, en un mot, par forme de composition, d'après l'expression de Pothier (*Oblig.*, n° 622) que la remise a lieu, le seul droit exigible est le droit de libération.

13. LIQUIDATION DU DROIT. — Quel que soit, d'après les distinctions que nous avons établies dans les deux numéros précédents, le droit à percevoir sur l'acte qui constate la remise de la dette, il ne peut être liquidé que *sur la somme remise*. Ainsi, lorsque la dette est solidaire, et que le créancier réserve ses droits contre ceux à qui il ne fait pas la remise, on ne peut percevoir que sur la somme formant la part du débiteur à qui la remise est faite.

14. OBSERVATION. — Les principes ainsi posés, nous allons donner sur l'acceptilation, dans les chapitres suivants, l'état de la jurisprudence qui ne se compose, d'ailleurs, que d'une série de décisions d'espèce, car, dans ce contrat, plus que dans tout autre, c'est l'appréciation des faits qui doit surtout déterminer le mode de perception.

CHAPITRE II. — ACTES PRÉSENTANT LE CARACTÈRE DE LIBÉRALITÉ

[239-242]

239. Formalités. — La donation est, de toutes les conventions, celle qui est susceptible de revêtir les formes les plus diverses et de se produire dans les occasions les plus nombreuses et les plus variées. Il eût été impossible d'en subordonner la validité, partout et toujours, à des conditions de forme solennelle; aussi, dans tous les temps, les législateurs ont-ils reconnu la validité de certaines libéralités, indépendamment des solennités auxquelles ils avaient soumis. C'était également l'ancienne doctrine française (*V.* Furgole, dans l'art. 1er de l'ordonn. de 1731).

C'est aussi l'opinion de tous les auteurs modernes, et Toullier l'a nettement résumée en disant : « La remise a toujours été tellement favorable que *quoiqu'elle soit une véritable donation*, on n'a jamais, pour sa validité, exigé aucune espèce de formalité » (Coin-Delisle 894-9-10; Bayle-Moullard sur Grenier, t. 1er, n° 2, note *a*; Demante, t. 4, n° 3 *bis*; Troplong, t. 3, n° 1076; Demolombe, t. 20, n° 83; Rolland de Villargues, *Remise de dette*, 3; Zachariæ, édit. Marie et Vergé, t. 3, § 427; Cass. 12 nov. 1822, S. 23. 1. 86; 4 juin 1832, D. 32. 1. 62; Bordeaux, 11 janv. 1834, D. 34. 2. 104; Douai, 4 avr. 1843, S. 43. 2. 483; Tours, 22 janv. 1846, S. 47. 2. 29; Bordeaux, 22 déc. 1847, D. 48. 2. 239. Cass.; 2 avr. 1862, S. 62. 1. 203).

240. Circonstances imprimant à l'acte le caractère de libéralité. — Aussi l'Administration a-t-elle décidé, en thèse générale, par une solution du 4 janvier 1844 (13590-4 J. E.) que toutes les fois que les circonstances qui environnent un acte, portant remise pure et simple de dette, donnent à cet acte un caractère de libéralité et non de simple libération, le droit de donation est exigible.

Ajoutons que, dans les motifs des solutions administratives en général, l'idée qui domine est celle que nous avons émise nous-même au numéro précédent, à savoir que ce n'est qu'exceptionnellement que l'acceptilation aurait le caractère de la libération, mais que son vrai caractère est celui de la libéralité. Champ. et Rigaud admettent pleinement ce principe. « L'Administration, disent-ils au n° 2273, a longtemps considéré la libération comme la nature principale et dominante de l'acte et perçu le droit de quittance, mais, dans la décision suivante, le caractère évident de la libéralité l'a déterminée à se rapprocher *des principes du droit civil*, desquels elle ne paraît pas s'être écartée depuis. » Il s'agissait, dans l'espèce, de la délibération du 14 avril 1826, qui fera l'objet de notre n° 7 ci-après.

1. PRIX DE VENTE. — DROITS SUCCESSIFS. — Un neveu avait consenti en 1810, au profit de sa tante, une cession de droits successifs, moyennant une somme de 3,250 francs payables, sans intérêts, un an après le décès de la cessionnaire. En 1822, le neveu déclare, par un acte entre-vifs, que, voulant donner à sa tante *des preuves d'amitié et d'attachement*, il réduit et modère le prix de 3,250 francs à 2,000 francs payables de la manière exprimée dans l'acte de cession. Décidé que le droit de donation mobilière est exigible sur 1,250 francs (Dél. 29 sept. 1824, 4843 J. N.). — De même pour la remise d'un prix de vente dont le recouvrement était garanti (Grasse, 25 juill. 1874, 3860 R. P.).

2. SOMMES PRÊTÉES. — Aux termes des art. 843 et 851 C. C., le cohéritier doit le rapport des sommes qui lui ont été prêtées par l'auteur de la succession. Si donc, dans un partage de communauté, la veuve, agissant par une volonté conforme à celle exprimée par son mari dans son testament, déclare vouloir considérer comme une perte pour la communauté les sommes prêtées à deux enfants et supporter la moitié de cette perte, il y a donation de la moitié des sommes prêtées (Sol. 26 déc. 1868).

3. DISPENSE DE RAPPORT. — La remise par des cohéritiers à l'un d'eux d'une somme qu'il doit à la succession, est passible du droit de donation (Versailles, 1er avr. 1852, 15627 J. E.), bien qu'il soit allégué, *mais sans preuve*, que

cette remise n'est que l'exécution de la volonté du testateur (Saint-Étienne, 21 déc. 1847, 14485 J. E.).

Jugé encore que la renonciation par un héritier au droit d'exiger de son cohéritier le rapport des sommes reçues en avancement d'hoirie opère transmission au profit de ce dernier et donne lieu au droit de donation sur la part du renonçant dans les sommes rapportables (Seine, 21 juill. 1866, 2374 R. P.). — *V.* au surplus *Partage*, chap. des rapports, n° 6666.

La restitution pure et simple par un fils à son père de la somme qu'il en avait reçue à titre de libéralité est également passible du droit de donation (Nice, 5 janv. 1875).

4. DISPENSE DE RETOUR. — Il en est de même pour la renonciation à se prévaloir du droit de retour stipulé au profit du donateur quand ce retour s'est opéré (Sol. 5 sept. 1861).

5. RÉDUCTION DE LEGS. — Un individu meurt laissant un fils, issu d'un premier lit, et sa femme en secondes noces. Il avait légué à celle-ci une rente viagère de 3,000 fr. et l'usufruit de tout son mobilier. Il est établi par un acte notarié que ce legs excède de 15,000 francs la valeur des biens dont pouvait disposer le défunt en faveur de sa veuve; mais le fils, par égard pour la position de sa belle-mère et par respect pour les dernières volontés de son père, fait remise de cet excédant à sa belle-mère. Le tribunal de Marseille a jugé, le 11 avril 1851, que le droit de donation était exigible (15187 J. E., 14372 J. N.).

6. RESTITUTION DE DOT. — Est passible du droit de donation, l'acte qui constate la restitution partielle de sa dot par un enfant à ses père et mère, dans l'intention de ramener cette dot au chiffre de celles qui ont été constituées depuis par les donateurs au profit d'autres enfants (Dreux, 28 mai 1862)

7. RENTE VIAGÈRE. — On doit considérer comme donation la réduction d'une rente viagère créée à titre de douaire, laquelle réduction avait été consentie volontairement par une veuve au profit de son fils, dans le contrat de mariage de celui-ci (Dél. 14 avr. 1826, 8434 J. E.).

Jugé aussi par le tribunal de Louviers, le 24 mai 1866, que quand une rente viagère, constituée moyennant l'aliénation d'un capital déterminé, est éteinte et amortie à titre de donation dans le contrat et en faveur du mariage du débiteur, il est dû sur cette disposition le droit d'enregistrement de donation, et non celui de libération à 50 centimes. Ce droit doit être perçu sur la valeur du capital aliéné et exprimé dans l'acte de constitution, et non sur un capital formé de dix fois la rente (18238 J. E., 2475 R. P.). La même solution résulte encore d'un jugement du tribunal de la Seine du 2 juin 1866 (2296 R. P.).

241. Intention de libéralité exprimée. — A plus forte raison et sans même que la moindre controverse puisse s'élever à cet égard, il doit en être ainsi lorsque l'intention de gratifier le débiteur a été formellement exprimée par le créancier.

1. DETTE DU DONATAIRE. — Dans cet ordre d'idées, il a été jugé que la stipulation par laquelle le créancier fait *donation* au débiteur de sa propre dette ne peut être considérée comme remise de dette. Le droit de donation est exigible (Clermont, 8 avr. 1847, 14228 J. E.; 13160 J. N. — Cognac, 10 juill. 1848, 4575 J. E.).

2. ACTE AYANT LE CARACTÈRE D'UNE DONATION PARFAITE. — Et même dans cette situation, la question peut se compliquer d'une question de forme. « La solution qui précède, dit Demolombe, *Donation*, t. 3, n° 84 (celle relative à l'absence de toute forme pour la remise de dette), est certaine lorsque la renonciation est unilatérale et ne forme pas l'objet d'une convention entre celui qui l'a faite et celui en faveur de qui elle est faite. Mais faut-il l'appliquer même au cas où la renonciation *in favorem* aurait lieu par une convention dans un acte qui serait passé précisément à l'effet de l'accomplir? On peut invoquer pour l'affirmative l'arrêt de la Cour de cassation du 15 novembre 1858 (S., 1859, 1. 9). Il nous paraît toutefois permis d'en douter; surtout si les parties avaient annoncé la volonté de faire une donation entre-vifs, et avaient pris elles-mêmes les qualités de donateur et de donataire. Encore si elles s'étaient bornées à qualifier de renonciation l'abandon qui a eu lieu, même *in favorem!* La circonstance qu'un acte avait été passé et que le bénéficiaire avait accepté pourrait bien alors ne pas suffire pour lui imprimer le caractère d'une donation entre-vifs, contrairement à cette qualification, qui, en effet, ne répugnerait pas à sa nature. Mais est-il possible de ne voir qu'une simple renonciation dans un acte où les parties elles-mêmes déclarent vouloir faire une donation? »

Dans ce cas, il faudrait recourir aux principes qui seront développés au mot *Donation* et ne percevoir que le droit fixe, tandis que la donation ne serait pas parfaite dans les conditions du Code civil.

242. Disposition indépendante. — Donation et vente. — La remise emportant donation peut se produire comme clause indépendante dans un acte.

1. PRIX DE VENTE DONNÉ. — Ainsi, lorsque l'acte de vente, ou tout autre contrat comportant un prix, contient remise du prix ou de partie du prix, il faut appliquer à cette remise ce que l'on vient de dire de la remise d'une dette, car remettre le prix d'un contrat n'est pas autre chose que remettre une dette. Seulement, il peut arriver que le contrat se présente dans des circonstances telles qu'il soit évident que le donateur n'a pas eu l'intention de vendre d'abord et de donner le prix ensuite. Il se peut que le prétendu prix ne soit que l'évaluation de la chose transmise à titre de libéralité. Dans ce cas, il n'y aurait pas vente suivie de donation du prix, *mais donation du bien*. Il faut donc soigneusement examiner si le vendeur a eu la volonté non de donner l'immeuble, mais de le vendre et de donner le prix. Dans cette hypothèse, il y a vente pour l'immeuble et donation pour le prix. L'art. 11, L. 22 frimaire an 7, est applicable.

C'est ainsi que la C. C. a jugé, le 14 mai 1817, conformément au principe posé par l'Administration, le 11 mars 1814 (4800 J. E.), qu'une vente par un père à son fils d'un immeuble moyennant 30,000 francs contenant donation de ces 30,000 francs par portions égales, tant à l'acquéreur qu'à ses deux frères, donnait ouverture au droit de vente sur la totalité des immeubles, et à celui de donation sur la totalité du prix.

« Attendu, porte l'arrêt, que l'acte du 10 avril 1815 contient évidemment une vente d'immeubles et une donation mobilière d'une somme d'argent représentant le tiers du prix de cette vente; — Attendu que la donation mobilière dont il s'agit n'a aucune connexion nécessaire avec la vente à laquelle elle est annexée, et qu'elle n'y est liée que par un effet de la volonté personnelle du donateur ; — Attendu, dès lors, qu'aux termes de l'article précité de la loi du 22 frimaire an 7, l'acte est passible, pour la disposition qui contient une vente d'immeubles pour le prix de 30,000 francs du droit établi par la loi sur les ventes, et pour la disposition qui contient donation d'une somme de 30,000 francs du droit établi par la même loi sur les donations de cette nature de biens » (S. 17. 1.278).

2. CESSION D'ÉTUDE. — Lorsque, après avoir cédé son étude à son fils, moyennant 120,000 francs, un père déclare, par le même acte, lui faire donation d'une somme de 50,000 francs à prélever sur ce prix, cette disposition doit être considérée comme tout à fait indépendante de la cession et donner ouverture au droit de donation (Cass., 6 déc. 1847, 14385 J. E., 13126 J. N., I. G. 1814 § 16, S. 48-1-135. — Cass., 22 janv. 1866, 2233 R. P., S. 66-1-79, D. 66-1-232, I. G. 2348 § 2. — V. dans le même sens, Seine, 19 fév. 1852, 15414-1 J. E., 14855 J. N. — *Contrà :* Douai, 10 juin 1846, 12869 J. N., 14014 J. E. ; Champ. et Rig., t. 6, n° 276).

L'arrêt du 6 décembre 1847 est ainsi conçu :

« Attendu qu'aux termes de cet article, lorsque, dans un acte quelconque, civil, judiciaire ou extra-judiciaire, il y a plusieurs dispositions indépendantes ou ne dérivant pas nécessairement les unes des autres, il est dû pour chacune d'elles, et selon son espèce, un droit particulier ; attendu que l'acte notarié du 2 avril 1845 au rapport de Baillencourt et son collègue, notaires à Douai, contient deux dispositions successives et distinctes ; que, par l'une, le sieur Capon père cède à son fils sa charge de notaire, moyennant la somme de 120,000 francs ; que, par l'autre, les sieur et dame Capon père et mère donnent à leur fils, en avancement d'hoirie, une somme de 50 francs à prendre sur les 120,000 francs, prix de la cession ; qu'aucune de ces dispositions ne dérive nécessairement de l'autre ; que la première n'a besoin de la seconde ni pour sa perfection intrinsèque, ni pour son exécution, et que celle-ci n'est qu'un accident relativement à celle-là. »

3. PRIX EN AVANCEMENT D'HOIRIE. — De même la double perception du droit de vente et celui de donation a été reconnue exigible dans une espèce où le père vendait à sa fille divers objets mobiliers moyennant un prix déterminé, dont partie devait rester entre les mains de la fille, à titre d'avancement d'hoirie, et le surplus était payable à une époque fixée (11820-1, 13920-1 J. E.).

4. DATION EN PAYEMENT. — Même règle, *à fortiori*, si les père et mère de l'un des futurs, après lui avoir fait donation d'une somme déterminée, lui vendent un immeuble par *le même contrat*, sur le prix duquel il doit compenser la somme donnée (Dél. 16 déc. 1834, 11187-5 J. E.).

CHAPITRE III. — ACTES PRÉSENTANT LE CARACTÈRE DE LIBÉRATION

[243]

243. — Intention et circonstances à apprécier. — La loi ni la jurisprudence n'ayant tracé de règles à l'aide desquelles on puisse reconnaître la remise qui est donation de celle qui ne l'est pas, la détermination du caractère de l'acte dépend uniquement de l'intention qui l'a dicté, et, dès lors, des circonstances que l'on doit apprécier ; voici des espèces dans lesquelles le droit de quittance a été reconnu le seul exigible.

1. BAIL. — La réduction volontaire du prix d'un bail fondée sur ce que le loyer avait été fixé par erreur à un chiffre trop élevé, est une acceptilation passible du droit de quittance sur le montant cumulé de la réduction (Sol. 3 juin 1828, 9036 J. E., 6615 J. N., I. G. 1256 § 1er. — Seine, 25 juin 1845, 13793 J. E., — *Comp.* Cass. 5 fév. 1873, 3574 R. P., S. 73. 1. 137., P. 73-291, I. G. 2469-4 et Dalloz, n° 3118). — V. *Bail*, 1084.

En est-il de même si la réduction est le résultat d'une transaction? — V. *infrà*, n° 245.

2. CAUTION. — RENONCIATION. — Si la caution, en acquittant la dette, déclare renoncer à tout recours contre le débiteur principal, *sans faire connaître le motif de sa renonciation*, les tribunaux peuvent l'interpréter, d'après les circonstances, comme le résultat d'une simple remise de dette, donnant lieu au droit de quittance (Embrun, 10 janv. 1865, 2027 R. P)

3. INTENTION NON EXPRIMÉE. — Par acte notarié, L. P... a déclaré renoncer à toute répétition contre L. P..., son frère, au sujet d'une somme de 3,000 francs que celui-ci lui devait suivant acte en forme, le tenant quitte de cette somme et lui en faisant toute remise. Le tribunal de Châlons-sur-Saône a jugé, le 1er août 1850, que le droit de libération était le seul exigible, attendu que, bien que la remise de dette sans condition onéreuse soit au fond une libéralité, cela n'empêche pas que ce ne soit, dans la vérité, un acte de libération et pas autre chose (14175 J. N.). Il ne faut pas se méprendre sur les motifs du jugement. Ce qui justifie la perception du droit de quittance, c'est l'absence de toute intention de la part du créancier de gratifier son débiteur. Le tribunal s'exprime donc inexactement en disant que bien que la remise de dette soit au fond une libéralité, cela n'empêche pas que ce ne soit, dans la vérité, un acte de libération et pas autre chose. C'est dans la pensée contraire qu'est la vérité.

Toujours dans le même ordre d'idées, l'Administration a décidé, par une solution du 21 décembre 1871, que l'acte par lequel deux crédi-rentiers réduisent à 750 francs une rente viagère de 1,000 francs constituée moyennant le payement d'une somme de 10,000 francs, remboursable au gré du débirentier à une époque déterminée, et qui ne devait être réduite à 750 francs qu'au décès de l'un des crédi-rentiers, est passible du droit de 50 centimes pour 100, et non du droit de donation. Cet acte n'est pas qualifié de donation, et il semble douteux que les crédi-rentiers aient eu l'intention de faire une libéralité. Ils ont sans doute voulu indemniser le débirentier de la prolongation du service résultant de leur longévité, et s'éviter les embarras qui auraient pu résulter pour eux du rachat de la rente.

Décidé encore qu'il y a simple droit de quittance exigible sur la déclaration de remise faite par le créancier, en l'absence du débiteur, sans expression de motifs (Sol. 22 nov. 1865).

4. CHARGE DE DONATION. — Lorsqu'un donateur réduit, comme trop onéreuse, la charge d'une rente viagère qu'il avait imposée au donataire, le droit de quittance est exigible sur le capital de la réduction (15070-1 J. E.). — Ce principe a été maintes fois appliqué dans des cas analogues.

5. COMPTE DE TUTELLE. — Le tribunal de Bourges, en rendant une décision semblable, a fondé son jugement sur les mêmes motifs que celui de Châlon-sur-Saône (§ 3 ci-dessus), dans une espèce où un tuteur, créancier d'un reliquat de compte de tutelle, avait fait remise de cette dette à son pupille (10 avr. 1848, 13546 J. N.).

6. TRANSPORT. — Il y a acceptilation, et par conséquent ouverture au droit de 50 cent. pour 100, lorsqu'un ancien colon de Saint-Domingue, qui a cédé à son créancier tous ses droits dans l'indemnité accordée par la loi du 30 avril 1826, obtient de ce créancier la remise de toutes les sommes qu'il lui restera devoir après le payement de cette indemnité qui lui été transportée (Dél. 1er sept. 1829, 9450 J. E.).

7. LIQUIDATION. — C'est encore le droit de quittance et non celui de donation qui est exigible sur l'acte par lequel une mère fait remise à ses enfants mineurs d'une somme qu'ils lui devaient en vertu d'une liquidation précédente. Comme la donation ne se présume pas et que d'ailleurs les enfants n'étaient pas légalement représentés à l'acte, on doit admettre que l'intention de la mère a été de faire une simple remise de dette (Sol. 3 déc. 1861, 1618 R. P., 12282 C., 17626 J. N.)

8. MARCHÉ. — Lorsqu'un marché a été conclu pour l'éclairage d'une ville pour un temps déterminé, moyennant un prix fixé par heure et par bec de gaz, et que, avant l'expiration du marché, ce prix se trouve réduit par un nouveau marché, il y a remise de dette à raison de la somme que la ville se trouve dispensée de payer pour le temps restant à courir d'après les bases du nouveau marché, et le droit de quittance est exigible sur cette somme (Lille, 22 juin 1850, 14994-3 J. E.). — *V.* 245.

9. OFFICE. — La réduction du prix d'un office consentie en raison de la rémunération que le cédant devait au cessionnaire pour sa collaboration et de la diminution notable des produits de l'office pendant les deux dernières années qui ont précédé la cession, n'a pas le caractère d'une libéralité, mais d'une remise de dette passible de 50 pour 100 (17001-1 J. E.).

10. PAYEMENT ANTICIPÉ. — Il en est de même lorsque le donataire d'une somme de 20,000 francs, payable au décès du donateur, déclare ce dernier quitte et libéré au moyen du payement de 8,500 francs. Le droit de 50 cent. pour 100 est dû sur 20,000 francs. Le créancier ne donne rien, car il peut y avoir avantage pour lui dans ce payement anticipé (Sol. 13 av. 1830, 9601 J. E. — D. N., t. 5, p. 1196, n° 76; Champ. et Rig., n° 2276).

Si la donation était purement éventuelle, sa réalisation entre-vifs donnerait lieu au droit de donation. C'est un point que nous expliquerons au mot *Donation*, n° 6781.

11. PAYEMENT DE PARTIE DE LA CRÉANCE. — La remise par le créancier, qui reçoit la majeure partie de sa créance, du surplus de cette créance, ne donne ouverture qu'au droit de quittance (Oloron, 20 mai 1843, 13331-4 J. E.).

12. RENTE. — Une ancienne domestique à laquelle sa maîtresse avait constitué une rente viagère consent à la réduction de cette rente à raison de la modicité du capital qu'elle avait fourni et pour donner aux héritiers de la constituante des marques de sa reconnaissance. Ce n'est pas une libéralité. Il n'est pas, en effet, dans l'ordre des choses qu'une domestique fasse des donations à ses maîtres, et, loin de faire supposer l'intention de donner, la reconnaissance que témoigne la rentière prouve qu'elle se considère comme l'obligée (Sol. 17 janv. 1843; D. N. t. 10, p. 782, n° 91).

Le même caractère appartient à l'acte par lequel le créancier d'une rente viagère consent à la réduire à moitié pour obtenir le payement des arrérages échus et le service exact des arrérages futurs (Cass. 26 fév. 1870, 3088 R. P., 14548 C., 19863 J. N., 18839 J. E., 2739 *Revue*, S. 70. 1. 225, D. 70. 1. 417, P. 70. 549, I. G. 2402-3).

« Attendu, porte l'arrêt, que si la remise volontaire d'une dette peut constituer un acte de pure libéralité passible du droit proportionnel des donations entre-vifs, il en est autrement lorsque cette remise partielle a lieu par le créancier à titre de transaction, en vue de s'assurer le payement du surplus de sa créance, c'est-à-dire avec l'intention, non de gratifier le débiteur, mais de tirer de cette remise un avantage personnel; — Attendu que le jugement attaqué déclare, en fait, que tel a été le caractère de la réduction à moitié, par l'acte du 2 janvier 1862, de la rente viagère constituée antérieurement par les époux Lemesle au profit de la veuve Mahé; que le jugement attaqué relève plusieurs circonstances de fait qui donnent en effet à la convention des parties le caractère transactionnel; que c'est dès lors avec raison que le tribunal d'Angers en a tiré la conséquence que si cette convention pouvait être assujettie au droit propre aux actes opérant libération, elle n'était pas passible du droit proportionnel de donation entre-vifs. »

13. RÉTROCESSION. — Un acquéreur rétrocède à son vendeur l'immeuble acquis, moyennant un prix inférieur à celui de la vente; le vendeur fait remise de ce qui lui sera dû après déduction du prix de la cession: il n'est dû alors que le droit de quittance sur la somme dont le vendeur fait remise (7472 J. E.; D. N., t. 10, p. 782, n° 89; Dél. 17 mai 1825 et 11 oct. 1829).

Mais si l'immeuble avait été amélioré et si la valeur de l'immeuble était supérieure au prix de la rétrocession, il serait dû un droit proportionnel de mutation à titre onéreux sur l'excédant de valeur dont profite l'ancien propriétaire (Sol. 22 mai 1863).

14. TITRE ÉGARÉ. — L'acte par lequel le créancier déclare qu'ayant perdu le titre de sa créance sur une personne décédée, il abandonne purement et simplement cette créance eu égard au peu de fortune des héritiers, donne ouverture au droit de quittance (Dél. 16 mars 1835, 11187-4 J. E.; 16806-4 J. E.).

15. VENTE. — Si le vendeur d'une propriété reconnaît que l'acheteur avait payé trop cher et déclare, en considération de la position malheureuse de ce dernier, lui faire remise d'une partie du prix, le droit de quittance est seul exigible (Sol. 27 déc. 1842; D. N., t. 10, p. 782, n° 90).

CHAPITRE IV. — DROIT FIXE

[244-249]

244. Quotité du droit. — Mais pour qu'il y ait remise de dette passible du droit de donation ou de celui de quittance, il faut que l'obligation ait une existence juridique. Si le débiteur ne pouvait être légalement contraint au payement; si, comme le disent Champ. et Rigaud, n° 2278, le payement de l'obligation ne peut *être exigé en justice*, il n'y aura ni libéralité ni libération, et alors le seul droit exigible sera le droit fixe de 3 francs.

1. COMPTE DE TUTELLE. — C'est sur ces considérations que repose un jugement du tribunal de Vervins, du 1er février 1830. Il s'agissait d'un compte de tutelle dans lequel le tuteur se trouvait avoir dépensé pour ses pupilles au delà de leur revenu, sans y avoir été autorisé par le conseil de famille, et déclarait les dispenser de lui faire le payement de l'excédant. Le tribunal a jugé qu'il n'y avait ni libération, ni donation, parce que le tuteur n'avait pas d'action contre les mineurs, et qu'en conséquence la clause n'était passible que du droit fixe. Ce jugement a été exécuté le 19 mars 1830 (Champ. et Rig., n° 2278.; D. N., t. 10, p. 782, n° 94).

Dans un acte d'arrêté de compte de tutelle, les ayants-compte avaient déclaré faire remise pure et simple, par des motifs particuliers, à leur ancien tuteur, de partie d'un reliquat, et lui avaient donné décharge entière de son compte; on a pensé que le droit de décharge était le seul exigible (13966 J. N.).

Même décision lorsque le père renonce à demander les frais d'éducation. Le plus impérieux de ses devoirs de père de famille étant, en effet, de faire élever ses enfants, il n'y a eu là que l'accomplissement d'une obligation naturelle (Sol. 19 juill. 1866).

Enfin, par deux solutions des 25 mars 1865 et 3 décembre 1867, l'Administration a déclaré qu'il n'y avait ni obligation ni libération dans la remise du reliquat de compte faite par le tuteur, lorsque ce reliquat est peu important et que le tuteur a eu en vue non pas précisément de gratifier ses pupilles, mais de mettre fin à son administration d'une manière bienveillante.

2. DETTE CONTRAIRE A LA LOI ET AUX BONNES MŒURS. — La remise d'une dette de cette nature ne peut en aucun cas opérer d'autre droit que le droit fixe, car il ne peut y avoir extinction d'une obligation qui, légalement, n'a jamais existé.

3. INTÉRÊTS. — Par application du même principe, on doit décider que la renonciation à demander des intérêts, *lorsqu'ils n'ont pas été stipulés*, ne peut engendrer ni libéralité, ni libération (Champ. et Rig., n° 2279).

On l'a décidé ainsi pour la renonciation à demander des intérêts qui courent de plein droit au sujet d'une créance dont le délai est prorogé (Sol. 6 oct. 1858 et 28 juin 1862).

Décidé de même que, quand le tiers qui a payé une dette en se faisant subroger consent à ce que cette créance nouvelle ne produise pas d'intérêts, il ne renonce pas à un droit acquis, parce que la première créance est éteinte et est remplacée par une créance nouvelle. Il y a donc simplement stipulation d'une dette non productive d'intérêts, et aucun droit de quittance ou de donation n'est exigible (Sol. 26 sept. 1872).

Mais le droit proportionnel serait dû si le créancier consentait à faire remise des intérêts stipulés à son profit dans un acte d'obligation. Lors même qu'il s'agirait d'intérêts à échoir, leur exigibilité n'en résulte pas moins d'un droit acquis au créancier, et la renonciation à ce droit opère un déplacement de valeur sujet à l'impôt. C'est ce qui sera plus amplement développé au mot *Intérêts*, n° 10071.

4. RENTE VIAGÈRE. — B... lègue à sa femme une rente viagère de 1,200 francs, à condition qu'elle ne se remariera pas. La veuve convient, avec les héritiers du mari, que cette rente sera réduite à 1,000 francs si elle reste veuve, et à 500 francs si elle se remarie. L'acte n'opère qu'un droit fixe. En effet, dans les termes du testament, la veuve n'aurait point eu de rente si elle se fût remariée. On convient aujourd'hui qu'elle ne recevra plus que 1,000 francs dans son état de veuvage, et, en considération de l'abandon qu'elle fait du surplus, qu'elle pouvait retenir, on s'engage à lui continuer une rente de 500 francs si elle contracte un nouveau mariage. Il y a convention aléatoire et non remise de dette (9343 J. E.).

5. REPRISES. — INVENTAIRE. — Si la veuve déclare dans l'inventaire n'avoir aucune réclamation à faire pour ses reprises, cette déclaration ne présente pas les caractères d'une acceptilation, alors surtout que la veuve n'intervient pas comme créancière de ses reprises, mais en qualité de détentrice des meubles (Sol. 7 août 1860).

6. EMPRUNT. — USUFRUITIER. — Un emprunt, amortissable par annuités, fait dans le but d'améliorer une propriété dont la nue propriété et l'usufruit reposent sur deux têtes, doit être supporté par l'usufruitier qui, en échange des annuités qu'il aura à payer, bénéficiera de l'augmentation des revenus. Donc l'acte par lequel l'usufruitier déclare renoncer à tout recours contre le nu-propriétaire ne peut être considéré comme impliquant une libéralité au nu-propriétaire (Sol. 25 av. 1866).

245. — Transaction. D'après un arrêt de la Cour de cassation du 22 juin 1870, la remise de dette passible du droit de quittance suppose l'abandon pur et simple et sans aucune compensation par le créancier de ses droits, et le maintien en principe de la situation des parties, le chiffre de la dette seul étant diminué (3179 R. P., 14609 C., S. 70. 1. 406, D. 70. 1. 399, P. 70-1043, *Bull. civ.* 126).

« Attendu, porte l'arrêt, que le traité du 21 février 1866, en modifiant la convention primitive, constituait sur le point qui en est l'objet une convention spéciale dans laquelle les engagements réciproques des parties étaient respectivement la cause des obligations par elles prises; que, d'autre part, la rétrocession ou la réalisation du bail suppose une cession de jouissance consentie par preneur primitif, soit au profit d'un tiers, soit au profit du bailleur lui-même, qui rentre en possession de la chose louée, tandis que, en fait, le traité dont il s'agit a laissé l'objet de la concession originaire entier et intact entre les mains de la Compagnie lyonnaise, la ville de Lyon n'ayant repris, par l'effet du traité, aucune portion du privilége cédé, soit pour en jouir elle-même, soit pour le céder à un tiers; — Attendu que le traité de 1866, précisé dans son objet et dans sa cause, se résume en une diminution de la redevance primitivement convenue, diminution consentie corrélativement à l'obligation prise par la Compagnie lyonnaise d'abaisser le tarif des places d'omnibus et de renoncer à certaines réclamations élevées déjà ou à élever à raison de l'augmentation des droits d'octroi sur les avoines et les fourrages postérieurement à la convention primitive; que, dans ces termes, il a été, au même titre que celui de 1857, un acte modificatif ou complémentaire d'une convention antérieure, et que, comme ce dernier, il était passible non pas d'un droit proportionnel comme remise de dette ou comme rétrocession ou résiliation de bail, mais simplement du droit fixe, aux termes des art. 68, § 1er, nos 6 de la loi du 22 frimaire an 7, et 8 de la loi du 18 mai 1850. »

Il résulterait de là que quand un créancier obtient une compensation quelconque en échange de sa renonciation et que la situation des parties se trouve modifiée, il n'y a plus remise de dette ni exigibilité du droit de quittance. Par application de ce principe, l'arrêt du 22 juin 1870 a décidé que si une ville, après avoir concédé un monopole à des entrepreneurs moyennant une redevance annuelle, consent à réduire le taux de cette redevance sans d'ailleurs modifier l'étendue de la concession, mais en imposant aux entrepreneurs l'obligation d'abaisser leur tarif et de renoncer à certaines réclamations, la convention n'est ni une remise de dette ni une résiliation partielle de bail; elle a le caractère d'un acte de complément passible du droit fixe (*Conf.* Bourg, 11 juin 1872, 3501 R. P.).

Cette appréciation ne nous a pas paru justifiée.

Le créancier, en effet, ne se décide jamais à remettre à un débiteur une partie de sa dette sans y être déterminé par des considérations d'intérêt personnel; le plus souvent c'est un moyen de s'assurer le payement du surplus, et peut-être aussi pour éviter des difficultés ou un procès sur la validité ou l'exécution du titre. De ce qu'il a stipulé, comme condition de la remise, que le débiteur renoncera de son côté à certains droits, il n'en saurait résulter que le créancier ne fait pas une acceptilation. Seulement cette remise de dette a un caractère plus ou moins transactionnel, et il se peut que la disposition dominante de la convention se trouve dans l'engagement corrélatif du débiteur. En tous cas, un pareil acte ne saurait, comme l'a pensé la Cour, échapper au droit proportionnel. Ainsi que nous l'avons fait remarquer en rapportant l'arrêt du 22 juin 1870, au nº 3179 du R. P., si la Cour avait admis, en fait, que la Compagnie concessionnaire s'était trouvée privée par les agissements de la ville d'une partie de son monopole, on concevrait que la réduction de la redevance ait pu paraître le complément pur et simple du contrat primitif. Mais nous ne comprenons pas la conclusion de la Cour du moment qu'elle admet que l'objet tout entier de la concession demeure aux mains de la Compagnie. En renonçant, dans ces conditions, à une partie de sa créance, la ville fait un acte essentiellement volontaire, et l'on cherche vainement le motif pour lequel cette remise de dette serait affranchie du droit proportionnel.

Il est nombre d'autres cas où les transactions donnent lieu au droit de quittance. Cette matière sera traitée dans un chapitre particulier, vº *Transaction*, nºs 17371 et suiv.

246. Réduction d'une libéralité excédant la quotité disponible. — On a vu, au nº 240-5, le tribunal de Marseille, juger, le 11 avril 1851, que le droit de donation est exigible sur une réduction de legs excédant la quotité disponible, motivée sur ce que l'héritier n'avait fait cette remise que par égard pour la position de sa belle-mère et par respect pour les dernières volontés de son père.

Mais on ne saurait voir une libéralité dans le consentement à réduction donné par le bénéficiaire d'une libéralité qui excède la quotité disponible (Sol. 4 oct. 1850). Ici, en effet, le prétendu donataire doit être considéré comme ne donnant qu'un consentement forcé, ce qui exclut naturellement toute idée de libéralité.

247. Legs verbal. — Il a été décidé que si l'héritier reconnaît que le défunt a entendu léguer à son débiteur sa libération d'une dette plus considérable que celle qui est énoncée dans le testament et si ce legs verbal paraît certain, il n'y a pas de donation de la part de l'héritier, l'acte ne renferme qu'une acceptilation passible du droit de quittance (Sol. 3 avr. 1856). Cette solution est exacte en ce qu'elle repousse l'exigibilité du droit de donation. Elle est erronée au sujet du droit de quittance. Puisqu'il est admis qu'il s'agit d'un legs verbal, c'est le droit de mutation par décès et le droit de délivrance de legs qui sont exigibles. La libération s'opérant par confusion et comme conséquence de la transmission qui a payé le droit, est exempte de tout impôt proportionnel.

248. Prix de vente remis. — La Cour suprême, par un arrêt rendu entre particuliers, le 15 novembre 1827 (9054 J. E.), ayant décidé qu'une vente est valable comme vente, quoique le vendeur y fasse remise du prix à l'acquéreur, on a voulu faire de cet arrêt un arrêt de principe. On a soutenu (9124 J. E.) que le droit de donation n'est pas exigible lorsque le vendeur fait simplement remise et non *donation expresse* du prix à l'acquéreur. Tout en reconnaissant que cette remise est une donation tacite, on argumente, pour soutenir cette thèse, de ce que la loi fiscale ne tarife nommément que les donations entre-vifs, c'est-à-dire celles qui sont faites et acceptées en la forme prescrite et avec les solennités requises. Sans doute, en droit civil, les donations entre-vifs ont besoin, pour être valables, de certaines formes. Mais ce n'est pas la forme qui doit appeler l'attention de l'employé chargé d'appliquer l'impôt, c'est l'intention des parties, car un défaut de forme peut bien vicier un contrat, mais il n'est pas un obstacle à ce que la convention soit exécutée, et c'est cette exécution que l'impôt doit atteindre. Nous avons dit qu'aucune forme n'est prescrite, aucune solennité n'est requise pour la remise d'une dette; aussi voit-on la jurisprudence faire l'application du droit de donation en l'absence de toute forme. Par conséquent, s'il est vrai qu'il peut se présenter telle circonstance où la remise du prix de la vente n'ait aucun caractère de libéralité, l'employé ne doit néanmoins jamais se dépouiller de son droit d'appréciation, afin de percevoir le droit de donation toutes les fois que le vendeur, en remettant purement et simplement le prix, aura eu réellement l'intention de faire un acte de libéralité. C'est, au reste, ce qu'établit Dalloz, n° 3773, et c'est l'application du principe que nous avons posé au n° 239.

249. Disposition dépendante.— Quittance de prix de vente. — Il est incontestable d'ailleurs que si l'on reconnaît qu'il y a eu, non pas donation mais simple remise du prix, cette remise ne sera passible d'aucun droit. La remise de dette, en effet, ne peut rendre exigible que le droit de donation ou celui de quittance; or, si le premier n'est pas perçu dans l'espèce, le second ne peut être exigé, car, aux termes de l'art. 10 L. 22 frimaire an 7, la quittance du prix contenue dans l'acte de vente même ne donne ouverture à aucun droit.

1. CESSION DE BIENS. — De même encore, la remise au débiteur par des créanciers de la totalité de leurs créances ne donne pas ouverture au droit de quittance. — V. *Abandonnement*, n° 22.

ACCESSION.

250. Accession. — L'accession est la manière d'acquérir la propriété de certaines choses qui s'unissent à celles dont on était déjà propriétaire.

251. De l'accession en général. — C'est par le droit d'accession que l'on devient propriétaire de tout ce qui s'unit ou s'incorpore, soit naturellement, soit artificiellement, à l'immeuble que l'on a. L'effet de l'accession n'est pas borné à la propriété seule; car la chose adjointe, perdant son individualité et se confondant avec l'objet auquel elle s'incorpore, suit nécessairement sa condition : l'accession en général profite donc à l'usufruitier. L'art. 546 C. C. admet aussi le droit d'accession pour ce qui est produit par la chose. L'art. 547 déclare positivement que les fruits appartiennent au propriétaire par droit d'accession.

252. Immeubles. — Le droit d'accession par rapport aux immeubles est relatif : 1° aux alluvions et atterrissements; 2° aux îles qui se forment dans les fleuves ou rivières; 3° aux constructions et plantations; 4° aux travaux faits dans les mines; 5° à certaines espèces d'animaux dont parle l'art. 564 C. C.

253. Meubles. — Dans le droit français, l'accession ne se présente que rarement par rapport aux meubles, à cause du principe posé par l'art. 2279 C. C. : *En fait de meubles, la possession vaut titre.*

ACCESSOIRE.

254. Accessoire. — Ce qui accompagne une chose principale, s'y joint, s'y incorpore. En matière de perception, le droit ne porte jamais que sur l'objet principal de la convention. L'accessoire en est dispensé. — V. *Acte contenant plusieurs dispositions*, n° 541 et suiv.

ACCROISSEMENT.

DIVISION

255. Le mot accroissement a plusieurs acceptions. — On l'emploie pour désigner un mode d'acquérir la propriété par alluvion. En matière forestière, il s'entend de l'augmentation que reçoit une forêt par suite de l'extension sur le terrain voisin des racines de ses arbres ou de la chute des semences, qui produisent de jeunes plants.

Enfin, l'*accroissement* est le droit de prendre dans une succession ou dans un legs, une part à laquelle on est appelé, mais qu'on n'aurait pas eue si tous les cointéressés étaient venus recueillir. Il se fonde sur ce principe que tous les légataires conjoints sont appelés par le testateur à recevoir la totalité de la chose et que si chacun d'eux n'en profite pas intégralement dès aujourd'hui, c'est parce qu'il rencontre devant lui des colégataires ayant une vocation égale à l'objet de la disposition. En d'autres termes, chaque légataire reçoit bien en réalité du testateur le droit à la totalité de l'objet; c'est seulement l'exercice de ce droit qui demeure suspendu. Aussi, quand l'un des conjoints vient à décéder sans avoir recueilli sa portion dans le legs, les autres sont censés reprendre la jouissance de leur propre chose. Comme le disait très-judicieusement Cujas, l'accroissement est établi non pas pour que le légataire ait plus, *ut plus habeat*, mais bien pour qu'il n'ait pas moins, *ne minus habeat*. C'est plutôt en réalité un non-décroissement, et il est, en effet, qualifié de cette façon dans plusieurs arrêts de la Cour suprême (V. notam. Cass., 1er juill. 1841, S. 41-1-851).

C'est à ce dernier point de vue seulement que nous allons l'envisager.

1. DEUX SORTES D'ACCROISSEMENT. — On voit par

la définition ci-dessus qu'il y a deux sortes d'accroissement : l'une, en matière de succession naturelle, est régie par l'art. 786 C. C.; l'autre, en matière de succession testamentaire, est renfermée dans les art. 1044 et 1045 du même Code.

SECTION PREMIÈRE. — SUCCESSION NATURELLE [256-259 *bis*]

256. La part du renonçant accroît à ses cohéritiers. — Aux termes de l'art. 786 C. C., « la part du renonçant accroît à ses cohéritiers ; s'il est seul, elle est dévolue au degré subséquent... Cette disposition n'est que la conséquence de l'art. 785, aux termes duquel « l'héritier qui renonce est censé n'avoir jamais été héritier. »

Du moment que l'héritier qui renonce est censé n'avoir jamais été héritier, il est par rapport à la succession comme s'il n'eût jamais existé ; et dès lors ceux qui viennent à son défaut sont censés avoir été saisis dès l'ouverture de la succession.

257. Mode d'accroissement. — En matière de succession *ab intestat*, le droit d'accroissement s'exerce suivant les règles générales des successions, c'est-à-dire que les parties prenantes sont appelées à y participer, ou par tête, ou par souche, ou par ligne, suivant que la succession est partagée de l'une ou de l'autre de ces manières.

1. DESCENDANTS. — Ainsi, en succession descendante, un père de famille laisse trois enfants au premier degré; si l'un d'eux refuse ou se trouve incapable de recueillir la succession naturelle avec les autres, sa portion accroîtra à la masse générale et profitera à tous ses frères et sœurs, parce que tous sont appelés par tête au partage de la succession du père (Chabot, *Des Successions*, dans l'art. 786 n° 2). — Mais si les descendants du père de famille ne sont pas tous ses enfants au premier degré, s'il a laissé des enfants et des petits-enfants, issus d'enfants prédécédés, le droit d'accroissement s'exercera entre eux par souche et non par tête (Colmar, 31 juill., 1818 3207, J. N.).

2. ASCENDANTS. — S'il s'agit d'une succession échue à des ascendants, la part de celui qui renonce accroît à ceux de ses cohéritiers qui sont de la même ligne que lui, *paternelle ou maternelle*, mais elle n'accroît point aux cohéritiers d'une autre ligne, parce que l'art. 733 veut que toute succession échue à des ascendants se divise en deux parts égales, l'une pour les parents de la ligne paternelle, l'autre pour les parents de la ligne maternelle, et qu'il ne se fait de dévolution d'une ligne à l'autre que lorsqu'il ne se trouve aucun ascendant ou collatéral de l'une des deux lignes. Ainsi, par exemple, lorsque le défunt a laissé un aïeul et une aïeule dans chacune des deux lignes, si l'aïeul paternel renonce à la succession, sa part accroît exclusivement à l'aïeule de la même ligne, qui prend la moitié des biens. Elle n'accroît point à l'aïeul et à l'aïeule maternels, ceux-ci n'étant pas cohéritiers du renonçant dans la même ligne (Chabot, *loc. cit.*, n° 4).

3. COLLATÉRAUX. — La même règle doit être suivie lorsqu'il s'agit d'une succession échue à des frères et sœurs du défunt issus de mariages différents. Dans ce cas, la portion du renonçant accroît aux cohéritiers de la même ligne, s'il y en a. Si le renonçant n'a pas d'héritiers dans sa ligne, sa part accroît aux héritiers de l'autre ligne. La raison en est que la division entre la ligne maternelle ne peut pas être opposée aux frères et sœurs du défunt par d'autres parents en ligne ascendante ou collatérale (Chabot, *loc. cit.*, n° 4).

258. Représentation. — En pareil cas il n'y a pas lieu à représentation, aux termes de l'art. 787 C. C. ainsi conçu : « On ne vient jamais par représentation d'un héritier qui a renoncé ; si le renonçant est seul héritier de son degré, ou si tous ses cohéritiers renoncent, les enfants viennent de leur chef et succèdent par tête. »

Cet article, dit Marcadé, t. 3, n° 228, était complétement inutile en présence de l'art. 744 qui déclare qu'on ne représente pas les personnes vivantes lors de l'ouverture de la succession. Ainsi, par la renonciation du successible, de nouveaux droits sont ouverts au profit de ceux qui concourent avec lu ou qui viendraient immédiatement après lui dans le tableau généalogique de la famille.

1. RENVOI. — C'est au mot *Succession* que nous nous réservons de traiter plus spécialement de l'accroissement en matière de succession naturelle.

259. Enfant naturel. — Les enfants naturels n'étant point héritiers, la renonciation des héritiers avec lesquels ils sont en concours ne peut opérer d'accroissement à leur profit. C'est ce qui a été reconnu dans une espèce où, un légataire universel ayant été institué, l'héritier réservataire avait renoncé à la succession. Il a été décidé que la part du renonçant accroissait au légataire universel : 1° à l'exclusion des autres héritiers du sang non réservataires et exclus par lui de la succession; 2° à celle de l'enfant naturel qui avait recueilli une part de la succession (Sol. 24 mars 1835, I. G. 1490 § 6).

259 *bis*. Biens de communauté. — L'accroissement en fait de communauté n'a pas lieu entre les héritiers de la femme sur sa part de la communauté : ainsi, la part de celui qui renonce n'accroît pas à celui qui l'a acceptée, mais bien au mari (art. 1475 C. C.) En supposant donc que la femme ait laissé quatre héritiers, dont un a accepté la communauté et les trois autres y ont renoncé, ceux-ci ne doivent comprendre dans leur déclaration que les trois quarts de la succession proprement dite, ou des propres de la femme ; et celui qui a accepté doit déclarer l'autre quart, plus un quart des biens qui composaient la communauté (2392 J. E.).

Quant à l'accroissement, *non decrescendo*, qui a lieu en faveur du mari ou de ses représentants, par la renonciation de la veuve ou de ses héritiers à la communauté, il ne donne ouverture à aucun droit d'enregistrement, parce qu'il ne produit pas une véritable mutation, le mari étant censé avoir été toujours propriétaire de la totalité (2375 J. E.). — On le décidait déjà ainsi pour les droits seigneuriaux et le centième denier. (Décis. du Conseil du 5 fév. 1729), et Merlin fait observer que la même doctrine est applicable aux droits d'enregistrement (R., V. *Accroissement.*)

SECTION 2. — SUCCESSION TESTAMENTAIRE [260-264 *bis*]

260. L'accroissement est le fait de la volonté du testateur. — En principe, lorsqu'un legs est devenu caduc, la caducité profite aux héritiers *ab intestat*, s'il n'y a pas de légataire universel. S'il y a un légataire universel, c'est à lui que revient le bénéfice de la caducité, car il est mis par la volonté du testateur à la place de ceux qui, par la volonté de la loi, sont appelés aux biens disponibles.

Mais le testateur peut faire fléchir ce principe, et cela arrive lorsque, soit *explicitement*, soit *implicitement*, il ordonne, par une volonté spéciale, que la caducité tournera, non pas au profit des héritiers légitimes ou du légataire universel, mais au profit de colégataires particuliers. C'est ce droit exceptionnel que l'on appelle plus spécialement le droit d'accroissement.

1. VOLONTÉ FORMELLEMENT EXPRIMÉE. — Donc, c'est l'intention du testateur qu'il importe de connaître pour savoir si la caducité du legs fait à tel légataire produit ou non l'accroissement pour son colégataire. Cette intention ne peut être douteuse et doit être suivie, quelle qu'elle soit, quand elle a été formellement exprimée dans le testament.

2. VOLONTÉ INSUFFISAMMENT EXPRIMÉE. — Mais, les testateurs ayant rarement le soin de formuler catégoriquement leur pensée, c'est ici que la difficulté vient, le Code, ainsi que nous le verrons au n° 263, n'ayant pu formuler que des présomptions. Pour savoir s'il y a lieu à accroissement même au profit d'un successeur, il faut regarder si ce successeur était appelé *ad totum.*

Pour le successeur *ab intestat*, il n'y a jamais de doute, puisqu'un héritier a toujours vocation à l'entière succession, *Nemo pro parte hæres*; en sorte que l'accroissement a toujours lieu par la défaillance du cohéritier. — *V.* 438.

Mais il en est autrement du successeur testamentaire, du légataire, soit universel, soit à titre universel, soit particulier, car il n'a pas d'autre droit que celui que le testateur a entendu lui conférer; or, le testateur, en appelant, soit à tous ses biens, soit à ses immeubles, soit à tel bien particulier, deux ou trois légataires, a pu vouloir attribuer à chacun un droit à toute la chose, comme il a pu vouloir aussi ne donner à chacun d'eux qu'un droit à une fraction de cette chose.

261. Legs conjoints. — C'est cette volonté du testateur que le législateur a consacrée par cette première disposition de l'art. 1044 C. C.: « Il y a aussi lieu à accroissement au profit des légataires dans le cas où le legs sera fait à plusieurs *conjointement.* »

Le Code détermine ensuite les cas où la conjonction existe.

« Le legs, dit l'art. 1044, sera réputé fait conjointement, lorsqu'il le sera par une seule et même disposition, et que le testateur n'aura pas assigné la part de chacun des colégataires dans la chose léguée.

« Il sera encore réputé fait conjointement, ajoute l'art. 1045, quand une chose qui n'est pas susceptible d'être divisée sans détérioration aura été donnée par le même acte à plusieurs personnes, même séparément. »

Ainsi, pour qu'il y ait lieu à accroissement, dans les termes des art. 1044 et 1045 C. C., une condition essentielle est requise: il faut avant tout que la disposition testamentaire ou l'institution contractuelle soit *conjointe*, c'est-à-dire faite au profit de plusieurs institués appelés au même titre pour se partager entre eux l'objet légué, sans qu'il y ait en faveur de chacun d'eux *assignation de part.* — *V.* 265.

1. OBJETS LÉGUÉS POUR ÊTRE PARTAGÉS. — Lorsqu'un testament contient, par une seule disposition conjonctive, un legs au profit de plusieurs légataires, et dispose en outre que les objets légués leur seront remis par son exécuteur testamentaire pour qu'ils les partagent entre eux, on ne doit pas voir dans cette dernière clause une assignation de part à chacun des légataires. Dès lors, et en cas de prédécès de l'un d'eux, il y a lieu à accroissement au profit de l'autre (C. Aix, 14 déc. 1832; Cass., 22 mai 1828; Bordeaux, 28 juin 1831 ; Cass., 18 déc. 1832, et Bordeaux, 7 janv. 1841. *V.* P. à leurs dates ; — Cass. 27 mars 1876, 4472 R. P.).

2. QUANTITÉS ET CORPS CERTAINS. — Nul doute que l'accroissement ait lieu quand il s'agit d'un legs fait en ces termes : « Je lègue ma maison à Pierre et Paul, » car il y a ici identité d'objet et solidarité de vocation. Cette règle s'applique aux legs de quantités comme aux legs de corps certains, par exemple, au legs d'une somme de 10,000 francs fait à Pierre et à Paul (Douai, 6 août 1846, S. 48. 2. 252; Troplong, t. 4, n° 2190; Demolombe, t. 22, n° 369).

3. MODE DE PARTAGE INDIQUÉ. — On ne doit pas considérer comme une assignation de parts, s'opposant au droit d'accroissement, la disposition additionnelle au legs conjonctif par laquelle un testateur indique le mode de partage de la chose léguée entre les légataires. Tel est le cas où, après le legs conjonctif d'une portion de ses biens aux trois branches représentant ses trois sœurs, le testateur ajoute qu'il y aura partage égal, non par tête, mais par branche, et ordonne, en imposant des charges, qu'elles seront payées par les légataires, conjointement et solidairement (*V.* Cass. 18 déc. 1832, S. 33-1-36 ; Paris, 22 juin 1833, S. 33-1-184; Cass., 12 fév. 1862, S. 62. 1. 385; Toullier, 3. 692; Zachariæ, Aubry et Rau, t. 6, p. 293; Demolombe, t. 22, n° 374).

261 *bis.* **Indignité.** — La cour de Pau a jugé, le 17 août 1854 (423 R. P.), que lorsque le legs est réellement conjoint, et que l'un des légataires se trouve évincé pour indignité, il y a accroissement au profit du colégataire de l'indigne.

Cette solution est controversée en doctrine. Toullier, se fondant sur ce que le droit d'accroissement cesse aussitôt que la portion du colégataire est acquise par l'acceptation, enseigne, (t. 5, n° 698), que la déchéance prononcée contre un des légataires déclaré indigne, ne donne point ouverture au droit d'accroissement; car, jusqu'au jugement qui prononce cette déchéance, l'indigne était propriétaire. Sa portion, n'ayant donc jamais été caduque, comme celle d'un incapable, est déférée, après le jugement de déchéance, à ceux qui devaient en faire la délivrance, soit à l'héritier du sang, soit au légataire universel. Mais d'après Proudhon, le droit d'accroissement, qui avait cessé en apparence par l'acceptation de l'indigne, doit reprendre toute sa force, par suite du jugement qui prononce la déchéance encourue par le coupable d'indignité. Ce jugement a ainsi un effet rétroactif. « D'une part, dit-il, *De l'Usufruit*, n° 688, le droit d'accroissement fait partie du legs; ce droit est acquis comme le surplus de la libéralité au colégataire qui n'est pas indigne: toute la chose lui ayant été léguée, il la doit obtenir tout entière du moment que l'autre est déchu de ses droits, autrement on ne lui adjugerait pas tout ce qui lui est dû. D'autre part, le colégataire qui est déchu n'avait été nommé que sous la condition qu'il ne se rendrait pas coupable d'indignité; et du moment qu'il a manqué à cette condition, il a par là même anéanti sa vocation dès le principe, d'où il résulte qu'on ne doit plus voir dans son acceptation qu'une chose de fait, même un fait illégal qui ne peut rien changer au droit des parties intéressées. »

C'est aussi ce qu'enseigne Domat, *Lois civiles*, liv. 3, tit. 1er, sect. 9, n° 1, et c'est le sentiment qui a prévalu devant la cour de Pau.

262. Assignation de parts. — L'art. 1044 du Code civil, après avoir déclaré qu'il y aura lieu à accroissement au profit des légataires, dans le cas où le legs sera fait à plusieurs conjointement, ajoute : « Le legs sera réputé fait conjointement, lorsqu'il le sera par une seule et même disposition, et que le testateur n'aura pas assigné la part de chacun des colégataires dans la chose léguée. »

Cet article a soulevé bien des controverses qui se sont surtout concentrées sur la solution à donner à la question de savoir quand il y a une *assignation de parts*. On comprend, en effet, l'intérêt de la solution puisque, lorsqu'il y a assignation de parts, la conjonction se trouve exclue et, par suite, tout droit à accroissement. Trois systèmes sont en présence :

En premier lieu, Grenier, *Des Donations*, t. 1er, n° 350; Delvincourt, t. 2, p. 557 (édit. de 1819); Proudhon, *De l'Usufruit*, nos 704 et suiv., s'attachant à la rigueur des termes du testament, veulent qu'il y ait assignation de parts, dans le sens de la loi, c'est-à-dire exclusion du droit d'accroissement, toutes les fois que le testateur, dans le legs qu'il a fait d'une même chose, à plusieurs, a indiqué, d'une manière quelconque, dans la même clause ou dans une clause séparée, la portion revenant à chaque colégataire à la chose léguée. Ce système s'appuie sur diverses décisions, qui ont repoussé l'accroissement dans des espèces où il y avait attribution de part pour chacun des légataires (C. Turin, 23 août 1808 et 31 juill. 1828, S., 9. 2. 374; 29, 2, 16. — Cass., 18 mai 1825 et 19 janv. 1830, S., 26. 1. 10; 30. 1. 73).

D'après le second système, on ne doit pas voir une assignation de parts, mettant obstacle à l'accroissement, dans les énonciations dont le testateur se serait servi pour exprimer tout simplement les conséquences du partage à intervenir dans les termes du droit entre les légataires, sans avoir la pensée de fixer des parts déterminées. En d'autres termes, le legs tombe dans la succession, *ab intestat*, en cas de caducité, lorsque l'assignation de part a lieu comme *condition* du legs; il y a, au contraire, lieu à accroissement au profit des colégataires lorsque cette assignation n'est faite que dans la vue de *l'exécution* d'un partage que le concours de plusieurs légataires est destiné à provoquer (Merlin, R., V. *Accroissement*, n° 2 [add., p. 52]; Toullier, t. 5, nos 691 et suiv.; Duranton, t. 9, nos 502 et suiv.; Coin-Delisle, *sur l'art.* 1044, nos 6 et suiv.; Troplong, Donat, et Testam. nos 2174 et suiv.; Marcadé, *sur les art.* 1044 et 1045; Massé et Vergé, *sur Zachariæ*, t. 3, p. 304, n° 18; Cass. 19 oct. 1808, S., 9. 1. 31; 18 oct. 1809, S. 10. 1. 57; 14 mai 1815, S. 15. 1. 267; Aix, 14 déc. 1832, S. 33. 2. 103; Cass., 18 déc. 1832, S. 33. 1. 36; Paris, 25 mai 1833, S. 33. 2. 337; Cass. 22. fév. 1841, S. 41.1.536; Douai, 22 janv. 1856, Dev. 57. 2. 37; Cass., 9 mars 1857, S. 57. 1. 254; 873 R. P.; 11101 Cont.; Aix, 17 mars 1858, S. 59. 2. 223; Cass., 12 fév. 1862, Dev. 62. 1. 385).

Quant à la troisième opinion, elle ne constitue pas, à proprement parler, un système tranché, car elle découle, par une conséquence toute naturelle, du précédent système. Elle revient à dire que l'interprétation des intentions du testateur doit jouer le rôle véritablement essentiel dans notre matière. C'est ce qu'enseignent d'une manière tout à fait directe Marcadé, sur les art. 1044 et 1045; Devilleneuve, note sur un jugement du tribunal de Nevers (47. 2. 103); Troplong, *Donat. et Test.* n° 2177.

Telle est, en effet, la seule règle à suivre, à notre avis, car la signification assignée par les commentateurs du Code civil à telle ou telle formule testamentaire, perd toute sa force en présence de l'impérieuse nécessité où l'on se trouvera toujours de faire fléchir la règle posée *a priori*, devant l'intention de la personne qui aura parlé.

1. LEGS DIVISIBLE. — Mais il n'y a pas legs conjoint, et l'accroissement ne doit pas avoir lieu, lorsque le testateur lègue à deux personnes une somme de 3,000 francs à diviser entre elles par portions égales, attendu que, bien que le legs ait été fait par une seule disposition, il résulte évidemment de la clause du testament que le testateur n'a entendu donner à chaque légataire que la somme de 1,500 francs (C. Toulouse, 31 juill. 1828, 9568 J. E.). C'est ce qui a été reconnu notamment à propos de la disposition par laquelle le testateur avait déclaré léguer *par moitié* l'universalité de ses biens à deux personnes (Cass., 19 fév. 1861, S. 1861, 1. 421).

Quand les légataires sont unis par la conjonction purement réelle, par exemple : « Je lègue ma maison à Pierre, je lègue la même maison à Paul, » l'accroissement n'a pas lieu si la chose peut se diviser sans détérioration (Merlin, V. *Accroiss.* n° 2; Delvincourt, t. 2, p. 93; Duvergier sur Toullier, t. 3, n 688; Duranton, t. 9, n° 510; Poujol, art. 1045, n° 9; Coin-Delisle, art. 1045, n° 11; Troplong, t. 4, n° 2171; Aubry et Rau, t. 6, p. 205; Demolombe, t. 22, n° 377).

2. LEGS INDIVISIBLE. — Mais, dans ce dernier cas, l'accroissement a lieu si la chose ne peut se diviser sans détérioration (mêmes auteurs).

263. Légataires universels. — Une distinction importante est à établir entre l'accroissement qui a lieu dans les dispositions universelles et celui qui a lieu dans les legs particuliers.

Les légataires universels ne sont pas assujettis aux conditions rigoureuses des conjonctions posées dans les art. 1044 et 1045. Pour eux l'accroissement s'opère en vertu de l'universalité du titre qui absorbe tout, par cela seul qu'il est universel (Cass., 19 oct. 1808 et 14 mars 1815, S. 1. 890, et 4-1-27; Cass., 12 fév. 1862, D. 62-1-244, S. 2-1-385).

1. HÉRITIER RÉSERVATAIRE. — Un légataire universel institué pour le surplus des biens après attribution, *par legs*, du quart de la succession revenant à un héritier réservataire, profite, à l'exclusion des héritiers légitimes et comme légataire universel, de la caducité de ce legs occasionnée par le décès de l'héritier réservataire (Cass. 11 avr. 1838, 10005 J. N.).

2. FRÈRES ET SŒURS. — Le legs universel fait à des frères et sœurs conjointement, à charge de payer tous les legs, donne lieu à l'accroissement au profit du survivant, lors même que le prédécédé aurait laissé des enfants (C. Agen, 27 nov. 1850, 8385 Fess. — Cass. 13 nov. 1855, 535 R. P.)

Il n'y a pas assignation de parts, et dès lors il y a lieu à accroissement, lorsque le testateur, par une seule et même disposition, a institué deux sœurs ses héritières générales et universelles pour recueillir sa succession intégrale après son décès (Pau, 18 déc. 1834; Cass. 22 mai 1828 et les renvois; Bordeaux, 28 juin 1831 et 7 janv. 1841. — V. P., à leurs dates).

3. DÉTERMINATION DE PARTS. — Au cas d'un legs universel fait conjointement à plusieurs personnes, il y a lieu à accroissement, alors même que par une disposition distincte, le testateur détermine la part que chaque légataire prendra dans sa succession : cette attribution de parts, qui a pour objet l'exécution de l'institution, n'en change pas le caractère qui est de comprendre l'universalité des biens du testateur (Cass. 22 fév. 1841, S. 41. 1. 536; Bordeaux, 27 fév. 1844, S. 44. 2. 331; Cass., 12 fév. 1862, S. 62. 1. 385).

Il y a également lieu à l'accroissement lorsqu'un legs est ainsi conçu :

« J'institue pour mes légataires universels le sieur A. et la dame T.; je leur donne tous les biens que je délaisserai à mon décès, pour mesdits légataires en jouir et disposer en toute propriété, à partir de mon décès, à parts et portions égales. » Attendu que la loi n'a posé qu'un seul principe absolu relativement aux legs conjoints, celui de l'art. 1044, il y a lieu à accroissement dans le cas où le legs est fait conjointement. L'art. 1044 ajoute, il est vrai, que le legs sera réputé fait conjointement lorsqu'il le sera par une même disposition et que le testateur n'aura pas assigné la part de chacun des colégataires; mais pour juger s'il y a assignation de parts, il faut rechercher le sens des expressions, ce qui laisse une large part au pouvoir d'appréciation du tribunal (Cass. 9 mars 1857, S. 57. 1. 254, 873 R. P., 11101 C.).

264. Usufruit. — Le droit d'accroissement en matière d'usufruit est fondé sur les mêmes principes qu'en matière de propriété, c'est-à-dire sur la solidarité de la disposition faite à deux ou plusieurs personnes appelées conjointement. — *V.* 266 *infrà*.

264 *bis*. **Acceptation.** — L'accroissement est forcé, en ce sens qu'il n'est pas facultatif à l'héritier qui a une fois accepté le legs conjoint de répudier l'accroissement de part qui peut lui arriver par la renonciation de son colégataire. Ce n'est pas là un nouveau legs qui s'ouvre en sa faveur, c'est le legs auquel il se trouvait déjà appelé qui prend plus d'extension à son égard, par suite de la renonciation de son colégataire qui, par l'effet du principe de rétroactivité, se trouve censé n'avoir jamais été légataire (Marcadé sur l'art. 1045, n° 4).

Décidé dans ce sens, au cas de legs d'usufruit fait à deux époux pour en jouir leur vie durant jusqu'au décès du survivant, ce qui constitue un legs conjoint, que la renonciation des héritiers de l'un des usufruitiers, décédé peu de jours après le testateur, donne lieu à l'accroissement au profit du survivant des légataires, qui, ayant accepté le legs, ne peut renoncer à la part afférente à son conjoint prédécédé; il doit donc, malgré sa renonciation partielle, les droits de mutation par décès sur la totalité de l'usufruit légué (Pithiviers, 7 janv. 1869, 3505 R. P.).

SECTION 3. — DROITS DE MUTATION PAR DÉCÈS [265-276]

265. Principe. — Exemption de tout droit. — Le prédécès du légataire conjoint ne peut pas créer pour ses cointéressés un droit qu'il n'aurait pas eu primitivement; il opère à la façon d'une condition suspensive qui arrête la transmission jusqu'à l'époque où l'événement prévu lui rend tous ses effets. C'est pourquoi ce prédécès ne saurait motiver la perception d'aucun impôt proportionnel. D'une part, le colégataire ne reçoit alors rien qu'il ne possédât déjà et qui ne fût compris dans son titre. D'un autre côté, ce titre a payé intégralement le droit au décès, puisque l'objet entier de la disposition a été soumis à l'application du tarif. Tout au plus peut-on réclamer alors le supplément auquel donne lieu la différence des quotités, si le survivant est d'un degré plus éloigné que son colégataire défunt renonçant ou indigne.

La dispense du droit proportionnel, pour les faits qui réalisent l'accroissement, est admise en principe par l'Administration. « Dans ce cas, porte l'Inst. gén. du 18 mars 1831, n° 1354 § 6, les colégataires sont réciproquement saisis d'un droit actuel et irrévocable; l'accroissement qui a lieu plus tard par suite du décès de l'un des légataires au profit des autres s'effectue par la seule force de la loi, en vertu de l'art. 1045 du C. C., sans qu'il en résulte une nouvelle mutation au profit du survivant. »

266. Usufruit conjoint. — Beaucoup d'auteurs soutiennent que l'usufruit est un droit personnel que le légataire a pleinement recueilli lorsqu'il décède et qui ne saurait dès lors motiver un accroissement.

Cette opinion est vivement défendue par Merlin, R., v°.

Usuf., § 5, art. 1er; Grenier, t. 1er, n° 353; Favard, V. *Testament*, sect. 3, § 3, n° 5; Proudhon, n° 675; Toullier, t. 5, n° 699; Duranton, t. 4, n° 656; Delvincourt, t. 2, p. 93, note 8; Vazeille, art. 1044, n° 11; Bugnet sur Pothier, t. 8, p. 325; Favart, R., V. *Test.*, sect. 3, n° 5. — Zachariæ, édit. Aubry et Rau, t. 6, p. 220; Demolombe, t. 22, n° 389; Dalloz, V. *Dispos. entre-vifs*, n° 4440). La cour de Dijon l'a aussi décidé par un arrêt du 21 janvier 1845.

On ne saurait se dissimuler que l'objection est très-sérieuse. L'argumentation contraire nous touche néanmoins davantage. En effet, lorsque c'est la propriété qui a été léguée conjointement et que chacun des appelés a recueilli sa part, cette part est définitivement acquise à celui qui l'a reçue et à ses représentants; il ne peut être question ni d'accroissement au profit du colégataire, ni de retour au profit de l'héritier du testateur. Il n'en est pas de même de l'usufruit qui ne se transmet pas aux successeurs de l'usufruitier; ce sont donc d'autres règles qu'il faut appliquer. Or, si l'on recherche quelle est la disposition qui a établi l'usufruit, on reconnaît que chacun des appelés avait, dès le principe, droit à la totalité de l'usufruit. Pourquoi donc n'en a-t-il eu qu'une partie? Parce qu'en face de lui se trouvait un concurrent dont le droit était égal au sien et avec lequel il a dû partager. Mais dès que, par le décès de ce concurrent, l'obstacle qui s'opposait à la plénitude de son droit vient à disparaître, il est fondé à réclamer la totalité du legs (Marcadé, art. 1044, n° 5; Coin-Delisle, art. 1044, n° 9; Bayle Mouillard sur Grenier, t. 3, n° 353; Massé et Vergé, t. 3, n° 303; Mourlon, t. 2, p. 394). Ce sentiment a été adopté depuis par Troplong, n° 2184, et il se trouve consacré dans un arrêt de cassation du 1er juillet 1841 (1841, 1. 851). L'Administration l'a toujours suivi, puisqu'elle ne met pas en doute dans son Inst. 1354 § 6, que l'usufruit puisse donner lieu à l'accroissement [1].

Dans cet ordre d'idées, il a été jugé que le caractère de la conjonction et non pas de la réversion appartenait à un legs ainsi conçu : « Je donne et lègue à X. tous mes biens meubles et immeubles que je laisserai à mon décès, à la charge par elle de laisser l'usufruit incessible et insaisissable à mon cousin Jacques Marchebout et à Marie-Françoise-Rosalie Diot, son épouse, et au dernier survivant d'eux, pour en jouir leur vie durant après mon décès. » On en a conclu, par suite, que l'accroissement ne donne lieu à aucun droit proportionnel (Pithiviers, 7 janv. 1869, 3505 R. P.).

267. Rente viagère léguée conjointement. — Lorsqu'il s'agit de rente viagère, la question est moins favorable encore à l'accroissement, parce qu'on peut soutenir que le droit d'usufruit est indivisible, tandis qu'une rente viagère léguée à plusieurs se divise essentiellement sur la tête de chacun des légataires qui la recueillent. Aussi la cour de Dijon a-t-elle jugé, le 21 janv. 1845 (12420 J. N.; D. 1845, 4. 135), *qu'à moins d'une clause expresse*, lorsqu'une rente viagère a été léguée à deux personnes conjointement et que l'une est morte après avoir recueilli le legs, il ne peut y avoir accroissement pour celle des deux qui a survécu à l'autre (V. dans le même sens Dalloz, v° *Disp. entre-vifs*, n° 4440).

Nous croyons cependant cette solution contraire à la pensée de l'art. 1972 du Code civil; telle qu'elle résulte des explications du tribun Duveyrier : « La rente peut être constituée, disait-il, pour en conserver la jouissance à soi et aux siens jusqu'à l'extinction de toutes les têtes qui entretiennent et prolongent sa durée. » C'est à tort que l'on supposerait ici l'existence de deux rentes distinctement créées; la vérité est qu'il y a une seule rente établie sur plusieurs têtes, une rente constituant un être moral qui doit vivre et mourir tout entier. Quand donc on donne entre-vifs ou par testament une rente viagère à plusieurs personnes, la mort de l'un des donataires n'empêche pas la continuation de la rente pour le tout au profit du survivant, la condition copulative à laquelle l'extinction de la rente est subordonnée n'étant pas réalisée (P. Pont, *Petits contrats*, n° 1972. — *Contrà* Duranton, n° 135).

Aussi devrait-on décider que la rente viagère attribuée par accroissement à un colégataire est affranchie du droit de mutation par décès à l'événement comme le legs d'usufruit (Sol. 19 avr. 1861).

Le tribunal de la Seine a reconnu, en ce sens, par un jugement du 5 mai 1865, que nous avons approuvé, que si une rente viagère a été léguée conjointement à deux époux communs en biens, avec stipulation qu'au décès de la femme elle serait reversible sur la tête du mari, cette dernière clause ne donne lieu à aucun droit de succession lors de la mort de la femme. Par suite de la conjonction, le legs opère une seule mutation dont tous les droits sont perçus au décès du testateur (2152 R. P.; 12890 C.).

268. Emploi en immeubles d'un legs d'argent conjoint. — Une somme a été léguée à deux époux, à la charge de la placer en acquisition d'immeubles, dont la propriété appartiendrait au survivant. Celui-ci, qui profite, par droit d'accroissement, de l'effet de la condition contenue dans le legs, ne doit aucun droit de mutation par décès, parce qu'il était acquéreur éventuel de la totalité du bien, à partir du jour de l'acquisition, et que le décès de son époux n'ajoute rien à son droit à la propriété entière de l'immeuble (1568 J. E.).

269. Quotité du droit. — Degré de parenté avec le testateur. — Il a été reconnu que le décès de l'un des époux et la renonciation de son héritier au legs d'usufruit n'empêchent pas l'autre conjoint de recueillir la totalité de l'usufruit par voie d'accroissement, et ne le dispensent pas d'acquitter le droit de succession *sur l'intégralité du legs d'après son degré de parenté* (Pithiviers, 7 janv. 1869, 3505 R. P.).

Cette décision explique la solution d'une difficulté particulière en matière d'accroissement.

1. ACCROISSEMENT ANTÉRIEUR A LA DÉCLARATION. — Par suite de la caducité, le colégataire appelé est censé

1. La doctrine contraire avait prévalu dans la jurisprudence du centième denier. « Si le mari et la femme, dit Bosquet, sont légataires d'un usufruit pour eux et pour le survivant, le Conseil a décidé que nonobstant le droit payé pour le legs, il est dû pour le survivant un droit de demi-centième denier de la moitié dont il y a accroissement en sa faveur par le décès de l'un d'eux. La veuve a objecté vainement que la mort de son mari n'avait pas fait de mutation, puisque l'usufruit dont elle avait le droit de jouir lui était personnel et lui appartenait par le seul effet de l'acte. La décision du Conseil porte que s'il n'a été payé qu'un demi-droit de centième denier lors de l'acte, il est un quart du droit par la veuve pour l'accroissement en sa faveur (Décis., du 23 nov. 1748; Bosquet, v° *Accroissement*).

avoir été investi directement par le testateur, *omisso medio*, de l'intégralité de l'objet. Cette transmission originelle, le seul titre de sa possession, est donc aussi la seule cause de l'exigibilité du droit de mutation. Si donc l'accroissement se réalise avant la déclaration de la succession, le droit se liquide sur l'intégralité du legs, d'après le degré de parenté, avec le testateur, du légataire investi par la caducité et comme s'il avait été seul appelé à recueillir la disposition.

2. ACCROISSEMENT POSTÉRIEUR A LA DÉCLARATION. — Dans la rigueur des principes, on serait tenté de soutenir que ce légataire doit alors acquitter l'impôt sur la totalité de l'objet d'après son degré de parenté avec le défunt, *sans égard au droit payé par le colégataire décédé ou renonçant*. La mutation étant personnelle, le droit l'est également, et il n'y a pas d'imputation à faire. Ce raisonnement s'appliquerait surtout aux legs d'usufruit, lesquels confèrent aux appelés une jouissance dont les effets résistent à la rétroactivité et à la fiction de l'accroissement. Mais cette opinion serait exagérée. Une sol. du 13 septembre 1876 l'a reconnu.

Il est de principe qu'une même mutation ne peut donner lieu qu'à un seul droit. Or, dans l'espèce, la mutation est unique, puisque par le résultat de l'accroissement il n'y a qu'un nouveau possesseur, qu'un légataire. Tant que la personne de ce légataire n'a pas été déterminée, le droit a été réglé provisoirement comme si l'objet devait appartenir à tous les appelés. Mais du jour où le bénéficiaire de la transmission a été définitivement connu, les droits perçus sont censés l'avoir été par lui ou en son nom. C'est ainsi que les droits acquittés par des héritiers apparents, mais ultérieurement évincés, s'imputent sur ceux dont l'héritier véritable devient débiteur (Cass., 13 oct. 1814, 15 juill. 1840, 18 août 1860; V. *Restitution*, nº 14576); que ceux d'une vente surenchérie ou frappée de folle enchère s'imputent sur ceux de l'adjudication définitive. — V. *Adjudication*, nº 1762.

Mais il paraît difficile d'aller au delà et de soutenir que si, à raison de son degré de parenté, le dernier légataire doit un impôt supérieur à celui qui avait été perçu pour la part du colégataire exclu, le supplément n'est pas exigible. Pourquoi l'accroissement est-il affranchi du droit proportionnel ? Parce qu'il n'opère pas mutation et que le légataire est censé recueillir la totalité de l'objet du défunt directement. Mais s'il en est ainsi, si la transmission se réalise entre le défunt et le légataire, il faut établir la perception en conséquence. Lorsqu'une partie seulement du droit applicable à cette transmission a été acquittée, il est donc juste de payer l'excédant quand la mutation se complète.

Donc, si le droit a été payé par le légataire défunt ou renonçant, à raison de son degré de parenté avec le testateur, à un taux inférieur à celui dû par son colégataire définitivement investi, un supplément de droit est exigible (Pontoise, 31 déc. 1873, 3794 R. P. ; — Sol. 28 avr. 1875, 25 mars 1874 et 26 sept. 1877 ; — Pau, 3 janv. 1878, 4924 R. P.).

Mais il ne semble pas que le second appelé soit tenu de souscrire une nouvelle déclaration (4924 R. P. ; — *Contra* : Pau, 3 janv. 1878, *suprà*). — V. 16252.

3. DEGRÉ DE PARENTÉ DIFFÉRENT. — D'où la conséquence que si les légataires conjoints sont de degrés de parenté différents, on ne peut pas appliquer de suite le tarif le plus élevé. Il faut régler la perception provisoirement d'après la situation actuelle en considérant les légataires comme également appelés au bénéfice du legs. — V. *Succession*, nº 16272.

270. Restitution. Il va sans dire que si le légataire appelé à la place du renonçant est d'un degré de parenté moins éloigné que celui-ci, la mutation qui le concerne est, par conséquent, tarifée à un taux inférieur à celui qui a été appliqué à la déclaration souscrite par le renonçant ; l'excédant perçu l'a été régulièrement et ne saurait être restitué. — V. *Succession*, nº 16272.

271. Imputation du droit payé. — *Quid* si les droits acquittés avant la renonciation ou la mort du légataire et avant la déclaration du colégataire qui profite de la caducité, ont été plus élevés que les droits dus par ce dernier ? On doit imputer les droits payés par le renonçant ou le défunt sur ceux qui sont dus par le légataire qui recueille tout le legs. Mais cette imputation se fait non pas droit sur droit, mais valeur sur valeur. Supposons, par exemple, que le légataire renonçant soit un étranger au testateur et qu'il ait payé, en conséquence, le droit à 9 pour 100 sur 1,000 francs qu'il avait à recueillir, soit 90 francs, et que le légataire qui profite de la caducité ne soit assujetti qu'à un droit de 6,50 pour 100 à raison de sa parenté avec le testateur ; il devra payer les droits sur les 1,000 francs qui lui venaient de son chef sur le legs existant, soit 65 francs, sans imputer sur ces droits les droits payés sur les 1,000 francs qui lui reviennent à raison de la renonciation : ces 1,000 francs étant d'ailleurs exempts de tout nouveau droit.

272. Solidarité. — Aucune solidarité, pour le payement des droits de succession, n'existe entre les légataires conjoints, qu'ils soient à titre particulier, à titre universel, ou même légataires universels. L'Administration l'a toujours admis pour les légataires particuliers (I. G. 239 et 386 nº 36) ; elle ne paraît plus le contester pour les légataires à titre universel ; elle a, en effet, acquiescé à un jugement du tribunal de Lyon du 28 février 1868 (2767 R. P.), qui a formellement déclaré que les légataires à titre universel ne sont pas solidaires pour le payement des droits de mutation par décès. Quant aux légataires universels, nous renvoyons au mot *Succession*, où nous combattons les prétentions contraires de l'Administration, nº 16847.

Ainsi donc, chaque légataire conjoint, bien qu'appelé à la totalité du legs, ne doit les droits que pour sa part, alors même que la chose léguée est indivisible. L'indivisibilité ou la chose léguée n'empêche pas en effet que les droits soient divisibles.

273. Délai. — Nous avons cité, en la combattant, sous le nº 12514 de notre quatrième édition, une solution de l'Administration du 12 février an 11, aux termes de laquelle, lorsque les héritiers ou légataires universels ont renoncé à la succession avant l'expiration des délais, ceux appelés à leur défaut doivent passer la déclaration dans les six mois du décès. Si la déclaration a été faite, le complément de droit qu'ils pourraient devoir sera acquitté dans le même délai. Si la renonciation n'a été faite qu'après l'expiration des six mois et qu'il n'y ait pas eu de déclaration, le demi-droit en sus sera encouru ; s'il y a eu déclaration, le délai pour acquitter le complément de droit qui serait dû courra du jour de la renonciation.

Cette décision ne peut être suivie si la renonciation a lieu avant l'expiration des six mois; le légataire appelé par suite de cette renonciation ne doit sa déclaration que dans le délai de six mois à partir de la renonciation. Supposons, en effet, dans le système de l'Administration, que la renonciation ait lieu la veille de l'expiration du délai, comment le nouvel appelé pourra-t-il fournir sa déclaration? Il suffit de poser cette hypothèse pour faire rejeter la solution.

1. DEMI-DROIT EN SUS. — Nous ne pouvons admettre non plus que si la renonciation est faite après l'expiration des six mois et qu'il n'y ait pas eu déclaration, le demi-droit en sus soit encouru. A qui en effet réclamerait-on ce demi-droit? Au renonçant? Mais il n'a jamais été héritier. Au nouvel appelé? Mais il n'était pas encore héritier au moment où la peine a été encourue.

274. Réversion. — Mais le principe de l'exemption du droit de mutation devrait être strictement limité au cas où le prédécès du légataire ne crée pour ses colégataires aucun droit nouveau.

Les choses se passent différemment, quand le colégataire, au lieu d'avoir une vocation immédiate à la totalité de l'objet, n'est actuellement investi que de sa part et reçoit seulement l'expectative de recueillir plus tard l'excédant, si son colégataire prédécède. Ce prédécès lui attribue, en effet, une valeur dont il n'était pas encore saisi et sur laquelle il n'avait auparavant qu'un droit éventuel. On ne peut pas dire qu'en la recueillant il reçoit sa propre chose et ne s'enrichit pas. Il est certain, au contraire, que la portion du colégataire défunt ne lui avait jamais appartenu, et qu'il a aujourd'hui *plus* que ce qui lui a été donné. La dévolution de la portion vacante produit donc une mutation réelle passible du droit proportionnel de transmission. Cette situation se produit fréquemment, surtout à propos du legs d'usufruit. Si la jouissance d'un immeuble est léguée à plusieurs personnes pour en profiter successivement, chacune d'elles est réputée propriétaire de sa part dans l'usufruit et elle acquitte sur ces bases l'impôt de mutation; puis, au fur et à mesure des décès, la portion des colégataires défunts se réunit à celle des survivants, et ces derniers sont encore tenus de payer le droit sur les valeurs dont ils vont profiter. « Dans ce cas, dit encore l'Inst. 1354, la disposition en faveur du second légataire est purement éventuelle, puisque son effet est subordonné au décès du légataire qui est investi le premier de l'usufruit. Lors de cet événement, il s'opère, par la réversion de l'usufruit, une nouvelle dotation passible du droit proportionnel » (*Conf.* Le Havre, 25 juill. 1832, Inst. 1422, § 8).—V. *Succession*, n° 16081.

1. APPRÉCIATION DE LA VOLONTÉ DU TESTATEUR. — Mais comment distinguer l'accroissement de la réversion? Ni la loi ni la jurisprudence ne posent des règles précises sur ce point. Il s'agit exclusivement d'apprécier l'intention du testateur, et la solution dépend à la fois des termes dont il s'est servi et des circonstances qui ont déterminé sa disposition. En matière civile, les cours et les tribunaux sont fréquemment appelés à trancher des questions semblables. Leurs jugements et arrêts ne sont, à proprement dire, que des décisions d'espèce sans portée doctrinale. Les seuls principes de droit engagés dans le débat reposent sur l'interprétation des art. 1044 et 1045 du Code civil dont nous nous sommes occupés dans les deux précédents chapitres.

Quoi qu'il en soit, toutes les fois que le décès du délégataire produira une reversion et non un accroissement, une nouvelle mutation s'opérera, passible du droit proportionnel.

275. Accroissement à titre onéreux. — Quand le droit d'accroissement procède d'un contrat à titre onéreux par lequel plusieurs personnes ont acheté un immeuble ou une rente, à la condition que la part du prémourant accroîtra aux survivants, cette clause renferme une vente conditionnelle s'opérant au décès et donnant lieu alors au droit proportionnel, selon la nature des biens transmis aux survivants. C'est un principe qui trouvera son application à propos des associations religieuses (V. *Association*, n° 2314), mais qui gouverne également les sociétés ordinaires (V. *Sociétés*, n° 15230).

1. RENTE SUR L'ÉTAT. — Ce principe a même été étendu à l'achat en commun d'une rente sur l'État stipulée réversible en totalité sur la tête du survivant, et il a été reconnu que la réversion, s'opérant à titre onéreux, ne donnait ouverture à aucun droit de mutation (Seine, 27 fév. 1857 et 29 janv. 1859, 16509 J. E., 16525 J. N., 839 R. P.; — Lure, 14 fév. 1856, 16064 J. N., 11069 C.; Sol. 12 sept. 1865). — V. n° 2324.

2. USUFRUIT. — Lorsque l'acquisition conjointe porte sur un usufruit, il a été reconnu que le décès du prémourant ne donne ouverture à aucun droit à la charge du survivant. « Le prémourant, en effet, n'a pu disposer en faveur du survivant de l'usufruit qui lui appartenait; c'est des vendeurs seuls que le survivant tient son droit d'accroissement, lequel a dû entrer en ligne de compte dans le règlement du prix entre les acquéreurs » (Sol. belge du 11 août 1868, J. E. belge 10776).

276. Renonciation non gratuite. — Pour que la renonciation produise l'effet d'un accroissement légal exempt de tout droit, il faut qu'elle soit *pure et simple*. C'est là une thèse que nous développerons au mot *Renonciation*, et sur laquelle nous n'avons pas à insister ici.

Le mérite de cette observation ne porte pas sur la mutation, qui est la conséquence d'une pareille renonciation; car la renonciation qui n'est pas pure et simple ne peut produire qu'un droit de mutation *entre-vifs*, circonstance qui n'est pas ici de notre domaine, puisque nous n'avons à nous occuper que du droit de mutation *par décès*; mais cette observation a une valeur réelle en ce qui concerne les faits antérieurs à la renonciation.

Supposons, en effet, qu'il s'agisse d'un étranger qui, par l'effet d'un legs à titre universel, est appelé à partager la succession avec le fils du défunt. Si la renonciation du légataire est pure et simple, le Trésor n'aura à percevoir que le droit à 1 pour 100 sur tous les biens de la succession, qui reviendra entière au fils du défunt par l'effet de l'accroissement. Que si, au contraire, la renonciation du légataire a lieu, par exemple, à titre de libéralité au profit de l'enfant du testateur, indépendamment du droit de mutation entre-vifs auquel elle donnera naissance, le Trésor aura à percevoir, savoir : le droit à 9 pour 100 sur la moitié de la succession recueillie par le légataire avant d'en avoir disposé, et le droit à 1 pour 100 sur l'autre moitié revenant au fils.

Des effets analogues se produiraient s'il s'agissait d'un legs en usufruit de la moitié de la succession. Si la renonciation était gratuite, le Trésor n'aurait à percevoir qu'un droit de 1 pour 100 sur la totalité de la succession recueillie par le fils. Si elle était intéressée, l'usufruitier devrait payer le droit de mutation par décès à raison de son usufruit, ce qui n'empêcherait pas le Trésor de percevoir encore son droit de 1 pour 100 sur l'entière valeur des biens recueillis par l'héritier naturel.

ACHALANDAGE.

277. Achalandage.— On désigne par le mot *Achalandage* les pratiques attachées à un établissement de commerce. On se sert aussi dans l'usage du mot *Clientèle*, quand l'établissement est d'une certaine importance ou a un caractère civil.

1. RENVOI. — La loi du 28 février 1872, qui a apporté de si profondes modifications dans les mutations de fonds de commerce, a édicté pour elles des règles toutes particulières, en dehors des principes communs jusqu'à ce jour à toutes les valeurs mobilières, emploie indistinctement, dans son art. 7, les mots *Fonds de commerce*, *Clientèle* ou *Achalandage*, comme synonymes. Nous pourrions donc traiter ici des dispositions de la nouvelle loi, mais nous préférons en parler au mot *Mutation*, parce que sous ce mot se trouvera réuni tout ce qui concerne les mutations secrètes, soit en matière immobilière et d'après les anciennes lois, soit en matière mobilière d'après les dispositions exceptionnelles de la loi du 28 février 1872. nos 11609 et suiv.

278. Caractère mobilier. — L'achalandage forme souvent la partie principale, essentielle, d'un fonds de commerce; le matériel, c'est-à-dire les ustensiles et les marchandises, n'en est parfois que l'accessoire.

En effet, l'achalandage est en quelque sorte perpétuel; il subsiste nonobstant l'enlèvement des marchandises. C'est ce caractère particulier qui a fait classer les fonds de commerce parmi les choses incorporelles.

Autrefois, dans certaines provinces, on considérait comme immeuble le fonds de commerce, c'est-à-dire cette universalité, qui demeure toujours la même, malgré les renouvellements successifs et indifférents des objets qui la constituent (Proudhon, *Du Domaine de propriété*, t. 1er, n° 201).

Mais, dit M. Demolombe (*De la Distinction des biens*, t. 1er, n° 403), s'il est incontestable assurément que l'achalandage est un bien distinct des marchandises mêmes qui font l'objet du commerce, et qui a une valeur vénale, souvent même très-importante, finalement le droit qu'il représente ne peut aboutir qu'à de l'argent, soit à des bénéfices lorsqu'on l'exploite, soit à un capital lorsqu'on le vend, n'est et ne peut devoir être que meuble (Cass. 8 fruct. an 3, S. 1-1-79; Cass. 9 messidor an 11, S. 4-1-29; Cass. 29 nov. 1842, Dev. 1842, 1-899; Zachariæ, t. 1er, p. 343; Troplong, *Contrat de mariage*, t. 1er, n° 414; Pont et Rodière, *Du Contrat de mariage*, t. 1er, n° 365).

279. Vente. — Quotité du droit. — Une D. m. f. 31 mai 1808 (I. G. 386, § 10), portait que la cession de la pratique d'un avoué ne présentait qu'un abandon ou transport de créances sujet seulement au droit de 1 pour 100. Les motifs de cette décision étaient que, d'après l'art. 1582 C. C., on ne doit considérer comme vente que la convention par laquelle l'un s'oblige à livrer une chose, et l'autre à la payer; que l'avoué qui cède sa pratique ne s'engageant à effectuer la livraison d'aucun objet mobilier, son traité est dépourvu du caractère essentiel qui distingue le contrat de vente.

Mais, depuis, il a été reconnu que l'achalandage est une chose mobilière (*V.* le numéro précédent) qui peut se transmettre, par tous les modes de transmission, comme toutes les autres choses mobilières incorporelles, et si cette transmission a lieu par vente, le droit est dû au taux fixé par l'art. 69 5 n° 1 L. 22 frimaire an 7. Ce principe, posé par un av. com. f. 8 juin 1831 (10066 J. E., 7490 J. N., I. G. 1381 § 1er), a été consacré par la Cour de cassation, le 13 juillet 1840 (12562 J. E., 10713 J. N., I. G. 1634 § 14, S. 40. 1. 586) qui a reconnu passible du droit de 2 pour 100 l'attribution de l'achalandage d'un établissement industriel vendu en même temps que les immeubles. — Le tribunal de la Seine a également jugé, le 21 mars 1839, que la vente de l'achalandage d'un marchand est passible du droit de 2 pour 100 (12282 J. E.), et c'est ce qui résulte aussi d'un jugement du tribunal de Bruxelles, du 29 avril 1863, portant, « que si l'achalandage d'un commerçant revient le plus souvent à celui qui lui succède dans son établissement et dans les choses matérielles de son commerce, on peut facilement comprendre aussi qu'il en reste séparé pour faire l'objet d'une convention avec une autre personne; que l'achalandage est donc une propriété mobilière et que la cession qui en est faite est passible d'un droit de 2 pour 100. »

1. LÉGISLATION NOUVELLE. — Au surplus, ce que nous venons de dire n'a plus qu'un intérêt historique, car la loi du 28 février 1872 tarifé à 2 pour 100 les mutations entre-vifs de fonds de commerce. — *V.* 11609 et suiv.

280. Mutation par décès. — Si la clientèle d'une maison de commerce peut être transmise à titre onéreux, elle peut aussi être donnée à titre gratuit, léguée par testament; c'est une valeur, un bien meuble qui fait partie de la succession du commerçant, et qui doit, par conséquent, être comprise dans la déclaration à passer par ses héritiers. — Aussi le tribunal de la Seine a-t-il jugé, le 28 mai 1851 (15214 J. E.), que la clientèle d'un commerçant doit être comprise, pour sa valeur, dans la déclaration de sa succession (*Conf.* Rouen, 17 mars 1856, 711 R. P., J. du not., n° 1727; Seine, 7 mai 1840). — *V.* 281-1.

Ainsi que nous l'avons dit *suprà*, la loi de 1872 ne s'occupe que des mutations entre-vifs. — *V.* 11611.

281. Vente aux enchères. — De ce que l'achalandage est un droit incorporel, on a conclu que c'était aux notaires et non aux huissiers, commissaires-priseurs et greffiers, qu'il appartient d'en faire la vente et la prisée. Cette vente, lorsqu'elle a lieu aux enchères, est précédée de la déclaration préalable (Dél. 16 nov. 1815, 5375 J. E.). — *V.* 1618 et 1652.

1. ÉVALUATION. — Et si cette clientèle (celle d'une

maison de banque) a été évaluée dans l'acte de liquidation de la succession, elle doit être comprise pour cette valeur dans la déclaration, bien que dans un acte postérieur elle ait été, par des considérations particulières, portée à une valeur moindre (Seine, 7 mai 1840, 12540 J. E., 10755 J. N.). — *V.* d'ailleurs *Succession.* nos 16919 et suiv.

282. Vente d'une usine et de l'achalandage.

1. PRIX DISTINCTS. — Lorsqu'on vend une usine et l'achalandage qui y est attaché, moyennant des prix distincts, il n'est dû que 2 pour 100 sur le prix de l'achalandage, car on ne peut le considérer comme immeuble par destination (Cass. 13 juill. 1840, 10713 J. N.). — V. *Vente d'immeubles*, n° 17919.

A-COMPTE.

283. A-compte. — Aucune disposition ne permet de recevoir des à-compte pour le payement des droits d'enregistrement. L'art. 28 L. 22 frimaire an 7 veut que ce payement ait lieu avant l'enregistrement des actes et déclarations.

Cependant, il est d'usage actuellement d'imposer aux héritiers qui sollicitent une prorogation de délai l'obligation d'acquitter à titre d'à-compte une partie des droits exigibles. — V. *Enregistrement*, n° 7708 et *Succession*, n° 16103.

ACQUÉREUR.

284. Acquéreur. — Dans le langage du droit, c'est celui qui est devenu propriétaire par vente, échange, legs, donation ou autrement. Dans l'usage, on ne donne guère cette qualification qu'à celui qui est devenu propriétaire en vertu d'une vente à lui consentie.

ACQUET.

285. Acquêt. — Le mot *acquêt* est employé par opposition au mot *propre*. Celui-ci désigne les biens de l'époux qui n'entrent point en communauté. L'acquêt s'entend de tout immeuble dont l'un ou l'autre des époux devient propriétaire autrement que par succession, donation ou legs. L'expression *conquêt*, que l'on emploie souvent comme synonyme d'*acquêt*, paraît moins générale. Elle désigne plus particulièrement les immeubles acquis durant le mariage.

286. Preuve contraire. — Tout immeuble est réputé acquêt, à moins de preuve contraire (1402 C. N.); c'est à l'époux qui prétend qu'un immeuble lui est propre, à en faire la preuve tant par titre que par témoins (Toullier, t. 12, p. 172; Duranton, 14, n° 169).

287. Société d'acquêt. — La société d'acquêt peut être stipulée, quel que soit le régime qu'on ait adopté. — V. *Communauté*.

ACQUIESCEMENT.

288. Acquiescement. — L'acquiescement est le consentement à faire une chose à laquelle on n'était pas obligé, ou à exécuter un acte ou un jugement auquel on aurait pu s'opposer (Dalloz, J. G., t. 2, p. 229). — *V. Adhésion*, 1589.

289. Caractère. — En général, les actes par lesquels une partie se borne à exprimer son acquiescement prennent le nom d'*acceptation*, d'*adhésion*, de *consentement*. *L'acquiescement* a lieu à la suite de certaines opérations; par exemple, d'un arpentage, d'un bornage. Quand une opération de cette nature a été faite en l'absence de plusieurs des propriétaires, ils peuvent se présenter ultérieurement pour acquiescer (*V.* 292). Mais ce mot convient plus spécialement à l'adhésion que l'on donne à une demande judiciaire, à un jugement.

290. Manière d'acquiescer. — L'acquiescement à un jugement peut se faire d'une manière expresse ou tacite : *expresse*, lorsque la partie a passé un acte d'acquiescement; *tacite*, lorsqu'il résulte clairement et sans équivoque de ses actions que son intention est d'acquiescer au jugement (R. Favart, t. 1er, p. 41; Toullier, t. 10, n° 106; C. Besançon, 6 juin 1866, D. P. 66. 2. 103). Il importe souvent de savoir quand et comment il y a acquiescement à un jugement, à un arrêt, puisque l'acquiescement donne au jugement ou à l'arrêt la force de la chose jugée. Mais les caractères constitutifs de l'acquiescement n'étant nulle part déterminés d'une manière précise (on ne trouve pas le mot *acquiescement* dans le Code judiciaire), ce n'est qu'en consultant les documents variés que fournit la jurisprudence que l'on peut parvenir à poser des règles propres à servir de guide. Il ne peut entrer dans notre cadre de donner la nomenclature de ces documents.

291 Tarif. — Acte civil. — L'acquiescement pur et simple, quand il n'est point fait en justice, est passible du droit fixe de 3 francs (L. 22 frim. an 7, art. 68, § 1er, n° 4; L. 28 avr. 1816, art. 43, n° 1; L. 28 fév. 1872, art. 4).

1. ACTE JUDICIAIRE. — Les actes passés au greffe, portant acquiescement, sont passibles du droit de 4 fr. 50 cent. (L. 22 frim. an 7, art. 68, § 2, n° 6; L. 28 avr. 1816, art. 44, n° 10; L. 28 fév. 1872, art. 4), indépendamment du droit de rédaction de 1 fr. 25 cent. établi par la loi du 21 ventôse an 7, art. 5.

2. JUGEMENT CORRECTIONNEL. — PARTIE CIVILE. — L'acquiescement à un jugement correctionnel rendu sur la poursuite du ministère public sans partie civile est sujet au droit fixe de 1 fr. 50 cent; mais l'acte, étant rédigé sur la demande du condamné et dans son intérêt, doit, si ce dernier n'est pas incarcéré, être enregistré au comptant (16487-3 J. E.).

292. Dispositions indépendantes. — Quittance. — L'acte par lequel un mari, en remettant à sa femme, séparée de biens, divers objets mobiliers qu'il a été condamné à lui restituer, acquiesce au jugement par défaut qui a prononcé la séparation, donne ouverture à un droit particulier pour cet acquiescement, car cet acte produit le double effet de rendre le jugement inattaquable par voie d'opposition et de lui donner un commencement d'exécution (11465-2 J. E.). — Cette opinion n'est fondée que si la condamnation à restituer les objets n'est pas la conséquence de la séparation, mais procède d'une autre cause. Si le mari acquiesce au jugement de séparation et désintéresse sa femme au sujet de ses reprises, le payement fait par lui, comportant l'exécution du jugement, implique par cela même acquiescement, et dès lors aucun droit particulier ne peut être perçu.

1. ACTE D'AVOUÉ. — ACQUIESCEMENT SIGNÉ PAR LA PARTIE. — Lorsque l'acquiescement signé des parties est notifié par acte d'avoué, il est dû un droit fixe de 3 francs pour cet acquiescement, outre le droit de l'exploit, parce que les deux dispositions sont indépendantes et distinctement tarifées.

2. ACQUIESCEMENT NON SIGNÉ PAR LA PARTIE. — Mais quand l'acquiescement ainsi notifié n'est pas signé de la partie, on ne saurait plus percevoir les deux droits. Seulement, comme il s'agit, en définitive, d'un acte d'avoué, c'est le droit ordinaire de 75 centimes qui est exigible. L'opinion contraire a été condamnée par une solution du 29 novembre 1866, rendue à propos d'un désistement, mais dont les motifs sont applicables à notre matière. — V. *Désistement*, nº 6348.

3. ACTE D'EXÉCUTION. — L'acquiescement donné à un jugement par défaut par la partie saisie dans le procès-verbal de saisie-exécution, ne peut donner ouverture à un droit particulier comme disposition indépendante, attendu que cet acquiescement, en donnant force de chose jugée au jugement, ne fait qu'atteindre le but que tous se proposent.

Il en serait de même de l'acquiescement donné à un jugement dans un commandement : ici encore il faut reconnaître que le commandement n'avait d'autre but que d'obtenir l'acquiescement, puisqu'il fait suspendre immédiatement les poursuites.

293. Pluralité des droits. — Un grand nombre de propriétaires ayant acquiescé, par un seul acte, au procès-verbal d'arpentage de leurs propriétés, on a considéré que les propriétaires ont voulu faire cesser des difficultés, ou prévenir celles qui pourraient naître entre eux sur les limites de leurs propriétés respectives, et on a conclu que chacun d'eux ayant agi *dans un intérêt particulier*, il est dû autant de droits qu'il y a de comparants dans l'acte d'acquiescement (5809 J. E.).

1. COHÉRITIERS. — Lorque les cohéritiers ont accepté une succession, *ils sont liés entre eux par un intérêt commun.* Ainsi, un acquiescement à l'exécution d'un testament ou à la délivrance d'un legs fait par l'auteur de la succession étant une acceptation de fait, il ne doit être perçu qu'un seul droit pour les acquiescements de cette espèce donnés par le même acte, en quelque nombre que soient les acceptants (Del. 10 août 1822, 328 Rol.).

2. PARTAGE. — De même l'acte par lequel les copropriétaires d'immeubles indivis acquiescent au partage fait par des arbitres en vertu d'un compromis ne donne lieu qu'à un seul droit, car c'est par la réunion de tous ces acquiescements que se consomme le partage; et si un seul faisait défaut, la convention ne se produirait pas (8847 J. N.; D. N., V. *Acquiescement*, nº 100).

293 *bis*. Bornage.

1. INTÉRÊT DISTINCT. — Toutes les fois que l'intérêt distinct des propriétaires est bien établi, il doit être perçu un droit par chaque propriétaire acquiesçant. Dans ce sens, l'Administration, voyant des intérêts particuliers dans un procès-verbal d'arpentage et de bornage fait à la requête de quatre-vingt-un propriétaires, a déclaré cet acte passible indépendamment du droit propre au procès-verbal de quatre-vingt-un droits fixes, comme acquiescement, lorsqu'il a été approuvé et signé par chacun des propriétaires intéressés (Del. 21 juin 1833, 10658 J. E. — *Comp.* Amiens, 15 juin 1837, 11856 J. E., 9578 J. N.; et Dél. 23 août 1857).

2. INTÉRÊT COMMUN. — Mais, en principe, le procès-verbal de bornage dressé à la requête d'un seul propriétaire du consentement de tous les riverains est sujet à un droit unique. En effet, d'après l'art. 646 du C. C., tout propriétaire peut obliger son voisin au bornage de leurs propriétés et ce bornage se fait à frais commun. Il en résulte que le bornage est une opération contradictoire, nécessitant, pour être complète et définitive, l'intervention des propriétaires riverains. Le procès-verbal de bornage est donc un acte commun à tous ceux qui le signent et l'approuvent à raison de la contiguïté de leurs propriétés (Sol. 16 janv. 1866, 2262 R. P. — *Conf.* Amiens, 15 juin 1837, 11856 J. E., 9578 J. N.; Laon, 11 déc. 1834, suiv. d'*acq.* du 21 janv. 1838, 8782 J. N., D. N, t. 2 p. 526 nº 63).

3. COMMUNE. — Autrefois, l'Administration soutenait que l'acquiescement donné au bas du procès-verbal de bornage du territoire d'une commune par un grand nombre d'habitants donne lieu à autant de droits qu'il y a d'habitants ayant acquiescé. Elle a considéré depuis, et avec raison, que le bornage général du territoire ou de partie de territoire d'une commune avait un caractère évident d'intérêt commun et qu'il fallait, dès lors, réduire la perception à un seul droit (I. G. 1200 § 6; D. m. f. 28 sept. 1847, 14325-1 J. E.).

4. ACTES SÉPARÉS. — En tous cas, la pluralité serait justifiée s'il était rédigé autant d'actes que de propriétés bornées (Sol., 4 juill. 1842, Dict. Fess. V. *Act. adm.* nº 32). —V. *Bornage*, nº 3220.

294. Distribution de deniers. — Les actes par

lesquels des créanciers unis adhèrent aux distributions et payements de deniers arrêtés en assemblées générales, lorsqu'ils n'y ont pas comparu, sont des acquiescements passibles du droit fixe.

295. Droit de titre. — L'acte par lequel, pour éviter un jugement de validité, la partie saisie acquiesce à cette saisie est passible du droit fixe, si la créance du saisissant résulte d'un titre enregistré (14461 J. E). Si la créance est verbale, le droit proportionnel est dû à raison de la nature du titre que l'acquiescement rend incontestable dorénavant. — V. *Saisie-arrêt*, n° 14758.

ACQUISITION.

DIVISION

CHAPITRE Ier. — CONSIDÉRATIONS GÉNÉRALES

[296-297]

296. — L'acquisition est, en général, l'action par laquelle on devient propriétaire d'une chose; mais ce mot n'est employé ordinairement que pour désigner le mode d'acquérir par l'effet d'une vente.

De cette définition il résulte qu'on acquiert par accession, par succession, par donation, par testament, comme par achat ou vente. Nous ne traiterons pas ici des diverses manières d'acquérir. Il faut recourir aux mots qui les désignent. On trouvera sous ces mots les règles propres à chaque espèce d'acquisition.

297. Objet de cet article. — Les acquisitions faites par l'État ou par des établissements publics étant soumises à des règles de perception, qui, très-souvent, sont indépendantes de la nature de l'acte, nous avons cru devoir réunir toutes ces règles, sous la rubrique générale du mot *acquisition*, sauf ce qui concerne les acquisitions *pour cause d'utilité publique*, qui, étant elles-mêmes soumises à une règle générale, seront traitées au mot *Expropriation pour cause d'utilité publique.*

Au surplus, les questions de fait devenant ici les questions de principe, nous n'aurons pas à nous livrer à des discussions sérieuses sur la perception que des règles fixes ont établie.

1. FORME. — Disons d'abord que les acquisitions au nom de l'État se font dans des conditions de forme déterminées à l'avance et dont on ne doit pas s'écarter, mais la violation de la forme ne paraît pas dans tous les cas de nature à influer sur la perception.

Décidé dans cet ordre d'idées, qu'une acquisition, au nom de l'État, faite par une administration publique dans une forme autre que celle prescrite par l'arrêté m. f. 11 oct. 1824 (I. G., 1192), c'est-à-dire devant notaire sans le concours du directeur des domaines, est néanmoins enregistrable *gratis*, car le vice de forme n'a pu dans cette circonstance influer sur la perception (Dél. 23 juin 1840, 12554-1 J. E.).

CHAPITRE II. — ACQUISITIONS PAR L'ÉTAT

[298-312]

298. Enregistrement. — Sont enregistrables *gratis* les acquisitions pour le compte de l'État et les échanges entre lui et des particuliers, ainsi que tous les actes qui y auraient rapport, *et dont les droits tomberaient à la charge du Trésor public* (L. 24 juill. 1793, art. 7, § 2; L. 22 frim. an 7, art. 70, § 2, n° 1. — Circul. 444).

299. Timbre. — Tous les actes relatifs aux acquisitions faites au nom et pour le compte direct de l'État, seront visés pour timbre *gratis*, lorsque les frais de ces actes devront être supportés par le Trésor, parce qu'il est de principe que l'État ne *se paye pas de droits à lui-même* (D. m. f. 11 juin 1823, 7473 J. E.; I. G. 1303 § 16, 1502, 1678).

Ce principe que l'*État ne se paye pas de droits à lui-même* n'est pas tout à fait exact, car l'administration des domaines paye entre les mains du percepteur l'impôt foncier des biens appartenant à l'État qu'elle administre. La cause *véritablement déterminante* de l'exception, c'est que l'État, traitant avec un particulier d'une acquisition, d'un échange, d'un partage, traite réellement dans l'intérêt de tous, et qu'ainsi l'exemption est l'application particulière d'une règle générale de la loi, d'après laquelle le législateur se montre favorable, dans une mesure plus ou moins étendue, toutes les fois que ses prévisions se portent sur un objet d'utilité publique.

300. Alignement. — Les concessions de terrains sur la *voie publique*, par suite d'alignements, sont enregistrées *gratis* lorsque ces concessions tournent au profit de l'État (D. m. f. 5 sept. 1818, I. G. 860).

301. Cession de créance. — On doit aussi enregistrer *gratis* l'acte de cession consentie au profit de l'État d'une créance pour éteindre le débet d'un comptable, attendu que, dans ce cas, les droits, si on les percevait, seraient à la charge du Trésor (I. G. 390, § 3).

302. Cession de cautionnement. — Il faut appliquer la même décision à l'acte par lequel un comptable consent à ce qu'une partie de son cautionnement soit retenue au profit du Trésor (5556 J. E.).

303. Domaines (*Administration des*). — Il en est de même des acquisitions faites par l'Administration des domaines, lorsque, sur une expropriation forcée suivie à sa requête, l'adjudication demeure définitivement à l'État ; il n'est dû aucun droit d'enregistrement, de greffe, d'hypothèque, ni salaire de conservateur. Les feuilles sont visées pour timbre *gratis*, et celles du registre où se fait la transcription sont distraites de la reconnaissance du conservateur (I. G. 202).

304. Domaine extraordinaire. — Les acquisitions, pour le compte du domaine extraordinaire, de biens situés dans l'intérieur du royaume, n'étaient assujetties qu'au droit fixe pour l'enregistrement, et à pareil droit pour tenir lieu du droit proportionnel de transcription (Déc. du 28 mars 1812, I. G. 580).

305. Domaine militaire. — Les actes d'acquisition de propriétés pour le compte du domaine militaire, passés devant notaire, entre le préfet et les propriétaires, en présence du chef du génie, sont enregistrables *gratis* d'après l'art. 64 de l'ord. du 1er août 1821, qui applique à ces acquisitions les dispositions des lois du 13 brumaire et 22 frimaire an 7, relatives aux acquisitions faites dans l'intérêt de l'État (I. G. 998).

306. Douanes (*Administration des*). — On doit également enregistrer *gratis* les acquisitions faites par l'administration des douanes, pour l'établissement des bureaux de ses préposés (D. m. f. 13 janv. 1807, 2478 J. E.).

307. École polytechnique. — La même exemption existe en faveur des acquisitions faites par l'École polytechnique, parce que n'ayant lieu qu'en vertu d'une ordonnance du roi et sur l'autorisation du ministre de l'intérieur, elles deviennent propriété de l'État (6567 J. E.).

308. Légion d'honneur. — Les mêmes principes sont applicables à la Légion d'honneur. Ainsi, les actes d'échange faits par la Légion d'honneur doivent être enregistrés *gratis* (D. m. f., circ. 14 sept. 1807).

309. Lycée. — L'acquisition faite par un lycée est enregistrable *gratis*, parce qu'un tel établissement public est à la charge de l'État, et la circonstance que les frais auraient été mis à la charge du vendeur ne peut modifier en rien la perception. (12560-1 J. E.; Sol., mars 1872.) — *V.* n° 375-6.

310. Ponts et chaussées. — Sont affranchies des droits de timbre et d'enregistrement, les donations de sommes à l'administration des ponts et chaussées, pour servir à la reconstruction d'une route nationale, les frais de ces sortes de constructions étant à la charge de l'État (Sol., 1er juin 1835, 11492-2 J. E.).

312. Sénat. — Les acquisitions et échanges faits par l'ancien Sénat, ainsi que les actes y relatifs, devaient être enregistrés *gratis*, parce que les biens affectés à sa dotation ne paraissaient pas avoir cessé (quant à la propriété) de faire partie de ceux de l'État (D. m. f., 28 mars 1806, circ. 1er avr. 1806).

CHAPITRE III. — DOMAINE DE LA COURONNE

[313-314]

313. Liste civile. — Les biens de la couronne appartiennent à l'État; les acquisitions et échanges faits pour le domaine de la couronne étaient enregistrés *gratis* (I. G. 366, § 1er. — Art. 7, Déc. 11 juill. 1812, 4267 J. E.; I. G. 598).

314. Chef de l'État. — *Acquisition indéterminée.* — La même exemption s'applique aux acquisitions faites par le chef de l'État, lorsque l'acte ne fait pas connaître à quel titre il acquiert, l'acquisition, dans ce cas, étant considérée comme faite pour le domaine de la couronne (D. m. f., 4215 J. E.).

1. DOMAINE PRIVÉ. — Mais les acquisitions faites par le roi de biens qu'il déclare réunir à son domaine privé, sont sujettes au droit proportionnel (D. m. f., 26 fév. 1831, 9917 J. E.).

Il n'en était pas ainsi dans l'ancien droit par des motifs qui ont heureusement disparu : « Le roi, dit Bosquet, étant le seigneur des seigneurs de son royaume, ne peut être tenu d'aucune sujétion, droits et devoirs envers qui que ce soit, ne reconnaissant que Dieu pour son supérieur ; d'où il suit qu'il ne peut être sujet aux droits qu'il a imposés pour son usage et les besoins de l'État »(Bosquet. V. *Acquisition*).

CHAPITRE IV. — DÉPARTEMENTS, ARRONDISSEMENTS, COMMUNES ET ÉTABLISSEMENTS PUBLICS

[315-321 *bis*]

315. Droit proportionnel. — Pendant quelque temps, les acquisitions, donations et legs au profit des départements, des arrondissements, des communes et des établissements publics ont été sous l'empire d'une législation exceptionnelle. Elles ont été replacées dans le droit commun par la loi du 18 avril 1831, qui est revenue à l'application de celle du 22 frimaire an 7, en abrogeant non-seulement la disposition exceptionnelle créée par l'art. 7 L. 16 juin 1824, mais encore toute disposition spéciale des lois, décrets, ordonnances et arrêtés du gouvernement qui avaient affranchi du droit proportionnel d'enregistrement et de transcription les actes d'acquisition et de donation entre-vifs, ou les legs au profit d'établissements publics quels qu'ils soient : cette loi est ainsi conçue :

« *Art.* 17.—Sont et demeurent abrogés l'art. 7 de la loi du 16 juin 1824 et les dispositions des lois, décrets et arrêtés du Gouvernement, qui n'ont assujetti qu'au droit fixe pour l'enregistrement et la transcription hypothécaire les actes d'acquisition et les donations et legs faits au profit des départements, arrondissements, communes, hospices, séminaires, fabriques, congrégations, consistoires et autres établissements publics; en conséquence, ces acquisitions, donations et legs seront soumis au droit proportionnel d'enregistrement et de transcription établi par les lois existantes » (9946 J. E.; 1362 I. G.).

1. MEUBLES. — Championnière et Rigaud, se fondant sur ce que, soit dans le texte de la loi de 1831, soit dans la disposition abrogée de la loi de 1824, il n'a été fait mention que des immeubles et des actes soumis à la transcription hypothécaire, supposent, n° 3781, que les acquisitions mobilières et les donations de sommes ou de meubles pourraient être assujetties à un simple droit fixe. Dalloz, n° 3275, repousse cette opinion, que la jurisprudence a d'ailleurs constamment infirmée. Deux Dél. 22 avril 1828 (8989, J. E.) et 22 mai 1832 (3723, R. Rol.) ont au reste reconnu que l'exception introduite par la loi du 16 juin 1824 ne concernait pas les acquisitions de biens meubles, qui sont toujours restées assujetties au droit de 2 pour 100.

316. Départements. — L'art. 59 de la loi du 10 août 1871, relative aux conseils généraux (*Journal officiel* du 29 août 1871; 12e *série, Bull.* 61, n° 484), comprend dans l'énumération des recettes composant le budget extraordinaire des départements « *le produit des biens aliénés*; » il contient en outre la disposition suivante :

« Sont comprises définitivement parmi les propriétés départementales *les anciennes routes impériales de troisième classe*, dont l'entretien a été mis à la charge des départements par le décret du 16 décembre 1811 ou postérieurement. »

Le but de cette disposition a été signalé en ces termes dans le rapport fait par M. Waddington au nom de la Commission de décentralisation (*Journal officiel* du 3 juill. 1871, p. 1716):

« L'art. 59 énumère les recettes extraordinaires. Comme le produit des biens aliénés se trouve compris dans cette nomenclature, on a cru utile de trancher par une disposition formelle une question controversée depuis longtemps. On sait que le décret du 16 décembre 1811 a mis à la charge des départements un assez grand nombre d'anciennes routes impériales de troisième classe, devenues actuellement routes départementales, mais sans leur céder formellement le sol de ces routes. Aussi le conseil d'État les a-t-il toujours considérées comme faisant encore partie du domaine de l'État, malgré une circulaire ministérielle de 1842, et cette jurisprudence a souvent donné lieu à des difficultés, lorsqu'il arrivait à un département d'aliéner des parcelles de terrains qui provenaient de ces routes. Désormais le droit des départements ne pourra plus être contesté. »

1. ROUTES DÉPARTEMENTALES. — Il résulte de cette disposition que le prix de vente des terrains provenant de routes départementales devra, dans tous les cas, être encaissé par les départements, à l'exclusion de l'État. Les distinctions qui avaient été établies à cet égard par la décision du ministre des finances du 12 septembre 1842, selon que le sol des routes devait, ou non, en cas de suppression, faire retour à l'État, cesseront d'être prises pour règle (Inst. n° 1678).

2. ALIÉNATION DE TERRAINS DÉPARTEMENTAUX. — QUOTITÉ. — Par voie de conséquence, les actes constatant les aliénations de terrains appartenant aux départements devront être enregistrés uniformément au droit ordinaire de 5 fr. 50 cent. pour 100 (L. 28 avr. 1816, art. 52), et non plus au droit spécial de 2 francs par 100 francs, applicable seulement aux ventes de biens de l'État (L. 15 flor. an 10, art. 6, Instr. n° 61).

3. ACQUISITION DE TERRAINS PAR LES DÉPARTEMENTS. — QUOTITÉ [1]. — Les acquisitions de terrains par les départements donneront également ouverture aux droits proportionnels ordinaires de 5 fr. 50 pour 100 (L. 18 avril 1831, Instr. n° 1362), sauf, en cas d'expropriation pour cause d'utilité publique, l'application de l'article 58 de la loi du 3 mai 1841 (1660, 2450 I. G.; 3538 R. P.).

4. CASERNES. — Les casernes de gendarmerie sont la propriété des départements. Leur acquisition avait été déclarée sujette au droit fixe par décr. 7 novembre 1825 (8249 J. E.). Aujourd'hui elle est sujette au droit proportionnel. — Il en est de même des concessions gratuites par l'État au profit des départements, arrondissements ou communes (7440, 7527, 8108 J. E.) qui avaient été déclarées sujettes au droit fixe de 1 franc par une D. m. f. 21 novembre 1809 (3421 J. E.).

317. Caisse d'épargne. — L'art. 10, L. 5 juin 1835 autorise les caisses d'épargne à recevoir, selon la forme prescrite pour les établissements publics, les dons et legs qui seraient faits en leur faveur; ces dons et legs sont assujettis, conformément à l'art. 17 précité de la loi du 18 avril 1831, au droit proportionnel (1492 I. G.).

---

1. Cette question a été autrefois très-controversée. Il avait été déclaré par deux délib. des 29 mars et 10 octobre 1825, rappelées dans l'I. G. 1249, §1er, que les actes passés dans l'intérêt des départements, et portant acquisition de terrains pour l'alignement ou le prolongement des routes départementales, étaient assujettis aux droits de timbre et d'enregistrement, et que, si la double formalité n'avait point eu lieu, les départements ne seraient tenus de faire timbrer et enregistrer que ceux de ces actes qui avaient été passés depuis le 1er janvier 1824, sans amende ni double droit. — Il avait été ensuite reconnu que les actes d'acquisitions de terrains pour les routes départementales devaient être enregistrés *gratis*, mais qu'ils ne pouvaient être rédigés que sur papier timbré (Dél. 7 janv. et 21 mai 1828, 8927 J. E.; I. G. 1249, § 1er). — Une D. m. f. 10 mars 1829 (9289 J. E.; I. G. 1303, § 16) avait généralisé l'application du principe en décidant que ces actes seraient visés pour timbre *gratis*. — Et trois décisions des 1er septembre 1831 (10109 J. E.), 6 août 1834 (1460 I. G.), 5 av. 1842 (12955-10 J. E.), avaient reconnu que ces dispositions n'ont point été modifiées par l'art. 17 de la loi du 18 avril 1831, en ce qu'elle touche les acquisitions au profit des *départements*, attendu que les décisions ci-dessus ont été motivées sur ce que les routes départementales *font partie du domaine public*; la question de savoir si le sol des routes départementales appartient à l'État ou aux départements étant d'ailleurs controversée.

318. Chambre de commerce. — L'acte par lequel une chambre de commerce acquiert un terrain destiné à l'établissement d'un entrepôt et d'un bureau de douanes est passible du droit proportionnel de vente (Décr. 20 sept. 1842, D. Fess., p. 228, n° 72).

319. Colonie agricole. — Il en est de même des acquisitions faites pour l'établissement d'une colonie agricole (Sol. 18 déc. 1851).

320. Commune. — La promesse d'acquérir moyennant un prix déterminé, souscrite par le maire d'une commune, a toute la force d'un acte de vente, dès qu'elle a été autorisée par le Gouvernement, ce qui rend le droit de mutation exigible (C. Agen, 22 mai 1840, 12854 J. E.).

320 *bis*. **Guerre.** — Les actes d'achat de terrains servant à la sépulture des soldats morts pendant la guerre doivent être timbrés et enregistrés gratis (D. m. f. 11 Nov. 1875, 4495 § 14 R. P., I. G. 2532).

321. Université, etc. — Une donation faite à l'Université de France pour acheter des livres destinés à être donnés en prix avait été reconnue passible du droit proportionnel, bien que l'Université soit un établissement à la charge de l'Etat, parce qu'elle a des propriétés particulières qu'elle fait administrer, ce qui, sous ce rapport, l'assimile à un établissement public (D. m. f. 11 juill. 1841, 12795-1 J. E.).

Mais cette décision est abandonnée. L'Administration décide, aujourd'hui que les donations faites à l'Université sont, comme celles faites aux autres établissements de l'Etat (Bibliothèque nationale, Légion d'honneur, Institut, etc.), exemptes de tout impôt.

On l'a ainsi décidé spécialement au sujet d'un legs fait au profit de l'armée (Sol. 9 juill. 1878).

321 *bis*. **Etablissements et Etats étrangers.** — Les États, les communes ou les établissements publics étrangers, qu'ils aient été ou non autorisés par le Gouvernement français à posséder des biens en France, sont, au point de vue de l'impôt, sur la même ligne que les particuliers ; ils doivent acquitter les droits ordinaires sur leurs acquisitions. — *V. Ambassadeur*, n° 2122.

ACQUIT.

322. Acquit. — L'acquit est la quittance mise le plus souvent au bas ou au dos d'une lettre de change, d'un effet négociable, d'un mandat ou d'une ordonnance de payement sur les caisses publiques.

323. Exemption de l'enregistrement. — L'art. 70, § 3, n° 4, L. 22 frimaire an 7, exempte cet acquit de la formalité de l'enregistrement (D. m. f. 28 sept. 1821, 117 R. Rol.).

324. Billet non négociable. — Placé au pied ou en marge d'un acte d'obligation ordinaire, il a, comme une quittance ordinaire, un effet libératoire. Le bénéfice de l'art. 70 ci-dessus visé ne peut lui être appliqué. Il est passible des droits ordinaires de quittance.

325. Timbre. — Mandat acquitté. — Avant la loi du 23 août 1871, le *pour acquit* mis à la suite des mandats délivrés aux particuliers pour sommes dues, soit par l'État sur les caisses du Trésor, soit par les communes et établissements publics sur leurs caisses respectives, donnait ouverture au droit de timbre de 50 centimes, quelle que fût la dimension de la feuille sur laquelle les mandats étaient écrits. Ce n'est pas, en effet, le mandat qui était soumis au timbre, mais bien la quittance apposée à la suite par la partie prenante, et cette quittance pouvait être également, à cause de la brièveté de son contexte, donnée sur une demi-feuille frappée du timbre de 50 centimes (D. m. f. 17 mai 1825 et 24 juill. 1826 ; I. G. 1239, § 1er).

Depuis la loi du 23 août 1871, les acquits de l'espèce sont assujettis au droit de 10 centimes (art. 18) — V. *Etablissement public* et *Quittance*.

1. DUPLICATA. — Lorsque, aux mandats de payement, sont annexés des mémoires et factures rédigés sur papier timbré, et revêtus de l'acquit des marchands et fournisseurs, comme cet acquit libère soit le Trésor, soit les communes et les établissements publics, le second acquit porté sur les mandats eux-mêmes ne doit plus être considéré que comme un double emploi de pure forme, et ne donne pas ouverture au droit de timbre (D. m. f. 21 mars 1828 ; I. G. 1239, § 1er. — Inst. des fin. du 20 juin 1859, nos 631 et 709).

326. Mandat et quittance. — Si le créancier d'une somme supérieure à 10 francs acquitte un mandat timbré et donne en même temps une quittance particulière sur papier libre, cette dernière pièce n'est pas sujette au timbre (Sol., 20 mars 1864, 1934 § 6 R. P.).

328. Effets de commerce. — Les acquits des effets de commerce et même des effets non négociables sont dispensés du timbre à 10 centimes (L. 23 août 1871, art. 20). —V. *Quittance*, n° 13402.

ACQUIT-A-CAUTION.

329 — On nomme encore *acquit* l'acte délivré par les préposés de l'Administration des douanes et des contributions indirectes, à l'effet d'autoriser, soit la sortie ou l'entrée de marchandises prohibées à l'exportation ou à l'importation, soit l'enlèvement ou la circulation des liquides. Il y en a de trois sortes : l'acquit de payement, l'acquit-à-caution, l'acquit de transit ou passavant.

330. Exemption d'enregistrement. — Ces acquits sont exempts de la formalité de l'enregistrement, aux termes de l'art. 70 § 3 n° 5 L. 22 frimaire an 7.

331. Timbre. — Acquits des douanes. — Les acquits délivrés par l'Administration des douanes, *proprement dite*, sont considérés comme des *certificats*. Aussi doivent-ils être écrits sur papier timbré, quelle que soit la somme qu'ils portent. Dès l'instant, en effet, où ils ont le caractère de certificats, l'exception portée par l'art. 16, L. 13 brumaire an 7 en faveur des quittances des contributions et des droits dont les sommes n'excèdent pas 10 francs, ne leur est plus applicable (D. m. f. 18 germ. an 9, Circ. 2042).

1. Les acquits-à-caution délivrés aux voituriers qui conduisent des subsistances à une armée, doivent être écrits sur papier timbré (Circ. 1705).

332. Exemption de timbre. — 1. PASSAVANTS. — Sont exempts de timbre les passavants délivrés pour le transport et la circulation des denrées et marchandises dans les deux myriamètres des frontières, ainsi que ceux délivrés pour la circulation des grains et les certificats des maires et adjoints y relatifs (Arrêt. Gouv. 30 frim. an 12, I. G. 193).

2. L'exemption est encore applicable aux passavants délivrés aux voituriers, en conformité de l'art. 2 du décret du 23 juin 1806 sur la police du roulage (345 I. G.).

3. ACQUITS-A-CAUTION. — Les acquits-à-caution délivrés pour la circulation des bêtes à cornes, à laine et autre bétail, dans la zone des frontières déterminée par l'ordonnance du 28 juillet 1822, sont également exempts des droits de timbre (I. G. 1250, § 2).

333. Octrois. — Passe-debout. — Les passe-debout ou transits sur consignation des droits, sur cautionnement d'un tiers ou sur escorte des préposés en matière d'octroi, doivent être délivrés aux parties sur papier timbré (L. m. f., 1er mai 1810).

334. Timbre spécial. — Acquits des contributions indirectes. — Les acquits délivrés par l'Administration des contributions indirectes *proprement dite* sont soumis au timbre spécial établi pour cette administration. Le produit est recouvré par les préposés de cette administration (L. 24 avr. 1806, art. 19).

ACTE.

335. Acte. — Définition. — Dans le langage du droit, le mot acte signifie à la fois ce qui a été dit, fait ou convenu, et l'écrit destiné à le prouver (Champ. et Rig., n° 116). C'est, dit Demante, un écrit dressé en vue de faire preuve d'un fait juridique (*Principes de l'Enregistrement*, n° 13).

336. Distinctions entre l'acte et d'autres expressions. — On emploie souvent, dans la pratique, le mot *acte* comme synonyme de *contrat, titre, convention;* cependant des différences notables existent entre ces expressions diverses. Ainsi le mot *acte* diffère du mot *contrat* en ce que le premier est plus général que le second. En effet, il y a des actes qui ne contiennent point de contrat, quoiqu'ils constatent ce qui s'est passé entre deux personnes; par exemple, la remise d'une dette, la quittance, etc. (Toullier, t. 9, n° 23). Il diffère encore du mot *titre*, en ce que cette dernière qualification est également plus restreinte que celle d'*acte*. Un titre est même en soi indépendant de l'acte. On peut donc avoir un titre sans avoir un acte (Duranton, t. 13, n° 18). Ainsi un héritier a un titre et n'a pas d'acte. — Il y a également entre l'acte et la *convention* cette différence que l'acte peut être valable, alors que la convention qu'il renferme est nulle, et réciproquement.

337. Diverses espèces d'actes. — Les actes peuvent se diviser de la manière suivante : 1° Considérés dans leurs motifs, les actes sont *gratuits* ou *onéreux*. Les actes *gratuits* n'obligent qu'une seule personne; ce sont généralement les actes de bienfaisance. Les actes *onéreux* sont ceux qui procurent un avantage réciproque aux parties contractantes. — 2° Considérés dans leur forme, les actes sont *publics* ou *privés*. Les actes *publics* sont les actes administratifs, les actes judiciaires, les actes extrajudiciaires, les actes notariés. L'acte *privé* est celui qui est fait sans l'intervention d'aucun officier public. — 3° Enfin, considérés par rapport aux obligations qu'ils imposent, les actes sont *synallagmatiques*, lorsqu'ils constatent une convention par laquelle les contractants s'obligent les uns envers les autres; et *unilatéraux*, lorsqu'il n'y a qu'un engagement contracté.

338. Dénomination particulière. — Abstraction faite de ces classifications, chaque acte reçoit une dénomination particulière qui sert à le distinguer des autres, d'après les conventions qu'il renferme : c'est ainsi que l'on dit : *vente, quittance, obligation*, etc.

339. Acception fiscale. — « Il résulte, porte un arrêt de la Cour de cass. du 14 avril 1834, des différentes dispositions de la loi du 22 frimaire an 7, que le mot acte y est indifféremment employé, soit qu'il s'agisse de jugements ou autres actes judiciaires, soit qu'il s'agisse d'actes extrajudiciaires. C'est un nom générique sous lequel elle désigne les divers titres assujettis par elle aux droits et à la formalité de l'enregistrement. »

« Dans l'économie de la loi du 22 frimaire an 7, ajoute un autre arrêt, et dans le langage usité en cette matière, le mot acte est employé génériquement pour toute production ou pièce susceptible d'enregistrement, ainsi qu'on peut s'en convaincre par un grand nombre d'articles de cette loi, notamment par les art. 7, 20 et 35 » (Cass. 3 août 1813). — *Conf.* Cass. 24 août 1874, 3952 R. P.).

340. Enregistrement. — Il n'y a pas dans les lois sur l'enregistrement et le timbre de disposition qui s'applique aux actes dans leur sens général. Mais en ce qui concerne plus spécialement l'enregistrement, le législateur a voulu que, hors quelques exceptions, aucun acte ne fût appelé à jouir des avantages de l'enregistrement sans payer un salaire pour la formalité; de là la disposition de l'art. 68 § 1er n° 51, qui soumet au droit fixe de 1 franc (actuellement 3 fr.), « généralement tous les actes civils, judiciaires ou extrajudiciaires qui ne se trouvent dénommés dans aucun des paragraphes suivants, ni dans aucun autre article de la présente, et qui ne peuvent donner lieu au droit proportionnel. » Ainsi, toute question d'établissement du droit, *lorsque l'acte n'est pas entièrement exempté*, se réduit à reconnaître s'il est passible du droit proportionnel ou du droit fixe. L'exigibilité du droit proportionnel est basée sur la nature de l'acte ou de la mutation, tandis que le droit fixe est dû, *soit que l'acte soit expressément tarifé, soit qu'il ne le soit pas* : seulement, dans le premier cas, la quotité varie suivant la nature de l'acte dénommé; dans le second, il est toujours fixe.

1. DROIT D'ACTE. — DROIT DE MUTATION. — Les commentateurs et parfois la jurisprudence elle-même ont divisé les droits d'enregistrement en deux catégories : les *droits d'acte* et les *droits de mutation*. Par droit de mutation on entend tous les droits qui sont dus sur les transmissions entre-vifs de biens immeubles et sur les mutations par décès de toute espèce de biens. Les droits d'acte comprennent tous les autres. Depuis que la législation nouvelle a assimilé aux immeubles, sous le point de vue de l'enregistrement, certains biens mobiliers tels que les fonds de commerce et les navires. (Le 28 fév. 1872), il faudrait compléter cette définition en disant que les droits de mutation comprennent les droits dus sur les transmissions d'immeubles ou de valeurs mobilières dont la cession est, comme celle de ces immeubles, assujettie à l'enregistrement dans un délai déterminé. Cette distinction ne résulte d'aucun texte de la loi ; mais elle sert souvent à en expliquer les dispositions (1).

On lui préfère comme plus pratique et plus essentielle la distinction qui repose sur l'enregistrement obligatoire ou facultatif des actes ou des mutations. Les lois fiscales, en effet, sont fondées, dans leurs dispositions principales, sur cette division. Elle a surtout un intérêt capital pour l'application des tarifs, des prescriptions, de l'action en recouvrement, etc., nous la retrouverons à chaque instant dans les différents mots de cet ouvrage.

1. « Par le droit d'acte, c'est l'acte lui-même qui demeure la cause du droit, la convention servant seulement à en déterminer l'élévation, tandis que par le droit de mutation, c'est la convention elle-même, c'est-à-dire le passage de la propriété d'une main dans une autre qui est spécialement atteint. De là cette conséquence notable : à l'égard des droits d'actes, il faut, pour la perception prendre l'écrit tel qu'il est et n'admettre aucune preuve, de quelque nature qu'elle soit, contre ou outre le contenu, ni sur ce qui serait allégué avoir été dit, fait ou convenu, avant, lors ou depuis la rédaction (C. civ. 1341). Au contraire, à l'égard du droit de mutation, la perception s'établit par ce qui a été dit et fait réellement, sur la mutation elle-même, quels que soient les termes de l'acte soumis à la formalité. Telle a été la règle de tout temps. . . . Loin que la législation nouvelle ait apporté quelques modifications à ces doctrines unanimement reçues dans l'ancien droit, elle les a virtuellement confirmées. En effet, la loi du 22 frimaire an 7 confirme dans son article 2 que « les droits d'enregistrement sont fixes ou proportionnels, suivant la nature des *actes* et *mutations*, qui y sont assujettis; » ce qui revient à dire que c'est la nature de l'acte qui doit être prise en considération dans la perception d'un droit d'acte, et que c'est à la nature de la mutation qu'il faut s'attacher pour la perception du droit de mutation. Disons de plus que les art. 14, 15 et 17 de la même loi confirment puissamment cette appréciation. D'après l'art. 15, le droit de mutation immobilière se liquide sur le prix exprimé dans le contrat ou sur une déclaration estimative des parties; et, d'après l'art. 14, c'est aussi sur le prix exprimé que le droit d'acte doit être liquidé. Mais il y a, entre les deux, cette différence essentielle, que, tandis que, pour le premier, la loi offre à la Régie la ressource de l'expertise si elle croit ne devoir pas s'en tenir aux bases d'évaluation indiquées (art. 17), pour le second, au contraire, la Régie n'a pas le droit de recourir à l'expertise, et doit percevoir selon le contenu de l'acte. Qu'est-ce là, sinon la réalisation parfaite de la règle ancienne d'après laquelle l'impôt de l'enregistrement frappe, quant aux droits d'actes, les écrits tels qu'ils sont, et quant aux droits de mutation, la convention elle-même » (Dalloz, n° 79).

« Terminons, disent Champ. et Rig., n° 135, sur les preuves que la Régie peut utilement employer, et la distinction à conserver entre les droits d'actes et les droits de mutation, par une observation importante et dont nous avons déjà fait application. Aux termes de l'art. 2, L. 22 frimaire, le droit est proportionnel ou fixe suivant la *nature des actes* et des *mutations*. Il résulte de ces expressions, dont le sens est fort clair, que dans la perception d'un droit d'*acte*, c'est à la nature de l'acte qu'il faut s'attacher, mais que dans les mutations, c'est à la nature des mutations. Les droits d'actes n'étant exigibles que sur l'acte représenté, son existence matérielle est toujours certaine ; on n'a plus alors qu'à en déterminer la nature. Or, cette nature est indiquée par l'acte lui-même ; elle ne le serait pas par des circonstances extérieures. Ces circonstances pourraient faire connaître une convention cachée, des dispositions secrètes, des faits dissimulés; mais cette convention, ces dispositions, ces faits, sont tout autre chose que l'acte qu'il s'agit d'enregistrer ; loin que l'acte en soit la preuve, c'est-à-dire ce qui les met au jour, il est le voile qui les cache; pour les découvrir il faut le déchirer. Jamais, dans un acte de vente, on ne peut voir le titre d'une donation; si la donation est prouvée, ce ne sera pas par l'acte, ce sera par d'autres moyens et malgré l'acte.

La nature d'un acte est donc déterminée par son contenu et par son contenu seul; percevoir selon sa nature, c'est percevoir le droit établi par la convention qu'il indique, qu'il prouve, dont il est le titre. Appliquer le droit en considérant les circonstances extérieures, c'est percevoir selon la nature de la convention réelle, mais non selon la nature de l'acte; c'est faire porter le droit sur le contrat verbal, et non sur le contrat écrit; c'est méconnaître le vœu de la loi qui n'atteint pas le premier, mais le second.

En un mot, à l'égard des droits d'actes, il faut prendre l'écrit tel qu'il est; pour établir la perception, on ne doit admettre aucune preuve, de quelque nature qu'elle soit contre et outre son contenu, ni sur ce qui serait allégué avoir été dit, fait ou convenu, avant, lors ou depuis sa rédaction (art. 3141, C. C.). Mais s'il s'agit d'un droit de mutation, il n'en est plus ainsi; c'est sur la transmission que le droit porte et non sur l'écrit; l'écrit n'est plus qu'une preuve de la mutation. Cette preuve peut être détruite comme peuvent

341. Formalité à donner immédiatement. — L'enregistrement *immédiat* des actes déposés au bureau, et dont les droits ont été consignés, est un droit pour les officiers publics et un devoir pour les receveurs. Aucun délai n'est accordé au receveur par l'art. 56 L. 22 frimaire an 7 ; il doit s'attacher à concilier ses travaux avec l'urgence qui peut exister pour l'enregistrement d'un acte. L'art. 56 de la loi de frimaire est précis à cet égard; on ne peut retenir les actes vingt-quatre heures que dans le cas que cet article prévoit, c'est-à-dire dans celui où l'acte pouvant être utile pour la découverte de droits dus, le receveur aurait à en faire faire une collation en forme, mais non pour l'enregistrement. Et l'officier public a le droit d'attendre dans le bureau que l'acte soit formalisé et d'assister à l'exécution de cette formalité (9104 J. N.; 13445-1, J. E. — Jonzac, 5 juin 1838, 10072 J. N.).

342. Acte contenant plusieurs dispositions. — On ne peut syncoper la perception des droits sur un acte, c'est-à-dire percevoir ceux d'une disposition et laisser en suspens ceux d'une autre. — V. *Enregistrement*, n° 7708.

C'est au mot *Acte contenant plusieurs dispositions* que l'on trouvera les règles servant à déterminer, pour la perception des droits, le caractère principal ou accessoire des dispositions existant dans les actes.

343. Interprétation des actes. — L'interprétation des actes doit se faire par les actes eux-mêmes, puisqu'ils sont la loi des parties. A cet égard, le principe est posé dans l'art. 1341 C. C., aux termes duquel il n'est reçu aucune preuve par témoins contre et outre le contenu aux actes, ni sur ce qui serait allégué avoir été dit avant, lors ou depuis les actes (*V.* 340-1, note). Et pour arriver à cette interprétation, on doit rechercher quelle a été la commune intention des parties, plutôt que s'arrêter au sens littéral des termes (1156 C. C.). Les art. 1157 et 1161 même code posent encore des règles d'interprétation. Ainsi lorsqu'une clause est susceptible de deux sens, on doit plutôt l'entendre dans celui avec lequel elle peut avoir quelque effet, que dans le sens avec lequel elle n'en peut produire aucun. Et toutes les clauses des conventions doivent s'interpréter les unes par les autres, en donnant à chacune le sens qui résulte de l'acte entier. — *V.* le mot *Convention* n° 5555, où cette question a reçu les développements nécessaires.

344. Idiome. — Acte public. — Un arrêté du 24 prairial an 11 a prescrit de rédiger les actes en langue française. Néanmoins, cet arrêté permet, par son article second, aux officiers publics des lieux où on ne parle pas français d'écrire à mi-marge de la minute française la traduction en idiome du pays lorsqu'ils en seront requis par les parties.

1. ACTE SOUS SEING PRIVÉ. — D'ailleurs cette nécessité de la rédaction en français n'est rigoureusement imposée que pour les actes publics. C'est ce qui résulte formellement de l'art. 3, arrêté 24 prairial an 11, pour les actes consentis dans les départements où l'on ne parle pas français. Cet article ajoute, toutefois, la charge, pour les parties qui présentent des actes de cette espèce à la formalité de l'enregistrement, d'y joindre à leurs frais une traduction française desdits actes, certifiée par un traducteur juré. — V. *Traduction*.

345. Validité des actes. — Un axiome en matière d'enregistrement, c'est que les employés ne sont pas juges de la validité des actes et qu'ils doivent leur donner la formalité et percevoir les droits, indépendamment de tout vice, emportant même nullité radicale, dont ils seraient atteints. Aussi le ministre de la justice a-t-il décidé, le 28 mars 1807, qu'un receveur ne peut refuser l'enregistrement d'un acte public, écrit en idiome italien, après le délai fixé par le décret du 20 juin 1806, qui frappait un tel acte de nullité (2542. J. E.). — V. le mot *Nullité*, n° 11848.

ACTE (DONNER).

346. Acte (donner). — On dit, en procédure, donner acte : c'est constater par jugement, sur la demande d'une partie, un aveu ou une déclaration de son adversaire; c'est aussi assurer judiciairement à une partie le bénéfice d'une réserve qu'elle croit devoir faire dans son intérêt (Dalloz, Jur. gén., t. 2, p. 377, v° *Acte*, n° 3).

ACTE A CAUSE DE MORT.

347. Acte à cause de mort. — Nom que l'on donne aux actes faits en vue de la mort, ou qui ne doivent être exécutés qu'à cette époque.

---

l'être toutes les preuves, par une preuve contraire et plus puissante. Aussi de même que l'Administration peut chercher, hors de l'acte, la nature de la convention, de même on peut lui opposer des circonstances, des faits extérieurs à l'acte, qui établissent que la mutation ne s'est point opérée. L'acte s'anéantit devant des preuves plus fortes qui le contredisent; il n'y a pas de droit à percevoir, si malgré la déclaration de l'acte, il n'y a point eu de mutation, car l'objet de l'impôt, c'est la mutation et non l'acte. Percevoir sur l'acte, sans considérer la mutation réelle et effective, c'est faire porter le droit sur ce que la loi n'atteint pas, c'est le déterminer selon la nature de l'acte et non selon la nature de la mutation; c'est méconnaître le principe nettement posé par l'art. 2 de la loi de frimaire et confirmé par les dispositions que nous avons expliquées.

On peut donc prouver contre et outre le revenu aux actes, quand il s'agit de mutation immobilière, et établir la perception sur ce qui a été dit, fait ou convenu, avant, lors ou depuis sa rédaction. C'est la réalité qu'il faut rechercher ainsi que nous l'avons déjà dit (n° 104) : *Quod gestum, non quod scriptum inspicitur*, parce que c'est le *gestum*, la mutation, et non le *scriptum*, l'acte, que l'impôt doit frapper.»

« Certains faits juridiques, dit encore M. Demante, n'encourent l'impôt qu'autant qu'ils sont constatés par acte. Dans ce cas, l'impôt est appelé *droit d'acte*. D'autres sont imposés en eux-mêmes : à défaut d'acte, l'Administration peut les rechercher et en faire la preuve par d'autres moyens. Dans ce cas, l'impôt est appelé *droit de mutation*. La loi de frimaire n'avait établi de droit de mutation que sur les transmissions par décès de meubles ou d'immeubles (*V.* art. 6, 28, 73 L. fr.). Mais la loi du 27 ventôse an 9 (art. 4) y a assujetti, en outre, les transmissions entre-vifs de propriété ou d'usufruit de biens immeubles (*Principes de l'enregistrement*, n° 13).

M. le professeur Dubois, qui fait à la Faculté de Nancy un cours public d'enregistrement très-apprécié, signale, sur ce point, une équivoque fréquente, « une erreur, dit-il, qu'il importe de signaler parce qu'elle est fort répandue, surtout parmi les praticiens, c'est celle que l'on commet lorsque l'on confond la distinction des droits d'acte et de mutation avec celle des droits fixes et proportionnels. Pour beaucoup de personnes, droit d'acte signifie droit fixe, et droit proportionnel veut dire droit de mutation. Ce qui occasionne l'erreur et en même temps explique qu'elle soit si fréquente, c'est que : 1° Tous les droits fixes sont des droits d'acte ; 2° Tous les droits de mutation sont proportionnels. Mais tous les droits proportionnels ne sont pas de mutation. Un grand nombre de droits proportionnels sont des droits d'acte, c'est-à-dire ne sont exigibles qu'autant qu'il existe un acte écrit, acte instrumentaire. Tels sont les droits d'obligation et ceux de libération ; tels sont encore, en règle générale du moins et sauf de rares exceptions, les droits qui frappent les transmissions entre-vifs de propriété, d'usufruit ou de jouissance des biens meubles (Leçon d'ouverture des cours, R. P. n° 4319).

ACTE ADDITIONNEL.

348. Acte additionnel. — En droit, les additions qui sont faites à un acte de société doivent être publiées. Tout acte additionnel à un contrat de mariage doit être fait dans les formes indiquées. — V. *Contrat de mariage*, *Sociétés*.

ACTES ADMINISTRATIFS.

DIVISION

SOMMAIRE

CHAPITRE PREMIER. — DISPOSITIONS GÉNÉRALES.

[349-355]

349. Définition. — Dans le langage ordinaire et dans un sens général, on donne le nom d'*acte administratif* à tout acte émané du pouvoir exécutif, par opposition aux actes du pouvoir législatif et du pouvoir judiciaire; mais dans le langage du droit, cette qualification n'appartient qu'aux actes d'administration émanés d'une autorité ou d'un fonctionnaire administratif agissant dans l'exercice des fonctions qui lui sont confiées par la loi.

350. Fonctionnaire administratif. — Une question découle naturellement de la définition que nous venons de donner. Quels sont les fonctionnaires de l'ordre administratif? Parmi les autorités administratives, on peut désigner sans difficulté : le *conseil d'État*, les *ministres*, les *conseils de préfecture*, les *préfets*, les *sous-préfets* et les *maires*. Quant aux agents exerçant des fonctions administratives, ce sont les administrateurs des hospices, bureaux de bienfaisance, fabriques et autres établissements publics.

Les expressions fonctionnaires publics, porte un arrêt de la Cour de cassation belge, du 5 mai 1834, comprennent toutes les personnes chargées en titre d'un ministère ou d'un service dans l'intérêt public.

351. Caractère de l'acte administratif. — On avait, pendant longtemps, enseigné que pour qu'un acte ait le caractère d'acte administratif, dans le sens juridique de ce mot, il fallait, en premier lieu, qu'il émanât d'une autorité de l'ordre administratif, et, en second lieu, qu'il se rapportât à un objet d'administration. Le concours de ces deux conditions semblait indispensable. On pensait, dès lors, que l'administrateur qui fait un acte étranger à l'administration n'agissait que comme personne privée, ne conférait pas à cet acte le caractère de l'acte administratif.

1. ACTE D'ADMINISTRATION GÉNÉRALE. — Ainsi on considérait comme des actes administratifs proprement dits, authentiques, exécutoires, les décisions des ministres, les arrêtés des préfets, les ordonnances des maires rendues *pour l'exécution des lois* (Grenier, *Hyp.*, n° 9, C. Paris, 4 therm. an 10; C. Rouen, 22 mai 1818, 2512 et 2660 J. N.).

2. ADMINISTRATEURS AGISSANT COMME MANDATAIRES D'UN INTÉRÊT PRIVÉ. — Mais quand les fonctionnaires de l'ordre administratif n'agissaient qu'en qualité de mandataires ou représentants de la partie, comme, par exemple, dans les adjudications, les baux, les marchés et autres actes reçus par les *maires* et contenant des conventions entre les *communes* et les particuliers, on pensait que leur présence n'imprimait aux actes aucun *caractère d'authenticité*. Ces actes restaient dans la classe des actes sous seing privé; nuls, s'ils n'étaient signés de toutes les parties (Cormenin, *Quest.*, 3e édit., t. 1er, p. 376). — C'est dans ce sens que la C. de Limoges avait jugé, le 14 janvier 1837 (11811-2 J. E.), qu'un maire, en recevant un bail des biens de sa commune, n'avait pu agir qu'en sa qualité de mandataire et administrateur légal des biens de la commune, et nullement en qualité de délégataire de la puissance publique; qu'il était dès lors sans caractère, nonobstant toute approbation de l'autorité supérieure, pour imprimer à l'acte force d'exécution. Cette distinction n'a pas été maintenue par la jurisprudence.

352. La forme sous seing privé n'empêche pas l'authenticité. — La Cour de cassation a décidé que quand le traité concernant les intérêts particuliers de l'établissement public ou de la commune, a été passé par le fonctionnaire compétent et qu'il a été précédé ou suivi des autorisations ou approbations nécessaires, il constitue, au même titre que l'acte d'administration générale, un contrat administratif authentique, soumis *malgré sa forme d'acte sous signatures privées*, aux règles sur l'enregistrement des actes administratifs.

1. TRAITÉ SOUS SEING PRIVÉ ENTRE LE MAIRE ET UN PARTICULIER. — Ainsi le traité passé par acte sous seings privés entre un particulier et le maire d'une ville, par lequel le premier se rend entrepreneur de travaux à faire dans l'intérêt de cette ville, doit, comme tout traité formé sur adjudication après enchères, être enregistré dans les vingt jours de sa date à peine du droit en sus (Cass. 12 mai 1830, I. G. 1336, § 10 ; S. 30. 1. 177).

2. MARCHÉ DE GRÉ A GRÉ. — Décidé également que l'art. 78 de la loi du 15 mai 1818 ne s'applique pas seulement aux marchés par adjudication, mais s'étend aussi aux marchés de gré à gré, faits par acte sous seings privés entre les administrations ou établissements publics et les particuliers (Cass. 22 janv. 1845, S. 45. 1. 103; I. G. 1743-6).

3. MARCHÉ SUR SOUMISSION. — De même le traité passé pour la construction d'une halle entre le préfet de la Seine agissant en sa qualité comme représentant la ville de Paris, et le gérant de la compagnie du Marché du Temple, intervenu à la suite de délibérations prises par le conseil municipal de la ville de Paris, de la soumission de la compagnie, et du décret portant autorisation de conclure le marché, constitue, non point un acte sous seing privé dans le sens de l'art. 22 de la loi du 11 juin 1859, mais un acte public administratif contenant le marché sur soumission nominativement assujetti, par l'art. 78 de la loi du 15 mai 1818, à l'enregistrement dans le délai de vingt jours (Cass. 19 nov. 1867, 19087 J. N., 2594 R. P., I. G. 2362-4, S. 68. 1. 40, D. 67. 1. 451).

4. ACTES DE L'ADMINISTRATION DES HOSPICES. — Il faut ranger dans cette catégorie les actes de transmission de la propriété ou de la jouissance des biens des hospices, et les marchés de toute nature faits par les commissions administratives chargées de la gestion de ces établissements sous la présidence des maires et placées sous la tutelle de l'Administration supérieure; l'approbation du préfet, nécessaire pour donner à ces actes de l'Administration des hospices leur complément et leur force juridique, leur confère en même temps le caractère d'authenticité et ils rentrent ainsi dans la catégorie des actes assujettis au timbre et à l'enregistrement dans le délai de vingt jours par l'art. 78 de la loi du 15 mai 1818, qui se réfère à l'art. 20 de la loi du 22 frimaire an 7, et aux articles de la même loi ayant pour objet de déterminer les droits à percevoir suivant la nature des actes (Cass. 28 janv. 1868, 2601 R. P., 19183 J. N., 18474 J. E., S. 68. 1. 228, D. 68. 1. 100).

V. *Commerçant.* — *Acte de commerce*, n° 4208.

SECTION PREMIÈRE. — APPROBATION.

[353-355]

353. Approbation. — Le système de centralisation absolu, qui nous a si longtemps gouvernés, tendait à soumettre tous les actes émanés d'un fonctionnaire de l'ordre administratif à l'approbation du fonctionnaire immédiatement supérieur dans l'ordre hiérarchique.

1. ACTES D'ADMINISTRATION GÉNÉRALE. — C'est ainsi qu'il avait été établi que les arrêtés des préfets *sur tous les objets qui intéressent le régime de l'administration générale de l'État*, ou *sur les entreprises nouvelles et les travaux extraordinaires*, ne doivent être exécutés qu'après avoir reçu l'autorisation du Gouvernement (Loi 22 déc. 1789, sect. 3, art. 5. — Circul. 5 prair. an 12). — Ceux des sous-préfets doivent

être soumis à l'approbation des préfets, — et ceux des maires à l'approbation des sous-préfets.

353 *bis*. Actes d'administration particulière. —Des doutes auraient pu s'élever au sujet des actes que les fonctionnaires de l'ordre administratif passent lorsqu'ils agissent en qualité de mandataires ou représentants de la partie. Mais les idées de centralisation l'avaient emporté.

1. BAIL ASSUJETTI A L'APPROBATION. — CONFUSION AVEC D'AUTRES ACTES. — L'art. 5 de l'ordonnance du 7 octobre 1818 portait expressément que les *baux* ne seraient définitifs qu'après l'approbation, et que le délai d'enregistrement courrait à partir de cette approbation. Quoique cette règle fût spéciale au contrat de location, il parut que le principe en devait être étendu, *par identité de motifs*, à toutes les ventes, échanges, acquisitions ou partage de biens communaux. Cette assimilation fut consacrée par une D. m. f. du 4 août 1838; si bien que la question fut même énoncée dans l'I. G. 1577 § 6, comme un point de droit tout à fait évident : « *Les ventes des biens des communes, les acquisitions faites à leur profit, sont soumises à l'approbation du préfet et ne sont pas définitives auparavant* » (*Conf.* 9570 et 9796 J. N.; Champ. et Rig., supplément, 949).

On ne saurait disconvenir pourtant que c'était accroître beaucoup les sévérités de la loi, et que les termes de l'ordonnance de 1818 ne justifiaient guère une pareille extension; mais l'erreur s'enracina d'autant plus profondément, que le ministre de l'intérieur vint ajouter son autorité à celle de l'Administration. En effet, une circulaire du 31 juillet 1839 ordonna aux préfets de n'autoriser la vente des biens communaux qu'en subordonnant l'effet de ces autorisations à l'approbation ultérieure des procès-verbaux d'adjudication par l'autorité supérieure (Dalloz, v° *Commune*, n° 2431). — En outre, dans des instructions adressées le 6 mars 1840 aux préfets, le ministre s'exprimait ainsi : « Le cahier des charges contenant toujours la réserve expresse que l'adjudication ne sera définitive qu'après avoir été approuvée par le préfet, il s'ensuit que, tant que cette approbation n'est pas donnée, il n'y a pas de contrat *parfait* entre la commune et l'adjudicataire, que par conséquent ce dernier ne peut exciper d'un droit incommutable, et que l'Administration supérieure a toujours la faculté, en refusant l'approbation nécessaire, d'empêcher que l'adjudication n'ait aucun effet » (*École des Communes*, 1840, p. 140).

Cette interprétation ministérielle fut naturellement acceptée par l'administration de l'Enregistrement. Une délibération du 19 avril 1844 décida que les adjudications des biens communaux n'étaient point sujettes à l'enregistrement avant leur approbation, parce que jusque-là le contrat restait à l'état de projet et que ce projet n'avait aucune valeur (12408 J. N.). Une décision ministérielle du 22 janvier 1855 (2025, § 2 I. G. 359 R. P.), avait par suite reconnu que l'enregistrement des actes notariés de l'espèce pouvait avoir lieu dans les vingt jours à partir de la remise à l'officier public de l'arrêté d'approbation, remise qui était constatée par un certificat du maire en marge de l'arrêté.

2. VENTE NON SUJETTE A APPROBATION. — Plusieurs fois, cependant, le refus fait par des préfets d'approuver des contrats de vente dont la passation avait été régulièrement autorisée, avait soulevé des embarras; et dans les arrêts rendus à cette occasion les 22 juin 1854, 18 août 1856 et 4 juillet 1860, on pouvait déjà pressentir la doctrine du conseil d'État (S. 57-2-586 et 61-2-319). Mais chaque affaire présentait des circonstances particulières qui laissaient du doute sur l'application du point de droit, lorsque intervint l'arrêt du conseil d'État du 12 juin 1873, approuvé le 6 juillet suivant, que nous avons rapporté au n° 1927 du R. P., annulant un arrêté du préfet qui avait lui-même déclaré nulle une vente de biens d'une commune, intervenue à la suite d'une délibération du conseil municipal approuvée par le préfet, sous le prétexte que la vente elle-même n'avait pas été approuvée.

En présence de cet arrêt, le doute n'était pas possible. Il fallait reconnaître qu'aucune disposition de loi ne subordonne l'exécution des actes de vente de biens communaux à l'approbation du préfet, alors que la vente est intervenue sur une délibération du conseil municipal approuvée.

Aussi le ministre des finances a-t-il décidé, le 25 mars 1865 (2217 R. P.), « que le délai de l'enregistrement court à partir de leur date, pour les actes intéressant les communes et les établissements publics, à moins que ces actes n'aient pas été précédés des formalités prescrites par la loi, ou qu'il ne s'agisse de conventions expressément assujetties, par un texte spécial, à l'approbation de l'autorité supérieure. »

Les principes qui découlent de cette décision, en matière de délais pour l'enregistrement, seront indiqués au chap. 6, *infrà*.

Quoi qu'il en soit, voici la règle qui doit maintenant prévaloir par interprétation de la décision ministérielle du 25 mars 1865:

354. Actes dispensés de l'approbation. — Sont dispensés de l'approbation préfectorale, les actes de vente, acquisition, échange et partage qui ont été préalablement autorisés par des délibérations des conseils municipaux dûment approuvées par les préfets. Cette règle s'applique aux actes rédigés par les maires et adjoints, aussi bien qu'à ceux passés devant notaires.

354 *bis*. Actes assujettis à l'approbation. — Restent assujettis à l'approbation préfectorale, sans distinction entre les actes passés par les maires et ceux reçus par les notaires :

1. ACTES NON AUTORISÉS PAR DÉLIBÉRATIONS MUNICIPALES APPROUVÉES. — Les actes de vente, acquisition, échange et partage qui n'ont pas été préalablement autorisés par des délibérations des conseils municipaux dûment approuvées par les préfets.

2. ACTES ASSUJETTIS A L'APPROBATION PAR UN TEXTE SPÉCIAL. — Les conventions qu'un texte spécial assujettit à l'approbation de l'autorité supérieure, telles que : les baux de biens communaux, quelle qu'en soit la durée (L. 18 juill. 1837, art. 47, § 2, 9e sér.; Bull. 521, 6946); — les transactions consenties par les conseils municipaux (L. préc. 18 juill. 1837, art. 59); — les adjudications et

marchés pour travaux et fournitures au nom des communes et des établissements de bienfaisance (Ord. 14 nov. 1837, art. 1er, 2 et 10, 9e sér.; Bull. 546, 7183); — les baux à ferme des hospices et autres établissements publics, de bienfaisance ou d'instruction publique (Décr. 12 août 1807, art. 1er, 4e sér.; Bull. 155, 2655; 386, § 6 I. G.).

3. ACTES DES FABRIQUES DES ÉGLISES DE LA CONFESSION D'AUGSBOURG. — Quant aux actes concernant l'administration des biens des fabriques des églises protestantes de la confession d'Augsbourg, l'exécution en est subordonnée à l'approbation du directoire central (D. m. 18 févr. 1853; 2004, § 1er I. G.).

4. ENREGISTREMENT. — Pour les actes que nous venons d'énumérer, la règle reste la même que par le passé, c'est-à-dire que tous ces actes faits, soit devant les notaires, soit devant les maires et autres autorités administratives, *ne sont point sujets à l'enregistrement* lorsqu'ils n'ont pas été approuvés. Ces actes sont alors considérés comme restés à l'état de *simple projet*, et ce projet n'a aucune valeur ni comme acte de notaire, ni comme acte administratif. — C'est ce qui a été reconnu dans une espèce où il s'agissait d'un acte notarié portant adjudication de biens communaux que l'autorité avait refusé d'approuver (Dél. 19 avr. 1844, 12008 J. N.). — Jugé de même que lorsqu'un marché fait par un hospice n'a pas été approuvé par l'autorité supérieure, il doit être considéré comme simple projet non sujet à l'enregistrement (Périgueux, 23 déc. 1843, 12034 J. N.). — *V.* dans le même sens Champ. et Rig., Suppl. 949; Dalloz, 4973, et Strasbourg, 8 fév. 1844, Mass. Delong., Cod. an. 653.

355. Moyen d'obtenir l'approbation. — Copie. — L'approbation est donnée au vu de la copie de l'acte par un arrêté séparé (C. m. i. 6 sept. 1853; 2003 § 1er I. G.). La remise est constatée par une attestation du maire datée et signée en marge de l'arrêté qui reste annexé à la minute (D. m. f. 22 janv. 1855; 2023 § 2 I. G.).

Lorsqu'il s'agit de demander l'approbation d'une vente ou d'un bail de biens communaux, il suffit de remettre au préfet une copie sur *papier libre* du procès-verbal d'adjudication (L. m. j. 9 juill. 1852; 15587 J. E.; 14848 J. N.), et les notaires peuvent, comme précédemment, délivrer aux préfets des copies sur papier non timbré des actes reçus par eux et adressés à des magistrats en vue de l'approbation (D. m. f. 8 mars 1854; 2003 § 1er I. G.).

1. FABRIQUES. — La même faculté est accordée à l'égard des actes concernant l'administration des biens des fabriques des églises protestantes de la confession d'Augsbourg et dont l'exécution est subordonnée à l'approbation du consistoire central (même instruction). — *V.* 354 *bis* § 3.

2. RENSEIGNEMENT. — AUTORISATION D'ACQUÉRIR. — Mais l'exemption ne doit pas être étendue au delà de ces limites. Il a été reconnu que la dispense du timbre ne s'applique pas aux copies d'actes faites par les notaires détenteurs des minutes ou des originaux, et qui sont produites par des fabriques et autres établissements religieux, à titre de renseignement ou comme complément d'instruction, pour obtenir l'autorisation d'acquérir ou d'aliéner (D. m. f. 14 juin 1864; 2341 § 4 I. G.; 2428 § 5 R. P.).

CHAPITRE II. — QUOTITÉS ET APPLICATIONS DU DROIT

[356-421]

SECTION PREMIÈRE — LÉGISLATION

[356-361]

356. Lois des 13 brumaire et 22 frimaire an 7. — La législation relative au timbre et à l'enregistrement des actes administratifs a suivi des phases diverses qu'il est indispensable d'indiquer rapidement afin de déterminer avec précision la portée des règles qui gouvernent actuellement la perception.

Sous l'empire des lois fondamentales des 13 brumaire an 7 sur le timbre et 22 frimaire an 7 sur l'enregistrement, les seuls actes administratifs dispensés de l'impôt étaient ceux qui se rapportaient à l'Administration générale. Tous ceux qui concernaient les intérêts privés des départements, des communes ou des établissements publics restaient soumis aux droits établis pour les actes des simples particuliers. C'est ce qui résulte des dispositions combinées des art. 12 et 16 de la loi du 13 brumaire an 7 et 70 de celle du 22 frimaire an 7.

La loi de frimaire an 7 n'avait accordé qu'une seule faveur spéciale aux actes administratifs passés dans un but d'intérêt privé. L'art. 69, § 2, nº 3, avait réduit à 50 cent. pour 100 le taux le plus élevé auquel étaient soumis les marchés.

357. Décret du 4 messidor an 13. — L'application des règles précédentes souleva des difficultés pour la distinction des actes administratifs passés dans un intérêt privé et ceux qui concernaient l'intérêt général. Afin de les faire cesser, il intervint un décret du 4 messidor an 13 portant :

« ART. 3. — A l'avenir, les établissements publics pourront tenir, pour les actes relatifs à leur administration, deux registres : l'un pour les actes de police intérieure et sans aucun rapport avec les personnes étrangères à l'établissement, et l'autre pour les actes d'administration temporelle et extérieure. Le premier registre sera exempt de timbre : aucun acte sujet à l'enregistrement ne pourra être inscrit sur ce registre.

« ART. 4. — Si, sur le registre des actes d'administration temporelle, il était porté des actes reçus par un secrétaire ou autre officier de l'établissement et qui constaterait qu'on s'est présenté devant lui pour rédiger les conventions y portées, lesdits actes seraient sujets à l'enregistrement dans les vingt jours, comme ceux des secrétaires des administrations centrales ou municipales.

« ART. — 5. Tous les autres actes consignés sur le registre timbré, en forme de délibération des membres de l'établissement, même avec le concours des particuliers, ne seront considérés que comme actes sous seing privé, qu'il suffira de faire enregistrer quand on voudra en faire un usage public, excepté ceux qui renfermeraient des dispositions translatives de propriété, d'usufruit ou de jouissance de biens immeubles, lesquels devront être enregistrés dans les trois mois de leur date.

« La distinction entre les deux natures d'actes parut bien tranchée. « Pour résoudre avec justesse, porte une D. m. f. du « 23 novembre 1809, et dans le sens de la loi toutes les difficul« tés que la perception des droits de timbre et d'enregistre« ment sur les actes administratifs pourrait présenter, il suf« fira de bien saisir la distinction que l'on doit établir entre « les actes ayant rapport aux objets qui sont particuliers aux « communes et aux établissements publics et les actes qui, « étant relatifs à l'Administration générale, concernent unique« ment l'exécution des lois et l'intérêt de l'État. La ligne « qui sépare ces deux classes d'actes étant tracée, il sera « facile de reconnaître les cas où il y a lieu de faire acquitter « les droits auxquels les simples particuliers sont eux-mêmes « assujettis et les cas où on doit appliquer les exemptions « que la loi autorise » (454 I. G.).

358. Loi du 28 avril 1816. — Ces principes ne furent pas modifiés par la loi du 28 avril 1816. Elle se borna à relever le tarif de faveur accordé aux marchés. Son art. 51 déclara soumis au droit de 1 pour 100 « les adjudications au rabais et marchés pour constructions, réparations, entretien, approvisionnements et fournitures dont le prix doit être payé par le Trésor royal, ou par les administrations locales, ou par des établissements publics. »

359. Loi du 15 mai 1818. — Il ne paraît pas que le décret de messidor an 13 ait eu pour résultat de faire cesser comme on s'y attendait les difficultés relatives à l'enregistrement des actes administratifs. Le législateur dut intervenir au contraire pour les faire cesser : « On s'est plaint, disait-on à la Chambre des députés, que des procédés humiliants étaient exercés envers des citoyens qui devaient en être préservés par leur considération personnelle et la gratuité de leurs fonctions; il paraît même qu'il a été prononcé contre eux des restitutions de droits et des amendes qui les ont induits en des pertes personnelles, tandis que le bénéfice qui serait résulté des contraventions n'aurait point tourné à leur profit, mais à celui des communes. Votre commission propose donc aux lois existantes certaines modifications qui concilient les intérêts de la perception avec les ménagements que l'on doit aux citoyens respectables qui, par un privilège particulier à la France, y exercent gratuitement le dernier et le plus utile degré du pouvoir, celui qui s'adresse directement à chaque individu » (Exposé des motifs, L. du 15 mai 1818).

Ces modifications ont été réalisées par la loi du 15 mai 1818 dans les articles suivants :

« ART. 73. — Ne seront sujets qu'au droit fixe de 1 franc d'enregistrement : 1° les adjudications au rabais et marchés pour constructions, réparations, entretien, approvisionnements et fournitures dont le prix doit être payé directement ou indirectement par le Trésor public ; — 2° les cautionnements relatifs à ces adjudications et marchés.

« ART. 78. — Demeurent assujettis au timbre et à l'enregistrement sur la minute, dans le délai de vingt jours, conformément aux lois existantes : 1° les actes des autorités administratives et des établissements publics portant transmission de propriété, d'usufruit et de jouissance, les adjudications ou marchés de toute nature, aux enchères, au rabais ou sur soumissions ; — 2° les cautionnements relatifs à ces actes.

« ART. 79. — La disposition de l'art. 37 de la loi du 12 décembre 1798 (22 frim. an 7) qui autorise, pour les adjudications en séance publique seulement, la remise d'un extrait au receveur de l'Enregistrement pour la décharge du secrétaire, lorsque les parties n'ont pas consigné les droits en ses mains, est étendue aux autres actes ci-dessus énoncés.

« ART. 80. — Tous les actes, arrêtés et décisions des autorités administratives, non dénommés dans l'art. 78, sont exempts du timbre sur la minute et de l'enregistrement tant sur la minute que sur l'expédition. Toutefois, aucune expédition ne pourra être délivrée aux parties que sur papier timbré, si ce n'est à des individus indigents, et à la charge d'en faire mention dans l'expédition.

« ART. 82. — Les seuls actes dont il devra être tenu répertoire sur papier timbré dans les préfectures, sous-préfectures et mairies, et dont les préposés pourront demander communication, sont ceux désignés dans l'art. 78 de la présente loi. »

360. Loi du 18 avril 1831. — Une exception nouvelle aux principes fut consacrée par l'art. 7 de la loi du 18 avril 1831, ainsi conçu :

« Les hospices, séminaires, fabriques, *congrégations religieuses*, consistoires et généralement tous établissements publics légalement autorisés, payeront 10 francs pour droit fixe d'enregistrement et de transcription hypothécaire, sur les actes d'acquisition qu'ils feront, et sur les donations ou legs qu'ils recueilleront, lorsque les immeubles acquis ou donnés devront recevoir une *destination d'utilité publique*, et ne pas produire de *revenus*, sans préjudice des exceptions déjà existantes en faveur de quelques-uns de ces établissements; le droit fixe de 10 francs, fixé par le présent article, sera réduit à 1 franc toutes les fois que la valeur des immeubles acquis ou donnés n'excédera pas 500 francs en capital. »

Cette disposition fit naître des difficultés de toute nature, que nous ne rappellerons pas ici, jusqu'au moment où la loi du 18 avril 1831 vint replacer dans le droit commun les départements, arrondissements, communes et établissements publics en général. L'art. 17 de cette loi est ainsi conçu :

« Sont et demeurent abrogés l'art. 7 de la loi du 16 juin 1824, et les dispositions des lois, décrets et arrêtés du Gouvernement qui n'ont assujetti qu'au droit fixe, pour l'enregistrement et la transcription hypothécaire, les actes d'acquisition et les donations et legs faits au profit des départements, arrondissements, communes, hospices, séminaires, fabriques, congrégations, consistoires et autres établissements publics. En conséquence, ces acquisitions, donations et legs seront soumis aux droits proportionnels d'enregistrement et de transcription établis par les lois existantes » (1362 I. G.).

361. Loi du 28 février 1872. — La loi du 15 mai 1818 a toujours été depuis lors, et elle est encore actuellement, la base fondamentale de l'exigibilité des droits sur les actes administratifs. C'est elle que nous aurons par conséquent à commenter. La seule modification dont elle a été l'objet concerne la tarification des marchés concernant l'État ou les établissements publics. L'art. 73 a été abrogé par l'art. 1er, paragraphe 9 de la loi du 28 février 1872, et remplacé par les dispositions suivantes :

« Les adjudications et marchés pour constructions, réparations, entretien, approvisionnements et fournitures dont le prix devra être payé par le Trésor public, et les cautionnements relatifs à ces adjudications et marchés sont assujettis au droit fixe gradué sur le prix exprimé ou sur l'évaluation des objets. »

SECTION 2. — ÉTENDUE DE LA LOI DU 15 MAI 1818

[362-368]

ARTICLE PREMIER. — TIMBRE

[362-363]

362. Règle. — En ce qui concerne le timbre, l'Administration soutient que la loi de 1818 n'a été faite que pour les actes assujettis à l'enregistrement. Ses motifs sont que les art. 78 et 80 ne mentionnent le timbre qu'accessoirement à l'enregistrement, et qu'ils distinguent entre les minutes et les expéditions, ce qui indique bien qu'il s'agit uniquement des actes rédigés en minute et assujettis à l'inscription sur le répertoire. Quant aux actes tels que certificats, mémoires et autres pièces qui ne constituent pas des actes à enregistrer, ils sont demeurés, selon l'Administration, sous le régime de la loi du 13 brumaire an 7.

Cette thèse a été consacrée, par la Cour de cassation, le 2 juin 1875 (4109 R. P.), à propos du timbre des rôles des taxes municipales de Paris : « Attendu, porte l'arrêt, qu'on ne peut étendre à ces rôles la disposition de l'art. 80 de la loi du 15 mai 1818, qui exempte du droit de timbre sur la minute, et de l'enregistrement tant sur la minute que sur l'expédition, tous les actes, arrêtés ou décisions des autorités administratives ne portant pas transmission de propriété, et ne contenant aucun marché ou adjudication; que cette disposition, suivant ses propres termes, ne s'applique qu'aux actes rédigés en minute, et pouvant être délivrés en expédition, et non à des rôles ou états de recouvrement auxquels ces dénominations ne peuvent convenir. »

1. ACTES DONT IL EST GARDÉ MINUTE. — D'après cette jurisprudence, il faut donc admettre que, pour les actes dont il est gardé minute, c'est l'art. 78 de la loi du 15 mai 1818 qui indique ceux qui doivent être assujettis au timbre, et l'art. 80 qui prononce l'exemption des autres.

2. ACTES DONT IL N'EST PAS GARDÉ MINUTE. — Quant aux actes dont il n'est pas gardé minute, aucune loi n'ayant modifié les dispositions de la loi du 13 brumaire an 7, ce sont elles qui continuent à gouverner la matière.

3. EXPÉDITIONS. — Aucune difficulté ne peut s'élever d'ailleurs pour les expéditions. Du moment qu'elles sont délivrées dans un intérêt privé, et, sauf exception pour les indigents, elles sont toutes, que les actes soient ou non exempts du timbre sur la minute, assujetties au timbre par l'art. 80 de la loi du 15 mai 1818.

363. — Actes sur formules imprimées. — L'art. 18 de la loi du 13 brumaire an 7 laisse aux administrations publiques la faculté de se servir de papiers autres que ceux fournis par l'Administration, et, d'après l'art. 7 de la même loi, ces papiers doivent être timbrés avant qu'il en soit fait usage. L'exercice de cette faculté a fait naître la question de savoir si *les impressions* que font faire les préfets pour les procès-verbaux d'adjudication, les comptes des communes, etc., pouvaient être admises au timbre sans amende. Le ministre des finances a reconnu, le 24 décembre 1823 (7724 J. E.), qu'il n'est *réellement fait usage*, dans le sens de la loi, des formules imprimées que *lorsque les écritures faites et signées* leur ont donné le caractère d'actes ou d'expéditions.

1. TIMBRES MOBILES. — Un certain nombre de formules d'actes peuvent être aussi timbrées par les receveurs de l'Enregistrement au moyen de timbres mobiles. Nous en donnerons la nomenclature au mot *Timbre*, n° 17313.

ARTICLE 2. — ENREGISTREMENT

[264-368]

364. Règle. — En présence des dispositions des art. 78 et 80 de la loi du 15 mai 1818, il ne suffit plus de distinguer, comme on le faisait sous l'empire des lois de l'an 7, du décret de messidor an 13 et de la loi de 1816, entre les actes d'administration générale et ceux d'intérêt privé. Il est bien certain que, pour la loi de 1818, les actes d'ordre intérieur et de police demeurent, comme autrefois, exempts du timbre et de l'enregistrement. Mais les actes d'intérêt privé n'y sont plus indistinctement assujettis. Le législateur de 1818 a voulu précisément, afin de faire cesser les difficultés auxquelles donnait lieu la distinction antérieure, limiter, par une sorte d'énumération, ceux des actes d'intérêt privé qui seraient dorénavant assujettis à ces formalités. « Il faut, disait le ministre dans son rapport au roi, spécifier plus expressément les devoirs imposés par la loi, et, pour en rendre l'observation possible, renoncer aux dispositions qui ne sont pas d'une utilité absolue ou d'une application facile (2594, p. 74 R. P.). » C'est la même explication qui fut donnée à la Chambre des pairs par le marquis Garnier, rapporteur de la loi : « Les art. 78 et suivants, disait-il, désignent avec précision les actes des autorités administratives ou établissements publics qui doivent demeurer assujettis à l'enregistrement...; ce sont les actes et délibérations portant transmission de propriété, d'usufruit et de jouissance, les adjudications et les marchés de toute nature aux enchères, au rabais ou sur soumission, ainsi que les cautionnements relatifs à ces actes. Cette explication, ajoutait-il, était devenue indispensable, afin de déterminer le sens des lois antérieures sur cet objet, qui laissent subsister entre les préposés de l'Enregistrement et les autorités administratives une source continuelle de débats. »

Ces termes n'ont pas fait cesser les difficultés; mais, au point où en est arrivée la jurisprudence, on doit tenir pour certain que, d'après les art. 78 et 80 de la loi du 15 mai 1818, sainement interprétés, pour qu'un acte administratif soit assujetti au timbre et à l'enregistrement, il faut qu'il réunisse deux conditions :

En premier lieu, qu'il soit relatif à l'administration temporelle et aux intérêts de l'établissement public;

En second lieu, qu'il soit compris dans la catégorie des actes prévus et désignés dans l'art. 78. Il faut donc, à ce dernier titre, qu'il soit ou un acte translatif de propriété, d'usufruit ou de jouissance, ou bien une adjudication au rabais, ou un marché, ou un cautionnement relatif à ces actes.

Chacune de ces dernières expressions doit nous arrêter.

364 *bis.* **Actes translatifs.** — Il n'y a pas besoin d'insister beaucoup sur le sens des mots « actes portant transmission de propriété d'usufruit ou de jouissance. » Ils se rapportent aux contrats qui renferment des cessions de meubles ou d'immeubles, soit à titre onéreux, soit à titre gratuit. C'est la signification qu'ils ont dans toutes les lois fiscales, et qu'ils ont certainement conservée dans la loi de 1818.

On avait voulu, en forçant le sens des mots actes translatifs, les étendre à tous les contrats qui réalisent un déplacement de valeurs, et qui sont par cela même sujets au droit proportionnel. Si cette tentative avait réussi, il n'y a plus que les actes sujets au droit fixe qui eussent profité de la loi de 1818. Mais cette doctrine s'écartait beaucoup trop de la signification juridique des expressions employées par le législateur, et la jurisprudence n'a pas suivi l'Administration dans son interprétation. — *V.* 367 et suiv.

364 *ter.* **Adjudication ou marchés.** — L'art. 78 prévoit ensuite les adjudications en marchés de toute nature, aux enchères, au rabais ou sur soumission. C'est sur ce texte que se sont concentrées les plus sérieuses difficultés d'interprétation.

Disons d'abord que les mots adjudications et marchés se rapportent au même contrat. L'adjudication n'est qu'une forme du marché. Il n'y a pas d'intérêt à les distinguer pour le point qui nous occupe (Champ. et Rig., 1461; Demante, *Principes*, 369).

L'Administration avait soutenu néanmoins que le mot adjudication était une convention distincte du marché. Selon elle, il s'agissait de tous les actes, marchés ou autres, qui se passaient en séance publique. Cette doctrine qu'elle a présentée à la jurisprudence, au sujet d'un emprunt communal, a été avec raison repoussée. Nous y reviendrons ci-après, n° 367 *bis.*

365. Marchés de toute nature. — En admettant que la loi se limite aux marchés, quels sont les marchés auxquels elle s'applique? Elle comprend, cela va sans dire, puisque le texte est formel, ceux qui sont faits aux enchères comme ceux qui ont lieu au rabais ou sur soumission. La forme est indifférente. Mais la loi embrasse-t-elle dans sa généralité tous les marchés, quels qu'en soient l'objet et la nature?

L'affirmative paraissait résulter du texte même, qui parle des « marchés de toute nature. » Mais on objecte, d'une part, que les expressions de toute nature se référaient aux mots suivants : « aux enchères, au rabais et sur soumission; » d'autre part, que les seuls marchés compris dans l'art. 78 étaient les mêmes que ceux désignés dans l'art. 73, c'est-à-dire les marchés pour constructions, réparations, entretien, approvisionnements et fournitures. On a soutenu, par suite, que l'art. 80 dispense du timbre et de l'enregistrement tous les autres marchés, quel qu'en soit l'objet. Cette prétention a donné lieu à une longue controverse en jurisprudence à propos des marchés de travaux à exécuter dans la ville de Paris. Elle a été accueillie par une série d'arrêts de la chambre civile de la Cour de cassation, uniformément motivés sur ce que « le marché, aux termes des art. 1710 et 1787 du Code civil, est un contrat par lequel une partie s'engage à faire un ouvrage pour l'autre, qui doit en payer le prix; que ce contrat est assujetti au droit proportionnel par toutes les lois de l'enregistrement, sous la dénomination de marché pour constructions, réparations et entretien; que les mêmes expressions se retrouvent dans l'art. 73 de la loi du 15 mai 1818; que si l'art. 78 parle des marchés de toute nature, ces mots expliqués par ceux qui suivent ne se réfèrent qu'aux formes et non à la substance même de la convention; que l'art. 78 ne fait que déclarer, en principe, les marchés soumis à l'enregistrement, mais que la quotité du droit est fixée par l'art. 51, paragraphe 3 de la loi du 28 avril 1816, avec laquelle la loi de 1818 doit être combinée, et qui n'assujettit, comme toutes les lois antérieures, au droit de 1 pour 100 que les marchés pour constructions, réparations et entretien. » — V. *infrà*, n° 367 *bis.*

Mais cette interprétation a été condamnée par un arrêt des chambres réunies de la C. de cass. du 12 juillet 1875, portant :

« Que les expressions *marchés de toute nature*, destinées par le législateur de 1818 à déterminer sur ce point particulier le sens des lois antérieures et à faire cesser les difficultés que leur interprétation avait fait naître entre la Régie et les administrations locales, comprennent, par leur généralité, tous les marchés administratifs passés dans l'intérêt des communes, quels qu'en soient l'objet et la forme; — Que leur portée, quant à ces marchés, n'est limitée ni par la disposition de l'art. 80 de la même loi, qui exempte de tous droits d'enregistrement tous les actes, arrêtés et décisions des autorités administratives non dénommés dans l'art. 78, ni par l'énumération contenue dans l'art. 51 de la loi du 28 avril 1816, auquel ledit art. 78 ne se réfère que pour la quotité du droit » (4178 R. P.).

366. Marché de gré à gré. — Ces observations générales étant faites, nous allons voir, en parcourant les différentes espèces soumises à la jurisprudence, combien il a existé d'incertitudes et de tergiversations sur l'application de la loi de 1818.

Pendant longtemps, l'Administration a continué de suivre les errements tracés par le décret du 4 messidor an 13, en ce qui concerne la distinction établie entre les actes sous seing privé et les actes passés en séance publique.

Elle décidait que les seuls marchés assujettis à l'enregistrement étaient ceux qui avaient lieu avec concurrence, et elle admettait que les marchés de gré à gré n'étaient sujets à la formalité que quand on voulait en faire usage en justice (Dél. 6 avr. 1822; *V.* D. m. j. 25 sept. 1810; 4006 J. E.).

C'est ce qui fut reconnu notamment au sujet d'un marché passé pour la fourniture d'une cloche (D. m. f. 10 sept. 1823; 7537 J. E.), alors même que l'acte sous seing privé avait été fait double (Dél. 12 mars 1833, 10587 J. E.).

Mais cette doctrine finit par être abandonnée, et l'Administration fit reconnaître par divers tribunaux que de tels actes tombent sous l'application de l'art. 78 de la loi de 1818. Cela eut lieu notamment au sujet d'une soumission sous seing privé, approuvée par le maire et le préfet pour la fourniture d'une pompe à une commune (Valenciennes, 8 mai 1850, 14964-5 J. E.) et d'une délibération d'un conseil municipal, acceptée, portant que des matériaux provenant d'une démolition seront abandonnés à un entrepreneur, présent et acceptant, moyennant un prix déterminé. L'acte fut reconnu sujet à l'enregistrement, au droit de 2 pour 100, dans les vingt jours de sa date (Rennes, 18 mars 1848, 14454 J. E.).

Un arrêt de la Cour de cassation du 22 janvier 1845 décida, dans le même sens, qu'une soumission mise à la suite d'une délibération du conseil municipal, approuvée par le préfet, par laquelle un entrepreneur s'engage à fournir le gaz nécessaire à l'éclairage de la ville, doit être enregistrée dans les vingt jours de l'approbation et qu'elle est passible du droit de marché, comme s'il y avait eu adjudication (12260 J. N.; 13653 J. E.; 1743-6 I. G.; S. 45-1-103).

La question ne fait plus aujourd'hui de difficulté.

1. MENUS MARCHÉS POUR LA GUERRE. — Il a été spécialement reconnu, dans cet ordre d'idées, que les menus marchés passés de gré à gré pour le compte du ministère de la guerre, même par lettres-missives, pour frais de transport, achats de denrées, etc., et les soumissions y relatives ne peuvent être dispensés de l'enregistrement. La loi du 15 mai 1818 les y assujettit formellement, et la loi du 22 frimaire an 7 défendant aux autorités de rendre aucun arrêté sur des actes non enregistrés, il s'ensuit que la cour des comptes doit exiger l'enregistrement des actes qu'on lui produit pour justifier ces sortes de dépenses (D. m. f. 18 déc. 1827; 8894 J. E.).

367. Emprunts. — Pendant longtemps, on a compris les emprunts faits par les départements, les communes et les établissements publics au nombre des marchés de toute nature prévus par l'art. 78 de la loi du 15 mai 1818.

Le conseil d'État l'avait décidé ainsi par un avis des 11 juillet et 1er août 1832 (Com. des fin.), fondé sur ce que les actes passés dans l'intérêt des départements, communes ou établissements publics avaient été soumis aux mêmes droits que ceux des particuliers par l'art. 16 de la loi du 18 avril 1831. Et cet avis a servi de base à un grand nombre de solutions, qui ont maintenu le droit perçu sur les emprunts des villes de Paris, Périgueux, Niort, Angoulême, Beauvais et autres (D. m. f. 13 nov. 1833, 21 oct. 1834. 10 mars 1837 et 9 mai 1843. — Marseille, 26 avr. 1851, 15286 J. E.). Dans ce sens il a été reconnu qu'un procès-verbal dressé par un maire, constatant qu'il a été procédé à l'adjudication d'un emprunt jusqu'à concurrence de 60,000 fr. au moyen de soixante obligations de 1,000 francs, formant chacune un lot à détacher d'un livre à souche et à remettre en échange des sommes à payer par les adjudicataires, constitue une obligation passible du droit de 1 pour 100 (Sol. 1er fév. 1843); que des obligations de sommes souscrites par des communes ou établissements publics, au profit de tiers, bailleurs de fonds, pour acquitter le prix d'une acquisition, et les quittances données sur le prix postérieurement au contrat, étaient sujettes au droit proportionnel (D. m. f. 12 juill.-28 déc. 1824; 1156, § 9 I. G.).

Cette interprétation n'est évidemment pas fondée. La loi de 1831 s'applique limitativement aux acquisitions immobilières et aux libéralités entre-vifs ou testamentaires, et elle laisse par conséquent les emprunts, comme tous les actes obligatoires, sous l'empire de la loi du 15 mai 1818. Or, il est certain que les dispositions de cette loi qui soumettent à la formalité, dans un délai légal, certains actes administratifs, sont étrangères aux emprunts.

En effet, l'art. 78 assujettit à l'enregistrement, dans le délai de vingt jours : 1° les actes transmissifs de propriété ou de jouissance; — 2° les adjudications ou marchés de toute nature aux enchères, au rabais ou sur soumission. L'obligation de sommes n'est certainement pas un acte translatif dans le sens de la loi, car on réserve ce mot aux aliénations de meubles corporels ou d'immeubles.

L'Administration avait voulu prétendre, il est vrai, qu'une pareille convention constituait un marché; mais la Cour de cassation a repoussé cette interprétation par un arrêt du 15 mai 1860 dont les termes sont décisifs : « Le prêt, porte l'arrêt, ne rentre pas dans la catégorie des marchés de toute nature dont parle l'art. 78 ; dans le langage usuel comme dans celui du droit, le mot *marché* a un sens restreint et déterminé; il ne s'entend pas de tous traités et conventions en général, et particulièrement d'un prêt; la loi de 1818, notamment dans son art. 73, conforme à toutes les lois d'impôt antérieures, assigne au mot *marché* la signification qu'il a toujours eue et qu'il doit conserver dans l'art. 78 » (1320 R. P.; S. 60-1-908). Cette jurisprudence a été prise pour règle dans l'instruction 2239, § 1er.

367 *bis*. Acte passé sous forme d'adjudication et en séance publique. — Les emprunts n'étant pas des marchés, on a soutenu qu'ils étaient compris dans la catégorie des *adjudications* prévues par l'art. 78 de la loi du 15 mai 1818. Mais cette prétention n'a pas mieux réussi. Le tribunal de Mont-de-Marsan, auquel elle fut soumise, décida, le 30 juin 1864, que l'acte de prêt ne peut être compris dans les mots *adjudications ou marchés de toute nature;* que la loi de 1818 a, dans l'art. 73, expliqué la signification du mot *marché* dans les termes suivants : « Ne seront soumis qu'au droit fixe de 1 franc les adjudications au rabais et marchés pour constructions, entretien, approvisionnements et fournitures; qu'il suit de là que l'acte n'est pas compris dans ceux qu'énumère l'art. 78 » (1941 R. P.).

Dans son pourvoi contre ce jugement, l'Administration a nettement proposé la thèse à la Cour.

« Pour savoir, » a-t-elle dit dans son pourvoi, textuellement inséré dans l'art. 2271 R. P., « si un emprunt administratif est ou non soumis à l'enregistrement, il suffit de rechercher quelle est la nature et la forme de l'emprunt contracté. Fait de gré à gré, il échappe à l'impôt; passé en séance publique, il y est soumis comme rentrant dans la classe des adjudications de toute nature. »

Mais ces moyens n'ont pas prévalu, et, par deux arrêts du 16 avril 1866, la Cour de cassation a écarté l'application de la loi du 15 mai 1818 (2271 R. P.; 2355-4 I. G.; S. 66-1-266; D. 67-1-340; P. 66-663).

L'Administration a encore adhéré à cette jurisprudence (2355-2 I. G.).

367 *ter*. Convention complexe. — Travaux des villes. — Subvention. — La Cour de cassation a fait un pas plus prononcé encore dans cette jurisprudence, à propos des marchés par lesquels les villes chargent un entrepreneur d'établir des rues et des places, en stipulant que ces entrepreneurs recevront une subvention moyennant laquelle ils se chargeront d'exproprier les terrains ou les bâtiments nécessaires à l'établissement de la rue ou de la place, puis de faire les travaux nécessaires à cet établissement. L'Administration avait pensé que le contrat était, dans son ensemble, un marché de travaux ou de constructions passible du droit de 1 pour 100 sur la totalité de la subvention payée par la ville. Son opinion se fondait sur deux arrêts de cassation des 12 nov. 1838 (1590, § 9 I. G.; S. 38-1-891) et 17 juin 1857 (881 R. P.; S. 58-314). Mais cette opinion n'a pas d'abord prévalu.

Trois arrêts de la chambre civile du 15 juin 1869 ont décidé que les dispositions des marchés relatives à la construction des rues ou des places avaient seules le caractère des marchés assujettis à l'enregistrement, « qu'il n'en était pas de même des autres stipulations du contrat par lesquelles la société s'engageait à faire seule, à ses frais, risques et périls, l'acquisition, soit à l'amiable, soit par la voie de l'expropriation, de tous les immeubles situés dans le périmètre des travaux, y compris des immeubles en dehors de l'alignement des rues nouvelles, et à livrer à la ville de Paris, moyennant un prix fixé à l'avance, l'emplacement nécessaire à ces opérations, à faire toutes les avances de fonds pour subvenir aux besoins de l'opération, sauf à n'en être remboursée qu'à des termes plus ou moins éloignés; que, considérées en elles-mêmes, ces stipulations ne participent en rien de la nature du marché dans le sens légal de ce mot; qu'elles ne pourraient pas non plus être considérées comme les conditions accessoires de ce marché, qu'elles n'en étaient pas dépendantes, qu'elles n'en dérivaient pas nécessairement; qu'elles avaient sans doute pour but d'en préparer et d'en faciliter l'exécution, mais qu'elles s'en distinguaient par leur importance et par leur objet spécial, l'expropriation, et la création de voies et moyens financiers, sans lesquels l'entreprise n'aurait pas pu être mise à fin. »

La Cour a décidé, en conséquence, que le droit de 1 pour 100 n'est dû que sur la portion de la subvention correspondant aux travaux proprement dits d'établissement des voies (2968 R. P., 18741, 18744 J. E., 2593 Rev., 2401 § 2 I. G., S. 70-1-37 et 40, D. 69-1-457, 460; *Conf.* Versailles, 30 août 1870, 3265 R. P.).

Cette interprétation a été confirmée par d'autres arrêts des 29 avril 1872 et 25 juin 1873 motivés de la même manière (3442 et 3654 R. P.; S. 72-1-412; D. 72-1-309; P. 72-31; B. C. 79).

Nous avons pensé que cette jurisprudence est difficilement acceptable. Elle a d'abord l'inconvénient de scinder en deux parties un contrat indivisible dont toutes les stipulations sont solidaires et ont été combinées pour assurer l'exécution des travaux. Le concessionnaire qui se charge à ses risques d'acheter et de livrer le terrain de la rue est dans la même position que l'entrepreneur d'un bâtiment qui doit se procurer les matériaux de son travail. Son obligation est un élément direct du marché; l'art. 1787 du C. C. le déclare en termes formels. On ne peut donc pas soustraire cet engagement aux règles du contrat pour y voir soit un emprunt, soit une convention différente soumise à des principes particuliers.

En décidant le contraire dans l'espèce, la Cour a peut-être cédé aux impressions qui s'étaient produites devant le Corps législatif sur la nature des marchés litigieux. On se souvient de la discussion à laquelle ils ont donné lieu. La validité en fut critiquée, parce que la ville, imposant aux concessionnaires l'obligation de verser à sa caisse les sommes nécessaires à l'exécution de l'entreprise et remboursables à terme par bons de délégation portant intérêt, semblait avoir eu surtout en vue de contracter un emprunt indirect. Cette appréciation n'a pas été absolument contredite par le Gouvernement, et il s'est accrédité en public que les traités avaient réellement servi à dissimuler un prêt.

Mais les actes, considérés en eux-mêmes, résistaient à la décomposition juridique dont ils étaient l'objet. C'est l'opinion qui a fini par prévaloir devant les chambres réunies de la Cour de cassation. L'arrêt qu'elles ont rendu, le 12 juillet 1875, sur cette question, est ainsi conçu :

« Attendu, en fait, que le traité du 13 mars 1863 a eu pour objet l'établissement de nouvelles voies publiques dans la ville de Paris; — Que, moyennant un prix fixé à forfait, il impose aux concessionnaires des travaux de viabilité, de démolition, de construction de bâtiments sur terrains en bordure, suivant un plan déterminé, et les charge de procéder, à leurs risques et périls, au règlement des indemnités dues à raison de l'expropriation pour cause d'utilité publique des terrains nécessaires à l'ouverture des voies nouvelles, et de faire l'avance des sommes à payer aux propriétaires dépossédés et autres; — Attendu que l'ensemble de ces opérations devait être achevé dans un même délai; — Que son exécution a été garantie par un même cautionnement et soumise aux mêmes conditions résolutoires; — Qu'enfin, en retour des engagements ci-dessus et pour la complète exécution de ces diverses opérations de voiries, la ville de Paris s'est obligée à payer un prix unique fixé à 930 francs par mètre carré de terrain livré à la voie publique; — Attendu que, par leur nature, par l'objet auquel elles s'appliquent comme d'après l'intention commune des parties contractantes, les diverses opérations mises à la charge de Petit et Cie par ce traité constituent un contrat unique, dont les dispositions sont dépendantes et en corrélation nécessaires, et auquel le jugement attaqué a donné justement la qualification de marché, qui, aux termes de l'art. 78 de la loi du 15 mai 1818, l'assujettit au droit de 1 pour 100 établi par l'art. 51 de la loi du 28 avril 1816 » (4178 R. P., I. G. 2531-2).

368. Enregistrement volontaire. — Condition suspensive. — Le droit devient-il exigible quand l'acte d'emprunt est présenté volontairement à la formalité? Et si le versement des fonds ou la réalisation effectuée de l'emprunt est soumise à une condition suspensive, doit-on l'enregistrer provisoirement au droit fixe, sauf réclamation du droit proportionnel lors de l'accomplissement de la condition prévue? L'affirmative a été décidée dans les circonstances suivantes :

Il a été procédé, le 16 août 1834, devant le maire de Tours, à l'adjudication d'un emprunt de 155,000 francs à faire par cette ville. Le cahier des charges portait que la ville se réservait de n'user de l'emprunt qu'autant que ses besoins en rendraient la réalisation nécessaire. Cette faculté devait cesser après le versement, à des époques déterminées, des premier et second termes de l'emprunt. L'adjudication fut consentie au profit du sieur Pelissot, moyennant l'intérêt de 5 pour 100. — Le procès-verbal d'adjudication fut enregistré le 23 août 1834, moyennant le droit fixe de 1 franc.

Plus tard, la vérification des pièces de la comptabilité du receveur municipal de Tours a fait connaître que les deux premiers termes de l'emprunt avaient été versés à la caisse de ce préposé par le sieur Pelissot. La condition qui devait rendre l'emprunt définitif se trouvant ainsi remplie, le droit de 1 pour 100 était devenu exigible sur le montant intégral de l'emprunt.

L'opposition formée par le maire de Tours à la contrainte décernée pour le payement de ce droit fut rejetée par un jugement du tribunal de la même ville, du 3 mai 1839, énonçant pour motifs que, la condition suspensive prévue par le cahier des charges ayant cessé d'exister, l'adjudication devait recevoir son exécution, et l'obligation qui en était l'objet était devenue actuelle, tant de la part de la ville que de celle de l'adjudicataire, et formait un titre réel et positif, auquel les parties ne pouvaient se soustraire.

Appelée à se prononcer, la Cour de cassation, par arrêt de la chambre des requêtes du 5 août 1840 (12568 J. E.; 10729 J. N.; 1634, § 10 I. G.; S. 40-1-766), a rejeté le pourvoi des parties contre ce jugement. Une seconde affaire s'étant présentée dans des circonstances semblables, le tribunal de Saint-Quentin, le 25 juin 1845 (12502 J. N.; 13864 J. E.), et la Cour de cassation (Ch. req.), le 11 novembre 1846 (14141 J. E.; 12885 J. N.; 1786, § 8 I. G.; S. 47-1-40), ont rendu une décision identique. « Attendu, porte l'arrêt du 11 novembre 1846, qu'il est constant et reconnu en fait que l'emprunt adjugé le 29 mai 1843 à titre d'obligation de prêter à la ville de Saint-Quentin une somme de 225,000 francs lorsqu'elle aurait besoin de cette somme, a été réalisé postérieurement par le versement de ladite somme dans la caisse municipale, ce qui a constitué l'accomplissement de la condition suspensive, le droit proportionnel était dû; qu'il était dû sur l'acte même du 28 mai 1843, sans égard aux valeurs qui ont été versées plus tard dans la caisse municipale.»

Mais cette jurisprudence n'est plus suivie. L'Administration admet que l'acte étant exempté de l'enregistrement donne lieu au droit fixe, lorsqu'il est présenté à la formalité. — V. 746 et 12905.

1. ACTE NOTARIÉ. — Nous rappelons que si l'emprunt a lieu par acte notarié, sans émission de titres soumis au timbre, la règle générale reprend son empire. Le droit d'obligation à 1 pour 100 est exigible. — V. 6973.

SECTION 3. — MARCHÉS DONT LE PRIX EST PAYÉ PAR L'ÉTAT OU PAR LES ÉTABLISSEMENTS PUBLICS

[369-382]

369. Abrogation de l'art. 73 de la loi du 15 mai 1818. — Sous l'empire de l'art. 73 de la loi du 15 mai 1818 qui soumettait au droit fixe les adjudications et marchés dont le prix devrait être payé directement ou indirectement par le Trésor, il s'était élevé des difficultés considérables sur l'interprétation du mot *indirectement*, et la jurisprudence, en allant de proche en proche, avait fini par élargir considérablement la dispense du droit proportionnel.

Cet art. 73 de la loi du 15 mai 1818 a été abrogé par l'art. 1er, n° 9, de la loi du 28 février 1872. On a soutenu, il est vrai, que cette abrogation n'était pas générale, qu'elle ne s'appliquait qu'à la disposition de l'art. 73 qui établissait le droit fixe et qu'ainsi se trouvait respectée l'ancienne assimilation établie entre les marchés dont le prix est payé directement par l'État et ceux dont le prix est payé *indirectement* par lui. Mais cette doctrine a été repoussée par un arrêt de cassation du 16 août 1875 portant, en substance, que l'abrogation de l'art. 73 de la loi du 15 mai 1818 est générale; que cet article ne peut donc plus être invoqué pour régler la perception du droit d'enregistrement sur les marchés administratifs et, par suite, qu'ils sont régis par l'art. 51 n° 3 de la loi du 28 avril 1816 comme les marchés des autres administrations locales et des établissements publics (4202 R. P.).

L'administration considère donc comme absolument sans application aujourd'hui les anciennes distinctions fondées sur le texte de l'art. 73 de la loi du 15 mai 1818. C'est ce qui résulte notamment de l'instruction générale n° 2450 § 1er, reproduite *infrà* n° 379 *bis*.

Quoi qu'il en soit, comme la question pourrait continuer à être litigieuse, et qu'elle conserve d'ailleurs son intérêt historique, nous allons réunir ici en un faisceau les décisions intervenues sous l'empire de l'art. 73 de la loi du 15 mai 1818 sur la question spéciale du payement indirect par l'État.

ARTICLE PREMIER. — MARCHÉS DONT LE PRIX EST PAYÉ INDIRECTEMENT PAR L'ÉTAT

[369 *bis*.-370 *ter*.]

369 *bis*. Prix payable sur les fonds départementaux. — En se fondant sur ce que les dépenses des départements sont acquittées au moyen de *centimes additionnels ou facultatifs* qui tous sont versés dans la caisse du Trésor, entrent dans la comptabilité générale des finances et ne peuvent être employés qu'en vertu d'ordonnances ministérielles ou de mandats des préfets, on en avait conclu que le prix des marchés conclus par les départements était acquitté indirectement par le Trésor, et on soumettait ces actes au droit fixe (D. m. f. 22 juin 1818, 844 et 1732 § 1er I. G.).

C'est dans cet ordre d'idées qu'avaient été rendues les décisions suivantes :

1. CASERNE. — A été assujettie au simple droit fixe l'adjudication des travaux à faire à une caserne de gendarmerie dont le prix est payable *sur les fonds du département* (Sol. 6 avr. 1840; D. Fess., p. 293).

2. ÉGLISE. — Les églises, à la réparation desquelles l'art. 68 L. 15 mai 1818 autorise l'emploi d'une partie des *centimes départementaux*, sont seulement celles dont l'entretien est à la charge des diocèses, telles que les églises cathédrales et métropolitaines. Les adjudications et marchés pour construction et réparation de ces églises sont passibles du droit fixe (D. m. f. 22 juill. 1822; 330 Roll.).

3. MAISON D'ARRÊT. — Les traités faits pour l'application des condamnés, détenus dans les maisons d'arrêt, à certaines fabrications, moyennant un prix déterminé par homme et par jour, ne sont passibles que du droit fixe. Le prix de ces marchés fait partie des dépenses obligatoires des départements, lesquelles sont toutes acquittées au moyen de centimes additionnels qui ont le caractère de contributions publiques (D. m. f. 29 sept. 1846, 7808 Fess.). — Une loi du 6 juin 1857 a d'ailleurs décidé depuis que les marchés de l'espèce sont sujets au droit de 2 fr., aujourd'hui 3 fr. — V. 11229.

4. PÉAGE D'UN PONT (*droit de*). — Dans une adjudication au rabais consentie par une commune pour la construction d'un pont, il est stipulé que l'adjudicataire recevra en payement d'une partie du prix le produit d'un péage précédemment abandonné à la commune par l'État. Il n'est dû que le droit fixe sur cette clause; car, d'après la loi du 6 frimaire an 7, le droit de péage est une *contribution publique qui ne peut être perçue qu'au profit de l'État*. L'abandon fait à la commune et par celle-ci à l'adjudicataire ne peut être considéré que comme une subvention indirecte fournie par le Trésor (D. m. f. 4 avr. 1833, 10588 J. E.; Dél. 9 janv. 1822; C. ann. 4140).

Dans une espèce où, en dehors d'un droit de *péage* et d'une subvention payée par le Trésor et une commune, il avait été stipulé que l'État abandonnait la jouissance de graviers et d'îlots, il a été reconnu que le droit de 5 fr. 50 c. pour 100, *comme cession de jouissance*, devait être perçu sur la concession des graviers et îlots et que le droit fixe était seul exigible sur le surplus (Dél. 3 juin 1842; Fess., p. 294, n° 37).

5. ROUTES. — L'adjudication de travaux de construction sur une route, moyennant une somme payable en prestations en nature, et le surplus en *fonds départementaux*, n'est passible que du droit fixe (D. m. f. 12 oct. 1829, 9462 J. E.).

6. ROUTES DÉPARTEMENTALES. — Une D. m. f. 23 août 1808 avait reconnu de même assujettis au seul droit fixe les travaux sur les routes de troisième classe (*routes départementales*), parce que le payement de ces sortes de travaux *est un sacrifice fait par les citoyens au Trésor public* (2296 J. E.); — et une Sol. 15 octobre 1844 (1732, § 1er I. G.) a appliqué aux routes départementales le bénéfice de la décision du 22 juin 1818 (844 I. G.) en déclarant passibles du seul droit fixe les marchés pour travaux à exécuter sur ces routes, dont le prix se prélève sur les *centimes additionnels*.

370. Prix payable en partie par le Trésor, en partie par la commune. — La question avait surtout été vivement discutée, quand une partie seulement du prix est à la charge du Trésor.

Il arrive fréquemment, en effet, que certaines dépenses à la charge exclusive de l'État sont cependant payées au moyen de subventions imposées aux communes par la loi qui autorise la confection des travaux ou bien volontairement offertes par les conseils municipaux.

1. RUES DE PARIS. — C'est un fait qui se produit surtout à propos des rues de Paris ou des villes qui lui sont assimilées. Ces rues sont une dépendance de la grande voirie (édit de mars 1693; décr. 26 mars 1852). Comme toutes les parties de ce domaine, elles doivent donc être créées et entretenues par l'État (L. 11 frim. an 7, art. 2; C. C. art. 538). Quand les villes supportent une partie de la dépense occasionnée par ces travaux, on peut dire qu'elles payent une dette de l'État, puisque l'obligation était en principe à la charge du Trésor. Dès lors il pouvait paraître logique d'en conclure que le marché étant directement à la charge de l'État tombait intégralement sous l'application de l'art. 73 de la loi de 1818. C'est, en effet, ce qui avait été décidé par deux arrêts de la Cour suprême du 11 février 1846 (13964 J. E.; 17631 J. N.; S. 59-46-1-109. — *Conf.* Champ., t. 6, n° 257).

Mais la Cour n'a pas persisté dans sa doctrine. Elle a considéré que la perception du droit proportionnel est suffisamment justifiée dès que, en fait, le prix du marché est payé par la Ville, à quelque titre que ce payement ait d'ailleurs eu lieu, soit en vertu d'une loi ou d'un décret, soit par suite d'une subvention volontaire : « Attendu, porte l'un des arrêts, que si, en droit, l'entretien des rues de Paris toutes classées dans la grande voirie constitue légalement, comme celui des grandes routes, une charge de l'État, en fait, depuis 1828, cette charge est en partie supportée par la Ville dont la part contributive a été définitivement fixée à la moitié de la dépense par un décret de 1856 » (Cass., 1er juill. 1861, 2201-2 I. G., 1513 R. P., 17817 J. N., 12021 C., S. 61-1-743). — « L'engagement pris, ajoute ailleurs la Cour, par la Ville, de solder les deux tiers du prix, n'a entraîné sous aucun rapport l'obligation de faire supporter soit directement, soit indirectement, par le Trésor cette partie de la dette contractée envers les entrepreneurs, l'État ne s'en étant rendu garant ni comme débiteur principal, ni comme caution (Cass., 17 juin 1857, 2114, § 7 I. G.; 881 R. P., 16108 J. N., 11064 C., S. 58-1-314). — La même solution résulte encore d'un arrêt du 24 novembre 1858 (2142. § 6 I. G., 1124 R. P., 11462 C., 16859 J. E., S. 59-1-251), et des jugements suivants : (Seine, 21 juill. 1859, 1123 R. P., 17176 J. E., 30 juin 1860, 1421 R. P., 17187 J. E., 11799 C.; 21 juill. 1860, 1357 R. P., 11814 C., 17217 J. E.; 3 janv. 1862, 17467 J. E.; 6 mars 1863, 17651 J. E., 12445 C.; 10 janv. 1863, 12445 C., 17651 J. E.; 1er juill. 1864, 1938-1 R. P.; 24 nov. 1865, 2314 R. P.; 29 juin 1867, 2485 R. P., 18392 J. E., 13297 C.).

D'après cette jurisprudence, il fallait donc rechercher, d'après les termes du marché ou les autres documents administratifs, quels sont les travaux dont le prix tombe volontairement ou non à la charge de la caisse municipale, le droit était dû sur ce prix, quelle que fût d'ailleurs l'utilité générale de ces travaux (2361 § 1er I. G.; 2783-1 R. P.).

2. EMPIERREMENT. — Ainsi il avait été reconnu, notamment pour les rues de Paris, que l'empierrement de la chaussée ou le premier pavage est une dépense exclusivement municipale à laquelle ne contribue pas le Trésor public (Seine, 30 juin 1860, 1421 R. P., 17187 J. E., 11799 C.; Cass., 24 nov. 1858, 2142-6 I. G., 1124 R. P., 11462 C., 16859 J. E.; S. 59-1-261).

3. RECHARGEMENT. — Mais que le rechargement de la chaussée tombe pour moitié seulement à la charge de la Ville, le surplus devant être payé par l'État (Seine, 30 juin 1860, *suprà*; déc. 18 avr. 1816).

4. TROTTOIRS. — Aux termes de la loi du 7 juin 1845, les dépenses relatives à l'établissement des trottoirs doivent être réparties entre les communes et les propriétaires riverains, sans qu'il y ait aucune exception à l'égard des trottoirs de Paris (Cass., 24 nov. 1858, § 1er, *suprà*).

5. DÉPOT DE MATÉRIAUX. — Le prix de location des terrains destinés au dépôt des matériaux provenant de la voie publique est une charge de l'entretien du pavé des rues; comme tel, il est supporté par moitié par la Ville et par l'État (Seine, 21 juill. 1860 et Cass., 1er juill. 1861, § 1er, *suprà*).

370 *bis*. Subvention de l'État. — Payement de l'entrepreneur par la Ville. — Il n'y avait pas à considérer si l'entrepreneur est payé directement par la Ville, dès l'instant que les fonds proviennent de la subvention du Trésor. « Il importe peu, dit le tribunal de la Seine dans un jugement du 24 novembre 1855, que la ville de Paris se soit libérée de portion de la somme qui constituait sa subvention au moyen de l'abandon de divers immeubles lui appartenant, cette dation en payement ne modifiant pas la nature du contrat dont l'objet était en définitive une somme payable par l'État jusqu'à concurrence d'un tiers; l'exonération du droit proportionnel résultant de l'art. 73 de la loi du 15 mai 1818, doit s'appliquer à la totalité de la somme qui sera payée par l'État et qui constitue sa part d'intérêt dans le traité » (2314 R. P.).

1. SYNDICAT. — De même lorsqu'un décret, en déclarant d'utilité publique les travaux de redressement d'un fleuve ou d'une rivière, oblige les riverains à contribuer à la dépense pour une certaine portion et laisse seulement le surplus à la charge de l'État, le marché passé avec un entrepreneur par le syndicat des intéressés est sujet au droit proportionnel ordinaire sur la portion du prix qui n'est point à la charge du Trésor (Seine, 7 juill. 1855, 450 R. P.).

370 *ter*. Contribution volontaire par une commune. — C'est encore dans cette catégorie qu'on rangeait les adjudications ou marchés pour la restauration ou la construction des casernes et autres bâtiments militaires, *alors même que les communes contribuent pour une somme déterminée au payement du prix*. Ces adjudications ayant lieu dans l'intérêt exclusif de l'État, il y a payement *indirect* du prix dans la délégation qu'il fait des sommes votées par les conseils municipaux (Sol. 10 mars 1840, 1608 I. G.). Depuis la loi du 28 février 1872, cette interprétation a été appliquée aux actes relatifs à la construction des nouvelles casernes. Mais nous pensons que c'est une mesure de faveur impossible à justifier légalement.

Il a été décidé de même que l'adjudication des travaux à un port et dont le prix est payable en partie au moyen des fonds fournis par une ville et une chambre de commerce, est passible du droit fixe (D. m. f. 26 juill. 1822, 7294 J. E.).

Ces solutions nous avaient paru difficiles à justifier. On se fonde, disions-nous dans nos précédentes éditions, pour exempter de tout droit proportionnel les marchés dont le prix est à payer *sur les fonds départementaux*, sur ce que ces fonds sortent des caisses du Trésor où ils sont entrés à titre de centimes additionnels ou autrement; mais on peut se demander si la disposition de l'art. 73, L. 15 mai 1818, peut encore être appliquée dans le sens ci-dessus, en ce qui concerne les départements, depuis que les lois des 19 avril 1831 et 10 mai 1838 (V. *Bulletin des lois*) ont constitué l'individualité des départements ainsi que leur existence civile, en cessant de les considérer comme une simple division administrative.

La loi du 28 février 1872 a justifié nos prévisions. Elle a supprimé le mot *indirectement* de l'art. 73 de la loi du 15 mai 1818 et par conséquent limité la perception du droit fixe aux marchés dont le prix est payé *directement* par le Trésor. D'où il suit que le droit de 1 pour 100 est dû sur le prix du marché payé au moyen d'une subvention municipale (D. m. f. 14 sept. 1875).

ARTICLE 2. — MARCHÉ DONT LE PRIX EST PAYÉ DIRECTEMENT PAR L'ÉTAT

[371-378]

371. Droit gradué. — L'art. 1er, n° 9, de la loi du 28 février 1872 assujettit au droit gradué les adjudications et marchés pour constructions, réparations, entretien, approvisionnements et fournitures dont le prix doit être payé directement par le Trésor public et les cautionnements relatifs à ces marchés.

Cette disposition a été motivée ainsi qu'il suit dans le rapport de la commission :

« Les adjudications et marchés pour constructions et fournitures dont le prix doit être payé directement par le Trésor public et les cautionnements relatifs à ces actes sont assujettis à un droit proportionnel par la loi du 22 frimaire an 7. — La loi du 15 mai 1818 les en a affranchis, parce qu'on a pensé que le droit d'enregistrement étant toujours payé par celui pour le compte duquel l'ouvrage ou la fourniture sont faits, puisque l'entrepreneur ou fournisseur en tient compte dans son marché, la perception de ce droit n'avait aucun intérêt. Le motif qui a dicté la disposition de la loi de 1818 est exact en théorie; mais, en fait, il arrive le plus souvent que les adjudicataires ne tiennent aucun compte du droit d'enregistrement à payer, surtout quand ce droit ne présente pas une grosse somme. Il est vraisemblable, dans tous les cas, qu'un droit aussi faible que celui qui est proposé par le projet de loi (1 franc pour 1,000 francs) n'exercera le plus souvent aucune influence sur les prix des marchés. C'est la considération qui a déterminé la commission à l'adopter » (3406 R. P.).

Elle a été votée sans discussion par l'Assemblée nationale dans la séance du 26 février 1872.

L'instruction de l'Administration du 29 février 1872, n° 2433, ajoute :

« La loi du 15 mai 1818 (art. 73) avait réduit à un droit fixe les adjudications au rabais et les divers marchés dont le prix devait être payé *directement* ou *indirectement* par le Trésor public. Cette disposition s'étendait aux cautionnements de ces adjudications ou marchés. On avait pensé à cette époque que le droit proportionnel auquel ces actes étaient assujettis avait pour effet d'augmenter le prix des fournitures faites à l'État. L'expérience a prouvé que cette crainte ne se réalise pas, surtout lorsqu'il s'agit de taxes modérées; en conséquence, on a fait rentrer ces adjudications et marchés dans la catégorie des actes sujets au droit gradué » (3406 R. P.).

1. QUOTITÉ. — D'après l'art. 2 de la loi du 28 février 1872, le taux du droit gradué est fixé ainsi qu'il suit :

A 5 francs pour les sommes ou valeurs de 5,000 francs et au-dessous, et pour les actes ne contenant aucune énonciation de sommes et valeurs ni dispositions susceptibles d'évaluation;

A 10 francs pour les sommes ou valeurs supérieures à 5,000 francs, mais n'excédant pas 10,000 francs;

A 20 francs pour les sommes ou valeurs supérieures à 10,000 francs, mais n'excédant pas 20,000 francs;

Et ensuite à raison de 20 francs par chaque somme ou valeur de 20,000 francs ou fraction de 20,000 francs.

2. MAXIMUM. — La règle tracée par l'I. G. 1900-7 en ce qui concerne la perception du droit principal sur les marchés portant un maximum et un minimum de fournitures, est applicable de tous points aux marchés que la loi du 28 février 1872 assujettit au droit gradué (Sol. 4 mars 1873). — V. 400.

3. MINIMUM. — C'est le droit proportionnel ordinaire qui est dû, quand il ne s'élève pas à 5 francs (D. m. f. 25 août 1876, I. G. 2559, 4839-14 R. P.).

372. Sommes non déterminées. — Évaluation. — Aux termes de l'art. 2 de la même loi, si les sommes ne sont pas évaluées dans l'acte, il y sera suppléé par une déclaration, conformément à l'art. 16 de la loi du 22 frimaire an 7.

373. Cautionnement. — Le nº 9 de l'art. 1er soumet également au droit gradué les cautionnements relatifs aux marchés dont le prix doit être payé directement par le Trésor public.

Ce droit est indépendant de celui qui est dû pour le marché lui-même. Par conséquent, si le cautionnement est donné par un autre que l'adjudicataire ou le fournisseur, deux droits gradu s sont exigibles. (Seine, 8 déc. 1876, 4622 R. P.). Mais ce droit de cautionnement ne saurait être, dans tous les cas, perçu que sur la partie du marché faisant l'objet de la garantie.

1. PONTS ET CHAUSSÉES. — Sous l'ancienne législation, il avait été reconnu que les actes de cautionnements relatifs aux adjudications et marchés pour le service des ponts et chaussées, de la navigation et des ports maritimes et de commerce n'étaient assujettis qu'au droit fixe de 1 franc (Déc. du 25 germ. an 13, L. 15 mai 1818). Ces actes seront dorénavant passibles de droit gradué.

374. Pluralité. — Sous la législation précédente, il devait être perçu un droit particulier pour chaque adjudicataire non associé (Ord. 31 mai 1838 et règlement, pour son exécution, sur la comptabilité publique).

Il en était de même des cautionnements relatifs aux adjudications (*Idem*).

Le droit gradué n'étant qu'une nature de droit fixe, il est évident que le principe de la pluralité des droits doit le gouverner dans les mêmes conditions que le droit fixe ordinaire.

375. Quels sont les marchés dont le prix est payé par le Trésor. — Pour être passible de droit gradué, il faut que le prix du marché soit payé directement par le Trésor public. Il est en général facile de savoir quand le prix d'un marché tombe directement à la charge du budget de l'État. Cependant, nous croyons utile de relever ici quelques exemples fournis par la jurisprudence antérieure à la loi de 1872.

Ainsi on devra regarder comme passibles du droit gradué les marchés et adjudications qui ont fait l'objet des décisions ci-après, et qui ont été reconnus autrefois passibles du droit fixe par le motif que le prix en avait été considéré comme une charge du Trésor public.

1. DIGUES DE MER. — Les adjudications des travaux aux digues de mer, faites par les propriétaires des Polders et des Wattringues, attendu que ces dépenses sont, *par le fait*, une charge du Trésor public (Dél. 3 niv. an 11, 1345 J. E.).

2. DOMAINE DE L'ÉTAT. — Les adjudications au rabais pour réparations au domaine de l'État qui étaient, sous la loi de l'an 7, assujetties au droit de 50 cent. pour 100 (320 I. G.).

3. GUERRE ET MARINE. — Les marchés relatifs aux fournitures à faire à l'administration de la guerre et de la marine (D. m. f. 30 sept. 1830, 9791 J. E., 1347 § 10 I. G. — D. m. f. 9 janv. 1850, 14871 J. E., 1845 I. G.). Ces décisions portent *spécialement* que ces marchés peuvent être rédigés sur papier non timbré, sous la condition que le droit de timbre sera payé en même temps que celui d'enregistrement, après approbation des marchés par l'autorité supérieure.

Jugé spécialement que lorsque l'entrepreneur de la fourniture d'objets mobiliers destinés à l'usage des troupes s'est engagé envers l'Etat à abandonner le matériel de l'exploitation à son successeur, moyennant un prix à fixer par experts, l'acte ultérieur par lequel le marché est continué par un tiers qui s'oblige à reprendre le matériel, parfait la cession de ces objets et donne ouverture au droit proportionnel de 2 pour 100; le prix de la cession consentie au second entrepreneur n'étant pas à la charge de l'État, il n'y a pas lieu d'appliquer l'art. 73 de la loi du 15 mai 1818 (Cass., 4 août 1869, 2988 R. P., 19818 J. N., 18847 J. E., 2398-8 I. G., S. 70-1-33; — 23 nov. 1870, 3220 R. P., 14674 C., S. 71-1-165, D. 70-5-145, P. 71-457, B. C. 181, 2420 § 4 I. G.).

Les marchés pour le transport des marins réservistes sont exempts de la formalité (D. m. f. 10 oct. 1877, 4835 R. P.).

4. HARAS. — Les adjudications pour fournitures et entretien des haras (D. m. f. 6 fév. 1810, 3499 J. E.).

5. LYCÉES. — Il avait d'abord été jugé que les lycées, bien que dépendant de l'Université, ne sont pas des établissements régis pour le compte de l'État, qu'il n'y a pas lieu dès lors d'appliquer à ces marchés l'art. 73 L. 15 mai 1818, qui assujettit au droit fixe les adjudications et marchés dont le prix est payable, directement ou indirectement, par le Trésor public (D. m. f. 2 mars 1854, 1991 I. G. — Reims, 23 juin 1855, 447 R. P.).

Mais le contraire a été reconnu par un jugement du tribunal de Périgueux, du 22 avril 1858, fondé, en substance, sur ce que si les lycées ont pour principale ressource les pensions des élèves, c'est néanmoins l'État qui doit pourvoir à l'excédant des dépenses, en sorte qu'il est directement intéressé dans les marchés concernant ces établissements. D'après ces motifs, le ministre des finances a décidé, le 22 avril 1858 : 1º que les marchés et adjudications pour le compte des lycées seraient désormais enregistrés au droit fixe de 2 francs, et — 2º que la stipulation d'un cautionnement dans ces actes donne lieu à un second droit fixe de 2 francs; la décision ajoute que le droit proportionnel de 1 pour 100 et celui de 50 cent. pour 100 sont seuls dus lorsque chacun de ces droits ne s'élève pas au montant du droit fixe (2123 § 1er I. G., 1029 R. P., 16338 J. N., 11413 C.).

Ces marchés sont aujourd'hui passibles du droit gradué (D. m. inst. publ. du 27 juill. 1872, 3661 R. P.).

Registres. — D'après la même règle, il a été reconnu que les registres des lycées sont exemptés du timbre conformément à l'art. 16 de la loi du 13 brumaire an 7. « Considérant que, depuis la promulgation de la loi du 15 mars 1850, les lycées ont cessé de former un établissement public distinct de l'État; que l'art. 72 de cette loi porte, en effet, que les lycées sont fondés et entretenus par l'État, avec le concours des départements et des villes; qu'il en résulte que leurs registres, étant tenus pour le compte de l'État, doivent être rangés parmi les registres des administrations publiques exempts de timbre, en vertu de l'art. 16 de la loi du 13 brumaire an 7 » (D. m. f. 15 avr. 1865, 2177 R. P.).

6. FACULTÉS. — La règle précédente relative aux lycées s'applique, par identité de motifs, aux marchés passés avec les doyens des facultés de théologie, de droit, de médecine, des sciences, des lettres et de l'École supérieure de pharmacie (Sol. 15 déc. 1858).

7. RIVIÈRES. — L'adjudication des travaux à faire à une rivière pour le compte du Gouvernement n'est passible que du droit fixe par chaque adjudicataire, malgré l'obligation imposée aux riverains, *postérieurement* à l'acte, d'acquitter le montant du prix de cette adjudication, parce que les offres de l'adjudicataire ont pu n'être déterminées que dans la persuasion qu'il n'agissait que pour le compte du Gouvernement, et qu'il ne devrait que le droit fixe (D. m. f. 10 oct. 1821, 118 Roll.).

8. SUBSISTANCES MILITAIRES. — Un marché passé en 1817 entre la direction des subsistances militaires et un particulier, pour la fourniture d'avoine aux troupes anglaises alors stationnées en France, présente tous les caractères d'un marché pour approvisionnements ou fournitures à faire au Gouvernement, et dont le prix doit être payé par le Trésor public. Il est donc passible du droit fixe (Cass., 4 avr. 1827, 1219 § 2 I. G., S. 27-1-365).

9. TÉLÉGRAPHIE. — Les lignes télégraphiques appartenant à l'État, qui est chargé de leur confection et de leur entretien, il a été reconnu, par une décision ministérielle du 28 août 1850, rendue pour le département de la Seine, que les traités passés entre l'État et une Compagnie de chemin de fer, pour l'établissement d'une ligne, étaient non-seulement affranchis du droit proportionnel, mais devaient être aussi enregistrés gratis.

10. SERVICE FORESTIER. — Les inconvénients de l'application de l'ancien droit fixe ne pouvant qu'être aggravés par l'élévation du droit gradué, il a paru qu'il était de l'intérêt du service forestier d'étendre à la nouvelle loi l'interprétation donnée aux lois antérieures. On a donc décidé qu'il ne sera perçu pour l'enregistrement des marchés concernant le service forestier que le droit de 1 pour 100 du montant des marchés, et celui de 50 centimes pour 100 du cautionnement, lorsque chacun de ces droits proportionnels ne s'élève pas à 5 francs en principal. Pour les marchés de 500 à 5,000 francs, et pour les cautionnements de 1,000 à 6,000 francs, le droit est de 5 francs » (Circul. de l'administration des forêts du 4 janv. 1873, 3702 R. P.). — V. D. m. f. 25 août 1876, I. G. 2559, 4839 § 14 R. P.).

376. Marchés non désignés dans la loi de 1872. — Pour qu'un marché soit passible du droit gradué, il faut que le prix soit payé directement par le Trésor public. Aussi a-t-il été reconnu qu'un marché passé par l'Etat comme *negotiorum gestor* d'une société ou d'un particulier qui en doit le prix, est sujet au droit ordinaire (D. m. f. 28 oct. 1874 et 5 août 1876).

Une seconde condition non moins importante, c'est que le marché soit compris parmi ceux dont s'occupe l'art. 1er, paragraphe 9 de la loi du 28 février 1872, c'est-à-dire qu'il ait pour objet des constructions, réparations, entretien, approvisionnements et fournitures.

Il nous avait paru possible de soutenir que cette énumération est limitative et que les autres marchés sont assujettis au droit de 1 pour 100. Mais, en présence de la jurisprudence rappelée au n° 365, cette opinion a peu de chances d'être accueillie. Il est plus rationnel d'admettre que le droit gradué s'applique aux marchés de toute nature dont le prix est payé par l'État.

377. Prix à payer au Trésor. — Nous ajouterons qu'il faut faire une distinction essentielle entre les adjudications dont le prix est payable *par* le Trésor et celles dont le prix est payable *au* Trésor; les premières seules sont sous l'empire de l'art. 1er, paragraphe 9 de la loi du 28 février 1872; les autres tombent sous l'application du tarif déterminé par la nature de la convention.

378. Restitution. — Annulation par l'autorité supérieure. — Aux termes d'une D. m. f. 8 nivôse an 9 (688 J. E.), on devait restituer les droits d'enregistrement perçus sur les marchés de fournitures passés avec le Gouvernement, lorsque ces marchés étaient annulés par l'autorité supérieure (*V.* égal. Sol. 19 frim. an 7 et 28 germ. an 8, 523 J. E.).

Cette question ne pouvait guère se produire quand les marchés n'étaient assujettis qu'à un droit fixe trop peu important pour faire naître la pensée d'une restitution à faire ou à demander. Elle est de nature à se présenter fréquemment aujourd'hui en présence du droit gradué.

ARTICLE 3. — MARCHÉ DONT LE PRIX EST PAYÉ PAR LES DÉPARTEMENTS, COMMUNES ET ÉTABLISSEMENTS PUBLICS

[379-381]

379. Tarif. — Communes et établissements publics. — L'art. 51 de la loi du 28 avril 1816 est ainsi conçu :

« Sont sujettes au droit de 1 franc par 100 francs les adjudications au rabais pour constructions, réparations, entretien, approvisionnements et fournitures dont le prix doit être payé par les administrations locales ou par des établissements publics. »

379 *bis*. Départements. — Quant aux départements, l'abrogation, par la loi du 28 février 1872, de l'art. 73 de la loi du 15 mai 1818, du bénéfice duquel ils avaient profité, les a remis dans le droit commun; le tarif ci-dessus s'appliquera dorénavant aux marchés qu'ils auront à passer. Voici en quels termes le ministre leur a fait l'application de ce droit proportionnel.

« L'art. 73 de la loi du 15 mai 1818 avait assujetti au droit fixe d'enregistrement les marchés et adjudications dont le prix devait être payé directement ou indirectement par l'État. Une D. m. f. du 22 juin 1818, 844 I. G., motivée sur l'organisation politique de l'époque, qui plaçait les départements dans une dépendance complète vis-à-vis de l'État, avait étendu la même règle de perception aux adjudications et marchés dont les départements devaient payer le prix. Mais cette décision, fort contestable d'ailleurs au moment où elle a été prise, n'avait plus sa raison d'être du jour où diverses lois, telles que celle du 18 juillet 1866 sur les conseils généraux (XIe série, Bull. 1407, n° 14438), et surtout celle du 10 août 1871, eurent affranchi *le département* de toute dépendance et l'eurent définitivement reconnu comme une personnalité juridique. Aussi la loi du 28 février 1872 (Instr. n° 2433) a-t-elle abrogé l'art. 73 de la loi du 15 mai 1818, dont l'application aux départements ne se justifiait plus. Par suite de cette abrogation, qui fait revivre l'art. 51, n° 3, de la loi du 28 avril 1816, les adjudications et marchés concernant les départements sont désormais régis par cet article, qui les soumet au droit proportionnel de 1 franc par 100 francs » (D. m. f. 8 juin 1872, 2450-1 I. G., 3538 R. P.;- *Conf.* Cass. 16 août 1875, 4202 R. P.).

« Il est à remarquer, ajoute le ministre dans cette même instruction, que le tarif de 1 franc par 100 francs s'applique à tous les marchés, aux marchés pour constructions, réparations et entretien, de même qu'aux marchés pour approvisionnements et fournitures, et que, vis-à-vis de ces derniers, qui sont de véritables ventes (tarifées à 2 pour 100), la perception du droit de 1 pour 100 constitue une exception de faveur. »

1. HOSPICES D'ALIÉNÉS. — Les marchés au rabais pour fournitures concernant les asiles d'aliénés dont les prix sont payés sur les fonds du département tombent directement sous l'application des règles tracées par la décision précédente. Ils sont soumis au droit de 1 pour 100 (Dél. 7 nov. 1872, 3639 R. P.; Cass. 16 août 1875, 4202 R. P.).

380. Chemin vicinal. — Avant la loi du 28 février 1872, aucun doute ne s'était élevé, sur la nature et la quotité du droit de 1 franc d'enregistrement applicable au service vicinal. Cette loi décidait (art. 4) que les divers droits fixes auxquels sont assujettis par les lois en vigueur les actes civils, administratifs et judiciaires, autres que ceux dénommés à l'art. 1er, seront augmentés de moitié, la question se posa immédiatement de savoir si les actes relatifs aux chemins vicinaux devaient désormais subir l'augmentation nouvelle.

Consulté à ce sujet, au mois de mars 1872, le ministre des finances inclina vers la négative. Mais, le 8 juin suivant, revenant sur cette première appréciation, il informa le ministre de l'intérieur qu'après un examen plus attentif de la question, il avait reconnu que l'art. 20 de la loi de 1836 était abrogé. En effet, le texte de l'art. 4 de la loi du 28 février 1872 est conçu en termes qui ne comportent pas une interprétation restrictive. D'un autre côté, la loi ne contient aucune réserve analogue à celle mentionnée dans la loi de 1850. Enfin, si l'on interroge la pensée du législateur, on voit qu'il s'est uniquement préoccupé d'augmenter les ressources nécessaires pour équilibrer le budget de l'État, et il est manifeste qu'autoriser, par voie d'interprétation, le maintien de l'exception consentie par la loi de 1836, au profit des chemins vicinaux, ce serait aller directement contre ses intentions. En conséquence, le ministre des finances a émis l'avis que l'augmentation de moitié résultant de la loi de 1872 pour les droits fixes d'enregistrement des actes civils, administratifs et judiciaires, était applicable au droit de 1 franc auquel sont soumis les actes concernant les chemins vicinaux. Ce droit se trouve donc porté aujourd'hui à 1 fr. 50 c. (D. m. f. et i., 17 août 1872, 3549 R. P.).

381. Marchés non désignés dans la loi de 1816. — L'art. 51 de la loi de 1816 ne tarife que les marchés pour constructions, réparations, entretien, approvisionnements et fournitures. Quand même cette énumération serait limitative (V. 376), les autres marchés seraient néanmoins sujets également au droit de 1 pour 100 (L. 22 frim. an 7, art. 69 § 3 n° 3).

382. Cautionnement. — L'art. 73 L. 15 mai 1818 avait tarifé les cautionnements au même droit que les marchés auxquels ils se rapportent; il n'en est pas de même de la loi de 1816 qui n'a pas parlé de ces cautionnements dans son art. 51, n° 3; d'où la conséquence que les cautionnements relatifs aux marchés et adjudications au rabais, dont le prix est à la charge des administrations locales et des établissements publics, sont tarifés à 50 cent. pour 100 d'après la disposition générale du n° 8, art. 69, paragraphe 2, L. 22 frimaire an 7 (Sol. 16 fév. 1827, 1730 Roll.).

1. TIERS GARANTIS. — Les cautionnements des marchés faits avec le Gouvernement avant et après la loi du 15 mai 1818, et dont le prix est acquitté avec les fonds du Trésor, mais qui profitent encore à des tiers en garantissant subsidiairement les créances des sous-fournisseurs étaient assujettis au droit fixe comme tombant indirectement à la charge du Trésor (D. m. f. 11 juin 1818, 6101 J. E.).

Ces cautionnements doivent rentrer actuellement sous l'application de la règle ordinaire et sont assujettis au droit de 50 cent. pour 100.

SECTION 4. — DIVERSES ESPÈCES DE MARCHÉS

[383-392]

383. Marché-louage et marché-vente. — Le tarif de 1 franc par 100 francs s'applique à tous les marchés, aux marchés pour constructions, réparations et entretien, de même qu'aux marchés pour approvisionnements et fournitures, et, vis-à-vis de ces derniers, qui sont de véritables ventes (tarifées à 2 pour 100), la perception du droit de 1 pour 100 constitue une exception de faveur.

Il n'y a donc aucune distinction à faire, au point de vue du tarif, entre les marchés-louage et les marchés-vente. Dès qu'ils concernent un établissement public, c'est le droit de 1 pour 100 qui est seul exigible dans les deux cas.

ARTICLE PREMIER. — MARCHÉ ET BAIL

[384]

384. Analogie entre le marché et le bail. — Mais il importe de distinguer le marché sujet au droit de 1 pour 100 du bail ordinaire, passible du droit de 20 cent. pour 100. Les deux contrats ont certains points de contact qui ne permettent pas toujours de les individualiser facilement. La jurisprudence a donné sur ce point des exemples qui peuvent servir de guide.

1. AQUEDUCS ET CANAUX. — L'acte par lequel une ville s'engage à payer pendant neuf ans à un adjudicataire la somme de 2 fr. 96 cent. par mètre cube de matière extraite des aqueducs et canaux, sans que cette somme puisse excéder 1,200 francs par année, constitue un marché au rabais soumis au droit de 1 pour 100, bien qu'il soit qualifié de bail (Sol. 14 janv. 1833, Fess., p. 294, n° 51).

2. ARROSEMENT DES VILLES. — Les adjudications au rabais ou traités pour le nettoiement et l'arrosement des rues et places d'une ville, moyennant une somme annuelle à payer à l'adjudicataire, sont assujetties au droit de 1 pour 100, parce que ce ne sont pas des baux d'industrie, mais des marchés (Cass. 8 fév. 1820, 6642 J. E., S. 21-1-126).

« Attendu, porte l'arrêt, que le traité passé le 30 juillet 1816 entre le maire de la ville de Lyon et Dubost, pour le nettoiement et l'arrosement des rues et places publiques de cette ville, ne peut être assimilé à aucune des espèces de baux dont parlent les lois des 22 frimaire an 7 et 27 ventôse an 9, et auxquelles s'appliquent les perceptions établies par ces lois pour ce genre de contrat; Attendu que ce traité du 30 juillet 1816 rentre au contraire tout naturellement dans la classe des marchés pour construction, réparation ou entretien, passés par les administrations municipales dont parlent les art. 69, § 2, n° 3 de la loi du 22 frimaire an 7 et 51 de celle du 28 avril 1816, puisqu'en effet c'est un marché par lequel Dubost s'oblige à entretenir dans un bon état de nettoiement et d'arrosement les rues et places de la ville. »

3. AFFOUAGE. — L'adjudication de l'exploitation d'une coupe affouagère est passible du droit de marché. — V. *Bois et forêts*, n° 3180.

4. BOUES ET VIDANGES. — Quel est le caractère de l'acte par lequel une ville concède à un tiers le droit exclusif de recueillir les boues, vidanges et immondices de la commune? Il faut distinguer.

Marché à 1 pour 100. — Si la ville paye pour cela une certaine somme à l'entrepreneur, le contrat est un louage de services, selon la définition de l'art. 1710 C. C., et se classe dans la catégorie des marchés soumis au droit de 1 pour 100 par l'art. 69, § 2, n° 3 de la loi du 22 frimaire an 7 (Cass. 28 nov. 1860, 2190-2 I. G., 1416 et 1560 R. P., S. 1861-1-186, P. 61-1-357, 17019 J. N, 11894 C. — V. aussi Seine, 30 août 1821. — D. m. f. 19 mai 1830).

Bail à 20 cent. pour 100. — Mais la question a été très-controversée, quand c'est, au contraire, l'entrepreneur qui paye à la Ville une somme annuelle pour le prix de la concession. Il paraissait difficile d'y voir un bail, puisque l'entrepreneur n'a aucun droit de jouissance successive et réelle sur les lieux où se trouvent déposées les boues, et que son droit se borne à l'enlèvement de ces produits, sans que son travail ait servi à les préparer. D'un autre côté, la Ville dispose de ces matières en véritable propriétaire, car les mesures de police lui permettent de se les approprier pour les faire disparaître (Dunkerque, 31 juill. 1857, 860 R. P., 16595 J. E.; Angers, 10 juill. 1858, 1057 R. P.; Reims, 5 mars 1859, 1151 R. P., 16828 J. E.).

La Cour de cassation a considéré que les entrepreneurs sont tout simplement substitués aux lieu et place de la Ville dans le droit de recueillir un produit utile formant l'un de ses revenus, puisqu'il se renouvelle avec une telle périodicité qu'à la fin de l'entreprise la Ville reprend les choses dans le même état; qu'il ne s'agit pas ici de livrer, moyennant un prix, des boues ou immondices n'appartenant à personne qu'au premier occupant, mais de faire jouir l'adjudicataire, pendant un temps limité, du droit exclusif de circuler dans les rues avec les voitures et les agents nécessaires à l'enlèvement des produits, concession imposant à l'entrepreneur l'obligation d'un travail préalable pour la perception des objets et ayant les caractères d'un louage sujet au droit de 20 cent. pour 100 (Cass., 24 et 28 nov. 1860, 2190 § 2 I. G, 1416 et 1560 R. P., 17019 J. N, 11894 C., 17232 J. E., S. 61-1-186).

« Attendu, porte l'arrêt du 28 novembre 1860, que, lorsque, au lieu de stipuler un salaire, l'adjudicataire, en considération des produits ou émoluments à réaliser successivement dans l'exploitation du droit qui lui est concédé pour une durée limitée, s'engage lui-même à payer une redevance périodique pendant la durée de sa concession, le caractère dominant de la convention est celui de louage de choses, lequel ne permet pas de le confondre avec une vente mobilière; qu'elle s'en distingue en ce que l'effet de la vente est de transférer définitivement à l'acheteur, sans la nécessité du travail et de son industrie, la propriété d'une chose ou d'un droit moyennant un prix représentatif de sa valeur, tandis que l'effet du louage est de conférer temporairement au preneur la jouissance seulement de la chose ou du droit loué, moyennant des prestations en rapport avec la durée de cette jouissance, ou, en d'autres termes, la faculté de recueillir les fruits et produits qu'il acquiert jour par jour de l'exploitation de cette chose ou de ce droit; attendu qu'à la différence de la vente, la convention dont il s'agit a pour objet, non l'obligation de livrer, en retour d'un prix, des boues et immondices qui, n'appartenant à personne, ne sont susceptibles d'appropriation, et ensuite de vente, que par l'occupation, mais seulement l'obligation de faire jouir l'adjudicataire, pendant un temps limité et à la charge d'une redevance périodique, du droit exclusif de circuler à certaines heures avec ses voitures et ses agents, dans les rues et places de la ville, pour réunir et enlever les boues et immondices qui, par le résultat de ce travail quotidien, et au fur et à mesure de cette occupation, deviennent successivement sa chose; qu'ainsi, les caractères essentiels du contrat de louage définis par l'art. 1709 C. C. et régis par l'art. 1er de la loi du 16 juin 1824 se rencontrent dans l'adjudication des 18 février et 30 juin 1856, sans qu'il y ait à distinguer, sous ce rapport, entre celle qui a pour objet la vidange des fosses communales et celle qui a pour objet l'enlèvement des boues et immondices. »

L'arrêt du 24 novembre est ainsi conçu :

« Attendu que, par l'adjudication faite devant le maire de Nîmes, suivant procès-verbal du 25 oct. 1856, les entrepreneurs Salles, Paulet et Paul, se sont chargés pendant six ans du service public du nettoyage des rues de la ville; qu'ils sont autorisés pendant le même espace de temps à disposer à leur profit des boues et immondices, et substitués par là dans le droit de recueillir, aux lieu et place de la ville, un produit utile que l'on peut considérer comme un de ses revenus, puisqu'il se renouvelle avec une telle périodicité, qu'à la fin de l'entreprise actuelle la ville reprendra les choses dans le même état et pourra en faire l'objet d'une nouvelle convention; que cet émolument est acquis par l'entrepreneur, jour par jour, au moyen du balayage, et qu'il est représenté par un loyer annuel que les entrepreneurs s'engagent à payer à la ville, de six mois en six mois; qu'en outre, une des clauses de l'adjudication interdit aux entrepreneurs de sous-affermer tout ou partie de leur entreprise, et que, suivant une autre clause, le bail est résilié de plein droit en cas de décès de l'adjudicataire avant la fin de sa jouissance; qu'ainsi, soit qu'on considère l'objet de l'adjudication du 25 octobre 1856, soit que l'on interroge chacune des clauses dans leur ensemble, on y trouve les caractères qui appartiennent au contrat de louage et qui sont exclusifs de ceux d'un contrat de vente. »

Dans l'ancien droit, on considérait déjà comme un bail l'adjudication de l'enlèvement des boues d'une ville (V. Bosquet, t. 1er, p. 98); mais l'Administration avait rendu sur ce point, avant les arrêts de 1860, des solutions contradictoires. Tantôt, le contrat avait été considéré comme une vente ordinaire des boues, vidanges et immondices (Sol. 20 juin 1849); tantôt, le caractère du bail avait prévalu dans des espèces qui présentaient une jouissance prolongée pendant plusieurs années, moyennant une redevance annuelle (Dél. 17 déc. 1830, D. N., t. 2, p. 363, n° 149; — D. m. f. 14 janv. 1831. — Sol. 6 sept. 1836, 25 mars 1841 : Fess., v° *Bail*, n° 80. — V. aussi Dél. 17 sept. 1830, 10072 J. E., 7335 J. N.). — V. 2813.

5. ÉCLAIRAGE. — L'adjudication de l'éclairage d'une ville pour trois ans, moyennant un prix fixé par an, est un marché que la loi tarife à 1 pour 100, et non pas un bail (Sol. 27 fév. 1835; Fess., p. 296, n° 54).

Si l'entrepreneur stipule qu'outre la redevance à recevoir par bec de gaz, il aura droit à une indemnité annuelle pour la représentation du loyer des appareils nécessaires à la confection du gaz, cette clause ne constitue pas un bail sujet au droit de 20 cent. pour 100. « De ce que deux prix sont fixés il ne s'ensuit pas que les parties ont voulu faire deux conventions; la ville n'acquiert aucun droit de jouissance sur le matériel qui reste entier la propriété de la Compagnie comme moyen de production, et les 2,000 francs d'annuité à payer ne sont pas le prix de la location, puisqu'il n'y a rien de loué; ils forment une indemnité pour les charges, *un supplément de prix du marché* passible sur leur réunion de trente ans du droit de 1 pour 100 » (Cambrai, 19 fév. 1858, 961 R. P., 11255 Cont., 16688 J. E.).

6. HORLOGE PUBLIQUE. — L'adjudication de l'entretien pendant neuf ans de l'horloge d'une ville, moyennant 44 francs par an, constitue un marché, puisque l'adjudicataire doit fournir les matières nécessaires aux réparations de l'horloge, et il est donc dû 1 pour 100 (Sol. 4 déc. 1837, Fess. V. *Marché*, n° 58.).

7. JEUX ET BALS. — L'adjudication du droit de tenir les jeux et danses dans la maison commune pendant une fête, constitue un marché et non un bail (Sol. 26 juill. 1830, Fess. V. *Marché*, n° 56.).

8. STATIONNEMENT. — Les actes par lesquels l'autorité administrative accorde aux concessionnaires de l'entreprise du transport en commun des voyageurs dans Paris le droit exclusif de faire circuler, en stationnant sur la voie publique, les voitures employées à ce transport, moyennant un abonnement annuel représentant le droit à percevoir par la Ville à titre de location des emplacements affectés au stationnement des voitures, donnent ouverture au droit de 20 cent. pour 100 et doivent être enregistrés dans le délai de vingt jours (Seine, 19 juin 1857, 16570 J. E; Seine, 29 août 1857, 16633 J. E.)

Il faudrait décider de même que les arrêtés préfectoraux dûment revêtus de l'acceptation des parties et par lesquels l'autorité détermine la redevance due par une compagnie pour droit d'attache et de stationnement de bateaux, constituent des actes de jouissance sujets au timbre et à l'enregistrement (Sol. 11 janv. 1867).

9. POMPES FUNÈBRES. — La clause insérée au cahier des charges, concernant le service des pompes funèbres et des inhumations de la ville de Paris, par laquelle la Ville alloue à l'adjudicataire une somme de 5 francs pour chaque inhumation, constitue un marché donnant lieu au droit de 1 pour 100 et est indépendante du bail à lui fait par les fabriques de leur privilège relatif aux fournitures des pompes funèbres, qui n'est passible que du droit de 20 cent. pour 100. — Bien que l'adjudicataire des pompes funèbres soit obligé de consacrer exclusivement le matériel à lui adjugé au service des pompes funèbres et soit tenu de le transmettre à son successeur, néanmoins il n'y a pas là seulement une charge du bail passible du droit de 20 cent. pour 100; mais il s'opère réellement à chaque adjudication nouvelle une transmission du matériel passible du droit de vente mobilière de 2 pour 100 (Seine, 19 juill. 1855; Cass., 28 avr. 1856, 886, 655 et 673 R. P., 2078-2 I. G., S. 57-1-53).

« Attendu, porte cet arrêt, que dans la disposition par laquelle l'entrepreneur, par l'art. 46, contracte l'obligation de faire transporter dans les églises ou temples, et ensuite dans les cimetières de Paris, les corps des décédés, moyennant l'attribution qui lui est faite par l'autorité municipale d'une somme de 5 francs, on doit voir le caractère d'une adjudication et d'un marché pour travaux à faire; — Que, pour cette partie spéciale du service, l'entrepreneur n'est plus subrogé aux droits des fabriques par l'effet d'un bail ou cession de ces droits; — Qu'il traite directement avec l'autorité municipale pour un travail qu'il s'engage à faire pour elle et dont il doit recevoir d'elle le salaire; — Que cette partie du traité se distingue donc par sa nature, par son but, et même par les qualités des parties intéressées, de celles relatives au service des pompes funèbres, dont le privilège appartient aux fabriques et consistoires. »

Si une compagnie se charge de faire pour la Ville, demeurée propriétaire du privilège, les travaux et fournitures des inhumations, l'acte est pour le tout un marché sujet au droit de 1 pour 100 sur le prix représenté par les revenus concédés à la compagnie (Cass. 25 juin 1877, 4723 R. P.). — V. 11220.

10. BAUX. — Est un marché et non un bail l'acte par lequel un entrepreneur s'engage à établir une distribution d'eaux moyennant une subvention et une partie des redevances particulières (Issoudun, 15 janv. 1878, 4940 R. P.).

ARTICLE 2. — MARCHE ET VENTE

[385]

385. Analogie entre le marché et la vente. — Il est essentiel également de ne pas prendre le marché de fournitures pour une vente mobilière ordinaire qui transmet purement et simplement un objet à l'établissement public, sans que le cédant contracte aucune obligation où son industrie soit engagée. La vente, dans ce cas, donnerait ouverture au droit de 2 pour 100.

Des appréciations de cette nature ont été faites dans les espèces suivantes.

1. CASQUES. — Par un traité, un particulier s'engage à fournir, dans un délai fixé, 42 casques de sapeurs-pompiers, dont la matière et la forme sont déterminées. Ce contrat constitue non une vente d'objets mobiliers, mais un marché pour fourniture dont le prix doit être payé par l'administration locale et il est passible du droit de 1 pour 100 (Sol. 18 mai 1835, Fess., v° *Marché*, n° 64).

2. CLOCHE. — Lorsqu'une commune passe un marché avec un fondeur pour la fonte et la livraison d'une cloche, moyennant un prix déterminé, il est dû 1 pour 100 (Sol. 5 avr. 1832 et 3 nov. 1837, Fess., p. 295, n° 52; Sol. 8 juill. 1850).

Si le prix se compose d'une somme déterminée et de la valeur représentée par les matériaux d'une ancienne cloche, le droit de 1 franc doit être perçu sur la totalité du prix (Sol. 7 août 1834 et 8 avr. 1843, Fess., p. 295, n° 52; D. m. f. 10 sept. 1823, 7537 J. E.).

Mais l'acte qui constate qu'un maire a fait choix, chez un marchand, d'une cloche qui lui a été immédiatement livrée à un prix déterminé, contient une transmission mobilière sujette au droit de 2 pour 100 et non un marché, puisqu'on ne peut donner ce nom qu'à la convention par laquelle une personne s'engage à faire un ouvrage pour un autre moyennant un prix, et que, dans le langage usuel comme dans le langage du droit, le mot marché a un sens restreint et déterminé (17491 J. E.).

3. ÉGLISE. — Les marchés pour constructions et réparations d'églises communales et de presbytères sont passibles du droit de 1 pour 100 (D. m. f. 22 juill. 1822, 330 Roll.).

4. PONT. — L'engagement de construire un pont moyennant l'abandonnement de deux pièces de terre et de matériaux, donne ouverture au droit de 1 pour 100 sur la valeur des matériaux, et de 5 fr. 50 cent. seulement sur celle des pièces de terre, parce qu'il y a ici une mutation immobilière soumise à un autre principe (Dalloz, n° 2001).

5. SOUS-PRÉFECTURE. — L'adjudication de travaux pour la construction d'un hôtel de ville et d'une sous-préfecture est passible du droit de 1 pour 100 (D. m. f. 27 oct. 1826, 8567 J. E.).

6. BOIS DE CHAUFFAGE ET CHANDELLE. — L'adjudication pour un an de la fourniture du bois de chauffage et de la chandelle pour le corps de garde d'une ville, constitue un marché passible du droit de 1 pour 100, et non une vente mobilière (Sol. 7 sept. 1829, Fess., v° *Marché*, n° 60).

7. TOILE. — Le procès-verbal d'adjudication, aux termes duquel un particulier s'engage à fournir à une ville 500 mètres de toile moyennant une somme fixée à raison du mètre, constitue un marché pour fournir, tarifé à 1 pour 100 (Sol. 19 fév. 1833, Fess., v° *Marché*, n° 62).

ARTICLE 3. — CONVENTION MIXTE

[386-392]

386. Convention mixte. — Lorsqu'un contrat présente des dispositions qui se lient intimement les unes aux autres, l'objet principal, la convention fondamentale du contrat doit supporter le droit. Pour établir la perception d'une manière régulière sur les contrats de cette nature, il faut donc soigneusement s'attacher à distinguer quelle en est la convention principale. C'est sur l'application de ce principe que sont basées les décisions suivantes. — V. 367 *ter*.

387. Abandon de matériaux. — Un procès-verbal d'adjudication au rabais de travaux à faire à un hôtel de ville porte que la valeur des matériaux viendra en déduction du prix à payer par la ville. Il a été considéré que les travaux à faire pour la démolition et la construction étant l'objet principal du marché, on ne pouvait percevoir un droit de vente sur la valeur des matériaux (Sol. 8 avr. 1836; 15 fév. 1830, Fess., p. 295, n° 66; Sol. 30 déc. 1829, 9527 J. E.; Dél. 20 juin 1828, Champ. et Rig., n° 1465; D. m. f. 23 déc. 1822, 7337 J. E.; Sol. 7 août 1834 et 8 avr. 1843, Fess., p. 295, n° 52; D. m. f. 23 sept. 1823, 7537 J. E.).

Décidé également que le marché fait pour démolir et reconstruire une maison commune à la charge par l'entrepreneur de fournir le surplus des matériaux n'est sujet qu'au droit de 1 pour 100 (Sol. 28 juin 1824, D. N. t. 8, p 21 n°53).

Nous pensons même que, quand, d'après les termes du marché ou les circonstances, les matériaux abandonnés doivent être employés au travail convenu, non-seulement on ne doit percevoir que le droit de 1 pour 100, mais on doit encore déduire du prix stipulé la valeur des matériaux à déclarer par les parties. Il semble que le prix de 10,000 francs, par exemple, duquel on doit déduire la valeur de 1,000 francs de matériaux qui doivent être repris et employés par l'entrepreneur, n'est réellement que de 9,000 francs.

388. Travaux abandonnés en payement. — Si la commune abandonne à l'entrepreneur les travaux déjà exécutés par elle, évalués à une somme déterminée, qui viendra en déduction de celle qu'elle s'engage à payer, aucun droit n'est exigible sur le montant de ces travaux, *qui ne font pas l'objet de l'adjudication* (D. m. f. 4 avr. 1833, 10588 J. E.).

389. Cession de privilége. — L'acte de vente d'un immeuble à une ville, portant que le *vendeur* élèvera sur l'immeuble vendu des constructions à usage de marché, et qu'en payement du prix de la vente, ainsi que de celui des constructions, la ville abandonnera au vendeur la jouissance pendant soixante-dix ans, de l'immeuble et des constructions, donne ouverture, *indépendamment du droit de vente*, au droit de marché. Car un tel acte doit être réputé avoir pour objet principal un marché pour construction et non pas un bail emphytéotique (Cass. 1er juill. 1835, 1281 J. E., 1504 § 2 I. G., S. 35-1-615). « Attendu, porte cet arrêt, que l'établissement, la construction des trois marchés à fourrages a été l'objet principal des conventions faites entre le préfet de la Seine et la compagnie; — Que ce marché de constructions et établissements ne saurait être présenté comme n'étant que l'accessoire d'un bail, lequel bail ne pouvait même avoir lieu de la part de la ville de Paris, lorsqu'il n'existait point de marchés, et que même la Ville n'était propriétaire d'aucuns terrains sur lesquels on se proposait de faire lesdits établissements; — Qu'ainsi, la création de ces établissements, les constructions qu'ils exigeaient étaient le véritable objet du traité, et non pas, comme le dit le jugement attaqué, l'accessoire d'un bail; que la jouissance accordée à la compagnie n'était que le prix du marché fait avec elle pour constructions. »

1. DROIT DE PLACE DANS UNE HALLE. — La Cour de cassation a décidé, le même jour, que l'acte d'échange par lequel l'un des échangistes s'engage à faire, sur l'immeuble qu'il a donné en échange, des constructions à usage d'un marché public, à condition qu'il en aura le produit pendant soixante-dix ans, donne ouverture au droit de marché, indépendamment de celui d'échange (11258 J. E., 1504 § 2 I. G., S. 35-1-615). « Attendu, porte l'arrêt, que le motif principal de la jouissance, concédée pour soixante-dix-neuf ans par la ville de Paris au sieur Testart, était d'utiliser et de rendre productifs les terrains échangés entre les parties, et de convertir ces terrains en un marché public; — Qu'en conséquence la ville de Paris a imposé au sieur Testart l'obligation par lui acceptée de faire des constructions sur le terrain dont la jouissance lui était temporairement abandonnée, jusqu'à concurrence de la somme de 114,068 fr. 33 cent.; — Attendu qu'en considérant cette stipulation comme contenant un marché pour constructions, sujet au droit de 1 pour 100, suivant l'art. 69, paragraphe 3, n° 1, de la loi du 22 frimaire an 7, le jugement attaqué a fait une juste appréciation de l'acte. »

Jugé dans le même ordre d'idées par le tribunal de la Seine, le 5 août 1865 (2303 R. P.), qu'il faut considérer comme un marché de travaux et non pas comme un bail d'immeubles l'acte par lequel un entrepreneur s'engage à construire une halle sur des terrains appartenant en partie à la ville, à condition de recueillir pendant un certain nombre d'années le produit des places de la halle.

En effet, la disposition dominante de l'acte, celle qui devait servir à le qualifier, n'était pas évidemment la concession d'une jouissance applicable à des objets dont la plupart n'existaient pas encore. L'établissement de la halle formait le véritable objet du traité, aussi bien à l'égard de la ville que de l'entrepreneur, et la cession de la jouissance représentait simplement le prix des constructions. Le contrat ne tombait donc pas sous le tarif du bail, mais sous celui du marché.

2. NAVIGATION. — De même encore, la cession du privilége, concédé pendant quatre-vingt-dix-neuf ans, de navigation sur une rivière, avec obligation de la part du cédant de faire des travaux et de fournir des bateaux pour la navigation, constitue un marché passible du droit de 1 pour 100, et non la cession d'un usufruit mobilier passible de 2 pour 100, l'abandon du privilége ne devant être considéré que comme le prix du marché (Délib. du 4 fév. 1831, 9893 J. E.).

3. PERCEPTION POUR LE COMPTE DE LA VILLE. — Dans une espèce où, par un acte administratif, des particuliers avaient été déclarés adjudicataires pendant trois ans de la perception des taxes de stationnement, conduite et garde dans une halle municipale, moyennant le payement par la ville d'une somme annuelle, le tribunal de la Seine a jugé, le 20 février 1869 (3256 R. P.), que cet acte avait le caractère non d'un bail consenti aux entrepreneurs, ni d'un marché souscrit par eux, mais d'une obligation de sommes contractée par la Ville, passible de 1 franc pour 100 francs.

Cet décision nous a paru erronée. Sans doute, la pensée d'un bail n'est pas admissible; car, d'une part, les entrepreneurs ne reçoivent la jouissance exclusive d'aucun objet mobilier ou immobilier, et, d'un autre côté, loin de payer un prix à la Ville, ce sont eux qui le reçoivent en compensation de leurs services futurs. Mais la convention a évidemment le caractère du louage de travail, puisque les entrepreneurs se mettent au service de la Ville pour opérer en son nom le recouvrement de certaines créances. C'est bien là un de ces mandats salariés ou de ces louages d'industrie dont la pratique offre des exemples toutes les fois qu'un tiers se charge d'une gestion d'affaires à prix d'argent. L'obligation de payer la subvention devait être assimilée ici à l'obligation contractée par l'acquéreur, dans une vente, de payer le prix de cette vente. Or, ce n'est pas par l'obligation relative au payement du prix qu'on détermine la nature d'un contrat, c'est par l'appréciation de l'objet transmis. La perception devait donc être réglée sur la stipulation dominante qui est le louage d'industrie. Autrement il faudrait dire que les conventions de l'espèce constituant des obligations se trouvent dispensées du timbre et de l'enregistrement par l'art. 78 de la loi du 15 mai 1818. — *V.* 367 *ter*, 384-9 et 11220.

390. Utilité publique. — Le marché passé avec une commune, d'après lequel tout ou partie de la somme promise à l'entrepreneur doit être employée par lui à l'acquisition de terrains destinés à la voie publique, est passible du droit proportionnel même lorsqu'il y a utilité publique déclarée, car l'emploi des fonds n'est que la disposition secondaire de la convention, et aucune restitution n'est exigible alors qu'il serait justifié *plus tard* de l'emploi d'une partie des fonds à des acquisitions d'utilité publique déclarée (Seine, 17 mars 1836, 5007 Roll. — Cass., 12 nov. 1838, 1590 § 9 I. G., 12191 J. E., S. 38-1-891.) — « Attendu, porte cet arrêt, que la loi du 7 juillet 1833, art. 58, n'affranchit du payement des droits d'enregistrement que les actes faits en vertu de cette loi, et qu'on ne peut considérer comme tel le traité conclu le 20 septembre 1833, entre le sieur Pène et le préfet du département de la Seine, stipulant pour la ville de Paris; — Qu'en effet, ce traité n'avait pour objet ni une expropriation pour cause d'utilité publique, ni le règlement d'une indemnité réclamée par suite d'expropriation; — Que c'était une convention par laquelle Pène se chargeait, moyennant une somme déterminée, d'exécuter certains travaux et d'acquérir les terrains nécessaires à cette exécution; — Que, dès lors, c'est avec raison que ce traité a été soumis au droit d'enregistrement fixé par les art. 69 de la loi du 22 frimaire an 7 et 51 de la loi du 28 avril 1816 pour les marchés relatifs à des constructions dont le prix doit être payé par une administration municipale; — Attendu que l'emploi d'une partie des fonds alloués à Pène, à l'acquisition des terrains nécessaires à l'exécution des travaux projetés, est un fait postérieur qui n'a pu changer la nature de la convention et qui ne saurait autoriser la restitution des droits d'enregistrement régulièrement perçus sur cette convention. » — V. 367 *ter*.

391. Bail. — Mais le bail pour neuf ans, fait sans prix, d'une maison à charge par le preneur de faire des réparations évaluées 3,000 francs, donne ouverture au simple droit de bail et non à celui de marché, car ici c'est le bail qui est *l'objet principal* de la convention. La valeur des réparations n'en est que le prix (12941-1 J. E.).

392. Bois et forêts. — Les marchés relatifs aux bois de l'État ou des communes sont assujettis à quelques règles particulières indiquées au mot *Bois et Forêts*.

SECTION 5. — ACTES DIVERS CONSTITUANT LE MARCHÉ

[393-396]

ARTICLE PREMIER. — SOUMISSION

[393]

393. Constatation du marché. — Le marché n'est pas toujours constaté par un écrit ou un procès-verbal en forme signé des deux parties et ayant les caractères d'un contrat synallagmatique ordinaire. Il peut résulter aussi d'autres actes ou de la combinaison d'autres actes qui sont spéciaux à l'administration temporelle des établissements publics.

1. SOUMISSION. — Une des formes les plus communes du marché est la soumission, c'est-à-dire la déclaration par laquelle un particulier s'engage à exécuter des travaux ou à faire des fournitures à des conditions convenues d'avance ou qu'il propose à l'établissement public.

La soumission, par elle-même, n'est qu'une offre qui ne pourrait, isolée, donner lieu au droit de marché; mais si elle se rattache à un autre acte renfermant le consentement régulier de l'établissement public, leur réunion forme le contrat tarifé (D. m. f. 2 mai 1818, 6291 J. E.; — 5 août 1819, 6468 J. E.; D. N., t. 12, p. 38, n° 8). La soumission ainsi acceptée devient un acte administratif sujet à l'enregistrement (7779, 11770; 14964-5 J. E.; *Comp.* Trib. des conflits, 13 mars 1875, 4169 R. P.).

2. ACCEPTATION. — Dans cet ordre d'idées, il a été reconnu que la soumission d'un entrepreneur, qui s'engage à faire des travaux dans les bois de l'État, devient sujette à l'enregistrement dès qu'elle est revêtue de l'approbation de l'autorité, parce que la réunion de ces deux actes constitue le marché (D. m. f. 1er déc. 1856, 2089 I. G., 793 R. P.) — V. *Soumission*, n° 15422.

Jugé encore qu'une soumission acceptée par l'autorité supérieure, souscrite par un entrepreneur pour les fournitures à faire à un établissement public, constitue un marché passible du droit de 1 pour 100, attendu que cette soumission, du moment où elle a été acceptée, a constitué pour l'entrepreneur une obligation écrite (Évreux, 21 janv. 1837, 11770 J. E.), et comme telle, elle est enregistrable dans le délai de vingt jours à dater de l'approbation (Valenciennes, 8 mai 1850, 3212 Bull.).

Décidé de même que l'écrit par lequel un fournisseur offre d'effectuer pour le compte du département certaines livraisons constitue une soumission, qui devient, après son approbation par le préfet, le titre d'un marché administratif assujetti au timbre et à l'enregistrement (Lille, 2 août 1872, 35132 R. P.).

Cette règle est applicable à toute soumission dûment acceptée et revêtue de l'approbation du préfet, quel que soit l'objet de cette soumission et lors même que l'approbation aurait été donnée par un arrêté spécial, pourvu, toutefois, qu'il s'agisse d'une convention à laquelle l'art. 78 de la loi du 15 mai 1818 soit applicable (Sol. 4 déc. 1839 et 27 mars 1859).

3. DÉFAUT D'ACCEPTATION. — Par voie de conséquence, toute soumission non acceptée ni approuvée est un acte sous signature privée qui n'est sujet à l'enregistrement qu'autant qu'on veut en faire usage par acte public ou en justice (Sol. 12 mars 1859). L'acceptation ne peut pas être remplacée par le fait matériel de l'exécution du marché (Seine, 10 avr. 1875, 4193 R. P.; — Sol. 16 juill. 1877). — Le marché ne résulte pas non plus de l'acceptation écrite par l'Etat d'une offre verbale de l'entrepreneur (D. m. f. 25 juill. 1877). — V. 395-3.

4. ACCEPTATION TACITE. — Si l'entrepreneur s'était réservé, dans la soumission, de faire connaître son acceptation définitive dans un certain délai, les actes établissant cette acceptation tacite rendraient le droit proportionnel exigible (Seine, 2 mai 1851, D. N., t. 8, p. 23, n° 68). — V. 4952.

5. DÉLIBÉRATION SUIVIE DE SOUMISSION. — A plus forte raison la soumission vaudrait marché si elle venait à la suite d'une délibération du conseil municipal, approuvée par le préfet.

Jugé sous ce sens qu'une soumission mise à suite d'une délibération de conseil municipal, approuvée par le préfet, par laquelle un entrepreneur s'engage à fournir le gaz nécessaire à l'éclairage d'une ville, est enregistrable dans les vingt jours de l'approbation et passible du droit de marché comme s'il y avait eu adjudication. (Cass. 22 janv. 1845, 12260 J. N., 13653 J. E., 1743 § 6 I. G., S. 45-1-103).

6. ADJUDICATION ULTÉRIEURE. — *Quid* si une adjudication intervenait postérieurement à la soumission qui aurait été enregistrée au droit proportionnel ? évidemment cette adjudication ne serait passible que du droit fixe, car elle n'aurait eu d'autre effet que de convertir la soumission en acte public.

7. ACTE NON PRÉVU PAR LA LOI. — Évidemment encore, s'il s'agissait d'un acte qui ne serait pas la soumission-marché prévue par la loi que nous avons ici en vue, cet acte ne serait pas de nature à être enregistré dans un délai déterminé. C'est ce qui a été reconnu au sujet de la soumission par laquelle un curateur ou la famille d'un aliéné s'engage à payer une somme annuelle pour le prix de la pension de cet aliéné dans un établissement public d'insensés (1731 I. G.).

ARTICLE 2. — DÉLIBÉRATION. — RÉUNION DE DIVERS ACTES.

[394]

394. Délibération. — Le marché est quelquefois constaté également par des délibérations du conseil municipal de la commune ou du conseil d'administration de l'établissement public. Si ces délibérations renferment l'acceptation de l'entrepreneur ou si elles en sont soit précédées, soit suivies, elles forment avec elle le titre de la convention et tombent sous l'application de l'art. 78 de la loi du 15 mai 1818. La délibération, en effet, cesse alors d'avoir le caractère d'un acte d'ordre intérieur et de police générale. Elle prend un caractère spéculatif qui la soumet à la loi dès quelle est l'instrument d'un des actes tarifés (454 I. G.). C'est un point qui a été expliqué par le rapporteur de la loi du 15 mai 1818 (*Moniteur* du 15 mai 1818, p. 604).

1. DÉLIBÉRATION ET SOUMISSION. — Par application de ce principe, il a été reconnu que lorsqu'une délibération d'un conseil municipal a autorisé la construction d'un autel dans l'église de la commune; que le plan et le devis de construction ont été dressés par l'architecte du département, et la dépense estimée par lui; que, d'après cette estimation, un particulier s'est obligé à construire l'autel, conformément aux plan et conditions qui lui ont été communiqués, et moyennant la somme fixée, et qu'enfin la délibération du conseil municipal et la soumission de construire ont été approuvées par arrêté du préfet, on ne peut s'empêcher de voir, dans la réunion de ces divers actes, un marché sujet à l'enregistrement dans les vingt jours à compter de celui où l'approbation de la soumission par le préfet est parvenue à la mairie (Dél. 22 mai 1824, 7779 J. E., D. N., t. 8, p. 19, n° 40). C'est également ce qui résulte dans l'arrêt de cassation du 22 janvier 1845, *suprà* 393 § 5 (1743-6 I. G., 12260 J. N., 13653 J. E.).

2. RÈGLEMENT D'INDEMNITÉS ET LIVRAISON DE TERRAINS. — De même, dans un cas où un particulier avait soumissionné la livraison à la ville des terrains nécessaires à l'ouverture d'un parc et où le préfet de la Seine, autorisé par le conseil municipal, lui avait transmis les délibérations et concouru aux divers actes de règlement des indemnités et de livraison des terrains, il a été décidé que l'acte devait être considéré comme régulièrement approuvé et constituant un marché administratif passible du droit proportionnel (Seine, 21 juill. 1859, 17176 J. E.).

3. DEMANDE ACCEPTÉE PAR LE PRÉFET. — Une solution semblable a été admise à propos d'un **bail** : « Attendu que l'arrêté du 6 mars 1854, par lequel le préfet de la Seine déclare accueillir la demande de la location d'un terrain, adressée par C... à l'Administration, constitue un bail véritable; qu'en effet les conventions résultant de la demande et de l'acceptation contiennent toutes les conditions dont l'art. 1709, C. C. exige la réunion, pour créer un contrat de louage; qu'elle a été exécutée; que, par suite, c'est avec raison que la Régie réclame le droit en sus pour défaut de présentation à l'enregistrement dans le délai de vingt jours » (Seine, 20 déc. 1862, 17664 J. E.).

4. OFFRE ACCEPTÉE DANS UNE DÉLIBÉRATION. — La question s'est encore présentée au sujet des donations faites aux communes ou aux hospices. L'offre du donateur rapprochée de la délibération qui l'accepte et en règle l'exécution constitue-t-elle le titre de la libéralité et donne-t-elle lieu au droit proportionnel ? — *V.* 6496.

ARTICLE 3. — ACTE CONSTATANT LE MARCHÉ ET EN TENANT LIEU

[395-396]

395. Exécution. — Bien plus, il pourrait se faire qu'une convention de marché fût exécutée sans qu'aucun acte direct en constatât l'existence; dans ce cas, si un acte quelconque accessoire, tel qu'un procès-verbal de cubage, de métrage, de réception de travaux, de dation d'hypothèque, signé des deux parties, etc., venait révéler l'existence du marché et était soumis à la formalité, ce ne serait pas le droit à raison de la convention accessoire qu'il faudrait percevoir, mais bien le droit de marché, qui constituerait le contrat principal, sans lequel le contrat accessoire n'aurait pas existé.

1. PROCÈS-VERBAL DE CUBAGE ET DE MÉTRAGE. — Dans ce sens, le tribunal de Gray, a jugé, le 11 juillet 1854, que le droit de vente est exigible sur un procès-verbal destiné à constater le cubage et la délivrance, moyennant une redevance, par le maire d'une commune, du minerai extrait de la forêt de cette commune. Le tribunal s'est fondé sur ce que le procès-verbal, qui tenait lieu de ces conventions arrêtées entre la commune et l'acquéreur du minerai, ce procès-verbal, ayant eu lieu en vertu des conventions, constituait l'acte administratif que les art. 78 et 79 de la loi du 15 mai 1818 prescrivent de soumettre à la formalité de l'enregistrement (257 R. P.).

2. AFFECTATION HYPOTHÉCAIRE. — De même le tribunal d'Altkirch a jugé, le 8 juill. 1854 (329 R. P.), que l'acte contenant affectation hypothécaire au profit d'une ville, pour garantir l'exécution de la construction d'une église, donne ouverture au droit de marché, lorsque le marché n'a pas été soumis à la formalité.

« Attendu que ce contrat hypothécaire est de sa nature un contrat accessoire, que son existence est subordonnée à celle d'un contrat principal; d'où il suit qu'à défaut d'un acte ou écrit contenant explicitement un engagement principal, le droit proportionnel d'enregistrement auquel est assujetti cet engagement doit être acquitté sur l'acte de constitution d'une hypothèque consentie pour assurer l'exécution dudit engagement; cet acte constitutif d'hypothèque devant renfermer implicitement le contrat principal et produire tout son effet entre les parties, sous peine d'être sans objet, puisqu'on ne saurait comprendre un contrat accessoire sans qu'il y en ait un principal. »

Mais cette solution ne nous paraît exacte que si la ville a accepté l'affectation hypothécaire tenant lieu du marché.

3. CERTIFICAT D'EXÉCUTION. — Le tribunal de la Seine a jugé, le 20 janvier 1865, que l'existence d'un marché administratif de travaux est suffisamment établie pour la poursuite du droit d'enregistrement contre l'entrepreneur par un arrêté du préfet constatant le fait de l'adjudication et par un certificat d'exécution des travaux (2130 R. P.).

Dans ce cas spécial, le tribunal avait rencontré la preuve de l'engagement principal qui était le marché, dans la mention de l'arrêté préfectoral qui attestait l'existence d'une adjudication antérieure et dans les termes du certificat ultérieur de l'architecte. C'est la réunion de ces deux actes qui, pour lui, avait formé l'instrument du contrat. — V. 393-3.

4. POMPES FUNÈBRES. — Si le cahier des charges de la concession relative au service des pompes funèbres porte que, lors de la cession par l'entrepreneur, son successeur devra reprendre à des conditions convenues le matériel de l'entreprise, il s'opère à chaque cession annuelle une transmission du matériel passible du droit de 2 pour 100 (Cass., 29 avr. 1856, 386, 655 et 673 R. P., S. 57-1-53, 2078-2 I. G.).

« Attendu, porte l'arrêt, qu'aux termes de l'art. 22 du cahier des charges de l'adjudication à lui faite, l'entrepreneur des pompes funèbres entretient à ses frais et a constamment en bon état un nombre déterminé de chars, voitures et chevaux, faute de quoi l'Administration pourvoit d'office à tous les besoins, aux frais, risques et périls dudit entrepreneur; — Qu'aux termes de l'art. 20, il doit avoir un magasin central dans lequel il entretient constamment un nombre déterminé de cercueils, et dans chaque magasin d'arrondissement le nombre de draps mortuaires et brancards nécessaire au transport des décédés; — Qu'enfin, suivant l'art. 30, il doit avoir en magasin et constamment en bon état de service un approvisionnement suffisant des divers objets détaillés dans le tarif des prix des fournitures; qu'il doit compléter ces objets, les remplacer ou réparer, soit au moment de son entrée en possession, soit pendant la durée de son entreprise, et que, faute par lui d'exécuter immédiatement les augmentations, réparations ou remplacements requis par l'administration, celle-ci fait pourvoir d'office aux frais, risques et périls de l'entreprise; — Attendu qu'il résulte de l'ensemble et de chacune de ces dispositions que l'entrepreneur est seul propriétaire de tout le matériel, qu'il est ainsi obligé d'avoir et d'entretenir, de rétablir et de tenir en bon état, le tout de ses deniers et à ses risques et périls; — Qu'il suit de là que, si, aux termes de l'art. 55, il est tenu de reprendre de son prédécesseur, au prix de l'estimation des experts, tout le matériel de l'entreprise de celui-ci, il devient en même temps propriétaire du matériel ainsi repris. »

5. FOURNITURES MILITAIRES. — De même, lorsque l'entrepreneur de la fourniture d'objets mobiliers destinés à l'usage des troupes s'est engagé envers l'État à abandonner le matériel de l'exploitation à son successeur, moyennant un prix à fixer par experts, l'acte ultérieur par lequel le marché est continué par un tiers qui s'oblige à reprendre le matériel, parfait la cession de ces objets et donne ouverture au droit proportionnel de 2 pour 100 (Cass. 4 août 1869, 2988 R. P., 19818 J. N., 2393-8 n° 1 I. G., S. 70-1-33; — 23 nov. 1870, 3220 R. P., 14674 C., 2420-4 I. G., Bull. 181, S. 71-1-165, D. 70-5-145, P. 71-457).

« Attendu, porte l'arrêt du 4 août 1869, qu'il résulte de ces dispositions que l'entrepreneur entrant, tenu de reprendre de son prédécesseur, au prix de l'estimation des experts, tout le mobilier de l'entreprise de celui-ci, est devenu propriétaire, au même titre, du matériel ainsi repris; qu'on oppose à tort qu'obligé de conserver ce matériel pendant toute la durée du marché, et de le transmettre à l'expiration, soit à un successeur, soit à l'État, l'entrepreneur entrant devrait être considéré non comme un propriétaire véritable, mais comme un simple détenteur ayant droit de jouir et non de disposer; que, sans doute, l'obligation de conserver le matériel et de le transmettre a pour résultat de restreindre le droit de propriété dans une certaine mesure, mais qu'elle ne détruit pas ce droit, et qu'en effet la propriété de l'entrepreneur, expressément affirmée dans le premier article du cahier des charges, est ensuite reconnue et consacrée par les dispositions ultérieures qui précisent le mode et les conditions dans lesquels le mobilier acquis du précédent adjudicataire pourra et devra être transmis, par l'entrepreneur entrant, à un adjudicataire subséquent ou à l'État; — Attendu qu'il est constant, dès lors, que le traité du 2 octobre 1865 contenait une cession mobilière au profit du demandeur. »

« Attendu, porte l'arrêt du 23 novembre 1870, que, d'une part, si Vallé était obligé, aux termes du traité de 1846, de conserver le matériel pendant toute la durée du marché et de le transmettre à l'expiration, soit à un successeur, soit à l'État, cette obligation avait pour conséquence, sans doute, de restreindre son droit de propriété dans une certaine mesure, mais qu'elle ne détruisait pas ce droit, et, qu'en effet, la propriété de l'entrepreneur, expressément affirmée dans l'art. 1er du traité, était ensuite reconnue et consacrée par les dispositions ultérieures qui précisent le mode et les conditions dans lesquels le mobilier serait acquis à un entrepreneur subséquent, ou, à défaut, à l'État; qu'ainsi Vallé, réellement propriétaire, et non simplement détenteur du mobilier, avait été en droit d'en faire la cession; — Que, d'une autre part, la cession procédait directement, à la vérité, des traités combinés de 1846 et 1865, sans qu'aucun acte fût nécessaire, mais que l'usage fait en justice de la convention non enregistrée du 26 juin 1866, relative à la détermination du prix définitif, rendait exigible le droit proportionnel sur la cession judiciairement constatée, et que le prix de cette cession étant dû par l'entrepreneur qui succédait au cédant, et non par l'État, il ne pouvait être fait application de l'art. 73 de la loi du 15 mai 1818; — Attendu qu'il résulte de tout ce qui précède que le droit de titre a été régulièrement perçu sur le jugement du 22 novembre 1846. »

6. DEVIS. — Le devis des travaux communaux à faire qui renferme l'acceptation de l'entrepreneur et se trouve régulièrement approuvé, constitue un marché et, comme tel, est

assujetti à l'enregistrement au droit proportionnel (11610-5, 11618-2 J. E.).

7. THÉATRE. — Un cahier des charges relatif à l'entreprise d'un théâtre approuvé par le préfet et accepté par le directeur du théâtre, portant stipulation d'une indemnité déterminée, constitue un véritable traité ou marché sujet à l'enregistrement dans les vingt jours de l'approbation, à peine d'un droit en sus (Strasbourg, 27 mai 1856 et 31 août 1857, 15829 J. N.). Néanmoins si le droit dû, dans ce cas, est celui d'indemnité, l'acte ne serait pas assujetti à l'enregistrement dans un délai légal (Marseille, 12 août 1875, 4476 R. P.). — V. 417 *bis* et 9607.

396. Convention écrite. — L'obligation de payer les droits n'a lieu évidemment que quand il existe une convention écrite, et que l'Administration peut en rapporter la preuve.

1. CONVENTION VERBALE. — FOURNITURES. — Ainsi il est admis dans la pratique que, pour les fournitures de peu d'importance à l'égard desquelles les établissements publics sont autorisés à traiter de gré à gré, et traitent le plus souvent verbalement, il n'y a pas à demander le droit d'enregistrement.

Une délibération a reconnu, dans ce sens, que si les établissements publics admettent, comme ils en ont le droit, les particuliers à faire des fournitures sans rédiger d'actes, les fournisseurs ne peuvent être astreints à faire enregistrer les délibérations relatives à cet objet (Dél. 26 oct. 1822, D. N., t. 6, p. 20, n° 44). — V. 393-3.

SECTION 6. — LIQUIDATION ET PAYEMENT DU DROIT

[397-405]

397. Évaluation provisoire. — L'Administration avait reconnu dans différentes espèces (290 § 10, 758 § 9, 786, 872, 890 I. G.) que la perception établie sur une évaluation faite conformément à l'art. 16, L. 22 frimaire an 7, ne devait l'être définitivement que sur le montant exact de la fourniture au fur et à mesure que le marché était exécuté et que les faits pouvaient être constatés. Il était dans l'esprit de ces instructions de régulariser la perception à l'expiration de chaque année. Ces principes, momentanément abandonnés par une Dél. du 28 novembre 1834, et Sol. 7 juin et 1er octobre 1842 (D. N. t. 8 p. 295, n° 64), ont été de nouveau consacrés par une décision ministérielle du 29 mai 1850 (1862 I. G.). Depuis lors la jurisprudence s'est prononcée dans le même sens, et il est bien constant aujourd'hui que l'Administration peut réclamer des suppléments de droits sur les marchés, lorsque des documents publics et administratifs fournissent la preuve que l'importance effective de ces marchés est plus grande que celle déclarée pour la perception du droit proportionnel (Cass., 27 juill. 1853, 1986-6 I. G., 53-1-172, 53 R. P.; — D. m. f. 9-22 déc. 1856, 2088 2 I. G., 788 R. P., 16037 J. E.; — Marseille, 13 janv. 1858, 954 R. P.; — Saint-Etienne, 2 fév. 1858; — Seine, 4 août 1860, 1418 R. P., 17222 J. E., 11882 C.; — Seine, 21 et 28 fév. 1862, 1619 R. P., 12299 C., 17478 J. E.; — Seine, 10 janv., 27 fév. et 13 juin 1863, 12445 et 12543 C.; — Cass., 8 déc. 1856, 2096-4 I. G., S. 57-1-367; — Cass., 4 avr. 1864, 2288-3 I. G., 1999 R. P., 17816 J. E., 12643 C., 18004 J. N., S. 64-1-189; — 18 juill. 1870, 3180 R. P., 2414 § 1er I. G., D. 71-1-157).

« Attendu, porte ce dernier arrêt, qu'il est déclaré par le jugement attaqué et qu'il résulte des marchés passés entre la Compagnie et la ville de Paris que la quantité et le prix du gaz à fournir pendant la durée de ces marchés étaient subordonnés à des événements ultérieurs dont il était impossible de déterminer l'importance au moment où lesdits marchés furent présentés pour la première fois à l'enregistrement, ainsi que cela fut expressément reconnu alors par la Compagnie elle-même; attendu que la perception du droit proportionnel, opérée dans de telles circonstances sur un chiffre de 5,371,200 francs, ayant un caractère essentiellement *provisoire*, la Régie avait le droit de rechercher dans le compte de la Ville le montant réel des sommes reçues par la Compagnie en payement de ses fournitures jusqu'au 31 décembre 1868, et de réclamer un supplément de droit au cas qui s'est réalisé, d'un excédant des payements réels sur les payements en vue desquels avait eu lieu d'abord la perception. » (*Conf.* : Lille 26 déc. 1873; — Seine, 29 mars 1873).

1. TRAVAUX NON PRÉVUS. — Ce qui précède ne s'applique qu'aux travaux prévus dans le marché et dont ce dernier acte est le titre. Ainsi que l'a décidé l'arrêt du 4 avril 1864 (*suprà* 397), et que l'a, du reste, reconnu l'Administration, s'il s'agissait de travaux ou de fournitures supplémentaires non imposés à l'entrepreneur par le contrat primitif, leur exécution résulterait d'une convention distincte dont il faudrait prouver l'existence par les voies ordinaires, et qui ne se rattache en rien à l'acte déjà enregistré (V. D. m. f. 11 mars 1859, 2148-2 I. G., 1162 R. P.).

« Attendu, porte l'arrêt ci-dessus, que, si des travaux supplémentaires imprévus dans un cahier des charges ou dans un marché de travaux publics ne peuvent donner lieu à un supplément de droits sur le marché primitif, il n'en est pas de même lorsque, par une clause spéciale, l'entrepreneur a été obligé de se prêter aux modifications dont le projet serait jugé susceptible pendant l'exécution ; qu'alors, les travaux sont effectués en vertu du marché primitif; que, dans l'espèce actuelle, et en présence des art. 26 et 28 du cahier des charges ci-dessus rappelés, il était dans le devoir du tribunal de rechercher parmi les travaux supplémentaires exécutés par Joly quels étaient ceux qui rentraient dans les prévisions dudit cahier des charges, soit quant à l'emploi des matériaux, soit quant au prix des travaux indiqués dans les annexes du même cahier des charges. »

2. TRAVAUX ULTÉRIEURS PRÉVUS. — Mais quand les travaux ont été prévus dans le cahier des charges, il importe peu qu'ils soient effectués plus tard, soit par l'entrepreneur lui-même, soit en régie et en son nom par la commune. Malgré la mise en régie, il ne cesse pas pour cela d'être l'entrepreneur (Louhans, 11 mars 1869, 3645 R. P.). Il importe peu également que les travaux prévus doivent être payés par un tiers comme charge d'une concession accordée à ce tiers par celui qui a commandé les travaux (Cass. 29 déc. 1875, 4296 R. P.).

Dans le même ordre d'idées, la décision ministérielle ci-dessus rapportée, du 11 mars 1859 (2148 § 2 I. G., 1162 R.P.), porte que « si une clause du cahier des charges oblige d'avance l'adjudicataire à se prêter aux modifications dont le projet serait jugé susceptible pendant l'exécution, les travaux sont évidemment effectués en vertu du marché primitif; ils rentrent dans le cas prévu par la décision du 29 mai 1850, et le prix est passible du droit proportionnel. » C'est également ce qu'a reconnu la Cour de cassation dans le premier considérant de l'arrêt du 4 avril 1864, rappelé au n° 1 ci-dessus (*Conf.* Seine, 28 août 1859 et 28 août 1863, 1866 R. P., Cass. 29 déc. 1875, 4296 R. P.).

3. MAXIMUM. — Les règles relatives à la perception du droit sur les marchés contenant l'expression d'un maximum et d'un minimum ont été résumées ainsi qu'il suit par l'Administration dans un I. G. du 10 mai 1878 : Lorsqu'il existe dans un marché une disposition permettant au créancier d'augmenter à sa volonté le chiffre des livraisons promises par l'entrepreneur, il y a lieu, pour apprécier l'importance du droit exigible, de déterminer la nature de cette clause.

Si elle a pour résultat de permettre au créancier d'accepter ou de ne pas accepter le marché, lorsqu'il le jugera convenable, la condition est potestative *suspensive si placuerit* : le contrat synallagmatique n'est pas formé; il n'y a qu'une promesse unilatérale de fournitures, et le droit proportionnel ou gradué ne peut être perçu en ce qui les concerne (Cass. 20 mai 1863, 2274-4 I. G., S. 63-1-34, 1811 R. P.; — Seine, 24 juin 1876 et 8 mars 1878, 4947 R. P.).

Si, au contraire, la clause a seulement pour effet de permettre au créancier de se dégager de la convention, d'en réduire l'exécution, il y a condition *résolutoire si displicuerit*, et cette condition ne peut faire obstacle à la perception immédiate de l'impôt sur l'importance *maxima* des fournitures ou des travaux convenus (Cass. 29 avr. 1851, 1900-7 I. G., S. 51-1-433 et 21 nov. 1854, 2033-5 I. G.; — Montreuil, 24 mars 1876, 4331 R. P.).

Il appartient aux receveurs de discerner, d'après les termes des actes et l'ensemble de leurs dispositions, dans laquelle de ces deux catégories doivent être rangées les réserves et conditions stipulées par les contractants, et de régler la perception en conséquence.

Lorsque le caractère suspensif de la réserve est établi, il y a lieu d'ajourner la perception du droit afférent aux travaux ou fournitures, jusqu'à l'époque où l'Administration sera en mesure de prouver que la promesse unilatérale de l'entrepreneur s'est transformée en contrat synallagmatique par l'acceptation du créancier. Cette justification sera faite dans la forme ordinaire, comme pour les réalisations de crédits et les autres actes soumis à une condition suspensive. Elle résultera spécialement, en ce qui concerne les marchés passés par les communes, les établissements publics, les départements ou l'État, des indications contenues dans les relevés trimestriels que les trésoriers payeurs généraux fournissent à l'Administration en exécution des décisions ministérielles des 11 mars 1865 et 30 janvier 1875 (*Instr.*, n°s 2340 § 5, et 2597).

Les consignations nécessaires seront faites d'ailleurs au sommier des droits en surveillance, conformément aux dispositions de l'Instruction n° 2493 § 4.

Le recouvrement des droits supplémentaires est régi par la prescription trentenaire (*Instr.*, n°s 2414 § 4 2531 § 1er et 2542 § 8).

Pour en calculer l'importance et pour liquider, notamment, les suppléments de droits gradués, dont la quotité est fixée d'après un fractionnement de 5,000 francs ou de 10,000 francs (L. 28 fév. 1872, art. 2), il n'y a pas lieu de considérer isolément le prix applicable aux travaux ou fournitures supplémentaires. Les receveurs doivent prendre pour base du calcul le prix définitif et complet du marché, imputer sur le droit dû à raison de ce prix le montant de l'impôt précédemment acquitté, et ne réclamer que la différence pouvant résulter de la liquidation ainsi opérée. — V. 11189-5.

4. ÉVALUATION ULTÉRIEURE. — L'évaluation doit être fournie lors de l'enregistrement du contrat, puisque c'est elle qui sert, lorsque le prix ou la valeur n'est pas exprimé, à liquider le droit. Mais si elle n'a pas été exigée à ce moment, l'Administration n'est pas privée du droit de l'obtenir tant que le droit non perçu n'est pas prescrit (Cass., 20 mai 1863).— V. *Déclaration pour la perception*, n° 5931.

« Attendu, porte l'arrêt, qu'une déclaration estimative de la part du redevable était le mode d'évaluation prescrit par la loi de l'enregistrement; que, si elle n'a pas été exigée comme elle aurait pu l'être, quand le traité a été soumis à la formalité de l'enregistrement, il ne s'ensuit pas qu'elle n'ait pu l'être ultérieurement pour la fixation d'un droit proportionnel exigible et non prescrit; qu'aucune déchéance, en effet, n'a été, pour une semblable hypothèse, prononcée par la loi contre l'action de la Régie. »

5. TRAVAUX A VALOIR. — Le droit est dû sur le prix des travaux qui seront exécutés par les agents de celui qui les ordonne, mais dont le prix sera payé par l'entrepreneur (Sol. 11 juill. 1877, 4848 R. P.—V. Cass. 29 déc. 1875, 4296 R. P.).

898. Preuve de l'augmentation de prix. — De ce que c'est l'exécution des travaux ou la livraison des fournitures qui rend exigible le droit proportionnel, resté suspendu lors de l'enregistrement du marché, il en résulte que l'Administration n'a pas besoin de produire, au soutien de sa demande, d'acte nouveau renfermant le consentement des parties. Il lui suffit d'établir, par tous moyens probants, le fait même de l'élévation du prix. Des documents administratifs ou de comptabilité intérieure, produisent évidemment ce résultat quand ils révèlent le montant de la somme payée à l'entrepreneur (*V.* les arrêts précédents, et notamment celui du 4 avr. 1864.—*Add.* ceux des 5 août 1840 et 11 nov. 1846, 1634-10 et 1786-8 I. G.—*Cons.* aussi la D. m. f. 9-22 déc. 1856, 2088-2 I. G.).

1. MESURES ADMINISTRATIVES POUR OBTENIR LA PREUVE. — L'Administration a pris des mesures pour que l'exécution des travaux supplémentaires relatifs à des marchés concernant les communes et les établissements publics fût facilement constatée. D'après une D. m. f. du 11 mars 1865, transmise aux agents du Trésor le 10 juillet suivant et aux préposés de l'Enregistrement le 5 novembre 1866 : les

comptables placés sous les ordres du trésorier-payeur général de chaque département doivent lui fournir, dans les mois de janvier et juillet de chaque année, un état des payements additionnels faits, dans le semestre précédent, sur les prix des adjudications et marchés concernant les communes et établissements publics. Ces états sont transmis au directeur de l'Enregistrement, pour assurer le recouvrement des droits supplémentaires exigibles (2162 R. P.; 2340, § 5 I. G.).

Des relevés semblables doivent être fournis pour les marchés des départements et de l'État (2507 I. G., 4032 R. P.).

2. INSUFFISANCE. — MOYENS DE L'ÉTABLIR. — L'Administration conserve, bien entendu, le droit d'établir l'insuffisance de la déclaration estimative par tous les autres moyens de preuve compatibles avec l'économie de la législation fiscale. Ainsi, à l'occasion d'un marché pour la fourniture d'un certain nombre de coussinets en fer dont l'estimation était insuffisante, le tribunal de la Seine a admis que la valeur réelle des objets résultait suffisamment, pour la demande du droit proportionnel supplémentaire, d'un certificat du courtier placé près de la Bourse (Seine, 12 déc. 1856, 10952 C., 16427 J. E.).

Jugé de même que si l'Administration n'a pas le droit de faire constater par expertise la plus-value des travaux effectués, il lui reste celui de se prévaloir de toute preuve ressortant d'autres faits, circonstances ou écrits pouvant établir cette plus-value (Lille, 19 août 1843, 13352 J. E.).

399. Durée. — Les nombreux monuments judiciaires, que nous venons de passer en revue, établissent, en matière de marché indéterminé, que la perception du droit d'enregistrement, basée sur une évaluation faite conformément à l'art. 16 de la loi du 22 frimaire an 7, n'est que provisoire et qu'elle doit être régularisée au fur et à mesure que le marché se poursuit et que des faits viennent à constater ses forces.

Mais jusqu'ici la difficulté ne s'était agitée que sur des marchés indéterminés seulement quant à l'importance des fournitures. Un jugement du tribunal de Rouen du 25 mai 1855 (549 R. P.) a mis à jour une nouvelle face de la question. Ce n'était pas la quantité des fournitures à faire qui avait été abandonnée à l'arbitraire de l'évaluation des parties, mais bien la durée du marché. Les mêmes raisons de décider existaient pour l'un et l'autre cas; aussi la solution a-t-elle été la même, et il a été jugé que lorsqu'un marché administratif a eu lieu sans limitation de durée et que le droit a été perçu d'après une évaluation de cette durée, un supplément de droit est exigible, sans que l'on puisse opposer la prescription, si des documents administratifs viennent démontrer que le marché a eu une durée plus étendue que celle primitivement déclarée.

1. MARCHÉ A VIE. — A cet égard, l'Administration a approuvé dans une instance qui a donné lieu, sur un autre point, à un arrêt de la Cour de cassation, une perception d'après laquelle le droit avait été perçu sur le capital par 10 du prix annuel d'un marché qui avait duré pendant toute la vie de l'entrepreneur (3590 R. P.).

Il nous paraît très-douteux que cette assimilation soit autorisée.

Les lois fiscales ne comportent pas les raisonnements par analogie; c'est là un principe fondamental maintes fois reconnu en jurisprudence. Ce que la loi de l'an 7 décide spécialement pour les rentes ou pour l'usufruit ne peut donc pas s'étendre au delà des hypothèses qui y sont prévues. Dans tous les autres cas où les sommes et valeurs ne sont pas déterminées, l'art. 16 offre le moyen d'établir régulièrement la perception. Il faut demander aux parties une déclaration estimative que l'Administration contrôle par les moyens qui ont été mis à sa disposition.

400. Droit gradué. — D'après la jurisprudence que nous faisons connaître au n° 397, la perception faite d'après la déclaration des parties sur un marché passé avec une ville ou un établissement public pour fournitures dont la quantité et le prix ne peuvent être déterminés que par l'exécution du marché a un caractère provisoire. L'Administration a le droit de rechercher dans les comptes de la Ville le montant réel des sommes payées pour les fournitures et de réclamer un supplément de droit, au cas d'un excédant de payements réels, sur l'évaluation faite dans le marché ou lors de l'enregistrement, et la demande de ce supplément de droit est soumise, non à la prescription de deux ans, mais à celle de trente ans. Cette jurisprudence est certainement applicable en ce qui concerne les marchés au droit gradué dont la quotité est déterminée par le prix exprimé ou par « l'évaluation des objets » (Sol. 4 mars 1873).

401. Prescription. — Quelle est la prescription applicable aux droits supplémentaires de marché? Un premier arrêt de la Cour de cassation du 27 juillet 1853 avait reconnu que « l'art. 61 de la loi du 22 frimaire an 7, en renfermant dans un délai de deux ans la prescription de la Régie pour réclamer un supplément de droits dans le cas d'une perception insuffisante, n'a entendu parler que des faits accomplis et connus au jour où l'acte est soumis à la formalité, et non des faits postérieurs et qui n'ont été et n'ont pu être connus de la Régie qu'après l'enregistrement (33 R. P., 1986 § 6 I. G.); — et nous en avions conclu, dans nos précédentes éditions, que la prescription trentenaire était seule opposable.

En effet, quand l'art. 61 de la loi du 22 frimaire an 7 défend de réclamer après deux années depuis le jour de l'enregistrement les droits non perçus sur une *disposition particulière* dans un acte, ou les *suppléments de perception insuffisamment* faite, il ne s'occupe que des erreurs commises par le préposé, ou des fraudes existant dans les déclarations des parties. C'est parce que l'Administration peut, à partir de l'enregistrement de l'acte ou de la déclaration, faire compléter la perception insuffisante, que la loi borne le délai de prescription à deux années. Les droits que l'on réclame au vu de documents postérieurs et qui n'étaient point exigibles lors de l'enregistrement du marché donnent lieu à une demande principale qu'il eût été injuste de soumettre à une prescription aussi courte, car la constatation de la créance du Trésor ne dépend pas ici des préposés, elle est subordonnée à des circonstances qui peuvent se produire plus de deux ans après le marché primitif.

Cette doctrine a été pleinement confirmée par de nombreux monuments de jurisprudence fondés, selon les expressions d'un arrêt de la chambre civile du 10 juillet 1870, sur ce « que l'art. 61 de la loi du 22 frimaire an 7, qui limite à deux années le délai dans lequel la Régie peut réclamer pour insuffisance des droits perçus, n'est évidemment applicable qu'au seul cas où l'acte présenté à l'enregistrement était susceptible d'une liquidation actuelle et définitive, et non à celui où, comme dans l'espèce, l'importance du marché était subordonnée à des événements ultérieurs » (Saint-Quentin, 26 juill. 1851, Bull. 3488; Rouen, 25 mai 1855, 549 R. P.; Seine, 6 fév., 2 avr. 1856, 16 avr. 1856, 675 R. P.; Seine, 29 nov. 1856, 16453 J. N.; Cass. 8 déc. 1856, 2096-4 I. G., 765 R. P., 16467 J. E., 10933 C., S. 57-1-366; Seine, 20 déc. 1856, 16467 J. E.; Saint-Étienne, 2 fév. 1858; Seine, 4 août 1860, 1418 R. P., 17222 J. E., 11882 C.; le Havre, 6 fév. 1862, 1695 R. P.; Seine, 10 janv., 27 fév. 1863, 12445 C.; Toulouse, 6 août 1863, 1858 R. P.; Cass., 4 avr. 1864, 2288-3 I. G., 1909 R. P., 17816 J. E., 12643 C., 17084 J. N., S. 64-1-189; 18 juill. 1870, 3180 R. P., 14627 C., 20113 J. N., 18876 J. E., D. 71-1-157; 29 déc. 1875, 4296 R. P.).

402. Restitution. — Mais si l'Administration est bien fondée à réclamer un supplément de droit, l'art. 60, L. 22 frimaire an 7, *qui ne s'oppose pas à la demande du supplément de droit dont les événements ultérieurs justifient l'exigibilité*, voulant que tout droit régulièrement perçu ne soit pas restituable, quels que soient les événements ultérieurs, on doit reconnaître que la perception faite d'après l'estimation du prix du marché, contenue dans l'acte ou déclarée par les parties, est *acquise définitivement* au Trésor. Cette décision résulte de l'I. G. du 20 août 1850, n° 1862, que nous avons citée dans le précédent numéro.

Il doit être, en effet, bien entendu qu'un droit est *régulièrement* perçu quand il est liquidé d'après les énonciations actuelles et suivant le tarif en vigueur en cette époque. Le principe rigoureux de l'art. 60 s'oppose, dans ce cas, à tout remboursement, quelque peu équitable qu'il paraisse de conserver un impôt dont la cause n'a réellement pas existé. Or, les marchés qui renferment l'indication d'un prix ou une évaluation qui le remplace, permettent de percevoir le droit proportionnel jusqu'à concurrence de ce prix ou de cette évaluation. C'est là une opération régulière qui devient définitive au profit du Trésor. — V. 14461.

La Cour de cassation, par arrêt du 4 avril 1864 (*suprà* 401), a pleinement confirmé cette doctrine, qui a été appliquée depuis par un autre arrêt de la chambre civile du 25 juin 1873 portant :

« Attendu que les droits dont la restitution est réclamée par les demandeurs ont été liquidés et perçus sur leur propre déclaration; que la perception qui en a été faite par la Régie ne l'a pas été, par rapport à eux, à titre simplement provisoire, mais qu'elle a eu un caractère définitif; qu'ils ont dû en conséquence, sous peine d'être déclarés non recevables, former leur demande en restitution dans le délai de deux ans fixé par l'art. 61 de la loi du 22 frimaire an 7; que, faute par eux de l'avoir exercée dans ledit délai, leur action s'est trouvée prescrite, sans qu'aucune cause d'interruption de la prescription ait pu résulter en leur faveur, de la demande reconventionnelle formée par l'Administration en supplément des droits proportionnels de marché » (3654-2 R. P.).

1. MARCHÉ A TITRE D'ESSAI. — Une ville a accordé l'entreprise de l'éclairage de ses rues par le gaz pour six ans; par un second traité, la même entreprise a été accordée pour trois ans, à titre d'essai; enfin, un troisième traité, pour neuf ans, a été accepté. L'Administration a rejeté la demande en restitution des droits d'enregistrement perçus à raison de 1 pour 100 sur les deux premiers traités, les art. 60 et 61 de la loi du 22 frimaire an 7 s'opposant à cette restitution (Sol. 19 nov. 1842, Fess., V. *Marché*, n° 77).

2. ÉVÉNEMENT DE FORCE MAJEURE. — La demande en restitution d'une partie des droits perçus sur une adjudication de travaux ne peut être accueillie, d'après ces principes, même lorsque l'exécution d'une partie de ces travaux a été suspendue par suite d'une inondation ou d'autres événements de force majeure, et qu'il a été procédé au décompte des travaux définitifs exécutés pour une somme de beaucoup inférieure à celle faisant l'objet de l'adjudication (Sol. 25 août 1842, Fess., V. *Marché*, n° 78; D. N., t. 8, p. 17, n° 25).

3. ACTE ANNULÉ. — On a émis l'avis (3734 J. E.) que si un marché était présenté à l'enregistrement avant l'approbation, et que cette approbation fût refusée, les droits perçus seraient restituables.

Cette décision se justifie d'elle-même. Du moment que le marché était sujet à approbation, il n'existait avant cette approbation qu'à l'état de projet.

Dès lors la perception n'avait pas été régulièrement faite.

4. CONSENTEMENT DE L'ADJUDICATAIRE. — Dans tous les cas, si les marchés sont annulés du consentement de l'adjudicataire, le droit n'est plus restituable (Dél. 9 fruct. an 13, 2154 J. E.).

5. PÉAGE. — Le principe de non restitution a été encore consacré par le tribunal du Havre, le 19 janvier 1837 (11728 J. E.). Il s'agissait d'une adjudication de construction d'abattoirs publics passée moyennant la concession d'un droit de péage. Ce droit de péage ayant été évalué 200,000 francs pour tout le temps de sa durée, l'adjudicataire demanda la restitution d'une partie du droit perçu en offrant une nouvelle estimation. Sa demande fut repoussée par application de l'art. 60 L. frimaire. Le même principe a été consacré par le tribunal de la Seine, le 7 mai 1851 (3487 Bull.) et le 17 juillet 1858 (11406 C., 16798 J. E.).

6. COMPENSATION. — Du principe de non restitution qui a fait l'objet du numéro 402 *suprà*, il faut conclure qu'on ne pourrait pas compenser les droits perçus en trop sur les marchés dont les prix n'auraient point été atteints avec les suppléments exigibles sur ceux qui auraient au contraire éprouvé une augmentation. Mais si ces différences se rencontraient dans les éléments divers d'un même traité, il faudrait déduire les insuffisances de certains articles des excédants des autres, afin d'avoir seulement égard au reliquat, pour liquider les droits complémentaires.

403. Cautionnement. — La perception du droit de cautionnement est sujette aux mêmes règles que celle du droit de marché. Si la caution a garanti l'exécution de tous les travaux et fournitures à faire par l'entrepreneur, et si les travaux du devis supplémentaire sont l'exécution directe d'une clause du contrat primitif, l'engagement de la caution s'y trouve nécessairement applicable, et le droit de 50 centimes pour 100 est exigible en même temps que celui de marché. La situation est différente à l'occasion des travaux non prévus dans le marché antérieur. Comme la soumission postérieure de l'entrepreneur forme une convention indépendante, il est clair que le cautionnement fourni pour le premier contrat ne s'étend pas au second et que le droit de 50 centimes pour 100 ne saurait être en aucun cas perçu.

404. Payement des droits. — Quoiqu'un marché passé avec l'autorité administrative ne fasse pas mention que l'adjudicataire est tenu de payer le droit proportionnel d'enregistrement, l'Administration ne doit pas moins poursuivre le recouvrement des droits contre cet adjudicataire (Cass. 21 mars 1825, 7995 J. E., 1166 § 3 I. G., S. 26-1-193).

Mais, en principe, le marché tombe directement sous l'application de la jurisprudence, d'après laquelle les droits d'enregistrement des actes peuvent être réclamés indistinctement à toutes les parties qui y ont figuré. Le tribunal de la Seine l'a ainsi décidé avec raison le 13 juin 1863 (12543 C.).

1. SUPPLÉMENTS DE DROITS. — Il en est de même des suppléments de droit. L'Administration peut en réclamer le payement aux deux parties (Marseille, 13 janv. 1858, 954 R. P). Cependant, si la preuve de l'exécution des travaux résultait d'un acte opposable seulement à l'une d'elles, comme un aveu, nous croyons que l'autre pourrait refuser de reconnaître l'exigibilité du droit supplémentaire; les effets de l'aveu étant essentiellement personnels à celui qui l'a fait. Nous verrons une application semblable de ce principe au sujet des réalisations de crédit.

2. RECOURS CONTRE L'ÉTAT. — L'entrepreneur d'un marché de fournitures à l'État qui, par suite de condamnation judiciaire, a dû payer un droit proportionnel d'enregistrement sur la cession à lui faite du matériel de l'entreprise, doit être remboursé par l'État du montant de ce droit, s'il avait été énoncé dans le marché qu'il n'aurait à payer qu'un droit fixe pour cette cession (Cons. d'Ét., 13 juill. 1870, S. 72-2-214; D. m f. 5 août 1876).

405. Visa pour timbre en débet. — Une D. m. f. 19 décembre 1835 (11512 J. E.), porte que le papier destiné aux adjudications devant l'autorité administrative, dans tous les cas où il est stipulé qu'elles ne seront définitives qu'après avoir été approuvées ultérieurement par l'autorité supérieure, sera admis au visa pour timbre en débet sous la condition que les adjudicataires acquitteront simultanément les droits de timbre et d'enregistrement. Le principal motif de cette décision a été d'éviter aux secrétaires des préfectures, des sous-préfectures et aux maires, l'avance du droit dont le remboursement peut éprouver des difficultés, surtout lorsqu'il s'agit d'adjudications restées sans suite. Une Sol. a été rendue dans le même sens le 3 avril 1843 (Dict. Fess., p. 293).

SECTION 7. — CESSION DE MARCHÉ

[406-412]

ARTICLE PREMIER. — MARCHÉS AVEC LES ÉTABLISSEMENTS PUBLICS

[406-409]

406. — La cession constitue une vente passible de 2 pour 100. — Par un premier arrêt, du 13 juillet 1836 (11611 J. E., 9299 J. N., 1528 § 1er I. G., S. 36-1-594), la C. cass. avait décidé que l'acte par lequel un adjudicataire cède son marché à un tiers avec approbation de l'autorité administrative donnait ouverture au droit de 1 pour 100. L'Administration, le 12 septembre 1828, le tribunal de la Seine, le 5 août 1829 (9849 J. E.) et les autorités citées n° 410, avaient pris des décisions dans le même sens. Les motifs de l'arrêt de la C. cass. étaient que l'arrêté approbatif de la cession constituait un nouveau marché dont le prix était celui fixé dans le cahier des charges, mais la Cour n'a pas persisté dans cette doctrine.

« Attendu, porte un arrêt du 9 juillet 1849 (1844 § 4 I. G., 14765 J. E., 13793 J. N., S. 49-1-656), que, suivant les traités intervenus, les 5 et 11 mai et 3 août 1845, entre les maires de Soissons, Bar-le-Duc et Épernay, et le sieur Berncastel pour l'éclairage desdites villes par le gaz, ce dernier s'était réservé la faculté de céder son marché; attendu que, par acte du 30 mars 1846, ledit Berncastel et le sieur Perron, qui était associé à son entreprise, ont cédé à Ledoux, défendeur en cassation, et à la Société en commandite qu'il avait formée, les profits et avantages des traités ci-dessus, à la charge d'en remplir les engagements, et que cette cession, stipulée moyennant un prix particulier, évalué en actions de 200 fr. chacune, et porté audit acte, constituait une cession à titre onéreux de valeurs mobilières éventuelles; attendu que le receveur de l'Enregistrement n'avait perçu pour ce dernier acte que le droit proportionnel de 1 pour 100 établi pour les marchés par le paragraphe 3, n° 1, de l'art. 69 de la loi du 22 frimaire an 7; mais que ce droit aurait dû, aux termes du paragraphe 5, n° 1, du même article, être *de 2 pour* 100, calculé sur le prix particulier de la cession, laquelle formait un contrat nouveau, distinct des traités originaux susdatés. »

Dalloz, n° 2005, voit dans cette décision une juste application des principes, tandis que Champ. et Rig., n° 3680 et suppl. 260, combattent la jurisprudence de la C. cass. par le motif que la loi n'ayant pas tarifé la cession de marché, le seul droit à percevoir sur un pareil acte serait celui fixe de 2 francs comme salaire de la formalité. « La loi, répond M. Gabriel Demante, n'a pas tarifé les cessions de marchés. Comme cette opération me paraît constituer un nouveau marché entre le cédant et le cessionnaire, je ne vois nulle difficulté à percevoir sur elle le droit de marché » (*Principes de l'Enregistrement*, n° 370). Cette dernière appréciation n'est toutefois pas conforme à la jurisprudence, puisque c'est le droit de vente et non de marché qui est exigible.

407. Substitution à un marché d'éclairage. — Quant à nous, nous n'hésitons pas à dire que la cession des avantages qui peuvent résulter d'un contrat à titre onéreux constitue une cession à titre onéreux de valeurs mobilières éventuelles. Dans cet ordre d'idées, la Cour de cassation a jugé, le 3 décembre 1839 (10575 J. N., 12472 J. E., S. 40-1-62, 1661-8 I. G.), que l'arrêté du préfet, qui acceptait un nouvel entrepreneur de l'éclairage d'une ville, en vertu de la réserve faite au profit de l'adjudicataire dans le cahier des charges de pouvoir céder son marché, donne ouverture au droit de 2 pour 100 *sur le prix de la cession* du marché à déclarer par le nouvel entrepreneur, si ce prix n'est pas déterminé dans l'acte, *et non sur le prix du marché primitif*, attendu qu'il y a contrat nouveau tout à fait distinct de l'adjudication qui a été faite à l'entrepreneur cédant.

1. SUBSTITUTION A UNE ADJUDICATION DE TRAVAUX. — Et l'Administration, en décidant, par une Sol. 22 juin 1841 (11857 J. N., 1661 § 8 I. G.), que la convention par laquelle l'adjudicataire de travaux à exécuter à un port subroge un tiers dans les droits qu'il tient de l'adjudication, moyennant une somme de 3,500 francs est passible du droit de 2 pour 100 sur cette somme, prix de la subrogation ou cession de marché, et qu'il n'y a pas lieu d'ajouter à ce prix la valeur estimative des travaux à exécuter, n'a fait qu'appliquer le principe de cette jurisprudence.

408. Substitution sans prix. — Une soumission qui n'a d'autre effet que de mettre un particulier à la place de l'adjudicataire primitif sans stipuler aucun prix nouveau ni aucune condition nouvelle, et l'arrêté qui l'a accepté et qui n'a fait qu'adhérer à la substitution de personnes, sans rien innover non plus quant aux conditions premières et au prix, ne doit supporter que le droit fixe de 1 franc (3 fr.) pour la formalité, en exigeant, toutefois, en vertu de l'art. 16, L. 22 frimaire an 7, une déclaration indiquant s'il y a ou non un prix de cession, car il serait dû 2 pour 100 sur le prix déclaré (Dél. 20 sept. 1842, Dict. Fess., v° *Marché*, n° 75.)

Il a été également reconnu que la substitution d'un entrepreneur à un autre pour l'exécution d'un marché, opérée par voie de folle enchère, sans augmentation de prix ni modification aux clauses du marché, est passible du droit fixe. (Sol. 22 déc. 1876, 4769 R. P.).

Plus généralement, toute cession de marchés sans prix est sujette au droit fixe (Sol. 20 avr. 1878).

408 *bis*. Acte de complément. — Si le marché originaire n'est nové dans aucun de ses éléments essentiels, mais que les modifications portent seulement sur certains délais d'exécution, sur la personne de l'entrepreneur, etc., il s'agit alors d'actes de complément sujets au droit fixe (D. m. f. 7 nov. et 2 déc. 1874; 4 mai 1876) et dispensés du timbre et de l'enregistrement quand ils sont rédigés en la forme administrative (D. m. f. 2 déc. 1874 et 10 oct. 1877).

409. Cession sous seing privé ou verbale. — Dans les espèces qui ont fait l'objet de l'arrêt du 3 décembre 1839 et de l'I. G. 1661, paragraphe 8 (*V.* le n° 407), le traité de cession était, dans la première, *sous seing privé*, et, dans la seconde, *verbale*. La Cour, en décidant que le droit proportionnel est exigible, a fait l'application du principe qu'elle avait déjà consacré dans son arrêt du 12 mai 1830 (*V.* 352-1). De son côté, l'Administration a reconnu, dans son I. G. 1661, paragraphe 8, que la cession verbale qui fait l'objet d'une condamnation judiciaire donne ouverture au droit de titre, indépendamment de celui de la condamnation.

ARTICLE 2. — MARCHÉS AVEC L'ÉTAT

[410-412]

410. Quotité du droit. — 1. DROIT GRADUÉ. — Le bénéfice du droit gradué accordé par la loi de 1872 n'est accordé qu'*à l'État* pour les marchés dont le prix est à sa charge. Il s'ensuit que les cessions de ces marchés ne peuvent jouir du bénéfice de ce droit.

2. DROIT PROPORTIONNEL. — Dans cet ordre d'idées, il a été reconnu depuis longtemps que les sous-traités, cessions, subrogations, faits par les adjudicataires qui ont traité directement, sont passibles du droit proportionnel (286 I. G.), quand même ces cessions ou subrogations devraient, sous peine de nullité, être autorisées par un arrêté du ministre ou du préfet (D. m. f. 21 déc. 1807, 366 § 7 I. G. — Dél. 29 déc. 1829, 2726 Roll.); quand même la substitution aurait lieu par un arrêté administratif (Dél. 12 sept. 1828; Dél. 10 fév. 1832; D. N., t. 8, p. 16, n° 15. — Seine, 5 août 1829, 9849 J. E. — D. m. f. 16 avr. 1832, 1410 § 2 I. G. — 16 janv. 1826, 1414 § 1er I. G. — 16 avr. 1832, 1410 § 2 I. G.; — 16 janv. 1826, 1414 § 1er I. G.; Jonzac, 14 avr. 1843, 13559, J. E.).

Ces autorités avaient reconnu que le droit à percevoir est celui de 1 pour 100; mais ce tarif doit être modifié d'après la nouvelle jurisprudence établie au n° 406. Le droit exigible est celui de 2 pour 100.

412. Département. — Chemin vicinal. — Une délibération du 26 juin 1840, approuvée le 10 septembre suivant, a reconnu que la cession par un adjudicataire de travaux à exécuter sur une route départementale à un tiers, agréé par un arrêté du préfet, était passible du droit de 2 pour 100; mais seulement sur le montant des bénéfices à déclarer, conformément à l'art. 16 de la loi du 22 frim. an 7. Cette délibération, qui établit une règle également applicable en matière de *chemins vicinaux*, est motivée sur l'arrêt de cassation rapporté n° 406 (Sol. 3 févr. 1841, Fess., v° *Marché* n° 74).

SECTION 8. — ACTES DIVERS

[413-421]

413. Assurance. — Les contrats d'assurance qui sont passés entre des établissements publics et les compagnies d'assurances, sous la forme d'actes sous seing privé, ne sont assujettis à l'enregistrement que dans le cas où il en est fait usage, même lorsque la police est approuvée par l'autorité supérieure (7350 J. E.).

Il existe, en ce qui concerne certaines catégories d'assurance, une législation spéciale que nous indiquons au mot *Assurance*, nos 2334 et suiv.

414. Bail à nourriture. — Il a été décidé que l'acte par lequel un hospice s'engage à nourrir une personne moyennant une somme déterminée n'est pas sujet à l'enregistrement dans les vingt jours de la réception de l'approbation du préfet, parce qu'il ne s'agit pas d'un marché (Dijon, 10 déc. 1877). — *V.* 13070-3 J. E.

Mais cette opinion est contredite.

On a soutenu qu'un tel contrat peut avoir le caractère d'un bail à nourriture, tombant directement sous l'application de l'art. 78 de la loi du 15 mai 1818 (D. m. f. 14 sept. 1875). — V. 2855 et 6763.

En ce sens il a été spécialement décidé que l'acte par lequel l'hospice s'oblige à donner des soins à une personne idiote, moyennant l'abandon des biens de cette personne, constitue un bail à nourriture à vie devant être enregistré dans les vingt jours au droit de 2 pour 100 (Sol., mars 1873 et 18 oct. 1877).

415. Cautionnement. — Les divers actes de cautionnement reçus par l'agent judiciaire du Trésor, ou par les directeurs des domaines ou tous autres préposés agissant comme délégués de cet agent, sont des actes administratifs publics, soumis à la formalité de l'enregistrement, en vertu de l'art. 78 de la loi du 15 mai 1818, qui assujettit à cette formalité les marchés et les cautionnements relatifs à ces actes.

Cette question est développée au mot *Cautionnement*, n° 3528.

416. Devis. — Plans. — Délimitation. — Les procès-verbaux de bornage et de délimitation des biens composant l'étendue d'une commune ne donnent ouverture qu'à un seul droit fixe, quel que soit le nombre des habitants qui y auraient donné leur approbation. Il en est de même des plans de ces mêmes biens et des actes constatant le dépôt qui serait fait chez un notaire soit des procès-verbaux, soit des plans, soit des uns et des autres (D. m. f. 27 sept. 1847, 14325-1 J. E.).

Quant aux plans rédigés dans l'intérêt des établissements publics, ils doivent être écrits sur papier timbré et enregistrés avant leur approbation, sauf en ce qui concerne les marchés de travaux (2361 § 2 I. G., 2783 § 2 R. P.).

Il en est de même des devis. — *V.* 468-2 et 6378.

416 *bis*. Mémoires. — Le mémoire présenté au nom du ministre de la guerre à un conseil de préfecture pour défendre les droits de l'Etat est un acte administratif exempt du timbre (Sol. 16 janv. 1878).

417. Donation. — Les donations faites aux établissements publics sont assujetties à des formes spéciales indiquées au mot *Etablissements publics*, n° 7801.

417 *bis*. Indemnité. — Les promesses d'indemnité rédigées par acte administratif sont exemptes du timbre et de l'enregistrement en vertu de l'art. 80 de la loi de 1818 (D. m. f. 14 juin 1878). — *V.* 395-7.

418. Enfant admis dans un hospice. — 1. TUTELLE. — La délibération de la commission administrative d'un hospice qui confère à un de ses membres la tutelle d'un enfant admis dans l'hospice, conformément à l'art. 1er de la loi du 15 pluviôse an 13, est exempte de l'enregistrement par application de l'art. 70 § 3 n° 2 de la loi du 22 frimaire an 7, attendu que cet acte est d'administration intérieure (9007 J. E.).

La même règle s'applique à la délibération par laquelle la tutelle est déférée à une autre commission administrative, aux termes de l'art. 2, même loi de pluviôse, et dans l'un et l'autre cas ces délibérations sont exemptes du timbre, comme *actes administratifs* (11453 J. E.).

2. CERTIFICAT. — Les mêmes exemptions doivent profiter au certificat délivré par l'agent de surveillance d'un hospice portant qu'un enfant a été admis et élevé dans l'hospice et au consentement donné par un membre de la commission administrative, exerçant les fonctions de tuteur, au mariage de son pupille (Dél. 5 janv. 1836; D. m. f. 8 fév. 1836, 11453 J. E.).

3. ÉMANCIPATION. — Les actes d'émancipation de ces mêmes mineurs sont assujettis au timbre et à l'enregistrement, aux termes de l'art. 3 de la loi du 15 pluviôse an 13 (11453 J. E.).

418 *bis*. Quittance. — L'acte notarié contenant quittance par un entrepreneur à une commune, n'est pas régi par la loi de 1818, il est sujet au timbre et au droit proportionnel (Sol. 18 août 1877). Mais si la quittance était déjà constatée par des mandats administratifs le droit d'enregistrement ne serait pas dû (Roanne, 26 déc. 1877, 4944 R. P.). Ce jugement est déféré à la Cour de cassation.

La quittance pure et simple par acte administratif est d'ailleurs exempte de timbre et d'enregistrement (Sol. 7 mai 1878).

419. Serment. — Les prestations de serment passées devant l'autorité administrative sont-elles assujetties au timbre et à l'enregistrement dans les vingt jours de leur date? — V. *Serment*, n° 14923.

1. DONATION. — Les cessions de l'espèce constituent des libéralités quand on peut leur assigner ce caractère en s'en tenant aux règles des donations onéreuses; c'est-à-dire ou bien que les parties ont manifestement déclaré vouloir faire une donation, ou bien que, dans leur silence sur ce point, la charge de faire dire des messes est de beaucoup inférieure à la valeur de l'objet cédé. On en peut voir des exemples au n° 6763.

420. Services religieux. — La convention entre-vifs par laquelle un particulier cède des valeurs à une fabrique, à la charge par celle-ci de faire célébrer des services religieux, n'a pas toujours un caractère uniforme. Deux choses sont à considérer dans les fondations de cette nature : 1° l'intention du fondateur ; — 2° le rapport de la quotité des valeurs abandonnées avec les services religieux.

2. CONTRAT A TITRE ONÉREUX. — Au contraire, la convention devient à titre onéreux quand la volonté de don-

ner ne ressort ni de la qualification ni des termes de l'acte et qu'il est en outre reconnu, en fait, que les charges excèdent ou égalent l'émolument. Le droit de cession à titre onéreux est donc justifié et son exigibilité a été reconnue en maintes circonstances (Romorantin, 22 déc. 1837, 9963 J. N.; — Bayeux, 8 juin 1838, 10442 J. N.; — Mirecourt, 20 mars 1843, 11625 J. N.; — Sarreguemines, 28 janv. 1862; — Dél. 9 mars, 6 mai 1862; — Dél. 13 fév. 1867, 2529 R. P., 14018 C., 18399 J. E.; — Mirecourt, 3 août 1867, 2529 R. P.).

Conf. : Dalloz, nº 3669.

3. LOUAGE DE SERVICES. — Mais en tenant pour établi l'exigibilité de ce droit, il reste à en déterminer le tarif. Quand il s'agit de la remise d'une somme d'argent, il n'est pas contestable que la convention tombe sous l'application du tarif des louages de services passibles du droit de 1 pour 100.

4. CONSTITUTION DE RENTE. — Mais qu'arrive-t-il si le particulier constitue une rente au profit de la fabrique ou de l'établissement? Selon une solution du 13 février 1867, le droit exigible n'est pas celui de 2 pour 100 : « D'une part, porte-t-elle, l'objet principal du contrat consiste dans la célébration des offices par le ministre du culte et dans les prières qui s'y rattachent. Les objets matériels nécessaires à la cérémonie religieuse et que la fabrique est tenue de fournir ne sont que les accessoires de la convention. En réalité, le contrat renferme une obligation de faire de la part de la fabrique, et cet engagement est passible du droit de 1 pour 100 » (2529 R. P., 14018 C., 18399 J. E.).

La doctrine de cette solution est évidemment trop générale. Il est bien vrai qu'en principe, comme nous le disions dans nos éditions précédentes, l'obligation prise par un individu de servir une rente à une fabrique contre l'engagement de cette dernière de faire célébrer des messes, a le caractère d'un louage d'industrie autorisant la perception du droit de 1 pour 100. Mais il n'est pas impossible non plus que, d'après la stipulation du contrat et les circonstances de l'affaire, la disposition dominante de l'acte soit la constitution de rente faite à la fabrique et justifie dès lors l'exigibilité du droit de 2 pour 100. Aussi ce tarif a-t-il été maintes fois reconnu applicable dans des hypothèses identiques (Romorantin, 22 déc. 1837, 9963 J. N.; Bayeux, 8 juin 1838, 10142 J. N., 11400-1 J. E.; Mirecourt, 20 mars 1843, 11625 J. N.; Mirecourt, 3 août 1867, 2529 R. P.).

Le tribunal de Châteauroux a également décidé, par un jugement du 7 août 1872, que la cession d'une rente de 100 francs faite à une fabrique, à la charge de faire célébrer une messe par semaine, a le caractère d'une constitution de rente passible du droit de 2 pour 100 (3814 R. P.).

V. *Acte contenant plusieurs dispositions*, nºs 546 et suiv.

421. Traitements. — Allocations. — Vicaires et desservants. — Les délibérations ayant pour but d'augmenter le traitement des vicaires et desservants, avaient été déclarées sujettes au droit de marché (290 § 12 I. G.). Mais elles sont dispensées de la formalité par la loi du 15 mai 1818.

1-2. ALLOCATION À DES RELIGIEUX ET RELIGIEUSES. — On a de même considéré comme exempt du timbre et de l'enregistrement l'écrit par lequel l'administration d'un hospice et la supérieure d'une congrégation règlent qu'un nombre déterminé de sœurs seront envoyées dans l'hospice et fixent les conditions de leur installation (Sol. 12 mars 1859).

Le J. E. avait décidé le contraire à propos d'un acte sous seing privé passé par le maire autorisé du conseil municipal et approuvé par le préfet, par lequel le supérieur des frères de la doctrine chrétienne s'oblige à fournir trois frères de son ordre pour l'instruction, et la commune à les loger et à les nourrir (16892-1 J. E.). Mais il est presque immédiatement revenu sur son opinion par le motif qu'un tel acte ayant pour unique objet de déterminer le traitement d'un fonctionnaire est compris dans l'exemption de l'art. 80 de la loi de 1818 (16908 J. E.). Cette doctrine est évidemment préférable. Le service des sœurs hospitalières qui ont fait vœu de pauvreté, n'étant pas de ceux que l'on rétribue à prix d'argent, on ne peut voir dans l'allocation faite à chaque sœur que la représentation de ses déboursés et dans le règlement intervenu à cet égard qu'un document d'ordre intérieur exempt de timbre et d'enregistrement (Sol. 8 janv. 1867).

3. INSTITUTEURS. — La délibération d'un conseil municipal qui nomme un instituteur est exempte du timbre et de l'enregistrement, ainsi que celle qui lui alloue un traitement fixe et détermine le montant de la rétribution scolaire (Dél. 20-26 oct. 1848).

4. INDEMNITÉ POUR FOURNITURE D'UN PRÉTOIRE. — La délibération prise par les maires d'un canton pour acquitter une indemnité annuelle au profit de la commune du chef-lieu de ce canton qui se charge de fournir un local pour la tenue des audiences du juge de paix, ne renferme ni les caractères d'un acte de société, ni ceux d'un bail, puisque, d'une part, rien n'est mis en commun, et que, de l'autre, la commune du chef-lieu n'aliène la jouissance d'aucun immeuble. Cette délibération ne donne lieu qu'au droit fixe de un franc, comme acte innommé (Sol. 6 avr. 1835).

CHAPITRE III. — ACTES D'ADMINISTRATION GÉNÉRALE

[422-437]

422. Exemption de timbre et d'enregistrement. — Les actes administratifs proprement dits sont exempts de timbre et d'enregistrement quand ils ne portent aucune transmission de propriété, d'usufruit ou de jouissance et ne renferment ni adjudications au rabais ou marchés, ni cautionnements relatifs à ces actes (L. 15 mars 1818, art. 78 et 80). Tels sont notamment les actes de police intérieure ou d'administration générale. Nous renvoyons aux développements que nous avons donnés sur cette question sous les nºs 473 et suiv. Il nous reste seulement à présenter sous les numéros suivants une série de décisions spéciales dont le complément se trouvera au mot *Établissement public.*

422 *bis*. Actes des autorités constituées. — Sont exempts de timbre et d'enregistrement les actes du conseil d'État et de la cour des comptes, les actes des conseils de préfecture; les actes de tutelle administrative, c'est-à-dire ceux par lesquels l'Administration autorise les départements, les communes, les hospices ou autres établissements publics à faire certains actes, notamment à plaider, transiger, accepter des libéralités, ou approuve les délibérations des conseils municipaux ou autorise les emprunts des communes, approuve les projets et devis pour constructions ou réparations aux édifices départementaux, etc. (2 I. G.; D. m. f. 9 juin, 8 sept. 1812, 605 I. G.).

423. Adjudication préparatoire. — Une adjudication préparatoire devant l'autorité administrative n'est pas sujette à l'enregistrement, si elle doit nécessairement être suivie d'un autre procès-verbal d'adjudication définitive; car ce ne peut être que ce second procès-verbal qui détermine la vente et *forme le titre de l'ajudicataire* : dès que l'adjudication préparatoire n'emporte pas transmission, elle semble exempte de l'enregistrement, aux termes de l'art. 78 de la loi du 15 mai 1818 (12341-3 J. E.).

Les mêmes principes s'appliquent à la tentative infructueuse d'adjudication (1293-8 I. G.).

424. Affiche. — Le certificat d'apposition d'affiche donné par le maire est exempt d'enregistrement. — *V.* 1913.

Les affiches apposées par les maires ont souvent le caractère d'actes de l'autorité publique, dans ce cas elles sont dispensées du timbre. — V. *Affiches*, nos 1898 et suiv.

425. Autorisation. — Sont exemptes d'enregistrement :

1° Les autorisations de plaider contre une commune (2 I. G.); — 2° les autorisations données par les préfets aux communes, hospices et autres établissements publics pour recevoir le remboursement de rentes (D. 9 juin et 8 sept. 1812, 605 I. G.); — 3° les autorisations préliminaires des conseils de préfecture à donner mainlevée des inscriptions hypothécaires prises dans l'intérêt des hospices civils, des communes ou des fabriques (D. 18 mai 1813, 638 I. G.).

425 *bis*. Bois et forêts. — Sont exempts de timbre et d'enregistrément les procès-verbaux de l'autorité administrative portant remise de la vente des coupes de bois qui n'ont pu être adjugées (Sol. 2 juin 1829, 1293 § 8 I. G.). — V. *Bois et forêts*.

426. Cadastre. — L'arrêté du préfet contenant le traité passé avec le géomètre en chef pour l'arpentage des terres à cadastrer est un acte administratif exempt d'enregistrement et de timbre. — *V.* 3256.

Il n'en est pas de même des sous-traités passés par le géomètre en chef avec les agents secondaires. — *V.* 3258.

426 *bis*. Certificats. — Sont exemps de timbre et d'enregistrement les certificats de toute nature, les certificats de vie et de résidence délivrés aux rentiers et pensionnaires de l'État, ainsi qu'aux actionnaires de la caisse Lafarge et autres tontines autorisées dont les fonds sont placés en rentes; ceux destinés à constater l'âge des enfants employés dans les manufactures; les certificats de vie délivrés par les maires aux nourrices (Circ. n° 667; 604, 1021, 1401 § 9 I. G.). — V. *Certificat*.

427. Commission. — Employés. — Sont exemptes d'enregistrement les commissions des préposés de l'Enregistrement et des domaines et des agents et des gardes forestiers (Circ. n° 1500); mais elles sont sujettes au timbre (Circ. 1707, 2033-50 J. E.).

Sont exemptes de timbre et d'enregistrement les commissions délivrées aux fonctionnaires ou préposés de l'État et des autorités administratives (D. m. f. 2 sept. 1830, 9748 J. E.; 1347 § 11 I. G.).

De même pour les délibérations des conseils municipaux, approuvées par le préfet, portant nomination d'un garde champêtre moyennant un traitement accepté par le garde. — V. *Infra* § 2.

De même pour les brevets de maître au cabotage et les lettres de pilote lamaneur délivrés par le ministre de la marine.

1. OCTROI. — Les commissions des préposés d'octroi sont exemptes de l'enregistrement, d'après les art. 78 et 80 de la loi du 15 mai 1818, si elles sont délivrées par l'autorité administrative, et, dans cette hypothèse, il suffit que la prestation de serment du préposé soit mentionnée en marge de la commission. Si elles sont délivrées par un fermier d'octroi, elles constituent une *procuration* émanée d'un simple particulier (1601 § 2 I. G.).

2. GARDE CHAMPÊTRE. — La délibération d'un conseil municipal approuvée par le préfet, portant nomination d'un garde champêtre, *moyennant un traitement* déterminé pour le garde nommé, qui intervient à l'acte et le signe, n'est pas sujette au timbre ni à l'enregistrement (Dél. 20 janv. 1818, 6136 J. E. — Sol. 31 août 1822, 7409 J. E. — Circ. 1707).

Il avait été décidé, le 3 février 1847 (2591, 5770 J. E.), que l'exemption ne s'étendait pas au cas où il était stipulé une sorte de marché avec les gardes.

3. GARDE PARTICULIER. — Les minutes des arrêtés par lesquels les sous-préfets agréent les gardes champêtres que des particuliers ont nommés ou présentés, ne sont sujettes ni au timbre ni à l'enregistrement (Déc. 2 sept. 1830, 9748 J. E., 1347 § 11 I. G. — *Contrà* 2093 J. E.).

4. PATRES. — Les nominations de pâtres, prescrites par l'art. 72 du Code forestier, sont faites par les maires et agréées par les conseils municipaux de chaque commune. Dès lors elles émanent d'une autorité administrative et elles doivent être rangées parmi les actes que l'art. 80 de la loi du 15 mai 1818 dispense du timbre et de l'enregistrement. C'est ce qui avait été reconnu déjà par la Circ. 1707 (Sol. 2 octobre 1839, Dict. Fess., p. 43, n° 54).

428. Cahier des charges. — Les cahiers des charges pour la vente des biens de l'État sont exempts de timbre et d'enregistrement. — En est-il de même de ceux concernant les établissements publics? — V. *Cahier des charges*, n° 3274.

428 bis. Caisses publiques. — Sont exempts de timbre et d'enregistrement les comptes de recette ou gestion publique, les rescriptions, mandats et ordonnances de payement sur les caisses publiques (L. 22 frim. an 7, art. 70, § 3).

429. Chemin de fer. — Nomination d'agents. — Mais l'acte de nomination d'un agent chargé de la surveillance d'un chemin de fer n'est pas un acte administratif exempt de timbre et d'enregistrement. — V. *Chemin de fer*, n° 3787.

430. Consentement à radiation. — Les arrêtés des préfets portant consentement à fin de radiation d'inscriptions prises dans l'intérêt de l'État, sont exempts du timbre et de l'enregistrement sur la minute (Déc. 29 nov. 1827, 1236 § 1er I. G. — Circ. 3 mess. an 2).

431. Délibération. — Bail. — Vente. — Partage. — Les délibérations qui ont pour objet d'affermer les revenus communaux, de vendre, de partager des coupes de bois ou des biens communaux, de réparer, d'établir des octrois, sont des actes administratifs dont les minutes étaient assujetties au timbre avant la loi du 15 mai 1818 (Déc. 30 fruct. an 13, 293 I. G.). Si des particuliers interviennent, et qu'il en résulte des conventions formant titre de part et d'autre, ces actes doivent être sur papier timbré et enregistrés (454 I. G.).

1. TRAITEMENT. — Sont exemptes de timbre et d'enregistrement, les délibérations qui ont pour but d'augmenter le traitement des ministres du culte, et que l'I. G. 290 § 12, et une D. m. f. 3 février 1807 (2591 J. E.) avaient assujetties au droit de marché.

2. CONCESSION. — On ne peut considérer comme acte administratif passible du timbre et enregistrable dans un délai déterminé, la délibération d'une commune, approuvée par le préfet, prise en l'absence des concessionnaires, qui maintient, moyennant une redevance annuelle, plusieurs concessions verbalement faites par le maire, de prises d'eau provenant de fontaines publiques (12426-2 J. E.).

3. OCTROI. — Il a été plusieurs fois reconnu que l'acte d'abonnement qui détermine la somme à payer à la ville par une compagnie de chemins de fer, pour l'entrée en franchise des denrées sujettes au droit d'octroi, ne constitue pas une convention de la nature de celles définies à l'art. 78 de la loi du 15 mai 1818 (Limoges, 5 fév. 1845. — V. *Octroi*, n° 12009.

432. Dispense de publication de mariage. — En vérifiant les registres de l'état civil d'une commune, un employé supérieur a trouvé annexé à un acte de mariage une ordonnance du procureur du roi portant dispense d'une publication. Il a été reconnu que les actes de l'espèce sont des actes d'administration publique exempts du timbre et de l'enregistrement (Sol. 14 nov. 1842; Dict. Fess., p. 41, n° 11).

433. Légalisation. — Les légalisations des actes administratifs se font par les préfets, sous-préfets et maires, seulement pour les actes de leur ressort (L. 27 mars 1791). Elles ne sont pas sujettes à la formalité de l'enregistrement et peuvent être données avant que les actes aient été enregistrés (7333 J. E.). — Il en est de même des légalisations des signatures des particuliers données par les autorités administratives sur les actes sous seing privé (D. m. f. 30 oct. 1822, 3384 J. E.).

1. MAIRE. — La légalisation de la signature d'un particulier par le maire de sa commune n'est passible d'aucun droit autre que celui perçu sur les dispositions de l'acte (4106 J. E.; D. m. f. 30 oct. 1822, 6384 J. E.).

433 bis. Exécutoires. — Il en est de même des exécutoires délivrés par l'autorité supérieure (un sous-préfet) contre les souscripteurs pour la construction d'une maison d'école (16959-1 J. E.).

434. Lettre. — La lettre d'un sous-préfet à un maire pour lui faire connaître que le préfet accorde à un hospice l'autorisation d'accepter une rente, n'est sujette ni au timbre ni à l'enregistrement (Sol. 24 mai 1843; Dict. Fess., p. 43, n° 44). Celle écrite par un maire, en sa qualité, est un acte administratif exempt du timbre et de l'enregistrement dont on peut faire usage devant les tribunaux sans la soumettre à ces formalités (C. Cass., 26 mars 1825, 8292 J. E.). — Il en est de même de celle écrite par l'administration des postes à un directeur dans un but administratif (15650-3 J. E.).

Ne sont pas non plus sujets au timbre et à l'enregistrement les lettres et autres actes adressés par les fonctionnaires et préposés de toutes les administrations et à d'autres fonctionnaires et préposés dans un intérêt administratif, notamment la lettre d'un directeur des douanes autorisant les receveurs principaux à donner mainlevée d'inscriptions hypothécaires (Inst. 1941); — la lettre de l'administration des postes à un directeur autorisant celui-ci à se servir d'une personne désignée en qualité d'aide, à charge de prêter serment (15650-3 J. E.).

434 bis. Permis d'exploiter. — Les receveurs doivent enregistrer pour mémoire les permis d'exploiter remis par les agents forestiers, pour les coupes délivrées en nature, soit aux communes dans leurs bois, soit aux usagers dans les bois soumis au régime forestier (D. m. f. 3 déc. 1825, 6 janv. 1843; Inst. 1187 § 11 et 1685). — V. *Bois et forêts*.

435. Navigation. — Sont exempts de timbre et d'enregistrement: 1° les rapports des capitaines de navires connus sous le nom de *petits rapports*, qui contiennent seulement le jour du départ, le nom, le port et le chargement du navire, la route et le jour d'arrivée (402 I. G.); — 2° les procès-verbaux de visite relatifs au petit cabotage; — 3° les extraits de ces derniers actes et leur dépôt aux greffes des tribunaux de commerce (D. m. f. 13 déc. 1828, 1272 § 12 I. G.); — 4° l'acte de cautionnement à fournir par tout armateur pour la pêche du hareng, en conformité d'une ordonnance du 2 juill. 1842, qui doit être passé en minute au greffe du tribunal de commerce, et le certificat délivré par le greffier (D. m. f. 14 mai 1844; 1713 § 1er I. G.).

436. Rôles. — En principe, les rôles exécutoires ou états de recouvrement des taxes locales ne sont pas compris dans l'énumération des actes d'administration générale que l'art. 16 de la loi de brumaire exempte de l'impôt; ils rentrent, au contraire, par leur destination spéciale, dans la catégorie des actes de gestion privée, qui, bien qu'émanés d'une administration publique, ont dû être assimilés par la loi fiscale à ceux que font de simples particuliers pour la gestion de leurs biens; de plus, le receveur municipal pouvant être tenu de les annexer à ses comptes, ils sont susceptibles d'être produit pour décharge ou justification (Cass. 2 juin 1875, 4109 R. P.).

Cependant, même pour ces taxes, les rôles en ont quelquefois été reconnus exempts de timbre comme ayant un caractère d'utilité publique, ou comme pouvant être assimilés aux contributions publiques.

1. CONTRIBUTIONS PUBLIQUES. — Quant aux rôles des contributions publiques perçues pour le compte de l'État, ils sont exemptés du timbre par l'art. 16 n° 2 de la loi du 13 brumaire an 7.

2. ARROSAGE. — Les rôles pour la perception des taxes d'arrosage établies au profit des concessionnaires de canaux d'irrigation, ainsi que les quittances de ces taxes, ne sont pas sujets au timbre, parce que, par leur nature et par leur destination, ces taxes ont un caractère d'utilité publique (D. m. f. 30 oct. 1858, 2167 § 5 I. G., 1327 R. P.).

3. DESSÈCHEMENTS DE MARAIS. — Les rôles et registres relatifs à la perception des taxes destinées à pourvoir aux travaux de dessèchement de marais sont exempts de timbre (D. m. f. 29 oct. 1857; 2111 § 5 I. G.; 951 R. P.).

4. CURAGE. — Les rôles des taxes destinées à pourvoir aux curages des canaux et rivières non navigables sont exempts de timbre (D. m. f. 7 juin 1808; 387 § 1er I. G.).

5. USAGERS FORESTIERS. — Le rôle dressé par le maire d'une commune, et approuvé par le préfet, en vertu de l'article 44 de la loi du 18 juillet 1837, pour la répartition de la taxe due par chaque habitant usager d'une forêt communale, est un acte administratif exempt du timbre et de l'enregistrement, attendu que les taxes qu'il a pour objet sont perçues suivant les formes établies pour le recouvrement des contributions publiques (Sol. 23 fév. 1843, Dict. Fess., p. 45, n° 62).

6. JOUISSANCE DES BIENS COMMUNAUX. — Le même caractère a été reconnu au rôle dressé par le conseil municipal en l'absence des habitants et approuvé par le préfet, par lequel la jouissance des biens communaux est divisée entre les habitants pendant leur vie ou jusqu'à leur changement de domicile. Ce rôle est un acte administratif exempt du timbre et de l'enregistrement, les taxes qu'il a pour objet étant perçues suivant les formes établies pour le recouvrement des contributions publiques (16553-1 J. E.).

7. CHIENS. — Il en est de même des rôles pour la perception de la taxe des chiens (D. m. f. 19 avr. 1856; 2071 § 8 I. G.).

8. CHEMINS VICINAUX. — Sont exempts du timbre également les rôles de prestation pour la construction et l'entretien des chemins vicinaux (D. m. f. 30 déc. 1831; 1391 I. G.).

9. ABONNEMENT POUR FOURNITURE D'EAU. — Les rôles *non revêtus de la signature des parties*, ne sont pas des actes sujets à l'enregistrement dans un délai déterminé, spécialement, les rôles exécutoires des redevances dues à une ville par les habitants qui ont contracté un abonnement pour fourniture d'eau, lors même qu'il existerait des soumissions individuelles qui auraient servi de base à la formation de ces rôles (Sol. 27 mars 1859, Sollier n° 837). — *V.* 7954-54 et 7963.

437. Voirie. — L'art. 80 de la loi du 15 mai 1818 contenant une disposition générale, il y a lieu aujourd'hui, malgré l'I. G. 415, de considérer les arrêtés des conseils de préfecture qui statuent sur les contraventions en matière de grande voirie, comme dispensés du timbre et de l'enregistrement (D. m. f. 4 fév. 1825, 7975 J. E., 1166 § 2 I. G.).

Les arrêts des conseils de préfecture en cette matière, et notamment ceux relatifs aux plantations des routes, doivent toujours, en cas de condamnation, prononcer le remboursement des droits de timbre et d'enregistrement des procès-verbaux de contravention, visés pour timbre et enregistrés en débet (Déc. 26 mai 1828, 9045 J. E.). C'est le contraire en matière de roulage, parce que, aux termes de l'art. 38 du décret du 23 juin 1806, ces contraventions doivent être jugées sommairement sans frais et sans formalité (Déc. 14 mai 1835, 1498, § 8 I. G.).

Les actes par lesquels les agents des contributions indirectes ou des ponts et chaussées cèdent à des particuliers la jouissance, moyennant une redevance, des francs bords d'un canal, ne sont pas dispensés du timbre et de l'enregistrement (Sol. 13 sept. 1877).

437 *bis*. Zone militaire. — Sont dispensés du timbre et de l'enregistrement les autorisations générales de travaux dans la zone des servitudes militaires; les permissions et les certificats du chef du génie; les mémoires et plans remis au préfet et toutes significations par voie administrative (*V.* Décr. du 10 août 1853; 1994 I. G.; 15850 J. E.). Sont également exemptes de l'enregistrement, mais assujetties au timbre, toutes demandes et soumissions relatives aux permissions spéciales (*Ibid.*).

CHAPITRE IV. — EXPÉDITION DES ACTES ADMINISTRATIFS

[438-443 *ter*]

438. Droit de timbre. — Nous venons de voir que l'acte *purement administratif* est exempt de tout droit de timbre et d'enregistrement. Mais du moment où expédition de cet acte est délivrée à la partie que cet acte concerne, l'*intérêt privé* arrive en cause et la loi frappe cette expédition du droit de timbre. « Toutefois, porte l'art. 80, L. 15 mai 1818, aucune expédition ne pourra être délivrée aux parties que sur papier timbré » (Yvetot, 12 juill. 1855, 494 R. P.).

1. VISA POUR TIMBRE POSTÉRIEUR. — Il ne suffit pas que l'expédition soit revêtue de la formalité du timbre au moment où l'autorité administrative la délivre, pour que le vœu de la loi soit complétement rempli. Il faut encore qu'elle ait réellement été délivrée sur papier timbré. Ainsi, un maire qui, en sa qualité de fonctionnaire public, et dans un but d'*administration générale*, aurait reçu, sur papier libre, expédition d'un arrêté préfectoral, ne pourrait plus utiliser cette expédition, dans l'*intérêt privé* de la commune, même en la soumettant au visa pour timbre, et le notaire contreviendrait à la loi s'il annexait une pareille expédition à un de ses actes.

L'art. 80 de la loi du 15 mai 1818 est formel. Toute expédition d'acte administratif ne peut être délivrée aux parties que sur papier timbré. Or, cette disposition ne peut trouver sa sanction que dans la peine à appliquer à l'officier public faisant usage d'une expédition qui, ayant été délivrée en contravention à la loi, se trouve entachée d'un vice originel que ne peut plus effacer aucune formalité.

SECTION PREMIÈRE. — EXPÉDITIONS DÉLIVRÉES DANS L'INTÉRÊT DES PARTIES

[439]

439. Intérêt particulier. — Nous réunissons ici un certain nombre de décisions qui ont fait l'application du principe précédent et qui ont reconnu passibles du droit de timbre les expéditions délivrées dans l'intérêt des parties.

1. DÉCISION ADMINISTRATIVE. — L'expédition d'un arrêté de conseil de préfecture statuant sur une difficulté entre une commune et un particulier ne peut être délivrée que sur papier timbré, d'après la règle générale posée par les art. 12 L. 13 brumaire an 7, et 80 L. 15 mai 1818, d'après laquelle aucune expédition d'actes ou arrêtés de l'autorité administrative ne peut être délivrée aux particuliers que sur papier timbré (14957-3 J. E.).

2. DEVIS. — Il a été reconnu que les expéditions délivrées aux adjudicataires ou aux particuliers des devis rédigés par l'ingénieur des ponts et chaussées, et relatifs aux travaux des routes ou autres pour le compte de l'État, des communes, des départements ou des établissements publics, doivent être écrites sur papier timbré (D. m. f. 3 mess. an 10, 290 § 25 I. G., 25 oct. 1822, 7334 J. E.).

3. DOMAINE DE L'ÉTAT. — Les expéditions des adjudications au rabais de réparations à la charge du domaine de l'État, qui sont délivrées au directeur ou aux receveurs des domaines et à la partie, doivent être écrites sur papier timbré, ainsi que le procès-verbal de réception des travaux et la quittance du prix de ces travaux (320 § 5 I. G.).

Même règle pour les cahiers des charges et les procès-verbaux d'adjudication de biens domaniaux et de coupes de bois délivrés à l'adjudicataire (1410 § 10 I. G.). Si l'expédition est remise au receveur des domaines ou au receveur municipal, elle peut être visée pour timbre en débet, sauf au receveur à faire payer le droit de timbre (*Ibid.*).

4. MAINLEVÉE. — Les expéditions des arrêtés préfectoraux, et celles des délibérations des conseils municipaux portant consentement à radiation d'inscriptions prises dans l'intérêt de l'État, que les parties doivent remettre au conservateur des hypothèques, doivent être sur papier timbré (Déc. 29 nov. 1827, 1236 § 1er I. G.; Déc. 26 juin 1841, 1641 I. G.; D. m. f. 31 déc. 1831, 7626 J. N.).

5. MARINE. — Les expéditions délivrées aux particuliers par le garde des archives de la marine ne peuvent être délivrées que sur papier timbré (D. m. f. 1812, 4384 J. E.).

6. NOMINATION. — GARDE CHAMPÊTRE. — L'expédition ou extrait des arrêtés par lesquels les sous-préfets agréent les gardes champêtres que des particuliers ont présentés pour veiller à leurs propriétés, doit être faite sur papier timbré (Déc. 2 déc. 1830, 1347 § 11 I. G.).

7. AVOCAT. — NOTAIRE. — Il en est de même des expéditions des ordonnances de nomination à un office d'avocat à la C. cass., de notaire, etc. (15442-4 J. E.).

8. REMISE DE VENTE DE COUPES DE BOIS. — Les expéditions des procès-verbaux de l'autorité administrative portant, en exécution de l'art. 89 Cod. For., remise de la vente des coupes de bois qui n'ont pu être adjugées, sont sujettes au timbre lorsqu'elles sont délivrées aux particuliers (Sol. 2 juin 1829, 1293 § 8 I. G.).

9. ROULAGE. — Les expéditions délivrées aux parties, des décisions des maires et des conseils de préfecture, sur les contraventions en matière de roulage, ne peuvent être délivrées que sur papier timbré (1166 § 2 1391 I. G.).

10. VENTE DES BIENS DE L'ÉTAT ET DES COMMUNES. — Les expéditions des cahiers de charges et des procès-verbaux d'adjudication de biens domaniaux, de coupes de bois de l'État, ou des communes, ne peuvent être délivrées au receveur des domaines ou au receveur municipal, *qui représentent le vendeur*, et à l'adjudicataire lui-même, que sur papier timbré (D. m. f. 28 janv. 1832, 1401 § 10 I. G.).

11. VOIRIE. — Il en est de même des expéditions des arrêtés des conseils de préfecture en matière de grande voirie, comme de celles en matière de roulage (D. m. f. 4 fév. 1825, 1166 § 2 I. G., 1391 I. G., 7974 J. E.; D. m. f. 19 mars 1874 et 19 janv. 1875, 2506-1 I. G., 4268-8 R. P.).

SECTION 2. — EXPÉDITIONS DÉLIVRÉES DANS UN INTÉRÊT DE SERVICE ADMINISTRATIF

[440-443]

440. Intérêt administratif. — Toutes les fois que l'expédition de l'acte administratif est délivrée à une administration publique ou à un fonctionnaire public, l'art. 16 L. 13 brumaire an 7, veut qu'elle soit sur papier libre. La raison de cette exception se rattache à l'esprit général de la loi sur cette matière. Ici, en effet, l'intérêt privé n'est nullement en jeu (D. m. f. 19 mars 1874 et 19 janv. 1875, 2506-1 I. G., 4268-8 R. P.).

1. MENTION DE LA DESTINATION. — Mais comme il faut avant tout que l'exception ne porte pas à faux, il doit être fait mention de cette destination sur l'expédition (*Id.*).

2. ANNEXE A UN ACTE PUBLIC. — Les expéditions des arrêtés d'autorisation et d'approbation délivrées sur papier non timbré, aux maires ou aux administrateurs des établissements publics, peuvent, comme les ampliations des décrets rendus dans le même but, être annexées aux contrats de vente et autres, sans qu'il soit nécessaire de les soumettre préalablement au timbre à l'extraordinaire ou au visa pour timbre.

Toutefois, lorsqu'une des parties intervenues au contrat réclame, dans un intérêt privé, une copie des arrêtés préfectoraux qui s'y trouvent annexés, cette copie revêt le caractère d'une expédition délivrée dans un intérêt non public, et doit être écrite sur papier timbré par application de l'art. 80 de la loi du 15 mai 1818 (D. m. f. 9 juin 1856, 2073 § 2 I. G., 694 R. P.).

3. ADMINISTRATION DE LA GUERRE. — Les minutes des procès-verbaux d'adjudication qui concernent l'administration militaire dans les places de guerre et dans les villes ouvertes de garnison, restent en dépôt aux secrétariats des mairies. Il en est délivré immédiatement *et sans frais*, une expédition authentique à l'intendant militaire et au commandant en chef du génie (Déc. m. g., 18 août 1826, 8752 J. E.).

4. COUR DES COMPTES. — Les expéditions des arrêts de la cour des comptes sur les comptes généraux de l'administration de l'Enregistrement, sont exemptes du timbre (D. m. f. 1er août 1809, 3318 J. E.).

5. SIGNIFICATION D'ARRÊTÉS DE COMPTES. — RECEVEURS D'ÉTABLISSEMENTS PUBLICS. — Des décisions des 12 septembre 1823 (1099 I. G.); 5 octobre 1824 (1156 § 11 I. G.); 16 novembre 1825 (8192 J. E.); 17 juin 1826 (1200 § 22 I. G.); 16 novembre 1827 (8381 J. E.; 1236 § 10 I. G.), ont statué que l'exemption du timbre, prononcée par l'art. 16, n° 1er L. 18 brumaire an 7, est applicable aux expéditions des arrêtés des *conseils de préfecture* portant règlement des comptes des receveurs des communes et des hospices, et aux extraits des arrêts de la *cour des comptes* des mêmes receveurs, lorsque la notification de ces expéditions ou extraits leur est faite *administrativement*.

6. COMPTABLES PUBLICS. — Ces décisions ont été, à plus forte raison, reconnues applicables aux expéditions ou extraits d'arrêts de la cour des comptes notifiés, soit par *l'intermédiaire* de la comptabilité générale des finances aux préposés à la perception des impôts indirects, soit *directement* par le greffier de cette cour aux receveurs généraux, aux payeurs, etc. (D. m. f. 17 sept. 1832, 10436 J. E.).

Les motifs de ces décisions ont été qu'aucune loi n'a imposé l'obligation à ces justiciables de lever expédition de ces arrêtés dont la minute est exempte du timbre aux termes des art. 78 et 80 L. 15 mai 1818.

7. AUTORISATION D'ACQUÉRIR, DE VENDRE, ETC. — Les communes et les établissements publics ne peuvent pas acquérir, vendre, accepter des dons et legs, etc., sans autorisation. En ce qui concerne les communes autres que celles du département de la Seine, cette autorisation, depuis le décret du 25 mars 1852 sur la décentralisation administrative, est accordée par le préfet dans tous les cas, sauf pour les dons et legs au sujet desquels il y aurait des réclamations de la part des familles. A l'égard des établissements publics, le préfet statue dans certaines limites déterminées par les règlements. Les arrêtés préfectoraux sont pris en minute, et il en est délivré des expéditions aux maires ou aux administrateurs des établissements publics. Les expéditions de l'espèce sont exemptes du timbre, comme actes concernant l'ordre public ou dérivant de l'exercice de la tutelle administrative (D. m. f. 6 fév. 1856, 2073 § 2 I. G., 692 R.P.).

8. TRÉSOR. — Les expéditions des décisions du ministre des finances produites par les fonctionnaires qui stipulent au nom du Trésor dans des actes publics, ne sont pas assujetties au timbre; car ce n'est pas à la partie qu'est délivrée l'expédition de la décision, c'est à un fonctionnaire public délégué du ministre. Cette délivrance n'a pas lieu dans l'intérêt de la partie, puisque le fonctionnaire ou le délégué est obligé de présenter l'expédition au notaire pour justifier de ses pouvoirs, et que pour remplir le vœu de l'art. 13 L. 25 vent. an 11, cette expédition doit rester annexée à la minute de l'acte. Ainsi la partie à laquelle le Trésor donne quittance et mainlevée, reste complétement étrangère à l'usage auquel est destinée l'expédition de la décision jointe à la minute du notaire (D. m. f. 19 déc. 1840, 12680 J. E, 1634 § 16 I. G.).

9. CONTRIBUTIONS. — Les expéditions des arrêtés de conseils de préfecture lorsqu'il s'agit de cotes au-dessous de 30 francs sont exemptes de timbre. — V. *Contributions*, n° 5504.

10. CESSIONS DE TERRAINS POUR CAUSE D'ALIGNEMENT. — BAUX A FERME DE BACS ET PASSAGES D'EAU. — Aux termes des I. G. 1497 et 1846, des copies ou expéditions des actes de cession de terrains détachés de la voie publique, par suite d'alignement, doivent être remises aux employés de l'enregistrement pour suivre le recouvrement du prix.

Les agents des contributions indirectes doivent recevoir, dans le même but, des copies de baux à ferme des bacs et passages d'eau.

Le ministre des finances a décidé, le 9 mars 1855 (2049 § 4 I. G., 503 R. P.), que les copies ou expéditions dont il s'agit peuvent être délivrées sur papier non timbré aux préposés chargés du recouvrement des sommes dues au Trésor, sauf à faire mention, dans ces copies, de leur destination, et à les soumettre au visa pour timbre, dans le cas où il y aurait lieu d'agir par voie de contrainte.

Les agents des contributions indirectes doivent acquitter le montant des droits en présentant au visa pour timbre les copies des baux à ferme des bacs et passages d'eau. En ce qui concerne les expéditions des actes de cession de terrains pour cause d'alignement, les receveurs de l'enregistrement, lorsqu'ils doivent exercer des poursuites, font l'avance des droits du timbre, conformément à l'I. G. 1551, et ils en suivent le recouvrement sur les débiteurs.

11. EXPÉDITION DEMANDÉE. — Mais la raison de ces décisions cesse si les comptables demandent *eux-mêmes* une seconde expédition, et le droit de timbre devient alors exigible (D. m. f. 17 sept. 1832, 10436 J. E., 434 § 5 I. G.).

C'est ce qui avait été reconnu à l'égard de l'arrêté des comptes des receveurs municipaux rendus par le conseil de préfecture et par la cour des comptes (D. m. f. 5 oct. 1824, 1156 § 11 I. G.; — D. m. f. 17 juin 1826, 1200 § 22 I. G. — D. m. f. 12 sept. 1823, 1099 § 1er I. G.); même décision à l'égard des expéditions des arrêtés de conseil de préfecture, rendus sur les comptes des hospices (D. m. f. 16 nov. 1825, 8192 J. E.; — D. m. f. 16 nov. 1827, 1236 § 10 I. G.).; — Même décision encore à l'égard des expéditions des arrêtés de sous-préfets, qui règlent les comptes des receveurs des communes dont les revenus n'excèdent pas leur compétence (8381 J. E.).

442. Communes et établissements publics. — Suivant la décision transmise par l'I. G. 454, il avait été reconnu, en thèse générale, que les expéditions des arrêtés des préfets concernant les biens ou les intérêts particuliers d'une commune, d'un hospice ou d'une fabrique, sont assujetties au timbre lorsque les fonctionnaires auxquels elles sont adressées en font usage, *dans l'intérêt particulier* de l'établissement (D. m. f. [1er avr. 1836, 11830-6 J. E.; Av. Cons. d'Ét., 22 août 1839, 12485 J. E., 10800 J. N.; Sol. 9 janv. 1840; Lyon, 4 fév. 1854; Yvetot, 12 juill. 1855, 10 et 491 R. P.).

Mais cet ordre de choses a été complétement modifié par une décision ministérielle du 6 fév. 1856. Voici, en effet, ce qu'on lit dans l'I. G. 2073 § 1er :

« Les communes et les établissements publics ne peuvent pas acquérir, vendre, accepter des dons et legs, etc., sans autorisation. En ce qui concerne les communes autres que celles du département de la Seine, cette autorisation, depuis le décret du 25 mars 1852 sur la décentralisation administrative, est accordée par le préfet dans tous les cas, sauf pour les dons et legs au sujet desquels il y aurait des réclamations de la part des familles. A l'égard des établissements publics, le préfet statue dans certaines limites déterminées par les règlements.

« Les arrêtés préfectoraux sont pris en minute, et il en est délivré des expéditions aux maires ou aux administrateurs des établissements publics.

« Sur les observations de plusieurs préfets, S. Exc. le ministre des finances a, par une décision du 6 février 1856, déclaré les expéditions de l'espèce exemptes du timbre, comme actes concernant l'ordre public ou dérivant de l'exercice de la tutelle administrative. »

Cette décision laisse sans objet les vives controverses autour desquelles s'étaient élevés de nombreux monuments judiciaires et administratifs que nous croyons devoir reproduire ici en note comme documents historiques.[1]

1. ARRÊTÉ D'APPROBATION. — Lorsque les contrats intéressant les communes ou les établissements publics sont passés, il en est adressé copie au préfet sur papier libre et ce magistrat donne son approbation aux contrats par un nouvel arrêté, qui peut être délivré en expédition. Cette expédition est également affranchie du timbre (D. m. f. 5 nov. 1855, 2073 § 2 I. G., 693 R. P. — *V.* Inst. des fin. du 20 juin 1859, n° 822).

2. ANNEXE. — Les expéditions des arrêtés d'autorisation et d'approbation délivrées sur papier non timbré, aux maires ou aux administrateurs des établissements publics, peuvent, comme les ampliations des décrets rendus dans le même but, être annexées aux contrats de vente et autres, sans qu'il soit nécessaire de les soumettre préalablement au timbre à l'extraordinaire ou au visa pour timbre (*Idem.*).

Cette doctrine sur laquelle l'Administration a tenté de revenir a été consacrée par un jugement de Remiremont du 21 décembre 1876 (4864 R. P.), nous l'avons justifiée avec détails au n° 4864 R. P.

---

1. — 1. AUTORISATION D'ACCEPTER. — Les expéditions des arrêtés des préfets et des conseils de préfecture qui autorisent les communes ou les établissements publics, soit à recevoir le remboursement de rentes, soit à accepter des dons et legs, sont assujetties au timbre (D. m. f. 1er avr. 1836 11830 § 6, et 10742 J. E.). Les expéditions des arrêtés des préfets qui autorisent les trésoriers des fabriques ou des bureaux de bienfaisance à accepter des legs doivent être délivrées sur papier timbré (Arcis-sur-Aube, 17 mars 1837, 11953 J. E.; — D. m. f. 9 nov. 1831, 10163 J. E.). — L'extrait d'une délibération portant autorisation au receveur d'une commune ou d'un établissement public de toucher le remboursement d'une rente, doit être écrite sur papier timbré (10742 J. E.).

2. ACTE EN CONSÉQUENCE. — Un notaire ne peut, sans contravention, annexer à l'une de ses minutes une expédition non timbrée d'un arrêté de préfet autorisant une fabrique à accepter un legs (Toul, 20 juill. 1840, D. Fess., p. 236, n° 54). — Le notaire qui annexe à un acte d'aliénation ou d'acquisition intéressant une commune, l'expédition non timbrée d'un arrêté de préfet, commet une contravention (Lure, 17 mars 1840, 12485 J. E., 10800 J. N. — Lyon, 4 fév. 1854, 10 R. P.). — Ainsi encore, le tribunal de Bar-sur-Aube a reconnu, le 17 déc. 1839, que l'expédition sur papier non timbré d'un arrêté de préfet qui autorisait une commune à vendre un immeuble n'avait pu, sans contravention, être mentionnée dans l'acte de dépôt du cahier des charges de la vente (12454 J. E.).

Dans le cas précédent on ne peut néanmoins relever une seconde contravention lorsque le notaire, dans l'acte de vente, ne mentionne que l'arrêté du préfet et ne parle pas de l'expédition qui a été déposée, car on peut dire que c'est en vertu de la minute de l'arrêté, et non de l'expédition, que le notaire a agi, et que cette minute est, en tout état de cause, exempte de timbre, aux termes des art. 16, L. 13 brumaire an 7, et 80, L. 15 mai 1818 combinés (Bar-sur-Aube, 19 déc. 1839, 12454 J. E.).

3. DÉLIBÉRATION. — Les expéditions des délibérations de fabriques ayant pour objet la location des bancs dans les églises, ne peuvent être écrites que sur papier timbré (D. m. f. 10 déc. 1839, D. Fess, p. 236, n° 52).

4. MAINLEVÉE. — L'expédition de la délibération d'un conseil municipal et d'un arrêté de préfet en conseil de préfecture qui, aux termes de l'ordonnance du 15 juillet 1840, autorise la mainlevée d'une inscription prise dans l'intérêt d'une commune, est aussi sujette au timbre (Art. 80, L. 15 mai 1818; 1641 I. G.).

Un notaire ne peut, sans contravention, annexer à une mainlevée

3. INTÉRÊT PRIVÉ. — Toutefois, lorsqu'une des parties intervenues au contrat réclame dans un intérêt privé une copie des arrêtés préfectoraux qui s'y trouvent annexés, cette copie revêt le caractère d'une expédition délivrée dans un intérêt non public, et doit être écrite sur papier timbré, par application de l'art. 80 de la loi du 15 mai 1818 (*Idem*.).

4. AUTORISATION DE PLAIDER. — En ce qui concerne spécialement les expéditions des autorisations de plaider accordées aux communes, une D. m. f. du 26 mars 1864 a tracé les règles suivantes : Les expéditions des arrêtés que prennent les conseils de préfecture pour accorder ou refuser aux communes l'autorisation de plaider ne peuvent être dispensées du timbre que lorsqu'elles sont délivrées aux maires et qu'elles portent la mention de cette destination. L'exemption ne pourrait être étendue aux expéditions remises soit au contribuable qui se propose de soutenir à ses risques et au refus de la commune des droits qu'elle lui paraît avoir, soit à la personne qui veut intenter une action contre une commune. Dans ces différents cas, on retombe sous l'application de l'art. 80 de la loi du 15 mai 1818, suivant lequel aucune expédition des actes de l'autorité administrative ne peut être délivrée aux particuliers non indigents que sur papier timbré (2286-1, 1972-4 R. P.).

d'inscription consentie par un hospice, l'expédition sur papier non timbré de l'arrêté du préfet qui autorise cette mainlevée (D. m. f. 31 déc. 1831, 7626 J. N.).

5. MARCHÉ. — Les expéditions de procès-verbaux d'adjudications, marchés et traités de toute nature, délivrés aux receveurs des communes ou des établissements publics, pour faire titre, par le secrétaire de la préfecture ou par les maires, doivent être sur papier timbré (1236 § 11 I. G.).

6. NOTAIRE DÉSIGNÉ. — L'expédition d'un arrêté de conseil de préfecture qui désigne un notaire pour procéder à la vente des biens d'un hospice doit être écrite sur timbre (12044 J. E.).

7. PAYEMENT D'A-COMPTE. — Les expéditions et extraits des procès-verbaux d'adjudication, marché, soumissions généralement quelconques, ayant pour objet des constructions, réparations, entretien, approvisionnements et fournitures, et que les comptables doivent exiger lors des payements, doivent être sur papier timbré.

La formalité du timbre est également exigible lorsque la soumission est inscrite à la suite d'un cahier des charges ou d'un simple projet sur papier libre. Dans ce cas, ce cahier, formant titre, doit être timbré à l'extraordinaire ou visé pour timbre (1391 I. G.; 11812 J. E.).

8. RESTITUTION DE RENTES. — Les expéditions des arrêtés qui prononcent la restitution de rentes par le domaine aux fabriques, sont assujetties au timbre (D. m. f. 28 nov. 1809, 3436 J. E.).

9. TITRE DE RECETTE. — Une décision des M. de l'i. et des f., notifiée aux préfets par circulaire en date du 28 décembre 1841, a prescrit aux maires, lorsqu'ils soumettent à l'approbation des préfets un acte sujet à l'enregistrement, de joindre à la minute une copie de cet acte sur papier libre, afin que le receveur des finances, à qui cette copie est destinée, soit instruit qu'un nouveau titre vient d'être créé. On a attribué à cette instruction une signification qu'elle n'avait pas, en prétendant que les expéditions d'actes d'adjudication et de baux qu'un maire délivrait au receveur municipal de la ville, pour lui servir de titre de recette, pouvaient être délivrées sur papier non timbré. Cette prétention a été rejetée (D. m. f. 15 mars 1843, et Sol. 10 mai 1843 ; Fess., p. 237, n° 68).

Les expéditions et extraits délivrés aux receveurs des communes pour opérer le recouvrement des sommes dues, ou le prix d'adjudications, doivent être délivrés sur papier timbré (D. m. f. 10 déc. 1827, 1236 § 11 I. G.).

442. Indigents. — L'art. 80, L. 15 mai 1818, pose une exception au principe qu'elle établit. Les expéditions des actes administratifs peuvent être délivrées aux individus indigents, *à la charge d'en faire mention dans l'expédition*.

443 *bis*. **Expéditions sur formules imprimées.** — Les expéditions, comme les actes, peuvent être dressées sur des formules imprimées, que l'on doit faire timbrer (au droit de 1 fr. 80 c.) *avant d'en faire usage*. Seulement, l'on doit éviter que l'imprimeur ne se serve de petits caractères qui diminueraient le nombre de feuilles, contre la disposition de l'art. 20 L. 13 brumaire an 7 (D. m. f. 2 pluv. an 7, Circul. 1566).

443 *ter*. **Expédition pour ordre.** — Les copies de procès-verbaux d'adjudication, de marchés, de cahiers de charges, devis ou soumissions, qui sont produites à l'appui des ordonnances et mandats de payement, ne sont pas sujettes au timbre, comme ayant un caractère administratif (C. C. P., 17 mars 1870).

CHAPITRE V. — BUREAUX OU LES ACTES ADMINISTRATIFS DOIVENT ÊTRE ENREGISTRÉS

[444-445]

444. Actes administratifs en général. — Les secrétaires des diverses autorités administratives doivent faire enregistrer les actes qu'ils sont tenus de soumettre à cette formalité, aux bureaux dans l'arrondissement desquels ils exercent leurs fonctions (Art. 26 L. 22 frim. an 7).

445. Actes des préfectures. — Les actes des préfectures et sous-préfectures, assujettis à la formalité de l'enregistrement, doivent la recevoir au bureau dans l'arrondissement duquel le siége de l'administration est établi, quand même les préfets et sous-préfets, s'étant déplacés momentanément, les auraient passés dans l'arrondissement d'un autre bureau (D. m. f. 15 déc. 1807, 366 I. G.).

Lorsque les préfets ont délégué les sous-préfets et les maires pour procéder aux ventes de biens de l'État, le procès-verbal de vente doit être enregistré au bureau dans l'arrondissement duquel siége la sous-préfecture ou la mairie ; mais la minute doit être envoyée dans les dix jours de l'enregistrement à la préfecture, pour y rester déposée (Déc. 19 oct. 1837, 1552 I. G.).

CHAPITRE VI. — DÉLAI POUR L'ENREGISTREMENT DES ACTES ADMINISTRATIFS

[446-458]

446. Forme de l'acte. — Les actes administratifs sujets à l'enregistrement doivent être revêtus de la formalité dans le délai de vingt jours de leur date (art. 20 L. 22 frim. an 7), sauf l'exception mentionnée ci-après, n° 447-3. — La même disposition résulte de l'art. 78 L. 15 mai 1818.

La forme qu'a pu revêtir l'acte importe peu pour l'accomplissement de la formalité de l'enregistrement. On a vu, en effet, au n° 351, qu'il suffit pour qu'un acte revête le caractère d'un acte administratif qu'il émane d'une autorité administrative et qu'il ait pour objet un acte d'administration, alors même que cet acte se présenterait sous la forme d'acte sous signature privée.

447. Actes sujets à l'approbation ou passés en vertu de délibérations approuvées. — L'ordonnance du 7 oct. 1818 sur la mise en ferme des biens communaux porte que l'adjudication ne sera définitive qu'après l'approbation du préfet, et que le délai pour l'enregistrement sera de vingt jours à partir de cette approbation. L'Administration en avait conclu, d'une part, que ce délai de vingt jours s'appliquait même aux baux passés devant notaires, et, d'un autre côté, que tous les actes de ventes ou d'acquisitions des biens des communes ou des établissements publics étaient également soumis à la formalité dans les vingt jours de leur approbation (1577-6 I. G.).

Le conseil d'État n'a pas confirmé cette dernière appréciation. Plusieurs arrêts, pris pour règle par le ministre de l'intérieur, ont reconnu que, quand un acte notarié ou administratif, relatif aux intérêts des établissements publics, n'est point formellement assujetti à l'approbation ultérieure de l'autorité, et a été précédé des formalités légales nécessaires pour constater le consentement valable de l'établissement, il est parfait et n'a pas besoin d'être ultérieurement soumis à l'approbation du préfet (Av. 12 juin-6 juill. 1863, 1927 R. P.; 3-8 juill. 1864. — Circ. de l'int. du 19 nov. 1864, 1992 R. P.).

Par application de cette jurisprudence, le ministre des finances a décidé, le 25 mars 1865, que le délai de l'enregistrement court à partir de leur date pour les actes intéressant les communes et les établissements publics, à moins que ces actes n'aient pas été précédés des formalités prescrites par la loi, ou qu'il ne s'agisse de conventions expressément assujetties par un texte spécial à l'approbation de l'autorité supérieure. L'Administration a tiré de cette décision les conséquences suivantes :

1. ACTES AUTORISÉS PAR DES DÉLIBÉRATIONS APPROUVÉES. — Sont sujets à l'enregistrement, à partir de leur date, comme étant dispensés de l'approbation, les actes de vente, acquisition, échange et partage, qui ont été préalablement autorisés par des délibérations des conseils municipaux dûment approuvées par les préfets.

Si ces actes sont rédigés par les maires et adjoints, le délai pour l'enregistrement est de vingt jours (L. des 22 frim. an 7, art. 20, et 15 mai 1818, art. 78).

S'ils sont passés devant notaires, le délai est dix ou de quinze jours, selon que le notaire-rédacteur réside ou non dans la commune où le bureau d'enregistrement est établi (L. précitée du 22 frim., art. 20). — La disposition contraire de la décision ministérielle du 4 août 1838 (Inst. n° 1577 § 6) est et demeure rapportée (2315 I. G.; 2217 R. P.).

2. ACTES NON AUTORISÉS PAR DES DÉLIBÉRATIONS APPROUVÉES. — Sont soumis à l'enregistrement, dans les vingt jours de l'approbation, les actes de vente, acquisition, échange et partage qui n'ont pas été préalablement autorisés par des délibérations des conseils municipaux dûment approuvées par les préfets (*Idem*).

3. ACTES ASSUJETTIS A UNE APPROBATION SUPÉRIEURE. — Il en est de même des conventions qu'un texte spécial assujettit à l'approbation de l'autorité supérieure, telles que : les baux de biens communaux, quelle qu'en soit la durée (L. du 18 juill. 1837, art. 47 § 2; 9e sér., Bull. 521, n° 6946; les transactions consenties par les conseils municipaux (loi précitée du 18 juill. 1837, art. 59); — les adjudications et marchés pour travaux et fournitures au compte des communes et des établissements de bienfaisance (Ord. 14 novembre 1837, art. 1er, 2 et 10; 9e sér., Bull. 546, n° 7183); — les baux à ferme des hospices et autres établissements publics, de bienfaisance ou d'instruction publique (Décr. du 12 août 1807, art. 1er; 4e sér., Bull. 155, n° 2655; Inst. n° 386 § 6). Il n'est pas dérogé, en ce qui concerne ces baux, lorsqu'ils sont passés devant notaire, à l'art. 5 du décret du 12 août 1807, qui réduit à dix ou quinze jours le délai pour l'enregistrement (Inst. n° 561, 1577 § 6, 2025 § 2, 2315 I. G.; 2217 R. P.).

Nous avons nous-même, dès avant l'instruction, indiqué toutes ces conséquences dans une dissertation qui fait l'objet de l'art. 1927 du R. P. — V. *conf.*, Corbeil, 18 mars 1868, 2701 R. P., 14226 C.

4. HOSPICES D'ALIÉNÉS. — Une solution de l'Administration du 7 novembre 1872 (3639 R. P.) a rangé avec raison parmi les actes sujets à approbation l'adjudication du bois de chauffage nécessaire à l'hospice des aliénés.

448. Point de départ. — Les règles posées par les instructions antérieures (290 § 5, 561, 779, 1577 § 6, 1796 § 7 I. G.) pour le point de départ du délai pour l'enregistrement ont été modifiées de la manière suivante par l'I. G., n° 2315 :

1. ACTES DISPENSÉS DE L'APPROBATION. — C'est à *partir de leur date*, comme étant dispensés de l'approbation, que court le délai pour les actes mentionnés au n° 447-1 ci-dessus.

2. ACTES SUJETS A APPROBATION. — Et c'est du jour de l'approbation dans les conditions indiquées au n° suivant que court ce même délai pour les actes sujets à approbation qui ont fait l'objet du n° 447-2 et 3.

448 *bis*. Preuve de l'approbation. — 1. ACTE RÉDIGÉ PAR UNE AUTORITÉ ADMINISTRATIVE. — Le délai de vingt jours, dans lequel les actes administratifs doivent être enregistrés, sous peine du droit en sus, ne court, pour les actes qui ne sont définitifs qu'après l'approbation, que du jour où il est constaté que le décret d'approbation est parvenu à la préfecture par une attestation inscrite et signée au pied de l'acte ou par un arrêté préfectoral déclarant la convention exécutoire (Seine, 29 juin 1867, 2485 R. P., 2405 § 2 I. G.).

2. DÉCRET. — Mais l'arrêté du préfet déclarant le traité exécutoire est sans objet lorsqu'un décret d'approbation a été rendu par le chef de l'État. Le délai court du jour de la notification de ce décret. On ne saurait donc avoir égard à un arrêté que prendrait ultérieurement le préfet pour déclarer le traité exécutoire (Seine, 13 janv. 1872).

3. ACTE RÉDIGÉ PAR UN NOTAIRE. — Si l'acte a été reçu par un notaire, le délai ne court même qu'à partir du jour de la remise par le maire à cet officier public de l'arrêté d'approbation, remise qui doit être constatée par un certificat du maire en marge de l'arrêté (D. m. f. 22 janv. 1855, 2025-2 I. G., 359 R. P.).

4. OBLIGATION DES RECEVEURS. — Les receveurs doivent donc veiller à ce qu'aucun acte administratif, sujet à l'enregistrement, ne leur soit présenté sans être émargé de l'attestation du maire au sujet de la réception de l'approbation (551 I. G.).

Aucune autre preuve de l'attestation écrite et signée au pied de l'acte ne peut d'ailleurs établir la date de la réception du décret ou de l'arrêté approbatif (Seine, 29 juin 1867, 2485 R. P.).

449. Promesse de vente ou de donation. — Il faut restreindre la règle précédente au cas où il s'agit réellement d'un acte imparfait, d'un simple projet d'acte. Une vente, par exemple, n'existe comme telle que quand l'écrit destiné à la constater réunit le consentement de l'acquéreur et du vendeur. L'acte notarié rédigé à cette occasion reste imparfait tant que les deux parties ne l'ont pas signé ; et si le vendeur seul avait consenti, il faudrait attendre pour soumettre l'acte à la formalité que l'acheteur ait aussi donné son assentiment.

La position serait différente si, au lieu d'un acte de vente proprement dit, le notaire était appelé à recevoir une promesse unilatérale émanée du vendeur. Le but de l'acte étant de constater exclusivement la pollicitation, cet acte est complet dès qu'il est signé par le vendeur, n'a pas besoin d'être approuvé et devient dès lors sujet à l'enregistrement, au droit fixé pour les promesses pures et simples.

Il faut faire la même remarque au sujet des donations. Si le donateur a comparu seul devant le notaire afin de faire consigner son offre dans un acte authentique spécial sur la production duquel interviendra plus tard le consentement du donataire, c'est là un acte complet en lui-même et assujetti à l'enregistrement dans le délai du 10 au 15 juin selon la règle habituelle (Sol. 1er avr. 1866, 18400 § 2 J. E.). Au contraire, s'agit-il du contrat même de donation dans lequel le représentant de l'établissement accepte conservatoirement et non pas de la simple pollicitation de donation, l'acte reste en projet jusqu'au moment où le consentement du donataire se manifeste et le notaire ne saurait être tenu de le soumettre à la formalité sous le prétexte qu'il renferme déjà la preuve du consentement d'une des parties. C'est ce qu'a reconnu une solution du 27 mai 1867 (2498 R. P., 18400 § 2 J. E., 14014 C.).

1. PROMESSE DE VENTE EMPORTANT VENTE. — Il est clair que si, sous le nom de promesse de vente, il s'agissait d'une vente véritable contenant le consentement des deux parties, l'acte devrait être traité comme le contrat de vente ordinaire, alors même qu'il devrait être remplacé par un acte définitif ; cette circonstance n'empêche pas, en effet, la convention d'être parfaite (18086 J. E.).

450. Forme apparente de l'acte. — Défaut de mention d'approbation.—Lorsque les préfets rédigent des actes sujets à l'enregistrement sur la minute, ils sont tenus d'y faire mention expresse que leur exécution est suspendue jusqu'à l'approbation du ministre, *lorsque cette approbation est nécessaire*. L'Administration en avait conclu que tout acte sur lequel cette mention n'a pas été exprimée est censé parfait, et, comme tel, doit être présenté à l'enregistrement dans les vingt jours de sa date (D. m. f. 27 frim. an 13, 290 § 5 I. G.), parce qu'il n'appartient pas aux préposés de décider si l'approbation d'un acte administratif est ou non nécessaire et qu'ils doivent considérer comme passibles du double droit les actes administratifs, non revêtus de cette formalité, qui leur sont présentés après le délai de vingt jours, sauf restitution s'il était ultérieurement justifié de leur approbation à une date postérieure à leur enregistrement, ou antérieure de moins de vingt jours à cette formalité (Sol. 26 déc. 1842, Fess., p. 46, n° 110).

Cette interprétation ne doit plus être suivie. Les préposés ont, au contraire, d'après la nouvelle jurisprudence, le droit et le devoir d'examiner si un acte est sujet ou non à l'approbation ultérieure de l'autorité, et si, par conséquent, il a été tardivement présenté à l'enregistrement.

451. Acte exécuté avant d'être approuvé. — Pour que la règle d'après laquelle le délai de vingt jours pour l'enregistrement ne commence à courir, pour les actes sujets à l'approbation de l'autorité supérieure, que du jour où cette approbation est connue, puisse recevoir son application, il faut qu'il s'agisse réellement d'actes présentés à l'approbation ; mais quand un acte a été exécuté sans que cette approbation ait été demandée, et a ainsi reçu toute sa perfection, il est évident qu'une approbation postérieure serait complétement inutile, et qu'elle ne sera jamais demandée. Si donc l'acte n'a pas été enregistré dans les vingt jours de la date *de l'acte qui prouve qu'il a été mis à exécution*, ce qui peut remplacer l'approbation, le double droit est encouru.

Jugé dans cet ordre d'idées par le tribunal de la Seine, le 21 juillet 1859 (1423 R. P.), que du moment où un marché a été exécuté et où le préfet a concouru aux divers actes qui l'ont constitué, il doit être considéré comme régulièrement approuvé et, comme tel, assujetti à l'enregistrement.

1. VERSEMENT DE CAUTIONNEMENT. — Mais on ne pourrait considérer comme un fait d'exécution le versement par l'entrepreneur du cautionnement qui lui a été imposé (Seine, 11 janv. 1868, 18744-3 J. E.).

452. Acte de notaire. — Cautionnement. — Le délai pour l'enregistrement des actes de cautionnement reçus par les notaires pour sûreté de payement du prix des adjudications faites administrativement court du jour où les actes ont été passés, et non de celui où les adjudications ont été approuvées. — *V.* 987.

453. Cahier des charges. — Le cahier des charges rédigé par un notaire pour la vente des biens d'une commune doit être enregistré dans les dix ou quinze jours. — V. *Cahier des charges.*

454. Bois. — Délai dans lequel doivent être enregistrés les actes relatifs aux bois et forêts de l'État et des établissements publics. — *V.* 3180 et suiv.

455. Condition supensive. — On ne saurait voir une condition suspensive de l'acte dans la stipulation portant qu'au bout d'un certain nombre d'années, le propriétaire pourra acheter le matériel de l'entreprise et mettre fin au marché, ni dans la circonstance que l'entrepreneur n'a pas fourni le cautionnement auquel il avait été astreint. Si un tel acte n'a pas été enregistré dans les vingt jours de son approbation par l'autorité administrative, le droit en sus est exigible (Saint-Brieuc, 29 janv. 1867, 2618 R. P.).

Au contraire, si un marché administratif est subordonné à l'approbation de l'autorité et à l'acceptation du conseil d'administration d'une société, le délai pour l'enregistrement ne court que du jour où le contrat en voie de formation a été approuvé par l'autorité après l'engagement régulier de la société dûment constituée : « Attendu qu'au moment du traité de 1865, la Compagnie anglo-française n'était qu'en voie de formation ; que ses représentants n'ont traité que comme se portant fort pour elle ; que, dans la délibération du 25 août 1865, le conseil municipal de Paris s'est borné à autoriser le préfet de la Seine à traiter au nom de la Ville ; que, par son arrêté du 18 septembre 1865, le préfet n'a fait lui-même qu'autoriser la Ville à réaliser ce traité ; que, le 10 mars 1866, le président du conseil d'administration a envoyé sa ratification au préfet de la Seine, qui, en vertu des autorisations antérieures, a approuvé, au nom de la ville de Paris, le traité définitif par un dernier arrêté du 16 mars 1866 ; qu'enfin ce traité a été enregistré le 26 du même mois de mars, c'est-à-dire dans le délai légal de vingt jours, conformément à l'art. 78 de la loi du 15 mai 1818 ; d'où il suit que le jugement attaqué n'a violé aucune loi » (Cass. 15 juin 1869, 2968 § 3 R. P., I. G. 2401-2, S. 1870-1-40, D. 69-1-460, Rev. n° 2593. — *Conf.* Seine 11 janv. 1868, 2744 R. P.).

456. Protestants. — Confession d'Augsbourg. — Le délai pour l'enregistrement des baux et autres actes relatifs à l'administration des biens des fabriques protestantes de la confession d'Augsbourg, ne court que du jour où l'approbation du directoire central parvient au consistoire local, et la date de ce jour doit être certifiée au pied de l'acte par le président du consistoire (D. m. f. 16 juill. 1827, 14282 J. E., 13307 J. N., 1796 § 6 I. G.).

457. Peine en cas de retard. — Les secrétaires qui négligent de soumettre à l'enregistrement, dans le délai fixé, les actes qu'ils sont tenus de présenter à cette formalité, doivent payer *personnellement*, à titre d'amende, pour chaque contravention, une somme égale au montant du droit, et acquitter en même temps le droit, sauf leur recours, pour ce droit seulement, contre la partie (Art. 36 L. 22 frim. an 7). — *V.* 459 et suiv.

1. MARCHÉ. — SUPPLÉMENT DE DROIT. — Quand un marché est soumis à l'enregistrement après le délai légal, le droit en sus est exigible sur le montant de tous les travaux en fournitures effectués au jour de l'enregistrement. Mais ceux qui ont lieu ultérieurement et qui motivent la demande ultérieure d'un supplément de droit ne sauraient supporter cette pénalité, puisque ce supplément de droit est devenu exigible à une époque où la formalité se trouvait remplie (Sol. 14 fév. 1859).

2. GRATIS. — Le défaut d'enregistrement dans le délai légal des actes sujets à l'enregistrement gratis n'est passible d'aucune peine (Sol. 2 oct. 1877). — *V.* 771-5, 999, 2345 et 3361.

458. Fonds consignés par les parties. — Cette disposition ne subsiste qu'à l'égard des actes dont les droits ont été consignés entre les mains des secrétaires dans le délai fixé pour faire enregistrer les actes.

Quant aux autres actes, ils sont seulement tenus d'en remettre les extraits (*V.* 459). — S'ils négligent de remplir cette obligation, ils encourent une amende de 10 francs par chaque acte, et sont, en outre, personnellement contraints au payement des doubles droits.

CHAPITRE VII. — PAYEMENT DES DROITS DES ACTES ADMINISTRATIFS

[459-467]

459. Obligations des secrétaires. — Les secrétaires des diverses administrations étaient tenus, suivant l'art. 29 L. 22 frimaire an 7, de payer les droits d'enregistrement des actes de ces administrations. Il n'y avait d'exception à cette règle que celle établie par l'art. 37 même loi, *pour les actes d'adjudication passés en séance publique*, et lorsque les parties n'avaient pas consigné aux mains des secrétaires, dans le délai prescrit pour l'enregistrement, le montant des droits fixés par la loi ; c'était, dans ce cas, aux receveurs à en poursuivre le recouvrement contre les parties qui supportaient, en outre, la peine du droit en sus. Cette exception est devenue la règle générale, aux termes de l'art. 79 de la loi du 15 mai 1818 ainsi conçu :

« La disposition de l'art. 37 de la loi du 12 déc. 1798

(22 frim. an 7) qui autorise, pour les adjudications en séance publique seulement la remise d'un extrait au receveur pour la décharge du secrétaire, lorsque les parties n'ont pas consigné les droits entre des maires, est étendue aux actes ci-dessus énoncés. »

1. MÊMES OBLIGATIONS POUR D'AUTRES FONCTIONNAIRES DE L'ORDRE ADMINISTRATIF. — La loi de frimaire a été votée sous le Directoire. Avec le Consulat est venue une nouvelle organisation administrative de la France. La loi du 22 pluviôse an 8 l'a établie sur des bases qui, sauf des modifications partielles, subsistent encore aujourd'hui. Ce que nous venons de dire des secrétaires des administrations centrales et municipales, doit être appliqué aux *fonctionnaires qui les remplacent* (art. 6 L. 27 vent. an 9). Les secrétaires généraux des préfectures ou les conseillers de préfecture, en faisant fonctions, sont des fonctionnaires publics remplaçant les secrétaires des anciennes *administrations centrales*. La disposition ci-dessus leur est donc applicable sans difficulté. Mais les anciennes *administrations municipales* ont été remplacées par les sous-préfets et les maires (V. L. 22 pluv. an 8, art. 9 et 12). Les secrétaires, qui peuvent exister dans les sous-préfectures ou dans les mairies, ne sont pas des fonctionnaires publics; ils ne remplacent pas les secrétaires des anciennes administrations municipales. Les obligations imposées à ces derniers par la loi de frimaire incombent donc aujourd'hui personnellement aux sous-préfets et aux maires (318, 1347 § 7 I. G.).

Quant aux fonctionnaires tels que les secrétaires généraux des ministères, les intendants et autres qui ne sont pas soumis à la vérification des préposés, il n'y a que la comptabilité publique et la cour des comptes qui peuvent assurer l'exécution de la loi. Mais il n'est pas d'usage de leur appliquer les dispositions des art. 29 et 37 de la loi du 22 frimaire an 7.

459 *bis*. Contravention. — Responsabilité. — Ainsi les secrétaires généraux des préfectures, les sous-préfets, les maires ou adjoints, sont personnellement responsables des contraventions aux lois sur l'enregistrement relatives aux actes passés devant eux, parce que, s'il existe des secrétaires de leurs administrations, ce sont des agents particuliers de leur choix, qui n'ont pas le caractère de fonctionnaires publics. Il est juste cependant de s'adresser à ces agents pour les contraventions qui sont de leur fait, s'ils ont le droit de rédiger et de signer des actes, sauf, toutefois, la garantie de leurs commettants (D. m. f. 9 sept. 1808; 318, 1347, § 7 I. G.).

1. DOUBLE DROIT PAR DÉFAUT D'ENREGISTREMENT. — Par identité de raison, c'est-à-dire par la combinaison des art. 35 et 36 de la loi du 22 frimaire an 7, avec l'art. 6 de la loi du 27 ventôse an 9 et l'art. 79 de celle du 15 mai 1818, il faut reconnaître que ces mêmes fonctionnaires, lorsqu'ils ont négligé de soumettre à l'enregistrement dans le délai, les actes qu'ils sont tenus de faire enregistrer, encourent une amende égale au montant du droit, sauf leur recours contre la partie pour le droit simple seulement.

460. Consignation des fonds. — Remise d'extrait. — Lorsque les parties n'ont pas consigné les droits, le fonctionnaire administratif doit fournir au receveur de l'enregistrement, dans les dix jours qui suivront l'expiration du délai, un extrait par lui certifié de l'acte dont les droits ne lui ont pas été remis, à peine d'une amende réduite, quelle que soit la durée du retard, à 10 francs, par la loi du 16 juin 1824, art. 10.

1. AMENDE. — CUMUL. — Cette amende ne peut en aucun cas se cumuler avec le droit en sus qui resterait à la charge du fonctionnaire si, ayant reçu par consignation et dans le délai, le montant des droits d'enregistrement, il avait négligé de soumettre l'acte à l'enregistrement. En effet l'amende ne peut être encourue qu'à défaut de remise d'extrait, pour le cas de non consignation des fonds (Sol. 22 fév. 1822 et 5 nov. 1830; 7429 et 7816 J. E.).

2. DROITS EN DÉBET. — L'obligation d'acquitter les droits ne s'appliquant pas aux actes qui s'enregistrent en débet, il n'y a lieu ni à consignation, ni par conséquent à remise d'extrait au cas de non consignation.

3. DÉPOT N'ÉQUIVALANT PAS A CONSIGNATION. — On ne saurait considérer comme une consignation des droits d'enregistrement le dépôt fait par l'adjudicataire, en exécution du marché, d'une somme destinée à assurer le payement des travaux; ce dépôt n'équivaut pas, à cause de sa destination spéciale, à la consignation directe des droits (Cass., 29 avr. 1872, 3442 R. P., S. 72-1-145, D. 72-1-312, P. 72-321). « Attendu, porte l'arrêt, que, si dans la quinzaine de l'application du traité et conséquemment dans les vingt jours de son enregistrement, les demandeurs ont déposé à la caisse des travaux la somme convenue de 25,000 francs applicable à l'exécution de l'opération, ce dépôt n'équivaut point, à cause de sa destination spéciale et de la qualité du dépositaire, à la consignation entre les mains du secrétaire du montant des droits; que si ce fonctionnaire n'a point remis, comme la loi lui en fait un devoir, dans le délai prescrit, l'extrait de l'acte au receveur de l'enregistrement, l'amende et la responsabilité qu'il a pu encourir vis-à-vis de l'Administration, pour le fait de négligence, ne fait pas obstacle à ce que, conformément aux dispositions formelles de l'art. 37 de la loi du 22 frimaire an 7, le recouvrement du droit simple et du droit en sus soit poursuivi contre les parties; qu'en le décidant ainsi le jugement attaqué a fait une exacte application dudit article. »

461. Refus de consignation. — Il a été jugé que le défaut d'enregistrement dans le délai légal d'un marché administratif passé par adjudication publique ne saurait exposer les parties au droit en sus quand l'adjudicataire ne s'est pas refusé à la consignation du droit, attendu que le retard n'étant pas de son fait ne peut entraîner sa responsabilité (Seine, 8 août 1868, 2988 R. P.). Mais cette doctrine ne paraît pas admissible.

L'Administration, en effet, n'a pas à intervenir dans les rapports de l'entrepreneur avec le secrétaire de la mairie ou de l'administration publique, pour savoir si le défaut de la consignation des fonds provient ou non du fait de ce dernier.

Dès que les fonds n'ont pas été consignés et que l'acte n'a pas été enregistré en temps utile, le droit en sus est exigible, sauf à la partie à exercer son recours contre le secrétaire ou le greffier.

Dans tous les cas, le doute ne peut être possible quand les fonds n'ont pas été consignés. Jugé dans ce sens par le tribunal de Sancerre, le 9 juillet 1867 (2638 R. P.), que le droit en sus encouru pour défaut d'enregistrement dans le délai légal des adjudications passées en séance publique ne doit pas être supporté par les secrétaires des administrations quand il n'est pas prouvé que le droit simple leur a été remis en temps utile par les adjudicataires.

462. Secrétaires de préfecture. — Coupes de bois. — Les secrétaires de préfecture doivent payer les droits d'enregistrement des procès-verbaux d'adjudication de coupes de bois, à moins de remettre, dans les dix jours qui suivent l'expiration des délais, au receveur de l'enregistrement, un extrait des procès-verbaux d'adjudication pour que celui-ci puisse recouvrer les droits de timbre et d'enregistrement exigibles sur les adjudications non enregistrées (15086-1 J. E.).

463. Maires. — Receveurs municipaux. — Ce sont les maires seuls qui sont tenus de faire enregistrer leurs actes, à moins que, profitant de la faculté accordée par les art. 37 L. 22 frimaire an 7, et 79, 15 mai 1818, ils n'aient remis aux receveurs de l'enregistrement les extraits des actes dont les droits ne leur ont pas été consignés. Aussi, aucune demande de droits pour des actes passés devant les maires ne peut être dirigée contre les receveurs municipaux qui les ont annexés à leurs comptes (10538 J. E.).

464. Commission administrative. — Hospice. — C'est contre la commission administrative que doit être suivi le recouvrement des droits, *à la charge d'un hospice*, d'un marché approuvé et non enregistré (11393-2 J. E.).

465. Adjudicataire. — Quoi qu'il en soit de la responsabilité des secrétaires à l'égard des droits d'enregistrement, il a été reconnu par la C. cass. que lorsque des marchés de gré à gré passés avec une ville, pour travaux à faire ou pour éclairage, n'ont pas été présentés à l'enregistrement, sous le prétexte que ces marchés étaient des actes sous seing privé, c'est à la charge des adjudicataires qu'incombent en définitive les droits qui peuvent leur être justement réclamés (Cass. 21 mars 1825, 7995 J. E., 1166 § 3 I. G., S. 26-1-193; — 12 mai 1830, 9660 J. E., 1336 § 10 I. G., S. 30-1-177; — 22 janv. 1845, 12260 J. N., 13653 J. E., 1743 § 6 I. G., S. 45-1-103).

« Attendu, porte l'arrêt de 1845, qu'il est de principe que les frais de toute nature qu'entraînent les actes ou marchés pour fourniture à des administrations publiques sont à la charge des adjudicataires, et que, le marché dont il s'agit dans l'espèce ayant été justement assimilé à ceux définis par l'art. 78 de la loi du 15 mai 1818, c'est avec raison que les frais d'enregistrement de cet acte ont été mis à la charge de la Compagnie demanderesse. »

466. Droit en sus. — Il en est de même du droit en sus. L'Administration peut sans doute réclamer le payement du droit simple et du droit en sus au maire qui a négligé de faire enregistrer le marché et de remettre un extrait au receveur; mais ce magistrat n'est que responsable, et c'est la partie, débitrice principale, qui doit être d'abord actionnée (Seine, 2 avr. 1856; Strasbourg, 27 mai 1856; Réthel, 30 août 1856, 16265 et 16293 J. E.; Sol. 2 fév. et 9 mai 1867; Sancerre, 9 juill. 1867, 2638 R. P.)

1. CONDITION. — Lorsque l'entrepreneur a obtenu la remise du droit en sus encouru pour défaut d'enregistrement du marché dans le délai légal, à la condition d'acquitter le droit proportionnel de 1 pour 100 sur la totalité du prix, cette remise ne l'empêche pas ultérieurement de contester, dans les délais de la prescription, l'exigibilité du droit dont il s'agit: « Attendu que, si par convention faite avec le ministre des finances le 5 novembre 1863, après contrainte et opposition, Petit, en même temps qu'il obtenait remise du double droit, s'est engagé à soumettre son traité à la formalité dans le délai de quinze jours et à acquitter les suppléments de droits qui pourraient devenir exigibles, au fur et à mesure qu'il serait constaté par des arrêtés de liquidation que le montant des sommes payables à la Compagnie par la ville de Paris était supérieur à l'évaluation déclarée, cette convention n'a ni aggravé les obligations que la loi impose au redevable, ni restreint le droit ouvert en sa faveur, soit de contester la base de la perception des droits, soit de se faire restituer ceux qui auraient été irrégulièrement perçus; que toutes questions concernant tant leur exigibilité et leur quotité que l'exercice des demandeurs en restitution sont ainsi demeurées entières et réservées dans les termes même de la loi » (Cass., 25 juin 1873, 3654 R. P.).

467. Département. — Pour concilier l'art. 28 L. 22 frimaire an 7, qui veut que les droits d'enregistrement soient payés avant l'enregistrement des actes, avec le chap. 32 § 11, du règlement sur la comptabilité des dépenses du ministre de l'intérieur, d'après lequel les droits d'enregistrement des actes passés au profit des départements doivent être acquittés au moyen d'un mandat délivré au receveur, sur la remise à lui faite d'un état indicatif du montant de ces droits, les receveurs de l'enregistrement doivent faire connaître officieusement le montant des droits exigibles, avant l'enregistrement des actes passés dans l'intérêt des départements et au vu des minutes (D. m. f. 1er et 18 déc. 1851, 1898 I. G.).

CHAPITRE VIII.
OBLIGATIONS DES AUTORITÉS ADMINISTRATIVES. PEINES EN CAS DE CONTRAVENTION

[468-470]

468. Défense d'agir sur titre non enregistré ni timbré. — Il est fait défense aux administrations publiques de rendre aucun arrêté sur un acte, registre ou effet de commerce non écrit sur papier marqué du timbre prescrit, ou non visé pour timbre, à peine de 100 francs (20 francs) d'amende (L. 13 brum. an 7, art. 24 et 26 n° 5).

Il leur est également défendu de rendre aucun arrêté sur des actes non enregistrés, à peine d'être personnellement responsables des droits (Art. 47 L. 22 frim. an 7).

1. GARDES PARTICULIERS AGRÉÉS. — Ainsi, les arrêtés par lesquels les sous-préfets agréent des gardes particuliers ne peuvent être pris sans qu'au préalable les actes par lesquels ces gardes sont nommés, soient enregistrés. Dans le cas où cette formalité n'aurait pas été remplie, les droits exigibles doivent être réclamés contre les secrétaires des sous-préfectures, sauf leur recours contre qui de droit (D. m. f. et Inst. 2 sept. 1830, 1347 § 7 I. G.).

2. PLANS. — DEVIS. — CAHIER DE CHARGES. — Les plans et devis *relatifs aux travaux des départements, communes et établissements publics,* sont soumis au timbre, qu'ils soient rédigés par des ingénieurs et préposés des ponts et chaussées ou par des agents que l'autorité locale aura désignés (D. des 14 juill. 1820 et 25 oct. 1822, n° 1187 § 15 I. G.); « mais, d'après une décision ministérielle du 8 juin 1852 (1929, § 7 I. G.), ils peuvent n'être présentés au timbre qu'*après* l'approbation de l'autorité compétente, sauf toutefois le payement de l'amende encourue (amendes de timbre et d'enregistrement), s'il était procédé à l'adjudication des travaux avant que les plans et devis approuvés eussent acquitté les droits dus au Trésor. »

La décision du 8 juin, ayant un caractère exceptionnel, ne saurait être étendue au delà des termes qui l'expriment, ni des cas qu'elle a formellement prévus. Elle ne s'applique pas notamment aux actes sous seing privé relatifs à des projets d'aliénation ou d'acquisition, d'acceptation de dons et legs, etc. En dehors des marchés de travaux, les plans, cahiers de charges, procès-verbaux d'estimation, rapports et actes sous seing privé, dressés dans l'intérêt des départements, communes et établissements publics, par des ingénieurs, architectes ou simples particuliers doivent être écrits sur papier timbré et enregistrés avant d'être présentés à l'approbation (2361 § 2 I. G., 2783 § 2 R. P.).

Il a été décidé cependant que les procès-verbaux d'expertise rédigés sur la demande de l'Administration au sujet de projets d'achats ou de vente de biens communaux sont exempts de timbre et d'enregistrement (D. m. f. 22 juin 1878). — V. 416.

469. Mention des actes sur lesquels il est agi. — Toutes les fois qu'un arrêté est pris sur un acte enregistré, l'arrêté doit en faire mention et énoncer le montant du droit payé, la date du payement et le nom du bureau où il a été acquitté. En cas d'omission, le receveur doit exiger le droit, si l'acte n'a pas été enregistré dans son bureau, sauf restitution, dans le délai prescrit, s'il est ensuite justifié de l'enregistrement de l'acte sur lequel l'arrêté a été pris (Art. 48, L. 22 frim. an 7).

470. Responsabilité.— L'art. 6 de la loi du 27 ventôse an 9 applique aux fonctionnaires civils qui ont remplacé les administrations centrales et municipales, les dispositions de la loi du 22 frimaire an 7 : ainsi, les secrétaires généraux des préfectures, les sous-préfets, les maires et adjoints sont personnellement responsables des contraventions aux lois sur l'enregistrement, parce que s'il existe des secrétaires de leurs administrations, ce sont des agents particuliers de leur choix qui n'ont pas le caractère de fonctionnaires publics (D. m. f. 9 sept. 1806, 318 I. G.).

1. CONTRAVENTIONS DIVERSES. — Un maire qui n'a pas fait enregistrer en temps utile un procès-verbal d'adjudication de travaux n'encourt pas seulement la peine d'un droit en sus ; car, en n'inscrivant pas l'acte au répertoire de la mairie, en ne remettant pas au receveur, à défaut de consignation par la partie des droits d'enregistrement, un extrait de l'acte, et en délivrant une expédition sans l'enregistrement préalable de la minute, il est passible des amendes prononcées par les art. 37, 41 et 49 de la loi du 22 frimaire an 7.

CHAPITRE IX. — REGISTRES ADMINISTRATIFS

[471-475]

471. Registres sujets au timbre. — Sont *sujets* au timbre les registres des préfectures, sous-préfectures et mairies, tenus pour des objets particuliers et *qui n'ont point rapport à l'administration générale;* les répertoires des secrétaires (Art. 12 L. 13 brum. an 7).

472. Registres exempts de timbre. — Sont *exempts* de la formalité du timbre : 1° ceux des administrations et établissements publics pour ordre et administration générale; ceux des receveurs des contributions publiques et autres préposés publics (Art. 16 L. 13 brum. an 7) ;— 2° les registres tenus pour les arrêtés et délibérations d'administration générale ; ceux utiles à l'ordre intérieur des bureaux, et, parmi ces derniers, ceux qui constatent la remise des pétitions et autres pièces qui parviennent à l'Administration (Circ. 1566).

473. Mairies. — Les registres à souche sur lesquels s'inscrivent les permis de construire ou de réparer, sont exempts du timbre pour la partie réservée aux minutes. Ils sont sujets au timbre de 1 fr. 25 cent. (aujourd'hui 1 fr. 80), pour celle destinée aux expéditions (D. m. f. 14 févr. 1809, 3158 J. E.).

Les registres destinés à recevoir les déclarations des propriétaires qui, pour ne pas payer les contributions, renoncent à leurs propriétés, sont sujets au timbre, aux frais de la commune. Les expéditions qui en sont délivrées aux parties doivent être sur papier timbré de 1 fr. 25 cent. (1 fr. 80) (D. m. f. 18 août 1812, 4425 J. E.).

474. Préfectures. — Les déclarations de surenchère en matière d'adjudication de coupes de bois de l'État seront faites au secrétariat de l'autorité qui aura présidé à la vente, et consignées immédiatement sur un registre à ce destiné (Art. 25 C. for.).

Ce registre doit être établi en papier timbré, les droits de timbre seront avancés par le secrétaire chargé de recevoir les déclarations dont il s'agit, et il en sera remboursé par l'adjudicataire en même temps que des droits de timbre et d'enregistrement concernant l'adjudication (D. m. f. 1er mai 1828, 1251 § 2 I. G.).

Il doit être tenu dans les préfectures et les sous-préfectures deux registres, l'un en papier timbré pour inscrire les actes sujets à l'enregistrement, l'autre en papier libre pour les actes non sujets à la formalité, et relatifs à des objets d'ordre et d'administration générale (Déc. 4 mess. an 13, 2601 J. E., 293 I. G.; D. m. f. 17 oct. 1809, 454 I. G.; — D. m. f. 7 fév. 1817, 765 I. G.).

1. DÉLÉGATION. — Les sous-préfets et les maires ont été admis : les premiers par une décision des ministres des finances et de l'intérieur du 4 décembre 1806 (322 I. G.), et les seconds, par une autre décision du 19 février 1807 (325 I. G.), à déléguer par un arrêté *spécial* la tenue de leur répertoire à l'un des employés de leurs bureaux.

Ces décisions portent que l'employé délégué doit accepter par écrit, à la suite de l'arrêté, la délégation qui lui a été faite, et se soumettre à remplir les obligations imposées par la loi ; qu'une expédition de ces deux actes doit être adressée au directeur de l'enregistrement, et une autre au procureur de la République près le tribunal de première instance de l'arrondissement, pour faire connaître à ces fonctionnaires le préposé qui, près de chaque sous-préfet ou de chaque maire, est soumis aux vérifications et à l'amende établie par la loi.

Il est convenable de prévenir les maires des obligations qu'ils ont à remplir à cet égard (Circ. 16 sept. 1807).

Les secrétaires généraux de préfecture qui, dans plusieurs départements, remplissent les fonctions de sous-préfet de l'arrondissement du chef-lieu, sont également autorisés à déléguer la tenue de leurs répertoires à l'un des employés de leurs bureaux, qui, lui aussi, sera soumis aux vérifications et aux amendes portées par la loi en cas de négligence ou de contravention (D. m. f. 7 fév. 1823, 1069 I. G.).

2. ABSENCE D'ACTES. — Les maires ou leurs secrétaires qui ne reçoivent pas d'actes sujets à être répertoriés, ne peuvent, pour cette raison, se dispenser de tenir des répertoires et de les soumettre au *visa* du receveur tous les trois mois, parce qu'ils peuvent d'un instant à l'autre passer, *à l'aide des centimes additionnels*, des marchés avec des gardes champêtres, maîtres d'écoles ou autres, et acquérir des biens ou revenus par donation ou autrement (D. m. f. 22 juin 1822, 7413 J. E.).

3. COTE ET PARAPHE. — Les répertoires des secrétaires généraux de préfecture, et ceux des sous-préfets qui les tiennent eux-mêmes, doivent être cotés et paraphés par le préfet (D. m. f. 9 sept. 1806, 318 I. G.).

Ceux des maires sont cotés et paraphés par les sous-préfets (318 I. G.) ; en cas de délégation d'un employé, la cote et paraphe est fait par le maire (D. m. f. 12 fév. 1807, 325 I. G.).

4. ACTES SUJETS A APPROBATION. — Les actes susceptibles d'être soumis à l'approbation de l'autorité administrative supérieure doivent être portés au répertoire à leur date ; on indique ensuite la date de l'approbation et celle du jour où cette approbation est parvenue à la mairie, en marge de l'article ou dans une colonne spéciale (D. m. f. 27 frim. an 13, 290 n° 5 I. G.). — V. 739-4.

5. POURSUITES A EXERCER.—Les secrétaires généraux de préfecture contre lesquels il a été rapporté des procès-verbaux pour défaut de tenue de répertoire, ne peuvent prétendre que l'autorisation du conseil d'État est nécessaire pour intenter une action contre eux.

475. Répertoire. — Les seuls actes dont il doit être tenu répertoire dans les préfectures, sous-préfectures et mairies, sont ceux portant transmission de propriété, d'usufruit et de jouissance, les adjudications ou marchés de toute nature aux enchères, au rabais, ou sur soumissions, et les cautionnements y relatifs (L. 15 mai 1818, art. 82).

CHAPITRE X. — COMMUNICATIONS AUX EMPLOYÉS

[476]

476. Titres dont il est dû communication. — Sous l'empire de la loi du 22 frimaire an 7, et de l'art. 1er du décret du 4 messidor an 13 (293 I. G.), les secrétaires de préfectures, sous-préfectures et mairies, devaient communiquer aux employés tous les actes et registres de leur administration, sans aucune exception à l'effet de s'assurer de l'exécution des lois sur le timbre et l'enregistrement. Cette législation a été modifiée par l'art. 82 L. 15 mai 1818, portant que *les seuls actes* dont il devra être tenu répertoire, et dont les préposés pourront demander communication, sont ceux dénommés dans l'art. 78 de cette loi. Il faut donc reconnaître que les seuls documents dont il puisse être demandé communication dans les préfectures, sous-préfectures et mairies sont les actes dont il est tenu répertoire et le répertoire lui-même (8291 J. E.).

ACTE ANCIEN.

477. Acte ancien. — On appelle *acte ancien* celui qui est d'une date antérieure aux lois subsistantes à l'époque où il est présenté à l'enregistrement.

Nous ne nous occupons ici que des actes véritablement *anciens*, c'est-à-dire antérieurs à la loi du 22 frimaire an 7, et de ceux rédigés dans l'intervalle qui s'est écoulé de cette loi à celle du 27 ventôse an 9.

477 *bis*. Acte judiciaire.— A l'égard des actes judiciaires, qui, avant la loi du 28 avril 1816, n'étaient sujets à l'enregistrement que sur les expéditions, on ne peut en exiger les droits que lorsque les expéditions sont présentées à l'enregistrement, quoique tous les actes judiciaires aient été soumis à l'enregistrement sur la minute par cette loi (D. m. f. 6 déc. 1816, 758, n° 1 I. G.). Mais les droits doivent être perçus suivant les fixations établies par la même loi, excepté pour les mutations d'immeubles.

478. Acte notarié. — La loi du 22 frimaire an 7, respectant les droits acquis, avait consacré le principe de la *non-rétroactivité*, en statuant par l'art. 73 que les actes et mutations antérieurs à sa publication resteraient soumis aux droits établis par les lois anciennes; mais la loi du 27 ventôse an 9, art. 1er, s'est écartée de cette règle, elle porte que : « les droits d'enregistrement seront liquidés suivant les fixations déterminées pas la loi du 22 frimaire an 7 et celles postérieures, *quelle que soit la date ou l'époque des actes et mutations à enregistrer*. »

Il n'a pas été dérogé à cette disposition par l'art. 59 de la loi du 28 avril 1816, en ce qui concerne les actes non translatifs de propriété; mais, d'après le même article, les *droits de mutation* établis par cette loi ne sont dus que sur les transmissions opérées postérieurement à sa promulgation.

1. ACTES TRANSLATIFS DE PROPRIÉTÉ IMMOBILIÈRE. — Il s'ensuit que les actes publics *translatifs de propriété*, faits ou passés avant la loi du 22 frimaire an 7, non encore enregistrés, et qui seraient présentés aujourd'hui à la formalité, devraient être assujettis aux droits réglés par cette dernière loi, qui sont de 4 pour 100.

L'art. 2, en effet, du C. C., qui porte que *la loi n'a pas d'effet rétroactif*, ne se rapporte qu'au *droit privé* et est étranger aux *droits d'enregistrement* (Cass., 13 déc. 1809, 3494 J. E.).

2. ACTES NON TRANSLATIFS DE PROPRIÉTÉ. — Quant à tous les autres actes publics d'une date également antérieure à cette même loi, ils se trouvent dans le cas de l'application des lois en vigueur au moment où ils sont soumis à l'enregistrement.

Ainsi, quelle que soit la date d'un acte notarié qui n'a été ni contrôlé, ni enregistré, *et qui ne contient point de transmission de propriété ou d'usufruit d'immeubles*, les droits auxquels il donne ouverture doivent être liquidés d'après les lois actuelles, c'est-à-dire d'après la loi du 22 frimaire an 7, et toutes celles postérieures qui en ont modifié ou étendu les dispositions (D. m. f. 1er sept. 1807, 340 § 1er I. G.).

3. DOUBLE DROIT. — AMENDE. — Anciennement le défaut de contrôle, en temps utile, était puni non du double droit, mais d'une amende fixe contre le notaire rédacteur de l'acte; les lois publiées depuis l'établissement de l'Enregistrement n'ayant pas expressément autorisé la perception des amendes de cette espèce, il a été reconnu qu'il n'y avait pas lieu d'en exiger le payement (D. m. f. 1er sept. 1807, 340 § 2 I. G.).

Ainsi, tous les actes de notaire passés avant la publication de la loi du 19 décembre 1790, qui a créé l'enregistrement en supprimant le contrôle, ne sont passibles que des droits simples, sans pouvoir jamais donner lieu à aucune amende ni à aucun droit en sus.

4. ACTES POSTÉRIEURS A LA LOI DE 1790. — Mais les actes notariés, passés depuis cette loi jusqu'à la publication de celle du 22 frimaire an 7, et non enregistrés, donnent lieu au payement : 1° du double droit, pour défaut d'enregistrement conformément à l'art. 9 L. 1790; — 2° des amendes fixes prononcées par cette loi sur les autres contraventions.

Il faut remarquer que l'art. 9 L. 19 décembre 1790 ne porte pas, comme l'art. 33 de celle du 22 frimaire an 7, qu'à défaut d'enregistrement d'un acte, le notaire payera une amende de 50 francs, s'il s'agit d'un acte sujet au droit fixe ou d'un acte dont le droit proportionnel ne s'élèverait pas à 50 francs. La loi de 1790 ne prononçant que la peine du *double droit*, les préposés ne sont autorisés qu'à demander *une somme égale* au montant du droit principal et du décime.

A l'égard des amendes fixes, l'application de la D. m. f. du 1er septembre 1807, ne peut donner lieu à aucune difficulté (340 § 3 I. G.).

5. HÉRITIERS DU NOTAIRE. — PEINE PERSONNELLE. — Toutefois, le double droit, comme toute amende en général, est une peine personnelle qui s'éteint par le décès du contrevenant; de sorte que les héritiers d'un notaire ne peuvent être contraints au payement du double droit dont il aurait encouru la peine, à moins qu'un jugement n'en ait prononcé la condamnation avant son décès, ou que le contrevenant n'ait souscrit une obligation spéciale pour l'acquittement de ce double droit (340 § 3 I. G.; Cass., 9 déc. 1813, 8668 J. E., S. 14-1-94).

Cette dernière solution était également admise dans l'ancien droit et voici comment Bosquet la justifie : « Quoique l'amende soit personnelle, dit-il, si le contrevenant qui aurait fourni soumission avec offre d'une amende, mourait avant d'en avoir acquitté le montant, ses héritiers seraient tenus de payer le total de la soumission, étant égal que l'amende ait été prononcée du vivant du contrevenant ou qu'il se soit engagé de la payer » (t. 4, p. 190).

479. Acte sous seing privé. — Ce que nous avons dit à l'art. 478 au sujet des anciens actes publics, s'applique aux anciens actes sous seing privé.

1. ACTE EMPORTANT MUTATION IMMOBILIÈRE. — Cependant, il est de principe que le défaut d'enregistrement, dans le délai prescrit, des actes sous seing privé, constatant une mutation immobilière, les rend passibles des droits et des peines résultant des lois qui sont en vigueur au moment où la formalité est requise. Il s'ensuit qu'il y a lieu d'exiger le double droit sur les actes de cette espèce qui n'ont pas été enregistrés en temps utile, *quelle que soit l'ancienneté de leur date* (D. m. f. 6 et 8 juill. 1806, 366 § 2 I. G.), sauf l'exception dont il sera parlé ci-après.

Ce principe a été consacré, en ce qui concerne les ventes sous seing privé antérieures à la loi du 19 décembre 1790, par des arrêts de la C. cass. 22 pluviôse an 9, S. 7-2-938; — 11 floréal an 9, S. 1-2-320; — 4 nivôse an 10; — 24 floréal an 13, S. 8-1-394; — 26 août 1807, S. 7-2-743; — 17 mai et 19 juin 1809, 21 août, 9 octobre 1811, S. 12-1-110, — et 8 juillet 1814 (2949, 3354, 3987, 4073 et 4893 J. E.; Merlin, *Question de droit*. — V. *Acte sous seing privé*, p. 32). Ces arrêts sont motivés sur ce que les actes de cette nature étaient soumis aux droits de contrôle et de centième denier par l'édit de 1703 et par les déclarations royales des 22 juillet 1704, art. 20 et 22; et 20 mars 1708, art. 10.

L'arrêt du 9 octobre 1811 présente d'une manière complète l'ensemble de la jurisprudence sur cette question. Il est ainsi motivé :

« Attendu que, dans l'ancienne législation, qui n'a cessé d'être en vigueur qu'à l'époque de la publication de la loi du 5 décembre 1790, les mutations d'immeubles, quoique opérées par des actes sous seing privé ou par des conventions verbales, étaient soumises, comme les actes authentiques, aux droits d'insinuation et de centième denier, dans un délai de rigueur ; que la preuve étant acquise de la réalité de la mutation, le nouveau possesseur pouvait être contraint au payement des droits, en tout temps, même avant qu'il fît aucun usage de son titre, et que la preuve des mutations se déduisait des circonstances désignées comme étant propres à l'établir par la loi du 9 vendémiaire an 6 et les lois subséquentes ; que ces règles, dont l'exécution avait été modifiée par les dispositions de la loi du 5 décembre 1790, ont repris toute leur vigueur depuis la publication de la loi du 9 vendémiaire an 6, et les lois des 22 frimaire an 7 et 27 ventôse an 9, qui en ont reproduit et régularisé toutes les dispositions; que la jurisprudence de la Cour de cassation s'est toujours conformée aux différences survenues dans la législation, et qu'elle n'a varié que suivant les circonstances et d'après les époques auxquelles appartenaient les mutations sur lesquelles il s'agissait de prononcer; de sorte qu'elle a constamment jugé que les mutations antérieures à la publication de la loi du 5 décembre 1790, et postérieures à celles de la loi du 9 vendémiaire an 6, devraient être soumises au payement des droits, même dans les cas où les possesseurs n'avaient fait aucun usage de leur titre; tandis qu'elle a reconnu que les mutations opérées depuis la publication de la loi du 5 décembre 1790 jusqu'à celle de la loi du 9 vendémiaire an 6, n'étaient susceptibles du payement des droits qu'autant que les actes avaient été produits en justice ou relatés dans un acte authentique, modification que l'art. 11 de la loi du 5 décembre 1790 avait apportée à l'ancienne législation, et qui a été abrogée par la nouvelle. »

2. ACTES ANTÉRIEURS A LA LOI DU 9 VENDÉMIAIRE AN 6. — Mais, aux termes de la loi du 19 décembre 1790, il n'y avait pas de délai de rigueur pour l'enregistrement des actes sous seing privé, même de ceux qui portaient transmission d'immeubles; ils n'étaient sujets à la formalité qu'autant qu'on voulait en faire usage en justice ou par acte public; et c'est seulement lorsqu'ils avaient été produits en justice ou énoncés dans un acte authentique, *sans enregistrement préalable*, qu'ils devenaient passibles de l'amende du double droit. La loi du 9 vendémiaire an 6, est la première qui ait fixé un délai pour l'enregistrement, sous peine du *double droit*, des actes sous seing privé translatifs de propriété ou de jouissance d'immeubles.

On ne serait donc pas fondé à exiger le droit des mutations qui se sont réalisées par acte sous seing privé dans l'intervalle de la loi du 19 décembre 1790 à celle du 9 vendémiaire an 6, si ces actes n'avaient été ni produits devant les tribunaux, ni relatés dans un acte public (Cass., 12 brum. an 9; Cass., 31 août 1808, 3669 J. E.; 11 avr., 29 août, 9 oct. 1811; — 27 janv. 1812; — 8 juill. 1814, 4893 J. E. —Sol. 30 sept. 1814, 4927 J. E.; Dél. 12 brum. an 9. — Cass., 29 avr. 1807; — 12 nov. 1807; — 12 nov. 1808; — 16 nov. 1813).

Mais, s'il en a été fait usage, soit par acte public, soit en justice, ou devant une autorité constituée, non-seulement le droit simple est exigible, mais encore la peine du double droit est encourue (Mêmes arrêts, 11775-6 J. E.).

3. DATE CERTAINE. — Si l'acte sous seing privé qui constate que la mutation a eu lieu dans l'intervalle des lois des 19 décembre 1790 et 9 vendémiaire an 6, n'a pas acquis *une date certaine* avant cette dernière loi, les droits et doubles droits peuvent être réclamés, encore que ledit acte n'ait pas été produit en justice ni énoncé dans un acte authentique (Cass., 17 janv. 1816, 5441 J. E.).

4. VENTE SOUS L'EMPIRE DE LA LOI DE 1790. — L'acte de vente sous seing privé passé sous l'empire de la loi de 1790, et présenté à l'enregistrement sous l'empire des lois nouvelles, est assujetti aux droits fixés par la loi du 22 frimaire an 7 (Cass., 13 déc. 1809, 3494 J. E., S. 10-1-124; — 22 pluv. an 9, S. 7-2-938; — 6 juill. 1818, S. Chr.).

Partage. — Il en est de même de l'acte de partage. Le droit établi par la loi du 9 vendémiaire an 6, est exigible sur celui qui est présenté à l'enregistrement après cette loi, quand même il porterait une date antérieure (Cass., 2 vent. an 7, S. Chr.).

5. DOUBLE DROIT. — HÉRITIERS. — Sous l'empire de la loi du 19 décembre 1790, comme sous celui de la loi du 22 frimaire an 7, toutes les fois qu'un acte sous seing privé donne lieu à l'amende du double droit, le payement de cette amende comme celui du droit simple peut être poursuivi, même contre *les héritiers des parties à la charge desquelles doivent tomber les frais d'enregistrement*, par la raison que la peine du droit en sus est, dans l'espèce, appliquée *aux actes*, tandis que les amendes concernant les notaires sont *appliquées aux personnes* (Av. Cons. d'Ét. 3-9 fév. 1810, 470 I. G.).

6. BAUX. — Les baux, antérieurement à la publication de la loi du 22 frimaire an 7, n'étaient soumis à l'enregistrement qu'autant qu'il en était fait usage. Ils ne peuvent donc être passibles du double droit; et, s'il en est fait usage aujourd'hui, ils ne sont sujets qu'aux droits fixés par les lois en vigueur au moment de l'enregistrement (Circ. 1663).

480. Actes nuls. — Dans l'ancienne province de Lorraine, les actes de vente sous seing privé étaient nuls et ne produisaient aucune translation de propriété des immeubles, s'ils n'étaient suivis d'un acte authentique passé dans les quinze jours de leur date. Cette contravention à la loi civile était punie d'une forte amende, mais le droit de mutation n'était pas dû sur l'acte annulé. Ce droit n'est pas dû non plus, selon un arrêt de la Cour, depuis les lois des 17 décembre 1790 et 22 frimaire an 7, parce que ces lois n'ont pas soumis aux droits des actes qui, suivant la loi civile de tel ou tel pays, n'opéreraient pas mutation (Cass., 27 nov. 1815, S. 18-1-144).

481. Mutation verbale. — Sous l'empire de la loi de 1790, les mutations *verbales* n'étaient pas assujetties à l'enregistrement. Ainsi, on ne peut les rechercher (Cass., 12 brum. an 9; — 29 avr. 1807, S. Chr.). On peut demander les droits *simples* seulement des mutations *verbales* effectuées sous l'empire de la loi du 9 vendémiaire an 6, et il en est de même des mutations opérées dans l'intervalle de la loi du 22 frimaire an 7, à celle du 27 ventôse an 9, puisque celle-ci est la seule qui ait infligé une peine au défaut d'enregistrement de ces mutations.

Aussi une Dél. 14 mars 1828 a statué qu'on ne doit pas réclamer le droit de mutation pour les acquisitions qui ont eu lieu dans l'intervalle de la loi du 19 décembre 1790 à celle du 9 vendémiaire an 6, lorsque ces acquisitions ne sont prouvées que par l'inscription d'un nouveau nom au rôle foncier et par le payement des contributions (1571 C.).

482. Mutation secrète. — Mais une mutation d'immeubles antérieure à la loi de 1790, est passible du droit fixé par la loi du 22 frimaire an 7, quoique le titre en soit demeuré secret (Cass., 9 oct. 1811; — 19 oct. 1813. Dict. Champ. et Rig., V° *Acte ancien*, n° 6. — Cass., 24 flor. an 13; — 19 juin et 13 déc. 1809; — 21 août 1811; — 8 juin 1814).

483. Acte passé en conséquence. — Champ. et Rig., n° 3928, en interprétant la 1re partie de l'art. 70, § 3, n° 16. L. 22 frimaire an 7, ainsi conçu : « Les actes passés en forme authentique avant l'établissement de l'enregistrement dans l'ancien territoire de France, et ceux passés également en forme authentique, ou sous signature privée, dans les pays réunis, et qui ont acquis une date certaine suivant les lois de ces pays, ainsi que les mutations qui se sont opérées par décès avant la réunion desdits pays, » émettent l'avis, en thèse générale, que le législateur de l'an 7 a voulu exempter de la formalité tous les actes antérieurs à l'établissement de l'enregistrement. Sans nous arrêter à cette opinion, qui trouve sa réfutation dans les principes exposés *suprà* et *infrà*, nous allons faire connaître la jurisprudence qui s'est formée sur l'article que nous venons de transcrire.

484. Actes passés dans l'ancien territoire de France. — L'art. 24 L. 1790 ayant dispensé de la formalité de l'enregistrement les actes authentiques passés antérieurement au contrôle, une D. m. f. a reconnu, le 4 septembre 1824 (1150 § 1er I. G.), qu'un notaire peut, sans contravention, délivrer la copie collationnée d'une sentence arbitrale portant adjudication d'immeubles, antérieure à l'édit de 1693, époque où le contrôle avait été établi dans le pays de la situation des immeubles.

485. Pays réunis. — Pour l'enregistrement des actes, dans les pays réunis, passés *antérieurement* à l'établissement des droits sur l'enregistrement, une distinction essentielle est à faire.

1. EXEMPTION D'ENREGISTREMENT. — S'ils ont été passés en forme authentique (Cass., 2 brum. an 10, S. 2-1-114), ou si, étant sous seing privé, ils ont acquis date certaine suivant les lois du pays, *avant l'établissement de l'enregistrement dans le pays réuni* (Cass., 29 brum. an 12), ils sont dispensés de tout droit d'enregistrement, encore qu'ils viennent à être produits en justice (Cass., 8 frim. an 12, 12 janv. 1814, 4087, 5010 J. E.).

Il en est de même si la production a été ordonnée par jugement (Cass., 10 prair. an 13), *alors qu'ils n'auraient pas acquis date certaine*, car on ne peut pas dire dans ce cas qu'il y a eu production en justice, puisque cette production n'a pas été volontaire (Dalloz, n° 3228).

Production en justice. — Il a été jugé que si un acte sous seing privé intervenu entre les habitants des pays annexés a été produit en justice avant l'annexion, il continue à profiter de la législation étrangère qui dispense le sous seing privé de l'enregistrement (Cass., 26 déc. 1865, 2220 R. P., S. 66-1-80, D. 66-1-136, B. C. 195).

Actes passés par les nouveaux regnicoles dans le territoire non réuni. — Le ministre des finances a même reconnu, le 19 mai 1865, que la disposition de l'art. 70 § 3 n° 16 de la loi du 22 frimaire an 7 qui exempte de l'enregistrement les actes passés dans les pays réunis à la France est applicable aux actes passés par des habitants des pays annexés dans les parties non annexées du territoire dont ces pays ont été détachés et au sujet de biens situés dans un pays (2192 R. P.).

2. ASSUJETTISSEMENT A L'ENREGISTREMENT. — Hors ces hypothèses, ces actes tombent sous l'application des principes que nous avons développés n° 479.

3. TESTAMENT. — Dans tous les cas, comme ce n'est qu'à l'époque de la mort du testateur que la disposition contenue dans le testament peut produire son effet et devenir irrévocable, l'Administration a décidé avec raison, le 11 pluviôse an 7 (48 J. E.), qu'un testament passé dans un pays, avant sa réunion à la France, alors que la réunion a subsisté, et dont le testateur est décédé depuis, est assujetti aux droits qui en résultent.

4. DROITS D'INSINUATION. — SAVOIE. — L'Administration française a qualité pour poursuivre en son nom le recouvrement des droits d'insinuation due à la Régie sarde au moment de l'annexion à la France de la Savoie et du comté de Nice. Les redevables ne sauraient prétendre, en effet, que par le fait de l'annexion de la Savoie à la France ils aient été libérés des droits d'enregistrement par eux dus, d'après les lois sardes; or depuis l'annexion, le recouvrement des impôts échus antérieurement a dû s'effectuer par l'Administration française; il n'y a pas lieu d'examiner si, d'après le traité du 24 mars 1860, les impôts échus avant l'annexion ont été acquis au Gouvernement français, ou si, au contraire, ils ont été perçus pour le compte du gouvernement sarde; cette question, qui ne concerne que les deux gouvernements, est sans importance pour les contribuables qui n'en doivent pas moins payer l'impôt dont ils sont redevables, et qui, en le payant à l'Administration française, se trouvent valablement libérés (Cass., 30 août 1864, 1949 R. P., S. 64-1-464).

486. Pays séparés de la France. — Aucune difficulté ne peut avoir lieu, comme le fait observer Dalloz, n° 3225, lorsque l'acte a été passé dans un pays réuni autrefois, mais *postérieurement* à sa séparation de la France, ou, *à fortiori*, lorsque l'acte a été passé *avant* la réunion momentanée de ce pays à la France.

Dans l'un et l'autre cas, l'acte doit être considéré comme passé en pays étranger et tombe sous l'application de la législation spéciale à cette matière, c'est-à-dire qu'il ne peut en être fait usage en France avant qu'il ait acquitté les mêmes droits que pour les actes passés en France. C'est ce qui résulte d'une Dél. 10 octobre 1818 (4443 et 6368 J. E.), et d'un arrêt Cass. 26 mai 1830 (1336 § 1er I. G.).

Même règle alors que l'acte passé *pendant* la réunion, étant sous seing privé et n'ayant pas été formalisé, n'aurait pas acquis date certaine pendant cette réunion (5067 J. E.).

Mais si les actes ont été passés et enregistrés pendant la réunion, ils doivent naturellement être considérés comme actes passés en France, et une nouvelle formalité n'est pas exigible en cas de production (D. m. f. 6 juin 1817, 5915 J. E). Aucun doute ne peut s'élever à cet égard (Dalloz, n° 3226).

487. Colonies où l'enregistrement n'est pas établi. — On ne peut faire aucun usage public en France des actes en forme authentique passés dans les îles et colonies françaises *où l'enregistrement n'est pas établi*, conformément aux lois des 19 décembre 1790 et 22 frimaire an 7, à moins qu'ils n'aient été préalablement revêtus de cette formalité, *quelle que soit la date de ces actes*.

L'exemption de l'enregistrement prononcée par l'art. 24 de la première de ces lois et par le nombre 16 du 3e paragraphe de l'art. 70 de la seconde, n'est applicable qu'aux actes authentiques des îles et des colonies *dans lesquelles ces lois ont leur exécution*, pourvu qu'ils *ne contiennent point transmission de propriété ou d'usufruit de biens immeubles situés en France*.

Ces principes, consacrés par une D. m. f. 30 floréal et 23 prairial an 12 (240 I. G.), et par un arrêt Cass. 17 mai 1809, 3354 J. E.), avaient été repoussés par un second arrêt, 29 juin 1810 (3751 J. E., S. 11-1-29). Mais un arrêt solennel, C. cass. 14 août 1813 (4690 J. E., S. 15-1-150), a remis en vigueur les principes consacrés par l'I. G. 240, ci-dessus analysée, qui font encore règle aujourd'hui.

« Les faveurs que la loi accorde aux pays où le droit d'enregistrement sera mis en activité, dit Merlin (*Rép.* v° *Enreg.*, § 4 *bis*), ne sont que la compensation de la charge imposée à ces pays, et il est bien naturel que là où la charge n'a pas lieu, là ne puisse être invoquée la faveur qui la compense. »

488. Pays étranger. — Il résulte évidemment de cette observation de Merlin, que les actes venus des pays étrangers doivent être assimilés à ceux passés dans les colonies où l'enregistrement n'est pas établi (Dalloz, n° 3233).

489. Prescription. — Si l'on devait admettre sans restriction les principes qui découlent 1° d'un arrêt Cass. 24 juin 1828 (6591 J. N., 9078 J. E., S. 28-1-353), d'après lequel, lorsque la prescription est acquise sur un acte, il ne peut plus être perçu qu'un droit fixe pour l'enregistrement de cet acte, s'il est produit en justice; — 2° d'un jugement, Thionville 11 juin 1835 (8973 J. N.), qui a décidé qu'un acte sous seing privé, portant transmission d'immeubles et ayant date certaine depuis plus de trente ans, ne peut être soumis au droit proportionnel de mutation, et d'un jugement Évreux, rendu dans le même sens, 8 juin 1839 (10510 J. N.), les questions que nous venons de traiter perdraient à peu près complétement le peu d'intérêt qu'elles offrent par elles-mêmes.

« Attendu, porte l'arrêt du 24 juin 1828 que, dans l'espèce, la prescription invoquée par les demandeurs contre l'exigibilité des droits de mutation auxquels les actes par eux produits en justice auraient donné ouverture, s'ils eussent été enregistrés dans le délai de la loi, n'était pas contestée par la Régie, qui ne réclamait que les droits résultant de la production de ces mêmes actes en justice, en se fondant sur la disposition de l'art. 23 ci-dessus cité; — Mais, attendu que l'effet de la prescription des droits de mutation dont ces actes étaient susceptibles, ayant été d'éteindre l'action en payement de ces droits, cette action éteinte n'a pu revivre par l'usage fait en justice de ces mêmes actes affranchis désormais, par une exception légale, des droits auxquels ils avaient été originairement soumis; — Attendu qu'il peut être suffisamment satisfait, en pareil cas, à la disposition prohibitive de l'art. 23, par l'enregistrement préalable des actes, moyennant le payement du simple droit fixe établi par l'art. 68, § 1er, n° 51 de la même loi. »

Mais l'Administration, dans une Dél. 3 février 1835 (8773 J. N., 11134 J. E.), s'est attachée à établir une différence entre l'acte dont elle *poursuit* le payement des droits et l'acte qui est *volontairement* présenté à la formalité.

1. ACTE DONT LE PAYEMENT DES DROITS EST POURSUIVI PAR L'ADMINISTRATION. — Dans la première hypothèse, si l'acte a acquis *date certaine* depuis plus de trente ans, il est évident que toute action en réclamation des droits est éteinte.

2. ACTE VOLONTAIREMENT PRÉSENTÉ A LA FORMALITÉ. — Mais toutes les fois que l'acte, pour un motif quelconque, est *volontairement* présenté à la formalité, *sans provocation aucune de la part de l'Administration*, les droits auxquels cet acte donne ouverture, en dehors de toute prescription, sont exigibles. Et c'est ce qu'on doit conclure : 1° d'un jugement du tribunal de la Seine, 18 février 1844 (Dalloz, n° 5443), et de Brives, 13 février 1844 (6848 Contr.), qui ont décidé que lorsque plus de deux ans se sont écoulés depuis l'enregistrement d'un acte de société qui est présenté à la transcription, on doit percevoir le droit proportionnel; — 2° d'un arrêt C. Bruxelles, 7 février 1829 (Dalloz, n° 5443), qui a jugé que tout acte soumis au droit proportionnel par sa nature, ne peut être enregistré au droit fixe nonobstant toute prescription, lorsqu'il est *volontairement* présenté à la formalité; et que le seul droit non exigible est le *double droit* qui, étant une peine et non une dette, est censé acquitté dès qu'il est prescrit.

On peut dire, à l'appui de l'opinion de l'Administration, que la loi tarife les actes selon leur nature. Elle n'établit pas, pour le même acte, un droit dans un cas, et un autre droit dans un autre cas. A quelque époque qu'un acte *soit présenté* à l'enregistrement, quelle que soit sa date, c'est toujours le même droit qui est exigible, et cet acte ne cesse pas d'être une vente, une donation ou une obligation, ou toute autre convention sujette au droit proportionnel, parce qu'il a date certaine depuis plus de trente ans (*Conf.* 12528, 12572-1 J. E.; Laon, 6 avr. 1840, 5993 Bull.).

Champ. et Rig., *Suppl.* n°s 998 et 990, et les tribunaux Saint-Quentin, 25 mars 1840 (5813 Contr., 12513. J. E.), Bayeux, 8 février 1843 (13198 J. E.), Seine, 16 mai 1850 (14966 J. E.), se sont attachés à faire une distinction. D'après ces autorités, en matière de mutation immobilière, « le point de départ est le jour où le délai pour l'enregistrement de la mutation immobilière est expiré, c'est-à-dire trois mois; l'art. 2262, que la jurisprudence de la C. cass. dit être applicable aux mutations secrètes, n'exige ni un enregistrement, ni une déclaration pour faire courir la prescription de trente ans. Peu importe que l'Administration n'ait pas connu la mutation; c'est précisément parce qu'elle lui a été cachée que la C. cass. lui accorde trente ans pour agir. Ce laps de temps met le possesseur à l'abri de toute demande. Mais, à l'égard des actes qui ne constatent pas de mutation immobilière, quelque éloignée que soit leur date, la prescription ne peut être opposée à l'Administration; le droit ne peut être exigé par elle que lorsqu'ils lui sont présentés, ou qu'il en est fait usage dans un acte public. Jusque-là, elle n'avait pas d'*action*, conséquemment aucune prescription n'a pu courir. »

Mais on peut se demander pourquoi la maxime *contrà non valentem agere non currit prescriptio*, que l'on veut bien accepter dans la seconde hypothèse, ne le serait pas également dans la première, et il peut semblerque la logique veut que l'on admette ou que l'on repousse dans *son entier* la doctrine de l'Administration.

Dalloz, n° 5444, et les réd. J. N. 8773, sans s'attacher aux distinctions ci-dessus, combattent la délibération de l'Administration, en faisant observer que l'effet d'une prescription accomplie ne s'efface jamais (D. N., t. 1er, p. 459, n° 151). — V. au surplus *Prescription*, n° 12905.

ACTE AUTHENTIQUE.

490. Acte authentique. — Sont authentiques les actes émanés de fonctionnaires ou officiers publics, et, lorsqu'il s'agit d'intérêt privé, les actes reçus par un officier ayant le droit d'instrumenter dans le lieu où l'acte a été rédigé, et avec les solennités requises (1317 C. C.).

491. Différentes espèces d'actes authentiques. — On peut distinguer quatre espèces d'actes authentiques : 1° les *actes administratifs*, faits ou passés par les magistrats, fonctionnaires ou préposés exerçant des fonctions administratives; — 2° les *actes judiciaires*, c'est-à-dire les jugements, et en général les actes de procédure, comme exploits, enquêtes, procès-verbaux faits par des officiers de justice, etc.; — 3° les *actes législatifs*, c'est-à-dire les lois et actes qui émanent du Gouvernement, tels que les ordonnances du chef de l'État, les traités de paix ou d'alliance; — 4° enfin les *actes des notaires*, fonctionnaires publics établis pour recevoir tous les actes et contrats auxquels les parties doivent ou veulent donner le caractère d'authenticité attaché aux actes de l'autorité publique, et pour en assurer la date, en conserver le dépôt, en délivrer des grosses et expéditions.

Ce sont principalement ces derniers actes que l'on désigne ordinairement sous le nom d'*actes authentiques*; ce sont ceux aussi dont les lois ont pris le plus de soin de s'occuper.

492. Conditions pour donner l'authenticité. — Trois sortes de conditions sont généralement requises pour l'authenticité des actes. Ce sont les conditions de *capacité*, de *compétence* et de *forme*.

1. CAPACITÉ. — L'officier public tire sa capacité de sa nomination dans les formes légales.

2. COMPÉTENCE. — Il est compétent quand il agit dans l'exercice des fonctions qui lui sont attribuées par la loi, et dans l'étendue du territoire qui lui est limité. Ainsi, une lettre écrite par un maire, à raison de ses fonctions, est un acte authentique (Cass., 26 mars 1825, 5590 J. N., 8292 J. E.).

Mais n'a point cette qualité un procès-verbal d'experts, encore bien que l'un d'eux soit *notaire*, s'il n'a point procédé *en cette qualité* ou *s'il était hors de son territoire* (C. Rennes, 4 avr. 1811, 920 J. N.).

3. FORME. — Les solennités prescrites dans la rédaction des actes sont celles requises par la loi en vigueur au moment où l'acte a été passé.

493. Absence de quelques conditions. — L'acte qui n'est point authentique par l'incompétence ou l'incapacité du notaire, ou par un défaut de forme, vaut comme écriture privée, s'il a été signé des parties (1318 C. C.).

494. Acte sous seing privé acquérant l'authenticité. — Un acte sous seing privé acquiert-il le caractère d'authenticité par le dépôt qui en est fait à un notaire? L'affirmative, qui ne peut plus faire doute, a été consacrée par trois arrêts de la Cour de cassation des 3 septembre 1806 (Chabot, *Quest. transit.* V. *Enfant naturel*, § 4), 11 juillet 1815 et 27 mars 1821 (3025 et 3863 J. N.), et par deux arrêts de la cour de Bourges, des 27 juin 1823 et 22 juin 1824 (4583 et 5217 J. N.).

Les arrêts des 11 juillet 1815 et 22 juin 1824, que nous venons de citer, ont déclaré valable une hypothèque constituée par un acte sous seing privé, déposé par les parties dans l'étude d'un notaire.

Mais l'acte sous seing privé ne devient authentique qu'autant que le notaire a dressé un acte de dépôt et que *les parties elles-mêmes* ont concouru à l'acte de dépôt, et ont ainsi implicitement reconnu leurs signatures (Favard, V. *Acte notarié*; Chabot, *Quest. transit.*, V. *Enfant naturel*, § 4 ; Toullier, t. 8, n° 200).

495. Exécution de l'acte authentique. — Un acte authentique n'est pas par cela même *exécutoire*. Pour qu'il puisse être mis à exécution, il faut, aux termes de l'art. 545

C. proc., qu'il porte le même intitulé que les lois et soit terminé par un mandement aux officiers de justice.

1. Toute expédition délivrée par le notaire rédacteur de la minute, bien qu'elle ne soit pas revêtue de la formule exécutoire, est un acte authentique auquel on accorde le même degré de confiance et d'autorité qu'à la minute même, lorsque celle-ci ne peut être représentée (Cass., 17 mess. an 10, S. 1-345).

496. De la foi due aux actes authentiques. — L'acte authentique fait foi par lui-même sans aucune vérification préalable. Il suffit de le représenter (L. 26 vent. an 11, art. 19).

1. INSCRIPTION DE FAUX. — La preuve de la vérité qu'il porte en lui-même ne peut être détruite que par l'inscription de faux, et un tribunal ne peut, quels que soient les soupçons et les allégations, empêcher ou suspendre l'exécution d'un acte authentique exécutoire, non attaqué par l'inscription de faux (Cass., 23 brum. an 13, 13684 J. N.).

2. ATTESTATION DE L'OFFICIER PUBLIC. — Mais, du principe fondamental que l'authenticité résulte de la foi que la loi imprime à *l'attestation* de l'officier public, il suit que, dans un acte authentique, on peut contester, *sans s'inscrire en faux*, tout ce qui n'est pas compris dans les faits *attestés* par cet officier. Ainsi, l'énonciation que l'une des parties est majeure (Cass., 14 fév. 1828, 6651 J. N.); la mention qu'une partie a déclaré que tel acte, par elle invoqué, n'existait pas en minute et n'avait pas été contrôlé (Cass., 29 nov. 1830, 7324 J. N.); et plus généralement les déclarations y insérées comme émanant des parties (Cass., 22 nov. 1869, S. 70-1-339), ne font aucune preuve. L'officier public ne peut attester que ce qu'il voit et entend. Or, les énonciations ci-dessus ne renferment pas le témoignage *personnel* auquel seul la loi ordonne d'ajouter foi (Larombière, art. 139 n° 3).

Il en est autrement des faits qui se sont passés *sous les yeux* de l'officier public. Ainsi, *l'attestation* de cet officier relative à la remise des clefs, de titres, de deniers, fait foi jusqu'à inscription de faux (3683 et 7324 J. N.). C'est ce qu'on a décidé également pour les énonciations relatives aux qualités *prises* par les contractants (Amiens, 28 avr. 1869, S. 70-1-154).

497. Effets de l'authenticité. — L'un des principaux effets de l'authenticité d'un acte est que tout ce dont il fait foi, il le prouve à l'égard des *tiers* tout aussi fortement qu'à l'égard des *parties*; et on ne peut inférer le contraire des dispositions en apparence limitatives de l'art. 1319 C. C., ainsi conçu : « L'acte authentique fait pleine foi de la convention qu'il renferme entre les parties contractantes, leurs héritiers et ayants cause. »

Car, de ce que l'acte authentique fait pleine foi *entre les parties contractantes*, il ne s'ensuit pas qu'il ne fasse pas foi à l'égard *des tiers* (Toullier, t. 8, n° 148). Aussi, Champ. et Rig., n° 648, posent-ils en principe que l'Administration est obligée, *comme tout autre tiers*, de tenir pour vrais les faits contenus dans l'acte passé *en présence* du notaire *et au moment* de l'acte.

498. Actes étrangers. — Les actes notariés passés en pays étrangers font foi de leur date comme s'ils étaient reçus en France. Ils conservent leur caractère en France et y jouissent, dès lors, quant à la preuve des faits qu'ils sont destinés à constater, de la même force probante que les actes reçus par un notaire français (Dijon, 3 avr. 1868, S. 69-2-46). Mais on les considère comme des actes sous seing privé, pour l'application de l'art. 42 L. 22 frimaire an 7 (1703-2 I. G.).

Est-ce le tarif vivant au jour de leur date qui est applicable ? — V. *Décime*, n° 5842.

499. Acte de l'état civil. — Les actes de l'état civil sont authentiques. — *V.* 666.

500. Arrêté administratif. — Les arrêtés des préfets rendus pour l'exécution des lois sont authentiques et confèrent hypothèque. — *V.* 351.

1. ORDONNANCES DES MAIRES. — Sont également authentiques des ordonnances des maires rendues pour l'exécution des lois. — *V.* 351.

2. ACTES SOUS SEING PRIVÉ. — Mais lorsque les fonctionnaires administratifs n'agissent que comme mandataires des parties, comme dans les baux, les marchés, etc., leurs actes ont-ils l'authenticité ? — *V.* 351.

501. Curés. — Les registres tenus par les ministres des cultes pour constater les baptêmes, les naissances, les décès, ne sont pas authentiques. — *V.* 661.

ACTE EN BREVET.

502. Définition. — On appelle *acte en brevet* celui dont l'original a été remis aux parties par le fonctionnaire ou l'officier public qui l'a reçu.

503. Actes pouvant être délivrés en brevet. — En général, il est prescrit de garder minute de tous les actes, et ce n'est que par exception que les notaires peuvent remettre aux parties les minutes de certains actes (L. 25 vent. an 11, art. 20).

Les actes qu'il est permis de délivrer en brevet, aux termes de ce même article, sont les certificats de vie, procurations, actes de notoriété, quittances de fermages, de loyers, de salaires, arrérages de pensions et rentes, et autres actes *simples*, qui, *d'après les lois, peuvent être délivrés en brevet*.

Pour l'intelligence de ces derniers mots il faut se reporter à une déclaration du roi du 7 décembre 1723, car aucune loi n'a fixé et déterminé positivement et limitativement les actes qui peuvent être délivrés en brevet. L'art. 4 de cette déclaration autorisait la délivrance en brevet des procurations, avis de parents, attestations ou certificats, autorisations d'un mari à sa femme, désaveux, répondants de domestiques, désistements, consentements, mainlevées, élargissements, décharges de papiers et meubles, cautionnements, apprentissages, transports, quittances de gages de domestiques, arrérages de pensions ou rentes, quittances d'ouvriers, artisans, journaliers, manouvriers et autres personnes du commun, pour choses concernant leur état et métier, des quittances des loyers et fermages, des cautionnements des employés des fermes, des *conventions, marchés et obligations qui n'excèdent pas* 300 *livres.*

1. ACTES SYNALLAGMATIQUES. — Mais cette énumération n'est pas applicable *sans distinction* sous l'empire de la loi actuelle, et il faut regarder comme *non* susceptibles d'être délivrés en brevet les actes qui contiennent des conventions *synallagmatiques*, alors même qu'elles n'excèdent pas 300 francs (D. N., t. 2, p. 307, n° 4).

Notamment, les quittances de prix de vente (Arlon, 16 mai 1867).

2. OBLIGATIONS. — D'autre part, les obligations peuvent être délivrées en brevet, *à quelque somme* qu'elles s'élèvent (4267-1 J. N.).

3. RATIFICATIONS. — Il en est de même des ratifications (Arlon, 16 mai 1867).

4. INTÉRÊT NON PASSAGER. — Il faut d'ailleurs regarder comme non susceptibles d'être délivrés en brevet les actes qui, quoique unilatéraux, renferment un intérêt *perpétuel* et non pas seulement *passager*. C'est ce qui résulte du rapport de M. Favart sur l'art. 20 L. 25 vent. an 9. « L'art. 20, disait-il, veille à la conservation et *à la perpétuité* des conventions, en obligeant les notaires à garder minute de tous leurs actes ; il n'admet *d'exception* que pour ceux dont le contenu, la nature et les effets ne présentent qu'un objet ou intérêt *simple en lui-même et passager.* »

504. Enregistrement. — Les actes en brevet doivent être enregistrés dans le délai prescrit pour les autres actes et avant d'être remis aux parties (L. 22 frim. an 7, art. 7, 20, 33 et 41).

1. DÉLIVRANCE AVANT L'ENREGISTREMENT. — Le notaire ne peut, à peine d'amende, les délivrer aux parties avant de les avoir d'abord fait enregistrer (art. 41 L. 22 frim. an 7). Si un acte de l'espèce était présenté à l'enregistrement par la partie elle-même à qui le notaire l'aurait remis, le receveur serait fondé à dresser procès-verbal de la contravention et à poursuivre par voie de contrainte le recouvrement de l'amende encourue.

505. Double brevet. — On a décidé que lorsqu'un notaire rédige deux actes identiques en brevet, chacun de ces actes est assujetti à la formalité de l'enregistrement et à l'inscription au répertoire (Sol. belge, 17 juill. 1869, 11075 J. E. belge).

Nous ne croyons pas cette solution fondée. Il n'y a qu'un seul acte en double original. Il suffit donc de l'inscrire en une seule fois au répertoire et il n'est soumis qu'à un seul enregistrement, sauf à rappeler la relation sur chaque original en indiquant que c'est par *duplicata*. — *V.* 973.

506. Acte de rapport pour minute. — Les notaires sont tenus de dresser acte de dépôt du brevet que leur rapportent les parties qui veulent obtenir des expéditions. Cet acte se nomme *acte de rapport pour minute*. Il ne peut être écrit sur le brevet rapporté. Il est passible du droit de 3 francs comme dépôt (7460 J. E.; D. N., t. 1er, p. 127, n° 6).

1. OBLIGATION RAPPORTÉE POUR MINUTE. — Ils ne peuvent recevoir en dépôt une obligation notariée, *délivrée en brevet*, sans avoir fait préalablement enregistrer le reçu qui se trouverait écrit par le créancier, au dos ou en marge du brevet, encore que ce reçu ne soit ni daté ni signé, attendu que le C. C., art. 1332, ne considère pas moins comme valables des reçus ainsi écrits sur le titre (7596 J. E.).

507. Répertoire. — Les greffiers et les notaires sont tenus d'inscrire sur le répertoire les actes qu'ils délivrent en brevet.

C'est ce qui a été décidé, à l'égard des greffiers, par une Dél. du 19 janvier 1824 (7620 J. E.) et par un arrêt de cass. 14 novembre 1837 (1562 § 26 I. G.; S. 38-1-40).

« Attendu, porte l'arrêt, que l'art. 49 comprend nommément, en énumérant les actes judiciaires qui doivent être enregistrés sur les minutes, les certificats de toute nature ; — Que, d'après l'esprit et la lettre tant de l'art. 20 de ladite loi que de l'art. 38 de celle du 28 avril 1816, les originaux des actes soumis à l'enregistrement sont mis au même rang que les minutes ; — Que ce même art. 20, en fixant les délais dans lesquels devront être enregistrés les actes publics, prescrit celui de vingt jours pour les actes judiciaires soumis à l'enregistrement sur les minutes, et pour ceux dont il ne reste pas de minutes au greffe, ou qui se délivrent en brevet ; — Que, du rapprochement et de la combinaison de ces dispositions, il résulte évidemment que les greffiers doivent inscrire sur leurs répertoires les certificats qu'ils délivrent en brevet. »

C'est également ce qui résulte, à l'égard des notaires, d'une Dél. 23 mai 1810 (Roll., p. 525, n° 26), qui a reconnu qu'un notaire ne peut tenir deux répertoires, l'un pour les actes en brevet, et l'autre pour ceux en minute et que minutes et brevets doivent être inscrits sur le même répertoire.

508. Timbre. — Les actes délivrés en brevet ne sont pas assujettis à être écrits sur du papier timbré dit *moyen papier*, du timbre de 1 fr. 25 cent. (1 fr. 80), parce que l'emploi de ce papier, d'après le texte même de la loi, n'est obligatoire que pour les expéditions des actes dont il est retenu minute (Sol. 29 niv. an 7, 35 J. E.; Déc. 12 vent. an 7, Circ. 1566).

ACTE DE COMMERCE.

509. Renvoi. — Tout ce qui concerne les actes de commerce est traité au mot *Commerçant*.

ACTE DE COMPLÉMENT.

DIVISION

CHAPITRE PREMIER. — CONSIDÉRATIONS GÉNÉRALES

[510]

510. Définition. — Dans le langage ordinaire, *l'acte de complément* est celui par lequel on ajoute à un acte antérieur, ou à une convention, quelques clauses que les parties jugent utiles à son existence ou au règlement de leurs intérêts. En matière fiscale, la signification n'est plus la même. La loi du 22 frimaire an 7, art. 68 § 1er, n° 6, définit l'acte de complément celui qui ne contient que l'exécution, le complément et la consommation d'actes antérieurs *enregistrés*.

La double acception que comporte le mot acte de complément peut, dans la pratique, faire naître les plus sérieuses difficultés, parce que c'est elle qui doit déterminer la nature de la perception, *proportionnelle ou fixe*, à faire sur l'acte présenté à la formalité.

1. DROIT FIXE. — Si l'acte complémentaire n'est que l'exécution, le complément d'un acte antérieur, la loi du 22 frimaire an 7 ne l'assujettit qu'à un simple droit fixe considéré, non point comme un impôt, mais uniquement comme le salaire de la formalité. Cette perception découle de ce principe élémentaire en matière d'enregistrement, savoir : qu'une même disposition ne peut donner ouverture à deux droits, *non bis in idem*.

C'est dans la définition de la loi de frimaire que nous trouvons les divisions naturelles de notre sujet.

L'acte de complément, dit la loi, est celui qui ne contient que l'*exécution*, le *complément* et la *consommation* d'actes antérieurs.

2. EXÉCUTION. — D'après Champ. et Rig., n° 1524, l'exécution d'un acte en est l'application pure et simple aux faits qui en découlent, de telle sorte que le contrat primitif demeure toujours le titre du créancier.

3. COMPLÉMENT. — L'effet juridique de l'acte complémentaire est de ne contenir aucun engagement synallagmatique, ni aucune stipulation de clauses modificatives des dispositions de l'acte auquel il se réfère; engagement et clauses qui pourraient en altérer le caractère primitif.

4. CONSOMMATION. — Enfin, la consommation de l'acte est la réalisation complète, absolue des effets qu'il était de nature à produire, sans addition d'éléments nouveaux, en un mot l'accomplissement pur et simple de ses conditions primitives et originelles d'existence.

5. MODIFICATION OU RECTIFICATION. — On peut encore ranger dans la classe des actes qui, *au point de vue général*, doivent être considérés comme n'étant que le complément d'un acte antérieur ceux qui, tout en modifiant ou rectifiant cet acte, n'y introduisent aucun élément nouveau de perception; tel serait, par exemple, l'acte qui rectifierait une assertion erronée relative à l'état civil de l'une des parties ou celui qui modifierait une convention antérieure de prêt en changeant les termes de remboursement. Ces deux actes, l'un rectificatif, l'autre modificatif, bien que pouvant avoir une importance très-grande dans l'intérêt des parties, ne sont pas de nature à exercer d'influence sur les droits du Trésor.

6. DROIT PROPORTIONNEL. — Si, au contraire, l'acte de complément ajoute quelques clauses à la convention première, si ces clauses présentent le caractère d'obligation, de libération ou de transmission de biens meubles ou immeubles, il cesse d'en être l'exécution proprement dite, il engendre une obligation, crée un droit, forme, en un mot, le titre d'une nouvelle convention donnant naissance au droit proportionnel qui lui est propre (*Conf.* Bastiné, n° 111).

7. INTERPRÉTATION DE L'ACTE. — Il résulte de là que c'est la saine appréciation du caractère de l'acte qui doit déterminer la perception.

S'il engendre une obligation, s'il opère une aliénation, s'il est le titre d'une convention; dans ce cas, il n'est pas l'exécution d'un autre; il est primitif et originaire; le droit de l'obligation, de l'aliénation ou de la convention doit être perçu.

Mais s'il ne fait que reconnaître, constater ou confirmer une obligation, aliénation ou convention précédemment constituée par un titre enregistré, il en est l'exécution dans le sens de la loi fiscale, et ne donne ouverture qu'au droit fixe.

Nous allons faire connaître un certain nombre de décisions *isolées*, en nous réservant d'exposer sous différents mots, tels que *délégation*, *vente*, *obligation*, *affection hypothécaire*, différentes difficultés qui, formant avec les mots auxquels elles se rapportent un ensemble qu'il convenait de ne pas scinder, ont été traitées ailleurs que sous la rubrique dont nous nous occupons ici.

CHAPITRE II. — DROIT FIXE

[511-528]

511. Tarif. — L'art. 68 § 1er n° 6 de la loi du 22 frimaire an 7 tarife au droit fixe de 1 franc « les actes qui ne contiennent que l'exécution, le complément et la consommation d'actes antérieurs enregistrés. » — Ce droit a été élevé à 2 francs par l'art. 8 de la loi du 18 mai 1850. Il est aujourd'hui de 3 francs d'après l'art. 4 de la loi du 28 février 1872.

SECTION PREMIÈRE. — ACTES DE COMPLÉMENT PROPREMENT DITS

[512-514]

512. Obligation légale ou naturelle. — Toutes les fois que l'acte ultérieur n'est que la consécration d'une obligation légale ou naturelle, cet acte ne peut avoir qu'un caractère complémentaire et le droit fixe de 3 francs est seul exigible.

1. AFFECTATION HYPOTHÉCAIRE. — L'affectation hypothécaire donnée par le débiteur en dehors de l'acte d'obligation, constitue un acte de complément, que l'affectation ait été ou non stipulée dans le premier contrat (*V.* 1856). Il est, en effet, de l'essence de toute obligation d'être garantie par son débiteur

Mais si l'affectation hypothécaire provenait d'un tiers, la garantie de l'obligation n'étant plus de droit, un nouveau contrat naîtrait et serait passible de son droit propre, celui de cautionnement. — V. *Affectation hypothécaire*, n° 1862.

2. NANTISSEMENT. — Le nantissement donné après le contrat d'obligation est comme l'affectation hypothécaire, et, dans le même ordre d'idées, un acte de complément (1229-6 I. G.; Sol. 29 avr. 1833).

3. TITRE NOUVEL. — C'est encore dans ce sens que l'art. 2263 C. C. déclarant qu'après vingt-huit ans de la date du dernier titre, le débiteur d'une rente peut être contraint à fournir à ses frais un titre nouveau à ses créanciers ou à ses ayants cause, le titre nouvel n'est sujet qu'au droit fixe lorsque l'acte primitif est en règle. Bien que le tarif qui lui est applicable ne figure pas au chapitre de l'acte de complément, c'est cependant un véritable acte complémentaire.

4. ÉTABLISSEMENT DE PROPRIÉTÉ. — ANNEXE. — L'établissement de propriété fait par annexe constitue un acte complémentaire passible du droit fixe. Le vendeur, en effet, est tenu de justifier de la possession légale de la propriété qu'il vend. — *V.* 7777.

5. ACCEPTATION DE CAUTIONNEMENT. — L'acceptation d'un cautionnement résultant d'une soumission sur laquelle le droit proportionnel aurait été perçu ne serait passible que du droit fixe comme acte de complément.

6. PRODUITS LAISSÉS PAR UN FERMIER. — Un acte notarié, par lequel un propriétaire fait constater les quantités de foin et de paille que son fermier sortant laisse dans un domaine affermé par bail enregistré, doit être considéré comme le complément du bail, et n'est passible que du droit fixe (3382 J. E.).

Il en serait autrement si le propriétaire achetait, conformément à l'art. 1778 C. C., et suivant estimation, la quantité de pailles et engrais excédant celle qui a été trouvée par le fermier à son entrée. — V. *Bail*, nos 2595 et 2811.

512 bis. Consécration d'une clause stipulée dans l'acte originaire. — On doit aussi considérer comme complémentaire l'acte qui ne fait que donner une sanction à une stipulation antérieure. C'est dans ce sens qu'ont été prises les décisions suivantes :

1. ADHÉSION A UNE SOCIÉTÉ. — Lorsque les statuts d'une société prévoient le cas d'adhésion dans un délai déterminé, de toute personne voulant faire partie de la société, l'acte ultérieur d'adhésion, fait dans le délai fixé, doit être considéré comme un acte de complément, car il n'est que la réalisation d'une condition prévue dans le contrat originaire (290 § 9 I. G.; Sol. 2 juin 1830, Fess. 2943).

Il faut, néanmoins, renfermer cette décision dans certaines limites ; car, ainsi que cela sera dit au mot *Société*, l'adhésion à une société, par l'acceptation de ses statuts, peut être sujette à un droit fixe de 5 francs (aujourd'hui droit gradué), comme constituant une nouvelle société entre le nouvel adhérent et les associés primitifs (D. m. f. 28 frim. an 8; Déc. 22 fév. 1828, 612 et 3969 J. E., 6616 J. N.)

2. ASSURANCES. — La même situation, quant au droit fixe d'acte de complément, s'applique, en matière d'assurance, notamment pour les actes d'adhésion aux assurances mutuelles. — V. *Assurance*, n° 2380.

3. IMMEUBLE EN REMPLACEMENT. — Lorsque, dans un contrat de mariage, le père de l'un des futurs s'est réservé la faculté de remplacer les immeubles qu'il a constitués en dot, par d'autres immeubles d'égale valeur, l'acte ultérieur qui constate le remplacement ne donne ouverture, comme acte de complément du premier contrat, qu'au droit fixe, et non à celui d'échange ou de donation (11639 J. N.).

4. PARTAGE ULTÉRIEUR. — Si, dans un contrat d'acquisition par plusieurs acquéreurs, les acheteurs se sont réservés par le contrat la faculté d'indiquer postérieurement pour quelle fraction chacun d'eux a concouru à l'opération, cette fixation n'est qu'un acte de complément affranchi du droit proportionnel. La Cour de cassation l'a reconnu implicitement dans une espèce analogue, par un arrêt du 4 décembre 1865 (2198 R. P., S. 66-1-31, D. 66-1-135).

Il a été jugé, en ce sens, que, quand deux personnes ont acquis un immeuble, en se réservant de fixer plus tard la portion pour laquelle chacune d'elles entre dans l'acquisition, l'acte ultérieur par lequel ces parts sont déterminées n'est qu'un partage sujet au droit fixe (Toulouse, 15 mars 1870, 3333 R. P.). — V. 534.

5. INDICATION ULTÉRIEURE DE PART MOYENNANT REMBOURSEMENT. — De même lorsque plusieurs acquéreurs ont stipulé entre eux, comme condition de l'achat, qu'au décès de l'un d'eux sa part dans l'immeuble appartiendrait aux autres moyennant la restitution aux héritiers de la part du défunt dans le prix d'acquisition, et ont en même temps convenu que la part du défunt appartiendrait non pas à tel ou tel coacquéreur ou à tous indistinctement, mais à celui que les autres désigneraient ou bien à ses enfants, l'indication ultérieure qui en est faite n'est qu'un acte complémentaire passible du droit de partage (Bordeaux, 14 déc. 1870, 3438 R. P.). — V. 534.

6. ABANDON D'IMMEUBLES EN VERTU DE TESTAMENT. — Décidé, dans le même sens, que si, dans un testament contenant partage, le testateur a déclaré que tel immeuble attribué à un héritier pourrait être abandonné à ses cohéritiers moyennant une somme déterminée, l'acte qui réalise cet abandon n'est sujet qu'au droit fixe, comme acte de complément (Dél. 9 mai 1828). Aujourd'hui un pareil acte pourrait donner ouverture au droit de soulte, par application de l'art. 5 L. 18 mai 1850. — V. *Partage testamentaire*, nos 12647 et 12650.

7. DONATION SUIVIE DE PARTAGE ANTICIPÉ. — Si une donation a été suivie de partage anticipé des mêmes biens, effectué en exécution d'une clause de l'acte, il y a lieu de restituer tout ce qui excède le droit de 1 pour 100 (Dél. 1er oct. 1833, 10735 J. E). — V. *Restitution*, n° 14493.

8. SUPPLÉMENT DE GARANTIE. — Lorsque, après un acte de cautionnement ou de garantie sur lequel le droit proportionnel a été perçu, des individus étrangers à cet acte consentent un supplément de garantie solidaire pour le même objet et jusqu'à concurrence de la même somme, il n'est dû sur ce second acte qu'un droit fixe (Sol. 25 mars 1828, 1249 § 6 I. G. 9012 J. E., 2114 R., 6576 J. N.). En effet, lors même que la solidarité n'eût pas été stipulée, l'adhésion donnée par le second acte n'avait réellement pour objet que la même garantie, la même sûreté promise par le premier débiteur qui se libérait. La loi ne s'est point occupée du nombre des cautions ou garants, mais seulement de la disposition qui constitue la garantie, et, sous ce rapport, le second acte, étant le complément du premier, n'est assujetti qu'au droit fixe.

513. Réalisation d'une condition alternative. — Stipuler dans un contrat qu'il sera fait telle chose ou bien telle autre, c'est réserver un droit d'option pour l'avenir; aussi l'acte qui fait connaître le choix qui a été fait par la partie ne peut présenter d'autre caractère que celui d'un acte de complément.

1. OBLIGATION DE NOURRIR OU PAYEMENT D'UNE RENTE. — Un acte du 25 mai 1819 constate que la dame S... a remis à Mme T... une somme de 4,000 francs et que celle-ci s'est obligée de nourrir et entretenir la dame S... *pendant sa vie*, ou de lui payer une rente viagère de 400 francs, dans le cas où elle ne voudrait plus habiter avec elle. Il a été perçu 2 pour 100. L'événement prévu est arrivé; et, par un acte du 27 juillet de la même année, la dame T... s'est reconnue débitrice de 400 francs de rente viagère envers la dame S... Ce dernier acte n'est que le complément du premier et n'opère que le droit fixe (6636 J. E.). — V. *Novation*, 11814.

2. RESTITUTION D'UN IMMEUBLE EN PAYEMENT D'UNE SOMME. — Lorsque la vente d'un immeuble a été annulée et que le tribunal a laissé aux possesseurs l'option, ou de restituer l'immeuble, ou de payer une somme déterminée, un nouveau droit proportionnel de mutation n'est pas exigible sur l'acte qui constate le payement de cette somme par les possesseurs évincés, qui restent ainsi propriétaires de l'immeuble ; cet acte n'est que l'exécution du jugement (Cass., 24 août 1841, 12845 J. E.; 11070 J. N.; S. 41-1-71). « Vu, porte cet arrêt, l'art. 68 § 1er n° 6, de la loi du 22 frimaire an 7, qui n'assujettit qu'à un droit fixe de 1 franc les actes qui ne contiennent que l'exécution, le complément et la consommation d'actes antérieurs enregistrés; — Attendu que l'arrêt de la cour royale d'Orléans du 26 mai 1831 avait donné aux époux Gamelin l'option de restituer la moitié des biens provenant de la succession Pellé, ou de payer la somme de 150,000 francs, sous les déductions qu'il a autorisées, et que les droits proportionnels ont été perçus lors de l'enregistrement de cet arrêt; — Attendu que l'acte du 8 août 1833 ne contient que l'exécution de la disposition de cet arrêt, relative au payement de 150,000 francs; qu'ainsi, le jugement attaqué n'a pas pu, sans violer l'article précité, soumettre ledit acte à un nouveau droit proportionnel. »

513 *bis*. Addition de clauses. — On peut, dans un acte postérieur, ajouter une clause nouvelle, sans que ce dernier acte perde le caractère complémentaire, du moment que la clause ne fait que consacrer un droit préexistant.

1. PRÉCIPUT NON PRÉVU. — Ainsi une donation a été faite à titre de rapport, et, par acte postérieur, le donateur déclare que cette donation aura lieu à titre de préciput : cette disposition, autorisée par l'art. 843 C. C., ne produit avec la première qu'une seule et même donation, et le second acte, considéré comme le complément du premier, ne donne ouverture qu'au droit fixe (10565 J. E.; Sol. 19 sept. 1825, 8174 J. E.; Sol. 31 oct. 1831, 10422 J. E., 3458 J. N.). — V. 13568.
Une mère a fait à sa fille, par son contrat de mariage, une donation de 5,600 francs, sur laquelle le droit proportionnel a été perçu. Elle déclare, par un autre acte, qu'elle *renouvelle* cette donation, et qu'elle entend qu'elle soit faite par *préciput et hors part;* on ne doit considérer cette déclaration que comme un acte de complément, parce qu'il n'y a qu'une seule donation, dont les droits ont été payés sur le premier acte (6925 J. E.). — V. 523.

2. STIPULATION D'INTÉRÊTS. — Lorsqu'on ajoute une stipulation d'intérêts à une obligation qui n'en renfermait pas, cette clause est un acte de complément sujet au droit fixe de 3 francs. — V. *Intérêts*, nos 10060 et suiv.

3. DÉLÉGATION DE PRIX DE VENTE. — Lorsque, après la vente d'un immeuble propre à la femme et l'acquisition faite par cette dernière, conjointement avec son mari, d'un autre immeuble destiné à servir de remploi, la femme, par un troisième acte, ratifie la vente et stipule que le prix en sera payé au vendeur de l'immeuble formant remploi, on doit percevoir sur ce dernier acte, non le droit de délégation, mais seulement le droit fixe, comme acte de complément (Nogent-sur-Seine, 13 mai 1830, acquiescé par Dél. 23 juill. 1830, 2097 C.).

513 *ter*. Conversion de contrat. — Changer la nature d'un contrat, c'est-à-dire convertir une convention sous signatures privées en un contrat public, ce n'est pas l'altérer dans son essence, c'est lui donner une forme nouvelle, plus utile peut-être, mais qui ne peut avoir aucune influence sur la perception, du moment que la convention que renferme le contrat a payé au Trésor les droits qui lui sont propres.

1. LETTRES MISSIVES. — DÉLÉGATION. — VENTE. — Lorsqu'une vente, constatée par lettres missives enregistrées au droit proportionnel, fait postérieurement l'objet d'un contrat dans lequel le prix est délégué à des créanciers, il faut considérer ce contrat comme le complément des lettres missives : la délégation du prix n'est donc passible d'aucun droit (Sol. 31 août 1862).

On ne peut voir, en effet, dans la conversion du contrat par lettres missives en un contrat par acte public, qu'une consécration pure et simple de conventions antérieures.

514. Droits antérieurs réservés. — Lorsque l'un des époux a donné à son conjoint par contrat de mariage l'usufruit des biens de sa succession pour le cas de survie, l'acte ultérieur par lequel il fait donation entre-vifs d'une partie de ses biens à un tiers, en réservant le droit d'usufruit de son conjoint, ne renferme pas au profit de ce dernier une nouvelle donation éventuelle passible du droit fixe de 5 francs (Sol. 2 juin 1871, 3489 R. P.).

« En effet, porte la solution, la donation de biens à venir modifie le droit de propriété, en ce sens que, tout en conservant le droit de les aliéner à titre onéreux, le donateur a perdu celui d'en disposer à titre gratuit (Art. 1002 C. C.), et à l'égard du donataire, la donation lui confère un droit de succession qu'il acquiert irrévocablement du jour du mariage, sans que le donataire puisse le lui retirer, ni directement en le révoquant, ni indirectement en le transportant à un autre. C'est ce qui résulte de l'économie des art. 1082, 1083 et 1093 du Code civil combinés. L'application de ce principe au cas actuel amène à reconnaître que, par l'effet de la donation contenue dans son contrat de mariage, le conjoint donataire avait droit à l'usufruit de tous les biens que son conjoint possédait à cette époque, ou de ceux dont il ferait l'acquisition pendant le mariage, à l'exception de ceux qu'il aurait aliénés à titre onéreux ; que, d'autre part, cette libéralité interdisait nécessairement au donataire la faculté de disposer, sous peine de nullité, de l'usufruit de ses biens en faveur d'une autre personne, d'où la conséquence que la réserve stipulée au profit du donataire dans le dernier acte de donation, ne peut être considérée que comme la confirmation pure et simple de la précédente donation, à laquelle elle n'ajoute rien, puisque le donataire, malgré cette réserve, ne peut revendiquer l'usufruit dont il s'agit qu'en vertu de son contrat de mariage. »

SECTION 2. — ACTES D'EXÉCUTION ET DE CONSOMMATION

[515-519 *bis*]

515. Définition. — L'acte d'exécution est plus facile à caractériser que l'acte de complément proprement dit, car généralement il est à l'acte qu'il exécute ce que l'effet est à la cause. Dans l'acte originaire se trouve une volonté qui commande, si nous pouvons nous exprimer ainsi, et dans l'acte d'exécution une volonté qui obéit.

Quant aux actes de consommation, ils ne diffèrent pas, d'une manière appréciable, au point de vue fiscal, des actes d'exécution. On peut tenir pour constant que le législateur a employé les mots *exécution* et *consommation* pour exprimer la même idée.

516. Exécutoire. — Les *exécutoires* de dépens, n'ayant d'autre objet que d'assurer l'exécution du jugement, doivent être considérés comme en faisant partie ou comme en étant le complément ; en conséquence, ils n'opèrent que le droit fixe, sauf les cas où ils donneraient ouverture à un droit proportionnel plus élevé (D. m. f. 16 et 28 fév. 1809, 429 n° 4 I. G.).

517. Cession de biens réitérée. — La réitération de cession de biens, faite par un débiteur à ses créanciers, aux termes de l'art. 902 C. proc., n'étant que l'exécution et le complément du jugement qui admet le bénéfice de cession, n'opère également que le droit fixe (3382 J. E.).

518. Vente maintenue. — On ne peut exiger que le droit fixe sur un acte constatant la remise d'une somme fixée par un arrêt de cour d'appel qui a maintenu un acte de vente, à la charge par l'acquéreur de payer à l'héritier du vendeur la somme dont il s'agit (Cass., 24 août 1841, arrêt rapporté *suprà* 513-2).

519. Partage refait. — La Cour de cassation a jugé, le 29 novembre 1854 (271 R. P., S. 55-1-132), que le partage testamentaire refait par les héritiers dans le but de rétablir entre eux l'égalité qui formait la pensée dominante du testateur, doit être considéré comme une simple exécution du testament, lorsqu'il maintient les attributions du premier partage et se borne à augmenter les droits.— V. 12484.

519 *bis*. Délaissement par suite de non retrait de réméré. — Il faut encore voir un simple acte d'exécution dans la convention par laquelle le vendeur à réméré qui n'a pas exercé la faculté de rachat consent volontairement à l'entrée en possession de l'acquéreur qui l'avait assigné en délaissement de l'immeuble (13013 J. E.).

SECTION 3. — ACTES MODIFICATIFS

[520-525]

520. Principe. — L'acte modificatif n'est peut-être pas tout à fait l'acte de complément tarifé par l'art. 68, paragraphe 1er, n° 6, de la loi du 22 frimaire an 7 ; mais il appartient à un ordre si peu précis, celui des actes innommés tarifés au même article et paragraphe 51 de la loi de frimaire, et il se rapproche tellement de l'acte de complément auquel la doctrine et la jurisprudence ne cessent de l'assimiler, que nous devons en parler ici.

Ainsi sont, à proprement parler, des actes modificatifs, les actes qui vont faire l'objet des numéros ci-après, bien que les décisions auxquelles ils ont donné lieu les aient généralement qualifiés d'actes de complément.

521. Aliments. — Si celui qui reçoit des aliments acquiert des ressources, l'acte par lequel on réduira sa pension sera incontestablement un acte modificatif plutôt qu'un acte de complément, mais dans tous les cas le même droit fixe sera exigible.

En serait-il de même s'il était convenu qu'une rente primitivement payable en argent serait payable en nature? — V. *Novation*, n° 11814.

521 *bis*. **Prix comptant converti en terme.** — De même encore ne serait passible que du droit fixe l'acte par lequel l'acquéreur d'immeubles vendus moyennant un prix stipulé payable comptant, obtiendrait par un acte postérieur de ne payer qu'à terme. Le droit fixe serait le tarif gradué applicable aux prorogations de délai (L. 28 fév. 1872, art. 1).

522. Contrat de mariage. — Les modifications à un contrat de mariage faites avant la célébration et qui ne contiennent aucun avantage pour les futurs époux ne sont passibles que du droit fixe, comme acte de rectification et de complément (1 605 J. E.).

523. Dispense de rapport. — C'est d'après ce principe que l'Administration a reconnu que le droit fixe est le seul exigible sur l'acte par lequel un père, après avoir fait à sa fille donation en avancement d'hoirie, d'une somme d'argent, dispense, par un nouvel acte, les enfants de celle-ci, décédée, à faire le rapport de cette somme (Sol. 31 oct. 1831, 10122 J. E.).

Même règle lorsqu'une donation à un titre de partage anticipé est réitérée pour les mêmes biens et entre les mêmes personnes, en ajoutant la clause que la donation est faite avec dispense de rapport (Dél. 13 mars 1827, 8823 J. E.). — V. 513 *bis*.

524. Remboursement de rente. — L'acte par lequel le débiteur d'une rente perpétuelle se soumet à en rembourser le capital dans un délai déterminé est un acte de complément sujet au droit fixe (Cass., 11 août 1836, 1710-6 I. G., 11604 J. E., 9369 J. N., S. 36-1-691; Marvejols 24 avr. 1838; Dél. 11 sept. 1838; Dalloz, 403). — V. *Novation*, n° 11804.

De même, lorsqu'un père a donné à son fils une rente de 2,200 francs, payable par semestre jusqu'au décès du donateur, au capital de 75,000 francs, sur lequel le droit est perçu, l'acte postérieur par lequel le donateur déclare qu'il a entendu donner un capital de 75,000 francs, payable à son décès et produisant la rente, doit être considéré comme un acte de complément (15925 J. E.).

525. Remplacement d'hypothèque. — Lorsqu'une nouvelle hypothèque est conférée, soit par un tiers, soit par le débiteur pour remplacer une ancienne hypothèque devenue insuffisante ou caduque, le droit fixe comme complément est seul exigible (Dél. 11 mars 1834, 10896 J. E.; 15 avr. 1834, 10905 J. E., 8639 J. N.).

SECTION 4. — ACTES RECTIFICATIFS

[526-528]

526. Règle. — L'acte rectificatif est de tous les actes complémentaires celui qui est le plus facile à caractériser, il porte généralement sur des erreurs matérielles qu'il vient signaler et faire disparaître.

527. Erreur dans la désignation d'immeubles. — En ce sens, il a jugé que l'acte qui intervient postérieurement à un contrat de vente dans le but de rectifier une erreur commise dans la désignation des immeubles vendus, qui se trouvaient ne pas appartenir au vendeur, et par lequel celui-ci indique les immeubles transmis réellement à l'acheteur, ne peut être assujetti qu'au droit fixe, comme acte de complément et d'exécution. On a donné pour raison, dans l'espèce, que le vendeur n'a voulu et entendu vendre que les immeubles lui appartenant, que l'acheteur n'a voulu acheter que ces mêmes immeubles, et que les immeubles faussement désignés n'ont pu être l'objet de la convention que par suite d'une erreur matérielle ou d'une confusion essentiellement réparable (Soissons, 21 juin 1854, acquiescé, Dél. 10-13 oct. 1854, 14952 J. E.).

528. Obligation solidaire déclarée personnelle par partie. — L'acte par lequel un obligé solidaire qui, dans l'acte d'obligation, avait déclaré que la somme empruntée était pour lui seul, déclaration qui avait provoqué la double perception des droits de cautionnement et d'obligation, rectifie cette déclaration et certifie que la somme empruntée a été touchée par lui pour une portion seulement, ne peut donner ouverture à aucun droit proportionnel. C'est un simple acte de complément passible du droit fixe (12873 J. N.).

CHAPITRE III. — DROIT PROPORTIONNEL

[529-537]

529. Nouveau partage. — Si, après que deux partages testamentaires ont réglé les droits des enfants dans la succession de leur mère, ceux-ci font un nouveau partage modificatif des deux premiers, on ne peut considérer ce nouveau partage comme étant le complément des deux autres, *puisque les enfants ont substitué leur volonté à celle de la donatrice*, et les droits à percevoir d'après les nouvelles bases de ce partage sont exigibles dans leur intégrité (Cosne, 28 août 1850, 15078 J. E.). — V. 12484.

530. Dette commerciale convertie. — Il a été décidé que la reconnaissance d'une dette déjà établie par un billet à ordre enregistré n'est point un acte de complément. L'obligation résultant d'un billet à ordre est complète. La reconnaissance qui intervient ultérieurement a pour effet de transformer un contrat commercial en un contrat de droit civil, qui doit supporter les droits auxquels il est spécialement assujetti (Cass., chambres réunies, 8 avr. 1839; Cass., 14 nov. 1840, 5 avr. 1854, 1601 § 8, 1857 § 9, 2019 § 7 I. G.; 12269, 14844, 15834-3 J. E., 10324, 13883 J. N.; 10324 C.; S. 39-1-287, 49-1-766, 55-1-115). — V. *Novation*, n° 11825.

531. Quittance. — La quittance de l'obligation en est bien, à certains égards, la suite nécessaire; mais il est manifeste qu'elle n'en constitue pas l'acte complémentaire dans le sens de la loi. On ne saurait donc lui appliquer l'art. 68, § 1er, n° 8, pour l'assujettir au droit fixe. « Attendu en droit, porte un arrêt de la Cour de cassation du 20 novembre 1839, que l'art. 4 de la loi du 22 frimaire an 7 établit le droit proportionnel sur toutes les libérations; que l'art. 10 excepte seulement les quittances données pour tout ou partie du prix, par le même acte qui contient transmission de biens à titre onéreux, et que le droit proportionnel est dû, toutes les fois que la quittance est donnée par un acte séparé de la vente; qu'aucune disposition ne dispense de ce droit les quittances de dot, qui sont données par des actes distincts de leur constitution; — Que l'art. 69, paragraphe 2, n° 11, soumet au droit de 50 cent. par 100 francs les quittances, remboursements ou rachats de rentes et redevances de toute nature, et tous autres actes et écrits portant libération de sommes et valeurs mobilières; que cette disposition est générale et absolue; — Attendu que l'art. 68, paragraphe 1er, n° 8, qui soumet au droit fixe les actes contenant l'exécution, le complément et la consommation d'actes antérieurs, ne peut s'appliquer à une quittance qui n'est pas la consommation de l'obligation, qui en est distincte et qui en opère l'extinction; — Que le paragraphe 1er, n° 22 du même article n'est relatif qu'aux récépissés de pièces et décharges pures et simples, et ne comprend pas les quittances de sommes et valeurs portées dans des obligations antérieures et régies par la disposition expresse de l'art. 69, paragraphe 2, n° 11 » (S. 39-1-980, 1615-6 I. G.).

Il en est de même, à plus forte raison, si le prix est réglé en biens meubles ou créances (Cass. 25 fév. 1874, 3851 R. P.).

532. Partage. — Échange de lots. — Les actes par lesquels les communistes changent les attributions faites dans un partage antérieur donnent lieu au droit proportionnel. C'est un point dont le développement est présenté au mot *Partage*, n° 12484.

Cependant il a été jugé que quand le partage réserve aux parties cette faculté de résolution, le droit fixe est seul exigible sur l'acte par lequel elle est réalisée (Cass., 20 avr. 1869, 2921 R. P., 19838 J. N., S. 69-1-431, P. 69, 1105). Mais cette doctrine ne nous a pas paru justifiée. Nous la combattons au mot *Résolution*, n° 14449.

533. Arrêté de compte. — Un arrêt de la Cour de cassation, rendu le 23 mai 1854, a décidé que l'arrêté de compte déterminant les sommes dont un fermier reste débiteur envers son propriétaire est passible du droit d'obligation de sommes, encore qu'il ne soit intervenu que par suite et en exécution de baux enregistrés, alors surtout qu'il règle les époques des payements et l'exigibilité des intérêts, et qu'il sert à l'avenir de point de départ à la prescription des actions auxquelles les baux pourraient donner lieu. « Attendu, porte l'arrêt, qu'il ne suffit pas, pour qu'un acte soit enregistré au droit fixe comme acte de complément, qu'il ne contienne aucun élément étranger aux obligations dérivant de l'acte antérieur, qu'il n'y ait eu ni *novation*, ni *substitution* d'une dette à une autre; un nouveau droit proportionnel est dû si les deux actes, quoique relatifs aux mêmes engagements, ont formé les titres de deux obligations distinctes, devant produire des effets différents sous le rapport du mode de payement des intérêts de la somme due et de la prescription des actions qui en découlent » (15854 J. E., 15267 J. N., 10292 C., 93 R. P., 2019 § 3 I. G., S. 54-1-479).

534. Partage ultérieur. — Si le contrat d'acquisition par plusieurs coacquéreurs ne renferme aucune réserve sur la détermination ultérieure de la part des coacquéreurs, ils y ont des droits égaux, et toute attribution à l'un d'eux d'une portion supérieure motive la perception d'un droit de mutation (Bar-le-Duc, 16 juill. 1863, R. P. 1863). — *V.* 512 *bis*, 4-5.

535. Adhésion à une société. — On a vu, au n° 512 *bis*-1, que l'adhésion à un contrat de société, lorsqu'elle a lieu en vertu d'une clause des statuts, forme un acte de complément sujet au droit fixe; mais si cette adhésion n'était pas autorisée par les statuts, il faudrait y voir ou un nouveau contrat de société (D. m. f., 28 frim. an 8; Dél., 22 février 1828, 612 et 3069 J. E., 6616 J. N.), ou une cession d'actions (Seine, 27 nov. 1863; Cass., 7 mars 1866, 1875 et 2254 R. P., 2355-3 I. G., S. 66-1-173, D. 66-1-119). — V. *Sociétés*, n° 15169.

535 *bis*. Remise de dette. — Si un bailleur était dans l'impossibilité de mettre le locataire en possession de la totalité de la chose louée et que le prix originaire fût réduit en conséquence, cette seconde convention aurait le caractère d'un acte passible du droit fixe.

La jurisprudence a même décidé que ce caractère appartenait à l'acte par lequel une ville, après avoir concédé un monopole à des entrepreneurs, moyennant une redevance annuelle, consent à réduire le taux de cette redevance sans d'ailleurs modifier l'étendue de la concession, mais en imposant aux entrepreneurs l'obligation d'abaisser leur tarif et de renoncer à certaines réclamations.

« Attendu que le traité, précisé dans son objet et dans sa cause, se résume en une diminution de la redevance primitivement convenue, diminution consentie corrélativement à l'obligation prise par la compagnie d'abaisser le tarif des places d'omnibus et de renoncer à certaines réclamations élevées déjà ou à élever à raison de l'augmentation des droits d'octroi sur les avoines et les fourrages postérieurement à la convention primitive; que, dans ces termes, il a été un acte modificatif ou complémentaire d'une convention antérieure, et que, comme ce dernier, il était passible non pas d'un droit proportionnel comme remise de dette ou comme rétrocession ou résiliation de bail, mais simplement du droit fixe, aux termes des art. 68, paragraphe 1er, n° 6, de la loi du 22 frimaire an 7, et 8 de la loi du 18 mai 1850 » (Cass., 22 juin 1870, 3179

R. P., 14609 C., 18921 J. E., S. 70-1-406, D. 70-1-399, B. C. 126).

Mais nous avons critiqué cette interprétation.

L'objet entier de la concession restait entre les mains du concessionnaire. La Ville ne réduisait le prix à recevoir de lui que pour terminer un procès dont elle était menacée et pour éviter la ruine imminente de son débiteur. Il y avait dans cette convention une remise transactionnelle de dette parfaitement caractérisée et qui donnait ouverture au droit de quittance (3179 R. P.). — V. *Acceptilation*, n° 245.

536. Vente d'immeubles. — Deux individus ont acquis une maison, par acte notarié, pour en jouir en commun leur vie durant. Ils conviennent ensuite, par un acte sous seing privé, que l'un d'eux aura la jouissance de la totalité de la maison en payant à l'autre une rente de 1,000 francs. Un jugement du tribunal de la Seine avait décidé que ce second acte n'était que la suite et le complément du premier. Mais l'Administration a soutenu qu'il était translatif de jouissance d'immeubles. Le pourvoi a été admis par arrêt de la Cour de cassation, le 18 juillet 1825, et le droit a été payé (5324 J. E.).

536 *bis*. **Aliénation nouvelle.** — Un héritier vend une quantité déterminée de biens d'une succession dans laquelle il a des droits, mais sa part reste inférieure à la quantité vendue; plusieurs années après, cet héritier, pour remplir ses engagements vis-à-vis de l'acquéreur, lui cède des biens d'une autre origine : l'abandon de ces biens est-il passible du droit de vente? Cette question doit être résolue affirmativement : la première vente a produit tous ses effets; l'action en diminution du prix qui pouvait être intentée par l'acquéreur pendant le délai d'une année n'est plus recevable; il y a eu exécution légale et complète du contrat originaire, et l'abandon de biens ultérieurement fait par le vendeur ne peut être, par conséquent, un acte de complément et d'exécution (Saint-Quentin, 9 mars 1842, 12656, 12955-12 J. E.).

537. Prescription. — Droit proportionnel non perçu. — Le droit fixe de 2 francs (3 fr.) serait le seul exigible, quand même le droit de la disposition interprétée aurait été omis, *si la prescription de deux ans était acquise*, lors de la représentation de l'acte de complément, attendu qu'il est de principe que la prescription équivaut à payement (205 J. E.). — *V. Prescription*, n° 12905.

ACTE CONSERVATOIRE.

538. Acte conservatoire. — On désigne sous cette dénomination tout acte qui a pour objet de conserver son droit et de nous en assurer l'exercice.

539. Effet de l'acte conservatoire. — Ainsi, l'unique but de l'acte conservatoire, c'est d'empêcher qu'il soit rien fait à notre préjudice, de nous conserver l'action qui naît de nos droits et non pas d'exercer cette action. D'où il suit que *faire des actes conservatoires* et suivre la procédure établie à cet effet, ce n'est pas, dans la réalité, *exercer et poursuivre une action*. Aussi considère-t-on généralement les actes conservatoires comme ne *pouvant* servir à justifier la demande des droits de mutation de la manière prescrite par l'art. 12 de la loi du 22 frimaire an 7.

1. ABSENT. — Les mesures prises dans l'intérêt de l'absent ne donnent pas ouverture aux droits de succession. — *V.* 172.

La nomination d'un curateur à la succession échue au militaire absent n'est qu'un acte conservatoire qui n'autorise pas la demande des droits sur les biens qui la composent, s'il n'est prouvé que le militaire existait au moment où la succession s'est ouverte. — *V.* 181.

2. ACTE D'HÉRITIER. — L'acte purement conservatoire n'emporte pas addition d'héritier. — *V.* 15779 et suiv.

540. Différentes espèces d'actes conservatoires. — Les actes de cette nature varient à l'infini. Nous ne pouvons qu'indiquer les principaux ; ce sont : les inscriptions aux hypothèques (1577 J. E.), les inventaires, les oppositions et levées de scellés, les actes interruptifs de prescription, les titres nouvels, etc.

ACTES CONTENANT PLUSIEURS DISPOSITIONS.

DIVISION

CHAPITRE PREMIER. — DISPOSITIONS INDÉPENDANTES

[541-545]

541. Chaque disposition indépendante donne ouverture à un droit. — Aux termes de l'art. 11 L. 22 frimaire an 7, « lorsque, dans un acte quelconque, soit civil, soit judiciaire ou extrajudiciaire, il y a plusieurs dispositions indépendantes ou ne dérivant pas nécessairement les unes des autres, il est dû, pour chacune d'elles, et selon son espèce, un droit particulier. La quotité en est réglée par l'article de loi dans lequel elle se trouve classée et auquel elle se rapporte. »

Du principe posé dans cet article, qui frappe un acte d'autant de droits particuliers *qu'il y a dans cet acte de dispositions indépendantes*, on doit conclure, par une juste réciprocité, que si, au contraire, les diverses dispositions d'un même acte *sont dépendantes et dérivent nécessairement les unes des autres*, il ne peut être exigé qu'un seul droit.

En effet, lorsque la loi de l'enregistrement tarife un contrat, elle embrasse nécessairement les obligations corrélatives dont la réunion constitue le contrat dans son ensemble, obligation que l'on ne pourrait considérer isolément sans détruire le contrat lui-même, puisqu'on ferait de chacune d'elles une obligation sans cause. Cette règle découle naturellement de l'art. 10 de la loi de frimaire ainsi conçu : « Dans le cas de transmission de biens, la quittance donnée ou l'obligation consentie par *le même acte*, pour tout ou partie du prix entre les contractants, ne peut être sujette à un droit particulier d'enregistrement. »

Pourquoi, en effet, la quittance ou l'obligation du prix contenue dans un acte de vente ne donne-t-elle pas lieu à un droit particulier? C'est que, aux termes de l'art. 1582, « la vente étant une convention par laquelle l'un s'oblige à livrer une chose, et l'autre *à la payer*, » il ne peut y avoir vente s'il n'y a dans le contrat *obligation* ou *payement du prix*.

1. DIFFICULTÉ DE LA QUESTION. — Mais c'est une question des plus délicates et qui échappe à toute formule générale, que celle de savoir quand il y a dépendance ou indépendance dans le sens de la loi. Tous les auteurs ont essayé de poser à cet égard une règle générale, mais ils n'y sont pas parvenus.

2. OPINION DE QUELQUES AUTEURS. — Dalloz s'exprime ainsi : « Nous ne pouvons, dit-il, pour mettre le lecteur à même de juger si telle ou telle clause d'un acte doit ou non être assujettie à un droit particulier, indiquer de règle plus certaine que de poser cette question : La clause, pour produire son effet, aurait-elle besoin d'être rédigée dans un acte séparé ? La réponse à cette demande sera toujours la solution de la difficulté » (n° 369).

D'autres auteurs proposent les règles suivantes :

« Une disposition est dépendante d'une autre : 1° lorsque, d'après les règles tracées par la loi civile, soit sous la dénomination de chaque contrat, soit au titre des obligations pour les contrats non dénommés, elle tient à son essence ou à sa nature, et qu'elle en est ainsi la conséquence nécessaire, non d'après le but que les parties se sont proposé, mais d'après la loi ou d'après la nature des choses ; — 2° lorsqu'elle n'a d'autre effet que de la compléter, d'en régler l'exécution, ou qu'elle est exclusivement relative à des faits qui se lient intimement à la consommation de la disposition principale. Au contraire, une disposition est indépendante d'une autre lorsque, lui étant purement accidentelle, elle n'en est pas, en vertu des dispositions de la loi ou par la nature des choses, la conséquence nécessaire, encore qu'elle la suppose nécessairement, et lorsqu'elle n'a pas pour objet unique de la compléter, d'en régler l'exécution, et qu'elle n'est pas exclusivement relative à des faits qui se lient intimement à sa consommation » (*Dict. de l'Enregistrement*).

Demante, enfin, conclut de la combinaison des art. 10 et 11 : « que l'art. 11 consacre virtuellement et *à contrario* un principe plus étendu que celui qui pourrait être établi par induction des exemples cités en l'art. 10, et que ce principe tend à soumettre à un impôt unique l'opération mélangée de deux ou de plusieurs contrats, lorsque ces contrats divers se combinent en un seul tout » (n° 71).

3. SOLUTION DE LA COUR DE CASSATION. — Ce qui a été dit de plus net sur la question émane de M. l'avocat général Blanche, concluant devant la Cour de cassation :

« Le principe de droit, c'est de préciser ce qu'il faut entendre par la dépendance des dispositions d'un acte dans le sens de la loi. A un point de vue général, toutes les stipulations d'un même acte sont dépendantes les unes des autres, puisqu'elles contribuent par leur réunion à former le contrat, et qu'en les dissociant on rompt l'unité non moins que l'effet des engagements. Mais il est manifeste qu'il ne s'agit pas, dans l'art. 11, de cette dépendance conventionnelle et pour ainsi dire arbitraire. Il n'est alors aucune clause accessoire qui ne fût un dérivé de la convention et ne pût échapper à l'impôt. La loi exige quelque chose de plus ; elle veut que les dispositions dérivent *nécessairement* les unes des autres, c'est-à-dire qu'elles soient réunies par un lien juridique tel que l'une n'existerait pas sans l'autre. Il faut qu'elles soient, comme dans la vente la quittance du prix ou l'obligation de le payer, une dépendance intime et nécessaire de la convention. Nous le disions devant vous dans une autre affaire (2831 R. P.) : « Quand l'art. 11 a soumis à une perception distincte les dispositions d'un même acte qui ne dérivent pas nécessairement les unes des autres, il s'est évidemment placé sur le terrain des appréciations juridiques. Pas plus ici qu'ailleurs, la volonté des contractants ne saurait créer le droit ; il s'impose à elle malgré ses réticences ou ses luttes, et c'est pourquoi l'indépendance dont le législateur a fait sa règle doit se fonder abstractivement sur la nature même des conventions ou de leurs effets » (3542 R. P.).

C'est aussi le principe qui a été formulé, en ces termes, par la Cour suprême dans un arrêt du 21 août 1872 :

« Attendu qu'aux termes de l'art. 11 de la loi du 22 frimaire an 7, lorsque, dans un acte quelconque, soit civil, soit judiciaire ou extrajudiciaire, il y a plusieurs dispositions indépendantes et ne dérivant pas nécessairement les unes des autres, il est dû pour chacune d'elles, et selon son espèce, un droit particulier dont la quotité est déterminée par l'article du tarif dans lequel elle se trouve classée ou auquel elle se rapporte ; que par induction de ce texte, il est admis que quand, au contraire, diverses dispositions comprises dans un même acte sont dépendantes et dérivent nécessairement les unes des autres, il ne doit être perçu qu'un seul droit, celui de la convention principale ; mais que l'induction ne saurait être étendue au delà des termes que suppose l'art. 10 de la loi précitée, dans le cas qu'il propose par exemple ; d'où il suit que, pour soustraire à la pluralité de droits édictée par l'art. 11 les dispositions diverses d'un même acte, *il faut, non pas seulement que ces dispositions aient été liées entre elles dans l'intention des parties contractantes, mais que, prises abstractivement, elles concourent ensemble à la formation d'un contrat principal et en constituent les éléments corrélatifs et nécessaires* » (3542 R. P., 2456-6 I. G., S. 72-1-441).

4. TRANSITION. — Malgré ces commentaires, il faut encore reconnaître qu'il est fort difficile en cette matière de poser une règle assez précise pour embrasser tous les cas et servir de formule aux nombreuses applications de la pratique. Les tribunaux ont ici un pouvoir d'appréciation considérable, et c'est pour cela précisément que les discussions sur l'art. 11 sont aussi fréquentes et aussi peu définies.

Nous ne pourrions pas synthétiser ici les résultats de la jurisprudence sans nous jeter hors de notre route. Nous nous contenterons de poser quelques jalons au moyen d'un certain nombre de décisions isolées, nous réservant, au fur et à mesure que nous aborderons les différents mots de ce Dictionnaire, de passer en revue les difficultés qui forment, avec les mots auxquels elles se rapportent, un ensemble qu'il convenait de ne pas scinder.

5. DROIT FIXE. — PLURALITÉ. — Bien que nous n'ayons nullement l'intention de traiter ici de la *pluralité* des droits fixes, puisque cette question trouvera sa place pour ainsi dire à chaque mot de notre Répertoire, nous devons cependant poser en principe que l'art. 11 de la loi du 22 frimaire an 7 s'applique indistinctement aux droits fixes et aux droits proportionnels.

Une solution du 12 mai 1873 a parfaitement caractérisé ce principe à propos d'une procuration où plusieurs mandataires étaient désignés pour faire séparément des actes semblables; elle a décidé qu'il est dû autant de droits fixes qu'il y a de mandataires, en se fondant sur les motifs suivants :

« Chacun de ces actes, a dit l'Administration, contient *autant de dispositions indépendantes* les unes des autres qu'il y a de mandataires particuliers constitués et ayant chacun des pouvoirs distincts qui lui permettent d'agir isolément ; et s'il est vrai, jusqu'à un certain point, en ce qui concerne les mandats alternatifs, que dans l'intention du mandant, l'un des mandataires exclut l'autre mandataire, il n'en est pas moins vrai qu'il peut arriver que chacun d'eux puisse faire usage de son mandat, ce qui suffit à justifier la perception d'autant de droits qu'il y a de mandataires alternatifs. Il n'y a aucune raison de décider autrement en ce qui concerne la procuration, qui n'a pour objet que le règlement d'une seule affaire, par laquelle, par exemple, il est donné pouvoir soit à un premier mandataire, soit à un second, à l'effet de vendre des immeubles à un tiers désigné et à deux autres dans les mêmes termes, pour toucher le prix, en donner quittance et consentir mainlevée ; cette clause n'en contient pas moins constitution de deux mandataires pour vendre et de deux mandataires pour toucher. Il peut être exact de dire que si, sur trois mandataires constitués pour vendre ou pour toucher, l'un consent la vente, le mandat des deux autres reste sans objet; mais chaque mandataire alternatif n'en est pas moins investi d'un mandat dont il pourra faire usage, et qui doit s'apprécier en lui-même d'après son caractère et ses effets actuels, indépendamment du fait de son exécution, qui constitue un événement ultérieur sans influence sur la perception. »

542. Obligation du receveur. — Amende. — Dans le cas de l'art. 11 L. 22 frimaire an 7, le receveur doit énoncer distinctement dans sa quittance la quotité de chaque droit perçu, à peine d'une amende de 10 francs pour chaque omission (L. 22 frim. an 7, art. 57).

543. Minimum du droit. — Suivant l'art. 3 de la L. 27 ventôse an 9, il ne peut être perçu moins de 25 centimes pour l'enregistrement des actes et mutations dont les sommes et valeurs ne produiraient pas 25 centimes de droit proportionnel.

Pour la saine interprétation de cet article, il faut considérer qu'il n'a point pour objet *chacune* des différentes dispositions d'un même acte, mais le salaire de la formalité pour l'*acte entier*, et qu'ainsi la perception de 25 centimes ne peut être faite, comme *minimum* du droit, qu'autant que la perception sur les différentes dispositions n'atteindrait pas cette quotité. — Ce principe a été adopté, en thèse générale, par le J. E., qui a émis l'opinion qu'il n'y a pas lieu de percevoir le *minimum* de 25 centimes sur chaque disposition séparée, lorsque l'ensemble des perceptions à faire excède ce minimum (1178, 2240 J. E.).

1. NON FRACTIONNEMENT DES LOTS. — C'est aussi ce qui a été reconnu par l'Administration, le 5 octobre 1825 (8187 J. E., 1187 § 3 I. G.), au sujet d'un bail à divers lots. Elle a prescrit de liquider le droit en suivant les séries de 20 francs en 20 francs, sans se préoccuper, pour chaque lot, du minimum de 25 centimes qui était dépassé pour l'ensemble des perceptions à faire.

2. JUGEMENT — PAS DE DISTINCTION ENTRE LE TITRE ET LA CONDAMNATION. — L'art. 69 § 2 n° 9, L. 22 frimaire an 7, voulant que lorsqu'une condamnation est prononcée sur une demande non établie par un titre enregistré et susceptible de l'être, le droit auquel l'objet de la demande aurait donné lieu, s'il avait été convenu par acte public, soit exigible *indépendamment* du droit dû pour le jugement qui a prononcé la condamnation, il avait paru d'abord que l'on devait considérer *isolément* l'objet de la demande et le jugement; d'où la conséquence que le *minimum* de 25 centimes est applicable au droit de titre à percevoir sur un jugement comme si ce titre eût fait l'objet d'un acte *spécial*.

Dans ce sens, l'Administration avait décidé, le 29 mars 1826, que le minimum de 25 centimes, comme droit de titre, était exigible sur un jugement portant condamnation à payer 12 francs pour prêt verbal (8389 J. E.).

Cette interprétation a été depuis lors abandonnée, et il est aujourd'hui reconnu que le deuxième alinéa de l'art. 69 § 2 n° 9 de la loi du 22 frimaire an 7, doit être interprété en ce sens que le législateur a entendu établir un minimum du droit d'enregistrement pour la formalité donnée au jugement et non pour chaque disposition en particulier (Sol. 22 mars 1858, 1036 R. P.; Sol. 16 oct. 1860, 2187 § 2 I. G., 1449 R. P.; Sol. 18 janv. 1865, 2022 R. P.). On trouvera le développement de cette question au mot *Jugement*, nos 10434 et 10752.

3. DÉCLARATION DE SUCCESSION. — PAS DE DIVISION ENTRE LES MEUBLES ET LES IMMEUBLES. — La même question s'étant présentée à l'égard d'une déclaration de succession en ligne directe dont les immeubles étaient évalués à 50 francs et les meubles à 40 francs, on a été d'avis (1088 J. E.) que, dans ce cas, les droits doivent être cumulés, et que, dès que l'une des espèces de biens produit plus de 25 centimes, le droit dû sur l'autre nature de biens ne doit être perçu que sur le montant de sa valeur, quelque faible que soit la somme qui en résulte.

4. ABSENCE DE SOLIDARITÉ. — Mais une succession en ligne directe, qui ne se compose que de 20 francs de mobilier, étant ouverte avec usufruit au mari survivant, si celui-ci fait la déclaration tant en son nom qu'en celui de ses enfants, il est dû 25 centimes de minimum pour la ligne directe, car *aucune solidarité* n'existe entre les nu-propriétaires et l'usufruitier, et le droit payé par celui-ci doit être considéré abstraction faite de celui exigible des héritiers. Ce sont

comme deux successions distinctes réunies dans une seule déclaration.

544. Double droit. — Lorsqu'un acte n'a pas été enregistré dans le délai fixé par la loi, le double droit à percevoir doit être d'une somme égale au montant des droits qui auraient été perçus sur cet acte, s'il eût été enregistré.

1. ACTE SOUS SIGNATURE PRIVÉE. — Il en est autrement en ce qui concerne les actes sous seing privé qui contiennent des dispositions assujetties par leur nature à la formalité, *dans un délai déterminé*, et d'autres dispositions qui, si elles en étaient séparées, ne seraient sujettes à l'enregistrement que quand on voudrait en faire usage. La peine du double droit n'est, dans ce cas, applicable qu'aux premières de ces dispositions (Dél. 26 niv. an 12, et 15 brum. an 13, 290 § 1er I. G.).

2. ACTE JUDICIAIRE ANTÉRIEUR A 1816. — Il y a exception à cette règle à l'égard des actes judiciaires qui sont passés *avant la publication de la loi du 28 avril 1816*, et qui contiennent plusieurs dispositions dont les unes sont sujettes à l'enregistrement sur la *minute* et les autres sur les *expéditions* (758 I. G.). L'exception ne subsiste que pour ces actes, ceux passés depuis la loi de 1816 étant *tous* soumis à l'enregistrement sur la *minute*. Nous reviendrons d'ailleurs sur ce point au mot *Jugement*.

545. La perception des droits est indivisible. — On ne peut syncoper la perception des droits sur un acte, c'est-à-dire percevoir ceux d'une disposition et laisser en suspens ceux des autres (Dél. 26 niv. an 12 et 15 brum. an 13, 290 § 1er I. G.; Cass. 23 fév. 1836; — 7 nov. 1821; — 19 nov. 1834). — V. *Enregistrement*, n° 7708.

1. ADJUDICATION. — Dans ce sens, il a été reconnu que la perception des droits étant indivisible, l'un des acquéreurs de biens indivis, par un même contrat et *sans solidarité*, pouvait être valablement poursuivi en payement de la totalité des droits exigibles sur ce contrat (Cass., 7 nov. 1821). — « Attendu, sur la solidarité prononcée, que le droit d'enregistrement frappant sur les actes et non sur les personnes, il est indivisible comme le sont les actes eux-mêmes; qu'en conséquence, l'un des acquéreurs des biens indivis acquis par même contrat, a pu être légalement contraint pour le tout. » (*Précis chronol.;—Conf.* Cass. 25 janv. 1828, 1282 § 10 I. G.).
Un troisième arrêt Cass. 19 novembre 1834 (11096 J. E., 1481 § 1er I. G., 8758 J. N., S. 35-1-157, D. N. t. 1er p. 546 n° 154) a, de même, décidé que les droits d'une adjudication indivise faite à plusieurs personnes ne peuvent être reçus de chacun des adjudicataires dans la proportion de son intérêt, mais doivent être payés dans leur entier au moment de la présentation de l'acte à l'enregistrement. — « Considérant, porte l'arrêt, que le taux et le mode de payement des droits d'enregistrement de tous actes et des droits de mutation en particulier sont l'objet d'une législation toute spéciale qui les règle exclusivement; que le payement du droit ne peut être morcelé, mais doit être payé avant l'enregistrement pour la quotité entière du droit (art. 28 de la loi de frim. an 7); que la quittance du droit entier de l'enregistrement doit être mise sur l'acte enregistré aussitôt que le droit est payé, et que la quittance doit exprimer la date de l'enregistrement, le folio du registre, le numéro et la somme des droits payés et perçus, ce qui exclut toute idée de payements partiels et de plusieurs quittances successives; qu'enfin, un acte ne peut être enregistré pour une partie et non enregistré pour une autre. »

2. MUTATION VERBALE. — Le mari qui a acquis verbalement un immeuble pendant l'existence de la communauté ne peut être admis à ne payer que la moitié des droits de mutation en rejetant le payement de l'autre moitié sur les héritiers de la femme (Nevers, 30 août 1842, 13132 J. E.).

CHAPITRE II. — DE LA DISPOSITION PRINCIPALE

[546-557]

546. Principe. — Une convention peut se composer de deux obligations corrélatives tarifées séparément et d'une manière différente. Comme c'est la combinaison des deux engagements qui forme le contrat assujetti à la perception des droits, on est amené à se demander quel est celui des tarifs qu'il faut appliquer. La question présente de grandes difficultés et nous allons essayer de l'élucider.

547. Le contrat ne peut être scindé. — Et d'abord il est clair qu'on ne saurait décomposer le contrat pour appliquer distinctement l'impôt à chacun des éléments dont il est formé. « Les conventions synallagmatiques, disent très-bien Champ. et Rig., pour comprendre deux engagements, n'en sont pas moins une. On pourra trouver quelque difficulté à reconnaître la véritable nature d'un contrat synallagmatique; on peut être embarrassé pour décider si un acte est une vente ou une cession de créances; mais, dans aucun cas, le contrat ne peut recevoir également l'une et l'autre qualifications, il ne peut pas être vrai de dire qu'il est indifféremment une vente ou une cession de créances; il a nécessairement une qualité unique qu'il s'agit de déterminer » (nos 38 et 84).

C'est un point de droit que la Cour de cassation a consacré, le 29 décembre 1868, en décidant que quand on cède des créances et des immeubles moyennant une rente viagère, le contrat ne saurait être scindé en deux parties, dont l'une aurait pour objet la constitution de rente moyennant une créance, et la seconde la cession de l'immeuble moyennant une rente. Il n'y a réellement qu'un seul contrat, une transmission de valeurs ne devant donner ouverture qu'à une seule nature de droits, dont la quotité seulement peut varier suivant que le droit s'applique à l'immeuble ou à la créance (2850 R. P., 19485 J. N., B. G. 195, S. 69-1-86, D. 69-1-265, P. 69-175).

1. DISPOSITIONS DIVERSES FORMANT L'OBJET D'UNE CLAUSE SPÉCIALE. — Dans tous les cas, il faut écarter de la discussion les cas dans lesquels chaque mutation fait l'objet d'une clause spéciale de l'acte. Si les parties, au lieu d'une convention unique, en ont réellement fait plusieurs, arrêtées les unes à la suite des autres, et n'ayant d'autre lien que

leur juxtaposition dans le même *instrument*, la difficulté ne s'élève pas. Chaque cession sera considérée isolément des autres, et on lui appliquera le tarif comme si elle se rencontrait seule dans un acte particulier. C'est le caractère que M. l'avocat général Blanche avait cru pouvoir attribuer au contrat litigieux dans l'affaire qui a fait l'objet de l'arrêt que nous venons de rapporter ; mais la Cour de cassation n'a pas admis ce point de vue. Il faut conclure de là que pour que toute difficulté soit écartée, il faut que *réellement* chaque mutation fasse l'objet d'une clause spéciale.

548. Difficulté de saisir la disposition principale qui doit caractériser le contrat. — Mais la détermination de la nature du contrat offre de très-grands embarras et résiste véritablement à l'application de toute règle générale. Il est clair, en effet, que dans un contrat synallagmatique, la disposition principale qui doit servir à qualifier le contrat varie selon le point de vue de chaque partie. Si je vous cède des créances pour avoir une rente, la constitution de rente est pour moi le but principal et essentiel de l'opération : le transport des créances n'est que le prix de la constitution, et ce n'est point par le prix qu'il faut déterminer le contrat. Au contraire, votre intention est d'acheter des créances ; la prestation de la rente est uniquement le prix de cette acquisition ; et selon qu'on se place à l'un ou à l'autre aspect du contrat, il est également vrai de dire qu'il renferme une cession de créances et une constitution de rente.

1. ANCIENNE LÉGISLATION. — PLUS FORT DROIT. — Les feudistes s'étaient livrés sur ce point à un travail d'analyse très-profond ; mais la matière y prêtait si peu, qu'en voulant poursuivre leurs déductions, ils étaient arrivés à des conséquences aussi puériles qu'inadmissibles. Il suffit de citer ici la longue dissertation de Tiraqueau, un maître entre tous, qui voulait, en désespoir de cause, se déterminer par la *noblesse* du contrat, et cherchait ses motifs de solution dans la littérature classique ou même dans des considérations de médecine légale (V. *du Retrait lignager* § 30 ; *Glose* 1er n°s 15 et suiv.).

Le tarif de 1722 avait évité ces embarras en déclarant que : « pour les contrats et actes renfermant différentes dispositions concernant les mêmes parties, il ne sera payé qu'un droit *qui sera pris sur le pied de l'article le plus fort du présent tarif* » (Art. 96 du tarif de 1722). Mais cette disposition n'a pas été reproduite dans la loi moderne, et toutes les anciennes incertitudes ont reparu. L'Administration a souvent tenté, néanmoins, de faire admettre le même principe ; on le trouve catégoriquement formulé dans une délibération du 12 juillet 1833 : « Si le transport de la créance, porte-t-elle, est présenté par l'acte comme la condition du bail, on peut dire également que ce bail est la condition du transport de la créance. Comme ces deux dispositions se lient intimement et dépendent l'une de l'autre, quelle que soit celle que l'on considère comme la disposition principale, il n'est dû qu'un seul droit ; *mais on ne peut contester à l'Administration la faculté de percevoir sur la stipulation la plus avantageuse au Trésor* » (10657 J. E. ; 2706 C.). — Mais nous avons, dans nos précédentes éditions, combattu le caractère absolu d'une telle conclusion. La disposition principale, en effet, est celle qui offre à l'une des parties un plus grand avantage qu'à l'autre, et non celle qui procure le droit le plus élevé à l'État. Ceci est normal : le contrat est passé dans l'intérêt des parties et non dans celui du Trésor (*V.* aussi G. Demante, n° 72). « La règle de l'art. 11, dit M. l'avocat-général Blanche, est la seule qui existe dans la législation fiscale au sujet des dispositions multiples d'un contrat. Elle remplace donc la théorie du plus fort droit que l'on trouve dans les lois antérieures, et pour l'interpréter, il faut s'en tenir à ces termes » (2850 R. P.).

Aussi la Cour de cassation, en ces matières, se réfère soigneusement aux constatations de fait des jugements attaqués devant elle (Cass., 6 janv. 1834 et 13 déc. 1853), écartant ainsi l'application entière du principe du plus fort droit pris par la délibération de 1833.

2. VALEUR RELATIVE DES ENGAGEMENTS. — Nous croyons donc que l'Administration s'est plus rapprochée de la vérité quand elle a formulé dans les termes suivants au § 3 de son I. G. 1999, la règle de perception des dispositions corrélatives : « Lorsqu'un acte renferme deux transmissions tarifées différemment, mais qui, à raison de leur corrélation, ne sont pas de nature à donner ouverture à la pluralité des droits, celle des transmissions dont la valeur est la plus considérable et forme par son importance la disposition principale doit servir de base pour établir la perception. »

La difficulté n'est pas sans doute aplanie, puisqu'il reste toujours à déterminer la valeur relative des deux transmissions ; mais comme cette fixation ne dépend pas absolument des différences de tarif, il en résulte que l'Administration reconnaît virtuellement aux parties le droit de discuter cette question d'après les circonstances de leur contrat et d'en déférer la connaissance aux juges du fait.

Cette réserve posée, on doit ajouter que certains principes peuvent cependant servir à la détermination de la disposition principale. Voici, en résumé, ceux que la doctrine accepte généralement :

Dans toutes les conventions qui comprennent un prix en argent, ce prix n'est jamais l'objet le plus important : c'est la disposition corrélative qui est la principale. — Il en serait de même si le prix, au lieu de consister en une somme d'argent, était représenté par des valeurs d'une nature différente, telles que fruits, denrées ou marchandises : en effet, ces objets ne seraient pas considérés comme des espèces, mais comme des valeurs, et, en cela, ils seraient assimilés à l'argent. — Si de deux obligations corrélatives l'une a pour objet un corps certain, et l'autre des choses qui consistent *in pondere, numero et mensura*, c'est-à-dire qui se consomment par l'usage, ces dernières représentent la valeur et forment le prix : la première obligation est donc la disposition principale. — Si les deux obligations ont également pour objet un corps certain, il faut rechercher laquelle des deux choses échangées se rapproche le plus de l'argent et peut davantage être considérée comme une valeur (Champ. et Rig., n°s 106, 108 ; G. Demante, n° 73). On peut, sur ce dernier point, classer ainsi les valeurs qui s'éloignent davantage de l'argent : 1° l'argent ; — 2° les lingots, les diamants, les pierres précieuses, qui, dans le commerce, sont considérés comme de l'argent ; — 3° les rentes, créances et actions ; — 4° les choses fongibles ; — 5° les objets mobiliers d'un corps certain ; — 6° les actions de l'homme et par conséquent les obligations de faire ; — 7° les immeubles.

3. INFLUENCE DU TARIF SUR CE POINT. — Quand ces principes sont, aussi bien que les circonstances du fait, impuissantes à préciser la disposition principale, faut-il dire, avec Championnière, que la convention doit alors s'interpréter en faveur des contribuables et donner lieu à la perception la moins élevée? (*Loc. cit.*) Nous ne pouvons l'admettre. Non pas que nous pensions, comme Demante, que « s'agissant ici de la combinaison de deux ou plusieurs contrats, on concevrait que le législateur eût ordonné de percevoir cumulativement l'impôt afférent à chacun de ces contrats, et qu'il parait raisonnable d'asseoir la perception sur la stipulation la plus avantageuse au Trésor, quand il est vraiment impossible de discerner le contrat principal » (n° 78). Nous croyons, au contraire, que la convention est unique, bien qu'elle se compose de deux engagements corrélatifs, et par conséquent il nous semble que la loi n'aurait pas pu leur appliquer distinctement le tarif sans violer la maxime *Non bis in idem.* Mais il s'agit de déterminer ici, en l'absence des circonstances et des principes ordinaires, la valeur comparée des deux engagements corrélatifs. Or, les quotités du tarif ont été précisément graduées selon l'importance que le législateur fiscal attribuait aux différentes conventions; c'est pourquoi il a soumis la quittance à 50 cent. pour 100, l'obligation à 1 pour 100, la vente de meubles à 2 pour 100, et la vente d'immeubles à 5 fr. 50 pour 100. L'Administration, qui applique le tarif à un contrat formé de deux conventions réciproques, et qui doit d'abord connaître la convention dominante, trouve naturellement cette indication dans la quotité même de l'impôt; et quand aucune preuve tirée du droit civil ne vient détruire cette présomption, elle est autorisée à la suivre et à percevoir le droit le plus élevé.

La difficulté précédente a donné lieu, en jurisprudence, à de nombreuses solutions que l'on trouvera dans le cours de l'ouvrage. Nous nous bornons à réunir ici celles qui peuvent le mieux faire ressortir l'application des principes.

549. Bail à nourriture. — Si l'obligation corrélative à celle de nourrir consiste dans l'abandon de meubles ou d'immeubles, la convention prend alors le caractère de vente de meubles ou d'immeubles, et c'est non le droit de bail qui est exigible, mais celui de 2 pour 100 ou de 5 fr. 50 cent. pour 100 (Sol. 8 fruct. an 8, 570 J. E.; — Seine, 22 janv. 1845, Dalloz, 2030). — *V.* 2356-2857.

Ainsi décidé notamment au sujet d'un bail à nourriture fait pour trois ans moyennant une cession de créances; le droit de cession de créances a été reconnu exigible (Dél. 12 juill. 1833, 10657 J. E.). — Si la cession de créances était le prix d'un bail à vie, le droit de 2 pour 100 serait exigible (7614 J. E.; Sol. 9 août 1825, 8218 J. E.; Sol. 14 mars 1837; Dalloz, 2027; Champ., t. 6, n° 270).

550. Dation en payement. — Si un débiteur, pour se libérer d'une dette, abandonne à son créancier un objet mobilier déterminé ou un immeuble, on doit considérer cette double convention comme se confondant dans un seul acte, mais l'engagement qui caractérise ici le contrat, c'est la dation en payement qui fait produire à la convention l'effet d'une vente mobilière ou immobilière, et c'est le droit de cette vente qui est seul exigible. — *V.* n° 5757.

551. Donation onéreuse.—La donation par un père à son fils d'une rente viagère à la charge par celui-ci de lui laisser, sa vie durant, la jouissance des biens de sa mère, constitue une simple libéralité, car la donation était la disposition principale, et l'abandon d'usufruit un pur accessoire ne pouvant servir à qualifier le contrat (Cass., 15 déc. 1832; — 6 janv. 1834; — 13 déc. 1853, 10834 J. E., 8319 J. N., 1999-3 I. G., S. 34-1-90, 54-1-58). — *V.* 5307, 6650, 12593.

552. Échange.— En échange de biens immeubles situés en Amérique, il a été cédé : 1° des biens situés aussi en Amérique; — 2° des biens immeubles sis en France, d'un revenu de 752 francs; — 3° une créance et des capitaux de rentes payables en France. Cet acte a été assujetti : 1° au droit fixe de 10 francs pour les biens situés en Amérique; — 2° à celui de 2 fr. 50 pour 100 sur le capital au denier 20 du revenu des biens situés en France; — 3° à celui de 1 pour 100 sur le montant de la créance; — 4° et à celui de 2 pour 100 sur les capitaux de rentes, par le motif que l'acte, étant stipulé à titre d'échange, présente une disposition alternative, et que dès lors si l'on peut dire que la créance et les rentes sont le prix des immeubles sis à l'étranger, dont la mutation est exempte du droit proportionnel, d'un autre côté on peut soutenir que ce sont les immeubles sis à l'étranger qui sont donnés en payement des capitaux sis en France, et dont la mutation, dans ce cas, n'est dispensée du droit proportionnel par aucune loi (Sol. 25 juill. 1832, 3846 Roll.).

554. Marché. — La vente d'un immeuble à une ville portant que le vendeur élèvera sur l'immeuble vendu des constructions à usage de marché, et qu'en payement du prix de la vente et des constructions, la ville cédera au vendeur la jouissance pendant soixante-dix ans de l'immeuble et des constructions, donne ouverture au droit de vente et de marché. Car un tel acte doit être réputé avoir pour objet principal un marché et non un bail emphytéotique (Cass. 1er juill. 1835, 1504-2 I. G., S. 35-1-615. — *V.* aussi Cass. du même jour, en matière d'échange, 1504-2 I. G., S. 35-1-615; — Seine, 5 avr. 1865, n° 2303 R. P.).

1. NAVIGATION. — De même, la cession du privilége pendant quatre-vingt-dix-neuf ans de navigation sur une rivière avec obligation par le cédant de faire les travaux et de fournir les bateaux pour la navigation, constitue un marché sujet au droit de 1 pour 100, et non la cession d'un usufruit mobilier passible de 2 pour 100, l'abandon du privilége ne devant être considéré que comme le prix du marché (Dél. 4 fév. 1831, 9893 J. E.).

2. BAIL. — Mais le bail pour neuf ans, fait sans prix, d'une maison, à charge par le preneur de faire les réparations évaluées 3,000 francs, donne lieu au droit de bail et non de marché, car le bail est ici l'objet principal de la convention; la valeur des réparations n'en est que le prix (12941-1 J. E.).

555. Rente. — La cession d'une créance moyennant une rente donne ouverture au droit de 2 pour 100, comme constitution de rente (Sol. 29 flor. an 6, 1104 J. E.; Dél. 29 sept., 3 oct. 1835, 11486 J. E.; — Loudun, 27 déc. 1848.

14679 J. E.; — Laon, 26 sept. 1850, 14277 J. N., 15172 J. E.). — V. *Cession de créances*, n° 3673.

Si une vente de meubles et d'immeubles comprend une rente sur l'État, et que le prix spécifié distinctement par chaque nature de biens soit converti en une rente viagère, le droit de 2 pour 100 est exigible sur la portion du prix afférent à la rente sur l'État (Cass. 20 fév. 1839, 12242 J. E., 10299 J. N., 1590-13 I. G., S. 39-1-220; — Saint-Brieuc, 9 juill. 1860, 1384 R. P.).

Lorsqu'une rente viagère est stipulée comme prix de l'abandon d'un immeuble ou de la cession d'une valeur mobilière, le contrat ne peut plus être considéré comme une constitution de rente viagère, mais est en réalité une vente soit mobilière, soit immobilière, dont la rente n'est plus que le prix. En pareil cas, le droit d'enregistrement à percevoir n'est plus celui de l'art. 69, paragraphe 6, n° 2, pour les constitutions de rente, mais le droit établi pour les transmissions de biens par l'art. 69, paragraphe 3, n° 3, pour les valeurs mobilières, et par l'art. 69, paragraphe 7, n° 1, pour les valeurs immobilières (Cass. 29 déc. 1868, 2850 R. P., 19185 J. N., B. C. 195, S. 69-1-86, D. 69-1-265, 69-175 J. P.).

Décidé de même, 1° que quand la constitution de rente a lieu comme prix de la cession de valeurs indivises d'une communauté, c'est la cession de ces valeurs qui forme la disposition principale de la convention et qui motive l'application du tarif (Seine, 22 janv. 1870, 3108 R. P.); — 2° que l'acte contenant vente d'immeubles et cession de droits dans une société moyennant une rente viagère constate une convention unique assujettie au droit de 5 fr. 50 pour 100 sur la valeur des immeubles, et de 50 pour 100 sur celle de la part sociale (Sol. janv. 1872, juill. 1872). — V. *Rente*, n°s 14077 et suiv.

556. Charte-partie. — Le plus souvent la charte partie ou louage d'un navire contient à la fois un bail d'industrie et un louage de choses. Quelle est la disposition principale? — V. *Charte partie*, n° 3767.

557. Vente d'un bien à l'étranger moyennant une rente. — Dans la vente d'un immeuble à l'étranger, faite moyennant une rente payable en France, c'est la vente de l'immeuble qui forme la disposition principale. — *V.* 1404.

ACTE DE DERNIÈRE VOLONTÉ.

558. Acte de dernière volonté. — C'est le nom que l'on donne aux dispositions testamentaires. — V. *Testament*.

ACTE ENTRE-VIFS.

559. Acte entre-vifs. — On nomme actes entre-vifs, par opposition aux actes à cause de mort, ceux dont l'effet est actuel, ou du moins n'est pas subordonné à la mor[t] [de]s parties.

ACTE ÉCRIT A LA SUITE D'UN AUTRE.

DIVISION

SOMMAIRE

D

E

F

G

H

I

J

L

M

N

O

P

Q

R

CHAPITRE PREMIER. — DISPOSITIONS GÉNÉRALES

[560-564]

560. Règle. — L'art. 23 L. 13 brumaire an 7, après avoir disposé qu'il ne pourra être fait ni expédié deux actes à la suite l'un de l'autre sur la même feuille de papier timbré, nonobstant tout usage ou règlement contraire, excepte de la règle qu'elle pose :

1° Les ratifications des actes passés en l'absence des parties;

2° Les quittances de prix de vente et celles de remboursement de contrats de constitutions ou obligations;

3° Les inventaires, procès-verbaux et autres actes qui ne peuvent être consommés dans un même jour et dans la même vacation;

4° Les procès-verbaux de reconnaissance et levées de scellés qu'on peut faire à la suite du procès-verbal d'apposition;

5° Les significations des huissiers, qui peuvent également être écrites à la suite des jugements et autres pièces dont il est délivré copie;

6° Il peut aussi être donné plusieurs quittances sur une même feuille de papier timbré, pour à-compte d'une seule et même créance, ou d'un seul terme de fermage ou loyer.

Toutes autres quittances qui sont données sur une même feuille de papier timbré n'ont pas plus d'effet que si elles étaient écrites sur papier libre.

1. REPRODUCTION PRESQUE TEXTUELLE D'UNE DÉCLARATION DE 1691. — Les dispositions qui précèdent sont la reproduction presque textuelle d'une déclaration du roi du 19 juin 1691, portant :

« *Art.* 12. — Il est défendu aux notaires de mettre, sous quelque prétexte que se soit, deux actes en suite l'un de l'autre, pas même les minutes, quand il s'agirait d'un même fait et entre les mêmes parties, *à l'exception* de la notification des actes passés en l'absence des parties et des quittances de remboursement d'une constitution ou obligation, qui se pourront mettre en marge ou en suite des minutes, sans rien innover pour les lieux où l'usage est établi parmi les notaires d'écrire leurs minutes de suite dans des registres.

« *Art.* 14. — Il est pareillement fait défense à tous huissiers et sergents de mettre deux significations ou autres actes sur un même papier, sous quelque prétexte que ce soit, si ce n'est pour les premières significations des sentences, arrêts et autres procédures, lesquelles pourront être écrites sur lesdits arrêts, sentences ou écritures, et pour les procès-verbaux de vente de meubles, de criées, inventaires, compulsoires et autres actes qui ne se peuvent consommer dans un seul jour et même vacation, qui seront continuées sur même cahier, à l'exception aussi des exploits d'assignation à demandes, dans lesquels pourront être écrites les copies des pièces en vertu desquelles les demandes seront faites. »

2. LA LOI DOIT ÊTRE APPLIQUÉE DANS UN SENS RESTRICTIF. — En règle générale, il faut appliquer dans leur sens *littéral et restrictif* les exceptions que l'art. 23 L. 13 brumaire an 7 a posées à la défense d'écrire deux actes à la suite l'un de l'autre et sur la même feuille de papier timbré.

Si l'Administration a pu, dans certaines affaires, se départir de la rigueur des principes en étendant les exceptions mentionnées en l'art. 23, ces décisions particulières ne peuvent servir de règle, ni faire fléchir les dispositions impérieuses de la loi, quelle que soit d'ailleurs leur sévérité.

Les nombreuses décisions qui sont intervenues sur cette matière *reposent toutes* sur l'application *plus ou moins stricte* de l'art. 23; aussi nous contenterons-nous de les énumérer le plus brièvement possible, l'énoncé de leurs motifs devant toujours tourner dans le même cercle.

3. EXTENSION DES DISPOSITIONS DE LA LOI. — Le bénéfice des exceptions énumérées en l'art. 23 de la loi de brumaire a été étendu depuis cette époque et par des dispositions législatives, à quelques cas particuliers.

Révocation. Par un décret du 15 juin 1812, aux révocations de procuration ou de testament.

Décharge.—Par un avis du conseil d'État des 7-21 octobre 1809 (460 I. G.), aux décharges de prix des ventes mobilières faites par les notaires, greffiers, commissaires-priseurs, huissiers.

Assurances. — Par l'art. 42 de la loi du 5 juin 1850 aux avenants relatifs aux polices d'assurances maritimes et contenant prolongation de l'assurance, augmentation dans la prime ou dans le capital assuré, ou bien, en cas de police flottante portant désignation d'une somme en risque ou d'une prime à payer. — *V.* 612-9 *bis* et 641-1.

Récépissés. — Par l'art. 1er de la loi du 30 mars 1872 aux modifications des conditions de transport à inscrire à la suite des récépissés délivrés en petite vitesse. — *V.* 576, 612-2.

4. MARGE ET AUTRES PARTIES DE LA FEUILLE. — Lorsque la loi permet d'écrire un acte à la suite d'un autre, elle n'assigne aucune place précise où cet acte doit être écrit.

Marge. — Dès lors, le second acte peut être écrit en marge du premier. On peut le faire avec d'autant plus de raison qu'aucune loi sur le timbre n'oblige à laisser des marges aux actes, que le nombre des lignes par page soit ou non fixé, qu'il s'agisse ou non d'une minute (13526-1 J. E.).

Notaire. — Ainsi, quand un acte notarié peut être écrit à la suite d'un autre, le notaire peut rédiger ce second acte notarié en marge du premier (13526-1 J. E.).

Huissier. — Ainsi encore, un huissier peut rédiger un exploit de signification en marge d'une expédition (5939 J. E.).

Fonctionnaire administratif. — De même, les arrêtés et délibérations par lesquels l'autorité supérieure approuve un acte soumis à cette formalité peuvent être mises en marge des pétitions sur papier timbré, lorsqu'elles servent de minute (D. m. f. 12 pluv. an 5; Circ. 1566).

5. ARRÊTÉ ADMINISTRATIF. — EXPÉDITION DE PÉTITION. — Le ministre des finances a décidé, le 23 avril 1829, que les décisions et arrêtés des autorités administratives ne peuvent être transcrits en marge des pétitions, pour servir de copie ou d'expédition aux parties, que dans le cas où les deux doubles des pétitions seraient en papier timbré, et celui sur lequel l'arrêté ou la décision serait copié sur papier au timbre d'expédition (9288 J. E., 9207 J. E.).

6. MINUTE. — Lorsque l'un des deux doubles de la pétition timbrée doit servir de minute, l'arrêté approbatif peut être écrit à la suite ou en marge, lors même que ce double serait écrit sur du papier d'une dimension inférieure à celle des expéditions (D. m. f. 12 pluv. an 5; Circ. 1566).

Dans le premier cas, la transcription de l'arrêté, sur le double devant servir d'expédition à la partie, n'est même autorisée que s'il reste une minute de l'arrêté au secrétariat de l'Administration (D. m. f. 12 therm. an 7; Circ. 1705; D. N., vo *Acte à la suite*, 15).

7. COMPLÉMENT DE L'ACTE APPROUVÉ. — En toute hypothèse, l'arrêté approbatif peut être mis à la suite de l'acte approuvé, auquel il sert de complément (D. m. f. 30 fruct. an 13, 293 I. G.). — *V.* 612-8 et 632 *ter*-7.

561. Timbre supprimé. — Lorsque les dispositions de la loi permettent d'écrire un acte à la suite d'un autre, on peut user de cette faculté, quoique le timbre du papier du premier acte ait été supprimé (D. m. f. 4 brum. an 11, 137 I. G., 3226 J. N. — D. m. f. 11 nov. 1826, D. N., vo *Acte à la suite*, no 7; 3069-6577 J. E.; Cass. 15 juill. 1806, 2503 J. N., S. 6-2-698).

1. QUITTANCE. — RATIFICATION. — Une quittance, une ratification ont pu, sans contravention, être, postérieurement au 1er octobre 1847, écrites à la suite d'une vente rédigée sur du timbre prescrit antérieurement à cette date, où l'ancien timbre subsistait encore (14735-3, 14407-3, 11711-3 J. E.).

2. TIMBRE AUGMENTÉ. — CODICILLE. — Il en est de même d'un codicille écrit à la suite d'un testament, lors même que, dans l'intervalle, le droit de timbre aurait été augmenté (3226 J. N.; D. N. *loc. cit.* 51).

3. REGISTRES. — SIGNIFICATIONS. — L'application de ce principe a été faite par de fréquentes dispositions législatives aux registres commencés au moment de la promulgation des lois nouvelles sur le timbre (V. *Timbre*); — aux significations de pièces écrites sur du papier timbré supprimé depuis (137 J. E.; Dél. 4 juin 1833, 10614 J. E.).

4. PAYS RÉUNIS. — Suivant une D. m. f. 7 juillet 1807, la même règle doit être appliquée, lorsque le premier des deux actes a été passé dans un pays réuni, avant sa réunion à la France, et sur du timbre en usage dans ce pays.

5. PAPIER LIBRE. — Mais si ce premier acte était sur papier libre, le second devrait être sur papier timbré. On peut inférer de cette seconde décision que le second acte devrait également être rédigé sur papier timbré, si le premier, quoique passé en France, avait pu l'être sur papier libre sans contravention aux lois existantes.

562. Acte passé hors du territoire. — Pluralité. — Si plusieurs actes, passés en pays étranger ou dans les colonies où l'art. 23 L. 13 brumaire an 7 n'est pas en vigueur, ont été écrits sur la même feuille de papier, et que cette feuille soit présentée au visa pour timbre en France, il est dû autant de droits de timbre qu'il y a d'actes distincts (14080-8 J. E.).

562 *bis*. Document n'équivalant pas à un titre. — Empreinte de marteau. — On verra *infrà* qu'il est défendu de rédiger un acte de dépôt à la suite de l'acte déposé; mais le greffier du tribunal civil peut, sans contravention, rédiger l'acte de dépôt de l'empreinte du marteau ou du fer destiné à marquer les arbres que les adjudicataires de coupes de bois se proposent d'abattre, ou les bestiaux admis au pâturage dans les forêts, sur la même feuille de papier timbré où les marques et empreintes sont placés, parce qu'une simple empreinte d'un marteau ou d'un fer ne peut être rangée parmi les *actes* et écritures que l'art. 12 L. 13 brumaire an 7 assujettit au timbre (Sol. 19 mai 1830, 9769 J. E.).

562 ter. Registre. — 1. GREFFIER. — Les greffiers, ainsi qu'on le verra nos 611 et suivants, peuvent et quelquefois même doivent rédiger certains de leurs actes à la suite les uns des autres sur des registres. — V. *Greffe*.

2. NOTAIRE. — Une décision du ministre de la justice, du 15 février 1809 (3226 J. N.), a refusé cette faculté aux notaires. Ils sont tenus de se servir de feuilles séparées pour leurs minutes.

SECTION PREMIÈRE. — AMENDE

[563-564]

563. Quotité de l'amende. — 1. LOI DU 13 BRUMAIRE AN 7. —L'amende, en cas de contravention à l'art. 23 de la loi du 13 brumaire an 7, est de 30 francs, si le contrevenant est un simple particulier, et de 100 francs, s'il est officier ou fonctionnaire public, outre le droit de timbre (Art. 26, nos 3 et 5 de la même loi). — Cette amende a été réduite à 5 et 20 francs par l'art. 10 L. 16 juin 1824.

2. LOI DU 2 JUILLET 1862. — La loi du 2 juillet 1862 a élevé à 50 francs l'amende encourue par les particuliers pour rédaction d'acte sous seing privé sur papier non timbré; mais son art. 28 maintient toutes les exemptions et exceptions prononcées par les lois antérieures. On en a conclu avec raison que cette pénalité nouvelle n'atteignait pas la rédaction d'un acte à la suite d'un autre sur papier timbré, et que depuis la loi de 1862, comme auparavant, l'amende était de 5 francs (Sol. 19 août 1862, 17589 J. N; Sol. 11 juin 1863, 17706 J. E., 17497 J. N.; Sol. 14 avr., 31 août et 21 oct. 1863, 1860 R. P., 12675 C., 17982 J. N.).

3. PAPIER AYANT DÉJA SERVI. — Dans cet ordre d'idées, il a été décidé que l'amende encourue pour avoir employé à un acte le papier timbré ayant servi à un premier acte n'est toujours que de 5 francs (Sol. 18 et 21 août 1871).

4. PAPIER TIMBRÉ. — L'amende de 50 francs édictée par la loi de 1862 ne serait pas applicable si un acte avait pu être légalement écrit à la suite d'un acte rédigé sur papier libre. Tel serait le cas d'un codicille écrit à la suite d'un testament fait sur papier non timbré, à une époque où cette contravention n'était passible que d'une amende de 5 francs. C'est un principe constant, en effet, que la quotité de l'amende est déterminée par la loi en vigueur à l'époque de la contravention (Sol. 16 sept. 1862, 17598 J. E.; 21 avr. 1871).

5. ACTE A LA SUITE SUR PAPIER LIBRE. — Il n'en serait plus ainsi sans doute si les actes successifs avaient été écrits sur une feuille de papier non timbré. Dans ce cas, en effet, l'art. 23 de la loi du 13 brumaire reste sans application, puisque la feuille de papier n'était pas revêtue du timbre. Chacun des actes a été rédigé en contravention de l'art. 12 de la loi du 13 brumaire an 7, et a encouru dès lors une amende distincte (Sol. 3 janv. 1866). Or, cette amende ne peut être que celle de 50 francs prononcée pour des infractions semblables par les lois de l'an 7, de 1816 et de 1862 (*Contrà*, 19017 J. N.). — V. 564 § 8.

6. OFFICIER PUBLIC AGISSANT COMME PARTICULIER. — Du reste, pour que l'amende de 20 francs applicable aux officiers et fonctionnaires publics soit exigible, il faut que ces derniers aient agi dans l'exercice de leurs fonctions. On a décidé, par exemple, que l'huissier agit comme simple particulier en donnant au pied de son exploit mainlevée d'une opposition que cet exploit avait pour objet, attendu que le mandat extrajudiciaire a pris fin après la notification de l'acte et que l'amende encourue est seulement alors de 5 francs (7864 J. E.).

564. Pluralité des amendes. — 1. RÈGLE COMMUNE. — La même règle gouverne les contraventions encourues par les officiers publics et ministériels et les simples particuliers. Il est dû autant d'amendes de 20 francs en ce qui concerne les officiers publics et ministériels et de 5 francs en ce qui concerne les actes des particuliers (que les contraventions aient été commises avant ou après la promulgation de la loi du 2 juill. 1862), qu'il y a d'actes rédigés à la suite d'un autre acte et sur les mêmes feuilles de papier timbré.

2. ACCEPTATION. — Ainsi, il est dû autant d'amendes qu'il y a d'acceptations écrites les unes à la suite des autres, lors même que les dernières acceptations sont écrites sur des feuilles distinctes ajoutées à celles sur lesquelles est rédigé le transport, lorsque d'ailleurs se présente cette circonstance que chaque acte d'acceptation commencé sur une feuille ne se termine que sur la feuille suivante, de manière à ce que le tout ne forme qu'un corps dont aucune partie ne peut être détachée (Dreux, 27 juin 1838, 12162 J. E.).

3. ACTES SOUS SEING PRIVÉ FAITS DOUBLES, TRIPLES, ETC. — Mais il n'est dû qu'une seule amende pour un acte sous seing privé fait en plusieurs originaux, à la suite d'autant d'originaux d'un autre acte; mais les contrevenants doivent payer, en outre, tous les droits de timbre dont le Trésor a été privé (Dél. 2 juill. 1812; D. m. f. 11 août suiv., 4042, 4254, 4386 J. E.).

4. CESSIONS SUCCESSIVES D'UNE CRÉANCE. — Lorsqu'à la suite de la grosse d'une obligation, on écrit un transport par le créancier et un autre transport par le cessionnaire, puis un troisième transport par le deuxième cessionnaire, etc., il est dû autant d'amendes qu'il y a de transports (12949-8 J. E.).

5. CHEMINS VICINAUX. — ADHÉSION. — En matière de chemins vicinaux, les propriétaires riverains ne peuvent donner leur adhésion à la suite du procès-verbal d'estimation dressé par l'agent-voyer, en exécution de la loi du 21 mai 1836 (*V.* 571-3). Dans ce cas, il y a autant de contraventions que d'adhésions.

6. AMENDE LA PLUS FORTE. — Un notaire ne commet qu'une contravention en délivrant expédition de deux actes à la suite l'un de l'autre et en employant plus de vingt-cinq lignes d'écriture par page; mais il doit l'amende la plus forte. C'est parce que les deux actes ont été expédiés à la suite l'un de l'autre que l'expédition contient plus de lignes que la loi ne le permet (5254 J. E.).

7. PAYS ÉTRANGERS. — Si en pays étranger, ou dans une colonie française où le timbre n'est pas établi, plusieurs actes ont été rédigés à la suite l'un de l'autre sur la même feuille de papier, et qu'ensuite il en soit fait usage en France, les droits sont dus par chaque acte comme il aurait fallu les payer en France; mais il suffit que ces actes aient été passés dans un pays où l'art. 23 de la loi du 13 brumaire an 7 n'était pas en vigueur pour que l'on ne soit pas fondé en France à exiger l'amende portée par l'art. 26 de la même loi (14080-8 J. E.).

8. PAPIER NON TIMBRÉ. — Il a été décidé, à propos d'un testament et d'un codicille écrit sur la même feuille de papier non timbré, que la rédaction à des dates différentes de deux écrits sur la même feuille de papier *non timbré* constitue deux contraventions successives passibles des amendes prononcées par les lois en vigueur à l'époque où elles ont été commises. Les deux peines ne se confondent pas, et non-seulement la seconde contravention (frappée d'une amende plus forte) ne couvre pas la première, mais elle n'existe même que par elle, puisque si le testament avait été rédigé sur timbre, le codicille aurait pu être écrit à la suite sans contravention (Sol. 1er déc. 1866. — *Contrà* 19017 J. N.).

Cette interprétation a été confirmée depuis par une autre solution du 23 août 1871. — V. 563-5.

9. TIMBRE INSUFFISANT. — Mais il a été décidé que celui qui a souscrit une obligation sur timbre insuffisant, et a reçu ensuite, au pied de cette obligation, quittance de la somme due, n'est passible que d'une seule amende. « Considérant que celui qui a souscrit une obligation sur un timbre insuffisant et a reçu ensuite, au pied de cette obligation, quittance de la somme due, n'a commis qu'une seule contravention; que la quittance placée au pied du titre étant exonérée du droit de timbre par celui auquel l'obligation est assujettie, le payement supplémentaire de ce dernier droit et de l'amende encourue pour cause d'insuffisance du timbre de l'obligation, assure à la loi sa sanction et à l'intérêt de l'État sa réparation, dans la mesure du préjudice éprouvé; qu'il en serait de même dans le cas où l'obligation aurait été souscrite sur papier non timbré » (Déc. belge du 13 mars 1873, 9403 J. E. belge). Actuellement la rédaction de la quittance sans emploi d'un timbre mobile pourrait donner lieu à une amende distincte. — V. *Quittance*.

10. PROROGATION DE DÉLAI. — EFFET NÉGOCIABLE. — Il est dû deux amendes, l'une proportionnelle et l'autre fixe de 30 francs (5 fr.), lorsqu'une obligation sous seing privé, écrite sur du papier libre ou du papier au timbre de dimension, contient à la suite une prorogation de délai. Il y a, dans l'espèce, deux contraventions distinctes, la première au timbre proportionnel, la seconde pour la prorogation de délai qui devait être rédigée séparément (4481 J. E.).

11. VENTES SUCCESSIVES. — Dans le cas où des immeubles appartenant aux mêmes personnes sont vendues aux enchères ou de gré à gré, mais par des opérations tout à fait séparées, et si, quand il s'agit d'une vente aux enchères, l'opération non achevée n'a pas été renvoyée à un autre jour, il y a autant de contraventions qu'il y a de ventes partielles passées à des dates différentes qui sont écrites à la suite du premier acte sur les mêmes feuilles que celui-ci (12564 J. E.).

CHAPITRE II. — ACTES COMMERCIAUX

[565-566]

565. Principe. — A propos des actes commerciaux, l'Administration s'est exprimée ainsi dans une délibération du 13-17 octobre 1848 (14581 J. E.).

« Relativement à l'impôt du timbre, l'art. 23 de la loi du 13 brumaire an 7, après avoir posé en principe qu'il ne pourra être fait ni expédié aucun acte à la suite l'un de l'autre sur la même feuille de papier timbré, cite d'une manière limitative, il faut l'avouer, quelques exceptions, qui ont été expliquées et étendues par l'interprétation administrative et judiciaire.

« C'est encore le cas d'interpréter.

« Il faut remarquer que cet article énonce exclusivement des actes civils, et paraît n'avoir prévu aucune application aux conventions commerciales.

« N'est-il pas nécessaire de suppléer à son silence? Peut-on penser que le législateur ait voulu changer et gêner la pratique commerciale et, tandis que les prorogations se constatent comme les acceptations et les endossements à la suite de la lettre de change, exiger que, dans l'intérêt de l'impôt, le commerce modifiât ses usages sur ce point? On ne peut assurément le supposer. »

Ainsi, il faut reconnaître que les actes commerciaux restent, dans beaucoup de cas, en dehors des dispositions de l'art. 23 de la loi du 13 brumaire an 7.

566. Applications. — 1. INDICATION DE CAUSE. — Cette doctrine a été confirmée par une nouvelle solution du 26 février 1864 (1947-4 R. P.), intervenue dans une espèce où un négociant avait souscrit sur papier timbré à l'ordre d'un tiers une lettre de change causée pour valeur reçue en numéraire. Au dos de la lettre, il avait déclaré que l'obligation représentait en réalité le prix de bois à couper et qu'il s'engageait à ne faire aucun enlèvement avant le solde de la créance. L'Administration a déclaré que la mention faite sur la lettre de change avait pour but de faire connaître la véritable valeur fournie, ce qui est de l'essence de la lettre de change, et que, d'un autre côté, la déclaration qu'elle contenait, quant à l'enlèvement des marchandises, se rattachait directement à l'exécution du contrat intervenu entre le tireur et le tiré. D'où la conséquence qu'une pareille mention ne présentait aucune contravention.

2. ACCEPTATION. — ENDOSSEMENT. — AVAL. — ACQUIT. — CAUTIONNEMENT. — PROROGATION DE DÉLAI. — Il résulte de là qu'on peut, sans contravention, écrire à la suite d'un effet de commerce ou d'un billet simple écrit sur timbre proportionnel, soit l'acceptation, soit l'endossement, soit l'aval, l'acquit et le cautionnement qui n'est qu'un aval, les prorogations de délai (Sol. 24 fév. 1864 et 25 fév. 1869, 1947 § 4, 2981 R. P.; Dél. 21 déc. 1830, 7370 J. N.).

3. FEUILLE DE PAPIER INSUFFISANTE. — Si le papier timbré du billet ne suffisait pas pour écrire à la suite tous

les endossements, ils peuvent être portés sur une feuille de papier non timbré ajoutée au billet (Dél. 15 juin 1808; — 17 nov. 1827; D.N. t. 1er p.250 n° 73; Dél. 17 oct. 1837, 10422 J. N.).

4. TIMBRE INSUFFISANT. — Le droit de timbre sur les effets de commerce étant proportionnel aux sommes portées dans l'effet, on devrait considérer comme non timbré l'effet écrit à la suite d'un autre effet écrit sur une feuille de timbre proportionnel d'une importance correspondant directement au montant du premier billet. Dans ce cas, il faudrait percevoir l'amende édictée par l'art. 4 de la loi du 5 juin 1850.

Il en est de même des billets simples qui sont soumis au timbre proportionnel; seulement, en cas de contravention, l'amende est fixée non par l'art. 4 L. 5 juin 1850, mais par l'art. 19 L. 24 mai 1834 (2220 I. G.; 17532 J. E.).

5. TIMBRE ÉGAL OU SUPÉRIEUR AU MONTANT DE DEUX EFFETS. — Dans le cas où le timbre du papier employé correspondrait à une somme plus forte que celle du premier effet, égale même au total des deux sommes, faisant l'objet de deux billets réunis, il n'en faudrait pas moins percevoir les amendes à 6 pour 100.

L'art. 22 de la loi du 13 brumaire porte, en effet, que le papier timbré qui aura servi à un acte ne pourra plus servir à un autre acte.

6. BILLET SIMPLE. — Dans le même ordre d'idées, il a été reconnu que les transports, cessions ou endossements peuvent être écrits à la suite de billets simples ou promesses de payer, non négociables *et faits sur du papier au timbre proportionnel de la quotité prescrite*, puisque les billets simples acquittent le droit de timbre de la même manière que les effets négociables; ils doivent jouir de la même faculté que ces derniers, sur lesquels les endossements *peuvent et doivent être mis* (D. m. f. 31 août 1813, 648 I. G.).

7. OBLIGATION EN FORME SYNALLAGMATIQUE. — Mais l'acte de transport d'une obligation notariée ou d'un acte sous seing privé ayant un pareil caractère synallagmatique ne pourrait être rédigé à la suite de l'acte. (D. N., t. 1er, p. 256, 136).

Si, par exemple, dans un acte de vente notarié, il était énoncé que le prix en sera payé en tel lieu, à l'ordre du vendeur, les mentions successives de *Payez à l'ordre de...* apposées sur la grosse, constitueraient, selon leur nombre, autant de contraventions à la loi du timbre, indépendamment de l'exigibilité du droit de cession pour chacun des transports (12949-8 J. E.).

8. CERTIFICAT RÉDIGÉ A LA SUITE DUN BILLET. — Lorsqu'à la suite d'un billet rédigé sur timbre proportionnel on écrit une attestation ou certificat signée par d'autres personnes que le signataire du billet, il y a lieu de percevoir une amende de 5 francs, et non pas une amende proportionnelle (648 I. G.; Sol. 30 nov. 1871, 19120-3 J. E.).

9. COMPTE DE RETOUR. — Un décret des 24-26 mars 1848, rendu lors de la crise commerciale de 1848, avait autorisé provisoirement le tireur d'une retraite à retranscrire au dos du titre le compte de retour. Mais on a pensé que cette faculté toute provisoire avait disparu avec les circonstances exceptionnelles qui avaient motivé le décret (17160 J. E.). D'un autre côté, le compte de retour, quoique l'accessoire obligé de la retraite, ne constitue pas cependant une formalité inhérente à ce dernier acte, mais forme, au contraire, un acte entièrement distinct de la retraite. Comme les exceptions sont essentiellement limitatives, et qu'il n'en existe aucune à l'égard du compte de retour, on en a conclu que ce compte ne saurait être, à peine d'amende, rédigé à la suite de la retraite et sur la même feuille de papier timbré (17113 et 17160 J. E.; Sol. 28 mars 1864).

10. WARRANTS. — Les autorisations de sortie des marchandises désignées dans un warrant peuvent être écrites à la suite de ce warrant, sans contravention à l'art. 23 de la loi du 13 brumaire an 7. Ces warrants, endossés séparément des récépissés des Magasins généraux, ne sont pas autre chose que des billets à ordre avec indication des marchandises qui servent de nantissement. L'importance du nantissement étant exprimée sur le warrant, il est essentiel d'y exprimer aussi les autorisations de sortie qui le diminuent; de même qu'un retrait ou une modification d'aval devrait être inscrit sur le billet revêtu de l'aval (Sol. 25 fév. 1869, 2981 R. P.).

CHAPITRE III. — EXCEPTION A LA PROHIBITION DE LA LOI

[567-611]

567. Division de la matière. — Ainsi qu'on l'a vu au n° 560, l'art. 23 de la loi du 13 brumaire an 7 excepte lui-même de la défense qu'il fait d'écrire un acte à la suite d'un autre, sur la même feuille de papier timbré, un certain nombre d'actes dont il donne le détail.

On a vu également au n° 560-3 un décret de 1812 et un avis du conseil d'État de 1809 ajouter de nouvelles exceptions à celles de la loi de brumaire.

D'un autre côté, on rencontre dans notre législation civile, et notamment dans le Code de procédure, un assez grand nombre de dispositions en vertu desquelles des actes peuvent et souvent doivent être écrits, soit à la suite les uns des autres, soit sur la même feuille de papier.

Enfin, des actes viennent s'inscrire à la suite d'autres actes, soit pour leur donner leur perfection, soit pour les compléter, les modifier ou les rectifier, en un mot, pour en faire partie intégrante.

Ces diverses circonstances nous présentent, pour traiter de notre sujet, des divisions naturelles que nous allons suivre.

SECTION PREMIÈRE. — RATIFICATION

[568-571]

568. Ratification. — Que faut-il entendre par le mot ratification ? — Le mot ratification, en général, est synonyme d'approbation : nous pouvons approuver ce qui a été fait en notre nom, sans ordre ou sans mandat, ce que nous pouvions, par conséquent, désapprouver. Dans ce sens, la ratification est l'acte par lequel nous manifestons expressément ou tacitement la volonté ou le consentement d'approuver et de nous rendre propre ce qui a été fait en notre nom, comme si nous l'eussions fait nous-même. Les jurisconsultes romains comparaient cette ratification au mandat. Nous pouvons aussi approuver ou ratifier un contrat ou acte quelconque auquel nous avons concouru, mais qui se trouve nul ou du moins susceptible d'être attaqué faute de quelques-unes des conditions nécessaires pour sa validité, ou pour autres vices ou irrégularités. Dans ce sens, la ratification est proprement appelée la confirmation (Toullier, t. 8, n° 491).

Ainsi, deux espèces de ratifications : celle par laquelle nous approuvons ce qui a été fait en notre nom sans ordre et sans mandat : c'est la *ratification* par excellence ;

Celle par laquelle nous approuvons un contrat ou autre acte auquel nous avons concouru, ou auquel nous avons été appelé, mais qui était susceptible d'être attaqué pour des vices réels ou apparents, de nature à en faire prononcer la nullité ou la rescision. Cette espèce de ratification est proprement appelée *confirmation*.

569. Ratification des actes passés en l'absence des parties. — C'est la ratification proprement dite, c'est-à-dire celle d'une convention qui a été faite en notre absence, que la loi excepte de la prohibition d'écrire deux actes à la suite l'un de l'autre sur la même feuille de papier timbré.

1. DONATION. — Ainsi, un notaire peut, à la suite d'une donation contenant partage, dans laquelle un tiers s'est porté fort pour un donataire absent, avec promesse de ratification, rédiger cette ratification (Semur, 20 juill. 1842, D. N., v° *Ratification*, n° 123).

2. TRANSPORT. — La ratification par une femme d'un transport fait sur elle et son mari, et accepté par celui-ci, avec promesse de ratification, peut être donnée à la suite du transport (14735-1 J. E.).

3. DÉPOT. — Bien que l'acte de dépôt d'un acte soit distinct de cet acte, il a été néanmoins reconnu que le dépôt d'une ratification peut être écrit à la suite de l'acte ratifié, lorsque la ratification peut être mise à la suite de cet acte : que ce soit la minute de la ratification qui soit rédigée à la suite de l'acte ratifié ou le dépôt de la ratification, c'est la même chose (5986 J. E.; Douai, 5 mars 1841).

4. EXPÉDITION. — La ratification par acte sous signature privée peut être écrite sur l'expédition de l'acte. La loi n'a pas, en effet, fait de distinction entre l'acte et son expédition (2246 J. E.).

570. Actes rentrant dans la classe des ratifications. — La synonymie joue ici un grand rôle et il faut convenir qu'elle n'est pas toujours très-sûre. Nous pourrions grouper dans notre rubrique un très-grand nombre de décisions pour montrer que les similaires abondent d'après la doctrine et la jurisprudence. C'est surtout là ce qui fait naître les difficultés.

1. APPROBATION. — LIQUIDATION. — L'approbation des actes dont la perfection ou la validité dépendait de cette formalité rentrent tout à fait dans la classe des ratifications d'actes passés en l'absence des parties et peuvent comme elles être écrites à la suite de l'acte ou du contrat approuvé. C'est ce que l'on a décidé notamment pour les approbations de liquidation mises à la suite de cet acte (Sol. 15 mars 1858, 5 sept. 1863 et 19 sept. 1864, Rev. 1083).

Acte administratif. — Il en est de même des approbations données par les préfets aux actes soumis à cette formalité. — *V.* 612-8.

2. ACTE REFAIT. — Les actes refaits pouvant être assimilés aux ratifications dont il est parlé dans l'art. 23 de la loi du 13 brumaire an 7 ou aux actes de complément et d'exécution, dès lors il n'y a aucune contravention à les rédiger à la suite du premier acte et sur la même feuille de papier timbré (Sol. 6 nov. 1850).

3. AUTORISATION PAR UN MARI. — Après la clôture d'un acte d'obligation contracté par une femme en puissance de mari, celui-ci a écrit : « J'autorise, etc., » et signe. Un pareil acte n'est autre chose qu'une ratification devant jouir du bénéfice de l'art. 23 L. de brumaire (4055 J. E.; Sol. 2 août 1871 ; D. N., t. 1er, p. 256, n° 124).

4. RÉQUISITION DE VENTE. — On a considéré comme une ratification l'acte par lequel, à la suite d'un exploit contenant notification d'une réquisition de vente adressée à un notaire, le propriétaire des biens formule cette réquisition (Sol. 23 mars 1864).

5. VENTE AMIABLE RATIFIANT UNE ADJUDICATION. — Lorsqu'il résulte d'un procès-verbal d'adjudication que le mandataire du vendeur s'était engagé envers un enchérisseur à faire accepter l'offre faite par ce dernier, l'acte par lequel la vente amiable a été réalisée a pu, sans contravention, être rédigé sur la même feuille (Neufchâtel, 16 janv. 1857). — *V.* 646 § 6.

6. CODICILLES. — Le codicille qui révoque le testament peut être écrit à la suite de ce testament (*V.* 591). — On avait étendu cette règle à tous les codicilles sans exception (1717 J. E. ; Dél. 11 juin 1823, 4692 J. N.; Ray, 274). Mais on est revenu sur cette opinion et on décide aujourd'hui que les codicilles non révocatoires ne peuvent être écrits à la suite du testament (Sol. 22 oct. 1877 et 1er mars 1878). — *V.* 564-8.

571. Actes improprement assimilés aux ratifications. — La condition essentielle pour qu'une ratification profite du bénéfice de la loi, c'est qu'elle se rapporte à un acte passé en l'*absence du ratifiant;* qu'elle soit, en un mot, la ratification proprement dite dont nous avons parlé au n° 568. Par conséquent, on ne peut pas voir la ratification prévue par la loi dans l'acte par lequel nous approuvons un contrat auquel nous avons concouru, ou auquel nous avons été appelé, mais qui était susceptible d'être attaqué pour des vices de forme, réels ou apparents, de nature à en faire prononcer la nullité.

1. CONFIRMATION. — Cette espèce de ratification est, à proprement parler, la confirmation de l'acte auquel nous avons concouru et qui, sans cela, pourrait être annulé. Cette confirmation peut encore avoir pour but de donner à l'acte une force que, même en dehors de toute cause de nullité, il ne puisait pas suffisamment dans les circonstances de la cause. Un pareil acte ne pourrait être écrit sans contravention à la suite de l'acte confirmé.

2. APPROBATION D'UN TIERS. — Il y a donc contravention à l'art. 23 de la loi du 13 brumaire an 7 de la part du notaire qui rédige, à la suite d'un acte de vente d'immeubles, un autre acte par lequel un tiers déclare approuver la vente :

« Considérant qu'il ne résulte pas de l'acte du 2 septembre 1866 que la veuve W... aurait dû être partie à l'acte du 1er du même mois; que cet acte ne renfermant pas ratification d'un acte passé en l'absence des parties, l'exception consacrée par l'art. 23 n'est pas applicable » (Sol. de l'Adm. belge du 8 oct. 1867, 10611 J. E. belge).

3. ADHÉSION. — EXPERTISE. — On ne peut écrire sur la même feuille que le procès-verbal, l'adhésion à un procès-verbal d'expertise dans lequel l'adhérent n'était pas représenté. Il ne peut y avoir là ratification dans le sens de la loi, car cette ratification est l'approbation par une personne d'un acte fait en son nom (Sol. 7 mai 1833, 10728 J. E., 8046 J. N.).

Estimation. — *A fortiori*, ne peut être écrite à la suite du procès-verbal l'adhésion à un procès-verbal d'estimation dressé par un agent-voyer, en exécution de la loi du 24 mai 1836 sur les chemins vicinaux (Sol. 1er mars 1841, D. N., vº *Acte à la suite*).

4. DÉSISTEMENT. — Le désistement des droits que peut avoir une personne sur un immeuble vendu ne peut être écrit à la suite de l'acte de vente, encore qu'il soit donné sous forme de ratification (Mantes, 1er juill. 1843, 13129 J. E.).

5. ACQUIESCEMENT. — L'acquiescement à un jugement par défaut ne peut être écrit sur l'expédition, et encore moins sur la minute de ce jugement, parce qu'un acquiescement n'est pas une ratification (Dél. 30 déc. 1831, 10211 J. E.).

« Considérant, porte une solution de l'Administration belge du 25 février 1871, que l'art. 23 de la loi du 13 brumaire an 7, qui défend de rédiger deux actes à la suite l'un de l'autre sur la même feuille de papier timbré, excepte les ratifications des actes passés en l'absence des parties et les significations des huissiers ; que l'acquiescement à un jugement par défaut n'a pas assurément le caractère d'une ratification dans le sens de cet article, puisque la condamnation par défaut implique que la partie n'a pas comparu, ni personne pour elle ; qu'il n'est pas non plus une signification d'huissier, puisque c'est précisément pour éviter les frais de cette signification que la partie défaillante adhère au jugement ; que l'acte ne rentre donc dans aucune des exceptions établies par l'art. 23 de la loi, et que, dès lors, il n'a pu être écrit sur la même feuille de papier timbré que l'expédition du jugement, sans rendre exigible l'amende de 30 francs comminée par l'art. 26, nº 3, de la même loi » (3398 R. P.).

SECTION 2. — QUITTANCES

[572-579 *bis*]

572. Principe. — L'art. 23 de la loi du 13 brumaire an 7 excepte de la prohibition qu'il établit les quittances de prix de vente, celles de remboursement de contrats de constitution, enfin celles de l'obligation. Ces distinctions peuvent paraître inutiles, car le mot générique *obligation* s'applique à diverses natures de contrats qui, tous, sous des formes et pour des causes différentes, engendrent une obligation de payer et comportent la quittance de cette obligation, c'est-à-dire le payement.

1. ACTES SOUS SEING PRIVÉ. — LOI DU 23 AOUT 1871. — Les quittances, reçus ou décharges ont été soumis par la loi du 23 août 1871 à un régime particulier qui les soustrait à l'application de l'art. 23 de la loi du 13 brumaire an 7.

D'après l'art. 18 de la loi nouvelle, sont soumis à un droit de timbre de 10 centimes les quittances ou acquits donnés au pied des factures et mémoires, les quittances pures et simples, reçus ou décharges de sommes, titres, valeurs ou objets, et généralement tous les titres de quelque nature qu'ils soient, signés ou non signés, qui emporteraient libération, reçu ou décharge. L'article ajoute d'une part que le droit est dû pour chaque acte reçu, décharge ou quittance, et qu'il peut être acquitté par l'apposition d'un timbre mobile; d'autre part, que le droit de timbre de 10 centimes n'est applicable qu'aux actes faits sous seing privé et ne contenant pas de dispositions autres que celles spécifiées au présent article.

Le droit de 10 centimes constitue un droit spécial perçu sous forme de timbre sur chaque écrit libératoire (2413, § 7 I. G.).

Il en résulte deux conséquences :

2. QUITTANCES SOUS SEING PRIVÉ. — La première, c'est que les quittances, reçus ou décharges sous seing privé, donnés à la suite du titre de la créance dûment timbré, et dans les cas ou ces quittances ou reçus pouvaient être rédigés sans contravention à la suite de ce titre d'après les anciennes lois, n'en sont pas moins passibles d'un droit de 10 centimes chacune. Il n'y a pas lieu de tenir compte du droit de timbre du titre à la suite duquel la quittance est écrite.

La même règle s'applique aux quittances sous seing privé qui sont rédigées à la suite les unes des autres sur la même feuille de papier. Ces quittances doivent être revêtues chacune du timbre de 10 centimes, bien que la première quittance ait été rédigée sur papier au timbre de dimension.

La seconde conséquence, c'est que l'interdiction résultant de l'art. 23 de la loi du 13 brumaire an 7, de donner plusieurs quittances sur la même feuille de papier timbré, se trouve abrogée par les art. 18 et 20, dernier alinéa, de la loi du 23 août 1871. Désormais, toute quittance peut être écrite à la suite d'un acte quelconque, de même qu'elle peut être rédigée sur une feuille de papier non timbré. Le vœu de la loi est rempli dès que la quittance, le reçu ou la décharge a donné lieu à l'apposition d'un timbre mobile de 10 centimes, dans les conditions prescrites par la loi, et que nous faisons connaître. — V. *Quittance* et *Timbre*.

3. QUITTANCES AUTHENTIQUES. — En l'état de la législation, la prohibition de l'art. 23 de la loi de brumaire an 7 ne s'applique donc plus qu'aux quittances, reçus ou décharges qui n'ont pas le caractère d'actes sous seing privé, c'est-à-dire aux actes de l'espèce rédigés par les officiers publics et les fonctionnaires de l'ordre administratif.

4. COMPTABLES PUBLICS. — Elle s'applique encore cependant aux quittances, reçus ou décharges délivrés par les comptables publics, auxquels les dispositions de la loi du 23 août 1871 sont restées étrangères, et qui, malgré la réduction du droit de timbre, restent soumis aux règles ordinaires.

5. QUITTANCES CONTENANT D'AUTRES DISPOSITIONS. — Il en est de même des quittances qui contiennent d'autres dispositions. Ces quittances restent assujetties au timbre ordinaire de dimension (L. 23 août 1871, art. 18). Elles sont donc gouvernées par l'art. 23 de la loi du 13 brumaire an 7.

Il est essentiel de ne pas perdre de vue ces observations dans les développements qui vont suivre et qui, se rapportant à une jurisprudence antérieure à la loi du 23 août 1871, a statué sans distinction aucune sur des quittances sous seing privé et sur des quittances authentiques.

ARTICLE PREMIER. — OBLIGATIONS DIVERSES

[573]

573. Quittances d'obligations à titres divers. — 1. BAIL. — PREMIER TERME. — Nous ne pensons pas que le notaire qui rédige la quittance d'un premier terme de fermage à la suite d'un bail soit passible d'amende. Au nombre des exceptions de l'art. 23 L. 13 brumaire an 7 se trouvent les quittances de remboursement de contrats de constitution ou *obligations*. Ce mot *obligation* embrasse toutes les conventions établissant une créance susceptible de libération en deniers. Or, le prix d'un loyer constitue une créance ou une *obligation*, et le bail en est le titre ou le contrat. La quittance de ce prix semble donc devoir profiter de l'exception.

Toutefois, la jurisprudence de l'Administration paraît cependant établie en sens contraire. On a considéré que les exceptions de l'art. 23 devaient être rigoureusement restreintes aux hypothèses qu'elles prévoient; qu'en dispensant du timbre les quittances de contrats de constitution ou obligations, le législateur avait entendu parler des actes qui constatent le versement de la créance établie par l'acte même au bas duquel la quittance est rédigée. Or, le bail n'est pas en lui-même le titre direct et immédiat de la créance du bailleur, car il peut exister entre les parties un compte par suite duquel le fermier s'est libéré. En cas de contestation, le bailleur aurait donc à faire reconnaître sa créance par les voies judiciaires, et, dans une telle situation, on ne peut pas assimiler la quittance donnée au fermier à celle d'un débiteur dont l'obligation est établie dans un acte spécial (Sol. 10 mai 1854; D. m. f. 26 oct. 1854; Sol. 18 juill. 1861. — *Comp.* 8784 J. N.).

2. VENTE. — PRIX. — EXPÉDITION. — On ne peut distinguer là où la loi ne distingue pas. Ainsi, d'après le texte et l'esprit de la loi du 13 brumaire an 7, art. 23, on peut, sans contravention, écrire, tant sur la minute que sur l'expédition des actes de vente, les quittances du prix de ces mêmes ventes, soit que ces quittances aient la forme authentique ou celle d'actes sous seing privé (D. m. f. 19 mars 1824, D. N., t. 1er, p. 253, n° 102).

3. REMPLACEMENT MILITAIRE. — En considérant l'acte de remplacement comme le titre d'une obligation, il a été reconnu que la quittance du prix d'un remplacement militaire peut être donnée à la suite de l'acte de remplacement (11757-6 J. E.).

4. LIQUIDATION. — Lorsqu'un héritier ou communiste a été chargé, par l'acte de liquidation, d'acquitter une dette de la succession ou de la communauté, résultant d'un billet, la quittance peut, sans contravention, être écrite à la suite de la liquidation et sur la même feuille de papier timbré. L'acte de liquidation constitue en effet l'*obligation* de l'héritier, et la quittance peut être donnée à la suite de l'obligation (9230 J. N.).

5. COMPTE. — Dans le même ordre d'idées, on peut rédiger à la suite de l'acte de présentation d'un compte de tutelle la quittance du reliquat, puisque le reliquat du compte peut être envisagé comme une obligation en faveur de l'oyant (D. m. f. 28 juin 1825, 1210 Roll.).

6. CONTRAT DE MARIAGE. — La quittance d'une obligation résultant d'un contrat de mariage peut être écrite à la suite du contrat de mariage (Sol. 10 avr. 1849).

7. FRAIS ET HONORAIRES. — NOTAIRES. — Un notaire peut, sans contravention, mettre à la suite ou à la marge d'un acte de son ministère, ou auquel il a concouru comme notaire en second, la quittance de ses honoraires; on peut dire, en effet, que le titre du notaire en payement de ses honoraires se trouvant dans l'acte même (Cass., 14 oct. 1811 et 4 avr. 1826, 4099 et 8470 J. E.), la quittance qu'il donne a pour objet le remboursement d'une obligation, ce qui rend applicable l'exception portée en l'art. 23 L. 13 brumaire an 7 (Dél. 23 avr. et 13 juin 1850, 14964 J. E.; 14080 J. N.; 8977 C.). — *V.* cep. n° 13356.

Lorsqu'un notaire a fait mention, sur un de ses actes, du montant des frais de cet acte qui lui a été avancé par les contractants, il peut, sans contrevenir à la loi du timbre, se faire délivrer à la suite de cette même minute la quittance de ce qu'il a été dans le cas de rembourser aux parties, parce que cette quittance n'est qu'une mention d'ordre (D. m. f. 21 fév. 1824, 4537 J. N.).

8. EXPÉDITION. — Cette quittance peut être également mise en marge ou à la suite de l'expédition de l'acte (Sol. 13 fév. 1863).

9. BORDEREAU DE COLLOCATION. — On peut mettre aussi la quittance des frais à la suite du bordereau de collocation, puisque cette pièce est devenue le titre du créancier (Sol. 9 janv. 1854).

10. GARDIEN. — SALAIRE. — Le gardien d'objets saisis peut, sans contravention, donner quittance à la suite de la copie d'exploit qui le nomme, car cette copie qu'il aurait à produire en justice, pour se faire allouer un salaire, constitue le titre même de sa créance (16506-1 J. E.).

11. A LA SUITE DE LA QUITTANCE DU PRIX. — On doit aussi reconnaître que la quittance des frais d'une vente peut être rédigée par le notaire à la suite de la quittance du prix émané des vendeurs. Les frais et honoraires sont, en effet, un accessoire du prix principal, et leur acquit profite des mêmes immunités (Sol. 8 juill. 1856).

12. TAXE. — AVOUÉ. — Décidé également que la quittance par un avoué du montant des frais taxés peut être écrite à la suite de la taxe et sur la même feuille de papier timbré (Sol. 25 sept. 1848, D. N., t. 1er, p. 254, n° 103; Sol. 29 sept. 1854 et 14 nov. 1854, 14562-12 J. E.). Elle peut également être donnée à la suite du procès-verbal d'adjudication fait devant un notaire commis par justice (Dél. 5 août 1854, 15284 J. N.; D. N., t. 2, p. 641, n° 170).

13. INTÉRÊTS. — Par le mot *prix* ou le mot *créance* dont il s'agit à l'art. 23 de la loi du 13 brumaire an 7, il semble que l'on doit entendre non-seulement le principal, mais encore les intérêts de la somme due, le législateur n'ayant pas distingué à cet égard. En effet, le principal et les intérêts d'un prix de vente composent ensemble une seule et même créance, de même que le principal et les intérêts de toute somme due. Les intérêts d'un prix de vente ou d'une créance, en somme, ne sauraient être assimilés à des termes de fermage ou de loyer, car les premiers constituent les fruits civils et l'accessoire d'un capital à rembourser, tandis que les seconds forment le prix principal de la concession d'une jouissance d'immeubles. Sans doute, une délibération du 26 février 1833 et une décision ministérielle du 12 mars suivant (*V.* 859) ont reconnu que les quittances des arrérages d'une rente ne peuvent pas, sans contravention, être écrites à la suite les unes des autres sur la même feuille de papier; mais il s'agissait des arrérages d'une rente viagère créée comme charge d'une donation. On a pensé qu'il n'y avait là ni prix, ni remboursement, puisque la rente était due en vertu d'une donation et sans aliénation de capital. La rente procédait également d'une donation dans l'espèce sur laquelle est intervenu le jugement du tribunal d'Épernay du 26 janvier 1838 (*V.* 579-1). En conséquence, la souscription des quittances d'intérêts à la suite d'une obligation non négociable ne constitue pas de contravention à l'art. 23 de la loi du 13 brumaire an 7 (Sol. 27 janv. 1869, 2980 R. P.).

ARTICLE 2. — ACTES ÉQUIVALANT A DES QUITTANCES

[574 à 576 *bis*]

§ 1er. — *Décharges*

[574]

574. Décharges. — L'art. 23 L. de brumaire, dans les exceptions qu'il édicte à la prohibition d'écrire deux actes à la suite l'un de l'autre, désigne nommément les quittances. Mais le mot quittance n'est pas pris dans un sens limitatif, car la loi prévoit les quittances d'*obligation*, mot qui, ainsi que nous l'avons dit au n° 572, est lui-même générique. C'est en se plaçant sur ce terrain que la doctrine et la jurisprudence considèrent généralement comme rentrant dans les exceptions de la loi tout acte libératoire d'une obligation quelconque, et c'est là le vrai principe à appliquer en cette matière.

1. VENTE DE MEUBLES. — ACTE AUTHENTIQUE. — Un avis du conseil d'État des 7 et 21 octobre 1809 (160 I. G.; 311 J. N.) a, dans cet ordre d'idées, assimilé les décharges aux quittances en déclarant que les décharges rédigées en la forme authentique du prix des ventes mobilières faites par les notaires, greffiers, commissaires priseurs, huissiers, peuvent être mises à la suite ou en marge des procès-verbaux de vente.

2. ACTES SOUS SIGNATURES PRIVÉES. — Ainsi qu'on vient de le voir, cet avis portait que les décharges devraient être rédigées en la forme authentique, et on avait cru pouvoir en conclure que toute décharge sous seing privé rentrait sous l'application de la règle générale et devait être écrite sur une feuille de papier séparée (Sol. 16 mars 1830). Cette opinion est encore celle du D. N., t. 1er, p. 249, n° 59. Mais l'Administration n'y a pas persisté, et on a étendu aux décharges sous seing privé l'exemption accordée aux décharges authentiques (Sol. 2 janv. 1849; Dél. 23 janv. 1852; Sol. 4 et 9 mars 1853).

3. COMPTE DE DETTES PAYÉES. — Il en serait ainsi, bien que les décharges continssent une sorte de compte ou l'énumération des dettes payées pour le compte des vendeurs (12024-2 J. E.).

4. VENTE D'IMMEUBLES. — Un notaire peut-il, sans contravention, rédiger la décharge du prix d'une vente d'immeubles, passée devant lui, à la suite de cette vente? L'affirmative paraît certaine. Les motifs de l'avis du conseil d'État du 21 octobre 1809 s'appliquent à toutes les décharges mobilières et immobilières (D. N., t. 1er, p. 248, n° 57; 8378 J. N.).

5. DÉPOT. — Les décharges de pièces, titres ou sommes déposés chez les officiers publics, peuvent être rédigées à la suite des actes de dépôt (D. m. f. 11 janv.-23 fév. 1826, 1189 § 8 I. G., 8254 J. E., 5717 J. N.).

6. PROCURATION. — Un notaire peut écrire à la suite d'une procuration, pour vendre une rente sur l'État, la décharge au mandataire du prix de cette vente, attendu que cette décharge, étant une quittance du prix reçu de la vente, rentre dans l'exception prévue par l'art. 23 L. 13 brumaire an 7 (10999 J. N.; Melun, 12 janv. 1841, 12834 J. E.).

§ 2. — *Actes divers*

[575-576 *bis*]

575. Délivrance de legs. — Un acte de consentement à l'exécution d'un testament qui contient délivrance de divers legs particuliers, peut être mis à la suite du testament. L'Administration a considéré avec raison qu'un pareil acte doit jouir du bénéfice de l'art. 23 de la loi de brumaire, qui autorise à rédiger à la suite d'une obligation la quittance ou décharge de cette obligation (Sol. 27 fév. 1831, 10154 J. E.; Dél. 11 fév. 1824, 4540 J. N. — *Contrà*, D. m. f. 1er juin 1829, 9344 J. E.). — *V.* 631.

576. Retrait de réméré. — Un notaire peut, sans contrevenir à la loi du timbre, rédiger un retrait de réméré à la suite de l'acte de vente, parce que l'acte de retrait ne constate qu'un payement effectué, par le vendeur ou son créancier, d'une somme qu'on doit nécessairement considérer ou comme prix de vente, ou comme montant d'obligation (D. m. f. 5 déc. 1823, 648 C.; Dél. 29 oct. 1823, 4736 J. N.).

576 *bis*. Lettre de voiture. — Accusé de réception. — L'accusé de réception peut être mis au pied de la lettre de voiture annonçant l'envoi. Il doit être considéré comme l'acquit mis au bas de l'obligation (Dél. 2 vend. an 14, 2134 J. E.).

ARTICLE 3. — PLUSIEURS QUITTANCES

[577]

577. Plusieurs quittances à la suite les unes des autres. — L'art. 23 de la loi de brumaire porte « qu'il peut être donné plusieurs quittances sur une même feuille de papier timbré, pour à-compte d'une seule et même créance ou d'un seul terme de fermage et de loyer. »

Mais, ainsi que cela arrive presque toujours, la jurisprudence n'a pas hésité à suppléer au silence de la loi, en s'attachant plutôt à son esprit qu'à son texte, pour étendre à d'autres cas que celui prévu la faculté d'écrire plusieurs quittances les unes à la suite des autres.

1. LOYER. — PROPRIÉTAIRES DISTINCTS. — L'exception que la loi de brumaire crée en faveur des quittances d'un seul terme de loyer n'étant pas exclusive du cas où il y aurait deux propriétaires intéressés dans le même loyer, il faut décider que les quittances d'un même terme de loyer données par deux propriétaires, chacun pour la portion qui le concerne, peuvent être rédigées à la suite l'une de l'autre (5227 J. E.). On ne doit pas, en effet, créer des exceptions par interprétation lorsque la loi ne les prévoit pas.

2. MÊME TERME. — BAUX DISTINCTS. — Mais il n'en est pas de même de deux quittances d'un même terme de loyer de propriétés affermées par différents baux au même locataire (4655 J. E.); il n'y a plus ici, en effet, un seul titre de créance. — *V.* 579 *bis*-14.

3. TERME ET IMPOT DE PORTES ET FENÊTRES. — Un propriétaire peut donner séparément, sur la même feuille, la quittance du loyer et celle de l'impôt des portes et fenêtres par lui avancé pour le locataire (5081 J. E.; D. N., t. 1er, p. 451, n° 91).

En effet, l'impôt des portes et fenêtres est dû par le locataire; mais l'art. 12 de la loi du 4 frimaire an 7 en autorise le recouvrement sur les propriétaires, sauf leur recours contre les locataires. Ainsi, l'avance qu'a faite le propriétaire est exigible avec le loyer, dont il devient, en quelque sorte, un accessoire.

4. EMPRUNTS. — Lorsque la quittance d'un terme d'emprunt municipal ou départemental a été assujettie au timbre de 25 cent., les quittances des versements ultérieurs peuvent être écrites à la suite sans contravention et sans donner lieu à un nouveau droit de timbre (Circ. de comp., 14 avr. 1872).

5. ANNUITÉS. — En cas de vente d'un immeuble moyennant un prix payable par annuités, les quittances des annuités peuvent être écrites à la suite les unes des autres (Bruxelles, 26 juin 1877, 13441 J. E., belge).

ARTICLE 4. — DISPOSITIONS ÉTRANGÈRES A LA QUITTANCE

[578]

578. Actes et dispositions étrangères à la quittance. — On verra que plusieurs conventions parfaitement distinctes peuvent être renfermées dans un même contexte. Par application de ce principe combiné avec le principe posé au n° 548, à savoir que, lorsqu'un acte renferme plusieurs dispositions, c'est la disposition principale qui donne son caractère à l'acte, au point de vue fiscal, il faut reconnaître que la quittance peut être écrite à la suite de l'acte d'obligation, alors même qu'elle renferme des dispositions étrangères à la libération de cette obligation.

1. PRIX DE VENTE. — Décidé dans cet ordre d'idées, que la quittance d'un prix de vente peut, sans contravention, être écrite à la suite de l'acte de vente, alors même qu'elle renferme une autre disposition indépendante de la libération (Sol. 23 juin 1830, 9697 J. E.).

2. DÉCLARATION DE REMPLOI. — Rien ne justifierait l'exclusion du bénéfice de la loi, alors que la quittance du prix de la vente contiendrait déclaration de remploi. Une pareille quittance peut donc être écrite à la suite de la vente (1403 I. G.).

3. DÉCHARGE DU PRIX DE PLUSIEURS VENTES. — De même, pour la décharge d'une vente de meubles mise à la suite du procès-verbal de cette vente, quoique contenant décharge de plusieurs autres ventes, faites à la requête de la même personne (13826-6 J. E.). En effet, les deux prix ont pu être l'objet du même compte, et les décharges sont simultanées. L'une ne peut être séparée de l'autre, et celle qui s'applique au prix de la première se trouve confondue avec la décharge du prix des autres (Sol. 23 août 1830, 3 août 1857, 3 déc. 1860).

4. DÉSISTEMENT. — Le désistement des droits qu'une personne peut avoir sur un immeuble peut être renfermé dans la quittance d'un prix de vente écrit à la suite de la vente (16502 J. N.; D. N., t. 12, p. 641, n° 169).

5. DÉPOT. — En principe l'acte de dépôt ne saurait être rédigé à la suite de l'acte déposé. Cependant, il a été jugé qu'un notaire peut, sans contravention, rédiger : 1° l'acte de dépôt d'une ratification à la suite du contrat de vente ratifié, bien que la ratification ait été reçue par un autre notaire;

— 2° à la suite d'un acte de vente, le dépôt de la quittance du prix également reçu par un autre notaire; — 3° et, à la suite du testament, l'acte de dépôt de la quittance des legs qu'il contient, encore que cette quittance ait été passée dans une autre étude (Falaise, 22 déc. 1823, 4540 J. N., 5986 J. E.); l'Administration a acquiescé à ce jugement par une Dél. du 11 février 1824 (894 Roll.).

Ces décisions se présentent comme une conséquence indirecte peut-être, mais cependant exacte, du principe que nous développons dans ce paragraphe. L'exemption édictée par la loi de brumaire en faveur des ratifications et des quittances est tellement favorable, qu'elle doit être maintenue, quelle que soit la forme sous laquelle se présente la ratification ou la quittance.

6. HOMOLOGATION. — APPEL. — D'après ce même principe, on a pensé que le notaire peut, sans contravention, écrire à la suite du procès-verbal de liquidation d'une succession l'acte de dépôt du jugement d'homologation et des certificats de non opposition ou appel.

L'homologation, dans ce cas, n'est autre chose que la ratification de la liquidation par le tribunal, et si le jugement d'homologation ne peut être écrit à la suite de la liquidation comme le jugement d'homologation d'une délibération du conseil de famille à la suite de cette délibération, l'acte de dépôt peut l'être, car cela a été décidé pour les ratifications; du moment où l'exception est applicable à un acte, elle s'étend naturellement à l'acte de dépôt de cet acte (J. du not. du 3 août, 1870, n° 2451).

7. QUITTANCE A LA SUITE DU DÉPOT. — Toujours dans cet ordre d'idées, il a été jugé que la quittance du prix d'une vente sous seing privé peut être écrite à la suite de l'acte de dépôt de cette vente (Seine, 11 août 1841).

ARTICLE 5. — QUITTANCES EN CONTRAVENTION [579-579 *bis*]

579. Règle. — Le principe qui doit dominer la question du bénéfice édicté par la loi en faveur des quittances, c'est que l'exception à la règle posée par l'art. 23 de la loi de brumaire ne peut avoir lieu que lorsque la quittance est mise au bas de l'acte constitutif de l'obligation qu'elle a pour but d'éteindre.

C'est pour ne s'être pas présenté dans ces conditions que les actes ci-après ont été reconnus écrits en contravention à la loi.

579 *bis*. Applications. — 1. ACTE DE POURSUITE. — La quittance d'une somme excédant 10 francs payée à l'État ne peut, sans contravention, être donnée sur la copie de l'acte de poursuite en recouvrement de cette somme (14201-1 J. E.).

2. ARRÉRAGES. — Les quittances d'arrérages de rente ou de pension ne peuvent être écrites à la suite des actes constitutifs de la rente ou de la pension, quand cette rente ou cette pension provient d'une donation et ne correspond à aucune aliénation antérieure de capital (D. m. f. 12 mai 1833, 10533 J. E.; D. N., t. 1er, p. 254, n° 115; Épernay, 26 janv. 1838, 11971-3 J. E.).

Il en serait autrement d'une rente constituée à titre onéreux, et il y aurait lieu alors d'appliquer la solution admise pour les intérêts d'une obligation ordinaire. — *V.* 573-13.

3. CAISSE DES DÉPOTS ET CONSIGNATIONS. — On ne peut rédiger à la suite les unes des autres et sur la même feuille de papier timbré, les quittances que des créanciers donnent séparément à la caisse des consignations, des sommes appartenant à leur débiteur et qui leur ont été distribuées; les droits des créanciers sont distincts, comme si le débiteur payait directement (D. m. f. 17 mai 1831, 10013 J. E.).

4. CERTIFICATS. — ENTREPRENEUR. — TRAVAUX. — La quittance d'un à-compte payé à l'entrepreneur de travaux communaux ne peut, sans contravention, être écrite à la suite du certificat de situation délivré par l'architecte. Bien que l'entrepreneur ne puisse toucher un à-compte sans produire un certificat de situation des travaux, il est impossible de considérer l'état comme formant le titre de la créance; le titre de l'entrepreneur n'est autre que l'adjudication des travaux, puisque c'est seulement ce dernier acte qui, en cas de refus de payement, servira de base à la poursuite du créancier (18162 J. E. — *V.* 2106-8 I. G.).

Les entrepreneurs de travaux de voirie ne peuvent non plus donner quittance du prix de ces travaux à la suite des certificats de payement délivrés par les agents-voyers. Mais l'acquit peut être donné au bas de l'état timbré joint au mandat, si cet état contient le mémoire dûment visé et approuvé des travaux (D. m. f. 13 déc. 1869, 3367 R. P., 2400-7 I. G.).

A la suite de la décision du 13 décembre 1869, on a fait remarquer que si les entrepreneurs de travaux communaux avaient pris l'habitude d'inscrire leurs quittances pour payement d'à-compte ou de solde, à la suite des certificats d'avancement ou des procès-verbaux de réception définitive des travaux qui sont délivrés par les agents-voyers ou par les architectes, cet usage avait reçu une sorte de consécration de l'I. G. du 20 juin 1859, sur le service des comptables directs du Trésor et des receveurs des communes; mais cette observation n'a pas été accueillie; le ministre des finances a décidé, le 11 avril 1870, sur les propositions des directeurs généraux de l'Enregistrement et de la comptabilité publique, que les certificats d'avancement et les procès-verbaux de réception de travaux ne peuvent, sans contravention à la loi du timbre, recevoir la quittance des parties et que cette quittance doit être ou bien donnée sur papier timbré, lorsque la somme excède 10 francs, ou bien souscrite à la suite du mémoire par lequel l'entrepreneur a formulé sa demande d'à-compte. — V. *Chemins vicinaux*, nos 3818 et 3835.

5. DESTRUCTION DES LOUPS. — Les certificats délivrés par les maires et constatant la destruction des loups doivent être sur papier timbré, attendu qu'ils servent de titres entre les mains des parties pour réclamer le payement de la prime. Les titulaires des primes sont tenus de donner leurs quittances au pied du mandat de payement. Il a été reconnu que l'on ne pouvait écrire ces quittances au bas des certificats des maires sans contrevenir aux dispositions de l'art. 23 de la loi de brumaire (Sol. 17 avr. 1840).

6. CERTIFICAT DE VIE. — RENTE VIAGÈRE. — On ne peut écrire la quittance d'une rente viagère due par une commune, à titre de gratification ou de secours, à la suite du certificat de vie délivré par le maire. Le certificat de vie ne forme évidemment pas le titre du crédi-rentier. On objecte, il est vrai, que les imprimés pour certificats de vie fournis sur timbre aux crédi-rentiers de l'État comprennent la quittance en blanc du créancier; d'où l'on conclut qu'il en doit être de même dans l'espèce. Mais si l'on a admis une exception à l'art. 23 de la loi du 13 brumaire an 7 en matière de rentes viagères dues par l'État, il n'est pas permis d'en introduire arbitrairement une autre par analogie quand il s'agit de rentes dues par les communes (18158 J. E.).

7. CRÉANCIER ÉTRANGER A LA CONVENTION. — La quittance d'un ouvrier qui a exécuté des travaux par suite d'une convention écrite intervenue entre deux propriétaires voisins, et d'après laquelle ces travaux étaient à la charge de l'un deux, ne peut, sans contravention, être portée à la suite de cette convention. L'ouvrier était entièrement étranger à la convention; il n'y était nullement désigné. Le propriétaire qui a fait faire les travaux a pu les confier à l'ouvrier qu'il choisirait et faire avec lui un marché plus avantageux. La quittance donnée par l'ouvrier n'a pas pour objet de constater le remboursement de l'obligation contractée par les deux propriétaires, mais le payement du prix du marché intervenu avec l'ouvrier (Dél. 19 juin 1824, 7792 J. E., 4857 J. N., 782 C.).

8. SOMME EMPRUNTÉE. — Ainsi encore, une quittance par les créanciers d'un particulier rédigée à la suite de l'obligation de la somme empruntée pour opérer le remboursement vis-à-vis de ces mêmes créanciers, constitue une contravention (7223 J. E.; Roy, *Contrav.* 727).

9. DONATION DE LA CRÉANCE. — QUITTANCE. — Dans le même ordre d'idées, au cas de délivrance d'une quittance au débiteur par le donataire d'une créance à terme, il y a contravention quand cette quittance est écrite non pas sur le titre même de la créance, mais sur l'acte de donation ou de transport au profit du tiers (Dél. 22 juin-10 juill. 1832, 10394 J. E.).

10. DONATION SECONDAIRE. — Il y a aussi contravention, de la part du notaire qui écrit à la suite d'un acte de donation et sur la même feuille de timbre, des quittances par lesquelles des personnes gratifiées reconnaissent avoir reçu des donataires les sommes que ceux-ci étaient chargés de leur payer aux termes dudit acte (Sol. belge 10 janv. 1857).

11. FEUILLES SÉPARÉES. — Il y a contravention à l'art. 23 L. 13 brumaire an 7, lorsque deux quittances de prix de vente sont données à la suite l'une de l'autre sur une feuille de papier *autre que celle* sur laquelle a été rédigé l'acte de vente (Tours, 22 mars 1850, 14986 J. E.; Sol. 7 mars 1843).

12. ACQUÉREURS DISTINCTS. — On ne peut, sans contravention, rédiger sur des feuilles de papier timbré annexées à un procès-verbal d'adjudication d'immeubles en détail, plusieurs quittances à la suite les unes des autres au profit de plusieurs acquéreurs partiels et distincts, attendu que ces quittances n'ont pas pour objet une seule et même créance (Cass., 12 mars 1844, 13490 J. E., 11951 J. N., 1713 § 10 I. G., S. 44-1-325, arrêt rapporté § 13 *infrà*; Dreux, 11 mai 1842, 13023 J. E., 11502 J. N.). D'ailleurs des quittances ne peuvent être réputées mises à la suite de l'acte de vente, dans le sens de l'art. 23 L. de brumaire, qu'autant qu'elles sont écrites sur des feuilles adhérentes au contrat de vente et liées à ce contrat, sans solution de continuité.

13. SUBROGATION. — La quittance avec subrogation, donnée à un tiers, payant à la décharge de l'acquéreur, ne peut, sans contravention, être écrite à la suite de la vente, attendu qu'il n'y a pas quittance, mais transport, puisque le débiteur n'est pas libéré (Cass., 12 mars 1844, 13490 J. E., 11351 J. N., 1713 § 10 I. G., S. 44-1-325). « Attendu, porte l'arrêt, que les contraventions constatées par le procès-verbal du 28 novembre 1839, et qui sont l'objet de la contrainte décernée par l'Administration, ne rentrent aucunement dans les exceptions admises par l'art. 23 de la loi du 13 brumaire an 7. Qu'en ce qui concerne l'acte du 8 janvier 1837, les conventions inscrites en bas de l'acte de vente n'étaient pas de simples quittances, mais qu'elles constataient des payements successifs faits par un tiers avec subrogation à la décharge de l'acquéreur, ce qui ne consommait pas la libération de ce dernier; — Qu'en ce qui concerne le procès-verbal d'adjudication du 8 novembre 1835, les douze quittances données aux acheteurs ont été portées sur quatre feuilles de papier timbré seulement, bien qu'il y eût plusieurs vendeurs et plusieurs acheteurs ayant un intérêt distinct, et que le notaire eût ajouté les quatre feuilles à celle qui renfermait le procès-verbal, sans qu'elles eussent avec cette feuille la moindre liaison nécessaire, ce qui constitue une contravention formelle à l'art. 23 de la loi du 13 brumaire an 7; d'où il suit que le jugement attaqué a fait une juste application de cet article. »

14. VENDEURS DISTINCTS. — Lorsqu'un seul procès-verbal constate la vente de plusieurs immeubles appartenant à différents vendeurs, le notaire peut écrire à la suite de ce procès-verbal, sur le même timbre, la quittance donnée par l'un des vendeurs. Mais, à la suite de ce second acte, il ne peut écrire la quittance subséquente d'aucun des autres vendeurs.

Si quelques-uns des biens n'ayant pas été adjugés lors du premier procès-verbal font l'objet d'une autre adjudication postérieure, le notaire peut également rédiger à la suite du procès-verbal d'adjudication définitive de ces derniers immeubles, écrit sur un timbre séparé, la quittance donnée par l'un des vendeurs suivant le premier procès-verbal, du prix de vente qui lui était dû; mais il ne peut écrire, à la suite de cette quittance, celle d'aucun autre vendeur (D. belge, 29 mai 1858).

15. RATIFICATION. — Si la ratification de l'acte de vente a été donnée sur une feuille séparée de celle qui contient la vente, on ne peut écrire la quittance du prix à la suite de cette ratification (Dél. 27 juill. 1832; D. m. f. 7 août 1832, 10416 J. E.).

16. TERMES ÉCHUS. — TRAITEMENT. — Le traitement annuel des employés et fonctionnaires ne constitue point une créance unique, pour laquelle chaque payement partiel forme un à-compte. Il n'y a dette, au contraire, que

pour le temps de service expiré ; il existe autant de créances distinctes que de payements séparés. D'où la conséquence que chaque quittance de payement doit être écrite sur une feuille particulière de papier timbré (Sol. 18 fév. 1831, 9954 J. E., 1370 § 9 I. G.).

Horloge. — Il en est de même des quittances partielles du prix de l'entretien de l'horloge ou de fourniture, lors même que ce prix a été fixé par année. Chaque terme échu de ce prix forme une créance distincte, indépendante des termes à échoir et dont la quittance doit être portée sur une feuille spéciale (Sol. 18 fév. 1831, 9954 J. E., 1470 § 9 I. G.).

Loyer. — A l'égard des quittances d'indemnité de loyer, qu'on peut assimiler aux quittances mêmes de loyer, il résulte des termes précis de l'art. 23 L. 13 brumaire an 7, que les quittances de différents termes ne peuvent être écrites sur la même feuille (Sol. 18 fév. 1831, 9934 J. E., 1370 § 9 I. G.). — *V.* 577-1.

SECTION 3. — INVENTAIRES. — ACTES A VACATIONS [580-587 *bis*]

580. Principe. — L'art. 23 de la loi du 13 brumaire an 7 excepte encore de la prohibition qu'il édicte, tous les actes qui ne peuvent être consommés dans un même jour et dans la même vacation. Elle considère que ces différents procès-verbaux sont plutôt les éléments d'un même acte qu'ils ne constituent des actes distincts.

Cette exception est limitativement applicable, d'après le texte de l'art. 23, aux inventaires. Elle a été étendue, par identité de motifs, à un certain nombre d'actes dont nous allons présenter l'énumération.

581. Acte respectueux. — 1. NOTIFICATION. — La réquisition de l'acte respectueux et sa notification à l'ascendant peuvent être écrites à la suite l'une de l'autre, car il n'y a réellement qu'un procès-verbal en deux vacations ou en deux parties, dont l'une constate la demande de consentement en mariage, et l'autre la notification de cette demande et la réponse de l'ascendant (Dél. 16 juin 1832, 10662 J. E., 7973 J. N.). — *V.* 617 *bis*, 648.

2. NOTAIRE SUBSTITUANT. — La circonstance que la notification n'est pas faite par le notaire rédacteur de l'acte de réquisition est indifférente à cet égard, du moment que le notaire chargé de la notification n'agit que comme substituant son confrère. Il est admis, en effet, qu'un notaire empêché peut toujours se faire remplacer par un autre notaire, qui agit comme substituant son confrère, auquel reste la minute de l'acte, comme s'il l'avait reçue lui-même (Rolland de Villargues, *Rép.*, v° *Substitution de notaire*, n° 2, et *Acte notarié*, n° 55 ; Annales du Notariat, t. 7, p. 416 ; Augan, t. 1er, p. 131. — D. N., v° *Substitution de notaire*, n° 1, 4e édit., etc.). Le notaire substituant peut donc continuer l'acte respectueux sur la feuille commencée par le substitué.

582. Collation. — Quand la collation a été précédée d'une réquisition faite à l'officier public, elle peut être écrite à la suite de cette réquisition, attendu que ces deux formalités peuvent être considérées comme ne formant qu'un seul et même procès-verbal en deux parties ou en deux vacations (Sol. 9 sept. 1863).

583. Inventaire. — Faillite. — L'inventaire par les syndics d'une faillite peut être rédigé à la suite du procès-verbal d'apposition des scellés (1809 et 4146 J. N. ; D. m. f. 27 oct. 1812 ; D. N., t. 1er, p. 251, n° 81 ; — t. 6, p. 53, n° 227 ; — t. 7, p. 175, n° 583 ; 4146 J. E.).

1. APRÈS CLOTURE. — Tous les actes de la succession peuvent être insérés dans l'inventaire tant qu'il est ouvert. Mais lorsqu'il est clos, tout acte subséquent, quoique se rattachant à la succession, doit être écrit sur une feuille séparée.

584. Partage. — Tirage au sort. — Le procès-verbal de tirage au sort des lots peut, sans contravention, être écrit sur la même feuille de papier que l'acte de partage ; le tirage au sort des lots est, en effet, une des opérations du partage judiciaire, et ces opérations constituent un seul et même acte qui, ne pouvant être consommé en une seule vacation, rentre dans les exceptions de l'art. 23 L. 13 brumaire an 7 (Sol. 25 sept. 1848, 14562-11 J. E., 13610 J. N. ; Sol. 18 août 1849).

585. Séances successives. — On peut rédiger à la suite du cahier des charges, et à la suite les uns des autres, tous les procès-verbaux aux enchères qui peuvent être faits, à des dates différentes, des objets mis en vente. La prohibition ne s'applique qu'aux ventes de gré à gré, qui constituent chacune une opération distincte (14413-1 J. E. ; 9794 J. N. ; D. N., *loc. cit.*, 28 ; Sol. 8 janv. 1850, 4 nov. 1850 et 9 janv. 1850).

Ainsi l'acquisition par une commune de diverses portions d'héritage, appartenant à plusieurs propriétaires, peut être constatée par un même procès-verbal dressé en plusieurs jours sur une seule feuille de papier timbré (Sol. 2 oct. 1844 D. N., t. 1er, p. 253, n° 96).

1. REMISE NON INDIQUÉE. — La solution devrait être la même alors que, dans les procès-verbaux des premières séances, on n'aurait point indiqué le renvoi aux séances subséquentes (9794 J. N.).

586. Vendeurs distincts. — Lorsqu'un seul cahier des charges a été dressé pour la mise en adjudication de plusieurs immeubles appartenant à deux propriétaires distincts, sans indivision, que le tout a été exposé en vente et que les biens d'un seul des propriétaires ont été adjugés, tandis que les immeubles de l'autre forment l'objet d'une adjudication et d'un procès-verbal ultérieurs, les deux procès-verbaux peuvent, sans contravention, être écrits à la suite du cahier des charges et sur le même timbre (Sol. belge, 7 sept. 1857). — Cependant une décision du ministre des finances belge, du 16 août 1856, avait déjà reconnu que « en cas de vente de deux immeubles appartenant à deux propriétaires distincts, sans indivision, bien qu'il n'ait été dressé pour les deux ventes qu'un seul cahier des charges, on ne peut néanmoins écrire sur le même papier timbré, à la suite l'un de l'autre, les procès-verbaux, rédigés séparément, de la vente de chaque immeuble » (7491 J. E. belge). Cette décision ministérielle nous paraît plus juridique que celle de l'Administration.

587. Terrains militaires. — Divers procès-verbaux d'adjudication de baux de terrains militaires, quoique d'une date différente, peuvent être écrits les uns à la suite des autres, comme actes qui ne peuvent être terminés dans la même vacation (D. m. f. 17 frim. an 8, 320 J. E.).

587 *bis*. **Union des créanciers.** — A propos des délibérations des créanciers unis, il faut décider que les délibérations de l'espèce doivent être considérées comme une suite de procès-verbaux à diverses dates, qui peuvent, sans contravention, être rédigés à la suite les uns des autres et réunis en un cahier (4634 J. E.).

SECTION 4. — SCELLÉS

[588]

588. Procès-verbaux de scellés. — Aux termes de l'art. 23 L. 13 brumaire an 7, peuvent être écrits, à la suite du procès-verbal d'apposition, les procès-verbaux de reconnaissance et de levée de scellés.

1. ORDONNANCE. — L'ordonnance sur requête et le procès-verbal d'*apposition*, l'ordonnance et le procès-verbal de *levée* de scellés, peuvent être mis à la suite les uns des autres (D. m. f. 20 avr. 1813, 634 I. G.).

2. OPPOSITION. — Les déclarations d'opposition aux scellés peuvent être écrites à la suite du procès-verbal d'apposition (C. proc. 926; 634 I. G.; 3489 J. E.).

Mais les appositions ou levées de scellés ne peuvent être écrites sur la feuille d'audience ou à la suite d'un avis de parents (Sol. 5 oct. 1857).

3. PAPIER VISÉ POUR TIMBRE EN DÉBET. — Lorsque des scellés ont été apposés d'office et levés à la requête des parties, le procès-verbal de levée de scellés peut être mis à la suite de celui d'apposition qui a été rédigé sur du papier visé pour timbre, sauf au préposé à suivre sur les parties le recouvrement des droits de timbre (3489 J. E.).

4. INVENTAIRES. — On ne peut rédiger à la suite des procès-verbaux d'apposition et de levée de scellés les inventaires faits par les syndics (4146 J. E.).

SECTION 5. — SIGNIFICATION D'HUISSIER

[589-590]

589. Principe.— D'après l'art. 23 de la loi du 13 brumaire an 7, les significations des huissiers peuvent être écrites à la suite des jugements ou autres pièces dont il est donné copie.

590. Applications. — 1. AMENDE DE CONTRAVENTION. — RESPONSABILITÉ. — Si dans le papier employé par l'avoué se rencontre une contravention, c'est sur lui que doit peser toute la responsabilité, et non sur l'huissier, qui ne fait rien autre chose que constater un fait matériel.

2. AVOUÉ. — COPIES DE PIÈCES. — Les copies d'actes ou de pièces que se font signifier les avoués, ne font, en quelque sorte, qu'un seul acte avec l'exploit qui constate la signification. Elles peuvent, dès lors, être écrites ou faites à la suite les unes des autres. Il n'en peut même être autrement, et les copies faites et notifiées par des avoués doivent toujours précéder l'exploit et ne peuvent en être séparées (14872-1 J. E.).

3. ACTE COMMENCÉ. — L'avoué qui, à la suite d'un acte commencé, écrit un extrait destiné à être affiché, commet une contravention à la loi (Épernay, 22 août 1853, 22 R. P.).

4. AJOURNEMENT. — L'art. 65 du Code de procédure autorise implicitement la rédaction, sur la même feuille de papier timbré, de l'acte d'ajournement et des diverses copies énoncées dans cet article (Sol. 22 oct. 1856).

5. DÉNONCIATION DE PROTÊT. — Les huissiers peuvent, sans contravention au timbre, rédiger à la suite du protêt les dénonciations à l'endosseur, parce que cette dénonciation est la suite nécessaire et obligée du protêt (Dél. 22 oct. 1807, 2738 J. E., D. N., t. 1er, p. 253, n° 99; Roy, *des Contrav.* 276).

6. DOUBLE SIGNIFICATION. — Deux exploits de signification d'un même jugement, faits à la même requête, aux mêmes personnes, l'un au domicile élu et l'autre au domicile réel, par deux huissiers différents, peuvent être écrits à la suite de l'expédition de ce jugement (Sol. 27 août 1812, 4295 J. E.; D. N., t. 5, p. 796, n° 18). De même de la signification d'avoué à avoué, et de celle faite à la partie (6364 J. E.).

7. GARDES FORESTIERS. — Les gardes forestiers étant assimilés aux huissiers en ce qui concerne leurs significations (173 C. for.), il leur est permis, comme à ces officiers ministériels, de les écrire à la suite de leurs procès-verbaux et autres actes dont ils délivrent copie (D. m. f. 25 nov. 1835, 11409 J. E., 1513 § 10 I. G.).

8. GARDES DU GÉNIE. — L'art. 35 de l'Ord. 1er août 1821, relative aux servitudes imposées à la propriété pour la défense de l'État, autorise les gardes du génie à expédier la copie de chaque procès-verbal de contravention et la notification qui en est faite à la suite l'une de l'autre, sur du papier visé pour timbre (Ord. 1er août 1821, 998 I. G.).

9. SIGNIFICATION DE JUGEMENT. — L'original de la signification d'un jugement qui porte condamnation contre un délinquant forestier, peut être mis à la suite de l'extrait, visé pour timbre d'expédition (D. m. f. 24 oct. 1828, 1265 § 7, 1513 § 10 I. G.).

Signification de pièces. — La signification d'actes peut être écrite à la suite des actes dont il est donné copie (Dél.

4-9 juin 1833, 10624 J. E.; Sol. 14 août 1872); — notamment d'un mémoire autographié sur papier timbré à l'extraordinaire (Sol. 10 août 1855), — ou d'un transport dont il est laissé copie au débiteur (Sol. 27 sept. 1867).

10. INTERVENTION. — L'intervention d'un tiers et le payement qu'il fait d'un effet protesté peuvent être constatés à la suite du protêt (D. N., t. 1er, p. 252, n° 109; 4050 J. E.).

11. INSCRIPTION HYPOTHÉCAIRE. — Lorsque le bordereau de l'inscription hypothécaire a été écrit à la suite de l'expédition du jugement, l'huissier peut encore rédiger sur la même feuille les exploits de significations d'avoué à avoué et à personne ou à domicile de ce jugement, car ces deux facultés pouvant s'exercer isolément, rien ne s'oppose à ce qu'elles le soient concurremment (12433-2 J. E.). Cette signification peut être faite *en marge* de l'expédition (5939 J. E.).

12. TIMBRE EXTRAORDINAIRE. — L'art. 7 L. 13 brumaire an 7, accordant aux particuliers qui veulent se servir de papiers autres que ceux de la Régie la faculté de les faire timbrer à l'extraordinaire, et l'art. 23, même loi, portant que les significations des huissiers peuvent être écrites à la suite des pièces dont il est délivré copie, il en résulte que, malgré les prescriptions de l'art. 18, même loi, les huissiers peuvent, sans contravention, écrire une signification à la suite de la copie signifiée, rédigée sur papier frappé du timbre extraordinaire (Dél. 9 juin 1833, 10624 J. E.; D. N., t. 5, p. 796, n° 17).

Contrainte. Ils peuvent notamment rédiger leurs exploits à la suite d'une contrainte décernée par un receveur de l'Enregistrement sur papier timbré à l'extraordinaire (Cass., 15 juill. 1806, arrêt rapporté 609 *infrà*).

SECTION 6. — RÉVOCATION DE PROCURATION ET TESTAMENT

[591]

591. Révocation. — 1. PROCURATION. — TESTAMENT. — Les révocations de procurations et de testaments peuvent être faites et expédiées dans la même feuille que ces actes (Déc. 15 juin 1812, 591 I. G.).

2. CODICILLE. — Cette décision s'applique au codicille, qui peut être écrit à la suite du testament, bien qu'il ne renferme aucune disposition testamentaire, et se borne à révoquer le testament (Dél. 11 juin 1823, 4692 J. N.; Sol. 22 fév. 1860). — V. 570-6.

SECTION 7. — EXCEPTIONS DIVERSES

[592-611]

592. Principe. — Aux exceptions que l'art. 23 de la loi de brumaire a lui-même édictées à côté de la défense qu'il a faite d'écrire deux actes à la suite l'un de l'autre sur la même feuille de papier timbré, viennent naturellement s'ajouter celles qui résultent des diverses dispositions par lesquelles nos codes, tantôt autorisent, tantôt proscrivent l'inscription d'un ou de plusieurs actes les uns à la suite des autres sur la même feuille de papier timbré.

593. Affiche, procès-verbal d'apposition. — En matière de ventes sur saisie immobilière de biens de mineurs, de ventes sur licitation, de ventes de biens de successions bénéficiaires, enfin de ventes par suite de surenchère ou de folle enchère, le procès-verbal de l'huissier constatant l'apposition des affiches doit être rédigé sur un exemplaire du placard (699 C. proc.; 1667 § 3 I. G.).

1. CERTIFICAT D'APPOSITION. — Le certificat ou visa du maire constatant une apposition d'affiches, pour la vente judiciaire de biens meubles ou immeubles, peut être mis à la suite du procès-verbal d'apposition (D. N., t. 1er, p. 257, n° 143).

594. Certificat de non appel. — Aux termes de l'art. 548 C. proc., les certificats de non appel ou opposition peuvent être mis sur l'expédition du jugement (2376 J. E.; 233 I. G.).

595. Distraction de biens en matière de saisie immobilière. — Jugement. — Les jugements qui, en matière de saisie immobilière, ordonnent la distraction de partie des biens saisis, doivent être portés sur la feuille d'audience, sauf à en insérer les dispositions dans un dire à la suite du cahier des charges, conformément aux art. 694 et 695 C. proc. (14511-1 J. E.).

596. Homologation. — Jugement. — Les jugements d'homologation des actes de notoriété concernant l'état civil peuvent, par application des art. 885 et 886 C. proc., ainsi que les actes intermédiaires, être mis à la suite de l'acte homologué, sous la condition que l'expédition délivrée par le greffier comprenne tous ces actes (D. m. f. 27 août 1824, 1150 § 12 I. G., 7843 J. E.). Cette décision abroge celle du 28 janvier 1824 (796 Roll.).

597. Émancipation. — Curateur. — La nomination d'un curateur à l'émancipation peut être écrite à la suite de l'acte du juge constatant la déclaration d'émancipation, parce que le second acte est le complément nécessaire du premier (Sol. 17 août 1852).

598. Inscription hypothécaire. — 1. BORDEREAU. — D'après l'art. 2148 C. C., c'est sur *l'expédition* du titre que l'un des bordereaux de l'inscription à prendre au bureau des hypothèques peut être porté; mais, lorsque le titre est en brevet, il semble que, pour l'exécution de l'art. 2148, il tient lieu à la fois d'original et d'expédition, et qu'ainsi l'un des bordereaux peut être régulièrement porté sur ce titre (13744-7 J. E.).

2. NOMBRE DE LIGNES. — Il n'y a pas à considérer pour cela si le nombre de lignes de l'expédition, y compris celui du bordereau, dépasse le maximum fixé par la loi. L'excédant ne donne pas lieu à l'amende (Sol. 5 déc. 1861).

3. TIMBRE HORS D'USAGE. — De même, l'un des bordereaux peut être porté à la suite de l'expédition du titre, lors même que le papier employé pour cette expédition serait hors d'usage.

4. RENOUVELLEMENT. — L'art. 2154 C. C., qui prescrit le renouvellement des inscriptions avant l'expiration du délai de dix ans pour conserver les privilèges et hypothèques, garde le silence sur la forme de ce renouvellement. On doit en induire qu'il se réfère à ce sujet aux dispositions de l'art. 2148. En permettant, d'ailleurs, de porter un des bordereaux sur l'expédition du titre, le législateur paraît avoir voulu que le créancier eût sur la même pièce le titre constitutif de l'hypothèque et la preuve de l'inscription. Il n'y a aucune raison pour refuser cet avantage au créancier, lorsqu'il requiert une inscription en renouvellement (Sol. 12 juin 1863, 2271 § 1er I. G., 1884 R. P.).

5. DEUX BUREAUX. — Si l'inscription hypothécaire doit être prise dans deux bureaux, les deux bordereaux peuvent être écrits à la suite l'un de l'autre sur la grosse du titre exécutoire (10702 J. E.), ou à la suite l'un de l'autre sur une feuille de papier timbré séparée (13251 J. N.).

599. Interdiction. — 1. CERTIFICAT D'INSERTION. — Les certificats des notaires ou greffiers attestant la lecture et l'inscription prescrite par l'art. 501 du C. C. des jugements portant interdiction, sur les tableaux qui doivent être affichés dans la salle de l'auditoire et dans les études des notaires, peuvent être inscrits à la suite les uns des autres sur l'expédition du jugement qui a servi à l'inscription. Il y aurait en effet de très-grands inconvénients à détacher les certificats du jugement, puisque, si l'un d'eux venait à être égaré, les tuteurs, subrogés-tuteurs ou conseils de l'interdit, éprouveraient des difficultés pour justifier de l'accomplissement des formalités prescrites par la loi (D. m. f. 23 juin 1807, 2602 J. E.; 2585 J. E.).

600. Interrogatoire. — On peut mettre l'addition à un interrogatoire à la suite de cet interrogatoire (art. 334, C. proc.).

1. INDICATION DES JOUR ET HEURE. — Un juge commis pour un interrogatoire ne contrevient pas à l'art. 23 de la loi du 13 brumaire an 7, lorsqu'il indique les jour et heure de l'interrogatoire à la suite du jugement qui l'a nommé. En effet, aux termes de la loi, cette indication *doit* être mise au bas de l'ordonnance. Or, du moment où le juge est commis par un jugement, il peut, par exception à la règle générale, agir comme il ferait en vertu d'une ordonnance (16072-1 J. N.).

601. Permis de citer. — L'art. 2 de la loi du 2 mai 1855 sur les justices de paix porte que, dans les causes requérant célérité, il ne sera remis de citation non précédée d'avertissement qu'en vertu d'une permission donnée *sans frais* par le juge de paix sur l'original de l'exploit (2049-3 I. G.).

Il n'y a donc aucune contravention dans la rédaction de ce permis à la suite ou en marge de l'exploit.

602. Procuration. — Tribunal de commerce. — Le mandat pour plaider devant le tribunal de commerce peut être donné au bas de l'original ou de la copie de l'assignation (627 C. Cass.).

603. Qualités. — La décision qui intervient sur les oppositions aux qualités, et qui se réduit à les approuver si elles sont régulières, ou à les rectifier si elles ont besoin de l'être, doit être portée sur les qualités mêmes, et non sur une feuille de papier séparée (D. m. j. 21 mai 1811, 533 I. G.).

604. Requête. — La requête tendant à l'homologation d'une délibération de conseil de famille et le jugement d'homologation peuvent, sans contravention, être écrits, la première à la suite de la délibération, et le second à la suite de la requête (885 et 886 C. proc.; 628, 1150 § 12 I. G.; 7631 J. E.). Les jugements sur requête se confondent, en effet, d'une manière intime avec la requête à laquelle ils répondent. Ils en sont le complément et peuvent, à ce titre, être rédigés sur la même feuille de papier timbré (Sol. 21 juin 1867).

1. ACTE DE NOTORIÉTÉ. — L'Administration, par une Dél. du 28 janvier 1824 (7631 J. E.), avait décidé que l'on ne pouvait, sans contravention, écrire à la suite de l'acte de notoriété la requête qui tendait à obtenir l'homologation de cet acte. Il a été reconnu depuis, par une D. m. f. du 27 août 1824 (7843 J. E.), que la requête pouvait être écrite sur la même feuille que l'acte de notoriété.

605. Résiliation de mariage. — L'acte de résiliation d'un contrat de mariage peut, sans contravention, être écrit à la suite de la minute de ce contrat, car cet acte rentre évidemment dans la catégorie des actes prévus par l'art. 1397 C. C., qui veut que tous changements et contre-lettres soient sans effet à l'égard des tiers, s'ils n'ont pas été rédigés à la suite de la minute du contrat de mariage (11803 12942 J. N.).

Il en est de même des simples modifications à un contrat de mariage.

606. Saisie mobilière. — Un procès-verbal de saisie mobilière peut, sans contravention, être rédigé à la suite d'un autre procès-verbal, daté de la veille, constatant un refus d'ouvrir les portes. Ce principe est la conséquence de l'art. 587 C. C. (7581 J. E.).

607. Séparation. — De même, les certificats constatant la lecture des jugements de séparation (872 C. proc.) peuvent être mis à la suite de l'expédition du jugement (Sol. 8 fév. 1831, 9904 J. E.).

Il en est ainsi des certificats attestant la remise successive de l'extrait du jugement et de son insertion (Sol. 1er mars 1873).

607 bis. Taxe. — 1. REQUÊTE-RAPPORT D'EXPERTS. — De ce que l'art. 319 C. proc. porte que les vacations des experts seront taxées par le président au bas de la minute de leur rapport, on doit nécessairement conclure que la requête qui est présentée à cet effet peut, aussi bien que la taxe, être portée à la suite de ce même rapport (D. m. f. 27 mars 1822, 312 Roll.).

2. VENTE DE MEUBLES. — Ainsi encore, la taxe peut être mise à la suite du procès-verbal de la vente de meubles. (6766 J. E.; D. m. f. 19 mai 1820; Dél. 19 juill. 1820; 7734 J. E.; Dél. 25 sept. 1822 et 8 mai 1824, 4694 J. N.).

3. EXPLOIT. — Ou à la suite de l'un des exploits qui ont précédé la vente de meubles (8493 J. E.).

4. ACTES DIVERS. — Les taxes qui ont pour objet des frais et honoraires résultant d'actes autres que les procès-verbaux de vente mobilière, peuvent également être mises sur les minutes des actes (Dél. 8 mai 1824, 7735 J. E.).

En s'appuyant sur l'art. 657 C. proc. et l'art. 43 décret 16 février 1807, sur la taxe des frais et dépens, un huissier peut, sans contravention, rédiger à la suite des procès-verbaux de vente de meubles l'état des frais de vente et autres poursuites. C'est ce qui a été reconnu par une Sol. 25 sept. 1822 (Roll., p. 628, n° 77; — *Conf.* D. m. f. 19 mai 1820, 6766 J. E.).

608. Vente de navires. — La vente d'un navire doit être constatée par un acte écrit au dos du procès-verbal de francisation (C. Bordeaux, 26 juill. 1858, S. 59-2-300; — 22 août 1860, S. 61-2-49. — *V.* aussi. Cass., 26 mai 1852, S. 52-1-561). Il n'y a donc, dans ce cas, aucune contravention à l'art. 23 de la loi du 13 brumaire an 7.

609. Visa. — Contrainte. — Une contrainte décernée par l'administration de l'Enregistrement, le visa du juge de paix et la signification peuvent être écrits sur une même feuille de papier timbré et à la suite du procès-verbal de contravention (Cass., 15 juill. 1806, Dalloz, n° 6238).

« Attendu, porte cet arrêt, que le visa du juge de paix n'ayant pu être mis qu'à la suite même de cette contrainte, il a dû nécessairement jouir de l'exception assurée à cette contrainte par rapport à l'emploi du timbre extraordinaire; — Attendu enfin que l'exploit de signification de la contrainte pouvait d'autant plus être écrit légalement à la suite de cette contrainte et du visa, que la loi excepte de la prohibition de faire et d'expédier deux actes à la suite l'un de l'autre sur la même feuille de papier timbré, les significations des huissiers à la suite des pièces dont il est délivré copie » (S. 6-2-198).

610. Vente judiciaire. — Frais de poursuite. — D'après l'I. G. 1667 § 1er, interprétative de la loi du 2 juin 1841 sur les ventes judiciaires, le cahier des charges, les dires et observations des parties, le jugement qui constate la lecture ou la publication du cahier des charges, les enchères et l'adjudication, enfin *la quittance des frais de poursuite* et autres pièces justificatives, peuvent, sans contravention, être écrits à la suite les uns des autres. Tous ces documents forment un ensemble, un corps, dont l'unité serait rompue s'ils étaient séparés. Il suit de là qu'on peut écrire à la suite d'un procès-verbal d'adjudication devant un notaire commis la quittance qui a pour objet les frais de poursuite exposés pour parvenir à l'adjudication (Sol. 5 avr. 1854, 203 R. P.).

611. Registre. — 1. FEUILLE D'AUDIENCE. — C'est une feuille de papier timbré sur laquelle les jugements et arrêts sont transcrits après leur prononcé. Sa tenue est prescrite par l'art. 138 du Code de procédure civile. Au surplus, nous renvoyons pour tout ce qu'il y a à en dire plus spécialement au mot *Greffe*.

2. JUGEMENTS. — Les art. 18 et 138 C. proc. prescrivent de rédiger les jugements sur la feuille d'audience, c'est-à-dire à la suite les uns des autres (373-2, 397-1 I. G.).

3. FEUILLES D'AUDIENCE DISTINCTES. — Les greffiers peuvent avoir une feuille d'audience particulière pour chaque audience, ou inscrire successivement et par ordre les jugements de plusieurs audiences sur la même feuille ou sur le même registre (373 n° 2; 397 n° 1 I. G.).

4. JUGEMENT RAYÉ. — Le greffier peut rédiger un jugement à la suite d'un autre de la même audience qui n'a point été achevé et qui, même, se trouve rayé (D. m. f. 12 nov. 1817; Roll., p. 626, n° 44).

5. ENQUÊTE ET VISITE DE LIEUX. — Peuvent être portés sur la feuille d'audience les procès-verbaux d'enquête et de visite de lieux dans tous les cas où la loi n'exige pas qu'il soit dressé un procès-verbal distinct de ces opérations (Déc. de l'Adm. belge des 25 janv. 1854, 12 oct. 1858, 7 avr. 1860 et 30 avr. 1862); mais les procès-verbaux d'enquête et les jugements rendus sur les lieux contentieux, en justice de paix, ne doivent pas être portés sur la feuille d'audience lorsque la cause n'est pas de nature à être jugée en dernier ressort; car les art. 39 et 42 C. proc. ordonnent alors la rédaction d'un procès-verbal distinct du jugement (14759-1 J. E.; Sol. 27 avr. 1860).

Il en est de même pour les enquêtes en matière sommaire qui doivent avoir lieu devant le tribunal de première instance. Les art. 410-411 C. proc. disposent qu'il en sera dressé procès-verbal lorsque le jugement est susceptible d'appel.

6. SERMENT. — Les procès-verbaux constatant la prestation de serment à l'audience sont de véritables jugements qui peuvent être, comme ces derniers, rédigés sur la même feuille, soit à la suite les uns des autres, soit à la suite des jugements ordinaires (Sol. 7 fév. 1852, 26 juill. 1853, 28 janv. 1865).

7. RENONCIATION. — Les renonciations à succession ou à communauté peuvent être écrites à la suite les unes des

autres sur le registre tenu à cet effet au greffe du tribunal (784 C. C.).

8. DÉPOT. — Les actes de dépôt que rédige le greffier doivent être transcrits à la suite les uns des autres sur un registre timbré (Décr. 12 juill. 1808, art. 2).

9. CONCILIATION. — NON COMPARUTION. — On peut inscrire à la suite les uns des autres, sur un registre particulier, les procès-verbaux de conciliation et de non-conciliation, et les mentions de non comparution au bureau de paix (D. m. f. de... 1818, 6038 J. E.). Une Dél. 15 germinal an 10 (1261 et 5502 J. E.) avait décidé qu'on ne pouvait rédiger sur la feuille d'audience les procès-verbaux de remise en conciliation.

Jugements. — On peut aussi les écrire à la suite des jugements ordinaires (Sol. 7 fév. 1852, 8 nov. 1862).

10. AFFIRMATION DE VOYAGE. — On avait pensé que les actes passés aux greffes, par lesquels une personne déclare qu'elle part pour un voyage, ne pouvaient être écrits sur un registre à la suite les uns des autres. Aucune loi n'interdit aux greffiers d'avoir des registres pour les actes de l'espèce. L'usage en est établi dans les principaux greffes, et on ne peut voir de contravention à l'art. 23 L. 13 brumaire an 7, dans la rédaction de ces actes à la suite les uns des autres (Dél. 21 déc. 1827, 8936 J. E.).

CHAPITRE IV. — DISPOSITIONS CONCOURANT SOIT A PARFAIRE UN ACTE, SOIT A LE COMPLÉTER, SOIT A LE MODIFIER

[611 *bis*-616]

611 *bis*. **Principe.** — La loi a permis d'écrire à la suite les uns des autres les procès-verbaux, tels que les inventaires, qui ne peuvent être consommés dans un même jour et dans la même vacation. Ces procès-verbaux, en effet, ne constituent dans leur ensemble qu'un seul acte.

Ce principe a été étendu par la jurisprudence à certains actes parfaits en eux-mêmes, mais qui servent à compléter ou à modifier, dans des conditions essentielles, un acte précédent.

612. Applications. — 1. ADJUDICATION PAR AUTORITÉ DE JUSTICE. — Ainsi, en matière de vente, soit à l'audience des criées du tribunal, soit devant un notaire commis à cet effet par suite de saisie immobilière, ou de biens appartenant à des mineurs ou indivis entre copropriétaires ou cohéritiers, ou dépendant d'une succession bénéficiaire, on peut, sans contravention, écrire à la suite les uns des autres et sur les mêmes feuilles de papier, le cahier des charges avec l'énonciation de la mise à prix, les dires et observations des parties et des avoués, indiquant les formalités qui ont été remplies, le jugement qui constate la lecture et la publication du cahier des charges et fixe le jour des enchères, l'adjudication, la quittance des frais de poursuites et autres pièces justificatives. Tous ces documents, en effet, forment un ensemble, un corps dont l'unité serait rompue s'ils étaient séparés (L. 2 juin 1841 sur les ventes judiciaires, 1667 § 1er I. G.).

Notaire commis par justice. — *Biens de mineurs.* — Conformément à ce principe, l'Administration a décidé que la quittance des frais de poursuite dus à l'avoué peut, sans contravention, être écrite à la suite du procès-verbal de l'adjudication des biens de mineurs faite devant un notaire commis (Sol. 5 avr. 1854, 203 R. P.).

Cahier des charges. — De même on peut, sans contravention, rédiger les procès-verbaux d'adjudication à la suite des procès-verbaux de criées ou du cahier des charges, parce que ces actes ne forment ensemble qu'un seul tout par leur connexité et par le besoin de recourir constamment au cahier des charges pour l'enregistrement des adjudications (Dél. 31 déc. 1817, 4368, 5992 J. E., Dél. 13 déc. 1817, 2449 J. N., 336, 1015 J. N.; — *Conf.* Roy, *des Contrav.*, 272).

Il importe peu que le cahier des charges ait été rédigé par un avoué (Senlis, 15 mars 1829, 9370 J. E., 6870 J. N.).

Modifications. — L'acte contenant des modifications à un cahier des charges dressé par un avoué et déposé en l'étude d'un notaire peut être rédigé à la suite de ce cahier et sur la même feuille de papier timbré (Sol. 8 sep. 1851, D. N. V. *Acte à la suite* n° 24, 10174 J. E. — V. 6177). Plus généralement ces modifications peuvent être écrites à la suite de tous cahiers des charges quelconques (Cass. 24 mars 1829, 6887 J. N., 1282-13 I. G., S. 29-1-136).

2. ADJUDICATION PAR SUITE DE SURENCHÈRE OU DE FOLLE ENCHÈRE. — Du moment que l'adjudication est frappée de surenchère ou poursuivie sur folle enchère, elle ne peut plus être considérée que comme une enchère, et, dès lors, l'adjudication par suite de surenchère ou de folle enchère peut être écrite à la suite de la première adjudication et du cahier des charges, puisque c'est elle qui est appelée à parfaire l'opération (11395 J. N., 1667 § 2 I. G.).

3. *Idem.* ALIÉNATION VOLONTAIRE. — PUBLICATION ET REVENTE. — Il y a même raison de décider que les actes de publication et de revente par aliénation volontaire, par voie de surenchère, peuvent être écrits à la suite de la première vente, car la surenchère n'étant, à proprement parler, qu'une continuation des enchères, la vente ne devient définitive que par elle (7242 J. E.).

4. *Idem.* DÉCLARATION DE SURENCHÈRE. — La déclaration du créancier qui veut surenchérir, pouvant être assimilée à un dire ou une observation préalable à l'adjudication définitive de l'immeuble mis en vente, doit être considérée comme un document formant un des éléments de l'acte d'aliénation, et elle peut être écrite à la suite des actes partiels dont la réunion constate cette aliénation (Sol. 25 août 1848, 14549 J. E.).

5. *Idem.* CAHIER DES CHARGES ADDITIONNELLES. — En cas de surenchère sur aliénation volontaire, le cahier des charges additionnelles peut, sans contravention, être rédigé

à la suite de l'acte qui donne lieu à la surenchère (D. m. f. et j. des 6 et 11 déc. 1822, 7354 J. E.).

6. ADJUDICATION DEVANT NOTAIRE. — Les adjudications notariées peuvent être écrites à la suite du cahier des charges (D. m. f. 5 mars 1829, 6339 J. E., 2925 J. N.; — Château-Thierry 20 août 1833, 10775 J. E., 1446 § 13 I. G.; — Cass. 8 janv. 1838, S. 38-1-112; — 5 nov. 1839, S. 39-1-931, 11962, 12407 J. E., 9919 J. N., 1577 § 19, 1615 § 12 I. G.).

7. ADHÉSION. — SOCIÉTÉ. — Si, dans l'acte de constitution d'une société anonyme, il est dit que la société ne sera définitivement établie que lorsque toutes les actions auront été prises, au moyen d'actes d'adhésion *à la suite de l'acte principal*, les actes d'adhésion peuvent, sans contravention, être placés à la suite de cet acte principal, car ils ne forment que la continuation de l'acte social; ce sont eux qui lui apportent sa perfection (D. m. f. 5 janv. 1829, 1737 C.; D. N., t. 1er, p. 256, n° 131).

8. APPROBATION ADMINISTRATIVE. — En principe, tout acte qui est soumis à l'approbation d'une autorité supérieure ne reçoit sa perfection que de cette approbation; jusque-là il est à l'état de simple projet. Dès lors, l'approbation peut être écrite à la suite de l'acte approuvé.

C'est ce que le ministre des finances a décidé le 30 fructidor an 13 (293 I. G.).

9. *Idem.* SOUMISSION. — D'après une décision du ministre des finances du 1er décembre 1856 (2089 I. G., 793 R. P.), en matière de travaux d'amélioration dans les bois de l'État, « les soumissions doivent être produites par les concurrents, sur papier timbré à leurs frais, conformément à l'art. 6 de l'arrêté du 25 septembre 1852; mais la soumission de l'entrepreneur, portée à l'art. 3 de cet arrêté comme étant sujette, dans tous les cas, à l'enregistrement, ne l'est, au contraire, qu'exceptionnellement, lorsqu'à défaut d'un acte particulier constatant le marché la convention se forme au moyen d'une acceptation de l'autorité administrative, écrite à la suite de la soumission. »

9 *bis.* ASSURANCES. — D'après l'art. 42 de la loi du 5 juin 1850, les avenants servant à indiquer, en matière d'assurances maritimes, la prolongation de l'assurance, l'augmentation de la prime ou du capital assuré, ou bien, en cas de police flottante, portant désignation d'une somme en risque ou d'une prime à payer, peuvent être rédigés à la suite de la police, à la charge pour chacun d'un visa pour timbre au même droit que celui de la police et apposé dans les deux jours de la date des nouvelles conventions.

10. ATERMOIEMENT. — ACCEPTATION. — Ce n'est que l'acceptation des créanciers qui constitue définitivement le contrat d'atermoiement. Cette acceptation imprimant à l'acte qui renferme l'atermoiement le caractère d'obligation, de titre constitutif de créance, doit rentrer dans les exceptions prévues par l'art. 23 L. 13 brumaire an 7. Elle peut donc, sans contravention, être écrite à la suite de l'atermoiement (La Flèche 14 fév. 1838, 10014 J. N.).

11. COMPTE DE TUTELLE. — ARRÊTÉ. — Un notaire peut rédiger un arrêté de compte de tutelle à la suite du projet de compte (Sol. 12 et 20 fév. 1830, 2834 Roll.; Sol. 11 juill. 1823, Roll., p. 627, n° 62; — Nantes 2 fév. 1837; — Chartres 5 mai 1838, Dalloz, n° 6240).

On avait soutenu que l'arrêté n'est pas la *consommation* du projet de compte, parce que ce projet, clos et signé, forme un acte ayant toute la perfection que comporte sa nature, et dont la rédaction est entièrement consommée. On ajoutait qu'aucune des dispositions de la loi sur le timbre ne permet d'écrire un autre acte à la suite; que ce compte peut être, à la vérité, d'une assez longue contexture pour qu'il soit impossible de le terminer dans un jour ou dans une vacation, mais que c'est dans ce cas seulement que l'article invoqué peut recevoir son application (3830, 9670 J. E., Roy, *des Contrav.*, 267). Ces raisons n'ont pas prévalu. L'Administration, adoptant la doctrine des jugements de Nantes et de Chartres, a considéré que le projet de compte est un simple préliminaire ne changeant rien à la position des parties, que cette position n'est changée et fixée que par l'arrêté de compte; que leur réunion forme donc un tout divisé en deux parties, que l'art. 23 de la loi du 13 brumaire permet d'écrire sur la même feuille de papier timbré (Sol. 7 juill. 1862, 1645 R. P., 2241 § 1er I. G., 17489 J. N., 12372 C.).

12. *Idem.* RÉCÉPISSÉ. — Cette doctrine nous paraît de tous points applicable au récépissé qui est rédigé à la suite du projet de compte afin d'établir que *l'oyant* a reçu les pièces du compte, et de fixer le délai de son examen. Une telle décharge a, plus encore que l'arrêté, le caractère d'un élément du compte, d'un acte indispensable de l'opération.

13. DÉLIBÉRATION DU CONSEIL DE FAMILLE. — Les art. 885 et 886 C. proc. veulent que l'expédition de la délibération du conseil de famille, sujette à homologation, soit présentée au président, qui, par ordonnance, au pied de ladite délibération, ordonne la communication au ministère public et nomme un juge pour faire le rapport; le ministère public donne ses conclusions au bas de cette ordonnance et la minute du jugement d'homologation doit être écrite à la suite de ces conclusions sur le même cahier. L'ensemble de ces divers actes forme la minute qui doit rester au greffe et dont aucune partie ne peut être expédiée séparément (D. m. j. et f. 9 févr. 1813, 698 I. G.; D. m. j. 30 janv. 1830, 9616 J. E.).

14. DÉSISTEMENT. — JUGEMENT. — Il n'y a pas contravention à l'art. 23 de la loi du 13 brumaire an 7, de la part du greffier d'une justice de paix qui, à la suite d'un jugement préparatoire et sur la même feuille de papier timbré, écrit un jugement constatant le désistement du demandeur qui a signé la minute, en donnant acte du désistement. En effet si, d'après l'art. 402 C. proc., le désistement peut être fait et accepté par de simples actes, les parties n'en ont pas moins le droit d'obtenir du juge qu'il constate le désistement par jugement ou arrêt (V. Dalloz, *Désistement*, n° 156; Bioche, n° 85; Carré, *Suppl.*, art. 1459); la circonstance que le juge a requis la partie de signer sa déclaration avant d'en donner acte ne saurait modifier le caractère de l'écrit qui ne constitue qu'un jugement dans son ensemble; dès lors ce jugement a pu être écrit à la suite d'un jugement interlocutoire ou préparatoire relatif au même

objet, sur le même timbre (Sol. belge du 3 nov. 1868; 10821 J. E. belge). — V. 571-4, 578-4.

15. PROMESSE DE VENTE. — L'acceptation d'une promesse de vente, étant indispensable pour convertir la promesse en vente parfaite et définitive, peut naturellement être écrite à la suite de cette promesse (Sol. 1er avr. 1870).

16. RÉCOLEMENT. — Le récolement, dans le cas où il est exigé par la loi, est un préliminaire indispensable de l'acte. L'acte qui le constate devient un élément essentiel du procès-verbal d'adjudication, et peut être, par conséquent, rédigé sur la même feuille de papier timbré (Sol. 4 déc. 1851, 9 août 1853, 26 sept. 1863).

17. VENTE DE BOIS COMMUNAUX. — CAHIER DES CHARGES. — Un notaire peut, sans contravention, écrire le procès-verbal d'une vente de bois appartenant à une commune à la suite du cahier des charges rédigé par le maire de cette commune. Le cahier des charges, le procès-verbal d'enchères, l'adjudication, etc., forment, en effet, un corps dont l'unité serait rompue s'ils étaient séparés, ainsi que l'a reconnu l'I. G. 1667 § 1er, en matière de vente d'immeubles (Sol. 18 janv. 1850, 14894-5 J. E., 14001 J. N.).

18. VENTE AMIABLE. — Il en serait de même d'une vente amiable écrite après un cahier des charges non suivi d'adjudication ou de tentative d'adjudication (Sol. 12 sept. 1863, 16 fév. 1863).

19. REMISE DE VENTE. — Par application de cette idée d'unité de contrat, il a été reconnu qu'un notaire peut rédiger un procès-verbal de vente mobilière à la suite d'un procès-verbal antérieur constatant la remise de cette vente. En effet, le procès-verbal de remise n'est que l'ouverture ou le commencement du procès-verbal de vente (5678, 12475-5 J. E.).

20. LETTRE DE VOITURE. — RÉCÉPISSÉ. — Les récépissés qui sont employés pour le transport à effectuer par terre lors de l'arrivée des colis à la gare de destination, peuvent être suivis, sur la même feuille, de toutes les indications relatives aux modifications de destination, de prix et des autres conditions du transport (L. 30 mars 1872).

21. NOMINATION DE GARDE CHAMPÊTRE. — La prestation de serment des employés peut être mentionnée sur leur commission, sans contravention au timbre; mais la minute du procès-verbal de prestation de serment doit être rédigée sur feuille séparée (438, 534, 248 I. G.). — Il a même été décidé qu'on peut mettre sur la même feuille la présentation d'un garde champêtre, son approbation et la prestation de son serment, trois choses qui constituent un seul acte qui ne peut être consommé dans la même séance (Cass. 3 vend. an 9, Teste-Lebeau, p. 403, n° 5, contraire à la Déc. minist. 18 mess. an 8, 529 J. E.).

22. *Idem.* GARDE PARTICULIER. — Par suite du même principe d'unité, il a été reconnu que l'acte du préfet qui admet le garde proposé par un particulier, peut être rédigé à la suite de la commission (D. N., t. 6, p. 194, n° 305).

23. *Idem.* SERMENT. — Nous admettons parfaitement que l'approbation par le préfet de la nomination d'un garde puisse être mise sur la même feuille de papier timbré, car c'est cette approbation qui consacre réellement la nomination; mais nous admettons difficilement, avec l'arrêt de Cass. du 3 vendémiaire an 9, qu'il puisse en être de même de la prestation de serment qui forme évidemment un acte distinct. Aussi est-ce avec raison, à notre avis, que l'Administration a décidé que si le procès-verbal de prestation de serment est rédigé à la suite de la nomination, le greffier ne saurait être responsable de la contravention, puisque, pour tous les actes d'audience, il se borne à écrire sous la dictée du juge. C'est ce magistrat qui est seul répréhensible, et l'art. 47 se borne, en ce cas, à le rendre responsable du droit de timbre (Sol. 23 mai 1854).

24. *Idem.* MENTION. — Quant à la simple mention de cette prestation de serment, il ne peut y avoir aucun inconvénient à ce qu'elle soit mise à la marge ou à la suite des commissions. C'est ce que l'Administration a spécialement décidé pour les entrepreneurs de coupes affouagères (Sol. 31 mars 1864).

25. TRADUCTION. — Un acte écrit en idiome étranger peut être traduit pour l'enregistrement sur la même feuille de papier timbré (4703 J. E., Roy, *des Contrav.*, 284, L. m. j. 4 therm. an 12). Cependant on a prétendu que la traduction d'un acte de l'état civil passé en pays étranger, lorsque cet acte est certifié et signé par le traducteur juré, formait un acte distinct de l'acte détruit (Dél. 18 avr. 1818, 6056 J., Sol. 16 déc. 1825, 8596 J. E., D. m. f. 2 nov. 1831, 10426 J. E.). Mais le tribunal de Strasbourg a décidé, le 29 septembre 1857, que la traduction même signée s'identifie avec l'acte traduit pour former un seul tout (1096 R. P., 16192 J. N., 16618 J. E.). L'Administration a pris cette jurisprudence pour règle par une délibération du 27 août 1858 (2132 § 7 I. G.). — V. 344 et 675.

613. Condition imposée dans un acte précédent. — Toutes les fois qu'une condition quelconque a été attachée à la passation d'un acte, on peut dire que la réalisation de cette condition est plus que le complément de l'acte ; c'est ce qui lui apporte sa perfection, car jusqu'à cette réalisation tout ce que pouvait contenir cet acte était forcément en suspens. Or, en droit, un acte frappé d'une condition suspensive n'existe pas tant que la condition ne s'est pas réalisée. Nul doute, dès lors, que l'acte qui constate la réalisation de la condition ne puisse être écrit à la suite de l'acte qui était frappé de cette condition.

1. CAUTIONNEMENT. — Donc, on peut admettre, comme principe général, que toutes les fois que l'obligation de fournir caution est imposée par l'acte d'adjudication, l'acte de cautionnement étant indispensable pour son exécution, peut être mis à sa suite, sans contravention à la loi du timbre (Dél. 11 févr. 1824, 7726 J. E., 4733 J. N., Sol. 1er août 1856, 17 mars 1851, 25 mai 1853, 27 oct. 1863). — *V.* n° suivant.

2. *Idem.* BOIS DE L'ÉTAT. — Un cautionnement est toujours exigé, comme condition *sine qua non*, des adjudications

relatives aux bois de l'État. Dès lors, on peut écrire le cautionnement pour l'exécution d'un marché de travaux d'amélioration dans les bois de l'État, à la suite du marché (Sol. 21 nov. 1872).

3. *Idem.* BOIS DES PARTICULIERS. — Il n'y a pas d'exception à faire quand il s'agit de bois de particuliers. On avait soutenu le contraire sur le motif que malgré l'obligation pour chaque adjudicataire de fournir caution, le procès-verbal est complet en tant que vente (14938-1 J. E.). Mais il est clair que si l'on excepte de l'art. 23 les cautionnements fournis en vertu d'une clause de l'acte parce qu'ils servent alors de complément prévu à cet acte, cette raison s'applique à la garantie imposée à l'acquéreur d'une coupe de bois, tout aussi bien qu'à celle exigée de l'acheteur d'un immeuble.

4. ESTIMATION D'EXPERTS. — Un notaire peut-il rédiger à la suite d'un acte de vente d'objets mobiliers, portant que le prix en sera déterminé par experts, l'acte qui, d'après l'estimation des experts, fixe définitivement le prix et constate la délivrance des objets vendus ? On doit admettre l'affirmative, parce que, évidemment, le second acte qui constate la fixation du prix et la délivrance des objets vendus est le complément nécessaire de la vente (8087 J. N.).

5. COMPTE. — QUITTANCE. — PARTAGE. — Un notaire peut, sans contravention, rédiger un compte entre les copartageants à la suite de l'acte de partage, du moment que ce compte a pour unique objet de constater la libération des copartageants par le versement des sommes effectué conformément aux clauses de l'acte (D. N., *Acte à la suite*, 52).

6. INVENTAIRE. — On peut rédiger l'inventaire d'une succession à la suite de la vente de meubles, si le notaire a énoncé, dans le préambule de son acte, que les parties entendaient ne rédiger qu'un seul acte (Langres 17 janv. 1832, acquiescé par Dél. 4 déc. suivant, 10519 J. E., D. N., t. 1er, p. 251, n° 80 et t. 7, p. 175, n° 581, 8859 J. E.).

7-8. CRÉANCIERS DÉLÉGATAIRES. — C'est ainsi que le tribunal de Bernay a jugé, le 23 décembre 1833, que lorsque la quittance donnée par le vendeur à l'acquéreur a été écrite à la suite de l'acte de vente, on peut, sans contravention, rédiger à la suite de cette première quittance celle donnée par un créancier du vendeur qui reçoit ce payement en vertu d'un jugement qui a autorisé la distribution du prix entre des créanciers (10990 J. E.).

Cette décision a été critiquée par le motif que l'exemption de l'art. 23 s'applique littéralement aux quittances délivrées par le vendeur lui-même, et non pas à celles qui émanent de ses créanciers. L'objection serait fondée s'il s'agissait de créanciers ordinaires n'ayant aucun droit particulier sur le prix, et il a été reconnu avec raison qu'une quittance par les créanciers d'un individu, rédigée à la suite de l'obligation de la somme empruntée pour opérer le remboursement, constitue une contravention passible d'amende (7223 J. E., Roy, *Contrav.*, 727.) — V. D. m. f. 17 mai 1831, au § 2 ci-dessus.

Mais lorsque les créanciers ont reçu la délégation du prix de vente, ils en sont devenus propriétaires et ils le reçoivent comme leur propre chose, au même titre que le vendeur auquel ils sont substitués par l'effet du contrat. La quittance qu'ils donnent à l'acheteur doit donc profiter des mêmes immunités que celle du vendeur (12475-6 J. E., Sol. 3 août 1859).

9. ACTES DISTINCTS. — PLURALITÉ DE CRÉANCES. — C'est ce qui a été décidé, même dans le cas où chacun des créanciers délégataires avait donné sa quittance au vendeur, par acte distinct sur la même feuille de papier timbré à la suite de la vente. S'il est vrai, en cette hypothèse, que le vendeur soit libéré de plusieurs créances, on doit reconnaître que le véritable débiteur est l'acquéreur qui se libère de son prix de vente et pour lequel ce prix forme une seule créance (9512 J. N. ; — Seine 4 janv. 1854, 40 R. P., 15125 J. N. ; — Le Havre 22 mars 1848 ; — Falaise 16 févr. 1848 et 10 mars 1864 ; — Argentan 26 juill. 1854. — *Contrà*, Tours 6 janv. 1843 ; — Romorantin 28 août 1841, D. N., t. 1er, p. 255, n° 120 ; Dél. 25 avr. 1854).

10. VENDEUR ET CRÉANCIER. — QUITTANCES PARTIELLES. — Nous croyons que la même règle s'appliquerait aux quittances partielles délivrées par le vendeur et par ses créanciers. La circonstance que le débiteur conserve une portion du prix au lieu de le déléguer entièrement à ses créanciers ne change pas la nature de la libération au regard de l'acheteur, et les délégataires, dans ce cas comme dans l'autre, représentent également leur débiteur.

614. Acte modifiant un contrat antérieur. — Les actes ayant uniquement pour objet d'apporter des dispositions dérogatoires, complémentaires, additionnelles et rectificatives à un acte antérieur, devraient, il semble, être rédigés à la suite de cet acte dont ils font essentiellement partie. Nous trouvons un exemple de cette utilité dans l'art. 1397 du Code civil, qui veut que tout changement à un contrat de mariage soit sans effet à l'égard des tiers, s'il n'a été rédigé à la suite de la minute du contrat de mariage. Les mêmes raisons de décider s'appliquent à tout acte modificatif. Nous verrons également au mot *Acte imparfait* les actes modificatifs et rectificatifs mis sur la même ligne que les actes complémentaires, quant à la perception du droit fixe.

Pour l'application de l'art. 23 de la loi du 13 brumaire an 7, la doctrine et la jurisprudence ne suivent pas une ligne uniforme. L'Administration a tenté de soutenir à plusieurs reprises et encore récemment que l'acte modificatif ayant pour but de changer une situation auparavant arrêtée entre les parties, ne peut profiter de l'exception édictée pour les actes de ratification et par identité pour les actes complémentaires (Sol. 28 avr. 1855). — Mais cette interprétation est trop absolue, elle a été plusieurs fois repoussée pour la doctrine et par la jurisprudence.

1. NOTORIÉTÉ. — ÉTAT CIVIL. — Une décision du ministre des finances, du 27 août 1824 (4997 J. N.), reconnaît que les actes de notoriété, et en général ceux qui ont pour objet de suppléer les actes de l'état civil, ou de les rectifier, peuvent être écrits à la suite l'un de l'autre.

2. VENTE. — RECTIFICATION DE CONTENANCE. — On a enseigné qu'un procès-verbal de rectification de con-

tenance ne peut, sans contravention, être mis à la suite d'une vente d'immeubles (15546-2 J. E.). Mais c'est une erreur, car il est indispensable que la rectification ne soit pas séparée du contrat rectifié, autrement on pourrait le faire disparaître, ce qui aurait les plus graves inconvénients.

3. *Idem.* RÉDUCTION DU PRIX. — On décide encore qu'on ne peut, sans contravention, écrire à la suite d'une vente d'immeubles, avec garantie de mesure, l'acte de réduction de prix consenti par le vendeur après mesurage (11198-3 J. E.)

Les raisons de combattre cette théorie sont les mêmes que ci-dessus.

3 *bis.* CONTRAT DE MARIAGE. — En s'appuyant sur l'art. 1397 du Code civil, rappelé plus haut, on a décidé que l'acte qui contient des modifications aux dispositions d'un contrat de mariage devant être rédigé à la suite de ce contrat, peut être placé sur la même euille de papier timbré (12942 J. N., 368, 1715 et 7597 J. E.).

4. *Idem.* DONATION NOUVELLE. — On considère aussi comme modification dans le sens de la loi une donation faite par la mère de la future après la rédaction du contrat, mais avant la célébration (12942 J. N.).

5. CAHIER DES CHARGES. — De même encore il a été décidé qu'en matière de cahier des charges les modifications apportées avant la vente aux conditions d'abord projetées constituaient des dépendances de l'acte et en autorisaient la rédaction sur la même feuille de papier que le cahier lui-même (Cass. 24 mars 1829, 6887 J. N., 1282-13 I. G., S. 29-1-136).

Décidé encore qu'un notaire peut également écrire à la suite du cahier des charges dressé par un avoué un acte modificatif du cahier des charges (Sol. 8 sept. 1831, 24 D. N., 10174 J. E.).

615. Complément. — L'acte de complément n'a peut-être pas la même énergie que l'acte modificatif, qui peut porter de profondes atteintes au contrat précédent; mais il est néanmoins tout à fait de nature à pouvoir être inscrit sans contravention sur l'acte complété. La jurisprudence l'a unanimement reconnu.

1. ALIÉNATION DOMANIALE. — Si le prix d'une aliénation domaniale est payé dans le mois pendant lequel il ne produit pas d'intérêt, un décompte est inutile, et le quitus du directeur des domaines peut, sans contravention, être mis à la suite de la quittance du receveur qu'il complète (Sol. 11 sept. 1851, 15258-1 J. E.).

2. CAUTIONNEMENT. — CAISSE D'AMORTISSEMENT. — Les actes de cautionnement, en matière de vente de bois de la caisse d'amortissement, peuvent être rédigés à la suite des procès-verbaux d'adjudication dont ils sont le complément (D. m. f. 19 fév. 1819, 6308 J. E., qui abroge celle du 9 nov. 1813, 4808 J. E.).

3. COMMAND. — La déclaration de command peut être écrite à la suite de l'acte de vente. Elle n'est, en effet, que le complément de la vente (D. m. f. 12 pluv. an 7, 11757-1 J. E.; 19 fév. 1819, Circ. 1566, D. N. t. 1er p. 249 n° 62, 3743 J. E.). L'amende ne serait pas encourue lors même que la déclaration ne serait ni notifiée ni enregistrée dans les vingt-quatre heures, attendu que, si la contravention n'existe point par le fait de la rédaction de l'acte, elle ne peut résulter de faits postérieurs, qui peuvent même être étrangers au notaire. — V. 627.

4. DONATION. — ÉTAT ESTIMATIF. — Quelques notaires sont dans l'usage d'écrire à la suite des actes de donations entre-vifs les états détaillés des meubles donnés, au lieu de rédiger ces états par actes séparés qui doivent rester annexés aux minutes, en conformité de l'art. 948 du Code civil.

Bien que ces états ne soient pas spécialement désignés dans l'art. 23 de la loi du 13 brumaire an 7, il semble qu'en les copiant à la suite des actes pour la validité desquels ils sont nécessaires, il n'y a pas contravention, attendu que ces états sont censés faire partie intégrante des actes de donations, et que les meubles pourraient, au besoin, être détaillés dans le corps de l'acte (Roy, *des Contrav.*, 278).

5. *Idem.* ÉTAT DES DETTES. — De même, l'état des dettes et charges peut être également rédigé à la suite de l'acte de donation (Roy, *loc. cit.*).

6. HYPOTHÈQUES. — ÉTAT SUPPLÉMENTAIRE D'INSCRIPTIONS. — L'état supplémentaire ou le certificat délivré par le conservateur, après l'expiration de la quinzaine de la transcription d'un acte de mutation, pouvait être mis à la suite du premier état qui avait été délivré (530 I. G.).

7. MÉMOIRE D'ENTREPRENEUR. — RÈGLEMENT. — Le mémoire des travaux d'un entrepreneur ne se complète réellement que par la vérification de l'architecte ou du directeur des travaux. Cette vérification ressemble donc à un arrêté de compte et peut, comme cet arrêté, être écrit à la suite du mémoire (Sol. 29 déc. 1866).

8. RADIATION. — La mention de radiation peut être mise à la suite ou en marge de l'inscription, sans contravention à la loi du timbre (Circul. 1839).

9. UNION DE CRÉANCIERS. — Les délibérations des créanciers unis peuvent être rédigées à la suite les unes des autres sur des feuilles réunies en un seul cahier de papier timbré (4634 J. E.).

616. Actes réunis en un seul contexte. — Suivant l'art. 2 L. 13 brumaire an 7, le droit de timbre, excepté celui des effets négociables, est fixé en raison de la dimension du papier dont il est fait usage, *sans égard aux stipulations que chaque acte peut renfermer.* Il résulte inévitablement de là que, bien que les stipulations d'un même acte se rapportent à des conventions distinctes qui eussent pu constituer plusieurs actes, il est toujours permis de les renfermer dans un seul acte, alors même qu'elles concerneraient différentes personnes ayant des intérêts distincts.

1. VENTE DE RÉCOLTES APPARTENANT A PLUSIEURS. — Ainsi, un notaire peut procéder par le même acte à la vente aux enchères de récoltes appartenant à plusieurs particuliers (Sol. 16 juin 1824, 1146-13 I. G., 4784, 4786 J. N., 769 C., D. N., t. 1er, p. 257, n° 142). — Mais il y aurait contravention si le procès-verbal ne présentait pas un seul contexte, encore bien qu'il ait été fait une déclaration préalable unique (Bruxelles 15 juill. 1856, 737 R. P.).

2. ÉTAT D'ÉMARGEMENT. — Les états, listes ou tableaux d'émargement préparés pour constater le payement collectif de plusieurs dépenses distinctes à des créanciers non cointéressés sont des actes uniques rédigés en un seul contexte et ne donnant lieu dès lors qu'à un seul droit de timbre. Il importe peu que les signatures des intéressés soient données en marge du tableau au lieu de l'être à la fin. Cette circonstance ne suffit point à elle seule pour attribuer à l'écrit le caractère d'une réunion d'actes successifs rédigés à la suite les uns des autres. Il n'est donc pas dû d'amende. C'est ce que l'I. G. n° 1231, paragraphe 2, a reconnu à propos des états émargés pour le traitement des agents de l'octroi ou de la mairie, et ce qui a été appliqué en thèse générale à tous les actes de l'espèce par une solution du 14 juin 1864 (15546 J. E.).

3. *Idem.* TIMBRE DE DIX CENTIMES. — Actuellement, d'après la loi du 23 août 1871, chacune des signatures emportant quittance de somme supérieure à 10 francs donne ouverture à un droit de timbre de 10 centimes (art. 18). — V. *Quittance*.

4. LISTES DE SOUSCRIPTIONS. — Il en est de même des listes de souscriptions. Avant la loi du 23 août 1871, il avait été décidé que chaque signature ne donne pas naissance à un acte distinct, et que si la liste est sur papier non timbré, il n'est dû qu'un seul droit et qu'une seule amende (Sol. 2 nov. 1863).

5. LIVRES DES COMPTES DIVERS. — Il faut encore considérer comme un seul acte le livre des comptes divers tenus par les receveurs municipaux pour constater les recettes et les dépenses de chaque commune ou de chaque établissement compris dans leur réunion, bien que cependant les comptes soient entièrement distincts les uns des autres. Par conséquent, le défaut de présentation de ce registre au visa donne lieu à une amende unique (Sol. 3 oct. 1865).

6. COPIES COLLATIONNÉES. — La copie collationnée est un acte ordinaire soumis à l'enregistrement dans les délais habituels et devant être porté sur le répertoire. Elle diffère essentiellement de l'expédition et ne tombe pas dès lors sous l'empire de la défense édictée pour ces dernières pièces par l'art. 24 de la loi du 13 brumaire an 7. Du moment que la collation présente un seul contexte, elle peut être rédigée sur une seule feuille de timbre, quel que soit le nombre des actes auxquels elle se rapporte. Le principe a été reconnu par une délibération du 31 juillet 1854 (15868 J. N.), et l'application en a été faite plusieurs fois depuis cette époque (Sol. 26 juin 1858, 2 avr. 1859, 15 mars 1860).

7. COLLOCATION. — Un greffier peut aussi comprendre dans un seul mandement de collocation tous les créanciers entre lesquels la distribution est faite (9336 J. E.).

8. MENTION D'ORDRE. — Il n'y a pas deux actes quand on joint à un acte une simple mention d'ordre, une simple indication, un émargement.

Si à la suite de l'expédition d'un transport de créance se trouvent ces mots, signés par le notaire rédacteur : « Par acte passé devant le même notaire le 1er septembre 1841, les débiteurs ont accepté le transport ci-dessus, » une pareille mention constituant un simple émargement, une addition, mais non un certificat proprement dit ou un acte, il n'y a pas contravention (13993-1 J. E.).

9. *Idem.* VISA. — De même, les visas des magistrats et greffiers peuvent être apposés sur les actes des huissiers.

10. *Idem.* QUITTANCE ET SUBROGATION. — Un notaire contrevient à l'art. 23 lorsqu'il porte en marge de l'expédition d'un acte de mainlevée d'inscription la mention d'actes de quittances et de subrogation antérieures à la mainlevée. (D. m. f. 6 sept. 1822, 7839 J. N.). Cette décision a été combattue par le motif que les mentions dont il s'agit, quoique signées du notaire, ne se portent pas au répertoire et n'ont pas dès lors le caractère d'un acte (D. N., 4e édit., t. 1er, p. 251, n° 86, et t. 8, p. 105, n° 15). Mais l'objection paraît sans valeur, car si la mention ne constitue pas un acte authentique, elle a du moins tous les effets d'un certificat émané de l'officier public, et la prohibition de l'art. 23 s'applique aussi bien aux actes de l'espèce qu'aux actes notariés.

11. *Idem.* RADIATION. — De même, les certificats de radiations ne peuvent être placés, sur les états d'inscription, en marge des articles rayés (11592 J. E.; — *Contrà*, 1700 J. N.).

12. ACTE COLLECTIF. — COMMANDEMENT. — L'Administration a délibéré avec raison, le 29 septembre 1829 (9427 J. E.), que les commandements et autres actes collectifs, en matière de contribution de toute espèce peuvent, sans contravention à la loi sur le timbre, être rédigés sur la même feuille de papier timbré (1303 § 6 I. G.).

13. CERTIFICATS DE VIE CONCERNANT PLUSIEURS PERSONNES. — On peut, sans contravention, délivrer un certificat de vie concernant plusieurs personnes dans un même contexte d'acte (D. m. f. 22 nov. 1822, 7336 J. E.).

14. CERTIFICAT DU CONSERVATEUR DES HYPOTHÈQUES. — Un conservateur peut délivrer copie de plusieurs inscriptions sur la même feuille, pourvu que ces inscriptions soient comprises dans le même certificat (Circul. 1769, 1590-6 I. G.).

CHAPITRE V. — ACTES INDÉPENDANTS LES UNS DES AUTRES. — CONTRAVENTIONS

[617-646]

617. Observation. — Du moment que les actes écrits à la suite les uns des autres ne tombent sous l'application d'aucune des exceptions que nous avons passées en revue dans les chapitres précédents, et du moment que, indépendants les uns des autres, ils ne viennent concourir à aucun titre à la formation des actes à la suite desquels ils sont écrits, il y a contravention à l'art. 23 de la loi du 13 brumaire an 7. Ce point va être établi par une série de décisions qui toutes ont pu constater la contravention.

617 *bis*. Acte respectueux. — 2e et 3e notifications. — On a vu au n° 581 que la réquisition de l'acte respectueux et sa notification peuvent être écrites à la suite l'une de l'autre, attendu que ces deux formalités peuvent être considérées comme ne formant qu'un seul et même procès-verbal en deux vacations ou en deux parties. Mais il ne peut plus en être de même des 2e et 3e notifications prescrites par l'art. 152 C. C. L'acte s'est trouvé complet par la première notification. Les deux autres sont donc des actes distincts et séparés qui doivent être rédigés chacun sur une feuille particulière (Dél. 3 fév. 1832; D. m. f. 18 fév. 1832, 10385 J. E., 7674 J. N. — *Conf.* Roy, *des Contrav.*, n° 262).

618. Affiche. — 1. SAISIE BRANDON. — Le procès-verbal constatant l'apposition d'une affiche, écrite sur demi-feuille de papier au timbre de 35 centimes (60 cent.), pour annoncer la vente de fruits saisis brandonnés, ne peut, sans contravention, être rédigé à la suite de cette affiche. (468 I. G.; — Mâcon 11 fév. 1848, 14631 J. E., Sol. 19 mai 1866). — En pareil cas, en effet, aux termes de l'art. 619 du Code pénal, un exemplaire du placard doit être annexé à l'exploit.

2. SAISIE MOBILIÈRE. — Le procès-verbal d'apposition de placards concernant la vente d'un fonds de commerce et de rentes d'État, ne peut être rédigé sans contravention sur un exemplaire et à la suite d'un de ces placards. Cette faculté donnée par les art. 647, 695 du C. proc. pour les ventes judiciaires d'immeubles et les saisies de rentes sur particuliers, doit être limitée aux cas prévus par la loi (Seine 3 janv. 1855).

3. PLUSIEURS ANNONCES. — D'après un jugement du tribunal de la Seine du 2 février 1842 (D. n° 6244), on pourrait faire plusieurs annonces sur la même affiche; on objecterait en vain qu'il y a analogie entre ce cas et la prohibition de faire deux actes distincts sur la même feuille de papier timbré. — Il ne peut plus y avoir de difficulté à cet égard, cette faculté ayant été expressément reconnue par la dernière loi sur le timbre des affiches. — V. *Affiches*, n° 1922.

619. Certificat de publication de mariage. — On ne peut rédiger un certificat de publication de mariage à la suite de l'original de l'affiche (Sol. 18 sept. 1858, 17 mai 1859, 30 juill. 1830).

620. Acceptation. — 1. DONATION. — L'acceptation d'une donation entre-vifs ne peut, sans contravention, être écrite à la suite de cette donation et sur la même feuille (Valognes 14 mars 1846, 13392-3 J. E.; — Épernay 30 av. 1840, 12511-2 J. E.; — Chartres 28 déc. 1839, 12438-4 J. E.).

2. TRANSPORT. — C'est contrevenir à la loi que d'écrire sur la même feuille, à la suite de l'acte de transport d'une créance, l'acceptation de ce transport par le débiteur qui déclare se tenir le transport pour signifié (Saint-Dié 6 mars 1835 11195 J. E.; — Arcis 25 août 1836, 11628-1 J. E.; — Dél. 18 juill. 1837; — Metz, 27 nov. 1837, 11040 J. E.; — Cass. 1er déc. 1832, S. 33-1-508; — Cass. 16 juill. 1838, S. 38-1-640, 1577 § 18 I. G., 7082, 11413 J. E., Sol. 24 nov. 1848, 12095 J. E., 10081 N.).

« Attendu, porte l'arrêt de 1838, qu'aux termes de l'art. 23 de la loi du 13 brumaire an 7, il ne peut être fait ni expédié deux actes à la suite l'un de l'autre, sur la même feuille de papier timbré; que le même article, établissant des exceptions à cette règle, n'y a point compris les actes de cession de créances et ceux d'acceptation du transport par le débiteur; que la disposition étant absolue et les prohibitions formellement spécifiées, il ne peut être permis d'étendre celles-ci à d'autres actes par analogie; — Attendu que le notaire Brulé a écrit sur la même feuille de papier timbré un acte par lequel le sieur Croisy cédait une créance au sieur Chopin sur le sieur Bocquillon, son débiteur, et un autre acte par lequel celui-ci acceptait le transport de la même créance, et le sieur Chopin pour son créancier; — Attendu que le tribunal de première instance de Reims, qui, par son jugement du 7 février 1835, a déclaré que le notaire Brulé n'avait pas encouru l'amende pour ce fait, et a condamné l'administration de l'enregistrement et des domaines à lui restituer celle qui avait été exigée de lui, a en cela essentiellement violé et faussement appliqué l'art. 23 de la loi de brumaire an 7. »

Cette solution, qui a été de nouveau consacrée par un jugement du tribunal de Chaumont du 6 avril 1864 (1919 § 4 R. P.) et que nous approuvons, a été cependant fort controversée.

Les motifs de l'opinion contraire sont que le cessionnaire d'une créance n'étant saisi, à l'égard des tiers, que par la signification du transport au débiteur, ou par l'acceptation du transport de la part de ce dernier, la signification de l'acceptation du transport est le complément nécessaire de l'acte de transport, et que, d'après l'art. 23 L. 13 brumaire an 7, la signification pouvant être écrite à la suite du transport, il doit en être de même de l'acceptation (Falaise 22 déc. 1823, 4540 J. N., Sol. 29 mars 1830, 2076 C.; — Rennes 7 fév. 1835, 9166 J. N.; — Évreux, 15 avr. 1837, 9655 J. N.).

Dalloz, n° 6223, et les réd. J. N. (9166 J. N.) donnent néanmoins le conseil de ne pas prendre ces jugements pour règle.

Quoi qu'il en soit, la doctrine de l'Administration française a prévalu en Belgique et a été consacrée par un jugement du tribunal de Liége du 10 avril 1861, confirmé par un arrêt de la Cour de cassation du 26 juin 1862, portant, d'une part, que les exceptions en cette matière sont limitatives, et, de l'autre, qu'il n'est pas exact de prétendre que l'acte d'acceptation du transport par le débiteur soit le complément de celui de la cession faite par le créancier, lequel est complet par lui-même et produit tous ses effets entre le cédant et le cessionnaire indépendamment de l'acceptation par le débiteur

3. AVIS DE PARENTS. — SUBROGÉ-TUTEUR. — Un avis de parents du 18 avril 1840 porte que le sieur G. a été nommé subrogé-tuteur des mineurs P... et qu'il a refusé ces fonctions par des motifs qui n'ont pas été admis par le conseil de famille. A la suite de cet acte on a rédigé, le 21 du

même mois, un autre acte du juge de paix, par lequel le sieur G... a déclaré accepter les fonctions de subrogé-tuteur et nommer un expert pour faire l'estimation prescrite par l'art. 453 C. C. On n'a pu, sans contravention, écrire ce dernier sur la même feuille de papier timbré que le premier. Sans doute l'acceptation du subrogé-tuteur et la nomination de l'expert auraient pu avoir lieu par l'acte constatant la délibération du conseil de famille ; mais, dès qu'il en a été un acte distinct, cet acte devait être écrit sur une feuille particulière (12536 § 4 J. E.).

620 *bis*. **Adhésion. — Assurance.** — L'adhésion par l'acquéreur d'une maison à une police d'assurance souscrite par le vendeur ne peut être écrite à la suite de la police, alors même que ce serait en vertu d'une clause expresse de la police que l'inscription à la suite aurait eu lieu (Dél. 26-31 août 1831, 10104 J. E.). — *V.* 1595, 1596, 2380, 15136 et 15169.

621. Arpentage. — On ne peut écrire le procès-verbal d'arpentage à la suite de l'adjudication des biens arpentés (Château-Thierry 29 avr. 1833, 10775 J. E., 1446 § 13 I. G.).

De même, on ne peut, à la suite d'une adjudication d'immeubles à tant la mesure, dresser le procès-verbal d'arpentage de ces immeubles (Reims 3 juin 1843, 13301 J. E., 11779 J. N.).

622. Assurances. — 1° CESSION. — Les polices d'assurances à *ordre* étant cessibles par endossement comme les effets de commerce (*Rép. pér.*, n° 4955), il est permis d'écrire ces endossements à la suite de la police (Sol. 1er avril 1878, 4955 R. P. — *contra* Sol. 6 janv. 1873). — Mais si la police n'est pas à ordre, la cession doit être écrite sur une feuille séparée quand même elle serait faite par endos en conformité des statuts (Sol. 6 janv. 1873). — *V.* 641-2.

2° MUTUALITÉ. — L'engagement contracté dans le but de garantir l'assuré contre les chances de la mutualité moyennant le payement d'une indemnité fixe, ne peut être écrit à la suite de la police (Bordeaux, 7 mai 1873).

622 *bis*. **Autorisation de vendre.** — L'autorisation ou mandat de vendre accordé par le propriétaire des objets au bas du procès-verbal que certains officiers publics rédigent pour constater que les meubles ont été exposés à la visite des amateurs pendant un certain délai, doit être rédigé séparément du procès-verbal (Sol. 27 mars 1858, 28 août 1849).

622 *ter*. **Avis de parents.** — Les avis de parents ne rentrent dans aucune des exceptions établies par l'art. 23 de la loi du 13 brumaire an 7. On ne saurait donc en écrire plusieurs à la suite les uns des autres, soit sur la même feuille de papier timbré, soit sur le même registre (Sol. 28 mai 1855 et 5 oct. 1857).

623. Bail. — Un acte par lequel on déclare distraire de la jouissance du locataire quelques portions de biens affermés, ne peut pas être écrit, à la suite du bail, sur la même feuille de papier timbré (6478 J. E.; Roy, *des Contrav.*, 270).

1. BAIL AMIABLE. — ADJUDICATION. — Un bail à ferme consenti amiablement ne peut, sans contravention, être rédigé à la suite d'un procès-verbal de bail par adjudication, d'une date antérieure, d'autres immeubles appartenant au bailleur (Laon 12 juill. 1856). — Nous retrouverons l'application du même principe à propos des ventes amiables écrites après le procès-verbal d'adjudication ou de tentative d'adjudication. — *V.* 646.

624. Cautionnement non prescrit. — Si le bail a été contracté sans promesse de caution, l'acte de cautionnement consenti par la femme du preneur ne saurait être écrit séparément à la suite du bail et sur la même feuille (Trib. Vouziers 17 déc. 1841). — Cette décision est la conséquence du principe que le cautionnement prend le caractère d'un acte particulier lorsqu'il n'a pas été stipulé dans l'obligation originaire à la suite de laquelle il est constaté (648 I. G., 7727 J. E.; Dél. 16 juin 1846, 14094, 15125 J. E., 12754 J. N., D. N., *loc. cit.*, 46, Dalloz 6233 ; Roy, *des Contrav.*, 263). — *V.* 613-1.

625. Billet. — On ne peut écrire deux billets ou promesses de payer à la suite l'un de l'autre, sur la même feuille de papier timbré, sans encourir l'amende (Chartres 28 vent. an 8, 530 J. E.). Dans ce cas, l'amende est proportionnelle et se liquide à 6 pour 100 sur le montant du second billet (D. N., *loc. cit.*, 40).

1. CERTIFICAT. — AMENDE FIXE. — Il y a contravention passible de l'amende fixe quand on écrit à la suite d'un billet rédigé sur timbre proportionnel un certificat émané d'une autre personne que le signataire du billet (Sol. 30 nov. 1871).

2. CAUTIONNEMENT. — BILLET SIMPLE. — L'acte de cautionnement ne peut être écrit à la suite du billet ou de l'obligation (Dél. 16 juin 1846, 14094-1 J. E.).

A moins que la condition du cautionnement n'ait été imposée au débiteur dans l'acte d'obligation. — *V.* 613 et 624.

626. Cahier des charges. — Dépôt. — On ne peut écrire le cahier des charges d'une adjudication à la suite de l'acte de dépôt du procès-verbal d'expertise. Cet acte, en effet, loin de former une partie intégrante du procès-verbal d'adjudication, constate au contraire isolément une opération consommée en un seul jour et en une même vacation; il est parfait par lui-même et n'a besoin d'aucun acte subséquent pour acquérir sa perfection (Cass. 5 nov. 1839, 10528 J. N., 12407 J. E., 1615 § 12 I. G., S. 39-1-931 ; — Cass. 8 janv. 1838, 11962 J. E., 1577 § 19 I. G., S. 38-1-112 D. N., *loc. cit.*, 26).

1. PROCÈS-VERBAL D'EXPERTISE. — De même, on ne peut écrire le cahier des charges à la suite du procès-verbal d'expertise (Grenoble 26 août 1836, 11625 J. E.; — Cass. 25 janv. 1836, 9140 J. N., 11454 J. E., 1528 § 20 I. G., S. 36-1-95).

« Attendu, porte cet arrêt, que l'art. 23 de la loi du 13

brumaire an 7 dispose expressément qu'il ne peut être fait ni expédié deux actes à la suite l'un de l'autre, sur la même feuille de papier timbré, nonobstant tout usage ou règlement contraire; que, si le deuxième paragraphe de cet article excepte nommément quelques actes particuliers, qui peuvent être sur la même feuille, les uns à la suite des autres, et que, si l'art. 609 C. proc. fait une autre exception en faveur des dires, publications et adjudications sur saisies immobilières, lesquels seront mis sur le cahier des charges à la suite de la mise à prix, le dépôt du cahier des charges ne se trouve nommément compris dans aucune de ces exceptions. D'où il suit que le tribunal civil de Bourgoin, qui en a admis une en faveur des actes de dépôt du cahier des charges que le notaire Chevallier a écrits sur la même feuille de papier timbré, à la suite des actes de dépôt des procès-verbaux d'expertise des immeubles des successions des sieurs Michel Merlin et Joseph Pascal, a expressément violé l'art. 23 de la loi du 13 brumaire an 7. »

2. PARTAGE. — PLAN. — Ni de l'acte de partage des immeubles à vendre (Bricy, 6 mai 1852), ou du plan des mêmes biens (Sol. 14 janv. 1867).

3. SURENCHÈRE. — Mais en cas de surenchère, sur aliénation volontaire, le cahier des charges additionnelles peut être rédigé à la suite de l'acte qui donne lieu à la surenchère (D. m. f. et j. 6 et 11 déc. 1822, 7354 J. E.).

626 *bis*. Certificat de réception. — Il a été reconnu que le certificat de réception ne pouvait être écrit, sans amende, à la suite de l'adjudication ou du marché (Sol. 8 oct. 1847).

627. Command. — En principe, la déclaration de command peut être écrite à la suite de l'acte de vente (*V.* 615-3). Mais il en serait autrement si la déclaration n'avait pas le caractère d'une déclaration de command pure et simple; si, par exemple, elle était faite après le délai légal. Elle équivaudrait alors à une revente, et elle ne pourrait être écrite à la suite de l'acte sans contravention (Sol. belge, 23 nov. 1872, 12027 J. E. belge).

628. Compromis. — 1. PROROGATION. — On ne peut, sans contravention, rédiger à la suite d'un compromis la déclaration par laquelle les parties prorogent le délai accordé aux arbitres pour régler leurs différends (Sol. 9 juill. 1857).

2. POUVOIR. — Non plus que la prorogation de pouvoir accordée à ces arbitres (14036-4 J. E.).

3. RAPPORT. — JUGEMENT. — On ne peut écrire sur la même feuille que le compromis, le rapport et le jugement qui en est la suite (5603 J. E.).

4. ORDONNANCE DE PRÉSIDENT. — En matière de sentence arbitrale, le président ne peut mettre son ordonnance exécutoire qu'au bas ou en marge des expéditions, et non point au pied de la minute de ces sentences (D. m. j. 30 germ. an 11, 141 I. G.).

628 *bis*. Compte. — 1. TUTELLE. — DONATION. — Il a été décidé avec raison que le compte ne pouvait pas être écrit sans amende à la suite de l'acte par lequel l'oyant déclarait faire donation du reliquat (Argentan, 29 janv. 1851).

2. PARTAGE. — Un notaire ne peut, sans contravention, rédiger un compte entre cohéritiers à la suite du partage que ces héritiers ont passé devant lui (7431 J. E.; Roy, *des Contrav.*, 790).

629. Contributions. — Demande en dégrèvement. — On ne peut écrire à la suite d'un certificat produit pour le besoin de la cause la demande en dégrèvement qui a motivé le certificat (1690 J. E.).

630. Décharge. — Quittance. — Il y a contravention à rédiger, à la suite d'une quittance délivrée par un mandataire, la décharge donnée à ce mandataire par son mandant, car il n'y a d'exception que pour les décharges de dépôt et de prix des ventes de meubles qui peuvent être mises à la suite de l'acte de dépôt et du procès-verbal de vente de meubles (12179-3 J. E.).

1. ADJUDICATION. — La décharge du prix d'une adjudication ne peut être, sans contravention, donnée au mandataire qui a procédé à l'adjudication, à la suite de cette adjudication (Meaux, 4 juill. 1850, 15047-1 J. E.).

630 *bis*. Déclaration préalable. — L'extrait de la déclaration préalable à la vente de meubles étant un acte dans le sens de la loi du 13 brumaire an 7, on ne peut écrire à la suite de la copie faite par le receveur de cette déclaration préalable le procès-verbal de vente (11725-3 J. E.; 367-3 J. N.; D. N., t. 1er, p. 257, n° 138; Roy, *des Contrav.*, 344).

630 *ter*. Délibérations. — Société de commerce. — On ne peut copier à la suite les unes des autres sur la même feuille de papier timbré, les délibérations d'une société de commerce (6034 J. E.). — *V.* 587 *bis*.

631. Délivrance de legs. — 1. CONSENTEMENT. — Un acte notarié portant délivrance de legs ne peut, sans contravention, être écrit à la suite de l'acte de consentement à l'exécution de ce testament (D. m. f. 1er juin 1829, 9344 J. E.). Mais cette solution est contestable.

Le consentement donné par l'héritier à l'exécution du testament emporte évidemment obligation d'acquitter les legs; les quittances souscrites par les légataires peuvent donc, aux termes de l'une des exceptions exprimées dans l'art. 23 L. 13 brumaire an 7, être rédigées sur la feuille de papier timbré qui contient l'obligation dont elles opèrent l'extinction (1804 C. — *Conf.*: D. N., t. 1er, p. 249, n° 64).

2. PLUSIEURS DÉLIVRANCES. — On ne peut écrire à la suite les uns des autres plusieurs actes de délivrance de legs, aucune exception n'existant à ce sujet dans l'art. 23 L. 13 brumaire an 7 (Versailles, 5 août 1841, 12866-4 J. E., D. N., t. 1er, p. 249, n° 65).

Champ. et Rig. font observer, en règle générale, que peu importe que les légataires aient un intérêt séparé, car ce n'est pas de l'intérêt du créancier qu'il s'agit, mais de celui du débiteur, ce qui implique la non existence de la contravention (1894 C.).

632. Dépôt à la suite de l'acte déposé. — En principe, l'acte de dépôt ne saurait être rédigé à la suite de l'acte déposé. L'art. 24 ne renferme pas d'exception pour cette hypothèse, qui ne rentre directement dans aucun des cas prévus par la loi, et cela suffit à justifier la prohibition (Sol. 15 mars 1854. — *Contrà*, Rethel, 16 novembre 1848).

1. CAHIER DES CHARGES. — Ainsi l'acte de dépôt du cahier des charges doit être rédigé séparément, et il y a contravention à l'écrire à la suite de ce cahier des charges (Dél. 20 déc. 1816; D. m. f. 15 mars 1818, 3455, 5644 et 6030 J. E.; Cass., 24 mars 1829, 25 janvier 1836, 8 janvier 1838, S. 29-1-131, 36-1-95, 38-1-112, 1282 § 13, 1528 § 20, 1615 § 10 I. G.; D. m. f. 5 mars 1819, 2925 J. N., 1667-1 I. G.; Roy, *des Contrav.*, 265).

2. BREVET. — Nous pensons que si on rapporte à un notaire, pour le mettre au rang de ces minutes, un acte en brevet qu'il a rédigé, l'acte de dépôt ne peut être écrit à la suite du brevet (7460 J. E.; Roy, des *Contrav.* 89). — V. 506.

632 *bis*. Dépôt à la suite d'un acte autre que l'acte déposé. — Il y a beaucoup moins d'embarras pour la rédaction du dépôt à la suite d'un autre acte que l'acte déposé. Cette hypothèse s'éloigne trop visiblement des cas d'exception indiqués par l'art. 23 pour profiter du même bénéfice.

1. ACTES DIVERS RELATIFS A L'ADJUDICATION. — Ainsi il y a contravention à écrire l'acte de dépôt du cahier des charges à la suite de l'acte de dépôt d'autres actes relatifs à la même adjudication (11395 J. N.; 1667 § 1er I. G.).

2. EXPERTISE. — Il y a contravention à le rédiger, par exemple, à la suite de l'acte de dépôt du procès-verbal d'expertise (Grenoble, 26 juill. 1836, 11625 J. E.; Cass., 25 janv. 1836, 11454 J. E., 1528 § 20 I. G., S. 36-1-95).

3. ARPENTAGE. — Il y a de même contravention de la part d'un notaire qui dresse, à la suite d'un procès-verbal d'adjudication de biens immeubles, l'acte de dépôt du procès-verbal d'arpentage de ces biens (Château-Thierry, 25 août 1833, 10775 J. E., 1446 § 13 I. G.).

4. SIGNATURE. — PARAPHE. — L'acte de dépôt des signature et paraphe d'un notaire, lorsque le notaire ne se présente pas au greffe en personne, ne peut être écrit sur la même feuille où cette signature est apposée et certifiée. En effet, « la fidélité des signature et paraphe d'un notaire doit être attestée par le doyen et les syndics de la chambre de discipline, et les signatures de ces derniers sont légalisées par le président du tribunal. Cette pièce et l'attestation qui y est contenue forment donc un acte, et aucun autre acte ne peut être écrit à la suite » (D. m. f. 17 oct. 1821, 1008 I. G.; Sol. 19 mai 1830, 9769 J. E.).

5. DOUBLE DE RÉPERTOIRE. — Il en est de même pour les dépôts du double du répertoire de chaque notaire (590 et 1008 I. G.).

6. TESTAMENT. — La rédaction du procès-verbal de description sommaire et de l'ordonnance de dépôt à la suite d'un testament olographe, constitue une contravention à l'art. 23 de la loi du 13 brumaire an 7, personnelle au juge, et dont les parties ne peuvent être responsables (Sol. 20 oct. 1852). Mais on peut mettre à la suite du testament l'acte du dépôt de la quittance des legs qu'elle contient, encore que cette quittance ait été passée par un autre notaire (1189 § 8 I. G.).

7. EXPÉDITION. — On avait pensé que l'acte déposé ne pouvait *être expédié* avec l'acte de dépôt, pas plus qu'ils ne pouvaient être écrits à la suite l'un de l'autre (13062-1 J. E., D. E., *loc. cit.*, 81 et 183). — Mais cette opinion doit être abandonnée comme contraire à l'interprétation qui a prévalu aujourd'hui sur la faculté d'expédier ensemble les actes connexes. — V. 647.

632 *ter*. Dépôt. — Actes à la suite du dépôt. — Peut-on mettre le procès-verbal d'adjudication d'immeubles devant notaire à la suite de l'acte de dépôt, soit du cahier des charges, soit du rapport des experts? La négative a été souvent reconnue (Sol. 15 mars 1819, 6339 J. E.; — Château-Thierry, 19 août 1833, 1446 § 13 I. G.; — Reims, 7 fév. 1835, 11278 J. E.; — Metz, 27 nov. 1837, 11940 J. E.; Cass., 8 janv. 1838, 11962 J. E., 9919 J. N., 1577 § 19 I. G., S. 38-1-112; Cass., 5 nov. 1839, 12407 J. E., 10528 J. N., 1615 § 12 I. G., 345, 12189 J. N., S. 39-1-931).

« Attendu, porte l'arrêt du 8 janvier 1838 ci-dessus, que cet article dispose expressément qu'il ne pourra être fait ni expédié deux actes à la suite l'un de l'autre sur la même feuille de papier timbré; — Que cette prohibition générale et absolue ne doit recevoir d'autres exceptions que celles établies par la loi; — Attendu qu'en matière de vente d'immeuble, l'insertion du procès-verbal d'adjudication à la suite de l'acte constatant le dépôt, soit du procès-verbal des experts, soit du cahier des charges, n'est exceptée de la prohibition par aucune disposition; — Que ces actes sont distincts et constatent des opérations séparées; que, si la loi a excepté les inventaires, procès-verbaux et autres actes qui ne peuvent être consommés dans un même jour et dans la même vacation, cette exception ne peut être appliquée qu'à l'acte dont la rédaction est divisée en plusieurs parties, et qu'elle n'embrasse pas une sér 'de plusieurs actes séparés, qui se réfèrent à la même opération; — Attendu que l'art. 699 du Code de procédure, en ajoutant une nouvelle exception à celles portées dans la loi de l'an 7, a autorisé la mention des dires, publications et adjudications sur le cahier des charges, mais qu'il n'a pas compris l'acte de dépôt de ces cahiers de charges, lequel acte, par sa nature et son objet, doit rester séparé des autres actes; — Attendu que l'insertion dans cet acte de dépôt, soit de la réquisition du poursuivant, soit de l'indication par le notaire du jour de l'adjudication, ne change pas le caractère de cet acte et ne peut le convertir en une partie intégrante du procès-verbal d'adjudication; — Qu'ainsi Michel, en inscrivant sur les mêmes feuilles les actes énoncés dans le procès-verbal du 11 avril 1836, a contrevenu à l'art. 23 de la loi du 13 brumaire an 7. »

1. ACTE ADMINISTRATIF. — Lorsque le cahier des charges de la vente d'un immeuble appartenant à une commune est déposé dans les minutes d'un notaire, qui en dresse acte de dépôt, et qui, sans désemparer, procède à l'adjudication de l'immeuble mis aux enchères, ce notaire ne pourrait, sans contravention, écrire à la suite de l'acte de dépôt le procès-verbal d'adjudication. D'après la jurisprudence précédente, les actes de dépôt doivent être rédigés en minute séparée, et ne peuvent être écrits à la suite du cahier des charges (15579-4 J. E.).

2. REMISE DE L'ADJUDICATION. — On ne peut écrire à la suite de l'acte de dépôt du cahier des charges le procès-verbal de remise de l'adjudication à un autre jour que celui annoncé (Cass., 24 mars 1829, 1282 § 13 I. G., S. 29-1-136; Metz, 27 nov. 1837, 11940 J. E.).

3. EXPÉDITION. — L'acte déposé en l'étude d'un notaire ou au greffe peut être expédié à la suite de l'acte de dépôt.— (V. *Contrà*, 13662 J. E.). — *V.* 647.

4. APPROBATION DU CAHIER DES CHARGES. — Un propriétaire saisi ne peut, sans contravention, écrire l'approbation du cahier des charges, d'une adjudication sur saisie à la suite de l'acte du dépôt de ce cahier des charges (Vouziers, 17 sept. 1841).

5. MODIFICATIONS AU CAHIER DES CHARGES. — On ne peut, sans contravention, écrire à la suite de l'acte de dépôt du cahier des charges, des modifications à ce cahier des charges. « Attendu, porte un arrêt de la Cour de cassation du 24 mars 1829 (6887 J. N., 1282 § 13 I. G., S. 29-1-136), que l'art. 699 C. proc. dispose que les dires, publications et adjudications sur saisie immobilière seront mis sur le cahier des charges à la suite de la mise à prix; — mais que le dépôt du cahier des charges ne se trouve mentionné dans aucune de ces exceptions; qu'il forme évidemment un acte séparé des modifications faites au cahier des charges. »

633. Distraction de biens en matière de saisie immobilière. — Jugement. — Le jugement qui, en matière de saisie immobilière, intervient sur une demande en distraction de partie des biens saisis, ne peut être écrit à la suite du cahier des charges, car cette demande est de nature à donner lieu à des contestations soit sur la propriété, soit sur la nature des biens, et elle n'a ainsi qu'un rapport secondaire avec la poursuite (14511-1 J. E.).

634. Extrait. — 1. JUGEMENT. — Il y a contravention lorsqu'un greffier rédige même sur la feuille de papier plusieurs extraits de jugements portant condamnation à des dommages-intérêts au profit de communes (D. m. f. 1er mars 1808, 386 n° 22 I. G.). — *V.* 654 *bis.*

Ou plus généralement des extraits de jugements servant de titre pour diriger contre chacune des parties condamnées une action particulière (1204-17 I. G.; Sol. 2 avr. 1863).

2. PUBLICATION DE MARIAGE. — Un maire ne peut réunir dans une même affiche et sur une seule feuille de papier timbré, les deux extraits de publication prescrits par l'art. 64 C. C. (16537-3 J. E.).

634 *bis.* Hypothèques. — 1. MAINLEVÉE D'INSCRIPTION. — Si l'art. 23 de la loi du 13 brumaire an 7 veut que les quittances de prix de vente puissent être écrites à la suite des contrats, c'est parce que ces actes s'identifient avec la vente pour en former le complément. La mainlevée de l'inscription d'office n'a pas la même relation directe avec le contrat de vente; elle n'est relative qu'à la transcription qui l'a nécessitée, et il ne semble pas qu'elle puisse être comprise dans l'exception (1939 J. E.).

2. CONSENTEMENT A RADIATION. — On doit décider également qu'en général le consentement à radiation, quel qu'il soit, ne peut être écrit à la suite du contrat obligatoire ou du bordereau d'inscription sur la même feuille de papier timbré (*V.* 1646 J. E.; *Conf.* : M. Boulanger, *des Radiat.*, n° 436).

3. SUBROGATION. — On a émis l'avis que le créancier subrogé peut donner à la suite de la quittance subrogative mainlevée de l'inscription relative à l'obligation cédée (J. du not. n° 1845), mais cette opinion n'est pas d'accord avec la jurisprudence que nous avons fait connaître (*Suprà*, n° 579, etc.).

4. CERTIFICAT DE RADIATION. — Les certificats de radiations ne peuvent être placés, sur les états d'inscriptions, en marge de chaque article rayé (11592 J. E. — *Contrà*, J. N., nos 1700, 1716.).

635. Instances. — Jugements préparatoires. — Les jugements préparatoires, rendus dans les causes qui intéressent l'Administration, ne peuvent être écrits à la suite des mémoires produits par ses directeurs (2117 J. E.). Dans plusieurs tribunaux, l'usage contraire est cependant établi et toléré.

636. Mainlevée. — 1. OPPOSITION. — La mainlevée d'une opposition formée entre les mains du payeur ne peut, sans contravention, être donnée à la suite de l'original de l'exploit d'opposition (D. m. f. 6 octobre 1841, 12841 J. E., 11138 J. N., 1646 I. G.).

On ne peut écrire au pied de l'original d'une opposition, la mainlevée de cette opposition, ou la quittance des causes de l'opposition (11193-1 J. E.).

1. QUOTITÉ DE L'AMENDE. — Dans ce cas, l'huissier qui donne la mainlevée à une date *différente* de l'opposition agit

comme simple *particulier* et encourt l'amende de 5 francs (7804 J. E.).

636 *bis*. Minutes des notaires. — Les minutes des notaires ne peuvent être écrites sur des cahiers à la suite les unes des autres. Elles doivent être rédigées sur des feuilles isolées (Déc. 14 mai 1792; Circ. 286; L. m. f. 15 fév. 1809, 3226 J. E., 205 J. N.).

637. Notoriété. — On a pensé que si dans un inventaire après décès la veuve est déclarée enceinte, l'acte de notoriété rédigé ultérieurement pour constater la naissance et les prénoms de l'enfant peut être écrit à la suite de l'inventaire, parce que ce dernier acte doit contenir le nom de tous les héritiers et que la notoriété n'a pas d'autre but que de compléter en ce sens les indications de l'inventaire (15348 J. N., D. N., t. 12, p. 660, n° 164). Cette solution ne paraît pas devoir être suivie. L'acte de notoriété rédigé dans cette circonstance n'est pas plus lié à l'inventaire que tous autres actes ultérieurs établissant les droits de divers héritiers inconnus au moment de sa rédaction. Or, une telle corrélation est trop peu intime pour attribuer à ces actes le bénéfice de l'exception créée par l'art. 23 au sujet des procès-verbaux divisés en deux ou plusieurs parties.

638. Obligation. — Deux obligations concernant la même personne ayant la même date et la même époque d'exigibilité ne peuvent être écrites sur la même feuille de timbre car elles constituent deux actes distincts (Sol. 8 juill. 1807, D. N., t. 1er, p. 252, n° 89).

639. Ordre amiable. — Actes divers. — Il y a trois contraventions lorsque, à la suite d'un procès-verbal d'ouverture d'ordre amiable et sur la même feuille, un notaire rédige : 1° l'état de distribution ; 2° l'adhésion des créanciers ; 3° l'acceptation d'une délégation. En effet, un ordre amiable ne peut avoir lieu qu'avec le consentement de tous les créanciers, et, en droit, le notaire n'était pas tenu de rédiger plusieurs actes pour le constater. Un seul acte contenant la distribution et le consentement de toutes les parties intéressées pouvait suffire ; mais puisque le notaire a rédigé trois actes distincts, il a commis trois contraventions (15259-1 J. E.).

On invoque contre cette opinion l'exception posée par l'art. 23 L. 13 brumaire an 7, en faveur des actes qui ne peuvent être consommés dans le même jour, et l'on objecte que, en matière d'ordre judiciaire, le juge commissaire peut, sans contravention, porter à la suite les uns des autres tous les actes successifs jusqu'à la clôture du procès-verbal (14666 J. N.; D. N., t. 1er, p. 252, n° 90).

640. Partage. — 1. DONATION. — Un notaire ne peut, sans contravention, écrire à la suite d'une donation contenant partage, le partage des biens donnés fait par acte *ultérieur et séparé* (15001-1 J. E.).

2. INVENTAIRE. — Un partage forme par lui-même un tout complet ; il ne peut donc être rangé, s'il est écrit *à la suite* de l'inventaire, dans les exceptions prévues par l'art. 23 (Dél. 12 août 1831, 10155 J. E., D. N. *Suppl.*, t. 1er, p. 252 n° 91, 987 J. N., 4401 J. E.; Roy, *des Contrav.*, 261).

3. RAPPORT D'EXPERT. — Le partage avec tirage au sort des lots ne peut être écrit à la suite du rapport d'expert qui a précédé le partage (Vitré, 22 janv. 1840, 12446-2 J. E.; *Contrà*, Abbeville, 26 fév. 1850).

4. SUBDIVISION. — LICITATION. — Un notaire peut-il rédiger sur la même feuille, à la suite d'un partage, la subdivision ou la licitation des biens compris dans un des lots de ce partage ? — Oui, si le notaire procédait par vacations aux opérations du partage, et s'il avait annoncé dans le préambule de son acte qu'il serait procédé simultanément au partage et à la subdivision des lots. Mais si le notaire a reçu l'acte de partage dans un même contexte et un même jour, entre toutes les parties intéressées, la subdivision forme un acte distinct et séparé qui ne peut être porté à la suite du partage (3823 J. N.).

5. HOMOLOGATION. — Il résulte d'un arrêt de la Cour de Riom 23 avril 1834, que les jugements d'homologation ne doivent pas être rédigés sur l'expédition des liquidations et partages faits devant un notaire commis (10968 J. E.).

640 *bis*. Plan. — Un plan daté et signé séparément ne peut pas être écrit à la suite d'un autre acte, sans contravention à l'art. 23 de la loi du 13 brumaire an 7. — V. *Plan*.

641. Police d'assurance. — La convention entre une compagnie d'assurance et l'acquéreur d'une maison assurée, d'exécuter les stipulations contenues dans une police souscrite précédemment par le vendeur, ne peut être inscrite à la suite de cette police d'assurance (Dél. 26 août 1831, 10104 J. E.).

1. AVENANT. — Les actes contenant prolongation de l'assurance, ou augmentation de la prime, peuvent être inscrites à la suite de la police à la charge, pour chacun, d'un visa pour timbre au même droit que celui de la police. — V. 2404-1. Mais un avenant rédigé à la suite de la police pour substituer un objet à un autre exposerait à l'amende. — V. 2416.

2. CESSION DU BÉNÉFICE DE L'ASSURANCE. — Il en est de même de toutes les stipulations, quelles qu'en soient la forme et la nature, par lesquelles le bénéficiaire d'une police d'assurance sur la vie qui n'est pas à ordre en transmet le bénéfice à un tiers, encore que les statuts de la compagnie autorisent cette rédaction (Sol. 6 janv. 1873 et 1er avril 1878, 4955 R. P.) — V. 622-1.

3. GARANTIE PAR UN TIERS. — Décidé également que l'acte par lequel un tiers s'oblige à garantir l'assuré des chances aléatoires de son assurance (une mutualité), ne peut être rédigé à la suite de la police, attendu qu'elle n'intervient pas entre les mêmes personnes que celles entre lesquelles a eu lieu l'assurance primitive (Bordeaux, 7 mai 1873).

641 *bis*. Procuration. — 1. JUSTICE DE PAIX. — Le pouvoir de plaider devant le Tribunal de commerce peut être donné au bas de l'assignation (V. 602). Cette faculté, qui résulte de l'art. 627 du Code de commerce, ne peut être étendue à la procuration pour paraître devant le juge de paix, car celle-ci n'ayant pas été prévue dans les exceptions, ne peut, en tant qu'acte, être écrite sans contravention à la suite de l'original ou de la copie de la citation, qui est aussi un acte (Sol. 7 juil. 1857).

2. DÉCLARATION DE SUCCESSION. — On peut écrire à la suite de l'état estimatif fourni à l'appui d'une déclaration de succession, mais dans un seul contexte, la procuration donnée à l'effet de passer cette déclaration (11312-1 J. E.; D. N., t. 12, p. 312, n° 698). Mais il y a contravention si le pouvoir n'est pas donné dans le même contexte (16863-1 J. E.).

3. DEUX PROCURATIONS. — L'amende est également encourue si deux procurations sont rédigées à la suite l'une de l'autre sur la même feuille de papier timbré (Sol. 28 août 1865).

642. Prorogation de délai. — On ne peut, sans contravention, écrire une prorogation de délai sur la même feuille de papier que l'obligation à laquelle elle se rapporte (448 J. E., D. m. f. 11 août 1831, 10198 J. E., Roy, *des Contrav.*, 268; à moins que l'obligation ne soit commerciale. — V. 566-2.

Cette prohibition s'applique spécialement aux prorogations écrites à la suite des contrats d'engagements ou d'avances de la Banque de France (Sol. 21 août 1877).

Les réd. J. N. avaient soutenu qu'une prorogation de délai est, autant qu'une quittance, l'exécution et le complément de l'acte obligatoire; d'où la conséquence qu'elle doit jouir de la même faveur que les quittances que l'on peut écrire à la suite de l'acte d'obligation (7495 J. N.). Mais ils n'ont pas insisté sur cette critique dans leur Dictionnaire (4e édit., t. 1er, p. 253, n° 98).

1. BAIL. — La prorogation de bail ne peut être écrite à la suite du bail (Yvetot, 16 mars 1877, 4717 R. P.).

642 *bis*. Qualités. — 1. JUGEMENT. — Les jugements qui statuent sur les oppositions, soit aux qualités des jugements, soit à l'exposé des points de fait et de droit, ne peuvent être portés à la suite de l'original de la signification des qualités (3036 J. E.).

2. MAINLEVÉE. — Un avoué ne peut écrire la mainlevée même non datée d'une opposition à la suite de l'opposition aux qualités du jugement et sur la même feuille de timbre que l'exploit de signification (Sol. 30 août 1866, 15 juin 1870, 7 mai 1873).

643. Renonciation. — Réméré. — On ne peut, sans contravention, écrire à la suite d'une vente à réméré la renonciation à l'exercice du droit de rachat (5820, 11423-3 J. E.).

643 *bis*. Résiliement. — Le résiliement d'un traité de cession d'office ne peut, sans contravention, être écrit à la suite de ce contrat (Sol. 23 sept. 1863).

643 *ter*. Soumissions. — La soumission d'un entrepreneur qui s'engage à exécuter des travaux à faire à un bâtiment communal, ne peut, sans contravention, être écrite à la suite du devis estimatif de ces travaux, dressé par un architecte (D. m. f. 5 nov. 1830, 9824 J. E., D. N., *Suppl.*, t. 1er, p. 250, n° 71; D. m. f. 27 mars 1822, D. N., t. 1er, p. 256, n° 132).

644. Substitution. — Procuration. — On ne peut, sans contravention, écrire une substitution à une procuration à la suite de cette procuration (12151-4 J. E.).

644 *bis*. Testament. — Un notaire ne peut écrire à la suite du testament l'acte qui constate qu'il a donné connaissance de son contenu aux héritiers du testateur (3131 J. E.; 181 J. N.).

Il en est de même de la copie de l'acte de lecture du testament, qui ne peut être mis à la suite de l'expédition de ce testament (3778 J. E., 1138 J. N.).

1. REQUÊTE. — Un avoué qui à la suite de l'expédition délivrée par un notaire de l'acte de dépôt d'un testament olographe, rédige la requête pour obtenir l'envoi en possession du légataire universel contrevient à l'art. 23 de la loi du 13 brumaire an 7. — Ce cas n'est pas prévu dans les exceptions, et si l'art. 1008 du C. C. dit que l'acte de dépôt *sera joint* à la requête, il n'en résulte pas que le premier puisse être écrit à la suite du second (16033-1 J. E.).

2. TESTAMENTS CONJOINTS. — Les testaments olographes de deux époux ne peuvent pas être faits à la suite l'un de l'autre sur la même feuille de papier timbré. — V. 17089.

645. Vente de meubles. — Plusieurs ventes. — On ne peut écrire à la suite les unes des autres plusieurs ventes de meubles à la requête de divers propriétaires, bien qu'elles n'aient fait l'objet que d'une seule déclaration préalable (Bruxelles, 15 juil. 1856, 737 R. P.).

646. Vente volontaire. — 1. PROCÈS-VERBAL DE MISE AUX ENCHÈRES. — Lorsqu'à la suite du cahier des charges a été écrit un procès-verbal constatant une tentative d'adjudication avortée, cet acte étant parfait, on ne peut écrire à la suite, sans contravention, l'acte de vente volontaire des mêmes objets (Abbeville, 5 fév. 1850, 14894-6 J. E.; Troyes, 10 mars 1838, 12081-3 J. E.; Neufchâtel, 16 janv. 1857; Valognes, 15 juil. 1857, 890 R. P., 16470, 16596 J. N.; Rouen, 19 déc. 1861; Fontainebleau, 16 juil. 1862, 1653 R. P., 17531 J. N.).

2. ADJUDICATION PRÉPARATOIRE. — Ni même le procès-verbal de l'adjudication préparatoire ou de la nouvelle tentative de vente des biens non adjugés (Déc. belge, 29 mai 1858).

3. ADJUDICATION AUX ENCHÈRES. — Il en serait ainsi encore, si au lieu d'être écrite à la suite du procès-verbal de mise aux enchères, la vente volontaire était écrite à la suite

d'un premier ou deuxième procès-verbal d'adjudication aux enchères, alors même qu'elle se référerait au cahier des charges (Rochefort, 13 janv. 1842, 12932 J. E.; Vesoul, 21 mai 1844; Melun, 24 juin 1850; Laon, 12 juil. 1856; Neufchâtel, 16 janv. 1857; Sol. 20 déc. 1865, 18366-1 J. E.; Beaune, 17 déc. 1868, 2932 R. P.; Sol. 30 nov. 1867).

En faveur de l'opinion contraire, on fait observer que le cahier des charges et le procès-verbal d'adjudication ne sont qu'un seul et même acte en deux parties, et que cette indivisibilité ne cesse pas lorsque, comme dans l'espèce, la dernière vente faite a eu lieu à un terme plus reculé que celui indiqué par le cahier des charges, sans enchères, de gré à gré, mais en se référant au cahier des charges qui, dès lors, est incorporé avec la convention indicative du prix et de l'acquéreur, et n'en peut être séparé pour l'enregistrement, la transcription et l'inscription (3653, 9794, 9814, 16170 J. N.; Orléans, 28 août 1843, 11996 J. N.; Roy, *des Contrav.*, 269; D. N., *Acte à la suite*, 29).

4. DATES DIFFÉRENTES. — C'est d'après ce principe qu'il est défendu de dresser, à la suite les uns des autres et sur les mêmes feuilles, des actes à des dates différentes portant vente volontaire d'immeubles, bien que chaque vente se réfère à un même cahier des charges dressé précédemment (Saint-Lô, 4 juil. 1856, 700 R. P.; Sol. 10 avr. 1861).

5. VENTE ISOLÉE DU CAHIER DES CHARGES. — A plus forte raison, y a-t-il contravention si la vente volontaire ne se rapporte pas au cahier des charges et forme ainsi un acte à part (Blois, 23 août 1837, 11885 J. E., 9844 J. N., D. N., *loc. cit.*, 30).

6. RENVOI — On ne peut à la suite et sur une même feuille que le procès-verbal de mise aux enchères, avec renvoi à un autre jour, écrire une vente volontaire et de gré à gré du même immeuble (Besançon, 2 mai 1844, 13487 J. E.). — *V*, cep. 570 § 5.

CHAPITRE VI — EXPÉDITIONS

[647-656]

647. Règle. — L'art. 23 de la loi du 13 brumaire porte : « Il ne peut être *fait ni expédié* deux actes à la suite l'un de l'autre sur la même feuille de papier timbré. » La défense s'applique donc à l'expédition des actes aussi bien qu'à leur rédaction même, et on devrait rigoureusement en conclure que si un acte ne peut être écrit à la suite d'un autre, il ne saurait non plus être expédié sur la même feuille. Néanmoins, comme, d'une part, l'expédition n'est pas destinée à jouer le même rôle que la minute, mais doit uniquement servir de justification aux parties, et que, d'un autre côté, l'art. 23 excepte de sa prohibition les procès-verbaux dont la réunion constitue un seul acte ou contrat, il a paru conforme à l'esprit de la loi d'autoriser l'expédition sur la même feuille de tous les actes nécessaires à l'intelligence l'un de l'autre et formant par leur ensemble la justification complète d'un seul fait.

648. Actes respectueux. — Par application de ce principe, il a été reconnu que les différentes notifications d'un acte respectueux pouvaient être expédiées à la suite les unes des autres sur la même feuille de papier timbré (D. m. f. 12 juill. 1853). — *V.* 581 et 617 *bis.*

649. Actes indépendants les uns des autres. — 1. PROCURATION. — C'est ainsi que le m. f. a reconnu, dès le 11 octobre 1808, que les actes ou extraits d'actes et les procurations en vertu desquelles ces actes ont été passés et qui doivent y demeurer annexés pour leur *validité*, peuvent être expédiés sur la même feuille (3010 J. E., 403 I. G.; D. m. f. 17 nov. 1819, 3225 J. N.).

2. *Idem.* ACTES DIFFÉRENTS. — Cette exception est applicable aux procurations en vertu desquelles les actes ont été passés, soit qu'elles y aient été annexées pour leur validité, soit qu'elles aient été précédemment annexées à un acte de la même étude (D. m. f. 11 oct. 1808 et 17 nov. 1819, 3225 J. N.); — mais non pas à deux procurations données par différentes personnes et annexées à un inventaire (D. m. f. belge 28 mars 1874, 3967 R. P.; Bruges 1er mai 1876, 4517 R. P.).

3. *Idem.* CONSENTEMENT A RADIATION. — Il en est de même du consentement à la radiation d'une inscription hypothécaire, et de la procuration en vertu de laquelle cet acte a été rédigé, quoique cette procuration ne soit point annexée à l'acte de consentement, pourvu qu'elle soit annexée à un acte antérieur de la même étude (D. m. f. 17 nov. 1819, 6584 J. E.).

4. ACTES DE LA MÊME SUCCESSION. — Par application du même principe, le Tribunal de la Seine a décidé, le 17 novembre 1841, contrairement à une délibération du 23 octobre 1838, qu'un notaire avait pu, à la suite de l'expédition d'un acte par lui reçu, insérer les extraits des pièces annexées à la minute de cet acte, et spécialement qu'il avait pu porter : 1° à la suite de l'expédition d'une quittance passée devant lui le 1er juin 1839 les extraits d'un testament authentique du 9 mai 1831, de deux actes de notoriété des 22 mai 1833 et 8 avril 1837, et d'un acte de décès du 22 juillet 1831; — 2° à la suite de l'extrait d'une autre quittance, du 21 juin 1839, les extraits d'un acte de notoriété et d'un acte de liquidation. « Attendu, porte le jugement, que les diverses pièces annexées par Baudelocque à la minute des quittances des 1er juin 1839 et 21 du même mois non-seulement étaient nécessaires à l'intelligence desdites quittances, mais encore en formaient le complément indispensable, et, dès lors, doivent être considérées comme en étant devenues partie intégrante » (13069-4, J. E.; 11324 J. N.).

650. Cahier des charges. — Dépôt. — Approbation. — Il faudrait décider, également, qu'on peut expédier sur la même feuille de papier timbré le cahier des charges, l'acte de dépôt de cette pièce et son approbation (Sol. 28 juin 1851, 27 avr. 1826). — *V.* 652.

650 *bis.* Transport et acceptation. — On peut aussi expédier sur la même feuille de papier timbré le transport de créances et l'acte d'acceptation du débiteur cédé, actes qui ne peuvent être écrits à la suite l'un de l'autre (Sol. 29 juin, 9 déc. 1864, 8 janv. 1866).

650 *ter*. **Donation et acceptation.** — Il en est de même pour la donation et son acceptation par le donataire (Sol. 29 juin 1864).

651. Liquidation. — Approbation et actes annexés. — L'état liquidatif de la succession, le procès-verbal approbatif de cet état par les parties, l'extrait d'un jugement d'homologation et d'un certificat de non opposition ni appel annexés à l'état liquidatif ont une relation intime, puisque c'est leur réunion seule qui complète les opérations du partage. A ce titre, ils peuvent être expédiés à la suite les uns des autres sans contravention (Sol. 19 sept. 1864, 1971-7 R. P.).

651 *bis*. **Quittance. — Intitulé d'inventaire.** — Il en est de même de la quittance et de l'intitulé d'inventaire constatant les droits des créanciers à la somme touchée (Sol. 30 janv. 1867).

651 *ter*. **Dépôt et actes déposés.** — Il faudrait également admettre, contrairement à l'opinion du J. E. (13662-1), que l'acte déposé et l'acte de dépôt de cet acte peuvent être expédiés sur la même feuille.

652. Cahier des charges. — Plan. — Jugement. — Il en serait de même du dépôt du cahier des charges, du plan des immeubles et du jugement d'adjudication. Ces divers actes sont des éléments de la vente, et l'expédition délivrée par le greffier peut les comprendre tous (*Contrà*, 10757 J. E.). — *V*. 650.

653. Homologation. — Les expéditions des jugements d'homologation des délibérations de conseils de famille doivent contenir non-seulement le jugement même, mais encore la délibération homologuée, l'ordonnance du président qui prescrit la communication au ministère public, et les conclusions du procureur de la République : ces divers actes forment ensemble la minute qui doit rester au greffe, et dont aucune partie ne peut être expédiée séparément, sauf, toutefois, après qu'une première expédition a été levée, à ne délivrer ensuite que les extraits qui seront demandés (D. m. j. et f. 9 fév. 1813, 628 I. G.; D. m. j. 30 janv. 1830, 9616 J. E.).

Il est permis de délivrer séparément expédition du jugement qui homologue un partage, de même qu'il est permis d'expédier tout le partage ou une partie seulement, suivant que les parties le requièrent dans leur intérêt (Dél. 17 fév. 1819, 6315 J. E.).

Il résulte d'un arrêt de la Cour de Riom, du 23 avril 1834, que les jugements d'homologation ne doivent pas être rédigés sur l'expédition des liquidations et partages faits devant un notaire commis (10968 J. E.).

653 *bis*. **Procuration. — Pièces annexées.** — Les actes ou extraits d'actes, les procurations qui doivent rester annexées aux actes publics passés en conséquence peuvent être expédiés sur la même feuille de papier timbré. Le législateur, en accordant une exemption pour les ratifications, a fait connaître, en effet, qu'il n'entendait point exiger que l'on séparât des actes qui ont entre eux une liaison tellement intime, que l'existence de l'un est indispensable pour la validité de l'autre (D. m. f. 11 oct. 1808, 403 I. G., 3010 J. E.; D. m. j. 6 mai 1826, 170 J. N.).

653 *ter*. **Coupes de bois de l'État.** — L'extrait du procès-verbal d'adjudication de coupes de bois de l'État et du cautionnement qui est délivré à l'adjudicataire peut être écrit à la suite d'un exemplaire du cahier des charges (789 I. G.).

654. Inscription hypothécaire. — Lorsqu'un acte de mainlevée d'inscription hypothécaire a été rédigé en double minute, en vertu d'une procuration existant dans l'étude de l'un des deux notaires, on peut porter sur la même feuille de papier timbré l'expédition de l'acte de mainlevée par le notaire qui n'est point dépositaire de la procuration, et, à la suite, l'expédition de la procuration par le notaire qui a passé cet acte (Blois, 19 août 1846, 12867 J. N., D. P., *Acte à la suite*, 24).

Mais il est défendu au notaire d'inscrire en marge de l'expédition de la mainlevée la mention d'actes de quittance et de subrogation antérieurs à cette mainlevée (D. m. f. 6 sept. 1832, 7839 J. N.).

654 *bis*. **Dommages au profit des communes.** —Un greffier ne peut, sans contravention, rédiger sur le même état plusieurs extraits de jugements portant condamnation de dommages-intérêts au profit des communes (D. m. f. 1er mars 1808, 386 § 22 I. G.). — *V*. 634.

655. Quittance. — On peut expédier à la suite les unes des autres autant de quittances qu'il a pu en être écrites, sans contravention, à la suite d'un procès-verbal de vente de meubles en détail, l'exception applicable aux minutes devant l'être aux expéditions (13172-3 J. E.).

656. Receveur de l'enregistrement. — Un receveur peut délivrer plusieurs extraits sur la même feuille, pourvu qu'ils soient compris dans le même certificat du receveur (Dél. 1er fév. 1839, Dalloz, n° 6236; Circ. 1769; 1590-16 I. G.).

ACTES DE L'ÉTAT CIVIL.

DIVISION

SOMMAIRE

CHAPITRE PREMIER. — DISPOSITIONS GÉNÉRALES

[657-666]

657. Définition. — L'état civil établit le mode légal d'existence de chacun dans la famille et la société. Il se fonde sur trois grands événements : la naissance, le mariage, la mort. Les actes de l'état civil ont pour but de constater ces trois événements.

658. Actes divers. — Outre les *naissances*, les *mariages* et les *décès*, les actes de l'état civil servent encore à constater divers faits qui établissent ou modifient l'état des personnes. Ainsi, l'*adoption* doit être consignée parmi les actes de l'état civil (359 C. C.) ; les *reconnaissances* des enfants naturels doivent être transcrites en marge des actes de naissance s'il en existe, et inscrites sur le registre à leur date (49 et 62 C. C.). — Les actes destinés à constater le *serment civique* des étrangers natutalisés sont encore rangés au nombre de ceux de l'état civil (Déc. 19 fév. 1808).

659. Registres. — Les actes de l'état civil sont inscrits dans chaque commune, sur des registres tenus *doubles* par un fonctionnaire appelé *officier de l'état civil* (art. 40 C. C.).

660. Ce qu'était l'état civil avant 1792. — Dans l'antiquité, les principaux événements qui se produisent dans la vie de l'homme, la naissance, le mariage, le décès, n'étaient pas mentionnés sur des registres publics tenus à cet effet. Il paraît cependant qu'il y eut à Rome des registres de la naissance et de la mort des citoyens. Mais ces registres, créés dans un but politique et non dans l'intérêt des familles, ne servaient pas à constater les actes de la vie civile. La preuve de l'état civil s'établissait soit par des dépositions de témoins, soit par des livres ou papiers domestiques, soit par des lettres émanées du père et de la mère.

En France, la preuve testimoniale fut pendant longtemps, comme à Rome, le moyen employé pour constater les naissances, les mariages et les décès. Les livres sur lesquels le clergé inscrivait les baptêmes, les mariages et les sépultures des fidèles, n'eurent, dans l'origine, d'autre objet que de conserver le souvenir des cérémonies religieuses. L'institution de ces livres comme mode légal de constatation des actes de l'état civil est une institution toute moderne. Ce n'est en effet qu'au seizième siècle qu'ils ont été érigés en registres publics de l'état civil.

L'ordonnance de Villers-Cotterets, du mois d'août 1539, qui est le premier monument de notre législation en cette matière, prescrivit aux curés et vicaires de faire des registres *en forme de preuve* des décès des personnes tenant bénéfices et des baptêmes de tous. L'état des citoyens ne fut point, toutefois, abandonné exclusivement à l'autorité ecclésiastique. Ainsi, pour que les registres qu'elle tenait fissent pleine foi en justice du temps du décès des bénéficiers et du temps de la majorité ou de la minorité de tous, il fallait qu'ils fussent signés par un notaire (Art. 50, 51 et 52 de l'ord.).

Cette ordonnance ne statuant qu'à l'égard des personnes ayant bénéfices et ne contenant aucune disposition relativement aux mariages, il en résultait que les registres tenus par les ecclésiastiques ne faisaient pas foi en justice, lorsqu'il s'agissait d'établir la preuve du décès de toute autre personne, ou l'existence d'un mariage. On avait recours alors, comme avant l'ordonnance, aux témoignages et aux papiers domestiques.

De graves inconvénients naissaient de cette lacune. L'ordonnance de Blois, de mai 1579, les fit cesser, en enjoignant, sous des peines rigoureuses, aux curés ou aux vicaires de tenir des registres pour constater légalement, non-seulement les naissances, mais encore tous les décès indistinctement et les mariages; mais elle n'exigea plus, pour que ces registres fissent foi en justice, qu'ils fussent signés par un notaire. La disposition de l'ordonnance de 1539, qui prescrivait cette dernière mesure, fut remplacée par une autre disposition qui enjoignait aux curés ou vicaires d'affirmer en justice que lesdits registres contenaient vérité (Art. 181).

Les ordonnances de 1539 et de 1579 n'ont fait que poser en principe la nécessité de l'existence de registres pour constater l'état civil. Ce système a été régularisé et mis en action par l'ordonnance de 1667 (tit. 20, art. 7 à 14), et par plusieurs déclarations dont la plus importante est celle du 9 avril 1736. Sous l'empire de cette législation, les actes de l'état civil, tenus par le clergé dans les formes déterminées, faisaient par eux-mêmes foi et preuve en justice.

Jusqu'à la loi des 20-25 septembre 1792, les ministres du culte furent seuls compétents pour recevoir les actes de naissance, mariage et décès, et leurs registres, tenus doubles, étaient paraphés par le premier officier du siége de la juridiction. L'un des doubles devait être déposé au greffe de ce siége. — Par cette loi, l'Assemblée législative détermina un mode purement civil de constater les naissances, les mariages et les décès; elle chargea les municipalités du soin de recevoir et de conserver les actes destinés à constater les naissances, mariages et décès, et la rédaction de ces actes fut donnée à des officiers publics nommés par les conseils généraux des communes (Art. 1er et suiv. du décret).

661. Officiers de l'état civil actuels. — Aujourd'hui les registres tenus par les curés et desservants pour consigner les baptêmes, mariages et décès, ne sont plus considérés comme authentiques. Ces registres ne peuvent, en aucun cas, d'après le concordat de 1802, suppléer ceux que prescrit la loi pour constater l'état civil des Français. Ce sont les maires et adjoints qui remplissent les fonctions d'officiers de l'état civil (L. 28 pluv. an 8, art 13). A leur défaut, c'est-à-dire dans le cas où ils se trouveraient simultanément empêchés, ils devraient être suppléés dans l'exercice de leurs fonctions par un membre du conseil municipal, désigné par le préfet, ou par le plus ancien (Déc. du Cons. d'Etat, 2 déc. 1820).

662. Actes de l'état civil hors du territoire. — Hors du territoire de la France, les actes de l'état civil sont reçus, savoir :

En mer, par l'officier d'administration de la marine sur les bâtiments de l'Etat, et par le capitaine, maître ou patron du navire, sur les bâtiments du commerce (59-86 C. C.);

Dans les colonies, soit par les maires, soit par des officiers de l'état civil spéciaux, soit par les administrateurs de la marine ;

En pays étranger, soit par les autorités locales, soit par les agents diplomatiques français.

663. Militaires hors de France. — Les militaires qui sont à l'étranger se trouvent dans une position exceptionnelle. Lorsque les armées sont en marche, elles sont réputées, par une fiction de droit, ne jamais quitter le sol de la patrie; partout où flotte le drapeau français, a-t-on dit, là aussi est la France. Dans ce cas, les fonctions d'officier de l'état civil sont remplies par le quartier-maître, le capitaine commandant, l'intendant militaire (89 C. C.).

664. Transcription à faire en France. — Dans les divers cas spécifiés dans les deux précédents articles, une copie des actes dressés est transmise à l'*officier de l'état civil* du dernier domicile du père de l'enfant, des époux ou du décédé : la transcription doit en être faite de suite sur les registres de l'état civil de ce domicile (98 C. C.).

Plusieurs auteurs (Rieff, n° 89; Grun, n° 176, 285) pensent que les actes de l'état civil passés à l'étranger, soit devant les autorités locales, soit devant les agents diplomatiques français, n'ont pas besoin d'être transcrits pour pouvoir être valablement employés en France. Leur transcription est, dans tous les cas, une précaution utile et légale : elle assure leur conservation et leur publicité. L'officier de l'état civil ne doit pas s'y refuser.

Des maires ont refusé d'inscrire des extraits mortuaires délivrés par le ministre de la guerre et présentés par les receveurs de l'Enregistrement, sous prétexte qu'ils devaient leur parvenir par l'intermédiaire de la préfecture. Dans ce cas, il convient de s'adresser officiellement au procureur de la République, pour l'inviter à faire exécuter l'art. 98 du C. C. (6877 J. E.).

665. Forme. — La forme des actes et des registres de l'état civil est déterminée par les art. 34 et suivants C. C. Ils sont, aux termes des art. 40 et 43, tenus doubles, clos et arrêtés à la fin de chaque année par l'officier de l'état civil : l'un des doubles est déposé aux archives de la commune, l'autre au greffe du tribunal civil de chaque arrondissement.

666. Authenticité. — Le caractère d'authenticité des actes de l'état civil leur est attribué par les principes généraux du Code, car ils réunissent toutes les conditions qui, aux termes de l'art. 1317, constituent l'authenticité. Mais l'art. 45 leur garantit plus spécialement ce caractère. « Les extraits, porte cet article, délivrés conformes aux registres et légalisés par le président du tribunal de première instance ou par le juge qui le remplacera, feront foi jusqu'à inscription de faux. »

1. CURÉS. — Quant aux registres tenus par les curés et desservants pour consigner les baptêmes, mariages et décès, ils ne peuvent plus être considérés comme authentiques. — V. 661, 677, 680, 681, 690, 707.

CHAPITRE II. — REGISTRES DE L'ÉTAT CIVIL. ENREGISTREMENT ET TIMBRE

[667-673]

667. Communication. — Les préposés de l'enregistrement sont autorisés à prendre communication des actes de l'état civil, en vertu de l'art. 54 L. 22 frimaire an 7.

668. Timbre. — Les registres tenus doubles par les maires, pour l'inscription des actes de naissance, mariage, et décès, sont sujets au timbre (Art. 2 L. 20 sept. 1792). Ces dispositions ont été confirmées par la disposition générale de l'art. 12 L. 13 brumaire an 7, qui assujettit au timbre généralement tous registres qui sont de nature à être produits en justice et dans le cas d'y faire foi.

1. ADOPTION. — MARIAGE. — Ce principe s'applique notamment aux registres concernant la publication des actes d'adoption et de mariage (D. m. f. 20 niv. an 9; Circul. 1983).

2. TIMBRE EXTRAORDINAIRE. — Les registres de l'état civil ne peuvent être formés avec des papiers timbrés à l'extraordinaire (750, 754, 1064 I. G.).

669. Payement des droits de timbre. — Le papier destiné à la confection des registres de l'état civil ne peut être délivré à crédit. L'art. 71 de la loi du 28 avril 1816 s'y oppose formellement; et d'ailleurs, une circulaire du ministre de l'intérieur, du 6 septembre 1826, a invité les préfets à prendre des mesures pour mettre les communes en état de payer comptant les feuilles de papier timbré qui leur sont nécessaires, notamment pour la formation des registres de l'état civil (D. m. f. 20 déc. 1832, 10572 J. E., 781 I. G.).

Antérieurement à cette décision, le procureur général près d'une cour d'appel s'étant adressé au garde des sceaux pour faire décider qu'à l'avenir les registres de l'état civil ne seraient timbrés qu'à la fin de l'année et après leur clôture, le ministre des finances avait décidé, le 19 mars 1825, que cette mesure n'était pas susceptible d'être accueillie (8059 J. E.).

670. Registres perdus. — Lorsque la notoriété publique et les documents privés ont permis aux autorités compétentes de reconstituer les registres perdus, ces nouveaux registres peuvent être faits sur *papier libre* (Hutteau-d'Origny, p. 81; D. m. f. 14 avr. 1817, 774 I. G.).

La même faveur a été plus d'une fois accordée pour la reconstitution des registres de l'état civil détruits par l'incendie ou l'inondation (D. m. f. 13 juin 1877). — V. 722.

1. PAPIER TIMBRÉ NON RESTITUABLE. — Mais si ces nouveaux registres ont été faits en papier timbré, le droit n'est pas restituable, parce que le droit de timbre est un impôt de consommation qui ne comporte, par sa nature, ni crédit, ni restitution (Sol. 12 janv. 1872). — V. *Pétition* et *Restitution*.

2. REGISTRES CRÉÉS. — Lorsqu'une section de commune a été érigée en commune distincte, les registres nouveaux, de même que les copies et expéditions d'acte de l'état civil délivrées à la nouvelle commune, peuvent être rédigés sur papier non timbré ; il s'agit alors d'une nécessité d'ordre intérieur créée par un acte législatif (Sol. 24 août 1872).

671. Dépôt. — Le dépôt au greffe des registres de l'état civil, fait conformément à l'art. 43 C. C. étant une simple mesure d'ordre public, est exempt d'enregistrement (D. m. f. 24 sept. 1808, I. G. 405 § 5).

1. DROITS DE GREFFE. — Les actes de l'état civil ont été dispensés du droit d'enregistrement par la loi du 22 frimaire an 7 (V. 674). Ils sont aussi exemptés du droit de greffe. Le dépôt au greffe des registres de l'état civil étant une mesure d'ordre public tendant à en assurer la conservation, on ne peut admettre qu'il ait été dans l'intention du législateur de soumettre les actes inscrits sur ces registres à un impôt dont ils eussent été exempts s'ils fussent restés en dépôt dans les mairies. Ces motifs ont déterminé le ministre des finances à décider, le 2 janvier 1836, que les extraits ne sont passibles d'aucun droit de greffe (1528 § 22 I. G.).

672. Certificat de dépôt. — Par une conséquence naturelle de ce principe, les certificats délivrés par les greffiers aux maires pour constater la remise, faite au greffe, des registres de l'état civil, sont exempts du timbre, comme les actes de dépôt de ces mêmes registres (D. m. f. 28 juin 1822, 7210 J. E., 1051 § 2 I. G.).

673. Cote et paraphe. — Les procès-verbaux de cote et paraphe des registres de l'état civil dressés en exécution de l'art. 41 du C. C. ne sont pas sujets à l'enregistrement (D. m. f. 16 déc. 1816, 758-6 I. G.).

Mais ils sont sujets au timbre (2195 I. G.).

CHAPITRE III. — ACTES DE L'ÉTAT CIVIL. ENREGISTREMENT ET TIMBRE

[674-678 *ter*]

674. Enregistrement. — Les actes de naissance, mariage et décès, et les extraits qui en sont délivrés, sont exempts de l'enregistrement, aux termes de l'art. 70 § 3 n° 8 L. 22 frimaire an 7. Cette exemption résulte encore de la disposition générale de l'art. 80 L. 15 mai 1818. L'exemption s'étend aux actes qui sont passés en pays étranger et qui sont produits en France (1467 J. E.).

674 *bis*. Certificat de non inscription ou d'absence de registres. — Les certificats que les greffiers des tribunaux, en leur qualité de dépositaires des registres de l'état civil, peuvent délivrer pour constater, soit la non inscription sur ces registres d'actes de naissance, mariage ou décès, soit l'absence même de ces registres *devant servir à tenir lieu des extraits* de ces registres, rentrent dans l'application de l'art. 70 L. 22 frimaire an 7, qui a exempté de l'enregistrement les extraits des registres de l'état civil (D. m. f. 25 juin 1823, 4878 J. N.).

Il résulte de cette décision que les *certificats* négatifs dont il s'agit, qu'ils soient délivrés par les maires ou par les greffiers des tribunaux, peuvent, comme les *extraits* des actes de l'état civil, être remis aux parties requérantes, sans avoir été enregistrés (1086 § 2 I. G.; Dél. 30 sept. 1815; D. m. f. 4 juill. 1820; D. N., t. 1er, p. 270, n° 122).

1. TIMBRE. — Dans tous les cas, ces certificats sont assujettis au timbre (14120-2 J. E.).

675. Traduction. — Lorsque, comme cela arrive le plus souvent, les actes de l'état civil passés en pays étranger sont rédigés en langue étrangère, l'officier de l'état civil français ne peut pas les transcrire en cette langue. Il doit exiger qu'on joigne à l'acte une traduction faite par un interprète juré. Il doit transcrire cette traduction sur les registres, la parapher et la faire parapher par les parties produisantes, puis l'annexer aux registres avec l'acte traduit (Rieff, p. 273). La traduction peut être écrite à la suite de l'acte traduit et sur la même feuille de papier timbré. — *V.* 612 § 25.

1. ANNEXE. — Cette traduction peut être annexée à un acte de l'état civil dressé en France, sans être enregistrée (Sol. août 1871). Si elle est présentée à la formalité, elle est sujette au droit de 3 francs.

2. CERTIFICAT. — Un jugement du tribunal de Strasbourg a jugé, le 10 août 1857 (16618 J. E.), que le certificat signé par un traducteur juré à la suite de la traduction n'est pas un acte distinct qui doive être enregistré sous peine d'amende avant le dépôt chez un notaire (*Conf.* Dél. 27 août 1858, 2132 § 7 I. G.).

3. DÉPOT. — Il a été décidé que la traduction par un interprète juré, des actes de l'état civil passés en pays étranger, doit être enregistrée, sous peine d'amende, avant d'être déposée chez un notaire (Dél. 18 avr. 1818, 6056 J. E.). Une sol. 16 décembre 1825 a statué que la traduction faite par le curé de Saint-Dizier, d'un acte de baptême rédigé et délivré en latin par le curé du monastère de Saint-Lambert, en Westphalie, devait être enregistré en même temps que le dépôt qui en était fait en l'étude d'un notaire, parce que cette traduction *certifiée et signée par le traducteur*, forme un acte *distinct* de l'acte traduit et sujet à l'enregistrement, quoique l'original soit exempt de cette formalité (8590 J. E.; Roy, *des Contrav.*, 119). — De même, une D. m. f. 2 novembre 1831 porte que la traduction, par un interprète juré, d'un acte de l'état civil passé en pays étranger, n'est pas un certificat de conformité aux registres donné par l'officier qui a délivré l'extrait, mais un acte distinct qui doit être enregistré avant d'être reçu en dépôt (10426 J. E.).

Les réd. J. N. émettent, au contraire, l'opinion (7577 J. N.; D. N., t. 4, p. 587, n° 91), que la traduction d'un acte de l'état civil rédigé en langue étrangère n'est autre chose que l'*extrait* en français de ce même acte; d'où la conséquence que la traduction, même revêtue du certificat de l'interprète juré, est exempte de l'enregistrement, en vertu de l'art. 70 L. 22 frimaire an 7.

676. Timbre des actes passés à l'étranger — Les actes de l'état civil, reçus en pays étranger, devant être timbrés, aux termes des art. 1er et 13 L. 13 brumaire an 7, l'officier public auquel on représente des actes semblables doit exiger, avant de les recevoir, qu'ils soient visés pour timbre (Rieff, p. 274.).

677. Actes reçus par les curés et desservants. — Les actes de baptême, mariage et décès, faits par les ministres du culte, n'ayant pas pour objet de constater l'état civil, ne sont pas sujets au timbre (2502 J. E.) — *V.* 690.

677 *bis*. Caisse des retraites. — Vieillesse. — Les actes de l'état civil relatifs à l'exécution de la loi sur la caisse des retraites pour la vieillesse, sont dispensés du timbre (L. 18 juin 1850, 1880 I. G.).

678. Annexe. — Les maires ne peuvent annexer aux actes de l'état civil aucun acte, même passé en pays étranger, sans qu'il ait été, préalablement à cette annexe, revêtu de la formalité du timbre et de celle de l'enregistrement, s'il n'en est exempt par sa nature. Mais la contravention à cette disposition ne donne lieu à aucune amende contre le maire et ne lui fait encourir aucune responsabilité au sujet du payement des droits, attendu qu'aucune disposition de la loi ne s'applique au maire, qui exerce des fonctions gratuites (Av. Cons. fin. 20 sept. 1833, 10764 J. E., 9507 J. E.).

Les véritables contrevenants contre lesquels l'Administration doit agir sont les rédacteurs des pièces non timbrées (Sol. 22 juill., 19, 21, 23 août 1871, 11 mars 1872; Sol. 27 juill. 1872).

1. CONSENTEMENT. Décidé spécialement que le consentement à mariage passé à l'étranger annexé à un acte de mariage, doit être timbré et enregistré avant tout usage en France, mais qu'aucune amende de timbre ne doit être relevée contre la partie qui profite de ce consentement (Sol. 11 mars 1873).

678 *bis*. Remplaçant militaire. — Les pièces produites devant les conseils de révision par les remplaçants militaires sont assujetties au timbre (D. m. f. 7 janv. 1835, 1489 I. G.).

678 *ter*. Attestations aux curés. — Les attestations délivrées aux parties pour justifier aux ministres du culte l'accomplissement des formalités préalables du mariage sont assujetties au timbre de 50 (60) cent. (2320 I. G., 2299 R. P.). — *V.* 700.

CHAPITRE IV. — EXPÉDITIONS, EXTRAITS OU COPIES DES ACTES DE L'ÉTAT CIVIL. ENREGISTREMENT ET TIMBRE

[679-690]

679. Timbre. — L'assujettissement au timbre des expéditions, extraits ou copies des actes de naissance, décès, mariage, résulte des dispositions générales des art. 19 L. 13 brumaire an 7, 63 L. 28 avril 1816, et 80 L. 15 mai 1818. — (*V.* également Circul. 1496, 715 I. G.).

La quotité du droit de timbre est maintenant de 1 fr. 80, avec les deux décimes (L. 23 août 1871, art. 2).

1. ENREGISTREMENT. — Aux termes de l'art. 70, n° 8, de la loi du 22 frimaire an 7, sont exempts de la formalité de l'enregistrement les extraits des actes de naissance, décès et mariage reçus par les officiers de l'état civil.

SECTION PREMIÈRE. — TIMBRE AU COMPTANT

[680-681]

680. Formules imprimées. — Lorsque, pour la commodité du service, on se sert d'imprimés pour faire des expéditions d'actes de l'état civil, on peut employer du papier de *petit format*, pourvu toutefois qu'il ait été timbré à raison de 1 fr. 25 (1 fr. 80) comme papier destiné aux expéditions, en évitant que l'imprimeur ne se serve de petits caractères qui diminueraient le nombre des feuilles, contre la disposition de l'art. 20 L. 13 brumaire an 7 (D. m. f. 12 pluv. an 7, Circul. 1566.)

680 *bis*. Établissement public. — L'expédition d'un acte de l'état civil, délivrée par un maire au trésorier d'une fabrique, dans l'intérêt de cette fabrique, doit être rédigée sur papier timbré, car un trésorier de fabrique n'étant pas un fonctionnaire public, et une fabrique n'étant pas une administration publique, l'art. 16 L. 13 brumaire an 7 est sans application (Cass. 6 nov. 1832, 10497 J. E., 7903 J. N., 1422 § 18 I. G., S. 32-1-808).

« Attendu, porte l'arrêt, qu'aux termes de l'art. 12 de la loi du 13 brumaire an 7, toute expédition des actes de l'état civil est assujettie au timbre; qu'il n'y a d'exception à cette disposition que celles portées en l'art. 6 de la loi précitée; — Que les expéditions de ces actes délivrées par un fonctionnaire public ou une administration publique à une administration publique ou à un fonctionnaire public, sont comprises dans cette exception lorsqu'il y est fait mention de la destination; — Qu'un conseil de fabrique est bien un établissement public, mais ne constitue pas une administration publique; et qu'en assimilant un trésorier de fabrique à un fonctionnaire public, et en décidant qu'une expédition d'un acte de l'état civil délivrée par un maire à un conseil de fabrique, en la personne de son trésorier, n'était pas soumise à la formalité du timbre, le tribunal civil de Saint-Dié a fait une fausse application de l'art. 16 de la loi du 13 brumaire an 7, et expressément violé l'art. 12 de la même loi et l'art. 80 de la loi du 15 mars 1818. »

681. Certificat. — Timbre d'expédition. — Les certificats rédigés par les officiers de l'état civil pour constater les naissances, mariages ou décès sont des expéditions sujettes au droit de timbre de 1 fr. 50 (1 fr. 80). Cependant les attestations délivrées aux parties pour justifier aux ministres du culte l'accomplissement des formalités préalables du mariage ne sont assujetties qu'au droit de 50 (60) cent. (2320 I. G., 2299 R. P.) — *V.* 2329 § 2 I. G.

Les certificats ou extraits délivrés par les curés ne sont pas passibles du timbre. — *V.* 677.

681 *bis.* **Responsabilité des maires.** — Les maires qui ont rédigé des expéditions des actes de l'état civil sur papier non timbré, sont responsables du droit de timbre dont le Trésor a été frustré (L. 13 brum. an 7, art. 26).

SECTION 2. — VISA POUR TIMBRE EN DÉBET

[682]

682. Assistance judiciaire. — Les extraits et copies des actes de l'état civil délivrés à une personne assistée judiciairement doivent être visés pour timbre en débet. — Il faut faire mention de la date qui admet au bénéfice de l'assistance judiciaire. Ces extraits n'ont d'effet que pour le procès à l'occasion duquel ils ont été demandés (1879 I. G.). — V. *Assistance judiciaire.*

SECTION 3. — VISA POUR TIMBRE GRATIS

[683-683 *bis*]

683. Indigents. — Les extraits des registres de l'état civil dont la production est nécessaire au mariage des indigents, à la légitimation de leurs enfants naturels, et au retrait de ces enfants déposés dans les hospices, doivent être visés pour timbre et enregistrés gratis, lorsqu'il y a lieu à l'enregistrement (L. 10 déc. 1850, art. 4; 15094 J. E., 14283 J. N., 1876 I. G.). Cette loi a abrogé l'art. 8 L. 3 juillet 1846 (12899 J. N., 14035-2 J. E., 1774 I. G.), qui contenait des dispositions analogues. — *V.* également D. m. f. 1er août 1848. (13472 J. N.).

Ce principe découlait déjà de l'exemption générale accordée par l'art. 80. L. 15 mai 1818. — Il résulte d'ailleurs d'une Sol. 25 novembre 1853 (2003 § 10 I. G.), que ces pièces doivent être *écrites* sur papier non timbré et visées pour timbre *après leur rédaction.*

1. PUBLICATION ET CERTIFICAT. — La dernière disposition de cet art. 4 ci-dessus visé dispense même de la formalité du visa pour timbre gratis les publications civiles et les certificats constatant la célébration civile du mariage, qui doivent être remis aux ministres des cultes, conformément à l'art. 54 L. 18 germinal an 10. Une D. m. f. 30 mai 1849 (14752-4 J. E.) avait déjà accordé à ces actes la faveur du visa pour timbre gratis.

2. CERTIFICAT D'INDIGENCE. — Mais pour être admis au bénéfice de la loi du 10 décembre 1850, les parties doivent, aux termes de l'art. 6, justifier d'un certificat d'indigence à elles délivré par le commissaire de police, ou par le maire dans les communes où il n'existe pas de commissaire de police.

3. MENTION. — Aux termes de l'art. 7, il doit être fait mention expresse dans les actes, extraits, copies ou expéditions délivrées, qu'ils sont destinés à servir à la célébration d'un mariage entre indigents, à la légitimation de leurs enfants ou au retrait de ces enfants déposés dans les hospices.

4. AMENDE. — Suivant le même article, ces pièces ne pourront servir à d'autres fins, sous peine de 25 francs d'amende, outre le payement des droits, contre ceux qui en auront fait usage ou qui les auront indûment délivrées ou reçues, et le recouvrement de ces droits et amende de contravention sera poursuivi par voie de contrainte, comme en matière d'enregistrement.

5. ÉTRANGER. — Enfin, l'art. 9 étend l'application de la loi du 10 décembre 1850 au mariage entre un Français ou une Française et un étranger, et dispose qu'elle sera exécutoire aux colonies.

683 *bis.* **Société de secours mutuels.** — Les expéditions des actes de l'état civil délivrées aux présidents des Sociétés de secours mutuels dans l'intérêt des associations et indiquant leur destination, sont visées pour timbre gratis (D. m. f. 25 fév. 1854, 2003 § 6 I. G.).

SECTION 4. — EXEMPTION DE TIMBRE

[684-690]

684. Administration publique. — Les art. 12 et 16 de la loi du 13 brumaire an 7 exemptent de timbre les expéditions des actes de l'état civil délivrées à une administration publique ou à un fonctionnaire public (Cass. 6 nov. 1832; arrêt rapporté *suprà* 680 *bis*).

1. MENTION DE DESTINATION. — Mais c'est à condition que les expéditions feront mention de cette destination (Mêmes articles).

684 *bis.* **Alsace-Lorraine.** — Une convention intervenue, le 4 novembre 1872, entre les gouvernements français et allemand, et approuvée le 8 du même mois, porte que les expéditions d'actes de l'état civil demandées par les autorités françaises et délivrées en Alsace-Lorraine, ou demandées par les autorités d'Alsace-Lorraine et délivrées en France, seront à l'avenir exemptées de tout frais de timbre. Cette convention, conclue pour une durée de cinq ans, est renouvelable. L'immunité qu'elle consacre comprend, non-seulement le droit, mais encore la formalité du timbre (2458 I. G.). — La convention a été renouvelée de plein droit à défaut de renonciation au bout de la première période (Circul. de compt. du 16 nov. 1877).

684 *ter.* **Enfants trouvés.** — Les extraits des actes de l'état civil délivrés par les maires pour faire admettre à l'hospice les enfants trouvés sont exempts du timbre, qu'ils soient transmis directement aux préfets par les maires, ou qu'on les remette aux commissions administratives des hospices chargés d'en faire la production (D. m. f. 3 fév. 1836, 11504 J. E.).

685. Militaires. — Les extraits de naissance, de mariage et de décès, que doivent produire les veuves et les enfants des militaires pour obtenir des pensions ou des secours du gouvernement, sont exempts de la formalité du timbre, pourvu toutefois que leur destination soit expressément mentionnée dans la délivrance qu'en font les officiers publics et les maires (D. m. f. 27 oct. 1807, 2737 J. E.).

1. ARRÉRAGES DE PENSION. — Les extraits produits pour recevoir des arrérages échus lors du décès des militaires pensionnés jouissent de la même exemption (D. m. f. 15 janv. 1823, 1073 I. G.).

685 *bis*. Décès arrivés en mer. — Sont aussi affranchies du timbre les deux expéditions des actes de naissance et de décès qui ont eu lieu à bord des navires, dont l'une doit, aux termes des art. 60 et 86 du C. C., rester déposée au bureau de l'inscription maritime, ou à la chancellerie du commissariat si le vaisseau aborde dans un port étranger, et l'autre être envoyée au ministère de la marine (1487 J. E.).

685 *ter*. Élections. — Les extraits des actes de naissance nécessaires pour établir l'âge des électeurs sont délivrés sur papier libre à tout réclamant. Ils doivent porter en tête de leur texte leur destination spéciale et ne peuvent servir à un autre usage (L. 15 mars 1849, 1833 I. G.).

686. Enrôlements volontaires. — Les expéditions des actes de l'état civil, et les certificats qui doivent être produits pour les enrôlements volontaires, peuvent être délivrés sur papier non timbré, à la charge, par les officiers publics et les maires, de faire mention de la destination sur chaque expédition ou certificat (D. m. f. 6 août 1818, 851 I. G.).

687. Dispense de service. — Il en est de même à l'égard de diverses pièces produites devant les conseils de révision et délivrées par les maires, les conseils d'administration des régiments, les commissaires de la marine, les membres de la Commission d'instruction publique et autres chefs civils ou militaires, aux jeunes gens qui, d'après l'art. 14 de la loi du 10 mars 1818, ont réclamé l'exemption du service militaire pour d'autres motifs que pour infirmités, et à ceux qui demandent, en vertu de l'art. 15 de la même loi, d'être dispensés de servir (D. m. f. 5 sept. 1818, 856 I. G.).

688. Gendarmerie. — Sont exemptes du timbre les expéditions des actes de naissance délivrées aux gendarmes pour être admis au serment, ou à des militaires qui demandent à être reçus dans la gendarmerie ; mais il doit être fait mention, dans ces expéditions, de l'usage auquel elles sont destinées (D. m. f. 8 mars 1836, 11460 J. E.).

689. Émigration. — Les extraits de l'état civil nécessaires aux ouvriers qui émigrent pour les colonies françaises sont exempts de timbre (D. m. f. 27 mai 1850, 14956-8 J. E.).

1. MENTION DE DESTINATION. — Mais c'est à condition qu'ils porteront la mention de leur destination (*Idem*).

690. Ministres du culte. — L'Administration a plusieurs fois reconnu que les extraits délivrés par les curés, ne pouvant pas faire preuve juridique et ne servant que de renseignements, ne sont pas passibles de l'impôt du timbre, sauf l'application de l'art. 30 de la loi du 13 brumaire an 7, si l'on vient à en faire usage en justice (Sol. 10 oct. 1867, 2842 R. P.).

1. ANNEXE. — Il ne semble pas, d'un autre côté, que l'annexe de cette pièce à un acte de mariage la rende passible du timbre. L'obligation de faire timbrer les écritures privées qui ont pu être portées, sans contravention, sur du papier non timbré est limitée, par l'art. 30 de la loi du 13 brumaire an 7, au cas où ces écrits sont produits en justice. Or, ce n'est pas faire une production en justice que de présenter une pièce devant l'officier de l'état civil (Sol. 10 oct. 1867, 2842 R. P.).

Cependant il a été décidé, depuis, que le maire qui annexe cet extrait sans qu'il ait été enregistré, n'encourt pas d'amende, mais que le droit de timbre doit être réclamé à la partie intéressée (Sol. 27 juill. 1872). — *V.* 703.

CHAPITRE V. — ACTES DIVERS SE RAPPORTANT AUX ACTES DE L'ÉTAT CIVIL. ENREGISTREMENT ET TIMBRE

[691-710]

691. Reconnaissance d'enfants naturels. — 1. ACTE DE MARIAGE. — La reconnaissance d'enfant naturel par acte de mariage, emportant légitimation, est soumis à l'enregistrement, moyennant le droit fixe de 2 francs (3 fr.), art. 43, n° 22 L. 28 avril 1816 : « Ceux des actes de l'état civil qui sont assujettis à l'enregistrement par la présente ne seront enregistrés que sur les expéditions » (L. 22 frim. an 7, art. 7).

2. PREMIÈRE EXPÉDITION. — Le droit doit être perçu sur la première expédition de l'acte de mariage (D. m. f. 22 janv. 1819, 6276 J. E., 2800 J. N. ; — 8 juin 1821, 6977 J. E.).

3. PAYEMENT DU DROIT. — Le droit d'enregistrement dû sur la reconnaissance d'un enfant naturel contenue dans un acte de naissance dont l'expédition a été délivrée par un maire, peut être réclamé à ce dernier si la partie n'est pas solvable (Sol. 19 juill. 1871).

4. PLURALITÉ. — La reconnaissance de plusieurs enfants naturels par acte de mariage ne donne ouverture qu'à un droit (D. m. f. 17 déc. 1819, 6625 J. E., 3290 J. N.).

5. ACTE DE L'ÉTAT CIVIL. — La reconnaissance par acte de l'état civil autre que l'acte de mariage est passible du droit fixe de 5 francs (7 fr. 50), d'après l'article 45, n° 7, L. 28 avril 1816, à percevoir sur la première expédition (11761, 11533-3, 17604 J. E.).

6. QUITTANCE. — Lorsque la première expédition est délivrée, le reçu de 11 fr. 93 qui est remis par le secrétaire peut être rédigé sur papier non timbré, car il ne constitue qu'une quittance effective de 2 fr. 55 (D. m. f. 26 juin 1878).

691 *bis*. **Indigents.** — La loi du 10 décembre 1850 (1876 I. G.), qui abroge l'article 8 de la loi du 3 juillet 1846 (1774 I. G.), porte :

« Art. 4. — Les extraits des registres de l'état civil, les actes de notoriété, de consentement, de publications; les délibérations de conseils de famille, les certificats de libération du service militaire, les dispenses pour cause de parenté, d'alliance ou d'âge; les actes de reconnaissance d'enfants naturels, les actes de procédure, les jugements et arrêts dont la production sera nécessaire dans les cas prévus à l'article 1er, seront visés pour timbre et enregistrés gratis, lorsqu'il y aura lieu à enregistrement. »

1. DISPENSE DE VISA. — Les publications civiles et le certificat à remettre au ministre du culte, constatant la célébration civile du mariage des indigents, sont dispensés du visa pour timbre (15094. J. E.). — V. 683-1.

692. Certificat. — 1. MAIRE. — Les certificats par lesquels les maires constatent l'absence des registres de l'état civil étant des actes de l'autorité administrative, non dénommés dans l'art. 78 de la loi du 15 mai 1818, se trouvent dispensés de l'enregistrement par l'art. 80 de cette loi, même lorsqu'ils sont produits en justice (D. m. f. 4 juill. 1820, 6714 J. E.). — Il y avait déjà dans ce sens une Dél. 30 septembre 1815 (5232 J. E.).

2. GREFFIER. — Les certificats que les greffiers, en qualité de dépositaires des registres de l'état civil, sont dans le cas de délivrer pour constater, soit la non inscription sur ces registres des actes de naissance, mariage, décès, et autres actes de l'état civil, soit l'absence même de ces registres, sont exempts de la formalité de l'enregistrement (1086 § 2 I. G.).

693. Procuration. — Le pouvoir donné par un maire pour retirer d'un bureau de poste des envois d'argent destinés à des expéditions d'actes de l'état civil, est exempt du timbre (D. m. f. 28 juin 1827, 1219 § 7 I. G.).

SECTION PREMIÈRE. — ACTES RELATIFS A LA NAISSANCE

[694-696]

694. Acte de notoriété. — L'acte de notoriété délivré par le juge de paix, que l'article 70 C. C. déclare pouvoir suppléer les actes de naissance que l'on est dans l'impossibilité de se procurer, ne peut être considéré comme un acte de naissance, mais comme un simple certificat que la loi assujettit nommément à la formalité de l'enregistrement (4109 J. E.).

695. Nourrices. — Les certificats délivrés aux nourrices par le directeur du bureau général, pour attester la date de la naissance de l'enfant, sont exempts de timbre (Dél. 17 juill. 1822, 7261 J. E.).

696. Certificat concernant les militaires. — Les maires peuvent délivrer, sur papier libre, les certificats attestant les noms, prénoms, date et lieu de naissance des militaires qui en ont besoin pour le service des registres matricules de leurs corps, en faisant mention dans ces actes de la destination desdits certificats (D. m. f. 17 déc. 1819, 6600 J. E.).

1. POUR LES INDIGENTS, LES ENFANTS ASSISTÉS. — V. *Indigent*, nos 9616 et suiv.

SECTION 2. — ACTES RELATIFS AU MARIAGE

[697-707]

697. Affiches de publication. — Les affiches de publication de promesses de mariage sont, aux termes de la loi du 13 brumaire an 7, articles 1er et 12, assujetties au timbre, attendu qu'elles appartiennent à la classe des actes qui peuvent faire titre à des particuliers (D. m. f. 6 niv. an 7 et 13 fruct. an 10, Circul. 1566; 72 § 11 I. G.).

1. QUOTITÉ DU TIMBRE. — Ces affiches peuvent être écrites sur du papier timbré de toute espèce de dimension (5533 J. E.).

2. AFFICHES A LA SUITE L'UNE DE L'AUTRE. — Les officiers de l'état civil peuvent, sans contrevenir à l'art. 23 de la loi du 13 brumaire an 7, réunir dans une même affiche, et sur la même feuille de papier, plusieurs publications de mariage (Sol. 12 août 1857). — V. *Affiches*. n° 1922.

3. DISPENSE DE PUBLICATIONS. — L'ordonnance du procureur de la République portant dispense de publication est, comme acte d'administration, exempte de timbre et d'enregistrement (Sol. 14 nov. 1842).

698. Certificat d'affiche. — Le ministre des finances a décidé, le 27 octobre 1807, que les *certificats* qui se délivrent aux parties dans une autre commune que celle où les affiches ont été apposées, peuvent être écrits sur du papier de petite dimension; mais que si ces certificats renferment la *copie littérale* des publications de promesses de mariage, ils doivent, dans ce cas, être faits sur papier d'expédition (1 fr. 80), attendu qu'ils sont alors de véritables extraits (371 n° 2 I. G., 2743 J. E.).

699. Certificat du notaire rédacteur du contrat de mariage. — Suivant l'addition faite à l'art. 1394 C. C. par la loi du 10 juillet 1850 (14188 J. N., 14994 J. E., 1872 I. G.), le notaire rédacteur du contrat de mariage doit délivrer, sans frais, aux parties, au moment de la signature du contrat, un certificat énonçant ses nom et résidence les noms, prénoms, qualités et demeures des futurs, ainsi que la date du contrat.

Ce certificat qui, à raison de sa destination spéciale, est exempté du timbre par la loi du 10 juillet 1850, doit énoncer, conformément à cette loi, que les parties sont tenues de le remettre à l'officier de l'état civil avant la célébration du mariage (1872 I. G.).

700. Certificat de mariage civil. — L'art. 54 L. 18 germinal an 10, organique du Concordat, dispose que les ministres des cultes ne pourront donner la bénédiction nuptiale qu'à ceux qui justifieront avoir contracté mariage devant l'officier de l'état civil. Le certificat que celui-ci délivre en pareil cas est assujetti au timbre, par application de l'art. 12 L. 13 brumaire an 7 (Déc. 9 déc. 1810, 501 I. G.). Cette disposition avait cessé d'être en vigueur, d'après deux D. m. f. 7 juin 1832 et 28 septembre 1833 (3713 Roll., 10739 J. E.), mais une D. m. f. 27 avril 1839 (12524-4 J. E.), et une C. m. j. du 5 août 1848 (14537-1 J. E., 13523 J. N., 1822 I. G.), ont rappelé qu'un pareil certificat est sujet au timbre.

Il peut être donné sur papier de toute dimension (501, 2329 § 2 I. G).

701. Certificat. — 1. NON OPPOSITION. — Les certificats de non opposition au mariage, délivrés par l'officier de l'état civil, sont exempts d'enregistrement, mais ils sont sujets au timbre (1589 et 1684 J. E.).

2. OPPOSITION. — La copie d'un acte d'opposition à la bénédiction nuptiale peut, sans contravention, être donnée sur du papier de toute dimension (4326 J. E.). — V. 707.

702. Permission de mariage des militaires. — On ne peut prétendre que les permissions de se marier que l'art. 3 du décret du 16 juin 1808 prescrit aux militaires de demander au ministre de la guerre, doivent être rédigées sur papier timbré, comme tout acte de l'état civil, *par le motif qu'elles sont annexées au registre de l'état civil.* Elles sont comprises dans l'exemption générale accordée par l'art. 16, n° 1, L. 13 brumaire an 7, aux pièces ou écritures concernant les gens de guerre (3761 J. E.)

703. Mariage passé à l'étranger. — Le consentement à mariage passé à l'étranger, annexé à un acte de mariage, doit être timbré et enregistré avant tout usage en France; mais aucune amende de timbre ne doit être relevée contre la partie qui profite de ce consentement (Sol. 11 mars 1873). — V. 690-1.

704. Ordonnance. — Les ordonnances et procès-verbaux des officiers de l'état civil, contenant indication du jour ou prorogation de délai pour la tenue des assemblées préliminaires au mariage, sont passibles du droit fixe de 2 francs (3 fr.) (Art. 68, § 2, n° 8, L. 22 frim. an 7). — Ces ordonnances ou procès-verbaux ne sont enregistrables que sur les expéditions (*Idem*, art. 7).

Ces dispositions sont devenues sans objet depuis les modifications apportées à la législation par le C. C. (art. 144 et suiv.), et par la loi du 8 mai 1816, qui a aboli le divorce (Bull. 84, n° 645, 7° série).

705. Acte de publication. — L'acte de publication de mariage dressé par l'officier de l'état civil, et l'extrait qui en est affiché, ayant un *rapport intime* avec celui de célébration de mariage, ne sont, pas plus que celui-ci, *qui en est nommément exempté par la loi,* assujettis à l'enregistrement (Circul. 1692, 282 J. E.).

706. Acte passé en conséquence. — Mention. — Annexe. — Les actes de l'état civil qui ne sont soumis à la formalité que sur l'expédition peuvent être mentionnés dans un acte notarié sans être enregistrés, à moins que l'annexe de cette pièce à l'acte notarié ne fasse présumer l'intention de le faire enregistrer (Sol. 15 avr., 16 mai 1870, 19103 J. E.).

707. Copie délivrée par un curé. — On a vu (n° 661 *suprà*) que les ministres du culte *n'ont plus aucun caractère civil* dans l'exercice de leurs fonctions. Il en résulte que la copie d'un acte d'opposition à la bénédiction nuptiale ne peut être considérée comme *une expédition* d'un acte *civil*, qui, suivant la loi du 13 brumaire an 7, ne doit être délivrée que sur du *moyen papier*. Une pareille copie peut donc être délivrée sur une demi-feuille de petit papier timbré (4326 J. E.).

Bien plus, il a été maintes fois reconnu que les certificats ou extraits d'actes de baptême, mariage ou décès délivrés par les curés sont exempts du timbre, même en cas d'annexe à un acte de l'état civil (Sol. 10 oct. 1867, 2842 R. P.). — V. 690.

SECTION 5. — ACTES RELATIFS AU DÉCÈS

[708-709 *bis*]

708. Inhumation. — L'autorisation pour inhumer, donnée par l'officier de l'état civil, est délivrée sur papier libre (77 C. C.).

Il en est de même du certificat de décès remis par le médecin de la ville au maire avant l'inhumation (Sol. 5 févr. 1878).

1. DÉCÈS EN PAYS ÉTRANGER. — Mais le certificat d'inhumation d'un individu décédé en pays étranger, délivré devant notaire, sur l'attestation de particuliers, pour remplacer un acte de décès, doit être soumis au timbre et à l'enregistrement avant qu'on puisse en faire usage en France (5349 J. E.)

709. Militaires. — Certificat de décès. — Les certificats de décès, délivrés dans les bureaux du ministère de la guerre, ne sont pas sujets au timbre (D. m. f. 9 juill. 1819, 6448 J. E.).

1. MARINS. — Il en est de même des certificats délivrés par les commissaires de la marine pour constater la mort d'un marin, quel que soit d'ailleurs l'usage qui puisse en être fait ultérieurement (D. m. f. 29 juin 1840, 12618 J. E.).

709 *bis*. Certificat d'absence d'un individu. — On ne peut considérer comme acte de décès, mais comme certificat pur et simple passible du droitde 1 fr. (3 fr.), un certificat par lequel un maire constate l'absence d'un individu (Cass. 20 oct. 1813, S. 14-1-13, 4709 J. E.).

« Considérant, porte l'arrêt, que le certificat constatant l'absence du père de Marie Soula n'est pas un acte de décès; qu'il n'a été non plus délivré pour aucun des cas relatifs au service militaire, mais uniquement dans l'intérêt de ladite Marie Soula, afin de la mettre à même de réaliser un mariage projeté; qu'il est conséquemment dans la classe des certificats purs et simples, assujettis par l'art. 68, § 1er, n° 17, de la loi du 22 frimaire an 7, au droit fixe de 1 franc. »

CHAPITRE VI. — TABLE DES ACTES DE L'ÉTAT CIVIL

[710-718]

710. Tables. — 1. ANNUELLES. — Afin de faciliter les recherches dans les registres, la loi du 20 septembre 1792 (art. 8) a ordonné que chaque année il fût dressé une table alphabétique des actes contenus dans chaque registre.

2. DÉCENNALES. — Et que tous les dix ans (art. 15) les tables annuelles fussent refondues en une seule pour chaque commune.

3. NON ABROGATION. — On a considéré cette disposition comme non abrogée par le C. C. La confection des tables a été, depuis, expressément ordonnée par décret spécial du 20 juillet 1807 et par une ordonnance du 26 novembre 1823. — Dans l'usage, au lieu d'être établies sur des feuilles séparées, les tables annuelles sont portées à la suite de chaque registre, avant le dépôt, comme le prescrivait la loi de 1792.

711. Tables distinctes. — Il doit être fait des tables distinctes, mais *à la suite les unes des autres*, des actes de naissance, de mariage et de décès, soit annuelles, soit décennales (Art. 10, même décret).

712. Timbre.—1. TABLES DÉCENNALES.—L'art. 16 L. 1792 avait ordonné que les tables décennales seraient faites sur papier timbré (Circ. 2051). L'art. 4 du décret de 1817 a de nouveau prescrit l'assujettissement au timbre des tables décennales.

2. TABLES ANNUELLES. — Il a, de plus, soumis à cette formalité les tables annuelles, sur lesquelles ne s'était pas expliquée la loi de 1792.

713. Feuilles séparées. — M. Hutteau d'Origny, p. 89, pense que si le papier timbré restant à la suite du registre ne suffit pas pour écrire les tables annuelles, et qu'on les porte sur des feuilles ajoutées à la suite, ces feuilles peuvent être en papier libre. Nous ferons observer que la loi exige que les registres de l'état civil soient timbrés. Les tables commencées sur les feuilles mêmes des registres en font partie et doivent être timbrées. Ce sont les registres, et non point chaque acte inscrit, que frappe la loi fiscale. D'un autre côté, si l'on considère les feuilles supplémentaires comme détachées du registre, elles tombent sous l'application de l'art. 4 Décr. 20 juillet 1807, qui veut que les tables annuelles soient faites sur papier timbré. De là, la conséquence que l'opinion de M. Hutteau d'Origny doit être repoussée.

714. Dimension du papier. — Il avait été décidé que la dimension du papier, pour ces tables, doit être égale à celle qui a servi aux registres de l'état civil. Le droit de timbre devrait donc être réglé d'après la dimension du papier employé aux registres (D. m. f. 15 mars 1808, 377 I. G., 1091, 2674, 2852 J. E.). Mais l'Administration a reconnu que ce ne doit pas être une injonction absolue. Il est certain que la loi n'ayant édicté aucune règle sur ce point, les officiers de l'état civil ne commettraient pas de contravention aux lois du timbre en prenant pour les tables du papier d'une dimension inférieure à celle des registres eux-mêmes (Sol. 28 déc. 1861).

Les tables peuvent d'ailleurs être divisées en cahiers par arrondissement (D. m. f. 11 juin 1823, 7474 J. E.).

715. Par qui sont faites les tables. — 1. TABLES ANNUELLES. — Ce sont les officiers de l'état civil qui, *dans le mois* qui suit la clôture du registre de l'année précédente, sont chargés de faire les tables *annuelles*, et une expédition doit en être adressée au greffe du tribunal dans trois mois de délai (Art. 2, même décret).

2. TABLES DÉCENNALES. — Quant aux tables *décennales*, ce sont les greffiers des tribunaux de première instance qui sont tenus de les faire dans *les six premiers mois* de la onzième année (Même décret, art. 3.)

716. Tables décennales. — Triple expédition. — L'art. 5 du décret du 20 juillet 1807 veut que les tables décennales soient faites en triple expédition pour *chaque commune* : l'une pour le *greffe*, l'autre pour le *préfet du département*, et la troisième pour *chaque mairie du ressort du tribunal*.

1. EXEMPTION DE TIMBRE DU DOUBLE DU GREFFE. — Les greffiers ont été autorisés par une décision des ministres de la justice et des finances des 13 et 24 septembre 1814, à dresser sur papier libre l'expédition des tables décennales qui est destinée à rester en dépôt au greffe du tribunal de première instance (4576 J. E., 770, 1064 I. G.).

2. PAYEMENT DES DROITS DE TIMBRE. — Quant aux deux expéditions des tables décennales destinées à la préfecture et aux mairies, il ne peut être fait aucune délivrance à crédit de papier timbré pour leur confection (4750 J. E., 751, 770, 1064 I. G.). — V. 669.

Ce sont les greffiers qui doivent faire l'avance de ces droits de timbre qui leur sont ensuite remboursés : par le département pour la table adressée à la préfecture, et par les communes pour les tables qui les concernent (*Idem*).

717. Nombre de noms ou de lignes. — Aux termes du décret de 1807 (art. 6), chaque feuille doit contenir quatre-vingt-seize noms ou lignes; l'Administration a reconnu, par une solution du 19 juin 1873, d'une part, que cette disposition se rapporte au petit papier et que le nombre fixé doit être augmenté proportionnellement, si les tables sont faites sur un format supérieur; d'autre part, que cette règle est purement d'ordre, qu'elle n'a aucune portée fiscale et n'a pas, dès lors, de sanction.

718. Surveillance des employés supérieurs. — A propos de la surveillance que les employés supérieurs doivent exercer sur les registres de l'état civil, voici les dernières prescriptions de l'Administration dans son I. G. 2195 : « Il a été recommandé par l'I. G. 1351, aux employés supérieurs, de s'assurer que les registres de l'état civil, le procès-verbal de cote et paraphe, les feuilles de supplément et les tables annuelles et décennales, sont en papier timbré. Cependant l'Administration a appris que, dans plusieurs localités, les tables des actes de l'état civil ont été faites, pendant un grand nombre d'années, sur du papier non timbré. Cet état de choses dénote un défaut de surveillance d'autant plus regrettable, que le chiffre élevé des droits de timbre à payer aujourd'hui par les communes peut leur créer de sérieux embarras. Il importe que les employés supérieurs procèdent avec soin à l'avenir à la vérification dont il s'agit. »

Comme l'Administration n'a aucun moyen de forcer les conseils généraux à voter les fonds nécessaires à la confection des tables décennales des actes de l'état civil à déposer à la Préfecture, les droits de timbre ne peuvent, dans ce cas, être exigés (Sol. 7 nov. 1877).

CHAPITRE VII.

RECTIFICATION ET REMPLACEMENT D'ACTES OU REGISTRES DE L'ÉTAT CIVIL

[719-725 *bis*]

719. Intervention du ministère public. — En général, les actes de l'état civil ne peuvent être rectifiés que *sur la demande des parties* (99 à 101 C. C.), et non d'office, ni sur la réquisition du ministère public, que l'art. 99 charge seulement de donner ses conclusions (Merlin, R. P. V. *État civil*, § 4). Toutefois, un décret du 18 juin 1811 autorise le ministère public à requérir d'office la rectification : 1° dans les circonstances intéressant l'ordre public; 2° lorsque les actes concernent des familles pauvres qui ne peuvent faire les frais de la demande en rectification.

Malgré les précautions prises par la loi, il peut encore arriver que, par suite d'une guerre civile ou étrangère, d'un incendie, les registres de l'état civil soient perdus ou détruits, ou qu'ils n'aient pas été régulièrement tenus. Dans ce cas, le ministère public a également qualité pour *agir d'office* en remplacement des registres qui n'existent pas (C. Toulouse 1er août 1836; Dalloz, *Jur. Gén.*, t. 1er, p. 521, n° 116).

Il pourrait encore, ce semble, agir d'office dans les autres cas de destruction ou de perte des registres, si l'intérêt général était engagé dans leur reconstitution.

720. Droits au comptant. — Sauf les cas énumérés au n° 719, où il faut que le ministère public intervienne, comme c'est sur la demande des parties que doivent être rectifiés les actes de l'état civil, c'est à leur charge que tombent les droits de timbre et d'enregistrement des actes de procédure pour arriver à la rectification qu'elles provoquent.

721. Droits en débet. — La loi du 10 juillet 1850 (14094 J. E., 14188 J. N., 1872 I. G.), en faisant plusieurs additions aux art. 75, 76, 1391 et 1394 C. C., concernant les actes de célébration et les contrats de mariage, a créé un nouveau cas où le ministère public peut intervenir pour la rectification d'un acte de l'état civil, sans préjudice des droits des parties intéressées, conformément à l'art. 99 C. C.

D'après l'addition faite à l'art. 75, l'officier public qui procède à la célébration du mariage doit interpeller les futurs époux, ainsi que les personnes qui autorisent le mariage, d'avoir à déclarer s'il a été fait un contrat de mariage....., et l'addition faite à l'art. 76 porte que la déclaration faite sur l'*interpellation* prescrite par l'art. 75 sera énoncée dans l'acte de mariage, et que, dans le cas où la déclaration aurait été omise ou serait erronée, la rectification de l'acte, en ce qui touche l'omission ou l'erreur, pourra être demandée par le ministère public.

Lorsque, dans le cas prévu par l'addition faite à l'art. 76, le ministère public poursuit d'office la rectification d'un acte de célébration de mariage, les actes de procédure et les jugements relatifs à la rectification doivent être visés pour timbre et enregistrés en débet, et le recouvrement des droits doit être poursuivi contre les parties intéressées (1872 I. G.).

722. Visa pour timbre et enregistrement gratis. — Dans les cas spécifiés au n° 719, il avait été décidé par les ministres de la justice et des finances (90 I. G., et 3 juill. 1810, 3641 J. E.) que les actes à la requête du ministère public seraient visés pour timbre et enregistrés *gratis*, et ces dispositions ont été consacrées par l'art. 75 L. 25 mars 1817 (768 I. G.), ainsi conçu :

« Seront visés pour timbre et enregistrés *gratis* les actes de procédure et les jugements à la requête du ministère public, ayant pour objet : 1° de réparer les omissions et faire les rectifications sur les registres de l'état civil, d'actes qui *intéressent* les individus *notoirement indigents*; — 2° de remplacer les registres de l'état civil *perdus ou incendiés* par les événements de la guerre, et de suppléer aux registres qui n'auraient pas été tenus. »

Cette seconde disposition est aujourd'hui appliquée, pour le timbre, à tous les cas de perte ou de destruction de registres. — V. 670.

723. Certificat d'indigence. — En ce qui concerne spécialement les indigents, ce n'est que sur la production d'un certificat d'indigence délivré par le maire, légalisé par le sous-préfet, que les receveurs de l'Enregistrement doivent donner les formalités *gratis*, sauf le cas où les actes et jugements contiennent la mention qu'ils *concernent* des individus *notoirement indigents* (978 et 1872 I. G.). Ce certificat est d'ailleurs dispensé du timbre (90 et 978 I. G.).

Il importe que les justifications constatant l'indigence soient faites avant l'enregistrement des actes, car sans cela les droits seraient régulièrement perçus, et l'art. 60 de la loi du 22 frimaire an 7 s'opposerait à leur restitution.

724. Exemption de droit. — Incendies de Paris. — Les expéditions des actes de l'état civil réclamés dans les mairies des départements pour la reconstitution des actes civils de Paris doivent être délivrées sur papier libre et sans frais (D. m. j. et i. 7 mars 1873). Il en est de même des copies délivrées par les notaires des actes de l'État civil annexés à leurs minutes (L. 12 fév. 1872, art. 12, 3999-36 R. P.).

725. Commune insurrectionnelle de Paris. — Les actes de l'état civil dressés sous la Commune de Paris, sur un registre non timbré, ne peuvent être transcrits sur un nouveau registre non timbré (L. 19 juill. 1871, art. 7), qu'autant que le Trésor aura reçu le droit de timbre applicable aux actes dressés sous la Commune (Sol. 21 oct. 1871). — V. L. 5 juin 1875.

725 *bis*. Pluralité. — D'après une solution de l'Administration du 25 juin 1868 (2801 R. P.) est passible d'un seul droit le jugement qui ordonne que, conformément aux dispositions d'un décret impérial, un nom patronymique sera rectifié sur tous les actes de l'état civil des membres de la même famille. En effet, le nom de famille fait partie du patrimoine commun au même titre que les biens du défunt. Or, les héritiers étant cointéressés en matière fiscale quand ils agissent pour réclamer la fortune de leur auteur, on ne saurait leur méconnaître cette qualité quand ils poursuivent la revendication de leur nom de famille. Il faut remarquer, en effet, que la rectification légale de ce nom s'étend de plein droit à tous les membres de la même famille. Les conséquences de cette rectification ne sont pas sans doute indivisibles, en ce sens que l'un des enfants peut s'abstenir de poursuivre la modification demandée par son frère, ou juger inutile de faire rectifier tel ou tel acte de son état civil. Mais, dès l'instant qu'il s'est joint aux demandeurs et a sollicité la rectification de tous les actes où l'ancien nom se trouve inscrit, on ne saurait décomposer la procédure pour appliquer la pluralité. Les différentes dispositions par lesquelles le tribunal ordonne les modifications réclamées ne sont, dans leur ensemble, que l'exécution d'un même fait. Le jugement n'est donc passible que d'un seul droit.

ACTE EXÉCUTOIRE.

726. Acte exécutoire. — On appelle de ce nom les actes qui sont revêtus de la formule qui donne l'exécution parée.

Tous les actes authentiques ne sont pas exécutoires, car il faut, aux termes de l'art. 551 C. proc., pour que le contrat soit susceptible d'être délivré en forme de grosse, qu'il renferme une obligation entièrement liquide (Duranton, n° 1319). Mais, tout acte exécutoire est nécessairement authentique. Ce ne sont, en effet, que les actes de cette nature qui portent dans leur essence l'exécution forcée.

ACTE D'HÉRITIER.

727. Acte d'héritier. — On appelle acte d'héritier celui duquel résulte la volonté tacite d'être héritier, ou qui, fait sciemment par un successible, constitue de sa part une immixtion qui lui donne la qualité d'héritier.

Tout ce qui est relatif à cette matière se trouve développé aux mots *Renonciation* et *Succession*.

ACTE IMPARFAIT.

DIVISION

CHAPITRE PREMIER. — DISPOSITIONS GÉNÉRALES

[729]

729. Principe. — L'acte imparfait est, en général, tout acte qui n'est pas revêtu des formalités requises pour sa validité.

L'acte imparfait, faute de signature, n'a jamais eu d'existence. Il ne peut être considéré que comme un projet d'acte impuissant à produire aucun effet.

1. ACTE NOTARIÉ. — Trois hypothèses se présentent au sujet des actes notariés imparfaits. L'acte est imparfait :

1° Lorsqu'il n'est pas signé par toutes les parties qui y ont figuré, ou qu'il n'est pas terminé par la déclaration qu'elles n'ont pu ou su signer ;

2° Lorsqu'il est revêtu de ces signatures ou de cette déclaration, mais qu'il ne l'est pas de celle du notaire ou des témoins instrumentaires ;

3° Enfin lorsque, étant revêtu des signatures des parties, du notaire et des témoins, il n'est point authentique par l'incompétence ou l'incapacité du notaire, ou par un défaut de forme (1318 C. C. ; — L. 25 vent. an 11, art. 68. ; M. Pigeau, t. 2, p. 336).

Ces distinctions entre les formalités sont très-importantes en ce qui concerne l'enregistrement ; nous allons les examiner successivement. Ce sont elles qui, au point de vue où nous voulons nous placer ici, constituent à proprement parler l'acte notarié imparfait.

Il y a encore d'autres causes d'imperfection prévues par la loi du 25 ventôse an 11 ; mais nous nous réservons d'en parler au mot *Acte notarié*, nos 935 et 1014-3.

2. ACTE SOUS SEING PRIVÉ. — Quant à l'acte sous seing privé, il peut aussi être reconnu imparfait, du moment qu'il manque des formes essentielles à son existence.

3. ENREGISTREMENT. — Il est difficile de méconnaître le principe que l'acte ne contenant la signature d'aucune partie ne peut donner lieu au droit proportionnel. Un tel écrit, en effet, ne fait preuve d'aucune convention. Comment appliquer le tarif de la vente, de la donation, du louage, etc. à ce qui n'est ni un bail, ni une vente, ni une libéralité? L'imperfection du titre empêche la preuve de la convention, et, dès lors, toute base manque à l'impôt.

Mais on a soutenu souvent avec insistance que si l'acte, soit authentique, soit privé, est revêtu d'une seule signature, il devient sujet à l'enregistrement comme s'il était entièrement régulier. La raison qu'on en donne, c'est que, en droit civil, quels que soient les vices de forme dont un contrat est entaché, *du moment qu'il existe*, il produit tout son effet et doit être exécuté, si l'une des parties le requiert, tant que l'annulation n'en a pas été demandée au tribunal.

On a invoqué sur ce point les règles de l'ancien droit, au sujet des nullités (Bosquet, v° *Actes nuls*).

L'erreur vient de la confusion faite entre l'acte nul et l'acte imparfait.

Si l'acte existait, et qu'il fût simplement annulable, on aurait raison de dire qu'il produit, en apparence, tous les effets d'un contrat valable, et que le même droit lui est applicable. C'est une doctrine que nous développerons au mot *Nullité*. Mais l'acte imparfait n'existe pas encore; il n'y a qu'un commencement d'acte, qu'un projet. Nul doute qu'un pareil écrit ne soit insuffisant à l'une des parties pour demander l'exécution de la convention, et que, dès lors, il ne produise aucun effet actuel.— V. 738.

La différence entre les deux situations est donc capitale. Puisque l'écrit n'existe pas comme acte, il n'a même pas besoin d'être annulé. Il est tout à fait inopérant. L'obligation de l'enregistrement et l'exigibilité du droit proportionnel ne sauraient, par conséquent, se justifier. « L'acte incomplet, lit-on dans un jugement de Schlestadt, du 10 décembre 1856, n'a aucune valeur juridique, il ne peut être qualifié d'acte dans le sens de l'art. 33 de la loi du 22 frimaire an 7. Or, la loi n'a pas tarifé les actes imparfaits, parce qu'ils n'ont pas d'existence légale, et ils ne demeurent sujets à la formalité qu'à partir de l'époque où ils se complètent » (797 R. P., 15978 J. N.).

CHAPITRE II. — ACTE NOTARIÉ IMPARFAIT

[730-739]

730. Présentation à l'enregistrement. — L'I. G. n° 1554 a tracé la marche que doit suivre le receveur de l'enregistrement pour s'assurer de la perfection de l'acte notarié qui est présenté à l'enregistrement et faire constater les imperfections qu'il peut découvrir. — D'après cette instruction, le premier soin du receveur de l'enregistrement, lorsqu'un acte lui est présenté par un notaire, doit être de s'assurer si cet acte est revêtu de la signature des parties, des témoins ou du notaire en second et du notaire rédacteur. Dans le cas de la négative, et s'il y a une omission non réparable, ou si le notaire insiste pour que l'acte soit enregistré dans son état d'imperfection, le receveur doit donner la formalité et percevoir les droits; mais il doit constater aussi l'état matériel de l'acte par un procès-verbal affirmé devant le juge de paix dans les vingt-quatre heures, à moins que le notaire ne consente à le signer. Il doit être fait mention de ce procès-verbal en marge de l'enregistrement de l'acte.

1. ACTE SANS DATE. — Une date incomplète, et même l'absence de toute date, n'ôte pas à un acte reçu par un notaire et placé au rang de ses minutes le caractère d'acte public et authentique. Une telle omission, volontaire ou involontaire, peut se suppléer dans plusieurs cas, par équipollence, par plusieurs énonciations insérées dans l'acte. Un acte signé des parties, des témoins et du notaire, et dont la seule imperfection consiste à n'avoir pour date que le seul millésime, ou qui n'a même pas de date, doit être réputé parfait, d'après la loi du 25 ventôse an 11 et celle du 22 frimaire an 7, et il y a obligation pour le notaire de le faire enregistrer. C'est ce qu'a jugé le tribunal de Brioude, le 31 décembre 1838 (12363-1 J. E., 10428 J. N.). Le tribunal de Rodez a jugé dans le même sens, le 17 décembre 1846 (14156 J. E.), dans une espèce où l'acte, parfait d'ailleurs, n'avait été ni daté ni signé du notaire.

SECTION PREMIÈRE. — ACTE NON SIGNÉ PAR LES PARTIES, ALORS QU'IL N'EST PAS DÉCLARÉ QU'ELLES N'ONT PU OU SU SIGNER

[731-735]

731. — L'acte non signé des parties n'est qu'un projet resté sans suite. — L'acte est-il privé de la signature de la partie *qui s'oblige*, en cas de convention *unilatérale*, ou de l'une des parties en cas de convention *synallagmatique?* Il est imparfait de la manière *la plus absolue*. « L'acte imparfait, faute de signature, n'a jamais eu d'existence; la partie qui ne l'a pas signé n'est pas tenue de le faire annuler ou détruire. Ainsi, celui qui possède en vertu d'un pareil acte, ne peut prescrire que par trente ans » (Toullier, t. 7, n° 607; t. 8, n° 348).

Ce principe, qui a été consacré par arrêts C. Paris, 24 juillet 1820; — Metz 24 février 1834 (S. 31-2-199); — Cass. Req. 26 juillet 1832 (S. 32-1-492); — Grenoble 15 novembre 1834 (S. 35-2-188), est, d'ailleurs, pour les actes notariés, la conséquence forcée de l'art. 68 L. 25 ventôse an 11. Cet article, en déclarant *nul* l'acte qui n'est *pas signé de toutes les parties*, et en voulant que l'acte notarié signé de toutes les parties, mais *non du notaire et des témoins*, ne vaille que comme acte sous seing privé, dit clairement que l'acte notarié non signé de toutes les parties ne vaut pas même comme acte sous seing privé.

On ne peut, en aucun cas, *exiger* l'enregistrement d'un pareil acte, qui n'est, en définitive, qu'un *projet* resté sans suite. Et, s'il est *volontairement* présenté à la formalité, il doit donner ouverture au seul droit fixe de 3 francs, quelle que soit la convention qu'il renferme (Roy, *des Contrav.* 49; Champ. et Rig., n° 163; Dalloz, nos 2111 et 5003; D. N., t. 1er, p. 46, n° 24; 355, 10033, 12982, 13202 J. N.; Demante, *Principes de l'enregistrement*, 48).

1. ACTE UNILATÉRAL. — D'après ce principe si, pour *l'acte unilatéral*, c'est la partie qui *s'oblige* qui n'a pas signé, il n'y a même plus un acte imparfait, il n'y a qu'un écrit informe. Mais si c'est la signature de celui au profit de qui l'obligation est convertie qui manque, l'acte n'en est pas

moins valable, *au moins comme acte sous seing privé*, parce que la signature de celui qui n'est pas obligé n'est pas nécessaire, du moins dans les actes privés (Duranton, n° 1208).

La conséquence de ce principe est que les droits ordinaires d'enregistrement seraient exigibles sur un pareil acte.

Cependant Champ. et Rig., nos 173 et 174 font une distinction entre le cas où l'acte serait présenté à l'enregistrement par celui qui *s'est obligé*, et le cas où ce serait le créancier ou ses ayants cause qui requerraient la formalité. Dans la seconde hypothèse seulement, le droit proportionnel serait exigible, parce que dans cette hypothèse seulement on peut supposer que le débiteur a voulu créer un titre contre lui en se départissant de l'acte. — Les préposés à la perception ne doivent pas admettre ces distinctions, car ils ne peuvent savoir si celui qui présente l'acte est l'obligé ou le créancier. D'ailleurs, c'est dans l'acte en lui-même, et non dans les circonstances extérieures, que doivent se puiser les éléments de la perception. — *V.* 740 § 5.

2. COOBLIGÉS SOLIDAIRES. — Si la partie non signataire est un coobligé solidaire, et que les autres coobligés aient signé, il faut reconnaître que l'acte sera nul par défaut de *lien*; car le créancier a voulu avoir *plusieurs coobligés* solidaires, et jusqu'à ce que l'obligation existe dans cette forme, il peut se refuser à l'exécuter (Merlin, *Rép.*, v° *Ratification*, n° 9; Toullier, t. 8, n° 103 et 135.; Cass. 17 mai 1812).

Signalons encore à l'appui de cette règle un arrêt de Cass. 26 juillet 1832 (2600 C.), qui a décidé que le défaut de signature de l'un ou de plusieurs coobligés solidaires, ayant rompu, pour ceux au profit desquels l'obligation était consentie, comme pour les obligés, le contrat tel qu'il était entendu, il n'y a plus de contrat, et qu'un nouvel accord entre les parties devient nécessaire. C'est aussi l'opinion professée par Champ. et Rig., n° 166 (*V.* dans le même sens C. Metz 24 fév. 1831, 3448 Roll. et le § 4 *infrà*).

3. PARTIES NON SOLIDAIRES. — Cependant il est un cas où l'acte non signé de toutes les parties peut valoir entre les signataires seulement, et où l'exécution peut en être réclamée réciproquement : c'est celui où aucune solidarité n'existe entre les diverses parties contractantes. Dans ce cas, les conventions qui doivent sortir à effet, par suite du lien qui engage définitivement les parties signataires, rendent exigibles les droits d'enregistrement qu'elles sont susceptibles de produire, tandis que les autres ne donnent ouverture qu'au droit fixe. — *V.* 732-3.

Bail. — Lorsque dans un bail les preneurs n'ont pas contracté solidairement, et que l'un d'eux refuse de signer, l'acte n'en doit pas moins être présenté à l'enregistrement, car chaque preneur étant preneur pour son compte, l'acte est complet à l'égard du preneur qui a signé (C. Colmar 21 avr. 1812, 4246 J. E.).

Décharge de vente de meubles. — Bien que toutes les parties n'aient pas signé une décharge de vente de meubles par acte notarié, dès que l'acte est signé du notaire, des témoins et de l'une des parties, l'acte est parfait, au moins à l'égard de cette partie, et doit être enregistré dans les délais et porté au répertoire (Montfort 1er juin 1850, 15245-2 J. E.).

732. Adjudication. — Refus de signature. — 1. VENTE VOLONTAIRE. — Il n'y a point de vente lorsque, en matière d'adjudication volontaire, celui qui a enchéri refuse d'accepter et de signer l'adjudication (Cass. 24 janv. 1814, 7244 J. E., 1364 J. N.). Dans ce cas, il ne doit être perçu que le droit de 1 franc (3 fr.), lorsque l'acte est présenté à l'enregistrement.

2. REFUS SOUS CONDITION. — Mais si, sans renoncer à l'enchère, l'adjudicataire refuse de signer, sous le prétexte qu'il veut faire passer l'acte devant un notaire de son choix, dans ce cas, l'adjudication est parfaite malgré ce refus (C. Montpellier 22 déc. 1851, 15454-1 J. E.).

3. SIMPLE OMISSION DE SIGNATURE. — Dans tous les cas, s'il résulte de l'ensemble des clauses de l'adjudication que toutes les parties ont donné leur consentement et concouru à la formation du contrat, et que l'inobservation de l'art. 14 de la loi du 25 ventôse an 11 est le résultat d'une simple omission, cette circonstance ne saurait faire obstacle à l'exigibilité du droit proportionnel (Dél. belge 30 avr. 1854, 109 R. P.). Ainsi que le dit Marcadé, quand il est avoué par une partie que sa signature ne se trouvait nécessaire que pour la preuve du contrat, et nullement pour sa formation, il est clair que le défaut de signature deviendrait insignifiant, puisque la convention serait formée, abstraction faite de l'écrit (T. 5, p. 21).

De même, on a considéré que le défaut de signature des parties ne faisait pas obstacle à l'exigibilité du droit proportionnel sur un procès-verbal, dressé par un notaire, contenant bail aux enchères, lorsqu'il résulte des clauses de l'acte que toutes les parties ont concouru à la formation du contrat et que le défaut de signature est le résultat d'une simple omission (Déc. belge 30 avr. 1854, 10381 C.).

4. LOTS DISTINCTS. — Si, au moment de clore une adjudication volontaire passée à plusieurs acquéreurs non solidaires, l'un d'eux refuse de signer, le droit proportionnel n'est exigible, lors de l'enregistrement de l'acte, que sur les lots des adjudicataires signataires, et la perception doit être réduite au simple droit fixe de 1 franc (3 fr.) sur le lot de l'adjudicataire qui a refusé sa signature (Dél. 8 mai 1822 7244 J. E.).

Mais s'il était constant que le vendeur n'a entendu aliéner qu'à la condition que tous les adjudicataires accepteraient, on devrait décider que le refus d'un seul empêche la convention de se produire et laisse le contrat imparfait pour le tout. « Attendu, porte un arrêt de cassation du 8 janvier 1866, que l'une des parties refusant ainsi son consentement à la convention projetée et sa signature à l'acte qui devait la constater, cet acte demeurait nécessairement imparfait et ne pouvait obliger aucune des parties le vendeur et celui des acquéreurs qui l'avaient signé ne l'ayant fait qu'en vue d'une vente totale et non d'une vente partielle; — qu'il suit de là, que c'est à tort que le notaire a fait enregistrer un acte resté à l'état de projet, et qu'il ne peut réclamer des parties, soit le remboursement des droits d'enregistrement perçus uniquement par sa faute, à raison d'une mutation qui n'a pas eu lieu, soit des honoraires pour un acte qui n'a pas été consommé (2222 R. P., S. 66-1-8). — *V.* 738-14 et 740-12.

5. ADJUDICATION JUDICIAIRE. — On vient de voir qu'en matière d'adjudication volontaire, devant notaire, le refus de l'acquéreur de signer arrête l'exécution de l'acte, et que, lorsqu'il est présenté à l'enregistrement, il n'est dû que le droit fixe. Mais lorsqu'il s'agit d'une adjudication faite devant le tribunal, le refus que fait l'acquéreur de signer ne s'oppose point à la perception du droit proportionnel; c'est ce que l'on doit décider d'après un arrêt Cass. 24 janvier 1814 (7244 J. E., 1364 J. N.).

La raison de cette différence dans les effets du refus de signature, de la part de l'acquéreur, est que, pour les actes notariés, tels que les procès-verbaux d'adjudications purement volontaires, la loi du 25 ventôse an 11, qui exige la signature des parties à peine de nullité, est la seule règle à suivre, tandis que, pour les adjudications faites en présence ou par l'autorité de la justice, l'art. 707 C. proc. civ., qui est la loi spéciale, imprime au fait seul des enchères un caractère définitif qui subsiste indépendamment de la signature des parties.

6. NOTAIRE COMMIS. — Les dispositions de l'art. 707 (705 nouv. C. proc.) étant applicables « *aux adjudications faites par le ministère d'un notaire commis par le juge et qui le représente,* » il en résulte que le défaut de signature de l'adjudicataire n'empêcherait pas le contrat d'être parfait (Dalloz, 2386; — *Contrà*, Champ. et Rig., 1830). — *V.* 1742.

6 *bis*. SIGNATURE DU NOTAIRE COMMIS. — L'adjudication non signée par le notaire commis ne forme point un contrat et n'a aucune valeur, même comme acte sous seing privé; en effet, le notaire commis remplit un office purement judiciaire; il est le délégué du tribunal; comme le juge, il donne acte aux parties de leurs déclarations, reçoit leurs dires, constate leurs aveux, et, en exprimant son avis sur leurs contestations, il fait acte de juridiction contentieuse; le procès-verbal non signé est donc, comme le jugement qui présenterait la même irrégularité, sans aucune valeur. Le droit proportionnel n'est pas exigible (Sol. 20 mars 1866, 2477 R. P.).

7. VENTE PUBLIQUE DE MEUBLES. — Le procès-verbal d'une vente d'objets mobiliers faite par un notaire n'a pas besoin, pour sa régularité, d'être revêtu de toutes les formalités prescrites par la loi du 25 ventôse an 11, notamment de la signature de l'adjudicataire. Il suffit que l'officier public se soit conformé aux dispositions de la loi du 22 pluviôse an 7, sans qu'il y ait lieu de distinguer si la vente est faite à terme ou au comptant. La seule différence entre le procès-verbal non signé par l'adjudicataire et celui qui est signé par lui, c'est que ce dernier titre autorise à agir par voie d'exécution (Bellac 12 juill. 1860, 1382 R. P.). En effet, la loi du 22 pluviôse an 7, en accordant aux notaires et autres officiers publics et ministériels le droit exclusif de procéder aux ventes publiques de meubles, a créé des formes particulières indépendantes des règles ordinaires.

« Le procès-verbal d'une vente d'objets mobiliers dressé par un notaire, dit un jugement de Saint-Omer du 4 septembre 1853, n'est pas un contrat ordinaire où les adjudicataires peuvent être considérés comme parties, mais simplement l'attestation authentique par un officier public, ayant caractère légal de l'adjudication y mentionnée; cet acte, pour être régulier, n'a pas besoin, dès lors, de la signature de ces adjudicataires, sans qu'il y ait à distinguer entre la vente faite au comptant et celle qui est faite à terme » (86 R. P.).

1. VENTE DE BOIS. — Dans le même ordre d'idées, à propos d'une adjudication de bois passée dans la forme voulue par la loi du 22 pluviôse an 7, il a été jugé que la vente est parfaite par la signature du vendeur, du notaire et des témoins, et qu'elle doit être enregistrée au droit proportionnel, encore bien que l'adjudicataire ait refusé de signer (C. Colmar 27 juill. 1827, 9080 J. E.; — Rennes 12 déc. 1842, 13153 J. E., 11578 J. N.).

2. DISPOSITION INDÉPENDANTE. — CAUTION N'AYANT PAS SIGNÉ. — La circonstance que la vente renfermerait des clauses et conditions qui devraient la faire tomber dans l'application des prescriptions de la loi du 25 ventôse, ne peut avoir aucune influence sur la perception.

On a, par exemple, reconnu passible du droit de cautionnement le procès-verbal de vente publique de meubles qui constate que des objets ont été adjugés sous le cautionnement d'une personne désignée, lors même que la caution *n'aurait pas signé le procès-verbal.* « Attendu que, dans le système de la loi du 22 pluviôse an 7, l'exigibilité du droit de cautionnement est soumise aux mêmes règles que l'exigibilité du droit de vente; que celui-ci étant dû même en l'absence de la signature de l'acheteur, qui a terme pour le payement du prix, le cautionnement, relaté par l'officier public de la même manière que la vente et comme étant la condition de celle-ci, est également sujet au droit sans que la signature de la caution soit indispensable » (Sol. belge du 14 janv. 1858).

733. Disposition susceptible de recevoir son exécution. — L'Administration, dans son I. G. 436 § 62, a prévu le cas où une disposition d'un acte absolument imparfait pourrait recevoir son exécution. Cette prévision a été justifiée depuis par un arrêt Cass. 7 décembre 1836 (11749-5 J. E.), qui a jugé qu'un écrit, même informe, non signé, peut recevoir son exécution, et que les juges peuvent ordonner cette exécution, si des faits et des circonstances viennent à l'appui des énonciations que cet écrit contient, et forment avec lui une preuve complète.

Mais, pour que le receveur pût exiger un droit sur la convention, susceptible d'être exécutée, renfermée dans l'acte informe, il faudrait, soit que les parties fissent la déclaration qu'elles entendent exécuter la convention, soit, d'après les termes de l'arrêt que nous venons de citer, que les juges en eussent ordonné l'exécution.

734. Restitution. — Lorsqu'il s'agit, comme dans les hypothèses précédentes, de l'imperfection causée par le défaut de signature des parties ou de l'une d'elles, et que le droit proportionnel a été néanmoins perçu lors de l'enregistrement de l'acte, cette liquidation est irrégulière et les redevables peuvent obtenir la restitution des droits mal à propos acquittés.

C'est ce que le tribunal de La Roche-sur-Yon a reconnu par un jugement du 23 avril 1865, dans l'affaire qui a donné lieu, entre parties, à l'arrêt du 8 janvier 1866 (*V.* 1139-3). Le receveur qui avait enregistré le contrat avait pu ignorer, sans doute, que l'absence d'une seule signature le rendait absolument imparfait, et c'est pour cela qu'il avait perçu le droit proportionnel. Mais ce fait étant constaté judiciairement, il devenait évident que la perception avait été irrégulière puisque le contrat n'existait pas, et le remboursement était dû (2308 R. P.). On peut consulter également dans le même sens un jugement de Rennes du 14 mars 1865 (2090 R. P.).

735. Copie d'acte imparfait. — Décidé encore que les actes restés absolument imparfaits, dont on requiert la copie, ne donnent ouverture qu'au droit fixe de 1 franc (3 fr.), à moins qu'il ne résulte de l'acte, même dans son imperfection, quelque convention qui doive être exécutée (436 § 62 I. G.).

SECTION 2. — ACTE NON REVÊTU DE LA SIGNATURE DU NOTAIRE OU DES TÉMOINS

[736]

736. Acte valant comme acte sous seing privé. — La deuxième hypothèse posée au n° 1130 *bis* est celle où l'acte étant revêtu de la signature des parties ou de la déclaration qu'elles ne savent pas signer, il ne l'est pas de *celle du notaire ou des témoins instrumentaires.* Dans ce cas, l'art. 68 L. 25 ventôse an 11 déclare que l'acte ne vaudra que comme acte sous seing privé. Cette disposition de la loi est basée sur cet axiome de droit, que *les conventions existent indépendamment des actes destinés à les constater.* Ainsi, dans cette seconde hypothèse, l'acte n'est pas imparfait de la manière la plus absolue. Il ne peut valoir comme acte authentique, mais il subsiste comme acte sous seing privé.

1. DÉLAI. — Dans ce cas, l'acte doit être soumis à l'enregistrement. Mais doit-il être enregistré dans les délais fixés par les art. 20 et 29 L. 22 frimaire an 7, pour les actes des notaires, et les droits doivent-ils être avancés par le notaire qui a reçu l'acte, ou ne tombe-t-il que sous l'application des règles relatives à l'enregistrement des actes sous seing privé? La question est vivement controversée.

2. DÉLAI FIXÉ POUR LES ACTES DES NOTAIRES. — Il est certain qu'au point de vue du droit, nulle considération ne peut faire que le notaire ne soit libre de ne pas conférer à l'acte le caractère d'acte notarié, en ne pas y apposant sa signature. Mais cette faculté sans limite qui est accordée à l'officier public peut-elle tenir en suspens la perception des droits, et faire que la formalité de l'enregistrement puisse être indéfiniment ajournée?

La négative résulte des autorités ci-après, qui décident que l'acte présentant la nature d'imperfection que nous avons ici en vue doit être enregistré dans le délai assigné aux actes des notaires :

1° Un jugement du tribunal de la Seine, 2 mars 1831 (10157 J. E., 7424 J. N.), intervenu dans une espèce où l'acte, signé *des parties et des témoins*, ne l'avait pas été *du notaire rédacteur*, porte « qu'il est de principe que les vices qui peuvent se rencontrer dans un acte n'empêchent qu'il reste soumis à la formalité de l'enregistrement. » — 2° Un arrêt C. Nîmes, rendu entre particuliers, le 14 février 1813 (4661 J. E., 813 J. N.) dispose « qu'en principe général, le fait matériel de l'enregistrement d'un acte reçu par un notaire est la charge *personnelle* du notaire recevant; que, seul propriétaire de la minute, et ne pouvant s'en dessaisir, c'est à lui *à donner à l'acte la perfection dont il est susceptible, le complément qui lui est nécessaire, pour en faire un acte public.* » — 3° Un arrêt C. Bourges, 29 avril 1823 (7885 J. E., 4823 J. N.) décide « que le notaire chargé de rédiger un acte est responsable envers les contractants des vices qui sont *son fait personnel*, et qu'il ne peut alléguer pour excuse que n'ayant pas reçu les fonds, il n'a pas signé l'acte pour ne pas *le* soumettre à l'enregistrement. » — 4° Un jugement du tribunal de Saint-Flour, 17 août 1847, a décidé que, « lorsqu'un acte porte deux dates, qu'il a été inscrit sur le répertoire à la première date, et qu'il est dit que le notaire seul ne l'a signé qu'à la dernière date, le délai court de la première, et non de la dernière date, encore que le notaire prétende que s'il n'a pas signé en même temps que les parties, c'est que les droits d'enregistrement n'avaient pas été consignés entre ses mains » (14340 J. E., 13202 J. N.).

Voir encore un arrêt d'admission du 15 février 1814 (4984 J. E.; — Dél. 22 vent. an 13, 3 niv. an 14 et 26 sept. 1815, 2202 et 5236 J. E., 263 I. G.; — Colmar 21 avr. 1812, 4246 J. E., 1115 J. N.; — Rodez 17 déc. 1846, 14155 J. E.; — Loches, 22 avr. 1853, 15642 J. E.; — Seine, 17 fév. 1853, 17 R. P.).

3. RÈGLES RELATIVES A L'ENREGISTREMENT DES ACTES SOUS SEING PRIVÉ. — L'opinion qui veut, au contraire, que cette espèce d'acte ne soit considérée que comme acte sous-seing privé pour les délais d'enregistrement, se fonde sur ce qu'on ne peut considérer comme un acte public celui qui est dénué de la signature du notaire, signature qui seule constate légalement l'intervention de cet officier public, et sur ce que la perception des droits d'enregistrement n'est ouverte dans les délais déterminés par l'art. 20 L. 22 frimaire an 7, que pour des actes publics, c'est-à-dire des actes revêtus des caractères exigés par la loi du 25 ventôse an 11. Cette opinion est professée par Dalloz, n° 5003; Champ. et Rig., n° 163; C. 7817; les réd. J. N. (355, 7424, 10033, 12982, 13202, J. N.; D. N., t. 1er, p. 46, n° 24); et elle s'appuie sur un arrêt Cass. 2 novembre 1807, et trois Déc. des 18 mars et 12 octobre 1818, 7 octobre 1823 (4679 J. N.); Dél. 7 pluviôse an 7, et 22 mars 1823 (64, 7884 J. E.); Déc. 29 mars 1831 (10253 J. E., 7405 J. N.); Cass. Belgique, 2 avril 1833 (8296 J. N.); Seine, 20 mars 1833 (8046 J. N.); Brioude, 31 décembre 1838 (12363-1 J. E., 10128 J. N.); Cambrai, 30 juin 1841 (12789 J. E.); C. Paris, 28 août 1841 (12848 J. E.); Civray, 18 juill. 1845 (12499 J. E.); Agen, 24 juin 1876 (4427 R. P.).

Cette opinion s'appuie enfin sur un arrêt Cass. 25 mars 1834 (10899 J. E., 8439 J. N.) intervenu dans une espèce où un acte de vente d'immeubles avait été *trouvé* au rang des minutes d'un notaire, *signé de lui et des parties*, mais *non signé d'un second notaire.*

4. INTERPRÉTATION. — Ces deux manières d'envisager la question nous paraissent trop absolues. C'est l'appréciation des faits qui, à notre avis, doit fournir la solution des questions de cette nature. Et nous trouvons à étayer notre opi-

nion par un jugement du tribunal d'Espalion, du 19 août 1847 (13243 J. N.) : « Attendu, porte ce jugement, qu'il est constant, en droit, qu'il n'est pas laissé au *libre arbitre* d'un notaire d'*anéantir* un acte *devenu parfait*, et qu'il l'est aussi qu'un notaire peut ne pas apposer sa signature à un projet d'acte à raison duquel les parties sont discordantes avant sa confection; qu'ainsi il faut examiner dans quelle catégorie l'acte du 20 janvier dernier doit être classé. » — Le tribunal, appréciant les faits, a repoussé la demande de l'Administration qui soutenait que l'enregistrement de l'acte, non signé du notaire, aurait dû avoir lieu dans les dix jours de sa date. Mais il l'a repoussée parce qu'il a reconnu que, *par suite de circonstances particulières*, l'acte ne pouvait sortir à effet. Sa décision eût été autre si le notaire n'avait eu pour but, en refusant sa signature, que de retarder l'enregistrement de l'acte.

5. PEINE DISCIPLINAIRE. — Tout en repoussant la demande de l'Administration en payement de l'amende de retard, un jugement de Châteauroux du 10 août 1857 reconnaît que le notaire pourrait être poursuivi disciplinairement et serait même tenu de dommages-intérêts envers les parties (925 R. P., 11202 C.).

Dans cet ordre d'idées, on ne peut méconnaître, quoi qu'en dise le J. N. (7124 et 8439), que l'inscription au répertoire de l'acte imparfait serait un indice très-grave contre le notaire; car on n'est obligé de répertorier que les actes complets, et si celui dont il s'agit a été inscrit, c'est que, très-probablement, dans la pensée du notaire, il constituait un acte notarié véritable. C'est, d'ailleurs, ce qui résulte de la jurisprudence qui sera rapportée au n° 738 § 19 et 739.

6. MUTATION IMMOBILIÈRE. — L'Administration a, d'ailleurs, explicitement accepté les règles applicables aux actes sous seing privé pour l'enregistrement de l'acte notarié privé de la signature du notaire, en décidant, par une solution du 30 mars 1860, que si un pareil acte constatait une mutation immobilière, il devrait être enregistré *au plus tard* dans les trois mois de sa date. Ainsi jugé également par les tribunaux de Lourdes, 13 mars 1855 (579 R. P.); Seine, 17 février 1853 (15732 J. E.); Cambrai, 30 juin 1841; Agen, 24 juin 1876 (4427 R. P.).

7. ACTE NON FAIT DOUBLE SANS APPROBATION D'ÉCRITURE. — Quoi qu'il en soit, pour avoir la valeur de l'acte sous seing privé, l'acte notarié imparfait, contenant des dispositions synallagmatiques, n'a pas besoin d'être passé en autant d'originaux qu'il y a de parties contractantes. Il est évident, en effet, qu'autrement la disposition de l'art. 68 L. 25 ventôse an 11 deviendrait absolument illusoire, puisqu'il est rare que les actes notariés soient rédigés en double minute. (MM. Toullier, t. 9, n° 87 et 88; Duranton, n° 1206; Bonnier n° 377; Rolland, *Acte not.* 468; Aubry et Rau, 3e édit. t. 6, p. 374; Larombière, art. 1318-3; Marcadé, art. 1318-1; D. N., v° *Acte auth.* 21; — C. Bruxelles 17 juin 1812, S. 13-2-67; — Paris 13 avr. 1813, S. 14-2-235; — Cass. 8 mai 1827, 6249 J. N.; — Douai 18 fév. 1851, D. P. 51-2-61; — Caen 23 juill. 1861, S. 62-2; — *Contrà*, C. Paris 17 déc. 1829, S. 30-2-119.)

8. CLERC DE NOTAIRE. — Que décider lorsqu'un acte synallagmatique rédigé *par un clerc*, comme suppléant le notaire, a été signé des parties seulement et non du notaire? On avait pensé que l'acte est nul s'il n'a pas été rédigé *en double*, car on doit supposer que les parties qui se sont adressées à une personne sans caractère légal n'ont pu vouloir imprimer à leurs conventions que les effets d'un acte sous seing privé (Caen 4 janv. 1844 *Conf.* en Cass. le 16 avr. 1845, 13845-1 J. E.; — C. Paris 17 déc. 1829, 9620 J. E. 1101 R. P.; — Nancy 5 déc. 1867, S. 68-2-3). Mais cette interprétation a été depuis lors repoussée par la Cour de cassation, qui décide que l'acte reçu par un clerc est valable comme acte sous seing privé s'il a été signé par toutes les parties, bien qu'il ait été fait en un seul original (Cass. 23 juill. 1861, S. 62-2-59; — Cass. 27 janv. 1869, S. 70-1-169.)

Dans tous les cas, l'acte reçu par un clerc est nul comme acte authentique (Cass. 23 juill. 1861, S. 62-2-59; — Nancy 5 déc. 1867, S. 68-2-3; — Cass. 27 janv. 1869, S. 70-1-169).

9. NON APPROBATION D'ÉCRITURE. — Même raison que ci-dessus de décider qu'il n'est pas nécessaire qu'il y ait approbation en toutes lettres de l'écriture et de la somme, formalités exigées dans les actes ou billets sous seing privé non écrits de la main de celui qui signe (*Mêmes autorités*).

10. PARTIE NE SACHANT SIGNER. — Pour que l'acte non signé du notaire puisse valoir comme acte sous seing privé, il faut, aux termes de l'art. 68 L. 25 ventôse an 11, *que toutes les parties l'aient signé*. Si donc l'une d'elles ne l'a pas signé, quand même il serait dit dans l'acte qu'elle ne sait pas signer, *il ne peut avoir la force d'un acte sous seing privé*. (Rolland de Villargues, Rép., t. 1er, p. 179, n° 266; Toullier, t. 8, n° 135; Marcadé, art. 1318, n° 3).

Ce n'est pas, d'ailleurs, la signature de toutes les parties ayant figuré dans l'acte, à quelque titre que ce soit, qui est nécessaire, mais bien celle de toutes les parties contractant obligation et contre lesquelles l'écrit est destiné à faire preuve. S'il s'agissait, par exemple, d'un contrat unilatéral, d'un dépôt que Pierre a fait chez Paul et que celui-ci est venu reconnaître devant notaire, il suffirait de la signature du débiteur (Duranton, n° 73; Bonnier, n° 376; Massé et Vergé sur Zachariæ, t. 3, p. 494, note 8; Larombière 1318-8; D. N., v° *Acte not.*, 469 et suiv.; Marcadé, art. 1318-3).

11. ACTE DEVANT ÊTRE RÉDIGÉ EN FORME AUTHENTIQUE. — Il faut encore reconnaître que l'acte notarié ne vaut comme acte sous seing privé qu'autant qu'en effet il peut valoir en cette qualité (Duranton, *des Obligations*, n° 1209). Si donc il s'agissait d'actes pour lesquels la forme authentique *fût essentielle*, comme les donations, les testaments, les contrats de mariage, les constitutions hypothécaires, etc., il ne servirait de rien qu'ils eussent été signés des parties, parce que, dans ce cas, les formalités ne sont pas seulement exigées pour *la preuve*, mais bien *pour la solennité des actes* (Duranton, *ibidem;* Delimcourt, t. 2, p. 607; Favard, *Acte not.*, § 6, n° 5; Larombière, art 1318-9; Pont., *Priv. et Hyp.*, 2127; Marcadé, art. 1318; — Pau 11 mars 1811; — Colmar 13 mars 1813; — Rouen 2 fév. 1829; — Toulouse 31 juill. 1830; — Besançon 17 juill. 1844; — Cass. 3 avr. 1847; — Limoges 11 juill. 1854; — Amiens 9 août 1856; — Grenoble 8 juill. 1856; — Cass. 11 juill. 1859, S. 59-1-551).

SECTION 3. — ACTES NON AUTHENTIQUES PAR L'INCOMPÉTENCE OU L'INCAPACITÉ DU NOTAIRE OU PAR UN DÉFAUT DE FORME

[737]

737. Nullité radicale. — Sauf la seule hypothèse où l'acte, non signé des parties, doit être considéré comme resté à l'état de simple projet, cet acte, qu'il tire son imperfection soit de l'incompétence ou incapacité du notaire, soit d'un défaut de forme, doit être considéré, *quant à l'enregistrement*, comme un acte *régulièrement fait*, d'après cet axiome du droit fiscal que les préposés de l'Administration ne sont pas juges de la validité des actes.

Un acte resté imparfait n'est dispensé de l'enregistrement qu'autant qu'il cesse absolument d'avoir le caractère d'acte; car, s'il peut valoir comme acte sous seing privé, s'il est signé de toutes les parties, les droits en sont dus de la même manière que s'il était parfait en la forme (263 I. G.). — Peu importerait même qu'il fût entaché de nullité, par la raison que *la nullité doit être invoquée et prononcée*; que l'Administration n'en est pas juge, et que, d'ailleurs, il peut arriver que l'acte ne soit pas privé de tous ses effets (*Ibid.*).

Telle est la solution de la troisième hypothèse que nous avons posée dans notre n° 729. Elle sera d'ailleurs longuement développée au mot *Nullité*.

Contentons-nous de citer ici, sans les développements qui trouveront leur place ailleurs, les décisions administratives et judiciaires qui ont résolu la question dans l'ordre d'idées que nous venons d'indiquer (203, 340, 436 § 62; Cass. 12 fév. 1822, 7170 J. E., 4109 J. N., 377 C.; 20 nov. 1844, 13617 J. E., 12181 J. N, 1732 § 15 I. G; 15 fév. 1854, 15812, 15945 J. E., 15189 J. N., 10193 C., 37 R. P., 2015 § 7 I. G.; Cass. 3 nov. 1849, 14851 J. E., 13921 J. N., 8835 C., 1857 § 11 I. G.; — Seine 12 juin 1844, 13533-5 J. E.; — Ambert 16 nov. 1846, 14143 J. E.).

SECTION 4. — ACTES A PLUSIEURS DATES

[738-739]

738. Les notaires peuvent donner plusieurs dates. — Aucun texte de loi n'interdit aux notaires de donner plusieurs dates aux contrats qu'ils reçoivent. Des circonstances supérieures et inévitables, telle, par exemple, que l'impossibilité de faire concorder la présence de toutes les parties dont le consentement est nécessaire à la perfection de la convention, peuvent justifier pleinement l'existence de deux et même d'un plus grand nombre de dates (Cass. 2 nov. 1807; 4679 J. N.; — Bagnères 26 août 1818, 1496 Fess.-; D. m. f., 20 oct. 1818, 6250 J. E., 2809 J. N.; Sol. 29 mars 1831, 10253 J. E.; — Schelestadt 10 déc. 1856, 15978 J. N., 797 R. P.).

Néanmoins, il faut reconnaître que les notaires ne doivent ainsi scinder les contrats que lorsqu'il y a nécessité absolue, et *à titre d'exception*. Cependant l'usage contraire, qui peut devenir très-préjudiciable aux parties, s'est beaucoup propagé, sans que la nécessité en paraisse justifiée dans beaucoup de circonstances. Cette faculté laissée aux notaires a fait naître la question de savoir à quelle date un acte à plusieurs dates doit être présenté à l'enregistrement.

1. LA LOI N'OBLIGE PAS A FAIRE ENREGISTRER A LA PREMIÈRE DATE. — Une décision ministérielle des 27 avr. et 9 mai 1809 (432, n° 3 I. G.) portait que « lorsque toutes les parties n'ont pas été présentes à la rédaction d'un acte et ne l'ont pas signé à la fois, le délai pour l'enregistrement court de la date des premières signatures, si le contrat est également revêtu de celles du notaire et des témoins, attendu que l'acte est parfait à l'égard des parties qui ont signé, et que celles qui signent ensuite ne font, en quelque sorte, que ratifier l'acte pour ce qui les concerne, » et, dans cet ordre d'idées, l'Administration a longtemps soutenu que, faute d'enregistrement à la première date, le notaire encourait l'amende de 10 francs, si l'acte était resté imparfait; et, s'il était parfait, le droit en sus.

2. ON NE PEUT ENREGISTRER UN COMMENCEMENT D'ACTE. — La question de savoir si les actes restés imparfaits à une première comparution des parties, et qui ne peuvent recevoir leur perfection, c'est-à-dire le caractère de contrat, que par la signature postérieure de celles des parties qui n'ont pas été présentes à la première comparution, doivent être enregistrés à leur date et au droit fixe établi par l'art. 33 de la loi du 22 frimaire an 7, ne saurait être résolue qu'en se reportant au but de l'institution de l'Enregistrement et aux termes dans lesquels la loi de frimaire est conçue. Or s'il est vrai que le but de l'enregistrement est de fixer dans un bref délai l'état matériel de l'acte notarié et d'empêcher ainsi, dans l'intérêt des contractants, les altérations et changements qui pourraient dénaturer, au préjudice de l'une ou de l'autre partie, le sens ou la portée des conventions arrêtées, il faut reconnaître aussi que cette formalité ne peut être utile qu'autant que l'acte à enregistrer a une valeur quelconque, c'est-à-dire qu'il forme contrat, ou, en d'autres termes, qu'il engage ceux qui y ont participé. En effet, un acte incomplet, et qui, comme tel, n'a aucune valeur juridique, ne peut être qualifié acte dans le sens de l'art. 33 de la loi de frimaire; c'est un projet, un commencement d'acte; mais ce n'est point un acte, encore moins un contrat.

3. DATE OU LE LIEN DE DROIT EST FORMÉ. — Pour savoir si un contrat portant double date a dû être présenté à l'enregistrement à la première de ces dates, il faut donc examiner si, à cette date, il renfermait déjà une convention, un consentement obligatoire; si, en un mot, l'acte était parfait quant à l'objet auquel il s'appliquait, parce que ce n'est que dans ce cas, à défaut d'enregistrement dans les délais fixés par l'art. 20 de la loi de frimaire, que le double droit ou l'amende, selon les circonstances, peuvent être encourus.

« Si l'acte, dit M. Demante, est déjà parfait entre les parties qui ont comparu les premières, par exemple, si la comparution des autres parties constitue seulement une intervention accessoire, ou s'il n'y a aucune connexité entre les diverses conventions insérées dans le même acte; en ce cas, il faut décider que le délai de l'enregistrement part du jour où la signature, apposée par chaque partie intéressée au bas de chacune desdites conventions, rend l'acte parfait et irrévocable vis-à-vis de chacun des signataires » (n° 771).

Dans cet ordre d'idées, le tribunal de Montluçon a jugé, en

thèse générale, le 14 avril 1846 (14117 J. E.), qu'un acte de vente d'immeubles portant les dates des 24 juin 1844 et 13 mai 1845, doit être enregistré dans les délais de la première date, si, des diverses énonciations qu'il contient, on peut tirer la preuve qu'il était parfait à la première date.

4. INTERVENTION ACCESSOIRE. — En règle générale, l'intervention, à un titre quelconque, d'un tiers dans un acte n'empêche pas la convention de se former entre les parties principales; c'est donc la date qui constate le lien de droit entre ces parties principales qui doit servir de point de départ au délai pour l'enregistrement.

5. DÉLÉGATION DU PRIX DE LA VENTE. — Si, à la première date, l'acquéreur et le vendeur ont signé l'acte et que la deuxième date n'ait été donnée que pour recevoir la signature du délégataire du prix de la vente, la vente était parfaite à la première date par la signature de l'acquéreur et celle du vendeur (Cass. 20 juill. 1852, 15493 J. E., 14718 J. N., 1967 § 1er I. G., S. 52-1-720).

« Attendu, en fait, porte l'arrêt, que, par contrat retenu, Me Faurot, notaire à Montluçon, Piquaud vendit à Thomas certains immeubles pour la somme de 2,000 francs; que cette somme est déléguée dans le même acte au sieur Villotte de Peytouillon, qui accepte la délégation; attendu que cet acte se termine ainsi : « Fait et passé à Montluçon, en l'étude, l'an 1848, le 24 septembre, pour MM. Piquaud et Thomas, et le 19 novembre pour M. de Peytouillon ; » attendu que la vente consentie par Piquaud à Thomas était parfaite dès le 24 septembre; que cette date, authentiquement constatée par la signature du notaire, était, dès lors, le point de départ du délai fixé par l'art. 20 de la loi du 22 frimaire an 7, pour l'enregistrement des actes notariés; qu'il importe peu que le prix de cette vente ait été délégué à un tiers qui n'aurait signé que le 19 novembre depuis la mort du vendeur; que cette délégation n'était point nécessaire pour la validité de ladite vente, laquelle était parfaite et irrévocable dès le 24 septembre, ainsi que l'atteste le notaire; attendu qu'en faisant partir de ce dernier jour le délai de l'enregistrement fixé par l'art. 20 de la loi du 22 frimaire an 7, le jugement attaqué, loin d'avoir violé cet article, en a fait, au contraire, une juste application à l'espèce, et n'a d'ailleurs violé aucun autre texte de loi; rejette. »

6. GARANTIE SOLIDAIRE DE LA VENTE. — L'acte de vente signé à une première date par la femme venderesse, par son mari et par l'acquéreur, et à une seconde date par les père et mère de la venderesse, garants solidaires de la vente, est parfait à la première date, et le délai pour l'enregistrement court de cette date, du moment que la garantie n'a pas été une condition essentielle de la vente (Cass. 17 nov. 1862, 1758 R. P., 2244 § 1er I. G., 17594 J. E., S. 63-1-47).

« Attendu que l'acte de vente, consenti par les époux Gouturon au sieur Pader, d'un immeuble appartenant à la dame Gouturon, a été parfait le 27 juillet 1860; — Attendu que la garantie stipulée dans le même acte par les mariés Cas n'avait pas été exigée par l'acquéreur; qu'elle ne formait pas, dès lors, une condition de la vente; — Attendu que, si cet acte, contenant ainsi deux conventions distinctes, n'est devenu parfait, en ce qui concerne la stipulation de garantie, que le 31 juillet 1860, on n'en saurait rien inférer quant à la perfection du contrat de vente dès le 27 du même mois, puisque, à cette date, l'acte avait été revêtu de toutes les signatures nécessaires à sa validité; — Attendu que le notaire Larnaude l'a lui-même reconnu en passant le même jour, 27 juillet 1860, un second acte contenant une dation d'hypothèque pour sûreté de la créance résultant, en faveur de la dame Gouturon, de la vente de l'immeuble qui était sa propriété. »

7. CONSENTEMENT DE LA FEMME NON EXIGÉ. — Si le consentement de la femme de l'acheteur n'est pas exigé comme une condition essentielle de la vente, l'acte est parfait au moyen de la signature du vendeur et de l'acheteur; il doit donc être immédiatement répertorié, puis enregistré dans les dix ou quinze jours de cette date (Dreux 3 fév. 1841, 12694 J. E.; — Blois 13 fév. 1856, 604 R. P.).

8. PROMESSE DE RATIFICATION. — Si le mari s'est borné à promettre la ratification ultérieure de sa femme, on doit reconnaître que l'acheteur ayant consenti à traiter immédiatement avec le mari n'a pas subordonné la conclusion de l'achat à l'accession simultanée de la femme. La ratification n'est plus qu'une garantie ultérieure dont le défaut ne réagirait pas sur la vente elle-même, mais exposerait seulement le mari à des dommages-intérêts. La ratification accordée dans le même acte, à une date différente, n'empêcherait pas le contrat d'être soumis à l'enregistrement, à partir du jour de la signature du mari et de l'acquéreur (Soissons 18 juin 1856, 16027 J. N. — V. Montargis 26 mars 1844, 13475 J. E.).

9. CONVENTIONS DISTINCTES RÉUNIES DANS UN MÊME CONTRAT.— Lorsque plusieurs conventions distinctes et indépendantes les unes des autres sont renfermées dans un acte unique, le délai de l'enregistrement part évidemment du jour où la signature apposée par chaque partie intéressée, au bas de l'une desdites conventions, rend l'acte parfait et irrévocable.

10. CESSION DE CRÉANCES DES DIVERS DÉBITEURS NON SOLIDAIRES. — On avait émis l'avis (13404-1 J. E.) qu'une acceptation de transport sur deux débiteurs non solidaires signée, à deux dates différentes, par les débiteurs cédés, n'était parfaite qu'à la date de la dernière signature, et que ce n'était que de cette dernière date que le délai devait courir. Mais on est ensuite revenu sur cette opinion pour enseigner que le délai d'enregistrement de l'acte court à partir du jour où le premier débiteur a accepté (17869-1 J.E.).

Ce dernier sentiment était le seul exact. Aussi le tribunal de la Seine a-t-il reconnu, le 30 juillet 1859, que quand un acte notarié portant cession d'une créance à plusieurs personnes, non collectivement, mais à chacune d'elles pour une portion distincte, a été signé à des dates différentes par les cessionnaires, chaque cession forme une convention particulière qui peut faire l'objet d'un acte séparé, et qui doit, dès lors, être soumise à la formalité dans les dix jours, à partir du moment où elle a été parfaite par la signature de chaque cessionnaire (16701 J. N, 11626 C.).

Ce jugement a été confirmé dans les termes suivants par un arrêt de la Chambre des requêtes, du 21 janvier 1861 : « Attendu qu'il est de doctrine et de jurisprudence que lorsque plusieurs conventions distinctes et indépendantes les unes des autres sont renfermées dans un acte unique, le délai de l'enregistrement, fixé par la loi du 22 frimaire an 7, part du jour où la signature, apposée par chaque partie intéressée au bas de chacune des conventions, rend l'acte parfait et irrévocable» (1444 R. P., 2201-1 I. G., 17033 J. N., 11920 C., 18 Rev., S. 61-1-256).

11. PROCURATION. — MANDANTS NON SOLIDAIRES. — Par application du même principe, le tribunal de Saint-Malo a reconnu qu'une procuration donnée à diverses dates par des mandants non solidaires constitue un acte parfait à la première date, parce que les diverses procurations sont indépendantes les unes des autres (Jugem. du 22 nov. 1856, 15953 J. N.).

12. CONCOURS DE TOUTES LES PARTIES NÉCESSAIRES. — Si la comparution des dernières parties est la condition *sine qua non* de l'engagement des premières, l'acte ne devient parfait, conséquemment le délai ne court qu'à partir de la dernière signature.

Dans ce sens, le tribunal de Provins a reconnu avec raison, en thèse générale, dans un jugement du 17 juin 1858 (16493 J. N., 16735 J. E.), « qu'une convention n'existe que par la réunion des divers éléments nécessaires à sa perfection ; que si une offre proposée à une date n'est acceptée qu'à une autre, la convention n'est parfaite qu'à ce jour, et que le délai pour l'enregistrement doit être compté à partir de celle des deux dates où le contrat, apprécié en droit civil, doit être parfait. »

Signatures du vendeur et de l'acquéreur à deux dates. — Si, dans un acte de vente, le vendeur a signé à une date et l'acheteur à une autre, il est clair que le contrat est devenu parfait à la dernière seulement, et que le délai d'enregistrement ne court également que de la seconde date (Pithiviers 24 août 1854, 15483 J. N.; — Vendôme 26 janv. 1855, 15717 J. N.).

13. ORDRE CONSENSUEL. — Le tribunal de Saint-Omer a jugé dans cet ordre d'idées, le 28 juillet 1860, que dans les ordres consensuels, par lesquels les créanciers règlent entre eux la distribution du prix de vente appartenant à leur débiteur, le délai de l'enregistrement ne doit courir que de la date de la signature du dernier créancier. « Considérant qu'il est de principe que l'ordre amiable n'est valable que lorsque toutes les parties qui doivent y concourir l'ont apppouvé, de sorte que l'absence ou le dissentiment d'un seul intéressé empêche la distribution conventionnelle ; que s'il en est autrement d'un ordre amiable devant un juge commis, c'est que, ayant constaté l'accord des parties présentes et le défaut d'intérêt des absents, le juge peut et doit de lui-même ordonner que toutes les inscriptions seront radiées, tandis que, dans l'ordre consensuel entre parties seulement, la radiation de ces inscriptions, fussent-elles désormais sans aucun objet réel, ne peut se faire qu'autant que ceux à qui elles appartiennent ont exprimé la volonté d'en faire abandon. »

14. CONCOURS DE LA FEMME DU VENDEUR OBLIGÉ OU EXIGÉ. — On a controversé la question de savoir de quel jour court le délai d'enregistrement d'un contrat de vente consenti par deux époux, et signé à une première date par l'acquéreur et le mari, puis à une date ultérieure par la femme. Il n'y a pas de difficulté quand l'objet est un propre de la femme, parce que le consentement de celle-ci étant indispensable pour réaliser la vente, l'acte n'a pu devenir parfait avant cette époque. Mais on soutenait que la solution devait différer à l'égard d'un bien propre au mari ou d'un bien de communauté. La femme, disait-on, n'étant pas propriétaire, n'intervient que pour garantir l'acquéreur; elle est simplement caution solidaire de son mari. Or, cet engagement, exigé ou non par l'acheteur, constitue un contrat accessoire indépendant du contrat principal, car le refus de la femme n'empêcherait pas le mari d'être lié vis-à-vis des acheteurs et tenu à l'exécution de sa promesse (Schelestadt 10 déc. 1856, 797 R. P., 11003 C., 15978 J. N.; — Rethel 31 déc. 1856, 16052 J. N., 16465 J. E.; — Schelestadt 18 mars 1858, 1273 R. P., 11407 C. 16726. J. E.).

Cette doctrine n'a pas triomphé. Le jugement de Schlestadt, du 18 mars 1858, déféré à la Cour de cassation, a été cassé, le 17 janvier 1860, par le motif que le concours de la femme ayant été exigé comme l'une des conditions sans lesquelles la vente n'aurait pas eu lieu, il fallait en conclure que le contrat n'avait pas reçu sa perfection auparavant

« Attendu, porte l'arrêt, que, lorsqu'il s'agit d'un acte portant deux dates, le délai ne commence à courir qu'à partir de la dernière, si les stipulations énoncées sous cette date ont été essentielles pour constituer la convention donnant lieu à la perception du droit; — Attendu que, sans qu'il y ait lieu d'examiner si la qualité de venderesse donnée dans le contrat aux femmes Weill était conforme à leurs véritables droits sur l'objet vendu, il ne résulte pas moins des faits établis au procès que leur concours fut réclamé par l'un des acquéreurs comme l'une des conditions sans lesquelles la vente n'aurait pas eu lieu; — Attendu qu'il suit de ce qui précède qu'en ordonnant l'exécution de la contrainte décernée contre le demandeur et en rejetant son opposition, le tribunal de Schlestadt a faussement appliqué et violé les dispositions ci-dessus visées de la loi du 22 frimaire an 7. » (1273 R. P., 16777 J N., 11669 C.; S. 60-1-813). — L'Administration a pris cet arrêt pour règle dans l'I. G. n° 2174-1 (*V.* dans le même sens, Soissons 18 juin 1856, 16027 J. N. et, en matière civile : Cass. 22 déc. 1874, 4259 R. P.; *suprà* n° 73 et *infrà* n° 740-12).

15. PARTIES SOLIDAIRES. — Un acte de cession de créances, consenti solidairement par deux époux, a été signé par chacun d'eux à des dates différentes : la convention n'est parfaite qu'à la dernière, quoique le mari et le cessionnaire aient en même temps signé le contrat (Sol. 22 juin 1861).

Lorsque, des énonciations d'un acte notarié ayant plusieurs dates et portant bail au profit d'un mari et de sa femme *solidairement*, il résulte que l'acte n'a été signé par la femme et par le notaire qu'à la dernière date, le délai pour l'enregistrement de l'acte court seulement à partir de cette date (Civray 18 juill. 1845, 12499 J. N.).

Par suite de la solidarité existant entre des cohéritiers, il a été reconnu que le délai pour l'enregistrement d'un acte notarié par lequel une veuve commune, tutrice de ses enfants mineurs, et ses enfants majeurs consentant à la radiation d'une inscription prise au nom de leur auteur, ne court qu'à partir de la date de la signature du dernier des ayants droit (18257-1 J. E.).

16. SECONDE DATE FRAUDULEUSE. — PREUVE. — Il peut arriver que la seconde date n'ait été donnée par le notaire que pour éviter l'amende encourue par lui pour défaut

d'enregistrement dans le délai ou pour toute autre cause. La preuve de cette fraude peut alors résulter pour l'Administration de diverses circonstances.

Dans cet ordre d'idées, le tribunal de Chinon a jugé, le 25 octobre 1853 (16153 J. E., 15665 J. N., 527 R. P.), que, s'il est constaté par une décision judiciaire que toutes les parties ont comparu à la première date, et que la deuxième a été ajoutée pour différer l'enregistrement du contrat, c'est à partir de la première que doit courir le délai.

17. STIPULATION DE TERME, D'INTÉRÊTS, D'ENTRÉE EN JOUISSANCE. — Diverses circonstances peuvent parfaitement servir à déterminer la vraie date où l'acte de vente a acquis sa perfection : « Attendu, porte un jugement du tribunal de Provins, du 17 juin 1858 (16795 J. E), que le sieur Colas a vendu l'immeuble, en obligeant son mandant à toute garantie, à M. Bruneau, qui accepte; qu'il résulte des termes de l'acte que les parties se sont bien trouvées réunies le même jour à l'étude, et qu'elles n'ont pas dû s'y présenter successivement; — Que l'acte porte, en outre, que le sieur Bruneau aura de suite la propriété et jouissance de l'immeuble vendu, et que le prix sera payable d'ici à deux ans de ce jour, avec intérêt payable tous les ans; qu'il s'ensuit nécessairement que l'acte n'a réellement qu'une date, sans quoi le point de départ de la jouissance de l'acquéreur, et celui fixé pour le payement du prix et le service des intérêts resteraient dans une entière incertitude. »

18. ENTRÉE EN POSSESSION. — Lorsqu'un acte notarié, portant mutation d'immeubles, a deux dates, mais qu'il est stipulé que, à partir de la première date, l'acquéreur jouira de l'immeuble, acquittera l'impôt, payera l'intérêt du prix et les primes d'assurance, et que les signatures des parties ont été apposées à cette date, l'acte est passible du droit en sus, s'il n'a été présenté à l'enregistrement qu'après le délai de la première date (14879-1 J. E.). C'est ce qui résulte également du jugement ci-dessus rapporté.

19. RÉPERTOIRE. — L'inscription d'un acte au répertoire suppose un acte parfait. Si donc un acte à double date a été porté sur le répertoire sous ses deux dates, et qu'il n'ait été enregistré que dans le délai de la dernière, le droit en sus est encouru, attendu que le répertoire est un contrôle destiné à faire reconnaître si l'officier public se conforme à la loi (La Réole 13 juill. 1838, 12112 J. E.; — Loches 22 avr. 1853, 15642, J. E.). — Le tribunal de Saint-Flour a jugé, le 17 août 1847, que lorsqu'un acte portant deux dates a été inscrit sur le répertoire à la première date, et qu'il a été dit que le notaire seul ne l'a signé qu'à la dernière date, le délai courait de la première et non de la dernière date, encore que le notaire ait prétendu que s'il n'a pas signé en même temps que les parties, c'est que les droits d'enregistrement n'avaient pas été consignés entre ses mains (14340 J. E., 13202 J. N., 5510 J. E.). — V. 736 § 5.

20. ACTE PASSÉ EN CONSÉQUENCE. — Le doute ne peut être possible sur la perfection qu'avait acquise l'acte à la première date, lorsque, entre cette première date et la dernière, est intervenu un autre acte qui s'appuyait sur cette première date, telle, par exemple, qu'une dation d'hypothèque pour sûreté de la créance résultant, en faveur de la femme du vendeur, de la vente de l'immeuble qui était sa propriété (Cass. 17 nov. 1862, 1758 R. P., 2244 § 1er I. G., S. 63-1-47).

« Attendu, porte l'arrêt, que l'acte de vente, consenti par les arrêts Goutheron au sieur Pader, d'un immeuble appartenant à la dame Goutheron, a été parfait le 27 juillet 1860; — Attendu que la garantie stipulée dans le même acte par les mariés Cas n'avait pas été exigée par l'acquéreur; qu'elle ne formait pas dès lors une condition de la vente; — Attendu que si cet acte, contenant ainsi deux conventions distinctes, n'est devenu parfait en ce qui concerne les stipulations de garantie que le 31 juillet 1860, on n'en saurait rien inférer, quant à la perfection du contrat de vente, dès le 27 du même mois, puisque, à cette date, l'acte avait été revêtu de toutes les signatures nécessaires à sa validité; — Attendu que le notaire Larnaude l'a lui-même reconnu en passant le même jour, 27 juillet 1860, un second acte contenant une dation d'hypothèque pour sûreté de la créance résultant, en faveur de la dame Goutheron, de la vente de l'immeuble qui était sa propriété; — Attendu que l'acte portant constitution d'hypothèque a été enregistré le 6 août de la même année, sans que l'acte de vente, dont il était la conséquence, eût été soumis à la formalité de l'enregistrement. »

21. ACTES CORRÉLATIFS. — S'il résulte, a jugé le tribunal de Cosne, le 20 août 1850 (15016 J. E.), de la combinaison de divers actes corrélatifs, passés sous deux dates, que ces actes étaient parfaits à leur première date, le double droit est exigible si ces actes n'ont pas été soumis à l'enregistremen dans les délais de la première date. On a donc pu décider (14906-1 J. E.) que si une quittance est donnée, devant notaire, les 4 et 28 janvier, en conséquence d'un acte passé par le même notaire aux mêmes dates, et portant désistement d'hypothèque et mainlevée, on est fondé à prétendre qu'à la date du 4 janvier l'acte portant mainlevée était parfait, car il est impossible d'admettre qu'*on eût agi le 4 janvier* en conséquence d'un acte *qui n'aurait été parfait que le* 28. Donc, si les deux actes ne sont soumis à l'enregistrement que le 2 février, il y a contravention à l'art. 33 L. 22 frimaire an 7.

22. ACTE UNILATÉRAL. — Il est évident qu'un acte unilatéral étant parfait par le consentement de la personne qui le passe, une double date ne peut constituer qu'un abus.

23. QUITTANCE. — Aussi le tribunal de Loches a-t-il décidé avec raison, le 22 avril 1853 (15642 J. E., 15173 J. N.), que le double droit est encouru lorsqu'une quittance à deux dates n'a été enregistrée que dans le délai de la dernière.

24. TIERS FIGURANT SURABONDAMMENT DANS L'ACTE. — « Considérant que dans la cause, porte un jugement du tribunal de Vendôme du 26 janvier 1856 (599 R. P.), il s'agit d'une quittance de 21,000 francs donnée par Mme de Sourdis à la famille de Meckenheim; que l'acte constate la présence de la créancière et du mandataire des débiteurs; que c'est un acte unilatéral, parfait par le consentement de ladite dame de Sourdis; que c'est surabondamment que ledit mandataire figure dans cet acte, dans lequel la famille de Meckenheim, qu'il représente, ne contracte aucune obligation; que, suivant Me Peltereau, la seconde date de cet acte a été causée par le retard du mandataire à y apposer sa si

gnature; que ce retard ne justifie point le notaire, parce que la quittance avait reçu sa perfection à la première date par la déclaration de Mme de Sourdis qu'elle avait reçu la somme à elle versée, et qu'elle consentait à en donner quittance; que c'est à cette date que l'acte eût dû être clos et revêtu de la signature du notaire; que c'est de cette date que courait le délai de l'enregistrement. »

25. LA SIGNATURE DU NOTAIRE EST CENSÉE APPOSÉE DU JOUR DE LA PERFECTION DE L'ACTE. — Dans toutes les hypothèses que nous venons de passer en revue, l'Administration n'a pas à rechercher à quelle époque le notaire a apposé sa signature. Cette signature, quand elle existe, confère l'authenticité à l'acte tout entier, aussi bien en ce qui touche les premières dates qu'en ce qui est relatif aux dernières, ainsi que l'a décidé la Cour de cassation, dans son arrêt du 20 juillet 1852 que nous rapportons n° 738 § 5. Et, dans tous les cas, c'est à la date où l'acte a été rendu parfait par *la signature* des parties *essentielles* à la convention, que le notaire *est censé* avoir apposé sa signature (Blois 18 déc. 1852, 14928 J. N., 3778 B. C.).

738 *bis*. Acte administratif. — On considère comme imparfaits tous les actes qui sont soumis par la loi à l'approbation ultérieure de l'autorité administrative. Le consentement des parties ne suffit pas alors pour créer la convention; il ne fait que la préparer, et l'acte reste en projet jusqu'à l'approbation. Le délai d'enregistrement court donc seulement à partir de cette formalité.

Il était admis autrefois que les ventes, biens des communes ou des établissements publics, étaient soumis à l'approbation supérieure, et on se fondait pour cela sur l'analogie existant entre ces contrats et les baux, que l'art. 5 de l'ordonnance du 7 octobre 1818 soumet expressément à cette approbation (1377-6 I. G., 9570, et 9796 J. N.; Champ. et Rig., *Suppl.* 949; Dél. 19 av. 1844, 12008 J. N.).

On a considéré depuis lors qu'il était impossible d'étendre sans un texte précis la nécessité de l'approbation au delà des limites fixées par la loi; que, par conséquent, dans tous les cas où les communes et les établissements publics avaient procédé, après les formalités légales, à un acte quelconque, vente, acquisition, etc., et où nulle disposition spéciale de la loi n'imposait la sanction de l'autorité, ces contrats étaient parfaits et définitifs (Arrêt. du Cons. d'État des 12 juin, 6 juill. 1863, 3-8 juill. 1864; Circul. de l'Intérieur du 27 nov. 1864, 1927 et 1992 R. P.).

Aussi a-t-il été reconnu, conformément à l'opinion que nous avons exprimée au n° 1927 du R. P., qu'il faut soumettre à l'enregistrement, à partir de leur date, comme étant dispensés de l'approbation, les actes de vente, acquisition, échange et partage préalablement autorisés par des délibérations des conseils municipaux, dûment approuvées par les préfets (*Suprà*, n° 447). Les dispositions contraires de l'I. G. 1577 ne sont maintenues qu'à l'égard des mêmes actes non précédés de l'autorisation régulière, et de ceux qu'une loi soumet expressément à la nécessité de l'approbation, telles que les baux des communes et des établissements publics (L. 18 juill. 1837, art. 47 § 2 et déc. du 12 août 1807, art. 1er); — les transactions (L. 18 juill. 1837, art. 59); — les adjudications et marchés de fournitures, au nom des communes et des établissements de bienfaisance (L. 14 nov. 1837, art. 1er, 2 et 10; D. m. f. 25 mars 1865, 2315 I. G.).

Cette question a reçu le développement nécessaire au mot *Acte administratif*, n°s 353 et 447.

739. Répertoire. — Ici doit naturellement trouver place la seule question sérieuse qui puisse s'élever sur l'inscription des actes au répertoire *tenu par les notaires*, c'est celle de savoir si les actes imparfaits ou frappés de nullité, soit par l'art. 68 L. 25 ventôse an 11, soit par d'autres dispositions de la loi, doivent néanmoins être inscrits au répertoire. Dans cette question, il faut distinguer :

1. ACTE NON SIGNÉ DU NOTAIRE OU DES TÉMOINS. — La solution de la première hypothèse, qui est de savoir si l'acte *signé de toutes les parties*, mais non du notaire ou des témoins, doit être inscrit sur le répertoire, se lie intimement à celles qui ont fait l'objet des n°s 736 et suiv., et les mêmes raisons de décider doivent exister. Ainsi, toutes les fois que la perfection de l'acte ne dépendra plus que du fait du notaire, il nous semble qu'il doit être porté sur le répertoire. C'est ce que l'Administration a décidé, le 26 septembre 1815, par une délibération portant que si un notaire ne signe pas un acte parce que les droits d'enregistrement ne lui sont pas remis, ou pour toute autre cause, ce n'est pas une raison pour que cet acte ne soit pas inscrit sur son répertoire (5236 J. E.).

En adoptant cette décision, M. Favard de Langlade, dans l'art. *Répertoire*, p. 875 du Rép. de législ. du Not., ajoute : « ... Il n'y a que les actes qui ne sont signés *ni par les parties, ni par les témoins, ni par les notaires*, que ceux-ci peuvent se dispenser de porter sur leurs répertoires; encore cela est-il douteux; car, comme aux termes de l'art. 841 du C. proc. civ., ils peuvent être contraints de délivrer expédition ou copie de ces actes, on peut soutenir que, pour constater l'existence de ces actes, tout imparfaits qu'ils sont, ils doivent les répertorier, en mentionnant leur imperfection, afin de ne pas encourir l'amende faute de leur enregistrement. »

Nous renvoyons, au surplus, aux n°s 736 et suiv., où se trouvent consignés tous les monuments de la jurisprudence et de la doctrine qui peuvent jeter de la lumière sur cette question. — V. égal. n° 4519 *bis*.

2. ACTE SIGNÉ PAR LE NOTAIRE. — « Nous croyons qu'en règle générale il est du devoir du notaire, *qui a signé un acte*, de l'inscrire sur son répertoire, comme de le présenter à l'enregistrement. Il n'a dû le signer qu'après que toutes les autres signatures nécessaires pour sa validité avaient été apposées, que toutes les formalités prescrites par la loi avaient été remplies. S'il s'est trompé, il doit se soumettre aux conséquences de son erreur, quelque fâcheuses qu'elles puissent être, et il ne lui est pas permis, sous le prétexte d'imperfections ou même de nullités qui ne seront peut-être pas proposées, ou qui, le plus souvent, pourront être couvertes par la ratification de l'acte, il ne lui est pas permis, disons-nous, de manquer à l'engagement qu'il a pris, par l'apposition de sa signature, de donner à l'acte, autant qu'il était en lui, les avantages de l'authenticité, d'en constater l'existence et d'en assurer la conservation comme acte public. »

Cette opinion de Rolland de Villargues (V. *Répertoire*, n° 78) prend sa source dans l'I. G. 263, qui a prescrit de porter sur le répertoire les actes frappés de nullité, et elle est partagée par les rédacteurs D. N., t. 11, p. 168, n° 72. Cette seconde hypothèse est d'ailleurs hors de toute controverse.

3. ACTES A DIFFÉRENTES DATES, AUTRES QUE CEUX AUXQUELS IL EST PROCÉDÉ PAR VACATIONS. — Quant au mode d'inscription sur le répertoire des actes à dates diverses, l'Administration a beaucoup varié, et il ne paraît pas qu'elle ait encore aujourd'hui de système bien arrêté.

Une décision ministérielle des 27 avril-9 mai 1809, insérée dans l'I. G. 432, n° 3, prescrivit d'abord d'inscrire à la première date les actes notariés reçus à des jours différents. Deux délibérations des 22 mars 1823 et 29 mars 1831, reconnurent plus tard que, si l'acte n'est devenu parfait qu'à la dernière date, il ne doit pas être répertorié avant cette époque. Mais, quelque temps après, on décida que le notaire pouvait inscrire indistinctement à la première ou à la seconde date, un acte qu'il avait seulement signé à cette dernière (Dél. 11 nov. 1834, 4625 Roll., 3752 J. N.). Puis l'Administration revint au principe de ses délibérations de 1823 et 1831 pour soutenir, devant le tribunal de Fontainebleau, que l'inscription ne pouvait avoir lieu avant la dernière date (Jug. du 13 août 1838, 12123 J. E., 10153 J. N.). Et on voit enfin, à l'occasion d'une instance jugée au tribunal de Florac, le 17 août 1847, qu'elle admettait alors la régularité de l'inscription faite à la première date. Cette dernière interprétation a été consacrée par des solutions du 10 août 1865 (2195 R. P.), 4 août 1871 et 15 mai 1872.

Quoi qu'il en soit, il paraît évident que s'il était démontré que l'acte a été parfait à la première date, l'inscription au répertoire devrait avoir lieu à ce moment sans pouvoir être retardée à l'une des dates postérieures (*V.* Blois 13 fév. 1856, 604 R. P.).

4. ACTE SUJET A APPROBATION. — Les baux des biens des hospices et autres établissements publics, quoique soumis pour leur perfection à l'approbation des préfets, doivent être portés sur le répertoire, *le jour de leur rédaction*, avec cette mention : *soumis à l'approbation du préfet;* et les notaires sont tenus d'indiquer en marge la date du jour où l'approbation du préfet leur est parvenue (386 et 561 I. G.). — *V.* 738.

CHAPITRE III.
ACTE SOUS SEING PRIVÉ IMPARFAIT

[740-742]

740. Mêmes principes que pour les actes notariés. — Tout ce que nous venons de dire sur l'enregistrement de l'acte notarié est également applicable au cas où l'acte est rédigé sous la forme d'un sous seing privé. Les raisons sont les mêmes.

1. DOUBLE DATE. — Reconnu, dans ce sens, que si la signature de l'acquéreur n'a été apposée qu'à la seconde date, la vente n'étant devenue parfaite qu'à cette date, le délai n'a pu courir de la première (14969-3 J. E.). — *V.* 1497.

2. IMPERFECTIONS DIVERSES. — Ainsi les imperfections que nous venons d'énoncer ne dispensent les actes qui en sont affectés ni de l'enregistrement, ni de la perception des droits auxquels sont tarifées les dispositions qu'ils renferment (Merlin, Rép. *double écrit* n° 9; — Cass. 24 juill. 1806, 1770 J. N.; S. 7-2-770).

3. ACTE UNILATÉRAL. — Il est sans difficulté qu'un acte unilatéral constatant des libérations ou obligations est sujet au droit proportionnel, sans que le receveur ait à se préoccuper de savoir laquelle des parties l'a présenté à la formalité. — *V.* 731.

4. ACTE SYNALLAGMATIQUE. — Quand il s'agit d'un acte renfermant des obligations réciproques, il faut, en principe, qu'il offre la certitude d'un double consentement, c'est-à-dire que, s'il n'est pas authentique, il soit revêtu de la signature de tous les contractants. Par là, seulement, on peut savoir que le lien de droit s'est formé et que la convention existe.

5. SIGNATURES SÉPARÉES SUR LES DOUBLES. — Mais il n'est pas toujours nécessaire que toutes les signatures soient placées sur chacun des originaux. Lorsque le vendeur, en donnant la sienne à l'acheteur, reçoit celle de son contractant, cet échange parfait l'obligation. Les deux parties, en effet, sont réciproquement engagées et peuvent poursuivre l'exécution de leur contrat. Il importe peu que l'acte contienne la preuve du consentement du demandeur, car la détention même du titre, jointe à la mention qui a été faite double, témoigne suffisamment de son existence (Merlin, V. *Enregistrement*, § 3; *Vente* § 9 n° 525, et *Double écrit*, n° 6; Toullier, n° 962; Zachariæ, t. 3, p. 303; Cass. 13 oct. 1806, S. 7-2-923; 8 juill. 1814, 4893 J. E; 21 mai 1853, 1982-37 I. G., S. 53-1-537; — C. Bruxelles 4 avr. 1829, P. à la date; — Cass. 8 nov. 1842, S. 1843-1-32; — Saint-Quentin 1er avr. 1863, 1847 R. P., 17644 J. E., 12724 C.; — Lille 24 janv. 1864, 1864 R. P., 12660 C., 920 Rev. — *V. aussi* C. Nancy 23 juin 1849, S. 1852-2-454, P. 51-2-214; — Cass. 11 nov. 1822; D. N. t. 1er, p. 453, n° 106 et *suprà* 731 § 1).

Cette théorie est suivie en Belgique. Deux jugements, l'un de Charleroi du 15 janvier 1859, et l'autre de Turnhout, du 7 mars 1866 (8187 et 10176 J. E. belge) ont reconnu : « qu'il n'est pas nécessaire pour la validité de l'acte constatant des conventions synallagmatiques, qu'il porte la signature des deux parties; qu'il suffit que chaque original soit signé par celui à qui on l'oppose, c'est-à-dire que la partie qui produit l'acte ait au moins la preuve de l'obligation que l'autre partie a contractée envers elle » (*Conf.* Déc. de l'Adm. belge du 11 fév. 1860, 8671 J. E. belge).

Mais l'application des règles précédentes à la perception des droits d'enregistrement diffère selon qu'il s'agit d'un acte présenté volontairement à la formalité ou d'un contrat dont le Trésor poursuit l'enregistrement.

6. ACTE VOLONTAIREMENT PRÉSENTÉ A L'ENREGISTREMENT. — Quand on veut requérir l'enregistrement d'un acte signé par une seule partie, le préposé doit naturellement croire que c'est sur l'ordre de l'autre contractant et que le double présenté à la formalité est entre les mains des créanciers. — « Attendu, porte un arrêt de la C. cass. du 21 mai 1853, que l'acte a été volontairement présenté à la formalité avec la signature d'Openheim, qu'il offre le caractère extérieur d'une convention entre lui et la femme David;

ce qui suffit, au point de vue de la loi fiscale, pour que Openheim, signataire dudit acte, fût passible des droits résultant de la convention » (1982-7 I. G., S. 53-1-537).

7. ACTE DONT LES DROITS SONT RÉCLAMÉS. — La situation change lorsque les droits du contrat ne sont pas volontairement acquittés; il faut alors que l'Administration fasse comme tout demandeur la preuve de sa créance. Elle doit établir pour cela que le double de l'acte était à la possession du contractant qui ne l'a point signé, car c'est ce fait capital qui complète le titre et sert de base à l'impôt.

« Attendu, porte un jugement du tribunal de Lille, du 24 janvier 1864 (1864 R. P.), que, s'il n'est pas indispensable que la signature des contractants se trouve sur chacun des originaux, et si, dans la rédaction d'un contrat synallagmatique, le vœu de la loi est suffisamment rempli par l'échange entre les parties de leurs signatures réciproques, c'est à la condition qu'un pareil acte soit entre les mains de celui dont il ne porte pas la signature, et qu'il en soit fait usage ; sinon, il faudrait conclure que toute convention en projet, portant la signature d'une des parties, est parfaite par cela seul qu'elle porte la mention qu'elle a été faite en double, ce qui est inadmissible. »

Au surplus, la preuve pour l'Administration peut résulter soit des énonciations formelles d'un inventaire, soit d'une déclaration faite au receveur, soit de toute autre circonstance dont l'appréciation est laissée à la prudence des juges. — V. Merlin, v° *Vente* § 9 n° 525.

8. INVENTAIRE. — Ainsi, il a été jugé par le tribunal de Saint-Qentin, le 1er avril 1863 (1847 R. P.), que les énonciations d'un inventaire établissant l'existence parmi les papiers du bailleur décédé, d'un bail sous seing privé signé seulement du preneur, autorise l'Administration à réclamer le payement du droit proportionnel.

9. VALIDITÉ RECONNUE EN JUSTICE. — Décidé encore que lorsqu'un jugement constate l'existence d'un échange réalisé depuis plus de trois mois par acte sous seing privé non enregistré, le double droit est exigible, encore bien que l'acte n'ait pas été signé par tous les contractants (Bazas 7 juin 1870, 3492 R. P.).

10. DÉPOT CHEZ UN NOTAIRE. — Dans tous les cas, et en vertu du principe développé plus haut, l'existence du contrat ne serait pas suffisamment établie si l'acte, signé de l'une des parties, était trouvé parmi les papiers d'un notaire décédé ou en fuite, dans un dossier au nom de l'autre partie (Lille 24 janv. 1864, 1864 R. P.). — V. *suprà* § 7

11. PREUVE CONTRAIRE PAR LA PARTIE. — La détention par le créancier du double signé par le débiteur ne forme pas une prescription *juris et de jure* contre laquelle aucune preuve ne soit admissible. Il se peut, au contraire, que, malgré la réunion de ces circonstances, l'écrit contienne un simple projet de convention demeuré sans suite. Les parties ont alors, au regard du Trésor, la faculté de détruire la présomption qui s'élève en faveur de la perfection de l'acte par tous les moyens compatibles avec l'économie des lois bursales (Mortagne 12 mai 1865, 2091 R. P., 18413 J. N., 12985 C.). — Jugé dans cet ordre d'idées par le tribunal de Rennes, le 14 mars 1865 (2090 R. P.), que l'Administration n'est pas fondée à poursuivre le recouvrement des droits d'un acte signé d'une seule partie lorsqu'il a été judiciairement établi que cet acte ne vaut que comme commencement de preuve par écrit. — V. 1497.

12. INDIVISIBILITÉ. — L'acte sous seing privé qui n'est pas signé ou qui n'est pas valablement signé par tous les contractants, est nul même à l'égard des parties qui ont signé, surtout lorsqu'il contient une convention qui n'est pas susceptible d'exécution partielle (Cass. 9 nov. 1869 ; S. 70-1-314). — V. 731 n° 4 et 738 n° 14).

741. Forme authentique obligatoire. — Les actes sous seing privé renfermant des conventions, telle qu'une donation, pour lesquelles la loi exige la forme authentique, ne sont pas des actes imparfaits ; ce sont des actes nuls pour lesquels le droit proportionnel n'est pas moins exigible en vertu des principes que les employés ne sont pas juges de la validité des actes (Cass. 21 déc. 1831, 10231 J. E. 7611 J. N., S. 32-1-181, 1562-9 I. G. ; — Cass. août 1836, S. 36-1-667, 1562-9 I. G. ; — 13 déc. 1837, S. 38-1-173, 2562-9 I. G. ; — Dél. 5 fév. 1825, 7979 J. E., 5234 J. N., Dél. 21 sept. 1827, 8828 J. E., 6347 J. N.).

742. Écrit non signé. — Un écrit, quoique non signé et ne pouvant à aucun titre constituer un acte, serait quelquefois de valeur à donner naissance à un droit d'enregistrement. Il a été jugé, en effet, qu'un simple écrit sans caractère et non signé peut recevoir son exécution par ordre de justice, si les circonstances démontrent la réalité des engagements mentionnés dans cet écrit (Cass. 7 déc. 1836. 11749-4 J. E.). — Mais, pour percevoir un droit proportionnel quelconque sur un tel écrit, il faudrait ou une décision judicaire antérieure consacrant sa validité, ou une autre preuve quelconque que les parties entendent l'exécuter.

ACTE INNOMMÉ.

DIVISION

CHAPITRE PREMIER. — DISPOSITIONS GÉNÉRALES

[743-746]

743. Définition. — On entend par acte innommé, en droit fiscal, tout acte civil, judiciaire ou extrajudiciaire qui ne se trouve pas dénommé dans les lois sur l'enregistrement.

744. Tarif. — Il était impossible au législateur de prévoir toutes les conventions auxquelles peuvent donner lieu les relations sociales, et cependant il était utile, d'après le principe d'égale répartition de l'impôt, qu'aucune convention n'échappât au tarif, ce qui serait nécessairement arrivé si une disposition générale n'était venue suppléer le défaut de dénomination de chaque convention. L'art. 68 L. 22 frimaire an 7 a rempli cette condition.

Le législateur, après avoir tarifé au droit fixe de 1 franc dans les cinquante premiers numéros du § 1er de l'art. 68 un grand nombre de conventions, ajoute, n° 51, «et généralement tous les actes civils, judiciaires ou extrajudiciaires qui ne se trouvent dénommés dans aucun des paragraphes suivants, ni dans aucun autre article de la présente, et qui ne peuvent donner lieu au droit proportionnel. »

Ainsi, tout acte qui, n'étant pas sujet au droit proportionnel dans les termes de l'art. 4 L. 22 frimaire an 7, n'est pas *nommément* tarifé à un droit fixe quelconque, est sujet au droit fixe de 1 franc d'après la disposition générale du n° 51 ci-dessus visé, *à moins qu'il ne se trouve formellement exempt de la formalité ou du droit par une disposition spéciale de loi.*

Ce droit, élevé à 2 francs d'après l'art. 8 L. 18 mai 1850, est aujourd'hui de 3 francs (L. 28 fév. 1872, art. 4).

745. — Actes dont les droits sont prescrits. — La C. cass. a décidé, le 24 juin 1828, que la production en justice d'actes emportant mutation immobilière et qui ont date certaine depuis plus de trente ans, ne fait pas revivre l'action du Trésor quant aux droits d'enregistrement, et qu'il ne peut plus être perçu, à raison de ces actes, que le droit fixe de 1 franc (3 fr.) comme acte innommé, par application de l'art. 68, § 1er, n° 51, de la loi du 22 frimaire an 7 (9078 J. E., 6591 J. N.; S. 28-1-353).

Mais cette doctrine n'a pas toujours été suivie. Nous verrons plus tard, notamment au n° 1243 et v° *Prescription* (12905), que la prescription n'a pas empêché d'exiger le droit proportionnel dans des cas où l'acte était volontairement présenté à la formalité.

746. — Actes exempts de l'enregistrement. — Il en est de même des actes exemptés de l'enregistrement par une disposition expresse. S'ils sont volontairement présentés à la formalité, le receveur ne peut refuser de les enregistrer, et il est alors fondé à percevoir le droit fixe de 3 francs (16949-1 J. E.). — *V.* 746.

CHAPTIRE II. — APPLICATIONS DU TARIF

[747-763]

747. Adhésion. — L'acte par lequel des ouvriers charpentiers (au nombre de 267) constitués en communauté, *adhérent* à un traité fait en leur nom avec les entrepreneurs de constructions, pour la fixation du prix des journées, n'est passible que d'un seul droit fixe d'enregistrement de 1 franc (3 fr.). Une adhésion collective est, en effet, nécessaire pour constituer la communauté représentée par un syndic, et cette communauté ne peut être considérée comme une société, puisque rien n'est mis en commun. C'est donc un acte innommé (Dél. 23 déc. 1845, 12604 J. N.).

Toutefois, l'adhésion devient un acte spécialement tarifé par la loi, quand elle constitue un acquiescement proprement dit (L. 28 avr. 1816, art. 43, nos 1 et 7), une ratification (L. 22 frim. an 7, art. 68, § 1er, n° 38), un consentement, etc.

748. Admission dans un établissement d'aliénés. — L'acte de demande d'admission dans un établissement d'aliénés, faite par la famille de l'aliéné, et contenant l'engagement de payer la pension aux prix et conditions fixés, donne ouverture au droit de 1 franc (3 fr.) comme acte innommé, lorsqu'il est présenté à l'enregistrement (D. m. f. 2 avr. 1845, 1731 I. G.). — Cela a lieu parce que la demande d'admission n'est pas approuvée par le préfet et reste à l'état d'acte unilatéral; mais si l'engagement était accepté par l'autorité administrative, le droit proportionnel serait exigible (Sol. 10 déc. 1856), et il faudrait appliquer le tarif des baux à nourriture. — *V.* 2852.

749. Cahier des charges. — Le cahier des charges dont il est fait mention dans l'art. 957 C. proc. est passible du droit fixe comme acte innommé, indépendamment du droit particulier dû pour l'acte de dépôt (400, n° 4 et 436, n° 74 I. G.). Il en est de même de tous autres cahiers des charges. — V. *Cahier des charges*, nos 3270 et suiv.

750. Désaveu d'enfant. — L'acte de désaveu d'un enfant passé devant notaire est passible du droit fixe de 3 francs comme n'ayant été dénommé dans aucune loi (14120-3 J. E.).

751. Dispense de notification. — L'acte par lequel des créanciers hypothécaires dispensent les acquéreurs de leur débiteur des notifications et déclarations prescrites par les art. 2183 et suiv. C. C. est passible du droit de 1 franc (3 fr.) (Dél. 5 mars 1844, 13612-3 J. E., 12031 J. N., 6958 C.). Il est dû alors autant de droits fixes qu'il y a de créanciers, mais il n'y a pas lieu de multiplier le nombre des créanciers par celui des acquéreurs (Sol. 25 oct. 1869, 3243 R. P.).

752. Donation non acceptée. — Les donations non acceptées ne sont passibles que du droit fixe de 1 franc (3 fr.), le droit proportionnel ne devant être perçu que sur l'acte d'acceptation qui détermine la transmission (290, n° 29 I. G.; — Cass. 9 av. 1828, 9030 J. E., 6573 J. N., S. 28-1-15; 1er août 1836, 11577 J. E., 9325 J. N., S. 36-1-910).

Cette solution est applicable au titre clérical qui ne contient pas l'acceptation du donataire (Trib. Brignolles 22 mai 1835; Dél. 18 août 1835; Sol. 19 oct. et 10 nov. 1838). — V. *Donation*. n° 6578.

753. Donation à un établissement public. — Acceptation. — Aux termes de l'art. 937 C. C., les donations faites au profit d'établissements publics doivent être acceptées par les administrateurs de ces établissements, après qu'ils y ont été dûment autorisés; d'où la conséquence que le droit proportionnel n'est exigible que sur l'acceptation *postérieure à l'autorisation* (10217 J. E.). Les actes antérieurs à cette autorisation ne sont passibles que du droit fixe de 1 franc (3 fr.) (Trib. Saint-Dié, 20 août 1836, 9403 J. N.; Dél. 23 mai et 11 juill. 1837, 11910 J. E., 9788 J. N.).

754. État. — 1. DETTES. — Les états des dettes et charges du donateur existant au jour de la donation, que l'on doit annexer aux actes de donation, en conformité de l'art. 1084 C. C., sont des actes innommés enregistrables en même temps que les donations, au droit fixe de 1 franc (3 fr.) (D. m. f. 7 juin 1808, 386 § 19 I. G.).

2. MOBILIER. — DONATION. — Les états estimatifs d'effets mobiliers qui doivent, aux termes de l'art. 948 C. C., être annexés aux actes de donation, soit qu'ils aient été certifiés par le donateur et par le donataire, soit que, les parties ne sachant signer, ces actes aient été signés par des notaires et des témoins, sont des actes innomés à enregistrer au droit fixe de 1 franc (3 fr.), en même temps que les actes de donation (351 I. G.).

3. SAISIE-ARRÊT. — Il en est de même de l'état détaillé que le tiers saisi est tenu d'annexer à sa déclaration, en vertu de l'art. 578 C. proc.; état qui doit être signifié, par induction de l'art. 70 § 35 décret 16 février 1807 (D. m. f. 13 juin 1809, Dalloz, n° 811).

4. UNITÉ DE CONTEXTE. — En règle générale, les états détaillés qui, dans diverses circonstances, sont annexés aux actes auxquels ils se rapportent, doivent être enregistrés, en même temps que ces actes, au droit fixe de 3 francs, comme actes innommés. Mais, s'ils sont contenus dans l'acte même, ils sont exempts de tout droit.

755. Extraits. — Les extraits d'actes relatifs aux sociétés doivent être enregistrés moyennant le droit fixe de 1 franc (3 fr.) (D. m. f. 31 janv. 1824, 1132-1 I. G.).

756. Ouverture de crédit. — L'ouverture de crédit, ou la promesse de prêt ne produit pas d'obligation actuelle et immédiate. Son effet est suspendu jusqu'à l'époque où les fonds sont réellement versés à l'emprunteur. Autrefois on la considérait comme un acte innommé passible du droit fixe de 2 francs (Cass., 31 mai 1831, 9 mai 1832, 29 avr. 1844). La loi du 23 août 1871 l'a assujetti au droit proportionnel de 50 cent. pour 100 (Art. 5). — V. *Crédit*, n° 5655 et *Crédit foncier*, n° 5703.

757. Plan. — Le plan est aussi un acte innommé. Quand il est susceptible d'enregistrement, le droit exigible est de 1 franc (3 fr.) (D. m. f. 13 avr. 1833). — V. *Plan*, n° 12758.

758. Procès-verbaux des notaires. — Les procès-verbaux de *dires*, ceux d'adjudication préparatoire et tous autres rédigés par les notaires, soit à la requête des parties, soit en vertu d'une commission du tribunal, sont des actes *innommés*, passibles du droit de 1 franc (3 fr.) (Sol. 26 sept. 1830, 28 juin et 29 août 1831); du moins dans les cas où ils ne rendent pas exigible le droit proportionnel ou des droits fixes plus considérables (Dél. 24 sept. et 16 nov. 1839; Dalloz, n° 814).

1. PLURALITÉ DES DROITS. — Il n'est dû qu'un seul droit de 1 franc (3 fr.) sur un procès-verbal, quel que soit le nombre des lots adjugés provisoirement, lorsque l'adjudication est pure et simple. Mais lorsqu'une clause particulière du cahier des charges accorde une prime aux adjudicataires en tant qu'ils ne resteraient pas adjudicataires définitifs, il y a lieu à percevoir autant de droits de 1 franc (3 fr.) qu'il y a d'adjudicataires, chacun d'eux prenant part, dans ce cas, à une convention distincte de l'adjudication (Sol. 25 nov. 1843; Dalloz, n° 815).

759. Production. — L'acte de production dont il est question dans l'art. 754 C. proc. est sujet au droit fixe de 1 franc (1 fr. 50), indépendamment du droit de greffe (D. m. f. 21 janv. et 2 fév. 1813; 620 I. G.).

1. REQUÊTE. — Quel que soit le mode de production employé par les avoués dans les affaires d'ordre, l'acte qui constate cette production est sujet à l'enregistrement. Partant, le droit est exigible sur les simples requêtes dans lesquelles les avoués demandent collocation, ces requêtes devant être considérées comme des actes de production, et enregistrées comme telles (Dél. 23 mars 1821; 6945 J. E.).

2. CONTRIBUTION. — Si l'I. G. 620, que nous avons relatée, n'a parlé de l'acte de production que relativement aux procès-verbaux d'ordre, c'est que la question ne s'était élevée que pour ces ordres; mais les principes qu'elle contient, et qui dérivent de la loi, s'appliquent évidemment aux actes de production de titres *en matière de contribution* (4457 J. E.).

760. Promesse de vente. — La promesse de vente unilatérale n'est passible que du droit fixe comme acte innommé (Dél. 26 août 1828 et 14 oct. 1851).

761. Prorogation de délai. — Il en est ainsi de la prorogation de délai, lors même qu'elle serait contenue dans l'acte de cession de la créance dont l'échéance est prorogée. — V. 13225.

Les prorogations de délai ordinaires de créances ou de rentes sont assujetties au droit gradué par l'art. 1er de la loi du 28 février 1872. — V. *Prorogation de délai*, n° 13215.

762. Réméré. — La prorogation de délai pour l'exercice d'une faculté de rachat n'est passible que du droit fixe de 1 franc (3 fr.) — V. 13863.

Il en est de même de l'acte par lequel l'acquéreur à réméré rend la faculté de rachat au vendeur, qui y avait renoncé antérieurement; cette disposition est considérée comme une promesse unilatérale de vente. — V. *Réméré*, n° 13863, § 1.

763. Rétablissement de communauté.—L'acte par lequel deux époux séparés de biens, usant de la faculté qu'accorde l'art. 1451 C. C., rétablissent la communauté dissoute, est passible, comme acte innommé, du droit fixe de 1 franc (3 fr.), lors même que, durant la séparation, l'un des conjoints aurait acquis des biens qui, par leur nature, tomberaient dans la communauté (Dél. 22 pluv. an 11 et 11 juin 1807, 1876 et 2615 J. E.).

ACTE JUDICIAIRE.

DIVISION

SOMMAIRE

CHAPITRE PREMIER. — DISPOSITIONS GÉNÉRALES

[764-767 *bis*]

764. Objet de cet article. — Nous sommes loin d'avoir donné à notre article sur l'acte judiciaire tous les développements qu'il eût été susceptible de recevoir; le motif en est que nous avons voulu rendre les recherches plus faciles en divisant les matières. Ce que nous avons à dire des règles particulières à chacun des actes se trouvera consigné dans l'article relatif à cet acte, au lieu de figurer sous la rubrique générale *Acte judiciaire*. — Nous avons également à faire observer que, pour présenter la jurisprudence sous un point de vue complet et méthodique, nous avons réuni au mot *Acte judiciaire* tout ce qui se rapporte aux actes *extrajudiciaires* qui, dans les formalités à la requête du ministère public, sont susceptibles de recevoir la formalité en débet ou *gratis*.

765. Définition. — L'acte judiciaire est celui qui émane de l'autorité judiciaire ou des greffes des tribunaux.

1. ACTES DE GREFFE. — On entend spécialement par actes de greffe les actes autres que les jugements et arrêts que le greffier signe seul, ou qu'il signe avec un juge ou un autre magistrat. — V. *Greffe*.

2. DÉPOT DES REGISTRES DE L'ÉTAT CIVIL. — En leur qualité de dépositaires des registres de l'état civil, les greffiers des tribunaux de première instance délivrent des certificats pour constater, soit la non inscription sur ces registres d'actes de naissance, mariages ou décès, soit l'absence même desdits registres. Ces certificats, aux termes de l'I. G. 1086, § 2, n'ont pas le caractère d'actes judiciaires; ils doivent être considérés comme des extraits des actes de l'état civil et, comme tels, remis aux parties requérantes sans avoir été enregistrés. — *V.* 674 *bis*.

3. ACTES EXTRAJUDICIAIRES. — Tous les actes qui ne rentrent pas directement dans la catégorie des actes judiciaires proprement dits et des actes du greffe sont des actes extrajudiciaires. Il n'y a aucun document qui indique les caractères ou donne la nomenclature des actes extrajudiciaires.

En transmettant la loi du 28 février 1872, qui a surtaxé les actes judiciaires et les actes civils, l'Administration s'est bornée, dans son I. G. 2433, chap. 1er, § 2, à indiquer, comme constituant des actes extrajudiciaires : les exploits, significations, saisies, procès-verbaux, protêts, le premier recours en cassation ou devant le conseil d'État.

4. INTÉRÊT DE LA DISTINCTION. — Il en existe bien d'autres que l'on rencontrera aussi dans le cours de cet ouvrage, au fur et à mesure que se présentera l'occasion d'en parler. Seulement la question a beaucoup perdu de son intérêt depuis que la loi du 19 février 1874 a appliqué aux actes extrajudiciaires la surtaxe de un demi pour 100 qui avait d'abord été établie limitativement par la loi du 28 février 1872 sur les actes civils, administratifs et judiciaires non soumis au droit gradué.

5. AVOUÉS. — Sous l'empire de la loi du 18 mai 1850, qui avait porté à 2 francs le minimum du droit fixe d'enregistrement pour les actes civils et administratifs, il y avait un intérêt réel à savoir quel était le caractère des actes que les avoués rédigent en leur qualité d'officiers ministériels. L'Administration s'était donc préoccupée de la question, et, par une solution du 20 juillet 1850 (14980-1 J. E.), elle avait reconnu que les cahiers des charges, actes de produits, placards, extraits et autres actes, que les avoués délivrent ou rédigent en leur qualité d'officiers ministériels, ne sont pas des actes civils, lors même qu'ils ne sont ni signifiés, ni passés au greffe, mais des actes de procédure.

La question a aujourd'hui perdu cette nature d'intérêt, car la loi du 28 février 1872, par son art. 4, a mis sur le même pied, quant aux droits qu'elle a augmentés de moitié, les actes judiciaires et les actes civils.

766. Actes à enregistrer sur minute. — L'art. 7 de la loi du 22 frimaire an 7 avait établi que certains actes judiciaires seraient enregistrables sur minutes et d'autres sur expédition. Mais l'art. 38 de la loi du 28 avril 1816 porte que : « Tous les actes judiciaires en matière civile, tous jugements en matière criminelle, correctionnelle ou de police, sont, sans exception, sujets à l'enregistrement sur les minutes ou originaux dans les vingt jours de leur date sous peine du double droit. »

767. Actes antérieurs à la loi de 1816. — L'art. 38 de la loi du 28 avril, qui soumet tous les actes judiciaires à l'enregistrement *sur les minutes*, n'est pas applicables à ceux *antérieurs à sa promulgation*. Pour qu'il en fût autrement, il faudrait qu'une disposition spéciale de la loi eût autorisé l'enregistrement de ces actes sans amende, attendu qu'aucun acte judiciaire ne peut, après le délai de vingt jours de sa date, recevoir la formalité *sur la minute* que sous la peine du droit en sus. Le silence de la loi du 28 avril à cet égard laisse la faculté d'enregistrer *sur les expéditions* les actes dont il s'agit.

D'après ces motifs, une D. m. f. 6 décembre 1816 (758 I. G.), et une Sol. 12 juin 1816 (5512 J. E.), portent que : « Les actes judiciaires *d'une date antérieure à la promulgation de la loi du* 28 *avril* qui n'étaient pas susceptibles d'être enregistrés *sur les minutes*, d'après les dispositions de la loi du 22 frimaire an 7, *peuvent continuer* à recevoir la formalité sur les expéditions seulement, dans le cas où elle serait requise par les parties. »

1. DEUXIÈME EXPÉDITION. — Lorsque tous les droits fixes ont été acquittés sur la première expédition d'un acte judicaire qui n'était enregistrable que sur l'expédition, la seconde et les subséquentes ne donnent lieu qu'à la perception d'un seul droit fixe, à raison de la formalité (D. m. f. 548 I. G.).

Observation. — Nous nous abstenons d'entrer dans de plus longs détails sur les actes judiciaires antérieurs à la loi de 1816, car les occasions de faire l'application des règles qui les régissaient, sont devenues excessivement rares. Nous renvoyons aux I. G. 290 n° 33, 427, 436, 452 et 548 n° 5, qui traitent spécialement de ces règles.

767 *bis*. Droit fixe d'enregistrement. — Aux termes de l'art. 3 de la loi du 22 frimaire an 7 « le droit fixe s'applique aux actes judiciaires ou extrajudiciaires qui ne contiennent ni obligation, ni libération, ni condamnation, collocation ou liquidation de sommes et valeurs, ni transmission de propriété, d'usufruit ou de jouissance de biens meubles ou immeubles. Il est perçu aux taux réglés par l'art. 68 de la présente. »

1. QUOTITÉ. — La quotité du droit fixe varie : 1° suivant les tribunaux dont les actes émanent ; — 2° à raison de la nature des divers actes faits devant chaque juridiction.

L'art. 4 de la loi du 28 février 1872 a augmenté de moitié les droits fixes auxquels sont assujettis les arrêts, les actes judiciaires, en laissant de côté, comme nous l'avons expliqué à l'article précédent, les actes extrajudiciaires.

Mais cette surtaxe a été étendue aux actes judiciaires par l'art. 2 de la loi du 19 février 1874.

1. DROIT PROPORTIONNEL. — D'après l'art. 4 de la loi du 22 frimaire an 7, le droit proportionnel est dû sur les actes judiciaires contenant obligation, condamnation, collocation ou liquidation de sommes et valeurs, transmission de propriété, d'usufruit ou de jouissance, de biens meubles et immeubles, soit entre-vifs, soit par décès. Il est assis sur les valeurs et se liquide conformément aux art. 14, 15 et 16 de la loi du 22 frimaire. — *V.* notamment *Jugement.*

2. DROIT DE TIMBRE. — Quant aux droits de timbre, les actes judiciaires tombent sous l'application du principe général posé par les art. 1er et 12 de la loi du 13 brumaire an 7 et 71 de celle du 28 avril 1816, qui veulent que tout acte qui n'a pas un caractère commercial soit écrit sur du papier timbré à raison de la dimension de la feuille.

CHAPITRE II. — BUREAUX OU LES ACTES JUDICIAIRES DOIVENT ÊTRE ENREGISTRÉS

[768]

768. Règle. — En quelque lieu que résident les greffiers et les juges, les actes doivent être enregistrés au bureau dans l'arrondissement duquel ils exercent leurs fonctions, ou plus exactement, dans l'arrondissement duquel se trouve le chef-lieu de la juridiction du tribunal (L. 22 frim. an 7, art. 26.; D. m. f. 3 pluv. an 8; Circul. 1807).

1. ENQUÊTE. — C'est au bureau de la résidence du greffier que doit être enregistré le procès-verbal d'enquête à laquelle a procédé un juge de paix, *par suite de délégation ;* procès-verbal qu'il a rédigé avec le concours du greffier (D. m. f. 3 pluv. an 8, Circul. 1807, 15246-7 J. E.).

Il devrait en être ainsi, même dans le cas où la minute du procès-verbal devrait être remise au greffe de la Cour ou du tribunal qui a ordonné l'enquête.

2. GARDE NATIONALE. — Les actes et jugements relatifs aux poursuites devant les conseils de discipline de la garde nationale pouvaient être enregistrés aux bureaux les plus voisins du domicile des rapporteurs et secrétaires, c'est-à-dire tant au bureau du canton dans l'arrondissement duquel siége le conseil qu'aux bureaux des cantons voisins (1422 § 5 I. G.).

3. ORDONNANCE. — ANNEXE. — L'Administration admet actuellement que les dispositions de l'art. 13 de la loi du 16 juin 1824 sont applicables aux ordonnances sur requête; on doit en conclure, même dans le cas où il existe un bureau spécial pour les actes judiciaires, que c'est au receveur qui enregistre l'acte notarié qu'il appartient d'enregistrer l'ordonnance annexée à un acte notarié (Sol. 30 nov. 1867, 2824 R. P.).

4. RAPPORT D'EXPERTS. — Par contre, le rapport des experts qui ont procédé à une vérification d'écriture, annexé au procès-verbal du juge-commissaire, doit être enregistré au bureau des actes judiciaires. Les motifs de cette opinion sont que ce procès-verbal est fait au greffe, sous les yeux du juge ou du greffier, qu'il reste à la garde du greffier, qu'il peut n'être présenté à l'enregistrement qu'avec le procès-verbal du juge commissaire (436 n° 20 I. G.), que c'est au greffier à le faire enregistrer, et que d'après toutes ces circonstances, le procès-verbal de vérification d'écriture est véritablement un acte de greffe.

CHAPITRE III. — DÉLAI D'ENREGISTREMENT ET DOUBLE DROIT

[769-772]

SECTION PREMIÈRE. — DÉLAI

[769]

769. Règle. — Les actes judiciaires sujets à l'enregistrement, ceux dont il ne reste pas de minutes au greffe, ou qui se délivrent en brevet, sont enregistrables dans les vingt jours (Art. 20 L. 22 frim. an 7).

D'après l'art. 38 de la loi du 28 avril 1816, cette disposition comprend tous les actes judiciaires en matière civile, tous jugements en matière criminelle, correctionnelle ou de police, à l'exception des actes en matière criminelle, lorsqu'il n'y a pas de partie civile (726 I. G.).

Ce dernier article a fait cesser les distinctions posées par l'art. 20 L. 22 frimaire an 7, entre les actes enregistrables sur la minute et ceux qui ne devaient l'être que sur l'expédition. Tous les actes judiciaires sont actuellement sujets à l'enregistrement, dans le délai de vingt jours, sur les minutes ou originaux (714 I. G.).

769 *bis*. Application. — 1. CONCORDAT. — Les créanciers, signataires du concordat fait en justice entre eux et le failli ne peuvent être dispensés de le faire enregistrer dans les vingt jours de sa date, et même avant de défendre sur une opposition quelconque. L'homologation, également, ne peut être donnée avant que le concordat ait été enregistré (D. m. f. 11 avr. 1815; 5111 J. E.).

2. INSCRIPTION EN FAUX. — La déclaration du défendeur, par acte au greffe, conformément à l'art. 218 C. proc., signé de lui ou de son fondé de pouvoir, qu'il entend s'inscrire en faux, est enregistable dans les vingt jours (436 n° 21 I. G.).

L'I. G. 436 qui est relative à l'exécution du C. proc. civ. en ce qui concerne les droits d'enregistrement, porte encore, dans son n° 22, que les procès-verbaux de la situation des minutes et expéditions arguées de faux, dressés en exécution de l'art. 226 C. proc., seront enregistrables dans les vingt jours.

3. PROCÈS-VERBAL DE COMPARUTION. — Aux termes de l'art. 54 C. proc. le procès-verbal que dresse le juge de paix de la comparution des parties doit, s'il y a arrangement, contenir les conditions de l'arrangement et l'article porte que les conventions des parties insérées au procès-verbal *ont force d'obligations privées*. On avait voulu en conclure que les procès-verbaux qui énoncent de semblables conventions ne sont sujets à enregistrement que comme les actes sous seing privé, quand on veut en faire usage. Mais il a été reconnu qu'ils sont comme actes judiciaires, enregistrables dans les vingt jours de leur date (436 n° 9 I. G.).

4. ENQUÊTE. — Pour les procès-verbaux d'enquête, le délai de vingt jours ne court que du jour de la clôture du procès-verbal (1180 n° 7 I. G.).

5. RENVOI. — Aux termes de l'art. 370 C. proc. le renvoi à un autre tribunal pour cause de parenté doit être proposé par un acte au greffe contenant les moyens et être signé de la partie ou de son fondé de pouvoirs. Cet acte doit être, comme déclaration en matière civile, enregistré dans les vingt jours de sa date (436 n° 31 I. G.).

6. CONSEILS DE PRUD'HOMMES. — Les procès-verbaux des conseils de prud'hommes qui, d'après les plaintes qui peuvent leur être adressées, constatent : 1° les contraventions aux lois et règlements nouveaux ou remis en vigueur; — 2° les soustractions de matières premières faites par les ouvriers au préjudice des fabricants, et les infidélités commises par les teinturiers, doivent être enregistrés dans les vingt jours de leur date. Il en est de même de tous les actes, jugements et procès-verbaux émanés des conseils de prud'hommes (437 I. G.).

7. ORDRE ET CONTRIBUTION. — L'art. 134 du décret du 16 février 1807, veut que le procès-verbal d'ordre et de contribution dressé par le juge ne soit ni levé ni signifié et qu'il ne soit enregistré que lors de la délivrance des mandements. Il n'est pas nécessaire dès lors qu'il soit soumis à l'enregistrement dans les vingt jours, et il suffit qu'il l'ait été avant la délivrance des mandements de collocation (436 n° 60 I. G.; D. m. f. 16 déc. 1816 et 13 oct. 1818, 6238 J. E.; Dél. du 8 déc. 1843, 1704 I. G.).

SECTION 2. — PEINE DU DOUBLE DROIT EN CAS DE RETARD [770-772]

770. Règle. — Lorsqu'un acte judiciaire qui est sujet à l'enregistrement *sur la minute* n'a pas été présenté à cette formalité dans le délai de vingt jours, il est dû, à titre d'amende, et pour chaque contravention, une somme égale au montant du droit (Art. 35 et 37 L. 22 frim. an 7).

1. DISPOSITION INDÉPENDANTE. — Les termes « une somme égale au montant du droit » indiquent suffisamment qu'il ne peut s'agir que du droit auquel l'acte est assujetti par sa nature. Si donc une disposition indépendante donnait ouverture à un droit particulier, le double droit ne serait pas exigible sur cette disposition.

2. INTERROGATOIRE. — DON MANUEL. — Il a été reconnu dans cet ordre d'idées que le défaut d'enregistrement dans le délai légal d'un procès-verbal d'interrogatoire constatant un don manuel n'autorise pas la perception du droit en sus sur la déclaration du don manuel. C'est ce que décide le jugement ci-après, auquel l'Administration a acquiescé.

« Attendu qu'à défaut d'enregistrement de l'interrogatoire dans le délai de vingt jours, le droit en sus a été encouru; mais que ce droit ne se composant que d'une somme égale au droit fixe, c'est à tort, ainsi que le reconnaît dans ses conclusions l'administration de l'Enregistrement, que la contrainte l'a porté, en outre, à une somme égale au droit de donation » (Cholet, 15 juill. 1863, 2167 R. P.). — *V.* Grasse, 15 juillet 1873, 3689 R. P., et *infrà* n° 6496 § 1.

771. Responsabilité du greffier. — Aux termes de l'art. 31 de la loi du 22 frimaire an 7, c'est au greffier personnellement qu'incombe le payement du droit en sus pour avoir négligé de soumettre à l'enregistrement, dans le délai fixé, les actes qu'il est tenu de présenter à cette formalité. Il doit de plus acquitter les droits de l'acte, sauf son recours contre les parties.

1. RESPONSABILITÉ DES PARTIES. — JUGEMENTS RENDUS A L'AUDIENCE. — L'art. 37 de la loi du 22 frimaire an 7 édicte une exception à la règle ci-dessus, quant aux jugements rendus à l'audience, qui doivent être enregistrés sur les minutes, lorsque les parties n'auront pas consigné aux mains des greffiers, dans le délai prescrit pour l'enregistrement, le montant des droits fixés par la loi. Dans ce cas, les parties doivent supporter la peine du double droit.

2. PAS DE SANCTION. — ORDONNANCE SUR REQUÊTE. — L'art. 35 de la loi de frimaire n'a obligé les greffiers au payement du double droit que pour les actes *qu'ils sont tenus de présenter à la formalité*. Aux termes de l'art. 29 de cette même loi, ce sont les parties qui doivent faire enregistrer les ordonnances sur requête ou mémoire qui leur sont immédiatement délivrés par les juges. Or, aucune disposition ne soumet les parties à une peine pour ne les avoir pas fait enregistrer dans un délai déterminé. Dès lors, le double droit n'est pas exigible sur cette nature d'acte pour défaut d'enregistrement dans le délai voulu (Sol. 12 sept. 1828, 9167 J. E.). — *V.* 789 et 792.

3. CERTIFICATS. — Les certificats que les juges remettent immédiatement aux parties étant nominativement indiqués par le même art. 29, comme devant être soumis à l'enregistrement par les parties, la même décision doit leur être appliquée.

4. DROITS EN DÉBET. — Le greffier qui omet de faire enregistrer des actes sujets à la formalité en débet est passible du droit en sus, qui est exigible au comptant, mais il n'est pas responsable du droit simple. « En effet, l'art. 35 de la loi du 22 frimaire an 7, porte une solution de l'Administration du 4 avril 1868 (2800 R. P.), oblige les greffiers qui n'ont pas soumis à l'enregistrement dans le délai fixé les actes qu'ils sont tenus de faire enregistrer à payer personnellement, à titre d'amende, une somme égale au montant du droit, et à verser en même temps le droit simple, sauf leur recours pour ce droit seulement contre les parties. Mais cette règle reçoit évidemment exception en ce qui concerne le droit simple pour les actes dont l'enregistrement doit avoir lieu en débet. Le droit simple est alors réclamé directement aux parties lorsqu'il est devenu exigible, et le greffier contrevenant n'est passible que du droit en sus. »

5. ENREGISTREMENT GRATIS. — La même responsabilité, quant au droit en sus, incombe-t-elle au greffier lorsque l'acte est à enregistrer gratis? On trouvera aux mots *Acte notarié* n° 999, le développement et l'exposé d'une doctrine qui voudrait établir une distinction entre les actes assujettis au droit fixe et ceux passibles du droit proportionnel, pour l'application de la peine en matière d'actes à enregistrer gratis. Nous n'avons pas à entrer ici dans cet ordre d'idées. Il nous suffit de poser en principe que là où il n'y a pas de droit simple il ne peut y avoir de double droit pour trouver la solution dont nous avons besoin. Or, en matière d'actes judiciaires la peine pour défaut d'enregistrement ne consistant qu'en une somme égale au montant du droit (*V.* 770), la raison commande invinciblement de décider que l'enregistrement *gratis* supprimant le droit simple, il ne peut y avoir de perception, à titre d'amende, *d'un droit égal au montant de ce droit;* car un zéro doublé par un zéro n'a jamais pu donner qu'un zéro.

C'est, de la part du législateur, un défaut de sanction qui peut être regrettable, mais auquel il n'est pas permis de suppléer. — *V.* nos 457-2, 2345 et 3361.

6. ABSENCE ABSOLUE DE DROIT. — FAILLITE. — PROCÈS-VERBAUX DE VÉRIFICATION OU D'AFFIRMATION DE CRÉANCES. — Cette appréciation se trouve pleinement confirmée par une solution du 19 mars 1868 (2645 R. P.) intervenue dans une espèce plus radicale encore, si c'est possible. L'Administration a décidé qu'un greffier n'encourt aucune peine lorsqu'il s'abstient de soumettre à la formalité de l'enregistrement, dans le délai de vingt jours, un procès-verbal de vérification ou d'affirmation de créances dressé par continuation d'un précédent procès-verbal enregistré au comptant.

« En effet, porte la solution, il est reconnu que les procès-verbaux de vérification ou d'affirmation de créances en matière de faillite ne doivent être assujettis qu'à un seul droit, quel que soit le nombre des séances employées; il a été décidé en conséquence que la première séance est seule susceptible de la formalité au comptant, les autres devant être reçues gratis » (1173 § 12 I. G.).

Il en résulte nécessairement que si une séance, autre que la première, est présentée à l'enregistrement après le délai de vingt jours fixé par l'art. 20 de la loi du 22 frimaire an 7, aucune somme ne doit être perçue, même pour droit en sus, car, dans ce cas, l'amende de retard étant *égale au droit simple*, se trouve réduite à *néant*.

On ne saurait objecter que les procès-verbaux de vérification ou d'affirmation de créances étant tarifés au droit de 3 francs, le droit en sus encouru pour enregistrement tardif d'une séance par vacation est également de 3 francs. En effet, aucune contravention, dans l'espèce, n'a été commise pour les séances qui donnaient ouverture au droit, et celles qui n'ont pas été soumises dans le délai à la formalité *n'étaient pas passibles du droit*.

772. Obligation impérieuse. — L'application du double droit, en cas de retard dans l'enregistrement d'un acte judiciaire, est impérieuse; la loi fiscale n'admet aucune excuse pour en exempter le contrevenant. « Nul ne pourra en atténuer ni différer le payement (des droits), porte l'art. 28 de la loi du 22 frimaire an 7, sous le prétexte de contestation sur la quotité, ni pour quelque autre motif que ce soit, sauf à se pourvoir en restitution. »

C'est dans ce sens qu'ont été rendues les décisions suivantes :

1. ERREUR. — On ne pourrait prétexter une erreur pour se soustraire au payement du double droit, car aucun motif de bonne foi ne peut excuser une contravention aux lois fiscales. C'est ainsi que la C. cass. a annulé, le 23 mars 1808, un jugement du tribunal de Saint-Marcelin, pour avoir exempté un individu du payement du double droit d'enregistrement d'un jugement d'adjudication non soumis à la formalité dans le délai, sous le prétexte que, par une lettre de son avoué, il avait été induit en erreur sur la date de l'adjudication (3104 J. E., S. 9-1-42).

2. PERCEPTION INSUFFISANTE. — Dans tous les cas, l'erreur du receveur chargé de percevoir les droits ne peut jamais être invoquée. Si donc, au lieu du droit proportionnel exigible sur le jugement, le receveur n'a perçu que le droit fixe, cette erreur ne peut relever la partie de la peine du double droit, *alors que ce double droit était encouru* au moment où le jugement a été enregistré (Cass., 11 sept. 1809, 3627 J. E.).

« Attendu, porte l'arrêt, que le jugement du 12 fév. 1806, qui réintégrait Micard-Perrin dans la propriété de la maison par lui vendue, n'ayant pas été enregistré dans les vingt jours de sa date, aux termes de l'art. 20 ci-dessus cité, le double droit était dès lors acquis à la régie ; — Que le redevable ne peut pas exciper de l'erreur du préposé qui, en se contentant d'une perception moindre, n'a pas pu faire le préjudice de la régie, et moins encore lui faire perdre un droit acquis avant toute prescription. »

3. DÉCHÉANCE. — L'obligation de payer le double droit encouru est si impérieuse, qu'il a été décidé qu'en matière d'adjudication de biens nationaux, l'amende du dixième du prix encourue par l'adjudicataire déchu de son adjudication pour défaut de payement du prix, ne le relève pas de l'obligation de payer le double droit de mutation si le jugement n'a pas été enregistré dans les vingt jours de sa date (Cass., Ch. req., 14 mars 1837, 11742 J. E., 1539 § 9 I. G., S. 37-1-420).

« Sur le deuxième moyen, pris de la fausse application et violation des art. 6 et 8 de la loi du 15 floréal an 10, et des art. 38 et 69, § 7, de celle du 22 frimaire an 7 : — Attendu, quant à la première branche du moyen, que l'art. 8 de la loi du 15 floréal an 10, en imposant à l'adjudicataire déchu l'amende d'un dixième du prix, ne l'a pas relevé de l'obligation de payer les droits de mutation, exigibles dans les vingt jours de l'acte ; qu'il eût fallu pour cela une disposition expresse, et qu'on ne peut la faire résulter ni de ses termes, ni de son esprit. »

4. NULLITÉ. — De même, d'après le principe qui veut que la seule existence d'un acte suffise pour donner ouverture aux droits d'enregistrement, encore bien que cet acte soit susceptible d'être annulé pour vice radical, il a été reconnu que si un jugement n'a pas été enregistré dans le délai, on ne peut se soustraire au payement du double droit sous prétexte de l'incompétence du juge et de la nullité du jugement (Cass., 30 nov. 1807, 2954 J. E.). — V. 14450.

5. CONDITION SUSPENSIVE. — APPEL. — Une question importante s'était élevée sur l'application du délai aux jugements d'adjudication frappés d'appel. On avait pensé que l'appel est suspensif du délai, de telle sorte que le double droit n'était pas encouru alors que le jugement frappé d'appel n'avait pas été enregistré dans les vingt jours de sa date. Un arrêt de Cass. 20 octobre 1806 avait admis cette interprétation de la loi; mais un A. Cons. d'Ét. 22 octobre 1808 (429 I. G.) n'a laissé subsister aucune incertitude à cet égard.

Cet avis a considéré que l'art. 28 L. 22 frimaire an 7 veut que le payement des droits ne puisse être différé par quelque motif que ce soit, sauf aux parties à se pourvoir en restitution s'il y a lieu; d'où la conséquence que les adjudications d'immeubles faites en justice doivent être enregistrées dans les vingt jours de leur date, soit qu'on en ait ou non interjeté appel. Et la C. cass. s'est rangée à cette opinion par un second arrêt du 20 décembre 1808 (S. t. 9 p. 2 et 32, et t. 10 p. 170). *Conf.* D. m. f. 13 juin 1809, 436 § 57 I. G.; Libourne 29 janv. 1847, 14293 J. E.

Le tribunal de la Seine a maintes fois appliqué cette doctrine aux jugements susceptibles d'opposition ou d'appel (19 juin 1869, 28 mai 1870, 30 janv. 1875, 19 fév. 1876, 19 août 1876, 4571 R. P.). — V. § 10 *infra*.

6. ADJUDICATAIRE DÉPOSSÉDÉ. — De cette jurisprudence découle le principe, ainsi que le fait observer Dalloz, n° 4968, que, bien que le jugement sur l'appel soit déjà rendu et l'adjudicataire dépossédé au moment où le double droit *est réclamé*, ce double droit est néanmoins exigible s'il a été encouru avant la dépossession. Il n'y a là rien que de très-logique, car le double droit n'est qu'une amende dont la loi punit la négligence du redevable; or, qu'il reste ou ne reste pas adjudicataire, il n'en aura pas moins contrevenu à la loi en ne faisant point enregistrer son contrat dans le délai, et la perception du double droit reste indépendante de celle du droit simple.

7. FOLLE-ENCHÈRE. — C'est d'ailleurs ce qui a été consacré en matière d'adjudication à la folle-enchère. Il a été décidé que le premier adjudicataire évincé par l'adjudication sur folle-enchère est responsable du double droit encouru

sur le prix de son adjudication, non enregistré dans les délais qui excèdent celui de la seconde adjudication (D. m. f., 13 juin 1809, 436 n° 56 I. G.; Seine, 3 avr. 1812, 2252, 4292 J. E.; Cass., 17 mai 1823, 4888 J. N., S. 23-1-235; Seine, 10 mai 1838, 12063 J. E., 15280-2 J. E.).

8. DÉPOSSESSION DANS LES VINGT JOURS DE L'ADJUDICATION.—Il en serait autrement si l'adjudicataire avait été dépossédé dans les vingt jours de son adjudication. Il ne saurait être passible du double droit pour défaut d'enregistrement d'une mutation anéantie *avant* qu'aucune action eût été ouverte à l'Administration pour l'enregistrement de cette mutation (3732 J. E.; Cass., 23 fév. 1820, 6649 J. E., S. 22-1-19). C'est ce qui sera plus amplement développé au mot *Adjudication*. nos 1753 et suiv.

9. RÉSOLUTION. — Le principe d'exigibilité du double droit a été consacré par deux arrêts Cass. 16 juin et 21 novembre 1827, 1219 § 3 et 1236 § 7 I. G., S. 28-1-84), qui ont décidé : le premier, que la prescription pour la demande des droits de mutation sur un jugement portant résolution de vente et frappé d'appel court de la date de l'enregistrement de ce jugement; le second, qu'un jugement portant résolution de vente doit être enregistré dans les vingt jours de sa date, nonobstant tout appel.

« Attendu, porte l'arrêt du 27 novembre, que la loi, art. 20, assujettit à l'enregistrement, dans les vingt jours, tout jugement portant transmission de propriété d'immeubles, et que ni cette loi, ni aucune autre loi ne contiennent d'exception pour les jugements susceptibles d'opposition ou d'appel; — Attendu que l'art. 457 C. proc. n'a point dérogé aux règles établies, en fait d'enregistrement, par la législation spéciale sur cette matière ; — Attendu, enfin, que ces principes ont été formellement reconnus et consacrés par les A. Cons. d'Et. des 1er juin 1807 et 22 octobre 1808. »

10. OPPOSITION. — De ce que l'appel n'est pas suspensif du délai, il faut nécessairement conclure que l'opposition à un jugement par défaut ne peut en arrêter l'enregistrement. C'est ce que le trib. Seine a jugé le 28 mai 1812 (Dalloz, n° 4969), conformément à une D. m. f. 13 frimaire an 13 (290 § 4 I. G.). — V. § 5 *suprà*.

11. JUGEMENT ADMINISTRATIF. — La partie qui a obtenu un jugement, avec dépens, contre l'administration de l'Enregistrement, est passible du double droit, si elle ne l'a pas fait enregistrer dans les délais, sauf à se pourvoir contre l'Administration en restitution du droit simple (Seine, 4 août 1841; Dalloz, n° 5040).

12. OFFRES. — La C. cass. a jugé, le 25 mars 1872 (3424 R. P., 2449-1 I. G., S. 72-1-193, D. 72-1-314, B. C. 60), que la partie n'a pu, au moyen d'offres qui ne correspondaient pas à la liquidation des droits faite par le receveur, se soustraire à l'obligation qui lui était imposée par la loi et la condamnation prononcée contre elle d'acquitter la totalité des droits réclamés pour l'enregistrement du jugement, sauf à elle à se pourvoir ensuite en restitution, s'il y avait lieu ; qu'ainsi la peine du double droit a été légalement poursuivie contre elle. — V. *Déclaration pour la perception*.

CHAPITRE IV. — PAYEMENT DES DROITS [773-795]

SECTION PREMIÈRE. — PAR LE GREFFIER [773-774]

773. Règle. — L'art. 29 L. 22 frimaire an 7, combiné avec les art. 20 de la même loi et 38 L. 28 avril 1816, oblige les greffiers à payer les droits des actes judiciaires et jugements désignés à l'art. 7 de la loi du 22 frimaire an 7.

1. RESPONSABILITÉ. — On a vu au chapitre précédent quel est le délai dans lequel ces actes doivent être enregistrés et la peine qui est encourue en cas de retard. L'art. 35 de la loi de frimaire ajoute qu'ils acquitteront en même temps le droit, sauf leur recours, pour ce droit seulement, contre la partie.

2. EXCEPTION. — Aux termes de l'art. 37 de la même loi, il est fait exception à la disposition ci-dessus, quant aux jugements rendus à l'audience, lorsque les parties n'ont pas consigné aux mains des greffiers, dans le délai prescrit pour l'enregistrement, le montant des droits fixés par la loi. Dans ce cas, le recouvrement en est poursuivi contre les parties par les receveurs, et elles supportent en outre la peine du droit en sus.

3. EXTRAIT A FOURNIR. — AMENDE. — D'après cet art. 37, en cas de non consignation, les greffiers doivent fournir aux receveurs de l'Enregistrement, dans les dix jours qui suivent l'expiration du délai, des extraits par eux certifiés des actes et jugements dont les droits ne leur ont pas été remis par les parties, à peine d'une amende de 10 francs... pour chaque acte et jugement, et d'être en outre personnellement contraints au payement des doubles droits.

4. EXTENSION. — Aux termes de l'art. 16 de la loi du 27 ventôse an 9, les art. 35 et 37 sont applicables « aux présentations, défauts et congés faute de comparoir, défendre ou conclure, qui doivent se prendre au greffe. »

5. ACTES ÉTRANGERS AU GREFFIER. — Mais on a vu au n° 771 § 2, que ce sont les parties qui sont tenues de faire enregistrer les ordonnances sur requête ou mémoire, et les certificats qui leur sont délivrés par les juges. L'enregistrement de ces actes ne concerne pas le greffier.

773 *bis*. Exigibilité ou non exigibilité de l'amende. — On a demandé si l'amende de 10 francs prononcée par l'art. 37 L. frimaire est exigible lorsque les greffiers ont reçu les droits des mains des parties, et n'ont cependant ni fait enregistrer les jugements dans les délais, ni fourni au receveur les extraits prescrits par l'art. 37 L. 22 frimaire an 7.

L'amende de 10 francs est la peine du défaut de remise des extraits des jugements dont les droits n'ont point été consignés par les parties aux mains du greffier. Ainsi, lorsque cette consignation a été faite, il n'y a lieu ni à la remise des extraits des jugements, ni, par suite, à la perception de l'amende de 10 francs; mais, dans ce cas, le greffier qui n'a point fait enregistrer les jugements dans le délai doit être poursuivi pour le payement tant du *droit simple* que du *droit en sus*. Si, au contraire, les droits n'ont point été consignés, le greffier qui a omis de remettre les extraits avant l'expiration du délai encourt l'amende de 10 francs et le double droit; *le recouvrement du droit simple est poursuivi contre les parties.*

Ces règles, qui résultent des termes précis de la loi, ont été consacrées par une D. m. f. 1837 (11834 J. E., 1562 § 12 I. G.), qui reproduit, quant au dernier point, la doctrine de la C. cass. 11 septembre 1809 (3627 J. E.).— *V.* 776-791.

1. VISA DU RÉPERTOIRE. — Dans tous les cas, un greffier ne peut suppléer à l'obligation que lui impose l'art. 37 de fournir un extrait des actes et jugements dont les droits ne lui ont pas été consignés, en présentant au visa du receveur son répertoire sur lequel sont inscrits tous les jugements rendus à l'audience (Cass. 22 juill. 1807, S. 7-2-1030).

774. Limite de l'art. 37.— L'hypothèse prévue par l'art. 37 L. 22 frimaire an 7 doit être restreinte aux limites qui ont été posées par cet article. Ainsi, c'est aux greffiers à acquitter les droits d'enregistrement de tous les actes judiciaires dénommés en l'art. 7 de la même loi, *sauf des jugements rendus à l'audience*, dont les parties n'auraient pas, dans les vingt jours de leur date, consigné les droits au greffe. Dans ce sens, il a été décidé :

1. CONCILIATION. — Que les droits des procès-verbaux de conciliation et de non conciliation sont à la charge directe des greffiers (Sol. 23 mars 1831, 9968 J. E.).

Cependant, il est bon de faire remarquer que lorsqu'un procès-verbal de non conciliation sur une mutation verbale d'immeubles porte que l'acquéreur reconnaît avoir acquis l'immeuble, les droits de la mutation doivent être exigés des parties, et non du greffier, qui ne peut être contraint à payer les droits d'une convention qu'il n'a pas formellement exprimée (14717-2 J. E.).

Le tribunal de Schlestadt s'est écarté de ce principe en décidant, le 12 juillet 1849 (14795 J. E.), que le greffier peut s'exonérer de tout payement de droit en remettant au receveur, conformément à l'art. 37 L. 22 frimaire an 7, l'extrait certifié du procès-verbal de non conciliation.

2. INTERROGATOIRE. — Que les interrogatoires sur faits et articles n'étant pas compris dans l'exception portée en l'art. 37 doivent être enregistrés dans les délais, et les droits acquittés par le greffier, sans qu'il puisse être admis à en remettre l'extrait au receveur de l'Enregistrement, afin de suivre le recouvrement sur les parties (Dél. 8 août 1828, 9113 J. E.).

3. PRESTATION DE SERMENT. — Qu'un greffier ne peut se dispenser de faire enregistrer un procès-verbal de prestation de serment sous prétexte que les fonds ne lui ont pas été consignés, en remettant au receveur un extrait de ce procès-verbal, attendu que la faculté accordée par l'art. 37 L. 22 frimaire an 7 est spéciale aux jugements *rendus à l'audience* (Bordeaux 2 mai 1842, 13100 J. E.).

4. ACTES EN MATIÈRE CRIMINELLE, CORRECTIONNELLE OU DE POLICE. — En matière criminelle, correctionnelle ou de police, des distinctions essentielles sont à faire :

1° *Partie civile. — Lorsqu'il y a une partie civile* (*V.* 789 et suiv.), les droits des actes et jugements sont recouvrés suivant le mode déterminé par l'art. 37 L. 22 frimaire an 7. Le greffier peut exiger d'avance la consignation entre ses mains du montant des droits.

A défaut de cette consignation et de l'accomplissement de la formalité dans le délai prescrit, le recouvrement du droit ordinaire et du droit en sus est poursuivi contre la partie civile, par le receveur, sur l'extrait du jugement que le greffier est tenu de lui délivrer dans les dix jours qui suivent l'expiration du délai fixé pour l'enregistrement.

Tout greffier qui a négligé de faire enregistrer, dans le délai fixé, les jugements pour l'enregistrement desquels le montant des droits lui a été consigné, ou qui, dans les dix jours qui suivent l'expiration de ce délai, n'a pas remis au receveur l'extrait des jugements non enregistrés, faute de consignation des droits par la partie civile, est personnellement tenu au payement des droits et de l'amende pour chaque contravention (Ord. 22 mai 1816, 726 I. G.).

2° *Ministère public.* — Mais lorsque les actes et jugements ont été faits et rendus à la requête du ministère public, l'art. 37 L. 22 frimaire reste sans application (Déc. 24 nov. 1831, 10215 J. E.). Ces actes doivent toujours être enregistrés dans le délai, et le greffier qui ne les soumet pas à la formalité est personnellement tenu au payement du droit en sus, qui doit être perçu *au comptant*, alors néanmoins que les actes et jugements reçoivent la formalité en débet (13868-6 J. E.). Quant au droit simple, il est réclamé directement aux parties. — *V.* 771-4.

SECTION 2. — PAYEMENT DES DROITS PAR LES PARTIES [775-794]

775. Règle.— Lorsque, dans les termes de l'art. 37 L. 22 frimaire an 7, les droits doivent être *directement* payés par les parties, la règle sur la question de savoir auxquelles des parties ces droits doivent être réclamés résulte, *d'après la jurisprudence qui a prévalu jusqu'à ce jour*, de la disposition générale de l'art. 31 L. 22 frimaire an 7, ainsi conçu :

« Les droits des actes civils et judiciaires, emportant obligation, libération ou translation de propriété, ou d'usufruit de meubles ou immeubles, seront supportés par les débiteurs et nouveaux possesseurs ; et ceux de tous les autres actes le seront par les parties auxquelles les *actes profiteront*, lorsque, dans ces divers cas, il n'aura pas été stipulé de dispositions contraires dans les actes. »

776. Partie qui profite. — On a donc fait découler de cet article la règle que les droits doivent être payés par la partie à laquelle il profite, et ce principe a été consacré par de nombreuses décisions (1006 J. E.; D. m. f. 13 frim. an 13, 290 § 4 I. G. ; — Seine 30 août 1806, 2307 J. E.;

D. m, f, 16 juin 1807, 2816 J. E., 386 § 2 I. G.; — Cass. 6 sept. 1813, 4698 J. E., S. 15-1-95; — Cass. 17 juill. 1833, 10848 J. E.; — Seine 24 nov. 1847, 23 fév. 1848, 5 déc. 1849, 6 déc. 1849, 14394, 14470, 14909, 15068 J. E., 9176 J. E.; 28 déc. 1877, 4964 R. P.; — Cass. 21 juin 1865, 2139 R. P., 12905 C., 18328 J. N., 2421-2 I. G., B. C. 122, S. 65-1-361, D. 65-1-378, P. 65-904 [arrêt rapporté 780].

« Attendu, porte l'arrêt du 6 septembre 1813, que cette mutation n'ayant été connue des préposés de l'Administration que par le jugement du 10 prairial an 12, et les Lapeyre ayant méconnu les conventions, les sieur et dame Tandou avaient été obligés de recourir à la justice pour faire reconnaître l'existence de la vente, ce qui avait placé les parties dans le cas des art. 7 et 37, pour le recouvrement des droits dus sur ce jugement contre les parties en faveur desquelles il avait été rendu, sur leur demande et conformément à leurs conclusions, sauf leur recours ainsi que de droit; — que, dans cet état de choses, l'Administration ne pouvait directement s'adresser qu'aux mariés Tandou. »

C'est dans ce sens que des arrêts de Cass. 28 août 1808 (S. 8-1-544) et 10 mars 1812 (S. 12-1-242) (3062, 4252), ont décidé que la demande des droits doit être faite à celle des parties au profit de laquelle les condamnations ont été prononcées (V. dans le même sens, Tours, 26 fév. 1841; — Seine, 26 nov. 1841, Dalloz, n° 5148), alors même, d'après un jugement de la Seine, 27 novembre 1850 (15072 J. E.), que, à raison de l'insolvabilité de son adversaire, la condamnation devrait rester sans effet pour celui qui l'a obtenue.

Les deux arrêts des 28 août 1808 et 10 mars 1812 sont ainsi conçus :

Arrêt du 28 août 1808. — « Vu les art. 31 et 37 de la loi du 22 frimaire an 7; — Considérant que de la combinaison de ces articles il résulte que les droits d'enregistrement dus à raison d'un jugement par défaut, ou suspendu par l'appel, ne doivent pas être acquittés par la partie condamnée, mais par celle qui a obtenu l'adjudication de ses conclusions; qu'il s'ensuit que la Régie n'a pu réclamer les droits dus à raison d'un jugement du 28 ventôse an 13, à la charge des demandeurs, mais bien à la charge de Louis Perrochain. »

Arrêt du 10 mars 1812. — « Vu l'art. 31 de la loi du 22 frimaire an 7; — Attendu que de cet article combiné avec l'art. 37 de la même loi il résulte que les droits d'enregistrement dus à raison d'un jugement quelconque, prononçant des condamnations, doivent être payés par celle des parties au profit de laquelle les condamnations ont été prononcées et non par la partie condamnée; — qu'il suit de là que la Régie ne pouvait, dans l'espèce, diriger les poursuites pour le recouvrement des droits qu'elle prétendait faire résulter de la décision arbitrale du 30 avril 1808, contre les héritiers Gavard condamnés par cette décision; mais qu'en admettant la légitimité de ces poursuites, elle devait les diriger contre le sieur Foullon de Doué, au profit duquel la condamnation était prononcée; ce qui justifie suffisamment la décharge qu'ont obtenue les héritiers Gavard par les jugements attaqués. »

778. Défendeur. — Ainsi, ce n'est pas toujours contre le demandeur que les droits doivent être réclamés. S'il y a eu des demandes respectives, reconventionnelles ou incidentes, et si le défendeur a obtenu l'adjudication de ses conclusions par des condamnations à son profit, le jugement devient son titre, et il est tenu de le faire revêtir de la formalité, en supportant les droits qui en résultent. C'est ce qui a été reconnu par la C. cass. le 23 février 1824 (7707 J. E., 1132 § 7 I. G., S. 24-1-257), en ces termes :

« Attendu que, par le jugement du 14 janvier 1822, les sieurs Imbert et Cᵉ, au moyen de leur renonciation à toute garantie qu'ils auraient pu exercer contre le sieur Guyol, à raison de la cession à eux faite par l'acte sous seing privé du 27 septembre 1821, ont été déchargés de l'action dirigée contre eux par ce dernier, lequel a été en outre condamné aux dépens; — Attendu que ces dispositions du jugement susénoncé tournent évidemment au profit desdits Imbert et Cᵉ; d'où il suit qu'aux termes de l'article précité, les droits d'enregistrement auxquels ce jugement donnait ouverture ont pu et dû être exigés contre lesdits Imbert et Cᵉ, sauf leur recours contre Guyol, condamné en tous les dépens. »

1. DÉFENDEUR CONDAMNÉ. — Du principe que les droits du jugement sont à la charge de celle des parties qui en profite, on en a conclu que le défendeur, bien que condamné par un jugement contradictoire et définitif, ne peut être actionné par le Trésor, parce que la sentence ne lui profite pas, mais profite seulement au demandeur (Caen 20 juill. 1866, 2404 R. P., 13259 C.; — Chambéry, 31 janv. 1877). Cette doctrine est inadmissible. Il est clair que le défendeur est ici *partie* au jugement dans le sens le plus compréhensif du mot, puisqu'il est condamné et qu'il est, en définitive, le seul débiteur réel des frais. D'ailleurs, la disposition de l'art. 31 ne doit pas être exagérée. La jurisprudence a reconnu qu'elle ne règle pas l'action du Trésor à l'égard des contribuables, mais seulement le recours réciproque des parties entre elles (Arr. des 5 janv., 7 fév., 16 mars et 26 juill. 1853, 10 mars 1858 et 1ᵉʳ fév. 1859. — V. 1526). On ne saurait donc l'invoquer, en l'espèce, pour affranchir le défendeur de la poursuite de l'Administration. Le tribunal de la Seine l'a avec raison reconnu le 18 août 1866 (3276 R. P.), et c'est ce qui résulte également d'un arrêt de la C. cass. du 25 mars 1872, rapporté n° 786 (*Conf.* : Montpellier, 13 mars 1876).

2. JUGEMENT PRÉPARATOIRE. — Il a été reconnu dans le même sens que le défendeur peut être poursuivi en payement du droit exigible sur un jugement préparatoire qui a renvoyé la cause devant un arbitre rapporteur.

« Attendu que l'art. 37 ne distingue pas plus entre les parties, pour les jugements; que l'art. 29 ne distingue entre elles pour les actes sous seing privé, dont il n'est pas contesté que les droits sont dus à la fois par toutes les parties; que la compagnie objecte vainement que « par les parties » il faut entendre celles des parties que la loi rend responsables des droits, c'est-à-dire, aux termes de l'art. 31, celles auxquelles les jugements profitent; que l'art. 31, en déclarant que les droits des actes civils et judiciaires seront supportés par les débiteurs, les nouveaux possesseurs, ou ceux auxquels les actes profitent, a eu manifestement pour but de régler les rapports des parties entre elles et non avec la Régie; que cette interprétation résulte non-seulement du sens de ces mots employés à dessein : « les droits seront supportés, » mais encore de la disposition finale de l'article, qui autorise les parties à déroger par des conventions particulières aux règles qu'il établit; attendu qu'en ordonnant d'une façon générale et absolue qu'à défaut de consignation des droits dans les mains des greffiers, le recouvrement en serait poursuivi indistinctement contre les parties, la loi a voulu garantir la rentrée sûre et prompte de l'impôt, qui, dans les termes de l'art. 31, serait exposée aux plus graves difficultés » (Seine 28 nov. 1873).

779. Demandeur débouté. — Mais peut-on dire que le défendeur profite du jugement lorsque le demandeur est débouté de sa demande? et doit-on, dans ce cas, s'adresser à lui pour le payement des droits? La négative a été enseignée (15551-3 J. E.), et elle résulte de plusieurs jugements : Seine 19 juillet et 18 décembre 1844 (13533-3 et 13648-4 J. E.); 2 mai 1851 (15300 J. E.); 14 fév. 1857 (16502 J. E.) et d'une Sol. 15 février 1834 (10908 J. E.). On ne peut prétendre, en effet, que le défendeur profite d'une décision qui le laisse dans un *état semblable* à celui où il était avant que la demande fût formée contre lui. La disposition sainement entendue de l'art. 31 L. 22 frimaire an 7 doit s'appliquer uniquement à la partie qui trouve dans le jugement un titre qu'elle peut faire valoir.

1. PROFIT D'UNE DEMANDE INCIDENTE. — Aussi, l'Administration, transmettant par l'I. G. 1132 § 7, un arrêt du 23 février 1824 (*V.* 778) qui avait mis à la charge du défendeur les droits d'un jugement de débouté, a fait remarquer « que ce n'est pas uniquement parce que les défendeurs ont obtenu, avec dépens, le renvoi de la demande formée contre eux devant le tribunal de commerce, que les droits du jugement ont été mis à leur charge : qu'il a fallu encore que la demande incidente qu'ils avaient formée leur ait été adjugée et qu'ils aient profité du jugement rendu. »

Il est clair, en effet, que si le défendeur obtient l'adjudication d'une demande reconventionnelle, le jugement ne le laisse pas dans le même état qu'auparavant, et la règle ordinaire reprend son empire. C'est ce qui avait eu lieu dans l'espèce de l'arrêt du 23 février 1824, et ce que le tribunal de la Seine a décidé, le 18 août 1866, à propos d'un défendeur mis hors de cause qui avait obtenu la reconnaissance d'un acte dont la validité était contestée (2403 R. P.).

2. DÉFENDEUR MAINTENU EN POSSESSION. — On l'a décidé de même, dans une espèce où le défendeur, maintenu en possession d'un immeuble dont le demandeur réclamait l'éviction, avait été mis en demeure par le tribunal de payer les droits de la mutation que les juges reconnaissaient avoir été faite à son profit. Dans ce cas, en effet, le demandeur, quoique débouté, ne pouvait être tenu au payement des droits (9176 J. E.).

780. Toutes les parties. — En matière d'actes civils ordinaires, il est de jurisprudence que l'Administration peut poursuivre le recouvrement des droits contre toutes les parties qui ont figuré dans ces actes (*V.* 1525). Parmi les arrêts qui l'ont ainsi décidé, il en est dont les motifs généraux s'adressent aux jugements aussi bien qu'aux actes. « Attendu, porte l'arrêt du 19 décembre 1855, que l'art. 31 L. 22 frimaire an 7 assujettit au payement des droits des actes et jugements les parties *sans distinction*, ce qui repousse la différence qu'on prétend établir entre le demandeur et le défendeur, quand il s'agit de l'enregistrement d'un jugement » (598 R. P., 2060, § 6 I. G.; S. 56-1-78. — *V.* aussi Cass. 7 juin 1848, 14515 J. E., 1825-6 I. G.; S. 48-1-572). — Et cette doctrine générale a été appliquée par plusieurs tribunaux (Seine 6 fév. 1856, 615 R. P.; — Grenoble 10 avr. 1862, 1615 R. P., 17543 J. E.; — Seine 11 et 23 nov. 1859, 1335 R. P., 17101 J. E., 11712 C., 4 août 1866, 2399 R. P.; 18 août 1866, 2403 R. P.; 6 juill. 1867, 14038 C.; 20 nov. 1875, 29 nov. 1873; — Beauvais, 7 août 1877, 4793 R. P.; — Clermont, 13 février 1878, 4904 R. P.)

1. COMBINAISON DES TEXTES. — Elle peut trouver, en effet, sa justification rigoureuse dans la combinaison des textes.

Si l'on veut prêter une attention sérieuse à l'économie du titre V de cette loi, l'on verra que les art. 28, 29, 32 sont uniquement consacrés *au payement* des droits, tandis que les art. 30 et 31 se bornent à *régler le recours* auquel ont droit les officiers publics, ou celles des parties qui ont fait l'avance des droits, contre les parties par lesquelles ces droits doivent être *en définitive* supportés. Ainsi, on lit dans l'art. 29 : « Les droits des actes seront... *acquittés,* » tandis que l'art. 31 porte : « Les droits des actes seront... *supportés.* » Cette différence de rédaction n'est pas accidentelle. L'enchaînement des dispositions de la loi la rend tout à fait caractéristique.

En effet, l'art. 29, qui a trait à l'acquittement par les officiers publics des droits de leurs actes, se trouve complété par l'art. 30, qui règle l'action, contre les parties, de l'officier public pour le remboursement de ses avances, et l'art. 31, en déterminant le recours des parties contre celle qui, par la nature de ses engagements, doit, en définitive, supporter les droits, est le corollaire indispensable des art. 29 et 30. Le législateur, par une succession d'idées tout à fait logique, a d'abord assuré les droits du Trésor, et, pour cela, il a rendu *ses débiteurs directs*, soit les officiers publics (1re partie de l'art. 29) pour leurs actes, soit *les parties* (2e partie de l'art. 29), lorsque les officiers publics ne servent pas d'intermédiaires. Il a ensuite sauvegardé, par l'art. 30, les intérêts des officiers publics qui n'avaient qu'une avance à faire. Enfin, l'art. 31 a réglé les parties entre elles. — *V.* 1525.

Si, de ces principes généraux, on passe au sujet qui nous occupe, on se trouve forcément amené à conclure que baser la demande des droits sur l'art. 31, ainsi que le veut la jurisprudence que nous avons exposée, c'est donner à cet article une portée qu'il n'a pas. Le débiteur des droits exigibles sur les actes judiciaires se trouve naturellement indiqué par la combinaison des art. 29 et 37 L. 22 frimaire an 7. L'art. 29 veut que « les droits des actes à enregistrer soient *acquittés*, savoir : par les greffiers pour les actes et jugement (sauf le cas prévu par l'art. 37 ci-après), » et cet art. 37 porte que le recouvrement des droits, non consignés aux mains du greffier,... doit être poursuivi *contre les parties*.

La conséquence directe du rapprochement de ces deux articles et de ce que nous avons dit plus haut, est que toutes les fois que, à défaut de consignation de fonds entre les mains du greffier, celui-ci s'est exonéré de la charge d'avancer les droits, en remettant un extrait du jugement au receveur, l'Administration a une action contre *toutes les parties* pour le recouvrement de ces droits.

2. DISPOSITIONS ÉTRANGÈRES. — Cette conclusion comporte néanmoins quelques tempéraments. On peut se demander d'abord si l'Administration serait autorisée à poursuivre contre toutes les parties en cause dans un jugement les droits des dispositions qui leur seraient étrangères. La négative avait été admise formellement par une délibération du 20 février 1829 (9259 J. E.). Mais l'Administration a depuis lors tenté de faire prévaloir l'opinion contraire. Elle a fait décider, notamment par le tribunal de la Seine, que chaque plaideur est tenu indistinctement des droits d'enregistrement exigibles sur tous les chefs de la sentence, lors même qu'ils lui seraient complétement étrangers (Seine 8 juin 1861, 1504 R. P., 17317 J. E., 12023 C.; — 5 avr. 1862, 2139 R. P.; — Rouen 23 fév. 1864, 2062 R. P.). La Cour suprême n'a pas consacré cette interprétation. Statuant dans l'hypothèse d'un jugement rendu sur une jonction d'instances, elle a reconnu, le 21 juin 1865, que chaque partie n'est tenue que des droits relatifs à la disposition la concernant : « Attendu, porte l'arrêt, que vainement la Régie se prévaut de ce que, lorsqu'il s'agit d'actes volontaires, elle a action contre tous ceux qui y ont figuré, ce droit procédant pour elle du consentement présumé de ceux qui, en concourant à ces actes, se sont volontairement soumis à l'acquit des droits nécessaires à leur régularisation, présomption inadmissible à l'égard de parties appelées contre leur gré dans une instance, et qui souvent sont condamnées sans même avoir su qu'elles avaient été assignées; — Attendu que, si le principe qui sur ce point régit les actes volontaires était appliqué aux jugements, il en résulterait qu'à cause de l'indivisibilité de la perception, toute partie figurant à un titre quelconque dans un jugement pourrait, comme l'est le demandeur dans l'espèce, être recherchée par la Régie pour des droits afférents à des dispositions qui lui sont étrangères, ce qui serait contraire à toutes les règles d'une perception légitime de l'impôt » (2139 R. P., 12905 C., 18328 J. N., 2426-2 I. G., S. 65-1-361, D. 65-1-378, B. C. 122). Cette distinction entre les actes volontaires et les jugements a été rappelée, depuis, dans un arrêt de la Chambre civile, du 21 décembre 1870 (3222 R. P., 14704 C., 20029 J. N., 2956 Rev., 2421-2 I. G., Bull. 187, S. 71-1-37, D. 71-1-87, P. 71-59). Chambéry, 31 janvier 1877, 4936 R. P.

3. TIERS APPELÉ EN GARANTIE. — Le tribunal de la Seine n'avait pas, du reste, attendu l'arrêt de 1865 pour modifier sa jurisprudence. Dès le 9 juillet 1864, il décidait que quand un tribunal joint deux instances et statue sur le tout, son jugement contient deux dispositions dont les droits ne peuvent être réclamés indistinctement à toutes les parties. Chacune d'elles n'est tenue que des droits applicables à l'instance qui la concerne. Spécialement, le tiers appelé en garantie ne saurait être astreint au payement des droits de la demande principale. De même, le porteur d'effets de commerce qui assigne le souscripteur en payement, reste étranger aux droits de l'instance engagée par ce souscripteur contre un tiers au sujet de l'inexécution du marché qui a donné lieu aux billets (2062 R. P.).

4. RÉCLAMATIONS SOLIDAIRES. — Et il a confirmé sa doctrine, le 18 août 1865, en reconnaissant que si un jugement donne ouverture au droit de titre sur plusieurs conventions distinctes, les droits d'enregistrement de ces conventions ne sauraient être réclamés solidairement à toutes les parties qui ont figuré dans le jugement : « Attendu, porte le jugement, que cette circonstance que deux conventions distinctes, passées entre deux parties différentes, trouvent dans un même jugement le titre qui les consacre, n'empêche pas les deux parties contractantes dans chaque convention de rester étrangères l'une à l'autre, et ne saurait, par conséquent, avoir pour résultat de créer une solidarité que répriment le texte et l'esprit de la loi » (2191 R. P.).

5. DISPOSITION INDÉPENDANTE. — Le tribunal de Châtillon avait également décidé, le 27 décembre 1828, que si un jugement contient plusieurs dispositions indépendantes les unes des autres, chaque partie ne peut être tenue au payement des droits que de la disposition qui lui profite (Châtillon 27 déc. 1828, 9259 J. E.).

6. DÉCLARATION D'INCOMPÉTENCE. — Jugé encore dans le même sens que le défendeur à l'égard duquel le tribunal s'est déclaré incompétent n'est pas responsable des droits occasionnés par les contestations jugées après sa mise hors de cause, parce qu'un tel résultat serait souverainement injuste et contraire au texte comme à l'esprit de la loi (Seine 12 mars 1865, 2169 R. P.).

Ces décisions sont fondées, car le plaideur n'est pas *partie* dans la disposition qui lui est étrangère.

781. — Jugement par défaut ou frappé d'appel. — C'est, en outre, une question discutée et fort délicate que celle de savoir si l'action du Trésor peut s'exercer immédiatement contre un défendeur condamné par défaut ou qui a interjeté appel de la décision. L'affirmative s'appuie sur les termes généraux des articles qui soumettent à l'enregistrement, dans un délai légal obligatoire, tous les jugements sans distinction et ne permettent de différer le versement des droits sous aucun motif. Ainsi, il a été décidé :

1° Que le défendeur condamné ne peut opposer à la demande des droits qu'il n'a pas acquiescé au jugement et veut en appeler (Marseille 22 juin 1857);

2° Que le défendeur condamné par défaut est tenu d'acquitter les *droits simples* du jugement, car la loi dispose que les droits des jugements, dont les greffiers auront remis les extraits à défaut de consignation du prix, seront poursuivis *sur les parties;* et d'ailleurs le jugement ayant été rendu faute de conclure, le défendeur ne saurait exciper de surprise à son égard; il a, au contraire, à s'imputer sa négligence à combattre les prétentions du demandeur (Mâcon 28 déc. 1859, 11689 C.);

3° Que la loi s'applique à tous les jugements, qu'ils soient par défaut ou contradictoires, en premier ou en dernier ressort, et que, dès lors, l'intention de faire appel du jugement, manifestée par la partie dans son mémoire, ne saurait avoir aucune influence sur la perception, ni aucun effet suspensif à l'égard de l'exécution de la loi (Saint-Etienne 30 juill. 1862, 1668 R. P.);

4° Que la loi du 22 frimaire an 7 ne fait, en ce qui concerne les droits d'enregistrement à exiger des parties sur un jugement, aucune distinction entre ceux contradictoires et ceux par défaut. « L'article 156 du C. proc., porte ce jugement, relatif à la déchéance pour défaut d'exécution, ne concerne que les rapports des parties et n'est pas opposable à l'Administration, qui n'a point à se préoccuper des suites que donnent les parties à leurs actes ou aux jugements qu'elles obtiennent. Le jugement, dès qu'il est revêtu des formalités qui en assurent l'authenticité, crée au profit de la Régie un droit qui n'est pas subordonné à son exécution, en sorte que, quand même il serait, à défaut d'exécution, non avenu entre les parties, il subsiste à l'égard de la Régie. Si le contraire avait lieu, la Régie devrait attendre, pour réclamer les droits d'enregistrement par défaut, son exécution, ce qui serait manifestement contraire à l'art. 37 L. 22 frimaire » (Angoulême 5 janv. 1858, 956 R. P., 11263 C., 16709 J. E.).

1. DÉFENDEUR DÉFAILLANT. — Mais ces décisions nous paraissent exagérer le principe de la loi. Ainsi que nous le disions dans nos précédentes éditions et que nous l'avons fait remarquer plusieurs fois, au R. P. (V. *not.*, 1668 et 3105), on ne saurait considérer comme *partie* véritable au jugement le défendeur défaillant ou qui a formé appel. Il n'est nullement certain que la décision soit maintenue; comment, dès lors, mettre à sa charge des droits qui peut-être ne doivent pas être supportés par elle? M. l'avocat général Blanche, examinant cette difficulté à propos de l'arrêt du 21 juin 1865, s'exprimait ainsi :

« Les jugements par défaut, tout le temps que l'opposition est recevable, sont réputés inconnus au condamné; il faut les lui faire souvent signifier par un huissier *commis*, et la voie de l'opposition est quelquefois ouverte jusqu'aux limites d'une exécution très-avancée (C. proc., art. 153, 156, 159, etc.). Toutes ces précautions prouvent que dans la pensée du législateur le défaillant est considéré comme n'ayant eu connaissance ni de l'assignation ni du jugement. Comment la Régie voudrait-elle l'obliger à avancer les droits d'un acte qu'il ignore et lui faire grief de son silence? Il en est de même de l'appel, puisque jusqu'à la décision à intervenir la sentence attaquée est comme non avenue à l'égard du condamné » (2139 R. P.).

C'est également l'opinion de Dalloz, n° 5149, et de Champ. et Rig., *Supp.*, 922, 923, 927), et la doctrine d'un jugement de Chambéry, du 31 janv. 1877 (4936 R. P.). Il est remarquable d'ailleurs que dans la plupart des hypothèses où la jurisprudence a eu à statuer sur des jugements par défaut ou frappés d'appel, c'est contre le demandeur que les poursuites étaient dirigées et qu'elles ont été maintenues. Mais on doit observer, à l'égard des jugements contradictoires en premier ressort, que la notification seule de l'appel pourrait arrêter l'action du Trésor. Il ne suffirait pas que le défendeur soit encore dans le délai utile, ou même qu'il ait manifesté son intention d'appeler; l'acte régulier d'appel a seul un effet suspensif.

2. DOCTRINE DE L'ADMINISTRATION. — L'Administration ne paraît pas cependant admettre l'interprétation précédente. Elle continue à soutenir, sans distinguer entre les jugements contradictoires et les jugements par défaut, que les droits peuvent être réclamés indistinctement au demandeur ou au défendeur. Et son opinion triomphe devant le tribunal de la Seine (Jugem. 3 août et 23 nov. 1867, 29 fév. et 8 août 1868, 2693 et 3105 R. P., 19 et 26 fév. 1870, 3157 R. P., 28 mai 1870, 16 déc. 1871, 15 fév., 26 juill., 9 août et 29 nov. 1873, 25 avr. 1874, 30 janv., 13 fév. 1875, 28 juin 1876.

Mais nous n'hésitons pas à croire qu'elle serait condamnée par la Cour suprême, comme elle l'a été déjà au sujet des dispositions différentes du même jugement par l'arrêt du 21 juin 1865, n° 780 § 2.

3. DROIT EN SUS. — Quoi qu'il en soit, et lors même que l'on adopterait un sentiment contraire au nôtre, il paraît certain qu'on ne pourrait pas aller jusqu'à réclamer au défendeur défaillant le payement du droit en sus pour défaut d'enregistrement dans le délai légal. Le tribunal de Mâcon, tout en accueillant la demande de l'Administration, en ce qui concerne le droit simple, dans son jugement du 28 décembre 1859, a écarté le droit en sus par la raison péremptoire que le défendeur, n'ayant aucune connaissance légale du jugement, n'est point punissable d'en avoir retardé l'enregistrement (11689 C.).

4. DÉFAUT FAUTE DE CONCLURE. — Quand le défendeur présent à l'audience s'abstient seulement de conclure, le défaut prononcé contre lui n'a pas le même caractère, et on ne peut pas objecter ici que ce défendeur n'a pas connu l'existence de la décision. Aussi le tribunal de la Seine a-t-il pu autoriser contre lui la demande du droit (Seine 8 août 1867, 18422 § 6 J. E., 14038 C.; 30 août 1867, 18420 J. E., 27 juin 1874, 4008 R. P., 30 janv. 1875, 8 avr. 1876, 4572 R. P. ; — 19 fév. 1876).

5. ASSISTANCE JUDICIAIRE. — PRUD HOMMES. — Le tribunal de la Seine, entraîné par sa jurisprudence, est allé jusqu'à décider, le 13 juin 1868, qu'en matière d'assistance judiciaire ou de procédure devant les conseils des prud'hommes, lorsqu'un jugement par défaut atteint par la péremption a condamné le défendeur au payement envers l'Etat du reste en débet de la procédure, l'Administration peut en poursuivre contre lui le recouvrement (3106 R. P.). Mais cette doctrine, qui est la conséquence logique du principe sur l'effet des jugements par défaut, se condamne par son exagération même. Elle a été très-justement écartée par le tribunal de Boulogne, le 23 juillet 1868 (3106 § 2 R. P.), dans un jugement contre lequel l'Administration ne s'est pas pourvue. Nous la réfuterons plus particulièrement au chapitre de l'*Assistance judiciaire*, n° 2299-7.

782. Don manuel. — Il faut comprendre, parmi les droits du jugement à réclamer indistinctement à toutes les parties en cause, les droits de reconnaissance de don manuel auxquels ce jugement donne ouverture (Rouen 12 fév. 1864, 2062 R. P.). Toutefois, si la reconnaissance était étrangère à l'une des parties, on devrait lui appliquer les principes précédents au sujet des dispositions indépendantes d'un jugement. C'est ce qu'a décidé le tribunal de la Seine le 29 décembre 1866 (2488 R. P., 18968 J. N., 18363 J. E., 13213 C., et celui de Mortagne le 7 juill. 1876, 4486 R. P.).

Le notaire est tenu de faire l'avance des droits de don manuel (Vervins 3 juin 1875, 4203 R. P.; — Cass. 10 déc. 1877, 4845 R. P.) — V. 6468.

783. Acte produit en cours d'instance. — Les droits simples et en sus d'un acte produit en cours d'instance font partie des droits d'enregistrement exigibles sur ce jugement et doivent être réclamés à celles des parties qui sont débitrices de ces droits envers le Trésor (Seine 13 déc. 1849 et 20 nov. 1850, 15067 et 15167 J. E.; — 17 janv. 1857, 16461 J. E.; — Seine 29 nov. et 13 déc. 1873; — Rouen, 3 déc. 1874).

1. ACTE PRODUIT PAR TOUTES LES PARTIES. — Ce point n'est pas douteux quand le demandeur et le défendeur ont participé tous deux à la production de l'acte sujet au droit et à l'amende (Cass. 4 août 1859, 1222 R. P., 2163-2 I. G., 16686 J. N., 17020 J. E., 11602 C., S. 60-1-284).

2. PARTIE QUI PRODUIT L'ACTE. — Mais si l'acte est produit exclusivement par le demandeur, les droits simples

suivent seuls le sort des droits d'enregistrement exigibles sur le jugement lui-même, et peuvent seuls être réclamés d'après les mêmes règles. Le droit en sus reste à la charge du demandeur, puisque la contravention résulte de son fait personnel (Seine 22 nov. 1848, 14629 J. E., 18 août 1865, 2118 R. P., 29 nov. 1873.) « Attendu, porte ce dernier jugement, que la Régie reconnaît elle-même que Pillore ne saurait être tenu du droit en sus encouru personnellement par Soupault, pour avoir produit l'acte au cours de l'instance sans le faire enregistrer. »

Jugé également que l'Administration peut poursuivre contre le vendeur le recouvrement du double droit de mutation exigible sur une promesse de vente non enregistrée, produite au cours d'une instance, si ce vendeur est l'auteur de la production et s'il lui a été alloué, par le jugement définitif, des dommages-intérêts à la charge de l'acquéreur (Cass. 12 juin 1854, S. 56-1-69, 2019-6 I. G.).

Décidé de même que si la juridiction émane d'une partie où a été nécessitée par son refus d'exécuter l'acte, cette partie est débitrice des droits (Sol. 15 juin 1878).

Mais, entre les parties, les tribunaux peuvent mettre les droits de l'acte à la charge de l'un ou de l'autre des plaideurs. — V. 1468.

784. Actes étrangers à l'objet de la demande. — Dans tous les cas, si les actes qui ont été produits sont étrangers à l'objet de la demande où ne s'y rattachent qu'incidemment, les droits ne peuvent être poursuivis que contre les parties qui en ont fait usage (Seine 9 janv. 1856, 612 R. P.; 14 fév. 1857, 16502 J. E. — *Conf.* 18350 J. E. — *Contrà*, Yvetot 10 mars 1865, 2165 R. P.).

785. Héritier bénéficiaire. — Mais il importerait peu que l'acte produit émanât d'une personne dont le plaideur serait héritier bénéficiaire : « Attendu que la production en cours d'instance du sous seing privé non enregistré est un fait personnel de l'héritier bénéficiaire ; que dès lors sa qualité ne pourrait, en aucun cas, l'exonérer du droit simple, encore moins du droit en sus » (Seine 21 avr. 1860, 1425 R. P., 11858 C., 17116 J. E.).

La même doctrine a été appliquée aux droits du jugement à enregistrer, par un jugement du tribunal de Riom, du 7 mars 1874 : « Attendu que l'héritier bénéficiaire doit être contraint, comme l'héritier pur et simple, de faire au Trésor l'avance des droits, sauf à exercer son recours sur l'actif de la succession ; qu'en cas d'insuffisance de cet actif, il ne saurait attribuer qu'à son acceptation volontaire le non recouvrement des avances faites par lui. » — V. 3052.

786. Condamnation prononcée. — Dans tous les cas, celle des parties à la charge de laquelle incombent les droits d'enregistrement est tenue de payer les droits du jugement et des actes sous seing privé dont l'enregistrement est ordonné, surtout si le jugement l'y condamne formellement (Seine 2 mai 1851, 15300 J. E. ; — Cass. 25 mars 1872, 3424 R. P. 2449 § 1er I. G. ; — Aix 31 déc. 1873, 3870 R. P.; — Seine 20 nov. 1875.) — V. 790-2.

787. Contre-lettre. — Les droits d'un jugement qui a reconnu l'existence d'une contre-lettre sont à la charge du vendeur qui s'est prévalu de l'existence de cette contre-lettre (Ribérac 23 déc. 1844, 13705 J. E.). — Mais on ne peut poursuivre les parties qui n'ont pas figuré dans l'instance qui a nécessité ou occasionné la production de la contre-lettre (Sarrebourg 27 fév. 1857).

788. Liquidation de société. — On ne peut suivre sur le liquidateur d'une société *personnellement* les droits d'un jugement qu'il a obtenu, en sa qualité, contre un débiteur de la société ; mais on peut faire opposition entre ses mains sur les fonds de la société (11220 J. E.).

789. Ordonnance de référé. — Les règles que nous venons d'indiquer s'appliquent aux ordonnances de référé comme aux jugements. Il a été décidé, à cet égard, que les droits d'une ordonnance de l'espèce rendue contradictoirement peuvent être réclamés à toutes les parties qui y ont figuré, et aussi bien à celle qui n'en profite pas qu'à celle qui l'a obtenue (Seine 30 juill. 1870, 3512 R. P. — *V.* 792); mais cette jurisprudence doit être limitée conformément aux observations que nous avons faites au sujet des jugements proprement dits. — *V.* 771-2, 773, 780.

790. Règlement entre les parties. — Les droits simples d'enregistrement du jugement font naturellement partie des dépens du procès et en suivent le sort. La disposition du jugement qui statue sur les dépens leur est donc de plein droit applicable.

La question a été plus controversée à l'égard des droits des actes produits en justice, ou dont l'enregistrement est devenu nécessaire pendant l'instance.

En principe, les droits et droits en sus résultant de ce fait ne font pas partie des dépens, lesquels n'embrassent que le coût des actes de procédure prescrits ou autorisés par la loi. Les droits des actes produits par un des plaideurs et auquel l'autre plaideur est étranger, doivent donc demeurer à la charge de celui qui en fait usage. Pour que son adversaire les supporte, il faut que le jugement l'y condamne formellement. Mais il peut le faire à titre de dommages-intérêts, s'il est démontré que la production du titre a été nécessitée par l'action ou par la résistance du condamné.

Nous ajouterons que les tribunaux éprouveront toujours de la difficulté à mettre le droit en sus encouru par application de l'art. 57 de la loi du 28 avril 1857 à la charge de la partie qui est restée étrangère à la production, parce que ce droit en sus est la peine d'une faute personnelle que le produisant pouvait éviter en faisant enregistrer ses actes avant l'exploit introductif de l'instance. Il s'est établi sur ces différents points une jurisprudence très-nombreuse et assez obscure au début. Les explications que nous venons de donner en présentent l'état actuel tel qu'il résulte des plus récents arrêts (Cass. 6 avr. 1840, S. 40-1-294 ; 9 fév. 1832, 6 janv. 1841, S. 41-1-270; 6 nov. 1860; D. 60-1-488; 9 avr. 1861 et 29 avr. 1863, D. 63-1-375 ; 3 mars 1863, S. 63-1-228 ; 5 déc. 1866, S. 67-1-332, 17 déc. 1872, 3601 R. P.; 3 fév. 1873; 14 nov. 1876, 4982 R. P.) — V. Chauveau, *Lois de la procéd. Supp.* quest. 546 *quat.* ; Demante n° 811; Bioche, V° *Enregistr.* 116).

1. DROIT EN SUS. — Mais le droit en sus ou l'amende encourue pour défaut d'enregistrement du jugement, même dans le délai légal, reste dans tous les cas à la charge personnelle de celui à qui incombait l'obligation de le faire enregistrer (Cass. 30 avr. 1833, 10651 J. E.; — Seine 16 déc. 1871, 3403 R. P.; — 9 avr. 1861).

« Attendu, porte l'arrêt de 1833, qu'il résulte de ces articles combinés avec les art. 28 et 29 de la même loi, que les droits d'enregistrement d'un jugement doivent être avancés par celle des parties à laquelle profitent les condamnations que ce jugement prononce; que si cette partie laisse passer le délai légal, elle doit supporter seule le double droit, sans répétition contre la partie condamnée aux dépens; — Attendu que le jugement du 23 décembre 1851, qui prononçait contre Barjaud la résolution de la vente que lui avait faite Chavagnac, ne profitait qu'à ce dernier; que la circonstance que ce jugement ne faisait que confirmer un précédent jugement par défaut, ou que Barjaud, ayant obtenu l'assistance judiciaire, aurait pu remplir en temps utile et sans rien débourser, la formalité de l'enregistrement, ne pouvait point relever de Chavagnac de l'obligation qui lui était imposée par la loi. »

2. ACTION DE L'ADMINISTRATION. — CONDAMNATION PRONONCÉE. — Lorsque le jugement dont les droits sont dus renferme une disposition qui condamne d'ores et déjà l'une des parties à les payer, cette disposition confère à l'Administration une action directe contre cette partie, et elle peut la poursuivre en vertu de l'injonction du tribunal sans avoir à justifier autrement sa demande. « Attendu, porte un arrêt de la C. Cass. du 25 mars 1872, qu'une partie ne peut, au moyen d'offres inférieures à la liquidation du receveur, se soustraire à l'obligation qui lui était imposée par la loi et *la condamnation prononcée contre elle* d'acquitter la totalité des droits réclamés pour l'enregistrement dudit jugement... » (3424 R. P., 2449-1 I. G., S. 72-1-193, B. C. 60. — *Conf.* Aix 31 déc. 1873, 3870 R. P.). — V. 786.

3. RÈGLEMENT ULTÉRIEUR. — Les conventions particulières intervenues entre deux parties après jugement, alors que l'une des parties a été condamnée aux dépens vis-à-vis du Trésor qui avait fait les avances, ne sont pas opposables à l'Administration. « Attendu que le recouvrement des frais avancés par le Trésor (juridiction des prud'hommes) et l'exécution des condamnations prononcées à son profit ne peuvent être indéfiniment ajournées par l'effet de conventions intervenues entre les parties ou de procédures auxquelles l'Administration est et doit rester étrangère » (Seine 17 août 1873).

791. Défaut de remise d'extrait. — La peine prononcée contre les greffiers, pour n'avoir pas fourni aux receveurs des extraits certifiés des actes et jugements dont les droits ne leur ont pas été remis par les parties, n'exclut pas les poursuites à diriger contre les parties elles-mêmes pour le recouvrement de ces mêmes droits (Cass. 11 sept. 1809, 3627 J. E.). « Attendu, porte cet arrêt, que le redevable n'est pas fondé à dire que la Régie aurait dû diriger sa poursuite contre le greffier qui était chargé de présenter à l'enregistrement la minute du jugement dont il s'agit; — que la réponse à ce moyen se trouve dans l'art. 37 également cité ci-dessus, qui veut que, faute par les parties d'avoir consigné ès mains du greffier, dans le délai prescrit pour l'enregistrement, le montant des droits fixés par la loi, le recouvrement en soit poursuivi contre les parties par les receveurs, et qu'elles supportent en outre la peine du droit en sus; — que Micard-Perrin n'ose pas soutenir qu'il a fait cette consignation ès mains du greffier; — Attendu enfin que la peine infligée aux greffiers par le même art. 37, faute d'avoir fourni aux receveurs de l'Enregistrement des extraits certifiés des actes et jugements dont les droits ne leur ont pas été remis par les parties, n'est qu'additionnelle, uniquement relative à la négligence des greffiers, mais n'est pas exclusive du recouvrement des droits à poursuivre contre les parties par les receveurs » — *Conf.* D. m. f. ... 1837, 11834 J. E., 1562 § 12 I. G.). — V. 772-1.

1. DÉCÈS DU GREFFIER. — Quand un greffier décède sans avoir remis au receveur des extraits des actes du greffe et des jugements assujettis à l'enregistrement, et sans que les amendes qu'il avait encourues aient été prononcées contre lui, les parties sont dans le cas d'être poursuivies, mais seulement pour les droits *simples*, attendu qu'il y a contre elles, pour ces droits, *un recours assuré*. Les héritiers du greffier ne peuvent être tenus ni des amendes qu'il avait encourues, ni des droits et doubles droits mis à sa charge au même titre (Dél. 13 fév 1822, C. a., Mass. Delong., 3e édit. 1093).

792. Ordonnance. — Certificat. — C'est aux parties et non au greffier à acquitter directement les droits des ordonnances sur requêtes ou mémoires et des certificats qui leur sont immédiatement délivrés par les juges (L. 22 frim. an 7, art. 29). — V. 12157.

Mais les parties sont solidaires pour le payement de ces droits. On l'a ainsi décidé au sujet d'une ordonnance de référé rendue sur l'opposition d'un débiteur et autorisant la continuation des poursuites commencées par le créancier présent. « Attendu qu'il importe peu que le créancier n'ait pas provoqué l'ordonnance, qu'il n'a pas moins été partie à cet acte judiciaire, et qu'ainsi l'Administration peut s'adresser à lui ou au défendeur comme l'y autorisent les art. 29, 30, 35 et 37 de la loi du 22 frimaire an 7 » (Seine 26 déc. 1856, 818 R. P., 16458 J. E., 11152 C.).

793. Supplément de droit. — Mais par une règle commune aux greffiers et aux notaires (V. 1013), lorsque le greffier a payé le droit qui lui a été réclamé, il a satisfait à la loi, et l'Administration n'a plus aucune action contre lui pour le payement d'un supplément de droit ultérieurement reconnu exigible. C'est ainsi qu'il a été reconnu que :

1. COMMAND. — Lorsque, sur un acte au greffe, portant élection de command, et qui n'a été enregistré qu'au droit fixe, on reconnaît postérieurement que le droit de vente était exigible, le supplément de droit ne peut plus être recouvré que sur les parties (14297-1 J. E.).

2. ORDRE. — De même, il a été jugé que le créancier qui a poursuivi l'ordre est responsable du supplément de droit exigible sur le procès-verbal d'ordre et de collocation (Condom 3 août 1850, 15069-9 J. E.).

3. MISE AU ROLE. — Mais le droit de mise au rôle étant directement perçu par le greffier qui le verse au receveur, c'est à lui que l'on doit réclamer le supplément de droit exigible par suite d'une perception insuffisante (9209 J. E.).

794. Sentence arbitrale. — C'est par application du principe posé n° 780 qu'il a été reconnu que quand une sentence arbitrale statue sur des demandes réciproques, admet les unes et rejette les autres, toutes les parties qui ont figuré au compromis peuvent être poursuivies pour le payement des droits (Seine 26 déc. 1848, 14929-8 J. E.). La même règle a été confirmée par la C. cass. dans un arrêt du 19 déc. 1855 ainsi conçu :

« Attendu, en droit, qu'il résulte du texte et de l'esprit des art. 29, 30, 33 et 37 de la loi du 22 frimaire an 7, que l'administration de l'Enregistrement peut s'adresser à toute partie qui a figuré à un titre quelconque dans un contrat ou dans un jugement, et réclamer de cette partie le payement des droits d'enregistrement résultant soit du contrat, soit du jugement » (538 R. P., S. 56-1-78, 2060-6 I. G.).

1. PARTIE QUI PROFITE. — Déjà, par un arrêt du 16 février 1814 (Dalloz, n° 5147), la C. cass. avait décidé que le droit peut être réclamé à tous ceux au profit desquels la sentence a été rendue, et que si elle intéresse une société, le droit pourra être réclamé de chacun de ses membres.

« Attendu, porte cet arrêt, que la sentence arbitrale du 20 décembre 1811 prononce l'adjudication d'une somme de 27,000 francs au profit de l'ancienne compagnie Regnier, Morel et Cᵉ, et que Morel, l'un des membres de cette compagnie, n'en a pas demandé la nullité dans son intérêt personnel, ce qui lui laisse le droit d'en poursuivre l'exécution; d'où il suit qu'aux termes de l'article 31 de la loi du 22 frimaire an 7, l'administration de l'Enregistrement et des Domaines a été fondée à exercer contre lui des contraintes en payement des droits d'enregistrement de ladite sentence » (S. 14-1-266).

2. TOUTES LES PARTIES. — Par un jugement du 8 mars 1849 (14691-1 J. E.), le tribunal de la Seine est allé plus loin. Il a reconnu, conformément à une opinion rapportée 6446 J. E., que les droits d'enregistrement sur une sentence arbitrale peuvent être exigés de toutes les parties en cause, parce que l'art. 31 L. 22 frimaire an 7, qui met à la charge des parties auxquelles les condamnations judiciaires profitent les droits de ces condamnations, n'est pas applicable aux sentences arbitrales rendues du consentement des parties, qui se sont ainsi *implicitement* engagées à payer tous les frais du litige. — *V.* Champ. et Rig., *Suppl.*, Traité 927.

3. ASSOCIÉ. — La C. cass. a même reconnu, le 16 février 1814 (arrêt rapporté 794-1), que le receveur peut diriger la demande contre un associé qui n'a pas signé le compromis, même après la dissolution de la société, lorsque, sur la poursuite du liquidateur, il a été rendu une sentence qui adjuge une somme à la société.

4. VENTE VERBALE. — Quoi qu'il en soit, le vendeur qui présente à l'enregistrement une sentence arbitrale qui constate l'existence d'une vente verbale est tenu au payement de tous les droits auxquels cette sentence donne ouverture (Seine 3 juill. 1844, 13571 J. E.).

SECTION 3. — RESPONSABILITÉ DES JUGES

[795]

795. Acte non enregistré. — Les droits des actes sur lesquels les jugements sont rendus restent à la charge des parties, ainsi qu'on vient de le voir; mais l'art. 47 L. 22 frimaire an 7, qui fait défense aux juges et aux arbitres de rendre aucun jugement sur des actes non enregistrés, s'il ne prononce pas d'amende contre eux, les rend *responsables* de ces droits, *sauf tout recours*, si les jugements sont rendus sans enregistrement préalable des actes sur lesquels il est prononcé.

1. ACTE NON ÉNONCÉ. — Mais cette prescription de la loi doit être renfermée dans ses véritables limites. Il faut, *pour qu'il y ait responsabilité encourue*, que l'existence matérielle de l'acte soit établie dans le jugement. Aussi la C. cass. a-t-elle décidé, le 25 prairial an 10 (9964 J. E.), que lorsqu'une contestation, née au sujet d'une mutation d'immeubles, donne lieu à un compromis dans lequel l'objet est seulement indiqué, l'arbitre qui prononce, *sur l'audition des parties et les preuves respectivement produites*, sans qu'aucun acte soit énoncé, ne contrevient pas à l'art. 47 L. 22 frimaire an 7.

2. ACTE NON TIMBRÉ. — En tout cas, l'Administration n'a aucun recours contre les juges pour le payement des droits de timbre des actes sur lesquels un jugement a été rendu. Aucune peine, en effet, aucune responsabilité n'a été attachée par la loi du 13 brumaire an 7 à la violation de la défense *faite aux juges* par l'art. 24 de la même loi, de prononcer aucun jugement sur un acte, registre ou effet de commerce non écrit sur papier timbré du timbre prescrit ou non visé pour timbre (14632-1 J. E.).

3. GREFFIERS. — Les jugements émanant du juge sous la dictée duquel ils sont écrits par le greffier, il en résulte que, s'ils renferment des contraventions aux lois sur l'enregistrement et le timbre, ce n'est point au greffier qu'on peut les imputer, puisqu'elles ne sont pas de son fait. C'est le juge que la loi, par l'art. 47, rend à cet égard responsable du payement des droits, sans prononcer de peine contre le greffier (D. m. f. 6 août 1819, 6532 J. E., 14632-1 J. E.). — V. 1679.

Ainsi, pour les jugements où le greffier n'est que le secrétaire du juge, aucune responsabilité ne peut l'atteindre; mais à l'égard de tous les autres actes et procès-verbaux du ministère du juge pour lesquels « *le juge est assisté du greffier* » qui garde les minutes et délivre les expéditions (1040 C. proc.), l'amende est encourue par lui pour les contraventions qui peuvent s'y rencontrer. Car alors, ainsi que le dit Rodier, « un greffier doit écrire ce que le commissaire lui dicte ; mais s'il s'apercevait de quelque défaut d'exactitude affecté, *il pourrait refuser son ministère*, sans pourtant se donner la licence de rien écrire de contraire. » C'est une distinction essentielle qui ressort d'une décision de l'Administration belge du 15 décembre 1853 (84 R. P.).

CHAPITRE V. — PRESCRIPTION

[796-796 *bis*]

796. Minute exempte d'enregistrement. — Avant la loi de 1816 et sous l'empire de l'art. 7 L. 22 frimaire an 7, un certain nombre d'actes, et notamment les jugements, n'étaient assujettis à l'enregistrement que sur l'expédition. Pour ces actes et jugements aucune prescription ne peut courir tant que l'expédition n'en a pas été délivrée.

796 *bis*. — Minute à enregistrer. — 1. DROIT SIMPLE. — La loi de 1816 ayant prescrit l'enregistrement sur la minute (Art. 38) de tous les actes judiciaires et jugements, ces actes sont très-généralement présentés à la formalité par les greffiers. Cependant, s'il arrivait qu'un de ces actes n'eût pas été soumis à l'enregistrement, la seule prescription qui pourrait atteindre le droit simple serait celle de trente ans. Il importe peu, en effet, que l'Administration ait eu connaissance de la convention renfermée dans l'acte par un moyen quelconque ; ces circonstances ne sauraient équivaloir à la présentation effective à l'enregistrement. La prescription de deux ans ne peut être invoquée que lorsqu'il s'agit ou d'un droit non perçu sur une disposition particulière de cet acte, lorsqu'il a été présenté à l'enregistrement, ou d'une fausse évaluation, ou d'un supplément à une perception insuffisamment faite. — V. *Prescription.*

2. DROIT EN SUS. — POINT DE DÉPART. — Quant au droit en sus, la prescription est de deux ans, lorsque l'acte a été connu, soit par l'inscription au répertoire, soit par l'extrait que le greffier en a remis au receveur, soit par tout autre moyen. Dans cet ordre d'idées, un arrêt de la C. cass. du 25 juillet 1822 a reconnu qu'il résulte de la combinaison de l'art. 61 avec l'avis du Cons. d'Ét. du 22 août 1810, que la prescription biennale court du jour où les préposés ont été mis à même de constater la contravention résultant du défaut d'enregistrement, notamment par la mention des actes non enregistrés dans un jugement postérieur (7289 J. E.). *Conf.* Seine 20 nov. 1850, 15167 J. E.).

3. CONDITION SUSPENSIVE. — Le délai pour réclamer les droits proportionnels d'un jugement en matière de résolution de vente d'immeubles, tenus en suspens par une condition, ne court que du jour où un acte donne la preuve que cette condition s'est accomplie (Saverne 16 avr. 1851, 15245-4 J. E.). Même décision pour des droits de titre et de condamnation non perçus sur un jugement qui n'avait prononcé la condamnation que sous condition suspensive (Seine 22 nov. 1850, 15113 J. E.).

Le développement de ce principe sera présenté au mot *Prescription.*

CHAPITRE VI. — TIMBRE DES ACTES JUDICIAIRES

[797]

797. Disposition générale. — Les actes judiciaires avaient été soumis au timbre par les art. 1er et 12 L. 13 brumaire an 7, mais *pour le cas seulement* où les minutes étaient sujettes à l'enregistrement. Cette distinction a cessé depuis la loi du 28 avril 1816, dont l'art. 38 les a soumis sans exception à l'enregistrement sur la minute. — (On peut consulter, sur ce qui se pratiquait antérieurement, les circul. 1043 et 1566.) Dans l'état actuel de la législation, le principe général est que tous les actes judiciaires doivent être écrits sur papier de dimension. Cela résulte des art. 1er et 12 de la loi du 13 brumaire an 7 et 71 de celle du 28 avril 1816.

L'établissement des droits de greffe n'a apporté aucun changement à cette législation. La loi du 21 vent. an 7 porte en effet : « Ne sont pas compris dans les droits ci-dessus fixés le papier timbré et l'enregistrement, qui continueront d'être perçus conformément aux lois existantes » (Art. 18).

Nous ne pouvons pas songer à entrer à l'occasion des actes judiciaires dans le développement de toutes les questions relatives au timbre des procès-verbaux, certificats, jugements et autres actes qui rentrent dans cette catégorie. On les trouvera classés à leur ordre dans le cours de l'ouvrage. Nous nous bornerons ici à des indications générales et sommaires destinées à présenter l'ensemble de la matière, en priant le lecteur de se reporter pour plus de détails aux différents mots du *Répertoire général.*

1. ACTE NON SIGNÉ DU GREFFIER. — Les actes judiciaires rédigés par un juge de paix sur papier non timbré donnent lieu à l'amende, quoiqu'ils ne soient point signés de son greffier : « Attendu qu'il est constant que, parmi les minutes rédigées et signées par le sieur Bewer, pendant qu'il était juge de paix de Daun, et après l'établissement du timbre dans le département de la Sarre, il s'en est trouvé vingt-huit signées par lui et écrites sur papier non timbré ; considérant que, bien que ces minutes n'aient pas été signées par le greffier de la justice de paix de Daun, elles n'en ont pas moins dû être rédigées sur papier timbré (Cass. 7 mars 1808, 9982 J. E.). — *V.* 1679.

2. ADJUDICATION ANNULÉE. — Les droits de timbre d'un procès-verbal d'adjudication annulé sur appel ne sont pas restituables comme le droit d'enregistrement (Circul. 15 déc. 1807 ; D. m. f. 15 flor. an 11). — *V.* 14589.

3. AVOUÉ. — CONCLUSION. — Les conclusions remises à l'audience par les avoués ne sont que la copie de celles qui sont signifiées par acte d'avoué ; elles ont le caractère de simples notes exemptes du timbre (D. m. f. 15 juill. 1825, 1354-11 I. G.).

4. *Idem.* — NOTES. — Il en est de même des notes que les avoués font passer au juge après le rapport pour rectifier des faits qu'ils croient inexacts (2988 J. E.).

5. CAUTIONNEMENT. — La déclaration de cessation de fonctions qui précède la demande en remboursement de cau-

tionnement doit être rédigée en minute et soumise à l'enregistrement au comptant.

Le certificat du greffier visé par le président du tribunal et celui du syndic de la Bourse ne peuvent être délivrés que sur papier timbré (2111 I. G.).

Le certificat de non opposition à produire par les receveurs de l'Enregistrement est sujet également au timbre de dimension (277 I. G., 2312, 11326 J. E.).

6. CERTIFICAT. — Les certificats de toute nature rédigés dans le cours des procédures, sont assujettis au timbre. De ce nombre sont notamment les certificats de production, d'opposition, de dépôt, etc.

7. CASIER JUDICIAIRE. — Les certificats constatant la situation judiciaire d'un individu sont exempts de timbre quand ils sont remis à des magistrats ou à des administrations publiques dans l'intérêt de l'État, et qu'il y est fait mention de leur destination. Dans les autres cas, ils doivent être rédigés sur papier timbré (D. m. f. et just. 27 nov.-6 déc. 1852, 1957 I. G.).

Le droit de timbre de ces certificats est réglé d'après la dimension du papier (D. m. f. 30 avr. 1862).

8. SERVICE MILITAIRE. — Les certificats délivrés aux personnes qui s'engagent au service militaire, qu'elles aient servi ou non, sont exempts de timbre et d'enregistrement. Ils sont assujettis à cette double formalité s'ils sont délivrés à des personnes qui se présentent pour remplacer (D. m. f. 7 juill. 1864). — V. *Certificat*.

9. COMMISSIONS ROGATOIRES. — Les actes faits à la requête du ministère public et ayant pour objet l'exécution de commissions rogatoires émanées de tribunaux étrangers et transmis par les voies diplomatiques, peuvent être rédigés sur papier non timbré et enregistrés gratis (D. m. f. 27 mars 1829, 9245 J. E.).

10. CONSULTATIONS. — MÉMOIRES. — Les consultations, mémoires, observations et avis des jurisconsultes sont assujettis au timbre lors même qu'ils ne seraient pas produits en justice (137, 417, 435 I. G.; — Cass. 23 nov. 1824, S. 25-1-119, 1156-2 I. G.; — 19 nov. 1839, S. 40-1-42, 1615-13 I. G.; — 8 janv. 1822, 513 *Précis. Chron.*, S. 22-1-208, 7186 J. E.; — Av. Cons. d'Ét. du 17 août 1827, 1303-19 I. G.).

11. DÉPOT DE SIGNATURE ET PARAPHE. — Les actes de dépôt des signatures et paraphes des notaires doivent être rédigés sur une feuille distincte de papier timbré (D. m. f. 17 oct. 1821, 1008 I. G.; D. m. f. et j. 6 août 1861, 2200 I. G.).

Ces actes de dépôt sont exempts de l'enregistrement, mais ils sont soumis aux droits de greffe quand ils sont reçus au greffe du tribunal civil (1008 I. G.).

Le dépôt des signatures et paraphes des officiers de l'état civil peut être reçu sur papier non timbré (D. m. f. et j. 6 août 1861, 2200 I. G.).

12. *Idem.* — RÉPERTOIRE. — Le dépôt du double des répertoires des notaires se constate par un acte du greffe soumis au timbre (D. m. f. 27 juin 1808, 390 § 2 I. G.).

13. *Idem.* — EMPREINTES. — Le dépôt des empreintes de timbres nouveaux se constate au greffe par un procès-verbal rédigé sans frais.

Il en est de même des modèles de timbre des contributions indirectes (516 I. G.) ou des poinçons servant à la garantie (516 I. G.); — des empreintes de marteaux servant aux agents forestiers (Sol. 8 juin 1830, 1336-4 I. G.). Mais cette dernière exemption ne s'étend pas aux empreintes des marteaux des adjudicataires de coupes ou des gardes particuliers (1336-4 I. G.); non plus qu'au dépôt, pour les usagers dans les forêts de l'État, de l'empreinte servant à marquer les bestiaux (D. m. f. 15 juill. 1828, 1251 § 4 I. G.).

L'acte de dépôt peut être écrit à la suite de la feuille où a été placée l'empreinte. — V. 562 *bis*.

14. *Idem.* — PROCÈS-VERBAUX DE VISITE DE NAVIRE. — Le dépôt du procès-verbal de visite de navire doit être constaté par un acte du greffe du tribunal de commerce, soumis aux droits de timbre et d'enregistrement ordinaires. Il n'y a d'exception que pour les procès-verbaux de visite de navires destinés au petit cabotage dont le dépôt est exempt de tout droit (D. m. f. 13 déc. 1828, 1272-12 I. G., 26 juin 1863).

15. *Idem.* — RAPPORTS DE NAVIGATION. — Les rapports des capitaines au long cours ou au grand cabotage sont assujettis au timbre et à l'enregistrement. Mais les petits rapports dans lesquels on indique seulement le jour du départ, le nom, le port et le chargement du navire, enfin la visite et le jour d'arrivée, sont exempts de toute formalité. — Il en est de même pour les actes de dépôt rédigés dans les greffes (1272-12 I. G.).

Le dépôt du rapport du capitaine après un naufrage peut être visé et enregistré en débet, sauf recouvrement contre les parties (D. m. f. 8 août-24 sept. 1808, 402 I. G.).

16. *Idem.* — EFFETS DÉPOSÉS DANS LES GREFFES. — La requête présentée par le greffier et l'ordonnance autorisant la vente d'effets déposés dans les greffes sont exemptes de timbre et d'enregistrement (Dél. 12 nov. 1830; D. m. f. 3 déc. 1830, 10012 J. E.).

Les décharges de pièces de conviction données par les particuliers en matière criminelle sont des actes du ressort de la vindicte publique, et elles ne sont sujettes au timbre et à l'enregistrement que quand il y a partie civile en cause (D. m. f. 11 août 1820, 952 I. G.).

Le dépôt au greffe des ouvrages saisis en matière de garantie et la décharge qui en est donnée, ne sont passibles d'aucun droit (516 I. G.).

17. DETTE PUBLIQUE. — Les actes passés devant les tribunaux relativement à la liquidation de la dette publique ne profitent pas de l'exemption du timbre et d'enregistrement établi par la loi du 6 frimaire an 8 pour les actes administratifs concernant le même objet (2312 J. E.).

18. ÉTAT D'AVANCES. — Les états que le greffier remet aux avoués ou aux parties des droits et avances qui lui sont dus, sont sujets au timbre (Sol. 24 oct. 1865).

19. DOUBLE EMPLOI. — Lorsqu'un jugement mal à propos rédigé sur papier non timbré a été ensuite remplacé

par un jugement régulièrement écrit sur papier timbré, cette substitution n'empêche pas de réclamer les droits de timbre du premier jugement, parce qu'il y a eu emploi d'un papier qui devait être timbré (Sol. 21 juin 1867).

Dans le même ordre d'idées, il a été reconnu que, dans tous les cas où un acte judiciaire a été mal à propos rédigé sur du papier timbré, il n'y a pas lieu de le restituer, attendu qu'il est de principe que les droits du papier de la débite employés par les particuliers ou par les officiers publics ne sont jamais restituables (Sol. 16 nov. 1866). — *V.* 14515.

20. ÉTATS DE DÉPENS. — Les états de frais et dépens produits par les avoués, soit en matière ordinaire, soit en matière sommaire, doivent être écrits sur du papier au timbre de dimension (D. m. f. 13 août 1850, 1866 I. G.).

On doit également rédiger sur timbre les états de frais produits à la suite d'une instance au tribunal de commerce et revêtus de la taxe du président (Sol. 26 nov. 1867, 2813 R. P.). — V. *État.*

21. EXÉCUTOIRES.—Les exécutoires de frais de justice ne sont passibles du timbre qu'autant que la somme portée dans les états ou mémoires dépasse 10 francs (Déc. du 18 juin 1811, art. 146, 531 I. G.).

Les frais d'extraits, d'arrêts et de jugements fournis aux receveurs de l'Enregistrement tombent sous l'application de cette règle, et les états ou mémoires ne sont sujets au timbre que quand ils excèdent 10 francs (Sol. 26 mars 1852, 1919 I. G.).

22. ÉTRANGERS. — Les arrêts et jugements des tribunaux étrangers, dont l'exécution serait poursuivie en France, sont passibles du même droit que les jugements français (L. 28 avr. 1816, art. 58; D. m. j. 5 déc. 1828 et 27 mars 1829, 1274 I. G.).

23. EXPÉDITIONS. — Toutes les expéditions des actes judiciaires reçus en minute doivent être rédigées sur moyen papier (L. 13 brum. an 7, art. 19, 1419 I. G.; L. 28 avr. 1816, art. 63).

Par exception, l'Administration des contributions indirectes peut se faire délivrer des expéditions des actes qui la concernent, sur papier non timbré, pourvu que leur destination y soit mentionnée (D. m. f. 30 août 1818, 6029 J. E.; 30 mars 1819, 6507 J. E.).

En matière correctionnelle, les expéditions des jugements demandés par le ministère public doivent être rédigées sur papier visé en débet. Elles pourraient même être délivrées sur papier non timbré si la délivrance en était requise par le ministère public pour la vindicte publique ou lorsque la partie civile est désintéressée (690 I. G.).

24. EXPROPRIATION. — Les plans, procès-verbaux, certificats, significations, jugements, contrats, quittances et autres actes faits en vertu de la loi sur l'expropriation, sont visés pour timbre et enregistrés gratis lorsqu'il y a lieu à la formalité de l'enregistrement (L. 3 mai 1841, art. 58, 1448 et 1660 I. G.).

25. FAILLITE. — Les acquits donnés sur les états de répartition dressés par le syndic ne donnaient lieu autrefois qu'à un seul droit de timbre (4220 J. E.). Ils sont aujourd'hui passibles d'autant de droits de 10 centimes qu'il y a d'acquits (L. 23 août 1871, art. 18).

Les jugements prononçant d'office la clôture de la faillite, conformément à l'art. 527 du C. com., pour cause d'insuffisance d'actif peuvent être enregistrés en débet (D. m. f. et just. 20 juill. 1843, 1697-4 I. G.).

Il en est de même des procès-verbaux qui déclarent l'union dissoute pour la même cause (D. m. f. et j. 21 oct. 1845, 1755-8 I. G.), et des autres actes prévus à l'art. 537 C. com. qui sont : 1° la sommation au failli ; — 2° le compte de gestion du syndic ; — 3° le procès-verbal d'excusabilité du failli ; — 4° le rapport des syndics aux créanciers (D. m. f. et j. 9 janv. 1856, 2062-4 I. G.). Ces actes et procès-verbaux peuvent être enregistrés et visés pour timbre en débet.

Mais les bilans doivent être, dans tous les cas, rédigés sur papier timbré (4589 J. E.).

26. MARQUES DE FABRIQUE. — Le certificat constatant le dépôt au greffe des dessins et marques de fabrique est sujet au timbre, mais doit être enregistré gratis (D. m. f. 20 juin 1809, 437 I. G.; Dél. 8-22 juill. 1828, 9122 J. E.; D. m. f. 12 juill. 1845, 1755-5, 2133 I. G.).

L'expédition de l'acte de dépôt doit être rédigée sur moyen papier (2133 I. G.; L. 12 juill. 1855, art. 6).

Le certificat de dépôt au greffe des marques de fabrique n'est pas assujetti au droit de greffe (D. m. f. 9 août 1877, 4755 R. P.)

27. OPPOSITION. — Le certificat du greffier et celui de l'avoué, constatant qu'il n'existe contre un jugement par défaut aucune opposition, sont assujettis au timbre (239 I. G., 2376 J. E.).

Le registre sur lequel certains greffiers mentionnent les oppositions aux cautionnements faites par les bailleurs de fonds, n'est pas soumis au timbre. Le visa dont l'opposition est revêtu (L. 25 niv. an 13, art. 1er, 2 et 3) ne donne lieu également à aucun droit ni à aucun acte particulier autre que la mention signée et datée du greffier et mise sur l'opposition (2111 I. G.).

L'expédition de l'opposition est sujette au timbre ordinaire (2376 J. E. ; C. proc., art. 163).

28. ORDRE. — Les lettres de convocation expédiées par le greffier sont exemptes de timbre et d'enregistrement (D. m. f. et j., 27 avr.-22 mai 1858, 2123-2 I. G.). Il en est de même des lettres par lesquelles les créanciers font connaître qu'ils sont étrangers à l'ordre (D. m. f. et j. 27 juin-20 juill. 1859, 2157 I. G.).

Mais les pouvoirs donnés par les créanciers pour comparaître sont sujets au timbre (Sol. 7 juill. 1854).

L'extrait du procès-verbal de clôture d'ordre ou de contribution délivré au préposé de la caisse des consignations doit être rédigé sur du papier d'expédition et il est assujetti aux droits de greffe (14900 J. E.).

29. PÉTITIONS. — Les pétitions adressées aux tribunaux sont assujetties au timbre (L. 5 flor. an 5; Circul. 1043; L. 13 brum. an 7, art. 12).

30. PRODUCTIONS. — Les récépissés de pièces produites entre avoués sont sujets au timbre (D. m. j. 5 mai 1866, 2341-8 I. G.).

Il en est de même du certificat du greffier constatant que les productions n'ont pas été rétablies au greffe (2671 J. E.).

31. PRUD'HOMMES. — On doit appliquer aux procès-verbaux et jugements de prud'hommes les règles concernant les actes des tribunaux auxquels cette institution est de nature à pouvoir être plus particulièrement assimilée.

Ainsi les procès-verbaux de conciliation ou de non conciliation sont assujettis au timbre et à l'enregistrement comme ceux des bureaux de paix (D. m. f. et j. 20 juin 1809, 437 I. G.).

Mais les actes relatifs à cette procédure peuvent être visés pour timbre et enregistrés en débet (L. 7 août 1850, art. 1er, 1861 I. G.).

Cette disposition a été étendue à toutes les causes de la compétence des prud'hommes et à toutes les contestations entre maîtres et ouvriers pour engagements et salaires (L. 22 janv. 1851, 1879 I. G.). — V. 13254.

Ce privilége s'étend aux causes de la compétence des prud'hommes, même portées devant les juges de paix, à défaut de conseil, en appel ou en cassation (1861, 1879 I. G.).

Le visa a lieu en même temps que l'enregistrement pour les actes sujets à cette dernière formalité (1861 I. G.), mais les expéditions ne doivent pas être remises aux parties avant le visa (*Idem*).

Contre qui le payement des droits peut-il être poursuivi? — V. 781-5.

32. PUBLICATION. — Les extraits des demandes en séparation, rédigés et signés par les avoués, peuvent être écrits sur toute espèce de papier de dimension (D. m. f. et j. 18 oct. 1828, 1261 I. G.). — V. 1293-2 I. G.

Le greffier n'est pas tenu de dresser un acte de dépôt de la publication. Il peut se borner à remettre à l'avoué un certificat ordinaire (D. m. f. et j. 19 oct. 1828, 1261 I. G.).

Il en est de même en matière d'interdiction (D. m. f. 12 juin 1829, 1293-2 I. G.).

Mais les extraits des contrats de mariage des commerçants, destinés à être publiés en exécution de l'art. 67 du C. com., sont de véritables expéditions devant être écrites sur moyen papier (D. m. f. 12 juin 1829, 1293-2 I. G.).

L'extrait de la saisie immobilière à insérer au tableau placé dans l'auditoire du tribunal n'est pas sujet à l'enregistrement. Il suffit qu'il soit rédigé sur papier timbré (D. m. f. et j. 13 juin 1809, 436-50 I. G.).

Le dépôt de la copie collationnée en matière de purge légale et la décharge du greffier sont assujetis au timbre. Ils sont également soumis à l'enregistrement (D. m. f. et j. 24 vend.-12 et 14 niv. an 13, 266 I. G.). Le certificat de dépôt remis par le greffier peut être rédigé sur toute espèce de papier de dimension (*Idem*).

33. QUALITÉS. — Les qualités signifiées sur lesquelles le jugement se rédige sont sujettes au timbre (397 I. G.).

Mais on n'assimile pas aux qualités les notes remises aux greffiers des tribunaux de commerce pour faciliter la rédaction de leurs jugements (Sol. 8 oct. 1867, 2810 R. P.). Ces notes, écrites en dehors de toute contradiction, ne constituent pas un titre, mais de simples renseignements dont la production n'est exigée par aucun règlement, et auxquels le greffier n'est nullement obligé d'avoir recours lorsqu'ils ont été produits. Elles ne sont, par conséquent, pas assujetties au timbre.

34. RECRUTEMENT. — Les jugements intervenus dans les instances, sur des questions de nationalité en matière de recrutement, doivent être visés pour timbre et enregistrés en débet (D. m. f. 31 juill. 1855, 2046 I. G.; D. m. f. et g. 24 janv.-29 mars 1859, 2147 I. G.).

35. RÉHABILITATION. — Les pièces à fournir par les condamnés en matière criminelle et correctionnelle, en exécution de la loi du 3 juill. 1862, et dont la nomenclature est faite dans cette loi, afin d'obtenir leur réhabilitation, doivent être rédigées sur papier timbré. Mais les pièces que le ministère public recueille directement sont toujours affranchies du timbre, pourvu qu'elles indiquent leur destination. La demande même en réhabilitation est sujette au timbre (L. 3 juill. 1852, 1975 I. G.).

36. UNIVERSITÉ. — Les instances relatives à l'université sont soumises aux mêmes formes que celles relatives à l'enregistrement. Leur instruction se borne donc à la rédaction et à la signification des mémoires sur papier timbré, dont l'exploit seul est enregistré. Les droits doivent être payés au comptant (621 I. G.). Il en est de même pour les contraintes décernées par les recteurs contre les instituteurs ou maîtres de pension (4255 J. E.).

37. VENTE EN BOURSE. — La requête à présenter par les courtiers au tribunal, à l'effet d'être autorisés à vendre, doit être écrite sur papier timbré. Il en est de même de la déclaration de propriété ou de commission qui l'accompagne (602 I. G.).

Le catalogue des marchandises à vendre est exempt du timbre. Mais la requête sur laquelle est rédigé le procès-verbal de vente y est assujetti comme toutes les minutes des actes dressés par les officiers publics (2100 et 2149-2 I. G.).

CHAPITRE VII. — JURIDICTION DES TRIBUNAUX DE SIMPLE POLICE, DE POLICE CORRECTIONNELLE ET DES TRIBUNAUX CRIMINELS

[798]

798. Compétence des divers tribunaux. — Les actions que la loi punit s'appellent *contraventions*, *délits*, *crimes*.

Le Code pénal, art. 1er, définit : La *contravention*, l'infraction que les lois punissent de peines de police; — le *délit*, l'infraction que les lois punissent de peines correctionnelles; — le *crime*, l'infraction que les lois punissent d'une peine infamante ou afflictive.

Le but de l'art. 1er du Code pénal, en distinguant ainsi, par la gravité de la peine encourue, la *contravention*, le *délit* et le *crime*, a été de déterminer la compétence du tribunal, d'après la nature de la peine à appliquer. Ainsi, la connaissance des *contraventions* est attribuée aux tribunaux de simple police ; celle des *délits* aux tribunaux correctionnels, et celle des *crimes* aux tribunaux criminels ou *cours d'assises*. Il est, néanmoins, certains crimes qui sont de la compétence exclusive de la haute cour de justice et des tribunaux militaires et maritimes. Ces distinctions sont essentielles au point de vue de l'application des droits d'enregistrement.

1. TRIBUNAUX DE SIMPLE POLICE. — Aux termes de l'art. 137 C. instr. crim. sont considérés comme *contraventions* de simple police les faits qui, d'après les dispositions du quatrième livre du C. pén., peuvent donner lieu, soit à 15 francs d'amende ou au-dessous, soit à cinq jours d'emprisonnement ou au-dessous, qu'il y ait ou non confiscation des choses saisies, et quelle qu'en soit sa valeur.

La connaissance des contraventions de police est attribuée aux *juges de paix* et aux *maires*, siégeant en *tribunal de police*. Les art. 137 à 178 C. instr. crim. sont relatifs à cette juridiction.

2. TRIBUNAUX DE POLICE CORRECTIONNELLE. — Prennent le nom de *délits*, aux termes de l'art. 179 même Code, les faits qui comportent une peine excédant cinq jours d'emprisonnement et 15 francs d'amende.

Les tribunaux de première instance en matière civile connaissent, sous le titre de *tribunaux correctionnels*, des faits de police correctionnelle. Les art. 179 à 216, même Code, traitent de la juridiction correctionnelle.

3. COURS D'ASSISES. — Ce sont les *cours d'assises* qui, sauf les exceptions indiquées plus haut, connaissent des faits qualifiés *crimes*, qui donnent lieu à l'application des peines afflictives ou infamantes. Le C. instr. crim. consacre les art. 217 à 406 à la procédure à suivre en cours d'assises.

CHAPITRE VIII. — PARTIE CIVILE

[799]

799. Droits au comptant. — Nous verrons dans les paragraphes suivants que les actes en matière de simple police, de police correctionnelle et de justice criminelle sont assujettis à la formalité du timbre et de l'enregistrement, soit en débet, soit gratis, et qu'ils sont quelquefois exempts de toute formalité. C'est là un bénéfice de la loi motivé sur ce que le ministère public qui, dans ces circonstances, agit dans un intérêt général, ne peut être tenu à l'avance ou au payement des droits; mais cette considération disparaît du moment où il y a une partie qui prend fait dans la cause. Alors, en effet, un intérêt privé se trouvant en jeu, les divers actes de poursuite et d'exécution rentrent dans le droit commun, d'où il suit que la partie civile doit faire l'avance des droits.

1. TARIF ET FRAIS. — C'est dans ce sens que sont conçus: 1° l'art. 68 § 1er n° 48 L. 22 frimaire an 7, qui tarife au droit de 1 franc (1 fr. 50) les actes et jugements de la police ordinaire et des tribunaux correctionnels et criminels sur la poursuite du ministère public, *avec partie civile*; — 2° la L. 5 pluviôse an 13, dont l'art. 4 porte que, en matière de police correctionnelle, ceux qui se constituent parties civiles sont personnellement tenus de faire les poursuites, instruction et signification des jugements et qu'il en sera de même en toute affaire criminelle (283 I. G.); — 3° le décret du 18 juin 1811 d'après lequel ceux qui se seront constitués parties civiles, qu'ils succombent ou non, seront personnellement tenus des frais (531, 690 I. G.); — 4° l'art. 74 L. 25 mars 1817, qui accorde le bénéfice de la formalité *en débet* aux actes concernant la police ordinaire, *lorsqu'il n'y a pas de partie poursuivante*; — 5° l'art. 1er de l'ordonnance du 22 mai 1816 (726 I. G.), qui veut que les actes en matière criminelle continuent *à être exempts du timbre et de l'enregistrement lorsqu'il n'y a pas de partie civile*. — V. 772, 811, 844.

1° *Ministère public représentant la partie civile*. — C'est dans ce sens qu'il a été décidé que l'enregistrement en débet ne peut être donné qu'aux actes où le ministère public agit comme *partie publique*, et non à ceux dans lesquels il représente une *partie civile*, tels que les poursuites que la loi du 4 ventôse an 9 le charge de faire pour la rentrée des rentes et domaines nationaux usurpés, affectés aux hospices (Av. Cons. d'Ét. 5 niv. an 12, 201 I. G.);

2° *Réquisition du ministère public*. — Aux termes de l'art. 160 Déc. 18 juin 1811, « en matière de police simple ou correctionnelle, la partie civile qui n'aura pas justifié de son indigence sera tenue, avant toutes poursuites, de déposer au greffe ou entre les mains du receveur de l'Enregistrement la somme présumée nécessaire pour les frais de la procédure. »

D'après une circulaire du ministère de la justice, du 3 mai 1825, rappelée dans l'I. G. sur les frais de justice (Circ. de comptabilité du 15 nov. 1826, n° 7), les sommes qui sont exigées des parties civiles à titre d'avance doivent être versées exclusivement dans les mains des greffiers (1195 I. G.), et les magistrats du ministère public sont tenus de veiller à ce que ces sommes soient suffisantes pour faire face à tous les frais.

Il résulte, tant de ces dispositions que de l'art. 74 de la loi du 25 mars 1817, que les actes et jugements concernant la police ordinaire doivent, lorsqu'il y a partie civile en cause, être rédigés sur papier timbré et enregistrés au comptant.

Dans le but de faciliter l'action de la justice répressive, M. le garde des sceaux a demandé que le ministère public eût la faculté, lorsqu'il n'y aurait pas au greffe des fonds suffisants pour le payement des droits, de faire viser pour timbre et enregistrer en débet les actes, jugements et arrêts dont la signification devrait avoir lieu à sa requête.

Cette demande a été accueillie par le ministre des finances et il a été décidé que les exploits, jugements et arrêts qui, par suite de l'intervention de parties civiles, devraient être enregistrés au comptant, recevraient en *débet* la double formalité du timbre et de l'enregistrement, sur la production d'une réquisition écrite du ministère public (D. m. f. 5 sept. 1861, 2203 I. G., 1586 R. P.).

2. *Idem*. — DROIT EN SUS. — On avait pensé (7356 J. E.) que le droit en sus d'un jugement rendu en matière correctionnelle était dû, faute par les parties d'avoir consigné le montant du droit entre les mains du greffier dans les vingt jours, lorsque l'enregistrement en débet a eu lieu dans le délai sur la réquisition du ministère public. Mais on a décidé plus tard avec raison que l'enregistrement devait profiter à la partie et la dispenser, en cas de non consignation dans le délai, du payement du droit en sus (16930 J. E.).

3. RÉQUISITION D'UN PARTICULIER. — En matière de contravention, peu importe que le procès-verbal soit rédigé par un garde champêtre ou forestier *sur la réquisition d'un particulier*; du moment où le plaignant ne se porte pas partie civile, le procès-verbal doit, comme en matière ordinaire, être visé pour timbre et enregistré *en débet* (14080-7 J. E.). — *V.* 803, 805.

4. APPEL. — Les déclarations d'appel en matière correctionnelle doivent être visées pour timbre et enregistrées en *débet*, lorsqu'il n'y a pas de partie civile poursuivante, obligée, en cette qualité, de faire l'avance des frais; lors même qu'il y a partie civile, les déclarations d'appel doivent être visées pour timbre et enregistrées en *débet, si l'appelant est emprisonné*.

Il résulte de cette décision qu'il n'y a lieu de donner les formalités *au comptant* aux déclarations d'appel en matière correctionnelle, que dans le cas où il y a une partie civile poursuivante et où le condamné est en liberté.

Dans les autres cas, les droits de timbre et d'enregistrement des déclarations d'appel seront recouvrés sur les condamnés, conformément aux art. 70 § 1er n° 5 L. 22 frimaire an 7 et 74 L. 1817, (D. m. f. et j. des 11 et 15 fév. 1861, 2189 I. G., 1486 R. P.).

5. *Idem*. — RÉDUCTION DES CONDAMNATIONS. — Si le jugement correctionnel rendu en présence de parties civiles et frappé d'appel par les condamnés a été enregistré en débet sur la réquisition du ministère public (V. *suprà*, § 1er) et donne lieu à un arrêt qui réduit les condamnations, le droit est dû par la partie civile d'après la condamnation déterminée en appel et le montant des dépens (Seine 9 mars 1858, 1056 R. P., 11404 C., 16796 J. E.).

6. CONDAMNÉ. — OPPOSITION. — Le condamné qui forme opposition à un jugement n'est point partie poursuivante comme l'est la partie civile et il n'est débiteur des droits qu'autant qu'il y est condamné. Mais les actes signifiés à sa requête doivent-ils être visés et enregistrés en débet? La négative admise par une solution du 5 janvier 1832 est le résultat d'une erreur. Il est certain, en effet, que, hors le cas où il y a partie civile poursuivante, tous les actes faits à la requête des prévenus doivent être timbrés et enregistrés en débet comme ceux faits à la requête du ministère public (D. m. f. 25 juill. 1817; Sol. 1er sept. 1851, 20 mars 1852, 23 juin 1856, 31 janv. 1861, 5 mars 1861).

7. INTERVENTION A L'AUDIENCE. — Dans tous les cas l'intervention de la partie civile à l'audience, après l'audition des témoins, n'empêche pas de rédiger le jugement sur papier visé en débet, conformément à l'art. 74 L. 15 mars 1817 (Sol. 24 nov. 1849).

8. ADMINISTRATIONS FINANCIÈRES. — CONTRIBUTIONS INDIRECTES. — L'administration des contributions indirectes reste chargée, par l'art. 4 de l'ordonnance du 22 mai 1816, d'avancer les frais de poursuites et les droits de timbre et d'enregistrement dans les affaires qui la concernent (726 I. G.).

9. POSTES. — L'administration des postes est également tenue de payer comptant les droits de timbre et d'enregistrement des actes de poursuites faits en matière de transport illicite de dépêches (D. m. f. 17 mars 1828, 1237, 1494, 1620 1702 et 2132 § 5 I. G.).

Mais quand il s'agit de la poursuite correctionnelle fondée sur l'usage de timbres ayant déjà servi, les frais sont à la charge du ministère de la justice, et les procès-verbaux des agents des postes doivent être visés et enregistrés en débet (1931 I. G.).

10. EXPÉDITION AU MINISTÈRE PUBLIC. — Alors même *qu'il y a partie civile*, les expéditions délivrées au ministère public sont exemptes de timbre, en matière de police simple, correctionnelle ou de justice criminelle, par le motif que l'art. 7 L. 22 frimaire an 7, qui, en cela, n'a pas été modifié par la loi du 28 avril 1816, n'avait soumis à l'enregistrement que les expéditions requises par la partie civile et les parties intéressées, d'où la conséquence que celles délivrées au ministère public étaient exemptes d'enregistrement et de timbre. — *V.* 869.

CHAPITRE IX. — ACTES A ENREGISTRER ET A VISER POUR TIMBRE EN DÉBET

[800]

800. Principe. — La loi du 22 frimaire an 7, art. 70 § 1er, et celle du 25 mars 1817, art. 74, ont voulu que la double formalité du timbre et de l'enregistrement fût, dans certains cas, donnée *en débet* aux actes de procédure qui ont lieu dans un intérêt public, et pour la répression des délits et contraventions.

Le motif de ces dispositions législatives, qui sont une dérogation à l'art. 28 L. 22 frimaire an 7, a été que les magistrats qui agissent dans ces circonstances le font dans un intérêt qui n'est pas leur intérêt personnel, d'où la conséquence qu'il n'était pas équitable de leur imposer l'obligation de faire l'avance de frais dont le remboursement n'a lieu souvent que dans une époque éloignée, et qui, quelquefois même, sont destinés à tomber en non-valeur. Ces articles sont ainsi conçus :

« Doivent être enregistrés en débet : 1° les actes et procès-verbaux des juges de paix pour faits de police; — 2° ceux faits à la requête des commissaires du Directoire exécutif près les tribunaux; — 3° ceux des commissaires de police; — 4° ceux des gardes établis par l'autorité publique pour délits ruraux et forestiers; — 5° les actes et jugements qui interviennent sur ces actes et procès-verbaux (L. 22 frim. an 7, art. 70, § 1er).

« Les actes et procès-verbaux des huissiers, gendarmes, préposés, gardes champêtres ou forestiers (autres que ceux des particuliers), et généralement tous actes et procès-verbaux concernant la police ordinaire, et qui ont pour objet la poursuite et la répression des délits et contraventions aux règlements généraux de police et d'impositions, seront visés pour timbre et enregistrés *en débet*, lorsqu'il n'y aura pas de partie civile poursuivante » (L. 25 mars 1817, art. 74, 768 I. G. *Conf.* I. G. du garde des sceaux du 24 sept. 1813, 1102 I. G.).

1. CONSIGNATION DES FRAIS. — PARTIE CIVILE. — Tous les actes et procès-verbaux concernant la police ordinaire et ayant pour objet la poursuite des délits et contraventions aux règlements généraux de police ou d'imposition continuent, conformément à l'art. 5 de l'ordonnance de 1816, et malgré l'induction qu'on pourrait tirer des termes contraires de la loi du 25 mars 1817 (art. 74), à être visés pour timbre et enregistrés en débet lorsqu'il n'y a pas de partie civile (D. m. f. 17 juill. 1818, 6270 J. E.).

Ou lorsqu'elle n'a pas consigné les frais de poursuite d'après ce que nous avons dit au n° 799-1.

2. RECOUVREMENT ULTÉRIEUR. — Les articles de lois cités au n° 800 veulent de plus que la rentrée des droits d'enregistrement et de timbre des actes, procès-verbaux et jugements, ainsi enregistrés et visés pour timbre *en débet*, soit suivie contre les parties condamnées, d'après les extraits de jugement qui doivent être fournis par les greffiers. Ainsi, le bénéfice *du débet* ne consiste qu'en un simple *sursis* accordé pour le payement des droits. — V. 802.

SECTION PREMIÈRE. — POLICE SIMPLE ET CORRECTIONNELLE

[801-821]

ARTICLE PREMIER. — DISPOSITIONS GÉNÉRALES

[801-802]

801. Dispositions législatives. — La loi du 13 brumaire an 7 soumet au timbre les actes des huissiers, les procès-verbaux des gardes et de tous autres employés ou agents ayant le droit de verbaliser, les actes et jugements de la police ordinaire, les actes particuliers des commissaires du Directoire exécutif (art. 12). Elle excepte du droit et de la formalité du timbre les actes de police générale et de vindicte publique et ceux des commissaires du Directoire exécutif non soumis à la formalité de l'enregistrement (Art. 56).

La loi du 22 frimaire an 7 contient des dispositions analogues.

Elle comprend, parmi les actes soumis au droit fixe de 1 franc (1 fr. 50 c.), les actes et jugements de la police ordinaire et des tribunaux de police correctionnelle et criminelle, soit entre parties, soit sur la poursuite du ministère public, lorsqu'il n'y a pas de condamnation (art. 68, § 1er, n° 49), et parmi les actes sujets au droit proportionnel de 50 cent. pour 100 les expéditions des jugements contradictoires ou par défaut de la police ordinaire, de la police correctionnelle et des tribunaux criminels portant condamnation.

L'art. 70, de son côté, assujettit à l'enregistrement en débet les actes et procès-verbaux des juges de paix pour faits de police, ceux à la requête des commissaires du Directoire exécutif, ceux des commissaires de police, des gardes établis par l'autorité publique pour délits ruraux et forestiers les actes et jugements qui interviennent sur ces actes et procès-verbaux.

Il ajoute qu'il y a exemption de la formalité pour tous les procès-verbaux et jugements concernant la police générale et de sûreté, et la vindicte publique.

Ces dispositions, un peu confuses, ont été commentées d'abord dans la circulaire n° 1566 § 33, et dans les I. G. nos 187, 386 § 3, 400 § 2 et 690. Mais l'explication définitive en a été donnée, d'une part, par une circulaire du garde des sceaux du 24 septembre 1823, rapportée dans l'I. G. n° 1102, et, d'autre part, par l'I. G. de l'Administration, n° 1953.

1. RÈGLE GÉNÉRALE. — On doit conclure des dispositions des I. G., nos 1102 et 1953 que l'exemption en faveur des actes de police générale et de sûreté s'applique, sans distinction, entre les crimes et les délits, aux procès-verbaux des procureurs de la République, des juges d'instruction, des juges de paix, des commissaires de police, des maires et de leurs adjoints, des officiers de gendarmerie et autres officiers de police judiciaire, aux rapports des médecins et autres personnes chargées par le ministère public d'apprécier le crime ou le délit, aux procès-verbaux d'enquête, mandats d'amener et de dépôt, aux ordonnances du juge d'instruction, à celles qui sont rendues en la chambre du conseil y compris celle qui détermine la nature de la poursuite et qui règle la compétence des tribunaux.

Ce n'est donc, sauf les procès-verbaux et actes spécialement assujettis à la formalité, que pour les actes faits lorsque la poursuite est portée à l'audience qu'il y a lieu au timbre et à l'enregistrement. Les actes de la chambre du conseil ou de la chambre des mises en accusation jouissent de l'exemption. — V. 846.

Voilà bien la règle que l'I. G., n° 1953, établit en d'autres termes, lorsqu'elle s'exprime ainsi : « Il résulte de notre D. m. f. 29 décembre 1852 que les exploits signifiés à la requête du ministère public dans les instances suivies devant les tribunaux correctionnels, pour des délits de droit commun comme pour tous autres doivent, à moins qu'il n'y ait partie civile en cause, être visés pour timbre et enregistrés en débet, et que la dispense du timbre et de l'enregistrement gratis, autorisée par les art. 16 L. du 13 brumaire an 7, et 70, § 3, n° 9 L. 22 frimaire suiv. ne concernent que les exploits signifiés par les huissiers et les gendarmes dans les procédures en matière criminelle, et dans celles faites pour l'examen préalable des affaires par la chambre du conseil ou par la chambre des mises en accusation. »

On trouvera, à la fin du n° 881, un tableau officiel résumant les diverses applications de cette règle.

802. Visa pour timbre. — Les actes et jugements en matière de police correctionnelle sont soumis au timbre d'après la disposition générale L. 13 brumaire an 7, art. 12; mais il a été reconnu que les greffiers ne pouvaient faire l'avance des droits, *lorsqu'il n'y a pas de partie civile en cause*: la formalité du visa pour timbre *en débet* a été autorisée pour ces actes et jugements (613 et 953-2 I. G.; V. également 726 I. G., L. 15 mars 1817, art. 74, D. m. f. 17 juill. 1818, 6270 J. E.).

La faculté du visa pour timbre *en débet* a été encore accordée à tous les actes faits d'office ou à la requête du ministère public (Circ. 1109, 1155, 1566; 169 I. G.).

1. VISA POSTÉRIEUR. — Ce n'est pas le papier destiné à la rédaction d'un acte ou d'un procès-verbal qui doit être

visé pour timbre; c'est l'acte ou le procès-verbal lui-même, ce qui entraîne la faculté de présenter l'acte à la formalité après sa rédaction (Dél. 28 oct. 1818, 6353 J. E.; Sol, 14 oct. 1864; *Conf.* 1896 I. G.; Sol. 29 juin 1867).

Il a été spécialement reconnu que les procès-verbaux constatant la saisie de lettres transportées en fraude peuvent être rédigés sur papier non timbré pourvu qu'ils soient timbrés à l'extraordinaire ou visés pour timbre et enregistrés avant leur remise au ministère public (D. m. f. 4 août 1826, 8452 J. E.; Sol. 9 juin et 15 nov. 1854, 11 nov. 1857, 8 juill. 1858 et 8 sept. 1858, 2132-5 I. G., 2015 R. P.).

Il en est de même des jugements de simple police rendus à la requête du ministère public, sans partie civile (Sol. 11 nov. 1845, 21 sept. 1853, 28 fév. 1861, 7 mars 1864, 28 janv. 1865).

Et tout particulièrement des procès-verbaux dressés par les membres de la gendarmerie (art. 491 du Déc. 1er mars 1854, 2018 I. G.).

2. RECHERCHE SIMULTANÉE. — DÉLIT ET CONTRAVENTION. — Il a été reconnu, de plus, que, quand des actes ont pour but la recherche simultanée d'un délit et d'une contravention de simple police, le fait le plus grave et dont la répression intéresse le plus l'ordre public, doit servir de règle pour l'application de la loi sur le timbre et sur l'enregistrement (D. m. f. 13 fév. 1829, 1271 I. G.).

3. FEUILLE D'AUDIENCE. — Les greffiers des tribunaux de police simple et correctionnelle ne sont pas obligés de tenir des feuilles d'audience spéciales pour les jugements émanant de ces tribunaux (D. m. f. 3 janv. et 15 fév. 1823, 1074 I. G.). Ces jugements doivent être inscrits sur du papier visé pour timbre en débet, *lorsqu'il n'y a pas de partie civile en cause*; s'il y a des parties civiles, ils sont portés sur papier timbré. S'il n'est tenu qu'une feuille pour tous les jugements, elle doit être *toute* en papier timbré, sans distinction pour les jugements à la requête du ministère public (D. m. f. 15 sept. 1820).

4. HUISSIERS. — Les huissiers ne peuvent délivrer copie sur papier libre des exploits faits à la requête du ministère public en matière correctionnelle. Ils doivent, à peine d'amende, les rédiger sur papier visé en débet (Cass. 28 janv. 1833; D. N. t. 6, p. 529, n° 83).

Décidé également qu'il y a contravention lorsqu'une copie d'exploit est rédigée sur papier non timbré en débet, parce que cette copie doit être revêtue de toutes les formalités lors de sa remise à la partie (D. m. f. 6 juin 1861).

5. RECOUVREMENT DES DROITS. — Dans tous les cas, il y a lieu de suivre la rentrée des droits d'enregistrement et de timbre des actes et jugements *contre les parties condamnées*, d'après les extraits des jugements qui sont fournis par les greffiers (613 et 953, n° 2 I. G.).

ARTICLE 2. — PROCÈS-VERBAUX DE CONTRAVENTIONS ET DÉLITS

[803]

803. Tarif. — La loi du 28 avril 1816, en élevant (Art. 43, n° 16) à 2 francs le droit des procès-verbaux et rapports d'employés, gardes, commissaires, etc., ne comprend point, dans un paragraphe particulier, comme l'a fait la loi de l'an 7 (art. 68, § 1er, n° 50), les procès-verbaux de délits et contraventions aux règlements généraux de police, mais la perception à faire du droit de 2 francs en débet, et non de celui de 1 franc, résulte suffisamment de l'esprit de la loi de 1816, et de deux décisions des 31 octobre 1817 (5936 J. E.) et 24 novembre 1821 (7512 J. E., 1012 I. G.). Ce droit est aujourd'hui de 3 francs (L. 28 fév. 1872, art. 4.).

L'assujettissement de ces procès-verbaux à la double formalité du timbre et de l'enregistrement a d'ailleurs été reconnu par les I. G. 613, 726, 768 et 2243.

Rapports de police. — Nous ferons observer, avant d'aller plus loin, que l'on doit considérer comme procès-verbaux, et par suite les assujettir à toutes les règles qui concernent ces actes, les *rapports* adressés *en formes de lettres* aux commissaires de police par les agents subalternes relativement aux contraventions que ceux-ci ont constatées. C'est ce qu'a reconnu une Dél. 6 novembre 1822 (7344 J. E.), à l'appui de laquelle on peut d'ailleurs citer une Circ. garde des sceaux, 25 septembre 1822, qui a recommandé aux procureurs du roi de veiller à ce que les différents officiers de police judiciaire fassent viser pour timbre et enregistrer tous leurs procès-verbaux et *autres actes* concernant la police ordinaire.

La formalité en débet, 1° du visa pour timbre gradué suivant la dimension du papier; — 2° de l'enregistrement au droit de 3 francs, doit être donnée à tous les procès-verbaux dont la nomenclature suit :

1. BOIS DE LA COURONNE. — Les procès-verbaux des agents et gardes des bois de la couronne, assimilés à ceux de l'administration forestière, doivent être enregistrés et visés pour timbre en débet (86, 87 C. F.; D. m. f. 5 germ. an 13, 1979 J. E., 12666-2 et 12804 J. E.). — *V.* § 7 *infrà*.

2. BOIS DE L'ÉTAT VENDUS. — Même règle pour les procès-verbaux des délits commis dans les bois vendus par l'État, mais dont le prix n'a pas été soldé, attendu que, d'après le cahier des charges pour l'aliénation des bois de l'État, la surveillance des bois vendus reste confiée, après l'aliénation, aux agents forestiers, et que cette surveillance ne cessant qu'après que l'acquéreur est devenu propriétaire incommutable par le payement intégral du prix, c'est à la requête de l'administration des forêts que sont, jusque là, rapportés tous les procès-verbaux (Sol. 2 août 1832, 10382 J. E.).

2 *bis*. BRIS DE RÉSERVE. — Et pour les procès-verbaux de bris de réserve dans les bois, soit de l'État, soit des communes et des établissements publics (D. m. f. 4 déc. 1845, 1755-13 I. G.).

3. CHEMINS DE FER. — Les procès-verbaux constatant des crimes, délits ou contraventions prévus dans la loi sur la police des chemins de fer, dressés par les officiers de police judiciaire, les ingénieurs des ponts et chaussées et des mines, les conducteurs, gardes mines, agents de surveillance et gardes nommés ou seulement agréés par l'autorité publique, doivent être enregistrés et visés pour timbre en débet, *sans la distinction* qui d'abord avait été faite (1607 I. G.) entre les agents des compagnies et ceux nommés par l'État (L. 15 juill. 1845, art. 24; 13791 J. E., 1758 I. G.).

4. CHEMINS VICINAUX. — Même règle pour les procès-verbaux dressés par les agents-voyers pour constater les contraventions et délits sur les chemins vicinaux qui rentrent dans la catégorie des actes qui ont pour objet la poursuite des délits et contraventions aux règlements généraux de police. Le délai pour leur enregistrement est de quatre jours (D. m. f. 3 juill. 1837, 11934 J. E., 1562 § 4 I. G.).

5. COMMISSAIRES DE POLICE. — Sont dans la même catégorie les procès-verbaux en matière de police simple et correctionnelle, dressés par les commissaires de police, quand il n'y a pas de partie civile (L. 22 frim. an 7, art. 70, n° 3; Ord. 22 mai 1816, art. 4, 400 n° 2, 613, 726 I. G.). — *V.* 4248.

5 *bis*. DOUANES. — CONTRIBUTIONS INDIRECTES. — Les procès-verbaux des préposés des douanes doivent être rédigés sur papier timbré (Sol. 18 pluv. an 7; Circ. 1566-21, 66 J. E.).

Ceux rédigés en la même matière par les gendarmes doivent être timbrés et enregistrés au comptant (Déc. 1er mars 1854, art. 492, 2018 I. G.).

5 *ter*. ENREGISTREMENT ET TIMBRE. — Les procès-verbaux de vérification de régie sont des pièces d'administration intérieure exemptes de timbre et d'enregistrement (D. m. f. 22 août 1821, 992 I. G.).

Mais les procès-verbaux de contravention dressés par les agents de l'Enregistrement doivent être rédigés sur papier timbré au comptant ou à l'extraordinaire (Cass. 15 juill. 1866, 2503 J. E.), et être enregistrés au comptant (D. m. f. 24 nov. 1837, 1551 I. G.).

Si le procès-verbal est rapporté au sujet d'une contravention, commise en matière d'affiche peinte, qui soit poursuivie par le ministère public en police correctionnelle, il doit être visé pour timbre et enregistré en débet (1937 I. G.).

6. GARANTIE DES MATIÈRES D'OR ET D'ARGENT. — Les procès-verbaux de contravention à la loi sur la marque d'or et d'argent doivent être visés pour timbre et enregistrés en débet (516 I. G.).

7. GARDES CHAMPÊTRES ET AGENTS DES FORÊTS. — Les procès-verbaux des gardes champêtres et forestiers, et tous autres agents des forêts, lorsque les délits et contraventions intéressent l'*État*, *le domaine de la couronne* ou *les communes et établissements publics*, et qu'il n'y a pas de partie poursuivante, doivent être visés pour timbre et enregistrés en débet (44, 58, 1050 n° 2 I. G.; C. for. art. 86, 87 et 170; Sol. 28 oct. 1828, 1265 § 6 I. G.; D. m. f. 13 oct. 1829, 1409 I. G.; D. m. f. 5 germ. an 13, 1979 J. E.; Déc. 8 mai 1810).

C'est ce qui résulte encore pour les gardes champêtres d'une D. m. f. 24 septembre 1823, d'un arrêt Cass. 21 juin 1842 (1102 I. G., 13216-3 J. E.) et d'une lettre D. m. f. 22 septembre 1824 (7837 J. E.), aux termes de laquelle la circonstance qu'un procès-verbal de garde champêtre a été rédigé sur papier timbré ne suffit pas pour exiger le droit d'enregistrement, si le procès-verbal n'a point été dressé à la requête de la personne qui a souffert du délit.

En ce qui concerne spécialement les forêts, la loi du 18 juin 1859 a modifié l'art. 188 du C. for. en ces termes : « Les délits et contraventions commis dans les bois non soumis au régime forestier seront recherchés et constatés, soit par les gardes des bois et forêts des particuliers, soit par les gardes champêtres des communes, les gendarmes, et, en général, par tous les officiers de police judiciaire chargés de constater les délits ruraux. Ces procès-verbaux, à l'exception de ceux dressés par les gardes particuliers, seront enregistrés en débet. » Ils doivent être également visés pour timbre en débet (2167 § 2 I. G.).

7 *bis*. GARDES PARTICULIERS. — Les procès-verbaux rédigés par les gardes particuliers doivent être rédigés sur papier timbré et enregistrés au comptant (D. m. f. 26 germ. an 7, Circ. 1566-1, 119 I. G.; Dél. 31 août 1827; D. m. f. 2 mai 1828, 9001 J. E.; L. 18 juin 1859, 2167 § 2 I. G., *suprà*, § 7; — *Conf.* Ord. 22 mai 1816, art. 5 et L. 25 mars 1817, art. 74, 726 et 768 I. G.).

On assimile aux procès-verbaux dressés par les gardes particuliers ceux qui sont rapportés à la requête expresse de ces particuliers par des gardes champêtres, gardes forestiers (Cass. 21 juin 1842, 13216 § 3 J. E.). Mais il faut, pour que le droit soit dû au comptant, que le particulier se porte partie civile (14080-7 J. E.; Sol. 2 avr. 1863 et 27 nov. 1867; *Conf.* Ord. 22 mai 1816, art. 5, 726 I. G.).

8. GARDES DU GÉNIE. — Les procès-verbaux des gardes du génie, pour contraventions relatives aux servitudes imposées à la propriété pour la défense de l'État, sont visés pour timbre et enregistrés *en débet*, sauf recouvrement ultérieur des droits sur les contrevenants (L. 29 mars 1806; Ord. 1er août 1821, 2288 J. E., 998 I. G.; Déc. du 10 août 1853, art. 40, 1994 et 2007 I. G.).

8 *bis*. GARDES D'ARTILLERIE ET DE BATTERIES. — Il en est de même des procès-verbaux des gardes d'artillerie (2012 I. G.) et des gardiens de batteries (2132-2 I. G.).

9. GARDE PÊCHE. — Les gardes pêche sont assimilés aux agents forestiers pour les formalités de timbre et d'enregistrement de leurs actes et procès-verbaux (63, 246 I. G.).

10. GENDARMERIE. — Les procès-verbaux des sous-officiers et gendarmes seront faits sur papier libre; ceux de ces actes qui seraient de nature à donner lieu à des poursuites judiciaires seront préalablement enregistrés en débet ou *gratis*, suivant les distinctions établies par la loi du 22 frimaire an 7, et l'Ord. du 22 mai 1816. Ils seront présentés à la formalité par les gendarmes, lorsqu'il se trouvera un bureau d'enregistrement dans le lieu de leur résidence; dans le cas con-

traire, l'enregistrement aura lieu à la diligence du ministère public chargé des poursuites (Ord. 29 oct. 1820, 6872 J. E.).

Le décret du 1er mars 1854 sur l'organisation de la gendarmerie porte à cet égard : « Art. 491. Les procès-verbaux des sous-officiers, brigadiers et gendarmes sont faits sur papier libre; ceux de ces actes qui sont de nature à donner lieu à des poursuites judiciaires sont visés pour timbre et enregistrés en débet ou *gratis*, suivant les distinctions établies par les lois de finances ou les règlements spéciaux. — Art. 492. Les procès-verbaux constatant des contraventions du ressort des tribunaux de police sont essentiellement soumis à la double formalité du timbre et de l'enregistrement en débet. Il en est de même de ceux constatant des faits concernant l'État, les communes et les établissements publics » (2018 I. G.).

L'I. G. 2018 ajoute que la formalité est donnée en débet s'il s'agit de délit ou de contravention dont la poursuite et la répression intéressent l'État, les communes et les établissements publics, et gratis dans le cas où les procès-verbaux concernent la police générale de sûreté et la vindicte publique.

Une décision concertée entre le garde des sceaux et le ministre des finances, le 14 janvier 1863, a ajouté les explications suivantes :

« Tous les actes auxquels on donne la qualification de procès-verbaux, et qui sont dressés par les gendarmes, ne sont pas sujets au timbre et à l'enregistrement. Un grand nombre de ces actes ne peuvent être considérés que comme des pièces d'ordre intérieur ou de police pour lesquelles l'exemption est de droit. Mais lorsqu'il s'agit de procès-verbaux constatant le fait même, qui est la cause de la poursuite, l'exemption n'est plus applicable. Cette distinction est clairement établie dans l'art. 491 du décret du 1er mars 1854. Donc, tous les procès-verbaux des gendarmes qui sont de nature à donner lieu à des poursuites judiciaires devront être visés et enregistrés en débet ou gratis, suivant les cas » (2243 I. G.). — *V.* les §§ 14 *bis* et 15 *infrà*).

Contributions indirectes. — De ce que l'Administration des contributions indirectes est *assimilée à une partie civile* dans la poursuite des contraventions aux lois dont elle est chargée d'assurer l'exécution, on ne doit pas conclure que les gendarmes qui constatent des délits du ressort de cette Administration soient tenus à l'avance des droits de timbre et d'enregistrement de leurs procès-verbaux. *Dans ce cas*, ces procès-verbaux doivent être visés pour timbre et enregistrés *en débet*, sauf recouvrement sur l'Administration en cas de poursuites (14006-6 J. E.). Il en est de même des procès-verbaux rédigés en matière de postes, de timbre, etc.

Affiches. — Les procès-verbaux dressés par les gendarmes relativement aux contraventions sur le timbre des affiches peuvent être visés pour timbre et enregistrés *en débet*, comme des actes relatifs à la police (12860-7 J. E.).

11. LISTE CIVILE. — On devait enregistrer en débet les procès-verbaux des gardes des bois de la liste civile (D. m. f. 5 germ. an 13, 1979, 3824 J. E.).

12. MAIRE. — Le procès-verbal dressé par un maire pour constater un délit forestier est, comme les procès-verbaux des gardes forestiers, enregistrable *en débet* dans les quatre jours de sa date, car il fait ici acte d'officier de police judiciaire (14781-3 J. E.).

On ne saurait prétendre que ces actes sont exempts de l'enregistrement en vertu de l'art. 80 de la loi du 15 mai 1818, attendu que cet article ne concerne que les actes, arrêtés et décisions des autorités administratives (D. m. f. 19 oct. 1821, 7218 J. E.; Dél. 3 juill. 1822 et D. m. f. 16 août 1822, 7268 J. E.).

12 *bis*. PÊCHE. — Les procès-verbaux de contraventions au décret du 28 mars 1852 sur la pêche du hareng, et ceux qui interviennent pour l'exécution de ce décret doivent être visés pour timbre et enregistrés en débet (Déc. du 28 mars 1852, art. 14, 1950 I. G.).

13. POIDS ET MESURES. — Les procès-verbaux des vérificateurs des poids et mesures doivent être visés pour timbre et enregistrés *en débet* (Ord. 17 avr. 1839, art. 42, 1594 I. G.).

14. PONTS ET CHAUSSÉES. — Les agents des ponts et chaussées étant dans le cas d'être assimilés, relativement à leurs fonctions, aux gardes forestiers et ruraux, leurs procès-verbaux doivent être visés pour timbre et enregistrés *en débet* (Déc. 16 frim. an 11, 1327, 4478 J. E.).

14 *bis*. POSTES. — Les procès-verbaux relatifs aux contraventions en matière de postes doivent être timbrés et enregistrés au comptant (1702 et 2132-5 I. G.).

Si le procès-verbal est rapporté par un gendarme, il est soumis aux règles suivantes :

Déc. du 1er mars 1854, art. 306. Toute visite ou perquisition doit être constatée par un procès-verbal. Lorsque le procès-verbal ne donne lieu à aucune poursuite devant les tribunaux, il n'a pas besoin d'être timbré ni enregistré. — Art. 308. Les procès-verbaux de saisie doivent être visés pour timbre et enregistrés dans les quatre jours qui suivent la saisie. Le procès-verbal, avec les objets saisis, est remis au directeur des postes, qui acquitte les frais de timbre et d'enregistrement (2018 I. G.).

Les formalités ont donc lieu au comptant en matière de saisie de postes, et les droits de timbre et d'enregistrement sont payés soit par les agents des postes, soit par les gendarmes qui requièrent la formalité (2018 I. G.).

Une D. m. du 19 avril 1862 a ajouté que tous les procès-verbaux constatant la saisie de dépêches transportées ou échangées en contravention aux lois ou règlements sur le service des postes, sont, sans exception, soumis aux formalités du timbre et de l'enregistrement. Ces formalités peuvent être données simultanément (2132-5, 2232-2 I. G.).

Mais s'il s'agit d'un délit de droit commun donnant lieu à une poursuite intéressant la vindicte publique, par exemple de timbres mobiles ayant déjà servi, l'art. 74 de la loi du 25 mars 1817 reprend son empire et les procès-verbaux sont visés et enregistrés *en débet* (D. m. f. et j. 3-7 févr. 1851, 1931 I. G.).

L'original seul du procès-verbal rédigé en matière de franchise doit être visé pour timbre. Les expéditions qui en sont remises à l'Administration sont des pièces d'ordre intérieur exemptes du timbre (Sol. 11 juill. 1849, 15094-6 J. E.; 31 oct. 1861).

Il avait été reconnu que les procès-verbaux de contravention à la loi du 4 juin 1859, qui autorise à insérer des valeurs dans les lettres ne sont sujets au timbre et à l'enregistrement que quand la valeur trouvée n'est pas au-dessous de 100 francs (Sol. 23 juill. 1860, 22 mars 1862). Mais ces décisions sont sans objet. Le ministre des finances a reconnu que tous les procès-verbaux constatant la saisie de dépêches transportées en contravention sont, sans exception, soumis aux formalités du timbre et de l'enregistrement (D. m. f. 19 avr. 1862, 2232-2 I. G.).

Les procès-verbaux de l'espèce sont faits en original et copies remises aux contrevenants. Ces pièces sont également sujettes au timbre (Sol. 20 août 1866).

14 *ter*. PRUD'HOMMES. — Les procès-verbaux rédigés par les prud'hommes pour constater les contraventions aux lois et règlements, les soustractions ou infidélités, sont assujettis au timbre en vertu de l'art. 12 de la loi du 13 brumaire an 7 (437 I. G., 3171 J. E.).

15. ROULAGE. — Les procès-verbaux de contravention des préposés et autres saisissants doivent être enregistrés *en débet* dans les trois jours de leur date ou de leur affirmation, à peine de nullité (L. 30 mai 1851, 1806 I. G.).

L'ordonnance sur le service de la gendarmerie du 29 juillet 1854 a statué, conformément à cette loi, que les procès-verbaux rapportés en matière de roulage par les gendarmes doivent être visés pour timbre et enregistrés *en débet* dans les trois jours de leur affirmation, à peine de nullité (2018 I. G.).

16. SALUBRITÉ. — Les procès-verbaux dressés par les inspecteurs de la salubrité publique sont, comme tous les procès-verbaux de contraventions aux règlements généraux de police, soumis au timbre et à l'enregistrement *en débet* (Seine 21 avr. 1841, 12742 J. E.; — Cass. 22 juin 1842, 11406 J. N., 13073 J. E., 1683 § 7 I. G., S. 42-1-611).

« Attendu, porte l'arrêt, qu'aux termes de l'art. 43 de la loi du 28 avril 1816, les procès-verbaux et rapports d'employés sont assujettis au droit fixe de 2 francs ; — Que, d'après la disposition formelle de la loi de finances du 25 mars 1817 (art. 74), les actes et procès-verbaux concernant la police ordinaire, et qui ont pour objet la poursuite et la répression des délits et contraventions aux règlements généraux de police, doivent être visés pour timbre et enregistrés en débet, sauf à poursuivre le recouvrement des droits contre les condamnés ; — Que sous ces dénominations de *préposés* et d'*employés* se trouvent compris les inspecteurs de la salubrité publique, dont les actes et procès-verbaux ont pour objet la poursuite des contraventions aux règlements de police. »

17. TÉLÉGRAPHES ÉLECTRIQUES. — Les procès-verbaux pour constater les crimes, délits et contraventions prévus par le décret du 27 décembre 1851, sur les lignes télégraphiques (Bull., 475, n° 3378), doivent être visés pour timbre et enregistrés en débet (15341-1 J. E., 1899 et 2025 § 4 I. G.).

18. VOIRIE (*Grande*). — Les procès-verbaux pour contravention en matière de grande voirie doivent être visés pour timbre et enregistrés *en débet*, sauf recouvrement des droits sur les parties condamnées, ou par lesquelles les délits auront été commis (Déc. 11 frim. et 4 germ. an 11, 290 n° 61, 415 n° 1 I. G., 10325 J. E.; D. Cons. d'Ét. 1er fév. 1851, 15292-5 J. E.).

Cette disposition s'applique aux procès-verbaux de l'espèce rapportés par les maires et adjoints (D. m. f. 16 août 1822, 7268 J. E.); — les agents des ponts et chaussées (D. m. f. 16 frim. an 7, 1327 J. E.); — les gendarmes (D. 29 juill. 1854, 2018 I. G.); — les agents-voyers en matière de chemins vicinaux (D. m. f. 8 juill. 1837, 1562-4 I. G.); — les agents de la navigation (9100 J. E.).

Elle a été étendue au cas où un procès-verbal constatait des injures faites à l'agent, rédacteur du procès-verbal, dans l'exercice de ses fonctions (D. m. f. 15 déc. 1812, 4478 J. E.).

ARTICLE 3. — EXPLOITS ET JUGEMENTS

[804-817]

804. Tarif. — L'art. 68 § 1er n° 48 L. 22 frimaire an 7 assujettit au droit fixe de 1 franc les *actes et jugements* de la police ordinaire et des tribunaux de police correctionnelle et criminelle, soit entre parties, soit sur la poursuite du ministère public, *avec partie civile*, lorsqu'il n'y a pas condamnation de sommes et valeurs, ou dont le droit proportionnel ne s'élèverait pas à 1 franc. Ce droit a été porté à 1 fr. 50 cent. (L. 19 fév. 1874, art. 2) pour les actes extrajudiciaires.

1. DROIT PROPORTIONNEL. — Pour ce qui concerne le droit proportionnel, V. *Jugement*.

804 *bis*. Exploits. — Les exploits, c'est-à-dire les actes faits par un huissier ou autre officier judiciaire pour assigner, ajourner, saisir, etc., sont, en principe, assujettis au timbre par l'art. 12 de la loi du 13 brumaire an 7 (Circ. 1419).

Mais il existe d'assez nombreuses exceptions que l'on trouvera développées dans le cours de cet ouvrage, et dont nous rappelons ici les principales.

1. ÉLECTIONS. — Les actes de procédure, y compris les exploits, rédigés en matière d'élection, sont affranchis du droit de timbre et d'enregistrement (Sol. 18 janv. 1828, 8916 J. E.). — V. *Élections*.

2. EXPROPRIATION. — L'exemption du droit de timbre accordée par l'art. 58 de la loi du 3 mai 1841 s'applique aux significations, notifications et exploits faits pour assurer l'exécution de la loi, notamment aux significations que le préfet est chargé de faire par l'art. 57 de la loi du 3 mai 1841 (1660 I. G.). Il en est de même de la notification faite à la requête du propriétaire exproprié pour contraindre l'expropriant à acquérir la totalité de l'immeuble (Dél. 11 janv. 1837, 11699 J. E.). — V. *Expropriation*.

3. GARDES DU GÉNIE. — Les gardes du génie sont chargés de faire les notifications et sommations prescrites par le décret du 16 août 1853 sur la délimitation de la zone frontière, l'organisation et les attributions de la commission mixte des travaux publics. Ces exploits doivent être visés pour timbre et enregistrés en débet (2007 et 1994 I. G.).

De même, les significations tant des procès-verbaux de contravention que des jugements de condamnation et actes relatifs à l'exécution du décret sur les servitudes militaires devront être rédigés sur papier visé en débet, puis enregistrés en débet (998 I. G.; Déc. du 10 août 1853, art. 47, 1994 I. G.).

Ces actes sont, outre la notification des procès-verbaux de contravention, celle de l'arrêté du conseil de préfecture ordonnant la suspension des travaux, du mémoire tendant à obtenir la répression de la contravention avec citation devant le conseil, de l'arrêté du conseil rendu sur le mémoire et la notification de la date de l'exécution du jugement avec sommation d'y assister (1994 I. G.).

4. PRUD'HOMMES. — Les exploits signifiés dans les instances engagées devant le conseil des prud'hommes ou, à défaut de conseil, devant le juge de paix qui en tient lieu, doivent être visés pour timbre et enregistrés en débet (L. 7 août 1850, 1861 I. G. et 22 janv. 1851, 1879 I. G.). — *Suprà* n° 797-22.

Cette règle a été étendue à la saisie-exécution et à la vente faites en exécution d'un jugement émané de cette juridiction (15133 § 4 J. E.).

5. SERVITUDES. — Les notifications de plan et d'état descriptif à faire aux parties intéressées pour l'établissement de servitudes militaires doivent être enregistrées gratis (998 I. G.). Elles sont également visées pour timbre *gratis*.

6. SIGNIFICATIONS FORESTIÈRES. — Les actes de signification des arrêtés des préfets relatifs à la délimitation des bois de l'État, quoique ces actes intéressent l'État en partie, sont sujets au timbre et à l'enregistrement en débet (D. m. f. 18 mai 1829, 1294-5 I. G.), sauf recouvrement de la portion à la charge des riverains (D. m. f. 12 août 1836, 1528-8 I. G.).

Les mêmes procès-verbaux concernant les bois des communes sont visés et enregistrés en débet, mais la totalité des droits est ensuite recouvrée contre la commune (D. m. f. 7 nov. 1828, 1265 § 1er, 1294 § 5 I. G.).

Les significations en matière de contravention forestière commises dans les bois de l'État, des communes ou des établissements publics sont visés et enregistrés en débet (*V.* 803, § 7). On avait émis, à cet égard, l'opinion (5719 J. E.) que les assignations sur procès-verbaux rapportés contre les délinquants, en matière forestière, étaient passibles du droit de 2 francs (3 fr.), parce que les poursuites en matière de délits ont lieu devant les tribunaux de police correctionnelle; que le § 13 de l'art. 43 L. 28 avril 1816, fixe à 2 francs (3 fr.) les exploits des huissiers, et n'excepte que les exploits ayant pour objet le recouvrement des *contributions directes et indirectes, publiques et locales*, tandis que les poursuites pour délits commis dans les forêts n'ont pas lieu en matière de contributions. — Mais une Sol. 15 octobre 1817 (5948 J. E.) a décidé, en thèse générale, que l'art. 68 § 1er n° 48 L. 22 frimaire an 7, reste applicable aux exploits en matière de police simple et correctionnelle, et n'a pas été modifié par la loi de 1816.

7. APPEL. — Les déclarations d'appel des jugements de police simple ou correctionnelle, qui ne sont pas tarifées nommément dans la loi, doivent 1 franc (1 fr. 50 c.) (Circ. 1704; Dél. 25 oct. 1817, 5948, 7153 J. E.). — Tout acte signifié à la requête du condamné en matière d'appel, doit, d'ailleurs, être sur papier timbré et enregistré au comptant (Sol. 5 janv. 1832, 10222 J. E.). — *V.* 799-4.

8. COURS D'APPEL. — La Sol. 25 octobre 1817 (5948 J. E.), en se fondant sur ce que la loi du 22 frimaire an 7, qui a tarifé au droit fixe de 1 franc les actes judiciaires *en matière de police ordinaire ou correctionnelle*, qu'ils aient lieu devant les cours d'appel ou devant les tribunaux inférieurs, n'a pas été modifiée par la loi de 1816, a reconnu que les exploits devant ces cours, en matière de police simple ou correctionnelle, sont assujettis au droit de 1 franc (1 fr. 50 c.), de même que les arrêts rendus en cette même matière, lorsqu'ils ne portent pas condamnation de sommes, ou que la condamnation n'est pas susceptible de produire un droit supérieur.

9. RECOURS EN CASSATION OU DEVANT LE CONSEIL D'ÉTAT. — L'art. 68 § 1er n° 48 L. 22 frimaire an 7, que nous avons visé ci-dessus, n'a, jusqu'à présent, reçu d'autre modification que celle portée en l'art. 47 n° 1er L. 28 avril 1816, par lequel le premier acte de recours en cassation, ou devant le conseil d'État, tant en matière civile qu'en matière de police simple ou de police correctionnelle, a été assujetti au droit fixe de 25 francs, porté à 37 fr. 50 cent. par la loi du 19 février 1874.

805. Bois des particuliers. — Les jugements rendus à la requête du ministère public, *agissant d'office* pour la répression des délits commis dans les bois des particuliers, doivent être visés pour timbre et enregistrés *en débet*, par le motif que l'Administration doit faire les frais d'enregistrement toutes les fois que les actes sont faits à la requête du ministère public, et que les préposés ne peuvent se rendre juges des cas où le ministère public doit ou non poursuivre d'office (D. m. f. 15 avr. 1830, 9729 J. E., 2167-2 I. G.).

806. Communes et établissements publics. — Lorsque les maires ou autres fonctionnaires poursuivent seuls et d'*office*, et dans l'intérêt de la commune, on avait pensé que celle-ci était censée *partie civile* et devait faire l'avance des droits (400 n° 2 I. G.); mais il a été statué que la formalité devait être donnée *en débet;* les communes et les établissements publics, dans la poursuite des délits qui intéressent leurs propriétés, étant considérés comme parties civiles, et néanmoins dispensés de consigner le montant des droits et des frais. Ces frais sont acquittés, à titre d'avance, sur les caisses de l'Administration (Ord. 22 mai 1816, 726 I. G.; Déc. 31 janv. et 29 août 1821, 1001 I. G.).

807. Contributions indirectes. — Les procès-verbaux et actes de poursuite ayant pour objet le recouvrement des droits de garantie des matières d'or et d'argent, s'enregistrent *en débet*, par le motif que les préposés des contributions indirectes sont simplement chargés de constater les contraventions, et que toutes les poursuites se font à la requête et diligence du ministère public (516 I. G.).

Tous les autres actes de poursuite à la diligence de l'Administration des contributions indirectes ne s'enregistrent que moyennant le payement immédiat des droits (Ord. 22 mai 1816, 726 I. G.).

808. Déclaration. — 1. APPEL. — Les déclarations d'appel en matière correctionnelle doivent être visées pour timbre et enregistrées *en débet* lorsqu'il n'y a pas de partie civile poursuivante, obligée, en cette qualité, de faire l'avance des frais. Lors même qu'il y a partie civile, les déclarations d'appel doivent être visées pour timbre et enregistrées *en débet* si l'appelant est emprisonné (D. m. f. et j. 11-15 fév. 1861, 2189 I. G., 1486 R. P.).

Mais on ne pourrait étendre le bénéfice *du débet* à l'individu qui déclarerait être dans l'impossibilité de faire l'avance des droits (5499 J. E.).

Les expéditions de déclarations d'appel ou de pourvoi suivent le sort de la déclaration et sont soumises au timbre dans les mêmes cas (Sol. 31 janv. 1861).

2. RECOURS EN CASSATION. — Le ministre des finances a même décidé, le 24 mars 1825, que la condition de l'emprisonnement n'est pas nécessaire, et que la déclaration qu'un condamné, en matière correctionnelle, fait au greffe lorsqu'il se pourvoit en cassation, doit être enregistrée *en débet*, toutes les fois qu'il n'y a pas de partie civile (1166 § 12 I. G.).

La déclaration de recours en cassation, lorsqu'il s'agit de matière criminelle, n'est pas sujette à l'enregistrement. — V. 804-9, 872-901 *bis*.

Les expéditions de l'acte de recours suivent les mêmes règles (Sol. 31 janv. 1861).

809. Enregistrement et domaines. — Les actes de poursuite, jugements et autres actes, ayant pour objet le recouvrement des droits, revenus et capitaux, dont est chargée l'administration de l'Enregistrement et des domaines, s'enregistraient *en débet* (115 I. G.); mais, à partir du 1er janvier 1838, ce mode a cessé, et les droits sont acquittés, au moment de la formalité, par les receveurs, sur les fonds de leur caisse, à titre d'avance à charge de recouvrement ou de régularisation (Dél. 24 nov. 1837, 1551 I. G.).

810. Faillite. — Insuffisance d'actif. — Jugement de clôture. — Les jugements des tribunaux de commerce prononçant *d'office* la clôture des opérations de la faillite, pour *insuffisance de l'actif*, doivent être enregistrés *en débet* dans les vingt jours de leur date, sauf, s'il est fait usage de ces jugements, à poursuivre le recouvrement des droits contre les parties intéressées (D. m. f. 20 juill. 1843, 1697 § 4 I. G.).

1. DISSOLUTION DE L'UNION. — Dans les faillites sans actif, les procès-verbaux qui déclarent l'union dissoute peuvent être enregistrés *en débet* et rédigés sur papier visé pour timbre *en débet*, sauf à poursuivre contre le failli, s'il devenait solvable, le recouvrement des droits de timbre et d'enregistrement (D. m. f. 24 oct. 1845, 1756 § 8 I. G.).

811. Forêts. — Aux termes de l'art. 173 C. for., les gardes sont chargés de toutes les significations au nom de l'administration des forêts.

1. SIGNIFICATION. — Ces actes de poursuite ayant pour objet le recouvrement, soit d'amendes et de frais dus à l'État, soit de restitutions et dommages-intérêts prononcés au profit des communes et des établissements publics, pour délits commis dans leurs bois, doivent être enregistrés au droit de 1 fr.50 cent. (*en débet*), lorsque les sommes à recouvrer s'élèvent *au-dessus* de 100 francs (V. 820); mais les significations des jugements *par défaut*, en matière forestière, doivent être *toujours et sans distinction* soumis à la formalité *en débet*. On ne peut voir, en effet, dans ces significations des actes de poursuites ayant pour objet le recouvrement des sommes dues à l'État, mais des actes de procédure indispensables pour faire acquérir aux condamnations la force de la chose jugée. C'est seulement lorsque les condamnations sont devenues définitives que les poursuites pour le recouvrement des amendes et frais dus à l'État peuvent avoir lieu (Sol. 13 mars 1832, 10288 J. E., 1401 § 6 I. G.). Les significations peuvent d'ailleurs être visées pour timbre en débet : c'est ce que l'on peut conclure de la D. m. f. 4 octobre 1828, rapportée 9130 J. E., et contraire à ce qui a été dit 9074 J. E.

La faculté du visa pour timbre et de l'enregistrement en débet appartient, non-seulement aux significations faites par les gardes, mais encore, sans distinction, à tous les actes de procédure émanés des huissiers et à tous les actes rédigés par les greffiers (44, 58 I. G.; Circul. du garde des sceaux du 24 sept. 1823, 1102 I. G.).

Cette faculté s'étend à l'ordonnance du juge de paix, rendue au sujet de la vente de bestiaux saisis *en délit* et séquestrés (14126-7 J. E.).

2. COMMANDEMENT. — La signification des jugements *contradictoires* n'est point obligatoire; néanmoins, il convient que le commandement prescrit par l'art. 211 C. for., avant l'exercice de la contrainte par corps, soit signifié à la suite de l'extrait du jugement préalablement visé pour timbre (Dél. 4 oct. 1828, 1265 § 7 I. G.).

3. APANAGES. — Le C. for. (Art. 89), n'assimile point en tout les apanages aux lois de l'État. Les poursuites relatives aux délits ne se font point, comme pour les bois des établissements publics, par l'administration des forêts ou de l'Enregistrement. Antérieurement, il avait été statué que les procès-verbaux relatifs à la conservation de ces bois seraient visés pour timbre et enregistrés *en débet*, ainsi que les jugements qui interviennent, et que les droits seraient ensuite payés par les agents du prince apanagé, quels que fussent les événements ultérieurs (D. m. f. 24 sept. 1817).

4. COURONNE. — Les exploits relatifs aux bois et forêts qui faisaient partie du domaine de la couronne, pouvaient

être visés pour timbre et enregistrés *en débet* (Arr. m. f. 13 oct. 1829, n° 1, 1409 I. G.).

5. PÊCHE. — Les procès-verbaux de vente de poissons saisis par suite de délit sont précédés d'une requête au juge de paix ou au maire. Cette requête doit être, ainsi que le procès-verbal de vente, rédigée sur papier timbré (D. m. f. 13 août 1866, 2361 § 8 I. G.).

812. Génie. — La notification des procès-verbaux des gardes du génie s'enregistre *en débet*, ainsi que les significations des jugements de condamnation que font les mêmes gardes (Ord. 1er août 1821, 998 I. G.).

812 *bis*. **Jugements.** — Les jugements rendus en matière de police correctionnelle et de simple police sont sujets à l'enregistrement et au timbre, mais ces formalités se donnent *en débet* quand il n'y a pas de partie civile en cause (D. m. f. 12 germ. an 7; Circul. 1566 § 32, 26 flor. an 7, 187, 400 § 2, 613, 690, 726, 1102 et 1953 I. G.).

812 *ter*. **Marine.**— Le décret du 24 mars 1852 a institué, sous le titre de tribunaux maritimes commerciaux, des tribunaux spéciaux pour la répression des infractions commises à bord des bâtiments de la marine marchande. Ce décret porte, art. 6 : « La procédure devant les tribunaux maritimes ne donne lieu à la perception d'aucun frais ni d'aucune taxe quelconque. »

Il a été décidé, en conséquence, que les actes de procédure et les jugements relatifs à la répression des infractions dont il s'agit sont exempts de la formalité du timbre et de l'enregistrement (D. m. f. 14 juin 1853, 1983 I. G.).

813. Morts violentes. — On doit enregistrer *en débet* les procès-verbaux qui constatent des morts violentes, et qui contiennent l'inventaire des effets du décédé; le payement des droits devient exigible lorsque les parties intéressées en requièrent des expéditions (D. m. f. 18 niv. an 10, 72 2018 I. G.).

Les mêmes règles s'appliquent au visa pour timbre (2018 I. G.).

Mais s'il s'agissait d'un procès-verbal constatant uniquement le fait de la mort et rédigé par un officier de police judiciaire, il rentrerait dans la catégorie des actes d'instruction concernant la police générale et serait exempt de toute formalité. — V. 801.

Les expéditions de ces procès-verbaux, délivrées aux particuliers, sont assujetties au timbre. Elles en sont dispensées quand elles sont remises au ministère public (Dél. 8 brum. an 10, 1008 J. E.; D. m. f. 18 niv. an 10, 72 § 6 I. G.).

814. Pêche. — Les actes de poursuite en matière de pêche, à la diligence de l'administration des forêts, s'enregistrent *en débet* (246 I. G. Circ. 30 sept. 1812).

Mais les actes de procédure relatifs à la répression des infractions au règlement général sur les pêcheries des mers situées entre la France et l'Angleterre sont rédigés sur papier non timbré (1776 I. G.).

815. Roulage. — Nous avons vu, au n° 803, que les procès-verbaux de contravention doivent être enregistrés *en débet*, les décisions des maires et des conseils de préfecture restent, comme par le passé, exempts du timbre et de l'enregistrement; mais tous les actes postérieurs à ces décisions, ainsi que les poursuites faites devant les tribunaux, sont assujettis à ces formalités, et les droits *en débet* sont recouvrés sur les condamnés (345 I. G.; Ord. 30 déc. 1822; Déc. 14 mai 1835, 1498 § 8 I. G.).

815 *bis*. **Servitudes militaires.** — Les actes de procédure qui interviennent sur les procès-verbaux de contravention aux servitudes militaires sont visés pour timbre et enregistrés en débet (Déc. 29 mars 1806, art. 3, 2288 J. E.).

816. Université. — Le *visa* pour timbre et l'enregistrement *en débet* n'étant autorisés que pour les actes du ministère public agissant *seul*, sans l'intervention des parties, établissements publics ou administrations, l'université ne peut être admise à jouir de cette exception (D. m. f. 2 fév. 1813, 621, I. G.).

817. Voirie (*Grande*). — Les actes de poursuite, en matière de grande voirie, sont enregistrés *en débet*, sauf répétition des droits contre les condamnés (D. 20 déc. 1808, 415, nos 1 et 2 I. G.); mais les arrêtés des conseils de préfecture sont exempts de toute formalité.

ARTICLE 4. — PLURALITÉ DES DROITS

[818-821]

818. Procès-verbal. — Un procès-verbal ne contient ni clauses ni dispositions. Il est une dénonciation à l'autorité publique par l'un de ses agents, qui seul agit, qui seul rend témoignage; et l'ensemble des faits qu'il rapporte forme le procès-verbal. Cette dénonciation porte en même temps *sur toutes les personnes* sans aucune division. Il n'est donc pas soumis à l'application de l'art. 11 L. 22 frimaire an 7.

Dans ce sens, il a été reconnu qu'un seul droit fixe est exigible, quel que soit le nombre et la variété des faits constatés où le nombre des personnes considérées comme auteurs ou responsables de ces faits (1462, 12804 J. E.).

819. Exploit. — Mais, les délits étant personnels, les poursuites deviennent *individuelles*, et quoiqu'elles soient dirigées *collectivement* contre tous les complices d'un même fait, il doit être perçu un droit pour chaque délinquant sur les exploits de signification des procès-verbaux ou d'assignation en police correctionnelle, ou de citation en simple police (D. m. f. 19 avr. 1814, 4801, 12024, 15254-3 J. E.; Dél. 3 nov.

1829; C. a., 3e édit., no 2393). Le principe de solidarité dont nous allons voir les effets en matière de jugement (*V.* 820) est ici sans application.

1. PÈRE. — FILS. — Si le père et le fils sont assignés en même temps pour un délit, il faut distinguer les cas où le père et le fils auraient commis le délit, de celui où le délit aurait été commis par le fils, encore *mineur*, hors de la présence du père. Dans le premier cas, deux droits seraient exigibles, parce qu'il y a deux délinquants qui seront condamnés chacun à la peine prononcée par la loi. Dans le deuxième, le père ne peut être que *civilement responsable* du délit commis par son fils mineur; il ne peut être prononcé contre lui personnellement ni amende ni détention. Alors il n'est dû qu'un droit (*V.* dans ce sens 3513 J. E.).

2. CONSTITUTION D'AVOUÉ. — Dans tous les tribunaux où les parties doivent nécessairement être représentées par des avoués, les actes qui constituent ces avoués ne sont passibles que du droit d'exploit (Circ. 2050); mais il est dû un droit particulier s'il s'agit d'assignation devant les tribunaux de paix ou de simple police, où les parties peuvent comparaître en personne (Circ. 1271). Il en est de même en matière de police correctionnelle et de commerce, la nomination d'un *défenseur officieux* constitue alors une disposition tout à fait indépendante (6218 J. E.; Dél. 3 nov. 1829, 9452 J. E.).

3. POUVOIR. — Dans les tribunaux près desquels il a été établi des avoués, les exploits d'assignation qui indiquent en même temps que l'avoué occupera pour la partie, ne sont passibles que du droit d'exploit; mais dans les tribunaux de paix ou de commerce, et dans ceux de police, près desquels *il n'existe aucun avoué en titre*, les parties peuvent comparaître en personne. Dès lors, si l'exploit de citation contient pouvoir à une personne pour représenter le demandeur, il est dû deux droits d'enregistrement, l'un pour la citation et l'autre pour le pouvoir (Lett. m. j. 7 germ. an 6; D. m. f. 28 therm. an 9; Circ. 1271, 2050; 701, 2181 J. E.; Dél. 3 nov. 1829, 9452 J. E.).

820. Jugements. — Il résultait d'une Sol. 16 août 1817 (5782, 5920 J. E.), que la pluralité des droits fixes pour les jugements ne peut porter que sur la pluralité des dispositions et non sur celle des personnes; d'où la conséquence que, dans les jugements de condamnation pour délits et contraventions en matière de police correctionnelle et de police simple, il ne serait dû qu'un droit en quelque nombre que fussent les prévenus condamnés ou absous.

Pour faire une juste application de ces principes, il faut tenir pour constant qu'il n'est dû qu'un seul droit lorsque les prévenus *pourraient être solidaires des condamnations, dans les cas prévus par l'art. 55 du C. pén.*; mais, si les tribunaux réunissaient plusieurs délinquants, étrangers les uns aux autres, pour statuer par un même jugement, il serait dû autant de droits qu'il y aurait d'individus condamnés ou absous (14945-2 et 3).

1. CONDAMNATION INDIVIDUELLE A L'AMENDE. — On pourrait penser que la règle devrait être qu'il faut s'en tenir, pour la perception, *aux termes du jugement*. Toutes les fois que les prévenus sont condamnés *solidairement* à l'amende, il ne doit être perçu qu'un seul droit, mais il est dû autant de droits qu'il y a de personnes condamnées *individuellement* à l'amende, sans qu'il y ait lieu de se préoccuper de la connexité ou de la non connexité du délit ou de la contravention. Lorsque le jugement est précis, formel, on n'a point à en rechercher les causes, ni à examiner s'il contient ou non une juste appréciation des circonstances de l'affaire et des lois sur la matière. Cet examen n'appartient point à l'Administration ni à ses préposés.

2. SOLIDARITÉ SOIT POUR LES FRAIS, SOIT POUR L'AMENDE. — Mais l'effet de la solidarité a été étendue, et il a été décidé que, du moment qu'elle est prononcée, elle écarte la pluralité, alors même qu'elle ne s'appliquerait qu'aux dépens. L'art. 155 du C. proc. porte, en effet : « La condamnation aux frais sera prononcée dans toutes les procédures solidairement contre tous les auteurs et les complices du même fait et contre les personnes civilement responsables du délit. » Si donc, a décidé l'Administration, le juge de simple police a prononcé la solidarité, pour les frais, c'est qu'il n'existe, comme au cas de condamnation solidaire à l'amende, qu'un même fait, une même contravention; dès lors, il ne peut être dû qu'un seul droit d'enregistrement pour la condamnation prononcée contre plusieurs contrevenants (Sol. des 19 nov. 1853 et 12 nov. 1862, 18075 J. E.).

D'ailleurs, l'I. G. no 2167 § 2, réglant la quotité des droits à percevoir, lors de l'enregistrement des jugements portant condamnation pour délits commis dans les bois des particuliers, dispose en termes formels : « que la pluralité des droits n'est applicable aux jugements rendus contre plusieurs individus qu'autant qu'il n'est prononcé aucune solidarité, *soit pour les amendes, soit pour les frais* (1322 R. P.).

Cette dernière interprétation, relative aux effets de la solidarité en matière de dépens, pourrait être critiquée. Les frais ne sont pas une peine, mais seulement un accessoire de la peine. Quand celle-ci est individuelle, c'est-à-dire suppose l'existence d'un fait particulier distinct de ceux des autres condamnés, c'est peut-être exagérer le sens de la loi que d'induire de la solidarité des dépens la preuve d'une connexité que le juge a cependant repoussée sur le chef principal de sa condamnation. — *V.* 909.

Avant ces décisions récentes, il avait été reconnu :

3. BAN DES VENDANGES. — Que, onze droits sont exigibles sur le jugement qui condamne onze individus à l'amende, *chacun individuellement et sans solidarité*, pour contravention au ban des vendanges (Dél. 26 juin 1833, 10727 J. E.)

4. GLANAGE, TAPAGE, ETC. — Même règle pour les jugements qui condamnent plusieurs contrevenants *chacun* à une amende pour bruit et tapage, glanage, passage ou autres délits de police (12637-2, 14945-2, 15254-3 J. E.). Cette solution ne serait exacte, d'après l'Administration, que s'il n'était pas prononcé de solidarité pour les frais. — *V.* 820-2.

5. PATURAGE. — Même perception sur le jugement qui condamne onze pâtres pour délits de pâturage, à chacun une amende, *non solidairement* (12024-3 J. E.). Même réserve que ci-dessus.

6. POIDS ET MESURES. — Même règle pour un jugement qui condamne plusieurs contrevenants aux lois sur les poids et mesures, *chacun* à une amende et solidairement aux frais (12426-4 J. E.). D'après la doctrine de l'Administration, que nous avons fait connaître ci-dessus, n° 2, il ne devrait être perçu qu'un droit à cause de la solidarité, quant aux frais. Nous avouons qu'il nous paraît difficilement admissible que la pluralité ne soit pas appliquée à des marchands qui ont commis des contraventions dont le caractère d'individualité s'accuse aussi nettement qu'ici, puisque chacun d'eux avait ses poids dans sa boutique et s'en servait pour les besoins de son commerce particulier.

7. RENVOI SANS DÉPENS D'UN CONTREVENANT. — Dans tous les cas, la disposition d'un jugement du tribunal de simple police, rendu sur la poursuite exercée contre plusieurs inculpés, qui renverrait l'un deux sans amende ni dépens, serait incontestablement passible d'un droit particulier pour le renvoi de l'inculpé, indépendamment des droits dus pour la condamnation des autres (18076 J. E.). — *V.* 909.

821. Déclaration d'appel. — L'appel doit être considéré comme personnel. Il y a donc lieu de faire ici l'application de la règle posée au n° 810 et de décider qu'il est dû un droit par chaque appelant en quelque nombre qu'ils soient, excepté dans les cas où il s'agit de cointéressés (Circ. 1704, 1992; Del. 22 sept. 1829, G. a. n° 3861; L. 27 vent. an 9, art. 13).

SECTION 2. — ACTES D'OFFICE EN MATIÈRE CIVILE

[822-830]

822. Ministère public. — Le ministère public agit souvent, *en matière civile*, dans l'intérêt des mineurs, des absents et d'autres personnes qui ne peuvent pas agir elles-mêmes. Ces actions, qu'on appelle *d'office*, entraînent divers actes judiciaires; les lois sur l'enregistrement et le timbre n'avaient pas dispensé ces actes du payement des droits, mais on ne pouvait pas exiger que les procureurs de la République, les juges, les greffiers en fissent l'avance. On a tout concilié en appliquant aux actes de l'espèce les dispositions du paragraphe 2 de l'art. 70 L. 22 frimaire an 7, qui soumet à l'enregistrement *en débet* les actes faits à la requête du ministère public près les tribunaux (D. m. f. 27 brum. an 7, Circ. 1155; Déc. 18 juin 1811, art. 2, n°s 14, 118, 121 et 122; 531 I. G; D. m. f. 22 oct. 1817, 6028 J. E.; — 26 oct. 1825, 1187-17 I. G.; D. m. f. 7 frim. et 5 fruct. an 11, 169 I. G.).

1. DROITS DE GREFFE. — Une D. m. f. 26 oct. 1825 (8250 J. E., 1187 § 17 I. G.), a déclaré que les droits de greffe déterminés par la L. 21 ventôse an 7 doivent, *pour la procédure d'office*, êtres liquidés *en débet*, comme ceux de timbre et d'enregistrement, conformément au décret du 18 juin 1811 (531 I. G.), sauf recouvrement ultérieur sur les parties intéressées.

Diverses décisions ont été rendues sur ces dispositions.

823. Scellés. — Pour les actes d'apposition ou de levée de scellés, il faut faire les distinctions suivantes :

1. HÉRITIERS NON REPRÉSENTÉS. — Lorsque les héritiers sont absents et non représentés, les actes d'apposition et de levée de scellés, dans lesquels les juges de paix agissent d'office (911 C. proc.), sont visés pour timbre et enregistrés *en débet* (Déc. 20 fruct. an 10, 1er prair. an 13, 595, 1270, 2048 J. E., 290 § 3 I. G.)

2. COMPTABLES PUBLICS. — Les procès-verbaux des juges de paix relatifs aux scellés sur les bureaux et caisses des comptables publics (L. 11 août 1792, 911 C. proc.) sont enregistrables *gratis* (Déc. 12 mars 1846, 1769 I. G.).

Le 24 juillet 1867, le ministre des finances a reconnu que cette décision, applicable aux minutes comme aux expéditions, devait être étendue à tous les cas où le juge opère pour la conservation des droits de l'État. Il a décidé, en conséquence, que les actes d'apposition et de levée de scellés dressés dans l'intérêt de l'État, soit d'office soit de réquisition, chez *tout dépositaire public de valeurs et papiers* devaient être visés pour timbre et enregistrés gratis, et expédiés sur papier également visé pour timbre gratis. — Mais les héritiers ne pourraient se prévaloir de ces pièces sans rendre les droits ordinaires immédiatement exigibles (2361 § 5 I. G., 2783-5 R. P.).

3. NOTAIRE DÉCÉDÉ. — De même, quand il s'agit de successions échues à un mineur, l'apposition des scellés d'office sur les minutes et répertoires d'un notaire décédé ou en état d'aliénation mentale, doivent être enregistrés *en débet*. Cette solution doit être étendue : 1° à l'ordonnance du président qui nomme un curateur pour gérer l'étude vacante, — et 2° à l'état sommaire des minutes, qui rentre dans la catégorie des actes ou procès-verbaux dressés à la requête du ministère public (17563 J. E.).

4. FAILLITE. — En matière de faillite, les actes d'apposition, de reconnaissance ou de levée de scellés sont toujours enregistrables au comptant. — *V.* 810.

5. CURE. — Le décret du 6 novembre 1813 (4e série, Bull. 536, n° 9860), relatif à la conservation et à l'administration des biens du clergé, porte : « Art. 16. En cas de décès du titulaire d'une cure, le juge de paix sera tenu d'apposer le scellé *d'office*, sans rétribution pour lui et son greffier, ni autres frais, si ce n'est le seul remboursement du papier timbré. — Art. 17. Les scellés sont levés, soit à la requête des héritiers, en présence du trésorier de la fabrique, soit à la requête du trésorier de la fabrique, en y appelant les héritiers. » L'exemption accordée par l'art. 16 du décret se justifie par le caractère obligatoire des formalités d'apposition de scellés, qui sont exigées dans un but d'intérêt public ; il est, dès lors, aussi équitable que rationnel de donner à cette exemption toute l'étendue que comportent ses termes généraux, et, par conséquent, de n'exclure de la dispense que le montant des droits de timbre, expressément réservés dans l'art. 16. — D'un autre côté, la levée des scellés n'étant que la conséquence forcée de leur apposition, il entre dans l'esprit du décret de lui appliquer les mêmes avantages, et c'est pourquoi il a toujours été admis que les procès-verbaux

de levée de scellés apposés après le décès des comptables publics (L. 11 août-17 oct. 1792) jouissaient, à l'égard du timbre et de l'enregistrement, des mêmes prérogatives que les procès-verbaux d'apposition (1769 et 2361 § 5 I. G.; Sol. 8 juill. 1868, 3004 R. P.).

824. Absent. — Les actes faits d'office à la requête du ministère public, dans l'intérêt des absents, doivent être visés pour timbre et enregistrés *en débet*.

L'ordonnance portant nomination d'un juge rapporteur (859 C. proc.), pour l'envoi en possession des biens d'un absent, est même exempte d'enregistrement. — V. *Absence*.

824 *bis*. Actes de l'état civil. — Les actes faits à l'occasion des procédures introduites d'office pour la rectification des actes de l'état civil dans les causes qui intéressent l'ordre public, sont enregistrés et timbrés gratis (D. m. f. 8 mai 1810, 3829 J. E.).

D'après l'art. 75 de la loi du 25 mars 1817, il y a également lieu de viser et d'enregistrer gratis les actes de procédure et les jugements à la requête du ministère public ayant pour objet de remplacer les registres de l'état civil perdus ou de suppléer aux registres non tenus, ou de rectifier les actes concernant les indigents (768 I. G.). — *V.* 720 et 721.

Les actes de procédure faits à la requête du ministère public poursuivant la rectification d'un acte de célébration de mariage dans lequel on a omis d'indiquer, ou inexactement indiqué, le régime des futurs, sont visés et enregistrés gratis (1872 I. G.).

825. Successions vacantes. — Les actes en matière de successions vacantes, faits à la requête des procureurs de la République ou des curateurs nommés d'*office*, doivent être visés pour timbre et enregistrés *en débet*, sauf aux préposés, si le produit de la succession est suffisant à réclamer, sur ce produit, le payement des droits des actes dont il s'agit (D. m. f. 15 déc. 1820, 6862 J. E.).

On peut aussi étendre la faveur de l'enregistrement *en débet* aux actes préparatoires à la vente des biens immobiliers des successions dont il s'agit; mais *à la charge*, par les curateurs, d'insérer dans le cahier des charges, *sous leur garantie personnelle*, la condition expresse que les acquéreurs acquitteront, dans un délai déterminé, *tous* les droits *en débet*, ainsi que ceux de leur adjudication (D. m. f. 11 nov. 1824, 7925 J. E.; D. N., t. 12, p. 385, n° 11).

826. Tutelle. — Il a été décidé que les actes de tutelle, dans lesquels les juges de paix agissent d'office dans l'intérêt des mineurs, doivent être visés pour timbre et enregistrés *en débet* (D. m. f. 20 fruct. an 10, 1er prair. an 13, 290 § 3 I. G.; Déc. 28 juin 1808, 390 § 1er I. G.), sauf à prélever, par privilége, les droits restés en suspens, d'abord sur les biens des successions échues au mineur, qui ont motivé la tutelle, et subsidiairement, en cas de non renonciation, sur les biens des mineurs pour lesquels les juges ont agi d'office (290, § 3 I. G.). — Il en est de même des nominations d'office, faites par les juges de paix, de tuteurs à des condamnés en état d'interdiction légale (D. m. f. 27 déc. 1852, 1960 § 1er I. G.).

Et des nominations de subrogé-tuteur faites dans le cas de l'art. 421 du C. C. (Dél. 7 avr. 1808, 2867 J. E.; D. m. f. 28 juin 1808, 390-1 I. G., 22 oct. 1817, 6028 J. E.).

826 *bis*. Faillite. — Les actes rédigés par le juge de paix en exécution de jugements d'ouverture de faillite rendus d'office par le tribunal de commerce devront être visés et enregistrés *en débet* (D. m. f. 22 oct. 1817, 6028 J. E.).

827. Dispense d'âge. — La requête du procureur de la République et l'ordonnance du juge relatives à une dispense d'âge ou de parenté pour mariage doivent être visées pour timbre et enregistrées *en débet*, sauf recouvrement des droits sur les parties (D. m. f. 23 mars 1829, 1282 § 4 I. G.). — *V.* L. 10 déc. 1850, art. 4, 1876 I. G.

828. Interdiction. — Les actes faits d'office par le ministère public, dans les procédures d'interdiction (491 C. C.), doivent être visés pour timbre et enregistrés *en débet*, sauf recouvrement des droits, avec privilége et préférence, sur les biens de l'interdit, et, en cas d'insuffisance, sur ceux de ses père et mère, époux et épouse, à moins de certificat d'indigence (Art. 117, Déc. 18 juin 1811, 531 I. G.).

828 *bis*. Indigents. — Les actes faits à la requête du ministère public pour la rectification des actes de l'état civil des indigents doivent être visés et enregistrés gratis (768 I. G.).

Il en est de même : 1° de l'acte de notoriété rédigé dans la forme prescrite par les art. 70 et 71 du C. C. pour remplacer l'acte de naissance des futurs époux;

2° Du jugement d'homologation de cet acte de notoriété et des actes de procédure à la requête du ministère public;

3° De l'acte de notoriété prescrit par l'art. 155 C. C., en cas d'absence des père et mère des futurs;

4° De la délibération des conseils de famille portant consentement au mariage des mineurs dans le cas prévu par l'art. 160 C. C. (D. m. f. et j. 11 nov. 1824, 4 oct. 1839, 24 fév. 1840, 23 août 1841, 1699 I. G.; L. 3 juill. 1846, art. 8);

5° Des actes relatifs à la légitimation des enfants naturels des indigents (L. 3 juill. 1846, art. 8, 1774 I. G.).

Ces dispositions ont été complétées par la loi du 10 décembre 1850, dont l'art. 4 est ainsi conçu :

« Les extraits des registres de l'état civil, les actes de notoriété, de consentement, de publication, les délibérations de conseils de famille, les certificats de libération du service militaire, les dispenses pour cause de parenté, d'alliance ou d'âge, les actes de reconnaissance d'enfants naturels, les actes de procédure, les jugements et arrêts dont la production sera nécessaire dans les cas prévus par l'art. 1er, seront visés pour timbre et enregistrés gratis quand il y aura lieu à l'enregistrement. Il ne sera perçu aucun droit de greffe ni de sceau au profit du Trésor, sur les minutes et originaux, ainsi que sur les copies ou expéditions qui en seraient passibles. L'obligation du visa pour timbre n'est pas applicable aux publications civiles, ni au certificat contenant la célébration civile du mariage (1876 I. G.).

Si, en l'absence du greffier, le juge de paix délivre à un indigent un acte de notoriété, et nomme, à cet effet, un greffier provisoire, cette nomination faite dans l'acte de notoriété ne le rend pas sujet au timbre et à l'enregistrement (15744-2 J. E.).

829. Notariat, etc. — Enfin, l'art. 122 du décret du 18 juin 1811 (531 I. G.) étend le bénéfice du visa pour timbre et de l'enregistrement *en débet* aux actes de procédure faits en conformité de la loi du 25 ventôse an 11, sur le notariat, *et généralement dans tous les cas où le ministère public agit dans l'intérêt de la loi et pour assurer son exécution.*

Et cette disposition a été spécialement appliquée à la notification faite par le ministère public aux chambres de notaires des jugements d'interdiction pour démence ou fureur (D. m. f. 19 oct. 1813, 4972 J. E.).

830. Recrutement. — Les exploits signifiés, dans les procédures suivies d'office, par le ministère public, afin d'annulations d'actes de remplacement militaire, doivent être visés et enregistrés *en débet* (D. m. f. 20 mai 1836, 11575-2 J. E.). — Même règle pour les actes ou jugements relatifs à des questions de nationalité (D. m. f. 31 juill. 1855, 499 R. P., 2046 et 2147 I. G.).

Cette dernière instruction trace la marche à suivre pour obtenir le recouvrement de ces droits *en débet*.

Décidé spécialement que le jugement rendu à la requête du ministère public agissant d'office pour la rectification, à l'occasion du recrutement, d'un acte de l'état civil dans lequel il y avait une erreur de sexe, doit être visé et enregistré *en débet* (D. m. f. 11 sept. 1861).

CHAPITRE X. — ACTES A VISER POUR TIMBRE ET A ENREGISTRER GRATIS

[831-843]

831. — Les actes qui sont compris dans cette catégorie doivent être soumis à la formalité, mais ils ne donnent lieu ni dans le présent, ni *dans l'avenir*, comme ceux qui ont fait l'objet du chapitre précédent, à aucune perception, la formalité du timbre et de l'enregistrement devant leur être donnée *gratuitement*.

832. Actes des huissiers et gendarmes. — L'art. 70, § 2, n° 3 L. 22 frimaire an 7, range parmi les actes à enregistrer *gratis*, « les actes des huissiers et gendarmes dans les cas spécifiés par le paragraphe suivant, nombre 9, » ce qui s'entend de tout ce qui a rapport *à la police générale et à la vindicte publique* (Déc. 20 frim. an 13, 3 avr. 1808; Ord. 22 mai 1816, 290 § 7, 386 § 3, 400 § 2, 613, 726 I. G.). — Quant au timbre, ces actes en sont exempts d'après la disposition générale de l'art. 16 L. 13 brumaire an 7, en ce qui concerne la police générale et la vindicte publique. — Les mêmes règles s'appliquent à ceux de ces actes qui concernent l'instruction préliminaire en matière criminelle, correctionnelle ou de police.

833. Actes de l'état civil. — Les actes de procédure à la requête du ministère public, tendant à la rectification de l'état civil des indigents, doivent être visés pour timbre et enregistrés gratis. — *V.* 720, 721, 828 *bis*.

Il en est de même des actes de procédure et des jugements à la requête du ministère public, tendant à remplacer les registres de l'état civil perdus, détruits ou non tenus. — *V.* 720.

834. Cassation. — Les arrêts rendus par la C. cass. dans le cas prescrit par l'art. 23 L. 27 novembre et 1er décembre 1791, sur l'établissement de cette Cour, et par l'art. 18 L. 27 ventôse an 8, sur l'organisation des tribunaux, doivent être enregistrés *gratis*, attendu que ces arrêts ne sont rendus que *pour l'intérêt de la loi*, et pour rectifier une erreur de jurisprudence, après que les arrêts ou jugements cassés sont devenus inattaquables par les parties, qui ne peuvent profiter des décisions de la Cour suprême.

835. Commission rogatoire. — Les actes *faits à la requête du ministère public*, et ayant pour objet l'exécution de commissions rogatoires émanées des tribunaux étrangers, et transmis par les voies diplomatiques, peuvent être rédigés sur papier non timbré et sont enregistrables *gratis* (D. m. f. 27 mars 1829, 9245 J. E., 1274 I. G.), qui annule une précédente Déc. du 20 septembre 1825 (8150 J. E.), portant que ces actes devaient être visés pour timbre et enregistrés *en débet*.

836. Défense de l'État. — Les actes et jugements faits et rendus pour l'exécution de la loi du 19 juillet 1819 et de l'Ordonnance du 1er août 1821, sur les servitudes imposées à la propriété pour la défense de l'État, sont enregistrables *gratis* (998 I. G.).

837. Élections. — L'art. 18 L. 22 juillet 1828, veut que les arrêts des cours d'appel relatifs à des difficultés en matière d'élections soient enregistrés *gratis* (9063 J. E.).

1. ÉLECTIONS MUNICIPALES. — Il en est de même des jugements rendus par les tribunaux civils en matière d'élections municipales (Sol. 30 janv. 1832, 10301 J. E.).

2. ÉLECTIONS DES TRIBUNAUX DE COMMERCE. — Même règle à l'égard des actes judiciaires auxquels donne lieu la révision des listes électorales, les recours en cassation (Circ. 8 juin 1830, L. 2 juill. 1828 et 19 avr. 1831), ainsi que les actes judiciaires que peuvent faire naître les instances en rectification de la liste des élections des tribunaux de commerce (1830 I. G.).

838. Engagement volontaire. — Doivent être enregistrées et visées pour timbre *gratis* les délibérations des conseils de famille ayant pour objet d'autoriser les tuteurs à consentir l'engagement volontaire des mineurs âgés de moins de vingt ans (Déc. 9 nov. 1832, 10505 J. E., 8060 J. N., 1422 § 3 I. G.; D. N., t. 2, p. 151, n° 11).

839. Gardes du génie. — Il en est de même des notifications faites par les gardes du génie, de l'extrait du plan et de l'état descriptif des terrains soumis aux servitudes pour la défense des places de guerre, doivent être enregistrées *gratis* (Ord. 1er août 1821, 998 I. G.).

840. Garde nationale. — Étaient dispensés du timbre et enregistrables *gratis* tous actes de poursuites devant les conseils de discipline, tous jugements, recours et arrêts rendus en vertu de la loi sur l'organisation de la garde nationale (L. 22 mars 1831, art. 121, 1357 I. G.), ainsi que tous les actes de procédure, sans distinction, faits, *soit en action*, *soit en défense*, devant les conseils de discipline (Déc. 5 janv. 1832, 1442 § 1er I. G.).

841. Indigent. — L'art. 4 L. 10 décembre 1850 (1876 I. G.) veut que les jugements et arrêts dont la production est nécessaire au mariage des indigents, à la légitimation de leurs enfants naturels et au retrait de ces enfants déposés dans les hospices, soient visés pour timbre et enregistrés *gratis*.

Cette disposition n'est que la confirmation de l'art. 8 L. 3 juillet 1846 et de l'ordonnance 30 décembre suivant qui ont fait l'objet de l'I. G. 1774. — *V.* nos 681, 828 *bis*.

842. Navigation du Rhin. — Les actes de procédure et les jugements rendus dans toutes les causes portées devant les juges qui devaient connaître des contestations relatives aux droits de navigation du Rhin, étaient enregistrés *gratis* et n'étaient pas soumis au timbre (L. 21 avr. 1832, 3660 Roll.).

843. Pêcheries. — Sont exempts de timbre et enregistrables *gratis* les actes de procédure et les jugements ayant pour objet la répression des infractions aux règlements sur les pêcheries entre la France et l'Angleterre (D. m. f. 15 janv. 1847, 1776 I. G.), et ceux qui concernent la pêche *côtière* qui a fait l'objet du décret du 9 janvier 1852 (1951 I. G.), et qu'il faut soigneusement distinguer des poursuites exercées en vertu des décrets du 2 mars suivant sur la pêche de la morue, du 19 mars sur le rôle d'équipage, du 20 mars sur la navigation dite *au bornage* (1949 I. G.) et du 28 mars 1852 sur la pêche du hareng (1950 I. G.).

CHAPITRE XI. — ACTES EXEMPTS DU TIMBRE ET DE L'ENREGISTREMENT

[844-881]

844. Actes en matière criminelle. — Nous avons indiqué, au n° 811 qui précède, la règle qui s'applique au timbre et à l'enregistrement des actes rédigés en matière criminelle.

Il en résulte que tous les actes de cette nature, intéressant la police générale et de sûreté, et la vindicte publique, sont dispensés de la formalité du timbre et de l'enregistrement, lorsqu'il n'y a pas de partie civile en cause.

Nous avons cité comme profitant de cette exemption les procès-verbaux des procureurs de la République, des juges d'instruction, des juges de paix, des commissaires de police, des maires et de leurs adjoints, des officiers de gendarmerie et autres officiers de police judiciaire, les rapports des médecins, chirurgiens et autres personnes chargées par le ministère public d'apprécier la nature du crime et du délit, les procès-verbaux d'enquête, les mandats d'amener et de dépôt, les ordonnances du juge d'instruction, celles rendues en la chambre du conseil, y compris celle qui détermine la nature de la poursuite et qui règle la compétence des tribunaux.

Nous allons insister plus particulièrement ici sur certains actes qui rentrent dans cette catégorie.

844 *bis*. Cour d'assises. — Par application de ces principes, il a été reconnu que les arrêts de cours d'assises rendus, sans partie civile en cause, sont exempts de l'enregistrement, alors même qu'ils ne prononcent que des peines correctionnelles. La raison en est que l'exemption est attachée plutôt à la juridiction qu'à la nature de l'affaire, qu'on reste toujours en matière criminelle à la cour d'assises après la déclaration du jury, et que la cour d'assises, tout en n'appliquant qu'une peine correctionnelle, ne continue pas moins de procéder en matière criminelle, puisqu'elle ne peut agir sans le jury (D. m. f. et j. 7 mai et 7 juill. 1869, 2400-4 I. G., 3364 R. P.).

1. CONSEILS DE GUERRE. — Il en est de même des conseils de guerre; leurs jugements sont exempts de timbre et d'enregistrement (2128 J. E.).

844 *ter*. Délit et contravention. — Les procès-verbaux et actes destinés à constater et à réprimer *simultanément* un délit et une contravention de simple police, sont exempts du timbre et de l'enregistrement (D. m. f. 13 fév. 1829). Il est entendu que l'exemption ne serait point applicable s'il y avait partie civile; et, d'un autre côté, qu'elle est soumise aux exceptions indiquées par les art. 2 et 3 de la décision du 24 sepembre 1823 (1271 I. G.).

845. Tribunaux exceptionnels. — On doit reconnaître que les dispositions qui précèdent sont applicables aux actes judiciaires, *en matière criminelle*, qui sont de la compétence de la haute Cour de justice et des tribunaux militaires; aussi, on a émis l'opinion (2138 J. E.) que les jugements rendus par les conseils de guerre contre les déserteurs sont exempts de la double formalité du timbre et de l'enregistrement.

845 bis. — Tribunal criminel jugeant correctionnellement. — Lorsque, devant un tribunal criminel, il n'y a lieu qu'à l'application d'une peine correctionnelle, l'arrêt, quoique rendu par un tribunal criminel et sans partie civile, doit recevoir la formalité de l'enregistrement *en débet*, comme s'il s'agissait d'un jugement correctionnel.

846. Actes d'instruction préliminaire. — Tous les actes d'instruction, *inclusivement*, jusqu'à l'ordonnance rendue en la chambre du conseil, qui se font pour déterminer la nature de la poursuite du délit ou du crime, et pour régler la compétence, sont des actes préliminaires qui n'appartiennent pas plus à la matière criminelle qu'à la matière correctionnelle ou de police; ils ne doivent être regardés que comme des actes faits dans l'intérêt général, et dirigés en vue de faire une juste application des lois. — En ajoutant à ces considérations celle du secret que demandent en général ces sortes d'actes pour les dispositions qu'ils peuvent contenir, et les faits qu'ils énoncent, et de la célérité qu'exige le plus souvent leur exécution, ils doivent être classés parmi les actes que le nombre 9 § 3 de l'art. 70 L. 22 frimaire an 7, a déclarés exempts de l'enregistrement (D. m. f. 25 oct. 1822, 7317 J. E.). Sauf, néanmoins, les exploits signifiés par les huissiers et les gendarmes que, même en ce qui concerne l'instruction préliminaire, une D. m. f. 29 décembre 1852 (1953 I. G.) considère comme sujets à l'enregistrement *gratis*, sans distinction entre les actes qui ont rapport à la justice criminelle, à la simple police ou à la police correctionnelle.

Ainsi, les procès-verbaux d'enquête et les ordonnances du juge d'instruction en matière criminelle ou correctionnelle, à la requête du ministère public seul et sans partie civile, ne sont pas assujettis à l'enregistrement; il en est de même des ordonnances rendues en la chambre du conseil, en conformité des art. 128, 129, 130, 131 et 133 C. inst. crim. — *V.* 801-1.

1. PARTIE CIVILE. — Les mêmes motifs militent également pour ne point soumettre à l'enregistrement, *même lorsqu'il y a partie civile*, les actes de l'instruction antérieure à l'ordonnance de la chambre du conseil, avant le jugement, la partie civile ne peut faire aucun usage des actes d'instruction et elle conserve jusqu'au jugement la faculté de se désister (Art. 67 C. inst. crim.).

2. ORDONNANCE. — Seulement, l'ordonnance rendue conformément aux art. 128 et suiv., étant le premier jugement de l'affaire, doit nécessairement recevoir la formalité sur la minute, elle lie définitivement à l'instance la partie civile, à laquelle cette ordonnance doit même être signifiée, conformément à l'art. 135, pour faire courir les délais de l'opposition qu'elle a le droit d'y former.

847. Acte de produit. — Les actes de production, conformément aux art. 96, 97 et 102 C. proc. et la mention qui en est faite sur le registre dont la tenue est prescrite par l'art. 108, ne sont sujets à aucun droit; la signification seule de l'acte de produit, entre avoués, est passible du droit dû pour les significations d'avoué à avoué.

848. Avertissement. — Il est reconnu que l'avertissement imprimé, adressé par le juge de paix et remis par l'huissier, mais non signé par lui, n'est passible d'aucun droit de timbre et d'enregistrement (Dél. 7 flor. an 10; Déc. 16 oct. 1827, 1236 § 9 I. G.; D. N., t. 3, p. 577, n° 26).

La loi du 23 août 1871 a décidé, art. 21, que les avertissements donnés aux termes de la loi du 2 mai 1855 avant toute citation, doivent être rédigés par le greffier, sur papier au timbre de dimension. — *V.* 3536.

849. Avis de parents. — Lorsqu'il s'agit d'homologation d'avis de parents, l'ordonnance au bas de la délibération qui ordonne la communication au ministère public, et commet un juge pour en faire le rapport, et les conclusions qui doivent être mises ensuite, ne sont que des formalités nécessaires pour parvenir à l'homologation: le jugement qui la prononce doit donc seul être enregistré (*Idem*, n° 4).

850. Cédule. — La loi du 22 frimaire an 7, art. 70, § 3 n° 10, exempte de l'enregistrement les cédules pour appeler au bureau de conciliation, sauf le droit de la signification. On avait d'abord pensé que cette exception ne comprenait pas les cédules tendant à citer en justice, et que celles-ci restaient assujetties au droit de 1 franc (D. 28 germ. an 7; Circ. 1565).

Mais une L. 18 thermidor an 7 a statué que les cédules délivrées par les juges de paix, pour citer, soit devant la justice de paix, soit devant le bureau de conciliation, sont généralement exemptes de la formalité de l'enregistrement, sauf le droit sur la signification desdites cédules (Circ. 1630).

Par les expressions, *droit de la signification*, il faut entendre le droit auquel l'exploit de signification est assujetti, et non pas le droit auquel la cédule aurait été soumise si elle avait pu être présentée à la formalité (D. de l'Adm. du duché de Luxembourg, 11 déc. 1872, n° 18 I. G.).

Ces cédules sont sujettes au timbre (D. N., t. 3, p. 577, n°s 27 et 29).

851. Commission. — Celles que les juges de paix donnent verbalement ou par écrit, aux huissiers, pour citer devant eux, ne sont pas sujettes à l'enregistrement (436 I. G., 3008 J. E.). — *V.* 864, 4282.

1. NOTAIRE. — L'enregistrement de la commission des notaires au greffe du tribunal où ils ont prêté leur serment,

n'est prescrit par aucune loi, et ne peut être considéré, lorsqu'il a lieu, que comme une mesure d'ordre intérieur; ainsi, cette formalité ne peut donner ouverture, ni au droit d'enregistrement, ni au droit de greffe (Dél. 4 juin 1825, 8105 J. E.).

852. Copie collationnée. — Faux. — Procès-verbal de vérification. — Les copies collationnées de pièces authentiques et le procès-verbal de vérification de ces copies, fait en exécution de l'art. 455 C. inst. crim. ayant pour objet la poursuite du crime de faux en écriture, doivent jouir de l'exemption du timbre et de l'enregistrement. Toutefois, s'ils étaient faits à la requête spéciale et personnelle d'une partie civile, ils seraient assujettis à cette double formalité (Déc. 26 août 1842, 1723 § 1er I. G.).

853. Cote et paraphe. — Les procès-verbaux de cote et paraphe des registres de l'état civil et des registres des conservateurs des hypothèques, sont exempts de l'enregistrement (D. m. f. 16 déc. 1816, 758 n° 6 I. G.).

854. Décharges. — Les décharges de pièces à conviction données par des particuliers, *en matière criminelle*, et lorsqu'il n'y a pas de partie civile en cause, sont exemptes d'enregistrement et de timbre (Dél. 11 août 1820, 952 I. G.).

La dispense du timbre a été maintenue depuis la loi du 23 août 1871. — V. *Quittances*.

L'émargement que les avoués font, en retirant leurs pièces, sur le registre des productions, vaut décharge pour le greffier; néanmoins, cet émargement est exempt de l'enregistrement (436 n° 16 I. G.).

855. Délibéré. — Les jugements rendus à l'audience, qui ordonnent un délibéré, ne sont point soumis à l'enregistrement sur la minute, ni passibles d'aucun droit (2514, 2997 J. E., 436 § 12, 1012 n° 2 I. G.).

1. EXPÉDITION. — De ce qu'un jugement portant mise de la cause en délibéré, et par conséquent exempt d'enregistrement, a été expédié, on ne peut réclamer le droit sur cet enregistrement, attendu que tout acte exempt d'enregistrement ne devient pas sujet à la formalité par cela qu'on en a délivré expédition (11228 J. E.).

856. Dépôt. — Administration des contributions indirectes. — Le dépôt fait au greffe par l'Administration des contributions indirectes, des ouvrages saisis, des plaques portant empreintes des poinçons en matière de garantie des objets d'or et d'argent, est exempt de tout droit.

Il en est de même du dépôt des feuilles de papier imprimées, dont cette Administration se sert, et de l'empreinte des divers instruments dont elle a adopté l'usage.

1. ADMINISTRATION DE L'ENREGISTREMENT. — Il en est de même pour les dépôts d'empreintes de timbres, qu'en cas de changement l'Administration doit faire aux greffes des tribunaux.

2. SIGNATURE ET PARAPHE. — L'acte de dépôt en vertu de l'art. 49 de la loi du 25 ventôse an 11, de la signature et du paraphe dont les notaires font usage, est exempt d'enregistrement et sujet seulement aux droits de greffe Cela résulte d'une décision ministérielle du 17 octobre 1821 (1008 I. G.), qui, en cela, a modifié les décisions des 11 thermidor an 12, 3 vendémiaire an 13, et les I. G. des 3 fructidor an 13 et 3 septembre 1808, d'après lesquelles un tel acte devait être assujetti à l'enregistrement.

Mais l'acte de dépôt d'une feuille contenant les signatures de plusieurs notaires n'est passible que d'un seul droit de greffe (D. m. f. 11 therm. et 3 vend. an 13, 399 J. N.).

857. Enquête.—Notes des dépositions. —Les notes prises par le greffier, lors de la déposition des témoins, afin d'aider à la rédaction du jugement, sont exemptes de timbre et d'enregistrement (D. m. f. 29 déc. 1852, 1953 I. G.). — *V.* 867, 11771.

858. Exoine. — Sont exempts de l'enregistrement les exoines ou certificats attestant que des citoyens cités comme témoins ou appelés à remplir les fonctions de jurés, se trouvent dans l'impossibilité de comparaître ou de se rendre, pour empêchement admis par la loi (Déc. 7 niv. an 8; Circ. 1740).

Mais lorsque des exoines sont produites dans des affaires *civiles*, telles que celles où les parties agissent en leur nom, ces actes doivent être assimilés à des certificats purs et simples, et rentrent dans l'application de l'art. 68 § 1er n° 17 (Déc. 4 juill. 1820).

859. Expédition. Les extraits ou expéditions d'actes judiciaires, délivrés à une administration publique ou à un fonctionnaire public, sont exempts de timbre, pourvu qu'il y soit fait mention de cette destination (L. 13 brum. an 7, art. 16, n° 1). C'est ce qui a été spécialement reconnu par l'Administration des contributions indirectes (6029 J. E.).

860. Extrait de jugement. — Les extraits que les greffiers remettent pour faire le recouvrement des amendes peuvent être délivrés sur papier non timbré (301, 310-2, 557, 1265-7, 2119 I. G.).

1. Il en est de même des extraits des jugements ou arrêts qui sont remis aux receveurs de l'Enregistrement pour faire le recouvrement des droits dont le payement n'a pas été fait au greffier dans les vingt jours, ainsi que des récépissés de la remise de ces extraits que les receveurs doivent délivrer aux greffiers (Art. 38 L. 28 avr. 1816).

2. CERTIFICAT. — C'est dans le même sens qu'il a été décidé que le certificat du ministère public, *tenant lieu* de l'extrait d'un jugement de condamnation pour délit de **chasse**,

à l'effet du payement de la gratification accordée à l'agent de la force publique qui a verbalisé, doit être exempt de timbre (D. m. f. 14 août 1821, 994 I. G.).

Un extrait de jugement en matière de chasse ne devient pas non plus sujet au timbre parce qu'il contient l'attestation du dépôt de l'arme confisquée (Sol. 2 déc. 1865).

3. INSCRIPTION. — L'extrait de jugement ne devient pas sujet au timbre par sa production au conservateur des hypothèques à l'appui d'une réquisition d'inscription (Sol. 1er août 1848, 27 mars 1854, 2119 I. G.).

4. COMMANDEMENT. — Il en est de même lorsque l'extrait est remis à l'huissier à fin de commandement (2119 I. G.).

Mais si le commandement était notifié à la suite de l'extrait, cet extrait servant à la rédaction de l'exploit devrait être visé et enregistré au comptant (Sol. 13 nov. 1845, 24 sept. 1849, 14804-9 J. E.).

Le droit de timbre n'est dû alors que d'après la dimension du papier (Sol. 13 nov. 1845).

5. CONTRIBUTIONS INDIRECTES. — DOUANES. — L'exemption de timbre s'applique aux extraits de jugements délivrés par les greffiers aux agents des contributions indirectes (D. m. f. 12 déc. 1809, 4396 J. E.), ou des douanes (D. m. f. 21 juill. 1812, 4396 J. E.).

6. COMMUNES. — Mais l'extrait d'un jugement portant condamnation à des dommages-intérêts pour délits commis dans les bois des communes ou de particuliers, ne saurait être rédigé, sans contravention, sur papier non timbré (D. m. f. 13 janv. et 21 août 1826, 1204-11 I. G.).

861. Faillite. — Rapport. — Les rapports des juges-commissaires, faits par écrit en matière de faillite, dans les cas prévus par l'art. 458 C. com., ne sont sujets ni au timbre, ni à l'enregistrement, et il n'y a pas lieu d'en dresser acte de dépôt au greffe, attendu qu'aucune loi ne prescrivant la rédaction par écrit de ces rapports, ils peuvent n'être considérés que comme de simples notes ou renseignements destinés à former la conviction du tribunal (D. m. f. 10 mai 1832, 10393 J. E., 1410 § 7 I. G.).

862. Garnisaires. — Les procès-verbaux d'établissement de garnisaires ont été exemptés du timbre et de l'enregistrement lorsqu'ils ne contiennent pas commandement de payer (D. 7 frim. an 6; Circ. 1160).

863. Grossesse. — Les déclarations de grossesse faites soit aux greffes de justice de paix, soit devant notaire, ne sont pas sujettes à l'enregistrement, sauf à soumettre à la formalité les expéditions qui en seraient délivrées (Déc. 28 juin 1808 et 20 fév. 1818, 390, § 5 I. G.).

Mais elles sont assujetties au timbre (1140 I. G.).

864. Huissier commis. — Lorsque la citation devant le juge de paix est notifiée par un huissier *commis* par le juge, en cas d'empêchement de l'huissier ordinaire, selon la faculté résultant de l'art. 4 C. proc., la mention de cette commission ne donne ouverture à aucun droit (D. m. j. et f. 13 juin 1809, 436 n° 1 I. G.). — V. 851, 4282.

864 *bis*. Jugements. — Les jugements rendus en matière criminelle sont sujets à l'enregistrement sans exception suivant l'art. 38 de la loi du 28 avril 1866, mais seulement dans le cas où il y a partie civile, d'après l'ordonnance du 22 mars 1816 (D. m. f. 12 germ. an 7; Circul. 1566 § 22; D. m. f. 5 avr. 1808 et Circ. m. j. 8 avr. 1808, 386-3, et 613 I. G.; Ord. 22 mai 1816, art. 1er, 726 I. G.; Circ. m. j. 24 sept. 1823, 1102 et 1953 I. G.).

865. Majorats. — Le n° 2, art. 16 L. 13 brumaire an 7, exempte du timbre les registres des tribunaux où il ne se transcrit aucune minute d'acte soumis à la formalité de l'enregistrement. De ce nombre sont les registres de transcription des titres relatifs à l'institution des majorats (3548 J. E.).

866. Non comparution. — La mention de non-comparution au bureau de paix, *qui doit être faite sur le registre de greffe* et sur l'original et la copie de la citation, n'est pas soumise à la formalité de l'enregistrement (Art. 58, C. proc.; D. m. f. 7 juin 1808, 390 § 9, 436 § 10 I. G.; D. N., t. 3, p. 577, n° 30).

867. Note des dépositions des témoins. — Aux termes de l'art. 155 C. inst. crim., les greffiers des tribunaux de police doivent tenir note des principales dépositions des témoins. Ces notes avaient été reconnues sujettes à l'enregistrement sur les *expéditions*, attendu que l'art. 38 L. 28 avril 1816 ne soumet à l'enregistrement sur les minutes que les actes judiciaires en matière correctionnelle ou de police, et que c'est en cela seulement qu'il a été dérogé à l'art. 7 L. 22 frimaire (D. m. f. 6 nov. 1819, 6551 J. E.). — Une seconde D. m. f. 29 décembre 1832 (1953 I. G.), a déclaré exemptes de timbre et d'enregistrement les notes qui ne doivent être considérées que comme de simples renseignements destinés à faciliter la rédaction du jugement.

868. Notoriété. — Les actes de notoriété et les procès-verbaux rédigés par les juges de paix pour constater les causes et les circonstances de la disparition des militaires et le fait de privation des moyens d'existence de leurs veuves et orphelins, sont exempts du timbre et de l'enregistrement (D. m. f. 26 janv. 1824, 1124 I. G.).

Une Dél. 22 janvier 1830 (9567 J. E.) porte que les actes de notoriété à produire au ministère de la guerre, pour *suppléer l'acte de naissance de la veuve* d'un ancien militaire, et son état d'indigence, est passible du droit de 2 francs (3 fr.). Il nous semble que le principe qui veut que les exceptions libérales soient interprétées avec faveur doit faire appliquer à l'espèce la décision ministérielle de 1824, car ces deux actes de notoriété ont le même but, celui de faire obtenir des secours ou une pension à la veuve indigente.

869. Ordre. — La nomination du juge-commissaire, en cas de distribution par contribution, ayant lieu par une simple mention sur un registre d'ordre, n'est passible d'aucun droit. Il en est de même du réquisitoire fait par le créancier qui demande l'ordre, de la simple mention dans le procès-verbal du juge, de l'acte de produit signé de l'avoué, et des bordereaux de collocation et mandements de payer, vu que le procès-verbal d'ordre a acquitté le droit proportionnel d'enregistrement (436 nos 48, 59, 61; 1704 I. G.).

870. Opposition aux qualités. — L'ordonnance ou décision du juge qui statue sur les oppositions, soit aux qualités des jugements, soit à l'exposé des points de fait et de droit, ne doit pas être enregistrée (4862 J. E.).

Le juge statue sur les oppositions, en rectifiant ou en faisant rectifier les qualités des jugements par des ratures et par des renvois à la marge; ensuite il porte sur cette marge un bon *à expédier*, qu'il signe sans autre formalité; ce bon à expédier ne peut être sujet à aucun droit (D. m. f. 5 nov. 1816, 758 n° 5 I. G.).

1. OPPOSITION A JUGEMENT. — AVOUÉ. — REGISTRE. — L'art. 163 C. proc. dispose qu'il sera tenu au greffe un registre sur lequel l'avoué de l'opposant (à un jugement), fera mention sommaire de l'opposition. Cet article ajoute qu'il ne sera dû de droit d'enregistrement que dans le cas où il en serait délivré expédition.

La loi du 28 avril 1816, qui a assujetti tous les actes judiciaires à l'enregistrement sur minute, n'a rien changé à cet ordre de choses. Une pareille mention faite par un avoué ne peut être considérée comme un acte judiciaire (Sol. 21 mars 1831, 9951 J. E.).

871. Radiation du rôle. — Contrairement à une Dél. 31 août 1822 (7302 J. E.), il a été reconnu que le jugement (quel que soit le tribunal qui le rende) qui ordonne la radiation d'une cause du rôle, pour un motif quelconque, est un simple jugement d'ordre intérieur, non sujet à l'enregistrement, sauf le cas où le tribunal stipule la *restriction* que la cause ne pourra être replacée au rôle que sur le vu de l'expédition du jugement, *dont le coût restera à la charge de l'avoué*, conformément à l'art. 29 du règlement du 30 mars 1808; car, dans ce cas, il y a une condamnation personnelle contre l'avoué (D. m. 30 avr. 1823, 1080 I. G.; Sol. 15 juill. 1831, 10085, 10875 J. E.).

C'est dans ce sens qu'il a été reconnu qu'un jugement par lequel un tribunal de commerce, après avoir entendu les parties, ordonne que la cause sera rayée du rôle comme arrangée, est un simple jugement d'ordre intérieur non sujet à enregistrement, parce que le tribunal n'a pas *statué* et n'a fait qu'indiquer le motif de la radiation (14895-2 J. E.).

872. Recours en cassation. — La déclaration de recours en cassation, lorsqu'il s'agit de matière criminelle, n'est pas sujette à l'enregistrement comme comprise dans le n° 9, § 3 de l'art. 70, L. 22 frimaire an 7 (Circ. 9 frim. an 8, n° 1704; Arr. du gouv. 21 pluv. an 11; 124 I. G.).

En matière correctionnelle, la déclaration de recours doit être enregistrée *en débet*. — V. 808-2.

873. Récusation. — Le visa du greffier mis sur l'acte de récusation de juges de paix, le dépôt de la copie fait au greffe, s'il n'en est pas dressé d'acte, et la déclaration du juge portant son acquiescement ou son refus, ne sont pas sujets à l'enregistrement. Le dépôt de pièces qui doit avoir lieu en cas de récusation est également exempt du droit, à moins qu'il ne soit fait un acte séparé (436 nos 8, 32 et 33 I. G.).

874. Remise de cause ou renvoi à une autre audience. — Il avait d'abord été décidé, les 15 octobre 1816 et 10 mars 1819 (6536 J. E., 758 § 3 I. G.), 1° que les arrêts et jugements de remise de cause ou de plaidoirie qui interviennent *avant que les qualités aient été posées* n'étaient pas sujets à l'enregistrement, attendu que, dans ce cas, le point de la contestation n'a pas encore été présenté au tribunal, et qu'il ne s'agit que d'un simple *acte de police intérieure*; — 2° qu'il en était de même des arrêts ou jugements rendus *après la rédaction des qualités*, lorsqu'ils ont lieu par l'effet de *circonstances indépendantes de la volonté ou de l'intérêt des parties*, telles que l'empêchement d'un juge, d'un rapporteur, du ministère public à qui l'affaire aurait été renvoyée, ou bien la fin de l'audience sans que la cause ait pu être appelée ou terminée, et pourvu que les motifs des jugements ou arrêts *énoncés sur la feuille d'audience* constatent que la remise de la cause n'est le fait ni des parties, ni des avoués.

1. PRODUCTION DE PIÈCES OU DE PREUVES. — Plus tard, une D. m. f. 28 novembre 1821 (1012-2 I. G.) fut conçue en ces termes :

« Les jugements de remise de cause ou de continuation d'audience ne doivent être enregistrés que lorsqu'ils sont rendus pour la production de pièces ou de preuves ordonnées. Dans tous les autres cas, ils sont exempts de la formalité, *quand ils contiennent la mention qu'ils ont été rendus d'office*. »

2. RENVOI D'OFFICE OU DEMANDÉ. — Mais une seconde D. m. f. 27 février 1822 (1026 I. G.) a supprimé la distinction établie par celle de 1821 entre les remises de cause *faites d'office* et celles requises par les *avoués ou les parties*. L'exemption de la formalité est donc applicable *toutes les fois* que la remise de cause n'a pas pour objet une *production de pièces ou de preuves ordonnées*. — V. § 9 *infrà*.

3. COMMERCE. — Les remises de cause en matière de commerce sont, comme celles prononcées dans les autres affaires, exemptes de la formalité dans les cas prévus par les décisions ci-dessus (1012-2, 1026 I. G.).

4. JUSTICE DE PAIX. — Une D. m. f. 26 janvier 1826 (8279 J. E., 1189 § 3 I. G.) a reconnu que les décisions ci-dessus s'appliquent aux jugements des justices de paix comme à ceux des tribunaux civils et de commerce.

5. ARRANGEMENT. — Le jugement du juge de paix qui, attendu que les parties sont entrées en arrangement, remet la cause à huitaine pour être statué, si, jusque-là, elles ne se sont point accordées, est exempt d'enregistrement. Il s'agit, en effet, ici, d'une remise de cause *du fait des parties*, et la décision de 1821, qui fait l'objet de l'I. G. 1012, ci-dessus rapportée, n'établit aucune distinction entre les motifs qui peuvent déterminer la remise de cause (10465 J. E.).

6. AVEU. — Le jugement qui contient *aveu* de la dette verbale et renvoie à quinzaine, n'est pas un jugement de remise de cause pur et simple non enregistrable. Il donne ouverture au droit de titre et au droit fixe d'enregistrement (11693 J. E.).

7. COMPARUTION DU DÉFENDEUR. — Le jugement de remise pour la comparution en personne du défendeur, afin qu'il soit entendu dans ses explications, est exempt d'enregistrement, car il n'y a ni production de pièces, ni preuves ordonnées (14036-6 J. E.).

Mandataire. — Il est encore exempt d'enregistrement alors même qu'il constate que les parties ont été représentées par des mandataires munis de pouvoirs écrits. Il y a tout simplement contravention à la L. 22 frimaire an 7, de la part des juges qui n'ont pas exigé que les mandants fussent enregistrés avant d'être produits (12874-2 J. E.).

Curateur ajourné. — Mais ne peut être assimilé à une remise de cause exempte de l'enregistrement, et doit être considéré comme jugement préparatoire, l'acte par lequel un tribunal, saisi d'une demande en autorisation de vendre un immeuble dont un mineur émancipé possède une part indivise, ordonne la comparution du curateur en chambre du conseil pour donner des explications sur l'objet de cette demande (D. belge, 8 sept. 1860).

8. DÉFAUT. — Le jugement qui donne défaut contre une des parties et renvoie la cause à huitaine n'est pas un simple jugement de remise de cause. Il est sujet à enregistrement, car il contient deux dispositions distinctes : le défaut donné sur les conclusions de l'une des parties et la remise, et la première de ces dispositions nécessite l'enregistrement du jugement (11719-6 J. E.).

9. DÉLAI DEMANDÉ POUR PRODUIRE DES PREUVES. — Le jugement de remise de cause pur et simple motivé sur ce que les défendeurs ont demandé un délai pour produire des pièces et des moyens de défense, n'est pas sujet à enregistrement, dès l'instant que le juge *n'ordonne* ni une preuve, ni une production de pièces (14208-5 J. E.).

10. DONNÉ ACTE. — Est sujet à l'enregistrement le jugement de remise de cause qui *donne acte* de l'offre d'une des parties, alors même que cette offre ne serait pas acceptée (15546-5 J. E.).

11. DOUBLE DROIT. — Le double droit est exigible sur un jugement qui était susceptible d'être enregistré, comme ne contenant pas remise de cause pure et simple, et qui ne l'a pas été par suite d'une fausse interprétation de la part du receveur (12890-4 J. E.). Seulement, dans ce cas, le greffier peut exercer son recours contre le receveur.

11. EMPÊCHEMENT. — Lorsque les jugements de remise de cause n'interviennent que par suite de l'empêchement des juges, du ministère public, ou même des avocats et avoués, il n'y a rien qui profite aux parties ni à l'instruction du procès. C'est le résultat d'un événement indépendant de toute volonté, et l'exemption de la formalité dérive de cette circonstance (1146, § 7 I. G.).

Le même motif d'exemption s'applique aux jugements des tribunaux de commerce qui nomment, en matière de faillite un nouveau juge-commissaire, pour l'empêchement du juge précédemment désigné par un jugement soumis à la formalité et aux droits d'enregistrement (Sol. 12 mai 1824, 1146, § 7 I. G.).

13. INSTRUCTION PAR ÉCRIT. — Les jugements qui prescrivent une *instruction par écrit* sont sujets à enregistrement (1012 et 1026 I. G.).

14. MISE EN CAUSE. — Le jugement ainsi conçu : « Attendu que la mise en cause de la veuve F... est indispensable, elle aura lieu à la diligence de la partie de... renvoie l'affaire à l'audience de... » ne peut être assimilé à un jugement portant une simple remise ou continuation d'audience. C'est un jugement préparatoire ou interlocutoire assujetti à la formalité (Sol. 6 avr. 1831, 9961 J. E.).

15. CONCILIATION. — Les procès-verbaux de remise. dressés en matière de conciliation, doivent être inscrits au répertoire du greffier et soumis à l'enregistrement dans les vingt jours de leur date (Sol. 30 avr. 1868, 2690 R. P.). — V. *Conciliation*, n° 4885.

874 *bis*. Remplacement. — Alsace-Lorraine. — Les expéditions de jugements constatant la disparition d'Alsaciens-Lorrains et produits pour toucher la prime de rengagement ou de remplacement, sont exempts, de timbre et d'enregistrement, (Déc. 30 avr. 1876, 4495-44 R. P., 2547 I. G.).

875. Rôle. — Les rôles pour l'inscription et l'appel des causes sont exempts de timbre (L. 13 brum. an 7, art. 16).

876. Roulage. — Quelles sont celles des décisions des maires et des conseils de préfecture, en matière de contravention à la police de roulage, qui sont exemptes du timbre et de l'enregistrement ? — V. 802, 815.

877. Saint-Domingue. — Production. — Les titres et actes de tout genre, qui sont produits par les réclamants, relativement à l'indemnité de Saint-Domingue, ou leurs créanciers, devant les tribunaux, pour justifier de leurs qualités et droits, sont dispensés de l'enregistrement et du timbre (1190 I. G.).

878. Scellés. — Les déclarations que les juges de paix sont astreints à faire (725 C. proc.), sur un registre spécial tenu au greffe, dans les vingt-quatre heures de l'apposition : 1° des noms et prénoms des personnes sur les effets desquelles les scellés ont été apposés ; — 2° du nom et de la demeure du juge qui a fait l'apposition ; — 3° du jour où elle a eu lieu, ne sont pas sujettes au timbre. Il ne s'agit ici que d'un registre d'ordre (2673 J. E., 373-9 I. G.).

879. Taxe. — La taxe des vacations des experts, faite au bas de leur rapport, par le président du tribunal, en vertu de l'art. 319 C. proc., est exempte de la formalité ; l'exécutoire seul est passible du droit (436 n° 28 I. G.; 2679 J. E.).

880. Transcription de diplôme. — Dans les lieux où le nombre des avocats en exercice reste au-dessous de *vingt*, tout jugement qui ordonne la transcription du diplôme d'un avocat déjà assermenté et l'insertion de cet avocat au tableau, étant, à proprement parler, un acte d'ordre intérieur, puisque le tribunal statue alors comme conseil de discipline, doit être exempt de l'enregistrement (Dél. 11 oct. 1823; 7569 J. E.). Le contraire avait été décidé, alors que l'Ord. du 20 octobre 1822, qui contient règlement sur la profession d'avocat, n'avait pas encore paru (7208 J. E.).

881. Visa. — Sont exempts de la formalité: 1° les visas donnés sur des actes d'huissiers, en exécution du C. C. et du C. proc. par les maires, les juges de paix, les agents du ministère public, en leur qualité de magistrats ou de fonctionnaires, dans le but de prévenir toute inexactitude de la part des huissiers, et dans l'intérêt des absents, des mineurs, du public ou du Trésor (436 n° 78 I. G.; 1598 et 2384 J. E.); — 2° le visa du greffier sur l'original de la signification de l'acte par lequel on récuse le juge de paix, aux termes de l'art. 45 C. proc., ainsi que le dépôt au greffe de la copie de cette signification, s'il n'en est pas dressé acte; — 3° le visa du greffier sur l'exploit des demandeurs en partage, destiné, aux termes de l'art. 967 C. proc., à constater quelle a été la partie la plus diligente (D. m. j. et f., 13 juin 1809, 436 § 8 I. G.); — 4° le visa du greffier sur le pouvoir écrit de celui qui se présente en justice pour un autre (Déc. 2 nov. 1813).

881 bis. Résumé. — Un grand nombre des dispositions précédentes relatives aux matières criminelles, correctionnelles ou de police, ont été résumées dans un tableau officiel dressé de concert entre l'Administration de l'enregistrement et le Garde des sceaux, le 14 août 1876. Ce tableau a été transmis comme règle de perception dans l'Instruction n° 2572. Il est utile de le reproduire ici.

PREMIÈRE PARTIE

PHASES DIVERSES des procédures.	ACTES A TIMBRER ET A ENREGISTRER.	MODE DE TIMBRE ET D'ENREGISTREMENT.	OBSERVATIONS.
PROCÈS-VERBAUX.	1. PROCÈS-VERBAUX des gardes champêtres des communes. (Art. 12 de la loi du 13 brumaire an VII; art. 43 n° 16 de la loi du 28 avril 1816 et 74 de la loi du 25 mars 1817; art. 2 de la loi du 19 février 1874.)	1. En débet.	I. Les droits de timbre et d'enregistrement des procès-verbaux et autres notes de procédure sont payés *comptant* et avancés par la partie poursuivante, sauf son recours contre le condamné; lorsque les procès-verbaux sont dressés et les poursuites dirigées à la requête d'une partie civile ou d'une administration financière, agissant dans son intérêt propre ou dans celui de ses agents. (Loi du 22 frimaire an VII, art. 68, § 1er, n° 48; ordonnance du 22 mai 1816, art. 1er et 4; loi du 25 mars 1817, art. 74.)
	2. PROCÈS-VERBAUX des gardes forestiers. (Art. 170, 188 et 189 de la loi du 21 mai 1827.)	2. En débet.	
	3. PROCÈS-VERBAUX des gardes-pêche. (Art. 47 de la loi du 15 avril 1829.)	3. En débet.	
	4. PROCÈS-VERBAUX des agents voyers et des employés des ponts et chaussées. (Décision du 16 frimaire an XI.)	4. En débet.	
	5. PROCÈS-VERBAUX des vérificateurs des poids et mesures. (Art. 42 de l'ordonnance du 17 avril 1839.)	5. En débet.	
	6. PROCÈS-VERBAUX de tous les agents de l'autorité constatant des infractions aux règlements généraux d'impositions. (Art. 74 de la loi du 25 mars 1817.)	6. *En Débet*, lorsqu'ils sont dressés à la requête du ministère public, au sujet d'infractions punies correctionnellement (Art. 74 de la loi du 25 mars 1817), en matière : *de garantie des objets d'or et d'argent* (décision ministérielle des finances; instruction générale, n° 516), *de timbres-poste ayant déjà servi* (décision ministérielle (justice et finances) des 3 et 7 février 1851); instruction générale, n° 1981), *d'affiches peintes* (instruct. n° 1937), *de timbres mobiles ayant déjà servi* (instruction n° 2176). *Au comptant* et sur timbre lorsqu'ils sont dressés à la requête d'une administration financière agissant dans son intérêt propre ou dans celui de ses agents (Art. 74 de la loi du 25 mars 1817.) (Voir observation I.)	
	7. PROCÈS-VERBAUX de la gendarmerie (sous-officiers, brigadiers et gendarmes, non des officiers), toutes les fois qu'ils sont de nature à donner lieu à des poursuites judiciaires (Art. 491 du décret du 1er mars 1854); qu'ils constatent des faits intéressant l'État, les com-	7. En débet. (Voir n° 6 ci-dessus et observation I.)	

PREMIÈRE PARTIE (*Suite*).

PHASES DIVERSES des procédures.	ACTES A TIMBRER ET A ENREGISTRER.	MODE DE TIMBRE ET D'ENREGISTREMENT.	OBSERVATIONS.
PROCÈS-VERBAUX.	munes, des établissements publics ou des délits et contraventions commis dans les bois non soumis au régime forestier (Art. 188 du code forestier); lorsqu'ils sont rédigés pour mort violente et qu'ils contiennent l'inventaire des objets trouvés sur le décédé ou près de lui; en matière de contraventions fiscales. (Voir art. 492 du décret du 1er mars 1854; art. 308 du même décret.)		
	8. PROCÈS-VERBAUX des gardes champêtres, gardes-pêche et gardes forestiers des particuliers. (Art. 12 de la loi du 13 brumaire an VII; art. 188 modifié du code forestier; instructions générales de l'administration des finances, nos 63 et 246.)	8. Au comptant.	
	9. Tous les PROCÈS-VERBAUX constatant des délits et contraventions à la police des chemins de fer (Art. 24 de la loi du 15 juillet 1845), et ceux relatifs aux règlements sur les appareils et bateaux à vapeur. (Loi du 21 juillet 1856, art. 22.)	9. En débet.	
	10. Tous les PROCÈS-VERBAUX constatant des délits et contraventions à la police des lignes télégraphiques. (Art. 11 du décret du 27 décembre 1851.)	10. En débet.	
	11. Tous les PROCÈS-VERBAUX constatant des délits et contraventions à la police du roulage (Art. 19 de la loi du 30 mai 1851; l'article 493 du décret du 1er mars 1854 est abrogé), et ceux relatifs à la grande voirie. (Décisions des 11 frimaire et 4 germinal an XI; décision du 20 décembre 1808; instructions de l'Administration, nos 290, § 61, et 415, §§ 1er et 2.)	11. En débet.	
	12. Tous les PROCÈS-VERBAUX constatant des contraventions de simple police, de quelque agent qu'ils émanent (Art. 74 de la loi du 25 mars 1817), et les rapports adressés, sous forme de lettres, aux commissaires de police par les agents subalternes relativement aux contraventions que ceux-ci ont constatées. (Délibération du conseil d'Administration, de l'enregistrement du 6 novembre 1822).	12. En débet.	
INSTRUCTION.	13. Tous les actes *extérieurs* d'instruction destinés à frapper soit les prévenus, soit les tiers, c'est-à-dire toutes les significations faites par les huissiers et les gendarmes : assignations aux témoins, notifications aux inculpés des divers mandats décernés par les juges d'instruction.	13. Gratis. (Art. 70, § 2, n° 3, de la loi du 22 frimaire an VII.) (Voir observation II.)	II. Lorsqu'il existe pendant l'information une partie civile, tous les actes *spécialement* faits à la requête de cette partie doivent être sur timbre et enregistrés, s'il y a lieu, *au comptant*.
PROCÉDURE DEVANT LE TRIBUNAL CORRECTIONNEL.	14. Tous les actes de poursuite devant les juridictions correctionnelles, à partir de l'ordonnance du juge d'instruction exclusivement (lorsqu'il y a eu information régulière), citations de toutes sortes, etc. (Voir art. 4 de l'ordonnance du 22 mai 1816 et circulaire du garde des sceaux du 24 septembre 1823, et loi du 25 mars 1817, art. 74.)	14. En débet. (Art. 4 de l'ordonnance du 22 mai 1816.) Les actes signifiés à la requête du prévenu et pour les besoins de sa défense doivent être visés pour timbre et enregistrés à ses frais, *au comptant*. Toutefois, aux termes de l'art. 30 de la loi du 22 janvier 1851, les présidents des tribunaux correctionnels peuvent, lorsque les prévenus leur en font la demande et justifient de leur indigence, ordonner l'assignation d'office des témoins dont la déposition leur paraît utile à la manifestation de la vérité; dans ce cas, ces témoins sont assignés à la requête du ministère public; dès lors, les exploits sont *en débet*. (Voir observation III.)	III. Lorsqu'il y a une partie civile en cause ou que l'affaire est poursuivie à la requête d'une administration agissant dans son intérêt propre ou celui de ses agents, tous les actes signifiés à la requête de cette partie et le jugement doivent être sur timbre et enregistrés *au comptant*. IV. Toutefois, ces deux formalités ont lieu *au comptant*, lorsqu'il y a une partie civile, qu'en même temps le condamné est en liberté et que le ministère public ne remet pas au receveur une réquisition expresse pour que les formalités soient remplies *en débet*. (Décision ministérielle (justice et finances) des 11 et 15 février 1861; instruction n° 2180.)
	15. 1° Les jugements, leurs expéditions et significations. (Loi du 22 frimaire an VII, art. 70, § 1er, n° 5; ordonnance du 22 mai 1816, art. 4.)	15. 1° En débet.	V. Cette règle reçoit exception, lorsqu'il y a une partie civile. Les actes spéciaux notifiés à sa requête et les arrêts criminels prononçant des condamnations civiles sont assujettis au timbre et à l'enregistrement, *au comptant*. (Loi du 22 frimaire an VII, art. 68, § 1er, n° 48; ordonnance du 22 mai 1816, art. 2; loi du 25 mars 1817, art. 74; instruction de l'administration du 12 novembre 1823, n° 1102.)
	2° Les actes d'appel, les recours en cassation, ainsi que leurs extraits.	2° En débet. (Voir l'observation IV.)	
PROCÉDURE D'ASSISES.	16. Tous les exploits signifiés par les huissiers et gendarmes, savoir, notamment : la signification à l'accusé de l'arrêt et de l'acte d'accusation; des ordonnances de jonction, *s'il y a lieu*; de la liste des témoins, de celle du jury, et, dans certains cas, des arrêts de la Cour de cassation. (Art. 58, n° 8, de l'instruction générale du 30 septembre 1826.)	16. Gratis. (Art. 16 de la loi du 13 brumaire an VII; art. 70, § 2, n° 3, de la loi du 22 frimaire an VII; ordonnance du 22 mai 1816; circulaire du garde des sceaux du 24 septembre 1823 et du 14 janvier 1863.) (Voir l'observation V.)	*N. B.* Il importe de veiller à ce que les formules imprimées ne renferment point des mentions irrégulières ou inutiles de timbre ou d'enregistrement. Celles qui en présenteront devront être signalées au procureur général, en même temps qu'au directeur de l'enregistrement du département.
	17. Les actes faits à la requête du ministère public et ayant pour objet l'exécution de commissions rogatoires émanées de tribunaux étrangers et transmises par les voies diplomatiques.	17. Gratis. (Décision ministérielle des finances du 27 mars 1829; instruction n° 1274.)	

DEUXIÈME PARTIE

PHASES des PROCÉDURES	ACTES DISPENSÉS DE TIMBRE ET D'ENREGISTREMENT.	PHASES des PROCÉDURES	ACTES DISPENSÉS DE TIMBRE ET D'ENREGISTREMENT.
PROCÈS-VERBAUX.	I. Procès-verbaux des procureurs de la République, de leurs substituts, des juges d'instruction, des juges de paix, des officiers de gendarmerie, des maires, des adjoints, des commissaires de police, lorsqu'ils n'y sont pas assujettis par la nature même des infractions constatées et par des lois spéciales portant timbre et enregistrement en débet. (Voir notamment le décret du 28 mars 1852, art. 14 ; la loi du 18 juillet 1860, art. 11.) II. Procès-verbaux de la gendarmerie (sous-officiers, brigadiers et gendarmes), lorsqu'ils contiennent de simples renseignements. (Art. 491 du décret du 1er mars 1854.) *N. B.* En matière de police de la chasse, les procès-verbaux ne sont soumis à la double formalité que lorsque la qualité de l'agent rédacteur l'exige, car la loi du 3 mai 1844 n'édicte à cet égard aucune prescription.	PROCÉDURE CORRECTIONNELLE.	V. Les notes d'audience. (Décision du 29 décembre 1852 ; instruction du 12 février 1853, nº 1953.) VI. Les certificats d'excuse des témoins empêchés. (Décisions du 7 nivôse an VIII et du 4 juillet 1820.) VII. Les décharges de pièces à conviction émanées des particuliers, lorsqu'il n'y a pas de partie civile en cause. (Décision du 11 août 1820.)
INSTRUCTION.	III. Tous les actes *intérieurs* d'instruction, savoir, notamment, les réquisitions du ministère public, les ordonnances des juges d'instruction, les procès-verbaux d'information, les cédules, les dépositions des témoins, les interrogatoires, les confrontations, les mandats de comparution, d'amener, de dépôt et d'arrêt, les rapports d'experts, les plans, documents de toute nature annexés aux procédures ; en cas de faux, les copies collationnées et le procès-verbal de vérification de ces copies dressées en exécution de l'article 455 du code d'instruction criminelle. (Voir l'instruction de l'enregistrement du 30 décembre 1844, nº 1723, § 1er.) IV. Les arrêts des chambres d'accusation. (Art. 16 de la loi du 13 brumaire an VII et 70, 3º, nº 9, de la loi du 22 frimaire an VII.)	PROCÉDURE D'ASSISES.	VIII. En principe, tous les actes destinés à réprimer les crimes sont dispensés de timbre et d'enregistrement. Ainsi : les réquisitions du ministère public, lorsqu'il y a lieu (Art. 277 du Code d'instruction criminelle) ; les procès-verbaux d'audition de témoins, en cas de supplément d'information ordonnée par le président de la cour d'assises, en vertu de son pouvoir discrétionnaire (Art. 168 et 303 du Code d'instruction criminelle) ; les interrogatoires de l'accusé, les recours en cassation du ministère public ou de l'accusé contre les arrêts de la chambre des mises en accusation (Circulaire du 9 frimaire an VIII et arrêté du Gouvernement du 21 pluviôse an XI ; Inst. nº 124) ; les mandats décernés par le président, soit contre les témoins défaillants (Art. 269), soit contre les témoins dont la déposition paraît fausse (art. 330) ; les copies des pièces de la procédure (Art. 16 de la loi du 13 brumaire an VII) ; les procès-verbaux de tirage au sort des jurés, soit pour la composition de la liste générale de la session, soit pour la formation du jury spécial dans chaque affaire ; la signification de la première de ces listes aux jurés, les ordonnances du président ; les verdicts du jury ; le procès-verbal d'audience ; les arrêts préparatoires, interlocutoires ou incidents ; les arrêts des cours d'assises rendus sans partie civile en cause, alors même qu'ils ne prononcent que des peines correctionnelles (décision ministérielle (justice et finances), des 7 mai et 7 juillet 1869 ; instruction de l'administration, nº 2400, § 4) ; les recours en cassation contre ces arrêts. (Voir circulaire du 9 frimaire an VII.)

CHAPITRE XII. — ACTES RELATIFS AU RECOUVREMENT DES CONTRIBUTIONS PUBLIQUES ET AUTRES SOMMES DUES A L'ÉTAT, DES CONTRIBUTIONS LOCALES, ETC.

[882-910]

SECTION PREMIÈRE. — ACTES EN ACTION ET EN DÉFENSE

[882-902]

882. Contributions de diverses sortes. — Les contributions *directes* et *indirectes* dont il est question dans les lois sur l'enregistrement sont, les premières : les contributions foncière, personnelle et mobilière, celles des portes et fenêtres, et les patentes. Les secondes comprennent : l'enregistrement et droits accessoires, les douanes et celles dont le recouvrement est confié à l'administration des contributions indirectes proprement dite.

La loi du 16 juin 1824 contient, art. 6, les dispositions suivantes, qui sont à peu près la reproduction de l'art. 70, § 2, nº 2, L. 22 frimaire an 7:

« Seront enregistrés *gratis* les actes de poursuite et tous autres actes, tant en action qu'en défense, ayant pour objet, soit le recouvrement des contributions publiques et de toutes autres sommes dues à l'État, ainsi que des contributions locales, soit le recouvrement des sommes dues pour mois de nourrice ; le tout, lorsqu'il s'agira de cotes, droits et créances non excédant en total la somme de 100 francs. »

Pour les cotes excédant 100 francs, il a été reconnu que la loi du 18 avril 1816 n'avait en rien modifié le tarif à l'égard des exploits en matière de contribution, et que le droit à percevoir était celui de 1 franc (1 fr. 50) (D. 23 mars 1818, 6027 J. E.; Déc. 24 nov. 1821, 1012 nº 1 I. G.). — V. 894.

Ces règles s'appliquent au recouvrement des amendes de condamnation (Circ. 29 juill. 1874, 3901 R. P.).

1. TIMBRE. — Aucune disposition semblable n'existant pour le timbre, il en résulte que les actes doivent être rédigés sur papier timbré. Cependant il a été décidé que le premier et le deuxième avertissement et le procès-verbal même d'établissement de garnison ne contenant aucun commandement de payer et annonçant seulement qu'il va être dirigé des poursuites, peuvent être faits sur papier libre (D. m. f. 7 frim. an 6, Circ. 1160).

Les formules dont se servent les porteurs de contraintes sont timbrées à l'extraordinaire au chef-lieu du département (D. m. f. 3 fév. 1838, 1556 I. G.).

Il a été reconnu, à cet égard, que, le visa pour timbre n'étant pas autorisé, il était défendu de timbrer les formules dont il s'agit au moyen de timbres mobiles (Sol. 28 oct. 1866).

883. Disposition générale. — Sont compris dans la disposition de l'art. 6 ci-dessus, les exploits, significations, commandements et autres actes tendant au recouvrement des fermages, prix de vente de domaines, rentes, frais de justice, amendes, et de toutes sommes dues à l'État, à quelque titre que ce soit (Av. com. fin., 1012 nº 1er I. G.).

884. Contributions indirectes (ADMINISTRA-

TION DES). — Les significations de procès-verbaux dressés par les préposés de la Régie des contributions indirectes devant être comprises dans la classe des exploits et autres actes qui ont pour objet le recouvrement des contributions publiques ne sont sujettes qu'au droit fixe de 1 fr. 50 cent., lorsque l'objet du procès-verbal excède 100 francs; elles doivent être enregistrées *gratis* dans le cas contraire (Lettre de M. le directeur général du 11 déc. 1828, 9295 J. E.). Ces actes de poursuites, y compris les contraintes collectives, sont assujettis au timbre de dimension (D. m. f. 5 mai 1807, 327 I. G.; et 20 déc. 1828, 3097 J. E.).

885. Amende éventuelle supérieure à 100 fr. — On ne peut enregistrer *gratis* la signification d'un procès-verbal des employés des contributions indirectes quoique la valeur des objets saisis soit au-dessous de 100 francs, si l'amende encourue est éventuellement supérieure. Le droit de 1 franc (1 fr. 50) doit être perçu (Sol. 13 août 1831, 10034 J. E.).

886. Canaux.— Sont régis par les dispositions de l'art. 6 L. 16 juin 1824, les exploits pour le recouvrement des rôles dressés pour les travaux de curage et d'entretien des canaux et rivières non navigables, et des digues et ouvrages d'art qui y correspondent, bien que les cotisations à recouvrer ne soient pas dues à l'État et ne se rapportent pas à des contributions locales proprement dites, puisqu'elles se perçoivent pour le compte d'associations particulières. Ainsi décidé en faveur d'associations pour des canaux de dessèchement dans l'arrondissement d'Arles (Sol. 18 déc. 1824, 7933 J. E., 1156 § 5 I. G.).

887. Commune. — Redevance. — Les commandements collectifs faits par les porteurs de contrainte, à la requête d'un receveur municipal, pour redevances dues à une commune, sont passibles d'autant de droits fixes de 2 francs (3 fr.) qu'il y a de débiteurs, sans égard au montant de la redevance, car il ne s'agit pas ici de contribution publique (12859-1 J. E.), ou d'un cas spécial prévu par la jurisprudence).

888. Culte israélite. — Une contribution est établie sur les juifs de Paris pour subvenir aux frais de leur culte. Les actes relatifs au recouvrement de cette contribution sont assimilés à ceux en matière d'impôts directs (5907 J. E.).

889. Établissement public. — Il en est de même des actes de poursuites ayant pour objet le recouvrement des condamnations pour délits dans les bois des établissements publics. Ces actes doivent, comme lorsqu'il s'agit de condamnations au profit de l'État, être enregistrés *gratis* au-dessous de 100 francs (D. m. f. 7 mars 1828, 8945 J. E., 1265 § 4 I. G.).

890. Forêts. — Cette même décision porte que cette règle est applicable aux actes de poursuites pour recouvrement, soit d'amendes forestières et de frais dus à l'État, soit de restitutions et de dommages-intérêts prononcés au profit des communes et des établissements publics, à raison de délits dans leurs bois. — *V.* 811.

891. Garde nationale. — Les actes de poursuites ayant pour objet le recouvrement des amendes prononcées par les conseils de discipline de la garde nationale, doivent être enregistrés *gratis* aux termes de l'art. 6 L. 16 juin 1824, puisque l'attribution de ces amendes aux communes n'empêche pas que la condamnation ne soit prononcée au profit de l'État, et que, d'ailleurs, l'amende ne peut jamais s'élever à 100 francs, attendu qu'elle est de une à dix journées de travail. Quant à la formalité du timbre, aucune loi ni décision n'autorisant à la donner *gratis*, elle doit avoir lieu *en débet*, sauf à recouvrer le droit en même temps que l'amende (Sol. 23 déc. 1831, 10255 J. E.).

892. Mois de nourrice. — Les exploits faits à la requête de particuliers pour recouvrement de sommes dues pour mois de nourrice, doivent jouir de l'exception accordée par l'art. 6 L. 16 juin 1824, car cette exception s'étend à tous les exploits ayant pour objet le recouvrement des sommes au-dessous de 100 francs pour mois de nourrice (10790-1 J. E.; D. 18 avr. 1817, 5874 J. E.).

893. Défense et opposition. — La loi n'avant point distingué entre la *défense*, qui a lieu à la requête du Trésor, et celle qu'exerce la partie, il en résulte que l'opposition à une contrainte ayant pour objet le recouvrement d'une somme au-dessous de 100 francs, doit être enregistrée *gratis*, et moyennant 1 franc (1 fr. 50) si la somme excède 100 francs (Sol. 2 sept. 1831, 10112 J. E., D. N. t. 4 p. 126 n° 111).

1. DÉNONCIATION. — L'application des mêmes principes a été faite à la dénonciation par un contribuable à ses codébiteurs solidaires, d'un commandement qu'il avait reçu pour le payement de la cote entière, et auquel il avait satisfait (D. 3 fév. 1818, 6022 J. E.).

2. DROIT D'ENREGISTREMENT. — RESTITUTION. — L'art. 6 L. 16 juin 1824 est applicable à *toute espèce d'impôt, quel que soit le mode de perception*. Or, en matière d'enregistrement, les droits devant être payés avant la formalité, aux termes de l'art 28 L. 22 frimaire an 7, il en résulte que la voie légale de *défense* est la *demande* en restitution; d'où la conséquense que cette demande en restitution n'est sujette qu'au droit fixe de 1 fr. 50 ou doit être enregistrée *gratis*, selon que l'objet de la demande excède ou n'excède pas 100 francs (Sol. 24 mars 1848, 13394 J. N., 1814 § 11 I. G.). Tous les actes de poursuite sont, sans aucun doute, sujets au timbre et les droits de timbre sont, comme ceux d'enregistrement, acquittés au moment de la formalité sur les fonds de la caisse des comptables (D. m. f. 24 nov. 1837, 1551 I. G.)

Les rédact. J. E. ont émis une opinion différente (13949-5 et 14923-3 J. E.) Ils ont donné pour motif que, du moment où le contribuable forme une demande, on ne peut plus dire qu'il y a action de défense dans les termes de la loi; d'où la conséquence que le bénéfice de la loi n'est plus applicable, et que l'exploit reste soumis à la règle commune.

C'est précisément sur le raisonnement contraire qu'a été basée la Sol. de 1848.

Les actes de poursuites, qui ont pour objet le recouvrement des contributions forestières, doivent être faits sur papier timbré (D. m. f. 4 oct. 1828, 1265 § 7 I. G.).

3. CONTRAINTES. — Les contraintes délivrées par les receveurs des finances pour le recouvrement des contributions directes sont de simples actes d'administration intérieure exempts du timbre par l'art. 16 de la loi du 13 brumaire an 7 (D. m. f. 28 avr. 1837, 1536 I. G.), — et de l'enregistrement par l'art. 80 de la loi du 15 mai 1818.

Mais les contraintes décernées contre les percepteurs en déficit ou contre les adjudicataires de coupes de bois, sont de véritables actes de poursuites passibles de timbre et qui se signifient par huissier (Sol. 25 juin 1833, 1536 I. G.).

894. Quotité de la cote. — Quand il s'agit de cotes au-dessus de 100 francs, a-t-on vu au n° 882, il est dû 1 fr. 50 cent. de droit fixe; mais la fixation de cette somme de 100 francs ne se rapporte qu'à la quotité *de la cote*, et non à celle du terme échu ou de reliquat, et l'on doit entendre par cote le chiffre total des impôts dont le même contribuable est débiteur *pour l'exercice*. Le droit fixe de 1 fr. 50 cent. est donc exigible sur les actes de poursuite toutes les fois que les *diverses* impositions réunies s'élèvent en totalité à plus de 100 francs, *quelque modique que soit la somme qui donne lieu aux poursuites* (D. m. f. 5 germ. an 13, 290 n° 8 I. G.; D. m. f. 11 mars 1851, 1850 I. G., 15008-4 J. E., 2132-6 I. G., 1095 R. P.).

Par la raison inverse, l'on doit enregistrer *gratis* l'exploit pour recouvrement de contributions, *à quelque somme que monte l'objet total de la demande*, si ce total se compose, *soit de la réunion* de cotes au-dessous de 100 francs, *soit de la réunion* de plusieurs exercices de la même cote inférieure à 100 francs (Dél. 20 janv. 1822, Dél. 24 juill. 1822; 7442 J. E.). — Soit enfin de la réunion de dettes appartenant à plusieurs communes (Circ. compt. 15 nov. 1869, 3052 R. P.).

Il a été reconnu également que si la somme faisant l'objet de la poursuite est inférieure à 100 francs, la gratuité est acquise, bien que cette somme soit le reliquat d'une créance plus forte dont le surplus a été soldé (Sol. 5 sept. 1877).

1. COTE PERSONNELLE ET MOBILIÈRE. — Depuis la loi du 21 avril 1832, le chiffre total de la contribution personnelle et mobilière forme une cote unique. Par conséquent, la réclamation en réduction ou en décharge d'une contribution mobilière n'est exempte du timbre qu'autant que le montant de cette contribution réuni au chiffre de la contribution personnelle ne donne pas un total supérieur à 30 francs (D. m. f. 3 juill. 1858, 2132-6 I. G., 1095 R. P.).

2. SOMMES ASSIMILÉES. — Les contributions directes et les taxes communales assimilées forment deux dettes parfaitement distinctes, portées sur des rôles séparés; et, lorsque les poursuites exercées contre le même redevable ont pour objet à la fois des sommes revenant au Trésor et à une commune, les deux dettes, bien que comprises dans la même contrainte et dans le même acte de poursuites, ne peuvent être confondues, car elles se rapportent à des cotes différentes. L'Administration a décidé qu'il y avait lieu, dès lors, d'admettre, par des motifs identiques à ceux de la décision ministérielle du 11 mars 1851, que l'importance de chacune des cotes doit être envisagée séparément pour la perception (Circ. compt. 15 nov. 1869, 3052 R. P.).

895. Libération du contribuable. — Il avait été statué qu'en matière de contributions directes, lorsque les contribuables se libèrent dans le délai fixé pour l'enregistrement des actes de poursuites dirigées contre eux, ces actes, non présentés à l'enregistrement, pouvaient n'être pas soumis à cette formalité; mais que, dans ce cas, l'huissier ou l'agent de poursuites ne peut se dispenser de porter ces actes sur son répertoire, en y faisant mention de la date du payement de la contribution et du numéro de la quittance délivrée (D. 27 mars 1822, 1033 I. G.).

1. COMMANDEMENT COLLECTIF. — Ultérieurement, le ministre des finances, pour diminuer les frais de poursuites à la charge des contribuables, ayant ordonné qu'il ne serait rédigé qu'un seul original collectif pour les commandements signifiés le même jour par le même porteur de contraintes, il a été décidé que, lorsqu'un contribuable compris dans un commandement collectif pour une cote au-dessus de 100 francs, se libère avant l'expiration du délai pour l'enregistrement de cet acte, il ne doit être perçu aucun droit pour la disposition qui le concerne (D. 15 oct. 1829, 1303 § 6 I. G.).

Il résulte de la même décision que ces commandements peuvent, sans contravention, être rédigés sur la même feuille de papier timbré (*Conf.* : D. m. f. 27 mars 1822, 1033 I. G.).

2. ENREGISTREMENT GRATIS. — Pour prévenir tout abus à l'égard de la dispense du droit d'enregistrement en faveur du contribuable qui se libère *intégralement* dans les quatre jours de la date des poursuites, il a été statué que tous les actes de poursuites, *sans exception*, doivent être enregistrés dans le délai de quatre jours; mais la formalité a lieu *gratis*, pour les actes même concernant des cotes de plus de 100 francs, dans les cas où le contribuable se serait libéré *entièrement* avant la présentation de l'acte au receveur, sous la condition que cette libération intégrale sera certifiée par le percepteur sur l'acte de poursuite, indépendamment, d'ailleurs, de l'annotation au répertoire voulue par la décision du 27 mars 1822 (Déc. 26 déc. 1834, 1475 I. G.).

896. Garnisaires. — Les procès-verbaux d'établissement de garnisaires, ne contenant pas commandement de payer, sont exempts de timbre et d'enregistrement. — V. 862.

897. Saisie. — Lorsqu'une saisie a pour but le recouvrement de contributions et de sommes dues à l'État dont le total n'excède pas 100 francs, le procès-verbal de saisie-exécution doit être enregistré *gratis* sans avoir égard à la perception d'un droit particulier prévu par la Déc. du 2 fructidor an 7, Circ. 1655, *pour le cas où une copie est remise au gardien* (1336 § 7 I. G.). Dans tous les cas, il n'est dû qu'un seul droit, aux termes des mêmes instructions, pour chaque procès-verbal portant établissement de garnisaire en matière de contribution directe.

898. Règlement ultérieur. — Si, par suite d'une contrainte décernée pour une somme de 100 francs, sauf à augmenter ou diminuer, on recouvre une somme plus forte, il n'y a pas lieu d'exiger le droit d'enregistrement de la signification qui a reçu la formalité *gratis* (C. cass., 2 déc. 1806, 246 J. E., 1537 sect. 2 n° 18 I. G.).

899. Terme échu d'une créance. — La signification de contrainte en payement d'un trimestre échu d'une créance annuelle qui s'élève à plus de 100 francs, ne peut être enregistrée gratis, car l'art. 6 L. 16 juin 1824 n'autorise l'enregistrement gratis que quand le droit ou la créance n'excède pas au total 100 francs (11274-3 J. E.).

900. Vente de meubles. — La disposition de l'art. 6 L. 16 juin 1824 s'applique aux *ventes* des objets saisis comme aux simples exploits, puisque les expressions *tous autres actes* ne souffrent point d'exception, et il n'est dû aucun droit, quel que soit le montant des ventes (Dél. 2 avr. 1823, 566 Roll., D., N. t. 4. p. 126 n° 110). Mais si la cote est au-dessus de 100 francs, le droit fixe devient exigible (9728 J. E.; Sol. 6 fév. 1846, 1746 I. G.).

901. Carence. — Les procès-verbaux dressés par les porteurs de contraintes, constatant qu'un contribuable est hors d'état de payer, qu'il ne possède aucuns biens meubles saisissables, peuvent être écrits sur papier non timbré, quel que soit le montant des contributions (D. m. f. 4 août 1827, 11474-3 J. E., qui abroge une précédente Déc. 12 juin 1827; 8755 J. E.; *Conf.*: Sol. 20 déc. 1850 et 3 juill. 1856).

Il en est de même quoique le procès-verbal de carence contienne sommation à des tiers détenteurs d'objets appartenant au contribuable et affectés au privilège du Trésor (Sol. 10 nov. 1854).

901 *bis*. Recours. — Le recours contre les arrêtés du conseil de préfecture rendus en matière de contributions personnelle et mobilière ou de portes et fenêtres, n'est soumis qu'au droit de timbre (L. 21 avr. 1832, art. 30; 1399 I. G.).

902. Délits forestiers. — Les significations de jugements en matière de délits forestiers, faites en exécution de l'art. 200 du C. for., n'ont pour objet que de faire courir les délais de l'opposition ou de l'appel; ainsi elles ne constituent pas des actes de *poursuites*. Donc, à quelque somme que s'élèvent les condamnations, ces significations sont enregistrables en débet au droit de 1 fr. 50 cent. et ne peuvent être assimilées aux exploits ayant pour objet le recouvrement de sommes dues à l'État (Sol. 12 mai 1830, 9706 J. E.).

La signification d'un jugement par défaut, en matière de délits forestiers, n'est pas un acte de poursuites tendant au recouvrement de sommes dues à l'État. Ainsi, elle n'est pas susceptible d'être enregistrée gratis, quoique les condamnations ne s'élèvent pas à 100 francs (Dél. 13 mars 1832, 3678 R., 1401 § 6 I. G.).

Mais ces significations doivent être rédigées sur papier visé pour timbre en débet (D. m. f. 4 oct. 1828, 1265 § 7 I. G.).

Quant aux actes de poursuites faites pour le recouvrement des condamnations prononcées, ils doivent être rédigés sur papier timbré de dimension (D. m. f. 4 oct. 1828, 1265 § 7 I. G.). — V. *supra*, 893-2.

SECTION 2. — JUGEMENTS

[903-910]

903. Règle commune. — Nous venons de voir l'état de la jurisprudence relativement aux droits à percevoir sur les actes de poursuites tendant au recouvrement des contributions et autres sommes dues à l'État, etc. Il nous reste à parler des jugements qui interviennent sur ces actes.

L'art. 39 L. 28 avril 1816 contient ce qui suit: « Les jugements des tribunaux, en matière de contributions publiques et locales et autres sommes dues à l'État et aux établissements locaux, seront assujettis aux mêmes droits d'enregistrement que ceux rendus entre particuliers. »

Il y a donc lieu d'appliquer à ces jugements tout ce qui sera dit d'une manière générale au mot *Jugement*. Nous ne consignons ici que les décisions spéciales intervenues en matière de contributions.

904. Ordonnance. — Nous dirons d'abord, d'une manière générale, que l'art. 39 L. 28 avril 1816 a eu pour objet d'assimiler, en tous points, les actes judiciaires en matière de contributions à ceux en matière civile; d'où la conséquence que l'ordonnance rendue pour assigner les parties afin de voir autoriser l'expertise demandée par l'administration de l'Enregistrement est passible du droit de 4 fr. 50 cent. (3692 J. E., L. 28 fév. 1872, art. 4).

905. Condamnations pécuniaires au profit de l'État. — Nous ferons également observer qu'il ne faut pas confondre les amendes prononcées avec les *sommes dues*, ni un individu repris de justice avec un redevable; car, lorsqu'un contrevenant, un délinquant, un criminel, est traduit devant un tribunal, *il ne doit aucune somme*, et s'il intervient contre lui une condamnation à une amende, le titre du Trésor *ne réside que dans le jugement* qui prononce cette condamnation, et l'art. 39 L. 28 avril 1816 est sans application. C'est dans ce sens qu'il a été décidé:

1. AMENDE. — Que le jugement portant condamnation à une amende au profit de l'État ne donne pas ouverture au droit de 50 cent. pour 100, parce que l'art. 39 L. 28 avril 1816 n'a entendu soumettre à la perception de 50 cent. pour 100 que les jugements relatifs au recouvrement de sommes ou valeurs dues en vertu de *titres antérieurs* à ces condamnations, et qu'étendre la perception aux jugements qui prononcent des *amendes*, ce serait méconnaître l'esprit et le but de la législation, et accroître, par une mesure fiscale, la rigueur de la peine portée par les tribunaux (D. m. f. 2 juin 1828, 9033 J. E., 1256 § 7 I. G.).

2. DOUANES. — C'est encore ce qui a été reconnu en matière de confiscation de marchandises opérée par l'administration des douanes, pour contravention aux lois, attendu qu'il ne

s'agit pas ici d'une somme *due à l'État,* par titre antérieur (D. m. f. 24 juin 1830, 9701 J. E., 1336 § 9 I. G.).

Même règle pour le jugement qui, en vertu de l'art. 15 L. 28 floréal an 11, condamne un entreposeur à payer le droit simple et le double droit de douane sur des denrées soustraites à l'entrepôt, car *le droit simple et le double droit* ne représentent pas une *somme due à l'État,* mais seulement la *peine* prononcée par une disposition de la loi contre l'entrepositaire qui a enlevé la marchandise sans déclaration préalable (Dél. 26 fév. 1833, 10569 J. E.).

3. PENSIONS DES LYCÉES. — Mais le jugement portant condamnation à payer les termes échus de la pension d'un élève dans un lycée donne lieu aux mêmes droits de titre et de condamnation qu'en matière ordinaire (Sol. 19 nov. 1866).

4. OBSERVATION. — Ainsi, de ces diverses décisions, qui laissent sans objet, en matière de confiscation et autres condamnations au profit de l'État, soit dans des affaires de douanes, soit dans celles des forêts, les distinctions établies aux art. 5469, 6734, 6824, 6893, 6931, 7411, 7471, 7498, 9307 J. E., et dans l'I. G. 766, il faut conclure, en thèse générale, comme nous l'avons dit au commencement de ce numéro, que le droit proportionnel est exigible lorsque les condamnations ont pour objet des *droits* dus à l'État, et dont la demande faite en son nom se trouve ainsi fondée *antérieurement* au jugement, mais que ce droit ne peut être exigé pour les condamnations pécuniaires, soit à titre d'amende, soit à titre de dommages-intérêts, dont la partie n'est redevable qu'en *vertu* du jugement.

906. Droits d'enregistrement. — Mais c'est par application de l'art. 39 L. 28 avril 1816 que le droit de 50 cent. pour 100 est dû sur le jugement qui porte condamnation à une somme *réclamée* par une contrainte décernée en matière de droits d'enregistrement. Le titre du Trésor est ici, en effet, antérieur au jugement (14616-2 J. E.). — V. *Jugement.*

907. Contributions indirectes. — Les jugements en matière de contributions indirectes ne doivent pas être enregistrés *gratis*, lors même que l'objet de la demande n'excède pas 100 francs, car l'art. 6 L. 16 juin 1824 n'est relatif qu'aux actes de poursuites et à tous autres actes tant *en action qu'en défense*, et il s'agit ici d'un acte de *répression* des infractions commises aux lois sur les impôts indirects (12646-2 J. E.).

908. Procès-verbal en matière de douanes. — Lorsqu'un procès-verbal de douanes n'a pas été enregistré dans le cas prévu par la loi 9 floréal an 7, art. 9, tit. 4, il n'y a pas lieu d'ajouter au droit du jugement rendu sur le procès-verbal le droit qui aurait été perçu à raison de ce même procès-verbal, s'il eût été enregistré, attendu que, dans ce cas, le visa qui a dû être apposé par le juge de paix, ou le maire, tient lieu de l'enregistrement, et que l'exemption du droit équivaut à payement (6513 J. E.; Déc. 1er sept. 1820, 6818 J. E.).

909. Pluralité des droits. — En matière de douanes, lorsqu'il y a plusieurs prévenus *pour une même contravention*, le renvoi des uns et la condamnation des autres ne forment qu'une seule disposition (Sol. 30 mars 1831, 9940 J. E.). — V. 818 à 821.

1. DÉPENS. — Il en est de même lorsque le jugement porte condamnation aux dépens, d'abord envers l'administration des douanes, et ensuite envers le ministère public (Sol. 30 mars 1831, 9940 J. E.).

2. PLUSIEURS PARTIES. — Mais si l'Administration est condamnée aux dépens envers l'une des parties qu'elle avait appelées en cause, et si elle obtient elle-même une condamnation contre une autre partie, reconnue pour être le véritable auteur de la contravention, il y a deux dispositions indépendantes, et deux droits sont exigibles (Sol. 30 mars 1831, 9940 J. E.).

910. Quotité du droit fixe. — Les contraventions en matière de douanes et de contributions indirectes sont de la compétence *des tribunaux correctionnels*; il résulte de là que les jugements rendus sur les contraventions ne peuvent être passibles que du droit de 1 fr. 50 cent. comme les autres jugements de police correctionnelle, lorsque le droit proportionnel ne donne pas un droit plus élevé.

ACTE NOTARIÉ.

DIVISION

SOMMAIRE

CHAPITRE PREMIER. — DISPOSITIONS GÉNÉRALES

[911-920]

911. Définition. — L'acte notarié, comme l'indique sa dénomination même, est celui qui est reçu par un notaire.

912. Actes à passer devant notaire. — Tous les actes auxquels les parties veulent ou doivent faire donner le caractère d'authenticité attaché aux actes de l'autorité publique et pour en assurer la date, en conserver le dépôt, en obtenir des grosses et des expéditions, sont passés devant notaires (L. 25 vent. an 11, art 1er).

Parmi ces actes, il faut distinguer ceux auxquels les parties *doivent*, de ceux auxquels elles *veulent* faire donner le caractère d'authenticité. En effet, tous les actes que les lois permettent de faire sous signature privée peuvent être passés devant notaire, si les parties *veulent* donner à leurs conventions le caractère de l'authenticité.

Mais il est des actes que les parties *doivent* passer devant notaire, à peine de nullité. Ces actes n'existent que par leur *solennité*. Pour eux, la forme notariée est obligatoire; tels sont les contrats de mariage, les donations, les actes respectueux, les constitutions d'hypothèques, les sociétés anonymes, les emprunts avec subrogations, etc.

Il y a donc des actes notariés facultatifs et des actes notariés obligatoires.

913. Authenticité. — Les actes passés devant notaires ont trois effets principaux qui en constituent l'authenticité, principal attribut et caractère distinctif des actes notariés. Ils ont *date certaine* du jour où ils ont été faits; ils font pleine *foi* en justice; ils ont *force exécutoire*, lorsque l'expédition est mise en forme de grosse.

Pour les actes notariés passés en pays étrangers, V. *Acte authentique*.

914. Date certaine. — Nous entendons ici par *date certaine*, celle qui peut être opposée aux *tiers*; car la date est toujours certaine *entre les parties* et susceptible de leur être opposée valablement. C'est un avantage dont jouissent les actes notariés, et qui n'appartient pas aux actes sous seing privé, de faire foi de leur date, non-seulement lorsqu'ils sont enregistrés dans les délais que la loi accorde pour la formalité, mais même lorsque l'enregistrement n'en a pas été fait dans ces délais.

Il en était autrement, dans ce dernier cas, sous l'empire de la loi du 19 décembre 1790, qui voulait que les actes notariés, non enregistrés dans les délais prescrits, ne valussent que comme écrits *privés* (art. 2 et 9). On considère que ces articles sont abrogés par l'art. 33 de la loi du 22 frimaire an 7, qui ne prononce pour ce cas que la peine de l'amende, et par l'art. 73 de la même loi qui abroge toutes les lois rendues sur les droits d'enregistrement et toutes les dispositions d'autres lois y relatives précédemment décrétées (Favard de Langlade, *Rép. acte not.*, § 1er, n° 3; Cass., 12 janv. 1808 et 23 mai 1810, S. t. 10 p. 126; 16 déc. 1811, S. 12-1-81; C. Bourges, 17 mai 1827, S. 20-2-109; Toulouse, 12 déc. 1835, S., 36-2-432. — *V.* dans le même sens Rolland de Villargues, *Jurisp. du Notar.*, p. 147; D. N. V. *Enregistrement*, n° 11 et s. 4e édit.; Troplong, V. *Hyp.*, n° 507).

Merlin (Rép. V. *Enregistrement*, § 4) et Grenier (*Hyp.* t. 1er, n° 17), se prononcent pour la négative. Mais nous ferons observer que la loi du 25 ventôse an 11, art. 1er, ayant déclaré que les notaires sont des fonctionnaires institués pour *assurer la date* des actes, on doit en conclure que ce n'est plus la formalité de l'enregistrement qui doit constater l'authenticité de cette date. Cet enregistrement pourrait toutefois servir à compléter une date insuffisante, à suppléer, par exemple, à l'omission du mois pendant lequel il a été reçu (D. N., t. 1er, p. 338, nos 304 et 312).

915. Foi et exécution. — Pour la foi due aux actes notariés *en tant qu'ils valent comme actes notariés*, *V.* 496, 497 et suiv. Quant à leur exécution nous renvoyons à ce que nous avons dit nos 495 et 726 *bis*.

916. Hypothèque. — Un autre avantage qui résulte de l'acte notarié et qui n'appartient pas à l'acte sous seing privé, c'est d'être susceptible de conférer *hypothèque*. Autrefois, tout acte notarié produisait de lui-même une hypothèque sur les immeubles de celui qui y contractait un engagement quelconque. Mais, aujourd'hui, l'hypothèque, à l'exception des hypothèques légales et des hypothèques judiciaires, doit essentiellement être conventionnelle et spéciale (2127, 2129 C. C.).

Quant à la question de savoir si l'acte sous seing privé déposé chez un notaire acquiert l'authenticité et peut conférer hypothèque, *V.* 494.

917. Diverses espèces d'actes notariés. — Considérés par rapport *au fond*, c'est-à-dire à ce qu'ils contiennent, les actes notariés se divisent en *contrats*, *procès-verbaux*, *actes*, *actes simples*.

1. CONTRAT. — Les *contrats* sont tous les actes qui contiennent des obligations respectives.

2. PROCÈS-VERBAL. — Les *procès-verbaux* sont les inventaires, les comparutions par suite de sommation, les comptes, les partages judiciaires, les actes respectueux, les protêts, etc.

3. ACTE. — Les *actes* sont tous ceux qui ne contiennent que l'obligation d'une partie, un simple consentement, une mainlevée, une procuration, une quittance, une attestation, etc. Voilà du moins le sens le plus exact du mot *acte*, quoique dans l'usage il soit employé pour désigner tous les actes que passent les notaires, même ceux qui renferment des conventions synallagmatiques.

4. ACTE SIMPLE. — Enfin, la dénomination d'*actes simples* est appliquée, en général, aux actes dont nous venons de parler en dernier lieu, quand on veut les distinguer de ceux dont le notaire doit garder minute.

918. Actes volontaires et judiciaires. — Une autre division des actes, et qui tient également au fond, est celle des actes purement *volontaires*, et des actes qui ont un caractère *judiciaire*.

On appelle *actes volontaires* ceux qui naissent uniquement de la volonté des parties : tels sont les *baux*, les *obligations*, les *ventes ordinaires*, les *procurations*, etc., et l'on qualifie d'*actes judiciaires* ceux qui constatent des débats entre les parties, ou qui indiquent que chacune d'elles procède respectivement, dans son intérêt, pour la conservation de ses droits à l'égard des tiers, par exemple : les *inventaires*, les *procès-verbaux de comparution*, les *notifications d'actes respectueux*, les *protêts*, etc., qui ont un caractère judiciaire et ne sont point volontaires.

919. Originaux et copies. — Quant à leur *forme*, les actes notariés se divisent en *originaux* et en *copies*. Les originaux prennent le nom de *minute*, *brevet*. Les copies prennent le nom d'*expéditions*, *grosses*, *extraits*, *copies collationnées*, *ampliations*, etc.

Nous ne nous occupons ici que des *originaux*. Quant aux *copies*, *V.* les mots indiqués.

CHAPITRE II. — FORMALITÉS AUXQUELLES SONT ASSUJETTIS, EN GÉNÉRAL, LES ACTES DES NOTAIRES

[920-968]

920. Deux sortes de formalités. — L'expression *en général* que nous avons employée indique suffisamment que quelques actes, *les testaments*, par exemple, sont assujettis à des règles particulières.

Les formalités, dont nous avons à parler, sont de deux sortes : l'inexécution des unes ne donne lieu qu'à *des amendes*; les autres sont prescrites par la loi, à peine de nullité des actes. — Il est utile aux employés de connaître les unes et les autres, car ils ne sont pas seulement tenus à constater les contraventions que la loi frappe d'une amende, ils doivent encore signaler au ministère public les infractions et irrégularités qui peuvent porter atteinte aux intérêts des parties et à l'ordre public.

Nous ferons seulement observer que le cadre de notre ouvrage ne nous permet pas d'entrer dans tous les développements que comporteraient les formalités prescrites à peine de nullité. Nous nous bornons à en donner un simple aperçu en renvoyant aux ouvrages plus spéciaux que le nôtre et à la loi du 25 ventôse an 11, qui est la loi fondamentale du notariat.

SECTION PREMIÈRE. — FORMALITÉS PRESCRITES A PEINE DE NULLITÉ

[921-937]

921. Nullité formelle. — Nous devons d'abord faire observer qu'on ne doit comprendre dans cette classe que les formalités auxquelles la loi attache, d'une manière explicite, la peine de nullité; car la loi s'étant occupée avec soin des distinctions à faire à cet égard, les nullités ne sauraient se suppléer en cette matière (Toullier, t. 8, v° *Titre authentique*).

922. Acte valant comme sous seing privé. — Il faut également remarquer que la nullité n'est pas toujours tellement radicale que l'acte ne puisse produire aucun effet. L'acte déclaré nul par la loi, *comme acte notarié*, peut dans certains cas, et s'il réunit certaines conditions, valoir comme acte sous seing privé. — *V.* 492-2, 744 et suiv.

923. Acte imparfait. — Nous avons examiné au mot *Acte imparfait*, nos 730 et suivants, dans quel cas l'acte notarié était imparfait pour défaut de signature, soit des parties, soit du notaire ou des témoins.

ARTICLE PREMIER. — RÉCEPTION DES ACTES

[924-929]

924. Notaire et témoins. — Les actes doivent être reçus par *deux* notaires ou par *un* notaire assisté de *deux* témoins, citoyens français, sachant signer et domiciliés dans l'arrondissement communal où l'acte sera passé (L. 25 vent. an 11, art. 9).

925. Exceptions. — Cette règle souffre exception, 1° lorsqu'il s'agit de partage renvoyé par justice devant un notaire, lequel procède seul, d'après l'art. 977 du C. proc. Il faut remarquer que cette espèce d'acte est soumise à l'homologation du tribunal, tandis que les autres actes n'y sont pas assujettis; — 2° à l'égard des certificats de vie délivrés aux rentiers de l'État et des certificats de propriété que le notaire délivre aussi seul (Déc. 21 août 1806, art. 1er; Ord. 30 juin 1814; D. N., t. 1er, p. 303, n° 76). — *V.* 928-5. — Quant aux testaments publics et mystiques, le nombre des notaires et des témoins est plus considérable. — *V.* ces divers mots.

926. Clerc. — L'acte signé par le notaire et les parties, s'il a été reçu par un clerc, est nul comme acte authentique (Caen, 23 juill. 1861, S. 62-2-59; Nancy, 5 déc. 1867, S. 68-2-3; Cass., 27 janv. 1869, S. 70-1-169; Aubry et Rau, § 755; Rolland de Villargues, V. *Acte notarié*, n° 441, et *Notaire*, n° 346).

Mais nous avons vu *suprà*, n° 747-1, qu'il est valable comme acte sous seing privé, quoiqu'il n'ait pas été fait en double.

Le fait par un notaire de faire recevoir un acte par son clerc, constitue un manquement aux devoirs professionnels du notaire, exposant ce dernier à des peines disciplinaires (Cambrai, 2 oct. 1858, 1101 R. P., 16856 J. E.; — Hazebrouck, 4 mars 1859, 1144 R. P.).

927. Notaire en premier. — Notaire en second. — Lorsque l'acte est reçu par deux notaires, celui à qui les parties se sont adressées se désigne, dans l'usage, sous le nom de notaire *en premier*. C'est lui qui est garant de l'observation de toutes les formalités. Il garde la *minute* de l'acte et délivre les expéditions. L'autre notaire s'appelle notaire *en second*; il n'est, en général, soumis à aucune garantie. Les témoins, appelés au lieu d'un notaire en second, s'appellent témoins *instrumentaires*. Ils ne sont également tenus à aucune responsabilité.

La présence réelle du second notaire ou des témoins à la passation des actes ordinaires n'est pas nécessaire. Ils peuvent les contre-signer, hors de la présence des parties; mais cette présence réelle est exigée pour certains actes.

928. Présence du notaire en second et des témoins. — La loi du 21 juin 1843 (11553, 11570, 11586,

11646, 11661 J. N.), sur la forme des actes notariés, contient deux dispositions fondamentales. La première amnistie le passé, en décidant que les actes reçus depuis la promulgation de la loi du 25 ventôse an 11 ne pourront être annulés sous le prétexte du défaut de présence réelle du notaire en second ou des témoins. Cette première disposition est générale, elle s'applique à tous les actes sans aucune distinction, aux donations entre-vifs, aux reconnaissances des enfants naturels, etc., aussi bien qu'aux contrats de mariage, aux actes de vente, aux obligations, etc.; — il n'y a d'excepté que les testaments et les autres actes soumis par le C. C. à des formes spéciales.

La deuxième disposition, qui statue pour l'avenir, divise les actes en deux grandes catégories : les actes *simples*, qui peuvent continuer à être contre-signés après coup par le second notaire et les témoins; et les *actes solennels*, pour lesquels la présence réelle du second notaire ou des témoins est exigée au moment de la lecture par le notaire, et de la signature des parties, et doit être mentionnée, à peine de nullité (*V.* également C. Riom 6 janv. 1852, 15460-1 J. E., 14657 J. N.; — Gap mai 1847, 13037 J. N.).

1. ACTES SOLENNELS. — Les actes solennels, pour lesquels la loi du 21 juin 1843 exige, à peine de nullité, la présence réelle du second notaire ou des témoins, sont : les donations entre-vifs, les donations entre époux pendant le mariage, les révocations de donation ou de testament, les reconnaissances d'enfants naturels, et les procurations pour consentir ces divers actes.

2. CONTRATS DE MARIAGE. — Les contrats de mariage, même ceux contenant des donations entre-vifs, ne sont pas soumis à la formalité de la présence réelle du second notaire ou des témoins (C. Bordeaux 27 mai 1853, 15044 J. N.).

3. DONATION DÉGUISÉE. — Il en est de même des donations qui ont été déguisées sous la forme d'acte à titre onéreux d'une vente, par exemple. L'art. 2 de la loi du 21 juin 1843 ne s'applique qu'à la forme de l'acte en lui-même, et non à ce qu'il peut être réellement d'après l'intention des parties. Décidé dans ce sens que la donation déguisée, faite sans fraude sous la forme d'une vente, est valable, lors même que le notaire en second ou les témoins instrumentaires n'auraient pas réellement été présents à la rédaction de l'acte (C. Limoges 15 mai 1847; — Cass. 6 fév. 1849, 13091, 13676 J. N., D. N., t. 1er, p. 308, n° 108; — Bordeaux 27 mai 1853, 15044 J. N.).

4. PRÉSENCE DES PARTIES. — L'acte ne saurait être rédigé sans que les parties aient comparu devant le notaire. Autrement ce serait un faux (C. Nancy 26 juin 1826; — Metz 9 oct. 1844, 12156 J. N.; — Paris 14 déc. 1844, 12207 J. N.; — Cass 16 av. 1845, 12357 J. N.; — Caen 26 mai 1847, 13116 J. N.; — Metz 24 août 1847).

5. PRÉSENCE D'UN SEUL NOTAIRE. — Il y a certains actes que les notaires sont autorisés à rédiger seuls. Ce sont les certificats de vie pour le payement des pensions et rentes viagères sur l'État (Déc. 21 août 1806 et Ord. 30 juin 1814); les certificats de propriété relatifs aux transferts d'inscription sur le grand-livre par suite de décès (D. m. f. 2 août 1821, 250 C.), enfin les partages judiciaires ou les licitations faites par un notaire commis (C. proc. 977) sauf le cas où le tribunal lui a formellement adjoint un second notaire (C. Douai 10 août 1850, 14149 J. N.). — *V.* 925.

6. VENTE MOBILIÈRE. — La vente mobilière est un acte simple pour lequel la présence *réelle* des témoins n'est pas requise (C. Chambéry, 18 nov. 1877, 4983 R. P.).

929. Parenté du notaire en second et des témoins. — S'il n'est pas rigoureusement nécessaire que le notaire en second et les témoins instrumentaires soient effectivement présents à la passation des actes notariés, au moins en général, la loi veut cependant qu'ils soient indépendants les uns des autres. Ainsi, 1° deux notaires parents ou alliés en ligne directe à tous les degrés, en ligne collatérale jusqu'au degré d'oncle ou de neveu inclusivement, ne peuvent concourir au même acte (L. 25 vent. an 11, art. 10). De même les parents et alliés, soit du notaire, soit des parties contractantes, au même degré, leurs clercs et leurs serviteurs, ne peuvent être témoins (Même art. 10).

ARTICLE 2. — RESSORT DANS LEQUEL LE NOTAIRE PEUT INSTRUMENTER

[930]

930. Étendue du ressort. — Le notaire ne peut instrumenter que dans l'étendue de son ressort, c'est-à-dire, s'il est de 1re classe, dans l'étendue de la cour d'appel; s'il est de 2e classe, dans le ressort du tribunal civil établi dans la ville où il a sa résidence, et s'il est de 3e classe, dans l'étendue de la justice de paix.

La violation de cette règle met le notaire dans le cas d'être suspendu de ses fonctions pendant trois mois, et d'être destitué en cas de récidive, indépendamment de ce qu'elle entraîne la nullité des actes et le soumet à des dommages-intérêts envers les parties (Art. 5, 6 et 68 L. 25 vent. an 11).

Est nul l'acte passé hors du ressort d'un notaire, quoique cet acte contienne la mention que le notaire ne s'est transporté au lieu où il a été rédigé que sur la réquisition des parties, et pour cause de suspicion des notaires du ressort (Pau 11 mars 1811; Roy, 493).

1. ERREUR. — L'art. 6 L. 25 ventôse an 11, qui défend aux notaires d'instrumenter hors de leur ressort, ne punit que les contraventions réelles, et non les énonciations erronées; et si le notaire, dont l'acte énonce qu'il a été passé hors du ressort, prouve que cette énonciation est le résultat d'une erreur, aucune peine n'est encourue (C. Rennes 23 janv. 1843, 11972 J. N.).

ARTICLE 3. — PARENTÉ DES TÉMOINS. — CLERCS

[931]

931. Règle générale. — Deux notaires, parents ou alliés au degré prohibé par l'art. 8 L. 25 ventôse an 11 (*V.* 929), ne peuvent concourir au même acte. Les parents, alliés, soit du notaire, soit des parties contractantes, au degré prohibé par le même article, leurs clercs et leurs serviteurs, ne peuvent être témoins (art. 10), sous peine de nullité (art. 68).

1. PARENTÉ DES TÉMOINS ENTRE EUX. — Ni l'ancienne, ni la nouvelle jurisprudence ne prononcent la nullité d'un acte reçu en présence de témoins parents *entre eux.* C'est ce qui résulte d'un arrêt du 29 mars 1767, et d'un arrêt de la cour de Bruxelles, du 25 mars 1806, rappelés au n° 554 du *Manuel des Contraventions.* Telle est aussi l'opinion de Merlin (Rép. Vis *Témoins instrumentaires;* Toullier, t. 5, n° 403; Favard, R. P. — V. *Test.*, sect. 1re, § 3, art. 2; Duranton, t. 9, nos 117; Grenier, *Don. et test.*, t. 1er, n° 252; Zachariæ, t. 5, p. 670; D. N., V. *Parenté,* n° 131).

2. CLERCS. — Pour être considéré comme clerc d'un notaire, il ne suffit pas d'avoir fait pour lui quelques expéditions, surtout quand le prétendu clerc exerce une profession différente (C. Grenoble 7 avr. 1827, 2243 Roll.).

Le clerc est celui qui travaille habituellement dans l'étude d'un notaire ou de tout autre officier ministériel, même quand il n'y travaillerait que pour son instruction et sans rétribution (Grenier, *Don. et test.*, n° 253 *bis;* Rolland de Villargues, v° *Clerc,* n° 7; Coin-Delisle sur l'art. 980, n° 34; — C. Bruxelles 12 avr. 1818).

On considère également comme clerc celui qui travaille dans l'étude d'un notaire bien qu'il soit revêtu de fonctions publiques étrangères au notariat, comme celles de greffier de justice de paix (C. Paris 13 mars 1832, 10395 J. E., 7760 J. N.).

Si les clercs d'un notaire ne peuvent servir de témoins dans un acte rédigé par lui, les clercs ou commis soit des testateurs, soit des légataires, ne sont pas frappés de la même exclusion s'ils jouissent d'ailleurs des autres qualités requises, parce que, pour les testaments, les règles applicables aux témoins doivent être prises exclusivement dans le C. C. (C. Caen 4 déc. 1812; — Limoges 6 juill. 1808; *Manuel des Contraventions,* n° 558).

Mais il a été jugé que le notaire peut recevoir un acte dans lequel son clerc est partie intéressée (C. Lyon 11 fév. 1851, 14510, 14511 J. N.).

3. SERVITEURS. — On ne fait aucune distinction entre les serviteurs des parties et ceux du notaire; ils se trouvent compris indistinctement dans le texte de la loi (*Rép. gén. Journ. Pal.*, v° *Acte notarié,* n° 124).

Par *serviteurs,* on entend les serviteurs à gages, les personnes en état de domesticité, mais non les employés, les secrétaires ou intendants, les ouvriers à l'année, etc. (Constit. de l'an 8, art. 5, § 2.; Henrion de Pansey, *Compét. des juges de paix,* chap. 30; Coin-Delisle, *Jouissance des dr. civ.*, p. 10, n° 20).

Ne peut être réputé serviteur d'une partie celui qui travaille à la journée, qui a un domicile et un ménage séparés et jouit de ses droits de citoyen (C. Bordeaux 22 fév. 1845, 2, 1845, 195 J. P.).

4. TÉMOIN INTÉRESSÉ. — Le témoin ne peut pas être en même temps partie dans l'acte; mais il a été jugé que l'acte, contenant au profit d'un témoin une simple indication de payement, n'est pas nul (Cass. 8 mai 1843, 11653 J. N.).

ARTICLE 4. — PARENTÉ OU INTÉRÊT DES NOTAIRES

[932-933]

932. Règle générale. — C'est une chose évidente que les notaires ne doivent avoir aucun intérêt, direct ou indirect, aux actes qu'ils reçoivent. Ainsi l'exige le caractère d'impartialité qui est un des attributs de la profession.

Ainsi, ils ne peuvent recevoir des actes dans lesquels leurs parents ou alliés, en ligne directe à tous les degrés, et en collatérale jusqu'au degré d'oncle ou de neveu inclusivement, seraient *parties,* à peine de nullité (L. 25 vent. an 11, art. 8 et 68).

1. PARENTÉ DES PARTIES. — Ils ne peuvent, sous la même peine, recevoir des actes qui contiendraient quelque disposition en faveur de leurs parents ou alliés au degré prohibé (Même article, Merlin, Rép., v° *Not.*, § 5, n° 4; Duranton, t. 13, n° 28; Cass. 27 mars 1839, 10331, 10332 J. N.).

Par exemple, serait nul l'acte dans lequel figurerait comme partie le beau-frère du notaire (C. Rennes, 24 août 1814; Roll. de Vill., v° *Not.*, n° 300; — C. Nancy 2 fév. 1838, 9939, 9940 J. N.).

Celui dans lequel son parent ou allié figurerait comme mandataire (D. m. j. 5 fév. 1825; C. ann. 6847; Roll. de Vill., v° *Parenté,* n° 52).

Ou plus généralement celui dans lequel figurerait comme partie un tuteur, un syndic, ou tout autre *negotiorum gestor* (Roll. de Vill., nos 54 et 55).

Mais il a été jugé qu'il peut recevoir un acte dans lequel un actionnaire, son parent, agit au nom de la société (Cass. 30 juill. 1834, 8632 J. N.).

Les prohibitions précédentes s'appliquent aux testaments comme aux autres actes (C. Douai 29 mai 1810 et 17 mars 1815; — Cass. 4 janv. 1826, 5453 et 5627 J. N.; — Rouen 3 déc. 1827, 7099 J. N.; — Grenoble 11 fév. 1850, 14246 J. N.; Roll. de Vill., v° *Parenté,* n° 45).

2. INTÉRÊT DES NOTAIRES. — Le notaire ne peut non plus recevoir un acte dans lequel il aurait un intérêt personnel (Toullier, t. 8, n° 73; Roll. de Vill., v° *Not.*, n° 304; — Orléans 5 mai 1849, 13733 J. N.; — Amiens 6 mars 1844; — Cass. 15 juin 1835, 10999 J. N.), ou bien dans lesquels il figurerait comme mandataire (Cass. 3 août 1847, 13121 J. N.).

Mais il pourrait recevoir un acte intéressant une commune dont il est le maire (C. Montpellier 4 juin 1855, 10876 C.); un hospice qu'il administrerait (A. Cons. d'Ét. 7 avr. 1843, 11669 J. N.); une société dont il serait actionnaire (C. Paris 22 mai 1848, 13398 J. N.); ou bien un compromis dans lequel il est arbitre (C. Toulouse 19 juill. 1826, 18 août 1827; — Lyon 9 fév. 1836, 9891 et 9422 J. N.).

Les notaires peuvent encore recevoir les dépôts qui leur sont faits (Cass., 27 fév. 1831; 7610 J. N.); les quittances et décharges consenties en leur faveur du prix de ventes de meubles passées devant eux (A. Cons. d'Ét. 21 oct. 1809; 420 J. N., 460 I. G.); les décharges de sommes reçues par eux comme séquestres (Roll. de Vill., v° *Not.*, n° 309).

Jugé, de même, que l'acte constatant une opération sérieuse, par laquelle une personne contracte un emprunt qui s'accomplit régulièrement entre le prêteur et l'emprunteur, ne cesse pas d'être valable parce que ce dernier avait pour but, en se procurant des fonds, de rembourser au notaire rédacteur de l'acte la somme dont il était débiteur envers lui, et parce que les fonds ont été, en effet, versés entre les mains du notaire (Cass. 15 avr. 1862). Mais il résulte de deux autres arrêts des 29 juillet 1863 et 20 janvier 1874 qu'il y a lieu, alors même que le prêt a été sérieux, de rechercher si l'acte d'obligation n'a pas procuré au notaire certains avantages particuliers, et si celui-ci n'a pas eu pour but de réaliser une combinaison dont le résultat devait être de le faire rentrer plus sûrement dans sa créance (S. 74-1-110). Dans ce cas l'acte est nul; il ne vaut même pas comme reconnaissance sous seing privé au profit du prêteur fictif.

933. Substitution. — Lorqu'un notaire est empêché, pour cause de parenté ou d'intérêt personnel, de recevoir un acte, peut-il se faire remplacer par un confrère pour conserver la minute de l'acte? Une D. m. j. a décidé la négative, le 18 janvier 1809 (204, 6106 J. N.). En effet, les dangers que la loi a voulu prévenir n'existent pas seulement dans le fait de la rédaction des actes, mais bien encore dans le droit de garder les minutes et d'en délivrer des grosses et expéditions.

1. MALADIE. — ABSENCE. — Mais si le notaire n'est empêché qu'à cause de maladie ou d'absence, en sorte qu'il ne s'agisse plus d'une prohibition légale, il est constant qu'il peut se faire substituer par un confrère et se faire remettre la minute. C'est ce qui résulte d'une décision ministérielle sans date, transmise par l'I. G. 909 (3195 J. N.).

ARTICLE 5. — ÉNONCIATIONS DIVERSES

[934]

934. Mentions exigées à peine de nullité. — 1. NOM, PRÉNOMS ET DEMEURE DES TÉMOINS. — Les notaires doivent, sous peine de nullité, et même de faux, si le cas y échoit, énoncer les noms des témoins instrumentaires, leur demeure, le lieu, l'année et le jour où les actes ont été passés (L. 25 vent. an 11, art. 12 et 68). Quant aux prénoms et qualités de ces témoins, la loi ne prescrit pas de les écrire dans les actes, et leur omission n'exposerait le notaire à aucune peine (Toullier, t. 8, n° 85; D. N., t. 1er, p. 329, n° 234). Il en est autrement des témoins certificateurs, qui sont de véritables parties.

Le mot *demeure* s'entend ici du *domicile*, parce que l'art. 9 exige, à peine de nullité, que les témoins soient domiciliés dans l'arrondissement communal où l'acte est passé (884 J. N.; Gagnereaux, sur l'art. 12; — Liége 20 oct. 1824; D. N., t. 1er, p. 329, n° 241). Il n'y a pas de formule sacramentelle à cet égard (C. Colmar 22 avr. 1812;—Aix, 3 déc. 1812;— Caen 12 nov. 1814;— Cass. 28 fév. 1816, 23 nov. 1825), et la désignation de la demeure des témoins résulte suffisamment, par exemple, de l'indication de leurs fonctions, quand une résidence est nécessairement attachée à l'exercice de ces fonctions (C. Grenoble 7 août 1828; D. N., t. 1er, p. 330, n° 246). — V. 952.

2. LIEU. — Le notaire qui n'indique pas dans un acte le lieu ou la maison où cet acte a été passé ou reçu ne contrevient pas à l'art. 12 L. 25 ventôse an 11, et l'acte est valable, surtout si de l'ensemble des énonciations il résulte que c'est dans l'étude du notaire qu'il a été passé (Brioude 5 mai 1840, 12888-3 J. E.; Merlin, *Quest. de dr.*, v° *Date*, § 2; Toullier, t. 2, n° 82; Berriat, *Proc.*, 3e édit., p. 84; Roll. de Vill., R. P., v° *Acte not.*, 271).

Cette indication n'est pas même nécessaire pour les testaments. Il suffit, dans tous les cas, que le nom de la commune soit indiqué (C. Riom 18 mai 1841, 11185 J. N.; —Cass. 23 nov. 1825, 5551 J. N., 6038 J. N.; — C. Pau 3 juill. 1824, 11185 J. N.; — Rennes 9 fév. 1809, 1930 J. N.; — Caen 12 nov. 1814;—Cass. 28 fév. 1816, 5552 J. N.; D. N., t. 1er, p. 336, n° 287).

3. DATE. — L'omission, dans un acte notarié, de l'année et du jour où il a été passé, entraîne la nullité de cet acte. Aucune peine pécuniaire n'est attachée à cette contravention qui cependant peut donner lieu à des dommages-intérêts contre le notaire. Mais s'il a sciemment donné une fausse date, c'est un faux (Cass. 15 juill. 1829, *Manuel des Contraventions*, n° 575; 26 août 1853, 15736 J. E.).

Pour les actes à plusieurs dates, V. *Acte imparfait*, n° 738.

ARTICLE 6. — SIGNATURE DES ACTES

[935]

935. Signatures. — Mention. — L'art. 14 L. 25 ventôse an 11 porte : « Les actes seront signés par les parties, les témoins et les notaires, qui doivent en faire mention à la fin de l'acte. — Quant aux parties qui ne savent ou ne peuvent signer, le notaire doit faire mention, à la fin de l'acte, de leurs déclarations à cet égard. »

1. ACTE A DEUX DATES. — On avait tenté de soutenir que les notaires ne peuvent valablement rédiger un acte ou un contrat à des dates différentes. On objectait : 1° que les art. 12, 13 et 14 de la loi du 25 ventôse an 11 proscrivent les blancs, et que le notaire ne peut dresser un acte à double date qu'en laissant des blancs; — 2° que sa signature et celle des témoins ne pourraient être apposées en présence des parties, selon le vœu de l'art. 14; — 3° enfin, que le décret du 10 brumaire an 14 enjoint de rédiger autant d'actes qu'il y a de faits passés ou de consentements donnés devant eux. — Mais cette opinion radicale n'a pas prévalu. Rien n'indique, en effet, que l'acte qui reste ouvert jusqu'au moment où il a reçu toutes les signatures, contienne des blancs, et l'art. 1er de la loi du 21 juin 1843 n'exige pas que les signatures des témoins soient apposées en présence de toutes les parties, mais seulement que les témoins soient présents à la signature de chacune d'elles. Quant au décret du 10 brumaire, il ne s'applique qu'à la rédaction des procès-verbaux constatant une série d'opérations successives, telles que les inventaires, les adjudications, etc.

« Il serait, ajoute le tribunal de Schelestadt dans un jugement du 10 décembre 1856, contraire aux intentions du législateur, aux intérêts des justiciables et à la mission du notaire, d'obliger ceux-ci à dresser acte à toutes comparutions volontaires devant eux, de tout consentement unilatéral donné, et

de le faire enregistrer, tant que dure l'incertitude sur la conclusion définitive du contrat projeté. Il est établi par l'opinion des auteurs et par une jurisprudence constante que l'existence de la double date peut être nécessitée par des circonstances impérieuses, et qu'elle ne constitue, dans ce cas, ni nullité, ni contravention » (797 R. P., 15978 J. N.). — *V.* Merlin, R. P. v° *Test.*, sect. 2, § 1er, n° 6). — *V.* 738.

1. DOUBLE DATE.—L'acte qui porte qu'il a été passé à deux dates, sans expliquer pourquoi il a été passé en deux jours, ne donne ouverture à aucune contravention à la loi du 25 ventôse an 11, parce que les signatures des parties sont censé n'avoir été apposées qu'à la dernière date. Mais si un acte porte qu'il a été passé tel jour pour l'une des parties, et tel jour pour l'autre partie, sans qu'il résulte de son contexte la présence des témoins à chacune de ces dates, il y a contravention aux art. 12 et 14 de cette loi, attendu que les témoins ont dû être présents, et que la lecture a dû être donnée à chacun des moments où des parties ont signé (11383 J. E.).

Nous renvoyons pour tout ce qui concerne les effets de l'absence de la signature des notaires ou des témoins au mot *Acte imparfait*, n° 736.

2. RENVOI. — De ce que, dans un acte notarié, la signature de l'un des contractants est apposée presque entièrement en marge et sous la mention des mots rayés, il n'en résulte pas que cet acte doit être réputé non signé, si, telle qu'elle figure à la suite et au bas de l'acte, cette signature s'applique à toutes ses dispositions et le couvre en entier (C. Bourges 11 déc. 1865, S. 66-2-91, D. P. 66-2-40).

3. MENTION. — Le défaut de mention de la signature de l'acte par le notaire ne l'annule pas comme l'annulerait le défaut de mention de la signature du témoin ou des parties (A. Cons. d'Ét. 16-20 juin 1810, 437 J. N.; — Cass. 11 mars 1812, 810 J. N.;—C. Metz 7 août 1812;—Bastia 29 déc. 1856; Merlin, Rép., v° *Signature* §3 sect.3 n°5; Toullier, t. 8 n°92).

La mention des signatures peut être faite à tout endroit de l'acte (Cass. 4 juin 1823, 4440 J. N.; 18 juin 1844, 12041 J. N.; Merlin, *loc. cit.*).

Elle peut être remplacée par des équivalents, telles que la déclaration de ne savoir ou de ne pouvoir signer ou écrire (Merlin, Rép., v° *Test.*, sect. 2, § 4, art. 5; Grenier, *Don. et Test.*, t. 1er, n° 242; Toullier, t. 5, n° 437 et t. 8, n° 91; Duranton, t. 13, n° 46; Coin-Delisle, art. 973, n° 7;— Cass. 11 et 14 juill. 1816, 2020 J. N.;—C. Bourges 20 nov. 1816;—C. Metz 21 août 1823).

4. PÉNALITÉ. — Si l'acte présente l'omission de la signature d'une des parties, sans qu'il relate qu'elle n'a su ou pu signer, ni qu'elle ait fait aucune déclaration à ce sujet, il y a infraction à l'art. 14 de la loi de ventôse et peine disciplinaire encourue (Arlon 16 mai 1867).

ARTICLE 7. — RENVOIS ET APOSTILLES

[936-937]

936. Signature et paraphe. — Les renvois et apostilles ne peuvent, sauf l'exception ci-après, être écrits qu'en marge; ils sont signés et paraphés tant par les notaires que par les autres signataires, à peine de nullité des renvois et apostilles. Si la longueur du renvoi exige qu'il soit transporté à la fin de l'acte, il doit être non-seulement signé et paraphé comme les renvois écrits en marge, mais encore expressément approuvé par les parties, à peine de nullité du renvoi (L. 25 vent. an 11, art. 15).

937. Nullité. — La loi a voulu prévenir ainsi les fraudes qui pourraient se glisser dans les actes des notaires par l'insertion après coup et à l'insu des parties ou de l'une d'elles, dans les blancs qui pourraient s'y trouver naturellement, ou y être ménagés à dessein, *des renvois* et *apostilles* qui en changeraient ou altéreraient les dispositions. Il est donc indispensable, pour atteindre le but que la loi se propose, que les renvois mis en marge ou à la suite d'un acte soient *spécialement* signés ou paraphés par les signataires de cet acte. C'est le moyen de s'assurer que les parties ont connu ces renvois et les ont réellement approuvés.

Amende. — Néanmoins, cet article ne prononçant *aucune amende*, mais seulement la *nullité* des renvois et apostilles non signés et paraphés, tant par le notaire que par les autres signataires, les tribunaux ne peuvent suppléer le silence de la loi et prononcer une amende que la loi n'a pas formellement édictée. — Ce principe a été plusieurs fois consacré. (Cass. 20 avr. 1809, S. 9-1-252, 250 J N., 7729 J. E.; — D. m. f. 6 juill. 1825, 1208 Roll.; — C. Rennes 5 mai 1834, — C. Bourges 19 janv. 1838, 12156-5 J. E., 9976 J. N.; — C. Douai 18 mai 1841, 11315 J. N.; — C. Rouen 26 juin 1837; — 1er juin 1841, 9715, 10164 J. E.; — Cass. 11 janv. 1841, 10868 J. N., D. N., t. 11 p. 138 n° 85; — C. Caen 18 juill. 1854, 253 R. P.; Roy, *des Contrav.*, 601).

Nullité de l'acte. — Le renvoi non approuvé est seul nul; il n'entraîne pas la nullité de l'acte entier, sauf quand il a pour objet l'accomplissement d'une formalité essentielle omise dans le corps de l'acte (Cass. 24 nov. 1835, 9298 J. N.; Duranton, t. 13, n° 50).

Approbation des témoins. — L'approbation des témoins est exigée comme celle des parties pour la validité du renvoi. La cour d'Alger a fait l'application de ce principe en annulant une donation insérée à la suite d'un contrat de mariage par un renvoi que l'un des témoins n'avait pas paraphé. « En exigeant le concours des témoins, dit la Cour, le législateur a par cela même voulu que l'acte portât la preuve de ce concours. En l'absence de cette preuve, l'acte manque d'une condition essentielle à sa validité et se trouve entaché d'une nullité radicale qu'il faut prononcer même lorsqu'elle n'est pas écrite. La disposition qui permet aux juges de rejeter les nullités d'actes d'exploits n'est pas susceptible d'être étendue aux nullités de l'espèce ci-dessus » (11 déc. 1861, 1552 R. P., S. 62-2-61).

1. APPROBATION (*Mode d'*). — Lorsque, dans une vente d'immeubles sur enchères publiques, l'adjudication suit immédiatement la confection du cahier des charges et ne forme avec ce cahier qu'un seul et même acte, les renvois mis en marge du cahier doivent être approuvés non-seulement par les notaires et par les témoins, mais encore par l'adjudica-

taire ; à défaut d'approbation par ce dernier, ces renvois sont nuls à son égard, aux termes de l'art. 15 de la L. 25 ventôse an 11 (C. Caen 9 janv. 1827, 9109 J. E. ; — Avesnes 8 sept. 1845, 14018 J. E., 12688 J. N. ; — C. Douai 19 janv. 1846, 7620 C.).

Fin de l'acte. — Le renvoi placé à la fin de l'acte doit être suivi non-seulement d'une approbation expresse, mais encore de la déclaration faite par l'une des parties de ne savoir signer, alors que l'acte est complet et que ce renvoi change l'une des dispositions de l'acte (Cass. 30 mars 1840, 10620 J. N. ; — Cass. 6 juin 1826, 8532 J. E. ; — Cass. 22 mars 1829, 9500 J. E., S. 29-1-138 ; D. N., t. 5, p. 1323, n° 11 à 19 ; Roy, *des Contrav.*, 600 ; — Caen 18 juill. 1854, D. P. 55-5-552). — *V.* 962-2.

Il a été cependant reconnu que si le renvoi rejeté à la fin de l'acte est d'une telle longueur qu'il serait impossible que les parties n'en eussent pas pris lecture, le notaire a pu se dispenser de le faire approuver par un paraphe particulier (Gap 3 fév. 1830, 2837 Roll. ; Roy, *loc. cit.*),

Marge de l'acte. — *A fortiori*, chaque renvoi mis à la marge d'un acte doit être spécialement approuvé et paraphé. En effet, si l'on suppose un renvoi en marge signé ou paraphé, rien n'empêche qu'on ne puisse, hors de la présence des parties, placer un autre renvoi au-dessus, et qui viendra se terminer justement où le premier commence. La loi se trouverait donc éludée (8248 J. E.).

Mais des renvois peuvent être mis en marge d'un acte authentique après la mention de la lecture de cet acte et les signatures des parties : on ne peut dire que les renvois ainsi ajoutés n'ont été écrits qu'après la *lecture* même de l'acte et qu'ils n'ont pas été lus (Cass. 18 août 1856, D. P. 57-1-34).

Clôture de l'acte. — Dans un acte authentique, il n'est pas nécessaire, à peine de nullité, que les renvois soient paraphés avant la signature de l'acte (Cass. 30 juill. 1856, D. P. 57-1-92).

Lettres initiales. — Les lettres initiales des noms d'une personne qui figure dans un acte notarié, apposées par elle à la suite d'un renvoi, équivalent à un paraphe et comportent approbation du renvoi (Cass. 13 avr. 1869, S. 69-1-403 ; Roll. de Vill., v° *Paraphe ;* D. N., *eod.* v° n° 13.

Vente de meubles. — Dans les procès-verbaux de ventes de meubles qu'ils reçoivent, les notaires ne sont pas tenus de faire approuver comme renvois les annotations marginales destinées à faire connaître si les acheteurs ont payé leur prix (C. Colmar 28 juill. 1837, 6504 J. N.).

SECTION 2. — FORMALITÉS PRESCRITES A PEINE D'AMENDE

[938-968]

938. Amende et nullité. — Après avoir rapidement indiqué dans le chapitre précédent les divers cas de nullité frappant les actes notariés, qu'il est utile aux employés de connaître, nous allons entrer dans des développements plus étendus à l'égard des formalités dont l'inexécution constitue de simples contraventions que les employés sont chargés de constater et que la loi du 25 ventôse an 11 punit d'amende et quelquefois simultanément de nullité.

ARTICLE PREMIER. — NOM ET RÉSIDENCE DU NOTAIRE

[939-943]

939. Règle. — « Tous les actes doivent énoncer les nom et lieu de résidence du notaire qui les reçoit, à peine, contre le notaire contrevenant, d'une amende de 100 francs (20 fr.). » — (Art. 12 L. 25 vent. an 11).

On doit entendre par résidence la commune habitée par le notaire. S'il était établi dans un hameau distinct de celui qui donne son nom à la commune, il n'en devrait pas moins mettre dans l'intitulé de ses actes le nom de la commune, car c'est pour la commune qu'il est institué (D. m. j. 27 sept. 1845 et 4 mai 1846, 12684 J. N. ; D. N., t. 1er, p. 325, n° 210).

1. NOTAIRE EN SECOND. — Le notaire n'est pas tenu d'énoncer les nom et résidence du notaire en second. La loi ne lui en fait aucune obligation, et la pratique est ainsi établie.

2. NULLITÉ. — On ne peut ajouter à l'amende la peine de nullité qui n'est applicable qu'en cas d'omission du nom et de la demeure des témoins instrumentaires (Carré, n° 588 ; Duranton, t. 13, n° 41).

940. Nom. — De la combinaison de ces mots : « par-devant les notaires soussignés, à la résidence de... », qui figurent en tête des actes, et la signature du notaire qui les termine, on ne peut conclure que l'indication du nom de ce notaire est suffisamment donnée ; car si la signature des notaires, qui doit toujours clore leurs actes, avait pu suppléer l'énonciation de leurs noms, le législateur n'aurait pas explicitement exigé cette énonciation (D. m. f. 20 oct. 1807, 2734 J. E ; D. N., t. 1er, p. 325, n° 208).

Mais il n'est pas nécessaire d'indiquer le nom du notaire qui rédige l'acte en second (5869 J. E. ; Roy, *des Contrav.*, 386 ; — Cass. 11 mars 1812 ; S., t. 12).

941 Résidence. — Il est d'usage d'indiquer la résidence du notaire en second (D. N., t. 1er, p. 327, n° 224). Cependant, comme l'art. 12 parle seulement du notaire qui *reçoit* l'acte, et qu'en matière pénale tout est de droit étroit, l'omission de cette formalité ne justifierait pas sans doute la réclamation d'une amende (D. N., t. 1er, p. 328, n° 227).

942. Prénom. — La loi n'exige que la mention du *nom* du notaire, et il en faut conclure que l'indication de ses prénoms n'est pas nécessaire (609 J. N. ; Roy, *des Contrav.*, 367 ; D. N., t. 1er, p. 325, n° 207).

943. Qualités. — Le notaire n'a pas besoin non plus d'indiquer sa qualité de notaire (3024 J. N. ; Roy, *loc. cit.*,

370; Toullier, t. 8, n° 154; D. N., t. 1er, p. 326, n° 215). Il lui est même défendu d'ajouter à son nom le titre d'*avocat* (D. m. j. 12 juill. 1829); mais l'infraction à cette défense n'est point passible d'amende.

ARTICLE 2. — BLANCS ET ABRÉVIATIONS. — NOMS, QUALITÉS ET DEMEURES DES PARTIES. — ANNEXE DES PROCURATIONS. — LECTURE DE L'ACTE.

[944-958]

944. Règle. — « Les actes des notaires seront écrits en un seul et même contexte, lisiblement, sans abréviation, blanc, lacune ni intervalle; ils contiendront les noms, prénoms, qualités et demeures des parties, ainsi que des témoins qui seraient appelés dans le cas de l'art. 11 ci-dessus. Ils énonceront en toutes lettres les sommes et les dates; les procurations des contractants seront annexées à la minute, qui fera mention que lecture de l'acte a été faite aux parties; le tout à peine de 100 francs d'amende contre le notaire contrevenant » (Art. 13 L. 25 vent. an 11). Cette amende a été réduite à 20 francs par la loi du 16 juin 1824.

945. Formules imprimées. — En principe, le mot *écrits* employé dans l'art. 13 de la loi du 25 ventôse an 11 doit s'entendre dans le sens d'écrit à la main. Par suite, un notaire contrevient à cet article lorsqu'il emploie des formules imprimées ou autographiées, pour les minutes de ces actes, même les plus fréquents (C. Bruxelles 28 mars 1849, 51-2-40 D. P., 13919 D. N.). — V. *infrà*, n° 947.

946. Abréviation. — En règle générale, on ne doit pas entendre la défense relative aux abréviations dans un sens trop rigoureux.

1. ANNOTATIONS. — Il n'y a pas contravention de la part du notaire qui porte, en marge d'un procès-verbal de vente de meubles, des annotations abrégées, non signées de lui, pour faciliter la recherche du nom des adjudicataires, ou pour indiquer si le prix de l'objet en regard de l'émargement a été ou non soldé (Colmar 28 juill. 1827, 6504 J. N.). Les abréviations sont alors pour l'ordre du notaire et étrangères au procès-verbal. — Il en est de même de la mention du payement de ses honoraires mise à la marge de l'acte par le notaire rédacteur ou par le notaire en second (Dél. 23 avr. 1850, 8230 Fess.).

Ces mentions de payement sont-elles passibles du droit de timbre de quittance à 10 centimes si la somme excède 10 francs? — *V. Quittance.*

2. CHIFFRES. — Il est d'usage toléré d'écrire en chiffres les sommes qui ont été énoncées en toutes lettres (11411, 11673-2 J. E.). Ainsi, énoncer en chiffres, dans une liquidation notariée, les sommes revenant à chaque partie, après avoir exprimé en toutes lettres les sommes composant les masses actives et passives, ce n'est pas contrevenir à l'art. 13 de la loi du 25 ventôse an 11 (Colmar 18 mai 1829, 9441 J. E., 6949 J. N.). On peut de même énoncer en chiffres les numéros des demeures des parties, des patentes des commerçants, des inscriptions d'hypothèques, les numéros des inscriptions de rentes ou autres titres, etc. (D. N., t. 2, p. 474, n° 8; Roy, *des Contrav.*, 390).

Dates. — Sommes. — Mois. — Mais c'est contrevenir à la loi que d'indiquer les mois par abréviation, comme septembre par 7bre, octobre par 8bre. Ce mode d'opérer constitue en effet l'emploi de chiffres pour les dates (Toullier, t. 5, n° 501; D. N., v° *Abrév.*, n° 13; Roll. de Vill., n° 10). C'est également contrevenir que d'écrire en chiffres la date des actes que l'on relate et les sommes sur lesquelles on opère, lorsqu'elles ne sont pas reproduites en toutes lettres (11111, 11673-2 J. E.).

Vente de meubles. — Il existe, au sujet des procès-verbaux de ventes de meubles, des dispositions particulières indiquées au mot *Adjudication.*

3. TABLEAUX. — Les actes notariés peuvent renfermer des *tableaux* en chiffres quand ils ne peuvent être divisés sans que l'intelligence en soit détruite; mais les sommes doivent d'abord être rapportées en toutes lettres (942, I. G.).

4. ETC. — Me. — L'existence de l'abréviation *etc.* ne donne pas lieu à l'amende contre le notaire qui en a fait usage, parce que ce ne sont point des abréviations proprement dites, mais des phrases sous-entendues, qui, dans cette forme, ne peuvent produire aucun effet (Roy, *des Contrav.*, n° 700; Ferrière, liv. 1er, ch. 12; Loysel, *Inst. cont.*, liv. 3, tit. 1er, n° 13; D. N., v° *Abrév.*, 14; Dalloz, t. 10, p. 657; Merlin, *Quest.* n° *Not.*, § 8). D'autres abréviations sont encore tolérées, parce que l'usage n'en peut être dangereux. Ainsi, Me se place devant le nom du notaire, ou de l'avocat, ou de l'avoué; il signifie *maître*. Les mots *monsieur, messieurs, madame, mademoiselle, marchand*, s'abrègent sans inconvénient. Il en est de même des mots *volume* et *numéro*, dans les énonciations d'inscriptions hypothécaires (D. N., t. 1er, p. 30, n° 4 et 4e édit., v° *Abrév.*, n° 11).

Il est encore d'usage de citer par abréviation les intitulés des ouvrages, des noms des auteurs, et les rubriques des lois (Fouquet, *Encyclop.*, v° *Abrév.*, n° 4).

Mais on ne pourrait pas mettre *come* pour *commune*, *oblign* pour *obligation*, *Ce* pour *compagnie*, *Ve* pour *veuve* (D. N., v° *Abrév.*, n° 6).

5. EXPÉDITION. On a toujours considéré comme contraventions les abréviations faites dans les grosses, expéditions et extraits. Toutefois, Toullier, t. 8, n° 107, estime que, dans ce cas, l'amende ne serait pas encourue si la contravention pouvait n'être regardée que comme une erreur de copiste. Selon cet auteur, la question dépendrait des circonstances (3031 J. N.). Il faut néanmoins admettre en règle générale que ce qui est susceptible d'abréviation dans les minutes l'est également dans les expéditions, pourvu que le nombre de lignes et de syllabes fixé par la loi soit respecté (D. N., v° *Abrév.*, n° 20).

Dans les extraits analytiques ou raisonnés, les phrases peuvent être réduites, puisqu'il suffit d'en rendre le sens. Dans les extraits littéraux, elles peuvent n'être rapportées qu'en partie, sauf à indiquer l'interruption par un *etc.* (D. N., v° *Abrév.*, n° 21).

6. NULLITÉ. — A la différence des mots surchargés, interlignés ou ajoutés, que la loi déclare nuls, les abréviations entraînent seulement la condamnation à une amende (Roll. de Vill., n° 18; Fouquet, *loc. cit.*, n° 13; D. N., v° *Abrév.*, n° 15; Bioche, *Dict. de proc.*, v° *Abrév.*, n° 5).

Néanmoins, les abréviations pourraient entraîner la nullité de l'acte, ou au moins d'une partie de l'acte, si elles rendaient une clause inintelligible, ou bien encore si elles avaient pour effet de laisser entièrement illisible un mot nécessaire pour constater l'accomplissement d'une formalité requise à peine de nullité (Roll. de Vill., *ibid.*; Fouquet, n° 14).

7. PLURALITÉ D'AMENDES. — Il n'est dû qu'une seule amende pour toutes les abréviations, quel qu'en soit le nombre, qui se rencontrent dans un acte (Cass., 24 avr. 1809, 250 J. N., S. 9-1-252; Roll. de Vill., v° *Abrév.*, n°s 18 et 20; D. N., v° *Abréviation*, n° 15).

947. Acte illisible — L'écriture est lisible lorsqu'on peut lire facilement ce qui est écrit; il ne suffirait pas qu'on puisse comprendre ou *deviner* (L. I. D., *De his quæ in testam. debentur*). — Au surplus, c'est là une question d'appréciation. — Mais si l'acte, primitivement lisible, est devenu ultérieurement illisible, il n'y a lieu à aucune amende contre le notaire, sauf sa responsabilité, si c'est par sa faute que le fait s'est produit.

Il y a contravention lorsque les dates des actes sont illisibles ou font supposer des dates antérieures (Cass., 20 fév. 1820; Roy, *des Contrav.*, n° 402).

1. FORMULES IMPRIMÉES. — Un arrêt de Bruxelles, du 28 mars 1849, a décidé que les actes des notaires doivent être écrits à la main (51-2-40 D. P.; 13918 et 13919 J. N.); et une délibération de la chambre des notaires de Paris, du 21 mars 1839, a enjoint aux notaires de ne jamais recevoir d'actes imprimés, lithographiés ou autographiés. Mais on s'est, depuis lors, montré moins rigoureux, et l'usage de l'impression est autorisé pour certaines formules d'actes (Carré, *Organ. jud.*, p. 406, n° 597; Roll. de Vill., v° *Acte not.*, n° 241); notamment pour les actes des sociétés commerciales ou concernant les administrations publiques.

Quoi qu'il en soit, si l'impression peut être exceptionnellement autorisée, il est certain que ce doit être sur du papier de la débite. L'art. 18 de la loi du 13 brumaire an 7 prohibe rigoureusement l'emploi de papier timbré à l'extraordinaire ou visé pour timbre, et il n'est pas douteux que cette défense s'étend aux timbres mobiles.

948. Annexes des procurations. — La loi de ventôse veut que les notaires éclairent les parties sur la nature, les effets et l'étendue de leurs engagements, et qu'ils préviennent ainsi les difficultés qui pourraient survenir entre elles, soit par l'existence d'un acte supposé par elles, soit par une fausse interprétation de cet acte (C. Metz 10 déc. 1817, 2823 J. N., 6301 J. E.). Le but de cette loi est encore que le notaire soit toujours à même de justifier le contenu de son acte, quant à la procuration; qu'il puisse délivrer expédition, copie ou extrait de la procuration à la suite de son acte, et qu'il ne soit pas surtout au pouvoir de l'une des parties de désavouer ce qui a été fait en son nom, en supprimant la procuration. C'est pour ces motifs qu'elle a exigé que les procurations des contractants soient annexées à la minute.

1. ANNEXE A UN AUTRE ACTE EN L'ÉTUDE. — Faut-il qu'une expédition de la procuration soit annexée à l'acte, si la procuration est *annexée* à un acte précédent? La négative a été reconnue; le but de la loi se trouve, en effet, rempli du moment où le second acte constate que le notaire a donné connaissance aux parties de cette procuration. Toutefois, à l'expédition qu'il délivre, il est obligé de joindre celle de l'annexe (D. m. f. 28 mars 1807 et 17 nov. 1809, 5827 J. E., 440 J. N.).

2. ACTE EN MINUTE DANS L'ÉTUDE. — Il en est de même si la procuration a été passée en minute par le notaire qui reçoit l'acte fait par le mandataire. Il est évident qu'il n'y a pas lieu d'annexer une expédition de cette procuration, et qu'il suffit encore de s'y référer (D. m. f. 28 mars 1817, 5827 J. E., 11 nov. 1809; D. N., v° *Annexe*, n° 42; Roll. de Vill., R. P.; v° *Annexe*, n° 21). La cour de Metz avait jugé le contraire, le 10 décembre 1817 (6301 J. E.); mais l'usage, conforme aux décisions de 1807 et 1809, a prévalu.

Énonciation vague. — Mais le notaire ne pourrait se soustraire à l'application de la peine en prétendant vaguement que la procuration non annexée se trouve en son étude, alors surtout qu'il n'offre même pas de justifier son assertion (Vesoul 26 fév. 1844, 13618-5 J. E.).

Ainsi encore, si l'on énonçait vaguement que les procurations reposent dans le protocole du notaire, annexées à des actes antérieurs dont on ne préciserait pas la date et la nature, il y aurait contravention (C. Metz 18 av. 1824, 952 Roy).

Non représentation. — Le notaire objecterait vainement aussi que la procuration ne lui a pas été représentée (C. Metz 10 déc. 1817, 6301 J. E., 2823 J. N.; — C. Rennes 2 fév. 1833, 10975 J. E., 8502 J. N.).

Notaire en second. — Si la procuration avait été reçue par le notaire qui concourt, en second, à l'acte auquel elle donne lieu, l'annexe devrait en être faite à cet acte; si, en effet, le but de la loi est rempli, dans l'annexe, lorsque la procuration se trouve en minute dans l'étude du notaire rédacteur de l'acte dans lequel il est fait usage de la procuration, il ne l'est pas lorsque, comme dans l'espèce, c'est dans la minute du confrère qui lui a prêté seulement son assistance, comme notaire en second, pour la rédaction dudit acte (*Conf.* J. du not., n° du 27 mars 1869, n° 2329).

3. ACCEPTATION DE DONATION. — En ce qui concerne la procuration consentie par un majeur, à l'effet d'accepter une donation, il ne suffit pas que cette procuration soit en minute dans l'étude du notaire. L'art. 933 du C. C. veut que, dans ce cas, la procuration soit notariée et en minute, et que l'expédition en soit jointe, soit à la minute de la donation, soit à celle de l'acceptation, si cette acceptation a lieu par acte séparé.

4. ACTES DIVERS. — Le défaut d'annexe, dans le cas où

il s'agit de pièces et actes *autres* que les procurations, n'entraîne pas la condamnation à l'amende; car il est de principe que les peines ne peuvent être étendues, et l'art. 13 L. de ventôse ne parle que des *procurations* (D. N., t. 1er, p. 432, n° 16).

5. BREVET. — C'est d'après le même principe que le défaut d'annexe des procurations à un acte en brevet ne constitue pas une contravention; car l'art. 13 L. ventôse ne prescrit cette annexe qu'aux *minutes* des actes (Dél. 22 nov. 1826; *Manuel des Cont.*, 1138). Cette solution peut être cependant contestée, car l'utilité de l'annexe est aussi certaine quand il s'agit d'un brevet que d'un acte rédigé en minute. L'expression *minute* dont se sert le législateur n'exclut pas nécessairement le *brevet;* autrement il faudrait décider que le brevet ne doit pas contenir la mention de la lecture faite aux parties, l'art. 13 de la loi du 21 ventôse an 7 portant : « Les procurations des contractants sont annexées à la minute qui fera mention que lecture de l'acte a été faite aux parties. »

6. BREVET ET MINUTE. — L'obligation d'annexer la procuration à l'acte notarié, passé par le mandataire, s'applique, non-seulement au cas où elle a été délivrée en *brevet,* mais encore à celui où elle a été rédigée en *minute.* Dans ce dernier cas, une expédition de la procuration doit être annexée à l'acte fait en conséquence (C. Rennes, 2 fév. 1833, 8502 J. N., 2443, 10975 J. E.).

7. CERTIFIÉ VÉRITABLE. — Il est d'usage que la pièce annexée à un acte notarié soit certifiée véritable par le porteur, quand cette pièce a été faite sous seing privé ou devant un officier public dont la résidence ne se trouve point dans le ressort du notaire qui reçoit l'acte auquel la pièce est annexée. Mais cette formalité n'étant prescrite par aucune loi, le notaire qui ne la remplit pas n'est point passible d'amende (2339-1 J. N.).

8. DOUBLE MINUTE. — On a émis l'avis que les procurations en brevet doivent être annexées à chacune des minutes, car chacun des notaires doit être envisagé isolément et être considéré comme s'il avait instrumenté seul; d'un autre côté, rien ne s'oppose à ce que les actes en brevet soient délivrés en double original (16876-3 J. E.). Mais cette opinion nous paraît mal fondée. Le but du législateur, en imposant l'annexe, a été de forcer le notaire de mettre à même les parties intéressées de s'éclairer sur la nature, les effets et l'étendue de leurs engagements respectifs, et de prévenir ainsi les contestations à naître. Or, bien que la disposition de la loi dont il s'agit soit conçue en termes impératifs et ne fasse aucune distinction, la pénalité qu'elle édicte n'est pas encourue lorsque le vœu du législateur a été complétement rempli d'une manière différente de celle indiquée. Ainsi, lorsque la procuration se trouve déjà annexée à un acte précédemment passé dans la même étude, il suffit également de s'y référer, en énonçant d'une manière claire l'acte auquel cette procuration est annexée. De même, lorsque la procuration a été reçue en minute par le notaire rédacteur de l'acte passé par le mandataire, il suffit également de s'y référer. De même encore, lors que l'acte passé par le mandataire est reçu en double minute, l'annexe de la procuration à la minute principale remplit complétement le vœu de la loi, et il n'est nullement besoin d'annexer une expédition ou un extrait de cette procuration à la seconde minute (n° 2250 J. du not.).

9. EXTRAIT DE CONTRAT DE MARIAGE PORTANT POUVOIR. — Lorsque le pouvoir d'aliéner un immeuble dotal a été donné par le contrat de mariage, le notaire n'est pas tenu d'annexer un extrait de ce contrat à l'acte de vente de l'immeuble (Dél. 29 oct. 1847, 14571 J. E., D. 48-3-72). Le motif de cette décision est facile à saisir: les procurations que la loi de ventôse a en vue sont celles définies par le C. C., au titre du mandat, et dont le principal caractère est d'être révocables, tandis que le pouvoir d'aliéner, donné au mari par la femme dans leur contrat de mariage, n'est pas un simple mandat, mais une convention matrimoniale, qui, aux termes des art. 1394 et 1395 C. C., ne peut subir de modification pendant la durée de l'association conjugale. — *V.* C. Nîmes 2 mai 1807; — Bordeaux 30 juillet 1811; — Tessier, de la *Dot.*, t. 1er, p. 385.

10. INVENTAIRE. — Les procurations des héritiers absents doivent être annexées à l'inventaire dressé par le notaire, parce que l'inventaire a toujours été considéré comme indicatif des qualités, et qu'il ne peut l'être qu'en réunissant les actes indispensables. Seulement le juge de paix peut en faire mention dans le procès-verbal de levée de scellés (Circ. m. j. 3 avr. 1827, 6427 J. N.; 28 avr. 1832, 7741 J. N.).

Il y aurait donc contravention si le notaire, au lieu d'exiger l'annexe des procurations à la minute de son inventaire, se contentait d'énoncer que ces procurations sont restées annexées à la minute du procès-verbal de levée de scellés dressé par le greffier (n° 2643 J. du not.).

11. MENTION DE L'ANNEXE. — L'art. 13 L. ventôse ne prescrit que l'annexe; il ne dit pas *que mention en soit faite;* le notaire qui a annexé à son acte une procuration ne doit donc pas être condamné à l'amende par le motif qu'il n'a pas fait mention de l'annexe dans cet acte (D. m. f. 11 avr. 1815, 5093 J. E., 1550 J. N.).

12. POUVOIR VERBAL. — Il en est de même si un tiers se déclare, dans un acte notarié, mandataire d'une des parties contractantes, sans énoncer de procuration et sans qu'une procuration soit annexée à l'acte (Vannes 24 juin 1841, 12872 J. E., 11382 J. N.). Rien n'interdit, en effet, d'agir en vertu d'un mandat verbal, et la loi de ventôse n'a pu avoir en vue l'annexe d'une procuration qui n'a *aucune existence matérielle.*

13. PROCURATION GÉNÉRALE. — On n'est pas tenu d'annexer l'expédition entière d'une procuration générale. Il suffit de joindre un extrait de cette procuration, en ce qui concerne l'acte auquel il se rattache (640 J. N., 3633 et 3927 J. E.).

14. REPRÉSENTATION AU BUREAU. — On a émis l'avis (11790-2 J. E.) qu'un receveur n'est pas fondé à dresser procès-verbal contre un notaire qui ne présente pas au bureau, avec l'acte notarié à enregistrer, la procuration dont l'annexe est indiquée dans cet acte, attendu qu'aucune loi n'oblige le notaire à joindre à l'acte qu'il présente à la formalité les pièces qui doivent y être annexées. Ce n'est que dans l'étude du notaire que peut être constatée la contravention à l'art. 13 L. 25 ventôse an 11.

Mais il faut que, lors de la vérification, la procuration soit trouvée jointe à la minute. Le notaire offrirait en vain de prouver qu'elle se trouve dans son étude momentanément détachée (Vesoul 26 fév. 1844, 6851 C., 13618-5 J. E.). — V. *suprà*, § 2.

15. SUBSTITUTION DE MANDATAIRE. — Le notaire qui rédige un acte à la requête d'un mandataire substitué est tenu d'annexer à cet acte, non-seulement l'acte de substitution, mais encore la procuration primitive (C. Nancy 9 fév. 1836, 11525 J. E.; D. m. f. 16 juill. 1828, 2297 Roll.; — Remiremont, 15 déc. 1834, 5063 Roll.).

On a émis l'avis (3633, 5827, 11325 J. E.), que si le notaire substitue, par un acte en minute, une autre personne au mandat également passé en minute devant un autre notaire, l'expédition du mandat doit être annexée à l'acte de substitution.

Cette opinion a été combattue (9117 J. N.) par le motif qu'il y a absence *absolue* d'intérêt, pour qui que ce soit, à ce que la procuration soit annexée à l'acte de substitution passé en minute. Cette manière de voir paraît fondée. En effet, le mandataire substitué ne peut lui-même traiter, au nom du mandant, qu'en produisant, outre l'acte de substitution, la procuration originaire ; et l'un et l'autre doivent être annexés à l'acte passé par le mandant avec des tiers.

16. AMENDE. — PLURALITÉ. — En quelque nombre que soient les procurations non annexées à un même acte, il n'y a lieu qu'à une amende (Dél. 7 fév. 1818, 5991 J. E.; Roy, *des Contrav.*, 399, 2448 J. N.; D. m. f. 4 mai 1821).

On doit appliquer ici par analogie l'arrêt de cassation du 24 avril 1809, portant qu'il n'y a lieu qu'à une seule amende quand un acte contient plusieurs ratures ou surcharges non approuvées. — *V.* 966.

949. Blanc. — Lacune. — Intervalle. — Ces expressions, employées dans l'art. 13 L. 21 ventôse ont la même signification au point de vue légal.

1. ALINÉA. — Cet article interdit-il l'usage des alinéas? L'Administration, par Dél. 10 novembre 1843 et 1er août 1844 (13552-1 J. E., 12103 J. N.), s'est prononcée pour la négative, ainsi que l'avait fait le D. N. (vº *Blanc*, nos 22 et 23) et le J. E. (13526-10), et que l'a jugé le tribunal d'Oloron, le 15 mars 1838 (12037-1 J. E.). — Cependant, il est recommandé aux notaires, comme sage précaution, de tirer des traits de plume à la fin de chaque alinéa, tant des minutes que des expéditions ou extraits de leurs actes (Stat. des not. de Paris, 28 pluv. an 12, 18 fév. 1804, 2 déc. 1844, 27 avr. 1847; — Toul 12 nov. 1839, 10711 J. N.; Roy, *des Contrav.*, 384). — Mais il y a contravention lorsqu'il existe *entre alinéas* des blancs non remplis (Fontainebleau 18 mai 1843, 6826 Roll.).

Phrase non terminée. — De même, il y a contravention lorsqu'un mot qui ne termine pas une phrase n'est suivi ni d'un trait, ni d'un signe de ponctuation, et laisse en blanc le reste de la ligne (Valognes 10 fév. 1847, 14289-1 J. E., 13001 J. N.; D. N., t. 2, p. 509, nº 25).

2. BARRES. — Lorsque, dans le corps d'un acte, il a été laissé un blanc, pour un motif quelconque, et que, pour le faire disparaître, le notaire tire une barre dans le blanc, cette barre doit être reconnue par une approbation émanée des signataires de l'acte, sous peine de l'amende prononcée par l'art. 13 L. 25 ventôse. Il avait d'abord été décidé, le 4 juin 1823 (4387 J. N., 1089, § 1er I. G.) qu'il suffisait que cette approbation eût lieu avant la présentation de l'acte à l'enregistrement; mais il a été reconnu depuis que l'approbation avant la signature de l'acte était de toute rigueur (D. m. j. 30 août 1825, 5571 J. N., 1347, § 15 I. G., 12024-4 J. E.; D. N., t. 2, p. 510, nos 33 et suiv.).

De nombreuses décisions judiciaires ont depuis été rendues dans ce sens (C. Amiens 3 déc. 1841, 13686 J. E.; — Vitry-le-François 2 août 1842, 13062 J. E., 11495 J. N.; — Melun 3 janv. 1843, 13169 J. E., 11633 J. N.; 28 mai 1845, 13837-2 J. E.; — C. Paris 11 déc. 1847, 14406-1 J. E., 13274 J. N., D. 48-2-28; — Fontainebleau 6 juin 1844, 7000 Roll.; — Orléans 22 janv. 1852; — Rennes 14 juill. 1845, 12477 J. N., — Cass. 21 juill. 1852, 14748 J. N., S. 52-1-662, D. 52-1-239; — Ancenis 28 avr. 1865, S. 66-2-33, 2453 R. P., D. 66-3-40.; — *Contrà*, Seine 30 mai 1832, 7763 et 11339 J. N.). « Attendu, porte l'arrêt du 21 juillet 1852, que, dans le désir de soustraire les parties au danger des altérations auxquelles leurs conventions pourraient être exposées, la loi du 25 ventôse an 11 exige que les actes reçus par les notaires soient écrits d'un seul et même contexte, sans blancs, lacunes ni intervalles ; que, dans aucune de ses dispositions, elle ne suppose l'existence de barres destinées à faire disparaître le danger des blancs, lacunes et intervalles; que, dans la rigueur des principes, il faut donc conclure de ce silence que les blancs, lacunes et intervalles, même remplis d'une barre, constituent une contravention à la loi du 25 ventôse, qui impose aux notaires l'obligation d'écrire leurs actes d'un seul et même contexte; que, si les besoins de la pratique ont fait introduire l'usage des barres destinées à remplir les blancs laissés dans les projets, cet usage ne peut être séparé de la nécessité d'une approbation spéciale des parties au moment de la signature de l'acte; qu'en l'absence de cette approbation, il serait impossible de constater si ces barres ont été tracées avant ou après la signature des parties, et que cet acte ne porterait pas avec lui les preuves qu'il doit contenir; qu'il a été rédigé de manière à ne pas laisser les parties exposées au danger de l'altération de leurs conventions. » — Les réd. J. N., après avoir contesté l'existence de la contravention (D. N., t. 2, p. 285, nº 4), invitent (13274 J. N.) les notaires à prendre la précaution de faire approuver les barres.

3. ADJUDICATIONS. — BLANCS. — Les notaires qui font des ventes de biens ou de bois en détail préparent quelquefois leurs actes en faisant écrire le commencement de l'adjudication de chaque article. Il suit de cette méthode que, si un lot n'est pas adjugé, ou que les dispositions à insérer ne remplissent pas tout l'espace, il reste des blancs dans le corps de l'acte. La cour de Metz a jugé, le 15 janvier 1819, que ces blancs, encore qu'ils eussent été remplis par des barres, sont une contravention à l'art. 13 de la loi du 25 ventôse an 11 (3188 J. N.).

4. LIGNES SERRÉES. — Il n'y a pas contravention dans le fait d'avoir laissé des blancs dans la rédaction du projet d'un acte notarié, lorsque ces blancs avaient pour objet des

mentions qui devaient être remplies avant la signature, et qu'elles l'ont été, en effet, quoique d'une écriture plus serrée que le corps de l'acte (C. Paris 6 déc. 1853, 13 R. P.).

5. BREVET. — PROCURATION. — Il y a contravention à l'art. 13 L. 25 ventôse an 11 si, dans un consentement à mariage en brevet, le notaire a laissé un blanc pour y inscrire le nom de la personne à choisir par celle à qui le consentement est donné (15246 J. E.).

Cependant, en matière de procuration en brevet, l'usage a consacré que les notaires peuvent laisser en blanc les nom, prénoms, profession et domicile du mandataire, sans encourir l'amende (11220 J. N.; Toullier, t. 8, n° 108; D. N., t. 2, p. 408, n° 13; Ferrière, v° *Proc. en blanc*; — Roll. de Vill., v° *Blanc*, n° 9), et la cour de Douai a consacré cet usage le 12 décembre 1842 (11585 J. N., 13146 J. E.).

6. PROCURATION EN MINUTE. — Mais il ne saurait en être ainsi des procurations en minute auxquelles ne peut s'appliquer une exception motivée par des exigences qui ne se rencontrent que dans les procurations en brevet. Il a donc été reconnu que le blanc laissé dans la procuration en minute, pour écrire le nom du mandataire, constitue une contravention à l'art. 13 (C. Nancy 20 août 1841, 12927-1 J. E.; — C. Nancy 20 janv. 1842, 12997-6 J. E., 11220 J. N.; — Lons-le-Saunier 21 juin 1843, 14130-1 J. E.; — C. Douai 12 déc. 1842, 11585 J. N., 13146 J. E.; — Provins 25 juill. 1839; — Dinan 24 janv. 1852, 15441 J. E.; — Arlon 16 mai 1867).

La C. d'Aix a néanmoins jugé le contraire, le 29 août 1842, en se fondant sur l'usage de ménager ce blanc qui existait à une époque antérieure à la promulgation de la loi du 25 ventôse an 11, et que le législateur de cette époque eût infailliblement proscrit, s'il l'eût trouvé abusif; d'où la conséquence que s'il ne l'a pas fait, c'est qu'il a voulu le laisser subsister (13304 J. E., 11654 J. N.).

6 *bis*. INTERPRÉTATION DE L'INTENTION. — CONTRAVENTION MATÉRIELLE. — L'existence matérielle d'un blanc dans un acte notarié suffit pour que le notaire soit passible d'amende, et dispense d'examiner si le blanc a pu causer quelque préjudice ou offrir quelque danger (Metz 15 janv. 1819, 382 Roy, 9261 J. E.; — Colmar 1er fév. 1831, 10024 J. E.; — Nancy 28 avr. 1837, 11795 J. E.). C'est ce que la cour de Nancy a décidé spécialement à propos d'une note mise en titre, ou en vedette, au-dessus d'une clause. L'espace vide laissé à côté, ou au-dessous de ce mot, fut considéré comme un blanc (18 janv. 1840, 10711 J. N., 12595-7 J. E.).

Le m. f. avait fait une application moins rigoureuse de la loi, en décidant, le 1er octobre 1832, que le blanc laissé dans un acte peut ne pas donner lieu à l'amende, lorsqu'il est reconnu n'être d'aucune importance (7881 J. N.).

Il a été également reconnu qu'il n'y a pas contravention lorsque le blanc doit être garni par un ou plusieurs chiffres sans valeur par eux-mêmes et ne pouvant porter atteinte aux accords des parties (Die 20 juin 1866, 18336 § 1er J. E., 18708 J. N.).

7. PARAPHE. — Les blancs laissés dans les actes au-dessus du paraphe des parties et des notaires, pour y placer l'approbation des ratures ou renvois, constituent une contravention passible d'amende (C. Amiens 12 juill. 1834, 11066 J. E.; — Coutances 16 juin 1831, 10200 J. E., 3729 et 4643 J. N.; — Cambrai 23 mars 1859, 1145 R. P.; — Seine 16 juill. 1840; — *Contrà*, D. N., t. 2, p. 508, n° 20).

8. RENVOI. — Il y a contravention passible d'amende quand les blancs existent dans un renvoi, parce que ce renvoi fait partie du contexte de l'acte (6855 J. E.). Ainsi, la rature de mots approuvée comme suit : *Nuls... mots biffés*, constitue une contravention à l'art. 16 L. 21 ventôse an 11 (Oléron 15 mars 1838, 12037 J. E.; Roy, *des Contrav.*, 383; D. N., t. 2, p. 508, n° 17).

Le motif de ces décisions est facile à saisir. Les renvois font partie du contexte des actes et ne doivent, comme lui, contenir aucun blanc.

C'est ainsi que l'existence de la contravention a été reconnue dans un cas où il existait au recto d'un rôle un espace destiné à recevoir soit un renvoi, soit l'approbation de mots rayés, paraphés, tant par les parties que par les notaires (Cambrai 23 mars 1859, 1145 R. P.).

9. APPROBATION. — L'approbation des blancs peut, sans contravention, être placée dans les actes notariés après la formule *fait et lu*, etc. (D. m. f. 6 juill. 1825, 1208 Roll.).

950. Signification du mot contexte. — Mais que doit-on entendre par le mot contexte? Ce terme n'étant pas reçu dans le langage ordinaire, son sens a besoin d'être déterminé. Est-ce à dire que les actes doivent être faits de suite et sans désemparer à d'autres actes? Non. Nos lois n'exigent l'unité de temps et l'unité d'action que pour ce qui est relatif aux testaments mystiques (976 C. C.) et, ainsi que le fait remarquer Grenier (*des Donations*, n° 241), il n'est pas défendu de faire un acte à plusieurs reprises, ce qui n'empêche point qu'il ne soit d'un seul contexte, dans le sens de la loi. Merlin (Répert., v° *Testament*, sect. 2, § 2, art. 5, n° 5), appuie du poids de son suffrage l'opinion que le contexte d'un acte ne doit pas s'entendre de l'unité de temps qui est employé à sa rédaction; et c'est ce qui se trouve justifié par la pratique, par la jurisprudence même, qui autorise l'apposition de plusieurs dates à un même acte. L'unité de contexte d'un acte doit donc s'entendre de la série et de l'enchaînement des dispositions, clauses et conditions relatives aux conventions qu'il renferme, lesquelles doivent être rédigées sans blanc, lacune ni intervalle, comme le dit l'art. 13 L. 25 ventôse an 11, qui, en cela, ne fait que développer le sens du mot *contexte* (*Conf.*, 2306 J. N.; Roy, 380). — V. 5149.

1. STIPULATIONS ÉTRANGÈRES. — C'est à tort qu'on a dit qu'il y aurait dérogation à la loi du contexte parce qu'un acte contiendrait des stipulations qui ne seraient pas de son essence et de son but. L'erreur est démontrée par la plus simple expérience. Par exemple, rien n'empêche qu'un contrat de mariage contienne la vente ou le bail d'un bien, qu'un acte de cette dernière espèce ne contienne la reconnaissance d'un prêt, etc.

2. TIMBRE. — On peut écrire dans un même contexte, et à la suite les unes des autres, des stipulations ou des conventions tout à fait différentes. — V. 946.

951. *Idem.* **Blanc et lacune.** — On avait pensé que les expressions « en un seul et même contexte » signifiaient qu'il n'y aurait pas de blanc ni de lacune dans l'écriture; mais il paraît évident que ces expressions s'entendent, comme dans les lois romaines, de l'unité d'action dans la confection de l'acte; et ce qui le prouve, c'est que la loi ajoute que les actes seront écrits sans blanc ni lacune, ce qu'elle n'eût pas fait si ces choses eussent dû se trouver dans les expressions « en un seul et même contexte » (2306 J. N.; Roy, *Contrav.* 380).

952. *Idem.* **Actes à vacations.** — Il n'y a point de dérogation à la règle de l'unité de contexte lorsque certains actes, tels que les ventes, inventaires et autres, dont s'occupe le décret du 10 brumaire an 14, ne pouvant être achevés dans la même journée, sont rédigés à des intervalles différents; il y a plutôt dans ce cas un composé d'actes différents qu'un seul et même acte.

953. **Lecture.** — 1. ADJUDICATION. — Il y a contravention à l'art. 13 L. 25 ventôse an 11 lorsque, dans un acte de vente en détail, le notaire a fait mention de la lecture, en ce qui concerne les acquéreurs, immédiatement avant leur signature respective apposée après l'adjudication de chaque lot, et n'a pas répété cette mention, pour le vendeur, lors de sa signature, apposée après la clôture seulement (Épinal 16 déc. 1844, 13697-4 J. E., 7175 C.); — ou pour un acquéreur solidaire qui signe à la fin de l'acte (Sainte-Menehould 11 fév. 1852).

1 *bis.* TESTAMENT. — Ces mots : *après lecture du tout*, qui terminent un testament, se réfèrent à un renvoi approuvé aussi bien qu'au corps de l'acte (C. Bordeaux 17 mai 1833, 4203 Roll., 8200 J. N.).

Il suffit, pour la validité d'un testament notarié, qu'il résulte de l'ensemble de l'acte qu'il a été lu au testateur en présence des témoins; la mention *formelle* de cette lecture n'est pas indispensable (Cass. 22 juill. 1829, 2725 Roll.; — C. Orléans 22 juill. 1825, 3022 Roll.).

Il n'est pas nécessaire que la suscription d'un testament mystique fasse mention que la lecture a été donnée au testateur en présence des témoins (C. Bordeaux 5 mai 1828, 2393 Roll.).

Il n'est pas non plus nécessaire de donner lecture au testateur de la mention de sa déclaration de ne pouvoir ou savoir signer (Cass. 3 juill. 1834, 4481 Roll., 8554 J. N.).

Le testament qui ne mentionne pas que lecture en a été faite au testateur, par le notaire, est nul (Cass. 12 nov. 1823, 7668 J. E.), et ce défaut de mention totale entraîne l'exigibilité de l'amende prononcée par l'art. 13 L. 25 ventôse an 11.

2. NULLITÉ. — Sauf le cas de testament réglé par l'article 972 C. C., la mention de la lecture de l'acte par le notaire n'est pas exigée à peine de nullité, même dans les actes énumérés à l'art. 2 de la loi du 21 juin 1843, spécialement dans les actes de donation (Dijon 30 juin 1857, S. 59-2-352. — *Contrà, Revue de législation*, t. 14, p. 434).

3. PROCURATIONS ANNEXÉES. — Il n'est pas nécessaire de faire mention de la lecture aux parties des procurations annexées. Le mot *acte*, employé dans l'art. 13, ne peut avoir aucune corrélation avec ces autres mots : *les procurations*. En second lieu, ce serait sans fondement que l'on soutiendrait que les procurations, formant une partie nécessaire de l'acte, il est indispensable que les contractants en connaissent toute l'étendue par la lecture que doit leur en faire le notaire. Sans doute, cette lecture a son utilité; sans doute aussi, il est utile que les parties paraphent, *ne varietur*, les procurations annexées aux actes qu'elles consentent; mais, malgré les avantages de ces formalités, elles ne sont prescrites par aucune loi sous peine d'amende envers les notaires qui ne les remplissent pas : on ne peut donc pas créer une peine qui n'est pas explicitement prononcée (Roy, *Contr.*, n° 391).

4. SOURD. — Si l'une des parties est atteinte de surdité, elle se borne à prendre connaissance de l'acte, et la mention de lecture par le notaire n'est pas prescrite à son égard (D. N., t. 1er, p. 341, n° 330).

5. ACTE A PLUSIEURS DATES. — Lorsqu'un acte notarié porte plusieurs dates, il n'est pas nécessaire que la mention de lecture soit faite à chaque date, et l'objet de l'art. 13 de la loi du 25 ventôse an 11 est rempli lorsque l'acte énonce qu'il a été passé le.... pour A...., et le.... pour B...., le tout après que lecture en a été faite aux parties et aux témoins (12401-1, 14126-6 J. E.).

954. **Lecture.** — **Contrat de mariage.** — La loi du 10 juillet 1850 porte : « Le notaire donnera lecture aux parties du dernier alinéa de l'art. 1391 C. C., ainsi que du dernier alinéa du présent art. 1394. Mention de cette lecture sera faite dans le contrat, à peine de 10 francs d'amende contre le notaire contrevenant. Le notaire délivrera aux parties, au moment de la signature du contrat, un certificat énonçant les noms et lieu de résidence, les noms, prénoms, qualités et demeures des futurs époux. Ce certificat indiquera qu'il doit être remis à l'officier de l'état civil avant la célébration du mariage. »

1. CONTRE-LETTRE. — Le but de la loi est de faire connaître non pas le régime des conventions matrimoniales, mais seulement l'existence du mariage : le vœu de la loi est donc rempli par l'accomplissement des formalités lors du premier contrat. Il est d'autant moins nécessaire d'exiger leur renouvellement, que l'acte modificatif devant être rédigé à la suite du contrat primitif et expédié avec lui, ne forme point un contrat distinct, mais une partie intégrante du contrat primitif (Caen 2 déc. 1856, confirmé en Cass. 18 mars 1857, 869 R. P., 16022 J. N., 10970 C., 16619-1 J. E.; — C. Nîmes 4 fév. 1858, 985 R. P.; — *Contrà*, C. Paris 12 janv. 1856; S. 1856-2-106, 16444-3 J. E., 16250 J. N.).

2. PREUVE DE LA LECTURE. — Le tribunal de Valence a jugé, le 15 septembre 1866, que l'amende n'est pas due quand il est constaté par le certificat délivré aux parties, lors de la signature du contrat énoncé dans l'acte de célébration dressé par l'officier de l'état civil, que les formalités de la loi de 1850 ont été remplies (18644 J. N., 2755 R. P.).

Mais ce jugement paraît contraire au texte et à l'esprit de la loi. Ce n'est pas seulement le défaut de lecture que l'art. 1394 punit d'une amende, c'est aussi le défaut de mention de cette lecture dans le contrat. En imposant une telle énonciation au notaire, à peine d'amende, on a voulu assurer d'autant mieux l'exécution de la loi contre l'oubli ou l'inattention de l'officier public; et ce but serait en partie manqué si la pénalité se restreignait au défaut de lecture. D'ailleurs, la preuve de l'infraction demeurerait livrée à une incertitude tout à fait contraire à l'économie de la loi.

3. RENVOI. — V. *suprà*, n° 937-1.

955. Lecture. — Dissimulations de prix. — 1. LOI DU 23 AOUT 1871. — L'art. 13 de la loi du 23 août 1871 porte : « Le notaire qui reçoit un acte de vente, d'échange ou de partage est tenu de donner lecture aux parties des dispositions du présent article et de celle de l'art. 12. Mention expresse de cette lecture sera faite dans l'acte, à peine d'une amende de 10 francs. »

L'art. 12 est ainsi conçu : « Toute dissimulation dans le prix d'une vente, et dans la soulte d'un échange ou d'un partage, sera punie d'une amende égale au quart de la somme dissimulée et payée solidairement par les parties, sauf à la répartir entre elles par égale part. »

2. ADJUDICATIONS JUDICIAIRES. — Cette obligation n'est pas applicable aux adjudications passées devant notaires commis judiciairement. Une telle adjudication est toujours précédée et elle est le plus souvent suivie de formalités protectrices qui assurent suffisamment la sincérité du prix exprimé dans le procès-verbal; à ce point de vue, elle peut être assimilée à l'adjudication qui serait prononcée à la barre même du tribunal, c'est-à-dire à la vente judiciaire proprement dite, « dans laquelle les conditions et le prix sont fixés par un jugement » (Cass. civ. 26 nov. 1850, n° 1883, § 3 I. G.; S. 51-1-50). Il y a lieu d'admettre, en conséquence, que la lecture des art. 12 et 13, par le notaire commis, serait sans objet, et que l'omission de cette formalité n'est pas de nature à être relevée comme constituant une contravention (2434-9 I. G., 3537 R. P.).

3. ADJUDICATIONS VOLONTAIRES. — Mais il n'en est pas de même lorsqu'il s'agit d'adjudications *amiables*, qui ne présentent pas les mêmes garanties que les adjudications judiciaires, et la jurisprudence avait reconnu que la loi devait être observée à leur égard (2439-9 I. G., 3537 R. P.; Arras 15 fév. 1873, 3567 R. P.; Semur 30 avril 1873, 3637 R. P.; La Rochelle 28 juill. 1873 et Mantes 30 août 1873, 3676 R. P.; Versailles 17 fév. 1874; Grasse 21 janv. 1874; Avesnes 9 janv. 1874, Charleville 18 déc. 1873, 3813 R. P.; Meaux 20 mai 1874, Seine 16 mai 1874, 3848 R. P.; Joigny 9 juill. 1874, 3865 R. P.; Saintes 24 janv. 1875, 4031 R. P.); — Mais cette situation a été modifiée par une loi du 3 août 1875 ainsi conçue : « La disposition du dernier paragraphe de l'art. 13 de la loi du 23 août 1871 relative à la lecture aux parties de cet article et de l'art. 12 de la même loi, et à la mention de cette lecture dans les actes, cessera de s'appliquer aux adjudications publiques (4126, page 499 R. P.).

Cette article est applicable aux adjudications publiques de fonds de commerce (2520 I. G.; 4268 § 45 R. P.).

4. ÉCHANGES ET PARTAGES SANS SOULTE. — On a prétendu que la disposition de l'art. 13 est un corollaire de l'art. 12, dont elle a pour objet d'assurer l'exécution; que, par conséquent, elle s'applique dans les seules hypothèses prévues à cet article, c'est-à-dire quand les échanges ou les partages renferment l'expression d'une soulte. On a soutenu que l'échange ou le partage faits sans soulte échappent à l'obligation de la lecture (20242 J. N.).

Cet avis n'a pas prévalu. L'art. 12 parle, il est vrai, de la dissimulation *dans la soulte* d'un échange ou d'un partage, et ces termes judaïquement entendus sembleraient se restreindre aux actes renfermant une soulte qui a été en partie dissimulée. Mais il est manifeste qu'il s'applique également et *à fortiori* aux dissimulations totales de cette soulte. Sans cela, celui qui cacherait une partie de la vérité serait beaucoup plus puni que celui qui la dissimule tout entière. Le premier devrait supporter l'amende énorme du quart; le second en serait quitte pour un droit en sus.

Il faut donc reconnaître que l'art. 12 s'applique à tous les actes d'échange ou de partage à l'occasion desquels des soultes ont été dissimulées, soit en totalité, soit en partie, et que, dès lors, l'obligation de la lecture leur est également imposée.

L'art. 13 ne distingue pas, d'ailleurs, entre les actes d'échange et de partage. Ses injonctions sont générales et ne comportent aucune distinction. C'est en ce sens que la question a été résolue par l'Administration (3535 R. P.; Sol. 24 juill. 1877).

Elle a été également décidée en ce sens pour les échanges par le tribunal de Saint-Girons, le 3 juin 1875, et pour les partages par le tribunal de Valenciennes, le 29 mai 1878.

5. PARTAGES D'ASCENDANTS. — Les dispositions des art. 12 et 13 de la loi sont applicables aux partages d'ascendants. Ces actes sont compris par les art. 1075 et suiv. C. C. sous la dénomination de partages; la loi du 18 mai 1850 a disposé que les règles de perception concernant les soultes de partage sont applicables aux donations portant partage par les ascendants; il n'existe donc aucun motif, tant en droit civil qu'en droit fiscal, pour soustraire ces actes aux obligations imposées par la loi nouvelle; telle est aussi l'opinion émise dans l'art. 20242 du J. N.

6. PARTAGES TESTAMENTAIRES. — Mais on peut soutenir que les partages testamentaires ne sont pas soumis aux dispositions des art. 12 et 13, qui n'ont été édictés qu'en prévision d'un concert frauduleux entre l'ancien possesseur et le nouveau.

7. PLURALITÉ DE CONTRAVENTIONS. — L'art. 13 oblige le notaire qui reçoit *un* acte à donner lecture aux parties des art. 12 et 13. Le notaire n'est donc tenu qu'à une seule lecture, quel que soit le nombre des parties qui figurent dans un acte et quel que soit le nombre des dispositions de cet acte. Il en résulte que si, dans un procès-verbal d'adjudication amiable, l'officier public omet de donner lecture des articles de la loi, il ne commet qu'une seule contravention. Il n'est pas dû autant d'amendes qu'il y a d'adjudications séparées (Sol. 9 déc. 1872). — *Contra*. 19167 J. E.

Il n'en serait autrement que si l'adjudication, faite en plusieurs séances, avait donné lieu à la rédaction de plusieurs procès-verbaux. Nul doute, dans ce cas, qu'il serait dû autant d'amendes qu'il y aurait de procès-verbaux séparés. — V. 966.

8. PROCÈS-VERBAL. — CONTRAINTE. — L'omission de la lecture ou de la mention de cette lecture constitue des

contraventions à la loi de l'enregistrement. Elles ne se constatent donc pas par procès-verbal. Le recouvrement a lieu directement par voie de contrainte (Sol. 25 oct. 1871).

9. FONDS DE COMMERCE. — Les dispositions qui précèdent ont été étendues par l'art. 8 de la loi du 28 février 1872 aux actes constatant des mutations de propriété de fonds de commerce.

10. CONCESSION DE SÉPULTURE. — Les concessions de terrains dans les cimetières, lors même qu'elles sont perpétuelles, ne constituent pas une vente, mais un bail à durée illimitée. V. *Concession.* — Le notaire qui reçoit un pareil contrat n'est donc pas tenu de se conformer à l'art. 13 de la loi du 23 août 1871 (*Conf.* J. du not., n° 2720).

956. Noms, prénoms, qualités et demeures des parties et des témoins. — Les actes des notaires contiendront les noms, prénoms, qualités et demeures des parties, ainsi que des témoins appelés dans le cas de l'art. 11 (témoins certificateurs), à peine de 100 francs (20 fr.) d'amende contre le notaire contrevenant (L. 25 vent. an 11, art. 13).

1. VENTE DE MEUBLES. — La jurisprudence a fait exception pour les ventes publiques de meubles. Il a été reconnu que le notaire n'est pas tenu de désigner les noms, prénoms, qualités et demeures des acheteurs (C. Colmar 28 juill. 1827, 6504 J. N.; Sol. 26 déc. 1831, 7699 J. N.; — Saint-Omer 4 sept. 1853, 86 R. P.).— V. *Adjudication,* 1668.

956 *bis*. Acte de complément. — Bien qu'un acte soit le complément ou l'exécution d'un acte antérieur, le notaire ne peut, sans contravention, se référer à celui-ci pour l'énonciation des prénoms, qualités et demeures des parties. Chaque acte, en effet, doit contenir en lui-même l'accomplissement des formalités prescrites par la loi; car, s'il en était autrement, l'expédition qui en serait délivrée serait incomplète, à moins de puiser des énonciations dans un acte antérieur; d'où la conséquence qu'elle ne serait plus *la copie fidèle* de la minute. Ce principe a été appliqué :

Annexe. — Contre-lettre. — Compte. — Command. — Quittance. — A des quittances de prix de vente écrites à la suite de l'acte de vente (Cass. 14 juin 1843, 13663 J. N., 13299 J. E., S. 43-1-479; — C. Amiens, 25 nov. 1842, 13140 J. E.; S. 43-1-479; — C. Nancy 2 juill. 1836, 10744 J. N.; — C. Paris 28 mai 1842, 11339 J. N.); — à des actes annexés à ceux auxquels ils se référaient (C. Paris 28 mai 1842, 13040 J. E.); — à une contre-lettre ajoutée à un contrat de mariage (Hazebrouck 28 mai 1845, 12451 J. N., 13824 J. E.); — à une déclaration de command (13833-1 J. E.); — à un arrêté de compte qui se référait au projet de compte et formant un acte distinct du compte, écrit sur une autre feuille (Ancenis 10 juill. 1835, 8972 J. N.).

Le tribunal de Parthenay a cependant refusé de reconnaître la contravention relativement à un arrêté de compte rédigé à la suite de l'acte de présentation de ce compte, en se fondant principalement sur ce que les deux actes ne formaient qu'un tout (22 juill. 1845, 13824 J. E., 12427 J. N.). La cour de Paris a adopté le même système, le 4 mars 1844, relativement à un acte de quittance écrit à la suite de l'acte de vente. Mais, en prononçant l'arrêt, le premier président a fait cette observation significative : « Et cependant que désormais les notaires remplissent la formalité » (13054-1 J. E., 11283 J. N.).— Le D. N. soutient également qu'il n'y a pas contravention. « Le but de la loi est rempli, dit-il, lorsque, après l'énonciation du nom de chaque partie, on se réfère, pour plus amples indications, à l'acte qu'elles viennent compléter ou exécuter. Se référer à un acte existant en due forme, au sujet d'une indication exigée par la loi, ce n'est pas omettre cette indication » (t. 1er, p. 334, n° 281).

956 *ter*. Parties. — On doit réputer *parties*, dans un acte, non-seulement ceux qui stipulent pour eux-mêmes ou pour d'autres, mais encore *ceux pour lesquels on stipule* et qui sont parties intéressées; ainsi, lorsque, dans un acte de vente, le notaire ne désigne pas par leurs noms, prénoms, qualités et demeures, les vendeurs dont un des comparants *se porte fort*, il y a contravention à l'art. 13 de la loi du 25 ventôse an 11 (C. Metz 6 janv. 1841, 12664 J.E.; — Sarrebourg 19 avr. 1841, 12919 J. E.; — C. Rennes 31 août 1841, 11129 J. N.; — C. Douai 13 déc. 1842, 11607 J. N., 13927-5 J. E.; — Sainte-Affrique, 15 janv. 1847, 14188-4 J. E.; — Altkirch 8 avr. 1859, 1157 R. P. — *Contrà*, Bruxelles 18 déc. 1844; — Rennes 30 juin 1845; — Cass. belge, 7 déc. 1847; — Gand 27 juillet 1848; — Belfort 10 déc. 1861; — Albi 14 nov. 1863, 1906-4 R. P.; — Arles 16 mai 1867; Roll. de Vill., v° *Acte notarié*, n° 201, et *Parenté*, n° 70; Champ. et Rig., *des Contrav.*, v° *Nom du notaire et des parties*, §§ 5 et 7). — *V.* S. 1862-2-566; — Arlon 16 mai 1867, 18428 J. E.

Le même principe a été appliqué dans des espèces où 1° *un tuteur* avait agi au nom d'un mineur non complétement qualifié (Cass. 29 déc. 1840, 12673-2 J. E., 10880 J. N.); — 2° *un mandataire* s'était porté fort pour son mandant non tout à fait qualifié (13225-5, 15217-1 J. E.; D. N., t. 1er, p. 331, n° 253. — *Contrà*, Metz 2 août 1836, 9185 J. N., et Cass. 30 juill. 1834, 8632 J. N., 1673 J. du not.); — 3° *un tiers*, dans un acte de partage, s'était porté fort pour des héritiers mineurs *absents* (Cass. 18 janv. 1848, 14447-1 J.E.); — 4° un vendeur déclarait avoir reçu le prix de deux acquéreurs et *consorts* (Arlon 16 mai 1867).

Les réd. J. N. (Suppl. au D. N., t. 1er, p. 73, n° 22) font à ce sujet les observations suivantes :

« Les parties dont s'occupe l'art. 13 sont les personnes qui comparaissent devant les notaires; c'est ainsi que l'art. 14 porte : « Les actes seront signés par les parties, etc. » — On ne pourrait exiger que les personnes non présentes, en faveur desquelles un acte serait passé, fussent rigoureusement indiquées, sans entraver les stipulations dans beaucoup de circonstances. Rien ne démontre que la loi notariale ait étendu jusque-là ses prescriptions; elle n'a fait que reproduire l'ancienne règle relative à l'énonciation des noms, prénoms, qualités et demeures des parties qui passent les actes. »

Cette opinion, soutenue de nouveau (10880 J. N.), a été partagée par la C. Rennes, le 30 juin 1845 (13837-1 J. E.); — Douai, 16 avril 1849 (13787 J. N.); — Saint-Étienne, 27 décembre 1852 (14906 J. N.). Mais le D. N. est revenu à une opinion différente dans sa dernière édition. « Il faut entendre par parties, dit-il, celles qui concourent nécessairement aux actes, soit pour elles-mêmes, soit pour autrui ou même seulement pour autoriser. Ainsi les nom, qualités et demeure du mandant, du mandataire, du tuteur, du mineur, du mari, du conseil judiciaire doivent être insérés dans l'acte » (T. 1er, p. 331, nos 252-253).

Jugé spécialement que les légataires ne sont pas parties au testament (Cass. 21 mars 1822, 4360 J. N.). Il en est de même du créancier au profit duquel une obligation est contractée en son absence (C. Toulouse 12 mars 1838, 10072 et 10063 J. N.; Pigeau, t. 2, p. 321; D. N., t. 1er, p. 331, n° 256).

1. INDIVIDUALITÉ. — D'après l'art. 11 de la loi du 27 ventôse, le nom, l'état et la demeure des parties doivent être connus des notaires ou leur être attestés par deux citoyens connus d'eux, ayant les mêmes qualités que celles requises pour être témoins instrumentaires.

L'infraction à cet article n'entraîne ni la nullité de l'acte, ni l'amende (C. Rouen 23 fév. 1823; — Cass. 7 juin 1825, 8394 J. E., 5450 J. N.); mais elle peut engager la responsabilité du notaire (C. Paris, 12 therm. an 12, 19 mai 1806; — C. Toulouse 28 janv. 1820, 3053 J. N.; — Cass. 17 mars 1828, 6619 J. N., 30 déc. 1828, 6783 J. N., 28 avr. 1829, 6909 J. N.).

Mais nous croyons que le caractère de parties appartient aux créanciers appelés à un acte de distribution de deniers leur appartenant et, si l'un d'eux se fait fort des autres, il doit en indiquer les noms.

957. Prénom. — Le notaire est tenu, à peine d'amende, d'indiquer, sans abréviations, tous les prénoms des parties, mais il n'est pas garant de leur énonciation (Cass. 8 janv. 1833, D. N., t. 1er, p. 332, n° 262).

957 *bis*. Qualités. — Le tribunal de Lunéville a jugé, le 13 mars 1845, que, par *qualité*, il ne fallait entendre que *l'état civil* et non la *profession*, et qu'une femme était suffisamment désignée par sa qualité de *femme mariée* ou de *veuve* (12400 J. N., 13728-4 J. E.). La qualité, dit, au contraire, le D. N., c'est l'état, la profession qu'exerce une partie, et non pas seulement la condition sociale ou l'état civil (T. 1er, p. 332, n° 265. — *Conf.* Roy, *des Contrav.*, 387).

Cependant il a été reconnu que la simple qualification de fille *majeure* ou de fils *majeur*, donnée aux parties contractantes, ne constitue pas une infraction à l'art. 13 de la loi, lorsque les parties n'exercent ni métier ni profession (Saint-Dié 26 sept. 1834, 4560 Roll.; — Bordeaux 31 août 1835; — Metz 2 août 1836; — Douai 16 avr. 1849, 13787 J.N.; — Augan t. 1er, p. 88). Il est toujours plus convenable, ajoute le D. N., de joindre les mots : *sans profession*; c'est l'usage (T. 1er, p. 332, n° 267).

L'individu qui n'a aucune profession, mais est propriétaire d'immeubles, peut être désigné sous ce dernier titre. « Le seul but de la loi, dit à cet égard le tribunal de Dinan, étant d'empêcher la confusion entre les parties, le mot qualité employé a donc un sens très-large et comprend toute position qui peut faire distinguer l'individu. Sous ce rapport, toute personne, quelle que soit sa position sociale, peut recevoir une qualification dans un acte notarié » (Dinan 21 fév. 1857, 829 R. P.).

Du reste, quand un individu a plusieurs professions distinctes, il suffit d'en indiquer une seule (C. Paris 17 avr. 1810; D. N., t. 1er, p. 332, n° 266).

1. ADJUDICATION. — Les qualités des parties contractantes doivent être indiquées à peine d'amende dans les actes notariés, spécialement dans les adjudications (Fontainebleau 25 nov. 1841, 12905 J. E.; — Sainte-Menehould 11 fév. 1852, 15760-1 J. E.).

Mais les adjudicataires ne doivent pas être considérés comme parties dans les ventes publiques de meubles (C. Colmar 28 juill. 1827, 6504 J. N.). — *V.* 956-1.

2. JUSTIFICATION POSTÉRIEURE. — Le notaire contrevenant ne pourrait se soustraire à l'effet de la contravention en produisant, postérieurement à l'enregistrement de l'acte où il aurait omis d'indiquer la profession de l'une des parties, un certificat constatant que cette partie n'exerce aucune profession (11965-2 J. E.).

3. MANDATAIRE. — Mais le notaire n'est pas tenu d'indiquer la profession du mandataire qui intervient dans un acte, attendu que l'art. 13 L. ventôse an 11 ne prescrit l'énonciation des qualités que des parties contractantes, et que le mandataire n'est pas partie, mais seulement représentant de la partie (Metz 2 août 1836, 11756-4 J. E.).

957 *ter*. Témoins. — Les actes notariés doivent contenir les noms des témoins instrumentaires et leur demeure, sous les peines prononcées par l'art. 68, et même de faux, si le cas y échoit (L. 25 vent. an 11, art. 12).

Cet article ne prescrit pas d'indiquer les prénoms et les qualités des témoins. Leur omission ne peut donc donner lieu aux peines prononcées, mais les notaires ne sauraient les indiquer avec trop de soin, pour éviter des confusions si faciles, là surtout où le même nom est porté par un grand nombre de personnes.

958. Domicile. — D'après le C. C. (art. 102), le domicile des parties est fixé au lieu où elles ont leur principal établissement; aussi a-t-il été reconnu (11576-5 J. E.), *qu'à moins de preuve contraire*, la présomption légale est que le domicile et la résidence sont réunis, et que s'il est dit dans un acte qu'une des parties demeure à...., le vœu de la loi est rempli. C'est, d'ailleurs, dans le même sens, que la C. cass. a jugé, le 28 juillet 1818 (S. 18-1-367), que l'énonciation *de la demeure* équivaut à l'indication *du domicile*.

1. FONCTIONNAIRE. — L'exercice d'une fonction révocable, quoique n'emportant pas translation de domicile, constitue cependant la demeure dans le sens de l'art. 13 de la loi du 25 ventôse an 11 (D. N., t. 1er, p. 333, n° 274). — *V.* 934.

2. MILITAIRE. — Il n'y a pas contravention lorsque, pour remplacer l'indication du domicile d'un militaire pour lequel il instrumente, un notaire se borne à énoncer dans l'acte la garnison, le régiment, le bataillon et la compagnie dont fait partie ce militaire (Vesoul 1er juin 1846, 7562 C.)

ARTICLE 3. — SURCHARGES, INTERLIGNES ET ADDITIONS

[958 *bis* 961]

958 *bis*. Règle. — « Il n'y aura *ni surcharge, ni interligne, ni addition* dans le corps de l'acte, et les mots surchargés, interlignés ou ajoutés seront nuls, à peine d'une amende de 50 francs (10 fr.) contre le notaire, et de tous dommages-intérêts, même de destitution en cas de fraude » (Art. 16 L. 25 vent. an 11).

959. Addition. — L'addition de quelques mots sur une ligne brisée par des points constitue une contravention, lors même que ces mots auraient été ajoutés au moment de la lecture de l'acte et avant sa clôture (Colmar 1er fév. 1831, 7585 J. N., 10024 J. E.); et encore que ces mots soient sans influence sur les droits des parties et du Trésor (Wissembourg 12 août 1830, 10226 J. E. — *Contrà*, Roll. de Vill. — V. *Addition*, n° 7).

1. ACTE MODIFICATIF. — Il n'y a pas addition dans le sens de la loi quand, au bas ou en marge d'un acte complet et signé, il est ajouté une clause additionnelle modifiant le contrat. C'est là un acte nouveau qui doit renfermer toutes les formalités de l'acte notarié proprement dit (Cass. 30 mars 1840, 10620 J. N.).

1 *bis* ADJUDICATION. — Le notaire qui, dans une adjudication d'immeubles en détail, ajoute à des articles après ces mots : *a signé après lecture faite*, ceux ci : *et a payé comptant ledit prix*, sans faire approuver spécialement cette addition comme renvoi, contrevient aux art. 13, 15 et 16 L. 25 ventôse an 11 (Chaumont 8 juin 1847, 14303-4 J. E.).

Mais ne constitue pas une infraction à l'art. 16 de la loi du 25 ventôse an 11, l'addition dans le corps d'un acte notarié, portant vente publique d'immeubles, des mots : « *Je dis adjugé moyennant cinq cents francs,* » mots destinés à rectifier la désignation erronée d'un prix d'adjudication qui précède immédiatement (Dinan 5 mai 1866, 10301 J. E. belge; D. 66-5-520).

2. DOUBLE DATE. — Lorsqu'il est démontré par les circonstances de la cause qu'un acte notarié n'a reçu une seconde date que pour faire courir le délai de l'enregistrement, cette seconde date doit être considérée comme une addition en contravention à l'art. 16, et l'amende est encourue (Loches 22 avr. 1853, 15642 J. E.; — Chinon 25 oct. 1855, 527 R. P.).

La postdate constitue quelquefois un faux criminel passible des peines ordinaires du faux en écriture publique (C. cass. 24 fév. 1809, 26 août 1853 et 11 oct. 1860. — *V.* aussi Cass. 31 mai 1839; Dissert. de M. Blanche, 2267 R. P., et Réfutation du contrôleur n° 14639). — *V.* 961-3.

3. FIN DE L'ACTE. — Les additions et renvois qui ont lieu à la fin de l'acte sont, dans certains cas, frappés de nullité par l'art. 16 et non d'amende (7729 J. E.). — Le tribunal de Sainte-Menehould a jugé, le 11 février 1852 (15760-1 J. E.), que lorsque, après la clause constatant la lecture, il est ajouté le nom d'un adjudicataire solidaire, il y a contravention.

La contravention existerait aussi, si le notaire ajoutait quelque chose à la fin de l'acte et près de la lettre des signatures sans le faire approuver des parties (Ordon. de 1535, titre 19, n° 8; arrêt de règlement du 4 oct. 1685; D. N., t. 7, p. 51, n° 16).

4. BREVET. — Quant aux additions faites sur des actes rédigés en brevet, elles doivent être attribuées au notaire si l'acte est encore en sa possession. Jugé en ce sens, relativement à la surcharge de la date, dans une procuration délivrée en brevet (Trévoux 18 nov. 1845). — Il en est autrement lorsque l'acte, délivré en brevet, n'est plus en la possession du notaire qui l'a rédigé au moment où ces surcharges sont constatées, attendu que, dès lors, rien n'établit que l'irrégularité soit le fait du notaire, et que la responsabilité doive lui en être imputée (Seine 19 mai 1841, 12836-1 J. E., 11042 J. N.). — *V.* 962-5.

5. PÉNALITÉS. — AMENDES. — Il est dû une amende pour chaque acte contenant des surcharges ou additions, bien qu'un même procès-verbal contienne plusieurs actes (Cass. 29 janv. 1812, 776 J. N.; — C. Metz 15 janv. 1819, 3188 J. N.). Mais les contraventions de même nature commises dans le même acte ne donnent lieu qu'à une seule amende. — *V.* 966.

De plus, le notaire qui, pour soustraire les parties à un droit d'enregistrement réclamé, fait après coup et postérieurement à la date de cet acte des additions à cet acte, encourt une peine disciplinaire pour ce fait qui doit être signalé au procureur de la République (Vassy 21 mai 1847, 14242 J. E., 13081 J. N.).

Il commet même un faux si l'addition change une disposition de l'acte. — *V.* 959-2 et 961-3.

960. Interligne. L'*interligne* est l'écriture placée entre deux lignes déjà formées. Il y a contravention du moment que l'interligne existe, lors même qu'elle aurait été approuvée par les parties (Privas 4 juil. 1823, 7909 J. E.).

Une clause ou modification de clause ajoutée en interligne dans le corps de l'acte est absolument nulle, alors même que cette addition aurait été faite par le notaire avant la signature de l'acte par les parties et par lui : par exemple si, dans un contrat de mariage, on avait ajouté par interligne les mots suivants : « Ladite donation étant faite à titre de préciput » (Toulouse 7 déc. 1850, 14314 J. N.); mais la loi n'annule pas les actes qui contiennent des interlignes; elle n'annule que les mots interlignés (C. Colmar 25 avr. 1812, 888 J. N.).

Jugé que par interligne il faut entendre, non pas des mots formant une ligne qui fait suite au corps de la phrase, quoique cette ligne soit plus serrée que les autres, mais seulement des mots placés au-dessus des expressions de la phrase pour en parachever le sens (C. Angers 20 mai 1825; — Cass. 23 mars 1829, 9500 J. E.).

L'existence matérielle de l'interligne constitue une contravention, sans qu'il y ait lieu d'examiner si l'interligne est ou non préjudiciable (C. Nancy 18 janv. 1840, 12595-7 J. E., 10711 J. N.).

961. Surcharge. — La disposition de l'art. 16 L. 25 ventose an 11, qui défend les surcharges, interlignes et additions dans le corps de l'acte, est absolue et sans exception. L'on comprend, en effet, le but du législateur. L'attention des parties contractantes est bien plus fortement appelée par l'approbation d'un renvoi que nécessite la radiation du mot surchargé que par l'approbation de cette surcharge. Ainsi, le seul moyen de corriger une erreur, sans compromettre le sort de l'acte et s'exposer à l'amende, c'est de rayer le mot et de le remplacer par un renvoi dûment approuvé. — Diverses décisions judiciaires ont effectivement reconnu qu'il y a contravention passible d'amende du moment où la surcharge existe, qu'elle soit ou non approuvée (Bourges 19 janv. 1838, 12156-5 J. E., 9977 J. N.; — Avesnes 15 sept. 1840, 12589-6 J. E.; — Fougères 29 janv. 1845, 12287 J. N., 13750-4 J. E.; D. m. f. 8 nov. 1814, 5763 J. E.; — Vire 1er fév. 1840; — Châteaubriand 1er juill. 1841, 12829 J. E., 11024 J. N.; D., v° *Acte de not.* 272 et le paragraphe suivant); — et lors même qu'il y aurait bonne foi de la part du notaire (Die 20 juin 1866, 18336 J. E., 18708 J. N.).

Cette interprétation de l'art. 16 n'a pas toujours été faite d'une manière aussi absolue. Ainsi, dans une espèce où des mots un peu surchargés avaient été spécialement et régulièrement approuvés par les parties, la C. de Douai a décidé, le 18 mai 1841 (11315 J. N.), que le vœu de la loi avait été satisfait. — La C. de Rennes, tout en reconnaissant que la prohibition de l'art. 16 L. 25 ventôse an 11 est absolue, a néanmoins décidé que la contravention à cette disposition formelle peut être réparée par une approbation en marge des mots surchargés (14 mars 1843, 11997 J. N.). — Une D. m. f. 4 décembre 1829 (7035 J. N.) a exonéré de l'amende dans une espèce où la répétition des mots surchargés ne pouvait laisser de doute sur le sens de la phrase. — Enfin, un jugement du tribunal de Saint-Girons, 4 décembre 1850 (14460 J. N.), repousse toute contravention lorsque le mot surchargé est reproduit dans un renvoi approuvé.

Le J. N. conteste également cette interprétation absolue de l'art. 16, et fait observer que si la surcharge est approuvée, on ne doit plus y voir qu'un mode de rature sur la forme duquel la loi ne s'explique pas (11997 J. N.). C'est, en effet, ce qui a été décidé par le tribunal de Clermont, le 20 juin 1816, et reconnu par D. m. f. du 27 janvier 1817 (2031 J. N., 5683 J. E.).

1. REPRODUCTION. — Il a été jugé qu'il y avait contravention alors même que le mot substitué au mot surchargé avait été reproduit dans l'approbation (Châteaubriand 1er juill. 1841, 12829 J. E., 11024 J. N.; — Bourges 19 janvier 1828; — Rennes 14 mars 1843; — Vire 1er fév. 1840; — Avesnes 15 sept. 1840, 9976 et 9977 J. N. — *Contrà :* Douai 10 mai 1841; — Clermont-Ferrand 20 janv. 1816; — Saint-Amand 12 août 1837; — Provins 14 mai 1841; — Saint-Girons 4 déc. 1850; D. m. f. 27 janv. 1817, 2031, 9977 et 14560 J. N.; — Die 20 juin 1866, 18336, § 1er J. E., 18708 J. N.).

De même la signature d'un témoin ne couvre pas la nullité résultant de la surcharge de son nom dans le corps de l'acte (C. Aix 15 janv. 1824, 7909 J. E., 4881 J. N., 892 C.).

2. DATE. — La date est une partie intégrante des actes; sa surcharge constitue une contravention à l'art. 16 de la L. du 25 ventôse an 11; il ne suffit pas, d'après cet article, que les actes soient datés: il faut qu'il ne puisse pas s'élever d'incertitude sur la fixité des dates (Nogent-sur-Seine 12 déc. 1808; — Cass. 20 fév. 1816; S. 16-1-162 3188 et 5410 J. E., 196 et 1841 J. N.; D. N., t. 12, p. 403, n° 8; — Avesnes 15 sept. 1840, 12589-6 J. E.; — Châteaubriand 1er juill. 1841, 12829 J. E., 11024 J. N.; — Trévoux 18 nov. 1845.

La C. cass. a décidé, le 27 mars 1812 (932 J. N.), que la surcharge d'une date opère la nullité des mots surchargés, et, par suite, la nullité du contrat (V., dans un sens moins absolu, Roy, *Des Contrav.*, 576).

3. FAUX. — Une surcharge sur un acte, tendant à altérer la vérité, ne fût-ce même que pour opérer une postdate et frauder les droits, doit être regardée comme un faux (Cass. 24 fév. 1809, 4219 J. E.; 26 août 1853 et 11 oct. 1860; Dissert. de M. Blanche, 2267 R. P.). — *V.* Cept. Cass., 31 mai 1839, 2267 R. P., et Réfut. du Contrôleur, n° 14639.

Dans le cas d'existence du faux criminel, l'amende de contravention à la loi du 25 ventôse an 11 n'en est pas moins due, parce qu'il y a un texte spécial pour l'amende (art. 16), et un autre pour le faux (art. 12). — *Conf.* Roy, *des Contrav.*, 407. — L'amende peut même être due quoique le faux ne soit pas reconnu par la cour d'assises (Barcelonnette 11 déc. 1839, 12432 J. E.).

Il n'y a pas lieu, d'ailleurs, de recourir à la procédure extrême de l'inscription de faux, si l'acte porte en lui-même la preuve qu'il n'a réellement qu'une date et que celle postérieure n'a été indiquée par le notaire que pour échapper au payement de la peine de retard (Provins 17 juin 1858, 16393 J. N., 16795 J. E.).

4. IL, ELLE (mots peu importants). — Le changement du mot *elle* en celui de *il* doit être considéré comme une contravention, alors même que ce changement n'aurait pour objet que de rectifier une faute d'orthographe (C. Paris 6 déc. 1853, 13 R. P.; D. 54-5-600). — La loi ne distingue pas entre la valeur des mots; ses dispositions sont générales et s'appliquent à toute surcharge, quel qu'en soit l'objet (Colmar 1er fév. 1831; D. m. f. 8 nov. 1814 et 1er oct. 1832, 7585 et 7881 J. N., 5763 J. E. — Die 20 juin 1866, 18336 J. E., 18708 J. N.). — *Conf.* Roy, *Contr.*, 404.

Cependant il a été jugé que le notaire ne commet aucune contravention quand il surcharge sans approbation une signature étrangère à l'acte (Versailles 16 fév. 1859, 17124-1 J. E., 1183 R. P., 16590 J. N.).

5. GRATTAGE. — Si un mot est écrit sur une rature enlevée au grattoir, il y a présomption qu'il y avait quelque chose d'écrit avant la rature, et cette substitution est assimilée à une surcharge (C. Bruxelles 28 juill. 1830, 10787 J. E. — *Conf.* Roy, *des Contrav.*, 402; D. N., t. 10, p. 496, n° 4).

6. LETTRE. — De ce que la loi parle de mots surchargés, l'on peut conclure que la surcharge d'une seule lettre peut bien être une irrégularité, mais qu'elle ne constitue pas une contravention (4417 J. E., 995 J. N.). Et cette opinion se trouve justifiée par un arrêt Cass. 3 août 1808 (110 J. N.), qui a jugé que la surcharge de la lettre *c* dans le mot *dicté* ne pouvait invalider le testament.

Il pourrait cependant se présenter des cas où cette opinion laisserait quelques doutes : par exemple, le mot *six* pourrait être remplacé par le mot *dix*, au moyen de la surcharge d'une seule lettre, et ce léger changement peut avoir les plus grandes conséquences, surtout s'il porte sur la date ou le prix. Dans cette hypothèse et toutes celles qui pourraient s'en rapprocher, il semble évident qu'il y a contravention. — *V.* C. Toulouse 20 avr. 1826, 5844, 5845 et 5846 J. N.

7. MOT SUBSTANTIEL. — La surcharge d'un mot substantiel à l'acte entraîne la nullité de cet acte; ainsi la surcharge non approuvée du nom d'un témoin instrumentaire suffit pour rendre nul un testament, sans que la signature de ce témoin puisse couvrir cette nullité (C. Aix 15 janv. 1824, 7909 J. E.; — C. Toulouse 29 avr. 1826, 2454 Roll.; — Toullier, t. 8, nº 114; D. N., t. 12, p. 403, nº 13).

8. MOTS RAYÉS. — La surcharge dans un renvoi approuvé ou celle des mots qui indiquent le nombre des mots rayés dans un acte, entraîne une contravention (Fontainebleau 25 nov. 1841, 12905 J. E.; D. N., t. 12, p. 403, nº 10; — Châteaubriand 1er juill. 1841, 12829 J. E., 11024 J. N.; — Fontainebleau 6 juin 1844; — Douai 18 mai 1841 J. P. t. 1 1842-99).

9. ACTE EN BREVET. — V. 962-5.

ARTICLE 4. — RATURES

[962]

962. Règle. — « Les mots qui devront être rayés le seront de manière que le nombre puisse en être constaté à la marge de leur page correspondante, ou à la fin de l'acte, et approuvés de la même manière que les renvois écrits en marge, le tout à peine d'une amende de 50 francs (10 fr.) contre le notaire, ainsi que de tous dommages-intérêts, même de destitution en cas de fraude » (Art. 16 L. 25 vent. an 11.)

1. EFFETS DE RATURES NON-APPROUVÉES. — Les ratures non approuvées par les parties doivent être considérées comme non avenues, et les mots raturés sont réputés faire toujours partie intégrante de l'acte (C. Toulouse 13 fév. 1829; — Toullier, t. 8, nº 118; — Merlin, Rép., vº *Rature;* — C. Bordeaux 10 déc. 1845, P. 46-3-55. — *V.* cependant Lyon 18 janv. 1832, 7799 J. N.).

2. ABRÉVIATION. — MOTS RÉUNIS. — La première difficulté qui se présente est de savoir comment le nombre des mots doit être compté. Le mode le plus rationnel paraît être de compter les mots composés, c'est-à-dire « ledit, ladite, l'inscription, l'on, beaux-frères, » pour un seul mot, et les mots abrégés, S. pour sieur, M. pour monsieur, également pour un mot. L'usage consacre d'ailleurs ce mode, qui a été sanctionné par le tribunal de Montdidier, le 20 mars 1846 (14168 J. E., 12807 J. N.; D. P. 46-3-192), et qui est approuvé par les auteurs (D. N., t. 10, p. 496, nº 5; Favard, vº *Rature*).

Mais il a été décidé, et cela ne pouvait faire de difficulté sérieuse, que la formule *date du...* doit compter pour deux mots (Die 20 juin 1866, 18336, § 1er J. E., 18708 J. N.).

3. APPROBATION. — La seconde question à résoudre est celle qui a trait au mode d'approbation. L'approbation se fait en mettant simplement, soit à la marge de la fin de l'acte, soit au bas ou en marge de chaque page correspondante, RAYÉ.... mots comme nuls au présent acte, ou en la présente page. Mais le premier mode est le plus suivi (287 J. N.).

En tout cas, si l'approbation est faite à la fin de l'acte, elle doit, sous peine d'amende, être revêtue de signatures particulières et distinctes de celles apposées à l'acte même. On comprend, en effet, que s'il en était autrement, on violerait le texte et l'esprit de la loi, et on ouvrirait la porte aux plus graves abus, en laissant aux notaires la possibilité de ménager des blancs dans les actes pour y introduire des changements (Orléans 28 mars 1821; — C. Bruxelles 29 mars 1849, 13919 J. N.; — C. Montpellier 13 fév. 1829, 7113 J. N.; — Mirecourt, 15 avr. 1844, 12012 J. N., 13542-1 J. E.; D. P. 45-4-420; — Namur 25 juin 1856, 704 R. P.; 4 mai 1857, 871 R. P.; — Die 20 juin 1866, 18708 J. N.; — Nivelles 15 fév. 1866). « Attendu, porte ce dernier jugement, qu'il résulte à l'évidence du texte clair et précis des articles 15 et 16 de la loi du 25 ventôse an 11, que, s'il y a des mots rayés dans le corps d'un acte, le nombre doit en être constaté à la marge et approuvé avec signature ou paraphe, ou si cette mention du nombre des mots rayés est reportée à la fin de l'acte, elle doit être également approuvée spécialement avec signature ou paraphe, indépendamment des signatures qui doivent être apposées à l'acte, sans lesquelles il ne serait pas complet » (2453 R. P.).

Une D. m. f. 8 nov. 1814 (5733 J. E., 2165 J. N.), et un jugement Oléron 15 mars 1838 (12037-1 J. E.), se sont cependant prononcés pour la négative par le motif que, lorsque l'approbation a lieu à la fin de l'acte et fait corps avec son contenu, les signatures dont il est revêtu suffisent pour sa validité.

Mais il n'y a pas d'expression sacramentelle pour l'approbation des mots rayés. Ainsi, la mention des *mots rayés approuvés* indique suffisamment que la radiation des mots biffés a été approuvée (Cass. 10 déc. 1836; P. 1838, p. 25).

3 *bis*. FIN DE L'ACTE. — Deux arrêts de la C. Metz du 8 avril 1824 décident qu'on doit entendre par *fin de l'acte* la disposition qui le termine et qui précède la formule de clôture *fait et passé* (7790 J. E.). Jusqu'alors on avait pensé que, par ces mots *fin de l'acte*, la loi avait entendu parler de la fin du contexte, de la dernière ligne de l'acte, c'est-à-dire de celle qui précède immédiatement les signatures. C'est ce qui résulte notamment de deux décisions ministérielles des 8 novembre 1814 et 9 mai 1825, qui ont reconnu qu'on ne peut voir une contravention dans l'approbation des ratures et renvois placés après la formule *fait et lu* (Roll. 1208).

De même, si dans la mention des mots rayés nuls se trouvent de nouvelles ratures, ces ratures doivent être approuvées par une mention spéciale et distincte (Paris 25 août 1846, 14079-4 J. E., 13800 J. N.). Cet arrêt a infirmé un jugement de Reims du 23 juin 1846 (12733 J. E.), qui avait décidé le contraire. — *Conf.* : Gourdon 4 mai 1876 (4650 R. P.).

C'est ce qui aurait lieu également pour les ratures dans les renvois; il faudrait une mention distincte de la signature du renvoi (Bourges 19 janv. 1838, 9976 J. N., 12156 J. E.; — Paris 25 août 1846, 14079-4 J. E., 12800 J. N.).

Il n'y a pas contravention dans la manière suivante d'approuver les mots nuls : *Approuvé quatre mots, plus cinq autres mots rayés comme nuls* (Fougères 29 janv. 1845, 12287 J. N.; D. P. 45-4-420, 13750-3 J. E.). Mais il ne suffirait pas de dire : Tant de *ratures* approuvées, parce que le mot rature n'est pas synonyme du mot rayé et peut s'appliquer à une phrase ou à une ligne entière aussi bien qu'à un mot (D. N., t. 10, p. 497, n° 15.)

4. APPRÉCIATION DU CARACTÈRE. — Le tribunal de Mirecourt avait reconnu, le 24 mai 1836, que des contraventions prévues par la loi du 25 ventôse an 11 *existaient* dans des actes, mais il avait déchargé le notaire de toute amende par le motif que les contraventions n'étant que de simples omissions ou négligences, il convenait de s'attacher plutôt à l'esprit qu'au texte de la loi. — Ce jugement a été réformé par arrêt de la cour de Nancy du 28 avril 1837 (11795 J. E.). — *V.* 946-6 *bis*, 959-6-7, 961-6-7.

Cependant, le m. f. a encore décidé, le 1er octobre 1832, que les ratures, quoique non approuvées, ne donnent pas ouverture à l'amende lorsqu'il est reconnu qu'elles sont sans importance (7881 J. N.); mais cette décision n'est plus suivie.

5. BREVET. — Si l'acte en brevet, sur lequel existent des surcharges et des ratures non approuvées, n'est plus en la possession du notaire rédacteur, on ne peut relever de contravention contre lui (Seine 21 juill. 1837, 9790 J. N.; — Seine 19 mai 1841, 12836-1 J. E., 11402 J. N.). Cette décision est fondée en droit et en équité. Un notaire ne peut être responsable que des actes qui restent entre ses mains; une fois qu'il s'est dessaisi d'un acte en brevet, il n'est plus possible de lui demander compte des ratures ou autres altérations non constatées qui se trouvent dans le corps de cet acte. La présomption dans ce cas n'existe pas de plein droit contre le notaire; elle s'élève plutôt contre la partie à laquelle l'acte a été remis. Cela est conforme à la doctrine des auteurs, qui enseignent unanimement que les ratures sont présumées faites par celui chez qui l'acte se trouve (Toullier, t. 8, n° 127; D. N., t. 10, p. 501, n° 43). — 959-4.

6. CAHIER DES CHARGES. — Lorsque le cahier des charges n'est pas clos et signé, qu'il forme un *seul contexte* avec le procès-verbal d'adjudication qui le suit, les ratures qu'il contient doivent, à peine de contravention, être approuvées, non-seulement par les requérants, mais encore par les adjudicataires. Il n'y a, en effet, qu'un *seul* acte soumis dans toutes ses parties aux exigences des art. 15 et 16 L. 25 ventôse an 11 (Avesnes 8 sept. 1845; — C. Douai 19 janv. 1846, 14018 J. E., 7986, 12688 J. N.; — Sainte-Menehould 11 fév. 1852, 15760 J. E. et 24 juill. 1872, 3532 R. P.). — La C. cass. avait déjà rendu la même décision au sujet des renvois mis en marge du cahier des charges qui ne fait qu'un seul et même acte avec le procès-verbal (19 janv. 1827, 9109 J. E., 6254 J. N.). — *V.* aussi Fontainebleau 25 novembre 1841, 15760 J. E., 12688 J. N.

Il y a également contravention lorsque la mention des mots rayés placés en marge de la clôture d'un procès-verbal d'adjudication n'est pas approuvée par tous les acquéreurs sachant signer, bien qu'ils aient apposé leurs signatures à la suite de chaque article adjugé (Fontainebleau 15 déc. 1842 et 14 mars 1844).

7. LIGNE. — Y a-t-il contravention à l'art. 16 L. 25 ventôse an 11 lorsque le notaire se contente de faire approuver la rature *des lignes* sans compter les mots que contiennent ces lignes? M. Loret (*Elém. scienc. not.*) pense qu'il est inutile de compter le nombre des mots dont chacune des lignes raturées et approuvées est composée, et le tribunal de la Seine a consacré cette opinion le 12 décembre 1855 (643 R. P., 15764 J. N.). Le D. N., dans sa 3e édition, avait émis l'avis que le notaire se conformait à la lettre de la loi; mais il ne reproduit pas la même observation dans sa 4e édition. Nous croyons, bien que l'usage contraire existe dans beaucoup d'études, qu'il est prudent de compter les mots. — *V.* Champ. et Rig., 4129.

8. NOMBRE. — Il y a contravention à l'art. 16 si un acte contient un plus grand nombre de mots rayés que celui qui a été approuvé (Fontainebleau 15 déc. 1842, 14 mars 1844, 6 juin 1844 et 27 fév. 1845; — Die 20 juin 1866, 18336-1 J. E., 18708 J. N.).

Mais lorsque l'approbation des mots rayés mentionne un nombre supérieur à celui des mots qui ont été réellement rayés, on ne peut appliquer une peine pécuniaire; le fait doit être uniquement signalé au parquet, qui agit ainsi qu'il le juge convenable (12038-2 J. E.).

9. RENVOI. — Le tribunal de Mirecourt a jugé, le 22 avril 1844 (13542-1 J. E., 12012 J. N., D. P. 45-4-421), que la rature approuvée à la marge de l'acte peut l'être dans le même contexte avec celle du renvoi destiné à remplacer les mots nuls, attendu qu'il y a dans cette circonstance une corrélation intime entre la rature et le renvoi; mais il faut une approbation spéciale et isolée de celle du renvoi, *si le renvoi n'est pas destiné à remplacer les mots nuls* (*Conf.* Mirecourt 5 août 1844, 13606-1 J. E., 12097 J. N.).

Cependant, la C. Bourges, considérant que l'art. 16 L. 25 ventôse an 11, exige, sous peine d'amende, que le nombre des mots raturés soit constaté et approuvé de la même manière que les renvois, a décidé, le 19 janvier 1838 (12156-5 J. E., 9976 J. N.), que l'approbation des ratures faites dans un renvoi ne peut être insérée dans le renvoi même, mais doit faire l'objet d'une constatation et d'une approbation spéciales.

Un arrêt de la cour de Paris du 25 août 1846 a, en outre, confirmé un jugement de Reims, du 23 juin précédent, qui avait décidé que l'approbation des mots rayés nuls en marge ou à la fin d'un acte suffisait pour régulariser, non-seulement les ratures qui existaient dans l'acte, mais encore dans la mention relative à ces mêmes ratures, pourvu que le chiffre des ratures constatées se trouvât égal au nombre de celles qui existaient tant dans le corps de l'acte que dans les apostilles ou mentions (1621 J. du not.).

10. SUBSTITUTION DE MOT. — Un notaire qui veut substituer, dans un acte, un mot à un autre, ne commet pas une contravention lorsque, pour y parvenir, il raye ce dernier mot, et fait, par un renvoi en marge dûment paraphé par lui, les parties et les témoins, la mention suivante : Bon pour rétablissement du mot... au lieu et place du mot... raturé nul (Montluçon 14 janv. 1836, 5064 Roll.; D. N., t. 10, p. 501, n° 44).

11. TRAIT DE PLUME. — Les ratures doivent se faire par un simple trait de plume sur la ligne ou sur le mot, d'une

manière assez prononcée pour annoncer sa suppression, et pas assez cependant pour qu'on ne puisse voir quels étaient les mots qui composaient la ligne, ou quel était le mot supprimé. C'est le vœu de l'art. 16, transcrit en tête de cet article. Aussi, le tribunal de Fontainebleau a-t-il jugé, le 6 juin 1844 (7000 Roll.), qu'il y a contravention à cet article, si les traits sont tellement forts, qu'il y ait presque impossibilité de constater le nombre de mots rayés (C. *Conf.* D. N., t. 10, p. 496, n° 3).

12. PLURALITÉ. — Il est dû une amende pour chaque acte contenant des ratures, bien qu'un même procès-verbal comprenne plusieurs actes (Cass. 29 janv. 1812, 4195 J. E., 776 J. N.; — C. Metz 15 janv. 1819, 6555 J. E., 3188 J. N., 55 C.). — *V.* 966.

13. SIGNATURE ÉTRANGÈRE. — Il n'y a nécessité de faire approuver les ratures que quand elles concernent des mots compris dans le corps de l'acte ou se rapportant à son objet. Par suite, n'est pas en contravention le notaire qui n'a pas fait approuver la rature d'une signature étrangère à l'acte, alors, d'ailleurs, qu'il ne manque à cet acte aucune des signatures exigées (Versailles 10 fév. 1859, D. P. 60-5-23).

ARTICLE 5. — DISPOSITIONS GÉNÉRALES

[963-968]

963. Procès-verbal. — Les employés de l'Enregistrement ont une double mission relativement à la loi du 25 ventôse an 11. Ils doivent constater par des *procès-verbaux* les contraventions à cette loi qui emportent peine d'amende, et relever par *simples notes* celles dont il ne résulte aucune peine pécuniaire. Les uns et les autres sont transmis aux procureurs de la République chargés de poursuivre la répression des infractions (263, 384, 1537 n° 232 I. G., 7402 J. N.).

1. AFFIRMATION. — En ce qui concerne particulièrement les contraventions frappées d'amende, l'I. G. 1189 avait prescrit, en outre des procès-verbaux, de les constater par une mention placée en marge et paraphée *ne varietur*. — L'I. G. 1347, § 15, modifie cet état de choses en ordonnant aux employés *de se borner* à faire reconnaître la sincérité du procès-verbal par le contrevenant, sauf, en cas de refus, à l'affirmer devant le juge de paix (*Conf.*, 1537 n° 234 I. G., 7402, 9174 J. N., 9352 J. E.).

2. CONTRAVENTIONS CONCERNANT L'ORDRE PUBLIC. — Mais il faut distinguer entre les contraventions qui concernent les *droits perçus* par l'Administration, et celles qui blessent l'*ordre public*. Les premières, n'intéressant que le Trésor, doivent être poursuivies à sa requête (263 I. G.), tandis que, dans le dernier cas, le ministère public demeure seul chargé d'*intenter l'action* (D. m. f. et j. 15 mars et 25 avr. 1818, 384, 1537 I. G.).

3. CONTRAVENTIONS CONCERNANT L'ENREGISTREMENT. — Par exemple, dans les cas prévus par les art. 13 et 16 L. 25 ventôse an 11, si les lacunes ou intervalles, les surcharges, interlignes et additions avaient servi à altérer la date d'un acte, pour éluder les peines encourues, aux termes de l'art. 33 L. 22 frimaire an 7; à dissimuler le montant des sommes stipulées, ou autres conventions des parties, afin d'atténuer les droits d'enregistrement en résultant, sauf à établir, par surcharge ou addition, après la formalité, les véritables intentions des contractants, l'Administration aurait action contre le notaire, tant pour la condamnation à l'amende que pour les droits frustrés et les doubles droits encourus pour le retard de la formalité de l'enregistrement (263 I. G.).

964. Foi due aux procès-verbaux. — Les procès-verbaux des employés de l'Enregistrement font foi de ce qu'ils constatent jusqu'à preuve contraire. — V. *Procès-verbal*, n° 13151.

965. Appréciation de la contravention. — Nous avons vu, nos 949-6 *bis*, 959, 961-6-7 et 962-4 *suprà*, que les dispositions de la loi sont *absolues* en matière de contravention, et que l'amende doit être prononcée dû moment que l'infraction matérielle à la loi existe, sans que le juge ait à se préoccuper de son plus ou moins de gravité. A plus forte raison, les employés ne sont-ils pas appelés à apprécier le caractère de l'infraction à la loi. La seule mission qui leur ait été donnée par l'I. G. 263 a été de constater, dans l'intérêt public et dans celui du Trésor, l'existence matérielle des contraventions, et à transmettre leurs procès-verbaux aux procureurs de la République (9261 J. E.).

Une circulaire du garde des sceaux du 30 août 1827 et l'I. G. n° 1537 ont prescrit aux employés de s'abstenir de faire aucune mention sur les actes argués d'irrégularité. Il leur est également défendu de remplir par des barres les blancs existant dans les actes qui leur sont présentés (D. m. j. et f. 8-25 juill. 1823, 1089 § 2 I. G.).

En cas d'omission irréparable, le receveur constate l'état matériel de l'acte par un procès-verbal qu'il mentionne en marge de l'enregistrement (1554 I. G.).

Il doit seulement parapher les renvois après les avoir mentionnés sur le registre (Ord. gén. de Rég., art. 30; 1351 art. 26 I. G.).

966. Amende. — Pluralité. — Il n'y a pas lieu à la pluralité des amendes, lorsqu'il existe dans un même acte plusieurs *abréviations, surcharges, additions, interlignes, ratures*, non approuvées; mais il est dû autant d'amendes *qu'il y a d'actes* en contravention, lors même que les contraventions sont du même genre et se trouvent constatées par le même procès-verbal (Cass. 24 avr. 1809, S. 9-1-252; — 29 janv. 1812; — C. Metz 15 janv. 1819, 250 et 776 J. N., 4195 et 6555 J. E.; — Roy, *Contrav.*, 415; D. N., t. 1er, p. 367, n° 511).

Il est également dû autant d'amendes qu'il y a de contraventions *différentes* commises dans le même acte (Fontainebleau 23 janv. 1845, D. N. *loc. cit.*. — *V.* 948-16; 955-7; 959-5; 962-12.

967. Condamnation indispensable. — Dans tous les cas, les amendes encourues pour contravention aux lois sur le notariat ne peuvent être perçues par les receveurs de l'Enregistrement avant la décision des tribunaux sur les poursuites exercées d'office par le ministère public. En conséquence, les receveurs doivent refuser les offres réelles qui seraient faites par les notaires contrevenants avant le jugement de condamnation (C. Paris 25 juill. 1826, 8966 J. E., 6311 J. N.; — C. Paris 17 déc. 1833, 10841 J. E., 8324 J. N., 1537 n° 238 I. G.; L. m. j. 4 juill. 1838, 12088-5 J. E., 1722 I. G.; Sol. 7 janv. 1878). — Et si l'amende avait été volontairement payée, il semble, contrairement à un jugement du tribunal de Rennes, du 13 août 1844, que le notaire pourrait en demander la restitution avant la prescription (D. N., t. 1er, p. 367, n° 513; 12183 J. N.).

Mais les employés ne peuvent s'immiscer en rien dans la poursuite des peines encourues par les notaires, dans les cas prévus par la loi du 25 ventôse an 11 (263 I. G.; D. m. j. et f. 25 mars et 25 avr. 1848, 384 I. G.; — C. Rennes, 22 avr. 1833, 8137 J. N., 10729 J. E.; — Orléans 27 mars 1835, 1554 I. G.; — Cass. 16 mars 1836, 11463 J. E., 1351 I. G.).

C'est donc au ministère public qu'il appartient d'interjeter appel du jugement (D. m. j. 25 avr. 1808, 384 et 1537 I. G.; Cass. 29 oct. 1830, 7387 J. N.).

Les condamnations doivent être, d'ailleurs, prononcées par le tribunal *civil*, à l'exclusion du tribunal correctionnel (Cass. 30 juin 1814, 1310 J. N.; D. N., t. 1er, p. 366, n° 507).

968. Remise de minutes. — Il a été décidé que lorsqu'un notaire remplacé ne peut remettre des minutes qu'il déclare être perdues, les tribunaux, en l'absence de preuves contraires, sont forcés de le croire et ne peuvent prononcer contre lui la condamnation à l'amende portée par l'art. 57 de la loi du 25 ventôse an 11 (Vire 1er fév. 1840, 6093 Roll. v° *Minute*, 11375-1). Ce serait là, certainement, une question d'appréciation.

CHAPITRE III. — TIMBRE ET ENREGISTREMENT

[969]

969. Règle. — En règle générale, les actes des notaires sont assujettis à la formalité du timbre et de l'enregistrement; c'est ce que portent expressément, pour le timbre, l'art. 12 L. 13 brumaire an 7, et pour l'enregistrement, l'art. 7 L. 22 frimaire an 7.

Nous ajouterons qu'en matière de timbre les notaires ne peuvent faire usage que du papier timbré délivré par l'Administration; qu'il leur est défendu d'en faire timbrer à l'extraordinaire, mais qu'ils peuvent faire timbrer du parchemin pour les expéditions (Art. 18 L. 13 brum. an 7).

Si le notaire s'était servi de papier timbré à l'extraordinaire, au lieu de papier de débite, il aurait encouru l'amende de 20 francs; mais il ne serait pas tenu du payement du droit de timbre (Sol. 11 nov. 1843; D. N., t. 1er, p. 402, n° 750).

Nous ne faisons que poser la règle générale relative au timbre et à l'enregistrement, sans entrer dans aucun détail sur les exceptions, qui se trouveront mieux placées sous la rubrique des actes qu'elles concernent. Nous nous abstenons également de parler ici de certaines obligations des notaires relatives au timbre et à l'enregistrement; ces obligations, telles que celles concernant les actes écrits à la suite les uns des autres, les actes passés en conséquence d'un autre, etc., leur étant communes avec d'autres officiers publics et ministériels, seront plus convenablement traitées sous les rubriques générales que nous venons d'indiquer et autres.

On examinera spécialement v° *Effets de commerce*, les différentes questions auxquelles donne lieu la rédaction par les notaires d'actes de cette nature.

SECTION PREMIÈRE. — BUREAUX OU LES ACTES DOIVENT ÊTRE ENREGISTRÉS

[970-977]

970. Résidence. — Les notaires doivent, sauf les exceptions dont il sera parlé ci-après, soumettre leurs actes à la formalité de l'enregistrement aux bureaux dans l'arrondissement desquels ils ont leur résidence (L. 22 frim. an 7, art. 26).

Dans les villes d'une certaine importance, l'enregistrement des actes de notaires est réparti en un certain nombre de bureaux classés administrativement, et les notaires doivent, quel que soit le quartier de leur étude, faire enregistrer leurs actes au bureau qui leur est désigné.

1. RÉSIDENCE LÉGALE. — C'est au bureaux de sa résidence légale, et non de sa résidence de fait, qu'un notaire doit faire enregistrer ses actes (Dél. 23 frim. an 11, 1331 J.E.; D. N., t. 1er, p. 377, n° 582; 16546-5 J. E.).

971. Notaire suppléé. — Une D. m. f. sans date, insérée dans l'I. G. 909, porte que dans le cas où un notaire aura remplacé son confrère pour la rédaction d'un acte, cet acte contiendra la mention que la minute est restée au notaire suppléé, lequel demeurera responsable du préjudice de la substitution. — La minute sera portée à la fois sur le répertoire du notaire substitué et sur celui du notaire substituant, avec mention, par celui-ci, que la minute est restée au notaire suppléé, et qu'elle sera enregistrée au bureau de l'Enregistrement de ce dernier (3195 J. N.).

1. NOTAIRE DÉCÉDÉ. — Mais lorsqu'un notaire a été commis par un tribunal pour recevoir des actes au nom d'un de ses confrères mort, sous la condition que ces actes seront remis au successeur du défunt, ces actes doivent être enregistrés au bureau de la résidence du notaire commis, et non à celui de la résidence du notaire défunt (Dél. 14 déc. 1839, 12438-2 J. E.).

Cette Dél., qui est contraire à une Sol. du 20 septembre 1832, (n° 11378), et qui peut paraître, au premier abord, en désaccord avec l'I. G. 909, repose sur ce principe qui ne se rencontre pas dans le cas de l'I. G. 909, qu'on ne supplée pas un notaire mort, et que celui qui reçoit des actes qu'aurait reçus son confrère, s'il n'était pas mort, ne peut les recevoir que pour son propre compte.

Tout en reconnaissant l'exactitude de cette règle, on a fait cependant observer (14444 J. E.) que si un tribunal a le droit de commettre un notaire pour aller recevoir des actes dans le lieu où résidait un notaire décédé; s'il a le droit de prescrire que ces actes resteront dans l'étude qui appartenait au défunt, qu'ils ne seront pas à la garde de celui qui les reçoit, qu'il n'en délivrera pas les expéditions, il n'y a pas d'inconvénient à ce que ces actes soient enregistrés au bureau où le notaire décédé faisait enregistrer les siens; mais mention du lieu où se trouveront les minutes doit être faite sur le répertoire.

2. RÉPERTOIRE. — Il a été également décidé que le notaire agissant comme gérant provisoire d'une étude dont le titulaire est décédé, n'est pas tenu d'inscrire sur son propre répertoire les actes qu'il reçoit en cette qualité (Valenciennes 11 fév. 1857).

En effet, quand un notaire remplace, par ordre de justice, un notaire décédé ou révoqué, d'une part il n'y a qu'un seul notaire, et, d'autre part, comme ce notaire est le seul qui, par une fiction légale, soit titulaire de l'étude vacante, il se conforme à la loi en se bornant à inscrire les actes qu'il reçoit pour le compte de cette étude sur le répertoire de cette même étude (Sol. 7 juill. 1857; Sol. 13 août 1872). — V. 992.

972. Inventaire. — Les notaires qui résident dans les villes où il y a une Cour d'appel sont autorisés à faire enregistrer les inventaires aux bureaux des lieux où ils ont instrumenté, dans les dix ou quinze jours de chaque vacation, suivant que la commune dans laquelle l'opération a été faite se trouve ou non chef-lieu de bureau, à la charge : 1° de soumettre la dernière séance contenant la clôture de l'inventaire, à la formalité, au bureau de leur résidence, dans les quinze jours de sa date; — 2° de porter les inventaires sur leurs répertoires, avec mention du nombre de jours qu'ils ont employés, des enregistrements et des bureaux où ils ont eu lieu (D. m.f. 12 therm. an 12, 290, n° 32 I. G.).

973. Acte en double minute. — Les actes passés en double minute doivent être enregistrés tant sur la première que sur la seconde minute, au bureau de la résidence de chacun des notaires qui les reçoit, et les droits sont acquittés par le plus ancien des notaires qui ont instrumenté, lorsqu'ils sont l'un et l'autre domiciliés dans l'arrondissement du même bureau, ou que la résidence de chacun d'eux est étrangère au bureau dans le ressort duquel l'acte a été passé. Mais le payement des droits est effectué par celui des deux notaires attaché au bureau d'où dépend le lieu où l'acte a été passé, si l'un des deux officiers seulement est domicilié dans le ressort.

Les minutes doivent faire mention expresse de celui des deux notaires qui, d'après ces règles, est tenu du payement, et l'enregistrement, dans le bureau où il n'y a pas lieu à perception, est fait pour mémoire, avec désignation du bureau où les droits ont été payés, et du notaire chargé de les acquitter (D. m. f. 16 août 1808, 400 § 1er I. G.; D. N. t. 1er p. 378 n° 586, 12602-1 J. E.). L'enregistrement pour mémoire ne donne d'ailleurs lieu à aucun salaire de formalité (528 et 2249 J. E.; Champ. et Rig., n° 3904; Merlin, Rép., v° *Ech.*, § 6).

Lorsqu'il est exprimé que la première minute restera en l'étude de tel notaire, on peut admettre que c'est ce notaire qui est tenu de faire enregistrer l'acte. Par suite, l'autre notaire n'encourt pas d'amende pour défaut d'enregistrement de la minute.

1. CONTRAVENTION A CES DISPOSITIONS. — *Quid* si nonobstant ces dispositions, les deux minutes étaient enregistrées au même bureau, en sorte que la minute de l'un des notaires ne fût pas présentée au bureau de sa résidence? Aucune amende ne serait encourue; car, l'art. 26 L. 22 frimaire an 7, qui prescrit aux notaires de faire enregistrer leurs actes au bureau de leur résidence, ne prononce pas d'amende contre les notaires qui enfreignent cet ordre (Sol. 27 août 1841, 8579 J. N., 10981 J. E.).

2. CONVENTIONS DES PARTIES. — Ces règles ne sont cependant pas tellement absolues qu'on ne puisse y apporter des modifications. Ainsi, du moment que l'art. 31 L. 22 frimaire an 7 permet aux parties toute stipulation contraire au principe qu'elle pose, relativement au payement des droits, il doit être reconnu que si les parties ont désigné celui des deux notaires qui sera tenu à l'acquittement des droits, c'est au bureau de la résidence de ce notaire que les droits devront être payés (D. m. f. 12 déc. 1832, 10530 J. E., 7910 J. N., 1422 § 11 I. G.).

3. RÉPERTOIRE. — Le tribunal de Pithiviers a décidé le 27 novembre 1857 (16663 J. E.), que chacun des notaires devait inscrire sa minute sur son répertoire. — V. *Répertoire*.

4. PLURALITÉ D'AMENDES. — Il n'est dû qu'une seule amende pour une contravention dans un acte reçu par deux notaires, et en double minute; une seule infraction a été commise, et par conséquent une seule peine est encourue (Sol. 8 mai 1841, Bull. Mas. de Long., 1050).

5. DOUBLE BREVET. — Quant à l'acte en double brevet, il ne donne également lieu qu'à un seul enregistrement, sauf à apposer la relation sur chaque original, en indiquant que c'est par duplicata. L'Administration belge a cependant décidé que chacun des actes est assujetti à l'enregistrement (Sol. 17 juill. 1869, 11075 J. E. belge). Mais cette solution ne nous a pas paru devoir être suivie. — V. *Acte en brevet*, n° 505.

974. Vente publique de meubles. — Les notaires qui procèdent à des ventes publiques de meubles doivent les faire enregistrer, dans les dix ou quinze jours de leur date, au bureau où la déclaration préalable a été faite (L. 22 pluv. an 7, art. 6, Circ. 1498 et 1807).

1. UN SEUL PROCÈS-VERBAL. — Cependant, un notaire qui n'a rédigé qu'un procès-verbal pour deux ventes de récoltes situées dans deux cantons, et qui, après avoir fait une déclaration préalable au bureau de chaque canton, fait enregistrer son procès-verbal au bureau du canton de sa résidence, ne commet aucune contravention (14781-5 J. E.).

2. BUREAU DE LA RÉSIDENCE. — La question s'est présentée d'une manière plus générale, dans une espèce où le notaire, ayant procédé à une vente publique de meubles hors de l'arrondissement de sa résidence, avait fait

enregistrer son procès-verbal au bureau de sa résidence. L'Administration a décidé que le notaire n'avait encouru aucune amende, attendu qu'il est de principe qu'une amende ne peut être infligée qu'en vertu d'une loi ; qu'aucune loi ne prononce la peine d'amende contre un notaire qui fait enregistrer au bureau dans l'arrondissement duquel il réside le procès-verbal dont il s'agit ; que, d'ailleurs, si le vœu de l'art. 6 L. 22 pluviôse an 7 n'a pas été rempli, la faute en est principalement au receveur qui a enregistré le procès-verbal, au lieu de renvoyer le notaire au bureau où la déclaration a été faite (Sol. 20 août 1835, 4945 Roll.).

975. Expertise. — Supplément de droit. — Les suppléments de droits sur les actes de ventes d'immeubles passés devant notaire, après insuffisance constatée par expertise, doivent être acquittés par les parties aux bureaux dans l'arrondissement desquels les biens sont situés, quelle que soit la résidence du notaire (Circ. 1941 ; D. N., t. 1er, p. 384, n° 619).

976. Marchandises et achalandage. — Les ventes d'achalandage et de marchandises, faites en même temps et par un même procès-verbal, par un notaire et un commissaire-priseur, ne sont soumises à la formalité de l'enregistrement qu'au bureau où le notaire fait ordinairement enregistrer ses actes ; ce notaire fait seul la déclaration préalable et acquitte les droits dus pour la valeur entière (Dél. 16 nov. 1815, 5375 J. E.).

977. Quittance et décharge. — Lorsqu'une quittance ou décharge est donnée personnellement à un notaire, à la suite d'un acte par lui reçu, la minute de cette quittance ou décharge, quoique signée par un autre notaire, reste en la garde du notaire dont elle opère la libération. Cette quittance doit néanmoins être enregistrée au bureau de l'arrondissement du notaire qui l'a reçue, et être portée sur son répertoire, avec mention de la garde par l'autre notaire, sans qu'il soit besoin de l'inscrire sur le répertoire de celui-ci (D. m. f. 909 I. G.).

SECTION 2. — DÉLAIS D'ENREGISTREMENT PEINES DE RETARD

[978-1005]

ARTICLE PREMIER. — DÉLAIS

[978-995]

978. Principe. — Les délais pour faire enregistrer les actes des notaires sont : de dix jours pour ceux des notaires qui résident dans la commune où le bureau est établi ; de quinze jours pour ceux des notaires qui n'y résident pas (L. 22 frim. an 7, art. 20).

Dans les délais fixés par l'art. 20, le jour de la date de l'acte ne doit pas être compté, et si le dernier jour du délai est un dimanche ou un jour férié, ce jour-là n'est pas compté non plus (L. 22 frim. an 7, art. 25).

979. Résidence. — C'est la résidence légale, et non la résidence de fait, qui détermine le bureau où les actes des notaires doivent être enregistrés (*V.* 970-1). Cette même résidence détermine également le délai dans lequel les actes de ces officiers publics doivent être présentés à la formalité (16646-5 J. E.).

980. Acte ancien. — Les actes notariés passés avant la loi de 1790, qui, n'ayant pas été contrôlés, sont présentés à l'enregistrement, ne sont passibles que du droit simple : la loi n'a fixé aucun délai à leur égard. — *V.* 478-3.

981. Acte en double minute. — Si un acte reçu en double minute a été soumis à l'enregistrement par celui des notaires qui devait acquitter les droits, le notaire qui a reçu la double minute n'encourt aucune amende pour avoir omis de présenter à l'enregistrement, pour mémoire, la minute qu'il conserve, attendu que cet enregistrement n'est qu'une mesure d'ordre que ne prescrit aucune loi (12782-1 J. E., 8581 J. N.; D. N., t. 1er, p. 378, n° 588; 400 § 1er et 1422 § 11 I. G.; Champ. et Rig., *Traité*, 3904.; Sol. 27 août 1841, C. a. 735. — *Contrà* 10981 J. E.). — *V.* 7072 et 11377.

Le notaire qui réside dans la commune du bureau et qui signe en second un acte reçu par un notaire qui n'y réside pas, n'est pas passible d'amende si l'acte n'est pas enregistré dans les dix jours de sa date, car le notaire en premier ne saurait être privé du délai qui lui est accordé (9073 J. N.; D. N., t. 1er, p. 376, n° 570).

982. Acte passé en vertu de délégation d'un tribunal. — Les notaires, agissant, soit d'après l'invitation volontaire des parties, soit d'après la délégation d'un tribunal, doivent conserver indistinctement les minutes de tous les actes qu'ils passent. Il en résulte nécessairement que, dans tous les cas, ils sont tenus de se conformer aux dispositions qui concernent les notaires, et non à celles qui sont relatives aux greffiers. Ainsi, ils n'ont que dix ou quinze jours pour faire enregistrer les actes qu'ils rédigent par suite de délégation (D. m. f. 2 juin 1807, 366 n° 11 I. G.; Roy, *Des Contrav.*, 52; D. N., t. 1er, p. 373, n° 552, 2019-8 I. G.). — *V.* 994, 1738 et 1742.

983. Acte en plusieurs vacations. — Les actes qui ne peuvent être consommés dans une même séance doivent être enregistrés dans les délais fixés pour chaque vacation. Le délai court de la date du procès-verbal de chaque vacation, et non de la date de la dernière de toutes les vacations (D. m. f. 19 frim. an 14, 206 I. G., 390-13 J. E. — *Contrà* Champ. et Rig., n°s 3749, 3750, 3914).

1. VENTE DE MEUBLES. — A l'égard des ventes publiques de meubles, il a été décidé : 1° que lorsqu'elles se composeraient de plusieurs vacations, chacune de ces vacations donnerait lieu à la rédaction d'un procès-verbal qui devrait être enregistré dans le délai ordinaire à partir de sa date (Cass. 13 mess. an 13). « Vu, porte l'arrêt, les art. 5, 6 et 7

de la loi du 22 pluviôse an 7, concernant les ventes mobilières, et les art. 20, 29, 34 et 35 de celle du 22 frimaire an 7, relatives à l'enregistrement; — Attendu que des expressions contenues aux art. 5 et 6 de la loi du 22 pluviôse (chaque séance sera close et signée par l'officier public...; le procès-verbal des séances à enregistrer dans le délai...), il résulte que chaque séance ou vacation d'une vente mobilière, ainsi close et signée, forme un procès-verbal qui est à enregistrer dans le délai du jour de la date de cette séance : ce qui exclut le système de reporter à la dernière séance le départ du délai fixé pour l'enregistrement» (2086 J. E.; S. 5.-287);

2° que l'on pouvait faire enregistrer en même temps les diverses vacations d'une vente de meubles dont la date se trouvait dans le délai légal (Cass. 11 sept. 1811). « Considérant, porte l'arrêt, que le décret du 10 brumaire an 14, et la décision ministérielle du 19 frimaire suivant, n'exigent la présentation à l'enregistrement des séances successives d'un procès-verbal, non encore clos ni terminé, que dans le délai de la loi, par rapport à chacune d'elles et non pas qu'il ne puisse, en aucun cas, être procédé à une autre séance avant que la précédente soit enregistrée; et qu'ainsi, il a été satisfait au vœu de ce décret et de cette décision, quand chaque séance de ce procès-verbal a été enregistrée dans ce délai » (4110 J. E., 703 J. N.).

2. ACTE A PLUSIEURS DATES. — Nous avons examiné, au mot *Acte imparfait* (738 et suiv.), la question de savoir dans quel délai devaient être enregistrés les actes reçus à diverses dates par un notaire.

984. Adjudication des bois de la couronne. — Le notaire qui avait rédigé et signé seul, comme officier public, un procès-verbal d'adjudication de cette nature, devait le faire enregistrer dans le délai fixé pour ses autres actes; faute par les adjudicataires de lui remettre les fonds au plus tard dans les vingt-quatre heures de l'adjudication, chacun en ce qui le concerne, ce fonctionnaire devait, dans le même délai, et sous peine de responsabilité du droit, délivrer extrait au receveur chargé de poursuivre directement le recouvrement des droits contre les adjudicataires en retard. Si ces actes étaient signés concurremment par un membre de l'autorité administrative et par un notaire, ils n'étaient enregistrables que dans les vingt jours de leur date; mais le notaire, après ce terme expiré, demeurerait personnellement responsable des droits et doubles droits, s'il avait omis, dans l'intervalle des vingt jours, de remettre l'extrait au receveur (D. m. f. 14 fév. 1809, 5623 J. E.; D. N., t. 1er, p. 374, n° 559).

985. Baux des biens des hospices et autres établissements publics. — Il résulte d'un déc. 12 août 1807 (386-6 I. G.; D. m. f. 27 frim. an 13, 561 I. G.), que les baux des biens des hospices et autres établissements publics de bienfaisance et de l'instruction publique sont assujettis à l'enregistrement dans le délai de quinze jours à partir de la réception de l'approbation à la mairie (*V.* aussi D. m. f. 22 sept. 1820, D. N., t. 1er, p. 374, n° 557).

Nous avons vu v° *Acte administratif*, d'une part, que tout acte sujet à l'approbation administrative revêt le caractère administratif du moment qu'il a reçu cette approbation (n° 351); d'autre part, que le délai pour les actes administratifs est de vingt jours (n° 347). Une ord. 7 octobre 1818 et une D. m. f. 4 août 1838 ont fait l'application de ces principes aux actes des notaires concernant les baux des biens des communes. — Ces dispositions doivent également s'appliquer aux baux des biens des hospices, etc. (Sol. 28 juill. 1863, R. P., Tab. de 1864 p. 726, 2315 I. G., 2217 R. P.).

1. VENTES, ACQUISITIONS, ETC. — Il avait été reconnu que les actes de vente, d'acquisition, d'échange et de partage des biens des communes ou des établissements publics pouvaient n'être présentés à l'enregistrement, comme les baux, que dans le délai de quinze jours à partir de la réception à la mairie de l'approbation des contrats.

Depuis lors, le conseil d'État a décidé que si ces conventions ont été précédées des formalités légales, l'acte n'a pas besoin d'être soumis à l'approbation de l'autorité supérieure (Déc. du 12 juin-6 juill. 1863, 3 juill. 1864, 1927 et 1992 R. P.); et il a été admis, par suite, qu'il devait être enregistré dans les dix ou quinze jours de sa date comme les actes notariés ordinaires (D. m. f. 25 mars 1865, 2315 I. G., 2217 R. P.).

Le bénéfice de l'enregistrement dans les vingt jours de la réception de l'arrêté approbatif se restreint aux actes non précédés des formalités légales et à ceux qu'un texte spécial assujettit à l'approbation, tels que les baux (L. 18 juill. 1837, art. 47), les transactions (L. 18 juill. 1837, art. 59) et les adjudications ou marchés pour travaux et fournitures au nom des communes et établissements publics (Ordonn. du 14 nov. 1837).

Ces questions sont discutées v° *Acte administratif*, nos 446 et suiv.

2. FABRIQUES PROTESTANTES. — Une D. m. f. 16 juillet 1847 (14282-1 J. E., 1796 § 6 I. G., 13307 J. N.) porte que le délai pour l'enregistrement des baux et autres actes relatifs à l'administration des biens de fabriques protestantes de la confession d'Augsbourg ne courra que du jour où l'approbation du directoire central parviendra au consistoire local, et que la date de ce jour devra être certifiée au pied de l'acte par le président du consistoire. Cette décision n'a pas été modifiée par la nouvelle jurisprudence du conseil d'État (*V.* 2003 § 1er, 2025 § 2, 2315 I. G.).

3. LÉGION D'HONNEUR. — Le délai de vingt jours est accordé aux notaires pour l'enregistrement des baux des biens affectés à la Légion d'honneur. Ce délai court à partir de la ratification par le grand chancelier (Déc. 14 janv. 1806. Circ. 12 mars 1806, Roy n° 72, Dalloz 4972).

4. EMPRUNTS. — Nous avons vu, en parlant des actes administratifs, que les emprunts contractés par les communes ou les établissements publics au moyen d'un acte amiable, ou d'un procès-verbal d'adjudication rédigé en la forme administrative, sont exemptés de l'enregistrement par les art. 78 et 80 de la loi du 15 mai 1818. Mais la même règle ne s'applique pas aux emprunts réalisés par actes notariés. Ces actes sont soumis à l'enregistrement et acquittent les droits proportionnels de la même manière que les obligations ordinaires (Sol. 9 août 1865). — *V.* 368.

986. Cahier des charges. — Le cahier des charges rédigé par un notaire pour parvenir à la vente des biens de communes, doit être enregistré dans les dix ou quinze jours de sa date (Dél. 14 mars 1834, 8414 J. N.). Cependant, si ce cahier des charges était soumis à l'approbation de l'autorité supérieure, V. *Acte administratif* et *Cahier des Charges.*

987. Cautionnement. — Le délai pour l'enregistrement des actes de cautionnement reçus par les notaires, pour sûreté de payement du prix des adjudications faites administrativement, court du jour où ces actes ont été passés, et non du jour où les adjudications ont été approuvées par l'autorité supérieure (Dél. 14 mars 1815, 5059 J. E.). — Cependant si cet acte était soumis à l'approbation de l'autorité supérieure. — *V.* 446 et suiv.

988. Condition suspensive. — La condition suspensive apposée à la réalisation d'une vente n'empêche pas le contrat d'être soumis à l'enregistrement dans le délai ordinaire. — *V.* 4934.

1. TESTAMENT. — Mais le testament ne doit être enregistré qu'après le décès du testateur et dans les trois mois (L. 22 frim. an 7, art. 21). — V. *Testament.*

989. Déclaration de grossesse. — Il n'y a pas lieu d'assujettir à l'enregistrement, dans un délai déterminé, les déclarations de grossesse faites devant notaire, sauf à soumettre à la formalité les expéditions qui en seraient délivrées (D. m. f. 28 juin 1808, 390 § 3 I. G.; 20 fév. 1818, 5981 J. E.).

990. Donation entre époux. — Une difficulté sérieuse s'est élevée sur la question de savoir si les dispositions éventuelles faites entre époux par actes qualifiés de donations entre-vifs doivent être enregistrées dans les dix ou quinze jours de leur date, comme tous les actes notariés ordinaires, ou seulement dans les trois mois du décès, comme il est prescrit pour les testaments et autres dispositions à cause de mort. — Nous renvoyons à cet égard à la discussion que nous établirons au mot *Donation.*

991. État. — Une acquisition pour l'État faite devant notaire est enregistrable gratis. — *V.* 308.

992. Notaire suppléé. — On a vu (n° 971) que c'est le notaire suppléé par un de ses confrères qui doit faire enregistrer l'acte que son collègue a reçu en son nom; il résulte de là que, si le notaire suppléé réside hors de la commune où est situé le bureau qui est la résidence du notaire suppléant, le délai pour l'enregistrement est de quinze jours (12228-2, 14976-7 J. E.; Sol. 22 avr. 1847, Bull. Mas. Delong., 2e partie, n° 25). — *V.* 971.

993. Polices d'assurances. — La matière des assurances est soumise à une législation spéciale. On trouvera v° *Assurances*, n° 2356, l'indication des règles particulières imposées aux notaires devant lesquels les polices seraient passées.

993 *bis*. Protêts. — Les protêts faits par les notaires doivent être enregistrés dans le délai de quatre jours (L. 24 mai 1834, art. 23; 1457 I. G.). — *V.* 996, 1020 et 13239.

994. Vente publique de meubles. — Lorsqu'un notaire suppléant un commissaire-priseur procède à une vente publique de meubles, dont le procès-verbal sera déposé parmi les minutes du commissaire-priseur, ce procès-verbal doit être enregistré dans le délai fixé pour les actes notariés. En suppléant le commissaire-priseur, le notaire ne s'est point dépouillé de sa propre qualité. Loin de là, c'est en cette qualité, et en vertu du droit qu'elle lui confère, qu'il a pu procéder à la vente. Ainsi, cette vente est un acte notarié (D. m. f. 5 fév. 1834, 8311, 8366 J. N.). — *V.* 982.

995. Renvoi. — Nous pourrions encore parler des délais relativement aux effets négociables, aux certificats de vie et de propriété, aux testaments, etc., mais nous nous réservons de le faire sous la rubrique de ces divers mots.

ARTICLE 2. — PEINES POUR DÉFAUT OU RETARD D'ENREGISTREMENT

[996-1005]

996. Quotité des peines. — « Les notaires qui n'auront pas fait enregistrer leurs actes dans les délais prescrits payeront personnellement, à titre d'amende et pour chaque contravention, une somme de 50 francs, s'il s'agit d'un acte sujet au droit fixe, ou une somme égale au montant du droit s'il s'agit d'un acte sujet au droit proportionnel, sans que, dans ce dernier cas, la peine puisse être au-dessous de 50 francs; ils seront tenus en outre du payement des droits, sauf leur recours contre les parties pour ces droits seulement» (Art. 33 L. 22 frim. an 7.).

L'art. 10 de la loi du 16 juin 1824 a réduit toutes les amendes fixes prononcées par les lois sur l'enregistrement et modère notamment à 10 francs les amendes de 50 francs (1136 § 10 I. G., 4642 J. N.; Avis Com. f. 3 janv. 1828, 6495 J. N.).

Le défaut d'enregistrement n'enlève pas, d'ailleurs, à l'acte son caractère authentique (C. Bastia, 26 déc. 1849, S. 52-2-165, 51-1-188 J. P.).

1. PROTÊTS. — Le retard dans l'enregistrement des protêts faits par acte notarié n'est passible que de l'amende de 5 francs, applicable aux huissiers (1364 § 12 I. G.). — *V.* 993 *bis*, 13239.

997. Droit proportionnel. — Il avait été décidé que les modérations d'amendes accordées par l'art. 10 de la loi du 16 juin 1824 n'étaient pas applicables au *double* droit proportionnel, non plus qu'au *minimum* de ce double droit, lequel restait maintenu à 50 francs, de sorte que la réduction à 10 francs de l'amende de 50 francs n'avait lieu que pour les actes de notaires sujets au droit fixe non enregistrés dans le délai (D. m. f. 9 juin, 1825, 1173 § 1er I. G.).

Mais il a été reconnu que le *minimum* à percevoir, à titre d'amende, pour un acte sujet au droit proportionnel, est de 10 francs lorsque le double de ce droit ne s'élève pas au-dessus de cette somme (Grenoble 9 mai 1827; D. m. f. 28 janv. 1828, 1249 § 3 I. G.).

A l'égard des actes assujettis à un double droit excédant 10 francs, le double droit a continué d'être encouru et doit être exigé du notaire personnellement, d'après l'art. 33 L. 22 frimaire an 7 (Sol. 25 mai 1825, 1173 § 1er I. G., 1249 § 3, 7801, 8048, 8816, 8921 J. E.).

998. Dispositions indépendantes. — Pluralité. — Si l'acte est passible de plusieurs droits fixes, l'amende est de 10 francs, quel que soit le nombre des dispositions indépendantes; du moment, en effet, qu'il s'agit d'un acte sujet au droit fixe, il n'est dû pour le défaut d'enregistrement qu'une amende réduite à 10 francs.

Lorsque l'acte donne lieu à la perception de plusieurs droits proportionnels, une distinction doit être faite ; ou le total des droits excède 10 francs, ou il est inférieur à cette somme : dans le premier cas, l'amende est égale au montant des droits proportionnels; dans le second, elle est de 10 francs.

Si le contrat est sujet à la fois à des droits fixes et à des droits proportionnels, il y a lieu de faire abstraction des droits fixes et de n'avoir égard qu'aux droits proportionnels pour liquider l'amende. Soit un contrat de mariage passible de 6 fr. 25 c. de droit proportionnel et de trois droits fixes de 5 francs, il ne sera dû que l'amende minimum de 10 francs; si le droit proportionnel montait, par exemple, à 20 francs, il serait dû 20 francs de droit en sus (Délib. 12 avr. 1859, 2155 § 1er I. G., 1206 R. P.).

1. DROIT GRADUÉ. — Le droit gradué étant un droit fixe l'acte qui y donne lieu, cumulativement ou non avec des droits fixes invariables, n'est passible, à titre d'amende, que d'une somme fixe de 10 francs (Sol. 4-8 avr. 1873).

999. Acte à enregistrer gratis. — Il a été reconnu qu'un notaire qui ne présente pas à la formalité dans le délai ordinaire un acte à enregistrer *gratis*, encourt l'amende de 10 francs; car, bien que l'article 70 de la loi du 22 frimaire an 7 dispense d'acquitter les droits d'enregistrement, il est certain qu'il ne dispense pas d'en remplir la formalité. Dès lors, les officiers publics qui y manquent sont passibles de l'amende prononcée par l'art. 33 de la même loi (D. m. f. 2 déc. 1806, 952 J. N.; — *Conf.* Lavaur 22 août 1806; D. N., t. 1er, p. 376, n° 572 et t. 6, p. 526, n° 52); et cette amende est exigible sur-le-champ, comme le sont les amendes et les doubles droits pour défaut d'enregistrement, dans le délai, des actes notariés qui ne doivent pas être enregistrés *gratis* (1240 J. N.). — Cette thèse a été présentée récemment par l'Administration au § 7 de son I. G. n° 2456. — *V.* 770-2, 773-2, 3361.

L'opinion contraire peut être cependant soutenue. Le droit en sus, comme son nom l'indique, est une somme égale au droit simple. Ainsi que la cour suprême l'a reconnu dans un arrêt du 4 janvier 1854, il ne saurait être dû quand le droit simple n'est pas exigible (15775 J. E, S. 55-1-601). Si donc il n'y a rien à réclamer pour droit simple, on ne saurait non plus percevoir un droit en sus. C'est ce qu'a reconnu l'Administration en décidant, le 18 mars 1865, que si une mutation verbale d'immeubles est soumise à l'enregistrement gratis, le défaut de déclaration dans les trois mois de l'entrée en possession n'est pas passible du droit en sus (2064 R. P.). — *V.* 2345.

Ainsi décidé que les contrats de mariage d'indigents ne sont passibles d'aucun droit s'ils sont présentés à la formalité après l'expiration du délai légal, car il ne peut être dû l'amende de 10 francs qui n'est qu'un minimum de droit en sus (17846-2 J. E.). — V. *Acte judiciaire*, n° 771-5.

1000. Date. — La date est une des parties essentielles de l'acte. Au point de vue de l'enregistrement, elle joue un rôle important en ce que c'est elle qui fait courir les délais accordés pour la formalité. Pour se soustraire aux peines infligées en cas de retard, un notaire peut ne pas dater son acte, ou lui donner une date incomplète. Il peut encore lui donner plusieurs dates. Nous avons examiné ces hypothèses, nos 729 et suiv. La date peut également subir des altérations de diverses natures. Elle peut être raturée, surchargée, mise après coup, ou bien encore on peut substituer une date fausse à la date véritable. Nous allons successivement examiner ces diverses hypothèses.

1. DATE RATURÉE. — Il a été décidé que la date d'un acte notarié fait foi contre l'Administration, jusqu'à inscription de faux, et que lorsque la première date donnée à un acte a été rayée, sans approbation, et qu'une seconde date a été écrite à la suite, l'Administration ne peut, sans inscription de faux, soutenir que la première date, quoique rayée, est la véritable, et que la seconde a été ajoutée après coup par le notaire, pour se soustraire à la peine du double droit pour défaut d'enregistrement dans le délai légal. « Attendu que la question que soulevait la contrainte décernée par l'administration de l'Enregistrement, le 26 mars 1834, était celle de savoir si l'acte litigieux avait été réellement passé le 4 mars 1832; Attendu que le jugement attaqué constate que cet acte porte cette date; qu'elle fait foi jusqu'à inscription de faux; que cette voie n'a pas été suivie; Attendu que le jugement, en admettant cette date comme constante, a justement appliqué l'art. 1319 C. C., et qu'il en résulte que les art. 20 et 33 de la loi du 22 frimaire an 7 n'ont pas été violés » (Cass. 23 mars 1836, S. 36-1-470, 11490 J. E., 9208 J. N.; D. N., t. 1er, p. 348, n° 396 et p. 376, n° 573).

Le tribunal d'Auxerre a fait application de cette jurisprudence à un acte à deux dates dont la dernière paraissait n'avoir été ajoutée que pour faire courir les délais de l'enregistrement (17 déc. 1845, 12572 J. N.). Décidé, au contraire, par le tribunal de Provins, qu'il n'y a pas lieu de recourir à l'inscription de faux si l'acte porte en lui-même la preuve de la fausseté de la date (17 juin 1858, 16393 J. N., 16795 J. E.).

On a émis, au sujet de ce jugement, l'avis qu'il est fort douteux que l'Administration ait le droit d'intenter une action criminelle comme celle du faux pour la substitution ou l'addition d'une date à l'effet de faire courir le délai de l'enregistrement (12572 J. N.).

On argue du silence des lois fiscales qui, ayant établi les présomptions légales (art. 12 L. 22 frim. an 7) et l'expertise (art. 17 et 18 même loi) pour atteindre certaines fraudes, auraient certainement déclaré, en termes exprès, qu'elles accordaient l'inscription de faux contre les actes présentés à l'enregistrement, si elles eussent voulu conférer à l'Administration une action criminelle au sujet d'amendes encourues pour de simples contraventions fiscales. On étaye cette opinion par trois arrêts (Cass. 24 prair. an 13, 24 fév. 1809, 3955 J. N., 31 mai 1839, 12572 J. N.), qui ont décidé que de pareils faits ne constituaient pas l'action d'avoir procédé méchamment et dans l'intention de nuire qui, seule, caractérise le crime de faux. — *V.* sur cette question de faux, 959-3 961-3, et le mot *Faux*, n° 8951.

2. DATE SURCHARGÉE. — Il a été aussi reconnu par une D. m. f. 7 novembre 1817, que la surcharge non approuvée de la date constitue bien une contravention à la loi du 25 ventôse an 11; mais qu'il ne s'ensuit pas qu'il y ait également contravention à la loi du 22 frimaire an 7, pour retard de présentation de l'acte à la formalité de l'enregistrement. Le délai ne peut courir qu'à partir de la date dernière sur laquelle l'acte est arrêté et clos par la signature des parties; en effet, le notaire peut s'être trompé dans la date première qu'il aura voulu rectifier, ou bien il aura daté son projet d'acte pour une époque qui se trouvera avoir été reculée par des circonstances indépendantes de sa volonté. Mais si la date première avait été rétablie par le notaire après l'enregistrement, de son propre mouvement ou en vertu de jugement, alors seulement le délai de présentation à la formalité partirait de cette première date. C'est dans ce sens qu'il faut entendre l'I. G. 263 (D. m. f. 7 nov. 1817; D. N., t. 6, p. 448, n° 13).

On a fait observer à ce sujet (3232 J. E.) que si, la surcharge ayant été constatée par procès-verbal remis au procureur de la République, il résultait du jugement rendu sur la contravention à la loi de ventôse que la date a été changée par le notaire pour se soustraire à la peine qu'il avait encourue, il n'y aurait nul doute que l'Administration soit autorisée à poursuivre le payement de l'amende de contravention à l'art. 20 L. 22 frimaire an 7.

3. DATE MISE APRÈS COUP. — C'est dans le sens de cette opinion qu'un notaire traduit en cour d'assises, pour divers faits, ayant avoué qu'un acte avait été *postdaté*, le tribunal de Barcelonnette a jugé, le 11 décembre 1839 (12432 J. E.), que les amendes et droits en sus encourus, par suite d'enregistrement et d'inscription au répertoire tardifs, étaient exigibles, bien que le notaire eût été acquitté, car l'arrêt a constaté et laissé subsister le *fait de postdate* (*V.* encore Chinon 25 oct. 1855, 527 R. P.). — *V.* sur la question de faux, 959-3 et 8951.

4. DATE SUBSTITUÉE. — Quoi qu'il en soit, le notaire qui fait une substitution de date, afin de faire courir le délai de l'enregistrement, et qui laisse des renvois incomplets, encourt une peine disciplinaire, et les employés doivent constater ces irrégularités par un procès-verbal (Oloron 7 juin 1851, 15262 J. E.).

1001. Déclaration pour la perception. — D'après l'art. 16 de la loi du 22 frimaire an 7, lorsque les sommes et valeurs ne sont pas déterminées dans un acte donnant lieu au droit proportionnel ou au droit gradué (L. 28 fév. 1872), les parties sont tenues d'y suppléer avant l'enregistrement par une déclaration estimative certifiée et signée au pied de l'acte.

Les notaires, étant les mandataires des parties, ont le droit de faire ces déclarations. C'est un point qui est établi plus loin, v° *Déclaration pour la perception*, n° 5928.

1002. Obligation du notaire. — L'art. 29 L. 22 frimaire an 7 impose aux notaires l'obligation d'acquitter les droits d'enregistrement des actes passés devant eux. C'est une obligation absolue : « Il n'a été, dit la Cour de cassation, dérogé par aucune disposition, même en ce qui concerne les inventaires, au principe posé dans l'art. 29 précité, lequel ne comprend d'autres exceptions que celles qui y sont édictées; qu'il appartient au notaire soit d'exiger avant de constater la déclaration du don manuel, la consignation des droits auxquels elle donne lieu, soit d'user de la faculté conférée par l'art. 30 aux officiers publics qui auraient fait l'avance de droits d'enregistrement pour les parties » (Cass. 10 déc. 1877, 4845 R. P.).

1. FONDS NON CONSIGNÉS ENTRE LES MAINS DU NOTAIRE. — De là naît cette conséquence que le notaire ne peut se prévaloir de la non consignation des fonds entre ses mains pour l'enregistrement, pour se soustraire à la nécessité de présenter son acte à la formalité dans le délai voulu.

D'après ce principe, il a été reconnu qu'un notaire ne peut se prévaloir de la non consignation pour suspendre l'apposition de sa signature sur l'acte et le priver ainsi et de l'enregistrement, et de son caractère d'authenticité (C. Colmar 21 avr. 1812, 4246 J. E., 1115 J. N.; — C. Bourges 29 avr. 1823, 7885 J. E., 4823 J. N.; — Saint-Flour 17 août 1847, 14340 J. E., 13202 J. N., 4373 J. E.; Dalloz, n° 5003.; — Agen 16 août 1854; S. 54-2-571). — Un jugement du tribunal du Havre du 17 février 1848 (14435 J. E., 13384 J. N.), a spécialement décidé qu'un notaire commis par justice ne peut se dispenser de faire enregistrer le procès-verbal d'adjudication, sous le prétexte que, l'adjudicataire étant tombé en déconfiture, il n'avait pu déposer les fonds entre ses mains.

Ce principe résulte encore d'un arrêt de Cass. 25 juillet 1827 (6213 J. N.), d'après lequel le Trésor a privilége sur le cautionnement des notaires non-seulement pour le payement des droits d'enregistrement qu'il a reçus, mais encore pour ceux qui n'ont point été versés entre ses mains. — Enfin, la C. Nîmes avait adopté la même doctrine par un arrêt entre parties civiles, du 14 février 1813 (4661 J. E., 813 J. N.). — *V.* dans le même sens Dalloz, n° 5098.

1003. Dépôt de l'acte. — Présomptions. — Il en est de toutes les allégations que le notaire peut faire, lorsqu'il a laissé écouler le délai prescrit, comme de celle relative à la non consignation des fonds. Il ne peut prétexter qu'il en a été empêché par un obstacle quelconque, s'il n'a fait *constater* l'obstacle d'une *manière légale* et *en temps utile*. C'est ce qui résulte, *en thèse générale*, d'un arrêt de Cass. 3 octobre 1810, (334 J. N., 3736 J. E., S. 20-1-500), portant en substance que, de la combinaison des art. 20, 29, 33 et 59 L. 22 frimaire an 7, découle l'obligation *impérieuse* pour les notaires de faire enregistrer les actes passés devant eux, d'en acquitter personnellement les droits, sauf leur recours contre les parties, et d'en supporter l'enregistrement dans le délai prescrit, sous la peine d'une amende et du double droit.

C'est également ce qui a été particulièrement décidé dans les espèces suivantes :

1. ABSENCE DU RECEVEUR. — Le notaire qui, informé de l'absence du receveur, fait déclaration de cette absence au maire, sans se présenter au bureau pour s'assurer que la formalité sera refusée à ses actes, encourt la peine du droit en sus si des actes non enregistrés sont tombés de date le jour de l'absence du receveur (14074-1 J. E.).

2. NÉGLIGENCE DU RECEVEUR. — Lorsqu'un acte a été enregistré après le délai prescrit, on ne peut opposer à la demande de l'amende ou du double droit que l'acte avait été remis au receveur avant l'expiration du délai ; car il est de principe que l'Administration ne peut être responsable des négligences commises par ses préposés dans l'enregistrement des actes qui leur ont été déposés (Cass. 26 mai 1807, 2628 J. E., S. 7-2-93, *infrà* § 3 ; — Cass. 23 déc. 1835, 9134 J. N. ; — Jonzac 5 juin 1838, 10072 J. N., 12071 J. E.). — La partie ou l'officier public a seulement, dans ce cas, le droit d'exercer contre le receveur une action en garantie des dommages causés par sa négligence. C'est ce que reconnaissent également les décisions judiciaires citées plus haut, et ces dommages ayant été prononcés par un tribunal, par une juste application des art. 1382 et 1383 C. C., le jugement a été maintenu par un arrêt de Cass. du 31 mai 1825 (5307 J. N., S. 25-1-409).

3. REFUS DU RECEVEUR. — L'omission du devoir qui est imposé aux notaires de faire enregistrer leurs actes dans le délai légal ne peut être excusée en alléguant le refus du receveur de donner la formalité, si ce refus n'a pas été légalement constaté dans le délai utile (Cass. 26 mai 1807). « Considérant, en droit, porte l'arrêt, que les notaires sont tenus de faire donner, dans le délai prescrit, la formalité de l'enregistrement aux actes qu'ils rapportent, et d'avancer les fonds nécessaires pour cela ; que l'omission du devoir qui leur est imposé ne peut être excusée, en alléguant le refus ou la négligence du receveur, à moins qu'ils ne l'aient légalement fait constater dans le délai utile ; que, sans cela, il leur est même impossible de justifier qu'ils ont, dans ce délai, présenté leurs actes à l'enregistrement » (2628 J. E., S. 7-2-93).

Le même principe a été appliqué en ces termes par un autre arrêt de Cass. du 3 oct. 1810 : « Vu les art. 20, 29, 33 et 59 de la loi du 22 frimaire an 7 ; — Attendu que de ces articles il résulte que les notaires sont tenus de faire enregistrer les actes passés devant eux, d'en acquitter personnellement les droits, sauf leur recours contre les parties, et d'en rapporter l'enregistrement dans un délai prescrit, sous la peine d'une amende ou du double droit, en conformité de l'art. 33 : d'où il suit que les notaires qui éprouvent des obstacles réels ou un refus de la part du receveur chargé d'apposer la formalité, doivent faire constater de suite et légalement leur diligence ou leur refus, pour ne pas devenir passibles de la peine imposée ; — Attendu, en fait, que, dans l'affaire présente, le délai fatal était expiré et le droit non acquitté, et que le notaire Camy, loin d'avoir justifié légalement, et dans le délai utile, du refus prétendu, est convenu lui-même, soit dans sa réponse à la contrainte, soit dans ses écrits du 16 août 1808, que le 29 juillet, qui était le seizième jour à partir de la passation de l'acte, le receveur lui écrivit de venir par tout le jour acquitter les droits et retirer son acte ; qu'à défaut, il payerait le double droit de l'acte en entier ; qu'il n'y satisfit point, et qu'il en renvoya l'exécution au mercredi suivant ; que le 30 du même mois, lors de la signification de la contrainte, il ne s'était point encore mis en règle ; — Attendu qu'en l'état, la contravention étant constante, le tribunal civil de Dax n'a pu faire dépendre la peine encourue des faits d'excuse allégués, et encore moins suspendre le recouvrement du droit principal non contesté, sans contrevenir à l'art. 59 et aux autres articles précités » (3736 J. E., 534 J. N., S. 20-1-500).

4. REFUS DE PAYER LES DROITS DEMANDÉS. — Le notaire qui présente un acte à l'enregistrement et refuse d'acquitter les droits qui lui sont réclamés, par le motif qu'il ne les croit pas exigibles, encourt la peine du droit en sus, si l'enregistrement n'est pas donné à l'acte en temps utile (Nérac 29 déc. 1837, 11966 J. E.).

1004. Rétention des actes. — Mais on s'est demandé si le receveur est fondé à retenir les actes notariés jusqu'au payement des droits qui excèdent la consignation. La négative doit être admise. Le payement des droits doit à la vérité précéder l'enregistrement, et si le receveur s'aperçoit de l'insuffisance de la consignation avant de donner la formalité, il peut la différer jusqu'au versement des droits complémentaires exigibles. Mais lorsque le receveur donne la formalité avant d'exiger le versement, son droit se borne à décerner contrainte aux parties. Il ne peut retenir les minutes des actes qui n'appartiennent ni à lui ni aux notaires mais aux parties, sauf à réduire, en les restituant, la quittance ou la relation dans la limite des droits payés (7693 J. N. ; D. N., t. 1er, p. 382, n° 604).

1005. Scellés. — Cependant, il est des événements de force majeure tels, qu'il est impossible d'admettre que des amendes et des doubles droits quelconques puissent être exigés pour défaut d'accomplissement des formalités en temps utile.

C'est dans ce sens qu'une D. m. f. 7 mai 1837 (11797-3 J. E., 9999 J. N.) a reconnu que si, pendant que les actes, et le répertoire d'un notaire décédé sont sous les scellés, les délais pour l'enregistrement de quelques actes ou du visa du répertoire expirent, on ne peut réclamer les droits en sus et l'amende de retard au successeur, qui est tout à fait étranger à ces faits antérieurs à sa nomination.

La décision, il nous semble, aurait dû être rendue dans un sens plus général, car une responsabilité quelconque ne peut peser sur qui que ce soit dans cette circonstance.

V. 17775 § 1.

SECTION 3. — PAYEMENT DES DROITS D'ENREGISTREMENT DES ACTES NOTARIÉS [1006-1014]

ARTICLE PREMIER. — PAYEMENT PAR LES NOTAIRES [1006-1010]

1006. Principe. — Les droits d'enregistrement des actes notariés sont payés, sauf pour les testaments, par les notaires, avant l'enregistrement, aux taux et quotités fixés par la loi. Nul ne peut en atténuer ni différer le payement, sous le prétexte de contestation sur la quotité, ni pour quelque autre motif que ce soit, sauf à se pourvoir en restitution (Art. 28 et 29 L. 22 frim. an 7).

Cette disposition s'applique aux brevets comme aux actes en minute. Si le notaire remet ces brevets à la partie et que celle-ci néglige de les faire enregistrer dans le délai légal, le notaire est passible de la pénalité ordinaire.

Les développements dans lesquels nous sommes entré dans le paragraphe précédent ont naturellement préparé ce que nous avons à dire sur le payement des droits par les notaires pour les actes par eux reçus, et nous renvoyons à ces développements comme corollaires des questions que nous allons examiner.

1007. Amendes et droits en sus. — Nous avons établi, au n° 1002, que les notaires doivent verser entre les mains du receveur, avant l'enregistrement des actes, le montant des droits liquidés de ces actes. Le législateur, en imposant cette obligation aux officiers publics, ne s'est pas expliqué sur la nature des droits qui étaient à verser; mais l'Administration a décidé (1423 I. G.) que ces dispositions s'appliquent, non-seulement au payement des droits simples, mais encore à celui des droits en sus et amendes exigibles pour contravention en matière d'enregistrement sur les actes présentés à la formalité (*Contrà* Champ., n° 3920).

Il a été jugé, dans ce sens, que si un acte notarié intervenu entre le vendeur et l'acheteur constate l'existence d'une dissimulation de prix de vente, le notaire est tenu d'avancer le droit en sus et l'amende du quart, établis par la loi du 23 août 1871 (Bône, 24 avr. 1877).

1008. Avances au receveur. — Un notaire ne peut imputer en payement ou en compensation des droits les prêts ou avances personnels qu'il aurait faits au receveur (Cass. 26 mai 1807). « Considérant, porte l'arrêt, que les sommes qu'un notaire a pu prêter ou avancer à un receveur d'enregistrement ne peuvent être données en payement ou en compensation des droits dus par ce notaire pour l'enregistrement des actes qu'il rapporte, sans quoi les recouvrements seraient exposés à mille entraves » (2628 J. E.; D. N., t. 1er p. 381 n° 603; S. 7-2-93).

1009. Notaire commis. — Si, par l'art. 29 L. 22 frimaire an 7, les notaires et les greffiers sont placés sur la même ligne, en ce qui concerne l'obligation d'acquitter les droits d'enregistrement auxquels sont soumis les actes de leur ministère, on ne peut induire de là que l'exception introduite en faveur des greffiers par l'art. 37 même loi soit applicable aux notaires commis, car les exceptions ne peuvent s'étendre d'un cas à un autre.

Aussi a-t-il été décidé qu'un notaire commis en justice pour procéder à une vente d'immeubles ne peut se prévaloir de l'art. 37 L. 22 frimaire an 7 pour refuser le payement des droits d'un des lots adjugés à une personne tombée en déconfiture avant d'avoir déposé ces droits entre ses mains (Le Havre 17 fév. 1848, 14435 J. E., 13384 J. N.; Limoges 24 août 1874, 3981 R. P.).

Nous ferons, d'ailleurs, observer que le notaire commis n'est pas obligé d'exécuter la mission qui lui a été confiée par le tribunal, si les parties ne lui consignent pas le montant des droits. — V. dans le même sens Champ. et Rig., *Suppl.*, n° 940; Dalloz, n° 5008.

1010. Offres. — Un notaire ne peut forcer un receveur de l'enregistrement à enregistrer un acte de son ministère avant que l'intégralité des droits exigibles ait été payée, lors même qu'il ferait des offres suffisantes, par acte extrajudiciaire, pour le règlement à intervenir après l'enregistrement (Guingamp 5 fév. 1850, 15113 J. E; — Seine 28 déc. 1863, 1954-5 R. P., 12633 C.; — Seine 19 août 1865, 2200 R. P.).

Lorsqu'un acte notarié sujet au droit proportionnel est présenté à l'enregistrement après l'expiration du délai légal, le notaire ne peut, sous prétexte de contestation, différer d'acquitter en même temps que le droit simple le double droit demandé par le receveur, sauf à se pourvoir en restitution, et, en cas de refus, le receveur est autorisé à ne pas enregistrer l'acte (Cass. 17 nov. 1862, 175 R. P., 2244-1 I. G., S. 63-1-47).

« Attendu, porte l'arrêt, que l'acte de constitution d'hypothèque a été enregistré le 6 août de la même année, sans que l'acte de vente dont il était la conséquence eût été soumis à la formalité de l'enregistrement; qu'il n'était pas même enregistré à l'époque du jugement attaqué; que le sieur Larnaude allègue en vain, pour excuser le défaut d'enregistrement, que le receveur a illégalement exigé la consignation du droit simple, du droit en sus et de l'amende; qu'il résulte, en effet, de l'art. 38 de la loi du 22 frimaire an 7 que nul ne peut atténuer ni différer le payement, sous prétexte de contestation sur la quotité, ni pour quelque autre cause que ce soit, sauf à se pourvoir en restitution, s'il y a lieu. » — V. *Acte judiciaire*, n° 772 et *Succession*, n° 16262.

1. OFFRES SUPÉRIEURES. — Il en est de même lorsqu'un notaire se refuse à faire la déclaration d'une somme ou valeur sur laquelle le receveur entend établir la perception, lors même que les offres qu'il fait seraient supérieures à celle qui peut être due (14440-3 J. E.).

2. OFFRES INFÉRIEURES. — A plus forte raison ne peut-il être recevable dans ses prétentions lorsqu'il fait des offres inférieures aux droits liquidés par le receveur (Seine 23 juill. 1847, 14301 J. E.).

3. RENVOI. — On trouvera, au mot *Succession*, de nombreuses applications de ce principe au sujet des déclarations à passer par les héritiers, n° 16262.

ARTICLE 2. — PAYEMENT PAR LE NOTAIRE ET PAR LES PARTIES

[1011-1014]

1011. Nature de l'acte. — Une distinction très-essentielle est à faire entre la nature *de l'acte* et la nature *de la convention*, pour pouvoir bien reconnaître la limite à laquelle s'arrête l'obligation du notaire au payement des droits. Les notaires ne doivent avancer que les droits dont le contrat qu'ils présentent à la formalité est susceptible par sa nature; ils ne sont pas tenus des droits des conventions dont la preuve peut se tirer de circonstances étrangères à l'acte, de celles, en un mot, dont l'acte ne forme pas le *titre*. C'est ce qui résulte, *en principe*, d'un arrêt Cass. 12 février 1834, ainsi conçu : « Attendu, en droit, que les notaires ne sont tenus de faire l'avance que des droits d'enregistrement légalement dus, suivant la nature des actes passés devant eux; et que dans le cas où la Régie croit pouvoir attaquer ces actes, sous le rapport de leur validité ou régularité, et leur refuser, pour quelque cause que ce soit, les effets que la loi leur attribue, c'est conret les parties pour lesquelles le notaire a reçu lesdits actes qu'elle doit intenter son action ; — Attendu, en fait, que l'acte passé devant le notaire Hailig, les 8 et 11 janvier 1830, est un acte de partage fait entre Puteaux et ses coassociés sans soulte ni retour, qui, aux termes de l'art. 68, § 3, n° 2, n'était, suivant sa nature, passible que du droit fixe ; — Qu'il suit de là qu'il y avait lieu d'ordonner que restitution serait faite au notaire Hailig, qui l'a demandée en temps utile, du droit proportionnel dont le receveur de l'Enregistrement avait indûment exigé (pour mutation secrète) qu'il fît l'avance » (10873 J. E., 8420 J. N., S. 34-1-99.)

Des exemples rendront cette distinction plus saillante.

1. MUTATION. — Bien que le receveur ait la preuve au moment où un acte de vente notarié, qui ne fait remonter qu'à un court délai la jouissance de l'acquéreur, est présenté à l'enregistrement, que la mutation s'est opérée plus de trois mois avant la date de l'acte, le double droit n'est pas exigible sur cet acte. Le receveur doit suivre, *par les voies ordinaires*, le recouvrement de ce double droit, attendu que la perception des droits doit être basée sur la stipulation de l'acte et ne peut être aggravée par des circonstances prises en dehors de cet acte et auxquelles le notaire est étranger (Dél. 11 fév. 1834, 8400 J. N., 10845 J. E., 1458 § 5 I. G.; Dél. 6 oct. 1815, 5252, 14981-7 J. E.; Cass., 12 fév. 1834, rapporté *suprà* 1011).

2. OFFRES NON ACCEPTÉES. — Ainsi, si un acte d'offres *non acceptées*, était présenté à l'enregistrement, alors même que l'Administration aurait la preuve en main que les offres ont été acceptées, le droit fixe serait seul exigible sur l'acte d'offres, sauf à réclamer le droit proportionnel à la partie acceptante (Champ. et Rig., n° 183).

3. CONDITION SUSPENSIVE. — C'est dans le même sens qu'une vente *sous condition suspensive*, faite par acte notarié, ne serait passible que du droit fixe sur l'acte qui la constaterait, alors également que des documents certains fourniraient la preuve, *en dehors de l'acte*, que la condition suspensive s'est accomplie, sauf encore à recouvrer les droits proportionnels sur les parties. — V. 1013 § 2.

4. RESTITUTION. — Le tribunal de la Seine a voulu faire l'application de ce principe en jugeant, le 15 février 1843 (Dalloz, n° 5104), que le notaire peut demander la restitution d'un droit qu'il aurait ainsi payé en dehors des stipulations contenues dans son acte, lors même que l'acte mieux apprécié donne lieu à une action en payement, contre la partie, d'un droit plus élevé. Nous ferons observer que si l'Administration avait pris l'initiative d'une demande en supplément de droit, on n'aurait pas manqué d'invoquer l'imputation des droits perçus sur ceux à percevoir. Il eût donc été juste que le tribunal admît cette imputation alors qu'elle pouvait être demandée par l'Administration (Champ. et Rig., *Suppl.*, n° 968.) — V. *Compensation*, n° 4664.

Les notaires ont, d'ailleurs, qualité pour demander et pour recevoir les restitutions de droits indûment perçus sur les actes passés devant eux (336, § 28 I. G.; Cass., 1er mars 1825, 5040, 5041 J. N., 862 C., S. 25-1-371; — D. m. f. 5 juill. 1830, 1328 I. G. — V. *Restitution*. — Le notaire n'a pas besoin d'établir qu'il a fait l'avance des droits et n'en a pas été remboursé (Seine 22 juill. 1829), ni même qu'il est encore en fonctions (Dél. 16 mai 1833).

5. DROITS DES PARTIES NON ÉTABLIS. — De même, les notaires ne sont tenus d'acquitter, pour les actes passés devant eux, que les droits auxquels ces actes sont tarifés d'après leur nature, et si ces actes n'établissent pas clairement les droits des parties à certaines conventions étrangères à l'acte, l'Administration n'a qu'une action contre ceux qui les ont passés, mais n'a pas de recours contre le notaire (Liége 20 déc. 1819, Dalloz, n° 5106).

Mais les droits de don manuel sont de ceux que le notaire doit avancer (Vervins, 3 juin 1875, 4203 R. P.; — Cass. 11 déc. 1877, 4845 R. P.).

1012. Responsabilité. — Un notaire ne peut faire aucun acte en vertu d'un acte sous seing privé, s'il n'a été préalablement enregistré, à peine de 50 francs (10 fr.) d'amende et de *répondre personnellement* du droit (L. 22 frim. an 7, art. 2).

Quels sont le caractère et les effets de la responsabilité imposée à l'officier public? Les uns soutiennent que l'Administration a une action directe contre lui, sauf son recours contre la partie; les autres prétendent au contraire qu'elle ne peut s'adresser au notaire avant d'avoir discuté ses clients.

1. OPINION QUI ACCORDE UNE ACTION DIRECTE CONTRE LE NOTAIRE. — La première opinion, dans laquelle l'Administration persiste malgré de nombreux échecs, se fonde sur les raisons suivantes :

D'abord, dit-on, c'est un principe général de la législation fiscale que les droits sont exigibles avant l'enregistrement de l'acte : l'art. 28 de la loi du 22 frimaire est absolu sur ce point. Or, l'officier public qui fait usage d'un acte sous seing privé prend, par là même, l'engagement implicite de le soumettre à l'enregistrement, puisque la loi prohibe la mention des actes de l'espèce non revêtus de la formalité. Il faut donc que le notaire commence par acquitter les droits demandés par le receveur.

C'est, du reste, ce qui se produit sans difficulté dans le cas prévu à l'art. 13 de la loi du 16 juin 1824, quand l'acte sous seing privé est annexé au contrat public. Il est évident que le notaire, en requérant l'enregistrement des deux actes, doit en consigner les droits, sans distinction entre le sous seing privé et l'acte authentique : nul doute n'existe à cet égard, ni en droit, ni en fait. On n'aperçoit aucune raison de décider autrement pour les actes simplement mentionnés; l'art. 13 de la loi de 1824 n'est qu'un mode particulier d'exécution de la disposition générale édictée par l'art. 42 de la loi de l'an 7; les mêmes principes y sont nécessairement applicables.

On ajoute que l'art. 41, où se trouve la responsabilité, n'a pas été conçu dans un autre esprit que l'art. 4 qui le précède. Or, ce dernier article oblige directement le notaire au payement du droit de l'acte public non enregistré en vertu duquel il agit. Il en doit être ainsi de l'autre disposition : *ubi eadem ratio, idem jus*. Comment, d'ailleurs, en serait-il autrement ? En soumettant les officiers publics à une amende pour défaut d'enregistrement de l'acte énoncé, le législateur a manifesté l'intention de les associer directement à l'obligation de faire présenter les actes à la formalité. Il n'a pas sans doute voulu que les parties pussent d'abord tirer de leur acte tout l'effet qu'il peut produire sans en payer les droits. Le principe de l'art. 28 eût été méconnu, et les droits du Trésor se seraient trouvés fréquemment en péril par la difficulté des poursuites à diriger contre des débiteurs absents ou inconnus.

Voilà, en substance, ce que l'on dit pour justifier l'action directe contre le notaire, et c'est la doctrine qui a prévalu devant quelques tribunaux (Seine 30 mars 1842, 12964 J. E.; — Lyon 12 mars 1845, 12328 J. N., 13739 J. E.; — Provins 26 mars 1847, 14214 J. E.; — Seine 2 juill. 1856, 785 R. P., 11120 C., 16432, J. E.), Le tribunal de la Seine a jugé dans le même sens alors même que l'acte sous seing privé relaté avait cessé de produire aucun effet (7 déc. 1842, 11583 J. N., 13149 J. E.). Et le tribunal de Pont-Lévêque a appliqué le même principe dans une espèce où l'acte énoncé était un effet de commerce, sans qu'il fût établi qu'il était en circulation (23 fév. 1844, 13461 J. E. — *Contrà*, Seine 14 mai 1840, 12595-2 J. E.). — Cette opinion est soutenue par le J. E. (12707, 12880-1 et 13049), qui avait cependant autrefois sur cette question, émis une opinion contraire (4895 et Dict., t. 1er, p. 177, n° 3).

2. L'ACTION CONTRE LE NOTAIRE NE S'OUVRE QU'APRÈS DISCUSSION DE LA PARTIE. — Nous n'avons pas cru pouvoir adopter la doctrine précédente. De quoi s'agit-il, en effet ? de déterminer les conséquences d'une responsabilité infligée à l'officier public : « Le notaire, porte la loi, répondra personnellement du droit. » Jamais, en matière fiscale, responsable n'a voulu dire débiteur principal. Que la loi civile se soit, en certains cas, servie de ce mot pour désigner le débiteur lui-même, par exemple aux art. 1382 et suivants, cela se conçoit. Il n'y avait pas de méprise possible, puisque la personne responsable était en même temps débitrice directe. Mais quand, au contraire, ce débiteur principal existe et qu'à côté de lui se trouve un tiers désigné comme responsable, il est non moins évident que cette responsabilité conserve alors son caractère accessoire et dépendant. Ou les mots n'ont pas de sens propre, ou ils signifient dans ce cas que le tiers payera si le débiteur ne le fait pas lui-même.

Toutes les considérations invoquées à l'appui du système opposé sont des raisons d'analogie qui auraient leur valeur s'il s'agissait de refaire la loi, mais qui ne sauraient prévaloir contre son texte. Il est parfaitement vrai que le notaire doit avancer les droits dans le cas de l'art. 41, comme dans celui de l'art. 13 de la loi de 1824. Le législateur l'a ainsi déclaré; il n'y a qu'à exécuter ses ordres. Mais il est parfaitement exact aussi qu'il n'a pas reproduit la même obligation dans l'art. 42, et qu'il l'a remplacée par une simple responsabilité. A-t-il agi ainsi avec réflexion ou par erreur? Il n'importe; ses prescriptions sont claires, il faut les exécuter.

Il le faut d'autant plus ici, que la responsabilité du notaire, entendue comme on le veut, constituerait une véritable solidarité. L'officier public, en effet, se trouverait tenu personnellement avec le véritable débiteur, et serait exposé à ses poursuites sans pouvoir opposer le bénéfice de discussion (C. C., art. 1200, 1203). Or, la solidarité ne se présume pas. La loi veut qu'elle soit expressément stipulée quand elle ne résulte pas d'une disposition légale (C. C. 1202). Au cas actuel, il n'y a ni stipulation expresse, ni texte de loi qui la justifie. Les meilleures raisons ne sauraient donc l'établir.

Est-il bien certain, d'ailleurs, que le législateur n'a pas eu ses motifs pour soustraire l'officier public à l'application de la règle générale de l'art. 28 de la loi de l'an 7, sur le payement préalable des droits ? On comprend très-bien que quand il s'agit d'un acte qui est présenté au receveur pour recevoir la formalité, les droits doivent être consignés par celui qui requiert l'enregistrement. C'est ce qui a lieu dans le cas prévu à l'art. 28, et c'est aussi ce qui se produit si le notaire, usant de la faculté établie par l'art. 13 de la loi de 1824, joint l'acte privé à son propre contrat pour les présenter simultanément à la formalité. L'application du principe posé à l'art. 28 ne peut souffrir de difficulté; il est évident que le notaire devra avancer au receveur le coût des deux formalités qu'il réclame. — Mais la situation n'est plus tout à fait la même lorsque l'acte sous seing privé n'est pas produit au receveur pour être enregistré. L'art. 28 demeure hors de cause, puisque personne ne requiert l'enregistrement. Le procédé du notaire a seulement ouvert au profit du Trésor une action spéciale en recouvrement des droits exigibles. Rien de surprenant, dès lors, à ce que les effets de cette action aient été laissés dans le droit commun.

On peut ajouter que la prétention du Trésor placerait en certains cas l'officier public dans une singulière situation. S'il arrivait, par exemple, que le recouvrement du droit de l'acte mentionné ne fût poursuivi que longtemps après l'enregistrement du contrat public, le débiteur principal pourrait être devenu insolvable. Le notaire, tenu d'avancer les droits, n'aurait plus aucun recours utile contre son client, et il en résulterait à la fois que le notaire subirait les conséquences du retard de l'Administration, et qu'il acquitterait l'impôt d'une convention où il n'est point partie.

Ces raisons principales ont déterminé la doctrine tout entière à condamner, comme nous, la réclamation directe au notaire (Dalloz, n° 5107; Champ., n° 3924; Roy, *des Contrav.*, nos 36 et 122; D. N., t. 1er, p. 398, n° 722; Merlin, *Rép.*, v° *Enregistrement*, § 4 *bis* p. 84). De nombreux tribunaux l'ont également repoussée (Senlis 8 janv. 1835, 11115 J. E.; — Thionville 17 mars 1841, 10954 J. N., 12707 J. E.; — Chaumont, 1er août 1844, 13612-1 J. E., 12114 J. N.; —

Seine 5 mai 1846, 12840 J. N. ; — Mirande 30 nov. 1854 ; — Mende, 13 mai 1863, 1796 R. P., 17902 J. N. ;—Valognes 21 juin 1856 ;—Péronne 16 juill. 1869, 3090 R. P. ;—Versailles 28 juill. 1874, 4002 R. P. ; — Saint-Étienne, 6 déc. 1876. 4755 R. P.).

On peut invoquer contre elle deux arrêts de la C. cass., des 3 juillet 1811 et 15 décembre 1846, dont le premier surtout est très-catégorique : « Attendu qu'il est de principe confirmé par l'art. 1202 du C. C. que la solidarité ne se présume pas ; qu'elle doit être formellement stipulée ou dériver d'une disposition de la loi ; que, dans l'espèce, la solidarité doit d'autant moins se présumer en vertu de l'art. 42, que dans l'article qui précède les notaires ont été soumis à une action immédiate, tandis que l'art. 42 ne prononce contre eux qu'une simple responsabilité ; enfin que, lorsque le législateur a voulu que la solidarité eût lieu pour la perception du droit d'enregistrement, il s'est prononcé en termes explicites » (4011 J. E., 11425 J. N., 12375, 14139 J. E., 12898 et 12375 J. N., 1786-1 I. G.; S. 11-1-334, 47-1-136).

3. LE NOTAIRE EST PERSONNELLEMENT TENU DES DROITS DE L'ACTE PASSÉ DEVANT LUI. — Mais si c'est un acte passé devant lui, en vertu duquel le notaire agit, sans que cet acte ait été enregistré avant ou en même temps que le second acte, le principe de simple responsabilité cesse d'être applicable, et le notaire se trouve personnellement tenu au payement du droit de ce premier acte (Chaumont 1er août 1844, 13612-1 J. E.; 12114 J. N.).

4. ACTE POUVANT ÊTRE RELATÉ SANS CONTRAVENTION. — Quelle que soit d'ailleurs l'opinion que l'on adopte, le doute ne peut plus être possible du moment qu'un notaire a pu relater un acte, sans contravention à la loi. Les art. 41 et 42 L. 22 frimaire an 7 et 13 L. 16 juin 1824, ne sont plus applicables à l'espèce, et on ne peut faire payer au notaire les droits de l'acte relaté (Rennes 22 janv. 1844 ; Dél. 28 fév. 1834 ; Dalloz, n° 5105).

5. TIMBRE. — Ce qui précède s'applique seulement aux droits d'enregistrement ; à l'égard des droits de timbre, les principes sont différents.

Il faut, en effet, distinguer.

Acte annexé. — Si l'acte dont il est fait usage est annexé à celui qui le mentionne, et s'il est présenté en même temps à la formalité, le notaire est tenu d'avancer au Trésor le montant des droits de timbre et des amendes exigibles, parce que c'est le prix de la formalité requise. Seulement il exerce son recours contre les parties, sauf en ce qui concerne l'amende dont il serait personnellement débiteur, si l'acte annexé n'était point un sous seing privé, mais devait être timbré avant la rédaction de l'acte notarié.

Acte non produit. — Lorsque l'acte mentionné n'est point produit au receveur et que le notaire se borne à déclarer qu'il n'est pas timbré, aucun droit ni amende de timbre ne saurait être réclamé pour l'acte énoncé. Il est de règle, en effet, que ces droits et amende ne peuvent être demandés quand l'Administration n'est pas à même de représenter l'acte sujet à l'impôt ou en contravention à la loi. La production matérielle est indispensable ; elle n'est remplacée ni par l'aveu de la partie, ni, à plus forte raison, par la déclaration du notaire (*V.* Cass. 26 fév. 1835, 1490-14 I. G., 11146 J. E., 8806 J. N., S. 35-1-161).

Lorsque les art. 26 de la loi du 13 brumaire an 7 et 13 de celle du 16 juin 1824 déclarent que l'officier public *payera* les droits de timbre de l'acte énoncé ou *sera responsable* de ces droits et amendes, ils supposent nécessairement que la contravention est constante ou, du moins, peut être régulièrement établie, puisque c'est là, dans les principes de la législation, la seule cause de leur exigibilité. Si cette preuve fait défaut, il est clair que les parties ne sont pas débitrices ; et, si les parties ne sont pas débitrices, il faut bien admettre que le notaire ne l'est pas non plus, car il est inadmissible que la loi ait voulu punir d'abord cet officier public d'une amende, et laisser ensuite à sa charge personnelle les amendes et droits souvent considérables, auxquels donnent lieu les titres et billets énoncés. L'action du Trésor se bornera, en cette circonstance, à exiger le payement de l'amende de 10 francs encourue pour usage d'un acte non timbré. Cette question n'a pas toujours été cependant résolue en ce sens par la jurisprudence. Ainsi un jugement de Metz du 23 janvier 1852 a décidé que la déclaration par le notaire qu'un acte était sur papier non timbré l'exposait au payement des droits de timbre (15457 J. E., 14779 J. N., 9673 *des Contrav.*). On peut aussi consulter dans un ordre d'idées semblable (Seine 21 fév. 1855, 15998 J. E.). Mais ces décisions ne doivent pas être suivies. — *V.* 1361.

1013. Supplément de droit. — La loi, en imposant aux notaires l'obligation d'acquitter personnellement les droits des actes qu'ils présentent à la formalité, a eu pour but d'éviter au Trésor tout retard dans la perception de ces droits. Mais quand l'acte, après le payement des droits réglés par le receveur, a reçu la formalité, les devoirs du notaire sont, à cet égard, entièrement remplis. L'art. 29 L. 22 frimaire an 7 dit, en effet : « Les droits des actes à enregistrer seront acquittés par les notaires. » On doit donc admettre pour constant que toute action en payement d'un droit non perçu sur une disposition dans un acte, ou d'un supplément de perception insuffisamment faite, doit être dirigée contre les parties. — *V.* 1529.

C'est dans ce sens que la question avait été envisagée, d'une manière générale, par une D. m. f. 7 juin 1808 (386 n° 28 I. G., 607 J. E., 2923 J. N.), et qu'elle a été jugée par les tribunaux : Corbeil 12 janvier 1837 (5883 C.); — Montmorillon 30 mars 1841 (*Suppl.* Champ. et Rig., 941); — Bayeux 8 février 1843 (13214 J. E., 6571 J. N.; Champ. et Rig., n° 3896). Ce principe a dicté les décisions suivantes :

1. ACTE RELATÉ OU ANNEXÉ. — Toute responsabilité de la part du notaire cesse lorsque l'acte sous seing privé relaté ou annexé a été enregistré en même temps que l'acte notarié et qu'il ne s'agit plus que d'un supplément de droit à réclamer (12880-1 J. E.; Sol. 11 nov. 1844, 13601 J. E.). C'est ce qui a été reconnu notamment au sujet de l'annexe d'un acte de l'étranger (Dél. 26 juin 1857).

2. CONDITION SUSPENSIVE. — Le notaire qui a acquitté le droit fixe sur l'acte de vente fait sous condition suspensive ne peut être tenu au payement du droit proportionnel lorsque la condition s'est accomplie. C'est sur les parties que ce droit doit être recouvré (15293-3 J. E.; Dalloz, n° 5103).

3. HOMOLOGATION. — Lorsqu'un procès-verbal de liquidation et partage, rédigé par un notaire commis et sujet

à homologation, a été enregistré au droit fixe, le notaire n'est pas tenu, après l'homologation, au payement des droits auxquels il donne ouverture. C'est sur les parties que le recouvrement de ces droits doit être suivi (15086-8 J. E.).

4. RÉSERVE DE SUPPLÉMENT. — La règle devrait être la même alors que, dans la relation de l'enregistrement, le receveur aurait exprimé la réserve de plus forts droits; la demande, en cas de supplément, ne pourrait être formée contre le notaire qui a passé l'acte (D. m. f. 7 déc. 1808, 386 n° 28 I. G., 4008 J. E., 2923 J. N.).

5. SOLIDARITÉ. — Toutes les parties qui ont figuré à l'acte notarié sont d'ailleurs tenues indistinctement des droits auxquels il donne ouverture. On trouvera le développement de cet important principe, v° *Acte sous seing privé*, n° 1529.

1014. Notaire insolvable. — Dans tous les cas, l'obligation où sont les officiers publics de payer les droits auxquels donnent ouverture leurs actes ne peut en rien préjudicier à l'action que l'Administration a, de droit, contre les parties. Aussi a-t-il été reconnu qu'en cas d'insolvabilité d'un notaire le recouvrement des droits simples des actes non enregistrés doit être suivi directement sur les parties contractantes, selon les dispositions et dans les limites posées par le n° 5 Déc. 1er septembre 1807, inséré 340-5 I. G. (D. m. f 7 déc. 1835, 11391 J. E.).

1. EXPÉDITION EN FORME. — La décision de 1807, qui ne permettait de réclamer aux parties que le droit simple, voulait que toute demande fût abandonnée si les contractants représentaient une expédition en forme contenant relation de l'enregistrement, quoique cette mention fût fausse. Pour l'exécution de cette décision, il a été reconnu que les préposés doivent se borner à inviter les parties à payer les droits ou à justifier de leur acquit en produisant une expédition en forme ou toute autre pièce établissant la preuve que les droits ont été versés au notaire. Aucune poursuite ne doit avoir lieu, à moins qu'il ne soit constaté, par quelques renseignements de nature à être présentés en justice, que les contractants sont débiteurs, envers le notaire, du montant des droits d'enregistrement, dont ils ne lui auraient pas fait l'avance pour l'acte qui les concerne; il faut, en outre, que l'Administration, sur le compte qui lui aura été rendu à cet égard, ait spécialement autorisé le directeur à intenter une action (Circ. adm. 19 mars 1808, 62 J. N.).

Si le notaire a reçu le montant des droits, et que, sans représenter une expédition contenant une mention d'enregistrement, les parties veulent néanmoins faire enregistrer l'acte, il faut se borner à percevoir le droit simple, sauf à poursuivre directement le payement du droit en sus sur le notaire. Si l'expédition est représentée, cette expédition est enregistrée pour mémoire.

2. FAUX. — Un notaire a passé un acte le 1er juin 1806, laissé la date en blanc, délivré une expédition de cet acte avec une fausse relation d'enregistrement, et indiqué dans l'expédition la date du 1er juin 1806. Ultérieurement, il a donné à la minute la date du 15 mai 1808, époque à laquelle il avait cessé d'exercer les fonctions de notaire, et l'acte a été trouvé dans cet état parmi ses autres minutes. On a pensé que ce même acte, contenant une date postérieure à la cessation des fonctions du notaire, ne pouvait être considéré que comme passé sous seing privé, et que les dispositions ci-dessus ne lui étaient pas applicables; mais le ministre des finances a décidé le contraire, le 26 juillet 1808, par le motif que, malgré le faux, il s'agissait d'un acte passé devant notaire (2995 J. E.).

3. ACTE IMPARFAIT. — Mais si l'action de l'Administration, relativement au payement des droits sur un acte trouvé dans l'étude d'un notaire décédé insolvable, peut être arrêtée par la représentation d'une expédition en forme de l'acte, ou d'autres pièces établissant la preuve que les droits d'enregistrement avaient été déposés entre les mains du notaire, une pareille justification ne pourrait être admise pour soustraire les parties contractantes au payement des droits, si les actes non enregistrés ne devaient valoir que comme actes sous seing privé par suite du défaut de signature du notaire, celui-ci n'étant pas, dans ce cas, légalement responsable des droits (15080 J. E.; Dalloz, n° 5102; Champ. et Rig., n° 3899).

Cependant l'Administration ne paraît pas adopter cette manière de voir. Elle a décidé, le 4 août 1848 (13488 J. N.), que si les parties avaient remis au notaire les sommes nécessaires pour acquitter les droits d'enregistrement d'un acte passé devant lui, et qu'il ne l'eût pas revêtu de sa signature, on ne pourrait, après la faillite du notaire, rien réclamer à la partie si elle justifiait, par les récépissés du notaire, de la remise des fonds.

4. ACTE ADIRÉ REPRODUIT. — Cette faculté qu'ont les parties de s'exonérer de tous droits pourrait bien être contestée. C'est du moins ce qui ressort de l'un des motifs d'un jugement rendu par le tribunal de Toulouse, le 26 juillet 1850 (15057 J. E., 14234 J. N.). Dans l'étude d'un notaire en fuite n'avait pas été retrouvée la minute d'un acte de vente non enregistré, mais porté sur le répertoire, et un nouvel acte, qui n'était que la reproduction de l'acte adiré, avait été rédigé. Le tribunal de Toulouse a décidé que les droits d'enregistrement étaient exigibles sur ce nouvel acte présenté à la formalité, quoique les parties prétendissent avoir versé le montant des droits entre les mains du notaire. Il est vrai que les parties n'apportaient aucune preuve à l'appui de leur allégation; mais le tribunal ne s'est pas arrêté à cette considération : il a déclaré que le versement dans les mains du notaire, du droit d'enregistrement, n'avait pas libéré les parties envers le Trésor et que l'Administration avait, dès lors, le droit de réclamer le droit aux parties. Cette décision est fondée sur des faits spéciaux. Il a été reconnu, en thèse générale, que les actes refaits sans changement sont passibles du droit fixe (Sol. 13 nov. 1877).

5. HÉRITIERS DU NOTAIRE. — Même en admettant sans restriction les règles posées par l'I. G. 340, le recours de l'Administration, pour le payement du droit simple, s'il n'avait pas à s'exercer sur les parties contractantes, pourrait avoir lieu contre les héritiers du notaire décédé, nonobstant toute mention frauduleuse d'enregistrement mise sur l'expédition de l'acte non enregistré (Aurillac 24 juill. 1841, 12864 J. E., 11172 J. N.), ou même alors qu'il n'y aurait eu aucune expédition délivrée de l'acte non enregistré (9354 J. E.).

Jugé, en ce sens, que les héritiers bénéficiaires d'un notaire sont débiteurs des droits des actes parfaits ou imparfaits trouvés dans les papiers de ce notaire et destinés à prendre place dans ses minutes (Montbrison, 31 janv. 1873).

SECTION 4. — DISPOSITIONS DIVERSES

[1015-1024]

1015. Appel. — Une déclaration d'appel faite devant notaire est passible du droit ordinaire. — *V.* 2207.

1016. Aval. — L'aval, considéré comme endossement, est exempt d'enregistrement, alors même qu'il est mis sur un effet passé devant notaire. Mais l'aval notarié est passible du droit fixe de 3 francs. — *V.* 2449.

1017. Charges personnelles du notaire. — L'art. 33 L. 22 frimaire an 7 a parfaitement défini la position des notaires à l'égard du payement des droits. Ils sont tenus personnellement au payement des droits simples, au cas d'enregistrement dans le délai posé par l'art. 20 même loi, et, de plus, au payement des amendes et doubles droits au cas de retard ou de défaut d'enregistrement, sauf leur recours contre les parties dans l'un et l'autre cas, mais pour les droits simples seulement.

Cependant, une distinction essentielle est à faire. Le notaire ne pourrait être responsable des amende et double droit qu'autant qu'il n'aurait pas averti les parties qu'il ne signerait pas l'acte, faute d'avance des droits de leur part, et qu'il les aurait laissées dans la confiance que l'acte serait soumis à l'enregistrement malgré ce défaut de consignation de fonds (C. Bourges 29 août 1830, 4823 J. N.; — Poitiers 25 déc. 1840; — Dalloz, n° 5109; Champ. et Rig., n° 3901).

1018. Privilége du Trésor. — Le cautionnement des notaires est affecté, par premier privilége, en principal et intérêts, au recouvrement des amendes résultant de contraventions commises dans l'exercice de leurs fonctions, et des droits d'enregistrement des actes de leur ministère, lors même que ces droits ne leur ont pas été payés par les parties (Cass. 11 juin 1811, 1er juin 1814, 26 mars 1821, 4 fév. 1822, 25 juill. 1827, 1229 § 8, 1557 I. G., S. 11-1-248, 15-1-236, 22-1-343, 27-1-491. — *V.* Cass. 26 juill. 1858, 2137 § 3 I. G., S. 58-1-822).

Toutefois, ce privilége n'appartient pas exclusivement au Trésor public; il peut être également exercé pour les condamnations prononcées au profit des particuliers par suite de faits de charges. Et, dans ce cas, les particuliers viennent en concours avec le Trésor (1557 I. G.).

On ne saurait étendre ce privilége aux amendes prononcées contre l'officier public pour crimes ou délits; ces pénalités ne résultent pas de faits de charges proprement dits et ne constituent au profit du Trésor qu'une créance dont le recouvrement est garanti par l'hypothèque judiciaire, et ne peut venir en contribution qu'après les créances pour faits de charges (C. Rouen 3 sept. 1856, 870 R. P., confirmé en Cass. le 26 juill. 1858, 2137 § 3 I. G., S. 58-1-822; *Contrà*, C. Metz 28 fév. 1856, 870 R. P., 11081 C.).

1. NOTAIRE INSOLVABLE. — En cas d'insolvabilité d'un notaire, l'Administration n'a pas de privilége pour le payement des amendes et droits à recouvrer sur la somme que le nouveau titulaire doit verser à la caisse des consignations comme condition de sa nomination. Elle ne peut qu'en provoquer la distribution par contribution (A. Cons. fin. 29 juill. 1829; D. m. f. 31 août 1829 et 7 déc. 1835, 9106 J. N., 11391 J. E.).

1019. Procès-verbal de notaire. — Les procès-verbaux de dires, ceux d'adjudication préparatoire et autres, rédigés par les notaires, sont passibles du droit de 3 francs. — *V.* 1738-2, 4597.

1020. Protêt. — Les protêts faits par les notaires sont assujettis au droit fixe de 1 fr. 50 cent. — V. *Protêt*, 13236.

L'amende encourue pour enregistrement tardif est de 5 francs. — *V.* 993 *bis*, 13239.

1021. Recours contre les héritiers. — La peine du double droit et les amendes en matière d'enregistrement ne sont pas dues par les héritiers du notaire contrevenant, à moins qu'un jugement n'ait prononcé la condamnation, du vivant du notaire, ou qu'il n'ait souscrit une obligation (D. m. f. 11 brum. et 6 frim. an 14, et 1er sept. 1807, 340, § 4 I. G.). C'est dans ce sens que la C. Nancy a jugé, le 30 août 1844, que les amendes de contravention à la loi du 25 ventôse an 11, ayant un caractère de peine personnelle, la condamnation n'en peut être poursuivie contre les héritiers du contrevenant décédé (13648-5 J. E., 12222 J. N., Legraverend, t. 2; Bourguignon, v° *Amende;* Morin, *eod.* v° *Caract.* — *Contrà*, Rauter, nos 140, 170). — *V.* 2138.

1. TIMBRE. — Mais par une exception à cette règle qui est générale, la loi du 28 avril 1816 déclare que « le recouvrement des droits de timbre et des amendes de contravention y relatives, sera poursuivi par voie de contrainte. En cas de décès du contrevenant, lesdits droits et amendes seront dus par les successeurs, et jouiront, soit dans les successions, soit dans les faillites ou tous autres cas, du privilége des contributions directes » (art. 76).

1022. Recours du notaire contre les parties. — Lorsqu'un notaire a fait l'avance des droits d'enregistrement auxquels donnaient ouverture des actes d'obligations ou de vente, il a pour son remboursement une action solidaire contre le créancier et le vendeur, aussi bien que contre le débiteur et l'acquéreur, par le motif que le mandataire constitué par plusieurs personnes pour une affaire commune, a une action solidaire contre chacune d'elles pour le remboursement de ses avances; que les notaires sont évidemment dans ce cas pour les actes qu'ils reçoivent, puisqu'ils agissent sur l'ordre des parties et dans leur intérêt commun, et qu'ils ne peuvent leur donner la formalité requise sans les faire enregistrer et sans en acquitter les droits (Cass. 26 juin 1820, 6811 J. E.; 19 avr. 1826, 10 nov. 1828 et 20 mai 1829, 9239 et 9382 J. E.). — *V.* 1525.

1. EXPÉDITION. — Si le notaire a délivré des expéditions sans faire aucune réserve de frais, il y a présomption que ses avances lui ont été remboursées (Cass. 18 nov. 1818).

2. INTÉRÊTS. — Dans tous les cas, il n'est dû par la partie aucun intérêt à raison de ces avances (Cass. 13 avr. 1830, 9629 J. E.; Cass. 24 juin 1840, 12578 J. N.). — V. une dissert. de M. Pont, *Rev. cri.* t. 3 p. 259).

3. PROCÉDURE. — Le notaire qui actionne son client en remboursement de droits d'enregistrement dont il a fait l'avance, a la faculté, et non l'obligation de recourir à la procédure sur mémoires et sans plaidoiries, spécialement établie pour le jugement des contestations en matière d'enregistrement. Dès lors, il procède régulièrement en suivant, pour l'introduction de sa demande, la procédure ordinaire. « Attendu que l'administration de l'Enregistrement n'était point en cause; qu'il s'agissait d'un simple litige d'*intérêt privé* entre les demanderesses et leur notaire à raison des droits d'enregistrement que celui-ci disait avoir avancés pour ses clients; que, dès lors, les parties n'étaient pas obligées de suivre la procédure spéciale établie par les art. 30 et 65 de la loi du 22 frimaire an 7 pour le cas où la Régie est partie dans le procès; que le mot *pourront* dont se sert l'art. 30, et qu'il applique aux notaires, montre assez que l'emploi de ces formalités exceptionnelles est facultatif pour eux; qu'en le jugeant ainsi, les deux arrêts attaqués ont fait une juste application des art. 30 et 65 de la loi du 22 frimaire an 7 » (Cass. 9 fév. 1870).

Le jugement rendu sur la demande ainsi introduite est susceptible d'appel (C. Paris 29 mai 1869).

1023. Recours contre le receveur. — Lorsqu'un acte est présenté à la formalité de l'enregistrement dans le délai légal, et que le receveur ne l'enregistre qu'après l'expiration de ce délai, il est garant envers les parties des droits qui leur sont demandés ultérieurement par suite du retard d'enregistrement (Cass. 31 mai 1825, 8143 J. E., 5307 J. N., S. 25-1-409; D. m. f. 29 juin 1836, 9307 J. N.— V. 9104 J. N.).

« Attendu, porte l'arrêt de 1825, qu'il a été reconnu, en fait, qu'Avezon avait, dans les vingt-quatre heures, présenté à l'enregistrement le procès-verbal d'adjudication, avec la déclaration de command, et que c'est par la faute seule de Laplanche, receveur, que l'enregistrement n'avait pas eu lieu; — Que, d'après ces faits, en décidant que Laplanche devait garantir Avezon du dommage qu'il avait souffert par sa faute, les juges ont fait une juste application de la loi. »

1024. Preuve par témoin. — Cet arrêt, rendu à l'occasion d'une déclaration de command, a reconnu que, dans le cas où la preuve du dépôt de l'acte dans le délai légal n'est pas complète, les juges peuvent déférer d'office le serment au contribuable, lors même que l'objet de la demande excède 150 francs. Toutefois, il existe un arrêt de la C. Orléans 12 juin 1833, qui a décidé, dans un cas analogue, qu'on ne pouvait être admis à prouver par témoins le dépôt dans le délai, *s'il n'existe aucun commencement de preuve par écrit*, et si le droit proportionnel à percevoir sur la déclaration de command excède 150 francs (10823 J. E., 9134 J. N.). Cet arrêt ayant été déféré à la C. cass., il est intervenu, le 23 décembre 1835, un arrêt de la chambre civile qui a rejeté le pourvoi (9134 J. N.). Un jugem. Domfront a été rendu dans le même sens, le 26 janvier 1846 (12592 J. N.).

Le tribunal de Condom a jugé, dans un sens plus général, le 7 août 1845 (13845-4 J. E.), que le payement des droits d'enregistrement ne peut être prouvé par témoins, attendu que ce mode de preuve est à la fois contraire au texte et au vœu de la loi du 22 frimaire an 7.

Nous ferons remarquer que la jurisprudence que nous venons de faire connaître, et de laquelle on peut conclure que la preuve par témoins ne peut être admise pour prouver l'acquit des droits d'enregistrement, n'est que l'effet d'une juste réciprocité, du moment que, comme l'enseigne exactement Dalloz, n° 122, la preuve testimoniale ne peut être invoquée par l'Administration.—V. Cass. 15 juin 1813, Dalloz, n° 5556.

ACTE DE NOTORIÉTÉ.

1025. Définition. — L'acte de notoriété est celui qui est passé devant un officier public et où sont constatées les déclarations de personnes ou témoins qui attestent un fait notoire afin de suppléer un acte écrit qu'on est hors d'état de produire. — V. 2427, 2429.

1026. Caractère. — L'acte de notoriété peut se donner sur tous les faits qui intéressent les particuliers entre eux. — Ces faits sont relatifs aux personnes et aux biens. — Quoi qu'il soit toujours permis, qu'il soit quelquefois exigé, et souvent nécessaire, il ne faut néanmoins le considérer que comme un simple renseignement qui ne détruit pas tout autre document qui en ferait reconnaître l'inexactitude. Ce n'est point ce qu'on appelle une pièce probante. Il est tout simplement l'expression de la croyance publique certifiée par témoins. Il peut être passé devant notaire ou reçu par le juge de paix.

1027. Témoins. — Le nombre des témoins n'influe en rien, en général, sur la validité de l'acte de notoriété. Mais il a une action directe sur l'autorité que l'acte peut avoir. On comprend, en effet, que l'évidence de la notoriété est en proportion directe du nombre de témoins qui viennent l'attester. Cependant, il est certains cas où la loi détermine le nombre des témoins à appeler. Ainsi, il en faut sept pour suppléer à un acte de naissance (70 C. C.), quatre pour certifier le décès (155 C. C.), etc. Le nombre de deux suffit dans la plupart des cas.

Ces explications étaient nécessaires pour empêcher de confondre l'acte de notoriété avec le simple certificat.

1028. Tarif. — L'art. 43 n° 2 L. 28 avril 1816, qui a tarifé à 2 francs les actes de notoriété, n'ayant fait aucune distinction entre les actes de cette espèce passés devant notaire et ceux reçus par les juges de paix, il faut reconnaître que l'acte de notoriété est toujours passible du droit de 2 francs (Circ. 12 juin 1838).

Ce tarif a été élevé à 3 francs par l'art. 4 de la loi du 28 février 1872.

1. LÉGION D'HONNEUR. — Le droit de 3 francs est dû sur l'acte de notoriété rédigé par un notaire au vu des pièces produites par les membres de la Légion d'honneur, pour constater l'identité des titulaires (Dél. 3 juill. 1816, approuvée par les ministres de la justice et des finances, 16 oct. suiv., 5754 J. E.; Circ. 12 juin 1838).

2. PAYEUR. — Les actes de notoriété dressés soit devant notaires, soit devant les juges de paix, et produits par les payeurs du Trésor à l'appui de leur comptabilité, pour justifier des droits des parties prenantes, sont passibles de 2 francs (3 fr.) (Circ. 12 juin 1838; C. a. 2040).

3. ÉMIGRÉS. — Les actes de notoriété relatifs à l'indemnité des émigrés sont également passibles du droit de 2 francs (3 fr.) (D. m. f. 20 juin 1825, 1593 Roll., 1161 I. G.).

4. VEUVE INDIGENTE D'ANCIEN MILITAIRE. — On verra au n° 1028 *bis* quels sont les actes de notoriété que la loi exempte de tout droit, lorsqu'ils concernent des indigents et plus spécialement des veuves indigentes d'anciens militaires. Mais l'acte de notoriété destiné à suppléer auprès des ministres de la guerre l'acte de naissance de la veuve indigente d'un ancien militaire ne rentrant dans aucune des catégories d'exemptions prévues, doit être soumis au droit fixe de 3 francs, attendu que les exceptions étant de droit étroit ne peuvent être étendues (Déc. 29 déc. 1829, 22 janv. 1830, 1073 I. G., 9567 J. E.).

5. COMPTABLES. — Le certificat de décès d'un fonctionnaire pour obtenir le remboursement de son cautionnement n'est passible que du droit de 1 fr. 50 cent. — V. 3563.

6. CONCESSION EN ALGÉRIE. — Les actes de notoriété, destinés à constater les ressources pécuniaires des demandeurs en concessions de terres en Algérie, doivent être passés devant le juge de paix. Ils doivent être sur timbre et sont passibles du droit de 1 franc (Déc. 23 avr. 1852, art. 1er, § 2, 2049, § 1er, 2088, § 1er I. G., 747 R. P.).

Ce droit est actuellement de 1 fr. 50 cent. (L. 28 fév. 1872, art. 4).

1028 *bis*. **Gratis.** — 1. INDIGENTS. — Les actes de notoriété nécessaires au mariage des indigents, à la légitimation de leurs enfants et au retrait de ces enfants déposés dans les hospices doivent être visés pour timbre et enregistrés gratis (L. 10 déc. 1850). — Il en est de même des actes de notoriété rédigés à la requête du ministère public et ayant pour objet de rectifier les registres de l'état civil en ce qui concerne les indigents (L. 25 mars 1817, art. 75).

Sont encore exemptés du timbre et de l'enregistrement:

2. VEUVES INDIGENTES D'ANCIENS MILITAIRES. — 1° Les actes de notoriété et les procès-verbaux rédigés par les juges de paix pour constater la disparition des militaires et la privation de moyens d'existence de leurs veuves et orphelins (D. m. f. 26 janv. 1824, 1124 I. G.).

3. CAISSE DE RETRAITE POUR LA VIEILLESSE. — 2° Les actes de notoriété nécessaires à l'exécution de la loi sur les caisses de retraite pour la vieillesse (L. 18 juin 1850, art. 11).

4. SOCIÉTÉ DE SECOURS MUTUELS. — 3° Ceux de ces actes qui sont nécessaires à l'exécution de la loi sur les sociétés de secours mutuels (L. 15 juill. 1850, art. 9).

1029. — Disposition indépendante dans un acte. — Identité des parties. — Lorsqu'un notaire, en exécution de l'art. 22 L. 25 ventôse an 11, se fait attester les noms, qualités et demeures des contractants qu'il ne connaît pas, la déclaration fait partie intégrante de l'acte et ne donne pas ouverture à un droit particulier.

Mais si, sur la demande des parties, les témoins déclarent que celles-ci sont issues du mariage de tel ou telle dont ils sont seuls héritiers, l'attestation constitue l'acte de notoriété, tarifé par l'art. 43 L. 28 avril 1816, indépendant des autres dispositions de l'acte et passible du droit qui lui est propre (Dél. 31 avr. 1838, 1202, 12141-1 J. E.).

Dans l'ancien droit, il avait été déjà reconnu en ce sens que deux droits de contrôle étaient exigibles sur un acte contenant une notoriété servant à établir qu'une fille était héritière et une procuration par elle pour recevoir la créance (Déc. du Cons. du 31 oct. 1732; Bosquet, v° *Acte contenant plusieurs dispositions*).

Une procuration qui renfermerait une notoriété justifiant la qualité du mandant serait encore aujourd'hui sujette à deux droits (Sol. 12 janv. 1863).

1030. Pluralité. — 1° *Intérêt multiple.* — On doit percevoir deux droits sur un acte de notoriété destiné à faire réparer une omission sur les registres de l'état civil, énonçant la date de la naissance non constatée de deux frères, parce que deux faits sont attestés, que ces deux faits sont indépendants l'un de l'autre, et qu'ils ont pour cause un intérêt individuel et non un intérêt collectif indivisible (Sol. 13 déc. 1825, 8289 J. E.). — Il en est de même de la notoriété destinée à la rectification des prénoms de deux époux (17113-2 J. E.).

Il est également dû deux droits sur un acte portant que B... est seul héritier de J... et que B... a consenti mainlevée d'une inscription hypothécaire requise par J... Ces dispositions sont en effet parfaitement distinctes l'une de l'autre (7553 J. E.).

1. INTÉRÊT UNIQUE. — Mais l'acte de notoriété qui constate: 1° le décès des père et mère; — 2° l'existence de leurs enfants et leurs droits d'héritiers, n'est passible que d'un seul droit, car il ne constate qu'un seul fait, l'hérédité des enfants résultant du décès de leur père et mère (Dél. 22 fév. 1833, 4032 Roll.).

De même, il n'est dû qu'un seul droit sur l'acte qui constate le décès de plusieurs personnes mortes successivement en héritant les unes des autres, et dont la dernière a laissé des héritiers sur la tête desquels se réunissent toutes les successions, car tous ces décès ont été constatés dans l'intérêt unique de ces derniers héritiers (10879 J. E.).

On l'a ainsi décidé au sujet d'un acte de notoriété rédigé dans les circonstances suivantes: La dame M... est décédée en 1859, laissant pour héritiers la dame T... et les enfants D... L'un de ces enfants est mort sans postérité en 1862, et peu après le sieur M... est lui-même décédé. L'acte de notoriété constatant ces faits n'avait eu pour objet et pour résultat que d'établir les droits du sieur D..., père de ces enfants, et de la dame T... dans la masse indivise où se trouvaient confondues les valeurs des trois successions. Il n'était donc, comme le partage lui-même, passible que d'un seul droit (Sol. 10 juin 1869, 3092 R. P.). — Un réel droit est également dû sur l'acte dressé pour rectifier le nom d'un titulaire de rente et établissant un état civil (19290 J. E.).

ACTE NUL ET REFAIT.

CHAPITRE PREMIER. — DISPOSITIONS GÉNÉRALES

[1031-1034]

1031. Définition. — On appelle *acte nul et refait,* dans le sens des lois fiscales, celui qui, s'étant trouvé anéanti par suite de nullité ou *autre motif,* a été refait sans aucun changement qui ajoute aux objets des conventions ou à leur valeur.

1032. Tarif. — Cette nature d'acte avait été tarifée au droit fixe de 1 franc par la loi du 22 frimaire an 7, art. 68, § 1er, n° 7. Ce droit est maintenant de 3 francs (L. 28 avr. 1816, art. 43, n° 3; L. 28 fév. 1872, art. 4).

Ce tarif est la consécration de la maxime *non bis in idem,* c'est-à-dire que lorsqu'une convention a subi les droits auxquels elle donne ouverture par sa nature, elle peut être indéfiniment répétée dans de nouveaux actes sans donner lieu au droit de la convention. Le droit à percevoir pour ces nouveaux actes, à raison de cette convention, n'est plus qu'un droit de salaire de la formalité. Les dispositions de la loi d'après lesquelles le droit fixe est le seul à percevoir sur les *titres nouvels,* les *ratifications,* les *adjudications à la folle enchère* sans augmentation de prix, se rattachent au même ordre d'idées.

« L'art. 68, § 1er, n° 7, n'est guère, d'ailleurs, que la reproduction des règles de l'ancien droit, ainsi formulées par Bosquet et consacrées par un grand nombre de décisions du conseil :

« Lorsqu'un acte est nul par quelque défaut de formalité et qu'il est fait de nouveau, on peut assurer que les droits de contrôle et d'insinuation sont dus, parce qu'ils sont le salaire d'une formalité qui ne peut être donnée sans droit : au lieu que le centième denier est un droit réel dû pour les mutations et qui, par conséquent, n'est pas dû de nouveau si le deuxième acte ne fait que confirmer la translation de propriété opérée par le premier sans augmentation de prix » (Bosquet, v° *Actes nuls*).

1. DROIT GRADUÉ. — Lorsque l'acte refait a été assujetti au droit gradué, le deuxième acte n'est passible que du droit fixe (Sol. oct. 1874; sept. 1875; déc. 1876 et mars 1877).

1033. Le titre de la convention est dans le premier acte. — En principe, c'est dans le premier acte qu'est le titre de la convention, et l'acte refait n'a d'autre but que de faire disparaître le vice qui pourrait l'atteindre dans son essence.

1. DONATION PAR CONTRAT DE MARIAGE. — Ainsi, lorsqu'une donation d'immeubles par contrat de mariage est refaite pour cause de nullité, et sans *aucun changement,* après la *célébration du mariage,* on n'est pas fondé à dire que, la première donation ne pouvant pas produire d'effet, la seconde est la seule qui ait opéré la transmission, et qu'elle est, par conséquent, sujette aux droits réglés pour les donations faites *hors contrat de mariage,* sauf à précompter le droit proportionnel perçu sur ce contrat, à cause de la première donation. Ce serait établir une distinction que la loi n'a point faite, puisque sa disposition comprend généralement les actes refaits (2826 J. E.).

1034. Jugement. — Le principe de l'art. 68, § 1er, n° 7 de frimaire ne s'applique pas seulement aux actes civils et extrajudiciaires. Il s'applique également aux actes judiciaires. Cependant on trouve l'opinion contraire formulée dans un mémoire présenté par l'Administration à la C. cass. : « Les actes refaits désignés à l'art. 68 § 1er n° 7, a-t-elle dit, sont les actes purement conventionnels à l'exclusion des jugements. Cela ressort du texte même de l'article, qui suppose que les conventions refaites peuvent contenir des changements ou additions. Or, le juge n'est appelé qu'à statuer sur les contestations régulièrement portées devant lui, sans pouvoir régler aucune convention volontaire entre les parties » (3040 R. P.); et la Cour suprême s'est laissé impressionner dans ce sens, puisqu'elle a décidé par l'arrêt rendu sur cette requête, le 15 décembre 1869 : « Que les actes refaits auxquels s'applique le n° 7 de l'art. 68 de la loi du 22 frimaire an 7 ne peuvent s'entendre que de ceux qui interviennent *d'un commun accord* entre les parties, à l'effet de rectifier, sans rien ajouter aux objets des conventions ou à leur valeur, des actes irréguliers ou insuffisants qu'ils sont destinés à remplacer » (3040 R. P., 19786 J. N., 18873 J. E., D. 70-1-366, 2398-5 I. G., 227 B. C., S, 70-1-87, D. 70-1-87).

Mais cette erreur a été relevée par tous les arrêtistes.

Dans son acceptation générale, le mot *acte* comprend aussi bien les jugements que les contrats. — V. *Acte.* Les premiers sont des actes judiciaires, tandis que les seconds sont des actes civils, voilà toute la différence. Si le texte, en parlant du changement des conventions, paraît avoir spécialement en vue les contrats amiables, c'est parce que la règle qu'il établit leur est plus fréquemment appliquable. La loi s'est occupée, selon l'usage, *de eo quod plerumque fit*. Elle n'a pas eu certainement l'intention d'en exclure par cela seul les jugements. Cette conséquence ne se justifierait par aucune bonne raison. D'ailleurs, l'Administration n'entend pas l'article avec un sens aussi restreint. Elle admet très-catégoriquement, au contraire, dans son I. G. nº 1528 § 9, qu'il s'applique aux jugements comme aux actes civils. Et c'est en se fondant sur ses dispositions qu'elle décide que si une condamnation par défaut est suivie d'une condamnation contradictoire portant sur la même somme, le second jugement est dispensé du droit proportionnel par la perception établie sur le premier : « L'intention du législateur, dit l'Administration, n'a point été qu'une seule et même convention pût être assujettie plusieurs fois au droit proportionnel, quoiqu'elle fût constatée par plusieurs actes ou prononcée par plusieurs jugements » (D. m. f. 13 mai 1836, 1528 § 9 I. G., S. 36-2-448.— *Conf.*, Dél. 17 nov. 1821; Dalloz, nº 4275).

Une solution conforme a été rendue le 25 novembre 1876 (4693 R. P.).

CHAPITRE II. — DROIT FIXE. — DROIT PROPORTIONNEL

[1035]

1035. Règle. — La loi n'a eu en vue que les actes sujets au droit proportionnel. — La question de savoir si la disposition du tarif relatif aux actes refaits s'applique seulement aux actes passibles du droit proportionnel et non pas aux actes sujets au droit fixe, nous semble résolue par le texte même de l'art. 68 § 1er nº 7, de la loi du 22 frimaire an 7, aux termes duquel sont soumis au droit fixe de 1 franc « les actes refaits pour cause de nullité ou autres motifs, sans aucun changement aux objets de convention ou à leur valeur » (*Conf.*, Champ. et Rig., nº 946).

En effet, la disposition de la loi de frimaire n'est que la conséquence du principe d'après lequel l'impôt n'est jamais dû qu'une seule fois sur un même fait, *non bis in idem*. Or, cette règle n'est pas applicable au droit fixe qui, d'après l'art. 3 L. 22 frimaire an 7, doit être perçu autant de fois qu'il y a d'actes, alors même que ces actes seraient relatifs à la même déclaration ou à la même convention. Le droit proportionnel, au contraire, s'appliquant au fait de la mutation (art. 4 même loi), ne doit être perçu qu'une fois sur la mutation, quel que soit le nombre d'actes qui la constatent.

Dans l'ancien droit déjà, ainsi que l'atteste Bosquet (*ubi suprà*), les actes refaits donnaient lieu au même droit de contrôle que l'acte primitif, parce qu'il s'agissait seulement du salaire de la formalité. Comme le droit fixe d'enregistrement a la même nature, on est autorisé à lui appliquer aussi la même règle.

1. DROIT DE CONDAMNATION PERÇU SUR UN JUGEMENT ANNULÉ. — L'I. G. 1528 § 9, dans une affaire où il s'agissait de l'application de l'art. 69 § 2 nº 9, de la L. 22 frimaire an 7, aux termes duquel lorsque le droit proportionnel a été acquitté sur un jugement rendu par défaut, la perception sur le jugement contradictoire à intervenir ne doit avoir lieu que sur le supplément de condamnation, a formellement consacré la règle que nous venons d'indiquer. Après avoir rapproché le nº 7, § 1er, de l'art. 68 L. de frimaire, de l'art. 69, § 2, nº 9 ci-dessus, l'Administration ajoute : « Ces dispositions indiquent clairement que l'intention du législateur n'a point été qu'une seule et même convention pût être assujettie plusieurs fois au droit proportionnel, quoiqu'elle fût constatée par plusieurs actes ou par plusieurs jugements. » — *V.* 1034.

2. JUGEMENT. — On verra au mot *Jugement* que le droit fixe doit être perçu sur les jugements rendus après opposition, appel ou cassation, sans égard à ceux qui ont été exigés lors de l'enregistrement des premiers jugements et naturellement au taux déterminé par la nature du jugement; c'est la consécration du principe développé au numéro précédent.

3. EXPLOIT. — On avait cependant enseigné que le seul droit fixe de 2 francs est exigible sur un exploit de signification d'appel d'un jugement de première instance intervenu pour reproduire un autre exploit de signification qui avait payé le droit fixe de 10 francs avant d'être refait pour cause de nullité ou autre motif (3196 J. E.).

Une délibération avait elle-même reconnu que si un pareil acte d'appel, fait à la requête d'un seul demandeur contre un seul défendeur, est signifié successivement à plusieurs domiciles, par suite d'erreurs commises, la première signification est seule soumise au droit de 10 francs. Les autres ne sont sujettes qu'au droit de 2 francs (Dél. 2 déc. 1831, 3540 Roll.— *Contrà*, Sol. 16 sept. 1830, 9758 J. E.).

Mais on n'a pas persisté dans cette interprétation. Des solutions des 15 mai 1854 et 12 mai 1869 (3399 R. P.), ont décidé en principe que l'art. 68, § 1er, nº 7, s'applique limitativement aux actes passibles du droit proportionnel, que les autres et notamment les exploits doivent supporter le tarif auquel leur nature particulière les soumet.

« L'art. 68, § 1er, nº 7, de la L. 22 frimaire an 7, porte la solution du 12 mars 1869, assujettit au droit fixe de 1 franc les actes refaits pour cause de nullité, sans aucun changement qui ajoute aux objets des conventions ou à leur valeur. Cette disposition ne régit pas les actes extrajudiciaires. Une décision du ministre des finances du 9 avril 1862 a implicitement reconnu que les exploits refaits sont passibles du droit auquel ils sont tarifés d'après leur nature, ce droit n'étant jamais que le salaire de la formalité » (3399 R. P.).

CHAPITRE III. — CONDITIONS DE L'ACTE REFAIT

[1036-1051]

1036. Principe. — Les changements qui, aux termes de l'art. 68, § 1er, nº 7, de la loi du 22 frimaire an 7, peuvent faire perdre à l'acte son caractère d'acte refait, dans le sens de cet article, se présentent sous trois aspects différents. Ils consistent dans l'augmentation du capital de la dette, ou dans sa diminution, ou enfin dans les accessoires tels que les hypothèques ou le cautionnement. La solution des diverses questions que peuvent faire naître ces changements se trouve en germe dans ces paroles de Toullier, t. 7, n° 370 : « Les dérogations, additions ou modifications, ne détruisent pas ordinairement la première obligation, à l'égard des points auxquels on n'a pas dérogé, ou que l'on n'a pas modifiés. Ces points restent dans toute leur force, en vertu du premier acte. Si l'on y fait des additions, il en résulte seulement qu'il y a plusieurs contrats au lieu d'un. Si ce sont des retranchements, l'obligation est seulement réduite. » On doit entendre par là qu'il n'y aura pas deux obligations différentes, mais seulement deux titres C'est le principe, ainsi qu'en font la remarque Champ. et Rig., n° 969, posé par cette phrase des *Institutes* de Justinien : *Alioqui et manere pristinam obligationem, et secundum ei accedere, ut maneat in utraque causa obligatio.* Phrase que Vinnius explique en disant que le créancier pourra agir en vertu des deux titres, et suppléer, par l'un, ce qui manque à l'autre, en sorte que l'une des obligations étant acquittée, l'autre sera éteinte jusqu'à concurrence, *quia sunt obligationes unius rei.*

Mais la loi suppose encore d'autres conditions ; il faut : 1° que le second acte soit relatif à la même convention ; — 2° qu'il n'y ait pas novation dans l'obligation ; — 3° que la convention n'ait pas été annulée.

SECTION PREMIERE. — ANNULATION DE L'ACTE

[1037]

1037. Titre nouveau. — L'acte que la loi a prévu est celui qui consolide une convention entachée de nullité. Dès que cette convention n'existe plus, le contrat qui intervient pour le faire revivre est un titre nouveau qui doit acquitter privativement le droit proportionnel auquel est assujettie la convention qu'il renferme. Vainement argumenterait-on des termes de la loi qui tarife au droit fixe les actes refaits pour *nullité* ou autres motifs. Le mot nullité a été inséré dans la loi pour indiquer que le contrat peut être annulé par suite du vice qu'il renferme et non pas pour exprimer que l'annulation est déjà prononcée.

1-2. ADJUDICATION SUR SAISIE. — Il arrive fréquemment, par exemple, que l'acheteur d'un immeuble saisi se rend de nouveau adjudicataire sur les poursuites des créanciers, afin de conserver sa propriété.

Lorsque la première vente n'a pas été annulée, le second acte n'est qu'un contrat refait, donnant lieu au droit fixe, si le prix n'est pas supérieur à celui de l'acte d'aliénation (D. m. f. 17 nov. 1818, 6697 J. E.; — Dél. 25 mai 1825 et 13 juin 1830, 1196 et 3163 Roll., 5302 et 7290 J. N.; — Dél. 5 sept. 1834 et 1er avr. 1842, 10330 et 12994 J. E., D. N., t. 1er, p. 546, n° 150; — Dél. 8 fév. 1850; Sol. 15 mars 1860).

3. VENTE PRIMITIVE ANNULÉE. — Au contraire, si l'acte primitif a été annulé, il est dû un nouveau droit de mutation sur l'adjudication faite au profit du même acquéreur : « Attendu que l'exemption accordée aux actes refaits ne saurait être étendue à un jugement d'adjudication de biens mis aux enchères sur saisie, après annulation judiciairement prononcée d'une vente amiable dont ils avaient été l'objet; qu'une telle adjudication, dans laquelle les parties intéressées ne sont pas les mêmes et qui ne participe aucunement de la nature des conventions volontaires, n'a évidemment pas pour but de refaire le contrat annulé, puisqu'elle peut avoir pour résultat d'en changer les conditions pécuniaires, et même de le détruire complétement, en attribuant la propriété des biens à un autre que celui qui les avait acquis amiablement; que, dans le cas où, comme dans l'espèce, c'est ce dernier qui se rend adjudicataire, en acquiesçant ainsi au jugement d'annulation de sa précédente acquisition, qui avait eu lieu pour un prix différent de celui de l'adjudication, il s'opère une nouvelle mutation distincte et indépendante de la première, et passible, de même que celle-ci, du droit proportionnel d'enregistrement; — Attendu, d'autre part, qu'il n'est ni contestable, ni contesté au procès que le droit proportionnel de mutation immobilière avait été régulièrement perçu sur le prix de la vente amiable du 9 août 1865, d'où il suit qu'aux termes de l'art. 60 de la loi du 22 frimaire an 7 cette perception n'était restituable ni directement, ni indirectement par voie d'imputation ou de précompte sur le nouveau droit de mutation perçu ultérieurement sur le prix de l'adjudication » (Cass. 15 déc. 1869, 3040 R. P., 19786 J. N., 18873 J. E., 2398-5 I. G., 127 B. C., S. 70-1-87, D. 70-1-366. — *Conf.*, Cass. 24 nov. 1806, *Préc. chron.*, v° *Vente*, n° 33; 5 déc. 1866, 2393 R. P., 2356 I. G., 18290 J. E., 1872 Rev., 18702 J. N.; Largentière 15 janv. 1875, 4194 R. P.; — Chalon-sur-Saône, 14 avr. 1875). — *Contrà.* Champ. et Rig., 2015).

4. VENTE. — RÉSILIEMENT ET VENTE. — Lorsqu'on présente simultanément à la formalité trois actes portant : le premier, vente; le deuxième, résiliement de cette vente dans les vingt-quatre heures; le troisième, nouvelle vente des mêmes objets, il y a lieu de percevoir le droit proportionnel sur les deux ventes, parce que le vendeur, qui s'était d'abord dépouillé des choses vendues, s'en était ressaisi presque immédiatementet les avait aliénées de nouveau. Il y a donc eu, en réalité, trois mutations, et ce n'est que par l'effet d'une exception écrite dans la loi (art. 68, § 1er, n° 40, L. 22 frim. an 7) que la seconde mutation n'est passible que du droit fixe (Sol. 21 mars 1832; 10269 J. E.).

5. RESCISION. — L'acte par lequel l'acquéreur d'un domaine dont le titre a été rescindé pour cause de lésion, se rend adjudicataire du même domaine, ne peut être rangé dans la catégorie des actes refaits, passibles de droit fixe seulement. Cette adjudication constitue une mutation nouvelle, tout à fait distincte de la première vente, et qui donne naissance aux droits propres à la mutation qu'il renferme (Seine 30 avr. 1854, 15953 J. E., 15443 J. N.).

6. ANNULATION JUDICIAIRE. — Est également passible du droit proportionnel l'échange refait sous forme de vente, après son annulation judiciaire. Le droit est dû sur les deux actes, selon leur nature, sans aucune imputation (Sol. 31 déc. 1862; — Libourne, 12 avr. 1863; — Chalon-sur-Saône, 14 avr. 1875).

C'est donc à tort que Champ. et Rig. critiquent (n° 2015) un arrêt de la C. cass. du 24 novembre 1806 qui a jugé que si une personne, après l'annulation d'une vente, se rend de nouveau acquéreur de l'immeuble originairement vendu, le droit de mutation est exigible sur cette seconde vente.

Mais si l'annulation du premier contrat est toujours une cause d'exigibilité du droit proportionnel, s'il n'y a point à distinguer pour cela entre l'annulation judiciaire et la reconnaissance amiable de la nullité, si toutes deux produisent les mêmes effets, il existe cependant une différence importante entre les diverses sortes d'annulations judiciaires.

7. JUGEMENT CONTRADICTOIRE OU EN DERNIER RESSORT. — Lorsqu'il s'agit d'un jugement passé en force de chose jugée, comme il est irrévocable, renoncer à son bénéfice, c'est donner ouverture au droit proportionnel, car la renonciation est nécessairement translative. Donc refaire l'acte après que son annulation a été prononcée par un jugement de cette nature, c'est tomber sous l'application du principe que nous venons de développer.

8. JUGEMENT PAR DÉFAUT OU EN PREMIER RESSORT. — Au contraire, l'opposition ou l'appel mettant à néant le jugement par défaut ou en premier ressort, on a pensé qu'il suffit de refaire l'acte avant le prononcé du jugement contradictoire, ou en dernier ressort, pour ne donner ouverture qu'au droit fixe. — Ainsi, un jugement par défaut prononce la résiliation d'une vente faute de payement : avant la signification de ce jugement les parties transigent et conviennent qu'il sera considéré comme non avenu, et que l'acte de vente sera exécuté. La convention, d'après un jugement du tribunal de Vervins, du 15 juin 1836 (11718-2 J. E.) n'est point passible du droit proportionnel. — V. dans le même sens, Dél. du 22 juillet 1828 (2204 Roll.).

Cette question est d'ailleurs très-délicate. Nous l'examinerons avec détails au mot *Transaction* n° 17393.

SECTION 2. — LA NULLITÉ DE PLEIN DROIT N'ÉQUIVAUT PAS A L'ANNULATION

[1038]

1038. Règle. — Le principe essentiel de la législation fiscale, c'est que la loi ne reconnaît aucune nullité de plein droit. « Les nullités, porte un arrêt de la C. Cass. du 15 février 1854, fussent-elles absolues, les actes qu'elles vicient n'en conservent pas moins leurs effets, tant qu'ils n'ont pas été annulés sur la demande des parties ou du ministère public; or, ce droit n'a pas été confié à la Régie de l'Enregistrement, dont la mission se borne au recouvrement de l'impôt, sans qu'il lui appartienne, sauf le cas de fraude, de rechercher la valeur obligatoire des actes » (2015-7 I. G., 15812 J. E., 15189 J. N., 10193 C.; S. 54-1-272). — Si apparentes qu'elles soient, les nullités ne sauraient donc être opposées par l'Administration avant leur reconnaissance amiable ou judiciaire; et les parties peuvent refaire, sans payer de nouveaux droits, les actes dont l'annulation ne résulte pas d'une convention ou d'un jugement.

1. DONATION CADUQUE. — SURVENANCE D'ENFANT. — L'Administration a décidé dans ce sens, que, si l'on renouvelle une donation devenue caduque par survenance d'enfant, un nouveau droit n'est pas exigible du moment qu'il s'agit des mêmes biens, des mêmes parties et des mêmes conditions (Dél. 16 fév. 1827, 8719 J. E.). L'art. 68, § 1er, n° 7, de la L. frimaire justifie pleinement cette décision. Mais l'Administration l'a fondée sur un motif qui, en droit, peut ne pas paraître exact, c'est qu'il n'y a pas nouvelle mutation.

Tarif nouveau. — L'Administration ayant fondé sa solution précédente sur le motif qu'il n'y avait pas mutation nouvelle, on en a conclu (14682 J. N.), dans une espèce où la donation première n'avait supporté aucun droit parce qu'elle consistait en rentes sur l'État, que le droit fixe est seul exigible sur la donation refaite, alors cependant que le nouvel acte aurait été passé sous l'empire de la loi du 18 juin 1850, qui a tarifé au droit proportionnel les mutations à titre gratuit d'inscription sur le grand-livre. Mais c'est une erreur. Il y si bien mutation nouvelle, qu'une simple renonciation, même acceptée, à la révocation légale de la donation, ne dépouillerait pas le donateur. « Un simple acte de renonciation, dit Grenier, t. 1er, n° 204, au droit que la révocation de la donation donnerait au donateur, serait sans effet, comme le simple acte confirmatif serait impuissant. On ne peut se dépouiller de ses biens à titre gratuit, que par une donation ou un testament. On ne peut confirmer une donation qui n'existe plus, *qui confirmat nihil dat.* » Ces observations démontrent assez clairement que par l'effet de la survenance d'enfant, le donateur est ressaisi des biens donnés, d'où la conséquence qu'il y a mutation nouvelle dans la donation qu'il fait des mêmes biens.

Nous dirons donc que si la donation refaite, pour cause de survenance d'enfant, ne donne pas ouverture à un nouveau droit proportionnel, lorsque, d'ailleurs, elle n'est que la confirmation pure et simple de la donation révoquée, c'est que le législateur a compris qu'il ne pouvait exiger un nouveau droit, souvent fort élevé, pour un acte qui, en définitive, ne fait qu'un avec une convention qui a acquitté ce droit une première fois.

2. VENTE DES BIENS DONNÉS. — CONFIRMATION. — On a critiqué la délibération du 16 février 1827, et soutenu que le droit proportionnel devrait être perçu, parce que la donation étant annulée de plein droit, le second acte renferme une convention nouvelle et opère une seconde mutation. Il suffit, pour réfuter cette opinion, de faire remarquer qu'en matière d'enregistrement, il n'y a pas de nullité de plein droit. Si manifeste que soit la caducité d'une donation révoquée par survenance d'enfants, il n'appartient pas à l'Administration de suppléer à la constatation amiable ou judiciaire de cette nullité. Le donateur peut donc refaire sa libéralité sans payer de nouveaux droits.

Aussi l'Administration, persistant à juste titre dans sa jurisprudence, a-t-elle décidé que, quand, par suite de la révocation de plein droit d'une donation par survenance d'enfants au donateur, celui-ci abandonne de nouveau, par acte en forme, aux mêmes prix et conditions de la vente, les immeubles donnés, au tiers qui les avait acquis du donataire avant l'événement de la révocation, cet acte ne fait que confirmer et renouveler la première vente; et, comme il ne s'est opéré réellement à l'égard des acquéreurs qu'une seule mutation dont ils ont payé le droit, il n'est plus dû que le droit fixe comme acte refait (Sol. 21 mai 1861, 17139 J. N., 1508 R. P.).

SECTION 3. — IL FAUT QU'IL S'AGISSE DE LA MÊME CONVENTION

[1039-1042]

1039. — Reproduction de la convention. — Pour échapper au droit proportionnel, le second titre doit être relatif à la même convention. Exemples :

Dans un acte d'obligation de 10,000 francs pour prêt fait par Paul à Pierre, ceux-ci déclarent que cette somme de 10,000 francs est la même que celle précédemment empruntée par Pierre à Paul, suivant acte de tel jour; le droit fixe sera seul exigible sur cet acte d'obligation qui ne fait que confirmer l'acte précédent, resté sans effet pour une cause quelconque.

Que si, au contraire, Pierre et Paul gardent le silence sur l'origine de cette somme de 10,000 francs, le receveur, malgré l'identité parfaite entre les parties, la somme prêtée et même les conditions du contrat, sera parfaitement autorisé à percevoir le droit proportionnel d'obligation sur 10,000 francs, et toutes les preuves qui, en dehors de l'acte, pourraient être fournies, de l'indentité des deux obligations, ne pourraient modifier la perception.

1040. Garantie fournie par une nouvelle caution. — Ainsi il n'est dû que le droit fixe de 2 francs (3 fr.), lorsqu'un cautionnement en immeubles, fourni pour la gestion d'un employé d'une administration publique, n'ayant pas été admis, il est passé un nouveau cautionnement (D. m. f. 30 août 1817, 5896 J. E., 2333 J. N.); mais si la caution nouvelle n'était pas la même personne, il y aurait évidemment cautionnement nouveau, et le droit proportionnel serait exigible (290 § 12 I. G.; D. m. f. 22 flor. an 7, 191 J. E.). Ce ne serait plus là, en effet, la reproduction de la convention primitive.

1040 *bis*. Erreur de nom d'un remplaçant. — On ne saurait voir une convention nouvelle dans l'acte qui, rectifiant une erreur dans le nom du remplaçant, reproduirait le contrat primitif. Cependant l'Administration a décidé, le 31 décembre 1841 (12901 J. E.), que le droit proportionnel perçu sur le premier acte ne doit pas être imputé sur le droit auquel donne ouverture le second contrat de remplacement. Cette solution ne nous paraît pas juridique.

Le premier contrat renfermait une simple erreur de nom, et l'identité du remplaçant était constante. Le second acte ne se rapportait donc pas à un nouveau traité, mais avait pour but unique de refaire le premier, en le purgeant de l'irrégularité dont il était atteint. Le droit fixe était seul exigible. — *V.* 17850.

1041. Échange. Bien que l'acte refait ne contienne aucune augmentation, ni aucune diminution dans la valeur imposable, il peut cependant revêtir le caractère d'un contrat commutatif, quand l'objet même de l'obligation est changé. Ainsi, l'acte par lequel on refait un partage, avec attribution à un copartageant du bien antérieurement compris dans un autre lot, renferme un échange passible du droit proportionnel (Bosquet, t. 3, p. 451; — D. m. f. 19 juill. 1808, D. N. t. 5, p. 278, n° 107; — Dél. 1er mai 1827 et 2 nov. 1825, 8203 et 8805 J. E; — Toulouse 21 août 1862, 1742 R. P.; — Bruxelles 3 juin 1863, 17775 J. E. — *V.* aussi Carcassonne 25 nov. 1862, 16574 J. N.; — Tulle 11 fév. 1865, 2028 R. P. — *Contrà*, Bar-sur-Aube 19 nov. 1850, 14295 J. N.). — *V.* 12483.

1042. Titre nouveau. — Mais le droit de 5 fr. 50 cent. pour 100 et celui de rédaction, sans imputation du droit de 1 pour 100 précédemment perçu, sont exigibles sur l'adjudication passée au donataire en vertu de partage anticipé d'un immeuble saisi sur le donateur et ayant fait partie de son lot. Il y a ici nouveau titre de possession (15217-2 J. E.).

Une solution (sans date), rapportée par le *Contrôleur*, décide de même que l'acte par lequel un donataire a reçu d'autres immeubles en remplacement de ceux qui lui avaient été donnés, et dont il avait été évincé, constitue une transmission entièrement indépendante et distincte de la première, donnant nécessairement ouverture au droit proportionnel (11296 C.).

SECTION 4. — L'OBLIGATION NE DOIT PAS ÊTRE NOVÉE PAR LE SECOND ACTE

[1043-1045]

1043. Changements qui ne novent pas. — Le débiteur et le créancier sont toujours libres de faire, d'un consentement mutuel, telles innovations, tels changements que bon leur semble, à une obligation précédemment contractée, soit en y ajoutant, soit en y retranchant quelque chose, soit en la modifiant de quelque manière que ce soit. Mais ces dérogations, ces additions ou modifications ne détruisent pas ordinairement la première obligation à l'égard des points auxquels on n'a pas dérogé, ou que l'on n'a pas modifiés. Ces points restent dans toute leur force en vertu du premier acte. Si l'on y a fait des additions, il en résulte seulement qu'il y a plusieurs obligations au lieu d'une. Si ce sont des retranchements, l'obligation est seulement réduite. Il n'y a point de novation, si l'on n'est pas convenu d'éteindre et d'anéantir la première obligation, pour lui en substituer une nouvelle (Toullier, t. 7, n° 270). — *V.* 1047, 1050.

1044. — Il faut, pour qu'il y ait novation, que le changement porte sur le titre de l'obligation. — Pour qu'il y ait novation par changement de dette, il faut que le changement porte sur la prestation de la dette ou sur le titre de l'obligation. Par exemple, si le débiteur d'une somme d'argent doit désormais, au lieu de la somme, livrer un meuble ou un immeuble, la prestation est différente; si l'acquéreur d'un immeuble reçoit quittance du prix et souscrit au vendeur, pour une somme égale, l'engagement de lui servir une rente perpétuelle, le titre de l'obligation est tout à fait nouveau. — Mais si le créancier prolonge le terme, s'il libère les cautions, s'il donne mainlevée des hypothèques; ou bien, en sens inverse, s'il exige un cautionnement ou une obligation hypothécaire, le changement porte sur les accessoires de la dette, et non pas sur la dette même : il n'y a pas novation.

1045. C'est l'obligation nouvelle qui engendre le droit. — On a vu au n° 1033 que le droit exigible est celui déterminé par la nature de l'ancienne obligation qui est validée. Or, le contraire se produit lorsqu'il y a novation. En effet, ce n'est pas la libération du débiteur qui est la cause principale de la convention, c'est la création de la dette nouvelle. « L'ancienne dette est éteinte par la nouvelle qui est contractée à sa place, dit Pothier, *des Obligations*, n° 546; c'est pourquoi la novation est comptée parmi les manières dont s'éteignent les obligations. » Ainsi, l'extinction de la dette est un effet et non une cause; elle est donc secondaire et non principale, et cela doit être, car ce qui acquiert l'existence l'emporte évidemment sur ce qui la perd.

Dès lors, le droit exigible est le droit propre à l'obligation nouvelle. — V. *Novation*.

SECTION 5. — IL FAUT QUE L'ACTE NE CHANGE PAS L'OBLIGATION

[1046-1051]

1046. Changements. — « Les actes refaits, porte un arrêt de la C. de cass., auxquels s'applique le n° 7 de l'art. 68 de la loi du 22 frimaire an 7, ne peuvent s'entendre que de ceux qui interviennent d'un commun accord entre les parties à l'effet de rectifier, sans rien ajouter aux objets des conventions ou à leur valeur, des actes irréguliers ou insuffisants qu'ils sont destinés à remplacer; l'exemption du droit proportionnel d'enregistrement accordée par cette disposition exceptionnelle doit être rigoureusement limitée au cas ainsi spécifié » (Cass. civ. 15 déc. 1869, 3040 R. P., 19786 J. N., 18873 J. E., 2398-5 I. G., B. C. 227, S. 70-1-87, D. 70-1-366).

Lorsque l'acte refait apporte des changements à la convention primitive, il y a ou non novation, suivant les circonstances. — Les règles à appliquer, lorsqu'il y a novation du contrat, seront posées au mot *Novation*. Nous ne nous occupons ici que de l'hypothèse où l'acte refait apporte des changements à l'obligation principale, sans la nover cependant. Ces changements peuvent se présenter sous trois formes différentes :

ARTICLE PREMIER. — AUGMENTATION DU CAPITAL

[1047-1049]

1047. Obligation augmentée. — Lorsque, *sans nover* leur contrat, les parties le refont, en apportant des changements à l'obligation préexistante, et que ces changements consistent dans l'augmentation du capital de la dette, il n'y pas deux obligations différentes, mais une seule ayant deux *titres*, dont le second est le *supplément* du premier, en tout ce qu'il a de différent, et la *répétition* en ce qu'il a de semblable. C'était la décision expresse de la loi romaine : *Anteriora stare et posteriora incrementum illis accedere*.

1. SUPPLÉMENT DE DROIT. — Dans ce cas, si le droit a été perçu sur le premier titre, il ne devient exigible qu'à raison de l'augmentation que le second apporte à l'obligation.

2. DROIT SUR LA TOTALITÉ. — Si l'obligation première n'a supporté aucun droit, le droit est exigible sur toute la somme portée dans le second acte et à raison de la convention qu'il renferme, l'obligation primitive se trouvant reproduite dans la seconde.

1048. Prix de vente supérieur. — Il a été jugé, conformément à ce qui précède, que la vente consentie par des mineurs devenus majeurs pour un prix supérieur à celui d'une vente des mêmes biens faite pendant leur minorité sans observation des formes légales, et qu'ils ont refusé de ratifier, est passible du droit de mutation sur la différence des prix, si, d'ailleurs, les deux ventes ont eu lieu au profit du même acquéreur (Évreux 12 fév. 1848, 14430 J. E.).

1049. Frais à ajouter au prix. — L'Administration a décidé de même que, si, à défaut de ratification par un absent de la vente de biens dont il était propriétaire pour partie, la licitation est poursuivie judiciairement et l'immeuble adjugé à l'acquéreur primitif au prix de la première vente, le jugement d'adjudication n'est passible que du droit fixe, lors même que les frais de la licitation sont mis à la charge des vendeurs (Dél. 30 juin 1824, 7834 J. E.).

ARTICLE 2. — RÉDUCTION DE CAPITAL

[1050]

1050. Obligation réduite. — Si l'acte refait contient, sans novation, un engagement moins élevé que le premier, il n'y a encore qu'une obligation, dont le second titre contient moins que le premier, voilà tout. La perception doit s'établir en conséquence.

1. DROIT FIXE. — Si la première obligation a payé le droit une première fois, le droit proportionnel ne saurait être exigible, sauf à percevoir le droit de quittance ou celui de donation, à raison de la remise ou de la libération partielle que le nouvel acte suppose.

2. DROIT PROPORTIONNEL. — Si l'engagement primitif n'a supporté aucun droit, le droit proportionnel n'est exigible qu'à raison du second, et tel qu'il subsiste, parce qu'il n'existe aucun titre actuellement obligatoire du premier, et que celui que contient le nouveau n'est de nature qu'à en servir à celui-ci.

Donation excédant la quotité disponible. — Un père a fait donation à son fils, par contrat de mariage, de la totalité de ses biens, à la charge de payer une somme déterminée à son autre fils. Mais les parties ayant reconnu que cette somme était insuffisante pour remplir ce dernier de ses droits dans la succession de son père, le donateur annule cette donation par un nouvel acte, et donne le tiers de ses biens à l'un de ses fils, et les deux tiers à l'autre. Ce dernier acte n'est passible que du droit fixe de 3 francs. Il a seulement pour objet de réduire la libéralité précédemment faite, et qui ne pouvait subsister entièrement, attendu qu'elle excédait la portion disponible (Dél. 26 oct. 1825, 8220 J. E.).

ARTICLE 3. — ACCESSOIRES

[1051]

1051. Règle. — Les changements, dont parle l'art. 68 § 1er n° 7 de la loi du 22 frimaire an 7, peuvent se produire dans les *accessoires*, tels que les hypothèques ou le cautionnement.

1. L'AFFECTATION HYPOTHÉCAIRE NE NOVE LA DETTE QUE LORSQUE CELLE-CI EST COMMERCIALE. — Si nous convenons que vous me devrez hypothécairement la somme pour laquelle je n'avais qu'une créance chirographaire, il n'y a pas pour cela substitution d'une dette à une autre, mais seulement adjonction à une même dette d'un accessoire nouveau, et si cette dette était en outre garantie par une caution, cette caution subsistera (Marcadé sur l'art. 1273 n° 2).

Cette proposition comporte des distinctions.

2. DETTE EN MATIÈRE CIVILE. — Lorsqu'il s'agit d'une obligation civile, la jurisprudence décide constamment que affectation hypothécaire n'engendre aucun droit proportionnel, et, pour cela, elle ne se place pas au point de vue de la novation, mais à celui du cautionnement. La solution est nécessairement la même, d'après ce qu'on vient de voir, si, laissant de côté l'idée de cautionnement, on ne considère que la question de novation.

3. DETTE COMMERCIALE. — Il n'en est plus de même en matière commerciale ; il est vrai que la jurisprudence n'a pas toujours été constante en matière civile.

Ainsi, il a été décidé qu'une dette originairement commerciale ne perd pas ce caractère, par cela seul qu'elle est ensuite reconnue par un acte notarié et garantie par une hypothèque; une telle reconnaissance n'opère pas novation ; le débiteur peut donc être condamné, en tribunal de commerce, et avec contrainte par corps (C. Grenoble 17 juin 1826, 29-2-92 D. P.), encore que le créancier remette au débiteur les titres commerciaux dont il était porteur... alors surtout que, dans l'acte, il a été stipulé que les intérêts seraient servis à raison de 6 pour 100, comme pour prêt commercial (Cass. 21 fév. 1826, D. 27-1-368, Zachariæ t. 2 § 383 note 19, Champ. et Rig. nos 1811 et suiv.).

Un arrêt de rejet du 24 mars 1841 (D. P. 41-1-196) a cependant jugé que lorsqu'une créance civile est substituée à une créance commerciale, au moyen d'une convention par laquelle un créancier accepte, à la place de son débiteur commerçant, un débiteur nouveau non commerçant, qui ne lui donne que des garanties civiles, il y a novation, de telle sorte qu'à partir de cette substitution d'une créance à l'autre, les intérêts doivent être perçus au taux ordinaire et non au taux commercial.

Mais les mêmes hésitations ne se sont pas fait remarquer lorsque la question s'est présentée au point de vue de l'application des droits d'enregistrement. Une jurisprudence constante a reconnu à la conversion de l'obligation commerciale en obligation civile le caractère de la novation et prescrit la perception du droit proportionnel de 1 pour 100.

Nous commentons cette jurisprudence aux mots *Affectation hypothécaire* et *Novation*.

CHAPITRE IV. — PLURALITÉ

[1052-1053]

1052. Règle. — Il n'est dû qu'un seul droit sur l'acte par lequel les parties refont un acte antérieur renfermant plusieurs dispositions indépendantes ; mais il est dû plusieurs droits sur l'acte par lequel on refait plusieurs actes intéressant les mêmes personnes et relatifs à une même convention.

1053. Droit proportionnel et droit fixe. — Lorsque ce nouvel acte donne lieu au droit proportionnel à cause des changements ou des additions qu'il renferme, on ne saurait percevoir, en outre, le droit fixe.

Il en serait autrement, néanmoins, si la modification se rapportait à une disposition distincte de l'obligation ou de la convention refaite. Ainsi, on refait une obligation de somme et on y ajoute un cautionnement : le droit de cautionnement est dû indépendamment du droit fixe : car il n'existe entre les deux dispositions aucun lien nécessaire. Si on refaisait une vente, en y ajoutant que le prix précédemment stipulé payable entre les mains du vendeur, sera payé entre les mains d'un tiers auquel tous pouvoirs sont donnés à cet effet, le droit de procuration devrait être perçu cumulativement avec le droit dû pour acte refait. Il faudrait en dire autant de l'addition d'un terme ou de la prorogation du délai précédemment convenu; mais les dispositions de pur complément ne seraient passibles d'aucun droit. C'est ainsi qu'il a été reconnu qu'il n'est dû que le droit d'acte refait sur la donation refaite entre les mêmes parties avec la seule addition d'une clause qui dispense du rapport (Dél. 13 mars 1827, 8823 J. E., Roll. de Vill. v° *Acte nul et refait* n° 4), ou avec la conversion en une pension déterminée de la charge de loger et nourrir les donateurs (Dél. 1er mai 1827, 8805 J. E.).

ACTE PASSÉ EN CONSÉQUENCE D'UN AUTRE.

DIVISION

SOMMAIRE

§ 1er. — *Actes passés en conséquence d'actes non enregistrés.*

§ 2. — *Relation d'enregistrement.*

§ 3. — *Acte passé en conséquence d'actes non timbrés.*

CHAPITRE Ier. — DISPOSITIONS LÉGISLATIVES

[1054-1056]

1054. But de la loi. — Les dispositions que nous allons transcrire ont pour but, dans la pensée du législateur, d'assurer par certaines conditions imposées à l'exécution des contrats, le payement de l'impôt du timbre et de l'enregistrement.

SECTION PREMIÈRE. — ENREGISTREMENT

[1055]

1055. Dispositions communes au timbre et à l'enregistrement. — Les lois des 13 brumaire et 22 frimaire an 7, ont été préparées, discutées et adoptées presque en même temps; elles sont corrélatives à tel point, que, suivant l'art. 16 L. 13 brumaire, toutes les fois que les actes administratifs et judiciaires étaient assujettis à l'enregistrement, ils l'étaient au timbre. Il résulte, d'ailleurs, de la simple lecture des art. 13 et 24 de la première; 23, 41, 42 et 47 de la seconde, qu'une même pensée a présidé à la rédaction de ces articles. On retrouve, en effet, les mêmes expressions dans les deux lois. On est ainsi fondé à croire qu'en général et sauf les particularités que nous signalons dans le chapitre 7, tout ce qui se rapporte à l'une se rapporte également à l'autre.

1. ACTES PUBLICS. — « Les notaires, huissiers, greffiers, secrétaires et maires, ne pourront délivrer en brevet, copie ou expédition, aucun acte soumis à l'enregistrement sur la minute ou l'original, ni faire aucun acte en conséquence, avant qu'il ait été enregistré, quand même le délai pour l'enregistrement ne serait pas encore expiré, à peine de 50 francs (10 fr.) d'amende, outre le payement du droit. — Sont exceptés, les exploits et autres actes de cette nature qui se signifient à parties ou par affiches et proclamations, et les effets négociables compris sous l'art. 69 § 2 n° 6 de la présente... » (L. 22 frim. an 7, art. 41).

2. FACILITÉS ACCORDÉES AUX OFFICIERS PUBLICS. — L'expérience ayant fait reconnaître que l'application de l'art. 41, que nous venons de transcrire, arrêtait sans cesse les officiers publics dans leurs opérations, ces dispositions furent modifiées dans un sens plus large par l'art. 56 L. 28 avril 1816, ainsi conçu :

« L'art. 41 de la loi du 22 frimaire an 7 continuera d'être exécuté. Néanmoins, à l'égard des actes que le même officier public aura reçus, et dont le délai d'enregistrement ne serait pas encore expiré, il pourra en énoncer la date, avec la mention que ledit acte sera présenté à l'enregistrement en même temps que celui qui contient ladite mention ; mais, dans aucun cas, l'enregistrement du second acte ne pourra être requis avant celui du premier, sous les peines de droit. »

3. ACTES SOUS SEING PRIVÉ. — L'art. 23 L. 22 frimaire an 7 « défend de faire aucun usage, soit par acte public, soit

en justice, soit devant toute autre autorité constituée, des actes faits sous signature privée ou passés en pays étranger, et dans les îles et colonies françaises où l'enregistrement n'est pas établi, sans qu'ils soient préalablement enregistrés. »

Et l'art. 58 L. 28 avril 1816 complète la disposition de l'art. 23 L. 22 frimaire en ce qui concerne les actes passés en pays étranger ou dans les colonies. Cet article est ainsi conçu :

« Il ne pourra être fait usage en justice d'aucun acte passé en pays étranger où dans les colonies, qu'il n'ait acquitté les mêmes droits que s'il avait été souscrit en France et pour des biens situés dans le royaume; il en sera de même pour les mentions desdits actes dans des actes publics. »

4. AMENDE. — La sanction pénale des dispositions ci-dessus relatives aux actes sous seing privé et aux actes passés à l'étranger et dans les colonies, se trouve dans l'art. 42 L. 22 frimaire an 7, ainsi conçu :

« Aucun notaire, huissier, greffier, secrétaire ou autre officier public, ne pourra faire ou rédiger un acte en vertu d'un acte sous signature privée ou passé en pays étranger, l'annexer à ses minutes, ni le recevoir en dépôt, ni en délivrer extrait, copie ou expédition, s'il n'a été préalablement enregistré, à peine de 50 francs (10 fr.) d'amende, sauf l'exception mentionnée dans l'article précédent. »

5. FACILITÉS ACCORDÉES AUX NOTAIRES. — Comme la loi de 1816 l'avait déjà fait pour l'art. 41 ci-dessus transcrit, celle du 16 juin 1824 a donné des facilités pour l'application de l'art. 42 L. 22 frimaire an 7. L'art. 13 de cette nouvelle loi est ainsi conçu :

« Les notaires pourront faire des actes en vertu et par suite d'actes sous seing privé non enregistrés, et les énoncer dans leurs actes, mais sous la condition que chacun de ces actes sous seing privé demeurera annexé à celui dans lequel il se trouvera mentionné, et qu'il sera soumis avant lui à la formalité de l'enregistrement, et que les notaires seront personnellement responsables, non-seulement des droits d'enregistrement et de timbre, mais encore des amendes auxquelles les actes sous seing privé se trouveront assujettis. Il est dérogé, à cet égard seulement, aux art. 41 et 42 de la loi du 22 frimaire an 7. »

Le renvoi fait par cet article à l'art. 41 de la loi de l'an 7 est, sans doute, le résultat d'une erreur, ce dernier article n'étant pas relatif à la prohibition de faire usage d'actes sous seing privé.

6. RELATION D'ENREGISTREMENT. — Pour mieux assurer l'exécution des art. 23 et 42 de la loi du 22 frimaire an 7, le législateur a prescrit, par l'art. 44 de cette même loi, de faire « mention, dans toutes les expéditions des actes publics, civils ou judiciaires qui doivent être enregistrés sur les minutes, de la quittance des droits, par une transcription littérale et entière de cette quittance. Pareille mention doit être faite dans les minutes des actes publics, civils, judiciaires ou extrajudiciaires, qui se font en vertu d'actes sous signature privée ou passés en pays étranger, et qui sont soumis à l'enregistrement par la présente. Chaque contravention est punie par une amende de 10 francs (5 fr.). »

7. DÉFENSE AUX JUGES ET ARBITRES. — Aux termes de l'art. 47 L. 22 frimaire an 7, il est défendu aux juges et arbitres de rendre aucun jugement, et aux administrations centrales et municipales de prendre aucun arrêté en faveur de particuliers sur des actes non enregistrés, à peine d'être personnellement responsables des droits.

8. PRODUCTION D'UN ACTE AU COURS D'INSTANCE. — Enfin, l'art. 57 de la loi du 28 avril 1816 dispose que « lorsqu'après une sommation extrajudiciaire ou une demande tendant à obtenir un payement, une livraison ou l'exécution de toute autre convention dont le titre n'aurait point été indiqué dans lesdits exploits, ou qu'on aura simplement énoncé comme verbal, on produira, au cours d'instance, des écrits, billets, marchés, factures acceptées, lettres ou tout autre titre émané du défendeur, qui n'auraient pas été enregistrés avant ladite demande ou sommation, le double droit sera dû et pourra être exigé ou perçu lors de l'enregistrement du jugement intervenu. »

9. AVOUÉ. — « Les art. 41 et 42 de la loi du 22 frimaire an 7 sont applicables aux avoués, sauf la réduction aux sommes fixées par l'art. 10 précédent, des amendes prononcées par lesdites lois » (L. 16 juin 1824, art. 11).

SECTION 2. — TIMBRE

[1056]

1056. Dispositions législatives. — 1. DÉFENSE D'AGIR. — « Il est défendu aux notaires, huissiers, greffiers, arbitres et experts, d'agir; aux juges de prononcer aucun jugement et aux administrations publiques de rendre aucun arrêté sur un acte, registre ou effet de commerce non écrit sur papier timbré du timbre prescrit ou non visé pour timbre, à peine d'une amende de 100 francs (20 fr.) contre les officiers et fonctionnaires publics, et du payement des droits de timbre » (L. 13 brum. an 7, art. 24 et 26 n° 5).

2. ACTE PASSÉ A L'ÉTRANGER OU DANS LES COLONIES. — « Tout acte fait ou passé en pays étranger, ou dans les îles et colonies françaises où le timbre n'aurait pas encore été établi, sera soumis au timbre avant qu'il puisse en être fait aucun usage en France, soit dans un acte public, soit dans une déclaration quelconque, soit devant une autorité judiciaire ou administrative » (L. 13 brum. an 7, art. 13).

3. CERTIFICAT D'ACTION. — BORDEREAU. — ASSURANCES. — « Lorsqu'un effet, certificat d'action, titre, livre, bordereau, police d'assurance, ou tout autre acte sujet au timbre et non enregistré, sera mentionné dans un acte public, judiciaire ou extrajudiciaire, et ne devra pas être représenté au receveur lors de l'enregistrement de cet acte, l'officier public ou ministériel sera tenu de déclarer expressément dans l'acte si le titre est revêtu du timbre prescrit, et d'énoncer le montant du droit de timbre payé. — En cas d'omission, les notaires, avoués, greffiers, huissiers et autres officiers publics, seront passibles d'une amende de 10 francs par chaque contravention » (L. 5 juin 1850, art. 49).

4. PROTÊT. — « Aucun notaire ou huissier ne pourra protester un effet négociable ou de commerce non écrit sur papier du timbre prescrit, ou non visé pour timbre, sous

peine de supporter personnellement une amende de 20 francs pour chaque contravention ; il sera tenu, en outre, d'avancer le droit de timbre et les amendes encourues par les parties, sauf son recours contre les contrevenants » (L. 24 mars 1834, art. 23).

5. EFFETS PUBLICS ÉTRANGERS. — « Aucune transmission des titres de rente, emprunts et autres effets publics des gouvernements étrangers ne peut avoir lieu avant que ces titres aient acquitté le droit de timbre. En cas de contravention, le propriétaire du titre et l'agent de change ou tout autre officier public qui aura concouru à sa transmission, seront passibles chacun d'une amende de 10 pour 100 de la valeur nominale de ce titre (L. 13 mars 1863, art. 7).

« Aucune émission ou souscription de titres de rentes ou effets publics des gouvernements étrangers ne peut être annoncée, publiée ou effectuée en France, sans qu'il ait été fait, dix jours à l'avance, au bureau de l'enregistrement de la résidence, une déclaration dont la date est mentionnée dans l'avis ou annonce. Les titres ou les certificats provisoires de titres souscrits ou émis en France ne pourront être remis aux souscripteurs ou preneurs sans avoir préalablement acquitté les droits de timbre fixés par l'article précédent. Si le droit a été payé sur le certificat provisoire, le titre définitif correspondant sera timbré sans frais sur la représentation de ce certificat » (L. 25 mai 1872, art. 2).

« Chaque contravention aux dispositions des §§ 1er et 2 de l'article précédent pourra être constatée dans les formes et conditions indiquées au § 3 de l'art. 2 L. 20 mars 1862. Elle sera également punie d'une amende de 5 pour 100 de la valeur nominale des titres annoncés ou émis, sans que cette amende puisse être inférieure à 50 francs. L'amende est due personnellement et sans recours par celui qui a fait des annonces sans déclaration préalable, qui a émis ou qui a servi d'intermédiaire pour l'émission ou la souscription de titres non timbrés. La même amende sera exigible à raison d'émission ou de souscription faites sans déclaration préalable. Le souscripteur ou le preneur de titres non timbrés est tenu solidairement de l'amende, sauf son recours contre celui qui a ouvert la souscription ou émis les titres » (L. 25 mai 1872, art. 3).

6. TITRES ÉTRANGERS. — « Nul ne peut négocier, exposer en vente ou énoncer dans des actes de prêt, de dépôt, de nantissement ou dans tout autre acte ou écrit, à l'exception des inventaires, des titres étrangers qui n'auraient pas été admis à la cote ou qui n'auraient pas été dûment timbrés au droit de 1 pour 100 du capital nominal. Tout acte, soit public, soit sous seing privé, qui énoncera un titre de rente ou effet public d'un gouvernement étranger, ou tout titre étranger non coté aux bourses françaises, devra indiquer la date et le numéro du visa pour timbre apposé sur ce titre, ainsi que le montant du droit payé. Chaque contravention à ces dispositions pourra être constatée, dans tous les lieux ouverts au public, par les agents qui ont qualité pour verbaliser en matière de timbre; elle sera punie d'une amende de 5 pour 100 de la valeur nominale des titres qui seront négociés, exposés en vente, énoncés dans les actes, ou dont il aura été fait usage. En aucun cas, l'amende ne pourra être inférieure à 50 francs. Toutes les parties seront solidaires pour le recouvrement des droits et amendes. Une amende de 50 francs sera encourue personnellement par tout officier public ou ministériel qui aura contrevenu aux dispositions qui précèdent » (L. 30 mars 1872, art. 2).

7. NOTAIRES. — USAGE D'ACTES SOUS SEING PRIVÉ. — L'art. 13 de la loi du 16 juin 1824 dispense implicitement les notaires de faire préalablement timbrer ou viser pour timbre les actes privés qu'ils annexent aux actes passés devant eux à la condition que les annexes seront visés pour timbre lors de l'enregistrement des actes publics. Cela résulte du texte de cet art. 13, qui rend les notaires responsables des droits et amendes de timbre comme des droits d'enregistrement des actes annexés (1166 § 16, et 1457 I. G., 7897 et 9667 J. E.).

La loi du 24 mai 1834, art. 23, a établi une exception à l'art. 13 ci-dessus en ce qui concerne les protêts signifiés par les notaires. Les billets protestés, qui ne sont pas écrits sur papier timbré, doivent toujours être visés pour timbre avant le protêt.

CHAPITRE II. — PERSONNES NE POUVANT AGIR EN VERTU D'UN ACTE NON ENREGISTRÉ

[1057-1067]

SECTION PREMIÈRE. — OFFICIERS PUBLICS ET MINISTÉRIELS

[1057-1059]

1057. Avoué. — Les avoués ne sont pas nommément désignés dans les art. 41 et 42 de la loi du 22 frimaire an 7; mais l'art. 11 de la loi du 16 juin 1824 leur a appliqué ces dispositions. Il n'est donc pas douteux qu'ils sont, comme les huissiers et les notaires, tenus de faire enregistrer les actes en vertu desquels ils agissent. — *V.* 1055-9.

1. REQUÊTE. — Ainsi l'avoué qui fait notifier une requête de laquelle il résulte clairement qu'un bail ou autre convention énoncée comme verbale a été écrite et non enregistrée, encourt l'amende de contravention aux art. 41 et 42 L. 22 frimaire an 7 et se trouve personnellement responsable des droits (Rouen 3 mai 1849, 14829-1 J. E.; — Mons 17 avr. 1858, 1117 R. P.; — Bruxelles 5 fév. 1862, 17493 J. E.).

1° Il en est de même de la mention d'une vente d'immeubles (Roanne 18 mars 1841, 13123 J. E.; — Cass. 8 nov. 1842, 13123 J. E.; — Sol. 30 juill. 1830);

2° D'une police d'assurance non enregistrée (Dieppe 27 déc. 1848, 14626 J. E.; — Sol. 22 juin 1850);

3° Et de la mention d'une obligation. « Vu les art. 23 et 42 de la loi du 22 frimaire an 7; — Et attendu que de ces dispositions il résulte qu'aucun acte sous seing privé ne peut ni être employé en justice, ni servir à la rédaction d'aucun acte, s'il n'est pas préalablement enregistré, à peine d'amende; — Que l'avoué Tortat a évidemment enfreint les dispositions de ces articles, en insérant en entier, et même avec guillemets, dans une requête qu'il signifiait, une reconnaissance sous seing privé, non enregistrée, dont il demandait le payement par cette requête ; et que, par une semblable insertion et signification, il avait encouru l'amende prononcée par ces articles ; — Attendu que cette contravention n'est pas personnelle à l'huissier Chapelain, qui, en faisant cette signification d'avoué à avoué, ne l'a faite que par expédition de palais » (Cass. 8 août 1809, S. 10-1-251). — *V.* 1144.

2. PRODUCTION A UNE CONTRIBUTION. — Jugé de même que l'avoué commet aussi une contravention en énonçant dans une production à une contribution un titre sous seing privé sur papier libre et non enregistré (Seine 2 janv. 1856).

3. CAHIER DES CHARGES. — Ou dans un cahier des charges une vente de coupe de bois, frauduleusement énoncée comme verbale et non enregistrée (Seine 2 janv. 1863, 1831 R. P. — *Contrà* : Cherbourg 9 déc. 1863, 2041 R. P.).

1058. Greffier. — Les greffiers commettent aussi des infractions aux art. 41 et 42, en faisant usage d'actes non enregistrés; mais il faut distinguer pour cela entre les actes qu'ils écrivent sous la dictée du juge et ceux dont la rédaction leur appartient plus particulièrement. Ils échappent à toute pénalité à l'égard des premiers, parce qu'ils n'y prennent en réalité aucune participation personnelle, et l'application de la défense se restreint aux seconds. Cette distinction se trouve développée plus loin. — *V.* 9158.

Il est vrai qu'on avait essayé de soutenir que les actes en conséquence desquels les greffiers ne peuvent agir, sont uniquement ceux qu'ils auraient été tenus eux-mêmes de délivrer en brevet, copie ou expédition. Mais cette interprétation a été repoussée comme contraire au texte et à l'esprit de la loi.

« Considérant, porte un arrêt de Cass. du 29 octobre 1813, que l'art. 41 de la loi du 22 frimaire an 7 défend aux greffiers de faire aucun acte en conséquence d'un autre acte soumis à l'enregistrement sur l'original, avant qu'il ait été enregistré, à peine de 50 francs d'amende, outre le payement du droit ; que vainement le jugement a voulu restreindre la disposition de cet article, en disant que les actes en conséquence desquels il est défendu aux greffiers de faire un autre acte avant l'enregistrement, ne sauraient être que ceux qu'ils auraient été tenus eux-mêmes de délivrer en brevet, copie ou expédition ; qu'une telle interprétation est contraire à la lettre et à l'esprit de la loi ; considérant qu'un procès-verbal contenant nomination de tuteur et autorisation donnée à ce tuteur de la part des parents de consentir à un mariage est un acte du greffe, et que le greffier y a réellement concouru en souscrivant et recevant le procès-verbal dressé à cet effet ; d'où il suit que le tribunal de première instance de Pamiers, en déchargeant Fraiché de la contrainte contre lui décernée par la Régie, afin d'obtenir le payement de l'amende et du droit, a contrevenu à l'art. 41 de la loi du 22 frimaire an 7 » (S. 14-1-13).

1. AVIS DE PARENTS. — On doit donc reconnaître qu'un avis de parents étant un acte de greffier, cet officier public est passible de l'amende pour avoir contrevenu dans cet acte à l'art. 41 L. 22 frimaire an 7.

2. LEVÉE DE SCELLÉS. — Jugé, dans le même sens, qu'un greffier contrevient aux art. 41 et 42 L. de frimaire, par l'usage qu'il fait d'un acte non enregistré dans un procès-verbal de levée de scellés (Cass. 11 nov. 1811, 4075 J. E., S. 12-1-152).

1059. Huissiers. — Notaires. — Aucune difficulté ne peut s'élever quant aux huissiers et aux notaires. Il faut seulement remarquer que les huissiers ne peuvent profiter du bénéfice de la faculté accordée aux notaires par l'art. 13 L. 16 juin 1824 de faire enregistrer l'acte sous seing privé énoncé en même temps que l'acte qui énonce à la condition de l'y annexer. Cette facilité est spéciale aux notaires.

1. HUISSIER. — LETTRE MISSIVE NI TIMBRÉE NI ENREGISTRÉE. — Dans ce sens, il a été jugé qu'un huissier contrevient à la loi quand il agit dans un exploit en conséquence d'une lettre missive non timbrée ni enregistrée au préalable, bien qu'il constate dans un exploit que la lettre sera soumise à ces formalités lors de l'enregistrement de l'exploit (Rouen 20 mars 1862, 1599 R. P., 12423 C., 17689 J. E.).

2. PROCURATION POUR PROCÉDER A UNE SAISIE NON ENREGISTRÉE. — Dans ce sens encore, il a été reconnu que l'huissier qui procède à une saisie immobilière en vertu d'une procuration sous seing privé non enregistrée, commet une contravention quoique la procuration soit présentée à la formalité avec le procès-verbal de saisie (Grenoble 7 nov. 1842, 13141 J. E.). — *V.* 1155.

3. PRÉTEXTE DE NON REMISE D'ACTES. — L'huissier qui a rédigé un exploit en conséquence d'un acte sous seing privé non enregistré ne peut se soustraire au payement de l'amende et aux effets de la responsabilité prononcée par l'art. 42 de la loi du 22 frimaire an 7, sous le prétexte qu'il n'a pu se faire remettre l'acte sous seing privé par le tiers détenteur. Mais la responsabilité, en ce qui concerne le droit, ne doit s'exercer contre lui qu'après discussion des parties débitrices principales des droits de l'acte sous seing privé (Mende 13 mai 1863, 1796 R. P.).

4. COMMISSAIRES-PRISEURS. — Les dispositions de l'art. 41 ne sont pas applicables aux commissaires priseurs (Sol. 23 mai 1874. — *Contrà*, Amiens 24 juin 1841, 19453 J. E.).

SECTION 2. — JUGES ET TRIBUNAUX

[1060-1065]

1060. Principe. — L'art. 47 de la loi du 22 frimaire défend aux juges et aux arbitres de rendre aucun jugement, en faveur de particuliers, sur des actes non enregistrés, à peine d'être personnellement responsables des droits.

1061. Tribunaux. — 1. CONCILIATION. — On a douté que cette disposition fût applicable aux juges de paix, siégeant en conciliation, parce qu'alors ils ne rendent pas, à proprement dire, la justice, mais préparent seulement la solution du litige. Cependant, le contraire a prévalu par le motif que la rédaction de l'art. 23 de la loi du 22 frimaire an 7, « soit par acte public, soit en justice ou devant toute autorité constituée, » a un sens compréhensif qui s'étend aux productions devant le magistrat conciliateur, aussi bien qu'à celles faites devant un officier public ordinaire. Il a été reconnu, en ce sens, que la mention dans un procès-verbal de non conciliation d'actes sous seing privé non enregistrés constitue une contravention à la loi (Cass. 3 vent. an 8, 564 J. E., S. 2-2-529; D. m. f. 8 pluv. an 10, 290-2 I. G.). — *V.* 1113.

Seulement il faut ajouter que la responsabilité du magistrat n'étant engagée que quand il rend *un jugement*, cette pénalité ne saurait être appliquée dans l'espèce au juge de paix.

2. TRIBUNAUX DE COMMERCE. — Aucun doute n'existe au sujet des tribunaux de commerce. Ainsi, on a décidé que ces tribunaux ne pouvaient rendre aucun jugement en conséquence du pouvoir écrit non enregistré qui serait donné pour comparaître devant eux, et que l'on serait fondé à percevoir un droit particulier pour le pouvoir, lors d'un jugement qui constaterait la production d'un pouvoir écrit sans en rappeler l'enregistrement (436 n° 35 I. G.).

3. COURS ET TRIBUNAUX. — La défense de la loi est générale en ce qui concerne les juges. Elle s'applique donc à tous les tribunaux, quelle que soit leur juridiction, ainsi qu'à toutes les cours d'appel statuant en matière civile ou commerciale.

4. TRIBUNAUX DE POLICE. — Cependant la prohibition de la loi ne saurait être appliquée avec la même rigueur aux tribunaux de répression qui peuvent avoir quelquefois à statuer sur des actes irréguliers et auxquels on ne saurait imposer l'obligation de suspendre leur décision.

Ainsi, il a été reconnu que les actes qui constituent le corps d'un délit doivent être forcément énoncés dans le jugement pour la répression du crime ou du délit dans l'intérêt de la vindicte publique; cette indication n'est donc pas un usage dans le sens légal et n'en rend pas l'enregistrement obligatoire (1200-7 I. G.).

Dans le même ordre d'idées, il a été admis que le jugement correctionnel qui, sur les conclusions de la partie civile, annule une quittance non enregistrée et ordonne la restitution d'actions que le prévenu s'était fait remettre par escroquerie, n'est pas censé rendu en conséquence de la quittance et même qu'il ne donne pas ouverture au droit de libération sur la somme que la quittance, énoncée sans enregistrement préalable, aurait eu pour objet (1200-7 I. G.).

1062. Chambres de discipline. — Les délibérations des Chambres de discipline ne constituent jamais que des actes d'administration intérieure ou de simples avis, n'étant, en aucun cas, sujettes à l'enregistrement, non plus que les pièces y relatives ou qu'on y énonce (Ord. 4 janv. 1843, art. 20, 13216-4 J. E.; Déc. du 14 juin 1813, art. 89, 4614 J. E.).

1063. Arbitres. — La défense d'agir en justice s'entend de l'usage devant toute personne déléguée par le juge, soit pour préparer la décision, soit pour statuer directement sur un point contesté. On a décidé spécialement que la production de titres non enregistrés devant un arbitre rapporteur nommé par le tribunal de commerce est une production en justice rendant les droits exigibles, encore que le rapport de cet arbitre n'ait pas été suivi de jugement (Seine 7 mars 1853; — Cass. 16 janv. 1855, 16006 J. E., 2033-1 I. G., 556 R. P. — Cass. 18 août 1848 et 27 nov. 1858, 13457 et 16454 J. N., S. 59-1-342, 2142-2 I. G.). — V. *Acte produit*.

1. AMENDE. — Mais l'arbitre n'encourt aucune amende en agissant en vertu d'actes non enregistrés. En effet, les arbitres sont rangés par l'art. 47 de la loi du 22 frimaire an 7 dans la même catégorie que les juges, et s'il leur est défendu de rendre une sentence sur des actes non enregistrés, l'infraction à cette règle n'entraîne aucune pénalité. Il paraît, d'un autre côté, impossible de soutenir que l'arbitre a le caractère d'un greffier et que ses actes tombent ainsi sous l'empire des art. 41 et 42 de la loi du 22 frimaire an 7. Quoiqu'il rédige lui-même sa sentence, il ne perd pas pour cela la qualité de magistrat, et c'est, dès lors, exclusivement par l'art. 47 qu'il faut apprécier sa responsabilité, quand il a fait usage d'un acte non enregistré (Sol. 28 sept. 1864, 1971 R. P., S. 65-2-51, P. 1865, 240; *Conf.* G. Demante, n° 823; D. m. f. 2 mars 1816, 5370, 1787 J. N.; D. N., t. 1er, p. 795, n° 298, et Cass. 25 prair. an 10. — *Contrà* 5373 J. E.) — *V.* 1147.

1. EXPERTS. — Les experts commis par justice sont assimilés aux arbitres rapporteurs et ne sauraient davantage statuer sur des actes non préalablement enregistrés. — Il n'en est plus ainsi, s'ils sont simplement désignés par les parties sans l'intervention du tribunal, parce qu'alors ils cessent d'agir en vertu d'une délégation de justice. On a donc pu dire que de tels experts pouvaient rédiger un rapport en vertu d'un plan non timbré ni enregistré (Sol. 3 avr. 1851).

Décidé dans le même sens que des experts peuvent, sans contravention, faire leur rapport sur la situation des registres et billets de commerce d'un négociant, sans avoir fait timbrer les registres et enregistrer les billets, parce que les experts n'agissaient point ici en qualité d'arbitres. (Dél. 2 déc. 1818, 6260 J. E.).

1064. Notaire commis. — La C. cass. a reconnu, le 28 décembre 1853, que tout acte émané de l'un des cohéritiers doit être enregistré avant d'être produit devant le notaire commis par justice pour procéder au partage, parce que l'officier public exerce alors une véritable mission de justice (1999-8 I. G., 15886 J. E., 10252 C., S. 54-1-206).

1065. Visa ou approbation d'acte. — Pour que la loi soit applicable, il faut qu'il s'agisse d'un usage véritable de l'écrit. Un simple visa ou une simple approbation de l'acte par l'autorité compétente ne constitue pas cet usage et n'a pas besoin d'être précédé de l'enregistrement de l'écrit. On trouve cependant l'idée contraire exprimée en ces termes dans un arrêt de cass. du 12 mai 1830: « Attendu que la perception du droit proportionnel a été régulière puisqu'il avait été fait usage de l'acte devant le préfet du département pour obtenir de ce fonctionnaire public l'arrêté par lequel il a été approuvé » (S. 30-1-177, 1136-10 I. G.). Et l'Administration elle-même paraît avoir consacré cette opinion en décidant, dans une instruction récente, que tous les actes sous seing privé, dressés dans l'intérêt des communes par des particuliers, doivent être enregistrés *avant* d'être présentés à l'approbation (2361 § 2 I. G., 2783-2 R. P.).

Mais cette conclusion n'a jamais prévalu en pratiqu . L'approbation, en effet, dont un acte a besoin pour produire les résultats qu'on en attend peut être assimilée au consentement même de la partie qui contracte. Dès l'instant que cet acte serait incomplet sans la sanction administrative, il est vrai de dire qu'il constitue un simple projet ayant le caractère d'un document plutôt que d'un acte proprement dit. D'ailleurs, le considérant de l'arrêt du 12 mai 1830 a été inséré très-subsidiairement dans cette décision : il ne paraît pas devoir conserver beaucoup d'autorité.

1. LÉGALISATION. — La légalisation d'un acte peut être également donnée avant l'enregistrement de cet acte.— V. 433.

SECTION 3. — AUTORITÉS CONSTITUÉES

[1066-1067 *bis*]

1066. Que faut-il entendre par autorité constituée? — Il est essentiel pour l'application de la loi, de savoir ce qu'on entend par autorité constituée devant laquelle l'article 23 L. 22 frimaire an 7, défend de faire usage d'actes non enregistrés. Suivant Dalloz, *Jurisprudence générale*, t. 5, p. 457, autorité constituée se dit de l'ensemble des pouvoirs que chaque peuple établit pour le gouvernement de ses intérêts, ou pour le maintien des lois. C'est la même idée qu'exprime en d'autres termes, Favard de Langlade, en disant « que les autorités constituées sont les fonctionnaires auxquels la loi a donné le pouvoir de gouverner la nation, faire respecter ses droits et maintenir ceux de chacun de ces membres. »

1. CONSEIL D'ÉTAT. — De ce nombre, est incontestablement le conseil d'État. Mais si la production de l'acte avait lieu devant le conseil uniquement pour obtenir une autorisation, il n'y aurait pas usage prohibé. (Sol. 7 oct. 1858).— V. 1065.

2. COUR DES COMPTES. — La cour des comptes est encore une autorité constituée dans le sens de la loi. Mais lorsqu'elle statue sur les opérations de pure comptabilité, on considère qu'elle exerce une juridiction d'ordre intérieur ne nécessitant pas l'enregistrement des pièces produites devant elle.

Ainsi, par exemple, le devis de réparation ou construction dressé par un homme de l'art ou par un conseiller municipal délégué, assisté d'un homme de l'art approuvé par le maire, le sous-préfet ou le préfet, annexé au mandat de payement et quittancé, ne doit point être enregistré (s'il ne constitue pas un marché), parce que soumettre un acte à l'autorité supérieure, ce n'est pas nécessairement en faire usage dans le sens de l'art. 23 L. 22 frimaire.

La production du devis, dans ces conditions, ne constitue pas l'usage prohibé. En effet, le devis a été remis au receveur municipal chargé du payement de la dépense, et si ce comptable est tenu de la produire ensuite, soit au conseil de préfecture, soit à la cour des comptes, c'est dans son intérêt, et parce que ses opérations sont soumises au contrôle de l'une ou de l'autre de ces autorités. Mais, quant au créancier, ces mêmes autorités n'ont aucune action directe sur lui; il n'est pas leur justiciable ; par conséquent, il ne fait devant elles aucun usage des devis, et il n'en excipe qu'envers le receveur municipal. Or, ce receveur n'est pas considéré et ne peut être considéré comme membre d'une autorité constituée.

3. MINISTRES. — Le ministre, appelé à statuer en matière contentieuse, est une autorité constituée. Ainsi, on a décidé qu'il y a usage prohibé par la loi quand on produit au ministre des pièces non timbrées et enregistrées pour obtenir la liquidation d'une créance (Sol. 24 mai 1873).

4. CONSEIL DE PRÉFECTURE. — Les conseils de préfecture exercent deux sortes de juridiction : une juridiction administrative pour le règlement des comptes des receveurs municipaux et des receveurs d'établissements de bienfaisance, puis une juridiction contentieuse pour la décision des procès qui sont de leur compétence. A ce second point de vue, ils sont assimilés aux tribunaux ordinaires. S'il parvient régulièrement à la connaissance de l'Administration qu'il a été fait usage devant un conseil de préfecture d'actes non timbrés et non enregistrés, il y a lieu de réclamer des parties les droits et amendes de timbre au cas où la contravention est régulièrement constatée, et conformément à l'art. 23 de la loi de frimaire les droits d'enregistrement auxquels les actes produits donnent lieu.

1067. Préfet ou sous-préfet.— Quand les préfets ou les sous-préfets sont appelés à prendre des décisions contentieuses, les pièces produites devant eux doivent être timbrées et enregistrées : « Attendu, porte un arrêt de la C. cass. du 8 décembre 1856, qu'il résulte de l'arrêté préfectoral que Pecton a fait usage devant cette autorité de la quittance sous seing privé pour justifier du payement du prix du matériel qui lui était abandonné par son prédécesseur; qu'il n'importe aucunement que l'acte de l'autorité qui constate ce fait soit ou non soumis lui-même à la formalité » (765 R. P., 2096-4 I. G., 16467 J. E., 10933 C., P. 57-25, S. 57-1-366 ; *Conf.* Seine 20 déc. 1856, 16467 J. E. — V. aussi 16977-1 J. E. et I. G. 2361-2).

Il a été reconnu, spécialement, que la production devant le Préfet de consentements d'héritiers par des hospices pour obtenir la délivrance d'un legs, nécessite l'enregistrement de ces consentements (Sol. 7 août 1877).

1. MAIRE. — Les maires sont : 1° les délégués du pouvoir exécutif; comme tels, ils sont chargés de l'exécution des lois et règlements et de la police municipale ; — 2° ils sont officiers de l'état civil, et — 3° ils représentent la commune.

En cette dernière qualité, le maire est compris sous la dénomination d'administration municipale de l'art. 47 de la loi de frimaire. Comme délégué du pouvoir exécutif, il est une autorité constituée; il est même compris, en cette qualité, dans la disposition de l'art. 47, car toutes les fonctions des maires étaient exercées en l'an 7 par les administrations municipales.

Aussi a-t-il été reconnu que les maires agissant comme officiers de l'état civil, ne peuvent annexer aux actes qu'ils rédigent en cette qualité, des actes sous seing privés ou passés en pays étranger non enregistrés. Seulement, on n'insiste pas sur le payement des amendes (A. Cons. d'Ét. du 20 sept.

1833, approuvé le 17 oct. suivant, 1064 J. E.; — *Contrà*, D. m. f. belge 28 avr. 1855; Recueil de Robyns, n° 2410).

2. INVALIDES DE LA MARINE. — L'établissement des invalides de la marine, placé sous la surveillance immédiate et exclusive du ministre de la marine, sauf le contrôle de la cour des comptes, est un établissement investi d'une sorte d'individualité et d'initiative propre. Les trois caisses qui le composent (caisse des prises, — des gens de mer et des invalides, celle-ci en tant qu'elle garde par continuation les sommes qui lui proviennent de la caisse des gens de mer), sont essentiellement distinctes du Trésor public (L. des 28-30 avr., 13 mai 1791, titre 1er, art. 1er; titre 5, art. 1er; Ord. 22 mai 1816, art. 1er et 2; règlement du 17 juill. 1816, titre 1er, art. 1er et 2; Déc. 31 mai 1862, art. 780; règlement du 14 janv. 1869 sur la comptabilité de la marine, art. 313). Elles n'opposent, par suite, ni prescription ni déchéance pour les sommes dont elles sont dépositaires. Les créanciers de la caisse des gens de mer ou de celle des invalides ne sont donc pas créanciers du Trésor public, et, d'un autre côté, l'établissement des invalides de la marine est évidemment un corps, une autorité constituée.

Comme conséquence, il a été reconnu que les déclarations des propriétaires assurés produites par les assureurs devant ces caisses doivent être timbrées et enregistrées (Sol. 24 mars 1873).

1067 *bis*. Acte relaté dans un acte exempt d'enregistrement. — L'usage, fait devant une autorité constituée, d'un acte sous signature privée, rend exigibles les droits auxquels cet acte donne ouverture, lors même que l'acte administratif dans lequel il est rappelé serait exempt d'enregistrement (Cass. 8 déc. 1856, 2096 § 4 I. G., 765 R. P.).

CHAPITRE III. — PERSONNES POUVANT OU NE POUVANT PAS FAIRE USAGE D'ACTES SOUS SEING PRIVÉ NON ENREGISTRÉS

[1068-1075]

SECTION PREMIÈRE. — AUTORISÉS NON CONSTITUÉS

[1068-1069 *bis*]

1068. Fonctionnaires de la nouvelle organisation administrative. — La L. 13 brumaire an 7, art. 12, après avoir déclaré sujets au timbre les pétitions et mémoires aux autorités constituées, ajoute « ... et les pétitions aux commissaires de la trésorerie et de la comptabilité nationale, aux directeurs de la liquidation générale, aux administrations ou établissements publics. » Évidemment le législateur n'eût pas désigné cet ordre de fonctionnaires s'il les avait considérés comme faisant partie des autorités constituées. Il faut donc en conclure que les fonctionnaires de la nouvelle organisation administrative financière ne sont pas des autorités constituées, et que les actes qui ne sont pas assujettis à l'enregistrement dans un délai déterminé peuvent être produits devant eux sans être enregistrés (1073 et 1679 I. G.; D. m. f. 25 juin 1876, 4435 R. P.).

1. RECEVEUR MUNICIPAL. — On doit le décider ainsi notamment pour la production ou l'usage d'un acte devant un receveur municipal.

Un receveur municipal ne peut en effet être considéré comme une autorité constituée ou comme membre d'une autorité constituée dans le sens de la loi.

2. *Idem*. — DEVIS A L'APPUI D'UN MANDAT. — Dès lors, on pourrait annexer à une demande de paiement produit à ce receveur un devis de travaux communaux sans que ce devis fut enregistré. Il doit seulement être timbré aux termes de l'I. G. 2361 § 3.

3. *Idem*. — TAXE DE FRAIS. — De même les taxes de frais, mises au pied d'un état de frais, et signées du juge taxateur sans l'assistance du greffier, ne devant pas être enregistrées dans un délai déterminé et n'étant soumises à l'enregistrement que préalablement à un usage public (2158 I. G.), on ne peut réclamer les droits auxquels elles donnent lieu, par cela seul qu'elles ont été produites devant un receveur municipal.

4. *Idem*. — REGISTRES DE COMPTABILITÉ. — Les registres de comptabilité des receveurs municipaux n'ont pas le caractère de registres publics. Les mentions qui y sont inscrites ne sont pas des *actes* et peuvent, par conséqnent, indiquer des titres non enregistrés. C'est pourquoi il a été jugé, avec raison, que, quand une convention n'est pas par elle-même assujettie à la formalité et n'en devient passible que quand elle est révélée par un acte, la simple constatation de cette convention sur un registre de comptabilité municipale ne peut tenir lieu d'acte et suffire pour autoriser la perception (Seine 29 mars 1856).

5. PAYEUR. — RECEVEUR DE FINANCES. — Les décisions ministérielles ont également dénié le caractère d'autorité constituée au payeur (trésorier payeur général) ou au receveur de finances en faisant fonctions, et cela au sujet de certificats de propriété à produire par les héritiers de créanciers de l'État (1er avr. 1821, 15 janv. 1823, 29 déc. 1842, 1073 et 1679 I. G.) — ou de quittances jointes à des demandes de payement (D. m. f. 25 juin 1876, 4435 R. P.).

Ce caractère a été également refusé au caissier payeur central des finances devant lequel on produit une pièce pour obtenir le payement d'un mandat (Sol. 7 fév. 1878).

6. DIVERS. — On ne peut non plus considérer comme autorités constituées les agents de l'autorité publique et de la force publique, tels que :

1° Les officiers et auxiliaires de la police judiciaire, les commissaires de police, les officiers de gendarmerie, les gardes champêtres et forestiers, les agents de police;

2° les préposés des diverses administrations qui ne sont pas dépositaires de l'autorité publique;

3° Les préposés de l'octroi (Cass. 25 août 1827).

4° Les commissaires des hospices (Cass. 27 nov. 1840; J. P. t. 1er, 1840, p. 438);

5° Les administrateurs des caisses d'épargne.

1069. Conservateur des hypothèques. — La question s'est élevée de savoir si on pouvait mentionner sur les registres des conservateurs des hypothèques un acte non enregistré.

1. SIGNATURES NON RECONNUES. — L'acte public dont parle l'art. 23 L. 22 frimaire an 7, a-t-on dit, est évidemment un acte authentique, c'est-à dire celui qui est reçu par un officier public compétent. Or, les conservateurs ne sont pas des officiers publics; ils ne sont que des fonctionnaires préposés à la conservation des hypothèques (L. du 21 vent. an 7, art. 3 et 17), et ils font, en obéissant aux réquisitions, de simples actes de copistes servant à peine de commencement de preuve (1336 C. C.). C'est dans ce sens général que la loi du 21 ventôse an 7 entend le mot acte lorsqu'elle l'applique aux formalités hypothécaires. Un A. Cons. d'Et. du 3 floréal an 13 (316 § 8 I. G.), porte bien que les actes de vente sous seing privé et enregistrés peuvent être seuls présentés à la transcription. Mais la question qu'il a résolue est toute différente. Il a été décidé que le conservateur doit transcrire les actes de vente sous seing privé, bien que les signatures n'aient pas été reconnues. C'était sur le défaut de reconnaissance et non pas sur le défaut d'enregistrement que le conseil d'État était appelé à statuer.

2. INSCRIPTION CONSTITUE UN ACTE PUBLIC. — L'argumentation repose tout entière, on le voit, sur l'idée que les formalités hypothécaires régulièrement accomplies n'ont pas le caractère d'un acte public proprement dit. Mais c'est là un fait qu'on affirme sans le démontrer. Le conservateur a deux qualités distinctes. Comme préposé à la recette des droits du Trésor, il n'est qu'un fonctionnaire semblable au receveur de l'Enregistrement, et les prohibitions des art. 23 et 41 de la loi de frimaire lui demeurent étrangères. Mais le rôle des conservateurs est plus étendu. Ils ont reçu de la loi civile la mission d'accomplir dans l'intérêt des parties certaines formalités qui assurent la transmission de la propriété ou la garantie des droits de créance. Ces formalités se traduisent par des actes inscrits sur des registres publics et revêtus de la signature du conservateur. De quelque façon qu'ils soient rédigés, et encore bien que le modèle en soit fourni par les parties, leur inscription n'en constitue pas moins un acte véritablement public produisant les principaux effets de l'acte authentique proprement dit. « On reconnait, dit Toullier, quatre sortes d'actes authentiques : 1° les actes législatifs, 2° les actes administratifs, 3° les actes de la juridiction contentieuse, et 4° ceux de la juridiction gracieuse ou volontaire (t. 8, n° 54). Tout acte administratif fait par un fonctionnaire compétent est donc un acte authentique. » C'est pourquoi Armand Dalloz enseigne qu'il faut considérer comme tels les actes consignés dans les registres de l'état civil et des hypothèques. Et il en conclut formellement que la défense portée par la loi d'agir en vertu d'un acte non enregistré est applicable à la rédaction d'une inscription hypothécaire, qui évidemment constitue un acte public (*Dict. de jurisprud.* v° *Preuve littérale*, nos 41 et 42).

Ces principes ont été plusieurs fois appliqués. Il a été reconnu notamment :

1° Que des quittances, passées dans les pays détachés de la France, sur le vu desquelles la radiation s'est opérée et dont il doit nécessairement être fait mention au registre, doivent être enregistrées en France avant cette mention. « Attendu qu'on ne peut refuser aux actes qui s'accomplissent au bureau et par les soins du conservateur des hypothèques, dans la limite de fonctions qui lui sont confiées, le caractère d'actes publics » (Lunéville 11 mars 1874, 3893 R. P.).

2° Qu'un créancier ne saurait être admis à prendre une inscription en vertu d'un contrat passé à l'étranger, mais non enregistré en France (Dél. 5 nov. 1825, 7575 J. E.). — *V.* aussi cass. 7 déc. 1807;

3° Que les inscriptions hypothécaires sont des actes publics dans lesquels il est interdit, à peine d'amende, de mentionner un jugement rendu hors du territoire français et non soumis à l'enregistrement en France (Nantes 1er juin 1843, 6814 Fess.);

4° Que le conservateur est responsable des droits et amendes exigibles sur une quittance non enregistrée en vertu de laquelle il a procédé à une radiation (Sol. 19 nov. 1847, n° 7668 du même Recueil);

5° Qu'on ne peut, sans amende, mentionner dans le renouvellement d'une inscription hypothécaire l'acte non enregistré de cession de la créance, car l'art. 23 de la loi du 22 frimaire an 7 interdit tout usage par acte public d'un acte sous seing privé non préalablement enregistré; or, il est certain que l'on doit attribuer les caractères d'actes publics aux formalités hypothécaires accomplies et signées par les conservateurs, car, d'une part, ces formalités constituent des actes et sont ainsi qualifiés par les art. 16, 17 et 18 de la loi du 21 vent. an 7, et d'autre part, ces actes émanent de fonctionnaires chargés par la loi de leur rédaction (art. 1317 C. C.; Sol. 7 mai 1869, 3016 R. P.).

Ce résultat n'est pas facilement conciliable, il faut le reconnaître, avec les prescriptions formelles de l'art. 2199 C. C., qui défend aux conservateurs de retarder, dans aucun cas, la transcription des actes de mutation ou l'inscription des droits hypothécaires, à peine de dommages-intérêts. Aussi l'Administration a-t-elle cru pouvoir décider, autrefois, qu'un conservateur ne peut être blâmé quand il prend une inscription en vertu d'un acte notarié non enregistré et sur le vu d'une expédition renfermant un blanc destiné à la transcription ultérieure de la relation de l'enregistrement. « Il lui appartient seulement, dit l'Administration, de décider s'il n'engage pas sa responsabilité vis-à-vis des tiers, en formalisant une inscription sur la justification d'une pièce renfermant un blanc » (Sol. 23 mars 1847; 7601 Fess.). — *V.* aussi Sol. 9 fév. 1832, 10365 J. E.

3. CESSIONNAIRE. — TRANSPORT ENREGISTRÉ. — Néanmoins, comme l'art. 2199 du C. C. n'a pas abrogé les dispositions de la loi précitée, qui défendent de mentionner un acte non enregistré dans un acte public, et comme d'un autre côté l'inscription ou la transcription constitue un acte public, il faut bien reconnaître que la prohibition subsiste et que le conservateur use de son droit rigoureux en refusant la formalité.

Dans ce sens, il a été décidé que le cessionnaire d'une créance ne peut faire renouveler à son profit l'inscription prise contre le débiteur qu'après avoir fait enregistrer le transport sous seing privé qui leur a été consenti (Sol. 7 mai 1869, 3016 R. P.).

4. AMENDE ENCOURUE MAIS NON EXIGÉE. — Seule-

ment l'Administration ne croit pas devoir appliquer aux conservateurs qui agissent en vertu d'actes non timbrés ou non enregistrés, les amendes édictées par les art. 18 de la loi du 13 brumaire an 7, et 42 de la loi du 22 frimaire an 7, contre les officiers publics proprement dits. Nous pouvons citer comme l'ayant ainsi décidé une solution du 28 mai 1870 rendue au sujet d'une radiation faite en vertu d'un acte notarié passé en Algérie et n'ayant pas été enregistré en France pour l'acquit du droit complémentaire exigible.

1069 *bis*. Receveur de l'Enregistrement. — Les registres de l'Enregistrement sont des registres publics (Cass. 30 déc. 1858, S. 59-1-639), et, en droit, aucune mention n'y pourrait être faite en vertu d'actes non timbrés ni enregistrés. C'est pourquoi l'Administration décide fréquemment qu'il ne sera statué sur des demandes appuyées de pièces non timbrées qu'après que ces pièces auront été régularisées. Néanmoins, on a quelquefois admis les parties à mentionner dans une déclaration de succession des actes non enregistrés 24 pluv. an 12, 1677 J. E.), et notamment les baux indiquant le revenu des biens (Sol. 2 juill. 1864, 1934-10 R. P.). Seulement le motif avoué de cette dispense a été qu'il serait impolitique de forcer les héritiers, en exigeant l'enregistrement, à soustraire à la connaissance du receveur des titres utiles à la constatation de la valeur des biens (*V.* Sol. du 24 pluv. an 12, *infrà* n° 15259-1).

SECTION 2. — PARTIES

[1070-1075]

1070. Usage dans un acte sous seing privé. — La loi générale n'a édicté aucune mesure contre la partie qui, dans un acte sous signature privée, fait usage d'un autre acte de même nature sans l'avoir fait enregistrer.

« Considérant, porte une solution de l'Administration belge du 11 février 1860, qu'un acte sous seing privé non assujetti à l'enregistrement dans un délai de rigueur, ni présenté à la formalité, peut être énoncé dans un autre acte sous seing privé sans donner ouverture à l'impôt; que le droit auquel le premier acte est tarifé selon sa nature ne peut, d'autre part, être exigé sur le second acte, à moins que celui-ci ne réunisse les conditions voulues pour constituer lui aussi le titre de la convention que le premier acte avait pour objet » (1381 R. P.).

1071. Déclaration du tiers saisi. — Décidé en ce sens que le tiers saisi a la faculté de présenter ou d'énoncer, à l'appui de sa déclaration à faire au greffe, des conventions non préalablement enregistrées. Le receveur pourra seulement réclamer les droit et double droit de l'acte mentionné, s'il est translatif de propriété, d'usufruit ou de jouissance de biens immeubles, et qu'il s'est écoulé plus de trois mois depuis sa date (436 § 4 I. G.; Sol. 17 sept. 1830; 3137 Roll.; Champ. et Rig., n° 3927).

1072. Acte en pays étranger. — On a posé le même principe (999 J. E.), en déclarant qu'il n'y a pas de contravention lorsqu'un acte sous seing privé, ou un acte passé en pays étranger ou dans les colonies, a été fait en conséquence d'un acte de la même espèce.

1073. Valeurs étrangères. — Nouvelle loi. — Ces dispositions ont été modifiées, en ce qui concerne les titres de valeurs étrangères, par la loi du 30 mars 1872 (*V.* 1056-4-5). Mais nous ne nous occuperons de cette législation spéciale qu'au mot *Étranger*, n° 8260.

1074. Dépôt de l'acte sous seing privé. — On a soutenu que si le sous seing privé dans lequel existent des mentions relatives à d'autres sous seings privés non enregistrés était déposé en l'étude d'un notaire, cet officier public, devrait en exiger l'enregistrement préalable (Sol. 27 fév. 1851 et 6 sept. 1877). Il semble que cette décision peut être contestée, car le notaire ne fait aucun usage des actes mentionnés; il agit directement et exclusivement en vertu de l'acte dont le dépôt est requis : le vœu de la loi est donc rempli quand cet acte est enregistré. On peut consulter dans ce sens un jugement de Dunkerque, du 23 juillet 1858, et ce qui a été décidé dans des cas analogues à propos des huissiers qui signifient des actes renfermant des mentions pareilles. — *V.* 1081, 1100, 1101, 1119, 1123, 1124, 1174, et le *Sommaire* v° *Exploit.*

Cependant le tribunal de la Seine a décidé, le 12 avril 1878, que le dépôt d'un acte sous seing privé qui mentionne un acte passé à l'étranger rend obligatoire l'enregistrement de ce dernier acte.

1. DÉLIBÉRATION D'ASSEMBLÉE GÉNÉRALE D'ACTIONNAIRES. — De même, dans une espèce où une société avait déposé chez un notaire le procès-verbal d'une assemblée générale d'actionnaires dans lequel se trouvait mentionnée une sentence arbitrale dûment acceptée ayant pour but de régler l'indemnité de rachat d'un monopole concédé par une ville à la compagnie, le tribunal de la Seine a jugé, le 27 juin 1868 (2769 R. P.), que cette mention constituait l'usage de la sentence et en rendait l'enregistrement obligatoire. — *V.* 1121

1075. Annexe. — Aucune difficulté n'existerait d'ailleurs s'il s'agissait simplement de l'annexe et non du dépôt. L'annexe s'opère par une simple déclaration de laquelle on ne peut à aucun point de vue faire résulter l'usage des titres énoncés dans la pièce annexée (Sol. 25 oct. 1851).

CHAPITRE IV. — PRINCIPES GÉNÉRAUX

[1076-1307]

1076. Portée des expressions « en conséquence, en vertu, faire usage. » — Les expressions *en conséquence, en vertu*, employées par les art. 41 et 42 L. 22 frimaire an 7, et celle *faire usage*, insérée dans l'art. 23 même loi, ne doivent pas avoir une portée différente les unes des autres. Il faut reconnaître, en effet, que le seul but du législateur a été d'empêcher, autant que possible, que les actes fussent soustraits à la formalité de l'enregistrement et du timbre. Or, ce but serait manqué, si on pouvait faire usage d'un acte non timbré et non enregistré dans un autre, ou faire le second en conséquence ou en vertu du premier, car cet acte prendrait alors un corps certain, recevrait une existence juridique par sa constatation dans un acte authentique, et son enregistrement ultérieur serait tout à fait inutile. La prohibition est donc générale; d'où il faut conclure que agir *en conséquence* ou *en vertu* d'un acte, *faire usage* de cet acte, sont, dans le langage des art. 23, 41 et 42 L. 22 frimaire an 7, des expressions qui ont le même sens.

« Faire usage d'une chose, en droit, disait le procureur général près la C. cass. belge, c'est en tirer tout ou partie des effets juridiques dont elle est susceptible, c'est l'utiliser, en jouir, en disposer selon le droit qu'on a sur elle. Ainsi, faire usage d'un titre, d'un acte, c'est en tirer, par rapport à la chose qui en forme l'objet, tout ou partie des effets juridiques qu'il comporte. Les actes passés par les notaires en vertu d'actes sous seing privé sont donc ceux par lesquels il est fait usage de ces actes sous seing privé, c'est-à-dire il est tiré de ces actes, par rapport à leur objet, des effets juridiques » (2068 R. P.).

1077. Simple mention ou énonciation. — A cette première question s'en rattache une seconde, c'est celle de savoir si l'énonciation pure et simple d'un acte non enregistré dans un acte authentique constitue la contravention prévue par les art. 23, 41 et 42 L. 22 frimaire an 7. Le raisonnement que nous avons fait dans le numéro précédent s'applique de tout point à cette seconde question, car il est évident que permettre l'énonciation d'un acte sous seing privé non enregistré dans un acte public, c'est lui donner une date certaine (1328 C. C.) et rendre inutile la formalité de l'enregistrement. D'ailleurs, si les art. 41 et 42 L. 22 frimaire an 7 laissaient quelque incertitude au sujet de la simple énonciation, le doute ne pourrait plus exister après la lecture des art. 56 et 58 L. 28 avril 1816 et 13 L. 16 juin 1824. Ces articles défendant d'une manière absolue, ou ne permettant qu'avec de certaines restrictions la mention ou l'énonciation dans un acte public de la date d'un acte, soit authentique, soit sous seing privé, avant son enregistrement, il en ressort évidemment que le législateur a regardé cette énonciation, hors les cas prévus, comme une contravention à la loi.— Cette interprétation est acceptée par le D. N. (*V.* t. 1er, p. 219, n° 123), et par Roll. de Vill. (t. 3, p. 482, n° 150), De son côté, Dalloz, n°. 5206, donne comme règle d'interprétation à cet égard « qu'on doit entendre par acte passé en conséquence ou en vertu tout acte qui se réfère à un autre acte préexistant, quand même il ne le rappellerait pas d'une manière explicite. » Et c'est, en effet, ce qui ressort de l'ensemble de la jurisprudence sur les états taxés, les polices d'assurances et autres écrits énoncés en termes plus ou moins dubitatifs dans les actes publics.

Il faut donc repousser l'avis de Champ. et Rig., qui pensent que les art. 41 et 42 L. 22 frimaire an 7 doivent être interprétés en ce sens que la mention ne peut être regardée comme une contravention qu'autant qu'elle constitue l'usage prévu par l'art. 23 même loi, c'est-à-dire qu'il est certain que l'officier public s'est trouvé dans la nécessité de relater et de constater la substance de l'acte, et par suite d'en exiger la représentation (*Traité* n° 3925).

La jurisprudence des Pays-Bas est, au contraire, fixée dans un sens opposé : « Attendu, porte un arrêt de la haute Cour, que l'art. 23 doit être interprété en le rapprochant de l'art. 42, et qu'il suit de là que, par l'expression faire usage d'un acte sous seing privé dans un acte authentique, il ne faut pas entendre la simple mention, mais le fait de dresser un acte authentique en vertu d'un autre acte, de telle sorte qu'il ne doit pas y avoir seulement un rapport nécessaire entre les deux actes, mais que l'un doit être basé sur l'autre et dépendant de celui-ci » (Cass. 26 janv. 1872, 11881 J. E. belge).

1. AFFIRMATION PAR LES PARTIES DE L'ENREGISTREMENT DE L'ACTE. — L'officier public ne pourrait pas, d'ailleurs, se décharger de la contravention en alléguant ou en déclarant dans son acte que les parties lui ont affirmé que l'acte énoncé était enregistré. Ainsi que la Cour suprême l'a reconnu plusieurs fois, notamment au sujet des polices d'assurances, l'officier public est tenu de s'assurer lui-même de cet enregistrement.

2. FAUSSE MENTION D'ENREGISTREMENT. — Mais toute faute et par conséquent toute responsabilité disparaîtrait si on lui avait représenté un acte ou une expédition contenant une fausse mention d'enregistrement.

1078. Acte relaté étant la cause unique, indispensable. — La jurisprudence qui va se dérouler devant nous a d'ailleurs établi en principe qu'il n'est pas nécessaire que l'acte relaté soit la cause unique et indispensable de l'acte qui en contient la mention, pour que l'officier public qui en fait usage doive le soumettre à l'enregistrement avant ou en même temps que son acte. Il suffit qu'il en soit un des éléments constitutifs.

Bosquet exprimait déjà la même pensée en ces termes, sous l'empire des lois du contrôle et du centième denier : « Il est vrai, disait-il, que par un arrêt du conseil du 28 novembre 1716, il a été permis aux notaires de rappeler et énoncer dans leurs actes d'autres actes sous seing privé non contrôlés; mais cela ne s'entend que d'une énonciation simple d'actes cités par exception ou pour servir d'explication, et non pas de ceux dont on tire une induction active et qui sont le principe et la base de ceux qu'on passe devant notaire. Les actes primitifs et originaires, qui sont le principe de l'acte notarié et qui sont nécessaires pour son exécution entière, doivent être nécessairement contrôlés avant que l'on puisse passer aucun acte en vertu d'iceux » (Bosquet, v° *Acte sous seing privé*, § 4).

1078 *bis*. Règle.— Cela dit, nous voudrions pouvoir poser une règle générale qui résumât nos propositions précédentes. Nous ne l'essayerons même pas, sachant bien qu'il nous serait impossible d'être assez complet et assez précis pour embrasser tous les cas sans dépasser les exigences de la loi. Il nous suffira de réunir ici les considérants des arrêts dans lesquels la C. cass. a posé le principe que nous avons à appliquer.

« Il n'est pas nécessaire, porte un arrêt du 17 février 1858, que l'acte privé soit la cause unique ou principale de l'acte public; il suffit que l'acte public soit fait en vertu ou par suite de l'acte privé, c'est-à-dire que l'acte privé soit devenu un des éléments de l'acte public dans lequel il est mentionné » (S. 58-1-352, 2138-2 I. G., 984 R. P.).

« L'art. 42, dit un autre arrêt, n'admet d'exception ni pour le cas où le sous seing privé aurait été simplement révélé par les stipulations qui y seraient relatives sans que la présentation au notaire de cet acte ait été constatée, ni pour celui où il ne serait qu'un élément annexé de l'acte public » (Cass. 5 avr. 1854, 2019-1 I. G., S. 54-1-366, 15836 J. E.).

« L'art. 42, ajoute la Cour dans un troisième arrêt, s'applique dès que l'acte sous seing privé est rappelé dans un acte de l'officier public comme élément de l'engagement qui donne lieu à ce dernier acte (Cass. 7 janv. 1851, S. 51-1-49, 1883-1 I. G., 15104 J. E.).

Enfin, on lit dans un arrêt solennel du 21 juillet 1849 : « L'art. 42 n'admet d'exception ni pour le cas où le sous seing privé n'aurait été rappelé dans l'acte public que par déclaration de son existence sans énonciation de sa date et sans que sa représentation au notaire fût constatée, ni pour celui où le sous seing privé ne serait pas la cause unique de l'acte public. Il suffit qu'il en soit un des éléments ou que l'acte public soit une suite et une conséquence de l'acte sous seing privé » (S. 49-1-566, 1844-1 I. G., 50-1-82 P.).

Cons. Dissertation de M. Pont, *Rev. crit.* t. 1 p. 21.

SECTION PREMIÈRE. — ACTE N'ÉTANT PAS LA CONSÉQUENCE DIRECTE D'UN AUTRE

[1079-1106]

1079. Principe. — Absence de lien entre les deux actes. — Il ne faut cependant pas pousser trop loin la conséquence du principe que, du moment qu'il y a énonciation d'un acte dans un autre, l'acte énoncé doit être enregistré. La jurisprudence qui s'est formée à ce sujet démontre en effet que, si l'énonciation suffit, quand un rapport direct existe entre l'acte énoncé et celui qui l'énonce, pour nécessiter l'enregistrement de l'acte énoncé, il n'en saurait être ainsi lorsqu'aucun lien juridique n'existe entre les deux actes. C'est dans cet ordre d'idées qu'ont été rendues les décisions suivantes.

1080. Acte de notoriété. — 1. INSCRIPTION DE RENTE. — L'acte de notoriété qui a pour objet de constater le droit de propriété d'une personne sur une inscription de rente au grand-livre de la dette publique de France, et qui rappelle à cet effet plusieurs actes de cession enregistrés, n'est pas fait en conséquence du certificat d'inscription, bien qu'il en mentionne la date et le numéro ; dès lors le défaut d'enregistrement de ce certificat ne constitue pas, de la part du fonctionnaire qui a reçu l'acte de notoriété, une contravention à l'art. 42 de la loi du 22 frimaire an 7. (Sol. belge 5 nov. 1847, 1480-1 R. P.).

2. CESSION DE PARTIE DE L'INSCRIPTION. — Mais la contravention existe de la part du notaire qui a rédigé le premier acte de cession d'une quote-part de l'inscription dont il s'agit, sans que le certificat d'inscription ait été préalablement enregistré (Sol. belge, 5 nov. 1847, 1480-1 R. P.).

3. CERTIFICAT DE DÉPOT D'ACTIONS. — On a également émis l'avis qu'un notaire chargé de dresser un acte de notoriété dans lequel il doit certifier l'identité du titulaire d'actions désignées dans un certificat de dépôt de la Compagnie, n'agit pas en conséquence de ce certificat, bien qu'il le mentionne, et n'est pas tenu, dès lors, de le faire enregistrer (J. du not., 26 mars 1862, n° 1683).

1081. Affiche-placard. — 1. AVOUÉ. — L'original d'un placard, en matière judiciaire, daté et signé par un avoué, est un acte de procédure assujetti à l'enregistrement, et l'huissier qui rédige son procès-verbal d'apposition sur un exemplaire qui ne rappelle pas que l'original a été antérieurement enregistré, doit être réputé avoir contrevenu à l'art. 41 de la loi de l'an 7. L'Administration se fonde, pour le décider ainsi, sur l'arrêt de la C. cass. du 2 avril 1818 (Dalloz vol. 18, 1re partie, p. 297), d'après lequel les placards prescrits par les art. 960 et 961 de l'ancien Code doivent être considérés comme des *actes* passibles du timbre de dimension. Avant la loi sur les ventes judiciaires d'immeubles, cependant, les placards dont parlaient les art. 960 et 961 avaient à peu près la même forme que ceux rédigés en vertu des art. 617, 618, 619, 945, 986 et 989 ; il y a donc même raison de décider. Enfin l'Administration excipe de la disposition de l'art. 11 de l'ordonnance du 10 octobre 1841, qui alloue des émoluments à l'avoué pour la rédaction de l'extrait, qui doit être imprimé et placardé et servir d'*original*, aux termes de l'art. 699 du C. proc. Il y a lieu de remarquer qu'une disposition analogue existe dans l'art. 38 du déc. du 16 février 1807 (art. 617 du C.), qui alloue aussi des émoluments à l'huissier ou autre officier public chargé de procéder à la vente des meubles pour *la rédaction* DE L'ORIGINAL de placard qui doit être affiché. Cet original est donc bien un acte (Sol. 14 sept. 1853· Dél. 30 août 1831 ; *Bull.* 3508). — Cette doctrine a été consacrée par plusieurs tribunaux (Sisteron 22 août 1856 ; — Avesnes 19 mars 1856, 666 R. P.). — Déjà, par un arrêt (Adm.) du 15 février 1814 (4942 J. E.), la C. cass. avait jugé qu'un notaire encourt l'amende lorsqu'il rédige un acte d'adjudication préparatoire en vertu des affiches qui ont annoncé la vente sans que ces affiches soient enregistrées, parce que l'apposition des affiches étant indispensable, il agit en conséquence de ces affiches. — *V.* en sens divers, 16872-1 et 17112 J. E.

Les règles précédentes sont applicables aux originaux de placards rédigés en matière de ventes judiciaires de meubles, quand cet original est revêtu de la signature d'un avoué, parce que, alors, il constitue un acte de procédure par les mêmes motifs que ci-dessus (Sol. 14 sept. 1853).

2. HUISSIER. — Mais si, comme le portent les art. 617 à 619 du C. proc., les placards sont rédigés et signés par l'huissier qui instrumente, l'original s'identifie avec l'exploit et ne peut être considéré comme un acte distinct à enregistrer et à répertorier. Il n'en est plus de ce cas comme de celui d'une vente d'immeubles (Sol. 29 juin 1857).

Pour faire échapper les placards à la nécessité de l'enregistrement préalable, un tribunal a allégué que le placard, devant être signifié, rentre dans la catégorie des exploits, pour lesquels il existe dans l'art. 41 de la L. du 22 frimaire an 7 une exception formulée en ces termes : « Sont exceptés (de l'obligation imposée aux officiers publics ou ministériels de faire aucun acte en conséquence d'un acte non enregistré) les exploits et autres actes de cette nature qui se signifient à partie ou par affiches et proclamations, et les effets négociables compris sous l'art. 69, § 2, n° 6, de la présente » (Avesnes 31 août 1870, 3351 R. P.). Mais cette interprétation est erronée; nous le démontrons au n° 1185.

3. VENTE EN VERTU DE JUGEMEMT NON ENREGISTRÉ. — On ne pourrait relever de contravention contre l'huissier qui constaterait l'apposition d'un placard dont l'original annoncerait une vente ordonnée par un jugement non enregistré, si cet original ne faisait aucune mention du jugement et se bornait à annoncer que la vente aura lieu au jour qui devra être fixé par le tribunal. Mais l'amende serait due si le jugement était mentionné dans l'exploit (Sol. 10 janv. 1867).

1082. Cahier des charges. — 1. BAIL. — Lorsqu'un bail à ferme, non enregistré, a été énoncé dans le cahier des charges de biens à vendre, on a jugé que cette mention était sans utilité pour la validité de la vente; d'où la conséquence que le défaut d'enregistrement de ce bail ne constitue pas une contravention à l'art. 42 L. 22 frimaire an 7 (Grenoble 27 juill. 1836, 9520 J. N.). Mais cette solution ne nous paraît pas devoir être suivie ; car l'énonciation du bail a pour but évident de faciliter la vente, et devient ainsi un élément aussi essentiel du contrat que les actes qui constateraient l'existence d'une servitude ou d'un droit réel imposé sur les immeubles. De plus, et comme on l'a fait remarquer, la seule énonciation du bail lui donne date certaine et oblige l'acquéreur à en supporter la continuation, d'après l'art. 1743 C. C.

2. SOMMATION DE PRENDRE CONNAISSANCE. — Il n'y a pas contravention à l'art. 41 lorsqu'un huissier signifie à avoué, en exécution de l'art. 973 C. proc., une sommation de prendre connaissance du cahier des charges déposé en l'étude d'un notaire, avant que cet acte ait été enregistré. La signification doit être considérée comme faite, non en vertu du cahier des charges, mais en exécution de l'art. 973 C. proc. (Béthune 26 janv. 1847). On peut ajouter, d'ailleurs, que l'art. 41 est forcément inapplicable, puisque la sommation doit être faite dans les huit jours, et que le notaire ayant dix ou quinze jours pour l'enregistrement de son acte, l'huissier n'a aucune action contre lui pour le forcer à devancer cette époque. Aussi l'Administration a-t-elle acquiescé à la doctrine du jugement de Béthune par une délibération du 23 mars 1847, suivie de plusieurs solutions conformes, dont l'une est du 7 mai 1863.

Le J. E., qui avait d'abord combattu cette opinion (16730-2 J. E.), est ensuite revenu à un autre avis (17054 J. E.).

1083. Compte de tutelle. — 1. BILLET NON ENREGISTRÉ. — Le tribunal de Strasbourg a jugé, le 23 octobre 1817, qu'un notaire peut, sans contravention, relater dans le compte d'un tuteur un billet non enregistré provenant des fonds de la tutelle et remis au mineur. L'Administration s'étant pourvue contre ce jugement, son pourvoi a été rejeté par un arrêt de la section des requêtes, du 10 mai 1821 (Préc. chron., n° 489), par le motif que l'énonciation n'avait pas donné à ce billet un caractère authentique qu'il n'avait pas auparavant; qu'ainsi, l'acte notarié n'avait pris ni sa cause ni son fondement dans l'acte privé (Dalloz, n° 5241; D. N., t. 2, p. 500, n° 137; Dél. 30 janv. 1819, 6303 J. E., 2890 J. N.; Sol. 25 fév. 1851).

1084. Consultation. — Le notaire qui reçoit, dans l'intérêt d'un incapable, une transaction qui a été précédée de l'avis consultatif des jurisconsultes, n'agit pas en vertu de cette consultation et n'est pas tenu de la faire enregistrer (Sol. 30 janv. 1860).

1085. Contrat de mariage. — La rédaction d'un contrat de mariage nécessite l'établissement des apports de chaque époux, et il faut, pour cela, que le notaire mentionne les diverses valeurs dont ils se composent ou les charges dont ils sont grevés. Une telle indication n'a pas pour but de conférer un titre quelconque aux époux ou contre eux; elle participe absolument de la nature descriptive des renseignements réunis dans l'inventaire. Aussi doit-il paraître certain que l'officier public n'est pas tenu de faire enregistrer préalablement les actes mentionnés.

On l'a ainsi décidé, notamment pour l'indication dans les apports, de billets et titres d'actions, non enregistrés, appartenant aux futurs (Sol. 30 janv. 1833, 3959 Roll.; D. N., t. 1er, p. 391, n° 674; Roy 13 ; Sol. 3 oct. 1865, 2238 R. P.; Sol. belge, 3 juill. 1851, 1480 R. P.), sans distinguer entre la déclaration insérée dans le contrat de mariage lui-même, ou dans un état annexé (8290 J. E.).

Et pour la mention de créances résultant d'actes passés en Algérie ou en pays étranger et non enregistrés en France (Sol. 23 mai 1860.).

Décidé, de même, qu'un notaire ne contrevient pas à l'art. 42 L. 22 frimaire an 7 quand il mentionne dans l'apport en mariage d'un futur une police d'assurance sur la vie, non enregistrée, encore bien que cette police soit également rappelée dans la donation éventuelle faite à la future par le même contrat. En effet, le notaire n'a pas rédigé l'acte en vertu de la police sous seing privé; il n'a agi qu'en vertu et en conséquence de la situation respective des parties, l'apport des époux devant être nécessairement constaté dans le contrat de mariage, et la donation éventuelle s'appliquant aux valeurs comprises dans l'apport. D'un autre côté, le futur époux n'a point fait usage de la police dans le sens de la loi, puisqu'il ne s'en est servi ni pour diriger une action contre son débiteur ou obtenir des garanties, ni pour assurer d'une manière quelconque la conservation de sa créance, et que la compagnie débitrice n'était pas présente au contrat afin de reconnaître la réalité de sa dette (Sol. 6 août 1866, 2295 R. P.).

La même interprétation a été admise par l'Administration belge : « Déclarer, a-t-elle dit, qu'un époux apporte en communauté telles valeurs, équivaut à déclarer qu'il est propriétaire de telles valeurs destinées, par leur nature, à faire partie de la communauté. Une semblable énonciation ne s'attache qu'aux rapports passifs du propriétaire avec sa propriété. Elle n'entre pas plus dans les termes des art. 23 et 42 de la loi de frimaire que la clause qui exclut de la communauté une créance dont on indique le titre, ou que l'acte de notoriété qui constate (comme dans le cas du n° 1080 ci-dessus,) le droit de propriété d'une personne sur une inscription de rente au grand-livre de France » (Déc. de l'Adm. belge, 9 nov. 1860, 1480-6 R. P.).

Par conséquent, le contrat de mariage, par lequel les futurs excluent de leur communauté les rentes, obligations, actions et créances, peut énoncer, parmi les valeurs de cette nature appartenant au futur époux, la reconnaissance d'une somme déterminée souscrite à son profit, sans que le titre de l'obligation ait été enregistré. « Considérant que le contrat de mariage n'a pas été fait en conséquence de la reconnaissance de 5,000 francs y mentionnée; qu'il n'a pas été fait usage de celle-ci dans le sens de l'art. 23 L. 22 frimaire an 7; que même ni le débiteur, ni la date, ni le terme de l'obligation n'ont été indiqués; qu'enfin, l'énonciation y relative a eu seulement pour but de faire connaître la nature de l'apport du futur époux; que, dans cet état de choses, la contravention relevée n'existe pas » (Déc. Adm. belge 3 juill. 1851, 1480-2 R. P.).

Une Dél. du 27 août, approuvée par D. m. f. du 26 septembre 1823, avait cependant reconnu qu'un notaire contrevient à la loi quand il énonce que l'apport du futur lui provient de sa première communauté, ainsi qu'il résulte de tel inventaire non préalablement enregistré, attendu que cet inventaire est indispensable à rappeler (661 Roll.; D. N., t. 1er, p. 387, n° 643). Mais cette décision n'est plus suivie. L'inventaire est le titre des apports du futur; son indication est donc simplement énonciative et ne constitue pas l'usage prohibé par la loi.

Il ne faut pas exagérer les conséquences de cette doctrine. Si, par exemple, la mention des titres composant l'apport avait lieu en termes qui impliquent la volonté des parties de leur conférer une existence certaine, il y aurait usage véritable obligeant le notaire à se conformer à l'art. 42 L. 22 frimaire an 7. C'est ainsi que s'explique un jugement de Tulle, du 29 janvier 1849, rendu à propos de l'énonciation que la dot de la future consistait en billets sous seing privé paraphés et remis au futur. « Attendu qu'une semblable mention n'est pas seulement la constatation de l'avoir mobilier de la future, mais qu'elle implique l'usage des effets indiqués; qu'on ne saurait assimiler la mention dont il s'agit à celle qui serait insérée dans un inventaire, parce qu'il y a eu à la fois présentation des effets dont il s'agit, constatation de leur existence et de leur nature faite par le notaire, qui y appose son paraphe, et remise de ces effets au futur époux, qui en demeure responsable » (Tulle, 29 janv. 1849, 14829-2 J. E.).

L'art. 42 devrait être également appliqué si la déclaration du titre compris dans l'apport était faite en présence du débiteur lui-même et si ce dernier en reconnaissait l'existence. Il faut étendre à cette hypothèse ce que nous disons des droits de reconnaissance de dettes dans les contrats de mariage. — V. *Contrat de mariage*, n° 5202.

De même, le notaire devrait, à peine d'amende, exiger l'enregistrement préalable de la délibération du conseil de famille qui autorise le mineur à contracter mariage (Fontainebleau, 24 juill. 1839, 12367 J. E., 10603 J. N.), ou lui nomme un curateur *ad hoc* (Grenoble 27 juill. 1836, 11784 J. E., 9520 J. N.).

1. CERTIFICAT DE DÉPOT. — Un notaire n'a pas encouru de peine pour avoir annexé à un contrat de mariage de commerçant le certificat du secrétaire d'une chambre de discipline constatant le dépôt de l'extrait de ce contrat, quoique ledit certificat ne fût ni enregistré ni timbré, car c'est là une jonction faite dans l'intérêt privé du notaire (Sol. 1er août 1834, 4470, Roll.).

1086. Décharge. — Quittances non enregistrées. — De même que la procuration donnée à l'effet de toucher un billet ne nécessite pas l'enregistrement du billet, de même la décharge donnée à un mandataire des sommes qu'il a reçues en vertu de quittances non enregistrées n'oblige pas à faire enregistrer ces quittances, parce que la décharge n'a pas lieu en conséquence (Sol. 8 sept. 1865).

1087. Déclaration de payement. — Quittance. — Dans une quittance finale du prix d'une vente d'immeubles, un notaire peut, sans encourir l'amende, insérer la déclaration des parties « qu'à des époques par elles indiquées, trois à-compte ont été payés, suivant quittances particulières, qui, avec les présentes, ne serviront que d'une même chose » : l'acte, en effet, n'a pas été fait en vertu de quittances sous seing privé, mais en vertu de la déclaration par laquelle les parties ont reconnu que le payement avait été effectué (Seine 21 juill. 1821, Dél. 16 fév. 1822, 7325 J. E., 4830 J. N.).

Nous pensons également qu'un notaire ne contrevient pas à l'art. 41 lorsque, dans une quittance faite en vertu d'un procès-verbal d'ordre enregistré, il reproduit littéralement le contenu du procès-verbal d'ordre lui-même, quoique ce dernier acte relate les pièces non enregistrées produites devant le juge commissaire.

1088. Délivrance de legs.—Actions léguées. — Il n'y a pas lieu à appliquer l'art. 42 à l'acte par lequel on se reconnaît dépositaire d'actions appartenant à un tiers, il faut en dire autant de la délivrance d'un legs consistant en actions industrielles, le légataire ne faisant que recevoir sa propre chose des mains de l'héritier, lequel n'en était que l'administrateur légal (Déc. Adm. belge, 9 nov. 1860, 1480-6 R. P.).

Décidé également qu'un notaire peut énoncer, dans un acte de délivrance de legs, un billet non enregistré qui est l'objet même du legs (14396 J. N.; D. N., t. 1er, p. 395, n° 699; Sol. 27 oct. 1864). — V. 1119.

1089. Échange. — 1. BIENS COMPRIS DANS UN ACTE ANTÉRIEUR. — La peine prononcée par l'art. 41 L. 22 frimaire an 7 n'est pas encourue par un notaire qui présente en même temps à l'enregistrement deux contrats, dont le dernier contient échange par lui reçu d'un bien que l'une des parties avait acquis par le premier contrat reçu par un autre notaire et non relaté dans l'acte d'échange. En ce cas, l'échange est considéré comme étant par lui-même indépendant du premier acte, puisque l'acquisition qui a précédé cet échange aurait pu s'opérer par conventions verbales, et n'être constatée par écrit que postérieurement (Cass. 24 juill. 1815, S. t. 15, p. 282).

« Attendu, porte cet arrêt, que bien qu'il soit vrai que la copie, la grosse ou l'expédition d'un acte sont la conséquence nécessaire d'un acte préexistant, puisqu'elles supposent la préexistence nécessaire d'un original ou d'une minute quelconque sur laquelle elles ont été dressées et transcrites, il n'en est pas de même d'un échange relatif à des objets compris dans une vente antérieure audit échange, parce que ce dernier contrat, considéré en lui-même, est parfaitement indépendant de la vente, puisque si elle eût été simplement verbale, il aurait pu la précéder avant qu'elle eût été rédigée par écrit, ce qui suffit pour soutenir, sans contravention à l'art. 41 L. 22 frimaire an 7, qu'un pareil échange, quoique postérieur à la vente, n'en est pas la conséquence nécessaire; d'où il suit qu'en le jugeant ainsi, le tribunal civil de Marmande n'a pu violer aucune loi » (*Conf.* Roy, *Contr.* 101).

1089 *bis*. **Extraits.** — 1. PROCURATIONS. — Lorsqu'un notaire annexe à l'acte qu'il reçoit des extraits de procurations, avec mention que les brevets ou les minutes sont joints à un acte reçu par un autre notaire, il ne commet point de contravention si ce dernier acte n'a pas été préalablement enregistré. Le dernier acte n'est fait ni en vertu ni par suite du premier, mais en conséquence des procurations, et il suffit que celles-ci soient enregistrées (11413-2 J. E.).

2. ACTE PRIVÉ. — Il a été jugé que le notaire n'encourt pas d'amende lorsqu'il reçoit en dépôt l'extrait enregistré d'un acte sous seing privé, quoique cet acte lui-même n'ait été enregistré ni avant ni avec l'acte de dépôt (Dunkerque 23 juill. 1858).

1090. Gage. — Crédit. — Mais il faut reconnaître qu'il y a contravention à la loi lorsque, par suite d'une ouverture de crédit, le créditeur reçoit, en nantissement, des titres autres que des effets de commerce ou des valeurs assimilées. Il n'est pas douteux que dans cet acte on n'ait agi en vertu de la conséquence des titres. — *V.* 1093.

1091. — Individualité. — Constatation. — La L. 25 ventôse an 11 n'oblige pas les notaires à s'enquérir des qualités des parties, et ils doivent, dès que leur individualité est constante, obéir aux réquisitions qui leur sont aites. Il en résulte que, si un requérant déclare agir en qualité de tuteur, curateur, mandataire, gérant, etc., sans qu'il soit fait, d'ailleurs, aucune mention directe de l'acte de tutelle, de curatelle ou de mandat, etc., on ne peut pas réclamer au notaire le payement d'une amende de contravention encourue, parce que cet acte ne se trouverait pas enregistré.

1092. — Inventaire. — 1. SERMENT DES EXPERTS. — On ne peut dire que l'inventaire soit la conséquence de l'acte de prestation de serment des experts chargés de procéder à l'estimation du mobilier. Aussi cet acte peut-il, avant son enregistrement, être énoncé dans l'inventaire (Dél. 20 juin 1827, 1892 Roll.; D. N., t. 1er, p. 387, n° 648, contraire à un jugement de Dieppe du 14 mars 1826; 8553 J. E).

2. REPRISE D'INVENTAIRE AVANT ENREGISTREMENT. — ORDONNANCE. — Un inventaire interrompu par suite de contestations survenues entre les parties peut être continué avant l'enregistrement préalable de l'ordonnance du juge auquel il a été référé de ces contestations, conformément à l'art. 944 C. proc., mais à la charge de faire enregistrer cette ordonnance avant ou en même temps que la séance de continuation (2767 J. E.; D. m. f. 29 déc. 1807, 2791 J. E., et 26 déc. 1818; D. N. t. 7, p. 169, n° 539). Le notaire ne pourrait donner pour prétexte du défaut d'enregistrement du référé qui l'aurait mis en contravention, que l'ordonnance aurait dû être enregistrée par le receveur des actes civils publics en même temps que l'inventaire auquel elle était annexée, si d'ailleurs il y a, dans la localité où celui-ci exerce ses fonctions, un bureau d'actes judiciaires auquel aurait dû nécessairement être enregistrée cette ordonnance (Mortagne 20 janv. 1843, 13168 J. E., 11655 J. N.).

3. ORDONNANCE. — NOTAIRE COMMIS. — Le tribunal de Saverne a jugé, le 20 février 1836, que la mention, dans un inventaire, de l'ordonnance qui nomme un notaire pour représenter un héritier absent, ne constitue pas une contravention (11638-2 J. E.). — *V.* 1125.

1093. Obligation. — 1. CESSION DE PRIME D'ASSURANCE. — Nous pensons, contrairement au J. E. (14043-1, 14805-1 J. E.), qu'aucune contravention n'est commise lorsqu'un huissier signifie à une compagnie d'assurances l'obligation notariée dans laquelle l'emprunteur a cédé au prêteur l'indemnité due en cas de sinistre. L'exploit n'est pas fait en conséquence de la police, mais de l'obligation.

2. OUVERTURE DE CRÉDIT. — NANTISSEMENT. — Le créditeur qui a reçu en nantissement des titres d'une société, puis qui assigne le crédité en justice pour se faire autoriser à vendre publiquement, jusqu'à due concurrence, les titres déposés, et qui obtient un jugement d'autorisation, ne doit pas être considéré comme ayant agi dans la procédure, en vertu ou en conséquence de ces titres.

« Il n'est pas douteux, porte une solution de l'Administration belge, que, dans l'acte sous seing privé de crédit 1854, on n'ait agi en vertu ou en conséquence des actions, et qu'au procès on n'ait agi en vertu ou en conséquence dudit acte sous seing privé; mais, sous ce rapport, on a satisfait à la loi, puisque cet acte avait été enregistré avant qu'on en fît usage, et qu'il suffisait de l'invoquer et de le produire pour justifier la demande des créditeurs. « Quant aux actions, il est admis, en thèse générale, que ce n'est pas agir en vertu ou en conséquence que de demander l'autorisation de les vendre, et l'on ne saurait, pour faire fléchir cette règle, argumenter de ce que l'on a dû justifier la demande par la production d'un titre distinct des actions, lequel, quoique passé en vertu ou en conséquence de celles-ci, a pu être enregistré sans qu'elles fussent aussi soumises à la formalité » (Déc. Adm. belge 4 août 1857, 1480-4 R. P.).

On verra plus loin que, d'après notre jurisprudence, les art. 41 et 42 ne s'appliquent pas aux effets négociables,

1094. Partage. — Lorsqu'un contrat de société porte que les associés survivants seront propriétaires de la part du défunt selon l'estimation du dernir inventaire, le notaire qui rédige le partage ou tout autre acte en conséquence de cet inventaire non enregistré ne commet pas de contravention. — V. 15242.

1. RAPPORT. — Un notaire ne contrevient pas à l'art. 41 de la loi du 22 frimaire an 7 quand il mentionne dans le partage d'une succession l'acte notarié passé à l'étranger aux termes duquel le défunt a fait donation à l'un des héritiers d'une somme ultérieurement payée et d'une rente actuellement éteinte, si cette énonciation a eu pour objet unique de justifier le rapport dû par le donataire. L'obligation du rapport se fondait sans doute sur la libéralité antérieure; mais sa cause directe et immédiate était la réception même des deniers, laquelle avait eu lieu après le contrat de donation. L'énonciation de ce dernier fait aurait donc pu rigoureusement suffire à justifier la nécessité du rapport. Si le notaire a cru devoir remonter au delà, afin d'indiquer avec précision les causes de ce payement, il a fait une chose surabondante, et les mentions auxquelles il s'est livré n'ont plus qu'un rapport trop éloigné et trop médiat avec les nécessités de son opération pour constituer l'usage prohibé par la loi (Seine 20 mars 1869, 2942 R. P.).

1095. Prime cédée. — Non usage. — Lorsque, dans un acte contenant abandon de biens, le notaire énonce, comme cause de l'une des créances, le payement fait par un créancier, d'une prime d'assurance, en l'acquit du débiteur, cette énonciation n'implique point l'usage de l'acte d'assurance et ne peut donner lieu par conséquent à l'obligation de soumettre la police à la formalité de l'enregistrement. Il faut reconnaître qu'en pareil cas l'acte de cession est rédigé, non pas en vertu de la police d'assurance, mais bien en conséquence du payement fait par le créancier, payement dont la mention ne constitue l'usage d'aucun acte (14764-1 J. E.).

1096. Procuration. — 1. BILLET A CÉDER. — Un notaire peut, sans contravention, recevoir une procuration à l'effet de *céder* un billet non enregistré, parce que la procuration n'est pas faite en conséquence et en vertu de ce billet (Sol. 27 janv. 1833, 3959 Roll.; D. N., t. 1er, p. 396, n° 707). « Cette opinion se fonde, dit l'auteur du *Manuel des Contraventions*, sur ce que les billets ne sont pas la base de la procuration, et que celle-ci ne contenant aucune transaction avec les débiteurs sur leur exécution, on n'en peut tirer aucune induction active » (n° 138).

2. CRÉANCE A GÉRER. — Elle a été confirmée plusieurs fois depuis. Ainsi l'Administration a reconnu que la procuration donnée par un étranger, suivant acte passé en France, pour gérer une créance résultant d'un titre passé à l'étranger et non enregistré, ne contenait pas l'usage de ce titre dans le sens de la loi et n'exposait le notaire à aucune amende (Sol. 29 déc. 1857).

3. OBLIGATION A RECOUVRER. — La même décision a été rendue au sujet de la procuration donnée à un tiers, de recouvrer une obligation due au mandant, en vertu d'un titre passé à l'étranger et non enregistré en France (Sol. 8 sept. 1865).

4. INTÉRÊTS A RECEVOIR. — La jurisprudence belge est également fixée dans ce sens. Une décision du 9 avril 1856 (1480 R. P.) reconnaît qu'en donnant procuration à l'effet de recevoir les intérêts d'une obligation dont on indique le titre, on n'agit pas en vertu du titre comme on le ferait en donnant quittance de ces intérêts; que, dès lors, l'enregistrement de l'obligation n'est pas obligatoire.

5. RATIFICATION. — Une procuration pour ratifier un acte a bien cet acte pour objet, mais on ne peut pas dire qu'elle soit faite en conséquence de cet acte. Aussi a-t-il été reconnu qu'un notaire peut énoncer dans une procuration, à l'effet de la ratifier, l'adjudication, non enregistrée, passée devant un autre notaire (Sol. 8 sept. 1832, 10424 J. E.; D. N. t. 1er, p. 387, n° 645).

6. ÉLARGISSEMENT. — Dans un traité passé avant l'abrogation de la contrainte par corps entre un créancier et son débiteur incarcéré, il est énoncé que le premier a remis à un huissier un pouvoir à l'effet de mettre le prisonnier en liberté. Il semble que le notaire rédacteur du traité a pu relater le pouvoir sans le faire enregistrer en même temps que le second acte, parce qu'en réalité, loin que le traité fût passé en vertu du pouvoir, c'est le pouvoir qui aurait eu lieu en conséquence du traité (12341-2 J. E.). Mais il y aurait contravention si le pouvoir, au lieu d'être donné pour l'exécution du traité, en devenait l'un des éléments. — V. 1137.

1096 *bis*. Prorogation. — Protêt. — L'huissier qui a protesté un billet à ordre dont l'échéance a été prorogée au moyen d'un écrit mis au dos de ce billet n'a pas agi en vertu de cette prorogation, mais en conséquence du billet. Il n'y a, dans l'espèce, aucune contravention (13868-1 J. E.).

1097. Protestation. — Un notaire n'est pas passible d'amende pour avoir, dans un procès-verbal d'adjudication, énoncé et analysé l'exploit d'une protestation qui lui a été signifiée, et dans lequel sont relatés des actes non enregistrés (Seine 31 mars 1855, 484 R. P.).

1098. Qualités. — 1. JUGEMENT NON ENREGISTRÉ. — La rédaction de la minute du jugement étant tout à fait indépendante des qualités, puisque ces qualités ne doivent être déposées au greffe que lorsqu'on veut lever le jugement, il en résulte que les qualités peuvent être signifiées sans que le jugement ait été préalablement enregistré (7878 J. E.).

1099. Récolement. — Il n'y a pas de contravention à dresser le procès-verbal d'enlèvement et transport de meubles pour être vendus sur une place publique, avant d'avoir fait enregistrer le procès-verbal de récolement fait la veille, parce que ces deux actes ne sont pas essentiellement la cause l'un de l'autre (D. m. f. 3 mars 1812, 4302 J. E.).

1100. Requête énonçant obligation non enregistrée. — L'huissier qui notifie la requête enregistrée dans laquelle l'avoué a énoncé une obligation non enregistrée ne commet aucune contravention parce qu'il agit en vertu de la requête seulement. L'amende est uniquement due par l'avoué (Cass. 8 avr. 1809; Dalloz 5208; Merlin v° *Acte sous seing privé*).

1101. Société. — Le motif qui dispense de l'enregistrement les titres compris dans les apports des futurs (V. *suprà*, 1085), en exempte aussi ceux dont il est fait mention dans les apports en société, quand cette énonciation ne comporte pas la preuve d'un usage réel des pièces. Décidé, en ce sens : 1° que l'acte de société qui se borne à énoncer des marchés passés entre une ancienne société et divers fournisseurs, marchés dont les profits sont apportés dans la nouvelle société, est insuffisant pour justifier la demande des droits des marchés et de l'amende (Seine 20 août 1856); — 2° qu'un huissier peut, sans contravention, faire sommation à un actionnaire de retirer les actions qu'il a prises dans une société, et d'en verser le prix sans que ces actions soient enregistrées, car cette sommation n'est pas faite en vertu des actions, mais de l'acte de société (11416 J. E.). — *V.* 1080.

3. OBLIGATIONS. — Celui qui fait sommation à une société de lui payer le montant de certains coupons échus afférents à des obligations émises par cette société, sous réserve de lui réclamer, à défaut de ce payement, la restitution du capital de ces obligations, ne fait pas usage des titres des obligations, mais seulement des coupons dont il demande le payement; dès lors, l'Administration n'est pas fondée à prétendre que l'exploit de sommation a été fait en conséquence des obligations et à réclamer un droit d'enregistrement sur ces titres (Bruxelles 2 nov. 1872, 11962 J. E. belge).

En déclarant, dans un acte notarié, qu'on détient tel nombre d'actions d'une société de charbonnage, qui appartenaient à une personne défunte qu'on dénomme, et qui devaient être mentionnées dans un acte authentique réclamé par une administration étrangère à l'appui de la déclaration de la succession de cette personne, on ne fait pas usage de ces actions dans le sens de la loi « Attendu que, dans l'espèce, le sieur H... a fait une déclaration pure et simple au sujet des actions qui avaient été laissées entre ses mains; qu'il n'a pas fait de ces actions l'usage prévu par la loi de l'enregistrement, pas plus que le notaire n'a agi en vertu des mêmes titres en rédigeant acte de la déclaration du sieur H... » (D. Adm. belge 18 juill. 1860, 1480-5 R. P.).

1102. Tiers-saisi. — Déclaration. — Le greffier peut, sans contravention, annexer à la minute d'une déclaration faite par un tiers-saisi les quittances non timbrées ni enregistrées produites à l'appui de cette déclaration (Déc. 18 avr. 1809, 436, § 45 I. G., 14095-6 J.-E.). Ces décisions sont fondées sur ce que l'intérêt personnel du déclarant est étranger à ces quittances. — *V.* 1071.

1103. Transport de créance. — Un notaire n'est pas passible d'amende pour avoir procédé à l'adjudication d'une créance transportée par un acte sous seing privé enregistré, mais dont le titre originaire n'a point été soumis à cette formalité (Seine 31 mars 1855, 454 R. P.).

1104. Mention de payement de billet. — La mention, dans un acte de transport, du payement fait par un tiers en l'acquit du débiteur qui devait la somme payée, suivant un billet par lui souscrit au profit d'une personne désignée, ne constitue point l'usage du billet ainsi énoncé. Le transport a lieu, dans l'espèce, non pas en vertu du billet, mais en vertu du payement, c'est-à-dire d'un fait que n'atteint pas la loi de l'impôt (11533-2 J. E.). — *V.* 1087.

1105. Tutelle. — Curatelle. — Un arrêt cass. du 3 janvier 1827 (8659 J. E., 1210, § 4 I. G., 5997 et 6193 J. N., S. 27-1-342) a décidé qu'il n'y avait pas contravention lorsque le notaire rédigeait un inventaire *en présence* du subrogé-tuteur nommé par une délibération de conseil de famille non enregistrée.

« Attendu, porte cet arrêt, qu'en décidant, dans l'espèce, que l'inventaire fait par le notaire Erard à la requête de la dame Perrotot, tutrice légale de ses enfants mineurs, et en présence du subrogé-tuteur desdits mineurs, n'était pas, sous le rapport de la disposition de l'art. 41 de la loi du 22 frimaire an 7, un acte fait en conséquence de la nomination du subrogé-tuteur, le jugement attaqué n'a pas faussement interprété ledit article, puisqu'en effet l'acte dont il s'agit était bien moins la conséquence de cette nomination que celle de la disposition précise de l'art. 451 C. C., qui prescrivait à la tutrice de faire procéder à cet inventaire en présence dudit subrogé-tuteur; — d'où il suit que l'énonciation faite dans l'inventaire de l'acte de nomination du subrogé-tuteur, quoique dénuée de mention de son enregistrement, lequel n'a eu lieu, en effet, qu'après l'inventaire, mais dans le délai de la loi, a pu être considérée, par le tribunal civil de Belfort, comme ne constituant pas une contravention à l'art. 41 précité de la loi du 22 frimaire an 7, et qu'en le jugeant ainsi, ce tribunal n'a expressément violé aucune loi. »

On a fait l'application de ce principe (12069-2 J. E.) à un projet de compte auquel intervenait un mineur émancipé assisté de son curateur nommé par délibération non enregistrée. Dans l'un et l'autre cas, en effet, l'inventaire et le compte ne pouvaient être considérés comme la conséquence de la délibération du conseil de famille. — *V.* 1150.

1106. Vente. — 1. EXÉCUTOIRE. — Un notaire n'a pas contrevenu à l'art. 42 L. 22 frimaire an 7, pour avoir annexé à un acte de vente de meubles deux exécutoires non enregistrés, l'un à son profit, et l'autre en faveur d'un avoué, parce qu'il n'a pas fait d'acte en conséquence des exécutoires (Dél. 27 avr. 1823, 891 Roll.).

2. PLAN NON ENREGISTRÉ. — Un notaire peut relater, dans un acte de vente rédigé par lui, le plan non enregistré des propriétés vendues, et levé pour faciliter la rédaction de l'acte notarié : la vente n'est pas la conséquence du plan (Cass. 2 août 1808, Teste Lebeau, p. 15).

Il faut supposer, pour expliquer cet arrêt, que le plan n'avait pas été mentionné en termes explicites dans le contrat. Et il a été décidé, en effet, par une solution du 17 février 1854, que si une vente d'immeuble se borne à énoncer que la contenance des biens a été constatée par des arpentages, l'existence des procès-verbaux n'est point assez établie pour autoriser la réclamation de l'amende.

Mais la contravention est manifeste lorsque le notaire mentionne catégoriquement le plan signé et le procès-verbal d'arpentage. Le tribunal de Dunkerque l'a ainsi décidé, le 31 décembre 1862 (1767 R. P., 17616 J. E.). — *V.* 1135 et 1259.

1106 *bis*. **Vérification d'écritures.** — On ne saurait dire que le procès-verbal d'une enquête en vérification d'écritures dans lequel sont mentionnées des quittances non timbrées produites comme pièces de comparaison a été fait en conséquence de ces quittances, et partant qu'il y a lieu à l'application des art. 24 et 42 de la loi du 22 frimaire an 7. « En effet, ce n'est pas faire usage d'un écrit, ce n'est pas agir ou faire un acte en conséquence, dans le sens des lois du timbre et de l'enregistrement, que de le produire, le faire produire ou l'admettre comme pièce de comparaison dans une vérification d'écriture. L'acte ou le contrat dont cet écrit est le titre ou l'instrument n'est pas en jeu dans une pareille opération. Il s'agit de l'écriture et de la signature considérées dans leur matérialité, et non des intérêts auxquels se rapporte l'acte ou le contrat » (D. m. f. belge 18 juin 1862, 1826 R. P.).

SECTION 2. — ACTES ÉTANT LA CONSÉQUENCE DIRECTE D'UN AUTRE

[1107-1152]

1107. Principe. — Le principe de la prohibition édictée par la loi reprend son empire dès que l'acte public est fait directement en conséquence de l'acte non enregistré.

Nous allons parcourir une série d'hypothèses dans lesquelles la jurisprudence a fait l'application de cette règle.

1109. Arpentage. — Vente d'immeubles. — Le notaire qui énonce dans un acte de son ministère portant adjudication d'immeubles l'arpentage qu'un architecte a fait de ces immeubles, et qui se conforme à cette opération, dont les frais sont mis à la charge des adjudicataires pour la désignation et la division des biens à vendre, agit en conséquence des procès-verbaux et des plans dressés par l'architecte arpenteur; il est, par suite, passible d'amendes si ces écrits n'ont pas été timbrés et enregistrés au préalable (Dunkerque, 31 déc. 1832, 1767 R. P.). — *V.* 1106-2.

1110. Cautionnement. — 1. PERSONNES A REPRÉSENTER EN JUSTICE. — Les cautionnements ou soumission de personnes à représenter en justice doivent, aux termes de l'art. 23 L. 13 brumaire an 7, être assujettis à la double formalité du timbre et de l'enregistrement en même temps que les rapports de police qui les constatent (Dél. 6 nov. 1822, 7344 J. E.).

1111. Certificat. — 1. ARCHITECTE. — Il y a contravention si, à des quittances de prix d'acquisitions faites par une commune, le notaire annexe des certificats d'architecte constatant l'entrée en possession, sans les faire enregistrer (Amiens 23 août 1838, 12128 J. E.; — Péronne 8 juin 1842, 13029 J. E. 11527 J. N.).

2. IMPRIMEUR. — Le notaire qui procède à l'adjudication d'un immeuble ne peut, sans contrevenir à la loi, se dispenser de faire enregistrer le certificat de l'imprimeur constatant l'insertion de l'annonce dans son journal, quoiqu'il soit vrai de dire que l'adjudication n'a pas lieu en vertu des affiches, mais bien en vertu du jugement qui a renvoyé la vente devant le notaire. « Attendu, porte un arrêt de cass. du 26 janvier 1831, que pour qu'il y ait lieu à l'application de l'art. 42 L. 22 frimaire an 7, il n'est pas nécessaire que l'acte sous seing privé soit la cause unique et immédiate de l'acte public rédigé par le notaire, et qu'il suffit qu'il en soit un des éléments, ainsi que l'étaient, dans l'espèce, les certificats de l'imprimeur légalisés par le maire, puisque ces certificats servaient à constater l'observation de l'une des formalités exigées par les art. 683 et 962 C. proc. pour la régularité de l'adjudication » (9907 J. E., 7364 J. N., 1370 § 2 I. G., S. 31-1-65 *Conf.*, Cass. (adm.) 15 fév. 1814, 1436 J. N., 436-51 I. G., 4159 J. E.).

Cependant le tribunal d'Orléans a jugé, le 10 août 1845 (D. N. t. 1er, p. 392, n° 682, 11432 J. E.), qu'un notaire a pu, sans contravention, rédiger un procès-verbal d'adjudication, en mentionnant que cette adjudication a été annoncée par une affiche enregistrée, et *par l'insertion qui a été faite de cette affiche dans un journal*, sans que l'exemplaire du journal qui contient l'insertion ait été enregistré, attendu que le notaire n'a pas fait usage du *certificat de l'imprimeur*.

L'Administration a délibéré, le 29 février 1836, que ce jugement serait exécuté par le motif que ce n'est pas l'exemplaire du journal, *mais la signature de l'imprimeur*, produisant l'effet *d'un certificat*, qui, d'après le n° 51 de l'I. G. 436, donne lieu à la formalité et au droit d'enregistrement avant la légalisation du maire, et que si, dans l'espèce qui a fait l'objet de l'arrêt cass. 26 janvier 1831 ci-dessus relaté, il y avait *certificat d'imprimeur*, dans l'espèce actuelle il n'y a eu aucune mention de ce *certificat* (11432 J. E.). Ces principes ont été appliqués de nouveau par une solution du 11 juin 1853 décidant qu'un journal non signé par l'imprimeur ne constitue pas un acte ou un certificat et ne tombe pas, dès lors, sous l'empire de l'art. 42 L. 22 frimaire an 7. — *V.* également *Op. du Cont.*, n° 14130.

L'Administration a, d'ailleurs, sur ce point, un moyen de contrôle facile. En effet, aux termes de l'art. 713 C. proc., la quittance des frais de poursuite et les pièces justificatives doivent demeurer annexées à la minute de l'adjudication. Dans les frais de poursuite sont compris les frais d'insertion. Un exemplaire du journal, suivi du certificat de l'imprimeur, doit être, par conséquent, joint à la minute. Si cette obligation est accomplie, l'Administration est en mesure d'établir la contravention, puisqu'elle peut prouver l'existence de l'acte et sa corrélation avec le procès-verbal d'adjudication. Au cas contraire, la violation de la disposition formelle du C. proc. doit être dénoncée aux magistrats du parquet.

Caractère civil ou judiciaire du certificat. — Les certificats d'imprimeur sont considérés, tantôt comme des actes sous seing privé ordinaires passibles du droit de 3 francs, tantôt comme de véritables actes judiciaires servant de complément à la procédure et assujettis au droit de 1 fr. 50 cent. Dans le premier cas, le notaire peut les présenter à l'enregistrement avec l'acte qui en fait mention (L. 10 juin 1824, art. 13; D. N., t. 13, p. 546, n° 231, 15942 J. N.). Au cas contraire, il semblerait que l'exemplaire du journal doit être rédigé avant la rédaction de l'acte public. Cependant l'Administration a admis que, même dans cette hypothèse et quoique le certificat ne soit sujet qu'au tarif de l'acte judiciaire, le notaire peut l'annexer à son acte comme il ferait d'un acte sous seing privé (Sol. 20 déc. 1866, 2476 R. P. — V. 1243). Cette solution est difficile à justifier au point de vue des principes.

On verra, au mot *Certificat*, n° 3567, les caractères auxquels se reconnaît la différence des certificats considérés comme actes sous seing privé ou comme actes judiciaires.

1112. Compte. — Les comptes judiciaires ne peuvent être présentés au juge, ni être affirmés par lui, s'ils n'ont été enregistrés (436 § 41 I. G.).

1. COMPTE COURANT. — Un officier public est en contravention lorsqu'il fait enregistrer un compte courant et en banque, sans soumettre en même temps à la formalité les quittances produites (D. m. f. 29 prair. an 8; art. 13 L. 16 juin 1824).

2. COMPTE SOUS SEING PRIVÉ. — L'huissier qui fait une citation en conciliation sur une demande en payement d'une somme restant due par suite d'un règlement de compte *souscrit* par la partie citée, contrevient à la loi s'il ne fait pas enregistrer ce compte avant de rédiger son exploit (Domfront 1er août 1850, 15044-5 J. E.).

1113. Conciliation. — Il y aurait contravention si un greffier de juge de paix avait présenté à la formalité un procès-verbal de non conciliation, et s'il ne l'avait fait enregistrer qu'après un procès-verbal portant ajournement rédigé antérieurement (3050, 5360, 5502 J. E.).

Les juges ne peuvent relater, dans un procès-verbal de non conciliation, des actes sous seing privé non enregistrés (Cass. 3 vent. an 8, 564 J. E.; D. m. f. 8 pluv. an 10, 290, § 2 I. G.). Mais comme le greffier n'est pas l'auteur de la contravention, et qu'il se borne ici à écrire sous la dictée du juge, on ne saurait lui réclamer le payement de l'amende ni des droits (Sol. 9 juin 1856). — V. 9158.

1114. Concordat. — 1. HOMOLOGATION. — Un concordat fait en justice, entre un failli et ses créanciers, doit être enregistré dans les vingt jours de sa date, et avant d'être homologué (D. m. f. 11 avr. 1815, 5111 J. E.). On peut, sans contravention, y énoncer les billets ou titres non enregistrés des créanciers chirographaires ou les énoncer dans le bilan qui y est annexé (4728 J. E.). Mais il y aurait contravention si cette mention avait lieu dans un prétendu concordat ou atermoiement fait à l'amiable devant notaire (Sol. 16 janv. 1854), à moins que les titres de créances n'y fussent point indiqués (Dél. 28 janv. 1813, Roy, 127).

1115. Constitution d'avoué. — Lorsque la constitution d'avoué relate l'exploit d'ajournement non enregistré en vertu duquel elle a lieu, il y a réellement usage de l'exploit, et l'art. 41 L. 22 frimaire an 7 est applicable, mais la contravention n'est pas commise par l'avoué. Il a été reconnu, en effet, que les conclusions des avoués ne deviennent des actes proprement dits que quand elles sont signifiées (1354 § 12 I. G.). La même règle s'étend par identité de motifs aux constitutions. C'est donc la signification seule qui donne à la constitution le caractère d'un acte dans le sens juridique du mot. D'un autre côté, il est de principe que l'art. 41 ne s'applique pas quand les droits d'enregistrement ne doivent pas être payés par la partie qui fait usage de l'acte non enregistré. Dans l'espèce, c'est à l'huissier seul à payer le droit de la signification d'avoué à avoué. Lui seul, par conséquent, est responsable de l'amende. — V. 1057.

1116. Contrat de mariage. — 1. DÉLIBÉRATION. — CONSEIL DE FAMILLE. — D'après les règles tracées au C. C., *de la Minorité*, une délibération du conseil de famille qui autorise le mineur à contracter mariage est indispensable pour la rédaction de ce contrat; aussi a-t-il été jugé par le tribunal de Fontainebleau, 24 juillet 1839 (12367 J. E., 10603 J. N.), que cette délibération doit, sous peine d'amende, être enregistrée avant la rédaction du contrat de mariage.

Même règle au sujet de la délibération du conseil de famille qui nomme un curateur à la future (Grenoble 27 juill. 1836, 11784 J. E., 9520 J. N.).

1117. Contre-lettre. — L'huissier qui fait un exploit en vertu d'une contre-lettre non enregistrée, encourt l'amende de contravention à l'art. 42 L. de frimaire et devient responsable des droits de la contre-lettre (Fontenay 18 mars 1853, 15593 J. E.).

1118. Délégation. — Si, dans un acte de vente notarié, partie du prix est déléguée à un tiers acceptant, porteur d'un titre sous seing privé *qu'il devra remettre* au vendeur pour valider le payement, et que ce titre n'ait été enregistré ni avant, ni en même temps que l'acte, le notaire rédacteur contrevient aux art. 23 et 42 L. 22 frimaire an 7 (Saint-Girons 4 juin 1851, 15274-1 J. E.).

1119. Délivrance de legs. — 1. TITRES NON ENREGISTRÉS. — Le notaire qui, dans une délivrance de legs de 70,000 francs, relate les titres d'une créance de 100,000 francs non enregistrée, sur laquelle devait se prélever le legs qui avait été décrit dans l'inventaire fait après le décès du testateur, est passible de l'amende de 10 francs et responsable du droit de titre sur les 100,000 francs montant de la créance (Seine 5 mai 1847, 14249 J. E.). — *V.* 1088.

1120. Désistement. — Quand le désistement est signé par la partie ou par son mandataire, conformément à l'article 402 C. C., il constitue un acte particulier sujet au droit fixe de 3 francs, indépendamment du droit exigible sur la signification. Dès lors, il semble que cette signification ne saurait avoir lieu avant l'enregistrement du désistement. Le contraire a été cependant décidé par les tribunaux de Saverne, le 6 mars 1855, de Rambouillet, le 6 juillet 1855, et de Doullens, le 28 novembre 1856; mais cette interprétation ne nous paraît pas acceptable. — *V.* 6348.

D'ailleurs, si le désistement n'était pas signé de la partie, il se confondrait avec l'acte d'avoué et pourrait être signifié avant son enregistrement.

1121. Délibération d'assemblée d'actionnaires. — Mention de sentence arbitrale. — On doit entendre par acte passé en conséquence ou en vertu d'un autre, tout acte qui se réfère à un acte préexistant, quand même il ne le rappellerait pas d'une manière explicite. Ainsi, lorsqu'une société dépose chez un notaire le procès-verbal d'une assemblée générale d'actionnaires dans lequel se trouve mentionnée une sentence arbitrale dûment acceptée ayant pour but de régler l'indemnité de rachat d'un monopole concédé par une ville à la compagnie, cette mention constitue l'usage de la sentence et en rend l'enregistrement obligatoire (Seine 27 juin 1868, 2760 R. P., 18540 J. E., 14199 C.). — *V.* 1074-1.

1122. Dépôt. — 1. SENTENCE ARBITRALE. — NOTAIRE. — Si le dépôt de la sentence est fait en l'étude d'un notaire, celui-ci peut faire enregistrer cette sentence avec l'acte de dépôt. — *V.* 2240.

2. GREFFIER. — Le greffier du tribunal de commerce peut dresser l'acte de dépôt d'une sentence arbitrale avant qu'elle ait été enregistrée. « Considérant que, d'après l'article 1020 du C. proc., la minute du jugement arbitral doit être déposée dans les trois jours au greffe du tribunal, et que les poursuites pour les droits d'enregistrement ne peuvent être faites que contre les parties; qu'il a été dérogé par cette disposition à l'art. 42 de la loi du 22 frimaire an 7, et que, dès lors, le greffier peut recevoir en dépôt une sentence arbitrale, quel qu'en soit l'objet, avant qu'elle ait été enregistrée, sauf à se conformer, le cas échéant, à l'obligation que lui impose l'art. 37 de la loi précitée » (Sol. belge, 20 mai 1871, 11535 J. E. belge).

3. ARMEMENTS EN COURSE. — Les comptes de frais peuvent être déposés au greffe sans enregistrement préalable des pièces. Il n'y a lieu à l'application des art. 41 et 42 L. 22 frimaire an 7 que quand il s'élève des contestations (D. m. f., 1590 J. E.). — *V.* 4796.

4. RAPPORT D'EXPERTS. — Le rapport d'experts doit être enregistré avant d'être déposé au greffe (406, n° 1 I. G.).

Le greffier peut expédier le rapport d'experts déposé au greffe, sans expédier en même temps l'acte de dépôt, et l'expédition du rapport qui ne mentionne pas le dépôt n'est passible que du droit de greffe de 1 franc par rôle (14753-2 J. E.).

1123. Emprunt. — Un huissier est en contravention quand il fait commandement de payer une reconnaissance constatant un emprunt, sans faire enregistrer préalablement cette reconnaissance (Sol. 11 mars 1831, 9948 J. E.).

1124. Exécutoire. — L'huissier ne peut signifier un exécutoire de dépens avant que cet exécutoire soit enregistré, parce que cet exécutoire est un jugement de liquidation et que sans lui, comme le reconnaît une D. m. f. 16-28 février 1809 (429-4 I. G., 3168, 5694 J. E.); la condamnation aux dépens est imparfaite « Attendu, porte un arrêt de cass. du 1er messidor an 12, que l'exécutoire liquidé pour Pierre-Joseph Delsart des sommes à lui dues pour diligences, par le président du tribunal de première instance de la Marche, doit être assimilé à un jugement de liquidation de dépens, qui, quoique taxés par un seul juge, sont censés l'avoir été par un tribunal entier; que, dès lors, l'huissier Delsart, avant de le signifier, devait le faire enregistrer, aux termes de l'art. 69, § 2, n° 9, de la loi du 22 frimaire; que, pour ne l'avoir pas fait, il a encouru l'amende portée en l'art. 41 de ladite loi; que le tribunal de première instance de la Marche, en prononçant la négative, a contrevenu auxdits articles » (1769 J. E.).

1125. Inventaire. — 1. ORDONNANCE. — Un inventaire, interrompu par suite de contestations survenues entre les parties, peut être continué avant l'enregistrement préalable de l'ordonnance du juge auquel il a été référé de ces contestations, conformément à l'art. 944 C. proc.; mais à la charge de faire enregistrer cette ordonnance avant ou en même temps que la séance de continuation (2767 J. E.; D. m. f. 29 déc. 1807, 2791 J. E.), et le notaire ne pourrait donner pour prétexte du défaut d'enregistrement du référé qui l'aurait mis en contravention, que l'ordonnance aurait dû être enregistrée par le receveur des actes civils publics, en même temps que l'inventaire auquel elle était annexée, si d'ailleurs il y a dans la localité où celui-ci exerce ses fonctions un bureau d'actes judiciaires auquel aurait dû nécessairement être enregistrée cette ordonnance (Mortagne 20 janv. 1843, 13168 J. E., 11655 J. N.).

2. PROCURATION. — Le greffier qui rédige un avis de parents n'est pas tenu de faire enregistrer préalablement la procuration qui doit être annexée à l'inventaire dressé par le notaire. Celui-ci a mission de présenter la procuration à la formalité, et il ne peut être privé de la faculté accordée par l'art. 13 de la loi du 16 juin 1824 (Sol. 28 fév. 1872).

3. LÉGATAIRE. — Il y a contravention à l'art. 41 de la loi du 22 frimaire an 7 de la part du notaire qui mentionne

dans un inventaire dressé à la requête de la veuve un testament non enregistré par lequel le défunt a constitué la requérante donataire en usufruit de ses biens. Dès l'instant, en effet, que l'acte non enregistré n'est pas le titre constitutif d'une valeur héréditaire, l'arrêté de ventôse cesse de trouver son application; or, il ne s'agit pas, dans l'espèce, de la description d'un titre de créance ou de propriété, mais de l'énonciation d'un acte dans lequel la veuve puise l'une des qualités en lesquelles elle agit à l'inventaire; le notaire fait ainsi produire à cet acte les effets juridiques qu'il comporte, par rapport au cas pour lequel il est mentionné (Sarlat 2 fév. 1870, 3111 R. P.; Sol. 10 mars 1864 et juin 1872).

Décidé de même que, quand, dans un inventaire, le mari agit en vertu des avantages que sa femme a pu lui faire et qui résultent d'un acte de donation non enregistré passé devant un notaire, le notaire rédacteur de l'inventaire commet une contravention à l'art. 41 de la loi du 22 frimaire an 7, malgré l'offre d'acquitter les droits d'enregistrement dus sur la donation énoncée et non représentée. « Attendu que, sans doute, le notaire n'était pas obligé de se prévaloir de cet acte pour requérir inventaire; qu'il lui suffisait pour cela d'invoquer sa double qualité d'époux commun en biens et de préciputaire; mais qu'il n'est pas moins vrai qu'il a invoqué ses trois qualités à la fois, et que l'inventaire, s'en référant à la fois audit acte de donation et au contrat de mariage, a été fait tout aussi bien en conséquence de l'un qu'en conséquence de l'autre » (Boulogne 20 juin 1873, 3685 R. P.).

On a même pensé que le notaire qui dresse un inventaire à la requête du mari se disant légataire de l'usufruit des biens de sa femme, ainsi qu'il en sera justifié, a contrevenu à l'art. 41 L. 22 frimaire an 7, si le testament, reçu par un autre notaire qui institue le mari légataire a été ultérieurement enregistré (14976-1 J. E.). Le tribunal de Vassy l'a ainsi décidé à l'égard du partage relatant un testament fait par le défunt (12 juill. 1855, 15668 J. N.; D. N., t. 9, p. 332, n° 869), et la même règle doit s'appliquer aux inventaires. Seulement, si la mention du testament a lieu d'une manière tout à fait incidente plutôt à titre de renseignement que d'attribution de qualité, l'amende n'est pas due (V. Sol. 8 nov. 1834, D. N., t. 1er, p. 387, 648, 1982 J. N.).

Il a été reconnu, dans le même ordre d'idées, qu'un notaire contrevenait à l'art. 41 de la loi du 22 frimaire an 7, en mentionnant un testament non enregistré, soit dans la quittance ou la délivrance du legs résultant de ce testament, soit dans la vente des meubles de la succession du défunt.

4. APPOSITION DE SCELLÉS. — Par une solution du 29 novembre 1845, l'Administration avait décidé que l'ordonnance de levée de scellés pouvait être enregistrée en même temps que l'inventaire et sans amende. Et ce qu'elle reconnaissait pour l'ordonnance du juge s'appliquait nécessairement par *à simili* aux procès-verbaux d'apposition et de levée de scellés eux-mêmes. Nous croyons que c'est la solution juridique; cependant, par un jugement du 4 janvier 1871 (3352 R. P.), le tribunal de Bagnères a décidé qu'un notaire contrevient à l'art. 41 de la loi du 22 frimaire an 7 lorsqu'il rédige un inventaire en vertu d'un procès-verbal d'apposition de scellés non enregistré. — *V.* 1092.

1126. Jugement. — Opposition. — Appel. — 1. JUGES. — Les juges ne peuvent, sans encourir la responsabilité, statuer sur l'opposition formée aux jugements par défaut, avant que ces jugements aient été enregistrés (D. m. j. 17 vendém. an 13, 290, § 67 I. G., 1945 J. E.).

2. HUISSIER. — Par une délibération du 10 février 1815, le conseil d'Administration avait décidé qu'on peut former opposition à un jugement ou en interjeter appel sans que le jugement ait été enregistré. Cette délibération avait été approuvée par le ministre des finances, le 27 février 1815. Cette interprétation était plus fondée en équité qu'en droit. En équité, il pouvait sembler très-rigoureux d'obliger un défendeur défaillant contre lequel le jugement a été surpris et qui n'a pas été réellement partie en cause, de faire enregistrer et d'avancer lui-même les droits avant de l'attaquer en opposition.

Cette conséquence était cependant juridique.

D'une part, en effet, il n'est pas contestable que former opposition à un jugement, c'est agir directement en conséquence de ce jugement, en faire l'usage prévu par l'art. 41 de la loi du 22 frimaire an 7. D'autre part, la loi ne contient aucune exception pour ce cas. Elle défend, au contraire, en termes formels, aux greffiers de délivrer aux parties la note ou l'extrait des jugements non enregistrés, c'est-à-dire de leur en donner connaissance avant l'accomplissement de la formalité. Une décision du garde des sceaux avait de plus, ainsi qu'on l'a vu ci-dessus, reconnu également que les magistrats ne pouvaient, sans engager leur responsabilité, statuer sur l'opposition formée aux jugements par défaut sans que ces jugements aient été préalablement enregistrés.

Il en résultait nécessairement que les jugements ne peuvent servir de base à aucune procédure, et notamment à une opposition ou à un appel, tant qu'ils n'ont pas eu la formalité. — C'est ce que le tribunal de la Seine a décidé par un jugement du 16 décembre 1871 (3403 R. P.), et c'est la doctrine actuelle de l'Administration. — *Conf.* Seine 5 fév. 1876, 4398 R. P.; — Lyon, 13 déc. 1877, 4928 R. P.

1127. Lettre-missive. — Il y a contravention à l'art. 42 de la loi du 22 frimaire an 7, de la part de l'huissier qui signifie, à fin d'insertion dans un journal, une lettre qui n'a pas été préalablement enregistrée (Sol. belge 14 oct. 1865, 10075 J. E. belge). — *V.* 1059.

1128. Mainlevée. — Lorsque le cessionnaire par acte non enregistré donne en cette qualité mainlevée d'une inscription prise au profit de son cédant, le notaire agit en conséquence de l'acte de cession et il doit le faire enregistrer (Sol. 13 mai 1862).

1129. Mémoire. — Facture. — L'huissier ne peut, sans contravention à l'art. 42 L. 22 frimaire an 7, transcrire en tête d'une assignation un mémoire ou facture de marchandises, si ce mémoire ou facture n'a été préalablement enregistré (13737-1 J. E.).

Le tribunal de Bruxelles a décidé également, le 29 juin 1864, qu'il y a contravention à l'art. 42 de la loi du 22 frimaire an 7, de la part d'un avoué qui, dans des conclusions, invoque des factures *acquittées* comme preuve du bien fondé de ses prétentions; peu importe qu'il n'ait pas eu à établir une libération (9625 J. E. belge).

1. SIGNATURE. — Mais la contravention n'existe pas si rien n'établit que les mémoires sont signés et constituent des actes. Ainsi un huissier ayant notifié un procès-verbal d'offres pour prix de travaux dans lequel il était fait mention de mémoires réglés par les architectes, sans qu'il fût énoncé si ces mémoires étaient signés des entrepreneurs et des architectes, il a été décidé que ces mémoires n'avaient point le caractère d'actes, que l'huissier en les relatant ne se référait qu'à de simples renseignements et n'avait point contrevenu à la loi (Seine 24 janv. 1862, 17333 J. N., 12258 C., 221 Rev.).

2. ADMINISTRATION DE L'ENREGISTREMENT. — L'huissier qui signifie à l'Administration un mémoire dans lequel est mentionné un acte sous seing privé non enregistré contrevient à l'art. 42 de la loi du 22 frimaire an 7 (D. m. f. 29 mai 1852; Sol. 5 juin 1852).

3. AVOUÉS. — Les mémoires taxés de frais dus aux avoués ou autres officiers ministériels par les parties pour lesquelles ils ont occupé ou instrumenté, sont assujettis à l'enregistrement au droit fixe de 1 franc (1 fr. 50) avant de donner lieu aux assignations (2158 I. G., 1216 R. P). L'huissier contreviendrait à la loi s'il négligeait de les faire enregistrer avant d'agir.

1130. Nullité. — On ne peut pas demander en justice la nullité des actes avant qu'ils aient été enregistrés (Cass. 19 germ. an 6, 12 J. E.). — *V.* 1126-1.

1131. Obligation. — On a vu précédemment que l'avoué qui, dans une requête, insère une reconnaissance sous seing privé, dont il demande le payement, sans qu'elle ait été préalablement enregistrée, contrevient aux art. 23 et 42 L. 22 frimaire an 7. Mais l'huissier qui signifie cette requête d'avoué à avoué, ne se rend point propre la contravention (Cass. 8 avr. 1809, Dalloz, n° 5208). Il agit alors en vertu du premier acte et non pas du dernier (Merlin, *Rép.*, v° *Acte sous seing privé*).

1. EXTRAITS DE PROCURATION. — Décidé, de même, que lorsqu'un notaire annexe à l'acte qu'il reçoit des extraits de procurations, avec mention que les brevets ou les minutes sont joints à un acte reçu par un autre notaire, il ne commet point de contravention si ce dernier acte n'a pas été préalablement enregistré. Le dernier acte n'est fait ni en vertu, ni par suite du premier, mais en conséquence des procurations, et il suffit que celles-ci soient enregistrées (11413-2 J. E.).

1132. Offres. — Un huissier qui, dans un procès-verbal d'offres d'un reliquat dû par un fermier, constate que des quittances détaillées dans l'exploit ont été représentées par lui au bailleur, contrevient à l'art. 41, si ces quittances ne sont pas enregistrées (13879-1 J. E.).

1133. Ordonnance. — 1. ARBITRE. — Les juges ne peuvent non plus apposer l'ordonnance d'*exequatur* sur un jugement arbitral, avant que celui-ci ait reçu la formalité (D. m. f. 11 oct. 1808 et 23 mai 1809, 436, § 77 I. G.; Cass. 3 août 1813). — « Vu, porte l'arrêt, les art. 42, 43 et 47 de la loi du 22 frimaire an 7; — Et attendu qu'il n'a été dérogé qu'au premier des trois articles précités par l'art. 1020 C. proc., en telle sorte que le greffier peut bien recevoir aujourd'hui le dépôt de la décision arbitrale sans enregistrement; mais il est obligé de délivrer, à l'instant même, l'extrait du dépôt et du jugement au receveur, pour que celui-ci puisse suivre le recouvrement des droits contre la partie au profit de qui les condamnations sont prononcées; — Attendu que le dépôt de la décision arbitrale n'est faite au greffe que pour obtenir l'ordonnance d'*exequatur*, et que cette ordonnance ne peut être apposée sur une pièce non enregistrée; — Attendu que l'application des art. 42 et 47 de la loi de frimaire ne saurait être éludée par l'observation que, dans ces articles, il n'est question que d'actes et non de jugements, puisque, dans l'économie de la loi du 22 frimaire et dans le langage usité en cette matière, le mot *acte* est employé génériquement pour toute production ou pièce susceptible d'enregistrement, ainsi qu'on peut s'en convaincre par un grand nombre d'articles de cette loi, notamment par les art. 7, 20 et 35; que le seul motif spécieux en faveur du jugement dénoncé, est que l'acte émané des arbitres est un jugement comme ceux qui émanent de l'autorité publique, et que, dès lors, il faut le comprendre dans la disposition de l'art. 7; — Mais, attendu que, quand même on pourrait comparer la décision des arbitres à un jugement ordinaire, dans le sens le plus étendu, ce jugement n'en serait pas moins un acte sous signature privée, un acte sur lequel rien ne peut être fait ou ordonné avant l'enregistrement, un acte qui n'est rien pour le magistrat avant la formalité, comme il n'est rien pour tout officier instrumentaire avant l'ordonnance d'*exequatur;* en telle sorte que la règle générale, pour les décisions arbitrales, est dans les art. 42, 43 et 47 de la loi du 22 frimaire, et non dans l'art. 7 qui, évidemment, et d'après la force des choses, devient alors exclusivement applicable aux jugements émanés de l'autorité publique » (4622 J. E., S. 15-1-188).

2. REQUÊTE. — Les ordonnances sur requête, rendues par le magistrat sans le concours du greffier, n'étant pas assujetties à l'enregistrement, dans un délai légal, sont des actes sous seing privé tombant sous l'application de l'art. 13 de la loi du 16 juin 1824 (Sol. 30 nov. 1867, 2824 R. P.).

Ainsi, un notaire peut faire une liquidation en vertu de l'ordonnance qui le concerne pour cette opération, sans que l'ordonnance ait été préalablement enregistrée (Sol. 10 juill. 1872).

1134. Ordre. — Le greffier peut-il délivrer un extrait de l'ordonnance de radiation contenue dans le procès-verbal d'ordre, avant l'enregistrement de ce procès-verbal? Aux termes de l'art. 42 de la loi du 22 frimaire an 7, les greffiers doivent faire enregistrer les actes judiciaires ou de greffe avant d'en délivrer des extraits, copies ou expéditions. Lorsque l'ordonnance de radiation des inscriptions hypothécaires est contenue dans le procès-verbal d'ordre, il ne peut donc en être remis d'extrait à l'avoué poursuivant qu'après l'enregistrement de ce procès-verbal. Ce n'est que dans le cas où l'ordonnance de radiation fait l'objet d'un acte spécial, que le greffier pourrait, au moyen de l'enregistrement de cette ordonnance, surseoir à faire enregistrer le procès-verbal d'ordre jusqu'au moment de la délivrance des bordereaux de collocation (Sol. 13 et 24 avr. 1860, 2181, § 5-3 I. G., 1410 R. P.).

1135. Plan. — 1. NON DATÉ NI SIGNÉ. — Il a été souvent reconnu qu'un plan sans date ni signature n'est pas un acte, et que son usage ne tombe pas sous l'application des art. 42 de la loi du 22 frimaire an 7, et 24 de la loi du 13 brumaire an 7 (Sol. 12 oct. 1827, 8957 J. E.; Dél. 21 juin 1833, 10658 J. E.). Cependant le contraire résulte d'une décision du ministre des finances de Belgique, du 29 avril 1871, portant qu'il y a contravention à l'art. 42 de la loi du 22 frimaire an 7 et à l'art. 24 de la loi du 13 brumaire an 7, de la part d'un avoué qui fait usage en justice d'un plan non signé, sans l'avoir préalablement soumis à la formalité de l'enregistrement et du visa pour timbre. « Considérant que la législation sur le droit d'enregistrement et sur le droit de timbre emploie le mot *acte* dans le sens le plus large; qu'il embrasse les écrits quelconques auxquels les parties, placées à un point de vue que l'Administration n'a pas à apprécier, accordent assez de valeur juridique ou de simple utilité pour les produire en justice ou en faire usage par acte public » (11524 J. E. belge). Mais cette interprétation ne saurait être acceptée. Il faut s'en tenir aux errements de la délibération du 21 juin 1833, et on doit conclure de là qu'un plan non daté ni signé a pu, sans contravention, être écrit sur papier libre.

Annexe. — Mais que décider lorsque ce plan est annexé à un acte public avant d'avoir été timbré? Il faut distinguer : si l'annexe est faite à un acte notarié, le visa pour timbre peut être donné sans amende, au moment de l'enregistrement de l'acte notarié, par application de la Sol. du 8 janvier 1825 (1166 § 15 I. G.), d'après laquelle les écrits sous seing privé, susceptibles, par leur nature, d'être visés pour timbre sans amende, peuvent être annexés par les notaires à leurs actes, à la charge seulement par eux de les soumettre au visa pour timbre avant ou en même temps que ces actes (12752-2, 14764-7, 14923-4 J. E.). Que si l'annexe est faite à tout autre acte qu'à un acte de notaire, la question est dominée par ce principe qu'un écrit non signé, assimilé à une feuille de papier blanc dont on ne s'est pas servi, ne peut être visé pour timbre; il faut (art. 7 L. 13 brum. an 7) que cette feuille soit timbrée à l'extraordinaire; l'officier public, autre que le notaire, qui annexe le plan, doit le faire préalablement timbrer à l'extraordinaire, et il ne pourrait requérir postérieurement la formalité du visa pour timbre, sans être tenu au payement, non-seulement du droit de timbre, mais encore de l'amende.

2. PLAN NON SIGNÉ MAIS CERTIFIÉ. — Le certificat d'annexe que les parties insèrent sur le plan dont ils font le dépôt à l'appui du contrat notarié, ne remplace pas la signature même de l'agent rédacteur du plan. Ce certificat constate uniquement l'individualité de la pièce et le fait de son annexe. Il ne saurait donc conférer au plan non daté ni signé le caractère d'un acte, et l'art. 42 continue à demeurer sans application.

3. ACTES ADMINISTRATIFS. — Les plans échappent à l'application des art. 42 L. 22 frimaire an 7, et 24 de celle du 13 brumaire an 7, quand ils ont le caractère d'actes administratifs. — V. 1259.

1136. Procès-verbal. — Signification. — 1. CONTRIBUTIONS INDIRECTES. — Les préposés des contributions indirectes peuvent délivrer copie de leurs procès-verbaux avant de les faire enregistrer (390 § 9 I. G.). Mais l'huissier ne peut, sans contravention, signifier les procès-verbaux des préposés des contributions indirectes qui n'auraient pas reçu préalablement la formalité de l'enregistrement (400 § 9 I. G.). — V. 5515.

2. MINISTÈRE PUBLIC. — Il y a de même contravention si une assignation a été donnée, à la requête du ministère public, à un individu accusé d'une contravention constatée suivant procès-verbal énoncé dans l'exploit et non enregistré (Cass. arrêt d'admission, 2 mars 1815, 5222 J. E.).

1137. Procuration. — 1. ACTE EN VERTU DE PROCURATION. — On a vu qu'une procuration à l'effet de céder un billet, de gérer une créance, de recouvrer une obligation ne présente pas de contravention, alors même que le billet, la créance ou l'obligation ne sont pas enregistrés. La raison est que la procuration n'est pas faite en vertu de ces divers titres. — V. 1006.

Mais la décision ne devrait plus être la même, si c'était le pouvoir lui-même qui ne fut pas enregistré. Ainsi, il faudrait décider, comme dans l'ancien droit, qu'un notaire ne peut recevoir un contrat de constitution de rente, en vertu d'un pouvoir non enregistré (arrêt du conseil du 7 sept. 1720); — ou un bail, en vertu d'une lettre-missive servant de procuration et non enregistrée (Décis. du conseil du 2 mai 1739; Bosquet, v° *Acte sous seing privé*, § 4).

1138. Publication. — Il avait été reconnu que la seconde publication du cahier des charges d'une vente sur saisie immobilière ne pouvait avoir lieu avant que la première eût été enregistrée, ou du moins que les deux publications devaient être présentées en même temps à l'enregistrement (5040 J. E.). La question ne se présente plus aujourd'hui, puisqu'aux termes de l'art. 695 C. proc., il doit s'écouler entre la publication et l'adjudication un laps d'au moins trente jours, lequel est supérieur au délai accordé au greffier pour l'enregistrement des actes judiciaires.

1139. Ratification. — Un notaire ne peut, sans contravention, recevoir la ratification d'un acte de vente non enregistré : la ratification est la conséquence de la vente (Cass. 12 déc. 1808, 3233 J. E., 214 J. N., S. 9-1-145). — « Vu, porte l'arrêt, l'art. 41 de la loi du 22 frimaire an 7; — Et attendu que cet article défend expressément aux notaires de rédiger aucun acte en conséquence d'un autre avant que celui-ci soit enregistré, encore bien que le délai d'enregistrement ne soit pas expiré, à peine d'une amende de 50 francs; — Que, dans l'espèce, le notaire Halot n'avait pas encore fait enregistrer la vente par lui passée le 29 novembre 1806, quand il a reçu, le 5 décembre suivant, la ratification promise; que cette ratification ne pouvait cependant pas l'être et ne l'avait effectivement été qu'en conséquence de cette vente; et qu'à défaut de l'enregistrement préalable de cette vente, en conséquence de laquelle cette ratification avait été reçue, ce notaire avait encouru l'amende prononcée par cet art. 41. »

De même, la ratification d'actes sous seing privé non enregistrés, passés devant notaire, constitue une contravention à l'art. 42 L. 22 frimaire an 7 (Chaumont, 1er août 1844, 13612-1 J. E., 12114 J. N.). — *V.* dans le même sens, Dalloz, nº 5207.

1140. Reconnaissance d'enfant naturel. — Lorsque la reconnaissance d'un enfant naturel, faite par l'acte de naissance, a été mentionnée dans un acte notarié, sans que la première expédition de l'acte de l'état civil ait été enregistrée, y a-t-il contravention à l'art. 41 L. 22 frimaire an 7? — *V.* 1262 et 7551.

1141. Remise de titres. — Un notaire peut, sans contravention, énoncer dans un acte de vente que le vendeur a remis à l'acquéreur plusieurs pièces pouvant servir de titres et renseignements, sans énoncer leur enregistrement. Rien n'indique, en effet, en quoi consistent les pièces; ce qui fait qu'on ne peut voir dans cette situation une énonciation de la nature de celles prévues par les art. 41, 42 et 43 L. 22 frimaire an 7 (13629 J. N.; — Rennes 22 janv. 1834, 4427 Roll.; — Seine, 7 déc. 1848; Sol., 1er fév. 1849, 13629 J.N.; D.N., t. 1er, p. 397, nº 717; — Nantua, 25 août 1853). — *V.* 16925-1 J. E.

Mais, il n'en serait pas de même si la décharge de la remise des titres de propriété, non enregistrée, indiquait, d'une manière précise, la date ou la nature de ces titres (8599 J. E.), Roy, nº 97); par exemple, l'existence du partage des biens vendus (5176 J. E.).

1142. Renonciation. — Nul n'est tenu d'accepter une succession, et l'héritier qui renonce est censé n'avoir jamais été héritier (775 et 776 C. C.). Ainsi, la C. cass. a jugé, le 26 décembre 1823 (4349 J. N., 7443 J. E.), que la renonciation du légataire le dispense du payement du droit d'enregistrement du testament. Il suit de là que le notaire qui rédige l'acte contenant la renonciation ou la répudiation par le légataire, ne saurait être tenu de faire préalablement enregistrer le testament, attendu qu'il agit, non pas en conséquence de cet acte, mais au contraire pour en neutraliser les effets. C'est ce qui résulte d'une Sol. 22 janvier 1849 (13852 J. N.).

Une Dél. du 18 novembre 1819 avait déjà reconnu le même principe. Néanmoins, on avait pensé que si l'acte de renonciation énonce le testament, l'enregistrement de ce testament devient obligatoire, parce que, au moment même de la renonciation, le testament n'est pas annulé; et que le notaire en fait alors usage (14521, 14012-8, 14080-4 J. E.).

Mais cette opinion est tout à fait abandonnée. « Quand le légataire, porte une Sol. du 26 décembre 1866, renonce au testament fait en sa faveur, il perd la qualité de légataire et ne saurait plus être tenu du payement des droits d'un acte qui lui est étranger. D'un autre côté, il serait difficile de soutenir que les héritiers naturels profitent de cet acte, puisqu'il avait précisément pour but de diminuer leur émolument, et que le seul fait dont ils retirent avantage est la renonciation enregistrée. La prétention de leur faire supporter le droit d'enregistrement d'un testament qui ne renferme aucune clause en leur faveur, ni au sujet des biens qu'ils recueillent, et qui est devenu caduc, en toutes ses parties, au moyen de la renonciation du légataire, ne se soutiendrait ni en équité ni en droit. D'ailleurs, la raison indique que neutraliser les effets d'un acte ou le rendre absolument sans valeur n'est point en faire usage dans le sens de la loi et agir en conséquence de ses dispositions. Il n'est donc pas nécessaire de faire enregistrer le testament répudié avec l'acte de renonciation. Sur ce point, une solution du 22 janvier 1849, conforme à une délibération du 18 novembre 1819 et à la doctrine d'un arrêt de la C. cass. du 26 décembre 1823, a toujours servi de règle » (2239 R. P., 18131 J. E.; *Conf.* D. N. t. 11, p. 22, nº 146, 8730 J. N.).

1. USUFRUIT. — Il avait été jugé (Saint-Jean d'Angely, 9 août 1850, 15044-3 J. E.) que le notaire qui reçoit l'acte par lequel le légataire en usufruit de créances, dont les titres ne sont pas enregistrés, renonce à son usufruit sur ces créances, commet une contravention; mais cette décision ne doit pas être suivie en présence de la solution ci-dessus.

2. PARTAGE. — Il a été décidé que le notaire commet une infraction à l'art. 41 de la loi du 22 frimaire an 7, en rédigeant un partage en vertu d'une renonciation à la communauté faite au greffe par la femme et non enregistrée (Niort, 17 fév. 1864, R. P., *Table* de 1864, 12743 C.).

De même, un notaire ne peut, sans contravention, énoncer dans un acte de liquidation et partage un acte du greffe, non enregistré, contenant renonciation à la communauté par la femme. Cet acte est l'une des bases du partage (Châtellerault 22 janv. 1855, 551 R. P.).

3. VENTE. — Même décision pour la mention de la renonciation de la femme faite dans l'acte de vente d'un acquêt de la communauté (Sol. 30 juill. 1872).

1143. Rente. — Lorsque les héritiers donnent quittance d'arrérages d'une rente viagère dont le titre constitutif, non enregistré, a été relaté dans un inventaire, il y a amende contre le notaire et exigibilité du droit de 2 pour 100 sur le capital de la rente constituée, sans que l'on puisse exciper de l'extinction de la dette par suite du décès de la personne sur la tête de laquelle avait été constituée la rente (Seine 7 déc. 1847, 13149 J. E.).

1144. Requête. — L'avoué qui insère dans une requête signifiée une reconnaissance sous seing privé, non enregistrée, encourt l'amende prononcée par les art. 23 et 42 de la loi de l'an 7. Mais l'huissier qui signifie cette requête n'est pas, comme lui, passible de l'amende (Cass. 8 août 1809, S. Chr., Dalloz 5208; Merlin, v° *Acte sous seing privé*). — *V.* 1057-1.

1145. Résiliement. — L'acte de résiliement d'un bail se rattache à l'acte de bail même et doit nécessairement être considéré comme étant fait en conséquence; d'où il suit qu'aux termes de l'art. 41 L. 22 frimaire an 7, le notaire qui reçoit l'acte de résiliement, sans faire enregistrer en même temps le bail, encourt l'amende (Cass. 11 nov. 1812, 4364 J. E., 942 J. N.; D. N., t. 1er, p. 389, n° 655, et t. 11, p. 278, n° 22; S. 13-1-151). — « Considérant, porte l'arrêt, que l'acte de résiliement reçu par le notaire Potge, le 29 juin 1810, se rattache tellement à l'acte de bail à rente viagère dont il s'agit, qu'il doit nécessairement être considéré comme un acte fait en conséquence d'icelui; d'où il suit qu'aux termes de l'art. 41 ci-dessus, le notaire qui a reçu l'acte de résiliement avant que l'acte de bail fût enregistré a encouru la peine 50 francs statuée par ledit article. »

La doctrine de cet arrêt est applicable, quelle que soit la nature de la convention résiliée, et, dès lors, un notaire ne peut passer acte de la résolution volontaire d'un acte de vente non enregistré.

1146. Scellés. — Un greffier se rend passible d'amende lorsqu'il procède, à la requête d'un tuteur, à une levée de scellés et en dresse procès-verbal avant que l'avis de parents portant nomination du tuteur ait été enregistré (Cass. 11 nov. 1811, 4075 J. E.; S. 12-1-152 ; P., chro. 61; Merlin, Rép. v°. *Scellés*, § 3, art. 7).

Cet arrêt porte : « Vu l'art. 41 de la loi du 22 frimaire an 7; — Attendu que cet article défend, en termes généraux et formels, à tous greffiers, sous peine d'amende, de faire aucun acte en conséquence d'un autre acte soumis à l'enregistrement, sur la minute ou l'original, avant que celui-ci ait été enregistré, quand même le délai pour l'enregistrement ne serait pas encore expiré; — Qu'il est constant, en fait, dans l'espèce, que le greffier a assisté à la levée des scellés, et a reçu et souscrit le procès-verbal de cette opération, à la requête du tuteur de la mineure Lamaison et avant l'enregistrement du procès-verbal de nomination de celui-ci; — Que la levée des scellés est une suite évidente de la nomination de ce tuteur, puisqu'elle a été faite à la requête de ce dernier, et que celui-ci ne pouvait la requérir à ce titre, ni le greffier y procéder en conséquence qu'en vertu de cette nomination; qu'elle est aussi manifestement du fait du greffier, vu que son ministère était indispensable pour l'opération, et qu'il y a réellement concouru, tant en y assistant et coopérant, qu'en souscrivant et recevant le procès-verbal qui l'a constatée; — Que la loi défendant à ce fonctionnaire de procéder à la levée des scellés à la réquisition du tuteur, sans que la nomination de celui-ci eût été enregistrée, c'était à lui à veiller à ce que ce dernier acte fût enregistré avant de prêter son ministère pour l'autre; qu'en ne le faisant point, il est contrevenu à la loi et a encouru l'amende qu'elle prononce; et en jugeant le contraire, le tribunal de Dax a formellement violé la disposition dudit article. »

De même, le procès-verbal de levée de scellés ne peut être rédigé avant que celui d'apposition ait été enregistré; il n'y a pas de dangers ou de pertes à prévoir pour les parties par le temps employé à requérir la formalité, puisque les scellés existent (D. m. f. 20 avr. 1813, 634 I. G.). Depuis la loi de 1816, le greffier peut présenter ensemble à la formalité les procès-verbaux d'apposition et de levée de scellés.

Il y aurait également contravention si le greffier agissait, avant de les faire enregistrer, en vertu de procurations sous seing privé données par les héritiers absents (2643 J. N.). — *V.* 1057-2, 1125-4, 1188, 1204, 1205-4.

1147. Sentence arbitrale. — Un jugement d'arbitre ne doit pas être rendu exécutoire, s'il n'a été enregistré. Il y a exception pour les jugements d'arbitres en matière de société. L'art. 61 C. com. porte que le jugement arbitral sera déposé au greffe du tribunal de commerce, et qu'il sera rendu exécutoire et transcrit sur les registres, en vertu de l'ordonnance du président, qui doit être rendue dans les trois jours du dépôt au greffe. Ce jugement qui, par sa transcription sur les registres, est assimilé à un jugement du tribunal de commerce, peut n'être enregistré que dans les vingt jours de l'acte du dépôt fait par les arbitres.

Il avait été décidé qu'un arbitre qui rédige lui-même la sentence arbitrale à la suite de l'acte de sa nomination, sans que cet acte ait été préalablement enregistré, encourt l'amende de 50 francs (10 fr.), parce que, dans ce cas, l'arbitre remplit simultanément les fonctions de juge et de greffier (D. m. f. 2 mars 1816, 5370 J. E.). Mais cette doctrine n'est plus suivie, ainsi que nous l'avons exposé précédemment. — *V.* 1063.

1148. Sommation. — L'huissier qui relate dans un exploit d'assignation une sommation par lui faite précédemment, sans la faire enregistrer, est en contravention à l'art. 41 L. frimaire, alors même qu'il allègue que la sommation était inutile, et que l'assignation n'eût pas moins été valable sans elle (Cass. 31 janv. 1814, 4790 J. E.; S. 14-1-211). — « Vu, porte l'arrêt, l'art. 41 de la loi du 22 frimaire an 7; — Attendu qu'il demeure constant que l'huissier Pigeon a relaté dans un exploit d'assignation une sommation par lui faite précédemment, sans qu'elle eût été enregistrée; que, dès lors, il est passible de l'amende encourue par l'art. 41 de la loi du 22 frimaire an 7 précité; que cependant le tribunal civil de la Seine l'en a déchargé par jugement du 21 février 1812, sous le prétexte frivole que l'assignation donnée par Pigeon eût été valable, quand même elle n'eût pas été précédée de sommation; qu'il suffit qu'une sommation, qui a précédé une assignation soit énoncée dans cette assignation pour qu'elle ait dû être enregistrée. »

1149. Transport. — Il y a contravention si un acte de transport d'une créance sur une commune, pour prix de refonte de cloches, suivant convention dont la date est énoncée, est rédigé sans que la convention ait été enregistrée avant ou en même temps que le transport (Montdidier 23 août 1839, 12376-1 J. E.). — Même principe pour tout acte de transport d'une créance dont le titre énoncé n'a pas été enregistré (11956-3 J. E.) alors surtout que le titre a été décrit dans un inventaire antérieur (17 09 J. E.).

Ainsi jugé pour un transport énonçant que le cessionnaire a reçu du cédant les pièces établissant la sincérité de son droit (Seine, 29 août 1877, 4833 R. P.). — *V.* 1160.

1150. Tutelle et curatelle. — 1. INVENTAIRE. — On a enseigné que le notaire qui procède à un inventaire à la requête d'un tuteur nommé par une délibération du conseil de famille, non enregistrée, contrevient à l'art. 41 L. 22 frimaire an 7 (14981-1, 15142-1 J. E.; D.; Roy, 93). On peut opposer à cette opinion l'autorité de la C. cass., d'après laquelle (3 janv. 1827, 8659 J. E., 5997, 6198 J. N., 1210, § 4 I. G.; S. chr. (*arrêt rapporté*, n° 11005) il n'y a pas contravention lorsque le notaire rédige l'inventaire en présence d'un subrogé-tuteur nommé par une délibération non enregistrée, par le motif que l'inventaire est bien moins, dans ce cas, la conséquence de l'acte de nomination que celle de la disposition de l'art. 451 C. C., qui prescrit au tuteur de faire procéder à l'inventaire en présence du subrogé-tuteur. Il est vrai que, dans l'espèce de cet arrêt, comme il ne s'agissait que du concours et de la présence du subrogé-tuteur, on pourrait alléguer que la contravention a été repoussée parce qu'on ne pouvait pas dire, à la rigueur, que l'inventaire eût été dressé en conséquence de la délibération, et qu'il en eût été autrement si le subrogé-tuteur eût été directement ou indirectement partie active à l'inventaire (Dieppe 14 mars 1826, 8553 J. E.). Mais ce motif n'a pas prévalu. L'Administration a reconnu, par plusieurs solutions motivées sur la doctrine de l'arrêt du 3 janvier 1827, que les nominations de tuteurs peuvent être, comme celles des subrogés tuteurs, énoncées, avant leur enregistrement, dans les inventaires (Sol. 28 juin, 29 déc. 1845, 29 oct., 8 nov. 1851, 24 mai 1856, 6 déc. 1858, 4 juill. 1865, 19 fév. 1866, 2564 R. P., et 10 fév. 1868. — *V.* 14548. J. N.; D. N., t. 1er, p. 387, n° 648; 18480, § 1er J. E.).

2. ÉTRANGER. — On peut sérieusement douter avec le J. du not. (Bulletin pratique, n° 491) que cette faveur s'applique aux actes de nomination passés à l'étranger. Si on n'exigeait pas l'enregistrement de ces actes avant ou en même temps que l'enregistrement de l'inventaire, ils échapperaient à toute perception, bien que le notaire en ait fait usage dans le sens de la loi.

1151. Vente de meubles. — 1. INVENTAIRE. — L'officier public qui a procédé à une vente de meubles inventoriés par un autre officier public, par acte non encore enregistré au moment de la vente, a encouru l'amende, bien que l'inventaire ne soit pas mentionné dans le procès-verbal de vente (3520, 4832 J. E.; — Reims 5 fév. 1848, 14619-1 J. E.; D. m. f. 16 juin 1829, 1293 § 1er I. G., 6882 J. N.; Roy, 92).

Le contraire résulte néanmoins d'un jugement du tribunal de la Seine, du 6 février 1850 (14310 J. N.) conforme à l'opinion émise par le D. N. v° *Acte notarié*, n° 650 et motivé sur ce que la vente n'est pas la conséquence de l'inventaire. Mais cette raison nous paraît difficilement admissible. Il semble évident que la vente devant avoir pour objet tous les meubles compris dans la communauté ou la succession, et l'inventaire étant le titre de la consistance mobilière de la masse, il est fait usage de l'inventaire dans le procès-verbal de vente, abstraction faite de la mention. Si un motif d'exemption pouvait être invoqué, ce serait, selon les cas, le caractère d'urgence que présente parfois l'aliénation des choses fongibles appartenant aux mineurs. Dans tous les cas, le jugement du 6 février 1850 reconnaît que la contravention ne pourrait être contestée si l'inventaire se trouvait mentionné dans le procès-verbal de vente de meubles.

Ajoutons que si l'inventaire n'étant pas mentionné dans le procès-verbal, la vente avait lieu exclusivement en vertu d'une autorisation de justice, l'amende ne serait pas due (Reims 14 juill. 1858; Sol. 23 avr. 1867).

2. RÉCOLEMENT. — Il n'y a pas contravention à l'art. 41 de la loi du 22 frimaire an 7 de la part de l'huissier qui procède à une vente de meubles saisis, sans que le procès-verbal de récolement ait été préalablement enregistré. En effet, le récolement des objets saisis constitue une opération préalable à la vente, tellement inséparable que le récolement fait la veille de la vente ne dispense pas l'huissier d'en faire un nouveau au moment des enchères, des objets pouvant avoir disparu dans l'intervalle (Dalloz, v° *Saisie-exécution*, n° 321); les deux opérations peuvent même être constatées par un seul procès-verbal; dans ces conditions, le défaut d'enregistrement préalable du procès-verbal de récolement ne peut constituer une contravention à l'art. 41 précité (Déc. belge, 18 mars 1864, 9617 J. E. belge). — *V.* 1099.

3. TESTAMENT. — Un notaire ne peut, sans contravention, procéder à la vente de meubles légués par un testament énoncé, si ce testament n'est pas enregistré avant ou en même temps que le procès-verbal de vente (Sol. 3 mars 1836, 11516 J. E.).

L'amende est également encourue si le notaire rédige une cession de droits successifs appartenant au cédant en vertu d'un testament énoncé dans le contrat et non enregistré, bien que l'auteur de la succession soit décédé depuis moins de trois mois (Sol. 15 mai 1851).

Le D. N. trouve ces solutions contestables, parce que la vente ne lui paraît pas faite en conséquence du testament (t. 1er, p. 388, n° 652, et t. 13, p. 587, n° 222). Mais son erreur doit paraître évidente, car c'est le testament qui justifie le droit du cédant à la propriété des biens qu'il aliène et qui sert, par conséquent, de cause directe à l'opération.

1152. Vente. — 1. QUITTANCE NON ENREGISTRÉE. — Un notaire peut-il énoncer dans un acte de vente d'immeubles que la grosse du titre de l'acquisition du vendeur, au bas de laquelle se trouve la quittance du prix, a été remise à l'acquéreur, sans que la quittance ait été enregistrée? L'affirmative a été soutenue, par le motif que c'est en vertu de l'acte d'acquisition du vendeur et non de la quittance que cette acquisition est consentie. La simple mention de la remise de la grosse quittance n'établit pas la libération du vendeur et ne pourrait être opposée au précédent propriétaire (D. N., t. 5, p. 466, n° 276; 15061 J. N.; — Mirecourt 12 août 1853, 33 R. P.). D'ailleurs, ajoutait un jugement de Saverne, du 22 décembre 1854, la quittance n'est pas un élément de la vente, parce qu'elle se réfère à une mutation antérieure, et n'a pas d'influence sur la validité de la seconde vente.

Ces raisons, que nous avions combattues au n° 33 du R. P., n'ont en effet pas prévalu. Le jugement de Saverne a été cassé par un arrêt de la Cour suprême du 17 février 1858, motivé sur ce que, « pour rendre obligatoire l'enregistrement d'un acte dont il est fait usage, il n'est pas nécessaire qu'il soit la cause unique et principale de l'acte; il suffit que le contrat soit fait en vertu du sous seing privé, c'est-à-dire que ce sous seing privé soit devenu un des éléments de l'acte public; or, dans l'espèce, la quittance est devenue un des éléments du contrat, puisqu'elle figure au nombre des pièces remises à l'acquéreur. » (2137-2 I. G., 984 R. P., 16258 J. N.; S. 58-1-352, 11238 C., 16700 J. E.).

Un homme sérieux, dit Demante, en approuvant cet arrêt, ne fait pas une acquisition sans qu'il soit justifié de la libération de ses auteurs. La dernière vente a donc réellement lieu en vertu ou par suite de la quittance dont il s'agit, et, dans le cas proposé, mentionner cette quittance, c'est en faire usage par un acte public (n° 828). — *V.* aussi dans ce sens Civray, 8 août 1845, 12482 J. N.; D. N., t. 1er, p. 396, n° 712).

2. DISTRIBUTION DU PRIX AUX CRÉANCIERS. — Nous déciderions donc que l'amende et les droits sont exigibles, si, dans un acte de vente, il était énoncé que sur le prix le vendeur devait une certaine somme, distribuée depuis aux créanciers, ainsi que le constatent des bordereaux quittancés qui seront remis à l'acheteur.

3. EXPRESSIONS DIVERSES. — Il importerait peu, on le conçoit, que le notaire se servît ou non du mot *quittance*, dès l'instant qu'il s'agit évidemment du titre de la libération. C'est ainsi que le principe de l'arrêt du 17 février 1858 a été appliqué à la remise à l'acquéreur de la *preuve justificative* du payement du prix (Vesoul, 24 déc. 1862): — La même solution avait déjà prévalu pour la déclaration de la remise faite à l'acheteur de l'expédition du précédent contrat portant la preuve du payement du prix (Bar-le-Duc 11 avr. 1856).

4. ACTE DE VENTE ORIGINAIRE. — Jugé également qu'il y a contravention lorsque, dans l'origine de propriété de l'immeuble vendu, le notaire énonce l'acte de vente notarié en vertu duquel le vendeur est propriétaire, en indiquant que ce prix a été payé suivant quittance sous seing privé en marge de l'acte et non enregistrée (Reims 3 juin 1848, 13276 J. E).

SECTION 3. — ACTE NON ÉNONCÉ

[1153-1160]

1153. Règle. — On doit admettre qu'en général les éléments de toute contravention manquent lorsque le titre en vertu duquel on paraît agir n'est énoncé ni directement ni indirectement dans l'acte. L'art. 42 L. 22 frimaire an 7, en effet, en employant le mot acte sous seing privé, n'a pas eu en vue le synonyme de contrat, de convention. Il a voulu désigner la pièce écrite qui se sert à constater la convention. Du moment donc que la preuve certaine de cette pièce écrite ne résulte pas des faits de l'acte, l'officier public qui agit n'encourt aucune amende. C'est dans ce sens qu'ont été rendues les décisions suivantes :

1154. Mutation. — Un juge (ou un arbitre) ne contrevient pas à l'art. 47 L. 22 frimaire an 7 lorsque, dans une contestation au sujet d'une mutation d'immeubles, il prononce, sans énoncer d'actes, sur l'audition des parties et les preuves respectivement produites (Cass. 25 prair. an 10, 2256, 9964 J. E.).

1155. Pouvoir. — Saisie immobilière. — Le tribunal de Neufchâteau a décidé, le 5 décembre 1851 (15621 J. E.), que l'huissier chargé de procéder à une saisie immobilière peut, sans contravention, énoncer dans son procès-verbal la procuration non enregistrée en vertu de laquelle il agit, parce que ce pouvoir n'est pas une condition essentielle de la validité des poursuites. C'est là une erreur évidente. — La jurisprudence est fixée en ce sens; il est vrai, qu'il n'est pas nécessaire, à peine de nullité, que le pouvoir ait date certaine avant la saisie ou l'emprisonnement (Cass. 24 janv., 12 juil., 10 août 1814; — C. Colmar 8 janv. 1820; — C. Paris 28 déc. 1820; — Cass. 15 avril 1822; — C. Orléans 6 déc. 1833); ni que ce pouvoir soit signifié à la partie saisie (Cass. 4 oct. 1814; — C. Metz 16 juil. 1818; — Cass. 12 janv. 1820), ni que le procès-verbal de saisie en fasse mention (C. Besançon 18 mars 1808; — C. Paris 20 août 1814). — Mais il faut, à peine de nullité de la saisie, que l'huissier soit porteur d'une procuration spéciale (C. Lyon 4 sept. 1810; — Cass. 6 janv. 1812; — C. Bourges 6 mai 1812; — C. Rouen 1er juin 1812; — C. Colmar 3 juin 1812; — C. Lyon 27 avr. 1827; — Metz 29 juin 1861; S. 61-2-39). Et la plupart des auteurs se prononcent dans le même sens: Carré et Chauveau, p. 1918; Favard, t. 2, p. 479; Boitard, t. 3, p. 331.

On a pensé qu'on pouvait même rigoureusement soutenir que l'amende est encourue dans tous les cas, lors même que l'huissier n'énoncerait pas la procuration, puisqu'il est constant qu'elle existe. Cette opinion est exagérée. Le pouvoir n'est prescrit qu'à peine de nullité de la saisie, en sorte que, quand le procès-verbal ne révèle pas l'existence de l'acte, tout ce qu'on peut légalement présumer c'est que l'exploit n'est pas valable.

Mais aucun doute ne saurait subsister sur la réalité de la contravention, lorsque le pouvoir est énoncé dans l'exploit (Grenoble 7 nov. 1842, 13141 J. E.; — Mâcon 27 juin 1853. — *V.* 14609-1 J. E.). — *V.* 1059-2, 1176, 1206.

1156. Rente. — La demande en payement d'une rente dont le titre n'a été énoncé ni dans la requête introductive, ni dans l'exploit d'assignation fait en vertu d'une ordonnance du juge, ne suppose pas l'existence nécessaire d'un titre écrit de la rente, et il ne résulte de la demande aucune contravention aux art. 23 et 42 L. 22 frimaire an 7, surtout lorsque le titre enregistré et produit dans le cours de l'instance renferme des dispositions que l'avoué n'avait manqué d'établir dans la requête que par le défaut de ce titre; (Cass. 1er fév. 1815, Préc. chron., 259).

1. ASSURANCE SUR LA VIE. — Un notaire peut rédiger la quittance au profit d'une compagnie d'assurances sur la vie, non représentée à l'acte, d'un semestre de rente viagère, sans faire enregistrer le contrat constitutif de ces rentes, non mentionné dans la quittance. (Rennes 29 nov. 1847, 13290 J. N.).

2. DONATION. — Mais il y aurait amende si, par exemple, le créancier de rentes constituées par actes sous seing

privés non enregistrés faisait donation de ces rentes à un tiers en énonçant les titres. C'est ce qui fut décidé par le Conseil le 28 février 1782, contre Voltaire. Ce dernier soutenait qu'en faisant donation de ces rentes, il n'avait point agi en conséquence des actes constitutifs et que le donataire n'avait pas eu besoin de la donation pour jouir de leur effet. (Bosquet, 4, p. 396).

1157. Vente.— Un notaire ne pourrait être recherché pour avoir passé une vente faite par une personne qui aurait acquis par acte sous seing privé non enregistré, si l'acte sous seing privé n'était pas énoncé dans l'acte notarié, par la raison que la loi ne défend que l'énonciation, dans un acte public, d'un acte sous seing privé qui n'a pas été enregistré (Cass. 24 juil. 1815).

Il en serait de même si le notaire s'était borné à insérer d'après la déclaration des vendeurs, que les biens leur appartenaient comme en ayant fait l'acquisition par acte en forme quoiqu'il eût été constaté depuis que l'acte indiqué n'était pas enregistré (Bar-le-Duc 14 avr. 1826, auquel l'Administration a acquiescé, 999 J. N.).

Cette solution ne s'étendrait pas, comme nous l'avions déjà dit, à la déclaration de la partie que la propriété lui appartient en vertu d'un acte du tel jour, régulièrement enregistré. Le notaire devrait alors s'assurer que cet acte est en forme.

1158. Annexe. — On a fait une application très-large, mais cependant rigoureusement exacte, de ce principe en émettant l'avis (14811-1 J. E.) que si l'acte annexé n'est pas mentionné dans l'acte notarié, et il n'est pas par lui-même sujet à enregistrement dans un délai déterminé, aucun droit ni amende ne sont exigibles.

1159. Production ultérieure. — Aussi, nous n'hésitons pas à repousser cette opinion (14981-2 J. E.) que le notaire qui a rédigé un acte de vente à la requête d'un mandataire dont le mandat n'est pas énoncé, a contrevenu à la loi, s'il est établi postérieurement qu'il y avait une procuration écrite qui conférait le mandat. Il y a dans cette manière de voir violation du principe d'après lequel le notaire n'est responsable que des faits contenus en son acte.

1160. Énonciation indirecte. — On vient de voir qu'en principe, la contravention n'existe pas quand l'acte n'est pas énoncé. Mais il y a des mentions faites sous certaines formes dubitatives imaginées pour éluder l'application de la loi, et qui produisent cependant en réalité les mêmes effets que des indications explicites. Ce serait autoriser la fraude que de permettre à l'officier public de soustraire l'acte énoncé à la formalité au moyen de pareilles mentions. Dès que l'usage effectif du titre est démontré, soit par les termes mêmes de l'acte, soit par la nature de la convention, soit par les circonstances ou le rapprochement des faits de la cause, l'Administration nous paraît autorisée à réclamer l'application rigoureuse des art. 41 et 42 de la loi du 22 frimaire an 7. Ainsi que l'a reconnu en principe le tribunal de Versailles, le 17 janvier 1856, « les droits d'un acte sous seing privé qui a servi de base à un acte notarié sont exigibles, et l'amende est encourue, bien que la date de l'acte ne soit pas énoncée, si les détails qui sont donnés sur cet acte prouvent jusqu'à l'évidence qu'il existe » (688 R. P.).

1. PARTAGE APRÈS INVENTAIRE. — Le cas le plus fréquent est celui du partage dressé après l'inventaire et par le même notaire. Lors de l'inventaire, les titres de créance sont décrits et énoncés, puis, lors du partage, le notaire se borne à l'attribution des créances réciproques dues par les cohéritiers en se référant à l'inventaire et sans rappeler les titres de ces obligations. Un arrêt de la chambre civile de la Cour suprême rendu, le 18 avril 1864, après plusieurs décisions contradictoires des tribunaux secondaires a repoussé l'éxigibilité de l'amende par le motif que l'acte sous seing privé doit être produit à la liquidation ou bien y être expressément mentionné ou tout au moins s'y référer nécessairement (1899, R. P., 12651 C., 17819 J. E., 17996 J. N., 961 Rev., S. 64-1-238).

Nous avons, au n° 1899 de notre R. P., combattu la doctrine de cet arrêt par des raisons que l'on trouve reproduites dans le jugement rendu sur renvoi par le tribunal de Lons-le-Saunier, le 5 décembre 1864 (1982 R. P., 12870 C., 18246 J. N., 1258 Rev.). Mais la question soumise à l'examen des Chambres réunies a été résolue dans le sens de l'arrêt de 1864 par un arrêt solennel du 27 mai 1867 (2473 R. P., 2358, § 6, I. G., 18864 J. N., 13278 C., S. 67-1-302).

Nous reviendrons un peu plus loin sur ce point. Pour le moment, nous nous bornerons, après avoir posé le principe, à indiquer plusieurs hypothèses où il a reçu des applications divergentes :

1° Un inventaire énonçait que, d'après une note informe, le défunt avait vendu son fonds de commerce. Dans le partage ultérieur, le prix de la vente fut attribué aux cohéritiers sans que le titre de la vente eût été mentionné et que le nom de l'acquéreur eût même été indiqué. Le droit de vente n'a pas été reconnu exigible, et il n'a pas paru que le notaire avait contrevenu à l'art 42, attendu que les circonstances de l'affaire ne prouvaient pas d'une manière positive l'existence d'un titre écrit et l'usage de ce titre (Seine 6 juil. 1861 ; 1528 R. P., 12045 C.).

2° Jugé, au contraire, qu'il y a contravention à vendre par adjudication des créances dont les titres non enregistrés ont été décrits dans un inventaire antérieur. « Il suffit, porte le jugement, pour qu'il y ait contravention, que l'acte sous seing privé non enregistré soit un élément nécessaire de l'acte public, qu'il s'y réfère, que les conventions de l'acte public aient un rapport direct avec l'acte privé et que l'engagement de l'acte notarié en soit une conséquence. Or, en l'espèce, la corrélation des billets avec l'adjudication ne peut être douteuse et il importe peu que le notaire n'ait pas parlé de l'inventaire, puisque cet inventaire n'en existe pas moins et peut être valablement invoqué comme preuve de l'existence des titres dont l'emploi dans l'acte de vente aurait dû être précédé de leur enregistrement. S'il est vrai que des créances peuvent exister sans titre, ce n'est pas le cas de l'espèce, puisque l'art. 3 du cahier des charges porte que les billets à vendre résultent de billets ou reconnaissances» (Yvetot 17 juil. 1860, 1422 R. P., 16984 J. N., 17209 J. E., 11895 C.). — V. dans un sens opposé, un jugement de Cherbourg, du 9 décembre 1863, fondé sur ce que le titre peut avoir été détruit ou même n'avoir jamais existé (2041 R. P., 12887 C.).

3° Après un inventaire mentionnant une quittance de 100,000 francs à valoir sur la dot d'un des enfants, on fait un partage dans lequel on rappelle le contrat de mariage et le payement fait à valoir, sans mentionner la quittance. Le droit et l'amende n'en sont pas moins exigibles, « attendu que, procédant ensuite à l'opération, le notaire fait en conséquence de ce payement de 100,000 francs et du rapport auquel il est soumis, diverses attributions entre copartageants; qu'il est évident que la quittance consignée dans l'inventaire a été la base de la liquidation en cette partie, que le notaire s'y est référé et que les attributions ont été faites en conséquence » (Seine 23 déc. 1859, 1435 R. P., 17067 J. E., 11690 C.). — *V.* 1149.

SECTION 4. — ACTES, CONVENTIONS OU TITRES VERBAUX

[1161-1180]

1161. Règle. — Les officiers publics essaient souvent échapper aux prescriptions de la loi en énonçant comme verbaux les titres en vertu desquels ils agissent; mais une jurisprudence répressive s'est formée à ce sujet, et toutes les fois qu'il résulte soit des indications données sur le titre, soit de la nature même de ce titre, que la convention énoncée comme verbale a dû nécessairement être écrite, il y a contravention, et l'officier public est passible d'amende. C'est dans cet ordre d'idées qu'ont été rendues les décisions ci-après :

1163. Avoué. — 1. CONCLUSIONS. — Le tribunal de Mons a jugé, le 17 avril 1858 (1117 R. P.), que si les conclusions d'un avoué posent en fait l'existence d'une convention écrite avec offre de la prouver, cette énonciation ne laisse pas de doute que l'avoué avait sous les yeux le titre même de la convention et qu'il a contrevenu à la loi.

2. REQUÊTE ÉNONÇANT LES CONDITIONS D'UN BAIL. — L'avoué qui fait signifier par un huissier une requête préparée et signée par lui, de laquelle il résulte clairement qu'un bail énoncé comme verbal a été écrit et non enregistré, encourt l'amende de contravention aux art. 41 et 42 L. 22 frimaire an 7, et se trouve personnellement responsable des droits (Rouen 3 mai 1849, 14829-1 J. E.).

1164. Bail. — 1. DÉCLARATION DES PARTIES. — On a émis l'avis, que depuis que les locations verbales d'immeubles sont soumises aux droits (L. 23 août 1871, art. 11), elles ne sauraient être mentionnées dans les actes sans énonciation de l'enregistrement auquel elles ont dû donner lieu, puisque l'équivalent de l'enregistrement se trouve dans la déclaration prescrite par l'art. 11 de la loi du 23 août 1871, et c'est alors la quittance des droits perçus sur cette déclaration qui doit être transcrite (J. des av., art. 3019). Mais cette opinion ne doit pas être suivie. La défense insérée dans les art. 41 et 42 de la loi du 22 frimaire an 7 ne s'applique qu'aux énonciations d'*actes*. On ne saurait donc, sans ajouter à ces dispositions, les étendre aux déclarations qui les remplacent en matière de locations verbales ou de mutations secrètes d'immeubles. — *Conf.* 19162-1 J. E.

2. VENTE D'IMMEUBLES DÉCLARÉS LOUÉS VERBALEMENT. — Lorsque dans l'acte notarié de la vente d'un immeuble il est stipulé que l'acquéreur devra souffrir l'exécution d'un bail fait verbalement à une personne désignée pour un nombre d'années déterminé, qui ont commencé à courir à partir d'un tel jour, avec droit par les preneurs de faire certaines modifications, ces clauses prouvent l'existence d'un acte écrit, et le notaire est passible de l'amende édictée par l'art. 42 et responsable des droits (16494 J. N.).

3. DONNÉ LECTURE. — Le notaire qui, après avoir énoncé dans un acte un bail comme verbal, déclare qu'il en a été donné lecture, a encouru l'amende et se trouve de plus responsable des droits simples et en sus exigibles sur le bail (Seine 9 juil. 1850, 15044-2 J. E.).

4. EXPLOIT. — L'énonciation faite par un huissier, dans un exploit de son ministère, de la durée, des conditions principales et des stipulations particulières d'un bail à ferme suffit pour prouver que ce bail a été rédigé par écrit et pour justifier la demande à l'huissier des droits auxquels cet acte donne ouverture, ainsi que d'une amende pour en avoir fait usage avant qu'il fût enregistré. « Considérant qu'il résulte de la teneur des exploits qui donnent lieu à la contestation que les baux qui y sont vantés étaient des baux écrits ; qu'en effet, le nombre et la nature des clauses et stipulations relatées auxdits exploits, ne laissent aucun doute à cet égard; qu'il ne s'agit pas, en effet, dans l'espèce du procès, de clauses d'usage, dont l'exécution peut être poursuivie en raison du seul fait de l'occupation, mais bien de clauses qui seraient sans sanction à défaut de bail écrit, surtout si l'on considère que la preuve testimoniale serait inadmissible en l'espèce » (Les Andelys 7 fév. 1871).

1165. Compte de tutelle. — L'Administration avait admis autrefois que la mention du projet de compte de tutelle non enregistré dans l'arrêté ultérieur de ce compte ne constituait pas une contravention de la part du notaire, si les termes de l'énonciation ne révélaient l'existence d'un acte complet (Dél. 21 avr. 1828, 10 nov. 1829; Sol. 18 mai 1830 et du 29 mars 1831; 9019 J. E., 7438 J. N., 9710 J. E.; 7438 J. N.).

Le motif en était, d'après cette dernière décision, « que l'art. 472 C. C., ne prescrivant aucune forme pour le compte à remettre à l'oyant, on pouvait objecter qu'il s'agissait d'un écrit imparfait, dénué de tous les caractères qui rendent les actes susceptibles d'enregistrement. »

Cette interprétation était la conséquence du principe alors généralement admis que toute contravention devait être prouvée et ne résultait pas de simples inductions.

Mais quand la jurisprudence, entrant dans une voie plus large, autorisa le Trésor à rechercher en dehors du contrat ses éléments de justification; quand elle permit de réclamer des amendes pour des mentions dubitatives de polices d'assurances, de taxes de frais, ou d'actes prétendus adirés, l'administration revendiqua le même droit à l'égard des projets de compte de tutelle. Elle soutint que l'art. 472 du C. C. imposait au tuteur l'obligation absolue de rédiger un compte de sa gestion, afin de le remettre au mineur; que, jusqu'à preuve contraire, on devait croire à l'accomplissement de cette formalité, et que, par conséquent, la mention, si vague qu'elle fût, du projet de compte, établissait assez l'existence d'un acte régulier assujetti à l'enregistrement. De nombreuses solutions ont été rendues en ce sens. Mais la jurisprudence est loin d'être fixée à cet égard.

1. LE PROJET EST-IL UN ACTE? — Ainsi, d'une part, il a été décidé :

1° Que le compte prescrit par l'art. 472 C. C., et qui doit précéder le traité définitif, n'est pas un acte dans le sens de la loi; qu'il n'opère ni obligation, ni libération actuelle, qu'il n'est qu'un projet et qu'il constitue plutôt une formalité à remplir qu'un acte parfait dont l'usage exige l'enregistrement (Evreux 7 fév. 1829, suivi d'un acquiescement du 10 nov. 1829, 2718 Roll.).

2° Que l'art. 472 C. C. parle d'un compte de tutelle et n'exige pas un compte régulier, tel que l'entend l'Administration; qu'autrement ce serait forcer tous les illettrés à suivre toujours les formes judiciaires; que cet article ne s'oppose pas à ce que le rendant remette à l'oyant une note avec pièces justificatives, écrite par toute autre personne que le rendant, note se résumant ensuite dans l'acte d'arrêté de compte; que le seul but de l'art. 472, c'est que cette note soit remise à l'oyant dix jours avant le traité ou arrêté de compte qui intervient entre le tuteur et le mineur devenu majeur; que cette note ou projet de compte forme si peu titre, que le seul titre pour l'oyant ou le rendant se trouve dans l'acte d'arrêté de compte sur lequel l'Aministration perçoit le droit proportionnel (Aix 22 août 1864, 2309 R. P., 18321 J. N.; — Castres 28 août 1867, 2547 R. P., 18978 J. N.).

3° Au contraire, le tribunal de Trévoux a décidé, le 26 février 1850, que les projets de compte, quand l'existence en est établie, ne sont pas des notes informes et sans force probante; qu'ils sont, au contraire, des pièces nécessaires et essentielles pour la validité du traité à intervenir, conformément à l'art. 472 C. C.; que ces projets sont destinés à devenir la base et le lien d'un règlement, soit amiable, soit judiciaire, de la gestion des tuteurs; qu'ainsi ce sont des actes sérieux dont l'existence devait être constatée par la formalité de l'enregistrement (15044-1 J. E.).

Cette dernière opinion doit évidemment prévaloir, et le J. N. reconnaît avec raison que quand le projet de compte est signé par les parties, il constitue un acte véritable destiné à produire des effets particuliers et devant être enregistré avant sa mention dans le récépissé (17525 J. N.).

La difficulté revient donc à apprécier, d'après les circonstances de chaque affaire, si le notaire a eu sous les yeux une simple note ou bien un projet régulier.

2. RENSEIGNEMENTS INSUFFISANTS. — L'Administration a reconnu que lorsqu'un notaire mentionne comme un fait, dans un compte de tutelle, que la remise du projet de ce compte a été faite par le tuteur à l'oyant, il ne commet pas de contravention, par les motifs que la date du projet de compte n'est pas indiqué; que rien n'est précis dans l'énonciation; et, qu'on ne peut pas dire que le notaire ait agi en conséquence de ce projet de compte (Sol. 18 mai 1830, 9710 J. E.).

Et c'est dans ce sens que le tribunal de Blois a jugé, le 24 juin 1840 (10761 J. N.; 12736-1 J. E.), qu'un notaire peut énoncer dans un compte de tutelle que le projet a été remis précédemment à l'oyant-compte, sans mentionner que ce projet, qui a pu consister en simples notes, ait été enregistré.

3. NOTES INFORMES. — L'Administration a été plus loin, car elle a décidé que l'art. 472 C. C., n'ayant prescrit aucune forme pour le compte que le tuteur doit remettre à l'oyant, ce compte peut n'être qu'un projet informe sans signature, ne formant pas un acte dans le sens légal de ce mot, et qu'ainsi il est dispensé de l'enregistrement. Il s'ensuit qu'il peut être énoncé dans l'arrêté de compte sans enregistrement préalable (Sol. 29 mars 1831, 3310 Roll., 7438 J. N.).

Cependant, cette jurisprudence admise par l'Administration tend à se modifier, et plusieurs tribunaux ont reconnu que le but de l'art. 472 C. C. ne serait pas atteint si de simples notes informes étaient remises à l'oyant; d'où la conséquence que toutes les fois qu'il est constaté qu'il y a eu remise de compte, ce projet de compte doit être enregistré.

4. PROJET REMIS. — Dans une espèce où il était dit que le projet de compte, écrit sur papier libre, avait été remis à l'oyant, le tribunal de Metz a décidé qu'il y avait contravention aux art. 24 L. 13 brumaire et 42 L. 22 frimaire, an 7, car, aux termes de l'art. 472 C. C. le rendant compte avait dû remettre à l'oyant, non des notes informes, mais un compte détaillé et régulier (13 fév. 1838, 10388 J. N., 11981 J. E.).

Ainsi encore, le notaire qui, dans un arrêté de compte de tutelle, énonce que le projet de compte a été remis en sa présence à l'oyant, commet une contravention si le projet n'est enregistré que postérieurement à l'acte (Trévoux 26 fév. 1850, 15044-1 J. E.).

Le tribunal de Pau a récemment appliqué la même jurisprudence : « Attendu qu'il est constaté par le récépissé que le tuteur a remis à sa pupille ce que l'acte qualifie de projet de compte, et ce que l'art. 472 C. C. qualifie de reddition de compte de l'Administration tutélaire, avec les pièces justificatives à l'appui; que ce compte, qui n'était, et ne pouvait être qu'un compte écrit, n'a pas été préalablement enregistré » (17525 J. N.).

5. PROJET RÉDIGÉ PAR LE NOTAIRE. — Quoi qu'il en soit, le doute ne pourrait être possible et la contravention serait incontestable si c'était le notaire lui-même qui avait rédigé le projet de compte non enregistré (Mâcon 15 mai 1837; 11799 J. E.).

6. PROJET ENREGISTRÉ POSTÉRIEUREMENT. — Il en serait de même si le projet de compte était enregistré ou déposé en l'étude d'un notaire, après le récépissé, car alors son existence serait complétement établie. (Sol. 23 déc. 1861).

7. PROJET VU ET EXAMINÉ. — Le tribunal de Laval a décidé également, le 27 mai 1855, qu'il y a contravention quand le notaire constate dans le récépissé que l'oyant a vu *et examiné* le compte.

8. COMPTE DE TUTEUR A TUTEUR. — Mais il faut bien remarquer que les présomptions tirées de l'art. 472 C. C., au sujet de la rédaction d'un acte écrit, ne sauraient être étendues au delà de l'hypothèse d'un compte de tuteur à pupille. — Lorsqu'il s'agit d'un compte de tuteur à tuteur, la jurisprudence décide que les parties sont dispensées des formalités de l'art. 472 C. C. (Bourges 15 mars 1826 et 25 déc. 1827; Rennes 11 août 1838; Poitiers 25 août 1846; D. P. 47-2-77; *Conf.*, Demolombe, 8-61; Zachariæ, 1-158; D. N.; vº *Compt. de tut.*, 23). — Il n'est donc pas nécessaire que l'ancien gérant remette un projet de compte à son successeur; ou, s'il le lui remet, rien ne peut faire supposer que ce soit un acte complet plutôt qu'une simple note sans date ni signature. Aussi le tribunal de Strasbourg a-t-il reconnu, le 14 janvier 1863, par un jugement que nous avons approuvé (1918 R. P.; 17846 J. N.), qu'un notaire n'est pas passible d'amende en énonçant, dans l'arrêté d'un compte de tuteur à tuteur, que le projet non enregistré de ce compte a été remis avec les pièces justificatives à l'oyant plus de dix jours à l'avance, parce que le rendant, n'étant point astreint à la présentation d'un projet de compte, rien n'indique en fait qu'il en ait existé un.

9. COMPTE SANS GESTION. — Il faudrait reconnaître, dans le même ordre d'idées, que si le tuteur n'avait fait aucun acte de gestion concernant les biens pupillaires, il ne serait point obligé de remettre préalablement un projet de compte, puisqu'il n'y aura pas de compte proprement dit (Paris 16 mars 1814; Limoges 28 déc. 1825; Req., 16 avr. 1822; Magnin, *des Min.*, 717). Dès lors, la mention vague qui aurait lieu à l'égard de ce projet dans l'arrêté ou la déclaration de libération du tuteur n'autoriserait pas à réclamer au notaire l'amende de contravention à l'art. 42 de la loi du 22 frimaire, an 7.

10. COMPTE ENTRE LES MINEURS ET LES HÉRITIERS DU TUTEUR. — Il en serait ainsi encore dans l'hypothèse du compte réglé entre l'ex-mineur et les autres héritiers du tuteur. La Cour suprême a décidé, en effet, le 19 mai 1863, « que l'art. 472 C. C. ne saurait être invoqué alors qu'il s'agit d'un traité intervenu entre cohéritiers représentant le tuteur au même titre, et tenus réciproquement l'un envers l'autre de rendre compte de la gestion de l'auteur commun. »

11. ADMINISTRATEUR LÉGAL. — Enfin, il a été décidé que l'art. 472 C. C., qui frappe de nullité tout traité intervenu entre le tuteur et le mineur devenu majeur, avant la reddition du compte de tutelle, n'est pas applicable à l'égard du père administrateur légal, durant le mariage, des biens de ses enfants mineurs (Aix 9 nov. 1864; S. 1865-2-104; Cass. 30 janv. 1866; S. 66-1-204). — Et il en faudrait induire que l'existence d'un projet ne pourrait être admis qu'en présence des termes catégoriques du récépissé.

12. ACTES ÉTRANGERS. — La remise d'un projet écrit n'est pas nécessaire non plus quand il s'agit d'actes étrangers à la gestion tutélaire (Nîmes 23 juin 1851; S. 51-2-507; Caen 10 mars 1857; S. 58-2-413; Demolombe, t. 8, nº 58). L'amende ne serait donc encourue qu'en cas d'une mention tout à fait formelle de cet acte.

13. QUITTANCE. — Aucune loi n'oblige un mandataire ou tout autre comptable à appuyer par la production de pièces justificatives les articles de recettes et de dépenses de son compte, et les art. 471 et 472 C. C., en prescrivant aux tuteurs la production et la remise de pièces justificatives de leurs comptes, n'ont point astreint les mineurs devenus majeurs à exiger ces justifications, et ne leur ont point interdit de s'en rapporter à la bonne foi de leurs tuteurs. D'autre part, un compte de tutelle, ayant pour but unique de constater la recette et la dépense faite dans l'intérêt du mineur, et de reconnaître la décharge du tuteur, sans créer un titre nouvel quant aux opérations qu'il relate, il semble que les notaires peuvent y mentionner les titres de créance sous seing privé et non enregistrés, qui font partie du compte, sans encourir les peines portées par l'art. 42 L. 22 frimaire.

Cette solution, qui parait devoir faire règle aujourd'hui, a été longtemps controversée, ainsi qu'on peut s'en convaincre par la lecture des I. G. 1200, § 10; 1249, § 8; 1307, § 3. Elle résulte notamment d'un arrêt Cass. 10 mai 1821 (Dalloz, nº 1162; P. chr. 489); Senlis 26 décembre 1826 (8736 J. E.); Châteaudun 2 juillet 1846 (12748 J. N.). Seulement, dans le cas où des quittances non enregistrées sont produites, le droit de quittance est exigible. — V. *Compte.*

L'arrêt du 10 mai 1821 porte : « Attendu que, par la relation (au compte de tutelle, dans l'acte notarié du 17 mai 1817, chap. des recettes) d'un billet sous signature privée appartenant au mineur, provenant des fonds de la tutelle, et par la mention de la remise de cet effet au mineur ayant le compte, le notaire instrumentaire n'a fait autre chose que constater, d'une part, la recette et la dépense, et d'autre, reconnaître la décharge du tuteur par la remise au mineur d'un titre de créance reconnu appartenir à celui-ci, sans créer par là un titre nouvel, sans donner à l'acte privé un caractère authentique qu'il n'avait pas auparavant; d'où suit, que l'acte notarié n'a pris ni sa cause ni son fondement dans un autre acte privé, et qu'ainsi il n'y eut pas contravention à l'art. 41 de la loi de frimaire an 7. »

On peut ajouter que d'après l'art. 537 C. proc., « les quittances de fournisseurs, ouvriers, maîtres de pensions et autres de même nature, produites comme pièces justificatives du compte sont dispensées de l'enregistrement. »

Or, les travaux préparatoires de la loi indiquent clairement la portée de ces articles.

« Avant la loi du 22 frimaire an 7, a dit la Section de législation du tribunat, les comptables n'étaient point assujettis à faire timbrer ni enregistrer les pièces justificatives. L'ancienne jurisprudence du conseil avait constamment dispensé ces pièces des formalités du contrôle, et toutes les fois que le traitant avait élevé des prétentions à cet égard, il avait été débouté. On ne citera que deux arrêts : l'un du 17 juin 1730 et l'autre du 23 juillet 1738. Le motif de cette législation était pris de ce que les pièces n'étaient produites que par exception. Ce n'est donc que depuis la loi du 22 frimaire qu'on a pu douter si les pièces justificatives d'un compte ne devaient pas être enregistrées. Les art. 23 et 47 défendent aux juges, aux arbitres et aux administrations, de statuer en aucune manière sur les actes non enregistrés, à peine d'être personnellement responsables des droits. Qu'une disposition semblable s'applique à des pièces qui servent de fondement à une action, rien de plus juste; mais en fait de pièces produites par voie d'exception, et surtout en matière de compte, qu'on veuille exiger que les pièces justificatives soient timbrées et enregistrées, c'est ce qui blesse les premiers principes de la justice et les règles de l'équité. Le rendant compte serait souvent empêché, par défaut de moyens, de produire sa justification; mais toujours ces frais deviennent ruineux pour l'oyant. Par exemple, en matière de compte de tutelle, pourrait-on perdre de vue qu'en général la dépense est balancée par la recette; qu'un compte tutélaire se compose d'une infinité de pièces qui, par elles-mêmes, ne présentent pas grand intérêt, mais qui, cependant, sont nécessaires pour la justification du compte? Faudrait-il donc faire timbrer et enregistrer la quittance qu'un tuteur est obligé de prendre de la plus mince fourniture, du salaire de quelques journées de travail? Faudrait-il faire timbrer et enregistrer des quittances données par des ouvriers qui ne savent pas signer leur nom et qui seulement font une croix? La Section pense qu'il est de son devoir de demander que cette réclamation soit prise en considération. »

Dans la séance du Corps législatif du 21 avril 1806, M. Favard appuya la disposition en rappelant l'application qui se faisait des art. 23 et 47 de la loi de frimaire. Si un pareil système était adopté, disait-il, il empêcherait souvent le rendant compte, par défaut de moyens, de produire les pièces justificatives de sa dépense et de sa recette; ou s'il faisait les avances que nécessiterait la présentation de son compte, ces frais deviendraient très-onéreux pour l'oyant, qui souvent serait intéressé à ne pas demander au comptable le compte de son administration.

C'est pour donner satisfaction à ces demandes que l'art. 537 a été rédigé.

Par application de ces principes, il a donc pu être décidé que les pièces justificatives en reddition de compte de justice peuvent être produites devant les tribunaux sans avoir été timbrées et enregistrées; que, par suite, il n'y a pas contravention de la part d'un avoué qui a fait usage dans ses conclusions de semblables pièces justificatives (D. m. f. belge, 23 avr. 1870, 3707 R. P.).

Actions en justice. — La Cour de cassation a reconnu, le 7 février 1877, par application de ces principes, que :

« L'exception résultant de l'art. 537 C. proc. a eu uniquement en vue les redditions de compte et pour objet spécial de ne pas entraver lesdites opérations par la nécessité imposée au rendant de faire une avance de droits onéreux pour l'oyant qui doit les supporter en définitive; que l'exception écrite en vue des pièces justificatives d'un compte ne saurait dès lors être étendue aux actes servant de base à une action en justice » (4591 R. P.). L'arrêt porte : « Attendu que, dans l'espèce, si la situation respective des défendeurs a été déterminée sous forme de règlement de compte, ce règlement n'avait aucun des caractères de la reddition de compte prévue par le Code de procédure; qu'il s'est agi seulement de statuer sur l'exécution d'une convention par laquelle Perrot s'était engagé envers la Société des Forges à faire divers travaux de déblaiement ou d'extraction de minerai, moyennant un prix convenu; qu'ainsi les pièces fournies par les parties à l'appui de leurs prétentions respectives et qui ont été visées, soit par les experts, soit par les juges qui ont statué sur l'action, ont été produites non comme simples pièces justificatives d'un compte dans le sens de l'art. 537 du Code de procédure, mais uniquement pour justifier la demande en payement du prix des travaux formée par Perrot, ou pour défendre à cette action; qu'ainsi la règle générale établie par les art. 23 et 47 de la loi du 22 frimaire an 7 était applicable. »

Quittances ordinaires. — L'immunité établie par l'art. 537 ne s'applique même pas à toutes les quittances produites comme pièces justificatives d'un compte. L'exemption n'est accordée que d'une manière limitative, au profit des quittances de fournisseurs, ouvriers, maîtres de pension et autres *de même nature.* » C'est ce que rappelle l'arrêt de la chambre civile du 8 mai 1826, inséré au n° 4777 § 3. — *V.* également 4778 n° 3.

Pièces autres que les quittances. — Elle ne s'étendrait pas non plus à des pièces telles que des devis, des lettres missives et autres qui ne sont pas des quittances (4591 R. P. — *Contrà* Dôle 21 mai 1875, 4328 R. P.).

1165 *bis*. Compte capital. — 1. DÉFAUT DE SIGNATURE. — Un acte de liquidation énonçait une pièce présentant le compte des apports de l'associé décédé, le tribunal de la Seine a jugé, le 17 janvier 1862, que ce compte capital peut n'être qu'une simple note, que rien n'établit qu'il s'agit d'un compte signé et obligatoire pour les parties; que, dès lors, le notaire n'a pas contrevenu à l'art. 42 de la loi du 22 frimaire an 7 (17450 J. E. 1594 R. P.).

1166. Congé. — L'huissier qui a signifié l'exploit de citation en validité du congé verbal a-t-il contrevenu à l'art. 42 de la loi de frimaire, alors que, d'après l'usage des lieux, le congé est toujours donné par écrit? — Cette question a été résolue affirmativement s'il est nécessaire que le congé soit donné par écrit. Or, il est constant qu'un congé verbal non suivi d'exécution ne peut être prouvé par témoins, quelque modique que soit le loyer, les dispositions de l'art. 1715 C. C. s'appliquant au congé comme au bail lui-même (Cass. 12 mars 1816; Merlin, *Quest.*, v° *Preuve*, § 5, n° 2; Duvergier, n° 489; Toullier, t. 19, n° 34; Troplong, *Louage*, n° 422). Si donc les termes du jugement et de la citation n'établissent pas qu'il s'agit d'un congé verbal exécuté, il y a présomption légale qu'il y a contravention, la loi civile n'admettant pas plus de congé verbal qu'une assurance verbale.

1167. Contrat de mariage. — Il y a contravention à l'art. 42 de la loi du 22 frimaire an 7, de la part du notaire qui, dans un acte de vente d'immeubles, constate que les biens vendus appartiennent au vendeur en vertu d'une donation matrimoniale qui lui a été faite dans les termes des art. 1082 et 1089 C. C. « En effet, le premier de ces articles n'a trait qu'à des libéralités faites par contrat de mariage, et le second prévoit spécialement les donations faites dans les termes de l'art. 1082; dès lors, la situation est la même que si l'acte énonçait textuellement que les biens vendus appartiennent au vendeur en vertu d'une donation contenue dans un *contrat de mariage*; cette dernière expression emporte, dans le langage usuel comme dans le langage juridique, l'idée d'un contrat rédigé par écrit, d'où il résulte que le notaire s'est incontestablement placé sous le coup de l'art. 42 de la loi du 22 frimaire an 7. » (Sol. belge 13 janv. 1872, 11634 J. E. belge).

1168. Créance (*Titre de*). — S'il résulte des renseignements donnés dans une citation en payement d'une somme, que cette somme repose sur un titre écrit qui se trouve d'ailleurs relaté dans un inventaire antérieur, l'huissier a contrevenu à l'art 41 L. 22 frimaire an 7, si ce titre n'a pas été enregistré (15043-1 J. E).

1. OBLIGATION. — C'est ainsi que le droit de titre et l'amende encourue ont été reconnus exigibles sur un exploit dans lequel se trouvaient indiquées deux obligations présentées comme verbales, lorsque tout démontrait qu'elles avaient été écrites (Lille 3 mars 1849, 14694 J. E).

1169. Crédit. — Les ouvertures de crédit pouvant être consenties verbalement, les notaires peuvent, sans contrevenir à l'art. 42 de la loi de frimaire, rédiger des affectations hypothécaires en conséquence, s'il n'existe ni preuves ni présomptions graves que l'ouverture a fait l'objet d'un acte écrit (16682, n° 1 J. E).

1170. Etat taxé. — Aux termes des art. 701 et 964 C. proc., en matière d'adjudication judiciaire, les frais de la poursuite sont taxés par le juge. Le montant de la taxe doit être publiquement annoncé avant l'ouverture des enchères, et il en est fait mention dans le procès-verbal d'adjudication. D'après l'art. 713 du même code, le jugement ou procès-verbal d'adjudication ne peut être délivré (en expédition) à l'adjudicataire, qu'à la charge par lui de rapporter quittance des frais ordinaires de poursuite. Les quittances et les pièces justificatives doivent demeurer annexées à la minute du procès-verbal d'adjudication.

De la combinaison de ces diverses dispositions, il résulte que les mémoires de frais, dûment taxés par le juge, et que les quittances de ces frais sont des éléments mêmes de l'adjudication, et qu'ils en font partie essentielle. — La mesure est d'ordre public; on a voulu éviter l'exagération et l'abus des frais de poursuite, et réunir au procès-verbal d'adjudication la justification de la taxe régulière et du payement de ces frais. Les mémoires des frais, revêtus de la taxe du juge, constituant l'un des éléments de l'adjudication, doivent être enregistrés avant qu'il soit procédé à l'adjudication ou en même temps, et les quittances de ces frais doivent également être soumises à la formalité pour être annexées à la minute de l'adjudication. (Art. 42.) Si donc les notaires qui ont été commis en justice font mention, dans le procès-verbal, du mémoire et de la taxe des frais, et annexent les quittances sans que ces pièces soient présentées en même temps à l'enregistrement, l'amende est encourue, et les droits du mémoire taxé et des quittances sont exigibles. (Strasbourg 14 mars 1849, 14701 J. E.; Sol. 26 août 1850, 375 Bull. Mass. Delon., 2e partie; Mirecourt 20 juin 1851, 15226 J. E., 14452 J. N.; — V. *Arg. de Cass.*, 11 août 1852, 1946-7 I. G.; 15494 J. E., S. 52-1-714, 14747 J. N., 9685 C.; Rennes 13 juill. 1853; Mortagne 5 juill. 1855; 496 R. P.)

La C. cass. est allée plus loin. Elle a jugé, le 7 novembre 1853, qu'il y a contravention du moment que le notaire déclare que les frais ont été taxés conformément à la loi, sans que le mémoire taxé ait été enregistré, encore que l'on prétende que la taxe a eu lieu verbalement, parce que cette prétention est tout à fait inadmissible (9 R. P.; 1999 I. G.; 15743, 15754 J. E.; 15092 J. N.; 10088 C.; S. 53-1-761; P. 53-2-494).

Cet arrêt est ainsi conçu : « Attendu que, suivant l'art. 701 C. proc., déclaré applicable par les art. 543 et 944 aux adjudications faites par devant les notaires à ce commis par les tribunaux, les frais de poursuite sont taxés par le juge; que le montant de la taxe est publiquement annoncé avant l'ouverture des enchères, et qu'il en est fait mention dans le procès-verbal d'adjudication; qu'ainsi, l'adjudication n'a lieu que par suite et en conséquence de cette taxe, qui en est un élément préalable et nécessaire; — Attendu qu'en cas d'une adjudication faite non devant un tribunal, mais devant un notaire auquel elle a été renvoyée, l'accomplissement de cette formalité, d'après sa nature et son objet, ne peut consister dans la déclaration verbale faite au notaire par les avoués poursuivants et défendeurs à la poursuite, que leurs frais ont été taxés à telle et telle somme par le juge; qu'il ne peut résulter que de la décision écrite du magistrat sur le mémoire ou état, également écrit, à lui présenté par les avoués, déterminant la somme totale des frais, et annoncé publiquement au lieu et au moment de l'adjudication; — Attendu que le notaire commis pour l'adjudication, et qui ne doit procéder que sur la production de cette taxe, dont il doit annoncer le montant et faire mention dans le procès-verbal d'adjudication, doit préalablement faire enregistrer l'acte qui contient cette taxe et qui la justifie, et que, par l'infraction à cette obligation, il se rend passible de la peine édictée par la loi. »

La doctrine contraire, professée par les réd. J. N. (8412, 8652, 13194, 14452 J. N.), oppose qu'une pareille taxe n'est qu'une simple opération, qui ne prend le caractère d'acte que lorsqu'elle est suivie d'exécution, que le procès-verbal ne fait pas mention du mémoire de l'avoué, qu'il énonce simplement le fait de la taxe du juge, tellement que le juge opère non en vertu du mémoire, mais en vertu de la taxe qui a le caractère d'une simple note et n'est ni un sous seing privé, ni un acte judiciaire (D. N., t. 1er, p. 394, n° 696), et cette doctrine s'appuie sur une D. m. f. 11 juin 1818 (*V.* 821), une Sol. et une Dél. 27 avril 1823 (891 Roll.), 28 août 1834 (8412, 8652 J. N.), et un jugement Pithiviers, 5 août 1851 (14433 J. N.). Elle ne doit pas être suivie.

1. DÉFAUT DE MENTION. — Mais si le notaire s'abstenait complétement de parler de la taxe, il paraîtrait impossible de soutenir qu'il a contrevenu à la loi, à moins que son silence ne soit une réticence calculée dont le caractère frauduleux résulterait des termes de l'acte (V. D. m. f. 25 juill. 1859, 2158 I. G., 1216 R. P.

2. ENREGISTREMENT SIMULTANÉ. — Les taxes dont sont revêtus les mémoires de frais dus aux avoués sont des ordonnances du juge. Or, l'art. 29 de la loi du 22 frimaire an 7 porte que les droits des actes à enregistrer seront payés par les parties pour les ordonnances sur requête, et il y a sur ce point une analogie complète avec les actes sous seing privé. D'un autre côté, ces mémoires de frais taxés sont délivrés en brevet aux parties et il n'en reste pas de minute au greffe. Aussi doit-on décider que par assimilation avec les actes sous seing privé, ces taxes peuvent être présentées à l'enregistrement avec les actes dans lesquels elles se trouvent mentionnées (L. 16 juin 1824, art. 13; Sol. 2 avril 1853; 10 juill. 1854; 14 sept. 1855; 15 juill. 1856; 26 sept. 1857 ; 18 mars 1874, 19460 J. E.).

3. AVOUÉ. — L'application des dispositions précédentes aux jugements a été réglée de la manière suivante par une décision du garde des sceaux du 29 juillet 1859 (2158 I. G.; 1216 R. P.) : « Dans le cas où le jugement d'adjudication ne contient que la mention du montant de la taxe, il n'y a pas

lieu d'exiger qu'un état de frais soit soumis à la formalité de l'enregistrement, mais si le montant de la taxe est énoncé, soit dans le cahier des charges, soit dans d'autres actes préliminaires rédigés par les avoués, comme la mention n'a pas pu être faite dans ces actes sans qu'un état de frais ait été dressé, cet état doit être enregistré, d'après la doctrine de la C. cass. qui est applicable aux actes du ministère des avoués de même qu'aux actes faits par les notaires. »

4. QUOTITÉ DU DROIT. — Les mémoires de frais taxés dus aux avoués par les parties ne deviennent pas, même après la taxe du juge, des titres exécutoires; ils doivent être enregistrés au droit fixe de 1 franc (1 fr. 50) (même I. G.).

5. ÉTAT DE FRAIS. — Mais une D. m. f. 11 juin 1818 (6505 J. E.) porte qu'il n'y a pas de contravention à recevoir une obligation résultant de frais non taxés, sans que les états et mémoires de frais soient enregistrés, parce qu'un état de frais n'est pas un acte, qu'il ne devient tel qu'après avoir été taxé par le juge; que rien ne prouve qu'il ait été certifié par l'avoué, et qu'enfin le titre de cet officier public se trouve dans les divers actes de son ministère qui composent le dossier de la procédure (*Conf.*, Roy, n° 104).

1171. Exploit. — Enonciation vague. — L'huissier ne se garantit point de l'amende, lorsque, faisant sommation de payer une somme, il dit : « Ainsi que l'actionné s'y est obligé le... »; expressions qui ne peuvent se rapporter qu'à un acte écrit (Cass., admiss., 19 mars 1812, 4400 J. E.).

Il encourt l'amende lorsqu'il libelle ainsi une citation : « A l'effet d'obtenir payement d'une somme de..... que les défendeurs doivent au requérant, l'un comme débiteur principal, l'autre comme caution, pour prêt de pareille somme fait le..... » (Saint-Dié 11 août 1832, 10425 J. E.).

1. MARCHÉ. — On a décidé de même que l'amende est encourue si l'huissier fait une sommation d'exécuter un marché en mentionnant cet acte par sa date, la série numérotée des clauses qu'il contient, la solidarité des entrepreneurs et la reproduction de plusieurs de ses clauses (Guingamp 17 mars 1858, 1019 R. P.), — alors surtout que l'acte énoncé a été ultérieurement enregistré (Mantes, 26 février 1876, 4342 R. P.).

1172. Mutation sous seing privé. — Jugé, toujours dans le même ordre d'idées, que l'huissier qui, faisant sommation de comparaître dans l'étude d'un notaire pour réaliser une mutation d'immeubles, fait connaître dans son exploit l'immeuble vendu par l'acte sous seing privé, le prix de la vente et la date de l'acte, contrevient aux art. 23 et 42 L. 22 frimaire an 7 (Montbéliard 13 mars 1851, 15169-1 J. E.).

1173. Partage. — On a vivement controversé autrefois et de nos jours la question de savoir si un officier public contrevient à la loi en rédigeant un acte de son ministère en vertu d'un partage prétendu verbal. Bosquet cite un grand nombre d'arrêts du conseil décidant que l'amende est due quand l'existence du partage est suffisamment établie. « Le conseil a décidé, dit-il, toutes les fois que la question s'est présentée, qu'un partage sous seing privé était sujet au droit lorsqu'il avait tellement influé dans un acte de notaire qu'il n'aurait pas été possible de faire le dernier sans l'existence préalable du premier. Cela a lieu surtout si l'acte notarié est une vente des biens de la succession échue à l'un des cohéritiers qui n'a pu avoir une portion distincte qu'en vertu d'un partage qui est son titre, et sans lequel tout acquéreur risquerait d'être évincé. A l'égard des baux à ferme, comme la conséquence n'est pas aussi nécessaire, le fermier ne doit demander la représentation des partages que dans le cas où il se trouverait dans les baux quelque énonciation indiquant que c'est comme propriétaire, en vertu d'un partage, que le bailleur a loué. On opposerait en vain que le partage a eu lieu verbalement sans soulte, car l'on n'admet pas ces suppositions d'immeubles transmis verbalement » (v° *Acte sous seing privé*).

1. LE PARTAGE PEUT ÊTRE VERBAL. — Ces observations sont encore vraies aujourd'hui. Seulement il faut bien remarquer que les principes du droit moderne ne repoussent pas comme autrefois l'existence du partage verbal. On avait cependant voulu le soutenir, en se fondant sur ce que l'art. 816 C. C. répute les biens dans l'indivision, tant qu'il n'y a point *d'acte* de partage entre les cohéritiers (*V.* Riom 10 mai 1855; Bastia 2 fév. 1857; S. 56-2-1 et 57-2-129). C'est ce qui résulte d'une solution du 25 décembre 1861, et ce qui a même été décidé par un jugement de Langres, du 13 mars 1862.

2. LA CONTRAVENTION NE PEUT EXISTER EN L'ABSENCE D'ÉCRIT. — Mais l'induction que l'on tire de l'art. 816 est exagérée. Il ne s'agit pas ici, en effet, de savoir si les cohéritiers peuvent arrêter une action en partage, mais s'ils ont pu, entre eux, diviser les biens sans écrit. Or, l'affirmative est évidente. Elle résulte, en droit, d'un arrêt Cass. du 2 janvier 1872 (S. 72-1-129), et il y aurait, en fait, témérité à vouloir méconnaître, dans la plupart des cas, la réalité de ces conventions verbales. Lors donc que l'existence d'un écrit ne sera pas établie, l'amende de contravention à l'art. 42 ne pourra pas être réclamé. L'infraction existe, au contraire, si les circonstances ou les termes de l'acte révèlent l'existence d'un écrit. C'est ce que le tribunal de Valognes a décidé, notamment, à l'égard d'un notaire énonçant que le partage était constaté par une *note* remise à l'acheteur (Jugement du 21 juin 1856).

3. ÉNONCIATION DU PARTAGE. — Il restera toujours d'ailleurs à examiner, selon la remarque de Bosquet, si l'énonciation du partage en constitue l'usage prohibé. Ainsi, il a été jugé qu'il n'y a pas contravention de la part d'un notaire qui énonce, dans une obligation, que l'immeuble hypothéqué appartient à l'emprunteur par suite d'un partage sans soulte dont il sera justifié aux créanciers (Bar-sur-Aube 18 déc. 1845, D. N., t. 1er, p. 397, n° 716).

Une délibération approuvée par le ministre, le 6 novembre 1822, avait également décidé qu'il n'y a pas d'amende pour rédiger une vente en vertu du partage des biens aliénés : « parce qu'il faut, pour l'application de l'art. 42, que le premier acte soit l'objet ou la cause déterminante du second » (Roy, n° 709). — Mais cette décision ne saurait plus être suivie en présence de l'arrêt de la C. cass. du 17 février 1858, d'après lequel il n'est pas nécessaire que l'acte énoncé soit la cause unique et principale de l'acte, pourvu qu'il en soit un des éléments (*Suprà*, 1078 et suiv.). — Or, il n'est pas douteux que dans une vente l'indication des actes de propriété du vendeur est un élément du contrat au même titre que les écrits constatant sa libération.

Jugé, dans ce sens, par le tribunal de Niort, le 17 février 1864, qu'un notaire contrevient à la loi en faisant un échange en vertu d'un partage non enregistré (12743 C.).

1173 *bis*. **Plan.** Il est clair qu'un plan ne peut être rédigé que par écrit. Toute mention qui en suppose indirectement l'existence constitue donc l'usage de cet acte. — *V.* 1259-1.

1174. Police d'assurance. — Mention. — Nous indiquons plus loin la législation nouvelle sur la matière des assurances. Mais cette législation laisse en dehors d'elle certaines assurances qui demeurent soumises aux anciennes règles. Bien que la matière ait perdu de son intérêt pratique, il importe cependant de lui donner ici tout le développement qu'elle comporte, puisque les principes antérieurs peuvent encore recevoir leur application. Or, c'est l'énonciation, dans les actes, des polices d'assurances, qui a donné lieu au plus grand nombre de procès au sujet de l'interprétation de l'art. 42 L. 22 frimaire an 7, si fertile ne contestations Après une controverse très-vive, soutenue devant les tribunaux secondaires, la C. cass. (Ch. req. et Ch. civ.) a décidé, les 23 novembre et 15 décembre 1846 (12375, 14139 J. E., 12898, 12875 J. N., 1786 § 1er, I. G., S. 46-1-911, P. 46-2-691, S. 47-1-136, P. 47-1-392), que la mention faite dans un acte de prêt, que la maison affectée à la garantie de l'emprunt est assurée contre l'incendie, et que le prêteur est subrogé dans les droits éventuels de l'emprunteur, constitue une contravention à l'art. 42 L. frimaire an 7, lorsque la police d'assurances n'a point été préalablement enregistrée.

Ces arrêts portent :

1° *Arrêt du* 23 *novembre* 1846 : «Attendu que les assurances contre l'incendie sont des conventions qui, par leur nature, par les stipulations qui les constituent et par les effets qu'elles sont appelées à produire, exigent, dans l'intérêt de toutes les parties, l'usage de l'écriture pour les contrats; — Attendu que la Compagnie des assurances générales dont il s'agit au procès a déclaré elle-même dans ses statuts, qui ont été insérés au *Bulletin des lois*, que les assurances qu'elle pourra consentir ne seront obligatoires qu'autant qu'elles auront été signées par un administrateur et par le directeur de la Compagnie; — Attendu qu'il suit de là la preuve que les assurances mentionnées par le notaire Gautron dans les dix actes de prêt qu'il a reçus avaient été rédigées par écrit; — Attendu que déclarer, dans les termes employés dans ces actes, l'existence desdites assurances, c'était nécessairement énoncer la forme sous laquelle elles avaient été établies. »

2° *Arrêt du* 15 *décembre* 1846 : «Attendu que l'un des motifs déterminants du contrat de prorogation dont il s'agit a été évidemment la certitude pour le créancier que l'immeuble servant à son hypothèque était assuré contre l'incendie, et qu'ainsi cette assurance formait l'un des éléments de l'acte notarié; attendu que les assurances contre l'incendie sont des conventions qui, par leur nature, par les stipulations qu'elles renferment, et par les effets qu'elles sont appelées à produire, exigent pour leur constatation, et dans l'intérêt de toutes les parties, l'usage de l'écriture. »

1. POLICE NON REPRÉSENTÉE. — Les motifs de ces arrêts ont été, on le voit, que, d'après les statuts des compagnies d'assurances, les polices ne devant être obligatoires qu'autant qu'elles ont été signées par les administrateurs, et d'ailleurs l'écriture de ces polices étant exigée dans l'intérêt des parties, il y a preuve certaine qu'un acte sous seing privé existe, d'où la conséquence que les notaires doivent soumettre cet acte à la formalité. Par un troisième arrêt (Ch. réunies), la Cour, s'appuyant sur les motifs de ses premiers arrêts, a même décidé qu'il n'était nullement indispensable, pour l'exigibilité de l'amende, qu'il fût établi que la police avait été représentée au notaire (21 juill. 1849, 14776 J. E., 13780 J. N., 1844 § 1 I. G., S. 49-1-560, P. 50-1-82.) — « Attendu, porte cet arrêt, que les polices d'assurances et tous autres engagements de la Compagnie d'assurances générale contre l'incendie, doivent, pour être obligatoires, être signés par un administrateur et par le directeur de la Compagnie, ainsi que cela a été réglé par l'art. 26 des statuts de cette Compagnie, annexés à l'ordonnance du 25 septembre 1834, qui les approuve, et insérés au *Bulletin des Lois* avec cette ordonnance; que, dès lors, le notaire qui reçoit un acte portant cession des droits résultant d'une assurance contre l'incendie faite par cette Compagnie ne peut alléguer l'ignorance où les contractants l'auraient laissé sur l'existence de la police d'assurance susmentionnée; qu'il doit s'assurer que cet acte a été soumis à la formalité de l'enregistrement, ou le faire enregistrer en même temps que l'acte public dont il est la base ou un des éléments; qu'en ne le faisant pas il contrevient aux articles ci-dessus visés de la loi du 22 frimaire an 7.» Autour de ces décisions de la Cour suprême viennent se grouper un très-grand nombre de décisions émanées de tribunaux secondaires rendues dans le même sens :

Blois 19 avril 1837 (11783 J. E.); — Montargis 25 juillet 1837 (11862 J. E.); — Seine 29 mars 1838 (10076 J. E.); — Épernay 3 février 1838 (11973 J. E.); — Beauvais 3 juillet 1838 (12084 J. E.); — Laon 20 avril 1839) 12288 J. E.); — Amiens 11 juillet 1839 (12349-3 J. E.); Sol. 4 juin 1835 (10954, 11523-1 J. E.); Dél. 2 janvier 1835 (11079 J. E.); — Montargis 15 juin 1841 (12888-1 J. E.); — Seine 14 juillet 1841 (12803 J. E.); — Versailles 21 avril 1842 (12981 J.E.); — Péronne 29 mars 1844 (13467 J. E.; 12004 J. N.); — Corbeil 11 juillet 1844 (13590-1 J. E.); — Péronne 20 décembre 1844 (13720-3 J. E.); — Mâcon 25 avril 1845 (13743-1 J. E); — Corbeil 28 août 1846 (13987-1 J. E.); — Versailles 18 février 1847 (10401 J. N.; 14202 J. E.); — Provins 26 mars 1847 (14214 J. E.); — Seine 5 janvier 1848 (14428 J. E.).

Cependant, l'opinion contraire, qui a été longtemps soutenue par les réd. J. N. (8586, 8748, 13022 J. N.) par Champ. et Rig.; et elle a trouvé de nombreuses adhésions auprès des tribunaux : Compiègne 16 décembre 1828 (9234 J. E.); — Douai 11 août 1837 (9837 J. N.); — Verdun 2 mai 1838 (10048 J. N.); — Rouen 6 juin 1838 (10075 J. N.); — Toul 21 mai 1839 (10449 J. N.); — Besançon 8 mai 1840 (10700 J. N.); — Seine 14 mai 1840 (10749 J. N.); — Seine 14 juillet 1841 (12803 J. E., 11119 J.N.); — Mirecourt 17 mai 1844 (12004 J. N.); — Seine

28 août 1844 (12095 J. N.); — Nantes 31 août 1844 (12127 J. N.); — Ancenis 9 octobre 1847 (13185 J. N.).

2. POLICE VERBALE. — La jurisprudence n'a fait que s'affermir dans ses précédentes résolutions. Deux arrêts ultérieurs, rendus par la Chambre civile : le 1er, le 22 avril 1850 (14939 J. E., 14029 J. N., 1875 § 1er I. G., S. 50-1-359, P. 50-2-42), au sujet d'une mention dans un acte notarié; le second, le 7 janvier 1851 (15104 J. E., 14269 J. N., 1883 § 1er I. G., S. 51-1-49, 51-1-345 P.), au sujet d'un acte d'huissier, ont reconnu que l'officier public est en contravention aux art. 23 et 42 L. 22 frimaire an 7, alors même que l'assurance est déclarée verbale dans l'acte.

Ces arrêts sont ainsi conçus :

« Attendu, porte l'arrêt du 7 janvier 1851, que les assurances contre l'incendie sont des conventions qui par leur nature, les stipulations qu'elles renferment et les effets qu'elles sont appelées à produire, exigent pour leur constatation, dans l'intérêt de toutes les parties, l'usage de l'écriture rendue d'ailleurs obligatoire par les statuts de toutes les Compagnies d'assurances autorisées par le gouvernement; — Attendu, dès lors, que le notaire qui reçoit un acte contenant des stipulations sur les droits et indemnités résultant d'une assurance contre l'incendie ne peut alléguer l'ignorance où les contractants l'auraient laissé sur l'existence de l'écrit constatant nécessairement l'assurance qu'il mentionne dans ses actes; qu'il doit s'assurer que cet acte a été soumis à la formalité de l'enregistrement, ou le faire enregistrer en même temps que l'acte public; que la forme hypothétique et les expressions dubitatives employées par le notaire dans les actes publics sus énoncés ne sont que des précautions prises pour dissimuler l'existence de l'acte sous seing privé dont il faisait usage en s'y référant. »

« Attendu, porte l'arrêt du 22 avril 1850, dans l'espèce, que les polices d'assurances de la Compagnie dite *la Paternelle*, doivent, aux termes des statuts approuvés par ordonnance et insérés au *Bulletin des lois*, être signés par un administrateur et par le directeur de la Compagnie, et par conséquent doit venir pour être valables, être sous la forme d'un acte écrit. Qu'ainsi en requérant par exploit le payement des primes résultant desdites polices, indiquées comme verbales, et en énonçant qu'il serait justifié de leur exigibilité, l'huissier Berrurier, défendeur, ne pouvait alléguer l'ignorance où il aurait été du caractère d'actes sous seings privés qu'avaient nécessairement les polices d'assurances en vertu desquelles il agissait, et ne pouvait par suite négliger de pourvoir à leur enregistrement préalable sans encourir la pénalité des articles précités. »

La question a été résolue dans le même sens par les tribunaux secondaires (Saintes 8 janv. 1845; 12283 J. N.; 13687-3 J. E.; — Limoges 8 déc. 1847; 14384 J. E.; — Rouen 8 mars, et Saverne 23 mars 1849; — 14693 J. E.; — Rouen 30 mars 1849; 14716-1 J. E.; — Montmédy 27 fév. 1850; 15044-6 J. E.; — Seine 4 juin 1851; 15234-1 J. E.).

Cette jurisprudence a été confirmée depuis par deux arrêts de la C. cass. du 5 avril 1854 (2019 § 1er I. G., 88 R. P., S. 54-1-366) et 5 juill. 1859, (2163-1 I. G.) 1185 R. P., 16635 J. N., 16974 J. E., 11563 C., S. 59-1-566 P. 59-1025).

3. CAISSES DÉPARTEMENTALES. — Il existe cependant une exception à l'égard des caisses départementales d'incendiés. Les feuilles de collectes ou les récépissés constatant des dons faits à une caisse départementale d'incendiés pour garantir les biens du donateur des risques du feu, ne forment pas titre au profit de ce dernier et ne sauraient être assimilés à une police ordinaire. « La souscription, disait M. Alfred Leroux, dans son rapport sur la loi du 5 juin 1850, n'a pas pour effet de former un contrat obligatoire entre le souscripteur et la caisse. Le contrat d'assurance existe si peu entre le souscripteur et la caisse des incendiés, qu'en cas de sinistre, le souscripteur est obligé de s'en rapporter à la décision de la commission administrative instituée dans chaque canton; il n'a aucun recours contre cette décision, de même qu'il n'a aucun recours contre la caisse. » Aussi a-t-il été décidé et avec raison, qu'un notaire peut agir en vertu de ces récépissés sans les faire enregistrer (Montmédy 22 fév. 1866; 2349 R. P.; 18230 J. E.).

Après avoir ainsi fait le résumé de la jurisprudence, nous croyons utile de signaler quelques cas spéciaux et caractéristiques. Ainsi, il y a contravention :

4. AVOUÉ. — CONCLUSIONS. — Lorsqu'un avoué qui, dans ses conclusions et moyens de défense pour son client, énonce comme verbale une assurance dont toutes les conditions sont spécifiées, contrevient à la loi (Dieppe 27 déc. 1848; 14626 J. E.).

5. ADJUDICATION. — Lorsque dans une adjudication, l'acquéreur est tenu de payer à une compagnie désignée la prime d'assurance (Seine 29 mars 1838, 12039 J. E.; — La Rochelle 14 juin 1843; 12283, 12457-2 J. E.; — Pont-l'Évêque 21 août 1847; 14800-1-2 J. E.; — Mamers 8 juin 1849; — Tours 22 mars 1850; 14929-1 J. E.).

6. DÉSISTEMENT. — Lorsqu'un individu déclare se désisister de ses droits sur une police d'assurance reçue en nantissement et non enregistrée (Bordeaux 31 août 1857).

7. COMPAGNIE ET DATE NON INDIQUÉES. — Il en serait ainsi alors même que la Compagnie ne serait pas nominativement désignée (Vic 25 mai 1848; — Bar-sur-Aube 7 août 1849; 14800-2 J. E.; 13884 J. N.), et que la date de la police ne serait pas indiquée (Abbeville 10 août 1847; 14318 J. E.).

La précaution conseillée aux notaires par les réd. J. N. (8586 et 8748 J. N.), de ne mentionner ni la date ni le numéro de la police, devient donc sans objet.

8. POLICE PAR ÉCRIT. — Toute incertitude doit disparaître, et la contravention est constante, s'il est dit dans l'acte notarié, ou s'il résulte de ses termes, que la police avait été consentie par écrit (Seine 14 juill. 1841; 11119 J. N.; Blois et Montargis 19 avr. et 25 juill. 1837, 8748, 9837 J. N.), ou qu'elle a été remise à l'acquéreur qui le reconnaît (Villefranche 4 mars 1842, 12983 J. E.; — Seine 10 août 1842, 13050 J. E.).

9. ÉNONCIATIONS VAGUES OU DUBITATIVES. — AMENDE ENCOURUE. — Les officiers publics ont voulu se sous-

traire à cette jurisprudence, par des énonciations vagues ou dubitatives; mais ces tentatives ont rarement réussi.

Ainsi le tribunal de Blois a jugé, le 25 juillet 1848 (14596 J. E.), que, si l'emprunteur s'obligeait à tenir le bois hypothéqué assuré contre l'incendie, il y avait présomption légale d'assurance et de mise en usage de celle-ci devant notaire. — Semblable décision du tribunal d'Autun, 18 décembre 1848 (14641 J. E.; 13637 J. N.). On avait dit dans l'espèce : Les immeubles sont ou seront assurés.

Il y a contravention, a également jugé le tribunal de Belfort, le 26 décembre 1850 (15132-2 J. E.), lors que dans une obligation le notaire se contente de dire que les immeubles hypothéqués sont assurés contre l'incendie, sans distinguer ni l'assureur, ni la police d'assurance; ou quand il a été dit, dans un bail, que, le preneur est tenu de payer l'indemnité annuelle due à la société d'assurance contre l'incendie (Mamers 8 juin 1849, 14800-1 J. E.).

Cette jurisprudence a été confirmée d'une manière péremptoire en faveur de l'Administration, par les deux arrêts des 5 avril 1854 et 5 juill. 1859, que nous avons rappelé au n° 1174-2, qui précède. — (*V.* aussi dans le même sens, Valenciennes 29 mai 1855,496 R. P.;— Valognes 25 janv. 1862, 1582 R. P.).

10. AMENDE NON ENCOURUE. — Toutefois, lorsque les énonciations de l'acte, relatives à l'assurance, deviennent absolument dubitatives, on ne peut exiger l'amende de contravention à l'art. 42.

C'est ce qu'a décidé le tribunal de Chalon-sur-Saône, le 21 juillet 1849 (13870 J. N.). dans un cas où l'emprunteur s'engageait à céder l'indemnité qui, en cas d'incendie, serait due par la compagnie à laquelle les bâtiments se trouveraient assurés.

Le tribunal de Vienne a également décidé, le 27 août 1863, que la clause d'une obligation notariée par laquelle l'emprunteur s'oblige d'assurer et de maintenir assurés contre l'incendie les bâtiments hypothéqués ne constitue pas une contravention à l'art. 42 de la loi de l'an 7. « Attendu qu'un notaire ne peut être déclaré coupable alors que toutes les expressions de l'acte incriminé s'appliquent et ne peuvent s'appliquer qu'à des contrats d'assurances futurs, parce qu'alors rien ne démontre que le notaire ait connu les contrats préexistants et ait dû ajouter foi aux déclarations des parties qu'il avait pour mission de constater. » (Vienne 27 août 1863 R. P., *Table* de 1864, 12612 C.; 754 Rev.; 17858 J. N.).

Et c'est aussi l'interprétation qui a prévalu au sujet d'une clause identique devant le tribunal de Verdun (Meuse), le 20 avril 1863 (1805 R. P.; 17806 J. N.; 658 Rev.). « Il importe peu, dit le jugement, que l'Administration ait acquis la certitude que les polices existaient au moment de la passation de l'acte notarié, dès lors que l'officier public déclare les avoir ignorées, et que la rédaction de l'acte ne peut laisser supposer leur existence; que l'intention de contrevenir à la loi ne peut résulter de la découverte d'actes que le notaire a pu ne pas connaître, alors même qu'il y avait pour lui, dans l'intérêt de ses clients, obligation de les rechercher. »

Au contraire, le tribunal de Sarreguemines a décidé, le 20 août 1861, que la contravention résultait d'une clause ainsi conçue : « L'acquéreur sera tenu de faire assurer la maison, et, en cas de sinistre, les vendeurs auront droit à l'indemnité; à cet effet, l'acquéreur est censé avoir passé cession éventuelle de ladite indemnité. » En effet, si la police produite depuis par l'Administration n'a pas été mentionnée, il est certain que les parties avaient en vue l'assurance contractée et ont tenté de se soustraire au payement des droits d'enregistrement. D'un autre côté, le notaire ne saurait prétendre qu'on lui a dissimulé l'existence de la police, attendu que les devoirs de sa profession lui commandaient de se renseigner à cet égard (17367 J. E.; 187 Rev.).

C'est ce qui a été également reconnu par le tribunal de Valognes, le 25 janvier 1862, au sujet de la stipulation suivante: « Les emprunteurs déclarent ignorer si la maison affectée a été assurée contre l'incendie ou si elle l'est encore; au surplus, ils prennent l'engagement de la faire assurer si elle ne l'est pas et délèguent toute indemnité de sinistre au créancier (1582 R. P.). »

11. DÉCLARATION D'INCENDIE. — Le tribunal de Belfort a jugé, le 13 juillet 1864, que le greffier qui mentionne, dans une déclaration d'incendie, une police d'assurances non enregistrée, ne contrevient pas à l'art. 42 de la loi du 22 frimaire an 7. « Attendu qu'aucune disposition de la loi ne donne aux juges de paix la mission de recevoir les déclarations de sinistre; que les déclarations sont reçues et constatées par eux, soit comme officiers de police judiciaire, soit d'une manière purement volontaire, en dehors du cercle de leurs attributions; que les actes dressés par eux en conséquence des déclarations ne sont ni faits en justice dans le sens de la loi civile, ni valant comme actes publics et authentiques dans le sens de l'art. 1317 C. C.; que dès lors la prohibition de l'art. 23 est inapplicable dans ce cas » (2024 R. P.).

Mais cette doctrine nous a paru erronée et nous l'avons combattue au n° 2024 du R. P.

Rien ne force, avons-nous dit, les juges de paix à recevoir la déclaration d'incendie (Quesnault, 234; Penil, 163). Mais quand ils ont prêté leur assistance en qualité de magistrats, il paraît manifeste que le procès-verbal où ils comparaissent revêt le caractère public attaché à tous les actes de leur ministère. C'est précisément à cause des garanties d'authenticité, d'exactitude et de conservation inspirées par l'acte du juge, que l'assuré emprunte son secours comme le moyen le plus propre pour établir l'accomplissement de son premier devoir : la dénonciation du sinistre. La déclaration d'incendie se fait, d'ailleurs, dans la forme d'un véritable acte du greffe. Le greffier écoute le juge et rédige la minute qui doit demeurer dans les archives; cette minute est inscrite au Répertoire, puis enregistrée dans les délais ordinaires des actes des greffiers, et il en est enfin délivré expédition à la partie. La déclaration d'incendie est donc un acte du greffe; elle est exclusivement rédigée par le greffier sur les indications de l'assuré. Le juge de paix ne dicte pas la formule comme il dicte un jugement ou un acte d'audience. Il signe, après vérification, ce que le greffier a écrit sous sa responsabilité personnelle. La position est absolument la même que pour un avis de parents ou une apposition de scellés. Or, l'art. 42 de la loi du 22 frimaire an 7 impose au greffier, dans cette circonstance, le devoir de soumettre à l'enregistrement, avant de s'en servir, les actes privés dont il fait usage. La police d'assurances rentrant dans cette catégorie, nous croyons que le greffier contrevient à la loi quand il se dispense d'en requérir l'enregistrement préalable. C'est une erreur, d'ailleurs, de soutenir que le juge agit ici en qualité d'officier de *police judiciaire*. Les lois relatives aux incendies donnent aux maires le soin de faire des recherches et de dresser tous les procès-verbaux de nature à réunir les indices d'une culpabilité; on peut en étendre les dispositions aux juges de paix. Mais cette mission ne leur est confiée que dans l'intérêt de la sûreté publique, et non pour garantir des intérêts privés (C. Paris 27 janv. 1824, 2-1824-546 J. P.; Quesnault et Persil, *loc. cit.*; Dalloz, v° *Assur.* 198). Le J. E. a émis sur ce point des avis contradictoires (14440-1 et 17132).

12. JUGEMENT. — De ce qu'un jugement porte condamnation à payer à une compagnie, pour assurance verbale, une somme de 15 francs, on n'est pas fondé à revenir contre l'huissier qui a donné l'assignation, pour exiger de lui une amende de contravention pour n'avoir pas fait enregistrer la police avant de faire son exploit (13774-1 J. E.).

13. POLICE NON MENTIONNÉE. — De même, lorsque dans un acte notarié portant abandon de biens par un débiteur à ses créanciers, il est dit que l'un est débiteur d'une somme pour prime d'assurance payée en l'acquit du débiteur, on ne peut dire que par suite de cette mention il ait été fait usage de la police, et aucune amende n'est exigible (14764-1 J. E.).

1175. Police d'assurance. — Législation nouvelle. — La matière des assurances a donné lieu à une législation nouvelle qui modifie, pour la plupart des cas, la jurisprudence précédente. La loi du 23 août 1871 a assujetti à une taxe obligatoire d'enregistrement, à raison de leurs polices, les compagnies d'assurances maritimes ou contre l'incendie, et elle a décidé qu'au moyen de cette taxe la formalité de l'enregistrement doit être donnée gratis lorsqu'elle est requise.

Par application de cette dernière disposition, l'Administration a reconnu, par dérogation aux règles rigoureuses de l'art. 42 de la loi du 22 frimaire an 7, qu'il n'y a pas lieu d'appliquer aux actes publics faits en vertu de polices et contrats d'assurances mutuelles ou à primes, *sujets à la taxe obligatoire*, les dispositions et pénalités établies par l'art. 42 de la loi du 22 frimaire an 7. Il en est de même de l'art. 49 de la loi du 5 juin 1850, relatif à l'énonciation du montant du droit de timbre. Il demeure seulement entendu que les polices annexées à des actes notariés et soumises avec eux à l'enregistrement, selon le vœu de l'art. 13 de la loi du 16 juin 1824, devront gratuitement recevoir la formalité (2456-7 I. G.).

1. ASSURANCES NON SOUMISES A LA LOI NOUVELLE. — La faveur précédente ne s'applique qu'aux polices pour lesquelles il est établi une taxe obligatoire d'enregistrement. Elle ne s'applique pas, par conséquent, aux assurances autres que les assurances maritimes ou contre l'incendie. Les polices qui concernent ces assurances restent soumises aux règles que nous venons de faire connaître. Il n'en pourrait être fait usage, comme autrefois, sans qu'elles fussent enregistrées (2456-7 I. G.). La jurisprudence ancienne conserve donc, à leur égard, toute son actualité.

2. ASSURANCES ÉTRANGÈRES. — La faveur accordée par l'I. G. n° 2456-7 ne s'étend pas non plus aux assurances maritimes ou contre l'incendie passées à l'étranger pour des immeubles ou des objets situés en France, ou faites par des compagnies françaises pour des immeubles situés à l'étranger (2456-7 I. G.).

Ces assurances ont été particulièrement réglées par les art. 8 et 9 de la loi du 23 août 1871 :

« *Art.* 8. — Les contrats d'assurances passés à l'étranger pour des immeubles situés en France ou pour des objets ou valeurs appartenant à des Français, doivent être enregistrés avant toute publicité ou usage en France, à peine d'un droit en sus qui ne peut être inférieur à 50 francs.

« *Art.* 9.— Les contrats d'assurances contre l'incendie passés en France pour des immeubles ou objets mobiliers situés à l'étranger ne sont pas assujettis au payement de la taxe; mais il ne pourra en être fait aucun usage en France, soit par acte public, soit en justice ou devant toute autre autorité constituée, sans qu'ils aient été préalablement enregistrés. Le droit sera perçu au taux fixé par l'article précédent, mais seulement pour les années restant à courir. » — *V.* 2333.

En ce qui concerne le timbre de ces contrats, *V.* L. 26 déc. 1876 (4600 R. P.).

1177. Remplacement militaire. — Sous l'empire de la loi qui autorisait le remplacement militaire, les traités de remplacement n'avaient jamais lieu verbalement; le notaire qui omettait de faire enregistrer l'acte qualifié de convention verbale contrevenait donc à la loi (Sol. 19 août 1856). On appliquait à ces actes la jurisprudence des polices d'assurances (*Conf.*, 15849-1 J. E.; — *Contrà*, 15209-2).

1178. Sentence arbitrale. — Jugement. — Un notaire qui rédige un acquiescement à une sentence arbitrale encourt l'amende et se trouve responsable du droit de la sentence qui n'a pas été enregistrée, alors même qu'il rapporterait une déclaration des arbitres attestant que la sentence a été rendue verbalement, *parce que les décisions des arbitres ne peuvent être rendues en cette forme* (Muret 18 fév. 1847, 14227 J. E.).

Jugé de même qu'il y a contravention quand le requérant déclare, dans un exploit, acquiescer au jugement non enregistré (Seine 6 déc. 1854).

1176. Procuration. — L'huissier qui déclare procéder en vertu d'un pouvoir verbal n'encourt aucune amende, car le pouvoir, pour être valable, n'a pas besoin d'être écrit (1985 C. C., 14609-2 J. E.). Mais si *la date* du prétendu pouvoir verbal *est indiquée*, la contravention existe; car, pour être daté, le pouvoir a dû être écrit (14609-2 J. E.). Il y a toutefois, au sujet du pouvoir préalable à la saisie réelle, des règles spéciales que nous faisons connaître (n°s 1059, 1155 et 1206).

Le notaire qui reçoit un acte dans lequel comparaît un mandataire sans énoncer le mandat, n'a pas commis de contravention, lors même qu'il est prouvé postérieurement que le mandataire agissait en vertu d'un pouvoir écrit et non enregistré.

1179. Transaction. — Faillite. — La transaction intervenue entre un syndic et diverses personnes a été nécessairement rédigée par écrit, de sorte que si l'Administration en a eu connaissance par le rapport du syndic aux créanciers, elle est fondée à exiger la production de la transaction, afin de percevoir les droits auxquels elle donne lieu, lorsqu'elle contient des conventions qui, comme une cession de bail ou une vente de constructions élevées par le preneur, doivent être enregistrées dans un délai déterminé (Seine 7 fév. 1866, 18299 J. E.).

1180. Vente de bois. — Lorsqu'un cahier des charges indique comme verbale une vente de coupes de bois désignée avec des détails, tels que l'existence d'un titre écrit est évident, l'amende est encourue. — « Attendu qu'aucun doute ne saurait s'élever sur la réalité d'un écrit lorsqu'on considère l'importance du prix, lequel est de 60,000 francs, et les différentes conditions imposées à l'acheteur, notamment en ce qui concerne la division en sept lots, le prix spécial de chacun de ces lots, le détail et le mode d'exploitation et l'obligation de payer d'avance le prix de chaque coupe; — Attendu que l'insertion des clauses et conditions dont il vient d'être parlé *dans le cahier des charges*, et surtout l'obligation de l'exécuter imposée à l'adjudicataire, constituent l'usage dudit acte dans le sens de l'art. 23 de la loi de l'an 7 » (Seine 2 janv. 1863, 1831 R. P., 12422 C., 17701 J. E.).

SECTION 5. — ACTES DIVERS NE FORMANT QU'UN SEUL ACTE [1181-1190]

1181. Règle. — Il arrive quelquefois que la réunion de plusieurs actes de natures diverses contribue à ne faire qu'un seul tout. Dans ce cas encore, ces actes peuvent être présentés simultanément à l'enregistrement sans avoir égard à leurs dates différentes, pourvu que la formalité soit donnée dans le délai applicable à chacun d'eux suivant sa nature.

1182. Avoué. — Les actes d'avoué à avoué n'ont d'existence en procédure que par leur signification; ils ne doivent donc pas être enregistrés d'une manière séparée de cette signification — (*V.* L. 27 vent. an 9, art. 15; — L. 28 avril 1816, art. 41, nos 1 et 42). Mais cette exception ne peut être étendue aux actes de procédure qui ne doivent pas être notifiés. Ces actes sont des sous seings privés tombant sous l'application des règles ordinaires des art. 41 et 42 de la loi du 22 frimaire an 7.

1183. Désistement. — Signification. — Les actes de désistement rédigés et signifiés conformément à l'art. 402 C. proc., émanant des parties et signés d'elles, ont une existence et des effets complétement indépendants de la signification; ils doivent donc être enregistrés séparément comme des actes sous signature privée, et, aux termes des art. 23 et 42 de la loi du 22 frimaire an 7, les huissiers ne peuvent, sous peine d'amende, en faire la signification avant qu'ils aient été revêtus de cette formalité (Sol. 30 déc. 1853, 1988 I. G., 15811-4 J. E.).

Plusieurs tribunaux ont cependant décidé que la signification d'un désistement peut être faite sans contravention avant l'enregistrement de ce désistement, sauf à appliquer un droit particulier au désistement considéré comme disposition indépendante du même acte (Saverne 6 mars 1855; — Rambouillet 6 juill. 1855; — Doullens 28 nov. 1856). — Le tribunal de Louhans a jugé, de même, le 20 novembre 1856, que la signification d'acceptation du désistement peut être faite avant que l'acceptation ait été enregistrée, parce que la notification et l'acquiescement forment un seul acte. Mais ces solutions ne paraissent pas suivies. — *V.* 6340.

1184. Compromis. — La déclaration des parties qui, aux termes de l'art. 7 C. proc., demandent jugement, peut n'être enregistrée qu'avec le jugement qui en est la suite et avec lequel elle se lie assez intimement pour former un seul acte (436 § 3, 1132 § 4 I. G., 5603 J. E.).

1185. Copies d'exploits. — C'est encore parce que la copie d'un exploit s'identifie avec l'exploit lui-même que l'art. 41 de la loi du 22 frimaire an 7 a excepté ces actes de l'enregistrement préalable avant la délivrance des copies dans ces termes. «Sont exceptés les exploits et autres actes de cette nature qui se signifient à partie ou par affiches et proclamations.» Il est évident, en effet, que les huissiers n'auraient pas pu faire enregistrer leurs actes, non plus que les effets négociables dont ces actes sont accompagnés avant d'en remettre la copie aux parties, parce que c'est précisément la remise de cette copie qui constitue l'exploit. Mais, hors ce cas, l'art. 41 doit être exécuté.

Un tribunal, cependant, a cru pouvoir étendre cette exception à tous les actes qui se signifient par affiches et proclamations, par exemple à un original de placard qui doit être affiché (Avesnes 31 août 1870, 3351); mais cette interprétation doit être repoussée. En effet, l'art. 41 ne s'applique expressément, d'après son texte, qu'aux exploits et autres actes de la même nature que les exploits. Par conséquent, lorsqu'il s'agit d'un acte de procédure qui existe en dehors de la signification et indépendamment d'elle, c'est-à-dire qui manque du caractère principal et essentiel de l'exploit, l'exception devient inapplicable. L'écrit constituant un acte ordinaire de la procédure, destiné sans doute à une publication spéciale, mais ne dépendant pas d'elle, il faut le soumettre au droit commun de ces sortes d'actes, à la règle générale posée dans le premier paragraphe de l'art. 41 de la loi du 22 frimaire an 7. Si le raisonnement contraire était exact; s'il suffisait, pour profiter de l'exception, que l'acte fût soumis à la nécessité d'une signification à partie ou par affiche, il n'est guère d'acte de procédure qui ne pourrait revendiquer cette faveur. Tous, en effet, ou presque tous, se signifient à parties ou par affiches. Les jugements eux-mêmes sont dans ce cas, puisqu'ils ne sont valables et ne deviennent définitifs que par leur notification. Il faudrait donc aller jusqu'à soutenir que ces jugements, et tous les autres actes de la même nature, les désistements, les cahiers des charges, etc., n'ont pas besoin d'être enregistrés avant signification. En d'autres termes, l'exception deviendrait la règle et la règle l'exception.

Tel n'est pas le sens de la loi. L'art. 41 a tout simplement voulu dire que les huissiers pourraient signifier et délivrer copie de leurs actes avant que les originaux fussent enregistrés.

1186. Enchères. — Lorsqu'il est dressé un procès-verbal d'enchères, ce procès-verbal doit être enregistré avant de procéder à l'adjudication, conformément à l'art. 41 de la loi de l'an 7 (Dél. 16 nov. 1839, 3426 J. E.); — à moins que ce ne soit un officier public qui procède à la vente, auquel cas il peut présenter en même temps les deux actes à la formalité (Art. 56 L. 28 avr. 1816). — V. *Enchères*, n° 7498.

1187. Mémoire. — Le mémoire et sa signification étant inséparables et formant un seul acte, il a été reconnu que cette signification pouvait avoir lieu sans que le mémoire fût enregistré (Sol. 24 août 1832). La pratique est constante sur ce point.

1188. Ordonnance. — 1. LEVÉE DE SCELLÉS. — L'ordonnance sur requête et le procès-verbal d'apposition de scellés peuvent être rédigés sur la même feuille de papier timbré et enregistrés simultanément. — V. 14857.

Mais le procès-verbal de levée de scellés ne peut jamais être enregistré avant celui d'apposition (D. m. f. 20 av. 1813, 634 I. G.).

Une décision de l'Administration belge du 16 octobre 1861 a cependant reconnu qu'il y a contravention à l'art. 41 de la loi du 22 frimaire an 7 de la part du greffier qui dresse un procès-verbal de levée de scellés en vertu d'une ordonnance sur requête, faisant l'objet d'un acte spécial, non enregistrée, lors même que cet acte porte la date du même jour, si elle n'apparaît pas comme le préambule du procès-verbal avec lequel elle fait corps et a tous les caractères d'un acte distinct (8992 J. E. belge).

2. RÉFÉRÉ. — VENTE DE MEUBLES. — On peut présenter en même temps à la formalité le procès-verbal d'une vente de meubles, l'ordonnance du juge qui l'a autorisée et celle qui a résolu les difficultés élevées par les parties, lorsque les ordonnances et le procès-verbal de vente sont portés sur la même feuille, parce qu'ils peuvent être considérés comme un seul et même acte qui a exigé plusieurs vacations (Dél. 24 oct. 1818, 6210 J. E.; 3825 J. N.; D. m. f. 26 déc. 1818, 6399 J. E.; 2997, J. N.).

En serait-il autrement si l'ordonnance était écrite sur feuille séparée (6903 J. E.)? Nous ne voyons pas la différence. Il nous semble que si la solution est fondée, elle doit s'appliquer dans les deux hypothèses.

1189. Vacations. — Il a été décidé que dans les opérations qui exigent plusieurs vacations, on ne peut considérer chaque séance comme constituant à elle seule un procès-verbal dont la présentation à l'enregistrement doive être faite avant qu'il puisse être procédé à une autre vacation.

1. REMISE. — C'est par application de ce principe que la C. cass. a jugé, le 11 septembre 1811 (S., t. 12, p. 51), qu'un procès-verbal de remise d'adjudication, rédigé par un notaire, peut être enregistré sans amende après la rédaction du procès-verbal d'adjudication définitive, pourvu que la remise, considérée comme première vacation, soit encore dans le délai fixé pour la formalité. — Ces décisions sont sans objet depuis la promulgation de la loi du 28 avril 1816, art. 56.

1190. Acte à plusieurs dates. — Lorsqu'un acte à plusieurs dates renferme une convention ou une déclaration devenue parfaite à la première, on sait que l'enregistrement devient immédiatement obligatoire (V. *Acte imparfait*, n° 738). Un notaire ne pourrait donc pas le mentionner dans un autre acte avant de l'avoir fait enregistrer.

Il y a également contravention si le notaire énonce dans un acte reçu par lui à des dates différentes, un acte sous seing privé, qu'il fait enregistrer après l'époque où l'acte authentique est devenu parfait à la plus ancienne date.

SECTION 6. — ACTE DONT LES DROITS NE SONT PAS A LA CHARGE DE CELUI QUI AGIT

[1191-1196]

1191. Règle — Il y a exception au principe de prohibition, du moment que les droits d'enregistrement ne doivent pas être payés par la partie qui fait usage de l'acte non enregistré. Cette règle a reçu plusieurs applications.

1192. Exploit. — 1. OPPOSITION. — Par une délibération du 10 février 1815, le conseil d'Administration avait décidé qu'on peut former opposition à un jugement ou en interjeter appel sans que le jugement ait été enregistré. Cette délibération avait été approuvée par le ministre des finances, le 27 février 1815 (5048, 5104 J. E.).

On doit reconnaître que l'interprétation précédente était plus fondée en équité qu'en droit. En équité, il pouvait sembler très-rigoureux d'obliger un défendeur défaillant contre lequel le jugement a été surpris et qui n'a pas été réellement partie en cause, de faire enregistrer et d'avancer lui-même les droits avant de l'attaquer en opposition. Cette conséquence était cependant juridique. D'une part, en effet, il n'est pas contestable que former opposition à un jugement, c'est agir directement en conséquence de ce jugement, en faire l'usage prévu par l'art. 41 L. 22 frimaire an 7. D'autre part, la loi ne contient aucune exception pour ce cas. Elle défend, au contraire, en termes formels, aux greffiers de délivrer aux parties la note ou l'extrait des jugements non enregistrés, c'est-à-dire de leur en donner connaissance avant l'accomplissement de la formalité. Une décision du garde des sceaux a reconnu également que les magistrats ne peuvent, sans engager leur responsabilité, statuer sur l'opposition formée aux jugements par défaut sans que ces jugements aient été préalablement enregistrés (Déc. du 17 vend. an 13, 290 § 67 I. G.). Il en résultait nécessairement que les jugements ne pouvaient servir de base à aucune procédure et notamment à une opposition ou à un appel tant qu'ils n'avaient pas eu la formalité.

C'est, en effet, ce qu'a décidé le tribunal de la Seine, le 16 décembre 1871, au sujet de l'opposition à un jugement par défaut (3403 R. P.).

2. SIGNIFICATION. En tous cas, il n'existe aucune dérogation aux prohibitions de l'art. 41 de la loi de frimaire en ce qui concerne la signification des jugements. L'huissier qui fait la signification d'un jugement non enregistré est, de même que le greffier qui en délivre expédition, passible de l'amende de 10 francs, outre le payement du droit (Sol. 24 nov. 1866).

C'est d'après le même principe qu'une décision du 17 vendémiaire an 13 (290 I. G.) défend de statuer sur l'opposition aux jugements par défaut avant qu'ils aient été enregistrés (18241 J. E.).

3. ACTE NON REPRÉSENTÉ. — Mais un huissier ne contrevient pas à la loi en énonçant un acte sous seing privé auquel le requérant n'a pas concouru et qu'il est réputé ne pas avoir en sa possession (Sol. 2 fév. 1872). — *V.* 1213.

Il pourrait également former une saisie-arrêt sur une somme due au débiteur en vertu d'un jugement non enregistré.

4. ARRÊT D'ADOPTION. — Mais nous pensons qu'un huissier ne pourrait, sans amende, afficher un arrêt d'adoption non enregistré.

1193. Surenchère. — L'acte de surenchère peut, sans contravention, être reçu par le greffier, quoique le jugement d'adjudication n'ait pas été préalablement enregistré. L'acte de surenchère peut même être enregistré et dénoncé avant l'enregistrement du jugement (13853-1 J. E.). Les droits de la première adjudication ne sont pas, en effet, à la charge du surenchérisseur.

1194. Testament. — Le notaire qui a reçu un testament dans lequel se trouve énoncé un testament antérieur fait par la même personne, peut, sans contravention à l'art. 56 L. 28 avril 1816, faire, après le décès du testateur, enregistrer le second testament avant le premier (13433-2 J. E.). Le motif de cette décision est que l'art. 29 L. 22 frimaire an 7 n'oblige pas le notaire, mais bien les héritiers, à payer les droits d'enregistrement.

1. PARTAGE ANTICIPÉ. — Mais le notaire contrevient à la loi en mentionnant, dans l'acte de donation-partage fait par un père à ses enfants, que le donateur agit en qualité de donataire en usufruit de partie des biens de sa femme décédée, suivant testament notarié non encore enregistré. Le notaire ne peut se retrancher derrière le prétexte qu'il n'a fait qu'énoncer les déclarations de ses clients; son devoir est de les éclairer et, au besoin, de refuser son ministère (Vassy 12 juill. 1855, 15668 J. N.).

2. TESTATEUR VIVANT. — Si le testateur n'était pas décédé, comme le testament n'est pas soumis à l'enregistrement de son vivant, un notaire pourrait le mentionner sans contrevenir à la loi dans un acte de son ministère (Sol. 25 avr. 1862, 12 janv. 1865; — Cass. 17 avr. 1849, 1844-12 I. G., 14725 J. E., 13744 J. N., 8608 C., S. 49-1-442, *arrêt rapporté* n° 1278). — *V.* 1319.

3. DÉLIVRANCE DE LEGS. — Il a été notamment décidé qu'un notaire ne peut, sans contravention, dresser l'acte de délivrance d'un legs résultant d'un testament reçu par un autre notaire et non enregistré (D. m. f. 10 mars 1819, 5636 J. E., Roy, 95; D. N. t. 1er, p. 387, n° 642).

4. VENTE DE MEUBLES. — Ni procéder à la vente de meubles légués par un testament non enregistré dont il fait mention (Sol. 3 mars 1836, 11516 J. E.).

5. PARTAGE. — Ni faire un partage dans lequel comparaîtrait un légataire intervenant en vertu d'un testament non enregistré (Sol. 18 juill. 1871). — *V.* 1125-3, 1142, 1194, 1230, 1233, 1278, 1299, 1319.

1195. Lecture. — Il n'y a pas contravention de la part d'un notaire lorsque, dans les pays où c'est encore l'usage, il rédige un acte pour constater qu'il a donné connaissance aux parties intéressées des dispositions d'un testament par lui reçu, et quand il y énonce que les deux actes *seront présentés en même temps à l'enregistrement.* Peu importe que le délai fixé pour l'enregistrement du testament soit déjà expiré, parce que ce n'est pas à la diligence du notaire, mais à celle des héritiers que cette formalité doit avoir lieu (D. m. f. 26 fév. 1824, 1132 § 11 I. G., 4618 J. N., D. N. t. 1er, p. 388, n° 653; Roy, n° 87).

1196. Mari d'une bénéficiaire.— Le mari d'une héritière bénéficiaire qui agit pour elle peut produire en justice des actes non timbrés ni enregistrés, sans qu'il y ait contravention aux art. 23, 41 et 42 L. 22 frimaire an 7, et sans être personnellement tenu du payement des droits de ces actes (Cass. 6 nov. 1827).— « Attendu, en droit, porte l'arrêt, que l'art. 23 de la loi du 22 frimaire an 7, invoqué par ladite régie, contient bien la prohibition de faire aucun usage public d'actes non enregistrés, mais que la peine de l'infraction de cette prohibition n'est pas prononcée contre les particuliers qui auraient fait cet usage dans un intérêt qui ne leur est pas personnel; attendu que l'art. 28 de la même loi ne renferme pas davantage une extension de responsabilité hors les termes du droit commun; qu'il en est autrement d'après les art. 41 et 42 de la même loi aussi invoqués par la régie; que ces articles prononcent la peine de l'amende et imposent le payement des droits, dans les cas qui y sont prévus, aux notaires, huissiers, greffiers, secrétaires ou autres officiers publics, mais que cette responsabilité est limitée aux officiers qui y sont dénommés. » (8884 J. E., S. 28-1-88).

SECTION 7. — ACTES URGENTS

[1197-1210]

1197. Règle. — C'est surtout dans les cas urgents où la célérité est une des conditions indispensables de la rédaction des actes, qu'il a été dérogé aux principes généraux posés par les articles relatifs à la défense de faire usage d'actes non enregistrés.

1198. Actes divers de procédure. — Ainsi l'I. G. 436 § 5 veut que dans les cas urgents on puisse poursuivre l'instruction de la procédure avant que les jugements préparatoires aient reçu la formalité, pourvu qu'ils soient enregistrés avant le jugement définitif, et toutefois dans les vingt jours de leur date. — *V.* 1762.

Décidé spécialement que si le jugement préparatoire ordonne une expertise, il n'est pas nécessaire qu'il soit enregistré avant la rédaction du procès-verbal d'expertise ou du jugement définitif (D. m. j. 13 juin 1809, 436 §§ 5 et 7 I. G.).

1. TÉLÉGRAMME. — Il faudrait, selon nous, appliquer la même règle aux télégrammes qui sont rendus nécessaires pendant une plaidoirie et que les parties reçoivent au cours même de l'audience pour éclairer le débat. Ces documents peuvent, à la vérité, constituer des titres ou certificats ayant le caractère d'actes, mais leur urgence dispense de les faire enregistrer avant les conclusions dans lesquelles l'avoué en ferait mention.

1199. Cédule. — 1. CITATION. — L'art. 6 C. proc. autorise le juge, dans les cas urgents, à donner une cédule et permettre de citer pour le jour et l'heure indiqués. Dans ce cas, les juges peuvent prononcer leur jugement avant l'enregistrement de la citation à bref délai (436 § 2 I. G.).

2. EXPERTISE. — Aux termes de la même I. G. 436 § 5, la cédule pour citation en cas d'expertise peut être délivrée et notifiée avant que le jugement préparatoire soit enregistré.

3. EXEMPTION D'ENREGISTREMENT. — Quant aux cédules elles-mêmes, elles sont exemptes d'enregistrement (1639 C.) et elles peuvent, par conséquent, être signifiées sans être enregistrées. — *V.* 850.

1200. Contrainte par corps. — Perquisition. — Les huissiers et gardes du commerce qui procédaient autrefois à des arrestations ou dressaient des procès-verbaux de perquisition, en vertu d'ordonnance du juge, dans le cas prévu par les art. 786 et 787 C. proc., et qui avaient consigné dans leur procès-verbal et mis à exécution une ordonnance sur référé du président du tribunal, n'étaient passibles d'aucune amende, quoique cette ordonnance n'eût pas été enregistrée. Il suffisait de présenter l'ordonnance à la formalité avec l'acte, soit d'arrestation, soit de perquisition (Déc. 2 et 23 oct. 1810, 497 I. G., 3119 J. E.).

1201. Extraits de jugements. — D'après les art. 1444, 1445 C. C. et 872 C. proc., la séparation doit être rendue publique par l'affiche du jugement dans la quinzaine. Comme les greffiers ont vingt jours pour faire faire cet enregistrement, il faut décider que l'affiche de l'extrait peut avoir lieu avant cette époque (Orange 22 déc. 1846, 13217-1 J. E., 13145 J. N.; Dél. 21 mai-28 juin 1847, portant acquiescement à cette décision; Sol. 26 déc. 1849, 2 nov. 1852. — *Contrà*, 13217-1 J. E.). — *V.* 1311.

1202. Folle enchère. — On peut de même procéder à une adjudication sur folle enchère avant que la première vente ait été enregistrée. C'est ce qui résulte des dispositions mêmes de la loi de frimaire, qui suppose que la première adjudication a pu ne pas être enregistrée.

1203. Jour férié. — C'est sur le même principe qu'est motivée une D. m. f. 1er juin 1813 (4700 J. E.), portant que l'huissier peut signifier le dimanche une ordonnance du président, donnée conformément à l'art. 63 C. proc., sans que cette ordonnance ait été préalablement enregistrée (D. N. t. 6, p. 129, n° 86).

1204. Inventaire. — 1. SCELLÉS. — Il a été jugé que lorsque le notaire fait l'inventaire d'un mobilier sur lequel les scellés ont été apposés par le juge de paix, l'inventaire n'est que la conséquence du procès-verbal de l'apposition des scellés, et si ce procès-verbal ne se trouvait pas enregistré lorsque le notaire a fait l'inventaire, l'amende est par conséquent encourue (Bagnères 4 juill. 1871, 3352).

Mais cette décision, dont les circonstances ne sont d'ailleurs pas bien connues, ne saurait être prise pour règle. Pour remplir le but auquel il est destiné, l'inventaire doit être fait à l'époque la plus rapprochée possible du décès ou de l'événement qui le rend nécessaire. Si l'officier public doit attendre vingt jours et que le greffier ait fait enregistrer le procès-verbal d'apposition et celui de levée des scellés du mobilier qu'on inventorie, les intérêts des héritiers seront en péril, puisque, pendant toute cette période, les meubles sont exposés à disparaître. Aussi croyons-nous qu'il y a lieu d'appliquer à cette hypothèse la règle des actes urgents.

2. ÉMANCIPATION. — L'Administration a d'ailleurs reconnu que l'on peut, dans un inventaire, mentionner le procès-verbal non enregistré constatant l'émancipation du mineur requérant (Sol. 11 juill. 1870).

3. AVIS DE PARENTS. — Un notaire ne contrevient pas non plus à la loi en rédigeant un inventaire à la requête d'un tuteur ou d'un subrogé-tuteur nommé par une délibération du conseil de famille non enregistrée.

« Le notaire, porte une solution du 19 février 1866, n'a pas encouru d'amende en procédant, le 3 octobre 1865, à un inventaire à la requête d'un tuteur nommé par une délibération du conseil de famille non encore enregistrée. Il résulte, en effet, d'un arrêt de la C. cass. du 3 janvier 1827 (1210 § 4 I. G., S. 27-1-342), qu'un notaire peut dresser un inventaire sans que l'acte de nomination du subrogé-tuteur ait été enregistré, et l'Administration a reconnu plusieurs fois qu'il en est de même lorsqu'il s'agit de la nomination d'un tuteur. Les inventaires qui intéressent les mineurs doivent être faits dans un bref délai (art. 451 et 452 C. C.), et on entraverait les opérations si l'on exigeait que les délibérations du conseil de famille en vertu desquelles il est procédé, fussent enregistrées préalablement » (2564 R. P.). — V. 1150.

1205. Ordonnance. — En principe, aucune ordonnance ne peut être mentionnée dans un acte public sans avoir été enregistrée. La C. cass. l'a ainsi reconnu à l'occasion d'un huissier qui avait notifié une ordonnance non enregistrée émanée d'un officier public (Cass. 9 frim. an 11).

Mais il est des cas où l'opération que l'ordonnance autorise est tellement urgente, que le principe cède à la nécessité.

1. INVENTAIRE. — Ainsi, un inventaire peut être continué avant l'enregistrement de l'ordonnance du juge auquel il a été référé des contestations survenues au cours de l'opération, pourvu que cette ordonnance soit présentée à la formalité avec la séance de continuation (D. m. f. 29 déc. 1807, 2791 J. E.).

L'ordonnance de levée de scellés peut être également enregistrée avec l'inventaire. — V. 1092-1, 1125-1.

2. SAISIE. — FORAIN. — ÉTRANGER. — L'ordonnance du juge qui autorise la saisie des effets d'un débiteur forain peut, sans contravention, n'être présentée à l'enregistrement qu'avec l'exploit de saisie, parce que la célérité qu'il est souvent nécessaire d'apporter dans ces sortes d'opérations met obstacle à ce que toutes les formalités prescrites dans les cas ordinaires soient rigoureusement remplies, ainsi que cela résulte de l'art. 822 C. proc. (Sol. 1er mars 1832, 10258 J. E.). Un jugement (Seine 4 fév. 1852, 14594 J. N., 15379 J. E.), auquel l'Administration a acquiescé le 1er mars suivant, a même décidé que l'ordonnance du juge portant autorisation de saisir les meubles d'un étranger, pouvait, sans contravention, n'être enregistrée que postérieurement au procès-verbal de saisie; attendu que du moment qu'une exception légale existe à l'art. 42 L. 22 frimaire an 7, le délai pour l'enregistrement de l'acte en vertu duquel on agit échappe aux prescriptions des art. 41 et 42, et retombe dans la règle commune.

3. SCELLÉS. — APPOSITION. — L'ordonnance tendant à l'apposition des scellés et le procès-verbal d'apposition peuvent être présentés ensemble à l'enregistrement. Il y aurait de graves inconvénients, dans certains cas, à ne pas permettre l'apposition des scellés avant l'enregistrement de l'ordonnance, par le retard qu'occasionneraient les démarches pour faire donner la formalité (D. m. f. 20 avr. 1813 634 I. G.).

4. LEVÉE. — Il a été décidé également que l'ordonnance de levée de scellés pouvait être enregistrée en même temps que l'inventaire et sans amende. On ne saurait, en effet, sans péril pour les intérêts des parties, attendre pendant vingt jours pour inventorier les biens qui étaient auparavant sous les scellés. Cette opération a un caractère d'urgence manifeste (Sol. 29 nov. 1845, D. N. t. 1er, p. 387, n° 648).

5. ORDRE. — La sommation de produire à l'ordre doit être notifiée dans la huitaine de l'ordonnance du juge commissaire (art. 753 C. proc.), tandis que cette ordonnance peut n'être présentée à l'enregistrement que dans les vingt jours. Il y a donc impossibilité matérielle pour l'huissier de se conformer à la loi fiscale, puisqu'il n'a aucune action sur le greffier pour le forcer à faire enregistrer l'ordonnance dans les huit jours. Il semble donc, contrairement à une Sol. 31 août 1865 (2277 R. P.), que la sommation peut être faite avant l'enregistrement de l'ordonnance.

1206. Procuration. — Deux arrêts de la C. cass. 24 janvier et 10 août 1814, ont également reconnu que l'huissier peut ne faire enregistrer qu'après la poursuite la procuration qui lui est donnée à l'effet de procéder à un emprisonnement ou à une saisie réelle. Mais ces décisions ne sauraient être considérées comme posant une règle générale. Elles ne se justifient que dans le cas où l'opération a un caractère d'urgence. — V. 1155.

1207. Rapport d'experts. — Vérification d'écritures. — Le rapport des experts portant vérification d'écritures peut n'être présenté à l'enregistrement qu'avec le procès-verbal du juge commissaire. C'est, en effet, sous les yeux du juge et du greffier que le rapport des experts doit être dressé au greffe, puis être immédiatement annexé au procès-verbal du juge (D. m. f. 18 avr. 1809, 436 § 20 I. G.).

1208. Vente de meubles. — Dans une espèce où un officier public avait procédé à la vente aux enchères du mobilier appartenant à des mineurs, à la requête du tuteur, sans que l'acte de nomination du tuteur eût été enregistré, une Sol. du 8 novembre 1851 (14548 J. N.) a décidé qu'il n'y avait pas contravention. Cette décision se justifie parfaitement par le caractère d'urgence que présente la vente des meubles appartenant au mineur, et dont la détérioration peut être souvent très-rapide lorsqu'il s'agit de denrées. — V. 1150.

1209. Jugement à prononcer sans désemparer. — Au principe que nous venons de développer s'en rattache un autre, c'est que lorsque le juge a la faculté de prononcer sans désemparer sur des contestations, ce serait méconnaître l'intention du législateur que d'obliger le magistrat à surseoir au jugement jusqu'à ce que les actes préliminaires aient été enregistrés. Dans ce sens, il a été reconnu que, lorsqu'un jugement de juge de paix a ordonné une visite de lieux ou une enquête, la cédule peut, sans qu'il y ait contravention, être donnée par le juge et notifiée par l'huissier. Le procès-verbal d'expertise peut également être dressé, et le jugement définitif être rendu, sans que le jugement préparatoire soit préalablement enregistré (D. m. f. 18 pluv. an 9, 436 §§ 5 et 7 I. G.).

1210. Délai très-court. — La dérogation à la lettre de la loi consacrée dans le cas ci-dessus, doit également être admise lorsque le peu d'intervalle qui doit s'écouler entre l'acte fait en conséquence et celui en vertu duquel on opère, ne permet pas de présenter celui-ci à la formalité avant l'acte en conséquence.

1. COMMAND. — Aussi a-t-il été reconnu que l'application rigoureuse de l'art. 41 L. 22 frimaire an 7 détruirait absolument la faculté que la loi accorde de faire une déclaration de command, et de la notifier dans les vingt-quatre heures de la vente ou les trois jours de l'adjudication, si cette déclaration ne pouvait être reçue avant l'enregistrement de l'acte de vente ou d'adjudication.

Notaire. — Ce principe a été consacré par la C. cass. les 26 messidor an 13, 13 brumaire an 14 (2170 J. E., S. 6-1-775; 23 janv. 1809, 172 et 215 J. N., 357 I. G., S. 9-1-146). L'arrêt du 13 brumaire an 4 est ainsi motivé : « Attendu que la loi ne peut et ne doit être entendue que dans le seul sens qui en rend l'exécution praticable; que toutes les fois qu'un acte d'adjudication contient une réserve expresse d'élection de command, la qualité de l'adjudicataire est incertaine pendant le délai de vingt-quatre heures accordé par la loi pour faire cette élection; d'où il résulte que quand elle a eu lieu dans cet intervalle elle ne forme qu'un seul et même acte avec celui de l'adjudicataire; que cette conséquence a déterminé la fixation de droit pour les déclarations de command ou d'ami, réglé par l'art. 68, n° 24, § 1er L. 22 frimaire an 7; que l'art. 41 de la même loi, prohibant de faire aucun autre acte en conséquence d'un acte non enregistré, n'a pu avoir pour objet les élections de command, qui sont identiques avec l'adjudication et qui deviendraient impraticables dans le délai accordé par cette même loi au gré des fonctionnaires publics, chargés de faire enregistrer les actes d'adjudication » (*Conf.*, D. m. f. 17 déc. 1835, 5067 Roll.).

Le même principe a été appliqué dans une espèce où il s'agissait d'une déclaration d'adjudication faite devant notaire par un avoué, dans les trois jours de l'adjudication, sans que cette adjudication eût été enregistrée. Il a été reconnu, de plus, qu'il n'était pas nécessaire que l'adjudication fût enregistrée simultanément avec la déclaration d'adjudicataire (Sol. 19 déc. 1843, 13395-1 J. E., 12772 J. N., 1755 § 2 I. G.).

Greffier. — Il en doit être de même pour le greffier qui reçoit la déclaration d'adjudicataire par l'avoué, et les déclarations de command par l'adjudicataire (14189-1 J. E.).

Enregistrement antérieur à celui de l'adjudication. — Il a été même reconnu qu'il n'y a pas contravention dans ce fait qu'une déclaration de command, écrite au bas d'un procès-verbal d'adjudication, avait été enregistrée antérieurement au procès-verbal d'adjudication (Montmorillon 24 juill. 1838, 10184 J. N.; — Toulouse 2 mai 1839, 7834, 8493, 10495, 13049 J. N.). Cette doctrine a été appliquée depuis par une Sol. du 17 février 1854.

Déclaration d'adjudicataire. — Le même principe est applicable aux déclarations d'adjudicataire, que l'art. 707 C. proc. oblige les avoués derniers enchérisseurs à faire dans les trois jours de l'adjudication. Ces déclarations peuvent avoir lieu devant notaire, sans enregistrement préalable de l'adjudication faite à la barre du tribunal, d'autant que ni l'avoué ni le greffier ne sont tenus de faire l'avance des droits du jugement d'adjudication (1755 § 2 I. G.).

2. SURENCHÈRE. — Dans le cas de deux déclarations de surenchère, faites, l'une par un notaire, l'autre par un huissier, celui-ci peut rédiger sa notification sans être tenu de faire enregistrer préalablement celle notariée, par la raison que la notification doit avoir lieu dans les vingt-quatre heures, aux termes de l'art. 711 C. com., et que, d'ailleurs, la rédaction faite par un notaire est surabondante (Dél. 30 mai 1818, 6143 J. E.).

3. VENTE PAR MINISTÈRE DE COURTIER. — Le courtier de commerce qui procède à une vente de marchandises doit, dans les vingt-quatre heures de chaque séance, déposer au greffier le procès-verbal de cette séance; ce dépôt peut être fait avant l'enregistrement du procès-verbal (D. m. f. 22 sept. 1812, 602 I. G.).

SECTION 8. — IMPOSSIBILITÉ DE REPRÉSENTER LE TITRE

[1211-1223]

1211. Règle. — Si généraux que soient les termes de l'art. 42, l'huissier ne serait certainement pas passible d'amende s'il lui avait été impossible de se procurer, pour le faire enregistrer lui-même, l'acte en vertu duquel il agit. Mais il faut que l'impossibilité soit clairement établie.

1212. Impossibilité de représenter. — Un huissier avait sommé un acquéreur de convertir en acte authentique un contrat de vente sous seing privé non enregistré déposé entre les mains d'un notaire; le tribunal de Mende a reconnu l'exigibilité de l'amende, le 13 mai 1863, par le motif qu'il était possible à l'huissier de se faire remettre le titre privé mentionné dans l'exploit (1796 R. P., 17902 J. N.).

1213. Acte détenu par un tiers. — Au contraire, il faudrait reconnaître qu'aucune amende n'est due par l'huissier qui somme un tiers de remettre des billets retenus par ce dernier (Sol. 10 octobre 1854.); ou qui énonce un acte sous seing privé auquel le requérant n'a pas concouru et qu'il est réputé ne pas avoir en sa possession (Sol. 2 fév. 1872.). — *V.* au sujet des titres en circulation, le n° 1310.

Il a été décidé, dans le même sens, que quand pour prix d'une vente mobilière notariée, quatre billets ont été souscrits au profit du vendeur, et dont ce dernier a fait de suite, et dans le contexte de l'acte, le dépôt entre les mains du notaire chargé d'en faire le recouvrement, le droit de titre était dû sur les billets, mais non l'amende pour contravention à l'art. 42. Le motif de cette décision est que, le dépôt des billets étant effectué dans le contexte de l'acte et immédiatement après leur souscription, l'amende ne peut être encourue, puisqu'il a été physiquement impossible de faire enregistrer ces billets avant le dépôt, et que d'ailleurs cette amende n'est encourue qu'autant qu'il s'agit d'actes sous signature privée reconnus préexistants (D. m. f. 13 nov. 1810. 4036 J., 714 J. N.). — V. 1192-2.

1214. Titre non représenté. — L'Administration, a décidé, le 19 août 1806 (Dalloz, n° 5231), qu'un notaire ne pouvait être passible d'amende pour avoir énoncé, dans un acte de vente, des créances à terme que l'acquéreur demeurait chargé de payer en l'acquit de son vendeur, parce qu'il était impossible à ce dernier de représenter les titres de ces obligations au notaire, en l'absence du créancier qui en était nanti. Mais la même solution ajoute, avec raison, que toutes les fois que le notaire a sous les yeux des actes sous seing privé, en vertu desquels il rend un compte, il ne peut se dispenser de les soumettre à l'enregistrement. Cette exception, dit le D. N., résulte implicitement de l'art. 69, § 3, n° 3, qui autorise dans ce cas la perception du droit proportionnel sur le montant des créances (t. 5, p. 466, n° 279).

1215. Acte à faire ou inexistant. — Le notaire qui rédige un acte en vertu d'une convention qui sera postérieurement réalisée en acte, ne commet pas de contravention, puisqu'il n'agit pas en vertu d'un titre non enregistré qui lui aurait été représenté (13986-2 J. E.).

Ainsi, il n'y aurait pas contravention, par exemple, si le notaire déclarait, dans un cahier des charges ou tout autre acte, que les qualités des parties résultent d'un acte de notoriété à rédiger le même jour, et s'il n'était pas dressé d'acte de notoriété (Sol. 4 août 1859, 29 nov. 1866).

1216. Acte anéanti ou annulé. — La loi n'a eu d'autre objet, en prohibant la mention d'un acte sous seing privé dans un acte public, que d'empêcher d'assurer, par des actes authentiques, la date d'actes sous seing privé pour lesquels les droits n'auraient pas été payés. Cet abus n'est plus à craindre lorsque, de la relation de l'acte sous seing privé dans l'acte public, il résulte que cet acte n'existe plus.

1. BILLETS ANNULÉS. — Cette interprétation de la loi, consacrée par un jugement Seine 29 juillet 1821, et par Dél. 16 février 1822 (7325 J. E., 4830 J. N.), a été confirmée par Dél. 11 février 1824 et D. m. f. 3 mars 1824 (7689 J.E., 4713 J. N.; Sol. 15 oct. 1835, D. N., t. 1er, p. 391, n° 677; Sol. 30 nov. 1825, 1187 § 13 I. G., 5622 J. N.), qui ont reconnu : 1° que lorsque le prix stipulé dans un contrat de vente est compensé, en tout ou en partie, avec le montant d'un billet sous seing privé non enregistré, ce billet, qui est par le fait détruit, n'est pas sujet à enregistrement; — 2° que si le souscripteur d'un billet délègue à son créancier des créances en payement de ce billet qui est à l'instant anéanti, il n'y a aucune contravention à l'art. 42 L. 22 frimaire an 7 pour défaut d'enregistrement du billet (*Contrà*, Seine 7 déc. 1842, 11583 J. N., 13149 J. E.).

L'application de cette jurisprudence dépend de l'anéantissement des titres; d'où il suit que s'ils conservaient une valeur quelconque ou devaient continuer à produire certains effets, la règle générale de l'art. 42 reprendrait son empire.

Ainsi, par exemple, si un donateur déclarait faire remise au donataire du montant d'un billet souscrit par ce dernier, l'enregistrement du billet ne serait pas nécessaire, parce que la donation l'a anéanti. Mais le contraire aurait lieu si la libéralité se rapportait à un billet souscrit par un tiers. Il s'agit alors, en effet, d'un titre de créance qui subsiste indépendamment de la donation, et servira seul de base aux poursuites du donataire contre le débiteur. — V. Roy, n° 716.

Ainsi encore, si la partie se bornait à demander en justice l'annulation de l'acte, l'acte litigieux devrait être enregistré avant l'ajournement ou l'exploit (Cass. 19 germ. an 6, 12 J. E.).

Nous reviendrons sur ce point au n° 1310 ci-après.

2. QUITTANCE. — Par les mêmes motifs, un notaire n'est point en contravention pour avoir mentionné dans une quittance passée devant lui une autre quittance de la même somme délivrée sous seing privé avec déclaration que les deux actes ne feront qu'une seule et même chose (D. m. f., 5 juill. 1822, 329 Roll.; Sol. 3 av. 1835, 11108 J. E.). Le tribunal de Fontainebleau a rendu une même solution le 16 juillet 1862; mais il s'est fondé sur ce motif inacceptable, que les quittances antérieures étaient de simples projets ou titres provisoires n'ayant pas le caractère d'actes. Ainsi que nous l'avons fait remarquer au n° 1650 R. P., ces quittances aujourd'hui détruites ont eu une pleine valeur libératoire avant la rédaction de la quittance définitive. Celle-ci ne peut pas leur enlever leur ancien effet, ni faire qu'elles n'aient pas été alors de véritables actes. Il suffisait, pour justifier la décision du tribunal, de constater l'annulation complète de ces acquits partiels.

3. RENTE. — Mais il y aurait contravention si le notaire énonçait, dans la quittance des arrérages de la rente, l'acte constitutif de cette rente, fait sous seing privé et non enregistré, lors même que la quittance serait donnée par les héritiers du crédi-rentier (Seine 7 déc. 1842, 11583 J. N; D. N. t. 1er, p. 396, n° 708).

4. REPRODUCTION. — Lorsqu'une obligation, ou toute autre convention sous seing privé, est reproduite dans l'acte notarié qui a pour objet la réalisation de cette obligation ou convention en un contrat authentique, il n'est pas nécessaire de faire enregistrer l'acte privé (Sol. 11 juill. 1835, Dalloz, n° 5247).

5. PROMESSE DE VENTE. — Ainsi encore, il semble qu'un contrat de vente au profit d'une commune peut relater la soumission ou promesse unilatérale souscrite antérieurement par le vendeur, sans que le notaire soit tenu de faire enregistrer sa soumission, qui se trouve anéantie par le contrat même.

1217. Acte adiré. — Les principes précédents on conduit à décider que quand l'acte sous seing privé est adiré, sa mention dans l'acte public n'expose à aucune amende. La loi, en effet, comme nous l'avons dit plus haut, n'a eu d'autre objet, en prohibant la mention d'un acte sous seing privé dans un acte public, que d'empêcher d'assurer la date d'actes sous seing privé, pour lesquels les droits n'auraient pas été payés, et ici encore cet abus n'est plus à craindre puisque l'acte n'existe plus matériellement.

C'est ce qu'a reconnu un arrêt de cass. du 23 novembre

1825 ainsi conçu : « Attendu que la disposition de l'art. 42 L. 22 frimaire an 7, qui défend à tout huissier de faire aucun acte en vertu d'un acte sous seing privé non enregistré, ne fait aucune exception pour le cas où il serait allégué que ledit acte est adiré; *qu'une telle exception, en effet, ne pourrait être admissible que dans le cas où la preuve légale de la non existence de cet acte, au moment où l'huissier fait un acte de son ministère en vertu du précédent, serait rapportée,* sans quoi il est manifeste que la disposition de la loi pourrait être impunément éludée, si une simple allégation dénuée de preuve pouvait détruire la présomption légale de l'existence de l'acte non enregistré, résultant de l'énonciation qui en est faite par l'huissier dans l'acte de son ministère » (8275 J. E., 5612 J. N., 1187 § 1er I. G., S. 26-1-190).

1218. Exigibilité de l'amende. — L'arrêt qui précède a soin de faire remarquer que la présomption est en faveur de l'existence de l'acte et qu'il appartient à l'officier public de la détruire, en justifiant de la perte de cet acte.

Aussi la contravention a-t-elle été reconnue par un autre arrêt du 5 mai 1846 (12694 J. N., 14006 J. E.; 1767 § 1er I. G., S. 46-1-632, 46-1-750 P.), au sujet d'une assignation donnée en payement de promesses prétendues adirées, et dont rien ne constatait la perte.

« Attendu, porte l'arrêt, qu'il est déclaré en fait, par le jugement attaqué, que les exploits signifiés par Cantal avaient pour base des actes sous seing privé par lui mentionnés, et dont l'enregistrement préalable n'était pas justifié ; — Attendu dès lors que cet officier ministériel était en contravention à l'art. 42 de la loi du 22 frimaire an 7, et qu'en le jugeant ainsi, le jugement attaqué a fait une juste application dudit article et n'a violé aucune loi. »

Cet arrêt n'énonce pas, comme celui de 1825, la restriction relative à la preuve légale à fournir de la non existence de l'acte; mais cette restriction était admise par le jugement attaqué (Montbrison 14 mars 1844, 7544 C.), dont la doctrine se trouve maintenue par la cour.

1219. Copie de l'acte adiré. — Dans une espèce où, l'acte de protêt portant que le billet protesté étant adiré, on en produisait *une copie* sur papier timbré, le tribunal d'Épinal a condamné l'huissier à l'amende de contravention à l'art. 42, et, de plus, à faire l'avance du droit de timbre et de l'amende proportionnelle exigibles sur le billet, que des circonstances particulières, révélées dans la cause, faisaient *présumer* avoir été écrit sur papier libre. « Attendu, porte le jugement, que, jusqu'à preuve contraire, *qui ne peut résulter de simples allégations*, on doit supposer que la perte du billet n'a été qu'un artifice pour éviter les amendes encourues » (10 juin 1843, 13307 J. E.).

Cette demande n'est pas fondée en ce qui concerne le droit et l'amende de timbre. — *V.* 1361.

1220. Acte adiré assimilé à la convention verbale. — Un jugement du tribunal de Gaillac, du 1er mars 1847, assimilant l'acte sous seing privé adiré, *à la convention verbale*, a décidé qu'un notaire ne contrevient pas à l'art. 42 L. 22 frimaire an 7, en énonçant dans un acte de son ministère une obligation sous seing privé que les parties déclarent adirée.

Les motifs de ce jugement sont inexacts. Mais la décision se justifie, au fond, parce que, selon la remarque de Champ. et Rig. (8138 C.), la déclaration de la perte du titre n'avait pas été contestée par l'Administration.

1221. Preuve de la perte. — La simple allégation de la perte de l'acte sous seing privé ne suffit pas, aux termes de l'arrêt de 1825 (*V.* 1217); il faut qu'elle *soit appuyée* de preuves. Ces preuves résultent nécessairement de circonstances à apprécier. La nature même de l'acte public dans lequel l'acte sous seing privé est énoncé comme adiré peut quelquefois servir à justifier la vérité du fait.

1. DÉCHARGE. — Ainsi, un notaire n'encourt pas d'amende pour avoir rédigé une décharge de dépôt dont la reconnaissance faite sous seing privé est déclarée adirée. On comprend, en effet, que cet adirement seul a rendu *nécessaire* un acte notarié, car sans cela la décharge se fût opérée tout aussi solidement par la *simple remise* de la reconnaissance adirée au dépositaire, qui n'avait qu'à l'anéantir pour décharger sa responsabilité. Mais, dans ce cas, le receveur est fondé, en vertu de l'arrêt de 1825 (*V.* 1217), à percevoir le droit d'enregistrement de la reconnaissance du dépôt, indépendamment de celui dont est passible la décharge (12694 J. N., D. N. t. 1er p. 397 no 721).

2. QUITTANCE. — Ainsi encore, aucune amende n'est encourue par le notaire qui rédige l'acte de quittance d'un billet non enregistré et déclaré adiré. *L'inutilité de la quittance notariée*, si la perte du billet n'eût pas été réelle, est elle-même la preuve incontestable de cette perte.

De nombreuses solutions ont mis ce principe hors de toute controverse sérieuse (Sol. 9 juill. 1853, 5 fév. 1857, 27 nov. 1858, 8 mars 1860, 14 mai 1861, 22 juin 1861, 10 mars 1866, 2452 R. P.; — Saint-Lô 29 août 1855, 490 R. P.; — Castelnaudary 15 nov. 1855, 554 R. P.).

Il faut donc se garder de suivre l'opinion contraire émise par le J. E. (13497-1 et 17245-2) en se fondant sur les expressions littérales de la loi.

Droit d'enregistrement.—Le droit d'enregistrement du billet n'est même pas exigible (Sol. 10 mars 1866, 2452 R. P.). « L'Administration pense, porte la solution de 1866 ci-dessus, que les parties et le notaire ne font pas usage d'un billet dans le sens de la loi lorsque, par acte notarié, le créancier donne quittance à son débiteur de la somme qui a fait l'objet du billet, et que cet écrit se trouve ainsi anéanti. Il semble, en effet, difficile d'admettre qu'on fasse usage d'un acte dans celui qui a précisément pour but de l'annuler. Aussi l'Administration a-t-elle décidé plusieurs fois qu'en pareil cas le notaire peut énoncer le billet sans être tenu de le faire enregistrer avant ou en même temps que l'acte dans lequel il se trouve relaté. On doit reconnaître, à plus forte raison, que, si le billet est adiré, les droits d'enregistrement n'en sont pas exigibles. » — *V.* 1216-2, 1222.

3. OPPOSITION. — C'est encore par application de la même règle qu'aucune contravention n'a été reconnue impu-

table à l'huissier qui forme entre les mains du débiteur et à la requête du créancier opposition au payement de billets perdus par ce dernier (Sol. 24 mai 1856. — V. 13724 J. N. et D. N. t. 1er p. 398 no 722).

1222. Restitution. — Quoi qu'il en soit, la restitution du droit qui aurait été perçu sur le billet déclaré adiré devrait être effectuée si, *dans les deux ans*, il était justifié de l'enregistrement antérieur de l'effet (D. m. f. 23 juill. 1811, 518 no 2 I. G.; — Cass. 23 nov. 1825). « Attendu, en fait, porte l'arrêt, que, dans la citation au bureau de paix, donnée, à la requête du défendeur, le 23 janvier 1823, l'huissier énonce que les deux sommes de 15,000 francs et de 624 francs objets de la citation, sont dues par le cité, en vertu des deux billets par lui souscrits les 23 novembre 1821 et 18 février 1822, *sans qu'il soit fait mention que ces billets aient été préalablement enregistrés*, et sans qu'il ait été justifié, d'aucune manière, de leur destruction antérieure à la citation; d'où il suit que la perception des droits proportionnels d'enregistrement sur lesdits billets avait été régulièrement faite sur la citation donnée en conséquence, et que ces droits, ainsi régulièrement perçus, ne pouvaient être restitués, aux termes de l'art. 60 de la loi du 22 frimaire an 7 » (8278 J. E., 5812 J. N., 1187 § 1er I. G., S. 26-1-190). — V. 1221-2.

1223. Timbre (*Droits et amendes de*). — Dans tous les cas, il ne peut être exigé ni droit ni amende de timbre pour l'effet non représenté, parce qu'on ne doit pas supposer que le billet ait été fait en contravention aux lois sur le timbre. — V. 1361.

SECTION 9. — MENTION D'ACTES ÉMANÉS D'UN OFFICIER PUBLIC. — ANNEXE

[1224-1243]

ARTICLE PREMIER. — MENTION D'ACTES ÉMANÉS D'UN OFFICIER PUBLIC

[1224-1236]

1224. Actes reçus par le même officier public. — L'art. 41 L. 22 frimaire an 7, qui défend aux notaires, huissiers, greffiers et secrétaires de faire aucun acte en conséquence d'un autre avant qu'il ait été enregistré, *quand même le délai pour l'enregistrement ne serait pas encore expiré*, a été modifié en ces termes par l'art. 56 L. 28 avril 1816. « À l'égard des actes que le même officier public aurait reçus et dont le délai d'enregistrement ne serait pas encore expiré, il pourra en énoncer la date, avec la mention que ledit acte sera présenté à l'enregistrement en même temps que celui qui contient ladite mention. »

1. OFFICIER PUBLIC DIFFÉRENT. — Cette disposition n'est faite que pour les actes que le *même officier public* aurait reçus. Il en résulte qu'un notaire, huissier, greffier, etc., contrevient à la loi quand il agit en conséquence d'un acte non enregistré émané d'un autre fonctionnaire public.

1225. Présentation anticipée. — L'art. 56 de la loi du 28 avril 1866 ajoute : « Dans aucun cas l'enregistrement du second acte ne pourra être requis avant celui du premier, sans les peines de droit. » Si l'officier public requérait cet enregistrement, il y aurait donc contravention à l'art. 42 de la loi du 22 frimaire an 7.

1226. Présentation simultanée. — Si le notaire avait présenté les deux actes en même temps au receveur de l'Enregistrement, et que le second eût été porté sur le registre avant le premier, il n'y aurait pas de contravention; cette circonstance, étrangère au notaire, ne pourrait détruire le fait de la *présentation* des deux actes *en même temps* (5711 et 7842 J. E., Dél. 17 sept. 1833, 4248 Roll.). Il résulte d'ailleurs de la discussion de la L. 16 juin 1824 (*Moniteur* 15 juin 1824), que si l'art. 13 de cette loi porte que l'acte sous seing privé sera enregistré *avant*, cette expression doit être considérée comme équivalant à *avec* ou *ensemble*. Or, la situation actuelle est identique.

1227. Mention de présentation à l'enregistrement. — La loi prescrit de faire mention dans l'acte passé en conséquence que le premier sera présenté à l'enregistrement et en même temps que le second; mais cette mention n'est pas exigée à peine d'amende, l'art. 56 de la loi du 28 avril 1816 n'ayant pas de sanction à l'appui de sa prescription (D. m. f. 17 avr. 1819, 6351 J. E.).

1228. Actes du même jour. — Si deux actes sont passés le même jour devant deux notaires différents, chacun des notaires ne pourra énoncer, sans contravention, l'acte qui est passé devant son confrère, quoiqu'il exprime que les deux actes seront présentés à la formalité le même jour, encore que les deux actes aient été passés à quelques heures de distance l'un de l'autre et que pendant ces quelques heures le bureau d'enregistrement ait été fermé (Cass. 22 oct. 1811, 4123 J. E., Dalloz no 5209, 11782, 14448-2 J. E., P. chr. 55, *arrêt rapporté* no 1230.).

1229. Partage. — Un notaire ne peut procéder à un partage dans les lots duquel entrent des biens qui ont fait l'objet d'un premier partage *non encore enregistré*, passé devant un autre notaire (Pithiviers 12 janv. 1887, 11704 J. É.; — Vitré 14 oct. 1847, 13197 J. N.; — Carcassonne 19 déc. 1844, 13728-1 J. E.).

1. LIQUIDATION. — Il a été décidé qu'il ne peut, non plus, procéder à une *liquidation* dans laquelle entre le prix d'immeubles licités judiciairement, alors que cette licitation n'est pas enregistrée (Amiens 8 juin 1846, 14030 J. E., 1275 J. N.). Cette solution ne saurait être toutefois admise en thèse générale, et il a été justement reconnu par l'Administration, le 3 août 1865, que, si la mention du jugement est purement indirecte, l'amende n'est pas encourue.

2. LICITATION. — Si une licitation a été suivie du partage du prix rédigé dans l'étude d'un autre notaire, ce der-

nier ne contrevient pas à la loi en recevant son acte avant l'enregistrement du premier, pourvu qu'ils soient présentés simultanément à la formalité. — V. 10823.

3. RENONCIATION. — Mais il y a contravention si, dans un partage de communauté, un notaire mentionne la renonciation, non encore enregistrée, faite au greffe par la femme, ou si, dans un acte d'échange, il déclare que l'un des immeubles appartient au coéchangiste, en vertu d'un partage fait par un autre notaire et non enregistré (Niort 17 fév. 1864, 17809 J. E.). — V. 1231.

4. DROITS SUCCESSIFS. — Un notaire ne peut non plus agir, dans un partage, en vertu d'une cession de droits successifs reçue par un de ses collègues et non enregistrée (Saint-Gaudens 15 mars 1876, 4399 R. P.).

1230. Quittance. — Deux actes sont passés le même jour entre les mêmes parties, devant deux notaires différents. Le premier contient quittance d'à-compte; le deuxième libération définitive, en énonçant l'à-compte payé par l'autre quittance. Tous deux sont présentés ensemble à l'enregistrement le dixième jour de leur date. Un arrêt de cass. 22 octobre 1811 a statué que le notaire qui a reçu le deuxième acte est passible d'amende, pour l'énonciation d'un acte non encore enregistré.

« Attendu, porte l'arrêt, que la quittance passée devant le notaire Belvèze n'avait pas été soumise à la formalité de l'enregistrement, lorsque le notaire Colombié l'a relatée dans l'acte portant quittance finale du prix de la vente consentie à Lafargue; que ce second acte a été fait par suite nécessaire du premier, puisque, sans son existence préalable, le second n'aurait pas exprimé la libération entière de l'acquéreur Lafargue; enfin, qu'en refusant de condamner le notaire Colombié, sous le prétexte que les deux quittances devaient être considérées comme un seul et même acte, le tribunal civil de Montauban a créé une distinction que la loi n'autorisait pas » (4123 J. E., Dalloz 5209, P. chr. n° 55).

1. DÉLIVRANCE DE LEGS. — Le notaire est aussi en contravention quand il passe la quittance d'un legs fait par un testament non enregistré, rédigé par un autre notaire, même lorsque les parties lui ont déclaré que le testament a été enregistré (D. m. f. 10 mars 1819, 5636 J. E., 6536 J. N., Roy 95, D. N. t. 1er p. 387 n° 642).

1231. Vente. — Le notaire qui, pour l'établissement de la propriété dans une vente, relate un partage reçu par un autre notaire le jour même, et non enregistré, contrevient à l'art. 41 L. 22 frimaire an 7 (Vitré 14 oct. 1827, 14368-4 J. E.).

Il en est de même à l'égard de la vente d'un immeuble ayant fait l'objet d'un partage reçu par un autre notaire et non enregistré au moment de l'acte de vente (Carcassonne 19 déc. 1844, 13728-1 J. E., 13197 J. N., D. N. t. 1er p. 387 n° 646; — Thionville 17 mars 1841, 10954 J. N., 12707 J. E., Sol. 5 sept. 1861).

Même règle si le notaire rédige un acte de vente en conséquence d'une adjudication judiciaire non enregistrée (14102-1 J. E.) ou une cession de droits successifs d'après une renonciation à communauté par acte au greffe non encore soumis à la formalité (13649-1 J. E.). — V. 1229-3.

1232. Notaire en second. — Il ne peut y avoir doute sur la contravention, lorsque le notaire qui a passé un acte comme notaire en second rédige un acte en vertu de ce premier acte dont son confrère garde la minute, avant qu'il ait été enregistré; car, à l'égard de ce premier acte, qu'il ne peut considérer comme sien, il ne peut se prévaloir de l'art. 56 L. 28 avril 1816, qui autorise les notaires à rédiger des actes en vertu d'autres actes par eux reçus, pourvu que ces premiers actes soient soumis à l'enregistrement en même temps que les seconds (12045, 18520 J. E.).

Il y aurait également contravention si le notaire qui a rédigé une procuration à l'effet de recevoir une somme concourait le lendemain, comme notaire en second, à la rédaction de la quittance donnée par le mandataire sans que la procuration fût enregistrée (J. du not. du 27 mars 1869 n° 2329).

1233. Prédécesseur d'un notaire. — Un notaire a-t-il encouru une amende pour avoir fait mention, dans un acte, d'un testament non enregistré, reçu par son prédécesseur, des minutes duquel il est dépositaire, en énonçant que ce testament sera présenté à l'enregistrement en même temps que le partage? La négative paraît certaine, disent les réd. J. N. (7994 J. N.). Les notaires sont placés, en ce qui concerne les actes dont ils sont dépositaires, absolument dans la même position que pour ceux qu'ils ont reçus personnellement. Par ces mots « à l'égard des actes que le même officier aura reçus », employés à l'art. 56 L. 28 avril 1816, on doit entendre, en ce qui concerne les notaires, tous les actes dont l'officier public est possesseur, soit qu'ils lui aient été remis par ses prédécesseurs, soit qu'il les ait rédigés lui-même. C'est ce qui a été décidé, en effet, par une Dél. du 13 août 1834.

Il a été également reconnu que la faculté de présenter les deux actes à l'enregistrement s'applique au cas où un notaire passe un acte en vertu d'un autre acte reçu en brevet par son prédécesseur et dont il est dépositaire (Dél. 12 mai 1835, D. N. t. 1er p. 286 n° 633).

1234. Exploit. — Un notaire ne peut, sans contravention, rédiger un acte en conséquence d'un exploit non enregistré au moment de la rédaction de cet acte (Limoges 7 août 1850, 15044-4 J. E.; — *Contrà*, 16146 J. E.).

1235. Huissier. — Quant aux huissiers, ils sont nommément désignés dans l'art. 41 L. 22 frimaire an 7. Aussi y a-t-il contravention, sans contestation possible, de la part d'un huissier qui relate dans un acte de son ministère un exploit d'un autre huissier non enregistré (Dinan 21 déc. 1850, 15132-1 J. E.).

1. SOMMATION. — Il en est de même pour l'huissier qui signifie une sommation de prendre communication d'un cahier des charges déposé dans l'étude d'un notaire, et non encore enregistré (Béthune 26 janv. 1847, 17654 J. E.).

2. COMMISSION ROGATOIRE. — Décidé également que la commission rogatoire donnée par un juge à un autre

juge pour procéder à un interrogatoire sur faits et articles, doit être enregistrée avant sa signification (436-29 I. G.).

3. ENREGISTREMENT SIMULTANÉ. — Mais il n'y a pas contravention de la part de l'huissier qui dénonce au saisi un procès-verbal de saisie immobilière dressé par lui et enregistré en même temps que la dénonciation. L'huissier n'a fait qu'user de la faculté que lui accorde l'art. 56 L. 28 avril 1816 (Caen 1er mai 1858, 16834 J. E.).

1236. Double qualité de l'officier public. — L'art. 56 L. 28 avril 1816, en accordant des facilités pour les actes reçus par le même officier public, suppose nécessairement que cet officier aura rédigé les actes en la même qualité. Par exemple, si un officier public exerçait deux fonctions distinctes, celle de notaire et celle d'arpenteur-juré, le procès-verbal d'estimation qu'il aurait rapporté en cette dernière qualité ne serait pas compris dans l'exception créée par la loi de 1816; il ne pourrait, sans contravention, être présenté à l'enregistrement en même temps que l'acte de dépôt que le même officier en aurait dressé comme notaire (Dél. 15 mars 1820, 6658 J. E., Roy, 90).

Cette décision n'est plus fondée en fait depuis la loi de 1824. En effet, un arpenteur-juré n'étant pas un officier public, l'acte que le notaire a rédigé en cette qualité n'est autre chose qu'un acte sous seing privé; dès lors, il peut être présenté à l'enregistrement en même temps que l'acte de dépôt, en vertu de l'art. 13 L. 16 juin 1824.

Il y aurait également contravention pour les actes qu'un notaire recevrait en qualité de maire d'une commune et qu'il relaterait ensuite dans ceux de son ministère.

ARTICLE 2. — ANNEXE

[1237-1243]

1237. Loi. — L'art. 13 L. 16 juin 1824 a accordé une facilité particulière aux notaires qui agissent en conséquence d'actes sous seing privé. Il dispose que « ces officiers publics peuvent faire des actes en vertu et par suite d'actes sous seing privé non enregistrés et les énoncer dans leurs actes, mais sous la condition que chacun de ces actes sous seing privé demeurera annexé à celui dans lequel il se trouvera mentionné et qu'il sera soumis avant lui à la formalité de l'enregistrement, et que les notaires seront personnellement responsables non-seulement des droits d'enregistrement et de timbre, mais encore des amendes auxquelles les actes sous seing privé se trouveront assujettis. »

1. PRÉSENTATION SIMULTANÉE. — L'article que nous venons de citer porte que l'acte mentionné devra être enregistré avant l'acte notarié rédigé en conséquence. Mais cette expression *avant* doit être considérée comme équivalent à *avec* ou ensemble. — *V.* 1226.

2. ANNEXE. — L'art. 13 L. 16 juin 1824 n'exige l'annexe de l'acte sous seing privé à l'acte authentique qui en fait mention, que lorsque cet acte sous seing privé n'est pas enregistré, et les parties peuvent toujours se soustraire à la nécessité de cette annexe en faisant enregistrer l'acte sous seing privé avant qu'il soit relaté dans l'acte notarié.

1238. Actions négociables. — Les actions et coupons d'actions de société d'actionnaires transmissibles par endossement étant assimilés à des effets négociables par le paragraphe 6 de la section 2, art. 69 L. 22 frimaire an 7, le tribunal de la Seine, faisant l'application de la jurisprudence en matière de billets négociables (*V.* 1310), a jugé, le 26 décembre 1839 (4298 J. N.), que les actions d'une compagnie constituée sur les bases ci-dessus pouvaient, sans contravention, être reçues en dépôt par un notaire et annexées à ses minutes sans être enregistrées.

1. ACTIONS DU CONSTITUTIONNEL. — Une Sol. du 11 mars 1851 a consacré le même principe au sujet de l'adjudication d'actions du *Constitutionnel* qui ne sont cependant transmissibles que par une déclaration de transfert inscrite sur les registres de la société (14298 J. N.). L'Administration a considéré que ce mode de transmission n'enlevait pas aux titres le caractère d'effets négociables, et elle a argumenté des art. 20 et 21 L. 5 juin 1850 pour reconnaître, sans distinction aucune, l'assimilation des actions industrielles aux effets négociables.

Cette interprétation a été, depuis lors, confirmée dans plusieurs espèces différentes.

2. COUPONS DE LIQUIDATION. — Il a été reconnu qu'un notaire pouvait procéder à la vente par adjudication de coupons de liquidation non enregistrés (Sol. 16 sept. 1857).

3. CHEMINS DE FER. — Ou bien constater que, pour sûreté d'un prêt, le débiteur déposera entre ses mains un certain nombre d'actions au porteur de chemins de fer autrichiens, dont les coupons serviront au payement des intérêts (Sol. 18 mai 1860; — *Comp.*, 386 § 8 et 1539 § 2 I. G).

4. USAGE EN GÉNÉRAL. — Ou plus généralement en faire usage d'une façon quelconque, sans les soumettre à l'enregistrement (D. m. f. 10 août 1854).

5. OBSERVATION. — La jurisprudence belge est fixée dans le sens contraire. Un arrêt de la C. cass. du 29 juillet 1864, conforme à des décisions administratives des 4 août 1857 et 18 juillet 1860 (1480 R. P.), a décidé que lorsqu'un acte d'ouverture de crédit constate que des actions ou obligations ont été remises au porteur en nantissement de ses avances futures, l'acte de crédit est rédigé en conséquence de ces titres, et les droits d'enregistrement deviennent exigibles sur ces valeurs (2068 R. P., 18340 J. N. — *V.* Bruxelles 14 fév. 1866, 10137 J. E. belge). — Mais l'attention de la cour belge ne paraît pas avoir été suffisamment appelée sur le caractère des titres d'actions et sur leur assimilation avec les effets négociables dispensés de l'enregistrement.

D'ailleurs, dans notre législation, l'affranchissement de la formalité résulte spécialement des lois du 5 juin 1850 et du 23 juin 1857 qui ont créé un impôt de transmission perçu par les compagnies et au moyen duquel les cessions de titres sont dispensées de l'enregistrement. A ce point de vue encore, ces titres peuvent être mentionnés sans enregistrement (Sol. 28 fév. 1856).

1239. Effets publics étrangers. — Les art. 24 de la loi du 13 brumaire an 7 et 49 de la loi du 5 juin 1850, sont applicables à l'usage et aux mentions dans les actes publics, judiciaires et extrajudiciaires, des titres de rentes, emprunts et autres effets publics des gouvernements étrangers. En effet, la disposition de l'art. 6 de la loi du 13 mai 1863, qui déclare soumis à un droit de timbre les titres des gouvernements étrangers, est générale, absolue et sans exception. Elle a pour conséquence naturelle et nécessaire de placer l'usage ou la mention des titres dont il s'agit sous l'application de l'art. 24 de la loi du 13 brumaire an 7, qui défend d'agir dans un acte public en vertu d'un écrit assujetti au timbre et non timbré, et de l'art. 49 de la loi du 5 juin 1850, qui prescrit d'indiquer la quotité du timbre des écrits énoncés dans les actes. Si l'art. 7 de la loi du 13 mai 1863, prévoyant le cas de transmission de ces titres avant qu'ils aient acquitté l'impôt du timbre, frappe d'une double amende proportionnelle le propriétaire du titre et l'agent de change ou l'officier public qui aura concouru à la transmission, il n'en résulte pas que le législateur ait voulu restreindre au cas de transmission la portée de l'art. 6 et la perception du droit. Seulement il a édicté, pour une très-grave infraction, une pénalité particulière, de même que, par l'art. 19 de la loi du 5 juin 1850, il a prononcé une amende de 10 pour 100 contre l'agent de change ayant concouru à la négociation d'un titre d'action non timbré (D. m. 31 juill. 1864, 1989 R. P. — *Contrà*, Seine 3 mars 1866, 2364 R. P). — V. *Étranger*.

1239 *bis*. Avoué. — Cahier des charges. — Les actes que rédigent les avoués n'étant pas assujettis à l'enregistrement dans un délai déterminé, on peut ne considérer ces actes que comme des actes sous seing privé. Dès lors, le notaire qui annexe à son acte un cahier de charges, rédigé et signé par un avoué, n'est pas tenu de le soumettre à la formalité avant la rédaction, mais seulement avant l'enregistrement de l'acte auquel il l'annexe (12307-1 J. E., 10511 J. N.). Cette solution est cependant contestable.

1240. État estimatif. — 1. DONATION. — Les états estimatifs d'effets mobiliers qui, d'après l'art. 948 C. C., sont annexés aux actes de donation, doivent être enregistrés avant ou en même temps que l'acte de donation, parce que ce sont des actes distincts de la donation et produisant des effets particuliers (351 I. G.).

2. BAIL. — Il en est de même des états estimatifs mentionnés dans les baux (5412 J. E.). On a donc, avec raison, émis l'avis que si le bail notarié d'une usine porte que le preneur prendra le mobilier industriel d'après l'état estimatif que les parties déclarent en avoir dressé contradictoirement entre elles et qui n'est pas soumis à l'enregistrement, l'amende de contravention à l'art. 42 de la loi de l'an 7 est exigible. Les parties se réfèrent évidemment à cet état estimatif, qui forme dès lors la base d'une des conventions des parties. Il semble, d'ailleurs, que cet état doit effectivement avoir le caractère d'un acte en forme, de nature à faire titre entre les parties et ne saurait être assimilé à de simples notes. C'est ce qu'indique la déclaration que cet état a été dressé contradictoirement entre les parties, et ce qui ressort encore de la nature même de cet état (J. du not. n° 1954).

3. VENTE. — Il en est de même de l'état des lieux dans une vente : « Attendu que la remise de la déclaration dont il s'agit, de même que toutes autres stipulations, charges ou conditions accessoires, n'était pas, sans doute, indispensable pour que la vente, comme contrat, fût parfaite et obligatoire par elle-même ; mais que, les acquéreurs ayant jugé convenable et nécessaire à leurs intérêts d'exiger, indépendamment d'une désignation en masse, une déclaration spéciale et détaillée de chacun des immeubles vendus, cette déclaration est devenue, par cela même, une des conditions, et, par suite, un des éléments du contrat tel qu'il a été formé » (Bar-sur-Aube 11 juill. 1837, 11847 J. E.).

1241. État des dettes. — Cette solution est également applicable aux états des dettes et charges du donateur existantes au jour de la donation, et que l'on doit, aux termes de l'art. 1084 C. C., annexer aux actes de donation (380 n° 19 I. G.).

1242. Quittance sous seing privé écrite à la suite d'un acte notarié. — En considérant cette quittance comme formant une minute semblable à celle de l'obligation à laquelle elle se rapporte, elle doit, aux termes de l'art. 20 L. 22 frimaire an 7, être présentée à l'enregistrement dans les dix ou quinze jours de sa date ; en ne la considérant que comme acte sous seing privé, qui doit rester joint à l'obligation, l'art. 42 de la même loi prescrit également l'enregistrement. Ainsi, dans l'un et l'autre cas, elle doit être enregistrée (Dél. 20 fév. 1819, 6549 J. E., Roy 66).

1243. Certificat d'imprimeur. — Bien que relatifs à l'accomplissement de formalités judiciaires ou de procédure, les certificats d'imprimeur constatant l'insertion dans un journal d'actes extrajudiciaires signifiés pour parvenir à la purge des hypothèques légales, n'en constituent pas moins des actes qui ne sont point assujettis par eux-mêmes à l'enregistrement dans un délai déterminé et qu'on n'est tenu de soumettre à cette formalité que lorsqu'on veut en faire usage en justice ou dans un acte public. En conséquence, le notaire qui veut les annexer à des actes de son ministère n'est pas obligé de les faire enregistrer préalablement comme l'art. 41 de la loi du 22 frimaire an 7 l'exige pour les actes publics mentionnés dans un autre acte public : il a, conformément à l'art. 13 de la loi du 16 juin 1824, la faculté de ne les soumettre à l'enregistrement qu'avec l'acte fait en conséquence (Sol. 20 déc. 1866, 2476 R. P.). Cette solution est difficile à justifier. — V. 1111.

SECTION 10. — ACTES DÉCLARATIFS. — DROITS ET AMENDES

[1244-1257]

1244. Règle. — Lorsque des titres sont énoncés dans des actes publics en présence des débiteurs de ces titres, qui en reconnaissent l'existence et la validité; lorsque, par exemple, ces titres émanent de l'un des cohéritiers qui, concourant à la liquidation ou au partage, laisse porter les sommes ou objets énoncés dans ces titres dans la masse des biens de la succession, consent à les recevoir dans son lot ou à ce qu'ils soient placés dans les lots de ses cohéritiers, la jurisprudence décide qu'il est fait usage, dans le sens de la loi, des titres énoncés, et qu'il y a lieu à l'application des art. 23 et 42 L. 22 frimaire an 7.

Ce principe a été consacré par deux arrêts rendus par la C. cass., les 4 avril 1849 (14724 J. E., 13727 J. N., 1844 § 2 I. G., S. 49-1-434, *arrêt rapporté* n° 1248.), — et 26 février 1850 (14914 J. E., 13974 J. N., 1857 § 1er I. G., S. 50-1-394). — « Attendu, porte ce dernier arrêt, que l'acte sous seing privé du 2 mai 1839 contenant vente de divers objets mobiliers par feu Pierre-Joseph Lamblin, moyennant le prix de 18,000 francs, était signé notamment par Louis-Désiré-Joseph Marchand et par Adèle-Josèphe Lefebvre, sa femme, en qualité d'acheteurs de ces objets et de débiteurs du prix; que ladite Adèle-Josèphe Lefebvre est l'une des légataires universelles et héritières dudit Lamblin; qu'elle a figuré, à ce titre, conjointement avec son mari, dans l'acte de liquidation et partage de la succession de ce dernier, reçu Me Mas, notaire à Lille, le 8 juillet 1845, acte par lequel le capital de 12,540 francs restant sur le prix de la vente du 2 mai 1839 a été placé dans la masse de la succession dudit Lamblin et est resté dans les lots des héritiers, qui ont reconnu chacun avoir reçu les valeurs comprises dans son lot, et se sont réciproquement donné quittance et décharge; qu'ainsi, dans ledit acte de liquidation, il a été fait usage de l'acte de vente mobilière du 2 mai 1839; attendu que, dans ces circonstances, et d'après ces faits reconnus et constatés par le jugement attaqué, le droit proportionnel de vente mobilière de 2 pour 100 a été régulièrement perçu, lors de l'enregistrement dudit acte de liquidation et de partage du 2 juillet 1845, sur le prix intégral de 18,000 francs porté en l'acte de vente du 2 mai 1839, sans qu'il y ait lieu à réduction à raison de la portion à la charge de la veuve Lefebvre dans ce prix et qui avait déjà été payé par elle lors de l'acte du 2 juillet 1845, ainsi que ledit acte, dans lequel elle n'a pas comparu, le constate, et que le jugement attaqué, en rejetant les réclamations des demandeurs en restitution de cette perception, loin de violer les art. 23 et 42 de la loi du 22 frimaire an 7, en a fait une juste application. »

La cour n'avait pas directement statué, dans ces arrêts, sur l'exigibilité des amendes, et il avait paru que, malgré la précision des considérants employés par la cour, on pouvait encore contester l'existence de la contravention. On faisait remarquer que, le notaire pouvant relater des titres non enregistrés lorsque les débiteurs n'interviennent pas au partage, leur intervention ne peut rien changer au caractère qu'il revêt dans cette circonstance. Dans l'un et l'autre cas, disait-on, il est simple rédacteur de l'acte, obligé d'établir le bilan de la succession ou de la communauté à partager. C'est ce qui résultait formellement d'un jugement, Seine 19 février 1852 (14635 J. N.).

Mais cette opinion n'a pas prévalu. Un arrêt de la chambre des requêtes de la C. cass., du 28 mars 1859, servant aujourd'hui de règle de perception, reconnaît l'exigibilité de l'amende et des droits.

« Dans les inventaires, porte l'arrêt, la mission du notaire est forcée et il peut mentionner des actes privés sans les faire enregistrer. Dans un partage cette exception est applicable quand les parties débitrices ne sont pas présentes, parce que les valeurs mobilières sont prises telles qu'elles avaient été décrites dans l'inventaire sans reconnaissance ou confirmation des débiteurs. Il en est autrement lorsque c'est l'un des cohéritiers présents qui est débiteur; il participe à la liquidation, reconnaît sa dette, et l'attribution par compensation ou autrement de ladite créance fait que le partage est basé sur son titre écrit, ou autrement qu'il y a eu usage de sous seing privé non enregistré; le notaire qui a reçu cet acte sans soumettre les actes privés à l'enregistrement est donc passible de l'amende » (2160-1 I. G., 1220 R. P., 16551 J. N., 16920 J. E., 11529 C., S. 59-1-945).

1. DROIT DE TITRE. — Quant à l'exigibilité du droit de titre, elle n'a jamais été sérieusement contestée, et toutes les décisions rendues sur la matière, divergentes à l'égard de l'amende, sont unanimes à l'égard du droit de titre. Le contrôleur de l'Enregistrement lui-même reconnaît que ce droit doit être payé (V. *Dissert.* 11090).

2. BÉNÉFICE D'INVENTAIRE. — On ne fait aucune distinction à cet égard entre les héritiers purs et simples et les héritiers bénéficiaires. Le droit d'obligation est dû en effet à raison de la reconnaissance de la créance et non à raison de la qualité de plusieurs des héritiers. Si plus tard, pour le résultat du compte de bénéfice d'inventaire, la créance n'a pu être recouvrée qu'en partie, c'est un événement ultérieur sans influence sur la perception faite (Étampes 7 août 1861, 1510 R. P., 12083 C.).

1245. Mentions indirectes. — Cette question en a produit une autre beaucoup plus délicate. Les notaires, en effet, après avoir inventorié les titres de créance non enregistrés, procédaient au partage des biens indivis, en se référant d'une manière plus ou moins générale aux renseignements de l'inventaire. Ils évitaient notamment de rappeler dans le partage les titres précédemment décrits; et les attributions faites aux cohéritiers se bornaient aux valeurs elles-mêmes. On soutenait que de cette façon les art. 41 et 42 de la loi du 22 frimaire an 7 étaient inapplicables. Le partage ne renfermait en lui-même aucune mention du titre; l'officier public ne l'avait donc pas eu sous les yeux : il n'en avait pas fait usage et nul besoin n'était dès lors de le faire enregistrer.

Nous avions déjà combattu cette théorie dans nos précédentes éditions. L'inventaire, disions-nous, étant la base première de toute liquidation, il en résulte que si des créances, sans titre régulier, sur des cohéritiers présents au partage, sont employées dans la liquidation, le droit de titre devient exigible, alors même que les actes qui les constituent ne seraient pas rappelés, car les attributions doivent être considérées comme faites en vertu des actes dont l'existence est constatée par l'inventaire. Et nous citions un jugement du tribunal de la Seine, du 21 février 1855 (418 R. P.), portant que quand les indications consignées dans l'inventaire qui a précédé un partage notarié et certaines énonciations renfermées dans le partage lui-même, font reconnaître que des créances comprises en masse et attribuées aux copartageants, résultent de billets souscrits par quelques-unes des parties comparantes au partage, les droits de timbre et d'enregistrement applicables à ces titres sont exigibles contre les parties et le notaire; en outre, cet officier public est passible des amendes de contravention, quoique les titres de créance ne soient aucunement relatés dans le partage.

La difficulté a été, depuis lors, soumise à la Cour de cassation, qui l'a résolue, en un sens contraire, le 18 avril 1864, décidant que, « pour qu'il y ait lieu à la perception du droit et de l'amende en vertu des art. 23 et 42, il faut, comme condition première et de rigueur, que l'acte sous seing privé, non enregistré, soit produit à la liquidation, ou bien qu'il y soit expressément mentionné, ou tout au moins que l'on puisse relever dans le procès-verbal de cette liquidation une énonciation qui s'y réfère nécessairement; que la mention du partage ne porte que sur le fait même de l'existence de la créance, et non sur le fait propre et distinct de l'usage réel et effectif des actes qui la constatent, le seul néanmoins à considérer, puisqu'il est indubitable qu'il peut seul servir de base légale à la perception » (1899 R. P., 12651 C., 17819 J. E., 17996 J. N., 961 Rev., S. 64-1-238, P. 64-1086).

Mais les motifs de l'arrêt étaient peu concluants. Ainsi que le décidait déjà l'ancienne législation, pour qu'il y ait usage d'un titre, il n'est pas nécessaire que l'acte sous seing privé soit précisément *énoncé et daté* dans les actes publics passés en conséquence : il suffit que son existence soit démontrée incontestablement, de quelque manière que ce soit (Bosquet v° *Acte sous seing privé* § 18). Autrement, la loi ne recevrait presque jamais son exécution, s'il suffisait, pour l'écarter, d'employer des expressions dubitatives qui dissimuleraient plus ou moins adroitement la production de l'acte.

Est-ce à dire que quand le notaire a inventorié ces titres, puis qu'il procède au partage, il soit nécessairement tenu de les faire enregistrer? Une pareille doctrine n'est jamais entrée dans notre esprit. Les parties ont souvent intérêt à ne pas produire dans la liquidation l'écrit relaté dans l'inventaire; il leur est parfaitement permis d'abdiquer les garanties de cette preuve littérale et d'invoquer, lors du partage, la convention seule qu'elle établissait. Le notaire qui reçoit leurs déclarations n'a ni le droit ni le devoir de demander la production de l'écrit ou d'en rechercher l'existence par l'examen de l'inventaire; il agit en vertu d'une convention verbale et n'encourt pas d'amende. C'est là qu'il faut dire : *Qui suo jure utitur neminem lædit.*

Ce que la loi prohibe, c'est l'usage même de l'écrit employé comme élément de rédaction du contrat. Si l'officier public, ainsi que cela arrive presque toujours, a dû consulter les stipulations de l'acte pour régler la composition de la masse et les attributions, et si les parties, écartant à dessein cet écrit, ne se sont pas bornées à une simple déclaration verbale, il y a certainement usage du titre et la loi est violée. Les formules dubitatives dont le notaire s'est servi pour éviter de dire que l'acte sous seing privé lui avait été produit ne sauraient arrêter l'action de la loi.

La jurisprudence l'a ainsi reconnu au sujet des mentions dubitatives de taxes ou de polices d'assurances. Pendant longtemps on a cru que, pour échapper à la loi, il suffisait aussi de rappeler la convention sans énoncer la taxe ou la police. Mais la cour suprême a condamné ces pratiques parce qu'il lui a paru démontré que l'officier public ne pouvait ni ignorer l'existence nécessaire de l'écrit, ni alléguer qu'il ne s'en était pas servi.

On a objecté que, dans ces hypothèses, énoncer la convention c'est nécessairement énoncer l'écrit sans lequel elle n'existerait pas, et que, dès lors, le notaire est mal venu à prétendre qu'il ne s'est pas fait représenter cet écrit. Cela est vrai, et voilà pourquoi précisément la jurisprudence ne s'est pas arrêtée au silence du contrat. Mais qu'en résulte-t-il, sinon que l'Administration a pu établir en dehors du contrat le fait même de l'usage prohibé? L'Administration ne demande pas autre chose. Sans doute, dès qu'il ne s'agira ni de taxe ni de police, on ne pourra plus établir le fait de l'usage en invoquant l'existence nécessaire d'un écrit, mais on le fera à l'aide des autres moyens compatibles avec l'économie de la procédure bursale. La jurisprudence en fournit un exemple caractéristique : celui des actes produits en cours d'instance. Ici, comme dans les mentions d'actes publics, on poursuit l'application du principe général posé par l'art. 23 de la loi du 22 frimaire an 7, qui défend l'usage des actes non enregistrés. Or, il n'est pas nécessaire, pour établir cet usage, que le jugement ou la sentence relate expressément l'écrit. L'Administration est autorisée par la jurisprudence à établir la production par l'examen des circonstances, de la nature du titre, de son importance, des clauses du jugement, en un mot par l'emploi des présomptions (*V. Acte produit au cours d'instance*). Il en doit être de même pour l'usage dans les actes publics. Ou la loi n'a plus d'objet, ou bien l'Administration peut en poursuivre l'application contre les tentatives de la fraude. Pour le faire, elle n'a, dans l'espèce, que les présomptions, puisque l'usage qu'elle prétend exister n'est pas constaté dans le contrat public. « Les tribunaux ont le droit, dit très-bien le tribunal de Meaux, de rechercher si la preuve de l'existence de l'acte ne ressort pas des expressions employées ou des documents produits, et cette preuve peut résulter des énonciations de l'inventaire et de la liquidation » (Jug. 21 août 1850, 15045 J. E.). La même doctrine résultait déjà plus ou moins directement du jugement de Lille du 19 février 1848, confirmé par l'arrêt du 26 février 1850 (1857 § 1er I. G.); de ceux de Senlis 26 décembre 1848; — Wissembourg 30 juillet 1856; — Besançon 8 août 1861; — Bourges 17 février 1863 (735 et 844 R. P.), et surtout d'un jugement de Pontoise, solidement motivé, du 12 mai 1857 (986 R. P., 11295 C., 16684 J. E. — *V.* aussi 16694 J. E., et Seine 9 avril 1847, 14274 J. E., 1844-2 I. G.).

Aussi le tribunal de Lons-le-Saunier, devant lequel la cause avait été renvoyée par l'arrêt du 18 avril 1864, avait-il persisté à reconnaître l'exigibilité de l'amende (1982 R. P., 12870 C., 18246 J. N., 1258 Rev.); — Mais ce jugement a été cassé par un arrêt des chambres réunies du 27 mai 1867, portant que, « pour qu'il y ait lieu à la perception du droit, il faut que l'acte sous seing privé soit produit à la liquidation ou qu'il y soit relaté par une mention expresse qui s'y réfère nécessairement; que c'est à raison même de sa qualité d'héritier que de Pardieu était appelé au partage; qu'il ne fait que reconnaître l'existence d'une dette qui n'avait pas besoin des actes en question pour être constante entre les parties, et qu'enfin la créance dont il s'agit n'est énoncée dans la liquidation que pour établir le montant de la masse et les droits de chacun des copartageants sans que les actes sous seing privé aient acquis, par l'effet de la liquidation, une valeur juridique qu'ils n'avaient pas auparavant. Que ce n'est donc qu'à l'aide du rapprochement de diverses énonciations relevées dans deux actes différents, en s'appuyant sur certaines circonstances de chiffres et de dates, et en confondant la convention décrite dans l'inventaire, et dont l'existence n'est pas contestée, avec les titres qui la constatent et qui n'ont été ni produits ni mentionnés dans le partage, que le jugement attaqué a déclaré qu'il avait été fait usage des actes sous seing privé » (2473 R. P., 2356 § 6 I. G., 18864 J. N., 13278 C., B. C. 109, S. 67-1-302, D. 67-1-204, P. 67770). — *V.* dans le même sens : Évreux 5 janvier 1867, 1983 Rev.

1. PREUVES D'USAGE. — Quoi qu'il en soit des motifs de cet arrêt, nous persistons à croire que, si la référence du partage à l'inventaire ne suffit pas à elle seule pour établir l'usage d'un titre, et s'il convient en présence de l'arrêt solennel d'user d'une grande circonspection dans les questions de l'espèce, il n'en est pas moins certain que l'Administration conserve le droit d'invoquer toutes les preuves conciliables avec la nature de la législation, pour démontrer, comme en matière de taxes, de polices d'assurances et d'actes produits, que les officiers publics ont réellement agi en vertu de titres non enregistrés.

Aussi l'Administration persiste-t-elle, malgré l'arrêt du 27 mai 1867, à soumettre aux tribunaux la question des références indirectes ou dissimulées. Elle succombe quand cette référence n'est pas assez explicite pour démontrer que le notaire a connu l'existence de l'écrit et en a fait usage (Seine 20 juin 1868, 2822 R. P.). Mais elle gagne son procès dans le cas contraire. Et c'est ainsi qu'elle a fait décider, par le tribunal d'Arras, le 27 janvier 1869, qu'un notaire contrevient à l'art. 42 de la loi du 22 frimaire an 7 quand, procédant au partage d'une succession, il rappelle, en présence des héritiers, que dans l'inventaire dressé par lui antérieurement figure un billet non enregistré, souscrit par l'un des copartageants et compris ensuite dans les lots de ses cohéritiers (2861 R. P.).

C'est dans le même ordre d'idées, quoique à propos d'une question différente, qu'un tribunal a reconnu que si un mari comparaît au partage de la succession de son beau-père, en son nom et pour autoriser sa femme, et si on comprend dans le lot de la femme une créance verbale due par le mari au défunt, le droit de reconnaissance de dettes est exigible (Grenoble 13 mars 1869, 2879 R. P.).

1246. Compte courant. — Mais cette jurisprudence ne s'appliquerait, en tous cas, qu'aux actes ayant réellement le caractère d'un titre. Le tribunal de la Seine a jugé, sur ce point, que l'énonciation, dans le partage, d'une créance, résultant d'un compte courant mentionné en l'inventaire, n'entraîne pas l'exigibilité de l'amende : « Attendu que les expressions de l'inventaire ne prouvent pas l'existence d'un acte sous seing privé dont les parties signataires auraient fait usage dans l'acte liquidatif qui a suivi l'inventaire; que ce compte capital peut n'être qu'une note ou simple renseignement de la fortune du défunt; que rien ne prouve qu'il soit signé, devenu obligatoire pour une partie, en un mot, qu'il ait le caractère d'un acte » (Seine 17 janv. 1862, 1594 R. P., 12168 C.). — *V.* 1256-6.

1247. Donation. — Il en est de même de l'énonciation, dans un partage, d'un acte non enregistré portant donation d'une somme d'argent à un copartageant qui en fait le rapport (Seine 30 mars 1842, 12964 J. N.).

1248. Vente. — Un notaire, commis en justice, procède au partage et liquidation de la communauté ayant existé entre une veuve et son mari, et mentionne un acte sous seing privé par lequel ceux-ci ont vendu à leur fils, partie à l'acte, leur fonds de commerce, moyennant une somme déterminée. La C. cass. a décidé, le 4 avril 1849, que les droits auxquels donne ouverture cet acte (2 pour 100) sont exigibles, attendu qu'il est fait usage des actes relatés. — « Attendu, porte l'arrêt, que, s'il est vrai que l'on peut, dans les actes de liquidation et de partage, comme dans les inventaires, faire mention d'actes sous seing privé trouvés dans les papiers de la succession, sans les faire enregistrer au préalable, par la raison que l'inventaire n'est pas attributif, mais simplement déclaratif, et que la liquidation et le partage qui suivent l'inventaire n'ont pas un autre caractère et qu'ils ne font que déclarer les droits acquis à chaque cohéritier sur les titres inventoriés en l'absence des débiteurs de ces titres, il en est autrement lorsque les sous seings privés sont émanés de l'un des cohéritiers, lorsque le débiteur concourt ainsi personnellement au partage, lorsqu'enfin il reconnaît la dette constatée par le sous seing privé, parce qu'alors il est fait usage, par acte public, et dans le sens de la loi, d'un titre qui devait être préalablement soumis à l'enregistrement » (14724 J. E., 13727, 13728 J. N., 1844 § 2 I. G., S. 49-1-434).

Si une vente d'objets mobiliers, non enregistrée, se trouve relatée dans le partage d'une communauté, à laquelle prennent part les acquéreurs, le droit à 2 pour 100 est exigible sur le prix intégral, quoique l'un des acquéreurs, qui n'est point présent au partage, ait payé antérieurement sa part de prix (Cass. 26 fév. 1850, 13974 J. N., 14914 J. E., S. 50-1-394, 1857 § 1er I. G., *arrêt rapporté infrà*, n° 1249. — *Conf.* Wissembourg 30 juill. 1856, 735 R. P.).

1249. Obligation. — Ce qui a été décidé pour le droit de vente s'applique aussi au droit d'obligation. Ainsi, lorsque des titres de créances sous seing privé, qui avaient été décrits dans l'inventaire dressé après le décès de l'auteur de la succession échue à des légataires universels, se trouvent reproduits dans l'acte de partage, et sont attribués en partie au lot de l'un des copartageants qui en était débiteur, le droit d'obligation est exigible. — « Attendu, porte un arrêt de cassation du 26 février 1850, que les énonciations et déclarations de l'inventaire perdent ce caractère quand elles ont lieu en présence des débiteurs des titres qui en reconnaissent l'existence et la validité, ou lorsque ces titres sont émanés de l'un des cohéritiers qui concourent à la liquidation ou au partage, qui laisse porter les sommes ou objets énoncés en ces titres dans la masse des biens de la succession, et qui consent à les recevoir dans son lot, ou à ce qu'ils soient placés dans les lots de ses cohéritiers; que, dans ce cas, et au moyen de ces déclaration et consentement de l'héritier qui a figuré dans ces titres, concurremment avec le défunt, il y a constitution ou reconnaissance de la dette et du titre; qu'il est fait usage, dans le sens de la loi, par acte public, du titre en question, et que, dès lors, il y a ouverture à la perception du droit d'enregistrement que la nature de ce titre comporte » (4914 J. E., 13974 J. N., 1857 § 1er I. G., S. 50-1-394). — L'Administration avait consacré le même principe par une Dél. 4 juillet 1834 (10950 J. E.), et il a été adopté, Seine, les 30 mars 1842 (12964 J. E.), 26 juillet 1843 (13309 J. E.), 19 décembre 1844 (13672 J. E.), 19 février 1852 (15414-2 J. E.); — Sainte-Menehould 11 mars 1851 (8348 Fess.); — Metz 7 décembre 1830 (10111 J. E.). — (*V.* dans le même ordre d'idées Cass. 28 déc. 1853, 1999 § 8 I. G.; — Seine 3 janv. 1855, 312 R. P.).

La même règle s'appliquerait aussi, à plus forte raison, aux titres souscrits par un cohéritier au profit de ses cohéritiers ou de l'un d'eux (Seine 13 déc. 1844, 13672 J. E.).

1250. Partage anticipé. — L'acte sous seing privé annexé à un partage anticipé par lequel des donataires copartageants reconnaissent avoir reçu différentes sommes de leur père décédé, dont ils se sont engagés à lui payer l'intérêt à 5 pour 100, donne ouverture au droit d'obligation et doit être écrit sur papier au timbre proportionnel (Montargis 6 août 1850, 15064 J. E.).

1251. Quittance. — Le tribunal de Metz a jugé, le 23 janvier 1852 (15457 J. E.), que l'énonciation, dans un acte de liquidation de communauté, de quittances sous seing privé, qu'on ne soumet pas à l'enregistrement, données par l'une des parties à l'auteur de la succession et destinées à constater un don manuel, donne ouverture à l'amende.[1]

1. ACTES ÉTRANGERS A LA SUCCESSION. — Décidé, dans le même sens que l'exemption de l'enregistrement préalable, établie, par exception à l'art. 23 L. 22 frimaire an 7, par l'arrêté du 22 ventôse an 7, en faveur des actes sous seing privé énoncés dans les inventaires, ne s'applique qu'aux actes de cette espèce qui appartiennent à la succession : par suite, il y a lieu à la perception du droit d'enregistrement sur un acte sous seing privé dont il a été fait usage, dans un inventaire, pour prouver la libération de la personne qui le produit (Bruxelles 24 janv. 1866, 110111 J. E. belge).

Il a été également reconnu dans cet ordre d'idées que quand, dans un acte de règlement entre les divers ayants droit à une succession, les héritiers, pour se libérer d'un legs de rente viagère, remettent au légataire de cette rente un titre sous seing privé d'une rente viagère d'égale somme constituée sur une compagnie d'assurances sur la vie, il y a contravention à l'art. 42 si ce titre n'est pas soumis à la formalité (Sol. juill. 1872).

1252. Titre anéanti ou réduit. — On s'est demandé s'il y avait encore usage du titre et, par suite, nécessité d'enregistrement préalable ou simultané, quand la créance qu'il constatait était attribuée au débiteur lui-même dans le partage et que l'acte se trouvait ainsi anéanti. La jurisprudence ne renferme rien de précis à cet égard. Le tribunal de la Seine avait décidé autrefois, en thèse générale, « que la distinction que l'on veut établir entre les actes qui peuvent encore recevoir leur exécution et ceux qui auraient cessé d'avoir leur effet, n'existe pas dans la loi, dont la prescription est, au contraire, conçue en termes absolus et ne comporte pas d'exception » (Jugements des 7 déc. 1842 et 26 juill. 1843, 25 juill. 1862, 17520 J. E.). Mais il n'a pas persisté dans cette appréciation, et il a reconnu, le 31 juill. 1863, qu'il n'y a lieu ni à reconnaissance ni à délivrance desdites obligations, lesquelles avaient cessé d'exister, et que le notaire, obligé de les faire figurer pour ordre dans ses opérations, n'a pas contrevenu, en les rappelant, aux prescriptions de l'art. 42 de la loi de frimaire (1853 R. P., 17974 J. N., 12544 C., 743 Rev.).

La cour suprême a statué plusieurs fois dans des hypothèses où il s'agissait de billets souscrits par des héritiers auxquels le partage attribuait tout ou partie de la créance. Ainsi, à l'occasion d'une vente mobilière consentie par le défunt à une personne qu'il avait instituée, depuis, sa légataire universelle, le notaire avait fait figurer le prix encore dû à la masse pour l'attribuer partiellement à la débitrice elle-même. Et la cour décida : « Que la déclaration perd son caractère déclaratif lorsque le titre émane d'un cohéritier qui laisse porter les sommes énoncées en ces titres dans la masse et consent à les recevoir dans son lot » (Arr. du 26 fév. 1850, arrêt rapporté, *suprà*, n° 1249). — « Lorsque, ajoute-t-elle ailleurs, c'est l'un des cohéritiers qui est débiteur de la créance établie par l'acte privé, qu'il participe à la liquidation et qu'il lui est fait attribution de partie de cette créance par compensation ou autrement, il est réellement fait usage de l'acte » (Arrêt du 28 mars 1859, 2160 § 1er I. G., 1220 R. P., rapporté, *suprà*, n° 1244).

La compensation est cependant, comme la confusion, un mode d'extinction de la créance; elle opère de plein droit par le fait même du décès pour la portion héréditaire du successible; et la libération s'effectue même rétroactivement par le résultat du partage pour la totalité de la dette, si elle est attribuée au débiteur. La cour n'a pas néanmoins borné l'exigibilité de l'impôt à la portion du titre non atteinte par la confusion, et on peut croire que, s'il se fût agi d'un billet collectivement souscrit par tous les héritiers, la décision de la cour eût encore été la même, quoique la dette se fût alors trouvée éteinte. On serait d'ailleurs fondé à invoquer à l'appui de ce système la doctrine des arrêts des 4 avril 1849 et 23 mai 1859, d'après lesquels la quittance d'une dette constatée par un titre écrit autorise la perception simultanée des droits d'obligation et de quittance (1844 § 2 et 2160-5 I. G., 1181 R. P.). — *V.* aussi Seine 9 avril 1847, 13728 J.N..)

Cependant, il faut reconnaître que l'exigibilité du droit de titre n'est pas solidairement liée à l'exigibilité de l'amende. Le notaire, auquel on reproche d'avoir fait usage du titre, peut répondre, non sans raison, que ce titre a cessé de produire ses effets le jour même qu'il s'en est servi, que sa mention n'implique donc aucune reconnaissance utile motivant l'application de l'art. 42 de la loi de l'an 7 (*V.* nos observations à l'art. 986 R. P.).

Cette interprétation est conforme, d'ailleurs, aux solutions qui ont prévalu dans toutes les hypothèses autres que celles du partage. Nous avons réuni sous la section 7 un certain nombre de décisions, d'après lesquelles l'anéantissement d'un titre dispense le notaire qui le relate de le soumettre à la formalité de l'enregistrement.

1. OBLIGATION ET QUITTANCE. — DOUBLE PERCEPTION. — Quant à l'exigibilité du droit de titre sur l'acte actuellement sans objet, elle a été formellement consacrée par les deux arrêts que nous avons précédemment rappelés. La cour a reconnu que, s'il est établi dans la liquidation que l'un des héritiers s'est libéré du montant d'une obligation résultant d'un titre écrit, il y a lieu de percevoir le droit d'obligation, indépendamment du droit de quittance : « Attendu, porte l'arrêt du 4 avril 1849, que l'acte du 8 novembre 1845 contenait à la fois et une obligation et une quittance, actes essentiellement différents, car, si l'obligation lie celui qui la contracte, la quittance le libère quand il paye ; d'où il suit que les deux droits d'obligation et de quittance étaient dus » (13727 J. N., 14724 J. E., 1844-2 I. G., S. 49-1-434 ; — Cass. 23 mai 1859, 1181 R. P., 2160-5 I. G., S. 59-1-945. — V. dans le même sens Dél. 19 mars 1833, 10574 J. E. ; — Seine 9 avr. 1847, 13728 J. N. ; Cass. 26 févr. 1850, *suprà*, n° 1244 ; et Cass. 24 juill. 1875, 4174 R. P.).

2. USUFRUIT. — CONFUSION. — Il a été spécialement décidé que le droit d'obligation n'est dû ni sur le capital ni sur les intérêts d'une somme due par l'un des héritiers à la succession, sans titre enregistré, et attribuée en entier au lot de l'héritier débiteur, alors même que l'ascendant survivant réserverait sur cette somme l'usufruit auquel il a droit en vertu de son contrat de mariage (Seine 5 fév. 1864). — On a émis également l'avis qu'il en serait de même dans le cas où il serait stipulé que la somme demeurerait entre les mains de l'héritier tenu de servir les intérêts à l'usufruitière (J. du not., n° 2007). Mais ces solutions comportent des réserves qui ont été faites au n° 12446.

1254. Débiteurs non désignés. — Le tribunal de Senlis a jugé, le 26 décembre 1848 (14642 J. E.), que si au lot d'un des copartageants se trouvent assignés des titres de créances, non enregistrés, dont les débiteurs ne sont pas désignés, mais que l'on reconnaît être des copartageants, en se reportant à l'inventaire fait après le décès, le droit est exigible sur les titres, suivant la nature de convention qu'ils ont eue pour objet. — V. 1245.

1255. Titre verbal. — Cependant, dans une espèce où il était mentionné, sans qu'aucun titre écrit fût relaté, qu'un des copartageants avait acquis de l'auteur de la succession un fonds de commerce moyennant une somme déterminée, le tribunal de Tours a décidé que la vente ayant été faite verbalement et se trouvant mentionnée dans de simples observations préliminaires de l'acte, le droit de titre n'était pas exigible (1er sept. 1849, 13835 J. N.). Cette décision peut se justifier dans les circonstances où elle a été rendue (V. *Partage*) ; — mais s'il résulte de preuves précises et concordantes, telles que celles tirées de l'importance de la convention, de la complication de ses stipulations, qui sont relatées dans la liquidation, que la convention, énoncée comme verbale, a été écrite, le droit de la convention doit être exigé (Compiègne 1er avr. 1852, 3795 Bull.).

Ce droit peut même devenir exigible, en l'absence d'un acte écrit, quand les énonciations du partage sont suffisantes pour constituer le titre même de la mutation entre les parties. Les solutions varient nécessairement sur ce point selon les espèces. Ainsi, lors d'une liquidation, un héritier avait déclaré que le défunt son père lui avait verbalement vendu son fonds de commerce, moyennant un prix déterminé, dont il fait confusion pour partie, et dont le surplus est payé aux cohéritiers, le tribunal de la Seine a décidé, le 9 mai 1857, que cette déclaration ne motivait pas la demande de droit de 2 pour 100 ; « Attendu que la vente était consommée avant le décès et n'était pas assujettie à l'enregistrement dans un délai déterminé ; que la mention du partage n'avait pas été faite par l'acquéreur, en vue de reconnaître et de faire constater la vente, mais comme simple élément de la composition de la masse » (899 R. P., 16168 J. N., 16575 J. E., 11612 C.).

Le contraire a été décidé par les tribunaux de Chartres, le 2 mai 1857 (867 R. P., 16541 J. E.), et de Tours, le 16 août 1864, par le motif que les énonciations du partage caractérisaient bien l'intention de constituer un titre à l'acheteur. — *V.* aussi Sol. 17 octobre 1863, 1851 R. P. Nous reviendrons sur ce point au n° 9073-2.

1. RENVOI. — Les mutations de fonds de commerce ont été assujetties par la loi du 28 février 1872 à des dispositions particulières qui sont indiquées, v° *Mutation*.

1256. Parties. — Ami et conseil. — M. Toullier t. 12 p. 51 enseigne que l'on ne doit considérer comme partie, dans un contrat, que la personne dont la présence est nécessaire à la stipulation de certaines clauses, et non celle qui n'assiste que comme conseil et ami. Aussi l'Administration a-t-elle reconnu que l'énonciation, dans un partage, d'une créance due par un individu qui assiste au partage comme conseil et ami, ne constitue pas l'usage prévu par l'art. 23 L. frimaire, et qu'aucun droit ni amende n'est exigible par suite de cette mention (Dél. 24 mai 1831, 10087 J. E., 1381 § 7 I. G., 7503 J. N., D. N. t. 7 p. 587 n° 163 ; Sol. 29 oct. 1851).

Le tribunal de la Seine a décidé, dans le même sens, le 26 février 1864, que si un tiers intervient, en qualité de conseil, à un inventaire dans lequel on le constitue débiteur d'une certaine somme, on ne saurait considérer sa présence comme un aveu donnant ouverture au droit d'obligation (1954 R. P.).

1. MARI. — On a enseigné que le droit serait exigible si, dans un partage entre cohéritiers, on attribuait à une femme mariée une créance due par le mari présent pour donner son autorisation. Le mari, dit-on, est partie à l'acte ; il y intervient non pas seulement avec un rôle passif, mais pour assister sa femme et veiller à ses propres intérêts. Il peut refuser son consentement ou faire des protestations et réserves ; s'il garde le silence c'est donc qu'il accepte l'attribution et qu'il reconnaît la dette (*V.* en ce sens Seine 13 avril 1851, 15265 J. E.).

C'est le contraire qui nous paraît la vérité. Tous ceux qui comparaissent pour assister un tiers sont dans la même position. Si rien ne démontre qu'ils ont pris une part personnelle aux conventions, on doit admettre qu'ils ont stipulé simplement en qualité de mandataires ou d'assistants, et, dès lors, on ne peut se fonder sur leur coopération pour soutenir qu'ils ont reconnu l'existence d'une dette ou d'un titre. Seulement il n'échappera à personne que la participation personnelle du mari à la convention pourrait être prouvée au moyen des termes de l'acte, de sa nature, de ses effets et des circonstances de l'affaire. Nul doute alors que le droit et l'amende ne deviennent exigibles, si le notaire ne s'est pas conformé aux art. 42 de la loi du 22 frimaire an 7, 24 de celle du 13 brumaire an 7 et 49 de celle du 5 juin 1850. Par application de ces principes, le tribunal de Périgueux a refusé de considérer comme partie dans une liquidation un mari qui comparaissait pour assister sa femme, et au nom duquel avaient été souscrites des lettres de change mentionnées dans le partage (23 mars 1865, 2129 R. P., 18268 J. N.). L'Administration a autorisé l'exécution de ce jugement. Une décision semblable a été rendue par le tribunal de Louhans, le 31 août 1877 (4827 R. P.).

Le tribunal de Grenoble, au contraire, a considéré comme partie en l'acte un mari qui avait déclaré intervenir au partage de la succession de son beau-père, en son nom et pour autoriser sa femme (13 mars 1869, 2879 R. P.). — *V.* 1245 et 12472-1.

2. TUTEUR ET SUBROGÉ-TUTEUR. — Il en est de même du tuteur ou du subrogé-tuteur. Ils ne jouent aucun rôle personnel dans le partage des biens appartenant au pupille, et on ne saurait interpréter leur assistance au contrat comme la reconnaissance du titre mentionné à leur charge. C'est ce qui a été décidé, notamment le 25 février 1861, à l'occasion d'un partage mentionnant un billet souscrit par le subrogé-tuteur des héritiers assistant en cette qualité (*Contrà*, 16730-1 J. E.).

3. MANDATAIRE. — Ce que l'on décide pour les mandataires légaux nous paraît applicable aux mandataires conventionnels. Bien que leur participation au contrat soit plus volontaire, il ne leur est cependant pas permis de refuser leur concours après l'acceptation du mandat (1991 C. C.), et on ne peut pas dire *à priori* que cette comparution, en quelque sorte forcée, soit un aveu de la dette relevée à leur charge. Il faudrait, pour faire prévaloir cette interprétation, des signes non équivoques de leur volonté. On a donc pu décider que l'énonciation dans un partage d'une créance due par un mandataire n'autorise pas la perception du droit d'obligation (Sol. 27 sept. 1862). — *V.* Louhans, 31 août 1877, 4827 R. P.

4. EXÉCUTEUR TESTAMENTAIRE. — Tel est aussi, selon nous, le cas de l'exécuteur testamentaire. Bien qu'à certains égards, et selon la remarque de Domat (liv. 3 tit. 6 § 2 n° 12), l'exécuteur testamentaire soit partie dans le compte qu'il rend de sa gestion, néanmoins ce n'est pas en ce sens qu'il ne puisse comprendre dans cet acte des créances que le défunt annonce avoir contre lui, sans s'en reconnaître par là même débiteur. Un tel résultat serait contraire à la nature de l'institution, et entraverait l'exécution du mandat. Aussi faut-il décider, avec une solution du 21 mai 1858, qu'il n'est dû ni droit ni amende par le notaire qui mentionne dans le compte de l'exécuteur testamentaire une créance due par ce dernier. — *V.* 9101-2.

5. NOTAIRE DÉBITEUR. — Dans cet ordre d'idées, la C. cass. a décidé avec beaucoup de raison, le 17 juillet 1854 (200 R. P., 15887 J. E., 15264 J. N., 10314 C., S. 54-1-478), que l'énonciation dans un acte notarié, tel qu'un partage, de sommes payées par le notaire rédacteur, ne lui confère pas un titre libératoire, et par suite ne peut donner lieu à la perception du droit proportionnel de libération (200 R. P.; — *Conf.* Seine 12 août 1846, Sol. 18 déc. 1846, 1786-9 I. G., — *Contrà*, 14169-6 J. E.). — V. n° 12464.

En matière civile, il a été jugé, dans le même sens, que celui auquel un conseil judiciaire a été donné en la personne d'un notaire ne peut être considéré comme assisté par ce conseil dans un acte que celui-ci a reçu en sa seule qualité de notaire (C. Angers 3 août 1866, S. 66-2-340).

6. SOCIÉTÉ. — L'énonciation, dans l'acte de partage d'une succession, d'un compte courant entre le défunt et une maison de commerce dans laquelle un des héritiers est intéressé, ne rend point exigible le droit d'obligation sur la somme portée dans le compte courant, et le notaire n'est pas passible d'amende pour contravention à l'art. 42 de la loi du 22 frimaire an 7. L'héritier n'ayant comparu au partage qu'en cette qualité, et n'ayant pas pris celle d'associé, l'énonciation du compte courant ne peut, dès lors, être considérée comme une reconnaissance de dette de la part de la société (Marseille 18 déc. 1851, 14561 J. N.; Sol. 14 fév. 1849; Sol. 10 janv. 1861). — *V.* 1246.

1257. Acte non déclaratif. — Séparation de biens. — Il ne faut pas confondre, avec les actes purement déclaratifs, ceux auxquels un pareil caractère ne peut être attribué, bien que leur forme puisse, jusqu'à un certain point, faire illusion à ce sujet. Ainsi, lorsqu'une femme a renoncé à la communauté, il n'y a plus rien à partager entre elle et son mari, et si, après avoir procédé à la liquidation des reprises de sa femme, séparée de biens, le mari lui abandonne, en payement, des titres de créances sous seing privé non enregistrés, la règle n'est plus applicable, et, quoique les débiteurs de ces titres ne soient pas présents, l'amende est encourue par le notaire qui n'a pas fait enregistrer ces titres, et les droits auxquels ils donnent ouverture sont exigibles (Seine ou Senlis 8 janv. 1835, 11115 J. E.; — Châtellerault 22 janv. 1855, 551 R. P.).

SECTION 11. — ACTES EXEMPTS DE LA FORMALITÉ OU DU DROIT D'ENREGISTREMENT

[1258-1292]

ARTICLE PREMIER. — ACTE EXEMPT D'ENREGISTREMENT

[1258-1278]

1258. Règle. — L'obligation de faire enregistrer les actes avant d'agir en conséquence ne peut s'entendre de ceux qui, par quelque disposition spéciale, sont affranchis de la formalité. L'exemption équivaut à l'enregistrement. Tout acte pour lequel cette exemption est prononcée n'est donc sujet à la formalité dans aucun cas, qu'on en fasse usage ou non et quel que soit le motif pour lequel on en fait usage.

1259. Acte administratif. — Ordonnances. — Délibérations. — Ainsi, on peut faire usage en justice de la lettre d'un maire, écrite en cette qualité, sans la faire enregistrer (Cass. 26 mars 1825, 8292 J. E.); et un notaire peut relater des ordonnances royales et des délibérations de conseils municipaux sur des actes d'administration intérieure sans les soumettre à la formalité (D. m. f. 30 nov. 1821, 119 Roll.). Ces actes ne sont pas, en effet, sujets à l'enregistrement. — *V.* 1279.

1. PLAN. — ARPENTAGE. — Mais il ne faudrait pas considérer comme actes administratifs et comme dispensés à ce titre de l'enregistrement préalable le procès-verbal d'arpentage et le plan d'un bien communal rédigé par un architecte et mentionné dans la vente de l'immeuble (Dunkerque 31 déc. 1862, 1767 R. P., 17616 J. E.). C'est également ce qui a été reconnu par une décision du ministre des finances et des travaux publics du 8 juin 1870, ainsi conçue: « Lorsque l'acte de cession d'une parcelle retranchée d'une route départementale par voie d'alignement contient une indication détaillée du plan, cette indication implique l'usage de ce plan dans le sens de la loi fiscale et autorise dès lors le receveur de l'Enregistrement à réclamer directement du rédacteur de l'acte de cession le payement des droits et amendes de timbre et d'enregistrement applicables au plan énoncé (3622 R. P.).

2. ARRÊTÉ. — CERTIFICAT. — On a pensé qu'un notaire ne contreviendrait pas à la loi en rédigeant un acte en vertu d'un arrêté du préfet lors même que cet arrêté viserait une soumission, un procès-verbal d'expertise et un plan non timbré ni enregistré (2220 J. N. — 17616 J. E.); — ou en vertu d'un certificat délivré par un maire et non enregistré constatant soit la non existence d'un acte sur les registres de l'état civil, soit l'absence de ces registres (D. m. f. 30 sept. 1815, 5232 J. E., 4 juill. 1820).

3. ÉTABLISSEMENTS PUBLICS.—Relativement aux actes des établissements publics, il ne peut en être fait usage, sans qu'ils aient été enregistrés, qu'autant qu'il s'agit d'actes de police intérieure et sans rapport avec des personnes étrangères à l'établissement: tels seraient, par exemple, la délibération par laquelle la tutelle d'un enfant sorti d'un hospice est déférée à la commission administrative d'un autre hospice, et le certificat délivré par l'agent de surveillance d'un hospice portant qu'un enfant a été admis et élevé dans l'établissement (D. m. f. 8 fév. 1836).

Mais les actes des établissements publics qui rentrent dans les prévisions de l'art. 78 de la loi du 15 mai 1818, doivent être enregistrés avant qu'il en soit fait usage. — V. *Acte administratif* et *infrà* 1279.

4. ABSENCE. — On ne peut pas considérer comme acte de décès et, comme tel, dispensé de l'enregistrement, un certificat par lequel un maire constate l'absence d'un individu. Ainsi, un greffier encourt l'amende en rédigeant un acte de tutelle en vertu d'un pareil certificat avant qu'il ait été enregistré (Cass. 20 oct. 1813, 4709 J. E., S. 14-1-13).

1260. Acte ancien. — Le même principe a été consacré par une D. m. f. 4 septembre 1824, au sujet d'actes antérieurs à l'édit du mois de mars 1693, portant établissement du contrôle (1150 § 1er I. G.), et par une Dél. 16 février 1825, au sujet de trois actes publics passés avant 1791 dans la ci-devant province d'Artois, qui était exempte du contrôle. Les actes de cette espèce sont dispensés de la formalité par l'art. 70 § 3 n° 16 L. 22 frimaire an 7, lorsqu'ils ont une date certaine antérieure à la promulgation de cette loi (4938 J. N.).

Un notaire peut donc délivrer copie collationnée d'un acte authentique passé dans l'ancien territoire de France, sans que cet acte ait été enregistré. — V. *Acte ancien.*

1261. Acte imparfait. — D'après ce que nous avons dit au mot *Acte imparfait*, ces écrits ne sont que des projets n'ayant pas le caractère d'actes proprement dits; on peut, dès lors, en faire usage sans les soumettre d'abord à l'enregistrement. — *V.* 1253.

1262. Acte de l'état civil. — Les actes de l'état civil passés en pays étranger sont exempts de l'enregistrement *comme ceux qui sont passés en France*. On peut donc en faire usage par acte public, sans les soumettre à cette formalité (Dél. 18 avr. 1818, 6056 J. E.).

On peut également faire usage dans un contrat d'un acte de l'état civil qui n'est pas sujet à l'enregistrement sur la minute, mais seulement sur l'expédition, avant que cette expédition ait été enregistrée. L'opinion contraire a été enseignée sous le prétexte que l'art. 41 ne distingue point entre les actes sujets à la formalité sur la minute et sur l'expédition. Mais cette doctrine n'a jamais prévalu. Ainsi, l'Administration a décidé que le notaire qui, dans le contrat de mariage des père et mère d'un enfant naturel reconnu par acte de l'état civil, mentionne cette reconnaissance sans qu'il en ait été délivré d'expédition enregistrée, ne contrevient pas à l'art. 41 de la loi de frimaire. Elle s'est fondée, d'une part, sur le n° 5 de l'I. G. 436, relatif aux jugements préparatoires, et sur ce que, d'autre part, l'art. 41 ne s'applique pas lorsque l'acte énoncé par le notaire n'est pas sujet à l'enregistrement sur la minute, mais seulement sur l'expédition (Sol. 12 avr. 1855). — Depuis lors, de nombreuses solutions ont été rendues dans le même sens. — *Conf.* J. N. 18915.

1. TRADUCTION. — La traduction par un interprète juré des actes de l'état civil passés en pays étranger doit être enregistrée sous peine d'amende avant la rédaction d'un acte de dépôt en l'étude d'un notaire. — *V.* 675.

1263. Actions et obligations. — Les certificats d'actions ou d'obligations qui sont soumis à la taxe de transmission établie par les lois des 5 juin 1850 et 23 juin 1857 sont dispensés de l'enregistrement. Le droit exigible pour les cessions de ces titres se recouvre par des moyens spéciaux qui ne nécessitent pas l'enregistrement effectif des actes. Un notaire peut donc, sans contravention, mentionner de tels certificats dans ses actes sans se préoccuper de savoir s'ils ont été timbrés et enregistrés. — *V.* 1238 et 1310.

1264. Affiches. — L'huissier peut constater l'apposition d'une affiche non enregistrée : ces affiches étant, comme les certificats ou visa des maires, exemptes de la formalité. — *V.* 1913.

Il en est autrement quand l'affiche a le caractère d'un acte. — *V.* 1081.

1265. Bordereau d'agent de change. — D'après le mode de transmission des rentes nominatives sur l'État établi par la loi du 28 floréal an 7, l'arrêté du 27 prairial an 10 et l'ordonnance du 14 novembre 1829, il est rédigé par le Trésor, qui en conserve la minute, un acte de transfert signé par le vendeur et par l'agent de change. Quant au bordereau délivré par l'agent de change, il est complètement indépendant de l'acte de transfert. C'est une pièce destinée à constater l'opération faite à la Bourse par l'agent d'après les ordres de son commettant. Dès lors l'exemption de l'enregistrement applicable au transfert ne s'étend pas au bordereau rédigé conformément à l'art. 109 C. com. Ce bordereau doit donc être enregistré quand il en est fait usage (Sol. 31 janv. 1857).

1266. Cahier des charges. — Les cahiers des charges dressés par les maires ou les autres fonctionnaires de l'ordre administratif sont exempts du timbre et de l'enregistrement, en vertu de la loi du 15 mai 1818 (1410-10 I. G.). Un notaire peut, par conséquent, les annexer ou les mentionner à son acte sans les soumettre à la formalité (Sol. 30 avr. 1833, 6 fév. 1860, 17846-1 J. E., Sol. 1er fév. 1867. — *Contrà* 15160-2 J. E.). — *V.* 1082, 1138, 1180, 1057-3.

1267. Cédule. — L'huissier peut notifier une cédule non enregistrée, puisque ces actes ont été exemptés de l'enregistrement par une loi du 18 thermidor an 7. — *V.* 1199.

1268. Certificat du ministre de la guerre. — Aucune contravention n'est encourue pour la signification d'un certificat, non enregistré, de présence au corps délivré par le ministre de la guerre, ce certificat étant exempté de la formalité par l'art. 70 § 3 L. 22 frimaire an 7 (8608 J. E.).

1269. Copies. — L'obligation résultant des art. 41 et 42 de la loi du 22 frimaire se restreint aux actes eux-mêmes et ne saurait être étendue à leurs copies ou expéditions, puisque ces copies ou expéditions ne sont pas elles-mêmes assujetties à la formalité. Il est admis, à cet égard, qu'un notaire n'encourt pas d'amende quand il rédige une liquidation de reprise en vertu d'un exploit non enregistré portant signification du jugement de séparation, s'il est établi qu'il a eu uniquement sous les yeux la copie de l'exploit (Sol. 8 déc. 1855, 11 fév. 1857, 18 nov. 1859). Mais on ne devrait pas étendre l'exception au delà des copies d'exploits, et le notaire ne serait certainement pas reçu à prétendre qu'il a agi sur le vu de la copie d'un acte non enregistré sans se reporter à l'original. Il est tenu de s'assurer de l'enregistrement de cet original. Sa responsabilité ne disparaîtrait qu'en présence d'un faux commis sur la minute ou sur l'expédition de l'acte mentionné.

Les copies de polices d'assurances peuvent être mentionnées sans enregistrement dans un acte public (Sol. 22 mai et 1er juin 1874, 19630 J. E.).

1270. Délibéré. — Les juges peuvent prononcer définitivement quoique le jugement qui a ordonné un délibéré n'ait pas été enregistré, attendu qu'il n'est passible du droit qu'autant qu'il en est levé expédition (436 n° 12 I. G.).

1271. Extrait. — C'est encore ainsi que les secrétaires des chambres de discipline des notaires peuvent recevoir le dépôt des extraits de jugements de séparation de corps et d'interdiction délivrés par les avoués, sans les faire enregistrer et sans encourir d'amende, dans le cas où, conformément à l'arrêt de cass. 5 décembre 1832 (1422 § 4), ils sont exempts d'enregistrement (Dél. 28 avr. 1837, 9641 J. N., 11819-1 J. E., D. N. t. 3 p. 127 n° 497). — L'I. G. 1261, qui enseigne le contraire, est sans objet.

1. MATRICE CADASTRALE. — Il en est de même des extraits de matrices cadastrales joints ou mentionnés dans les actes. Ces pièces ne sont pas des certificats, mais de simples copies affranchies de l'enregistrement.

2. REGISTRES DE L'ENREGISTREMENT. — Il résulte d'une solution du 1er février 1839, insérée dans l'I. G. n° 1591 § 16, que les enregistrements faits par les receveurs ne peuvent être assimilés à des actes ; à plus forte raison, les copies ou extraits de ces enregistrements ne constituant pas des actes dans le sens des art. 41 et 42 de la loi du 22 frimaire an 7, les officiers publics peuvent, dès lors, agir en conséquence et les annexer à leurs minutes sans les faire enregistrer (Sol. 19 oct. 1867, 2602 R. P., 19195 J. N., 13440-1 J. E., 14140 C., 2012 Rev.).

1272. Lettre. — Les lettres-missives sont dispensées du timbre et de l'enregistrement tant qu'on n'en fait pas usage en justice ou devant une autorité constituée. Mais elles deviennent sujettes à cette double formalité quand il faut les énoncer dans un acte ou un jugement, et l'art. 42 reçoit alors son application. C'est ainsi que le tribunal de Rouen a reconnu, le 20 mars 1862, l'exigibilité des amendes encourues par un huissier qui avait fait une sommation en vertu d'une lettre-missive non préalablement timbrée ni enregistrée (1599 R. P., 12422 C., 17689 J. E.). — *V.* 1059, 1127, 1137.

1273. Livret de caisse d'épargnes. — Les livrets de caisse d'épargnes sont virtuellement exempts de l'enregistrement, et on peut, sans contravention, énoncer un de ces livrets dans un acte notarié sans le soumettre à l'enregistrement (12289 J. N., D. N. t. 1er p. 390 n° 673).

1274. Pays annexés. — Un notaire qui agit en conséquence d'un acte non enregistré en France, mais passé en la forme authentique dans un pays annexé, ne contrevient pas à l'art. 42 de la loi de frimaire, attendu que les actes authentiques ou sous seing privé passés dans les pays réunis, et qui ont acquis une date certaine suivant les lois de ces pays, sont exemptés de l'enregistrement par l'art. 70 n° 16 de la loi de frimaire (17527 J. E.).

La même disposition s'applique aux actes passés par des habitants des pays annexés dans les parties non annexées du territoire dont ces pays ont été détachés et au sujet de biens situés dans ces pays (D. m. f. 19 mai 1865, 2192 R. P.).

Quels sont les actes passés dans les pays réunis dont il peut être fait usage sans qu'ils aient été préalablement enregistrés? — V. 485, 486, 1293 et suiv.

1275. Récépissé. — Il a été reconnu qu'un notaire peut, sans le faire enregistrer, mentionner dans un acte qu'il rédige un récépissé délivré à un percepteur par le receveur particulier des finances (Sol. 8 fév. 1837, 11724-4 J. E.).

Une délibération du 3 février 1849 (7929 Fess.) a étendu la même solution aux récépissés délivrés par les préposés de la caisse des consignations. Mais cette délibération a été suivie de solutions contraires (Sol. 5 juill. 1873), et elle a été attaquée pour deux motifs également mal fondés.

Aux termes de l'art. 3 de la loi du 28 nivôse an 13 (272 I. G.), dit-on, le droit d'enregistrement de ces récépissés a été fixé à 1 franc; d'où la conséquence que ce ne sont pas des actes exempts de la formalité. On ne peut non plus leur appliquer le bénéfice de l'exemption accordée par l'art. 80 de la loi du 15 mai 1818 à certains actes administratifs, car ils n'ont pas ce caractère : ce sont des actes d'établissements publics.

Mais il faut remarquer que la tarification des récépissés au droit fixe de 1 franc n'a nullement eu pour but de les assujettir à l'enregistrement; on a prévu le cas où l'acte serait présenté volontairement à la formalité, et on l'a soumis alors au même droit que tout autre acte exempt en lui-même de la formalité et que les parties y font cependant présenter. D'autre part, la caisse des dépôts est une administration publique régie pour le compte de l'État (D. m. f. 4 août 1836, 9339 J.N., 1519 I. G.), et on ne peut contester aux récépissés de ces agents le caractère d'actes administratifs (11380 J. N., D. N. t. 1er p. 400 n° 737). — V. 3286. — Nous considérons donc comme inexactement rendus des jugements d'Amiens du 24 février 1842 et de Montauban du 19 décembre 1843 (12953 J. E., 11380 J. N., 13412 J. N.), décidant qu'un notaire ne peut dresser acte du transport d'une somme déposée à titre de cautionnement, en relatant le récépissé non enregistré de la caisse des consignations, sans qu'il y ait à examiner si un tel récépissé est ou non sujet à l'enregistrement. — Cependant un tribunal avait déjà décidé antérieurement qu'un huissier qui signifie copie d'un récépissé délivré par le receveur préposé de la caisse des consignations avant l'enregistrement de ce récépissé contrevient à l'art. 42, et la cour avait admis le pourvoi, par arrêt du 6 juin 1820, quand la partie y a acquiescé (D. N. t. 6 p. 527 n° 63).

1. BREVET. — La quittance constatant le payement de la taxe établie par l'art. 4 de la loi du 5 juin 1844 pour les brevets d'invention est exempte d'enregistrement comme se rapportant à une contribution due à l'État. Un notaire peut donc la mentionner, sans enregistrement préalable, dans la cession du brevet (Sol. 10 déc. 1858). — Mais cette pièce est assujettie au timbre (C. Paris 12 août 1855, 2182 R. P.). — V. 2295. — Et le notaire devrait se conformer à cet égard aux dispositions de l'art. 49 de la loi du 5 juin 1850.

2. BONS DES TRÉSORIERS GÉNÉRAUX. — De même les bons des trésoriers généraux étant exempts d'enregistrement peuvent être mentionnés sans enregistrement préalable dans un acte authentique (Sol. 27 août 1860).

1276. Registres de commerce. — Les registres ne sont pas, en général, des actes dans le sens juridique du mot. Ils ne sont pas signés et n'ont d'autre but que de conserver trace des renseignements particuliers à la tenue d'une maison ou d'un établissement. Bien que la loi attribue quelquefois à ces notes certaine force probante, il n'en est pas moins certain qu'elles échappent à l'application de l'art. 42, dès l'instant qu'elles ne forment pas, selon les prévisions du texte, des actes sous signature privée. — V. 13734.

Mais la conclusion serait différente, on le conçoit, si les parties signaient sur le registre une déclaration destinée à justifier un fait ou une convention. Cela se produit fréquemment pour les règlements de compte entre fournisseurs ou artisans. Dans cette hypothèse, il ne semble pas douteux que l'écrit forme un acte spécial dont un officier public ne peut faire usage sans le faire enregistrer. C'est ce qu'ont reconnu des solutions des 10 mars 1857 et 17 novembre 1858.

1. SOCIÉTÉ. — INVENTAIRE. — La distinction précédente sert à résoudre la question de savoir si un notaire contrevient à la loi en rédigeant un acte de cession ou autre en vertu de l'inventaire dressé par une société commerciale. Quand de cet inventaire résultent uniquement des énonciations inscrites sur les livres de la société, il ne constitue pas un acte soumis à l'enregistrement, et l'amende n'est pas due (Huy 20 mai 1857, J. E. belge 7638). Elle serait, au contraire, exigible s'il s'agissait d'un acte spécial signé des parties et assujetti à ce titre à la formalité avant sa mention dans un contrat public (Verviers 2 déc. 1863, 2213 R. P.). — V. *Société*.

1277. Saint-Domingue. — La loi du 30 avril 1826 ayant exempté du timbre et de l'enregistrement tous les actes relatifs à la liquidation de l'indemnité de Saint-Domingue, il est permis aux notaires de dresser acte de dépôt des pièces non timbrées ni enregistrées relatives à cette liquidation (1190 I. G.).

1278. Testaments. — Les testaments et autres actes de libéralités subordonnés au décès du disposant ne sont point assujettis de son vivant à la formalité de l'enregistrement. Le notaire peut donc les mentionner sans enregistrement préalable, dans des actes de son ministère.

Mais les art. 41 et 42 deviendraient applicables après le décès du testateur, et, bien que l'obligation de faire enregistrer le testament soit imposée directement aux héritiers, le notaire encourrait l'amende s'il en faisait usage sans s'assurer que cet enregistrement a eu lieu : « Attendu, porte un arrêt de la C. cass. du 17 avril 1849 que suivant l'art. 41 L. 22 frimaire an 7, les notaires ne peuvent délivrer aucune expédition d'un acte soumis à l'enregistrement avant qu'il ait été enregistré; que ces règles sont évidemment applicables à l'acte dressé par un notaire pour constater le dépôt fait entre ses mains d'un testament olographe, en vertu de l'ordonnance du président du tribunal; qu'en conséquence il ne peut ni le recevoir en dépôt, ni délivrer expédition du testament déposé sans le faire enregistrer et sans répondre personnellement du droit, sauf son recours contre les parties dans l'intérêt desquelles il a fait l'avance » (1844-12 I. G., 14725 J. E., 13744 J. N., 8608 C., S. 49-1-442. — *Conf.* Sol. 25 avr. 1862 et 12 janvier 1865.)

On l'a ainsi décidé au sujet 1° d'un partage anticipé fait par le survivant qui se disait usufruitier des biens de sa femme décédée dont les biens étaient partagés (Vassy 12 juill. 1855, 15668 J. N.);

2° De la délivrance d'un legs résultant d'un testament non enregistré (D. m. f. 10 mars 1819, 5636 J. E. Roy 95; D. N. t. 1er p. 387 n° 642);

3° De la vente de meubles légués par un testament non enregistré (Sol. 3 mars 1838, 11516 J. E.);

4° De partages énonçant un testament non enregistré (Sol. 18 juill. 1871). — V. 1125-3, 1151-3, 1142, 1194, 1230, 1233, 1279, 1299 et 1319.

1. PARTAGE TESTAMENTAIRE. — Décidé de même que bien qu'un testament ne soit enregistrable qu'après le décès du testateur, cependant si les héritiers prennent des dispositions en conséquence du testament qui contient partage, il y a contravention si ce testament n'est pas enregistré avant ou en même temps que l'acte qui contient les dispositions des héritiers (11108-2 J. E.). La raison en est que le testateur ayant donné connaissance de cet acte, et les héritiers en ayant fait usage, l'art. 42 devient applicable.

ARTICLE 2. — ACTES ADMINISTRATIFS

[1279-1286]

1279. Quels actes sont exemptés de l'enregistrement? — On range dans la classe des actes administratifs non-seulement ceux qui émanent de l'autorité administrative, c'est-à-dire ceux des ministres, des préfets, des maires, etc., mais encore les actes qui concernent les départements, les communes, les administrations et établissements publics agissant dans leur intérêt privé. Les premiers sont les actes administratifs proprement dits, les autres sont les actes des établissements publics.

Les minutes des premiers avaient été déclarées non sujettes au timbre par la loi du 13 brumaire an 7, art. 16, n° 12; ces mêmes actes avaient été exemptés de l'enregistrement par l'art. 70 § 3 nos 1 et 2 L. 22 frimaire an 7. Quant aux seconds, la loi de brumaire exemptait du timbre ceux qui n'étaient pas sujets à l'enregistrement sur la minute. La loi du 22 frimaire an 7 n'en parlait pas.

En cet état de choses, de nombreuses difficultés s'étaient élevées au sujet des actes des établissements publics. Pour y remédier, on distingua les actes de police intérieure et sans rapport avec des personnes étrangères à l'établissement, des actes d'administration temporelle et extérieure. Les premiers furent dispensés du timbre et de l'enregistrement. Parmi les autres, ceux qui étaient dressés par le secrétaire ou un autre officier de l'établissement furent assujettis à l'enregistrement dans un délai de vingt jours; ceux qui émanaient d'une délibération des membres de l'établissement, et qui portaient transmission de propriété, d'usufruit et de jouissance de biens immeubles, durent recevoir la formalité dans un délai de trois mois; tous les autres actes furent déclarés soumis à l'enregistrement avant de pouvoir en faire usage en justice ou par acte public (Déc. 4 mess. an 13, art. 3, 4 et 5, 293 I. G.).

Une D. m. f. 17 oct. 1809 (454 I. G.) commenta ces règles. Cette décision, dont les principes furent consacrés par les I. G. 765 et 779, porte que : « On ne doit point appliquer aux actes et registres des administrations départementales, municipales et des établissements publics, ayant rapport aux objets qui leur sont particuliers, l'exemption du timbre et de l'enregistrement prononcée par les lois des 13 brumaire et 22 frimaire an 7, pour les actes et registres relatifs à l'administration générale, c'est-à-dire ceux qui concernent uniquement l'exécution des lois et l'intérêt de l'État. Toutes les fois qu'il s'agit des affaires particulières des administrations départementales, communales et des établissements publics, l'assujettissement au timbre et à l'enregistrement a lieu comme pour celles des particuliers, sauf l'exemption établie par le décret du 4 messidor an 13 pour les actes de police intérieure. »

C'est en présence de cette législation qu'a été rédigée la loi du 15 mai 1818. Son art. 78 assujettit au timbre et à l'enregistrement dans le délai de vingt jours les actes des autorités administratives et ceux des établissements publics portant transmission de propriété, d'usufruit et de jouissance, les adjudications ou marchés de toute nature aux enchères au rabais ou sur soumission, les cautionnements relatifs à ces actes. D'autre part, l'art. 80 exempte du timbre et de l'enregistrement tous les actes, arrêtés et décisions des autorités administratives non dénommés dans l'art. 78. Il nous avait paru qu'en combinant les articles précédents, on arrivait à cette conclusion que si l'art. 78 embrasse les actes de l'autorité administrative et ceux des établissements publics, l'art. 80 ne concerne que ceux des autorités administratives. Et nous avions cru pouvoir en conclure, dans nos éditions précédentes, que l'exemption de timbre et d'enregistrement s'applique aux seuls actes des autorités administratives qui sont d'intérêt général, et les seuls actes des établissements publics qui sont d'administration intérieure. Tous les autres actes des autorités administratives et des établissements publics nous semblaient devoir être enregistrés, soit dans les vingt jours de leur date, soit lorsqu'il en est fait usage, selon qu'ils ont été dénommés ou non dans l'art. 78 L. 15 mai 1818.

Cette distinction n'a pas été admise par la jurisprudence.

La C. cass. a décidé avec persistance que quand le traité concernant les intérêts particuliers de l'établissement public ou de la commune a été passé par le fonctionnaire compétent, et qu'il a été précédé ou suivi des autorisations ou approbations nécessaires, il constitue, au même titre que l'acte d'administration générale, un contrat administratif soumis, même malgré sa forme sous signature privée, aux règles sur l'enregistrement des actes administratifs (Cass. 12 mai 1830 1336 § 10 I. G., S. 30-1-177; — 22 janv. 1845, S. 45-1-103; — Cass. 19 nov. 1867, 2362 § 4 I. G. 2594 R. P., S. 60-1-40; — 20 janv. 1868, 2601 R. P., 19183 J. N., S. 68-1-228, D. 68-1-100. — C'est un point que nous avons développé au mot *Acte administratif*, n° 351.

1280. Actes non approuvés. — Les actes assujettis par la loi à l'approbation de l'autorité supérieure et non encore approuvés sont de simples projets pouvant être mentionnés dans un acte public sans être enregistrés. L'art. 41 suppose, en effet, comme son texte l'indique, que l'acte mentionné est soumis en lui-même à la formalité de l'enregistrement, ou que les délais pour l'enregistrement sont ouverts. Or, l'acte non approuvé n'existe pas encore, et aucune disposition légale ne l'assujettit en cet état à la formalité. Aucune amende n'est donc due par le notaire qui en fait usage (Sol. 6 sept. 1856, 18 juin 1853, 14 oct. 1869, 28 sept. 1853, 9 avr. 1860). L'opinion contraire est une erreur manifeste.

1281. Certificat d'architecte. — L'architecte d'une ville n'est point un fonctionnaire municipal, mais un simple agent salarié. Les procès-verbaux qu'il dresse ou les certificats qu'il rédige en cette qualité ne sont point des actes administratifs exempts de l'enregistrement; ils ont le caractère d'actes sous seing privé ordinaires, et l'enregistrement en est obligatoire quand on doit en faire usage (Amiens 23 août 1838, 12128 J. E.). C'est une remarque que nous avons déjà faite au n° 1767 du R. P. en relevant certaines inexactitudes échappées sur ce point à un jugement, d'ailleurs bien fondé, du tribunal de Dunkerque, du 31 décembre 1862 (*Conf.* Péronne 8 juin 1842, 13019 J. E., 11527 J. N.). — *V.* 1111.

1282. Cautionnement. — On croyait autrefois qu'une vente de biens communaux était soumise à l'approbation de l'autorité supérieure, et, dans cette persuasion, on pouvait décider qu'un notaire n'était pas en contravention quand il rédigeait, en vertu de cette adjudication, un cautionnement y relatif. Aujourd'hui que de tels actes sont complets en eux-mêmes lorsqu'ils ont été précédés des formalités légales, la solution serait différente. Il faudrait donc restreindre l'application d'une Dél. du 11 mai 1838 qui l'avait ainsi reconnu (D. N. t. 1er p. 386 n° 638), aux actes soumis par un texte positif à la nécessité de l'approbation ou non précédés de formalités légales.

1283. Devis. — Les devis rédigés par les architectes ne sont pas des actes administratifs proprement dits, puisqu'ils émanent d'agents salariés et non pas de fonctionnaires municipaux, et que l'approbation de l'autorité supérieure ne constitue qu'une formalité intrinsèque impuissante à changer leur caractère primitif (Péronne 8 juin 1842, 13019 J. E., 11527 J. N., à rapp. d'Amiens 23 août 1838, 12128 J. E. et de Dunkerque, 31 déc. 1862, 1767 R. P.; — *Contrà* 11527 J. N. et D. N. t. 1er p. 393 n° 692). — On ne pourrait donc en faire usage sans qu'ils aient été enregistrés.

De même, il y a contravention lorsque, dans un procès-verbal d'adjudication, le maire d'une commune a fait mention d'un devis dressé par un commissaire-voyer et approuvé par le préfet, si ce devis n'a pas été enregistré. On ne peut, en effet, considérer ce devis comme un acte administratif (D. m. f. 14 juill. 1820, 25 oct. 1822, 10 déc. 1825 I. G., 1187 § 15 8325 J. E.; — 20 juin 1846, 14654-4 J. E.; — 3 fév. 1849 I. G., 1401 § 10 12426-3 J. E., 1929 § 7 I. G.).

Ces actes doivent être également timbrés. Mais une décision ministérielle du 8 juin 1852 a concédé la faveur de ne les soumettre au timbre extraordinaire ou au visa pour timbre qu'après l'approbation de l'autorité compétente, sauf toutefois le payement de l'amende encourue, s'il était procédé à l'adjudication avant que les devis approuvés aient acquitté les droits dus au Trésor.

La même règle est applicable aux plans (1929 § 7 I. G., 14732 J. N.). — *V.* 1068-1 et *Devis*.

1284. Soumission. — Exécutoire. — Il en est de l'exécutoire délivré par le sous-préfet contre un souscripteur à une dépense communale de maison d'école, comme de l'approbation mise au bas des actes des communes. Cet exécutoire constitue un acte de tutelle administrative exempt d'enregistrement, et l'huissier, dans son commandement au souscripteur, a pu le mentionner sans encourir l'amende, bien qu'il n'eût pas été préalablement enregistré (17815-1 J. E.).

1285. Commission. — Garde champêtre. — Il a été reconnu que les actes sous seing privé par lesquels les particuliers proposent à l'agrément de l'autorité administrative les gardes champêtres qu'ils veulent faire nommer ne peuvent être énoncés dans les arrêtés pris à cet égard par les sous-préfets avant d'avoir été enregistrés (D. m. f. 2 sept. 1830, 1347 § 7 I. G.).

Cette décision porte que les droits exigibles doivent être réclamés des secrétaires des sous-préfectures, sauf leur recours contre qui de droit. — *V.* 9092.

1286. Cahier des charges. — 1. BAIL. — On a émis l'avis que le notaire qui reçoit un bail en vertu d'un cahier des charges rédigé par la commission administrative d'un hospice, approuvé par le préfet, contrevient à la loi si ce cahier des charges n'a pas été enregistré dans le délai.

Mais cette opinion ne nous paraît pas exacte.

Les cahiers des charges rédigés par les fonctionnaires de l'ordre administratif sont exempts du timbre et de l'enregistrement en vertu de la loi du 15 mai 1818 qui y soumet restrictivement les marchés ou les actes translatifs de propriété, usufruit ou jouissance. — V. *Cahier des charges*. — Un notaire peut donc, malgré leur approbation par l'autorité supérieure, en faire usage sans enregistrement préalable (1410-10 I. G.). Deux solutions, des 30 avril 1833 et 6 février 1860, ont été rendues en ce sens, à propos d'une vente et d'un bail dans lesquels on relatait des cahiers des charges rédigés par les maires et approuvés par le préfet (*Conf.* 15160-2 J. E.; — *Contrà* 17846 J. E.). — *V.* 1258 et suiv.

ARTICLE 3. — ACTES A ENREGISTRER EN DÉBET OU GRATIS

[1289-1291]

1289. Débet. — Ce que nous venons de dire ne doit s'entendre que des actes exempts de l'enregistrement, et non pas de ceux qui sont soumis à cette formalité sans payement immédiat des droits. Ainsi, il y aurait contravention dans le cas où un acte, susceptible d'être enregistré en débet, n'aurait pas été soumis à la formalité avant d'être énoncé dans un acte public (D. N. t. 1er p. 386 n° 636). — V. *Acte jud.*, n° 771 § 4.

1290. Gratis. — Doit-on étendre la même règle aux actes à enregistrer gratis? Ainsi que nous l'avons indiqué précédemment, le défaut d'enregistrement en temps utile de ces actes n'expose à aucune peine, puisque la peine n'est que l'accessoire du droit et qu'aucun droit n'est exigible. On pourrait penser que, par analogie, ce défaut d'enregistrement de la part de l'officier public n'entraîne non plus contre lui aucune amende. Cette conclusion n'est cependant pas admise par l'Administration. « En thèse générale, dit-elle dans l'I. G. 2456-7, il y a lieu de reconnaître que les actes susceptibles d'être enregistrés gratis tombent, comme les autres actes, sous l'application des art. 23 et 42 précités ; la raison en est, d'une part, que la dispense du droit et la dispense de la formalité sont deux choses distinctes rangées par la loi fiscale dans des catégories différentes (L. 22 frim. an 7 art. 70 §§ 2 et 3), et, d'autre part, que les art. 23 et 42 ne contiennent aucune réserve ou exception à l'égard des actes dont la formalité ne donne lieu à la perception d'aucun droit. » Cette appréciation nous a paru contestable. — V. 771-5.

1291. Assistance judiciaire. — Lorsqu'un officier public fait usage, en dehors de la procédure d'assistance judiciaire, d'un acte enregistré gratis et dont les droits n'ont pas été ultérieurement acquittés, il contrevient à la loi. Cette question se trouve traitée, v° *Assistance judiciaire*, n° 2290.

ARTICLE 4. — DROITS PRESCRITS

[1292]

1292. Actes dont les droits sont prescrits. — D'après un arrêt cass. 24 juin 1828 (6591 J. N., 9078 J. E., S. 28-1-353, rapporté n° 489), l'effet de la prescription des droits de mutation dont les actes sous seing privé étaient susceptibles, ayant été d'éteindre l'action en payement de ces droits, cette action éteinte n'a pu revivre par l'usage fait en justice de ces mêmes actes, affranchis désormais par une exception légale des droits auxquels ils auraient dû être soumis. Il peut donc être suffisamment satisfait, en pareil cas, à la disposition prohibitive de l'art. 23 sur l'enregistrement préalable des actes, moyennant le payement du simple droit établi par l'art. 68, § 1er, n° 51 de la même loi.

Mais, dans l'espèce de cet arrêt, l'acte ayant été produit en justice avant d'avoir été enregistré, l'Administration poursuivait le recouvrement du droit proportionnel. Aussi, dans une Dél. du 3 février 1835 (8773 J. N., 11134 J. E.), l'Administration a-t-elle décidé que lorsque l'acte dont on veut faire usage est volontairement présenté à l'enregistrement, les droits qu'il était susceptible de produire avant la prescription redeviennent exigibles (4033 J. E.; — Mauriac 30 déc. 1853, 16305 J. E.; — Saint-Quentin 25 mars 1840, 12513 J. E.).

C'est dans le même sens qu'il avait déjà été reconnu par le tribunal de la Seine, 30 juin 1824, et par le minist. des fin., le 13 janvier 1826, que la mention faite depuis plus de deux ans dans un acte présenté à l'enregistrement, d'un acte sous seing privé non soumis à la formalité, n'empêche pas que les droits de cet acte ne puissent être réclamés en vertu d'une mention ultérieure faite dans d'autres actes et non encore couverte par la prescription biennale (1414 § 1er I. G.). — L'Administration soutient, en effet, que bien qu'il se soit écoulé plus de deux ans depuis la mention faite dans un acte public d'un acte sous seing privé non enregistré, sans que l'amende et les droits aient été perçus, la prescription qui en résulte ne fait pas obstacle à ce que, dans le cas de mention nouvelle de cet acte par un officier public, les droits et amendes ne puissent être exigés (1410-10 I. G.).

Faisant l'application de cette jurisprudence, le tribunal de Lyon a décidé, le 12 mars 1845, que si un notaire procède à l'adjudication de billets non enregistrés déjà énoncés par un avoué dans le cahier des charges, il encourt une amende, la faute de l'avoué ne pouvant couvrir celle du notaire (13738 J. E., 12328 J. N.).

Le tribunal de Liége a cependant reconnu, le 17 janvier 1857, que quand un exploit introductif d'instance qui relate une convention sous seing privé non enregistrée a été lui-même enregistré depuis plus de deux ans, le bénéfice de la prescription est acquis contre les prétentions de l'Administration au profit des parties et de l'avoué qui auraient fait un nouvel usage de cette convention dans les qualités du jugement. « Attendu que la prescription se trouve alors acquise *ipso facto* contre la demande des droits d'enregistrement, quel que soit l'usage ultérieur qu'on fasse en justice du même acte non enregistré et invoqué dans une seule et même instance où figurent simultanément les parties intéressées et leurs avoués, qui se prévalent respectivement dudit acte, retracent les pièces et les éléments de la procédure pour justifier leur système de défense ou d'attaque » (7025 J. E. belge).

Mais cette solution ne nous paraît pas acceptable, parce que les contraventions sont ici multiples et que leur caractère personnel ne permet pas d'admettre que le défaut de répression de la première soit une cause d'impunité pour les autres. — Nous préférons donc la doctrine du tribunal de la Seine, doctrine confirmée, d'ailleurs, par un jugement du même tribunal, du 7 février 1855, portant : « Que la prescription de deux ans est applicable à l'amende encourue par le notaire pour rédaction d'un acte en vertu d'un autre acte non enregistré, mais que si, après les deux ans, les mêmes actes sont mentionnés dans d'autres contrats, ils retombent, tant qu'ils n'ont pas été enregistrés, sous l'application des art. 23 et 42 de la loi du 22 frimaire an 7, en sorte que le notaire rédacteur des derniers actes ne peut opposer la prescription biennale acquise à la première amende » (15461 J. N.). — Bien que ce tribunal ait cru devoir juger différemment, le 31 juillet 1863, à propos des mentions successives d'actes non timbrés, nous n'en maintenons pas moins absolument cette thèse, que chaque énonciation donne lieu à une contravention séparée.

On remarquera, d'ailleurs, que l'enregistrement effectif de l'acte peut être remplacé par le payement antérieur des droits. Si ces droits ont été acquittés, le notaire peut faire usage de l'acte, quoi qu'il ne porte pas la relation ordinaire du receveur. — V. *Prescription*, 12905.

SECTION 12. — ACTES PASSÉS HORS DU TERRITOIRE

[1293-1305]

1293. Acte ancien. — Nous avons établi aux nos 479 et suiv., auxquels nous renvoyons, la jurisprudence relative aux actes anciens passés hors du territoire, dont il est fait usage.

1294. Amende. — Si l'art. 58 L. 28 avril 1816, qui défend de faire mention dans les actes publics d'aucun acte passé en pays étranger ou dans les colonies, ne prononce point d'amende, il se réfère nécessairement à l'art. 42 L. 22 frimaire an 7, et dans tous les cas où il est contrevenu à l'art. 58, il y a peine de l'amende prononcée par l'art. 42. C'est ce qui résulte notamment d'une Dél. 30 juin 1819 (6436 J. E.); — et d'un jugement du tribunal de la Seine du 26 avril 1842 (1703 § 2 I. G.).

1. HOMOLOGATION. — RATIFICATION. — L'exigibilité du droit et de l'amende ne dépend d'ailleurs que de l'usage en France, devant une autorité constituée ou dans un acte public, de l'acte passé à l'étranger. La loi n'exige pas qu'ils soient d'abord soumis à l'homologation d'un tribunal français, ou ratifiés par-devant un notaire français (Bourgoin 30 mars 1860).

1295. Acte ne valant que comme sous seing privé. — Le notaire qui agit en vertu d'actes passés en pays étranger ou dans les colonies, peut se prévaloir de la faculté accordée par l'art. 13 L. 16 juin 1824, et annexer l'acte passé hors du territoire à l'acte fait en conséquence, pour les soumettre tous les deux en même temps à l'enregistrement. C'est ce qui résulte des autorités que nous citerons ci-après et plus particulièrement des D. m. f. 4 mai 1825 (5203 J. N.); Dél. 30 novembre 1832 et 8 octobre 1833 (4321 Roll.); Sol. 30 mars 1825 (7996 J. E.); D. m. f. 18 sept. 1832 (7905 J. N.), et de l'I. G. 1703-2, contraires à la D. m. f. 24 août et 8 septembre 1831 (7551 J. N., 7996 J. E.).

Le motif de ces décisions est que les actes passés dans les colonies ou en pays étranger sont, en France, assimilés aux actes sous seing privé.

On avait douté que cette faveur pût être étendue aux actes notariés reçus dans les colonies où l'enregistrement est établi, parce qu'ils n'ont pas le même caractère d'acte sous seing privé; cependant on a considéré que l'art. 22 de la loi de l'an 7, que l'I. G. 1703 déclare applicable aux actes passés dans les colonies, ne désigne point les actes authentiques; mais l'art. 23 porte qu'il n'y a point de délai de rigueur pour l'enregistrement de tous autres actes que ceux mentionnés dans l'art. 22, qui seront faits sous seing privé ou passés dans les colonies françaises. Or l'expression « tous autres actes » comprend sans doute, dans l'art. 22 comme dans l'art. 23, les actes authentiques comme les actes sous seing privé passés dans les colonies (Sol. 19 juin 1853).

1. TIMBRE. — Même principe en ce qui concerne l'application des art. 10 et 24 L. 13 brumaire an 7, relativement au timbre de ces actes (4906 et 5001 J. N.; Dél. 5 janv. 1825, 5203 J. N.).

2. AMENDE. — Par voie de conséquence, il a été reconnu que le défaut d'enregistrement en France d'un acte notarié passé en Algérie ou dans les autres colonies où l'enregistrement est établi, expose à une amende le notaire qui en a fait usage (Sol. 5 déc. 1863, 24 nov. 1864).

1295 *bis*. Assurances. — Les polices d'assurances passées à l'étranger sont soumises à une législation spéciale que nous avons indiquée n° 1175

1296. Colonies. — Bien que les actes passés aux colonies, et non translatifs de propriété, ne soient pas assujettis à l'enregistrement dans un délai de rigueur, il ne peut néanmoins en être fait usage soit par acte public, soit en justice, ou devant toute autre autorité constituée, sans qu'ils aient été enregistrés et qu'ils aient acquitté les mêmes droits que s'ils avaient été passés en France. C'est ce qui résulte non-seulement de l'art. 23 L. 22 frimaire an 7, mais encore de l'art. 58 L. 28 avril 1816 (1156 § 2 I. G.). Il en est donc de ces actes comme de ceux translatifs d'immeubles qui sont sujets à l'enregistrement dans un délai de rigueur.

En conséquence, un notaire qui agit en vertu de ces actes, sans les faire enregistrer, encourt l'amende prononcée par l'art. 42 L. 22 frimaire an 7 (Dél. 30 nov. 1822, 7345 J. E.; — Seine 26 avr. 1843, 13361 J. E., 11749 J. N., Sol. 28 nov. 1843, 11896 J. N., 1703 I. G.), sans qu'il y ait de distinction à faire entre les colonies où l'enregistrement est établi et celles où il ne l'est pas (12823 J. E.).

1. ALGÉRIE. — Ainsi, il a été reconnu qu'un notaire qui annexe à ses actes des actes passés en Algérie doit soumettre ces derniers actes à l'enregistrement pour acquitter le supplément de droit exigible (Seine 26 avr. 1843, 13361, 14408, 14427-1 J. E., 11749 J. N.; — Saint-Girons, 31 juin 1875). — *V.* Provins, 31 décembre 1863, 1868 R. P., 12728 C. — Il commettrait une contravention si, par exemple, il délivrait l'extrait d'une procuration enregistrée en Algérie, avant que cette procuration ait été de nouveau enregistrée en France. Ainsi que le fait exactement remarquer le J. du not., la formalité qui a été donnée en Algérie n'a d'effet en France que comme constatation de la somme payée. En dehors de cette constatation, l'acte doit être considéré comme non enregistré (n° du 28 oct. 1871, n° 2494).

On a donc reconnu, avec raison, que le notaire qui reçoit

une procuration par deux époux, à l'effet de recueillir une succession échue à la femme, en énonçant leur contrat de mariage passé en Algérie pour constater qu'ils ont adopté le régime de la communauté, est-il passible d'amende s'il n'a pas préalablement soumis ce contrat de mariage à la formalité de l'enregistrement (J. N. nº du 18 avr. 1874, nº 2722).

Le tribunal de Gaillac, tout en reconnaissant le même principe, a cependant jugé, le 1er mars 1847 (14408 J. E.), que si l'acte passé en Algérie a été annexé par le notaire à son acte fait en conséquence, aucune amende n'est encourue par celui-ci, si c'est par la négligence du receveur que l'acte n'a pas été enregistré. Ce jugement est en opposition sur ce point avec la jurisprudence.

2. ILE DE LA RÉUNION. —Des Dél. 30 novembre 1822 (7345 J. E.) et 2 août 1823 (585 Roll.), avaient décidé, dans le même sens, que les actes passés dans l'île de la Réunion, régie par des règlements particuliers, doivent être enregistrés en France, lorsqu'on veut en faire usage, en imputant les droits déjà acquittés sur ceux exigibles d'après le taux fixé par la loi du 28 avril 1816.

3. JUGEMENT. — GREFFE. — Il n'est dû aucun supplément de droit de greffe en France sur un jugement passé aux colonies et dont l'expédition se trouve mentionnée dans un acte public, car les droits de greffe ne sont pas compris dans la disposition de l'art. 58 de la loi du 28 avril 1816 (Sol. 20 mai 1850 1er juill. 1858). — V. 1331.

1298. Pays étranger. — Les principes que nous venons d'exposer s'appliquent de tous points aux actes passés en pays étranger; ainsi, il a été décidé, en thèse générale, qu'un notaire ne peut, sous peine d'amende, relater un acte passé en pays étranger sans le faire enregistrer (Dél. 30 juin 1819, 6436 J. E.), sauf à lui à profiter du bénéfice de l'art. 13 L. 16 juin 1824 (D. m. f. 4 mai 1825, 1202 Roll., D. m. f. 18 sept. 1832, 10443 J. E.). Les mêmes règles ont été successivement appliquées par Dél. 16 mai 1846 (12541-4 J. E.) et par le tribunal de Thionville, 17 mars 1841 (10954 J. N., 12707 J. E.).

On a donc exactement décidé qu'un notaire contrevient à la loi quand il rédige l'inventaire d'une succession échue à un interdit étranger, en vertu d'un jugement passé à l'étranger qui ordonne le partage, et de l'acte de nomination du tuteur, également passé à l'étranger, si ces actes ne sont pas présentés au timbre et à l'enregistrement avant ou en même temps que l'inventaire (Bull. nº 491, J. du not.).

1299. Acte non représenté. — Bien plus, il a été reconnu que, pour qu'il y eût contravention aux art. 42 L. 22 frimaire an 7; 18 et 24 L. 13 brum. an 7, il suffirait que l'acte passé en France eût été fait en conséquence d'un acte passé à l'étranger, quand même ce dernier acte n'aurait pas été représenté au notaire et n'aurait jamais été en sa possession. Le tribunal d'Oloron l'a ainsi décidé au sujet d'un notaire qui avait reçu l'acte de délivrance d'un legs contenu dans un testament fait en pays étranger et qui avait mentionné ce testament sans le faire timbrer ni enregistrer en même temps que l'acte de délivrance (20 mai 1843, 13315-3 J. E., D. N. t. 1er p. 399 nº 727).

De même, un notaire qui reçoit une donation de sommes dues à raison de ventes ou d'obligations passées à l'étranger, a contrevenu à l'art. 42 s'il n'a pas fait enregistrer les ventes et les obligations (Dél. 8-16 mai 1840, 12541 J. E.).

Décidé, encore, que l'huissier qui signifie un commandement en vertu d'un acte de l'étranger non timbré ni enregistré, contrevient aux lois des 13 brumaire an 7 et 22 frimaire an 7 (Saverne 22 déc. 1854; — Mirande 30 oct. 1854).

1300. Droits et amendes de timbre. — Mais s'il suffit d'agir en conséquence d'un acte passé en pays étranger, non enregistré, pour encourir les peines portées par l'art. 42 L. 22 frimaire an 7, il ne peut en être de même des droits et amendes de timbre. Il est nécessaire de prouver que l'acte ou l'expédition n'a pas été soumis au timbre en France (11732-2 J. E.); seulement le notaire devrait se conformer à l'art. 49 de la loi du 5 juin 1850 et indiquer, à peine d'amende, la quotité du droit de timbre payé pour la pièce dont il fait usage.

1301. Inscription. — Quoi qu'il en soit, c'est par application des art. 23 L. 13 brumaire an 7 et 58 L. 28 avril 1816, qu'une Dél. 5 novembre 1823 (7575 J. E.), un jugement du tribunal de Nantes, 1er juin 1843 (6814 Roll.), ont décidé qu'on ne peut prendre inscription en France en vertu d'un titre passé en pays étranger, sans l'avoir fait préalablement enregistrer.

1302. Jugement. — Et que des D. m. f. 5 décembre 1828 (1274 I. G.) et 27 mars 1829, portent que les arrêts et jugements des tribunaux étrangers, dont l'exécution serait poursuivie sur des biens situés en France, à la requête des parties intéressées, sont passibles, conformément à l'art. 58 de la loi du 28 avril 1816, des mêmes droits de timbre et d'enregistrement que s'ils eussent été rendus par des tribunaux français.

1303. Mention indirecte. — On a émis l'avis que quand un tribunal français homologue une transaction conclue en vertu d'un jugement d'adjudication rendu en Algérie, il y a usage de ce jugement, quoique le tribunal ne l'ait pas mentionné. Le jugement et la transaction homologuée ne font qu'un seul acte (18261 J. E.). Cette opinion est plus que contestable. Si le tribunal s'est borné à homologuer la transaction, on ne peut pas dire qu'il y ait usage du jugement qui l'a motivé, car autrement il faudrait soutenir, ce qui est impossible, qu'en mentionnant un acte on agit en conséquence de tous ceux qui en sont eux-mêmes la base ou en suite desquels il a eu lieu.

1304. Perception. — Lorsque les droits auxquels sont sujets des actes passés en pays étranger ont été perçus sur un jugement qui relate ces actes, on peut ensuite les mentionner.

dans un acte notarié, sans qu'ils donnent ouverture à aucune perception et sans qu'il y ait contravention à l'art. 42 L. 22 frimaire an 7 (Dél. 27 août 1825, 5456 J. N., D. N. t. 1er p. 399 n° 728.) — *V.* 1292.

1305. Titres étrangers. — Les actions, obligations et fonds d'État étrangers sont, quant à leur mention dans les actes publics, assujettis à une législation spéciale, que nous faisons connaître. — *V. Étranger*, n° 8260.

SECTION 13. — PÉNALITÉS ET PAYEMENT [1306-1307]

1306. Pluralité d'amendes. — La sanction pénale des dispositions de la loi qui régissent la matière est dans l'art. 42 L. 22 frimaire an 7, qui inflige une amende de 50 francs (10 fr.) à l'officier public contrevenant. On a fait remarquer à ce sujet (6900 J. E.), avec raison, qu'un notaire qui a rédigé plusieurs actes en conséquence d'un autre non enregistré, doit autant d'amendes qu'il a passé de tels actes, parce qu'il y a alors autant de contraventions. C'est ainsi qu'il est dû deux amendes à raison de deux actes faits par un notaire, en vertu d'une seule procuration passée en pays étranger et non enregistrée. Le même recueil avait soutenu, ensuite (14885-1), qu'un notaire n'encourt qu'une amende pour avoir mentionné dans trois actes de son ministère une reconnaissance d'enfant naturel faite par acte de naissance, sans que la première expédition de l'acte de l'état civil fût enregistrée. Mais le motif de cette opinion, à savoir que s'il n'y avait pas eu contravention lors du premier acte il n'y en aurait pas eu lors des deux autres, est sans valeur, car la faute du notaire étant multiple, la pénalité doit être également répétée. Cette erreur a été ensuite reconnue (17143 J. E.).—Le principe de la pluralité a été également adopté par le J. N. (3790 J. N. D. N. t. 1er p. 390 n° 665) et appliqué par la jurisprudence (Seine 19 déc. 1857; — Cass. 31 mai 1853, 1982 § 10 I. G., 16678 et 15655 J. E., S. 54-1-620).

Mais il est clair qu'il faut qu'il s'agisse d'actes réellement distincts et non pas des diverses parties ou vacations du même acte. Ainsi, par exemple, nous croyons qu'une seule amende serait due pour la mention dans un cahier des charges et dans une adjudication formant un tout unique.

L'application des mêmes principes conduit à décider qu'il n'est dû qu'une seule amende si le notaire n'a passé *qu'un seul acte*, bien qu'il soit la conséquence de plusieurs actes non enregistrés : il n'y a alors qu'une seule contravention (598 J. N.; — D. m. f. 21 mai 1836; — Dél. 11 juill. 1835, Dalloz n° 5225, D. N. t. 1er p. 386 n° 632, n° 2643 J. du not.).

1307. Payement des droits. — L'officier public contrevenant n'est personnellement passible que de l'amende. Quant au droit de l'acte mentionné, il en est seulement responsable, et la responsabilité qui pèse sur lui ne s'exerce directement qu'après discussion des parties, qui sont tenues à cet égard de la même obligation qu'un débiteur principal. C'est ce que nous avons établi pour les notaires dans notre numéro 1012, et ce que nous avons dit s'applique parfaitement à tous les officiers publics.

1. PRESCRIPTION. — La responsabilité, étant une peine accessoire à celle de l'amende, s'éteint comme celle-ci après deux années à partir de l'enregistrement du contrat qui renferme la mention. Mais les droits simples peuvent être réclamés aux parties pendant trente ans (Sol. 1er mai 1863. — *V.* 1414 § 1er I. G.).

2. NON EXIGIBILITÉ DE L'AMENDE. — Les droits de l'acte dont on fait usage sont néanmoins exigibles, encore qu'à raison de certaines circonstances l'usage ne constitue pas une contravention punissable. C'est ce qui a été reconnu, notamment, dans l'hypothèse où l'usage a lieu par la production en justice, alors que, selon l'art. 23 de la loi du 22 frimaire an 7, il n'est prononcé aucune peine pour cette infraction (Saint-Etienne 30 août 1847 et Cass. 18 août 1848, 1825-3 I. G., 14548 J. E., 13457 J.N., 8346 C.; — Seine 4 juin 1851, 15243 J. E., 9346 C.).

3. RECOUVREMENT. — On a enseigné que les contraventions aux art. 41 et 42 de la loi du 22 frimaire an 7 doivent être constatées par des procès-verbaux dont l'effet est suivi au moyen d'une contrainte. C'est une erreur. La rédaction d'un procès-verbal n'est nullement nécessaire puisqu'il s'agit de faits dont la preuve ressort de l'acte lui-même, et c'est avec raison qu'on n'y a jamais recours. Il suffit de décerner une contrainte à l'officier public contrevenant.

4. NÉGLIGENCE DU RECEVEUR. — Il peut arriver que des receveurs omettent d'enregistrer des actes annexés à des actes notariés, quoiqu'il ait été fait régulièrement mention de l'annexe. Dans ce cas, le défaut d'enregistrement provient du fait seul du comptable, puisqu'il est constant que l'acte lui a été présenté, les énonciations de l'acte notarié faisant foi jusqu'à l'inscription de faux. Aucune amende ne saurait donc être réclamée à l'officier public. D'autre part, une D. m. f. du 21 mai 1858 a reconnu que cette amende n'est point encourue par le receveur, sauf à poursuivre ce dernier, le cas échéant, par les voies disciplinaires (2122 I. G.). Quant aux droits simples, le receveur les restitue, s'il les a reçus, sans les porter en recette, ou bien, dans le cas contraire, on les fait payer aux parties. Le notaire n'en est pas plus responsable qu'il n'est débiteur de l'amende, car la responsabilité est une peine, et il est certain ici qu'aucune contravention n'a été commise.

5. SUPPLÉMENT DE DROIT. — Si l'acte sous seing privé a été enregistré, la responsabilité ne s'applique qu'aux droits et amendes dont le payement a été demandé avant l'enregistrement des actes sous seing privé ; s'il y avait, pour l'un de ces actes, omission ou insuffisance de perception sur une disposition mal appréciée, l'Administration n'aurait plus alors d'action que contre les parties. Les notaires, en effet, dès qu'ils ont payé les droits demandés pour l'enregistrement et que les actes ont été enregistrés, ont satisfait à toutes leurs obligations (D. m. f. 7 juin 1808 386 § 28 I. G., 2911 J. E., 75 J. N.).

6. ENREGISTREMENT PRÉALABLE. — Les préposés de l'Enregistrement peuvent poursuivre le recouvrement des droits d'enregistrement des actes sous seing privé sans faire préalablement enregistrer ces actes, par le motif que, s'il en était autrement, il s'ensuivrait qu'ils ne pourraient demander les droits des actes non enregistrés dans les délais qu'après les avoir revêtus de la formalité dont l'omission serait l'objet de leurs réclamations (D. m. f. 10 therm. an 10, 290 § 2 I. G.).

7. PRODUCTION DE L'ACTE. — L'Administration, en poursuivant par contrainte le recouvrement des droits de l'acte énoncé, ne saurait être tenue de faire connaître les bases de sa perception, puisque la production seule des actes sous seing privé lui fournit le moyen de déterminer exactement les sommes ou les valeurs imposables. Le tribunal ne pourrait lui-même fixer la quotité du droit tant que les actes ne sont pas représentés, et les parties n'ont, pour contredire l'évaluation provisoire de la contrainte, d'autre moyen que de représenter l'acte lui-même (Cass. 28 mars 1859, 1220 R. P., 2160-1 I. G., 16552 J. N., 16920 J. E., 11529 C., S. 59-1-945). — V. *Déclaration pour la perception.*

CHAPITRE V. — QUESTIONS DIVERSES

[1308-1320]

1308. Acte et jugement. — Dans l'économie de la loi du 22 frimaire an 7 le mot *acte* est indifféremment employé, soit qu'il s'agisse de jugements ou autres actes judiciaires, soit qu'il s'agisse d'actes extrajudiciaires. C'est un nom générique sous lequel elle désigne les divers titres assujettis par elle aux droits et à la formalité de l'enregistrement. Cette interprétation a d'ailleurs été consacrée par la jurisprudence (Seine 27 août 1831; — Cass. 8 août 1833, 10703 J. E., S. 38-1-736; — Cass. 14 avr. 1834, 10944 J. E., S. 34-1-270). — « Attendu, porte ce dernier arrêt, qu'il résulte des différentes dispositions de la loi du 22 frimaire an 7, que le mot *acte* y est indifféremment employé, soit qu'il s'agisse de jugements ou autres actes judiciaires, soit qu'il s'agisse d'actes extrajudiciaires, et que c'est un nom générique sous lequel elle désigne les divers titres assujettis par elle aux droits et à la formalité de l'enregistrement. » — *V.* 339.

1309. Copie collationnée. — Lorsqu'après avoir présenté à la formalité un acte sous seing privé, on refuse de payer le droit d'enregistrement, le receveur est autorisé à le retenir, pendant vingt-quatre heures, pour se procurer une collation en forme (Art. 56 L. 22 frim. an 7). Un notaire peut, sans contravention, faire et délivrer cette collation, sans que l'acte ait été préalablement enregistré (367 I. G.).

Il peut également, sans contravention, délivrer la copie collationnée d'une sentence arbitrale portant adjudication d'immeubles antérieure à l'édit de 1693, époque où le contrôle avait été établi dans le pays de la situation des biens (D. m. f. 4 sept. 1824, 1150-1 I. G.). — *V.* 484, 1260 et 5596.

1. PROTÊT. — Un notaire peut délivrer une copie collationnée du protêt d'une lettre de change non encore enregistrée, encore bien que le protêt contienne la transcription littérale de la lettre de change, conformément à l'art. 174 C. com., par le motif qu'aux termes de l'art. 50 L. 28 avril 1816, la lettre de change peut n'être présentée à l'enregistrement qu'avec l'assignation, dans le cas de protêt faute de payement, et seulement avant la demande en remboursement ou en cautionnement, dans le cas de protêt faute d'acceptation (7470 J. N., D. N. t. 4 p. 168 n° 32). Il n'en est plus de même aujourd'hui, les lettres de change ayant été assimilées aux billets à ordre. — V. *Effets de commerce.*

Mais, en thèse générale, la collation d'un acte sujet à l'enregistrement ne peut avoir lieu, à peine d'amende, avant qu'il ait été enregistré. Et on devrait, par exemple, faire l'application de ce principe à la copie collationnée de l'extrait non enregistré d'un contrat de mariage passé à l'étranger. — On a pensé néanmoins que, si une partie représentait au notaire un acte sous seing privé pour être transcrit, et refusait de s'en dessaisir, attendu que toutes les parties ne sont pas présentes, le notaire pourrait, dans un procès-verbal de dires, rapporter copie collationnée de l'acte (5833 J. E.). Mais cette opinion doit être écartée en thèse générale, car il n'y a point ici d'impossibilité à obtenir une communication au moins temporaire de l'acte, et si la partie ne consent pas à le faire enregistrer, le devoir du notaire est de s'abstenir de recevoir l'acte. — V. dans le même sens, Roy, n° 137. Ce principe ne pourrait être écarté que dans les cas tout à fait urgents.

2. ENREGISTREMENT SIMULTANÉ. — La copie collationnée délivrée par un avoué peut être enregistrée avec l'acte notarié fait en conséquence (Sol. 2 mars 1874, 19450 J. E.).

1310. Effets négociables. — Après avoir défendu aux notaires, huissiers, greffiers ou autres officiers publics de rédiger un acte en vertu d'un acte sous seing privé non enregistré, à peine de 10 francs d'amende et de répondre personnellement du droit, l'art. 42 de la loi du 22 frimaire an 7 excepte de cette prohibition « les effets négociables compris sous l'art. 69 § 2 n° 6. » Or, l'art. 69 § 2 n° 6 dispose que les billets à ordre et tous autres effets négociables, autres que les lettres de change, pourront n'être présentés à l'enregistrement qu'avec les protêts qui en seront fais. Et l'art. 10 de la loi du 28 février 1872 a étendu cette disposition aux lettres de change elles-mêmes. En combinant ces textes, on a interprété l'exception de l'art. 42 dans le sens que la dispense d'enregistrement préalable des billets à ordre et lettres de change se restreint seulement aux protêts à rédiger par les huissiers. Quand il s'agit de tout autre acte, la règle commune reprend son empire, et le billet ou la lettre doit, à peine d'amende, être enregistré. L'Administration a soutenu cette doctrine devant plusieurs tribunaux. Celui de Pont-l'Évêque l'a accueilli dans un jugement du 23 février 1844, et il s'y est déterminé par deux motifs. Le premier est que, la signification des protêts s'opérant dans des conditions rigoureuses de délai, il fallait bien leur accorder une faveur que rien ne justifierait plus pour les autres actes. En second lieu, l'effet n'était plus en circulation, et le notaire rédacteur du contrat pouvait facilement l'annexer (13461 J. N.). — Le second motif est une considération qui aurait eu sa valeur si la première raison pouvait être admise. Mais nous croyons qu'il est facile de la réfuter.

On a, en effet, fort mal à propos, cherché dans l'art. 69 le complément doctrinal de l'art. 42. Ce dernier ne renvoie à l'autre que pour le détail des effets négociables compris dans l'exception, et non pas afin de limiter à un seul acte la faculté qu'il accordait aux officiers publics. Si telle eût été la pensée du législateur, il se fût borné à dire : Sont exceptés les protêts faits en vertu des effets négociables désignés à l'art. 69 § 2 n° 6. Il n'aurait pas présenté l'exception en termes généraux; il ne l'aurait pas surtout appliquée indistinctement aux actes des notaires, des huissiers, des greffiers ou des secrétaires d'administration. D'ailleurs, le législateur a toujours voulu favoriser les effets de commerce et activer leur circulation. C'est pour cela qu'il a réduit le tarif du droit d'enregistrement, qu'il exempte de la formalité l'endossement et l'acquit, et qu'il n'y soumet les titres eux-mêmes qu'avec le protêt. Or, ce dernier privilége serait, dans la plupart des cas, illusoire si le titre devait être enregistré par cela seul qu'il est mentionné dans un acte public. En permettant de retarder jusqu'au protêt l'enregistrement des billets à ordre ou des lettres de change, il nous paraît bien que la loi a implicitement autorisé à en faire usage jusque-là sans les soumettre à la formalité. Cette intention résulterait assez de l'esprit des textes, si leur rédaction générale, sainement entendue, laissait du doute sur ce point.

L'Administration avait d'abord adopté ces principes dans plusieurs délibérations des 8 avril 1817, 19 juillet 1830 et 19 mars 1832, portant qu'un notaire ne contrevient pas à l'art. 42 en rédigeant un acte d'affectation hypothécaire pour sûreté de billets à ordre non enregistrés (6434 J. E., 9558 et 11973 J. N.). Mais elle revint plus tard sur sa jurisprudence et essaya de faire prévaloir l'opinion contraire devant les tribunaux. A l'exception du jugement de Pont-l'Évêque du 23 février 1844, et d'un autre jugement de Limoges du 25 novembre 1846, motivé surtout en fait, toutes les décisions lui furent défavorables. Le tribunal de la Seine jugea, le 14 mai 1840, « qu'un notaire avait régulièrement énoncé, dans un acte de son ministère, deux billets à ordre non enregistrés » (10736 J. N.). — D'autres tribunaux reconnurent également que l'officier public ne contrevenait pas à la loi en rédigeant un acte d'affectation hypothécaire pour garantir le payement de lettres de change non soumises à la formalité (Marvejols 7 janv. 1846; — Espalion 22 avr. 1846; — Toulouse 25 mai 1848, suivi d'un acquiescement du 18 août 1848, 12609 J. N., 12933 J. N., 14604 J. E., 13505 J. N., 13569 J. N.; — *Conf.* Bruxelles 4 juin 1826, S. col. nouv.).

On objecte que, d'après un arrêt de la C. cass. 23 novembre 1825 (1187 § 1er I. G., S. 26-1-90, 8275 J. E.), le billet à ordre doit être enregistré avant l'assignation quand le créancier, sans recourir à la voie du protêt, assigne le souscripteur devant le tribunal. Mais on ne remarque pas que c'est ici le cas d'appliquer l'art. 69, § 3, n° 6 de la loi de l'an 7, car si un billet à ordre doit être enregistré lors du protêt, à plus forte raison doit-il l'être avec l'assignation, qui est toujours postérieure au protêt, et quoique pour une cause quelconque ce dernier n'ait pas eu lieu.

Quoi qu'il en soit, l'Administration a adopté aujourd'hui le système que nous défendons, et elle l'a appliqué notamment par des solutions des 24 septembre 1850, 18 décembre 1860, 6 mars 1857, 19 mars, 31 mai et 22 juillet 1864 (1957 R. P. et 954 Rev., S. 64-2-312; — *Conf.* Demante, *Suppl.*, n° 313).

Le J. E., après avoir soutenu cette doctrine (4332, 4036, 5442, 5638), l'a ensuite repoussée (3510, 6762, 11720), puis est revenu à sa première opinion (17842).

Comme la question a été vivement controversée, nous faisons connaître ci-après différentes décisions intervenues dans des espèces particulières :

1. EFFETS NÉGOCIABLES NOTARIÉS. — Et, d'abord, nous croyons inutile de dire que les principes développés ci-dessus ne s'appliquent nullement aux effets négociables notariés qui, ainsi que nous le verrons plus loin, devant être assujettis à l'enregistrement dans un délai déterminé, échappent complétement aux règles d'exception posées par les lois du 22 frimaire an 7 et 28 avril 1816.

2. ADJUDICATION. — Le notaire qui procède à l'adjudication de billets détaillés dans un cahier des charges, dressé par un avoué, commet une contravention si ces billets ne sont pas enregistrés avant ou en même temps que l'adjudication, car ce n'est pas le cahier des charges, mais l'adjudication qui a déterminé l'usage des billets prévu par l'art. 23 L. 22 frimaire an 7 (Lyon 12 mars 1845, 13738 J. E., 12328 J. N.). Cette décision se justifie par la circonstance qu'il s'agissait de titres de créance ordinaire et non pas de billets négociables (D. N. t. 1er p. 393 n° 690). Si les billets eussent été à ordre, aucune contravention n'aurait été encourue.

3. AFFECTATION HYPOTHÉCAIRE. — Il y a contravention lorsqu'une affectation hypothécaire est donnée par l'endosseur des billets négociables et que le notaire n'a pas établi que les billets, non enregistrés, sont en circulation (Pont-l'Évêque 23 fév. 1844, 13461 J. E., 12609 J. N.).

Paraphe. — *A fortiori*, s'il est constaté que le billet a été paraphé par le notaire qui a reçu l'affectation hypothécaire, il doit être enregistré à peine d'amende (Limoges 25 nov. 1846, 14158 J. E.).

4. BAIL. — Lorsque dans l'acte de bail notarié le preneur remet au bailleur, en payement de son prix, un billet souscrit à son profit, avec condition que si ce billet n'est pas acquitté, le bailleur aura son recours contre le preneur, il y a cession du billet, et s'il n'est pas enregistré, le notaire encourt l'amende (14632-2 J. E.).

5. DATION EN PAYEMENT. — La dation de billets négociables en payement d'une créance ne rend pas l'enregistrement de ces titres obligatoire, et l'officier public n'encourt aucune amende pour en faire usage sans les soumettre à la formalité (Sol. 30 juin 1851, 27 juin 1855).

6. DISTRIBUTION PAR CONTRIBUTION. — Le notaire qui, dans une distribution par contribution entre créanciers, relate des effets de commerce sans les faire enregistrer, contrevient à l'art. 41 L. 22 frimaire an 7 (Dél. 8 août 1835, 11377 J. E.).

7. ENDOSSEMENT. — L'Administration a reconnu qu'un notaire peut recevoir l'acte d'endossement d'un effet négociable non enregistré, et se dispenser de présenter cet effet à la formalité avec l'acte d'endossement qui, aux termes d'un arrêt de la C. cass. du 13 juill. 1847 (1796 § 9 I. G., 14292, 14368-2 J. E., 13088 J. N., 7691 C., S. 47-1-717), doit être enregistré dans les dix ou quinze jours de sa date, pourvu, toutefois, qu'il n'y ait pas eu protêt (Dél. 8 avr. 1817, 5720 J., 2083 J. N., D. N. t. 1er p. 391 n° 676).

8. PROROGATION. — PROTÊT. — L'huissier qui a protesté un billet à ordre dont l'échéance a été prorogée au moyen d'un écrit mis au dos de ce billet, n'a pas agi en vertu de cette prorogation, mais en conséquence du billet. Il n'y a, dans l'espèce, aucune contravention (13868-1 J. E.).

9. PROTÊT. — DÉNONCIATION. — Les dénonciations de protêts de billets à ordre ne peuvent pas être faites avant l'enregistrement des protêts, attendu que l'exception établie pour les protêts par l'art. 69 § 2 n° 6 de la loi de frimaire, ne comprend point la notification du protêt et ne peut lui être appliquée (4529 J. E.).

10. QUITTANCE. — Il y a contravention si, dans un acte notarié, on donne quittance des intérêts d'un billet dont la date n'est pas indiquée, en se réservant le capital, alors surtout que le notaire paraît avoir eu le billet sous les yeux (Troyes 20 nov. 1832, 10539 J. E. — V. D. N. t. 1er p. 396 n° 710).

11. VENTE. — S'il est énoncé dans un contrat de vente que le prix a été payé en billets à ordre souscrits par l'acquéreur, non enregistrés et déposés entre les mains du notaire jusqu'à l'accomplissement des formalités hypothécaires, ce n'est qu'un mode de payement du prix qui dérive nécessairement de la transmission et qui ne donne pas lieu à l'enregistrement des billets avec l'acte notarié (Sol. 30 nov. 1825, 5622 J. N., 1187 § 13 I. G., Sol. 23 août 1855). Il en serait autrement si le notaire était chargé de suivre le recouvrement des billets à chaque échéance, car alors il ne serait plus simple dépositaire (D. m. f. 13 nov. 1810, 5622 J. N., 1187 § 13 I. G.). Cette dernière solution est même contestée par le D. N., par le motif que les billets à ordre ne sont dans tous les cas sujets à l'enregistrement qu'en cas de protêt, et peuvent être, dès lors, mentionnés dans un acte quelconque ou utilisés pour sa rédaction avant cette formalité (t. 1er p. 391 n° 679).

12. CIRCULATION. — Dans toutes les hypothèses précédentes, il y a un motif de plus pour ne relever aucune contravention quand il est établi que les effets négociables sont en circulation. Nous avons déjà vu, en effet, l'Administration apporter un tempérament à la règle générale de l'art. 42 de la loi du 22 frimaire an 7 en faveur des huissiers qui ont été dans l'impossibilité absolue de se faire représenter préalablement les titres en vertu desquels ils agissent. — V. 1211. Le même motif doit s'appliquer aux notaires ou autres officiers publics, et, en effet, plusieurs des jugements que nous venons de citer invoquent dans leurs considérants la circonstance de la mise en circulation des billets. C'est ce que l'on a décidé par diverses solutions dont le principe nous semble tout à fait légitime.

13. HUISSIERS. — Quant à l'huissier, il n'est pas douteux qu'il peut donner des assignations à fin de payement de billets à ordre protestés, avant que ces billets aient été enregistrés, pourvu qu'ils soient présentés à la formalité en même temps que le protêt et que l'assignation. — « Attendu, porte un arrêt de cass. du 19 nov. 1834, que c'est en même temps que les effets, protêts et assignations ont été présentés à l'enregistrement, qu'il est reconnu que l'huissier a payé le droit dû sur les sommes énoncées auxdits billets ; que les juges ont prononcé, en fait, que ce sont des billets de commerce et effets négociables qui ont été protestés, et sur lesquels sont intervenus simultanément les actes de protêts et les assignations, et qu'en jugeant dans ces circonstances que l'huissier n'avait ni violé la loi ni voulu frauder le fisc, puisqu'il avait lui-même payé les droits dus, le jugement attaqué a pu, quant aux trois actes litigieux, renvoyer l'huissier Roux de la demande formée contre lui par la Régie » (S. 34-1-780, 11124 J. E. ;— *Contrà*, Bruxelles 20 juill. 1821).

La même faculté lui appartiendrait aujourd'hui pour les lettres de change (L. 28 fév. 1872, art. 10).

1311. Extrait de jugement de séparation. — En ce qui concerne les extraits des jugements de séparation entre époux, et leur remise pour être affichés dans les lieux indiqués, il faut considérer qu'aux termes des art. 1444, 1445 C. C. et 872 C. proc., la séparation de biens, quoique prononcée en justice, est nulle si, dans la quinzaine du jugement, elle n'a été exécutée au moins par un commencement de poursuites, et que ce commencement de poursuites ne peut avoir lieu sans qu'au préalable la séparation ait été rendue publique par l'affiche du jugement qui l'a prononcée. Or, l'art. 20 L. 22 frimaire an 7, accordant vingt jours aux greffiers pour faire enregistrer les jugements, si les avoués ne pouvaient, sous peine d'amende, rédiger et publier par affiches les jugements de séparation avant l'enregistrement de ces jugements eux-mêmes, ces officiers ministériels se trouveraient souvent placés dans l'alternative ou de commettre forcément une contravention, ou de laisser tomber en nullité les jugements par eux obtenus. Il faut donc reconnaître que dans ce cas spécial les art. 41 et 42 L. 22 frimaire an 7 sont sans application. C'est ce qui résulte d'un jugement du tribunal d'Orange, 22 décembre 1846 (13145 J. N.), contraire à l'opinion émise par les réd. J. E. (13217-1 J. E.).— La même doctrine a été adoptée par un jugement du tribunal de la Seine du 22 décembre 1846, auquel l'Administration a acquiescé par une délibération du 21 mai, approuvée le 28 juin 1847, et par des solutions postérieures des 26 décembre 1849 et 2 novembre 1852.

1312. Mention.— Acte d'avoué.— Les actes rédigés par les avoués, n'étant assujettis à l'enregistrement qu'autant qu'il en est fait usage, sont régis, quant à la mention qui peut en être faite dans les actes publics, par les principes applicables aux actes sous seing privé ; dès lors, le notaire qui annexe à un acte de son ministère un acte dressé par un avoué peut ne le faire enregistrer qu'avec l'acte public (12307-1 J. E., 10511 J. N.). Cette solution peut être néanmoins contestée.

1313. Faillite. — Les juges-commissaires nommés par les tribunaux, en vertu de l'art. 454 C. com., peuvent recevoir les affirmations et faire les vérifications de créances sur un failli, sans que les titres représentés sur lesquels les créances sont établies aient été préalablement enregistrés, puisque ces opérations ne tiennent qu'à des précautions d'ordre public, sauf la perception ultérieure du droit exigible pour le concordat ou celui de l'obligation préexistante, si, à défaut de traité, il est rendu un jugement de condamnation (D. m. f. 28 juin 1808, 390 § 17 I. G.). Il en est de même des droits de timbre (9391 J. E., 1131 J. N.).

1313 *bis*. Garde nationale. — Un huissier pouvait mettre à exécution les jugements des conseils de discipline de la garde nationale sans que ces jugements fussent enregistrés (Circ. 19 janv. 1833, 10661 J. E.).

1314. Greffier. — Dans quel cas des actes non enregistrés peuvent-ils être énoncés dans des actes judiciaires? — *V.* 9158.

1. DÉPOT ORDONNÉ PAR JUSTICE. — D'après un arrêt de la C. cass. du 23 fructidor an 9 (*Précis chronologique*, v° *Acte* n° 2), il n'y a pas contravention quand le dépôt de pièces non enregistrées n'a été fait au greffe qu'en exécution d'une décision de justice ordonnant ce dépôt. — « Considérant, porte l'arrêt, en ce qui concerne les pièces, lettres et autres écritures déposées au greffe du tribunal correctionnel sans avoir été préalablement timbrées et enregistrées, que la Régie ne justifie point que les citoyens Fulchiron et Courtois les aient produites à l'appui de leurs conclusions, et qu'ils en aient fait usage; qu'il résulte, au contraire, du jugement attaqué qu'ils ne les ont remises que pour obéir au jugement du 15 ventôse an 3, qui l'avait ordonné; que, par une suite, il ne constate point que le dépôt en ait été fait et reçu en contravention aux lois. » En présence des termes positifs de l'art. 42 de la loi de frimaire, cet arrêt ne peut s'appliquer en dehors du cas dans lequel il est intervenu, c'est-à-dire quand des pièces non enregistrées, invoquées par les parties, ont dû, par ordre du juge, être placées sous la main de la justice.

1315. Plumitif. — Teste-Lebeau (p. 15) rapporte un arrêt de cass. 16 juillet 1806, duquel il résulte « qu'un greffier qui, d'après les dires respectifs des parties, transcrit sur son plumitif d'audience une quittance invoquée par l'une d'elles, sans qu'il en ait été fait aucune production à l'appui de leurs aveux, ne contrevient pas à la loi. »

1316. Recouvrement des droits d'enregistrement. — Les dispositions des art. 23, 42 et 47 L. 22 frimaire an 7 ne s'appliquent pas, en ce qui concerne l'enregistrement préalable des actes, aux poursuites judiciaires que les préposés de l'Administration sont dans le cas de diriger pour recouvrer des droits d'enregistrement, car il s'ensuivrait qu'ils ne pourraient demander les droits des actes non enregistrés dans les délais qu'après les avoir revêtus de la formalité dont l'omission serait l'objet de leur réclamation, ce qui serait absurde (D. m. f. 1er therm. an 10 290 § 2 I. G.).

1318. Reconnaissance d'enfant naturel. — Les reconnaissances d'enfant naturel ne peuvent-elles être mentionnées en marge des actes de naissance, sans avoir été préalablement enregistrées, qu'autant qu'elles ont été faites devant l'officier de l'état civil qui a reçu ces actes de naissance? — *V.* 1262 et 7551.

1319. Testament. — Actes y énoncés. — L'exemption de l'enregistrement préalable doit être étendue aux actes sous seing privé non enregistrés qui sont énoncés dans les testaments, sauf à percevoir les droits dans le cas où il serait fait quelque acte en conséquence, ou si, lors de la publicité donnée au testament, il était constaté que ces actes dussent être enregistrés dans un délai déterminé (D. m. f. 14 juin 1808, 390 n° 16 I. G.).

1. TESTAMENT. — DÉPOT. — PROCÈS-VERBAL D'OUVERTURE. — L'acte de dépôt d'un testament olographe peut être rédigé avant l'enregistrement du procès-verbal de présentation, d'ouverture et de description (Colmar 12 juin 1826, auquel l'Administration a acquiescé par Dél. 25 août 1826, 8521 J. E.), ou même avant l'enregistrement de l'ordonnance du président qui ordonne ce dépôt.

1320. Usurpation de biens communaux. — Les déclarations faites devant les maires, conformément à l'ordonnance du 25 juin 1819, par les détenteurs de biens communaux usurpés, sont exemptes de l'enregistrement. Les soumissions qui ne sont point passées devant les maires, qui sont rédigées et signées par les détenteurs, doivent être enregistrées avant qu'on puisse en faire un usage public. Les rapports d'experts portant fixation de la valeur des biens usurpés doivent également être revêtus de la formalité de l'enregistrement, avant d'être soit produits devant une autorité constituée, soit mentionnés dans un acte public ou annexés à cet acte. Il a été fait remise aux notaires des amendes qu'ils ont encourues pour avoir mentionné dans leurs actes, ou y avoir annexé, dans le cas dont il s'agit, des soumissions de détenteurs ou des rapports d'experts non enregistrés, sous la condition que ces officiers publics présenteraient ces actes à l'enregistrement dans le délai d'un mois (D. m. f. 25 juill. 1823, 1094 I. G.).

CHAPITRE VI. — MENTION DE LA QUITTANCE DES DROITS D'ENREGISTREMENT DANS LES ACTES ET EXPÉDITIONS

[1321-1334]

1321. But de la loi. — Le législateur de l'an 7 a voulu assurer, par les art. 44, 45, 46 L. 22 frimaire, l'exécution du principe qu'il avait posé dans les art. 41 et 42. Ces articles sont ainsi conçus :

« 1° Il sera fait mention, dans toutes les expéditions des actes publics, civils ou judiciaires qui doivent être enregistrés sur les minutes, de la quittance des droits, par une transcription littérale et entière de cette quittance. — Pareille mention sera faite dans les minutes des actes publics, civils, judiciaires ou extrajudiciaires, qui se feront en vertu d'actes sous seing privé ou passés en pays étranger, et qui sont soumis à l'enregistrement par la présente. — Chaque contravention sera punie par une amende de 10 francs (5 fr.) » (Art. 44).

« 2° Les greffiers qui délivreront des secondes et subséquentes expéditions des actes et jugements assujettis aux droits proportionnels, mais qui ne sont pas dans le cas d'être enregistrés sur les minutes, seront tenus de faire mention, dans chacune de ces expéditions, de la quittance du droit payé pour la première expédition, par une transcription littérale de cette quittance. — Ils feront également mention, sur la minute de chaque expédition délivrée, de la date de l'enregistrement et du droit payé. — Toute contravention à ces dispositions sera punie par une amende de 10 francs (5 fr.) » (Art. 45).

« 3° Dans le cas de fausses mentions d'enregistrement, soit dans une minute, soit dans une expédition, le délinquant sera poursuivi par la partie publique, sur la dénonciation du préposé de la Régie, et condamné aux peines prononcées pour le faux » (Art. 46).

1. PÉNALITÉ. — D'après l'art. 44 de la loi, chaque contravention est punie d'une amende. L'officier public commet donc autant de contraventions qu'il existe d'actes sous seing privé dont la relation n'a pas été transcrite. Il résulte, il est vrai, de deux décisions rapportées n° 1306, qu'il n'est dû qu'une seule amende si, contrairement aux dispositions de l'art. 42 de la loi du 22 frimaire an 7, un notaire passe un seul acte public en conséquence de plusieurs actes sous seing privé non enregistrés. Mais les motifs de ces délibérations ne peuvent être invoqués. Elles sont motivées sur ce fait incontestable, que la pluralité des amendes n'est pas prononcée par l'art. 42. Or, l'art. 44 se termine par ces mots : « Chaque contravention sera punie par une amende de 10 francs, » et l'utilité de ce paragraphe ne peut s'expliquer que par l'intention du législateur, en n'exigeant qu'une amende peu élevée (aujourd'hui 5 fr.), d'imposer autant d'amendes qu'il y aurait d'actes dont la mention de l'enregistrement ne serait pas transcrite (Sol. 1er déc. 1869).

1322. Acte public. — Les art. 41 L. 22 frimaire an 7 et 56 L. 28 avril 1816 défendent aux notaires de faire usage d'un acte public *non enregistré* ; mais ni les articles que nous venons de transcrire, ni aucune loi, ne les obligent à constater dans l'acte fait en conséquence d'un autre acte public, que ce dernier acte *a été enregistré*. L'art. 44 est *spécial* aux actes sous seing privé. En conséquence, l'Administration a décidé, le 9 juin 1851, qu'un notaire n'est pas tenu d'énoncer dans un certificat de propriété que les actes publics en vertu desquels le certificat est délivré ont été dûment enregistrés (14469 J. N.). C'est donc par pure habitude si, après avoir relaté un acte notarié, on ajoute généralement le mot « enregistré » (756 J. N., D. N. t. 1er p. 400 n° 734). Il y a présomption que les actes de cette nature ont été enregistrés, et cette présomption ne doit céder qu'à la preuve contraire (13890-1 J. E.).

1323. — Acte sous seing privé. — Les prescriptions de l'art. 44 L. 22 frimaire an 7 ne sont pas tellement impérieuses qu'un notaire doive toujours faire la transcription littérale et entière de la quittance des droits d'enregistrement de l'acte sous seing privé qu'il énonce. Pour remplir le but de la loi, qui a voulu seulement mettre les employés à même de s'assurer si l'acte énoncé a été réellement enregistré, il suffit que la mention de la quittance des droits soit assez développée pour que les employés puissent vérifier l'exactitude de l'assertion. C'est ce qui résulte d'une Sol. 23 août 1830 (9618 J. E.), d'une D. m. f. 17 septembre suivant (9810 J. E.) et d'une Dél. 19 avril 1833 (8071 J. N. ; — *Contrà*, 9810 et 11943 J. E.).

1. MENTION INSUFFISANTE. — Mais la simple mention que l'acte a été enregistré par un tel qui a perçu les droits, ainsi que l'ont déclaré les parties, laisse la contravention subsister (400 § 10 I. G.; — Pointe-à-Pitre 21 août 1852, 14986 J. N.; — Vouziers 10 mai 1855, 638 R. P.).

1324. Acte sous seing privé annexé. — Si l'acte sous seing privé mentionné se trouve annexé à l'acte qui le relate, la transcription littérale de l'enregistrement n'est obligatoire ni dans le cas où l'acte annexé est enregistré en même temps que l'acte public, ni dans celui où il aurait été enregistré antérieurement (D. m. f. 17 sept. 1830, 9810 J. E.; — Dél. 19 avr. 1833, 8071 J. N.; — Sol. 12 août 1844, D. N. t. 1er p. 400 n° 735).

1325. Acte sous seing déposé. — On a émis l'avis, en se fondant sur ce que l'acte sous seing privé déposé acquiert le caractère d'acte public, que lorsque dans un acte notarié on énonce un acte sous seing privé déposé dans les minutes d'un notaire, l'indication de l'étude où ce dépôt a été effectué supplée suffisamment à la transcription des droits d'enregistrement (7771 J. N., D. N. t. 1er p. 400 n° 736).

1. TESTAMENT OLOGRAPHE. — Cette assertion trouve sa justification dans une Sol. 14 octobre 1835 (Dalloz, n° 5263) qui, d'après les mêmes motifs, a reconnu que la mention, dans un acte, qu'un testament olographe avait été déposé, tel jour, dans l'étude du notaire rédacteur, pouvait remplacer la mention de l'enregistrement.

2. RAPPORT D'EXPERT. — DÉPOT. — Le rapport d'experts, déposé au greffe, peut être expédié par le greffier sans que ce dernier expédie en même temps l'acte de dépôt, et l'expédition du rapport qui ne mentionne pas le dépôt n'est passible que du droit de greffe de 1 franc par rôle. Mais si le dépôt est mentionné dans l'expédition, une telle mention équivaut à un extrait, et le greffier est tenu de transcrire littéralement dans cet extrait la quittance des droits perçus sur la minute (14753-2 J. E.).

1326. Acte adiré. — On a pensé (12652 J. E.) qu'un notaire contrevient à l'art. 44 L. 22 frimaire an 7, en ne transcrivant pas dans un acte de vente la relation de l'enregistrement de l'acte d'acquisition sous seing privé des biens vendus, énoncé comme adiré. Le motif de cette opinion est que le notaire pouvait se refuser à relater cet acte dans celui qu'il rédige, et que, du moment où il l'énonce, il se soumet aux obligations qui lui sont imposées.

1327. Avoué. — On a émis aussi l'avis que les avoués ne sont pas tenus de se conformer aux prescriptions de l'art. 44

L. 22 frimaire an 7, attendu qu'aucune disposition dans la loi n'existe à leur égard et qu'on ne peut, par voie d'interprétation, dire que si les actes des avoués sont assimilés à des actes publics pour l'application des art. 41 et 42 L. 22 frimaire an 7, ils doivent l'être également pour celle de l'art. 44 (12457-3, 12637-1 J. E.).

Cette opinion très-contestable a été repoussée par une décision du ministre des finances de Belgique du 26 février 1872 ainsi conçue : « Considérant que l'art. 44 de la loi du 22 frimaire an 7, exigeant la relation de la quittance dans les minutes des actes publics, civils, judiciaires ou extrajudiciaires, est applicable aux actes d'avoué à avoué ; qu'appartenant à l'instruction d'une action portée en justice ils constituent des actes judiciaires (Demante, n° 15); que les contraventions ont donc été dûment constatées. »

1328. Délivrance de legs. — Le notaire qui reçoit l'acte de la délivrance d'un legs fait par un testament olographe déposé dans son étude peut se dispenser de mentionner la relation de l'enregistrement du testament, attendu que la délivrance de legs n'est pas faite en vertu d'un simple acte sous seing privé, mais en vertu d'un testament olographe devenu authentique par suite du dépôt (16800 § 3 J. E.).

1329. Expédition. — Le notaire qui, à la suite de l'expédition d'un acte, donne l'extrait d'une procuration *annexée* à la minute de cet acte, et ne transcrit pas la relation d'enregistrement de la procuration, encourt l'amende prononcée par l'art 44 L. 22 frimaire an 7, lors même qu'il aurait été dit dans l'expédition qui relate la procuration qu'elle a été enregistrée (Sol. 13 août et 1er déc. 1841, 12873-1 J. E., D. N. t. 1er p. 400 n° 740, 110 R. P.).

1330. Extraits. — Il faut également, pour les extraits, transcrire littéralement la relation ou quittance de l'enregistrement, parce que l'acte public qui en reproduit un autre avec plus ou moins d'étendue fait toujours le rôle d'expédition et produit le même effet quant à la justification (Sol. 9 mai 1809, 159 Roy ; — Seine 6 mars 1812, 912 J. N., D. N. t. 5 p. 856 n° 70).

Mais il a été reconnu que l'art. 872 C. proc., déterminant la forme des extraits des contrats de mariage à déposer et ne parlant pas de la relation de l'enregistrement, le notaire peut se dispenser de la transcrire (Sol. 3 mai 1848).

1. ADJUDICATION PAR LOTS. — On a pensé qu'en délivrant à chaque adjudicataire un extrait du procès-verbal d'adjudication en détail, le notaire peut ne relater que la mention d'enregistrement relative à la vente faite à cet adjudicataire et non pas la relation totale, parce que le procès-verbal renferme autant de ventes qu'il y a de lots adjugés à des personnes différentes (J. du not. 22 mars 1862 n° 1682). Cette interprétation nous semble rationnelle.

1331. Droits de greffe. — Le notaire peut se dispenser d'exprimer, dans les transactions par suite de jugements, que les droits de greffe ont été perçus, parce que la loi ne lui en impose pas l'obligation et que l'art. 38 de la loi du 28 avril 1816 suffit pour garantir la perception des droits de greffe (D. m. f. 5 nov. 1819, 6561 J. E., D. N. t. 5 p. 467 n° 289, 3189 J. N.). — V. 1296-3.

1332. Fausse mention. — Dans le cas de fausse mention d'enregistrement (V. 1321), la minute de l'acte doit être enregistrée *pour mémoire* à la date courante, avec mention du décès du notaire, s'il est décédé (340 § 5 I. G.), ou de la date de l'arrêt de sa condamnation, s'il est vivant (263 I. G. — V. 1537 sect. 2 § 13 I. G., D. N. t. 1er p. 401 n° 742).

Le notaire ou l'officier public n'a pas, d'ailleurs, à s'assurer si la mention mise au pied de l'acte par le receveur est fausse ; il peut, dès lors, agir sans contravention en conséquence de cet acte (16530-1 J. E.).

1. VENTE. — EXPÉDITION. — HÉRITIERS. — Lorsqu'une vente d'immeubles, dont la minute ne se retrouve pas dans l'étude d'un notaire décédé et n'a pas été enregistrée, a été expédiée, et que l'expédition dont les parties sont nanties porte une fausse relation d'enregistrement, les héritiers doivent être poursuivis en payement du droit simple de la mutation (Aurillac 24 juill. 1841, 12864 J. E., 11172 J. N.).

1333. Greffier. — Avis de parents. — Il y a contravention à l'art. 44 de la part du greffier de paix qui, dans un avis de parents portant autorisation d'accepter un legs fait à des pupilles par un testament olographe, n'a pas transcrit la quittance des droits d'enregistrement de ce testament (8865 J. E.). Il résulte en effet de deux arrêts cass. 11 novembre 1811 et 20 octobre 1813 (4075 et 4709 J. E., S. 12-1-152, 14-1-13), qu'un avis de parents portant nomination de tuteur et un procès-verbal de levée de scellés, sont des actes de greffe. — V. 9158.

1334. Protêt. — Le défaut de transcription de la quittance des droits d'un effet protesté, dans un acte public, constitue une contravention à l'art. 44 de la loi du 22 frimaire an 7 (Tours 8 nov. 1845, D. N. t. 1er p. 400 n° 748).

CHAPITRE VII. — DES ACTES PASSÉS EN CONSÉQUENCE D'AUTRES ACTES NON TIMBRÉS

[1336-1359]

1336. Dispositions communes. — Timbre et enregistrement. — Ainsi que nous en avons déjà fait la remarque, la plupart des dispositions relatives à l'enregistrement des actes mentionnés s'appliquent également au timbre de ces mêmes actes ; et il est vrai de dire que quand l'officier ou le fonctionnaire public commet une contravention à l'art. 42 de la loi du 22 frimaire an 7, en faisant usage d'un acte non enregistré, il enfreint aussi l'art. 24 de la loi du 13 brumaire an 7, si l'acte n'est pas revêtu du timbre prescrit.

Cette dernière matière présente cependant quelques particularités qu'il est utile de faire connaître.

1337. Législation. — L'art. 24 de la loi du 13 brumaire an 7 fait défense aux notaires, huissiers, greffiers, arbitres et experts d'agir, aux juges de prononcer aucun jugement, aux administrations publiques de prendre aucun arrêté sur un acte, registre ou effet de commerce non écrit sur papier timbré du timbre prescrit ou non visé pour timbre. — La même défense est faite aux préposés de l'enregistrement, qui ne doivent enregistrer que des actes timbrés ou visés pour timbre.

1337 *bis*. **Juges.** — La peine de 10 francs, édictée par l'art. 26 n° 5 de la loi du 22 frimaire an 7 et 10 de celle du 16 juin 1824, n'atteint pas les juges. Aucune responsabilité même n'a été attachée par la loi à la violation de la défense faite par l'art. 24 de la loi, et l'Administration est sans action contre ces magistrats. De nombreuses solutions ont été rendues en ce sens (Sol. 28 fév., 4 juill. et 6 déc. 1857). — V. *infrà*, 1370.

1. GREFFIERS. — Il en est de même pour les greffiers à l'égard des actes qu'ils écrivent sous la dictée du juge. La contravention est alors le fait du magistrat, et le greffier n'encourt ni amende ni responsabilité (Sol. 28 fév., 9 juin, 4 juill. et 6 déc. 1857). — *V. infrà*, n° 1370-4.

On a maintes fois appliqué ce principe aux prestations de serment reçues avant que la commission ait été timbrée (Sol. 5 nov. 1860, 28 juin, 23 juill. et 9 déc. 1861, 14 juill. 1862, 15 déc. 1863 et 4 juill. 1864). — *V.* 1370-4.

Il en serait autrement, bien entendu, si l'acte, quoique fait en présence du juge, était l'œuvre du greffier; par exemple, une déclaration d'incendie (Sol. 12 nov. 1861); des avis de parents (Sol. 27 déc. 1866; — *Comp.*, Cass. 11 nov. 1811 et 20 déc. 1813, 4075 et 4709 J. E., S. 12-1-152, 14-1-13; Sol. 25 juill. 1831 et 29 nov. 1844, 13779 J. E.).

2. VÉRIFICATION ET AFFIRMATION DE CRÉANCES. — Le juge commissaire, qui admet des créanciers à la vérification et à l'affirmation des créances, n'a pas été considéré comme rendant un jugement dans le sens de la loi. Et on a émis l'avis qu'aucune contravention ne résultait de la production devant lui d'écrits non timbrés (9391 J. E.). Cela est évident puisque les juges ne sont pas passibles d'amendes pour statuer sur un acte non timbré. Mais les droits de timbre de l'acte devraient être réclamés à la partie avec les amendes dues par elle pour contravention à la loi du timbre.

1338. Avoués. — Les avoués ne sont pas compris dans la nomenclature précédente parmi les personnes auxquelles s'applique la prohibition d'agir en vertu d'actes non timbrés. D'autre part, l'art. 11 de la loi du 16 juin 1824, qui les a formellement soumis aux dispositions de l'art. 42 de la loi du 22 frimaire an 7, n'a pas parlé de l'art. 24 de la loi du 13 brumaire an 7. On en peut donc conclure qu'ils n'encourent aucune amende en faisant usage d'actes non timbrés (Villefranche 28 janv. 1850).

L'usage est cependant contraire. L'Administration fait réclamer des amendes aux avoués qui ont agi en vertu d'actes non timbrés.

En ce sens, il a été reconnu qu'il y a contravention de la part d'un avoué qui joint à une demande en collocation un billet non timbré, alors même qu'il serait assuré que la production émane du créancier (Seine 2 janv. 1856), ou des quittances non timbrées de sommes supérieures à 10 francs (Nantes 27 déc. 1859), ou des mandats non timbrés donnés pour faire la production (Sol. 25 juill. 1862 et 7 juill. 1864).

Mais cette prétention ne paraît pas justifiée. Elle ne repose que sur des analogies qui, en matière fiscale et en matière pénale, ne sont pas admissibles. — V. cep. L. 5 juin 1850, art. 49.

1338 *bis*. **Experts.** — Des personnes nommées par le tribunal pour concilier les parties ou donner leur avis sont de simples experts et non pas des arbitres. Ils peuvent donc, sans contravention à la loi, agir sur des billets ou registres non timbrés (Dél. 2 déc. 1848).

1339. Maires. — En principe, les maires sont tenus, à peine d'amende, de faire timbrer préalablement les actes en vertu desquels ils agissent, car ces magistrats sont des autorités publiques dans le sens de la loi. Cependant, il a été reconnu que l'art. 24 de la loi de brumaire ne s'applique pas aux maires pour la rédaction des actes de l'état civil, et que, dès lors, ils n'encourent aucune amende pour y annexer des actes sous seing privé ou passés en pays étranger, non revêtus du timbre en France (D. m. f. 9 mai 1826; — Dél. 4 sept. 1829; — A. Cons. d'Ét. du 17 oct. 1833, 10764 J. E. — *V.* aussi dans le même sens, D. m. f. belge, 28 avr. 1855; *Recueil* de Robyns n° 2440). Nous ne chercherons pas, comme on l'a tenté, à justifier cette décision en disant que les maires ne rendent pas alors d'arrêté, car il est manifeste qu'un acte de l'état civil, rédigé par le fonctionnaire compétent, est un acte véritable dans toute l'acception du mot, et qu'à ce titre le maire ne devrait pas plus pouvoir y annexer des écrits non timbrés qu'il ne le peut quand il fait une vente ou une adjudication. L'exemption dont ils profitent est une faveur certaine qu'il ne faudrait pas étendre par voie d'analogie.

1340. Présentation au visa. — En ce qui concerne les notaires, l'art. 24 de la loi du 13 brumaire an 7 a été modifié par l'art. 13 de la loi du 16 juin 1824, qui leur accorde la faculté de faire des actes en conséquence d'actes sous seing privé non timbrés et de les énoncer dans leurs actes, sous la condition que chacun de ces actes sous seing privé demeurera annexé à celui dans lequel il sera mentionné, et qu'il sera soumis avec lui à la formalité de l'enregistrement. Dans ce cas, les actes sont visés pour timbre par le receveur, en même temps qu'il les enregistre ou qu'il enregistre l'acte notarié (1166-5 I. G., 4906 et 5001 J. N., Sol. 8 janv. 1825, 7897 J. E.).

Cette faculté de présentation simultanée au visa et à l'enregistrement s'applique d'ailleurs aux actes revêtus d'un timbre insuffisant comme à ceux qui ne sont pas timbrés (1166-15 I. G., 4906, 5001, 5202, 5232 J. N.).

Mais elle se restreint rigoureusement aux actes notariés; et on ne saurait l'employer qu'à l'égard des actes sous seing privé. Ainsi, il a été reconnu qu'un notaire contrevenait à la loi quand il ne faisait pas timbrer, avant d'en faire usage, l'acte administratif en vertu duquel il agissait (Melun 6 juill. 1854). Seulement, les actes notariés passés en pays étranger, étant assimilés à des actes sous seing privé, tomberaient sous l'empire de la loi du 16 juin 1824, et pourraient être visés au moment même où l'acte public est enregistré (Dél. 1er mars 1853, Dél. 30 mars 1825, D. m. f. 4 mai 1825 et 18 sept. 1832, 5203, 7551, 7905 J. N., D. N. t. 12 p. 644 n° 190).

1341. Abandonnement de biens. — Dépôt de titres. — Les titres remis au greffe, conformément à l'art. 898 C. proc., par le débiteur qui veut être admis à faire la cession de ses biens à ses créanciers, ne doivent pas être soumis, avant le dépôt, aux formalités du timbre et de l'enregistrement. « Le dépôt pour parvenir à la cession judiciaire n'étant qu'une simple mesure de précaution prescrite par la loi, qui n'assure ni l'exécution des titres déposés, ni aucun recours contre les débiteurs, ce serait contrarier le vœu de l'art. 1268 C. C. et aggraver la gêne du débiteur que d'assujettir préalablement les titres à l'enregistrement et au timbre » (D. m. f. 7 juin 1808 386 n° 18 et 436 n° 71 I. G.). Cette faveur ne dispense pas cependant les agents de constater les contraventions au timbre existant sur les pièces déposées et de poursuivre en la forme ordinaire le recouvrement des droits et amendes (Même I. G.).

1342. Acte adiré. — En règle générale, il y a contravention toutes les fois qu'un officier public agit en conséquence d'un acte non timbré, lors même que cet acte ne lui serait pas représenté. Mais il est indispensable que l'on prouve d'abord que l'acte est sur papier non timbré. En effet, en matière de contravention à l'art. 24 de la loi de brumaire, à la différence de ce qui est décidé en matière d'enregistrement, l'amende ne peut être perçue qu'autant que la contravention a été constatée par un procès-verbal dressé au vu de la pièce écrite sur du papier non timbré, ou qu'autant, si le contrevenant est un officier public, que l'infraction à la loi est prouvée par les déclarations des actes eux-mêmes. C'est pourquoi l'I. G. 548 n° 2 porte qu'à l'égard du droit de timbre des billets que l'huissier chargé de poursuivre déclare être adirés, on ne doit exiger ni droit, ni amende de timbre pour l'effet non représenté, parce qu'on ne doit pas présumer que le billet a été fait en contravention aux lois des 13 brumaire et 6 prairial an 7. Le contraire a été cependant décidé par un jugement du tribunal d'Épinal, du 13 juin 1843, fondé sur ce que la copie du billet était donnée, et sur ce que des réserves étaient faites contre le débiteur pour le cas où il serait exigé des droits et amendes de timbre : d'où le tribunal a conclu qu'il y avait présomption suffisante, que le billet avait été écrit en contravention aux lois sur le timbre (13307 J. E.); mais cette décision ne saurait être suivie aujourd'hui. Il est admis qu'en l'absence de la preuve matérielle des contraventions, ni l'amende, ni le droit de timbre ne sont exigibles (Sol. 24 nov. 1864; — Sol. 19 juin 1866).

1343. Acte à la suite. — Timbre insuffisant ou supprimé. — L'officier public contrevient aussi à la loi quand il agit, en vertu d'un acte écrit à la suite d'un autre sur la même feuille de papier timbré, contrairement à l'art. 23 de la loi du 13 brumaire an 7, ou écrit sur un timbre insuffisant ou supprimé. C'est ce qu'a reconnu en ces termes une Sol. du 13 novembre 1863 : « L'art. 24 fait défense expresse aux officiers publics d'agir en vertu d'un acte qui ne serait ni timbré du timbre prescrit, ni visé pour timbre. Il est incontestable qu'un acte rédigé ou expédié abusivement sur une feuille de papier ayant servi (art. 22 et 23 L. 13 brum. an 7), n'est pas un acte revêtu du timbre prescrit, et ne peut servir d'élément à la rédaction d'un acte public. Il en est de même des actes ou écrits rédigés soit sur un timbre insuffisant, soit sur un timbre supprimé. Dans ces deux cas, l'acte ou l'écrit n'est pas revêtu du timbre prescrit, et l'officier public qui en fait usage contrevient à l'art. 24 de la loi de brumaire, ainsi que l'Administration l'a toujours reconnu » (1957 R. P.). — Cette solution peut être rigoureuse en ce qu'elle impose aux officiers publics l'obligation difficile et très-périlleuse d'apprécier les contraventions à l'art. 23 de la loi du 13 brumaire an 7; elle est cependant, il faut le reconnaître, conforme au texte de la loi.

Une délibération du 30 avril 1833, suivie d'une décision ministérielle du 17 mai 1833, avait déjà reconnu qu'il ne suffit pas, pour que l'officier public n'ait pas contrevenu à l'art. 24 de la loi de brumaire, que l'acte en vertu duquel il agit soit frappé d'un timbre quelconque : il faut encore que le papier soit au timbre prescrit pour la rédaction de l'acte sous seing privé. Ainsi, y il a contravention de la part d'un huissier qui a protesté un effet de commerce écrit sur papier frappé d'un timbre proportionnel d'une quotité insuffisante. L'art. 24 défend, en effet, d'agir sur un effet non écrit sur papier timbré du timbre prescrit (10693 J. E.).

1344. Acte enregistré sans payement de l'amende. — Mais si l'acte a été soumis à l'enregistrement et que, par erreur, le receveur ne l'ait pas visé pour timbre ou ait omis de percevoir le droit exigible, la responsabilité de l'officier public disparaît. Il a tout lieu de croire, en effet, que l'Administration a fait acquitter les droits dus ou a reconnu qu'ils ne sont point exigibles, puisque l'écrit a été présenté à son agent. Il ne s'expose donc à aucune peine en annexant un tel acte à celui qu'il rédige. C'est ce qu'ont reconnu des Sol. du 12 juin 1862 et 29 juin 1864.

1. DÉBET. — Mais il a été décidé que l'huissier qui signifie un acte rédigé sur papier non timbré et qui aurait dû être visé en débet, commet une contravention (Sol. 19 mars 1873).

1345. Affiche. — Si un notaire annexe à une vente de meubles une affiche judiciaire prescrite par la loi et qui fait partie nécessaire de la procédure, cette affiche doit être imprimée sur papier au timbre de dimension et enregistrée; il y a contravention si elle est imprimée sur papier spécial d'affiche. Mais s'il n'est question que d'une affiche facultative, soumise au droit de timbre réduit et qui est exempte d'enregistrement, le notaire ne commet aucune contravention (16774-1 J. E.).

1. FAILLITE. — Les affiches contenant l'extrait du jugement d'ouverture d'une faillite qui sont apposées en vertu de l'art. 442 C. com., étant exemptes du timbre (D. m. f. 15 mars 1814, 4759, 4852, 5346 J. E.), on a reconnu qu'un huissier peut, sans contravention, annexer au procès-verbal d'apposition d'affiches de cet extrait une affiche non timbrée (D. m. f. 26 juill. 1832, 5448 C. a.).

Mais un huissier ne pourrait, sans contrevenir à l'art. 24 L. 13 brumaire an 7, constater l'apposition d'une affiche annonçant la vente d'une faillite par le ministère d'un commissaire-priseur, si cette affiche n'est pas sur timbre de dimension. — *V.* 8810-3.

1346. Certificats d'actions ou d'obligations. — Un notaire peut, sans contravention, mentionner dans un acte reçu par lui des certificats d'actions ou d'obligations de compagnies de chemins de fer, alors que ces certificats ne sont point timbrés. Les certificats nominatifs d'actions et d'obligations sont exempts de tout droit de timbre, parce qu'ils se rapportent aux titres eux-mêmes, à raison desquels cet impôt est acquitté (D. m. f. 26 sept. 1857, n° 2107 I. G.) — *V.* n° 1880, J. du not.

1. ÉTRANGER. — Quant aux titres étrangers, ils sont soumis à une législation spéciale que nous faisons connaître au mot *Étranger*, n° 8260.

1347. Copie. — Un notaire ne fait pas usage en justice des copies d'actes par lui délivrées sur papier non timbré en réclamant à leur sujet des honoraires dans son compte. — « Attendu qu'il y a lieu de distinguer le salaire de l'objet du salaire, que l'usage des copies n'aurait pu se manifester qu'autant que Barrey aurait cherché à prouver la légitimité du salaire par la production des pièces elles-mêmes, mais que cette production était impossible puisque Barrey n'avait pas et ne devait pas avoir entre les mains les pièces dont il s'agit; qu'elles n'ont jamais été produites, soit devant le juge-commissaire, soit devant le tribunal, et que même leur existence a été contestée par un des oyants compte » (Auxerre 11 août 1864, 2114 R. P.).

1348. Connaissements. — L'art. 4 de la loi du 30 mars 1872 dispose que les connaissements venant de l'étranger doivent être soumis au timbre avant tout usage en France. Ces mots doivent être entendus dans le sens le plus large et non pas dans le sens restreint indiqué par la loi et la jurisprudence en matière d'enregistrement (Art. 23 et 42 L. du 22 frim. an 7, 2441 I. G.).

L'usage des connaissements est régi par une législation spéciale que nous indiquons v° *Connaissement*.

1349. Dépôt. — Greffier. — L'Administration a décidé qu'un greffier qui reçoit en dépôt des billets non timbrés ni enregistrés, trouvés par le déposant, n'est pas tenu des droits et amendes de timbre, parce qu'il s'agit d'un dépôt fait dans l'intérêt de l'ordre public bien plus que dans un intérêt privé (Dél. 12 mars 1829, 9318 J. E.).

Mais il y a contravention de la part du greffier qui reçoit en dépôt des pièces non timbrées devant servir à une instruction par écrit judiciairement ordonnée (Saint-Palais 1er sept. 1860).

1350. Devis et plans communaux. — Les devis et les plans rédigés par les architectes ou autres hommes de l'art dans l'intérêt des communes et des établissements publics doivent être rédigés sur papier timbré. Mais une décision ministérielle du 8 juin 1852 a accordé la faveur de ne les soumettre au timbre extraordinaire ou au visa pour timbre qu'après l'approbation de l'autorité compétente, sauf toutefois, ajoute la décision, le payement de l'amende encourue s'il était procédé à l'adjudication *avant* que les devis ou les plans approuvés aient acquitté les droits dus au Trésor (1929-7 I. G., 14732 J. N.).

Cette décision paraît imposer exclusivement au maire l'obligation de faire régulariser le plan ou le devis et lui laisser toute la responsabilité du défaut d'accomplissement de cette formalité. Aussi l'Administration a-t-elle reconnu que si le notaire dresse un acte de vente ou autre en vertu de ce devis non timbré, il n'encourt personnellement aucune amende (Sol. 27 juin 1864, 4 juill. 1865, 26 août 1865).

1351. Expéditions des actes administratifs. — Les expéditions des arrêtés en vertu desquels les préfets autorisent les communes ou les établissements publics à acquérir, vendre, accepter des donations ou des legs, etc., sont exemptes du timbre, lorsqu'elles sont remises aux maires ou aux administrateurs des établissements publics, parce qu'on les considère comme dérivant de la tutelle administrative. Il en est de même de l'expédition de l'arrêté pris par le préfet pour approuver, après leur rédaction, les contrats soumis à la formalité de l'approbation. Ces différentes expéditions peuvent, comme les ampliations des décrets rendus dans le même but, être annexées aux contrats de vente et autres sans qu'il soit nécessaire de les soumettre préalablement au timbre à l'extraordinaire ou au visa pour timbre. — Toutefois, lorsqu'une des parties intervenues au contrat réclame dans un intérêt privé une copie des arrêtés préfectoraux, cette copie revêt le caractère d'une expédition délivrée dans un intérêt non public et doit être écrite sur timbre (D. m. f. 9 juin 1856, 2073 § 2 I. G., 694 R. P.).

1352. Inventaires. — Ce n'est pas faire usage d'un titre dans le sens de la loi que de le mentionner dans les inventaires ou les actes qui ont la même nature déclarative. Le notaire n'encourt donc aucune amende si la pièce n'est pas timbrée.

1353. Partage. — Il en est de même de la liquidation, du compte ou du partage. Mais si le débiteur du titre non timbré était présent en qualité de partie et si sa coopération au contrat attribuait à l'acte sous seing privé le caractère d'une reconnaissance quelconque, il y aurait usage de l'acte et par conséquent obligation de le soumettre au timbre en même temps qu'à l'enregistrement. Les développements que nous avons donnés à cette question pour l'art. 42 de la loi du 22 frimaire an 7, dispensent d'y recourir ici. — V. 1244.

1354. Pays étrangers. — Les dispositions relatives aux actes sur papier non timbré s'appliquent aux actes passés en pays étranger ou dans les colonies. Ces actes doivent être soumis au timbre avant qu'il puisse en être fait usage en France, soit dans un acte public, soit devant une autorité judiciaire ou administrative (L. 13 brum. an 7 art. 13). Les droits de timbre et les amendes sont perçus conformément aux lois en vigueur dans la métropole (1754 I. G.).

« Les effets négociables venant de l'étranger ou des îles et colonies françaises où le timbre n'aurait pas encore été établi seront, avant qu'ils puissent être négociés, acceptés ou acquittés en France, soumis au timbre ou au visa pour timbre, et le droit sera payé d'après la quotité fixée par les lois qui sont en vigueur en France » (L. 13 brum. an 7 art. 15, L. 5 juin 1850 art. 3).

A l'égard des lettres de change et autres actes des colonies françaises où le timbre n'est pas établi, ils ne peuvent être visés pour timbre, sans amende, qu'autant qu'il n'en a été fait aucun usage en France (Sol. 12 sept. 1831, 3676 Fess.).

Lorsque les actes et effets de commerce venant de l'île de la Réunion et de l'Algérie, où l'enregistrement est établi, sont en papier timbré, on peut en faire usage en France sans les soumettre de nouveau au timbre ou au visa pour timbre (D. m. f. 22 fév. 1822. — V. aussi 1754 I. G.).

Il en est ainsi encore que le droit de timbre établi dans les colonies soit inférieur à celui de la métropole (Sol. 12 sept. 1831, 18 fév. 1839. — V. Dalloz, n° 6287, et 15023-5 J. E.).

Lorsque des actes et effets de commerce venant de l'Algérie ou de l'île de la Réunion, et qui ne sont point écrits sur papier timbré, seront soumis en France à la formalité du timbre ou du visa pour timbre, les préposés pourront percevoir immédiatement les droits et amendes exigibles suivant les dispositions en vigueur dans ces colonies.

En Algérie, l'impôt du timbre est soumis aux mêmes dispositions qu'en France; quant à l'île de la Réunion, les droits et amendes sur les actes et effets venant de cette colonie devront être exigés d'après les quotités déterminées par la loi du 13 brumaire an 7, par conséquent sans addition du décime dans le cas où il serait exigible en France. En cas de refus des porteurs des actes et effets d'acquitter les droits et amendes, les préposés doivent procéder suivant les formes prescrites par les art. 31 et 32 de la loi du 13 brumaire an 7, et 76 de celle du 2 avril 1816 (D. m. f. 29 avr. 1846, 1754 I. G.). — V. pour la quotité du timbre à l'île de la Réunion, à la Martinique et à la Guadeloupe, le décret du 21 sept. 1864, 2108 R. P.

On doit d'ailleurs considérer la prohibition relative aux actes passés en pays étranger comme applicable aux actes passés dans les pays séparés de la France en 1814, 1815 et 1871 quoique le timbre ait été conservé par les souverains de ces pays, mais seulement en ce qui concerne les actes faits avant la réunion et depuis la séparation. A l'égard de ceux qui ont été faits pendant la réunion de ces pays à la France, il faut les considérer comme faits en France.

1. EFFETS PUBLICS ÉTRANGERS. — L'énonciation ou l'usage en France d'effets publics étrangers a été soumise à une législation spéciale que nous faisons connaître au mot *Étranger*, n° 8260.

1355. Pièces non sujettes au timbre. — Les écritures privées qui auraient été faites sur papier non timbré sans contravention aux lois sur le timbre, quoique non comprises nommément dans les exceptions, ne peuvent être produites en justice sans avoir été soumises au timbre extraordinaire ou au visa pour timbre à peine de 5 francs d'amende ou le droit de timbre. Mais ces écritures (lettres missives, actes anciens, plan non signé, certificat de baptême, etc.) peuvent être annexées aux actes notariés sans qu'aucune amende soit exigible à condition qu'elles seront soumises à l'enregistrement et au visa en même temps que l'acte où elles sont relatées (L. 13 brum. an 7 art. 30, L. 16 juin 1824 art. 13). Ainsi, le notaire, en usant de la faculté qui lui est accordée par la loi de 1824 (art. 13), n'encourt aucune amende à raison de l'usage de l'acte non timbré; il est seulement tenu de payer le droit et l'amende qui peuvent être dus pour les contraventions de la partie à l'art. 12 de la loi de brumaire; et si, comme dans l'espèce rapportée, aucune amende n'est encourue, le notaire n'est tenu qu'au payement du droit.

Quant aux actes qui sont absolument affranchis du droit de timbre, leur mention ou leur annexe ne les y soumet en aucune façon.

Il en est autrement des actes qui doivent être visés en débet. — V. 1289.

1. NOTES OU ÉCRITS NON SIGNÉS. — Un écrit sans date ni signature n'est pas un acte, et il ne peut faire titre dans le sens de l'art. 12 de la loi du 13 brumaire an 7. Il ne rentre même pas dans la catégorie des écritures sous seing privé prévues à l'art. 30 de cette loi et qu'il faut faire viser pour timbre avant l'usage en justice : « De telles pièces, porte un jugement de Villefranche du 28 janvier 1850, n'ont ni caractère ni valeur; elles ne peuvent être considérées ni comme actes publics, ni comme actes privés, ni comme extraits, ni comme copies et elles ne tombent pas, dès lors, sous l'application de l'art. 30. » On peut donc en tout état de la procédure les faire timbrer sans amende (Sol. 27 juill. 1850, Dél. 12 oct. 1827, 8937 J. E.).

1356. Protêts. — La prohibition de l'art. 24 de la loi de brumaire, qui avait cessé d'exister à l'égard des notaires, se trouve rétablie, en ce qui concerne les protêts, par l'art. 23 de la loi du 24 mai 1834, qui est ainsi conçu : « Aucun notaire ou huissier ne pourra protester un effet négociable ou de commerce non écrit sur papier du timbre prescrit ou non visé pour timbre, sous peine de supporter personnellement une amende de 20 francs pour chaque contravention. Il sera tenu en outre d'avancer le droit de timbre et les amendes encourues » (1457 I. G., 7897 J. E.). Les notaires ne peuvent donc, non plus que les huissiers, faire des protêts en vertu d'effets non timbrés ou non visés *antérieurement* pour timbre (D. N. t. 12 p. 643 n° 689) ou d'effets rédigés sur un coupon de timbre insuffisant. — V. 13242-3.

On a même décidé que l'impossibilité où seraient les huissiers, à raison de la fermeture des bureaux, de faire viser pour timbre, avant le protêt, les effets de commerce non timbrés, ne les affranchit pas de l'amende (Trib. Châlon-sur-Saône 25 mars 1841, 1239 B. M.).

Lorsque, au lieu de procéder par la voie ordinaire du protêt, on donne une assignation en vertu d'un billet ou d'une lettre de change, le receveur à qui l'exploit d'assignation a été présenté pour l'enregistrer est fondé a requérir l'exhibition de l'effet (Cass. 18 janv. 1825, 5229 J. N.).

1357. Pénalités. — Une amende de 100 francs (20 fr.) est prononcée par l'art. 26 de la loi de brumaire contre les officiers et fonctionnaires publics qui contreviendraient aux dispositions de l'art. 24. Les contrevenants payeront en outre les droits de timbre (L. 13 brum. an 7 art. 26).

Il est défendu aux préposés de l'Administration : 1° D'enregistrer des actes ou des effets négociables non timbrés ou non visés pour timbre, à peine d'une amende de 50 francs (5 fr.) (L. 13 brum. an 7 art. 25 et 26); —2° d'admettre à la formalité de l'enregistrement les protêts d'effets négociables sans se faire représenter ces effets en bonne forme, sous la même peine (*Idem*).

Le notaire qui agit en vertu d'un acte non timbré est toujours passible d'une amende, soit qu'il contrevienne à l'art. 13 de la loi du 16 juin 1824 en ne faisant pas enregistrer l'acte sous seing privé, soit qu'il use de la faculté accordée par cet article, et qu'il présente l'acte sous seing privé à l'enregistrement. Dans ce dernier cas, l'amende, sauf quand il s'agit d'effets négociables, n'est que de 30 francs (5 francs), par application de l'art. 26-3° L. 13 brumaire an 7; et, de plus, le notaire n'est pas débiteur personnel, mais seulement responsable du droit et de l'amende, pour lesquels il a un recours contre les parties; tandis que, lorsqu'il agit en vertu d'un acte non timbré qu'il ne présente pas à l'enregistrement, l'amende encourue est de 100 francs (20 fr.), sans recours contre les parties, aux termes de l'art. 26-6° de la même loi. — V. au sujet de la responsabilité, v° *Acte de notaire*, n° 1012.

1358. Pluralité. — L'officier public qui a rédigé plusieurs actes en conséquence d'un autre acte non revêtu du timbre a commis autant de contraventions à l'art. 24 de la loi de brumaire qu'il a rédigé d'actes.

Mais il n'est dû qu'une seule amende lorsqu'un seul acte a été rédigé en vertu de plusieurs actes non timbrés (6900 J. E.). — V. 1306, 1375 et suiv.

1359. Quotité. — Les amendes prononcées pour mention d'actes non timbrés n'ont point été augmentées par la loi du 2 juillet 1862 qui a élevé de 5 francs à 50 francs celle qui est encourue par les particuliers pour rédaction d'actes sous seing privé sur papier non timbré (Sol. 17 janv. 1863, 11 juin 1863. — V. les Sol. rapportées au n° 1860 R. P.).

CHAPITRE VIII. — DISPOSITIONS SPÉCIALES AU TIMBRE DES ACTES MENTIONNÉS

[1360-1375]

1360. Actes qui doivent contenir les mentions prescrites. — Aux termes de l'art. 49 de la loi du 5 juin 1850, lorsqu'un effet, certificat d'action, titre, livre, bordereau, police d'assurance, ou tout autre acte sujet au timbre et non enregistré, est mentionné dans un acte public judiciaire ou extrajudiciaire et ne doit pas être représenté au receveur lors de l'enregistrement de cet acte, l'officier public ou officier ministériel est tenu de déclarer expressément, sous peine de 10 francs d'amende, si le titre est revêtu du timbre prescrit, et d'énoncer le montant du droit de timbre payé.

Les termes généraux dans lesquels cet article est conçu devaient naturellement faire supposer qu'il comprenait les actes de toute nature, et que, notamment, les notaires commettaient une contravention lorsque, procédant à des inventaires, ils décrivaient les titres et papiers de la succession sans déclarer si les droits de timbre avaient été acquittés. C'est ce qui paraissait résulter des motifs de la loi. « Pour assurer convenablement, porte l'exposé, l'exécution de la loi sur le timbre, nous vous proposons de statuer, d'une manière générale, qu'un acte, registre, billet ou effet sujet au timbre et non enregistré ne pourra être mentionné dans un acte public, civil, judiciaire ou extrajudiciaire, sans que l'officier public ou ministériel ne soit tenu de déclarer expressément dans l'acte si le titre est revêtu du timbre prescrit, et le montant du droit de timbre payé » (Exposé des motifs, séance du 1er oct. 1849, *Moniteur* du 4 oct. et suiv.).

Cette interprétation générale n'a cependant pas prévalu.

1. INVENTAIRE. — Il a été reconnu que l'obligation imposée par l'art. 49 ne s'applique qu'aux cas prévus par l'art. 24 de la loi du 13 brumaire an 7; qu'elle ne s'applique donc pas plus que lui aux mentions de titres faites dans les inventaires ou dans les actes en tenant lieu (D. m. f. 2 fév. 1853, 1954 I. G.).

2. TESTAMENTS. — COMPTE DE TUTELLE. — Il en est de même pour les mentions existant dans les testaments notariés (D. m. f. 2 fév. 1853, 1954 I. G.) ou dans un compte de tutelle (Sol. 3 juill. 1855).

3. PARTAGE. — Mais cette exemption cesse dès que la mention n'a plus le caractère simplement énonciatif. Ainsi, il y a contravention quand un notaire relate un acte sous seing privé dans un partage (Seine 29 nov. 1854, 350 R. P.; — Cass. 31 mars 1853, 1982-10 I. G., S. 54-1-620).

« Attendu, au fond, porte l'arrêt, que les dispositions de l'art. 49 de la loi du 5 juin 1850, intitulées *dispositions générales*, embrassent sans distinction tous les actes quelconques, commerciaux ou civils, sujets au timbre, conformément à la loi du 13 brumaire an 7; attendu que cet article a précisément pour objet d'obliger les notaires et officiers ministériels à exécuter la disposition législative qui leur défend d'agir sur des actes non timbrés; que, dans l'espèce, il s'agit de trois actes sous signatures privées, pouvant faire titre ou être produits comme obligations; que ces actes ont été mentionnés et compris dans un acte de partage du 16 octobre 1850, sans énonciation de la formalité du timbre, ce qui constitue de la part du notaire rapporteur de ce partage l'infraction punie d'une amende par l'art. 49 de la loi du 5 juin 1850.»

Les développements que nous avons donnés à cette question, en parlant des actes en conséquence, trouvent ici leur application.

4. DÉFAUT DE MENTION. — Il est bien entendu que si le notaire ne faisait aucune mention de titre, la loi serait inapplicable (Seine 21 fév. 1855, 418 R. P.).

5. PARTIE. — D'un autre côté, pour que la mention perde son caractère énonciatif, il faut qu'elle soit faite en présence du débiteur des titres, c'est-à-dire que le débiteur soit partie contractante dans l'acte. Nous avons déjà insisté sur ce point au n° 1256 qui précède.

A cet égard il a été jugé qu'on ne peut considérer comme partie contractante le mari d'une cohéritière qui assiste au partage pour autoriser sa femme. Dès lors, si les attributions comprennent des lettres de change souscrites par lui, le notaire n'est pas tenu de déclarer si elles sont rédigées sur le timbre prescrit (Périgueux 23 mars 1865, 2129 R. P., 18268 J. N.).

6. ANNEXE. — C'est en se basant sur la disposition de la loi qui exige la mention pour les actes seulement qui ne doivent pas être représentés au receveur lors de l'enregistrement des actes dans lesquels ils se trouvent mentionnés, qu'il a été reconnu qu'aucune mention n'est exigible si un acte non timbré se trouve annexé à un acte notarié (15618-5 J. E.). Il en est de même, à plus forte raison, si l'acte est enregistré (Sol. 30 juin 1862); le texte de la loi est positif sur ce point.

Le tribunal de Toulouse a donc décidé avec raison, le 2 mars 1860, que si les lettres de change mentionnées dans un acte de produit y sont annexées au moment de l'enregistrement, la déclaration n'est pas nécessaire. L'Administration a acquiescé à ce jugement par délibération du 4 mai 1860.

7. PORTÉE DE LA LOI. — Ainsi interprété par la jurisprudence, l'art. 49 de la loi du 5 juin 1850 n'est donc guère qu'une reproduction ou une confirmation de l'art. 24 de la loi du 13 brumaire an 7. Elle ne crée d'obligation nouvelle aux officiers publics que pour les cas très-rares où ils mentionnent des actes qui ne doivent être ni enregistrés ni représentés au receveur lors de l'enregistrement de l'acte public, par exemple des effets négociables. Réduite à cet usage, on peut dire que c'est une véritable superfétation fiscale.

1361. Manière de constater les contraventions. — Reste la question de savoir si l'art. 49 L. 5 juin 1850 a modifié les lois antérieures, et autorisé le mode de recouvrement, par voie de contrainte, des droits et amendes de timbre, des actes énoncés comme étant en contravention à la loi, lorsque les contrevenants ou les débiteurs des droits et amendes ont concouru aux actes qui contiennent les mentions. L'affirmative a été soutenue par une Dél. 19 juin 1851 (15215 J. E., 14407 J. N.) et le J. E. (15063-6, 15101, 15115, 15284, 15317-5 J. E.); mais la négative, vivement défendue par le J. N. (14101, 14407, 14427 J. N.), a été définitivement consacrée par une D. m. f. 21 novembre 1850 (14216 J. N.).

Cette décision est fondée sur les motifs d'un arrêt de cass. 26 février 1835 (11146 J. E., 8806 et 8867 J. N., 1490 § 14 I. G., S. 35-1-181) et sur une Dél. 24 octobre 1836 (11634 J. E.). En effet, les art 31 et 32 L. 13 brumaire an 7, qui prescrivent aux employés de constater par des procès-verbaux les contraventions en matière de timbre, n'ont pas été changés par l'art. 76 L. 28 avril 1816 (1150 § 7 I. G.) : à défaut d'un procès-verbal dressé par un préposé de l'Enregistrement, et, en l'absence de toute pièce propre à constater la contravention, l'Administration ne peut donc poursuivre le recouvrement des droits et amendes de timbre d'actes décrits dans un acte authentique; d'où la conclusion que la rédaction d'un procès-verbal est non-seulement nécessaire pour servir de titre à l'Administration, mais que ce procès-verbal, pour être valable, doit être accompagné des pièces mêmes en contravention.

Cette interprétation a été confirmée depuis lors plusieurs fois (Sol. 8 août 1857, 21 oct. 1858, 11 juin 1859, 5 déc. 1859, 3 fév., 22 juill. 1862, 30 janv. et 30 juin 1863, 2 sept. 1864, 12 mars 1867). «L'I. G. n° 1954, porte cette dernière solution, reconnaît que l'art. 49 de la loi du 5 juin 1850 n'est que le complément de l'art. 24 de la loi du 13 brumaire, lequel concerne exclusivement les officiers publics. On doit en conclure que cet art. 49 ne peut avoir plus de portée que l'art. 24 auquel il se rattache, et que, par conséquent, il n'est pas entré dans l'esprit du législateur d'ouvrir par là une nouvelle voie d'action aux préposés pour le recouvrement des droits et amendes de timbre sur les particuliers. D'un autre côté, puisqu'il est spécialement admis par la même I. G. que, relativement aux descriptions d'actes dans les inventaires, les notaires ne sont pas tenus de s'expliquer sur les contraventions au timbre que ces actes peuvent contenir, il s'ensuit que les mentions faites à cet égard dans les inventaires n'ont aucun caractère légal et ne peuvent être opposées aux parties comme preuves de l'existence de prétendues contraventions. Ainsi, la perception faite par le receveur, sur la simple énonciation de l'inventaire, en dehors de toute production du billet énoncé, n'est pas régulière et ne saurait être maintenue » (2846 R. P.).

On s'est demandé néanmoins si la déclaration de l'officier public, qui agit en vertu d'un acte non timbré, en admettant qu'elle n'autorise pas à réclamer aux parties les droits et amendes de timbre à défaut de représentation matérielle de la pièce, ne permettait pas de les faire payer à l'officier public responsable. L'affirmative résulte de plusieurs solutions (Sol. 10 sept. 1856, 1er oct. 1857, 12 janv. 1863, 4 sept. 1865). Mais nous croyons que c'est une erreur. Ainsi que nous l'avons déjà dit, v° *Acte de notaire*, quand les art. 26 de la loi du 13 brumaire an 7 et 13 de celle du 16 juin 1824 énoncent que le notaire *payera* les droits de timbre de la pièce mentionnée ou en sera responsable, ils supposent nécessairement que l'exigibilité de ces droits est légalement établie; or, cela n'est possible qu'au moyen de la représentation matérielle de l'acte. Ni l'aveu des parties ni la déclaration des notaires n'en sauraient tenir lieu, et malgré ces aveu ou déclaration, les débiteurs seraient toujours fondés à renvoyer l'Administration à produire l'acte. D'un autre côté, si les parties ne sont pas débitrices, le notaire ne peut pas l'être non plus, puisqu'alors il n'aurait aucun recours contre ses clients pour le remboursement des droits et amendes acquittés, et qu'il est impossible d'admettre cette double pénalité à la charge personnelle du notaire. L'action de l'Administration devra se borner à la réclamation de l'amende fixe encourue pour mention de l'acte non timbré.

1. DÉCLARATION OMISE. Il est à peine besoin d'ajouter que si l'officier public a omis de faire la déclaration prescrite par l'art. 49, on ne saurait supposer que les actes énoncés sont écrits sur papier libre et en réclamer les droits, soit aux parties, soit au notaire (Sol. 1er avr. 1856; Seine, 23 nov. 1861, 12163 C., 17436 J. E.).

2. DÉCLARATION INEXACTE. — Lorsque le notaire déclare que les titres en vertu desquels il agit sont rédigés sur papier timbré, alors qu'ils sont sur papier libre, il satisfait à l'art. 49 de la loi du 5 juin 1850, puisqu'il a fait la *déclaration* de l'état de la pièce. Mais cette fausse assertion ne saurait l'exempter de l'amende qu'il a réellement encourue pour avoir fait usage d'un titre non timbré (L. 13 brum. an 7, art. 24); et lorsque ce défaut de timbre est prouvé, l'amende prononcée par l'art. 26 de la loi de l'an 7 est exigible : on ne saurait réclamer en même temps celle de l'art. 49 de la loi de 1850 (Sol. 11 août 1863). — *V.* 1374.

1362. Tous actes. — L'obligation imposée aux officiers publics et ministériels par l'art. 49 L. 5 juin 1850, est applicable à tous les actes qui peuvent être mentionnés, et non pas seulement aux actes qui font l'objet de la loi du 5 juin 1850 sur le timbre (15070-2 J. E.; Seine, 3 août 1852; 2 fév. 1853.; Cass., 31 mai 1853, 15480, 15597, 15655 J. E., 14973 J. N., 1982-10 I. G., S. 54-1-620, *arrêt rapporté* 1360. — *V.* D. m. f. 2 fév. 1853, 1954 I. G., 15597 J. E.; 14890 J. N., 9876 C.).

Il n'y a aucune distinction à faire pour cela entre les actes civils ordinaires ou les actes commerciaux. (Mantes, 17 avr. 1852, 15423 J. E.; 14699 J. N., Cass. 31 mai 1853, *suprà* 1360.

1363. Acte administratif. — Mais si l'acte énoncé est en lui-même affranchi du timbre, comme certains actes administratifs, le notaire n'a évidemment aucune déclaration à faire à cet égard (Sol. 3 sept. 1864.). C'est ce qu'on devrait décider notamment pour la mention d'un arrêté préfectoral (Sol. 6 mars 1856).

1364. Actes passés à l'étranger. — La généralité des termes de l'art. 49 conduirait à décider que le notaire doit déclarer si les actes passés à l'étranger, en vertu desquels il agit, ont été timbrés en France. Cette solution peut se justifier aisément lorsqu'il s'agit d'actes sous seing privé, parce qu'alors l'officier public est en droit d'en exiger la représentation. Mais il n'en est plus ainsi des minutes d'un dépôt public. L'officier public se trouve dans l'impossibilité absolue d'exécuter la loi, puisqu'il ne saurait exiger l'apport de ces pièces en son étude. Or, dans des hypothèses semblables, l'Administration n'insiste pas sur l'application de l'art. 49. (Sol. 29 janv. 1863).

1365. Expéditions. — L'énumération faite par l'art. 49 des actes mentionnés indique que l'intention du législateur a été d'imposer l'obligation de faire la déclaration relative au timbre pour les actes sous seing privé qui sont énoncés dans les actes publics. D'un autre côté, ce serait imposer aux officiers ministériels une obligation pénible, qui donnerait lieu à de nombreuses poursuites, sans qu'il en résultât un avantage quelconque pour le trésor, que d'appliquer la nécessité de la déclaration préalable lorsqu'il est fait mention d'expéditions d'actes publics, ces expéditions étant toujours sur timbre. Il faut donc reconnaître que le législateur n'a pas voulu, sous le mot *actes*, comprendre les expéditions des actes publics (Sol. 16 sept. 1853, 29 juin 1857, 21 janv. 1863). La question avait été résolue dans le même sens par des jugements de Vannes, du 18 décembre 1851, et de Mortagne, du 5 mars 1852 (14542 et 14632 J. N.).

1366. Extraits. — Les extraits d'actes publics sont assimilés en ce point aux expéditions dont ils tiennent lieu pour la partie de l'acte à laquelle ils se rapportent. L'officier public peut donc les énoncer sans déclaration préalable.

1. ACTE DE L'ÉTAT CIVIL. — Il faut considérer comme un extrait ordinaire et non pas comme un certificat, l'extrait d'un registre d'acte de l'état civil, et l'art. 49 n'est pas applicable à son énonciation dans un acte public (Sol. 27 déc. 1854, 6 nov. 1855 et 4 sept. 1856).

2. MATRICE CADASTRALE. — Il en est de même d'un extrait de matrice cadastrale. Ainsi que l'ont reconnu des solutions des 26 octobre 1853 et 21 novembre 1854, cette pièce ne saurait constituer un certificat. Il est, en effet, de l'essence de toute expédition ou extrait d'acte d'être certifié par le fonctionnaire compétent. Sans cela la copie serait un écrit informe et sans valeur. On ne doit donc pas confondre un certificat, qui est un acte faisant titre par lui-même avec une copie certifiée qui n'a de valeur que parce qu'elle est la reproduction d'un titre proprement dit (24 R. P.).

Il a été décidé, spécialement en ce sens, qu'un huissier peut, sans amende, rédiger une saisie immobilière en vertu d'un extrait de matrice cadastrale non timbré qui ne porte ni date ni signature (Sol. 6 sept. 1854).

1367. Copie. — L'art. 49 ne subordonne l'obligation qu'il impose aux officiers publics et ministériels qu'au point de savoir si l'acte mentionné a été enregistré ou présenté au receveur lors de l'enregistrement de l'acte qui l'énonce. Par conséquent, l'Administration n'appliquant cet article qu'aux actes et titres en minute ne peut pas l'invoquer à l'égard d'une simple copie. — (*V.* Sol. 26 oct. 1853, 24 R. P.). Les officiers publics ne sont, dès lors, pas tenus de faire connaître si les copies des actes en vertu desquels ils agissent sont sur timbre (Sol. 31 janv. 1857; 9 fév. 1857). — Et, à plus forte raison, l'huissier n'est-il pas obligé de déclarer que la copie qu'il a laissée de son exploit est rédigée sur papier timbré (15293-3 J. E.). Mais il doit faire mention de l'emploi du timbre spécial créé pour les copies d'exploits (L. 20 déc. 1873).—V. *Copie*.

1368. Impossibilité d'agir. — Nous avons dit précédemment que l'Administration n'insiste pas sur l'application de l'art. 49 quand l'officier ministériel a été dans l'impossibilité absolue de faire la déclaration demandée.

1. ACTES ADIRÉS. — C'est ce qui a lieu pour les écrits perdus. Quand ce fait est établi, l'amende n'est point encourue (Sol. 6 août 1856). — *V.* Saint-Lô 29 août 1855, 15628 J. N.; 10653 C.) — C'est un principe qu'on a pu voir également à propos de l'art. 42 de la loi du 22 frimaire an 7 (n°s 1211 et suiv.).

2. ACTE EN CIRCULATION. — Il en est de même pour les titres en circulation (Périgueux 23 mars 1865; 2129 R. P.; 18268 J. N.). — Mais il faut qu'il ne reste aucun doute à cet égard. Et on pourrait décider, par exemple, qu'il est impossible de croire à la circulation d'effets échus au moment de l'acte (Sol. 6 sept. 1864).

3. DÉTENTION PAR UN TIERS. — Plus généralement, il faut dire que l'art. 49 cesse de recevoir son application lorsque le titre énoncé est détenu par une personne autre que celle à la requête de laquelle procède l'officier public ou ministériel. Ainsi la déclaration ne peut pas être faite à l'égard d'effets dont l'huissier réclame inutilement la délivrance à un tiers (Sol. 1er avr. 1862). — Il en est de même pour la délégation de prix faite dans le contrat au profit des porteurs non présents de lettres de change souscrites par le vendeur (Sol. 2 sept. 1854; Seine, 19 déc. 1857; 16229 J. N.; 11293 C.; 11678 J. E.), — ou pour la mention dans un partage de billets souscrits par le défunt au profit de créanciers non présents (Sol. 26 sept. 1854).

Mais la déclaration serait nécessaire si le prix d'une vente était déclaré réglé en billets immédiatement souscrits au profit de l'acquéreur (Sol. 9 mai 1855). C'est ce qu'on déciderait aussi pour la mention de titres dans une procuration donnée à l'effet de transférer ces valeurs. Bien que les titres soient entre les mains du banquier du titulaire dans une ville éloignée, le notaire doit se conformer à l'art. 49, car si les titres ne sont pas aux mains du mandant, détenteur légal, c'est uniquement par suite de sa volonté, et il n'y a pas, dès lors, impossibilité matérielle à ce que la représentation en soit faite lors de la rédaction du pouvoir (Sol. 1er déc. 1858).

1369. Acte anéanti. — Il a été jugé que la déclaration préalable n'est pas nécessaire au sujet des pièces qui se trouvent anéanties par l'effet même de l'acte qui les relate; par exemple pour des quittances partielles remplacées par une quittance définitive (Fontainebleau 16 juill. 1862). Cette question nous paraît devoir être résolue dans le sens contraire par les motifs développés n°s 1211 et suiv.

1370. Des personnes auxquelles s'applique l'art. 49. — 1. RÈGLE. — D'après les termes mêmes de la loi, l'art. 49 n'est relatif qu'aux officiers publics et ministériels, et, dans son dernier alinéa, il indique ce que l'on doit entendre par ces mots. Cet alinéa porte: « En cas d'omission, les *notaires, avoués, greffiers, huissiers* et *autres officiers publics*. » Le législateur n'a donc voulu soumettre à l'obligation de l'art. 49 que les officiers ministériels et ceux de ces officiers qui, comme les notaires, sont en même temps officiers publics et dépositaires, dans une certaine limite, de l'autorité publique. Il y a d'autant plus lieu de le décider ainsi, que déjà, dans la loi de frimaire an 7, les mots *officiers publics* étaient employés pour désigner les officiers ministériels.

2. ARBITRES.— MAIRES.— SECRÉTAIRES.— Aussi faut-il reconnaître que l'art. 49 ne s'applique pas aux autorités civiles, comme les maires ou les secrétaires des administrations qui ne sont pas réellement des officiers publics, ni aux particuliers qui, comme les experts ou arbitres, sont appelés à servir d'auxiliaires à la justice.

3. NOTAIRE COMMIS. — Mais l'art. 49 s'applique au notaire désigné par le tribunal pour procéder à un acte, attendu que le notaire commis par justice n'en dresse pas moins un acte de notaire et n'en est pas moins soumis aux obligations générales imposées au notaire pour la rédaction de ses actes (Mantes, 17 avr. 1852; 15424 J. E.; 14699 J. N.; 9641, 9724 C.).

Il en serait de même de l'huissier commis pour faire une signification.

4. GREFFIERS. — Les greffiers sont nommément désignés par le texte. Seulement leur responsabilité est dégagée quand il s'agit d'actes ou de jugements qu'ils écrivent sous la dictée du juge et à la rédaction desquels ils n'ont aucune participation libre (V. 9158). Ainsi on a maintes fois décidé qu'ils n'encourent aucune amende quand, dans l'acte de prestation de serment d'un préposé, la commission se trouve mentionnée sans indication de la quotité du timbre (Sol. 16 sept. 1856, 23 avril, 9 juin 1857, 28 janvier 1860, 28 juin 1861, 14 juillet 1862, 15 sept. 1863). — Le juge n'encourt lui-même, bien entendu aucune pénalité (Sol. 3 avr. 1857). — *V. suprà* 1337 *bis* 1.

1372. Actes déjà mentionnés. — Il y a contravention lorsqu'il n'est pas fait de déclaration relativement au timbre d'actes sous seing privé déjà mentionnés dans des actes passés antérieurement à la loi. La loi subséquente a la puissance de régir sans rétroactivité la forme des actes à intervenir, et elle règle cette forme indépendamment des faits antérieurs (Mantes, 17 avr. 1852, 15424 J. E., 14699 J. N., 9641, 9724 C.; Seine, 3 août 1852, 15480 J. E., 14764 J. N., 9724 C.; Cass. 31 mai 1853, 1982 I. G. § 10, 15655 J. E., 14973 J. N., 9957 C. S. 54-1-620, *arrêt rapporté*, n° 1360).

Il en serait de même si l'acte sous seing privé était mentionné dans un acte authentique dont la date remontât à plus de deux ans, car il est évident, d'après les art. 61 de la loi de frimaire an 7, 14 de la loi du 16 juin 1824 et 2262 C. C., que chaque fois cet acte retombe sous l'application absolue et rigoureuse de ces dispositions, tant qu'il n'a pas été présenté à la formalité de l'enregistrement, ou que les droits auxquels il est soumis n'ont pas été acquittés (Seine 7 fév. 1855; 15994 J. E., 15461 J. N.).

1373. Police d'assurance. — Il résulte virtuellement de l'art. 40 L. 5 juin 1850, que les assurés sont dispensés de faire timbrer le double des polices d'assurances antérieures au 1er octobre 1850, dont ils sont porteurs. Aussi une D. m. f. 8 juin 1850 (14208 J. N.) décide-t-elle que l'obligation imposée aux officiers publics et ministériels par l'art. 49 de cette même loi n'est pas applicable aux doubles des polices d'assurances en cours d'exécution et antérieures au 1er octobre 1850, dont la production leur est faite par les assurés, et que ces doubles, quoique non timbrés, peuvent être enregistrés sans amende.

1374. Double obligation des officiers publics. — Lorsque les effets, certificats d'action, titres, livres, bordereaux, polices d'assurances ou tous autres actes sujets au timbre, mentionnés dans un acte notarié, ne sont pas timbrés, le notaire satisfait au vœu de l'art. 49 L. 5 juin 1850, en déclarant ce fait dans son acte, et, s'ils sont sur papier timbré, en mentionnant le montant du droit payé (Seine, 10 fév. 1853, 14925 J. N.). — Mais, dans ce cas, il se trouve sous l'application de l'art. 24 L. 13 brumaire an 7, qui lui défend d'agir sur un acte ou effet de commerce non revêtu du timbre, sous peine d'une amende réduite à 20 francs par l'art. 10 L. 16 juin 1824 (14101 J. N.; Sol. 24 août 1850; 14128 J. N.; Metz 23 janv. 1852, 15457, J. E., 14779 J. N., 9673 C.; Villefranche 4 mai 1855, 374 R. P.).

1375. Pluralité d'amendes. — Est-il dû autant d'amendes qu'il est énoncé d'actes sous seing privé? Le tribunal de la Seine s'est prononcé pour l'affirmative par un jugement 3 août 1852 (15480 J. E.), duquel il résulte qu'à défaut de l'énonciation prescrite, l'officier public est passible d'une amende de 10 francs par chaque contravention. Ce jugement a été, depuis, confirmé en cassation, le 31 mai 1853; (*arrêt rapporté* n° 1360), et l'application de cette jurisprudence ne paraît plus souffrir de difficulté. Dans le même sens (Metz, 23 janv. 1852, 15477 J. E.; Seine, 13 août 1855, 16855 J. E.; 19 déc. 1857, 16229 J. N.; 11293 C.; 16678 J. E.; 23 nov. 1861, 12163 C.; 17436 J. E.).

ACTE PASSÉ HORS DU TERRITOIRE

OU RELATIF A DES BIENS HORS DU TERRITOIRE

DIVISION

SOMMAIRE

CHAPITRE PREMIER. — DISPOSITIONS GÉNÉRALES

[1376-1389]

1376. Observation préliminaire. — Nous avons traité, sous les nos 477 à 488, des actes anciens passés hors du territoire et dont il est fait usage en France. Sous le no 1293, nous avons indiqué la jurisprudence relative aux obligations des officiers publics qui agissent en conséquence d'actes passés hors du territoire, postérieurement à la loi du 22 frimaire an 7. Il nous reste à parler des droits auxquels les actes passés hors du territoire donnent ouverture.

Pour compléter cet article et rendre les recherches plus faciles, nous traiterons ici des actes passés en France et qui sont relatifs à des biens meubles et immeubles situés hors du territoire, en réservant, néanmoins, pour le mot *Étranger*, no 8210, tout ce qui est relatif aux mutations par décès de ces mêmes biens et aux droits de timbre et d'enregistrement des titres étrangers.

1377. Définition. — Il serait inutile, pour faire comprendre la portée du mot *hors du territoire*, de dire ce qu'on entend par pays étranger ; mais nous devons faire observer que, dans le sens des lois dont l'application fait l'objet de cet ouvrage, l'on appelle îles et colonies celles qui ne font point partie de l'un des quatre-vingt-six départements de la France. Ainsi, la Corse, les îles d'Hyères, l'île d'Oléron, etc., ne sont pas des îles dans notre acception administrative. Elles appartiennent au continent français.

Il en est autrement de l'Algérie (no 1422-1).

1378. Bureau. — Les actes passés en pays étranger ou dans les colonies, qu'ils soient rédigés en forme authentique ou autrement, sont tous assimilés aux actes sous seing privé passés en France. D'où la conséquence qu'ils peuvent être soumis à la formalité indistinctement dans tout bureau d'enregistrement (L. 22 frim. an 7, art. 26). Cette formalité doit être donnée sur le registre des actes sous seing privé (Dél. 14 juill. 1856, 786 R. P., 2077 I. G.).

1379. Délai. — Aucun délai ne leur est assigné, sauf pour ceux qui portent mutation de propriété, de jouissance ou d'usufruit de biens immeubles situés en France (6581 J. E.). — Il est évident, en effet, que la loi française ne pouvant atteindre les objets situés hors du territoire, les mutations d'immeubles sis en pays étranger ne peuvent avoir pour elle un caractère particulier qui leur fasse appliquer une règle exceptionnelle, comme cela a lieu pour les immeubles de France (L. 22 frim. an 7, art. 22 et 38).

1380. Acte antérieur à 1824. — Les actes de mutation antérieurs à 1824 doivent être assujettis aux droits tels qu'ils sont réglés par cette loi (*V. Acte ancien*). Mais il n'en est pas de même des actes qui ne sont point considérés comme opérant mutation d'immeubles. En effet, l'art. 59 de la loi du 28 avril, après avoir dit que les mutations antérieures à sa publication ne seront soumises qu'aux droits fixés par la loi de frimaire an 7, porte que, quant aux actes, l'art. 1er de la loi du 27 ventôse an 9 continuera d'être exécuté. Or, cet article veut qu'à compter de la publication de la loi, les droits, quelle que soit la date des actes, soient perçus au taux fixé par la loi de frimaire an 7 et autres postérieures, et, par conséquent, il établit le principe que c'est la loi en vigueur lors de la présentation des actes à la formalité qui régit la perception : d'où il suit qu'un acte soumis à la formalité doit, quelle que soit sa date, supporter les droits fixés par la loi du 28 avril 1816 (Dél. 7 juin 1826, 8478 J. E.).

1381. Monnaies. — Si la conversion en francs des monnaies coloniales ou étrangères n'est pas établie dans les actes, la valeur en est réglée sur un certificat d'agent de change (6705 J. E.).

Cette valeur est officiellement réglée pour les droits exigibles sur les fonds d'État étrangers par des décrets annuels. — V. *Monnaies*, no 11391.

1382. Législation. — Loi du 22 frimaire an 7. — Avis du conseil d'État du 10 brumaire an 14. — Sous l'empire de la loi du 22 frimaire an 7, les actes passés à l'étranger ou ceux passés en France et concernant des biens situés hors du territoire étaient assimilés aux actes passés en France et relatifs à des biens français. Ceux qui portaient transmission de propriété d'usufruit ou de jouissance d'immeubles étaient assujettis à l'enregistrement dans un délai déterminé ; les autres n'y devenaient soumis que par leur production en justice ou leur mention dans un acte public (art. 22, 23 et 42). Aucun texte n'ayant indiqué la quotité du droit applicable à ces actes, il s'éleva la question de savoir s'il fallait les soumettre au même droit proportionnel que les actes passés en France pour des biens situés sur le territoire français. Un avis du conseil d'État, du 10 brumaire an 14, ayant force de loi, reconnut d'abord qu'il n'y avait pas lieu d'exiger le droit proportionnel sur les actes passés à l'étranger pour constater la transmission d'immeubles situés dans ces pays.

1383. Avis du conseil d'État du 15 novembre-12 décembre 1806. — Peu après, on lui soumit la question au sujet : 1° des actes passés en France relativement à des transmissions d'immeubles étrangers, et 2° des actes, soit français, soit étrangers, applicables aux propriétés mobilières situées sur le territoire français. Il répondit, par un avis du 15 novembre-12 décembre 1806, que les premiers contrats passés devant notaires ou autres officiers publics français devaient être affranchis du droit proportionnel comme ceux dont il s'agissait dans l'avis du 10 brumaire an 14, mais que, quant aux actes relatifs aux propriétés mobilières de l'étranger, il n'y avait d'exemptés de ce droit que ceux « passés en la forme authentique à l'étranger, contenant obligation ou mutation d'objets mobiliers, lorsque les prêts et placements auront été faits et les livraisons promises ou effectuées en objets de ces pays et stipulés payables dans les mêmes pays et dans les monnaies y ayant cours. » — Il résultait de là que le droit proportionnel était exigible sur les actes, soit authentique, soit sous seing privé passés en France pour des propriétés mobilières (obligations ou mutations) situées à l'étranger.

1384. Loi du 28 avril 1816. — La loi du 28 avril 1816, art. 58, modifia dans les termes suivants les dispositions précédentes : « Il ne pourra être fait aucun usage en justice d'aucun acte passé en pays étranger qu'il n'ait acquitté les mêmes droits que s'il avait été enregistré en France et pour des biens situés dans le royaume. Il en sera de même pour les mentions desdits actes dans les actes publics. »

Cet article ne parlait que des actes passés en pays étranger, et gardait le silence sur ceux qui étaient souscrits en France. La jurisprudence en inféra que ces derniers restaient soumis aux anciennes règles (Cass. 20 déc. 1820, n° 978 I. G.), et l'Administration décida, en thèse générale, le 19 avril 1821 (978 I. G.), « qu'il serait désormais perçu un droit fixe sur tous les actes passés en France portant transmission de propriété ou d'usufruit de biens situés hors du royaume. » — Cette solution était exacte si l'on appliquait le mot *biens* aux immeubles seuls : l'avis du conseil d'État du 15 novembre-12 décembre 1806, dont les dispositions survivaient à la loi de 1816, avait, en effet, exempté du droit proportionnel les actes passés en France pour des transmissions d'immeubles étrangers. Mais la même disposition législative avait autrement statué à l'égard des actes d'*obligation et de mutation* d'objets mobiliers étrangers. Ceux de ces actes passés à l'étranger en la forme non authentique et tous ceux passés en France, acquittaient le droit proportionnel. Puisque la loi de 1816 n'avait rien changé à l'égard de cette seconde catégorie de contrats, il allait de soi qu'après sa promulgation comme auparavant les actes passés en France, translatifs ou contenant obligation de biens meubles étrangers, restaient soumis au tarif du droit proportionnel.

L'interprétation donnée à la loi de 1816 par la jurisprudence produisait ce résultat singulier, que les transmissions de meubles étrangers ou les obligations de ces mêmes valeurs, affranchies du droit proportionnel quand elles étaient constatées par un acte reçu en France, y étaient au contraire soumises quand elles avaient lieu par un acte passé à l'étranger.

1385. Loi du 16 juin 1824. — Une telle anomalie ne pouvait longtemps subsister, et la loi du 16 juin 1824 intervint pour la faire disparaître. Son art. 4 porte : « Les actes translatifs de propriété, d'usufruit ou de jouissance de biens immeubles situés à l'étranger ne seront soumis, à raison de cette transmission, qu'au droit fixe de 10 francs. » Ici, le texte est à la fois plus étendu et plus restreint que celui de la loi de 1816. Plus restreint, en ce qu'il s'applique taxativement aux immeubles et aux actes, mais aussi plus étendu, puisqu'il régit tous les actes, sans distinction de leur origine française ou étrangère.

La loi de 1816 était donc restée debout pour tous les cas auxquels ne s'applique pas celle de 1824, de même que l'avis du conseil d'État du 15 novembre — 12 décembre 1806 subsistait pour tout ce que la loi de 1816 n'avait pas expressément abrogé.

Avant les nouvelles lois des 23 août 1871 et 28 février 1872, qui ont modifié, comme nous le verrons tout à l'heure, quelques-unes des dispositions précédentes, c'est dans la combinaison de ces trois documents législatifs (Avis du conseil d'État du 15 nov. 12 déc. 1806; loi du 28 avr. 1816 et loi du 16 juin 1824), qu'il fallait rechercher les principes de la législation fiscale sur les actes ou les mutations de biens étrangers.

Il en résultait directement les propositions suivantes :

1° Les actes passés en France ou à l'étranger, en quelque forme que ce soit, pour constater la mutation d'immeubles situés hors du territoire, devaient être enregistrés au droit fixe de 10 francs, sans qu'il y ait à examiner pour quelle cause l'enregistrement était requis et quoiqu'il soit déterminé par la nécessité d'une production en justice ou d'un usage public (L. du 16 juin 1824, art. 4).

2° Les autres actes passés à l'étranger étaient assujettis aux droits proportionnels ordinaires lors de leur production en justice ou de leur mention dans un acte public en France (L. du 28 avr. 1816 art. 56).

3° En dehors de ces cas d'usage ou de production, les mêmes actes de l'étranger étaient sujets au droit proportionnel, à moins qu'ils ne fussent passés en la forme authentique et ne continssent « obligation ou mutation d'objets mobiliers, lorsque les prêts et placements auront été faits et la livraison promise et effectuée en objets de ces pays et stipulés payables dans les mêmes pays et dans les monnaies y ayant cours » (Av. Cons. d'Et. du 15 nov.-12 déc. 1806).

4° Les actes passés en France, relatifs à des valeurs mobilières étrangères, étaient dans tous les cas sujets au droit proportionnel (Même avis du conseil d'État).

1386. Jurisprudence sur les actes translatifs de meubles étrangers. — Cette dernière disposition, qui assujettissait au droit proportionnel ordinaire les actes passés en France portant obligation ou mutation de valeurs mobilières situées à l'étranger, a été longtemps appliquée par l'Administration. Les I. G. nos 978 et 1156 § 2, reconnaissaient, conformément d'ailleurs à la doctrine de l'arrêt de la C. cass. du 20 décembre 1820, que l'avis du conseil d'État du 15 novembre-12 décembre 1806 n'avait pas été abrogé sur ce point par les lois postérieures de 1816 et de 1824.

Mais en 1828 il s'est produit dans la jurisprudence de la Cour suprême un revirement que l'Administration dut subir.

On soumit à la cour, à cette époque, la question de savoir si un acte passé devant notaire, en France, et contenant cession d'une rente sur l'État sarde, était passible du droit proportionnel.

L'affirmative n'était pas douteuse, en présence de l'avis de 1806, qui ne dispense du droit proportionnel que les actes authentiques étrangers relatifs à des propriétés mobilières situées hors du territoire. Cependant un arrêt de la Chambre civile, du 21 avril 1828, décida le contraire dans les termes suivants : « Attendu qu'aucun article des lois sur l'enregistrement, antérieur à l'article du 13 mai 1824, n'a assujetti au droit proportionnel les actes portant transmission de biens situés en pays étranger, lorsqu'il n'est, d'ailleurs, fait aucun usage en France de ces actes, soit en justice, soit dans d'autres actes publics ; qu'au contraire, l'avis du conseil d'État du 10 brumaire an 14 a reconnu en principe que le droit proportionnel de mutation est un impôt qui ne peut atteindre la propriété située hors du territoire où il est établi ; que le même principe a été établi par l'article de la loi du 16 juin 1824, qui exempte formellement du droit proportionnel et ne soumet qu'à un droit fixe les actes passés en France et translatifs de biens immeubles ; que si cet article ne parle expressément que des biens immeubles, sa disposition s'étend, par une analogie naturelle, aux biens meubles, lesquels restent au surplus compris dans la disposition générale de l'avis du conseil d'État du 10 brumaire an 14 » (6567 et 6684 J. N., 9035 J. E.; 1256, § 3 I. G.).

On le voit, cet arrêt ne dit pas un mot de l'avis du conseil d'État de 1806, et il n'a pas de peine alors à céder aux raisons d'analogie qui devaient déterminer l'exigibilité du droit fixe. Il ne manqua pas de soulever de vives critiques (V. Dalloz, v° *Enregistrement*, 3236, 3238; Champ. 3791 et 3792); mais l'Administration en prit néanmoins la doctrine pour règle dans l'I. G. du 26 septembre 1828 n° 1256 § 3, et, depuis lors, il a toujours été suivi.

Sa doctrine a été étendue aux mutations par décès, et un arrêt de la C. cass. du 31 mai 1848 a reconnu que les actions d'un chemin de fer étranger (de Naples à Nocera), dépendant de la succession d'un Français, ne devaient pas acquitter le droit de mutation applicable aux biens français (1825 § 8 I. G., S. 48-1-444, 14523 J. E.).

La jurisprudence précédente décidait donc que l'exemption accordée par la loi du 16 juin 1824 aux actes translatifs d'immeubles situés à l'étranger, s'étendait aux actes translatifs de meubles étrangers. Mais elle n'allait pas au-delà. Aussi était-il resté la plus grande incertitude sur le point de savoir si les contrats *non translatifs* ayant pour objet ces mêmes biens meubles devaient être ou non assujettis au droit proportionnel ordinaire. La question était surtout délicate à l'égard des meubles incorporels dont la situation légale est difficile à préciser. Mais la C. cass. en était venue, dans les derniers temps, à interpréter restrictivement sa jurisprudence et elle avait décidé, par exemple, que l'art. 4 de la loi du 16 juin 1824 s'appliquant aux *actes translatifs*, ne pouvait être étendue aux louages de service ou d'industrie, tels qu'un transport à effectuer à l'étranger, ni à un marché ayant pour objet la construction d'un chemin de fer étranger (Cass. req. 25 nov. et 22 déc. 1868; 2816 et 2817 R. P.; *infrà* n° 1392 note 10). — *V.* Cass. 17 mars 1875, 4090 R. P.).

1387. Loi du 23 août 1871. — La loi du 23 août 1871 a voulu réagir contre l'interprétation résultant des arrêts des 21 avril 1828 et 31 mai 1848. Son art. 4 porte : « Sont assujettis aux droits de mutation par décès les fonds publics, actions, obligations, parts d'intérêts, créances et généralement toutes les valeurs mobilières étrangères de quelque nature qu'elles soient, dépendant de la succession d'un étranger domicilié en France, avec ou sans autorisation. « Il en sera de même des transmissions entre-vifs à titre gratuit ou à titre onéreux de ces mêmes valeurs, lorsqu'elles s'opéreront en France. »

L'I. G. du 25 août 1871 explique de la manière suivante le but de la dernière disposition :

« Le paragraphe 2 du même article a pour objet de rétablir le véritable sens de l'article 4 de la loi du 16 juin 1824 et de lui rendre toute sa portée juridique. D'après cet article, le droit fixe n'est applicable qu'aux actes translatifs de propriété, d'usufruit et de jouissance de biens immeubles situés en pays étranger. Cependant, malgré les termes littéraux et absolus du texte, la C. cass. s'est crue autorisée à étendre cette disposition aux actes translatifs de biens meubles et même aux mutations de valeurs incorporelles (Arrêts des 21 avr. 1828, 1256 § 3 et 31 mai 1848 I. G., 1825 § 8 I. G., *Suprà* 1386). Le paragraphe 2 réforme cette jurisprudence, en assujettissant à l'impôt « toutes les mutations de valeurs mobilières incorporelles quelconques qui s'opèrent en France à titre onéreux et qui, désormais, seront passibles des droits fixés par la loi pour les actes et les contrats similaires passés entre Français. »

1388. Loi du 28 février 1872. — Cette rédaction n'a même pas paru suffisante. L'art. 1er § 2 de la loi du 28 février 1872 y a ajouté une disposition qui abroge complètement l'art. 4 de la loi du 16 juin 1824. Elle est ainsi conçue : « Les actes translatifs de propriété, d'usufruit ou de jouissance de biens immeubles situés en pays étranger ou dans les colonies françaises, dans lesquels le droit d'enregistrement n'est pas établi, sont assujettis au droit fixe gradué sur le prix exprimé en y ajoutant toutes les charges en capital. « L'art. 4 de la loi du 16 juin 1824 est abrogé.

1389. Résumé. — Toute la législation actuelle sur l'enregistrement des actes et mutations entre-vifs concernant les biens étrangers se trouve donc réduite, à l'avis du conseil d'État du 15 novembre-12 décembre 1806, qui n'a été abrogé par aucune disposition postérieure à l'art. 58 de la loi du 28 avril 1816 et aux deux lois des 23 août 1871 et 28 février 1872.

Nous allons en faire l'application successive aux actes passés en France ou à l'étranger, relatifs à des biens étrangers, et, en second lieu, aux actes passés à l'étranger concernant des biens français.

CHAPITRE II. — ACTES PASSÉS EN FRANCE ET CONCERNANT DES BIENS ÉTRANGERS OU SITUÉS DANS LES COLONIES OU L'ENREGISTREMENT N'EST PAS ÉTABLI

[1390-1411]

SECTION PREMIÈRE. — MEUBLES

[1390-1397]

1390. Ancienne jurisprudence.— Ainsi que nous l'avons fait remarquer au n° 1382 qui précède, la loi du 16 juin 1824 n'ayant exempté du droit proportionnel ordinaire que les actes translatifs de biens immeubles situés à l'étranger, on s'est cru pendant longtemps autorisé à percevoir ce droit en vertu de l'avis du conseil d'État du 15 novembre-12 décembre 1806 et de la loi du 28 avril 1816, sur les actes contenant obligation ou transmission de meubles corporels ou incorporels situés dans les pays étrangers ou dans les colonies (Sol. 1er juin 1822 ; D. m. f. 29 oct. 1824, 1156 § 2 I. G.; Dél. 5 avr. 1823, 515 Roll.; Dél. 7 juin 1826; D. m. f. 27 oct. 1826, 8478 et 8565 J. E., 5907 J. N. qui modifiaient une Dél. 23 déc. 1820, 6884 J. E.).

1391. Jurisprudence nouvelle. — La C. cass. n'avait pas admis complétement cette distinction. Elle avait jugé que si l'art. 4 de la loi du 16 juin 1824 ne parle expressément que des biens immeubles, sa disposition s'étend par analogie à tous les biens meubles ; qu'en conséquence le droit proportionnel ordinaire n'est pas dû sur les mutations de biens meubles corporels ou incorporels situés à l'étranger, soit que ces mutations s'opèrent à titre onéreux par acte passé en France (Cass. 21 avril 1828, *suprà* n° 1386), soit qu'elles s'opèrent par décès (Cass. 31 mai 1848, *eod. loc.*).

Mais la loi du 23 août 1871 a modifié cette jurisprudence en décidant que désormais les transmissions par décès ou les transmissions entre-vifs, soit à titre gratuit, soit à titre onéreux de valeurs mobilières situées à l'étranger, seront passibles des droits proportionnels ordinaires si elles s'opéraient en France.

Pour faire cesser toutes les difficultés qui auraient pu surgir de la combinaison de cet article avec l'art. 4 de la loi du 16 juin 1824 dont l'interprétation avait été si singulièrement étendue par la jurisprudence, l'art. 1er, § 2 de la loi du 28 février 1872 a déclaré abroger formellement l'art. 4 de la loi du 16 juin 1824.

1392. Etendue de la loi. — Valeurs mobilières de toute nature. — La loi du 23 août 1871 s'applique également aux mutations à titre gratuit et à titre onéreux. Son texte est formel (Valenciennes 18 juin 1874, 3925 R. P.).

A quelle catégorie de valeurs mobilières peut-elle être étendue ? Elle parle « des fonds publics, actions, obligations, parts d'intérêts, créances et généralement de toutes les valeurs mobilières étrangères, de quelque nature qu'elles soient. » Cette nomenclature est très-compréhensive. Quoiqu'elle indique plus spécialement certaines valeurs incorporelles, telles que les actions ou les parts d'action, on doit tenir pour certain qu'elle comprend aussi les meubles meublants et tous autres objets mobiliers corporels. « La loi du 23 août 1871, porte l'I. G. 2433, a assujetti les mutations à titre onéreux ou à titre gratuit de meubles, de créances et généralement de toutes valeurs mobilières étrangères à des droits similaires à ceux qui frappent les mutations de meubles et créances appartenant à des Français. »

La disposition qui précède rend ainsi sans objet toutes les discussions antérieures sur le statut réel de l'impôt dans ses rapports avec les meubles. Désormais, tous les objets mobiliers, quels qu'ils soient, créances ou meubles ordinaires, seront assujettis au droit proportionnel, lors qu'ils feront l'objet d'une mutation opérée en France (Sol. 3 mai et 9 oct. 1873).

1. MEUBLES CORPORELS. — On a cependant soutenu que la loi nouvelle ne pouvait s'appliquer qu'aux biens incorporels et ne devait pas être étendue à des valeurs mobilières, tels que les meubles meublants qui ont une assiette déterminée hors du territoire ; mais cette prétention n'a pas prévalu : « Attendu, porte un jugement du tribunal de la Seine du 14 février 1874, que les lois de 1871 et 1872 ont eu précisément pour but, dans leurs dispositions précitées, de soumettre à l'impôt dans les cas qu'elles déterminent les biens situés à l'étranger; que, de la combinaison de ces dispositions et de leur esprit clairement révélé par les rapports dont elles ont été l'objet à l'Assemblée nationale, il résulte que le législateur a voulu, par la loi de 1871, assimiler, au point de vue de l'impôt, les meubles étrangers et les meubles français, et par la loi de 1872, compléter l'assimilation pour les immeubles, mais seulement dans une certaine mesure, en ne frappant les immeubles étrangers que d'un droit fixe gradué; que le système de la partie conduirait à cette conséquence, que les immeubles et les meubles incorporels étrangers, étant sans contestation soumis à l'impôt de transmission, lorsque la transmission a lieu en France, les meubles corporels y échapperaient seuls par une explicable anomalie » (3849 R. P.). — V. 8236.

2. NANTISSEMENT. — Décidé, de même que si un acte d'acceptation de nantissement reçu par un notaire français mentionne un acte passé en pays étranger et contenant vente de valeurs mobilières et immobilières étrangères, il y a lieu de percevoir le droit gradué sur la transmission immobilière et le droit proportionnel de 2 pour 100 sur la vente mobilière, par application des art. 4 de la loi du 23 août 1871 et 1er de celle du 28 février 1872 (Sol. 11 mai 1872).

3. RENVOI. — Nous nous bornons, dès lors, à reproduire en note le résumé des controverses mémorables auxquelles a donné lieu, avant la loi de 1871, cette intéressante question de la nationalité des valeurs mobilières[1].

---

1. 1. RÈGLE GÉNÉRALE. — Le principe qui avait servi de base à l'art. 4 de la loi du 16 juin 1824, et qui avait inspiré les arrêts de la

1393. Donation à un étranger. — L'art. 3 de la loi du 23 août 1871 porte que les dispositions de l'art. 7 de la loi du 18 mai 1850 concernant les valeurs mobilières dépendant des successions régies par la loi française et les transmissions entre-vifs à titre gratuit de ces mêmes valeurs *au profit d'un Français*, sont étendues à toutes les valeurs

C. cass. des 21 avril 1828 et 31 mai 1848 (n° 1391, *suprà*), c'est que la loi de l'enregistrement est un statut réel régissant les choses situées sur le territoire français sans pouvoir atteindre les objets placés à l'étranger.

L'application du statut réel aux mutations d'immeubles ne pouvait causer d'embarras. D'une part, les immeubles ont toujours une situation matérielle parfaitement définie et, d'autre part, le droit de ces mutations est indépendant de la rédaction d'un titre qui les constate. Mais il n'en est plus ainsi pour les meubles. L'impôt applicable à leurs transmission est un droit d'acte qui prend naissance par la rédaction même du contrat et sa présentation volontaire à la formalité. D'un autre côté, beaucoup de meubles ont une assiette peu déterminée. Il pouvait donc être difficile de savoir si le statut réel les atteignait et, dans le cas de l'affirmative, comment se règlerait son application à leur égard. La C. cass. avait tranché les incertitudes qui existaient sur le premier point en assimilant les droits de mutation mobilière aux droits de transmission d'immeubles (Arrêts des 21 avr. 1828 et 31 mai 1848, *suprà* 1386). Il avait été décidé qu'elles étaient également régies par le statut réel et que les meubles situés réellement à l'étranger échappaient à toute perception au profit du Trésor français. La loi nouvelle rectifie sur ce point l'interprétation de la jurisprudence.

Quant aux actes non translatifs de meubles, soit corporels, soit incorporels, les droits proportionnels auxquels ils donnent ouverture tombaient-ils également sous l'application du statut réel? On n'en pouvait douter. Ces droits ont, en effet, la même nature que les droits exigibles sur les transmissions; ils constituent également des droits d'acte et non pas ce qu'on est convenu d'appeler des droits de mutation. Ils sont également dus à cause de la rédaction d'un contrat et de sa présentation. On en avait conclu qu'ils étaient assujettis à des règles identiques, et que le droit proportionnel n'était pas dû toutes les fois que la valeur mobilière qui y donne lieu avait son assiette bien déterminée à l'étranger.

Pendant longtemps cette application, aux actes translatifs de meubles incorporels, de la jurisprudence consacrée pour les transmissions de meubles corporels par l'arrêt du 21 avril 1828, a gouverné la perception. On recherchait toujours, pour exiger le droit proportionnel, où était située la créance, la rente, l'obligation faisant l'objet du contrat. Mais il s'était produit récemment, dans la jurisprudence de la cour suprême, une évolution qui eût modifié ces précédents si on avait pu la considérer comme définitive. La Chambre des requêtes a décidé, en effet, par deux arrêts des 25 novembre et 22 décembre 1868 (*infrà*, note 10) que la dispense accordée par la loi de 1824 et interprétée par l'arrêt du 21 avril 1828 constitue une exception d'une nature essentiellement limitative, c'est-à-dire qu'il faut borner aux actes translatifs de propriété et de jouissance. Elle en avait conclu que le droit proportionnel ordinaire était, par suite, exigible, d'une part sur un marché passé en France pour la construction d'un chemin de fer situé à l'étranger, et d'autre part sur un marché passé à l'étranger, mais produit en justice en France, et ayant pour objet un transport à effectuer hors du territoire. Il s'agissait bien dans ces deux espèces d'actes non translatifs de meubles incorporels, et il n'était pas douteux que les contrats, devant recevoir leur exécution à l'étranger, ne renfermaient aucune obligation ayant son assiette en France. On pouvait donc admettre que la Cour revenait aux principes anciens sur la législation applicable aux meubles étrangers et que, par conséquent, il n'y avait d'exemptés du droit proportionnel que les actes translatifs de meubles corporels situés hors du territoire.

La question en était à ce point quand est intervenue la nouvelle législation de 1871 et de 1872. Mais, dans tous les cas, rien n'était plus difficile que de déterminer la situation légale des meubles. Il y en a dont la nature est bien catégoriquement établie : ce sont, par exemple, les coupes de bois, les meubles meublants, et en général, tous les objets ayant une existence matérielle. Pour ceux-là, nul doute que le droit proportionnel de transmission ne fut point exigible lorsqu'ils sont à l'étranger. Mais il en est beaucoup d'autres qui ont une existence purement incorporelle et dont il est impossible de fixer matériellement l'assiette; tels sont les rentes, les créances, les actions et autres droits de cette nature. Il est généralement admis que ces valeurs suivent le domicile de leur possesseur, d'après la maxime : *mobilia ossibus personæ inhærent* (*V.* Fœlix et Demangeat, *Traité de droit international*, n° 61). Néanmoins ce n'est point là un principe absolu, et on y a dérogé chaque fois que des circonstances spéciales ont paru préciser la situation réelle du droit mobilier. Ainsi l'avis du conseil d'État du 15 novembre-12 décembre 1806 considérait déjà comme un signe de la situation des meubles à l'étrangers le fait que le prêt ou le placement avait été promis en objets du pays et stipulé payable dans le même lieu avec les monnaies y ayant cours. Depuis, on s'est attaché surtout à la nature des garanties destinées à assurer le recouvrement de la créance ou l'exécution de l'engagement, et on a décidé que si les obligations contractées à l'étranger étaient hypothéquées sur des immeubles français, leur situation légale était en France (Sol. 31 août 1830; Dél. 29 mai 1822). Dans d'autres cas, c'est le domicile du débiteur qui a déterminé la situation du droit mobilier et on l'a surtout fréquemment décidé ainsi pour les rentes d'État ou les actions de sociétés (Cass., 21 avr. 1828, 31 mai 1848, 29 janv. et 2 juill. 1849). — V. *Étranger*, n° 8229 et suiv.

Une solution du 2 décembre 1865 avait résumé ainsi qu'il suit ces règles générales : « Le principe en cette matière est que les lois d'impôt ne sauraient atteindre les biens situés hors du territoire français. Or, lorsqu'il s'agit de valeurs incorporelles, dont il est impossible de fixer matériellement la position, on admet qu'elles suivent la personne du débiteur et ont le même domicile que lui. C'est au domicile de ce redevable qu'il faut, en effet, demander l'exécution de l'engagement, et qu'on doit en poursuivre la réalisation sur les biens qui sont le gage du créancier. S'il a été quelquefois reconnu que la situation légale de la créance était différente, ça été dans des circonstances particulières qui caractérisaient l'intention des parties d'échapper à la loi du domicile; lorsque, par exemple, le contrat devait être exécuté en un lieu désigné, et que la promesse du débiteur était garantie par une affectation sur des immeubles situés au même endroit. Mais, en dehors de ces exceptions, la règle reprend son empire, et c'est le domicile du débiteur qui détermine la situation de la créance » (2223 R. P.; 18180 J. E.).

Mais l'application de cette règle offrait elle-même de sérieuses difficultés. Au point où en était arrivé la jurisprudence, avant la loi du 23 août 1871, c'est par une appréciation de la nature du droit cédé, de son origine et de ses relations avec le débiteur et le créancier qu'on parvenait seulement à établir son assiette légale.

« Si le point de fait, disait M. le conseiller Dumolin dans un rapport devant la C. cass., n'est pas subordonné à une présomption légale, il peut toujours, dans le silence de la convention, s'établir par cette nature de présomption que l'art. 1353 abandonne aux lumières et à la sagesse du juge, et c'est seulement pour le cas où la convention serait muette et où il serait impossible, d'après les circonstances, de fixer l'assiette des objets mobiliers que la solution donnée par la Régie le 2 décembre 1865, indique le lieu où le redevable a son domicile et où l'engagement devait être exécuté » (2622 R. P.).

Les différentes hypothèses que nous allons brièvement parcourir indiquent les situations qui s'étaient produites sur ce point.

2. QUOTITÉ DU DROIT. — Et d'abord, l'assimilation établie entre les meubles et les immeubles pour l'application de l'art. 4 de la loi de

mobilières étrangères, de quelque nature qu'elles soient. D'où l'on pourrait conclure que les transmissions à titre onéreux, et que les transmissions à titre gratuit *au profit d'un étranger*, sont exemptées du droit. Mais les dispositions de l'art. 3 sont complétées, sur ce point, par celles de l'art. 4, d'après lequel les transmissions entre-vifs à titre gratuit ou à titre

1824, avait conduit naturellement à décider que les actes translatifs de meubles situés à l'étranger étaient assujettis au droit fixe de 10 francs, et non pas seulement de 2 francs. Le contraire avait été cependant soutenu quelquefois, notamment par le J. du not. (no du 25 avr. 1868, 2244); mais nous croyons cette doctrine contraire aux déductions rationnelles de la jurisprudence C'est toujours, d'ailleurs, le droit fixe de 10 francs qui a été reconnu exigible dans les nombreuses espèces que nous allons faire connaître.

3. AFFECTATION HYPOTHÉCAIRE. — L'affectation hypothécaire, donnée sur des immeubles situés en Belgique par un étranger, suivant acte passé hors du territoire pour garantir une obligation payable en France, n'est passible que du droit fixe de 10 francs (Château-Thierry 2 janv. 1861, 1502 R. P., 12084 C., 17243 J. N.; jugement suivi d'un acquiescement du 7 mars 1861, fondé sur ce que l'engagement repose sur des immeubles étrangers).

Par acte passé en pays étranger, un Français avait acheté des immeubles situés en ce pays et promis une hypothèque pour sûreté du prix. Il a été reconnu que l'acte notarié reçu en France, pour réaliser cette affectation, se rapportait à une obligation contractée et exécutoire à l'étranger, qu'elle avait, par conséquent, la même nature, et ne pouvait être assujettie qu'au droit fixe (Sol. 20 août 1858).

4. BAIL. — Le bail emporte mutation de jouissance; mais, s'il s'agit de biens situés à l'étranger, la stipulation d'un prix payable en France et hypothéqué sur des immeubles français ne donne lieu à aucun droit proportionnel (Dél. 9 avr. 1825).

5. BREVET. — Il avait été reconnu que la cession d'un brevet pris à l'étranger n'est pas passible du droit proportionnel. Il s'agit ici, disait-on, de valeurs incorporelles qui ont cependant une sorte de situation à l'étranger, puisque le brevet n'est autre chose que le privilége accordé par un gouvernement à l'inventeur ou à ses ayants cause d'exploiter son invention dans le territoire. Ce droit est exclusivement régi par les lois du pays où le brevet est accordé; il ne peut s'exercer en dehors du territoire. Il constitue donc, lorsqu'il s'agit d'un brevet concédé par un gouvernement étranger, un bien situé hors du territoire français, bien dont la cession ne peut donner lieu à la perception du droit proportionnel (Sol. 28 juill. 1858).

6. CAUTIONNEMENT. — Il a été reconnu que si l'on passe en France un acte de cautionnement d'une obligation souscrite en pays étranger, avec hypothèque sur des biens situés en France, le droit de cautionnement est exigible (Dél. 29 mai 1822). Cette décision se justifiait si l'obligation cautionnée était exécutoire en France. Mais si elle constituait une valeur étrangère, il semble qu'il fallait appliquer les solutions rapportées ci-dessus pour l'affectation hypothécaire. Ainsi on a reconnu que si un bail, passé en France, d'immeubles situés en Belgique, renferme un cautionnement fourni par un Français, le cautionnememt ne peut donner ouverture à un droit supérieur à celui qui est dû pour le bail, c'est-à-dire 10 francs au maximum (Sol. 21 avr. 1856).

Obligation solidaire. — Si, postérieurement à un acte passé en pays étranger, portant obligation solidaire par deux personnes qui ont hypothéqué, à la garantie de l'emprunt, des immeubles situés à l'étranger, il est déclaré dans un acte, passé en France entre les deux emprunteurs, que l'un des deux n'a pris aucune part à l'emprunt et que l'autre s'engage à le relever de toutes poursuites, le droit de cautionnement était dû sur ce second acte, encore bien que le premier acte aurait eu à ne subir que le droit fixe s'il avait été présenté à l'enregistrement en France (14076 J. E.).

7. CESSION DE CRÉANCES. — On avait reconnu passible du droit proportionnel la cession d'une créance due à l'étranger, faite moyennant un prix payé comptant en France pour partie et payable à terme aussi en France pour le surplus (Dél. 3 mai 1855).

Le contraire avait été admis cependant au sujet d'une créance payable en France en monnaie française, dont le titre constitutif avait été passé à Alger et renfermait une affectation hypothécaire sur des biens situés en Algérie. Mais le tribunal de Montauban, saisi du litige, a décidé qu'il s'agissait ici de la cession d'une valeur située réellement en Algérie (23 juill. 1861).

8. RENTE. — Une Sol. 31 août 1830 (9925 J. E., 7232 J. N.), avait reconnu que l'acte passé en France, contenant transport d'une rente viagère payable en France, hypothéquée sur des biens situés à l'étranger, n'était pas soumis au droit proportionnel, attendu que la situation d'une rente se détermine par la situation des biens immeubles sur lesquels elle est hypothéquée, et que l'art. 4 de la loi du 16 juin 1824, qui n'assujettit qu'au droit fixe de 10 francs les actes passés en France, contenant transmission d'immeubles sis à l'étranger, doit également s'appliquer aux actes translatifs de biens meubles situés aussi à l'étranger.

9. DONATION. — Du principe que les valeurs incorporelles dont il est impossible de fixer matériellement la position suivent la personne du débiteur et ont la même demeure que lui, il résulte que la donation faite par un Belge à sa fille, dans un contrat de mariage reçu en France, d'une somme d'argent payable en effets de communauté avant la célébration du mariage, s'applique à des valeurs étrangères et est passible du droit fixe de 10 francs. « Dans l'espèce, porte la solution, le donateur est sujet belge, domicilié à l'étranger. Le payement de la dot devra certainement avoir lieu, à défaut de stipulation contraire, à son domicile; et, s'il n'accomplissait pas sa promesse, c'est sur les effets d'une communauté dont le siége est à l'étranger qu'il faudrait en poursuivre l'exécution. Il y a lieu, dès lors, de décider que la créance de la future épouse n'a pas d'assiette légale en France, et que le seul droit exigible sur la donation était celui de 10 francs, déterminé par l'art. 4 de la loi du 16 juin 1824 » (Sol. 2 déc. 1865, 2223 R. P. — *Cons.* égal, Seine 27 déc. 1854, suiv. d'un acq. du 3 avr. 1855, 15428 J. N., 310 R. P.).

Délégation pour les intérêts. — On l'avait encore décidé ainsi au sujet d'un contrat de mariage passé en France, contenant donation par des étrangers au futur d'une somme d'argent laissée entre les mains des donateurs et hypothéquée sur des immeubles étrangers, bien que le service des intérêts fût garanti au futur par une délégation sur des fermages d'immeubles français. Cette délégation forme, en effet, une disposition accessoire de l'obligation principale et ne détruit pas son caractère de valeur étrangère (Sol. 2 avr. 1859).

Contrat de mariage étranger enregistré en France. — La donation d'une somme d'argent payée en monnaie française, énoncée dans un contrat de mariage passé à l'étranger et intervenu entre des étrangers, se rapporte, sans le moindre doute, à une valeur étrangère. Par conséquent, si le contrat est ultérieurement enregistré en France, le droit fixe de 10 francs était seul exigible (Sol. 1er avr. 1856). Il n'en était plus ainsi si le contrat portait donation d'une somme payable en France (Provins 31 déc. 1863, 1868 R. P.).

Déclaration d'apport. — Rente. — Si un étranger qui épouse une Française déclare, par contrat de mariage reçu en France, se constituer en dot une rente viagère qui lui est due par sa mère qui le reconnaît sans énonciation d'acte enregistré, la rente est une va-

onéreux des valeurs mobilières étrangères, de quelque nature qu'elles soient, sont assujetties au droit proportionnel lorsqu'elles s'opèrent en France (Sol. 6 janv. 1876, 4981 R. P.).

1394. Actes non translatifs. — Les mots *transmission opérée* en France font naître deux questions :

La première, c'est de savoir si les actes non translatifs, tels

---

leur étrangère, et la reconnaissance qui en est faite donnait lieu au droit fixe (Sol. 18 sept. 1858).

Il a été également jugé qu'aucun droit proportionnel n'était exigible sur la mention faite dans un partage d'une donation, passé à Naples, entre deux Français, et ayant pour objet une rente payable en cette ville en monnaie italienne (Seine 20 mars 1869, 2942 R. P.).

Choses fongibles. — Mais on ne peut pas considérer comme une transmission de biens étrangers sujette au droit fixe, la donation par laquelle un père constitue en dot à sa fille, dans un contrat de mariage passé en France, diverses valeurs fongibles livrables en France le jour de la célébration du mariage qui doit avoir lieu à Paris. — « Attendu qu'il n'est pas justifié que l'obligation acceptée dans ces termes par le baron Sina dût être exécutée à l'étranger; qu'elle n'avait pas pour objet des choses dont l'assiette aurait été déterminée au jour du contrat, mais bien une somme d'argent et des choses purement fongibles; Attendu que si, par une dérogation aux principes généraux, l'impôt proportionnel ne peut atteindre les actes qui, en raison de la situation des biens transmis, ne doivent pas recevoir leur exécution sous l'empire de la protection des lois françaises, il n'en est pas de même, quelle que soit la nationalité des parties, des conventions à l'égard desquelles il n'est pas établi qu'elles ne peuvent être exécutées que hors des limites du territoire français » (Seine 23 juin 1866, 2289 R. P.).

Ce jugement a été confirmé par un arrêt de cassation du 10 mars 1868 portant que la nature française des valeurs résultait suffisamment de ce que le contrat de mariage avait été passé à Paris, que le mariage lui-même y avait été célébré, et que les choses fongibles devaient être livrées au futur époux dans cette ville (2622 R. P., 19174 J. N., 14119 C.).

Actions. — Le tribunal de la Seine a jugé, le 22 mars 1848, que l'acte de donation entre-vifs d'actions dans une société ayant pour objet l'exploitation d'un chemin de fer établi en pays étranger, mais dont le siége est en France, est passible du droit proportionnel, et que le droit doit être assis sur la valeur estimative des actions, sauf à l'Administration à contrôler l'estimation donnée par les parties (14490 J. E., 13360 J. N.).

10. MARCHÉ. — En principe, le marché de travaux à exécuter ou de fournitures à faire, hors du territoire, donne naissance à un droit incorporel dont la situation légale est au lieu de l'exécution du contrat. Il y a une grande analogie entre cette hypothèse et celle du brevet d'invention qui doit s'exploiter à l'étranger. — *V.* le paragraphe 5 ci-dessus.

Aussi, aurait-il fallu reconnaître, si la jurisprudence résultant de l'arrêt du 21 avril 1828 (n° 1386) n'avait pas été étendue aux actes non translatifs, que les marchés de l'espèce étaient affranchis du droit proportionnel. — Le contraire avait cependant été décidé par la C. cass. Elle a jugé : 1° le 25 novembre 1868, que le droit proportionnel est exigible sur un marché passé à Vienne (Autriche) entre le gouvernement mexicain et la Compagnie française transatlantique pour le transport de Trieste à Vera-Cruz d'un corps de troupes : « Attendu que l'art. 4 de la loi du 16 juin 1824 ne soumet qu'à un droit fixe les actes translatifs de propriété, d'usufruit ou de jouissance de biens immeubles situés en pays étranger; mais que les termes restrictifs de cet article, même avec l'extension consacrée par la jurisprudence, ne sont pas applicables aux louages de service ou d'industrie, qui sont régis par l'art. 58 de la loi du 28 avril 1816, disposant qu'il ne pourra être fait usage en justice d'aucun acte passé en pays étranger qu'il n'ait acquitté les mêmes droits que s'il avait été souscrit en France et pour des biens situés dans le royaume » (2817 R. P., 2383-1 I. G., S. 69-1-137, D. 69-1-233, 19421 J. N.);

2° Et le 22 décembre 1868, qu'il en est de même du marché relatif à la construction d'un chemin de fer à l'étranger : « Attendu qu'aux termes de l'art. 58 de la loi du 28 avril 1816 il ne peut être fait usage en justice devant les tribunaux français d'aucun acte passé en pays étranger que cet acte n'ait acquitté les mêmes droits que s'il était passé en France; — Attendu que la loi du 16 juin 1824 art. 4, n'a fait exception à cette règle que pour les actes translatifs de propriété ou de jouissance de biens immeubles situés en pays étranger; que cette exception à la règle générale n'était donc pas applicable au traité intervenu entre la Compagnie et le sieur Eyriès pour la construction du chemin de fer du Nord de l'Espagne, lequel ne contient aucune translation, soit de la propriété, soit de la jouissance de biens immeubles; que c'est donc à bon droit que ce marché a été déclaré passible du droit proportionnel » (2816 R. P., 2384-3 I. G., S. 69-1-137, D. 69-1-235).

Le tribunal de la Seine a décidé de même à l'égard de l'obligation par un entrepreneur d'exécuter des travaux à l'étranger (Seine 20 janvier 1869, 2918 R. P.). *Conf.*, Cass. 17 mars 1875, 4090 R. P.).

On trouvait à appuyer cette dernière interprétation sur un arrêt de la C. cass. du 17 mai 1848, qui a maintenu le droit proportionnel de 1 pour 100 sur la clause d'un contrat de société par laquelle des associés s'engageaient envers la ville à construire une usine à gaz, à Trieste (Autriche), moyennant un prix payable en France (1825-12 I. G., 14501 J. E., 13402 J. N.). Mais il faut remarquer que l'application de l'art. 4 de la loi du 16 juin 1824 n'avait pas été soulevée dans le procès, et qu'il s'agissait seulement de savoir si le marché était une dépendance du contrat. L'arrêt perdait donc une partie de son autorité.

11. OBLIGATION. — D'après une Sol. 7 mai 1851 (14368 J. N.), l'acte passé en France, et portant obligation de sommes payables en pays étranger, et hypothéquées sur des immeubles situés dans ce pays, n'était passible que du droit de 10 francs par application de l'art. 4 L. 16 juin 1824.

Au contraire, il avait été reconnu que lorsqu'une sentence arbitrale mentionne l'existence d'un acte passé hors du territoire entre deux étrangers et contenant une obligation de somme payable en monnaie étrangère, cette mention suffisait pour rendre exigibles les droits de l'obligation comme si elle avait été passée en France pour des biens français (Seine 26 juin 1869, 3306 R. P.).

Dans tous les cas, si l'obligation ou le crédit doit recevoir son exécution en France, la circonstance que le débiteur a fourni une hypothèque sur des immeubles situés à l'étranger ne pouvait arrêter l'exigibilité du droit proportionnel. — « Attendu que l'acte d'ouverture de crédit du 29 avril 1864 a été consenti, à Paris, par une société ayant son siége dans cette ville, au profit d'une partie domiciliée en France, et que bien que la garantie hypothécaire affectée à l'exécution des engagements de cette partie fût assise sur un immeuble situé en pays étranger, l'exécution de l'acte sous tous les autres rapports ne pouvait avoir lieu qu'en France et relevait de la juridiction des tribunaux français; que, dès lors, la réalisation du crédit était soumise au droit de 1 pour 100 » (Cass. 15 nov. 1869, 3034 R. P., 2397-3 I. G., B. C. 195, S. 70-1-134, D. 70-1-340).

12. QUITTANCE. — On a décidé que le droit proportionnel n'était pas dû sur la quittance passée en France et constatant le payement à l'étranger d'une somme acquittée en valeurs étrangères (Sol. 12 fév. 1852). Mais s'il s'agit de la quittance passée en France du prix d'une vente d'immeubles étrangers, ce droit était, au contraire, exigible (Seine 13 mars 1833) — 13302-1.

Décidé également, par le même tribunal : 1° que le jugement

que les obligations, les cautionnements, les quittances, les marchés, etc., ne sont pas soumis au droit proportionnel.

Ces actes ne portant pas *transmission* dans le sens juridique du mot, il est difficile d'admettre qu'ils se trouvent compris dans les prévisions de la loi du 23 août 1871, dont le texte se restreint « aux transmissions entre-vifs à titre gratuit ou à titre onéreux. » Mais ils n'échappent pas pour cela à l'impôt. L'art. 4 de la loi du 16 juin 1824 ayant été abrogé, ils retombent sous l'application de l'art. 58 de la loi du 28 avril 1816 et de l'avis du conseil d'État du 15 novembre-12 décembre 1808 : celui-ci assujettissant au droit proportionnel tous les actes passés en France pour des propriétés mobilières (obligations ou mutations) situées à l'étranger; celui-là décidant, en thèse générale, qu'aucun acte passé à l'étranger ne peut être mentionné dans un acte public, ou produit en justice en France sans avoir été enregistré en France, et acquitté les mêmes droits que s'il avait été souscrit en France pour des biens situés dans le royaume.

rendu en France et prononçant l'extinction d'une créance étrangère, était sujet au droit ordinaire de quittance (Seine 28 déc. 1867, 2881 R. P.);

2° Que l'acte notarié, passé en France et constatant le rachat d'une rente viagère, payable en France, rachat consenti moyennant une somme stipulée, payable en monnaie française à l'étranger et garantie par une hypothèque à l'étranger, n'était passible, comme ayant pour objet une valeur étrangère, que du droit de 10 francs (Seine 17 juin 1865, 2305 R. P., 12946 C.).

13. RENTE. — Il avait été jugé qu'il faut considérer comme ayant pour objet des valeurs étrangères : 1° l'acte passé à l'étranger par lequel un sujet français, établi à l'étranger, a constitué au profit d'un étranger une rente viagère de 3,000 francs, payable à Paris avec hypothèque sur des immeubles situés hors du territoire; — 2° l'acte notarié, reçu en France, constatant le rachat de cette rente par le légataire universel du crédirentier, moyennant une somme stipulée payable en monnaie française, à l'étranger et demeurant garantie par la première hypothèque. En conséquence, chacun de ces actes était passible à l'enregistrement du droit de 10 francs créé par l'art. 4 de la loi du 16 juin 1824 pour les actes translatifs d'immeubles étrangers (Seine 17 juin 1865, 2305 R. P., 12946 C.).

On a également décidé que la rente viagère, constituée en monnaie étrangère, dans un contrat de mariage, entre un Français et une étrangère, par les père et mère de la future, étant la propriété d'époux français, ayant leur domicile en France, donnée pour les aider à supporter les charges de leur établissement en France, et stipulée payable au cours de la Bourse, chez un banquier, à Paris, était une valeur qui a son assiette en France. En conséquence, la donation de cette rente était sujette au droit proportionnel de donation (Cass. 21 août 1872, 20463 J. N., 2456-6 I. G., 3542 R. P., S. 72-1-441).

14. VENTE DE MEUBLES. — Une Sol. 30 octobre 1835 (9100 J. N., 1513 § 9 I. G.), avait décidé que le droit fixe est exigible sur un acte passé en France, constatant la vente d'une certaine quantité d'arbres à couper dans une forêt située en pays étranger. Une Sol. du 17 mars 1835 (Dalloz n° 3237, 8886 J. N.) a été rendue dans le même sens dans une espèce semblable.

Le droit fixe eut été également exigible sur la vente d'un troupeau attaché à l'exploitation d'un domaine situé à l'étranger, ou sur la cession d'un matériel d'une entreprise de construction à l'étranger (Seine 20 janv. 1869, 2918 R. P.). Mais, pour être autorisé à suivre cette règle, il fallait que le lieu de la situation des biens ne puisse prêter à aucune équivoque. Aussi a-t-il été reconnu qu'une obligation souscrite en pays étranger, pour valeur reçue en marchandises, valeurs et espèces, sans indication de l'origine et de la situation de ces valeurs, donnait ouverture au droit de 2 pour 100 lorsqu'elle était présentée à l'enregistrement en France (13365-2 J. E.).

Il en était de même, à plus forte raison, de la ratification en France par un étranger d'un acte passé à l'étranger et contenant obligation de 25,000 francs pour solde de compte de vente de meubles situés en France (Château-Thierry, 2 janv. 1851, 1502 R. P., 12094 C., 17243 J. N.).

15. VENTE D'IMMEUBLES. — RENTE. — On sait que quand un contrat est formé de deux dispositions corrélatives différemment tarifées, le droit d'enregistrement se perçoit sur la disposition principale qui sert à qualifier la convention. Or, il n'est pas douteux que dans une vente d'immeubles étrangers, faite moyennant une rente viagère payable en France, c'est la transmission des immeubles et non pas la constitution de rente qui tombe sous l'application du tarif. La rente est le prix de la cession, et le prix ne sert jamais à déterminer le contrat. C'est donc avec toute raison qu'on décidait, en cette hypothèse, que le droit fixe de 10 francs est seul exigible (Sol. 30 janv. 1860). La question était plus délicate pour les valeurs mobilières, mais nous ne pouvons que renvoyer ici aux développements que nous avons donnés précédemment. — V. *Acte contenant plusieurs dispositions*. — V. aussi *Quittance*.

16. CONTRAT DE MARIAGE. — Si le contrat de mariage, passé à l'étranger après la célébration du mariage, suivant la faculté résultant de la législation du pays, était présenté à l'enregistrement en France, il devait jouir de la modération des droits accordée aux donations faites par contrat de mariage, attendu que, lorsque la législation du pays le permet, toute donation dans cette forme est faite en considération du mariage (11065 J. N.).

17. JUGEMENTS. — D'après une I. G. de l'Administration, les jugements rendus en France sur des actes passés à l'étranger étaient passibles de tous les droits auxquels sont assujettis d'autres jugements qui contiendraient les mêmes dispositions (436 n° 43 I. G.). Le principe était contestable dans sa généralité. On pouvait, jusqu'à un certain point, soutenir que le droit de condamnation représentant comme le droit de greffe le salaire de la formalité (Cass. 14 avr. 1834, 10944 J. E., S. 34-1-270), ne tombait pas sous l'application de la loi de 1824 et devait être perçu, bien que le jugement s'applique à des valeurs étrangères. Mais il nous paraît certain que le droit de titre ou celui des actes produits tombait sous l'empire des règles ordinaires. Lorsque la convention, si elle eût été enregistrée avant le jugement, n'eût acquitté que le droit fixe, on ne voit pas pour quelle raison la perception eût été différente sur le jugement, alors qu'elle avait pour but unique de faire acquitter les droits exigibles sur cette convention même. C'est donc à tort, selon nous, qu'un jugement de la Seine du 1er février 1868 avait cru pouvoir décider qu'un acte translatif de meubles situés à l'étranger devenait passible du droit proportionnel ordinaire, quand il était produit en justice en France (2639 R. P.). L'art. 58 de la loi du 28 avril 1816, sur lequel le tribunal appuie son interprétation, l'avait, en effet, décidé ainsi. Mais cet article avait été modifié par l'art. 4 de la loi du 16 juin 1824 qui s'étendait aux actes produits en justice comme aux actes présentés directement à la formalité, et qui réduisait au droit maximum de 10 francs l'impôt exigible sur ces contrats. — *V.* aussi 2679 R. P.

L'Administration ne paraît pas d'ailleurs avoir insisté sur ce point, puisque, dans un cas où il avait été produit en justice, un acte renfermant une vente d'objets mobiliers étrangers et un marché de travaux à exécuter hors du territoire, elle avait reconnu que le droit proportionnel n'était pas dû sur la vente, et le tribunal de la Seine lui en a donné acte (Seine 20 janv. 1869, 2918 R. P.).

1395. Mutation opérée en France. — La seconde question consiste à déterminer le sens des mots mutations *opérées* en France. Nul doute, d'abord, que quand un acte est passé en France au sujet de biens meubles situés à l'étranger, la mutation ne s'opère en France, puisque le contrat qui la réalise prend naissance en France. « En cette matière, dit Championnière, la situation des choses objet de l'acte n'importe nullement; c'est l'acte que la loi atteint » (*Traité* 3791, 3792); — Sol. 6 janv. 1876, 4981 R. P.).

Mais si l'acte est rédigé à l'étranger, puis qu'il soit mentionné dans un acte public français ou présenté volontairement à l'enregistrement en France, on a soutenu qu'il ne constatait plus une mutation opérée en France, et qu'il devenait un acte innommé passible du droit fixe. C'est une erreur. Un tel acte, en effet, est toujours soumis, dès qu'il en est fait usage en France ou qu'il y est enregistré, aux dispositions combinées de l'avis du conseil d'État du 15 novembre-12 décembre 1806 et à l'art. 58 de la loi du 28 avril 1816. Il doit acquitter le droit proportionnel (3562 R. P.). *Conf.* Seine 14 fév. 1874, 3849 R. P.; 1er août 1874, 3959 R. P.; Versailles 28 juill. 1874, 4002 R. P.; — Cass. 31 janv. 1876, 4314 R. P.

1396. Acte passé en pays étranger. — Nous décidons, par conséquent, qu'un acte, soit authentique, soit sous seing privé, ou un jugement passé ou rendu à l'étranger, translatif ou non de biens meubles étrangers, est passible, lors de son enregistrement en France, ou de l'usage qui rend cet enregistrement obligatoire, des mêmes droits que s'il s'agissait d'un acte passé en France et relatif à des biens français.

Avant l'abrogation de l'art. 4 de la loi du 16 juin 1824, cette question pouvait être et avait été, en effet, vivement discutée. Nous indiquons en note la jurisprudence à laquelle elle avait donné lieu [1]. Mais depuis que cette abrogation a rendu à l'avis du conseil d'État de 1806 et à la loi de 1816 tout leur effet, il ne paraît plus possible d'en éviter les dispositions formelles.

1. DÉPOT — EXTRAIT — MENTION. — Ainsi il a été reconu, que s'il est déposé dans l'étude d'un notaire en France l'extrait d'un acte de société passé à l'étranger et relatif à une entreprise étrangère, extrait contenant tous les renseignements nécessaires pour justifier de la constitution régulière de la société et de la validité des pouvoirs donnés par les administrateurs à un mandataire et contenant l'énonciation des apports des associés, le droit gradué est exigible sur ces apports comme s'il s'agissait d'un acte passé en France et relatif à une société française. « Attendu qu'aux termes de l'art. 58 de la loi du 28 avril 1816, il ne peut être fait mention, dans les actes publics, d'aucun acte passé en pays étranger, qu'il n'ait acquitté les mêmes droits que s'il avait été souscrit en France et pour des biens situés en France » (Seine 27 déc. 1873). — Cette interprétation a été confirmée par d'autres jugements du tribunal de la Seine du 14 février 1874 (3849 R. P.) et 1er août 1874 (3959 R. P.); Versailles 28 juillet 1874 (4002 R. P.); — Cass. 31 janv. 1876, 4314 R. P.

Dans des hypothèses semblables on n'échapperait à la perception du droit gradué que si l'extrait ne renfermait aucune des clauses qui en justifient la perception.

1397. Traduction. — Les parties qui requièrent l'enregistrement d'actes et jugements, venant de l'étranger, sont

1. Cette doctrine, que les actes passés à l'étranger et concernant des biens étrangers sont passibles du droit proportionnel, était soutenue, même sous l'empire de la loi de 1824, par Dalloz n° 3239, Championnière n° 3796, par le J. E. n° 2541. Mais une telle appréciation était difficilement acceptable. En effet, l'art. 58 de la loi du 28 avril 1816, qui soumettait les actes étrangers, dont on faisait usage en France, aux mêmes droits que s'ils avaient été passés en France et pour des biens français, avait été suivi de l'art. 4 de la loi du 16 juin 1824, d'après lequel les actes translatifs d'immeubles étrangers étaient sujets au droit fixe. Ce texte ne distinguait pas entre les actes passés en France et ceux passés à l'étranger. On n'aurait pas compris d'ailleurs comment il eût laissé les actes passés à l'étranger soumis au droit proportionnel, lorsqu'il en dispensait dans les mêmes circonstances les actes reçus en France. Or, quoique la loi de 1824 fût spéciale aux immeubles, la jurisprudence l'avait étendue aux meubles, et il était admis que les actes translatifs de meubles ou d'immeubles étrangers étaient placés sur la même ligne. La conclusion semblait être, par conséquent, que les actes passés à l'étranger translatifs de biens étrangers étaient soumis, lors de leur enregistrement en France, au droit particulier créé par la loi de 1824.

1° *Donation.* — Conformément à ces principes, le tribunal d'Avesnes avait jugé que la perception du droit fixe était seule à faire sur un acte passé en pays étranger portant donation de sommes hypothéquées sur un immeuble situé en Belgique (23 mars 1829 2747 Roll.). C'est aussi ce qui résulte de plusieurs des décisions rapportées à l'article précédent, lesquelles ont été rendues indifféremment sur des actes passés en France ou à l'étranger (*Conf.* D. N. t. 5 p. 501 n° 584).

2° *Inscription.* — Il aurait donc fallu, selon nous, entendre avec les réserves précédentes les décisions d'après lesquelles il a été reconnu qu'un acte passé à l'étranger, et en vertu duquel on veut prendre inscription en France, doit être préalablement enregistré moyennant le payement des droits exigibles en France. Jusqu'à ce que cette formalité ait été donnée, l'acte n'est considéré que comme un écrit sous seing privé qui ne peut produire hypothèque en France (D. m. f. 22 vent. an 12, 2135 J. E.; — Cass. 7 déc. 1807, 2818 J. E.; Dél. 5 nov. 1823, 7575 J. E.). Mais nous croyons bien que si, par exemple, il s'était agi d'une obligation relative à des biens étrangers, l'acte eût été sujet en France, non pas au droit proportionnel de 1 pour 100, mais au maximum de 10 francs établi par la loi de 1824.

3° *Jugements.* — L'Administration avait enseigné que quand un jugement rendu en pays étranger est enregistré en France, il est passible de tous les droits proportionnels ordinaires (436 n° 43 I. G.). Ainsi que nous l'avons déjà dit à propos des jugements rendus en France et concernant des biens étrangers (n° 1392 § 17), cette doctrine pouvait se justifier à l'égard du droit de condamnation qui représente le salaire de la formalité. Et un arrêt de cass. du 14 avril 1834 a, en effet, reconnu l'exigibilité de ce droit de 50 pour 100 sur le jugement étranger qui est soumis à l'enregistrement avant d'être exécuté en France (10944 J. E., S. 34-1-270). Mais les mêmes raisons ne s'appliquaient plus aux droits de titre, et nous aurions pensé que la loi de 1824 devait alors gouverner la perception.

4° *Suisse.* — Il bon d'indiquer, à cet égard, que, d'après une convention internationale, les jugements définitifs en matière civile ayant force de chose jugée, rendus par les tribunaux français, sont exécutoires en Suisse, et réciproquement, après qu'ils ont été légalisés par les autorités compétentes de chaque pays (Ord. 31 déc. 1828 art. 1er). Il n'est exigé des Français qui ont à poursuivre une action en Suisse, et des Suisses qui ont une action à poursuivre en France, aucun droit, caution ou dépôt, auxquels ne sont pas soumis les nationaux eux-mêmes, conformément aux lois de chaque pays (*Id.*, art. 2, 9584 J. E.).

tenues d'y joindre une traduction certifiée par un traducteur juré, et la relation de l'enregistrement doit être apposée sur la traduction, sauf à faire connaître sur l'original, par un duplicata de la relation, que la formalité a été donnée sur la traduction (8590 J. E., D. m. f. 7 mars 1833, 10568 J. E., 1425 § 1er I. G.).

SECTION 2. — IMMEUBLES
[1398-1411]

1398. Tarif. — L'art. 4 de la loi du 16 juin 1824 soumettait au droit fixe de 10 francs les actes translatifs de propriété, d'usufruit ou de jouissance de biens immeubles situés soit en pays étranger, soit dans les colonies françaises où le droit d'enregistrement n'est pas établi.

L'art. 1er § 2 de la loi du 28 février 1872 a abrogé cette disposition et l'a remplacée par la suivante :

« La quotité du droit fixe d'enregistrement auquel sont assujettis les actes ci-après sera déterminée ainsi qu'il suit, savoir : les actes translatifs de propriété, d'usufruit ou de jouissance de biens immeubles situés en pays étranger ou dans les colonies françaises, dans lesquels le droit d'enregistrement n'est pas établi [1] par le prix exprimé en y ajoutant toutes les charges en capital.

« Le taux du droit établi par l'article précédent est fixé ainsi qu'il suit : à 5 francs pour les sommes ou valeurs de 5,000 francs et au-dessous et pour les actes ne contenant aucune énonciation de sommes et valeurs ni dispositions susceptibles d'évaluation ; à 10 francs pour les sommes ou valeurs supérieures à 5,000 francs, mais n'excédant pas 10,000 francs ; à 20 francs pour les sommes ou valeurs supérieures à 10,000 francs, mais n'excédant pas 20,000 francs ; et ensuite à raison de 20 francs par chaque somme ou valeur de 20,000 francs ou fraction de 20,000 francs. Si les sommes ou valeurs ne sont pas déterminées dans l'acte, il y sera supplée conformément à l'article 16 de la loi du 22 frimaire an 7. »

1399. Mutations de toute nature. L'art. 1er § 2 de la loi du 28 février 1872 parle des actes translatifs d'immeubles d'une manière générale. Sa disposition les embrasse donc tous, quelle que soit leur nature et quel que soit leur objet.

La loi de 1824 était conçue dans les mêmes termes, et on avait décidé, sous l'empire de ses dispositions, qu'elle s'appliquait à toute espèce d'actes translatifs, vente, échange, bail ayant pour objet la transmission de la propriété, de la jouissance ou de l'usufruit des biens immeubles situés à l'étranger (Dél. 9 avr. 1825, 4653, 6756, 8055 J. E., 5092 J. N.). Il en est de même aujourd'hui, et la loi de 1872 ne parle du prix qu'à titre démonstratif, en se référant au type le plus ordinaire des actes translatifs, la vente. Aussi l'I. G. n° 2433 énonce-t-elle que les mutations entre-vifs *de toute nature* de biens immeubles situés à l'étranger sont assujetties au droit gradué à raison de leur importance.

Si le droit proportionnel était inférieur au minimum du droit gradué, c'est ce droit proportionnel qui serait dû (Sol. janv. 1877).

1400. Colonies. — La loi de 1872 range également sur la même ligne que les transmissions d'immeubles situés à l'étranger celles qui concernent les immeubles situés dans les colonies où l'impôt de l'enregistrement n'est pas établi. Ainsi, les règles que nous allons poser sont communes à ces deux spécialités.

1401. Actes antérieurs à 1824. — La première question qui se présente est celle de savoir quel est le droit à percevoir sur les actes de mutation antérieurs à la loi de 1824. L'art. 15 de la loi de 1824 veut que toutes les mutations, quelle que soit leur date, dont les droits étaient exigibles au moment de la promulgation de la loi, tombent sous l'application de l'art. 4 de cette loi. Aujourd'hui cet art. 4 est remplacé par le tarif gradué. Mais l'art. 15 n'est pas abrogé. Il en résulte donc que les actes dont il s'agit sont sujets à ce tarif comme ils étaient, sous la loi de 1824, assujettis au droit fixe.

1402. Vente. — La vente pure et simple de biens immeubles situés à l'étranger ne peut donner lieu à aucune difficulté. La loi de 1872 s'en occupe nommément. Le droit gradué est le seul droit exigible sur la vente de cette nature de biens, que l'acte ait été passé en France ou à l'étranger, qu'elle soit d'un immeuble situé à l'étranger ou dans les colonies où l'enregistrement n'est pas établi. Exemple : une vente moyennant 10,000 francs doit donner ouverture au droit de 10 francs, et une vente moyennant 100 francs n'est passible que du droit de 5 francs.

1. DROITS DE GREFFE. — Les droits de greffe, même proportionnels, ne sont pas, à proprement parler, perçus sur les mutations ; ils sont le salaire de la rédaction. Il s'ensuit que, lorsqu'une adjudication de biens situés en pays étranger est faite devant un tribunal en France, le droit de greffe est dû, quoique celui de mutation ne le soit pas (Cass. 11 déc. 1820, 6917 J. E.). Cette jurisprudence conserve toute son actualité sous la loi de 1872.

1403. Donation non acceptée. — La donation entre-vifs, non acceptée, de biens en pays étranger, ne donne lieu qu'au droit fixe de 1 franc (3 fr.), comme la donation, non acceptée, de biens situés en France (8847 J. E.). En effet, pour que le droit gradué soit exigible, il faut qu'il y ait transmission. Or, la transmission n'est pas opérée dès qu'il n'y a pas d'acceptation.

1404. Prix. — De ce que la loi du 28 février 1872 assujettit au droit gradué les actes translatifs de biens

1. Grammaticalement, ce texte signifierait : *dans lesquels pays étrangers ou colonies françaises*, etc. Mais il y a là certainement une erreur. Ainsi que le fait remarquer avec raison M. Demante, quand même la législation sur l'enregistrement existerait dans les pays étrangers comme en Belgique, en Italie, dans certaines parties de l'Allemagne, etc., cette considération serait sans portée pour la perception de l'impôt français, quand les parties, en France, passent leur acte et en font usage (*Suppl. aux Princip.* n° 185).

immeubles en pays étranger, il faut conclure qu'elle embrasse toutes les dispositions essentielles à l'acte, et par conséquent la transmission et le prix payé ou promis, puisque l'acte translatif est constitué, dans son ensemble, par la réunion de ces deux éléments (1582 C. C.). Cette solution adoptée sous l'empire de la loi du 16 juin 1824 (Dél. 11 août 1821, D. N t. 5 p. 501 n° 587), est encore applicable aujourd'hui.

1. BAIL. — Ainsi, il a été décidé que le prix d'un bail de biens situés à l'étranger, quoique stipulé, payable en France et hypothéqué sur des biens français, n'est passible d'aucun droit proportionnel (Dél. 9 avr. 1825, Champ. et Rig. n° 3787, 5092 J. N., 8055 J. E.).

2. VENTE. — RENTE. — Dans une espèce où le prix de la vente, passée en France, de l'immeuble situé en pays étranger, avait été converti en une rente perpétuelle payable en France, le tribunal de Valenciennes a jugé que le droit de 2 pour 100, comme constitution de rente, n'était pas exigible, attendu que cette rente étant réellement le prix de la vente, s'en trouvait une des dispositions essentielles qui ne pouvait donner ouverture à un droit particulier (24 févr. 1841, 11146 J. N., D. N. t. 5 p. 501 n° 588).

Cependant, l'Administration semble avoir méconnu ce principe dans l'espèce suivante : En échange de biens immeubles situés en Amérique, il a été cédé : 1° des biens situés aussi en Amérique ; — 2° des biens immeubles sis en France, d'un revenu de 752 francs ; — 3° une créance et des capitaux de rentes payables en France. Cet acte a été assujetti : 1° au droit fixe de 10 francs pour les biens situés en Amérique ; — 2° à celui de 2 fr. 50 c. pour 100 sur le capital au denier 20 du revenu des biens situés en France ; — 3° à celui de 1 pour 100 sur le montant de la créance ; — 4° et à celui de 2 pour 100 sur les capitaux de rentes, par le motif que l'acte, étant stipulé à titre d'échange, présente une disposition alternative et que dès lors, si l'on peut dire que la créance et les rentes sont le prix des immeubles sis à l'étranger, dont la mutation est exempte du droit proportionnel, d'un autre côté on peut soutenir que ce sont les immeubles sis à l'étranger qui sont donnés en payement des capitaux sis en France, et dont la mutation, dans ce cas, n'est dispensée du droit proportionnel par aucune loi (Sol. 25 juill. 1832, 3846 Roll.). Champ. et Rig. n° 3787 font justement observer, au sujet de cette solution, que l'abandon de la créance française en payement de l'immeuble étranger n'est qu'un mode de payement de prix qui, ne constituant pas mutation dans l'obligation du prix, ne peut exercer aucune influence sur la perception.

3. QUITTANCE PAR ACTE SÉPARÉ. — Mais si l'obligation de payer le prix est une condition essentielle à l'acte et ne forme qu'un seul tout avec la vente, il ne peut en être de même de la quittance qui est donnée, postérieurement, de ce prix à l'acquéreur. Il ne peut plus y avoir lieu à l'application du principe posé par l'art. 10 L. 22 frimaire an 7. Aussi le tribunal de la Seine a-t-il jugé avec raison, le 13 mars 1833 (10604 J. E.), que la quittance passée en France, du prix d'une vente située en pays étranger, est passible du droit de libération lorsqu'elle est donnée par un acte postérieur au contrat de vente, parce que l'art. 4 L. 16 juin 1824, n'ayant exempté du droit proportionnel que les actes translatifs de biens situés à l'étranger, tous autres actes relatifs à ces biens sont soumis aux droits ordinaires (4867, 15550 J. E., D. N. t. 5 p. 502 n° 594). Le même principe résulte d'une D. m. f. 7 mars 1826 et d'une Dél. 9 novembre 1827 (6489 J. N.).

1405. Disposition indépendante. — En tous cas, l'unité de droits basée sur l'art. 10 L. 22 frimaire an 7 ne peut plus être invoquée du moment que le contrat, présentant des dispositions indépendantes, tombe sous l'application de l'art. 11 même loi. La règle générale reprend alors son empire.

1. ADJUDICATION PAR LOTS. — C'est dans ce sens qu'une Sol. 27 octobre 1836 (11653-3 J. E.), a décidé que la vente de biens immeubles situés à l'étranger, faite en France, est passible d'un droit par chaque acquéreur : fixe, si le droit proportionnel dépasse 10 francs ; proportionnel, dans le cas contraire (D. N. t. 5 p. 500 n° 578, 16912 J. E.).

Le droit gradué serait exigible dans les mêmes conditions.

2. CESSION. — COMPENSATION. — On a décidé autrefois que quand, dans la vente, passée en France, d'un immeuble situé en pays étranger, il est cédé, en payement de partie du prix, des créances situées en France, et que le surplus du prix est compensé avec une somme dont le vendeur se trouvait débiteur envers l'acquéreur, il est dû, indépendamment du droit fixe de 10 francs sur la vente ; 1° celui de transport de créance sur les créances cédées ; — 2° celui de quittance pour la dette éteinte (Seine 6 janv. 1847, 14181 J. E.). Mais cette décision ne nous paraît pas acceptable. Le transport et la compensation ne sont qu'un mode de payement du prix. Insérées dans l'acte de vente de biens situés en France, ces dispositions ne donneraient lieu à aucun droit. Il en doit être de même lorsqu'elles se rencontrent dans un acte de vente de biens étrangers ; quoique sujette au droit fixe gradué, la vente n'en est pas moins la disposition principale. Cette remarque est reproduite par le D. N. t. 5 p. 501 n° 589.

1406. Ventilation de prix. — De ce que la vente d'un immeuble situé partie en France, partie en pays étranger, n'exprimerait qu'un seul prix, sans ventilation de ce qui se rapporte à la partie de l'immeuble située hors de France, le droit proportionnel ne devrait pas cependant être exigé sur le tout ; il faut, dans ce cas, exiger une déclaration en vertu de l'art. 16 de la loi, pour se borner au droit fixe gradué sur la portion du prix afférente aux biens que l'impôt proportionnel ne peut atteindre ; le délai pour requérir l'expertise ne court que de la date de cette ventilation (Dél. 16 mars 1827 8692 J. E., D. N. t. 5 p. 773 n° 27). — La C. cass. avait consacré le même principe, antérieurement à la loi de 1816, par un arrêt du 24 ventôse an 10 (Dalloz, n° 3241, D. N. t. 5 p. 500 n° 579).

1407. Partage. — Mais le principe dont nous avons vu l'application dans le numéro précédent n'a pas été admis en matière de partage. La C. cass., par de nombreux arrêts rendus successivement par la chambre des requêtes, la chambre civile, et enfin par toutes les chambres réunies, a considéré : 1° que lorsqu'une succession renferme des biens situés en France et d'autres biens situés à l'étranger, on doit procéder comme s'il s'ouvrait autant de successions qu'il y a de biens situés en différents pays; — 2° que la loi de l'impôt n'ayant d'empire que dans le territoire de la France, l'Administration doit, lorsque le partage comprend des biens situés à l'étranger, procéder comme si la succession n'était composée que de biens sur le territoire français, le reste étant soustrait à toute recherche de sa part. D'où la conséquence que le droit de soulte est exigible à raison des inégalités de répartition entre les copartageants des immeubles situés en France. Exemple : une succession échue à quatre enfants se compose d'immeubles en pays étranger de la valeur de 200,000 francs et d'immeubles situés en France de même valeur, en tout 400,000 francs, dont 100,000 reviennent à chaque enfant. Deux des enfants sont lotis avec les immeubles situés à l'étranger, et les deux autres avec les immeubles situés en France. Ceux-ci devront payer un droit de soulte sur 100,000 francs, car les immeubles de France répartis entre les quatre cohéritiers ne donnent à chacun d'eux qu'une valeur de 50,000 francs (Cass. Ch. req. 14 nov. 1838, S. 38-1-970, 1634 § 11 n° 1 I. G.; Ch. civ. 8 déc. 1840, 10849 J. N., 12641 J. E., 1634 § 11 I. G., S. 44-1-56; Ch. civ. 29 août 1843, S. 44-1-44; — Cass. Ch. civ. 3 avr. 1844, 11966 J. N., 13483 J. E., 1723 § 5 I. G., S. 44-1-335; Ch. req. 12 déc. 1843, S. 44-1-74, 1710 § 3 I. G. — Cass. Ch. réun. 11 nov. 1844, 12140 J. N., 13623 J. E., 1732 § 6 I. G., S. 44-1-838; Ch. req. 15 juin 1847, S. 47-1-625, 1796 20 I. G.; Ch. civ. 29 août 1848 S. 48-1-624, 1825-10 I. G., 14372 J. E.; — Cass. Ch. civ. 10 fév. 1869, 2896 R. P., 2385 § 3 I. G., B. C. 32, S. 69-1-230, D. 69-1-357, 19552 J. N., 23 juill. 1873, 3670 R. P., S. 73-1-478, P. 73-1198; — *Conf.* : Reims 21 juill. 1841, 12808-3 J. E.; — Gex 14 août 1850 15020 J. E.; — Périgueux 24 août 1850 15027-3 J. E.; — Versailles 2 janv. 1851 15119, 15443 J. E.; — Avesnes 4 déc. 1868, 2885 R. P.).

« Attendu, porte l'arrêt solennel du 11 novembre 1844, que la loi de l'impôt n'a d'empire que sur le territoire du royaume; qu'ainsi l'administration de l'Enregistrement, dans la perception qui lui est confiée des droits dus en cas de transmission ou mutation de biens régis par la loi française, ne doit avoir aucun égard aux stipulations relatives à des biens situés hors du territoire, sur lesquels cette Administration ne peut étendre ses recherches ni exercer les droits de vérification et de perception qui lui sont conférés par la loi française; qu'ainsi, et lorsqu'une succession ouverte en France comprend des biens situés dans le royaume et des biens situés hors du royaume, la Régie doit procéder, pour la perception des droits dus sur les biens situés dans le territoire français, comme si cette succession n'était composée que de biens situés en France; attendu qu'il suit de là que si, pour établir l'égalité des lots, dans un partage, après succession, d'immeubles situés en France inégalement répartis, il est fait attribution à l'un des copartageants d'immeubles situés en pays étranger, une semblable attribution ne saurait avoir que le caractère et les effets d'une soulte; — Qu'en effet, si, par l'art. 883 C. C., le partage est déclaratif et non attributif de propriété des lots, et s'il en résulte nécessairement pour chacun des copartageants qu'il est réputé avoir succédé seul et immédiatement à tous les effets compris dans son lot, il n'en est pas moins certain qu'à l'égard de celui qui reçoit au delà de la part qui lui afférait, le partage a produit, quant à l'excédant de cette part, les effets d'une vente ou d'une cession à titre onéreux. »

Cette jurisprudence ne s'est pas établie sans de vives résistances. Champ. et Rig., *Suppl.* n°s 578 à 583, ne la regardent pas comme irrévocable et la combattent par des motifs longuement développés. Leur opinion a été plusieurs fois adoptée par les tribunaux (Dunkerque et Lille 4 mai 1840 et 11 juin 1841, 11091 J. N.;—Lille 9 août 1831, 10830 J. N.;— Douai 5 nov. 1841, 11161 J. N.; — Charolles 2 avr. 1842, 11480 J. N.; — Saint-Omer 15 juin 1844, 12107 J. N.).

Il s'est encore récemment élevé sur ce point une instance qui vient de se terminer et qui a ramené la question devant les chambres réunies. Le tribunal de la Seine a décidé, le 19 janvier 1867, que les biens étrangers peuvent figurer dans le partage (2405 R. P.). Son jugement a été annulé par l'arrêt du 10 février 1869 rappelé ci-dessus; mais le tribunal de Versailles a adopté, sur renvoi, l'opinion du tribunal de la Seine (J. 26 juill. 1870, 3233 R. P.). L'Administration s'est de nouveau pourvue, et le jugement attaqué a été annulé par un arrêt du 21 juin 1875 rapporté au n° 16785.

Droit gradué. — La substitution du droit gradué au droit fixe établi par la loi du 28 février 1872 n'a pas modifié les règles précédentes. Outre que le droit gradué n'est que la représentation de l'ancien droit fixe de formalité, on doit remarquer que si la jurisprudence a ordonné la déduction des valeurs étrangères pour la liquidation du droit de soulte, c'est notamment par le motif que l'existence et l'évaluation de ces biens échappent au contrôle de l'Administration française. Or, la situation est demeurée la même depuis la loi du 28 février 1872, et le Trésor n'a pas plus qu'autrefois le moyen d'aller à l'étranger constater l'existence des valeurs ou la sincérité des estimations faites pour la perception du droit gradué.

1. BELGIQUE. — Dalloz (n°s 3245 et 3246), fait observer que la considération que nous venons d'indiquer manque d'exactitude à l'égard de la Belgique, et il étaye son opinion par cette circonstance que d'après une convention signée à Lille, le 12 août 1843 (1716 I. G.), il y a, entre les receveurs de l'Enregistrement des deux nations échange de tous les documents et renseignements pouvant aider à la perception complète et régulière des droits établis par les lois qui régissent les deux pays; d'où la conséquence que, à l'égard de la Belgique, l'Administration possède les mêmes moyens de vérifier la déclaration de l'acte de partage que si tous les immeubles étaient situés en France.

Mais cette opinion n'a pas été accueillie. Ainsi que l'a reconnu le tribunal d'Avesnes, le 3 juillet 1858, la convention avec la Belgique n'a pas soustrait les biens situés en Belgique à la règle ordinaire; elle n'a d'autre objet qu'un échange de renseignements et ne peut porter atteinte au principe de la territorialité; elle n'a d'ailleurs été ratifiée ni par une loi ni par une ordonnance (1017 R. P., 16770 J. E.).

2. HÉRITIERS FRANÇAIS ET HÉRITIERS ÉTRANGERS. — Ce mode d'opérer doit être suivi alors même que les biens

de France sont attribués à des héritiers français, et les biens situés en pays étranger, à des héritiers étrangers, « attendu que l'Administration ne doit voir dans les divers héritiers que des copartageants des biens de France » (Cass. req. 28 août 1848, 14572 J. E., 13530 J. N., 1825 § 10 I. G., S. 48-1-624).

3. INÉGALITÉ COMPENSÉE AVEC DES VALEURS MOBILIÈRES. — Sous l'empire de la loi de 1824 le principe ci-dessus avait été étendu à un cas où l'inégalité était compensée, non pas, comme dans les espèces précédentes, par une attribution d'immeubles situés en pays étranger, mais par une attribution faite sur le prix d'immeubles de cette nature, résultant de la licitation qui avait été faite postérieurement à l'ouverture de la succession. On avait pensé qu'en un tel cas, le prix de l'immeuble devait aussi être estimé valeur étrangère, et gouverné par les mêmes règles quant à la perception de l'impôt (Cass. req. 15 juin 1847, 14206 J. E., 13077 J. N., 1790 § 20 I. G., S. 47-1-625; — Versailles 6 mars 1846, 13950 J. E., 12700 J. N.).

Cette solution se justifiait alors par cette considération que la jurisprudence avait étendu aux cessions des valeurs mobilières étrangères le droit fixe établi pour les cessions d'immeubles. Mais aujourd'hui que les cessions de meubles étrangers sont assujetties au droit proportionnel ordinaire (L. 23 août 1871 art. 4, L. 28 fév. 1872 art. 1er § 2), ces valeurs sont considérées comme des valeurs françaises et ne donnent pas lieu au droit de soulte.

Nous avions fait déjà une remarque semblable autrefois pour l'hypothèse où un immeuble français placé dans le lot de l'un des copartageants serait compensé par des valeurs mobilières de la nature de celles que l'art. 7 L. 18 mai 1850 assujettit au droit de succession, tels que les fonds publics et actions des compagnies ou sociétés d'industrie et de finances étrangères, dépendant d'une succession régie par la loi française. La solution de la question, disions-nous, nous paraît être dans les motifs qui ont déterminé les arrêts cass. que nous avons cités. « Lorsqu'une succession se compose de biens situés en France et de biens situés à l'étranger, portent ces arrêts, l'Administration ne perçoit aucun droit sur ceux-ci; par suite, lorsqu'on lui présente des actes constatant le partage de cette succession, elle doit procéder, pour la perception, comme si ladite succession n'était composée que de biens de France. » Aujourd'hui donc que les fonds publics et actions des compagnies ou sociétés d'industrie et de finances étrangères dépendant d'une succession régie par la loi française, supportent le droit de mutation par décès, il y a lieu, d'après le système de la C. cass., de ne pas les écarter du partage pour établir la liquidation du droit.

Cette opinion avait été adoptée par des solutions des 17 mars et 12 mai 1852 et consacrée par deux jugements du tribunal de la Seine des 19 mai 1866 (2334 R. P.) et 22 février 1873 (3580. R P.). Elle résulte virtuellement des motifs de l'arrêt solennel du 21 juin 1875 rappelé au n° 1407 ci-dessus.

4. SOULTE. — Par la même raison, s'il s'agit d'un partage avec soulte et si la soulte s'impute sur les valeurs mobilières étrangères, le droit proportionnel deviendra exigible, parce que les transmissions à titre onéreux de meubles étrangers ont été assimilées aux valeurs françaises par la loi du 23 août 1871.

5. PARTAGE FAIT EN PAYS ÉTRANGER. — C'est en vertu du principe ci-dessus, qu'un héritier pour un tiers, ayant vendu tous les immeubles de la succession situés en France, a été tenu d'acquitter les droits de mutation sur les deux tiers de ces immeubles, bien qu'il ait justifié d'un partage fait en pays étranger, qui lui attribuait la totalité de ces biens, ses cohéritiers ayant été remplis au moyen d'immeubles sis en pays étranger (Cass. 12 déc. 1843, 11854 J. N., 13430 J. E., 1710 § 3 I. G., S. 44-1-74; — Thionville 27 avr. 1842, 13014 J. E.).

6. ÉPOUX COMMUNS EN BIENS. — Même règle si, dans le partage de communauté, les immeubles situés en France sont attribués en totalité à l'époux survivant, attendu que chaque communiste ayant une part égale dans les immeubles situés en France, il y a abandon de moitié de ces biens à l'époux qui les reçoit tous dans son lot (Cass. 14 nov. 1838, 10214 J. N., 12188 J. E., S. 38-1-970; — Hazebrouck 3 juin 1837, 11839 J. E.).

7. REPRISES. — Mais il a été reconnu que si la veuve, après avoir reçu pour ses reprises des biens étrangers, partage également avec les héritiers du mari les valeurs françaises, il est impossible de considérer le lotissement à la veuve comme dissimulant une soulte passible du droit proportionnel. « On ne peut pas assimiler à une soulte le prélèvement antérieur au partage des reprises de la veuve opéré par elle sur des biens situés en pays étranger; ce prélèvement est un acte préparatoire du partage et ne peut se confondre avec lui, de sorte qu'aucune assimilation ne peut être faite entre un pareil prélèvement et la disposition intrinsèque du partage par laquelle des copartageants, après s'être répartis inégalement les biens héréditaires en France, auraient compensé cette inégalité par l'abandon des biens dépendants de la même succession mais situés en pays étranger» (Cass. 15 déc. 1858, 1132 R. P., 16477 J. N., 11472 C., 16901 J. E., S. 59-1-257). Cet arrêt n'est pas pris pour règle par l'Administration et il prête réellement à la critique, car du moment que la femme est copropriétaire des biens communs à concurrence de ses reprises, l'attribution qui lui est faite de ce chef constitue une véritable opération de partage et on n'aperçoit pas bien pourquoi ce lotissement serait autrement traité que celui auquel elle a droit en qualité de partiaire de la communauté.

On considère d'ailleurs comme biens étrangers devant être distraits du partage les reprises dues à l'époux survivant pour aliénation d'immeubles situés hors du territoire (Tours 26 août 1865, 2304 R. P.; — Saint-Jean-d'Angely 27 déc. 1867, 2730 R. P.; — Avesnes 4 déc. 1868, 2885 R. P.). L'interprétation contraire a été admise par Sol. 9 août 1877. — V. *Partage*, n° 8257.

8. COLONIES. — *Quid* si le partage contient des biens situés dans les colonies? On a émis l'avis (13706 J. N.) que l'on doit opérer comme si les biens étaient tous situés en France, et on argumente de l'art. 109 de la Constitution du 4 novembre 1848 portant que les territoires de l'Algérie et des colonies sont déclarés territoires français. Il nous avait semblé qu'on pouvait opposer à cette doctrine les considérations mêmes sur lesquelles nous nous sommes appuyé ci-dessus, pour faire considérer comme valeurs françaises certaines valeurs mobilières étrangères. Du moment que les

biens situés dans les colonies n'ont pas à supporter le droit de mutation par décès établi pour les biens situés en France, il paraissait logique, d'après le système de la cour suprême, de les écarter du partage.

Le contraire a cependant prévalu. L'Administration a reconnu plusieurs fois, depuis notre dernière édition, que les biens situés dans les colonies où l'enregistrement est établi doivent être traités comme les biens français eux-mêmes et ne sauraient être éliminés du partage pour la liquidation du droit (Sol. 30 déc. 1863, 13 av. 1865). « Toutes les colonies, porte la dernière décision, sont une dépendance de la France. La souveraineté y appartient à la métropole et y est exercée en son nom, sous tous les rapports, politiques, législatifs, administratifs et judiciaires. Il n'est donc pas exact de dire que les biens situés en Algérie sont placés hors de l'empire des lois de la métropole. D'autre part, quand l'enregistrement est établi aux colonies, il n'est pas plus exact de prétendre que les biens y situés ne subissent pas la perception de l'impôt de l'enregistrement. Au surplus, si l'opinion contraire était admise, il en résulterait qu'en France on devrait écarter du partage les biens situés dans ces colonies et percevoir un autre droit de soulte. En d'autres termes, on percevrait deux droits de soulte sur un partage qui ne renferme aucune stipulation de l'espèce » (2146 R. P., 18326 J. N.).

On a soutenu que la même doctrine était appliquable aux colonies dans lesquelles l'enregistrement n'est pas établi, attendu que l'exemption d'impôt équivaut au payement et que tous les pays dépendant du territoire français ont droit aux mêmes immunités (16876-2 J. E.). Mais il ne paraît pas que l'Administration soit encore allée jusque-là. On voit, dans la solution précédente, qu'elle s'est déterminée notamment par la considération que les biens des colonies avaient supporté le droit d'enregistrement ; d'où l'on peut conclure qu'elle hésiterait, sans doute, à étendre le même principe à des valeurs situées dans des pays où l'enregistrement n'est point en vigueur.

C'est ce que l'on peut induire, du reste, d'un arrêt en date du 11 mars 1851 par lequel la C. cass. a reconnu qu'il fallait prendre pour base de la déclaration de succession le partage comprenant des biens situés en France et à la Guadeloupe, lors même que les biens français auraient été inégalement divisés et que l'inégalité des attributions serait compensée par les valeurs coloniales. — *V.* 16784 et 1421.

9. IMMIGRATION DE TRAVAILLEURS. — Le décret du 13 février 1852 (Bull. 497, n° 3724), relatif à l'immigration des travailleurs dans les colonies, contient, à l'art. 3, les dispositions suivantes :

« Il sera perçu dans chaque colonie, pour le compte du service local : 1° un droit d'enregistrement sur l'engagement de chaque immigrant introduit aux frais ou avec l'assistance de l'Etat ou de la colonie, et sur chaque transfert ou renouvellement dudit engagement ; ce droit sera le même, soit que l'engagement concerne un seul individu, soit qu'il s'applique à une famille ; — 2° un droit proportionnel au montant du salaire de l'immigrant. Ces droits seront payés par le propriétaire ou patron envers qui l'immigrant se sera engagé. Ils cesseront d'être perçus, à l'égard de chaque immigrant, à l'expiration du délai qui aura été fixé pour le rapatriement. Le droit d'enregistrement est fixé provisoirement à 30 francs pour la Martinique, la Guadeloupe et la Réunion, et à 20 francs pour la Guyane, et le droit proportionnel sur les salaires est fixé au vingtième. »

Conformément à ces dispositions, il a été décidé que l'acte de partage, passé à la Martinique, d'une propriété sise au même lieu et à laquelle sont attachés des travailleurs libres immigrants, donne ouverture au droit fixe de 30 francs pour chaque cession de contrat d'engagement de ces travailleurs transféré à l'un des copartageants en sus de sa part. Ce droit ne se confond pas avec celui qui peut être dû pour la soulte immobilière à payer par le même (Cass. 16 juin 1863, 1833 R. P., 17664 J. N., 12726 C., S. 63-1-398).

10. TRANSACTION. — Les principes que nous venons de développer sont parfaitement applicables aux transactions qui produisent les effets d'un partage (Bordeaux 31 août 1848, 14566 J. E.).

11. PARTAGE ANTICIPÉ. — En matière de partage anticipé, les biens situés à l'étranger ne doivent supporter, pour droit de donation, que le droit fixe gradué déterminé par la loi de 1824 (*V.* 13030 J. N.) ; mais, en ce qui concerne les soultes, la jurisprudence que nous venons de faire connaître est évidemment applicable (15259-4 J. E.).

12. VALEUR VÉNALE. — Dans tous les cas, c'est d'après la valeur vénale des biens situés en France que les soultes doivent être déterminées (15250-2 J. E. — *V.* Avesnes 3 juill. 1858, 1617 R. P.).

13. EXÉCUTION DE TESTAMENT. — Lorsqu'un père de famille a fait entre ses enfants le partage testamentaire de ses biens, en attribuant à l'un d'eux un immeuble situé en France et aux autres des valeurs étrangères, et en conférant aux fils la quotité disponible, l'acte ultérieur par lequel, après son décès, les enfants déclarent confirmer les dispositions testamentaires, mais modifient les quotités héréditaires et renoncent au disponible, a le caractère d'un partage ordinaire entre cohéritiers et non pas d'un simple consentement à l'exécution du testament. Par suite, l'attribution de l'immeuble situé en France donne lieu au droit de soulte sur tout ce qui excède la part de l'attributaire dans la valeur de cet immeuble. « Attendu que les attributions dérivent moins de la volonté du père décédé que du consentement des héritiers qui, d'un commun accord, ont substitué un partage entre-vifs au partage testamentaire dont le principe, les éléments et les résultats ont été essentiellement modifiés ; que le testament et le codicille ayant cessé d'être la loi des parties, les enfants et héritiers du prince Stirbey avaient des droits égaux sur la villa de Nice, qui n'a pu, dès lors, entrer en entier dans le lot du prince Georges, sans que l'attribution de ce qui excède sa part eût, vis-à-vis de la loi fiscale, le caractère d'une cession à titre onéreux des droits afférents à ses cohéritiers, cession donnant ouverture au droit proportionnel, tant sur la maison que sur le mobilier » (Cass. 23 juill. 1873, 3670 R. P., 2472-9 I. G., S. 73-1-478, P. 73-1198).

14. PAYS CÉDÉS. — L'Administration a tempéré plusieurs fois la rigueur de la règle pour des partages comprenant des immeubles situés dans les pays détachés de la France. Ainsi il a été reconnu, qu'un partage fait sans soulte antérieurement à la loi d'annexion, comprenant des immeubles situés en

France et d'autres situés dans la Moselle allemande, et présentés à l'enregistrement après la loi, doit être considéré comme ne comprenant que des biens français, parce que les immeubles situés dans la Moselle ont acquitté, avant la cession de ce département, le droit de mutation par décès dont ils sont passibles. Fait sans soulte et n'étant pas sujet à l'enregistrement dans un délai déterminé, il tombe sous l'application de la loi en vigueur au moment de son enregistrement; mais est passible du droit gradué sur le total des biens partagés sans distraction (Dél. du 13 août 1872).

Si les immeubles situés en Alsace-Lorraine dépendent d'une succession ouverte après l'annexion, et n'ont pas donné lieu à la perception du droit de succession au profit du Trésor français, on les traite comme les biens étrangers.

1408. Échange. — Du principe que nous venons de développer, il faut tirer la conclusion que si un échange d'immeubles situés en France est fait contre des immeubles situés en pays étranger, on doit considérer les immeubles situés en pays étranger comme n'existant pas en nature pour l'impôt, mais comme formant seulement le prix des immeubles français, d'où la conséquence que le droit de vente à 5 fr. 50 cent. pour 100 doit être perçu sur la valeur des immeubles français à déclarer par les parties. On peut dire, en effet, sous le rapport de l'enregistrement, que l'acte a le caractère d'une vente d'immeubles situés en France (Dél. du 20 oct. 1840, relatant une solution antérieure du 25 juill. 1832, Sol. 17 déc. 1858).

1. SOULTE. — Mais s'il était stipulé une soulte portant sur les biens étrangers, cette soulte, formant le prix d'acquisition de valeurs situés hors du territoire, devrait être sujette au droit gradué (D. N. t. 5 p. 270 n° 72).

1409. Délai. — La loi nouvelle n'a point innové quant à l'obligation de l'enregistrement. Ainsi les actes sous seing privé passés en France, et portant vente d'immeubles étrangers, ne sont pas sujets à cette formalité dans les trois mois de leur date; ils n'y sont soumis que si l'on en fait usage en justice ou dans un acte public, de même que s'il s'agissait d'actes de l'espèce faits en pays étranger.

1410. Actes passés à l'étranger. — L'art. 1er, § 2, de la loi du 28 février 1872, assujettit au tarif gradué les actes translatifs de propriété, d'usufruit ou de jouissance de biens immeubles situés en pays étranger; et il ne distingue pas entre les actes de l'espèce passés en France et ceux qui sont passés à l'étranger. Il en résulte que sa disposition les comprend également et que la présentation à l'enregistrement d'un acte translatif d'immeubles étrangers souscrit à l'étranger, donnera lieu au droit gradué comme s'il s'agissait d'un acte passé en France.

1411. Dissimulations. — L'art. 3 de la loi du 28 mai 1872 punit d'un droit en sus au minimum de 50 francs, la dissimulation des sommes et valeurs ayant servi de base à la perception du droit gradué.

Bien qu'il s'agisse ici de la dissimulation d'un prix de vente, ce n'est pas le cas d'appliquer la pénalité du quart édictée pour les dissimulations ordinaires par la loi du 23 août 1871; cette pénalité est spéciale aux actes passibles du droit proportionnel.

La fraude peut être constatée pendant deux ans, à partir de l'enregistrement de l'acte de vente, par des actes ou écrits émanés des parties ou par des jugements (L. 28 fév. 1872, art. 3). Il est probable que, comme il s'agit ici de biens étrangers, ce moyen de contrôle sera rarement efficace.

CHAPITRE III. — ACTES PASSÉS A L'ÉTRANGER ET RELATIFS A DES BIENS FRANÇAIS

[1412-1418]

1412. Droit proportionnel. — Nous avons vu que les actes passés en pays étranger et relatifs à des biens meubles étrangers sont passibles, lors de leur enregistrement en France, des mêmes droits que s'ils avaient été souscrits en France pour des biens français (n° 1390 et suiv.). La même règle s'applique, à plus forte raison, quand l'acte passé en pays étranger concerne des biens français.

La question s'était présentée en jurisprudence avant les lois des 23 août 1871 et 28 février 1872. Elle y avait été résolue constamment dans ce sens.

La loi de 1824, disait-on, ne s'est occupée que des biens situés à l'étranger ou dans les colonies; elle ne pouvait avoir en vue les biens situés en France. C'est, en effet, une règle générale qui résulte des art. 12, 22 et 24 L. frimaire an 7, et de l'art. 4 de celle du 27 ventôse an 9, que toute transmission d'immeubles sis en France, à quelque titre et en quelque lieu qu'elle s'opère, doit être enregistrée et acquitter le droit proportionnel en France dans le délai déterminé. Cette règle doit être appliquée sans difficulté, soit que l'acte qui constate la mutation ait été passé dans les colonies, soit qu'il ait été fait en pays étranger, sauf, dans le premier cas, à tenir compte des droits déjà perçus dans les colonies (13109 J. E., Sol. 28 août 1832, 10411 J. E.; Dél. 28 nov. 1843, 11896 J. N., 1703 I. G.).

1. QUITTANCE. — Ainsi, la Cour de cassation de Belgique a décidé, le 6 avril 1843 (Dalloz, n° 3240), que le droit proportionnel est dû sur l'acte passé en pays étranger, contenant quittance de partie du prix de vente d'un immeuble situé sur le territoire belge, avec radiation des inscriptions prises sur l'immeuble.

2. CESSION DE CRÉANCE. — De même, la cession d'une créance sur l'étranger est passible du droit proportionnel, si cette créance est exigible en France et en monnaie française (Dél. 7 mai 1833, 4047 Roll., D. N. t. 5 p. 498 n° 568).

1413. Command. — Une déclaration de command faite à l'étranger devant notaire dans les vingt-quatre heures de l'acquisition, également faite à l'étranger, de biens immeubles situés en France, est-elle passible du droit proportionnel lorsque les deux actes sont présentés ensemble à l'enregistrement dans le délai voulu pour les actes de mutation? Il se rencontre le plus souvent ici une impossibilité matérielle qui doit faire fléchir le principe posé par l'art. 68, § 1er, n° 24 L. 22 frimaire an 7, qui tarifie au droit fixe les seules déclarations de command notifiées dans les vingt-quatre heures de contrat. Ainsi que le dit Merlin, *Rép.* V. *Command*, « on ne peut pas raisonnablement accuser la loi d'avoir attaché à la faveur qu'elle accorde une condition impossible à remplir. » C'est une opinion que, par des considérations d'ordres divers, soutiennent la plupart des auteurs (9278 J. E., D. N. t. 5 p. 198 n° 566; Champ. et Rig. 8325 C.; Dalloz n° 2551). Cependant le tribunal de Strasbourg s'est prononcé pour la perception du droit proportionnel, le 23 mai 1848 (14505 J. E.); mais ce jugement, dit avec raison Champ., ne supporte pas l'examen; on ne pouvait conclure de ce que la déclaration faite à New-York n'avait pas été notifiée dans les vingt-quatre heures à la Régie, qu'elle cachait une mutation intermédiaire (t. 6 n° 382).

On est même allé plus loin dans l'opinion que nous avons formulée. On a émis l'avis que, pourvu que la déclaration de command soit faite dans les vingt-quatre heures de l'enregistrement de la vente, quelle que soit sa date, le droit fixe serait seul exigible; car, dit-on, la vente n'ayant de date certaine en France que du jour de son enregistrement, c'est de ce jour seulement que court le délai pour faire connaître le command au préposé.

1. DOUBLE DROIT. — Au surplus, si le délai pour l'enregistrement de la mutation était expiré, le droit fixe serait seul exigible sur la déclaration de command, sauf à percevoir le double droit sur la mutation.

1414. Donation éventuelle. — La donation éventuelle passée en pays étranger, faite entre étrangers, et disposant de biens situés en France, n'a pas besoin d'être enregistrée en France, bien que l'Administration soit fondée à recouvrer les droits de mutation par décès sur ces biens à la mort de l'un des donataires (14709-2 J. E.).

1415. Délai. — Pour l'enregistrement des actes qui portent transmission de propriété ou d'usufruit de biens immeubles situés en France, des baux à ferme ou à loyer, sous-baux, cessions et subrogations de baux, et des engagements sous seing privé de biens de même nature, passés en pays étranger ou dans les îles et colonies françaises où l'enregistrement n'a pas encore été établi, le délai est de six mois s'ils sont faits en Europe, d'une année si c'est en Amérique, et de deux années si c'est en Asie ou en Afrique (L. 22 frim. an 7 art. 22), à peine du double droit (Même loi, art. 38).

1. CONVENTION EXÉCUTÉE EN FRANCE. — Si lorsqu'un acte translatif d'immeubles situés en France, passé en pays étranger ou dans les îles et colonies, a été exécuté, et si le nouveau possesseur s'est fait imposer au rôle ou a fait en France des actes constatant sa propriété ou son usufruit, ce nouveau possesseur doit-il jouir de la totalité du délai de six mois, d'une ou de deux années suivant le lieu où l'acte a été fait; ou bien ce délai se trouve-t-il restreint dans les limites posées par l'art. 4 L. 27 ventôse an 9? La solution à donner ne semble pas douteuse. La loi veut que les droits de mutations immobilières soient acquittés dans un délai de trois mois. Si elle accorde un terme plus long, quand ces mutations ont eu lieu en pays étranger ou dans les colonies, c'est à raison de l'éloignement; mais du moment que la convention reçoit son exécution en France, le délai pour l'enregistrement ou le payement des droits de mutation ne peut être plus étendu que celui accordé par l'art. 4 de la loi du 27 ventôse an 9. Par conséquent, le délai de trois mois accordé en pareil cas court nécessairement à compter de l'acte de propriété qui constate l'existence de la mutation immobilière.

2. DOUBLE DROIT. — Au cas où l'acte passé devant notaire aurait été enregistré dans la colonie dans le délai voulu, mais n'aurait pas été présenté à la formalité en France, de quelle somme sera le double droit? On a enseigné (15455-1 J. E.), que le double droit doit porter sur la totalité du prix, et que l'imputation des droits perçus dans la colonie ne doit avoir lieu que sur le droit simple exigible en France. Nous croyons, au contraire, que du droit simple dû en France il faut d'abord déduire le droit payé aux colonies et réclamer seulement le droit en sus sur la différence. C'est ce que l'Administration a maintes fois décidé en matière de déclaration de succession et ce que nous développons ci-après (v° *Succession*, n° 16883).

1416. Jugements. — Les règles précédentes s'appliquent aux jugements. Il est bien clair, par exemple, que si on fait enregistrer en France un jugement étranger servant de titre à une mutation de biens français, le droit proportionnel ordinaire sera exigible.

Il a même été reconnu, par une D. m. f. 5 décembre 1828 (1274 I. G.), que les arrêts et jugements des tribunaux étrangers, dont l'exécution est poursuivie sur des biens situés en France, à la requête des parties intéressées, sont passibles des mêmes droits de timbre et d'enregistrement que s'ils eussent été rendus par des tribunaux français.

1417. Prescription. — Lorsqu'il s'agit d'un acte enregistré dans les colonies, la prescription biennale déterminée par l'art. 61 L. 22 frimaire an 7 n'est pas applicable au supplément de droit à exiger, attendu qu'il n'y a eu, au moment de l'enregistrement, ni omission, ni insuffisance de perception. La seule prescription qui régisse les droits à réclamer est la prescription trentenaire (Sol. 28 août 1832, 10411 J. E.; — Provins 31 déc. 1863, 1868 R. P., 12728 C., 17783 J. E.). — *V.* au surplus, *Prescription*, n°s 12963 et suiv.

1418. Assurances. — En ce qui concerne les polices d'assurances, l'art. 8 de la loi du 24 août 1871 décide que les contrats de l'espèce passés à l'étranger pour des immeubles situés en France, ou pour des objets ou valeurs appartenant à des Français, doivent être enregistrés avant toute publicité ou usage en France à peine d'un droit en sus qui ne peut être inférieur à 50 francs. — V. *Assurances*, n°s 2332 et suiv.

1418 *bis*. **Décimes.** — La quittance de l'amende consignée dans une colonie à l'appui d'un pourvoi formé en France rend exigibles les décimes en vigueur en France (Cass. 6 nov. 1874, 4570 R. P.).

CHAPITRE IV. — ACTES RELATIFS A DES BIENS SITUÉS DANS LES COLONIES OU L'ENREGISTREMENT EST ÉTABLI

[1419-1424 *bis*]

1419. Actes passés en France. — Le régime législatif, administratif et financier, auquel sont soumises les colonies est indépendant de celui de la métropole ; l'enregistrement y est établi, mais par des règlements particuliers, et les droits y sont perçus d'après des tarifs différents. Les colonies forment ainsi un territoire légalement distinct et séparé : les propriétés qui y sont situées ne peuvent conséquemment être atteintes par le droit proportionnel établi pour les biens sis en France. D'autre part, il n'est pas possible de percevoir en France, sur les actes portant transmission de propriétés sises aux colonies, les droits déterminés par le tarif colonial. En effet, par une conséquence du principe que la perception suit le territoire, le droit proportionnel doit être perçu sur les lieux de la situation des biens.

Aussi, a-t-il été reconnu que les actes passés en France et translatifs de biens meubles et immeubles situés dans les colonies où l'enregistrement est établi, ne sont sujets qu'au droit fixe de 1 franc (3 fr.) par application de l'art. 68 § 1er n° 51 L. 22 frimaire an 7 (Uzès 20 juill. 1836, 11718-3 J. E., 9342 J. N.; — Seine 26 av. 1843, 11749 J. N., 13361 J. E., Dél. 28 nov. 1843, 1703 I. G., 9057, 11389, 11577, 11896 J. N.). — Cette jurisprudence est d'ailleurs l'application de l'Av. Cons. d'Ét. 12 décembre 1806 qui, ainsi que nous l'avons vu au n° 1383, n'a pas été modifié par la loi de 1816 et a été au contraire maintenu sous l'empire de cette loi par la jurisprudence rappelée au même numéro.

L'opinion contraire avait cependant prévalu dans l'origine. On avait pensé que le droit exigible sur l'acte passé en France et transmissif de biens situés dans les colonies devait être celui à percevoir dans la colonie (Dél. 18 oct. 1830, 12907, 12923, 13127 J. E., D. m. f. 29 oct. 1824, 1150 § 2 3 I. G., Dél. 30 nov. 1822 et 2 août 1823, 7345 J. E., 585 Roll.). — Mais, comme on vient de le voir, cette appréciation a été abandonnée.

1420. Loi du 23 août 1871. — La loi du 23 août 1871 n'a pas plus que la loi de 1816 ou celle de 1824 modifié cette législation. Elle ne soumet au droit proportionnel que les transmissions opérées en France de valeurs mobilières *étrangères* (ou, ce qui est la même chose, de valeurs mobilières existant dans les colonies où l'impôt de l'enregistrement n'est pas établi). Elle ne prévoit pas les transmissions des mêmes valeurs situées dans les colonies où l'impôt de l'enregistrement est établi. Ces transmissions restent donc soumises à la législation antérieure.

1421. Colonies où l'enregistrement est établi. — Il ne faut pas, d'ailleurs, considérer comme une colonie dans laquelle l'enregistrement n'est pas établi une colonie dans laquelle cet impôt ne se percevrait pas selon les mêmes règles que dans la métropole. Ainsi, en Algérie, par exemple, les transmissions par décès sont affranchies du droit. En concluera-t-on que, pour tout ce qui concerne la perception et la liquidation du droit de succession, l'Algérie est une colonie dans laquelle l'impôt n'est pas établi? On l'a pensé pendant quelque temps ; mais l'Administration est revenue à une doctrine différente. Elle décide que l'enregistrement est établi dans une colonie quand le *service* y est établi, quelque différentes qu'en soient les bases d'avec celles de la métropole. Elle a développé cette question devant la cour, afin de faire reconnaître qu'une créance sur un habitant de l'Algérie, dépendant de la succession d'un Français décédé en France, devait être déclarée au bureau du domicile du défunt en France.

« Que faut-il décider, a-t-elle dit, quand le défunt est domicilié dans les colonies et qu'il laisse des rentes et créances en France, ou lorsque le défunt est domicilié en France et qu'il laisse des rentes et créances dans les colonies? La solution varie suivant qu'il s'agit de colonies où le système de l'enregistrement est ou n'est pas organisé. Les colonies où l'enregistrement n'est pas établi sont assimilées aux pays étrangers. La situation fictive des rentes et créances est au domicile du débiteur français. Les colonies où l'enregistrement est établi sont assimilées à la France. La situation fictive de rentes et créances est toujours au domicile du défunt, quels que soient le lieu du décès ou le domicile du débiteur, soit en France, soit dans les colonies » (2851 et 3223 R. P.).

La C. cass. a consacré cette doctrine. En décidant que la créance sur un habitant de l'Algérie devait être déclarée en France, elle a complétement reconnu que l'Algérie était assimilable à la métropole, puisque sans cela la créance aurait été fictivement située au domicile du débiteur et aurait échappé par suite à la perception du droit (V. Cass. civ. 14 déc. 1870, 3223 R. P., 14700 C., 20110 J. N., 2855 Rev., 2421-1 I. G., Bull. 186, S. 70-1-407, D. 71-1-106, P. 70-1045). — V. 1407 § 8.

1422. Actes passés dans les colonies. — Les actes translatifs de propriété, de jouissance ou d'usufruit de biens meubles ou immeubles situés dans les colonies, ne sont sujets en France qu'au droit fixe de 1 franc (3 fr.) par application de l'art. 68 § 1er n° 51 L. 22 frimaire an 7. En effet, par une conséquence du principe que la perception suit la loi du territoire, le droit proportionnel doit être perçu sur les lieux de la situation des biens. D'un autre côté, les ordonnances qui ont établi l'enregistrement dans les colonies ne sont point exécutoires en France; il ne serait pas plus légal de percevoir en France un droit d'enregistrement en vertu du tarif des colonies qu'il ne le serait aux colonies de percevoir le droit prescrit par le tarif de la métropole.

Ce principe a été consacré par plusieurs décisions : Uzès 20 juillet 1836 (9342 J. N., 11718-3 J. E.); — Seine 26 avril 1843 (11749 J. N., 13361 J. E.); — Dél. 28 novembre 1843 (11896 J. N., 1703 I. G.; — Sol. nov. 1875, janv. 1876, fév. 1877).

1. ALGÉRIE. — L'Algérie doit être rangée dans la classe des colonies. Elle en a tous les caractères. C'est un grand établissement tout à la fois civil, militaire, administratif, industriel et agricole, fondé par la France dans un pays conquis et peuplé par elle, mais à une trop grande distance de son propre territoire pour pouvoir y être incorporé ; si, dans

l'usage officiel, elle est souvent désignée, par opposition aux autres colonies, sous le nom qui lui est propre, cette distinction ne tient pas à sa nature, mais uniquement à son importance et à la place toute particulière qu'elle occupe dans les préoccupations publiques et dans les soins de l'Administration (Provins 31 déc. 1863, 1868 R. P., 12728 C., 17783 J. E. — *V.* aussi Sol. 13 avr. 1865, 2146 R. P., 18326 J. N. et n° 3223 p. 55 R. P.). — *V.* 1296-1.

1423. Établissement de l'enregistrement dans les colonies. — L'impôt de l'enregistrement a été établi dans les colonies, savoir : à l'île de la Réunion par un arrêté du Gouvernement du 22 vendémiaire an 12, et une ordonnance royale du 19 juillet 1820 ; à la Martinique, à la Guadeloupe et ses dépendances, et à la Guyane par une ordonnance du 31 décembre 1828; en Algérie, par une ordonnance du 19 octobre 1841. L'enregistrement est aussi établi dans l'Inde, au Sénégal, à Mayotte, à Nossi-bé, à la Nouvelle-Calédonie, à Taïti et en Cochinchine, mais la perception des droits y est soumise à un tarif spécial et tout différent de celui qui existe en France.

L'enregistrement n'est pas encore établi à Saint-Pierre et Miquelon.

1424. Supplément de droit. — Lorsque les actes passés et enregistrés dans les colonies sont enregistrés en France, il y a lieu de tenir compte du droit payé d'après le tarif de la colonie et de percevoir seulement l'excédant nécessaire pour atteindre le droit qui aurait été dû, si ces actes avaient été passés en France (*suprà* 1419). (Sol. 30 nov. 1822, 7345 J. E., Dél. 30 nov. 1832 et 8 oct. 1833, 4321 Roll., 11180 J. E., Sol. 28 nov. 1843, 11896 J. N., 1703 I. G.; — Le Mans 4 avr. 1851, 15178 J. E., 14476 J. N., D. N. t. 3 p. 256 n° 130).

1. ALGÉRIE. — C'est ce que le tribunal de Provins a très-bien démontré au sujet de l'Algérie, dans un jugement du 31 décembre 1863 : « Attendu que, si l'art. 23 de la loi du 22 frimaire an 7 n'a assujetti à l'enregistrement préalable que les actes passés dans les colonies où l'enregistrement n'aurait pas été établi, c'est qu'aux termes des lois alors existantes, et spécialement de l'art. 37 de la loi du 12 nivôse an 7, concernant l'organisation constitutionnelle des colonies, les actes passés dans les autres devaient être assujettis aux mêmes droits que ceux à percevoir en France, en raison de l'assimilation établie par les susdites lois entre les colonies et la métropole ; attendu que cette prévision du législateur a été trompée, lorsque, dès l'an 8, les colonies ont été replacées sous un régime spécial et que des tarifs réduits des droits d'enregistrement y ont été successivement établis; qu'il arriva alors que la loi du 22 frimaire an 7 produisit des effets tout contraires à ceux qu'en avaient attendus ses auteurs, en dispensant, par sa lettre, de tout complément de droit les actes enregistrés dans les colonies, et en établissant ainsi, au sujet des actes produits en France, une inégalité choquante entre les habitants des diverses colonies et ceux de la métropole; attendu que c'est précisément pour faire cesser cette anomalie et revenir aux principes de l'an 7 qu'est intervenu l'art. 58 de la loi du 28 avril 1816, qui assujettit aux mêmes droits que s'ils avaient été souscrits en France les actes passés dans les colonies » (1868 R. P., 12728 C., 17783 J. E.).

2. DÉCIME. — Si la perception du décime n'a pas lieu dans la colonie, la conséquence de la règle que nous venons de poser est que ce décime est exigible en France sur les droits qui ont été perçus dans la colonie (Seine 26 avr. 1843, 13361 J. E., 11749, 12822-2 J. N.). — *V.* 1296-1.

3. TARIF. — S'il s'agit d'un acte de mutation sujet à l'enregistrement en France dans un délai déterminé, il faut appliquer le tarif en vigueur à la date de l'acte, parce que le droit proportionnel dont il est passible était dû et acquis au Trésor par le fait même de la mutation. Dans le cas contraire, il y a lieu de percevoir le supplément de droit exigible, d'après les lois en vigueur au jour de l'enregistrement en France, parce que ce supplément n'est devenu exigible que par la présentation de l'acte à la formalité en France.

4. PAYS ANNEXÉS. — On trouvera au mot *Pays annexés*, n° 12690, l'explication de certaines règles particulières à la législation transitoire relative à la perception de l'impôt dans ces contrées.

1424 *bis*. Assurances. — D'après l'art. 9 de la loi du 23 août 1871, les contrats d'assurances contre l'incendie passés en France pour des objets mobiliers ou pour des immeubles situés à l'étranger, ne sont pas assujettis au payement de la taxe ordinaire. Mais il ne pourra en être fait usage en France soit par acte public, soit en justice ou devant toute autre autorité constituée, sans qu'ils aient été préalablement enregistrés. — V. *Assurances*, n° 2332 et suiv.

CHAPITRE V. — SAINT-DOMINGUE

[1425-1428]

1425. Ancienne jurisprudence. — D'après une ordonnance royale du 8 janvier 1817, les actes passés soit aux colonies, soit à l'étranger, soit en France, en forme authentique ou sous seing privé, qui contenaient des stipulations relatives à des biens mobiliers et immobiliers situés à Saint-Domingue, n'étaient assujettis, jusqu'à ce qu'il en fût autrement ordonné, qu'au droit fixe de 1 franc pour leur enregistrement, lorsqu'ils étaient dans le cas d'être soumis à cette formalité (762 I. G.).

1426. Nouvelle jurisprudence. — Mais cette ordonnance a été rapportée par une autre ordonnance du 23 décembre 1832, ainsi motivée : « Considérant que l'ordonnance du 8 janvier 1817 n'a dérogé que par une exception temporaire en faveur de la colonie française de Saint-Domingue à l'art. 58 de la loi du 28 avril 1816, qui assujettissait généralement les actes passés en pays étranger ou dans les colonies, aux mêmes droits que s'ils avaient été souscrits en France et pour des biens situés dans le royaume; et que cette exception a dû cesser au moment où l'ordonnance du 17 avril 1825 a prononcé l'affranchissement de la colonie et sa séparation de la métropole » (1418 I. G., A. com. fin. 26 fév. 1828, 1242 I. G. ; — Versailles 24 août 1842, 13072 J. E.).

L'ancienne colonie de Saint-Domingue rentre donc dans l'application de toutes les règles qui ont été posées ci-dessus au sujet des pays étrangers, sauf néanmoins en ce qui concerne l'indemnité accordée aux anciens colons par la loi du 30 avril dont les dispositions sont encore susceptibles de recevoir de loin en loin quelques rares applications.

1427. Indemnité. — L'indépendance de Saint-Domingue ayant été déclarée, et une indemnité ayant été promise aux anciens colons, une loi du 30 avril 1826 (5655 J. N., 8368 J. E., 1190 I. G.) règle le mode de liquidation de cette indemnité. L'art. 10 est ainsi conçu : « Il ne sera perçu aucun droit de succession sur l'indemnité attribuée aux anciens colons de Saint-Domingue. — Les titres et actes de tout genre, qui seront produits par les réclamants ou leurs créanciers, soit devant la commission, soit devant les tribunaux, pour justifier de leurs qualités et de leurs droits, seront dispensés de l'enregistrement et du timbre. » L'art. 49 de l'ordonnance du 9 mai 1826 (5656 J. N.), concernant l'exécution de la loi, porte ce qui suit : « En conséquence, le garde des archives de la marine est autorisé à délivrer, sur papier libre, les extraits, copies ou autres documents relatifs à la liquidation des anciens colons de Saint-Domingue. »

L'exemption comprend les titres et actes de toute nature, qui sont dans le cas d'être délivrés en extraits ou expéditions par les notaires, greffiers, secrétaires de préfectures ou de mairies, et qui sont destinés à être produits par l'ancien propriétaire, ses héritiers, ses représentants, ou par les créanciers, pour justifier de leurs qualités, de leurs droits, ou de la valeur des biens fonds, pour lesquels l'indemnité est réclamée.

1. DÉPOT. — Les notaires peuvent donc, sans contravention, rédiger les actes de dépôt des pièces et titres dont il s'agit, quoiqu'ils n'aient été ni timbrés ni enregistrés. L'acte de dépôt avait d'abord paru soumis au timbre et à l'enregistrement (1190 I. G.). Mais un jugement du tribunal de Périgueux du 25 mars 1830, auquel l'Administration a acquiescé par Dél. du 11 juin suivant, porte que ces actes de dépôt sont dispensés de la double formalité (9938 J. E., 7258 J. N.).

2. EXPLOIT. — Les exploits qui ont pour objet exclusif le payement et le partage des sommes provenant d'une indemnité liquidée au profit d'anciens colons de Saint-Domingue, sont exempts du timbre et de l'enregistrement, conformément à l'art. 10 L. 30 avril 1826 (Seine 27 nov. 1850, 8735 Fess.).

3. OPPOSITION. — Les oppositions formées par les créanciers des anciens colons de Saint-Domingue, sur l'indemnité résultant de la loi du 30 avril 1826, sont exemptes de la formalité du timbre et de l'enregistrement (D. m. f. 6 oct. 1826, 1831 Roll., D. m. f. 1er juin 1827, 8754 J. E.).

4. CESSION ET DÉLÉGATION. — Quant aux cessions, consenties par les anciens colons de Saint-Domingue, de leurs droits dans l'indemnité, il y a lieu d'observer que l'art. 10 de la loi n'a dispensé du timbre et de l'enregistrement que les titres et actes produits par ceux qui réclament l'indemnité ou par leurs créanciers, soit devant la commission de liquidation, soit devant les tribunaux, pour justifier de leurs qualités et de leurs droits. Il suit de là que l'exemption s'applique aux cessions faites par les anciens colons, au profit de leurs créanciers, de leurs droits dans l'indemnité non encore liquidée, lorsque ces actes doivent être produits par les créanciers pour en obtenir la liquidation en leur nom. Mais, dans tous les autres cas, le droit proportionnel est exigible sur l'acte de cession, soit qu'ayant pour objet les droits de l'ancien colon dans l'indemnité non liquidée, elle ait lieu au profit d'un tiers non créancier, soit que, consentie après la liquidation de l'indemnité, la cession soit faite à un créancier de l'ancien colon ou à toute autre personne (D. m. f. 17 avr. 1828, 7150 J. N., 1242 I. G. ; — Seine 16 juin 1830, 9715 J. E. ; — Cass. 20 avr. 1831, 7427 J. N., 10077 J. E., 1418 I. G., S. 31-1-236 ; — Versailles 24 août 1842, 13072 J. E.). — Le contraire résultait cependant de quelques décisions (Dél. 25 janv. 1827, D. m. f. 1er juin 1827, 8786, 8754 J. E.).

5. ACCEPTILATION. — Si la cession de l'indemnité est faite au profit d'un créancier du colon, et que ce créancier fasse remise de ce dont sa créance excède l'indemnité, il est dû, indépendamment du droit de 1 pour 100 sur le montant de l'indemnité, 50 centimes pour 100 francs sur la somme dont il est fait remise au débiteur (Sol. 1er sept. 1829, 9430 J. E.).

6. PROCURATION. — Les procurations données par les anciens colons de Saint-Domingue ou leurs représentants, à l'effet de suivre les demandes en liquidation d'indemnité, sont exemptes de droits (D. m. f. 1er juin 1827, 8754 J. E., 1210 § 7 I. G.).

1428. Caisse des dépôts et consignations. — Les dispositions de l'art 10 L. 30 avril 1826 sont applicables aux sommes versées ou à verser par la république d'Haïti à la caisse des dépôts et consignations, ainsi qu'aux titres et certificats produits soit devant les tribunaux, soit devant la caisse, par les anciens colons, leurs héritiers, créanciers et ayants cause (L. 18 mai 1840 art. 4 5 et 10 12580 J. E.).

CHAPITRE VI. — TIMBRE

[1430-1438]

1430. Législation. — L'art. 13 L. 13 brumaire an 7 défend d'agir en France sur tout acte venant de l'étranger ou des colonies où le timbre n'est pas établi, avant que cet acte ait été soumis au timbre.

D'autre part, l'art. 15, même loi, relatif aux effets de commerce, a été reproduit dans l'art. 8 L. 5 juin 1850, avec cette modification cependant que, d'après la loi de l'an 7, les effets venant de l'étranger, payables ou non en France, devaient supporter l'impôt du timbre avant qu'ils pussent être négociés en France, tandis que l'art. 3 de la loi nouvelle n'exige le timbre que pour ceux de ces effets qui sont payables en France. Cet article est ainsi conçu : « Les effets venant de l'étranger, soit des îles et colonies dans lesquelles le timbre n'aurait pas encore été établi, et payables en France, seront, avant qu'ils puissent y être négociés, acceptés ou acquittés, soumis au timbre ou au visa pour timbre, et le droit sera payé d'après la quotité fixée par l'art. 1er. »

1431. Etablissement du timbre dans les colonies.—1. ALGÉRIE.— Les lois, décrets et ordonnances qui régissent actuellement en France les droits de timbre sont exécutoires en Algérie, à partir du 1er juillet 1843, en vertu de deux ordonnances royales des 10 janvier et 10 mars précédents.

2. GUADELOUPE. — Le conseil général de la Guadeloupe a adopté le tarif de la métropole pour l'impôt du timbre

à partir du 1er janvier 1862; mais il a exempté des droits les journaux publiés dans cette colonie (2211 I. G., 1608 R. P.). Avant le 1er janvier 1862, le timbre existait déjà à la Guadeloupe, en vertu d'un décret du 24 octobre 1860 (950e *Bull. des lois*, nos 92-84); seulement le tarif des droits avait été abaissé (2196 I. G., 1538 R. P.). Un décret du 21 septembre 1864 (*Bull. des lois*, no 1245) a étendu à la colonie les dispositions de la loi du 2 juillet 1862 et du décret réglementaire du 30 du même mois sur l'emploi des timbres mobiles pour les effets de commerce, la limitation des lignes pour les copies de pièces, l'élévation des amendes et autres dispositions particulières (2108 R. P.). Le tarif de la loi du 23 août 1871 et de celle du 19 fév. 1874 y est appliqué (Arr. 17 déc. 1873, 8 déc. 1874 et 8 déc. 1875).

3. MARTINIQUE. — Un décret du 24 octobre 1860 (950e *Bull. des lois*) a introduit à la Martinique, à partir du 1er janvier 1861, toutes les dispositions des lois sur le timbre, sauf le tarif des droits qui a été abaissé (2196 I. G., 1538 R. P.). Ce tarif spécial n'a pas été modifié, mais un décret du 21 septembre 1864 a étendu à la Martinique, comme il l'avait fait pour la Guadeloupe, certaines dispositions de la loi du 2 juillet 1862 (2108 R. P.). Le tarif de la loi de 1871 a été adopté par un arrêté du 3 décembre 1872, sauf le timbre des quittances et des avertissements. — Le tarif de la loi du 19 février 1874 y est aussi en vigueur (Arr. 29 déc. 1874).

4. SÉNÉGAL. — L'impôt du timbre a été aussi établi au Sénégal par un décret du 4 août 1860 (838e *Bull. des lois*, no 8082), suivant les dispositions et le tarif en vigueur en France (2196 I. G., 1538 R. P.). Les lois du 2 juillet 1862 et les art. 2, 18, 19 à 24 de la loi du 23 août 1871 sont en vigueur (Arr. du 21 fév. 1872).

5. ILE DE LA RÉUNION. — A l'île de la Réunion, cet impôt est encore régi par un arrêté du Gouvernement du 28 vendémiaire an 7, qui reproduit littéralement les dispositions des quatre premiers titres de la loi du 13 brumaire an 7. Un décret du 21 septembre 1864 (no 1244 du *Bull. des lois*) y a introduit également la plupart des dispositions de la loi du 5 juin 1850 sur le timbre des effets de commerce, et de celle du 2 juillet 1862 sur l'emploi des timbres mobiles, la limitation des lignes sur les copies d'exploits, etc. Ce décret est reproduit *in extenso* au no 2108 du R. P.

6. GUYANE. — Par arrêté du 23 décembre 1873, le gouverneur de la Guyane a rendu applicable dans la colonie, sauf certaines modifications, les art. 1er, 18, 20, 22 et 23 L. 23 août 1871, en matière de timbre.

Les tarifs métropolitains ont été adoptés en ce qui concerne le timbre proportionnel. Quant au timbre de dimension, la question a été réservée.

L'ensemble des règlements sur le timbre a été codifié en 106 articles par un arrêté du gouverneur du 22 décembre 1873 approuvé le 26 du même mois et mis en usage à partir du 1er janvier 1874.

7. NOUVELLE-CALÉDONIE. — Le timbre y a été établi par un arrêté du gouverneur du 1er juillet 1859. Le timbre de dimension est de 35 cent. et les peines celles de la loi du 13 brumaire an 7. Le timbre proportionnel est soumis à la loi du 5 juin 1850.

8. AUTRES COLONIES. — Le timbre n'existe pas à la Cochinchine, à Taïti, dans l'Inde, à Mayotte et Nossi-bé, à Saint-Pierre et Miquelon. — *V.* 8259 *bis*.

1432. Actes non timbrés. — Les receveurs à qui sont présentés des actes et effets de commerce non timbrés venant de l'Algérie et des colonies, où le timbre est établi, doivent faire payer les droits et amendes de timbre, savoir : pour l'Algérie et le Sénégal, suivant les dispositions en vigueur d'après les ordonnances et le décret constitutif de l'impôt dans ces pays; pour l'île de la Réunion, suivant la loi du 13 brumaire an 7, modifiée par le décret du 21 septembre 1864; pour la Guadeloupe et la Martinique, suivant les décrets constitutifs de l'impôt modifiés par celui du 21 septembre 1864. — Mais les amendes ne sont pas sujettes au décime par franc, attendu que les art. 1-2 de la loi du 6 prairial an 7 n'ont pas été déclarés exécutoires dans les colonies (1754 et 2196 I. G., 1538 R. P.).

1433. Actes timbrés. — Lorsque les actes et effets de commerce venant de l'Algérie ou d'une colonie où le timbre est établi ont été soumis au timbre dans ces colonies, on doit reconnaître encore aujourd'hui, conformément à une D. m. f. du 29 avril 1846, 1754 I. G., qu'on peut en faire usage en France sans les soumettre de nouveau au timbre ou au visa pour timbre. C'est également l'opinion professée par Dalloz, no 6287.

C'est, en effet, sur le motif que la loi du 13 brumaire an 7 n'a soumis au timbre en France que les actes et effets de commerce rédigés dans une colonie, où le timbre n'aurait pas encore été établi, que deux D. m. f. 12 mai 1817 et 22 février 1822 (280 Roll.), et deux Sol. 12 septembre et 18 février 1839 (3636 et 5737 Roll., 7133 J. E.), avaient décidé que bien que les droits de timbre établis dans la Corse et l'île de la Réunion soient *inférieurs* à ceux qui sont perçus sur le continent, les actes timbrés dans ces localités ne sont sujets en France à aucun supplément de droit. Or, ainsi qu'on l'a vu au no 1430, cette disposition de la loi du 13 brumaire an 7 a été reproduite dans l'art. 3 L. 5 juin 1850.

1434. Effets payables à l'étranger. — Des termes de l'art 3 L. 5 juin 1850 et du rapport sur cette loi dans lequel on lit ces mots : « Les billets ou lettres de change tirés de l'étranger sur l'étranger, qui ne sont pour ainsi dire qu'en transit en France, doivent demeurer exempts du timbre, » on en avait conclu que l'effet venant de l'étranger, qui ne doit être que négocié en France, n'a pas besoin d'être timbré avant cette négociation (14086 J. N., Dalloz, no 6288, Dél. 23 juill., 26 sept. 1850, 15034-3 J. E., 14184 J. N., 1865 I. G.).

Mais si cet effet, après avoir été endossé en France, faisait retour par suite de protêt faute d'acceptation ou de payement, comme il pourrait être acquitté en France, le porteur devait le présenter à la formalité du timbre avant la notification du protêt aux endosseurs (Même Dél.). Dans ce cas, la présentation au visa pour timbre ne donnait lieu qu'au droit fixé par l'art. 1er de la loi du 5 juin 1850 (15415-2 J. E., D. N. t. 2 p. 502 no 149).

Ces dispositions ont été modifiées. L'art. 2 de la loi du 23 août 1871 avait soumis au droit de timbre établi pour les effets de commerce tirés en France, les effets tirés de l'étranger sur l'étranger, négociés, endossés, acceptés ou acquittés en France (2413 I. G.). Ce tarif ayant paru trop élevé, l'art. 3 de la loi du 20 décembre 1872 l'a réduit au droit de 50 centimes pour 2,000 francs ou fraction de 2,000 francs :

« Les effets spécifiés dans l'art. 1er de la loi du 5 juin 1850, tirés de l'étranger sur l'étranger et circulant en France, ne seront plus assujettis qu'à un droit de timbre proportionnel fixé à 50 centimes par 2,000 francs ou par fraction de 2,000 francs. Ces effets pourront être valablement timbrés au moyen des timbres mobiles en usage en France. Les timbres seront employés à raison de leur quotité seulement et non des sommes qu'ils indiquent » (2459 I. G.).

1. TITRES ÉTRANGERS. — Quant aux titres d'actions ou d'obligations, ou aux fonds publics étrangers et autres valeurs de l'espèce, ils sont régis par une législation spéciale que nous ferons connaître au mot *Étranger*.

1435. Expédition. — Comment percevoir le droit de timbre sur les expéditions faites en pays étranger, lorsque le papier est d'une dimension moindre que celle indiquée par la loi, ou que le nombre des lignes est plus grand que celui fixé? On avait d'abord pensé (6585 J. E.) que le droit de timbre ne devait être perçu qu'en raison du papier employé; mais l'usage est aujourd'hui consacré de faire supporter aux expéditions dont il s'agit le droit fixe de 1 fr. 25 c. (1 fr. 80 c.) lorsque les expéditions ne contiennent qu'une feuille, et celui de 1 fr. 50 c. (2 fr. 40 c.) ou de 3 francs (3 fr. 60 c.) si le papier est d'une dimension supérieure (6664 J. E.).

1436. Lettre de voiture. — Le porteur d'une lettre de voiture faite en pays étranger, qui en fait usage en France, est tenu de la soumettre au visa pour timbre. Jusque-là, il n'y a point de contravention (Dél. 6 oct. 1819, 6595 J. E.).

Mais les lettres de voiture faites en France pour des ballots expédiés à l'étranger sont assujetties au timbre. Tout ce qui est fait en France doit être régi par les lois du royaume et le contrat est passé en France (7187 J. E.).

Des dispositions particulières existent pour les *Connaissements* et pour les *Récépissés*. On les trouvera sous chacun de ces mots.

1437. Passeport. — Les passeports délivrés par leurs consuls aux étrangers qui voyagent en France ne sont pas assujettis au timbre (D. m. f. 31 déc. 1831, 10212 J. E.).

1438. — Visa pour timbre. — Bureau. — Les actes venant de l'étranger, dont il est fait usage hors du chef-lieu du département, peuvent être visés pour timbre par le receveur de l'enregistrement du canton (Circ. 1419).

ACTE PRODUIT AU COURS D'INSTANCE.

DIVISION

SOMMAIRE

CHAPITRE PREMIER. — CE QUI CONSTITUE LA PRODUCTION

[1439-1441]

1439. Législation. — 1. LOI DU 22 FRIMAIRE AN 7. — Aux termes de l'art. 47 de la loi du 22 frimaire an 7, « il est défendu aux juges et arbitres de rendre aucun jugement, et aux administrations centrales et municipales de prendre aucun arrêté en faveur de particuliers sur des actes non enregistrés, à peine d'être personnellement responsables des droits. »

Il arrivait le plus souvent que les actes étaient produits, et qu'ils passaient sous les yeux du juge sans qu'aucune trace de leur usage fût constatée dans la procédure. L'art. 47 L. 22 frimaire an 7 se trouvait ainsi impunément violé. C'est pour prévenir cette fraude que le législateur a édicté une nouvelle disposition, celle de l'art. 57 L. 28 avril 1816 qui punit du double droit celui qui après avoir énoncé la convention comme verbale, se trouve, au cours d'instance, forcé de produire l'acte qui fait son titre. Cet article est ainsi conçu :

2. LOI DU 28 AVRIL 1816. — « Lorsqu'après une sommation extrajudiciaire ou une demande tendant à obtenir un payement, une livraison ou l'exécution de toute autre convention dont le titre n'aurait point été indiqué dans lesdits exploits, ou qu'on aura simplement énoncé comme verbal, ou produira, au cours d'instance, des écrits, billets, marchés, factures acceptées, lettres ou autre titre émané du défendeur, qui n'auraient pas été enregistrés avant ladite demande ou sommation, le double droit sera dû et pourra être exigé ou perçu lors de l'enregistrement du jugement intervenu » (art. 57).

Ces dispositions ont été empruntées à la loi des 5-19 décembre 1790, dont l'art. 11 portait : « Les actes sous signatures privées, même les billets à ordre, en conséquence desquels il sera formé quelques demandes principales, incidentes ou en reconvention, seront enregistrés au bureau du domicile du demandeur, ou à celui établi près la juridiction où il formera sa demande, avant d'être signifiés ou produits en justice. Toutes poursuites et significations faites au préjudice de cette disposition seront nulles ; les juges n'y auront aucun égard, et ne pourront rendre aucun jugement avant que ces actes aient été enregistrés. »

Mais l'art. 57 de la loi du 28 avril 1816 se trouvait frappé de la même stérilité que l'art. 47 de celle du 22 frimaire. Il était très-souvent donné lecture, dans les audiences des tribunaux de commerce particulièrement, de conventions écrites que le jugement énonçait comme verbales. La loi du 23 août 1871 a établi en ces termes un nouveau mode de répression :

3. LOI DU 23 AOUT 1871. — « Les tribunaux devant lesquels sont produits des actes non enregistrés doivent, soit sur les réquisitions du ministère public, soit même d'office, ordonner le dépôt au greffe de ces actes, pour être immédiatement soumis à la formalité de l'enregistrement. Il est donné acte au ministère public de ses réquisitions » (Art. 16).

C'est sous la sauvegarde du ministère public, gardien des droits de tous, dit l'exposé des motifs, qu'il convenait de placer la perception des taxes qui font partie de la fortune publique et dont l'égale répartition intéresse la société tout entière.

1440. Sens du mot production. — Il y a production en justice toutes les fois que l'un des plaideurs a mis sous les yeux du tribunal le titre qui sert de base à sa demande. La production diffère donc de l'usage en ce que celui-ci ne suppose pas nécessairement l'exhibition matérielle de l'acte, et peut résulter d'énumérations plus ou moins vagues (*V.* Abbeville 28 juill. 1868, 2823 R. P.), tandis que la production résulte de la remise du titre même entre les mains des magistrats. Il ne faut cependant rien exagérer. On comprend, en effet, que cette remise peut résulter d'équivalents.

1. COPIE PRODUITE. — Si, par exemple, le demandeur, au lieu de se dessaisir de l'original de son acte, en produit une simple copie dont la sincérité n'est pas déniée par l'adversaire et qui passe sous les yeux du juge, il y a production véritable dans le sens de la loi (*V.* Cass. 16 janv. 1855, 556 R. P., 2033 § 1er I G., 16006 J. E., 10460 C.).

2. ANALYSE DES CLAUSES DE L'ACTE. — Si, même, le demandeur, se dispensant encore de joindre au dossier de la procédure une copie du titre, se borne à en transcrire les clauses dans ses conclusions ou à les reproduire par une analyse détaillée qui ne laisse aucun doute sur l'existence de l'écrit, c'est comme s'il produisait le titre lui-même, puisque le magistrat statuera sur les stipulations d'un écrit dont les plaideurs reconnaissent l'existence et dont les clauses sont versées au procès (*V.* Cass. 4 août 1859, 2163-2 I. G., 1222 R. P., 16686 J. N., 17020 J. E., 11602 C., S. 60-1-284). « Attendu, porte cet arrêt, qu'il est constaté par ledit jugement qu'il existait entre les parties un acte de vente sous seing privé, et que, pour échapper à la nécessité de l'enregistrement, lors du procès à l'occasion duquel a été rendu le jugement du 24 mars 1858, c'est sur des notes prises sur ledit acte et en reproduisant les clauses que les plaidoiries ont eu lieu ; qu'en outre, cet acte a été communiqué au tribunal avant la prononciation dudit jugement ; que c'est donc avec raison qu'il a été décidé que, dans l'espèce, il y avait eu production en justice d'un acte sous seing privé non enregistré, ce qui donnait lieu à l'application de l'art. 57 de la loi du 28 avril 1816. »

La doctrine contraire, qui paraît avoir été admise par un jugement du tribunal de Vienne, du 28 août 1856, conduirait à l'abrogation virtuelle de l'art. 57 de la loi du 28 avril 1816, car il suffirait du moindre artifice de rédaction pour dissimuler le fait matériel de la production et le remplacer par une copie ou une analyse exacte des clauses du contrat. Nous ne dirons pas cependant, avec un auteur, qu'il y a production toutes les fois qu'il y a usage d'un écrit, mais toutes les fois que cet usage est suffisamment caractérisé pour remplacer la remise du titre entre les mains des juges.

1441. Acte énoncé dans la demande. — La production prévue par l'art. 57 de la loi de 1816 n'a lieu que quand l'existence du titre a été dissimulée dans l'acte introductif d'instance. Si l'huissier le relate expressément dans la demande ou dans la sommation, ou si les expressions dont il s'est servi en révèlent clairement l'existence, c'est l'art. 42 de la loi du 22 frimaire an 7 qui devient applicable : l'officier ministériel est donc passible de l'amende ordinaire et responsable des droits simples de l'acte, mais aucun droit en sus ne saurait être ultérieurement réclamé à la partie. Ainsi, il a été reconnu que quand l'avoué énonce dans un acte de production le titre non enregistré de la créance dont il demande la collocation, il n'y a lieu d'exiger de cet officier ministériel, aux termes de l'art. 11 de la loi du 16 juin 1824, que le droit simple et une amende pour la contravention commise à l'art. 42 de la loi du 22 frimaire an 7 (Dél. 22 mars-5 avril 1836, 11478 J. E.).

CHAPITRE II. — INSTANCES AUXQUELLES S'APPLIQUE LA LOI

[1442-1450]

1442. — On appelle *cours d'instance* la période de temps qui s'écoule entre le moment où l'instance est liée par une demande extrajudiciaire et celui où un jugement la termine.

1443. Demande en conciliation. — Une demande en conciliation lie-t-elle l'instance? L'art. 48 C. proc. veut qu'aucune demande principale introductive d'instance ne puisse être reçue devant les tribunaux de première instance, que le défendeur n'ait été préalablement appelé en conciliation devant le juge de paix. Ce magistrat est alors investi du soin d'entendre les parties. Il doit s'interposer non plus comme juge, mais comme conseil, et il doit s'efforcer, par ses avis, d'amener chacune des parties à abandonner quelque chose de ce qu'elle croit être son droit pour prévenir un débat judiciaire (Pigeau t. 1er p. 77, Merlin *Rép.* v° *Bureau de conciliation;* Favart v° *Conciliation*, Berriat p. 186 t. 2, Boncenne t. 2 p. 36, Carré et Chauveau *Loi de la procédure* t. 1er quest. 219, Boitart 1er p. 80. — *V.* aussi Troplong *Vente* 990, Duvergier *Vente* 2-361, Broche *Dict.* v° *Conciliation* 9).

Il était donc difficile de considérer la demande en conciliation comme introductive de l'instance, puisque son but est de l'écarter. Cependant, l'Administration avait soutenu le contraire (Dél. 3 mars 1824, 6833, 7732 J. E.). Mais la C. cass., par un arrêt du 25 janvier 1827 (8656 J. E., S. 27-1-233) a repoussé cette doctrine. « Attendu qu'en matière fiscale, tout comme en matière pénale, il ne peut être permis d'induire d'une disposition de la loi sur des cas explicites et déterminés, pour l'appliquer à d'autres non prévus, et ainsi étendre arbitrairement, sous prétexte d'analogie entre diverses hypothèses, des perceptions que n'a pas commandées la loi; — Attendu qu'il résulte de l'art. 57 de la loi du 28 avril 1816 que, « lorsque après sommation ou demande en justice tendant à obtenir un payement, on ne produit qu'au cours de l'instance le titre sur lequel serait fondé la demande, qu'on n'aurait pas fait enregistrer avant la sommation ou l'exploit introductif de l'instance, il sera dû un double droit d'enregistrement sur le jugement qui accueillera la demande; » — Attendu qu'on ne peut assimiler ni à une sommation de payer ni à une demande ou assignation en justice pour obtenir condamnation de payement, la citation en conciliation qui n'est que le préliminaire de la demande et a pour but de prévenir l'action.

Cet arrêt a été pris pour règle dans l'I. G. 1210 § 5.

1444. Contribution entre créanciers. — Mais une contribution ouverte au greffe, et soumise pour le règlement à un juge-commissaire, est une instance pendante entre la partie saisie et ses créanciers. On doit donc considérer comme produit au cours d'instance tout document placé dans les dossiers de production, et si ces documents sont en contravention à l'art. 57 de la loi du 28 avril 1816, les droits simples et en sus sont exigibles (Seine 6 déc. 1850, 15007 J. E., 14342 J. N.).

1445. Collocation judiciaire. — De même, quand, dans une collocation judiciaire, on opère la production d'un traité non enregistré, il y a lieu de percevoir le double droit si ce traité sert de base à la demande judiciaire en révision de l'ordonnance du juge-commissaire, car une telle production est censée faite en cours d'instance (Dél. 5 nov. 1833, 10849 J. E.).

1446. Ordre. — Mais on ne saurait, selon nous, considérer comme une instance proprement dite le règlement de l'ordre devant le juge commissaire. Ce magistrat n'a aucune juridiction contentieuse proprement dite, puisque toutes les difficultés doivent être résolues par le tribunal en cas de désaccord. D'ailleurs, en cette matière, comme partout ailleurs, c'est l'ajournement seul qui lie l'instance. C'est donc seulement après l'assignation que le titre de la demande ne peut plus être enregistré sans le payement du droit en sus (Sol. 25 fév. 1867).

1447. Arbitre. — L'arbitre nommé en vertu de l'art. 429 C. proc. est le délégué du tribunal à l'effet d'entendre les parties et d'examiner les pièces. Produire un acte devant lui et en discuter les causes, c'est donc en faire usage en justice (Seine 11 fév. 1852, 15468 J. E., 9716 C.; — Cass. 16 janv. 1855, 556 R. P., 2033-1 I. G., 16006 J. E., 10470 C.; — Cass. 29 nov. 1858, 2142-2 I. G., 1133 R. P., 16454 J. N., 11477 C., 16885 J. E., S. 59-1-345, 27 déc. 1859, 1271 R. P., 2174-2 I. G., S. 60-1-285; — Seine 7 mars 1863, 12461 C. — *V.* aussi Cass. 28 déc. 1864, 2003 R. P., 2324-5 I. G., 189 B. C., S. 65-1-50, D. 65-1-71).

« Attendu, porte l'arrêt du 16 janvier 1855, que, le tribunal de commerce ayant renvoyé les parties devant un arbitre, en exécution de l'art. 429 C. proc., l'acte produit devant ce délégué du tribunal est un acte produit en justice et devait être enregistré; qu'il ne s'agissait pas, dès lors, de conventions verbales dont parle l'art. 69 L. 22 frimaire an 7, mais d'un traité par écrit cité textuellement dans le rapport de l'arbitre;

« Attendu, porte celui du 29 novembre 1858, qu'il est déclaré par le jugement attaqué, et qu'il résulte des faits, documents et circonstances de la cause, que, non-seulement il existait un acte de vente, mais encore que cet acte a été produit devant l'arbitre nommé par le tribunal; — que, produire un acte devant un arbitre délégué par jugement, c'est le produire en justice. »

1448. Experts. — La même règle s'applique aux experts; « Attendu, d'après un jugement d'Orange, du 12 janvier 1859, maintenu en cass., le 8 février 1860, que se servir d'un acte sous seing privé devant des experts commis par le tribunal pour éclairer sa religion, c'est évidemment en faire usage en justice» (1306 R. P., 16976 J. N., 11703 C., 17086 J. E.; — *Conf.* Anvers 10 juill. 1873, 4034 R. P.; Dinant 10 août 1872, 11987 J. E. belge; Saint-Girons 25 mars 187[illegible], [illegible] R. P.).

1449. Affaire terminée sans jugement. — La contravention est commise et le double droit encouru par cela seul qu'on a produit au cours d'instance un acte non enregistré. Dans ce cas, dit la loi, « le double droit sera dû ; » le texte ajoute : « Il pourra être exigé ou perçu lors de l'enregistrement du jugement intervenu. » Ces derniers mots, enseigne M. Demante, ne font pas que la circonstance d'un jugement intervenu soit la condition essentielle de la perception. Le droit et même le double droit sont dus par le seul fait de la production au cours d'instance, et la perception peut être assise sur l'acte qui constate cette production, alors même que l'instance se terminerait sans jugement. C'est ce qu'ont décidé le tribunal de la Seine par un jugement du 7 mars 1853 (16006 J. E.), et la C. cass., par un arrêt du 16 janvier 1855, qui rejette le pourvoi formé contre le jugement pour la production d'un titre devant un arbitre rapporteur, alors qu'aucun jugement n'était intervenu (Arr. rapporté *suprà* 1447). La même doctrine a été appliquée depuis par deux autres jugements du tribunal de la Seine, l'un du 26 mars 1858, maintenu en cass. le 29 novembre suivant (*suprà*, n° 1447), et le second du 6 juin 1862 (12545 C.).

1450. Matières criminelles ou de police. — Pour l'application de l'art. 57 L. 1816, il faut que la demande tende « à obtenir un payement, une livraison, ou l'exécution de toute autre convention. » Les actes produits devant les tribunaux criminels, correctionnels et de police, comme éléments du procès suivi à la requête de la partie publique, ne sont donc pas passibles du droit en sus. On l'induit d'une solution du 26 avril 1826, ainsi conçue (1200-7 I. G.) :

« En matière criminelle ou de police, les actes qui constituent le corps du délit, et dont la justice s'empare comme élément du procès, ne sont pas dans les cas prévus par les différentes dispositions de la L. 22 frimaire an 7 qui prescrivent l'enregistrement préalable des actes dont il est fait usage. »

CHAPITRE III. — A QUELS ACTES S'APPLIQUE LA LOI

[1451-1457]

1451. Titre insuffisant. — En matière d'enregistrement, le droit de la convention n'est pas exigible lorsque l'écrit présenté à la formalité ne produit pas la preuve juridique de cette convention. Par application de ce principe, il faut reconnaître que l'art. 57 L. 28 avril 1816 ne peut être étendu aux écrits qui, par eux-mêmes, et isolément, ne forment pas titre et qui n'offrent que des commencements de preuves.

1. LETTRE MISSIVE NE CONTENANT QUE DES RENSEIGNEMENTS. — Ainsi la lettre missive qui ne contient que l'acceptation d'un marché, sans rappeler le prix ni les conditions, ne donne, quoique produite au cours d'instance, ouverture qu'au droit fixe.

« Attendu, porte un arrêt de la C. cass. 26 août 1834, que l'art. 57, L. 28 avril 1816, ne s'applique qu'aux écrits, billets, lettres ou tout autre titre émané du défendeur ; que sa disposition ne peut être étendue à toute espèce d'écrits qui ne forment pas titre et n'offrent que des commencements de preuve ; — Attendu, en fait, que, dans l'espèce, la lettre du 23 octobre 1830, produite au cours de l'instance, ne formait pas par elle-même, et isolément, un titre ; qu'elle ne contenait qu'un renseignement, puisque le tribunal de commerce de Bar, par son jugement du 6 décembre 1831, admit à la preuve des faits articulés pour s'éclairer sur l'objet de la demande, et qu'il ne prononça qu'après l'enquête par lui ordonnée ; — Attendu qu'en cet état des faits le tribunal dont le jugement est attaqué a pu et dû reconnaître que la lettre produite n'était pas de nature à former un titre susceptible d'être enregistré avant la sommation ou demande, sous peine de double droit (1473 § 3 I. G., 11020 J. E., S. 34-1-531).

2. LETTRE MISSIVE PRÉSENTANT TOUS LES ÉLÉMENTS DU CONTRAT. — Dans l'arrêt ci-dessus, la cour n'a pas décidé en principe qu'une lettre missive ne forme jamais un titre susceptible d'enregistrement ; elle s'est bornée à constater, d'après la déclaration des premiers juges, qu'il en était ainsi de celle produite au tribunal, attendu qu'elle renfermait un simple renseignement. A ce point de vue, sa décision est parfaitement conforme aux principes ; mais il n'en est pas moins certain que si la lettre renfermait la preuve d'une convention ou d'un fait, il faudrait, à peine du droit en sus, la soumettre à l'enregistrement avant l'acte introductif de l'instance. Le texte de la loi ne peut laisser aucun doute sur la question, puisqu'il établit la pénalité pour la production en justice, non-seulement des actes, mais des écrits, billets, marchés, factures acceptées, lettres ou tout autre titre émané du défendeur (V. *Conf.* Sol. 3 nov. 1826, 1205 § 8 I. G.). C'est ce qu'a reconnu avec raison le tribunal de la Seine, le 14 mars 1839, dans un cas où la lettre missive formait la preuve complète du marché (12272 J. E. ; — V. Cass. 14 avr. 1875, n° 4104 R. P.).

3. MARCHÉ VERBAL. — DÉPÊCHE TÉLÉGRAPHIQUE. — Ce que nous disons des lettres missives s'applique, par identité de motifs, aux télégrammes. Il est certain qu'on peut faire des marchés par ce mode de correspondance, et que quand les deux dépêches rapprochées l'une de l'autre constatent le consentement des parties et les clauses essentielles du marché, elles peuvent en former le titre. Peu importe que les copies produites soient signées par l'employé de bureau, car les originaux existent et sont déposés aux archives de l'Administration. Seulement il faut remarquer que, par la nature même des choses, les télégrammes auront rarement la précision nécessaire pour constituer le titre de la convention. Le plus souvent ils ont le caractère de simples renseignements.

Le tribunal de Rouen a donc pu considérer comme verbale une vente au sujet de laquelle on produisait une lettre et des télégrammes échangés entre les parties, alors que ces télégrammes n'avaient rien de précis et ne constituaient que des indications sans caractère juridique. La lettre seule était catégorique, mais elle n'était pas acceptée par l'autre partie et elle ne pouvait à elle seule former un titre (Jug. 4 août 1857, 894 R. P.).

4. RENSEIGNEMENTS. — On n'a pas non plus considéré comme des titres tombant sous l'application de la loi certains actes produits comme simples renseignements, par exemple

des reçus ou quittances déposés en mains tierces et qu'un expert a cru devoir consulter pour se former une opinion (Sol. 13 oct. 1865); — la correspondance des deux parties qu'un expert a étudiée pour connaître la marche de leurs relations (Sol. 18 déc. 1867, 12 avr. 1872); — les pièces produites en justice pour éléments d'une vérification d'écriture (D. m. j. belge 18 juin 1862, 1826 R. P.).

1452. Acte de l'étranger ou des colonies. — La production d'un acte passé à l'étranger ou enregistré aux colonies, qui n'aurait pas été mentionné dans l'assignation, et à raison duquel on n'aurait pas acquitté, avant l'introduction de l'instance, le supplément de droit exigible en vertu de l'art. 58 de la loi de 1816, tomberait sous l'application de l'art. 57 et donnerait ouverture à un droit en sus égal à ce supplément. L'art. 57 ne renferme, en effet, que la sanction de l'art. 23, et ce dernier article ne doit pas être isolé de l'art. 58 de la loi de 1816, qui a pour objet de le compléter.

Mais il y aurait toujours lieu de régler la perception du droit proportionnel, exigible sur l'acte produit, conformément à l'art. 4 de la loi du 16 juin 1824.

Il a été jugé spécialement que des actes d'ouverture et de restriction de crédit passés à l'étranger sont sujets à l'enregistrement quand ils ont été produits en justice en France, qu'ils ne sont pas de simples projets et que le tribunal en a reconnu la validité (Cass. 12 déc. 1877, 4855 R. P.).

1453. Convention frappée de nullité. — Il faut prendre les choses telles qu'elles sont au moment où le jugement est rendu, et le double droit ne peut atteindre une chose reconnue n'avoir jamais existé que fictivement. Ainsi, dès qu'une vente, produite en cours d'instance, est déclarée radicalement nulle, on doit se borner à percevoir un droit fixe et un second droit fixe pour double droit. Spécialement dans le cas où la simulation de la vente est prononcée, parce qu'en réalité ce n'était qu'un jeu à la hausse ou à la baisse (Dél. 18 août 1829, 9413 J. E.).

1. ENREGISTREMENT ORDONNÉ. — Cependant, il a été reconnu que si le tribunal, tout en déclarant la vente radicalement nulle, en ordonne l'enregistrement, les droits simples et doubles droits proportionnels seront légalement perçus et ne devront pas être restitués (Seine 12 juill. 1838, 12118 J. E.). — *V.* 3, *infrà.*

2. NULLITÉ RELATIVE. — ABSENCE D'INTÉRÊT. — Le tribunal de la Seine a jugé également, le 6 décembre 1850 (15083 J. E.), que l'art. 57 est susceptible de recevoir son application, alors même que le tribunal aurait reconnu que l'acte produit était sans intérêt pour la cause; ou que son annulation aurait été prononcée pour des causes personnelles aux parties, du moment que l'acte n'était pas par lui-même imparfait, non existant, non susceptible de constater des conventions exécutables. — *V.* 3 ci-après.

3. DÉCLARATION DE NULLITÉ ANTÉRIEURE A L'ENREGISTREMENT. — Mais les deux décisions qui précèdent ne nous paraissent pas juridiques. Les nullités ne sont pas, sans doute, opposables à l'Administration et n'empêchent pas de percevoir l'impôt, comme si la convention était valable. Mais il n'en est ainsi qu'autant que l'inexistence de l'acte n'a pas été reconnue par la justice. Si cette constatation précède l'enregistrement de l'acte ou le recouvrement des droits exigibles, il n'y a plus de cause à l'application du droit proportionnel; car, d'une part, la nullité du contrat est établie au regard du Trésor, et, de l'autre, l'art. 60 de la loi du 22 frimaire an 7, qui prohibe la restitution des droits régulièrement perçus, se restreint aux droits réellement acquittés. C'est dans cet ordre d'idées qu'a été prise la délibération rapportée au n° 1453. Cette question, discutée au n° 3785 R. P., sera, d'ailleurs, plus amplement traitée sous les nos 14450 et 14451.

1454. Titre non produit en premier lieu. — Si, sur la production des pièces, le juge-commissaire rejette la demande en collocation, et qu'un acte non enregistré soit produit en second lieu, le double droit est exigible sur cet acte qui n'avait pas été énoncé dans la première production (Dél. 5 nov. 1833, 10849 J. E.).

C'est dans le même sens que l'Administration a délibéré, en thèse générale, le 3 novembre 1826 (1205 § 8 I. G.), qu'il suffit que le titre n'ait pas été énoncé dans la demande originaire, pour que le double droit doive être réclamé, alors qu'il aurait été soumis postérieurement à la formalité.

1455. Production subsidiaire. — Il s'agit, dans les hypothèses précédentes, du titre qui sert directement de base à la demande. On ne pourrait étendre la même règle à ceux que le demandeur aurait à produire ultérieurement sur la contestation de son adversaire pour établir la validité ou la cause du premier. Ainsi, un demandeur avait produit, dans le cours du procès, des billets enregistrés pour justifier du titre de sa créance; puis, afin de repousser les allégations du défendeur, il a été contraint de produire un traité non enregistré dont les billets représentaient le prix. Jugé que le double droit n'était pas dû sur le traité comme acte produit en cours d'instance, « attendu que le demandeur n'a rien dissimulé; la production du traité a été nécessitée pour éclairer la justice sur les causes des billets; le véritable titre qui a servi à la demande réside dans les billets enregistrés; il n'est donc dû que le droit simple sur le traité dont il a été fait usage en justice, comme d'un document dont le demandeur ne pouvait prévoir l'utilité avant l'introduction de l'instance » (Seine 26 juill. 1862, 12353 C.).

1456. — Acte à enregistrer dans un délai déterminé. — La nécessité de l'enregistrement préalable à la production en cours d'instance s'applique même aux actes, tels que les ventes d'immeubles, que la loi soumet à la formalité après un délai déterminé. Ils perdent le bénéfice de la loi, et le double droit devient immédiatement exigible, attendu que les dispositions prohibitives des art. 47 L. 22 frim. an 7 et 57 du 28 avr. 1816 sont absolues. La Cour de cassation l'a ainsi décidé le 4 août 1859 par un arrêt ainsi conçu : « Sur la deuxième branche du moyen, relative à la violation de l'art. 23 de la loi du 22 frimaire an 7, en ce que l'amende aurait été prononcée, bien que le délai de trois mois ne fût pas écoulé depuis la date de l'acte au moment de sa production et du jugement du 24 mars 1858; Attendu que le délai accordé par la loi n'est pas applicable au cas où il y a production en justice de l'acte sous seing privé non enregistré, et que les dispositions prohibitives des art. 47 L. 22 frimaire an 7 et 57 L. 28 avril 1816 sont absolues » (2163 § 2 I. G., 1222 R. P., 16686 J. N., 17020 J. E., 11602 C., S. 60-1-283. — *Conf.*, Saint-Étienne 2 avr. 1857).

1. DEUX DROITS EN SUS. — Mais comme on ne peut cumuler les amendes quand la loi ne le porte pas expressément, il faut reconnaître qu'une peine perçue sur un acte exempte cet acte de toute autre peine de même nature. Aussi avons-nous fait observer au n° 1222 du R. P. que, si une mutation immobilière, ayant plus de trois mois de date, est énoncée comme verbale, et que le double droit ait été perçu, en vertu des art. 22 et 38 L. 22 frimaire an 7, au moment de son enregistrement postérieur, un second double droit ne sera pas exigible sur le jugement en vertu de l'art. 57 L. 28 avr. 1816 (V. 8674, 9421 et 15701-1 J. E.). — L'Administration l'a reconnu, le 14 avril 1819, à l'égard d'un bail d'immeubles ayant plus de trois mois de date, et produit au cours d'instances avant d'avoir été enregistré.

1457. Actes des prud'hommes. — La loi du 7 août 1850 ne s'applique qu'aux actes de procédure devant les prud'hommes et aux jugements rendus entre ouvriers et patrons; elle ne comprend pas, par conséquent, les actes sous seing privé passés entre ouvriers et patrons, et qui sont produits en cours d'instance. Ces actes doivent être rédigés sur timbre et préalablement enregistrés au comptant (Seine 24 août 1861, 17361 J. E., 12062 C.).

CHAPITRE IV. — DE QUI DOIT ÉMANER LA PRODUCTION

[1458-1460]

1458. Quel est le produisant dans le sens de la loi? — L'acte produit en cours d'instance tombe-t-il dans l'application de l'art. 57 L. 28 avril 1816, quelle que soit la partie qui le produise? C'est une question importante à examiner. Il avait été d'abord soutenu que l'art. 57 n'ayant pas dit, lorsque le demandeur produira, mais seulement lorsqu'on produira au cours d'instance, il s'ensuivait que la disposition était applicable au produisant, quel qu'il fût, demandeur ou défendeur, surtout lorsque l'acte, étant synallagmatique, était émané de l'un comme de l'autre (8867 J. E.). Mais cette opinion n'était nullement fondée, le produisant dans le sens de la loi étant celui qui, ayant à prévoir la production, s'est exposé au reproche de fraude en ne produisant pas, et le demandeur seul se trouve dans cette situation.

1. DÉFENDEUR. — Dans cet ordre d'idées, la C. cass. a décidé, le 9 février 1832, que si c'est le défendeur qui, dans le cours de l'instance, produit, pour sa défense, un titre qui n'a pas été énoncé dans la demande, la peine du double droit n'est pas exigible, car l'art. 57 L. 28 avril 1816 ne s'applique qu'au procédé du demandeur qui dissimule, lors de l'introduction de l'instance, le titre véritable qui pouvait lui servir de base. Il ne peut atteindre le défendeur qui, n'ayant fait aucun usage, soit patent, soit masqué, de son titre, le soumet à la formalité avant d'en exciper pour sa défense.

« Attendu que la peine du double droit, établie par l'art. 57 L. 28 avril 1816 est limitée au cas où, après une sommation extrajudiciaire ou une demande, on produira des écrits émanés du défendeur qui n'auraient pas été enregistrés avant ladite demande; que ces termes se réfèrent évidemment au procédé du demandeur qui aurait dissimulé, lors de l'introduction de sa poursuite, le titre véritable qui pouvait lui servir de base; — Attendu que, d'après la combinaison de cet art. 57 avec l'art. 23 L. 22 frimaire an 7, la peine du double droit ne peut atteindre le défendeur qui, n'ayant encore fait aucun usage, soit patent, soit masqué, de son titre sous seing privé, le soumet à la formalité avant d'en exciper pour sa défense (10264 J. E., S. 32-1-217, 1401-1 I. G. — *Conf.*, Sol. 22 avr. 1831, 9996 J. E.).

On conçoit, en effet, qu'avant l'introduction de l'instance, le demandeur ait été obligé, sous peine du double droit, de faire enregistrer les actes sur lesquels il devait motiver ses prétentions. Il a pu prévoir qu'il aurait à les invoquer dans le cours de l'instance, et alors il s'est exposé au reproche de dissimulation et de fraude. Mais la même considération n'est pas applicable au défendeur, qui pouvait ne pas prévoir l'instance.

1459. Demande reconventionnelle. — On doit considérer comme demandeur dans le sens de l'art. 57 de la loi du 28 avril 1816 le défendeur à l'action principale qui forme une demande reconventionnelle en garantie et produit à l'appui de cette demande un titre émané de l'autre plaideur et sans utilité pour la défense à l'action principale. Dans ce cas, le double droit est exigible, car la production a lieu par le défendeur, non pas comme défendeur à l'action principale, dans laquelle la production serait inutile, mais comme demandeur en garantie et pour la justification de cette demande (Cass. 4 août 1859, 1222 R. P., 2163-4 I. G., S. 60-1-284; 28 fév. 1866, 2272 R. P., 2350 § 2 I. G., S. 66-1-124; — Seine 8 avr. 1865, 2118 R. P.).

Pour faire une exacte application de cette jurisprudence, il importe de bien distinguer la demande reconventionnelle proprement dite de la défense ordinaire à l'action principale. Ces deux procédures ont des traits communs qu'il n'entre pas dans notre cadre d'exposer ici : nous l'avons fait avec les développements utiles, dans une dissertation spéciale, insérée au n° 1935 du R. P., et dont nous reproduisons la substance au mot *Jugement*, n° 10645.

1460. Héritiers. — On a reconnu que le droit en sus n'était pas exigible dans un cas où les héritiers du mari demandaient en justice la nullité de la vente d'objets mobiliers consentie par la veuve, en fraude de leurs droits. Les héritiers ne pouvaient pas présenter à la formalité avant l'introduction de l'instance un acte auquel ils étaient étrangers, qu'ils ne possédaient pas, et ils pouvaient croire d'ailleurs qu'il s'agissait d'une vente verbale (18350 J. E.).

CHAPITRE V. — PREUVE DE LA PRODUCTION

[1461-1465]

1461. Preuve matérielle de la production. — Aucun doute ne peut exister sur l'application de la loi de 1816; quand la production de l'écrit est constatée en termes formels dans le jugement, comme, par exemple, quand le tribunal ordonne qu'il sera enregistré ou déposé entre les mains du greffier, etc. (Dél. 5 nov. 1833, 10849 J. E.; — Seine 6 déc. 1850, 15083 J. E.; — Rouen 15 janv. 1851, 15229); — ou «que la police de vente sous seing privé, rédigée par le notaire en un seul original, malgré la mention fait double, est restée entre les mains du notaire, du consentement des parties, et a été mise à la disposition du tribunal » (Auch 24 mars 1858, confirmé en cass. le 4 août 1859, 2103-2 I. G., 16686 J. N., 17020 J. E., 11602 C., S. 60-1-284. — *V.* Cass. 25 mars 1872, 3424 R. P., 2449-1 I. G., Bull. 60, S. 72-1, 193, D. 72, 1-314, 72-436 P.).

1. CONCLUSION DU MINISTÈRE PUBLIC. — Il en serait de même, croyons-nous, des constatations semblables établies dans le réquisitoire du ministère public. Dès l'instant, en effet, que ce réquisitoire a été reproduit en substance dans le jugement, il en fait partie, et les faits qu'il relate ne sont pas plus contestables.

2. QUALITÉS. — Les qualités qui sont signifiées pour faciliter la rédaction du jugement, et qui renferment les points de fait et de droit, ainsi que les conclusions des parties, servent utilement aussi à la découverte des actes produits en cours d'instance. Ces pièces n'entrent pas, à la vérité, dans le dispositif de la sentence; mais elles servent à constituer le jugement dans son ensemble, puisqu'elles s'expédient avec lui. Aussi la jurisprudence ne fait-elle aucune distinction entre les qualités ou le dispositif lui-même pour la preuve de la production : (Cass. 10 août 1848, 1825-5 I. G., 14548 J. E., 13457 J. N., S. 48-1-659; Sol. 7 sept. 1829, 9492 J. E., 17 oct. 1831, 10186 J. E.). — V. *Don manuel.*

3. CERTIFICAT DU GREFFIER. — Le fait de la production peut encore résulter d'un certificat du greffier du tribunal appuyé sur les énonciations du jugement : « Attendu que la question soumise au tribunal de Romorantin était uniquement de savoir si, indépendamment du traité du 11 juillet 1859, lequel a été enregistré et produit devant le tribunal de commerce de Romorantin lors de la mise en faillite de la Société en commandite Bataillier père, Bataillier fils, Chevallier et Guillemard, il n'avait pas été fait mention d'un autre traité dit particulier, du même jour 11 juillet 1859, intervenu entre Guillemard frères, qui n'avait été ni publié, ni déposé, ni enregistré; Attendu qu'à l'appui de sa prétention, l'administration de l'Enregistrement produisait un certificat du greffier du tribunal de commerce attestant ce fait; Attendu qu'une constatation de ce genre pourrait sans doute être contrôlée, eu égard à la matière par la C. cass.; mais attendu que la décision attaquée se justifie par elle-même, puisqu'elle repose sur le jugement du tribunal de commerce de Romorantin, du 25 juin 1861, lequel mentionne l'existence de ce traité particulier du 11 juillet 1859, qui n'a été ni publié, ni déposé; que dès lors la preuve de l'existence de ce second traité du 11 juillet 1859 est authentique, et que l'administration de l'Enregistrement était fondée à réclamer l'enregistrement de ce traité dit particulier, dont il est question au jugement du 25 janvier 1861 » (Cass. 21 avr. 1863, 2274-1 I. G., 1779 R. P., 17955 J. N., 12456 C., 17686 J. E.).

1462. Preuve de production ressortant des faits et circonstances. — Il n'est pas indispensable que la production du titre ait été matériellement constatée. Il suffit que la preuve d'une production effectuée ressorte des faits et circonstances de la cause pour rendre exigible la peine du double droit (Seine 14 mars 1839 et 4 juin 1851; — Angers 5 juill. 1851, 12272, 15243 et 15306 J. E.).

1. FAILLITE. — Il a été reconnu, en effet, par une solution du 6 juin 1834 (11011 J. E.), que si le jugement a énoncé comme verbale une vente de fonds de commerce, et qu'il résulte du rapport d'un juge commissaire que cette vente a été rédigée par acte sous seing privé non enregistré, le droit et le double droit sont exigibles sur cet acte qui a été produit en instance. Une Dél. 27 mai 1834 (4615 Roll.) a été rendue dans le même sens dans une espèce analogue.

2. PRÊT VERBAL. — Il y a encore preuve de titre écrit et produit, dans cette circonstance que le jugement, après avoir indiqué un prêt comme verbal, énoncerait dans l'un de ses considérants l'obligation souscrite par le défendeur (Dél. 7 sept. 1829, 9492 J. E., Sol. 17 oct. 1831, 10186 J. E.).

3. TRAITÉ VERBAL. — 1° Les énonciations d'un jugement prouvent complétement la production d'un acte écrit lorsque son dispositif porte que les juges ont lu les articles du traité (Cass. 10 août 1848, 14548 J. E., 13457 J. N., 1825 § 5 I. G., S. 48-1-659).

2° Dans un rapport d'arbitres, on trouve ce qui suit : « Le traité qui lie les parties dit qu'A... recevra le liquide franc de port et de fût... Il est vrai qu'A... a renvoyé quelques-uns de ces fûts; mais il ne l'a fait que pour obéir à la convention, qui est muette sur ce point. » Il résulte évidemment de là que le traité que l'on a énoncé comme verbal a été réellement écrit, ce qui rend exigibles le droit simple et le double droit (Seine 3 déc. 1851, 15468 J. E.).

3° Un autre jugement du même tribunal, du 11 février 1852, est rendu dans le même sens. — « Attendu que l'analyse que fait de ces traités l'arbitre dans son rapport ne permet pas de supposer qu'ils n'ont pas été écrits; qu'il y parle de leur teneur, de ce qu'il constate y être dit, et que ces énonciations lèvent tout doute à cet égard » (15468 J. E.).

4° Cette jurisprudence est entièrement consacrée par la cour suprême. Il suffit de citer ici comme exemples les motifs sur lesquels se sont appuyés, pour reconnaître l'existence de la production, certains jugements dont elle a maintenu la doctrine. — « Attendu que le rapport relate textuellement les art. 1er, 2, 3, 4 et 5 du traité, ce qui n'a pu être fait qu'en vue et sur la présentation de l'acte lui-même; qu'il ajoute que quatre mois seulement se sont écoulés depuis la signature du traité, que ces expressions ne permettent aucun doute sur l'existence d'un acte ; que, dans d'autres parties de son rapport, l'arbitre discute les termes mêmes du traité, ce qui prouve d'une manière irréfragable qu'il a été représenté (Seine 7 mars 1853, confirmé par arrêt du 16 janv. 1855 ; arrêt rapporté 1447). — Attendu que le fait de la production résulte de présomptions graves ; qu'elles sont tirées des circonstances suivantes révélées par l'arbitre : 1° l'importance du prix et sa décomposition en divers éléments ; — 2° le fait que les acquéreurs et les vendeurs étaient associés ; — 3° la délégation de partie du prix à des tiers et la répartition inégale du surplus entre les vendeurs, etc., — et 4° la déclaration de l'arbitre portant qu'il n'a *vu* nulle part une condition qui formait un chef du litige » (Seine 26 mars 1858, confirmé en cass. le 29 nov. 1858 ; 2142-9 I. G., 1133 R. P., 16454 J. N., 11477 C., 16885 J. E., S. 59-1-345) ; — « Attendu que pour échapper à la nécessité de l'enregistrement, lors du procès, c'est sur des notes prises sur l'acte et en en reproduisant les clauses que les plaidoiries ont eu lieu (Cass. 4 août 1859, 2163-2 I. G., 1222 R. P., 16686 J. N., 17020 J. E., 11602 C., S. 60-1-284. Arr. rapporté, 1440, 1456). — La même solution résulte encore d'un arrêt du 21 avril 1863 rendu sur un rapport d'arbitre qui portait : « On oublie qu'un autre traité, *dit particulier, daté* du 11 juillet 1859, est entrevenu entre Guillemard et Cottereau, dont il a été donné *lecture* à Batailler » (2274-1 I. G., 1779 R. P., 17955 J. N., 12456 C., 17686 J. E. Arr. rapporté 1461).

Mais les expressions « documents fournis au tribunal » ne prouvent pas, à elles seules, l'existence d'un acte écrit (Lyon 11 août 1876).

1463. La contradiction entre les documents ne peut faire obstacle à l'application de la loi. — La preuve de la production peut résulter non-seulement du jugement proprement dit, mais de tous les actes de l'instance ; il n'est pas même nécessaire que les énonciations de ces actes soient actuellement confirmées par les termes du jugement lui-même, si elles suffisent seules à constater le fait matériel de la production. C'est ainsi que le double droit a été reconnu exigible, bien qu'un jugement en matière de faillite ne mentionne que des conventions verbales, si le rapport du juge-commissaire relate l'existence des actes écrits (Dél. 27 mai, 6 juin 1834, 11021 J. E.).

On comprend, en effet, qu'il s'agit ici de découvrir une fraude, et qu'à moins de demander l'impossible on ne saurait exiger de l'Administration la preuve que l'acte litigieux, après avoir été énoncé dans une partie de l'instance, n'a pas été ensuite qualifié de convention verbale. Par conséquent la contradiction qui existe parfois entre les qualités, les motifs et le dispositif du jugement ne saurait faire obstacle à la réclamation du double droit si l'un ou l'autre de ces documents considéré isolément révèle assez clairement la production. On l'a ainsi reconnu en thèse générale par des solutions des 7 septembre 1829 (9492 J. E.) et 17 octobre 1831 (9492 et 10186 J. E.). Le tribunal de Draguignan a décidé, dans ce sens, le 24 décembre 1863, que la production d'un écrit au cours d'instance résulte suffisamment des indications d'un procès-verbal d'expertise, quoique la convention soit qualifiée de verbale dans les jugement et arrêt postérieurs. — « Attendu que le jugement du tribunal de commerce, qui n'a visé que les accords verbaux, ne peut être opposé comme fin de non-recevoir à l'Administration, et que le jugement qui admettrait l'existence de la convention écrite n'impliquerait aucune contradiction avec le jugement consulaire » (1891 R. P.).

A plus forte raison serait-il impossible de soutenir que la qualification de traité verbal donnée à l'écrit par le dispositif de la sentence, constitue une chose jugée contre laquelle il est impossible de se pourvoir. Outre que le Trésor n'était pas représenté à ce jugement, il est bien certain que le tribunal, en employant des termes plus ou moins exacts pour dénommer la convention n'a pas entendu donner à cette qualification l'autorité de la chose jugée (Nantes 18 fév. 1858, 11264 C.).

1464. La production doit être prouvée et non présumée. — Il faut néanmoins qu'il soit constant que la production a eu lieu. On ne peut la présumer. Dans ce sens il a été délibéré par l'Administration que s'il est vrai que d'après l'art. 439 C. proc., lorsque les tribunaux de commerce ordonnent l'exécution provisoire de leurs jugements, nonobstant appel, cela suppose nécessairement l'existence d'un titre non attaqué ; on ne peut néanmoins percevoir le double droit de titre sur un jugement de l'espèce, en supposant qu'un titre a été produit ; car, pour l'application de l'art. 57 L. 28 avril 1816, il ne suffit pas que l'on puisse, que l'on doive même supposer l'existence d'un titre, il faut de plus qu'il y ait production au cours d'instance (Sol. 30 avr. 1831, 9987 J. E.).

1465. Promesse reconnue. — Exécution provisoire. — Le tribunal de Saint-Omer a rendu, le 8 juillet 1870 (3465 R. P.), un jugement caractéristique de l'ordre d'idées qui a fait l'objet de notre précédent numéro.

Il a décidé que bien qu'un jugement rendu par défaut relate en termes précis le chiffre d'une dette énoncée comme verbale, la date du payement promis, le lieu de ce payement, le taux des intérêts et leur point de départ, et encore que le tribunal, reconnaissant qu'il y a tout à la fois promesse reconnue et péril en la demeure, ait ordonné l'exécution provisoire du jugement, nonobstant appel ou opposition, ces présomptions ne suffisent pas pour prouver la production d'un titre émané du défendeur.

En effet, lorsque l'art. 135 du C. proc. civ. porte : « L'exécution provisoire sans caution sera ordonnée, s'il y a titre authentique, promesse reconnue ou condamnation précédente par jugement dont il n'y ait point d'appel. » Il n'ajoute pas autre chose. Or, un débiteur peut aussi bien reconnaître une promesse verbale qu'une promesse écrite. Dans les deux cas, son texte peut également s'appliquer. Décider que la reconnaissance doit porter sur un titre écrit, c'est créer une distinction où il n'en existe aucune et faire la loi au lieu de l'interpréter. D'ailleurs, au fond des choses, est-ce que la situation du créancier n'est pas la même quand il est en présence d'un débiteur qui avoue franchement sa dette verbale que quand il possède une promesse écrite ? Si la provision est due au titre dans la seconde hypothèse parce que l'existence de l'obligation est dès à présent certaine, il n'y a aucun motif de ne pas l'accorder dans la première, où elle n'est pas moins clairement établie. Aussi, la plupart des auteurs s'accordent-ils pour admettre qu'en présence des termes absolus de la loi il n'est pas possible de distinguer entre l'engagement écrit et l'engagement verbal. — *V.* not. Chauveau, sur Carré, n° 578; Foucher, Just. de paix, p. 405; Benech, *id.*, p. 363; Dalloz, v° *Jugement.*, n° 623; Bioche, *id.*, n° 268. C'est également ce qui résulte de la jurisprudence. Un arrêt de la C. cass. du 11 juillet 1826 a reconnu, par exemple, que l'exécution provisoire de l'art. 135 du C. proc. peut être accordée lors même qu'il n'y a ni titre authentique ni promesse écrite reconnue, si le défendeur reconnaît le fait sur lequel la demande est fondée et se borne à contester le chiffre de la réclamation (S. 1827, 236). De même, il a été jugé par la cour de Bordeaux, le 23 mars 1842, que l'aveu judiciaire de la dette fait par le défendeur remplace suffisamment la promesse écrite et autorise le tribunal à prononcer l'exécution provisoire.

La conclusion est facile à tirer. En matière d'enregistrement, la disposition du jugement qui ordonne l'exécution provisoire d'une promesse verbale non déniée par le débiteur n'implique pas nécessairement que l'obligation repose sur un titre écrit et n'autorise pas, à elle seule, l'application de l'art. 57 de la loi du 28 avril 1816.

Dans le même ordre d'idées, il a été reconnu que, bien qu'un tribunal de commerce ne puisse ordonner l'exécution provisoire sans caution qu'autant qu'il y a un titre non attaqué, on ne put faire au jugement l'application de la peine du double droit, par le motif « qu'il ne suffit pas que l'on puisse supposer l'existence d'un titre, il faut de plus qu'il y ait production au cours d'instance, soit d'un titre, soit d'écrits qui le constatent ou en tiennent lieu » (Sol. 30 avr. 1831, 9987 J. E.). — Mais il y aurait là une présomption très-grave qui, s'ajoutant à d'autres circonstances, serait de nature à établir le plus souvent la contravention.

CHAPITRE VI. — QUESTIONS DIVERSES

[1466-1475 *bis*]

1466. Payement du droit. — D'après l'art. 57 L. 28 avril 1816, le double droit de l'acte produit au cours d'instance peut être *exigé ou perçu* lors de l'enregistrement du jugement. Ainsi que l'a reconnu le tribunal de la Seine, le 13 décembre 1849 (14871 J. E.), « par droit d'enregistrement d'un jugement on entend nécessairement le montant total des perceptions auxquelles ledit jugement et les actes dont il révèle et constate l'existence donnent ouverture : ce total forme un tout indivisible. »

1. DROIT EN SUS. — De ce que l'art. 57 se sert des mots : « le droit peut être *exigé ou perçu* » on a voulu conclure que la perception immédiate du droit en sus est seulement autorisée quand le jugement renferme tous les renseignements nécessaires à la liquidation du droit et que, dans le cas contraire, on peut seulement le réclamer au moyen d'une contrainte renfermant une évaluation approximative, sauf représentation de l'acte. Mais nous croyons que c'est une erreur. Si la loi s'était bornée à dire que le droit en sus serait *exigé ou perçu* par le receveur on pourrait avoir des doutes sur sa pensée; mais elle a ajouté que ce droit serait exigé ou perçu *lors de l'enregistrement du jugement.* Or, le mot exigé n'a de sens raisonnable, avec ce dernier membre de phrase, que comme synonyme de payement; car on ferait dire sans cela au législateur que le double droit de l'acte produit ne pourra être réclamé que quand le jugement sera soumis à la formalité, et c'est là une chose tellement évidente qu'elle n'avait pas besoin d'être exprimée. Nous pensons donc que le double droit ou droit en sus doit être dans tous les cas perçu sur le jugement et que le receveur est fondé à demander la production de l'acte ou à percevoir alors telle somme qu'il juge à propos.

C'est ainsi que, dans un cas où un acte de vente énoncé comme verbal avait été enregistré au droit simple avant le jugement où la production était constatée, la C. cass. a reconnu que le receveur avait dû refuser l'enregistrement de ce jugement dès qu'on n'offrait pas de payer en même temps le droit en sus de l'acte produit (Cass. 4 août 1859, 2163-2 I. G., 1222 R. P., 16686 J. N., 17020 J. E., 11602 C., S. 60-1-284; — Arr. rapporté, 1440, 1456.

2. DROIT SIMPLE ET DROIT EN SUS. — Nous ne parlons, dans ce qui précède, que de l'hypothèse prévue littéralement par l'art. 57 de la loi de 1816, celle où un acte énoncé comme verbal dans l'exploit introductif d'instance a été enregistré au droit simple avant le jugement sur lequel le droit en sus ne peut être perçu. Quand l'acte n'a pas été présenté à l'enregistrement et que son existence est constatée dans le jugement ou dans la procédure, ce n'est pas seulement le droit en sus qui devient exigible, mais aussi le droit simple. On n'est plus alors directement placé sous l'empire de l'exception (édictée par l'art. 57 de la loi de 1816) à la règle générale du recouvrement des droits. Comment faut-il donc procéder pour obtenir le payement? Le tribunal de la Seine décide qu'il y a lieu d'enregistrer le jugement et d'agir ensuite par voie de contrainte. — « Attendu que l'art. 57 de la loi du 28 avril 1816, qui, au sujet des actes produits en cours d'instance par le demandeur sans avoir été enregistrés antérieurement à la demande, veut que le double droit attaché à cette contravention puisse être perçu lors de l'enregistrement du jugement, suppose que l'acte dont la production n'était permise qu'après enregistrement a été enregistré dans l'intervalle de la demande au jugement, puisqu'il se tait sur le droit simple; qu'il était encore rationnel, dans ce cas, que le double droit pût être perçu à l'enregistrement du jugement, lorsque l'acte avait été présenté à la formalité sans que le double droit eût été acquitté; qu'en dehors de ces cas particuliers, qui ne sont pas ceux de l'espèce, les jugements et les actes doivent rester les uns et les autres séparément assujettis à la formalité et aux droits qui compètent à chacun, etc. » (Jug. 27 août 1856, 18591 J. E. — *Conf.*, Seine 20 août 1856, 16798 J. E.).

Dans cet ordre d'idées, le même tribunal a décidé, le 16 mai 1868, que l'Administration, dans sa contrainte, peut réclamer les droits, d'après une liquidation provisoire, sauf à la partie à faire réduire ces droits, en produisant l'acte, si elle les trouve exagérés. Le pourvoi introduit contre le jugement a été rejeté par la chambre des requêtes de la C. cass. le 20 décembre 1869 (3063 R. P., 2401-3 I. G.). — *V.* 5930. Dans cette hypothèse, le jugement devrait donc être enregistré moyennant les droits auxquels il donne personnellement ouverture et les parties seraient à cet égard dans la situation commune de tous les plaideurs qui ont figuré à un jugement. — V. *Acte judiciaire.*

Quant aux droits des actes produits en justice, le recouvrement en serait poursuivi sur celle des parties que ces actes concernent ou qui a fait la production.

Il a été décidé, à cet égard : 1° que les droits simples de l'acte produit sont dus solidairement par les deux parties qui ont figuré dans la convention et dans l'instance, mais que le droit en sus est à la charge exclusive de celle qui devait faire enregistrer l'acte avant la demande en justice (Seine 8 avr. 1865, 2118 R. P.) ; — 2° que le droit en sus ne peut être réclamé au défendeur qui n'avait pas produit l'acte et qui n'est pas cause du défaut d'enregistrement avant sa production (Seine 21 janv. 1865, 2103 R. P., Sol. 20 mars 1866, 18350-2 J. E.). — V. *Acte judiciaire*, n° 783.

1467. Héritiers. — Le droit en sus étant ici la peine d'une contravention personnelle au demandeur, il faut reconnaître, avec Demante (n° 810), que ses héritiers n'en seraient pas tenus, si l'Administration n'avait point obtenu contre leur auteur, et avant son décès, un jugement de condamnation. Quand l'acte produit est une vente d'immeubles déjà passible d'un droit en sus, pour défaut d'enregistrement dans le délai légal, c'est ce droit en sus qui demeure exigible à l'exclusion de la peine édictée par la loi de 1816 (*Suprà*, n° 1456). On doit lui appliquer le principe de la responsabilité héréditaire développée au n° 1511.— V. *Mutation.*

1468. Par qui doivent être supportés les droits. — Il existe en jurisprudence une vive controverse sur le point de savoir si les droits des actes produits suivent le sort des dépens et sont de plein droit à la charge du condamné. Cette question est examinée au mot *Acte judiciaire*, n° 783. Rappelons seulement que dans le dernier état de la jurisprudence de la Cour la condamnation aux dépens ne comprend pas *de plano* les droits d'enregistrement des actes produits par la partie adverse et auxquels la partie qui perd son procès est étrangère. Les tribunaux peuvent seulement mettre ces droits, même le droit en sus, à sa charge, à titre de dommages-intérêts (Cass. 5 déc. 1866, 21 juin 1872, 9 nov. 1874, 5 avr. et 16 juin 1875, 4467 et 4468 R. P.). — V. 783 et 790.

1469. Étendue du droit à percevoir. — Droit simple. — Du moment que la production est suffisamment prouvée pour rendre le droit de titre exigible, ce n'est pas seulement sur l'objet de la demande que le droit simple doit être perçu, mais sur les conventions qui résultent de l'acte produit (Cass. 16 janv. 1855, *arrêt rapporté* 1447 et 1473,— *Conf.* : Demante n° 553). — C'est ce que Bosquet faisait déjà remarquer sous l'empire de l'ancienne législation. « Le droit du contrôle, disait-il, est dû sur l'acte entier, car la formalité est indivisible; il n'est pas possible de la donner à une partie de l'acte et d'en excepter une autre partie » (V. *Acte* sous seing privé § 11). — V. 547 et 7708.

1. DROIT EN SUS. — Il n'en est pas de même du droit en sus; il a été reconnu que si un acte produit au cours d'instance contient deux dispositions, une vente de meubles et une obligation par exemple, et que la vente de meubles seule fasse l'objet de la demande, le double droit n'est exigible que sur la vente de meubles. Ce n'est, en effet, que sur la disposition qui motive et justifie la demande que la loi applique la peine du double droit (10118 J. E., Sol. 9 juill. 1855, 31 août 1870).

2. ÉVALUATION D'OFFICE. — L'Administration peut évaluer d'office dans sa demande le montant des droits à percevoir, et le tribunal peut prononcer une condamnation dans le même sens, sauf la partie à faire réduire ces droits en produisant l'acte (*V.* Seine 16 mai 1868 et Cass. 20 déc. 1869, 3063 R. P., 2401-3 I. G.; — Lyon, 12 mars 1874 et 20 août 1875; — Gegnac, 4 juill. 1878).

Ce principe reçoit de nombreuses applications au sujet des actes passés en conséquence d'un autre non enregistré. — V. n° 5930.

3. DATE CERTAINE. — Lorsqu'un acte a été produit en cours d'instance, même en fraude, et que le receveur a négligé d'en exiger les droits, la formalité qui lui est donnée sous l'empire d'une législation nouvelle, doit avoir lieu moyennant le payement du droit déterminé par la législation en vigueur au moment où il a été fait usage de l'acte en justice (Sol. 12 oct. 1872).

4. CAUTIONNEMENT. — CRÉDIT. — Les droits proportionnels sont exigibles lorsqu'on produit en cours d'instance un acte de cautionnement s'appliquant à un crédit réalisé avant l'ouverture de l'instance. Si, au contraire, le crédit n'était pas réalisé, la production en justice du cautionnement ne donnerait lieu qu'au droit fixe, encore que d'après la loi du 23 août 1871, l'ouverture de crédit soit passible du droit de 50 centimes pour 100 (Sol. nov. 1871, 14 mai et 4 oct. 1872).

1470. Aval. — L'aval produit en cours d'instance est passible du droit fixe de 3 francs. — V. 2449.

1471. Acte de commerce. — De quel droit est passible l'acte de commerce produit en cours d'instance? — V. *Commerçant*, n° 4232.

1472. Restitution. — Cession d'office. — Lorsqu'un traité de cession d'office produit en cours d'instance est demeuré sans effet, peut-on restituer les droits en sus perçus sur le jugement en vertu de l'art. 57 de la loi du 28 avril 1816? On peut dire, pour la négative, que le droit en sus représente ici la peine d'une contravention subsistant malgré l'annulation du traité; que, d'ailleurs, il est exigible en vertu de la loi de 1816 et que l'art. 14 de la loi du 25 juin 1841 limite le remboursement aux droits payés en vertu de ses propres dispositions.

Ces motifs ne nous paraissent pas acceptables.

D'abord, il est bien certain que la restitution ne s'applique pas seulement au droit de 2 pour 100 créé par la loi du 25 juin 1841, mais encore à tous les droits qui ont été perçus sur le traité en vertu des lois générales et qui se rapportent à des conventions devenues sans objet par l'annulation du traité (V. Cass. 24 déc. 1838, 1590-2 I. G., S. 39-1-141). Il n'est pas exact, en second lieu, de soutenir que le droit en sus doit être maintenu parce que c'est la peine d'une contravention sur laquelle l'annulation du traité demeure sans effet. L'art. 14 de la loi du 25 juin 1841 autorise expressément dans cette hypothèse la restitution des droits en sus perçus pour les simulations de prix, alors cependant que l'infraction subsiste avec son caractère délictueux. Enfin, la doctrine contraire serait en opposition avec les principes d'un arrêt de la C. cass. du 4 janvier 1854, d'après « lequel le droit en sus n'est que la suite et l'accessoire du droit principal et est calculé sur le droit principal qui est ou se trouvera dû, de telle sorte que si le droit principal ne se trouve pas dû, le droit en sus ne saurait l'être (15775 J. E., S. 55-1-601). » C'est ce que l'Administration a décidé par une solution du 12 août 1885.

Dans tous les cas, si la cession d'office est produite après qu'il est certain qu'elle est demeurée sans effet, le droit proportionnel ne saurait être perçu. — V. *Office.*

1473. Prescription. — Les droits simples des actes produits en justice ne se prescrivent que par trente ans. — (Seine 20 nov. 1850 et 13 mars 1853, 15167, 15696 J. E.; — Cass. 16 janv. 1855, 2033-1 I. G., 16006 J. E., 556 R. P.).

« Attendu, porte cet arrêt, qu'il s'agissait, non d'une perception insuffisante et mal assise, non d'un double droit pour amende, seul cas où la prescription biennale soit opposable à la régie de l'enregistrement, mais de la perception des droits d'un acte produit en justice sans avoir été soumis à la formalité, ce qui écarte l'application de l'art. 61 de la loi du 22 frimaire an 7, et rentre dans les principes du droit commun sur la prescription trentenaire. »

1474. Obligations des tribunaux. — Le soin d'assurer l'exécution des lois sur l'enregistrement a été confié aux tribunaux. Les jugements doivent donc constater scrupuleusement la production au cours d'instance des actes non timbrés ni enregistrés, et les membres du parquet doivent surtout concourir activement à détruire l'abus qui consiste à indiquer comme verbales, des conventions écrites. Autrement l'exécution de la loi serait éludée par le fait même du tribunal. Le ministre de la justice a plusieurs fois rappelé aux tribunaux ce point important de leurs obligations, et notamment par Circ. des 19 janvier 1822, 25 mai 1834 (7270, 10930 J. E.) et 10 novembre 1848 (14151 J. N., 1851 I. G.).

La loi du 23 août 1871 en a fait un devoir impératif aux magistrats dans les termes suivants :

Art. 16. — Les tribunaux devant lesquels sont produits des actes non enregistrés doivent, sur les réquisitions du ministère public, soit même d'office, ordonner le dépôt au greffe de ces actes, pour être immédiatement soumis à la formalité de l'enregistrement. Il est donné acte au ministère public de ses réquisitions.

1. ACTE DE DÉPOT AU GREFFE. — D'après l'art. 16 de la loi du 23 août 1871, les pièces ne doivent être déposées au greffe du tribunal que pour être immédiatement soumises à la formalité de l'enregistrement. Cette disposition a plutôt en vue le dépôt transitoire des actes au bureau de l'Enregistrement, où ils doivent recevoir la formalité, que dans les minutes du greffe. Le greffier n'est, dans ce cas, qu'un intermédiaire chargé de faire parvenir les actes aux mains du receveur. Il n'est tenu ni de dresser acte du dépôt, dans le sens de l'art. 43 de la loi du 22 frimaire an 7, ni de faire l'avance des droits (Sol. 20 oct. 1873, 3739 R. P.).

2. ÉTENDUE DE L'OBLIGATION. — L'obligation imposée aux juges par la loi de 1871 est absolue. Elle ne cesse que quand il s'agit de pièces totalement étrangères au procès, mais elle s'applique à toutes les autres, même à des pièces énoncées par l'avocat dans sa plaidoirie. Et si le jugement constate l'énonciation faite par l'avocat, l'Administration peut réclamer aux parties les droits de l'acte énoncé (Sol. 27 mai 1873).

3. REFUS DE DÉPOSER. — Si la partie ou son avoué refusait d'obéir aux injonctions du tribunal et de remettre la pièce au greffe, le tribunal devrait s'abstenir de statuer sur le procès.

1475. Acte prescrit. — L'acte dont les droits sont prescrits et qui est produit au cours d'instance, est sujet au droit fixe. — V. *Prescription*, nº 12905.

1475 *bis*. Timbre. — L'art. 24 de la loi du 13 brumaire an 7, défend aux huissiers, greffiers, arbitres et experts d'agir, aux juges de prononcer aucun jugement, sur un acte, registre ou effet de commerce non écrit sur papier timbré ou non visé pour timbre. L'amende encourue pour infraction à cette disposition est de 100 francs (20 fr.) pour les officiers et les fonctionnaires publics. Les contrevenants payeront en outre le droit de timbre (Art. 26).

Lorsqu'il s'agit d'écritures qui n'ont besoin d'être timbrées que par le fait de leur production en justice (L. 13 brum. an 7, art. 30), et lorsque ces écritures sont produites sans avoir été préalablement visées pour timbre, elles donnent lieu à une amende de 30 francs (5 fr.) aux termes de l'art. 30 de la loi du 13 brumaire an 7, qui n'a pas été modifié par l'art. 22 de la loi du 2 juillet 1862 relatif à la quotité de l'amende applicable aux actes rédigés sur papier non timbré en contravention à la loi.

Aucune amende n'est imposée aux juges qui n'exigent pas que les pièces produites soient timbrées; la loi ne les soumet non plus à aucune responsabilité en ce qui concerne les droits de timbre.

Quand il est procédé à une adjudication de fournitures de l'Etat, la soumission sur papier non timbré est nulle (D. C. d'Etat 4 fév. 1877, 4984 R. P.).

ACTE RÉCOGNITIF ET CONFIRMATIF.

1476. — L'acte récognitif est celui par lequel le débiteur d'une rente ou d'un droit en donne une nouvelle reconnaissance au créancier, afin d'empêcher la prescription. L'acte confirmatif est celui par lequel on donne de la force à un précédent, qui en était dépourvu ou qui n'en avait pas une pleine et entière.

ACTE RESPECTUEUX.

1477. Définition. — C'est l'acte par lequel l'enfant demande, pour se marier, le consentement de ses père et mère ou autres ascendants.

1478. Age requis pour l'acte respectueux. — Les enfants qui ont atteint la majorité fixée pour le mariage, savoir : de vingt-cinq ans pour les hommes et vingt-un ans pour les filles, peuvent, en cas de refus de consentir, demander, avant le mariage, et par un acte respectueux et formel, le conseil de leurs père et mère ou de leurs autres ascendants (151 C. C.). Avant l'âge que nous venons d'indiquer, le mariage est absolument interdit sans le consentement des parents.

1479. Motifs de la loi. — Sans doute, à sa majorité, et surtout à celle fixée par le mariage, l'enfant ne doit plus être dans la dépendance de ses parents. Mais en tout temps on doit honneur et respect à ceux de qui l'on a reçu le jour, et l'on peut en obtenir d'utiles conseils (*Exposé des motifs*).

Ainsi, quel que soit l'âge de l'enfant, et quoi qu'il ait déjà été marié, il ne peut se dispenser de faire les actes respectueux dont il s'agit (*Exposé des motifs*).

Cependant, lorsque les fils ont atteint l'âge de trente ans et les filles celui de vingt-cinq ans accomplis, un seul acte respectueux suffit au lieu de trois qui, avant cet âge, étaient nécessaires (153 C. C.).

1480. Notification. — L'art. 154 C. C. veut que l'acte respectueux soit notifié par deux notaires ou par un notaire et deux témoins. Le caractère élevé d'une pareille notification convient parfaitement dans la circonstance. Aussi, doit-on regarder comme non avenu l'acte respectueux notifié par d'autres officiers publics que par les notaires (Favard, *Rép.*, V. *Acte respectueux*).

1. FORME. — L'enfant peut se faire représenter par un mandataire (Cass. 4 nov. 1807, 10 J. N.; — C. Douai 27 mai 1835, 9239 J. N.; — C. Paris 26 avr. 1836, 9239, 9240 J. N.). Mais le notaire est présumé de plein droit le mandataire de l'enfant; il n'est pas nécessaire que ce dernier signe l'acte ni que l'officier public soit nanti d'une procuration spéciale (C. Montpellier 31 déc. 1821, 4238 J. N.; — Douai 27 mai 1835, Demolombe, 3 n° 72; — *Contrà*, C. Lyon 23 déc. 1831, 9090 J. N.). Quand l'enfant n'accompagne pas le notaire, l'acte respectueux et le procès-verbal de sa notification sont deux actes distincts qui doivent, chacun séparément, renfermer les formalités nécessaires pour leur perfection (C. Toulouse 2 fév. 1830, 9090 J. N., Demolombe t. 3 n°s 75 et 76, Bioche, v° *Acte respect.* n° 18). Le contraire résulte néanmoins de deux autres arrêts (Rennes 16 fév. 1826 et Douai 27 mai 1835), dont la doctrine est approuvée par le J. N. Ce recueil pense que rien n'astreint l'officier public à faire deux actes distincts quand la notification suit immédiatement la réquisition, et il ne reconnaît ce caractère aux deux parties de l'opération que quand elles sont séparées par un certain intervalle de temps (6661 J. N., D. N. t. 1er p. 437).

1481. Tarif. — L'acte respectueux est soumis au droit fixe de 1 franc (3 fr.) comme acte innommé (Sol. 10 janv. 1822, 9592 J. E.).

D'après Demante, la notification constituerait, dans tous les cas, un acte extrajudiciaire innommé dont le taux n'a pas été augmenté par la loi du 18 mai 1850, spéciale aux actes civils et administratifs (*Principes* n° 17). Mais la pratique est fixée en sens contraire, parce que l'acte du notaire ne saurait être assimilé à celui d'un huissier, et que la notification, malgré son caractère particulier, n'est pas un exploit.

1482. Délai. — Bien que l'acte respectueux ait des règles qui paraissent communes à toutes les significations, il ne faut pas en conclure que le notaire fait office d'huissier (Vazeille n° 136). La notification ne fait pas perdre à l'acte sa qualité d'acte de notaire, et le délai pour son enregistrement est celui de dix ou quinze jours fixé par l'art. 20 L. 22 frimaire an 7 (1599 J. E.).

1483. Droit particulier. — Consentement. — L'acte respectueux étant fait aux fins d'obtenir le consentement des père et mère, le consentement de ceux-ci, contenu dans l'acte même, ne peut pas plus donner lieu à un droit particulier que n'y donne le refus manifesté par l'ascendant (12031-5 J. E.). L'art. 154 C. C. exige en effet que la notification contienne la réponse de l'ascendant.

1484. Réquisition et notification. — 1. DEUX ACTES ET DEUX DROITS. — En thèse générale, la réquisition de l'enfant et sa notification constituent deux actes particuliers ayant chacun leur but et leurs effets séparés. Aussi la loi a-t-elle assujetti chacun d'eux à des formalités différentes, et c'est pourquoi la C. de Toulouse, dans l'arrêt du 2 février 1830, que nous citions tout à l'heure, a décidé qu'il fallait les examiner distinctement l'un de l'autre pour apprécier leur validité. Nous croyons donc que la règle commande de percevoir un droit pour la réquisition, et un autre droit pour sa notification. C'est ce que décide en ces termes une solution du 8 août 1867 : « L'acte respectueux et le procès-verbal de notification sont deux actes entièrement distincts, ayant chacun sa nature, son objet, son existence propres. L'un constate la déclaration de l'enfant, l'autre est l'œuvre du notaire; ils intéressent des personnes différentes. Enfin, le premier est fait en exécution de l'art. 151 C. C., le deuxième en vertu de l'art. 154 C. C.; ils doivent être enregistrés séparément et il y a lieu, dès lors, à la perception de deux droits. Sans doute, il est permis en pareil cas, aux notaires de procéder aux deux actes, sans désemparer et devant les mêmes témoins. Dans cette hypothèse, un seul enregistrement est nécessaire, et un seul droit exigible. Mais lorsque, comme dans l'espèce, ces officiers publics font de l'acte respectueux et du procès-verbal de notification l'objet de deux actes rédigés, datés, clôturés et signés séparément, chacun est assujetti à la formalité, conformément à l'art. 20 de la loi du 22 frimaire an 7, et donne ouverture à un droit particulier» (2532 R. P., 19074 J. N.). Telle est aussi la doctrine de l'Administration belge (Sol. 29 août 1865, 2414 R. P.), et l'avis du J. du not. (n° du 4 mars 1868, n° 2230).

2. UN SEUL ACTE ET UN SEUL DROIT. — Mais la solution change quand le notaire au lieu de rédiger deux actes comprend la réquisition et la notification dans le contexte du même procès-verbal. Il est vrai alors de dire avec Roll. de Vill. que l'acte respectueux n'est qu'un réquisitoire fait au notaire (V. *Rép.* t. 1er p. 199 n° 87), et on peut appliquer la règle en matière de requête, qui veut que les requêtes ne donnent ouverture à un droit particulier que dans le cas où elles forment un acte de procédure. La question a été tranchée en ce sens par une D. m. f. de Belgique, dont les motifs s'adaptent parfaitement à notre législation : « Considérant que l'unité d'acte ou de procès-verbal, en matière d'actes respectueux, ne peut exister que si la réquisition de l'enfant qui veut demander conseil et la notification de l'acte par le notaire se font immédiatement l'une après l'autre; que, dans ces termes, la demande de l'enfant, le transport du notaire et la notification de l'acte sont constatés en un seul et même contexte (Bruxelles, arrêt 26 juin 1828); qu'il en est autrement lorsque la notification n'a pas lieu le jour même de la réquisition ou est l'œuvre d'un notaire autre que celui chez lequel l'enfant a fait constater la demande de conseil; que, dans ces cas, il existe en réalité deux actes qui, par leur contexture, ne présentent rien qui soit de nature à exonérer le second de tout impôt à raison du droit payé sur le premier » (D. m. f. 21 fév. 1866, 10149 J. E. belge). L'Administration belge avait déjà décidé le 25 octobre 1861 que : « La réquisition de l'enfant, qui veut demander conseil à ses parents sur son futur mariage, et la notification de son acte respectueux par le notaire formant ensemble l'objet d'un seul acte parachevé en deux vacations qui ne donne ouverture qu'à un seul droit fixe, chacune des parties de cet acte doit être enregistrée dans le délai légal, et si la première a été présentée séparément à la formalité, l'enregistrement de la seconde ne donne lieu à aucune perception (8981 J. E. belge).

La difficulté se réduit donc à rechercher si l'acte respectueux fait l'objet d'un procès-verbal divisé en deux vacations, ou s'il forme deux actes particuliers l'un de l'autre. C'est à cela d'ailleurs que reviennent aussi les opinions en apparence divergentes des auteurs, et le J. N. lui-même reconnaît virtuellement que la pluralité serait justifiée si le notaire dressait deux actes distincts (*V.* dans ce sens 11465-6, 11725-2, 16939 J. E.). L'exigibilité d'un seul droit dans l'hypothèse d'un acte présentant un seul contexte a été reconnu par deux solutions du 26 mars 1839, 5994 Roll. et 1er février 1856.

3. ENFANT N'ACCOMPAGNANT PAS LE NOTAIRE. — On avait soutenu que, quand l'enfant n'accompagne pas le notaire, la réquisition et la notification ne peuvent être constatées valablement que par deux actes distincts renfermant chacun les formalités nécessaires à leur perfection (C. Toulouse 2 fév. 1830, Demolombe t. 3 nos 75 et 76, Bioche *Acte respect.* n° 68). Mais cette opinion, contredite par des arrêts de Rennes du 16 février 1826, de Douai du 27 mai 1835 et d'Orléans du 3 juin 1871 (3504 R. P., S. 72-2-114), est généralement repoussée dans la pratique du notariat (*V.* J. N. n° 6671 et J. du not. 4 mars 1868 n° 2230). L'absence de l'enfant n'est donc pas, à elle seule, un signe suffisant de la divisibilité des opérations.

1485. Indigent. — L'Administration, en transmettant par l'I. G. n° 1876, la loi du 17 décembre 1850, relative à la célébration du mariage des indigents, fait remarquer que les actes respectueux ne sont pas compris au nombre des pièces susceptibles d'être visées pour timbre et enregistrées gratis. Elle décide, en conséquence, que ces actes sont sujets aux droits de timbre et d'enregistrement établis par les lois existantes (*V.* n° 9624).

Les réd. J. N. font observer que sous l'empire de la loi du 3 juillet 1846, le m. f. avait décidé, le 1er août 1848 (13472 J. N.), que les actes de cette nature devaient être visés pour timbre et enregistrés gratis, et comme ces deux lois ont été promulguées dans le même but, ils en concluent que la restriction apportée par l'Administration aux dispositions de la loi du 10 décembre est contraire à l'esprit et à la lettre de cette loi. Mais cet argument est contraire aux déclarations qui sont formellement faites par le rapporteur de la loi de 1850 (V. 9624). Il ne peut être accueilli. Le tribunal d'Avignon l'a écarté avec raison le 15 décembre 1859 (1763 R. P.).

1. PROCURATION. — Dans cet ordre d'idées, une solution de l'Administration du 23 septembre 1867 a décidé que la règle de l'enregistrement au comptant doit être appliquée aux procurations données par les indigents à l'effet de faire procéder aux actes respectueux nécessaires.

1486. Copie. — Nous avons dit, n° 1482, que l'acte respectueux a des règles communes à toutes les significations. Si, en effet, on pénètre l'intention du législateur, on verra, ainsi que nous l'avons indiqué n° 1479, que celui-ci n'a eu pour but que d'imprimer à cet acte qui autrefois pouvait être notifié par huissier, un nouveau caractère de solennité et de respect (V. *Exposé des motifs*). La conclusion de cela est que la notification faite par le notaire conserve néanmoins une affinité intime avec l'acte extrajudiciaire, ainsi que le reconnaît un arrêt C. Caen 10 décembre 1819 (6387 J. N.); d'où la conséquence que la copie qu'on laisse à l'ascendant peut se faire indifféremment sur du papier à minute comme sur du papier à expédition. C'est aussi ce qu'a consacré l'usage. Mais il nous paraît douteux qu'on puisse y appliquer les dispositions de la loi du 29 décembre 1873 sur le timbre des copies d'exploits. Le but de cette loi a été d'éviter des abus de procédure qui n'existent pas et ne sont pas à craindre pour les notifications d'actes respectueux. A ce point de vue, ces actes ne sauraient donc être rangés dans la catégorie des exploits et des significations dont s'occupe la loi nouvelle. La question et cependant sujette à controverse, et nous conseillons, pour éviter toutes difficultés, de faire emdu papier spécial.

La copie de l'acte respectueux peut être laissée avant l'enregistrement dudit acte, à moins, toutefois, que le délai pour l'enregistrement de l'acte ne soit expiré (*V.* D. N. t. 1er p. 437 nos 197 et 201).

ACTE SOUS SEING PRIVÉ.

DIVISION

CHAPITRE Ier. **Dispositions générales, 1487-1508.**

CHAPITRE II. **Délai pour l'enregistrement des actes sous seing privé, 1510-1513 *bis*.**

CHAPITRE III. **Bureaux dans lesquels les actes sous seing privé peuvent être enregistrés, 1514-1516.**

CHAPITRE IV. **Payement des droits des actes sous seing privé et de ceux qui doivent les acquitter, 1517-1542.**

CHAPITRE V. **Timbre des actes sous seing privé. — Payement des droits et amendes, 1543-1549.**

SOMMAIRE

CHAPITRE PREMIER. — DISPOSITIONS GÉNÉRALES

[1487-1508]

1487. Définition. — L'acte sous seing privé est celui qui est souscrit ou passé sans l'intervention d'un officier public.

1488. Des écrits en général. — Aucune écriture ne peut faire foi par elle-même que des caractères qui tombent sous nos sens; elle ne peut former aucune preuve, ni de la vérité des faits qu'elle contient, ni de la main qui en a tracé les caractères, ni du temps où ils l'ont été ; on n'en peut jamais tirer que des conjectures ; parce qu'en effet il n'y a point de connexité nécessaire entre ces écritures et la réalité ou l'existence des faits qu'elles contiennent, l'époque où ils se sont passés, en les supposant vrais, ni enfin la main qui en a tracé les caractères (Toullier t. 8 n° 190 et t. 9 n° 61).

1489. Différence entre l'acte sous seing privé et l'acte authentique. — Toutefois, comme les transactions les plus importantes de la vie civile sont ordinairement consignées dans les écrits, afin d'en conserver ou perpétuer le souvenir, quels embarras, quelles difficultés, quel trouble ne répandraient pas dans la société la faculté laissée indéfiniment à l'une des parties de remettre sans cesse en question les conventions et les faits consignés par écrit, et la nécessité imposée à l'autre de recourir à d'autres preuves, sans aucun égard pour le témoignage muet, mais permanent et invariable, de l'écriture! Ce fut donc avec une profonde sagesse que la loi civile, pour le repos des familles et la paix de la société, établit, en faveur des actes authentiques, c'est-à-dire reçus avec les formalités prescrites par un officier public, dans l'exercice de ses fonctions, l'éminente prérogative de faire pleine foi par eux-mêmes (1319 C. C.), c'est-à-dire de faire une preuve complète des faits et des conventions qu'ils renferment. C'est une différence essentielle qui existe entre l'acte authentique et l'acte sous seing privé, qui ne fait jamais preuve par lui-même (1322, 1323 C. C.).

1490. Actes qu'on peut faire sous seing privé. — Tous les actes et contrats pour lesquels la loi n'a pas prescrit la forme authentique peuvent être faits sous seing privé.

1491. Actes qui ne peuvent être faits que sous forme authentique. — De ce nombre sont, entre autres : Les donations entre-vifs, les acceptations de ces donations et les procurations pour faire ces acceptations (931 et 932 C. C.); les contrats de mariage (1394 C. C.); les constitutions et les mainlevées d'hypothèques (2127 et 2158 C. C.); les subrogations (1250-2 C. C.); les associations dans le cas prévu par l'art. 854 C. C.; les sociétés anonymes (40 C. com.); les adoptions (345 et 353 C. C.); les émancipations (477 C. C.); les délibérations des conseils de famille (415, etc. C. C.); les renonciations à succession ou à communauté (784 et 1457 C. C.); les acceptations de succession sous bénéfice d'inventaire (793 C. C.); les soumissions de caution (519 C. proc.); les ventes de biens de mineurs (459 C. C.); les licitations ordonnées par justice (954, 970 C. proc.); les ventes publiques de meubles, bois, récoltes, etc. (L. 22 pluv. an 7); les ordres et contributions judiciaires (657, 663, 749 et 755, etc. C proc.); les actes respectueux (154 C. C.); les procurations données par les parties intéressées pour se faire représenter aux actes de l'état civil, lorsqu'elles ne sont pas obligées de comparaître en personne (36 C. C.); les consentements à mariage (73 C.C.); les reconnaissances d'enfants naturels (334 C. C.); les déclarations de command (L. 22 frim. an 7 art. 68 § 1er n° 24, L. 28 avr. 1816, art. 44 n° 13); les résiliements purs et simples faits dans les vingt-quatre heures des actes résiliés (L. 22 frim. an 7 art. 68 § 1er n° 40, L. 28 avr. 1816 art. 43 n° 20); l'acte par lequel le débiteur emprunte une somme à l'effet de payer sa dette et de subroger le prêteur dans les droits du créancier et celui par lequel il paye le créancier (1250 C. C.).

1. DÉPÔT DONNANT L'AUTHENTICITÉ. — Les actes sous seing privé cessent d'avoir ce caractère et deviennent authentiques lorsqu'ils sont déposés dans l'étude d'un notaire par toutes les parties qui les ont signés et qui déclarent les reconnaître (Cass. 27 mars 1821, 11 juill. 1825, 3863 J. N., 196 C.; — C. Caen, 22 juin 1824; — Cass. 7 nov. 1843. J. P. t. 2 1843 p. 811, Merlin *Rép.* v° *Hypoth.* sect. 2 § 2 art. 6 n° 4, Grenier *Hypoth.* t. 1er nos 66 et 67, Toullier t. 8 n° 200, Troplong *Hypoth.* n° 506).

1492. Actes authentiques imparfaits. — L'acte qui n'est pas authentique, par un défaut de forme, l'incapacité ou l'incompétence de l'officier rédacteur, vaut comme acte sous seing privé s'il est signé des parties. — *V.* 736.

L'acte notarié unilatéral privé de la signature du créancier vaut comme sous seing privé. — *V.* 731-1.

Il est passible des droits ordinaires d'enregistrement. — *V.* 731-1.

Il vaut également comme sous seing privé si c'est la signature de l'un des obligés non solidaires qui manque. — *V.* 731-3.

L'acte notarié privé de la signature du notaire ou des témoins vaut comme acte sous seing privé. — *V.* 736.

Il doit être enregistré dans les délais fixés pour les actes des notaires. — *V.* 736-1 et 2.

L'acte notarié imparfait n'a pas besoin d'être fait double pour avoir la valeur de l'acte sous seing privé. — *V.* 736-7.

Il n'a pas besoin de contenir l'approbation de l'écriture et des sommes. — *V.* 736-9.

A moins qu'il n'ait été rédigé par un clerc comme suppléant le notaire qui a refusé de signer. — *V.* 736-8.

1493. Avoué. — Les certificats délivrés par les avoués sont des actes sous seing privé. — *V.* 3566-11.

1494. Conciliation. — Le procès-verbal de conciliation n'est pas un simple acte sous seing privé, comme on l'a prétendu ; il est authentique, et sa date est certaine, quoi qu'il ne soit pas enregistré. — *V.* 4877-1 à 6.

1495. Réalisation en acte public. — Même dans le cas où il est libre aux parties de faire un acte sous seing privé, il arrive quelquefois qu'elles conviennent que cet acte sera réalisé devant notaire à la réquisition de l'une d'elles. Or, à cet égard, il est constant que la convention ne fait point par elle-même dépendre de cet acte la perfection du contrat. (Pothier *des Oblig.* n° 11, Toullier t. 8 n° 140, Vinnius *Inst. de compt. rend.*, Bequet de Livonnière liv. 4 ch. 6 §§ 4 et 5, Duranton t. 16 n° 58; — C. Riom 9 mars 1844, 2-1844 p. 460 J. P.; — Angers 15 fév. 1866). — V. *Condition suspensive.* — *Vente.*

1. DÉLAI POUR L'ENREGISTREMENT. — La vente sous seing privé, qui porte transmission actuelle de biens immeubles avec indication du prix payé comptant, sous la condition qu'elle sera réalisée devant notaire, ne peut être assimilée à un projet, lorsqu'elle a été approuvée et signée par les parties et faite en double original; cette vente présente tout ce qui constitue un acte définitif qui doit être enregistré dans le délai fixé (Cass. 12 therm. an 13, Teste-Lebeau p. 9; — Saverne 3 fév. 1865, 2085 R. P.).

2. CONDITION SUSPENSIVE. — A moins qu'il ne paraisse clairement que l'intention des parties, en faisant cette convention, a été de faire dépendre leur obligation de la perfection de l'acte (Pothier et Toullier t. 8 *ibid.*; — Toulouse, 19 août 1806, Troplong t. 1er n° 107). Si cette intention est établie, et à plus forte raison s'il y a clause expresse, le contrat ne devant alors acquérir sa perfection que par l'acte notarié qui doit en être passé, chaque partie peut se rétracter jusque-là.

3. DÉLAI. — Le contrat n'est point alors sujet à l'enregistrement dans le délai légal. Le tribunal de la Seine a induit notamment l'existence de cette condition suspensive en matière de vente, de ce que l'entrée en jouissance avait été fixée au lendemain de la passation de l'acte notarié (24 janv. 1862, 1654 R. P.). Une pareille solution résulte d'un arrêt de Cass. du 6 mai 1863 (1783 R. P., S. 63-1-396.).

Cette question se trouve d'ailleurs plus amplement discutée au mot *Condition suspensive.*

4. PRIX DIFFÉRENT. — Lorsque l'acte sous seing privé est converti en acte public, il ne cesse pas pour cela de produire ses effets. Si, par exemple, il s'agit d'une vente dont le prix soit supérieur à celui qui a été stipulé dans le contrat authentique, l'acte sous seing privé porté à la connaissance de l'Administration servira de titre pour réclamer les droits

exigibles sur l'excédant. Nous reviendrons sur ce point au mot *Mutation*.

1496. Forme des actes sous seing privé. — En général, les actes sous seing privé ne sont assujettis à aucune forme. On ne peut considérer comme telle la signature (Toullier t. 8 n° 258).

Vainement prétendrait-on qu'on doit leur appliquer les dispositions de la loi sur le notariat. Sans doute cette loi contient des règles, indique des précautions qu'on fera toujours bien d'observer; mais tout cela n'est de rigueur que pour les actes notariés. La loi n'a statué que pour ces actes : elle est étrangère aux actes sous seing privé (Toullier, *ibid.*).

1. CRAYON. — Un acte sous seing privé qui serait écrit au crayon ne serait pas nul pour cela, si d'ailleurs cet acte paraissait sérieux (Roll. de Vill., *Rép. du notar.* v° *Ecriture*, n° 9). On l'a décidé ainsi à l'égard d'un testament olographe (C. Aix 27 janv. 1846, J. P. t. 2 1846 p. 182).

2. IDIOME. — Les actes sous seing privé peuvent être écrits en idiome du pays, dans les localités de France où l'on ne parle pas français (Toullier t. 8, n° 100; Roll. de Vill. v° *Acte sous seing privé*, n° 37), à la charge par les parties qui les présentent à l'enregistrement, d'y joindre une traduction en français (Arrêté 24 prair. an 11. art. 8, 1797 J. E.).

1497. Signature. — On comprend que la signature des parties est indispensable à la validité de l'acte sous seing privé. Sans cette signature, en effet, il ne peut y avoir indice de consentement; d'où la conséquence que l'écriture ne peut avoir le caractère d'*acte* et qu'on ne peut en exiger les droits d'enregistrement. — « Considérant, porte un arrêt de la C. cass., que l'amende prononcée par l'art. 40 de la loi du 22 frimaire an 7 ne peut avoir son application que dans le cas où il serait constaté qu'il a existé une contre-lettre, faite sous seing privé, qui aurait pour objet une augmentation du prix stipulé dans un acte public; — Que l'écrit représenté par la Régie ne peut pas être regardé comme une contre-lettre de l'espèce déterminée par cet article, puisque, d'une part, cet écrit énonçant des obligations respectives et étant passé avec des personnes illettrées, qui ne l'avaient ni signé, ni pu signer, ne pouvait contenir aucune obligation, pas même de la part de celui qui l'avait signé » (Cass. 30 oct. 1809, S. 10-1-6, 3393 J. E.; — *Conf.* : Champ. et Rig. t. 1er p. 161 et 170).

1. CROIX POUR SIGNATURE. — La marque ou croix que l'une des parties aurait apposée, même en présence des témoins, ne pourrait être considérée comme une signature (C. Nancy 14 fév. 1852, 14768 J. N.; — C. Bruxelles 27 janv. 1807; — C. Paris 13 juin 1807 et 20 août 1808; — C. Colmar 23 déc. 1809, 472 J. N., 4 mars 1817, 2191 J. N., 21 mars 1821; — C. Metz 2 mars 1840 J. P., t. 2 1841, p. 521; — Bourges 21 nov. 1871, S. 72-2-206; — Merlin *Rép.* v° *Signature* § 1er n° 8, Toullier t. 8 n° 343 à la note, Roll. de Vill. *Rép. du notar.* v° *Acte sous seing privé* n° 51, et *Signature*, n° 118).

2. EFFET POUR LA PERCEPTION. — L'acte sous seing privé, reconnu, fait foi à l'égard des tiers; mais, à l'égard de la perception, il faut distinguer le cas où l'acte est volontairement présenté à la formalité de celui où il est produit par l'Administration.

Droit exigible. — Dans le premier cas, le droit est actuellement exigible, et l'Administration ne doit pas attendre que le signataire ait reconnu sa signature. L'Administration, en effet, est un tiers, et, à l'égard des tiers, tant qu'un acte sous seing privé n'est pas méconnu, l'acte est présumé valable et régulier (Cass. 13 therm. an 12, 28 mars 1810, S. 10-1-235, 3639 J. E., *arrêt rapporté ci-dessous*. — 20 déc. 1814, P. chr. 123, 7 fév. 1814, 21 août 1816, 4782 J. N., D. N. t. 8, p. 298 n° 8; — Lyon 8 mars 1855, 426 R. P.). — « Attendu, porte l'arrêt du 7 février 1814, que David Claude Morin n'a pas désavoué la signature étant au bas de l'acte sous seing privé du 30 octobre 1810, par lequel le sieur Gand de Roussillac lui vend un domaine pour le prix de 35,420 francs; que, dès lors, la mutation de cet immeuble en propriété est suffisamment établie, aux termes de l'art. 12 de la loi du 22 frimaire an 7, ci-dessus cité, pour opérer le droit proportionnel » (S. 14-1-138, 4782 J. E.).

Droit non exigible. — Mais, dans le second cas, on comprend que si l'écriture ou la signature était contestée judiciairement au moment de l'enregistrement, l'acte devrait être enregistré au droit fixe, car la validité de l'acte cesserait entièrement, aux termes de l'art. 1322 C. C. (Toullier t. 8 nos 193 et suiv.), et il n'aurait plus d'existence même à l'égard de l'Administration considérée comme tiers. C'est ce qu'on peut induire de deux arrêts de Cass. des 28 mars 1810 et 20 décembre 1814 (3639, 5061 J. E., S. 10-1-235).

L'arrêt du 28 mars 1810 porte : « Attendu, 1° que la disposition de l'art. 1322 C. C. n'est applicable qu'à l'exécution de l'acte entre les parties qui l'ont souscrit et leurs héritiers ou ayants cause, mais non pas à la perception des droits d'enregistrement qui, suivant les art. 22 et 38 de la loi du 22 frimaire an 7, doit avoir lieu sur les actes sous seing privé, sans que la reconnaissance de ces actes soit exigée; — 2° que, d'ailleurs, *le demandeur n'ayant pas dit devant le tribunal de première instance de Paris qu'il ne reconnaissait pas l'acte sous seing privé qu'il a souscrit, et n'ayant pas dénié sa signature,* serait aujourd'hui non recevable à opposer pour moyen de cassation le défaut de reconnaissance. »

Désaveu. — *L'incertitude des souvenirs sur l'apposition de la signature* au bas de l'acte sous seing privé dont les droits sont réclamés ne peut équivaloir à une dénégation véritable. Le silence et l'absence de toute dénégation formelle dans ces circonstances doivent être regardés comme une reconnaissance ou comme un aveu tacite de la signature (Réthel 18 mai 1860, 1426 R. P., 17123 J. N., 11863 C., 17153 J. E.). Mais il suffit que le défendeur refuse positivement de reconnaître sa signature, de quelque façon que ce refus soit formulé, et, lors même qu'il aurait lieu soit dans l'opposition à la contrainte, soit dans un mémoire signifié à l'Administration (Réthel 2 juill. 1858, 1021 R. P., 11412 C., 16778 J. E.).

Vérification. — Par un arrêt du 30 juin 1806, la C. cass. a reconnu que, quand la signature d'un acte sous seing privé est désavoué par le contribuable, « il est du devoir du juge, d'après les dispositions du C. C. conformes en ce point aux anciennes ordonnances, d'ordonner la vérification de l'acte. » — « Attendu, que la méconnaissance faite par Blanche dudit acte du 17 fructidor an 10, qui lui était opposé comme étant son propre ouvrage, ne pouvait pas autoriser le tribunal de Coutances à mettre cet acte de côté et à renvoyer l'Administration à se pourvoir ainsi qu'elle aviserait; mais que le C. C., articles précités, conforme en ce point à plusieurs lois et ordonnances, imposait, dans ce cas de méconnaissance, le devoir au tribunal d'ordonner la vérification dudit acte » (S. 7-2-770; — *Conf.*: Cass. 26 oct. 1813, S. 15-1-73).

Mais si le redevable n'a pas demandé la vérification, l'Administration ne peut évidemment être obligée à provoquer cette procédure (Cass. 7 fév. 1814, arrêt rapporté ci-dessus).

Dans tous les cas, la vérification n'est pas le seul moyen de constater la sincérité de la signature. Les tribunaux peuvent recourir à tous autres éléments de preuve. « Attendu, dit la C. cass., que, si la vérification d'une signature déniée a été désignée comme un moyen d'en démontrer la fausseté ou la sincérité, les juges ne sont pas indispensablement forcés d'y recourir, et qu'ils sont autorisés par la loi à employer, pour arriver à la découverte de la vérité, d'autres renseignements puisés dans les faits et dans les circonstances de la cause » (Cass. 18 mai 1847, S. 47-1-622, 1796-4 I. G., 14259 J. E.).

1498. Acte non signé de chacune des parties. — Nous avons longuement examiné sous le n° 740 les questions qui peuvent se présenter au point de vue de l'enregistrement lorsque l'acte sous seing privé n'est pas signé de chacune des parties. Nous ne pouvons qu'y renvoyer le lecteur.

1499. Date. — La date n'est pas nécessaire à l'acte sous seing privé. Aussi, a-t-il été reconnu que le défaut de date ne met pas obstacle à la demande du double droit, lorsque les termes de l'acte ou les conventions qui y sont stipulées suffisent pour établir que le délai accordé par la loi est expiré.

« Attendu, porte un arrêt de la C. cass. du 9 février 1814, que le défaut d'énonciation de date dans l'acte de cette vente, étant suffisamment suppléé par le calcul des intérêts y énoncés, le jugement attaqué n'a pu raisonnablement méconnaître qu'il avait été souscrit entre les parties à une époque bien antérieure au délai accordé par la loi pour le présenter à l'enregistrement » (S. 14-1-265, 4928 J. E.). C'est ce que le tribunal de Montbéliard a jugé, le 25 mai 1852 (15533 J. E.), dans une espèce où l'un des signataires de l'acte non daté était mort plus de trois mois avant la découverte qui en avait été faite. — *Conf.* Demolombe, *des Contrats* t. 6 n° 365; Larombière t. 4 art. 1325-1; — *V.* Pontarlier 22 avr. 1875, 4145 R. P.). — *V.* 5732.

1. FILIGRANE DU PAPIER. — L'existence de la date a été constatée souvent aussi par l'indication de l'année de la fabrication du papier timbré. Lorsque, par exemple, la date d'un testament olographe est antérieure au millésime du filigrane du papier timbré, on doit admettre que cette date est inexacte (Cass. 1er mars 1832, S. 32-265, 4 janvier 1847, S. 47-1-361, 8 mai 1855, S. 55-1-330, 31 janv. 1859, S. 59-1-341, 11 mai 1864, 1957-5 R. P.; — Bruxelles 4 déc. 1824, S. 25-2-286; — Poitiers 4 juin 1845, S. 47-1-361; — Amiens 19 fév. 1856, S. 56-1-218 et 8 juin 1858, S. 58-1-617; — Rouen 21 nov. 1854, S. 55-2-330; — Orléans 24 janv. 1857, S. 58-2-498; — Rouen 22 mai 1857; — Nîmes 12 juill. 1857; — Caen, 9 fév. 1863; — Montpellier, 5 janv. 1864; — Cass. 14 mai 1867, S. 67-1-236; — Nîmes 24 janv. 1870; — Montpellier, 31 déc. 1872 (1957-6 R. P.); — Bordeaux 28 fév. 1872, S. 73-1-172; — Cass., 5 fév. 1873, S. 73-1-107; Troplong *Don et test.* t. 3, n° 1487, Coin-Delisle, art. 970 n° 39; Dalloz *Disp. intérêt* 2681, Roll. de Vill., *Rep.* v° *Test.* 324. D. N., *Eod.* v° 533-537). — On a même appliqué cette règle aux testaments authentiques (Limoges 13 août 1856, S. 56-2-546; — Cass. 18 janv. 1858, S. 58-1-177), et il faudrait l'étendre également à tous les autres actes.

Le papier porte, pour faciliter la constatation de la date de sa fabrication, des indications particulières que nous faisons connaître au mot *Timbre*, n° 17138.

Timbre. Date absente. — Lorsqu'une quittance n'est pas datée, cette date peut être prouvée par des documents soumis au tribunal (Pontoise 4 avr. 1875, 4373 R. P.).

1500. Date certaine. — Il est trop facile d'antidater un acte sous seing privé pour que la loi l'ait considéré comme faisant foi de sa date à l'égard des tiers. Il n'a date certaine vis-à-vis de ces derniers que dans les cas prévus par la loi. Voici, à cet égard, ce que porte l'art. 1328 C. C.: « Les actes sous seing privé n'ont de date contre les tiers que du jour où ils ont été enregistrés, du jour de la mort de celui ou de l'un de ceux qui les ont souscrits, ou du jour où leur substance est constatée dans des actes publics dressés par des officiers publics, tels que procès-verbaux de scellés ou d'inventaire, etc » (Cass. 27 mai 1823; — C. Bordeaux 27 janv. 1829; — Toulouse 7 juill. 1831; — Grenoble 9 mai 1833; — Douai 11 août 1837; — Angers 18 fév. 1837; — Nîmes 27 mai 1840).

Des trois exceptions qu'énumère l'art. 1328, deux sont fondées sur la foi due aux actes publics ou authentiques dans lesquels l'acte sous seing privé a été relaté; la troisième, sur un fait qui rend l'antidate impossible, le décès de l'un des signataires. Toullier t. 8 nos 242 et 243 enseigne que l'exception devrait être étendue dans tous les cas où il existerait une impossibilité quelconque d'antidater l'acte sous seing privé. Mais les exceptions prévues par l'art. 1328 sont limitatives, et la date certaine ne saurait, sans violation de la loi, être étendue à tous les cas où le juge croirait reconnaître en fait l'impossibilité d'une antidate. Ce point est consacré par la jurisprudence et professé par la généralité des auteurs (Duranton n° 131, Favard, *Rép.* v° *Acte sous seing privé*, Roll. de Vill., *ibid.* n° 56, Zachariæ p. 680, Marcadé sur l'art. 1328, Bonnier n° 573, Aubry et Rau, 3e *édit.* t. 6 p. 407, Larombière art. 1328, n° 50, D. N. v° *Date*, n° 88; — Cass. 27 mai 1823; — Toulouse 7 juill. 1831; — Grenoble 9 mai 1833, — Bordeaux 4 août 1836; — Angers 18 fév. 1837; — Nîmes 27 mai 1840; — Agen 4 déc. 1841; — Grenoble 26 avr. 1849; — Paris 18 fév. 1857; — Cass. 28 juill. 1858 et 1er juill. 1863; — Rouen 22 juin 1872, S. 73-1-309.

1. QUITTANCE. — Ces formalités ne sont pas applicables à de simples quittances, pour lesquelles il a toujours été d'usage de se contenter de la signature du créancier. L'exception existait dans l'ancienne jurisprudence, et on ne trouve dans les travaux préparatoires du Code aucune trace d'une innovation qui aurait jeté la perturbation dans des habitudes établies depuis plusieurs siècles (Toullier t. 8 nos 249, 250, Delvincourt t. 3, Duranton t. 16 n° 504, Troplong, *de la Vente* n° 920, Duvergier, *de la Vente* n° 204;

Zachariæ t. 2 p. 559, Marcadé, sur l'art. 1328, Bonnier n° 570, Larombière art. 1328 n° 23, Aubry et Rau t. 6 p. 404, Dalloz v° *Oblig.*, 3908, 3909; — Besançon 15 fév. 1827; — Bourges 3 fév. 1836; — Cass. 14 nov. 1836; — Nîmes 5 janv. 1837; — Cass. 5 août 1839; — Toulouse 5 juin 1840; — Cass. 22 fév. 1854).

2. ABSENCE DE SIGNATURE. — Il ne suffit pas que l'acte ait été entièrement écrit de la main d'un individu décédé, pour que ce décès lui donne date certaine; il faut encore qu'il ait été revêtu de sa signature (Cass. 26 déc. 1848, 13575 J. N.).

3. ACTES COMMERCIAUX. — Le principe que les actes sous seing privé n'ont point de date certaine contre les tiers n'est pas applicable aux matières de commerce; du moins les tribunaux de commerce peuvent écarter l'application de ce principe, et prendre pour constante une date qui, dans d'autres matières, ne pourrait être opposée aux tiers, suivant que les circonstances paraissent l'exiger (Toullier t. 8 n° 244, Pardessus, *Cours de dr. comm.*, t. 1er n° 246, Duranton t. 13 n° 140, Bonnier *des Preuves*, n° 571, Roll. de Vill. *Rép. du notar.* v° *Acte sous seing privé*, n° 15; — Cass. 28 janv. 1834; — C. Paris 21 juill. 1836, J. P. 1827 t. 2 p. 173; — Cass. 17 juill. 1837, J. P. 1837 t. 2 p. 592; — Cass. 7 mars 1849, J. P. 1850 t. 1er p. 442).

4. CONTRAINTE. — Une contrainte décernée en payement des droits exigibles sur un acte sous seing privé ne peut donner date certaine à cet acte, alors surtout qu'on ne peut établir qu'il y a identité parfaite entre l'acte litigieux et celui mentionné dans la contrainte (Cass. 23 nov. 1841, 12924 J. E., 11190 J. N.).

5. ENREGISTREMENT. — Les actes sous seing privé prennent date certaine du jour de leur enregistrement et non pas *du moment* de leur enregistrement. Il importe donc peu que l'un des actes ait été enregistré avant l'autre si tous deux l'ont été le même jour. Il n'a pas date certaine antérieure (C. Douai 3 août 1870, S. 70-2-273).

1501. Effets de la date à l'égard de l'Administration. — On a beaucoup discuté la question de savoir si l'Administration est tenue d'accepter la date des actes sous seing privé qui lui sont présentés, ou si elle peut, comme toute autre personne, refuser d'y croire tant que cette date n'est pas devenue certaine par l'un des moyens indiqués à l'art. 1328 du C. C. — On ne trouve rien de bien satisfaisant à cet égard dans la doctrine (Champ. n° 51, 1713, 2993, 4551 et suiv., Dalloz n° 154). Sans entrer ici dans des développements que ne comporte pas la spécialité de notre travail, nous croyons qu'il n'est pas impossible d'indiquer les règles de l'action du Trésor. Il faut d'abord tenir pour certain que l'Administration n'échappe à l'application des principes du droit commun que dans les cas où la loi bursale crée des exceptions. Ici, par conséquent, comme en toute autre matière, on doit examiner quelle serait sa situation d'après la loi générale pour rechercher dans quelle mesure cette situation est modifiée par les textes de la loi spéciale.

1. DATE CERTAINE CONTRE LES TIERS. — Or, le principe du C. C. c'est que, selon l'art. 1328, les actes sous seing privé n'ont de date certaine contre les tiers que du jour où ils ont été enregistrés, etc. Que faut-il entendre par les *tiers?* Là est le nœud de la difficulté. « Ce sont, dit Larombière, ceux qui, n'ayant pas été parties à l'acte sous seing privé, exercent en leur propre nom des droits qui seraient annulés, restreints ou modifiés d'une manière quelconque par l'exécution de l'acte qu'on leur oppose, s'ils faisaient foi de sa date envers eux » (*des Obligations*, sur l'art. 1328 n° 8). Tous les auteurs sont d'accord sur ce point (Marcadé art. 1328, Bonnier 442, Massé et Vergé t. 3 p. 98, n° 22, Troplong, *Hyp.*, 529 et suiv.). — Les personnes qui n'ont aucun intérêt à ce que le contrat ait telle ou telle date ne sont pas évidemment comprises dans le texte de la loi : « Pour que je puisse me prévaloir du défaut de date certaine d'un acte, ajoute Marcadé, et même pour qu'il y ait lieu de se demander si je puis ou non m'en prévaloir, il est bien évident qu'il faut que je sois de ceux contre lesquels cet acte peut produire son effet » (sur l'art. 1328 n° 2). — L'acte conservera donc pleinement sa date à leur égard : c'est un point bien constant en doctrine et en jurisprudence (Nîmes 11 fév. 1822, Cass. 27 mai 1823; — Rouen 12 avr. 1825; Cass. 20 fév. 1827; — Toulouse 7 juill. 1831; — Grenoble 19 mai 1833; — Bastia 24 juin 1833; — Cass. 21 juill. 1846, 20 août 1849, 46-1-389 D., 49-1-273, 28 juill. 1858, 58-1-316 D. P., Larombière art. 13-22 n° 2, Aubry et Rau t. 5 p. 674 n° 94, Dalloz, v° *Oblig.* n° 3922, D. N., v° *Ayant cause* n° 4).

2. L'ACTE FAIT FOI DE SA DATE CONTRE LES PARTIES. — Enfin, il n'est pas moins certain que l'acte fait pleine foi de sa date contre les parties elles-mêmes ou leurs héritiers qui ne pourraient se refuser à l'exécuter qu'en prouvant l'antidate; l'art. 1328 est établi en faveur des tiers contre les parties, et non pas en faveur des parties contre les tiers (*V.* Paris 28 janv. 1830; — Cass. 17 mai 1831; — Colmar 30 juill. 1831; — Dijon 17 mars 1855; — Cass. 8 mars 1836; — Orléans 21 mars 1838).

Voilà quels sont les principes de la loi générale.

3. DE LA DATE D'APRÈS LES LOIS FISCALES. — Quelles dispositions trouvons-nous maintenant dans les lois bursales?

1° L'art. 22 de la loi du 22 frimaire an 7, d'après lequel c'est la date de l'acte qui fixe le point de départ du délai d'enregistrement des actes;

2° L'art. 62 de la même loi, portant que la date des actes sous seing privé ne pourra être opposée à l'État pour la prescription des droits et peines encourues, à moins que ces actes n'aient acquis date certaine;

Enfin 3° l'art. 70 § 3 n° 16, qui exempte de l'enregistrement les actes sous seing privé, passés dans les pays réunis, lorsqu'ils ont acquis une date certaine.

Ces différents textes ne renferment rien de contraire aux règles qui découlent du droit commun; nous pouvons, dès lors, formuler la proposition suivante : La date des actes sous seing privé ne peut être critiquée par l'Administration que quand elle a intérêt à le faire, c'est-à-dire quand ses droits antérieurs seraient amoindris si ces actes faisaient foi de leur date à leur égard.

Trois hypothèses différentes se présentent : ou bien il s'agit d'un acte que les parties soumettent volontairement à la formalité; — ou bien c'est l'Administration qui en poursuit l'enregistrement; — ou, enfin, ce sont les débiteurs qui produisent l'acte pour arrêter une réclamation ou éviter une peine.

4. ACTE VOLONTAIREMENT PRÉSENTÉ A LA FORMALITÉ. — Lorsque l'acte est spontanément présenté à la formalité, l'Administration n'a pas le moindre intérêt apparent à en critiquer la date. Chargée de percevoir les droits d'après la substance des actes et leur contexture matérielle, elle joue à leur égard, pour l'exécution du mandat, le rôle d'un tiers, *penitus extraneus;* elle est donc obligé d'accepter les indications de l'écrit. C'est pourquoi l'art. 23 fixe, à partir de cette date, quelle qu'elle soit, le délai de l'enregistrement et de l'application des peines pour défaut d'accomplissement de la formalité.

5. ACTE DONT LES DROITS SONT RÉCLAMÉS. — Quand l'Administration poursuit directement contre les parties, dans les cas prévus par la loi, l'enregistrement du contrat et qu'elle réclame la peine encourue pour le retard dans l'accomplissement de la formalité, elle s'empare de la date même de l'acte pour l'opposer aux redevables, et ceux-ci ne sauraient la contester sans preuve : telle est encore la solution rationnelle du droit commun.

6. ACTE A OPPOSER AU TRÉSOR.— Que si, enfin, les rôles étant changés, c'est le débiteur d'un droit qui veuille arrêter l'action de l'Administration par la production de l'acte sous seing privé, il est clair que cette prétention tend à modifier, restreindre ou annuler les droits antérieurs de l'Administration. L'État, auquel l'absence de l'acte crée une situation profitable et ouvre un droit de créance contre le débiteur, n'est plus un étranger auquel la date de cet acte soit indifférente ; il devient un tiers dans le sens de l'art. 1328, et il faut que l'acte, pour devenir opposable, ait acquis date certaine. Les art. 62 et 70 § 3 n° 16 de la loi du 22 frimaire an 7 font de ce principe une application particulière qu'il faut évidemment généraliser.

Seulement, il est bien entendu que ce ne serait pas le cas d'invoquer cette règle, si l'acte produit par les redevables était celui-là même qui donne lieu à l'action de l'Administration : on retomberait alors sous l'application des principes qui précèdent. C'est ainsi que la C. cass. a décidé qu'un acte de vente d'une date antérieure à la loi du 28 avril 1816 enregistré sur poursuites commencées après cette loi doit subir l'impôt au taux réglé par la loi du 22 frimaire an 7 (Cass. 13 janv. 1818, 6109 J. E., Dalloz n° 1414, P. chr. 390. — *Conf.* Narbonne 5 janv. 1836, 19211 J. E.; — La Réole 12 mars 1837, 5091 C.).

Quant au point de savoir à quels caractères on reconnaîtra l'intérêt du Trésor à contester la date de l'acte, il est impossible de le préciser, au milieu des causes multiples de la perception. Tout ce qu'on peut dire de plus compréhensif, c'est que cet intérêt existe dès que l'État pourrait exercer, sans la présence de l'acte, un droit ou une action pécuniaire quelconque. — V. Cass. 22 nov. 1875, 4290 R. P.

6 *bis*. MODIFICATIONS DE TARIF. — RÉTROACTIVITÉ. — DROITS ACQUIS. — En dehors des règles précédentes, on rencontre encore pour l'application de la rétroactivité, lors des modifications de tarif, certains principes particuliers à la législation fiscale.

C'est ainsi que l'art. 1er de la loi du 27 ventôse an 9 dispose :

« A compter du jour de la publication de la présente, les droits d'enregistrement seront liquidés et perçus suivant les fixations établies par la loi du 22 frimaire an 7 et celles postérieures, quelle que soit la date ou l'époque des actes et mutations à enregistrer. »

La loi du 28 avril 1816 porte : « Les droits de mutations établis par la présente loi ne seront perçus que sur les mutations qui surviendraient après sa publication; les lois antérieures s'appliqueront aux mutations effectuées jusqu'à ladite publication. Quant aux actes, l'art. 1er de la loi du 27 ventôse an 9 continuera d'être exécuté. »

Et, sous l'empire de cette loi, il avait été décidé qu'un acte de vente immobilière, d'une date antérieure à la loi de 1816 et présenté à la formalité sous l'empire de cette loi, est passible des droits édictés par la loi de frimaire et non de ceux résultant de la loi de 1816 (Cass. 13 janv. et 6 juill. 1818, 5109 et 6134 J. E., 2456 J. N., 845 I. G., D. 147, S. 18-1-133, P. chr. 390 et 398).

L'art. 15 de la loi du 16 juin 1824, qui renferme diverses modifications de tarif, décide que « toutes les dispositions qui précèdent seront applicables aux perceptions à faire et aux amendes encore dues au moment de la publication de la présente. »

Depuis lors, les lois fiscales n'ont plus renfermé de dispositions aussi générales sur leur application. Mais l'Administration a toujours réglé la perception des nouveaux tarifs d'après un principe uniforme, fondé sur la rétroactivité des lois et sur le caractère particulier des perceptions fiscales.

Elle considère que ces tarifs ont eu pour but d'atteindre tous les droits acquis au Trésor, au moment où ils sont intervenus, c'est-à-dire, selon l'expression de Merlin, le droits ouverts et par conséquent les droits dus (*Quest. de droit*, v° *Enregistr.* p. 626). C'est d'après la loi existante à cette époque, dit la C. cass., que le droit doit être perçu et non pas d'après la loi en vigueur lorsque l'impôt est payé (Cass. 31 mai 1836, B. C. 54, S. 36-1-464, 11538 J. E.). Or, pour savoir si un droit est acquis au Trésor, on distingue entre les actes assujettis à l'enregistrement dans un délai déterminé et ceux qui ne le sont pas. Les premiers, par cela seul qu'ils existent, sont assujettis obligatoirement à l'impôt, et le délai qui est accordé pour le payement n'est qu'un terme ne suspendant pas l'obligation. Les droits applicables à ces actes sont donc acquis au Trésor. Ils ne tombent pas dès lors sous l'application des nouveaux tarifs, et l'acte conserve à leur égard la date à laquelle le droit s'est ouvert.

Quant aux actes qui ne sont pas soumis à l'enregistrement dans un délai déterminé, ils ne donnent naissance à l'impôt qu'au moment précis où la partie les présente à cette formalité. Avant cette époque, il n'est rien dû à l'État. Il a donc paru rationnel de décider que le tarif applicable à ces actes est celui du jour où la créance du Trésor prend naissance, c'est-à-dire du jour où ils sont enregistrés, ou bien du jour où il en est fait un usage qui produit les mêmes effets.

Cette distinction repose, on le voit, sur un principe particulier à la rétroactivité. On ne veut assujettir aux nouveaux tarifs que les droits qui existaient au moment où ces tarifs sont devenus exécutoires. Et pour savoir si les droits existaient ou non, c'est moins à la date de l'acte qu'à sa nature et à la nature des conventions qu'il constate qu'on se réfère.

Voici en quels termes l'Administration s'est exprimée au sujet de la loi du 5 mai 1855 qui a modifié temporairement les droits d'obligations et de quittances. L'art. 15 de la loi du 5 mai 1855 porte : « L'art. 9 de la loi du 7 août 1850 est abrogé. Les droits d'obligation et de libération dont la réduction a été prononcée par cet article sont rétablis, à partir du 1er mai 1855, aux quotités fixées par la loi du 22 frimaire an 7. » Le tarif de la loi du 7 août 1850 sera appliqué aux actes notariés d'une date antérieure à la promulgation de la loi du 5 mai, non pas précisément parce que ces actes ont date certaine, mais parce que les notaires, devant acquitter les droits de leurs actes, sont présumés s'être fait remettre par les parties les sommes nécessaires pour le payement des droits établis par les lois en vigueur au moment de la rédaction de l'acte. Quant aux actes sous seing privé portant obligation ou libération de sommes, c'est le tarif existant au moment de la formalité qui doit leur être appliqué, quelle que soit leur date » (D. m. f. 2 mars 1855, 2030 I. G.). — *V.* dans le même sens 366-2 I. G.

La même règle se retrouve, sauf certaines différences de rédaction, dans les instructions données à l'occasion des remaniements de tarif ou des augmentations d'impôt si fréquentes depuis ces dernières années. Nous indiquons seulement ici les termes de celle qui notifie la loi sur les ventes de fonds de commerce du 28 février 1872. « On rappelle, porte cette instruction, que les actes qui ne sont pas sujets à l'enregistrement dans un délai déterminé ne font pas foi de leur date, et que les actes de fonds de commerce se trouvaient dans cette catégorie avant la loi nouvelle » (2433 § 5 I. G.).

7. DÉCIMES. — C'est surtout pour l'exécution des lois sur les décimes que la question s'est présentée. Car on avait à examiner, alors, s'il fallait accepter la date des actes antérieurs à la promulgation des lois nouvelles, et les dispenser, par conséquent, de la taxe supplémentaire. Cette difficulté n'a pas été résolue par les principes sur la date des actes. L'exposé des motifs de la loi du 14 juillet 1855 ayant fait connaître que, dans la pensée du législateur, le nouveau décime devait atteindre tous les droits *ouverts* au moment de la promulgation de la loi, l'Administration a examiné l'époque à laquelle *s'ouvraient* les diverses perceptions, et elle n'a tenu compte de la date des actes que comme d'un élément ordinaire d'appréciation. Nous reviendrons sur ce point au mot *Décime*, n° 5839 et suiv. — Bornons-nous à dire ici que les actes ont été divisés en deux catégories distinctes : ceux qui sont assujettis à l'enregistrement dans un délai déterminé, et ceux qui ne le sont pas. Il a paru que, pour les premiers, le droit d'enregitrement *s'ouvrait*, au profit du Trésor, le jour même de la rédaction de l'acte, puisque, dès ce moment, les parties en étaient débitrices. On a donc dispensé du second décime tous ceux dont la date était antérieure à la promulgation de la loi. Quant aux actes non soumis à la formalité dans un délai prescrit, comme c'est leur présentation volontaire à l'enregistrement ou leur usage public qui donne naissance à la créance du Trésor, on a reconnu que la date de cette présentation ou de cet usage pouvait seule régler l'application de la loi nouvelle. Les mêmes distinctions ont été maintenues au sujet de la loi du 2 juillet 1862 et de celle du 23 août 1871.

8. TIMBRE. — Il y a encore, en matière de timbre, des règles spéciales depuis longtemps consacrées par la pratique de l'Administration. Il est admis que l'on ne peut, sous aucun prétexte, percevoir sur un acte des droits et amendes de timbre autres que ceux exigibles d'après les lois en vigueur au jour même de la date de ces actes. L'opinion contraire conduirait à décider que tous les actes sous seing privé dont la date n'est pas devenue certaine lors des changements successifs du timbre, doivent être considérés comme non timbrés et sont passibles d'amende, ce qui est inadmissible. On arrive ainsi sans doute à ce résultat anormal que, dans certains cas, l'Administration accepte la date pour le timbre et la repousse pour l'enregistrement; mais c'est là une conséquence des principes spéciaux de chaque matière.

9. RÉSUMÉ. — Au résumé, il y a, pour déterminer les effets de la date des actes, à l'égard de l'Administration, plusieurs distinctions à faire. Il faut d'abord distinguer entre les droits de timbre et les droits d'enregistrement, puis distinguer encore, parmi les droits d'enregistrement, les questions de rétroactivité des lois nouvelles et les questions relatives à l'application des tarifs ordinaires.

Dispositions communes. — Pour ces dernières, nous tenons qu'en principe l'Administration doit accepter la date des actes qui sont volontairement présentés à la formalité; qu'elle a le droit de s'en prévaloir, afin de poursuivre contre les parties le recouvrement des droits qu'une circonstance légale a rendus exigibles; mais qu'elle peut refuser de reconnaître cette date si l'acte lui est opposé comme défense à une action principale de sa part.

Rétroactivité. — Quant à la rétroactivité des lois nouvelles, le principe est que tous les actes assujettis à l'enregistrement dans un délai déterminé à compter de leur date font foi de cette date contre les parties au profit du Trésor, et réciproquement; que, dès lors, ils restent soumis au tarif en vigueur à cette date, qui détermine l'existence de la créance de l'Administration. Mais la date de l'acte est sans effet sur les actes qui ne sont pas assujettis à l'enregistrement dans un délai déterminé. Ils sont soumis à l'impôt d'après le tarif applicable au jour de leur enregistrement. Cette distinction a été confirmée par un arrêt de la Cour de cassation du 31 janvier 1876, rapporté au mot *Décime* n° 5842.

Timbre. — Enfin, en matière de timbre, les actes font, dans tous les cas, foi de leur date pour la perception des droits et des amendes exigibles.

Ces différentes règles ne sont pas toujours faciles à appliquer et la jurisprudence les a souvent confondues. Nous ne pouvons pas entreprendre ici le développement de toutes les espèces qui se sont présentées. Elles trouveront plus rationnellement leur place dans les différents sujets auxquels elles se rapportent, notamment au mot *Décime* 5839. Il nous suffira de rappeler sommairement quelques-unes des solutions de la jurisprudence.

10. VENTE. — PRIX ET NATURE DES BIENS. — Un arrêt de la C. cass. du 12 septembre 1810, rapporté par Teste-Lebeau v° *Date certaine* n° 1 a décidé « que les actes sous seing privé font foi de leur date en matière d'enregistrement, hors le cas prévu par l'art. 62 L. 22 frimaire an 7 ou autres nommément exceptés; que, dès lors, si on présentait à la formalité un contrat de vente consenti pour un prix payable

en papier-monnaie, le receveur devrait apprécier la valeur de ce papier au jour de la date de l'acte et non pas de son enregistrement (85 R. P.). » Le tribunal de la Seine a reconnu également que la valeur vénale se détermine au jour de l'acte et non de l'enregistrement (27 août 1840, 12871 J. E.). — Au contraire, la C. cass. belge a reconnu, le 16 avril 1825, que, quand un acte de vente sous seing privé est présenté à l'enregistrement, on doit, pour juger si la chose vendue est meuble ou immeuble, consulter la législation en vigueur au jour de l'enregistrement et non pas au jour de l'acte (Dalloz n° 154).

11. DÉCLARATION DE SUCCESSION. — Le tribunal des Andelys a décidé que l'Administration n'a pas le droit de contester, sans prouver la fraude, la date d'un acte sous seing privé antérieur à une déclaration de succession, et prouvant que le défunt a aliéné les immeubles dont il était propriétaire (15 nov. 1853, 85 R. P., 10271 C.; — *Conf.* Lyon 27 avr. 1840, *Bull.* n° 153, D. N. t. 12 p. 271 n° 441 15265 J. N.).

12. EXPERTISE. — On ne peut faire distraire, a décidé le tribunal de la Seine, le 13 mars 1844 (13492 J. E.), d'un immeuble sur lequel ont été élevées des constructions, et dont la vente a été attaquée par voie d'expertise, les constructions élevées, en produisant un acte sous seing privé d'une date antérieure à la vente, mais n'étant pas certaine, qui établirait l'acquisition des constructions.

13. LICITATION. — De même, un acte sous seing privé qui n'a acquis date certaine que postérieurement à un acte de licitation, ne peut être opposé à l'Administration pour donner à l'acquéreur la qualité de copropriétaire des biens ayant fait l'objet de la licitation (Vitré 14 août 1839, 12353 J. E.).

14. PRESCRIPTION. — Aucun doute ne saurait exister pour la prescription en présence du texte formel de l'art. 62 L. 22 frimaire an 7. Il est bien certain que l'Administration est un tiers et peut refuser d'admettre l'existence de l'acte sous seing privé, sans date certaine, quand elle est créancière d'un droit que le redevable prétend être prescrit en vertu de cet acte (Cass. 17 août 1831, 1388-1 I. G., S. 31-1-312, 10083 J. E., 23 mai 1832, 1410-3 I. G., S. 32-1-673, 10359 J. E. et 8 juill. 1839, 1405-5 I. G., S. 39-1-567, 12336 J. E.). — V. *Prescription* n° 12905.

15. SOCIÉTÉ. — Si un immeuble acquis par une personne fait ensuite l'objet d'un partage entre l'acquéreur et un tiers, le droit de mutation exigible sur la moitié de la propriété ne peut être écarté par la production d'un acte sous seing privé, sans date certaine, constatant que l'immeuble avait été acquis pour le compte d'une société formée entre les deux parties (Cass. 8 juill. 1839, *suprà* § 14; — *Conf.* Cass. 16 oct. 1810, Dalloz 2218). — V. 3890.

Lorsque l'adjudication d'un immeuble est prononcée au profit d'une personne qui fait partie d'une société civile dont l'acte n'est pas enregistré, cet acquéreur peut élire la société pour command si l'acte de société a acquis date certaine à ce moment. La convention ultérieure par laquelle les associés firent inégalement leurs parts respectives et jusqu'alors indéterminées dans l'actif social, ne renferme donc aucune transmission de propriété passible du droit proportionnel (Cass. 4 déc. 1865, 2198 R. P., *Bull.* 181, S. 66-1-31 D. 66-1-135, P. 66-48).

16. CONTRE-LETTRE. — Lorsqu'il a été reconnu par jugement qu'un billet sous seing privé d'une somme déterminée n'a point d'autre cause qu'un supplément de prix à une vente, l'Administration est fondée à exiger le triple droit sur le montant du billet, considéré comme contre-lettre, bien qu'il porte une date antérieure à la vente, « puisqu'aux termes de l'art. 1328 C. C. la date d'un acte sous seing privé n'est certaine, à l'égard des tiers, que par l'enregistrement, et, cet enregistrement ayant eu lieu postérieurement à celui de l'acte de vente, il en résulte que le billet ne peut être envisagé que comme une contre-lettre ayant pour objet une augmentation de prix stipulé dans la vente » (Saverne 22 janv. 1833, 10556 J. E.).

16 *bis*. RÉSILIATION. — La présomption légale de rétrocession ne peut être détruite par la production d'une contre-lettre sous seing privé portant la même date que l'acte de vente et prononçant la résiliation de cet acte, ou déclarant qu'il n'était pas sérieux, si cette contre-lettre n'a pas acquis date certaine dans les vingt-quatre heures du premier contrat (Cass. 25 oct. 1808, Dalloz n° 2214, S. 10-1-16, 3637 J. E.).

17. MUTATION SECRÈTE. — Il a été jugé 1° « que la présomption légale de mutation ne peut être détruite par la production d'un bail sous seing privé qui mettrait les contributions à la charge du fermier, mais qui n'aurait acquis date certaine que longtemps après l'inscription au rôle et postérieurement aux poursuites de la Régie « (Cass. 11 mai 1808, Dalloz n° 2213, 3757 J. E.);

2° Que la présomption de mutation secrète au profit d'enfants, de biens ayant appartenu à leur père, présomption résultant de l'inscription au rôle et du payement de l'impôt, ne peut être détruite par la production d'un acte de partage signé du père, qui donnerait la possession précaire de ces biens, si cet acte est sous seing privé et n'a acquis date certaine que par le décès du père, décès survenu longtemps après l'inscription au rôle, « attendu qu'on ne pourrait reporter la date de cet acte à celle de l'inscription, sans violer la loi qui dispose que les actes sous seing privé n'ont de date certaine que du jour où ils ont été enregistrés » (Cass. 1er déc. 1812, 4397 J. E., P. chr. 121; — *Conf.* Cass. 17 août 1824, Dalloz 2212, Champ. et Rig. n° 1719). — V. *Mutation secrète.*

1502. Écriture. — Approbation. — Les anciens règlements qui défendaient aux officiers publics et ministériels d'écrire pour autrui et de signer comme témoins des actes sous seing privé ayant été abrogés (Av. Cons. d'Ét. 26 mars 1808, 386 § 4 I. G.), et les actes sous seing privé pouvant être écrits aujourd'hui par tout le monde, il est assez d'usage que la partie qui n'a pas écrit l'acte fasse précéder sa signature de ces mots : *Approuvé l'écriture ci-dessus.* C'est une précaution qui peut être utile, surtout lorsqu'on craint quelque allégation de surprise. Mais la loi ne prescrit d'approbation que dans le cas dont nous parlerons n° 1503-2.

Les testaments olographes sont les seuls actes qui doivent être écrits entièrement de la main du testateur (970 C. C.).

1. ACTE BATONNÉ. — La question de savoir si un acte sous seing privé bâtonné par des lignes tracées en diagonale ou autrement sur toute la surface de la feuille écrite, demeure soumis à l'enregistrement dans le délai légal applicable à la convention qu'il constatait, dépend des circonstances. La cour de Grenoble a décidé, le 17 décembre 1858, qu'un acte sous seing privé portant reconnaissance d'une dette, et qui se trouve bâtonné, ne peut être opposé à celui qui l'a souscrit et soutient s'être libéré (S. 59-2-433, P. 59-361). Mais cet arrêt est une simple décision d'espèce. L'état de l'acte peut bien faire penser qu'il a cessé de produire ses effets ou qu'il n'a jamais existé qu'en projet. Cependant si la rature laisse matériellement subsister l'écriture, la présomption légale est que le contrat a existé et que le bâtonnement a eu pour unique résultat de l'annuler dans l'avenir. Il faut donc lui appliquer les mêmes règles qu'à tout autre acte volontairement anéanti.

1503. Exception à la règle générale sur la forme. — La règle qui dispense les actes sous seing privé de toute espèce de forme reçoit exception dans plusieurs cas, nous citerons entre autres :

1. ACTES SYNALLAGMATIQUES. — ORIGINAL POUR CHAQUE CONTRACTANT. — Les actes sous seing privé, qui contiennent des conventions synallagmatiques, ne sont valables qu'autant qu'ils ont été faits en autant d'originaux qu'il y a de parties ayant un intérêt distinct. Il suffit d'un original pour toutes les personnes ayant le même droit. Chaque original doit contenir la mention du nombre des originaux qui en ont été faits. Néanmoins, le défaut de mention que les originaux ont été faits doubles, triples, ne peut être opposé par celui qui a exécuté la convention portée dans l'acte (1325 C. C.). Cependant, en matière commerciale, il n'est pas nécessaire que les actes synallagmatiques soient faits en double (Pardessus t. 1er n° 243, Toullier t. 8 n° 342, Duranton t. 13 n° 149, Delvincourt *Inst. com.* t. 2 p. 93, Merlin *Rép.*, v° *Double écrit*, n° 13, Delamarre et Le Poitevin t. 1er nos 91 et 208; — Trèves 30 mai 1810, 4965 J. N.; — Bordeaux 19 juill. 1830; — *Contrà* Lyon 18 déc. 1826, et Rouen 23 nov. 1846, 6279 J. E., J. P. t. 2 1819, 635).

La validité de la convention est indépendante de la mention des doubles. — Mais il faut remarquer que ce n'est pas la convention que la loi déclare inefficace à défaut des doubles ou de la mention des doubles, comme cela avait lieu sous l'ancienne législation, ce sont seulement les actes, les écrits qui contiennent la convention et qui devaient en faire la preuve. Le défaut des doubles ou de la mention des doubles n'est plus aujourd'hui qu'une question de preuve, en dehors de laquelle la convention est toujours valable, si elle se trouve prouvée autrement, soit par l'aveu de la partie, soit par l'exhibition des doubles eux-mêmes (en cas d'absence de la mention seulement de ces doubles), soit de toute autre manière. Aussi est-ce à tort que la cour de Paris a jugé, le 27 novembre 1811, que l'art. 1325 a consacré les anciens principes. « Il s'en faut de beaucoup, dit Merlin *Rép.* v° *Double écrit*, n° 8, que l'art. 1325 ait donné dans une aussi étrange aberration, et tandis que la très-moderne jurisprudence du parlement de Paris poussait l'oubli des notions les plus élémentaires du droit jusqu'à annuler une convention synallagmatique, par cela seul que la preuve n'en résidait pas dans un acte fait double, l'art. 1325 se borne à déclarer qu'un pareil acte n'est pas valable à l'effet de constater cette convention qui, d'ailleurs, peut être prouvée de toute autre manière. » — *V.* aussi dans le même sens : Cass. 16 mai 1859, D. 59-1-373, Marcadé, art. 1325, D. N, v° *Double écrit*, 3 et 4.

Enregistrement. — Aussi, la cour suprême a-t-elle décidé, le 24 juin 1806 (2366 J. E., S. 7-2-770), que la demande des droits d'une vente sous seing privé, consentie par un acte dans lequel il n'est pas mentionné qu'il a été fait en double, peut être valablement faite. « Attendu, porte l'arrêt, que l'acte du 25 brumaire an 12 constitue une véritable vente, puisqu'il renferme les trois caractères propres à cette espèce de contrat : la chose, le prix et le consentement; qu'à la vérité la circonstance que cet acte n'est pas fait double donnait le droit aux parties contractantes d'en faire prononcer la nullité; mais qu'à l'époque de la contrainte cette nullité n'était pas prononcée, et que, par conséquent, à cette époque il existait une vente, à la vérité, résoluble, mais qui n'était pas résolue, ce qui suffisait pour justifier la contrainte. » — *Conf.* Merlin *loc. cit.* n° 9, Champ. et Rig. nos 171 et 172). — C'est ce qu'a reconnu également, et en termes formels, un jugement du tribunal de Saverne du 29 novembre 1859 (17092 J. E., 11755 C.).

2. OBLIGATION UNILATÉRALE. — Le billet ou la promesse sous seing privé par lequel une seule partie s'engage envers l'autre à lui payer une somme d'argent ou une chose appréciable, doit être écrit en entier de la main de celui qui le souscrit, ou du moins il faut qu'outre sa signature il ait écrit de sa main un bon ou approuvé, portant en toutes lettres la somme ou la quantité de la chose (1326 C. C.). La loi fait à cette règle une exception pour les marchands, artisans, laboureurs, vignerons, gens de journée et de service. Cette exception était commandée par la nature même des choses : quant aux marchands, la loi a dû craindre, si elle les soumettait à la règle, d'entraver la marche rapide de leurs affaires; quant aux gens de journée et autres, les obliger à la formalité du bon ou approuvé, c'eût été les mettre souvent dans la nécessité de recourir au notaire pour les actes les plus minimes.

Cette règle s'étend à tout acte portant obligation de sommes et spécialement au cautionnement (Zachariæ, Aubry et Rau t. 6 § 756, Massé et Vergé t. 3 § 590; — C. Paris 14 mai 1846, 24 mai 1855; — Cass. 1er mars 1853).

1504. Commencement de preuve. — Mais si l'acte portant obligation unilatérale, signé par la personne à qui on l'oppose, et auquel il ne manque, pour faire preuve entière, que d'être revêtu du bon ou approuvé de cette personne, comme l'exige l'art. 1326 C. C., est nul, il sert du moins de commencement de preuve de l'existence de l'obligation, et la doctrine contraire de Delvincourt et de quelques arrêts est rejetée par la généralité des auteurs et par la jurisprudence (Merlin, *Rép.*, v° *Billet*, § 1er, Toullier t. 8

n° 281, Duranton t. 13 n° 189, Zachariæ p. 666, Bonnier n° 554, Marcadé sur l'art. 1347; — Lyon 18 déc. 1828; — Cass. 1er juill. 1828, 4 fév. 1829;—Bordeaux 31 mars 1830;— — Cass. 4 mai 1831, 31 mars 1831; — Metz 28 mars 1833; — Cass. 18 nov. 1834, 6 fév. 1839, 26 fév. 1845; — Cass. 26 mai 1845;—Bourges 11 juin 1851;—Nîmes 18 nov. 1851; —Paris 31 juill. 1852 et 20 août 1853; — P. 1851, t. 2 p. 38 et 53-2, p. 278, 280, 289; — Cass. 13 déc. 1853, S. 54-1-47).

La question de savoir si un acte sous seing privé synallagmatique, non fait double, peut servir de commencement de preuve par écrit, a été beaucoup plus controversée que celle que nous venons d'examiner. A la négative professée par Duranton t. 13 p. 164, Bonnier n° 563, Zachariæ p. 652, il faut préférer l'opinion contraire, soutenue avec habileté et vigueur par Toullier t. 8 nos 322, 323, t. 9 n° 83, et embrassée par Merlin *Rép.*, v° *Double écrit*, n° 8; — Delvincourt t. 2, Troplong *de la Vente*, n° 33, Marcadé, sur l'art. 1347, Larombière, sur l'art. 1325, et vers laquelle tend à se diriger la jurisprudence (Bordeaux 3 mars 1826; — Besançon 12 juin 1828; — Grenoble 2 août 1839. — *V.* P.; — Poitiers 3 janv. 1843; — Limoges 29 fév. 1844; — Douai 12 août 1847; — Nîmes 18 nov. 1851. — *Contrà*, Amiens 15 juill. 1826; — Bourges 29 mars 1831; — Bordeaux 31 juill. 1839, S. 40-2-196).

1505. Effet de l'acte sous seing privé. — Foi entre les parties. — L'acte sous seing privé reconnu par celui auquel on l'oppose, ou tenu pour reconnu légalement, a, contre ceux ou entre ceux qui l'ont souscrit, leurs héritiers ou ayants cause, la même foi que l'acte authentique (C. C. 1322; — Merlin *Quest. de droit*. v° *Tiers*, § 2).

On distingue, dans un acte, les dispositions et les énonciations. On appelle dispositions ou dispositif, la partie qui exprime le véritable objet de l'acte, ses éléments essentiels; les énonciations, au contraire, sont les indications purement accessoires. Parmi ces énonciations, la loi distingue celles qui ont un rapport direct et prochain avec le dispositif, et celles qui n'en ayant qu'un fort éloigné, se trouvent réellement étrangères au but qu'on se proposait. Les énonciations produisent entre les parties et leurs représentants le même effet que les dispositions elles-mêmes, lorsqu'elles sont en rapport direct avec ces dispositions; et, au contraire, elles ne font que constituer un commencement de preuve par écrit, lorsqu'elles sont étrangères à la disposition. En effet, ces dernières énonciations ne sont pas de nature à attirer l'attention de la partie intéressée à les contester, au même degré que celles qui ont un rapport direct avec la disposition. Mais si les énonciations ont un effet plus ou moins étendu entre les parties, elles n'en ont aucun à l'égard des tiers. Le Code n'a pas consacré, sous ce rapport, l'ancienne jurisprudence, suivant laquelle les énonciations des actes authentiques formaient commencement de preuve contre les tiers.

1506. Foi à l'égard des tiers. — Mais l'acte sous seing privé, reconnu ou légalement tenu pour reconnu, ne fait-il pas foi aussi contre les tiers? Oui; et c'est un principe constant que cet acte, de même que l'acte authentique fait preuve, contre les tiers, de l'existence de la convention *rem ipsam;* pourvu qu'il ait *date certaine* à leur égard (Pothier *des Obligat.* n° 715, Toullier t. 8 n° 239, Merlin *Quest. de droit*, v° *Tiers* § 2).

L'acte sous seing privé n'a sa valeur que quand il est reconnu émaner de celui auquel on l'attribue; et il y a ici, entre l'auteur prétendu de l'acte et son ayant cause, cette différence que l'auteur prétendu ne peut en suspendre l'effet qu'en déclarant que la signature ou l'écriture n'est pas la sienne, tandis qu'il suffit à l'ayant cause de dire qu'il ne sait pas si cette écriture ou cette signature est celle de la personne à laquelle on l'attribue. Lorsque la personne désavoue sa signature ou son écriture, ou que ses héritiers ou ayants cause déclarent ne les point connaître, la vérification en est ordonnée en justice.

1507. Exécution.—Une différence également essentielle entre l'acte sous seing privé et l'acte authentique, c'est qu'il ne confère point, comme l'acte authentique revêtu de la forme exécutoire, le droit d'exécution parée. Pour qu'il soit exécutoire, il faut que l'exécution en soit prononcée par justice; et, pour arriver à cette exécution, il est nécessaire de traduire devant le tribunal celui qui l'a souscrit, ou ses héritiers, pour avoir acte de la reconnaissance des écriture ou signature, ou pour obtenir condamnation.

1508. Clause illicite. — Défense d'enregistrement. — Il paraît admis par la doctrine et la jurisprudence que les conventions intervenues entre les parties pour soustraire un acte à la formalité de l'enregistrement, alors qu'il y a obligation de le soumettre à la perception des droits, peuvent être considérées comme illicites et contraires à la loi. (*V.* à ce sujet Dalloz, *Jur. gén.*, v° *Obligations*, nos 594 et suiv. et les arrêts suivants : Bourges 17 mai 1824, 10 mars 1830 et 31 mars 1838; — Toulouse 2 mars 1870; C. Paris 16 déc. 1875, 4355 R. P.).

Cependant il a été décidé « que la clause par laquelle les parties conviennent que les frais d'enregistrement d'un acte de vente sous seing privé seront supportés par celui qui y donnera lieu, faute d'exécuter les conventions arrêtées, est obligatoire et doit recevoir son effet, encore bien que la stipulation dont l'exécution donne lieu plus tard à l'enregistrement ait pour objet de soustraire la vente à la connaissance de l'Administration; une convention de ce genre ne présentant rien d'illicite; qu'en conséquence, le vendeur qui, en notifiant à l'acquéreur qu'il entend se refuser à l'exécution de cette stipulation, porte la vente à la connaissance de l'administration et rend ainsi l'enregistrement indispensable, est tenu d'en supporter les frais » (Cass. 13 mars 1839).

De même, jugé qu'est nulle, comme contraire à l'ordre public, la clause insérée dans un acte de vente sous seing privé par laquelle une partie des droits de mutation est mise à la charge du vendeur pour le cas où, par suite d'événements imprévus, l'enregistrement de l'acte deviendrait nécessaire et celle par laquelle le vendeur s'engage à donner procuration à l'acquéreur pour vendre en son nom (Le Puy 20 juin 1873).

Décidé cependant qu'est valable et obligatoire la clause d'un acte sous seings privés laissant à la charge du vendeur les droits d'enregistrement, quand bien même cette clause aurait été insérée dans un acte destiné à rester secret, pour éviter des droits de mutation et permettre à l'acquéreur de revendre, comme mandataire de son vendeur, les biens par lui acquis (Limoges, 9 janv. 1878).

CHAPITRE II. — DÉLAI POUR L'ENREGISTREMENT DES ACTES SOUS SEING PRIVÉ

[1510-1512]

1510. Principes. — L'art. 22 de la loi du 22 frimaire an 7 règle le délai dans lequel les actes sous signatures privées emportant mutation de propriété, d'usufruit et de jouissance de biens immeubles, doivent être enregistrés. L'art. 23 de la même loi prévoit le cas où il serait fait usage de tout autre sous seing privé non sujet à l'enregistrement dans un délai déterminé. L'art 8 de la loi du 23 février 1872 s'occupe du délai d'enregistrement des mutations sous seing privé des fonds de commerce. Enfin, les art. 4 L. 27 ventôse an 9, 11 L. 23 avril 1871 et 8 L. 28 février 1872, ont trait aux mutations verbales de propriété, d'usufruit et de jouissance de biens immeubles et de fonds de commerce.

Délai supplémentaire. — « Outre les délais fixés pour l'enregistrement des actes, un délai d'un mois est accordé à l'ancien possesseur ou au bailleur pour faire le dépôt dans le bureau de l'enregistrement de l'acte constatant la mutation (L. 23 août 1871. art. 14).

1. DÉLAI DE TROIS MOIS. — Les actes qui, à l'avenir, seront faits sous signature privée, et qui porteront transmission de propriété ou d'usufruit de biens immeubles, et les baux à ferme ou à loyer, sous-baux, cessions et subrogations de baux, et les engagements, aussi sous signature privée, de biens de même nature, seront enregistrés dans les trois mois de leur date (Art. 22 L. 22 frim. an 7).

« Les actes sous-signature privée contenant mutation de propriété de fonds de commerce ou de clientèle sont enregistrés dans les trois mois de leur date (Art. 8 L. 28 fév. 1872). »

2. DÉLAI DE SIX MOIS, D'UNE ET DE DEUX ANNÉES. — Pour ceux des actes prévus par l'art. 22 L. 22 frimaire qui seront passés en pays étranger, ou dans les îles ou colonies françaises où l'enregistrement n'aurait pas encore été établi, le délai sera de six mois s'ils sont faits en Europe; d'une année, si c'est en Amérique, et de deux années, si c'est en Asie ou en Afrique (Art. 22 L. 22 frim. an 7).

3. PAS DE DÉLAI, MAIS DÉFENSE DE FAIRE USAGE D'ACTES NON ENREGISTRÉS. — Il n'y a point de délai de rigueur pour l'enregistrement de tous autres actes que ceux mentionnés dans l'article précédent, qui seront faits sous signature privée, ou passés en pays étranger, et dans les îles et colonies françaises où l'enregistrement n'aurait pas encore été établi; mais il ne pourra en être fait aucun usage, soit par acte public, soit en justice, ou devant toute autre autorité constituée, qu'ils n'aient été préalablement enregistrés (Art. 23 L. 22 frim. an 7).

4. MUTATIONS VERBALES. — MUTATIONS ENTRE-VIFS DE PROPRIÉTÉ OU D'USUFRUIT D'IMMEUBLES. — « Sont soumises aux dispositions des art. 22 et 38 L. 22 frimaire, les mutations entre-vifs de propriété ou d'usufruit de biens immeubles, lors même que les nouveaux possesseurs prétendraient qu'il n'existe pas de conventions écrites entre eux et les précédents propriétaires ou usufruitiers.

« A défaut d'actes, il y sera suppléé par des déclarations détaillées et estimatives, dans les trois mois de l'entrée en possession, à peine d'un droit en sus (Art. 4 L. 27 vent. an 9). »

Fonds de commerce. — « A défaut d'acte constatant la mutation (de fonds de commerce ou de clientèle), il y sera suppléé par des déclarations détaillées et estimatives, faites au bureau de l'enregistrement, de la situation du fonds de commerce ou de la clientèle, dans les trois mois de l'entrée en possession » (Art. 8 L. 28 fév. 1872).

Baux de biens immeubles. — « Lorsqu'il n'existe pas de convention écrite constatant une mutation de jouissance de biens immeubles, il y est suppléé par des déclarations détaillées et estimatives, dans les trois mois de l'entrée en jouissance.

« Si la location est faite suivant l'usage des lieux, la déclaration en contiendra la mention. Les droits d'enregistrement deviendront exigibles dans les vingt jours qui suivront l'échéance de chaque terme, et la perception en sera continuée jusqu'à ce qu'il ait été déclaré que le bail a cessé ou qu'il a été résilié.

« Ne sont pas assujetties à la déclaration les locations verbales ne dépassant pas trois ans, et dont le prix n'excède pas 100 francs. Toutefois, si le même bailleur a consenti plusieurs locations verbales de cette catégorie, mais dont le prix cumulé excède 100 francs annuellement, il sera tenu d'en faire la déclaration et d'acquitter personnellement et sans recours les droits d'enregistrement.

« Si le prix de la location verbale est supérieur à 100 fr., sans excéder 300 francs annuellement, le bailleur sera également tenu d'en faire la déclaration et d'acquitter les droits exigibles, sauf son recours contre le preneur, qui sera dispensé, dans ce cas, de la formalité de la déclaration » (Art. 11 L. 23 août 1871).

Délai supplémentaire. — Outre les délais fixes pour l'enregistrement des déclarations des mutations verbales d'immeubles, un délai d'un mois est accordé à l'ancien postérieur et au bailleur pour faire le dépôt au bureau de l'enregistrement de la déclaration de la mutation (L. 23 avr. 1871, art. 14). — V. Bail 2702.

1511. Double droit. — L'art. 38 L. 22 frimaire an 7 veut qu'à défaut de l'enregistrement, dans le délai voulu, des actes dénommés en l'art. 22, il soit perçu, à titre d'amende, un droit double de celui qui eût été exigible si l'acte avait été enregistré dans le délai voulu.

L'art. 14 de la loi du 28 août 1871 inflige la même peine du double droit (sans qu'il puisse être inférieur à 50 francs) au défaut d'enregistrement ou de déclaration des baux écrits et verbaux dans les délais fixés au numéro précédent.

Et, par une disposition tout à fait nouvelle, il frappe de cette peine l'ancien et même le nouveau possesseur en matière de mutation de propriété et le bailleur et le preneur en matière de bail.

Enfin, l'art. 8 L. 28 février 1872 déclare passible des peines édictées par l'art. 14 ci-dessus, L. 23 août 1871, les mutations soit écrites, soit verbales, de fonds de commerce non enregistrés dans les délais fixés au numéro précédent.

1. HÉRITIERS. — La question de savoir si les héritiers de celui qui a encouru le droit en sus pour avoir omis de faire enregistrer dans le délai légal l'acte qui était assujetti à cette formalité, n'a pas toujours été résolue de la même manière.

Ancien droit. — Dans l'ancien droit, Bosquet nous apprend que le droit en sus exigible par défaut d'insinuation constituait une peine personnelle au contrevenant. « Si une vente, dit-il, un partage avec soulte, un échange ou un autre acte translatif de propriété fait au profit de différentes personnes n'a pas été insinué, et que celui qui a paru en chef dans l'acte soit décédé, ou si, à raison dudit acte, on prouve de l'insuffisance dans l'estimation, le droit en sus n'est pas éteint à cause du décès; il doit, au contraire, être exigé, mais à la déduction de la somme pour laquelle le défunt y eût été fondé, parce que cette peine est personnelle et que le décès de ceux qui l'ont encourue n'en doit point décharger les autres » (Bosquet t. 4 p. 337).

Loi du 22 frimaire an 7. — Il n'en était pas de même sous l'empire de la loi du 22 frimaire an 7 et il avait été reconnu que les héritiers sont responsables du droit en sus encouru par leur auteur.

En effet, un avis du conseil d'État, du 3 février 1810 (I. G. 170), a décidé que le double droit dû en exécution de l'art. 38 L. 22 frimaire an 7, peut être exigé sur les actes de mutation qui n'ont pas été soumis à cette formalité dans les délais prescrits, lorsque ces actes sont présentés par les héritiers ou représentants de celui qui a contracté, ou par tout autre. Cet avis est fondé sur ce que l'art. 38 L. de frimaire ne s'occupe point des personnes, d'où la conséquence qu'on ne peut faire dépendre la perception du double droit de l'existence de ceux qui ont contracté.

La même année, dans les motifs d'un autre avis du 21 septembre 1810, le conseil d'État a proclamé : « Que l'avis du conseil d'État, approuvé par Sa Majesté le 9 février 1810, interprétatif de l'art. 38 de la loi du 22 frimaire an 7, n'est applicable qu'à cet article. » Cette précision est fort importante à noter; car, dit M. Demante (n° 808), toutes les fois qu'un cas ne rentre pas sous la lettre de cet art. 38, l'avis du 9 février 1810 est inapplicable. Mais comme la disposition de l'art. 38 a été expressément étendue par l'art. 4 de la loi du 27 ventôse an 9, au cas d'une mutation verbale, il était conséquent d'admettre que le double droit, porté par ledit art. 4, peut être réclamé à l'héritier du nouveau possesseur.

La C. cass. a consacré ce principe en décidant, le 18 novembre 1835 (1513-5 I. G., 11355 J. E.), conformément à une solution du 10 juillet 1824 (1150-9 I. G.), que les droits simple et en sus peuvent être exigés des héritiers pour toute mutation secrète au profit de leur auteur, dont l'existence est prouvée.

On avait même reconnu que ces droits peuvent être réclamés à chaque héritier pour le tout, et que, dans ce cas, la contrainte n'a pas besoin d'être précédée d'une signification dans la forme de l'art. 877 C. C. (Lavaur 26 août 1864, 1986 R. P.). — Quant à la responsabilité des héritiers bénéficiaires. V. 3052.

Loi du 23 août 1871. — L'art. 14 § 1er de la loi du 23 août 1871 porte : « A défaut d'enregistrement ou de déclaration dans les délais fixés par les lois des 22 frimaire an 7 et 27 ventôse an 7 et par l'art. 11 de la présente loi, l'ancien et le nouveau possesseur, le bailleur et le preneur sont tenus personnellement et sans recours, nonobstant toute stipulation contraire d'un droit en sus, lequel ne peut être inférieur à 50 francs. »

Cette rédaction diffère essentiellement de celle de l'art. 33 de la loi du 22 frimaire an 7. Aujourd'hui ce sont les contrevenants qui sont directement atteints par la pénalité, et la loi ajoute que cette pénalité est personnelle. Il nous a paru en résulter que l'exception admise par la loi du 22 frimaire an 7 n'existe plus et que les héritiers ne sont pas responsables des amendes encourues par leurs auteurs. Nous nous sommes crus d'autant plus fondés à le soutenir, que quand la loi du 23 août 1871 a voulu déroger au principe de la personnalité des peines pour les transmettre au héritiers, elle l'a expressément déclaré. C'est ce qui a eu lieu pour l'art. 12. « Sans cette addition, porte le rapport de la commission (*Rép. pér.* 3360 p. 483), la pénalité par la loi n'aurait pu recevoir aucune application en cas de mort de l'ancien possesseur avant la condamnation. » (3380-100 R. P.).

L'Administration s'est rangée à cette opinion par des solutions des 20 janvier 1872, 5 janvier et 2 avril 1873. — V. 2712.

2. INSUFFISANCE. — La dissimulation dans le prix d'une vente d'immeubles produit à certains égards les mêmes résultats que la mutation secrète elle-même, puisqu'elle tend à éluder ou à retarder le payement d'une partie de l'impôt. Aussi avait-il paru que les motifs de l'avis du conseil d'État du 9 février 1810 devaient s'y étendre et que les héritiers étaient responsables du droit en sus encouru par leur auteur pour une dissimulation de prix (Sol. 29 janv. 1856). — V. 9089 J. E.).

Cette solution peut être défendue à l'égard des simples insuffisances. Mais, en présence de la rédaction de l'art. 12 de la loi du 23 août 1871 sur les dissimulations, il y a lieu de décider, comme au § 1er ci-dessus, que l'amende est personnelle aux contrevenants. — V. *Mutation.*

3. CONTRE-LETTRE. — Que décider à l'égard des héritiers de l'individu qui a dissimulé le prix d'une vente d'immeubles au moyen d'une contre-lettre? L'art. 40 L. 22 frimaire an 7 n'est pas conçu dans les mêmes termes que l'art. 38. « Il y aura lieu d'exiger, porte cet article, à titre d'amende, une somme triple du droit qui aurait eu lieu sur les sommes et valeurs. » Il était dès lors évident que la peine est personnelle; d'où la conséquence que même sous l'empire de la loi du 22 frimaire an 7, les héritiers du contrevenant ne pouvaient en être responsables. Ils n'avaint à payer que le droit simple sur le montant de la contre-lettre. — V. *Contre-lettre*, n° 5472.

Cette question fait encore moins de doute depuis la loi du 23 août 1871.

1512. Acte contenant plusieurs dispositions. — Lorsqu'un acte sous seing privé contient des dispositions dont les unes sont assujetties à la formalité dans un délai de rigueur, et dont les autres ne le rendent passible de l'enregistrement que dans le cas où il en serait fait usage, on doit percevoir le droit simple sur ces dernières dispositions, et le double droit sur les premières, si l'acte est présenté à la formalité après le délai terminé (Seine 6 brum. an 12, Dél. 26 niv. an 12 et 13 brum. an 13, 1912 J. E., 290 § 1er I. G.; — Versailles 21 août 1849, 15374 J. E.).

Pour l'application de cette règle, il faut distinguer entre l'acte dont l'Administration poursuit les droits sans produire le contrat et celui dont l'enregistrement effectif doit avoir lieu.

1. DROITS RÉCLAMÉS. — Si, par exemple, un acte décrit dans un inventaire contient à la fois vente de meubles et cession de bail, et que les parties refusent de le représenter, la demande des droits devra être limitée à celle des dispositions de l'acte décrit, sujette à l'enregistrement dans un délai déterminé, c'est-à-dire à la cession de bail (Soissons 26 déc. 1827, 6507 J. N., Dél. 19 fév. 1838, 8951 J. E.).

2. ACTE VOLONTAIREMENT PRÉSENTÉ A LA FORMALITÉ. — Que si, au contraire, l'acte est soumis à la formalité, on ne peut s'abstenir de percevoir le droit simple sur les dispositions non sujettes à l'enregistrement dans un délai déterminé, car on ne peut syncoper la perception d'un acte présenté à la formalité. — V. *Enregistrement.*

1513. Acte déposé. — Lorsqu'un acte sous seing privé translatif d'immeubles est déposé en l'étude d'un notaire dans les trois mois de sa date, le droit en sus n'est pas exigible, quoique cet acte n'ait été enregistré avec le dépôt qu'après l'expiration de ce délai de trois mois. L'acte authentique fait foi de sa date sans enregistrement. Or, d'après la jurisprudence, le droit en sus n'est exigible que quand la mutation est antérieure de trois mois au moins à l'acte notarié qui la constate.

1513 *bis*. Dispense d'enregistrement. — Un certain nombre d'actes sous seing privé sont dispensés soit de la formalité, soit du droit d'enregistrement. On les trouvera sous les différents mots qu'ils concernent. Nous ne pourrions pas en faire ici le détail sans nous jeter hors de notre route.

1. EFFETS DE L'ENREGISTREMENT. — L'enregistrement des actes sous signatures privées produit des effets que l'on trouvera indiqués *infrà* n° 7701.

CHAPITRE III. — BUREAUX DANS LESQUELS LES ACTES SOUS SEING PRIVÉ PEUVENT ÊTRE ENREGISTRÉS

[1514-1516]

1514. — Les actes sous seing privé peuvent être enregistrés dans tous les bureaux indistinctement (L. 22 frim. an 7, art. 26; pourvu que le receveur auquel on s'adresse ait l'enregistrement de ces actes dans ses attributions (2090 I. G.).

1515. Bureau autre que celui de la situation. — Quoique un receveur ait constaté l'existence d'une mutation d'immeubles situés dans l'arrondissement de son bureau, la partie peut, même après la notification de la contrainte, faire enregistrer l'acte sous seing privé qui a opéré cette mutation, dans tout autre bureau que celui où la découverte à été faite (3561 J. E.).

1516. Bureau divisé. — Recouvrement. — Mais, si rien n'astreint la partie à faire enregistrer son acte à un bureau plutôt qu'à un autre, cependant tous les receveurs ne peuvent indistinctement suivre le recouvrement des droits. Ce sont les receveurs de la situation des biens qui doivent provoquer le payement des droits des mutations immobilières soustraites à la formalité. Aussi a-t-il été reconnu que lorsque les recettes sont divisées, et que le receveur des actes judiciaires a fait la découverte d'un acte sous seing privé portant vente d'immeubles, ce n'est pas à lui à suivre le recouvrement du droit, mais au receveur des actes civils chargé de l'enregistrement des actes sous seing privé. A cet effet, le receveur des actes judiciaires doit remettre à celui des actes civils tous les documents qu'il a pour la suite de ce recouvrement (4895 J. E.).

1. ACTES DÉPOSÉS OU ANNEXÉS. — Les receveurs des actes civils qui n'ont pas dans leurs attributions l'enregistrement des actes sous seing privé, peuvent cependant viser pour timbre et enregistrer les actes de l'espèce annexés aux minutes des notaires ou déposés dans les études de ces officiers publics. Les billets à ordre, lettres de change et autres effets négociables, non enregistrés avant le protêt ou l'assignation, doivent être visés pour timbre, s'il y a lieu, et enregistrés par les receveurs des actes extrajudiciaires (D. m. f. 17 janv. 1857, 2090 I. G., 794 R. P.).

2. BAUX. — A Paris, il a été décidé que les baux pouvaient être présentés à l'enregistrement dans tous les bureaux de cette ville indistinctement, à l'exception de ceux spéciaux du timbre extraordinaire (2418 I. G.).

CHAPITRE IV. — DU PAYEMENT DES DROITS DES ACTES SOUS SEING PRIVÉ, ET DE CEUX QUI DOIVENT LES ACQUITTER

[1517-1542]

1517. Présentation de l'acte. — Les droits des actes sous seing privé ou passés en pays étrangers sont acquittés par celles des parties qui les font enregistrer (L. 22 frim. an 7, art. 29). — Cette disposition de la loi n'est que le développement de l'art. 28 qui veut que le payement des droits précède toujours l'enregistrement de l'acte, ce qui implique évidemment la nécessité de la part de celui qui fait enregistrer un acte, d'en acquitter les droits, alors même qu'il ne serait pas partie ni même intéressé.

1. VENDEUR. — DÉPOT. — Dans ce sens il a été jugé que le vendeur qui dépose au bureau de l'enregistrement un acte de vente ne peut contraindre le receveur à l'enregistrer, sauf à réclamer à l'acquéreur le payement des droits (Alais 15 sept. 1846, 14083 J. E.).

2. DOUBLE DROIT. — L'art. 28, que nous venons de citer, veut, de plus, que celui qui requiert l'enregistrement d'un acte « ne puisse en atténuer ni différer le payement, sous le prétexte de contestation sur la quotité, ni pour quelque motif que ce soit, sauf à se pourvoir en restitution, s'il y a lieu. » Il est hors de doute que cette disposition comprend le double droit, quand il est dû, comme le droit principal et le décime, en un mot toute la somme demandée par le receveur.

1518. Baux et actes translatifs d'immeubles. — Les baux écrits et les actes translatifs d'immeubles ont été assujettis, par la loi du 23 août 1871, à des dispositions spéciales. L'art. 14 qui s'y rapporte est ainsi conçu :

« A défaut d'enregistrement ou de déclaration dans les délais fixés par les lois des 22 frimaire an 7, 27 ventôse an 9 et par l'art. 11 de la présente loi, l'ancien et le nouveau possesseur, le bailleur et le preneur, sont tenus personnellement et sans recours, nonobstant toute stipulation contraire, d'un droit en sus, lequel ne peut être inférieur à 50 francs.

« L'ancien possesseur et le bailleur peuvent s'affranchir du droit en sus qui leur est personnellement imposé, ainsi que du versement immédiat des droits simples, en déposant dans un bureau d'enregistrement l'acte constatant la mutation, où, à défaut d'acte, en faisant les déclarations prescrites par l'art. 4 de la loi du 27 ventôse an 9 et par l'art. 11 de la présente loi.

« Outre les délais fixés pour l'enregistrement des actes ou déclarations, un délai d'un mois est accordé à l'ancien possesseur et au bailleur pour faire le dépôt ou les déclarations autorisés par le paragraphe qui précède.

« Les dispositions du présent article ne sont pas applicables au preneur dans les cas prévus par les §§ 5 et 6 de l'art. 11 ci-dessus. »

C'est au mot *Bail*, nos 2614 et suiv. et *Mutation*, n° 11439, etc., qu'on trouvera le commentaire de ces dispositions spéciales.

1519. Fonds de commerce. — La vente des fonds de commerce a été également l'objet de dispositions spéciales édictées par la loi du 28 février 1872.

C'est au mot *Mutation* que nous donnerons le commentaire de cette loi. — *V.* 11609.

1520. Refus de payement. — Une distinction, tirée de la combinaison des art. 22 et 23 L. 22 frimaire an 7, serait cependant à faire si celui qui a présenté un acte à la formalité refusait d'en effectuer le payement.

1. ACTE A ENREGISTRER OBLIGATOIREMENT. — Dans le cas où l'acte, étant obligatoirement assujetti à l'enregistrement, tomberait sous l'application de l'art. 22 L. 22 frimaire an 7, et que le délai pour son enregistrement serait expiré, le receveur aurait le droit ou d'en faire certifier une copie par la partie présente, ou de le conserver pendant vingt-quatre heures, pour s'en procurer, conformément à l'art. 56 même loi, une collation en forme. Nanti de cette copie, il poursuivrait le payement des droits, ainsi qu'on le verra ci-après (*V.* Saverne 29 nov. 1859, 1317 R. P., 11755 C., 17092 J. E.).

2. ACTE NON ASSUJETTI A L'ENREGISTREMENT OBLIGATOIRE. — Dans le cas, au contraire, où l'acte ne serait pas obligatoirement assujetti à l'enregistrement, le receveur devrait le rendre à la partie.

Le droit ne s'ouvre, en effet, que par la volonté même de la partie et sur sa réquisition expresse d'enregistrer l'acte ou le contrat. Or, il n'entre pas dans l'économie de la loi d'autoriser la constatation de ce fait au moyen de l'enquête, de la délation du serment, ou même de la rédaction d'un procès-verbal. C'est pourquoi la circulaire du 16 messidor an 6, n° 1310, ne permet la retention que des actes assujettis à la formalité dans un délai déterminé comme les actes translatifs d'immeubles. Il est admis que pour les autres, quand la partie, sur la demande des droits exigibles, ne veut plus que la formalité soit remplie, le receveur ne peut ni insister ni retenir l'acte (*Ordres généraux de Régie*, art. 19, Varnier, *Manutention* n° 605, D. N. t. 1er p. 458 n° 141). C'est donc l'enregistrement lui-même qui peut constituer seul la preuve de la réquisition du contribuable.

3. ENREGISTREMENT CONSOMMÉ. — Quand ce fait est établi et qu'avant de rendre l'acte à la partie le receveur reconnaît l'erreur de sa première liquidation, peut-il conserver l'écrit jusqu'au payement du droit complémentaire ? Deux textes de la loi du 22 frimaire an 7 autorisent cette retention.

L'art. 56 n'oblige le receveur à faire les enregistrements sans délai que quand les droits ont été payés aux taux réglés par le tarif, d'où il suit que si cet enregistrement a été commencé, la partie ne peut en demander l'achèvement, et, par suite, l'inscription de la quittance sur son titre sans payer le droit complémentaire.

En outre, d'après l'art. 57, la relation de la formalité doit être mise au pied de l'acte et contenir le montant des droits perçus. Comme le receveur est comptable, à peine de forcement, de tous les droits exigibles, on ne saurait le contraindre à faire sciemment une perception insuffisante; il est obligé de percevoir tout ce qu'il croit être dû et, par conséquent, d'en mettre la quittance dans la relation de l'enregistrement. S'il devait rendre cet acte à la partie avant d'avoir touché le droit supplémentaire, il serait donc tenu de délivrer quittance d'une somme qu'il n'aurait pas reçue, conclusion inadmissible. C'est ce que la C. cass. a décidé, le 13 juin 1864, en matière de timbre, par des motifs tout à fait applicables au droit d'enregistrement. Elle a reconnu que si un particulier présente au timbre extraordinaire des pièces dont la réception est constituée par un enregistrement du receveur, l'Administration peut garder ces titres jusqu'à ce que la partie ait complété le payement du droit insuffisamment exigé lors du dépôt (1922 R. P., S. 64-1-364, 2288 § 7 I. G.).

1521. Débiteur. — La loi ne s'est pas arrêtée à la présentation volontaire de l'acte, elle a voulu déterminer, par une disposition plus étendue, par qui ces droits doivent être supportés. C'est dans ce but qu'a été rédigé l'art. 31, ainsi conçu :

« Les droits des actes civils emportant obligation, libération ou translation de propriété ou d'usufruit de meubles ou immeubles, seront supportés par les débiteurs et nouveaux possesseurs; et ceux de tous les autres actes le seront par les parties auxquelles les actes profiteront, lorsque, dans ces divers cas, il n'aura pas été stipulé de dispositions contraires dans les actes. »

Cet article, il faut le remarquer, ne tranche nullement la question de savoir contre qui l'Administration peut former sa demande. Il détermine seulement celle des parties qui devra, en définitive, supporter les droits. C'est le recours des parties les unes envers les autres qui est réglé, voilà tout.

1. DÉBITEUR DÉSIGNÉ PAR LES PARTIES. — Par la même raison, l'action du Trésor ne pourrait être modifiée par les stipulations intervenues entre les parties au sujet du payement des droits. Dès lors, bien qu'il ait été convenu que les frais du contrat seront à la charge du vendeur, l'Administration n'en a pas moins le droit de s'adresser à l'acquéreur (Rethel 18 mai 1860, 1426 R. P., 17123 J. N., 11863 C., 17553 J. E.; — Cherbourg 9 déc. 1863, 2041 R. P.; — *Conf.*, Bayeux 8 fév. 1843, 13214 J. E., 6513 C.; — Libourne 29 janv. 1847, 14293; — Seine 23 juin 1837, 5073 C., 16 déc. 1852, 15582 J. E., Dalloz 5135, 5140).

1522. Acte déposé par le vendeur. — Trois arrêts de la Cour de cass, des 10 avril 1816, 12 mars 1817, 12 janvier 1822, dont le dernier a été rendu par toutes les chambres réunies (S. 17-1-18, 17-1-209, 22-1-208, 5198, 5463, 5727, 7151 J. E., 1462 J. N., D. N. t. 1er p. 263, n° 47), ont décidé, contrairement à un précédent arrêt, du 15 nivôse an 11 (Dalloz n° 5116, S. 3-1-154), que l'art. 29 L. 22 frimaire an 7 n'est pas un obstacle à ce que l'Administration s'adresse à celui qui doit supporter ultérieurement les droits, quant aux actes qui contiennent mutation de propriété, d'usufruit ou de jouissance d'immeubles. Si donc, un acte de vente sous seing privé est présenté à l'enregistrement par le vendeur, l'Administration peut s'adresser directement à l'acquéreur pour le recouvrement des droits. Elle peut étayer sa demande, dans cette circonstance, par l'art. 12 L. de frimaire, qui l'autorise à se prévaloir des présomptions légales de mutation pour réclamer les droits contre le nouveau possesseur. L'arrêt des chambres réunies du 12 janvier 1822 porte : « Attendu que l'art. 31 met à la charge des acquéreurs le droit d'enregistrement des ventes d'immeubles, à moins de stipulation contraire dans les actes de vente; que l'art. 12 autorise même formellement la poursuite contre le nouveau possesseur, sur le vu de tout acte qui fait connaître à la Régie la mutation de propriété opérée en sa faveur; que si, d'un autre côté, l'art. 29 autorise, en général, la Régie à exiger le droit d'enregistrement d'un acte sous seing privé de quiconque veut faire usage de cet acte et le présente à la formalité, cette disposition générale n'est nullement exclusive de celle des art. 12 et 31 précités, spécialement applicables aux actes translatifs de propriétés immobilières; qu'ainsi, lorsqu'un acte de vente sous seing privé est présenté à l'enregistrement par le vendeur qui veut en faire usage, la Régie qui, d'après l'art. 29, pourrait exiger de lui le payement du droit, n'en est pas moins fondée à le réclamer, en vertu de l'art. 12, contre l'acquéreur que cet acte lui désigne, et sur lequel, au surplus, ce droit devra tomber, en définitive, aux termes de l'art. 31. »

Cette jurisprudence a été adoptée par plusieurs tribunaux. (Montmédy 18 juin 1846 14025 J. E; — Saint-Sever 27 mai 1847 14812-1 J. E.; — Avignon 5 août 1850, 8913, 15062-1 J. E.; — Saverne 3 fév. 1865, 2085, R. P., 12915 C.; — Embrun 7 fév. 1865, 2160 R. P.).

1. CONTRE-LETTRE. — Le tribunal de Toulon a appliqué, le 26 juin 1839 (12404 J. E.), la jurisprudence ci-dessus au recouvrement du triple droit d'une contre-lettre déposée par le vendeur (Cass., arrêt d'Adm. 7 fév. 1816, 5675 J. E.).

2. PRÉTEXTES DE REFUS DE PAYEMENT. — L'acquéreur ne peut opposer à la demande de l'Administration, soit le motif que l'acte serait venu entre ses mains d'une manière illicite, si, d'ailleurs, on ne peut imputer au receveur aucun acte de connivence avec le vendeur (Brest 16 août 1849, 14812-2 J. E.); soit le prétexte que l'acte de vente est nul et qu'il est en instance pour en faire prononcer la nullité (Limoges 14 août 1837, 11865-2 J. E.; — Ambert 16 nov. 1846, 14143 J. E.; — Vassy 24 déc. 1846, 14149 J. E.; — Condom 8 fév. 1851, 15141-6 J. E.); — comme, par exemple, s'il s'agit de la vente d'immeubles dotaux faite par un mari sans l'assentiment de sa femme; — Embrun 7 fév. 1865, 2160 R. P.); soit enfin le désaveu de l'acte, sauf au tribunal à en ordonner la vérification (Cass. 26 oct. 1813, 4711 J. E., S. 15-1-73; — Cass. 30 juin 1806, 2486 J. E., S. 15-1-73; — Lyon 8 mars 1855, 426 R. P.).

3. VENTE DÉPOSÉE CHEZ UN NOTAIRE. — C'est toujours dans le même sens que la C. cass. a décidé, le 7 janvier 1846, que lorsque, faute de réalisation dans le délai convenu, d'une vente sous seing privé, le vendeur fait le dépôt de l'acte en l'étude d'un notaire, les droits d'enregistrement de la vente et les frais du dépôt peuvent faire l'objet

d'un exécutoire délivré contre l'acquéreur, bien qu'il n'ait pas concouru au dépôt (13960-4 J. E.).

4. LOI NOUVELLE. — Cette jurisprudence a été consacrée par la loi du 23 août 1871, dont l'art. 14 porte que : « l'ancien possesseur (et le bailleur) peuvent s'affranchir du droit en sus qui leur est personnellement imposé, ainsi que du versement immédiat des droits simples, en déposant dans un bureau d'enregistrement l'acte constatant la mutation. — V. *Mutation*.

1524. Acte déposé par un tiers. — Il importe même peu que l'acte sous seing privé ait été remis au receveur par un tiers étranger à la convention. Du moment que cette remise n'a été provoquée par aucune manœuvre illicite de l'Administration, elle n'a point à rechercher la qualité du déposant, et l'acte parvient régulièrement à sa connaissance. C'est ce qui a été reconnu pour le dépôt fait par un tiers (Saverne 29 nov. 1859, 1317 R. P., 11755 C., 17092 J. E.), tel qu'un notaire (Charolles 6 mai 1864, 1979 R. P.), ou par un tribunal (Le Puy 17 nov. 1859, 1297 R. P., 11859 C., 17061 J. N. ; Bagnères 16 nov. 1874, 4142 R. P.).

La cour de Paris a même reconnu, le 7 février 1865, que le notaire qui remet au receveur de l'Enregistrement un acte de vente sous seing privé non enregistré, déposé officieusement entre ses mains, ne commet aucun fait de nature à l'exposer à des dommages-intérêts. Sa révélation est au contraire licite, puisqu'elle dénonce l'existence d'une contravention à la loi (2161 R. P.).

1525. Solidarité des parties — Mais les art. 29 et 31 laissent subsister une difficulté très-grande, celle de savoir à laquelle des parties l'Administration peut s'adresser, lorsqu'aucune d'elles ne concourt à l'enregistrement de l'acte. Que le vendeur présente l'acte de vente à la formalité, aucune difficulté ne s'élèvera. En effet, d'une part, ce vendeur devra, en vertu des art. 28 et 29, acquitter les droits de l'acte dont il requiert la formalité; d'autre part, l'acquéreur sera tenu envers le Trésor au payement des mêmes droits, d'après ce que nous avons vu au numéro précédent. Mais l'Administration pourra-t-elle s'adresser indistinctement à l'acquéreur ou au vendeur, dans le cas où l'acte de vente serait parvenu à sa connaissance en dehors du concours de l'une et de l'autre des parties? En un mot, l'Administration a-t-elle un recours assuré contre tous les signataires d'un acte pour le payement des droits de cet acte?

L'affirmative se fonde sur les termes généraux de l'art. 29 de la loi du 22 frimaire an 7, d'après lequel les droits des actes sous seing privé à enregistrer doivent être acquittés par les parties. Ce texte, ne faisant aucune distinction, accorde virtuellement au Trésor une action contre chacune des parties pour la totalité de l'impôt. L'art. 31 de la loi du 22 frimaire an 7 porte bien, à la vérité, que les droits des actes civils et judiciaires renfermant obligation, libération ou translation de propriété en usufruit, seront supportés par les débiteurs ou nouveaux possesseurs; mais, ainsi que nous venons de le faire remarquer, ces dispositions n'ont eu pour but que de régler, en définitive, les obligations des parties entre elles, et non le droit de poursuite du Trésor. Ces motifs ont déterminé la jurisprudence à reconnaître que les droits d'un acte peuvent être réclamés intégralement à chacune des parties. Les principes n'ont jamais été mieux formulés sur ce point que par un arrêt de la C. cass. du 25 nivôse an 11, dans lequel on lit: « La loi du 22 frimaire an 7 a tracé d'une manière bien précise et l'obligation des parties contractantes, et le devoir du receveur; cette loi établit, sous le titre 5, une distinction qu'il importe de bien saisir entre ceux qui doivent acquitter les droits d'enregistrement et ceux qui doivent les supporter; par les dispositions de l'art. 29, les droits des actes quelconques doivent être exigés, par le receveur, de ceux qui présentent ces actes à l'enregistrement, sans considérer s'ils doivent les supporter; — d'après cet art. 29, les notaires sont obligés d'acquitter les droits pour les actes passés devant eux, les huissiers pour leurs exploits ou procès-verbaux, les greffiers pour les jugements, actes de procédure, etc., quoiqu'il soit incontestable que ces droits ne sont à la charge ni des notaires, ni des huissiers, ni des greffiers, qui n'en supportent rien en définitive; mais ils doivent les acquitter par cela seul qu'ils présentent l'acte à l'enregistrement; cette règle générale comprend les actes sous seing privé, tout comme les actes publics :

« Les droits seront acquittés, dispose encore le même art. 29, « par les parties, pour les actes sous signature privée qu'elles « auront à faire enregistrer ; » cette règle est ensuite confirmée par la disposition de l'art. 31, où le législateur, n'ayant plus à s'occuper de la perception des droits, mais seulement de l'intérêt privé des parties contractantes, décide que les droits seront supportés par les débiteurs et nouveaux possesseurs; ici l'on voit, en effet, qu'il ne s'agit plus d'acquitter les droits, mais seulement de les supporter, c'est-à-dire que celui qui sera reconnu débiteur ou nouveau possesseur sera obligé de rembourser les sommes payées par celui qui aura présenté l'acte; tel est donc l'ordre clairement établi par la loi : les droits d'enregistrement des actes sous seing privé seront acquittés par ceux qui les feront enregistrer; ils seront supportés par ceux qui seront reconnus débiteurs ou nouveaux possesseurs; cet ordre de choses ne pourrait être violé sans blesser en même temps les intérêts de l'État et la justice qui est due aux parties contractantes; on conçoit, en effet, que la perception des droits serait ralentie, entravée par des difficultés sans nombre, si le receveur, lorsqu'on lui présente un acte à enregistrer, était obligé, avant d'exiger les droits, de s'enquérir quelle est celle des parties qui est débiteur ou nouveau possesseur; et, d'un autre côté, il serait extrêmement dangereux de confier à un receveur le droit de régler arbitrairement les qualités et les obligations respectives des parties contractantes, lorsque la loi a prononcé entre elles d'une manière claire et précise » (S. 3-1-154). — La jurisprudence est fixée en ce sens par de nombreux arrêts (Cass. 20 mars 1839, S. 39-1-346, 1590-8, I. G., 10347 J. N., 12283 J. E.; — Cass. req. 15 mai 1848, 1825-2 I. G., 14499 J. E., 13459 J. N.; — 5 janv., 16 mars et 26 juill. 1853, 1967-6 et 1986-12 I. G., S. 53-1-127 et 544; — 11 déc. 1855, 2060-5 I. G., S. 56-1-542); — 10 mars 1858, S. 58-1-620, 2137-9 I. G., 906 R. P., 16276 J. N., 11251 C., 16714 J. E.; — 1er fév. 1859, 2160-3 I. G., 1137 R. P., 16515 J. N., 16888 J. E., 11488 C., S. 59-1-928; — 19 janv. 1869, 2876 R. P., 2398-4 I. G., Bull. 24, S. 69-1-324, D. 69-1-355, 19546 J. N.; — 21 déc. 1870, 3222 R. P., 14704 C., 20030 J. N., 2956 Rev., S. 71-1-37, D. 71-1-87; B. C. 187, 2421 § 2 I. G.; — *Argum. de cass.* 21 juin 1865, 2139 R. P., *Voy.* 779-2; — Réthel 18 mai 1850,

1426 R. P.; — Saverne 3 fév. 1865, 2085 R. P.; — Embrun 7 fév. 1865, 2160 R. P.).

L'arrêt du 1er février 1859 porte : « Vu les art. 29, 30 et 31 de la loi du 22 frimaire an 7; attendu qu'il résulte des dispositions de ces articles que toutes les parties qui ont figuré aux actes sont tenues envers l'enregistrement des droits auxquels ces actes sont soumis; qu'en effet, l'art. 29 le décide formellement pour les actes sous seing privé; et que si l'art. 31 de la même loi dispose que les droits des actes civils et judiciaires seront supportés par les débiteurs ou nouveaux possesseurs, et si telle est aussi la disposition de l'art. 1593 C. C., ces dispositions n'ont pour but que de régler, en définitive, les obligations des parties entre elles quant à la charge de ces droits. »

Celui du 21 décembre 1870 est ainsi conçu : « Attendu que si l'art. 31 de la loi du 22 frimaire an 7 dispose que les droits des actes seront *supportés* par les débiteurs et nouveaux possesseurs; mais que, par son expression même, cette disposition indique qu'elle n'a eu pour objet que de régler les obligations des parties entre elles et non leurs obligations envers la Régie; qu'en ce dernier point, il résulte des dispositions combinées des art. 29, 30 et 31 de ladite loi, que toutes les parties qui ont figuré dans les actes, sinon judiciaires, au moins volontaires, sont tenues envers la Régie des droits auxquels ces actes sont soumis; que l'art. 29 le décide expressément en ce qui concerne les actes sous seing privé; que l'art. 30 le suppose, en ce qui concerne les actes authentiques, par le recours qu'il accorde au notaire qui a fait l'avance des droits et qu'il ne lui ouvre contre toutes les parties que parce que toutes les parties étaient elles-mêmes tenues des droits envers la Régie. »

1. ENREGISTREMENT OBLIGATOIRE OU NON. — Pour restreindre l'application de cette doctrine, on avait proposé de distinguer entre les actes soumis à l'enregistrement dans un délai déterminé et ceux qui ne le sont pas; attendu qu'il paraissait contraire à la justice que celle des parties qui n'a point voulu faire enregistrer l'acte qu'elle pouvait se dispenser d'y soumettre, fut liée par l'action de la partie adverse. Mais cette théorie était également contraire aux dispositions générales de la loi, et la cour l'a repoussé en décidant, le 10 mars 1858, « qu'il n'y a pas à distinguer entre les actes dont l'enregistrement est obligatoire et les autres; le seul fait de la présentation à l'enregistrement donnant ouverture à l'action de la Régie contre toutes les parties » (2137-9 I. G., S. 58-1-620, 996 R. P., 16276 J. N., 16714 J. E., 11251 C.). Le tribunal de Montpellier, devant lequel l'affaire fût renvoyée, se prononça dans le même sens (Jugem. 22 juin 1859, 11625 C.). — *V.* également cass. 6 avril 1847, 1796-2 I. G., 14257 J. E.).

Dalloz n° 5137, Champ. et Rig. nos 3831, 3832 et Suppl. 912, les réd. J. N. (13459 J. N.) opposent à cette jurisprudence que le principe qu'a posé la C. cass. n'est écrit nulle part, et qu'il n'est pas permis d'établir une solidarité que la loi n'a pas créée. — Dans le même sens, Lyon 8 mars 1861, 1584 R. P. — On peut répondre qu'en admettant même cette théorie, l'action de l'Administration trouverait encore sa justification dans le caractère d'indivisibilité appartenant à la créance du Trésor. La formalité de l'enregistrement, dont l'impôt est le prix, ne pouvant être donnée pour partie à un contrat renfermant des dispositions différentes, il faut bien que l'Administration puisse obliger au versement total des droits celui des débiteurs que sa solvabilité permet d'attendre. Nous avons exposé les éléments de cette controverse au n° 2204 R. P.

1526. Crédit. — Réalisation. — Conformément à ces principes, il a été décidé que le droit exigible par suite de la réalisation d'un crédit peut être demandé, pour la totalité, à chacune des parties, créditeur, crédité et caution, qui ont figuré dans l'acte d'ouverture (Beauvais 7 et 14 mai 1851; — Colmar 27 mai 1851, 15208-1 J. E.; — Sedan 28 déc. 1850; — Lyon, 31 déc. 1850, 15175 J. E.; — Strasbourg 13 août 1850, 14221 J. N., 15047-2 J. E., 14900-2 J. E.; — Loches 16 fév. 1849, 13910 J. N., 14891 J. E.; — Seine 8 juill. 1851, 15287 J. E., 14552 J. N.; — Rouen 13 juill. 1851, 15301-1 J. E., 14531 J. N.; — Lisieux 7 mai 1852, 15572 J. E.; — Cass. (3 arrêts) 5 janv. et 16 mars 1853, 15602 J. E., 14875 J. N., 1967 § 6 I. G., S. 53-1-127; — Strasbourg 2 juin 1852; — Montpellier 5 mai 1853, 15682, 15698 J. E.; — Cass. 26 juill. 1853, 20 R. P., 1986 § 12 I. G., S. 53-1-544; — Cass. 19 janv. 1869, 2876 R. P., 2398-4 I. G., B. C. 24, S. 69-1-324, D. 69-1-355, 19546 J. N.; — Lure 6 mars 1856, 760 R. P.; — Le Blanc 31 août 1859, 11649 C., 17008 J. E.; — Seine 22 juin 1867, 2533 § 5 R. P. et 9 août 1873, 4028 R. P.).

Les rédacteurs du J. N. qui avaient soutenu l'opinion contraire par le motif que l'art. 31 de la loi de l'an 7 met exclusivement les droits d'obligation à la charge du débiteur (13910-14221, 14875 J. N.) n'ont pas reproduit cette critique dans leur dictionnaire, et ils se sont rangés à l'avis de la jurisprudence (D. N. t. 4 p. 218 n° 36).

1. DROIT D'INSCRIPTION. — La même solidarité s'étend au droit d'inscription qui est dû au bureau des hypothèques à la suite de la réalisation du crédit pour lequel il a été pris une inscription d'hypothèque conditionnelle (Tours 22 août 1846; — Rouen 15 mai 1851, 12827 et 14533 J. N. — Cass. 19 janv. 1869 rappelé au numéro précédent) : « Attendu, porte cet arrêt, qu'aux termes de l'art. 2155 C. C., les frais d'inscription sont à la charge du débiteur contre qui l'inscription est requise; — Attendu que si, aux termes de l'art 27 L. 21 ventôse an 7, celui qui requiert une inscription doit en avancer les frais, il ne résulte nullement de là que la Régie soit dépourvue d'action contre le débiteur aussi bien que contre le créancier requérant, alors que, comme dans l'espèce, l'inscription ayant eu lieu au droit fixe, à raison de son caractère éventuel, n'est devenue que plus tard passible du droit proportionnel. »

2. ACTE ÉTRANGER A L'UNE DES PARTIES. — Cependant le tribunal d'Angers a reconnu, le 27 mars 1863, que l'Administration n'a pas d'action, pour le recouvrement du droit dû, contre le créditeur, et ne peut poursuivre que le crédité, au cas où la preuve de la réalisation d'une ouverture de crédit, faite par acte notarié, ne résulte que d'actes émanés du crédité (17796 J. N.); et l'Administration ne s'est pas pourvue contre cette décision. Cette doctrine a été appliquée par le tribunal de Meaux le 9 mai 1878.

3. PORTEUR D'EFFET. — Mais ce que l'on admet et décide pour les parties contractantes ne s'applique point aux tiers-porteurs d'effets émis à raison du crédit, lors même qu'un jugement a substitué ces tiers aux droits du créditeur

et à ceux du crédité (Cass. 5 janv. 1853, 15602 J. E., S. 53-1-127, 1967-6 I. G.).

1527. Actes divers. — 1. ÉCHANGE. — De même, les droits d'un échange peuvent être réclamés à l'un ou à l'autre des échangistes (Lourdes 24 mai 1850, 15216-1 J. E., D. m. f. 14 vent. an 7; — Alençon 16 vend. an 9, 714 J. E.).

2. DONATION. — Toutes les parties qui ont figuré dans un acte de donation, le donateur comme le donataire, sont tenus indistinctement des droits ou suppléments de droits auxquels cet acte donne ouverture (Cass. 21 déc. 1870, 3222 R. P., S. 71-1-37, D. 71-1-87, B. C. 187, 2421 § 2, I. G., 14704 C., 20039 J. N., 2956 Rev., arrêt rapporté nº 1525).

3. PARTAGE. — Les droits d'un partage sont dus par toutes les parties qui y ont concouru (Cosne 28 août 1850, 15078 J. E.; — Cass. 9 fruct. an 12, S. t. 4 p. 736; — Angoulême 23 mars 1877, 4792 R. P.).

4. VENTE. — Ceux d'une vente peuvent être poursuivis indistinctement contre le vendeur et l'acquéreur (Guéret 3 juill. 1850, 15062-2 J. E.; — Civray 2 juin 1851, 15251 J. E.; — Metz 31 août 1835, 11298 J. E., — Cass. 11 déc. 1855, 2060 § 5 I. G., S. 56-1-542; — et 1er fév. 1859, 2160-3 I. G. 1137 R. P., 16515 J. N., 16888 J. E., 11488 C., S. 59-1-928.)

1528. Parties. — 1. CAUTION. — Nous avons déterminé au nº 1210 et suivant les personnes qui avaient la qualité de *parties* dans le sens légal du mot. Il faut appliquer ici les développements dans lesquels nous sommes alors entré. C'est ainsi que le tribunal de la Seine, après avoir posé en principe que la solidarité permettait d'atteindre la caution comme le débiteur principal pour le payement des droits de bail sous seing privé où tous deux ont figuré, reconnaît qu'un mari intervenant pour autoriser sa femme n'est point partie à l'acte et n'est pas soumis au payement des droits (Seine 20 mai 1865, 2166 R. P., 13002 C.).

2. COMMUNAUTÉ. — FEMME. — Les droits simples et en sus dus sur un bail d'immeubles de communauté consenti par le mari et la femme, peuvent être réclamés à cette dernière, lors même quelle aurait renoncé à la communauté, la femme est, en effet, obligée personnellement au payement, par les dispositions combinées des art. 29 et 30 L. 22 frimaire (Chartres 26 fév. 1858, 16701. J. E.).

1529. Supplément de droit. — Mais à qui doit s'adresser l'Administration pour réclamer les suppléments dus sur les actes publics ou sous seing privé dont le droit préalable aurait été insuffisamment établi? Le tribunal de Lyon, se fondant sur ce que l'action du Trésor contre chaque partie résulte moins de la solidarité proprement dite que d'une sorte d'indivisibilité provenant de ce que la formalité de l'enregistrement ne saurait être scindée, en conclut que, quand cette formalité a eu lieu, l'indivisibilité cesse et l'Administration doit exercer son action selon les règles du droit commun (8 mars 1861, 1584 R. P. — *Conf.* : Lille 10 mars 1843, 6606 C.; — Altkirch 22 nov. 1850).

Cette thèse de droit nous avait paru inexacte à deux points de vue.

Elle suppose d'abord, sans le démontrer, que l'action du Trésor ne dérive pas du principe de solidarité, principe que l'arrêt du 21 juin 1865 justifiait en disant que : « les parties intervenant à un acte volontaire sont présumées s'être volontairement soumises à l'acquit *des droits nécessaires à leur régularisation* (2139 R. P.). » Elle admet ensuite qu'il s'agit d'une indivisibilité *solutione tantum* applicable au mode de payement seul, tandis qu'on pourrait aisément établir que la créance du Trésor est indivisible *natura vel contractu*, c'est-à-dire quelle ne peut être partiellement acquittée (*V.* notre dissertation au nº 2204 R. P.). Si la doctrine du tribunal était exacte, il faudrait admettre que les droits de réalisation de crédit échappent à l'application de l'art. 28, puisque l'acte est enregistré et qu'ils constituent une créance postérieure à cet enregistrement. Or, le contraire est établi par les nombreuses décisions citées au nº 1526 ci-dessus.

La question a été, d'ailleurs, jugée en ce sens par un arrêt de la chambre civile de la C. cass. du 21 décembre 1870, portant « qu'il importe peu qu'il s'agisse d'un supplément de droit réclamé après l'enregistrement de l'acte, mais que cette circonstance qui enlève sa raison d'être au recours du notaire ne saurait par elle-même détruire le principe en vertu duquel la Régie a le droit de s'adresser solidairement à toutes les parties qui ont figuré dans un acte purement volontaire » (3222 R. P., 14704 C., 20039 J. N., 2956 Rev., S. 71-1-37, D. 71-1-87, B. C. 187, 2421-2 I. G., arrêt rapporté nº 1525).

1. ACTE SOUS SEING PRIVÉ. — En matière d'acte sous seing privé, la question a été tranchée dans le même sens par une décision de la C. cass. 23 février 1836 (11466 J. E., 1528 § 5 I. G., S. 36-1-225), d'après laquelle le cessionnaire d'une contre-lettre qui l'avait présentée à l'enregistrement et sur laquelle il n'avait été perçu que le droit simple, pût être poursuivi en payement du double droit que l'on a reconnu plus tard être exigible, sauf recours contre qui de droit. « Attendu, porte cet arrêt, que le payement du droit d'enregistrement est indivisible, et que le receveur n'a pas même le droit de différer et de scinder la recette du droit, de recevoir un tiers et d'ajourner pour les deux tiers; que le droit dû par une contre-lettre est un droit triple, ainsi exprimé triple, qui doit être perçu en entier au moment où l'acte est présenté à l'enregistrement; que le droit triple doit être perçu par le receveur avant d'enregistrer l'acte; qu'en matière d'actes sous seing privé, c'est le porteur de l'acte, celui qui le fait enregistrer pour le faire valoir, qui doit payer le droit entier, sauf recours, s'il y a lieu. » — *V.* 1522-1.

Jugé de même que le vendeur qui présente à l'enregistrement un acte de vente sous seing privé peut être directement poursuivi en payement des droits supplémentaires reconnus exigibles sur ce contrat après l'enregistrement (Arlon 10 mars 1869, 3625 R. P.).

2. SIGNATURE. — Si le receveur a négligé de percevoir le montant intégral des droits auxquels donnait lieu un contrat revêtu de la signature d'une seule partie, il semble que l'Ad-

ministration ne peut réclamer le supplément de droits qu'au signataire de l'acte. Elle n'a aucune action contre la partie non signataire, parce que cette dernière ne peut être obligée au payement des droits pour un fait qui lui est étranger ou qu'elle soutient lui être étranger. Toutefois, s'il s'agit de mutation immobilière et si la partie, qui n'a pas signé, est l'acquéreur, l'Administration a le droit, conformément à l'art. 12 de la loi du 22 frimaire an 7, d'établir la présomption légale de mutation.

3. ACTE JUDICIAIRE. — Si un immeuble adjugé à trois acquéreurs non solidaires est ensuite revendu, à leur folle enchère, pour une somme inférieure au premier prix, ces trois acquéreurs n'en sont pas moins solidaires pour le payement du droit d'enregistrement, sur la différence existant entre les deux prix (Cass. 19 nov. 1834, 1481 § 1er I. G., 11095 J. E., S. 35-1-157, arrêt rapporté n° 547). — V. *Acte judiciaire* 793.

4. ACTE NOTARIÉ. — QUITTANCE. — DONATION. — Dans une espèce où un acte avait constaté la libération d'un débiteur non présent, la C. cass. a jugé, le 2 mai 1837 (9631 J. N., 11800 J. E., S. 37-1-389, 1562 § 23 I. G.), que l'Administration ne peut s'adresser à ce débiteur pour le payement d'un supplément de droit exigible sur cet acte à raison de cette libération. C'est au créancier qui a fait la déclaration du payement qu'il convient de réclamer le supplément de droit, sauf à lui exercer son recours contre le débiteur.

Mais si toutes les parties ont figuré au contrat; s'il s'agit, par exemple, d'une donation, les suppléments de droit peuvent être réclamés au donateur comme au donataire (Cass. 21 déc. 1870, 3222 R. P., 14704 C., 20039 J. N., 2956 Rev., S. 71-1-37, D. 71-1-87, B. C. 187, 2421-2 I. G.; arrêt cité n° 1525. — Comp. Nice 14 janv. 1873, 3890 R. P.).

5. COMMAND. — Décidé cependant que c'est le command élu et non l'adjudicataire qui est responsable des droits de vente auxquels peut donner naissance une déclaration irrégulièrement faite (290 n° 17 I. G., 1128 J. E.; — Cass. 29 nov. 1837, 11932 J. E., S. 38-1-38; — Béziers 29 août 1838, 12159 J. E.; — Clermont 29 août 1845, 12517 J. N., 13828 J. E.). — V. *Command*.

6. OBLIGATION. — Le tribunal de la Seine a jugé, le 19 février 1852 (15414-2 J. E.), que si un droit d'obligation exigible sur un acte de partage n'a pas été perçu, on peut poursuivre le payement du supplément réclamé contre toutes les parties qui ont concouru au partage, et non pas seulement contre l'héritier débiteur.

1530. Bénéfice d'inventaire. — L'héritier bénéficiaire est tenu au payement des droits de l'acte sous seing privé dont il poursuit la réalisation. — V. 3052.

1531. Disposition indépendante. — Le principe de solidarité entre toutes les parties contractantes doit-il également s'appliquer au cas où un acte contient des dispositions indépendantes l'une de l'autre? L'affirmative résulte de la jurisprudence. Jugé, en effet : 1° que le possesseur d'un immeuble peut être poursuivi par l'action solidaire, en payement de la totalité du droit de mutation, encore qu'il ne soit propriétaire de l'immeuble que pour une partie; spécialement, qu'un copartageant qui n'a qu'un tiers dans les immeubles indivis ne peut se refuser au payement de la totalité du droit pour les immeubles tombés dans son lot, en offrant de payer seulement le tiers du montant du droit (Cass. 9 fruct. an 12, S. 4-2-736); — 2° que l'acquisition par plusieurs d'un seul immeuble pour un prix unique les rend débiteurs solidaires des droits d'enregistrement (Cass. 7 nov. 1821, P. chr. 498); — 3° et de même, que lorsqu'un immeuble adjugé à trois acquéreurs sans solidarité a été revendu sur eux à la folle enchère pour un prix moindre, ils sont tous tenus solidairement des droits de mutation sur ce qui forme la différence du prix (Cass. 19 nov. 1834, Dalloz n° 5139, S. 35-1-157).

Cependant, le tribunal d'Évreux a décidé, le 24 avril 1847, que si un acte de vente contient obligation, en faveur de la venderesse, par son mari, l'acquéreur ne peut être tenu au payement du droit de cette obligation à laquelle il est tout à fait étranger (14239 J. E.).

De même, divers acquéreurs non solidaires ne peuvent être tenus au payement que des droits qui concernent leur acquisition individuelle (Saint-Étienne 6 janv. 1842, 12917 J. E.), à moins que cette part individuelle n'ait pas été spécifiée (Cass. 25 juin 1828, 1282 § 10 I. G.), et la doctrine des tribunaux d'Évreux et Saint-Étienne est professée par MM. Dalloz n° 5138 et Champ. et Rig. n° 3841.

Il existe, en matière d'actes judiciaires, une jurisprudence différente que nous avons commentée au n° 780-2.

1532. Frais mis à la charge de l'une des parties. — Par dérogation au principe de l'art. 31, dérogation permise, d'ailleurs, par cet article même, les frais peuvent être mis à la charge de l'une des parties; dans ce cas, c'est cette partie qui doit *supporter* les droits.

Ainsi, le tribunal de la Seine a jugé, le 6 décembre 1843 (13409 J. E.), que s'il résulte des qualités d'un jugement que les frais d'une mutation d'immeubles énoncée comme verbale doivent être supportés par le vendeur, l'Administration peut s'adresser à lui pour le payement des droits exigibles sur la mutation.

Lorsque l'enregistrement d'une vente sous seing privé d'objets mobiliers n'est devenu nécessaire que par la production de cet acte en justice, à défaut par le vendeur d'avoir rempli ses engagements, les droits d'enregistrement peuvent être mis à sa charge, comme faisant partie des dépens auxquels il a été condamné, et l'art. 31 L. 22 frimaire an 7, qui met ces droits à la charge des nouveaux possesseurs, reste sans application (Cass. 6 avr. 1840, 12571-6 J. E., Dalloz n°s 5122 à 5133).

Déjà, dans des espèces où il avait été stipulé dans des actes de ventes d'immeubles que les frais d'enregistrement seraient supportés par celle des parties qui soulèverait des difficultés et rendrait l'enregistrement de l'acte nécessaire, la C. Cass. avait décidé, le 13 mars 1839 (10328 J. N.), que les frais devaient être supportés par le vendeur qui avait rendu l'enregistrement de l'acte nécessaire pour défaut d'exécution des conventions. Le même principe résultait implicitement de précédents arrêts C. Bourges, 10 mars 1830, et Cass. 10 août

1831 (7584 J. N., 10196 J. E.). — *V.* Cass. 21 juin 1854, 218 R. P.

Cette jurisprudence a été confirmée par un arrêt de la C. cass. du 16 août 1860, dans lequel on lit :

« Attendu qu'il s'agit d'un bordereau de vente en matière de commerce, qu'il résulte des constatations de l'arrêt attaqué que, d'après les conventions des parties, cet acte ne devrait pas être enregistré, et que c'est seulement à cause et par suite des difficultés élevées à tort par les demandeurs en cassation que l'enregistrement dudit acte est devenu nécessaire. Que, dans ces circonstances, en condamnant ces derniers, bien que vendeurs, à rembourser à l'acheteur à titre de dommages-intérêts les frais causés par l'enregistrement, l'arrêt n'a fait qu'une application régulière, etc. » (1369 R. P., 16947 J. N., 11837 C.).

Cette question a été plus discutée au mot *Acte judiciaire*, n° 790.

1. DROIT EN SUS. — Sous l'empire de la législation antérieure à la loi du 23 août 1871, il a été décidé que, lorsqu'il existe une dissimulation dans le prix d'une vente faite dans l'intérêt commun de l'acquéreur et du vendeur et que tous deux ont pris part à la fraude, les droits supplémentaires exigibles tombent pour moitié à la charge de chacun (Cass. Nancy 7 juill. 1859, 1242 R. P., 11608 C.). Mais s'il a été stipulé que *tous les* frais auxquels donne lieu le contrat seraient supportés par le vendeur, ce dernier doit acquitter tous les droits d'enregistrement sans exception et aussi bien ceux qui pourraient être perçus au moment de la vente, que ceux qui ont été réclamés plus tard à titre de supplément à raison d'une plus-value constatée par voie d'expertise (Seine 15 déc. 1860, 17011 J. N., 11942 C.).

Loi du 23 *août* 1871. — L'art. 12 de la loi du 23 août 1871 a ajouté au double droit une peine spéciale et a réglé, en ces termes, la situation respective des deux parties à l'égard de cette pénalité. « Toute dissimulation dans le prix d'une vente et dans la soulte d'un échange ou d'un partage sera punie d'une amende égale au quart de la somme dissimulée et payée solidairement par les parties, sauf à la répartir entre elles par égale part. » Cette disposition est commentée — V. *Expertise-Insuffisance.*

2. RECOURS. — Il va sans dire que la partie qui, en vertu de la solidarité, a payé les droits d'enregistrement de l'acte, a son recours contre les autres contractants pour le remboursement de la portion afférente directement à chacun d'eux (Gannat 24 janv. 1861, 1496 R. P., 17281 J. E., 12144 C.). Jugé de même que la partie qui a obtenu la condamnation aux dépens dans lesquels le juge taxateur a compris les droits d'enregistrement de l'acte en litige a son recours contre la partie adverse pour le remboursement de ces droits d'enregistrement (Lille 20 avr. 1861, 1499 R. P., 17320 J. E., 12081 C.).

3. VENTE D'IMMEUBLES. — Mais il faut remarquer que cette dérogation ne peut être opposée à l'Administration à l'égard des ventes d'immeubles. L'art. 12 L. 22 frimaire an 7 exprime, en effet, en faveur du Trésor, le droit d'agir contre le nouveau possesseur. Vainement, dès lors, les parties auraient-elles stipulé que les droits seront à la charge du vendeur, ou un jugement aurait-il mis les frais à la charge de l'une des parties seulement, l'Administration peut toujours attaquer le nouveau possesseur (Bayeux 8 fév. 1843, 13214 J. E., 6513 C.; — Libourne 29 janv. 1847, 14293 J. E.; — Seine 23 juin 1837, 5073 C., 16 déc. 1852, 15582 J. E.; — Rethel 18 mai 1860, 1426 R. P., 17123 J. N., 11863 C., 17553 J. E.; — Cherbourg 9 déc. 1863, 2041 R. P.) — *V.* Dalloz 5135, 5140 et Cass. 25 mars 1872, *suprà* n° 790-2.

1533. Antichrèse. — Bien que la doctrine de la C. cass. (*V.* 1525) soit de nature à faire évanouir toutes les difficultés, nous croyons devoir faire connaître diverses décisions spéciales rendues d'après l'interprétation textuelle seulement de l'art. 31.

C'est le créancier qui est personnellement débiteur des droits d'une antichrèse, parce que c'est à lui que le titre profite (Seine 24 janv. 1851, 15145 J. E.).

1534. Bail. — Le preneur est tenu d'acquitter les droits d'un bail sous seing privé déposé au bureau par le bailleur pour être enregistré (Cass. adm. 6 avr. 1815, 5198 J. E.).

1535. Contre-lettre. — Le triple droit d'enregistrement d'une contre-lettre portant augmentation du prix stipulé dans une vente d'immeubles peut être mis à la charge du vendeur et de l'acquéreur, s'il est reconnu que cette contre-lettre a été faite dans leur intérêt commun (C. Caen 9 juill. 1849, 527 Bull.; Mass. Delong. 2ᵉ partie). — Il peut même être réclamé au tiers créancier du vendeur en faveur de qui un billet équivalant à contre-lettre a été souscrit le jour de la vente (Tournon 22 mai 1849, 14748 J. E.). — *V.* 1522-1.

1536. Quittance pour solde. — Débiteurs différents. — Lorsqu'un créancier a reçu le solde de sa créance d'un acquéreur qui a payé l'intégralité de son prix et que le droit n'a été perçu que sur ce solde, c'est au débiteur originaire qu'il faut réclamer le supplément dû et non perçu sur le surplus de la créance dont aucun titre ne justifie la libération (Dél. 7 juill. 1829, 9397 J. E.). — V. *Quittance* 13326, et *suprà* n° 1529-4.

1537. Réunion d'usufruit. — Transcription. — Bien que le nu-propriétaire n'ait pas été partie dans l'acte de renonciation à son usufruit fait par l'usufruitier, c'est à lui, qui en profite, que doivent être réclamés les droits exigibles sur cette renonciation (Orléans 16 déc. 1846, 14152 J. E.), pourvu, bien entendu, qu'il puisse être prouvé qu'il l'a accepté. — V. *Usufruit*, n° 17582.

1538. Substitution. — Le droit de transcription exigible sur un testament grevé de substitution doit être recouvré sur le grevé, sauf son recours contre l'appelé (Coulommiers 9 oct. 1837, 11920 J. E.).

C'est au tuteur qui requiert la transcription à faire l'avance des droits, mais le supplément qui serait exigible après la transcription ne pourrait plus lui être réclamé (Caen 31 janv. 1868, 2954 R. P.). — *V. Transcription* n° 17402.

1539. Vente. — C'est contre l'acquéreur que doit être suivi le recouvrement des droits d'une mutation secrète énoncée dans un inventaire (12700 et 12737-1 J. E.).

1540. Refus de profiter d'un acte. — *Quid* si celui au profit de qui l'acte est fait déclare ne vouloir profiter des dispositions qu'il contient? Il y aurait à distinguer :

Si l'acte est présenté à l'enregistrement par celui à qui il profite, sa déclaration n'empêcherait pas la perception du droit; car cette déclaration, bien que pouvant invalider l'acte, ne pourrait être admise par le receveur qui n'a à se préoccuper que des dispositions contenues en l'acte qu'on lui présente.

Mais si les droits étaient réclamés d'office par l'Administration, la déclaration de la partie qu'elle refuse de profiter de l'acte auquel elle n'a pas coopéré, arrête l'action en recouvrement. Ainsi la C. cass. a décidé, le 2 mai 1815, que celui au profit de qui est faite une reconnaissance de dépôt, n'est point passible du droit d'enregistrement que comporte cette reconnaissance; s'il déclare ne vouloir ni accepter ni tirer aucun profit, soit du dépôt, soit de la reconnaissance. — « Attendu, porte l'arrêt, que, d'après l'art. 31 de la loi du 22 frimaire an 7, les droits d'enregistrement des actes civils et judiciaires ne doivent être supportés que par les personnes auxquelles ces actes profitent; que, dans l'espèce, la sommation dirigée par Denisart contre Leloup a eu pour unique objet la remise d'un écrit sous seing privé unilatéral, confié par Denisart à Leloup; que Denisart n'a élevé aucune prétention sur aucune somme déposée et n'en a même fait aucune mention dans sa sommation; qu'il a même, au contraire, formellement refusé d'accepter les offres réelles des sommes dont Leloup a prétendu être dépositaire; que les créances de Denisart ont été établies par des titres authentiques dûment enregistrés; que, par conséquent, la réponse de Leloup n'a rien ajouté à la sûreté des créances de Denisart; que cette réponse, qui a été un fait personnel à Leloup, et dont Denisart a formellement refusé de tirer avantage, n'a pu rendre Denisart passible du payement du droit auquel il n'a nullement donné lieu » (S. 15-1-318). — *V.* Dalloz n° 5143, Champ. et Rig. n° 3842.

1541. Tiers détenteur. — Les droits dus sur les actes sous seing privé, portant mutation d'immeubles, ne peuvent être exigés du tiers détenteur de ces immeubles, lors même que le débiteur est insolvable. Dans ce cas, le Trésor perd ses droits, à moins qu'il ne soit fait usage de ces actes par acte public, avant que la prescription soit acquise.

1542. Femme. — Dot. — Le payement des droits peut être poursuivi contre une femme sur ses biens dotaux mobiliers, sans qu'on puisse opposer à l'administration l'inaliénabilité de la dot, alors surtout que les actes ont été produits en cours d'instance dans un procès soutenu par elle pour la conservation de sa dot elle-même (Périgueux 3 déc. 1852, 15575 J. E.). Il en est de même des droits d'une mutation secrète (Avignon 21 juin 1864, 1951 R. P.) ou des droits d'enregistrement d'une adjudication prononcée au profit de la femme, des immeubles du mari dont elle a poursuivi l'expropriation forcée après séparation de biens (C. Nîmes 1er mai 1861, S. 61-2-418). — *V.* 6855, 6856.

CHAPITRE V. — TIMBRE DES ACTES SOUS SEING PRIVÉ PAYEMENT DES DROITS ET AMENDES

[1543-1549]

1543. Timbre. — Sont assujettis au timbre tous actes et écritures privés devant ou pouvant faire titre ou être produits pour obligation, décharge, justification, demande ou défense (L. 13 brum. an 7, art. 1er, 12 et 14).

1544. Solidarité. — La loi du 13 brumaire an 7 n'avait pas prononcé de solidarité pour le payement des amendes et des droits de timbre, entre les divers signataires des actes sous seing privé. L'art. 75 L. 28 avril 1816 y a suppléé, et a même établi la solidarité entre les prêteurs et les emprunteurs, quant aux obligations, et les créanciers et les débiteurs, à l'égard des quittances (715 n° 10 I. G., 15115 J. E.).

Cette solidarité n'est pas applicable, toutefois, aux contraventions antérieures à la loi de 1816 (2034 J. N., D. N. t. 1er p. 451 n° 95).

1545. Consultation d'avocat. — C'est l'avocat qui a signé une consultation qui est responsable de l'amende et des droits de timbre que rend exigibles cette consultation pour n'avoir pas été écrite sur papier timbré (Cass. 23 nov. 1824, 7950 J. E.; 1156 § 12 I. G., S. 25-1-119; — Cass. 19 nov. 1839 12425 J. E., 1615 § 13 I. G., S. 40-1-42).

Cette amende est celle qui est applicable à tout acte sous seing privé rédigé sur papier non timbré par un particulier. — *V.* 2484-1.

1546. Receveur municipal. — Les receveurs municipaux sont seuls passibles des droits et amendes de timbre dus à raison des quittances jointes aux comptes des communes, sauf leur recours, quant au droit de timbre seulement, contre les parties, attendu que les receveurs des communes sont chargés d'assurer la validité des payements qu'ils effectuent, et que dès lors ils sont responsables de l'inexécution de la loi sur le timbre dans les cas dont il s'agit (D. m. f. 16 fév. 1835, 11212, 13269-4 et 13233-2 et 3 J. E.). — Cette responsabilité est spéciale aux quittances et ne s'étendrait pas à d'autres actes.

1547. Héritiers. — L'art. 76 L. 1816 contient une disposition ainsi conçue : « En cas de décès des contrevenants, les droits et amendes seront dus par leurs successeurs et jouiront, soit dans les successions, soit dans les faillites ou tous autres cas, du privilége des contributions directes » (715 n° 10 I. G.).

1548. Pluralité. — Il n'est dû qu'une seule amende pour un acte sous seing privé fait en plusieurs doubles, conformément à l'art. 1325 C. C. (Dél. 2 juill. 1812, D. m. f. 11 août 1812, 4042, 4254 et 4386 J. E., D. N. 2e édit. n° 242, Sol. 30 avr. et 18 déc. 1873). La raison en est que, d'après l'art. 1325 C. C., un acte sous seing privé qui contient des conventions synallagmatiques n'est valable qu'autant qu'il a été fait en autant d'originaux qu'il y a de parties ayant un intérêt distinct, que l'art. 26 n° 3, de la loi du 13 brumaire an 7, n'impose qu'une amende de 30 francs (50 fr.) pour chaque acte ou écrit sous seing privé fait sur papier non timbré; que, dans l'espèce, il n'y a qu'un acte, et que, par conséquent, il n'est dû qu'une seule amende.

On en a conclu que les deux exemplaires absolument identiques d'un testament olographe rédigés tous deux sur papier non timbré, ne donnent lieu également qu'à une seule amende (J. du not. du 27 juin 1868, n° 2260).

Mais il est hors de doute qu'il est dû autant de droits de timbre qu'il y a de doubles.

1549. Police d'assurance maritime. — L'amende pour défaut de timbre des polices d'assurances maritimes rédigées en forme d'actes sous seing privé et en plusieurs doubles par les notaires était de 5 francs, et non de 20 francs (Marseille 1er août 1844, 1732 § 8 I. G., 12157 J. N.).

Mais, aux termes de l'art. 42 de la loi du 5 juin 1850, les contrats d'assurances et de prolongations d'assurances maritimes doivent être rédigés sur papier d'un timbre de dimension, à peine de 50 francs d'amende contre chacun des assureurs et des assurés. D'après l'art. 48 de la même loi, l'amende contre les courtiers et notaires qui ont rédigé une police d'assurance, ou qui en ont délivré expédition ou extrait sur papier non timbré, est de 500 francs, et de 1,000 francs en cas de récidive, outre les peines disciplinaires.

ACTE DE SUSCRIPTION.

1550. Définition. — L'acte de suscription est l'acte par lequel le testateur qui a fait un testament mystique en fait la présentation et le dépôt à un notaire.

1551. Forme particulière. — Lorsqu'un testateur a dressé ou fait dresser un testament mystique ou secret, le papier sur lequel ce testament est écrit, ou dans lequel il est enveloppé, doit être par lui présenté, clos et scellé, à un notaire et à six témoins au moins, où il doit le faire clore et sceller en leur présence. Il doit déclarer que le contenu de ce papier est son testament écrit et signé de lui. Alors le notaire dresse l'*acte de suscription*, qui est écrit sur ce papier ou sur la feuille qui lui sert d'enveloppe; cet acte est signé, tant par le testateur que par le notaire, ensemble par les témoins. Tout cela est fait de suite et sans divertir à autres actes; et, en cas que le testateur, par un événement survenu depuis la signature du testament, ne puisse signer l'acte de suscription, il doit être fait mention de la déclaration qu'il en a faite, sans qu'il soit besoin, en ce cas, d'augmenter le nombre de témoins (976 C. C.).

1552. Objet. — L'objet de cet acte est d'assurer le secret des dispositions testamentaires. C'est par lui que le testament acquiert le caractère de testament mystique ou secret. Il lui confère le caractère d'authenticité qui résulte, en effet, de la reconnaissance positive que fait alors le testateur, en présence du notaire et des témoins.

1553. Formalités en général. — Outre les formalités particulières qui ont fait l'objet du n° 1551, il n'y a pas de doute que l'acte de suscription, devant être reçu par un notaire, ne soit assujetti, en général, aux formalités requises par la loi du 25 ventôse an 11 sur le notariat (Toullier t. 5 n° 468, Aubry et Rau t. 5 p. 525, Marcadé art. 976-5, Demante t. 4 n° 121 *bis*, Demolombe t. 21 n° 356; — Metz 22 janvier 1833, S. 35-2-70; — Cass. 16 déc. 1834, S. 35-1-463; — Cass. 3 janv. 1838, S. 38-1-244).

1554. Clôture et scel. — Si le testament n'a pas été clos et scellé avant d'être présenté à la suscription, il doit être clos et scellé après cette formalité (*V.* 1551). C'est au notaire évidemment qu'est confiée l'observation de cette formalité, lorsqu'elle a lieu en sa présence, de sorte que les vices qui pourraient se rencontrer dans la manière de clore et sceller devraient lui être imputés.

1555. Timbre. — Lorsque l'acte de suscription est dressé sur une enveloppe non timbrée, dans laquelle se trouve renfermé le testament, le notaire peut-il être recherché à raison de cette contravention? Il faut distinguer :

1. CLOTURE ET SCEL HORS LA PRÉSENCE DU NOTAIRE. — Si le testament a été apporté par le testateur, tout enveloppé, la contravention du notaire n'est pas volontaire et ne doit pas lui être imputée. Dans ce cas, lors de l'ouverture du testament, l'enveloppe doit être visée pour timbre (D. m. f. 3 nov. 1807, 359 I. G.), et l'amende de 50 francs déterminée par les art. 26 n° 3 L. 13 brumaire an 7 et 10 L. 16 juin 1824 et 22 de la loi du 2 juillet 1862, doit être réclamée aux héritiers du testateur, en vertu de l'art. 76 L. 28 avril 1816. Et même cette amende ne pourrait être exigée si la contravention était antérieure à la loi du 28 avril 1816, parce que, alors, on considérait la contravention commise par le testateur comme éteinte par son décès (359 I. G.).

L'interprétation précédente est contestable en droit. L'acte de suscription étant rédigé par le notaire et constituant un acte authentique, il est assez difficile de comprendre pourquoi on lui applique l'amende spéciale aux actes sous seing privé (19288 J. N.). Cependant, il faut remarquer que le testateur a réellement participé à la contravention. S'il est vrai, en effet, que le notaire ait écrit l'acte, il est certain aussi que le testateur a fourni le papier et forcé le notaire à l'employer. Il a donc participé matériellement à l'infraction, et on peut dire, à certains égards, que l'écrit émane de lui. Des deux personnes qui ont coopéré à sa préparation, c'est lui du moins qui est le seul coupable. Il a pu, dès lors, sembler rationnel de lui appliquer la peine réservée aux particuliers qui se servent de papier non timbré.

2. CLOTURE ET SCEL EN LA PRÉSENCE DU NOTAIRE. — Si c'est en présence du testateur que le notaire a fait clore et sceller son testament, il nous semble que l'on doit décider que le notaire est en contravention si l'enveloppe est en papier non timbré. En effet, l'opération de clôture étant alors le fait du notaire, la contravention ne peut plus être considérée comme involontaire (*V.* 1554.) Dans ce cas, l'amende à réclamer au notaire devrait être de 20 francs (Art. 26 n° 5 L. 13 brum. an 7, et 10 L. 16 juin 1824).

Nous devons cependant faire observer que cette opinion, professée par Rolland de Villargues, *Rép.* t. 1er p. 227 n° 100, est repoussée par le D. N. t. 1er p. 473 n° 112. On a même soutenu qu'aucune amende n'est exigible, attendu que l'acte de suscription a généralement un caractère d'urgence, et que l'enveloppe est préparée par le testateur. Mais ce sont là des considérations et non pas des arguments. Si urgente que soit la clôture de l'acte, le notaire peut très-bien se servir de timbre au lieu de papier libre; autrement, il viole lui-même la loi et encourt la responsabilité ordinaire. En vain objecte-t-on que le notaire doit écrire l'acte de suscription sur la feuille que lui présente le testateur, sans s'informer, dans l'intérêt du Trésor, si cette feuille est en papier timbré. L'art. 976 C. C. lui enjoint de rédiger l'acte de suscription sur le testament lui-même, *ou* sur la feuille qui lui sert d'enveloppe. Rien ne s'oppose donc à ce qu'il emploie pour cette enveloppe, avant la clôture, une feuille de papier timbré, dans laquelle il placera le testament, et qu'il fera ensuite sceller en la forme habituelle.

1556. Contravention unique. — Le testament mystique et l'acte de suscription étant indivisibles, il ne serait dû qu'une seule amende, soit que l'acte de suscription et le testament fussent écrits sur une feuille de papier non timbré, soit que le testament fût sur une feuille de papier timbré, et l'acte de suscription sur une enveloppe de papier non timbré (6939 J. E., 3821 J. N.). Les motifs de la D. m. f. 13 germinal an 13 (290 n° 73 I. G.), que nous avons déjà signalée, justifient parfaitement cette opinion. Cette décision porte, en effet, que le testament et l'acte de suscription ne forment qu'un seul et même acte (*Conf.* : Roy 220).

1557. Enregistrement. — Tarif. — L'acte de suscription n'est pas nommément tarifé par les lois de l'enregistrement; dès lors, il est passible du droit de 1 franc (7274 J. E.), élevé à 3 francs par l'art. 8 L. 18 mai 1850 et l'art. 4 L. 28 février 1872, comme acte de complément.

1558. Délai. — Il ne doit être enregistré que dans les trois mois du décès du testateur, de même que le testament avec lequel il s'identifie (Dél. 12 germ. an 13, 290 n° 73 I. G.).

1559. Double droit. — Par identité de raison avec ce que nous avons dit n° 1556, on doit décider que le double droit n'est pas exigible sur un acte de suscription non présenté à l'enregistrement dans le délai de trois mois du décès du testateur (4962 J. E.). Ce double droit se confond avec celui qui est alors exigible sur le testament en vertu de l'art. 21 L. 22 frimaire an 7, qui veut que les testaments déposés chez les notaires, ou par eux reçus, soient enregistrés dans les trois mois du décès du testateur, à peine du double droit (Art. 38 même loi).

1560. Testament olographe. — On ne peut assimiler à un acte de suscription les indications mises sur l'enveloppe d'un testament olographe. Cette enveloppe n'est pas sujette à l'enregistrement (Sol. 14 août 1830, 2931 Roll.). Bien qu'il soit d'usage à Paris de la viser pour timbre, elle n'y est pas assujettie, à moins que le notaire qui reçoit le testament en dépôt n'y joigne l'enveloppe (11493-3 J. E.). Mais, même dans ce cas, aucune amende ne peut être exigée, parce que, avant le dépôt, l'enveloppe n'était qu'une simple feuille de papier, ne renfermant aucun acte, et qu'aucune loi ne soumet au timbre.

1561. Répertoire. — L'acte de suscription est un véritable acte de dépôt. Dès lors, le testament mystique doit être inscrit au répertoire à la date de l'acte (D. m. f. 9 sept. 1812, 4461 J. E.; — Seine 12 août 1841, 12873-3 J. E., D. N. t. 1er p. 474 n° 115).

L'acte de suscription d'un testament mystique constate implicitement et nécessairement la remise au notaire du testament contenu dans l'enveloppe déposée. Par suite, l'inscription au répertoire de l'acte de suscription constate en même temps le dépôt au notaire du testament. En conséquence, il ne paraît pas nécessaire d'inscrire de nouveau ce dépôt sur le répertoire du notaire lorsque l'ouverture du testament est constatée, après le décès du testateur, par une ordonnance du président du tribunal civil, conformément à l'art. 1007 C. C. (Sol. 20 mai 1868, 2706 R. P., 18519 § 2 J. E., 14202 C.).

ACTIF.

1562. Actif. — Ce mot s'entend de la totalité de l'avoir d'un particulier, d'une succession, d'une communauté, par opposition avec son passif, c'est-à-dire avec le montant de ses dettes ou charges. Dans le même sens on donne le nom de dettes actives aux créances.

ACTION.

DIVISION

SOMMAIRE

TITRE PREMIER. — DES ACTIONS AUTRES QUE LES ACTIONS DE SOCIÉTÉ

[1563-1587]

CHAPITRE PREMIER. — DISPOSITIONS GÉNÉRALES

[1563-1571]

1563. Acceptions diverses. — Le mot action a deux acceptions parfaitement distinctes. Ou bien il s'applique *à l'action en justice* qui a pour but d'accorder à une partie le moyen de poursuivre ce qui lui est dû ou ce qui lui appartient. Ou bien il se rapporte à ce droit incorporel de créance dont est saisi tout intéressé dans une société commerciale ou civile, et qu'on nomme, selon les cas, *action, intérêt, sou, part ou denier*.

Nous ne nous occupons ici que de *l'action en justice*, renvoyant au chapitre des Sociétés les développements que nous avons à présenter sur les autres actions.

1564. Caractère de l'action en justice. — La théorie des droits entraîne, comme conséquence nécessaire, celle des actions. En effet, sans la faculté de contraindre à l'accomplissement d'une obligation ou d'un fait, les droits ne seraient plus qu'un vain mot.

Les actions sont mises au rang des choses incorporelles qui sont dans notre patrimoine. Elles sont une véritable propriété (Toullier t. 6 n° 207, Proudhon, de l'*Usufruit*, n° 3064).

1565. Diverses espèces d'actions. — Les actions doivent suivre la nature des droits d'où elles découlent. Ainsi :

1. PERSONNELLE. — L'action est personnelle lorsqu'elle se dirige contre la personne ; lorsque nous agissons contre celui qui est obligé de nous donner ou de faire quelque chose pour nous. L'obligation qui donne naissance à l'action personnelle constitue ce que les anciens interprètes appellent un droit à la chose ou un *jus ad rem*, par opposition au droit dans la chose, au *jus in re*, qui est le principe de l'action réelle (Boitard t. 1er p. 181).

2. RÉELLE. — Elle est réelle lorsque nous agissons contre le possesseur de la chose que nous réclamons, ou sur laquelle nous prétendons avoir un droit réel.

3. MIXTE. — L'action mixte, par suite de la distinction qui existe entre le droit personnel et le droit réel, est le droit formé du mélange de ces deux droits. Elle s'exerce à la fois et contre la personne obligée et contre le possesseur, parce qu'elle nous sert à réclamer et l'accomplissement d'une obligation et la restitution d'une chose.

1566. Nature de l'action. — Les actions sont une véritable propriété. Elles tombent donc sous l'application du droit d'enregistrement, puisque l'art. 4 L. 22 frimaire an 7 veut que ce droit soit assis sur les valeurs. La seule question est donc de savoir de quelle nature est cette valeur. Cette nature est la conséquence forcée de celle des choses sur lesquelles existe l'action réelle.

1. IMMOBILIÈRE. — Ainsi, aux termes de l'art. 526 C. C., les actions qui tendent à revendiquer un immeuble sont immeubles.

2. MOBILIÈRE. — Tandis que sont meubles, par la détermination de la loi, les obligations et actions qui ont pour objet des sommes exigibles ou des effets mobiliers (529 C. C.).

Ce sont ces principes du droit civil qui forment la base des règles de la perception sur les transmissions des droits et actions; mais, avant d'aborder ces questions, faisons connaître une dernière subdivision des actions qu'il est utile aux employés de pouvoir bien distinguer.

1567. Action immobilière. — Les actions immobilières se subdivisent en actions possessoires et en actions pétitoires.

1. POSSESSOIRE. — L'action possessoire est celle qui a pour objet, de la part de celui qui la forme, d'être maintenu dans la possession d'un droit réel, ou de la recouvrer. Dans le premier cas, elle prend le nom de complainte, dans le second, celui de réintégrande.

2. PÉTITOIRE. — L'action pétitoire est celle qui a trait à l'exercice d'un droit réel sur un fonds dont on se prétend propriétaire.

1568. Juridiction. — En reprenant les diverses espèces d'actions dont nous avons parlé, nous ferons observer que : 1° l'action personnelle se porte au juge du domicile du défendeur, et à celui de la résidence au défaut de domicile (C. proc. 2-50 et 59); — 2° l'action réelle, au juge de la situation de l'objet litigieux (C. proc. 59); — 3° l'acte mixte, au juge du domicile du défendeur, ou à celui de la situation des biens (C. proc. 2 et 59); — 4° les actions possessoires, au juge de paix de la situation (C. proc. 3).

1569. Caractères distinctifs de chaque action. — L'art. 526 du C. C. paraît ne déclarer immeubles que les actions tendant à revendiquer un immeuble, et on pourrait croire que l'action par laquelle un tiers est obligé de me faire avoir un immeuble n'est pas elle-même un immeuble parce qu'elle n'est pas une action réelle en revendication. Mais ce serait mal comprendre la pensée du texte. La règle générale, en cette matière, est que l'action est immeuble par l'objet auquel elle s'applique ; du moment donc que l'action s'applique à un immeuble, elle ne peut être elle-même qu'un immeuble. « La créance de quelque héritage qui nous est dû, dit très-bien Pothier, et que nous avons droit de demander, est une créance immobilière » (*Des Choses part.*, 2 § 11). Pour savoir, enseigne sur ce point M. Demolombe, « à quel objet un droit s'applique principalement, le procédé est très-simple : c'est de rechercher quel est l'objet que le créancier peut demander, quel est l'objet à la délivrance, ou à la prestation duquel le demandeur peut conclure contre le défendeur. Le demandeur peut-il conclure à la délivrance d'un meuble ? le droit est seulement mobilier. — A la délivrance d'un immeuble ? le droit est immobilier » (*Dict. des Biens*, t. 1er n° 350). La même remarque est faite par Demante (n° 292).

Il est assez facile, généralement, à l'aide de ce principe, de déterminer la nature des différentes actions auxquelles peut s'appliquer la loi fiscale. Nous indiquons ici les principales.

1570. Actions mobilières. — Ainsi, on doit considérer comme mobilière :

1° La revendication d'un meuble perdu ou volé, contre le détenteur (C. C. 2279, 2280);

2° La revendication, par le débiteur, de l'objet donné en gage, ou l'action intentée par le gagiste pour obtenir le remplacement du gage qui a péri;

3° L'action en payement de l'indemnité due pour passage en cas d'enclave (C. Grenoble 5 janv. 1845, D. 42-2-160);

4° L'action par laquelle l'acheteur de récoltes sur pied poursuit la délivrance de l'objet vendu, attendu qu'il s'agit d'objets aliénés avec leur caractère de meubles (*V.* Cass. 5 oct. 1813);

5° L'action en liquidation de dommages-intérêts (Cass. 7 nov. 1809);

6° La demande en restitution des fruits perçus pendant que l'hérédité était indivise (Agen 11 déc. 1860);

7° La demande en payement de prix de vente de meubles ou d'immeubles, de soulte de partage ;

8° Celle d'un cohéritier en rapport du prix d'une adjudication (Orléans 13 avr. 1817).

1571. Action immobilière. — 1. RESCISION. — Malgré la faculté qu'a l'acheteur de garder le fonds, en fournissant le supplément du prix, l'action en rescision est immobilière, dans son principe, puisqu'elle tend principalement à la rescision du contrat et ainsi virtuellement à la revendication de l'immeuble. On doit donc tenir pour constant, contrairement à deux arrêts C. cass. des 23 prairial an 12 et 14 mai 1806, que cette action a un caractère immobilier (C. Paris 13 mars 1817; — C. Bourges 25 janv. 1832; — Cass. 13 fév. 1832 — Seine 9 mars 1838, Toullier t. 12 n° 309, Pothier *de la Vente* n° 332, Delvincourt t. 3 p. 287, Dalloz v° *Action* 148 et 167, Merlin *Questions de droit* t. 5 v° *Rescision* § 4 p. 478, Demolombe t. 9 nos 352, 357, Duranton 4-97, Zachariæ t. 1er p. 243, Demante *Proc.* t. 2 n° 356 *bis*-5). — *V.* 1572.

2. RÉDUCTION. — Il en est de même de l'action en res

cision d'un partage et de l'action en réduction des donations et legs d'immeubles, lors même qu'elle serait exercée contre les tiers acquéreurs. La renonciation à cette action doit donc être transcrite (C. Bruxelles 28 oct. 1875, 4445 R. P.).

3. RÉVOCATION. — Ce caractère immobilier appartient également à l'action en révocation d'une donation d'immeubles pour cause d'inexécution des conditions, d'ingratitude ou de survenance d'enfant (Demolombe t. 9 n° 352); et à l'action qui appartient à la femme mariée sous le régime dotal pour faire annuler la vente d'un immeuble compris dans sa dot et en obtenir la restitution (Cass. 29 août 1835).

4. RÉSOLUTION. — On a enseigné que l'action en résolution d'une vente immobilière pour défaut de payement du prix était un immeuble parce que le vendeur conclut à rester en possession de sa chose (Zachariæ t. 1er p. 344, Dalloz v° *Biens* n° 155). Mais on doit remarquer que l'objet direct auquel s'applique le droit du vendeur, c'est le prix; la restitution de l'immeuble forme une conclusion accessoire et subsidiaire, et ce n'est pas par la nature de l'objet que le débiteur peut donner en payement qu'il faut apprécier le caractère d'une action. L'action du vendeur est donc mobilière, sauf le cas où il aurait été convenu qu'à défaut de payement du prix, au terme indiqué, la vente serait résolue de plein droit sans sommation (Troplong *de la Vente* t. 2 n° 632, Proudhon *de la Propriété* 1-193, Demolombe t. 9 n° 355).

5. PARTAGE. — La demande en partage d'une hérédité est une action personnelle et réelle, puisque la portion de l'hérédité réclamée par le demandeur lui appartient et que, par le partage, ses cohéritiers se sont engagés à la lui délivrer (Berriat-Saint-Prix, p. 103). En tant que réelle, cette action est mobilière ou immobilière, selon que la succession comprend exclusivement des meubles ou des immeubles.

6. USURPATION. — Est aussi immobilière l'action en revendication d'un immeuble usurpé quand elle est dirigée contre un tiers détenteur, alors même que le demandeur aurait conclu à des dommages-intérêts (C. Amiens 13 nov. 1824). Il en est de même de l'action tendant à faire déclarer que le détenteur d'un immeuble est le prête-nom d'un tiers (Cass. 5 mai 1829).

7. RÉALISATION DE VENTE. — Si l'acheteur, en possession de l'immeuble, réclamait seulement à son vendeur l'exécution de l'engagement qu'il a pris de lui fournir un titre notarié, l'action serait évidemment mobilière. Elle deviendrait immobilière, au contraire, s'il s'agissait du délaissement même de la propriété.

8. PROMESSE DE VENTE. — Il est plus délicat de se décider au sujet de la promesse unilatérale de vente. Celui au profit duquel la promesse a eu lieu, et qui en a pris acte, exerce-t-il un droit immobilier quand il notifie au vendeur son acceptation définitive et le somme de lui délivrer la propriété. La C. cass. a reconnu le 20 janvier 1862 (S. 62-1-709), « que la promesse unilatérale de vendre un immeuble faite à une personne pour le cas où elle consentirait à acheter à une époque déterminée, ne confère à cette personne ni la propriété de l'immeuble ni aucun droit immobilier sur l'immeuble, tant que le terme auquel la vente doit être réalisée n'est pas arrivé et que l'acquéreur n'a pas déclaré vouloir en profiter. » Le tuteur peut donc renoncer à cette promesse : il fait un acte d'administration.— La même interprétation résultait déjà, en matière fiscale, d'un arrêt du 1er juillet 1807, ainsi conçu : « Attendu que l'acte n'était pas même parfait dans les conventions qu'il renfermait, puisqu'il y était question de l'acceptation de clauses, conditions et obligations à traiter lors de l'acte public qu'on se proposait de passer; qu'il résulte de la contexture de cet acte qu'en dernière analyse le sieur Faissat seul était maître de profiter de cette faculté, son refus ne devant entraîner, aux termes de cet acte, que sa nullité et la déchéance du droit de se faire donner le bien vendu à titre de locatairie perpétuelle; que cette faculté personnelle à Faissat, ne formant qu'une chose incorporelle, ne peut entraîner le droit proportionnel établi sur les mutations effectives des propriétés immobilières. » Cette appréciation, exacte peut-être au point de vue des droits du tuteur, ne nous semble pas acceptable comme principe. S'il est vrai, en effet, que la nature de l'action se détermine invariablement par l'objet à la délivrance duquel elle s'applique, aucun doute ne paraît possible pour la promesse unilatérale de vente. Le propriétaire s'est obligé dès à présent, et d'une manière définitive, à me céder son terrain. Quand j'exercerai mon droit contre lui, je lui demanderai donc de me délivrer son immeuble; cet immeuble est par conséquent l'objet direct et principal de mon action. Elle ressemble à cet égard aux demandes en retrait de réméré, en nullité ou rescision de contrats translatifs d'immeubles pour dol, erreur, collusion, toutes actions dont le caractère réel n'est plus contesté.

Il ne faudrait pas objecter que la promesse de vente constitue une obligation de faire, et que, dans l'opinion aujourd'hui la plus accréditée, ces engagements restent mobiliers, quoiqu'ils aient des immeubles pour objet. A la vérité, l'action que j'ai contre un architecte qui a promis de construire une maison sur ma propriété est purement mobilière, parce que l'objet immédiat de ce droit n'est pas, à proprement dire, une maison qui n'existe pas encore, mais bien l'exécution d'un louage d'industrie, la prestation de services dont le bâtiment sera seulement le produit (*V.* Merlin *Rép.* v° *Nantissement*, Toullier t. 12 n° 20; Zachariæ t. 1er p. 345, Troplong *Cont. de mariage* t. 1er n° 401, Darot *Prop. mobil.* t. 1er n° 42, Demolombe *loc. cit.* n° 374). — Bien différente est l'obligation du vendeur : ce qu'il a promis, c'est l'immeuble dont il est propriétaire et dont le prix a été fixé par la convention. Ma créance contre lui a donc pour objet direct la livraison et non pas seulement la création de cet immeuble (Dalloz v° *Biens* n° 163). Aussi doit-il paraître constant qu'elle a un caractère immobilier.

C'est un point qui a été mis nettement en relief par M. l'avocat général Blanche dans le réquisitoire qui a été reproduit au n° 2831 R. P.

9. USAGER. — Lorsque l'usager forestier réclame l'exercice de son droit en vertu de titres antérieurs au Code forestier, l'action est réputée immobilière par l'art. 9, tit. 1er de l'ordonnance de 1669, maintenu par l'art. 218 Code forestier (Cass. 29 avr. 1833, 10798 J. E.).—Si le titre est postérieur au Code forestier, l'action peut être mixte ou réelle, selon que l'usager s'adresse à celui dont il a reçu le titre ou à un tiers détenteur, mais elle est dans tous les cas immobilière, puisqu'elle tend à la délivrance d'un droit immobilier.

10. MINES. — Le droit accordé au concessionnaire de faire des recherches pour la découverte d'une mine constitue, par les mêmes raisons, un droit réel immobilier, et non pas seulement un droit personnel (Cass. 16 juin 1856, S. 57-1-477).

11. RÉMÉRÉ. — On ne saurait douter non plus que l'action en réméré ou rachat d'immeubles soit une action essentiellement immobilière (Cass. 5 déc. 1826, S. 1827-1-368; Proudhon t. 1er n° 180, Demolombe t. 9 n° 352, Demante *Principes* n° 296).

12. REPRISES ET INDEMNITÉS. — De graves controverses se sont élevées au sujet de la nature mobilière ou immobilière des reprises des époux ou des indemnités qui leur sont dues par la communauté. Ce n'est pas le lieu d'aborder ici cette question qui trouvera sa place plus tard (V. *Communauté*). Disons seulement qu'en matière civile il paraît admis aujourd'hui que les reprises de la femme lui attribuent sur la communauté un droit de créance à l'encontre des autres créanciers de la masse et un droit de prélèvement au regard du mari et des tiers. Cette dernière solution n'est pas cependant acceptée dans tous les cas pour l'application des lois d'enregistrement, et la Cour de cassation décide que la femme peut à son gré recevoir des objets en nature ou de l'argent en payement de ses reprises sans acquitter de droit de mutation.

13. OBLIGATION DE FAIRE. — Nous avons, par avance, en parlant de la promesse de vente, (§ 8 *suprà*) réfuté l'opinion d'après laquelle la créance d'un fait doit être considérée comme immobilière, lorsqu'elle se rapporte à un immeuble et doit procurer un immeuble à celui au profit duquel elle a été contractée (Proudhon *Domaine de prop.* 1-186; Bugnet sur Pothier *Introd.* 50, Toullier 2-156, Pont et Rodière 1-336). L'objet de l'action, dans cette hypothèse, n'est pas directement l'immeuble lui-même, mais le travail ou l'obligation de la personne qui doit le procurer. Cette dernière n'est tenue que d'une obligation de faire, et c'est seulement quand elle aura exécuté sa promesse, quand l'action dirigée contre elle sera éteinte, que le demandeur aura cet immeuble. Il s'agit donc d'un droit mobilier.

14. QUESTIONS D'ÉTAT. — Les questions relatives à l'état des personnes ne sont ni meubles ni immeubles; elles sont hors du commerce, inaliénables et imprescriptibles (Demolombe t. 9 n° 377).

CHAPITRE II. — MUTATIONS ENTRE-VIFS

[1572-1581]

1572. Exigibilité du droit proportionnel sur les cessions d'actions. — Champ. et Rig., s'appuyant sur les anciens principes de la perception des droits seigneuriaux, soutiennent que les actions ne sauraient motiver l'exigibilité d'un droit proportionnel quelconque, parce qu'elles ne transmettent au cessionnaire ou à l'héritier aucune propriété sur l'objet lui-même, tant que le demandeur n'a pas obtenu une décision favorable de la justice (n° 3715). Les droits de *lods et ventes* n'étaient point, à la vérité, perçus sur les transmissions d'action. Mais la raison en est que cet impôt était rigoureusement restreint aux contrats qui opéraient la tradition même de la chose vendue (Henrys t. 2 liv. 3 quest. 29, Faber, Code, tit. 22 def. 4 n° 7, d'Argentré *Lods et ventes* § 2, Fonmaur n°s 100 et 281). Il n'en est plus ainsi du droit d'enregistrement qui s'applique aux droits incorporels comme aux autres objets et dont l'exigibilité ne dépend point de la tradition matérielle de la chose abandonnée. En somme, le cédant s'est dépouillé au profit du cessionnaire d'un droit qui ne saurait tomber dans le patrimoine de ce dernier, sans acquitter l'impôt créé par l'art. 4 de la loi du 22 frimaire an 7 pour toutes les transmissions de valeurs. La jurisprudence ne s'est jamais prononcée autrement (*V.* dans ce même sens M. Demante *Princ. de l'Enreg.* 293, etc., Bosquet v° *Ventes de droits successifs*).

1573. Condition suspensive. — Il est bien entendu toutefois que, si la cession était soumise à une condition suspensive, la perception du droit proportionnel serait arrêtée. Ainsi, il a été reconnu avec raison que le droit fixe est seul exigible sur la cession faite par des héritiers de leurs droits, dans la succession dont ils ont été frustrés par un testament qu'ils ont attaqué en nullité, si le prix de la cession ne devait être payé qu'en cas de gain du procès. La condition suspensive régit ici le contrat d'une manière irrécusable (Dél. 1er déc. 1843, 13426-3 J. E., 11842 J. N.).

1574. Valeur transmise. — Créance. — D'un autre côté, la cession d'une telle action ne saurait donner ouverture à l'impôt sur la valeur du bien qu'elle concerne. Celui auquel elle est faite n'est pas encore propriétaire du meuble ou de l'immeuble; il a seulement l'espérance de le devenir. La cession se borne à transmettre au tiers ce droit éventuel, avec les incertitudes dont sa réalisation est affectée; dès lors, l'importance de la mutation dépend de la valeur même de l'action, et elle peut différer beaucoup de celle de l'objet auquel elle s'applique. C'est pourquoi, notamment, il ne faudrait pas appliquer au transport d'une action relative à une créance la disposition de la loi du 22 frimaire an 7, qui soumet les cessions de créances au droit d'enregistrement sur le capital cédé et non pas sur le prix. En effet, ce n'est pas la créance qui est transportée, mais le droit bien différent d'en poursuivre la rentrée dans le patrimoine du cédant. Ce droit incorporel est exposé à des éventualités qui en amoindrissent l'importance, et on ne saurait, sans violer les principes du contrat, l'assimiler à la créance même.

Une disposition pareille existe pour la perception du droit de transmission. — V. *Droit de transmission*, n° 6961.

1575. Insuffisance. — Ce caractère aléatoire du droit n'empêche pas l'Administration de constater, par les moyens ordinaires, l'insuffisance dans le prix du transfert ou dans la déclaration qui en tient lieu. Elle pourrait, par exemple, demander que des experts fixent la valeur vénale de l'action immobilière au jour de la vente, d'après les chances qu'elle avait alors de réussir. Sans doute, il ne s'agit pas ici d'estimer l'immeuble lui-même, puisque cet immeuble ne fait pas l'objet du contrat. Mais on évaluera l'action immobilière qui forme un droit réel particulier, tombant à ce titre sous l'empire des dispositions absolues de l'art. 17 de la loi du 22 frimaire an 7. Ni le texte ni l'esprit de la loi ne repoussent cette procédure.

On continue à se méprendre sur la nature du contrat, en enseignant que, si le cessionnaire a fait reconnaître ses droits en justice ou par une transaction, il doit payer un supplément d'impôt sur le montant de tout ce dont l'objet litigieux dépasse la valeur de l'action (Sol. 27 janv. 1854, 27 déc. 1854, Champ. et Rig. n° 3724). Le cessionnaire reçoit la propriété en vertu d'un titre qui a payé à l'État tout ce qu'il lui devait. Au moment ou il a été rédigé, le succès de l'action était incertain puisqu'il fallait en poursuivre judiciairement l'exercice, et l'acheteur s'exposait à ne rien recevoir. Il prenait le droit cédé pour ce qu'il valait alors, avec ses chances bonnes ou mauvaises; et le prix stipulé représentait précisément la valeur imposable de cet *alea*. Il serait aussi impossible, dans une telle situation, d'autoriser la demande d'un supplément de droit en cas de succès, que d'accorder la restitution des droits payés lorsque l'action demeure infructueuse. « Si le cessionnaire, dit également M. Demante, obtient gain de cause, le jugement n'encourt pas le droit proportionnel, pas plus que, si l'action eût été intentée par celui qui l'a cédée. Ce jugement n'est pas translatif; ce n'est pas le jugement, c'est l'acte de cession qui a opéré transmission de la propriété au cessionnaire. Mais le cessionnaire obtient ainsi le fonds à vil prix. D'accord, il a fait une opération aléatoire, la chance a tourné à son profit; il n'y a pas lieu pour cela à forcer la perception; car, vu l'incertitude du procès, le fonds a été payé par hypothèse, suivant sa valeur vénale à l'époque de l'aliénation » (n° 295).

1576. Rescision. — Il est facile maintenant de déterminer l'application du tarif aux diverses actions dont nous avions précédemment parlé. Ainsi, du principe que l'action en rescision d'une vente d'immeubles est immobilière, il en résulte nécessairement que la cession d'un tel droit motive la perception du droit ordinaire de vente d'immeubles. Comme le fait judiciairement remarquer M. Demante, « malgré la double incertitude et de l'événement du procès et de l'option de l'acheteur, il y a, dans la cession de l'action en rescision, transmission actuelle d'un droit immobilier; ce qui suffit, d'après la pratique établie, pour autoriser la perception immédiate du droit de 5 fr. 50 cent. pour 100 sur le prix de la cession » (n° 297). — *Conf.:* Lyon 9 mars 1838, 12004 J. E., D. N. t. 11 p. 236 n° 72. — *V.* 1579.

Cependant, Dalloz n° 2308, Champ. et Rig. 5272 C., combattent cette décision et s'appuient sur la jurisprudence établie en matière de vente sous condition suspensive, pour soutenir que, tant qu'il est incertain que l'acquéreur conservera l'immeuble en payant un supplément de prix, on le délaissera, la perception doit être suspendue. Mais nous avons répondu précédemment à cette observation. Nous ajoutons que l'éventualité dont il s'agit doit d'autant moins exercer d'influence sur la perception des droits applicables au contrat, que si l'acquéreur laisse prononcer la rescision, le droit proportionnel de mutation perçu sur le jugement qui la prononce n'est pas restituable lors même que le supplément de prix serait versé après ce jugement (Cass 27 fév. 1872, 3414 R. P., 14877 C., 2447 § 3 I. G., S. 72-1-139, D. 72-1-83).

1577. Action en revendication. — Un individu ayant vendu un immeuble qui ne lui appartenait pas et qu'une commune revendiquait, celle-ci s'est désistée de son droit de revendication après un jugement qui l'avait accueilli, moyennant l'obligation qu'a contracté le vendeur de lui payer une somme déterminée. L'Administration, invoquant l'art. 526 C. C., a décidé qu'il y avait lieu de percevoir sur cette valeur 5 fr. 50 cent. pour 100 (Sol. 25 janv. 1841, 12676 J. E. — *V.* dans le même sens, Dalloz n° 2358).

Champ. et Rig. (Suppl. n° 352, 6003 C.) ne voient dans ce cas qu'une transaction passible du droit d'obligation, conformément aux principes qu'ils ont développés n° 2012, 2013. Mais cette doctrine ne serait applicable que si la transaction ou le désistement était intervenu avant le jugement qui constatait la propriété de la commune.

C'est au mot *Transaction* que nous examinerons les difficultés auxquelles donnent lieu les stipulations de l'espèce entre le vendeur et l'acquéreur.

1578. Action en retrait de réméré.— La faculté de réméré peut être cédée par le vendeur, et cette faculté constituant un droit immobilier, d'après ce qui a été dit ci-dessus, doit opérer le droit d'enregistrement à 5 fr. 50 cent. pour 100 (9406, 11151-4, 11342-2 J. E. — *Contrà* Champ. et Rig. n° 3710, Demante n° 296).

Mais il est bon de faire observer que si la cession du droit de réméré est faite *sans prix* et à charge seulement de payer à l'acquéreur, en exerçant le retrait, le prix de la vente et les loyaux coûts, le droit proportionnel ne doit être exigé qu'au moment où le cessionnaire opère le rachat, ainsi qu'on le verra à l'article *Retrait de réméré* (*Conf.:* 12016, 13335 J. E., Demante n° 296. — *Contrà* 15659-5 J. E.).

1580. Promesse de vente. — La promesse unilatérale de vente qui a pour objet un immeuble conférant à celui qui s'en est emparé un droit immobilier, sa cession doit donner lieu au droit de vente d'immeubles.

La Cour de cassation a cependant décidé que le droit fixe est seul exigible. « Attendu que le droit cédé restait conditionnel et que, dès lors, pas plus que la promesse elle-même, la cession dont elle a été l'objet ne pouvait servir de base à la perception d'un droit proportionnel » (Cass. 13 janv. 1869, 2831 R. P., Bull. civ. 14, S. 69-1-186, D. 69-1-295, 19507 J. N.).— Mais nous nous sommes très-vivement élevé contre cette jurisprudence.

Le seul argument sur lequel on s'appuie, c'est que l'obligation contractée par le débiteur est conditionnelle, et que jusqu'à sa réalisation elle ne peut donner lieu qu'à des stipulations de la même nature (Champ. et Rig. t. 1er n°s 687 et suiv., et t. 4 n° 3701, Dalloz n°s 1637 et 1738). Il tombe de lui-même devant cette considération que le tarif n'atteint pas ici la convention projetée, mais l'action qui peut y conduire et à laquelle les parties ont attribué une valeur imposable. « Le profit du cessionnaire, enseigne très-exactement Demante, est sans doute incertain; mais la cession est pure, actuelle, certaine; c'est comme la vente d'un coup de filet : l'incertitude du résultat de la pêche ne fait pas que la vente ne soit pure et simple » (*Principes de l'Enregistrement*, n° 447). Le créancier qui veut escompter les chances de son droit conditionnel, peut le remplacer à forfait par un engagement actuel de moindre importance, et peut aussi le céder à prix ferme à un tiers. Un tel contrat échappe entièrement aux effets de la condition suspensive. Il doit donc acquitter, selon l'usage, le droit proportionnel ordinaire.

Si la promesse est créée ou transmise sans un prix exprimé, la valeur imposable dont l'existence est nécessaire à la perception du droit proportionnel fait défaut, et il ne reste plus qu'à soumettre l'engagement au tarif des actes innommés. Si, pour l'obtenir, le futur acquéreur paye immédiatement une somme convenue ou s'oblige de la verser à terme, cette valeur se détermine et tombe sous l'empire du principe général des mutations de droits immobiliers. Il en est de même des cessions faites moyennant un prix convenu. Presque toujours ce prix représente la plus-value qu'ont éprouvée les immeubles depuis la promesse; il précise, en tous cas, l'intérêt appréciable du droit cédé. Le tarif des transmissions d'immeubles devient donc également applicable.

(*Conf.* : Seine 13 janv. 1860, 1431 R. P., 21 déc. 1861, 1667 R. P. — *Contrà*, Seine 13 janvier 1866, 2307 R. P., 23 mars 1867, 2495 R. P.).

1. RÉTROCESSION. — La question a été représentée à la C. cass. au sujet de la rétrocession d'une promesse de vente qui était consentie par le preneur au bailleur moyennant une réduction du loyer. Il était impossible, dans ce cas, de reproduire la doctrine de l'arrêt du 13 janvier 1869, puisque la transmission s'opérait moyennant un prix certain et actuel. Aussi la Cour n'a-t-elle pas reproduit les motifs de son premier arrêt. Abandonnant la fausse doctrine de la conditionnalité, elle a repoussé l'idée de la mutation par cette seule considération, « que la rétrocession de la promesse de vente déliait les vendeurs de leur engagement et produisait simplement un effet libératoire donnant lieu au droit de quittance » (Cass. 5 fév. 1873, 3574 R. P., S. 73-1-178, P. 73-408. — *Conf.* : Lille 15 déc. 1870, 3289 R. P.).

Mais cette raison nous satisfait encore moins que l'autre. Quand un propriétaire s'est dépouillé au profit d'un tiers, moyennant une somme d'argent, du droit de disposer de son immeuble, on ne conteste pas que le tiers se trouve investi d'un droit réel immobilier. Et quand il rétrocède ce droit réel à celui qui en était dessaisi, il n'y aurait qu'une quittance! Le promettant se trouve sans doute libéré de sa promesse. Mais comment l'est-il? Parce qu'il l'a racheté à son cessionnaire et qu'il a repris, moyennant un prix convenu, le droit qu'il avait abandonné. Aussi longtemps qu'on n'aura pas démontré que la promesse de vente n'engendre qu'une créance mobilière, il sera impossible d'admettre que sa rétrocession constitue une quittance. Si l'objet de l'engagement est immobilier, sa transmission, qu'on la qualifie de libération ou autrement, est fatalement passible du droit de mutation immobilière.

Ce que la Cour décide pour la promesse de vente, il faudrait le décider également pour toutes les actions immobilières. En y renonçant au profit du propriétaire moyennant un prix convenu, on ne ferait qu'une quittance; en la cédant à un tiers, on n'opérerait qu'un transport de créance ou d'obligation. Bien plus, ce serait encore une libération que l'acte par lequel le propriétaire d'une servitude, d'un droit d'usufruit, d'usage et d'habitation, s'en dessaisirait contre une somme d'argent. Le possesseur du fonds n'est-il pas affranchi de la charge, libéré de l'obligation qui pesait sur son immeuble?

Nous ne pouvons admettre une semblable théorie. Il nous paraît certain que la libération n'est ici que l'effet direct de la transmission du droit réel, comme elle l'est dans la dation en payement par la remise d'un immeuble au créancier. L'objet principal et direct de la convention, c'est la rétrocession de la promesse de vente. C'est donc elle aussi qui donne ouverture au droit proportionnel.

2. VALEUR DE LA PROMESSE DE VENTE. — Il faut bien remarquer, d'ailleurs, que la cession d'une promesse semblable ne donne pas ouverture au droit proportionnel de vente sur la valeur de l'immeuble qu'elle a pour objet. Celui auquel elle est faite acquiert seulement l'espérance plus ou moins fondée de devenir propriétaire à l'époque convenue, et la cession se borne à transmettre ce droit éventuel avec les incertitudes dont sa réalisation est affectée. Dès lors, l'importance de la mutation dépend de la valeur même de l'action, et, dans une expertise dirigée contre le nouveau possesseur, les circonstances de fait seraient décisives pour trancher la difficulté. Ce que l'on peut dire de plus général, c'est que presque toujours la valeur de la promesse se calculera sur la plus-value acquise par l'immeuble depuis le contrat originaire. Le prix de la mutation future a été, en effet, définitivement convenu lors de la promesse, et tous les changements survenus depuis dans la valeur du bien ne sauraient le modifier. L'acquéreur est donc appelé à profiter, sans augmentation de prix, de la plus-value de l'immeuble : c'est là le bénéfice de son opération; et c'est pourquoi il trouve souvent un prix aussi élevé de la cession de son droit.

3. IMPUTATION. — Mais lors de l'enregistrement de la réalisation de la promesse, il n'y a point à tenir compte du droit acquitté pour la cession de la promesse de vente. Sans doute, il peut paraître exorbitant pour le cessionnaire qui a déjà payé l'impôt immobilier sur la représentation de la plus-value de l'immeuble de le subir encore sur la totalité du bien, quand il devient acquéreur. Mais ce n'est là qu'une considération d'équité. L'objet des deux mutations est tout à fait distinct, puisque, d'un côté, il s'agit d'une action, et, de l'autre, de l'immmeuble lui-même. Or, il n'y a rien de plus singulier à tarifier séparément ces deux contrats qu'à percevoir le droit de cession immobilière à la dissolution d'une société, lorsque l'on attribue à un associé l'immeuble apporté par celui dont il avait acquis la part d'intérêt pendant la durée de l'entreprise. Dans ce cas, la Cour a très-justement reconnu que le droit de 2 pour 100 perçu sur la cession de la part d'intérêt ne pouvait s'imputer sur celui de 5 fr. 50 cent. pour 100 exigible à la dissolution (Cass. 8 nov. 1864, 2000 R. P., 2324-1 I. G., S. 65-1-137, D. 64-1-473, Bull. 163, 2 déc. 1873, 3788 R. P.). Et elle l'a décidé ainsi, évidemment parce que l'objet des transmissions est différent. D'ailleurs, elles ne s'effectuent pas dans l'espèce entre les mêmes parties, puisque le cessionnaire reçoit l'action d'un tiers et la propriété d'une autre personne. Enfin, on se demande comment on justifierait l'im-

putation si le cessionnaire avait recueilli la promesse dans la succession de son auteur ou s'il lui en avait été fait donation. L'impôt se percevant alors sur le revenu de l'action, tandis que lors de la réalisation de la vente on l'exige sur la valeur vénale de l'immeuble, toute base légale manquerait à l'opération.

4. DISPOSITION DÉPENDANTE. — Il arrive fréquemment que la promesse de vente se trouve cédée avec un autre objet, par exemple, que le preneur au profit duquel elle a été consentie la transporte à celui qui continue son bail. Dans ce cas, peut-on dire que la cession de la promesse est une dépendance de la cession du bail? Le tribunal de la Seine l'a pensé (29 mars 1867, 2491 R. P., 18911 J. N., 13288 C.), mais sa doctrine nous paraît inacceptable. Un tel contrat renferme évidemment deux objets parfaitement distincts, prenant, il est vrai, leur source dans une même convention, mais conservant d'ailleurs une individualité complète. Il est bien clair que le fermier pouvait céder le bail en conservant la promesse de vente et réciproquement, ou les aliéner au profit d'acquéreurs distincts. Ces deux droits, quoique simultanément acquis et s'exerçant sur les mêmes biens, coexistent sans se confondre entre les mains du fermier, et sont aussi séparés dans son patrimoine que deux immeubles différents. De ce que la propriété en ait été transmise par un seul acte au même acquéreur, il ne s'ensuit pas que l'une des deux cessions soit la dépendance de l'autre, et, par suite, qu'elle soit affranchie de l'impôt au moyen du droit perçu sur la première.

La dépendance dont il s'agit à l'art. 11 de la loi de l'an 7 s'entend d'une connexité tellement étroite que les dispositions dérivent *nécessairement* les unes des autres, comme l'obligation de payer le prix dérive de la vente. Il ne suffit pas que l'une des stipulations soit la condition de l'autre; car, en vous achetant votre ferme, je puis vous imposer la condition de me vendre votre forêt, sans que pour cela la vente de la forêt soit dispensée du droit par la cession de la ferme. Il faut que les deux clauses viennent se confondre en une convention unique et soient, pour ainsi dire, les termes correspectifs du même engagement (*V.* 541). Or, tel n'était pas le caractère de la double cession consentie par le fermier. D'ailleurs, avec son système, le tribunal arrive à exempter du droit la vente d'une action payée 170,000 francs, sous le prétexte qu'elle est la conséquence d'une cession de bail faite pour 3,600 francs! Une telle conséquence suffirait à elle seule pour démontrer l'erreur du principe qui la produit.

1580 *bis*. Cession à titre onéreux. — Quotité du droit. — On a enseigné que quand la cession de l'action a lieu à titre onéreux, que cette action s'applique au recouvrement d'une créance, c'est le droit de 1 pour 100 et non pas celui de 2 pour 100 qui est exigible. Mais c'est une erreur que nous réfutons en parlant des constitutions d'hypothèques au mot *Affectation hypothécaire*. Nous établissons que l'acte n'ayant pas pour objet la créance même, mais l'action qui s'y rapporte tombe sous l'application de l'art. 69 § 5 n° 1 L. 22 frimaire an 7, qui tarife au droit de 2 pour 100 tous les actes translatifs d'objets mobiliers. Nous nous référons à nos explications.

1581. Donation. — L'action qui fait l'objet d'une libéralité entre-vifs est soumise au droit ordinaire de donation. S'il s'agit d'une action mobilière, le droit est perçu sur la valeur vénale déterminée dans l'acte ou évaluée par les parties conformément à l'art. 16 L. 22 frimaire an 7. Si l'action est immobilière, la liquidation s'établit non plus sur la valeur vénale du droit cédé, mais sur le capital du revenu à déclarer. Dans tous les cas, il va sans dire qu'il s'agit du revenu ou de la valeur vénale de l'action elle-même, considéré abstractivement, et non pas de l'immeuble ou du capital immobilier qu'elle a pour objet. Le même principe est admis pour le payement du droit de donation ou de mutation par décès des actions immobilisées de la Banque de France. — V. *Donation* et *Succession*.

1. RESCISION. — L'Administration a reconnu, mal à propos, selon nous, que la donation d'une action en rescision relative à une vente de biens-fonds faite par le vendeur à un tiers, doit être assujettie au droit proportionnel de donation immobilière, sur la valeur de l'action à déclarer par les parties conformément à l'art. 16 L. 22 frimaire an 7 (Dél. 11 mai 1842, 12991 J. E.).

2. RÉMÉRÉ. — On a émis l'avis (3782 J. E.) que si le vendeur transmet son droit de rachat, à titre gratuit, le droit de donation est dû; et ce droit doit être perçu sur le revenu capitalisé de cette faculté à faire déclarer par les parties (11444, 11665 J. E.). D'où la conséquence que le retrait exercé par le donataire donne ouverture au droit de 5 fr. 50 cent. pour 100, d'après la règle que nous ferons connaître au mot *Retrait de réméré*. On oppose à cette doctrine que donner une faculté de rachat, c'est donner l'immeuble à charge d'en exercer le réméré d'après la maxime. *Qui actionem habet ad rem recuperandam, rem ipsam habere videtur*, et l'on pense que le droit de donation est exigible sur le capital au denier vingt du revenu de l'immeuble et non de la faculté de rachat, qui n'est pas susceptible de revenu. A ce point de vue, le droit de 50 cent. pour 100 serait seul exigible sur le retrait exercé par le donataire (9339, 9490 J. N.). Cette dernière manière d'envisager la question ne peut être acceptée, car elle entraîne après elle des conséquences inadmissibles. Que l'on suppose, en effet, le décès simultané du donataire et de l'acquéreur. On devrait exiger un droit de mutation par décès, sur la valeur de l'immeuble, des héritiers du donataire, puisque, dans ce système, ils auraient l'immeuble lui-même, alors cependant que l'on ne pourrait se dispenser de forcer les héritiers de l'acquéreur à comprendre l'immeuble dans leur déclaration. Ce qui est évidemment inadmissible, puisqu'un même immeuble ne peut se trouver dans deux successions à la fois. — *V.* au surplus le mot *Réméré*.

D'après une solution du 22 avril 1835, citée par le D. N. t. 10 p. 762 n° 139, il aurait été cependant reconnu que la cession du droit de retraire un immeuble faite à un tiers sans aucun prix à la seule charge de rembourser à l'acquéreur primitif les prix, intérêts et loyaux coûts n'est passible que du droit fixe. Mais cette solution, dont nous ne connaissons ni les circonstances ni les motifs, ne nous paraît pas pouvoir prévaloir contre le principe.

CHAPITRE III. — MUTATION PAR DÉCÈS

[1582-1587]

1582. Droits litigieux. — Droits inconnus. — Nous venons de voir que la cession à titre onéreux d'une action litigieuse est actuellement passible du droit proportionnel de mutation. Ce principe est-il applicable au cas où les actions sont transmises par décès? Nous ne le pensons pas. En effet, dans les espèces précédentes l'acquéreur est devenu propriétaire, moyennant un prix, d'un droit soumis à des éventualités, il est vrai, mais qui avait néanmoins une valeur représentée par le prix exprimé. Il n'y avait pas à se préoccuper des éventualités, puisqu'elles étaient à la charge de l'acquéreur et ne changeaient rien à la nature de son contrat qui ne dépendait d'aucune condition expressive.

En matière de succession la situation est différente. Le droit de mutation par décès est assis, d'après les art. 4, 14 n° 8, 15 n° 7 et 27 L. 22 frimaire an 7, sur *les valeurs* transmises aux héritiers. Lorsque ces valeurs existent dans le patrimoine du défunt au moment de son décès, l'exigibilité du droit ne peut souffrir aucune difficulté. Elles doivent être déclarées dans les délais légaux, que les héritiers en aient ou non connu l'existence. Du moment qu'elles appartenaient au défunt, elles ont été transmises à ses successeurs, et ceux-ci les ayant recueillies sont censés les connaître. Quand les circonstances ne leur permettent pas de se renseigner exactement sur la consistance de l'actif, ils peuvent solliciter une prorogation du délai légal pour passer leur déclaration; mais l'obligation de déclarer les biens existants naît avec le décès, indépendamment de la bonne foi des héritiers. Ceux-ci ne pourraient pas éviter les conséquences de leur omission, sous le prétexte que les valeurs non déclarées avaient échappé à leurs recherches.

Il en est autrement des biens litigieux, éventuels ou incertains. Au jour de sa mort, le défunt n'avait qu'un droit douteux, une simple espérance plus ou moins fondée à se faire attribuer ces biens. Ils n'auront de valeur pour les héritiers qu'autant qu'ils sortiront à effet. Jusque-là, ils sont soumis à une condition suspensive. Ce serait donc méconnaître l'art. 4 L. 22 frimaire an 7, d'après lequel les droits sont assis sur les valeurs, que d'établir une perception sur des titres sans valeur actuelle.

1. ACTION A DÉCLARER. — MÉMOIRE. — Les héritiers ne succèdent, en l'état, qu'à l'action appartenant à leur auteur. S'ils pouvaient être tenus à déclarer quelque chose, ce serait donc uniquement cette action. Mais nous ne croyons pas qu'ils y soient légalement obligés.

Une décision ministérielle du 22 avril 1806 reconnaît que « l'héritier doit faire sa soumission pour ce qui concerne les objets incertains ou contestés, et qu'il doit en souscrire la déclaration dans les six mois de l'acte ou du jugement par lequel les droits de cet héritier sur lesdits objets auraient été définitivement reconnus » (n° 2296 J. N.). Et les auteurs ont enseigné, d'après cette décision, que les biens litigieux ou incertains devaient être, en effet, déclarés pour mémoire (Dalloz n° 4225, Demante n° 683).

Un procédé pareil ne peut qu'être approuvé, mais il n'a rien d'obligatoire. La déclaration imposée aux héritiers se restreint, d'après le texte même de la loi, « aux biens à eux échus ou transmis par décès » (Art. 24 de la loi du 22 frim. an 7). Ces biens ne sont autres que les valeurs désignées dans le titre 2 de la loi, c'est-à-dire celles sur lesquelles le droit proportionnel est exigible. Or, l'action litigieuse ou incertaine ne rentre pas dans cette catégorie. Ainsi que l'a proclamé la C. cass. par un arrêt du 26 avril 1870 : « A raison de l'éventualité du recouvrement, la dette ne comporte aucune évaluation dans la déclaration de succession dont, en cas de décès du créancier, les héritiers sont tenus, à l'égard de la Régie, dans les six mois qui suivent ce décès » (Cass. 26 avr. 1870, 3099 R. P., 2405 § 1er I. G., S. 70-1-337, D. 70-1-398, P. 70-862). Ce n'est donc pas là une valeur imposable, et elle ne tombe, à aucun point de vue, sous la nécessité de la déclaration.

1583. Droits litigieux devenus certains. — Mais les droits du Trésor ne sont que suspendus. Si l'action est intentée ou poursuivie par les héritiers, et s'ils obtiennent leur réintégration dans les biens, la transmission, jusqu'alors incertaine, se réalise à leur profit. Ils recueillent les valeurs *jure hæreditario* comme s'ils les avaient trouvées dans le patrimoine au jour du décès; ils doivent donc acquitter l'impôt ordinaire des mutations par décès.

Seulement ils sont, à l'égard de ces biens, dans la même position que si la succession s'ouvrait actuellement. Quoique la mutation remonte, en droit, au jour du décès, elle ne s'est opérée cependant, en fait, que par l'acte de restitution. Aussi admet-on que cette transmission doit être considérée isolément de la première, et que les héritiers sont tenus de faire pour elle les mêmes formalités. Ils ont six mois pour acquitter le droit proportionnel, mais ils doivent l'acquitter en souscrivant une déclaration de succession supplémentaire.

Aucun doute n'existe plus sur ce point en jurisprudence. Il est reconnu que les choses litigieuses, une fois rentrées dans l'hérédité par l'exercice de l'action, les héritiers doivent les déclarer, à peine d'un demi-droit en sus, dans les six mois de leur rentrée en possession. C'est ce qui a été décidé, notamment pour des valeurs restituées à la succession par l'effet d'une action résolutoire (Cass. 30 janv. 1809, Dalloz n° 4226, 30 mars 1813, *P. chr.* 145, 4540 J. E., 15 mars 1814 (adm.), 20 août 1816, *P. chr.* 331, 5602 J. E., 24 août 1841, 11070 J. N., 12845 J. E., S. 41-1-771) ou par le payement volontaire d'une dette naturelle (Cass. 26 avr. 1870, 3099 R. P., 2405-1 I. G., S. 70-1-337, D. 70-1-398, 70-862 P.). Et c'est ce qui serait naturellement étendu à tous les cas analogues. On en trouvera le détail et le développement au mot *Succession* nos 16312 à 16326.

Il est utile de rappeler les motifs principaux de ces divers arrêts :

« Attendu, porte celui du 30 janvier 1809, que, par l'effet du jugement arbitral du 22 messidor an 11, les biens qui avaient été aliénés par Guillaume Laminade, suivant les contrats de vente des 6 ventôse an 6, 6 pluviôse et 25 ventôse an 7, sont restés dans la masse de son hérédité; qu'ainsi ils étaient passibles des droits de mutation par décès».

« Attendu, déclare celui du 30 mars 1813, qu'il ne s'agit pas d'une omission, puisqu'en l'an 6 les héritiers ne pouvaient pas comprendre dans leur déclaration les biens qui sont l'objet de la contrainte; attendu que ces biens ne sont entrés dans la succession qu'en l'an 13, en vertu d'un jugement; que ce jugement formait un nouveau droit et un état de choses tel que les héritiers auraient dû faire une nouvelle déclaration. »

« Considérant, porte celui du 20 août 1816, que le jugement du 6 janvier 1813, en déclarant nulle et frauduleuse la vente du domaine de la Grande-Maison, a décidé que ce domaine appartenait à la succession Angron; mais que ce jugement non exécutoire par provision est devenu sans effet par l'appel qui en fut relevé par les détenteurs du domaine; qu'ainsi les héritiers Angron n'ont acquis cette possession que par l'arrêt du 9 juillet de la même année, qui a confirmé le jugement de première instance; qu'il suit de là que ces héritiers ont eu six mois, depuis l'arrêt, pour faire la déclaration de mutation par décès et acquitter le droit. »

« Attendu, porte l'arrêt du 24 août 1841, que l'arrêt rendu par la Cour royale d'Orléans, le 26 mai 1831, a fait rentrer dans la succession de la fille Pellé des biens qui ne s'y trouvaient pas compris à l'époque de son décès; que cet arrêt a donné ouverture à un nouveau droit de mutation dont la prescription, suivant les principes du droit commun, n'a pu courir qu'à partir de l'époque à laquelle il a été ouvert. »

« Attendu, porte enfin celui du 26 avril 1870, que si, à raison de l'incertitude et de l'éventualité du recouvrement, la dette ne comporte jusque-là aucune évaluation dans la déclaration de succession dont, en cas de décès du créancier, les héritiers sont tenus à l'égard de la Régie dans les six mois qui suivent le décès, il y a lieu, de leur part, à déclaration supplémentaire après la réalisation de la créance au moyen du versement qui a été fait, postérieurement à la première déclaration, aux héritiers du créancier par le débiteur failli ou en son nom, de la portion de dette dont il s'agit; attendu qu'en effet la somme ainsi recouvrée constitue, quoique volontairement acquittée, mais à titre d'obligation à laquelle le payement effectué a restitué le caractère originaire d'obligation civile, une valeur afférente à l'hérédité, et ne saurait, dès lors, être exempte des droits de mutation auxquels sont assujettis les biens advenus aux héritiers en vertu de leur titre universel à la succession de leur auteur. »

1. DROIT DE RACHAT. — L'action qui résulte du retrait de réméré est sujette à des règles particulières. Si le vendeur laisse le droit de rachat dans sa succession, comme ses héritiers peuvent ne pas en user, ils ne sont pas tenus au payement du droit de succession, lors même qu'ils auraient exercé le retrait avant la déclaration de succession, mais après le décès du vendeur.

C'est un point que nous examinons avec développement au mot *Réméré* n° 13879.

1584. Omission. — Défaut de déclaration. — Les biens litigieux ou incertains ne devant pas être compris dans la déclaration de succession, il en résulte que le recouvrement du droit n'est pas soumis aux dispositions et aux pénalités relatives aux omissions. C'est ce que décide en termes exprès l'arrêt de cassation du 20 août 1816, rapporté n° 1583. Il ne saurait donc être question ni du droit en sus ni de la prescription de cinq ans.

Cette prescription avait été cependant reconnue applicable par une décision ministérielle du 28 août 1828 (9112 J. E.) et on trouve, dans le même sens un jugement du tribunal de la Seine du 21 février 1863 portant que quand un immeuble qui était la propriété apparente d'un tiers au moment du décès et de la déclaration de succession, a été judiciairement reconnu appartenir au défunt, il s'agit d'une omission dont les droits sont prescriptibles par cinq années (17726 J. N., 12447 C.).

Mais ces décisions ne doivent pas être suivies. Il est certain, d'après toute la jurisprudence, que les héritiers ont un nouveau délai de six mois à partir de l'acte qui constate la rentrée des biens dans la succession pour souscrire leur déclaration et que la prescription de dix ans des successions non déclarées est seule applicable au recouvrement des droits exigibles (Auxerre, 28 fév. 1877, 4645 R. P.). — V. 16514.

1585. Prescription. — 1. DÉCLARATION FAITE. — L'obligation des héritiers de souscrire leur déclaration supplémentaire, prenant ainsi naissance au jour de la réintégration des biens, et la créance du Trésor ne remontant pas au delà, il en doit nécessairement résulter que la prescription décennale, applicable au recouvrement du droit, court à partir de la même époque.

La jurisprudence ne fait aucune difficulté de l'admettre quand les héritiers ont souscrit une déclaration pour les autres valeurs de la succession. Elle reconnaît alors que la prescription décennale relative aux biens litigieux court seulement à compter de leur réintégration entre les mains des héritiers (Cass. 30 mars 1813, 15 mars 1814 (adm.), 20 août 1816 et 24 août 1841. — *Suprà*, n° 1583).

2. ABSENCE DE DÉCLARATION. — Mais s'il n'a été souscrit aucune déclaration ni pour les biens litigieux ni pour les autres biens, la situation change et en décide que c'est à compter du décès que commence à prescrire l'action du Trésor pour les biens litigieux.

Voici en quels terme la C. cass. motive cette doctrine : « La disposition de l'art. 61 de la loi du 22 frimaire an 7, sur la prescription des successions non déclarées, est générale et absolue; elle embrasse la totalité des objets dont se compose la succession, soit que ces objets s'y trouvent en nature au moment du décès, soit qu'ils n'y rentrent que postérieurement et par suite de recouvrements faits par les héritiers. Ainsi, cette prescription s'étend aux choses aliénées par le défunt, mais que les héritiers recouvrent par l'exercice de quelque action résolutoire ou de toute autre manière, à moins que ladite prescription n'ait été interrompue soit par une poursuite quelconque de la Régie en payement des droits de succession, soit par une déclaration de succession émanée des héritiers eux-mêmes, auquel cas la prescription quinquennale rentre dans les principes du droit commun et ne reprend son cours qu'à dater de la rentrée en possession des héritiers de l'objet aliéné » (Cass. 8 mars 1826, 5689 J. N., 1189 § 5 I. G., S. 1826-1-226, 20 août 1827, 6305 et 6400 J. N., 1229 § 3 I. G., S. 1828-1-113, *Comp.* Cass. 8 germ.

an 11, S. 4-1-20, 20 frim. an 14, S. 6-1-245, Merlin, *Rép.*, vº *Enreg.* § 35, et 3 sept. 1810, 3737 J. E.).

3. MOTIFS DE LA DISTINCTION. — Cette interprétation de la loi est fort difficile à comprendre.

La prescription ne court jamais, en effet, contre le Trésor avant qu'il ait pu agir pour recouvrer sa créance. On ne trouverait pas un seul cas où la maxime *Contrà non valentem agere non currit præscriptio* ne lui ait pas été appliquée C'est d'ailleurs un résultat parfaitement légitime. La prescription est fondée sur une présomption de libération. Est-il possible d'admettre que la partie se soit libérée à une époque où elle n'était pas encore débitrice? Comment reprocher à l'Administration de ne pas avoir exercé une action qui n'était pas née? Au cas actuel, la dette n'a pris naissance que par la réintégration des biens dans le patrimoine; le Trésor n'a donc pu commencer qu'à cette époque à la réclamer aux héritiers.

La Cour, pour décider le contraire, part du principe que la prescription est indivisible, qu'elle s'applique à l'ensemble de la succession, et qu'elle se réalise, dès lors, du moins un instant, pour tous les objets qui la composent. Mais ce principe n'est rien moins qu'exact: quand les valeurs héréditaires ne sont pas simultanément recueillies par les successibles, il y a autant de dévolutions, et, pour ainsi dire, autant de successions séparées que de transmissions. Chacune d'elles donne naissance à un droit qui a son point de départ particulier et qui doit être payé dans un délai spécial, au moyen d'une déclaration distincte. Cela ne suffit-il pas pour que ces droits payés forment des créances successives ayant leur individualité propre et soient soumis individuellement aussi à l'application des règles de prescription? Si la thèse de l'indivisibilité dans l'obligation des parties était juridique, il n'y aurait pas de raison pour demander aux héritiers une déclaration supplémentaire et les punir d'un demi-droit en sus, toutes choses qui sont spéciales aux successions non déclarées. C'est, selon nous, une véritable inconséquence, après avoir admis la régularité de cette double obligation (Cass. 26 avr. 1870, *arrêt rapporté, suprà*, nº 1583), de décider que néanmoins les droits seront prescrits comme s'ils avaient été dus depuis le décès.

La jurisprudence consent à faire courir cette prescription à partir de la réintégration, quand il y a eu une déclaration antérieure de succession. La raison qu'elle en donne c'est que, dit-elle, la prescription interrompue rentre sous la règle du droit commun. Mais quelle prescription est interrompue? Si c'est celle des successions non déclarées, elle n'est pas seulement interrompue, elle est tout à fait anéantie, puisque la déclaration est fournie. Cette prescription dernière ne peut plus revivre, et la seule qui soit désormais applicable est celle des omissions de biens commises dans la déclaration. Ce motif est donc tout à fait insuffisant pour justifier la solution de la jurisprudence.

Y en a-t-il un autre?

Les auteurs en ont trouvé un qui n'est pas dans les arrêts. Sans doute, disent-ils, la prescription ne court pas contre le Trésor, qui ne peut agir, mais il pouvait très-bien ici commencer ses poursuites, car si les valeurs litigieuses n'étaient point dans la succession, l'action s'y trouvait. On pouvait donc, dès à présent, obtenir des héritiers une déclaration de succession et prendre des mesures conservatoires. Cette objection est péremptoirement réfutée par nos observations précédentes. Nous avons établi, en effet, que l'action en réintégration n'ayant aucune valeur imposable, il était impossible de forcer les héritiers à la déclarer. Si donc il n'y a pas d'autres biens apparents dans l'hoirie, le Trésor est sans action aucune, soit pour obtenir une déclaration quelconque, soit pour provoquer des mesures conservatoires.

Il est difficile, on le voit, de justifier la doctrine des arrêts sur le chef de la prescription. Peut-être n'est-il pas téméraire de croire qu'en soumettant la question à un nouvel examen de la Cour on en obtiendrait une solution plus conforme aux vrais principes du droit (V. Auxerre, 28 fév. 1877, 4645 R. P.).

4. ACTION INTENTÉE PAR LE DÉFUNT. — APPEL. — Les règles précédentes sur la prescription s'appliquent aussi bien quand l'action a été intentée par le défunt que quand elle l'a été seulement après son décès par les héritiers (Calvi 15 janv. 1866, 2235 R. P.; — Bagnères 13 mai 1872, 3670 R. P.).

Mais on a pensé que si l'action intentée par le défunt avait été accueillie avant son décès par un jugement frappé d'appel, cet appel ne serait point un motif pour les héritiers de suspendre leur déclaration et le droit devrait être acquitté sur-le-champ (D. m. f. 16 mai 1809; *Conf.*: Dalloz nº 4228). Cette décision est contraire à l'arrêt de la C. cass. du 20 août 1816 (*suprà* nº 1583), d'après lequel le délai de payement et de prescription des droits de l'espèce ne court point du jugement de première instance qui met les héritiers en possession, mais bien du jour de l'arrêt qui, sur appel, confirme ce jugement; mais elle peut être appuyée d'une raison d'analogie tirée de l'A. du Cons. d'Ét. du 22 octobre 1808, qui déclare que l'appel du jugement d'adjudication ne dispense pas l'adjudicataire de payer les droits dans le délai.

Elle se relie d'ailleurs à la question beaucoup plus générale de savoir quel est l'effet d'un jugement frappé d'appel sur la propriété apparente des biens. Ce n'est pas le lieu d'entrer ici dans l'examen de cette difficulté, qui a donné lieu en jurisprudence à des solutions contradictoires. Nous en présentons la discussion complète au mot *Transaction* nº 17393.

1586. Action partiellement litigieuse. — Il peut se présenter telle hypothèse où la valeur ne soit que partiellement litigieuse, et où elle ait pour le surplus tous les caractères d'un bien actuel, acquis incontestablement à l'hérédité.

Comment appliquer à cette situation les principes qui précèdent?

Nul doute d'abord que les héritiers sont obligés de comprendre dans leur déclaration la partie de la créance ou de l'objet dont l'existence n'est pas contestée. Il faut seulement remarquer que cette déclaration est spéciale; elle ne s'applique pas, comme semble le croire l'Administration, à la totalité de la valeur imposable, et elle ne couvre, dès lors, qu'une partie de la mutation de cet objet. Quand à la suite d'un jugement ou d'un acte quelconque, les héritiers recouvreront le surplus du bien, il s'opérera à leur profit une transmission à laquelle leur première déclaration est étrangère. C'est donc là véritablement une mutation nouvelle. L'Administration avait été avertie sans doute lors du payement primitif des droits, puisque la créance entière figure dans la déclaration; mais comme l'impôt n'était dû et n'a été perçu à ce moment que sur la portion déjà reconnue de la dette, l'énonciation du surplus est une simple indication faite pour mémoire, et ne dispensant point, le cas échéant, d'une déclaration supplémentaire. L'Administration le décide ainsi avec raison pour les créances sur un failli. Elle reconnaît qu'à l'époque du payement des droits de succession, il faut seulement déclarer les dividendes acquis au créancier défunt; mais elle oblige ensuite les héritiers à faire, sous peine du demi-droit en sus, des déclarations supplémentaires chaque fois que de nouveaux dividendes sont judiciairement accordés à la succession (*V.* 16382).

Décidé en ce sens que quand des héritiers ont compris une créance litigieuse dans leur déclaration, pour une somme fixée provisoirement, le jugement ultérieur qui détermine l'importance réelle de la créance oblige ces héritiers à une déclaration supplémentaire dans les six mois du jour où le jugement est devenu définitif. La contrainte décernée avant cette époque est nulle (Yvetot 27 fév. 1866, 2329 R. P.).

1587. Effet rétroactif. — Dalloz émet l'opinion (n° 4227), que le jugement qui annule la vente rétroagit au jour du décès, en sorte que le droit doit être réglé par la loi en vigueur au moment de l'ouverture de la succession, et non par celle existante à l'époque du jugement. Il est, en effet, de principe qu'un jugement n'est jamais attributif, mais simplement déclaratif de propriété (*V.* à cet égard n° 132 et suiv. *Traité* du même auteur. — *Contrà*, 711 J. E.).

1. TARIF. — Il en résulte que le tarif applicable est celui du jour du décès et non du jour du jugement de rentrée en possession (Sol. 8 mars 1872; — Bazas, 15 janv. 1873; — Avignon, 14 déc. 1872; — Sol. 17 mars 1877).

TITRE II. — ACTIONS DANS LES SOCIÉTÉS

[1588]

1588. Renvoi. — Les actions des sociétés sont sujettes au timbre et leur cession donne lieu à des droits proportionnels de diverses natures.

Nous traitons dans un travail particulier, sous la rubrique *Droit de transmission*, des règles relatives au droit de mutation établi sur les titres des sociétés.

On trouvera aux mots *Société* et *Abonnement* tout ce qui est relatif au timbre et aux droits ordinaires d'enregistrement.

Enfin, c'est au mot *Impôt direct sur le revenu* que nous exposerons les règles de la perception de la taxe établie par la loi du 29 juin 1873.

ADHÉSION.

1589. Définition. — L'adhésion est l'acte par lequel on se joint à d'autres, en se rendant communes avec eux les stipulations d'un contrat auquel on n'a pas concouru. C'est une sorte d'intervention ou d'acquiescement à un acte où personne n'a stipulé avec mission ou mandat de nous, ou comme se portant fort pour nous.

L'adhésion diffère : 1° de la ratification, en ce que ce dernier acte suppose que l'acte a été passé par un tiers au nom du ratifiant et que l'acte passé par le ratifiant était annulable; — 2° de l'acceptation qui s'applique d'une façon générale au consentement servant à former les contrats; — 3° enfin de l'acquiescement qui indique plus particulièrement le consentement donné en matière judiciaire.

1590. Tarif. — L'adhésion n'est pas dénommée dans les lois sur l'enregistrement. Mais comme elle a pour but de compléter un acte antérieur, elle rentre dans la catégorie des actes de complément ou d'exécution qui ont été assujettis au droit fixe de 3 francs, par les art. 68 § 1er n° 6 de la loi du 22 frimaire an 7 et 4 de la loi du 28 février 1872.

Par voie de conséquence, pour que l'adhésion soit passible de ce droit fixe, il est indispensable qu'elle soit véritablement un acte complémentaire dans le sens de la loi fiscale, et qu'elle réunisse les conditions que nous avons indiquées en thèse générale au mot *Acte de complément*.

1591. Société. — L'acte d'adhésion à une société préexistante forme une nouvelle société, quand la société a été définitivement formée et que les statuts ne prévoient pas d'adhésion postérieure. Il est, par ce motif, passible du même droit que la première société. Il ne peut, en effet, être considéré comme un acquiescement pur et simple à cette société à laquelle le dernier intéressé était étranger avant son adhésion. Ce droit est, au surplus, indépendant des droits proportionnels auxquels l'acte donnerait lieu s'il contenait obligation, libération ou transmission (D. m. f. 28 frim. an 8, 612 J. E., 3969, 5429 J. E., Dél. 22 fév. 1828, 6616 J. N., D. N. t. 1er p. 521 n° 9). — V. *Société* n° 15159.

1. SOCIÉTÉ ANONYME. — Il n'en est pas de même, toutefois, à l'égard des sociétés anonymes, auxquelles aucune modification n'est apportée par ces adhésions, qui n'augmentent pas le fonds social et ne changent pas les bases de l'association. Une Dél. du 27 juin 1836 a reconnu qu'un pareil acte ne peut être tarifé qu'à 2 francs (3 fr.) comme acte de complément (11435 J. E. — *Conf.* : D. m. f. belge 19 juin 1868). — V. *Société* n° 15160.

1592. Pluralité des droits. — Cet acte d'adhésion qui produit l'effet d'un nouveau contrat de société n'est sujet qu'à un seul droit, quel que soit le nombre des adhérents, attendu qu'il forme une nouvelle société; qu'il y a, dès lors, communauté d'intérêts entre les anciens et les nouveaux associés, et que le consentement de tous ne peut être considéré que comme une seule et même disposition (Dél. 22 fév. 1828, 6616 J. N.). — V. 1593-1, 1594.

1. OUVRIERS RÉUNIS EN COMMUNAUTÉ. — Décidé, de même, que l'acte par lequel des ouvriers charpentiers constitués en communauté adhèrent à un traité fait en leur nom avec des entrepreneurs de construction pour la fixation du prix de la journée, n'est passible que d'un seul droit parce que l'adhésion collective est nécessaire pour constituer le consentement de la communauté (Dél. 23 déc. 1845, 12604 J. N., D. N. t. 1er p. 521 n° 15).

1593. Acte de complément. — Mais quand un acte de société porte que toutes les personnes qui, dans un délai fixé, donneront leur adhésion à cet acte, feront partie de la société, les actes d'adhésion passés ultérieurement en vertu de cette stipulation sont le complément et l'exécution de l'acte de société. En conséquence, ils ne sont passibles que du droit fixe de 1 franc (3 fr.) (Sol. 2 juin 1830, 2943 Roll., 3 avr. 1849, 13688 J. N.), — ou du droit gradué, s'il y a de nouveaux apports. — V. 15179.

1. PLURALITÉ. — Il est dû un droit particulier pour chaque adhérent (Dél. 17 mai 1823, 7450 J. E., 4882 J. N., 571 C., D. N. t. 1er p. 521 n° 12). Chaque admission constitue, en effet, un fait individuel indépendant de l'admission prononcée par le même acte en faveur d'autres personnes (Sol. belge 19 fév. 1862, 9077 J. E. belge).

1594. Faillite — L'adhésion au concordat donnée après son homologation par tous les créanciers qui n'y ont pas comparu, opère le droit fixe de 3 francs par chaque créancier qui adhère ou ratifie. — V. 8890.

1595. Société de secours mutuels de recrutement. — Il n'est exigé que le droit de 1 franc (3 fr.) pour l'enregistrement de chaque acte notarié par lequel on déclare prendre intérêt dans l'institution dotale et de secours mutuels de recrutement, au moyen du versement de fonds dont l'administration de cet établissement se reconnaît chargée par le même acte (D. m. f. 3 sept. 1819, 6533 J. E., 4882 J. N., 7238 J. E.).

1. ASSURANCES MUTUELLES. — Il en est de même de l'acte d'adhésion à une assurance mutuelle. — V. 2380.

1596. Société de recrutement. — La même perception doit être faite sur les actes d'adhésion aux sociétés particulières formées dans le but de faciliter l'exécution de la loi sur le recrutement de l'armée (Dél. 17 mai 1823, 7450 J. E.). — V. 2380.

1597. Dissolution de société. — On ne peut assujettir qu'au droit fixe de 3 francs, et non au droit gradué, l'adhésion à une dissolution de société, par le motif que cette dissolution ne peut avoir lieu que par le concours de tous les associés, ou d'après l'homologation obtenue contre les refusants (Sol. 21 juin 1832, 3730 Roll.).

1598. Distribution de deniers. — Les actes par lesquels des créanciers unis adhèrent aux distributions et payements de deniers arrêtés en assemblée générale, lorsqu'ils n'y ont pas comparu, ne sont sujets qu'au droit fixe de 3 francs comme acquiescement.

ADJUDICATION.

DIVISION

SOMMAIRE

TITRE PREMIER. — DISPOSITIONS GÉNÉRALES

[1599-1605]

1599. Le mot adjudication, pris dans son acception la plus étendue, sert à qualifier l'acte ou le jugement par lequel une chose quelconque est adjugée aux enchères publiques.

1600. Forme. — Sous le rapport de la forme, on distingue trois espèces d'adjudications, savoir : adjudications volontaires; adjudications judiciaires; adjudications administratives.

1601. Adjudication volontaire. — Les premières sont celles auxquelles les majeurs, maîtres de disposer de leurs droits, font procéder, lorsqu'ils sont tous d'accord (C. proc. 746). Elles ont lieu par le ministère d'officiers publics pour ce institués, et elles ne sont soumises à aucune autre forme que celles ordinaires des procès-verbaux de ces officiers publics. Elles ne pourraient d'ailleurs avoir lieu en justice.

1602. Adjudication judiciaire. — Les secondes sont celles qui ont lieu sous l'autorité de la justice, soit dans le cas où les parties ne sont pas d'accord ou n'ont pas capacité suffisante pour y faire procéder volontairement, soit dans celui où la loi a attribué exclusivement aux tribunaux les ventes d'immeubles.

D'après cela, l'on distingue, parmi les adjudications judiciaires, celles qui sont purement judiciaires d'avec celles que l'on peut qualifier de volontaires judiciaires.

1. ADJUDICATION FORCÉE. — Les premières sont celles qu'entraînent les saisies de la propriété ou de l'usufruit d'immeubles, et qui, sauf le cas de conversion en vente volontaire (C. proc. 747), ce qui les fait rentrer dans celles qui font l'objet du n° suivant, ne peuvent être faites que devant les tribunaux, avec les formes rigoureuses auxquelles la loi a soumis leur validité.

2. ADJUDICATION JUDICIAIRE VOLONTAIRE. — Les secondes, que l'on peut appeler judiciaires volontaires, sont celles qui ont pour objet des biens appartenant à des incapables, tels que mineurs, interdits, etc., ou dépendant de successions bénéficiaires, vacantes ou tombées en déshérence, des faillites. Il faut y comprendre les licitations, lorsque les biens ne peuvent se partager.

Notaire commis. — Ces adjudications, bien que volontaires, c'est-à-dire étant la conséquence de la volonté des parties, doivent être faites sous la surveillance et l'autorité de la justice. Elles sont assez généralement renvoyées devant les notaires que les tribunaux commettent pour y procéder. Mais, même après cette délégation, elles conservent leur caractère judiciaire.

1603. Adjudication administrative. — La troisième catégorie d'adjudications comprend les adjudications qui doivent être faites devant l'autorité administrative. Ce sont celles relatives à la propriété ou à l'usufruit et à la jouissance des biens de l'État, des communes ou des établissements publics.

1. DOMAINE DE L'ÉTAT. — Les adjudications intéressant l'État sont passées devant les préfets ou devant leurs délégués, les sous-préfets et les maires (L. 15 nov. 1790, art. 10, 13 et 15). — V. 1628-1643.

En principe, les biens des successions en déshérence ne peuvent être vendus qu'en la forme des ventes des biens de mineurs (D. m. f. et J. 7 fév. 1811, 16 nov. 1811, 517 et 552 I. G.). Mais dans la pratique, et quand il s'agit d'immeubles peu importants, les tribunaux autorisent l'aliénation en la forme administrative, comme s'il s'agissait de biens définitivement acquis à l'État (Hazebrouck 26 fév. 1869; — Évreux 1er juill. 1872).

2. COMMUNES. — Les adjudications concernant les communes se font devant le sous-préfet ou devant le maire. Mais elles peuvent avoir lieu devant un notaire, et, quand l'opération a une certaine importance, c'est la forme qu'on choisit généralement (1577 I. G.).

3. ÉTABLISSEMENTS PUBLICS. — Les adjudications de biens appartenants à ces établissement, et les baux qui s'y rapportent ont lieu par-devant notaire, mais en suivant les formes administratives. L'acte doit être approuvé (Déc. 12 août 1807, 30 déc. 1809, 6 nov. 1813; Ord. 7 oct. 1818, art. 10). Dans ce cas, le procès-verbal du notaire reçoit tous les caractères de l'acte administratif.

Il donne lieu aux droits ordinaires de timbre et d'enregistrement (D. m. f. 31 déc. 1827, 1236-8 I. G., 8926 J. E., 6477 J. N.).

4. MARCHÉS. — Il y a encore les adjudications au rabais ou marchés qui ont lieu souvent en séance publique et donnent lieu à de véritables procès-verbaux d'adjudication. Nous en avons parlé v° *Acte administratif* et il en sera encore question v° *Marché*.

1604. Fonds. — Sous le rapport du fonds, on distingue surtout les adjudications qui portent sur des objets mobiliers et celles qui portent sur des immeubles.

1. ADJUDICATIONS MOBILIÈRES. — Les premières sont, en général, désignées sous le nom de ventes de meubles. Elles comprennent : les objets mobiliers, les fonds de commerce, les récoltes, les coupes de bois et autres fruits pendants par racines. A cette catégorie se rattachent les ventes de rentes, de créances et autres droits incorporels.

2. ADJUDICATIONS IMMOBILIÈRES. — Quant aux adjudications d'immeubles, tantôt elles ont lieu pour la propriété ou l'usufruit, et tantôt elles n'ont pour objet que la jouissance à titre de bail de ces immeubles.

1605. Mode de procéder. — En général, les adjudications sont précédées d'affiches pour attirer les enchérisseurs, et d'un cahier des charges, qui ouvre le procès-verbal, et dont l'objet est de faire connaître sous quelles conditions la vente aura lieu.

1. ENCHÈRES. — Le mode d'adjuger qui est généralement employé est celui des enchères, qui augmentent la mise à prix. On y procède le plus ordinairement à l'extinction des feux, en usant des bougies de la durée d'une minute au moins. On le pratique ainsi dans les tribunaux; et ce mode

à l'avantage de mettre les notaires à l'abri de tout soupçon de partialité. L'adjudication a lieu dans ce cas au profit de celui qui a fait la dernière enchère avant l'extinction d'un feu, lorsque depuis il a été allumé un ou plusieurs autres feux, qui se sont éteints sans enchère. Le cahier des charges doit régler le nombre des feux. C'est l'adjudication et non l'extinction des feux qui opère la vente (C. Nancy 9 nov. 1874, 4043 R. P.).

2. CRIÉE. — Quelquefois on adjuge à la criée, dans les ventes de meubles, par exemple.

3. RABAIS. — Un autre mode d'adjuger est celui qui a lieu au rabais. Dans ce cas, chaque rabais est annoncé par le crieur selon l'importance des biens à vendre, et la mise à prix est diminuée progressivement jusqu'à ce qu'un adjudicataire se présente et prononce les mots : *Je prends* (819 I. G.).

Soumission. — L'adjudication sur soumission est un mode particulier d'adjudication au rabais. Elle consiste à remettre seulement, de la part des concurrents, des soumissions contenant l'offre de prendre le marché à une somme qu'ils fixent. En ce cas, il n'y a ni feux ni criée. Les soumissions sont ouvertes ou lues publiquement, selon qu'elles étaient ou non cachetées, au jour indiqué, et le marché est adjugé à celui qui a fait l'offre la plus avantageuse. Ce mode est généralement employé pour les adjudications d'entreprises ou de fournitures.

1605 *bis*. Publicité. — 1. INSERTION. — Les adjudications judiciaires doivent être précédées d'insertions dans les journaux. Ces insertions sont seulement facultatives pour les adjudications volontaires. Elles sont constatées par un certificat de l'imprimeur mis au bas de l'exemplaire du journal contenant l'insertion. Il s'est élevé au sujet du timbre et de l'enregistrement de cette pièce des difficultés que nous examinons aux nos 1914 et 3567.

2. AFFICHES. — La publicité s'obtient encore au moyen d'affiches. Les affiches relatives aux adjudications judiciaires sont sujettes au timbre de dimension ou au timbre spécial d'affiche. — V. *Affiches*.

Celles qui concernent les adjudications volontaires ne sont soumises qu'à ce dernier droit. — V. *Affiches* et *infrà* 1606 § 3.

Enfin les affiches relatives aux adjudications administratives sont exemptes de timbre. — V. *Affiches*.

TITRE II. — ADJUDICATION VOLONTAIRE D'IMMEUBLES

[1606-1613]

1606. Adjudication volontaire d'immeubles. — Les formalités qui accompagnent ou précèdent une adjudication volontaire sont purement à la convenance des parties, qui ne sont point astreintes à suivre les formes prescrites par le C. proc. Il ne s'agit au fond que d'une vente ordinaire qui reçoit la publicité des enchères (Cass. 24 janv. 1814, 7244 J. E., 1364 J. N.). Il n'est pas d'usage de faire une adjudication préparatoire.

Renvoi. — Nous ferons d'ailleurs remarquer, avant d'aller plus loin, que l'assimilation des adjudications volontaires d'immeubles avec les ventes ordinaires de ces mêmes biens étant complètes au point de vue du tarif, c'est au mot *Vente d'immeubles* que l'on trouvera tout ce qui concerne plus spécialement la perception.

1. SIGNATURE. — L'assimilation de ces adjudications aux autres conventions reçues par les notaires est si complète que l'adjudicataire et le vendeur ne sont pas liés, si l'un ou l'autre refuse de signer l'adjudication, ce qui n'a pas lieu pour l'adjudication judiciaire.

Nous avons d'ailleurs examiné aux nos 738-730 dans quel cas le défaut de signature de l'adjudication rendrait l'acte imparfait et s'opposerait à la perception du droit proportionnel.

2. EXPERTISE. — De la jurisprudence que nous ferons connaître, no 1748, qui interdit l'expertise des biens vendus judiciairement, on avait voulu conclure que les ventes volontaires, faites par adjudication en la chambre des notaires, ne peuvent être attaquées par la voie d'expertise, alors même que la valeur vénale des biens paraîtrait à l'Administration supérieure au prix exprimé. Mais la jurisprudence a fait justice de cette prétention. Ces ventes, comme toutes les adjudications volontaires faites devant notaire, sont dans le droit commun, et l'art 17 L. 22 frimaire an 7 leur est applicable. — V. *Expertise* no 8419.

3. AFFICHES. — En matière d'adjudication volontaire, les affiches n'ont besoin que d'être frappées du timbre spécial pour les affiches; et même l'affiche manuscrite apposée sur la maison à vendre, dont elle fait connaître la vente, est exempte de timbre (D. m. f. 7 déc. 1813, 4788 J. E.). Leur annexe au procès-verbal d'adjudication ne les rend pas sujettes à l'enregistrement, contrairement à ce qui a été dit (4054 J. E.); car l'enregistrement ne concerne que les actes et mutations, et une affiche, quoique signée par un officier public, n'est pas un acte (D. m. f. 15 déc. 1818, 6483 J. E.). — V. *Affiches* et *suprà* 1605 *bis*.

4. CAHIER DES CHARGES. — Le cahier des charges ne forme ordinairement qu'un seul contexte avec le procès-verbal d'adjudication. Il ne peut être alors considéré comme un acte distinct (C. Caen 19 janv. 1827, 9109 J. E.); et il ne donne pas ouverture à un droit particulier d'enregistrement. Il en serait ainsi alors même qu'il aurait été signé par le notaire, les requérants et les témoins, s'il était d'ailleurs rédigé sur la même feuille de papier et à la même date que le procès-verbal (11257-10 J. E.; Dél. 5 juin 1833, 4087 Roll.). Mais s'il est manifeste que le notaire a voulu faire un acte distinct, s'il a été terminé par la formule dont acte, et porté sur le répertoire, il doit être enregistré à part (14312-2 J. E.). — V. 1739.

1607. Particuliers. — La question de savoir si les particuliers peuvent procéder aux ventes volontaires d'immeubles aux enchères publiques sans recourir au ministère d'un notaire ne peut paraître douteuse aujourd'hui, après deux arrêts de la Cour de cassation des 20 février 1843 (11571

J. N.), 19 mai 1847 (13043 J. N.). La négative résultait de deux circ. just. 15 octobre 1811 et 26 décembre 1818 (681 et 2830 J. N.), et de deux jugements de Château-Thierry et Chaumont, 14 juillet 1838 et 18 juin 1839 (12163-1 J. E., 5830 Roll.); mais le jugement de Château-Thierry a été cassé par la cour d'Amiens le 18 novembre 1846 (12904 J. N.).

1608. Adjudication préparatoire.— Nous avons dit, n° 1606, que l'on n'était pas dans l'usage de dresser un procès-verbal d'adjudication préparatoire. Cette formalité a été supprimée par le C. proc. actuel pour les adjudications judiciaires. Cependant, si un pareil acte était dressé et qu'il ne contînt que la réception des enchères et le renvoi de l'adjudication définitive à un autre jour, il ne serait passible que du droit fixe de 1 franc (L. 22 frim. an 7 art. 68 § 1er n° 51, Sol. 26 sept. 1830, 28 juin et 29 août 1831, 3124 et 3429 Roll.), élevé à 3 francs par la L. 18 mai 1850 art. 8 et celle du 28 fév. 1872 art. 4). Cet acte n'est pas autre chose, en effet, qu'une vente soumise à la condition suspensive, qu'il ne se présentera pas d'acheteur mettant un prix plus élevé.

1. PLURALITÉ. — Dans certains départements, il est dressé un procès-verbal d'adjudication préparatoire, qui reste ouvert plusieurs jours pendant lesquels on reçoit des enchères, et il est stipulé dans le cahier des charges que si l'adjudicataire provisoire ne devient pas adjudicataire définitif, il lui sera payé une prime de 1 pour 100 sur le prix de son offre, par l'adjudicataire définitif. Dans ce cas, le procès-verbal d'adjudication préparatoire produit pour chaque adjudicataire provisoire un effet distinct et individuel; d'où la conséquence qu'il doit être assujetti à autant de droits de 3 francs qu'il y a eu d'adjudicataires provisoires (Sol. 25 nov. 1843, 13372 J. E.).

2. ADJUDICATION ADMINISTRATIVE. — Quant à l'adjudication préparatoire administrative, elle n'est pas sujette à l'enregistrement. — V. *Acte administratif.*

1609. Consignation des droits. — Il arrive souvent que l'on insère dans le cahier des charges une clause d'après laquelle l'adjudication ne sortira à effet et n'opérera transmission de propriété qu'autant que les droits d'enregistrement seront consignés par l'adjudicataire, soit à l'instant de l'adjudication, soit dans les vingt-quatre heures, soit dans tout autre délai déterminé. Il avait paru qu'une pareille condition peut avoir pour effet de résoudre la transmission de la propriété, mais ne la suspendait pas, car dès que l'acte a été signé, l'acquéreur ne pouvait se délier de son engagement en s'abstenant de consigner les droits d'enregistrement de la mutation, puisque, même dans ce cas, le vendeur pouvait maintenir la vente. On pouvait donc penser qu'il n'y avait pas condition suspensive, et que les droits proportionnels d'enregistrement étaient exigibles (Bayeux 16 déc. 1841, 12916 J. E.; — Cass. *Admission* 26 juill. 1838, 12167 J. E.).

1. CONDITION SUSPENSIVE. — Cette doctrine n'a pas prévalu. Un arrêt de la C. cass. du 9 juillet 1855 a décidé qu'une telle clause constituait une véritable condition suspensive et qu'en cas d'inaccomplissement de cette condition, l'adjudication, étant censée n'avoir pas eu lieu, ne pouvait motiver la perception du droit proportionnel. « Attendu, porte l'arrêt, qu'il résulte du jugement attaqué que l'adjudication du 12 décembre 1849 ne devait produire effet et opérer transmission de propriété qu'autant que les droits d'enregistrement auraient été consignés par l'adjudicataire, soit à l'instant de l'adjudication, soit le lendemain avant midi, et qu'à défaut de cette consignation l'adjudication serait considérée comme non avenue; Attendu que l'adjudicataire ne paya les droits d'enregistrement ni dans le délai fixé, ni depuis; qu'il fut même dressé un procès-verbal de non-consignation dans lequel il fut constaté de nouveau entre les parties, devant le même notaire, que l'adjudication n'avait pas eu lieu, qu'elle n'avait produit aucun effet, et que Martin restait par conséquent propriétaire de sa maison; Attendu que les diverses constatations du jugement attaqué signalent non une condition résolutoire, mais une condition suspensive dont l'inaccomplissement fit que l'adjudication n'eut pas un seul moment d'existence; Attendu qu'il n'y a pas, dès lors, mutation de propriété, et que le droit proportionnel n'était pas dû » (445 R. P., 15571 J. N., D. N. t. 1er p. 544 n° 139, S. 56-1-73). Telle est aussi l'opinion de Dalloz n° 2388, Champ. et Rig. n° 2149 et suppl. 406 et de Roll. de Vill., R. P. t. 1er p. 249 nos 43 à 45.

2. VENTE JUDICIAIRE. — Quant à M. Demante, il doute que la clause dont il s'agit puisse être considérée comme suspensive dans les ventes judiciaires, parce que la loi règle impérativement les délais de procédure et le moment où la mutation s'opère, mais il croit que la question peut être tranchée d'une façon générale, et que, dans le cas proposé, le droit de mutation n'est pas encouru, même si l'on regarde la condition comme résolutoire. « En effet, dit-il, la résolution venant à s'opérer avant le payement de l'impôt, il n'existe plus à raison de l'acte résolu ni cause ni base de perception» (nos 196 et 805).

3. LA CONDITION PARAIT AVOIR LE CARACTÈRE RÉSOLUTOIRE. — Nous admettrions ce motif s'il s'agissait d'une annulation judiciairement reconnue avant l'enregistrement de l'acte (V. *Résolution* nos 14450, 14451). Mais il nous paraît difficile de décider de même pour une simple résolution, car l'événement de la condition n'empêche pas le contrat d'avoir existé et d'avoir produit ses effets. L'impôt a donc été régulièrement exigible, et, puisque la résolution ne peut annuler ni le fait de la transmission intérimaire, ni la cause d'exigibilité du droit, il semble naturel de croire qu'elle constitue un événement ultérieur, sans influence sur la perception.

1609 *bis*. Engagement de vendre sous condition de remise d'une somme dans un délai fixé. — Il faudrait d'ailleurs assimiler à l'espèce jugée par l'arrêt de 1855 la convention par laquelle un propriétaire prendrait l'engagement de vendre son immeuble si l'acquéreur lui avait versé une certaine somme dans un délai déterminé. Cette clause est toujours, dans l'esprit de la jurisprudence, une condition suspensive dont la réalisation seule peut donner ouverture à l'impôt proportionnel.

1610. Condition de contrat à passer — L'adjudication faite avec la condition qu'il en sera passé un contrat séparé, doit être considérée comme définitive, puisqu'elle contient toutes les dispositions nécessaires pour opérer une vente parfaite : le consentement, la chose et le prix. (Dél. 1er pluv. an 11, 1377 J. E.). — *V. Condition.*

1610 *bis.* **Réserve de ratification.**— Mais l'adjudication faite avec réserve, par le vendeur, de la ratifier dans un délai déterminé, et avec déclaration qu'elle ne sera valable qu'après la ratification, ne peut, avant cette ratification, donner ouverture à aucun droit proportionnel (Sol. 22 juill. 1815, 4570 J. E., 1088 J. N.).

1610 *ter.* **Réserve d'annulation.** — Il a été cependant jugé que quand le vendeur se réserve d'annuler ou d'approuver avant la clôture de l'acte les adjudications prononcées, cette réserve constitue une condition résolutoire n'arrêtant pas l'exigibilité du droit (Dijon 23 juill. 1855, 15661 J. N., D. N. t. 13 p. 400 n° 354). — *V.* 1748 *bis.*

1. DISPOSITION DÉPENDANTE. — En tout cas, cette déclaration insérée dans le procès-verbal en fait partie intégrante et ne donne lieu à aucun droit particulier.

1610 *quater.* **Surenchère.** — Lorsqu'un cahier des charges stipule que la vente des immeubles ne sera définitive qu'au cas où il ne serait pas fait de surenchère, et que, dans le cas de surenchère, les immeubles seront de nouveau exposés en vente, l'adjudication est provisoire ; et si un acte de surenchère a été dressé (quoique le notaire instrumentant ait, en le recevant, protesté contre sa validité), l'adjudicataire est dégagé de ses obligations, et n'est pas tenu de payer le droit de vente (Verviers 31 juill. 1872, 11917 J. E. belge).

1611. Frais et honoraires. — Maximum de 10 pour 100. — Si le cahier des charges exprime que les adjudicataires payeront, en sus du prix principal, un certain nombre de centimes par franc, pour frais et honoraires de l'adjudication, et si le taux de ces frais et honoraires ainsi déterminé paraît excessif, l'Administration peut demander qu'il soit réduit, et considérer comme charge augmentant le prix, tout ce qui excède l'allocation régulière ou la somme légalement due pour le coût du procès-verbal. (Cass. 10 déc. 1810, 1996 J. N., S. 18-1-4, P. chr. 337). — « Attendu, porte l'arrêt précité, que le notaire faisant la vente, et rédacteur du cahier des charges et conditions, avait expressément stipulé que l'adjudicataire lui payerait, en sus du prix de l'adjudication, pour prétendus frais de minutes, expéditions, affiches, enregistrement, 14 et 15 centimes, ce qui produisait une somme exorbitante, excédant de beaucoup ses droits et honoraires et diminuait d'autant la matière imposable ; Attendu que les juges, en se conformant à l'esprit et au texte de la loi de frimaire an 7 art. 15 et 16 et en maintenant, à cet effet, la contrainte de la Régie jusqu'à concurrence du montant du droit auquel serait assujettie la somme des honoraires du notaire à fixer par M. le président du tribunal, ne se sont mis en opposition avec aucune loi et se sont conformés aux véritables principes de la matière ; » — C'est en s'appuyant sur cette doctrine que l'Administration a prescrit (1150 § 2 I. G., 1200 § 21, 4940 J. N., 8677 J. E.) d'ajouter au prix, pour la perception du droit d'enregistrement, tout ce qui, dans la fixation des frais et honoraires, excède 10 pour 100 du prix principal. — Plus une somme égale aux suppléments de droits de timbre et d'enregistrement résultant des impôts nouveaux (Sol. 6 juill. 1877 ; 4761 R. P.). — *V.* 1698, 1743, 1745 à 1748.

1. VENTE AMIABLE. — On avait soutenu que cette fixation de 10 pour 100 était spéciale aux adjudications proprement dites dont la préparation nécessite plus de frais que les ventes amiables, et il paraissait que la règle ne s'appliquait pas à ces derniers contrats. Une solution du 8 mai 1866, rendue en thèse générale, a reconnu que le principe est le même dans les deux cas. Qu'il s'agisse d'adjudications ou de ventes amiables, les frais ne doivent être ajoutés au prix que quand leur évaluation paraît excessive. Or, il se peut que 10 centimes par franc soient à peine suffisants dans certaines ventes amiables pour payer les droits de timbre et d'enregistrement, les honoraires du notaire, les frais de transcription et de purge (2318 R. P.). Cela est exact surtout depuis les récentes augmentations de tarif.

2. APPRÉCIATION DU PRÉPOSÉ. — C'est au préposé à examiner, d'après la nature de l'acte et son importance, si la fixation n'a pas été exagérée pour éluder les droits d'enregistrement (Sol. 11 sept. 1872). — Il a donc été reconnu avec raison par le tribunal de Turnhaut, le 6 juin 1855 (683 R. P.), que l'Administration devait calculer, en matière de vente concernant un mineur, les honoraires du notaire d'après le tarif légal, et que la circonstance que les parties ont alloué à cet officier public des honoraires supérieurs aux remises réglementaires, ne peut entrer en considération pour la liquidation du droit.

3. FRAIS A TAXER. — L'Administration, dans l'I. G. 1150 § 2, reconnaît à l'officier public le droit de requérir la taxe s'il entend contester la perception. Et, par raison inverse, l'Administration peut, si elle le préfère, user du même droit (D. m. j. 23 mai 1809 ; — Cass. 10 déc. 1816, *arrêt rapporté* 1611. — *Conf.* : 3259, 5668 J. E., 4314 J. N.).

Selon le D. N., le préposé n'a pas le droit, lors de l'enregistrement, de réduire lui-même le montant des frais et honoraires fixé par le cahier des charges ou le contrat, sous le prétexte qu'il est excessif; seulement, comme tiers intéressé à la fixation des honoraires, il peut en requérir la taxe, sans que l'initiative de cette même taxe puisse jamais être imposée au notaire (D. N. t. 1er p. 542 n° 130 et t. 6 p. 495 n° 474, 9494, 17457 J. N., J. du not. n° 2154).

Il a été jugé au contraire que, si le receveur trouve l'évaluation excessive, il peut la réduire et réclamer, par contrainte, le payement d'un supplément de droit, sauf au notaire à requérir la taxe, s'il le croit utile à sa défense (Soissons 26 déc. 1861, 17420 J. E., 17457 J. N.). Mais cette décision ne nous semble pas juridique. — V. *Vente d'immeubles* n° 17708.

4. TAUX FACULTATIF. — Nous devons d'ailleurs, pour faire ressortir l'inconvénient qu'il pourrait y avoir à transformer en taux légal le taux de convention établi par l'Adminis-

tration, faire remarquer que, dans les ventes considérables, le taux de 10 pour 100, pour frais et honoraires, est rarement atteint. Il y a, en effet, certains frais accessoires des ventes qui ne sont pas proportionnels au prix, et peuvent être aussi considérables pour de petites ventes que pour des aliénations dont le prix est beaucoup plus élevé. L'Administration a donc le droit de rejeter le taux de 10 pour 100 qu'elle a introduit à l'usage de la perception, à titre de composition amiable, et elle peut, pour opérer la réduction, calculer les frais réels du contrat. C'est ce qu'a formellement décidé le tribunal du Havre le 30 mars 1849 (8022 R. Fess.), et qui a été appliqué par plusieurs solutions (*V.* celle du 8 mai 1866, 2318 R. P.).

5. AFFICHES. — Les frais extraordinaires faits par le vendeur dans son propre intérêt avant l'adjudication comme frais d'affiches et de publications ou sommes attribuées au notaire pour l'indemniser de ses soins doivent rester à la charge du vendeur; par conséquent, si l'adjudicataire est tenu de les payer, c'est un véritable supplément de prix (D. m. j. 23 mai 1809, 3259 J. E., 243 J. N.).

6. ENCHÈRES. — Dans le cas d'enchères portées dans le procès-verbal préparatoire, si l'adjudicataire définitif a été lui-même adjudicataire provisoire, on ne peut ajouter, comme charge à son prix de vente, la somme qu'il se doit à lui-même comme adjudicataire provisoire (12467 J. E.).

7. QUITTANCE. — On doit entendre par frais de vente ceux faits au moment de cette vente, et non ceux à venir; aussi le tribunal de Lille a-t-il jugé, le 28 juin 1850, que si, dans les frais à supporter par les acquéreurs, évalués à 12 pour 100, 2 pour 100 ont été déclarés applicables aux frais de quittance, ces 2 pour 100 doivent être ajoutés au prix, la quittance n'existant pas au moment de l'adjudication (15241 J. E., 14494 J. N. — *V.* dans le même sens le Havre 30 mars 1849, 8022 R. Fess.).

8. USAGE. — Si les frais de l'adjudication sont mis à la charge des adjudicataires, sans être évalués, avec mention qu'il seront établis suivant l'usage, cet usage, bien connu, ne suffit pas pour autoriser l'addition au prix de tout ce qui excède 10 pour 100, car cet usage fait si peu loi, que si ces frais étaient exagérés, les parties pourraient en demander la réduction (12439-2 J. E.).

1612. Réunion des lots. — Lorsque plusieurs lots sont adjugés à une même personne, le droit doit être appliqué non séparément sur chaque lot, mais sur le prix total des divers prix réunis, parce que, relativement à chaque adjudicataire, il n'y a qu'un vendeur et un acquéreur (Dél. 19 mars 1823, 569 Roll., 4330 J. N., 511 C.).

1. PAYEMENT DES DROITS. — Mais les droits ainsi liquidés doivent être acquittés en bloc pour tout le procès-verbal et non par chaque adjudicataire séparément. — *V.* 547-1.

1613. Lots divisés par des vacations. — Néanmoins si, dans une vente publique d'immeubles qui a eu lieu en deux séances, une personne a acquis un lot à chaque vacation, le droit de vente doit être liquidé sur chaque prix séparément (Sol. belge 16 mars 1866, 10177 J. E. belge).

TITRE III. — ADJUDICATION OU VENTE PUBLIQUE DE MEUBLES

[1614-1735]

CHAPITRE PREMIER. — COMPÉTENCE POUR PROCÉDER AUX VENTES

[1614-1643]

SECTION PREMIÈRE. — VENTES NÉCESSITANT LE CONCOURS D'UN OFFICIER PUBLIC

[1614-1627]

1614. Meubles qui peuvent ou non être vendus. — La règle est que toute espèce de meubles peuvent être vendus publiquement et aux enchères, et il n'y a lieu de s'en écarter que lorsque la loi l'ordonne. Les exceptions à à cette règle générale sont peu nombreuses. Elles ont été posées :

1. IMPRIMERIE. — Par un décret du 2 février 1811, art. 4, qui défend aux imprimeurs de vendre leur imprimerie à d'autres qu'à des imprimeurs, et qui veut que leurs caractères ne puissent être cédés qu'à des imprimeurs ou à des fondeurs brevetés.

2. LIVRES IMMORAUX, ETC. — Par une instruction du garde des sceaux, 23 décembre 1824 (5010 J. N.), qui prescrit de ne pas mettre en vente les livres immoraux, ceux qui ont été frappés d'une condamnation judiciaire et ceux dont le titre ne serait pas lisible.

3. MARCHANDISES NEUVES. — Par la L. 25 juin 1841, qui interdit, sauf certains cas prévus, la vente aux enchères des marchandises neuves. C'est par interprétation de cette dernière loi qu'un jugement de Lille du 20 août 1850 (14261 J. N.) a reconnu que les arbres abattus et bois équarris sont des marchandises neuves dont la vente publique est interdite.

1615. Meubles proprement dits. — Les ventes de meubles proprement dits, c'est-à-dire qui ont pour objet des meubles réels, des effets mobiliers, suivant l'acception en usage, peuvent être faites par les commissaires-priseurs, les huissiers et les greffiers, aussi bien que par les notaires. C'est de la vente de cette espèce de meubles qu'il est surtout question.

1616. Droit des commissaires-priseurs. — Nous devons cependant faire observer que les commissaires-priseurs ont le droit exclusif de procéder dans le lieu de leur établissement aux ventes des meubles de cette nature (L. 27 vent. an 9 art. 1er et 8, L. 28 avr. 1816 art. 89). Dans ce sens, il a été reconnu qu'ils ont la concurrence seulement pour les ventes qui se font, hors du lieu de leur résidence, dans l'étendue de leur arrondissement ou de leur canton (Ord. 28 juin 1816 art. 3; — C. Rouen 17 mai 1817, 2305 J. N.).

1617. Droits incorporels. — Tandis que la vente des meubles fictifs, c'est-à-dire des droits incorporels, que l'art. 529 C. C. déclare meubles par la détermination de la loi, celle des rentes, des créances, actions mobilières ou intérêts dans des sociétés ou entreprises, n'entre pas dans les attributions des commissaires-priseurs, greffiers et huissiers, mais est de la compétence exclusive des notaires (Rap. sur la L. du 15 mars 1817, Merlin *Rép.* v° *Vente* sect. 8 art. 3 n° 5, Bioche v° *Vente mobilière* n° 11, de Belleyme t. 2 p. 49).

1618. Fonds de commerce. — Ce que nous venons de dire s'applique aussi aux fonds de commerce, achalandages, brevets d'invention, droit au bail des lieux; ce sont également des objets incorporels, encore que des ustensiles et objets mobiliers dépendent du fonds de commerce (C. Paris 4 déc. 1823, 26 mai 1832 et 15 juin 1833, 4456, 6349, 7785 J. N.; — Colmar 30 janv. 1827, 5659 J. N.; — Cass. 15 fév. 1826, 23 mars 1836, 8115, 9207 J. N.; — Cass. 19 juill. 1829, 8696 J. E.).

1619. Marchandises à vendre à la Bourse. — Courtier de commerce. — Les courtiers de commerce ont compétence pour vendre, soit exclusivement soit en concurrence avec d'autres officiers publics, certaines marchandises déterminées par la loi. Les règles qui les concernent sont indiquées *infrà* nos 1679 et suiv.

1. MEUBLES DE FAILLIS. — Mais les marchandises et effets mobiliers des faillis peuvent être vendus, soit par la voie des enchères publiques, par l'entremise des courtiers de commerce et à la Bourse, soit en tout autre lieu, au choix des syndics, par le moyen des commissaires-priseurs. (Cass. 26 fév. 1828, 6472 J. N., 9072 J. E. — V. également Cass. 9 janv. 1833, 15 fév. 1838, 10653, 12043 J. E., D. m. j. et f. 26 mai et 9 juin 1812, 864 J. N.).

1620. Marchandises neuves. — La L. 5 juin 1841 (11022 J. N., 1636 I. G.), qui défend la vente aux enchères ou à rabais des marchandises neuves, excepte de cette défense (art. 2) les ventes prescrites par la loi, ou faites par autorité de justice, ainsi que les ventes après décès, faillite ou cessation de commerce, enfin toutes celles d'une nécessité dont l'appréciation sera soumise au tribunal de commerce.

1. MENUE MERCERIE. — Sont également exceptées les ventes à cri public de comestibles et objets de peu de valeur, connus dans le commerce sous le nom de menue mercerie. Mais ces ventes, si peu importantes qu'elles soient, restent toujours assujetties aux règles de la loi du 22 pluviôse an 7 (17904-3 J. E.).

2. OBJETS DIVERS ET MARCHANDISES NEUVES. — L'officier public qui, sans autorisation préalable, procède à la vente publique de marchandises neuves, concurremment avec d'autres objets, encourt une amende (Napoléonville 24 août 1855, 574 R. P.).

3. COURTIERS DE COMMERCE. — Les courtiers de commerce ont, à cet égard, des obligations spéciales qui sont indiquées ci-après nos 1679 et suivants.

1621. Récoltes et coupes de bois taillis. — La question de savoir si les notaires ont le droit exclusif de faire les ventes de récoltes et fruits pendants par racines et branches a fait l'objet d'une longue controverse (*V.* 1621 *bis*) dont la L. du 5 juin 1851 a tranché toutes les difficultés par son article 1er ainsi conçu : « Les ventes publiques volontaires, soit à terme, soit au comptant, de fruits et de récoltes pendants par racines, et des coupes de bois taillis, seront faites en concurrence et au choix des parties, par les notaires, commissaires-priseurs, huissiers et greffiers de justice de paix, même dans le lieu de la résidence des commissaires priseurs. »

1. HERBES DEVANT ÊTRE PATURÉES. — Dans cet ordre d'idées, la cour de Caen a jugé, le 12 mai 1856 (751 R. P.), que tous les officiers publics et ministériels désignés en l'art. 1er de la loi du 5 juin 1851, sont aptes à faire les ventes publiques volontaires d'herbes parvenues à maturité, lors même que, l'herbe ne devant pas être fauchée, mais pâturée, la vente comprend non-seulement l'herbe actuellement existante, mais encore toute celle qui doit croître au fur et à mesure de la dépaissance. Toute cette herbe forme ensemble la récolte annuelle.

1621 *bis*. Hautes futaies. — Mais la loi de 1851 n'a établi le droit de concurrence que pour les objets qu'elle a spécialement désignés. Ainsi, les notaires seuls ont, à l'exclusion des greffiers, huissiers et commissaires-priseurs, le droit de procéder aux ventes publiques et aux enchères de bois de haute futaie (Rouen 26 janv. 1852, 14642 J. N. ; — Troyes 15 mars 1853, 14937 J. N.).

La rédaction primitive du projet de l'art. 1er de la loi du 5 juin 1851, qui, à lui seul, constitue toute la loi, portait que la concurrence était ouverte aux notaires, commissaires-priseurs, huissiers et greffiers pour la vente de fruits et récoltes pendants par racine, de coupes de bois taillis et autres objets adhérents au sol.

Les commissaires-priseurs ayant manifesté la crainte qu'à la faveur de cette formule générale on n'essayât d'étendre la concurrence sur certains objets pour lesquels, même dans l'état actuel des choses, leur droit exclusif est reconnu dans le lieu de leur résidence, par exemple lorsqu'il s'agit d'une machine à vapeur placée par le locataire dans des lieux loués, etc., la commission, à la troisième lecture du projet de loi, retrancha les mots : *et autres objets adhérents au sol,* par ce motif que la généralité de ces mots pourrait donner lieu, dans la pratique, à des discussions qu'il était préférable d'éviter, en s'en référant au droit commun (*Moniteur* du 5 juin 1851 p. 1584).

Après cette suppression, la commission proposa ces mots : *coupes de taillis et coupes aménagées de haute futaie.*

M. Bazé demanda que le départ des attributions fût fait, en ce qui concerne les bois, par la grande division qui existe entre les bois taillis et les futaies. « Je n'accorderais, dit-il, à la concurrence des officiers ministériels que les ventes de bois taillis sur la nature desquels il est impossible de se méprendre, et non pas celle des futaies aménagées, parce qu'il est très-difficile de marquer les caractères auxquels on distingue une futaie qui serait aménagée d'avec une futaie qui ne le serait pas. Enfin je voudrais que la loi fût rédigée de manière qu'on pût, à l'instant même, *ipso facto*, reconnaître dans quelle attribution tomberait la vente publique volontaire des futaies... Lorsqu'on s'adresse à un officier ministériel pour faire une vente, il faut qu'il ne puisse y avoir le moindre doute sur la compétence de cet officier; or, la compétence ici serait livrée à l'appréciation qu'il faudrait faire de la situation de la futaie... Je crois que cela occasionnerait bien des inconvénients et des conflits. Que si le propriétaire veut faire vendre à la fois taillis et futaie, il s'adressera au notaire, puisque le notaire appartient aux deux catégories, puisqu'il a concurrence dans la première, et le *droit exclusif* dans la seconde... »

Sur ces observations, les mots : *et coupes aménagées de haute futaie* furent écartés (V. *Moniteur* du 5 juin 1851 p. 1586).

Il résulte invinciblement de là que les notaires ont le droit exclusif de procéder aux ventes publiques aux enchères des bois de haute futaie. C'est ce qu'a jugé la cour de Caen le 16 janvier 1854 (473 R. P.).

1. PARTICULIER. — En tous cas, il n'est pas douteux que si la vente d'une coupe de bois était faite aux enchères par un particulier, il encourrait l'amende de 50 francs à 1000 francs, prononcée par l'art. 7 de la loi du 22 pluviôse an 7 (Vouziers 14 juill. 1859, 11675 C.; 17035 J. E.). — V. 1627.

1622. Vente judiciaire. — Les lois des 27 ventôse an 9 et 28 avril 1816, attribuant aux commissaires-priseurs le droit exclusif de procéder aux ventes de choses mobilières aux enchères dans le lieu de leur résidence, il en résulte qu'eux seuls sont chargés du droit de faire les ventes judiciaires des biens de cette nature; d'où la conséquence que, la loi du 5 juin 1851 ayant reconnu un caractère mobilier aux récoltes pendantes par racines, les commissaires-priseurs sont investis par la loi du droit de procéder exclusivement aux ventes judiciaires de récoltes dans le lieu de leur résidence (Vendôme 10 oct. 1851, 14478 J. N.). C'est ce qui avait déjà été reconnu, par arrêts C. Bordeaux 15 février 1840 (13753 J. N.) et cass. 18 juin 1850 (14083 J. N.), dans un conflit intervenu au sujet de la vente de marchandises saisies.

1. COURTIERS DE COMMERCE. — Il a même été décidé que la vente ordonnée par jugement de marchandises consignées par un commerçant à un autre commerçant, constitue une vente forcée à faire par le commissaire-priseur à l'exclusion des courtiers, « attendu que les courtiers ne sauraient être rangés parmi la catégorie des *officiers ministériels* auxquels l'art. 3 de la loi du 3 juin 1841 attribue le droit de procéder aux ventes par autorité de justice et qu'il ne s'agit pas de marchandises adressées du dehors à un négociant, afin d'être vendues pour le compte de l'expéditeur ou de marchandises à vendre pour couvrir celui qui les a reçues d'avances faites par suite de l'envoi : il en est autrement quand les marchandises ont été remises en nantissement » (C. Bordeaux 28 juill. 1857, 898 R. P.).

1623. Vente à terme. — Droit exclusif des commissaires-priseurs. — Une question également vivement débattue est celle des ventes de meubles dont le prix est payable *à terme*. Des arrêts (C. Nancy 20 déc. 1833, 8658 J. N.; — Cass. 8 mars 1837, 9569 J. N., 11773 J. E; — Caen 14 juin 1847, C. a. 4396, — et Douai 25 avr. 1860, S. 61-2-121) ont reconnu aux commissaires-priseurs le droit *exclusif* de procéder dans le chef-lieu de leur établissement à toutes les ventes publiques de meubles, même avec stipulation de terme, de cautionnement ou de toute autre garantie. Au contraire ce droit leur a été dénié par d'autres décisions (Schelestadt 21 mars 1838; — C. Paris 1er juin 1840 et 5 juill. 1845, 10082, 10655 et 12404 J. N.).

1. DROIT DES NOTAIRES A DÉFAUT DE COMMISSAIRES-PRISEURS. — Mais dans les lieux où il n'existe pas de commissaires-priseurs, les greffiers et les huissiers ne peuvent procéder, concurremment avec les notaires, aux ventes publiques de meubles, lorsqu'il est accordé terme ou crédit aux acheteurs (Nancy 27 mai 1837, 5284 R. Roll.).

Jugé dans ce sens par le tribunal de Domfront le 11 janvier 1854 (552 R. P.), que l'huissier qui procède à la vente d'une usine avec tout son matériel en bloc, avec cession du bail au profit de l'adjudicataire, et à la condition que le prix sera payé un tiers comptant et les deux autres tiers dans les six mois, sort des attributions de son ministère, les huissiers n'ayant le droit de procéder concurremment avec les notaires, commissaires-priseurs et greffiers, qu'aux ventes purement mobilières. « Aux termes de l'art. 625 du Code de procédure civile et de toutes les lois antérieures, les huissiers doivent vendre au comptant; ils n'ont pas qualité pour stipuler des termes du payement; s'ils peuvent accorder des délais aux adjudicataires, ils agissent dans ce cas sous leur responsabilité; mais le prix est toujours présumé avoir été payé comptant. L'exception apportée par la loi du 5 juin 1851, à cet égard, doit être restreinte aux seuls cas prévus par cette loi. »

1624. Greffiers. — Le droit de procéder aux ventes publiques de meubles accordé par la loi du 17 septembre 1793 aux greffiers en général s'étend aux greffiers des juges de paix (C. Rouen 20 mars 1809, D. N. t. 6 p. 1097 n° 19), mais non à leurs commis assermentés (Cass. 8 déc. 1846, 12900 J. N.). — Cette faculté n'appartient pas aux greffiers des tribunaux de simple police (D. m. j. 8 janv. 1812, 4120 J. E.).

1. GREFFIERS DES TRIBUNAUX DE COMMERCE. — Une question fort controversée est celle de savoir si les greffiers des tribunaux de commerce sont habiles à faire des ventes publiques de meubles. Le tribunal de Bayeux s'est prononcé pour l'affirmative, le 24 août 1860 (1391 R. P.); mais nous ne partageons pas cette opinion. En effet, l'ordonnance de 1816, institutive des commissaires-priseurs dans les chefs-lieux d'arrondissement porte, art. 11 : « Les fonctions de commissaire-priseur seront compatibles, dans toutes les résidences autres que la ville de Paris, avec les fonctions de notaire, de greffier ou de *juge de paix* au tribunal de police et d'huissier. » Évidemment, dans la pensée du législateur, les greffiers de justice de paix, *les seuls dont les fonctions soient déclarées compatibles avec celle de commissaires-priseurs*, doivent être habiles à procéder aux prisées et ventes de meubles, à l'exclusion des greffiers des autres juridictions. Et cette conclusion nous semble fortifiée par les dispositions des art. 4 et 10 de la loi du 25 juin 1841, sur les marchandises neuves et par l'art. 1er de la loi du 5 juillet 1851 sur les ventes volontaires de fruits et récoltes pendantes par racines et de coupes de bois taillis. Ces lois n'admettent, en effet, que les greffiers des justices de paix à concourir pour ces ventes avec les notaires, huissiers et commissaires-priseurs.—*V.* dans le même sens : Carré, *Lois de l'organ. et de la compét.*, édit. Foucher t. 2 p. 400 n° 151, Devilleneuve t. 844-2-625, Roll. de Vill., *Rép.* v° *Vente de meubles* n° 21.

Mais cette solution est loin d'être admise sans controverse et, en dehors du jugement cité plus haut, la jurisprudence s'est assez souvent prononcée dans un sens contraire. — (C. Rouen 20 mars 1807, S. 2-2-217); — Bordeaux et Grenoble 6 août 1835 et 5 décembre 1839, S. 36-2-60, 40-2-225). La même opinion est professée par Chauveau sur Carré, *Loi proc. civ.* quest. 3157, Bioche *Dict. proc.* v° *Greffier* n° 58, Pigeau *Comment.* t. 2 p. 654, Devillepin *Journal de Bioche* t. 2 p. 150, *Comment. proc. civ. sur l'art.* 946.

1625. Officier public hors de ses attributions. — Les officiers publics qui procèdent à des ventes publiques hors de leurs attributions se trouvent dans les mêmes conditions que les particuliers dont nous parlerons n° 1627 *infrà*.

1. DROIT ABSOLU DU PROPRIÉTAIRE. — Mais le propriétaire de meubles a le droit absolu et sans contrôle de faire vendre, partout où bon lui semble, le mobilier lui appartenant. Ainsi il peut le faire transporter de la commune où se trouve un commissaire-priseur sur une commune limitrophe afin de le faire vendre par un huissier de son choix (Rouen 15 nov. 1860, 1399 R. P.).

1626. Porteurs de contraintes. — On avait d'abord pensé (8580 J. E.) que les porteurs de contraintes pouvaient procéder aux ventes publiques de meubles, mais un Av. Cons. d'Ét. 18 août 1818 (9073 J. E.) s'est prononcé pour la négative.

1627. Particulier. — Agent sans qualité vendant pour le compte d'autrui.— L'art 1er L. 22 pluviôse an 7 veut que les ventes de meubles ne puissent être faites que par le ministère d'officiers publics ayant qualité pour y procéder. Mais cet article ne prononçant pas d'amende en cas de contravention a prétendu qu'il n'avait pas de sanction et que l'art. 7 qui prononce une amende de 50 à 1,000 francs contre tout citoyen qui contrevient à cet art. 1er « *en vendant ou en faisant vendre* publiquement et par enchères, sans le ministère d'un officier public, » ne devait s'entendre que du propriétaire des meubles vendus.

L'Administration belge s'est prononcée pour la perception de l'amende contre celui qui, sans être revêtu d'un caractère légal, vend aux enchères publiques des objets mobiliers appartenant à un autre. Sa solution, du 5 juin 1853 (126 R. P.), est ainsi motivée : « Considérant que la loi du 22 pluviôse an 7 prononce une amende de 50 à 1,000 francs à charge de ceux qui vendent ou font vendre des meubles publiquement et par enchère, sans le ministère d'un officier public ; que les termes généraux dont s'est servi le législateur et le but qu'il s'est proposé indiquent suffisamment que, dans sa pensée, l'amende est applicable aussi bien aux agents sans qualité faisant des ventes pour autrui, qu'au propriétaire lui-même; que d'ailleurs la loi de pluviôse n'a pas abrogé les dispositions législatives antérieures, lesquelles atteignent, sans contredit, les agents non qualifiés qui vendent des meubles pour autrui, comme l'a reconnu le tribunal de Tournay, dans son jugement du 14 avril 1846, » — jugement rapporté au 126 R. P.

La décision ci-dessus se référant aux dispositions législatives antérieures à la loi de pluviôse, il nous paraît utile de les rappeler ici pour élucider tout à fait la question et la mettre dorénavant à l'abri de toute controverse.

L'édit sur la création et érection des *maistres priseurs, vendeurs de biens meubles*, rendu en 1556 par le roi Henri III, contenait les dispositions suivantes :

« ... Et semblablement feront (les vendeurs de meubles) ventes publiques desdits meubles, soit qu'elles se facent d'accord et volonte des parties, ou par ordonnance ou exécution de justice, à l'inquant et plus offrant... Sinon que lesdits sergens fussent requis et priez par lesdites parties assister seulement esdites ventes qui se feront par lesdits priseurs, vendeurs, sur peine de nullité desdites prisées, estimations, et ventes desdits meubles, despens, dommages et interets des parties intéressées, pour le regard de ceux qui les auront faict faire, et d'autant d'amende envers nous, pour le regard de ceux qui les auront faites, comme lesdites prises, ventes et estimations seront trouvees monter ; nonobstant quelconques usages, possessions, jouissance et entreprises de ce faire, lesquelles nous avons abolies, et abolissons par les présentes. »

On lit dans l'art. 9 de l'édit du 3 février 1771 : « Faisons très-expresses inhibitions et défenses à touts notaires, greffiers, huissiers et sergents royaux de quelque juridiction que ce soit, même des amirautés, de s'immiscer à l'avenir de faire lesdites prisées, expositions et ventes de biens meubles, en quelque matière que ce soit, à peine de mille livres d'amende, et aux contrôleurs des exploits de contrôler aucuns procès-verbaux de prisées et ventes desdits biens meubles qui seraient faits par autres que lesdits jurés-priseurs, à peine de pareille somme, et lesdites amendes applicables moitié à l'hôpital du lieu, et l'autre moitié aux pourvus desdits offices, ne pourront être modérées ni réputées comminatoires. »

Un arrêt du conseil d'État du 13 novembre 1778 portait :

« Fait en conséquence, Sa Majesté, défenses à toutes personnes sans caractère, même aux propriétaires, héritiers ou autres, de faire personnellement l'exposition, vente, ou adjudication à l'encan, d'aucuns biens-meubles à eux appartenant, ou à d'autres, à peine de confiscation des meubles et de mille livres d'amende... »

Enfin les art. 1er et 2 d'un arrêté du 29 août 1796 reproduisaient ces dispositions et faisaient défense à tous ceux qui n'avaient pas un caractère légal de s'immiscer dans les prisées, estimations et ventes publiques de meubles, sous peine d'être « poursuivis devant les tribunaux à la requête et diligence des commissaires du Directoire exécutif près les administrations pour être condamnés aux amendes portées par les règlements non abrogés, sans préjudice des dommages-intérêts des notaires, greffiers et huissiers, pour raison desquels ceux-ci se pourvoiront contre eux ainsi qu'ils aviseront. »

On le voit, tous les monuments sur la matière qu'offre la législation ancienne présentent le caractère d'homogénéité le plus parfait. Ce n'est pas seulement le propriétaire qui vend ses meubles sans le ministère d'un officier vendeur qui est passible d'une amende, c'est encore l'agent qui, sans caractère légal, procède à cette vente.

Au surplus, ce qui prouve jusqu'à l'évidence que le principe de l'amende, posé par les anciens règlements contre l'individu qui vend publiquement des meubles sans aucun caractère, n'a jamais cessé d'être en vigueur, bien que la L. 22 pluviôse an 7 ne l'ait pas édicté d'une manière explicite, c'est qu'il se trouve reproduit dans la L. 27 ventôse an 9, qui a créé quatre-vingts commissaires-priseurs à Paris. L'art. 2 de cette loi est ainsi conçu : « Il est défendu à tous particuliers, à tous autres officiers publics, de s'immiscer dans lesdites opérations qui se feront à Paris, à peine d'amende, qui ne pourra excéder le quart du prix des objets prisés ou vendus. »

1. VENTES PORTES OUVERTES. — Il a été jugé qu'il y a contravention à l'art. 1er L. 22 pluviôse an 7, de la part d'un particulier qui procède dans une chambre, les portes ouvertes, en présence de plusieurs marchands, et sans le concours d'un officier public, à la vente, au plus offrant, de coupes de bois (Cass. 22 mai 1822, 7247 J. E., P. chr. 544).

2. VENTE AU RABAIS. — La circonstance que la vente aurait eu lieu *au rabais* n'en laisserait pas moins subsister la contravention (Sol. 3 mars 1832, 10270 J. E. et 26 oct. 1855. — *V.* également Cass. 30 mess. an 10, D. m. f. 2 oct. 1811, 1272 et 4093 J. E.).

3. VENTE PUBLIQUE A PRIX FIXE. — Mais il faut, pour que la contravention existe, qu'il y ait eu la chaleur des enchères ou du rabais, car bien que les prix soient annoncés par un crieur, s'ils sont *fixes* et *invariables*, le particulier qui procède publiquement à la vente de ses meubles ne commet pas de contravention (Douai 23 mai 1828, 9324 J.E.).

Il en est de même si la vente est faite à celui des acheteurs qui offre le prix le plus élevé, sans mise à prix, criées, ni enchères (C. Orléans 30 janv. 1850, 8730 R. Fess.).—*V.* 1692.

4. CARACTÈRE DE LA PUBLICITÉ. — La publicité d'une vente ne résulte pas uniquement de ce que l'opération a été précédée selon l'usage d'affiches et de publications. Elle consiste principalement dans le concours des amateurs, de quelque façon que ce concours ait été provoqué ou se soit produit (Cambrai 27 janv. 1858, 958 R. P., 11242 C.; — Vouziers 14 juill. 1859, 11675 C., 17035 J. E.).

Si donc une seule catégorie de personnes, comme les membres d'un comice agricole, peuvent seuls enchérir, il n'y a pas de vente publique (C. Paris 13 juill. 1875, 4364 R. P.).

5. RÉUNION PRIVÉE. — La vente que fait un libraire de livres de fonds et d'assortiment à un certain nombre de ses collègues convoqués à cet effet, à l'amiable et de gré à gré au prix par lui annoncé et sans enchère, ne peut être considérée comme une vente publique soumise au droit d'enregistrement (Cass. 4 nov. 1818, S. 19-1-116). « Attendu qu'il résulte, en fait, du procès-verbal de la Régie elle-même, ainsi que des circonstances reconnues par toutes les parties, que la vente dont il s'agit n'a été faite qu'en présence d'un certain nombre de libraires spécialement convoqués pour cet effet; que nul autre individu ne devait y être admis et n'y a été admis en effet; enfin, que rien ne constate qu'elle ait été faite aux enchères ni même qu'il y ait eu des mises au rabais; d'où il suit qu'une telle vente ne peut être considérée comme une vente publique aux enchères ni même qu'il y ait eu des mises au rabais; d'où il suit qu'une telle vente ne peut être considérée comme une vente publique aux enchères, dans le sens de la loi, mais seulement comme une opération de commerce entre marchands, à laquelle on ne peut appliquer la disposition de l'art. 1er de la loi du 22 pluviôse an 7. »

6. PRÉSENCE CONTINUE A LA VENTE. — L'officier ministériel doit être présent d'une manière permanente à toutes les opérations de la vente, et ceux qui vendent ou font vendre en son absence sont passibles d'amende; cette présence permanente est commandée par l'esprit même de la loi (Namur 4 juin 1868, 10684 J. E. belge).

SECTION II. — VENTE NE NÉCESSITANT PAS LE CONCOURS D'UN OFFICIER PUBLIC

[1628-1643]

1628. Communes, hospices, fabriques. — Les ventes du mobilier communal, celles des coupes de prés et bois des communes, enfin celles du mobilier des hospices et fabriques peuvent être faites par les maires (Dél. 16 germ. et 17 frim. an 7, Circ. 1732, 326 § 5, 454 I. G., D. m. f. 16 avr. 1811, C. a. 4514, D. m. f. 16 avr. 1815, 1174 J. E.). — Mais, lorsqu'ils procèdent ainsi, les maires sont tenus de dresser un procès-verbal comme tout officier public (15506-4 J. E.).

Les notaires peuvent aussi procéder aux ventes du mobilier des fabriques et hospices. Dans ce cas, ils sont exemptés de faire la déclaration préalable (Sol. 5 juill. et 17 nov. 1838, C. a. 4515, Sol. 20 nov. 1851).

1629. Contributions indirectes. — C'est l'administration des contributions indirectes qui effectue, par la voie de ses employés, la vente des arbres à abatre sur les francs-bords des canaux (D. m. f. 30 avr. 1829, 1276 I. G.), et celle des matières d'or et d'argent déposées dans les greffes dont la confiscation a été prononcée judiciairement pour contravention aux droits de garantie (D. m. f. 29 juin 1821, 988 I. G.).

1630. Douanes. — Les préposés des douanes ont qualité pour vendre les marchandises saisies en contravention (L. 14 fruct. an 8 art. 7, 124 J. E.).

1631. Greffes. — Les préposés des domaines sont compétents pour vendre aux enchères les effets mobiliers déposés aux greffes à l'occasion des procès civils ou criminels (Ord. 22 fév. 1829, 9 juin 1831, 179 J. N., 957, 928, 969, 1275, 1378, 1500, 1718, 1724 I. G.).

1632. Guerre. — Se vendent dans les formes prescrites pour le mobilier de l'État (*V.* 1636), les effets militaires, les chevaux de réforme et autres objets mobiliers dépendant du ministère de la guerre (623, 753, 811, 820, 840, 905, 938, 1038, 1084, 1153, 1234, 1635 I. G.).

1633. Hospices. — Prisons. — Les ventes d'effets de militaires décédés dans les prisons et dans les hôpitaux civils et militaires, ou qui s'en sont évadés, se font par les commissaires des guerres ou les fonctionnaires qui les remplacent (D. m. g. 2 mai 1808, 391 I. G.).

1634. Liste civile. — Les notaires ni les commissaires-priseurs ne pouvaient s'immiscer dans la vente publique des bois façonnés provenant d'abattage et d'élagage dans les bois de la liste civile (C. Paris 23 juin 1833, 10702 J. E.).

Ce sont les notaires qui procédaient, en présence des préfets, aux adjudications des coupes de bois de la couronne (D. m. f. 14 sept. 1826, 1646, 8501, 8534 J. E.).

1635. Marine. — Les ventes d'effets mobiliers et objets d'approvisionnement de la marine, qui ont lieu dans les ports et arsenaux maritimes, sont faites devant les officiers d'administration de la marine; mais celles qui se font dans les lieux où il n'existe point d'administration de la marine doivent avoir lieu par les receveurs de l'Enregistrement (Arr. du gouv. 13 prair. an 9, 66, 624, 829, 1212 § 1er I. G.; Circ. 1801 *bis*. — *V.* aussi 2328, 3305, 8634 J. E.).

1636. Mobilier de l'État. — Les préposés des domaines ont le droit de procéder à la vente aux enchères du mobilier de l'État et des effets militaires hors de service, à l'exclusion des commissaires-priseurs, en vertu de la L. 2 nivôse an 4, et de l'arrêté du Directoire exécutif 23 nivôse an 6, qui forme sur ce point une législation spéciale à laquelle il n'a pas été dérogé par les lois et arrêtés postérieurs concernant les ventes d'objets mobiliers à faire par les notaires, greffiers, commissaires-priseurs (Cass. 7 mai 1832, 7748 J. N., 326 § 5, 927, 1065, 1402, 1617 I. G.).

1637. Canaux. — Les ventes d'objets mobiliers provenant des canaux en construction sont faites suivant les règles prescrites pour le mobilier de l'État (1109 I. G.).

1638. Routes. — Les mêmes formes sont employées pour les ventes d'arbres à abattre sur les routes et pour les objets provenant des routes nationales (1163 I. G.).

1639. Messageries et roulage. — Il en est de même de la vente des objets confiés aux entrepreneurs de roulage et de messageries, lorsqu'ils n'ont pas été réclamés (493 I. G.).

1640. Départements. — La même règle était autrefois suivie pour le mobilier des départements, les papiers et registres des préfectures (754, 1155, 1642 I. G.). Aujourd'hui le domaine reste étranger à ces opérations.

1641. Octrois. — Les régisseurs des octrois municipaux peuvent procéder eux-mêmes aux ventes d'objets saisis par leurs préposés, pourvu que la valeur de ces objets n'excède pas 200 francs, que les procès-verbaux soient rédigés par les chefs des préposés des octrois, et à la charge en outre de faire enregistrer ces procès-verbaux (D. m. f. 15 nov. 1808, 3067 J. E.).

1642. Pénitenciers. — La vente des effets hors de service, qui se trouvent dans les maisons de détention dites *Pénitenciers militaires*, doit être faite par les agents comptables de ces maisons (Ord. 3 déc. 1832, 4045 Roll.).

1643. Poisson. — La vente publique et au marché des poissons de mer *frais* et salés peut être faite sans le concours d'aucun officier ou fonctionnaire *public*. Elle est exempte de toute formalité et de tout droit d'enregistrement (D. m. f. 3 prair. an 7 et 8 prair. an 8, 474 J. E., 904, 940 I. G.) — *V.* 1692.

1. HARENG. — Les receveurs des domaines sont chargés de procéder à la vente des cargaisons, bateaux, filets et autres objets saisis pour contravention aux règlements sur la pêche du hareng. (Déc. 18 mars 1852, art. 13, 1950 I. G.).

2. POISSON SAISI PAR DÉLIT.—Le ministre des finances a décidé, le 13 août 1866 (2361 § 8 I. G., R. P. 2783-8) que la requête et le procès-verbal de vente des poissons saisis pour cause de délit (art. 42 de la loi du 15 avr. 1829, Inst. 2310 § 7) doivent être rédigés sur papier timbré, attendu que la somme à avancer par les agents, toujours fort minime, ne s'élève au-dessus de 1 franc que dans des circonstances exceptionnelles, ce qui ne permet pas de considérer comme onéreuse l'obligation d'effectuer un aussi faible déboursé; et qu'il ne peut d'ailleurs y avoir inconvénient à appliquer aux agents de la pêche fluviale une règle suivie sans difficulté par les agents de la marine pour les ventes de poissons saisis en contravention au décret sur la pêche côtière (*Instr.* n° 1951).

1643 bis. Comestibles. — Villes. — Les ventes publiques de comestibles nécessaires à l'approvisionnement des villes effectuées avec ou sans l'assistance d'un officier municipal ne sont pas régies par la loi du 22 pluviôse an 7 (Sol. 12 avr. 1878, 4915 R. P.).

CHAPITRE II, — DÉCLARATION PRÉALABLE

[1644-1664]

1644. Nécessité de la déclaration. — L'art. 2 de la loi du 22 pluviôse an 7 porte : « Aucun officier public ne pourra procéder à une vente publique et par enchères d'objets mobiliers qu'il n'en ait préalablement fait la déclaration au bureau de l'enregistrement dans l'arrondissement duquel la vente aura lieu. »

Cette mesure a pour but de permettre aux employés de l'Administration d'exercer sur les ventes aux enchères une certaine surveillance destinée à réprimer et à prévenir les abus qui s'y étaient introduits (Circ. rég. 1498).

L'énumération des contraventions qui donnent naissance à une amende fait connaître la nature et l'étendue de la mission de surveillance imposée aux préposés. Ces contraventions se réduisent à deux, punies, d'après l'art. 7, par les amendes, savoir : « 100 francs (20 fr.) pour chaque article adjugé et *non porté* au procès-verbal de vente ; 100 francs (20 fr.) pour chaque *altération* du prix des immeubles adjugés. »

En imposant la nécessité d'une déclaration faite d'avance, le législateur a pu vouloir en même temps mettre la date de l'acte à l'abri de toute altération, puisque la moindre irrégularité peut être relevée par le seul rapprochement avec cette déclaration.

Enfin, certaines ventes mobilières sont absolument prohibées ou ne peuvent avoir lieu que dans des circonstances et suivant des règles déterminées, telles sont les ventes de *marchandises neuves*. A leur égard, la nécessité de la déclaration préalable forme une barrière qui maintient les officiers publics dans la stricte observation de la loi.

Telles sont en résumé les raisons sur lesquelles repose la nécessité des déclarations préalables. Ont-elles le même caractère impérieux qu'à l'époque où a été votée la loi du 2 prairial an 7 ? On peut en douter.

La loi relative aux déclarations préalables est une loi de défiance rendue contre les officiers publics chargés des ventes de meubles : notaires, greffiers, huissiers, commissaires-priseurs, courtiers de commerce, etc. Il est à présumer qu'à l'époque de l'an 7, aux débuts d'une organisation générale, le personnel de ces officiers publics laissait parfois à désirer, et qu'il était nécessaire d'exercer une surveillance spéciale sur certains titulaires de charges habitués aux errements de l'ancienne législation. Depuis cette époque, la vigilance des magistrats exige des candidats de telles garanties d'honorabilité que l'ancien état de choses est bien modifié. Il faut le dire hautement, une loi de défiance n'a plus guère de raison d'être, et on ne peut justifier la distinction établie entre cette catégorie d'officiers publics et ceux qui sont dispensés de la déclaration préalable, comme les maires, les agents de l'État, pour les ventes qu'ils font dans l'exercice de leurs fonctions. La matière a d'ailleurs perdu de son importance depuis l'an 7, par suite des changements survenus dans les biens qui constituent la fortune des particuliers. Les meubles meublants, coupes de bois taillis, etc., qui forment l'objet de la presque totalité des ventes aux enchères, ne constituent aujourd'hui qu'un faible appoint de la richesse publique. Les valeurs industrielles, rentes sur l'État, etc., y entrent pour une bien plus large part. Or, on sait quelles facilités la loi accorde pour les transmissions de ces valeurs. Comment justifier dès lors l'espèce de suspicion sous laquelle se trouvent placées des ventes aux enchères qui s'opèrent au grand jour, devant un grand concours de public, et, le plus souvent, en présence des parties intéressées à surveiller les agissements de l'officier public ?

Il est sans doute très-intéressant d'assurer par une surveillance sévère la régularité des opérations des officiers publics, mais tout contrôle pour être efficace doit être limité, et il peut paraître trop étendu en ce qui concerne les ventes mobilières aux enchères. D'ailleurs l'expérience acquise depuis l'an 7 et la pratique journalière de la loi du 22 pluviôse démontrent qu'en fait la déclaration préalable est d'une utilité douteuse. Le préposé qui reçoit la déclaration se borne à la transcrire sur son registre. Il n'a presque jamais le temps de se transporter sur les lieux, souvent éloignés de sa résidense, où l'opération se fait, et l'officier public n'est soumis qu'à un contrôle fictif.

En résumé, la nécessité des déclarations préalables est tout au moins contestable, et les articles de la loi de l'an 7 qui y ont trait pourraient, à notre avis, être abrogés sans grand péril. Nous avons indiqué dans une dissertation insérée au n° 3805 R. P., comment la réforme pourrait être opérée.

1645. Dispense de déclaration. — Aussi, cette surveillance étant inutile dans certaines circonstances, à cause de la nature des objets vendus et du caractère des personnes qui y procèdent, la loi de pluviôse pose, par son art. 9, deux exceptions à l'art. 1er : « Sont dispensés de la déclaration ordonnée par l'art. 2, les officiers publics qui auront à procéder aux ventes du mobilier national, et à celles des effets des monts-de-piété. » Et ces exceptions ont été étendues à toutes les ventes que nous avons indiquées aux nos 1628-1643 par les décisions rapportées. — V. 4239.

1646. Distinction entre les meubles et les immeubles. — Les exceptions ainsi posées, il résulte de l'art. 1er L. de pluviôse que toutes les ventes de meubles qui ne sont pas comprises dans les exceptions prévues doivent être précédées de la déclaration. La difficulté la plus sérieuse, nous dirons la seule difficulté qui puisse se présenter à ce sujet, est celle de la détermination exacte des meubles et des immeubles. La jurisprudence que nous allons faire connaître sous les nos 1647-1650 sera un guide à suivre par les employés dans les appréciations qu'ils seraient appelés à faire. C'est d'ailleurs dans les principes de la loi civile au sujet de la distiction des biens, et dans ce que nous en dirons nous-même, n° 3082 et suivants, que se trouverait la solution de toutes les difficultés qui pourraient se présenter.

1647. Coupes de bois et récoltes sur pied. — On ne doit pas prendre à la lettre les art. 520 et 521 C. C.

qui veulent que ce soit *le fait* seul de la *séparation du sol* qui constitue la mobilisation des bois taillis ou de futaie mis en coupes réglées, des récoltes pendantes par racines et des fruits des arbres non encore recueillis. Les fruits peuvent être mobilisés, indépendamment de leur séparation du sol, par la volonté du propriétaire, lorsque, par exemple, il a transporté à autrui le droit de faire la récolte, car alors la séparation des fruits devient un fait indépendant de sa volonté. Les art. 520 et 521 ne sont réellement applicables que lorsque c'est le propriétaire lui-même, ou le fermier, exerçant les drois du propriétaire, qui conserve la récolte (*V.* Merlin *Rép. de la Vente* § 8 art. 7, Troplong *de la Vente* n° 352, Dél. 9 vendém. an 14; — Cass. 21 juin 1820, 2144, 6904 J. E.). « Aujourd'hui, dit très-justement M. Demante, tous les fruits sont immeubles jusqu'à leur séparation matérielle du sol. Cependant la vente de fruits sur pied n'est tarifée que comme vente mobilière, et avec raison, car l'acheteur n'acquiert ces fruits qu'en vue de leur prochaine mobilisation ; la vente a donc pour objet les meubles futurs et non une part de propriété dans l'immeuble frugifère » (*Principes* n. 274).

1. COUPES DE BOIS. — Le notaire qui procède à une vente publique de coupes de bois ou d'émondages d'arbres est tenu à la déclaration préalable (Cass. 23 janv. 1809, 2109, 3162 J. E., 191 J. N.;—Épernay 24 janv. 1840, 12456-1 J. E., D. N. t. 4 p. 326 n° 14).

Preuve. — Tentative de vente. — Le notaire qui déclare dans un acte qu'une vente de coupe de bois n'a pas eu lieu, faute d'enchères suffisantes, devient passible d'amende, s'il n'a pas fait une déclaration préalable, avant de procéder à cette *tentative d'enchères* (Autun 10 juill. 1838, 12109 J. E.).

2. RÉCOLTES. — La vente publique de récoltes pendantes par racines, mais destinées à être enlevées, est assujettie à la déclaration préalable (Cass. belge 31 mars 1834; — Altkirch 7 déc. 1854; — Vouziers 28 nov. 1855, 375 et 600 R. P.) Mais on doit décider que, quand des immeubles sont sous-loués publiquement, avec stipulation que le sous-locataire payera pour labours, semences et engrais le prix à fixer par l'enchère, ce n'est pas là une vente mobilière dans le sens de la loi de pluviôse an 7, et il n'y a pas lieu à la déclaration préalable.

1648. Bâtiments destinés à être démolis. — La C. cass. de Belgique, encore jugé, le 23 juin 1824 (Dalloz n° 2934), que les bâtiments, quoique adhérents au sol, sont meubles lorsqu'ils sont destinés à être démolis ; d'où la conséquence que la vente publique des matériaux d'un bâtiment, encore existant à l'époque de la mise en vente, mais destiné à être démoli par l'acquéreur dans un délai déterminé, doit être précédée de la déclaration préalable.

1649. Vente sous forme de bail. — Toutes les fois que, sous forme d'un *bail*, on vend publiquement des récoltes sur pied, l'officier public qui procède à une pareille vente contrevient à la loi de pluviôse, s'il ne fait pas précéder son procès-verbal d'une déclaration (D. m. f. 29 sept. 1820, 6878 J. E. ;— Vervins 2 avr. 1833, 11436 J. E.). — Mais, s'il est reconnu qu'il y a réellement *bail* et non *vente*, la loi de pluviôse reste sans application (Sol. 16 nov. 1830, 7306 J. N.; — Cass. 9 fév. 1837, 11727 J. E., S. 37-1-114; — Sarreguemine 22 juill. 1835, 9130 J. N.).

1. ABSENCE D'ACTE DE GESTION. — Il a été spécialement décidé par le tribunal d'Altkirch, le 7 décembre 1854 (375 R. P.), que l'acte, qualifié *bail*, par lequel on cède aux enchères, pour un an, le droit de prendre les fruits et produits d'une terre, sans qu'il soit permis au prétendu preneur de faire après l'enlèvement des récoltes aucun acte de gestion, donne ouverture au droit de 2 pour 100 comme vente de meubles et que le notaire rédacteur encourt une amende de 20 francs s'il ne fait pas précéder son acte d'une déclaration préalable. — Le tribunal de Vouziers s'est prononcé, dans le même sens, le 28 novembre 1855 (600 R. P.).

2. RÉSERVE POUR LE PROPRIÉTAIRE DE LABOURER ET DE SEMER. — L'acte qualifié *bail*, a également jugé le tribunal de Lyon, le 20 mai 1855 (396 R. P.), par lequel on cède le droit d'enlever les récoltes en foin mûr, et celles en froment, seigle et méteil prêtes à le devenir, en se réservant de labourer et semer les biens loués avant l'expiration du prétendu bail, dont la durée est de 3 mois 18 jours, constitue une vente passible du droit de 2 pour 100. — Par une anomalie singulière, le tribunal a repoussé l'obligation de passer déclaration préalable; mais il s'est évidemment mépris.

C'est au mot *Bail* que nous indiquerons les différences à l'aide desquelles on peut reconnaître la vente du bail.

1650. Carrière. — Terres argileuses. — Quoique l'art. 1er L. 22 pluviôse an 7 embrasse, dans la généralité de ses termes, toute espèce d'objets mobiliers ou d'objets qui se mobilisent par la vente, il est impossible de ne pas reconnaître que la loi n'a eu pour objet que les ventes à l'encan d'objets mobiliers qui s'enlèvent, ou immédiatement ou dans un *court délai;* aussi doit-on décider que la déclaration préalable n'est pas nécessaire lorsqu'il est procédé, par exemple, à la vente de terres argileuses à extraire jusqu'à épuisement (*Conf.*: 12525-2 J. E.).

1651. Droits incorporels. — Rentes et créances. — Aux exceptions que la loi a établies il faut ajouter celles que la jurisprudence a crées en faveur des meubles incorporels. L'expression d'objets mobiliers, employée dans la loi du 22 pluviôse an 7, ne semble s'appliquer qu'aux meubles dont la transmission peut s'opérer par la tradition manuelle, c'est-à-dire aux meubles corporels. Les formalités prescrites par la loi ont eu spécialement pour but d'empêcher que, dans les ventes publiques aux enchères, des meubles de cette nature ne fussent soustraits à la perception des droits d'enregistrement ; mais ce danger n'existe pas pour les rentes et créances dont le cessionnaire n'est saisi, à l'égard des tiers, que par la signification de l'acte de transport au débiteur, ou par l'acceptation de ce dernier. La déclaration préalable exigée par l'art. 2 de la loi précitée serait donc une formalité tout à fait superflue pour les ventes aux enchères de rentes et créances (Sol. 29 août 1843, 12201 J. N., 1723 § 7 I. G.).

— Les tribunaux Rouen et Laval avaient déjà, les 16 novembre 1842 et 20 février 1843 (14712 J. E., 11519 et 11597 J. N.), consacré cette doctrine soutenue par le D. N. t. 4 p. 376 n° 18 et 10192 J. N., mais repoussée par le J. E. (12025) et par quelques tribunaux (Seine 1er déc. 1841, 11194 J. N., 12879 J. E.; — Melun 30 nov. 1842 et 7 mars 1843, 13160 et 13216-8 J. E.).

La controverse a cessé depuis que l'Inst. 1723-7 a reconnu l'inutilité de la déclaration.

1652. Clientèle et achalandage. — Par une Sol. du 29 janvier 1848 (12493 J. N., 14712 J. E.), l'Administration a fait l'application de ce principe à la vente aux enchères d'un cabinet d'affaires, considéré comme se composant d'objets et droits incorporels (*Conf.* : 7536 et 13492 J. N., *Contrà* D. m. f. 12 janv. 1832, 7612 J. N., 12025 J. E.; — Seine 24 avr. 1833, 8203 J. N., 1068 J. E.).

Déjà, par plusieurs arrêts (C. Paris 4 déc. 1825, 26 mai 1832, 28 juin 1833; — C. Colmar 30 janv. 1827; — Cass. 15 fév. 1826, 4456, 6349, 7285, 8115 J. N.), il avait été reconnu, au sujet de la L. 27 ventôse an 9, que, par cette expression *effets mobiliers*, on ne devait entendre que les meubles dits de *tradition manuelle*, et nullement les meubles *incorporels*.

1. MEUBLES VENDUS SIMULTANÉMENT. — On a même soutenu que la déclaration préalable n'est pas exigée pour la vente aux enchères d'un fonds de commerce comprenant des objets mobiliers, parce que ces derniers objets sont l'accessoire du fonds (7536 J. N., D. N. t. 4 p. 377 n° 21). Mais c'est une erreur évidente. Dès l'instant que l'opération comprend des meubles proprement dits, il est sans importance que ces meubles soient l'accessoire d'un immeuble ou d'un droit incorporel, la loi du 22 pluviôse an 7 reçoit directement son application.

On a même décidé que la vente aux enchères d'un achalandage seul doit être précédée de la déclaration préalable. — *V.* 281.

1653. Bureau. — C'est au bureau de l'Enregistrement dans l'arrondissement duquel la vente doit avoir lieu que, d'après l'art. 2 de la loi de pluviôse, la déclaration doit être faite, et, s'il y a plusieurs bureaux dans une ville, la déclaration doit avoir lieu à celui où s'enregistrent les actes de l'officier public chargé de procéder à la vente (Circ. 1499, 326 I. G. n° 5, 1085 J. N., Roy, *des Contr.* n° 335.

1. DIVERS BUREAUX. — Mais si le mobilier à vendre est situé dans différentes communes qui dépendent de plusieurs bureaux, il doit être fait une déclaration dans chaque bureau. Il est, en effet, dans l'esprit de la loi, que chaque receveur ait une connaissance exacte des ventes de meubles faites dans l'arrondissement de son bureau (1146 § 15 I. G., 1085 J. N., Roy 334, 310, 14560 J. E.). Une exception existe cependant pour *la ville de Paris*. Il a été décidé que s'il doit être procédé, *par un même procès-verbal*, à la vente d'objets appartenant à la ville de Paris et situés dans divers arrondissements, il suffit de faire une déclaration au bureau de la justice de paix dans l'arrondissement duquel se trouve le premier objet à vendre d'après l'affiche (D. m. f. 14 déc. 1836, C. a. 4437).

2. BUREAU DIVISÉ. — Dans les villes où l'enregistrement des actes civils est séparé des actes judiciaires, les actes de ventes de marchandises et d'achalandage de commerce, faites concurremment par un notaire pour l'achalandage et par un commissaire priseur pour les marchandises, doivent être soumis à la formalité de l'enregistrement au seul bureau des actes civils, et c'est dans ce bureau seulement que le notaire doit faire la déclaration préalable (Dél. du 16 nov. 1815, Roy n° 336).

3. PLUSIEURS VENTES. — Le but de la loi, celui d'avertir le receveur, est parfaitement rempli dès que celui-ci est prévenu de toutes les ventes qui doivent avoir lieu dans la circonscription de ses fonctions. Aussi, un officier public peut, sans contravention, ne faire qu'une seule déclaration préalable pour plusieurs ventes auxquelles il doit procéder, *par un même procès-verbal*, à la requête de différents particuliers ayant chacun un intérêt distinct, lors même que ces ventes doivent avoir lieu dans diverses communes dépendant de son bureau (Dél. 16 juin 1824, 1146 § 15 I. G., 15209-10 J. E., 4786 J. N.; — *Contrà*, 7648 J. E. et Roy n° 796).

Il nous semble même que le notaire ne contrevient pas à la loi en rédigeant des procès-verbaux distincts pour chacune des ventes séparées et en se bornant à transcrire en tête de chaque procès-verbal la partie de la déclaration préalable qui s'y rapporte. C'est aussi l'opinion exprimée par le J. du not. n° du 20 novembre 1867 n° 2204 et par le J. E., 18870.

4. FERMETURE DU BUREAU — La loi du 22 pluviôse au 7 n'a consacré aucune exception à la règle commune en ce qui concerne la fermeture des bureaux de l'enregistrement, et l'article 57 L. 18 germinal an 10, qui fixe le repos des receveurs, doit avoir son application. On ne peut donc se présenter un jour férié ou après la fermeture du bureau pour faire la déclaration (D. m. f. 30 mars 1815, 5107 J. E., 1554 J. N., D. N. t. 4 p. 378 n° 28, Roy *des Contrav.* n° 323.

1654. Procuration. — La L. 22 pluviôse n'ayant pas prescrit à l'officier public de faire sa déclaration en personne, il avait d'abord été reconnu que cette déclaration pouvait être faite en vertu d'un mandat spécial, mais il fallait que le mandat fît connaître les causes qui empêchaient l'officier public de se présenter lui-même (D. m. f. 15 déc. 1807, 2773 J. E., 396 I. G.). Cette restriction, qu'aucune loi ne pouvait justifier, a été plus tard écartée, et aujourd'hui les officiers publics ne sont plus tenus de rendre compte du motif de leur détermination ni même de la mentionner. (Dél. 17 oct. 1840, 12620-3 J. E., 10796 J. N., 1634 § 18 I. C.).

1. PROCURATION SPÉCIALE. — Une procuration générale, pour les déclarations, ne peut être admise (4065 J. E., mais l'article 1986 C. C. portant que le mandat même spécial peut être donné pour plusieurs affaires, rien ne s'oppose à ce que le pouvoir soit donné par l'officier public pour plusieurs déclarations de vente de meubles, dès que les indications de chacune des déclarations à faire se trouvent dans le mandat même (Dél. 30 janv. 1838, 9924 J. N., 11967 J. E., contraire à l'opinion insérée 5836 J. E.) — *Contrà*, Roy *Contrav.* 796.

Lorsque deux notaires sont associés pour procéder aux ventes de meubles, l'un deux ne peut, sans un mandat spécial et écrit, être admis à faire la déclaration pour son confrère si celui-ci doit seul procéder à la vente (276 et 1085 J. N.).

2. TIMBRE ET ENREGISTREMENT. — La procuration doit être sur papier timbré; mais quand elle est sous seing privé elle est exempte d'enregistrement (D. m. f. 17 mai 1830, 1336 § 11 I. G.).

1655. Forme. — La déclaration doit être, d'après la loi du 22 pluviôse an 7, « inscrite sur un registre qui est tenu à cet effet, et elle est datée. Elle contient les nom, qualité, domicile de l'officier, ceux du requérant, ceux de la personne dont le mobilier est mis en vente et l'indication de l'endroit où doit se faire la vente, et du jour de son ouverture. Elle est signée par l'officier public, et il en est fourni une copie, sans autres frais que le prix du papier timbré sur lequel cette copie est délivrée. Elle ne peut servir que pour le mobilier de celui qui est dénommé » (art. 3 L. 22 pluv. an 7).

Nous ne comprenons pas l'utilité de l'obligation imposée aux receveurs de transcrire la déclaration, sur un registre particulier arrêté jour par jour : il serait plus simple de prescrire à l'officier qui doit procéder a la vente le dépôt d'une déclaration qui serait enregistrée sur un registre de formalité et rendue revêtue de la mention d'enregistrement. Ce mode de procéder simplifierait les écritures du bureau (3805 R. P.).

1. LETTRE-MISSIVE. — La forme que la loi trace ne peut être suppléée. Ainsi, la déclaration ne peut être faite par une simple lettre-missive, et un tribunal ne peut annuler la contrainte décernée contre l'officier public pour inexécution des dispositions de la loi; « Attendu, porte un arrêt de la C. cass. du 24 novembre 1806, que le tribunal de Rochefort a déchargé le défaillant de la contrainte décernée contre lui pour inexécution des disposition de la loi ci-dessus cité, sous prétexte de le défaillant avait averti le receveur de l'enregistrment de la vente qu'il se proposait de faire par une simple lettre missive; que cette lettre ne pouvait tenir lieu d'une déclaration inscrite ur le registre, signée du déclarant, et dont copie devait être transcrite en tête de son procès-verbal; que ce tribunal a ainsi violé la loi ci-dessus citée » (S. 7-2-937, 2654 J. E., 2199 J. N. — *Conf.* : D. N. t. 4 p. 380 n° 38, Merlin v° *Décl.*, Roy *des Contrav.* 321).

2. SIGNATURE. — De même, on ne peut admettre une lettre dans laquelle l'officier public s'engagerait à signer ultérieurement sur le registre, cette lettre étant destinée à remplacer sa signature jusque-là (D. m. f. 15 déc. 1807, 396 I. G.).

Le défaut de signature de la déclaration rend celle-ci non avenue et fait encourir l'amende à l'officier public et ministériel : « Considérant, porte une solution belge du 29 février 1872, que l'obligation imposée par l'art. 2 de la loi du 22 pluviôse an 7 n'est remplie que pour autant que la déclaration inscrite sur le registre ait été signée par l'officier public; que le pétitionnaire ayant procédé à la vente en l'absence d'une déclaration régulière, a encouru l'amende prononcée par l'art. 7 de la loi précitée » (11718 J. E. belge).

1656. Suspension de vente. — 1. JOUR NON INDIQUÉ. — On avait pensé (2018, 3539 J. E.) que l'officier public qui suspendait une vente, par un motif quelconque, n'était pas tenu, avant de procéder à sa continuation, de faire une nouvelle déclaration, quoiqu'il n'eût pas indiqué dans son procès-verbal le jour où il y procéderait de nouveau. Cette règle ne pouvait être suivie, car elle faussait l'esprit de la loi; aussi, a-t-il été décidé que lorsqu'une vente mobilière aux enchères n'est pas terminée dans la séance indiquée par la déclaration préalable, et qu'elle est renvoyée pour sa continuation, sans qu'il soit précisé d'époque, elle ne peut être reprise qu'après une autre déclaration préalable (Rouen 3 mars 1825, 8462 J. E.). — En ce sens, la C. cass. a décidé, le 23 juillet 1828, qu'un officier public contrevient à la loi quand il se borne à déclarer à la fin d'une séance de son procès-verbal de vente mobilière que l'opération est renvoyée à jour et heure non indiquée, puis qu'il procède à la vente sans nouvelle déclaration (9107 J. E., 1263 § 8, I. G., S. 28-1-433).

2. AVIS PAR LETTRE. — Il avait déjà été délibéré, le 18 avril 1817, que l'officier qui procède après suspension, sans indication du jour de la reprise dans son procès-verbal, est tenu à une nouvelle déclaration préalable, alors même qu'il a prévenu par lettre le receveur de l'enregistrement de cette remise (5813, 6115 J. E., 2199 J. N., D. N. t. 4 p. 378 n° 27).

3. JUGEMENT. — Il faut de même décider que le jugement qui renvoie la vente devant notaire en indiquant le prix et l'heure de l'opération ne saurait remplacer la déclaration préalable, lors même qu'il serait enregistré avant la vente et au même bureau. Ainsi que le reconnaît le D. N. t. 4 p. 377 n° 22, la loi veut un avertissement spécial et exprès qui fixe l'attention du receveur et la déclaration est le seul moyen reconnu légal.

4. JOUR INDIQUÉ. — Mais suffit-il que le procès-verbal constatant la suspension de la vente indique le jour de la reprise pour satisfaire au vœu de la loi? et ne faut-il pas qu'il soit *enregistré* avant la reprise de la vente? Des auteurs se sont prononcés pour l'affirmative sur la seconde question (6980, 11262, 12505-6 J. E.), attendu qu'il a été dans la pensée du législateur que *le jour* de la vente doit être indiquée de manière à ce que, *dans toutes les hypothèses*, ce jour soit connu de l'Administration. Cependant les partisans de l'affirmative sur la première question, et de la négative sur la seconde, trouvent à s'appuyer sur une D. m. f. 24 mars 1820 (6853 J. E., 3728 J. N., D. N. t. 4 p. 378 n° 24), sur une Sol. 21 décembre 1822 (497 R. Roll.), et sur un jugement du tribunal de Bar-sur-Seine du 28 septembre 1822 (4445 C. a.), auquel l'Administration a acquiescé le 21 décembre 1822 (Roy n° 797), desquels il résulte que dès que la remise de la vente a été prononcée publiquement, les préposés ont été à même d'en avoir connaissance. — C'est ce qui a été, en effet, décidé par des solutions des 26 avril 1867 et 21 octobre 1867 (*Conf.*: J. du not. 2191) et par un jugement de Tours du 22 mars 1878 (4918 R. P.). — On peut répondre cependant avec une délibération de 1819, rappelée au n° 5855 J. N., que rien n'oblige les employés à assister aux ventes; que la déclaration préalable est un moyen de surveillance que la loi a mis à leur

disposition, et que quant à leur présence réelle à chaque vente, elle serait souvent matériellement impossible. L'Administration l'a ainsi décidé le 19 novembre 1877.

Quoi qu'il en soit, si la déclaration préalable se bornait à énoncer que la vente aura lieu tel jour et *jours suivants*, l'officier public qui ne termine pas l'opération dans la première séance et ne renvoie pas expressément à un jour fixe pour la continuation, contrevient à la loi s'il procède à cette continuation sans nouvelle déclaration (Sol. 25 fév. 1861).

1657. Objets étrangers. — Il n'est pas douteux que l'amende est également exigible si l'officier public comprend dans le procès-verbal d'autres objets que ceux auxquels s'applique la déclaration préalable, par exemple des meubles personnels aux héritiers, quand il déclare ne vouloir vendre que des meubles d'une succession (Sol. 26 déc. 1853). Cette fraude est assez fréquente.

1658. Ventes périodiques. — Si un commissaire priseur fait périodiquement, à la requête d'un propriétaire supposé, des ventes d'objets mobiliers appartenant à un grand nombre de personnes qui font le dépôt de ces objets pour qu'ils soient compris dans cette vente périodique, il peut procéder à ces ventes pendant un mois, six mois, un an ou plus, en vertu d'une seule déclaration préalable, en ayant soin d'indiquer à la fin de chaque séance la remise de la vente à une séance postérieure (1057; 11757-7 J. E.).

1659. Substitution. — Lorsqu'un notaire, après avoir fait une déclaration préalable à une vente de meubles à laquelle il doit procéder, se fait substituer, pour cette vente, par un huissier, celui-ci est tenu de passer une nouvelle déclaration (11939 J. N.). En effet, l'objet de la déclapréalable est de mettre les agents de l'Administration à même d'assister à la vente pour savoir si l'officier public procède régulièrement. Or, si le receveur s'était présenté à l'opération actuelle, il aurait pu ignorer que la vente à laquelle l'huissier procédait était celle-là même que le notaire lui avait déclarée (D. N. t. 4 p. 379 n° 37; — *Contrà*, 508 J. E.; Roy *des Contrav.* 330).

Mais le notaire qui *continue* ou *fait* pour son collègue la vente commencée ou annoncée peut se dispenser d'une nouvelle déclaration préalable, car la vente est faite au nom du notaire empêché, et l'acte reste dans ses minutes (1085 J. N. D. N. t. 4 p. 379 n° 36).

1660. Réception des enchères. — Un huissier qui ne fait sa déclaration préalable à une vente de meubles que *postérieurement* à un procès-verbal de *réception* des enchères sous prétexte qu'il ne doit procéder à l'*acceptation* des enchères qu'après cette déclaration, commet une contravention à l'art. 2 de la loi du 22 pluviôse an 7 (Dieppe 14 fév. 1849, 14663 J. E., 13671 J. N., 14805-3 J. E., D. N. t. 4 p. 380 n° 43.)

1661. Vente restée en projet. — Lorsque la vente est demeurée à l'état de projet, il est bien évident que l'officier public n'est pas tenu de faire la déclaration préalable. Mais nous croyons, avec un jugement du tribunal d'Autun, du 18 juillet 1838, que cet officier ne pourrait se soustraire à l'amende sous le prétexte que le jour annoncé il y a eu une tentative infructueuse d'adjudication (2621 J. N., D. N. t. 4 p. 380 n° 42). Ainsi que le déclare une sol. du 31 mars 1856, en prescrivant un avertissement qui facilite la surveillance du préposé, la loi n'a pas fait dépendre la réalité de la contravention d'un événement ultérieur, et dès que le notaire ou l'officier public s'est présenté pour faire l'adjudication sans l'avoir annoncé au receveur, il a enfreint les dispositions de la loi (*Conf.* : Roy *des Contrav.* 324). — Jugé cependant par le tribunal de Lyon, le 26 avril 1856, qu'il n'y a pas contravention à l'art. 2, L. 22 pluviôse an 7, lorsque l'officier public qui n'avait point fait de déclaration n'a pas, à défaut d'enchérisseur, procédé à la vente, ni fait un procès-verbal de non vente. Mais l'Administration ne paraît pas prendre cette décision pour règle.

Le J. E. a émis sur ce point deux opinions contradictoires (6115 et 16829-4).

1. TENTATIVE INFRUCTUEUSE. — Il est plus délicat de savoir si, dans le cas de tentative infructueuse d'adjudication, l'officier public est obligé de dresser un procès-verbal de non-vente. La négative peut être soutenue, car la déclaration préalable a pour but unique de donner au préposé un moyen de surveillance, et cette surveillance est sans objet dès que la vente n'a pas lieu (281 et 402 J. N.; D. N. t. 4 p. 377 n° 23). On peut ajouter que rien n'oblige le notaire à constater l'impossibilité où il s'est trouvé de rédiger l'acte en projet. Le défaut de rédaction du procès-verbal prouve suffisamment que la vente n'a pas réussi.

1662. Courtier de commerce. — Le courtier de commerce est tenu, comme tous les autres officiers publics, à la déclaration préalable pour les ventes auxquelles il procède. (D. m. f. 22 sept. 1812, 602 I. G., 2180, 3286 J. E., D. N. t. 4 p. 378 n° 10). — V. 1679.

1663. Marine. — Mais les agents de la marine sont dispensés de faire la déclaration préalable des ventes auxquelles ils procèdent. — V. 4239.

1664. Faillite. — Nous terminons en faisant ressortir l'inexactitude d'une D. m. f. et j. 26 mai et 9 juin 1812 (4234 J. E.), 884 J. N., D. N. t. 4 p. 376 n° 12, de laquelle il résulte que les ventes publiques des effets mobiliers et des marchandises d'un failli doivent être précédées d'une déclaration, *soit lorsque le syndic y procède lui-même*, soit lorsqu'il y appelle un autre officier public, et que le procès-verbal est sujet à l'enregistrement dans les vingt jours de sa date (D. m. f. 23 oct. 1810, 4170 J. E.).

Des expressions que nous avons soulignées, on pourrait induire que les syndics ont qualité pour procéder à la vente publique des meubles d'un failli, tandis que, aux termes de l'art. 486 C. com., reproduisant l'art. 492 de l'ancien Code, la vente aux enchères publiques doit être faite *par l'entremise de courtiers ou de tous autres officiers publics préposés à cet effet*. Il faut donc conclure que les syndics n'ont que le droit de procéder aux ventes à l'amiable, et que, dans aucun cas, ces ventes ne doivent être précédées de la déclaration préalable. — *V.* 1677-2.

CHAPITRE III. — DU PROCÈS-VERBAL ET DE SON ENREGISTREMENT.

[1665-1713]

SECTION PREMIÈRE. — FORME ET RÉDACTION DU PROCÈS-VERBAL DE VENTE

[1665-1675]

1665. Forme. — La forme du procès-verbal est déterminée par l'art. 5 L. 22 pluviôse an 7 ainsi conçu : « Les officiers publics transcriront, en tête de leurs procès-verbaux de vente, les copies de leurs déclarations. — Chaque objet adjugé sera porté de suite au procès-verbal ; le prix y sera écrit en toutes lettres, et tiré hors ligne en chiffres. — Chaque séance sera close et signée par l'officier public et deux témoins domiciliés. — Lorsqu'une vente aura lieu par suite d'inventaire, il en sera fait mention au procès-verbal, avec indication de la date de l'inventaire, du nom du notaire qui y aura procédé, et de la quittance de l'enregistrement. »

1666. Altération des prix. — L'altération du prix des articles adjugés, faite dans le procès-verbal, est punie d'une amende de 100 francs (20 fr.), outre la restitution des droits (L. 22 pluv. an 7 art. 7).

1. SURCHARGE. — La loi, en se servant de l'expression *altération*, a suffisamment indiqué qu'elle entendait parler de falsification tendant à diminuer le véritable prix, et non pas d'une simple *surcharge* occasionnée par une erreur matérielle. Ce n'est donc pas seulement dans le procès-verbal de vente que l'on doit chercher les traces ou indices d'une pareille contravention : pour qu'il y eût altération, il faudrait s'être assuré, avant de la relever par procès-verbal, qu'il y a eu changement frauduleux dans le prix, et pouvoir en administrer la preuve par écrit ou par témoin ; à défaut de ces preuves, la surcharge du prix dans le corps du procès-verbal serait, de la part du notaire, une contravention à l'art. 16 de la loi du 25 ventôse an 11, passible de l'amende de 10 francs, qu'il faudrait constater dans la forme voulue par cette loi (Roy *des Contrav.* 347, 17670 J. E.).

1667. Blanc. — L'existence, dans un procès-verbal de vente, d'un blanc destiné à la transcription de la déclaration préalable, constitue une contravention à la loi 22 pluviôse an 7 (C. Amiens 19 juill. 1834, 11066 J. E.).

Il y aurait contravention à la loi du 21 ventôse an 7, si la vente était faite par un notaire. — *V.* 1674-2.

1668. Noms et prénoms. — Les officiers publics qui procèdent aux ventes ne sont pas tenus d'énoncer dans leurs procès-verbaux les prénoms, professions et domiciles, ni même les noms des adjudicataires (Sol. 29 déc. 1831, C. a. 4401 ; — C. Colmar 28 juill. 1827, 9080 J. E.) — *V.* 952.

1669. Objets exposés en vente. — Une disposition d'un arrêt du Conseil du roi, du 13 novembre 1778, obligeait les officiers publics ayant droit de procéder aux ventes mobilières, de comprendre dans leurs procès-verbaux tous exposés en vente, tant ceux adjugés, soit en totalité ou sur les articles simple échantillon, que ceux *retirés* par les propriétaires ou les héritiers, pour le prix, de l'enchère ou de la prisée ; cette disposition a été remise en vigueur par une ordonnance du 1er mai 1816, sous peine d'une amende de 100 francs (20 fr.), dont le recouvrement a lieu par voie de contrainte, ainsi que de la restitution des droits d'enregistrement (725, 1710 I. G.).

Cete exposition ne doit s'étendre que des objets mis en vente, et non de ceux détaillés dans une affiche (5491 J. E.).

La Cour de cassation belge a décidé, sur ce point, que tout article adjugé dans une vente publique de meubles doit être mentionné au procès-verbal de la vente, et que la preuve offerte que le dernier enchérisseur était le propriétaire lui-même qui a voulu retirer l'objet mis en vente, est irrelevante, cette circonstance n'empêchant pas qu'il y ait eu adjudication. Elle ajoute que les procès-verbaux des préposés de l'Administration, qui constatent des omissions, font foi, et que l'Administration ne doit pas s'inscrire en faux contre le procès-verbal de l'officier public qui a procédé à la vente (Cass. 19 mai 1859, 8332 J. E. belge) ; — *Conf.* : Verviers 18 janv. et 8 mars 1865, 9771 et 9850 J. E. belge ; — Namur 4 juin 1868, 10684 J. E. belge). — *V.* 1732, 13251.

1. ADJUDICATION INFIRMÉE. — Il a été reconnu dans un même ordre d'idées que le droit proportionnel est dû sur le procès-verbal d'une vente publique d'objets mobiliers qui constate que les lots ont été adjugés, bien qu'à la suite des adjudications mentionnées il y soit donné acte que les vendeurs ont déclaré à l'instant infirmer purement et simplement ces adjudications. « En effet, la clause d'infirmation, qui ne faisait pas partie des conditions de la vente, n'a été inscrite qu'après qu'il y avait eu adjudication prononcée par l'officier compétent et, par conséquent, vente consommée, ce qui écarte toute idée d'offre non agréée ; au surplus, cette clause n'a pas été signée par l'adjudicataire et elle est, par conséquent, à l'état de simple déclaration unilatérale de la part des vendeurs ; enfin, il ne peut être question, en matière de vente mobilière, de donner à la clause d'infirmation inscrite à la fin du procès-verbal du 6 novembre, la portée que l'opposant veut lui attribuer, sans courir le risque de tomber dans les abus et les fraudes que le législateur a voulu empêcher par la loi du 22 pluviôse an 7 » (Liége 21 mai 1870).

1670. Omission d'article. — L'omission d'articles adjugés (art. 5 L. de pluv.) est punie d'une amende de 100 francs (20 fr.), outre la restitution des droits d'enregistrement (art. 7). — Il y a contravention pour chaque article omis au moment de la rédaction du procès-verbal, et on ne peut prétexter qu'on tient un cahier sur papier blanc pour y porter *provisoirement* les adjudications (13826-5 J. E.), ou que les articles omis ont été adjugés au propriétaire requérant (Valognes 10 mai 1851, 3512 Bull.; — *Contrà* 12463 J. N., D. N. t. 13 p. 577 n° 142 et Roy *des Contrav.* 344). — *V.* 1729-1.

1671. Opposition.—Les officiers publics sont tenus de déclarer, au pied de leurs procès-verbaux, s'il existe ou non opposition à la délivrance des deniers de la vente (Ord. 3 juill. 1816 art. 7 5098, 7746 J. E., 736 I. G.). A défaut de déclaration, le receveur doit en informer le ministère public (5703 J. E.).

Il paraît évident que cette mention obligatoire ne donne lieu à aucun droit particulier d'enregistrement (Sol. 4 oct. 1867).

Mais le droit fixe de 3 francs devrait être perçu, si l'officier public, au lieu de se borner à constater l'existence des oppositions à lui signifiées, admettait le créancier à intervenir dans le procès-verbal pour formuler son opposition et déclarait se la tenir pour signifiée.

1672. Rature. — Un officier public n'a pas encouru d'amende pour avoir rayé des articles compris dans un procès-verbal de vente, surtout si la rature est approuvée (Dél. 25 oct. 1824, 8040 J. E., 4930 J. N.).

1673. Signature. — Les procès-verbaux de vente n'ont pas besoin d'être signés par les vendeurs ou les adjudicataires). — *V.* 732.

1674. Toutes lettres.—Il y a contravention lorsque, dans une vente de récoltes, on se contente de tirer hors ligne en chiffres le prix de chaque lot (Saint-Omer 31 janv. 1835). Dans l'espèce de ce jugement, il s'agissait d'une vente de récoltes, à tant la mesure et sous la clause qu'après l'enlèvement de la récolte le recolement aurait lieu par un procès-verbal d'arpentage. Dans la vente, le notaire s'était borné à fixer, à la fin de l'acte, le prix provisoire de toutes les adjudications réunies, au lieu d'avoir écrit en lettres et tiré hors ligne en chiffres la somme à payer par chaque adjudicataire. Le D. N. soutient que, le prix définitif étant inconnu, le notaire ne pouvait énoncer que celui de chaque mesure (t. 13 p. 578 n° 147).

Mais il y a simple irrégularité, lorsque l'on porte en un seul article plusieurs objets adjugés à une même personne, avec énonciation en toutes lettres du prix total (Mirecourt 18 avr. 1854, 248 R. P., 15292 J. N.). — *V.* 1729.

1. TIRÉ HORS LIGNE. — L'art. 5 de la loi du 22 pluviôse an 7 dispose que chaque objet adjugé sera porté de suite au procès-verbal et que le prix sera écrit en toutes lettres et tiré hors ligne en chiffres. Mais l'art. 7 ne punit d'amende que le défaut d'énonciation en toutes lettres et ne parle pas du non tiré hors ligne en chiffres. On en doit conclure que ce non tiré hors ligne constitue une simple irrégularité non passible d'amende (8856 J. N., D. N. t. 13 p. 578 n° 147).

2. QUOTITÉ DE L'AMENDE. — Est-ce l'amende de 5 francs prononcée par la loi du 22 pluviôse an 7 ou celle de 10 francs résultant de la loi du 25 ventôse an 11 qui s'applique au notaire pour contravention aux dispositions précédentes ? On décide que c'est la première des deux pénalités, parce que la loi de pluviôse est une loi spéciale appropriée à la nature et à l'importance relative de l'opération qu'elle a eue en vue (Roll. de Vill. v° *Chiffres*, n° 10, *Rép. gén. du Journ. Pal.* v° *Acte notarié* n° 289), et qu'il serait injuste, pour un fait identique, de punir le notaire d'une peine plus forte que l'huissier ou le commissaire-priseur (D. N. t. 3 p. 180 n° 22).

1675. Transcription de la déclaration. — Les officiers publics doivent transcrire, en tête de leurs procès-verbaux de vente, les copies de leurs déclarations, sous peine d'une amende de 25 francs (5 fr.) (art. 7 même loi. — Circul. 1498). Mais ces mots *en tête* ne doivent pas être pris au pied de la lettre, et il n'y a pas contravention, bien que cette transcription ne soit faite qu'après l'établissement des qualités des parties, si, d'ailleurs, elle figure avant la réception des enchères (11413-1 J. E.).

Il a été reconnu même qu'on peut l'inscrire au moyen d'un renvoi (Sol. 18 mars 1851).

1. TIMBRE. — Ces copies sont délivrées sur papier au timbre de 35 centimes (60 cent.) (Circul. 1498), même depuis la loi du 28 avril 1816 (Déc. 6 oct. 1817, 6129 J. E.), et le receveur qui négligerait de les délivrer pourrait être rendu responsable des droits de timbre, sans préjudice de toute autre peine disciplinaire (Dél. 12 sept. 1834, C. a. 4457).

SECTION II. — ENREGISTREMENT DES PROCÈS-VERBAUX DE VENTE

[1676-1713]

ARTICLE PREMIER. — BUREAU ET DÉLAI

[1676-1677]

1676. Bureau. — C'est au bureau de l'enregistrement, où les déclarations préalables ont été faites, que les procès-verbaux de vente doivent être enregistrés (art. 6 L. 22 pluv. an 7, Circul. 1498, 326 § 5 I. G.).

Néanmoins, un officier public n'encourt pas d'amende en faisant enregistrer à sa résidence une vente publique de meubles à laquelle il a procédé dans un canton voisin dans lequel il existait un bureau (Sol. 25 août 1835, 4945 Roll.).

1677. Délai. — La loi du 22 pluviôse se réfère, art. 6, pour le délai dans lequel les ventes publiques de meubles doivent être enregistrées, à celle du 22 frimaire an 7, dont l'art. 20 règle le délai pour chaque classe d'officier public.

1. OFFICIERS PUBLICS. — Dans le cas ou un *notaire* doit faire enregistrer le procès-verbal de vente à un bureau

hors de sa résidence, il a quinze jours au lieu de dix (Circul. 1498).

A l'égard des *huissiers*, le délai reste tel qu'il est fixé par l'art. 20 L. 22 frim. an 7 (Circul. 24 janv. 1816, 5363 J.E.).

Ce délai est de quatre jours pour les ventes et procès-verbaux que font les *commissaires-priseurs* (A. Cons. d'Ét. 7 oct. 1809, 11567-4 J. E., 460 I. G.).

Il est également de quatre jours pour les ventes de marchandises auxquelles procèdent les *courtiers de commerce* (L. 28 juin 1861, art. 17, 2197-2 I. G.).

Il est de vingt jours pour les greffiers (Sol. 24 janv. 1816, 5363 J. E.).

2. SYNDICS DE FAILLITE. — Les ventes faites par les syndics d'une faillite sont des actes sous seing privé pour l'enregistrement desquels aucun délai de rigueur n'est imposé; c'est dans ce sens qu'une Sol. 11 février 1830 (9651 J. E.) a décidé que les ventes des meubles et marchandises d'un failli faites à l'amiable par les syndics ne sont pas sujettes à l'enregistrement, mais que si la vente a lieu publiquement et aux enchères par le ministère d'un officier public, le procès-verbal de ce dernier doit être enregistré dans le délai légal.

3. FONCTIONNAIRES PUBLICS. — Les ventes du mobilier de l'Etat, auxquelles procèdent les employés des domaines, s'enregistrent dans les *dix* jours de leur date au bureau des actes des huissiers, soit de leur résidence, soit du lieu où ils ont procédé (14938-9 J. E., Sol. 14 janv. 1812, 4882J. E.). — Il en est de même des ventes faites par les préposés des douanes (D. 26 pluv. an 7, 65 J. E.) et des contributions indirectes (D. m. f. 21 août 1810, 3955 J. E.).

4. VACATION. — De ce que chaque séance du procès-verbal de vente doit être signée par l'officier public et deux témoins, la C. cass. en a conclu, le 13 messidor an 13 (2086 J. E.), conformément à une D. m. f. 18 germ. an 8 (475 J. E.) que chaque vacation doit être enregistrée dans le délai de sa date. Un second arrêt de cass. du 11 septembre 1811 (4110 J. E., 703 J. N., *Arrêts rapportés* n° 983) a décidé, dans le même sens, que les diverses vacations, dont la première est dans le délai utile, peuvent être enregistrées en même temps.

ARTICLE 2. — DROIT D'ENREGISTREMENT

[1678-1713]

§ 1er — *Quotité du droit.*

[1678-1696]

1678. Dispositions générales. — Les ventes publiques de meubles se trouvent tarifées au droit de 2 pour 100 par la disposition de l'art. 69 § 5 n° 1er L. 22 frimaire an 7. C'est là une règle générale pour *toutes* les ventes de meubles, mais des exceptions y ont été apportées.

1679. Marchandises en gros. Législation ancienne. — L'art. 74 de la loi du 15 mai 1818 avait réduit à 50 centimes pour 100 francs le droit d'enregistrement des ventes publiques de marchandises en gros qui, conformément au décret du 17 avril 1812, sont faites à la Bourse et aux enchères, par le ministère des courtiers de commerce, d'après l'autorisation du tribunal de commerce.

1. ABSENCE DE BOURSE. — IMPOSSIBILITÉ DE VENDRE SANS ÉCHANTILLON. — Il avait été décidé, sous cette législation, que le droit de 50 centimes pour 100 ne cessait pas d'être applicable quoique la vente n'ait pas eu lieu à la Bourse, s'il n'y avait pas d'établissement de l'espèce au domicile du vendeur ou si la nature des marchandises ne permettait pas de les y vendre sur échantillon (Ord. 9 avr. 1819, D. m. f. 9 oct. 1819, 904-1 I. G., 6534 et 6765 J. E.); lorsque d'ailleurs elles présentaient les trois conditions exigées par les art. 1er et 2 du décret du 17 avril 1812, c'est-à-dire qu'elles étaient autorisées par le tribunal de commerce; qu'elles étaient faites par le ministère d'un courtier à la Bourse ou dans un lieu déterminé, enfin qu'elles avaient pour objet des marchandises désignées dans le tableau mentionné par le décret de 1812 (Sol. 29 oct. 1847, 13208 J. N.). On décidait, en outre, que le droit de 50 centimes pour 100 devait être perçu, quelque modique que fût la valeur des lots, si cette valeur avait été réglée par le tribunal de commerce (D. 18 mai 1821, 983 § 4 I. G.).

2. TRIBUNAL CIVIL. — Cependant, dans une espèce où la vente des marchandises dépendant de la succession bénéficiaire d'un négociant avait été faite par un courtier de commerce, en vertu d'une ordonnance du tribunal civil chargé de la liquidation du bénéfice d'inventaire, et avait eu lieu, non à la requête du négociant, mais de son héritier sous bénéfice d'inventaire, une Dél. du 29 octobre 1847 avait décidé que ces circonstances accidentelles ne s'opposaient point à ce que cette vente, qui réunissait d'ailleurs toutes les conditions exigées par l'Ord. 9 avril 1819, fût régie par l'art. 74 de la L. du 15 mai 1818 (13208 J. N., 1814 n° 20 I. G.).

3. COURTIER SUPPLÉÉ. — Les ventes publiques de meubles faites en vertu de l'art. 10 de la loi du 25 juin 1841 (1636 I. G., 11022 J. N.), par les commissaires-priseurs, notaires, huissiers, greffiers dans les lieux où il n'existe pas de courtiers de commerce, n'étaient généralement passibles que du droit de 50 centimes pour 100, aux termes du même article. — Cette disposition n'a pas été modifiée par la législation nouvelle indiquée nos 1680 et 1681 ci-après.

4. NON INSCRIPTION AU TABLEAU. — Mais les ventes faites aux enchères par les courtiers de commerce, de marchandises désignées au tableau ou sur les états énoncés dans le décret de 1812, étaient les seules qui devaient profiter de la réduction du droit d'enregistrement prononcée par l'art. 74 L. 15 mai 1818 (6765, 6913, 7808 J. E., 983-4 I. G.), et c'est ce qui avait été reconnu par une D. m. f. 24 juillet 1834 (1473 § 6 I. G.), maintenant la perception du droit de 2 pour 100 sur une vente de noir animal, non compris dans ce tableau, faite à la Bourse de Bordeaux. — Même règle alors qu'aucun tableau n'existait pour le ressort du tribunal, si les marchandises rentraient dans l'un des cas prévus

par le décret (Cass. 24 août 1853, 42 R. P., 15081 J. N.; — Lille 27 juin 1861, 1529 R. P., 12158 C.).

1680. Marchandises en gros. — Législation nouvelle. — Ventes volontaires. — Loi du 28 mai 1858. — Les dispositions précédentes ont été successivement modifiées.

1. PAS D'AUTORISATION DU TRIBUNAL DE COMMERCE.— Une loi du 28 mai 1858 a décidé que la vente volontaire aux enchères, en gros, des marchandises comprises au tableau annexé à la loi, peut avoir lieu par le ministère des courtiers sans autorisation du tribunal de commerce (art. 1er). — D'après l'art. 2 de la loi, ces ventes peuvent être faites dans le ressort d'un tribunal de commerce, par les courtiers établis dans la ville où siége ce tribunal, et ces courtiers sont tenus de se conformer à toutes les dispositions de la loi du 22 pluviôse an 7. — *V.* 1681 à 1683.

2. DROIT RÉDUIT A 10 CENTIMES POUR 100. — L'art. 4 réduit à 10 centimes le droit de 50 centimes par 100 francs fixé par l'art. 74 de la loi du 15 mai 1818; mais, pour profiter de la réduction, les ventes doivent être faites dans les conditions déterminées tant par la loi du 25 mai 1858 que par le décret réglementaire postérieur du 12 mai 1859. Il est nécessaire : 1° qu'elles comprennent l'une des marchandises prévues par l'art. 1er de la loi; — 2° qu'il y soit procédé dans un des lieux désignés à l'art. 20 du décret, c'est-à-dire à la Bourse ou dans les salles autorisées par le décret du 12 mai 1859, sauf dans le cas ou le courtier est autorisé à vendre sur place des marchandises que l'on ne peut céder sur échantillon et qui ne peuvent être déplacées; — 3° que les lots ne soient pas au-dessous de 500 francs, sauf encore le cas ou un arrêté du ministre du commerce aurait élevé ou abaissé ce maximum (art. 25).

3. REVENTE SUR FOLLE-ENCHÈRE. — L'art. 27 du décret du 12 mai 1859 porte que, faute par l'adjudicataire de payer le prix dans les délais prévus, la marchandise sera revendue à sa folle-enchère, trois jours après la sommation et sans jugement. Le procès-verbal de revente est régi par les art. 68 § 1er n° 8 et la loi du 22 frimaire an 7 et 44 n° 1er, de celle du 28 avril 1816, combinés avec l'art. 4 de la loi du 28 mai 1858, lorsque l'adjudication a été faite dans les conditions déterminées par la nouvelle législation; mais le droit de 2 pour 100 fixé par l'art. 69 § 5 n° 1er est exigible si l'adjudication n'a pas lieu conformément à la loi du 28 mai 1858 et au décret du 12 mars 1859 (2149-2 J. E.).

4. TIMBRE. — Le catalogue des marchandises est exempt du timbre en vertu de l'art. 12 de la loi du 23 juin 1857 (2100 I. G.), de même que l'exemplaire sur lequel le courtier inscrit les noms de l'acheteur et le prix de l'adjudication (Art. 24 du décr. du 12 mars 1859). Mais le registre coté et paraphé sur lequel doit être rédigée la minute de la vente est sujet au timbre (2149-2 I. G.).

1681. Marchandises de toute espèce et de toute provenance. — Loi du 3 juillet 1861. — La loi du 25 mai 1858 n'avait pour objet que les ventes *volontaires* de marchandises inscrites au tableau annexé à la loi. Ses dispositions ont été complétées par celle du 3 juillet 1861. D'après cette loi, les tribunaux de commerce peuvent, après décès ou cessation de commerce, et dans tous les autres cas de nécessité, autoriser sur requête la vente aux enchères en gros de marchandises *de toute espèce et de toute provenance.*

Ces ventes peuvent donc comprendre des marchandises non inscrites au tableau faisant suite à la loi de 1858; elles sont faites par les courtiers, à moins que le tribunal ou le juge n'en charge un autre officier public ou ministériel qui demeure alors soumis aux règles applicables aux courtiers.

L'art. 3 de la loi du 3 juillet 1861 ayant étendu aux ventes autorisées par la justice consulaire les art. 2 et 7 de la loi du 28 mai 1858, il s'ensuit : 1° que les courtiers doivent se conformer à la loi du 22 pluviôse an 7; — 2° que le droit d'enregistrement à percevoir est de 10 centimes par 100 francs; — 3° que les ventes dont il s'agit tombent sous l'application du décret du 12 mars 1859 modifié par celui du 29 juin 1861. Suivant ce dernier décret, les marchandises avariées peuvent composer des lots inférieurs à 500 francs, quand l'autorisation en a été accordée par le président du tribunal de commerce ou du juge de paix dans les autres lieux (2197-1 I. G.). Selon un décret du 6 juin 1863, le minimum de la valeur des lots est fixé à 100 francs et peut même être abaissé par le juge qui a autorisé ou ordonné la vente (2251-3 I. G.). — *V.* 1682-1683.

1. DÉLAI. — L'art. 17 de la loi du 28 juin 1861 a fixé à dix jours le délai pour faire enregistrer les procès-verbaux des ventes publiques de marchandises faites par les courtiers (2197-2 I. G.).

1682. Objets donnés en gage. — Loi du 23 mai 1863. — Une loi du 23 mai 1863 sur le gage contient, en outre, les dispositions suivantes : «Art. 93. A défaut de payement à l'échéance, le créancier peut, huit jours après une simple signification au débiteur et au tiers bailleur du gage, s'il y en a un, faire procéder à la vente publique des objets donnés en gage. Les ventes, autres que celles dont les agents de change peuvent seuls être chargés, sont faites par le ministère des courtiers. Toutefois, sur la requête des parties, le président du tribunal de commerce peut désigner, pour y procéder, une autre classe d'officiers publics. Dans ce cas, l'officier public est soumis aux dispositions qui régissent les courtiers relativement aux aux formes, tarifs et responsabilité. Les dispositions des art. 2 à 7 exclusivement de la loi du 28 mai 1858 sur les ventes publiques, sont applicables aux ventes prévues par le paragraphe précédent.»

Il ne sera donc perçu que 10 centimes par 100 francs quand les ventes dont il s'agit auront été faites dans les conditions légales. Les procès-verbaux ne sont également sujets à l'enregistrement que dans le délai de dix jours (2251-1 I. G.). — V. 1683.

1683. Règles additionnelles. — Décret du 30 mai 1863. — De nouvelles règles ont été encore établies par le décret du 30 mai 1863 pour la vente des marchandises en gros: « Art. 20. Le courtier peut vendre sur place, s'il n'existe pas de Bourse ni de salle de vente autorisée dans la commune où la marchandise est déposée; — Art. 23. La formation préalable de lots distincts n'est pas obligatoire pour les marchandises en grenier ou en chantier. Si elle n'a pas lieu, le catalogue doit mentionner la cause qui empêche d'y procéder et la manière dont s'opèrera la livraison; — Art. 25. En cas d'avaries, les marchandises peuvent être vendues par lots d'une valeur inférieure au maximum fixé par chacune d'elles, mais après autorisation donnée sur requête par le président du tribunal de commerce du lieu de la vente. Le minimum de la valeur des lots est fixé à 100 francs pour les ventes, après protêt de warrant, de marchandises de toute espèce. »

D'après l'art. 1er de ce même décret, on peut vendre en gros conformément à la loi du 28 mai 1858, dans toute l'étendue de la République : 1° les marchandises de toute provenance portées au tableau annexé au décret; — 2° toutes les marchandises exotiques quelconques destinées à la réexportation. — Un arrêté ministériel du 30 mai 1863 a fixé, conformément au deuxième alinéa de l'art. 25 du décret du 12 mars 1859, le minimum de la valeur des lots par chacune des marchandises pouvant être vendues en gros aux enchères. Ce minimum varie entre 100 et 500 francs. D'ailleurs il faut faire à ces ventes l'application des règles contenues dans les I. G. 2149 et 2197 ci-dessus (2251-2 I. G.).

1684. Marchandises avariées. — 1. LOI DE 1818. — DROIT FIXE. — La loi du 21 avril 1818, sur les douanes, avait, par ses art. 56 et 64 (830 I. G.), autorisé l'enregistrement au droit fixe des procès-verbaux constatant la vente de marchandises avariées par suite d'événements de mer. — Depuis, il avait été reconnu, par une décision du 2 mars 1821, insérée dans l'I. G. n° 978 § 3, que ces dispositions étaient applicables aux procès-verbaux de l'espèce rédigés par les commissaires de la marine. — Par application de ces règles, toute vente, soit de débris de navires, soit de marchandises avariées, devait jouir de l'exemption du droit proportionnel, alors même que le propriétaire et la provenance de ces objets étant inconnus, ils étaient vendus comme épaves au nom de l'administration de la marine.

C'est donc la réduction des droits de douane qui faisait connaître aux préposés celles des marchandises qui, étant avariées, ne devaient supporter que le droit fixe (D. m. f. 21 avr. 1856, 2073 § 3 I. G., 695 R. P.).

2. LOI DU 16 MAI 1863. — DROIT PROPORTIONNEL. — Une nouvelle loi sur les douanes, du 16 mai 1863, avait abrogé (art. 21) le bénéfice de la réfaction des droits résultant des art. 51 à 59 de la loi du 21 avril 1818. Par suite de cette abrogation, les ventes de marchandises avariées, quelle que fût leur origine ou la cause de l'avarie, étaient rentrées dans le droit commun. Elles étaient assujetties au droit proportionnel de 2 pour 100 comme les ventes ordinaires (L. 22 frim. an 7 art. 69 § 5 n° 1), ou à celui de 10 centimes pour 100, lorsque les ventes avaient lieu en gros, dans les conditions et avec les formalités prescrites par les lois des 28 mai 1858 (art. 4) et 3 juillet 1861 (Inst. n° 2149 et 2197), et par les décrets des 12 mars 1859 et 30 mai 1863 (Instr. n° 2149 et 2251).

Les dispositions contraires insérées dans les instructions nos 830, 978 § 3, 1212 § 1er et 2073 § 3, avaient été rapportées par l'I. G. n° 2327 (2299 R. P.).

3. LOI DU 28 FÉVRIER 1872. — DROIT GRADUÉ. — Ces dispositions ont été modifiées par la loi du 28 février 1872. L'art. 1er § 3 de cette loi assujettit au droit gradué les actes des procès-verbaux de vente de marchandises avariées par suite d'événements de mer et de débris de navires naufragés (3406 R. P.).

Le rapport de la commission s'exprime en ces termes sur ce point : « La loi de douanes du 21 avril 1818 a tarifé au droit fixe les actes de procès-verbaux de marchandises avariées par suite d'événements de mer et de débris de navires naufragés. Ces actes étaient assujettis au droit proportionnel par la loi du 22 frimaire an 7. On conçoit les raisons d'humanité qui ont motivé cette immunité. Le projet maintient la faveur dans une certaine limite, en n'appliquant pas le droit proportionnel; mais il substitue au droit fixe le droit gradué, dont la quotité sera déterminée par le prix de vente. »

Il n'est fait aucune mention, on le voit, de la loi du 16 mai 1863 ni des dispositions qui avaient ramené à la règle du droit proportionnel les ventes de marchandises avariées. Il y a évidemment eu lacune dans la pensée du législateur, c'est le droit fixe de 1 franc et 2 francs qu'il a eu en vue de remplacer par le droit gradué et non le droit proportionnel. Mais peu importe. L'esprit qui a pu présider à la confection de la loi; comme ses termes sont formels, il faut s'y conformer. Le droit gradué remplacera dorénavant et le droit fixe édicté par la loi du 21 avril 1818 et le droit proportionnel qui avait été substitué au droit fixe par la loi du 16 mai 1863.

4. VENTES EN GROS. — La nouvelle loi est favorable en ce qui concerne les ventes ordinaires, puisqu'elle transforme un droit de 2 pour 100 en un droit gradué bien inférieur, mais elle devient onéreuse, appliquée aux ventes de marchandises avariées qui pourraient se faire en gros, dans les conditions et avec les formalités prescrites, puisque, d'après les lois en vigueur, ces ventes ne sont assujetties qu'au droit de 10 centimes pour 100 (V. 1680-2). Mais les termes de la loi sont si formels que le droit proportionnel à 10 centimes pour 100 doit être considéré comme remplacé par le droit gradué aussi bien que le droit proportionnel à 2 pour 100. — *Contrà*, Demante *Suppl.* n° 193).

1685. Justification de l'avarie. — Origine étrangère. — C'est le fait de l'avarie qui justifie l'exemption du droit proportionnel et la perception du droit fixe gradué. Pour la déterminer, il avait été posé, sous l'ancienne législation, des règles qui sont encore applicables, puisque le droit gradué n'est qu'un droit fixe perçu sur d'autres bases que le droit fixe ordinaire.

On distingue, à cet égard, les marchandises d'origine étrangère des marchandises d'origine française.

Les marchandises de provenances étrangères qui éprouvent une avarie donnent lieu, à leur arrivée, à une réduction des droits de douane. C'est donc la réduction de ces droits qui fait connaître aux préposés celles des marchandises qui, étant avariées, ne doivent supporter que le droit fixe gradué (D. m. f. 21 avr. 1856, 2073-3 I. G., 695 R. P.).

1686. Marchandises avariées et marchandises intactes.—Si la même vente contient des marchandises intactes, celles-ci doivent acquitter le droit proportionnel ordinaire. Le droit gradué se restreint aux marchandises avariées qui, à raison de leur détérioration, ont obtenu une réduction des droits de douane (D. m. f. 12 juin 1827, 1212-1 I. G.).

1687. Ventes amiables de marchandises avariées. — La loi du 21 avril 1818 n'accordait pas la réduction du droit fixe à toutes les ventes, mais seulement aux procès-verbaux de ventes rédigés par des courtiers de commerce ou d'autres officiers publics, sous la surveillance du receveur des douanes (830 I. G.) ou par les commissaires de marine (978-3 I. G.).

La loi du 28 février 1872 n'ayant rien innové aux principes de l'exigibilité du droit et l'art. 1er n° 3 qui remplace le droit fixe par le droit gradué étant conçu dans les mêmes termes que l'art. 64 de la loi de 1818, il y a lieu d'en conclure, que la loi de 1872 doit recevoir la même limitation.

1688. Commissaires de marine. — Le droit fixe établi par la loi de 1818 avait été reconnu applicable aux procès-verbaux de vente rédigés par les commissaires de la marine (D. m. f. 2 mars 1821, 978-3 I. G.). Nul doute que les mêmes procès-verbaux sont aujourd'hui aussi assujettis au droit gradué qui remplace le droit fixe.

1689. Destruction. — Les procès-verbaux de destruction de marchandises avariées, n'ayant pas été tarifés par la loi du 28 février 1872, restent naturellement soumis à l'empire de l'art. 56 de la loi du 21 avril 1818 qui les tarife nominativement au droit fixe (Demante *Suppl.* n° 197).

1690. Marchandises saisies. — A l'égard des ventes de marchandises saisies, si la vente est faite sans que l'acheteur soit tenu de payer des droits de douane, le droit d'enregistrement est dû sur le prix de l'adjudication, quoiqu'il soit dit, dans le cahier des charges, que sur ce prix on prélèvera les droits de douane. Si l'acheteur est obligé de payer les droits de douane en sus du prix, on perçoit sur le prix de l'adjudication sans y ajouter les droits de douane (Sol. 6 mars 1829, 9250 J. E., D. m. f. 25 juin 1830, 1336 § 13 I. G., 9661 J. E). — Le droit d'enregistrement est exigible au moment de la formalité, alors même que le montant de cette vente serait insuffisant pour payer les droits de douane (12391 J. E.).

1. PRISES. — Pour la perception du droit sur les ventes de prises maritimes, le montant des droits de douane et d'octroi mis à la charge des acquéreurs ne doit pas être ajouté au prix, s'ils ne sont exigibles qu'après la vente : mais ils devraient y être ajoutés s'ils avaient été acquittés auparavant (D. m. f. 15 sept. 1807, Circ. 23 sept. 1807, D. N. t. 13 p. 584 n° 198).

1691. Tabacs. — Les ventes de tabacs que l'Administration fait au commerce, en vertu d'autorisations ministérielles, ne sont passibles que du droit de 50 centimes pour 100 comme celles faites à la Bourse par les courtiers de commerce (D. m. f. 14 juill. 1820, 940 I. G.). C'est une exception qui doit être restreinte au cas où elle s'applique.

1692. Poisson. — La vente publique et au marché des poissons de mer frais et salés est exempte de toute formalité et de tout droit d'enregistrement (D. m. f. 3 prair. an 7 et 8 prair. an 8, 473 J. E., 904, 940 I. G.).

1. VENTE AMIABLE. — Mais cette dispense ne saurait être étendue au traité amiable par lequel un particulier s'engage à acheter, moyennant un prix convenu, toutes les huîtres qu'une communauté de pêcheurs prendra pendant une certaine période. « Attendu qu'à la vérité des décisions du ministère des finances du 3 prairial an 7 et 8 prairial an 8, ont déclaré que les ventes de poisson de mer faites *publiquement* et au *marché* ne sont sujettes ni aux formalités prescrites par la loi du 22 pluviôse an 7, concernant les ventes de meubles, ni aux droits d'enregistrement, mais que cette exception, introduite uniquement pour les ventes de poisson faites publiquement et au marché, ne peut être étendue au traité par lequel, à la date du 3 septembre 1862, Martin s'engage envers la communauté des pêcheurs de Fécamp à leur acheter, au prix de 22 francs les 1,200, toutes les huîtres pêchées pendant la saison 1862-1863 ; — Attendu que la distinction admise entre le poisson frais et le poisson salé, par la décision du ministre des finances du 7 mai 1819, a été infirmée par un avis du conseil d'État du 3 juin 1823 » (Cass. 23 juill. 1868, 2753 R. P., 2372-7 I. G., 19396, J. N., 14217 C. — *Conf.*: Le Havre 20 juin 1867, 2753 R. P., 18276, 14054 C.

2. POISSON SAISI PAR SUITE DE DÉLIT. — Le ministre des finances a décidé, le 13 août 1866 (2361 § 8 I. G., R. P. 2783-8) que la requête et le procès-verbal de vente des poissons saisis pour cause de délit (art. 42 de la loi du 15 avr. 1829, 2340 § 7 I. G.) doivent être rédigés sur papier timbré, attendu que la somme à avancer par les agents, toujours fort minime, ne s'élève au-dessus de 1 franc que dans des circonstances exceptionnelles, ce qui ne permet pas de considérer comme onéreuse l'obligation d'effectuer un aussi faible débours; et qu'il ne peut d'ailleurs y avoir inconvénient à appliquer aux agents de la pêche fluviale une règle suivie sans difficulté par les agents de la marine pour les ventes de poissons saisis en contravention au décret sur la pêche côtière (n° 1951 I. G.).

1693. Monts-de-piété. — Les ventes faites par les monts-de-piété, soit avant, soit après la surannation des objets engagés, sont exemptés des droits d'enregistrement, pourvu qu'elles soient faites conformément au règlement (D. m. f. 4 juin 1811, 4152 J. E.).

1694. Navires. — Les actes ou procès-verbaux constatant les ventes de navires, soit totales, soit partielles, sont soumises à des dispositions spéciales que nous ferons connaître au mot *Navire*, n° 11650.

1695. Faillite. — Une autre exception à la règle posée par l'art. 69 L. 22 frimaire an 7, a été faite en faveur des effets et marchandises des faillis, ainsi qu'on le verra au mot *Faillite*.

1696. Objets mobiliers de l'État. — La disposition générale de l'art. 69 L. 22 frimaire an 7, qui soumet au droit de 2 pour 100 les ventes des objets mobiliers, s'applique à celle des biens de cette nature qui peuvent être vendus par l'État. (Il est inutile de dire que les procès-verbaux doivent être rédigés sur papier timbré d'après l'art. 12 L. 13 brumaire an 7.) C'est ce qui a été décidé spécialement pour les ventes :

1. ADMINISTRATIONS FINANCIÈRES. — Des objets hors de service provenant des administrations financières (D. m. f. 29 août 1823, 7633 J. E., 1092 I. G.).

2. ARBRES. — Des arbres vendus sur les routes (1163 I. G.) et de ceux provenant des francs-bords des canaux (D. m. f. 30 avr. 1829, 9326 J. E., 1276 I. G.).

3. ARMÉES ENNEMIES. — Des effets provenant des armées alliées (5288 J. E.).

4. FUMIERS. — Des fumiers provenant des casernes de cavalerie (D. m. f. 1823, 10 août 1826, 7653 J. E., 1092 et 1204 § 9 I. G.).

5. CHEVAUX. — Des chevaux de réforme (5090 J. E.) ou de train (5071 J. E.).

6. COUPES DE BOIS. — Des coupes de bois (1293 § 8 I. G., 9358 J. E.).

7. EFFETS MILITAIRES. — Des effets militaires (927 et 1084-1 I. G.).

8. FOURRIÈRE. — Des bestiaux mis en fourrière après capture dans les forêts (8689 J. E.).

9. GUERRE. — De tous les objets provenant du ministère de la guerre (1153 et 1204 § 9 I. G.).

10. BERGERIES. — Des mérinos et laines provenant des bergeries de l'État (D. m. f. 27 oct. 1808, 2742 J. E.).

11. NAVIRES DE L'ÉTAT. — Des navires naufragés appartenant à l'État, et des objets qui en proviennent (1267 I. G.).

12. PAPIERS ET REGISTRES. — Des papiers et registres provenant de la cour des comptes et de toutes les autres administrations financières (D. m. f. 8 juin 1814, 4840 J. E., 1279, 1316 I. G.).

13. MARINE. — Des effets non réclamés des marins et passagers morts en mer, et des objets d'approvisionnement dans les ports maritimes.

14. PRISES MARITIMES. — Des prises maritimes vendues par les administrateurs de la marine ou autres agents (D. m. f. 18 germ. an 8; 24 juin 1806; 13 déc. 1808; 638, 2328, 3307, 8634 J. E.).

15. CAUTIONNEMENT. — Dans tous ces cas, s'il est fourni un cautionnement par les adjudicataires, le droit de 50 centimes pour 100 doit être perçu, indépendamment de celui de vente; c'est ce qui a été décidé pour la vente des fumiers provenant des casernes de cavalerie par une D. m. f. 10 août 1826, rendue en thèse générale (1204 § 9 I. G.).

§ 2. — *Liquidation du droit.*

[1697-1715]

1697. Prix. — La valeur de la propriété, de l'usufruit et de la jouissance des biens meubles est déterminée, d'après l'art. 14 n° 3 L. 22 frimaire an 7, pour la liquidation et le payement du droit proportionnel, pour les ventes et autres transmissions à titre onéreux, par le prix exprimé et le capital des charges qui peuvent ajouter au prix.

1698. Charges. — 1. CENTIMES ADDITIONNELS. — D'après ce principe, s'il est stipulé dans le cahier des charges qui précède une adjudication mobilière que les adjudicataires payeront des centimes additionnels pour frais d'enregistrement, honoraires, etc., il y a lieu, pour la perception des droits, d'ajouter au prix tout ce qui excède 5 centimes, sauf à l'officier public qui a procédé à la vente à requérir la taxe (Dél. 19 avr. 1826, 8392 J. E., 1200 § 21 I. G.). Ces *cinq centimes* auxquels il faut ajouter aujourd'hui une somme égale aux suppléments résultant des nouveaux impôts (Sol. 6 juill. 1877, 4761 R. P.), représentant, en effet, les frais rationnels de la vente, tout ce qui excède doit être considéré comme une charge pour l'acquéreur.

Mais il importe de remarquer, ainsi que nous l'avons établi au n° 1611-4 *suprà*, que l'Administration n'est en rien engagée par la fixation amiable qu'elle a faite d'un taux de centimes additionnels qui ne doit pas être considéré comme charge. Souvent et notamment *dans les ventes importantes de récoltes et de coupes de bois*, les cinq centimes par franc, déterminés par l'I. G. 1200 § 21 seront exagérés et il y aura lieu d'en distraire les frais légaux pour faire supporter à l'excédant le droit de 2 pour 100.

Frais antérieurs. — Il résulte d'une D. m. f. 10 fructidor an 12 (253 I. G.), intervenue en matière de coupes de bois, que les frais antérieurs à la vente, tels que ceux d'impression, d'affiches, de publication et de criées, mis à la charge de l'acquéreur, doivent être ajoutés au prix, au moyen d'une ventilation, s'ils ont été englobés dans les centimes additionnels que l'Administration regarde comme exempts du droit.

2. HONORAIRES. Pour l'application de ce principe il importe de connaître le montant des honoraires légaux attribués à l'officier public chargé de faire la vente et qui sont de droit imposés aux acheteurs.

Ces honoraires varient suivant la qualité de l'officier et la nature de l'opération.

Commissaire-priseur. — Il est alloué aux commissaires-priseurs pour tous droits de vente, non compris les déboursés pour y parvenir et acquitter les droits non plus que la rédaction des placards, 6 pour 100 du produit des ventes, sans distinction de résidence. Il peut en outre être alloué une ou plusieurs vacations sur la réquisition des parties constatée par procès-verbal du commissaire-priseur, à l'effet de préparer les objets mis en vente. Ces vacations extraordinaires ne sont passées en taxe qu'autant que le produit de la vente s'élève à 3,000 francs. Chacune de ces vacations est de 5 ou 6 francs suivant les résidences (L. 18 juin 1843 art. 1er, 2 et 3).

Notaires, greffiers, huissiers. — Quand les huissiers, greffiers ou notaires font des ventes de l'espèce, il n'ont pas droit pour honoraires au tarif de 6 pour 100 accordé aux commissaires-priseurs, mais à de simples vacations (Cass. 30 mai 1854, S. 1854-1-758). — Jugé de même que les honoraires dus à un notaire, en matière de vente mobilière, doivent être réglés, conformément aux dispositions du tarif du 16 février 1807, d'après le nombre de vacations que la vente a nécessitées, et non d'après les bases proportionnelles du tarif du 18 juin 1843, exclusivement applicable aux commissaires-priseurs. (Lyon 19 janv. 1865, S. 1865-2-79).

D'après le D. N. t. 13 p. 573 n° 118, on fait une distinction au ministère de la justice. On applique le taux de la loi du 18 juin 1843 au ventes *volontaires* de meubles faites par d'autres que les commissaires-priseurs. On applique, au contraire, le taux du 16 février 1807 aux ventes judiciaires. — Cette distinction n'est pas consacrée par la jurisprudence.

Vente de bois et de récoltes. Il existe un tarif spécial pour les ventes de récoltes et de coupes de bois taillis. Un décret du 5 novembre 1851 fixe les honoraires alloués aux officiers publics chargés de procéder à des ventes volontaires et aux enchères de fruits et récoltes pendants par racines ou de coupes de bois taillis, en interdisant formellement, sous peine de suspension ou de destitution, toutes perceptions directes ou indirectes, autres que celles autorisées par le décret, à quelque titre et sous quelque dénomination qu'elles aient lieu. Ce décret porte :

« Art. 1er. Il est alloué, pour tous droits d'honoraires, non compris les déboursés à l'officier public chargé de procéder à une vente volontaire et aux enchères de fruits et récoltes pendants par racines ou de coupes de bois taillis, une remise sur le produit de la vente, qui est fixée à 2 pour 100 jusqu'à 10,000 francs, et un quart pour 100 sur l'excédant, sans distinction entre les ventes faites au comptant et celles faites à terme.

« En cas d'adjudication par lots, consentie au nom du même vendeur, la remise proportionnelle établie au présent article est calculée sur le prix total des lots réunis.

« La remise ne peut, en aucun cas, être inférieure à 6 francs.

« Art. 2. Lorsque l'officier public qui a procédé à une vente à terme est chargé d'opérer le recouvrement du prix, il a droit à une remise de 1 pour 100 sur le montant des sommes par lui recouvrées.

« Art. 3. S'il est requis expédition ou extrait de procès-verbaux de vente, il est alloué, outre le timbre, 1 franc pour chaque rôle de vingt-cinq lignes à la page et de quinze syllabes à la ligne. »

2 *bis*. MOBILIER COMMUNAL. — Les maires qui procèdent à des ventes de mobilier communal n'ont pas droit à des honoraires et ne sont pas chargés des recouvrements : les droits de timbre et d'enregistrement, les frais d'affiche et de criée sont loin d'arriver à 5 pour 100; en conséquence, lorsqu'il aura été stipulé que les acheteurs payeront pour tenir lieu des droits et frais, plus de 3 centimes par franc, ce qui excédera ce taux sera ajouté au prix pour la perception (Sol. 26-30 mars 1861; 2204-4 I. G., R. P. 1607, 17379 J. E.).

3. INDEMNITÉ EN CAS DE NON-PAYEMENT. — Lorsque, dans le procès-verbal de vente de meubles, il est stipulé que si les acquéreurs ne se libèrent pas dans un délai déterminé, ils seront tenus de payer une indemnité de 5 pour 100 du montant de leur prix, il n'y a pas lieu d'ajouter ces 5 pour 100 au montant de la vente, comme charge. L'indemnité stipulée doit, en effet, être considérée comme une compensation du retard dans le payement qui, représentant l'intérêt de la dette, ne peut être considéré comme une charge qui ajoute au prix de la vente (Dél. 19 janv. 1837, 9534 J. N., 11702-5 J. E.).

4. COUPES DE BOIS. — RÉPARATIONS DES FOSSÉS. — L'obligation imposée à l'adjudicataire d'une coupe de bois de réparer les fossés de la coupe est une suite des dégradations occasionnées par l'exploitation. Elle ne constitue pas une charge susceptible d'être ajoutée au prix (6684 J. E.; *Contrà*, D. N. t. 1er p. 330 n° 61).

5. ARBRES RÉSERVÉS. — Pour la perception du droit d'enregistrement sur une adjudication de coupes de bois de l'État, il n'y a pas lieu d'ajouter, comme charge accessoire au prix, la valeur des bois *réservés* aux gardes sur le parterre des coupes, attendu que ces bois ne sont pas vendus à l'adjudicataire. Mais les frais d'abatage, de transport de ces bois, à supporter par ce dernier, constituent une charge qui augmente le prix des coupes vendues et doit être ajoutée pour la perception (Dél. 5 sept. 1851, 2049 § 6 I. G.).

6. COUPES RÉSERVÉES. — Mais la réserve d'un certain nombre de coupes dans la vente d'un bois aménagé est de la nature de l'usufruit, et sa valeur doit être ajoutée au prix (Déc. 5 sept. 1818, 6178 J. E.). Si l'aménagement est tel qu'une coupe soit faite chaque année, chaque coupe représente le revenu vrai, et l'intérêt du prix doit être ajouté par chaque année réservée. Si les coupes n'ont lieu que pendant un certain nombre d'années, par exemple si elles ont lieu à vingt ans d'âge, et qu'il n'y ait que dix coupes dans toute l'étendue du bois, la réserve d'une coupe équivaudra à deux

années d'intérêts. Sur vingt années de jouissance, l'acquéreur n'aura que les dix-huit vingtièmes du produit.

L'addition au prix a lieu lors même que la réserve n'est que de la coupe d'une année, si le prix est payé comptant, ou si, étant payable à terme, l'acquéreur en doit les intérêts, à compter du jour de la vente (Dél. 6 avr. 1822). Cette question sera développée au mot *Vente d'immeubles*.

7. DROITS DE DOUANE. — FRAIS DE TRANSPORT. — Lorsque des marchandises déposées dans un entrepôt sont vendues publiquement à charge par les acheteurs de payer certaines sommes : 1° pour transport à domicile ; — 2° pour frais de transport antérieurs à la vente, — et 3° pour droits de douane, que doit-il être ajouté au prix ?

Les droits de douane constituent une charge imposée à l'acheteur par la loi, et qu'il doit acquitter lors de la sortie de la marchandise de l'entrepôt, comme s'il avait acheté directement de l'étranger. Ce n'est donc pas une charge à ajouter au prix.

Quant aux frais de transport, il faut distinguer : ceux faits antérieurement à la vente sont payés à la décharge du vendeur et doivent être ajoutés au prix ; mais les frais de transport à domicile ne peuvent y être ajoutés, puisqu'ils sont de plein droit à la charge de l'acquéreur. Seulement, l'obligation de les payer peut donner lieu au droit de marché, quand l'entrepreneur de transport figure au contrat et que la stipulation qui s'y rapporte fait titre de la convention (*Conf.* : Sol. belge 13 août 1867, 10617 J. E. belge.).

Cependant, dans les ventes à prix ferme de marchandises, l'augmentation des droits de douane survenue dans l'intervalle de la vente à la livraison est à la charge du vendeur (C. Rouen 30 janv. 1872, S. 72-2-272). Si l'acheteur consentait à les supporter, ce ne pourrait donc être qu'en augmentation du prix.

8. FRAIS A LA CHARGE DU VENDEUR. — D'après l'art. 14 n° 5 de la loi du 22 frimaire an 7, le droit proportionnel de vente mobilière est assis sur le prix exprimé et le capital des charges qui peuvent ajouter au prix. Or, par prix, il faut entendre le produit net obtenu par le vendeur, c'est-à-dire la valeur réalisable de la chose aliénée, déduction faite des frais légaux. Dès lors, si, par dérogation à l'art. 1593 du C. C., ces frais sont mis à la charge du vendeur, il y a lieu de les distraire du prix pour déterminer la base imposable (Sol. belge du 10 déc. 1867, 10661 J. E. belge).

1699. Évaluation à faire. — Prix en nature. — L'acte par lequel on vend aux enchères les noix provenant de la récolte d'une fabrique d'église, moyennant une certaine quantité d'huile livrable après la fabrication, est une vente de meubles passible du droit de 2 pour 100 sur la valeur de l'huile à livrer (11376-2 J. E.).

1700. Prix cumulé. — La seconde disposition de l'art. 6 L. 22 pluviôse an 7, veut que le droit d'enregistrement soit perçu sur le montant des sommes que contient *cumulativement* le procès-verbal des séances. De là deux conséquences, disent Champ. et Rig. n° 3248 : 1° « le droit doit être liquidé sur une seule somme formée du montant de toutes les ventes, et le multiple de vingt ne doit être parfait qu'une fois ; — 2° chaque séance ne donne pas lieu à une liquidation séparée, et le droit doit être établi sur un seul total. » La règle posée par l'art. 6 est générale et ne souffre pas d'exception. Elle doit être appliquée, soit que la vente ait lieu *au comptant* (Circul. 1981), ou qu'elle soit faite *à terme*. — V. 1701.

1701. Vente à terme. — On avait soutenu d'abord que la loi du 22 pluviôse an 7 s'appliquait seulement aux ventes mobilières faites *au comptant*. Quand le prix était stipulé payable à terme, on appréciait l'adjudication comme une vente distincte qui restait soumise aux anciens principes. Le ministre des finances prit une décision en ce sens le 28 nivôse an 9 (Circ. du 7 germ. an 9 n° 1981). Une telle interprétation était purement divinatoire. Rien, en effet, n'indique que le législateur de pluviôse ait eu la pensée de restreindre la disposition de l'art. 6 aux ventes faites au comptant ; la rédaction de cet article conduit, au contraire, à une conclusion opposée. Aussi le système de l'Administration fut-il rejeté par la cour suprême, le 5 février 1810, à l'occasion d'une vente aux enchères d'arbres épars, faite par lots séparés, moyennant un prix distinct et payable à terme (390 J. N.). Le tribunal de Laon prescrivit de même de percevoir cumulativement l'impôt proportionnel sur une vente notariée de récoltes faites par lots et à terme à plusieurs acquéreurs, qui avaient signé séparément chaque adjudication (Jugem. du 12 mars 1835, 8875 J. N.). Cette jurisprudence, approuvée par une décision ministérielle du 4 juin 1811, fut définitivement prise pour règle dans une délibération des 17-27 juillet 1835, et depuis cette époque la question n'a plus reparu (11261 J. E., 4115 C.).

1702. Ventes administratives. — Le mode de liquidation qui précède a donné lieu, en matière de ventes faites en la forme administrative, à des difficultés qui n'ont pas encore disparu.

Il avait semblé que la loi du 22 pluviôse an 7 ne s'appliquait pas aux ventes faites par les fonctionnaires de l'ordre administratif. « L'art. 1er de la loi de pluviôse, porte la circulaire du 1er ventôse an 7 n° 1498, veut que les ventes à l'enchère ne puissent être faites que par les *seuls officiers publics* qui ont qualité pour y procéder. Ces officiers, suivant les arrêtés du Directoire des 12 fructidor an 4 et 27 nivôse an 5, sont les *notaires*, les *huissiers* et les *greffiers*. » Quand une vente de l'espèce émanait d'un préfet ou d'un magistrat municipal, on fractionnait la perception par chaque adjudicataire. Cette distinction n'eut pas un meilleur succès que la précédente. Elle fut repoussée par un jugement du tribunal de Colmar, du 9 mai 1848, ainsi conçu : « Attendu que la perception des droits d'enregistrement contre laquelle réclame la ville de Colmar est basée sur l'art. 11 de la loi du 22 frimaire an 7 ; que cet article a été virtuellement abrogé par la loi du 22 pluviôse an 7, qui dispose d'une manière absolue que dans toutes les ventes d'objets mobiliers, lorsqu'elles seront reçues par des officiers publics ayant qualité pour y procéder, le droit d'enregistrement n'est dû que sur le montant des sommes que contient cumulativement le procès-verbal des séances ; que les ventes de mobilier communal sont assimilées, quant aux droits d'enregistrement, aux ventes de mobilier privé, et que la seule distinction établie entre les deux espèces de ventes, c'est que les ventes de mobilier communal sont dispensées de la déclaration préalable imposée aux ventes de mobilier privé; — Attendu que les maires ou leur délégué ont qualité pour procéder, comme officiers publics, à la vente du mobilier communal; que ce pouvoir, dont ces fonctionnaires jouissent depuis leur création, a d'ailleurs été formellement reconnu par la Régie aux termes d'une circulaire du 11 nivôse an 8; qu'ainsi les ventes du mobilier communal auxquelles ils procèdent doivent être soumises, comme toutes les autres ventes d'objets mobiliers, au mode de perception réglé par la loi de pluviôse an 7; que ce principe a été admis par l'administration de l'Enregistrement, et confirmé notamment par une décision rendue en l'année 1835 sur une réclamation de la ville de Colmar dans une matière identique à celle qui fait l'objet du litige actuel; — Attendu qu'en prenant le prix cumulé de chaque vente pour la base de la perception des droits sur le montant des douze actes de vente reçus par l'administration municipale de Colmar, le droit à percevoir ne s'élève qu'à 3,461 fr. 48 cent. au lieu de 4,462 fr. 92 cent. » — L'Administration acquiesça à ce jugement par une délibération du 5 septembre 1848, approuvée le 11 du même mois. Il était, en effet, impossible de prétendre que la qualification d'*officiers publics* existant dans la loi de l'an 7 se restreignait aux notaires, huissiers et greffiers. Il eût fallu soutenir aussi qu'en procédant à une vente de mobilier communal, le sous-préfet ou le maire contrevenait à l'art. 1er de la loi et s'exposait à la peine édictée dans l'art. 7. Or, il n'est jamais venu à l'esprit de personne de contester à ces magistrats, même avant la promulgation des lois spéciales sur leurs attributions, le droit de vendre les coupes de bois ou les autres objets mobiliers appartenant aux communes. On sait, d'ailleurs, que la loi du 22 pluviôse a eu pour but de mettre un terme aux abus qui s'étaient produits dans les ventes mobilières. Or, ces abus existaient aussi bien à l'occasion de certaines ventes faites par les fonctionnaires administratifs que dans celles passées devant les officiers publics proprement dits. Le législateur a donc voulu atteindre les unes aussi bien que les autres; et s'il a employé les mots d'officiers publics, c'est qu'il a pensé, comme le remarque la décision ministérielle du 6 germinal-17 frimaire an 8, qu'on devait considérer comme *officiers publics ad hoc* tous ceux que les administrations chargent de procéder à des ventes de mobilier national ou communal (Circul. 11 nivôse an 8, n° 1732. — V. *Conf.*: 13961-9, 14283-5, 14427-8, J. E.; — *Contrà* 17494 J. E.).

1703. Coupes de bois. — L'Administration, malgré l'acquiescement du 5-11 septembre 1848, ne paraît pas avoir été bien convaincue de son erreur. Elle a plus tard donné, au sujet des ventes administratives de *coupes de bois*, une solution qui reproduit les motifs condamnés par le tribunal de Colmar, et qui établit, en outre, une distinction nouvelle devenue tout à fait en faveur. L'I. G. 2049 § 6 s'exprime ainsi : « Les procès-verbaux constatant les ventes de coupes de bois de l'État, des communes et des établissements publics, sont signés par chaque lot par les parties qui y ont concouru. On a demandé s'il y a lieu de réunir tous les articles adjugés à la même personne, afin d'établir sur les prix cumulés de ces articles la perception des droits proportionnels exigibles. L'affirmative a été adoptée par une solution du 21 septembre 1855, motivée, d'une part, sur ce que les ventes de l'espèce étant passées devant des fonctionnaires de l'ordre administratif et dans des formes spéciales réglées par le C. for., la loi du 22 pluviôse an 7 ne leur est pas applicable; d'autre part, sur ce que chaque procès-verbal d'adjudication renferme autant de conventions ou dispositions indépendantes qu'il y a d'adjudications différentes, et que, par conséquent, il y a lieu d'établir la perception conformément à l'art. 11 de la loi du 22 frimaire an 7. »

De ces trois motifs, il en est deux qui sont évidemment sans valeur. Il est inutile, d'abord, d'invoquer ici l'art. 11 de la loi du 22 frimaire an 7, puisque l'art. 6 de la loi de pluviôse n'a pas eu d'autre but que d'y déroger pour les ventes de meubles. En droit, dit la Cour de cassation dans un arrêt du 9 mai 1832 (1410 § 13 I. G., S. 32-1-337, 10337 J. E.), les lois de frimaire et de pluviôse étant l'une et l'autre spéciales en matière d'enregistrement, celles des dispositions de la première de ces lois qui ne peuvent se concilier avec les dispositions de la loi du 22 pluviôse an 7 sont abrogées; cette abrogation est d'ailleurs littéralement prononcée par l'art. 10 de ladite loi de pluviôse. » Or, il a été démontré qu'en prescrivant la perception cumulative de l'impôt sur tous les lots adjugés dans le même procès-verbal, le législateur avait contredit le principe général qui gouverne l'exigibilité d'un droit particulier sur chaque disposition indépendante. On ne saurait donc régler l'application de la loi de pluviôse d'après la disposition de l'ancienne loi qu'elle a précisément supprimée. C'était un tort, en second lieu, de revenir au moyen condamné par le tribunal de Colmar, et d'insinuer que le contrat échappait à la loi spéciale de pluviôse, parce qu'il avait été passé devant un fonctionnaire de l'ordre administratif. Ce système aurait pour résultat de faire croire que toute vente mobilière faite administrativement nécessite la division du droit par adjudication. Or, l'Administration a toujours reconnu qu'une interprétation aussi générale de son I. G. était inexacte. De nombreuses solutions, intervenues notamment pour les départements de l'Est, ont décidé « que le droit d'enregistrement des ventes publiques de meubles doit toujours être perçu sur le montant des sommes que contient cumulativement le procès-verbal, soit qu'il s'agisse du mobilier de l'État, soit qu'il s'agisse de récoltes et bois appartenant aux communes, et que la vente soit faite par le maire au comptant ou à terme. »

1704. Ventes faites selon les formes du Code forestier. — Mais l'application de la loi du 22 pluviôse an 7 cesse, selon l'Administration, à l'égard des ventes faites dans les formes spéciales réglées par le C. de forestier. C'est ce qu'indique l'I. G. n° 2049 § 6 et ce que portent toutes les solutions rendues depuis cette époque (V. Sol. 26 juill. 1865, 2247 R. P.). On chercherait en vain dans les textes la preuve que le législateur de pluviôse an 7 a voulu exclure ces aliénations du principe général qu'il édictait. Les art. 1er et 6 sont conçus en termes absolus; et si l'on admet que les magistrats de l'ordre administratif sont compris parmi les officiers publics dont les procès-verbaux deviennent soumis à la loi, il est bien difficile de distinguer entre les actes de ces fonctionnaires pour soutenir que les uns sont atteints par la loi spéciale, tandis que les autres restent sous l'empire du droit ancien. On n'y peut arriver du moins que par des inductions assez problématiques. Quand intervint la loi du 22 pluviôse an 7, dit-on, le directoire de district de la situation des bois était chargé de faire les ventes de coupes, chablis, arbres de délit, et les adjudications de panage ou glandées relatives aux bois soumis au régime forestier. Le conservateur ou son délégué préparait ces opérations et y assistait. Si la vente intéressait une commune ou un établissement public, elle avait lieu en présence du maire ou d'un officier municipal (L. 29 sept. 1791 t. 6 art. 16, t. 8 art. 4, t. 12 art. 12). De telles opérations paraissant offrir des garanties que ne présentent pas les ventes ordinaires de meubles, on n'avait pas à y redouter les abus qui s'étaient introduits dans ces dernières opérations, et la loi de pluviôse a dû y demeurer étrangère.

L'argumentation ne nous semble pas convaincante.

D'abord, en admettant, ce qui n'est pas démontré, que la loi de l'an 7 ait été déterminée par le désir de couper court aux abus commis dans les ventes, il faudrait savoir si ces abus n'existaient pas également, ou du moins ne pourraient exister dans les ventes administratives. La présence d'un simple magistrat municipal n'offre sans doute pas plus de garantie contre eux que la coopération d'un officier public proprement dit. Il n'y a rien dans le texte de la loi qui autorise une pareille distinction.

En second lieu, lors même que le motif général de la loi serait celui qu'on lui attribue, il resterait encore à expliquer la disposition spéciale de l'art. 6. Cet article a une portée toute particulière. Ainsi que nous l'avons précédemment expliqué, il fallait remédier aux résultats iniques du fractionnement de la perception sur des lots d'une valeur presque toujours minime, et organiser la liquidation de l'impôt de façon que le droit ne fût point hors de proportion avec l'objet vendu. C'est pour cela et uniquement pour cela que l'art. 6 a été introduit dans la loi. Or, l'inconvénient que l'on voulait supprimer existe également à propos des ventes forestières. Lorsqu'une commune aliène les produits façonnés de ses coupes, ou des bois d'élagage, d'essartement, etc., tout le monde sait que l'adjudication se compose d'une multitude de lots divisés en très-petites fractions. Si l'on perçoit distinctement l'impôt, beaucoup de lots de 5, 6 à 8 francs payeront un droit principal de 40 centimes comme s'il s'agissait d'un objet de 20 francs, et cette liquidation, reproduite à chaque article, offrira évidemment le résultat que l'art. 6 de la loi de pluviôse a voulu prévenir.

1705. Formes de ces adjudications. — Quoi qu'il en soit, il importe, pour déterminer l'application de la doctrine administrative, de rechercher quelles sont les ventes auxquelles elle s'applique. Les règles relatives à l'adjudication des coupes dans les bois soumis au régime forestier varient suivant la qualité du propriétaire du sol. Les coupes assises dans les forêts domaniales doivent, en principe, être vendues, soit devant le préfet si l'Administration le juge utile au succès de l'opération, soit devant le sous-préfet si elle estime que le résultat en sera plus avantageux (Déc. min. du 8 oct. 1828). Toutefois, les préfets peuvent permettre que les coupes n'excédant par 500 francs soient adjugées au chef-lieu d'une des communes voisines des forêts, sous la présidence du maire (Ord. du 15 oct. 1834). Les chablis ou bois de délit, quelle qu'en soit l'estimation, peuvent être également vendus par les maires (Ord. du 20 mai 1837). Et l'on étend la même règle aux autres produits accessoires.

Le bureau se compose du préfet, du sous-préfet ou du maire, président de l'adjudication; du receveur général ou de son délégué, du receveur des domaines et d'un agent forestier. La vente est préparée par les soins de l'Administration des forêts, qui fait rédiger les affiches et les cahiers des charges. Quand l'adjudication a lieu aux enchères, elle est prononcée après l'extinction de trois bougies allumées successivement.

En ce qui concerne les bois des communes ou des établissements publics, l'art. 100 du C. for. indique que les ventes *des coupes* doivent être faites à la diligence des agents forestiers dans les mêmes formes que pour les bois de l'État. De nombreuses dispositions ont réglé le lieu de ces opérations et les fonctionnaires qui doivent y prendre part (Art. 134 de l'Ord. régl. du 5 août 1827, Ord. du 15 oct. 1834, 20 mai 1837, 17 sept. 1838, 10 juin et 24 août 1840, 2 fév. et 14 juill. 1844, 11 juill. 1857). Toutes maintiennent le principe que la présidence de l'adjudication appartient au préfet ou à son délégué, et que les ventes doivent avoir lieu en présence d'un représentant de l'administration forestière.

Une décision ministérielle du 28 août 1829 autorise cependant les maires ou administrateurs des établissements publics à vendre, sans le secours des agents forestiers ni l'accomplissement des formalités ordinaires, les écorces, copeaux et autres *remanents* des coupes affouagères dont le produit principal est distribué en nature aux habitants (Baudrill. 4-297, Dalloz v° *Forêts* 1753). Cette faculté ne s'étendrait pas aux chablis, bois de délit, délagage ou d'essartement, ni à tous autres produits accessoires.

On trouvera d'ailleurs, sous les n°s 3144 et suiv., l'exposé des règles spéciales applicables aux adjudications des produits forestiers appartenant à l'État et aux communes ou aux établissements publics.

1706. Caractères distinctifs. — Il est certain que, l'Administration n'ayant pas à apprécier la validité des actes soumis à l'enregistrement, les préposés ne doivent pas s'enquérir si une adjudication a été à tort ou à raison soumise aux règles du droit spécial. Il suffit qu'il s'agisse d'une vente de bois et que les formalités particulières du C. for. aient été observées pour que le contrat donne ouverture à des perceptions séparées. Mais quelles sont, parmi ces conditions, celles dont la présence suffit pour caractériser une aliénation faite selon les formes du C. for.? A les considérer isolément, il n'en est aucune qui soit substantielle à cet égard. On conçoit très-bien, en effet, qu'une adjudication puisse, sans changer de nature, se passer ou de la préparation par l'Administration forestière des affiches et autres actes qui précèdent la vente, ou des moyens matériels employés pour la réception des enchères, ou même de la présence d'un agent forestier. En général, cette dernière circonstance caractérise suffisamment la vente, et c'est ce qui a servi maintes fois de règle à l'Administration pour autoriser le fractionnement du droit. Néanmoins, elle ne constitue pas une règle invariable qui puisse servir dans tous les cas. Les receveurs auront à examiner les diverses stipulations de l'acte, à en rapprocher les circonstances dans lesquelles il s'est produit, et à apprécier ainsi si la vente est une aliénation ordinaire ou une adjudication forestière. En voyant à quelles complications conduit la distinction imaginée par l'Administration supérieure, on ne peut guère en approuver le principe. Il semble qu'il convenait d'autant plus de demeurer dans les termes absolus de la loi, qu'on aurait épargné aux receveurs le travail fastidieux de ces enregistrements détaillés dont la longueur absorbe sans profit un temps précieux.

Néanmoins l'I. G. 2069-6 sert toujours de règle en pratique, et sa doctrine a été confirmée par une solution du 26 juillet 1865 (2247 R. P.).

1. BOIS FAÇONNÉS. — Cette solution décide, même en thèse générale, que pour les adjudications de *bois façonnés* et autres aliénations faites dans les formes du C. for., le droit de vente se liquide sur le prix total des lots adjugés au même acquéreur. « D'après l'I. G. 2069-6, porte-t-elle, les ventes de coupes de bois *faites dans les formes réglées par le Code forestier* renferment autant de dispositions indépendantes qu'il y a d'adjudicataires différents, et, par conséquent, la perception doit être établie sur ces ventes, conformément à l'art. 11 de la loi du 22 frimaire an 7. Cette solution, basée sur la nature des actes et la forme des ventes, s'applique évidemment aux adjudications de bois façonnés, de même qu'à celles des coupes de bois, et, en général, à toutes les ventes mobilières opérées conformément au C. for. Mais le principe de la loi du 22 pluviôse an 7 reprend son empire dans tous les autres cas, et la perception s'établit sur le montant des sommes que contient cumulativement le procès-verbal » (2247 R. P.). — *V.* aussi 17494 J. E.

1707. Cautionnement. — Nous n'avons, pour terminer, qu'un mot à dire au sujet du cautionnement. Dès l'instant qu'aucune disposition légale ne le soustrait à l'application de l'art. 11 de la loi du 22 frimaire an 7, il faut bien reconnaître avec une solution du 26 août 1864 (2247 R. P.), que sa perception doit être établie sur le total des lots adjugés à chaque acquéreur. On objecterait en vain que, selon l'art. 69 § 2 n° 8 de la loi de frimaire, le droit de cautionnement ne peut dépasser celui de l'obligation principale, et que, par conséquent, la caution ne saurait être traitée quant à l'impôt plus rigoureusement que le redevable lui-même. Ce principe de droit commun est ici sans valeur; car c'est le législateur qui a, par des textes précis, réglé les bases de la liquidation, et s'il a limité à l'impôt des ventes mobilières la faveur d'une perception cumulative, on dépasserait évidemment son but en l'étendant aux droits accessoires de la transmission (*Conf.* : D. m. f. 28 nivôse an 9, Circ. 1981, 522, 603 et 730, 11261 et 14906-6 J. E.). Le droit est donc dû sur le prix total des lots adjugés au même acquéreur sous la même caution.

1708. Vente sans enchères. — Ce qui précède ne s'applique, bien entendu, qu'aux ventes faites aux enchères publiques, les seules qui soient régies par la loi du 22 pluviôse an 7. Si les objets, coupes de bois ou autres, étaient vendus de gré à gré, il y aurait lieu de revenir au principe ordinaire et de percevoir un droit particulier sur le total des prix dus par le même acquéreur.

1709. Actes distincts. — Il en serait de même, dans le cas d'une vente aux enchères, s'il y avait plusieurs procès-verbaux. « Le mode de liquidation prescrit par la loi, porte une solution belge, ne peut être suivi qu'à l'égard des lots adjugés successivement à une seule et même personne, dans un même procès-verbal. Si la vente a eu lieu en deux séances, et si chacune d'elles fait l'objet d'un procès-verbal séparé, les adjudications qu'il renferme constituent autant de contrats qu'il y a d'adjudicataires distincts et non solidaires, et le droit de vente doit être liquidé séparément » (Sol. 16 mars 1866, 10177 J.E. belge).

1710. Objets exposés. — L'art. 6 de la loi du 22 pluviôse an 7 porte : « Le droit d'enregistrement sera perçu sur le montant des sommes que contiendra cumulativement le procès-verbal des séances à enregistrer. » On s'est demandé s'il fallait assujettir au droit tous les objets exposés en vente et compris dans le procès-verbal. La négative ne pouvait être douteuse pour les objets non enchéris, car ces objets, n'ayant pas été mis à prix, ne figurent pas parmi les *sommes* dont le total sert de base à la perception. Mais il y a plus d'embarras à l'égard des meubles enchéris que le propriétaire retire avant l'adjudication. Dans ce cas, il y a eu enchère et le montant de l'enchère est indiqué au procès-verbal. La disposition de l'art. 6 de la loi de pluviôse peut donc recevoir son application. On a cependant décidé le contraire. « Les droits proportionnels, porte une décision ministérielle du 19 février 1819, insérée dans l'I. G. 882, sont dus lorsqu'il y a vente et non pas lorsqu'il ne s'agit que d'une simple exposition aux criées ou même d'enchères non suivies d'adjudication. Alors la *vente* n'est pas complète. Le vendeur n'est dessaisi que par la tradition à un tiers ou *l'adjudication prononcée*. Il n'y a donc lieu à la perception que sur les objets adjugés et sur ceux dont la tradition est prouvée légalement. Par conséquent, le droit d'enregistrement n'est pas dû sur le prix des objets retirés, même après enchère, par le propriétaire. » Cette instruction n'a pas été rapportée et sert encore de règle.

La jurisprudence belge est fixée dans le sens contraire. Elle décide que l'art. 1er de la loi de pluviôse an 7 s'applique à tous les objets exposés en vente, à ceux qui sont retirés par le vendeur aussi bien qu'à ceux qui sont adjugés (Cass. belge 19 mai 1859, 8332 J. E. belge; — Verviers 18 janv. et 8 mars 1865, 9771 et 9850 J. E. belge; — Namur 4 juin 1868, 10684 J. E. belge.) — V. 1669.

Jugé, en ce sens, que le droit est dû sur le montant cumulé des ventes constatées au procès-verbal, sans déduction de la valeur des récoltes que le saisissant prétendrait pouvoir prélever en nature, qu'il a mises en vente et qui lui ont été adjugées avec les autres objets (Blois 16 déc. 1873).

1711. Objets adjugés au vendeur. — Il semble qu'il en devrait être de même pour les objets dont l'adjudication est formellement prononcée au profit du vendeur. En effet, il n'y a pas transmission réelle de propriété, puisque le meuble continue d'appartenir à son ancien possesseur; l'adjudication n'est donc qu'un mode de retrait auquel il faut appliquer la règle de l'instruction 882 : *ubi eadem ratio idem jus.* — Cette conclusion serait exacte sans le texte précis de la loi. Le législateur ordonne, d'une part, que chaque article *adjugé* soit porté de suite au procès-verbal pour le prix de l'adjudication, et il prescrit de l'autre de percevoir le droit sur le montant cumulé de toutes les sommes contenues dans l'acte. Ces injonctions sont absolues : elles font dépendre l'exigibilité du droit de la circonstance seule que l'objet a été *adjugé*, et elles n'autorisent pas le percepteur à rechercher, comme dans les matières ordinaires, si cette adjudication a réellement transféré la propriété. On ne saurait donc ni distraire ces objets, ni déduire du prix la part du colicitant adjudicataire (2053, 7419, 9445 J. E., Dél. 13 nov. 1822, 8895 J. E.; — Cass. 9 mai 1832, 7717 J. N., 10337 J. E., 1410 § 13 I. G., S. 32-1-337; — Saint-Quentin 26 août 1846, 14071 J. E. — V. Roll. de Vill. *Répert.* t. 4 p. 540 n° 160 et t. 7 p. 556 n° 185, 9445 J. E.; — Valenciennes 26 juill. 1855, 557 R. P. — *Contrà :* J. du not. n° 2126, Champ. et Rig. n° 2689, Dalloz n° 2833 et 2834, 7717 J. N., — Compiègne 17 déc. 1846, 7786 C., 12968 J. N.).

« Attendu, porte l'arrêt du 9 mai 1832, que la disposition de l'art. 69 de la loi du 22 frimaire an 7, qui n'assujettit au droit proportionnel de 2 pour 100 que les parts et portions acquises par licitation de biens meubles indivis, est inconciliable et même contraire à la disposition de l'art. 6 de la loi du 22 pluviôse, portant que « le droit d'enregistrement sera perçu sur le montant des sommes que contiendra cumulativement le procès-verbal des séances. »

Le contraire a été décidé par un arrêt de cass. belge du 4 janvier 1866. « Attendu que l'art. 6 de la loi du 22 pluviôse an 7 n'a eu d'autre but que d'empêcher que le droit fût perçu séparément sur chacun des articles du procès-verbal de vente; mais qu'au surplus cette loi, qui n'a pour objet que de prescrire les formalités à observer en cas de vente publique de meubles, s'en est référée, pour l'exigibilité et la liquidation des droits, à la loi du 22 frimaire an 7, et qu'une adjudication au profit du propriétaire vendeur n'opère aucune mutation de propriété, et ne constitue, ainsi que l'a décidé le jugement attaqué, qu'un retrait pur et simple des objets exposés en vente. » Mais cette interprétation de la loi du 22 pluviôse an 7 est contraire à celle qui a prévalu dans l'arrêt de la cass. du 9 mai 1832, et nous avons pensé qu'elle n'était point, en effet, conforme à l'esprit de la loi (V. nos observ. 2338 R. P.).

1. RESTITUTION. — De même, si les objets dépendant d'une succession étaient adjugés à bien des héritiers, le droit perçu ne deviendrait pas restituable par l'effet d'un partage ultérieur qui attribuerait au colicitant le prix total de son adjudication (Dél. 28 mai 1834, 10930 J. E.). — L'opinion contraire (J. E. 7216) est évidemment le résultat d'une erreur.

1712. Licitation ordinaire. — La doctrine qui précède, il faut le remarquer, se fonde sur l'interprétation d'un texte spécial aux ventes publiques par enchères d'objets mobiliers. D'où il suit que toutes les autres aliénations échappent aux conséquences rigoureuses de l'art. 6 précité, et que la liquidation de l'impôt s'opérerait suivant les principes ordinaires. S'il arrivait, dans une hypothèse semblable, que tel ou tel objet fût vendu à son propriétaire, on ne serait pas autorisé à réclamer le droit proportionnel; il faudrait certainement en distraire le prix du montant total de la vente (*Conf.:* D. N. t. 7 p. 436 n° 177). De même si les cohéritiers licitaient entre eux un meuble impartageable, on devrait déduire du prix la part du colicitant adjudicataire selon le vœu de l'art. 69 § 5 n° 6 de la loi du 22 frimaire an 7. C'est ce qui a été reconnu par une solution du 6 mars 1840, insérée au § 11 de l'I. G. 1018 (10630 J. N., 12471 J. E.), et par deux jugements des tribunaux de la Seine du 26 juin 1839, et de Pithiviers du 19 février 1840 (12393-2 J. E., 10444 J. N., 5882 C. — V. également Cass. 13 juill. 1840, S. 40-1-886 et 1634 § 14 I. G.).

Cette règle a été reconnue applicable à la licitation d'un éléphant et des accessoires nécessaires à son exploitation (12607 J. N.) et à la licitation d'un droit de péage entre cohéritiers (Sol. 11 fév. 1863 — V. également Dél. 19 déc. 1819, 6785 J. E.).

1. FONDS DE COMMERCE. — Le tribunal de la Seine, les 25 novembre 1840 et 23 avril 1841 (12769 J. E.), a aussi jugé que l'adjudication à un héritier d'un fonds de commerce dépendant d'une succession, ne donne ouverture qu'au droit fixe, car cet héritier n'a rien acquis, et la licitation n'a eu d'autre effet que de convenir du prix ou de la valeur dont il doit tenir compte aux créanciers. L'Administration s'était prononcée dans le même sens le 28 février 1817 (5588 J. E.).

1713. Vente à la mesure. — Lorsque des récoltes sont vendues à tant la mesure et que le prix n'est pas mentionné à chaque lot mais établi en bloc à la fin de l'acte, le receveur doit, pour établir la perception, calculer le prix d'après les contenances exprimées, sans avoir égard au prix que le notaire mentionne à la fin de son acte, et de plus, celui-ci a contrevenu à l'art 7 L. 22 pluviôse an 7, pour n'avoir pas tiré hors ligne en chiffres et écrit en toutes lettres, le prix de chaque lot (Saint-Omer 31 janv. 1835, 11127 J. E.) — V. 1674.

Décidé de même qu'un procès-verbal de vente publique de pommes de terre est passible du droit proportionnel quoiqu'il renferme une clause portant que la vente ne sera parfaite que lorsque les pommes de terre auront été pesées et agréées par les adjudicataires. « Attendu que, dans le système de la loi du 22 pluviôse an 7, l'exigibilité du droit de vente mobilière dépend uniquement du fait d'une adjudication aux enchères publiques; que le procès-verbal dont la rédaction est imposée à l'officier public, ne doit pas réunir les conditions qui sont requises par la loi civile pour la perfection de la preuve écrite des contrats; qu'il peut se réduire à la valeur d'une simple déclaration présentant les bases de la perception du droit exigible, en vertu du fait de l'adjudication publique, et qui se liquide sur le total du prix, encore qu'il y ait une série de ventes distinctes; que, l'esprit et l'économie de la loi de pluviôse ne permettent pas de subordonner l'exigibilité de l'impôt à l'usage qui serait fait, en apparence ou en réalité, d'une clause portant que les marchandises, denrées ou autres objets adjugés pour des prix déterminés ne seraient réputés vendus qu'après pesage et agréation par les adjudicataires » (Sol. belge 15 avr. 1862, 9293 J. E. belge).

1. COUPE DES BOIS DE L'ÉTAT. — Cependant, en matière de vente de coupe de bois de l'Etat, le droit doit être provisoirement établi sur les quantités de bois qui sont comprises dans l'adjudication; il est définitivement réglé d'après les procès-verbaux de récolement. Le droit, en cas de surmesure, est dû sur le prix de l'excédant, et il y a lieu à restitution dans la même proportion, s'ils constatent des moins de mesure (Dél. 22 fruct. an 10, 1273 J. E., 1411 I. G.).

CHAPITRE IV. — QUESTIONS DIVERSES

[1714-1735]

1714. Opposition. — Tout notaire, greffier, huissier, commissaire priseur, courtier, etc., qui aura procédé à une vente, sera tenu de déclarer au pied de la minute du procès-verbal, *en le présentant à l'enregistrement*, et de certifier, par sa signature, qu'il a ou n'a pas d'oppositions, ou qu'il a ou n'a pas connaissance d'oppositions aux scellés ou autres opérations qui ont précédé ladite vente » (Ord. 3 juill. 1816, 736 I. G.).

Les receveurs doivent exiger que les déclarations soient faites au bas des actes présentés par les fonctionnaires auxquels l'obligation en est imposée par l'ord. du 3 juillet 1816, et dans le cas où ceux-ci refuseraient de faire ces déclarations, ou les feraient inexactes, ils doivent en informer le procureur de la République qui exerce la répression autorisée par ladite ordonnance (795 I. G.).

1. MENTIONS. — La mention d'oppositions verbales dans un procès-verbal de ventes aux enchères d'objets mobiliers, ne donne pas lieu à un droit particulier, attendu que la déclaration n'est pas une opposition mais la constatation d'une opposition régulière ou non; l'officier n'agit pas au nom des opposants, mais pour satisfaire aux prescriptions de la loi (17180 J. E.).

2. INTERVENTION DU CRÉANCIER. — Mais si le créancier intervenait lui-même au procès-verbal pour déclarer son opposition à la remise des deniers de la vente, cette disposition particulière motiverait la perception d'un droit fixe de 3 francs (D. N. t. 13 p. 586 n° 210).

1715. Condition suspensive. — La clause d'un procès-verbal d'adjudication aux enchères de meubles, que la vente ne sera pas définitive avant l'approbation du conseil d'administration de la société venderesse ne s'oppose pas à la perception actuelle du droit proportionnel : « Attendu qu'il importe peu, qu'il y ait eu vente sous condition suspensive ou sous réserve d'approbation du conseil d'administration du vendeur; que ce fait est étranger à la Régie et ne peut lui être opposé; que si l'on devait faire état de semblables conditions en matière de ventes publiques aux enchères d'objets mobiliers, le but de la loi de pluviôse an 7 ne saurait être atteint et que l'on ne pourrait jamais se prémunir contre la fraude; que cela est d'autant plus vrai, qu'en matière de meubles, la Régie n'a pas le droit de recherche ou d'expertise, que si les vendeurs ne veulent pas se dessaisir des meubles qu'ils font exposer aux enchères, au prix porté par la dernière enchère, ils doivent retirer les objets et l'adjudication ne doit pas être prononcée; mais que, du moment où celle-ci a eu lieu et a été inscrite au procès-verbal, le droit proportionnel est dû indépendamment de toutes considérations particulières, qui ne sont que des conventions entre l'adjudicataire et le vendeur » (Verviers 8 mars 1865).

1716. Décharge. — Les décharges du prix des ventes de meubles ne peuvent être données aux officiers publics qui y ont procédé que sur papier timbré (1293 § 14 I. G.).

Si ces décharges sont faites par acte sous seing privé elles sont assujetties au timbre spécial de 10 centimes établi pour les quittances, reçus ou décharges excédant 10 francs par l'art. 18 de la loi du 23 août 1871. — V. *Quittance*.

1. DÉLAI. — ACTE AUTHENTIQUE. — On a vu (n° 574), que la décharge du prix peut être mise à la suite ou en marge des procès-verbaux de vente. Dans ce cas, elle doit être rédigée en forme *authentique*, c'est-à-dire que l'acte qui la constate doit être signé tant par l'officier public que par la partie. La nécessité de l'enregistrement de la décharge dans les délais fixés par l'art. 20 L. 22 frimaire an 7, concourt alors avec la rédaction de l'acte en forme authentique (Av. Cons. d'État, 7 oct. 1809, 3808, 3418 J. E., 460, I. G., D. N. t. 4 p. 325 n°s 1 et 2, Roy *des Contrav.* n° 60). Cette décharge est assujettie à l'inscription sur le répertoire (Sol. 2 janv. 1818, D. N. t. 11 p. 164 n° 43).

2. DÉCHARGE SOUS SEING PRIVÉ. — *Quid* si la décharge est donnée en la forme sous seing privé? Il faut distinguer : 1° si la décharge est *écrite à la suite* du procès-verbal, l'observation des délais est de rigueur; car, en présence de l'Av. Cons. d'Ét., que nous venons de citer, l'officier public, ne peut, en donnant à la décharge une forme illicite, éluder les dispositions de la loi, ni leur interprétation imposée par cet avis (Cass. belge 11 juill. 1831, Dalloz n° 2954, 11639-4 J. E.); il suffit dans ce cas que la vente et la décharge soient enregistrées en même temps; — 2° mais si elle est donnée par *acte distinct*, les parties restent alors dans le droit commun qui régit les actes sous seing privé (6806 J. E.). La décharge ne peut être portée au répertoire et n'est assujettie à l'enregistrement que lorsqu'on veut en faire usage (Dél. 3 août 1822, Sol. 16 mars 1830, C. a. 4486, 3650 J. N., Roy *Contrav.* 60).

C'est par application du même principe, que selon un arrêt de la Cour de Douai, du 29 décembre 1863 (S. 64-2, 116) les greffiers peuvent, au lieu d'insérer au bas des minutes les quittances ou décharges des prix de ventes d'effets mobiliers auxquelles ils ont procédé, dresser les quittances ou décharges par actes séparés, sans s'immiscer, par ce fait, dans les fonctions de notaire.

Défaut de signature. — Dans le sens de l'arrêt Cass. Belgique, que nous venons de citer, il a été reconnu que les décharges mises à la suite du procès-verbal de vente, quoique *non signées* par l'officier public, doivent être répertoriées et enregistrées dans le délai (Dél. 8 nov. 1836, C. a. 4484, D. N. t. 13 p. 588 n° 228).

3. CONTRAVENTION A LA LOI SUR LE NOTARIAT. — Le notaire qui a rédigé sous forme sous seing privé, une décharge qui devait être en forme *authentique*, du moment qu'elle était écrite à la suite de sa minute, a-t-il contrevenu à la loi du 25 ventôse an 11? On se prononce généralement pour l'affirmative, et c'est ce qu'on peut conclure de l'arrêt de cass. de la C. de Belgique, rapporté au précédent numéro.

4. DÉCHARGE DANS LE CORPS DE L'ACTE. — Tout officier public, qui procède à une vente publique de meubles

est, par cela seul, chargé d'en recevoir le produit. C'est ce qui résulte d'un édit du 5 février 1771, remis en vigueur par une loi du 27 nivôse an 5. D'autre part, il est responsable des deniers reçus; c'est ce qui résulte également de l'ancienne jurisprudence qui est encore en vigueur (Dél. 11 août 1824, 7815, 7319, 8879 J. E.). Du moment donc qu'il est comptable des deniers, la déclaration par les parties de les avoir reçus opère une véritable décharge passible du droit de 3 francs; soit que cette déclaration soit contenue dans le corps du procès-verbal, soit qu'elle ait lieu par acte séparé (6836, 7539 J. E.).

D'après une Sol. belge du 8 septembre 1857, il serait très-rigoureux de voir l'exercice d'un mandat dans ce rôle momentané et en quelque sorte purement matériel de l'officier public qui, pendant les opérations de la vente, reçoit les deniers des acheteurs pour les passer immédiatement au vendeur. L'entremise de l'officier public, laquelle peut même n'être que fictive, disparaît donc; le vendeur qui, à la vente, s'est trouvé en contact avec les acheteurs, est censé avoir reçu d'eux directement, et nous nous retrouvons dans l'hypothèse d'une quittance échappant au droit en vertu de l'art. 10 de la loi du 22 frimaire, an 7. — Mais cette interprétation libérale n'a pas prévalu en France, et on tient que la décharge donnée à l'officier public dans le contrat, motive la perception d'un droit particulier. « Considérant, porte un jugement du tribunal de Boulogne, du 1er juillet 1852, que les divers actes de ventes d'objets mobiliers contiennent chacun deux dispositions successives et distinctes; que l'une porte que le prix principal de la vente et les accessoires seront payables comptant entre les mains du notaire; que l'autre mentionne le payement du principal de la vente par Delannoy aux vendeurs, qui lui en donnent décharge; qu'aucune de ces dispositions ne dérive nécessairement l'une de l'autre; que la première n'a besoin de la seconde, ni pour sa perfection intrinsèque, ni pour son exécution, et vice versâ; que l'article 10 de la loi précitée s'applique à la libération de l'adjudicataire et non à la décharge donnée à l'officier public qui, comptable des deniers de la vente, doit recevoir une quittance spéciale, laquelle est passible d'un droit particulier. »

(V. *Contrà* 14394 J.N., D. N. t. 13 p. 588 n° 232).

5. DÉCHARGE INDIRECTE. — Toutes les fois qu'il n'y a pas stipulation contraire dans le cahier des charges, la responsabilité du notaire existant de fait, la déclaration, mise au bas de l'acte, que les acheteurs ont payé le prix aux vendeurs, vaut *décharge* au notaire, et le droit de 3 francs est exigible (11895-2 J. E.).

6. FRAIS. — HONORAIRES. — PRIX DE VENTE. — Lorsque la décharge constate que l'officier public a retenu une somme déterminée pour ses honoraires ou pour les frais de vente, ou encore pour des payements qu'il a faits aux créanciers des vendeurs, le droit de quittance n'est pas dû sur cette somme. Dans ce cas particulier, l'officier public est, en effet, assimilé à un mandataire dont le règlement de compte ne donne ouverture qu'au droit de décharge, ainsi qu'on le verra au mot *Compte*, lorsqu'il retient les frais qu'il a faits, et que les payements relatés ne sont pas *reconnus* par les créanciers présents, ou *justifiés* par des quittances non enregistrées. Quant aux honoraires, l'officier public étant responsable du prix des ventes qu'il fait, ses honoraires sont de droit prélevés sur ce prix en même temps que les frais (*Contrà* 11673-3 J. E.; — *Conf.* : 12579-1, 12726, 12837 J. E.).

7. VACATION. — On a même émis l'opinion que, s'il était donné décharge à chaque vacation, il serait dû autant de droits de décharge qu'il y aurait de vacations (1405 J. E, D. N. t. 13 p. 587 n° 224).

8. GARDIEN. — Le procès-verbal de vente de meubles tient lieu de décharge au gardien constitué au moment de la saisie, et quand cette décharge y serait exprimée, elle se confondrait avec les dispositions de l'acte et ne donnerait ouverture à aucun droit (12388-3, 14930-2 J. E.).

9. PLURALITÉ DES DROITS. — Bien qu'une vente de meubles à la requête de deux propriétaires *distincts*, ait été faite par un seul procès-verbal, il est dû deux droits sur la décharge donnée à l'officier public qui a procédé à la vente (Dél. 23 mai 1821 et D. m. f. 8 juin 1821, D. N. t. 13. p. 588 n° 225, C. a. 4485 15209-10 J. E.), — Il en serait de même de la décharge donnée par un seul mandataire ayant agi pour différents propriétaires; il serait dû autant de droits qu'il y a de propriétaires distincts (Sol. 15 juill. 1853).

Par raison inverse, il n'est dû qu'un droit sur la décharge donnée par une même personne de deux ventes faites par le même notaire, à sa requête, par deux procès-verbaux différents (13833-3 J. E., Sol. 7 déc. 1859 et 20 nov. 1865, 2194 R. P.).

Cohéritiers. — De même la décharge par plusieurs cohéritiers de plusieurs ventes faites à leur requête par le même officier public ne donne ouverture qu'à un seul droit (13737-3 J. E.).— V. *Décharge* n° 5562 et suiv.

10. SURTAXES. — Les décharges de prix de vente de meubles données par les huissiers et par les commissaires-priseurs, participent du caractère extrajudiciaire des procès-verbaux auxquels elles se rapportent (V. *Certificat* n° 3567). Elles n'ont donc pas été atteintes par la surtaxe établie par l'art. 4 de la loi du 28 février 1872, mais elles y ont été assujetties par la loi du 19 février 1874 art. 2.

1717. Prix payé par l'officier public. — 1. VENTE AU COMPTANT. — L'art. 5 de l'édit du mois février 1771, a attribué aux *jurés priseurs* le droit de faire les ventes de meubles *et de recevoir les deniers provenant desdites ventes*. La loi du 26 juillet 1790 a remplacé ces jurés priseurs par les *notaires, greffiers et huissiers*, pour ces opérations. Il en résulte que les notaires, greffiers et huissiers, sont constitués receveurs du produit des ventes publiques de meubles auxquelles ils ont procédé et ont sous leur responsabilité pouvoir légal d'en recevoir le prix (625 C. proc.; décret du 24 mars 1849). Lorsqu'au lieu d'exiger, comme ils en ont le droit, le versement immédiat de ce prix, ils consentent à ce que les acheteurs se libèrent plus tard, puis tiennent eux-mêmes immédiatement compte du produit de la vente au requérant, ils agissent toujours à leurs risques et périls dans les limites de leur responsabilité, et le versement opéré n'est qu'une décharge de mandat passible d'un droit fixe.

Aucun doute ne paraît devoir s'élever à cet égard.

2. VENTE A TERME. — Mais on a vivement controversé la question de savoir si cette solution est applicable quand il s'agit d'une vente *à terme*. La jurisprudence tend à décider, en effet, que la responsabilité des officiers chargés de procéder aux ventes volontaires de meubles se limite au cas où les prix doivent être payés comptant (*V.* Cass. belge 29 janv. 1852; — C. Bruxelles 11 fév. 1852; — C. Nancy 22 fév. 1856; — Cass. 6 nov. 1860, Carré, *Quest.* 2105, Pigeau *Comm.* t. 2 p. 212, Bioche et Goujet vº *Saisie exécut.* nº 255, Dalloz vº *Saisie exécut.* 337). Le mandat forcé de l'officier public cesserait donc dès qu'il y a terme accordé par le vendeur et on devrait considérer le payement fait à ce dernier par l'officier rédacteur comme une quittance ordinaire, une subrogation ou un transport, selon les cas. C'est ce que l'Administration belge a décidé plusieurs fois (Sol. 8 sept. 1853, 13 sept. 1856, 8 sept. 1857, 14 avr. 5 mai 1865, 10 fév. 1866, 9668, 9833, 7461, 10206 J. E. belge). Dans ce sens, il a été reconnu : 1º par le tribunal de Nivelles, le 28 juillet 1864 que, s'il est stipulé parmi les conditions d'une vente publique de meubles que, nonobstant le délai accordé à l'acheteur, le notaire instrumentant payera de suite au vendeur le montant de la vente, il faut percevoir le droit de quittance sur l'acte qui constate ce payement; et, si l'acheteur intervient à ce dernier acte en y apposant sa signature, il y a en outre transport de créance au profit du notaire (9668 J. E. belge);

2º Et par le tribunal de Mons, le 13 avril 1866, que le droit de quittance est exigible sur l'acte par lequel le vendeur reconnaît avoir reçu du notaire qui a procédé à une vente publique de meubles, le prix, payable au comptant, de cette vente, dont il lui accorde quittance et décharge sous telles garantie et subrogation que de droit : « Attendu que le notaire ne s'est pas borné à verser entre les mains des vendeurs y dénommés des sommes qu'il avait reçues pour eux, mais qu'il leur a payé de ses propres deniers, en sa qualité non contestée de coobligé, le montant des adjudications faites par son ministère; que le soin par lui pris de faire réserve en sa faveur de la subrogation légale ne laisse aucun doute à cet égard; que des actes constatant semblables payements ne sauraient être rangés dans la catégorie des décharges pures et simples, qu'ils constituent, dans la réalité, de véritables quittances passibles du droit proportionnel » (10144 J. E. belge).

Ces décisions ne nous paraissent pas acceptables dans leur généralité.

En admettant que l'officier public ne soit pas légalement astreint à faire la recette du prix des ventes à terme, rien ne s'oppose à ce qu'il accepte ce mandat. C'est même un usage qui se trouve consacré par l'art. 2 du tarif établi le 5 novembre 1851 à la suite de la loi du 5 juin de la même année, sur les ventes à terme et allouant une remise particulière à l'officier public chargé du recouvrement. Or, dès l'instant qu'il a accepté le mandat, sa responsabilité est engagée au même titre que celle de tout mandataire. Or, s'il lui convient de devancer les payements à faire au mandant, c'est à ses risques : le versement des deniers n'est dans tous les cas que la conséquence du pouvoir qui lui a été conféré et l'exécution anticipée de son mandat. Il acquiert ainsi, à la vérité, une sorte de subrogation contre les acquéreurs; mais c'est le résultat naturel de l'art. 1251 nº 3 du C. C. d'après lequel la subrogation légale existe au profit du celui qui acquitte une dette au payement de laquelle il avait intérêt, et comme cet intérêt résulte ici de l'exécution d'un mandat, le payement qui produit la subrogation ne saurait avoir d'autre caractère que celui d'une décharge.

Ainsi que le reconnaît avec raison une délibération du 1er août 1824 (7815 J. E.), lorsque les officiers publics opèrent aux mains des vendeurs le payement du produit de ces ventes, ils payent leur propre dette et sont, en cas de payement par eux fait avant l'échéance aux vendeurs, légalement subrogés dans les droits de ces derniers contre les acheteurs, qu'ils peuvent poursuivre judiciairement en leur propre nom sans qu'il y ait là cession d'une créance de la part des vendeurs. C'est l'opinion que nous avons toujours émise déjà dans nos précédentes éditions et que partagent Champ. et Rig. nº 1213 *du Traité*, Dalloz nº 1756 et le D. N. t. 13 p. 588 nºs 230 et 4837 J. N. — Nous pouvons citer, dans le même sens, deux solutions de l'Administration, des 15 octobre 1831 et 13 juillet 1843. — (*Contrà* 11343 J. E.).

3. MANDAT. — Il a même été décidé que le mandat conféré expressément au notaire dans les ventes à terme de récoltes à l'effet de recevoir le prix, n'ajoutait rien à son obligation légale et ne pouvait motiver la perception d'un droit particulier de pouvoir (Sol. 20 avr. 1865, 2067 R. P., 18305 J. N.); — alors même que ce notaire serait déchargé de toute responsabilité (Etampes 8 janv. 1861 suivi d'un acquiescement du 17 mai suivant, 1546 R. P.). — *V.* 1721. — C'était reconnaître que l'officier public avait déjà, sans le mandat exprès des parties, le droit de toucher le prix, et que sa position était à cet égard la même qu'à l'égard des ventes au comptant. Pas plus dans un cas que dans l'autre on ne peut donc considérer le payement anticipé du prix comme une cession de créance ou une quittance de subrogation.

4. NOVATION. — Pour admettre ce résultat, il faudrait qu'il fût constaté d'une manière évidente que le notaire a nové son titre de mandataire contre celui de cessionnaire et que les parties ont eu l'intention manifeste de faire un transport de créances. Mais ce résultat est tellement contraire à la nature de l'acte et au rôle de l'officier public, qu'on ne devrait pas facilement l'accepter.

5. RECONNAISSANCE. — Ainsi, par exemple, lorsqu'un notaire, ayant obtenu décharge du prix de la vente, poursuit ultérieurement un acquéreur et en obtient une reconnaissance, aucun droit d'obligation ne nous paraît exigible, si d'ailleurs la dette n'est pas novée. Nous pensons, contrairement à une solution belge du 27 décembre 1863 (9754 J. E. belge), que cette reconnaissance ne confère au notaire aucun titre d'obligation conventionnelle distincte de celle dont il était déjà investi, mais est uniquement l'exécution ou le complément du procès-verbal de vente.

6. DROIT DE TITRE. — JUGEMENT. — Aussi nous paraît-il certain qu'aucun droit de titre ne pourrait être perçu sur le jugement qui condamnerait le débiteur à rembourser au notaire les avances faites par ce dernier.

1718. Décharge. — Quittance. — Il est bien certain, d'ailleurs, qu'en principe, les décharges données aux officiers rédacteurs des ventes de meubles n'ont pas pour but de conférer un titre libératoire aux acquéreurs. On ne serait donc point autorisé à percevoir le droit de quittance indépendamment du droit de décharge comme on le perçoit sur les décharges de prix de vente d'immeubles. — V. *Décharge* n° 5807.

Toutefois si des tiers intervenaient, le droit de quittance deviendrait exigible sur les sommes qui leur seraient payées (7319 J. E.).

On pourrait, par exemple, le réclamer sur la décharge donnée au notaire du prix d'une vente de coupes de bois stipulé payable à terme entre les mains du vendeur lui-même. On considérerait avec raison que le vendeur devant seul recevoir le prix, avait seul qualité pour en donner quittance et que le notaire ne figure dans la convention que pour en dissimuler le véritable sens (Sol. 10 déc. 1857. — *Consulter* 1964 J. N. et D. N. t. 13 p. 586 n° 211.

1719. Exposition. — Arrangement. — Le procès-verbal par lequel un commissaire-priseur constate le transport et l'arrangement dans le local affecté à la vente des objets à vendre, ne donne ouverture qu'à un seul droit fixe de 3 francs, quel que soit le nombre de vacations employées à cette opération (11569, 12579-4 J. E.).

1720. Délégation. — Il a été dit dans le cahier des charges d'une vente à l'encan que le prix serait payable le 11 novembre suivant, entre les mains de l'huissier, pour être versé, du consentement du requérant, ès-mains de la dame veuve F..., jusqu'à concurrence de ce qui lui est dû d'après le compte fait entre elle et le réquérant, et le surplus, s'il y a lieu, tous frais prélevés, à qui de droit : le droit de 1 pour 100 sur la délégation faite à la dame F... est exigible, et le montant de la créance doit être déclaré, conformément à l'art. 16 L. 22 frimaire an 7 (Sol. 9 avr. 1831, 9970 J. E.).

1721. Procuration. — 1. VENTE AU COMPTANT. — Est-il dû un droit de pouvoir sur la clause du contrat de vente qui charge l'officier public de recevoir le prix?

Cette difficulté dépend, comme celle qui vient d'être examinée précédemment au sujet des droits de décharge (n° 1717) de la question de savoir si l'expression de ce mandat ajoute quelque chose aux obligations légales de l'officier public.

Aucun doute ne saurait exister pour les ventes faites au comptant. Puisque le notaire, l'huissier, etc., sont de plein droit responsables de la réception du prix envers le vendeur, il est clair que l'obligation prise envers ce dernier dans le contrat de faire les recouvrements n'est qu'une conséquence nécessaire de l'opération et ne donne lieu à aucun droit particulier. C'est ce qui résulte d'une solution du 19 mars 1831 (9980 J. E., D. N. t. 10 p. 236 n° 54) qu'il faudrait appliquer au mandat exprimé dans le cahier des charges de la vente aussi bien qu'à celui qui se trouve dans la vente même (D. N. t. 13 p. 586 n° 207). — Ce recueil avait exprimé l'opinion contraire t. 10 p. 236 n° 54.

2. VENTE A TERME. — On a cherché à soutenir que la responsabilité de l'officier public cessant à l'égard des ventes à terme, le pouvoir qu'il reçoit n'est pas une dépendance du contrat. Mais cette opinion ne paraît pas avoir prévalu. Une solution du 20 avril 1865 l'a du moins repoussée en ces termes : « L'art. 625 C. proc. déclare les officiers publics responsables du prix des ventes publiques de meubles auxquelles ils procèdent, et il leur impose ainsi nécessairement l'obligation de les recouvrer. Il est vrai que cette disposition ne s'applique qu'aux ventes faites au comptant et que la même responsabilité ne pèse pas sur les officiers publics, lorsque les vendeurs consentent à accorder des termes de payement aux adjudicataires. Néanmoins, il est généralement d'usage, dans ce cas, que les officiers publics soient chargés de recevoir le payement du prix, et cet usage a été consacré également par l'art. 2 du tarif établi le 5 novembre 1851 à la suite de la loi du 5 juin précédent, et qui alloue une remise particulière à l'officier public chargé du recouvrement. Il suit de là que la stipulation d'une vente publique à terme portant que le prix sera payé entre les mains du notaire procédant à l'adjudication est réellement une clause dépendante de la vente, et n'a pas le caractère d'une convention particulière passée entre le vendeur et l'officier public. Cette disposition ne donne donc pas ouverture à un droit particulier d'enregistrement, indépendamment de celui de la vente » (2067 R. P., S. 65-2-179, P. 65-736).

3. DÉCHARGE DE RESPONSABILITÉ. — Quand le vendeur en accordant crédit aux acheteurs, déclare décharger l'officier public de toute responsabilité légale relativement au prix et lui confère cependant mandat de le recevoir, il semblerait alors que cet officier public a changé son titre de mandataire légal contre celui de mandataire conventionnel et que le droit fixe est exigible.

L'Administration l'a enseigné plusieurs fois. « L'officier public, porte en substance une solution du 28 septembre 1859, qui a procédé à une vente aux enchères de meubles même à terme est comptable du prix à moins de stipulation contraire. Cette stipulation résultant d'une dispense de responsabilité accordée à l'officier rédacteur, c'est alors comme mandataire qu'il encaisse le prix. Le vendeur pourra à toute époque révoquer le mandat. Un droit particulier est donc dû. »

La question a été posée au tribunal d'Etampes qui l'a décidée, néanmoins, en sens contraire par un jugement du 8 janvier 1861 : « Attendu que la clause qui dégage le commissaire-priseur de toute responsabilité, quant aux prix, est parfaitement licite; qu'elle n'implique pas nécessairement la déchéance pour le commissaire-priseur du droit qu'il tient de la loi de toucher ce même prix; que le vendeur n'a donc fait que consacrer le droit légal de l'officier public et n'a nullement créé au profit de celui-ci un droit distinct de celui qui était la conséquence de ses opérations. »

L'Administration a adhéré à ce jugement le 17 mai 1861, par le motif principal l'on pouvait admettre l'appréciation faite par le tribunal de la portée des clauses litigieuses (1546 R. P.). Mais la doctrine qu'elle avait voulu faire prévaloir nous paraît justifiée et le droit devrait être perçu quand il est clairement établi que l'officier public est simplement un mandataire conventionnel.

4. PLURALITÉ. — Dans quel cas le mandat donné dans l'acte par plusieurs covendeurs pour recevoir le prix est-il passible d'un droit particulier? — V. *Vente d'immeubles.*

5. GARDIEN. — Si, dans une vente de coupes de bois, il est stipulé que le prix sera payé entre les mains du garde du bois, le droit de procuration est exigible (10790-2 J. E.).

1723. Marché. — Honoraires. — On ne peut exiger un droit particulier de marché à raison de l'allocation et de la fixation à forfait des honoraires de l'officier public qui procède à une vente de meubles (Dél. 11 août 1834, 1019 Roll., D. N. t. 8 p. 22 n° 61). Il a été cependant décidé que s'il est convenu dans une vente de meubles à l'encan, *et à terme*, que le notaire recevra le prix et qu'il prélèvera 5 pour 100, pour le *bénéfice du terme*, le droit de 1 pour 100 est exigible sur la somme à laquelle doit s'élever cette prime, que l'on peut considérer comme l'équivalent soit des risques que court le notaire, soit des soins qu'il donnera à la recette (Sol. 29 sept. 1842, 13086-3 J. E.). — Mais nous n'admettons pas cette solution. L'allocation spéciale qui est accordée à l'officier à raison de la concession du terme qui aggrave sa responsabilité est un honoraire dont la fixation ne peut pas plus donner lieu à l'impôt que les honoraires des autres actes ou contrats (D. N. t. 10 p. 241 n° 94). D'un autre côté le notaire n'a pas qualité pour stipuler en son nom personnel dans l'acte qu'il reçoit (Cass. 17 juill. 1854, *suprà* n° 1256-5) et on ne peut pas dire qu'il fasse un marché proprement dit avec le vendeur.

Nous préférons donc la doctrine d'une solution du 26 août 1852, portant : « qu'il n'y a pas lieu de percevoir un droit proportionnel sur la disposition par laquelle dans un procès-verbal de vente de meubles, il a été attribué au notaire rédacteur 15 centimes par franc pour ses frais et honoraires. Le notaire rédacteur ne peut en effet stipuler dans son intérêt personnel et la convention qui lui attribue 15 centimes par franc n'établit aucune obligation à son profit puisque les parties demeurent libres d'en provoquer la modification devant le juge taxateur. »

1. FRAIS DE TRANSPORT. — *V.* n° 1698-7.

1724. Minimum. — Les ventes de meubles sont des actes ou des contrats, et non des exploits. Ainsi, lors même qu'elles sont faites par un huissier, et que le droit proportionnel ne s'élève pas à 3 francs, on ne peut percevoir un droit fixe. Il n'est dû que le droit tarifé à raison du montant de la vente (3170 J. E.). — *V.* 1730.

1725. Remise de la vente. — Nous avons dit, n° 1656-4, que lorsque la vente avait été remise, le procès-verbal qui constatait cette remise devait être enregistré. Le droit de cet enregistrement est de 3 francs. Mais cela ne doit s'entendre que d'un procès-verbal isolé et qui, à cause de sa date, ne pourrait être compris soit dans l'enregistrement d'une séance précédente, soit dans celui d'une séance suivante. Que si le procès-verbal de remise pouvait être présenté à la formalité en même temps que d'autres procès-verbaux de séance de la même vente, un droit particulier ne pourrait être exigé à cause de la remise qu'on devrait alors considérer comme faisant partie intégrante de la vente (15626-5 J. E.).

1. PROROGATION DE DÉLAI. — Le procès-verbal constatant la remise de la vente du consentement du créancier saisissant et du débiteur saisi équivaut à une simple prorogation de délai accordée par le saisissant. Il n'est dû qu'un seul droit fixe (Sol. 5 juill. 1855).

1726. Supplément de droit. — En principe, les suppléments de droits exigibles sur les ventes publiques et aux enchères de meubles sont dus par les officiers qui y ont présidé. « Attendu que, quand il s'agit d'un procès-verbal de vente aux enchères de meubles, le procès-verbal n'établit par lui-même aucun lien de droit entre les parties, mais a uniquement pour but d'assurer le recouvrement du droit par le montant du prix d'adjudication; qu'il ressort clairement de la loi du 22 pluviôse an 7 que les procès-verbaux de ventes de meubles ne constatent authentiquement qu'une chose, *le fait matériel de l'adjudication*, mais que ce caractère d'authenticité n'atteint nullement des faits qui sont étrangers à l'objet de l'acte ; que, par suite, il est évident que l'officier public compétent, qui a procédé à une vente de meubles, peut être poursuivi en payement des suppléments de droit, puisqu'il est seul débiteur des droits à percevoir » (Verviers 8 mars 1865, 12872 C.).

Néanmoins l'Administration a reconnu que les suppléments de droits d'enregistrement sur les ventes publiques de meubles, doivent être réclamés aux parties, lorsque les commissaires-priseurs ou les autres officiers publics qui y ont procédé ont rendu leurs comptes, sauf le cas où les droits auraient été éludés par fraude ou par toute autre cause du fait de ceux-ci (Dél. 19 fév. 1819, 882 I. G.).

1727. Réquisition préalable. — La réquisition du vendeur signée en tête du procès-verbal de vente fait partie de l'opération et ne doit pas être soumise à un droit particulier (14938-8, 12395-4 J. E.).

Nous pensons de même que la réquisition de vendre adressée à un commissaire-priseur par l'huissier ayant procédé à une saisie-exécution ne donne ouverture à aucun droit lorsqu'elle est écrite sur la même feuille et à la même date que le procès-verbal, entre la copie de la déclaration préalable et le procès-verbal. Cette réquisition est inhérente à la vente et fait partie intégrante du procès-verbal (Sol. 9 mars 1858).

C'est ce qu'il faudrait décider également au sujet du procès-verbal de réquisition de vente mobilière rédigé après le procès-verbal d'apposition d'affiches (Sol. 15 déc. 1854).

1728. Déclaration de non vente. — Il n'est dû aucun droit particulier sur la déclaration insérée dans un procès-verbal de vente publique de meubles, après mention de l'adjudication de lots appartenant à divers requérants, que rien n'a été vendu pour compte d'autres personnes, dénommées comme requérants dans la déclaration préalable. Une telle déclaration, purement négative et inutile (puisqu'elle constate un fait qui ressort suffisamment de l'énonciation détaillée des lots adjugés), ne saurait constituer une disposition indépendante dans le sens de l'art. 11 de la loi du 22 frimaire; il y a d'autant plus lieu de le décider ainsi que le procès-verbal dont la rédaction est imposée à l'officier public par la loi de pluviôse an 7, ne doit pas réunir les conditions requises par la loi civile pour la preuve écrite des contrats; et que, dans l'espèce, l'énonciation dont il s'agit a pu être insérée dans le seul but de renseigner le receveur de l'enregistrement sur les suites de la déclaration préalable (Sol. belge 15 juill. 1862, 9203 J. E. belge).

1729. Amendes. — Les contraventions à la loi du 22 pluviôse an 7 sont punies d'amendes déterminées par l'art. 7 de la même loi. Elles sont de deux sortes : les unes, prononcées contre les officiers publics, ont été réduites par l'art. 10 L. 16 juin 1824. Les autres, établies contre les particuliers qui procéderaient eux-mêmes et sans le ministère d'officiers publics à la vente aux enchères d'objets mobiliers (*V.* 1627), sont laissées à l'arbitrage du juge (Foix 19 déc. 1839, D. N. t. 13 p. 580 n° 158), depuis la somme de 50 francs jusqu'à celle de 1,000 francs (*V.* 365 J. E.). La loi de 1824 ne s'étant occupée dans son art. 10 que des amendes *progressives* et des amendes *fixes*, et cette dernière amende n'étant ni *fixe* ni *progressive*, mais variable, une Dél. 8 février 1826 (8328 J. E.) a reconnu que l'amende établie contre les particuliers, n'est pas du nombre de celles réduites, soit qu'il s'agisse du *maximum* de 1,000 francs ou du *minimum* de 50 francs. Le contraire, à l'égard du *minimum* semblait résulter de l'I. G. 1136 qui avait déclaré réduite à 10 francs l'amende de 50 francs, minimum de celle prononcée contre les particuliers.

C'est l'Administration qui fixe d'abord le montant de l'amende due pour avoir procédé à une vente mobilière sans l'assistance d'un officier public; mais si la partie trouve cette fixation trop élevée, elle peut en référer au tribunal.

1. PLURALITÉ. — Il a été décidé, le 16 janvier 1835 (8788 J. N., C. a. 4490), contrairement à l'opinion professée (7667 J. E., et D. N. t. 3 p. 180 n° 23), qu'il est dû autant d'amendes :

1° Qu'il y a d'articles dont le prix n'est pas énoncé en toutes lettres dans une vente publique de meubles (*V.* 1674);

2° Qu'il est dû autant d'amendes qu'il y a d'articles adjugés, non portés au procès-verbal (*V.* 1670), alors même que ces articles auraient été adjugés *au propriétaire lui-même*, car les art. 5 et 7 L. pluviôse sont absolus (Valognes 18 mai 1851, 15245-5 J. E.).

2. CONTRAVENTION PERSONNELLE. — L'amende prononcée contre tout citoyen *vendant* ou *faisant vendre* publiquement et par enchères, sans le ministère d'un officier public, ne s'applique qu'au propriétaire des objets vendus. En effet, le propriétaire seul peut se trouver dans la double hypothèse prévue par la loi, de *vendre* ou *faire vendre;* lui seul, d'ailleurs, peut vendre ou faire vendre valablement et transmettre la propriété des meubles aux acheteurs; lui seul est débiteur des droits de mutation dont le contrevenant à l'art. 1er de la loi du 22 pluviôse an 7, doit la restitution à l'Administration. D'autre part, si l'on compare les termes de l'art. 2 de la loi du 27 ventôse an 9 qui prévoit le cas d'immixtion d'un particulier dans les fonctions de commissaire-priseur, avec ceux des art. 1er et 7 de la loi du 22 pluviôse an 7, on demeure convaincu que cette dernière loi n'a pas entendu punir le tiers non intéressé qui a coopéré ou aidé à la vente, qui a rempli les fonctions d'officier public; mais qu'elle a eu pour but d'atteindre le propriétaire qui procédait ou faisait procéder à la vente en négligeant d'y appeler un officier public (Autun 3 mai 1853, 127 R. P.; — Sol. 25 avr. 1877, 4754 R. P.).

1730. Frais. — Vacation. — Coût. — Un huissier n'encourt point d'amende quoiqu'il ait omis d'indiquer le coût des vacations au pied d'un procès-verbal de la vente de meubles à laquelle il a procédé (D. m. j. et f. 15 sept. 1812 et 10 janv. 1815, 4479, 5051 J. E.)

Cette exception à l'art. 67 C. proc., et à l'art. 66 tarif 1807 (2410 J. E., 408 n° 3 I. G.), est fondée sur ce que les ventes publiques de meubles ne sont pas des actes attribués exclusivement aux huissiers (*V.* 1724), et qu'ils ne peuvent pas plus être obligés d'en indiquer le coût que les notaires et les greffiers.

1731. Mode de constater et de recouvrer les contraventions. — L'art. 8. L. 22 pluviôse an 7 est ainsi conçu : « Les préposés de la régie de l'Enregistrement sont autorisés à se transporter dans tous les lieux où se feront des ventes publiques et par enchères, et à s'y faire représenter les procès-verbaux de vente et les copies des déclarations préalables. — Ils dresseront des procès-verbaux des contraventions qu'ils auront reconnues et constatées; ils pourront même requérir l'assistance d'un officier municipal, ou de l'agent, ou de l'adjoint de la commune ou de la municipalité où se fera la vente. — Les poursuites et instances auront lieu ainsi et de la manière prescrite par la loi du 22 frimaire an 7 sur l'enregistrement. — La preuve testimoniale pourra être admise sur les ventes faites en contravention de la présente. »

1. RÉDACTION D'UN PROCÈS-VERBAL. — Le texte de cet article est trop positif pour qu'il soit permis de s'en écarter. Il faut en conclure que la rédaction d'un procès-verbal est nécessaire, même lorsque la contravention existe dans un acte dont il reste minute, *à moins que le contrevenant ne consente à payer sur-le-champ l'amende encourue.* C'est, d'ailleurs, ce qui avait été prescrit par la circulaire n° 1498, d'après laquelle le recouvrement, lorsque le payement était refusé, devait, dans tous les cas et quelle que fût la nature de la contravention, être précédé d'un procès-verbal. Il a été cependant décidé qu'un procès-verbal n'est pas nécessaire pour constater les contraventions aux dispositions autres que celles des art. 1er et 2 (1150 §17, 1537 I. G. n° 220 I. G.), mais de ce que nous venons de dire, on peut conclure que cette décision n'est pas exacte.

Quoi qu'il en soit, lorsqu'il s'agit d'une contravention fugitive, elle doit être constatée par un procès-verbal ou par une enquête, et ce procès-verbal n'a pas le caractère voulu par la loi, si, au lieu d'avoir été rédigé sur le lieu même, il ne l'a été qu'après la vente, et sur la déclaration de témoins non assermentés. « Attendu, porte un arrêt de Cass. du 4 juillet 1810, que dans l'espèce de cette cause, l'écrit rédigé par le receveur de l'enregistrement, dans son bureau et sur les renseignements à lui donnés spontanément par trois particuliers non assermentés, n'est point le procès-verbal requis par la loi; que, par conséquent, il n'en pouvait résulter aucune preuve de la contravention reprochée au notaire Brocard; que la Régie n'a point entrepris de suppléer à ce défaut de procès-verbal par la preuve testimoniale; que bien loin de là, elle a déclaré formellement, devant les juges qui ont rendu le jugement par elle dénoncé, son intention de ne point vouloir se soumettre à l'obligation de prouver, par une enquête juridique, la contravention pour laquelle a été décernée la contrainte qui donne lieu au procès, et que même par-devant la cour, les administrateurs de l'Enregistrement soutiennent encore que ce mode est impraticable; considérant que, dès lors, la contrainte décernée contre Brocard n'étant appuyée d'aucune preuve, son opposition a dû nécessairement être accueillie » (1150-17 et 1537 n° 212 I. G.).

2. ENQUÊTE. — Quant à la contravention commise par un simple particulier, elle peut être prouvée par témoins sans qu'il ait été dressé de procès-verbal.

« Attendu, sur le premier moyen, que l'emploi de la preuve testimoniale, à l'effet de constater les contraventions à l'art. 1er de la loi du 22 pluviôse an 7, est formellement autorisé par le § 4 de l'art. 8 de cette loi, et qu'aucune autre disposition de la loi ne s'oppose à ce qu'il en soit fait usage sur la demande en payement des droits et amendes auxquels la contravention peut donner lieu, et pour justifier cette même demande à défaut de procès-verbaux, qu'il n'est pas toujours au pouvoir des préposés de la Régie de dresser sur des faits, dont les contrevenants s'efforcent ordinairement de leur dérober la connaissance; d'où il suit qu'en ordonnant, dans l'espèce, une enquête sur les faits de contravention articulés par la Régie, le jugement attaqué n'a fait qu'une juste application des articles précités de la loi du 22 pluviôse an 7, et n'a point violé l'art. 64 de celle du 22 frimaire de la même année» (Cass. 17 juill. 1827, 8817 J. E., 1229 § 13 I. G., S. 28-1-75.—*Conf.* Autun 3 mai 1853 126, R. P.).—Néanmoins, pour être admise à faire la preuve par témoins, l'Administration doit articuler des circonstances précises et détaillées (Louhans 14 et 26 mai 1846, 12987 J. N.). Sans quoi le tribunal peut repousser la preuve par témoins (Dél. 16 oct. 1846, D. N. t. 13 p. 580 n° 162).

3. NOTIFICATION DU PROCÈS-VERBAL. — CONTRAINTE. — La loi spéciale n'a fixé aucun délai pour la signification du procès-verbal; il semble donc que l'on doit la faire en même temps que celle de la *contrainte* qui est le mode à employer pour suivre le recouvrement des amendes de contravention à la loi du 22 pluviôse an 7, puisque, d'après la disposition formelle de son art. 8 ci-dessus transcrit, les poursuites et instances ont lieu ainsi et de la manière prescrite par la loi du 22 frimaire an 7. La contrainte, visée et rendue exécutoire par le juge de paix, peut, d'ailleurs, être rédigée à la suite du procès-verbal et notifiée en même temps.

4. RÉDACTION ULTÉRIEURE DU PROCÈS-VERBAL DE VENTE. — Lorsque l'huissier qui a procédé à une vente de meubles, sans déclaration préalable, et sans avoir dressé de procès-verbal, rédige ensuite, pour échapper à l'enquête judiciaire, un acte dans lequel il déclare avoir procédé à cette vente, à l'époque à laquelle elle a eu lieu, en fait connaître les conditions et le montant des enchères, la présentation de cet acte dans les quatre jours de sa date, ne permet pas de réclamer le droit en sus, non plus que l'amende due pour omission au répertoire; le droit simple de vente et l'amende de 20 francs édictée par l'art. 7 de la loi du 22 pluviôse au 7 sont seulement exigibles (16994-2 J. E.).

1732. Contravention. — Foi due au procès-verbal. — Le procès-verbal du préposé de l'Enregistrement qui constate que des objets exposés en vente et adjugés ne figurent pas sur l'acte, fait foi des faits qu'il constate, alors surtout qu'il résulte de la contexture du procès-verbal d'adjudication que ces articles ont fait l'objet d'une mention d'adjudication raturée : « Attendu que l'Administration a agi, par son employé, dans les limites des droits et des devoirs que la loi lui confère et a, en exécution de sa mission de surveillance, contrôlé, par le mode que la loi lui impose, les opérations de l'officier ministériel; que le but du législateur est clairement défini dans l'exposé des motifs de la loi du 22 pluviôse an 7; que ce but est notamment de permettre à la Régie d'atteindre la fraude qui consiste à faire croire au public, au moyen d'enchères simulées, que l'on a adjugé des objets en réalité retenus; — Attendu que ce but ne serait jamais atteint si les agents de l'Administration n'avaient le pouvoir de constater les contradictions existantes entre le fait qui se passe sous leurs yeux et l'énonciation du procès-verbal de l'huissier » (Bruxelles 2 nov. 1872, 11924 J. E. belge). — *V.* 1669, V. *Procès-verbal*, n° 13151.

1733. Prescription. — La prescription de deux ans est applicable aux amendes de contravention aux lois sur les ventes de meubles (Cass. 23 janv. 1809, 3162 J. E., Av. Cons. d'Ét. 18 août 1810, 491 I. G.), ainsi qu'à celles encourues pour défaut d'enregistrement, dans le délai des décharges. — *V.* 1741.

« Attendu, porte l'arrêt du 23 janvier 1809, qu'en percevant les droits d'enregistrement sur les procès-verbaux de ventes de bois qui ont fait l'objet du procès, le receveur aurait dû percevoir en même temps les amendes encourues pour les contraventions qu'il remarqua; ou, au moins, que la réclamation de ces amendes, dont la perception avait été ainsi omise, aurait dû être faite dans les deux ans de la découverte en conformité de l'art. 62, qui met sur la même ligne, quant à la prescription, les droits d'enregistrement et peines encourues, et de l'art. 61, qui établit la prescription après deux années, à compter du jour de l'enregistrement, s'il s'agit d'un droit non perçu, ou d'un supplément de perception; — Qu'il ne serait pas raisonnable de penser que lorsque l'action en supplément du droit principal serait prescrite par le laps de deux années, celle en payement des amendes, double droit et peines, qui ne sont que des accessoires, ne fût pas également prescrite. »

1734. Conservation des minutes. — Les huissiers doivent conserver les minutes de leurs procès-verbaux de vente, qu'aucune loi n'astreint à déposer au greffe (D. m. j. et f. 11 et 19 oct. 1813). — Les officiers publics, qui procèdent à des ventes publiques de meubles à l'encan, sont dans l'obligation de conserver les minutes des procès-verbaux de ces ventes (Edit du mois de mars 1713, 6661, 6682 J. E., Circ. garde des sceaux, 8 fév. 1830, 9627 J. E., 1319 I. G.).

1. COMMISSAIRE-PRISEUR. — On ne peut contraindre les commissaires-priseurs qui ont cessé leurs fonctions, de remettre à leurs successeurs les minutes de leurs actes. Les art. 54, 55 et 56 de la loi du 25 ventôse an 11 ne sont applicables qu'aux notaires (Dél. 22 nov. 1822, 7825 J. E.).

1735. Communication. — Les préposés de l'Administration sont fondés à réclamer de tous officiers publics chargés de procéder aux ventes d'effets mobiliers aux enchères, la représentation des minutes de leurs procès-verbaux. Le refus doit être constaté par un procès-verbal du préposé, qui se conforme, s'il y a lieu, à l'art. 54 L. 22 frimaire an 7. Le recouvrement de l'amende encourue pour ce refus de l'officier public, est poursuivi par voie de contrainte. Le directeur doit, en outre, adresser une copie du procès-verbal au procureur de la République pour que ce magistrat puisse agir dans l'intérêt général (1319 I. G.).

TITRE IV. — ADJUDICATIONS JUDICIAIRES

[1736-1800]

CHAPITRE PREMIER. — DISPOSITIONS GÉNÉRALES

[1736-1752]

1736. Observation. — Nous avons donné (1602) sur les différentes espèces d'adjudications judiciaires des explications qui nous dispensent de revenir sur ce sujet. Nous allons indiquer dans ce paragraphe quelques règles communes à toutes les ventes judiciaires qu'il est utile de connaître au point de vue où nous sommes placé.

1737. Adjudication sur saisie immobilière. — Les adjudications que nous avons appelées *purement* judiciaires ne comprennent que celles sur *saisie immobilière*. Elles ne peuvent être faites que devant le tribunal, c'est-à-dire qu'il ne peut y être procédé que par un juge commis à cet effet et dans des formes rigoureuses. Cependant lorsque toutes les parties sont majeures et maîtresses de leurs droits, elles peuvent demander la conversion des poursuites de saisie immobilière en vente sur publications judiciaires, et dans ce cas, la vente rentre dans la classe qui fait l'objet du numéro suivant.

1738. Adjudication devant notaire commis. — Toutes les autres ventes judiciaires *peuvent* être faites, soit par un juge, soit par un notaire également commis par le tribunal de première instance. C'est l'avantage des parties intéressées que le tribunal doit consulter dans ce cas, et toutes les fois qu'elles s'accordent pour demander le renvoi, *ce renvoi doit être ordonné*, si le tribunal pense que c'est dans leur intérêt. Ce point est admis par la jurisprudence, et c'est le notaire désigné par les parties qui doit avoir la préférence, quelle que soit sa résidence.

1. CARACTÈRE DU NOTAIRE COMMIS. — Le notaire commis pour procéder à la vente représente le tribunal et l'adjudication est au fond une adjudication judiciaire (Cass. 26 fév. 1827, S. 27-1-260, 1210 § 11 I. G.). Cependant le notaire n'en conserve pas moins son caractère de notaire, et conséquemment les actes qu'il rédige doivent contenir les formalités prescrites par la loi du 27 ventôse an 11 (1066, 4274 J. N.). L'exception à ce principe introduite par l'art. 977 C. proc. pour les partages judiciaires, est la confirmation de la règle.

2 ENREGISTREMENT DES ACTES. — La question doit être résolue d'après le même ordre d'idées au point de vue de l'enregistrement. Une Dél. 24 septembre 1839 (12396 J. E.) porte en effet, que les adjudications préparatoires et tous autres actes, procès-verbaux et ordonnances que font les notaires, même lorsqu'ils ont été commis par justice, en matière de licitation, de partage ou de liquidation, seront considérés, sous le rapport des droits d'enregistrement, comme des actes de notaire, et que le tarif leur sera appliqué selon leur nature comme à tous les actes de notaire. Aussi le minimun du droit fixe à appliquer aux actes de notaires commis en justice doit être de 3 francs conformément à l'art. 8 L. 18 mai 1850 et à l'art. 4 L. 28 février 1872. — *V.* 4597.

M. Demante pense au contraire que les actes reçus par les notaires commis ont un caractère judiciaire et sont soumis au tarif spécial des actes de l'espèce. Il le décide ainsi notamment à l'égard des cahiers des charges (*Principes* n° 17). Cependant il reconnaît que l'adjudication est une vente aux enchères. « Si elle est volontaire, dit-il, il est évident qu'elle n'est rien autre chose qu'un contrat de vente; mais alors même qu'elle a lieu par ordre du juge, en sa présence ou devant un notaire commis par justice, elle ne cesse pas d'être une vente, et tient plus de la nature des contrats que de celle des jugements » (*id.* n° 146).

La perception du droit fixe de 3 francs nous paraît donc justifiée (*Conf.* : 12314-5, 13035-3, 14407-2, 15086-5, J. E. — *Contrà* : 7849, 10310 J. E.)

Délai. — Une seconde conséquence de ce principe est que les adjudications devant notaires commis doivent être enregistrées dans les dix ou quinze jours de leur date (D. m. f. 2 juin 1807, 366 n° 11 I. G.); alors même qu'il en a été interjeté appel (Le Havre 17 fév. 1848, 13563 J. N., 14435 J. E., 8171 C.).

Peine. — En cas de retard les notaires ne peuvent invoquer le bénéfice de l'art. 37 de la loi du 22 frimaire an 7 et sont personnellement débiteurs, à titre d'amende d'un droit en sus ou d'une amende de 10 francs selon les cas (366 § 11 I. G.; — Le Havre 17 fév. 1848, 14435 J. E., 13563 J. N., 8171 C.; — Limoges 24 août 1874, 3981 R. P.). V. *Acte de notaire.*

1739. Cahier des charges. — Le cahier des charges est l'acte obligé sur lequel sont reçues les enchères des ventes judiciaires d'immeubles : il est donc tout à fait distinct du procès-verbal d'adjudication, à la différence des ventes non judiciaires, où les charges de l'adjudication peuvent ne faire avec l'adjudication même qu'un seul contexte. — V. 1606-4.

1. DÉPOT. — Si la vente a lieu devant le tribunal, la rédaction du cahier des charges et son dépôt au greffe, qui doit être fait quinzaine au moins avant la première publication de l'adjudication sur saisie immobilière (697 C. proc.), appartiennent à l'avoué de la partie poursuivante. Le cahier des charges doit être enregistré au bureau des actes judiciaires (4632 J. E.), au droit fixe de 1 fr. 50 cent. comme ne tombant pas sous l'application de l'art. 8 L. 16 juin 1850 (Sol. 20 juill. 1850, 14980-1 J. E.), et cet enregistrement doit avoir lieu avant le dépôt qui est enregistré au droit de 4 fr. 50 cent. (D. m. f. 16 août 1808, 400 n° 4 I. G, 2689 J. E, L. 28 avr. 1816, art. 44, L. 27 fév. 1872, art. 4). — Dans aucun cas le greffier ne peut se dispenser de dresser acte du dépôt (436 n° 52 I. G.).

Publications. — Il est fait, à l'audience, trois *publications* (au moins) du cahier des charges, avant qu'on puisse procéder à l'adjudication préparatoire (C. proc., art. 700, 701 et 702). L'huissier fait ces publications sur une note du greffier ; celui-ci les constate, et elles sont signées du juge. Ces publications sont des actes préparatoires et d'instruction, qui s'expédient à la suite les uns des autres, après l'adjudication définitive ; il y a lieu de percevoir les droits d'enregistrement établis pour les jugements préparatoires, lorsqu'on enregistre le jugement définitif (4950 J. E.).

2. DIRES. — Le cahier des charges, les dires et observations des parties forment dans leur ensemble un seul acte, ainsi qu'il résulte du texte formel des art. 694 et 695 C. proc., d'après lesquels les dires et observations doivent être insérés dans le cahier des charges (1667 § 1er I. G.). On ne peut donc pas considérer ces dires comme des dispositions indépendantes, passibles d'un droit particulier ou assujetties séparément à la formalité (18233 J. E.). — V. *Acte à la suite* n° 647.

3. NOTAIRE COMMIS. — Lorsque la vente a lieu devant notaire commis par justice, la rédaction du cahier des charges peut être faite sans ministère d'avoué, à la requête de la partie poursuivante, par le notaire chargé de procéder à l'adjudication, ou toute autre personne de confiance (C. Amiens 12 déc. 1826 ; — Cass. 25 juin 1828, 4218, 6622 J. N. ; — Cass. 18 nov. 1844, S. 44-1-817, 12176 J. N.). Si le cahier des charges est, à la demande de la partie poursuivante, rédigé par son avoué, celui-ci doit en faire le dépôt au notaire commis qui dresse acte de dépôt.

Tarif. — Quand le cahier des charges est rédigé par le notaire commis, il constitue un acte civil ordinaire, sujet au droit fixe de 3 francs et non pas un acte judiciaire innommé passible du droit de 1 fr. 50 cent. (Sol. 8 juill. 1852, *suprà* 1738-1. — *Contrà*, Demante *Principes* n° 17).

Dépôt. — Dans ce cas, le cahier des charges étant retenu aux minutes du notaire ne doit pas être déposé au greffe.

1740. Adjudication préparatoire. — Le nouveau C. proc. (L. 2 juin 1841) ayant fait disparaître l'adjudication préparatoire de la procédure sur les ventes judiciaires, nous n'avons pas à nous en occuper ici. — *V.* 1608.

1741. Adjudication définitive. — Les adjudications définitives pouvant emporter bail, transport de créances ou de rentes, vente d'immeubles ou de meubles, nous renvoyons à ces mots pour les règles générales de perception des droits proportionnels d'enregistrement. C'est au mot *Licitation* que l'on trouvera tout ce qui concerne les adjudications passées à des copropriétaires à quelque titre que ce soit.

Nous ne nous occuperons ici que de certaines questions particulières aux adjudications judiciaires.

1. QUOTITÉ DES DROITS. — Les adjudications judiciaires sont passibles des mêmes droits que les adjudications ou que les ventes volontaires. La loi ne fait aucune distinction pour l'application du tarif entre les ventes amiables et les ventes par expropriation forcée (Cass. 25 juill. 1821, 7052 J. E., 239 C.).

1742. Signature. — On a vu (V. *Acte imparfait*) qu'en matière d'adjudication volontaire le défaut de signature de l'acquéreur arrêtait l'exécution du contrat et laissait exigible le droit fixe, ce qui n'a pas lieu pour les adjudications devant le tribunal (*V.* 732). Que décider à l'égard des adjudications passées devant un notaire commis ? Le notaire commis conserve son caractère d'officier public, et les actes qu'il rédige doivent contenir les formalités prescrites par la loi du 27 ventôse, an 11, pour la validité des actes notariés (*V.* 1738). — Il semblerait donc naturel de conclure, avec Champ. et Rig., n° 1830, que le droit proportionnel n'est pas exigible sur une adjudication demeurée imparfaite faute de signature de l'adjudicataire. Nous disons de l'adjudicataire, car le *consentement* du vendeur serait suffisamment indiqué, à défaut de sa signature, par le jugement qui a ordonné le renvoi. Cependant Dalloz, n° 2386, émet un avis différent, et il faut reconnaître que cette opinion peut se justifier par l'arrêt de Cass. de 1814, rapporté au n° 745 *suprà*, portant, « qu'on ne peut appliquer à l'adjudication volontaire les dispositions de l'art. 707 (705 nouv. C. proc.) qui n'est relatif qu'aux adjudications faites par l'autorité d'un juge, lors même qu'elles le sont par le ministère d'un notaire, par lui commis et qui le représente en cette partie » — (*V.* Demante *Principes* n° 146).

1. SIGNATURE DU NOTAIRE COMMIS. — Il a été reconnu qu'il n'y a pas lieu de percevoir le droit de vente sur un procès-verbal d'adjudication d'immeubles appartenant à un mineur, signé par le tuteur et par les acquéreurs mais non par le notaire commis ; ce dernier remplit un office purement judiciaire et fait acte de juridiction contentieuse, le procès verbal qu'il n'a pas signé est donc, comme un jugement non signé, sans aucune valeur (Sol. 20 mars 1866, 2477 R. P.).

1743. Charges. — La règle est que, pour les ventes, les charges doivent être ajoutées au prix pour la liquidation du droit. On doit considérer comme charge tout ce que l'acquéreur paye en dehors des frais auxquels il est légalement tenu. Dans ce sens, il a été décidé par l'Administration (*V.* 1611) que ce qui, dans les centimes additionnels imposés à l'acquéreur, en sus de son prix, excède 10 pour 100, doit être considéré comme dépassant le taux ordinaire des droits et frais de vente; d'où la conséquence de la stipulation étant un moyen indirect d'accroître le prix, doit donner ouverture au droit sur cet excédant.

Honoraires du notaire. — En matière de vente judiciaire les honoraires du notaire ont été réglés par l'art. 14 Ord. 10 octobre 1841 (11111 J. N.), ainsi conçu : « Dans les cas où les tribunaux renverront des ventes d'immeubles par devant les notaires, ceux-ci auront droit, pour la grosse du cahier des charges, par rôle contenant vingt-cinq lignes à la page, et douze syllabes à la ligne, savoir :

« A Paris, 2 francs.

« Dans le ressort, 1 fr. 50 cent.

« Ils auront droit, en outre, sur le prix des biens vendus jusqu'à 10,000 francs à 1 pour 100 ; sur la somme excédant 10,000 francs jusqu'à 50,000 francs à 1/2 pour 100 ; sur la somme excédant 50,000 francs jusqu'à 100,000 francs à 1/4 pour 100 ; et sur l'excédant de 100,000 francs indéfiniment à 1/8 pour 100. Moyennant les allocations ci-dessus, les notaires sont chargés de la rédaction du cahier des charges, de la réception des enchères et de l'adjudication, et il ne pourront rien exiger pour les minutes de leurs procès-verbaux d'adjudication. »

De ce que nous avons établi ci-dessus, il faut conclure que si le taux fixé par le tarif pour les honoraires du notaire a été dépassé, l'adjudicataire se trouvant tenu au delà des frais légaux, on doit percevoir le droit sur ce qui excède le tarif (*Conf.*: 9320 J. E. — *V.* 1177-1.

C'est sur le prix total des lots réunis que doit être calculée la remise proportionnelle allouée aux notaires commis pour les ventes judiciaires d'immeubles, par l'art. 14 du tarif du 10 octobre 1841 ; le calcul de cette remise par lot séparé, étant spécial pour les avoués. C'est ce qui a été jugé (Vannes 16 août 1850, 14152 J. N.; — Cass. ch. req., 4 juin 1851, 15263-5 J. E., 14413 J. N.; — Cass. 21 avr. 1856, 651 R. P.).

Au sujet de la fixation de ces frais et honoraires, nous ne pouvons que renvoyer aux explications continuées dans le n° 1611 qui précède.

1744. Remise proportionnelle à l'avoué. — L'ordonnance du 10 octobre 1841 a fixé la remise proportionnelle de l'avoué poursuivant sur le prix des biens dont l'adjudication sera faite au-dessus de 2,000 francs, savoir : depuis 2,000 jusqu'à 10,000 francs 1 pour 100 ; de 10,000 à 50,000 fr. 50 cent. pour 100 ; de 50,000 à 100,000 fr. 25 cent. pour 100 ; et sur l'excédant de 100,000 indéfiniment 12 cent. 1/2 pour 100.

L'Administration, par une Dél. 4 mars 1845 (13779-8 J. E., 1743 § 18 I. G.), avait décidé que cette remise, lorsqu'elle est laissée à la charge de l'adjudicataire, doit être ajoutée au prix pour la liquidation des droits d'enregistrement, et le tribunal de Rennes avait rendu le 23 avril 1849 (14737 J. E., 13755 J. N.) un jugement dans le sens de cette doctrine qu'avait repoussée les tribunaux de Châteaudun 26 avr. 1846 ; — Seine 22 avril 1847 et 3 avril 1850, 13019, 13395, 14034 J. N.). Mais la C. cass., par un arrêt du 11 août 1852 (15494 J. E., 14747 J. N., S. 52-1-714), que l'Administration a prescrit de prendre pour règle dans son I. G. 1946 § 7, a décidé que cette remise proportionnelle ne forme pas une charge susceptible d'être ajoutée au prix, puisqu'elle ne peut être évaluée qu'après l'adjudication ; d'où la conséquence qu'elle est une suite de l'adjudication, et qu'elle doit rentrer dans les frais particuliers qui, aux termes de l'art. 1593 C. C., sont la dette personnelle de l'acquéreur.

« Attendu, porte l'arrêt du 11 août 1852, qu'au nombre des charges de la vente judiciaire doivent être compris *les frais de poursuite*, c'est-à-dire ceux qui ont pour objet de parvenir à ladite vente, et qui, aux termes des art. 701 et 713 du C. proc, doivent être taxés avant l'ouverture des enchères pour être acquittés par l'adjudicataire à la décharge du vendeur ; mais que l'on ne saurait attribuer ce caractère à la remise proportionnelle accordée à l'avoué poursuivant par l'art. 11 de l'ordonnance du 10 octobre 1841, laquelle ne peut être évaluée qu'après l'adjudication et sur le prix de l'adjudication, et ne pourrait même être réclamée ni allouée si cette adjudication n'avait pas lieu. Que cette remise proportionnelle, qui est ainsi une conséquence de l'adjudication, doit, par suite, rentrer, de même que le coût du jugement d'adjudication et les autres frais accessoires, dans les frais particuliers qui, aux termes de l'art. 1593 du C. C. sont la dette personnelle de l'adjudicataire ; qu'il suit de là que ladite remise ne peut être ajoutée au prix principal, comme charge de la vente, pour la perception du droit de mutation établi par l'art. 15 n° 6 de la loi du 22 frimaire an 7. »

1745. Frais antérieurs à la vente. — La cour suprême a déclaré, dans son arrêt, *qu'au nombre* des charges de la vente judiciaire, doivent être compris les frais de poursuite, qui ont pour objet de parvenir à la vente, tels que ceux d'affiches et de publications qui, aux termes des art. 701 et 713 C. proc. *doivent être taxés avant l'ouverture des enchères*, pour être acquittés par l'adjudicataire à la décharge du vendeur. Les mêmes motifs se retrouvent dans les trois jugements des tribunaux de Châteaudun et de la Seine, que nous avons relatés au n° précédent : il avait déjà été statué dans le même sens par d'autres décisions (C. Pau 25 juin 1833, 10856 J. E.; — Cass. 26 mars 1844, 1743 § 18 I. G.; — Civray 3 mars 1848, 14477 J. E., Dél. 7 mai 1850, 14334 J. N., 8677, 13774-3 J. E.).

Ainsi, il faut tenir pour constant que tous les frais d'affiches et autres dépenses *antérieures* à l'adjudication, qui sont mis à la charge de l'adjudicataire, doivent être ajoutés au prix pour la liquidation des droits (Sol. 7 mai 1851, 8536 R. Fess., D. N. t. 1er p. 542 n° 123). Si ces frais sont confondus dans des centimes additionnels à payer en sus du prix, il y a lieu d'en demander la ventilation pour les soumettre à la perception (Dél. 22 fév. 1823, 570, R. Roll.) — *V.* 1611.

1. RECETTE. — HONORAIRES EXTRAORDINAIRES. — Le tribunal de Civray, dont nous venons de citer le jugement, a jugé que dans les frais à ajouter au prix, s'ils sont mis à la charge de l'acquéreur, doivent être compris ceux de recette,

et tous les honoraires extraordinaires alloués au notaire. — V. *Vente d'immeubles.*

2. QUITTANCE. — On l'a également décidé pour les frais de la quittance à délivrer ultérieurement (Lille 28 juin 1850, 15241 J. E., 14494 J. N., 9344. C.).

3. PRIMES. — Ou pour les primes à payer à l'adjudicataire provisoire 12467 J. E.).

4. CAHIER DES CHARGES. — DÉPOT. — DIRES. — Mais on ne saurait considérer comme frais extraordinaires, le coût du cahier des charges, de son dépôt et des dires auxquels il a donné lieu. Ce sont là des actes qui font partie intégrante du procès-verbal d'adjudication et dont les frais sont une dette légale de l'acheteur. *Conf.* 19259 J. E.

5. OBLIGATION. — Une question qui pourrait naître est celle de savoir si, lorsque, dans le procès-verbal d'adjudication d'immeubles, passé devant notaire commis en justice, il est stipulé que les adjudicataires payeront les frais dus à l'avoué poursuivant, il est dû un droit d'obligation à raison de ces frais. La négative ne peut être douteuse. Ce n'est pas un titre que l'on veut ici fournir à l'avoué. Le titre de celui-ci réside dans la taxe du juge (2971 J. N.).

6. TAXE. — Si un notaire commis énonce dans le procès-verbal d'adjudication l'ordonnance de taxe des frais, sans que cette ordonnance ait été enregistrée, il encourt l'amende et devient responsable des droits de cette taxe. Que si la mention a lieu dans une adjudication passée à la barre du tribunal, aucune amende n'est encourue (*V.* 795), mais les droits de l'enregistrement de la taxe deviennent exigibles, par application de l'art. 47 L. 22 frimaire an 7 qui en rend le juge responsable.

1746. Frais antérieurs à l'adjudication en déduction du prix. — Par une conséquence naturelle, si les frais faits pour parvenir à l'adjudication sont payables par l'adjudicataire, *en déduction* de son prix ces frais doivent être considérés comme faisant partie de ce prix et ne sont pas susceptibles d'y être ajoutés. Aussi, dans une espèce tout à fait caractéristique, où il s'agissait d'une adjudication passée moyennant 140 francs et dont les frais s'élevaient à 800 francs, l'Administration a-t-elle décidé que le droit n'était exigible que sur 140 francs (Sol. 25 mai 1830, 9919 J. E.), et cette décision est parfaitement fondée, car, du moment que l'adjudicataire n'est tenu aux frais *qu'en déduction de son prix*, sa seule obligation consiste à payer ce prix.

1747. Avoué ou notaire enchérisseur. — Une D. m. j. 23 mai 1809 (3259 J. E.) et une Dél. 22 février 1823 (4314 J. N.) ont décidé que s'il est stipulé qu'il sera payé 1 pour 100 à l'avoué ou au notaire enchérisseur, il y a charge susceptible d'être ajoutée au prix. Mais, par une Sol. 7 mai 1851 (14334 J. N.), l'Administration a considéré que l'avoué ou le notaire enchérisseur, ayant été l'intermédiaire ou le mandataire de l'acquéreur, doit recevoir de ce dernier les honoraires qui lui sont dus. D'où la conséquence qu'aucun droit n'est exigible sur ces honoraires (D. N. t. 1er p. 542 n° 123). Cependant, par une précédente Sol. 16 septembre 1833 (Dalloz n° 4440), il avait été reconnu qu'il y avait charge pour tout ce qui, dans ces honoraires, excédait 10 pour 100.

1748. Expertise. — La Cour suprême (ch. civ.) a décidé, le 26 novembre 1850 que l'Administration n'a pas le droit de requérir l'expertise d'un immeuble vendu judiciairement, bien que le prix de l'adjudication paraisse inférieur à la valeur vénale de l'immeuble : « Attendu, porte l'arrêt, que l'art. 17 ne désigne pas les actes judiciaires translatifs de propriété comme pouvant donner lieu à une expertise; qu'il ne parle que des actes et contrats à titre onéreux énonçant le prix de l'immeuble; que ces expressions démontrent que la loi n'a eu en vue que les actes volontaires dans lesquels les parties ont stipulé entre elles les conditions et le prix de la transmission, et non les ventes judiciaires dans lesquelles les conditions et le prix sont fixés par un jugement; que l'on doit tirer la même conséquence des expressions *contrat* et *acquéreur* dont se sert l'art. 18 de la même loi; — Que quand la loi de frimaire a voulu comprendre dans la même disposition les actes civils et judiciaires elle les a énoncés nominativement et distinctement, comme elle l'a fait dans les art. 15, 16 et 20; — Attendu que la loi du 25 ventôse an 9, en imposant dans le cas d'expertise, la peine du double droit sur le supplément de l'estimation, indique qu'elle ne s'est occupée que des actes volontaires; qu'en effet, le double droit ne peut être que la peine d'une dissimulation qui peut bien avoir lieu dans les contrats entre parties, tandis qu'elle ne saurait exister dans les actes judiciaires; qu'un jugement d'adjudication, avec toutes les garanties qui l'environnent, présente la véritable valeur de l'immeuble pour la perception du droit, et que la Régie ne peut être admise à la contrôler par la voie de l'expertise » (14218 J. N., 15073 J. E., 1883 § 3 I. G., S. 51-1-50).

Les tribunaux s'étaient divisés sur cette question avant que la C. cass. eût été appelée à la trancher. Un jugement, sans date, inséré dans l'art. 8821 J. E., les tribunaux de Bagnères et Limoux, 11 avril 1837 et 16 août 1841 (13061 J. E., 11221 J. N.); — Arras 31 août 1842 (11529 J. N.); — Saint-Girons 7 décembre 1849 (13989 J. N., 1705 J. E.), avaient préparé la doctrine adoptée par la cour suprême. — Mais l'opinion contraire, soutenue (8821, 13061 J. E.), avait été adoptée par les tribunaux de Verdun 27 août 1841 (13239-1 J. E.); — Seine 28 février 1844 (13501 J. E.); — Mantes 29 mai 1846 (14011-1 J. E.).

Un jugement du 27 novembre 1828 (9254 J. E.), avait, conformément à une solution du 17 février 1829, adopté un parti qui paraissait pouvoir concilier toutes les opinions. Tout en accordant à l'Administration la faculté de faire expertiser les biens vendus judiciairement, elle lui refusait la peine du double droit, au cas où l'expertise constatait une infériorité du prix sur la valeur vénale. Le motif de ce refus était le même que celui invoqué par la C. cass., à savoir que dans une vente judiciaire, il ne peut y avoir fraude.

Un arrêt de la cour de Paris du 31 août 1827, confirmé par la C. cass. 26 mars 1839 (9622 J. E.), donne la preuve que les ventes judiciaires, comme les ventes volontaires, peuvent être entachées de fraude et de vileté de prix; d'où l'on pourrait induire que ces ventes ne devraient pas être exceptées de la règle générale en matière d'expertise. — *V. Expertise.*

1. NOTAIRES COMMIS. — La doctrine de l'arrêt du 26 novembre 1850 s'applique aux adjudications faites par les notaires commis en justice. En effet, il est reconnu que dans ce cas les notaires sont dispensés de donner lecture aux parties des art. 12 et 13 L. 23 août 1871, parce que ces adjudications offrent les mêmes garanties de sincérité que les adjudications judiciaires (2434 § 9 I. G.) — V. *Acte notarié* n° 915).

Par une conséquence nécessaire l'expertise qui est inapplicable à celles-ci ne doit pas pouvoir s'exercer pour les autres.

1748 *bis*. Faculté de résoudre les adjudications partielles. — Il est souvent stipulé dans le cahier des charges des adjudications judiciaires que les adjudications pourront être résolues dans le cas où la totalité des immeubles serait adjugée en bloc moyennant un prix supérieur.

Quand le cahier des charges porte que, nonobstant cette réserve, les adjudicataires partiels seront propriétaires par le fait de l'adjudication et entreront en jouissance à compter de la même époque, la condition est résolutoire; le droit est exigible et n'est pas restituable (Dijon 23 juill. 1855, 559 R. P., 15661 J. N., 10673 C.).

Mais la condition serait évidemmunt suspensive s'il était stipulé que les adjudications partielles ne sont que provisoires et qu'elles ne produiront leur effet que si les mêmes biens ne sont pas adjugés en bloc. — V. 1610.

1749. Dissimulation. — Lecture. — Il a été reconnu que l'obligation imposée aux notaires de donner lecture aux parties des art. 12 et 13 de la loi du 23 août 1871, sur les dissimulations de prix, ne s'applique pas aux procès-verbaux d'adjudications dressés par les notaires commis par le tribunal; elle se restreint aux ventes ordinaires et aux adjudications publiques volontaires (2434-9 I. G., 3537 R. P.).

Mais les adjudications publiques volontaires tombent sons l'application de la loi (2434-9 I. G., 3537 R. P.). — V. *Acte notarié* n° 915.

Cette obligation a été supprimée par la loi du 3 août 1875, art. 11. — V. *Acte notarié*.

1750. Pluralité des droits. — Lorsque dans une adjudication en plusieurs lots un seul est adjugé, et que l'adjudication des autres lots est renvoyée après de nouvelles annonces, on ne doit percevoir qu'un seul droit pour les remises, quoique signées séparément par le juge-commissaire et le greffier (Sol. 3 janv. 1833, 10570 J. E.).

1751. Rentes et créances. — Lorsqu'il s'agit d'adjudication *faite en justice*, le droit ne doit pas être perçu sur le *capital* de la rente ou de la créance adjugée, mais seulement sur le prix de l'adjudication, attendu que, dans ce cas, on ne peut pas supposer une dissimulation de prix. — (Cass. 1er avr. 1816 S. t. 16 p. 413 Dél. 29 mars 1823, 7417 J. E.). Nul doute d'ailleurs qu'il ne doive en être de même des adjudications de rentes et créances, auxquelles les notaires procèdent en vertu de délégation des tribunaux (Dél. 8 déc. 1829, 7050 J. N., 9505 J. E., 1307 § 1er I. G.). — V. 1748

Mais il en est autrement des adjudications amiables. — V. *Cession de créances*.

1752. Minimum. — Baux. — La perception du minimum de 25 centimes fixé par l'art. 3 L. 27 ventôse an 9, ne doit pas être faite sur chaque lot d'une adjudication contenant plusieurs baux, attendu que ce minimum est le salaire de la formalité pour l'acte entier (1187 § 3 I. G., 5614 J. N.).

CHAPITRE II.

ADJUDICATION SUR FOLLE ENCHÈRE

[1753-1770]

1753. Définition. — L'adjudication sur folle enchère est la revente sur un premier acquéreur, à défaut de payement aux échéances, ou d'exécution des conditions qui lui étaient imposées par son contrat. Elle est la peine de l'enchérisseur téméraire qui ne réalise pas les offres qu'il a faites. C'est un moyen coercitif employé par la loi pour forcer l'adjudicataire à payer son prix.

1754. Folle enchère. — Celui qui enchérit sur un immeuble vendu en justice, et qui, après l'adjudication qui lui est faite, ne remplit pas les conditions de son enchère, a enchéri *follement*, et l'immeuble est revendu de la même manière à sa *folle enchère*, c'est-à-dire que si, avant la nouvelle adjudication, il ne paye pas tout ce qu'il doit, il sera tenu de la différence entre le prix de son enchère et celui de la revente, sans pouvoir prétendre à l'excédant, s'il y en a (712, 715, 737 et 744 C. proc.).

1. DURÉE. — La folle enchère peut être poursuivie pendant trente ans, comme la résolution d'une vente à défaut de payement de prix (Cass. 12 mars 1833, 8130 J. N.).

2. CAS DE FOLLE ENCHÈRE. — En matière d'adjudication judiciaire, il y a lieu à la folle enchère quand l'adjudicataire ne paye pas dans les vingt jours les frais et sommes stipulées payables avant la délivrance du jugement d'adjudication (C. proc. 713), lorsqu'il n'exécute pas les conditions du procès-verbal (C. proc. 733, 738; Dél. 24 janv. 1824, 7759 J. E.), quand il ne paye pas son prix entre les mains des créanciers colloqués (C. Bourges 5 janv. 1822; — C. Paris 12 mars 1823, 4416 J. N.).

1755. Établissement du droit. — En droit strict, la revente sur folle enchère résout la propriété de l'acquéreur primitif, mais non ses obligations (Colmet-d'Aage, art. 740 C. proc.). La raison en est, dit un arrêt de la C. cass. du 14 février 1835 que « si la position d'un fol enchérisseur ne doit pas être aggravée par la témérité d'un second... le fait de celui-ci ne saurait améliorer la position du premier jusqu'au point de l'exonérer complétement des suites de sa propre témérité, ce qui, dans le cas d'insolvabilité du second acquéreur, priverait les créanciers des droits que déjà, et par le seul fait du premier adjudicataire, ils avaient acquis contre lui » (*Conf.* Rodière *de la Compétence* t. 3 p. 2017; — *Contrà*, Chauveau n° 2432).

Appliquée à la perception, cette théorie amènerait la conséquence suivante : le fol-enchérisseur demeurerait irrévocablement débiteur du droit de mutation sur le montant intégral de son adjudication, sans que l'événement ultérieur de la revente pût même indirectement diminuer son obligation. Cette solution était en effet admise par la jurisprudence du centième denier sous la distinction suivante : « Si, faute de consignation dans le temps de l'ordonnance, dit Bosquet (v° *Adjudication à la folle-enchère*), on procède incontinent à une nouvelle adjudication à la folle-enchère du premier adjudicataire, il n'y a qu'une mutation effective, de laquelle le droit du centième denier doit être exigé seulement; en sorte que s'il a été payé pour la première, la seconde n'y est sujette qu'à raison de l'augmentation du prix qui s'y trouve; mais si le prix de la seconde est inférieur à celui de la première, l'excédant du droit ne doit pas être restitué; c'est une partie des frais de la folle-enchère que supporte le premier adjudicataire. Si ce premier adjudicataire a été fait propriétaire et qu'il ait joui, il est incontestablement dû deux droits. »

La loi du 22 frimaire an 7, moins rigoureuse, décide, sans distinction, que le droit de mutation, encouru par le premier adjudicataire fol-enchérisseur, est imputé sur le droit de la seconde adjudication. — *V.* 1761.

1756. Tarif. — Le droit est *fixe* lorsque le prix n'est pas supérieur à celui de la précédente adjudication, si elle a été enregistrée. Il avait été porté à 1 franc par l'art. 68 § 1er n° 8 L. 22 frimaire an 7. Il est aujourd'hui de 4 fr. 50 cent. (L. 28 avr. 1816, art. 44, L. 28 fév. 1872, art. 4).

Le droit est *proportionnel* lorsque le prix est supérieur à celui de la précédente adjudication, mais seulement sur ce qui excède le prix de cette première adjudication (L. 22 frim. an 7 art. 69 § 7 n° 1). Ce droit est de 2 francs ou de 5 fr. 50 cent. pour 100 suivant qu'il s'agit de meubles ou d'immeubles (LL. 22 frim. an 7 art. 69 § 5 n° 1 et § 7 n° 1, 28 avr. 1816, art. 52).

1757. Adjudication volontaire. — On pourrait croire que l'adjudication sur folle-enchère, ainsi que l'indique son nom, n'a lieu, aux termes de la loi, que dans les ventes faites par autorité de justice. Cependant, l'Administration a décidé qu'il n'y a pas exception à la règle posée par la loi de frimaire, pour le cas où la revente sur folle-enchère a lieu, non pas après adjudication judiciaire, mais après adjudication volontaire devant notaire (Dél. 26 juin 1833, 4253 Roll., 8186 J. N.). Cette solution se fonde sur ce que, si dans la rigueur des principes et dans la pensée de la loi de frimaire, la folle-enchère proprement dite ne peut intervenir qu'à la suite d'une adjudication judiciaire (LL. 9 mess. an 3 art. 150 et suiv., 11 brum. an 7 art. 24, Dalloz v° *Privil.* p. 27 et *Vente publ.* p. 546), la pratique fiscale a assimilé à ces cas une adjudication volontaire qui a le même caractère de publicité et s'opère également par la voie des enchères (*Conf.* : Arlon 30 mars 1870, 11185 J. E. belge).

Mais en serait-il encore de même s'il s'agissait d'une vente amiable dans laquelle les parties auraient inséré une clause de folle-enchère? Le tribunal d'Arlon, dans le jugement que nous venons de citer, ne le pense pas. « Il ne peut pas, dit-il, y avoir folle-enchère, puisqu'il n'y a pas enchère; ni précédente adjudication, puisqu'il n'y a pas eu adjudication. La seconde vente sera donc une revente pure et simple, bien qu'accomplie moyennant certaines formalités ; ne participant pas de la nature de la folle-enchère, elle tombera forcément sous l'application du droit proportionnel. » — Mais le contraire a été admis chez nous par une solution du 8 octobre 1831 (3452 Roll., Dalloz v° *Enregistrement* 477 note 6), par le motif principal que les conventions légalement formées tiennent lieu de loi à ceux qui les ont faites. Cette solution a toujours été suivie en pratique. Seulement il faut que la revente soit faite alors selon les formes de la folle-enchère. Si, par exemple, l'acquéreur qui ne se libère pas est poursuivi en expropriation par les créanciers du vendeur et s'il intervient un jugement qui prononce l'adjudication de l'immeuble au profit d'un tiers, cette adjudication est soumise au droit proportionnel ordinaire (Tarascon 11 sept. 1858, 1105 R. P.).

1758. Exécution partielle. — « Si le premier adjudicataire, lit-on dans le D. Dom., à la suite de la citation faite au n° 1755 *suprà*, a été fait propriétaire, et qu'il ait joui, il est incontestablement dû deux droits de centième denier. » La jurisprudence nouvelle n'a pas consacré ce principe. La C. cass. a, en effet, décidé, le 10 décembre 1822, que lorsque le droit a été acquitté sur la première vente et que la folle-enchère n'est pas faite pour un prix supérieur, le droit fixe est seul exigible, encore que le fol-enchérisseur soit entré en possession, ou qu'il ait payé une partie du prix, avec cette réserve néanmoins que l'adjudication sur folle-enchère ne paraisse pas un *moyen frauduleux* imaginé pour se soustraire au droit de revente. « Attendu, en droit, porte l'arrêt du 10 décembre 1822, que, pour réduire à un simple droit fixe l'enregistrement des adjudications sur folle-enchère, lorsque le droit proportionnel a été payé sur la première adjudication, les articles précités n'exigent pas, comme le fait l'art. 12 de la loi du 27 ventôse an 9, à l'égard des jugements portant résolution de contrats de vente, pour défaut de payement du prix, que le premier acquéreur n'ait payé aucune portion de son prix, et ne soit point entré en jouissance de l'immeuble par lui acquis; mais que la disposition précitée des lois des 22 frimaire an 7 et 28 avril 1816 est générale, absolue, et qu'il n'est pas permis de distinguer là où la loi ne distingue pas. » — Deux délibérations dans ce sens ont été prises par l'Administration, les 24 janvier 1824 et 17 novembre 1829 (7759, 9612 J. E., D. N. t. 13 p. 509 n° 66).

1. REVENTE. — Mais il y aurait fraude, et par conséquent exigibilité du droit proportionnel, si l'annulation de la vente provenait d'une revente secrète consentie par le fol-enchérisseur (Seine 9 mai 1851, 15204 J. E.; — 20 juill. 1877, 4834 R. P.; — Cass. 21 janv. 1878, 4870 R. P.).

1759. Condition suspensive. — Mutation par décès. — Sous quelque forme qu'ait été passée la première vente (*V.* 1757), on admet qu'elle ne forme avec la revente sur folle-enchère qu'une seule mutation effective. D'où l'on a conclu que la première adjudication n'ayant été faite que sous une condition suspensive, celle du payement du prix et de l'accomplissement des obligations imposées, aucun droit ne devrait être réclamé au fol-enchérisseur pour lequel la condition suspensive n'a pas reçu d'accomplissement, ce qui fait que la propriété n'a jamais reposé sur sa tête d'une manière parfaite. C'est dans ce sens qu'un arrêt de cass. du 2 février 1819 (6571, 7719 J. E., S. 19-1-346) a décidé que l'immeuble acquis par le défunt et revendu à sa folle-enchère, postérieurement à son décès, ne doit pas être compris dans sa succession, parce qu'il n'en a jamais été propriétaire. « Attendu, porte l'arrêt, que la Régie elle-même reconnaît que l'adjudication sur folle-enchère résout la première vente *ab initio*; qu'ainsi les deux ventes n'en font qu'une, et ne donnent conséquemment lieu qu'à un seul droit d'enregistrement; d'où il suit, dans l'espèce, que la première adjudication ne peut donner ouverture à un droit de mutation par le décès de celui qui n'a été que fol-enchérisseur. » Cette jurisprudence a été suivie par le tribunal de la Seine 10 mars 1836 (11929-2 J. E., 9765 J. N.) et par une délibération du 21 juillet 1837.

La question sera plus particulièrement discutée au chapitre des *Successions* n° 16496.

1760. Condition résolutoire.—La jurisprudence n'a pas suivi, au point de vue de l'adjudication sur folle-enchère, la règle que l'arrêt du 2 février 1819 semblait avoir tracée, et qui aurait eu pour conséquence d'exempter de tous droits le fol-enchérisseur. Elle a considéré le défaut d'accomplissement des conditions imposées à l'adjudicataire comme *résolutoire* de la vente (Ricard et Duplessis art. 84 de la C. de Paris, Ferrière *Traité des Fiefs* ch. 2 § 3 art. 1er n° 25, Duvergier *de la Vente* t. 1er n° 79, Dalloz n° 2398; — Cass. 27 nov. 1807, 2 fév. 1819, 6571 J. E., 3227 J. N., 16 janv. 1827, 8892 J. E., 5993 J. N., 6 fév. 1833, 1425-2 I. G., 10577 J. E., S. 33-1-233, 12 mars 1833, 8130 J. N., 24 août 1853, 1986-2 I. G., 15714 J. E., 15052 J. N., 10118 C., S. 53-1-769).

Cette manière d'envisager la question serait de nature à produire un effet diamétralement opposé; au lieu d'exempter de tout droit le fol-enchérisseur, elle pourrait, dans la rigueur des principes, lui faire supporter le droit de mutation sans espoir de compensation; car, en le considérant comme ayant été réellemment propriétaire, la loi fiscale aurait pu autoriser la perception de deux droits de mutation, l'un sur la vente première, l'autre sur l'adjudication à la folle-enchère. Il résulte, en effet, de l'art. 740 C. proc., d'après lequel l'adjudicataire est tenu de la différence entre son prix et celui de la revente, que la propriété lui a *appartenu* pendant un certain temps (*V.* Duvergier *de la Vente* n° 79). Aussi, Dalloz, qui repousse, n° 2398, la doctrine professée par Champ. et Rig. (n° 2141 à 2147, et *Suppl.* 408 et suiv.), dit-il, avec raison, que c'est par un bénéfice du droit fiscal si deux droits de mutation ne sont pas exigés (*Conf.:* Demante n° 180.) Et cette tolérance de la loi ressort évidemment de l'espèce qui a fait l'objet du numéro 1758 *suprà*, où l'on voit que le fol-enchérisseur avait fait acte de possession, ce qui impliquait, d'après le système général de l'impôt, une mutation parfaite passible du droit. C'est donc comme une exception aux principes généraux qu'il faut considérer la jurisprudence que nous allons faire connaître. Cette exception est fondée sur une appréciation qui n'est peut-être pas très-sûre, car les auteurs qui ont écrit depuis le Code ne sont pas plus unanimes que la jurisprudence ancienne et moderne, sur le caractère appartenant à la condition dont la folle-enchère est l'événement. — *V.* 1755.

1762. Première vente enregistrée. — 1. PRIX DE LA REVENTE INFÉRIEUR. — Dans le cas où le prix de l'adjudication sur folle-enchère *n'atteint pas* celui de la vente précédente, le droit payé sur l'adjudication primitive, s'il a été régulièrement liquidé, ne peut éprouver aucune réduction. Il est irrévocablement acquis à l'État, quelle que soit d'ailleurs la supériorité du premier prix sur le second. « Attendu, porte un arrêt de Cass. du 6 février 1833, que le prix porté dans l'acte d'adjudication d'un immeuble vendu en justice ne doit, dans aucune hypothèse, éprouver de variation préjudiciable aux intérêts du fisc, puisque, d'un côté, le fol-enchérisseur est, aux termes de l'art. 744 C. proc., tenu par corps de la différence entre le prix de son adjudication et celui de la revente sur folle-enchère, si elle est faite à un prix inférieur à celui de la première vente, et que, d'autre part, l'art. 69 § 7 n° 1 L. 22 frimaire an 7, porte que les adjudications à la folle-enchère sont assujetties aux mêmes droits proportionnels sur ce qui excède le prix de la précédente adjudication, si le droit en a été acquitté » (1425 § 2 I. G., 10577 J. E., S. 33-1-233). — *Conf.:* Seine 17 fév. 1853). Mais le second adjudicataire n'est assujetti à aucun droit proportionnel. Le payement effectué par le premier le libère.

2. PRIX SUPÉRIEUR. — Dans l'hypothèse contraire, c'est-à-dire celle où le prix de la revente est *supérieur*, le nouvel adjudicataire doit payer le droit sur la différence entre la première et la seconde vente. Il ne se trouve libéré que jusqu'à concurrence des droits payés par le fol-enchérisseur.

3. REMBOURSEMENT DES DROITS. — CHARGE. — Dans l'un et l'autre cas, le nouvel adjudicataire est tenu de rembourser au fol-enchérisseur les droits d'enregistrement qu'il a payés sur la première adjudication (Cass. 6 juin 1811, Dalloz n° 2396).

Mais la charge de rembourser les droits de la première vente n'est pas susceptible d'être ajoutée au prix de l'adjudication sur folle-enchère, puisqu'elle a uniquement pour objet des droits que le nouvel adjudicataire aurait été tenu de payer pour sa propre acquisition et qu'on ne pourrait percevoir un impôt sur un impôt.

1763. Première vente non enregistrée. — Double droit. — Dans aucun cas, la revente sur folle-enchère n'affranchit le titre du fol-enchérisseur de la nécessité de l'enregistrement dans les vingt jours de sa date. Si donc, en reprenant les deux hypothèses que nous venons d'examiner, le prix de la seconde adjudication est inférieur à celui de la précédente, le fol-enchérisseur qui aura laissé passer le délai devra payer le droit de mutation à raison de la *différence*, et de plus, à titre d'amende, le double droit sur *tout le prix*. Que si, au contraire, le prix de la revente est supérieur, le fol-enchérisseur ne sera astreint à payer que le double droit sur son prix (15280-2 J. E., D. m. f. 13 juin 1809, 436 § 56 I. G.; — Seine 3 avr. 1812, 2252, 4292 J. E.; — Cass. 27 mai 1823, 4888 J. N.; — Seine 10 mai 1838, 5322 C., 12063 J. E., 4888 J. N.; — Castres 9 juill. 1851, 15294 J. E., 14507 J. N.; — Seine 17 fév. 1853, 17 R. P.; — Cass. 24 août 1853, 15714 J. E., 10118 C., S. 53-1-709, 1986 § 2 I. G., 15052 J. N.; — Lyon 4 août 1854, 327 R. P.; — Seine 20 juin 1874).

L'arrêt du 24 août 1853 est ainsi conçu: « Attendu que la folle-enchère qui est poursuivie d'après l'art. 737 C. proc. et qui aboutit à une adjudication nouvelle au profit d'un tiers, fait tomber par voie rétroactive la translation de propriété opérée par la précédente adjudication, mais ne dégage pas le précédent adjudicataire vis-à-vis de l'État, à qui les droits d'enregistrement restent dus pour la portion de son prix qui excède celui de l'adjudication nouvelle; — Attendu qu'il n'est pas exact de dire que la folle-enchère anéantit tous les effets de l'adjudication qui l'a précédée, puisque, d'après l'art. 744 C. proc., le fol-enchérisseur reste tenu par corps de la différence de son prix avec celui de la revente sur folle-enchère, sans pouvoir réclamer l'excédant, s'il y en a: d'où il suit qu'étant débiteur de cette différence envers qui de droit, le fol-enchérisseur doit payer l'enregistrement du titre de cette dette, dont il est tenu, non pas comme tiers détenteur, mais personnellement et par corps. »

1. INSOLVABILITÉ. — *Quid* si le fol-enchérisseur est insolvable? On doit considérer comme tombant en non-valeur toute la portion de droits qui est *à la charge personnelle* du fol-enchérisseur, c'est-à-dire, si le prix de la seconde adjudication est inférieur à celui de la première, le droit simple sur *la différence*, et le double droit *sur le tout*, et, si le prix de la revente est supérieur, le double droit sur *le premier prix* (Castres 9 juill. 1851, 15294 J. E., 14507 J. N., 9450 C.).

Quant aux créanciers, bien qu'ils provoquent la vente, ils ne sont réellement pas parties à l'acte; d'autre part, le saisi est un vendeur contraint et forcé; on ne peut donc rien réclamer aux uns ni aux autres. Le seul débiteur est l'acquéreur fol-enchérisseur que son insolvabilité soustrait à toute action (*V.* dans ce sens une des affaires qui ont fait l'objet de l'I. G. 1986 § 2; — Tarbes 25 mai 1852, 15700 J. E., 15028 J. N.). « Ces solutions, dit Demante, découlent des principes. La revente sur folle-enchère résout la propriété de l'acquéreur primitif, mais non ses obligations. Ce qui a été décidé pour son obligation quant au prix, doit être aussi bien décidé pour son obligation quant à l'impôt, accessoire du prix. Tout cela est sévère, mais exact » (*Principes* n° 193).

1764. Prescription. — En tous cas, il importe peu qu'il se soit écoulé entre les deux adjudications un intervalle excédant deux années, terme après lequel les droits d'enregistrement sont prescrits: il ne s'agit pas de compenser, et encore moins de restituer des droits perçus, mais de s'abstenir de percevoir une seconde fois les mêmes droits sur une mutation qui les a déjà supportés (5464 J. E.).

1765. — Prix égal. — Droit inférieur ou supérieur. — Il peut se faire que les prix des deux adjudications *étant égaux*, les droits auxquels ils donnent ouverture ne soient pas les *mêmes*. La règle que nous avons posée aux deux numéros précédents et les décisions spéciales que nous allons faire connaître indiqueront la marche à suivre dans les différentes hypothèses qui pourraient se présenter.

1. LICITATION. — Si le fol-enchérisseur est un colicitant qui n'avait payé que 4 pour 100 sur ce qui excédait *sa part* dans les immeubles par lui acquis, et que l'adjudicaire sur folle-enchère soit un étranger, celui-ci devra un supplément de 1 fr. 50 cent. pour 100 en sus des droits payés par le colicitant, et 5 fr. 50 cent. pour 100 sur la portion d'immeubles qui, se confondant avec la part du colicitant, n'avait supporté aucun droit. En d'autres termes, l'adjudicataire définitif, étranger à la succession, payera 5 fr. 50 cent. pour 100 sur l'intégralité de son prix, imputation faite des droits payés par le colicitant (Dél. 26 juin 1833, D. N. t. 13 p. 511 n° 75; — Seine 17 mai 1854, Demante n° 204, Champ. t. 6 n° 411, 2147 et 2148).

2. BÉNÉFICE D'INVENTAIRE. — Lorsque la première adjudication tranchée au profit d'un héritier bénéficiaire a donné lieu à la perception du droit de 4 pour 100 sur les parts acquises et du droit de 1 fr. 50 cent. pour 100 sur la totalité du prix, la folle-enchère prononcée au profit d'un tiers n'opère, en définitive, qu'une mutation au profit du second acquéreur; il y a donc lieu de déduire du droit à 5 fr. 50 cent. pour 100, dû par lui, le droit de 4 pour 100 et celui de transcription payé par l'héritier bénéficiaire (17658 J. E.).

3. DROIT FIXE — Si l'adjudication passée à l'acquéreur évincé par folle-enchère n'a été enregistrée qu'au droit fixe, pour une cause quelconque, celle passée au fol-enchérisseur doit supporter le droit proportionnel (le Havre 23 janv. 1843, 13173 J. E.).

4. EXEMPTION DE DROIT. — Dans le cas où l'adjudication du fol-enchérisseur aurait été virtuellement exemptée de tous droits par une disposition de loi, l'adjudicataire devrait payer le droit de 5 fr. 50 cent. pour 100 sur l'intégralité du prix, si l'exemption avait cessé d'être en vigueur au moment de la revente (Cass. 5 juin 1844, 6966 C., D. N. t. 13 p. 511 n° 77, S. 44-1-520). « Attendu, porte l'arrêt, que si dans l'espèce, lors de la première adjudication, la formalité de l'enregistrement n'était pas établie à la Guadeloupe, et si, aux termes de l'art. 93 § 3 n° 22, les mutations entre-vifs, effectuées dans cette colonie avant l'établissement de l'enregistrement, sont exemptes de cette formalité et du payement du droit, il n'en résulte pas qu'une adjudication sur folle-enchère, postérieure à cet établissement, ne puisse donner lieu qu'au droit fixe, parce que le prix ne serait pas supérieur à celui de la première adjudication; que l'ord. du 31 décembre 1828 n'établit aucune distinction suivant la cause pour laquelle l'enregistrement n'a pas eu lieu, et le droit n'a pas été acquitté; qu'elle dit, en termes absolus, que si la première adjudication n'a pas été enregistrée, l'adjudication sur folle-enchère reste soumise au droit proportionnel fixé pour les adjudications en général. »

1766. Résumé. — On peut résumer de la manière suivante toute la jurisprudence que nous venons d'exposer:

Au point de vue de la *formalité*, l'enregistrement de l'une des deux adjudications n'exempte pas l'autre; mais à celui de la *perception*, le payement fait par l'un des adjudicataires libère l'autre d'autant envers le Trésor, sauf *règlement* entre eux. D'autre part, l'Administration a le droit de percevoir la somme la plus élevée à laquelle donne ouverture soit l'une, soit l'autre des deux adjudications.

La jurisprudence ne suit pas, en matière de mutation par décès, la même marche qu'en matière de mutation entre-vifs. Lorsqu'il s'agit d'une succession, la doctrine professée par Merlin v° *Folle-enchère*, Troplong *Traité des hypothèques* t. 2 n° 721, Pigeau t. 2 p. 390, à savoir : que la revente sur folle-enchère a pour effet d'anéantir la première adjudication *ab initio*, reçoit une consécration complète, puisque le fol-enchérisseur dépossédé après sa mort est censé n'avoir jamais été propriétaire. Lorsque, au contraire, la dépossession a lieu du vivant de l'adjudicataire frappé de folle-enchère, on considère deux mutations comme ayant réellement existé, et c'est par un tempérament de la loi que les droits ne sont appliqués qu'à celle qui donne les plus élevés.

1. RÉDACTION. — Le droit de rédaction n'est dû sur les reventes par folle-enchère que sur l'excédant du prix de la première adjudication (D. m. f. 21 oct. 1806, Circ. 11 nov. 1806). Si le prix de la seconde vente n'excède pas celui de la première, c'est le droit fixe de 1 fr. 25 cent. qui est exigible (Circ. 15 oct. 1807; — *Contrà*, 17658 J. E.). — V. *infrà* n°s 1786 et suiv.

1767. Vente par le fol-enchérisseur. — Ratification par l'adjudicataire. — Que décider au sujet de l'acte par lequel l'adjudicataire d'immeubles par suite de folle-enchère ratifie la vente d'une partie de ces biens consentie par l'acquéreur fol-enchérisseur? Le trib. de Jonzac a jugé, le 28 avril 1846 (12802 J. N., 14121 J. E.), que le droit de ratification est seul exigible, attendu qu'il ne restait au nouvel adjudicataire qu'une action en résolution de la vente, et qu'on ne peut faire ressortir une mutation de propriété de cette circonstance qu'il préfère laisser à l'acquéreur la propriété qu'il possédait par un contrat antérieur. C'est l'opinion professée par Dalloz n° 2405 et Champ. et Rig. *Suppl.* n° 409. — Il existe cependant un jugement contraire du trib. de Charolles, en date du 9 août 1845 (13816 J. E., 7290 C.). Mais cette décision n'est évidemment pas fondée : l'acte qui maintient un acheteur dans une possession pour laquelle il a déjà payé le droit de transmission à titre onéreux ne peut être sujet à un second droit de vente.

Il a été décidé, en ce sens, que si l'adjudicataire sur folle-enchère a revendu moyennant 1,200 francs au tiers acquéreur le même immeuble que ce tiers avait acheté 900 francs du fol-enchérisseur, la vente consentie par l'acquéreur définitif au tiers n'est que la ratification, moyennant un supplément de prix de 300 francs, de celle consentie à ce dernier par le fol-enchérisseur, et qu'elle ne donne ouverture au droit proportionnel que sur 300 francs (Sol. 2 juill. 1872).

1. RESTITUTION. — Si l'adjudicataire sur folle-enchère dépossédait *le tiers acquéreur*, les droits perçus sur la seconde acquisition ne seraient pas restituables, car la folle-enchère est un événement ultérieur qui ne se trouve pas dans les cas prévus par la loi du 22 frimaire an 7 (Saint-Étienne 8 janv. 1844; — Toulouse 27 mai 1851, 13426-4, 15485-1 J. E., D. N. t. 13 p. 511 n° 80). La C. cass. a confirmé cette jurisprudence, le 24 novembre 1858. D'après son arrêt, le principe est que les droits régulièrement perçus ne sont pas restituables; l'A. Cons. d'Ét. du 22 octobre 1808 ne pose d'exception qu'au cas où le jugement d'adjudication est *annulé par voie d'appel*, sans que jamais cette exception puisse être étendue aux divers *cas où ce jugement reste sans effet par une cause qui lui est postérieure*. Si, d'après le § 1er n° 8 de l'art. 68 et le § 7 de l'art. 69, les adjudications sur folle-enchère ne sont soumises qu'au droit fixe, c'est sous la réserve que, même en cas de folle-enchère, le principe de la non-restitution des droits régulièrement perçus ne cesse pas de recevoir son application. Or, il n'en peut être autrement lorsqu'il s'agit du droit perçu sur une adjudication intermédiaire, car, dans un cas comme dans l'autre, la régularité de la perception est incontestable, et pour restituer il faudrait aussi une exception directe et précise qui n'existe pas (2142-3 I. G., 1118 R. P., 16473 J. N., 16862 J. E., 11461 C., S. 59-1-349). *Comp.* Cass. 14 mars 1837, 11742 J. E., 9593 J. N., S. 37-1-420, 1539-9 I. G., 11 novembre 1846, 14179 J. E., 12919 J. N., 7676 C., S. 47-1-104, 1786-5 I. G., 23 avril 1849, 14736 J. E., 13723 J. N., 8601 C., S. 49-1-447, 1844-13 I. G., 19 novembre 1849, 14736 et 14852 J. E., 13905 J. N., 8831 C., 1857-12 I. G., S. 50-1-62.

1768. Domaine de l'État. — Il n'y a pas de folle-enchère pour la vente des biens de l'État. L'acquéreur qui n'exécute pas les clauses du contrat est déchu avec amende du dixième ou du vingtième (L. 16 flor. an 10 art. 8, 61 I. G.).

On doit seulement remarquer que les reventes de domaines de l'État faites par suite de *déchéances* ne sont pas des adjudications sur folle-enchère, mais des reventes pures et simples, passibles d'un nouveau droit proportionnel sur l'intégralité du prix (Cass. 28 vend. an 12, 1659 J. E., S. 2-2-647).

1769. Adjudication partielle. — L'adjudication sur folle-enchère ne perd pas son caractère par la circonstance que les parties ont consenti qu'elle n'eût lieu que pour une portion des biens et sans l'observation des formalités légales (Sol. 16 août 1830, 10340 J. E., 7348 J. N.).

Si deux immeubles ont été adjugés pour un prix unique à un colicitant qui n'a payé le droit de 4 pour 100 que sur sa part, et si plus tard l'un des deux immeubles est revendu sur folle-enchère et acquis par un étranger, il y a lieu, pour déterminer le droit dû sur cette revente, de faire opérer par une déclaration estimative la ventilation du prix primitif des deux immeubles.

1770. Acte passé en conséquence. — Il est presque inutile de dire que l'on peut procéder, sans contravention, à une adjudication sur folle-enchère, avant que la première vente ait été enregistrée (2106 J. E.). Cela résulte des dispositions mêmes de la loi de frimaire qui supposent que la première adjudication a pu ne pas être enregistrée (D. N. t. 13 p. 511 n° 84).

CHAPITRE III. — ADJUDICATION SUR SURENCHÈRE

[1771-1785]

1771. Définition. — L'adjudication sur surenchère est celle qui a lieu lorsqu'un tiers fait une offre supérieure au prix d'une précédente aliénation.

1772. Nature de la surenchère. — La surenchère, considérée comme une exception tendant à dépouiller un acquéreur devenu propriétaire légitime, ne doit être admise qu'avec beaucoup de circonspection, et entourée des formalités exigées par la loi. Nous ne pouvons entrer ici dans les détails que comporterait cette matière, et nous renvoyons aux ouvrages spéciaux pour savoir dans quels cas peut avoir lieu la surenchère, quelles sont les personnes qui peuvent surenchérir, quels sont les délais et les formes de la surenchère, etc. Nous nous arrêterons aux détails qu'il est le plus utile de connaître.

1. SURENCHÈRE SUR VENTE VOLONTAIRE ET SUR VENTE JUDICIAIRE. — La surenchère peut être portée sur les ventes volontaires (2185 C. C.) comme sur les ventes judiciaires (708, 709 C. proc.); pour la surenchère des *ventes judiciaires*, le législateur n'oblige pas le surenchérisseur à fournir caution comme lorsqu'il s'agit de surenchère sur *vente volontaire*.

Le surenchérisseur devant porter le prix à une valeur supérieure à celle du prix primitif, cette augmentation varie suivant la nature de la vente. S'agit-il de la surenchère sur saisie immobilière, elle doit être d'un sixième en sus du prix de la dernière enchère. Elle peut être portée par toute personne, mais seulement dans le délai de *huitaine* (708 C. proc.). Sur une aliénation volontaire, elle doit être d'un dixième du prix porté au contrat. Elle doit être faite dans le délai de *quarante jours* (2185 C. C.) par les seuls créanciers ayant hypothèque ou privilége. Enfin, en matière de faillite, le délai de la surenchère est de quinze jours et le minimum de la surenchère du dixième (753 C. C.). Il importe donc de fixer le caractère de la vente, afin de savoir si c'est la surenchère du sixième ou celle du dixième qu'on a le droit d'exiger du surenchérisseur. Or, la limite qui distingue, en cette matière, les ventes volontaires des ventes forcées, n'est pas nettement tracée par la loi; mais les détails à donner à cet égard seraient trop longs pour trouver place ici.

Nous dirons seulement que, dans une question très-controversée en jurisprudence, celle de savoir si la surenchère du quart (taux fixé par l'ancien C. proc.) s'applique aux licitations, ou bien si, dans ce cas, les créanciers doivent surenchérir du dixième, la Cour suprême s'est prononcée, le 18 mai 1830 (9761 J. E., 7259 J. N.), contre la surenchère du dixième. L'art. 973 du nouveau C. proc., en confirmant cette jurisprudence, lève aujourd'hui toute difficulté sur ce point.

Lorsque la licitation a eu lieu selon les formes voulues par la loi, qu'elle est devenue définitive par l'expiration du délai pour surenchérir d'un sixième, l'un des colicitants, créancier de la succession, ne peut pas surenchérir du dixième, comme tout créancier le peut, en matière de vente ou d'adjudication, dans les quarante jours de la signification du contrat (Cass. 8 juin 1833, 15718-5 J. E., 15019 J. N.).

2. EFFET DE LA SURENCHÈRE. — Il est constant, d'après l'opinion des auteurs et les décisions de la jurisprudence, que la surenchère ne suspend point l'effet de la vente, et que la seconde adjudication faite au profit d'un tiers est une condition résolutoire de la première. « Il ne faut pas croire, dit Troplong (*des Hypothèques* n° 949), en s'appuyant de l'autorité de Pothier (*de la Vente* n°s 490, 492 et 494), que la propriété cesse de résider sur la personne de l'acquéreur, dès qu'il y a eu réquisition de surenchère..... Le surenchérisseur ne se trouve réellement acquéreur et propriétaire que lorsque, au temps venu pour l'adjudication, sa surenchère n'est pas couverte. Avant ce temps, la propriété réside encore sur la tête de l'acquéreur primitif. » — V. 1778.

De là et d'après la règle *Res perit domino*, la perte ou le dépérissement de l'immeuble qui surviendrait par cas fortuit dans l'intervalle de la surenchère à l'adjudication reste à la charge de l'acquéreur (Grenier n° 465). « Le fait qui résout, dit M. Demante, la propriété du premier adjudicataire, ce n'est pas l'acte de surenchère, passé au greffe dans le délai préfix; ce n'est pas même la notification de cet acte (Art. 709 C. proc.), mais bien la seconde adjudication. C'est à ce jour seulement que, s'il ne se présente pas d'enchérisseur, le surenchérisseur sera déclaré adjudicataire » (Art. 710 C. proc.). Jusque-là, il n'a acquis encore aucun droit sur le fonds; jusque-là donc, le premier adjudicataire n'est aucunement dévêtu; il subit les risques de la chose; il a aussi les chances avantageuses, résultant de l'annulation de la surenchère (Art. 706 C. proc.) ou du désistement du surenchérisseur (V. Art. 2188 C. C.); en un mot, il est encore propriétaire (V. aussi Grenier *Hyp.* 465, Pigeau liv. 2 part. 5 tit. 4 ch. 1er sect. 3 § 10 n° 7, Carré *Lois de la procéd.* 2481, Dalloz n° 2410). Par le fait de la seconde adjudication, la propriété du premier adjudicataire est entièrement résolue, et le second succède directement à la partie saisie. Du premier acte d'adjudication, il ne subsiste même aucun rapport obligatoire: le premier adjudicataire est entièrement dégagé de l'obligation de payer le prix, et, d'un autre côté, il ne peut prétendre à aucune garantie pour éviction, car la seconde adjudication est la continuation de la première audience; dès que les feux sont rallumés, le premier adjudicataire est dans la même position que si son enchère eût été couverte incontinent, à la face du juge; or, d'une enchère une fois couverte, il ne reste plus rien » (*Principes de l'enregistrement* n°s 200 et 201).

3. TARIF. — L'acte de surenchère doit être passé au greffe du tribunal de première instance. Il était tarifé à 2 francs par l'art. 68 § 2 n° 6 de la loi du 22 frimaire an 7. Ce droit a été élevé à 3 francs par celle du 28 avril 1816 art. 44 n° 10, et à 4 fr. 50 cent. par la loi du 28 février 1872 art. 4.

Le droit de greffe de l'acte de surenchère est de 1 fr. 50 cent. (Déc. 12 juill. 1808 art. 1er).

Si la surenchère est faite par exploit, elle est passible du droit applicable à l'exploit qui la contient.

4. PLURALITÉ. — La surenchère de plusieurs lots, faite

par un seul enchérisseur en un seul acte, n'est passible que d'un seul droit fixe, parce que, dans ce cas, il n'y a réellement qu'une acquisition (Dél. 19 mars 1833, 4330 J. N., 511 C.).

1773. Cautionnement.—D'après l'art. 2185 C. com., le créancier inscrit, auquel on notifie le contrat de vente de l'immeuble affecté à sa créance, peut surenchérir d'un dixième en offrant de donner caution. Le vœu de cette dernière disposition n'a été que d'assurer la réalisation de la surenchère, c'est-à-dire de garantir, ainsi que le déclare un arrêt de Cass. du 10 mai 1820, l'obligation contractée par le surenchérisseur de faire porter le prix à un dixième en sus du prix stipulé au contrat existant. Il suit de là que le cautionnement n'a pour objet que la surenchère, sans s'étendre à l'adjudication subséquente; que, d'après l'art. 69 § 2 n° 8 de la loi du 22 frimaire an 7, l'acte de réception de la caution ne peut être soumis à un droit plus élevé que celui perçu sur l'acte de surenchère, et que cette perception est définitive, soit que l'adjudication ait lieu au profit d'un tiers, soit qu'elle demeure au surenchérisseur (D. m. f. 4 juin 1828 I. G., 1256 § 2, 9083 J. E.). Le contraire résultait d'une Sol. du 9 vendémiaire an 11 (1279, 3517 J. E.), d'une Dél. du 22 décembre 1826 (8600 J. E.), et de l'I. G. 1200 § 2 que l'I. G. 1256 a prescrit de cesser de prendre pour règle.

Il a été jugé, en matière civile, que le cautionnement du prix d'une vente subsiste dans les mêmes limites en cas de surenchère au profit du tiers acquéreur (C. Besançon, 14 déc. 1877, 4985 R. P.).

1774. Droits de l'adjudication. — La loi du 22 frimaire an 7 ne s'est pas occupée du cas de surenchère, mais les caractères de cette opération conduisent à décider qu'on doit y faire l'application des règles relatives à la folle-enchère, et percevoir de la même manière. En effet, dans le cas de la surenchère, comme dans celui de folle-enchère, il y a condition résolutoire, et le tempérament de la loi, en matière de folle-enchère, conduit à penser qu'une seule perception est à faire. — V. 1760.

Diverses hypothèses sont à distinguer comme dans la folle-enchère : ou le *nouveau propriétaire* (qualification employée par les art. 2185 et 2187 C. C.) a fait enregistrer son acte au moment de la surenchère, ou il ne l'a pas fait, ou il conserve la propriété sur la surenchère en payant ou consignant le montant de toutes les créances inscrites (Grenier 464, 465, Pigeau t. 2 p. 251), ou le surenchérisseur demeure adjudicataire.

Nous allons examiner ces diverses hypothèses.

1775.—Première adjudication enregistrée. — Quotité de droit égale. — Si l'adjudication est faite au profit d'un tiers, ce nouveau possesseur ne devra-t-il le droit de mutation que sur la différence entre le prix de l'adjudication et celui porté au premier contrat enregistré? Le droit n'est dû que sur la différence. C'est une conséquence de l'art. 2188 C. C. En effet, l'adjudicataire étant tenu de rembourser à l'acquéreur les frais et loyaux coûts du contrat, etc., il est évident qu'il lui rembourse les droits d'enregistrement, et que, si on les exigeait encore sur la totalité du prix de l'adjudication, il les payerait deux fois sur la même chose (1416, 2132 J. E., Dél. 18 oct. 1823, 7731 J. E.). — V. 1762.

C'est ce que porte également une Dél. 28 août 1829 (9403 J. E., 6952 J. N., 1303 § 4 I. G. *in fine*), et ce qu'enseigne M. Demante n° 203.

1. DOUBLE DROIT. — Dans ce cas, le double droit exigible sur la surenchère, non présentée à l'enregistrement dans le délai légal, ne doit être perçu que sur la différence entre le prix de la première adjudication et celui de la surenchère (233 et 1303 I. G., 15133 et 15162-1 J. E.).

2. QUOTITÉ DE DROIT INÉGALE. — Si le taux du droit exigible sur l'adjudication est supérieur à celui du droit imputé sur le contrat primitif, ce dernier droit doit être imputé sur celui qui est dû pour l'adjudication, c'est-à-dire que l'adjudicataire surenchérisseur doit supporter le droit le plus élevé auquel donnent ouverture les deux ventes prises individuellement (Dél. 28 août 1829, 1303 § 4 I. G.). — V. 1765.

3. DONATION. — Il n'y a pas à considérer pour cela la nature de l'acte antérieur. Les principes seraient les mêmes à l'égard d'une donation que d'une vente, et le donataire qui se rend adjudicataire ne doit toujours qu'un supplément. — V. J. du not. n° 1879, et *infrà* n° 1781.

4. ÉCHANGE. — C'est ce que l'Administration a reconnu également à propos d'un échange sur lequel la surenchère avait eu lieu (9403 J. E., 1303-4 I. G.).—Si c'est le coéchangiste surenchéri qui se rend adjudicataire, nulle difficulté ne s'élève, car le supplément de prix représente une soulte ordinaire passible du droit ordinaire de 5 fr. 50 cent. pour 100. — Si l'adjudication a lieu au profit d'un tiers, et si l'échangiste surenchéri reçoit, sur le prix, une somme égale à la valeur du bien, il n'y a pas non plus d'embarras, puisque le contrat d'échange subsiste entre les parties, l'autre coéchangiste restant en possession de l'immeuble. Mais quand, à la suite de l'éviction qu'il subit, le surenchéri reprend, comme il en a le droit, l'immeuble par lui cédé, est-ce qu'il faut déduire des droits d'enregistrement de la surenchère la totalité ou la moitié des droits de l'échange? On a enseigné que la déduction de moitié est seulement autorisée, attendu que l'enchérisseur ne rembourse au surenchéri que la portion de l'impôt à sa charge personnelle, c'est-à-dire la moitié des droits de l'échange. Cette opinion paraît contraire aux termes généraux de l'I. G. 1303-4, qui autorise la déduction, sans réserve, des droits perçus sur *le contrat* primitif. Le droit d'échange ayant été liquidé sur la valeur d'un des lots, il est difficile de soutenir que ce soit le prix de deux transmissions distinctes tarifées chacune au droit égal de 1 fr. 25 cent. pour 100. L'impôt est indivisible, et puisque l'un des échangistes est entièrement dépossédé de l'objet reçu, il semble que le droit d'échange est intégralement déductible.

5. NOTAIRE COMMIS. — Les adjudications sur surenchère devant un notaire commis ne sont, comme celles qui ont lieu en justice, passibles du droit proportionnel que sur l'augmentation de prix qui résulte de la seconde adjudication (Dél. 18 oct. 1823, 7731 J. E. 607 C.).

6. TRANSCRIPTION. — Quand un supplément de droit est exigible dans les conditions que nous venons d'indiquer,

c'est le droit de vente à 5 fr. 50 cent. pour 100 qui est dû. L'art. 52 de la loi du 28 avril 1816 reçoit sans difficulté son application (Cass. 3 juill. 1849, 14760 J. E., 13786 J. N., 8678 C., 1844-3 I. G., S. 49-1-650). — *V.* 1780 § 2.

1776. Liquidation des droits. — Il faut pour liquider les droits : 1° déduire le prix de la première adjudication de celui de la seconde ; — 2° ajouter à ce restant de prix les frais et loyaux coûts qui doivent être remboursés par le second adjudicataire, excepté les droits d'enregistrement et de transcription payés pour la première adjudication (Dél. 10 vend. an 13, 2132 J. E.).

1. FRAIS. — Ne font pas partie non plus des loyaux coûts à ajouter au restant du prix ceux qui n'auraient pu être considérés comme des charges de la première vente et qui auraient été, à ce titre, affranchis du droit proportionnel, car le surenchérisseur est censé avoir payé lui-même les loyaux coûts de la vente surenchérie. Tels seraient, par exemple, les honoraires de notaire rédacteur de cette vente (16468-1 J. E.). Mais il y aurait lieu d'ajouter les frais d'actes qui peuvent constituer une charge de la première vente, notamment les frais de l'extrait de l'adjudication déposé au greffe conformément à l'art. 837 C. proc.

2. IMPENSES. — Nous pensons qu'il faut également considérer comme charge à ajouter au prix la somme que le second adjudicataire est tenu de payer à l'acquéreur évincé, en sus de son prix, pour les réparations et impenses faites par lui et ayant occasionné une plus-value à l'immeuble. Bien que ce payement n'ait pas été prévu par le cahier des charges, du moment qu'il est imposé à l'acquéreur définitif par le tribunal, il devient l'une des conditions de la vente et tombe sous l'application de la règle générale d'après laquelle tout ce qui est payé en sus du prix au vendeur est passible du droit proportionnel (15910-2 et 18766 J. E.).

1777. Droit de salaire. — Il peut arriver (*V.* 1762) que le droit auquel donne ouverture la revente soit moins élevé que celui qui a été perçu sur le contrat primitif. Dans ce cas, l'adjudicataire n'a d'autre droit à payer que celui de salaire de la formalité, sauf à rembourser les droits d'enregistrement au premier acquéreur. C'est ce qui arrive également lorsqu'un cohéritier se rend adjudicataire sur surenchère pour une portion moindre que sa part, comme dans l'espèce suivante proposée (14138-7 J. E.): une acquisition sur licitation a été faite par un étranger moyennant 18,000 francs, et la surenchère a été prononcée *par moitié*, pour 24,000 francs, entre un étranger et un cohéritier propriétaire pour un tiers. Celui-ci ne doit payer aucun supplément de droit, attendu que les parts acquises par lui ne sont que de 8,000 francs et que le droit sur la moitié de la première adjudication a été perçu sur 9,000 francs qui excèdent la valeur des parts acquises par lui par suite de la surenchère. C'est dans le même sens qu'a été prise une Dél. du 14 octobre 1831 (10254 J. E.).

1. PLURALITÉ. — La surenchère faite par un seul enchérisseur et en un seul acte et qui porte sur plusieurs lots distincts tend à une vente unique, et, dès lors, la pluralité des droits fixes n'est pas exigible. Il en est ainsi, pour le même motif, du jugement qui statue sur la validité de la surenchère (17823-1 J. E.).

1778. Surenchère précédant l'enregistrement de la première vente. — L'Administration, considérant que, depuis la loi du 2 juin 1841, la surenchère est irrévocable, puisqu'elle ne peut plus être rétractée (*V.*, dans le même sens, en matière d'adjudication volontaire, Grenier n° 464), et que le surenchérisseur est déclaré adjudicataire s'il ne se présente pas d'enchérisseur, a reconnu (Dél. 11-26 déc. 1846 et 2 mars 1848, 14976-2 J. E., Sol. 28 sept. 1850, 14252 J. N.) que lorsque l'adjudication première est présentée à l'enregistrement dans le délai après avoir été *frappée de surenchère,* elle n'est passible que du droit fixe. Le motif de ces décisions est que, lorsque la surenchère précède l'enregistrement de la vente, le nouveau propriétaire, par suite de la connexité des deux actes, n'a plus qu'un titre atteint dans son principe, qui, ne transmettant aucune propriété, ne peut plus être considéré que comme une adjudication préparatoire. « Attendu, porte également un arrêt de Cass. du 23 février 1820, en droit, que les art. 710 et 711 C. proc. soumettent les adjudications judiciaires à une condition résolutoire, lorsqu'ils admettent toute personne à surenchérir, en offrant un quart en sus du prix de la vente, à la charge de le faire dans le délai et dans les formes qu'ils prescrivent; que cette condition résolutoire est inhérente à l'adjudication judiciaire, coexiste avec elle, et que, quand elle s'accomplit, les choses sont remises au même état que si l'adjudication surenchérie n'avait pas existé, conformément à la disposition générale de l'art. 1183 C. C. ; d'où il résulte que Bels a cessé d'être adjudicataire dès le 12 juin, c'est-à-dire avant l'expiration de vingt jours depuis l'adjudication du 29 mai; que, dès lors, il a cessé d'être débiteur du droit proportionnel d'enregistrement pour cause de mutation de propriété, et que, n'étant pas débiteur du droit principal, il n'a pu encourir la peine du double droit, peine que la loi n'impose qu'au débiteur d'un droit principal qui a négligé de l'acquitter dans le délai qu'elle lui prescrivait » (S. 22-1-195, *Conf.*: Dél. 24 juill. 1819, 6454 J. E.).

Cette règle a été, depuis lors, confirmée par une seconde délibération du 11 décembre 1855 motivée, en substance, sur ce que la surenchère est le complément de la vente et que, quand elle intervient avant l'enregistrement de celle-ci, il est impossible de soutenir que le contrat ainsi atteint soit translatif aux yeux du Trésor. Des solutions conformes ont été rendues les 10 juin 1853, 14 novembre 1857, 24 juin 1858, 31 janvier 1867. Elle est approuvée par le D. N. t. 12 p. 435 n° 258, et par M. Demante (*Principes* n° 205).

1. SURENCHÈRE ABANDONNÉE. — Que si la surenchère restait sans suite, il est évident que les droits de mutation devraient être réclamés à l'acquéreur qui avait été surenchéri (15437-3 J. E.).

Le même principe s'appliquerait à la surenchère non dénoncée dans les trois jours, conformément à l'art. 709 C. proc.; car, à défaut de cette dénonciation, la surenchère est nulle de plein droit et sans qu'il soit besoin de faire prononcer cette nullité.

1779. Double droit. — Délai expiré avant la surenchère. — La règle que nous avons fait connaître au numéro précédent est de nature à recevoir presque toujours son application, lorsqu'il s'agit de poursuites sur saisie immobilière, puisque la déclaration de surenchère doit être faite dans les huit jours de l'adjudication (*V.* 1772-1). Mais il n'en est pas de même en matière de surenchère sur adjudication volontaire, où le créancier a quarante jours pour surenchérir (2185 C. C.). Dans le premier cas, le double droit, si le premier acquéreur n'a pas fait enregistrer son titre dans le délai, ne peut être que du droit fixe. *Quid* dans la seconde hypothèse? L'arrêt de Cass. 23 février 1820, que nous avons rapporté au numéro précédent, a consacré que la surenchère est une condition résolutoire de la première adjudication; or, de ce que la résolution opérée avant l'expiration du délai d'enregistrement affranchit le premier adjudicataire du payement des droits de mutation, il ne s'ensuit nullement que cette même résolution, accomplie après expiration du délai pour l'enregistrement, ait pour effet d'annihiler un double droit qui a été acquis à l'Administration par suite de cette circonstance que la propriété réelle reposait sur la tête du premier acquéreur au moment où expirait le délai pour l'enregistrement de la mutation. Nous pensons donc que, dans cette hypothèse, le double droit proportionnel est exigible. C'est d'ailleurs ce qui résulte d'une délibération du 24 juillet 1819 (6454 J. E.) et ce que l'on peut induire d'un jugement de Lyon du 25 mars 1846 (7507 C., 13982 J. E. — *V.* Dalloz n° 2411 et 2412, Champ. et Rig. n° 2144, et *Suppl.* n° 413, M. Demante *Principes* 202).

1780. Premier acquéreur adjudicataire définitif. — Dans l'ancien droit, si l'acquéreur conventionnel faisait faire sur lui un décret volontaire pour purger les hypothèques et demeurait adjudicataire, il n'était point dû de doubles lods de ventes, parce qu'il n'y avait qu'une mutation, soit que le décret volontaire ait été ou non stipulé par le contrat; mais s'il n'y avait augmentation de prix, les lods étaient dus sur l'augmentation (*V.* l'art. 84 *Cause de Paris* et le *Traité des fiefs* de Livonnière liv. 3 chap. 4 § 1er, Bosquet 2-25). — On suivait la même règle pour le centième denier (Bosquet *loc. cit.* Déc. du Cons. 15 avr. 1730).

Il en est ainsi encore aujourd'hui. C'est l'adjudication sur surenchère et non le contrat volontaire de vente qui fixe le prix de l'immeuble pour la perception du droit d'enregistrement. En conséquence, lorsque l'immeuble surenchéri est adjugé au premier acquéreur, le droit de 5 fr. 50 cent. pour 100 est exigible sur le supplément de prix, attendu que le jugement substitue un prix nouveau et des conditions nouvelles au contrat primitif qui a été effacé ou modifié (Cass. ch. civ. 3 juill. 1849, 13786 J. N., 14760 J. E., 1844 § 3 I. G., S. 49-1-650).

« Attendu, porte cet arrêt, que l'adjudication sur surenchère fait passer la propriété de l'immeuble surenchéri du vendeur originaire à l'adjudicataire, et opère la véritable mutation passible du droit d'enregistrement sur le montant de l'adjudication; que c'est l'adjudication qui fait connaître le propriétaire définitif de l'immeuble et en détermine le vrai prix; — Attendu qu'il est indifférent que l'adjudication soit prononcée au profit de l'acquéreur surenchéri ou au profit de tout autre; que le jugement d'adjudication efface ou modifie le contrat volontaire et substitue un prix nouveau et des conditions nouvelles aux prix et conditions stipulés dans le contrat primitif; — Que, si l'acquéreur primitif a un recours contre son vendeur pour ce qui excède le prix porté au contrat volontaire, ce recours n'engendre qu'une action en garantie, ne change ni la nature ni les effets du jugement, et ne peut empêcher l'application de l'art. 69 de la loi du 22 frimaire. »

« La deuxième adjudication, dit également le tribunal de la Seine, dans un jugement du 26 novembre 1858, n'opère pas une mutation nouvelle entre le premier et le deuxième adjudicataire, les deux opérations se confondent en une seule, et la dernière doit supporter l'impôt sur la totalité du prix exprimé, défalcation faite des droits précédemment perçus, sans qu'il y ait lieu de rechercher si, à l'égard de l'adjudicataire, la deuxième vente est confirmative, plutôt que translative de propriété » (1258 R. P., 11643 C., 16948 J. E.). On peut consulter dans le même sens l'I. G. 233 et une Sol. de l'Administration, du 13 juin 1830 (10330 J. E.). — Champ. et Rig. t. 6 n° 415 et 9323 J. N.

M. Demante, au contraire, justifie en ces termes l'opinion d'après laquelle aucun droit ne serait exigible sur le supplément de prix : « Sauf en ce qui concerne les créanciers hypothécaires, le contrat primitif subsiste et demeure toujours titre de la propriété de l'acquéreur. Quant à la différence, elle est remboursable par le vendeur (art. 2161 C. C.). Cela est encore plus frappant au cas où le contrat primitif est une donation. Nonobstant l'adjudication provoquée par les créanciers hypothécaires, l'adjudicataire continue à posséder *pro donato*. Son titre demeure révocable pour ingratitude ou survenance d'enfants, réductible en cas d'excès de la quotité disponible, etc., etc. Aussi l'art. 2189 C. C., statuant sur l'hypothèse, décide expressément : « L'acquéreur ou le donataire qui conserve l'immeuble mis aux enchères, en se rendant dernier enchérisseur, n'est pas tenu de faire transcrire le jugement d'adjudication. Pourquoi cela? C'est que l'acheteur ou le donataire qui *conserve* l'immeuble mis aux enchères, ne pouvant acquérir à nouveau la propriété qui est déjà sienne, l'adjudication en ce cas n'est pas un acte translatif. De toutes ces considérations il paraît résulter que le droit proportionnel de mutation n'est pas exigible sur la différence en question. Cependant la pratique est contraire » (*Principes* n° 210).

1. CHARGES. — Le tribunal de la Seine a reconnu, le 12 novembre 1858, que, dans le cas de surenchère suivie d'une adjudication au profit de l'acquéreur primitif, les frais et loyaux coûts de la première vente doivent être ajoutés au prix principal pour la liquidation du droit : « Attendu que les frais de vente sont des charges qui s'ajoutent au prix; qu'à l'égard des frais et loyaux coûts de la première adjudication, soit que le remboursement s'en effectue par un payement réel de l'adjudicataire définitif envers le premier acquéreur, soit que ce remboursement s'opère par confusion si c'est le premier adjudicataire qui reste acquéreur définitif, dans l'un et l'autre cas ces frais n'en constituent pas moins pour cet adjudicataire un déboursé qui s'ajoute au prix » (1258 R. P., 11643 C.).

Mais nous n'avons pas adopté cette opinion. En principe, les frais et loyaux coûts de la première adjudication avaient dû supporter les droits au moment de l'enregistrement de cette adjudication. Ils ne pouvaient pas plus donner une seconde fois ouverture à ces droits, à l'occasion de l'enregistrement de la surenchère, qu'on ne devait percevoir un second droit sur le prix même de la première adjudication (1258 R. P.).

2. TRANSCRIPTION. — Avant que la loi du 28 avril 1816 eût réuni le droit de transcription au droit de vente pour en faire un tarif indivisible de 5 fr. 50 cent., la C. cass. avait décidé que l'acquéreur sur surenchère n'était pas tenu de payer un supplément de droit de transcription à moins qu'il n'eût requis une nouvelle transcription (Cass. 10 juin 1812, 4293 J. E.). — Mais, aujourd'hui que le tarif de toutes les ventes d'immeubles est fixé à 5 fr. 50 cent., c'est sur ce taux que doit être calculé le supplément de droit (Cass. 3 juill. 1849, *rapporté* 1780, 1844-3 I. G., 14760 J. E., 13786 J. N., 8678 C. G. Demante, *Principes* n° 210; — Seine 12 nov. 1858 cité au paragraphe précédent. — V. Dalloz n° 6034).

Lorsque, après la vente de biens appartenant partiellement à des mineurs, les mêmes biens ont été adjugés à l'audience à l'acquéreur primitif, le droit de transcription, comme celui de mutation, n'est dû que sur la différence entre le prix de l'adjudication judiciaire et celui de la première vente (Seine 1er juill. 1855, 15651 J. N.).

3. SUPPLÉMENT PAYÉ AU VENDEUR. — Une Dél. 17 février 1832 (10275 J. E.), porte que l'adjudicataire surenchéri qui, pour éviter l'effet de la surenchère, consent à payer un supplément de prix au vendeur, doit supporter le droit de mutation sur ce supplément, puisque si la surenchère avait eu son cours, elle aurait eu un supplément de prix pour résultat (V. dans le même sens Champ. et Rig. n° 2158, D. N. t. 12 p. 437 n° 268).

4. SUPPLÉMENT PAYÉ AU CRÉANCIER. — Même décision si, au lieu du vendeur, c'est au créancier hypothécaire qu'une somme égale au montant de la surenchère est payée pour qu'il se désiste de sa surenchère (Cass. 17 mars 1806).

1781. Nouvelle vente. — Il faut reconnaître, avec Dalloz n° 2419 et Champ. et Rig. n° 2159, qui prennent pour exemple le *délaissement par hypothèque*, que si l'adjudication prenait le caractère d'un contrat nouveau, si elle n'anéantissait pas le premier contrat par voie d'annihilation ou de résolution, si, en un mot, elle formait un contrat indépendant de la première mutation, un nouveau droit, et non pas un simple supplément de droit, serait exigible.

1. DÉLAISSEMENT. — Ainsi, lorsque l'acquéreur d'un immeuble en est dépossédé, à défaut d'accomplissement des formalités hypothécaires (2168 C. C.) un nouveau droit de mutation est dû, sans imputation des droits perçus sur le premier contrat, si cet acquéreur se rend de nouveau adjudicataire (Sol. 28 août 1829, 1303 § 4 I. G.).

2. DONATAIRE DÉPOSSÉDÉ. — On avait émis également l'opinion que l'adjudication au profit du *donataire* de l'immeuble surenchéri, opère une vente passible du droit de mutation à titre onéreux sur la totalité du prix. Champ. et Rig. n° 2156 repoussent avec raison cette doctrine, car le donataire qui, aux termes de l'art. 2183 C. C., a fait notifier son titre aux créanciers inscrits avec *évaluation* de l'immeuble donné, ne fait que surélever cette évaluation en se rendant adjudicataire pour un prix supérieur, et, d'ailleurs, il n'a rien à payer par lui-même puisqu'il peut demander au donateur, en vertu de l'art. 2191 C. C., le remboursement de la somme qu'il s'est obligé à payer aux créanciers par l'effet de l'évaluation amiable, ou par celui de la surenchère.

Dans l'hypothèse qui vient de nous occuper, c'est-à-dire celle où l'adjudication définitive est passée au donataire de l'immeuble surenchéri, le tribunal de la Seine a jugé, le 11 mai 1836 (9323 J. N.), que l'adjudicataire, conservant sa qualité de donataire, ne doit payer le supplément de droit exigible à raison de l'augmentation du prix que d'après la quotité du droit qui a été perçu sur le contrat primitif. Ce qui vient à l'appui de ce que nous avons dit. — (*Contrà*, 9323 J. N. et D. N. t. 12 p. 436 n° 264).

1782. Surenchère non autorisée. — Dès qu'une prétendue adjudication sur surenchère est faite hors des limites que la loi a tracées, elle donne incontestablement lieu au droit de vente sur la totalité du prix. Aussi une adjudication sur surenchère à la suite d'une folle-enchère, est passible d'un droit de vente et de rédaction sur tout le prix (15221 J. E.). La C. cass. a, en effet, jugé, les 10 janvier et 13 juin 1844, 30 juin 1847 (11929, 12994, 13104 J. N.), que la surenchère n'est pas admissible après l'adjudication sur folle-enchère, quand même la folle-enchère n'aurait pas été précédée d'une première surenchère. (*Conf.* : Sol. 3 sept. 1877.

1783. Restitution. — Il arrive quelquefois, notamment dans le cas où le nouveau propriétaire était un étranger, alors que l'adjudicataire enchérisseur est un colicitant, que les droits payés sur la première adjudication ont été plus élevés que ceux exigibles de l'adjudicataire définitif. La différence est-elle restituable ? La raison de décider est la même qu'au n° 1762 *suprà*. En effet, du moment que la condition qui frappait la première acquisition était résolutoire seulement et non suspensive (V. 1772-2), les droits que le premier acquéreur a payés ont été légitimement acquis au Trésor, et aucun événement ultérieur ne peut, aux termes de l'art. 60 L. 22 frimaire an 7, faire qu'ils soient sujets à restitution. C'est dans ce sens, d'ailleurs, que la question a été décidée (Dél. 19 mai 1843, 13319 J. E., 11908 J. N., 1697 § 8 I. G.; — Cass. 23 juill. 1849, 4778 J. E., 11800 J. N., 1844 § 16 I. G., S. 49-1-569; — Moulins 21 déc. 1850, 15309-1 J. E.; — Châteaubriant 6 fév. 1851, 8690 R. Fess.; — Pontoise 1 fév. 1872, 3402 R. P.; — Trévoux 13 mars 1873). — « Attendu, porte l'arrêt du 23 juillet 1849, que, dans l'espèce, lorsque le droit d'enregistrement a été acquitté sur le montant de la première adjudication, les premiers adjudicataires n'avaient pas cessé d'être propriétaires; qu'à la vérité, par l'effet de la surenchère et de l'adjudication qui l'a suivie, la vente qui leur avait été faite doit être réputée n'avoir point existé; mais que cette résolution de la propriété, résultant d'un événement postérieur à la perception, ne peut autoriser la demande en restitution d'un droit qui était légitimement dû lorsqu'il a été perçu, et qui, dès lors, était définitivement acquis au Trésor public. »

Dalloz n° 2414 et 2415 et Champ. et Rig. Suppl. 414, appuient cette jurisprudence, qu'ont cependant repoussée quelques tribunaux (Limoges 31 déc. 1844, 12388 J. N., 14222

J. E.; — Lisieux 20 mars 1846, 12960 J. N.; — Nantes 27 nov. 1847, 13363 J. N.).

1. DROIT ACQUIS. — Mais il a été reconnu que si le droit de 5 fr. 50 cent. pour 100, applicable à la première adjudication faite au profit d'un étranger, n'avait été liquidé par erreur qu'au taux de 4 pour 100, il n'y aurait pas lieu, après la surenchère prononcée au profit d'un colicitant, de demander le droit de transcription qui eût été exigible, sans cette surenchère (Dél. 7 avr.-19 mai 1843, 13319 J. E., 1697-§ 8 I. G.).

2. REVENTE PAR LE PREMIER ADJUDICATAIRE. — De même, le droit proportionnel perçu sur la revente d'immeubles par l'adjudicataire n'est pas restituable, quoique la surenchère, faite par l'un des créanciers inscrits, ait été déclarée valable par jugement (Dél. 27 oct. 1835, 11323 J. E.).

3. REVENTE AU PREMIER ACQUÉREUR. — Le droit payé pour une aliénation volontaire ne serait pas non plus restituable si l'immeuble surenchéri était passé aux mains d'un tiers qui l'aurait ensuite revendu à l'amiable au premier acquéreur. D'après un jugement du tribunal de Saverne, du 23 avril 1845, l'Administration serait même fondée à réclamer un droit non perçu par erreur sur le contrat résolu (13856 J.E.).

4. DATE. — Les droits payés par le premier adjudicataire ne sont pas non plus restituables, encore que le délai pour l'enregistrement ne soit pas expiré et qu'il soit allégué sans preuve que la surenchère, formée le même jour que l'enregistrement, a été antérieure à cette formalité (Pontoise 1er fév. 1872, 3593 R. P., Sol. 12 janv. et 7 sept. 1872).

1784. Expertise. — L'adjudicataire étant propriétaire jusqu'au moment de la surenchère et restant assujetti à toutes les obligations de l'acquéreur, il avait paru que l'Administration pouvait requérir l'expertise des biens (Cass. 3 mai et 27 juin 1829, 7 juill. 1812, 2885, 3254, 3707, 4270 J. E.). — Mais la C. cass. s'est prononcée pour la négative par deux arrêts des 15 mars et 28 août 1854 (104 et 104 R. P., 2060 § 3 I. G., S. 54-1-358, 608), dont la doctrine sera complétement développée au mot *Expertise*.

1. ADJUDICATION SUR SURENCHÈRE. — Mais que décider lorsque la demande en expertise est faite alors seulement que l'acquéreur surenchéri a été dépossédé par l'adjudication sur surenchère? La C. cass. repousse l'expertise par le motif que l'adjudication a anéanti la première acquisition, à raison de laquelle aucune action postérieure à l'adjudication ne peut plus être exercée contre l'acquéreur primitif (Cass., ch. civ. 10 fév. 1852, 15394 J. E., 14598 J. N., 1920 § 5 I. G., S. 52-1-250). Cet arrêt, ainsi que le fait observer l'Administration, reconnaît implicitement que l'action en expertise peut être valablement formée, nonobstant l'existence de la surenchère, tant que l'adjudication n'a pas eu lieu. Cette question se trouve également traitée avec les détails nécessaires au chapitre *de l'Expertise*.

2. SOUMISSION. — L'acquéreur qui a souscrit une soumission acceptée ne peut pas se refuser à l'exécuter par suite de la surenchère; et s'il se rend adjudicataire moyennant un supplément de prix supérieur à l'insuffisance reconnue, l'Administration peut exiger le droit en sus indiqué dans la soumission (Lyon 25 mars 1846, 13982 J. E.).

1784 *bis*. Avoué. — Défaut de pouvoirs. — Si la surenchère a été reconnue valable par jugement, la circonstance que l'avoué a agi sans mandat régulier ne dispense pas le surenchérisseur du payement des droits (Le Puy 10 fév. 1876, 4617 R. P.).

1785. Désistement de surenchère. — L'art. 2190 C. C. porte que lorsqu'une surenchère a été faite, l'adjudication publique doit avoir lieu lors même que le créancier se désisterait, à moins qu'il n'y ait consentement exprès de tous les créanciers. Ce désistement n'a pas besoin d'être accepté par le tiers acquéreur (Alger 7 nov. 1853, S. 1854-2-568; — Agen 24 avr. 1855, S. 57-1-137). — Le désistement, qu'il ait lieu par suite du payement par le créancier enchérisseur *du montant de la soumission*, et du consentement ou non des autres créanciers, qu'il soit l'effet d'un arrangement tacite entre l'acquéreur et ce même créancier surenchérisseur, ou qu'il ait lieu de toute autre manière ou pour toute autre cause, ne donne pas ouverture au droit de vente. Il n'opère point de mutation, et n'est pas une augmentation de prix relativement à l'acquéreur. Ainsi, il n'y a lieu d'exiger qu'un droit fixe ou un droit de quittance ou d'obligation suivant que ces deux natures de conventions se présentent.

1. RENONCIATION. — L'acte par lequel des créanciers hypothécaires renoncent à surenchérir le prix des ventes que leur débiteur a faites de ses biens à différents acquéreurs ne profite qu'au vendeur et n'est assujetti qu'à un droit fixe de 3 francs par créancier renonçant (Dél. 18 août 1848, Sol. 17 avr. 1852, 25 oct. 1869, 9 août 1870).

CHAPITRE IV. — DROITS DE GREFFE DE RÉDACTION SUR LES ADJUDICATIONS JUDICIAIRES

[1786-1800]

1786. Quotité du droit. — Le droit de rédaction sur les adjudications, soit volontaires, soit sur licitation, soit sur expropriations forcées faites en justice, est de 50 cent. pour 100 sur les *cinq premiers mille francs*, et de 25 cent. pour 100 sur ce qui excède 5,000 francs (Art. 1er L. 22 prair. an 7 art. 1er Déc. 12 juill. 1808).

1787. Minimum. — Dans aucun cas, la perception ne peut être au-dessous du droit fixe de 1 fr. 25 cent. déterminé pour les moindres actes par l'art. 5 L. 21 ventôse an 7 (Art. 3 Déc. 12 juill. 1808, 398 I. G.). Cette disposition est générale et embrasse tous les actes passibles du droit proportionnel de rédaction (D. m. f. 10 août 1814, 5013 J. E.).

1788. Fractions de sommes. — Le décret du 12 juillet 1808 et la décision du 12 décembre 1808 (500 I. G.) veulent que les droits proportionnels de greffe soient perçus comme ceux de l'enregistrement, suivant les règles établies par les lois des 22 frimaire an 7 et 27 ventôse an 9. On doit donc, pour la perception, suivre les sommes de 20 francs en 20 francs inclusivement et sans fraction.

1789. Prix et frais. — Réserve d'usufruit. — Il s'ensuit encore que le droit proportionnel de rédaction doit, ainsi qu'on le fait pour la perception des droits d'enregistrement (*V.* 1743), porter non-seulement sur le prix de l'adjudication, mais sur les frais et les autres charges, notamment sur la valeur de l'usufruit, lorsqu'il est réservé (Dél. 4 sept. 1822, 7366 J. E.).

1790. Vente en détail.— On controverse la question de savoir si le droit de greffe est dû, pour les adjudications en détail, sur chaque lot individuellement, ou sur le prix cumulé de tous les lots, sauf aux adjudicataires à s'arranger entre eux au prorata de leurs adjudications respectives. Nous examinons cette difficulté au mot *Greffe* n° 9362.

1791. Adjudications en général. — Toute adjudication faite en justice, de quelque nature que soient les biens adjugés, est sujette au droit proportionnel de rédaction : par suite, les baux judiciaires sont passibles de ce droit. Les jugements qui prononcent des *rentrées en possession* faute de payement du prix, des *rétrocessions de vente* et des *résiliations de baux*, ne doivent pas supporter ce droit de rédaction. Il en est de même des *partages* faits au greffe, même avec soulte (D. m. f. 21 mai 1823). Conformément à cette décision, qui déroge à celle transmise par l'I. G. 500, les préposés, en ce qui concerne le droit proportionnel de rédaction, règleront leurs perceptions sur le principe que les *adjudications* judiciaires sont les *seuls* actes qui soient assujettis à ce droit; mais que toutes les adjudications de l'espèce y sont assujetties, soit qu'elles portent sur des biens meubles, comme rentes, créances et autres biens de cette nature, ou qu'elles soient relatives à des biens immeubles, et soit aussi qu'elles contiennent vente ou bail des biens mis en adjudication (1082 I. G.).

1792. Réunion d'actes concourant à l'adjudication. — Le cahier des charges, les actes du juge qui constatent les publications, l'adjudication préparatoire et l'adjudication définitive, forment ensemble une seule minute sujette au droit proportionnel de rédaction, qui doit être celle du jugement d'adjudication (Dél. 28 oct. 1814, 4947 J. E.).

1793. — Baux. — Meubles. — Les adjudications de baux sont passibles du droit proportionnel de rédaction (1166 § 17 I. G.). Il en est de même des adjudications de valeurs mobilières et de celles de baux emphytéotiques (Versailles 21 déc. 1826, 1282 § 1er I. G.).

1. JOUISSANCES EMPHYTÉOTIQUES. — Quant aux adjudications de jouissances emphytéotiques créées par actes passés avant le C. C. il faut, pour la perception du droit de rédaction, établir le capital sur dix fois le prix annuel, pour tout bail dont la durée n'excède pas trente ans, et sur vingt fois pour ceux au-dessus de ce terme, en y joignant les deniers d'entrée (D. m. f. 5 mai 1812, 4664 J. E.).

2. MEUBLES. — ÉTAT ANNEXÉ. — Lorsque le cahier des charges impose à l'adjudicataire d'un immeuble l'obligation de prendre, moyennant un prix déterminé, en sus du prix des meubles détaillés et évalués article par article dans un état annexé ou faisant corps avec le cahier des charges, il y a lieu de percevoir le droit de greffe tant sur le prix de l'adjudication que sur la somme à laquelle le mobilier évalué, par ce motif que l'art. 1er n° 2 du décret du 22 juillet 1808 a assujetti aux droits de greffe les adjudications faites en justice, et qu'il s'agit, dans l'espèce, non d'une vente amiable, mais d'une véritable adjudication en justice (18520 § 2 J. E.).

Mais la question doit être résolue en sens contraire quand le prix des meubles doit être fixé par des experts désignés d'office ou à désigner par les parties, parce qu'alors il n'y a pas de vente (18535 § 1er J. E.).

1794. Biens à l'étranger. — Les adjudications judiciaires faites en France, d'immeubles situés en pays étrangers, sont sujettes au droit proportionnel de rédaction (Cass. 11 déc. 1820) : « Attendu que le droit de rédaction étant formellement établi par la loi du 22 prairial an 7 (art. 2), et par l'art. 1er n° 2 du décret du 12 juillet 1808, le jugement attaqué, en ordonnant la restitution de ce droit, qui n'était pas même demandée par le défendeur, a non-seulement prononcé sur une chose non demandée, mais a formellement violé les articles précités de la loi du 22 prairial an 7 et du décret du 12 juillet 1808 » (6917 J. E.).

1795. Créances. — Les adjudications de rentes ou créances sont sujettes au droit proportionnel de rédaction, mais le droit ne se perçoit que sur le prix de la vente (Seine 3 avr. 1850, 8200 R. Fess.). — *V.* 1751.

1796. Expertise. — Le droit de rédaction n'est pas dû, outre celui d'enregistrement, sur l'insuffisance constatée par expertise, ou reconnue par soumission des parties, dans le prix exprimé d'une adjudication d'immeubles faite en justice (Sol. 11 déc. 1840, 1634 § 17 I. G., 6236 R. Roll.).

1797. Folle-enchère.— D'après l'art. 3, décret du 12 juillet 1808 (*V.* 1796), le droit n'est dû, en cas de revente sur folle-enchère, que sur ce qui excède la première adjudication. Ainsi, lorsque le prix d'une première adjudication a excédé 5,000 francs et que le droit proportionnel de rédaction de 50 cent. pour 100 a été perçu sur cette somme, on ne doit exiger que 25 cent. pour 100 sur l'adjudication par folle-enchère, parce que l'excédant de prix n'est que le complément du prix principal (Dél. 17 fév. 1814, 4752 J. E.).

1. VENTE DEVANT NOTAIRE. — Mais lorsque l'adjudication a été passée devant notaire et que, faute de payement du prix, l'adjudicataire est dépossédé par une folle-enchère

passée pour un prix inférieur, le droit de rédaction est exigible sur l'adjudication par folle-enchère: «Attendu que si l'art. 3 du décret du 12 juillet 1808 assujettit au droit de rédaction la folle-enchère seulement sur ce qui excède la première adjudication, c'est que cet article sous-entend que l'exemption ne doit être appliquée qu'autant que le droit de rédaction aurait était acquitté sur la première adjudication; ce qui n'a pas eu lieu dans l'espèce » (L. 18 juill. 1834, 11070 J. E.).

1798. Surenchère. — Par suite du rapport qui existe entre les surenchères et les folles-enchères (*V.* 1774), on doit arriver à la même règle que celle posée dans le numéro précédent. Aussi, a-t-il été décidé qu'en cas de surenchère sur un immeuble vendu volontairement, le jugement d'adjudication est passible du droit de rédaction sur *totalité* du prix et non sur le supplément seulement (Sol. 12 mars 1832, 10284 J. E., D. N. t. 12 p. 438 n° 271; — Cass. ch. civ. 3 juill. 1849, 13786 J. N., 14760 J. E., 1844, § 3 I. G., S. 49-1-650. — *Arrêt rapporté* 1780).

1799. Usufruit. — Le jugement par lequel le donataire de la nue-propriété d'un immeuble se rend adjudicataire de l'usufruit du même immeuble est passible du droit de rédaction, quoique ce donataire ait payé le droit de mutation sur la valeur entière de la propriété (Seine 4 avr. 1839, 12284 J. E.).

1800. Restitution. — Lorsque, par suite d'appel, une adjudication est annulée, il y a lieu de restituer le droit proportionnel de rédaction; le droit fixe de rédaction et celui d'expédition, étant le salaire de la formalité, ne sont dans aucun cas restituables (Art. 4 Déc. 12 juill. 1808, 398 I G, confirmatif d'une D. m. f. 21 oct. 1806, 2423 J. E.).

TITRE V. — ADJUDICATION DES BIENS IMMEUBLES DE L'ÉTAT

[1801-1808]

1801. Forme. — Tout ce qui concerne la forme dans laquelle s'adjuge la propriété des biens de l'État, appartient à la matière des domaines qui n'entre pas dans notre cadre.

Nous avons indiqué sommairement au n° 1608 en quelle forme avait lieu la vente des biens de l'État. Nous n'avons plus qu'à nous arrêter ici sur les questions de tarif.

1802. Tarif. — L'art. 69 § 7 n° 1er L. 22 frimaire an 7, porte : « La quotité du droit d'enregistrement des adjudications de domaines de l'État sera réglée par des lois particulières. » C'est l'art. 6 L. 15 floréal an 10 qui a réglé cette quotité à 2 pour 100. Aucune loi n'ayant apporté de changement à cet égard, c'est ce droit qui est aujourd'hui en vigueur.

« Le système introduit par application de la loi du 15 floréal an 10, dit à cet égard M. Demante, est peu satisfaisant. Rationnellement, pour la vente des biens de l'État, il n'y a que deux partis à prendre — dégrever entièrement le contrat — ou, tout au contraire, appliquer le tarif ordinaire. Dégrever, c'est plus logique; car les offres de l'acheteur étant calculées en raison inverse de l'élévation des droits de mutation, en définitive, l'impôt retombe toujours *indirectement* sur le vendeur. L'immunité convient donc aussi bien aux ventes qu'aux acquisitions faites par l'État. Il y a même raison. D'autre part, l'avantage de l'uniformité justifierait très-bien l'application pure et simple du tarif ordinaire. C'est ce qui a lieu pour les « baux de biens nationaux, » et pour les ventes de meubles « faites par la nation » (Art. 69 § 3 n° 2 et § 5 n° 1er). » Entre ces deux partis, la loi, quant aux ventes d'immeubles, prend un terme moyen qui vraiment n'a aucune raison d'être » (*Principes* n° 859).

Le gouvernement avait proposé en 1864 de soumettre au droit ordinaire les ventes ou adjudications d'immeubles appartenant à l'État. Voici en quels termes cette proposition était justifiée par le conseil d'État : « Nous proposons de soumettre au droit ordinaire des ventes d'immeubles (5 fr. 50 cent.) les adjudications des biens domaniaux qui n'ont été assujettis jusqu'ici qu'à un droit de 2 pour 100 (L. 26 vend. an 7, 15 flor. an 10 et 5 vent. an 12). L'expérience enseigne, en effet, que les adjudicataires ignorent généralement (nonobstant la publicité donnée par les affiches et cahier des charges) que ces sortes de ventes jouissent d'une modération de droits, et que, par conséquent, il n'y aurait aucun inconvénient pour le produit des ventes à relever le droit d'enregistrement au taux ordinaire » (1848 et 1873 R. P.).

Ce projet de loi n'a pas abouti et il n'a pas été repris depuis cette époque.

1. PARCELLES DE ROUTE. — Les cessions par l'État de parcelles de *routes nationales* inutiles au service des ponts et chaussées sont passibles du droit du 2 pour 100 comme ventes de biens de l'État. Celles des terrains inutiles aux routes départementales sont soumises au droit de 5 fr. 50 cent. (Sol. 21 janv. 1842.) — V. *Acte administratif.*

2 RÉTROCESSION. — CESSION AUX RIVERAINS. — Si la cession a lieu au profit des anciens propriétaires expropriés et comprend des terrains restés sans emploi après l'exécution des travaux, elle forme une conséquence de l'expropriation et demeure exemptée des droits. Mais la cession faite aux riverains en vertu du droit de préemption qui leur appartient est soumise aux règles ordinaires. On trouvera le développement de ces deux points au mot *Expropriation* n° 8721.

3. LAIS ET RELAIS DE MER. — Les concessions de lais et relais de mer sont passibles du droit de 2 pour 100. — V. *Concession.*

1803. Transcription. — On a mis en question s'il y a lieu d'ajouter au droit de 2 pour 100, depuis la loi du 28 avril 1816, celui de transcription fixé à *un et demi* pour cent. Mais la négative est évidente. Ce droit n'est exigible que sur les actes de *nature à être transcrits au bureau des hypothèques* (Art. 54

de cette loi). Or, les biens de l'État étant toujours adjugés *francs et quittes d'hypothèques*, les actes d'adjudication de ces biens ne sont pas de *nature à être transcrits* (5742 J. E.; — *Conf.* : M. Demante n° 258).

1804. Liquidation et payement du droit. — Le droit d'enregistrement doit être liquidé sur la totalité du prix. Il ne fait pas partie des frais qui, suivant l'art. 6 L. 15 floréal an 10, sont à la charge du Trésor public. Il doit en conséquence être payé par les adjudicataires (61, 215 I. G.).

1. FRAIS. — Les frais à payer par l'État, sont ceux d'estimation, papier, timbre, impression, port et apposition d'affiches, criées et bougies (61 I. G.).

1805. Timbre. — L'I. G. n° 61 avait décidé que les droits de timbre sont à la charge de l'État. Mais il a été reconnu depuis que les droits de timbre, tant des minutes que des expéditions délivrées aux particuliers, doivent être payés par les adjudicataires (Arrêté du Gouv. 23 flor. an 12, 1539 J. E., 137 et 215 I. G.).

1806. Déchéance. — Délai. — La déchéance de l'adjudicataire et l'amende du dixième du prix prononcée contre lui par l'art. 8 L. 15 floréal an 10, pour défaut de payement du prix, ne le relèvent pas de l'obligation de payer le droit de mutation dans les vingt jours de l'adjudication (Cass. 14 mars 1837, 9593 J. N., 1539 § 9 I. G., 11742 J. E., S. 37-1-4-20).

1. SUBROGATION. — L'arrêté de subrogation pris par un préfet dans le cas prévu par le décret du 3 juillet 1791, en faveur d'un coacquéreur, faute de payement par l'acquéreur des termes échus du prix de l'adjudication d'un domaine de l'État, est passible du droit de 2 pour 100. Ces arrêtés sont sujets à la formalité dans les vingt jours de leur date et sur la minute (Déc. 2 juill. 1811 532 I. G.).

1807. Deshérence. — Lorsque la succession *en deshérence* n'est pas ouverte depuis plus de trente années, la propriété n'en appartient pas à l'État; il peut se présenter un héritier pour la revendiquer : dès lors, ces biens doivent être aliénés *en justice*, et d'après les formes prescrites pour la vente des immeubles provenant des successions sous bénéfice d'inventaire (Circ. 1306, 552 I. G.). — *V.* 1608. Les droits d'enregistrement dus pour ces adjudications sont les droits ordinaires en matière d'adjudications ou de ventes d'immeubles. *Conf.* : G. Demante n° 863.

Ce tarif ne varierait pas quoique les biens fussent exceptionnellement vendus par les voies administratives.

1. BIENS DU DOMAINE. — Si l'envoi en possession du domaine a eu lieu depuis plus de trente ans, l'adjudication des biens est faite comme il est prescrit pour l'aliénation des biens de l'État, et les droits d'enregistrement sont liquidés d'après les règles établies, n° 1802 à 1815 *suprà*.

1808. Concession à un tiers. — Revente. — Si les terrains domaniaux ont été d'abord cédés à une commune, et que postérieurement celle-ci les abandonne à un tiers, la commune ne peut être considérée comme ayant reçu de l'État le simple mandat de vendre des immeubles domaniaux : elle est devenue propriétaire, et la revente qu'elle a consentie à un tiers est une transmission ordinaire de biens communaux passible du droit de 5 fr. 50 cent. pour 100 (Cass. 14 août 1861, 1542 R. P., 17236 J. N., 12060 C., 17336 J. N., S. 61-1-892).

ADOPTION ET TUTELLE OFFICIEUSE.

DIVISION

SOMMAIRE :

CHAPITRE PREMIER. — DISPOSITIONS GÉNÉRALES

[1812-1814]

1812. Définition. — L'adoption, dans les principes du C. C., est un acte solennel qui, sans faire changer de famille à l'adopté, établit entre lui et l'adoptant plusieurs des droits et des devoirs attachés à la paternité et à la filiation (Toullier t. 2 n° 984). Demolombe la définit « un acte juridique qui crée entre deux personnes certains rapports civils de paternité et de filiation » (*de l'Adop.* n° 1).

1813. Diverses espèces d'adoption. — On distingue l'adoption *entre-vifs* et l'adoption *testamentaire*, et la première se subdivise en *ordinaire* et *rémunératoire*. Les règles posées par la loi, soit quant au fond, soit quant à la forme seulement, varient pour ces trois espèces d'adoption.— L'adoption rémunératoire se distingue de l'adoption ordinaire, en ce qu'elle n'a lieu qu'en faveur de celui qui a sauvé la vie à l'adoptant, et les règles relatives à l'âge respectif des parties ne lui sont plus applicables. Ces deux adoptions sont, d'ailleurs, soumises aux mêmes conditions. Nous les traiterons donc ensemble. Quant à l'adoption *testamentaire*, elle fera l'objet d'un chapitre particulier sous le titre de tutelle officieuse qui en est la préparation.

1814. Acte de l'état civil. — L'adoption doit être consignée parmi les actes de l'état civil. — *V.* 658.

CHAPITRE II. — DE L'ADOPTION ORDINAIRE ET RÉMUNÉRATOIRE

[1815-1837]

1815. Des personnes qui peuvent adopter. — L'adoption est facultative pour les deux sexes (même hors le mariage) à l'égard de toute personne âgée de plus de cinquante ans et *sans postérité légitime. Cet âge* est de rigueur, à moins que l'adopté n'ait sauvé la vie à l'adoptant (343 et 345 C. C.). La loi, en imposant cette condition, a eu, en effet, pour but d'empêcher que l'adoption ne détournât les citoyens du mariage, par la possibilité de se donner des enfants légitimes sans se marier.

Celui qui a un fils adoptif peut encore en adopter un ou plusieurs (C. Bourges 21 frim. an 12, 4661 J. N., Grenier *de l'Adopt.* n° 10, Toullier t. 2 n° 986).

Dans tous les cas, un ministre du culte catholique est incapable d'adopter. Cette solution est vivement controversée (*V.* les autorités citées par Demolombe t. 6 n° 54). Mais il semble que la fiction doit être interdite à ceux pour qui la réalité est un crime (Delvincourt t. 1er p. 412, Duranton t. 1er n° 286, Marcadé *loc. cit.*).

1. ENFANT NATUREL. — L'adoption est permise à celui qui a des enfants naturels reconnus : la disposition de l'art. 343 C. C., suivant laquelle l'existence d'enfants légitimes met obstacle à l'adoption, ne saurait être étendue au cas d'existence d'enfants naturels (Seine 21 mars 1859 ; — C. Paris 20 avr. 1860, 1352 R. P., S. 1860-2-331 ; — Cass. 3 juin 1861, S. 61-1-990, Locré, *Esprit du C. C.* art. 343, Grenier *de l'Adopt.* n° 10, Toullier t. 2 n° 986, Duranton t. 3 n° 278, Marcadé art. 343 n° 3, Demolombe t. 6 n° 18, Demante *Cours analyt.* t. 2 n° 76, Massé et Vergé t. 1er § 175 p. 343 note 2, Aubry et Rau t. 4 § 556 p. 636).

2. SURVENANCE D'ENFANT. — L'adoption est également valable quoiqu'il soit survenu un enfant légitime à l'adoptant, postérieurement à l'adoption, c'est-à-dire à l'acte passé devant le juge de paix (Demolombe *de l'Adopt.* n° 15).

3. ENFANT CONÇU. — Mais on admet généralement que si l'enfant légitime était légalement conçu à ce moment, l'adoption doit être déclarée nulle comme n'ayant pas été dans l'origine légalement formée (Delvincourt t. 1er p. 95 note 5, Toullier t. 2 n° 986, Duranton t. 3 n° 278, Aubry et Rau t. 4 p. 636, Demante t. 2 n° 76 *bis*, Demolombe t. 16 n° 16).

4. CONSENTEMENT. — L'époux qui se borne à consentir à l'adoption faite par son conjoint ne contracte aucun engagement personnel (Demolombe t. 6 n° 28).

1816. Des personnes que l'on peut adopter. — L'adopté doit être plus jeune que l'adoptant, de quinze ans au moins (343 C. C.).— Il faut qu'il en ait reçu, étant mineur et dans le cours de six années consécutives, des soins et des secours lorsqu'il ne lui a point sauvé la vie ; qu'il soit majeur, et, si sa vingt-cinquième année n'est pas révolue, qu'il obtienne et rapporte le consentement de ses père et mère, et, s'il a dépassé vingt-cinq ans, qu'il requière leur conseil (345 et 346 C. C.). — Nul ne peut être adopté par plusieurs, si ce n'est par deux époux (344 C. C.).

1. ENFANT NATUREL. — Quant aux enfants naturels *reconnus*, la question de savoir si leur auteur peut les adopter, a divisé les auteurs et la jurisprudence. Se sont prononcés pour l'adoption : Grenier *de l'Adoption* n° 35, Proudhon t. 2 p. 217-220, Duranton t. 3 n° 293, Dalloz v° *Adoption* n° 118, Zachariæ t. 14 p. 7 et les Cours de Douai 12 fév. 1er mai et 30 août 1824 ; — Rennes 14 fév. et 24 mars 1828 ; — Poitiers 17 mai 1828 (5053 et 8088 J. N.) ; — C. Riom 14 mai 1838 (10044 J. N.) ; — Bordeaux 30 janv. 1845 (12265 J. N.) ; — Paris 13 mai 1854, S. 54-2494, 135 R. P.). — D'autre part, elle a été repoussée par Delvincourt t. 1er p. 255 note, Loiseau p. 345 et suiv., Chabot *Succession* t. 2 p. 121 n° 34, Toullier t. 2 n° 988, Merlin Rép. *Adoption* § 4 5e édition, Malleville t. 1er p. 346, Marcadé sur les art. 343 à 346 n° 4, Demolombe t. 6 n° 51, etc., et par un grand nombre de Cours.

La C. cass., après avoir un instant hésité sur cette grave question, a fini par valider l'adoption de l'enfant naturel reconnu (Cass. 23 juin 1857, S. 57-1-652, 891 R. P., 3 juin 1861, S. 61-1-990, 13 mai 1868, S. 68-1-338,

8 déc. 1868, S. 69-1-150). Et elle a décidé que cette adoption confère à l'adopté tous les droits d'un enfant légitime même vis-à-vis des autres enfants naturels reconnus de l'adoptant (Cass. 3 juin 1861).

D'ailleurs, il avait été jugé contre l'Administration que si l'adoption de l'enfant naturel n'a pas été annulée, l'Administration n'a point qualité pour en contester les effets à l'égard de l'adopté ou de tous autres (*V.* Cass. 15 fév. 1854, 2015-7 I. G., 15812 J. E., 13419-7 J. E.).

En ce qui concerne l'enfant naturel non reconnu, nul doute qu'il puisse être adopté (Duranton n° 293).

2. ENFANT ADULTÉRIN, INCESTUEUX. — On ne peut adopter les enfants *adultérins* ou *incestueux*, dont la filiation serait établie par des jugements. — Sauf néanmoins pour ces deux derniers cas à respecter les adoptions antérieures au C. C. (*V.* C. Nancy 18 août 1814 et Cass. 26 juin 1832, 7769 J. N.).

3. ÉTRANGER. — On controverse la question de savoir si un étranger peut être adopté. L'affirmative est enseignée par Zachariæ t. 4 p. 6, Valette t. 1er p. 177 et Demangeat *Cond. des étrangers* p. 362. Mais la négative est plus généralement admise, par la raison que les lois civiles sont faites uniquement pour les Français (Cass. 25 août 1823, S. 23-1-353, 22 nov. 1825, D. 25-1-7, 7 juin 1826, D. 26-1-299, Merlin *Quest. de droit* t. 7 v° *Adoption* n° 2, Marcadé art. 346-2, Aubry et Rau t. 4 p. 635, Demolombe t. 6 n° 48).

4. INTERDIT. — On ne peut pas adopter non plus celui qui est privé de *l'exercice* de ses droits civils par l'interdiction légale ou judiciaire (Zachariæ t. 4 p. 5 et 6, Marcadé art. 346 n° 2). — *V.* cependant Demolombe t. 6 n° 49.

1817. Contrat d'adoption. — Le contrat d'adoption se forme devant le juge de paix du domicile de l'adoptant. A cet effet, les parties doivent se présenter devant ce magistrat pour lui faire connaître leur consentement réciproque (353 C. C.).

Le jugement qui constate ce consentement n'est passible que du droit fixe de 1 fr. 50 cent., comme jugement préparatoire, aux termes de l'art. 68 § 1er n° 46 L. 22 frimaire an 7 et 4 de celle du 28 février 1872 (1565 J. E.).

1. FORMATION DU CONTRAT. — CONSENTEMENT. — L'adoption, étant un contrat, exige le consentement des deux parties (Demolombe t. 6 n° 42).

Le consentement à l'adoption peut être verbalement donné par le conjoint de l'adoptant jusqu'au jugement d'homologation. Il n'est pas indispensable que ce consentement intervienne au moment de l'acte passé devant le juge de paix (Poitiers 28 nov. 1859, S. 61-2-138. — *V.* cependant Demolombe t. 6 nos 111 et 112). — Il a été décidé, dans le même sens, que la manifestation de la volonté des deux parties ne crée pas le contrat d'adoption : elle en constitue seulement le préliminaire et au moment où le tribunal procède à l'examen, l'adoption n'existe pas encore (Cass. 1er mai 1861, S. 1861-1-513). — Cette jurisprudence, prise dans ses termes absolus, conduirait à décider que toute donation faite à l'adopté par l'adoptant pendant l'intervalle qui s'écoule entre l'acte passé devant le juge de paix et la décision du tribunal doit être considérée comme faite à un étranger. Cependant, une telle conséquence nous paraît difficilement admissible. Que l'adoption ne soit pas laissée à la volonté seule des parties, on le conçoit, car elle intéresse l'ordre public et la société dont les intérêts sont confiés à la justice. Mais ce contrôle n'est, en définitive, qu'une sanction ; l'adoption existe si bien, dès le jour du contrat, que le décès de l'adoptant n'empêcherait pas l'adopté de poursuivre la régularisation de son état civil et que le jugement produirait un effet rétroactif au jour même de la manifestation de volonté des deux parties.

Dès ce moment donc, la parenté légale existe, sauf l'approbation judiciaire, et la libéralité offerte à l'adopté par l'adoptant nous paraît passible du droit de transmission en ligne directe. « L'adoption, dit également Demolombe, est formée par le contrat, sous la condition suspensive de l'accomplissement des formalités. Une fois les conditions remplies, l'effet de l'adoption remonte à la date du contrat pour ce qui concerne les droits d'enregistrement » (t. 6 nos 84 et 120).

2. RÉVOCATION. — Mais tant que l'adoption n'est pas parfaite par l'accomplissement des formalités requises, c'est-à-dire jusqu'à l'inscription de l'arrêt sur les registres de l'état civil, les parties peuvent s'en départir par un mutuel dissentiment (Delvincourt t. 1er p. 98 note, Proudhon t. 2 p. 211, Duranton t. 3 n° 301, Aubry et Rau t. 4 p. 647, Demolombe t. 6 n° 85).

Il nous paraît certain que ce dissentiment intervenant au moment où le contrat est encore vacillant et où, par conséquent, la propriété des biens sur la tête de l'adoptant n'est pas réalisée d'une façon irrévocable leur retour au donateur ne donnerait lieu à aucun droit proportionnel de rétrocession. Mais les droits perçus *interim* sur les mutations opérées au profit de l'adoptant sont perçus régulièrement et ne sont pas restituables.

Ingratitude. — Le contrat est irrévocable en ce sens que l'une des parties ne pourrait plus s'en départir sans le consentement de l'autre, à ce point que la résolution ne pourrait même pas être prononcée en justice sur la demande de l'adoptant contre l'adopté pour cause d'ingratitude (Grenoble 2 mars 1842, S. 43-2, 171).

3. DÉCÈS. — Aux termes de l'art. 360 C. C., la mort de l'adoptant avant l'inscription sur les registre de l'état civil et même avant l'arrêt de la Cour n'empêche pas la continuation de la procédure.

En est-il de même en cas de décès de l'adopté ? La négative paraît certaine parce que l'adoption confère avant tout un bénéfice personnel (Demolombe t. 6 n° 119). Cependant si l'adopté laisse des enfants et si on admet que les enfants peuvent le représenter dans la succession de l'adoptant, il semble possible de laisser continuer la procédure à leur profit, de même que l'enfant naturel peut être légitimé après sa mort dans l'intérêt de ses propres enfants (Art. 332).

1818. Adoption admise ou repoussée. — Jugement définitif. — D'après les art. 354 à 356 C. C., une expédition de ce premier jugement est portée devant le tribunal de première instance, *réuni à la chambre du conseil;* la loi n'ayant voulu donner aucune publicité à l'adoption que quand elle est permise d'une manière irrévocable, afin que le refus de la justice ne nuise pas à la considération des parties. Le procureur de la République entendu, le tribunal prononce en ces termes : *il y a lieu, ou il n'y a pas lieu à l'adoption.* — Le jugement qui déclare *qu'il y a lieu* à l'adoption est passible du droit de 75 francs (L. 28 avr. 1816 art. 48, L. 28 fév. 1872, art. 4), — tandis que celui qui la repousse n'est passible que du droit de 7 fr. 50 cent. (Art. 68 § 3 n° 7 L. 22 frim. an 7 et 45 L. 28 avr. 1816, L. 28 fév. 1872, art. 4).

1819. Arrêt de Cour d'appel. — C'est la Cour d'appel qui donne la dernière sanction à l'adoption. Il est procédé en la même forme que devant le tribunal de première instance, *l'arrêt ne doit pas énoncer de motifs*, mais il est prononcé à l'audience (355 à 358 C. C.).

L'arrêt qui déclare *qu'il y a lieu* est sujet au droit fixe de 150 francs (L. 28 avr. 1816 art. 49 L. 28 fév. 1872 art. 4).

Celui portant *qu'il n'y a pas lieu* est tarifé au droit de 15 francs par la disposition générale de la loi du 28 avril 1816 art. 46 n° 2, et par celle de l'art. 4 de la loi du 28 février 1872.

1820. Affiches. — L'art. 358 C. C. veut de plus que l'arrêt qui admet l'adoption soit affiché en tel lieu et en tel nombre d'exemplaires que la Cour jugera convenable. Ces affiches sont assujetties au timbre de dimension et non au timbre spécial des affiches (Circ. 1908, 1565 J. E.).

1821. Pluralité de droits. — Nous avons vu, n° 1815, que nul ne peut être adopté par plusieurs, si ce n'est par deux époux. La conséquence de cette disposition est que, dans ce cas, l'adoption est considérée comme unique. Aussi, a-t-il été reconnu qu'il n'est dû qu'un seul droit sur les divers jugements et arrêts qui concernent cette adoption (5662 J. E.).— Mais il est dû autant de droits qu'il y a d'adoptés (Sol. 15 déc. 1818, 3984 C. a.; — Seine 25 février 1821, 10041 J. E., D. N. t. 1er p. 561 n° 65).

1822. Irrévocabilité de l'adoption. — Quand l'adoption est devenue parfaite par l'accomplissement de toutes les conditions requises, le commun accord de l'adoptant et de l'adopté ne peut plus l'anéantir; ils ne le pourraient même pas en revêtant leur volonté nouvelle des formes qui ont accompagné la première, c'est-à-dire en passant devant le juge de paix un contrat qu'ils feraient ensuite homologuer par la justice. En vain, dirait-on que l'adoption n'est qu'un contrat, et qu'un contrat peut toujours se dissoudre par les moyens qui ont pu le former: le mariage aussi n'est qu'un contrat, et il n'a jamais été permis de le rompre par les moyens offerts pour le former, même quand le divorce était permis. Or, l'adoption, quoique se réalisant au moyen d'un contrat, est vraiment un acte de l'état civil (*V.* 658), qui produit fictivement et légalement les qualités de père ou de mère et d'enfant; aussi, malgré l'opinion professée par Toullier t. 2 n° 1018, on doit tenir pour certain avec la généralité des auteurs (*V.* Dalloz *Jur. Gén., de l'Adoption* n° 217), dont nous venons de résumer la doctrine, que le lien *résultant* des formalités rigoureuses de l'adoption est irrévocable, même pour cause d'ingratitude (Duranton n° 328, Marcadé sur les art. 359 à 360) — ou pour cause de survenance d'enfants (Demolombe t. 6 n° 127).

1823. Nullité. — Recours en cassation. — Mais si l'adoption ne peut jamais être révoquée, il est clair qu'elle peut être déclarée nulle comme ayant eu lieu en dehors des conditions de la loi. Les auteurs sont unanimes sur ce point. « Puisque l'adoption est une pure fiction, dit Marcadé *loc. cit.*, une création du droit civil, une institution de faveur, toute exceptionnelle et permise en dehors des principes du droit naturel, il faut dire que, quand l'une des conditions exigées par la loi a manqué, l'adoption s'est trouvée impossible légalement; en sorte que, bien que réalisée en fait, elle est demeurée non avenue en droit, et nulle de nullité proprement dite. Il suit de là que la nullité en pourra être opposée à toute époque (par toute personne intéressée moralement ou pécuniairement à repousser l'adoption) et sans qu'aucune prescription puisse atteindre l'action des intéressés. » — « L'adoption est nulle, enseigne également Demolombe, lorsqu'elle manque de l'une des conditions essentielles auxquelles la loi a subordonné son existence juridique » : alors, en effet, elle n'existe pas; elle ne peut produire aucun effet civil, et toute personne intéressée peut, en tout temps, soutenir qu'il n'y a pas d'adoption. L'adoption annulable existe, au contraire, juridiquement; et il faut que l'annulation en soit prononcée par la justice » (t. 6 n° 183).

La jurisprudence s'est également prononcée en ce sens (Cass. 28 avr. 1841, S. 41-1-273, 13 mai 1868, S. 68-1-338, 14 juin 1869, S. 69-1-371).

1. DEMANDE DE NULLITÉ. — L'adoption se forme par le contrat passé devant le juge de paix et l'homologation n'est qu'une sorte de *pareatis* qui n'acquiert jamais l'autorité de la chose jugée. C'est donc par voie d'action principale devant le tribunal de première instance, que la nullité de l'adoption peut être demandée. Elle ne pourrait l'être ni par l'opposition ou l'appel, ni par la requête civile ou le pourvoi en cassation (Cass. 22 nov. 1825, S. 26-1-142, 24 avr. 1831, S. 31-1-321, 16 mars 1843, Marcadé art. 360 n° 3, Aubry et Rau t. 4 p. 645, Valette p. 202, Demolombe t. 6 n° 193).

1824. État de famille. — Quoique l'adoption confère le nom de l'adoptant à l'adopté (347 C. C.), il reste dans sa famille naturelle et y conserve tous ses droits; l'adoption ne produit qu'une sorte de parenté ou d'affinité civile, qui, dans un haut intérêt de convenance sociale, a dû paraître suffisante pour faire interdire le mariage entre l'adoptant, l'adopté et les enfants qui pourraient survenir à l'adoptant, entre l'adopté et le conjoint de l'adoptant, et réciproquement entre l'adoptant et le conjoint de l'adopté (348 C. C.). De ce que l'adopté conserve tous ses droits dans sa famille naturelle, il s'ensuit, par une conséquence nécessaire, que, sauf le droit de retour dont nous parlerons n° 1834, ses parents naturels ont seuls droit à sa succession, *à l'exclusion de l'adoptant* (Merlin *Quest. de droit* v° *Adopt.* § 3, Toullier t. 1er n° 1017. —

Aubry et Rau t. 4 p. 649, Demolombe t. 6 n° 130). — Et, en ce qui concerne le retour, ils excluent même tous les héritiers de l'adoptant, autre que ses descendants.

1825. Successibilité. — Le principal effet de l'adoption, c'est la successibilité. L'adopté a sur la succession de l'adoptant les mêmes droits que ceux qu'y aurait l'enfant né en mariage. Il est civilement et par fiction un enfant légitime, il a donc tous les droits héréditaires ordinaires. Par conséquent, s'il est seul, lors de l'ouverture de la succession, il prendra seul la totalité des biens, à l'exclusion de tous collatéraux et ascendants; s'il se trouve d'autres enfants adoptifs, il viendra concourir avec eux et partager par égales portions; il en sera de même s'il existe de vrais enfants légitimes *survenus depuis l'adoption* — (V. 1815). Il résulte incontestablement de là que les droits de mutation par décès qu'il a à payer sur les biens recueillis par le décès de l'adoptant, sont ceux établis par la ligne directe (757 J. E.).

1. DONATION. — Ainsi, une constitution dotale faite par un oncle à sa nièce qu'il a adoptée, n'est passible que des droits au taux fixé pour les donations en ligne directe (3607 J. E.).

1826. Parenté. — Mais ce droit de succéder ne s'étend pas au delà de l'adoptant; l'adopté n'acquiert aucun droit de succession sur les biens des parents de l'adoptant (350 C. C.). Il n'acquiert la qualité d'enfant que par rapport à l'adoptant; il reste étranger à tous les membres de la famille. Ainsi, si les père, mère ou autres ascendants de l'adoptant, ou ses frères, sœurs ou autres collatéraux, meurent après la mort de cet adoptant, ou pendant sa vie et avec renonciation de celui-ci à leur succession, l'adopté n'aura rien à prétendre sur les biens qu'ils laisseront, tandis qu'il serait leur héritier s'il était enfant légitime. Ainsi encore, si un enfant légitime de l'adoptant (survenu depuis l'adoption) meurt et laisse des biens, l'enfant adoptif n'y a aucun droit : il n'est pas réputé frère de cet enfant légitime (Grenier *de l'Adop.* n° 38, Marcadé sur l'art. 350). — C'est la conséquence du principe que, parmi nous, l'adoption ne produit point de parenté.

1. REPRÉSENTATION. — De même l'adopté ne pourrait représenter l'adoptant dans la succession de ses père et mère, car il leur est civilement étranger (Toulouse 25 avr. 1844 S. 45. 2-69).

2. ALIMENTS. — L'obligation alimentaire n'existe pas non plus entre l'adopté et les ascendants de l'adoptant ou réciproquement (Zachariæ, Aubry et Rau t. 4 p. 650, Massé et Vergé t. 1er p. 351, Valette p. 197, Demolombe t. 6 p. 121).

1827. Représentation. — Les biens des père et mère et des autres parents de l'adoptant restent, on vient de le voir, tout à fait en dehors des effets de l'adoption. La fortune seule de l'adoptant tombe dans la sphère légale de l'adoption, mais cette sphère d'action s'arrête-t-elle également à la personne de l'adopté? En d'autres termes, l'adopté décédé, les droits qu'il avait sur les biens de l'adoptant sont-ils éteints de telle sorte que ses propres enfants ne puissent venir le représenter dans la succession de l'adoptant décédé postérieurement? Quelques auteurs (Grenier *de l'Adop.* n° 37, Delvincourt t. 1er p. 415, Merlin *Rép. Adop.* t. 2 n° 105; Demolombe *Adopt.* n° 139, Aubry et Rau t. 4 § 500 p. 650, se sont prononcés pour l'affirmative). Mais la jurisprudence n'a pas adopté cette doctrine. La C. cass. les 2 décembre 1822 (4325 J. N., 7363 et 7623 J. E.) et 10 nov. 1869 (S. 70-1-18); les C. de Montpellier 8 juin 1823 (7906 J. E.), de Paris 27 janvier 1824 (4564 J. N., 7723 J. E.) et de Nancy 30 mai 1868 (S. 68-1-161) ont formellement consacré le principe que les enfants de l'adopté le représentent dans la succession de l'adoptant, et y exercent absolument les mêmes droits qu'il y aurait exercés lui-même. C'est ce qu'enseignent Proudhon t. 2 p. 140, Toullier t. 1er n° 1015, Duranton t. 3 n° 314, Dalloz V. *Adopt.* n° 185 à 187, Marcadé sur l'art. 350, Zachariæ, Massé et Vergé t. 1er § 180 p. 354. Ce serait, en effet, contrarier le vœu bien prononcé du législateur, et rendre en quelque sorte illusoire le bienfait de cette descendance civile par laquelle une fiction de la loi remplace, en faveur de l'adoptant, la descendance naturelle, que d'en *restreindre l'effet à la seule personne de l'adopté.* — *Conf.* : Cass. belge 11 nov. 1875, 12822 J. E. belge.

1828. Enfants de l'adopté. — La conséquence nécessaire de ce qui vient d'être dit est que pour les enfants de l'adopté, comme pour l'adopté lui-même, ainsi qu'on l'a vu au n° 1825, le droit à percevoir à raison de la transmission des biens de l'adoptant est celui fixé pour la ligne directe; aussi a-t-il été reconnu que les legs faits par l'adoptant aux enfants de l'adopté doivent être considérés comme faits en ligne directe, et passibles seulement du droit proportionnel dont les lois sur l'enregistrement frappent les sucessions en ligne directe (7075 J. E. — Cass. 2 déc. 1822, 4325 J. N., 7363 J. E., S. 23-1-74).

1829. Réserve des ascendants de l'adoptant. — L'enfant adoptif, avons-nous dit, n° 1825, a, vis-à-vis de l'adoptant, les mêmes droits héréditaires que l'enfant né en mariage. Or, l'enfant né en mariage ayant le droit, malgré la présence d'ascendants, de prendre la totalité des biens, il s'ensuit, par une conséquence rigoureuse, que les ascendants de l'adoptant ne peuvent pas mieux exercer, dans la succession de celui-ci, la réserve légale, que si l'adopté eût été légitime. La généralité des auteurs, sauf Toullier, enseignent cette doctrine, tout en regrettant l'oubli des ascendants, que le législateur a commis dans cette partie de la loi. « Heureusement, dit Dalloz, *de l'Adop.*, n° 188, qu'en raison de l'âge déjà avancé de l'adoptant, le cas dont on se préoccupe ici n'est pas de nature à se présenter souvent, et qu'en outre, on verra rarement un individu accessible aux sentiments qui portent vers l'adoption, dépouiller ses vieux parents et les laisser dans la misère » (Delvincourt t. 1 p. 96 note 6, Duranton t. 3 n° 312, Zachariæ Aubry et Rau t. 4 p. 652, Massé et Vergé t. 1 p. 642, Marcadé art. 350 n° 2, Valette p. 194, Demolombe t. 6 p. 138).

1830. Réserve de l'adopté. — Quant à l'*adopté*, son assimilation à l'héritier légitime lui assure une réserve dans la succession de l'*adoptant*. Ce point est également hors de toute contestation (Duranton t. 3 n° 317, Proudhon t. 2 p. 140, Grenier *de l'Adop.* n° 14). Dans ce sens, il a été décidé (C. Nancy, 4 août 1829 ; — Cass., 24 août 1831, 9682, 10197 J. E.; — Montpellier 24 août 1842) que l'enfant adoptif, neveu de l'adoptant qui a légué la quotité disponible à ses neveux et nièces, a droit, indépendamment de sa réserve comme adoptif, à une part du legs comme neveu. — V. 1836.

1. CALCUL DE LA RÉSERVE. — La réserve de l'adopté, de tout point semblable à celle de l'enfant légitime, peut s'exercer sur toutes les donations entre-vifs ou institutions contractuelles faites par l'adoptant, soit depuis, soit avant le contrat d'adoption. Elle frappe même l'institution contractuelle que l'époux adoptant aurait faite à son conjoint par le contrat de mariage avant l'adoption (Cass. 29 juin 1825, S. 26-1-29, Merlin *Quest. de droit* t. 7 v° *Adopt.* § 5 n° 2, Aubry et Rau t. 4 p. 653, Demolombe t. 6 n° 162) — V. *infrà* n° 1832.

2. ENFANTS D'UN PRÉCÉDENT MARIAGE. — L'article 1098 C. C. établit une réserve spéciale pour l'enfant né en mariage. Comme l'adopté est assimilé à l'enfant légitime, il faut en conclure que la même disposition lui est applicable (Cass. 26 avr. 1808, S. 1808-1-333, Delvincourt t. 1 p. 96 n° 7, Merlin Rep. v° *Revoc. d'Adopt.* t. 12, Massé et Vergé t. 1 p. 353, Demolombe t. 6 n° 164).

1831. Réduction des donations. — Du droit de réserve dérive celui de demander la réduction des dispositions qui excèdent la quotité disponible. — Ce droit ne souffre aucune difficulté en ce qui concerne les dispositions testamentaires. (Merlin *Quest. de droit*, V. *Adopt.* § 5). — Il en est de même, lorsqu'il s'agit de donations entre-vifs postérieures à l'adoption (Toullier t. 2 n° 1011, Duranton t. 3 n° 318, Merlin *Quest. de droit*, V. *Adopt.* § 6). Un seul auteur, Delvincourt (t. 1er p. 257 n° 5) enseigne que l'adopté ne peut faire réduire aucune donation, même postérieure à l'adoption.

Mais la question est vivement controversée relativement aux biens dont l'adoptant avait disposé par actes entre-vifs antérieurs à l'adoption, Toullier, t. 2 n° 1011 Delvincourt, t. 1er p. 413, Grenier, Chabot, Favard de Langlade, partant de ce principe que l'adoption n'est rien autre chose qu'une disposition gratuite des biens, qu'une institution contractuelle, qu'un don de la succession, se prononcent contre la réduction de la donation. D'autres auteurs soutiennent le contraire, en se plaçant au véritable point de vue de la loi pour laquelle l'adoption a uniquement pour objet direct de conférer la qualité d'enfant, et non celle de donataire (Merlin *loc. cit.*, Marcadé sur l'art. 250 n° 3, Duranton t. 3 n° 319, Roll. de Vill. Rép. t. 1er p. 261 n° 31). Dalloz *Jur. gén.* t. 3 p. 325 n° 194, reconnaît que la rigueur logique est en faveur de cette dernière doctrine, qu'a consacrée un arrêt Cass. 29 juin 1825 (5281 J. N.). Toutefois, il se rend avec répugnance à l'autorité de cet arrêt. « On doit faire des vœux, dit-il, pour que, dans le silence de la loi, l'interprétation magistrale élève une barrière derrière laquelle viendront s'abriter tous les contrats passés avec les tiers avant l'adoption. »

1832. Réduction des donations entre époux. — D'après Merlin, *loc. cit.*, l'adoption conférée par deux époux, a pour effet de réduire à la quotité disponible la donation contractuelle que s'étaient faite les deux époux antérieurement à l'adoption; et cette doctrine a été confirmée par arrêts des C. Montpellier, 8 juin 1823 (7906 J. E.); C. Cass. 29 juin 1825 (5291 J. N., 8167 J. E.); Paris, 26 mars 1836.

Au reste, lorsque le mariage est postérieur à l'adoption, c'est l'art. 1094 C. C. qui doit fixer la réduction de la portion disponible donnée au conjoint de l'adoptant pour compléter la réserve de l'enfant adoptif. (Grenier *de l'Adop.* n° 43).

1833. Révocation des donations. — L'adoption révoque-t-elle la donation comme la survenance d'enfant? Tous les auteurs, moins deux, Favard de Langlade et Marcadé, sur l'art. 960, se prononcent pour la négative. Si, en effet, l'enfant adopté a droit à la réserve, ce qui entraîne pour lui le droit de faire réduire les donations à la quotité disponible, ainsi qu'on l'a vu, n° 1831, cette action successorale lui est ouverte par les dispositions de l'art 350 C. C. qui ne peuvent être étendues au cas prévu par l'art. 960. Ce n'est qu'en vertu de la disposition claire et précise de ce dernier article que la survenance d'un enfant né du mariage révoque de plein droit les donations entre-vifs préexistantes. Aux termes du même article, si l'enfant légitimé par le mariage subséquent était déjà conçu à l'époque où la donation a été faite, elle serait révoquée de plein droit. Mais, s'il ne l'était pas, la donation serait valable. Le législateur ne parle pas dans l'art. 960 de l'enfant adoptif, il n'a donc pas voulu l'y comprendre, et abandonner des donations sur la stabilité desquelles les donataires ont dû compter, au caprice et à l'inconstance du donateur, qui recourrait à l'adoption pour ressaisir les biens par lui donnés. (Delvincourt t. 1er p. 413, Toullier t. 5 n° 303, Duranton t. 1er n. 315, Grenier *de l'Adop.* n° 39, Merlin *Questionde droit*, v° *Adopt.* § 4, Proudhon t. 2 p. 141, Aubry et Rau t. 4 p. 654, Massé et Vergé t. 1er p. 655, Troplong *Donat.* t. 3 n° 1373, Demolombe t. 6 p. 148, Aubry et Rau t. 6 § 560 p. 139-140, Demante t. 4 n° 103 *bis* 8). Les deux uniques arrêts qui aient statué sur la question ont refusé au contrat d'adoption les effets réservés à la survenance d'un enfant légitime ou légitimé (C. Rouen 13 mai 1851 ; Cass. 2 fév. 1852, 15402 J. E., 14574 J. N.). Cette doctrine a été appliquée par un jugement du tribunal de Bergerac du 28 juin 1871 (S. 71-1-49). — Il en résulte que, lors du décès de l'adoptant, il n'y a pas lieu de demander à ses héritiers les droits de succession pour les biens donnés avant l'adoption (3883 J. E.)

1834. Succession de l'adopté. — La succession de l'adopté est dévolue à sa famille naturelle, comme s'il n'y avait pas eu d'adoption (348 C. C.). L'adoptant n'est pas appelé à la succession des biens qui ne proviennent pas de lui, parce que l'adoption est faite dans l'intérêt de l'adopté et non de l'adoptant.

Cette exclusion est telle que si l'adopté ne laisse aucun parent au degré successible, la succession est échue à l'État (art. 768, C. C.)

1. BIENS DE L'ADOPTANT. — Néanmoins, l'adoptant

recueille les biens qui proviennent de lui, si l'adopté meurt sans descendants légitimes. Et si l'adoptant est prédécédé, ses descendants sont appelés à sa place (art. 337, C. C.)

Cette vocation des descendants est directe, en ce que les descendants recueillent le bien quand même ils auraient renoncé à la succession de l'adoptant ou que celui-ci, encore vivant, aurait renoncé à son droit héréditaire sur ces biens.

Mais on ne comprend pas, parmi les descendants dont il s'agit, un autre enfant adoptif, cet enfant adoptif ne recueillerait pas dans la succession de l'adopté défunt les choses qui provenaient à celui-ci de l'adoptant (Cass. 14 fév. 1855. S. 55-1-185, 354 R. P., Zachariæ t. 5 p. 225. — *V. Contrà.* Demolombe t. 6 n° 1740).

Si l'adopté est décédé laissant des enfants légitimes ou adoptifs, qui sont eux-mêmes décédés sans postérité avant l'adoptant, celui-ci succède aux choses par lui données, mais ce droit lui est personnel et ne passe pas à ses héritiers même en ligne descendante (art. 352, C. C.)

Dans le cas où l'adopté aurait laissé plusieurs enfants, l'adoptant ne succéderait qu'au dernier mourant et seulement aux choses qui se retrouveraient dans sa succession (Marcadé art. 352 n° 2, Demolombe t. 6 n° 176).

2. BIENS ALIÉNÉS. — L'adoptant succède aux choses, *existant encore en nature*, dit l'art. 351, C. C. L'adoptant doit donc respecter les aliénations à titre onéreux ou gratuit, faites entre-vifs ou par décès par l'adopté (Cass. 6 mars 1830, S. 38. 1-121; 2 janv. 1838, S. 38-1-634; Marcadé art. 351 n° 3, Demolombe t. 6 n° 179).

3. ACTIONS EN REPRISE. — PRIX ENCORE DU. — De ces expressions, *existantes en nature*, Toullier, t. 2 n° 1013, Grenier n° 15 ont conclu que le retour ne s'exerce pas sur les actions en reprise des biens aliénés, comme dans le cas des art. 747 et 766 C. C. Mais de la maxime, *qui habet actionem ad rem recuperandam rem ipsam habere videtur*, on peut tirer la conséquence que les actions en réméré, en rescision et en nullité, ayant pour but de faire rentrer la chose vendues dans l'hérédité, l'adoptant recueille les actions par son droit de retour. Et c'est l'opinion de Duranton t. 3 n°s 323, 324, Delvincourt t. 1er p. 96 n° 11, Malleville sur sur l'art. 351, Marcadé sur l'art. 352. — Ce dernier auteur va plus loin, il enseigne *loc. cit.* contrairement à Duranton que le prix encore dû de la chose vendue tombe sous l'exercice du droit de retour de l'adoptant. C'est également l'opinion défendue par Demolombe t. 6 n° 181.

4. DROITS DE SUCCESSION. — Au reste, ce droit de l'adoptant n'est qu'un droit successif de la même nature que celui dont parle l'art. 747 C. C.; il ne prend les choses par lui données qu'à titre d'héritier; d'où la conséquence que ce droit donne ouverture aux droits de mutation par décès. — La question a été tranchée dans ce sens dans une espèce où ce n'était pas l'adoptant, mais ses enfants légitimes, qui exerçaient, dans la succession de leur frère adoptif, le droit de retour des biens que celui-ci avait reçus du père commun. L'Administration a délibéré le 6 fév. 1827 (8641, 8747 J. E.), et, après elle la C. cass. a décidé, le 28 décembre 1829 (7084 J. N., 9525 J. E., 1307 § 11 I. G., S. 30-1-59), que le droit de succession en ligne collatérale est exigible.

« Attendu, porte l'arrêt, que le C. C. ne reconnaît que deux espèces de retour : le retour conventionnel, autorisé par les art. 351 et 352, qui fait rentrer le donateur dans les biens par lui donnés, francs et quittes de toutes charges et hypothèques du chef du donataire, en vertu de la clause résolutoire sous-entendue dans l'acte de donation; et le retour légal qui, aux termes de l'art. 747, donne à celui qui l'exerce le droit de succéder aux choses par lui données, lorsqu'elles se retrouvent en nature dans la succession du donataire, ce qui l'assujettit au payement des droits de mutation par décès; Attendu qu'il est constant que ce n'est pas le retour conventionnel qui est accordé à l'adoptant par l'art. 351, puisque cet article porte expressément que le retour n'a lieu qu'à la charge, par l'adoptant, de contribuer aux dettes, sans préjudice des droits des tiers; qu'ainsi, c'est le retour légal qu'il autorise, sans qu'aucune disposition de ce même article, donne à ce retour légal un caractère et des effets différents du retour légal autorisé par l'art. 747 C. C.; Attendu, enfin, que si ces expressions de l'art. 351, *retourneront à l'adoptant*, pouvaient, prises isolément, s'entendre indifféremment du retour conventionnel et du retour légal, à titre de successibilité, le législateur a fait cesser toute équivoque, en ajoutant, dans l'art. 352, qu'au cas qui y est prévu, l'adoptant succédera aux choses par lui données, comme il est dit dans l'article précédent; qu'il suit de là qu'il n'y a nul prétexte pour assimiler le retour autorisé par l'art. 351, au retour conventionnel, ou pour lui supposer des effets différents du retour légal qui s'opère à titre successif. » — (*Conf.* M. Demante n° 742). — *V.* 1836 *in fine* et 4366.

1835. Retour par rapport à l'enfant adoptif. — Les articles que nous venons de citer ne disent rien des effets de l'adoption à l'égard, soit du *retour conventionnel* autorisé par les art. 751 et 952 C. C., soit du droit de *retour légal* établi par l'art 747.

La jurisprudence a tranché la première question. L'adoption d'un enfant ne peut empêcher l'exercice du droit de retour *stipulé* pour le cas où le donataire décéderait sans enfant alors surtout qu'il a été stipulé dans le contrat de mariage que le retour aurait lieu au cas où l'union ne produirait pas d'enfant. (Cass. 27 juin 1822; — C. Pau 9 mai 1821, 7326 J. E., 4217 J. N., Guilhon n° 872, Poujol n° 951-2; Massé et Vergé t. 3 p. 209 210, Demolombe *Adopt* n° 169 et t. 20 n° 509.

Quant au *retour légal*, il ne peut être exercé, au jour du décès, s'il existe un enfant adoptif (Chabot, sur l'art. 747 n° 13 Toullier t. 4 n° 240, Duranton n° 220, Delvincourt t. 2 p. 19 note 7, Malpel n° 134, Demante t. 3 n° 56 *bis*, Ducaurroy, Bonnier et Roustaing t. 3 n° 479, Aubry et Rau t. 4 p. 223, Massé et Vergé t. 2 p. 286, Demolombe t. 13 n° 508 et t. 6 n° 167; Cass. 2 déc. 1822, S. 7-1, 164) Cette opinion est facile à justifier, car le législateur a très-bien pu considérer que le donataire, en faisant une adoption, avait eu la volonté de transmettre à l'enfant de son choix sa succession tout entière.

Le retour légal est un véritable droit successif qui se règle d'après les dispositions du titre des successions, lesquelles, d'après l'art. 350, doivent être communes aux enfants adoptés et aux enfants légitimes. L'enfant de l'adopté qui recueille ainsi les biens qui avaient été donnés à son père, et empêche l'exercice du droit de retour légal, doit les droits de succession sur ces sortes de biens comme sur les autres (6322 J. E.).

1836. Enfant adoptif héritier à deux titres. — Nous avons fait connaitre, au n° 1830 *suprà*, une hypothèse où l'enfant adoptif, parent naturel de l'adoptant, après avoir recueilli sa réserve en qualité d'enfant adoptif, peut encore prendre part, comme parent naturel, au legs de la quotité disponible. On avait pensé (11040 J. E.), que dans ce cas l'enfant adoptif devait payer, *au taux fixé* pour le degré de parenté qui existait entre lui et l'adoptant avant son adoption, les droits exigibles sur la part d'hérédité qu'il prélevait en cette qualité. L'Administration n'a pas partagé cet avis. Dans une espèce où il s'agissait d'une adoption antérieure au C. C., elle a décidé que, bien que la L. du 25 germinal an 11 eût limité au tiers d'une part d'enfant légitime, la part de l'adopté dans la succession de l'adoptant, il faut reconnaître que sous l'ancienne *comme sous la nouvelle législation*, l'adoption établit, entre l'adoptant et l'adopté, un degré de parenté qui ne peut varier, suivant que l'adopté prend telle ou telle portion dans la succession de l'adoptant. D'où la conséquence que le droit de succession est dû au taux de la ligne directe *sur l'intégralité* de la succession (Dél. 19 août 1834, 11040 J. E., D. N. t. 1er p. 561 n° 67).

Ce principe conduirait également à appliquer le droit en ligne directe sur la partie de la succession de l'adopté qui revient à l'adoptant comme légataire de l'adopté.

1837. Enfant naturel adopté.—Lorsqu'un enfant naturel reconnu a été adopté par son père, aucun droit de mutation par décès ne peut être exigé des frères et sœurs de l'adoptant qui sont exclus de la succession par l'adopté, encore bien que cette adoption puisse être contestée en droit (13119-7 J. E.).— *V.* 1816-1.

1. TRANSACTION. — Et si l'enfant naturel, ainsi adopté, transige, au sujet de cette adoption, avec les héritiers naturels et s'engage à leur payer une somme, le droit de donation est dû sur cette somme, mais aucun droit de mutation par décès ne peut être réclamé (13419-8 J. E.). — *V.*, d'ailleurs, le mot *Transaction*.

CHAPITRE III. — TUTELLE OFFICIEUSE

[1838-1848]

1838. Définition.— On appelle tutelle officieuse, dit Demolombe, un acte juridique par lequel une personne contracte, indépendamment des devoirs généraux de la tutelle ordinaire, l'obligation spéciale d'élever gratuitement un pupille et de le mettre en état de gagner sa vie (t. 6 n° 214).

C'est une création moderne imaginée par les rédacteurs du Code dans la vue de faciliter l'adoption à ceux qui voulant s'attacher un mineur par ce lien civil, craindraient d'être prévenus par la mort avant sa majorité, et de ne pouvoir la lui conférer, tandis que, en qualité de tuteurs officieux, ils peuvent l'adopter après cinq ans de tutelle (366 C. C.).

1839. Conditions de la tutelle.— Les conditions du côté de la personne qui veut se charger de cette tutelle sont, entre autres, d'être âgé de plus de cinquante ans, de n'avoir pas de descendance légitime, d'obtenir le consentement de son conjoint si elle est mariée; et, du côté du pupille, d'être âgé de moins de 15 ans et d'avoir le consentement de ses père et mère, ou, à leur défaut, d'un conseil de famille, ou s'il n'a point de parents, des administrateurs de l'hospice qui l'a recueilli (*V.*, d'ailleurs, 361 à 370 C. C.).

1. ENFANTS LÉGITIMES. — Il faut que le tuteur officieux ne laisse pas d'enfants légitimes (366 C. C.).

L'adoption serait valable si, à l'époque de la confection du testament, le tuteur officieux avait des enfants qui n'existent plus au moment de sa mort (Duranton t. 3 n° 342, Valette sur Proudhon t. 2 p. 202, Zachariæ, Aubry et Rau t. 4 p. 657, Marcadé art. 366 n° 1, Demolombe t. 6 n° 77).

2. FEMMES.—La tutelle officieuse est permise aux femmes, quoiqu'elles soient, en général, incapables de gérer une tutelle ordinaire. Cela est évident, puisque la tutelle officieuse est le prélude de l'adoption qui est permise aux deux époux (art. 362. C. C.).

3. ACCEPTATION. — L'adoption ne se forme pas par la seule volonté du tuteur; il faut qu'elle soit acceptée. Mais le mineur ne pouvant se prononcer lui-même, il faut que l'acceptation ou la répudiation soit faite par ses représentants. « D'autre part, dit Demolombe t. 6 n° 80, on ne saurait admettre que le mineur puisse être lié irrévocablement dans une circonstance aussi grave, par les délibérations que ses représentants auraient prises; d'autant plus que le C. C. n'a prescrit aucune formalité spéciale pour ce cas à l'effet de garantir ses intérêts. La conclusion est donc que cette délibération n'a que des effets provisoires et que le mineur devenu majeur peut répudier l'adoption qui aurait été acceptée ou accepter celle qui aurait été répudiée » (Zachariæ, Massé et Vergé t. 1er p. 356, Aubry et Rau t. 4 p. 657).

Mais jusqu'à ce que le mineur ait manifesté sa volonté, et pour l'application du droit d'enregistrement, l'adoption produit tous ses effets ordinaires.

1840. Contrat de tutelle. — C'est devant le juge de paix que se forme, comme en matière d'adoption ordinaire (*V.* 1817), le contrat de tutelle officieuse. Il consiste dans un procès-verbal qui constate les demandes et consentements respectifs (363, C. C.). L'homologation du tribunal n'est pas exigée comme pour l'adoption.— *V.* 1818.

1841. Tarif. — Ce contrat est passible du droit de 75 francs, aux termes de l'art. 48, n° 1, L. 28 avril 1816 et de l'art. 4 de la loi du 28 février 1872.

Il ne pouvait être prévu par la L. 22 frimaire an 7, qui est antérieure au Code. Aussi, sous l'empire de cette loi, percevait-on 2 francs comme pour les nominations de tuteur (2227 J. E.).

1. STIPULATIONS PARTICULIÈRES. — Les parties peuvent, au moyen de stipulations particulières, régler dans

le contrat passé devant le juge de paix, les effets de la tutelle officieuse.

Elles peuvent notamment fixer d'avance le mode et le montant de l'indemnité qui sera due au pupille pour le cas où le tuteur ne l'aurait ni adopté, ni mis en état de gagner sa vie.

De telles stipulations n'ayant pour but que de régler le mode d'exécution d'une obligation légale ne donnent ordinairement lieu à aucun droit particulier.

1842. Consentement. — Les consentements dont il est parlé aux n°s 1839 et 1840 *suprà* peuvent être donnés devant notaire. Ils sont alors passibles du droit fixe de 3 francs (D. N. t. 13 p. 193 n° 18).

1843. Effets de la tutelle. — Le tuteur officieux contracte deux obligations : l'une directe et principale, l'obligation de nourrir le pupille, de l'élever et de le mettre en état de gagner sa vie (364 C. C.), l'autre, subsidiaire, l'obligation non pas d'adopter le pupille, mais de l'indemniser de l'incapacité où il pourrait être de pourvoir à sa subsistance (369 C. C.).

1. ALIMENTS. — L'effet spécial de la tutelle officieuse consiste en ce que le tuteur est tenu de nourrir à ses frais le pupille. Lors même donc que le pupille aurait des biens, le tuteur ne pourrait pas imputer sur ses revenus les dépenses de l'éducation (365 C. C.).

Mais le C. C. ne parlant que des dépenses d'éducation, le tuteur pourrait imputer sur les revenus du pupille les dépenses et les frais d'administration de ses biens (Demolombe t. 6 n° 239).

Du caractère légal de l'obligation alimentaire confiée au tuteur, on a tiré les conséquences suivantes pour la perception des droits d'enregistrement :

2. *Idem.* DISPOSITION DÉPENDANTE. — L'art. 364 C. C. imposant au tuteur officieux la charge de mettre le pupille en état de gagner sa vie, il s'ensuit que l'acte de tutelle qui contient, de la part du tuteur officieux, l'obligation de nourrir le pupille, ne donne ouverture à aucun droit parculier (D. m f. 20 juin 1809, 1573 J. E., 449 I. G.).

3. *Idem.* ACTE SÉPARÉ. — Si la promesse pure et simple du tuteur, de remplir les devoirs que la loi indique, était contenue dans un acte séparé, le droit fixe de 1 fr. 50 cent. ou 3 francs s'il s'agissait d'un acte civil, serait le seul droit exigible (D. m. f. 20 juin 1809, 1573 J. E., 449 I. G.). On ne pourrait exiger le droit de 7 fr. 50 cent. comme on l'a prétendu à tort, que si la disposition était faite par un acte réputé testament. Contenue alors dans le testament, elle se lierait à lui et ne donnerait pas ouverture à un droit particulier.

4. *Idem.* QUITTANCE. — L'acte par lequel une veuve tutrice de son fils reconnaît avoir reçu du tuteur officieux de ce dernier une somme qu'elle déclare suffisante pour l'élever et décharge ce tuteur de toutes ses obligations, ne peut être considéré comme une donation; elle n'est qu'une quittance sujette au droit de 50 pour 100 (Dél. 30 oct. 1843, 11905 J. N.).

1844. Fin de la tutelle. — La tutelle officieuse finit par les mêmes causes que la tutelle ordinaire, spécialement par la mort du tuteur et la majorité du pupille.

1. MORT DU TUTEUR. — Le tuteur étant mort sans avoir adopté, le pupille a droit d'obtenir jusqu'à sa majorité des moyens de subsister, réglés amiablement ou par voie judiciaire (367 C. C.). C'est l'exécution directe de l'obligation légale résultant du contrat de tutelle.

L'acte par lequel ces aliments seraient fixés entre les héritiers et le représentant du mineur, rentrerait dans la catégorie des actes renfermant des constitutions de pensions alimentaires prévues par la loi, il donnerait ouverture au droit de 20 centimes pour 100 (D. m. f. 25 sept. 1806, Circ. 24 nov. 1806).

2. LEGS. — Le legs fait par le tuteur au pupille n'éteindrait même pas sa créance, à moins qu'il ne fût d'une importance suffisante pour caractériser l'intention du testateur (C. C. 1023; — Cass. 24 août 1831, S. 31-1-321; — Demolombe t. 6 n° 246).

1845. Succession. — Indemnité. — Il résulte de la D. m. f. du 25 septembre 1806, *suprà* n° 1844-1 que si le tuteur officieux meurt avant d'avoir adopté son pupille, les secours accordés à ce dernier, en vertu de l'art. 367 C. C., ne sont point passibles du droit de succession, parce que ce ne sont pas des droits successifs, mais une indemnité que la loi accorde, ainsi que l'a reconnu un arrêt de Cass. du 24 août 1831 (Dalloz J. G. t. 3 p. 335 n° 248).

1846. Adoption. — Si le tuteur officieux, porte l'art. 366, *après cinq ans révolus* depuis la tutelle, et dans la prévision de son décès avant la majorité du pupille, lui confère l'adoption par acte testamentaire, cette disposition sera valable, pourvu que le tuteur officieux ne laisse point d'enfants légitimes.

1. FORME. — Cette adoption peut être faite indistinctement suivant l'une des trois formes de testament admises par la loi et il n'est pas nécessaire que le testament renferme une disposition de bien (895 C. C.).

2. REVOCABILITÉ. — Et de ce qu'il s'agit ici d'un acte testamentaire, on doit conclure que l'adoption est revocable tant que le testateur existe.

3. QUOTITÉ DU DROIT. — Les art. 48 et 9 de la L. 28 avril 1816, n'ayant tarifé que les actes de tutelle officieuse et les jugements et arrêts conférant l'adoption (*V.* 1819 et 1841), il en résulte que l'adoption testamentaire reste tarifée au droit fixe de 1 franc (3 fr.) établi par l'art. 68 § 1er n° 9 L. 22 frimaire an 7 (D. N. t. 1er p. 561 n° 63).

Si l'adoption était contenue dans un acte renfermant une disposition de biens à cause de mort, elle donnerait lieu à un droit distinct de celui dû pour le testament proprement dit (L. 22 frim. an 7, art. 11).

1847. Décès du tuteur avant les cinq ans de tutelle. — La conséquence de l'art. 366 C. C. que nous avons rapportée au numéro précédent, est que si le tuteur qui a conféré l'adoption à ses pupilles par disposition testamentaire, en les instituant pour ses légataires universels, meurt avant cinq ans de tutelle, ceux-ci ne doivent plus être considérés à son égard, pour les droits de mutation par décès, que comme des légataires ordinaires, alors même que les héritiers de l'adoptant n'élèveraient aucune réclamation contre la régularité de l'adoption. Les droits sont alors exigibles au taux applicable au degré de la parenté naturelle qui pouvait exister entre le défunt et ses pupilles. Il a été jugé, en effet (Seine 30 avr. 1851, 15198 J. E.), que le droit de mutation par décès, comme entre personnes non parentes, était exigible dans une espèce où aucun lien de parenté n'existait entre le tuteur et ses pupilles.

Il ne suffit même pas que ces cinq années soient expirées lors du décès du tuteur; il faut qu'elles soient écoulées au moment de la rédaction du testament (Cass. 2 nov. 1856, S. 57-1-129, P. 57-498, 837 R. P.; Demante, *Thémis* t. 7 p. 149, Valette t. 2 p. 270, Marcadé art. 366, Demolombe, t. 6 n° 73, Massé et Vergé t. 1er p. 355 § 180, *Contrà* Odilon Barrot, *Encyclop. du droit* n° 63).

1848. Décès après la majorité. — Adoption non renouvelée. — Il résulte, de plus, de l'art. 368 C. C. que lorsque le tuteur officieux décède après la majorité du pupille qu'il a institué son légataire universel, l'adoption testamentaire faite pendant la minorité, et non renouvelée à la majorité est nulle. (Duranton t. 3 n° 342, Marcadé t. 2 p. 133 et 134, Demolombe t. 6 n° 74, Massé et Vergé t. 1er p. 356 § 180, Toullier t. 1er p. 468; — Cass. 26 nov. 1856, S. 57-1-129, P. 57-498, 837 R. P.). D'où la conséquence encore, que le légataire universel doit payer les droits de mutation par décès, comme si aucun lien d'adoption n'avait jamais existé entre lui et le défunt (14573 J. E., Sol. 2 oct. 1848, 13532 J. N.; — Saint-Marcellin, 26 avr. 1849, 14785 J. E., 13823 J. N.).

Il a été décidé, conformément à cette jurisprudence, que l'adoption testamentaire faite au profit de l'enfant dont le testateur a eu la tutelle officieuse cessant de produire son effet par la majorité du pupille arrivée avant le décès du testateur, et l'adoption ne pouvant plus se réaliser alors que dans les formes ordinaires, si ces formalités n'ont pas été remplies, le pupille, devenu majeur, auquel son ancien tuteur a légué tous ses biens, est considéré comme non parent, et doit acquitter le droit de mutation par décès au taux fixé pour les personnes non parentes (Seine 26 juill. 1873, 3706 R. P.; — Mortagne, 9 juill. 1874).

Mais faut-il conclure de là que si le tuteur, après avoir survécu à la majorité de l'adopté, venait à décéder avant l'accomplissement des longues formalités exigées pour arriver à une adoption ordinaire, le but de la tutelle officieuse serait manqué, alors même qu'on ne pourrait imputer aucun retard à l'adoptant à qui le temps seul aurait fait défaut? Toullier répond affirmativement (t. 1er p. 468 et 469), rendant ainsi le silence de la loi responsable de la rigueur d'une pareille conclusion. « Pourtant, dit Demolombe, t. 6 n° 75, ce que la loi a voulu, c'est d'assurer au tuteur un moyen sérieux et efficace pour adopter son pupille, quoi qu'il arrive; or, ce moyen serait au contraire très-inefficace, si le testament n'était pas valable, même après la majorité, durant le temps rigoureusement nécessaire pour accomplir l'adoption contractuelle; donc les magistrats pourraient maintenir le testament, si le tuteur n'avait pas eu, depuis la majorité du pupille, le temps de l'adopter. » Et cette opinion, qui nous paraît trouver sa justification complète dans l'esprit, sinon dans le texte de la loi, est partagée par Marcadé, sur l'art. 366, n° 1; Massé et Vergé, sur Zachariæ, *ubi sup.*, p. 356 n° 6.

Elle a été consacrée par la Cour de Paris, le 8 août 1874, et acceptée par l'Administration (4081 R. P.).

1. MAJORITÉ DU PUPILLE. — Si le pupille devient majeur, le tuteur doit l'indemniser de l'incapacité où il pourrait se trouver de pourvoir à sa subsistance. Cette indemnité se résoudra en secours propres à lui procurer un métier, le tout sans préjudice des stipulations qui auraient pu avoir lieu dans la prévision de ce cas.

L'indemnité n'ayant pour cause que l'engagement pris par le tuteur de mettre le pupille en état de gagner sa vie, il en résulte qu'elle ne peut appartenir à celui-ci s'il a des revenus suffisants pour subsister (Demante t. 1 n° 359, Delvincourt t. 1 p. 101, Demolombe t. 6 n° 250, Aubry et Rau 3e édit. t. 4 p. 662), — ou bien, si c'est le pupille lui-même qui, par incapacité ou par paresse n'a pas su profiter des sacrifices du tuteur (Demolombe t. 6 n° 251).

Le règlement de cette indemnité opéré par acte passé entre le tuteur et les représentants du mineur donnerait lieu à l'application du tarif, d'après les règles des pensions alimentaires que nous faisons connaître au mot *Aliments*

AFFECTATION HYPOTHÉCAIRE.

DIVISION

SOMMAIRE

CHAPITRE PREMIER. — DISPOSITIONS GÉNÉRALES

[1849-1851]

1849. Définition. — L'affectation hypothécaire est l'acte par lequel on hypothèque un ou plusieurs immeubles à l'acquittement d'une obligation.

1. ACTE UNILATÉRAL. — C'est un acte unilatéral pour lequel l'intervention de celui qui l'accorde est seule nécessaire et dont l'acceptation de la part du bénéficiaire peut résulter même tacitement d'actes postérieurs (C. Chambéry 20 janv. 1872, S. 72-2-125).

1850. Dénominations diverses. — On ajoute ordinairement son nom à celui de l'acte auquel elle se rapporte. Consentie pour une obligation, on appelle *obligation hypothécaire;* pour un cautionnement, on dit *cautionnement hypothécaire.* On désigne sous le nom de *changement d'hypothèque,* l'acte dont l'objet est de consentir une affectation hypothécaire pour obtenir le désistement d'une hypothèque grevant un immeuble.

1851. Tarif. — Les lois sur la perception des droits d'enregistrement ne renferment aucune disposition spécialement relative à la constitution de l'hypothèque et aux modalités dont elle est l'objet après sa constitution. Les seuls textes qui s'appliquent directement à cette garantie, se trouvent dans la législation particulière sur les hypothèques. Ils se sont bornés à établir un droit proportionnel, pour l'inscription, sur le registre du conservateur, des créances revêtues de l'hypothèque (L. 9 mess. an 3, 9 vend. an 6, 21 vent. an 7).

Faut-il conclure de ce silence que les contrats qui ont l'hypothèque pour objet sont, dans tous les cas, affranchis du droit proportionnel et qu'il faut les ranger parmi la classe nombreuse des actes innommés assujettis au droit fixe de formalité de 3 francs? On l'a soutenu et on en a donné pour motif principal, qu'un droit proportionnel quelconque sur la constitution d'hypothèque ferait double emploi avec le droit exigible lors de l'inscription sur le registre du conservateur (*V.* Champ. et Rig. nos 1398 et 1404 Dalloz. no 1491). Mais l'argumentation n'était pas décisive. En effet, les deux droits ne seraient pas plus la répétition l'un de l'autre que le droit de la mutation ne forme double emploi avec le droit de transcription à percevoir aux bureaux des hypothèques. D'autre part, la constitution de l'hypothèque est autre chose, en droit, que son inscription. Celle-ci n'en est que la manifestation volontaire, et il y a des cas nombreux où elle est inutile. Enfin l'hypothèque ne donne pas lieu seulement aux actes de constitution dont le droit se trouverait perçu au moyen du droit d'inscription. Elle peut être l'objet de cessions, d'échanges et d'autres contrats particuliers à l'inscription. Dira-t-on encore que le droit propre payé pour la formalité requise au bureau du conservateur en exempte aussi ces conventions?

Cette thèse a été cependant consacrée par la jurisprudence des Pays-Bas. « Attendu, porte un arrêt de la Haute-Cour de ce pays, que l'art. 4 assujettit au droit proportionnel uniquement les actes et contrats tarifés par l'art. 69 ; que ce dernier ne nomme pas la constitution d'hypothèque ; que toute la loi de frimaire ne renferme pas de disposition au sujet des hypothèques qui sont régies par d'autres lois fiscales et soumises à d'autres droits; qu'il est même inadmissible que la loi de frimaire ait compris les hypothèques sous le terme *cautionnement* » (Arrêt du 24 mai 1864).

Par décision du 4 juin 1864, l'Administration hollandaise s'est ralliée à cette jurisprudence.

Mais une pareille doctrine est réellement trop radicale. Elle n'a jamais prévalu dans notre jurisprudence.

Ce qu'il faut induire du silence des lois d'enregistrement sur la constitution d'hypothèque, ce n'est pas que les actes auxquels elle donne lieu sont nécessairement et dans tous les cas affranchis du droit proportionnel, c'est qu'ils demeurent sous l'empire des autres dispositions de la loi, et que si à raison de leurs effets civils ils rentrent dans la classe des contrats prévus par le tarif, ils subissent la même perception.

CHAPITRE II.

DES CONSTITUTIONS D'HYPOTHÈQUE

[1852-1861]

SECTION PREMIÈRE. — AFFECTATION PAR LE DÉBITEUR

[1852-1857]

ARTICLE PREMIER. — AFFECTATION DANS L'ACTE D'OBLIGATION

[1852-1853]

1852. Affectation par le débiteur dans l'obligation. — Pour régler l'exigibilité du droit sur les actes ou sur les conventions de l'espèce, il importe d'en déterminer juridiquement le caractère.

Rien de plus simple d'abord en ce qui concerne la constitution même du droit hypothécaire.

Par essence, l'hypothèque est une garantie rattachée à une obligation principale dont elle assure l'exécution. C'est un accessoire de la créance. Le débiteur qui la confère à son créancier en même temps qu'il souscrit l'obligation et comme condition de cette obligation ne fait que fortifier son engagement. L'hypothèque est alors de la même nature que le gage remis au créancier ou les autres sûretés personnelles accordées par le débiteur. Toutes ces stipulations sont des éléments intimes du contrat, et elles ne pourraient être dissociées sans rompre l'effet que les parties lui ont attribué. Dans ces conditions, nul doute que l'affectation hypothécaire forme une disposition dépendante affranchie d'un droit particulier.

1. BAIL. — VENTE. — Dans ce sens, il a été reconnu qu'aucun droit n'est exigible à raison de l'hypothèque accordée par la caution pour sûreté de ses engagements; par le fermier pour sûreté du payement du prix de son bail (Dél. 16 juin 1807, 613 J. E.); par le vendeur pour le cas d'éviction (Dél. 16 nov. 1815, 5282 J. E., 107 J. N.) ou par l'acquéreur pour sûreté de son prix (Dél. 9 mai 1817, 5767 J. E., Dél. 27 fév. 1822, 7163 J. E., 4173 J. N., 334 C., D. N. t. 1er p. 565 no 18, 1437 § 3 I. G.). — *V. Cautionnement.*

2. ACCESSOIRES DE L'OBLIGATION. — Ainsi encore, on ne peut voir de cautionnement dans la clause d'une obligation avec hypothèque, portant que cette hypothèque *garantira* le remboursement de divers frais évalués à 5,000 francs (15150-2 J. E.).

3. GÉRANT D'UNE COMMANDITE. — Il en est de même de l'hypothèque que donne le gérant d'une société en commandite sur ses biens personnels pour sûreté de l'obligation contractée dans l'intérêt de la société qu'il gère, parce que cette hypothèque est la conséquence de l'obligation que la qualité de gérant impose de répondre indéfiniment des dettes de la société, et *qu'elle n'ajoute rien à l'obligation* (Dél. 10 juill. et 18 août 1838, 12156-2 J. E., 10083 J. N., 5467 C., D. N. t. 1er p. 566 no 26).

4. HÉRITIER BÉNÉFICIAIRE. — C'est ce qu'on a décidé aussi pour l'héritier bénéficiaire qui, se reconnaissant débiteur de dettes de la succession, hypothèque dans le même acte un bien personnel pour sûreté de ces dettes (Dél. 19 août 1828, 1656 C., D. N. t. 2 p. 725 no 146, 1151 J. N.).

1853. Disposition dépendante. — ABANDONNEMENT. — L'affectation hypothécaire dans un contrat d'abandonnement peut former une disposition indépendante passible d'un droit particulier. — V. 23.

2 ANTICHRÈSE. — Un seul droit, celui d'antichrèse, est exigible sur l'obligation contenant affectation hypothécaire et antichrèse par le débiteur. Mais si l'antichrèse est fournie par un tiers, il est dû deux droits, 2199-1.

ARTICLE 2. — AFFECTATION PAR ACTE SÉPARÉ

[1854-1857]

1854. Affectation par le débiteur, acte séparé. — Si le débiteur n'a pas constitué l'hypothèque dans l'acte même de son obligation, mais par acte séparé, que fait-il? Il améliore la position du créancier en lui donnant une garantie spéciale qu'il n'avait pas et qu'il ne pouvait pas réclamer, cela est certain. Mais quel est le caractère de cette garantie? C'est, si l'on peut s'exprimer ainsi, un cautionnement de la personne par la chose. Mais comme la chose appartient à la personne, l'acte revient en définitive à ceci : que le débiteur se cautionne lui-même. On s'était cru autorisé par là, et en invoquant notamment la disposition de la loi de l'an 7 (Art. 69 § 2 no 8), sur les cautionnements des comptables, à appliquer à l'affectation hypothécaire le taux du cautionnement mobilier. Mais dès qu'il a été reconnu qu'en dehors de l'exception limitativement créée pour les comptables publics, le droit de cautionnement n'est dû que pour les garanties fournies par un tiers, la perception du droit proportionnel sur les constitutions d'hypothèque est devenue sans cause. La convention rentrait alors sous l'application du tarif créé pour les actes de complément ou d'exécution. C'était bien, en effet, un complément de l'acte d'obligation, puisqu'elle avait uniquement pour but de mieux en garantir l'exécution, et c'était en même temps comme l'accomplissement d'une obligation légale, puisque tous les biens du débiteur répondent de son engagement (art. 2093 C. C.). On ne pouvait donc réclamer que le droit fixe de 3 francs des actes complémentaires (Sol. 30 juill. 1828, 20 oct. 1832, 9927 J. E.).

1855. Hypothèque promise. — La question n'a jamais fait aucun doute quand l'hypothèque constituée postérieurement a été promise dans l'acte d'obligation.

Ainsi décidé.

1. OCTROI. — A l'égard d'un fermier d'octroi affectant

des immeubles jusqu'à concurrence de 20,000 francs, montant de son cautionnement (Dél. sans date, 9927 J. E., Dél. 30 juill. 1828, D. N. t. 2 p. 725 n° 142).

2. SUPPLÉMENT OU CHANGEMENT D'HYPOTHÈQUE. — Même principe si le débiteur ne fait qu'ajouter une hypothèque à une hypothèque préexistante (Dél. 11 mars 1834, Sol. 14 déc. 1835, Dél. 15 avr. 1834, 10905, 11384-1, 10896 J. E., 8428, 8429, 8639 J. N.; — Seine 30 juill. 1834, 4648 Rol., Dél. 17 mars 1841, 15125 J. E.). — Ou si, ayant aliéné l'immeuble grevé d'hypothèque, il affecte un autre immeuble en remplacement du premier (Dél. 15 avr. 1834, 10896 J. E., Sol. 16 mai 1834, D. N. t. 1 p. 565 n° 21).

3. CAUTION. — De même encore, le droit fixe est seul exigible sur l'acte par lequel la caution affecte séparément des immeubles, parce que la garantie ayant été promise, le nouvel acte n'est que le complément du premier (Sol. 20 oct. 1832, 3942 Roll.).

4. HYPOTHÈQUE EN VERTU DE JUGEMENT. — Ainsi encore, le droit de 50 cent. pour 100 n'est pas dû sur l'affectation donnée par un acquéreur, en vertu d'un jugement qui le condamne à fournir la garantie, *exigée par l'acte de vente*, pour sûreté du prix : cette affectation n'est que l'exécution du contrat de vente (Sol. 4 nov. 1830, 9832 J. E.).

5. GÉRANT DE SOCIÉTÉ. — Ni sur celle donnée par le directeur d'une agence financière pour sûreté de sa gestion (Strasbourg 27 nov. 1869, 3291 R. P., 14612 C.).

6. USUFRUIT. — ABSENT. — Non plus que celle donnée par l'usufruitier pour sûreté de son emprunt (Sol. 19 juill. 1823, 4880 J. N., 562 C.), — ou par l'héritier présomptif d'un absent pour garantie de son administration (Sol. 28 oct. 1830, 8217, 9797 J. E.).

1856. Hypothèque non promise. — Mais il a existé longtemps des doutes sur la perception quand l'hypothèque n'avait pas été promise dans le contrat primitif.

On faisait la distinction suivante :

L'affectation hypothécaire était affranchie du droit proportionnel, quoique non promise et postérieure à l'acte d'obligation, lorsqu'elle avait pour objet d'assurer l'exécution d'une obligation à laquelle le débiteur est *légalement* tenu ; comme, par exemple, lorsque le débiteur principal donne hypothèque à la caution (Dél. 4 janv. 1828, 9029 J. E., 6515 J. N.); ou que l'affectation a pour but d'assurer le payement d'une dot constituée par contrat de mariage (Dél. 4 oct. 1832, 10449 J. E., 2565 C.); ou que l'un des copartageants, après le partage, donne hypothèque sur les biens de son lot pour la garantie de ce partage (Sol. 20 juin 1860). — Ainsi encore, de l'héritier bénéficiaire (1097 J. E., 1151 J. N., Sol. 19 août 1828, 1656 C., D. N. t. 2 p. 725 n° 146, 1151 J. N.); — des héritiers de l'absent (Sol. 21 oct 1830, 8217, 9707 J. E., V. *Absence* n° 139); — de l'usufruitier (1603, 11980-3 J. E., Sol. 19 juill. 1823, 592 Roll., Sol. 9 fév. 1835, D. N. t. 12 p. 725 n° 147 et t. 13 p. 291 n° 745), qui donnent hypothèque pour sûreté de leur administration.

Mais l'Administration avait toujours considéré l'hypothèque, consentie par un acte *postérieur* à l'obligation, comme donnant ouverture au droit de cautionnement, lorsqu'elle n'avait pas été promise dans le contrat primitif, et lorsqu'elle ne dérivait pas d'une obligation légale (9790, 10449 J. E.; — Nantes 15 fév. 1830, 9154 J. E., Dél. 16 juill. 1833, 10689 J. E., 8160 J. N., 1437, § 3. I. G.; — Seine 17 déc. 1834, 11173 J. E., 8860 J. N., Dél. 10 fév. 1835, 11256-3 J. E.).

Cependant, comme il est incontestable que toute créance donne une action sur les biens du débiteur, la distinction que l'Administration établissait sur l'action légale ou non, manquait de base. Aussi, la C. cass. ne l'a-t-elle pas admise. Elle a considéré qu'il y a entre la *concession d'hypothèque* conférée par le débiteur *sur ses propres biens*, et le cautionnement consenti par une *tierce personne*, cette différence remarquable, que la dernière espèce de contrat donnant un nouveau débiteur au créancier, ajoute en faveur de celui-ci à l'obligation primitive une obligation nouvelle; tandis que, suivant les art. 2092 et 2093 C. C., l'obligation du débiteur, par cela même qu'elle existe, engage *tous ses biens*, tant *mobiliers* qu'*immobiliers*, et que l'hypothèque qu'il peut ou non conférer sur ceux-ci ne constitue pas une obligation distincte de cet engagement lui-même. En conséquence, elle a reconnu que toutes les fois que l'affectation hypothécaire est donnée par le débiteur lui-même, par un acte postérieur, *qu'elle ait été promise ou non dans l'acte d'obligation*, le droit fixe doit seul être perçu. « Attendu, porte un arrêt de cass. du 20 février 1837, que le n° 8 § 2, de l'art. 69 de la loi du 22 frimaire an 7, ne soumet au droit proportionnel de 50 centimes par 100 francs que les cautionnements de sommes et objets mobiliers, les garanties et indemnités mobilières, et non la simple concession d'hypothèque, dont il n'est fait mention ni dans l'art. 69, ni dans aucun autre article de la même loi; Que la raison de ce silence de la loi fiscale sur cette nature de convention, est visiblement que, suivant les art. 2092 et 2093 C. C., l'obligation du débiteur, par cela seul qu'elle existe, engage tous ses biens, mobiliers et immobiliers, et que l'hypothèque qu'il peut ou non conférer sur ceux-ci, tout en donnant ouverture aux droits bursaux établis par les lois sur le régime hypothécaire, ne constitue pas une obligation distincte de cet engagement lui-même; Attendu qu'il y a, entre la concession d'hypothèque, conférée par le débiteur sur ses propres biens, et le cautionnement consenti par une tierce personne, cette différence remarquable, que la dernière espèce de contrat, donnant un nouveau débiteur au créancier, ajoute, en faveur de celui-ci, à l'obligation primitive, une obligation nouvelle, qui, au moment où elle intervient, donne ouverture à un nouveau droit proportionnel, distinct et indépendant de celui qui affecte l'obligation principale; Attendu qu'il est constant, en droit, que la concession d'hypothèque, faite par le débiteur et insérée dans l'acte même d'obligation, ne donne ouverture à aucun droit proportionnel; Que, par une conséquence évidente, tout ce qui pourra résulter de la concession d'hypothèque, faite par un acte postérieur, c'est que cet acte postérieur sera justement soumis (comme il l'a été dans l'espèce), au droit fixe que l'art. 3 L du 22 frimaire an 7 impose à tout acte qui ne contient pas d'obligation et qu'on présente à la formalité de l'enregistrement » (11733 J. E., 9556, 9708 J. N., 1539 § 1er I. G., S. 37-1-256).

On peut consulter dans le même sens (8160 et 8860 J. N.,

Dél. 4 oct. 1832; — Réthel 5 juin 1834; — Troyes 9 déc. 1834, 8160, 8576, 8780 J. N.; — Seine 17 fév. 1836; — Sarreguemines 10 août 1836; — Aix 12 janv. 1842, 12 mai 1844, 4287, 4434, 6226, 5020, 6069. — *Contrà*, Dél. 18 avr. 1837, 11769 J. E.; — Cass. belge 5 janv. 1843; — Seine 29 nov. 1843, D. N. t. 1er p. 565 n° 20, G. Demante n° 477). — V. *Cautionnement*.

1. PROROGATION. — Il a été spécialement décidé, en ce sens, que l'acte portant prorogation de délai pour le payement d'une dette et par lequel le débiteur fournit un supplément d'hypothèque pour sûreté de la créance n'est pas sujet au droit de cautionnement (Dél. 5 avr. 1834, 8639 J. N.; — Seine 25 juill. 1835 et 11 mai 1836, D. N. t. 1er p. 565 n° 22. — *Contrà* : Dél. 11-14 fév. 1834, 8429 J. N.).

2. GAGE. — Les mêmes principes régissent la dation du gage ainsi que nous l'expliquerons ci-après n° 9037.

1857. Comptables. — Les cautionnements que les comptables fournissent à l'État au moyen d'affectations hypothécaires sur leurs immeubles donnent quelquefois lieu au tiers proportionnel de 50 pour 100. C'est un point que nous traitons sous les nos 3400 et suiv.

SECTION 2. — DETTE RÉSULTANT D'UN TITRE NON ENREGISTRÉ

[1858-1859]

1858. Obligation résultant d'un titre non enregistré. — La perception du droit fixe ne se justifie néanmoins qu'à une double condition : la première, que selon le texte précis de l'art. 68 § 1er n° 6 L. du 22 frimaire an 7, l'acte obligatoire auquel se rattache la constitution d'hypothèque aura été enregistré; la seconde qu'il aura, pour cet enregistrement, subi le tarif des obligations civiles dont l'affectation hypothécaire est l'accessoire.

La première condition s'explique d'elle-même. En effet, au point de vue fiscal, un acte qui n'est pas enregistré n'existe pas pour l'Administration. Il ne saurait être question de le compléter puisqu'on ne complète pas *le néant*. L'affectation hypothécaire qui garantit une convention de l'espèce devient pour la perception du droit le titre primordial de la créance. Elle doit être traitée comme lui. On considérera donc la constitution d'hypothèque au même point de vue qu'on eût considéré l'obligation dont elle devient l'instrument. Elle devra donner lieu aux mêmes droits.

La jurisprudence a fait plusieurs applications de ce principe.

1. OUVERTURE DE CRÉDIT. — ÉVALUATION A FAIRE. — Ainsi, la C. cass. a décidé, le 21 février 1838, que la stipulation par laquelle, dans un acte d'ouverture de crédit une hypothèque est consentie, jusqu'à concurrence d'une somme déterminée, pour sûreté des sommes qui seraient dues antérieurement à l'acte, ou qui pourraient être dues à l'avenir, par celui qui constitue l'hypothèque à la personne au profit de laquelle elle est donnée, est passible du droit d'obligation sur les sommes dues au jour du contrat, sauf, à défaut d'indication de ces sommes, à les faire déclarer conformément à l'art. 16 L. 22 frimaire an 7 : « Attendu, porte cet arrêt, qu'il y a ouverture au droit proportionnel fixé par l'art. 69 § 3 n° 3, quand il y a obligation actuelle des sommes, soit déterminées, soit indéterminées; Attendu que l'acte du 21 août 1830, portant garantie hypothécaire jusqu'à concurrence de 20,000 francs, énonce que des sommes peuvent être dues antérieurement audit acte, par Jean-Louis Talma à Aloïs Pottgeiser; Que cette déclaration suffit pour que le tribunal de Metz ait été autorisé à considérer ledit acte comme contenant, pour partie, une obligation actuelle, et pour que ce tribunal ait, par suite, été fondé à ordonner la déclaration estimative que prescrit l'art. 16, et que les parties auraient dû faire avant l'enregistrement de l'acte » (11990 J. E., 9938 J. N., 1577 § 14 I. G., S. 38-1-268).

2. OBLIGATION INDÉTERMINÉE. — Cependant, pour être autorisé à exiger l'évaluation que prescrit l'arrêt précédent, il est nécessaire qu'on ne puisse contester l'*existence* de l'obligation, et que l'incertitude porte seulement sur son importance. Mais si aucune dette n'était formellement reconnue, si tout était éventuel dans l'affectation hypothécaire, le droit fixe serait alors seul exigible. C'est ce qui résulte implicitement de l'arrêt du 21 février 1838. La Cour, en effet, ne s'est nullement occupée des sommes qui étaient stipulées comme pouvant être dues dans l'avenir, et c'est ce qu'a consacré un jugement du tribunal d'Aix, 12 janvier 1842 (11321 J. N.), dans une espèce où l'affectation hypothécaire était consentie, pour garantie de créances non désignées, au profit de personnes qui se prétendaient créancières, mais sans justifier d'un titre, et pour le cas seulement où ces créances existeraient réellement (*Conf.* : D. N. t. 1er p. 556 n° 27).

Il n'en serait autrement que s'il était établi que c'est dans le but de frustrer les droits du Trésor que les parties ont allégué l'incertitude de la créance (V. Mortagne 16 juill. 1855, 16077 J. E.).

3. CRÉANCES CHIROGRAPHAIRES NON ENREGISTRÉES. — Dans ce sens, le tribunal de Caen a jugé, le 15 février 1838 (12035 J. E.), que l'affectation hypothécaire consentie par un débiteur pour garantir les créanciers chirographaires, qu'il peut avoir, et dont les titres ne sont pas indiqués, donne ouverture au droit d'obligation. La même solution résulte d'un jugement du tribunal de la Seine du 13 janvier 1847 (14192 J. E.).

4. VENTE VERBALE. — Lorsqu'une affectation hypothécaire est consentie par l'acquéreur avec l'acceptation du vendeur pour assurer le payement du prix d'une vente mobilière verbale, l'acte forme le titre de la vente et donne ouverture au droit de 2 pour 100 (Reims 3 déc. 1873). — V. 13318-3.

1859. Obligation éventuelle. — Ainsi, il faut, d'une part, qu'il s'agisse d'une obligation actuelle, et, d'autre part, que l'acte d'affectation soit un titre suffisant pour établir la reconnaissance de la dette. Un arrêt de la C. cass. du 10 janvier 1833, a reconnu que toute stipulation qui ne constitue aucun engagement actuel, mais seulement des prévisions sur un événement futur et incertain, indépendant de la volonté des parties, ne peut, avant l'avénement de la condition, être considéré comme opérant une obligation passible du droit proportionnel. Il s'agissait, dans l'espèce, d'une affectation hypothécaire accordée sur ses biens par l'exécuteur testamentaire de Napoléon, pour garantir le dépositaire des fonds de tous les recours qui pourraient être exercés ultérieurement contre lui. La Cour a rejeté la demande du droit, « Attendu, porte l'arrêt, que toute stipulation qui ne constitue aucun engagement actuel, mais seulement des prévisions sur un événement futur, incertain, indépendant de la volonté des parties, ne peut, avant l'événement de la condition, être considérée comme opérant une obligation actuelle passible des droits proportionnels; Attendu que dans l'acte des 17 et 18 juillet 1827, sur lequel porte le litige, aucune obligation principale ne se rencontre réellement et actuellement, soit de la part du dépositaire déja lié antérieurement à ce titre, soit de la part de l'exécuteur testamentaire y dénommé; mais seulement des stipulations pour le cas d'un recours non existant et purement éventuel, et que, jusqu'à la réalisation de l'événement prévu, ledit acte ne peut donner ouverture à aucun droit proportionnel » (10550 J. E., S. 33-1-129; — *Contrà*, Del. 28 nov. 1828, 9171 J. E.).

1. EMPRUNT ANTÉRIEUR. — Décidé, de même, que la déclaration par un emprunteur, que le bien affecté à la sûreté de son emprunt est déjà hypothéqué pour le service d'une rente et pour telle somme d'arrérages, n'est point passible du droit d'obligation (Dél. 25 nov. 1817, 2334 J. N.). Faite dans l'acte même d'emprunt, *hors la présence du crédi-rentier*, elle ne donne ouverture à aucun droit particulier; elle ne rend exigible que le droit de 3 francs si elle a lieu par un acte distinct.

2. MARCHÉ. — Le droit proportionnel de marché n'est pas dû non plus sur l'acte notarié par lequel un propriétaire, étant dans l'intention de faire terminer les travaux de construction d'une maison, donne une hypothèque aux entrepreneurs présents et acceptants, car une telle affectation ne saurait, dans les termes où elle est conçue, servir de titre au marché (Sol. 3 mars 1873). — Cette solution soulève, d'ailleurs, une grave difficulté que nous examinerons. — V. *Marché*.

SECTION 3. — CHANGEMENT DE TITRE

[1860-1861]

1860. Changement de titre. — L'hypothèse qui se rapporte au changement de titre n'est pas si facile à justifier. Du moment, en effet, que l'acte obligatoire auquel se rattache l'affectation a été enregistré et qu'il a donné lieu au droit selon sa nature, il semble que les exigences de la loi sont satisfaites. Peu importe la quotité et l'importance du droit payé, car si la loi a voulu abaisser le tarif de certaines obligations, c'est une faveur qui leur a été concédée d'une manière absolue et qui s'étend à l'ensemble du contrat, aussi bien aux garanties d'exécution qu'à l'engagement lui-même. Pourquoi donc ces garanties accessoires cesseraient-elles d'être des actes de complément ?

La jurisprudence a répondu qu'à raisonner ainsi on n'envisageait qu'un côté de la question. La loi fiscale a sans doute établi des droits différents pour les obligations. Mais elle a réglé ses tarifs d'après la nature des actes qui renferment ces obligations et d'après les effets qu'ils produisent. Il lui a convenu, par exemple, de n'assujettir les lettres de change ou les billets à ordre qu'à une taxe très-inférieure à celle des obligations civiles, parce qu'il paraissait utile de favoriser ces instruments de crédit commercial. Pour que ces actes profitent du bénéfice qui leur est offert, il faut donc qu'ils conservent le caractère spécial auquel la loi l'a attaché. Si un écrit cesse d'être un billet à ordre pour devenir une obligation ordinaire ou si, ce qui est la même chose, tout en conservant la forme de billet à ordre, il emprunte aussi celle de l'obligation civile, le motif qui justifiait la réduction n'existe plus. L'acte tombe par l'un de ses côtés sous l'application du droit créé pour les obligations ordinaires dont il a les privilèges : il devient régulièrement passible du droit de 1 pour 100. Par conséquent, si le débiteur d'un effet de commerce, après avoir payé l'impôt spécial établi pour son effet, confère au créancier une hypothèque qui lui assure les avantages de l'obligation civile, l'affectation donne naissance pour la même dette à un second titre distinct du premier, qui n'en est pas le simple complément et qui fournit une cause particulière à la perception de l'impôt. Le droit sera donc perçu sur cette constitution comme si elle se rapportait à une convention verbale ou non enregistrée. Ce point est maintenant à l'abri de toute contestation.

1861. Affectation hypothécaire pour sûreté d'effets négociables. — La question s'est présentée surtout dans le cas où, pour sûreté d'une dette ayant pour titre une lettre de change ou un billet à ordre, le débiteur consent une hypothèque sur ses biens. On avait d'abord vu dans cette stipulation une sorte de garantie mobilière passible du droit de 50 centimes pour 100, comme cautionnement, à moins que le droit principal ne s'élevât pas à cette somme (Cass. 6 niv. an 13, Dél. 10 avr. 1822, 26 juill. 1823, 3 avr. 1824, 2114, 4433, 5671, 7811 J. E.) — Cependant, par une D. m. f. 8 ventôse an 12 (211 I. G.) et par arrêts 17 prairial an 12 (290 § 11 I. G., S. 4-2-171), 8 pluviôse an 13, 23 déc. 1807 (Teste-Lebeau, p. 220), 1er février 1813 (4427 J. E.), la C. cass. avait déclaré que le droit de 1 pour 100 était exigible parce qu'il y avait *novation*. Elle a maintenu le même droit par un arrêt 5 août 1833 (8149 J. N., 10719 J. E., 1446 § 8 I. G., S. 33-1-519), mais en considérant cette fois l'affectation hypothécaire comme *ajoutant* à l'obligation commerciale une obligation purement civile. Cette dernière idée est la seule exacte. Il importe peu, en effet, que l'affectation hypothécaire *nove* la dette dans le sens légal du mot, c'est-à-dire l'éteigne pour le remplacer par un autre. Dès l'instant que la reconnaissance nouvelle du débiteur confère à son créancier un titre distinct du premier, ayant ses effets spéciaux, et tarifé séparément par la loi fiscale, le droit devient exigible. C'est ce qui résulte de trois autres arrêts postérieurs des 20 août 1834 (8629 J. N., 11016 J. E., 1473-5 I. G., S. 34-1-789); — 5 avril 1854 (173 R. P., 2019-7 I. G., 15346 J. N., S. 55-1-111); — 25 mai 1869 (2969 R. P., Bull. 109, S. 69-1-362, D. 69-1-429, 2389-6 I. G., 19635 J. N., 18717 J. E., 2628 Rev.). « Attendu, porte l'arrêt du 25 mai 1869, que, alors même que les effets eussent été antérieurement enregistrés, les contrats des 22 et 29 septembre 1865, comme contenant une reconnaissance de dette et comme stipulant des obligations civiles distinctes et nouvelles, étaient par eux-mêmes passibles du droit proportionnel de 1 pour 100, aux termes de l'art. 69 § 3 n° 3 de la L. 22 frimaire an 7 ; qu'ils n'opéraient ni une novation, ni la substitution d'une dette à une autre, mais qu'ils reposaient nécessairement sur la constatation et la reconnaissance de la dette qu'ils laissaient subsister, et qui avait pour titre les effets de commerce dont ils rappelaient les détails et le contenu ; que, sans l'existence de cette dette, les contrats civils auraient été sans cause, puisqu'ils avaient pour objet la prévision du remboursement par les endosseurs et donneurs d'avals en cas de non-payement par la débitrice principale » (*Conf.* : Seine 30 janv. 1863, 12460 C., 1er août 1857, 893 R. P., 16612 J. E., 27 fév. 1864, 1966 R. P. ; — Marseille 2 oct. 1855 ; — Saint-Etienne 13 juill. 1859 ; — Seine 20 juill. 1877, 4834 R. P.).

Le même principe a été appliqué par la jurisprudence dans tous les cas où, en dehors de l'affectation hypothécaire, la dette commerciale est reconnue par un acte civil (*V.* Cass. 30 mars 1835, 1490-8 I. G., S. 35-1-262, 18 août 1835, 1504-8 I. G., S. 35-1-842, 8 avr. 1839 (chambres réunies), I. G., 1601-8, S. 39-1-287, 14 nov. 1849, 1857-9 I. G., S. 49-1-765. — *V.* Demante, n° 502).

Dalloz, n° 1523, Champ., t. 6 p. 236 et le J. N. (art. 7966), cherchent à mettre la jurisprudence de la C. cass. en matière fiscale, en opposition avec ses décisions en matière civile. La C. suprême a reconnu, en effet, par un arrêt 21 février 1826 (6364 J. N.), rejetant le pourvoi contre un arrêt C. Grenoble 17 juin 1828 (S. 1828-2-139), qu'il n'y a pas novation lorsque le débiteur d'une dette commerciale donne, par acte notarié, une hypothèque pour en assurer le payement, parce qu'il est *certain en droit que la garantie hypothécaire, ajoutée par le débiteur à son engagement principal, n'en change pas la nature.*

Mais cette argumentation perd toute sa force dès qu'il est établi que l'exigibilité du droit ne dépend pas de l'existence de la novation. Sur ce dernier point, on pourrait d'ailleurs opposer aux décisions invoquées d'autres arrêts concernant le système contraire. Nous les analysons au n° 11825. « La théorie de la jurisprudence, dit à son tour Demante, peut se défendre, à cause de la nature particulière du droit proportionnel établi sur les effets négociables. Mais la matière est délicate, et il faut se garder, à l'exemple de certains praticiens, de tirer de cet arrêt des déductions à outrance. La jurisprudence de la Cour tend jusqu'aux dernières limites les ressorts de l'interprétation : un effort de plus les ferait éclater » (n° 502).

1. ENDOSSEUR. — AVALISTE. — CAUTION. — Si l'un des endosseurs d'un billet de commerce consent l'affectation hypothécaire, la règle est la même que pour le souscripteur, et le droit d'obligation devient exigible (Dél. 9 nov. 1835, 11333 J. E.).

On a décidé qu'il n'en est plus ainsi de l'affectation hypothécaire consentie par le souscripteur d'un effet de commerce au profit des endosseurs ou des donneurs d'aval pour garantir à ces personnes l'exercice du recours qu'elles auront contre lui si elles sont obligées de payer la dette. D'une part, la dation d'hypothèque ne s'applique pas à l'effet de commerce lui-même et n'a pas pour résultat de conférer au bénéficiaire un titre particulier de sa créance. D'un autre côté, la dette de l'endosseur est soumise à la condition suspensive que le payement de l'effet n'aura pas lieu par le souscripteur à l'échéance, et le cautionnement fourni par ce dernier est tout à fait éventuel. Le droit fixe de 2 francs (3 fr.) est donc seul exigible (Nevers 8 mars 1864, 1913 R. P.).

C'est ce qu'on a enseigné également pour l'acte par lequel le souscripteur d'une lettre de change donne une hypothèque à la caution (engagée par le billet même) pour la garantir du remboursement de la somme due (18162 § 2 J. E.).

Cependant l'arrêt du 5 avril 1854, cité au n° 1861, a été rendu au sujet de l'affectation donnée à l'endosseur pour garantie du payement éventuel auquel il s'était exposé. Depuis lors, la Cour a de nouveau décidé que l'acte par lequel le souscripteur d'effets de commerce en circulation confère une hypothèque aux endosseurs ou aux donneurs d'aval pour assurer le remboursement de ces effets, est passible du droit de 1 franc par 100 francs, quoiqu'il n'y ait pas novation et quoique le débiteur ait déclaré son intention de ne conférer aucun titre nouveau à ses créanciers : « Attendu que les actes d'affectation n'opéraient ni une novation, ni la substitution d'une dette à une autre, mais qu'ils reposaient nécessairement sur la constatation et la reconnaissance de la dette qu'ils laissaient subsister, et qui avait pour titre les effets de commerce dont ils rappelaient les détails et le contenu ; que, sans l'existence de cette dette, les contrats civils auraient été sans cause, puisqu'ils avaient pour objet la prévision du remboursement par les endosseurs et donneurs d'avals en cas de non-payement par la débitrice principale ; Attendu que les endosseurs et donneurs d'avals sont les cédants des tiers porteurs ; qu'ainsi les conventions intervenues entre les cédants et la débitrice principale ne sauraient être réputées étrangères aux tiers porteurs intéressés aux garanties pouvant augmenter la solvabilité de leurs cédants, et par lesquels ils ont été représentés dans les actes destinés à augmenter les chances de payement des effets en circulation » (Cass. avr. 25 mai 1869, 2969 R. P., Bull. 109, S 69-1-362, D. 69-1-429, 2389-6 I. G., 19635 J. N., 18717 J. E., 2628 Rev.).

2. JUGEMENT. — Si l'affectation hypothécaire a été donnée à la suite d'un jugement portant condamnation pour effets de commerce, le jugement constitue un titre exécutoire qui emportait par lui-même l'hypothèque (2123 C. C.) et qui a payé ou dû payer les droits qui lui sont propres. L'affectation postérieure n'est donc plus qu'un acte complémentaire passible du droit fixe de 3 francs.

3. BILLET SIMPLE. — Il semble inutile de faire observer que, si le billet n'est pas négociable et constitue seulement une obligation sous seing privé, l'hypothèque accordée par le débiteur ne change pas la nature de l'obligation qui était civile, avant comme après l'hypothèque. Dès lors, il n'y a à percevoir qu'un droit fixe (15125-3 J. E.).

4. BILLET CONTENANT AFFECTATION OU ANNULÉ. — Quand l'affectation hypothécaire emportant reconnaissance civile de la dette a lieu par l'acte même qui constate la souscription des billets, les deux opérations se confondent, et c'est le droit de 1 pour 100 qui est seul exigible. Si le billet à ordre non enregistré était converti en une obligation notariée et demeurait par suite sans effet, il faudrait appliquer la jurisprudence que nous avons fait connaître précédemment au sujet des actes anéantis, mentionnés dans les contrats qui en tiennent lieu. — V. *Acte en conséquence.*

5. BILLET PRÉCÉDEMMENT ENREGISTRÉ. — La conséquence logique du système sur lequel repose la juris

prudence est que, si les billets de commerce ont été enregistrés antérieurement à l'affectation hypothécaire, aucune imputation des droits perçus ne sera à faire sur les droits à percevoir. En effet, s'il est vrai que l'obligation ancienne n'est pas éteinte, qu'elle coexiste avec la seconde, il n'en résulte pas moins de l'affectation hypothécaire une obligation ayant des effets tout à fait nouveaux; et cette obligation doit donner ouverture aux droits qu'elle est susceptible de produire, indépendamment de ceux perçus sur le premier titre qui est laissé en dehors. Imputer les droits anciens sur les droits nouveaux, ce serait faire une restitution à laquelle l'art. 60 L. 22 frimaire an 7 s'oppose, du moment que la perception a été régulièrement faite. C'est dans ce sens que la jurisprudence s'est prononcée (Cass. 20 août 1834, 8629 J. N., 11108 J. E., 1473-5 I. G., S. 34-1-789; — Cass. 30 mars 1835, 8865 J. N., 11189 J. E., 1490-8 I. G., S. 35-1-762; — Cass. 25 mai 1869, 2969 R. P., B. 109, S. 69-1-362, D. 69-1-429, 2389-6 I. G., 10635 J. N., 18717 J. E., 2628 Rev.); — Toulouse 21 déc. 1849; — Avallon 26 déc. 1850; — Alais 19 juin 1851, 14866, 15161, 15202-2, 15331 J. E.). — V. *Compensation.*

6. BILLET ENREGISTRÉ POSTÉRIEUREMENT. — Une règle qui découle aussi de ce que nous venons de dire, c'est que, si les billets n'étaient présentés à l'enregistrement que postérieurement à l'affectation hypothécaire, les droits auxquels ils donnent ouverture, étant indépendants de ceux perçus sur l'affectation hypothécaire, devraient être exigés sans avoir égard à la perception antérieure (Amiens 17 janv. 1850, 14907 J. E.). — V. *Compensation.*

7. OBLIGATION EXPRIMÉE DANS L'AFFECTATION HYPOTHÉCAIRE. — Champ. et Rig. et Dalloz, qui repoussent l'ensemble de la jurisprudence sur l'affectation hypothécaire (*V.* 1851), admettent cependant, le premier, n° 1530 et 1331, les seconds, *Suppl.*, n° 238, dans l'hypothèse qui nous occupe, que si l'affectation hypothécaire énonce le prêt et contient virtuellement obligation de la somme prêtée, elle rend exigible le droit fixé pour les obligations, et ne peut être considérée comme le complément des effets de commerce, donnant ouverture seulement au droit fixe. C'est dans ce sens que la question a été décidée par la Cour suprême (Ch. réunies par arrêt rendu le 8 avril 1839 12269 J. E., 10324 J. N., 1601 § 8 I. G., S. 39-1-287), dans l'espèce jugée le 20 août 1834 (*V.* 1861) et revenue devant la Cour par suite d'un nouveau pourvoi.

« Attendu, porte l'arrêt du 8 avril 1839, que le jugement attaqué constate que le même jour et pour le même objet, le défendeur a souscrit des billets à ordre ; que, de cette circonstance, il ne résulte pas sans doute que, par la constitution d'hypothèque, il y ait eu novation ni substitution d'une dette à une autre ; mais que les billets à ordre et l'acte notarié, quoique relatifs au prêt d'une même somme, ont formé le titre de deux obligations distinctes, devant produire des effets différents, la première commerciale, la seconde hypothécaire et purement civile, et dont le prêteur a voulu réunir les avantages; Que chacune de ces obligations, diversement tarifée par la loi du 22 frimaire an 7, a donc son caractère propre; qu'elle subsiste indépendamment de l'autre, et ne peut être considérée comme son complément ou son exécution.»

8. ÉPOUX. — En principe, l'affectation hypothécaire donnée par une femme en garantie de la dette personnelle du mari ne motive pas la perception du droit de cautionnement. Mais si la dette du mari résultait de billets à ordre ou de lettres de change, l'affectation émanée de la femme conférerait au créancier un titre particulier d'obligation et justifierait, d'après la jurisprudence précédente, la perception d'un droit de 1 pour 100 (Sol. 19 nov. 1860).

CHAPITRE III. — AFFECTATION PAR UN TIERS

[1862-1868]

1862. Affectation hypothécaire par un tiers. — Cautionnement. — Il ne faut pas perdre de vue que les cas que nous venons de parcourir dans le chapitre précédent sont des exceptions.

La règle est que la constitution d'hypothèque émanée du débiteur lui-même est affranchie du droit proportionnel, parce que si elle accompagne l'obligation elle en est une disposition dépendante et que, si elle la suit, elle forme un acte de complément.

Ces motifs cessent de s'appliquer lorsque l'hypothèque est fournie par un tiers étranger à la dette. L'accession du tiers, qu'elle se produise dans le contrat d'obligation ou en dehors de lui, n'est plus qu'un dérivé nécessaire de l'engagement principal, dans le sens de l'art. 11 de la loi du 22 frimaire an 7, ni une exécution pure et simple de cet engagement. C'est un acte volontaire ne faisant, à aucun point de vue, partie intégrante de l'obligation du débiteur qui est complète sans son adjonction. Il est donc en lui-même passible de l'impôt.

Sous quel tarif faudra-t-il le classer? La réponse est bien simple, et on est surpris des controverses qui se sont élevées sur ce point dans la jurisprudence. Celui qui affecte ses immeubles à la garantie de l'obligation d'un tiers promet, en réalité, au créancier de payer pour le débiteur si celui-ci ne le fait pas lui-même. La seule différence qu'il y ait entre cette promesse et un cautionnement ordinaire, c'est qu'au lieu d'engager tous ses biens (art. 2092 C. C.) le tiers n'en engage qu'une partie. Mais à l'égard des biens affectés, la situation du tiers est identiquement la même que celle d'une caution. Il est tenu d'ores et déjà de solder la créance à la place du débiteur. Cet engagement, qui a pour objet le payement d'une créance, n'est autre chose qu'un cautionnement de sommes; il est assujetti au droit de 50 centimes pour 100, par l'art. 69, § 2 n° 8 de la loi de l'an 7. La jurisprudence est depuis déjà longtemps fixée sur ce point.

Toutes les fois que la constitution d'hypothèques est consentie par un tiers, *étranger à l'obligation*, la C. cass. adoptant la jurisprudence constante de l'Administration, qualifie l'affectation hypothécaire de cautionnement ou de garantie, et juge, en conséquence, que le droit proportionnel est exigible (Cass. 10 août 1836, 11584 J. E., 9336 J. N., 1528 § 2 I. G., S 36-1-854; — Cass. 7 août 1837, 11852 J. E., 9715 J. N., 1562, §1er I. G., S. 37-1-1033; — *V.* également *Arrêt d'admission,* 3 déc. 1835, 11708 J. E; — Dél. 18 vent. an 10, 7 juin 1833, 2265, 10725 J. E.; — Seine 29 juin 1831, 3384 Roll; — Mâcon 2 fév. 1847, 14241 J. E.; — Clermont-Ferrand 29 mai 1855, 423 R. P.; — *Contrà* : Cass. 25 nov. 1812 et 10 août 1814, 7546 J. N; — Compiègne et Mortagne 6 mars et 26 déc. 1834; — Château-Gontier et Clermont 20 juin, 20 et 28 août 1835, 8497, 8945, 9039 J. N.; — Gap 6 mars 1872, 3469 R. P.; — D. N., t. 1er p. 566 n° 25; — Champ. et Rig. t. 6. p. 236). « Quand une personne, dit à cet égard Demante, est admise à se *cautionner elle-même* par une affectation hypothécaire, on perçoit le droit proportionnel à titre de cautionnement; on ne le perçoit pas quand une personne, pour sûreté de sa propre dette, fait une pure constitution d'hypothèque. Si la pure constitution d'hypothèque, faite pour la dette d'autrui, encourt le droit de cautionnement, ce n'est donc pas qu'elle soit un cautionnement *réel*; c'est plutôt parce qu'elle est une *intercession* pour autrui, c'est-à-dire une convention de la famille du cautionnement *personnel*. Cela est fort subtil, mais c'est le seul moyen de mettre en harmonie les arrêts précités » (n° 477).

Les arrêts des 10 août 1836 et 7 août 1837, sont ainsi conçus :

1er *Arrêt du* 10 *août* 1836. — « Attendu qu'il s'agissait, dans la cause, d'un cautionnement en immeubles, ou garantie hypothécaire fournie par un tiers sur des immeubles qui lui appartenaient et ce, pour la sûreté du payement d'une somme d'argent empruntée, et due par le frère de ce tiers, à des personnes étrangères tant à l'emprunteur qu'à la caution, ce qui constituait évidemment une obligation, de la part de ce tiers caution, de payer la somme, si l'individu cautionné ne le faisait pas, ou de laisser vendre l'immeuble hypothéqué à ce payement; que c'était, par conséquent, le cautionnement pour sommes et objets mobiliers, dont parle l'art. 69 L. du 22 frimaire an 7; Que cet article, en ajoutant que ce droit sera perçu indépendamment de celui de la disposition que le cautionnement, la garantie ou l'indemnité aura pour objet, mais sans pouvoir l'excéder, et qu'il ne sera perçu qu'un demi-droit pour les cautionnements des comptables envers l'État, fait clairement connaître qu'il était dans l'intention du législateur de comprendre, sous la dénomination plus ou moins exacte, en droit, de *cautionnement*, les garanties purement immobilières, puisqu'à cette époque les cautionnements des receveurs des deniers publics consistaient, le plus souvent, en immeubles; Que, d'ailleurs, la L. 13 janvier 1817, sur les militaires absents, qui est une loi de droit civil, fournit, dans son art. 9, un nouvel exemple de l'emploi du mot *cautionnement*, dans le sens d'une pure garantie immobilière, puisqu'il y est dit que les parties qui auront requis les déclarations d'absence, lorsqu'elles posséderont des immeubles reconnus suffisants pour répondre de la valeur des objets susceptibles de restitution en cas de retour, pourront être admises, par le tribunal, *à se cautionner* sur leurs propres biens; Attendu que, quoique le cautionnement dont il s'agit dans l'espèce ne fût pas indéfini, et tel que l'admettent les articles du C. C. énoncés au jugement attaqué, qu'il fût limité à des immeubles, sans s'étendre à la personne, ce n'était pas moins un véritable *cautionnement de sommes et objets mobiliers*, dont le droit à percevoir est tarifé par le susdit art. 69 § 2 n° 8. »

2° *Arrêt du* 7 *août* 1837. — « Attendu que l'hypothèque donnée par un tiers sur ses immeubles pour assurer le payement d'une créance, est, de sa part, une obligation qui a le caractère, pour la perception des droits d'enregistrement, d'une garantie, ou d'un cautionnement de sommes ou objets mobiliers, passible d'un droit proportionnel de 50 centimes pour 100 francs. »

Cette jurisprudence a reçu, depuis lors, une consécration récente dans un arrêt de la chambre civile du 30 juillet 1873, qui résume très-nettement toutes les raisons de décider : « Attendu, porte-t-il, que l'acte de constitution d'hypothèque, consenti par un tiers sur les immeubles qui lui appartiennent, emporte, pour le constituant qui ne veut pas être dépossédé, obligation de payer la somme garantie, si le débiteur refuse de l'acquitter ou est en état d'insolvabilité; qu'il tombe dès lors sous l'application de la règle d'après laquelle toute obligation est sujette au droit proportionnel, et que, par son caractère propre, il rentre dans la classe des actes spécialement tarifés par la loi fiscale sous la dénomination de garanties ou de cautionnements; que le jugement attaqué oppose vainement l'exemption d'impôt dont jouit l'affectation hypothécaire consentie par le débiteur lui-même sur ses propres biens; que si l'affectation est, en ce cas, exempte d'impôt, ce n'est pas parce qu'elle n'aurait pas été prévue par la loi fiscale, mais uniquement parce qu'elle est une dépendance de l'engagement principal, et qu'à ce titre elle ne saurait donner ouverture à un droit particulier d'enregistrement, indépendant de celui qui affecte cet engagement même; mais qu'il en est autrement de l'affectation hypothécaire consentie par une tierce personne; qu'une telle affectation donne au créancier une garantie nouvelle, absolument distincte de l'engagement du débiteur principal; et qu'emportant avec elle l'obligation de payer à défaut par celui-ci de le faire, ou de laisser vendre l'immeuble hypothéqué, elle constitue en réalité un cautionnement dans le sens de l'art. 69 § 2 n° 8 L. du 22 frimaire an 7, et rend exigible le droit proportionnel édicté par cette disposition de la loi fiscale; d'où il suit qu'en décidant le contraire, le jugement attaqué a expressément violé ladite disposition de l'art. 4 de la même loi » (3705 R. P., 2472-10 I. G., S. 73-1-480).

1863. Garantie légale. — Mais ici encore le droit de cautionnement ne serait pas dû si le tiers ne fournissait hypothèque que pour garantir l'exécution d'un engagement ou d'une obligation à laquelle il est légalement tenu. Cette affectation serait considérée comme un acte d'exécution ou de complément. Si elle intervenait, par acte distinct du contrat constitutif de l'obligation, elle acquitterait le droit fixe de 3 francs; elle serait dispensée de tout impôt si elle avait lieu dans ce contrat lui-même.

Ainsi, il faudrait décider que quand un tiers, en faisant une acquisition pour autrui, hypothèque ses immeubles pour garantir le défaut de ratification de l'acheteur véritable, le droit de cautionnement n'est pas exigible (Sol. 22 juin 1853).

Cette doctrine est également applicable à la vente faite par un tuteur au nom de son pupille, sans l'observation des formalités prescrites, et même si la dation d'hypothèque a lieu dans l'acte de vente, aucun droit fixe n'est exigible (Sol. 13 juill. 1864).

1863 *bis*. Époux. — Le principe qui affranchit du droit proportionnel les obligations solidaires et les cautionnements entre époux, s'applique évidemment aux affectations hypothécaires. Si donc une femme conférait une hypothèque sur ses biens pour garantie d'une dette personnelle à son mari, aucun droit de cautionnement ne pourrait être perçu (Sol. 19 nov. 1860). — Mais si la femme affectait ses biens à la garantie des dettes d'une société dont son mari fait partie, le droit de cautionnement serait exigible (Seine 22 janv. 1845, 13667 J. E.; — V. aussi Mâcon 2 fév. 1847, 14241 J. E.; — Toulouse 21 déc. 1849, 14886 J. E. — *Contrà*, Del. belge 13 juill. 1858, 1119 R. P.).

1864. Usufruitier. — L'acte par lequel l'usufruitier renonce à son usufruit au profit du créancier du nu-propriétaire, ayant hypothèque sur l'immeuble, sauf son recours en cas d'éviction contre le débiteur, a tous les caractères d'une affection hypothécaire de l'usufruit pour la garantie de la dette d'un tiers, et motive comme elle la perception du droit de cautionnement. On ne peut pas l'assimiler à une renonciation ordinaire, puisque si l'emprunteur s'acquitte sans que les créanciers soient obligés d'exécuter l'immeuble affecté, l'usufruit sera maintenu en entier et que d'ailleurs l'usufruitier aurait contre le débiteur un recours équivalent à l'importance de son usufruit. Ce n'est pas non plus une cession de rang ou de priorité d'hypothèque, car dans la cession il s'agit de deux créanciers d'un même débiteur, dont l'un cède sa place à l'autre, sans qu'il y ait d'engagement nouveau, ni de recours possible; tandis que dans la renonciation de l'usufruitier il s'agit d'un tiers étranger au débiteur comme un créancier qui donne une sûreté à ce dernier en lui abandonnant un droit réel dont l'ancien possesseur devra laisser poursuivre la vente, s'il n'aime mieux payer, et sauf son recours contre l'obligé principal. Il y a donc certainement ici, tout à la fois, créancier, débiteur direct et caution, caution qui n'est pas obligée sans doute comme le débiteur sur tous ses biens, mais qui n'en est pas moins une caution véritable (Rethel 21 juin 1850, 14987-2 J. E.; Bernay 24 avr. 1861, 12113 C. 17359 J. E., Sol. 19 fév. 1867).

Le tribunal de Toulouse a cependant décidé, le 4 décembre 1857, conformément à l'opinion de Dalloz n° 1414, et à une délibération du 25 février 1836, que l'acte par lequel un individu déclare consentir à ce que l'hypothèque fournie par son neveu en garantie d'une dette personnelle sur des immeubles dont il n'était que nu-propriétaire, grève l'usufruit de ces mêmes biens, ne donne pas lieu au droit de cautionnement. Une décision pareille a été rendue par le tribunal de Tarascon, le 31 juillet 1873 (3729 R. P.). Mais ces jugements ne nous paraissent pas devoir être suivis. Le dernier avait été déféré à la C. cass., et sur la signification de l'arrêt l'admission, les parties ont renoncé au bénéfice de la décision et ont acquitté le droit de cautionnement. (3829 R. P.).

Conformément aux règles précédentes[1], il faudrait, selon nous, reconnaître que quand le cessionnaire d'une créance après avoir donné pour garantir le paiement du prix une affectation hypothécaire sur la nue-propriété de certains immeubles, fait intervenir l'usufruitier qui renonce à son usufruit en faveur du cédant, de façon à ce qu'il soit payé avant lui si on vendait la toute propriété, le droit de cautionnement est exigible (Sol. 2 avr. 1858 et 26 nov. 1860).

1. RÉUNION D'USUFRUIT. — Ces règles ne sont pas cependant absolues, et il y aurait quelquefois à examiner si la renonciation de l'usufruitier ne procède pas d'un contrat de bienfaisance limité, à la vérité, à la personne d'un créancier et à l'arrivée d'un événement prévu, mais ne produisant pas cependant l'effet d'une garantie actuelle proprement dite donnant lieu à un recours ultérieur contre l'obligé principal. Si, par exemple, le donateur d'un immeuble, qui s'est reservé l'usufruit, renonce à son droit pour valider l'hypothèque que le donataire a consentie sur la toute propriété du bien, et le fait comme complément de sa libéralité primitive, sans se réserver aucun recours en cas de perte de sa jouissance, il n'y a pas là de cautionnement, mais une donation nouvelle à laquelle il faut appliquer les principes de la perception des droits sur la réunion d'usufruit.

1865. Copropriétaires. — Le droit de cautionnement a été reconnu exigible lorsqu'un copropriétaire hypothèque sa part, en garantie de la dette de son copropriétaire (Seine 29 nov. 1843, 13388 J. N.; — Mâcon 2 fév. 1847, 14241 J. E.).

1866. Société. — Il en est de même quand le gérant d'une commandite achète un immeuble en son nom personnel et dans son intérêt particulier, et que pour garantie du payement du prix il hypothèque les immeubles de la société avec le consentement des associés commanditaires : il y a cautionnement passible du droit de 50 pour 100 (Seine 29 mars 1861, 1554 R. P.). — V. *Cautionnement*.

1867. Bien d'autrui. — L'affectation hypothécaire ne peut grever que les biens que l'on possède. Si donc celui qui affecte des biens qui ne lui appartiennent pas ne s'engage pas en même temps *personnellement*, aucun droit proportionnel ne sera exigible, car cette dation d'hypothèque ne confère à celui qui la reçoit qu'une action qui ne pourra jamais s'exercer. C'est ce qu'il a été justement reconnu dans une espèce où un père, qui s'était réservé le droit de retour sur des immeubles qu'il avait donnés à son fils, déclarait renoncer à l'exercice de ce droit au cas où il s'ouvrirait, et consentait, en tant que de besoin, l'affectation hypothécaire de ces immeubles. — On a émis l'avis (12706-3 J. E.) que le droit fixe est seul exigible, attendu que l'immeuble n'appartenait pas et pouvait ne jamais appartenir à celui qui l'affectait.

1868. Hypothèque inférieure ou supérieure au cautionnement. — L'affectation hypothécaire est quelquefois inférieure ou supérieure au montant du cautionnement. Nous indiquons v° *Cautionnement* n° 3478, les règles de perception dans cette double hypothèse.

CHAPITRE IV. — CESSION D'HYPOTHÈQUE

[1869-1882]

1869. Transmission de l'hypothèque avec la créance. — Le cas le plus fréquent dans lequel l'hypothèque se transmet est celui de la cession même de l'obligation qu'elle garantit. Quand le créancier transporte sa créance à un tiers, il transporte en même temps au cessionnaire les garanties qui en assurent le payement et qui en forment pour ainsi dire partie. Ce déplacement de l'hypothèque est une dépendance aussi intime de la cession que la constitution elle-même l'était de l'acte obligatoire dans lequel elle se trouve renfermée. Elle est, par un motif identique, dispensée d'un droit particulier. Aucun embarras ne peut s'élever sur ce point.

1870. Transmission de l'hypothèque seule. — Mais il arrive souvent que l'hypothèque se transmet sans la créance. Cet effet a pu paraître d'abord contraire à l'indivisibilité de la garantie et d'excellents esprits l'ont repoussé. « La relation, dit Zachariæ, qui existe entre une hypothèque et la créance pour sûreté de laquelle elle est établie est tellement intime que l'hypothèque ne peut être considérée comme ayant une existence propre qui permette de la séparer de la créance à laquelle elle est attachée pour la joindre à une autre » (t. 2 p. 215). Cette appréciation était inexacte. L'hypothèque ne se conçoit pas sans doute sans une obligation principale; mais cette obligation existe quand la cession détache l'hypothèque d'une créance pour la reporter immédiatement sur une autre. Le principe de l'indivisibilité n'a rien à faire avec une pareille convention. Pour la prohiber, il faudrait trouver un texte qui n'existe nulle part. Aussi la validité du transport de l'hypothèque est-elle maintenant admise pour tout le monde; elle a été législativement consacrée, au sujet de la subrogation dans l'hypothèque des femmes mariées, par l'art. 9 L. 23 mars 1855.

Donc, un créancier peut céder son hypothèque à un tiers sans lui céder en même temps son obligation. Cela arrive assez fréquemment en pratique, surtout dans les ordres.

1871. Acte réalisant cette transmission. — On distingue deux sortes de cessions: la cession d'hypothèque proprement dite, et la cession de priorité ou d'antériorité d'hypothèque. Par la première, l'hypothèque quitte absolument la créance primitive pour aller se joindre à une obligation étrangère. Ce déplacement entraîne quelquefois l'extinction de la créance, lorsqu'elle résulte d'une subrogation légale et que le premier créancier a reçu son payement. Le plus souvent, la première obligation survit au départ de l'hypothèque; elle tombe alors dans la classe des créances chirographaires.

La cession de priorité ou d'antériorité d'hypothèque n'a pas des effets aussi absolus. Elle a lieu lorsqu'un créancier inscrit cède son rang à un autre créancier inscrit. Ici, la créance du cédant ne cesse pas d'être hypothécaire, mais ce n'est plus son ancienne hypothèque qu'elle possède, c'est celle de la créance qui est montée à sa place. Il y a, pour autrement dire, échange des garanties. Jamais, dans ce cas, la créance du cédant ne disparaît.

Ces différences qu'il fallait indiquer sont purement théoriques pour notre sujet. Le caractère de la cession d'hypothèque ou de la cession d'antériorité est le même au point de vue fiscal, puisque de part et d'autre l'objet transmis est identique. Nous les confondrons donc dans nos explications.

Mais il importe de distinguer parmi les cessions celles qui entraînent l'extinction de l'obligation du cédant et celles qui la laissent subsister. Chacune d'elles est soumise à des règles de perception spéciales.

1872. Extinction de la créance. — Subrogation. — Toutes les fois que l'obligation primitive est éteinte, c'est qu'il y a eu subrogation légale. Le créancier a été payé par un créancier postérieur qui désire monter à son rang, ou bien par un tiers qui avait intérêt à acquitter la dette et qui obtient de plein droit les garanties de la créance éteinte (art. 1251 C. C.). L'acte renferme donc à la fois quittance de l'obligation et transport de l'hypothèque. Mais le transport n'est qu'une conséquence nécessaire de la quittance, il ne donne ouverture à aucun droit particulier. La seule perception à établir est celle de la libération de sommes sur le total des payements. — V. *Subrogation*.

1873. Obligation subsistante. — Cession de priorité. — La question est autrement embarrassante pour les cessions qui laissent subsister l'obligation. Le transfert de l'hypothèque ainsi isolé de toute autre disposition, peut-il donner ouverture à un droit proportionnel?

L'Administration, se plaçant dans le cas le plus ordinaire de la cession de priorité, a résolu la difficulté en ces termes: « Une convention de cette nature ne transmet aucune créance nouvelle et ne dispense pas le concessionnaire, pour obtenir payement, de justifier d'un titre légal de créance légitime: l'acte ne donne aucun droit à la créance de celui qui cède; il n'opère qu'un simple échange de rangs, et ne peut, quand il est fait sans bourse délier et que les deux créanciers sont utilement colloqués, être assujetti qu'au droit fixe de 1 franc (3 fr.) fixé pour les actes simples. Mais si, par l'effet de l'ordre arrêté entre les créanciers, il arrivait que le cédant ne fût pas utilement colloqué et que le cessionnaire fût payé, il y aurait une transmission réelle de droit mobilier, puisque sans la convention aucune somme n'eût été payée à celui au profit duquel l'abandon de la priorité a été fait, et que le créancier plus ancien, en cédant ses droits à cette priorité, se trouve avoir effectivement transmis la somme qui lui aurait été comptée si la cession n'eût pas existé. La perception du droit fixe de 1 franc (3 fr.) sur les actes de cette nature n'est donc que provisoire et doit être réglée sous la réserve du droit proportionnel, au cas que, par le résultat de l'ordre, il y ait transmission de créances » (I. G., du 7 juin 1808 n° 386 § 11).

L'Administration belge a suivi l'Administration française dans cette voie. Elle décide que la cession de priorité doit être assimilée à une cession de créances jusqu'à concurrence de la somme pour laquelle le cessionnaire est colloqué par suite du changement de rang (Dél. 19 juin 1843). Et un auteur très-estimé, M. Bastiné, essaye de justifier ainsi cette interprétation: « Nous croyons que c'est une erreur de prétendre que la cession de priorité doit toujours être considérée comme un simple consentement. Quand on se rend compte de ce que les parties font en réalité, il est évident que leur convention a une portée plus large. Ce n'est pas pour le seul plaisir d'occuper un autre rang d'hypothèque que le cessionnaire prend la place du cédant; son but est d'avoir une créance dont le payement est mieux garanti. On peut dire que le changement de position donne lieu à une cession de créance éventuelle. Si la distribution du produit de l'hypothèque donne au créancier cessionnaire une somme qu'il n'aurait pas eue sans le contrat, il est certain qu'il a cette somme en vertu de la cession. Le créancier qui lui a cédé son rang a donc échangé sa créance jusqu'à concurrence de cette somme. La collocation accomplit la condition de cet échange tacite ; elle donne ouverture au droit proportionnel » (*Théorie du droit fiscal* nº 625).

Tout cela est inexact.

Il n'est pas vrai que le créancier, en transférant son hypothèque à un tiers qui est utilement colloqué sur le produit de l'hypothèque, lui cède actuellement sa créance elle même. Il la conserve, au contraire, dans toute son étendue : seulement il la conserve dépourvue de ses garanties. Merlin fait saisir, avec toute sa lucidité habituelle, la vérité de ce résultat. « La loi 2, au Code *de his qui in priorum*, dit que le second créancier prend la place du premier. Elle ne donne pas au nouveau créancier l'action, la créance de l'ancien, mais seulement sa place et le même rang, le même ordre d'hypothèque. Ainsi la subrogation n'attribue au nouveau créancier que les accessoires de l'ancienne action, le privilége et les hypothèques; la première action ne peut être transmise que par l'effet d'un transport et d'une vente. » (*Quest. de droit* vº *Subrog.* § 1er). — Le créancier qui a cédé son hypothèque reste donc en pleine possession de sa créance qu'il pourra recouvrer sur les autres biens du débiteur. Comment serait-il question, dès lors, de percevoir le droit de transport sur un acte qui n'en réalise aucun ?

A la vérité, le contrat a pour effet d'attribuer au cessionnaire une somme qui eût appartenu au cédant dont il a pris la place. Mais ce résultat ne suffit pas pour autoriser la perception du droit de transport de créance. Il se produit dans beaucoup d'autres cas sans qu'on ait jamais songé à l'application de ce tarif. C'est ce qui arrive notamment toutes les fois qu'un créancier inscrit renonce purement et simplement à son hypothèque. Ce désistement, en effet, profite par la force même des choses, aux autres créanciers postérieurs. Et lorsque le produit du gage est distribué, la somme qui correspondait à l'hypothèque du renonçant se trouve attribuée à quelqu'un qui n'y aurait pas eu droit. Dira-t-on que la stipulation emporte actuellement la transmision de la créance? La chose est vraiment impossible. Malgré le bénéfice qu'en retire ce dernier créancier colloqué, l'acte n'opère directement aucune mutation dans la créance du renonçant. Il n'est et ne saurait être passible du droit de transport. Donc, la circonstance que le cessionnaire de l'hypothèque obtient un payement auquel il n'aurait pas été appelé est insuffisante pour justifier la perception du même droit.

On a d'ailleurs un exemple bien autrement frappant de la situation dans le cas de la subrogation légale. Que se passe-t-il quand le créancier postérieur débourse une somme d'argent pour acquérir l'hypothèque du créancier préférable ? La même chose que dans toute cession d'hypothèque. Ce créancier se trouvera payé alors qu'il ne l'aurait pas été sans la convention. S'en suit-il que le droit de transport de créance soit exigible sur la somme qu'il recevra à la place du cédant? En aucune manière. La jurisprudence n'autorise que la perception du droit de quittance, parce que le tarif est assis sur l'acte lui-même et non pas sur ses conséquences. La subrogation légale n'étant, comme on l'a vu, qu'une modalité particulière de transport d'hypothèque, il faut en conclure que ce transport, pris dans sa généralité, n'est pas plus passible qu'elle du droit de cession de créance.

C'est l'opinion de Champ. (nº 1258) et de Dalloz (nº 1744); nous croyons l'avoir nettement justifiée.

Il s'en faut cependant que la jurisprudence ait rendu sur ce point des solutions nettes.

1. DROIT PROPORTIONNEL. — Ainsi il a été jugé, par application des principes de l'I. G. 386, que si le créditeur qui a obtenu hypothèque sur les biens du crédité, au moment de l'ouverture du crédit, cède son droit d'hypothèque à l'endosseur de lettres de change que le crédité a tirées sur lui et que cet endosseur a payées par suite de protêt faute de payement, le droit proportionnel de cession d'hypothèque ou de créance est exigible sur le montant des lettres de change acquittées, indépendamment de celui dû à raison de la réalisation du crédit (Seine 16 janv. 1850, 15038 J. E.).

Mais il avait été antérieurement décidé que quand, dans une obligation, les enfants de l'emprunteur consentent en faveur du porteur toute antériorité sur eux-mêmes à raison de l'hypothèque légale qui leur appartient sur les biens hypothéqués, ce consentement n'est passible que du droit fixe de 2 francs (3 fr.) (Sol. 20 mars 1829, D. N. t. 3 p. 56 nº 16).

Depuis lors, il a été reconnu que si un créancier inscrit sur les immeubles hypothéqués à la garantie d'un prêt déclare céder toute priorité au prêteur sans prendre d'ailleurs aucun engagement personnel, cette cession de priorité est passible d'un droit fixe et ne donne pas lieu au droit de cautionnement (Dijon 4 déc. 1867 2759 R. P.).

Cette interprétation est évidemment la seule juridique.

2. GARANTIE. — Il en serait autrement si le créancier ne se bornait pas à céder son rang mais prenait un engagement de garantie. Ainsi le tribunal de Lyon a pu décider, le 30 novembre 1870, que l'acte par lequel le créancier ayant hypothèque légale sur un immeuble affecté par le débiteur au remboursement d'un prêt consenti par un tiers, déclare garantir ce tiers contre son hypothèque légale, est passible du droit de cautionnement : « Attendu que le créancier a contracté une garantie mobilière indépendante de l'obligation principale, garantie ayant pour but de désintéresser le prêteur en cas d'exercice du droit d'hypothèque et de le défendre contre toute action provenant de cette hypothèque en cas d'insolvabilité du débiteur. »

3. PRESCRIPTION. — Dans tous les cas, le droit de 1 pour 100 n'est exigible qu'au moment où il devient certain que la cession de priorité procurera au créancier subrogé le payement d'une somme à la quelle il n'aurait pas eu droit. Mais comme il s'agit alors d'un supplément à réclamer sur le contrat enregistré au droit fixe, on a émis l'avis que l'action serait prescrite si ce contrat avait été soumis à la formalité depuis plus de deux ans. Cette opinion nous paraît mal fondée. On verra au mot *Prescription* que les droits complémentaires de l'espèce constituent des droits principaux sujets à la prescription de trente ans.

1874. Cession donnant droit au droit proportionnel. — Arrivé à ce point, la difficulté n'est encore qu'à moitié résolue. Il reste à rechercher quel tarif est applicable au contrat.

La situation nous paraît découler très-facilement des principes.

En effet, si le transfert d'hypothèque n'opère pas la cession de la créance du cédant, elle transporte de sa tête sur celle du cessionnaire la propriété complète du droit d'hypothèque. C'est donc l'hypothèque qui se déplace, qui est cédée. Or, l'hypothèque est un droit défini, qui a son caractère propre et sa valeur juridique parfaitement individualisée; c'est un *bien* dans l'acception générale du mot, puisqu'elle confère à celui qui le possède des avantages lucratifs. Sa transmission, comme celle de tous les biens, tombe donc sous l'empire de la règle générale du droit proportionnel (L. 22 frim. an 7 art 4).

Il ne servirait à rien d'objecter que l'hypothèque n'a pas été dénommée dans les tarifs. Cette observation a déjà été réfutée précédemment. La loi fiscale a posé le principe de l'exigibilité de l'impôt, en soumettant au droit proportionnel toutes les mutations de biens meubles ou immeubles. Elle laisse à la loi civile le soin de déterminer les caractères auxquels ces biens se reconnaissent. Du moment donc, qu'en droit commun l'hypothèque constitue un *bien*, elle est atteinte par la perception.

1875. Nature du contrat. — Tarif. — Mais quel est ce bien et quel caractère faut-il lui attribuer? Ici, nous nous rencontrons avec une controverse très-vive sur la nature de l'hypothèque. Les uns soutiennent qu'elle constitue un démembrement de la propriété, et par suite qu'elle appartient à la catégorie des biens immeubles. M. Paul Pont, notamment, a défendu cette thèse avec une grande conviction (*Traité des hyp.* 2e édit. n° 328). Les autres ne voient dans l'hypothèque, malgré la qualification de droit réel qui lui est donnée par le Code, qu'une action ordinaire dont la nature se détermine par son objet. Ils décident, en conséquence, que quand elle se rattache à une créance mobilière, elle est mobilière comme l'obligation principale. C'est le sentiment de Marcadé (t. 2 nos 360, 361), de Valette (*des Privilèges et hyp.* n° 124), de Demolombe (t. 9 nos 471 et 472) et de la plupart des auteurs.

Nous n'avons pas le loisir de faire pénétrer le lecteur dans cette grave discussion. Nous devons dire seulement que l'opinion générale, fixée en faveur du caractère mobilier de l'hypothèque, paraît de beaucoup préférable. Elle se justifie par le principe commun à toutes les actions, que la nature d'un droit se détermine par l'objet auquel il s'applique, qu'il est mobilier quand il tend à procurer une valeur mobilière, et immobilier quand il conduit à la propriété d'un immeuble. Le développement de cette thèse a été présenté, au sujet des promesses de vente, au n° 2307 R. P.

L'hypothèque est donc un bien et un bien mobilier. Mais alors notre question est résolue. Car c'est tout naturellement le tarif des transmissions mobilières qui s'appliquera aux actes par lesquels l'hypothèque est isolément transférée par un créancier à un autre créancier. Aucune distinction n'est à faire sur ce point entre les transmissions à titre gratuit et les transmissions à titre onéreux. Que le second créancier devienne propriétaire de l'hypothèque sans bourse délier ou en payant une somme au cédant, il ne s'en opère pas moins un déplacement de valeur imposable qui tombe sous l'application de l'art. 4 de la loi 22 frimaire an 7.

1876. Quotité et liquidation du droit. — 1. DONATION. — Il n'y a de différence entre ces deux modes d'acquisition qu'à l'égard de la quotité et de la liquidation du droit.

Si l'hypothèque est gratuitement cédée, le contrat suppose l'existence d'une libéralité; il est dès lors passible du droit de donation mobilière, sur la valeur de l'action transmise, telle quelle sera fixée par une déclaration des parties (L. 22 frim. an 7 art. 16), et eu égard au degré de parenté des créanciers.

2. VENTE. — Si la cession a lieu à titre onéreux, c'est le droit de vente ou d'échange qui devient exigible. Mais est-ce le tarif des cessions de créances ou celui des ventes d'objets mobiliers qui doit être appliqué? Un auteur a enseigné, en thèse générale, que les mutations à titre onéreux d'actions tendant à revendiquer des créances sont assujetties au droit de 1 pour 100. Mais c'est une erreur. La règle générale de la perception du droit en matière de cessions mobilières est posée par l'art. 69 § 3 n° 1 L. 22 frimaire an 7, qui soumet au tarif de 2 pour 100 « les adjudications, ventes, reventes, rétrocessions, marchés, traités, cessions, *tous autres actes translatifs de propriété à titre onéreux de meubles*, récoltes de l'année sur pied, coupes de bois taillis et de haute futaie et *autres objets mobiliers généralement quelconques.* »

C'est par exception au principe que certaines transmissions mobilières ont été assujetties à un droit différent. De ce nombre sont notamment les cessions d'actions dans les sociétés, qui acquittent le droit de 50 cent. pour 100 (*Idem.* art. 69 § 2 n° 6), et les cessions ou délégations de créances à terme qui ont été tarifées au droit de 1 pour 100 (L. 22 frim. art. 69 § 4 n° 3). Mais toutes les exceptions, en droit fiscal surtout, sont essentiellement limitatives; elles ne peuvent être, sous prétexte d'analogie ou de ressemblance, étendues à des cas non prévus. Or, il est bien certain qu'une action mobilière est d'une toute autre nature que la créance à terme prévue par l'art. 69 § 4 n° 3 de la loi de l'an 7. Une créance à terme, dans l'acception juridique du mot, « c'est, dit Champ., le droit qu'à un créancier de répéter une somme d'argent au payement de laquelle un débiteur s'est obligé envers lui » (n° 1124). On ne saurait confondre cette obligation, dès à présent certaine et déterminée, avec l'action qui peut en rendre éventuellement propriétaire. Elles diffèrent autant l'une de l'autre, en droit, que l'immeuble diffère de la revendication dont il est l'objet. La tarification fiscale établie spécialement pour les transports de créances à terme ne saurait donc être étendue à la cession d'un droit qui n'en a ni le caractère ni les effets. Cela est si vrai que le mode de liquidation du droit établi sur les cessions de créances est absolument inapplicable aux cessions d'actions. L'impôt ne peut pas se percevoir, en effet, sur le capital de l'obligation cédée comme en matière de transport de créance (L. 22 frim. an 7 art. 14 n° 2), puisque ce n'est pas la créance qui est actuellement transmise : il est dû, selon la règle générale de l'art. 14 n° 5, sur le prix qui représente la valeur de l'action acquise par le créancier.

Par conséquent, il faut envisager le transfert de l'hypothèque consenti à prix d'argent, comme l'un de ces actes translatifs de meubles *d'objets mobiliers généralement quelconques* désignés dans l'art. 69 § 5 n° 1 de la L. de frimaire, et l'assujettir au droit proportionnel de 2 francs par 100 francs sur le prix exprimé dans le contrat.

1877. Changement d'hypothèque. — Pluralité des droits. — Le simple changement d'hypothèque ne saurait justifier la perception d'un droit proportionnel. Il a été maintes fois reconnu que l'affectation hypothécaire consentie pour remplacer une hypothèque sur un autre immeuble dont on se désiste, avec mainlevée d'inscription, donne ouverture au droit fixe, d'après les art. 43 L. 28 avril 1816 et 4 de celle du 28 février 1872 (7164 J. E., Dél. 15 avr. 1834, 10896 J. E., Sol. 16 mars 1834, D. N. t. 1er p. 565 n° 21, Dél. 14 décembre 1835, 11384-1 J. E., Dél. 17 mars 1841, 12743-2, 15028, 15125 J. E.). — Mais on ne peut percevoir deux droits de consentement, l'un comme affectation hypothécaire, l'autre comme mainlevée d'inscription. Les deux dispositions se lient et doivent être considérées comme dérivant nécessairement l'une de l'autre.

Il en est de même de l'affectation hypothécaire accordée par le débiteur comme condition d'une prorogation de délai obtenue du créancier. Ces deux dispositions dépendent l'une de l'autre et leur réunion n'est passible que d'un seul droit fixe. — V. *suprà* 1856-1 et le mot *Mainlevée.*

ARTICLE PREMIER. — DE L'EXTINCTION DE L'HYPOTHÈQUE

[1878-1882]

1878. Modes d'extinction. — Nous avons parlé de la constitution et de la cession de l'hypothèque. Il nous reste à dire un mot de son extinction.

Aux termes de l'art. 2180 C. C., l'hypothèque s'éteint 1° par l'extinction de l'obligation principale; — 2° par la renonciation du créancier; — 3° par la purge; — 4° par la prescription.

Aucune difficulté ne se produit quand l'hypothèque s'éteint avec la créance à laquelle elle est attachée. Ici, comme pour l'affectation hypothécaire consentie dans le contrat d'obligation, c'est l'extinction de la créance qui forme la disposition principale et le droit perçu sur cette disposition en affranchit l'extinction de l'hypothèque.

Nous n'avons pas à nous occuper non plus de la purge qui donne lieu à une procédure sur laquelle on perçoit des droits spéciaux, ni de la prescription qui opère par la force de la loi sans donner ouverture à aucun impôt. Nos explications se restreignent à l'extinction de l'hypothèque par la renonciation du créancier.

1879. Renonciations translatives. — Écartons tout d'abord une espèce de désistement qui n'a de renonciation que le nom et qu'il faut classer parmi les transferts ou les cessions d'hypothèque : la renonciation qui est faite *in favorem*, c'est-à-dire en faveur d'un créancier déterminé. Quand le possesseur de l'hypothèque déclare, selon une formule très-usitée en pratique, se désister de ses droits préférables au profit d'un tiers, l'hypothèque ne s'éteint pas pour cela; elle passe à la créance de cessionnaire. La qualification du contrat est impropre; c'est d'une cession ordinaire qu'il s'agit. Ce contrat donnera donc ouverture aux droits des cessions proprement dites.

1880. Renonciations extinctives. — Les renonciations véritables sont celles qui anéantissent l'hypothèque sans la transférer à personne. Elles interviennent lorsque le créancier ou, sur son refus, la justice dans certains cas déterminés, déclare que l'hypothèque cessera de produire ses effets. Les actes qui constatent ces déclarations sont connus sous le nom de mainlevées totales ou partielles d'inscriptions, ou de réductions d'hypothèques. Dans la plupart des cas, elles ont lieu purement et simplement de la part du créancier. Quand la cause de l'hypothèque n'existe plus, la mainlevée n'est que la reconnaissance d'un fait résultant de la loi : elle ne saurait donner ouverture au droit proportionnel. Cependant, de même qu'on assujettit quelquefois au droit d'obligation, l'affectation hypothécaire qui ne correspond à aucune obligation enregistrée, de même on peut soumettre au droit de quittance la mainlevée qui tient lieu de titre de libération. Mais la renonciation à l'hypothèque n'est alors que l'occasion de la perception : en soi c'est un acte complémentaire essentiellement passible du droit fixe. Le résultat serait identique quand bien même la renonciation n'aurait pas été précédée du payement ou de l'extinction de la créance. C'est là sans doute un acte avantageux pour le débiteur, et qui peut, au fond, procéder d'un sentiment de générosité de la part du créancier. Mais si lucratives que soient les conséquences de la renonciation, elle conserve son caractère de désistement pur et simple. On ne peut pas, en effet, empêcher le créancier de renoncer à se prévaloir d'une garantie ou d'une action directe en sa faveur. Son désistement le dépouille sans doute d'une valeur, mais il ne la transmet à personne. Le débiteur en recueille le bénéfice d'une façon tout à fait incidente, comme l'héritier du second degré auquel est dévolue la succession offerte à l'héritier renonçant.

Les mainlevées intervenues dans ces circonstances ne sont donc assujetties qu'au droit fixe. Nous avons présenté ailleurs les règles qui gouvernent la perception de ce droit. — V. *Mainlevée.*

1881. Stipulation d'un prix. — Mais il peut arriver que la renonciation du créancier soit le produit d'une convention intéressée. Cela a lieu, par exemple, quand le débiteur ou un tiers donne ou promet une somme d'argent à ce créancier pour obtenir la mainlevée, l'obligation restant entière. Quel sera le caractère de la renonciation? Nul doute qu'elle donne ouverture au droit proportionnel, puisqu'elle opère une transmission de valeur, et que le créancier ne saurait recevoir la somme ou l'obligation qui en tient lieu, sans acquitter l'impôt de la mutation effectuée à son profit. La seule difficulté est de déterminer la quotité de cet impôt; et, pour cela, il faut rechercher quelle est, en droit fiscal, la disposition dominante du contrat. Or, ce n'est pas, semble-t-il, l'extinction de l'hypothèque, car un désistement semblable est un fait inerte à l'égard de la perception, il ne transmet rien à personne. Ce qui justifie, dans le contrat, l'application du tarif proportionnel, c'est la contrepartie de la renonciation, la transmission des deniers ou l'obligation. C'est donc le payement ou l'obligation qui fournit la cause de l'exigibilité du droit, et qui devient passible de l'impôt.

Cette conséquence se justifie à d'autres points de vue.

En effet, le débiteur qui remet une somme d'argent au créancier pour obtenir l'affranchissement de son immeuble achète ainsi sa propre libération, car il se trouve libéré de l'un des deux liens qui constituaient son engagement. Quoique l'obligation reste entière dans son expression numérique, elle perd cependant une partie de sa valeur, puisque le créancier abandonne les garanties qui en assuraient le payement. Il n'est pas impossible que cette obligation soit plus tard compromise et que le créancier soit exposé à n'en recevoir qu'une partie. La somme qu'il touche aujourd'hui pour prix de sa renonciation à l'hypothèque est donc, à bien considérer les choses, comme une partie de la créance elle-même. Il est juste, dès lors, de lui appliquer le droit exigible sur les quittances ou autres actes portant libération de sommes ou valeurs mobilières (L. 22 frim. an 7 art. 69 § 2 n° 11).

Que si, au lieu de verser immédiatement la somme, le débiteur promet seulement de la payer à terme, que fait-il? Il substitue à l'engagement qu'il avait pris lors de la constitution d'hypothèque un engagement nouveau consistant dans une obligation à terme. Or, c'est une règle de perception bien établie que, quand une obligation ancienne est remplacée par une obligation nouvelle, le droit est exigible non sur l'obligation qui s'éteint, mais sur celle qui la remplace. Par conséquent, l'exigibilité du droit de 1 pour 100 est justifiée.

Nous ajouterons que cette situation a des analogies en jurisprudence. Lorsque, par exemple, le propriétaire d'une action quelconque, au lieu de l'exercer ou de continuer à l'exercer, convient avec le débiteur qu'il recevra en compensation une somme d'argent, ce n'est pas l'engagement du propriétaire de l'action, c'est-à-dire sa renonciation, qui donne ouverture à l'impôt, c'est l'engagement du débiteur de payer la somme d'argent. Le contrat a été reconnu passible du droit de quittance, si la somme est versée immédiatement et du droit d'obligation si elle est payable à terme.

1882. Subrogation dans l'hypothèque légale des femmes.— Les hypothèses que nous venons de parcourir se présentent le plus souvent à propos des renonciations par la femme à l'hypothèque légale qui lui appartient sur les biens de son mari. Nous devons, en terminant, nous arrêter sur certaines particularités qui lui sont spéciales.

Il est quelquefois difficile, en effet, de distinguer ici si la renonciation de la femme est purement extinctive ou bien si elle transmet réellement l'hypothèque à un tiers. La question a cependant un très-grand intérêt, puisque les règles de perception sont différentes. Les deux cas les plus embarrassants sont : 1° celui où la femme déclare renoncer au profit du créancier hypothécaire immédiatement postérieur; — 2° celui où elle déclare faire cette renonciation en faveur d'un acquéreur de l'immeuble du mari.

Si l'on s'en tenait aux principes généraux, on serait conduit à décider que la renonciation consentie au profit du créancier immédiatement postérieur rentre dans la catégorie de ces renonciations *in favorem* dont nous avons parlé et qui sont essentiellement translatives. Mais ce serait une erreur. Le créancier qui vient immédiatement après la femme n'a pas besoin d'être investi de l'hypothèque de celle-ci pour obtenir une collocation utile; il lui suffit de monter à sa place, et pour cela de ne plus trouver cette hypothèque devant lui. L'extinction pure et simple de l'hypothèque légale produit ce résultat. Aussi la jurisprudence a-t-elle reconnu que, malgré le désir exprimé dans l'acte de faire profiter le créancier de la renonciation, cet acte ne transporte pas l'hypothèque légale, mais en produit simplement l'extinction (Cass. 19 nov. 1855 D. P. 56-1-175).

La question est plus discutée au sujet de la renonciation au profit de l'acquéreur d'un immeuble du mari. Des commentateurs très-autorisés pensent que la renonciation est translative de l'hypothèque comme celle qui est faite en faveur d'un créancier ordinaire (Proudhon *Uusuf.* n° 2340, Ducruet *de la Transcrip.* n° 427, Rivière et Huguet *idem* n° 391). Cette opinion est difficilement acceptable. M. Pont l'a très-bien réfutée. « L'acquéreur, dit-il, n'a pas besoin, comme le créancier, d'être subrogé dans l'hypothèque légale, car il n'a pas, comme lui, à exercer activement le droit hypothécaire de la femme; il s'agit principalement, en ce qui le concerne, non pas précisément de se mettre au lieu et place de la femme pour exercer, le cas échéant, le droit de préférence qu'elle a vis à vis des créanciers de son mari auxquels son hypothèque est opposable s'ils ne s'y sont pas fait subroger, mais seulement de purger l'immeuble qu'il acquiert de l'hypothèque légale dont il est grevé ou d'obtenir de la femme qu'elle lui en assure et lui en garantisse, en ce qui la concerne, la propriété paisible et incommutable. Or, la cession va au delà de cet objet, la renonciation y suffit..... Il faut donc dire que la renonciation est purement extinctive, ou plutôt qu'il y a moins ici une renonciation proprement dite que l'extinction de l'hypothèque légale au profit du tiers acquéreur » (*des Priv. et hyp.* 2e édit. n° 484).—On peut invoquer, à l'appui de cette opinion, la doctrine de l'arrêt du 19 novembre 1855 que nous venons de citer au sujet de la renonciation au profit du créancier immédiatement postérieur à la femme.

C'est au mot *Mainlevée* que nous nous occuperons de ces consentements.

AFFICHES. AVIS, ANNONCES, JOURNAUX ET ÉCRITS PÉRIODIQUES ET NON PÉRIODIQUES.

DIVISION

SOMMAIRE

TITRE PREMIER. — DISPOSITIONS COMMUNES

[1883-1890]

1883. Observation. — Nous avons cru devoir réunir dans un même article les affiches, avis-annonces, journaux, etc., c'est-à-dire tous les écrits qui sont soumis par des lois spéciales à un timbre autre que le timbre de dimension et le timbre proportionnel établis pour les actes civils, administratifs et judiciaires, et pour les effets négociables. Cette réunion, qui a eu pour but de mettre mieux en évidence les rapports généraux qui existent entre les formalités prescrites pour ces divers écrits, ne nuira en rien à l'exposé que nous avons à faire des règles qui leur sont particulières.

1884. Loi 9 vendémiaire an 6. — L'art. 56 L. 9 vendémiaire an 6 avait assujetti à un timbre spécial les lettres de voiture, les connaissements, chartes-parties et polices d'assurances, les cartes à jouer, les journaux-gazettes, feuilles périodiques ou papiers-nouvelles, les feuilles de papier musique, toutes les affiches autres que celles d'actes émanés de l'autorité publique. On verra, sous chacun des mots que cet article concerne, les modifications que la législation postérieure a fait subir aux dispositions de l'art. 56 L. vendémiaire.

1885. Fourniture du papier. — D'après l'art. 58 même loi, le papier devait être fourni dans tous ces cas par les citoyens auxquels il était nécessaire. La loi du 28 avril 1816 avait momentanément modifié cet état de choses, en ce qui concerne les affiches dont le papier devait être fourni par l'Administration; mais la loi de 1817 tendit à ramener à l'ancienne règle en laissant aux particuliers la faculté de fournir eux-mêmes leur papier pour les affiches, avis ou annonces. Aujourd'hui, en vertu de l'art. 76 L. 15 mai 1818 (854 § 1er I. G.), combiné avec l'art. 58 L. 9 vendémiaire an 6, en ce qu'il n'avait pas été modifié, tous les papiers à employer pour affiches, avis-annonces, écrits périodiques, doivent être fournis par les particuliers qui veulent en faire usage.

1886. Timbre extraordinaire. — La loi de 1818, art. 76, disposait que, conformément à l'art. 8 de la loi du 9 vendémiaire an 6, les particuliers doivent faire timbrer à l'extraordinaire, et non viser pour timbre (Circ. 1105), le papier dont ils veulent faire usage, et que l'apposition du timbre doit avoir lieu avant l'impression. C'est ce qui résultait également d'un arrêt de Cass. du 22 janvier 1851 (S. 51-1-152, 15158 J. E.). Un arrêté du 3 pluviôse an 6 (Circ. 1124, 326 § 1er I. G.) avait même prononcé une amende de 50 francs (10 fr.), et la destitution, en cas de récidive, contre tout préposé qui appliquerait le timbre sur des feuilles imprimées. — L'art. 68 L. 28 avril 1816 n'était pas moins formel à cet égard en ce qui concerne les imprimeurs : « Il est défendu aux imprimeurs de tirer aucun exemplaire d'annonce, affiche ou avis sur papier non timbré, sous prétexte de les faire frapper d'un timbre à l'extraordinaire. »

La loi du 18 juillet 1866 a permis de faire imprimer les affiches sur papier non timbré, pourvu que le timbre y soit apposé avant l'affichage. Mais l'imprimeur reste responsable des amendes qui pourraient être encourues, soit pour défaut de timbre, soit pour timbre insuffisant (2344 I. G., 2298 et 2511 R. P.).

1887. Timbres mobiles. — La loi du 27 juillet 1870 a décidé que les papiers *destinés à l'impression* des affiches pourront être timbrés au moyen de timbres mobiles. Pour l'exécution de cette disposition, un décret du 21 décembre 1872, promulgué le 5 janvier 1873, a établi des timbres mobiles à 5, 10 et 20 centimes.

On trouvera au mot *Timbre mobile* l'indication de toutes les mesures relatives à ce mode de timbrage.

Nous ferons seulement remarquer que l'emploi des timbres mobiles étant réservé pour l'impression des affiches, ne peut être étendu aux affiches manuscrites (Sol. 26 mars 1873).

1888. Calcul de la surface d'une feuille. — Le droit de timbre des affiches, avis-annonces et journaux étant, ainsi qu'on le verra ci-après, établi en raison de la surface carrée du papier, il y a lieu, pour obtenir cette surface, de faire une opération géométrique que tout le monde connaît, et qui consiste à multiplier le nombre de centimètres de la longueur de la feuille par le nombre de centimètres de sa largeur (Circ. 1105, 326 § 1er I. G.).

1889. Décime. — Le décime pour franc sur le timbre des affiches et avis-annonces a été supprimé par l'art. 67 L. 28 avril 1816, et celui sur les journaux et écrits périodiques par l'art. 2 L. 14 décembre 1830. — Mais l'exemption ne s'applique pas aux amendes de contravention, qui restent assujetties à la règle générale (715 I. G.).

L'art. 2 de la loi du 23 août 1871 a ajouté 2 décimes à ces droits, comme elle les a ajoutés à tous les droits de timbre.

1890. Taxe de poste. — Nous croyons devoir signaler ici une innovation que la loi du 16 juillet 1850 avait introduite dans la perception des droits de poste au sujet des journaux et écrits périodiques et non périodiques frappés du droit de timbre. Cette loi voulait que le droit de timbre perçu sur les écrits servît d'affranchissement à la poste. Le décret du 17 février 1852 a fait cesser cette union des deux taxes. Ces droits sont aujourd'hui perçus, les uns et les autres suivant les règles qui leur sont propres.

TITRE II. — AFFICHES

[1891-1944]

CHAPITRE PREMIER. — DISPOSITIONS GÉNÉRALES

[1891-1897]

1891. Définition. — On entend par *affiches* des feuilles, manuscrites ou imprimées, apposées dans un lieu public, soit par ordre du gouvernement et de l'Administration, soit en vertu de permissions légales ou de décisions judicaires, soit enfin par la seule volonté des particuliers agissant, ordinairement, dans un but d'intérêt commercial ou industriel (Dalloz *Jur. gén.* t. 3 p. 65 n° 1).

1892. Lieu public. — Dans le sens de la loi de l'impôt, un écrit n'a le caractère d'affiche qu'à la condition d'être apposée dans un lieu où, d'après l'intention de l'auteur de l'affiche, le public pourra en prendre connaissance (Sol. 6 mai 1856). — Mais c'est une question souvent délicate de savoir quand le lieu de l'apposition a ce caractère public.

1. DÉBITS DE TABACS. — Deux décisions ministérielles du 17 septembre 1853 et 30 juin 1854 l'ont reconnu aux débits de tabacs, à cause de l'incessante fréquentation des consommateurs.

2. AGENCES DE LOCATIONS ET GARES. — Il en est de même des agences de locations des théâtres et des gares de chemins de fer (Sol. 28 sept. 1872).

3. SALLE DES PAS PERDUS. — De la salle des Pas perdus d'un palais de justice (Sol 5 mars 1841, 15729-5 J. E.).

4. VOITURES. — De l'intérieur des omnibus, diligences, wagons et voitures publiques (Sol. 7 mai 1878).

5. HOTELS. CAFÉS. — Enfin des salles ou passages communs des hôtels, cafés, théâtres, concerts, etc. (Sol. 6 oct. 1873), notamment un vestibule d'hôtel (Sol. 8 déc. 1877. Autun, 28 janv. 1878, 4923 R. P.)

6. ÉTUDES. — Le tribunal de Melun a même jugé, le 11 juin 1845, qu'une étude de notaire est un lieu public, dans le sens de la loi, et que les affiches manuscrites y apposées pour annoncer une opération quelconque doivent être timbrées (13812-2 J. E.). — Mais ce jugement est combattu par le D. N. (12149, 12143 J. N. et D. N. t. 1er p. 575 n° 50), attendu que le notaire instrumente chez lui à portes fermées et que les affaires traitées en son étude sont essentiellement secrètes. Nous nous rattachons volontiers à cette dernière opinion. L'étude du notaire est comme le cabinet du juge ou du médecin; on n'y vient que pour faire ses affaires particulières et si la loi ordonne d'y placarder les jugements d'interdiction et de nomination de conseils judiciaires, c'est pour avertir individuellement les clients du notaires, et non pas parce que l'étude est un lieu public ou tout le monde peut accéder. La solution serait différente, on le comprend, si l'affiche était apposée hors de l'étude dans une cour commune ou un passage servant à un certain nombre de locataires.

7. VITRINES. — Mais il importe peu que l'affiche soit exposée aux regards des passants derrière une vitrine de magasin, si cette vitrine donne dans un lieu public. Ce n'est pas l'interposition d'une glace ou d'un carreau transparent qui peut arrêter l'application du droit commun (C. Paris 22 août 1857, 905 R. P., 16140 J. N.).

8. RÈGLE GÉNÉRALE. — Ce qu'on peut dire de plus général, c'est qu'on entend communément par lieu public le local qui est accessible à tous les citoyens ou à une classe de citoyens, soit d'une manière absolue, soit en remplissant certaines conditions d'admissibilité (Sol. 7 sept. 1860).

1893. Affiches et placards. — Dans le langage du droit, le mot *affiche* est souvent remplacé par celui de *placard*. Ces deux expressions qui, dans certaines localités, avaient une signification différente autrefois, expriment aujourd'hui la même idée.

1894. Affiches et avis. — L'avis-annonce, dispensé du timbre par la loi du 23 juin 1857, a pour but, comme l'affiche, de faire connaître au public une entreprise une industrie, une spéculation, une vente d'objets, etc. La seule différence est que l'avis peut circuler de mains en mains tandis que l'affiche se présente aux regards des passants sur un mur ou un plan essentiellement fixe. L'avis devient donc une affiche dès qu'il est placardé; mais avant cela on ne peut les distinguer l'un de l'autre que par les caractères employés, la dimension et la couleur du papier et autres circonstances laissées à l'appréciation des juges (Sol. 16 déc. 1861). — S'il est prouvé, à l'aide de ces moyens, qu'un imprimé constituait au moment de l'impression une affiche destinée à être placardée, l'imprimeur est passible de l'amende, sans recours contre l'auteur de l'affiche (Épernay 15 déc. 1848, 14639 J. E.); — V. Autun, 28 janv. 1878, 4923 R. P.

1895. Différentes espèces d'affiches. — De la définition que nous avons fait connaître, il résulte que les affiches ne sont pas toutes de même nature. On en reconnaît effectivement quatre sortes:

1. ADMINISTRATIVES. — Celles qui sont apposées par ordre de l'Administration et du Gouvernement comme concernant des actes qui intéressent l'ordre public, ou imposant aux membres de la société des obligations qui ont besoin d'être publiées, pour que les citoyens aient le moyen de les connaître et ne puissent prendre prétexte d'ignorance pour y contrevenir.

2. JUDICIAIRES PRESCRITES. — Celles qui sont prescrites par la loi dans une infinité de cas où se trouvent en-

gagés plus ou moins directement les intérêts des citoyens en général, ou bien encore dans lesquels se trouvent compromis les droits des personnes incapables. Les juges doivent ordonner les affiches dans les cas où elles sont prescrites par la loi, et ils ne peuvent se dispenser de le faire, parce qu'elles sont imposées comme une formalité nécessaire.

3. JUDICIAIRES FACULTATIVES. — Celles que les juges ordonnent, non par suite d'une obligation forcée, comme au numéro précédent, mais en vertu d'un pouvoir dont l'exercice est purement facultatif, et dont le principe se trouve posé dans l'art. 1036 C. proc., aux termes duquel les tribunaux, suivant la gravité des circonstances, *peuvent* ordonner l'impression et l'affiche de leurs jugements.

4. PARTICULIÈRES. — Enfin, celles que les particuliers, peuvent faire apposer dans leur intérêt privé, mais sous des restrictions que la loi a dû apporter pour éviter des dangers, qui pourraient devenir sérieux en morale comme en politique, si la liberté d'afficher était illimitée.

1896. Papier à employer. — Le papier à employer pour les affiches est laissé à la volonté des parties, en ce qui concerne la dimension; mais la loi a fait une réserve relativement à la couleur. L'art. 65 L. 28 avril 1816 a rappelé les dispositions de celle du 28 juillet 1791, d'après lesquelles les affiches émanées de l'autorité publique peuvent seules être écrites sur papier blanc. La sanction pénale de cette disposition se trouve dans l'art. 77 L. 25 mars 1817 (768 § 4 I. G.), qui prononce une amende de 100 francs (20 fr.) contre l'imprimeur qui aura employé pour affiches du papier de couleur blanche. Cette disposition a été renouvelée dans l'art. 76 L. 15 mai 1818 (834 I. G.).

1897. Enregistrement. — Les affiches, quoique signées, ne sont pas sujettes à l'enregistrement. — *V.* 1606-3 et 1913.

Ainsi, l'extrait de l'acte de publication de mariage qui est affiché est exempt d'enregistrement. — *V.* 694.

Cette question se trouve développée plus amplement au mot *Acte passé en conséquence d'un autre*.

CHAPITRE II. — AFFICHES ADMINISTRATIVES

[1898-1904]

1898. Intérêt général. — L'art. 56 L. 9 vendémiaire an 6 exempte du timbre les actes émanés de l'autorité publique, c'est-à-dire les actes relatifs à l'Administration générale, autrement dit ceux qui concernent uniquement l'exécution des lois et l'intérêt de l'Etat (D. m. f. 26 nov. 1826, 454, 1205-15 I. G.; Cass. 27 févr. 1878, 4892 R. P.).

1. MATIÈRES CRIMINELLES. — A ce titre, ont été reconnues exemptes de tout droit : Les affiches des arrêts en matière criminelle apposées à la requête du ministère public (D. m. f. 27 mars 1810, 3790 J. E.).

2. MATIÈRES CORRECTIONNELLES. — Cette exception est applicable aux affiches d'un jugement correctionnel, apposées à la requête du ministère public, conformément aux conclusions du jugement, qui portait en outre condamnation à la prison pour tromperie sur la marchandise vendue (Sol. 19 nov. 1877, 20638 J. E.).

2. ÉLECTIONS. — Les affiches particulières relatives aux candidatures lors des élections générales avaient été également dispensées du timbre par une circulaire du 1er mai 1849 (14735 J. E.). — Cette circulaire était fondée sur l'art. 2 L. 21 avril 1849, qui permettait de faire circuler librement, pendant les quarante-cinq jours antérieurs à l'élection, tous les écrits relatifs aux élections. La disposition précédente ayant été abrogée par le décret du 17 février 1852 sur la presse, on avait dû reconnaître que les circulaires électorales étaient soumises au timbre comme traitant de matières politiques. Seulement on accordait aux candidats l'autorisation de les faire imprimer et distribuer sur papier non timbré, sauf à faire ensuite au bureau de l'enregistrement la déclaration du nombre de ces écrits et à payer les droits (D. m. f. 8 juin 1857, Circ. 10 du même mois). Il fallait en conclure que les affiches des professions de foi des candidats étaient également sujettes au timbre. Mais la L. du 11 mai 1868 a modifié cette règle en décidant, art. 3 : « Sont affranchies du timbre les affiches électorales d'un candidat contenant sa profession de foi, une circulaire signée de lui, ou seulement son nom. »

Cette exemption atteint, bien entendu, toutes les circulaires du candidat et non pas seulement une seule d'entre elles, comme le ferait supposer le texte. On l'a ainsi déclaré formellement, lors de la discussion de la loi.

D'un autre côté, la franchise du timbre s'étend également aux affiches des candidats qui se présentent à la députation; aux conseils généraux, municipaux ou d'arrondissement (2365 I. G.). On l'a étendue depuis à l'élection des juges consulaires des prudhommes, etc.

Enfin la loi n'affranchit pas du timbre les affiches émanées d'un tiers, d'un auxiliaire, d'un ami qui viendrait soutenir la candidature de son choix (Rapport de la commission p. 8 (2365 I. G., 2694 R. P.). non plus que celle d'un comité électoral (Sol. 15 déc. 1871), quand ces affiches ne sont pas revêtues du visa du candidat (Sol. 13 et 24 oct. 1877). Mais le visa peut avoir lieu au moyen d'une griffe (Sol. 8 nov. 1877).

Cette exemption ne s'applique qu'à partir du jour où la période électorale est ouverte et où les électeurs sont appelés au scrutin (D. m. i. j. et f. 7 sept., 1er et 13 oct. 1868, 2375 I. G.).

Elle devrait être étendue à l'affiche qui contient la profession de foi du candidat souscrite d'une déclaration approbative de son comité (Sol. 3 et 7 mai 1873).

Quand les affiches n'ont pas été employées, le droit de timbre a été quelquefois restitué (Sol. 16 nov. 1877); notamment quand les affiches avaient été indument timbrées sur l'injonction d'un agent de l'Etat (Sol. 26 avril 1876).

3. BIENS DE L'ÉTAT. — Sont affranchies du timbre les affiches ayant pour objet la location et vente des biens de l'Etat (1391 I. G.).

4. CHAMBRE DES AVOUÉS. — Celles apposées dans les chambres des avoués dans certains cas (45 R. P.).

5. DOUANES. — Celles pour vente d'effets saisis à la douane (Circ. 1161) ou à la suite de contraventions aux règlements de l'octroi et des contributions indirectes (L. 9 flor. an 7 art. 6, Ord. 9 déc. 1824 art. 27, 77, 79).

6. EFFETS MILITAIRES. — Celles concernant la vente des effets militaires inutiles ou hors de service (623 I. G.).

7. PRISONS DE L'ÉTAT. — Les affiches annonçant l'adjudication de travaux à faire à une maison centrale et dont le prix doit être payé par l'État (D. m. f. 22 oct. 1855).

8. VACCINATIONS. — Ou faisant connaître le jour des vaccinations gratuites, attendu que ce service intéresse la santé publique et la police générale (D. m. f. 21 sept. 1844, Sol. 11 nov. 1869).

9. FRAUDE DANS LES MARCHANDISES VENDUES. — L'affiche dont l'apposition est requise par le procureur de la République en exécution de l'art. 6 de la loi du 27 mars 1851 sur la répression de certaines fraudes dans la vente des marchandises (Sol. 24 décembre 1856 et 19 nov. 1877).

10. ENSEIGNEMENT. — Celles apposées en exécution de l'art. 1er du décret du 7 octobre 1850 sur l'enseignement primaire (D. m. f. 28 mai 1858); — celles qui annoncent les cours de l'enseignement primaire ordinaire ou les cours d'enseignement primaire pour les adultes (art. 23 et 24 de la loi du 15 mars 1850), même des écoles libres autorisées par la loi (D. m. f. 28 mai 1858); — mais non pas celles qui publieraient des cours gratuits établis, même sous la protection de l'autorité municipale, par des sociétés ou des particuliers (Sol. 11 nov. 1869).

Sont également affranchies du timbre les affiches annonçant un concours destiné à la nomination d'un instituteur (Sol. 14 nov. 1858).

11. HARAS. — Celles concernant la location des biens affectés aux haras (Sol. 1er juill. 1830, C. ann. 4549.)

12. POSTES. — Celles relatives à l'administration des postes. (D. m. f. 27 brum. an 6, Cir. 1161).

13. EXPOSITION. — Celles relatives aux expositions ayant un intérêt général (Sol. 6 juill. 1861, 22 août 1865, D. m. f., 26 mars 1852, 2329-1 I. G.).

14. EAUX MINÉRALES. — Celles concernant la police des établissements termaux (D. m. f. 2 août 1851).

15. PÈLERINAGES. — Celles qui sont relatives aux pèlerinages ou autres manifestations religieuses organisées par l'autorité publique (Sol. 30 août 1872).

16. ŒUVRES PATRIOTIQUES. — Ou qui se rapportent à des œuvres patriotiques d'un intérêt général (Sol. 1er fév. 1872, D. m. f. 26 juill. 1870).

17. ENQUÊTES. — Ou aux enquêtes de *commodo et incommodo* ordonnées par la loi (Sol. 11 nov. 1869).

1899. Marchandises neuves. — En matière civile, il a été jugé que l'affiche annonçant une vente de marchandises neuves pour cessation de commerce, autorisée par un jugement du tribunal de commerce, doit être considérée comme ayant pour objet la publication d'un acte de l'autorité publique, et est dispensé, à ce titre, de permis d'affichage (Cass. 16 juill. 1870, S. 72-1-90). Mais une telle affiche n'étant pas relative à l'Administration générale serait nécessairement assujettie au timbre

1900. Communes et établissements publics. — Il ne faut pas faire sortir l'application de l'art. 56 L. 9 vendémiaire des limites que nous avons tracées au numéro précédent. Les maires, bien que devant être considérés comme appartenant à l'autorité publique, perdent ce caractère, du moment qu'ils n'agissent plus comme délégués du pouvoir, comme fonctionnaires publics, mais comme mandataires des communes et des établissements publics. L'intérêt privé est alors en jeu, et, d'après le système général de l'impôt, l'exemption du timbre cesse d'avoir lieu (Cass. 27 févr. 1878, 4892 R. P.).

Par application de ces principes, les ministres des finances et de l'intérieur ont décidé que les affiches concernant l'administration des biens, l'exécution des travaux ou de toute autre entreprise d'une société (expositions, courses, régates, comices, fêtes, etc.), d'une commune ou d'un département, doivent, quoique signées par un magistrat de l'ordre administratif, être imprimées sur papier timbré et de couleur, parce que la société, la commune et le département constituent des personnes civiles ayant leurs ressources spéciales et indépendantes de l'administration générale de l'État. — Il n'y a d'exception que pour les affiches concernant les concours régionaux d'agriculture et les sociétés de secours mutuels autorisées, en raison de l'intérêt général de ces deux espèces d'associations (2329-1 I. G., 2299 R. P.). — V. 1932 *bis*.

Avant cette décision, il avait été déjà reconnu que le timbre devait être exigé pour les affiches apposées dans l'intérêt d'une commune, afin d'annoncer des adjudications aux enchères ou au rabais (D. m. f. 24 nov. 1826, 1205-15 I. G., 8463, 8620 J. E.);

Le bail d'une source thermale appartenant à une ville, et la construction à faire de divers bâtiments d'appropriation (D. m. f. 27 mars 1845);

Le règlement d'arrosage (Sol. 3 mai 1873);

Le programme d'un concours ouvert pour la construction d'une bourse de commerce (D. m. f. 23 déc. 1841);

Le bail de l'octroi (D. m. f. 23 juin 1832);

La reconstruction d'une école communale (D. m. f. 10 oct. 1838 et 31 déc. 1845);

L'adjudication d'un emprunt (D. m. f. 25 sept. 1833; Sol. 20 oct.; 1871; D. m. f. 2 déc. 1871); même destiné à payer les frais de la guerre (Versailles 4 juin 1872, 3445 R. P.); ou à rembourser les dépenses des gardes nationales mobilisées (L. 16 sept. 1871; Sol. 2 nov. 1872);

L'établissement des murs d'un cimetière (D. m. f. 22 janv. 1826);

L'adjudication de l'éclairage au gaz d'une ville (D. m. f. 28 avril 1845);

La vacance de la direction d'un théâtre et la continuation d'un privilège (Toulouse 6 juill. 1838, 12125 J. E.).

C'est ce qu'on avait également décidé à l'égard des affiches apposées dans l'intérêt particulier des *départements* et *arrondissements* pour annoncer des adjudications aux enchères ou au rabais (D. m. f. 10 sept. 1834, 11131 J. E.);

Des affiches pour adjudication des biens des *hôpitaux* et *maisons de charité* (D. m. f. 28 vendém. an 8, 326, § 1er I. G.);

Des affiches pour la location des biens de la *Légion d'honneur* (D. m. f. 24 vend. an 13, 326 § 1er I. G.);

De celles qui annoncent une enquête pour la vente de maisons appartenant à une *fabrique* (D. m. f. 30 août 1855).

On doit décider de même au sujet des affiches concernant les chemins vicinaux (D. m. f. 24 nov. 1826, 205 § 15, 1521 I. G.); — notamment les affiches annonçant un concours pour deux emplois d'agents voyers, bien qu'elles soient signées par le préfet (Cass. 27 fév. 1878, 4892 R. P.).

Il a été cependant reconnu que les affiches émanées de l'administration d'un bureau de nourrices ne sont pas sujettes au timbre parce qu'elles intéressent l'ordre public (Seine 13 avr. 1870). Mais la partie s'est désistée du bénéfice de ce jugement en payant les droits réclamés. L'Administration n'a donc pas admis cette jurisprudence.

1901. Départements. — On vient de voir que les départements sont actuellement assimilés aux communes et aux établissements publics. On a autrefois hésité sur ce point. Sous le prétexte que le budget départemental est rattaché au budget de l'État, on décidait, notamment, au sujet des travaux effectués sur les routes départementales, que les affiches étaient exemptes de timbre (D. m. f. 15 janv. 1845, 1743-19 J. E.). Mais cette interprétation avait été abandonnée par des décisions postérieures (D. m. f. 29 janv. 1846, 15 janv. 1855). L'assujettissement au timbre résulte formellement aujourd'hui de l'I. G. 2450-1.

La règle précédente s'applique à toutes les affiches concernant les services départementaux, notamment aux prisons (D. m. f. 26 mai 1834);

Aux hospices d'aliénés et aux autres établissements appartenant au département;

Aux travaux sur les routes départementales (Sol. 4 juin 1873);

A une caserne de gendarmerie (Sol. 27 mars 1872),

A la vente de l'hôtel de la préfecture (Sol. 3 oct. 1856);

A la reconstruction d'un bâtiment d'archives (Sol. 4 juin 1873).

A un concours d'agents voyers départementaux (Cass. 27 fév. 1878, 4892 R. P.).

A des conférences agricoles données au nom du département (Sol. 14 mars 1878).

1902. Foires et fêtes. — La question est plus délicate à l'égard des foires, fêtes ou expositions. On ne saurait méconnaître que ces réunions occasionnent un concours de visiteurs dont la présence nécessite l'emploi et la publication de certaines mesures de police. L'arrêté que prend le maire à l'effet de réglementer les détails de la fête et d'assurer ainsi le maintien de l'ordre a un caractère évident d'acte d'administration et doit être affranchi du timbre. Mais si ce magistrat, sous le prétexte de prendre des mesures de police, annonce réellement au public le détail de la fête ou de l'exposition avec l'indication des moyens de transport, des spectacles, des lieux de divertissement, etc., cette affiche paraît avoir pour principal objet d'attirer la foule et de faire bénéficier la commune de cette fréquentation momentanée; alors le droit de timbre est dû.

Une D. m. f. du 28 mai 1819, qui a longtemps servi de règle et qui avait été maintenue par une autre décision du 25 octobre 1840, reconnaissait, sur ce point, que les affiches annonçant les foires et fêtes patronales étaient dispensées du timbre par le motif qu'elles doivent être considérées comme tenant à l'ordre public que l'autorité doit y maintenir (C. a. 1555). — Mais, depuis lors, un jugement du tribunal de la Seine, du 26 décembre 1855, a décidé qu'il y avait lieu de soumettre au timbre les affiches annonçant que les eaux de Saint-Cloud devaient jouer tel jour, parce que, malgré la signature du maire, ces affiches n'avaient d'autre caractère que celui d'un acte officieux fait dans l'intérêt du chemin de fer et de la ville. La même solution fut appliquée aux fêtes nautiques de Brest (D. m. f. 3 août 1849) et à l'annonce de certaines fêtes de bienfaisance (D. m. f. 16 juill. 1840).

Il fut également reconnu que l'on devait faire timbrer les affiches signées par le maire, annonçant une représentation théâtrale au bénéfice des pauvres (D. m. f. 6 août 1857).

Mais on a décidé que l'affiche annonçant uniquement l'ouverture d'une foire déjà établie n'est pas assujettie au timbre: « L'affiche a uniquement pour but d'annoncer au public que les foires aux chevaux et aux bestiaux établies à D... auront lieu cette année le..., et se tiendront au centre du village, comme par le passé. Cette affiche, signée par le maire, n'a aucun autre objet : exclusivement relative à l'indication du jour de la tenue des foires de D... en 1868, elle ne fait connaître ni primes, ni jeux, ni illuminations, etc. En la publiant, le maire agit non pas dans un intérêt municipal, mais en vue d'assurer le maintien de l'ordre dont la surveillance lui appartient comme représentant de l'autorité publique. L'affiche, rentrant ainsi dans le cas d'exception prévu par l'art. 56 L. 9 vendémiaire an 6, pouvait être imprimée sur papier blanc et sans timbre » (Sol. 7 mai 1868, 2717 R. P.).

De même les affiches annonçant des concours organisés par des sociétés particulières sous les auspices de l'administration communale peuvent être imprimées sur papier non timbré. « Considérant qu'il résulte de la contexture des affiches que les concours de tir à l'arc et au pistolet ont été organisés sous les auspices de l'administration communale; que, par conséquent, elles ont pu être imprimées sur papier libre, comme rentrant dans l'exception prévue par l'art. 56 L. 9 vendémiaire an 6 » (Sol. de l'Adm. belge du 1er oct. 1869, 11072 J. E. belge).

Au contraire, l'arrêté préfectoral dans lequel est reproduit le programme des courses de chevaux préparé par une société hippique, ne peut pas être affiché sur papier non timbré. Cette société constitue une personne civile ayant une existence individuelle et des ressources spéciales. Les subventions qu'elle reçoit de l'État n'entraînent nullement l'exemption du timbre. D'un autre côté, si les courses qui ont lieu dans un département intéressent les départements voisins, ce n'est que d'une manière indirecte, et la publicité qui leur est donnée ne saurait être assimilée, comme celle donnée aux concours régionaux, à une mesure d'administration générale» (D. m. f. 7 août 1865, 11 avr. 1867, 8 juill. 1868, 18588-1 J. E., 2825 R. P.).

1903. Coupes des bois des communes et établissements publics. — Cependant l'Administration a fait une exception à la règle générale que nous avons posée. Elle a reconnu exemptes du timbre les affiches qui annoncent les ventes des coupes de bois des communes et établissements publics (Dél. 6 janv. 1832, 10228 J. E., D. N. t. 1er p. 574 no 40). — Cette décision est fondée sur ce que les communes et établissements publics ne font aucun acte pour la régie de leurs bois, et que cette régie appartient exclusivement aux agents des forêts qui rédigent tous les actes d'administration jusqu'à la mise en vente des coupes. Il peut paraître douteux que l'exemption soit justifiée en présence des termes généraux de l'I. G., n° 2329-1, qui déclare assujetties au timbre, sans distinction aucune, les affiches concernant *l'administration des biens d'une commune* ou d'un établissement public. Néanmoins, jusqu'à ce jour on n'a pas fait timbrer ces affiches, lorsque les coupes à vendre sont comprises dans les mêmes annonces que les coupes des bois de l'État.

La Dél. du 6 octobre 1832 avait été étendue aux affiches relatives aux ventes de coupes dans les bois de la couronne (D. m. f. du 16 fév. 1836).

1. AFFOUAGE ET PATURAGE. — Quant aux listes provisoires d'habitants soumis à des taxes d'affouage et de pâturage, il n'est pas douteux qu'elles sont sujettes au timbre dès qu'elles sont affiches (D. m. f. sans date 2770 R. P.).

1904. Particulier. — Aucun doute n'existe plus sur l'exigibilité du timbre quand l'affiche émane d'un particulier et quoique son objet se rattache à un intérêt général.

Ainsi le tribunal de Toulon a jugé, le 28 avril 1842, qu'il fallait imprimer sur papier timbré les affiches annonçant l'ouverture d'un pensionnat tenu par un particulier.

On l'a également reconnu à l'occasion d'un établissement orthopédique (La Rochelle, 20 juill. 1842).

Le contraire a été décidé cependant par le tribunal de Pont-l'Évêque au sujet d'une affiche imprimée à la requête d'un principal de collége communal pour annoncer les avantages d'une école préparatoire qu'il dirige (11 déc. 1855), mais ce jugement ne saurait être pris pour règle.

En tous cas, l'assujettissement au timbre ne s'applique point aux affiches qui sont ordonnées par la loi pour l'exercice de certaines professions, par exemple : celles du règlement sur les matières d'or et d'argent exigé des marchands et fabricants de ces matières (L. 19 brum. an 6 art. 78) ; — celle de la taxe du pain dans les boulangeries (Dél. 19 juill. 1791, Ordonn. police 2 nov. 1840) ; — celle du prix de la vente des boissons ou liqueurs chez les débitants (L. 28 avr. 1816, art. 48) ; — celles du règlement des messageries dans l'intérieur des voitures publiques (Ordonn. 16 juill. 1828, art. 5).

CHAPITRE III. — AFFICHES JUDICIAIRES

[1905-1918]

SECTION PREMIÈRE — AFFICHES PRESCRITES

[1905-1915]

1905. Principe. — Il est certain que si l'on prenait à la lettre l'art. 56 L. 9 vendém. an 7 (*V.* 1884), les affiches par *ordre de justice* devraient être exemptes du timbre, car elles émanent d'une autorité publique. Mais il a été considéré que le but de la loi du 9 vendém. an 6 a été d'assujettir au timbre les affiches qui en étaient exemptes, et non d'affranchir de l'impôt celles qui le supportaient antérieurement. Or, l'impôt du timbre sur les affiches judiciaires datant d'une ordonnance de 1680, et cet impôt étant, au moment de la promulgation de la loi de l'an 6, celui de dimension réglé par la loi du 11 février 1791, on a reconnu que la loi de vendémaire avait voulu laisser subsister l'ordre de choses à l'égard des affiches judiciaires (Circ. 1908).

1906. Ouverture de faillite. — D'après le principe exposé aux n°s 1898-1900 *suprà*, l'exemption de *tout droit* n'aurait pu être appliquée aux affiches judiciaires que lorsqu'elles intéressent uniquement l'ordre public, et c'est ce qui ne se rencontre pas dans la majorité des cas prévus par les codes où, ainsi qu'on le voit au numéro suivant, l'intérêt privé est toujours en jeu. Cependant, il est une circonstance où l'intérêt général est réellement dominant. C'est celle de la publicité à donner à l'ouverture d'une faillite. Aussi, a-t-il été reconnu que l'extrait du jugement qui déclare la faillite, et qui doit être affiché, en vertu de l'art. 457 C. com., est exempt du timbre. (D. m. f. 15 mars 1814, 4769, 4852 J. E.). — *V.*, d'ailleurs, sur ce point, 1911 et 8810-2.

1907. Divers cas prévus par les Codes. — Conformément à l'art. 699 du nouveau C proc., un extrait contenant la date de la saisie et de sa transcription, les noms, professions, demeures du saisi, du saisissant, de l'avoué de ce dernier, etc., doit être imprimé en forme de placard et affiché à la porte du domicile du saisi, à la porte principale des édifices publics, et à cinq autres endroits désignés. De semblables affiches doivent être apposées en différents lieux, en cas de surenchère sur l'adjudication par suite de saisie immobilière (art. 709), de folle enchère (art. 735), de surenchère sur aliénation volontaire (art. 835), de vente de biens de mineurs (art. 959), de surenchère sur ces ventes (art. 965), de vente par licitation (art. 972), enfin de vente d'immeubles dépendant de successions bénéficiaires (art. 988).

1908. Timbre de dimension. — Suivant une décision du 18 vendémiaire an 9 (Circ. 1908), et un arrêt du 2 avril 1818 (6095 J. E., 1156 J. N.), les affiches apposées aux lieux déterminés par la loi, faisant partie nécessaire de la procédure, doivent être imprimées sur papier au timbre de dimension établi pour les actes et écrits publics. C'est ce qui a été consacré par plusieurs décisions : (1667 § 4 I. G., 11395 J. N. — Versailles, 16 juill. 1840 et 17 juin 1841, — D. m. f. 26 mai 1849, 12626, 12866-5, 14744-1 J. E ; — D. m. f. 10 mai 1854, 2025 § 7 I. G., 357 R. P. ; — Libourne 20 janv. 1857). — A ce sujet, une Circ. m. f. 26 mai 1849 recommande aux maires de s'assurer si les affiches sur timbre de dimension ont été réellement apposées aux lieux prescrits (D. N. t. 1 p. 574 n° 34).

1. CAS DIVERS. — Sont également soumis au timbre de dimension les affiches — de la demande d'envoi en possession de biens (118, 770 C. C.);

— De séparation de biens (C. C. 1445);

— De l'assignation au défendeur étranger sans domicile ni résidence en France (C. proc. 68);

— Des procès-verbaux de perquisitions à l'égard d'effets protestés (C. com. 173);

— Des contrats de mariage de commerçants (C. proc. 872). — *V.* 625;

— Du rétablissement de la communauté dissoute par séparation de biens (C. C. 1451);

— Des actes constitutifs et modificatifs des sociétés commerciales (C. com. 42 à 45);

— De l'acte d'autorisation nécessaire au mineur pour faire le commerce;

— De l'extrait d'un contrat translatif de propriété pour la purge légale (2194 C. C., Circ. 26 pluv. an 13, 266 I. G.);

— De la cessation de fonctions des officiers publics à l'effet d'obtenir le remboursement de leurs cautionnements (D. m. f. 21 oct. 1806, Circ. 11 déc. 1806, 2313 J. E.);

— De publication de mariage (Déc. 6 niv. an 7, Circ. 1566 et 1692; 72 § 11 I. G.);

— De cession de biens (C. proc. 903);

— D'un arrêt d'adoption. — *V.* 1820;

— D'interdiction ou de nomination d'un conseil judiciaire (C. C. 501);

— Des ventes de rentes constituées sur particuliers (C. proc. 645, 649).

2. MATIÈRES CORRECTIONNELLES ET DE POLICE. — Mais on ne considérerait pas comme des affiches judiciaires celles dont l'apposition est ordonnée à titre de réparation civile ou dans l'intérêt de la vindicte publique. Au premier cas, ce sont des affiches volontaires et, dans le second, des affiches administratives (Dél. 22 nov. 1816, 5616 J. E.).

3. CERTIFICAT. — Le timbre des placards prescrits ou autorisés par les art. 699 et 700 C. proc. ne passe en taxe que sur un certificat délivré sans frais par le receveur du timbre du bureau dans le ressort duquel la vente a eu lieu, constatant que le nombre des exemplaires a été vérifié par lui et indiquant le montant total des droits de timbre (Déc. 15 janv. 1853, D. m. f. et j. 10 mai 1853, 1964 I. G.).

1909. Timbre d'affiche. — Il résulte de l'art. 700 C. proc., concernant les ventes sur saisie immobilière, et de l'art. 961 du même C., relatif aux ventes par licitation (5597 J. E., 1667 I. G.) à celles de biens des successions bénéficiaires (1667 I. G.) et aux ventes de meubles ordonnées (6462 J. E.), que, selon la nature et l'importance des biens, il peut être passé en taxe *cinq cents* exemplaires des placards, non compris le nombre des affiches apposées aux lieux spécialement désignés par la loi. Ces exemplaires de placards, en sus du nombre légal, ont pour objet de donner une plus grande publicité à la vente des immeubles; ils ne peuvent être évidemment considérés comme des actes de la procédure; ils sont en conséquence sujets seulement au timbre spécial des affiches (701 J. N., 1166-3 J. E., D. m. f. 26 mai 1849, 14744-1 J. E., 1667 § 4 I. G., 11395 J. N., D. m. f. 10 mai 1854, 2025 § 7 I. G., 357 R. P.). Il ne faut pas perdre de vue que, dans ce cas, le papier à employer doit être celui de couleur. Il ne s'agit plus, en effet, ici, d'une formalité judiciaire, mais d'une publicité qui ne concerne que des intérêts privés.

1910. Contributions directes. — Saisie. — Les affiches annonçant la vente des objets saisis, en matière de contributions directes, sont sujettes au timbre. Les exemplaires d'affiches qui restent annexés au procès-verbal d'affiches, et ceux qui doivent être apposés aux lieux indiqués par l'art. 617 C. proc., sont assujettis au timbre ordinaire, d'après leur dimension, comme tous autres actes judiciaires. Quant aux exemplaires apposés en d'autres endroits que ceux prescrits par la loi, ils ne sont sujets, comme affiches volontaires, qu'au timbre spécial des affiches.

1911. — Vente sur faillite. — Un huissier ne peut, sans contravention à l'art. 24 L. 13 brumaire an 7, constater l'apposition d'une affiche annonçant la vente d'une faillite par le ministère d'un commissaire-priseur, si cette affiche n'est pas sur timbre de *dimension* (Sol. 15 janv. 1840, C. a. 4540, 3993 et 5346 J. E.). Ces affiches, étant uniquement dans l'intérêt des créanciers, sont sujettes au timbre.

1912. Timbre extraordinaire de dimension. — L'exemplaire de placard sur lequel est rédigé le procès-verbal d'apposition d'affiches (*V.* 577) doit-il être sur papier fourni par l'Administration, ou suffit-il de le faire timbrer à l'extraordinaire au droit de 60 centimes? En se fondant sur une D. m. f. 5 pluviôse an 11 (137 § 2 I. G.), des auteurs s'étaient prononcés pour l'affirmative sur la seconde hypothèse. D'abord, disaient-ils, l'imprimeur se conforme à la loi en imprimant le placard sur papier de couleur frappé du timbre d'affiche, et l'huissier s'y conforme également en usant de la faculté accordée par le décret de l'an 11, c'est-à-dire en faisant timbrer du timbre de dimension le placard déjà timbré du timbre d'affiche. Le contraire résulte cependant de la décision de l'an 9, de l'arrêt de Cass. de 1818 et de 1667 I. G. que nous avons cités, nº 1908. Mais l'Administration a plusieurs fois renoncé au bénéfice de cette règle rigoureuse. Une délibération du 6 octobre 1826 (8546 J. E.) a admis la faculté du timbre extraordinaire, dans une espèce où l'affiche jointe au procès-verbal de l'huissier, qui était originairement frappée du timbre spécial, avait subi ensuite l'application du timbre de dimension, et, depuis lors, cette interprétation a été maintes fois confirmée (Sol. 9 août 1854, 14 août 1856, 5 août 1857, 9 fév. 1866). — *V.* Roy *Suppl.* nº 1125.

4. TIMBRES MOBILES. — Mais les affiches judiciaires obligatoires ne peuvent être timbrées au moyen du timbre mobile de dimension, car le timbre mobile remplace le visa et le visa n'a jamais été autorisé pour les affiches (Sol. 6 juin 1857, 19 juin 1861).

1913. Certificat d'apposition. — En matière de vente sur saisie immobilière, l'apposition de ces placards doit être constatée par acte d'huissier (685 C. proc.); mais, pour toutes les autres ventes judiciaires, les placards doivent être visés et certifiés par les maires des communes où ils ont été apposés. — On a vu (1606-3 *suprà*) que les affiches ne sont pas par elles-mêmes sujettes à l'enregistrement. Elles ne prennent, en effet, le caractère d'actes, qu'autant que leur apposition a été constatée dans les formes ci-dessus indiquées. Elles *s'identifient* alors avec le procès-verbal de l'huissier ou le certificat du maire. Or, les certificats et visas des maires étant en pareil cas exempts de la formalité (D. m. f. 13 juin 1809, 426 n° 78 I. G., 2484 J. N.), il en résulte que c'est dans la seule hypothèse (*V.* 866) où l'apposition a été constatée par procès-verbal d'huissier, qu'un enregistrement préalable — celui du procès-verbal de l'huissier — est nécessaire avant qu'il soit procédé à l'adjudication; d'où la conséquence que l'affiche est virtuellement exempte de l'enregistrement, comme le certificat ou visa du maire (D. m. f. 15 déc. 1818, 6483 J. E., 3123 J. N., Roy *Contrav.* 126). Et cette règle est applicable en matière d'adjudication devant notaire commis, soit qu'il s'agisse d'immeubles (D. m. f. 15 déc. 1818, 6483 J. E.), soit que la procédure n'ait trait qu'à des meubles (8037 J. E.).

1914. Insertion. — Aux termes de l'art. 696 C. proc., une copie des placards doit être insérée dans un journal, et il est justifié de cette insertion par un exemplaire du journal contenant la copie, avec la signature de l'imprimeur légalisée par le maire. Le certificat de l'imprimeur constitue tantôt un acte judiciaire qui doit être enregistré au droit fixe de 1 fr. 50 cent. avant l'adjudication, et tantôt un acte sous seing privé ordinaire qui peut être présenté à la formalité au droit de 3 francs avec l'acte public dans lequel il est mentionné. C'est un point que nous examinons ci-après, au n° 3567-1.

Avant l'abolition du timbre des journaux (décret du 5 sept. 1870), on s'était demandé si la feuille du journal sur laquelle est porté le certificat de l'imprimeur est assujettie à un autre droit de timbre que celui dont elle est frappée comme journal? L'Administration avait pensé qu'un timbre spécial existant pour les journaux, on pouvait ne pas exiger que les certificats que le C. proc. veut que l'on y écrive soient soumis au timbre prescrit par la loi du 13 brumaire an 7, et une D. m. f. a été rendue dans ce sens, le 3 décembre 1811 (4229 J. E.). L'esprit de cette décision a reçu, au moment de la suppression du timbre sur les écrits périodiques (décret 4 mars 1848, 14426-8 J. E.), une application très-large qui doit la faire considérer comme ayant posé une règle aujourd'hui à l'abri de tout retour. Une délibération du 16 mai 1848 (13511 J. N., 14577 J. E.) a décidé, pendant cette période de transition, contrairement à l'opinion exprimée (14563-5 J. E.), que le journal étant exempt de timbre, le certificat de l'imprimeur pouvait être enregistré sans supporter aucun droit de cette nature. Cette interprétation a été maintenue depuis le décret du 4 septembre 1870, par une solution du 13 avril 1873.

1915. Extrait. — L'extrait, affiché dans l'auditoire du tribunal, d'un contrat translatif de propriété pour la purge légale, conformément à l'art. 2194 C. C., ne peut être rédigé que sur du papier au timbre de dimension de 60 cent. et au-dessus (266 I. G., Circ. 26 pluv. an 13).

SECTION 2. — AFFICHES FACULTATIVES

[1916-1918]

1916. Intérêt général. — Quant aux affiches judiciaires que le juge *peut* ordonner, ainsi qu'on l'a vu au n° 1417-3, il convient de faire la distinction que nous avons indiquée au sujet des affiches administratives. Si l'apposition est ordonnée dans un but d'utilité publique, dans l'hypothèse, par exemple, où un jugement aurait été rendu à la requête du ministère public, et où l'affiche aurait été faite à sa diligence, il y aurait incontestablement exemption de timbre.

1917. Intérêt privé. — Dans le cas contraire, où l'impression et l'apposition de l'affiche sont ordonnées dans l'intérêt de la partie civile en cause, le droit de timbre est nécessairement exigible, ainsi que l'a décidé un arrêt de la C. cass. du 16 juill. 1811 (3981 J. E., S. 11-1-324).

1918. Timbre spécial. — Mais dans cette dernière hypothèse, ce n'est pas le timbre de dimension, dont il a été question dans l'art. 2 ci-dessus, qui est applicable à l'affiche, ce timbre n'étant exigé que pour les affiches judiciaires prescrites par la loi, et qui doivent être certifiées par un huissier ou autre officier public. C'est le timbre *spécial* qui a fait l'objet de la loi du 9 vendémiaire an 6, et de celle du 18 juillet 1866, qui est applicable; et, dès lors, les affiches comme celles dont nous avons parlé nos 1900 et 1909 *suprà*, rentrent dans les conditions de celles qui font l'objet du chap. 4 *ci-après* (Dél. 22 nov. 1816, 5616 J. E.). — *V.* aussi 1606-3.

Ces affiches sont donc régulièrement timbrées au moyen du timbre mobile (L. 18 juill. 1866).

CHAPITRE IV. — AFFICHES ÉMANANT DES PARTICULIERS

[1919-1944]

SECTION PREMIÈRE — AFFICHES SUR PAPIER

[1919-1932]

1919. Timbre spécial. — L'art. 58 L. 9 vendémiaire an 6, qui fixait la dimension des affiches, a été abrogé par une autre loi du 13 du même mois (Circ. 1105). D'après l'art. 65 de la loi du 28 avril 1816 (715 I. G.), il n'existait que *deux quotités* de droit de timbre pour ces affiches : l'une de 5 centimes pour les papiers d'une dimension de douze décimètres cinq centimètres carrés et au-dessous ; l'autre de 10 centimes pour les papiers d'une dimension supérieure, et *il n'y avait plus lieu* à l'application du droit progressif *d'un centime* pour les dimensions intermédiaires que la loi de vendémiaire avait établi, et qu'une Dél. 11 août 1818 (6154 J. E.) avait décidé devoir être maintenu, même après la loi de 1816 (D. m. f. 12 juill. 1833, 10664 J. E., 8370 J. N., 1446 § 12 I. G.).

1. LOI DU 18 JUILLET 1866. — Aujourd'hui la loi du 18 juillet 1866 (2344, 2299-21 I. G. et 2511 R. P.) a fixé le droit de la manière suivante : Par feuille de douze décimètres et demi carrés et au-dessus, 5 centimes; au-dessus de douze décimètres et demi jusqu'à vingt-cinq décimètres carrés, 10 centimes ; au-dessus de vingt-cinq décimètres jusqu'à cinquante décimètres carrés, 15 centimes; au delà de cette dernière dimension, 20 centimes.

Ces dispositions n'ont pas été abrogées par le décret du 5 septembre 1870, qui a supprimé le timbre des journaux (Nantes 25 avril 1871, 3395 R. P.).

2. DÉCIMES. — La loi du 23 août 1871, art. 2, a assujetti ces droits de timbre à deux décimes.

1920. Affiches sur feuilles réunies. — On ne doit entendre par feuille que celle fabriquée d'un *seul jet* à la papeterie. C'est dans ce sens que des Sol. 19 mars 1835 (11232 J. E.) et 18 avril 1855, ont décidé que si une affiche est formée de plusieurs feuilles jointes, chacun de ces morceaux forme une feuille particulière sujette au timbre d'après son format. Si la prétention de ne timbrer qu'une seule fois cet ensemble était admise, rien n'empêcherait l'imprimeur de coller tel nombre de feuilles qu'il voudrait autour d'un papier timbré antérieurement au droit le plus faible, à cause de sa dimension particulière, et d'imprimer ainsi sur un papier qui n'aurait jamais été soumis à la formalité du timbre. — Le contraire a été cependant jugé par le tribunal de Laval le 18 avril 1842 et son jugement a été exécuté. Cette doctrine a été plusieurs fois et tout récemment encore appliquée par l'Administration (Sol. 11 août 1876, 20203 J. E.).

Mais il a été plusieurs fois décidé que si les fragments collés sur l'affiche timbrée n'avaient pas pour but d'en augmenter la dimension ou d'en modifier la rédaction, ces fragments s'identifient avec l'affiche elle-même et ne doivent acquitter aucun droit (Sol. 30 juill. 1855, 7 mars 1856, 18 déc. 1856, 27 juin 1857, 23 oct. 1858, 26 juin 1863, 9 août 1872, 28 sept. 1872).

C'est ce qui a été reconnu notamment au sujet des bandes de papier non timbré que l'on place sur les affiches de spectacles pour en annoncer l'heure (Sol. 2 juin 1867).

1921. Quotité divisée. — Si l'affiche sur feuille d'un seul jet est, à raison de sa dimension, assujettie au timbre de 12 centimes, ou de 24 centimes, la partie peut demander, sans inconvénient, à ce que le timbre de 6 ou de 12 centimes soit apposé sur chaque moitié de feuille (14799-1 J. E.).

1922. Affiche contenant plusieurs annonces. — On pouvait, autrefois, réunir plusieurs annonces sur une même feuille. Les prescriptions des art. 22 et 23 L. 13 brumaire an 7 n'ont rien, en effet, de commun avec les affiches, et l'on pouvait sans contravention annoncer sur une même feuille la location d'une maison appartenant à un particulier et la vente d'une maison appartenant à un autre (1883 J. E. ; — Seine 2 fév. 1842, 12996 J. E., 11299 J. N.) ; ou comprendre sur la même affiche, dans des cadres distincts, des spectacles, des ventes, etc., etc. (Seine 2 fév. 1842, Sol. 20 nov. 1851, 13 janv. 1855).

D'après la loi du 18 juillet 1866 : « Dans le cas où une affiche contient plusieurs annonces distinctes, le droit de 20 centimes est toujours exigible. Ce maximun est doublé si l'affiche contient plus de cinq annonces. » On reconnaît que l'annonce ou les annonces sont uniques ou distinctes, selon qu'elles se rapportent à des intérêts identiques ou différents. « Une annonce, a dit le rapporteur de la commission du budget, peut s'appliquer à des objets multiples, sans perdre pour cela son caractère unitaire, par exemple, lorsqu'elle n'intéresse qu'une seule personne, une seule société, etc. Les annonces ne seront donc considérées comme distinctes, pour l'application de la loi nouvelle, que lorsqu'elles seront destinées à servir des intérêts différents » (2344 I. G., 2298 et 2511 R. P.). — V. 618.

1923. Affiches de diverses espèces. — La question de savoir si toutes les affiches, quel que soit le procédé employé pour leur confection, sont passibles du droit, a été longtemps débattue. Elle est aujourd'hui résolue dans le sens de l'application du droit dans toutes les hypothèses qui se sont présentées. Ainsi ont été reconnues sujettes au timbre les affiches : 1° *autographiées* (Seine 16 janv. 1840, 12612 J. E.); — 2° *à la brosse* (Seine 12 mars 1834, 10991 J. E., 8930 J. N. D. m. f. 13 juill. 1831, 7482 J. N., 1374 I. G. ; — Seine 13 août 1845, 13837-3 J. E. ; — Seine 16 déc. 1835, 3 mars 1841, 18 nov. 1852, 11523-2, 12705-2, 15536-3 J. E., contrairement à deux D. m. f. 24 sept. 1819 et 18 juill. 1820, 6638 et 6747 J. E.); — 3° *lithographiées* (Ord. 8 oct. 1817, D. m. f. 20 fév. 1818, 827 I. G., 5985 J. E., D. m. f. 24 déc. 1819, 6730 J. E.); — 4° *manuscrites* (Cass. 18 janv. 1842, 11251 J. N., 12940 J. E., 1675 § 11 I. G.; — Chartres 20 avr. 1843, 13281 J. E. ; — Mayenne 1er mars 1842, 12962-3 J. E.; — Dreux 4 déc. 1841, 12897 J. E. ; — Sainte-Menehould 12 nov. 1840 et Béthune 2 fév. 1841, 12679 J. E.; — Romorantin 28 déc. 1838, 10350 J. N., 12286 J. E.; — Épernay 23 mars 1836, 12080 J. E., *Contrà*, Saint-Pol 3 avr. 1840, 12589-1 J. E., 10690 J. N., 8930, 11924 J. N.).

1. SCIENCES ET ARTS. — Les affiches relatives aux sciences et aux arts sont, comme les autres affiches, assujetties au timbre (La Rochelle 20 juill. 1842; — Marseille 20 août 1850, Seine 5 mars 1851, Dél. 20 nov. 1827, 15054, 15279-5 et 8897 J. E.).

1925. Affiches apposées sur les maisons. — Une décision du Gouvernement du 7 brumaire an 6 (Circ. 1124), rappelée au § 11 de l'I. G. 1675, a dispensé du timbre les affiches manuscrites, sur papier ou sur bois, que les particuliers appliquent sur leur demeure pour annoncer une location ou leur genre de commerce, ou même la vente de la maison où l'affiche est apposée (D. m. f. 7 déc. 1813, 24 déc. 1819, 24 juill. 1820, 4788, 6638, 6747 J. E., 386-1 I. G., 8 mai 1824, 3574, 5006 J. N., Sol. 15 et 28 juill. 1862, 18 juill. 1867; — Le Havre 27 juin 1864, 1971-2 R. P., Sol. 14 mars 1873).

Cette dispense a été étendue aux affiches de toute nature obtenues au moyen de la brosse, du pinceau ou de l'impression (Sol. 19 fév. 1857 et 14 oct. 1858; — Bordeaux 8 août 1860, 1462 R. P.). Mais elle cesse de s'appliquer si ces enseignes ou écriteaux ne sont pas apposés sur la maison même (Sol. 10 et 25 juill. 1867); — si, par exemple, l'affiche annonçant un immeuble à vendre était placée sur la maison de l'agent d'affaires chargé de préparer le contrat (Sol. 13 déc. 1858).

La cour de Bordeaux, statuant en matière d'affiches peintes, a décidé, à cet égard, qu'il faut considérer comme une enseigne échappant aux prescriptions de la loi, l'inscription apposée par un industriel quelconque sur un mur dépendant de la rue qu'il habite, et portant l'indication de son adresse et de son industrie, tandis que la même inscription apposée sur un mur dans un quartier autre que celui de la demeure de l'industriel doit être considérée comme une affiche sujette au timbre (2 arrêts du 8 août 1860, 1461 R. P., 17038 J. N., 17277 J. E., 12090 C.). Mais nous avons combattu la première partie de cette solution. Le caractère distinctif de l'enseigne, c'est que cette enseigne soit placée sur l'immeuble même auquel elle se rapporte. Dès que l'écriteau est placardé ailleurs, il devient une affiche, et il n'y a point à considérer la distance qui le sépare de la maison. Autrement on tomberait dans un arbitraire d'appréciation tout à fait inadmissible (1461 R. P.).

« L'enseigne, dit en ce sens un arrêt de la Cour de cassation du 20 décembre, 1866, est simplement une inscription ou un tableau unique que le fabricant, le négociant ou l'artiste met à la porte principale de son établissement ou de sa demeure pour les signaler aux yeux du public, d'où il suit qu'on ne peut la confondre avec les affiches imprimées ou peintes, multipliées par un procédé quelconque et exposées aux regards dans des lieux différents, plus ou moins éloignés du centre de la fabrication ou du commerce qu'il s'agit d'annoncer » (2543 R. P., S. 67-1-232).

Lorsqu'un commerçant a plusieurs établissements dans lesquels il exerce son industrie, on doit considérer comme enseignes toutes les inscriptions mises sur la porte de chacun de ces établissements ou de leurs succursales. Ainsi il a été décidé que les étiquettes apposées par un entrepreneur de publicité sur un cadre contenant des affiches et placé dans une gare, de même que les inscriptions mises sur les voitures des entrepreneurs de transports ou des commerçants, sont exemptés du timbre (Sol. 22 sept. 1873; 3871 R. P.).

Il a été reconnu dans le même sens qu'une enseigne ne perd pas son caractère et ne dégénère pas en affiche, bien qu'elle soit placée ailleurs que sur les murs de l'établissement communal, si, d'après la disposition des lieux, elle a pour objet de guider les clients vers cet établissement dont l'accès est difficile (Boulogne, 16 mai 1877).

La jurisprudence précédente s'applique aussi aux affiches peintes (n° 1940).

On a de même considéré comme écriteaux exempts de timbre les affiches placées dans l'intérieur ou aux vitrines des magasins pour annoncer les marchandises qui y sont à vendre (Sol. 20 avr. 1869) ou à louer (Sol. 17 avr. 1867), la nature de l'industrie qu'on y exploite comme la vente des fonds de commerce (Sol. 24 janv. 1870, 14 mars 1873).

1926. Avis-annonce affiché. — Un avis-annonce, indiquant une adresse, devient sujet au timbre dès qu'il est affiché dans une salle publique (Seine 5 mars 1851, 15279-5 J. E.; — La Rochelle 20 juill. 1842 et Marseille 20 août 1850, C. a. 4545, 15054-10 J. E.).

Le tribunal d'Orléans a décidé en ce sens qu'il y a contravention dans le fait d'avoir affiché à la porte du nouveau et de l'ancien domicile un avis imprimé sur papier blanc portant l'indication d'une nouvelle adresse (2 mai 1854, 15897-3 J. E., 129 R. P.). Le tribunal motive son jugement sur ce que l'écriteau était imprimé tandis que la dispense accordée par la décision du 7 brumaire an 7 se restreint aux enseignes manuscrites. Mais nous avons dit que la même faveur avait été depuis longtemps étendue aux affiches imprimées (1925). Le jugement se justifie mieux par cette considération que l'écriteau avait été placardé sur l'ancien domicile du commerçant et ne pouvait à ce titre passer pour une enseigne ordinaire. S'il s'agissait d'un changement d'adresse placardé exclusivement à la porte du nouveau domicile, il nous paraît certain que le droit de timbre ne serait pas exigible.

Quand l'avis-annonce a été affiché à l'insu de son auteur, la contravention ne saurait être à sa charge. Si l'afficheur n'est pas connu, aucune répression n'est possible (Sol. 12 avr. 1858, 9 mai 1859).

1927. Timbre d'annonce. — En ce qui concerne la nécessité que tout écrit *affiché* soit revêtu du timbre prescrit pour les affiches, il a été reconnu autrefois : 1° qu'une affiche imprimée sur timbre de 1 centime présente une contravention, lors même qu'elle serait de dimension inférieure à un demi-quart de feuille, attendu que le moindre timbre des affiches est de 5 centimes (Seine 15 déc. 1848 et 20 fév. 1850, 14639 et 14912 J. E.); — 2° qu'on doit considérer comme affiche, et par conséquent sujet à ce timbre, un écrit imprimé sur un petit carton, et placé dans un tableau exposé au public pour annoncer une industrie quelconque (5191 J. E.); telle, par exemple, que la vente des publications nouvelles existant dans l'intérieur des magasins d'un libraire. — V. 1899.

1928. Altération du timbre. — Les dispositions de la L. du 13 brumaire an 7, qui défendent de couvrir le timbre d'écriture ou de l'altérer par l'impression, n'ont jamais été appliquées aux affiches. Il suffit que l'empreinte de ce timbre soit apparent, lors même qu'il serait traversé par des lignes d'écriture ou des colonnes imprimées. On l'a décidé ainsi notamment au sujet d'une affiche timbrée au verso et dont l'empreinte aurait en partie disparu à la suite de son adhérence au mur (Sol. 19 mars 1844).

1929. Affiches pour l'étranger. — Les affiches en langue étrangère peuvent être imprimées en France sur papier non timbré pourvu qu'elles contiennent la mention : « Affiche destinée à être employée à l'étranger. » Mais si, nonobstant cette réserve, l'affiche était placardée en France, la responsabilité de l'imprimeur resterait engagée (D. m. f. 20 août 1861, 2204 § 1er I. G., 1595, R. P., 12166 C.).

Mais cette exemption ne semblerait plus applicable si l'affiche n'était pas imprimée en langue étrangère et quoiqu'elle portât qu'elle sera affichée hors du territoire. Le tribunal de Furnes l'a ainsi décidé, le 2 mai 1868, au sujet de l'impression en Belgique d'une affiche destinée à être affichée en pays étranger (10647 J. E. belge). Il n'y a aucune raison pour ne pas appliquer chez nous cette doctrine.

1930. Papier de couleur. — On a vu, n° 1896, que la couleur blanche a été réservée par la loi pour les affiches cencernant l'autorité. Cette règle est impérieuse, et un imprimeur ne pourrait s'y soustraire en prétendant que les exemplaires imprimés sur papier blanc ont été affichés par erreur et qu'ils n'étaient que des épreuves (Cass. 22 janv. 1851). « Attendu, en droit, porte l'arrêt, que les art. 65 et 68 de la loi du 28 avril 1816 interdisent l'impression des affiches, quel qu'en soit l'objet, sur papier blanc et papier non timbré, de même que le tirage d'exemplaires desdites affiches, et ce, sous peine, contre les imprimeurs, d'une amende déterminée par l'art. 69 de ladite loi, et réduite par les lois des 25 mars 1817, 15 mai 1818 et 16 juin 1824, art. 10 ; — Attendu que, la contravention matérielle aux lois précitées étant dûment constatée, les juges doivent appliquer au fait les peines portées par la loi, et qu'il importait peu que le défendeur eût ou n'eût pas donné l'ordre de placarder l'affiche dont il s'agit; qu'il suffisait que, de fait, elle eût été imprimée et que le défendeur en fût l'imprimeur pour qu'il fût passible de l'amende mentionnée ci-dessus » (15158 J. E., S. 51-1-132). Pour l'imprimeur, en effet, le fait seul de l'impression constitue la contravention.

1. COULEUR MISE APRÈS COUP. — Mais l'imprimeur peut mettre la couleur au papier après sa fabrication, et même après l'apposition du timbre, pourvu que ce soit avant l'affichage (Sol. 4 sept. 1855).

2. COULEUR D'UN SEUL COTÉ. — Il n'y aurait pas contravention alors que le papier ne serait colorié que d'un côté, pourvu que l'impression fût du côté colorié, quand même le côté colorié serait devenu blanc au bout de quelque temps (14799-1 J. E.).

3. COULEUR EFFACÉE. — On avait enseigné que la contravention existe du moment que le papier représenté à l'appui du procès-verbal est blanc, sans que l'on puisse être admis à prouver qu'il n'a perdu sa couleur primitive que par l'influence de l'air (12274-3 J. E.). Mais cette opinion est inacceptable; car la partie et l'imprimeur satisfont à la loi dès qu'ils se servent de papier de couleur, et on ne saurait les rendre responsables d'une décoloration due à des circonstances extérieures qu'ils n'ont pas provoquées. Aussi le tribunal de Libourne a-t-il décidé, avec raison, le 20 janvier 1857, qu'aucune amende n'est due quand il est constaté que l'affiche devenue blanche avait été imprimée sur papier rose.

Nous croyons même que la contravention n'existerait pas si la décoloration résultait d'un fait personnel à l'auteur de l'affiche avant l'affichage. Il arrive quelquefois, par exemple, que le papier de couleur est enduit d'un vernis sur lequel on fait appliquer l'impression et le timbre, et qui se détache ensuite du papier. Si la feuille de vernis est ainsi affichée, c'est une fraude qui est étrangère à l'imprimeur et dont la répression contre l'auteur de l'affiche n'est point autorisée par les textes. Le moyen de la rendre impossible est d'appliquer le timbre du côté du papier et non pas du vernis.

4. CARACTÈRES OU BANDES DE DIVERSES COULEURS. — Il y a contravention du moment où l'affiche est imprimée sur papier blanc, alors même que les caractères seraient de diverses couleurs (Strasbourg 14 août 1850, 15132-4 J. E.), — ou que les quatre coins des affiches seraient marqués de bandes de couleur (Seine 3 avr. 1834, 11211 J. E.).

Mais rien ne s'oppose à ce que l'affiche soit composée de diverses couleurs disposées dans l'ordre qui convient le mieux aux parties. Il a même été souvent décidé que, quand l'affiche est imprimée tout entière sur papier de couleur, l'existence d'un dessin lithographique placé au centre dans un espace blanc ne constitue pas une contravention (Sol. 25 oct. 1854). Ces affiches se rencontrent à chaque instant dans les rues de Paris.

5. AFFICHES MANUSCRITES. — Dans l'état actuel de la législation, les contribuables peuvent employer du papier blanc pour les affiches manuscrites. La défense de se servir de papier blanc ne concerne, en effet, que les affiches imprimées; l'amende, en cas d'infraction de cette nature, n'est prononcée que contre les imprimeurs, aux termes de l'art. 65 L. 28 avril 1816, 77 de celle du 25 mars 1817, et 76 de celle du 15 mai 1818 (Sol. 29 sept. 1856 et 7 mars 1866, 2245 R. P.).

6. POURSUITES. — La poursuite de la contravention résultant du défaut d'emploi de papier de couleur appartient exclusivement au ministère public. L'amende de 100 francs n'a pas été réduite par la L. 16 juin 1824 (Seine 3 avr. 1834 ; — Strasbourg 14 août 1850).

1931. Poids et mesures. — Les dénominations illégales de poids et mesures sont interdites dans les affiches (L. 4 juill. 1837, art. 5, Ord. 17 avr. 1839, D. m. f. 14 oct. 1858). — Il a été reconnu, conformément à ces dispositions, qu'on ne peut, sans amende, indiquer en *sous* le prix des marchandises, dans une étiquette placée à l'extérieur d'une maison (Cass. 17 avr. 1841). Cependant, quand l'affiche a le caractère d'une enseigne ou d'un écriteau, la même règle n'est plus applicable. Une Sol. du 15 avril 1845 (14093 J. E.) décide qu'aucune amende n'est encourue.

1932. Epreuve. — L'imprimeur ne pourrait se soustraire à la responsabilité qui lui incombe pour l'apposition d'affiches non timbrées, sous le prétexte que l'écrit saisi était une simple épreuve (Rouen 17 juin 1846 ; — *Conf.* : Cass. 22 janv. 1851, *rapporté* 1930, et les décisions citées en matière de journaux n° 1998-1).

1932 *bis.* **Secours mutuels.** — Les affiches publiant le compte rendu des sociétés de secours mutuels sont dispensées du timbre, mais doivent être sur papier de couleur (D. m. f. 27 juin 1878). Plus généralement toutes les affiches concernant ces sociétés sont exemptes de timbre. — V. 1900.

SECTION 2. — AFFICHES PEINTES

[1933-1944]

1933. Législation. — L'art. 30 L. 8 juillet 1852, a établi, sous le nom de *droit d'affichage*, un impôt nouveau, destiné à tenir lieu, à l'égard des affiches peintes ou inscrites dans les lieux publics, sur les murs et autres construction même sur toile, du droit de timbre auquel sont assujetties, d'après les lois antérieures, les affiches faites sur papier Un décret a été rendu le 25 août 1852, pour l'exécution de cette loi (1937 I. G.).

1934. Quotité du droit. — Le droit d'affichage n'a que deux quotités : l'une de cinquante centimes, pour les affiches d'un mètre carré et au-dessous ; l'autre d'un franc, pour les affiches d'une dimension supérieure (Art. 30, *id.*).

Aucune affiche ne peut être d'une dimension supérieure à celle pour laquelle le droit aura été payé (Déc. 25 août 1852, art. 4).

1. DÉCIMES. — Ces droits sont soumis au double décime (L. 23 août 1871, art 2).

1935. Permis. — Toute inscription d'affiche doit être précédée d'un *permis*, délivré par le préfet de police à Paris, et partout ailleurs, par l'autorité municipale. Mais ce permis ne doit être délivré qu'après le payement des droits qui ont fait l'objet du numéro précédent, au vu et sur le dépôt d'un des doubles de la déclaration portant quittance des droits d'affichage. (Déc. du 25 août 1852, art. 1. et 3).

L'apposition de l'affiche avant le paiement du droit et l'autorisation d'afficher constituerait une contravention qui ne serait pas couverte par le paiement et l'autorisation ultérieure. Dans ce cas, l'afficheur et le commerçant dans l'intérêt duquel a eu lieu l'affiche sont passibles chacun d'une amende (C. Paris 30 déc. 1868, 3151 R. P.).

1936. Bureau. — Les droits d'affichage doivent être, d'après l'art. 1er du décret, acquittés au bureau d'enregistrement dans l'arrondissement duquel les affiches doivent être apposées. Dans les villes où se trouvent plusieurs bureaux, la recette est faite, savoir : à Paris, par un ou plusieurs receveurs que l'Administration désigne ; dans les chefs-lieux de département, par le receveur du timbre extraordinaire ; et partout ailleurs, par celui des actes judiciaires (Déc. 25 août 1852 art. 1er, 2, 9).

1937. Déclaration. — Quittance. — Aux termes de l'art. 2, même décret, une déclaration d'affichage doit être remise au receveur de l'enregistrement. Cette déclaration doit-elle être sur timbre ? Ni la loi, ni l'I. G. 1937 qui la rapporte, ne s'expliquent sur ce point. Mais l'Administration a adopté la négative par une solution du 18 novembre 1864. Seulement la quittance qui doit être écrite au pied de l'un des doubles doit être, quand elle excède 10 francs, revêtue d'un timbre mobile de 25 centimes (Sol. 18 nov. 1864).

1938. Numéro du placard. — Chaque exemplaire du placard à inscrire doit porter, dans la déclaration, un numéro d'ordre (Déc. 25 août 1852, art. 3). C'est ce numéro qui est indiqué sur l'affiche avec le numéro du registre des permis, conformément aux prescriptions du 3e alinéa de l'art. 3. A l'aide de ces deux numéros, il est facile de s'assurer que l'affichage a été précédé de l'accomplissement des formalités prescrites par le règlement.

L'omission dans l'affiche peinte du numéro du permis d'affichage ou son insertion illisible, constitue une contravention qui engage la responsabilité de l'afficheur et celle du commerçant dans l'intérêt duquel cette affiche est posée. Chacun d'eux encourt une pénalité distincte (C. Paris 30 déc. 1868, 3151 R. P.).

1939. Restitution. — Lorsque l'autorisation d'afficher a été refusée par l'Administration, c'est-à-dire par l'autorité municipale, ou le préfet de police (*V.* 1935), les droits doivent être restitués. Mais si ce refus n'émanait que des tiers, qui ne voudraient pas laisser peindre les affiches sur leurs murs, la restitution ne pourrait pas être effectuée (1937 I. G.).

1940. Nature des affiches. — 1. ENSEIGNES. — La loi sur les affiches peintes n'est pas applicable aux indications de la profession et du commerce qui se mettent au-dessus des portes ou sur les côtés, lorsque les ateliers ou les magasins sont dans la maison même : ce sont là des enseignes et non des affiches proprement dites. Elles étaient déjà affranchies du timbre ordinaire (*V.* 1925).

Dans ce sens, il a été jugé que des portraits photographiques exposés dans un cadre mobile accroché au mur de la maison où demeure l'artiste, avec indication du prix et de la demeure de l'artiste, ne sont pas des affiches véritables et échappent à la loi du 8 juillet 1852. (Cass. 2 sept. 1853, S. 1854-1-75, P. 54-2 187) ; — et qu'il en est de même d'une planchette mobile accrochée à un mur donnant sur la voie publique et portant l'indication du prix de sommiers élastiques et de la demeure du fabricant (même arrêt).

C'est ce qui a été également reconnu, à propos d'une enseigne par la Cour de Bordeaux, le 8 avril 1860 (1462 R. P., 17038 J. N.) ; — et au sujet d'un écriteau de location, par un jugement du Havre du 27 juin 1864 (1971-2 R. P.).

Mais il y aurait contravention si le cadre était accroché ailleurs que sur la maison de la personne dont le cadre annonce l'adresse et l'industrie (C. Grenoble 14 août 1873, 3750 R. P. ; Rouen 21 juin 1876, 4451 R. P. ; Rouen 21 nov. 1876, 4635 R. P.).

2. AFFICHES DIVERSES. — On a aussi considéré comme affiches peintes, les affiches peintes sur le rideau d'un théâtre

(Sol. 4 janv. 1868); — ou gravées ou peintes sur verre (Sol. 28 nov. 1855).

Mais la loi de 1852 n'est pas applicable aux affiches imprimées ou écrites *sur papier timbré* et ensuite placardées sur les murs (C. Bourges 17 avr. 1856).

On ne considère pas non plus comme peintes des affiches imprimées sur papier verni, collé sur toile et encadré. Ce sont des affiches ordinaires sur papier (Sol. 31 déc. 1877); mais les affiches peintes sur tôle émaillée sont des affiches peintes (Sol. 25 avril 1878).

3. AFFICHES DISTINCTES. — Les annonces distinctes peintes dans la subdivision d'un seul et même carré de toile, n'en constituent pas moins chacune une affiche : le droit doit être liquidé en conséquence (Sol. 5 mars 1867).

1941. Intérieur de magasin. — On ne peut, sans contrevenir à la loi, placarder sur la voie publique, derrière des carreaux, les annonces sujettes au timbre. La simple apposition d'un objet transparent sur ces affiches peintes ne saurait les soustraire au droit commun (C. Paris 22 août 1857, 905 R. P, 16140 J. N., S. 57-2-702, P. 58-898).

1. EXPOSITION UNIVERSELLE. — Les affiches placées sur des stores annonces dans les galeries d'une exposition universelle sont sujettes au timbre, qu'elles émanent d'étrangers ou de français (D. m. f. 8 juin 1878, 4960 R. P.).

1942. Contravention. — Les contraventions à la loi du 8 juillet 1852 et au règlement du 25 août suivant, sont passibles d'une amende qui peut varier de 100 à 500 francs, et des peines portées par l'art. 464 C. pén. L'amende est due, outre le droit de timbre, selon l'art. 8, pour chaque exemplaire d'affiche qui est inscrit sans payement du droit, ou qui est d'une dimension supérieure à celle pour laquelle le droit a été payé, ou qui est posé dans un emplacement autre que celui indiqué dans la déclaration (Art. 30 L. 8 juill. 1852, Déc. 25 août suiv., art. 8; 1937 I. G.).

1. PLURALITÉ. — Il est dû une amende par chaque exemplaire d'affiche. Si le store ou le panneau contient plusieurs affiches différentes séparées par des traits de couleurs sur des objets divers et n'étant pas toutes simultanément exposées aux regards du public, il est dû autant d'amendes qu'il y a d'affiches (C. Paris 22 août 1857, 905 R. P., 16140 J. N., S. 57-2-702, P. 58-898).

L'afficheur et le négociant dans l'intérêt duquel l'affiche est posée doivent chacun une amende (C. Paris 30 déc. 1868, 3151 R. P.).

2. MINIMUM. — Le minimum de l'amende est de 100 francs et ne peut être abaissé pour quelque cause que ce soit (C. Paris 30 déc. 1868, 3151 R. P.).

3. APPRÉCIATION DU JUGE. — L'art. 30 de la loi du 8 juillet 1852 porte « toute infraction à la loi et toute contravention au règlement à intervenir, *pourront* être punies d'une amende de 100 francs à 500 francs, *ainsi que* des peines portées par l'art. 464 C. pén. » Le texte ne dispose pas d'une manière impérative. Il se borne à énoncer que les contraventions *pourront* être punies par l'application des peines qu'il détermine. On en avait conclu d'abord que les tribunaux étaient libres, en appréciant la bonne foi des contrevenants, de les affranchir de toute pénalité (Angers 27 juill. 1855; — Nantes 2 juill. 1856, 714 R. P.). Mais cette appréciation a été repoussée, et l'on a reconnu que la faculté accordée au juge porte uniquement sur le choix de la peine (Circ. du garde des sceaux du 6 avr. 1859).

Il en restait à déterminer en quel sens ce choix devait s'exercer.

La loi avait-elle entendu que toute contravention serait frappée de deux pénalités distinctes : d'abord l'amende spéciale de 100 à 500 francs, puis l'une des peines de police prononcées par l'art. 464 C. pén., en laissant au tribunal le soin de fixer le chiffre de l'amende et de déterminer celle des peines de police qu'il convenait d'appliquer? Voulait-elle, au contraire, que le magistrat pût seulement choisir dans l'une de ces deux catégories de peines, à l'exclusion de l'autre, celle qu'il devait prononcer?

Le tribunal de la Seine, dans un jugement du 10 novembre 1868 (3151 R. P.), avait pensé que la contravention était passible d'une seule pénalité, et que le juge pouvait choisir entre l'amende spéciale de la loi de 1852 et les peines édictées par l'art. 464 C. pén., c'est-à-dire l'emprisonnement d'un à cinq jours, l'amende de 1 à 15 francs et la confiscation des objets saisis. Mais ce jugement a été infirmé par un arrêt de la Cour de Paris, du 30 décembre 1868, portant que, « s'il est vrai que l'apposition de l'affiche est un fait unique ne pouvant donner lieu qu'à une seule peine, il n'en est pas moins certain que ce fait se constitue par la réunion de plusieurs contraventions passibles chacune d'une pénalité » (3151 R. P.). L'opinion du tribunal de la Seine a été, depuis lors, adoptée par la Cour de Grenoble, le 16 août 1873 (3730 R. P.), et par le tribunal de Rouen le 21 juin 1876 (4651 R. P.) et le 21 novembre 1876 (4635 R. P.); mais elle a été repoussée par la cour de Douai, le 24 juin 1874 (4154 R. P.).

4. REMISE DES AMENDES. — C'est au ministre des finances qu'il appartient, après la condamnation prononcée, de remettre ou de modérer les amendes (Sol. 14 juin 1858, 23 oct. 1858; Sol.... sept. 1875).

1943. Remboursement des droits de timbre. — Le droit d'affichage est impératif et les contrevenants doivent, dans tous les cas, rembourser les droits dont le Trésor a été frustré.

1944. Mode de constater les contraventions. — Les préposés de l'Enregistrement et des domaines sont chargés, avec les agents de la force publique, de la constatation des contraventions. Les procès-verbaux doivent conclure au remboursement des droits dont le Trésor aura été frustré, et, en outre, à l'application des peines portées par l'art. 30 de la loi du 8 juillet 1852. Ils doivent être visés pour timbre et enregistrés en débet, et transmis, sans délai, au directeur, qui, après s'être assuré de leur régularité, les adresse au procureur de la République de l'arrondissement dans lequel les contraventions auront été commises.

La rédaction d'un procès-verbal est indispensable, comme généralement en matière de timbre (Sol. 11 mai 1868, 2796 R. P.)

TITRE III. — AVIS-ANNONCES

[1945-1957]

1945. Définition. — Par avis-annonces, catalogues, prospectus, on entend notamment les imprimés destinés à être répandus dans le public pour faire connaître une entreprise commerciale, une industrie, une spéculation, une vente d'objets, etc.

1946. — Législation. — Assujettissement au timbre. — L'art. 1er L. 6 prairial an 7 (Circ. 1580) est ainsi conçu : « Les avis imprimés, quel qu'en soit l'objet, qui se crient et se distribuent dans les rues et lieux publics, ou que l'on fait circuler de toute autre manière, seront assujetties au droit de timbre, à l'exception des adresses contenant la simple indication de domicile, ou le simple avis de changement. »

Cette disposition avait été reconnue applicable aux prospectus d'ouvrages, notices d'art et catalogues de livres par un A. Cons. d'Ét. du 28 messidor an 9 (Circ. 2042), qui avait été confirmé par l'art. 70 L. 28 avril 1816 (725 I. G.).

1947. Affranchissement du timbre. — 1. LOIS DES 25 MARS 1817 ET 15 MAI 1818. — Une première exemption avait été prononcée par l'art. 76 de la loi du 25 mars 1817, en faveur des annonces, propectus et catalogues de librairie. L'art. 85 de la loi du 15 mai 1818 en avait établi une seconde pour les annonces, prospectus et catalogues d'objets relatifs aux sciences et arts.

1. LOI DU 23 JUIN 1857. — La loi de finances du 23 juin 1857 a définitivement supprimé l'impôt du timbre sur les avis, annonces, catalogues et prospectus qui y étaient restés assujettis. Son art. 12 est ainsi conçu : « Est abrogé, l'art. 1er de la loi du 6 prairial an 7 qui assujettit au timbre spécial les avis imprimés qui se crient et se distribuent dans les rues et lieux publics, ou que l'on fait circuler de toute autre manière » (853 R. P., 2100 I. G.). — Cette loi est devenue exécutoire à Paris le 29 juin 1857, et une D. m. f. du 19 août suivant a fait remise à tous les imprimeurs des amendes et portions d'amendes encore dues pour les contraventions antérieures (914 R. P., 2106-5 I. G., 16165 J. N.).

Les dispositions précédentes rendent actuellement sans objet toutes les solutions auxquelles avait donné lieu l'application du timbre aux avis et annonces. Nous les reproduirons cependant d'une manière succinte, parce qu'elles conservent un certain intérêt historique et que, d'ailleurs, on ne peut pas affirmer que cette exemption d'impôt accordée aux écrits de l'espèce soit définitive.

1948. Quotité du droit. — C'est la loi du 28 avril 1816, art. 66, qui avait fixé la quotité des droits à percevoir sur les avis et annonces. D'après cette loi, le prix de la feuille était de 10 centimes ; celui de la demi-feuille de 5 centimes ; celui du quart de feuille de 2 centimes et demi ; celui du quart de feuille, cartes et autres de plus petite dimension, de 1 centime. — La subvention du décime n'était pas ajoutée à ces droits.

1949. Couleur du papier. — Quant à la couleur du papier, la loi n'avait fait, pour les avis imprimés, aucune distinction entre le papier blanc et celui de couleur (V. 1896). Ces écrits pouvaient donc être imprimés sur papier blanc (L. 28 avr. 1816, art. 66).

1950. Exceptions. — Trois exceptions au principe général posé par l'art. 1er L. 6 prairial an 7 (V. 1946), avaient été faites par le législateur lui-même. La première était renfermée dans ce même article. Elle concernait les *adresses* qui ne donnent qu'une simple indication de domicile. La seconde avait en vue de favoriser le commerce *de la librairie ;* elle résultait de l'art. 76 L. 25 mars 1817. La troisième était dans le même ordre d'idées, elle s'appliquait *aux sciences et aux arts*, et avait été posée par l'art. 83 L. 15 mai 1818. Nous allons examiner successivement ces trois exceptions.

1951. Adresses. — Indications étrangères. — L'équivoque n'était pas possible en présence des termes formels de l'art. 1er L. prairial (V. 1946.) La dispense du timbre ne pouvait s'appliquer qu'à la *simple* indication du domicile, ou au *simple* avis de changement. Du moment que celui qui donne son adresse sortait de cette limite, et ajoutait, dans l'intérêt de son commerce, quelques indications qui dépassent la ligne qu'il a été dans l'esprit du législateur de tracer, l'exception cessait et la règle générale reprenait son empire. Dans ce sens, il était décidé, en thèse générale, que toute adresse qui contient d'autres indications que le nom, la qualité et la demeure ancienne et nouvelle de l'individu, est une annonce, un avis sujet au timbre (D. m. f. 8 germ. an 8, 476 J. E.) — V. 1930.

1. CARTES DE VISITE. — Une carte portant cette mention : *à 1 fr. le cent*, Hullin, imprimeur, rue J.-J. Rousseau, n° 20, était passible du timbre (Seine 8 juill. 1835, 11446 J. E.).

2. MAGASIN DE DÉBALLAGE. — La carte d'adresse d'un marchand forain, qui annonce son magasin de déballage, était également assujettie au timbre (Lille 6 août 1842, D. Fess. p. 98 n° 37).

1952. Sciences et arts. — Règle générale. — L'art. 83 L. 15 mai 1818, qui déclare exempts de timbre les annonces, prospectus et catalogues relatifs aux sciences et aux arts avait fait naître beaucoup de difficultés, en ce que l'Administration soutenait que toutes les fois que l'annonce relative aux sciences et aux arts n'était pas tout à fait dégagée de l'intérêt pécuniaire, elle était assujettie au timbre. Cette doctrine, qui a donné naissance à une jurisprudence des plus incohérentes, a été énergiquement combattue à l'art. 247 R. P. Nous y renvoyons le lecteur.

1. OBJET ÉTRANGER. — Dans tous les cas, si à un avis relatif aux sciences et aux arts se trouvait jointe l'annonce d'un objet quelconque qui y soit étranger, l'avis devenait sujet au timbre (Seine 16 fév. 1854, 198 R. P.).

1953. — Arts mécaniques. — La L. 15 mai 1818 n'ayant pas distingué entre les arts libéraux et les arts mécaniques, il fallait en conclure que les annonces, prospectus et catalogues d'objets qui intéressent les *arts mécaniques* étaient aussi dispensés du timbre (D. m. f. 27 sept. 1822, 1058 I. G.).

Ainsi, l'imprimé faisant connaître les avantages d'une nouvelle machine hydraulique et son emploi sous le rapport de l'utilité et de l'agrément, n'était pas sujet au timbre, quoiqu'il y fût fait mention du prix des appareils et des conditions du payement (D. m. f. 6 juill. 1832, 10374 J. E.).

1. USTENSILE DE MÉNAGE. — Mais on pouvait considérer comme relative aux arts mécaniques l'annonce d'un ustensile de cuisine, bien qu'elle fît connaître l'adresse de l'inventeur et la manière de se servir de l'objet (Seine 11 nov. 1852, 15549-1 J. E.).

2. CHAUFFAGE. — Une entreprise de chauffage ayant fait l'annonce de ses produits, le tribunal de la Seine a statué, le 1er juillet 1829, que l'exception en faveur des avis relatifs aux sciences et aux arts n'était pas applicable.

3. CONSTRUCTEUR DE SERRES. — L'annonce d'un constructeur de serres en fer était sujette au timbre (Seine 16 fév. 1854, 198 R. P.). — *V.* 247 R. P.

4. COLLÉGES. — INSTITUTIONS. — Les prospectus des colléges communaux et des écoles secondaires ecclésiastiques n'étaient pas assujettis au timbre, tandis que l'impôt était applicable aux prospectus des institutions particulières (Dél. 23 déc. 1845, 13934 J. E., 1767 § 16 I. G.); — ainsi que cela avait déjà été reconnu par D. m. f. 18 avril 1816, 5 octobre 1825 (8575 J. E.). — *V.* 1476 et le § 13 *infrà*.

5. ENGRAIS. — L'annonce d'un engrais était sujette au timbre (Cass. 21 déc. 1853, 1909 § 10 I. G.; — Seine 23 juin 1853, 44 R. P.).

6. FUMISTE. — L'avis par lequel un architecte-fumiste annonce son arrivée dans une ville, et les travaux qu'il fait exécuter par suite des progrès qu'il a fait faire à la science du fumiste, n'avait nullement trait aux sciences et arts, et devait être sur timbre (Gien 23 déc. 1845, 14109 J. E.).

7. GRAINETIER. — L'avis imprimé par lequel un marchand grainetier annonce au public les graines et autres produits qu'il achète et revend, et qu'il a dans son magasin, était assujetti au timbre (Cass. 10 juill. 1839, 10501 J. N., 12340 J. E., 1601 § 20 I. G.).

8. HORLOGERIE. — Étaient sujets au timbre les avis et annonces relatifs au commerce d'horlogerie, tels que ceux où un horloger annonce qu'il vient d'ouvrir à..... un magasin où se trouve un assortiment complet de pendules et de montres, et qu'il a résidé pendant sept ans à Paris pour acquérir des connaissances dans son art (D. m. f. 15 avr. 1831, 10036 J. E.).

9. HORTICULTURE. — Étaient dispensés du timbre les avis contenant le catalogue et les prix courants des arbres et plantes que cultive le propriétaire d'un établissement rural d'horticulture (D. m. f. 13 avr. 1829, 9583 J. E.; — Seine 16 fév. 1854, 198 R. P.).

10. INSTRUMENT DE MUSIQUE. — L'annonce d'instruments de musique que vend un éditeur de musique était exempte de timbre (Seine 26 juill. 1854, 247 R. P.).

11. JOURNAL. — L'exemption du timbre, résultant de l'art. 83 L. 15 mai 1818, relativement aux annonces, prospectus et catalogues d'objets relatifs aux sciences et aux arts, était également applicable aux annonces et prospectus de journaux ou écrits périodiques qui s'occupaient de sciences et d'arts (Déc. 20 déc. 1832, 1422 § 15 I. G.).

12. LEÇON DE MUSIQUE ET D'ÉCRITURE. — Le tribunal de la Seine avait jugé que la faveur accordée aux annonces concernant les sciences et les arts, ne s'appliquait qu'aux objets mobiliers et corporels, et ne pourrait être étendue aux annonces de l'exercice d'une profession, et que les avis que fait distribuer un professeur, annonçant un cours de musique, d'écriture ou de langue, étaient assujettis au timbre (Seine 4 fév. et 25 nov. 1837, 11941 J. E.; — Seine 23 juin 1853, 108 R. P.).

13. LYCÉES. — Les prospectus des proviseurs des lycées ayant pour objet d'annoncer le prix de la pension et le mode d'enseignement, n'étaient pas sujets au timbre (Lettre du directeur général, du 10 oct. 1817, C. a. 5524). — *V.* 1469 § 4 *suprà*.

14. MÉDECIN. — PHARMACIEN. — Dans le même ordre d'idées qu'au n° 1475 § 12 *suprà*, étaient sujets au timbre les avis imprimés par lesquels un médecin ou un pharmacien fait connaître les maladies qu'il traite, la méthode qu'il emploie, les remèdes qu'il vend, les cures qu'il a obtenues, et indique les heures de ses consultations (Cass. 16 nov. 1835, S. 36-1-203, 11374 J. E., 1513 § 11 I. G., Cass. 12 juill. 1842, 11422 J. N., 13033 J. E., 1683 § 10 I. G., S. 42-1-710; — Seine 8 août 1837, 14 juill. 1841; — Metz 18 mars 1841; — Lille 17 nov. 1841; — Amiens Marseille 20 août 1850; — Chaumont 2 déc. 1850, 12717, 12833, 13443, 13147-5, 15054-10, 15069-1 J. E.; — Seine 15 fév. 1854, 21 R. P. — *V.* 247 R. P.).

15. MÉTHODE. — Toujours dans le même sens, il avait été décidé qu'un avis par lequel on annonce l'intention de céder le droit d'enseigner une méthode utile aux arts et aux sciences (par exemple une méthode de calligraphie), ne tendait nullement à *faire connaître* une découverte : c'est un objet de spéculation, et on devait l'assujettir au timbre (Dél. 9 oct. 1827, 8861 J. E.).

16. SAVONS. — COSMÉTIQUES. — L'annonce des savons, cosmétiques, etc., d'un distillateur ne pouvait circuler sans être timbrée (Seine 17 déc. 1834).

17. SPÉCIMEN D'IMPRIMERIE. — L'exemption du timbre était étendue aux *spécimens* ou épreuves de caractères d'imprimerie, comme étant des objets d'art qui ne sont pas destinés à être vendus et qui tendent à perfectionner l'imprimerie (D. m. f. 26 fév. 1825, 7984 J. E.).

18. TABLEAUX. — ESTAMPES. — GRAVURES. — Le prospectus annonçant une société formée pour l'exploitation des bonnes images et des tableaux d'église, concerne une

entreprise industrielle et se trouvait passible du timbre (Seine 23 déc. 1840, 12689 J. E.). Cependant l'Administration avait décidé, le 4 décembre 1848, qu'un imprimé où l'on annonce la mise en vente d'estampes et où l'on en indique le prix, était exempt du timbre (14615-8 J. E., 5888 J. E.).

19. TEINTURIER. — L'avis imprimé par lequel un teinturier annonce, à domicile, sa profession, son domicile, ses succès et la modération de ses prix, était passible du timbre (Laon 2 déc. 1837, 11927 J. E.).

1954. Librairie. — L'art. 76 L. 25 mars 1817 ayant exempté du timbre les annonces, prospectus et catalogues de librairie, il convenait de faire des distinctions analogues à celles que nous avons posées dans l'art. 1952 *suprà*. Il fallait limiter avec soin l'exemption du droit de timbre aux seuls cas qui rentrent dans la pensée du législateur. Les décisions ci-après en donnent la portée exacte.

1. ABONNEMENT AUX JOURNAUX. — L'avis par lequel un libraire, indépendamment de diverses annonces de librairie, fait savoir qu'il se charge des insertions et abonnements pour les journaux, était assujetti au timbre, attendu qu'une entreprise d'abonnements et d'insertions aux journaux est étrangère au commerce de la librairie (Dél. 24 avr. 1832, 10355 J. E., D. m. f. 1er mai 1832, 3761 Roll.).

2. CABINET LITTÉRAIRE. — RELIURE. — Était sujet au timbre l'avis dans lequel un individu annonce qu'il a établi un cabinet littéraire et un atelier de reliure, et qu'il se charge d'abonner à tous les journaux. Le tribunal de Saint-Brieuc avait décidé le contraire, le 2 mars 1830, par le motif que le commerce de librairie s'étend à toutes ventes et achats, à forfait ou à commission, d'impressions en feuilles ou reliées. Mais son jugement a été cassé le 7 février 1832 (1401 § 8 I. G., S. 32-1-368). — Cependant s'il ne s'agissait que d'un *simple* cabinet de lecture, son annonce était exempte du timbre (Alby 19 juin 1844, C. a. 5530). — V. 1952-1.

3. FABRIQUE DE REGISTRES. — Il y avait lieu de rapporter procès-verbal contre un libraire pour défaut de timbre d'un imprimé intitulé : *Librairie et fabrique* de registres perfectionnés, à prix fixe, parce que la seconde partie de l'imprimé se rattache au commerce de la papeterie, auquel la disposition de l'art. 76 L. 25 mars 1817 ne pouvait s'appliquer que par une extension forcée (Dél. 3 juin 1817, 5772 J. E.).

4. JOURNAL. — PROSPECTUS. — Les prospectus des journaux avaient été exemptés du timbre, comme appartenant à la librairie, par Déc. des 5 mai 1820 et 5 mars 1831 (9913 J. E.). Mais il avait été reconnu que les annonces et prospectus de journaux, autres que ceux qui s'occupent exclusivement de sciences et d'art, étaient sujets au timbre, en vertu de l'art. 1er de la loi du 6 prairial an 7 (D. m. f. 20 déc. 1832, 1422 § 15 I. G; — Seine 22 janv. et 26 août 1835, 11239, 11483-1 J. E.; — Cass. 3 juill. 1854, 143 R. P.) — Il avait été même jugé (Seine 20 fév., 21 août 1850, 14912-6, 15013 J. E.) qu'une différence est à faire entre les conditions de timbre qui régissent les journaux et celles qui concernent les prospectus qui les annoncent. Ceux-ci restent assujettis au timbre, même lorsque les autres peuvent en être exemptés par une loi spéciale (Seine 9 déc. 1852, 15549-2 J. E.).

Collection. — Il en était autrement d'un avis relatif à la vente, par un libraire, de la collection d'un journal : cette collection formait alors un corps d'ouvrage, et rentrait réellement dans le commerce de la librairie (1422 § 15 I. G.).

5. PROSPECTUS. — SOUSCRIPTION. — Un prospectus de librairie dont le second feuillet contient un modèle de souscription pour l'ouvrage annoncé par ce prospectus, pouvait être imprimé et distribué sur papier libre, d'après l'art. 76 L. 25 mars 1817; mais le modèle de souscription ne pouvait, aux termes des art. 12 et 26 de la loi du 13 brumaire an 7, être rempli et signé sans avoir été préalablement timbré, à peine d'une amende de 30 francs (5 fr.) (D. m. f. 13 juill. 1824, 1004 Roll.). Il s'agit en effet ici d'un acte ordinaire, d'une obligation d'acheter l'ouvrage annoncé au prix indiqué. — V. 1955 § 23 *infrà*.

1955. Questions diverses. — Principe général. — Tous les avis imprimés, quels que soient leurs titres et leurs formes, ayant pour objet d'annoncer quelque chose au public, qui ne tombaient pas sous l'application des exceptions qui ont fait l'objet des trois chapitres précédents, étaient sujets au timbre, en vertu de l'art. 1er L. 6 prairial an 6, sauf cependant ceux qui émanaient de l'autorité publique et avaient pour but l'intérêt général. C'est cette règle qui a motivé les décisions suivantes :

1. ANNONCES PÉRIODIQUES. — L'avis intitulé affiches générales de Rouen, de la Seine-Inférieure et de l'Eure, paraissant deux fois par semaine, devait être sur papier timbré, à peine de l'amende prononcée contre l'imprimeur et le directeur des affiches qui les mettait en circulation (Rouen 17 juin 1846, 14108 J. E.).

2. ARRÊTS CRIMINELS. — Les arrêts et actes de la cour criminelle pouvaient s'imprimer et se distribuer sur papier libre, lorsqu'il était constant que ces impressions et distributions avaient lieu sous la surveillance du procureur général. Ces distributions ayant pour but d'intimider le crime, rentrent dans la classe des actes de police générale et de vindicte publique (D. m. f. 27 mars 1810, 3790 J. E.; — Seine 14 juin 1843, C. a. 5534.)

3. AVIS AUTOGRAPHIÉS ET LITHOGRAPHIÉS. — Les avis et annonces *autographiés* étaient comme ceux imprimés, assujettis au timbre (Seine 16 déc. 1835, 11471 J. E., 16 janv. 1840, C. a. 5537; — Laon, 4 sept. 1856, 754 R. P.). — Même décision pour les avis-annonces *lithographiés* (Coulommiers 4 août 1829, 1383 § 17 I. G., D. m. f. 20 fév. 1818, 24 déc. 1819, 827 I. G.).

4. AVIS CRIÉS DANS LES RUES. — Un imprimé destiné à être crié ou vendu sur la voie publique, et contenant le récit d'un événement, n'étant pas destiné à faire connaître un établissement ou une entreprise, n'était pas un avis-annonce, et, dès lors, il n'était pas sujet au timbre (Sol. 16 déc. 1845,

13905-8 J. E.; D. m. f. 24 avr. 1834, 10914 J. E.; — Pau 11 oct. 1833, 4290 Roll.). — V. § 20 *infrà*.

5. ANNONCE DÉTACHÉE D'UN LIVRE. — Les avis et annonces détachés d'un livre, d'un annuaire ou de tout autre ouvrage étaient sujets au timbre du moment qu'ils circulaient (Seine 10 mars 1853, 15618-1 J. E.). Il résulte même d'un jugement du tribunal de la Seine du 23 juin 1853, 108 R. P.) que l'avis imprimé sur la couverture d'un livre, par lequel on annonce un cours de langue, était sujet au timbre. — V. 1520.

6. CAISSE HYPOTHÉCAIRE. — Les prospectus et avis imprimés sur papier non timbré, ayant pour objet de faire connaître les opérations de la caisse hypothécaire, d'étendre ses relations et d'activer le placement de ses capitaux, étaient sujets au timbre (D. 11 fév. 1839).

7. CATALOGUES. — PROSPECTUS. — Les avis ou annonces imprimés sous la dénomination de prospectus et catalogues, et non compris dans les exemptions accordées par les art. 76 L. 25 mars 1817 et 83 de celle du 15 mars 1818, étaient assujettis aux droits de timbre fixés par l'art. 66 de la loi du 28 avril 1816 (D. m. f. 4 janv. 1840, 1605 I G.).

Courtier de commerce. — Ainsi, les catalogues des objets à vendre, dressés en vertu du décret du 17 avril 1812, par les courtiers de commerce, étaient sujets au timbre prescrit pour les avis et annonces (D. m. f. 22 sept. 1812, 602 I. G.).

8. CHEMIN DE FER. — Les bulletins et les brochures qui se distribuent dans les salles d'attente des chemins de fer, et qui contiennent les heures de départ et de retour des convois, et la désignation des maisons et appartements à louer dans le voisinage, étaient assujettis au timbre (Etampes 30 mai 1848, 14674 J. E.; — Seine 20 mars 1850, 14928 J. E.; — Av. Cons. d'Ét. 23 août 1842; — D. m. f. 7 sept. 1842, 13120-10 J. E.; — Seine 7 juill. 1853, 43 R. P.).

9. CONCERT. — Les programmes des concerts étaient assujettis au timbre, comme avis (6187 J. E.).

10. COURS DE BOURSE. — Les imprimés qui se distribuent dans les rues, pour annoncer le cours de la Bourse, étaient sujets au timbre (Cass. 13 mars 1854, 87 R. P., 2015 § 8 I. G.).

11. EXTRAIT DE JOURNAL. — Une D. m. f. 26 septembre 1808 (326 § 2 I. G.) avait fait, en faveur des extraits du *Moniteur* qui se crient et distribuent dans les rues de Paris et de la banlieue, une exception aux art. 1er L. 6 prairial an 7, et 66 L. 28 avril 1816, qui assujettissaient au timbre les avis et annonces de quelque nature et espèce qu'ils soient, qui se crient et distribuent. Mais cette décision, motivée sur le caractère purement officiel du *Moniteur*, avait été rapportée le 2 avril 1831, et une seconde décision, du 30 septembre 1831, avait assujetti au timbre, *sans aucune distinction*, tous les extraits du *Moniteur* et d'autres journaux qui se crient et distribuent, soit à Paris ou dans sa banlieue, soit dans les départements (10004, 10147 J. E., 1388 § 9 I. G., 7620 J. N.). Cette règle générale avait été maintenue par un arrêt Cass. 22 déc. 1834 (11090 J. E., 1481 § 16 I. G., S. 35-1-293).

12. FACTURE. — AVIS. — Un avis imprimé en forme de facture n'était passible que du timbre des avis lorsqu'il était distribué à domicile sous forme d'avis, mais il devenait passible du timbre de dimension s'il en était fait usage comme facture, et au cas où, dans cette dernière hypothèse, il était présenté au timbre extraordinaire de dimension, il n'y avait pas à imputer le droit perçu comme avis (Dél. 22 avril 1829, 9315 J. E.).

13. FONDS DE COMMERCE. — L'avis imprimé par lequel une maison de commerce annonce qu'elle a cédé à une autre maison la suite de ses affaires était sujet au timbre, et l'imprimeur qui ne l'avait pas revêtu de son nom, mais qui le présentait au timbre extraordinaire, était passible de l'amende prononcée par l'art. 69 L. 28 avril 1816 (Montauban 17 avr. 1844, 13563 J. E.).

14. LANGUE ÉTRANGÈRE. — Était sujet au timbre l'avis imprimé en langue anglaise, émané de la compagnie des paquebots à vapeur de Londres, distribué en France (Boulogne 27 déc. 1844, C. a. 5520).

15. LETTRE-MISSIVE. — Un avis imprimé envoyé à domicile, par la poste ou par un distributeur, sous forme de lettre-missive, pour annoncer un commerce ou tout autre objet de spéculation, était sujet au timbre, « attendu que l'art. 1er L. 6 prairial an 7 assujettissait au timbre, non-seulement les avis imprimés qui se crient et distribuent dans les lieux publics, mais aussi ceux que l'on fait *circuler de toute autre manière* » (Cass. 12 sept. 1809, S. 10-1-86; — Seine 12 fév. 1834, 3419, 10885 J. E.). — Mais il n'en était pas de même de la lettre par laquelle une maison de commerce annonçait la prochaine arrivée de son voyageur et priait de lui réserver des commandes, sans donner, d'ailleurs, le détail d'aucune marchandise, ni la fixation d'aucun prix courant (Sol. 17 oct. 1849, 14814-4 J. E.).

Journal. — L'avis en forme de lettre adressé par un journal à ses abonnés, et annonçant le prix d'abonnement et les primes accordées aux abonnés, était assujetti au timbre (Seine 18 mars 1852, 15414-6 J. E.).

16. LETTRE DE PART. — La circulaire par laquelle un notaire fait connaître qu'il vient d'être nommé notaire en remplacement de... était exempte de timbre (Dél. 7 avr. 1824, 7812 J. E.). — Il en était de même des billets de naissance, de mariage et d'enterrement, qui étaient dispensés du timbre comme n'étant que des billets d'invitation à des parents et amis (Sol. 25 flor. an 8, 468, 7243 J. E.) — Dès lors ils pouvaient être reçus à l'affranchissement dans les bureaux de la poste sans être soumis au timbre (D. m. f. 19 juin 1822, 1051-1 I. G.)

17. LETTRE PASTORALE. — Les mandements et lettres pastorales des évêques étaient exempts de timbre (D. m. f. 6 déc. 1822, 7359 J. E.).

18. LOTERIE. — Les prospectus des loteries en général étaient assujettis au timbre si, dans l'autorisation donnée par

le gouvernement, il n'avait pas été reconnu qu'elles étaient entièrement de bienfaisance ou d'utilité publique (15310-6 J. E.). — C'est ce qui avait été décidé pour la loterie des Lingots d'or, par une D. m. f. 12 novembre 1851 (15310-6 J. E.).

19. — ORDONNANCE DE POLICE. — Étaient dispensées du timbre les ordonnances de police qui se crient et se distribuent dans les rues et lieux publics de la ville de Paris et sa banlieue (D. m. f. 10 fév. 1807, 326 I. G.).

20. PAPIERS-NOUVELLES. — L'art. 56 L. 9 vendémiaire an 6, assujettissait au timbre les papiers-nouvelles, et l'art. 3 de la loi du 6 prairial an 7 portait que les feuilles de supplément jointes aux journaux et papiers-nouvelles payeraient le droit de timbre comme les journaux eux-mêmes. Il suit de là qu'on ne pouvait entendre par papiers-nouvelles des imprimés accidentels annonçant une nouvelle isolée, mais des papiers destinés à rapporter périodiquement des nouvelles (Seine 19 déc. 1833, Dél. 8 avr. 1834, approuvée le 24 par le Min. des fin. 10914 J. E.).

Jugé cependant que l'impression et la distribution journalière, pendant la durée d'un procès, du compte rendu des séances d'une cour d'assises, ne pouvait être faite que sur papier timbré (Cass. 13 avr. 1835, 11194 J. E., 1498 § 10 I. G., S. 35-1-293). — V. § 2 *suprà*.

21. PRIX COURANTS. — Les feuilles imprimées qui circulent *publiquement* dans les villes maritimes et de commerce, pour annoncer le prix courant des marchandises et l'arrivée des bâtiments dans la rade, étaient soumises à la formalité du timbre (D. m. f. des 25 flor. an 12, 9 fév. 1808 et 31 janv. 1817, 901, 1931, 2813, 5660 J. E.). On ne pouvait admettre ces feuilles au timbre après l'impression, cette faculté n'étant applicable qu'aux effets de commerce (D. m. f. 17 juin 1831, 10020 J. E.).

22. SERVICES RELIGIEUX. — Les bulletins imprimés par lesquels les ministres protestants donnent connaissance des services qu'ils célèbreront dans leurs églises n'étaient pas assujettis au timbre (3867 J. E.).

23. SOCIÉTÉ. — Étaient sujets au timbre les avis ou annonces ayant pour but de procurer des actionnaires à une société, dite *Société des dictionnaires* (Seine 31 janv. 1840, 5998 Roll.); — à une société pour exploitation de *parfumerie* et *savonnerie* à la vapeur (Sol. 31 déc. 1835, 5372 Roll., D. m. f. 11 fév. 1839, 11098 J. E); — à une société d'*assurances* (Beauvais 31 juill. 1844, C. a. 5520, D. m. f. 23 oct. 1839, D. Fess. p. 99 n° 57). — Cette dernière décision reconnaît de plus que les formules de soumissions et d'actions devraient être revêtues de timbre déterminé pour les actes, dans le cas où elles seraient remplies par des souscripteurs (V. 1403); — à un *institut hydropathique* (Toul 30 juin 1841, C. a. 5520). — En règle générale, les avis et annonces relatifs à une industrie, et ne contenant l'enseignement d'aucun appareil de science ou d'art, n'étaient pas exempts du timbre (Laon 2 déc. 1837, 5399 Roll.).

24. STATUTS DE SOCIÉTÉ. — Les statuts d'une société en commandite, qui sont mis en circulation suivis d'un avis ou prospectus annonçant la formation de cette société, étaient assujettis au timbre (Seine 10 mars 1841, 12716 J. E.; — Seine 28 mars 1855, 399 R. P.).

25. SOUSCRIPTIONS. — L'imprimé mis en circulation pour annoncer l'ouverture d'une souscription pour faire frapper une médaille en l'honneur d'un citoyen, était assujetti au timbre, comme tout avis-annonce (Seine 12 juin 1833, 11041 J. E.). — V. § 23 *suprà*.

26. SPECTACLES. — Les affiches et billets d'annonces de spectacles n'étaient affranchis du timbre ni par l'art. 76 de la loi du 25 mars 1817, ni par l'art. 83 de la loi du 15 mai 1818 (Dél. 20 nov. 1827, 8897 J. E.).

27. TONTINES. — Étaient assujettis au timbre : 1° les prospectus relatifs à l'administration de la tontine perpétuelle d'amortissement (D. m. f. 12 janv. 1821); — 2° les titres des actions de cette même tontine (autre Déc. du 31 janv. 1820 approbative d'un avis du comité des finances du 19 nov. précédent); — 3° les prospectus de l'agence générale des placements temporaires et viagers sur les fonds publics (Dél. 19 avr 1826, 8382 J. E.).

1956. Cartes à jouer. — La perception du droit de timbre des cartes à jouer a cessé de faire partie des attributions de l'administration de l'Enregistrement, et appartient depuis le 1er vendémaire an 13, à l'administration des contributions indirectes (L. 5 vent. an 12, Arrêté du gouvernement 5 germ. an 12, 254 I. G.).

1957. Musique. — L'art. 3 L. 16 juill. 1840 (12578-4 J. E., 1623 I. G.), en abrogeant la loi du 2 floréal an 6, n'avait affranchi du timbre que les œuvres de musique, mais non les journaux et écrits périodiques spécialement consacrés à l'art musical, qui étaient restés sujets au timbre lorsqu'ils paraissaient plus d'une fois par mois, et qu'ils contenaient moins de deux feuilles d'impression. Ces journaux de musique sont aujourd'hui dispensés du timbre, en vertu de la disposition générale de l'art. 1er Déc. 28 mars 1852.

TITRE IV. — JOURNAUX ET ÉCRITS PÉRIODIQUES ET NON PÉRIODIQUES

[1958-1994]

CHAPITRE PREMIER. — JOURNAUX ET ÉCRITS PÉRIODIQUES

[1958-1988]

SECTION PREMIÈRE. — RÈGLES COMMUNES

[1958-1961]

1958. Législation. — Aucune législation n'a subi, en France, plus de modifications que celle de la presse, et par voie de conséquence, que celle du timbre sur les journaux et les écrits périodiques ou non périodiques. Cet impôt a été aboli par un décret du gouvernement de la Défense nationale du 5 septembre 1870 (3370-7 R. P., 2408 I. G.). Mais il est permis de croire que la mesure ne sera pas définitive et que les besoins du Trésor, non moins que des considérations d'un autre ordre, détermineront les pouvoirs publics à rapporter ce décret dans un avenir plus ou moins prochain. Si donc nous n'avons pas à reproduire ici le tableau que nous avons présenté dans nos éditions précédentes de toutes les phases que la perception du droit du timbre a parcourues depuis l'origine, nous ne pouvons pas nous dispenser cependant d'indiquer le dernier état de la législation et de la jurisprudence au moment ou l'impôt a disparu.

Ces règles étaient renfermées notamment dans le décret du 17 février 1852, et dans la loi du 11 mai 1868. On en trouve le texte au commencement de cet ouvrage, nous n'avons plus qu'à commenter brièvement leurs dispositions.

L'art. 6 du décret du 17 février 1852 (15364-2 J. E., 1908 I. G.), assujettissait au timbre les journaux et écrits périodiques et les recueils périodiques de gravures ou lithographies politiques, lorsqu'ils contiennent moins de dix feuilles de vingt-cinq à trente-deux décimètres carrés, ou moins de cinq feuilles de cinquante à soixante-douze décimètres carrés.

1959. Gravures et lithographies politiques. — Pour que des recueils de gravures ou de lithographies fussent passibles du timbre, il fallait donc deux conditions, savoir : qu'ils continssent moins de cinq ou de dix feuilles de la dimension exprimée, et qu'ils fussent relatifs à la politique.

1960. Journaux et écrits périodiques. — Mais l'expression *politique* insérée dans l'art. 6 décret du 17 février 1852, se réfère uniquement aux gravures et lithographies, et non pas aux journaux. Pour les journaux et écrits périodiques, l'assujettissement au timbre dépendait donc du fait seul de la *périodicité*. Les matières dont ils traitaient ne pouvaient être une cause d'exemption que dans les cas spécialement exceptés (D. m. f. 4 mars 1852, Circ. 5 mars 1852).

1961. Exceptions. — Lettres. — Sciences. — Arts. — Agriculture. — Ces exemptions ont été formulées dans le décret du 28 mars 1852 (1913 I. G.), en ces termes : « Sont exempts du droit de timbre, les journaux et écrits périodiques et non périodiques exclusivement relatifs aux lettres, aux sciences, aux arts et à l'agriculture (Art. 1er). — « Ceux de ces journaux qui, même accidentellement, s'occuperaient de matières politiques ou d'économie seront considérés comme étant en contravention aux dispositions du décret du 17 février 1852, et seront passibles des peines établies par les art. 5 et 11 de ce décret » (Art. 2).

Il en résulte que le journal encourait le timbre dès qu'il traitait de questions ne se rattachant pas aux lettres, aux sciences, aux arts ou à l'agriculture, c'est-à-dire quand il s'occupait non-seulement de matières d'économie politique et sociale, comme l'indique expressément l'art. 2 du décret, mais encore de questions industrielles, financières ou commerciales.

Ces deux causes d'assujettissement au droit étaient différentes et nous nous en occuperons séparément.

SECTION 2. — MATIÈRES COMMERCIALES ET INDUSTRIELLES

[1962-1967]

1962. Principe. — Nous disons d'abord que le journal était sujet au timbre quand il traitait de matières commerciales ou industrielles. Cette solution a été consacrée par la jurisprudence, mais il s'en faut qu'elle ait été admise sans controverse. En combinant les deux articles du décret du 28 mars 1852, et en considérant que le second prévoit limitativement les matières d'économie politique seules, on se croyait fondé à soutenir que les questions commerciales ou industrielles avaient échappé à sa prohibition. C'est une thèse que nous avons développée au n° 960 de notre R. P. et qui a été reprise après nous par Chauveau, dans le *Journal du droit administratif* (1858 p. 156). Mais elle n'a pas triomphé devant les tribunaux. La jurisprudence a reconnu, depuis le décret de 1852, comme elle l'avait fait sous l'empire des lois précédentes, que si un journal littéraire ou scientifique s'occupait même accidentellement de matières commerciales, si, par exemple il insérait des annonces, le timbre devenait exigible.

On l'avait décidé ainsi antérieurement pour le *Journal général d'affiches* (Seine 29 nov. 1850, confirmé par arrêt du 24 fév. 1852, 15252 et 15389 J. E., 1920 § 3 I. G.); — les journaux de médecine (Seine 9 déc. 1852, 15618-2 J. E.); — le *Journal pour rire* qui renfermait certaines annonces industrielles (Seine 6 janv. 1853, 15618-3 J. E.).

On le décida de même depuis pour le *Figaro* : « Attendu qu'en règle générale tout écrit périodique, politique ou non est soumis au timbre, et s'il est fait exception à cette règle en faveur des journaux exclusivement relatifs aux lettres, aux arts et à l'agriculture, cette exception doit se renfermer dans les objets formellement exceptés et ne peut s'étendre aux journaux s'occupant d'annonces commerciales et industrielles» (Cass. 14 déc. 1857, 960 et 983 R. P., 16655 J. E., 2137 § 13 I. G., 11198 C.); — Seine 16 mars 1860, 11767 C., D. P. 58-1-89; — pour le *Journal pour rire* et le *Moniteur de la mode* (Seine 11 juin 1859, 1229 R. P., 17029 J. E., D. 59-3-80, — pour l'*Indicateur* et le *Bulletin des chemins de fer* (Seine 9 janv. 1858, 1055 R. P., 16817 J. E., D. 58-3-71, 7 juin 1859, 17029 J. E.); — enfin pour le *Moniteur de la cordonnerie* (Seine 13 fév. 1869, 2859 R. P., confirmé par un arrêt de cass. du 25 janv. 1871 (3218 R. P., 14736 C., 19998 J. N.).

Ainsi se trouvait consacrée cette interprétation d'une circulaire de l'Administration du 30 septembre 1858 « que les journaux et écrits périodiques relatifs aux sciences, lettres, arts ou agriculture, cessent d'être exemptés du timbre quand ils contiennent des avis ou annonces commerciaux ou industriels » (1054 R. P., D. 58-3-57).

1. ART INDUSTRIEL. — MÉTIERS. — La C. cass. a décidé qu'on ne pourrait étendre l'immunité du timbre aux métiers, notamment à un écrit périodique tel que le *Moniteur de la cordonnerie*, dont l'objet principal est de décrire les procédés de la fabrication ou de confection à l'usage d'une industrie spéciale, ainsi que les variations de la mode, et de faire connaître par des annonces les magasins ou ateliers qui sont recommandés au public, soit pour les matières employées dans l'industrie de la chaussure, soit pour les produits de cette industrie. Selon la cour, « une publication de cette nature, loin d'être exclusivement relative aux sciences et aux arts, c'est-à-dire à des œuvres toutes spéculatives de l'intelligence que le législateur a entendu favoriser, a pour objet les procédés et l'intérêt d'une industrie spéciale, et affecte ainsi un caractère commercial; elle comportait donc l'application de la règle générale écrite en l'art. 6 du décret du 17 février 1852 » (Cass. 25 janv. 1871, 3218 R. P., 14736 C., 18998 J. N., S. 71-1-60).

Cette interprétation ne nous a pas semblé juridique.

L'art. 6 du décret de 1852 accorde l'exemption à tous écrits relatifs aux arts. Or, les arts, pris dans leur acception absolue, ne se limitent pas seulement aux travaux spéculatifs destinés à la recherche du beau, par exemple aux études théoriques de la statuaire, de la peinture ou du dessin. Ils comprennent aussi tous les procédés par lesquels ces conceptions abstraites peuvent entrer dans le domaine pratique des applications industrielles. Ils ne se restreignent pas seulement à ce que l'on nomme les *beaux arts*. D'ailleurs, les arts appliqués à l'industrie ou les arts industriels sont, comme les beaux-arts, dignes de toute la sollicitude du législateur, car ils en dérivent et en vulgarisent les conceptions. Le décret a exempté du timbre les publications relatives à l'agriculture, qui ne reposent pas cependant sur l'œuvre toute spéculative de l'intelligence et qui sont essentiellement destinées à l'amélioration matérielle des procédés de production. On ne concevrait pas qu'il ait autrement traité l'industrie (*V.* Seine 13 fév. 1869, 2859 R. P. et le décret inséré n° 3218 R. P.).

1963. Annonces spéciales. — La circulaire du 30 septembre 1858 ne faisait aucune distinction entre les annonces et soumettait le journal au timbre, lors même que l'annonce se rapportait à la spécialité des matières de la publication, par exemple à un avis concernant l'agriculture inséré dans un journal agricole. La jurisprudence ne suivit pas l'Administration jusque-là. Le tribunal de la Seine reconnut, le 4 juin 1859, que l'exemption du timbre accordée aux journaux et écrits périodiques exclusivement consacrés aux lettres, aux sciences, aux arts et à l'agriculture, profitait aux annonces annexées à ces écrits, lorsqu'elles rentrent dans la spécialité du journal, parce qu'elles participent ainsi de la nature de l'écrit (59-3-56 D., 1228 R. P., 16961 J. E.). Par décision du 9 août 1859, le ministre des finances a acquiescé à la doctrine de ce jugement (2167 § 3 I. G., 1323 R. P.).

Cette interprétation a été formellement consacrée par la discussion de la loi du 11 mai 1868. Il a été admis, par la commission et le Gouvernement, « que les journaux non soumis au timbre peuvent faire des annonces rentrant exclusivement dans leur spécialité, mais qu'ils s'exposent au droit de timbre lorsqu'ils franchissent cette limite » (3e Rapp. supplém., p. 5 n° 2694 R. P.). « La déclaration précédente, porte l'I. G. n° 2365, servira désormais de règle aux agents; mais ils veilleront attentivement à ce que cette règle ne soit appliquée qu'aux annonces qui, par leur spécialité, participent elles-mêmes de la nature des écrits exemptés. » Il n'aurait été, en effet, ni équitable, ni conforme au principe de l'égale répartition de l'impôt, de permettre à des journaux affranchis du timbre, à raison des matières qu'ils traitent, d'insérer, même sous une forme détournée, des annonces étrangères à leur spécialité. »

1964. Caractère de l'annonce et de l'annonce spéciale. — Seulement on conçoit qu'il n'est pas sans difficulté de savoir quand une insertion constitue un avis ou une annonce proprement dite, ayant un caractère suffisamment commercial pour autoriser l'application de la loi; et même lorsque c'est une annonce réelle, quand elle rentre dans la spécialité du journal.

Lors du vote de la loi du 11 mai 1868, il s'est élevé sur les éléments constitutifs de l'annonce une discussion dont nous avons résumé les principaux traits à l'art. 2694 du R. P. Il en résulte que l'annonce comprend « tout appel à la publicité dans un intérêt commercial ou professionnel, coté dans le tarif des journaux ou de nature à l'être, et distinct des articles de fonds ou une industrie peut être discutée et recommandée » (Circ. du garde des sceaux du 4 juin 1868, *Moniteur* du 8 juin, 2694 § 12 R. P.).

C'était là, après tout, une question d'interprétation, et il n'était pas possible de poser de règle générale sur ce point. Par exemple, il avait été décidé qu'on ne pourrait pas trouver une cause d'assujettissement au timbre dans le seul fait de la publication de nominations (*V.* Cass. 13 mai 1864, S. 1864-1-51). Quant aux annonces spéciales, les mêmes embarras se reproduisaient et la solution dépendait toujours de l'examen de chaque affaire. Voici, sur ce point, les solutions de la jurisprudence :

On n'a pas considéré comme une annonce spéciale dispensant le journal du timbre : 1° des indications insérées dans le *Moniteur vinicole* et n'ayant aucun rapport avec la mise en pratique des procédés employés pour la culture de la vigne, la fabrication ou la conservation des vins (Seine 25 nov. 1859, 1288 R. P., 11713 C.);

2° Des annonces de brevets d'imprimeur, d'imprimeries ou fonderies à vendre, de demandes ou de vacances d'emplois d'ouvriers typographes, insérées dans un journal d'imprimerie (Seine 6 déc. 1862, 1714 R P.);

3° Le détail des fonds de commerce à vendre publié par la *Réforme du bâtiment* (Seine 7 mars 1863, 1787 R. P.);

4° Les divers renseignements sur les hôtels et les fournisseurs insérés dans l'*Indicateur des chemins de fer*, le *Train* et autres journaux de voyage (Seine 7 janv. 1859, 1204 R. P., 11588 C.; — C. cass. 5 nov. 1867, 2563 R. P., S. 67-1-456);

5° L'indication des transactions de la semaine, des navires en charge, le tarif des douanes et prix courants publiés dans la *Revue commerciale et maritime* de la place de Bordeaux (Seine 25 nov. 1859, 1430 R. P., 17103 J. E., 11688 C., D. 60-3-61);

6° L'annonce d'un hôtel garni à vendre ou à louer, insérée dans un journal intitulé le *Moniteur de la cordonnerie* et *la Halle aux cuirs*, et destiné à servir les intérêts de la fabrication des cuirs et des chaussures (Seine 13 fév. 1869, 2859 R. P.).

1. COURS DE BOURSE. — On ne pourrait considérer comme une annonce étrangère à la spécialité du journal la publication des cours de bourse, alors que cette publication a pour but de faciliter la perception des impôts dont on s'occupe dans le journal. La commission du Corps législatif a consacré la dispense en termes absolus dans son rapport (2694 § 2 p. 323 R. P.).

2. MERCURIALES. — Il en est de même des mercuriales. Dès l'instant que leur publication exclut toute pensée de spéculation commerciale ou industrielle et vient seulement, comme document, à l'appui des discussions du journal scientifique, littéraire ou agricole, ce n'est pas une annonce qui rende le timbre exigible. « La commission, porte le rapport sur la loi du 11 mai 1868, a demandé de mettre en dehors des avis, réclames ou annonces, non-seulement les mercuriales officielles et cours de bourse, mais encore les bulletins des foires et marchés. Tout cela est analogue, tout cela est un avertissement donné gratis au public. Le conseil d'État a adopté » (n° 2694 § 3 p. 323 R. P.).

1965. Annonce sur un seul numéro. — Le tribunal de la Seine avait jugé que la publication accidentelle d'annonces industrielles dans un journal littéraire ne soumettait au timbre que les seuls numéros renfermant ces annonces (9 mai 1855); mais le contraire a été ensuite décidé, sur le pourvoi de l'Administration, par un arrêt de cass. du 14 décembre 1857 (960 R. P., 16635 J. E., 2137 § 13 I. G., 11198 C., D. 58-1-89, S. 58-1-304).

Cest ce que nous avons enseigné nous-même à l'art. 274 du R. P.

1966. Éditions différentes. — Mais lorsque le journal a deux éditions, dont une seule contient des annonces industrielles, le timbre n'était exigible que pour celle-ci, même lorsque l'autre édition reproduisait les mêmes articles littéraires (Seine 3 fév. 1860, D. 61-3-23, 16 mars 1860, 11767 C.).

1967. Couverture. — Feuille jointe. — D'après l'art. 4 de la loi du 11 mai 1868, on devait considérer comme supplément et assujetties au timbre les feuilles contenant des annonces, lorsqu'elles servent de couverture au journal ou qu'elles y sont annexées, ou lorsque, publiées séparément, elles sont néanmoins distribuées ou vendues en même temps.

L'I. G. 2365 fait remarquer avec raison, à cet égard, que l'immunité de droit était acquise aux couvertures annexées à des journaux exempts du timbre lorsque ces suppléments contiennent des annonces qui, par leur nature, rentrent dans la spécialité du journal.

SECTION 3. — MATIÈRES POLITIQUES ET ÉCONOMIQUES

[1968-1980]

1968. Matières politiques. — En dehors des annonces ou plus généralement des questions commerciales ou industrielles, les journaux ou écrits périodiques étaient encore soumis au timbre quand ils traitaient de *matières politiques ou d'économie sociale*. La signification de ces mots n'est pas facile à préciser, car la science, connue sous le nom d'économie sociale, est de date trop récente pour que son objet et ses limites soient désormais incontestés. Un savant professeur de droit et d'économie politique a tenté cependant de dégager, dans le *Répertoire périodique*, les règles qui peuvent être suivies : « On peut distinguer, dit-il, dans la politique, la science et l'art, la spéculation et la pratique. La *science* politique est cette partie de la science sociale qui traite des fondements de l'État et des principes du Gouvernement. L'*art* de la politique est l'art de gouverner les hommes vivant en société. On peut bien, comme Platon, Aristote et les grands écrivains qui ont abordé les matières politiques, faire de la science pure sans entrer dans le domaine de l'art; mais on ne saurait, à l'inverse, faire de l'art sans toucher, par un point quelconque, à la science politique. Il nous paraît évident que l'expression *matières politiques*, dont s'est servi le législateur de 1852, comprend à la fois ces deux acceptions. Ainsi, soit qu'un écrivain scrute les fondements des sociétés politiques, étudie les lois qui président à la formation des différents pouvoirs : monarchique, aristocratique ou démocratique, et compare les avantages ou les inconvénients de chacun d'eux; soit qu'il se borne à l'examen de questions de politique contemporaine; qu'il examine, pour la critiquer ou l'approuver, la conduite du pouvoir ou de ses agents; qu'il discute ses actes, apprécie ses intentions, signale son but et ses tendances, et présente des considérations ou propose des solutions qui lui semblent devoir être accueillies, dans tous ces cas, le journal devait être timbré, et, s'il s'agit d'un écrit non périodique, il n'était exempt de timbre qu'au-dessus de dix feuilles d'impression. Et, non-seulement, il faut entendre, par le mot *matières politiques*, ces questions qui intéressent l'État tout entier et qui constituent le *ménage de la société*, mais encore tous les faits ou discussions qui touchent aux petites associations politiques — comme les départements et les communes — renfermées dans le sein de la grande société qui est l'État. Comment contester cette conséquence, si l'on songe que les affaires du département et de la commune sont gérées par des mandataires que peuvent seuls élire les citoyens jouissant de leurs droits politiques ?

1969. Économie politique. — Doit-on comprendre, dans l'expression *matières politiques*, les objets qui rentrent dans le cadre de l'économie politique ? Dalloz ne le pense pas et il s'appuie, pour soutenir une opinion que nous serions heureux de voir bien fondée, sur l'autorité des maîtres de la science qui ont, avec beaucoup de soin, distingué l'économie politique de la politique. « Le décret du 17 février 1852 (Dalloz p. 28-2-203), n'a excepté que cette branche de la science économique appelée du nom tout nouveau d'économie sociale, et qui semble comprendre, suivant Garnier, les matières habituellement traitées par le socialisme. Mais, d'après la maxime *inclusio unius est alterius exclusio*, ce qui est disposé relativement à l'économie sociale ne peut s'appliquer à l'économie *industrielle et commerciale*, à l'économie *financière*, à l'économie *agricole*, à l'économie *domestique* et aux autres branches de la science économique. Les questions qui font l'objet de la science économique n'ont pas, du reste, le privilége de passionner les esprits plus que celles qui touchent aux questions bien autrement vives de la religion, de la philosophie et de la morale, que le socialisme lui même a toujours abordées, et qui ne sont pas non plus indifférentes à l'action du gouvernement. Pourquoi la latitude accordée pour la discussion de ces dernières serait-elle contestée quand il s'agit de la discussion de celles-là ? »

Pourquoi, répondrons-nous à l'éminent jurisconsulte ? Parce que ces arguments, selon nous, très-bons en législation, sont inapplicables en droit positif ; parce que, si réelle que soit la distinction entre la politique et l'économie politique, le législateur ne se pique pas de rigueur scientifique ; parce que la filiation des expressions dont nous recherchons le sens montre qu'on a voulu leur donner l'acception la plus étendue et leur faire embrasser, dans leur généralité, bien plus de choses que n'en comprend, par exemple, le mot *délits politiques*. Et comment admettre, en effet, que le législateur, alors surtout qu'il ajoutait aux mots « *matières politiques* » ceux « *d'économie sociale*, » ait volontairement laissé, en dehors de ses prescriptions, les diverses branches de l'économie politique : questions de propriété, de capital, de travail, salaires, grèves et coalitions d'ouvriers, banques, crédit, échanges, emprunts d'états, impôts, etc. ? Questions, sans doute, que pourrait éclairer d'une vive lumière une étude impartiale et désintéressée, mais qui, au lendemain des agitations de 1848, semblaient ne devoir être abordées qu'avec crainte, ou du moins avec réserve ! Aussi la jurisprudence ne s'y est-elle pas trompée, et nous verrons tout à l'heure avec quel ensemble elle se prononce en faveur de l'opinion que nous croyons devoir adopter.

1970. Économie sociale. — Mais les mots *économie sociale* ont même un sens plus étendu que ceux d'*économie politique*, et l'on doit, par exemple, comprendre, dans cette expression, tous les rêves, toutes les utopies d'organisation sociale, plus ou moins semblables à ceux qu'a enfantés le cerveau des réformateurs modernes, les Fourier, les Owen, les Saint-Simon, les Cabet, les Louis Blanc, les Proudhon, etc., systèmes qui, bien loin de rentrer dans l'économie politique, étaient la négation des lois naturelles qu'elle a le mieux établies et le plus victorieusement démontrées. — Ainsi qu'on l'a fait remarquer au n° 274 du *Répertoire périodique* « toute distinction, au point de vue actuel, entre l'économie sociale et l'économie politique, entre les intérêts moraux et les intérêts matériels, est une distinction arbitraire ; la première comprend la seconde comme le genre comprend l'espèce » (*V.* 2218 R. P. ; — C. Paris 11 nov. 1854, 274 R. P.).

Nous allons, d'ailleurs, parcourir brièvement les différentes espèces dans lesquelles la jurisprudence a dû intervenir.

1971. Actes du Gouvernement. — Les expressions « matières politiques doivent s'entendre de tout ce qui a trait au Gouvernement et à l'administration des États ou des villes : « notamment à l'examen critique de la condition morale de certaines classes de la société et à l'appréciation de la nature du commerce intérieur et extérieur de la France, à l'annonce d'une cérémonie commémorative d'un événement politique, à des vœux pour l'amélioration du sort des travailleurs, à la comparaison du salaire des instituteurs en France et en Amérique » (Cass. 11 juill. 1851, D. 51-1-231, S. 51-1-628 ; — Cass. 24 fév. 1865, D. 65-1-318, S. 65-1-198).

Il en est de même de l'article dans lequel un journal critique l'usage, fait par les préfets, des droits à eux conférés pour la désignation des journaux dans lesquels seront publiés les annonces judiciaires et les tarifs arrêtés par ces fonctionnaires (Cass. 11 août 1860, D. 60-1-420 ; — Seine 6 déc. 1862, 1714 R. P. ; — Cass. 3 déc. 1863, D. 64-1-145, S. 64-1-54 ; — Cass. 24 fév. 1865, D. 65-1-318), ou plus généralement de la critique des actes de l'autorité départementale (Cass. 3 juill. 1840, Dalloz v° *Presse* n° 268), ou même de l'autorité communale, par exemple, en matière d'élections locales (Cass. 21 sept. 1844, D. 45-1-65 ; — Seine 6 déc. 1862, 1714 R. P. ; — Paris 10 avr. 1851, D. 53-2-13), sans que l'infraction puisse être excusée par le peu d'importance du sujet (Cass. 9 mai 1856, D. 56-1-373).

1972. Réformes. — Réorganisations. — Rentraient également dans la catégorie des sujets interdits aux journaux non timbrés les discussions sur un projet de réforme du notariat (Seine 5 juill. 1854) ; — celles qui traitent de l'origine et des transformations successives de la juridiction consulaire, contiennent un rapprochement critique entre les divers modes d'élection des juges et apprécie leur institution (Paris 10 avr. 1851, D. P. 53-2-13) ; — l'article d'une revue théâtrale qui discute le choix des directeurs et la rédaction des projets de décrets concernant l'organisation administrative des théâtres (Cass. 31 janv. 1855, D. P. 55-1-89, S. 55-1-159) ; — celui qui examine la loi sur les chemins vicinaux et les modifications à apporter à la législation rurale (Seine 19 juin 1869, 3160 R. P.).

Cependant il a été reconnu que des observations présentées par une compagnie d'avoués ou un avoué, au sujet d'un projet de loi sur les ventes judiciaires d'immeubles, n'avaient pas le caractère de matières politiques ou d'économie sociale soumettant l'écrit au timbre (Seine 21 fév. 1857, 16220 J. N. ; 20 nov. 1869, 3079 R. P.).

Jugé, au contraire, que le mémoire relatif au projet de

loi sur les ventes judiciaires d'immeubles, les partages et la purge des hypothèques, qui discute ce projet dans son ensemble, au point de vue de l'intérêt de tous les officiers ministériels et des justiciables, devait être, comme écrit traitant d'économie sociale, déposé au parquet du procureur impérial, à peine de contravention à la loi du 27 juillet 1849, sur la presse, s'il contient moins de dix feuilles d'impression (Grenoble 5 fév. 1868, 2894 R. P.).

1973. Comptes rendus. — Il n'était pas permis à un journal non timbré de rendre compte de la situation des peuples, de leurs besoins, de leurs institutions et de présenter le récit d'une expédition militaire en en discutant les causes et l'opportunité (Douai 9 juill. 1830); — de rapporter le fait de l'arrestation d'un citoyen en examinant la légalité de cette mesure (Cass. 6 juin 1840); — de rendre compte des débats et incidents d'audience dans lesquels ont été soulevées des questions et discussions politiques (Cass. 30 avr. 1859, D. 59-1-284, D. m. f. 5 mai 1851, 15176-3 J. E.); — de reproduire un discours politique prononcé par un magistrat (Paris 10 avr. 1851, D. 53-2-13); — de faire le compte rendu d'un document politique tel que l'exposé de la situation de l'Empire, quand le journal ne se borne pas à le reproduire textuellement, mais se borne à en donner des extraits, ou à les analyser, ce choix et cette analyse constituant une véritable appréciation du caractère politique du document (Cass. 13 mai 1864, D. 64-1-393; S. 65-1-51).

1974. Publication de lois. — Arrêtés. — Décrets. — Ont été, au contraire, considérées comme matières non politiques :

1° Un article de journal contenant, sans discussion personnelle, soit un arrêté préfectoral sur l'octroi d'une ville, soit une statistique sur le territoire de la France, soit le décret sur la démonétisation des pièces de 25 centimes, soit enfin l'avis d'une nomination judiciaire. (Cass. 4 nov. 1852, D. 53-5-373, S. 53-1-339, P. 53-2-587).

2° La publication des lois et décrets faite d'une manière pure et simple, sans commentaire ni rapprochement. « Attendu que les lois et décrets procèdent par voie de commandement et de défense; qu'en tout cas leur objet est de régler souverainement les matières auxquelles elles s'appliquent; qu'on ne peut donc pas dire qu'ils traitent de ces matières dans le sens du décret organique sur la presse, ni par suite les confondre avec toutes autres publications ou reproductions qui n'ont pas le même caractère » (Cass. 1er juill. 1854, D. 54-1-290, S. 54-1-497, P. 55-2-46).

Mais que dire des rapports qui précèdent souvent les décrets? Ici, nous ne pouvons que reproduire, en nous y associant complètement, les excellentes observations présentées par M. Dalloz sur un autre arrêt : « Quant à la publication des rapports faits par des ministres, à l'occasion de la proposition de décrets, on ne saurait douter qu'elle soit permise même aux journaux non cautionnés, alors, d'ailleurs, qu'elle a lieu en même temps que celle du texte des décrets intervenus, parce qu'un rapport visé dans le décret lui-même en devient comme l'annexe et le commentaire inséparable » (64-1-393, D. P. 64, 1. 393 *en note*).

1975. Nominations et vacances. — On a considéré comme ne rentrant point parmi les publications interdites aux journaux non cautionnés, ni timbrés, la simple annonce de la vacance d'un emploi ou la nomination du titulaire d'un autre emploi (Cass. 13 mai 1864, S. 64-1-51).

1976. Richesses sociales. — Salaires, etc. — « L'économie sociale, porte un arrêt de cass. du 1er juillet 1854, comprend tout ce qui touche aux richesses sociales, que celles-ci prennent leur source dans l'agriculture, l'industrie ou le commerce, ou bien que, représentées par le signe monétaire et le crédit, elles impliquent production, distribution et consommation de ce qui les constitue. Les expressions en matière d'économie sociale comprennent donc les théories, les faits, et les documents qui y sont relatifs » (S. 54-1-497, 54-1-289 D. P.).

Tel est, par exemple, l'examen critique de la condition morale de certaines classes de la société, l'appréciation de la nature du commerce intérieur et extérieur de la France, des vœux pour l'amélioration du sort des travailleurs, la comparaison des salaires (Cass. 11 juill. 1861, D. 61-1-231, S. 61-1-628); — la discussion du taux des salaires des ouvriers (Carpentras 24 mai 1855, D. 55-1-381); — l'examen des meilleurs débouchés pour les marchandises de toute nature (Seine 14 janv. 1853, 15631 J. E.); — la discussion établie sur l'effet de certains impôts et sur les avantages d'un mode d'alimentation déterminé tel que l'usage des vins (Seine 21 juill. 1866, 2372 R. P.); — celle qui traite des droits d'entrée de certains vins, de la liberté des transactions sur les produits agricoles et de l'examen de la loi sur les chemins vicinaux (Seine 19 juin 1869, 3160 R. P.).

1977. Prix courants. — Tarifs. — Le prix courant des marchandises rentre, comme élément pour les études statistiques ou économiques, dans les matières que les *Revues* non politiques pouvaient publier sans sortir du domaine de la science; il en était de même, à plus forte raison, du tarif des douanes qui n'est qu'un résumé des lois et décrets en vigueur (Seine 25 nov. 1859, 1430 R. P., D. 60-3-61).

Mais on ne pouvait, dans un journal non politique, se livrer à l'examen comparatif des tarifs d'un chemin de fer et des décrets imposés à la navigation, en vue d'indiquer les modifications réclamées par les intérêts généraux du public (Amiens 30 avr. 1858, D. 58-2-204).

1978. Suppléments. — Les suppléments d'un journal font partie de ce journal lui-même, encore bien qu'ils en soient matériellement distincts. Ils étaient donc sujets au timbre quand le journal lui même y était assujetti. De même s'ils traitaient de matières politiques ou économiques, alors que le journal est purement littéraire ou scientifique, le timbre devenait également exigible sur le journal comme sur le supplément.

1. ÉDITIONS DIFFÉRENTES. — Décidé, à cet égard, qu'une publication purement littéraire, éditée par le gérant d'un journal politique en livraisons du même format que ce journal, échappait à l'impôt du timbre, bien qu'elle fût envoyée

gratuitement aux abonnés, avec le journal, lorsque, loin d'être un supplément déguisé, elle constituait une œuvre séparée, soit par le sujet et le mode d'exécution qui permet d'en réunir les livraisons en un volume distinct, soit par l'exploitation séparée dont elle est l'objet (Seine 7 déc. 1861, 12162 C., D. 62-3-79).

2. COUVERTURE. — Mais, d'après l'art. 4 L. 11 mai 1868, on devait considérer comme supplément et assujetties au timbre, ainsi que le journal lui-même, s'il n'était déjà timbré, les feuilles contenant des annonces, lorsqu'elles servent de couverture au journal ou qu'elles y sont annexées, ou lorsque publiées séparément elles sont néanmoins distribuées ou vendues en même temps.

1979. Suppléments consacrés aux débats législatifs. — L'art. 1er L. 2 mai 1861 avait exempté du timbre (et des droits de poste) les suppléments des journaux, lorsque ces suppléments sont exclusivement consacrés soit à la publication des débats législatifs reproduits par la sténographie ou le compte rendu conformément à l'art. 42 de la Constitution, soit à l'insertion des exposés de motifs, de projets de lois ou sénatus-consultes, des rapports des commissions et des documents officiels déposés au nom du Gouvernement sur le bureau du Sénat ou du Corps législatif. — Pour jouir de l'exemption, les suppléments devaient être publiés sur feuilles détachées du journal. — La même exemption s'appliquait aux suppléments des journaux non quotidiens des départements, autres que ceux de Seine et Seine-et-Oise, publiés en dehors des conditions de périodicité déterminées par leur cautionnement et leur autorisation (2192 I. G., 1487 R. P.).

« Aux termes de cette dernière disposition, dit le rapport sur le projet de loi, la presse départementale pourra publier des suppléments même quand le journal ne paraît pas. »

La loi du 11 mai 1868 avait maintenu ces dispositions. Elle avait même augmenté l'avantage accordé aux suppléments, en décidant, par son article 5 : « Sont exempts de timbre et des droits de poste les suppléments des journaux ou écrits périodiques assujettis au cautionnement lorsque ces suppléments ne comprennent aucune annonce, de quelque nature qu'elle soit et quelque place qu'elle y occupe, et que la moitié au moins de leur superficie est consacrée à la reproduction des documents énumérés à l'art. 1er L. 2 mai 1861 » (2365 I. G.).

De cette façon, un journal hebdomadaire politique ne contrevenait pas à la loi s'il faisait paraître sur papier non timbré des suppléments quotidiens renfermant sur moitié de sa surface, les débats législatifs et, sur l'autre partie, des matières politiques ou d'économie sociale exclusives de toute annonce.

1. MONITEUR. — Quant aux suppléments du *Moniteur*, ils avaient été déjà exemptés du timbre, quel que fût leur nombre par l'art. 6 du décret du 17 février 1852. Cette disposition n'avait pas été modifiée.

1980. Journaux contenant exclusivement les débats législatifs. — L'art. 2 de loi du 2 mai 1861 exemptait encore du timbre toutes autres publications périodiques exclusivement consacrées à la reproduction des débats législatifs.

Le rapport explique très-bien l'utilité de la mesure :

« Les journaux paraissent insuffisants pour répandre dans le pays ce que l'exposé des motifs appelle avec raison l'*enseignement politique à la fois le plus pratique et le plus élevé*. Il serait bon qu'on pût offrir aux lecteurs un moyen moins éphémère que le journal pour bien connaître les délibérations des deux assemblées ; il serait bon qu'ils pussent les lire à loisir, sans être obligés de parcourir à la hâte la séance de la veille dans la feuille du jour, qui disparaîtra le lendemain. Il serait bon que ces délibérations pussent former des recueils qui seraient placés dans les bibliothèques et conservés dans les archives communales, à côté du *Bulletin des lois*, dont ils seraient le meilleur commentaire. Il serait bon d'offrir ces publications économiques à tous les Français qui ne peuvent pas consacrer à un abonnement coûteux et à une lecture quotidienne le temps et l'argent nécessaires. Enfin, il serait bon que, sous l'empire du suffrage universel, les partis ne restassent pas les seuls dispensateurs de la publicité des débats parlementaires » (D. 61-4-56).

Quoi qu'il en soit, l'art. 2 avait été limité aux seules publications périodiques ; il ne pouvait, par conséquent, profiter aux brochures.

Quant aux publications périodiques auxquelles s'appliquait cet article, non-seulement elles étaient exemptées du timbre, mais encore, aux termes du rapport de la commission : « on ne considérera pas comme traitant de *matières politiques* un écrit périodique qui exclura toute rédaction personnelle et ne sera que la reproduction textuelle des documents et des comptes rendus officiels. » D'où l'on pouvait conclure que la loi du 2 mai 1861 apportait, en ce point, une exception formelle à la règle portée par l'art. 1er du décret du 17 février 1852, et qu'ainsi l'on pouvait publier sans autorisation, sans cautionnement et sans timbre, un recueil périodique exclusivement consacré aux matières indiquées dans l'art. 1er de la loi du 2 mai 1861.

SECTION 4. — QUESTIONS DIVERSES

[1981-1988]

1981. Quotité du droit. — D'après l'art. 6 du décret du 17 février 1852, le droit de timbre auquel étaient assujettis les journaux et écrits périodiques était de 6 centimes dans les départements de la Seine et de Seine-et-Oise, et de 3 centimes partout ailleurs, qu'elle que soit la dimension de la feuille, pourvu qu'elle n'excède pas soixante-douze centimètres carrés.

La loi du 11 mai 1868 avait réduit ce droit à 5 centimes par feuille dans les départements de la Seine et de Seine-et-Oise et à 2 centimes partout ailleurs (2365 I. G.).

1982. Droit supplémentaire. — Si la feuille avait une dimension supérieure à 72 centimètres carrés, il devait autrefois être perçu un droit supplémentaire d'un centime et demi dans les départements de la Seine et de Seine-et-Oise, et d'un centime partout ailleurs, pour chaque fraction en sus de 10 décimètres carrés et au-dessous (Déc. du 17 fév. 1862 art. 6 § 3).

Mais la loi du 11 juin 1868 avait prononcé le dégrèvement de ce droit supplémentaire. Les droits de 5 et de 2 centimes étaient donc seuls exigibles par chaque feuille, quelle que fût sa dimension.

Il en était de même avant le décret du 17 février 1852, parce que la loi ne renfermait pas de disposition spéciale à cet égard (Cass. 25 août 1858, 1066 R. P., 16809 J. E.).

1983. Déchet de maculature. — Les éditeurs de journaux et écrits périodiques continuaient de jouir, suivant l'art. 7 du décret, d'une remise de 1 pour 100 sur le timbre, pour déchets de maculatures. Cette remise était faite en nature, suivant le mode indiqué par l'I. G. 1859.

1984. Exemplaires déposés. — Au moment de la publication de chaque feuille ou livraison du journal ou écrit périodique, il doit être remis à la préfecture, à la sous-préfecture ou à la mairie, deux exemplaires signés du gérant. Pareil dépôt doit être fait au parquet.

Ces exemplaires étaient dispensés du timbre (L. 11 mai 1868, art. 7).

1985. Bureau. — Les papiers qui doivent servir à l'impression des journaux publiés dans les départements ne pouvaient être timbrés qu'au chef-lieu de chacun de ces départements (D. m. f. 24 août 1850, 15007-6 J. E.).

Le lieu de la publication était celui où le journal est imprimé et non par celui où il est édité (Sol. 12 janv. 1867).

1986. Droit de poste. — Un arrêté ministériel du 25 nov. 1854 (2020 I. G.) avait autorisé les éditeurs de journaux à acquitter, en même temps que le droit de timbre, le droit de poste pour affranchissement et avait tracé, relativement à la perception de ce droit, des règles de manutention et de comptabilité qui sortent du cadre de cet ouvrage.

Ces règles avaient été modifiées depuis par une autre décision ministérielle du 15 décembre 1857 (2113 J. E.).

1987. Timbres mobiles. — La loi du 31 juillet 1867 avait autorisé le timbrage au moyen de l'apposition de timbres mobiles. Cette mesure, réglée par un décret du 19 décembre 1868 (2378 R. P.), n'a reçu aucune exécution.

1988. Langue étrangère. — Sous l'empire de la L. 16 juillet 1850, une D. m. f. 5 septembre 1851 (15279-8 J. E.) avait reconnu que les journaux imprimés en France *en langue étrangère*, et destinés à être *publiés et distribués* en pays étranger, étaient exempts du timbre. Cette disposition avait été maintenue par diverses décisions ministérielles des 20 juin 1852, 10 février 1854 et 3 février 1855 (504 R. P., 2049 § 5 I. G.).

CHAPITRE II. — ÉCRITS NON PÉRIODIQUES

[1989-1992]

1989. Caractères de la périodicité. — Nous avons parlé, dans le chapitre précédent, des journaux, revues ou autres publications périodiques. Il nous reste à indiquer les règles qui s'appliquaient aux écrits non périodiques, c'est-à-dire aux brochures et aux livres.

Il importe d'abord de se fixer sur le sens du mot périodicité et d'en déterminer les caractères. Dans l'esprit de la loi du timbre un écrit n'est pas seulement périodique quand il paraît à des époques fixes, tous les jours, toutes les semaines ou tous les mois. « La périodicité, a dit M. l'avocat général Blanche devant la C. cass., ne dépend pas essentiellement d'une publication faite à des époques égales et désignées d'avance. On reconnaît, en doctrine, qu'il faut l'appliquer aux écrits qui forment un ensemble par leur titre, leur plan et leur esprit, quels que soient d'ailleurs le mode et l'époque de leurs publications successives » (2563 R. P., *Conf.* : Dalloz v° *Presse* n° 225-226).

Ainsi la C. cass. a reconnu ce caractère à une publication annonçant à des époques indéterminées les changements dans le service des chemins de fer : « Attendu que le *Train* paraît à des époques successives déterminées par la nécessité de modifier les annonces et indications, en raison soit des changements qui se font, soit des modifications, renouvellements et augmentations dans les établissements commerciaux ou industriels; que les numéros ou tirages divers ne sont donc pas uniquement la reproduction d'une publication antérieure, mais une publication nouvelle, qui se rattache à la première par la place et le but proposé, et qui s'y annexe et en fait la suite avec les changements nécessités au jour le jour par les changements dans l'état des choses; que cette continuation des numéros ou tirages les uns par les autres rend ainsi successive la publication qui en est faite en vue d'une même entreprise. Et que la périodicité dans cette publication successive résulte suffisamment de son retour nécessaire à des époques plus ou moins rapprochées, et plus ou moins connues à l'avance, mais qui, par la force des choses, sont la conséquence du plan même et du but de l'écrit publié » (Cass. 5 nov. 1867, 2563 R. P., 19134 J. N., 18438 J. E., 2362 § 3 I. G., S. 67-1-456).

1990. Exigibilité du droit. — Nombre de feuilles. — Pour les écrits non périodiques, l'exemption du timbre était la règle; le timbre était l'exception. On ne pouvait, dès lors, l'exiger que dans les cas formellement prévus.

Ces cas s'appliquaient : 1° aux écrits non périodiques traitant de matières politiques ou d'économie sociale, s'ils ont moins de six feuilles d'impression (D. 17 fév. 1852, art. 9, L. 11 mai 1868, art. 3);

2° A ceux qui, relatifs aux lettres, aux sciences, aux arts et à l'agriculture, et exemptés du droit à ce titre, devenaient cependant susceptibles de timbre en s'occupant, *même accidentellement*, de matières politiques ou d'économie sociale (D. 28 mars 1852, art. 2).

De là il suit que les écrits non périodiques, même composés de moins de six feuilles, pourvu qu'ils ne traitent pas de matières politiques ou d'économie sociale, pouvaient, non-seulement, comme les journaux, être consacrés aux lettres, aux sciences, aux arts, à l'agriculture, mais encore à l'industrie et au commerce, matières qui, pour les écrits périodiques, impliquaient l'obligation du timbre.

1991. Matières politiques ou d'économie sociale. — Les matières politiques ou d'économie sociale dont la publication était interdite dans les écrits non périodiques sont absolument les mêmes que celles dont nous nous sommes occupé à propos des journaux. Les développements que le sujet a reçus dans le chapitre précédent sont ici de tous points applicables.

1. CHAMBRES DE COMMERCE. — Les lettres, rapports ou documents que les chambres de commerce adressent aux ministres, sur des objets dans leurs attributions, étaient exempts du timbre, comme actes ou pièces concernant l'administration générale. Mais il avait paru que, lorsque les chambres de commerce font imprimer, lithographier ces documents et les distribuent pour en répandre la connaissance dans le public, ces exemplaires étaient assujettis au timbre, par l'art. 13 L. 16 juillet 1850, comme écrits non périodiques publiés sur des matières politiques on d'économie sociale Dél. 11 janv. 1851, 15102-3 J. E.). Depuis lors, il avait été reconnu que ces documents, ayant trait à l'intérêt général, devaient être dispensés du timbre, même lorsqu'ils se rapporteraient à l'économie politique (D. m. f. 8 juin, 7 juill. 1857, 915 R. P., 2106 § 6 I. G., 16166 J. N.).

1992. Quotité du droit. — Le droit était fixé à 4 centimes par feuille (L. 11 mai 1868, art. 3). Mais il devait être perçu un centime et demi par chaque fraction en sus de 10 décimètres carrés (Déc. du 17 fév. 1852 art. 9, 2365 I. G.).

CHAPITRE III. — ÉCRITS PÉRIODIQUES ET NON PÉRIODIQUES PUBLIÉS HORS DE FRANCE

[1993-1994]

1993. Étranger. — Aux termes des art. 8 et 9 du décret du 17 février 1852, les journaux et écrits périodiques et non périodiques, publiés à l'étranger étaient soumis, à leur importation, aux mêmes droits de timbre que ceux publiés en France, à moins qu'ils n'en fussent exemptés par des conventions diplomatiques.

1994. Colonies. — Les journaux et écrits périodiques ou non périodiques publiés en Algérie ou dans les colonies françaises, n'étaient soumis à aucune des obligations et charges résultant du déc. du 17 février 1852, qui, selon l'art. 36, ne leur était pas applicable.

TITRE V. — CONTRAVENTIONS, PEINES ET POURSUITES

[1995-2005]

1995. Observation. — Nous avons réuni en un seul paragraphe toutes les contraventions qui concernent les affiches, avis-annonces, journaux et écrits périodiques, parce que, un certain nombre de règles leur étant communes, cette réunion permettra de généraliser par la théorie, dans beaucoup de cas, des décisions qui n'ont été rendues que dans des circonstances toutes particulières.

1996. Législation. — 1. AFFICHES. — AVIS-ANNONCES. — Les contraventions aux dispositions qui régissent le timbre des affiches volontaires étaient punies de la manière suivante : « Ceux qui ont apposé ou fait apposer des affiches sans avoir fait timbrer leur papier seront condamnés à une amende de 100 livres pour chaque contravention ; les objets soustraits aux droits seront lacérés » (L. 9 vend. an 6 art. 60).

Un arrêté du gouvernement du 3 brumaire an 6, a spécialement appliqué cette disposition aux imprimeurs et graveurs (Circ. 1124, 326 § 1er I. G. n° 6). — « Les auteurs, afficheurs et imprimeurs desdites affiches seront solidairement tenus de l'amende, sauf leur recours les uns contre les autres» (L. 9 vend. an 6 art. 61).

La loi du 28 avril 1816 s'est ensuite exprimée ainsi : « Art. 68. Il est défendu aux imprimeurs de tirer aucun exemplaire desdites affiches sur papier non timbré, sous prétexte de les faire frapper d'un timbre extraordinaire. »

« Art. 69. La contravention d'un imprimeur à ces dispositions sera punie d'une amende de 500 francs (réduite à 50 fr.), sans préjudice du droit de Sa Majesté de lui retirer sa commission. — Ceux qui seront convaincus d'avoir ainsi fait afficher des imprimés non timbrés seront condamnés à une amende de 100 francs (réduite à 20 fr.). — Les afficheurs et distributeurs seront en outre condamnés aux peines de simple police déterminées par l'art. 474 C. proc. — L'amende sera solidaire et emportera contrainte par corps. »

La loi du 18 juillet 1866 a permis d'imprimer des affiches sur papier non timbré pourvu que le timbre soit apposé avant l'affichage. Mais elle a maintenu, en cas de contraventions, les amendes et pénalités édictées par l'art. 69 de la loi du 28 avril 1816 modifié par l'art. 10 de celle du 16 juin 1824 (2344 I. G., 2299-1 R. P.).

L'art. 6 de la loi du 27 juillet 1870 décide, enfin, que les affiches sur lesquelles les timbres mobiles de dimension auraient été irrégulièrement apposés sont considérées comme non timbrées.

Quant à l'emploi du papier de couleur, la contravention aux dispositions de la loi du 22 juillet 1791 et de l'art. 65 de la loi du 28 avril 1816 est punie d'une amende de 100 francs contre l'imprimeur (L. 25 mars 1817, art. 77-7). Cette amende a été réduite à 10 francs par l'art. 10 de la loi du 16 juin 1824 (2329 § 1er I. G. note 4).

2. JOURNAUX. — ÉCRITS PÉRIODIQUES ET NON PÉRIODIQUES. — « Pour les journaux, gravures ou écrits périodiques, chaque contravention aux dispositions de la présente loi sera punie, indépendamment de la restitution des droits frustrés, d'une amende de 50 francs pour chaque feuille ou fraction de feuille non timbrée. — L'amende sera de 100 francs en cas de récidive. — Pour les autres écrits, chaque contravention sera punie, indépendamment de la restitution des droits frustrés, d'une amende égale au double desdits droits, sans que, dans aucun cas, cette amende puisse être moindre de 200 francs. Les auteurs, éditeurs, gérants, imprimeurs et distributeurs desdits journaux ou écrits soumis au timbre, seront solidairement tenus de l'amende, sauf leurs recours les uns contre les autres. Le recouvrement des droits de timbre et des amendes de contravention sera poursuivi et les instances seront instruites et jugées conformément à l'art. 76 L. 28 avril 1816 » (Art. 24 et 25 L. 16 juill. 1850).

Le système de pénalité résultant de l'art. 24 L. 16 juillet 1850 n'avait été modifié par l'art. 11 déc. 17 février 1852, que par la fixation d'un maximum qui ne pouvait dépasser le chiffre du cautionnement, pour les journaux, gravures et écrits périodiques, et la somme de 50,000 francs pour les autres écrits.

Ce maximum avait même été réduit par la loi du 11 mai 1868 au tiers du cautionnement versé par le journal, ou de celui auquel il aurait été assujetti s'il eût traité de matières politiques ou d'économie sociale (2365 J. E.).

3. PLURALITÉ DE CONTRAVENTIONS. — Il a été jugé que l'indication d'un maximum ne fait pas obstacle à ce qu'un seul jugement prononce des condamnations supérieures en total à cette somme, s'il y a plusieurs contraventions, par exemple, si l'on a saisi pour le compte du même éditeur plusieurs journaux non timbrés en contravention à la loi. Le maximum ne s'oppose pas davantage à ce qu'au principal de l'amende ainsi fixée, on ajoute les décimes (Seine 9 janv. 1858, 1055 R. P., 16817 J. E., 11424 C.)

4. RÉCIDIVE. — Quant à la récidive, elle existait seulement de la part de celui qui, après avoir été puni par une contravention à la loi sur cette matière, on commettait une autre du même genre (Seine 9 janv. 1858, 1055 R. P., 16817 J. E., 11424 C.). — V. 2005 § 3.

La récidive était prouvée par un jugement de condamnation antérieure, ou par le payement volontaire de l'amende en conséquence d'un procès-verbal (D. m. f. 15 janv. 1818, 6252 J. E., D. m. f. 17 juin 1842, 1669 I. G.).

1997. Circulation-distribution. — Avis-annonces. — Le fait de la mise en circulation ou de la distribution d'avis imprimés soulevait quelques difficultés d'appréciation. Nous allons faire connaître les diverses hypothèses dans lesquelles la question s'était présentée.

1. INTÉRIEUR DE MAGASIN. — La mise en circulation d'un avis non timbré résultait suffisamment de la remise qui en est faite par le marchand *dans l'intérieur de son magasin* aux personnes qui le visitent, et l'amende de contravention à l'art. 1er L. 6 prairial an 7 était encourue (Seine 24 juin 1846, 14047 J. E., 10 fév. 1847, 14194-1 J. E.). — C'est ce qui résultait également des motifs exprimés dans un jugement (Seine 17 nov. 1834 (11098 J. E.). — V. 1927 et 1941.

2. DOMICILE. — La mise en circulation prohibée par la loi ne devait pas seulement s'entendre de la mise à la poste, ou de la remise de la main à la main dans les rues, places, etc., des avis-annonces sur papier non timbré, mais encore de leur remise à domicile (Autun 18 déc. 1833, 11483-2 J. E.).

3. POSTE. — Le fait de la distribution d'un avis imprimé non timbré résultait suffisamment de sa saisie à la poste constatée par le procès-verbal d'un employé de l'enregistrement, et autorisait la poursuite en recouvrement de l'amende (Seine, 4 déc. 1844, 13804 J. E. — V. 43-44-108-175 R. P.)

4. ENVELOPPE. — On a émis l'opinion (13323-2, 13504-2 J. E.) que les enveloppes en papier imprimé portant pour étiquette l'indication de la marchandise contenue dans le paquet, le prix du paquet et le nom du fabricant n'étaient pas sujets au timbre. On pouvait conclure le contraire des motifs contenus dans un jugement de la Seine du 17 décembre 1834 (11098 J. E.). Cependant l'usage avait consacré cette interprétation de l'art. 1er L. 6 prairial an 7.

5. INTÉRIEUR DE PAQUET. — Il en était de même, *à fortiori*, des avis imprimés qui sont contenus dans un paquet fermé remis par le vendeur à l'acheteur (*Mêmes autorités*).

1998. Journaux. — La contravention, en matière de timbre de journaux et écrits périodiques, était indépendante de toute distribution. Elle résultait du *fait seul de l'impression* sur papier non timbré, et le procès-verbal pouvait être rédigé sur des exemplaires venus entre les mains des employés, soit par le fait d'une saisie opérée par des officiers de la police dans les ateliers d'impression, soit de toute autre manière (Seine 16 déc. 1846, 14144 J. E.; — Bastia 4 août 1838, 12170 J. E.).

1. ÉPREUVES. — ADMINISTRATION INTÉRIEURE. — L'amende s'appliquait à chaque exemplaire, même à ceux qui, n'ayant été tirés qu'à titre d'*épreuves*, n'auraient pas été destinés à la publicité (Seine 16 déc. 1846, 14144 J. E.; — Seine 27 fév. 1834, 10983 J. E.; — Dél. 15 fév. 1831, 10022 J. E.); — et à ceux qui servent à l'administration intérieure du journal (Seine 7 janv. 1835, 11254 J. E.). — V. 1447.

1999. Auteur de la contravention. — Il n'était pas nécessaire de prouver que la mise en circulation (la mise à la poste par exemple) d'une annonce faisant connaître l'établissement d'un industriel est le fait de l'auteur de cette annonce pour que l'amende de contravention à la loi du 6 prairial an 7 fut encourue. L'auteur de l'annonce était nécessairement responsable de sa mise en circulation (Seine 17 déc. 1834, 11098 J. E.; — Seine, 11 mars 1841, 12716 J. E.; — Seine, 14 juill. 1841, 12833 J. E.; — Seine 4 déc. 1844, 13804 J. E.). — L'indication des noms de différents avoués mise au bas d'un avis ou d'une affiche sur papier non timbré ne prouve pas que la mise en circulation de cette affiche soit le fait de ces avoués, et ne donne ouverture à aucune amende contre ces avoués (Seine 16 janv. 1840, 12612 J. E.; — Cass. 11 juin 1811; — Cambrai 9 août 1844, D. 6187).

Cependant le principe est que la personne indiquée dans l'affiche, comme devant donner les renseignements nécessaires à l'objet de l'affiche, devient responsable de l'amende et des droits de timbre d'une affiche présentant une contravention, car on doit la considérer comme étant l'auteur de l'affiche (Seine 28 nov. 1855, 593 R. P.; — Épernay 23 mars 1836, 12080 J. E.; — Chartres 29 avr. 1843, 13281 J. E.; — Caen 29 déc. 1842; — Abbeville 16 janv. 1844; — Seine 15 déc. 1848; — Reims 11 août 1849; — Lyon 11 fév. 1874 et 22 fév. 1877, 4644 R. P.; — Autun, 28 janv. 1878, 4923 R. P.).

Les tribunaux sont, du reste, souverains appréciateurs des faits à cet égard. Et c'est ainsi que celui d'Avranches a pu décider, le 22 août 1856, que l'auteur d'une affiche manuscrite annonçant une vente d'objets mobiliers à faire par tel huissier émanait du propriétaire de ces objets et non pas de l'huissier. De semblables décisions ont été rendues par les tribunaux d'Orléans, le 14 mai 1840; de Lure, le 14 avril 1849; de Vesoul, le 21 mai 1860.

La question est donc toute d'appréciation.

En cas d'apposition d'une affiche imprimée sur papier blanc, l'imprimeur est toujours responsable, qu'il ait ou non participé à l'affichage (Cass. 23 vent. an 10, 22 janv. 1851, S. 51-1-132, 15158 J. E.).

2000. Nom de l'imprimeur. — L'art. 283 C. pén. veut que toute publication ou distribution d'écrits, affiches, avis imprimés, journaux, etc., contienne l'indication *vraie* des noms, profession et demeure de l'auteur ou de l'imprimeur. De ce que la loi ne parle que de la *vraie* indication, on pourrait conclure que l'absence de toute indication n'est pas punissable; mais en exigeant que l'indication soit vraie, la loi veut nécessairement que l'écrit en contienne une (Chassan t. 1er p. 467, Chauveau et Hélie t. 5 p. 99). — C'est le défaut d'indication que la L. 21 octobre 1814, art. 15 § 2, punit d'une amende de 3,000 francs. — L'art. 77 L. 25 mars 1817 rappelle, d'ailleurs, cette obligation de l'imprimeur d'indiquer son nom et sa demeure au bas de l'affiche ou avis imprimé. Un jugement Seine 4 décembre 1838 (C. a. 5635), et un arrêt de Cass. 6 juillet 1845 (13837-5 J. E.) ont jugé que les indications prescrites par le C. pén. sont impérieuses.

1. DÉCLARATION D'AFFICHEUR OU DE DISTRIBUTEUR. — Comment doit-on procéder, pour appliquer l'amende lorsque l'imprimeur n'a pas mis son nom sur l'imprimé? On ne peut évidemment constater la contravention qu'au moyen de faits, de déclarations et d'indices qui fassent connaître le contrevenant. Dans ce cas, la déclaration de l'afficheur ou du distributeur paraît une preuve suffisante, lorsqu'elle est établie par un procès-verbal, pour justifier les poursuites contre l'imprimeur (Sol. 19 juill. 1856; — Cass. 3 juill. 1854, 143 R. P.).

2001. Pluralité d'amendes. — La question de savoir s'il y a lieu à autant d'amendes de contravention qu'il y a eu d'exemplaires d'affiches (avis-annonces, journaux, etc.), saisis en contravention, ne présente pas, dans les diverses solutions qu'elle a reçues, l'uniformité désirable. Ainsi, deux jugements du tribunal de la Seine du 16 décembre 1835 et du 3 mars 1841 (11523-2, 12705 J. E.) ont reconnu que chaque exemplaire d'affiche non timbrée donne lieu à une amende distincte.

1. JOURNAL. — Il a été jugé également qu'en cas de distribution d'un journal sur papier non timbré, il est dû autant d'amendes de contravention qu'il y a d'exemplaires sur papier libre : « Attendu qu'aux termes de l'art. 60 L. 9 vendémiaire an 6, il y a lieu à l'application d'une amende par chaque contravention parce que l'émission de chaque exemplaire non timbré est une contravention » (Seine 14 et 28 mai 1834, 10847, 10961 J. E.; — Cass. 1er mars 1836, 1528 § 21 I. G., S. 36-1-202). — *V.* 1998-1.

2. AFFICHE. — AVIS-ANNONCE. — IMPRIMEUR. — Tandis qu'une D. m. f. 17 juin 1842 (11399 J. N., 1669 I. G.), en se fondant sur ce que le taux élevé de l'amende prononcée par la loi de 1816 (500 fr.) ne permet pas de supposer que le législateur ait voulu appliquer l'amende à chaque exemplaire, a reconnu que l'imprimeur n'est passible que d'une seule amende de 50 francs, quel que soit le nombre d'exemplaires non timbrés d'une affiche provenant d'un seul et même tirage (12320-2 J. E.; — Rouen 12 fév. 1828, C. a. 5621; — Seine 9 déc. 1852, 15549-3 J. E.). — *V.* pour les *affiches peintes*, no 1942.

Auteur. — Relativement à l'auteur de l'avis ou de l'annonce, on décidait autrefois qu'on ne peut également exiger de lui qu'une amende (de 20 fr.), quelle que soit la quantité d'exemplaires affichés ou distribués (Sol. 15 nov. 1858). Mais il fallait restreindre le mot *quantité* au nombre d'exemplaires placés dans une *même distribution*. Ainsi, il était dû autant d'amendes qu'il y avait eu de distributions distinctes, non seulement à des *jours différents*, mais encore *le même jour, dans des lieux distincts, et à des heures différentes* (Seine 9 déc. 1852, 15549-3 J. E.).

3. RÉCIDIVE. — Cependant, la contravention résultant du fait de distribution peut se renouveler pour les mêmes affiches, avis ou annonces, et donner lieu à une nouvelle amende. Ainsi, lorsqu'une première contravention a été constatée par un procès-verbal régulièrement signifié, si l'apposition ou la distribution des imprimés non timbrés est réitérée après le jugement de condamnation ou le payement volontaire de l'amende, il en résulte une nouvelle contravention passible d'une seconde amende (D. 15 janv. 1818, 6252 J. E., 1669 I. G.). Le tribunal de la Seine a même jugé, le 4 janvier 1843 (D. Fess. 100 no 75), que *chaque fait de distribution* donne ouverture à l'amende qui se rapporte à *tous* les avis compris dans une même distribution. — *V.* 1996 § 4.

Il en serait de même en matière d'affiche.

2002. Solidarité. — C'est à l'absence de tout éclaircissement sur la portée de l'art. 69 L. 28 avril 1816, lors de la discussion de cette loi, qu'il faut attribuer le défaut d'uniformité que l'on remarque dans les diverses décisions qui sont intervenues sur la solidarité qui existe entre l'auteur et l'imprimeur, les afficheurs ou les distributeurs, pour les amendes encourues.

En matière *d'affiches*, le tribunal de Sainte-Menehould a jugé, le 12 novembre 1840 (12679 J. E.), qu'il y a solidarité, entre *l'auteur et l'afficheur* au payement de l'amende de 20 francs; mais le contraire a prévalu devant le tribunal de Napoléon, le 2 février 1847.

En matière *d'avis et annonces*, il a été prononcé contre *l'imprimeur et l'auteur*, ou contre *l'auteur* seul, l'amende de 50 francs résultant de *l'impression*, et celle de 20 francs applicable à la *distribution* (Seine 12 fév. 1834, 22 janv. 1835, 10 mars 1841, 14 juill. 1841, 4 déc. 1844; — Laon 2 déc. 1837, 10885, 11239, 11927, 12716, 12833, 13804 J. E.). — Le tribunal de Lille a admis, le 6 août 1842 (C. a. 5515), la solidarité entre l'imprimeur et le distributeur; tandis que plusieurs tribunaux ont refusé de condamner *l'auteur* à l'amende de 50 francs *spéciale* à l'imprimeur (Seine 17 fév. 1834, 8 juill. 1835; — Dunkerque 17 juin 1842, D. m. f. 13 mai 1843, 11098, 13302-7 J. E.), alors surtout que l'imprimeur était resté inconnu; et tandis encore que plusieurs autres jugements (Seine 7 juill. 1833 et 16 déc. 1835, 10715 et 11471 J. E.; — Saumur 11 mai 1843, C. a. 5633) ont condamné *séparément* l'auteur et l'imprimeur.

Bien que l'Administration ait voulu consacrer le principe de solidarité (715 n° 5 I. G.), une D. m. f. 15 janvier 1818 (6252 J. E.) a déclaré que l'amende de 500 francs (50 fr.) est à la charge *exclusive* de l'imprimeur, et que la solidarité atteint uniquement les auteurs, distributeurs et afficheurs. On a émis l'opinion (12857 J. E.) que cette décision doit être prise pour règle. Cependant, un arrêt Cass. 16 avril 1829 (Fess. v° *Afficheur* n° 5) déclare, en ce qui concerne spécialement les *afficheurs et distributeurs*, qu'on ne peut appliquer à ces mercenaires une peine plus sévère qu'à l'individu d'une classe plus élevée, et qu'ils ne sont passibles que des *peines* déterminées par l'art. 474 C. pén., qui sont plus en rapport avec leur position sociale. — C'est dans le sens de cet arrêt, combiné avec la D. m. f. 15 janvier 1818, que la question paraît devoir être résolue. Ainsi le tribunal de la Seine a décidé le 1er août 1855, que l'afficheur était seulement passible des peines indiquées à l'art. 474 C. pén. et cette jurisprudence est suivie. En tous cas, il est admis en pratique, conformément à la D. m. f. du 13 mai 1843, que quand le nom de l'imprimeur est inconnu, l'auteur n'est pas responsable de l'amende encourue par lui (Dunkerque 17 juin 1842, 12866-3 J. E., D. m. f. 13 mai 1843, Sol. 18 juill. 1860).

Quant aux journaux et écrits périodiques et non périodiques, qui ont fait l'objet du Déc. 17 février 1852, la solidarité existait, aux termes de la L. 16 juillet 1850 (*V.* 1998-2), entre les auteurs, éditeurs, gérants, imprimeurs et distributeurs. Dans ce sens le tribunal de la Seine a jugé, les 6 et 14 janvier 1853 (15618-2 et 15631 J. E.), que l'imprimeur et le gérant d'un journal, et l'imprimeur et l'auteur d'un écrit, étaient solidaires pour le payement de l'amende.

2003. Procès-verbal. — Quand les préposés ont à constater le fait d'une *distribution* d'imprimés non timbrés, ils devaient mentionner dans leurs procès-verbaux le *nom* des personnes qui ont fait, soit la distribution, soit le dépôt dans le bureau de poste (Seine 5 juin 1833, Dél. 20 août 1833, C. a. 5629).

1. SAISIE. — De quelque manière que la contravention soit reconnue, les impressions sur du papier non timbré doivent être saisies pour être jointes au procès-verbal (Seine 26 déc. 1833, 1458-11 I. G., 1537 n° 200 I. G.). — Quand on ne peut enlever l'affiche placardée, on supplée à l'annexe en rappelant toutes les circonstances avec précision et exactitude, et en affirmant le procès-verbal devant le juge de paix, dans les vingt-quatre heures (Arrêté du Gouvernement 8 brum. an 6, Circ. 13 brum. an 6, 1124, 326 § 1er n° 7 I. G.). — Cependant, en matière de distribution d'avis imprimés non timbrés, il suffisait, pour qu'il y ait lieu de constater la contravention, que cet avis se trouvât en circulation (Seine 17 déc. 1834, 10 mars 1841, 4721, 6232 J. E.).

2. DÉLAI. — En principe, le procès-verbal doit être rapporté au moment où la contravention est découverte; cependant, il a été jugé avec raison qu'il n'y avait pas de nullité pour en différer la rédaction plus ou moins longtemps (Épernay 23 mars 1838, 12120 J. E.), aucun délai légal n'étant imposé pour la constatation des contraventions au timbre des affiches (C. Grenoble 16 août 1873, 3730 R. P.).

3. COMPÉTENCE. — C'est le tribunal civil, à l'exclusion du tribunal correctionnel, qui doit connaître des contraventions au timbre des affiches (Seine 5 déc. 1832, Dalloz n° 6198). L'instance est jugée par le tribunal auquel ressortit le bureau dont la contrainte est émanée (Cass. 30 mai 1826, 1200-25 I. G., 8492 J. E., S. 26-1-458; — Marseille 14 mars 1837, 11766-1 J. E.). — V. *Instance*.

4. AFFICHE PRÉPARÉE. — C'est l'apposition de l'affiche et non pas sa préparation qui constitue la contravention. Il n'y a donc lieu de dresser procès-verbal que quand cette apposition a eu lieu (Sol. 3 oct. 1871).

5. AFFICHEURS ET DISTRIBUTEURS. — Les procès-verbaux rédigés contre les afficheurs et distributeurs, qui sont simplement passibles des peines de police, sont transmis au ministère public (Seine 1er août 1855, Sol. 29 nov. 1866) chargé de saisir, le cas échéant, le tribunal compétent qui est celui de simple police (Cass. 16 avr. 1829, S. 29-1-367).

Le recours en grâce des contrevenants concerne le ministère de la justice (D. m. f. 20 août 1872).

6. FOI DUE AU PROCÈS-VERBAL. — La preuve de la contravention résulte suffisamment du procès-verbal qui la constate, alors même que le certificat de l'huissier annoncerait que les affiches sont régulièrement timbrées (Versailles 16 juill. 1840 et 17 juin 1841, 12626 et 12865-5 J. E.).

2004. Remboursement du cautionnement. — Le remboursement opéré du cautionnement, affecté à la publication du journal, n'enlevait pas à l'Administration l'action en poursuite et recouvrement de l'amende encourue par l'imprimeur pour l'impression du journal sur papier libre (Seine 8 juill. 1846, 14092 J. E.).

2005. Contrainte par corps. — Il n'y a plus lieu d'exercer la contrainte par corps prononcée par l'art. 69 L. 28 avril 1816, en matière de contravention au timbre des affiches et annonces.

AFFIRMATION.

2006. Définition. — L'affirmation est l'attestation solennelle de la vérité d'un fait ou d'un acte.

2007. Jugement. — Le jugement d'un juge de paix, portant acte d'affirmation, est passible du droit de 3 francs (art. 68 § 2 n° 5 L. 22 frim. an 7, art. 4 L. 28 fév. 1872). —Celui d'un tribunal civil de commerce ou d'arbitrage donne ouverture au droit de 7 fr. 50 cent. (Art. 45 n° 5 L. 28 avr. 1816, art. 4 L. 28 fév. 1872).

2008. Culte israélite. —Les mêmes droits sont applicables à l'affirmation d'un israélite faite devant un rabbin, en présence du juge délégué par le tribunal. La présence du juge donne, dans cette circonstance, à l'affirmation le même caractère que si elle était faite devant le tribunal auprès duquel siége le juge (4623 J. E.).

2009. Créance. — Les affirmations de créances sont faites au greffe des tribunaux de première instance ou de commerce, ou devant des arbitres. Dans l'un et l'autre cas, il est dû le droit fixe de 4 fr. 50 cent. (L. 22 frim. an 7, art. 68 § 2 n° 6, 28 avr. 1816, art. 44-10, 28 fév. 1872, art. 4).

2010. Procès-verbal. — Les affirmations des procès-verbaux des employés, gardes et agents salariés par l'État, faits dans l'exercice de leurs fonctions, sont exemptes de l'enregistrement (L. 22 frim. an 7, art. 70 § 3 n° 12). Cette exemption a lieu, quels que soient les agents qui ont rapporté les procès-verbaux (D. m. f. 9 mai 1809, 432 § 1er I. G.).

2011. Voyage. — Les affirmations de voyage, qui sont des actes passés au greffe, constatant qu'une personne s'est transportée ou a séjourné dans un lieu pour suivre un procès, sont soumis au droit fixe de 1 fr. 50 cent. lorsqu'elles sont passées au greffe de la justice de paix (L. 22 frim. an 7, art. 68 § 1er n° 51, L. 28 fév. 1872, art. 4, 511 J. E.). Si elles sont faites au greffe des tribunaux civils, ce droit est de 4 fr. 50 cent. Il est de 7 fr. 50 cent. si l'acte est reçu au greffe des cours d'appel (L. 28 avr. 1816, art. 44 et 45, L. 28 fév. 1872, art. 4).

1. PLURALITÉ DES DROITS. — Les actes d'affirmation de voyage doivent être rédigés individuellement; mais si plusieurs affirmations sont comprises dans un seul acte, on doit exiger autant de droits qu'il y a de parties (D. m. f. 18 niv. an 8, Circ. 1771). C'est ce que, dans l'ancien droit, Bosquet enseignait déjà en ces termes : « Il est sensible qu'un acte d'affirmation ne peut servir qu'à une seule partie et que si plusieurs, quoique compliqués solidairement dans un procès, prennent acte de leur voyage ou séjour, il doit être payé autant de droits qu'il y a de parties, parce que chacun doit affirmer son voyage ou son séjour pour en répéter les frais » (Bosquet t. 1er p. 101).

La même solution résulte d'une décision du ministre des finances de Belgique, du 9 octobre 1856, ainsi conçue : « Considérant que l'affirmation de voyage faite au greffe par une personne est indépendante, dans le sens de l'art. 11 de la loi du 22 frimaire an 7, de celle faite par une autre personne, encore qu'elles soient cointéressées dans le même procès; que cette communauté d'intérêts ne s'étend pas à l'affirmation de voyage dont l'intérêt se restreint à la personne qui l'a faite; qu'il est donc dû autant de droits fixes qu'il y a de parties affirmantes. »

2. DROIT DE GREFFE. — Les affirmations de voyage sont assujetties au droit de greffe fixe de rédaction de 1 fr. 25 cent. (L. 25 vent. an 7, art 5, Déc. 12 juill. 1848, 398 I. G.).

AGENT DE CHANGE. — COURTIER.

DIVISION

CHAPITRE PREMIER. — DROIT CIVIL [2012-2013]

2012. Définition. — L'agent de change est un agent intermédiaire, préposé par la loi pour la négociation des effets publics et autres susceptibles d'être cotés. Ils existent dans toutes les villes qui ont une bourse de commerce et ont été créés par la loi du 28 ventôse an 9.

1. BAILLEURS DE FONDS.—La loi du 2 juillet 1862 a permis aux agents de change d'intéresser des bailleurs de fonds dans leurs charges sous certaines conditions.

L'association qui se forme entre eux, à cet égard, si elle n'est pas, à proprement parler une des sociétés définies par la loi commerciale, n'en est pas moins une véritable société formant un être moral, ayant son actif et son passif particuliers (Cass. 14 nov. 1871, S. 72-1-235; C. Rennes 24 déc. 1875, 4667 R. P.).

2. ATTRIBUTIONS. — Les agents de change négocient les effets publics et autres susceptibles d'être cotés, tous les papiers commerciables et les matières métalliques (76 C. C.)

Les effets publics comprennent restrictivement ceux qui sont créés par l'État en représentation de ses emprunts et généralement toutes les actions émises par les compagnies autorisées par le gouvernement.

Les valeurs susceptibles d'être cotées, sont les effets qui, sans être publics, sont assez répandus pour être fréquemment négociés et admis sur le registre contenant la cote du cours.

Les effets commerciables comprennent les lettres de change, billets à ordre ou autres souscrits par des négociants, ou par des compagnies non autorisées par le gouvernement. La négociation de ces titres prend particulièrement le nom de change ou d'escompte.

3. TRANSFERT DE RENTES ET AUTRES EFFETS. — En cas de transfert de rentes sur l'État, le vendeur se présente au bureau des transferts, pour y faire sa déclaration et y remettre l'extrait d'inscription. Il y signe la minute du transfert par lui ou par son mandataire (L. 28 flor. an 7, art. 3). L'extrait d'inscription est ensuite remis à l'acheteur qui en donne décharge, en marge de la minute du transfert (*Id.* art. 4). Le transfert est fait au Trésor, en présence d'un agent de change qui certifie l'identité du vendeur, la vérité de la signature et des pièces produites (Arrêté 27 prair. an 10, art. 13).

La cession des actions de la Banque de France s'opère au moyen d'un transport peu différent de celui qui précède (Déc. 16 janv. 1808, art. 4).

A défaut d'agent de change, un notaire est appelé pour le remplacer (Ord. 14 avr. 1819, art. 6). D'où l'on a conclu que l'acte de transfert passé en présence de l'agent de change est authentique (Dalloz v° *Bourse* n° 253).

4. CERTIFICAT. — COMPTE DE RETOUR. — Le compte de retour qui accompagne le renvoi de l'effet protesté doit être certifié par un agent de change, et dans les lieux où il n'y en a pas, par deux commerçants. Si la retraite est faite sur l'un des endosseurs, elle doit être accompagnée, en outre, d'un certificat constatant le cours du change du lieu où la lettre était payable sur le lieu d'où elle était tirée (Art. 178, 181 C. C.).

5. OBLIGATIONS. — L'agent de change ou le courtier ne peut, dans aucun cas et sous aucun prétexte, faire des opérations de commerce ou de banque pour son compte. Il ne peut s'intéresser, directement ni indirectement, sous son nom ou sous un nom interposé dans aucune entreprise commerciale. Il ne peut ni payer, ni recevoir pour le compte de ses commettants (Art 85 C. C.). Il ne peut même se rendre garant de l'exécution des marchés dans lesquels il s'entremet (art. 87).

« C'est là, dit Dalloz, une pure fiction. L'obligation imposée aux agents de garder le secret sur les opérations dont ils sont chargés et sur les noms de leurs mandants, leur donne toutes facilités pour éluder la loi » — V. *Bourse de commerce* n° 218.

La disposition précédente ne défend pas, d'ailleurs, aux agents de recevoir en dépôt les fonds destinés aux achats. Ce dépôt rentre au contraire dans leur mandat (Rouen 5 déc. 1820 ; — Bruxelles 24 oct. 1829 ; Dalloz v° *Bourse* n° 295).

Si l'agent a reçu des titres en dépôt pour la garantie d'achats, ce dépôt a le caractère d'un simple nantissement qui ne lui attribue pas la propriété des valeurs déposées en gage (Dalloz *id.* 308-309). Il n'est pas non plus propriétaire des titres qu'il a achetés pour un client et qu'il a payés de ses deniers.

6. RECONNAISSANCES. — Les agents de change doivent fournir des reconnaissances des effets ou des sommes qui leur sont confiés (Arrêté 27 prair. an 10, art. 10). Mais cette obligation est souvent inexécutée.

7. BORDEREAU. — L'agent de change doit remettre à son client un acte ou bordereau constatant l'opération qu'il a faite pour lui (L. 28 vend. an 4, art. 6, art. 109 C. C.). La forme de ce bordereau varie avec les négociations. C'est une sorte de facture qui contient le nom et la signature de l'agent, bien que souvent cette signature même fasse défaut. On leur attribue, en général, le caractère de l'acte authentique (Dalloz *loc. cit.* 321).

Le bordereau signé par l'agent de change seul ne peut faire preuve de la négociation qu'autant qu'il concorde avec ses livres (Cass. 17 mars 1807, Toullier t. 8 n° 396).

8. CARNET. — Le carnet est un livre portatif sur lequel les agents de change doivent consigner toutes leurs opérations au moment où elles sont arrêtées. Il n'a d'autre destination que de fixer leurs souvenirs et de servir ensuite à la rédaction du journal. Il n'est assujetti à aucune forme particulière (Arrêt du Conseil 24 mars 1711, 11 sept. et 2 déc. 1786). Il est presque toujours tenu au crayon. Il est d'usage de le faire viser et parapher par le syndic de la chambre.

9. JOURNAL. — Les agents de change sont tenus de transcrire leurs opérations dans le jour sur un journal qui doit ainsi contenir, jour par jour, par ordre de date, sans rature, interligne, transposition et sans abréviation ni chiffres, toutes les conditions des ventes, achats, négociations, et en général de toutes les opérations faites par leur ministère (Art. 84 C. C.).

Les agents de change ont, en outre, d'autres livres pour leur comptabilité comme les autres commerçants.

Aucun de ces livres, pas plus le journal que les autres, n'est authentique. Ils peuvent servir d'éléments de preuve, mais ils ne font pas pleine foi de ce qu'ils renferment (1319 C. C.).

10. CHAMBRE SYNDICALE. — La chambre syndicale se compose d'un syndic et de six adjoints (Arrêté 29 germ. an 9, art. 15). Ses attributions sont disciplinaires ou intérieures, et semblables à celles dont sont investies les chambres des autres communautés. Elles sont aussi extérieures et spéciales.

Ces dernières se composent : 1° du droit de constater les cours cotés (L. 15 pluv. an 4) ; — 2° de dénoncer les contraventions aux règlements de la profession ; — 3° de représenter la compagnie pour toutes les actions judiciaires qu'elle a intérêt à engager.

2013. Courtier. — Les courtiers de commerce sont des commissionnaires agissant comme intermédiaires entre le vendeur et l'acheteur, et chargés exclusivement de vendre et d'acheter des marchandises, ou des effets publics. On distingue les courtiers de marchandises, les courtiers d'assurance, les courtiers interprètes et conducteurs de navire, les courtiers de transports.

La loi du 18 juillet 1866 a rendu cette profession libre. Mais, relativement au timbre et à l'enregistrement, les courtiers restent soumis à toutes les obligations qui leur ont été spécialement imposées par la loi, ou qui résultent du droit commun (D. m. f. 9 août 1867).

Pour les opérations qu'ils font en concurrence avec les agents de change ou à leur défaut, ils sont soumis aux mêmes obligations que ces derniers.

CHAPITRE II. — TIMBRE

[2014-2025 *bis*]

2014. Registres. — Les agents de change sont tenus d'inscrire leurs opérations sur un *carnet* (Arrêté 26 prair. an 10, art. 12), et de les porter ensuite, le *jour même*, sur un registre coté et paraphé par ordre de dates, sans ratures, interlignes, interpositions, abréviations ou chiffres. — V. 2012-8.

1. TIMBRE. — Ce registre doit être considéré comme un livre de commerce; c'est ce qui résulte de la législation ancienne comme de la nouvelle (Denisart, *Livres et registres*, Merlin, t. 18, p. 173 et 174; C. com., 8 et suiv., 84). — Ainsi l'art. 72 L. 28 avril 1816, qui a créé le timbre spécial aux livres de commerce, lui était applicable; d'où la conséquence qu'il se trouve aujourd'hui exempté du timbre par l'art. 4 L. 20 juillet 1837 (D. m. f. 31 janv. 1851, 15108 J. E.).

2. COURTIERS. — L'art. 47 de la loi du juin 1850 soumet cependant en termes exprès au timbre de dimension les livres que les courtiers doivent tenir en ce qui concerne les polices d'assurances maritimes. Mais cette disposition est spéciale aux courtiers de cette nature (D. m. f. 31 janv. 1851, 15108-2 J. E.).

3. CARNET. — AGENDA. — Les carnets ou agendas, que les agents ou les courtiers portent avec eux en Bourse, et sur lesquels ils inscrivent la note de leurs opérations, sont considérés comme des brouillons servant de base au livre-journal avec lequel ils se confondent, et ils sont exempts du timbre (8649 J. E.).

4. RÉPERTOIRE. — Les courtiers ont un répertoire sur lequel ils portent les procès-verbaux de ventes de meubles et les actes faits en conséquence de ces procès-verbaux. Ils sont astreints, pour la tenue de ce registre, à toutes les obligations relatives aux répertoires ordinaires (V. L. 16 juin 1824, art. 11, 1136 I. G.).

2015. Bordereaux. — Arrêtés.— Les bordereaux ou arrêtés des agents de change, dûment signés par les parties, constatent en justice les ventes et achats (C. com. 109), et, en général, les négociations de ces agents (Pardessus n° 126). Ce sont donc des actes sujets au timbre et l'art. 13 L. 5 juin 1850, en assujettissant au timbre de dimension ces bordereaux ou arrêtés, n'avait fait que rendre plus précise à leur égard la disposition générale de l'art. 12 L. 13 brumaire an 7.

L'art. 19 L. 2 juillet 1862 a modifié ce tarif. Il porte :

« Les bordereaux et arrêtés des agents de change et courtiers seront assujettis au droit de timbre du total des sommes employées aux opérations qui y sont mentionnées. Ce droit sera, savoir : pour les sommes de 10,000 francs et au-dessous, de 50 centimes ; et pour les sommes au-dessus, de 1 fr. 50 cent. Le papier destiné à ces bordereaux sera fourni par les agents de change et timbré à l'extraordinaire, conformément à l'art. 6 L. 11 juin 1842 » (2225 I. G.).

1. DÉCIMES. — Ces droits sont soumis aux deux décimes établis par l'art. 2 L. 23 août 1871.

2016. Signature des parties. — Il n'y a pas que les bordereaux ou arrêtés signés par l'agent ou le courtier et les deux parties, acheteur et vendeur, qui soient passibles du timbre. Sans se préoccuper de la question assez controversée de savoir si un bordereau de l'espèce rentre dans les prévisions de l'art. 109 C. com., il suffit qu'il existe pour donner ouverture au droit de timbre. Cette interprétation admise par une décision ministérielle du 31 janvier 1851 pour l'application de la loi du 5 juin 1850 (15108 J. E.) conserve toute son actualité sous le nouveau tarif de la loi de 1862.

2017. Cartes. — Notes. — Bulletins. — Les pièces connues sous les dénominations de *cartes*, *notes*, *bulletins*, etc., qui seraient remises aux parties, et qui seraient revêtues de la signature des agents de change seulement, faites à la main, ou au moyen d'une griffe, imprimées ou lithographiées, ainsi que celles qui seraient signées par l'une des parties contractantes, et non par l'officier public, tiennent lieu des bordereaux ou arrêtés ordinaires visés par la loi. Elles sont donc assujetties au timbre (D. m. f. 31 janv. 1851, 15108 J. E.).

L'agent qui substituerait à ces pièces un écrit non signé ne contenant pas les mentions suffisantes pour autoriser la demande du droit de timbre, commettrait une fraude passible de la répression disciplinaire (D. m. f. 8 juill. 1878).

2018. Duplicata. — Les bordereaux ou arrêtés délivrés dans le cours de la même négociation, en quelque nombre qu'ils soient, même ceux remis aux parties qui les rendent ensuite, et ceux appelés *comptes de liquidation* sont également assujettis au timbre. Ce n'est pas, en effet, l'ensemble de l'opération qui donne lieu au droit, mais chacun des titres qui la constitue. Or, en matière de timbre, le droit établi sur le papier destiné à la rédaction des actes, devient exigible chaque fois qu'un acte est rédigé, sans égard aux droits payés pour les autres actes faits dans la même opération (D. m. f. 31 janv. 1851, 15108 J. E.).

1. ACHATS SUCCESSIFS. — L'agent qui, après avoir acheté partie d'une rente et délivré un bordereau timbré, achèterait ensuite le surplus et délivrerait un bordereau récapitulatif non timbré, contreviendrait donc à la loi (Sol. 25 juill. 1866 et 27 juin 1867).

2. ACHATS OFFICIELS. — Mais on considère comme des pièces d'ordre intérieur, affranchies du timbre, les doubles du bordereau dûment timbré que l'agent chargé par un trésorier général d'acheter des rentes pour le compte des communes et des établissements publics remet à ce comptable, et qui sont produites par lui au soutien de ses écritures (Sol. 23 juin 1854, 18 août 1855, 9 sept. 1863, 25 avr. 1865).

2019. Exemption de timbre. — Sont exempts du timbre, en matière de bordereaux et d'arrêtés des agents de change, les bulletins échangés entre les agents de change et courtiers, *lorsqu'ils les conservent*, et les notes et pièces informes ne pouvant faire titre aux parties (D. m. f. 31 janv. 1851, 15108 J. E.).

2020. Caisse d'épargne, de retraite et de dotation. — Sont affranchis du timbre les bordereaux délivrés par les agents de change pour les achats de rentes faits par la Caisse des dépôts et consignations pour le compte des caisses d'épargne et de retraite (D. m. f. 28 sept. 1850, 15032 J. E.).

L'exemption du timbre a été confirmée à l'égard des caisses d'épargnes par une D. m. f. du 12 septembre 1860 (2187 § 1er I. G. et 1448 R. P.) et étendue par la même décision aux bordereaux constatant l'achat de rente faits par la caisse de la dotation de l'armée avec les fonds versés par les militaires de tous grades.

1. CAISSE D'AMORTISSEMENT. — Les rachats de rente faits par la caisse d'amortissement sont opérés par l'État. Les bordereaux des agents de change doivent donc être visés pour timbre gratis, conformément au principe général de l'art. 70 § 2 n° 1 ; de la loi du 22 frimaire an 7 (D. m. f. 3 janv. 1858 —V. 1303-16 I. G.).

2. SOCIÉTÉ DE SECOURS MUTUELS. — On a décidé, de même que les bordereaux des agents de change concernant exclusivement les sociétés de secours mutuels sont exempts du timbre, quand ils mentionnent que l'achat est payé des deniers de ces caisses, par application de l'art. 11 du Déc. du 26 mars 1852 (Sol. 29 juill. 1867).

2021. Décharges et reçus. — Sous l'empire de la loi du 5 juin 1850, il avait été reconnu que le timbre de dimension était applicable aux reçus et décharges remis par les parties aux agents de change et aux courtiers (D. m. f. 31 janv. 1851, 15108 J. E., D. m. f. 10 fév. 1865).

D'après l'art. 18 de la loi du 23 août 1871 qui régit actuellement la matière, c'est le droit de 10 centimes qui est exigible (Sol. 3 juin 1872).

2022. Timbre extraordinaire. — La loi de 1850 avait innovée sur la loi du 13 brumaire, en ce sens que son art. 13 accorde aux agents de change la faculté de faire timbrer à l'extraordinaire les papiers qu'ils destinent à la rédaction de leurs bordereaux, faculté qui leur était refusée par la disposition générale de l'art. 17 de l'ancienne loi.

L'art. 19 de la loi du 2 juillet 1862 a supprimé la faculté accordé aux agents de se servir du papier de la débite. Les bordereaux ne peuvent plus être rédigés que sur papier timbré à l'extraordinaire.

Un décret du 3 juillet 1862 porte à cet égard : « Il sera établi pour les bordereaux et arrêtés des agents de change et courtiers, des timbres indiquant le montant des droits fixés par l'art. 19 de la loi du 2 juillet 1862. Ces timbres seront conformes aux modèles annoncés au présent décret » (2225 I. G.).

Mais il n'existe aucune peine contre l'agent qui se servirait du papier de la débite.

2023. Quotité de l'amende. — Le même art. 13 L. 5 juin 1850 élève de 100 francs à 500 francs l'amende qu'avait prononcée la loi du 13 brumaire an 7, art. 26 ; cette amende de 500 francs est encourue par tout agent de change qui, à partir du 1er juillet 1850, a rédigé un bordereau ou un arrêté sur papier non timbré ou non timbré à l'extraordinaire.

Cette amende n'a pas été modifiée par la loi du 2 juillet 1862, ni par celle du 23 août 1871.

2024. Cession. — L'agent de change ou courtier qui concourt à la cession d'une action non timbrée du timbre d'abonnement d'une société abonnée, encourt une amende de 12 pour 100 — V. *Abonnement*.

Il encourt également une responsabilité en prêtant son ministère à la transmission d'un titre d'action ou d'obligation étrangère non timbrée, ou qui n'a pas acquitté les droits dus au Trésor. C'est une matière spéciale qui est traitée au mot *Étranger*.

2025. Certificat. — 1. COMPTE DE RETOUR. — Les certificats des agents de change, joints aux comptes de retour, dans les cas prévus par les art. 180 et 181 C. com., doivent être rédigés sur du papier timbré de dimension (3511 J. E.).

2. AVAL. — La signature de l'agent de change attestant la dernière signature mise au bas d'un effet de commerce, n'a rien de commun avec l'aval. — V. 2453.

2025 *bis*. Copie. — Expédition. — Les copies que les courtiers délivrent des ventes de navires, auxquelles ils procèdent, sont des copies d'actes authentiques faites par des dépositaires publics et elles doivent, comme les expéditions, être rédigées sur du moyen papier (Sol. 30 avr. 1864).

ALÉATOIRE.

2026. Définition. — On appelle contrat aléatoire une convention réciproque, dont les effets, quant aux avantages et aux pertes, soit pour toutes les parties, soit pour l'une ou plusieurs d'entre elles, dépendent d'un événement incertain (1104 C. C.).

« *Tels sont*, porte l'art. 1964 C. C., le contrat d'assurance, le prêt à la grosse aventure, le jeu et le pari, le contrat de rente viagère. » Mais il est évident que ces exemples ne sont pas limitatifs ; c'est ce que font entendre clairement les mots *tels sont*, qui en précèdent la nomenclature (Merlin *Rép.* t. 15 p. 140).

2027. Nature du contrat. — Les contrats aléatoires forment une convention parfaite à l'égard de l'une et de l'autre des parties, encore bien que l'objet qui forme la matière de l'engagement ne présente pour l'une d'elles qu'une simple espérance, car cette espérance elle-même, lorsqu'elle porte sur un objet qui est dans le commerce, n'en est pas moins un droit susceptible d'évaluation (Delvincourt t. 2 p. 269 et t. 3 p. 203, Pothier *Contrat de jeu* nos 1 et 2). Aussi, encore bien que l'une des parties puisse être appelée à ne rien donner en échange de ce qu'elle aura à recevoir, le contrat n'en est pas moins commutatif et à titre onéreux, car l'équivalent donné consiste alors dans une chance de perte ou de gain dont la valeur peut être appréciable d'une manière rigoureuse, si on lui fait l'application des règles établies par le calcul des probabilités. Le contrat aléatoire est *commutatif*, disons-nous, en tant que, comme dans tout contrat onéreux, on entend de part et d'autre s'y procurer un avantage, mais avec cette différence que dans le contrat commutatif proprement dit, l'avantage est certain des deux côtés, tandis que, dans le contrat aléatoire, l'avantage que recherche chacune des parties, ou seulement l'une d'elles (1964 C. C.), est soumis à une chance, *alea*.

2028. Condition et forfait. — Il faut bien distinguer les contrats aléatoires des engagements conditionnels, qui dépendent en quelque sorte, comme les premiers, d'un événement incertain. La différence résulte de ce que, quel que soit l'événement, les premiers ont leur accomplissement, ainsi qu'on vient de le voir. Il n'est pas donné au hasard de décider s'ils auront leur effet, mais seulement *quel sera cet effet*; tandis que, dans les engagements conditionnels, l'événement de la condition affecte la substance même du contrat; le contrat n'existe qu'autant que la condition existe, et, jusque-là, son effet est suspendu. Un exemple fera parfaitement sentir cette distinction. J'achète d'un pêcheur son coup de filet: *le contrat est formé à l'instant*; il faut, et que le pêcheur jette son filet, et que je paye le prix convenu aussitôt que le filet sera retiré, soit qu'il s'y trouve beaucoup ou rien. J'achète d'un pêcheur un brochet, *s'il le pêche*: il y a achat et vente, s'il y a par événement un brochet pêché; mais si le pêcheur ne pêche point, ou s'il pêche autre chose qu'un brochet, il n'y a ni achat ni vente.

2029. Interprétation de l'intention des parties. — On doit suivre scrupuleusement les termes de la convention et avoir cependant toujours égard à l'intention des parties. Si donc le hasard produit quelque gain d'une autre nature que celui que l'acheteur a eu dessein d'acquérir, ce gain ne doit pas lui appartenir, quoique en suivant la lettre de la convention il pût y prétendre. Tel fut le sujet de la dispute entre les pêcheurs de Cos et un étranger de Milet, dont a parlé Plutarque dans sa *Vie de Solon*. L'étranger, qui avait acheté un coup de filet, prétendait qu'une table d'or, que ce coup de filet avait amenée, lui appartenait. Les pêcheurs le niaient, et avec raison, parce que, dans ce cas, il ne s'agissait manifestement que du poisson qui serait pris.

2030. Enregistrement. — La distinction que nous avons établie au n° 2028 est importante au point de vue de l'enregistrement, car, de ce que les contrats aléatoires emportent un effet actuel, il s'ensuit que les droits auxquels ils donnent lieu par leur nature sont exigibles au moment où l'acte est soumis à la formalité, ce qui n'a pas lieu, ainsi qu'on le verra, n° 4915, lorsqu'il s'agit d'un contrat soumis à une condition. Les principes qui régissent les contrats aléatoires posés, on en trouvera souvent l'application dans le cours de cet ouvrage, et nous aurons soin de la signaler toutes les fois qu'elle se présentera. Nous ferons cependant remarquer qu'il est certains contrats aléatoires qui, à raison de leur importance, exigent des explications particulières qui font l'objet d'articles détaillés de ce dictionnaire; tels sont le contrat d'*assurance*, le contrat *à la grosse*, le contrat de *rente viagère*.

1. CONTRAT ONÉREUX. — BAIL. — Répétons encore ici qu'il est important de ne pas perdre de vue que le contrat aléatoire est un contrat onéreux, ainsi que nous l'avons déjà fait remarquer n° 2027. Ainsi, un bail est fait pour cinquante ans, moyenant 5,000 francs par an, payables seulement pendant la vie du bailleur, de sorte que, s'il décède avant les cinquante ans, le preneur continuera de jouir sans payer de loyer. Il n'y a pas *donation* mais simple *alea* dans cette clause. Le droit de bail est le seul exigible (6026 J. E.).

2. DISPOSITION PARTICULIÈRE. — OBLIGATION. — Une condition aléatoire peut être insérée dans un contrat qui ne l'est pas de sa nature, sans pour cela donner ouverture à un droit particulier. Un individu emprunte 100,000 francs remboursables au décès d'une tierce personne. Il est stipulé, *par convention aléatoire*, que les intérêts qui courront jusqu'à cette époque sont fixés à 50,000 francs et que la somme totale produira intérêts un an après l'événement prévu. L'Administration a délibéré, le 31 juillet 1824 (7841 J. E., 1150 § 11 I. G.), que la stipulation aléatoire, relative aux intérêts, ne représente que des intérêts à échoir qui n'existent point encore et sur lesquels aucun droit d'enregistrement ne peut être exigible. Cette solution repose d'ailleurs sur cet autre principe rappelé dans l'I. G. 1156 § 8, savoir: que dans une obligation de somme, les intérêts ne doivent pas être ajoutés au capital pour la perception, lors même qu'ils sont représentés par une somme déterminée, payable en même temps que le capital. — *V. Intérêts.*

ALGÉRIE.

DIVISION

SOMMAIRE

CHAPITRE PREMIER. — DISPOSITIONS GÉNÉRALES

[2031-2044]

2031. Lois politiques. — La constitution de 1848 a déclaré que le territoire de l'Algérie faisait partie du territoire français et qu'il serait soumis à des lois particulières. Il fut décidé plus tard par l'art. 27 de la constitution du 14 janvier 1852 que le Sénat réglerait la constitution de l'Algérie; mais aucun sénatus-consulte n'a été rendu sur ce point.

Les lois générales de la métropole, destinées à protéger les Français dans leur personne et leurs propriétés sont devenues obligatoires en Algérie par le seul fait de la conquête et de l'occupation, sans qu'on puisse opposer le défaut de promulgation locale (Cass. 17 nov. 1865, D. 66-1-95, S. 1-266, 15 juill. 1868, S. 68-1-448).

C'est ce qui a été décidé notamment au sujet du C. forestier (même arrêt), de la loi du 25 ventôse an 11 sur le notariat (Alger 11 déc. 1861, S. 62-2-61; — Cass. 4 fév. 1863, D. 63-1-306).

Mais les actes législatifs, édictés ultérieurement, qui ne se bornent pas à apporter de simples modifications à la législation déjà appliquée dans la colonie, n'y deviennent exécutoires qu'autant qu'ils ont été l'objet d'une promulgation spéciale (Cass. 5 janv. 1871, S. 1872-1.-63).

2032. Notaires. — L'exercice du notariat en Algérie est régi en général par les dispositions de la loi du 25 ventôse an 11 (Arrêté minist. 30 déc. 1842).

Mais les offices ne sont pas transmissibles et il ne peut en être traité, sous aucun prétexte, moyennant aucun prix, soit par le titulaire soit par ses héritiers ou ayant cause (même arrêté, art. 14). Cependant le nouveau titulaire est tenu d'indemniser l'ancien ou ses héritiers jusqu'à concurrence des recouvrements à faire et cette indemnité est réglée par le tribunal, sauf approbation du ministre de la guerre. Tout traité à l'amiable est nul (Art. 52).

Les notaires tiennent un registre particulier mentionnant la remise des testaments olographes déposés entre leurs mains. Ce registre est soumis au visa des préposés de l'enregistrement. Lorsque le décès parvient à leur connaissance, ils doivent faire les diligences nécessaires pour provoquer l'ouverture de ces testaments (Art. 26-27).

Ils doivent aussi tenir un registre soumis au visa des préposés de l'enregistrement, sur lequel ils mentionnent les sommes qu'ils reçoivent en dépôt, les noms des déposants, la date des dépôts et l'emploi des sommes déposées (*id.* art. 28).

2033. Greffiers. — Les greffiers sont, comme les notaires, nommés par le ministre de la guerre. Ils reçoivent une indemnité moyennant laquelle tous les frais matériels du greffe restent à leur charge. Les greffiers n'ont droit à aucune vacation pour les opérations auxquelles ils procèdent. Il leur est seulement alloué une indemnité de transport, en cas de déplacement.

2034. Défenseurs. — Les fonctions d'avoués sont exercées en Algérie par des défenseurs à la nomination du ministre de la guerre. Le tarif des avoués de France leur est applicable et leur ministère est obligatoire dans tous les cas où celui d'un avoué serait indispensable en France (Arrêté minist. 26 nov. 1841, art. 33, 34).

2035. Huissiers. — Un arrêté du 26 novembre 1842 a réglé l'exercice de la profession d'huissier. Ces agents sont nommés par le ministre de la guerre et ils ont droit au tarif adopté pour Paris.

2036. Commissaires-priseurs. — Les commissaires-priseurs doivent, dans la huitaine de la clôture des ventes, rendre compte du produit aux ayants droit. Dix jours après la dernière séance du procès-verbal de vente, ils sont débiteurs des intérêts. Les autres dispositions auxquelles sont assujettis les commissaires priseurs de France leur sont d'ailleurs applicables.

2037. Curateurs aux successions vacantes. — Ces fonctions sont remplies en Algérie par des agents spéciaux nommés par le procureur général et placés sous la surveillance du directeur des services civils.

2038. Promulgation des lois. — La promulgation des lois, décrets et règlements exécutoires en Algérie est confiée au gouverneur général et résulte de l'insertion au bulletin officiel des actes de ce gouverneur. La promulgation est réputée connue à Paris, le jour de la réception du bulletin au secrétariat général du ministère de la marine et des colonies; au chef-lieu de chaque province de l'Algérie un jour après la réception du bulletin par le préfet du département et dans les circonscriptions administratives après l'expiration du même délai, augmenté d'autant de jours qu'il y a de fois cinq myriamètres de distance entre le chef-lieu de la province et celui de la circonscription. Dans les circonstances extraordinaires, la promulgation peut être faite à son de caisse ou par affiches. Les actes ainsi promulgués sont immédiatement obligatoires (Déc. 27 oct. 1858).

Il a été cependant décidé que les lois *d'intérêt général* qui régissent la France sont, de plein droit et sans qu'il soit besoin d'une promulgation spéciale, exécutoires en Algérie à l'égard des Français, dans les dispositions qui n'ont pas été modifiées par la législation spéciale relative à cette colonie (*Suprà* n° 2031).

2039. Appel. — Le délai pour appeler d'un jugement est toujours de trente jours; la loi du 3 mai 1862 n'a pas dérogé, à cet égard, à la législation spéciale qui régit l'Algérie, et ce délai est augmenté d'un mois à raison de la distance, si l'une des parties est domiciliée en France (C. Alger 3 fév. 1866, S. 66-2-219).

2040. Constitution de la propriété. — 1. BIENS DES PARTICULIERS. — La propriété est inviolable, sans distinction entre les possesseurs indigènes et les possesseurs français et autres (L. 16 juin 1851, art. 10); peu importe que les droits de propriété et les droits de jouissance appartiennent aux particuliers ou aux tribus, ou à des fractions de tribus; ces droits ayant été reconnus tels qu'ils existaient au moment de la conquête ou tels qu'ils avaient été maintenus, réglés ou constitués postérieurement par le gouvernement français (*V.* Cass. 18 juin 1861 et 24 déc. 1862, S. 1863-1 p. 95 L. 16 juin 1851 art. 12) et chacun ayant le droit de jouir et de disposer de sa propriété de la manière la plus absolue, en se conformant à la loi (Même loi art. 14).

2. BIENS DU DOMAINE PUBLIC ET DE L'ÉTAT. — Ces biens sont :

Sous le nom de domaine public : 1° les biens de toute nature que le C. C. et les lois générales de la France déclarent non susceptibles de propriété privée; — 2° les canaux d'irrigation, de navigation et de dessèchement exécutés par l'État ou pour son compte dans un but d'utilité publique, et les dépendances de ces canaux; les aqueducs et les puits à l'usage du public; — 3° les lacs salés, les cours d'eau de toute sorte et les sources. Néanmoins ont été reconnus et maintenus, tels qu'ils existaient, les droits privés de propriété, d'usufruit ou d'usage, légalement acquis antérieurement à la promulgation de la loi du 16 juin 1851 sur les lacs salés, les cours d'eau et les sources (Même loi art. 1er et 2).

Et sous le nom de domaine de l'État : 1° les biens qui, en France, sont dévolus à l'État, soit par les art. 33, 539, 541, 713, 723 C. C. et par la législation sur les épaves, soit par suite de deshérence, en vertu de l'art. 768 C. C. en ce qui concerne les Français et les étrangers, et, en vertu du droit musulman, en ce qui concerne les indigènes; — 2° les biens et droits mobiliers et immobiliers provenant du Beylick, et de tous autres réunis au domaine par des arrêtés ou ordonnances rendus antérieurement à la promulgation de la loi du 16 juin 1851; — 3° les biens séquestrés qui auront été réunis au domaine de l'État dans les cas et suivant les formes prévus par l'ordonnance du 31 octobre 1845; les bois et forêts, sous la réserve des droits de propriété et d'usage régulièrement acquis avant la promulgation de la loi du 16 juin 1851 (Même loi art. 1er et 4).

3. BIENS DES DÉPARTEMENTS. Le domaine départemental se compose : 1° des édifices et bâtiments domaniaux qui sont ou seront affectés aux différents services de l'administration départementale; — 2° des biens meubles ou immeubles et des droits attribués aux départements par la législation générale de la France (Même loi art. 8).

4. BIENS DES COMMUNES. — Le domaine communal se compose : 1° des édifices et bâtiments domaniaux qui sont ou seront affectés aux services de l'administration communale; — 2° des biens déclarés biens communaux et des droits conférés aux communes par la législation générale de la France ; — 3° biens et des dotations qui sont ou pourront être attribués aux des communes par la législation spéciale de l'Algérie (Même loi art. 9).

5. SÉNATUS-CONSULTE DU 22 AVRIL 1863. — Un sénatus-consulte du 22 avril 1863, relatif à la constitution de la propriété en Algérie, dans les territoires occupés par les Arabes, a reconnu les tribus de l'Algérie propriétaires des territoires dont elles ont la jouissance permanente et traditionnelle, à quelque titre que ce soit. Il a, en conséquence, confirmé tous actes, partages ou destructions de territoires intervenus entre l'État et les indigènes relativement à la propriété du sol. Il a, enfin, ordonné la délimitation administrative des territoires des tribus.

Ce décret a réservé à l'État la propriété des biens du beylick et celle du domaine public ainsi que des bois et forêts.

6. LOI DU 16 SEPTEMBRE 1873. — En dernier lieu, une loi du 26 juillet-16 septembre 1873 a placé la propriété immobilière en Algérie tout entière sous le régime de la législation française.

Ainsi, l'établissement de la propriété immobilière, sa conservation et sa transmission sont régis par la loi française.

Spécialement, la loi du 23 mars 1855 sur la transcription doit y être appliquée au fur et à mesure de la délivrance des titres de propriété pour les conventions relatives aux immeubles sur lesquels la propriété individuelle aura été constituée par application de la loi nouvelle.

Provisoirement, la loi du 16 septembre 1873 n'est appliquée qu'à la région du Tell algérien et à quelques petits districts désignés par décrets.

7. EXPROPRIATION. — L'expropriation pour cause d'utilité publique est régie par la loi du 16 juin 1851 d'après des principes analogues à la législation de la métropole. L'art. 58 de la loi du 3 mai 1841 y est en vigueur (Ord. 1er oct 1844, art 76).

2041. Date certaine des actes. — En Algérie les actes passés devant les cadis n'ont de date, vis-à-vis des tiers, que du jour de leur transcription sur les registres dont la tenue est prescrite par les art. 51 et 60 du décret du 1er octobre 1854 (Cass. 5 juill. 1859, D. 59-1-314).

L'arrêté du 21 juin 1831 qui exigeait, à peine de nullité, l'enregistrement des actes passés en Algérie, a été abrogé par l'ordonnance du 16 novembre 1841 qui a appliqué à l'Algérie les lois relatives à l'enregistrement en France (Cass. 23 nov. 1858, D. 1859-1-130).

2042. Statut matrimonial. — Ce n'est pas le régime de la communauté tel qu'il est réglé par la loi française, mais le régime dotal consacré par la loi mosaïque qui est le droit commun des israélites, du moins pour ceux qui se sont mariés avant la dernière ordonnance relative au mariage des israélites de l'Algérie (C. Alger 16 nov. 1858, S. 59-2-509). — La célébration du mariage de ces israélites dans les formes de la loi française n'implique pas, de leur part, renonciation à leur statut personnel (C. Alger 19 mars 1866 et 26 juill. 1869, S. 69-1-265).

2043. Succession. — Avant le sénatus-consulte du 14 juillet 1865, les successions entre indigènes professant le judaïsme étaient réglées selon les dispositions de la loi mosaïque. Ainsi la succession d'un juif, mort sans postérité, était dévolue au père ou à l'ascendant survivant, et, à leur défaut, au collatéral consanguin le plus proche, à l'exclusion de la mère (C. Alger 23 janv. 1855, S. 55-2-565). Mais l'art. 2 de ce sénatus-consulte ne réserve en leur faveur que l'application des règles du droit israélite, relativement à leur état et à leur capacité; en conséquence, c'est d'après la loi française et non pas d'après la loi rabbinique, que doit être réglée la dévolution des successions entre israélites indigènes de l'Algérie, cette matière se rattachant au statut réel et non au statut personnel (Cass. 16 juin 1868, S. 69-1-377 ; — Cass. 5 déc. 1871, S. 72-1-189; — Alger 22 déc. 1871, S. 72-2-196).

2044. Législation fiscale.— Timbre et enregistrement.— Les lois, décrets et ordonnances qui régissent le timbre et l'enregistrement en France ont été déclarés exécutoires en Algérie, à partir du 1er juillet 1843 (Ord. 10 janv. 1843). Mais il faut une ordonnance spéciale pour y appliquer les lois et décrets rendus en France depuis cette époque (Art. 2 de l'Ord. du 1er janv. 1843).

La plupart de ces lois ont été, en exécution de l'ordonnance de janvier 1843, déclarées applicables en Algérie après un délai plus ou moins long à partir de leur promulgation en France ; nous indiquons ici les principales :

1. LOIS EXÉCUTOIRES. — 1° La loi du 23 juin 1857 art. 6, 7, 8, 9, 10 et 11, et les décrets réglementaires des 17 juillet 1857, 11 décembre 1864, sur le droit de transmission des actions et obligations des sociétés françaises et étrangères, ont été déclarés exécutoires en Algérie par décret du 26 août-4 octobre 1865 ;

2° La loi du 22 janvier 1851, sur l'assistance judiciaire, a été déclarée également exécutoire, sauf certaines modifications de détails, dans toute l'étendue de l'Agérie, par décret du 2-19 mars 1859. Les dispositions relatives au timbre et à l'enregistrement n'ont subi aucun changement;

3° La loi du 11 juin 1859 sur le timbre et l'enregistrement a été rendue exécutoire, pour les articles 19 à 24, par décret du 11-23 janvier 1860;

4° Le décret du 18 janvier 1860 qui règle la forme, le prix et les conditions d'emploi des timbres mobiles à apposer sur les effets de commerce venant de l'étranger ou des colonies où l'enregistrement n'est pas établi, a été rendu exécutoire en Algérie par un décret du 18 février-26 mars 1860 ;

5° Les art. 17 à 27 de la loi du 2 juillet 1862 sur le timbre ont été déclarés exécutoires par décret du 14-31 juillet 1862. — Le décret rendu le 3 juillet 1862 sur le timbre de dimension a été également déclaré exécutoire dans la colonie par un décret du 27 juillet-23 août suivant. — L'art. 20 de la même loi du 2 juillet 1862, et le décret réglementaire du 30 juillet 1862 relatif au nombre de lignes à inscrire sur les copies d'exploits et les significations de pièces ont été déclarés applicables à l'Algérie par un décret du 13-19 mai 1863 (1778 R. P.) ;

6° L'art. 10 de la loi du 13 mai 1863 sur les récépissés du chemin de fer a été appliqué à l'Algérie par un décret du 16 septembre 1871 ;

7° L'art. 6 de la loi du 8 juin 1864 et le décret du 27 novembre 1864 établissant des timbres mobiles de 20 cent. pour les papiers de dimension a été rendu exécutoire en Algérie par décret du 24 décembre suivant ;

8° Les lois des 23 août 1871 et 28 février 1872 sur le timbre et sur l'enregistrement ont été également promulguées dans la colonie (Déc. des 12 déc. 1871 et 22 juin 1872);

9° Il en est de même de l'art. 6 L. 27 juillet 1870 et du décret du 21 déc. 1872 sur le timbre des papiers destinés à l'impression des affiches (Déc. du 22 avr. 1873) et de la loi du 30 déc. 1873 sur le timbre des copies d'exploits ;

10° Et enfin de la loi du 19 février 1874 portant augmentation de divers droits de timbre et d'enregistrement.

2. LOIS NON EXÉCUTOIRES. — Les lois qui restaient à rendre exécutoires en 1874 dans la colonie sont les suivantes :

1° La loi du 27 juillet 1870 art. 4, relative aux échanges d'immeubles ruraux contigus;

2° La loi du 16 septembre 1871, art. 11, qui élève le taux des droits de transmission à percevoir sur les titres des sociétés ;

3° La loi du 30 mars 1872, art. 1er à 4, et le décret réglementaire du 24 mai suivant sur les droits de transmission des titres au porteur, et les droits des titres émis par les villes, provinces et établissements publics étrangers ;

4° La loi du 30 mars 1872 et le décret du 24 juillet 1872 sur les connaissements ;

5° La loi du 25 mai 1872 sur le timbre des titres de rentes et effets publics des gouvernements étrangers ;

6° La loi du 29 juin 1872 et le décret du 6 décembre 1872 relatifs à l'impôt sur le revenu des valeurs mobilières ;

7° La loi du 20 décembre 1872, art. 3, sur les effets de commerce tirés de l'étranger sur l'étranger.

On trouvera aux n°s 4185 et 4384 R. P. l'indication des autres lois promulguées depuis la publication de cette édition.

CHAPITRE II. — TIMBRE

[2045-2050]

2045. Actes. — Expéditions, quittances. — Les lois et décrets relatifs au timbre ont été déclarés applicables en Algérie par une ordonnance du 10 janvier 1843. Le tarif est le même. Une autre ordonnance du 19 octobre 1844 porte : Art. 1er. Les expéditions et quittances de droits délivrés par les administrations financières de l'Algérie seront timbrées. L'administration des finances fera elle-même appliquer ce timbre et tiendra compte de son produit. Sont toutefois affranchis du timbre les expéditions relatives au transport des graines, les manifestes de cargaisons et les déclarations qui doivent être fournies aux douanes. — Art. 2. Le droit de timbre des expéditions et quittances délivrées par les administrations financières est fixé conformément à la législation de la métropole sans addition du décime. — Art. 3. Les quittances des articles d'argent déposées à la poste seront constatées par un mandat timbré de 35 centimes, lorsque la somme excédera 10 francs. Les quittances de 10 francs et au-dessous sont affranchies de tout droit de timbre. Le droit sera toujours payé par l'envoyeur. — Art. 4. Le droit de timbre des expéditions et quittances sera perçu au profit du Trésor (13599 J. E.).

2046. Registres des cadis. — Extraits. — Tous les registres tenus par les juges musulmans (cadis et medjlès) sont exempts du timbre (Déc. du 1er oct. 1854, art. 60 et 67). Aucun extrait, copie ou expédition d'actes, ou de jugements des tribunaux indigènes, ne peut néanmoins être délivré sur papier non timbré sous peine d'amende ; mais les cadis peuvent écrire ces copies, extraits ou expéditions sur du papier de toute dimension (Même Déc. art. 68).

2047. Actes et effets de commerce. — Quand des actes et effets de commerce non timbrés venant de l'Algérie sont soumis en France à la formalité du timbre, les droits et amendes doivent être perçus selon les dispositions en vigueur dans la colonie (D. m. f. 29 avr. 1846, 1754 I. G., 13999 J. E.).

2048. Indigents. — Un décret du 19 mars 1852 (1876 I. G.), a déclaré exécutoire en Algérie la loi du 10 décembre 1850, qui prescrit le visa pour timbre gratis des pièces nécessaires au mariage des indigents, à la légitimation de leurs enfants naturels et aux retraits de ces enfants déposés dans les hospices.

Les maires sont remplacés, à cet égard, par les commissaires civils dans les localités érigées en commune et par les commandants militaires dans les autres (Déc. 17 mars 1852, art. 2).

L'extrait du rôle des contributions exigé en France est remplacé par une déclaration d'indigence faite par deux témoins devant les fonctionnaires désignés ci-dessus. Le commissaire de police, ou à son défaut l'officier remplissant les fonctions de maire, délivrera le certificat d'indigence qui doit être, en outre, visé par le juge de paix en territoire civil et par le commandant militaire en territoire militaire. Ce certificat suffit aux habitants de l'Algérie pour obtenir en France l'application de la loi de 1850. Le dépôt préalable du certificat négatif prescrit par le dernier paragraphe de l'art. 8 de la loi de 1850 n'est pas exigé en Algérie. Les dispositions précédentes sont applicables aux israélites et aux étrangers pour tous actes, formalités, productions de pièces et décisions judiciaires émanant de l'autorité judiciaire ou administrative de l'Algérie (Déc. du 17 mars 1852, art. 6, 7, 8).

2049. Colonies agricoles. — Les certificats de libération du service militaire et les extraits des registres de l'état civil demandés par les individus qui se rendent en Algérie pour y fonder des colonies agricoles, sont exempts du timbre, à condition que chacune de ces pièces portera la mention de sa destination (D. m. f. 13 déc. 1848 et 27 mai 1850, 14661-3 J. E.).

2050. Biens indivis. — Licitation et partage. — Les actes et pièces relatifs au partage et à la licitation de biens indivis entre le domaine de l'État et les particuliers, en Algérie, sont dispensés du timbre (Déc. du 2 avr. 1854, art. 22, 15822-2 J. E.).

CHAPITRE III. — ENREGISTREMENT

[2051-2060]

2051. Tarif. — Les lois, décrets et ordonnances qui régissent, en France, les droits d'enregistrement, de greffe et d'hypothèque, ont été rendus exécutoires en Algérie. Toutefois, il n'est perçu que la moitié des droits, soit fixes, soit proportionnels, décimes non compris, qui sont exigibles en France, sans que, néanmoins, dans aucun cas, le minimum du droit pour un même acte puisse être au-dessous de 25 centimes (Ord. 19 oct. 1841).

1. SUCCESSION. — Les mutations de biens, meubles ou immeubles, droits et créances, opérées par décès, ne sont assujetties, en Algérie, à aucun droit, ni soumises à aucune déclaration (Ord. 19 oct. 1841 art. 4). — La dévolution des successions indigènes est soumise à des lois spéciales (4083 R. P.).

2. PUBLICATION. — L'ordonnance de 1841 dispose, en outre, que les lois et ordonnances qui pourraient être rendues en France, relativement aux droits d'enregistrement, ne deviendront exécutoires en Algérie qu'en vertu d'ordonnances spéciales. On peut voir (*suprà*, 2044) l'indication des princi-

pales lois ou décrets sur le timbre et l'enregistrement déclarés exécutoires en Algérie.

2052. Liquidation.—La liquidation des droits exigibles a lieu conformément aux règles adoptées en France. Ainsi, par exemple, en Algérie, le droit dû sur un contrat de rente perpétuelle ou viagère se calcule sur un capital formé de dix ou vingt fois la rente, quoique l'intérêt de l'argent soit bien plus élevé qu'en France (Cass. 19 nov. 1851, 15357 J. E., S. 52-1-48, P. 52-1-112).

2053. Délai. — Les actes passés en Algérie et contenant transmission de propriété, usufruit ou jouissance d'immeubles situés en France, doivent être enregistrés en France dans les deux ans de leur date (L. 22 frim. an 7, art. 22).

2054. Acte de notoriété. — Concession de terres. — Un décret du 23 avril 1852, inséré le 24 janvier 1855 au *Bull. des lois*, porte que les actes de notoriété destinés à constater les ressources des demandeurs en concessions de terres en Algérie seront passés devant les juges de paix ou les fonctionnaires qui les remplacent dans la colonie et enregistrés au droit fixe de 1 franc (2049 I. G.), actuellement 1 fr. 50 cent. (L. 28 fév. 1872, art. 4). Ce taux est applicable aux actes de l'espèce passés devant les juges de paix de France.

2055. Expéditions des actes des cadis. — L'art. 69 du décret du 1er octobre 1854, relatif à l'organisation des tribunaux musulmans, dispose qu'en territoire civil les expéditions des jugements et actes translatifs de propriété ou d'usufruit d'immeubles, reçus par les cadis, seront soumis à l'enregistrement dans les trois mois de leur date, à peine d'un droit en sus, ainsi que les baux à ferme, à loyer ou à rente, les sous-baux, cessions ou subrogations de baux et les engagements de biens de même nature.

2056. Biens indivis. — Licitation et partage. — Sont dispensés du timbre et doivent être enregistrés gratis les actes relatifs au partage et à la licitation de biens indivis entre le domaine de l'État et les particuliers en Algérie (Déc. 2 avr. 1854 art. 22, 15822-2 J. E.).

2057. Indigents. — Un décret du 19 mars 1852 a déclaré exécutoire en Algérie la loi du 10 décembre 1850 qui ordonne l'enregistrement gratis de toutes les pièces nécessaires au mariage des indigents, à la légitimation de leurs enfants et au retrait de ces enfants déposés dans les hospices (1876 I, G.).

2058. Procédure. — En matière d'enregistrement, les formes de procédure prescrites en France doivent être également suivies en Algérie. Ainsi le jugement qui n'est pas précédé du rapport d'un juge ou qui n'en fait pas mention est nul (Cass. 4 janv. 1853, 15537-4 J. E.; — Cass. 27 janv. 1874, 3797 R. P.); — de même le jugement non précédé des conclusions orales du ministère public (Cass. 27 janv. 1874, 3798 R. P.).

Mais, en matière de domaine, l'arrêté du gouverneur général, du 25 octobre 1831, d'après lequel l'instruction des instances devait avoir lieu sur mémoires signifiés et sans plaidoirie, a été abrogé par l'ordonnance du 16 avril 1843, qui a prescrit l'exécution en Algérie du C. proc. (Cass. 14 juin 1854, S. 54-1-664, 19 juin 1854, S. 54-1-630).

2059. Greffe et hypothèque.—L'ordonnance royale du 19 octobre 1841 déclare applicables en Algérie les lois, décrets et ordonnances qui régissent en France la perception des droits de greffe et d'hypothèque; seulement il n'est perçu en Algérie que la moitié des droits perçus en France (Ord. 19 oct. 1841, art. 1er et 2). — Les droits de greffe et d'expédition sont perçus au profit du Trésor (Ord. 28 fév. 1841, art. 28, Ord. 19 oct. 1841 art. 3).

L'art. 7 de l'ordonnance du 19 octobre 1841 dispose, en outre, que les lois et décrets qui seraient rendus en France, sur les droits de greffe et d'hypothèque, ne deviendront exécutoires en Algérie qu'en vertu d'ordonnances spéciales.

2060. Supplément de droit. — Les actes de l'Algérie enregistrés en France y acquittent un supplément de droit, — *V.* 1424.

ALIGNEMENT.

2061. Définition. — L'alignement est l'opération qui consiste à tracer la limite des propriétés qui sont situées sur la voie publique, en se conformant aux plans arrêtés par l'autorité administrative. Il doit être demandé toutes les fois que l'on doit clore un terrain ou réparer une construction voisine d'une voie publique (L. 21 mai 1836 art. 21).

2062. Grande voirie. — Toutes les propriétés sur le bord d'une voie publique, par terre ou par eau, sont sujettes aux formalités préalables d'une demande en alignement ou en autorisation de construire, de planter ou de se clore, lorsqu'il s'agit soit d'opérations nouvelles, soit de rétablir d'anciennes clôtures, soit de relever des bâtiments, quel que soit, d'ailleurs, le mode de construction que l'on veuille adopter. Tout ce qui concerne les alignements de la grande voirie se trouve réglé, notamment, par un arrêt du conseil du 27 février 1765, par une ordonnance du bureau des finances du 29 mars 1765, enfin et surtout par les art. 50, 51 et 52 L. 16 septembre 1807.

L'alignement est donné dans ce cas par le préfet (Déc. 7-14 oct. 1790, Arr. gouv. 27 prair. an 9, L. vent. an 13, Déc. 16 déc. 1811, Arr. Cons. d'Ét. 22 janv. 1824, 26 août 1829, 15 fév. 1833, 29 août 1834, 2 août 1836, 23 août 1836, 31 déc. 1838).

2063. Voirie urbaine. — Quant à la voirie urbaine, elle serait tout à fait à l'arbitraire des maires, si le Gouvernement, par la loi du 16 septembre 1807, n'eût pas exigé qu'il fût levé un plan exact des villes avec l'indication des redressements et élargissements proposés. Ce projet, après avoir été examiné par les soins du ministre de l'intérieur, et avoir reçu les modifications jugées convenables, est définitivement approuvé par le Gouvernement. Il devient la règle des parties, et le maire en assure l'exécution toutes les fois que le cas d'une construction neuve, d'une réédification ou d'une forte réparation se présente (Favard de Langlade *Rép.* v° *Alignement*, L. 16 sept. 1807 art. 52).

L'alignement est donné par le préfet lorsqu'il s'agit de routes départementales ou nationales quand même elles tra-traverseraient des villes ou des villages (Déc. 7 oct. 1790, L. 9 vent. an 13).

D'après l'art. 1er, n° 50 du décret sur la décentralisation administrative, en date du 25 mars 1852, les préfets ont le droit de statuer sur toutes les affaires communales qui exigeaient jusque-là la décision du chef de l'État, notamment sur les alignements; il n'y a d'excepté que les matières de l'expropriation pour cause d'utilité publique.

1. VOIRIE VICINALE. — C'est au préfet qu'il appartient de fixer le maximun de largeur des chemins vicinaux et de statuer sur les alignements, autorisation de clôture ou de construction, etc. (L. 21 mai 1836 art. 21). Mais ils peuvent déléguer aux maires le droit de fixer les alignements pour les chemins vicinaux ordinaires (Inst. min. 24 juin 1836).

2064. Effets de l'alignement. — Les plans d'alignement, arrêtés par le préfet, ont pour effet légal, dès qu'ils ont reçu, au moyen du dépôt à la mairie, la publicité de droit et sans qu'il soit besoin d'une notification spéciale aux intéressés, d'attribuer à la voie publique les terrains destinés à l'élargir (Cass. 5 nov. 1868, S. 69-1-448).

Dès lors le propriétaire qui, en exécution de l'arrêté d'alignement, commence une construction en abandonnant la portion de terrain destinée à l'élargissement de la voie publique, est, par là même, *ipso facto*, dessaisi de la propriété de ce terrain qui est transférée au domaine public (Riom 20 nov. 1865, S. 67-2-13). Et cette transmission de propriété produit son effet, même à l'égard des tiers sans transcription. (Troplong *Trans.* 103, Rivière et Huguet *Id.* n° 353, Aubry et Rau t. 2 § 209).

2065. Demande d'alignement. — Le préfet statue sur les demandes en alignement, par un arrêté qui porte que les nouvelles constructions seront faites sur les anciennes fondations, ou que le propriétaire est autorisé à s'avancer sur la voie publique, ou bien qu'il cédera une partie de son terrain. Ces autorisations d'alignement, lorsqu'elles émanent de l'autorité municipale, ne peuvent être données verbalement (Cass. 20 oct. 1835 et 4 août 1837, A. Cons. d'Ét. du 23 fév. 1839; — Cass. 12 août 1841). — On étend la même règle aux alignements relatifs à la grande voirie ou à la voirie vicinale.

1. TIMBRE. — Les demandes d'alignement sont, sans exception aucune, assujetties au timbre (D. m. f. 9 mai 1817, 779 J. E.).

2065 *bis*. Arrêtés d'alignement. — Les arrêtés d'alignement sont exempts du timbre et de l'enregistrement par application de l'art. 80 de la loi du 15 mai 1818, quand ils n'apportent aucun changement aux limites des propriétés (D. m. f. 5 sept. 1828, 860 I. G.).

Ils y deviennent sujets dès qu'il s'opère une transmission de propriété, soit au profit du riverain, soit au profit de la commune ou de l'État.

Si le propriétaire abandonne une parcelle de terrain à l'État, l'acte doit être enregistré *gratis* (860 I. G.) et visé pour timbre *gratis* (D. m. f. 11 juin 1823, 7473 J. E., D. N. t. 1er p. 634 n° 143, 1249 § 1er I. G.).

Si, au contraire, c'est l'État qui lui cède la parcelle de terrain, le droit proportionnel est dû au taux de 2 pour 100 applicable aux cessions de biens domaniaux.

Enfin, les droits ordinaires de 5 fr. 50 cent. pour 100 deviennent exigibles quand la transmission d'un terrain communal s'opère au profit du riverain, ou que ce dernier cède à la commune une partie de sa propriété. — V. *Acte administratif*.

Actes énoncés. — Ces règles ont été confirmées par une instruction du 15 janvier 1868 (n° 2361 § 2), qui rappelle que les actes de cession doivent être soumis à la double formalité du timbre et de l'enregistrement. L'instruction rappelle en même temps que les plans, cahiers des charges, procès-ver baux d'estimation, rapports et autres actes sous seing privé, dressés dans l'intérêt des départements, communes, etc., par des ingénieurs, des architectes ou de simples particuliers, doivent être écrits sur papier timbré et enregistrés avant d'être présentés à l'approbation. Cette disposition s'étend même au plan qui ne serait pas joint au contrat, mais qui y serait simplement mentionné (D. m. f. et trav. pub 8 juin 1870). — *V.* 2067.

1. EXPÉDITION. — Les copies ou expéditions des actes de cession, par suite d'alignement de parcelles détachées des routes nationales, sont délivrées sur papier non timbré, quand elles doivent être remises aux préposés de l'Enregistrement pour servir au recouvrement du prix dû à l'État (D. m. f. 9 mars 1855, 2049 I. G.).

Dans tous les autres cas elles sont sujettes au timbre. — V. *Acte administratif*.

2066. Débet. — Les actes constatant la cession d'un terrain par voie d'alignement peuvent être visés pour timbre en *débet*, sous la condition que les acquéreurs payeront les droits de timbre en même temps que ceux d'enregistrement (D. m. f. 28 janv. 1832, 1401 § 10 I. G.).

2067. Expropriation. — Les alignements qui produisent l'expropriation des immeubles sont sujets à des règles particulières qui sont développées sous le n° 8752 ci-après.

2068. Préemption. — 1. DROIT DES RIVERAINS. — Lorsque les riverains d'un chemin vicinal ou d'une route exercent sur les terrains restés sans emploi après l'établissement de ces voies ou après leur abandon, le droit de préemption que leur accorde la loi du 3 mai 1842, le contrat doit être rédigé sur papier timbré, et il est sujet au tarif ordinaire. — V. *Expropriation* n° 8721.

ALIMENTS.

DIVISION

SOMMAIRE

CHAPITRE PREMIER. — DROIT CIVIL

[2069-2092]

SECTION PREMIÈRE. — A QUI LES ALIMENTS SONT DUS

[2069-2087]

2069. Définition. — Dans le langage ordinaire, on appelle aliment *ce qui nourrit*, ce qui est nécessaire à l'alimentation. Dans le langage de la loi, *les aliments* sont ce qui est nécessaire pour satisfaire aux besoins de la vie, c'est-à-dire la nourriture, les vêtements, l'entretien, l'éducation et le logement (Proudhon C. a. *de Droit* t. 1er p. 256, Toullier n° 613, Duranton n° 408, Merlin *Rép.* v° *Aliments*, Vazeille 2-506, Demolombe *du Mariage* t. 4 n° 52).

2070. Nécessaire absolu et relatif. — Mais il faut distinguer deux sortes de nécessaires : l'*absolu* et le *relatif*. L'absolu est réglé par les besoins indispensables de la vie, et le relatif par l'état ou la qualité des personnes, c'est-à-dire leur position sociale, leur éducation et les circonstances. Les bornes du nécessaire absolu sont fort étroites : un peu de justice et de bonne foi suffisent pour les connaître. A l'égard du nécessaire relatif, il est à l'arbitrage de l'opinion et de l'équité.

En général c'est du nécessaire relatif qu'il s'agit dans la fixation de la quotité des aliments. On a égard à la fortune de celui qui les doit (208 C. C.) et aux diverses considérations que nous avons indiquées. Ainsi, le personnage qui aura joué un grand rôle dans le monde, avec une fortune de 100,000 francs de rente, et dont le fils aura un revenu pareil, doit être considéré comme étant dans le besoin s'il est réduit à 1,000 francs de rente, alors que le simple laboureur, dont le revenu est de 400 francs, se trouve dans une position qui le met à l'abri du besoin. Bien plus, alors même que l'on accorderait au premier, malgré son revenu de 1,000 francs, une somme plus élevée qu'au second, qui n'aurait absolument rien, la pension ne cesserait pas d'être alimentaire. *Vice versâ*, l'artisan jouissant d'un revenu de 3,000 francs aura des facultés bien plus grandes pour fournir des aliments que la personne qui, ayant le même revenu, serait obligée, et par son éducation et par sa position sociale, à tenir un rang dans le monde (C. Rennes 12 juin 1810; — C. Bruxelles 10 janv. 1811, 1746 J. N.; — C. Colmar 7 août 1813).

1. CAUSE DU BESOIN. — Ce dernier arrêt a même décidé que la dette alimentaire existe, quelle que soit la cause du dénûment de celui auquel elle est due : infirmité, manque d'ouvrage ou inconduite. Toutefois la cour suprême, confirmant le 7 juillet 1863, un arrêt de la cour de Paris, du 18 janvier 1862, a reconnu que l'enfant qui, après avoir reçu l'enseignement nécessaire pour exercer une profession utile, se soustrait au travail et ne justifie d'aucun effort sérieux pour se procurer des moyens d'existence, n'est pas fondé à demander des aliments à ses père et mère (S. 62-2-227, D. 63-1-375. — *V.* également Cass. 30 août, 1864 D., 65-1-69).

2071. Obligation aux aliments. — Les art. 205 à 207 du C. C. ne règlent la dette d'aliments qu'entre parents légitimes et alliés. Les autres cas dans lesquels cette dette existe sont prévus par d'autres textes, savoir : entre époux, par l'art. 212 ; — pour un donateur envers son donataire, par l'art. 955 ; — entre un adoptant et son enfant adoptif, par l'art. 349 ; — enfin, entre les père et mère et leurs enfants naturels, par les art. 762, 763, 764 et l'ensemble de la législation. Les créanciers étaient aussi obligés de fournir des aliments à leurs débiteurs détenus (789 C. proc.).

Nous ne pouvons traiter ici des difficultés nombreuses qui sont nées, en droit civil, des articles du C. C. qui organisent la dette d'aliments. Il importe, néanmoins, d'en indiquer les principales, car la perception de l'impôt en cette matière dépend exclusivement de la question de savoir si l'obligation contractée par le débiteur procède d'une dette alimentaire véritable ou d'une créance ordinaire.

2072. Père. — Mère. — Ascendants. — Les enfants doivent des aliments à leur père et mère et autres ascendants qui sont dans le besoin (Art. 205 C. C.).

2073. Descendants. — Réciproquement, les parents doivent des aliments à leurs enfants, quel que soit l'âge de ces derniers (205-207 C. C.). — On comprend sous le nom d'enfants tous les descendants, si éloignés qu'ils soient (Duranton t. 2 n° 387, Delvincourt t. 1er p. 87 n° 3, Zachariæ t. 3 § 2, Demolombe t. 4 n° 23, Marcadé art. 205 ; — Cass. 28 oct. 1807 ; — C. Paris 2 mai 1806). — Cette obligation cesse lorsque l'enfant, après avoir reçu l'enseignement nécessaire pour l'exercice d'une profession utile, se refuse à toute espèce de travail (Paris 18 janv. 1862, 6 fév. 1862, S. 62-2-227 ; — Cass. 7 juill. 1863, S. 63-1-374, Demolombe *Mariage* t. 2 nos 43 et 46).

1. INDIGNITÉ. — Si l'enfant s'est rendu coupable d'un fait qui le rend indigne de succéder (727-728 C. C.), il est déchu du droit de demander des aliments (Demante t. 2 n° 385, Zachariæ t. 3 § 552, Toullier t. 2 n° 614. — *Contrà*, Demolombe t. 4 n° 51).

2074. Enfant adoptif. — L'adoption fait naître entre l'adoptant et l'adopté l'obligation réciproque de se fournir des aliments (349 C. C.). Mais, comme cette obligation ne fait pas cesser celle qui existe entre l'adopté et ses père et mère naturels et ses autres ascendants et alliés, il peut être utile de savoir dans quel ordre les père et mère ou enfants adoptifs doivent les aliments. L'enfant ayant sur la succession de son père adoptif le même droit que l'enfant légitime, son obligation est exactement la même que pour celui-ci (*V.* 2090), en sorte que si l'adoptant a un enfant légitime, les deux enfants devront les aliments simultanément. Que si c'est l'enfant qui est dans le besoin, comme l'adoptant n'a aucun droit de succession sur les biens de l'adopté, les aliments ne doivent être exigés de lui qu'au défaut des ascendants ou descendants de l'adopté en état de lui en fournir. En tout état de cause, les aliments devront être fournis par l'adoptant avant les alliés, car ceux-ci n'ont pas plus que lui le droit de successibilité, et il a, de plus qu'eux, civilement, la qualité de père ; dès lors son obligation est plus directe. Cela posé, tout ce que nous disons dans cet article pour les enfants nés en mariage s'applique aux enfants adoptifs.

2075. Enfant adultérin ou incestueux. — L'enfant adultérin ou incestueux a droit à des aliments (762 C. C.); mais ce n'est que lorsque, par suite de circonstances extraordinaires, la filiation est devenue certaine, publique, notoire, que le vœu de l'art. 762 peut recevoir son exécution; car la prohibition de la loi de *reconnaître* l'enfant adultérin ou incestueux est *absolue*, et il n'est pas possible, pour obtenir des *aliments*, de se prévaloir d'une autre reconnaissance que celle que nous avons indiquée (Chabot sur l'art. 762, Maleville t. 2 p. 236, Delvincourt t. 1er p. 383, Duranton t. 6 n° 331, Marcadé art. 335 et 762. — En sens contraire, Merlin v° *Filiation* nos 21 et 22, Toullier t. 2 n° 967 et t. 4 n° 248). — Dans ce sens, la C. cass. a décidé qu'une reconnaissance de paternité, même la plus expresse, ne donne pas à l'enfant adultérin une *action* en aliments contre son père (28 juin 1815, 6 avr. 1820, 4 déc. 1837, 9875 J. N.).

L'obligation alimentaire dont il s'agit doit se liquider en une seule fois entre la succession et l'enfant adultérin ou incestueux et, après cela, elle ne saurait être augmentée ni réduite, quels que soient les changements dans la position des parties. Mais quand on la fixe au décès, il faut toujours que l'enfant soit dans le besoin (Chabot art. 762 n° 1er, Loiseau p. 556 n° 750, Malpel n° 171, Marcadé art. 763, Ducaurroy t. 2 n° 532, Aubry et Rau t. 6 p. 97, Massé et Vergé t. 1er p. 387, Demolombe t. 14 n° 137).

2076. Père adultérin ou incestueux. — Comme c'est l'État qui recueille, à titre de déshérence et à l'exclusion des père et mère la succession des enfants adultérins et incestueux (C. Nîmes 13 juill. 1824, 7848, 8333 J. E., 5523 J. N.), et que, sauf les cas exceptés par la loi, le droit aux aliments n'est qu'une conséquence de la vocation à l'hérédité, il en faut conclure que ces père et mère n'ont pas le droit de demander des aliments à leurs enfants (Zachariæ t. 4 p. 97, Chabot art. 763. — *Contrà*, Demolombe t. 4 n° 19).

2077. Enfant naturel. — L'enfant naturel reconnu a le droit de demander des aliments à son père ou à sa mère

(Cass. 16 oct. 1808; — Toulouse 25 juill. 1863, D. 63-2-139; — Cass. 15 fév. 1864, D. 64-5-190); et cette obligation est réciproque (Toullier t. 2 n° 796, Merlin *Rép.* v° *Alim.* § 1er art. 2 n° 5, Marcadé art. 756). Mais il a été jugé que la pension constituée à l'enfant naturel par son père n'a pas le caractère alimentaire s'il n'est exprimé qu'elle est créée à ce titre (Cass. 21 juin 1815, Sol. 22 août 1832, 10409 J. E.).

Les enfants naturels, même régulièrement reconnus, ne peuvent exiger des aliments des *ascendants* de leurs père et mère (Cass. 7 juill. 1817, 2175 J. N., Toullier t. 2 n° 979, Chabot art. 756, Delvincourt t. 2 p. 53, Marcadé art. 757, Demolombe n° 20, Zachariæ t. 3 § 567). — De même il n'y a pas, pour le mari, obligation de fournir, sur les biens de la communauté des aliments à l'enfant naturelde sa femme, reconnu depuis le mariage (Cass. 16 déc. 1861, S. 62-1-420). — Mais l'obligation alimentaire existe entre les père et mère de l'enfant naturel et les enfants légitimes de ce dernier (Demolombe n° 21; — Bruxelles 10 juill. 1850, D. 52-2-154).

2078. Époux. — Les époux se doivent mutuellement secours et assistance (212 C. C.), ce qui comprend évidemment la dette alimentaire. — Des aliments sont encore dus à la veuve sur la succession du mari pendant les délais nécessaires pour faire inventaire et délibérer (1465 C. C.) si le mariage avait été contracté sous le régime de la communauté, ou, pendant l'année de deuil (1570 C. C.), si les époux ont adopté le régime dotal.

1. SÉPARATION. — Comme la séparation de corps laisse subsister le mariage, la dette alimentaire n'est pas éteinte. L'art. 301 C. C., qui permettait d'accorder une pension à la femme divorcée est applicable au cas de séparation de corps (Cass. 12 déc. 1848, S. 56-1-385, 8 juill. 1850, S. 51-1-61, 14 juin 1853, S. 53-1-609, 2 avr. 1861, S. 61-1-410, 30 août 1864, S. 64-1-487 et 7 avr. 1873, S. 73-1-371; — C. Rouen 2 mai 1857, S. 58-2-377, 1044 R. P.; — C. Grenoble 11 juill. 1863, S. 1864-2-14, Toullier t. 2 n° 760; — Vazeille t. 2 n° 558, Duranton t. 2 n° 633, Aubry et Rau 4e édit. t. 5 § 494 p. 199), quand même la séparation serait prononcée pour cause d'adultère (Lyon 16 mars 1835, S. 36-2-239). — Il en résulte directement que le conjoint séparé ne peut réclamer une pension à ses enfants quand l'autre époux est en état de la lui fournir (C. Rouen 2 mai 1857, S. 1858-2-377, 1044 R. P., Demolombe t. 4 n° 34). — *V.* 2078.

2. HÉRITIERS. — Le conjoint qui a obtenu une pension alimentaire peut continuer à la réclamer contre la succession de son conjoint prédécédé (Cass. 18 juill. 1809, S. 1809-1-402; — C. Amiens 28 mai 1825). Cette règle s'applique en matière de séparation de corps; la pension alimentaire due par l'époux contre lequel la séparation a été prononcée ne s'éteint pas par son décès, mais doit être continuée par ses héritiers, conformément à ce qui avait lieu pour le divorce (301 C. C.). — Cass. 2 avr. 1861, S. 61-1-410, 1495 R. P.; — C. Rouen 30 juill. 1862, S. 63-2-64; — C. Grenoble 11 juill. 1863, S. 64-2-14. — *V.* 2092.

2079. Mort civile. — Mais la dette d'aliments cessait si le lien du mariage avait été dissout par la mort civile (Seine 8 mai 1827, 6139 J. N.). — Cependant il avait été reconnu que la mort civile du créancier n'éteignait pas l'obligation alimentaire constatée avant cette époque (Merlin *Rép.* v° *Aliments* § 7 n° 7, et *Légataire* § 2 n° 9, Zachariæ t. 3 § 552, Vazeille *du Mariage* t. 2 n° 487; — C. Paris 18 août 1808). — On sait que la mort civile a été abolie par la loi du 31 mai 1854.

2080. Contumax. — Le contumax, bien qu'il soit privé de l'exercice de ses droits civils en justice, n'en conserve pas moins le droit de demander des aliments à ses enfants (Bordeaux 12 avr. 1867, S. 68-2-15).

2081. Gendre. — Belle-fille. — Beau-père et belle-mère. — Des art. 206 et 207 C. C. il résulte que les gendres et belles-filles doivent des aliments à leurs beau-père et belle-mère, et réciproquement.

Mais les gendres et belles-filles doivent-ils fournir des aliments à leurs beau-père et belle-mère *conjointement* avec les enfants ou descendants, ou leur obligation ne se produit-elle qu'à défaut des enfants et descendants? La C. cass., par un arrêt du 17 mars 1856 (759 R. P., S. 56-1-487, D. 56-1-251), et la C. Paris, par un arrêt du 30 février 1814 (1-352 A.D.), ont jugé que l'obligation était *conjointe*. — *V.* également Cass. 7 juill. 1868, S. 68-1-437).

Cependant telle n'est pas la doctrine de la majorité des auteurs. Presque tous enseignent que les gendres ou belles-filles ne sont tenus des aliments envers leur beau-père ou belle-mère qu'en seconde ligne, c'est-à-dire quand il n'y a pas d'enfants ou descendants, ou lorsque ceux-ci sont hors d'état de les fournir (Delvincourt t. 1er p. 379, Duranton t. 2 n° 403, Zachariæ 5e édit. t. 1er § 131 p. 223, Marcadé sur les articles 205 et 206, Demolombe t. 4 in-32, Demante *Cours analyt.* t. 1er n° 290 *bis*, Dalloz v° *Mariage* n° 642).

Dans cet ordre d'idées il faudrait décider qu'une constitution alimentaire, faite par un gendre et son fils, *conjointement*, au profit de leur beau-père et grand-père, ne participerait à l'affranchissement du droit de donation que pour la moitié constituée par le fils.

Cependant la doctrine de la C. cass. est professée par Chardon *de la Puissance paternelle* n° 282 : « Pour bien concevoir le système du Code, dit cet auteur, il ne faut pas isoler l'art. 206 ni de celui qui le précède, ni de celui qui le suit. C'est dans l'ensemble des trois articles que se révèle le sens vrai de celui qui est intermédiaire. Par le premier, les enfants doivent des aliments à leurs père et mère; par le second, les gendres et belles-filles en doivent également, et dans les mêmes circonstances, à leurs beau-père et belle-mère; par le troisième, enfin, les obligations résultant de ces dispositions sont réciproques. Ainsi, point de différence quant à l'obligation. Lorsque les père et mère ont besoin d'aliments, tous, le fils et le gendre, la fille comme la bru, sont *également* tenus de cette dette de famille. » — « La parenté d'alliance, disait M. Portalis au Corps législatif, imite la parenté du sang. — Dans cet honorable concours, la fortune personnelle des gendres et des brus est réunie à celle des enfants, pour servir de base à la fixation : d'abord de la pension à servir, puis du contingent de chacun des codébiteurs, en proportion de ses facultés. Mais aussi, quand les père et mère restent dans l'aisance, si le besoin se fait sentir dans un des ménages qu'ils ont formés, ils ont deux enfants à nourrir; ils ne peuvent pas plus refuser du pain à leur gendre qu'à sa femme, et à leur bru qu'à son mari. Leur secours doit même s'étendre jusqu'aux enfants nés de ces mariages. »

Ce point de vue semble devoir être préféré par les employés, puisqu'il est celui de la Cour suprême.

1. CONVOL. — *Belle-mère.* — Mais, porte l'art. 206, cette obligation cesse lorsque la belle-mère a convolé en secondes noces. Si donc le gendre ou la belle-fille constituait une pension alimentaire, en nom personnel, à la belle-mère remariée, il y aurait donation.

Belle-fille. — La loi ne prévoit que le cas de convol de la belle-mère, mais on doit regarder comme certain que ses dispositions s'appliquent au convol de la belle-fille (Duranton t. 2 n° 421, Zachariæ t. 3 § 552). Donc, dans cette position, la constitution alimentaire, faite à cette dernière par le beau-père ou la belle-mère, participerait de la donation ordinaire.

Beau-père. — *Gendre.* — La règle de l'art. 306 C. C. ne s'applique plus lorsqu'il s'agit du convol d'un beau-père ou d'un gendre. Le devoir réciproque d'aliments n'est pas modifié. — Ce principe repose sur cette considération que ce n'est pas le mari, mais la femme, qui par le mariage change de famille et d'état. Donc, à la différence de ce qui a été dit dans le précédent numéro, bien que le père de ma femme se remarie, je continuerai d'être *personnellement* tenu à lui fournir des aliments.

2. OBLIGATION APRÈS CONVOL. — C'est ici le cas de remarquer qu'une réciprocité parfaite n'existe pas toujours entre le droit aux aliments et l'obligation d'en fournir. Ainsi, de ce que le convol de ma belle-mère a éteint son droit de me réclamer des aliments parce que son mariage lui a donné une nouvelle famille, et qu'elle pourra en demander aux ascendants de son mari, il n'a pas fait évanouir son obligation de m'en fournir, si je me trouve dans le besoin. (Duranton t. 2 n° 420, Zachariæ t. 3 § 552, Marcadé art. 207 § 2. — *V.* cependant Demolombe n° 29).

Mais le convol ne fait pas perdre à la mère le droit d'exiger des aliments de ses enfants si son mari ne peut pas lui en fournir, en sorte que, quand sa fille est mariée en communauté, le gendre, comme chef de cette communauté dont les aliments sont une charge, sera obligé de les fournir à sa belle-mère remariée (Poitiers 25 nov. 1824, S. 25-11-304, Duranton t. 2 n° 421, Demolombe n° 31). — D'ailleurs, le droit qui s'est éteint par le convol ne renaît pas après la dissolution du second mariage, même en supposant qu'il existe des enfants du mariage du gendre ou du premier mariage de la belle-fille (Duranton t. 2 n° 421; — Rennes 5 mai 1826).

3. DÉCÈS DE L'ÉPOUX QUI A FOURNI L'ALLIANCE. — « Lorsque celui des époux qui produisait l'affinité et les enfants issus de son union avec l'autre époux, sont décédés, l'obligation aux aliments cesse » (206 C. C.). C'est la seconde cause d'extinction de l'obligation aux aliments posée par l'art. 206. Mais cette cause agit d'une manière plus générale que celle à l'examen de laquelle nous venons de procéder. En effet, elle brise en même temps et le droit d'exiger et l'*obligation de fournir*, et elle s'applique au *beau-père* et au *gendre*, aussi bien qu'à la belle-mère et à la belle-fille. Si donc ma femme étant morte *et mes enfants aussi*, je m'oblige encore à fournir des aliments à mon beau-père et à ma belle-mère, le contrat est une véritable donation.

Il a été spécialement décidé que le gendre dont la femme est décédée sans enfants n'est pas tenu de fournir des aliments à son beau-père par cela seul qu'il serait, pour une part quelconque, héritier de sa femme (Montpellier 30 mai 1866, S.-66-2-364; Grenoble 1er déc. 1874, 4155 R. P.).

4. BELLE-MÈRE NATURELLE. — Les règles précédentes sur les beaux-pères et belles-mères, gendres et belles-filles sont applicables à la filiation naturelle. La mère d'un enfant naturel décédé peut donc demander des aliments à l'époux survivant s'il existe des enfants issus du mariage (Merlin *Rép* v° *Aliments* § 1er n° 6, C. Paris 28 mars 1840, P. 1-1840-698, Demolombe n° 21).

2082. Ascendants. — Descendants. — Il faut d'ailleurs remarquer que les qualifications de beau-père et de belle-mère, de gendre et de belle-fille, sont employées par la loi, comme elles le sont dans l'usage, pour désigner les ascendants, à quelque degré que ce soit, de la personne à laquelle on est uni par mariage, et aussi les époux des descendants de tout degré. Ce n'est pas, en effet, dans une matière aussi favorable que celle des aliments que l'on peut ne pas donner à la loi toute l'extension qu'elle est susceptible de recevoir (Delvincourt t. 1er p. 225, Duranton n° 406, Vazeille *du Mariage* t. 2. n° 495, Chardon *Puissance paternelle* n° 284, Massé et Vergé t. 1er § 131 p. 221, Aubry et Rau t. 4 § 553 p. 621, Valette sur Proudhon t. 1er p. 446, Marcadé art. 206, Demolombe t. 4. n° 25, Locré *Lég. civ.* t. 4. p. 379. — Le contraire a été cependant enseigné par Toullier t. 2 n° 612, Proudhon t. 1er p. 254 et résulte d'un arrêt de Grenoble du 9 août 1862, S. 63-2-58, D. 63-5-24).

2083. Parâtre. — Marâtre, etc. — Mais la loi ne s'applique qu'aux belles-mères et aux beaux-pères *ascendants*, aux gendres et aux belles-filles *descendants*. Il est vrai que nous appelons encore *beau-père* le second mari de notre mère; *belle-mère* la seconde femme de notre père, et *beaux-fils* et *belles-filles*, les enfants issus du premier mariage de notre femme ou de notre mari. L'obligation des aliments n'existe pas entre ces individus (Toullier t. 1er n° 612, Duranton n° 402 et suiv., Vazeille nos 495 et suiv.).

1. USUFRUITIER. — Cependant, il faudrait décider autrement si le beau-père, devenu veuf, jouissait des biens de sa femme. Comme il ne pourrait prétendre à cette jouissance qu'avec les charges dont elle était grevée, il devrait sur ces biens des aliments à son beau-fils (Caen 17 fév. 1818, 3174 J. N.)

2084. Donataire. — Le donataire est-il tenu de fournir des aliments au donateur? Le Code ne consacre nulle part cette obligation d'une manière générale. Et plusieurs auteurs exacts l'ont vivement repris de son omission (*V.* notamment Marcadé art. 955 § 3). Mais le principe en est implicitement compris dans l'art. 955 C. C., qui autorise le donateur à faire révoquer sa libéralité quand son donataire a l'ingratitude de lui refuser des aliments. Il est clair que si on punit le donataire pour refuser des aliments au donateur, c'est qu'il a manqué à l'une des obligations que la libéralité lui imposait; c'est, en d'autres termes, qu'en recevant la fortune de son donateur il a contracté l'engagement de le nourrir, s'il tombait dans le besoin. Pothier ne voyait là aucune difficulté (*des Donat.* sect. 3 art 3 § 1er n° 190). Son opinion a été consacrée par le Code, et elle est acceptée par tous les auteurs modernes (Poujol art. 955 § 8, Coin-Delisle *id.* 18, Grenier 1-213, Toullier 333, Duranton 558 ; — *Conf.:* Dumoulin, Ricard, etc.).

Il est admis que la dette légale d'aliments existe entre le donateur et le donataire aussi bien qu'entre les personnes désignées aux art. 205 et suiv. C. C. — Elle n'existe pas seulement comme moyen de faire révoquer la libéralité, en sorte que si la donation était irrévocable cette obligation disparaîtrait. Au contraire, quoique la libéralité échappe à l'art. 955 C. C., comme par exemple quand elle a eu lieu par contrat de mariage (959 C. C.), il n'est pas moins certain que le donateur peut toujours intenter une action contre son donataire afin d'obtenir des aliments. La remarque en est faite avec beaucoup de raison par Champ. au *Traité des droits d'enregistrement* n° 2234. Seulement, et comme le fait observer Demolombe, le donataire pourra toujours s'affranchir de l'obligation par l'abandon des biens (*des Donat.* n° 643).

On remarquera d'ailleurs que, entre le donateur et le donataire, la dette alimentaire n'existe pas par cela seul que le donateur est dans le besoin. Il faut encore que ce dernier n'ait plus aucun des parents auxquels la loi impose d'abord l'obligation de l'entretenir : l'action qu'il a contre ses parents constitue pour lui une ressource effective et remplace les biens personnels qu'il a perdus (*V.* Vazeille, art. 955, Coin-Delisle 14, Marcadé 703, Zachariæ 5-352, Troplong 1315). — Demolombe, surtout, établit cette proposition avec la dernière évidence (*des Donat.* 647).

2085. Tutelle officieuse. — Le tuteur officieux doit nourrir le pupille, l'élever et le mettre en état de gagner sa vie (364 C. C.). Cette obligation passe aux héritiers du tuteur officieux dans le cas où celui-ci décède avant d'avoir adopté son pupille (367 C. C.). — Le legs fait par un tuteur officieux à son pupille ne doit pas être considéré, sauf la manifestation d'une volonté contraire, comme destiné à remplacer les moyens de subsistance dus à ce dernier (Cass. 24 août 1831, 9682 J. E. ; — C. Nancy 4 août 1829, 9682 J. E.).

2086. Failli. — Débiteur détenu. — Avant l'abolition de la contrainte par corps, les créanciers devaient des aliments à leurs débiteurs détenus (789 C. P.). Dans certains cas il en est dû par la masse des créanciers au failli et à sa famille (C. com. 530).

2087. Association religieuse. — En cas de dissolution d'une association religieuse autorisée, ses membres ont droit à des aliments. — V. 2307-2.

SECTION 2. — COMMENT LES ALIMENTS DOIVENT ÊTRE FOURNIS [2088-2092]

2088. Principe. — « Si la personne qui doit fournir les aliments *ne peut payer la pension alimentaire, le tribunal* pourra, en connaissance de cause, ordonner qu'elle recevra dans sa demeure, qu'elle nourrira et entretiendra celui auquel elle devra des aliments (210 C. C.). — *Le tribunal* prononcera également, si le père ou la mère qui offrira de recevoir, nourrir et entretenir, dans sa demeure, l'enfant à qui il devra des aliments, devra dans ce cas être dispensé *de payer* la pension alimentaire » (211 C. C.). Ces articles démontrent que c'est au moyen d'une somme d'argent que la dette alimentaire doit être acquittée, et si, à raison de circonstances particulières, une exception à cette règle peut être mieux dans la convenance des parties, c'est au tribunal *seul* qu'il appartient de prononcer l'exception et d'organiser le mode de fourniture des aliments.

1. PENSION AU DOMICILE DU DÉBITEUR. — Hors le cas où des père et mère sont en cause (art. 211), le tribunal ne peut ordonner que le débiteur recevra chez lui, pour le nourrir et l'entretenir, celui auquel des aliments sont dus, que lorsqu'il y a impossibilité de payer la pension (art. 210). La raison de cette différence est facile à saisir. Un enfant aurait, en général, mauvaise grâce à refuser de recevoir des aliments en nature dans la maison où il est né et qui fut la sienne, mais il en est autrement à l'égard de tous autres ; aussi, la loi, hors le cas de *l'impossibilité du payement en argent*, ne permet de prononcer l'exception qu'au profit des père et mère.

Il a été décidé, en ce qui concerne les père et mère, qu'après avoir consenti à prendre leur nourriture chez leur enfant, ils peuvent changer d'avis et exiger une pension (C. Bordeaux 3 fév. 1830 ; — C. Bourges 9 mai 1832 ; — Lyon 9 août 1848, 13547 J. N. ; — Grenoble 8 avr. 1870, S. 72-2-36). Mais le bénéfice de l'art 211 C. C. ne saurait être invoqué par les ascendants autres que les père et mère (Zachariæ t. 3 § 552, Marcadé art. 210 ; — *Contrà*, Vazeille n° 516).

2. CAPITAL. — Dans aucun cas, le juge ne peut forcer le débiteur à constituer un capital dont les revenus seraient affectés au payement des arrérages de la pension (C. Montpellier 1er déc. 1806, Demolombe nos 68, etc., Zachariæ t. 3 § 552). — On peut seulement le contraindre à fournir des sûretés pour le payement exact de la pension (Cass. 30 janv. 1828 ; — C. Angers 25 fév. 1829).

3. DETTES. — Par la même raison, la dette alimentaire ne comprend pas l'obligation d'acquitter les dettes des personnes auxquelles les aliments sont dûs (Pothier *du Mariage* n° 392 Duranton t. 2 n° 398, Demolombe t. 4 nos 53, etc., Marcadé art. 207-5). — Toutefois, si les dettes avaient été

contractées pour des besoins alimentaires, elles représenteraient les arrérages de la pension et le crédi-rentier aurait droit à leur remboursement.

2089. Changement d'état de fortune. — Nous avons vu, n° 2070, que la pension alimentaire devait être fournie en raison des besoins de celui qui y a droit et des facultés de celui qui est tenu de la fournir, considérés l'un et l'autre relativement à leur position sociale. Mais cette fixation primitive peut et doit recevoir des modifications suivant les circonstances ultérieures. Si les facultés du débiteur s'accroissent, soit par augmentation effective de fortune, soit par diminution de charges ou changement de rang social, la pension, si elle n'avait pas été d'abord portée à son plus haut chiffre, peut être élevée. Si, au contraire, les facultés diminuent, cette pension, quoique restreinte déjà dans l'origine, peut être diminuée encore. Si les besoins augmentent, la pension, pourvu qu'elle n'excède pas les limites de ce que peut faire le débiteur, doit être augmentée. Quand ces besoins diminuent, la pension, si elle avait été mise à son plus haut chiffre, doit être diminuée. Enfin, si le besoin de la pension ou la possibilité de la payer disparaissent en entier, cette pension doit être supprimée. Tel est l'esprit de l'art. 209 C.C. Par application de ces principes, il a été jugé par la C. de Bastia, le 29 décembre 1856, que les père et mère cessent d'être tenus de la dette alimentaire des enfants, quand ceux-ci acquièrent des biens personnels dont les père et mère n'ont pas la jouissance légale (S. 57-2-333, P. 57-1025.).

2090. Ordre à suivre dans la fourniture des aliments. — Le Code, en organisant la dette alimentaire, reste muet sur l'ordre suivant lequel les différents parents et alliés doivent être appelés à l'acquitter. Au point de vue de l'enregistrement, cet ordre est cependant utile à connaître, car, alors même que la personne qui réclame les aliments serait réellement dans le besoin, il serait nécessaire, pour que le droit de donation pût être écarté, que l'obligation aux aliments pesât *directement* sur la personne qui les accorde.

D'abord il semble évident que les parents doivent, par la force des choses, passer avant les alliés.

Ensuite, pour établir un ordre dans chacune de ces deux classes de débiteurs, l'esprit de la loi commande de mettre les charges, en cas d'adversité, là où seraient les avantages si la prospérité renaissait; ainsi, il faut suivre entre les parents, pour la dette alimentaire, les règles que la loi a posées entre eux quand il s'agit de recueillir les successions.

Ainsi, l'ordre dans lequel se présentent les personnes desquelles les aliments peuvent être exigés est celui-ci : 1° les enfants, et avec eux, ceux des petits-enfants dont l'auteur serait décédé, comme représentant cet auteur ; — 2° les petits-enfants, et avec eux également les arrière-petits-enfants à la représentation d'un petit-enfant décédé ; — 3° les père et mère s'ils vivent tous deux ; — 4° à défaut des père et mère les les aïeuls et aïeules, et ainsi de suite. Enfin, à défaut de descendants et d'ascendants, on appellera les alliés, pour lesquels le même ordre sera suivi (Marcadé sur l'art. 207).

1. BELLE-MÈRE. — BELLE-FILLE. — Les gendres et belles-filles sont tenus envers leurs beau-père et mère, tout comme les enfants eux-mêmes.—*V.* 2081. — Mais une belle-mère ne doit d'aliments à sa fille que dans le cas où le mari de celle-ci est dans l'impossibilité de subvenir à ses besoins (C. Paris 9 déc. 1873, 20910 J. N.).

2. ENFANT NATUREL. — L'enfant naturel n'est tenu des aliments que dans la proportion de sa vocation héréditaire. Il n'a droit lui-même à des aliments de ses père et mère qu'autant qu'il n'a pas d'enfants auxquels il puisse s'adresser (Demolombe n° 18). — *V.* pour l'*Adoption* n° 2074.

2091. Indivisibilité. — Solidarité. — L'obligation des aliments peut être considérée comme *indivisible*, en ce sens que si plusieurs de ceux qui en sont tenus sont dans l'impossibilité d'y satisfaire, elle doit retomber entièrement sur les autres. Car il faut que l'existence de celui qui a droit aux aliments soit assurée en totalité : on ne peut pas vivre pour partie (Proudhon *de l'Usufruit* n° 62); mais, cette circonstance à part, il n'y a ni indivisibilité dans l'obligation, ni même solidarité dans son acquittement (Zachariæ t. 3 p. 695, Valette t. 1er p. 448, Demolombe t. 4 p. 63, Marcadé sur l'art. 207). — Dans ce sens, il a été jugé que chacun des enfants ne peut être tenu qu'à proportion de ses facultés (C. Metz 5 fév. et 5 juill. 1823; — Nancy 20 avr. 1826; — Caen 17 fév. 1827; — Bordeaux 14 déc. 1841; — Limoges 19 fév. 1846, 1746, 4945, 5875, 6479, 11491, 12720 J. N.; — Cass. 15 juill. 1861, S. 62-1-172 D., 61-1-469 ; — Bordeaux 12 avr. 1867, S. 68-2-15 ; — Grenoble 8 avr. 1870, S. 72-2-36 ; — Caen 1er mars 1862, S. 62-2-514; — Grenoble 1er déc. 1874, 4155 R.P. ; — *Contrà*, Paris 26 juill. 1862, S. 62-2-513).

Il a été cependant jugé, dans un système intermédiaire, qu'il appartient aux tribunaux de prononcer, suivant les circonstances, la solidarité de la dette alimentaire, par exemple quand la pension est à peine suffisante pour les besoins du réclamant et qu'elle n'est pas hors de proportion avec les ressources de chacun des débiteurs (P. 2-1837-161 ; — Cass. 3 août 1837 ; — Pau 24 nov. 1863, S. 65-2-104, 23 déc. 1856 *idem*, Demolombe n° 63).

2092. Héritiers. — La créance alimentaire est exclusivement limitée à la personne de celui qui y a droit, elle ne passe point à ses héritiers. Mais il avait paru que quand cette dette *est née avant l'ouverture de la succession*, elle reste à la charge des héritiers, sans qu'il soit besoin pour cela d'un jugement qui ait condamné le débiteur (Marcadé sur l'art. 207, Aubry et Rau t. 3 § 552, Demante *Cours analyt.* 1-291).

Mais cette doctrine n'a pas été accueillie par la jurisprudence. « L'obligation de fournir des aliments, porte un arrêt de la C. cass. du 8 juillet 1857 n'est pas transmissible. Le fait qu'il y a titre exécutoire résultant d'un jugement ne modifie pas cette règle, car s'il est vrai que les titres exécutoires contre le défunt le sont contre ses héritiers la loi ajoute : à moins que le contraire ne résulte de la convention. Or, le jugement ne crée pas le droit, il ne fait que le reconnaître en constatant la parenté, mais cette parenté s'étant rompue par le décès, le droit qu'elle avait engendré cesse ainsi que le titre, l'effet ne pouvant survivre à la cause » (902 R. P., 11180 C., S. 57-1-809). — C'est ce qui résulte également d'autres arrêts (Dijon 17 août 1860, S. 60-2-560, P. 61-153 1372 R. P., 11866 C.; — Orléans 24 nov. 1855, 822 R. P., S.

56-2-385; — Toulouse 20 mars 1866, S. 66-2-235; — Montpellier 30 mai 1866, S. 66-2-352). — C'est également ce qu'avaient enseigné Demolombe t. 4 n° 40 et Massé et Vergé t. 1er § 131 note 10.—Les héritiers ne sont tenus de payer que les arrérages échus au décès (Cass. 8 juill. 1857 *suprà*).—*V.* cependant, en matière de séparation de corps: Cass. 2 avril 1861, S. 61-1-410; Rouen 30 juillet 1862, S. 63-2-63; — Grenoble 11 juillet 1863, S. 64-2-14). — *V.* 2081 § 3.

En tous cas, nul doute que les aliments dus par une mère à son fils ne continuent pas d'être dus par la succession de la mère, quand le fils est héritier (Cass. 16 mai 1854, 92 R. P.).

CHAPITRE II. — DROITS D'ENREGISTREMENT [2093-2122]

SECTION PREMIÈRE. — TARIF ET LIQUIDATION DU DROIT [2093-2096]

2093. Tarif. — Le contrat par lequel le débiteur d'une pension alimentaire imposée par la loi s'oblige volontairement à l'acquitter et en règle le montant ainsi que les conditions, est-il passible du droit proportionnel d'enregistrement?

La négative a été soutenue par Champ. et Rig. (*Traité* n° 1511), Dalloz (n° 2020) et Demante (n° 377). Ces auteurs allèguent que le titre de l'obligation est dans la loi, que la convention n'y ajoute rien, qu'elle constitue seulement une sorte de liquidation amiable et comme un acte de complément ou d'exécution tarifé au droit fixe par l'art. 68 § 1er n° 6 de la loi du 22 frimaire an 7.

Mais la base de l'argumentation nous paraît inexacte.

Il n'est point vrai, en effet, que la reconnaissance et la détermination par acte civil d'une obligation légale ne donne pas ouverture au droit proportionnel. Cette reconnaissance produit des résultats particuliers qui lui sont propres : elle dispense le créancier d'obtenir contre le débiteur un jugement de condamnation et de discuter contradictoirement l'étendue de la dette. Ces effets suffisent à justifier la perception du droit créé par la loi fiscale pour l'enregistrement des actes qui servent de titres aux conventions de l'espèce. Nous aurons à revenir sur cette difficulté, notamment quand nous nous occuperons de la compensation légale. Mais nous avons déjà eu l'occasion de remarquer, au sujet de l'affectation hypothécaire, que la constatation par acte civil d'une obligation déjà établie dans un titre commercial enregistré, motive, néanmoins, l'exigibilité d'un droit spécial, parce que la création d'un nouveau titre distinct du premier est une cause suffisante à l'application du tarif. C'est le même principe qui conduit à la perception de l'impôt proportionnel sur le titre par lequel le débiteur de la pension alimentaire reconnaît et détermine le montant de son obligation.

La doctrine contraire n'a jamais, du reste, trouvé d'écho en jurisprudence. Il est hors de doute aujourd'hui que les constitutions de pensions alimentaires sont assujetties au droit proportionnel. Le seul embarras sérieux est de justifier le tarif qu'on leur a appliqué.

On ne pouvait songer à percevoir le droit de donation, car le débiteur des aliments ne fait aucune libéralité ; il acquitte simplement une obligation civile. « Le devoir naturel, disait très-bien Bosquet, que remplissent les enfants en assurant la subsistance aux auteurs de leurs jours ne peut nullement être considéré comme donation ni comme un bienfait gratuit, aussi n'est-il pas dû de droit d'insinuation » (t. 1er p. 559). — *V. infrà* n° 2403. — L'engagement ayant un caractère onéreux, est, ou une constitution de pension, ou un bail à nourriture à durée illimitée, contrats également assujettis au droit de 2 pour 100 (L. 22 frim. an 7 art. 69 § 5 n° 2). — *V. infrà* n° 2105.

L'Administration s'est arrêtée à la dernière interprétatation. Elle a considéré la convention comme un bail à nourriture ; mais, par une anomalie que justifie seul le désir de favoriser les reconnaissances de l'espèce, elle a décidé qu'on leur appliquerait le même tarif qu'aux baux à nourriture de mineurs que leur durée limitée a fait assujettir au droit réduit de 20 cent. pour 100 francs (Loi 22 frim. an 7 art. 69 § 2 n° 5 et L. 16 juin 1824 art. 1er). C'est ce qui résulte d'une D. m. du 12 septembre 1809, portant : « Que les actes volontaires par lesquels des enfants s'obligent à payer annuellement *une somme convenue*, pour les aliments de leur père et mère, ne doivent être assujettis, *comme les baux de nourriture de mineurs*, qu'au droit proportionnel de 25 (aujourd'hui 20) cent. pour 100 francs sur le capital, au denier 10, de la *pension* stipulée.

En transmettant cette décision, l'I. G. 450 la motive dans les termes qui suivent : « Le législateur ayant cru devoir favoriser particulièrement les actes tendant à pourvoir à la nourriture de mineurs, et la vieillesse ayant quelquefois plus de besoins que l'enfance, et ne méritant pas moins d'égards, il est conforme à la nature des choses et à l'intention de la loi de ranger dans la même classe, quant aux droits, les actes qui assurent des aliments aux père et mère, et ceux par lesquels on garantit la nourriture des enfants. » — Il faut évidemment généraliser ces motifs et conclure que les mêmes règles de perception sont applicables toutes les fois que le contrat fixant les aliments n'est que l'exécution des dispositions de la loi qui en créent la dette, quelles que soient les personnes à qui les aliments sont accordés.

Le droit de 20 cent. pour 100 a du reste été reconnu exigible après que la loi du 16 juin 1824 a fait disparaître les distinctions que la loi de frimaire avait entre les baux de nourriture de majeurs et ceux de mineurs (Sol. 20 sept. 1830, 7314 J. E.).

2094. Liquidation. — Lorsque l'obligation de payer la pension n'a pas une durée déterminée, on applique l'art. 14 de la loi du 22 frimaire an 7, d'après lequel le droit proportionnel se liquide pour les constitutions de rentes sur dix fois la rente viagère ou la pension.

Si la pension n'est pas payable en argent ou en choses appréciables, le droit de 20 cent. pour 100 est dû sur dix fois la valeur annuelle fixée par la déclaration des parties, en exécution de l'art. 16 de la loi du 22 frimaire an 7.

Le J. du not. essaye de justifier par les raisons suivantes l'anomalie qui fait appliquer à une convention d'une durée indéfinie le tarif des baux à durée limitée : « Les pensions alimentaires, dit-il ont par elles-mêmes une durée essentiellement limitée. Cette durée n'est pas seulement limitée comme celle des baux à vie ou des rentes et pensions viagères, à l'existence même de celui à qui les aliments sont dus et aussi à la vie de celui qui les doit; la dette d'aliments est encore subordonnée à la situation respective des parties (art. 209 C. C.); il suit de là que la dette alimentaire est par sa nature même essentiellement temporaire et variable, elle n'est ni perpétuelle, ni à vie ; elle est, au contraire, et nécessairement limitée, puisqu'elle peut toujours cesser, augmenter ou diminuer d'un jour à l'autre. En conséquence, les conventions qui règlent l'exécution de la dette légale d'aliments et ont pour objet d'assurer la nourriture de ceux à qui des aliments sont dus, ont une durée essentiellement provisoire et limitée. On ne saurait donc les assimiler sous aucun rapport, soit aux baux dont la durée est illimitée, soit aux constitutions de rentes et pensions viagères » (n° du 12 juill. 1871, n° 2466).

2095. Jugement. — En matière judiciaire, on considère que toutes les fois qu'il y a obligation légale de fournir des aliments, le jugement ne doit pas être considéré comme créant le titre du créancier qui le trouve dans la loi (*V.* Cass. 8 juill. 1857, 902 R. P., 11180 C.). Dès lors, la condamnation à fournir des aliments ne pouvant plus être regardée comme rendue sur une convention susceptible d'être enregistrée, le seul droit exigible est celui de 50 cent. pour 100 comme condamnation, sur le capital au denier 10 de la pension (D. m. f. 14 juin 1848 390 § 7 I. G.). Dalloz n° 2020, Ch. et Rig. n° 1511, en rapprochant l'I. G. 390 de celle n° 450, font remarquer que les motifs qui ont déterminé l'affranchissement de tout droit dans l'espèce qui a fait l'objet de la première de ces instructions, auraient dû amener pareil affranchissement dans toutes les situations, car l'obligation légale forme, dans les diverses hypothèses qui peuvent se présenter, le titre des créanciers. Mais l'on peut faire remarquer que l'affranchissement du droit de titre pour les jugements résulte d'un texte formel (Art. 69 § 2 n° 9) qui n'existe pas pour les actes civils, et que, d'ailleurs, la restriction de cet article qui ne soumet pas toutes les condamnations au droit de titre serait inutile si elle n'exceptait de ce droit le cas où la loi forme le titre du créancier.

1. LIQUIDATION.— Le droit de condamnation est dû sur la valeur de la pension, valeur fixée dans le jugement ou à évaluer (*V.* 2094). Cependant, si la pension alimentaire ou provision était déterminée par un jugement en exécution de l'article 268 C. C., ce serait le droit de condamnation à 50 cent. pour 100 qui serait exigible d'après ce que nous avons dit ; et si la pension ou provision était fixée par le tribunal à une somme annuelle ou mensuelle pendant l'instance en séparation de corps, la perception devrait être établie d'après une déclaration estimative, basée sur la durée probable du procès (Sol. 18 oct. 1844. 1732 § 3 I. G.) — Une Sol. 13 novembre 1830 (9851 J. E.) voulait que le droit fût perçu sur le capital au denier 10 de la pension, du moment que le temps pendant lequel elle devait être payée n'était pas limité.

2. ABSENCE DE CONDAMNATION.— On a enseigné que le droit de 50 cent. pour 100 ne serait pas dû si le tribunal se bornait à régler le mode de prestation de la pension sans prononcer de condamnation formelle. Cela nous paraît difficile à admettre. Le jugement, en effet, qui règle, même du consentement des parties, la manière dont une pension sera fournie procure implicitement un titre au débiteur pour l'exiger. Il nous semble qu'il y a lieu d'appliquer à cette espèce la règle admise au sujet des séparations de biens.— *V. Jugements.*

2096. Simple engagement de se conformer à la loi. — Il n'est dû que le droit fixe de 1 franc (3 fr.) si l'acte ne contient que la déclaration, par les descendants, qu'ils se soumettent à remplir les obligations que la loi leur impose, mais sans détermination de sommes, car un tel engagement n'ajoute rien aux dispositions de la loi et ne peut servir de titre au créancier (D. m. f. 12 sept. 1809, 450 I. G., D. N. t. 1er p. 650 n° 119).

De même il n'est dû que le droit fixe sur l'acte par lequel le tuteur officieux s'engage à nourrir son pupille et à pourvoir aux frais de son éducation, parce qu'une telle déclaration équivaut au simple rappel de la loi (449 § 4 I. G.).

SECTION 2. — PERSONNES QUI DOIVENT LA PENSION ET A QUI ELLE EST DUE

[2097-2106]

2097. Règle. — La première condition pour que le tarif réduit de 20 cent. pour 100 soit applicable, c'est que la pension soit faite par celui qui en est tenu et au profit de la personne qui peut légalement l'exiger. Il est clair, par exemple, que si le crédi-rentier n'avait pas droit aux aliments, l'obligation gratuite de les lui payer n'aurait plus le caractère de l'acquittement d'une dette et serait une libéralité véritable.

Le point essentiel est donc d'examiner, d'après les règles de la législation et de la jurisprudence civiles, si la dette alimentaire existait au profit du créancier et à la charge du débiteur.— C'est pourquoi nous avons, dans la première partie de l'article, résumé les principales hypothèses qui se présentent en droit commun, et les solutions qu'elles ont reçues. Il suffira de s'y reporter pour savoir si le droit de donation est ou non exigible sur les constitutions alimentaires qui s'y rapportent. Nous n'avons plus ici qu'à réunir les décisions qui ont fait l'application de ces principes.

2098. Beau-fils, belle-fille. — Dans ce sens il a été décidé : — 1° que la pension alimentaire constituée par deux époux en faveur de la mère de l'un d'eux, et du mari en secondes noces de celle-ci donne ouverture au droit de 20 cent. pour 100, sur la moitié pour la mère, et de donation entre étrangers pour l'autre moitié afférente au mari en secondes noces de celle-ci (Seine 27 déc. 1843, 13429 J. E.); — 2° que la constitution alimentaire par un enfant au profit de la femme en secondes noces de son père est passible du droit de donation (Dél. 16 août 1833, 10688 J. E., 8386 J. N., 1446 § 9 I. G.); — 3° de même que la pension alimentaire par l'enfant naturel, au profit de la mère qui l'a reconnue, et du mari de celle ci, donne ouverture au droit de bail et de donation sur chaque moitié (Dél. 27 juill. 1825, 8118 J. E. — V également 11430-2 J. E.)

2099. Tuteur officieux. — Il n'est dû que 20 cent. pour 100 comme bail à nourriture de mineur, sur l'acte volontaire ou judiciaire par lequel les droits des pupilles sont réglés après le décès des tuteurs officieux, lorsque ceux-ci n'ont pas fait ce règlement (D. m. f. 23 sept. 1806, lettre du 24 nov. 1806).

1. DONATION ÉVENTUELLE.— SUCCESSION.—La même décision porte qu'il faut percevoir le droit fixe de 5 francs (7 fr. 50 cent.) auquel sont tarifées les donations à cause de mort, sous la réserve des droits de mutation par décès à exiger, lors de l'ouverture de la succession, sur la disposition par laquelle le tuteur officieux règle les secours à payer, après son décès, au pupille. Mais cette solution ne nous paraît pas fondée. D'une part, l'indemnité à laquelle le tuteur est tenu en sa succession ne constitue pas un droit héréditaire pour le pupille; c'est une dette civile imposée au tuteur comme conséquence de ses rapports avec le pupille, et quand ce tuteur prend les mesures nécessaires au versement de la somme due, il prépare simplement sa libération. D'un autre côté, il a été jugé en matière civile, que le legs fait par le tuteur officieux au pupille ne pouvait être considéré, de plein droit, comme destiné à remplacer les moyens de subsistance dus à ce dernier (*suprà* n° 2085). Lors donc que ce pupille reçoit les aliments qui lui sont dus, il ne touche pas le montant d'un legs ou d'une libéralité quelconque. Ni le droit de 5 francs (7 fr. 50 cent.), ni celui de mutation par décès ne sont exigibles.

2100. Gendres. — De ce que les gendres et belles-filles sont tenus de fournir des aliments à leurs beaux-pères et belles-mères, il faut en conclure nécessairement que le droit de 20 cent. pour 100 serait seul applicable aux constitutions de cette nature. En outre, comme l'obligation du gendre n'est pas subordonnée à la discussion préalable du fils ou des autres enfants de l'ascendant (2081), l'engagement pris conjointement par eux tous ne pourrait motiver l'application d'un tarif particulier pour la part du gendre. La doctrine contraire d'un auteur doit être abandonnée.

Conformément à ces principes, il a été justement décidé que le droit de 20 cent. pour 100 est seul exigible sur le capital entier de la rente constituée à titre de pension alimentaire par un gendre et sa femme au profit de leur mère et belle-mère, lors même que la pension devrait être intégralement continuée après le décès de la femme (Del. 11-14 fév. 1824, 7789 J. E., 4539 J. N., 663 C.).

La dette alimentaire s'éteignant par le convol de la belle-mère ou de la belle-fille (2081-1), la constitution qui serait faite à ces personnes serait passible du droit de donation. Cependant il a été reconnu que le droit de donation n'est dû que sur la moitié de la pension constituée par deux époux en faveur de leur mère et belle-mère remariée et de son second mari (Seine 27 déc. 1843, 13429 J. E.). Mais, dans l'espèce, il était constant que le second mari ne pouvait fournir des aliments à sa femme; cette charge retombait alors *conjointement* sur la fille et sur le gendre.

2101. Donataire. — La constitution de pension alimentaire par un donataire au profit du donateur dans le besoin n'est, comme on l'a vu (2084), que l'accomplissement d'une obligation légale. Par conséquent, cette constitution aussi bien que l'augmentation de la pension nécessitée par les besoins nouveaux du donateur, n'autoriserait que la perception du droit de 20 cent. pour 100.

2102. Enfant naturel. — Les enfants naturels ayant le droit de réclamer des aliments de leurs père et mère, il a été reconnu que les pensions alimentaires constituées à leur profit ne sont pas des actes de libéralité (Dél. 27 juill. 1825, 5471 J. N.). La même règle doit être applicable toutes les fois que les pensions alimentaires sont constituées dans les diverses hypothèses qui peuvent se présenter pour les enfants légitimes.

2103. Époux. — L'art. 214 C. C. impose au mari l'obligation de recevoir sa femme, de lui fournir tout ce qui est nécessaire pour les besoins de la vie, selon ses facultés et son état. On doit donc dire qu'il ne peut y avoir aucune libéralité dans la constitution faite par le mari à sa femme, même à *titre de donation*, en vue de satisfaire à ses besoins. A ce point de vue, il a été exactement jugé que la clause d'un contrat de mariage, par laquelle une rente est constituée au profit de la future par le futur, jusqu'au décès de celui-ci, ne donne lieu à aucun droit particulier (Seine 20 avr. 1842, 6357 C.).

1. SÉPARATION. — La séparation de corps laisse le mariage subsister, et avec lui les obligations qu'il engendre (V. 2078).—Ainsi les époux se doivent encore des aliments l'un à l'autre; il y a donc accomplissement d'une obligation, quel que soit l'époux qui constitue la rente, et le droit de 20 cent. pour 100 est seul exigible (D. m. f. 10 déc. 1823, 7383, 7744 J. E., 4871 J. N.). Il en est de même de la disposition d'après laquelle le mari constitue une pension alimentaire à sa femme pendant le cours de l'instance en séparation (Dél. 4 janv. 1823, 468 Roll.).— V. dans le même sens, en matière de divorce: Cass. 18 juillet 1815, 5201 J. E., D. N. t. 1er p. 650 n° 22.

2104. Ordre à suivre. — La dette alimentaire n'existe à la charge de certains parents ou alliés qu'après la discussion des parents de l'ordre supérieur. Il en résulte que si les premiers consentent à payer la pension au lieu des seconds, bien que ceux-ci soient en état de le faire, leur engagement gratuit devient une libéralité ordinaire passible du droit de donation (V. 2090).

1. FEMME MARIÉE. — C'est en suivant cet ordre d'idées qu'une Dél. du 16 octobre 1824 (5093 J. N., 7973 J. E.) a décidé que la constitution alimentaire qu'un père fait à sa fille mariée, est passible du droit de donation, quand rien n'établit que le mari est dans l'impossibilité de la nourrir. — V. 2098.

Cependant le tribunal de la Seine a reconnu, le 28 décembre 1853, que le droit de 20 cent. pour 100 est seul exigible sur la clause d'un contrat de mariage par laquelle le tuteur à l'interdiction de la mère de la future, agissant en vertu d'une délibération du conseil de famille de l'interdite, s'était engagé à servir à la future une pension alimentaire (34 R. P.). Mais cette solution ne peut se justifier qu'en admettant que le futur n'était point encore à même de subvenir aux besoins de la future et que l'obligation de la mère était la continuation forcée de la dette alimentaire demeurant à sa charge en cas d'insuffisance du mari.

2105. Indivisibilité. — Mais la dette alimentaire étant indivisible en ce sens que chacun des parents du même ordre peut être tenu, en cas d'insolvabilité des autres, du payement du total de la dette, on ne pourrait exiger le droit de donation sur ce qui excéderait sa part si l'un d'eux se chargeait, dans cette hypothèse, de fournir seul les aliments (V. Champ. et Rig. n° 2233). — En outre, comme il appartient aux débiteurs ou au tribunal de régler pour leur plus grande commodité le mode de répartition de la dette, il peut être convenu, sans dénaturer le caractère de la convention, que le créancier recevra ses aliments chez lui des débiteurs auxquels les autres payeront leur part en argent. On avait émis dans ce sens (12235-6 J. E.) une opinion contraire sous le prétexte évidemment mal fondé que le contrat renferme deux dispositions indépendantes passibles de droits distincts.

1. HÉRITIERS. — Dans nos précédentes éditions, nous avions pensé, en nous fondant sur la jurisprudence qui obligeait les héritiers du débiteur de la pension, à en continuer le service, que leur reconnaissance était passible du droit de 20 cent. pour 100. Mais on a vu au n° 2092 que la question de droit civil a été résolue en sens contraire par de récents arrêts. Il résulte directement de leur doctrine que si les héritiers du débiteur de la pension, en admettant qu'ils n'en soient pas tenus personnellement, s'engagent à en continuer le service, cette convention faite à titre gratuit est une libéralité véritable.

2106. Obligation naturelle. — Quand on dit que pour profiter du droit de 20 cent. pour 100 la dette alimentaire doit résulter d'une *obligation*, c'est d'une obligation légale qu'il s'agit et non pas d'un simple devoir de conscience ou de ce que l'on appelle généralement, quoique à tort, une obligation naturelle. Champ. l'a cependant cru et il enseigne que le père ayant le devoir d'alimenter l'enfant naturel de son fils et réciproquement, tout contrat intervenu entre eux doit profiter de la réduction du tarif.

Ce savant jurisconsulte a confondu ici l'obligation naturelle proprement dite avec l'obligation imparfaite. Celle-ci constitue un simple devoir de conscience que la loi civile ne consacre pas et dont les textes ne peuvent servir à procurer la reconnaissance. « L'obligation naturelle, dans son acception légale, est celle que le législateur, après lui avoir refusé l'efficacité ordinaire parce qu'elle se trouve sous le coup d'une présomption générale d'existence ou d'invalidité, arrive à sanctionner ensuite parce qu'une exécution libre, une novation volontaire ou quelque autre acte d'où résulte l'aveu de la dette vient prouver au législateur que sa présomption était en défaut pour ce cas particulier » (Marcadé art. 1235-11). La dette alimentaire qui résulte du simple devoir de conscience ne saurait jamais être considérée, en droit positif, comme une obligation légale, ni sa reconnaissance comme l'exécution de la loi. C'est une véritable libéralité. Aussi doit-on tenir pour constant que le droit de donation serait dû sur la constitution de pension faite dans les cas proposés par Champ., ou par un frère à son frère, etc.

Il en serait autrement si l'obligation naturelle était devenue civile par une condamnation (Angers 1er mai 1874, 4004 R. P.)

SECTION 3. — IL FAUT QUE LE CRÉDI-RENTIER SOIT DANS LE BESOIN

[2107-2110]

2107. Besoin. — La seconde condition nécessaire pour qu'il y ait lieu d'appliquer le tarif de la pension alimentaire c'est que celui qui reçoit les aliments soit réellement dans le besoin. Dans ce sens, une délibération du 22 août 1832 (10409 J. E.) reconnaît le droit de donation exigible alors que *rien ne prouve* que les aliments soient nécessités par la position de celui qui les reçoit.

1. APPRÉCIATION DU BESOIN. — Mais l'Administration est-elle autorisée à discuter les ressources de celui à qui les aliments sont accordés? Il semble que non, à moins que les circonstances qui environnent la cause ne prouvent évidemment que la mention de secours alimentaires est frauduleuse. « Si les contractants, disent Champ. et Rig., déclarent qu'il y a eu besoin et que c'est pour remplir les obligations de la loi qu'ils constituent la pension, cette déclaration exprimée ou implicite doit être tenue pour vraie, *à moins que la fraude ne soit facilement démontrée.* » Quant aux moyens de prouver cette fraude, ils doivent être compatibles avec l'économie de la législation fiscale et on n'autoriserait par exemple ni l'emploi de l'enquête, ni la délation du serment, ni même la procédure spéciale sur l'interrogatoire judiciaire. — V. *Expertise et Succession.*

Ces contestations doivent être soulevées avec d'autant plus de prudence que le *besoin* a un caractère essentiellement relatif variant avec la position et les habitudes de chaque individu.

Ainsi, dans une espèce où les enfants qui avaient alloué à leur mère une pension alimentaire de 1,000 francs lui avaient abandonné en payement de ses reprises s'élevant à 4,300 francs une maison, un jardin et un mobilier, il a été reconnu que le droit de 20 centimes était seul exigible parce que la mère, quoique possédant ces quelques valeurs, avait réellement besoin pour vivre de la pension qui lui était allouée (Sol. 17 mai 1872).

Au contraire, le droit de donation a été reconnu exigible par le tribunal de Lille, le 6 décembre 1872, dans une hypothèse où il était démontré que le crédi-rentier avait des ressources d'une certaine importance. « Attendu que, de son chef, la dame veuve Leclair avait droit à la moitié des biens de la communauté et au quart en usufruit de l'autre moitié ; ce qui, pour le seul revenu des immeubles, portait ses ressources personnelles à 2437 fr. 50 cent., indépendamment de ses reprises et de la moitié en pleine propriété et du quart en usufruit des valeurs mobilières de la communauté évaluées à 7,471 francs ; — Attendu qu'en cet état de choses, eu égard aux ressources respectives des parties contractantes et à leur position sociale, il est impossible d'admettre qu'il y avait pour les enfants Leclair obligation de servir des aliments à leur mère dont les ressources personnelles étaient plus que suffisantes pour pourvoir à ses besoins; — Qu'il en faut conclure que s'ils lui ont fait abandon de l'usufruit de la moitié des biens composant la succession de leur père, ils l'ont fait à titre gratuit sans qu'il y ait lieu, par conséquent, de rechercher si l'abandon d'un droit d'usufruit peut ou non avoir le caractère de prestation alimentaire. »

« Considérant, en fait, porte également un jugement de Saint-Lô du 19 mars 1874, que le sieur L... est piqueur au chemin de fer; qu'outre cette position il possède déjà, en outre de son contrat de mariage, un usufruit estimé au minimum de 953 fr. 75 cent. de revenu annuel; qu'il est donc actuellement à l'abri du besoin; d'où il suit que l'acte par lequel ses enfants lui ont abandonné l'usufruit de la seconde moitié des biens de sa femme est une véritable donation. » (3958 R. P.). — Toutes ces difficultés sont de pure appréciation.

2108. Pension excessive. — De ce que la pension se restreint aux besoins alimentaires du créancier, les auteurs en ont conclu que le débiteur de la pension n'étant pas tenu d'acquitter les dettes contractées par le créancier, sauf le cas où ces dettes auraient pour cause la fourniture d'aliments (2088), il s'en suit que l'engagement pris par ce débiteur de payer le passif dont il s'agit donnerait incontestablement lieu au droit de donation.

2108 *bis*. Héritiers. — Il en serait encore de même si les héritiers du débit rentier s'obligeaient à continuer le service de la pension alimentaire dans le cas où la mort de leur auteur produit l'extinction de la dette. — *V.* 2092.

2109. Pension irréductible. — L'acte par lequel des père et mère font donation à leur fils d'une pension alimentaire avec expression d'un capital qui peut devenir exigible et qui est garanti par une hypothèque spéciale est passible du droit de donation. « Attendu qu'un tel acte n'est pas subordonné à la continuité du besoin et qu'il n'est pas même établi que ce besoin existe actuellement » (Argentan 5 mars 1842, 13057 J. E.). — La dernière circonstance justifie suffisamment la décision. Mais on a invoqué ce jugement pour soutenir que le droit de donation est exigible toutes les fois que la pension est irréductible et que son service est garanti par une affectation hypothécaire ou un nantissement mobilier. On prétend que ces faits sont incompatibles avec le caractère essentiellement mobile et indéterminé de la pension. Nous ne nions pas que de telles stipulations puissent servir à déterminer le contrat; mais il semble qu'il serait plus dangereux qu'utile de les poser en règle de droit. L'irréductibilité de la pension est, à certains égards, une clause sans valeur, puisque le créancier de la dette alimentaire ne peut renoncer au droit de la faire augmenter quand ses besoins s'accroissent. D'un autre côté, il est parfaitement licite de garantir le service de la pension par un gage quelconque. Ces clauses ne sont donc pas essentiellement incompatibles avec l'idée d'une pension alimentaire.

Le tribunal de Meaux a décidé, comme celui d'Argentan, le 18 décembre 1845, que le droit de donation est exigible sur l'acte portant constitution de rente viagère à titre alimentaire, par un gendre au profit de son beau-père et de sa belle-mère sans réduction, au décès du prémourant: « Attendu que le constituant s'est lié irrévocablement et a renoncé aux éventualités qui auraient pu, par la suite, diminuer ses charges » (13946 J. E.). Mais ici encore les constituants avaient déclaré agir dans le but de témoigner *leur affection* à leurs beau-père et belle-mère, et cela légitime la perception.

Décidé également que l'acte par lequel un père s'engage à servir à son enfant mineur (avec acceptation par la mère séparée de biens), pendant toute la vie de l'enfant, une pension qualifiée de pension alimentaire, constitue une donation (Sol. nov. 1871, nov. 1872).

Il est clair que la solution serait différente s'il était dès à présent certain que par son état physique ou intellectuel, l'enfant est pour toujours hors d'état de se suffire.

« Attendu, porte un jugement de Saint-Lô, du 19 mars 1874, que l'acte dont il s'agit est irrévocable et que ce caractère d'irrévocabilité doit empêcher toute espèce d'assimilation de ce pacte avec la constitution révocable d'une pension alimentaire. »

2110. Cession à titre onéreux. — Puisque la pension alimentaire a pour but de subvenir à l'existence de celui qui est dans le besoin, il est manifeste que si ce dernier abandonne tout ou partie de ses biens en échange de la pension, le contrat est un acte translatif ordinaire et la pension n'est plus que le prix moyennant lequel le crédi-rentier devient l'acquéreur du capital cédé (13962 J. E.). — Ainsi :

1. RENTES. — La donation par un père à son fils de rentes sur l'État, à charge de servir au donateur une pension alimentaire, est passible du droit de 2 pour 100 pour constitution de rente (13962 J. E.).

2. OFFICE. — C'est ce qu'on a décidé aussi pour la cession d'un office, moyennant une rente viagère alimentaire (Sol. 12 janv. 1827, 8831 J. E.).

3. USUFRUIT. — Le droit de donation a été reconnu exigible sur l'abandon par des enfants à leurs parents, à titre alimentaire, d'immeubles en usufruit pour tenir lieu d'une rente viagère que ceux-ci s'étaient réservée dans un acte de donation (Dél. 10 avr. 1835, 11213 J. E.). — Si des enfants s'engagent à servir une pension alimentaire à leur père en échange de l'usufruit sur des biens dont ils ont la nue-propriété, le droit de bail à nourriture ne saurait être perçu. Mais la réunion de l'usufruit donne lieu à un droit fixe et, selon les cas, à un droit de transcription, d'après les principes développés au mot *Usufruit*.

4. BAIL. — ANTICHRÈSE. — Le bail d'immeubles consenti par une veuve pour toute la durée de sa vie, au profit de son gendre et de sa fille, à charge de la loger et de l'entretenir ainsi que son fils mineur, est sujet au droit de bail à vie à 4 pour 100 (Pithiviers 27 août 1850, 15087 J. E.). — De même lorsque pour assurer le service d'une pension alimentaire qu'il a constituée, un fils abandonne à sa mère les loyers

et revenus d'une maison qu'elle doit toucher sur sa simple quittance, jusqu'à concurrence de la pension, le droit 2 pour 100 est dû pour antichrèse (Seine 19 juill. 1850, 14996 J. E.). — *V.* 2186-6.

5. IMMEUBLES. — Lorsque des enfants constituent une pension alimentaire au profit de leur père, et prennent l'engagement de payer ses dettes, à condition qu'il leur abandonnera des immeubles, ce qui est accepté, ces conventions opèrent une donation (Dél. 27 mars 1829, 2539 Roll.).

6. RÉDUCTION. — C'est ce qui aurait lieu encore si le père constituait une pension alimentaire à son fils moyennant la renonciation de celui-ci à demander la réduction d'une libéralité excessive faite au père par sa femme décédée (Sol. 11 juill. 1859.)

7. APPRÉCIATION. — Le principe qui sert de base à ces solutions ne doit pas être exagéré. Ainsi que l'a reconnu une Solut. du 28 déc. 1871 : « lorsque les autres conditions de la dette alimentaire existent, la pension ne saurait perdre son caractère, parce que le père de famille, dans le but de rendre la charge moins onéreuse pour ses enfants croit devoir leur céder quelques biens peu importants et dont la valeur ne saurait entrer en balance avec la valeur de la pension » (*Conf.*: Sol. 14 sept. 1871, mai 1872, juill. 1872, 12 oct. 1873).

SECTION 4. — MODE DE PRESTATION DE LA PENSION

[2111-2116]

2111. Pension en nature. — « La pension, disent Champ. et Rig. (*Dictionnaire*, v° *Pension* n°s 5 et 6), est une sorte de rente viagère dont la destination principale est la nourriture et l'entretien du créancier. La pension diffère de la rente viagère en ce que le revenu de celle-ci n'a point de destination particulière. » — Toute pension a donc un caractère alimentaire, mais les aliments, considérés comme l'objet du bail à nourriture de personnes, se restreignent aux choses de première nécessité pour la subsistance; elles doivent être fournies en nature toutes préparées pour l'usage ou la consommation, jusqu'à concurrence des besoins du preneur. « En ces deux derniers points, fait observer Demante, le bail de nourriture diffère de la pension, même de la pension payable en nature, laquelle consiste en certaines prestations *déterminées* de denrées alimentaires, *non préparées* » (n° 373). — Pour être logique, il faudrait donc décider que le tarif des baux à nourriture se restreint à la convention ayant pour objet la prestation des aliments en nature préparés par le débiteur. Mais, dans le but de favoriser le contrat, on s'est tellement écarté des principes, qu'il est difficile de justifier en droit le point précis auquel le Trésor a borné l'application de la loi.

2111 *bis*. Pension en argent. — Il fut d'abord admis sans difficulté que la stipulation du payement en argent de la pension alimentaire n'en modifiait pas la nature au point de vue de la perception du droit. Le tribunal de la Seine, dans un jugement du 22 janvier 1845, constate même, en thèse générale, que l'assimilation des pensions alimentaires aux baux à nourriture ne peut exister que pour les pensions *qui doivent être servies en argent* (13665 J. E., 12349 J. N.).

2112. Jouissance. — On fut ensuite appelé à examiner s'il en était encore ainsi quand la pension, au lieu d'être payable en argent, devait être servie par la réception des revenus d'un capital mobilier ou immobilier délégués au crédit rentier jusqu'à l'extinction de sa créance. D'une D. m. f. 26 décembre 1823, il résulte que dans l'acte par lequel les enfants abandonnent à leurs père et mère, à titre de pension alimentaire, la jouissance d'un immeuble, on ne peut voir qu'une délégation des revenus de l'immeuble pour l'acquit de la pension. Quoique les charges imposées soient de la nature de celles auxquelles un usufruitier est tenu de pourvoir, *on ne peut pas dire que l'acte emporte création d'un usufruit*. La jouissance, accordée à titre de pension alimentaire, *incessible et insaisissable*, manque des principaux caractères qui constituent, aux termes du C. C., l'usufruit susceptible de transmission à des tiers et d'hypothèque pendant le temps de sa durée ; d'où la conséquence que le droit de bail à nourriture est le seul exigible. Une Dél. 19 janvier 1841 (12683 J. E., 10872 J. N.) a maintenu cette règle, alors même qu'il ne serait pas dit que la jouissance abandonnée sera *incessible et insaisissable*, par le motif que dès l'instant que l'abandon est fait *à titre alimentaire*, il devient par cela seul incessible et insaisissable. — Jugé dans le même sens, par le trib. de la Seine le 7 février 1850 (13983 J.N.), que le droit de 20 cent. pour 100 est seul exigible sur l'abandon, à titre alimentaire, par un père à son fils, de la *jouissance viagère* d'un immeuble.— Dans tous ces cas, comme la convention a pour effet de déléguer le revenu de l'immeuble pour l'acquit de la pension, c'est le capital de la pension représenté par le revenu de l'immeuble qui doit seul supporter les droits (D. N. t. 1er p. 650 n° 120).

2113. Usufruit. — Mais l'Administration s'est arrêtée là. Lorsqu'il s'est agi de la cession d'un usufruit véritable au lieu d'une délégation de jouissance, on a considéré que les caractères essentiels de la dette alimentaire n'existaient plus. Cette dette, en effet, est incessible et insaisissable, elle s'éteint par des causes diverses et peut diminuer selon les besoins du créancier. L'usufruit, au contraire, est essentiellement transmissible et il forme entre les mains du cessionnaire une propriété définitive sur le sort de laquelle la réduction des besoins ou l'extinction totale de la dette demeure sans influence.

Aussi, par une Dél. du 8 octobre 1833 (10804 J. E.), l'Administration a-t-elle décidé que le droit ordinaire de donation est exigible lorsqu'il y a abandon d'usufruit, attendu qu'il y a cette différence entre la jouissance et l'usufruit que l'une se borne à la simple perception des fruits naturels, tandis que l'autre donne le droit de jouir comme le propriétaire lui-même, ce qui constitue abandon d'une chose cessible et saisissable. — Par une seconde Dél. du 11 avril 1835 (11213 J. E.), elle a maintenu la perception du droit de cession d'usufruit sur un acte par lequel un enfant, donataire de ses père et mère, à charge d'une rente, leur avait abandonné, *à titre alimentaire*, pour se libérer de cette rente, la jouissance des biens donnés (*Conf.* : Nantua 19 août 1852, 15467 J. E.).

Nous avons critiqué ces solutions, non pas précisément au point de vue du droit rigoureux, mais parce qu'elles nous ont paru en désaccord complet avec le principe d'extension sur lequel se fonde l'application du tarif aux délégations de la jouissance destinée à tenir lieu de la pension. Ces critiques n'ont rien perdu de leur actualité.

L'obligation alimentaire, avons-nous dit, s'arrête à la fourniture en nature de la nourriture, des vêtements, de l'habitation, des médicaments en cas de maladie — choses qui constituent par excellence les objets nécessaires à l'existence, — ou à leur équivalent en argent. Déclarer que l'acte par lequel on accorde ces choses à ceux qui y ont droit ne sera pas considéré comme une donation, mais jouira du bénéfice de la perception applicable aux baux à nourriture, c'est assurément entrer dans la pensée du législateur, qui doit vouloir favoriser les actes par lesquels on satisfait à des obligations naturelles. Bien plus, si l'on étendait le bénéfice de cette décision à tout contrat par lequel on accorderait une chose quelconque pour tenir lieu des aliments tels que nous les avons définis, ce serait tout simplement donner son développement naturel et complet à la pensée que nous venons de signaler, quoique, en définitive, on ne pût trouver que fort rationnelle la décision qui limiterait la réduction du droit aux seuls contrats qui auraient pour objet les choses désignées par la loi comme alimentaires. Quel que soit celui de ces deux systèmes que l'on adopte, il pourra facilement se justifier, et il aura l'avantage de créer une règle générale dans les limites de laquelle la perception marchera d'un pas assuré. Mais sortir du cadre de la loi pour décider que parmi les choses qu'elle ne considère pas comme alimentaires, les unes devront jouir du droit réduit, alors que les autres supporteront le droit ordinaire, c'est s'écarter de la règle générale pour créer, non pas une autre règle, mais de simples exceptions à côté desquelles chacun pourra venir, avec une parfaite apparence de raison, demander à ajouter d'autres exceptions. De la dette alimentaire à une cession de jouissance, ou à une cession d'usufruit, pour en tenir lieu, la distance est exactement la même. C'est cette distance qu'il faut mesurer et non celle qui sépare la jouissance de l'usufruit. Donc, des deux choses l'une : si vous décidez que la cession, à titre alimentaire, de la jouissance d'un immeuble doit jouir du bénéfice du droit de 20 cent. pour 100, décidez qu'il doit en être de même de la cession d'un usufruit. Que si, au contraire, vous voulez qu'une cession d'usufruit, faite dans les mêmes conditions, subisse le droit de donation, qu'il en soit de même de la cession de jouissance. Chacun de ces deux modes d'opérer aura, ainsi que nous l'avons démontré, une raison d'être que personne ne pourra venir sérieusement contester ; mais, vouloir qu'une cession de jouissance à titre alimentaire soit passible du droit de bail, alors que la cession d'usufruit sera passible du droit de donation, c'est assurément peu logique.

Telle est aussi, quoique pour d'autres motifs, l'opinion de Dalloz n° 3718 Champ. et Rig. 2244, et du J. N. 12349 et 14773. — Plusieurs tribunaux se sont aussi prononcés dans le même sens (Étampes 7 mai 1836, 11724-1 J. E., Liége 10 avr. 1861). Ce dernier jugement est ainsi conçu : « Considérant que, par acte notarié du 26 mai 1858, les enfants Micha ont abandonné à leur mère, à titre de pension alimentaire en vertu de l'article 205 du Code civil, l'usufruit d'immeubles et de biens meubles, évalués à 200 francs de produit annuel ; que, le 27 mai 1858, cet acte fut enregistré au droit de 6 fr. 50 cent. pour pension alimentaire et 2 fr. 21 cent. pour déclaration ; considérant que l'Administration ne peut exiger un droit de dation en payement ; qu'en effet, la loi n'exige pas que les aliments soient fournis en une somme d'argent ; qu'en s'acquittant au moyen d'un abandon de jouissance, les débiteurs n'ont point donné une chose autre que celle qui était due ; qu'il n'y a donc pas eu dation en payement, puisqu'il ne peut en exister que quand la chose transmise est autre que celle que l'on devait. »

Mais l'Administration a maintenu jusqu'à ce jour la doctrine contraire, et elle l'a fait prévaloir devant les tribunaux de la Seine du 22 janvier 1845 (13665 J. E., 12349 J. N.); — de Nantua du 19 août 1852 (15467 J. E.); — de Rambouillet du 21 déc. 1855 (591 R. P.; — de Châlon-sur-Saône du 12 déc. 1856 (811 R. P., 16005 J. N., 16452 J. E., 11041 C., et de Boulogne du 30, juillet 1874 (4010 R. P.).

En tenant pour fondée la distinction établie entre la cession d'un usufruit proprement dit et la délégation des revenus ou de la jouissance d'un immeuble, il restera toujours à déterminer les caractères particuliers de chaque convention. Or, rien n'est plus difficile, tant les stipulations relatives à l'usufruit ou la jouissance peuvent se confondre. C'est là un embarras très-sérieux, et nous croyons bien que les tribunaux, pour en sortir, seraient sollicités, par le désir de favoriser le contrat, à préférer la cession de jouissance à la cession d'usufruit.

Ainsi, le caractère d'une simple cession de jouissance à titre alimentaire a été reconnu à un acte portant que l'*usufruit* abandonné ne sert qu'à acquitter la dette légale imposée aux enfants de pourvoir à l'entretien de leur mère ; que cette obligation cessant au jour du décès, l'*usufruit* sera également éteint au jour de cet événement. Qu'en conséquence, tout bail que pourrait faire la dame M... desdits immeubles sera, au jour du décès de cette dernière, nul et sans effet à l'égard de ses enfants. « Attendu, que tout usufruit véritable se compose à la fois de l'administration et de la jouissance des biens qui y sont soumis ; que, dans l'espèce, au contraire, la stipulation du contrat d'après laquelle, contrairement à l'article 595 du C. C., tout bail que pourra faire l'usufruitière sera, au jour du décès de cette dernière, nul et sans effet à l'égard de ses enfants, équivaut, en définitive à la suppression du droit d'administrer, puisque aucun locataire ou fermier ne sera disposé à prendre des engagements dont la durée dépendra d'un événement incertain ; qu'il s'exposerait de la sorte à des risques qu'il aura soin d'éviter en s'abstenant de contracter sans l'intervention du nu-propriétaire, rendue ainsi nécessaire pour tous les actes d'administration de quelque importance ; Attendu que les demandeurs ont évalué, dans l'acte même, à 247 francs le revenu annuel des biens délégués ; que cette estimation ne paraît pas être au-dessous de la valeur véritable, puisque la Régie ne porte qu'à 3000 francs la valeur de l'usufruit ; que la modicité de ces chiffres est une garantie de la véracité des motifs indiqués comme ayant déterminé la conclusion du contrat » (Liége, 18 fév. 1871).

1. LOGEMENT. — Par un jugement du 21 décembre 1865, le tribunal de Rambouillet a également reconnu que

s'il s'agissait d'un droit d'habitation dans un immeuble, les règles habituelles de la pension alimentaire seraient applicables, attendu que la pension peut être servie en argent en objets propres à la nourriture ou encore en logement (591 R. P.). Cette remarque est de tous points fondée, puisque le droit d'habitation est temporaire, personnel, incessible et insaisissable.

2114. Donation. — Quoi qu'il en soit, il nous paraît certain, contrairement à la délibération du 8 octobre 1833, citée au n° précédent que la cession de l'usufruit ne peut être considérée comme une libéralité. La donation, en effet, suppose que le donateur se dépouille de l'objet sans y être contraint : *merâ liberalitas*, disait la loi romaine, *nullo jure cogente factâ*. Celui qui cède un bien pour se libérer d'une dette ne donne pas, mais paye. Or, telle est la position du débiteur de la pension alimentaire. Du moment que le créancier avait contre lui une action *civile* en payement de la pension, l'acte par lequel le débiteur, pour être libéré, abandonne un objet déterminé, ne saurait avoir d'autre caractère que celui d'une dation en payement passible du droit à titre onéreux. C'est ce que le tribunal de Liége a très-bien reconnu dans son jugement déjà cité du 10 avril 1861. « Considérant qu'il n'est point contesté que la veuve Micha eût droit à des aliments en vertu de l'art. 205 C. C.; qu'il en résulte qu'il y avait pour ses enfants obligation *légale* de lui en fournir; qu'on ne peut donc voir une donation dans l'acte du 26 mai 1858, puisque la donation doit être faite à titre de pure libéralité, et n'existe pas quand ce qu'on s'oblige à donner était dû en vertu d'une obligation légale; qu'il n'y a donc pas mutation à titre gratuit. » L'Administration belge a acquiescé à ce motif du jugement par une solution du 27 juin 1861. Une décision conforme a été prise par l'Administration française, le 17 septembre 1865. (*Conf.*: Champ. et Rig, n° 2241.; J. du not. du 12 juill. 1871 n° 2466).— *V. suprà*, n° 2089.

2115. Propriété. — Le droit de dation en payement serait à plus forte raison exigible si le débiteur de la pension cédait la toute propriété d'un immeuble. C'est ce que l'on a décidé notamment pour la cession faite par l'héritier d'un père adultérin à l'enfant de celui-ci d'une quotité de la succession (8964 J. E.).

2116. Capital mobilier. — Il devrait en être logiquement de même de la cession d'un capital mobilier. Le caractère irrévocable de la transmission et le forfait qui s'attache au contrat s'éloignent autant de la constitution de pension que l'abandon d'un usufruit ou d'une toute propriété d'immeubles. — Cependant, dans un cas où la demoiselle L. déclarait faire donation à son père; acceptant, d'une somme de 10,016 fr. 30 cent., formant le reliquat d'un compte de tutelle dont ce dernier s'était reconnu redevable, et où la donation était faite dans le but de subvenir aux besoins de L. père pour lui tenir lieu de pension alimentaire, sans qu'il pût, sous aucun prétexte, en réclamer d'autre, il a été décidé, le 21 octobre 1825, qu'il suffisait que l'abandon de la créance eût été consenti à titre de *pension alimentaire*, pour qu'il n'y eût lieu de percevoir que le droit de 20 cent. par 100 francs sur la somme de 10,016 fr. 30 cent. (9125 J. E.). On a critiqué cette décision, par le motif que l'abandon d'un capital n'est pas une pension et que la renonciation du père n'est pas valable (4968 J. N.). Dalloz n° 3716 et Champ. et Rig. n° 2225, font, au contraire, remarquer, à l'appui de la décision, que ce n'est point la forme de la disposition, mais la cause, qui enlève à la pension alimentaire le caractère de libéralité.

1. ADULTÉRIN. — On a reconnu, dans le même sens, que l'obligation contractée par l'héritier du père ou de la mère de payer une somme déterminée pour éteindre tout droit aux aliments de la part de l'enfant adultérin est passible du droit de 20 cent. pour 100 (9008 J. N., D. N. t. 1er p. 651 n° 125). Et cette solution est fondée sur ce que l'enfant adultérin peut réclamer des aliments à la *succession* de son père (Merlin *Quest. de droit* et *Réserves* n° 1; Chabot 762-5, Duranton 6-330.)

SECTION 5. — INTENTION FORMELLE DES PARTIES

[2117-2118]

2117. Intention des parties. — Donation. — Pour que la constitution de pension puisse jouir du bénéfice de l'affranchissement du droit de donation, il faut que le véritable caractère de la constitution à titre alimentaire résulte, non pas seulement de la qualification donnée à la stipulation, mais encore des circonstances qui environnent l'acte.

Ainsi, il a été décidé : 1° qu'une constitution de pension alimentaire de 1000 francs, dont 400 francs à titre de préciput, donne ouverture au droit de donation sur le capital au denier 10 de 400 francs (Sol. 22 août 1832, 10409 J. E., Sol. 12 nov. 1861);

2° qu'une constitution de rente par un gendre au profit de son beau-père, *pour lui prouver son affection*, ne peut être considérée comme alimentaire (Meaux 18 déc. 1845, 13946 J. E.);

3° tandis que dans une espèce où une femme avait été autorisée par son mari à accepter de son fils une pension viagère et alimentaire, cette pension ayant été constituée par un acte particulier qui ne mentionnait pas que la pension était alimentaire, il a été reconnu (7144 J. E.) que le droit de 20 cent. pour 100 était seul exigible, attendu que l'intention des parties avait été clairement manifesté.

1. DOT. — A cet ordre d'idées il faut rapporter les décisions qui refusent d'affranchir du droit de donation les constitutions faites en vue de mariage, ou par contrat de mariage, alors que ces constitutions sont faites à titre alimentaire. Ces constitutions sont, en effet, conçues en termes tels qu'elles excluent toute possibilité de la réduction ou de la suppression, au cas où le donataire cesserait d'être dans le besoin, ce qui est de l'essence de la constitution alimentaire. (Argentan 5 mars 1842, 13057 J. E.). — *V.* cependant l'espèce qui a motivé le jugem. Seine 28 déc. 1852 (34 R. P.).

Il a été jugé, dans ce sens, que la pension alimentaire constituée par un père à sa fille peu de jours avant le mariage de celle-ci, donne lieu au droit de donation, parce qu'il est évident que cette pension n'a été séparée du contrat de mariage que dans une pensée de fraude (Muret 18 juin 1859, 1217 R. P., 11628 C., 16973 J. E.).

2. DONATEUR INDIGENT. — Bien qu'une mère notoirement indigente constitue à son fils, dans son contrat de mariage, une pension alimentaire sous le cautionnement d'un tiers, on ne peut prétendre que le tiers soit le véritable donateur. Les droits exigibles sont ceux de donation en ligne directe et de cautionnement (13868-9 J. E.). — V. *Cautionnement.*

2118. Dot religieuse. — La promesse par des père et mère de payer à une communauté, pour dot religieuse de leur fille, une somme rapportable par celle-ci, mais non par la communauté qui se charge de la nourrir et de l'entretenir, donne ouverture au droit de donation en ligne directe (Dél. 24 juill. 1827, 1414 C.; — Limoges 8 mars 1848, 14441 J. E.). — Mais Champ. et Rig. font observer, au sujet de la délibération de 1827, que les père et mère n'ayant fait que remplir une obligation légale à l'égard de leur fille, le droit de donation ne pouvait être exigé (n° 2241). — C'est le droit de dation en payement qui est dû si l'on admet que la cession d'un capital mobilier est incompatible avec l'idée de la pension alimentaire ou bien le droit de bail à nourriture de personnes dans le cas contraire. — *V.* 2834.

Lorsque le contrat intervient entre le père, l'enfant et la communauté religieuse, il se forme deux conventions distinctes ; d'abord la constitution de pension au profit de l'enfant, puis l'engagement synallagmatique pris par la communauté à l'égard de cet enfant ou de son père pour lui. Ce dernier contrat, qui est interprété par la jurisprudence comme un bail à nourriture de personnes, est sujet au droit de 2 pour 100 (Cass. 4 déc. 1855, 533 R. P., 2060-1 I. G., 15642 J. N., S.56-1-74). — V. *Société.*

Mais cette perception ne dispenserait pas l'autre convention du droit afférent à sa nature, d'après le principe qui sera développé au sujet des constitutions de rentes dont le prix est fourni par un tiers.

Il se peut, d'ailleurs, que la dot religieuse ait le caractère d'une véritable libéralité, si la pension constituée manque des caractères essentiels de la dette alimentaire. On peut en voir un exemple au n° 2311.

SECTION 6. — MODIFICATION ET RENONCIATION

[2119-2121]

2119. Conversion. — On ne peut dire qu'il y a novation, aux termes du n° 1er de l'art. 1271 C. C., dans la stipulation par laquelle des enfants, qui s'étaient obligés à servir une rente viagère, à titre alimentaire, à leurs auteurs, déclarent qu'à l'avenir ils l'acquitteront en nature, du consentement de leurs auteurs. Le droit fixe est seul exigible (Dél. 30 avr. 1825, 8366 J. E., 5278 J. N., 897 C.). Il ne s'agit pas, en effet, de modifier ici l'objet de la dette, mais seulement le mode de consommation de ses arrérages. Une autre solution a été rendue dans le même sens le 17 mars 1865. — V. *Novation.*

2120. Modification. — Renonciation. — Si celui qui reçoit des aliments acquiert des ressources, l'acte par lequel on réduit sa pension ne doit être considéré que comme une conséquence naturelle de la loi : c'est un acte d'exécution ou de complément passible du droit fixe de 3 francs.

Il en est de même de la renonciation complète à la pension faite par le crédi-rentier auquel il est survenu des ressources suffisantes depuis la constitution de la pension. Le jugement qui constaterait l'extinction de la dette alimentaire dans ces conditions ne serait également passible que du droit fixe.

2121. Obligation. — Le droit d'obligation et non de bail est dû sur l'acte par lequel une mère vivant avec sa fille reconnaît lui devoir 400 francs pour quatre années redues de sa pension alimentaire (2862).

ALLIÉ. — ALLIANCE.

2123. — L'alliance est le lien qui unit l'un des époux aux parents de l'autre époux; l'on appelle alliés ceux entre lesquels existe cette alliance. De cette définition, il résulte que tous les parents du mari sont les alliés de sa femme, et que tous les parents de la femme sont alliés du mari ; réciproquement, on a pour alliés les maris de ses parentes et les femmes de ses parents (Pothier *du Mariage*, 150).

2124. Effets de l'alliance. — En général, l'alliance donne lieu aux mêmes empêchements, aux mêmes prohibitions que la parenté. Nous citerons les prohibitions de mariage (C. C. 161 et suiv.); la défense d'être témoins (C. proc. 283 et 378. — L. 25 vent. an 11, etc.). Mais l'alliance n'est en général, d'aucune considération dans les transactions de la vie civile, non plus que dans la transmission des biens par succession (Cass. 22 déc. 1829, 1307 § 6 I. G., S. 30-1-60, 9526 J. E.).

2125. Enregistrement. — De cette dernière considération découle la conséquence que les alliés sont considérés comme *étrangers*, pour la perception du droit d'enregistrement (Circ. 202). Cette règle, qui a été constamment suivie par les employés, ne semblait pas de nature à soulever la moindre objection. Cependant la C. cass. a été appelée à se prononcer et elle en a consacré le principe d'une manière irrévocable en décidant, par un arrêt 28 janvier : 1839, que la donation faite par deux époux conjointement à la nièce de l'un d'eux est censée faite par moitié, et, la donatrice, n'étant nièce que de l'un des époux donateurs, le droit à percevoir sur l'une des moitiés de la donation est celui déterminé pour les donations entre personnes non parentes. « Attendu, porte cet arrêt, que la demoiselle de Vesins n'étant nièce que de l'un des époux donateurs, et n'étant que par alliance nièce de l'autre époux, le droit à percevoir pour l'une des moitiés de la donation était celui que l'art. 33 de la loi du 21 avril 1832 détermine pour les donations entre personnes non parentes, et que le jugement attaqué, en décidant que la totalité du droit devait être celui qui est déterminé pour les donations des oncles et tantes à leurs neveux et nièces, a faussement appliqué et violé ledit article » (2224 J. E., 10272 J. N., S. 23-1-15, 1590 § 5 I. G. — *V.* également 5801 et 7338 J. E. — D. m. f. 1er mai et 21 juill. 1820, 6764 et 7103 J. E.;— Charolles 30 août 1828, 10266 J. E.; — Reims 27 déc. 1845, C. a. 4330; — Lure 21 fév. 1851, 3421 Bull.).

AMBASSADEUR.

2126. — Ministre chargé des affaires d'un gouvernement près d'un autre gouvernement.

2127. Succession. — Les ambassadeurs et les gens de leur suite peuvent disposer de leurs biens par testament et par toute autre disposition, selon les lois de leur pays; et, s'ils décèdent en France sans avoir disposé de leur succession, les héritiers légitimes l'y recueillent, quoique étrangers. Ce droit avait été modifié par les art. 726 et 912 C. C., en ce qu'à la capacité générale et absolue de succéder en France, que la loi du 8 avril 1791 accordait aux étrangers, ce code avait substitué un système de réciprocité qui faisait dépendre leur condition en France, de celle des Français en pays étranger. Mais les art. 726 et 912 ont été abrogés par la loi du 14 juillet 1819 (900 I. G.), qui a restitué aux étrangers le droit de succéder, de disposer et de recevoir de la même manière que les Français.

2128. Mobilier d'hôtel. — C'est une maxime du droit des gens que l'hôtel d'un ambassadeur est réputé *terre étrangère*. La conséquence de cette fiction est que, si un ambassadeur décède, les objets mobiliers, qui se trouvent dans cet hôtel ne sont point assujettis au droit de mutation en France (D. m. f. 9 juill. 1811, 4181 J. E.; — D. m. f. 12 sept. 1829, 9395 J. E., 6994 J. N., 1303, § 9 I. G.). — Cette règle a été étendue aux locaux distincts de l'hôtel de l'ambassadeur où sont établis les employés de la légation ou de l'ambassade (D. m. f. 17 fév. 1858). « Le privilége de la loi, porte la décision, protége aussi bien le secrétaire de légation que le chef de mission; les ambassades et légations étrangères n'occupent pas toutes, en effet des hôtels assez vastes pour contenir leur nombreux personnel ; de là résulte la nécessité pour le plus grand nombre des secrétaires, de se loger hors des hôtels. Or le privilége diplomatique les suit naturellement là où ils résident, parce que leurs demeures ne sont en réalité que des annexes de l'ambassade. »

C'est ce qu'il faut décider aussi pour les consuls et autres agents diplomatiques.

2129. Autres biens et autres droits. — Mais au seuil de la maison d'habitation s'arrête la fiction. La qualité et les fonctions d'agent diplomatique n'exigent point que l'on ait des biens en France autres que le mobilier de l'hôtel que l'on habite. Aussi il a été reconnu, par une D. m. f. du 27 mars 1822 (7185 J. E.), que les héritiers d'un ambassadeur sont tenus de déclarer les rentes et créances dues par des Français, et payables en France, ainsi que les immeubles situés dans le royaume. Cette règle a été rappelée dans l'instruction générale 1303 § 9. Elle trouve sa confirmation dans un arrêt de cassation du 26 avril 1815, duquel il résulte que les contributions indirectes, dans la classe desquelles est rangé le droit d'enregistrement et de mutation par décès, sont des charges que les agents des puissances étrangères sont tenus de supporter et que ces agents ne pourraient en être affranchis qu'autant qu'il existerait, dans le pays qu'ils représentent en faveur des agents du gouvernement français, une loi de réciprocité. « Considérant porte l'arrêt, que les consuls des puissances étrangères sont justiciables des tribunaux français, pour raison des engagements par eux contractés en faisant le commerce en France; que les contributions indirectes, dans la classe desquelles est rangé le droit d'enregistrement et de mutation par succession, sont des charges que les agents des puissances étrangères sont tenus de supporter; que ces agents ne pourraient être, en effet, affranchis du payement de ces contributions qu'autant qu'il existerait, dans les pays étrangers, en faveur des agents du gouvernement français, une loi de réciprocité; Considérant, en outre, que le droit de mutation sur les créances civiles et commerciales dont il s'agit au procès a été d'autant plus légalement perçu, qu'il est reconnu, d'une part, que Labenski a fait le commerce en France avec l'autorisation de son gouvernement, et qu'il est certain, d'autre part, que le gouvernement français n'autorise pas ses agents des relations commerciales à faire le commerce en pays étranger. » — *V.* 5142.

2130. Étranger. — La fiction légale en vertu de laquelle l'hôtel d'un ambassadeur ou autre agent diplomatique est censé situé hors du territoire français doit être strictement restreinte à l'ambassadeur ou ministre ou à ceux qui, lui étant subordonnés, sont revêtus du caractère public. Il n'en serait pas ainsi de l'étranger n'appartenant à aucun titre à l'ambassade (Cass. 13 oct. 1865, S. 66-1-33).

AMENDE.

2131. Définition. — On appelle amende une peine pécuniaire prononcée surtout en matière de contravention.

Nous ferons connaître particulièrement, sous les différents mots auxquels elles se rapportent, les amendes prononcées par la loi, comment elles sont encourues, la solidarité que l'on peut invoquer pour leur recouvrement, et la prescription qui peut les atteindre. Nous n'indiquerons ici que des règles communes à toutes ces amendes. — *V.* 5402 et suiv.

1. DIVERSES SORTES D'AMENDES. — On distingue les amendes en : amendes fixes, proportionnelles et variables. Ces dernières ont un minimun et un maximum dont la fixation appartient en premier ordre à l'Administration sauf l'appré-

ciation définitive des tribunaux (ventes de meubles, affiches peintes, droit de transmission).

2. AMENDES PROGRESSIVES. Les amendes progressives prononcées dans certains cas, contre les fonctionnaires publics et les officiers ministériels, par les lois sur l'enregistrement et le dépôt des répertoires, ont été réduites à une seule amende de 10 francs quelle que soit la durée du retard.—Toutes les amendes fixes prononcées par les lois sur l'enregistrement, le timbre, les ventes publiques de meubles (V. 1729), le notariat, et pour défaut de consignation des amendes d'appel ont été réduites, savoir : celles de 500 francs à 50 francs; celles de 100 francs à 20 francs; celles de 50 francs à 10 francs; et toutes celles au-dessous de 50 francs à 5 francs (L. 16 juin 1824, art. 10.).

2132. Induction. — On ne peut exiger une amende *par induction*, mais seulement par application d'un texte précis de la loi (D. m. f. 9 nov. 1814.).

2133. — Intention appréciée. — Bonne foi. — De même, il n'appartient point aux magistrats de décider, en s'attachant plutôt à l'esprit qu'au texte de la loi, qu'une contravention prévue par la loi et régulièrement constatée, n'est qu'une simple omission, qui ne présente pas le caractère de la fraude, et ne doit être l'objet d'aucune répression. Les trib. ne peuvent s'abstenir de prononcer une amende sous prétexte que le contrevenant n'a pas eu l'intention de frauder. (Cass. 2 niv. an 7, S. 1-1-186; 23 nov. 1807, S. 8-1-135; 23 mai 1808, S. 9-1-265; 3 sept. 1810, S. 20-1-500; 11 nov. 1812, S. 13-1-151; et 26 mars 1825, S. 26-1-193; — 34, 2958, 3247, 3712, 4364, 8373, 9991 J. E.; — Cass. 30 janv. 1867, 2409 R. P., 2357-3 I. G., 18347 J. E.). — *V.* 949-6, 850-4.

2134. Peine la plus forte. — L'art. 365 du C. inst. crim., qui dispose qu'en cas de conviction de plusieurs crimes ou délits la peine la plus forte sera prononcée, n'est pas applicable en matière de *contravention*, parce que chaque faute, chaque négligence mérite sa peine et doit la subir, et qu'en matière de contravention, les amendes ont le plus souvent le caractère de réparation civile (Cass. 7 mai 1842, 6543 Roll.).

1. RÉCIDIVE. — Certaines dispositions des lois fiscales ont puni la récidive.

En matière de timbre, la récidive est punie pour la vente illégale de papiers timbrés (L. 13 brum. an 7, art. 27); l'usage et la vente des timbres mobiles ayant déjà servi (L. 16 juin 1859, art. 21); l'altération des papiers timbrés, l'usage et la vente des papiers altérés (L. 2 juill. 1862, art. 21). Elle est encore punie en matière de contravention aux timbre des affiches peintes. (*V. Affiches*) et des polices d'assurances maritimes (L. 5 juin 1850, art. 48).

Pour ce qui constitue la récidive, V. *Affiche.*

2136. Responsabilité. — Droit de grâce. — Aucune autorité publique, ni l'Administration, ni ses préposés ne peuvent accorder de remise ou modération des peines encourues, ni en suspendre ni faire suspendre le recouvrement, sans en devenir personnellement responsables (L. 22 frim. an 7, art. 59). Les tribunaux ne sont point exceptés de cette prohibition (Cass. 2 niv. an 7, 34 J. E., S. 1-1-186).

Mais ce texte, si absolu qu'il paraisse, n'enlève pas au chef de l'État ou à ses délégués le droit de faire grâce aux contrevenants. En effet, il y a telles circonstances où la loi ne peut être appliquée, où l'on doit du moins adoucir ce qu'elle aurait de trop rigoureux; aussi le gouvernement a toujours maintenu son droit de faire grâce, en se réservant l'appréciation de la contravention, appréciation que la loi et la jurisprudence ont refusée aux tribunaux. — *V.* 2133.

1. DÉLÉGATION.— En principe, le droit de grâce est exercé par le ministre des finances (1002 I. G.). Par exception il a été délégué, en certaines circonstances, au directeur général, et on l'a même temporairement confié aux directeurs des départements en matière de contravention à la loi sur les baux et les locations verbales.

2. AMENDES ACQUITTÉES. — Le droit de grâce s'applique, que les amendes et droits en sus aient été ou non acquittés. Si le payement a eu lieu, la restitution est ordonnée. En général, cependant, quand le droit de grâce est exercé par voie de disposition absolue, comme en matière d'amnistie; on en excepte les amendes acquittées (1902, 1904, 1905, 1935, 1947, 2064, 2069, 2072, 2082, 2159, 2186, 2294, 2395 I. G.).

3. PRESCRIPTION. — Mais, dans tous les cas, la restitution gracieuse n'est plus possible quand les amendes ou les droits en sus sont acquittés depuis plus de deux ans. La prescription biennale de l'art. 61 de la loi du 22 frimaire an 7 met obstacle au remboursement. C'est un point constant.

2137. Remise sous condition. — Déchéance. — Il arrive souvent qu'en prononçant une réduction ou une remise d'amende, le ministre des finances impose des conditions au contrevenant; celle, par exemple, d'acquitter les droits d'enregistrement de l'acte qui a donné lieu à l'amende remise. La conséquence naturelle du refus d'accomplir une pareille condition est que le contrevenant est déchu du bénéfice de la remise. — Dans ce sens, il a été jugé par le tribunal de la Seine, le 14 janvier 1852 (15458 J. E., 14787 J. N.), que l'huissier, qui, après avoir acquitté les droits d'enregistrement dont le payement lui avait été imposé, résiste à la demande d'un supplément de droit exigible par suite d'une fausse liquidation des droits d'enregistrement, se trouve déchu de la faculté d'invoquer la remise accordée et reste néanmoins tenu au payement du supplément.

Il a été décidé, de même, qu'une partie perd le bénéfice de la décision qui lui avait fait remise d'un droit en sus, quand il ne remplit pas la condition imposée de payer immédiatement le droit simple et qu'il élève au contraire des contestations sur son exigibilité (Seine 25 nov. 1859, 1335 R. P.; 23 nov. 1861, 1578 R. P.; juge de paix de Monastier, 28 janv. 1878, 4873 R. P.).

Mais si plus de deux ans se sont écoulés depuis la découverte de la contravention et la constatation de l'amende remise conditionnellement par le ministre, la prescription étant acquise de ce chef à la partie, celle-ci peut contester la liquidation du droit simple. La demande en remise et la décision dont elle a été suivie ne constituent pas une transaction fixant définitivement le montant des droits dus (Cass. 25 juin 1873, 3634 R. P., S. 74-1-37, D. 74-1-31, B. 78).

1. AMNISTIE. — Les amendes peuvent faire l'objet d'une amnistie dont nous avons exposé les principales règles aux numéros 2154 et suivants.

2. TRANSACTION. — Il est d'usage constant de transiger avec les parties au sujet de certaines amendes encourues par elles, notamment en matière d'insuffisance de prix ou de revenu. Nous traiterons de cette matière au mot *Soumission*.

3. PRESCRIPTION. — Peut-on renoncer à la prescription en matière d'amende et de droits en sus? — V. *Prescription*.

2138. Responsabilité des receveurs. — Les receveurs sont particulièrement responsables et doivent être forcés en recette de tous les droits et amendes qu'ils auraient négligé de faire acquitter (548 et 1423 I. G.).

Ils ne doivent jamais, en principe, recevoir le payement de tout ou partie du droit sans exiger simple en même temps le payement de l'amende ou du droit en sus (Sol. 22 avr. 1837, 11792-2 J. E.). — V. *Responsabilité*.

2139. Personnalité de l'amende. — L'amende étant une véritable peine (C. p. 9, 11, 464), il s'ensuit que cette amende est personnelle et, par suite, qu'elle ne peut atteindre que le prévenu déclaré coupable du délit (Chauveau et Hélie, *Th. du C. p.* t. 1er p. 251, de Cormeille, *Encycl. du droit.*) — V. *Amende* n° 15.

1. JUGEMENT. — C'est pourquoi, lorsque celui qui a été condamné à une amende décède avant que le jugement ait acquis force de chose jugée, l'amende est éteinte par ce décès. Mais si le jugement est devenu inattaquable avant le décès, l'amende peut être poursuivie contre les héritiers du condamné (Jousse t. 1er p. 72, Bourguignon C. crim. art. 2 n° 1, Merlin *Rép.* v° *Délit* § 9, Boitard *Inst. crim.* n° 17, Chauveau et Hélie t. 1er p. 257, de Cormeille n° 65, Le Seyllier t. 5 n° 2119).

On l'a ainsi décidé notamment en matière de contravention aux lois fiscales (Cass. 9 déc. 1813, S. 1814-1-94), et nous avons déjà vu l'application de ce principe aux amendes encourues par les notaires (1021).

2. RECONNAISSANCE. — Ajoutons que la soumission du redevable et son engagement de payer l'amende remplacerait valablement le jugement de condamnation (Sol. 1er juill. 1853 et 18 mars 1854).

3. MUTATION SECRÈTE. — Les héritiers étaient tenus autrefois des droits de la mutation immobilière réalisée au profit de leur auteur (A. Cons. d'Ét. 3 fév. 1810, 470, 1150 § 9 I. G.). La loi du 23 août 1871, art. 14, a restitué à ces peines leur caractère de personnalité et aujourd'hui elles s'éteignent par le décès du contrevenant (Sol. 20 janv. 1872). — V. 1511. et le mot *Mutation*.

4. TIMBRE. — L'art. 76 de la loi du 28 avril 1816 déclare que les amendes de timbre sont dues par les héritiers des contrevenants.

5. REMISE. — La remise faite à l'acquéreur de la moitié de l'amende à sa charge personnelle dans le quart du prix dissimulé ne libère pas le vendeur de sa moitié (Corte, 1er fév. 1878). — V. 8507-3.

AMEUBLISSEMENT.

2140. Définition. — L'ameublissement est une convention matrimoniale, par laquelle les futurs époux font entrer en communauté la totalité ou une partie de leurs immeubles présents ou futurs (1505 C. C.). — V. 4455.

Elle est la contre-partie de la clause par laquelle les époux restreignent la communauté légale en frappant, à son égard, leurs meubles d'immobilisation. — Par l'ameublissement, ils étendent la communauté outre mesure, en mobilisant leurs immeubles pour les faire entrer en communauté comme s'ils étaient de simples meubles.

2141. Différentes espèces. — L'ameublissement se présente sous deux formes principales. Il est général ou particulier.

Il est *général* quand il frappe d'une manière universelle soit les immeubles présents et futurs, soit les immeubles présents seulement, ou les immeubles futurs, soit une quote-part seulement de cette universalité, la moitié, le tiers ou le quart, des immeubles présents et futurs.

Il est *particulier* quand il ne s'applique qu'à un ou plusieurs immeubles spécialement désignés. Et comme une désignation n'a pas besoin d'être individuelle pour être spéciale, l'ameublissement des immeubles situés dans tel canton, dans tel commune, dans tel département, serait particulier.

Deux autres formes, et ce sont les seules réellement importantes, sont celles de l'ameublissement déterminé et indéterminé (1506 C. C.).

Il est *déterminé*, c'est-à-dire qu'il est parfait, lorsque l'on met l'immeuble ou les immeubles dans la communauté purement et simplement.

Il est *indéterminé* ou imparfait, lorsqu'on ne les y met que jusqu'à concurrence d'une certaine somme (Marcadé sur les art. 1506, 1509 nos 1-4).

2142. Effets de l'ameublissement. — *Lorsque l'ameublissement est déterminé*, l'immeuble qui en est frappé devient, par une fiction légale, meuble à l'égard de la communauté. Il en fait partie comme les meubles eux-mêmes et dès lors il n'est dû ni remploi ni récompense pour l'aliénation qui en serait faite durant le mariage. La communauté en devient à l'instant même propriétaire (1507 C. C.); en sorte que s'il est propre à la femme, il sort immédiatement de ses mains pour passer dans celles du mari, qui peut désormais l'aliéner, le vendre, l'hypothéquer sans le consentement de la femme, comme s'il était véritable acquêt de communauté.

L'ameublissement indéterminé, au contraire, ne déplace pas actuellement l'immeuble. Il ne donne à la communauté qu'un droit de créance, mais d'une nature particulière. Ainsi, ce n'est pas sur la somme jusqu'à concurrence de laquelle les immeubles sont ameublis que frappe le droit de la communauté, mais sur les immeubles eux-mêmes, dans la limite de cette somme. C'est-à-dire que l'époux qui a ameubli doit faire entrer dans la masse de la communauté, *lors de sa dissolution*, une portion d'immeubles, quels qu'ils soient, équivalente à la somme promise. La communauté ne sera donc jamais propriétaire de ces immeubles (1508 C. C.).

1. MEUBLES. — La loi assimile les immeubles ameublis aux meubles, mais cela ne veut pas dire qu'en tombant dans la communauté, ils perdent vis-à-vis des tiers et entre les époux leur nature immobilière. Ainsi le mari ne pourrait les donner comme il peut donner un meuble; ils ne peuvent être saisis qu'immobilièrement, ils seraient compris dans le legs des immeubles, etc. La loi a voulu dire que les immeubles ameublis sont assimilés d'une manière absolue à des conquêts immeubles. Cependant, les parties ayant, d'après les art. 1387 et 1497 du C. C., le droit de régler leurs conventions comme elle l'entendent et de modifier les dispositions de la loi, elles peuvent convenir que l'immeuble ameubli prendra le caractère d'un objet mobilier et tomberait dans la communauté à ce titre (Cass. 27 janv. 1858, S. 58-1-585, P. 58-657, 988 R. P., 11347 C.).

2143. Droit sur le contrat. — Que l'ameublissement soit déterminé ou qu'il soit indéterminé, aucun droit n'est exigible sur le contrat de mariage qui le contient. En effet, d'un côté, par suite de l'ameublissement indéterminé, la communauté ne devient pas propriétaire de l'immeuble (1508 C. C.); de l'autre, s'il est vrai que l'ameublissement déterminé fait passer l'immeuble en la possession de la communauté, c'est à titre d'apport, et on sait que tous les apports en mariage, ou les mises en communauté ont été affranchies du droit proportionnel par la loi du 22 frimaire an 7. — Dans l'ancienne législation, l'ameublissement produisait une transmission de propriété passible du droit proportionnel (Dumoulin *Traité des fiefs* glose 1er n° 101 § 78, Ferrière ch. 2 sect. 4 n° 2, Bourjon *des Fiefs* n° 88, Pothier *des Fiefs*, 2e part. §§ 4 et 5), parce que, alors, aucune mise en société ou en communauté n'en était affranchie. Mais depuis que le principe contraire a prévalu, nul doute que la clause d'ameublissement ne donne pas lieu à un droit proportionnel sur le contrat. C'est ce qui a été reconnu par une (D. m. f. 3 oct. 1828, 6830 J. N., 9134 J. E., 1272 § 3 I. G.). Il faut remarquer toutefois que cette dispense ne se fonde pas uniquement sur le principe applicable aux apports faits dans les sociétés ordinaires. Elle résulte avant tout du droit propre à la société conjugale qui veut que l'impôt ne puisse atteindre aucune des conventions de mariage proprement dites.

La valeur de l'immeuble ameubli serait donc comprise parmi les apports passibles du droit gradué en vertu de l'art. 1er de la loi du 28 février 1872.

2144. Partie du prix à payer par l'autre époux. — Il a été décidé, que la stipulation qu'un immeuble acquis par le futur, avant le contrat, fera partie de la communauté établie entre les deux époux, sous la condition que la future payera, soit sur ses propres, soit sur sa part des bénéfices de la communauté, la moitié du prix de cette acquisition ne donne ouverture à aucun droit, parce que cette clause produit l'effet d'un ameublissement déterminé (Sol. 23 juill. 1812, 4268 J. E., D. N. t. 1er p. 684 n° 200).

Il n'en serait autrement que si, sous la forme d'un prétendu ameublissement, les parties avaient dissimulé une vente conditionnelle faite par le propriétaire de l'immeuble au profit de l'autre conjoint ou de ses représentants. Mais une telle convention doit s'admettre avec beaucoup de difficultés parce qu'elle déguiserait une vente entre époux.

2145. Condition. — L'ameublissement peut être d'ailleurs affecté de toutes conditions ordinaires. On stipule assez fréquemment, surtout, que l'immeuble ne deviendra conquêt que si la communauté en paye le prix encore dû. Lorsque la condition n'est pas accomplie et que le propriétaire de l'immeuble décède avant ce payement, l'immeuble fait partie de sa succession (12373 C.).

2146. Renonciation à l'article 1509. — La dispense du droit s'applique, même alors que l'époux qui fait l'ameublissement renonce à la faculté accordée par l'art. 1509 de reprendre, lors du partage de la communauté, l'immeuble ameubli (Dél. 15 mars 1823, 4023 J. N., 7860 J. E., D. N. t. 1er p. 684 n° 101). Du moment, porte la délibération, que la clause principale, celle de l'ameublissement, ne donne ouverture à aucun droit, il est rationnel qu'il en soit de même pour une disposition qui ne fait que modifier cette clause principale.

2147. Donation éventuelle. — De ce que l'immeuble ameubli fait partie de la communauté, on a conclu que si, après l'ameublissement d'un immeuble, les futurs stipulent que le survivant en aura la jouissance, le droit de donation éventuelle n'est pas exigible, cette stipulation n'étant, aux termes de l'art. 1525 C. C., qu'une convention de mariage entre associés (Cass. 26 sept. 1831, 10242 J. E., 7622, 7885 J. N., S. 32-119; D. N. t. 1er p. 684 n° 104). Le contraire résultait de la Déc. rapportée au n° 2143. Mais l'Administration a abandonné cette doctrine en acquiesçant à un jugement rendu par le tribunal de Soissons 18 décembre 1832 (2637 C.), dans le même sens que l'arrêt de cass. que nous venons de citer. Par une Dél. du 24 octobre 1834 (11053 J. E.), elle avait consacré ce principe, de la manière la plus large, en décidant qu'il doit en être de même alors qu'il serait stipulé que le survivant pourra *conserver l'immeuble* avec ou sans condition d'indemniser la communauté. C'est ce qui a été reconnu depuis définitivement en ces termes, par une D. m. f. du 23 décembre 1863 (2307 I. G.). « Les stipulations dans les contrats de mariage, relatives à la clause d'ameublissement, celle notamment par laquelle l'un des conjoints, renonçant à la faculté d'option accordée par l'art. 1509 C. C., attribue éventuellement l'immeuble ameubli à l'autre époux, ne donnent point ouverture au droit fixe d'enregistrement dont sont passibles les donations éventuelles. »

2148. Dissolution. — Droit de rétention. — La loi, par égard pour l'affection qu'on attache quelquefois à un bien, accorde à « l'époux, qui a ameubli un héritage, la faculté, lors du partage, de le retenir en le précomptant sur sa part pour le prix qu'il vaut alors, et ses héritiers ont le même droit » (1509 C. C.).

2149. Droit de rétention exercé. — C'est par interprétation de cet article que le ministre des finances a posé en principe, le 3 août 1828 (6830 J. N., 9134 J. E., 1272 § 3 I. G.), « que, lors de la dissolution de la communauté, la fiction de l'ameublissement cesse, et que les biens ameublis, s'il n'en a pas été disposé pendant la communauté, sont censés retourner à celui des époux qui a fait l'ameublissement. » D'où a été tirée la conclusion que, si la dissolution s'opère par le décès de celui des époux qui a fait l'ameublissement, et si les biens sont encore en nature dans la communauté, les héritiers doivent les comprendre en totalité dans la déclaration qui est exigée par la loi pour les mutations par décès ; et que si, au contraire, la dissolution arrive par le décès de l'époux qui n'a pas fait l'ameublissement, ses héritiers n'ont à comprendre dans la déclaration de sa succession aucune portion des biens ameublis, mais seulement l'indemnité mobilière due à la communauté pour le retour de ces immeubles dans la main de l'autre époux.

Cette interprétation de l'art. 1509 C. C. nous a toujours paru forcée. Il résulte évidemment de son texte que les immeubles ameublis restent, à la dissolution de la communauté, confondus dans la masse commune à partager. Si l'époux qui a fait l'ameublissement (ou ses héritiers) a la faculté de les reprendre, cette faculté ne constitue qu'un simple droit de préférence. L'Administration ne peut, de son autorité privée, considérer la succession de cet époux comme ayant nécessairement en sa possession un immeuble que les héritiers sont libres de repousser. D'ailleurs, même au cas où l'immeuble serait retenu, ce ne serait qu'en le *précomptant* sur la part des héritiers, lors du partage, ce qui exclut toute idée d'indemnité à payer à l'autre époux ou à sa succession.

L'Administration s'était fondée, dans l'I. G. 1272 § 3 sur ce que, d'après les anciens auteurs, l'époux, qui avait fait l'ameublissement, le reprenait comme sa chose propre à la dissolution de la communauté et elle en avait conclu que les mêmes principes s'appliquaient encore aujourd'hui. Mais il a été démontré au R. P. (Art. 1781 et 1791) que ce sentiment provenait d'une confusion. L'ameublissement n'empêchait pas l'immeuble de devenir un acquêt ni d'être compris à ce titre dans le partage de la communauté ; mais, s'il revenait à l'époux qui en était originairement propriétaire, il rentrait entre ses mains avec sa qualité de propre de ligne, afin d'être attribué plus tard lors de son décès, aux héritiers de cette ligne. Ce résultat était tout à fait étranger à la communauté elle-même, et, à son égard, les auteurs, aussi bien que la jurisprudence, n'hésitaient pas à considérer l'immeuble comme un acquêt définitif. C'est ce que reconnaissaient très-clairement Ferrière (Cout. de Paris t. 1er p. 250), Bourjon (t. 1er p. 523) et Pothier (*de la Com.* n° 310).

Aussi, sous la jurisprudence du centième denier, quand on examina si l'attribution de l'immeuble ameubli, opérée par le partage de la communauté à celui des conjoints qui n'en avait pas fait l'apport, autorisait la perception du droit de transmission, la négative fut catégoriquement adoptée. Un arrêt du conseil du 5 juin 1771 avait décidé « que tous les biens des conjoints devenant communs entre eux par l'effet de la société universelle, il ne peut être dû aucun droit de centième denier dans le moment ou cette société est contractée, *ni lors du partage égal* qui en est fait après la dissolution entre le survivant des conjoints et les héritiers du prédécédé, ce partage ne faisant qu'assigner à chacun ce qui lui appartient de droit. » Cet arrêt, frappé d'opposition, fut maintenu par une autre décision du 20 mai 1772, et Bosquet ajoute : « Tout est confondu dans la société universelle de manière qu'il n'est plus possible d'y distinguer ce qui a précédemment appartenu à l'un ou à l'autre des conjoints. La division qui se fait de la masse après la dissolution du mariage entre le survivant et les héritiers n'est donc qu'un simple partage lorsqu'il n'y a ni soulte ni retour, et comme le partage d'une masse commune n'est point attributif de propriété, il s'ensuit qu'il ne peut être dû de droit de centième denier » (Bosquet t. 1er p. 620).

La même règle devait évidemment gouverner la perception du droit d'enregistrement, puisque l'ameublissement conservait dans la législation moderne les mêmes caractères que dans l'ancien droit. Cependant l'Administration, s'étant méprise, ainsi qu'on l'a vu, sur le sens de cette ancienne doctrine, fit décider le contraire par le ministre. Le paragraphe 3 de l'I. G. 1272, que nous avons déjà cité, était ainsi conçu : « Si l'époux qui a fait l'ameublissement (ou ses héritiers) n'use pas du droit que la loi lui accorde de retenir l'immeuble ameubli en précomptant sa valeur, et que cet immeuble passe en tout ou partie dans la main de l'autre époux, à un titre quelconque, et même comme lotissement dans le partage ou liquidation, il est dû un droit de mutation entre-vifs, dont la quotité se règle d'après la nature de la disposition, et selon qu'elle peut être considérée comme équivalente à vente, à échange ou à donation; mais le droit est dû comme mutation par décès d'immeubles, si l'époux qui n'a pas fait l'ameublissement, recueille les biens ameublis par le décès de l'autre époux et en vertu d'une transmission éventuelle renfermée dans leur contrat de mariage ou d'une disposition à cause de mort postérieure à ce contrat. »

1. COMMUNAUTÉ UNIVERSELLE. — Cette décision, qui était en opposition avec un avis du comité des finances 14 juin 1826 (8425 J. E., 6456 J. E.), reçut une première atteinte de la part de l'Administration et de la C. cass.; il résulte d'une Sol. 30 octobre 1832 (7884 J. N., 1422 § 7 I. G.), et d'un arrêt de la cour suprême, 24 novembre 1834 (8750 J. N., 11113 J. E.), que l'époux survivant ne doit aucun droit de sucession, lorsque, dans le contrat de mariage qui stipule *une société universelle*, il a été convenu qu'elle appartiendrait en totalité à l'époux qui survivrait.

Il est vrai que l'Administration faisait observer, dans sa Sol. du 30 octobre 1832, qu'il n'y a pas d'assimilation à établir entre la communauté universelle et la clause d'ameublissement, puisque la communauté universelle absorbe sans retour les immeubles propres de chaque époux, tandis que la décision ministérielle, qui a fait l'objet de l'I. G. 1272 § 3, repose sur le principe que la fiction, d'après laquelle les biens ameublis sont la propriété de la communauté, cesse à la dissolution de cette communauté, et que ces immeubles redeviennent *propres* à l'époux qui a effectué l'ameublissement. D'où la conséquence que si, à cette époque, les immeubles ameublis sont recueillis par l'époux auquel ils n'appartenaient pas originairement, il en résulte à son profit une mutation sujette au droit proportionnel.

Mais rien dans la loi n'autorisait à considérer, comme redevenant propres à la dissolution de la communauté, les biens ameublis. Il est reconnu par tous les auteurs (Dalloz *Jurisp. gén.* t. 13 n° 2749, Rodière et Pont t. 2 n° 142, Troplong n° 1981, Marcadé, sur l'art. 1505 n° 2, Odier n° 809, Merlin v° *Ameubl.* 12, Delvincourt not. 3 et Toullier 13-330), que si l'ameublissement, même général, ne donne pas toujours une communauté universelle, *en ce qu'il peut n'être stipulé que par un époux*, la clause de communauté universelle est toujours et nécessairement un cas d'ameublissement, ce qui exclut forcément l'idée de biens immeubles ameublis redevenant *propres*, qui est la base de toute l'argumentation de l'Administration. Il fallait donc conclure de là que, dans le cas de simple ameublissement, comme dans celui de communauté universelle, aucun droit de mutation n'était exigible lorsque, à la dissolution de la communauté, l'immeuble ameubli par l'un des époux passe à l'autre à un titre quelconque.

On objectait, toutefois, que la société conjugale étant une société ordinaire, il fallait y appliquer le principe d'après lequel, si l'immeuble apporté dans la masse est attribué, lors du partage, à un autre que son ancien possesseur, le droit de mutation devient exigible. Cette objection nous avait d'abord touché et elle paraissait également concluante à M. Demante (n° 737). Mais un nouvel examen de la question nous a convaincu de son peu de solidité. La société conjugale ne ressemble point, en effet, aux autres associations. Pour celles-ci, la dispense du droit proportionnel sur les apports d'immeubles n'est que provisoire; l'impôt est simplement suspendu puisque la jurisprudence le fait percevoir à la dissolution de la société lorsque l'immeuble, devenu commun, passe à un tiers. Au contraire, dans le mariage, l'exemption accordée aux apports est absolue et définitive. Tout ce qui a le caractère d'une convention de mariage proprement dite échappe au droit proportionnel, non-seulement lors de l'enregistrement du contrat, mais encore lors de la dissolution de la communauté. L'attribution de cette communauté entière à l'un des époux est même dispensée de tout droit si elle a lieu par suite d'une stipulation autorisée lors du pacte anténuptial. La jurisprudence a si bien marqué la différence des deux situations, qu'après avoir maintes fois consacré l'exigibilité du droit de mutation à titre onéreux sur la réalisation des clauses par lesquelles les associés ordinaires attribuent d'avance au survivant la part des prédécédés, elle a décidé que la même stipulation faite entre époux n'était point passible de l'impôt, attendu qu'elle formait une convention de mariage définitivement affranchie du droit proportionnel (Cass. 7 avr. 1856, 665 R. P., S. 56-1-538), et c'est encore pour ce motif que la Cour a refusé d'étendre aux sociétés ordinaires les règles spéciales de l'ameublissement entre époux (Cass. 15 avr. 1833, 1437-13 I. G.).

Le tribunal de Saint-Quentin avait donc bien jugé, le 22 août 1832 (Dalloz n° 3410), que lorsque le contrat de mariage contient, outre l'ameublissement, une attribution de la totalité de la communauté au survivant, les héritiers *de l'auteur* de l'ameublissement demeurent privés, par l'effet de la clause d'ameublissement, de tous droits dans l'immeuble ameubli. La conséquence de cette stipulation est que ces héritiers *n'ont pas à comprendre* cet immeuble dans leur déclaration de succession, et que l'époux survivant n'a pas à acquitter un droit de mutation par décès pour les biens dont le prédécès de son époux lui a fait acquérir la propriété, en vertu de son contrat de mariage.

C'est la même doctrine qu'avaient soutenue Dalloz (n° 3410); Champ. et Rig. (n°s 2909, et C. 2613); Pont et Rodière (t. 2 n° 180). Elle ne fut pas, néanmoins, acceptée par l'Administration. Une Sol. du 30 octobre 1832, transmise comme règle de perception dans l'I. G. 1422-7 et une délibération du 21 décembre 1832 (Dalloz 3410), considérèrent que si, à la stipulation d'ameublissement se joignait la clause de communauté universelle, le droit ne pouvait pas être perçu, parce que cette dernière convention absorbait l'autre et était formellement dispensée de l'impôt à titre de statut conjugal. Mais l'Administration maintint son ancien principe de l'exigibilité du droit dans les autres cas. Après l'avoir fait triompher devant le tribunal d'Amiens, le 24 août 1848 (Dalloz n° 3414, 14557 J. N.), elle succomba à Saverne, le 12 mai 1852 (15398 J. E., 14673 J. N.) et à Troyes, le 1er avril 1863 (1892 R. P., 12702 C.). La difficulté fut alors remise à l'étude et une I. G. du 22 février 1865 (n° 2307) a officiellement tracé, pour règles de perception, les principes qui avaient été formulés dans l'art. 1795 de notre R. P.

Cette instruction notifie une D. m. f. du 23 décembre 1863 conçue dans les termes suivants:

2. PARTAGE. — ATTRIBUTION A L'AUTRE ÉPOUX. — « Les renonciations à la faculté d'option, consenties postérieurement au contrat de mariage, ainsi que les attributions par l'effet du partage des immeubles ameublis au lot de l'époux qui ne les a point apportés, ou de ses représentants, ne peuvent donner lieu au droit proportionnel de mutation entre-vifs, sauf la perception de ce droit dans le cas où il aurait été stipulé une soulte applicable aux immeubles ameublis. »

3. SUCCESSION. — DÉCÈS DE L'ÉPOUX QUI A AMEUBLI. — « Si le mariage est dissous par le décès de l'époux qui a fait l'ameublissement, les héritiers doivent comprendre, dans la déclaration de la succession : avant partage la moitié de l'immeuble, et, après partage, le lot qui leur est échu. »

4. SUCCESSION. — DÉCÈS DE L'AUTRE CONJOINT. — « Si la dissolution du mariage arrive par le décès de l'époux qui n'a pas fait l'ameublissement, les héritiers doivent de même déclarer la moitié de l'immeuble avant partage, et, après partage, le lot attribué au défunt. »

5. SUCCESSION. — INDEMNITÉ. — « D'après ce qui précède, aucune indemnité ne pouvant être due à la communauté, il n'y a point à en comprendre dans la masse pour la liquidation du droit. »

2150. Somme à prendre sur un immeuble. — Il ne faut pas confondre l'ameublissement jusqu'à concurrence d'une somme, avec la mise en communauté de cette même somme *à prendre sur un immeuble désigné.* Par cette dernière clause, l'époux ne met pas en communauté l'immeuble désigné, il n'y met qu'une somme au payement de laquelle il affecte l'immeuble indiqué. Si, par l'effet du partage, cet immeuble passe au lot de l'autre époux, le droit de mutation, suivant la nature de la conventtion et selon qu'elle peut être considérée comme vente, donation, etc., ne peut être contesté (Dalloz n° 5416 et Champ. et Rig. n° 2894).

2151. Renonciation à communauté. — L'époux retient l'héritage ameubli en le *précomptant sur sa part*, dit l'art. 1509 C. C. Il faut donc que la femme accepte la communauté pour pouvoir exercer le droit de *rétention*, puisqu'elle n'a *une part* dans la communauté qu'à cette condition. Aussi tous les auteurs enseignent-ils, contrairement à la doctrine professée par Delvincourt t. 3 p. 84, et par Duranton t. 15 n° 78, que la femme renonçante ne pourrait pas, dans le cas d'ameublissement déterminé, reprendre les immeubles par elle ameublis, en offrant de faire compte de leur valeur actuelle à l'époux ou à ses héritiers, à moins, bien entendu, qu'elle n'eût stipulé la faculté de reprendre ses apports en cas de renonciation (Toullier t. 13 n° 345, Bellot t. 3 n° 156, Zachariæ t. 3 p. 530, 531, Rodière et Pont t. 2 n° 183, Troplong n° 2019, Marcadé, sur les art. 1506, 1509 n° 5). Dans cet ordre d'idées, Champ. et Rig. émettent l'opinion (Suppl. n° 730) que si la femme, qui a fait un ameublissement déterminé, renonce à la communauté, l'immeuble ne peut lui être attribué sans qu'un droit proportionnel soit exigible.

Ce point est incontestable; et il faudrait également décider que le bien ameubli appartient au mari, comme toutes les autres valeurs de communauté, sans droit de mutation. Cependant, si la femme s'était réservé le droit de reprendre l'immeuble ameubli dans le cas de renonciation et si, après son décès, ses héritiers, en renonçant à la communauté, exerçaient ce retrait, puis cédaient l'immeuble au mari à charge par lui de compter de sa valeur, le droit de 5 fr. 50 cent. pour 100 serait exigible (Mamers 14 mai 1850, 14946 J. E., 8971 C.).

2152. Transcription. — La clause d'ameublissement ne donne pas ouverture au droit de transcription (Dél. 15 déc. 1843, 13465-2 J. E., 11836 J. N.), alors même qu'après avoir ameubli l'immeuble le futur en ferait donation à la future, en cas de survie (13961-2 J. E.). La raison de décider est que la jurisprudence a définitivement repoussé, ainsi que nous le verrons au mot *Société*, la perception du droit de transcription sur les apports immobiliers faits par les associés (*Contrà*, Flandin *Transc.* t. 2 n° 1449).

1. PRÉSENTATION VOLONTAIRE. — Mais si l'on présente à la transcription un contrat de mariage renfermant une clause d'ameublissement, le conservateur est fondé à percevoir le droit de 1 fr. 50 pour 100 sur la valeur vénale des biens ameublis (Laon 12 déc. 1867, 2766 R. P.). — V. *Transcrip.* n° 17428.

2153. Donation d'un immeuble devant tomber en communauté. — En considérant comme régie par l'art. 1506 C. C. la donation par un père à son fils, dans son contrat de mariage, d'un immeuble qui *entrera en communauté*, l'Administration a délibéré, les 12 juin 1830 et 23 mai 1834 (10321 J. E., 7287, 8578 J. N., D. N. t. 1er p. 685 n° 111), que le droit en ligne directe est dû sur *la totalité* de l'immeuble. Il est évident, en effet, que la donation n'opère aucune mutation au profit de la future, puisque l'ameublissement de l'immeuble donné est une des conditions de la communauté établie entre les futurs.

AMNISTIE.

2154. — Pardon général accordé par le souverain à ceux qui se sont rendus coupables de crimes et de délits.

2155. Effet de l'amnistie — L'effet de l'amnistie pleine et entière est d'emporter l'abolition des délits qui en sont l'objet, des poursuites faites ou à faire, des condamnations mêmes qui auraient été prononcées ; tellement que ces délits sont, au regard des tribunaux, considérés comme s'il n'avaient jamais été commis (Carnot *Comment. du C. pén.* t. 1er p. 7: — Cass. 18 fév. 1864, S. 64-1-152).

1. CARACTÈRE SPÉCIAL. — En principe, l'amnistie est restreinte au délit indiqué dans l'acte même qui l'accorde (Berriat-Saint-Prix *Droit crim.* 1re part. sect. 215, Duverger t. 1er n° 66). Elle ne saurait être étendue à des matières qui n'y sont pas comprises. Il a été jugé, par exemple, que le décret du 17 mars 1852 portant amnistie pour les contraventions en matière de police de roulage ne pouvait être étendu aux infractions sur la police des messageries (Cass. 11 juill. 1856, S. 56-1-628, P. 56-2-477; — Aix 26 nov. 1869, S. 72-2-96), ni celle accordée en matière de contributions indirectes aux contraventions à l'octroi (Caen 25 nov. 1869, S. 70-2-332).

2. FAITS FUTURS. — Les ordonnances d'amnistie ne s'appliquent également qu'aux faits accomplis au moment où elles sont rendues; on ne saurait les étendre à des faits postérieurs, même à ceux qui se seraient passés avant l'arrivée de l'ordonnance dans la localité, car les règles sur la publication des lois ne sont pas applicables aux décrets d'amnistie (Cass. 20 avr. 1833, S. 33-1-652; 2 déc. 1837, S. 39-1-316 ; 17 août 1838, S. 39-1-366). — On a décidé, en ce sens, que l'amnistie est sans effet à l'égard des condamnations prononcées, mais non devenues définitives au moment ou elle intervient (Cass. 7 déc. 1860, D. 61-5-21).

3. ACCESSOIRE. — Mais l'amnistie qui couvre le fait principal couvre aussi l'accessoire (Cass. 6 janv. 1809, S. 9-1-223, 26 juill. 1809, D. A. 1-423; Dupin *Encycl. du droit* v° *Amnistie* n° 24; — Cass. 18 fév. 1864, S. 64-1-152). Elle profite aux complices comme aux auteurs mêmes (Merlin *Quest.* v° *Amnistie*, Mangin n° 451, Le Seyllier t. 5 n° 2158).

4. TIERS. — L'amnistie ne préjudicie d'ailleurs jamais aux droits des tiers (Jousse *Inst. crim.* t. 2 p. 3 liv. 2, t. 20 n° 79, Carnot *Inst. crim.* n° 70, Mangin t. 2 n° 446, Dupin n° 24,

Rauter t. 2 n° 868, Le Seyllier t. 5 n° 2162, Morin v° *Amnistie*, Faustin Hélie *Inst. crim.* t. 3 p. 772).

5. RENONCIATION. — L'amnistie est une disposition d'ordre public à laquelle les parties ne peuvent pas renoncer (Cass. 12 mai 1870, Ch. réun., S. 70-1-324).

6. CONDAMNATIONS EXÉCUTÉES. — Mais l'amnistie ne permet pas à un redevable de réclamer la restitution des condamnations qu'il a acquittées: on le décide du moins ainsi généralement. — V. 2136-2.

2156. Amendes. — En matière de droits dont la perception est confiée à l'Administration de l'enregistrement, les lois et le souverain ont fait assez souvent remise générale des droits ou amendes dont le payement n'a pas été effectué. Il serait sans intérêt de rappeler ici les amnisties accordées. Nous nous bornons à renvoyer aux instructions de l'Administration qui les contiennent (664, 700, 1329, 1902, 1904, 1905, 1906, 1935, 1947, 2064, 2069, 2072, 2082, 2159, 2186, 2294, 2395, 2416 I. G.).

2157. Jour férié. — Lorsque le terme fixé par l'amnistie, pour faire enregistrer et timbrer sans amende les actes auxquels elle se rapporte, tombe un jour férié, ce jour-là ne doit pas être compté (Sol. 14 avr. 1831, 9967 J. E.). — *V.* 9273-2.

2158. Offre du droit simple. — Il suffit, pour profiter de la remise par amnistie d'un droit en sus sur une mutation d'immeubles, que l'acte ait été présenté à l'enregistrement dans le délai accordé par cette amnistie pour faire enregistrer la mutation, avec offre du payement du droit simple, bien que cette offre ait été refusée comme insuffisante (Cass. 25 nov. 1839, 12449 J. E., D. N. t. 1er p. 688 n° 29).

La remise doit même être étendue soit au cas où les droits simples auraient été payés avant la date de l'ordonnance d'amnistie (Circ. 26 déc. 1815), soit à celui dans lequel les débiteurs auraient souscrit des soumissions pour le payement des droits en sus et amendes (Sol. 12 janv. 1831, 7373 J. N.).

1. MUTATIONS VERBALES. — Lorsqu'une amnistie a remis le double droit pour tout acte sous seing privé portant mutation d'immeubles qui serait soumis à la formalité avant une époque déterminée, cette exemption profite à celui qui, antérieurement à cette loi ou à cette ordonnance d'amnistie, n'a payé que le droit simple d'une mutation dont le double droit était acquis au Trésor. Il n'a point d'autres formalité à remplir et doit, *ipso jure*, jouir de la remise (Cass. 5 fév. 1817 P. chr., Dél. 21-28 fév. 1840, 840 Bull.).

Cependant, à propos du décret d'amnistie du 27 novembre 1855, le tribunal de Chaumont a cru devoir décider, par application de la nature tout à fait exceptionnelle des amnisties, « que les termes formels du décret précité ne permettent pas d'en appliquer le bénéfice aux mutations, qui, comme celle dont il s'agit dans la cause, doivent être réputées verbales à défaut de production des actes qui les constatent, et, par conséquent, ne sont pas susceptibles de recevoir la formalité matérielle de la transcription » (Jug. 17 juin 1857). C'est ce qui a été également reconnu par un jugement de Vienne du 26 août 1856.

Les actes et mutations, qui n'ont pas profité de l'amnistie accordée par la loi du 23 août 1871, sont-ils régis, quant aux pénalités, par la loi ancienne ou par la loi nouvelle ? — V. *Mutation secrète.*

AMODIATION.

2159. — Vieux mot encore employé dans quelques provinces, comme synonyme de bail à ferme, et, dans d'autres, pour désigner seulement l'espèce de bail à ferme dont le prix est en grains. — V. *Bail.*

AMORTISSEMENT.

2160. — Rachat, extinction d'une rente, d'une redevance. On donne aussi le même nom au mode employé pour l'extinction de la dette publique.

Nous nous en occuperons au mot *Rente.*

AMPLIATION.

2161. Définition. — Nom que l'on donne aux secondes grosses qu'un notaire délivre sur une grosse originale qui lui a été déposée.

2162. Exemple. — Lorsque, dans une succession ou dans un partage, il se trouve des rentes ou créances que les héritiers divisent entre eux par portions, il faut que chacun d'eux puisse se faire payer et exercer des poursuites. Or, cela peut devenir difficile dès qu'il n'existe qu'une seule grosse du titre. Pour parer à cet inconvénient, on annexe cette grosse au partage, afin que le notaire puisse en délivrer autant de copies qu'il y a de copartageants.

2163. Autorisation préalable. — Un notaire ne peut, de lui-même, délivrer des ampliations; il faut qu'il y soit autorisé par ordonnance du juge, et que le débiteur ait été appelé pour être présent à la délivrance (844 R. P.).

2164. Contravention. — Le notaire qui délivrerait une ampliation sans ordonnance du juge serait passible d'une amende de 100 francs (20 fr.).

2165. Timbre. — Les ampliations des ordonnances ou décrets portant nomination d'officiers publics et ministériels et délivrées par le Garde des sceaux sont exemptes de timbre (Dél. 2 déc. 1818, 2811 J. N.). Mais, d'après l'art. 34 de la loi du 21 avril 1822, les expéditions ou ampliations destinées aux officiers publics sont sujettes à cette formalité.

2166. Enregistrement. Les ampliations sont dispensées de l'enregistrement, on peut les assimiler a des collations d'actes (D. N. t. 1er p. 692 n° 38).

ANNEXE.

2167. Définition. — Dans le langage du droit, on donne le nom d'annexe à toute pièce qui est jointe à la minute d'un acte et qui doit rester déposée chez le notaire avec cette minute.

2168. Distinction entre le dépôt et l'annexe. —Il est important de ne pas confondre l'annexe avec le dépôt de pièces. En effet, le dépôt d'actes et pièces est sujet à un droit fixe d'enregistrement, tandis que l'annexe n'opère aucun droit (Sol. 14 niv. an 13, Dél. 10 avr. 1825, 1906, 7997 J. E.).

On doit à cet égard poser pour règle qu'il y a annexe toutes les fois seulement que la pièce jointe est relative à l'acte passé et doit, en quelque sorte, ne faire avec lui qu'un seul tout; par exemple, s'il s'agit d'un acte de décès qui est joint à une notoriété attestant la qualité d'héritiers (2363 J. E.); — d'un acte ratifié qui est joint à la ratification.—Si la pièce annexée est étrangère à l'acte que l'on passe, par exemple, si à un acte de vente l'acquéreur joint le brevet d'une procuration qu'il donne à un tiers pour administrer les biens acquis, c'est un dépôt et non plus une annexe.

Pour qu'il y ait annexe, il ne suffit pas qu'une pièce, ayant rapport à un acte, s'y trouve jointe. Il faut que cette annexe soit constatée; autrement, la pièce, quoique jointe *de fait*, ne pourrait réellement se rattacher à l'acte (4836 J. E.).

1. ACTE EN CONSÉQUENCE. — La mention ou l'usage d'un acte sous seing privé dans un acte public ne saurait être considérée comme une sorte de dépôt du sous seing privé. Ce dernier acte ne doit point, en effet, demeurer parmi les minutes de l'étude; son énonciation ne constitue donc ni un dépôt proprement dit, ni même une annexe, et il est très-certain qu'aucun droit particulier n'est exigible pour cette mention. On l'a ainsi décidé notamment au sujet de l'annexe à un acte translatif d'immeubles, d'un acte sous seing privé constatant l'acquisition par le vendeur, attendu que cet acte était nécessaire à l'établissement de l'origine de la propriété (Dél. 19-23 mars 1825, 7997 J. E., 5207 J. N.).

2. ACTE ANNEXÉ SANS NÉCESSITÉ. — Mais lorsque l'acte n'a pas servi de base à l'acte public et n'y est point énoncé, la mention qu'il y demeurera annexé ne se justifie en aucune façon et on ne peut l'expliquer que par l'intention des parties de faire le dépôt réel du titre en l'étude. Cette mention équivaut donc à un acte de dépôt et doit être traitée comme telle pour la perception. Elle forme une dispostion indépendante passible du droit de 3 francs.

3. *Idem.* — NOTORIÉTÉ. — PROCURATION. — Par exemple, lorsque, dans un acte de notoriété dressé par un notaire à l'effet de constater la qualité et l'individualité des héritiers d'une personne décédée, les comparants ont déclaré déposer entre les mains du notaire un acte de décès, puis une procuration à eux donnée par les héritiers du défunt, l'acte de décès doit être considéré comme une simple annexe; mais la procuration n'ayant aucune relation nécessaire avec l'acte notarié constitue une pièce réellement déposée et la mention qui en est faite donne lieu au droit de 3 francs (*V.* 2363 J. E.).

2169. Défaut de rédaction d'un acte. — Une D. m. f. du 18 avril 1817 avait reconnu que tout acte, trouvé parmi les minutes d'un officier public, doit être présumé avoir été déposé chez lui pour faire l'objet d'un acte de dépôt, et que l'absence de cet acte de dépôt donnait lieu à l'amende de contravention à l'art. 43 de la loi du 22 frimaire an 7 (5738 J. E.). Mais cette décision ne saurait plus être suivie dans sa généralité. Il est bien certain, en effet, que les notaires peuvent détenir certains actes à titre confidentiel et que la présence de ces actes, parmi les minutes de l'étude, n'est pas un signe manifeste de leur dépôt officiel. Il faut y joindre d'autres preuves de la volonté des parties. Nous développerons cette grave difficulté en parlant du droit de communication, appartenant aux agents de l'Administration sur les minutes des officiers publics et ministériels. — V. *Communication.*

2170. Mention d'annexe. — L'art. 13 de la loi du 25 ventôse an 11 n'exige pas que l'on fasse mention de l'annexe dans l'acte à la minute duquel elle est opérée. Cette mention est cependant très-utile; car, sans elle, la pièce annexée resterait isolée parmi les minutes et pourait être l'objet de fraudes ou de substitutions postérieures. Il est d'usage de ne jamais omettre la mention en pratique et même de la reproduire brièvement sur la pièce annexée. Mais le défaut d'accomplissement de ces formalités ne donnerait pas lieu à une amende (D. m. f. 11 avr. 1815, 5093 J. E., 1550 J. N.; *Contrà* Roy, *Contrav.* 145; — Sol. 30 nov. 1877)

2171. Durée de l'annexe. — La question de savoir si l'annexe est seulement obligatoire jusqu'après l'enregistrement a été vivement controversée. La condition d'annexe n'étant imposée par l'art. 13 de la loi du 16 juin 1824 que jusqu'au moment de l'enregistrement des deux actes, on en a conclu qu'après cette formalité l'acte pourrait être rendu aux parties, s'il n'était pas dans leur intention qu'il restât perpétuellement joint à la minute (9628 J. N., D. N. t. 1er p. 389 n° 664; Roll. de Vill. *Rép. du not.* v° *Enregistrement* n° 434, Sol. 17 mars 1838 et 27 juill. 1841). « C'est bien comprendre la loi, porte un jugement de Châlons-sur-Saône du 31 décembre 1861, et pleinement satisfaire à son prescrit que d'annexer l'acte sous seing privé momentanément seulement en vue de l'enregistrement et jusqu'à l'enregistrement accompli, pour le rendre ensuite à la partie qui l'a produit (17329 J. N., 17430 J. N., 153 Rev.).

Le contraire avait été cependant décidé par le même tribunal le 5 mars 1852. « Considérant que, si le notaire rédacteur offre de certifier qu'il a encore à sa disposition les deux billets cédés, le fait de la détention de ces billets ne saurait suffire pour constituer l'annexe exigée par la loi, car un pareil fait peut cesser à la volonté des parties et du notaire; que, pour que l'annexe ait réellement lieu, il est nécessaire que la pièce soit jointe à l'acte *pour ne plus en être séparée*, qu'elle devienne un accessoire de la minute de l'acte devant demeurer avec elle dans l'étude du notaire et confiée à sa garde. » La même opinion a été soutenue par Roy, *des Contrav.* nº 393, et par une Sol. du 28 janvier 1862; mais elle paraît avoir été abandonnée depuis par l'Administration, notamment par des Sol. des 17 juillet 1865 et 30 novembre 1877.

2172. Commissaire-priseur. — Ni la loi du 22 pluviôse an 7, ni les lois organiques des 27 ventôse an 9 et 28 avril 1816, n'ont imposé aux commissaires-priseurs l'obligation d'annexer à leurs procès-verbaux de vente les procurations en vertu desquelles ils agissent (7886 J. E.). On ne peut, en effet, appliquer à ces officiers publics les dispositions de l'art. 13 L. 23 ventôse an 11, qui ne concernent que les notaires.

2173. Greffiers. — Le C. proc. ordonne aux greffiers d'annexer aux jugements d'adjudication la quittance des frais ordinaires de poursuite et des pièces servant à justifier que l'adjudicataire a satisfait aux conditions du cahier des charges qui doivent être exécutées avant la délivrance du jugement (art. 713, 436-4 I. G.). Mais le greffier n'est pas tenu de rédiger un acte de dépôt: « Attendu, porte une Sol. du 1er septembre 1859, que la loi se borne à prescrire l'annexe de ces pièces à la minute des jugements d'adjudication dont elles deviennent ainsi partie intégrante et que le vœu du législateur se trouve donc rempli quand ces pièces ont été préalablement enregistrées. »

Il ne paraît pas indispensable non plus, quoique cela soit plus régulier, de laisser la quittance des frais de poursuite annexée à la minute de l'adjudication *et de la copier à la suite* afin que *l'expédition* porte la preuve du payement des frais. Cette formalité de l'annexe n'est pas prescrite dans l'intérêt du Trésor mais des parties. Or, si les notaires ou greffiers délivrent l'expédition de l'adjudication sans avoir annexé à la minute la quittance des frais de poursuite, ils demeureront responsables envers les tiers dans le cas où ces frais n'auraient pas été payés et seraient ultérieurement réclamés. Les tiers qui ont traité sur le vu de cette expédition ont pu et dû croire qu'elle n'avait été délivrée que sur la justification du payement des frais (J. du not. 15 janv. 1868, nº 2218).

2174. Notaire. — On a examiné, au mot *Acte notarié*, dans quels cas les notaires doivent constater l'annexe des actes en vertu desquels ils agissent.

Nous rappelons seulement ici que les actes sous seing privé, annexés aux actes notariés, doivent toujours être enregistrés au même bureau que l'acte du notaire (2090 I. G.), et qu'il en est de même des ordonnances sur requête, annexées aux actes notariés (Sol. 30 mai et 30 nov. 1867, 2824 R. P.).

1. Extraits du cadastre. — Spécialement un notaire ne peut annexer des extraits de matrice cadastrale sur papier libre à des actes passés dans l'intérêt privé des contractants, 3259-1.

2. Expédition. — Un notaire peut, sans contravention, annexer à ses minutes l'expédition non timbrée d'un arrêté de préfet, de conseil de préfecture ou de maire, autorisant une commune ou un établissement public à accepter un don ou un legs, à recevoir un remboursement de rentes, à vendre, à affermer, etc. — V. 440-2-4.

2175. Acte en conséquence. — L'annexe d'un acte non enregistré constitue souvent une contravention aux art. 41 et 42 de la loi du 22 frimaire an 7. Il en a été question au mot *Acte en conséquence*. Nous n'y reviendrons pas ici.

2176. Actes de l'état civil. — On ne peut annexer aux actes de l'état civil aucun acte non timbré ni enregistré. Mais le maire n'est ni débiteur d'une amende ni responsable des droits en cas de contravention. — V. 675-676, 678, 706.

2178. Résiliement. — Il y a contravention lorsque, à un acte d'obligation, se trouve annexé un acte sous seing privé portant résiliement du contrat. Le notaire ne pourrait faire l'annexe de cet acte sans rédiger un acte de dépôt (Seine 2 juill. 1856, 703 R. P.). — V. 6281.

2179. Plan non signé. — L'annexe à un acte authentique d'un plan non signé rend ce plan passible du droit de timbre et d'enregistrement. — V. *Plan* nº 12762.

2180. Responsabilité. — Les receveurs sont responsables quand ils omettent d'enregistrer les actes annexés à des actes notariés. — V. *Responsabilité* 14455.

ANTICHRÈSE.

DIVISION

SOMMAIRE

CHAPITRE PREMIER. — DISPOSITIONS GÉNÉRALES

[2181-2182]

2181. Considération préliminaire. — L'ancienne législation admettait trois sortes d'engagements d'immeubles : 1° La première espèce était une convention par laquelle un débiteur mettait son créancier en jouissance d'un immeuble pour le payer du capital de sa dette. Elle s'appelait *vif-gaige;* — 2° par la seconde espèce, le débiteur transmettait la jouissance à son créancier pour tenir lieu des intérêts de la dette. Dans le Droit romain, cette convention portait le nom d'*antichrèse*, et elle était appelée *mort-gaige* dans le coutumier de Normandie ; — 3° enfin le contrat *pignoratif* était un contrat par lequel le propriétaire d'un héritage, pour se procurer les deniers dont il avait besoin, ou pour s'acquitter d'une dette, vendait un immeuble à son prêteur ou créancier, sous la condition de pouvoir le racheter pour le même prix pendant un certain temps, et, après cette vente sous faculté de rachat, l'acquéreur louait ce même immeuble à son vendeur pour le même temps, moyennant une somme que celui-ci s'obligeait de payer annuellement et qui était ordinairement égale à l'intérêt du prix pour lequel l'immeuble pouvait être racheté.

2182. Caractère. — La définition du C. C. caractérise parfaitement l'antichrèse : « Par l'antichrèse, dit Proudhon n° 79, le débiteur ne cède qu'une perception de fruits à faire sur son fonds, pour servir à l'acquit de sa dette. De son côté, le créancier n'acquiert que l'espèce de possession qui lui est cédée. Toute la concession se borne là, parce que l'antichrèse n'est que cela. » — *V.* 5354.

Cette mise en possession, ayant pour objet un immeuble, confère un droit réel qui ne constitue pas sans doute un démembrement de la propriété, mais qui l'entame assez pour nécessiter la transcription du contrat (L. 23 mai 1855 art. 1er). Ce droit réel, s'appliquant à des fruits, a un caractère mobilier.

Mais il est bien évident, quoi qu'en disent Champ. et Rig., que, pour percevoir le droit, l'Administration n'a pas à établir l'existence matérielle de cette prise de possession (n° 228). On verra, en effet, au mot *Mutation*, que cette circonstance est indifférente, même pour la réclamation du droit de mutation verbale de la toute propriété d'un immeuble.

1. EFFETS. — L'antichrèse donne à l'antichrésiste : 1° Le droit de percevoir les fruits de l'immeuble, de les imputer annuellement sur les intérêts, s'il lui en est dû, et ensuite sur le capital de la créance (2085 C. C.); — 2° le droit de retenir l'immeuble jusqu'au parfait payement de ce qui lui est dû (2087 C. C.).

La loi défend de stipuler qu'à défaut de payement du prix, au terme convenu, le créancier deviendra propriétaire de l'immeuble; il ne peut, en ce cas, que poursuivre l'expropriation du débiteur par les voies légales (2088 C. C.).

2. OBLIGATIONS DU CRÉANCIER ANTICHRÉSISTE. — Sauf stipulation contraire, l'antichrésiste est tenu : 1° De payer les contributions et charges annuelles de l'immeuble ; — 2° de pourvoir à l'entretien et aux réparations utiles et nécessaires de l'immeuble, sauf à prélever sur les fruits toutes les dépenses relatives à ces objets (2086 C. C.). Seulement l'antichrésiste peut, à moins qu'il n'ait renoncé à ce droit, se décharger de ces obligations en abandonnant l'immeuble (2081 C. C.).

Il est permis de convenir que les fruits se compenseront avec les intérêts de la dette en tout ou en partie (2089 C. C.); mais ce pacte ne dispenserait pas néanmoins le créancier de rendre son compte pour les fruits (Pont *Petits contrats* 1263).

CHAPITRE II. — TARIF ET LIQUIDATION DU DROIT

[2183-2191]

2183. Tarif. — Les diverses sortes d'engagements dont nous venons de parler avaient été nommément désignées dans les anciens tarifs des 20 mars 1708 et 27 septembre 1722 (*V.* Bosquet, *Dict. Dom.* édit. de 1722 t. 1er p. 123 et t. 2 p. 25). Mais l'art. 69 § 5 n° 5 L. 22 frimaire an 7 les a tarifées au droit de 2 pour 100 sous le titre unique d'*engagement d'immeubles*, probablement parce qu'elles avaient fini, en s'altérant, par ne plus former qu'une espèce de contrat que l'on pouvait comprendre sous ce titre générique d'engagement d'immeubles.

Ce sont les conventions de vif-gaige et de mort-gaige que le C. C. a reproduites pour en faire un contrat mixte que sous le titre d'*antichrèse*, il a défini (art. 2085) un contrat par lequel un débiteur remet en nantissement à son créancier une chose immobilière pour en percevoir les fruits à charge d'imputation sur les intérêts s'il en est dû, et ensuite sur le capital. C'est à cette nouvelle espèce de contrat que l'on applique, aujourd'hui, le tarif déterminé par l'art. 69 § 5 n° 5 L. de frimaire.

1. ÉTRANGER. — Il a été reconnu que l'antichrèse transférant la jouissance d'immeubles donne ouverture au droit gradué si elle a pour objet des biens situés à l'étranger ou dans les colonies où l'enregistrement n'est pas établi, et le droit fixe de 3 francs si ces biens sont situés dans une colonie où l'enregistrement est établi (Sol. 15 avr. 1873).

2184. Délai. — Le délai pour l'enregistrement des engagements d'immeubles faits par acte sous seing privé est fixé à trois mois par l'art. 22 L. 22 frimaire an 7. Tout ce que nous avons à en dire se trouvera traité dans le mot relatif aux baux, les mêmes règles étant applicables à ces deux natures de contrat.

2185. — Titre verbal. — Les antichrèses verbales n'étaient pas autrefois assujetties à l'enregistrement. Elles y sont devenues soumises depuis la loi du 23 août 1871 sur les baux et locations verbales. — V. *Bail.*

2186. Liquidation du droit. — Le droit des engagements d'immeubles se liquide sur les prix et sommes pour lesquels ils sont faits (L. 22 frim. an 7 art. 15 n° 5). Cette disposition de la loi s'explique d'elle-même. En effet, l'engagement peut avoir pour objet d'éteindre soit le capital de la créance, soit de pourvoir au payement des intérêts.

1. CAPITAL. — Dans le premier cas, le capital formant l'objet de la convention, c'est sur ce capital que le droit doit être liquidé.

2. INTÉRÊTS. — La question a paru présenter des difficultés lorsqu'une antichrèse n'a été consentie que pour garantir les intérêts d'une créance. L'Administration, en s'appuyant sur les art. 2085 et 2087 C. C., suivant lesquels le créancier acquiert, d'une part, la faculté de percevoir les fruits de l'immeuble à la charge de les imputer sur les intérêts d'abord, puis sur le capital de sa créance; de l'autre, le droit de *rétention* de la jouissance, jusqu'à l'entier acquittement de la dette, avait pensé que le droit devait être perçu sur le capital de la créance. Mais la C. cass. n'a pas admis cette doctrine. Dans une espèce où un immeuble avait été donné en antichrèse pour garantie du payement des intérêts à courir d'une créance jusqu'à son exigibilité, elle a décidé, le 27 janvier 1847 : que le droit de 2 pour 100 devait être calculé, non sur le capital de la créance, mais sur la somme totale des intérêts *à payer* jusqu'à *cette exigibilité*, encore bien qu'il eût été stipulé que la jouissance pourrait continuer pour un temps qui excéderait l'époque de l'exigibilité. « Attendu, porte cet arrêt, qu'il résulte des énonciations de l'acte du 12 août 1842 que l'antichrèse consentie par Linard, en faveur d'Arcambal et de la dame de Carneville, n'avait pour objet que de leur garantir le payement des intérêts de leur créance ; attendu que l'époque d'exigibilité de la créance, fixée au 1er septembre 1845, est mentionnée dans l'acte ; d'où il suit que, d'après les énonciations de l'acte, l'engagement de l'immeuble n'avait lieu que pour garantir le payement des intérêts dus depuis le 12 août 1842 jusqu'au 1er septembre 1845, et que, dès lors, c'était sur la somme représentative des intérêts dus pour ce laps de temps que le droit d'enregistrement devait être perçu ; qu'il résulte en effet de l'art. 15 n° 5 de la loi du 22 frimaire an 7 que, pour les engagements d'immeubles le droit proportionnel se détermine d'après les prix et sommes pour lesquels ils sont faits ; attendu qu'il importe peu qu'il n'ait pas été stipulé dans l'acte que, dans le cas de non payement de la créance à l'époque fixée, l'antichrèse cesserait ; qu'en effet c'est uniquement sur les conventions des actes et d'après la nature et l'objet des conventions stipulées, que le droit d'enregistrement doit être fixé ; qu'on ne peut le faire résulter de faits incertains et éventuels et de la supposition qu'une créance payable à terme fixe ne sera pas remboursée à son échéance » (12922 J. N., 14171 J. E., 1796 § 3 I. G., S. 47-1-217, P. 47-2-130).

Le tribunal de la Seine a adopté cette jurisprudence le 9 juillet 1847 (13177 J. N.), dans une espèce où l'antichrèse, consentie pour garantir le payement des intérêts d'une créance remboursable dans un an, devait durer tant que la dette ne serait pas acquittée (*V.* dans le même sens, Seine 23 déc. 1840, 12647 J. E. et 22 mai 1844, 6951 C., D. N. t. 1er p. 728 n° 88, Champ. et Rig. t. 4 n° 3551).

Mais le droit serait dû sur le capital comme sur les intérêts si l'anthichrèse avait été consentie pour garantir le payement de ces deux créances distinctes.

Intérêts à vie. — Durée illimitée. — On a émis l'avis que si l'antichrèse est accordée pour la vie, c'est sur le capital, au denier 10 des intérêts, que doit être perçu le droit de 2 pour 100 (15185-1 J. E.) ; — et que, si l'époque de l'exigibilité du capital n'est pas fixée, ce sera sur le montant des intérêts pendant vingt ans que le droit se liquidera (14957-2 J. E.). — Mais on verra, au n° 2196 ci-après, que l'antichrèse consentie, soit pour une durée indéfinie, comme pour le service des arrérages d'une rente perpétuelle, soit même à vie comme pour le payement des arrérages d'une rente viagère, a tous les caractères d'une vente. Il faudrait donc appliquer à ces contrats le tarif et le mode de liquidation des actes translatifs d'immeubles à titre onéreux.

Prorogation de jouissance. — « S'il était stipulé expressément dans l'acte, dit M. Demante, que la jouissance continuerait au delà du terme d'exigibilité, jusqu'à parfait payement, il y aurait lieu, après l'échéance, à un supplément de perception. Je dis *après l'échéance*, car, à ce moment, la condition sous laquelle la prolongation avait été consentie se trouvant accomplie, c'est dans l'acte primitif que, rétroactivement, le créancier trouverait le titre de sa créance. Seulement, il faudrait recourir à une déclaration estimative des parties » (n° 388). Cette prorogation de jouissance constituerait, d'ailleurs, une nouvelle convention qui devrait être particulièrement déclarée en vertu de la loi du 23 août 1871. — V. *Bail.*

3. ACTE COMPLÉMENTAIRE. — Quand le droit de 2 pour 100 a été perçu sur le capital de la créance, lors de la constitution d'une première antichrèse, il n'est dû que le droit fixe sur l'acte contenant affectation de nouveaux immeubles (Sol. 9 août 1865).

2187. Droit exorbitant. — Dans l'hypothèse où l'engagement a lieu pour éteindre le capital, il peut arriver que le droit soit exorbitant relativement à la valeur des fruits attribués par le contrat. Dans une espèce où l'engagement de biens valant 1,200 francs avait pour objet d'éteindre une créance de 6,222 francs, une D. m. f. 3 novembre 1820 (6826 J. E.) a reconnu que le droit de 2 pour 100 ne devait être liquidé que sur la valeur du bien. La rigueur des principes a fléchi, dans cette circonstance, devant des considérations d'équité. « Cette décision, dit dans le même sens M. Demante, toute de grâce et de faveur est contraire à la loi ; le ministre n'a pu la prendre qu'en engageant sa responsabilité personnelle (L. frim. art. 59). La grande équité de la fin a sauvé l'illégalité du moyen » (n° 387).

Cette interprétation a été confirmée depuis par plusieurs solutions rendues dans des cas analogues.

2188. Disposition indépendante. — Un acte obligatoire contenant affectation hypothécaire et antichrèse, ne donne point ouverture à deux droits ; il n'y a lieu de percevoir que le droit de 2 pour 100 sur l'antichrèse (Sol. 27 fév. 1822, 7163 J. E., 4173 J. N., 334 C.). Tout débiteur, en effet, qui contracte une obligation, étant tenu de la garantir, et l'antichrèse n'étant qu'un mode particulier de garantie, elle se confond avec l'obligation comme l'affectation hypothécaire elle-même. — *V.* 1854 et suiv., 2186-1.

1. INTÉRÊTS. — Le tribunal de Villeneuve-sur-Lot a fait l'application spéciale de ce principe à l'obligation dans laquelle le débiteur consent une antichrèse pour garantir le payement des *intérêts* de sa dette : « Attendu que les garanties données en exécution de l'obligation principale en sont une dépendance et ne sont, dès lors, assujetties à aucun droit ; que l'antichrèse n'est qu'un mode particulier de garantie se confondant comme le gage avec le contrat principal ; que, dès lors, il n'y a aucun droit particulier à percevoir sur la stipulation qui donne au créancier pour lui tenir lieu des intérêts, la jouissance à titre d'antichrèse de divers immeubles » (18473 C.).

Le contraire a été décidé cependant par le tribunal de la Seine, les 9 juillet 1847 (13177 J. N.) et 6 mars 1869 (2949 R. P.). Il a été reconnu par ce dernier jugement, que la clause d'un contrat de mariage par laquelle la mère de la future constitue en dot à sa fille une somme d'argent payable à terme avec intérêts et lui remet en antichrèse une maison dont elle percevra les loyers pour les compenser jusqu'à due concurrence avec les intérêts de la dot, renferme deux dispositions indépendantes : 1° une donation mobilière sujette au droit de 1 fr. 25 par 100 francs ; — 2° antichrèse tarifée au droit de 2 francs par 100 francs.

Mais cette jurisprudence est très-sujette à critique. Quoique l'obligation de payer les intérêts n'ait subi aucune perception particulière, elle s'est trouvé affranchie de l'impôt au moyen du droit exigé sur la disposition principale. L'antichrèse qui s'y rapporte a donc pour objet un engagement déja assujetti au droit, et on peut objecter que ce serait violer la maxime *non bis in idem*, en que de percevoir à la fois un droit pour l'obligation et un droit pour la garantie. Si l'antichrèse constitue la disposition principale de la convention, on percevra le droit de 2 pour 100, au lieu de 1 fr. 25 cent. pour 100, mais on ne devra pas les exiger tous les deux. — *V.* 2200.

2. TIERS. — Si l'antichrèse était fournie par un tiers (*V.* 2193), le droit d'obligation serait exigible si la dette ne résultait pas d'un titre antérieur enregistré, indépendamment du droit d'antichrèse à percevoir sur la clause concernant le débiteur (1787 J. E.; Dalloz n° 3179).

3. SUBROGATION. — Si le débiteur qui avait constitué une antichrèse pour sûreté de sa dette, paye cette dette avec les deniers empruntés à un tiers qui est subrogé par le premier créancier dans l'antichrèse, le droit de 2 pour 100 est exigible à l'exclusion du droit de 1 pour 100 (Sol. 13 août 1873).

2189. Cession d'antichrèse. — Champ. et Rig., n° 3571, Suppl. 860, considérant l'antichrèse comme un accessoire de la créance, ont émis l'avis que sa transmission ne donnait ouverture à aucun droit. Le tribunal de la Seine ne partage pas cette doctrine. « Si la loi, porte un jugement 23 déc. 1840, (12647 J. E., D. N. t. 1er p. 729 n° 89) ne tarife que les engagements d'immeubles, cette dénomination comprend aussi bien la cession qui est faite par l'antichrésiste de son droit d'antichrèse que la dation en antichrèse émanée du propriétaire de l'immeuble, puisque le premier acte a pour objet, comme le second, une transmission de jouissance immobilière affectée à la garantie d'une créance. » — Les mêmes règles sont donc applicables à l'antichrèse et à la cession qui en est faite (6860 J. E.). Comme l'antichrèse constitue simplement un droit mobilier, il en résulte que le droit de 2 pour 100 est seul exigible (Sol. 9 août 1865).

C'est ce qui a été jugé pour la cession d'une antichrèse au créancier en garantie d'une créance autre que celle pour laquelle le nantissement a été constitué (Seine 23 déc. 1840, 12647 J. E.).

2190. Fin de l'antichrèse. — Quels sont les droits exigibles lorsque le bailleur à antichrèse rentre dans la possession de son immeuble ? Il faut distinguer. Si, dans les cas prévus par les art. 2085 et 2089 C. C., le débiteur se trouve libéré de tout ou partie de sa dette en principal et intérêts, au moyen de la jouissance qu'il avait cédée à son créancier, cette libération est l'effet de l'antichrèse, et elle n'est assujettie à aucun droit proportionnel, par la raison que c'est l'antichrèse qui l'a opérée, et que cette antichrèse a déjà été soumise au droit proportionnel. Un arrêt de Cass. du 4 novembre 1817 (Teste-Lebeau v° *Antich.* porte, en ce sens, que « l'acte par lequel un individu emprunte une somme et livre au prêteur un immeuble à titre d'antichrèse offrant bien ce caractère et non celui d'une vente à réméré, le jugement qui renvoie le bailleur, même après trente ans, en possession des biens livrés, et en se fondant sur ce que cet abandon a eu lieu à titre d'antichrèse, ne peut donner lieu au droit de rétrocession. »

Si, au moment où le créancier remet l'immeuble qui lui avait été engagé par le débiteur, celui-ci ne se trouve pas encore entièrement libéré, il peut arriver : 1° que la somme restant due soit payée comptant, et, dans ce cas, le droit de quittance est dû sur cette même somme (1787 J. E.) ; — 2° que le débiteur obtienne un délai pour payer le restant de la dette, et, alors, il n'est dû ni droit de quittance ni droit d'obligation, parce que la libération et l'obligation, qui sont partielles l'une et l'autre, résultent toutes deux d'un acte précédemment enregistré (10779 J. E.). Bosquet enseignait, sur ce dernier point, que si le propriétaire rentrait en possession de l'immeuble avant l'expiration du terme fixé, ce ne pouvait être qu'en vertu d'une rétrocession volontaire sujette au demi-droit de centième denier (t. 2 p. 367). Mais il faut remarquer qu'à la différence du preneur, le créancier a toujours le droit de renoncer au gage. C'est là une condition résolutoire toujours sous entendue dans le contrat. La rentrée en possession du propriétaire se fait alors en vertu de cette clause et elle n'est pas plus passible d'un droit particulier que la cessation d'un bail à l'époque fixée.

2191. Succession. — De l'ensemble de la jurisprudence que nous venons de faire connaître, il résulte évidemment que les biens donnés à antichrèse ne cessent pas d'appartenir au bailleur, et que s'il décède avant sa rentrée en possession, ils doivent être compris dans sa succession, alors même qu'il se serait réservé la faculté de les abandonner pour se libérer de sa dette (Jugem. 29 déc. 1825, 9760 J. E.).

CHAPITRE III. — APPLICATIONS DU TARIF

[2192-2201]

2192. Distinction entre le bail et l'antichrèse. — A la différence du bail, qui transmet les bénéfices que l'exploitation du fonds peut offrir, en outre des produits qui constituent le revenu, c'est le revenu lui-même qui forme l'objet du contrat d'antichrèse. Dans le bail, il ne dépend ni du preneur ni du bailleur, individuellement, de faire cesser la jouissance avant le terme convenu ; dans l'antichrèse au contraire, les deux parties ont également ce droit : le débiteur en payant, le créancier en renonçant à son droit. Dans l'antichrèse, la durée n'a ordinairement qu'un terme éventuel, celui du remboursement de la créance. Dans le bail cette durée est ordinairement limitée.

Sur tous ces points, l'antichrèse diffère donc du louage; mais comme ces mêmes points peuvent être modifiés par des clauses *accidentelles*, il y a souvent difficulté de discerner ces deux contrats. En effet, il ne va pas contre l'*essence* du louage : Que le preneur, étant d'ailleurs créancier du bailleur, compense le prix de la location avec les intérêts, et même avec le capital de sa créance; — Qu'il supporte les contributions et autres charges du fonds; — Que le bail cesse à la volonté du preneur, etc. Comme aussi, il ne va pas contre l'essence de l'antithèse : Que l'antichrésiste compense par abonnement les intérêts de sa créance avec les produits du fonds (2089 C. C.) ; qu'il s'oblige personnellement à conserver la jouissance du fonds, avec tous les soucis et les risques de l'exploitation ; qu'une partie du revenu net soit remis au propriétaire, etc. « Le seul *criterium*, dit M. Demante, qui me semble pouvoir être posé d'une manière générale est celui-ci : Dans le louage, le preneur a pour objet principal d'obtenir la jouissance du fonds. Dans l'antichrèse, la jouissance n'est pour le créancier qu'un moyen d'assurer son payement. Le surplus est à apprécier d'après la rédaction des actes et les circonstances des affaires » (n° 383).

1. RÉSILIATION. — D'après cela, il y a lieu de considérer comme antichrèse et non comme bail, l'acte par lequel le débiteur, après avoir cédé pour seize ans la jouissance d'un immeuble pour se libérer de sa dette, se réserve le droit de résilier le bail en s'acquittant de sa dette. Cette dernière clause est, en effet, exclusive du bail (5318 J. E., Dalloz n° 3170).

2. CESSION DE JOUISSANCE. — Dans l'ancien droit, une décision du Conseil du 20 octobre 1757 avait de même jugé : « que les créanciers de Pierre Roussy doivent le demi-droit de centième denier de l'abandon que Roussy leur a fait des loyers échus et à échoir d'une maison, même de la jouissance d'icelle jusqu'à l'entier acquit de ce qu'il leur doit, les autorisant à passer des baux et à faire des réparations; et cela parce que l'abandon de la jouissance était personnel auxdits créanciers » (Bosquet v° *Aband.*). — Cette solution serait encore exacte aujourd'hui.

Mais la cession par un débiteur à son créancier des loyers qu'il percevra pour les imputer à chaque terme sur les intérêts et le principal de la dette, après le payement des contributions et réparations de l'immeuble loué, ne constitue pas une antichrèse, si, d'une part, le débiteur conserve le droit de renouveler les baux, et si, de l'autre, le créancier ne s'engage pas à faire directement les réparations et ne peut pas à son gré renoncer aux effets de la cession. C'est une simple cession de loyers passible du droit de 1 pour 100. « Attendu que le bail pourrait ne point être renouvelé par défaut de preneurs, et, qu'en ce cas, il n'y aurait pour les créanciers aucun droit de jouissance, ce qui démontre très-clairement que le droit conféré n'est nullement une antichrèse; que l'antichrésiste est, d'ailleurs, soumis à l'obligation d'entretenir l'immeuble engagé en bon état de réparations, tandis que les créanciers ne contractent, dans l'acte dont il s'agit, aucune obligation semblable; enfin que l'antichrésiste, aux termes de l'art. 2087 du C. C., a le droit de renoncer à sa jouissance si elle lui devient onéreuse, tandis que les créanciers nommés dans l'acte dont il s'agit ne pourraient agir qu'autant que la cession faite ne produirait pas ses effets (Gap. 29 avr. 1868, 3234 R. P.).

3. TERME FIXÉ. — On ne doit voir qu'un bail : 1° dans un acte par lequel un particulier cède, pour *six ans*, la jouissance d'un immeuble avec convention qu'à la fin de ce

terme, il sera libéré de sa dette, tant en capital qu'en intérêts. En effet, ce n'est qu'un bail dont *le prix est prévu d'avance* (Dalloz n° 3170); — 2° Dans l'acte par lequel un débiteur cède à son créancier la jouissance d'un immeuble pour tenir lieu des intérêts, en se réservant le sixième du revenu, et stipule que la cession est faite à titre de ferme pour *quatre ans*, à l'expiration duquel terme la créance sera exigible. *La limitation donnée à la convention des parties imprime à l'acte le caractère de location* (Dél. 15 juin 1827, Roll. 1961, 6608 J. E., D. N. t. 1er p. 729 n° 91).

Par application du même principe, on a reconnu le caractère du bail à une stipulation ainsi conçue : « Les comparants reconnaissent que dans le contrat de mariage de la dame B. avec le sieur O. les époux B. constituèrent en dot à leur fille une somme de 3,000 francs, mais que, postérieurement, et par convention verbale, B. père consentit à son gendre pour six années à partir du 1er juin 1859, bail à ferme de ses biens immeubles, avec convention que le prix de ce bail serait compensé avec la constitution dotale faite à la demoiselle B. » (J. du not. n° 1734).

2193. Bail à vie. — D'après les distinctions qu'il y a à faire entre le bail et l'antichrèse, il a été décidé par la C. cass., le 16 février 1831, que l'acte portant abandon de la jouissance d'un immeuble, en payement d'une rente viagère, doit être considéré, quoique qualifié antichrèse par les parties, comme opérant une cession d'usufruit à titre onéreux, passible du droit de 5 1/2 pour 100 sur le capital au denier 10 de la rente viagère. « Attendu, porte l'arrêt, qu'il résulte des pièces du procès, que, par la transaction passée devant notaire le 3 avril 1826, le domaine de Villanova et ses dépendances a été remis par Azémar aux mariés Garriga, en payement de la rente viagère de 3,000 francs, pour tenir lieu de laquelle ils devaient jouir de ce domaine jusqu'à leur décès, au moyen de quoi, est-il dit dans l'acte, les héritiers desdits mariés Garriga, ou du survivant d'eux, n'auront rien à répéter dudit Azémar ou de ses héritiers ; — Attendu que ce contrat, quoique qualifié par les parties de contrat d'antichrèse, ne constitue en réalité qu'une cession à titre onéreux de l'usufruit ou jouissance à vie du domaine de Villanova et dépendances, qui a éteint, à l'instant même où il a été passé, la dette dudit Azémar » (7440 J. N., 9947 J. E., 1370 § 8 I. G. S. 31-1-73).

En effet, dans l'espèce, la rente viagère avait été éteinte par le contrat : il n'y avait plus de créance, partant point d'antichrèse ; l'acte attribuait, d'ailleurs, au propriétaire de la rente, tous les droits de l'usufruitier.

2194. Distinction entre l'antichrèse et la vente. — L'antichrèse diffère de la vente, en ce que, par la vente, la propriété est transmise, au lieu que l'antichrèse ne peut transmettre que la jouissance. La *durée* est également un signe distinctif de l'antichrèse et de la vente. Ainsi, l'antichrèse a toujours une durée limitée par l'extinction qui arrivera nécessairement de la créance. La vente emporte l'idée de perpétuité, et Dalloz (n° 3173) repousse, avec raison, cette opinion émise par Champ. et Rig. (n° 3128), qu'il y aurait engagement et non vente dans la translation perpétuelle d'un immeuble en payement d'arrérages d'une rente perpétuelle équivalente aux revenus de l'immeuble engagé. La perpétuité, qui est un des caractères essentiels de la vente, est ici exclusive de l'idée d'antichrèse, alors même que le débiteur conserve la faculté d'éteindre la rente en remboursant. C'est ce qui avait été déjà reconnu, selon le témoignage de Bosquet, par de très-nombreux arrêts intervenus sous la jurisprudence du centième denier. Il était parfaitement admis que l'antichrèse illimitée emportait aliénation et donnait lieu à l'impôt des ventes (t. 1er p. 225 et t. 2 p. 366).

1. DURÉE. — Mais il faut remarquer que la perpétuité n'a pas de limite. Ainsi, dès que la durée reçoit une limite, quelqu'éloignée qu'elle soit, *il n'y a plus de vente*, et le contrat devient antichrèse, s'il réunit, d'ailleurs, les autres conditions de la convention. C'est ce que la C. cass. a reconnu, le 4 novembre 1817 (2190), en déclarant qu'il n'y a pas rétrocession dans le renvoi en possession d'immeubles donnés à antichrèse depuis *plus de trente ans*.

2 VENTE À RÉMÉRÉ. — On ne doit pas perdre de vue que la vente à réméré, bien qu'elle paraisse faite *à temps*, a réellement un caractère de perpétuité incontestable. Le pacte de rachat n'est, en effet, qu'une action résolutoire qui, lorsqu'elle est exercée, met le contrat à néant, tandis que la vente existe à toujours si la condition de rachat ne s'accomplit pas. Ainsi, toutes les fois que, sous la qualification d'antichrèse, on fait un contrat *purement résoluble*, et non pas simplement *limitée* dans sa durée, le droit de vente est exigible. Dans ce sens, il a été décidé que la vente, à titre d'antithèse, *à toujours rachetable*, d'un immeuble moyennant un prix, dont partie payée comptant et le surplus à terme, constitue une vente passible de 5 fr. 50 cent. pour 100 (Cass. 4 mars 1807). « Attendu, porte l'arrêt, que l'acte du 2 messidor an 12, quoique énonçant une vente à titre d'antichrèse, ne contient néanmoins aucun des caractères qui constituent cette dernière espèce de contrat, et qu'il présente au contraire tous les caractères d'une vente d'immeubles proprement dite, faite seulement avec faculté de réméré » (S. 7-2-237, Champ. et Rig. n° 3129).

Par raison inverse, le droit de vente ne peut être exigé si la convention n'est que *temporaire*, alors même qu'elle pourrait recevoir le caractère de perpétuité de certaines éventualités. Décidé, en effet, qu'un contrat portant engagement d'immeubles, pour une dette déterminée, et *vente éventuelle* des biens dans le cas où le capital de la dette ne serait pas remboursé au terme convenu, n'est sujet qu'au droit proportionnel réglé pour les *antichrèses*. On ne peut induire une mutation de propriété d'un semblable contrat que l'art. 2088 C. C. frappe expressément de nullité (Cass. 17 janv. 1816, 5453 J. E., D. N. t. 1er p. 720 n° 93, *P. chr.* 303).

3. NUE-PROPRIÉTÉ. — La nue-propriété ne pourrait être engagée à titre d'antichrèse (Proudhon n° 891, Zachariæ t. 3 § 437, Troplong n° 518) : on y verrait donc aisément une véritable vente.

2195. Mandat. — L'antichrèse diffère du mandat en ce qu'elle confère une possession et un droit de rétention qui n'appartient pas au mandataire. Il n'y aurait donc pas antichrèse, mais mandat si le débiteur s'était réservé le droit de révoquer le pouvoir donné au créancier, et si, alors, la dette devenait seulement exigible. L'antichrèse ne serait pas, en effet, donnée pour sûreté de la dette puisque cette sureté pourrait cesser au gré du débiteur (16306 J. E.). Mais il y aurait antichrèse si le mandant ne pouvait révoquer la procuration qu'en remboursant la dette.

On a considéré comme antichrèse l'acte par lequel un fils, pour garantir et assurer le service d'une pension alimentaire constituée à sa mère, lui donne le droit de toucher directement le loyer d'une maison (Seine 19 juill. 1850, 14997 J. E., 9022 C.).

Et celui par lequel l'acquéreur d'un immeuble, pour garantir aux créanciers inscrits le payement de leurs intérêts leur cède une jouissance temporaire de cet immeuble (Seine 24 janv. 1851, 15145 J. E., 9264 C.).

2196. Différence entre l'antichrèse et la constitution d'usufruit. — L'antichrèse diffère de l'usufruit, notamment en ce que, dans l'antichrèse, le débiteur ne cède que la faculté de percevoir les fruits du fonds pour acquitter la dette, tandis que l'usufruit constitue un droit réel et un démembrement de propriété, susceptible d'hypothèque (Proudhon t. 1er n° 85, Troplong n° 525.).

Décidé qu'il y a antichrèse et non constitution d'usufruit quand une veuve retient, aux termes de son contrat de mariage, la jouissance des biens de son mari jusqu'au payement de ses reprises (5165 J. E.).

Quand le père constituant une dot à son fils, lui cède la jouissance de certains immeubles en payement des intérêts de cette dot. — *V.* 2199-1.

Quand une mère remet à sa fille une somme de 2,000 francs au moyen de laquelle celle-ci consent à ce que sa mère jouisse d'un domaine jusqu'au partage (3537 J. E.).

2197. Délégation. — Le contrat d'antichrèse ne se forme que par la tradition de la chose qui en est l'objet (Proudhon *de l'Usufruit* n° 71). Il faut donc que le créancier soit *mis en jouissance et prenne l'administration* des biens pour que l'antichrèse soit caractérisée. Donc, la clause par laquelle l'emprunteur s'engage à payer chaque année les intérêts de la somme empruntée, et, pour garantie de la créance, délègue au prêteur les revenus de l'immeuble affecté hypothécairement, constitue une simple garantie qui ne donne ouverture à aucun droit lorsqu'elle est consentie dans le contrat même (Dél. 18 sept. 1827, Roll. 1962, D. N. t. 1er p. 729 n° 92).

On ne peut non plus voir une antichrèse dans l'acte par lequel un locataire principal délègue la différence qui existe entre son prix et celui des sous-locataires. Ce n'est là qu'une cession de créances. — V. *Bail et Cession de créances.*

La même jurisprudence résulte du jugement du tribunal Gap du 29 avril 1868, rapporté n° 2194-2.

Il en est autrement de l'acte par lequel le propriétaire d'une usine en confère l'exploitation à son créancier, en promettant de concourir lui-même de tout son pouvoir à cette exploitation dont tous les bénéfices seront imputés sur le montant de la dette en principal et intérêts (Sol. 15 avr. 1873).

2198. Chose d'autrui. — Nullité. — En droit civil, la dation en antichrèse de l'immmeuble d'autrui ne peut constituer l'antichrèse, car la mise en possession ne peut avoir lieu de manière à donner au créancier *le droit* de toucher les revenus. Il y a dans cette mise en possession un *fait* et non un droit. Mais l'Administration n'étant pas juge de la nullité des actes, la circonstance que l'antichrèse a été consentie par celui auquel l'immeuble n'appartient pas, ne pourrait arrêter l'exigibilité du droit proportionnel. Néanmoins, comme les conventions s'interprètent plutôt dans le sens qui peut leur donner de l'effet, il n'y faudrait voir une antichrèse que si l'intention des parties était entièrement caractérisée. Aussi l'Administration a-t-elle décidé, le 5 décembre 1828 (Roll. 2374), que la délégation faite par un locataire principal de la différence qui existe entre son prix et celui de ses sous-locataires ne donne ouverture qu'au droit des transports de créances, attendu que le propriétaire *seul* de l'immeuble peut le donner à antichrèse.

Mais si la nature du contrat est bien déterminée, la nullité qui ressortirait des clauses de l'acte serait même sans influence sur la perception, soit parce que l'on considère le vendeur comme ayant intentionnellement agi pour le propriétaire, soit parce que la nullité doit être prononcée par jugement (Dél. 8 fév. 1828, 9102 J. E.). — Un jugement d'Ussel du 28 août 1852 a cependant décidé que le contrat par lequel le père du futur reçoit une partie de la dot, et en payement des intérêts de la somme par lui perçue, abandonne la jouissance d'immeubles, ne constitue pas une antichrèse, « attendu que la dot mobilière est inaliénable et ne pouvait être réduite par la perception annuelle des fruits annuels consommés pour les besoins de la famille » (15639 J. E.). Mais ces motifs sont erronés : d'une part, l'inaliénabilé de la dot mobilière n'empêche pas le mari de la recevoir et de la placer entre les mains d'un tiers; d'un autre côté, la dot ne s'amoindrit pas par la perception des fruits, elle est seulement remboursée par parties au mari qui en devient responsable dans les termes de son statut conjugal.

2199. Tiers. — Mais l'immeuble donné à antichrèse peut l'être par un tiers étranger à la dette, aux termes des art. 2077 et 2090 C. C., d'où la conséquence que la garantie donnée par ce tiers, n'étant pas un engagement *personnel, qui* seul *constitue le cautionnement*, mais un engagement d'immeubles, ce tiers ne peut être considéré comme caution. C'est donc le droit de 2 pour 100 comme antichrèse, et non celui de cautionnement, qu'il faut percevoir (Champ. et Rig. n° 3135, Dalloz n° 3163, 1787 J. E.).

2200. Qualification. — Quels que soient les termes dont on aura qualifié le contrat passé entre un débiteur et son créancier, il suffit que celui-là fasse cession à celui-ci *de la jouissance* d'un immeuble, jusqu'au remboursement de la créance, pour reconnaître le contrat d'antichrèse, lors même que le mode d'imputation des fruits ne serait pas réglé (Dél. 20 juin 1817, 5819 J. E., D. N. t. 1er p. 729 n° 90). Plusieurs décisions ont été rendues dans ce sens.

1. DOT CONSTITUÉE. — Lorsqu'une dot est constituée, mais payable seulement après le décès du survivant des futurs époux, au profit desquels on se dessaisit du revenu d'une ferme, pour en jouir par eux ou leurs successeurs, jusqu'au

payement intégral de la dot, il y a antichrèse passible du droit de 2 pour 100, et non point une transmission de propriété en ce qui concerne la dot, suivi d'un abandon du revenu de la ferme (Cass. 6 janv. 1813, Dalloz n° 3157. — *V.* dans le même sens 11765 J. N., 5914 J. E.). — Le droit d'antichèse est dû alors indépendamment de celui de donation (8903 J. E.).

Jugé, au contraire, qu'il n'y a pas antichrèse dans la clause d'un contrat de mariage, sous le régime dotal, par laquelle le père du futur reçoit sur le montant de la dot une somme de 40,000 francs, et, en payement des intérêts de cette somme abandonne la jouissance d'immeubles (Ussel 28 août 1852, 15639 J. E.). Mais cette interprétation est très-sujette à critique. — *V.* 2188-1.

2. REPRISE. — Si une veuve, aux termes de son contrat de mariage, retient la jouissance des biens de son mari jusqu'au remboursement de ses reprises, le droit de 2 pour 100 est exigible (5165 J. E.).

3 SOMMES REMISES. — Il y a encore antichrèse dans la clause par laquelle une mère remet à sa fille une somme de 2,000 francs, au moyen de laquelle celle-ci consent que sa mère jouisse d'un domaine jusqu'au partage qui en sera fait entre elles, époque à laquelle les 2,000 francs seront rendus (3537 J. E.).

4. ACQUÉREUR. — L'acte par lequel l'acquéreur d'un immeuble, pour se libérer des intérêts des sommes dues par son vendeur à des créanciers inscrits, abandonne à ceux-ci la jouissance temporaire de l'immeuble acquis, est passible de 2 pour 100 (Seine 24 janv. 1851, 15145 J. E.). — V. *Vente d'immeubles.*

5. CRÉANCIER. — De même est passible du droit de 2 pour 100, comme renfermant une antichrèse, l'acte par lequel un débiteur, en déléguant à son créancier les loyers de la maison affectée en hypothèque, lui donne pouvoir de gérer et d'administrer l'immeuble jusqu'au remboursement et d'imputer les loyers sur sa créance en principal et intérêts après avoir prélevé et payé les intérêts dus à deux créanciers antérieurs en rang (Sol. de l'Adm. belge du 31 déc. 1857, 7872 J. E. belge).

On a émis, au contraire, l'avis que la clause d'un acte d'obligation pour prêt avec hypothèque sur un immeuble, qui contient cession de la jouissance de cet immeuble, jusqu'au terme fixé pour le remboursement, afin de tenir lieu au créancier de l'intérêt de la somme prêtée, ne constitue pas une antichrèse, mais un simple bail passible du droit de 20 cent. pour 100 (12441 J. E.).

6. PENSION ALIMENTAIRE. — Lorsque pour assurer le service d'une pension alimentaire qu'il a constituée, un fils abandonne à sa mère les loyers et revenus d'une maison, qu'elle doit toucher sur sa simple quittance, jusqu'à concurrence de la pension, le droit de 2 pour 100 est dû, comme antichrèse (Seine 19 juill. 1850, 14996 J. E.).

7. RÉMÉRÉ. — Lorsqu'un acte auquel les parties ont donné le nom de vente à reméré renferme toutes les stipulations qui caractérisent la vente, le vendeur ne peut prétendre qu'il n'a fait qu'un engagement d'immeubles (Nantes 22 août 1842, 13059 J. E.).

2201. Jugement. — Un jugement condamne à payer 6200 francs dus sur titre enregistré, et autorise le créancier à se mettre en possession des biens du débiteur d'une valeur capitale de 1200 francs pour en jouir jusqu'au remboursement : il est dû 2 pour 100 comme antichrèse sur 1200 francs o tre le droit de condamnation (6826 J. E.). — *V.* aussi *Jugement.*

ANTIDATE.

2203. Définition. — L'antidate est l'apposition d'une date antérieure à l'époque où un acte est passé.

2204. Amende. — Une antidate dans un acte public constitue un faux qui peut avoir les caractères de la criminalité. Il est facile de concevoir, d'après cela, qu'elle ne pouvait être rangée parmi les simples contraventions, et punie comme telle. Aussi l'antidate ne donne lieu à aucune amende. — *V. Acte notarié.*

APPEL. — RECOURS.[1]

2205. Définition. — L'appel est le recours au tribunal du dégré supérieur, pour faire réformer un jugement que l'on prétend mal et injustement rendu. On donne le nom d'*appel principal* à celui qui le premier a été interjeté par l'une des parties (l'*appelant*); et l'on donne le nom d'*appel incident* à l'attaque dirigée contre le même jugement par l'autre partie (l'*intimé*), pendant l'instruction de l'appel principal.

2206. Justice de Paix. — Les déclarations d'appel des jugements des *juges de paix* aux tribunaux civils doivent le droit fixe de 7 fr. 50 cent. (Art. 68 § 4 n° 3 L. 22 frim. an 7, art. 4 L. 28 fév. 1872, art 2 L. 19 fév. 1874). — Il est indifférent, pour la perception du droit, que le jugement dont est appel soit interlocutoire ou définitif (436 § 6 I. G.).

1. PRUDHOMMES. — Les exploits portant appel des jugements des prudhommes n'ayant pas été tarifés, sont des assignations ordinaires au tribunal de commerce, passibles du droit de 3 francs (10385-3 J. E.).

2. CHAMBRE DE DISCIPLINE. — L'appel d'une décision de la chambre de discipline est également passible du droit de 3 francs. — *V.* 3729 *bis.*

2207. Tribunal civil. — Les déclarations d'appel des jugements des tribunaux civils, de commerce et d'arbitrage sont passibles du droit fixe de 15 francs (Art. 68 § 5 L. 22

frim. an 7; art. 4 L. 28 fév. 1872; art. 2 L. 19 fév. 1874).— Cette dernière disposition est générale, et comprend les appels de jugements sur délibérations des conseils de famille (436 § 70 I. G.).

2208. Notaire. — Une déclaration d'appel est faite devant notaire. Elle est signifiée par un huissier pour comparaître dans le délai de la loi. Le droit d'appel est dû sur cette déclaration, et la signification n'opère que le droit ordinaire (3543 J. E.).

2209. Recours en cassation ou en conseil d'État.— «Le premier acte de recours en cassation ou devant le conseil d'État, soit par requête, mémoire ou déclaration en matière civile, de police simple ou correctionnelle, est assujetti au droit fixe de 25 francs» (Art. 47 L. 28 avr. 1816).

Tout premier acte de recours, quel qu'en soit l'objet, excepté en matière criminelle, est passible de ce droit (Arr. du Gouvern. du 21 pluv. an 11, 124. I. G.). Ainsi, c'est toujours le premier acte (exploit ou autre) dans lequel on déclare se pourvoir, qui est sujet au droit de 25 francs, et ce droit doit naturellement être perçu dans le bureau où l'acte de recours est présenté à la formalité (Sol. 29 août 1831, 10101 J. E., relative aux *recours en cassation;* autre Sol. du 4 janv. 1832, 10208 J. E. concernant les pourvois *au conseil d'État*).

Surtaxe. — Cet acte de recours a été assujetti à la surtaxe générale de moitié par la disposition de l'art. 2 de la la loi du 19 février 1874. Le droit actuel est donc de 37 fr. 50 cent.

Pluralité. — Il n'est dû qu'un seul droit, selon la règle ordinaire, en quelque nombre que son les parties en cause, dès qu'elles ont un intérêt commun (Dél. 18 juin 1824, D. N. t. 2 p. 704 n° 62.

Actes subséquents. — Mais ce droit de 37 fr. 50 cent. se restreint au *premier acte de recours.* Les autres exploits signifiés pendant la procédure ne sont sujets qu'au droit fixe de 7 fr. 50 cent. (2132-1 I. G.).

Simple requête. — Si même il s'agissait d'une simple requête présentée au conseil d'État pour intervenir en défense et non suivie de signification, la formalité de l'enregistrement ne serait pas nécessaire (Art. 18 déc. 22 juill. 1806); elle serait donnée moyennant le droit fixe de 1 franc (1 fr. 50) par suite de réquisition expresse (Sol. 9 juill. 1853).

1. BUREAU. — La perception du droit d'enregistrement sur le premier acte de recours en cassation est faite par le receveur établi près la C. cass., excepté pour les déclarations en matière de police simple ou correctionnelle, et en matière de prises maritimes. Le droit, dans ces derniers cas, doit être perçu par le receveur établi près ces tribunaux (Circ. 1704).

2. CONTRIBUTIONS. — L'art. 30 L. 21 avril 1832 porte que le recours contre les arrêtés du conseil de préfecture (en matière de contributions) ne sera assujetti qu'au droit de timbre. L'I. G. 1399 n° 2 avait limité cette disposition à la contribution personnelle et mobilière; mais une D. m. f. 20 novembre 1835 (11348 J. E.) a déclaré que l'exemption établie par l'art. 30 est applicable à toutes les contributions et aux différents actes successifs qui composent le recours. Ces actes doivent donc être enregistrés *gratis*.

On a décidé qu'il en doit être de même des recours au Cons. d'Ét. en matière de taxes assimilées aux contributions directes, et notamment des taxes de curage (Sol. 29 mai 1856).

3. EXPÉDITION. — Les expéditions des décisions des conseils de préfecture, en matière de patentes, destinées à être produites à l'appui d'un recours au Cons. d'Ét. sont exemptes du timbre lorsque le montant de la contribution, *objet du recours*, est inférieur à 30 francs (D. m. f. 20 fév. 1843, 13584-4 J. E.).

2210. Cour des comptes. — Les lois sur l'enregistrement n'ayant pas nommément tarifé les exploits d'appel ou de recours devant la cour des comptes, on ne peut assujettir qu'au droit fixe de 2 francs (3 fr.) comme les exploits ordinaires, l'exploit par lequel un comptable fait signifier son recours à la cour des comptes contre l'arrêté du conseil de préfecture (Sol. 30 nov. 1830, 9829 J. E.).

2211. Appel incident. — L'art. 443 C. proc. autorise l'appel incident en tout état de cause; mais s'il n'est pas réservé dans les actes de procédure, il n'est plus recevable : il en résulte que cette réserve, insérée dans les significations d'avoués à avoués, dans le cours de la procédure, ne peut être soumise qu'au droit fixé pour la notification de l'acte d'avoué, et non à celui de 15 francs, parce que cette disposition n'est que purement éventuelle (Cass. 23 janv. 1810).

Un appel incident formé dans une signification d'avoué à avoué est passible du droit fixé pour les actes d'appel, parce que, d'une part, les droits de 75 centimes et de 1 fr. 50 cent. n'ont été établis que sur les significations entre avoués qui tendent à l'*instruction des procédures*, tandis que l'appel, même lorsqu'il est interjeté incidemment, est moins un acte d'instruction que d'introduction d'une nouvelle instance; et que, d'un autre côté, la loi ne distingue pas entre l'appel principal et l'appel incident (Dél. 29 janv. 1828, 8931 J. E., 1249 § 4 I. G.).

2212. Pluralité des droits. — La déclaration et signification d'appel *par un seul et même exploit*, est passible d'autant de droits fixes, suivant le degré de juridiction, qu'il y a d'appelants ou d'intimés, en quelque nombre qu'ils soient dans le même acte, excepté les copropriétaires et cohéritiers, les parents réunis, les cointéressés, les débiteurs ou créanciers, associés ou solidaires, et les séquestres, qui ne sont comptés que pour une seule et même personne, soit en demandant, soit en défendant, dans le même original d'acte, lorsque leurs qualités y sont exprimées (Art. 68 § 1er n° 30 L. 22 frim. an 7, combiné avec l'art. 13 de celle du 27 vent. an 9, Circ. 1704 et 1992).

1. PLUSIEURS EXPLOITS. — Les art. 43 n° 13 et 44 n° 7

L. 28 avril 1816, n'étant point applicables aux déclarations d'appel restées assujetties au droit fixé par les art. 68 §§ 4 et 5 L. 22 frim. an 7 et 2 L. 19 fév. 1874, il résulte des termes exprès du même art. 68 § 1er nº 30, que, si la signification de l'appel est faite *par un même original* d'acte à plusieurs cohéritiers ou coïntéressés, il n'est dû qu'un seul droit; mais s'il est fait *plusieurs originaux* de significations, soit parce que les héritiers n'habitent pas tous la même commune, soit par tout autre motif qu'il n'appartient pas aux receveurs d'apprécier, chaque original d'acte de signification donne lieu nécessairement à un droit distinct; ce droit ne peut être que celui qui est déterminé par la nature de l'acte, c'est-à-dire le droit établi pour les significations (D. m. f. 14 déc. 1839, 1600 I. G., Sol. 16 sept. 1830, 9758 J. E.).

2. ACTE AU GREFFE. — Si la déclaration d'appel est faite au greffe, où par un acte séparé de l'exploit, indépendamment du droit qui se perçoit comme ci-dessus, à raison du nombre des appelants et intimés, il est dû, pour l'exploit de signification, un droit particulier pour chaque appelant et intimé, d'après la distinction admise par le nº 30 § 1er art. 68 L. 22 frimaire an 7 (Circ. 1704).

3. ACQUÉREURS. — Les significations d'appel en déclaration d'arrêt commun à plusieurs acquéreurs des biens d'une succession, sont passibles d'autant de droits fixes qu'il y a d'acquéreurs, bien que ceux-ci soient qualifiés de cointéressés, de codéfendeurs, attendu que leur intérêt est distinct (Av. Com. f. 16 mars 1824, appr. par le min. le 31, 7733 J. E.).

Décidé de même que l'appel signifié à la requête d'une femme à quarante-cinq adjudicataires de biens dotaux vendus quarante-cinq lots est passible de quarante-cinq droits de 10 francs (15 fr.) (Beaugé 27 août 1851, 15309-4 J. E.).

4. AVOUÉ. — ORDRE. — Un procès-verbal d'ordre colloque en un seul article tous les frais de poursuite avec désignation de la somme revenant à chaque avoué poursuivant et l'appel du jugement d'ordre est signifié à chaque avoué. Quoique les frais d'une poursuite d'ordre soient liquidés en bloc, l'avoué de chaque créancier colloqué a droit aux frais par lui avancés, sans aucun mélange d'intérêt avec les autres. Il s'ensuit qu'il est dû autant de droits qu'il y a d'avoués auxquels l'appel du jugement d'ordre est signifié (4374 J. E.).

5. CRÉANCIERS INSCRITS. — L'appel interjeté par plusieurs créanciers d'un jugement rendu par suite de contestations élevées dans un ordre, ne doit être assujetti à la pluralité des droits qu'autant que les créanciers ont agi *individuellement;* mais s'ils ont procédé collectivement et dans un but commun, un seul droit est exigible (13365-1 J. E., 2115 J. E.).

Aujourd'hui l'appel individuel est défendu (C. proc. 760).

6. PARTIE ET AVOUÉ. — Il n'est dû qu'un droit sur la signification d'un acte d'appel fait à la partie et à l'avoué au profit duquel on a fait distraction des dépens (3464 J. E.).

7. PLUSIEURS JUGEMENTS. — La déclaration d'appel de plusieurs jugements notifiés à la même personne n'opère qu'un seul droit (Sol. 13 déc. 1862). — Cette décision présente de l'analogie avec l'opinion émise à l'art. 1686 J. E., relativement à la déclaration d'appel d'un jugement préparatoire et de celui définitif, faite simultanément, et sur laquelle il ne serait dû qu'un seul droit.

2213. Acte refait. — De quel droit est passible la signification d'appel refaite pour cause de nullité? — V. *Acte nul et refait.*

2214. Dépôt de pièces. — L'acte de greffe contenant appel en matière de récusation et dépôt de pièces au soutien, formalité prescrite par l'art. 392 C. proc. civ. n'opère pas, pour le dépôt, un droit particulier qui ne serait dû que dans le cas où il serait rédigé un acte séparé (436 § 33 I. G.).

2215. Désistement. — L'exploit portant désistement pur et simple d'un appel interjeté devant une cour d'appel n'est sujet qu'au droit fixe de 2 francs (3 fr.) (8232 J. E.).

2216. Police simple et correctionnelle. — Les déclarations d'appel en matière de police simple et correctionnelle sont enregistrables au droit de 1 fr. 50 lorsqu'il y a partie civile.

— Si le condamné est en prison, la formalité a lieu en débet. Il en est de même de l'appel fait par le ministère public. — V. 808.

Il est dû un droit par chaque appelant. — V. 821.

APOSTILLE.

2217. — C'est, en général, une addition ou une annotation faite à la marge d'un acte.

2218. Renvoi et apostille. — Quelle différence y a-t-il entre un renvoi et une apostille? C'est une question que peuvent faire naître ces mots de l'art. 15 L. 25 ventôse an 11 : « Les renvois et apostilles ne pourront, sauf l'exception ci-après, être écrits qu'en marge; ils seront signés ou paraphés, etc. »

Les notaires sont dans l'usage de faire à la marge des actes différentes mentions d'ordre, telles que celles relatives à délivrance des expéditions, etc. — La disposition de la loi est étrangère à cette sorte d'apostille. Elle n'est susceptible d'application qu'aux apostilles qui ont lieu pendant la rédaction de l'acte, pour y faire des changements ou corrections, et qui doivent être signées des parties. C'est à cette sorte d'apostilles que, dans l'usage, l'on donne le nom de renvois. — V. 936-937.

APPOINT.

2219. — Tout débiteur doit faire son appoint sans pouvoir obliger qu'on lui rende (L. 22 avr. 1791 art. 7.) — La monnaie de cuivre et de billon de fabrication française ne peut être employée dans les payements, si ce n'est de gré à gré, que pour l'appoint de la pièce de 5 francs (Déc. 18 août 1810, art. 2).

APPOINTEMENT DE CAUSE.

2220. — C'est un jugement préparatoire qui ordonne que les parties discuteront par écrit. — Le C. proc. 1re part., liv. 2 tit. 6 contient des dispositions sur cette matière.

APPORT.

2221. — Se dit des biens, en général, que les époux apportent en mariage ou en société.

« L'apport, dit Merlin, est un terme usité dans les contrats de mariage pour désigner ce qu'un époux met en communauté. — Il se dit aussi de l'action de déposer des pièces dans un greffe ou chez un notaire » (*Rép.* v° *Apport*).

2222. Convention d'apport. — On distingue la convention d'apport, qui s'entend de la somme qu'un des conjoints promet d'apporter en communauté (1500 C. C.). — Cette convention d'apport donne lieu ordinairement à la clause de *reprise d'apport*, par laquelle la femme stipule qu'en cas de renonciation à la communauté, elle reprendra tout ou partie de ce qu'elle y aura apporté (1514 C. C.).

On trouvera aux mots *Communauté, Société, Contrat de mariage* tout ce qui concerne les apports.

APPRÉCIATION DE GRAINS.

2223. — Acte par lequel les maires constatent la valeur ou le prix de la vente de chaque espèce de grains, chaque jour de marché.

Cet acte est purement administratif; il n'est point sujet à l'enregistrement; les expéditions qui en sont délivrées aux particuliers doivent l'être sur papier timbré, dit moyen papier. — V. *Acte administratif*.

APPRÉHENDER.

2224. — Prendre, saisir, appréhender une succession, c'est prendre possession des biens dont elle se compose, en disposer, en un mot faire acte d'héritier.

APPRENTISSAGE.

2225. Définition. — Le contrat d'apprentissage est celui par lequel un fabricant, un chef d'atelier ou un ouvrier s'oblige à enseigner la pratique de sa profession à une autre personne, qui s'oblige, en retour, à travailler pour lui; le tout à des conditions et pendant un temps convenu (L. 22 fév. 1851 art. 2, 15159 J. E., 14354 J. N., 1878 I. G.).

1. ENFANTS ASSISTÉS. — On a très-fréquemment appliqué les règles de ce contrat à la convention par laquelle des enfants assistés sont placés chez des particuliers qui leur font apprendre un métier et profitent de leur travail tout en recevant une subvention de l'autorité.

2226. Forme. — Le contrat d'apprentissage peut être fait par acte sous seing privé, ou devant notaire, ou reçu par les secrétaires des conseils des prud'hommes ou les greffiers des justices de paix. Il peut être aussi fait verbalement.

2227. Tarif. — Il est passible du droit fixe de 1 fr. 50 cent. lors même qu'il contiendrait obligation ou quittance (L. 22 fév. 1851 art. 2, L. 28 fév. 1872 art. 4, 15159 J. E., 14354 J. N., 1878 I. G.).

Obligation.— Quittance.—Ainsi disparaissent les distinctions établies par les art. 68 § 1er nos 14 et 69 § 2 n° 7 L. 22 frimaire an 7, qui assujettissaient les contrats d'apprentissage au droit fixe ou au droit proportionnel, suivant qu'ils ne contenaient pas ou contenaient obligation de sommes ou de valeurs mobilières et quittance.

Entretien.—Dans tous les cas, la disposition par laquelle le maître s'oblige à nourrir, blanchir et loger l'apprenti pendant le temps de l'apprentissage est absolument dépendante du contrat et ne donne lieu à aucun droit (D. N. t. 2 p. 562 n° 31).

Ainsi, l'acte par lequel une personne s'engage à prendre dans sa maison un mineur, et s'oblige à lui apprendre à travailler et d'en faire un bon ouvrier, promettant de le loger, nourrir et entretenir, et de lui compter 80 francs à sa majorité, est un contrat d'apprentissage sujet au droit fixe de 1 fr. 50 cent., d'autant mieux que l'obligation de nourrir est de la nature de ces sortes de contrats (16815-1 J. E.)

1. DOUBLE ORIGINAL. — Il n'est dû, d'ailleurs, qu'un seul droit de 1 fr. 50 cent., quelque soit le nombre des doubles délivrés aux intéressés (Sol. 24 mai 1851).

2. CAUTIONNEMENT.—Si, dans le brevet d'apprentissage, un tiers intervient pour donner son approbation sans prendre d'engagement envers les parties, mais seulement pour tenir la main à son exécution, cette clause n'en constitue pas moins une garantie de la part de ce tiers de maintenir l'exécution du contrat, et, outre le droit de 1 fr. 50 cent. fixé pour le brevet, il est dû 1 fr. 50 cent. pour cautionnement (16720-1 J. E.).

3. OUVROIR.—En principe, le contrat d'apprentissage suppose que l'apprenti est placé chez un fabricant. Néanmoins, on a reconnu le caractère d'un contrat à l'acte par lequel la supérieure d'une communauté, directrice d'un ouvroir, s'engage à prendre une mineure en apprentissage jusqu'à vingt et un ans, contre l'engagement pris par le tuteur de l'enfant de consacrer tout son travail à l'ouvroir et de payer une indemnité annuelle de 125 francs (Sol. 19 sept. 1871).

4. RÉSOLUTION. — Les droits sur les résolutions de contrat d'apprentissage n'étant pas, en général, différents de ceux exigibles sur le contrat lui-même, le droit à percevoir sur la résiliation du contrat d'apprentissage doit être de 1 fr. 50 cent. (15530 J. E., 14835 J. N.).

APPROBATION.

2228. — Consentement donné à l'exécution d'un acte.

2229. Actes administratifs. — Plusieurs espèces d'*actes administratifs*, et même d'*actes* devant notaires, ne sont valables qu'après qu'ils ont été approuvés par les préfets ou par les ministres. Avant l'approbation, ces actes ne sont que des *projets* : aussi, le délai pour l'enregistrement ne court-il que du jour de la réception de l'approbation. — V. *Acte administratif*.

2230. Renvois. — Ratures, etc. — Relativement à l'approbation, dans les actes notariés, des ratures et renvois et des traits de plumes tirés dans les lacunes. — V. *Acte notarié*.

2231. Ecriture. — On entend par approbation d'écriture, les mots qu'une personne place au bas d'une obligation ou d'une convention quelconque sous seing privé, écrite de la main d'autrui, pour l'approuver.

1. ACTES SYNALLAGMATIQUES. — Elle n'est pas exigée par la loi pour les conventions synallagmatiques; il suffit que les contractants y aient apposé leur simple signature pour qu'ils soient obligés (*V.* 1502). Cependant, il est convenable, et d'un usage assez général, que chacun des contractants mette de sa main, avant sa signature, les mots : *Approuvé l'écriture ci-dessus*, ou *ci-dessus et de l'autre part*, afin qu'on ne puisse alléguer plus tard que sa signature a été surprise.

2. ACTES UNILATÉRAUX. — Si la loi n'exige pas l'approbation d'écriture pour les actes synallagmatiques, il en est autrement pour certains actes unilatéraux, à l'égard desquels l'approbation spéciale est nécessaire. — *V.* 1503.

ARBITRE. — ARBITRAGE.

SOMMAIRE

2232. Définition. — L'arbitrage est une espèce de juridiction conférée à de simples particuliers par la volonté des parties ou par la loi pour statuer sur une convention.

2233. Arbitres-experts. — L'art. 429 du C. proc. autorise les tribunaux de commerce à renvoyer les parties devant un ou trois arbitres, pour examen des comptes, pièces et registres. Ces arbitres entendent les parties, les concilient, si faire se peut; ce sont alors des *arbitres* proprement dits. Sinon, ils donnent *leur avis;* ce sont alors de simples *experts.*

2234. Différentes espèces d'arbitrages. — Il y a deux sortes d'arbitrages : l'arbitrage *volontaire* et l'arbitrage *forcé*. — L'*arbitrage volontaire* résulte, comme l'indique son nom, de la volonté des parties (*V.* C. proc. liv. 3 2e partie). L'*arbitrage forcé* dérive immédiatement de la loi. Il est relatif aux contestations qui s'élèvent entre *associés* et pour raison d'une *société commerciale* (*V.* C. C. liv. 1er t. 3 sect. 2).

Quand il est convenu que les arbitres ne seront pas contraités à l'observation des règles du droit, ou les nomme amiables compositeurs.

La nécessité de terminer rapidement les procès que le cours d'une association peut faire naître, autant que le désir d'éviter une publicité funeste aux intérêts sociaux, ont, de tout temps, indiqué la voie de l'arbitrage comme préférable aux formes de la justice ordinaire.

2235. Nomination des arbitres. — Il est dans les principes de l'arbitrage que les arbitres soient choisis par les parties ou de leur libre volonté. L'acte par lequel les parties nomment leurs arbitres se nomme *compromis*, et c'est à titre d'*amiables compositeurs* que le compromis leur confère le pouvoir de juger.

1. TARIF. — Les nominations d'arbitres faites devant notaires ou par acte sous seing privé étaient sujettes au droit fixe de 1 franc suivant l'art. 68 § 1er no 32 L. 22 frimaire an 7. Ce droit est maintenant de 4 fr. 50 cent. (Art. 44 no 2 L. 28 avr. 1816, art. 4 L. 28 fév. 1872). — Celles faites en justice sont assujetties au droit de 4 fr. 50 cent. ou de 7 fr. 50 cent., suivant qu'elles forment une disposition préparatoire ou définitive. — V. 2238, 4745, 4740, 4751.

2. RÉCUSATIONS. — Les arbitres peuvent être récusés (1014 C. proc.) pour les mêmes causes que les juges (378 C. proc.). Quand l'arbitre n'a pas été accepté par l'adversaire, celui qui l'a nommé peut le récuser.

2236. Obligation des arbitres. — Les arbitres doivent rédiger leurs actes sur papier timbré (L. 13 brum. an 7 art. 12). Ils ne peuvent rendre aucun jugement sur des actes non enregistrés, à peine d'être personnellement responsables des droits (L. 22 frim. an 7, art. 47). — La sentence arbitrale rendue sur un acte enregistré doit faire mention et rapporter la relation de l'enregistrement (Même loi, art. 48).

1. AMENDE DE TIMBRE. — L'arbitre qui rend sa sentence sur papier non timbré encourt une amende. Comme cette sentence n'est qu'un acte sous seing privé et que l'arbitre n'est, ni un officier public ni un juge dans le sens légal du mot, la quotité de l'amende est celle applicable aux actes sous seing privé, c'est-à-dire de 50 francs en principal (L. 2 juill. 1862, art. 22).

2. RENVOI. — C'est aux mots : *Acte à la suite*, et *Acte passé en conséquence d'un autre*, qu'on trouvera le développement des questions relatives à l'usage par les arbitres d'actes non timbrés ni enregistrés. — *V.* également *Acte produit en cours d'instance*.

2237. Pouvoirs des arbitres. — Droits d'enregistrement. — La mission des arbitres étant la même que celle des juges appelés à prononcer sur un procès, leurs actes et jugements sont, en général, assujettis aux mêmes droits que ceux des tribunaux (D. N. t. 1er p. 795 no 301); aussi, nous référons-nous, à ce sujet, à ce qui sera dit au mot *Jugement*. Nous nous contenterons de rapporter ici certaines décisions qui s'appliquent plus spécialement aux sentences arbitrales.

2238. Sentence arbitrale. — Tarif. — Les jugements des arbitres sont, en général, soumis aux mêmes droits que les jugements des tribunaux de première instance.

Ces derniers jugements et ceux d'arbitrage sont simultanément soumis, savoir :

Par l'art. 44 no 10 L. 28 avril 1816, au droit fixe de 3 francs (4 fr. 50), les jugements interlocutoires, préparatoires, et autres actes énoncés dans les nos 5 et 7 § 2 art. 68 L. 22 frimaire an 7 ;

Par l'art. 68 § 3 no 7, de ladite loi de frimaire, également au droit fixe de 3 francs (4 fr. 50), les jugements en dernier ressort, contenant des dispositions définitives qui ne peuvent donner lieu au droit proportionnel ou dont le droit proportionnel ne s'élèverait pas à 3 francs (4 fr. 50) ;

Par l'art. 45 no 5 L. 1816, les jugements rendus en premier ressort, contenant des dispositions définitives qui ne donnent pas lieu à un droit plus élevé, sont tarifés au droit fixe de 5 francs (7 fr. 50).

L'art. 46 no 1 L. 28 avril 1816 ajoute seulement que le droit sera de 10 francs (15 fr.) pour les jugements rendus en dernier ressort par les tribunaux de première instance où les arbitres d'après le consentement des parties quand la matière ne comporte pas ce dernier ressort.

Enfin ces droits, tels qu'ils avaient été établis par les dispositions précédentes, ont été augmentés de moitié par l'art. 2 de la loi du 19 février 1874.

De ces dispositions résultent les règles suivantes :

1. JUGEMENT PRÉPARATOIRE. — Les sentences arbitrales préparatoires, sont dans tous les cas assujetties au droit de 4 fr. 50 cent. par l'art. 44 no 10, de la loi du 28 avril 1816, l'art. 45 no 6 de la même loi et l'art. 4 de la loi du 28 février 1872.

2. JUGEMENTS DÉFINITIFS. — Les jugements définitifs, portant condamnation jusqu'à 1,500 francs ou réputés être en dernier ressort, sont soumis au droit fixe de 4 fr. 50 cent., si le droit proportionnel ne s'élève pas à cette somme.

Les jugements définitifs rendus à raison de contestations, soit en matière personnelle, soit sur des affaires mobilières ou réelles, si la valeur de l'objet en litige est indéterminée, ou statuant sur cet objet au delà d'une valeur de 1,500 francs en principal ou de 600 francs de revenu, doivent le droit fixe de 7 fr. 50 cent. ou un droit proportionnel sur les sommes auxquelles se rapportent les condamnations prononcées.

En conséquence, le droit, dont le minimum est fixé à 10 francs (15 fr.) par l'art. 44 de la loi de 1816, ne saurait s'appliquer aux jugements arbitraux de cette dernière espèce que dans le cas où les arbitres seraient autorisés à juger sans appel, à l'égard des arbitrages sur appel ou sur requête civile faite en vertu de l'art. 1010 C. proc., attendu que dans ces arbitrages déclarés sans appel, la compétence des arbitres est essentiellement prorogée.

3. DROITS PROPORTIONNELS. — Les sentences arbitrales donnent lieu aux mêmes droits proportionnels que les jugements. — V. *Jugement*.

2239. Délai. — Les arbitres n'ayant aucun caractère public, leurs sentences sont considérées comme des actes sous seing privé (Cass. 3 août 1813, *infra*, § 1er), et il n'y a pas de délai de rigueur pour leur enregistrement. Mais l'art. 1020 C. proc. veut que tout jugement arbitral soit déposé au greffe du tribunal dans les trois jours, pour être ensuite rendu exécutoire par le président du tribunal. Le même article porte que les poursuites pour les frais de dépôt et les droits d'enregistrement ne peuvent être faites que *contre les parties*. D'où la conséquence que les arbitres, les juges ou les greffiers ne sont pas tenus à l'avance des droits.

1. OBLIGATION DU GREFFIER ET DU JUGE. — Cependant, on aurait pu conclure de la disposition du C. proc. que la sentence arbitrale doit être enregistrée dans les trois jours de sa date, puisque, d'après les prescriptions générales de la loi, les greffiers ne peuvent recevoir un acte en dépôt avant qu'il ait été enregistré (*V.* 861). Une D. m. j. et f. 11 octobre 1808 et 23 mai 1809, et un arrêt Cass. 3 août 1813 (S. 13-1-178, 3136, 1622 J. E., 436 § 77 I. G., D. N. t. 1er p. 795 n° 200) ont détruit l'objection. Ces décisions portent que le dépôt des jugements des arbitres peut être reçu au greffe du tribunal avant que ces jugements soient enregistrés, mais que le greffier doit alors faire enregistrer et l'acte de dépôt et la sentence arbitrale, sauf à fournir au receveur de l'enregistrement, conformément à l'art. 37 L. 22 frimaire an 7, l'extrait du dépôt et du jugement, afin que le préposé puisse suivre le recouvrement des droits à la charge des parties (14872-3 J. E.). — L'I. G. 436 § 77, que nous venons de citer, porte, en outre, que l'art. 47 L. 22 frimaire an 7 doit d'ailleurs recevoir son application, et que le président du tribunal n'est pas autorisé à rendre exécutoire une sentence arbitrale que les parties intéressées auraient négligé de faire enregistrer.

2. POINT DE DÉPART. — DROIT EN SUS. — La conséquence de ces dispositions exceptionnelles est que le délai de vingt jours accordé pour l'enregistrement des sentences arbitrales, ne court pas du jour de leur date, mais de la date du dépôt. Cette différence entre les sentences arbitrales et les jugements des cours et tribunaux s'explique par leur nature même. Le greffier qui assiste le juge, ayant connaissance des jugements du jour où ils sont rendus, c'est de ce jour aussi que court le délai pour l'enregistrement ; mais pour les sentences arbitrales, qui sont rendues sans le concours du greffier, et dont ce dernier n'a connaissance que par le dépôt, c'est à partir de ce dernier acte que doit courir le délai de l'enregistrement. Par conséquent si la sentence n'est pas enregistrée dans ce délai, les parties sont passibles du droit en sus. « Attendu que l'art. 7 de la loi du 22 frimaire an 7 soumet les actes judiciaires au droit d'enregistrement, et les art. 35 et 37, prononcent la peine du droit en sus pour défaut d'enregistrement dans le délai de vingt jours fixé par l'art. 20 ; — Attendu que la sentence rendue par les arbitres le 3 juillet 1850, et déposée au greffe le 3 août de la même année, est un acte judiciaire, un véritable jugement, et que les parties ne peuvent pas plus pour ces jugements que pour les jugements émanés des tribunaux ordinaires, retarder le paiement des droits exigibles » (Rhodez 16 déc. 1850).

2240. Dépôt. — Notaire. — De ce que la sentence arbitrale n'acquiert un caractère judiciaire qu'à l'instant du dépôt qui est fait de la minute au greffe du tribunal, on doit conclure que si, au lieu d'avoir lieu au greffe, le dépôt en est fait en l'étude d'un notaire, celui-ci peut profiter du bénéfice de l'art. 13 L. 16 juin 1824, et ne présenter la sentence à l'enregistrement qu'avec l'acte de dépôt (8928 J. N., D. N. t. 1er p. 796 n° 303). — V. 2253.

2241. Bureau. — Dans tous les cas, le dépôt fait au greffe ayant conféré à la sentence arbitrale le caractère d'acte judiciaire, c'est au bureau des actes judiciaires qu'elle doit recevoir la formalité de l'enregistrement (436 § 77 I. G.).

2242. Procès-verbal préalable. — Chaque procès-verbal préalable à la sentence arbitrale qui est rédigé par les arbitres, sur la demande des parties, relativement à différents points de la contestation, est passible d'un droit particulier de 4 fr. 50 cent. indépendamment de celui exigible sur la sentence elle-même (Seine 3 juill. 1844, 13571 J. E.).

2243. Amende prononcée. — On ne peut percevoir plusieurs droits fixes sur la sentence arbitrale qui condamne plusieurs associés à payer chacun une amende à la société, attendu que l'amende ne peut être prononcée qu'au profit de l'État, le droit exigible dans l'espèce est celui de 2 pour 100 en assimilant les amendes aux dommages-intérêts (12815-3 J. E.).

2244. Reliquat de compte. — La sentence arbitrale qui, après avoir établi les comptes d'un gérant de société, fixe le reliquat à lui payer, pour excédant de dépenses, à une somme déterminée, donne ouverture au droit de 50 centimes pour 100, encore que la sentence renvoie à se pourvoir devant qui de droit pour faire décider si ce reliquat formera créance pour lui ou figurera dans sa mise sociale. Car, malgré ce renvoi, le reliquat n'en reste pas moins définitivement arrêté (Seine 10 août 1838, 12065 J. E.).

2245. Compte de tutelle. — Le droit de titre, outre celui de condamnation, est exigible sur la somme à laquelle un tuteur est condamné envers son pupille par des arbitres pour reliquat de compte de tutelle (14392-1 J. E.).

2246. Mandataire. — Le droit de titre et celui de condamnation sont également exigibles sur la sentence arbitrale qui ordonne au mandataire de faire compte à ses mandants d'une somme de 105,000 francs, montant des recouvrements qu'il a effectués pour eux (14453-1 J. E.).

2247. Dissolution de société. — Droit de liquidation. — Si, après la dissolution d'une société, et sur discussions élevées entre les associés, une sentence arbitrale fixe la somme revenant à chacun, le droit de liquidation est exigible, attendu qu'il ne peut s'agir d'un simple partage, les associés étant divisés sur leurs droits, ce qui a nécessité l'intervention des arbitres (Dél. 11 mars 1834, 10891 J. E.).

2248. Droit de titre. — Le droit de titre n'est pas exigible sur la sentence arbitrale qui, en prononçant la dissolution d'une société, autorise l'associé qui, par suite de la faillite de ses coassociés, a fourni des fonds qu'ils étaient tenus de verser dans une entreprise, à prélever ses avances sur le prix à provenir de la vente des parts de ses coassociés. Il n'y a pas, en effet, dans la cause un titre susceptible d'être enregistré (Dél. 8 oct. 1833, 10921 J. E.).

2249. Demandes respectives. — La sentence arbitrale, qui met au néant les prétentions respectives des parties, ne donne ouverture qu'au droit fixe, parce qu'il n'y a ni condamnation ni liquidation (Dél. 10 fév. 1826, 1409 Roll.).

2250. Procès-verbal d'experts. — Un procès-verbal de plantation de bornes, fait par deux experts, par suite d'un compromis dans lequel les parties ont déclaré s'en rapporter à la décision de ceux-ci, et renoncé à se pourvoir, soit en appel, soit en cassation, n'est pas un procès-verbal ordinaire assujetti au droit de 3 francs, l'acte a tous les caractères d'un jugement définitif rendu en dernier ressort par des arbitres, et il est tarifé à 15 francs par l'art. 46 L. 28 avril 1816 et par l'art. 4 de la loi du 28 février 1872 (Sol. 11 octobre 1832, 10511 J. E. — V. 2238, 3224).

Il a été également jugé, dans le même ordre d'idées, que le droit de 50 cent. pour 100 est dû sur un rapport d'arbitres-experts nommés par un compromis dans lequel les parties ont déclaré s'en rapporter à leur décision sur le règlement des jouissances que l'une d'elles sera reconnue devoir aux autres (Cass. 10 mai 1819, 6431 J. E., 3036 J. N., 16 C., S. 19-1-377).

2251. Pluralité des droits. — Une sentence arbitrale, qui statue sur plusieurs points litigieux et *distincts*, donne ouverture à la pluralité des droits (12492 J. E.).

1. SUR-ARBITRE. — Lorsqu'un sur-arbitre a été commis, le jugement arbitral contient distinctement les avis des trois arbitres. On ne peut néanmoins prétendre qu'il soit dû trois droits quand il n'est statué que sur un point (Dél. 8 juin 1822, 7231 J. E.).

2. DÉBOUTÉ. — Il n'est également dû qu'un droit fixe sur la sentence qui déboute les parties de leurs prétentions respectives (Dél. 10 fév. 1826, 1409 Roll.).

2252. Résolution de vente. — Nullité radicale. — Du texte de l'art. 68 § 3 n° 7 L. 22 frimaire an 7, qui, en soumettant au droit fixe les jugements portant résolution de vente, *pour nullité radicale,* ne parle que des tribunaux civils de première instance ou d'appel, un arrêt Cass. 17 déc. 1811 (4114 J. E.) a tiré la conséquence que les jugements des tribunaux de commerce et d'arbitrage portant résolution de contrats, pour nullité radicale, ne sont point, comme ceux rendus par les tribunaux civils, affranchis du droit proportionnel. — Cependant, une D. m. f. 22 novembre 1808 (3090 J. E.) avait déclaré que par la désignation de tribunaux civils la loi n'a pas entendu excepter les arbitres; qu'elle a compris dans cette expression tous les tribunaux qui connaissent *des matières* purement *civiles*, parmi lesquels doivent être rangés les tribunaux d'arbitrage. Cette décision, conforme à l'esprit de la loi, sert de règle malgré ce que paraît contenir de contraire l'arrêt de 1811 (Dalloz n° 2457).

1. VENTE FRAUDULEUSE. — Cependant, une Sol. 8 mai 1830 (9751 J. E.), intervenue dans une espèce où une vente faite par un père à son fils avait été annulée par les arbitres comme frauduleuse, s'est appuyée, pour décider que le droit de rétrocession était exigible, sur la jurisprudence de l'arrêt de 1811. Mais elle ne doit pas être suivie.

Sous un autre point de vue, la Cour suprême, dans un arrêt (Ch. réun.) du 29 déc. 1821 (7279 J. E., S. 22-1-175, 1354-4 I. G.), a décidé qu'une sentence arbitrale, portant *résolution* pour cause de *simulation reconnue* par les *parties*, ne doit être considérée que comme l'*instrument d'une résolution volontaire*. Trois arrêts antérieurs de la même Cour avaient également reconnu le droit de rétrocession exigible dans l'affaire qui a motivé l'arrêt de 1821 (Cass. 5 déc. 1810, S. 11-1-185, 23 août 1813, 8 janv. 1817, S. 17-1-152, 3780, 4682, 5747 J. E.).

2253. Sentence rédigée par acte notarié. — Ainsi que le fait remarquer Carré, *Lois de la procédure*, quest. 3364, et que l'ont jugé les C. Nancy 13 décembre 1832, Cass. 3 juillet 1834, et Colmar 18 juin 1841 (*V. J. P.*), le dépôt au greffe de la sentence arbitrale, n'est pas prescrit à peine de nullité. Ce dépôt n'est exigé que lorsqu'on veut faire donner par l'autorité judiciaire la force exécutoire à la décision arbitrale. Jusqu'à ce dépôt, avons-nous dit, n° 2239, le jugement des arbitres n'est qu'un acte sous seing privé; d'autre part, puisqu'aux termes de l'art. 1008 C. proc., les parties peuvent, d'*un commun accord,* révoquer les arbitres, on doit conclure qu'il leur est facultatif, avant que le dépôt au greffe ait été effectué, de s'accorder pour révoquer cette dernière partie de la mission des arbitres, et de prendre leur décision pour règle de leurs différends. Si donc les arbitres ont fait rédiger leur décision par un notaire, en présence des parties, qui ont déclaré y adhérer, nous pensons, que l'acte notarié n'est autre chose qu'une convention passible des droits auxquels peut donner ouverture une transaction ordinaire (*Conf.:* 10780 J. N. — *Contrà :* 12492 et 12617 J. E.).

2254. Disposition dépendante. — La clause d'un bail ou d'une vente par laquelle les parties conviennent, qu'en cas de contestation, elles seront jugées souverainement par des arbitres, ne donne ouverture à aucun droit. — V. *Compromis* n° 4749.

2255. Payement des droits. — Les droits sur une sentence arbitrale peuvent être réclamés à toutes les parties. C'est le vendeur qui présente à l'enregistrement une sentence arbitrale qui est tenu aux droits de mutation. — *V.* 791.

ARBRE.

2256. — Les arbres, comme les fonds de terre sur lesquels ils existent, sont immeubles ; ils deviennent meubles lorsqu'ils sont abattus (518 à 520 C. C.).

ARCHITECTE.

2257. — Un architecte est celui qui fait profession de donner des plans et devis pour les constructions et d'en diriger les travaux.

2258. Privilége. — Les architectes, de même que les entrepreneurs, maçons et autres ouvriers, jouissent d'un privilége sur l'immeuble qui a été édifié, reconstruit ou réparé (2103-4. C. C.). — V. *Acte administratif*, *Devis*, *Plan*.

ARCHIVES PUBLIQUES.

2259. — Dépôts de titres appartenant à l'État, ou des arrêts et jugements de cours et tribunaux du royaume, ainsi que des actes des administrations centrales, préfectures, mairies, etc.

Les archivistes délivrent quelquefois des expéditions des actes et pièces dont la garde leur est confiée; ils doivent dans ce cas, remplir les obligations prescrites aux secrétaires des autorités administratives.

ARMATEUR.

2260. — Nom que l'on donne à celui qui équipe un navire, soit pour la course, soit pour le commerce.

ARPENTAGE. — ARPENTEUR.

2261. — L'arpentage est l'art de mesurer les terres. L'on nomme arpenteur celui dont la profession est de faire des arpentages.

2262. Offices d'arpenteurs. — Toujours en France, cet art a été considéré comme très-utile. Anciennement l'on avait cru devoir créer en titre d'office, dans chaque juridiction, un certain nombre d'arpenteurs (Édits de fév. 1554, nov. 1689, mai 1702), lesquels avaient le droit exclusif de faire tous les arpentages ordonnés en justice. Cela n'empêchait pas qu'il n'y eût des *arpenteurs libres*, se chargeant, sans y être autorisés, ni par titre ni par commission, de faire des arpentages pour les particuliers qui les leur demandaient.

2263. Arpenteurs libres. — La profession est aujourd'hui entièrement libre et quand les arpenteurs opèrent par commission de justice, ce n'est plus même en cette qualité, mais seulement comme *experts*.

2264. Enregistrement. — Les procès-verbaux d'arpentage sont passibles du droit de 3 francs (L. 28 avr. 1816, art. 43 n° 16, L. 28 fév. 1872, art. 4).

2265. Pluralité des droits. — La pluralité des droits sur les procès-verbaux d'arpentage est soumise aux mêmes règles que celles des procès-verbaux de bornage dont nous avons parlé n° 293 *bis* et 3220.

1. ACQUIESCEMENT. — L'acquiescement à un procès de bornage ou d'arpentage, donné par des propriétaires ayant des intérêts distincts, est passible, outre le droit de procès-verbal, de la pluralité des droits d'aquiescement. — *V.* n° 293.

ARRENTEMENT.

2266. — C'est l'action de donner ou de prendre à rente un héritage. Ce mot était surtout employé comme synonyme de bail à rente, il n'est plus guère usité.

ARRÉRAGES.

2267. Définition. — Se dit du revenu d'une rente, d'une pension ou autre redevance dont le capital est aliéné : mais le même mot s'emploie aussi pour désigner les loyers ou fermages.

Quoique, suivant sa signification grammaticale, le mot arrérage ne doive s'entendre que de ce qui est dû ou échu, de ce qui est resté en arrière, néanmoins, il est constant qu'il s'emploie souvent pour désigner les termes à échoir (178, 1409, 1983 C. C.) aussi bien que ceux *échus* (Toullier 12 n°s 110 et suiv.).

2268. Intérêts. — Les mots *arrérages* et *intérêts* ne sont pas synonymes. Ceux-ci ne s'entendent que des revenus ou fruits civils qui résultent de capitaux ou autres exigibles qui portent intérêt (Proudhon *de l'Usufruit* n° 205).

2269. Rente viagère. — En général les arrérages ne sont que les *accessoires* d'un capital, puisqu'ils ne sont que des fruits (584 C. C.). « Mais les arrérages des rentes viagères ont cela de particulier, qu'ils sont tout le principal, tout le fonds et l'être de la rente viagère. Elle s'acquitte et s'éteint par parties, à mesure que le créancier les reçoit » (Pothier *de la Rente viagère* n° 259). La rente viagère est, comme on le dit, *un capital qui s'éteint tous les jours*. Tellement que la rente viagère due à l'un des époux, n'entre pas en communauté pour les arrérages qui peuvent échoir postérieurement à sa dissolution (Toullier t. 12 n°s 110 et suiv.).

2270. Manière de compter les arrérages. — Les arrérages sont des fruits civils (584 C. C.). Ils se divisent donc par parties (586 C. C.). De là, ils se comptent de *jour à jour*, selon l'expression consacrée; ainsi la somme due pour chaque terme ou demi-terme se divise en autant de portions qu'il y a de jours. Mais ils ne se comptent pas de moment à moment; en sorte que ce qui est dû chaque jour est indivisible. Ainsi, par exemple, les arrérages d'une rente viagère ne se comptent pas du moment de la mort de celui à qui elle est due, mais ils sont dus pour tout le jour (Pothier *de la Rente viagère*).

2271. Prescription. — Les arrérages de rentes perpétuelles et viagères, pensions et loyers se prescrivent par cinq ans (2277 C. C.). Ce genre de prescription présente ce caractère particulier que dans tous les cas de prescription déterminés par le C. C., la prescription se trouve justifiée par la présomption d'une libération formelle, tandis que, dans l'application de celle qui nous occupe, aucune idée de libération, résultant d'un payement effectif, n'a besoin de se présenter à l'esprit; la loi suppose que le payement n'a pas eu lieu (Delvincourt t. 2 p. 206 et 207, Duranton t. 21 n°s 429 et suiv., Troplong sur l'art. 2277, Favard v° *Prescription* sect. 3 § 3 n°s 7 et 8).

ARRÊT.

2272. — C'est le nom que l'on donne au jugement, à la décision d'une cour souveraine. — V. *Jugement*.

ARRÊTÉ ADMINISTRATIF.

2273. — C'est le nom que l'on donne, en général, aux actes de l'autorité administrative pour l'exécution des lois et des règlements, et plus particulièrement aux actes des préfets et des maires, et aux décisions des conseils de préfecture.

C'est au mot *Acte administratif*, que l'on trouvera le développement des règles qui s'appliquent aux arrêtés.

ARRÊTÉ DE COMPTE.

2274. — C'est l'acte par lequel, après l'examen d'un compte, les parties en fixent le reliquat; mais on appelle souvent arrêté de compte l'acte qui contient tout à la fois le compte et l'arrêté de compte. — V. *Compte*.

ARRHES.

2275. — C'est ce que l'on donne quelquefois comme signe ou gage d'une convention projetée ou d'un engagement conclu.

2276. Deux sortes d'arrhes. — De cette définition il résulte qu'il y a deux espèces d'arrhes: les unes qui se donnent lors d'un contrat seulement projeté; les autres qui interviennent après le marché conclu et arrêté (Pothier *de la Vente* n° 497, Pardessus *Droit commercial* n° [illegible]).

2277. Contrat projeté. — Lorsque les arrhes se donnent avant le marché conclu, celui qui les reçoit ne contracte à proprement parler aucune obligation. Il résulte de là, que cette espèce d'arrhes ne doit pas être rangée parmi les contrats *commutatifs*, puisqu'il n'y a que celui qui reçoit les arrhes qui s'oblige envers l'autre, et que celui qui les donne ne contracte aucune véritable obligation (Pothier n°s 501 et 502).

2278. Marché conclu. — Mais lorsque les arrhes ont été données à la suite d'un marché conclu, les parties n'en sont pas quittes comme dans l'espèce précédente, en perdant ou en doublant ce qu'elles ont donné, ainsi que le veut l'art. 1590 C. C. Les arrhes ont, dans ce cas, pour objet d'assurer d'autant plus l'exécution de la convention. Elles se donnent pour la preuve du contrat (Pothier n° 505); et celui qui refuse d'exécuter la convention, doit être condamné, s'il s'agit d'une convention qu'il ne puisse être contraint d'exécuter, à des dommages-intérêts (Roll. de Vill. *Rép.* p. 379 n° 22, Maleville sur l'art. 1590).

2279. Enregistrement. — La perception des droits d'enregistrement doit suivre les règles que nous avons indiquées. Il n'est dû de droit proportionnel, que dans le cas d'une convention conclue et arrêtée, et où les arrhes données ne sont qu'un à-compte de la somme ou du prix stipulé. — V. *Vente*.

ARRONDISSEMENT.

2280. Définition. — Cette dénomination est particulièrement donnée à la division territoriale des départements.

1. ADMINISTRATION. — Sous le rapport de l'administration civile, chaque arrondissement est administré par un sous-préfet, excepté celui du chef-lieu du département, qui l'est par le préfet; et sous le rapport de la justice, par un tribunal de première instance, et dans un grand nombre d'arrondissements, par un tribunal de commerce, pour les affaires commerciales.

2. PERSONNE CIVILE. — L'arrondissement n'est qu'une division purement administrative et n'a pas d'existence civile comme celle du département (Ord. Cons. d'Ét. 10 juill. 1835). L'arrondissement n'a été considéré comme personne civile que dans un décret du 9 avril 1811, qui concédait certains immeubles aux arrondissements; mais ce décret est resté isolé.

ART.

2281. — Les arts se divisent en arts libéraux et en arts mécaniques. Les arts libéraux sont ceux où l'esprit a la principale part, comme la peinture, la sculpture, la gravure, l'architecture. Les arts mécaniques sont ceux où l'on travaille plus de la main que de l'esprit; tels que ceux du menuisier, du serrurier, de l'horloger, etc. — V. *Affiches*, *Marché*.

ARTICLES DE MARIAGE.

2282. Définition. — On appelle ainsi une convention par laquelle les futurs époux et les personnes sous l'autorité desquelles ils se trouvent placés, arrêtent, sous signatures privées, les clauses qui devront entrer dans le contrat de mariage.

2283. Enregistrement. — Les articles signés avaient leur pleine et entière exécution dans les pays de droit écrit, et même dans quelques provinces coutumières, comme la Normandie, où l'on admettait les contrats de mariage sous seing privé (Nouv. Denisart v° *Contrat de mariage* § 3). De pareils articles, s'ils étaient présentés à la formalité, donneraient ouverture aux mêmes droits que s'ils avaient été passés devant notaire.

1. PROJET. — Mais sous l'empire du C. C., qui ne reconnaît pour conventions matrimoniales que celles qui sont rédigées *par acte devant notaire* (art. 1394), *les articles de mariage* ne peuvent être considérés que comme un simple projet ou un acte préparatoire, donnant lieu au droit fixe de 3 francs, lorsque les dispositions qu'ils renferment ont fait l'objet d'un acte notarié passé *avant la célébration du mariage*.

ASCENDANTS.

2284. — Ce sont, en général, tous les parents dont on descend en ligne directe. Dans ce sens les père et mère sont du nombre des ascendants; mais, parce qu'ils sont au premier degré, on les distingue des autres ascendants, et ce dernier nom est plus propre aux aïeuls et aïeules, et autres qui sont au-dessus. — V. 2869 et suiv.

ASSIETTE (PROCÈS-VERBAL D').

2285. Définition. — C'est la désignation de la coupe à faire, c'est-à-dire l'étendue des bois qui doivent être vendus pour l'ordinaire suivant, dans un triage ou canton de bois. — Le conservateur des forêts désigne à l'inspecteur les coupes à faire dans les bois de son arrondissement. Celui-ci, assisté du garde, se transporte sur chaque bois avec le chef de cantonnement, qui dresse un procès-verbal portant désignation des pieds corniers et arbres de lisière; il spécifie leur grosseur, etc., et leur situation relativement aux autres arbres. Un plan figuratif de la vente est joint à ce procès-verbal. — V. *Bois et forêts*.

ASSIGNATION.

2286. — L'assignation ou ajournement, qui est regardé comme le fondement d'une procédure, est l'acte par lequel un huissier fait, au nom d'un tiers, sommation de comparaître devant un juge ou un tribunal pour s'y voir condamner à satisfaire aux demandes exprimées dans cet acte. — V. *Exploit*.

ASSISTANCE JUDICIAIRE.

DIVISION

CHAPITRE Ier. **Demande d'assistance**, 2287-2291.
CHAPITRE II. **Effets de l'assistance**, 2292-2294.
CHAPITRE III. **Débiteurs des droits**, 2295-2298.
CHAPITRE IV. **Recouvrement des droits**, 2299-2301.
CHAPITRE V. **Retrait de l'assistance**, 2302.

SOMMAIRE

CHAPITRE PREMIER. — DEMANDE D'ASSISTANCE

[2287-2291]

2287. Objet de l'assistance. — L'assistance judiciaire a pour objet de mettre les indigents en état de faire valoir leurs droits devant les tribunaux (L. 22 janv. 1851, 1879 I. G.).

1. DOUBLE INDIGENCE. — Il n'y a pas à considérer, pour accorder ou refuser l'assistance, si l'adversaire de l'assisté est assez solvable pour que l'action ait un résultat actuellement utile. Outre que certaines questions telles que les contestations ou les réclamations d'état peuvent être exclusives de tout profit pécuniaire, l'insolvabilité actuelle d'un débiteur n'est pas une raison pour enlever tout intérêt à la poursuite puisqu'il peut revenir à meilleure fortune. Il nous paraît même certain que l'adversaire de l'assisté serait fondé lui-même à demander le bénéfice de la loi du 22 janvier 1851 s'il se trouvait personnellement indigent.

2288. Bureau. — C'est un bureau spécial établi au chef-lieu judiciaire de chaque arrondissement qui prononce l'admission à l'assistance judiciaire devant les tribunaux civils, les tribunaux de commerce et les juges de paix. Le mode de formation de ce bureau est déterminé par les art. 2 à 7 de la loi du 22 janvier 1851.

Il existe également des bureaux d'assistance judiciaire auprès des cours d'appel, du conseil d'État et de la Cour de cassation, pour statuer sur les causes portées devant ces juridictions. L'Administration y est représentée par un ou deux agents selon les cas.

1. LIEU DE L'ENREGISTREMENT ET DU VISA. — C'est au bureau des *actes judiciaires*, et sur le registre destiné à l'enregistrement de cette nature d'actes, que doivent être portés, *sans exception* même pour les actes de notaires (Sol. 4 mai 1870), l'enregistrement et le visa pour timbre des actes et titres produits par l'assisté, ainsi que les actes judires et extrajudiciaires faits à sa requête (1879 I. G.).

2. BUREAU HORS DE L'ARRONDISSEMENT. — Cependant, si un huissier placé hors de l'arrondissement du bureau des actes judiciaires établi près de la juridiction saisie du procès, est appelé à signifier un acte de procédure à la requête de l'assisté, cet acte peut être visé pour timbre et enregistré

en débet par le receveur du bureau où cet huissier soumet ses actes à la formalité, mais à la charge, par ce dernier, de justifier au receveur de la décision portant admission à l'assistance, et, par le receveur, de renvoyer à son collègue chargé de l'enregistrement des actes judiciaires près de la juriction devant laquelle a été portée la contestation, copie du visa pour timbre et de l'enregistrement de l'exploit (1879 I. G.).

2289. Actions pour lesquelles l'assistance peut être accordée. — Les indigents peuvent réclamer l'assistance pour toute espèce d'action.

On l'a ainsi décidé notamment :

Pour obtenir l'autorisation de vendre des biens dotaux ou en toucher le prix sans remploi (Sol. 7-11 fév. 1862, Sol. 7 juill. 1862).

Pour une instance relative à la mise en vente d'un immeuble appartenant à un mineur (Sol. 13 sept. 1870.)

Pour faire déclarer une absence (Sol. 13 sept. 1870).

Pour suivre sur une procédure d'adoption (Sol. 13 juin 1862).

1. ACTES DE L'ÉTAT CIVIL. — Le droit conféré au ministère public par des lois spéciales et dans l'intérêt des indigents ne saurait priver ceux-ci du droit qu'ils puisent dans la loi commune, c'est-à-dire dans l'art. 99 du C. C., suivant lequel la rectification d'un acte de l'état civil peut et doit être demandée par les parties intéressées. Or, la loi du 22 janvier 1851 ne renfermant aucune exception, son bénéfice doit s'étendre à tous les droits que l'indigent peut faire valoir en justice, et, notamment, à la poursuite en rectification d'un acte de l'état civil (Décis. Bur. assist. C. Paris du 8 août 1854, D. 1854-3-81, — 25 mai 1869, 2219 R. P., S. 69-2-210, Brière-Valigny *de l'Assist.* n° 77).

2. ACTES VOLONTAIRES. — Mais la loi n'est faite que pour les actions en justice. Elle ne s'étendrait pas aux contrats volontaires, quel que fût l'intérêt des indigents à les réaliser.

3. ÉTABLISSEMENTS PUBLICS. — Il résulte également de la discussion de l'art. 10 de la loi du 22 janvier 1851 qui a eu lieu devant le conseil d'État que l'assistance ne peut jamais être accordée aux communes et aux établissements publics.

4. PARTIE CIVILE. — On ne peut non plus obtenir l'assistance judiciaire pour se porter *partie civile* devant les tribunaux de répression, attendu que la loi du 22 janvier 1851 ne s'applique qu'aux procès civils, et à la défense des *accusés* devant la juridiction criminelle ou correctionnelle. « Mais, dit le rapport sur la loi, si une personne lésée par un crime ou par un délit n'a pas obtenu réparation devant la justice criminelle ou correctionnelle, elle peut, après la condamnation de l'auteur du crime ou du délit, intenter une action devant la juridiction civile, et, si elle est indigente, obtenir l'assistance à raison de cette action » (Sol. 7-11 fév. 1862, 7 juill. 1863).

2289 *bis*. Divers actes et pièces préliminaires. — 1. DEMANDE. — La demande d'admission à l'assistance judiciaire, que toute personne qui désire profiter du bénéfice de la loi est tenue d'adresser au procureur de la République du tribunal de son domicile, peut être rédigée sur papier libre (1879 I. G.).

2. EXTRAIT ET CERTIFICAT. — La même faveur est accordée aux pièces à fournir à l'appui de cette demande, et qui consistent en : 1° un extrait du rôle des contributions, ou un certificat du percepteur constatant qu'on n'est pas imposé ; — 2° une déclaration constatant qu'on est, par suite d'indigence, dans l'impossibilité d'exercer aucune action en justice (art. 8 et 10 L. 22 janv. 1851, 1879 I. G.).

3. ACTES D'INSTRUCTION ET DÉCISIONS. — Le caractère et l'objet de la loi de 1851 doivent faire reconnaître, en outre, que les actes d'*instruction* qu'elle nécessite, et les décisions des *bureaux* d'assistance judiciaire sont également exempts des droits de timbre et d'enregistrement (1879 I. G.).

4. ORDONNANCE. — Il en est de même de l'ordonnance du juge de paix ou du président délivrée, comme le prévoit l'art. 16, à l'assisté qui réclame des notaires, greffiers ou autres dépositaires publics, la délivrance gratuite d'un acte ou d'une expédition (1879 I. G.).

5. PROCURATION. — Le pouvoir donné par l'assisté pour se faire représenter en justice est au nombre des actes prévus par l'art. 14 de la loi du 22 janvier 1851, et doit, conséquemment, recevoir en débet la double formalité du timbre et de l'enregistrement, quelle que soit la juridiction civile ou commerciale devant laquelle il est produit (Sol. 12 déc. 1851, 1971 I. G.).

2290. Changement de juridiction. — Aux termes de l'art. 9 de la loi du 22 janvier 1851, le bénéfice de l'assistance subsiste dans les trois circonstances suivantes, malgré le changement de juridiction : 1° si la juridiction devant laquelle l'assistance judiciaire a été admise se déclare incompétente, et que, par suite de cette décision, l'affaire soit portée devant une autre juridiction de même nature et de même ordre ; — 2° en cas d'appel interjeté contre l'assisté, et lors même que celui-ci se rendrait incidemment appelant ; — 3° sur le pourvoi en cassation formé contre lui.

Mais lorsque c'est l'assisté qui forme un appel principal, ou qui forme un pourvoi en cassation, l'art. 9 porte qu'il ne peut, sur cet appel ou sur ce pourvoi, jouir de l'assistance qu'autant qu'il y est admis par une décision nouvelle.

Décidé spécialement que l'assisté qui perd son procès en premier instance et forme un appel ne peut obtenir, sans payement des droits l'expédition du jugement de première instance, que si l'assistance lui a été de nouveau accordée pour la procédure d'appel (D. m. j. 23 nov. 1855).

2291. Étranger. — Une décision du bureau d'assistance judiciaire près la C. de Paris, du 18 décembre 1855, a reconnu, en thèse générale, qu'à l'égard des étrangers l'assistance judiciaire doit être ou ne doit pas être accordée selon la nature des matières lui paraissant sujettes à la juridiction française, ou exclusives de cette juridiction.

Elle ne saurait être refusée aux Suisses, parce que le traité du 12 juillet 1828, art. 1er, leur assure l'accès des tribunaux français aux même conditions qu'aux Français eux-mêmes (590 R. P.).

Des dispositions particulières règlent à cet égard la situation de plusieurs pays voisins.

Ainsi, le 19 février 1870, il est intervenu avec l'Italie une convention diplomatique ainsi conçue :

ART. 1er. Les Français en Italie, les Italiens en France, jouiront réciproquement du bénéfice de l'assistance judiciaire, comme les nationaux eux-mêmes, en se conformant à la loi du pays dans lequel l'assistance sera réclamée.

ART. 2. Dans tous les cas, le certificat d'indigence doit être délivré à l'étranger qui demande l'assistance par les autorités de sa résidence habituelle.

S'il ne réside pas dans le pays où la demande est formée, le certificat d'indigence sera approuvé et légalisé par l'agent diplomatique du pays où le certificat doit être produit.

Lorsque l'étranger réside dans le pays où la demande est formée, des renseignements pourront, en outre, être pris auprès des autorités de la nation à laquelle il appartient.

ART. 3. Les Français admis en Italie, les Italiens admis en France au bénéfice de l'assistance judiciaire, seront dispensés de plein droit de toute caution ou dépôt qui, sous quelque dénomination que ce soit, peut être exigée des étrangers plaidant contre les nationaux, par la législation du pays où l'action est introduite.

ART. 4. La présente convention est conclue pour cinq années, à partir du jour de l'échange des ratifications.

Dans le cas où aucune des deux hautes parties contractantes n'aurait notifié, une année avant l'expiration de ce terme, son intention d'en faire cesser les effets, la convention continuera d'être obligatoire encore une année, ainsi de suite d'année en année, jusqu'à l'expiration d'une année, à compter du jour où l'une des parties l'aura dénoncée. Cette convention a été promulgée et rendue exécutoire par un décret du 7 mai 1870.

Des conventions identiques ont été conclues, le 11 mars 1870, entre la France et la Bavière, — le 22 mars 1870, entre la France et le Grand-Duché de Luxembourg et la France et la Belgique. Ces dernières conventions ont été également promulguées et déclarées exécutoires par décrets des 7 mai et 8 juin 1870. *Bull. des lois* n° 1803, art. 17714, 17715, 17716 et n° 1807.

Mais il a été jugé que, s'il n'existe aucune réciprocité stipulée par traité, l'étranger non autorisé à établir son domicile en France, est sans droit pour réclamer l'assistance (Bur. Nancy 20 mai 1865, S. 65-2 243).

1. COLONIES. — Un décret du 16 janvier 1854 accorde l'assistance judiciaire aux indigents de la Martinique, de la Guadeloupe et de la Réunion. L'art. 28 de ce décret porte qu'il sera statué par des arrêtés des gouverneurs, rendus en conseil privé, sur l'organisation de l'assistance judiciaire dans les autres colonies.

CHAPITRE II. — EFFET DE L'ASSISTANCE

[2292-2294]

2292. Dispense des droits. — Suivant l'art. 14 de la loi du 20 janvier 1851, l'assisté est dispensé *provisoirement* du payement des sommes dues au Trésor pour droits de timbre, d'enregistrement et de greffe, ainsi que de toute consignation d'amende. — En conséquence, le receveur des actes judiciaires placé près la juridiction qui connaît de l'affaire, doit viser pour timbre, *avec amende s'il y a lieu*, et enregistrer *en debet* : 1° les actes et titres produits par l'assisté pour justifier de ses droits et qualités; — 2° les actes de la procédure faite à la requête de l'assisté.

1. ORIGINAL ET COPIE. — Le visa pour timbre des actes de la procédure pouvant être donné sur l'original au moment de l'enregistrement, ainsi que le porte l'art. 14, le receveur doit avoir soin de comprendre, dans le visa pour timbre de l'original, le montant des droits de timbre en débet applicables aux feuilles employées pour les copies, dont le nombre devra être déclaré par l'officier ministériel.

2. RESTITUTION. — Si les actes ont été par erreur enregistrés au comptant, la partie peut obtenir la restitution des droits, car la perception n'a pas été régulière dans le sens de l'art. 60 L. du 22 frimaire an 7. C'est ce qu'on a reconnu, notamment au sujet d'une liquidation de reprises après séparation de biens, rédigée par un notaire et enregistrée au comptant par le receveur des actes civils de sa résidence (Sol. 9 fév. 1863).

Si les droits ont été recouvrés sur l'adversaire de l'assisté en vertu d'un arrêt ultérieurement annulé en cassation, ces droits sont restituables. Mais le remboursement des honoraires doit être demandé aux officiers publics (Sol. 16 août 1877).

2293. Étendue de l'assistance. — L'assistance étant accordée sans réserve s'étend en principe à toutes les procédures que l'assisté veut intenter, et dont l'objet précis doit être indiqué dans la demande (Déc. C. Paris 15 juill. 1862).

Ce bénéfice s'étend également à tous les actes de l'assistance faits à la requête de l'assisté, jusques et y compris l'arrêt définitif qui termine le procès (Sol. 27 fév. 1868, 2640 R. P.); — lors même que ces actes intéresseraient d'autres parties non indigentes (Sol. 27 janv. 1857, 4 mai 1863).

1. OPPOSITION. — APPEL. — Ainsi le bénéfice de la loi du 22 janvier 1851 s'applique aux actes de signification des jugements et arrêts par défaut, et aux divers actes de poursuite tendant à provoquer l'opposition aux jugements et arrêts par défaut; ou, en cas de non-opposition, à faire courir le délai de l'appel ou du pourvoi en cassation; mais il n'est plus applicable aux actes de poursuite faits après que les jugements ou arrêtés ont acquis l'autorité de la chose jugée (D. m. f. 29 janv. 1823, 1971 I. G.).

Ce bénéfice s'applique également à l'arrêt par lequel la Cour rejette l'appel formé par l'adversaire de l'assisté, contre un jugement rendu au profit de cet assisté, demandeur en première instance. « L'œuvre du législateur, a-t-on dit, serait incomplète si elle leur faisait défaut à un degré quelconque de la procédure, et lorsque le jugement ou l'arrêt n'a pas encore acquis l'autorité de la chose jugée. Il en résulte que, du moment où un appel a paralysé les effets du jugement qu'il a obtenu, l'assisté doit rencontrer dans la loi toutes les facilités qui lui sont nécessaires pour rendre définitif l'arrêt confirmatif de son jugement. Les actes de la procédure d'appel sont traités comme ceux de première instance, car l'appel et le jugement ne forment ensemble qu'une même instance, et l'assisté doit rencontrer au second degré les mêmes facilités qu'au premier » (Sol. 27 fév. 1868, 2640 R. P., 18479 § 1er J. E.).

2. CONSIGNATION. — L'assisté est dispensé provisoirement de toute consignation d'amende (L. 22 janv. 1851 art. 14 n° 8). Mais l'amende consignée avant l'obtention de l'assistance judiciaire, ne devient pas restituable par suite de l'admission à l'assistance, car la décision qui accorde l'assistance n'a pas d'effet rétroactif (Sol. 27 fév. 1868, 2641 R. P. 18479 § 2 J. E., S. 68-2-260.)

L'assisté est tenu de consigner la somme de 150 francs pour indemnité en cas de demande en requête civile (Cass. 6 août 1863, D. 1863-1-402).

3. QUALITÉS. — Les qualités rédigées par l'avoué de l'assisté doivent être soumises au visa pour timbre en débet avant d'être déposées au greffe, à peine de l'amende prononcée par les art. 26 n° 5 de la loi du 13 brumaire an 7. Selon les art. 7, 11 et 18 de cette loi, le visa pour timbre doit avoir lieu préalablement à l'emploi du papier. Par dérogation, la loi du 22 janvier 1851 a permis que ce visa ne soit donné qu'au moment de l'enregistrement. Il faut en conclure non pas que les actes exempts de l'enregistrement sont dispensés du visa, mais uniquement que ces actes peuvent n'être soumis à ce visa qu'après leur rédaction. Les officiers publics ou ministériels rédacteurs sont nécessairement tenus d'assurer ce visa à peine d'amende (Sol. 30 mai 1868, 2797 R. P.).

4. EXPÉDITION. — Les notaires, greffiers et tous autres dépositaires publics ne sont tenus à la délivrance gratuite des actes et expéditions réclamés par l'assisté que sur une ordonnance du juge de paix ou du président (Art. 16 L. 22 janv. 1851, Sol. 27 fév.; 1868, 2640 R. P.)

La requête de l'assisté et l'ordonnance à fin de délivrance de l'expédition tombent également sous l'empire de la loi de 1851 (1879 I. G.).

5. EXÉCUTION. — La loi n'a eu d'autre but que de fournir à l'assisté un titre définitif et exécutoire, et l'assistance, maintenue jusqu'à ce qu'il ait ce titre, lui est retirée aussitôt après. A plus forte raison, celui qui a soutenu une instance sans être assisté, ne saurait, lorsqu'il a gagné son procès et qu'il se trouve détenteur d'un titre définitif et en forme, être admis à l'assistance pour suivre l'exécution de ce titre. Ce principe a été développé par le bureau d'assistance de la Cour de Paris, qui, statuant en vertu de l'art. 12 de la loi, a réformé, le 30 novembre 1852, une décision contraire du bureau de Bar-sur-Seine (15534 J. E.). — L'Administration a rendu, en ce sens, de nombreuses solutions (Sol. 16 avr. 1856, 5 nov. 1856, 22 mars 1859, 25 avr. 1862); notamment en ce qui concerne l'opposition et la taxe des dépens (Sol. 7 mars 1862).

Mais le tribunal de Bellac a jugé, le 30 août 1860, que l'assistance judiciaire peut être accordée pour l'exécution d'un jugement, et que l'administration de l'Enregistrement, se trouvant alors aux lieu et place de l'assisté pour recouvrer les frais de cette exécution, a droit de se prévaloir à cet effet de la condamnation aux dépens prononcée, au profit de l'assisté, par le jugement qu'il s'est agi d'exécuter (17216 J. E.).

6. SÉPARATION. — L'acte de liquidation des reprises de la femme et tous les actes d'exécution du jugement de séparation de biens doivent jouir du bénéfice de l'art. 14 L. du 22 janv. 1851. Mais il n'en est plus ainsi, lorsque la séparation de biens est la conséquence de la séparation de corps; tous les actes postérieurs au jugement de séparation restent dans le droit commun (D. m. f. 11 oct. et 23 nov. 1855, 618 R. P., 2062 § 2 I. G.).

Il a été spécialement reconnu que, quand la séparation de corps est prononcée par défaut, la renonciation à la communauté, la nomination du notaire chargé de faire la liquidation, la déclaration qu'il n'y a pas de reprises à exercer, et la liquidation même des reprises, sont considérées comme actes nécessaires pour faire acquérir au jugement l'autorité de la chose jugée, et doivent comme tels profiter du bénéfice de l'assistance judiciaire (Sol. 27 juin 1865, 18259 J. E. — *Conf.*: Sol. 21 sept. 1860, 13 mars 1861).

Le bureau d'assistance judiciaire n'a pas d'ailleurs le droit de limiter l'assistance en matière de séparation de corps, jusques et y compris l'ordonnance prescrite par l'art. 878 C. proc., qui autorise la femme à procéder et à se retirer dans une maison tierce. L'assistance doit être ou totalement refusée ou accordée pour tous les actes de la procédure (Déc. 5 juill. 1853 du bureau d'assistance de la Cour imp. de Paris, 15666 J. E.).

C'est ce qui a été spécialement reconnu au sujet d'un époux étranger demandeur en séparation de corps (Bur. ass. C. de Lyon 27 mars 1874, *Gazette des Tribunaux* du 7 mai 1874).

Les frais doivent être colloqués au profit de l'Administration au même rang que les reprises de la femme (Mauriac, 27 janv. 1875). — *V.* en cas de faillite, n° 2300, § 3.

7. *Idem.* COMMERÇANT. — DÉPOT. — Si l'un des époux est commerçant, l'acte de dépôt au greffe du tribunal de commerce du jugement de séparation et le certificat constatant ce dépôt doivent être visés pour timbre et enregistrés en débet (Sol. 22 juin 1864).

8. FORMALITÉS HYPOTHÉCAIRES. — Il faut distinguer, comme en matière d'enregistrement et de timbre, entre les formalités requises en vertu d'un jugement ou d'un arrêt ayant la force exécutoire, et celles qui ont lieu pendant le cours de l'instance et dans l'intérêt même de la procédure suivie pour parvenir au jugement définitif. Dans le premier cas, l'affaire est sortie du domaine de la justice et des tribunaux : l'assisté possède un titre exécutoire; il a, par conséquent, le crédit nécessaire pour obtenir que ce titre soit mis à exécution, si l'adversaire condamné refuse d'y obtempérer. Le bénéfice de l'assistance ne saurait, dès lors, être plus applicable aux frais de formalités hypothécaires, qu'il ne l'est aux autres frais d'exécution.

Dans le second cas, au contraire, le procès n'étant pas définitivement terminé, la loi continue de venir en aide à l'assisté pour les droits d'hypothèque comme pour les autres.

Ainsi, doivent être faites sans avance des droits, sur la justification de l'admission à l'assistance, les inscriptions résultant, aux termes de l'art. 2123 C. C., des jugements par défaut auxquels il peut être formé opposition, des jugements provisoires et des reconnaissances ou vérifications d'écritures faites en jugement, et même des jugements qui ordonnent de rendre compte, et les inscriptions prises en vertu de jugements contradictoires et définitifs, jusqu'à ce que le délai d'appel ou de pourvoi en cassation soit expiré.

Les registres des conservateurs étant en papier timbré, il y a obligation pour ces préposés de faire l'avance des droits de timbre des feuilles employées aux inscriptions et autres formalités. Ces droits leur sont remboursés chaque année par l'Administration, sur un état fait en double, et revêtu des arrêtés, vérifications, certificats et mentions indiqués au bas de l'état dont le cadre est tracé par l'I. G. 1916. L'un des doubles de l'état est produit à l'appui du mandat de remboursement, l'autre est renvoyé et conservé au bureau des hypothèques (D. m. j. et f. 29 avr. 1853, 1971 I. G.).

L'avoué n'est pas tenu d'avancer les droits relatifs à la mention d'un jugement de résolution (Sol. 24 avr. 1875, 4225 R. P.).

9. VENTE MOBILIÈRE. — Si les meubles sont vendus à l'encan, le procès-verbal est également visé pour timbre et enregistré en débet, et l'Administration fait l'avance des frais de transport des meubles sur le lieu de la vente ; mais rien ne paraît s'opposer à ce que le montant de tous les droits et frais avancés par le Trésor, et des frais et honoraires dus aux officiers ministériels, soit prélevé par l'Administration sur le prix de la vente, pour être distribué aux ayants droit (1971 I.G.).

10. *Idem.* FRAIS DE TRANSPORT. — « Les frais de transport des juges, des officiers ministériels et des experts, les honoraires de ces derniers et les taxes des témoins dont l'audition a été autorisée par le tribunal ou le juge commissaire, sont avancés par le Trésor, conformément à l'art. 118 du décret du 18 juin 1811. Le § 5 du présent article s'applique au recouvrement de ces avances» (Art. 14 L. 20 janv. 1851).

Les frais ou indemnités de transport dus aux huissiers à raison des exploits qu'ils signifient à la requête des personnes admises à l'assistance doivent être avancés par les receveurs de l'Enregistrement, et sont considérés comme frais ordinaires. En effet, d'une part, le huitième paragraphe de l'art. 14 L. du 22 janvier comprend les frais de transport des juges, des officiers ministériels, etc., et le rapport de la commission de l'Assemblée législative explique que le mot *transport* s'applique aux voyages des huissiers aussi bien qu'aux déplacements des magistrats ; d'autre part, le décret du 18 juin 1811 et l'ordonnance royale du 28 novembre 1838 (Circ. de la comptabilité générale des finances du 27 janv. 1839 n° 47) rangent les indemnités de transport parmi les frais de justice non urgents. Ainsi donc, ces frais ou indemnités de transport sont avancés par les receveurs de l'Enregistrement, comme frais ordinaires, sur des mémoires taxés, rendus exécutoires par l'autorité judiciaire (1971 I. G.).

Ils sont réglés d'après le tarif du décret du 18 juin 1811, et non pas de celui du 16 février 1807 (D. m. f. 3 nov. 1850).

11. HONORAIRES. — Le Trésor n'est pas tenu d'avancer les honoraires dus aux huissiers (Sol. 4 sept. 1854) ou aux notaires (Sol. 20 nov. 1861), et plus généralement aux officiers publics et ministériels (L. 20 janv. 1851, art. 14 n° 8).

12. COPIES DE PIÈCES. — Le droit de copie de pièces, lors même qu'il serait considéré comme un déboursé pour l'avoué, ne peut pas être avancé sur les fonds du Trésor (D. m. f. 3 nov. 1857).

2294. Effet limité. — L'art. 14 de la loi du 22 janvier 1851, porte : « Le visa pour timbre et l'enregistrement en débet doivent mentionner la date de la décision qui admet au bénéfice de l'assistance : ils n'ont d'effet, quant aux actes et titres produits par l'assisté, que pour le procès dans lequel la production a eu lieu. »

L'intention du législateur est évidente, et les termes dans lesquels il la formule sont précis. La loi ne veut pas que, quand un acte a été enregistré en débet à l'occasion d'une procédure d'assistance judiciaire, on puisse s'en servir ensuite comme s'il avait réellement acquitté les droits exigibles. Le moindre inconvénient d'un pareil résultat eût été de détruire toutes les règles sur la répartition de l'impôt.

La formalité n'a donc d'effet que pour le procès même dans lequel l'acte a été produit. Mais faudra-t-il, lorsque l'assisté ou un tiers voudra faire usage de l'acte, qu'il le soumette de nouveau au receveur, et que celui-ci l'analyse, ou le copie une seconde fois sur son registre ? La loi n'a pas pu avoir cette exigence. En tant que formalité produisant des effets civils soit sur la date des actes (Art. 1328 C. C.), soit sur la régularité des conventions (Art. 2074 C. C.), l'enregistrement opère sans restriction aucune entre l'assisté ou les tiers. Le bénéfice que la transcription de l'acte procure aux parties ou à leurs ayants cause est irrévocable. C'est la conséquence nécessaire d'un fait matériel que le législateur lui-même ne saurait anéantir. Mais l'enregistrement est aussi une formalité fiscale servant de base au recouvrement d'un impôt et soumise, sous ce point de vue, à des règles particulières tout à fait indépendantes de la loi civile. Or, le législateur de 1851 n'avait à considérer l'enregistrement que sous cet aspect, puisqu'il s'agissait seulement alors d'organiser la dispense d'impôt due aux indigents. Par conséquent, quand il a dit, dans son article 14, que l'enregistrement en débet n'aurait d'effet que pour le procès suivi par assistance judiciaire, il se référait à la dispense des droits, et entendait bien dire que cette dispense seule serait non avenue (*V.* cependant Bagnères 17 fév. 1868, 2633 R. P., 19149 J. N.).

1. ACTE EN CONSÉQUENCE. — Cela posé, on est conduit à reconnaître avec un jugement de Bagnères du 17 février 1868 (2633 R. P., 19149 J. N.) que la disposition de l'art. 14 doit s'appliquer aux officiers publics de même qu'aux particuliers. Au point de vue fiscal, l'acte enregistré en débet pour l'assistance judiciaire est censé ne pas l'être. Le notaire ou l'avoué qui en fait usage est donc tenu de veiller sous sa responsabilité à l'accomplissement de la formalité utile, c'est-à-dire au versement des droits demeurés en suspens. S'il ne le fait pas, il agit en conséquence d'un acte non enregistré, et la peine édictée par l'art. 41 de la loi du 22 frimaire lui devient applicable. Vainement objecte-t-on que c'est imposer à l'officier public une obligation impossible que de lui prescrire de rechercher si les droits de l'acte enregistré en débet ont été ultérieurement recouvrés. D'une part, en effet, il sera toujours prévenu par le contexte même de la relation d'enregistrement que la formalité a eu lieu en ma-

tière d'assistance judiciaire, et il ne risquera pas, dès lors, d'appliquer aux formalités ordinaires permises en débet l'exception créée pour l'assistance judiciaire. D'un autre côté, la quittance des droits recouvrés sera presque toujours mise sur l'acte lui-même à la suite de la première relation, et la justification du payement deviendra ainsi toute naturelle. S'il en était d'ailleurs autrement, la position de l'officier public serait la même que quand on lui présente l'un des originaux d'un acte sous seing privé enregistré et sur lequel la mention n'a pas été transcrite. Il peut, sans doute, être parfois embarrassant de savoir si cet acte a été enregistré, mais on n'a jamais pensé que la difficulté de cette preuve fût un motif suffisant pour éluder l'application de la loi.

En résumé, l'officier public qui veut se conformer à l'art. 41 de la loi du 22 frimaire an 7 doit s'assurer que l'acte en vertu duquel il agit est enregistré. Or, la relation apposée sur l'acte produit en matière d'assistance judiciaire porte en elle-même la preuve qu'il s'agit d'un enregistrement spécial dont les effets sont catégoriquement limités à la procédure d'assistance. Dès l'instant qu'il se trouve en dehors de cette procédure, l'officier public est donc rigoureusement tenu de rechercher si la première formalité s'est complétée depuis par le payement des droits.

CHAPITRE III. — DÉBITEURS DES DROITS

[2295-2298]

2295. Condamnation contre l'adversaire de l'assisté. — En cas de condamnation aux dépens prononcée contre l'adversaire de l'assisté, l'art. 17 L. 22 janvier 1851 porte que la taxe ou l'exécutoire comprendra tous les droits et frais auxquels l'assisté aurait été tenu s'il n'y avait pas eu assistance judiciaire, et ces droits et frais doivent être recouvrés sur l'adversaire de l'assisté, dans la forme établie pour le recouvrement des droits d'enregistrement.

1. DETTE DE L'ASSISTÉ. — Le même article dispose qu'il doit être délivré un exécutoire séparé, pour recouvrer de la même manière, contre l'assisté, les droits et avances relatifs aux actes et titres sujets à l'enregistrement, dans un délai déterminé, ou aux actes et titres rédigés sur papier non timbré, contrairement aux dispositions des lois sur le timbre, que l'assisté a fait viser pour timbre et enregistrer en débet, et qu'il a produits pour justifier de ses droits et qualités. Mais cet exécutoire ne prive pas l'Administration du droit de poursuivre l'adversaire de l'assisté en vertu de la règle générale, s'il est partie dans les actes (Sol. 10 oct. 1860, 29 juill. 1861).

1. COMPENSATION. — Comme les avances de l'Administration constituent une créance propre et personnelle du Trésor qui doit en obtenir recouvrement sur la partie adverse qui a succombé, ces dépens ne peuvent être l'objet d'une compensation avec ce que l'assisté peut devoir à son adversaire (C. Rouen 30 juill. 1857, Sol. 16 juill. 1868, 18588-2 J. E., Lectoure 6 août 1875.

2. OFFRE. — Ce condamné ne pourrait pas dès lors se prétendre libéré par des offres faites à l'assisté et suivies de consignation (Seine 2 janv. 1863, S. 67-2-160). Ces offres doivent être, dans tous les cas, faites au receveur, mais seulement quand l'exécutoire lui a été remis (Marmande 14 mai 1862). — V. 2299-5.

3. DISTRACTION. — Il n'est pas nécessaire, d'ailleurs, que le jugement rendu en matière d'assistance judiciaire et prononçant la condamnation aux dépens en contienne une distraction au profit de l'Administration, cette distraction étant de droit (Seine 31 juill. 1856, 16444 J. E. — V. C. Rouen 30 juill. 1857 et Sol. 16 juill. 1868, 18588-2 J. E.).

4. EXÉCUTION DU JUGEMENT. — Les mêmes règles sont applicables au cas où l'assistance a seulement été obtenue pour l'exécution du jugement: « Attendu que l'art. 18 de la loi sur l'assistance judiciaire qui se réfère au cas où l'assistance est accordée avant le jugement n'a rien d'exclusif; et si, au cas où l'assistance est accordée après l'obtention du jugement et pour son exécution, la condamnation aux dépens ne peut être prononcée en faveur de l'Administration, il n'en résulte pas que cette dernière ne puisse se prévaloir du droit de l'assisté de faire valoir quant aux frais toutes les condamnations précédemment obtenues » (Bellac 30 août 1860, 1385 R. P., 11883 C.). — Le contraire avait été cependant décidé par le bureau d'assistance près la Cour de Paris, le 30 novembre 1852 (15534 J. E.).

Jugé spécialement que quand l'assistance judiciaire a été accordée à un indigent pour faire signifier un jugement rendu à son profit et lui faire acquérir la force de chose jugée, l'Administration ne peut pas, après la confirmation du jugement par la Cour, réclamer à l'assisté le payement des droits de cette décision (C. Bastia, 2 janv. 1878, 4878 R. P.).

5. PARTAGE. — MINEURS. — Le cohéritier qui a obtenu l'assistance pour provoquer un partage doit supporter sa part dans les frais qui sont prélevés sur la masse (Bordeaux 7 janv. 1867; — Corte 28 janv. 1873).

Décidé spécialement que, quand l'assistance a été accordée à des mineurs pour parvenir à la vente de leurs biens, et que le cahier des charges impose à l'adjudicataire de payer à l'Administration en diminution du prix les frais de vente, ce payement ainsi effectué est régulier et que les mineurs ne peuvent en obtenir la restitution (Sol. 11 août 1871).

6. HÉRITIERS BÉNÉFICIAIRES. — Les héritiers bénéficiaires ne sont obligés que dans les limites de l'actif de la succession au payement des frais d'assistance judiciaire dus par le défunt (Colmar 2 janv. 1854). — V. 3052.

2295 *bis*. Condamnation contre l'assisté. — Si la condamnation aux dépens est prononcée contre l'assisté, les seuls droits à recouvrer sont: 1° les droits de timbre et d'enregistrement des actes sujets à l'enregistrement dans un délai déterminé et les amendes de timbre qui, en tout état de cause, restent dus par l'assisté; — 2° les frais avancés par le Trésor pour transport des juges, officiers ministériels et experts, honoraires des experts, taxes des témoins, etc., que le Trésor a dû avancer en exécution de l'art. 14, alinéa 8 de la loi. Le surplus des droits tombe en non-valeur (1971 I. G.)

L'assisté judiciairement qui succombe n'est pas dispensé d'ailleurs de l'obligation de payer les frais auxquels il est condamné envers la partie adverse (Grenoble 20 mars 1868, S. 68-2-177).

2296. Transaction. — Désistement. — Appel. — En cas de transaction entre l'assisté et son adversaire, ou en cas de désistement de la part de l'assisté avant le jugement du tribunal de première instance, l'Administration est-elle autorisée à exiger le payement des droits en débet et le remboursement des avances faites par le Trésor?

Le projet de loi du Gouvernement sur l'assistance judiciaire portait, art. 11 : « Après l'ouverture de l'instance, dans le cas de transaction ou de désistement, tous les frais déjà faits deviennent exigibles. » Cette disposition ayant été écartée par l'Assemblée législative comme pouvant mettre obstacle aux transactions et aux désistements, et comme étant, dès lors, contraire à l'intérêt public, aussi bien qu'à l'intérêt des parties, il s'ensuit qu'il n'y a pas lieu au payement des droits de timbre et d'enregistrement ni au remboursement des frais dans l'hypothèse proposée (1971 I. G.).

Contravention au timbre. Acte soumis à l'enregistrement dans un délai déterminé. — Si les actes produits par l'assisté et enregistrés en débet étaient sujets à l'enregistrement dans un délai déterminé, ou s'ils contenaient des contraventions aux lois sur le timbre, le payement des droits et amendes peut être poursuivi, par voie de contrainte, contre le débiteur, nonobstant la transaction ou le désistement. — Pour les actes qui ne sont pas assujettis à l'enregistrement dans un délai déterminé, les droits ne sont exigibles qu'à raison de leur production en justice, et dès lors, ils doivent jouir du bénéfice de la loi comme les actes de la procédure. — En cas de *transaction ou de désistement avant le jugement de première instance*, il n'y a pas lieu à la délivrance d'un exécutoire, et il en résulte que le recouvrement des droits des actes de la première catégorie et des droits et amendes de timbre ne peut être suivi que par voie de contrainte, conformément aux art. 64 de la loi du 22 frimaire an 7 et 76 de la loi du 28 avril 1816 (1971 I. G.).

1. DÉSISTEMENT DE L'ADVERSAIRE. — L'adversaire qui s'est désisté doit être assimilé à celui qui a perdu son procès contre l'assisté (C. Grenoble 30 juin 1867). Il est donc tenu d'acquitter le montant des dépens de la procédure jusqu'au jour du désistement, y compris le coût de la taxe, mais sauf les droits de timbre et d'enregistrement des actes et titres produits par l'assisté et assujettis à l'enregistrement dans un délai déterminé, ainsi que les amendes de timbre auxquelles ces actes peuvent donner lieu, puisque ces droits et amendes restent toujours à la charge de l'assisté (Seine 20 juin 1868, 2771 R. P.)

2. TRANSACTION POSTÉRIEURE AU JUGEMENT. — Le recouvrement des dépens auxquels a été condamné l'adversaire de l'assisté peut être poursuivi contre lui, alors même que, par une transaction ultérieure, les parties seraient convenues que chacune d'elles supporterait ses frais. Cette transaction n'est pas opposable au Trésor (Seine 8 déc. 1866, S. 67-2-160; — Villefranche 26 juin 1868, 2910 R. P., S. 69-2-90).

La créance de l'Administration ne peut plus, également, être l'objet d'une compensation entre l'assisté et le condamné (Lectoure, 6 août 1875).

3. APPEL. — Si la transaction ou le désistement ont lieu après l'appel du jugement de première instance, les droits en débet et les frais de la première instance avancés par le Trésor doivent être recouvrés dans la forme déterminée par les art. 17, 18 et 19 de la loi du 22 janvier 1851 (1971 I. G.).

Mais les frais exposés en appel par l'appelant qui aura, sur l'appel, obtenu le bénéfice de l'assistance judiciaire, donneront lieu ou non à une action en recouvrement, suivant les distinctions établies aux n°s 2293 et 2295 *bis* ci-dessus (1971 I. G.).

Lorsque l'adversaire de l'assisté fait appel du jugement qui l'a condamné, mais ne suit pas sur cet appel, il y a lieu d'en conclure qu'il s'est désisté, et l'Administration peut poursuivre contre lui le recouvrement des droits exigibles (Seine 20 juin 1868, 2771 R. P.; Lectoure, 27 juill. 1876; — Charolles, 1er août 1877).

Il n'y a pas lieu de restituer le droit d'enregistrement d'un arrêt rendu au profit d'un assisté sur l'appel formé contre lui, lorsque ce droit a été payé par l'appelant condamné aux dépens, qui doit le supporter en définitive. Si l'assisté a été condamné aux dépens, l'arrêt doit, au contraire, être enregistré en débet (Sol. 29 fév. 1868).

2297. Dépens. — Solidarité. — Lorsque les dépens ont été divisés par la condamnation entre les parties, chacune n'est tenue de payer que la part qui a été mise à sa charge, et elle peut imputer sur cette part le total des frais taxés qu'elle a déjà payés à son avoué. Voici plusieurs exemples où l'on a fait application de ce principe.

1. DÉPENS DIVISÉS PAR MOITIÉ ENTRE L'ASSISTÉ ET SON ADVERSAIRE. — Celui-ci n'est tenu que de la différence entre la moitié du total des dépens et celui des frais taxes qu'il a payés à son avoué. — Toutefois, s'il s'agit d'un procès en *séparation de corps*, il n'est pas fondé à faire entrer dans la masse le coût de la liquidation des reprises, attendu que c'est une dette de la communauté dont le payement est réglé par l'art. 1482 C. C. (Mirecourt 15 oct. 1856, Sol. 9 nov. 1856).

2. DÉPENS DIVISÉS PAR TIERS. — Une Sol. du 26 novembre 1856 a prescrit de faire restituer les deux tiers des dépens à la partie de qui on avait exigé le payement de la totalité.

3. NON-VALEUR. — La partie des dépens laissée à la charge de l'assisté tombe en non-valeur, ainsi que la créance des officiers ministériels (Sol. 29 nov. 1856).

4. PARTIES ASSISTÉES TOUTES LES DEUX. — Comme il n'y a pas dans ce cas de solidarité entre les parties pour le payement des dépens (*V.* Dalloz v° *Frais et dépens* n° 9), le payement effectué par l'une représente la moitié qu'elle doit dans chaque article des dépens. Par suite, ce payement doit être imputé sur la moitié de la créance du Trésor et sur la moitié des émoluments des officiers ministériels. Cette dernière partie est, d'après le même principe, répartie entre les officiers qui ont instrumenté pour celui qui paye (Sol. 15 juill. 1856).

5. SOLIDARITÉ. — Les frais d'instance au payement desquels les adversaires de l'assisté ont été condamnés sans solidarité, sont dus par chacun d'eux pour sa part virile et non en proportion de son intérêt dans la cause. En effet, la loi du 22 janvier 1851 n'a eu pour objet qu'une exemption de droits

et d'honoraires; elle n'a pas eu pour but de changer la situation respective des deux parties plaidantes (Rapport de Vatimesnil p. 40). « Il en résulte, porte une solution du 2 juillet 1868, que l'Administration n'a contre le débiteur de l'assisté que l'action même que lui accorde le droit commun (*V.* Merlin v° *Dépens* § 7, Dalloz v° *Frais et dépens* 104), et que, par conséquent, les frais à recouvrer sont dus par les quatre enfants du sieur R..., chacun pour un quart, bien que le service de la pension alimentaire leur ait été imposé par le jugement dans des proportions inégales » (Sol. 2 juill. 1868, 2985 R. P., S. 70-2-129).

2297 *bis.* **Vente de meubles.** — Si l'exécution d'un jugement par défaut, avant que ce jugement ait acquis l'autorité de la chose jugée, est poursuivie par voie de saisie mobilière, l'administration de l'Enregistrement fera l'avance des salaires accordés aux témoins, serruriers et gardiens, ainsi que des frais de transport des meubles sur le lieu de la vente, et si, les meubles sont vendus, le procès-verbal pourra être visé pour timbre et enregistré en débet; mais, dans ce cas, le montant de tous les droits en débet et des frais avancés par le Trésor, ainsi que les honoraires et indemnités dus aux officiers ministériels, sera prélevé sur le prix de la vente, et remis au receveur pour être distribué aux ayants droit, conformément à l'art. 18, 3e alinéa de la loi du 22 janvier 1851, après que le jugement aura acquis l'autorité de la chose jugée (1971 I. G.).

2298. Enregistrement hors délai. — L'enregistrement hors délai d'un acte concernant l'assistance judiciaire est passible des pénalités ordinaires mises à la charge de l'officier public ou ministériel qui a rédigé l'acte. Mais cet officier ne saurait être tenu de payer les droits simples qui restent en débet (Sol. 13 déc. 1862).

CHAPITRE IV. — RECOUVREMENT DES DROITS

[2299-2302]

2299. — Exécutoire. — L'art. 20 L. 22 janv. 1851 impose aux greffiers l'obligation de transmettre, dans le mois, au receveur de l'Enregistrement, l'extrait du jugement de condamnation ou les exécutoires des frais, sous peine de 10 francs d'amende pour chaque extrait ou chaque exécutoire non transmis dans ce délai. — En matière sommaire, comme le jugement doit toujours contenir la liquidation des dépens (art. 1er du déc. du 16 fév. 1807), c'est un extrait du jugement qu'il faut remettre au receveur. Mais en matière ordinaire où le jugement peut être expédié et délivré avant que la liquidation des dépens ait eu lieu, le greffier doit délivrer un exécutoire afin que le receveur puisse agir contre le condamné (2115 J. E.).

1. DÉTAILS. — On ne peut pas exiger que l'extrait contienne le détail des sommes revenant au Trésor et à chacun des officiers ministériels. Mais le greffier doit communiquer au receveur les détails de la taxe (Sol. 29 mars 1854. 27 juill. 1855, 2115 I. G.)

2. DÉLAI. — Le délai d'un mois pour la remise de l'extrait ou de l'exécutoire court à partir du jugement quand le jugement renferme la liquidation des frais, et à partir de la signature de la taxe par le juge et le greffier lorsqu'il est délivré un exécutoire séparé (Cass. 12 nov. 1862, 1704 R. P. 2304 I. G., 17609 J. N., 12344 C., 17575 J. E., S. 63-1-25, D. m. f. et j. 26 mai 29 déc. 1863, 2304 I. G.).

Mais si le jugement rendu en matière sommaire ne contient pas de liquidation des dépens, le greffier n'est pas tenu de se conformer au délai d'un mois (Sol. 28 juin 1870).

3. SIGNIFICATION. — L'extrait du jugement ou de l'exécutoire doit être signifié et la partie peut former opposition à la taxe (Sol. 20 juin 1855, 24 sept. 1864). Mais le défaut de signification n'est pas une cause de nullité et ne peut pas arrêter la délivrance de l'exécutoire (Sol. 25 sept. 1860). La partie conserve seulement le droit de former opposition jusqu'aux poursuites dirigées contre elle par l'Administration (Mirecourt 15 oct. 1856; Corte 28 janv. 1873).

4. CONTRAINTE. — Il a été jugé que la signification d'une contrainte est indispensable, même lorsqu'un exécutoire a été remis au receveur, parce que cet exécutoire ne comprend pas le montant total des sommes à recouvrer, et, par exemple, que les frais d'exécution du jugement n'y figurent pas. Il est, d'ailleurs, inutile de faire signifier l'exécutoire à l'avoué de l'adversaire de l'assisté. Il suffit de renfermer dans la contrainte la substance de cet exécutoire (Mirecourt 15 oct. 1856; — *Comp.* Colmar, 2 janv. 1854). — *V.* 3052.

Le tribunal de Montpellier a jugé au contraire, et avec plus de raison selon nous, que l'exécutoire est un titre dispensant de la contrainte (16 mars 1863). Il y aurait seulement lieu, le cas échéant, à la délivrance d'un exécutoire supplémentaire.

Opposition. — Lorsque l'Administration a décerné une contrainte en vertu de l'exécutoire, c'est l'exécutoire qui forme le titre du Trésor. Dès lors, « pour s'opposer utilement aux poursuites de l'Administration, les débiteurs devront au préalable provoquer l'annulation de l'exécutoire délivré et dont la substance était contenue dans la contrainte à eux signifiée; tant que le titre existe, l'Administration est fondée à en poursuivre l'exécution, sans même avoir à rechercher s'il a été ou non valablement délivré » (Corte 28 janv. 1873).

5. OFFRES. — Les offres faites à l'assisté ne peuvent libérer les adversaires envers l'Administration pour les dépens dont elle est créancière personnelle (Seine 2 janv. 1863, S. 67-2-160). Les offres ne peuvent, d'un autre côté, être faites à l'Administration avant la délivrance de l'exécutoire (Marmande 14 mai 1862). — *V.* 2295-2.

6. JUGEMENT PAR DÉFAUT. — Si l'assisté a obtenu un jugement par défaut, sans que son adversaire ait constitué avoué, le receveur devra, après la signification de ce jugement, faire les diligences nécessaires pour obtenir le payement des droits en débet et des frais avancés par l'Administration; mais si un commandement ne déterminait pas le

condamné à payer le montant des dépens ou à former opposition, il appartiendrait à l'assisté de pourvoir lui-même à l'exécution du jugement, de l'une des autres manières indiquées dans l'art. 159 C. proc. (1971 I. G.).

7. PÉREMPTION. — Comme l'Administration a un intérêt direct à empêcher la péremption du jugement afin de pouvoir réclamer à l'adversaire de l'assisté le payement de ses avances, il avait paru d'abord que, quand l'assisté négligeait de faire les actes d'exécution nécessaires pour éviter la péremption, le receveur devait intervenir afin de diriger d'office la procédure (1971 I. G.). L'exécution de cette mesure ayant soulevé des embarras pratiques, le ministre des finances a décidé, le 5 juin 1862 (2227 I. G.), que, pour le recouvrement des sommes avancées par le Trésor en matière d'assistance judiciaire, l'Administration ne doit pas avoir égard au délai de la péremption résultant de l'art. 156 C. proc., sauf à soumettre la question aux tribunaux en cas de difficultés.

Appelée à se prononcer sur ce point, la jurisprudence l'a résolu en des sens opposés. D'une part, le tribunal de Boulogne a décidé que la péremption s'oppose au recouvrement de la créance du Trésor (Jugement 23 juill. 1868, 3106 R. P., S. 69-2-90). — Mais, d'autre part, le tribunal de la Seine a admis que, quelle que soit la valeur du jugement entre les parties, du moment où il prononce une condamnation, les droits et frais avancés par l'Administration deviennent exigibles et peuvent être recouvrés contre le débiteur condamné, comme en matière d'enregistrement (Jugement 13 juin 1868, 3106 R. P., S. 69-2-90). Cette seconde interprétation nous a paru inacceptable. Elle se trouve réfutée d'avance par ce que nous avons dit précédemment au sujet du recouvrement des droits du jugement par défaut. — V. *Acte judiciaire*. — Ensuite il faut remarquer que, dans l'espèce, la condamnation aux frais est une dépendance de la disposition principale, et que l'Administration est l'ayant cause du demandeur, puisqu'elle veut recouvrer les droits dont ce dernier aurait dû faire l'avance. Or, il nous paraît impossible que la péremption éteigne l'action du demandeur au principal sans éteindre aussi l'action de son ayant cause (V. 3106 R. P.).

« Cette doctrine, disent les annotateurs de Sirey, est évidemment la seule juridique. On ne peut pas admettre, en l'absence d'un texte formel, que le défendeur défaillant doive les frais d'une condamnation qui est censée non avenue à son égard. Les frais sont l'accessoire, et l'accessoire suit toujours le sort du principal. S'ensuit-il que le Trésor, afin de conserver sa créance, puisse prévenir la péremption en exécutant lui-même le jugement par défaut? Cela ne paraît pas possible, car l'exécution provoquerait une opposition du défendeur, et le Trésor, qui ne saurait contraindre l'assisté à suivre l'instance, se trouverait, pour faire juger l'opposition, obligé de soutenir sur le fond du droit une discussion qui lui est étrangère et dont il n'a pas les éléments. Ce qu'il faut conclure, c'est que la créance du Trésor devient fatalement irrécouvrable, quand le demandeur laisse, volontairement ou non, périmer le jugement. Il n'y a rien là de si extraordinaire. Les avances du Trésor tombent en non-valeur dans beaucoup d'autre cas. Il dépend, par exemple, de l'assisté, de les rendre irrécouvrables en se désistant de la poursuite, ou en transigeant avant la décision du tribunal. La péremption ne produit pas un autre effet. C'est un désistement d'une nature particulière qui, intervenant alors que le jugement n'a qu'un caractère provisoire, doit être assimilé aux transactions intervenues pendant le cours même des débats. Le désistement et la transaction de la part de l'assisté anéantissant la créance du Trésor, il est rationnel que la péremption la rende également irrécouvrable. C'est un résultat qui se justifie par l'économie même de la loi » (3709 R. P.).

La question, ramenée à l'examen du tribunal de la Seine, y a donné lieu, le 21 décembre 1872, à un jugement contraire à ses précédentes décisions (3709 R. P.). Elle a été alors l'objet d'un nouvel examen et, sur l'avis du garde des sceaux, le ministre des finances a décidé, le 3 octobre 1876, que la péremption acquise au condamné, dans ses rapports avec l'assisté, en vertu de l'art. 156 du code de procédure civile, est opposable à l'Administration, et qu'elle fait obstacle, en conséquence, à la poursuite des dépens, accessoires de la condamnation principale. Il résulte de la même décision que l'Administration doit pareillement, sauf les mesures conservatrices, surseoir aux poursuites lorsque, le délai précité de six mois n'étant pas encore expiré, le condamné auquel le payement est demandé se prévaut de cette circonstance que l'assisté n'a pas encore assuré l'exécution du jugement par défaut, lequel demeure, par suite, susceptible de péremption conformément à la loi. « Les receveurs devront, porte la décision, se livrer à toutes les investigations nécessaires pour contrôler la sincérité des allégations formulées par les parties. Ils auront soin de se concerter, pour obtenir les renseignements nécessaires, avec les officiers publics ou ministériels intéressés au payement des condamnations prononcées » (2571 I. G.; 4551 R. P.). La décision du 3 octobre 1876, est applicable aux jugements des conseils des prudhommes (2571 I. G., 4551 R. P.).

S'il n'y a qu'une condamnation aux dépens au profit de l'Administration, c'est à elle à la faire exécuter (Sol. 30 oct. 1876, 20243 J. E.).

8. POURVOI EN CASSATION. — Le pourvoi en cassation de l'adversaire de l'assisté n'oblige l'Administration à surseoir ni au recouvrement des frais auxquels il a été condamné, ni à la répartition des sommes revenant aux officiers ministériels; mais cette répartition doit être faite sous réserve de remboursement en cas de cassation. L'Administration n'est pas tenue de donner cautionnement pour recevoir le montant des frais auxquels l'adversaire de l'assisté a été condamné (Dél. 30 mai-5 juin 1865, Sol. 15 juill.-11 sept. 1868).

9. REMISE. — Le ministre peut faire remise de tout ou partie de l'exécutoire (Sol. 17 juill. 1855, 5 sept. 1862, 4 janv. et 10 mars 1868). Les amendes et droits en sus peuvent faire l'objet de remises ordinaires (Sol. 28 mai 1862).

10. OFFICIERS MINISTÉRIELS. — Les officiers ministériels n'ont pas à intervenir personnellement dans le recouvrement; l'Administration l'opère à son gré (Sol. 21 avr. 1857, 17 juin 1857).

De ce que la créance du Trésor a la préférence sur celle des autres ayants droit, il suit évidemment que l'Administration ne saurait être tenue de désintéresser les officiers ministériels, greffiers, etc., en cas d'insolvabilité du condamné (Sol. 29 janv. 1852, 29 nov. 1856, 23 mai 1859).

11. PROCÉDURE NON DÉFINITIVE. — Lorsque l'exécutoire a été délivré au sujet du jugement qui ordonne le partage d'une succession, le recouvrement des droits ne peut être ajourné à l'époque où le partage aura lieu : « Attendu qu'en considérant l'opposition à la contrainte comme une opposition à l'exécutoire, il n'y aurait pas lieu de prononcer l'annulation du titre dont il s'agit; que cet exécutoire a été délivré en vertu de la taxe faite par le magistrat taxateur conformément aux dispositions du jugement du 30 avril 1867, qui, accueillant la demande de l'assisté, avait déclaré que les frais seraient supportés par les parties au prorata de leurs droits héréditaires; que cette disposition renferme une condamnation dont le montant peut être recouvré indépendamment de la suite donnée à l'instance en partage, le jugement qui l'a prononcé ayant acquis l'autorité de la chose jugée définitivement;—qu'il ne saurait dépendre, en effet, de la négligence involontaire ou calculée des parties d'empêcher le recouvrement des avances dues au Trésor, alors que, comme dans l'espèce, un jugement accepté par toutes les parties a statué définitivement sur les frais du procès » (Corte 28 janv. 1873).

12. TIERS SAISI.—L'Administration peut poursuivre, au nom de l'assisté, le recouvrement des frais de déclaration affirmative et de validité auxquels le tiers saisi est condamné (Seine, 26 juill. 1873).

2300. Privilége du Trésor. — Aux termes de l'art. 18 L. 22 janvier 1851, la créance du Trésor, pour les avances qu'il a faites ainsi que pour tous droits de greffe, d'enregistrement et de timbre, a la préférence sur celles des autres ayants droit. Le receveur doit donc imputer d'abord, sur ces créances, les sommes recouvrées au fur et à mesure de leur recouvrement.

Ce paragraphe, dans le projet du Gouvernement, était ainsi conçu : « La créance du Trésor est *privilégiée* pour les avances qu'il a faites, ainsi que pour tous droits de greffe, d'enregistrement et de timbre. » — «Nous ne croyons pas, disait le rapporteur de la loi, que l'intention des rédacteurs de ce projet ait été d'accorder au Trésor un *privilége de créance* de la nature de celui que la loi du 5 septembre 1807 a établi en matière de frais de justice criminelle, et il est évident qu'un tel privilége ne pourrait se justifier. Ce qu'on a voulu dire, c'est que, si l'administration de l'Enregistement, agissant dans l'intérêt commun du Trésor et des officiers publics, n'était parvenue à recouvrer qu'une partie du montant de l'exécutoire, la créance du Trésor aurait la préférence sur celle des autres ayants droit. Votre commission est d'avis qu'en effet les choses doivent se passer ainsi; mais elle pense qu'il faut l'exprimer plus clairement. Il est bien entendu que ce que nous venons de dire ne préjudicie en rien au privilége établi par l'art. 76 de la loi du 28 avril 1816 pour les droits de timbre et d'enregistrement. » Ainsi, l'État, qui, dans une faillite, réclame une somme, par exemple de 700 francs, pour droits et dépens dont il a fait l'avance, et une autre somme de 100 francs due aux officiers ministériels, au nom desquels il agit, et qui reçoit un dividende de 50 pour 100, soit 400 francs, a droit de conserver la totalité du dividende (16081-1 J. E.).

L'Administration est donc privilégiée à l'égard des officiers ministériels (Seine 26 nov. 1861).

1. CONTRE L'ASSISTÉ. — Lorsque l'assisté a gagné son procès contre son adversaire, qui a été condamné aux dépens, est-ce que l'Administration peut recouvrer les avances contre le condamné par préférence à la créance de l'assisté? L'Administration a décidé l'affirmative, le 7 juin 1870, par le motif que les avances du Trésor ont eu pour objet la reconnaissance et la consécration de la créance de l'assisté, et que, d'après les principes du droit commun, les frais faits pour la conservation de la chose sont privilégiés sur cette chose elle-même (2102 C. C.). Mais cette solution peut être critiquée. En effet, l'assistance judiciaire a pour principal effet de dispenser l'assisté du payement des frais avancés par le Trésor quand il gagne son procès. Ainsi que le déclare le rapport sur la loi : « ce n'est pas un simple crédit accordé à l'assisté, l'assisté est un homme pauvre envers lequel l'État et les officiers ministériels exercent gratuitement une œuvre d'humanité et de bienfaisance. » Cet effet est absolument manqué si, sur la créance que l'assistance remet aux mains de l'assisté, le Trésor prélève ses frais. La situation de cet assisté est alors la même que s'il avait obtenu un simple crédit, puisque c'est lui, en définitive, qui supporte les dépens. Et quel bénéfice retirera-t-il de l'assistance quand la créance n'excède pas ces dépens? Nous croyons donc que la loi du 22 janvier 1851 a dérogé au principe général de l'art. 2102 C. C., et que les dépens ne peuvent être directement ou indirectement prélevés sur la créance de l'assisté. Notre opinion a été adoptée par le tribunal de Saint-Omer, le 14 juillet 1874 (4012 R. P.).

2. PRIVILÉGE A L'ÉGARD DES TIERS. — A l'égard des tiers, le Trésor n'a pas plus de droits que l'assisté. Il a été jugé, en conséquence, que la saisie-arrêt formée par l'Administration pour le recouvrement des frais n'est pas valable quand une saisie semblable, faite par l'assisté pour le versement de la condamnation principale, a été déclarée nulle (Seine 5 fév. 1857, 16486-1 J. E.).

Il en est autrement en matière de timbre (L. 28 avr. 1816 art. 76).

3. SÉPARATION. FAILLITE. — Les frais de la séparation de biens prononcée sur la demande de la femme du failli sont des frais à supporter par la masse (Cass. 11 juin 1877, 4986 R. P.).

2301. Prescription. — Le temps de la prescription de l'action tendant au recouvrement des exécutoires délivrés en cette matière, à l'Administration, soit contre l'assisté, soit contre la partie adverse, est réduit, par l'art. 25 de la loi du 22 janvier 1851, à dix années.

1. DÉBET. — Cette disposition s'applique dans sa généralité à toutes les créances comprises sur ces exécutoires, c'est-à dire aux droits des actes visés ou enregistrés en débet comme aux autres frais et avances.

2. TRANSACTION. — DÉSISTEMENT. — PRESCRIPTION TRENTENAIRE. — En cas de transaction ou de désistement, il n'est pas délivré d'exécutoire, et cependant les droits des actes renfermant une contravention au timbre ou sujets à l'enregistrement dans un délai déterminé deviennent exigibles. La loi autorise l'Administration à en poursuivre le recouvrement par voie de contrainte contre l'assisté. Ce n'est pas alors la perception biennale qui est applicable, car il ne s'agit pas d'une insuffisance de perception dans le sens de la loi. On rentre sous l'empire du droit commun de la prescription trentenaire (*Conf.* : J. des av. n° 1289 § 3).

3. POINT DE DÉPART. — La prescription part du jour où l'exécutoire est délivré au receveur qui ne peut pas agir avant cette époque contre la partie.

En cas de transaction, elle part de la date de cet acte (Sol. 16 mai 1870).

Si l'exécutoire a été délivré par erreur avant que le jugement soit définitif, la prescription ne court pas (Sol. 16 mai 1870).

4. QUI PEUT OPPOSER LA PRESCRIPTION. — La prescription ne peut être opposée que par le débiteur de l'exécutoire et non par l'assisté ou par un tiers (Seine 25 avr. 1868).

5. AMENDES. — Les amendes de contravention à l'art. 20 L. 22 janvier 1851, encourues par les greffiers sont soumises à la prescription de deux ans (Redon 26 juin 1861).

2301 bis. Radiation. — La radiation de l'inscription d'hypothèque judiciaire prise au profit du Trésor peut être ordonnée d'office par le tribunal, sans qu'il soit procédé à un ordre judiciaire (Saint-Quentin, 20 déc. 1876).

CHAPITRE V. — RETRAIT DE L'ASSISTANCE

[2302]

2302. Retrait de l'assistance. — L'assistance peut être retirée à l'assisté dans diverses circonstances prévues par la loi de 1851 ; s'il survient à l'assisté des ressources reconnues suffisantes ou s'il a surpris la décision du bureau par une déclaration frauduleuse. Suivant l'art. 24, le retrait de l'assistance a pour effet de rendre immédiatement exigibles les droits de toute nature dont l'assisté avait été dispensé. Dans ce cas, le greffier doit délivrer au receveur de l'Enregistrement l'exécutoire des frais comme il est dit ci-dessus.

1. RÉFORMATION DU RETRAIT. — Si la décision de retrait est réformée et si l'assistance est rendue, les frais faits en conformité de l'art. 24, pour le recouvrement des sommes exigibles et la décision qui rend l'assistance, tombent nécessairement en non-valeur (Sol. 16 août 1858).

2. EFFETS DU RETRAIT. — Si le retrait est prononcé avant le jugement, ou après un jugement rendu contre l'assisté, celui-ci est seul débiteur des sommes dues au Trésor. Si ce retrait a lieu après un jugement qui donne gain de cause à l'assisté, l'assisté, perdant le bénéfice de la loi, n'en est pas moins tenu d'indemniser le Trésor, concurremment avec ses adversaires (Sol. 1er sept. 1855, 12 déc. 1857).

3. COMPÉTENCE. — Ce n'est pas au tribunal de 1re instance, mais au bureau d'assistance judiciaire, qu'il appartient de statuer sur les conclusions d'une partie tendant au retrait du bénéfice de l'assistance accordé à la partie adverse (Seine, 29 août 1877, 4787 R. P.).

ASSOCIATION.

DIVISION

SOMMAIRE

CHAPITRE PREMIER. — PRÉLIMINAIRES

[2303-2305]

2303. Définition. — L'association est l'union de plusieurs personnes pour quelque intérêt commun. — Il est plusieurs espèces d'associations. Les unes n'ont pour objet que l'utilité privée des associés. Ce sont les *sociétés* ordinaires, les *compagnies de finances*, etc., tandis qu'il y a des associations qui ont une existence civile, et même quelquefois politique. Ce sont celles qui se destinent, soit à la propagation ou au maintien de la religion, soit à l'instruction publique soit à l'accomplissement de diverses œuvres de charité ou de bienfaisance, soit enfin à favoriser les progrès de l'agriculture.

2304. Caractère. — Il y a cette différence entre les deux espèces d'associations que nous avons signalées, que dans les dernières, c'est-à-dire celles qui ont un objet d'intérêt ou d'utilité publique, communautés religieuses, établissements de bienfaisance, la personne civile ou morale est tout, possède tout, dispose de tout; les membres ne sont rien, n'ont aucun droit comme particuliers, ne peuvent disposer à leur profit de la chose appartenant au corps; elle ne leur est profitable, si tant est même qu'elle leur profite, qu'en qualité de membres du corps. — Les associations de la première classe, c'est-à-dire celles qui n'ont qu'un intérêt privé, n'ont, au contraire, d'autre objet que de conserver les droits personnels. Ellles ne reçoivent et ne possèdent que sous le nom et pour l'intérêt des membres qui les composent, qui n'agissent en commun ou sous un nom collectif, que pour l'intérêt de chacun d'eux (Nouv. Denisart, V, *Corps*).

2305. Autorisation. — L'importance des associations qui ont un but d'intérêt ou d'utilité publique est telle qu'elles ne peuvent s'établir sans une autorisation, quelquefois même sans une loi.

Bien qu'elles constituent des sociétés auxquelles il faut appliquer la plupart des règles développées dans notre travail sur les sociétés ordinaires, cependant elles présentent certaines particularités qu'il importe d'examiner séparément.

CHAPITRE II. — ASSOCIATIONS RELIGIEUSES

[2306-2319]

2306. Suppression et créations nouvelles. — Les associations religieuses d'hommes ou de femmes furent détruites par une loi du 18 août 1792, et une seconde loi du 3 messidor an 12, en supprimant, sauf les congrégations hospitalières et de charité, toutes les associations religieuses qui avaient échappé à la loi de 1792, décida, par son art. 4, que nulle association d'hommes ou de femmes ne pourrait se former sans une autorisation du Gouvernement (*V.* L. 1825, art. 5 et 6). — Par suite de cette seconde loi, un grand nombre de congréations ou d'associations religieuses ont été, depuis la Révolution, rétablies ou créées par des décrets ou ordonnances (*V.* notamment décret 18 fév. 1809).

2307. Congrégations de femmes. — La loi du 24 mai 1825 a légalisé l'existence des congrégations de femmes qui s'étaient déjà établies, et de celles qui pourraient être créées par la suite. Celles des dispositions de cette loi qu'il est utile de connaître au point de vue où nous sommes placé, sont celles-ci :

1. AUTORISATION. — Aucune congrégation religieuse de *femmes* ne peut être autorisée qu'après la vérification et l'enregistrement de ses statuts au conseil d'État, en la forme requise pour les bulles d'institution canonique. L'autorisation est accordée par une loi aux congrégations de femmes qui n'existaient pas au 1er janvier 1825, et par une ordonnance à celles déjà existantes à cette époque. Cette autorisation ne peut être révoquée que par une loi (Art. 2 et 6).

2. ALIMENTS. — En cas de révocation de l'autorisation accordée à une congrégation ou maison religieuse, les membres qui en faisaient partie auront droit à une pension alimentaire : prélevée; 1° sur les biens acquis à titre onéreux ; — 2° subsidiairement, sur ceux acquis à titre gratuit, lesquels, en ce cas, ne *feront retour aux familles des donateurs ou testateurs* qu'après l'extinction de ces pensions (Art. 7).

3. ACQUISITIONS. — ALIÉNATIONS. — Les établissements autorisés peuvent, avec l'autorisation du roi : 1° accepter les meubles et immeubles à eux donnés par actes *entre-vifs ou par testaments*, à titre particulier ; — 2° acheter des immeubles ou des rentes ; — 3° aliéner les immeubles et rentes leur appartenant (Art. 4).

4. RÉSERVE AU PROFIT DES HÉRITIERS. — Nulle personne faisant partie d'un établissement autorisé ne pourra *donner, par acte entre-vifs ou testamentaire*, à cet établissement ou à l'un de ses membres, plus du quart de ses biens, à moins que sa libéralité n'excède pas 10,000 francs. La prohibition cessera à l'égard des membres de l'établissement, héritiers en ligne directe de la testatrice ou donatrice, et elle n'aura d'effet pour les communautés déjà autorisées que six mois après la publication de cette loi, et pour celles autorisées à l'avenir, six mois après leur autorisation (Art. 5).

5. RETOUR DES BIENS. — En cas d'extinction d'une communauté de femmes ou de révocation de l'autorisation à elle accordée, les biens acquis par testaments ou par donations feront retour aux donateurs ou à leurs héritiers naturels, ainsi qu'à ceux des testateurs (Art. 7).

6. ATTRIBUTION DE BIENS. — Les biens ne faisant pas retour, et ceux acquis à titre onéreux, seront attribués moitié aux établissements ecclésiastiques, moitié aux hospices du département où seront situés les établissements éteints. Ces dispositions sont applicables aux congrégations et maisons religieuses de femmes autorisées avant la publication de la loi du 2 janvier 1817 (Art. 7 et 8).

2308. Administration des biens. — Les biens des associations religieuses ne peuvent être administrés que conformément au Code et aux lois et règlements sur les établissements de bienfaisance (Art. 14 L. 18 fév. 1809, 432 n° 4 I. G., 3159 J. E.).

2309. Administrateurs. — L'art. 910 C. C. portait que les dons et legs qui sont faits aux établissements publics n'ont d'effet qu'après que l'acceptation en a été autorisée par le Gouvernement. La loi du 24 mai consacre ce principe. D'après l'art. 937 de ce même Code, l'*acceptation* doit avoir lieu par les *administrateurs*. — Il résulte de ces dispositions combinées, que, ainsi que le porte l'art. 12 du décret 1807, la donation faite à une congrégation ou communauté religieuse doit être acceptée par la supérieure. Et ce principe a été appliqué, en thèse générale, par l'art. 18 d'une instruction ministérielle, 17 juillet 1825, ainsi conçue : « Les dispositions des lois et règlements qui prescrivent les formalités à remplir par les établissements d'utilité publique pour acquisitions, aliénations, et en général pour l'*administration de leurs biens*, sont applicables aux actes de cette nature concernant les congrégations et communautés, qui seront représentées, suivant les cas, par la supérieure générale ou par la supérieure locale. »

2310. Congrégations d'hommes. — Bien que les dispositions législatives et administratives dont nous venons de rendre compte n'aient prévu que les congrégations de femmes, il est hors de doute qu'elles doivent être appliquées, par analogie, aux associations d'hommes, également autorisées.

Le nombre des associations de l'espèce est, d'ailleurs, très-restreint. Il ne reste aujourd'hui, des établissements autorisés par le premier empire, que ceux du Mont-Genève et de la Grande-Chartreuse, et encore est-il douteux que cette dernière communauté soit reconnue.

Les établissements des prêtres du Saint-Esprit, de Saint-Lazare et des Missions étrangères, destinés à l'éducation des missionnaires, ont été autorisés par ordonnance royale des 2 mars 1815 et 3 février 1816 (Cass. 19 déc. 1864, S. 65-1-18).

Les communautés des frères des écoles chrétiennes ont été également autorisées par des décrets et ordonnances des 17 mai 1808, 29 février 1816, 14 avril 1824 et 21 avril 1828.

2311. Bail à vie. — 1. COMMUNAUTÉ AUTORISÉE. — Si la communauté religieuse a été légalement constituée, porte une Sol. 4 juin 1841 (11328 J. N., 1661 § 4 I. G.), elle forme un corps dont l'existence est indépendante des individus qui en font partie, et les membres de la communauté n'ont aucun droit aux biens acquis par la collaboration. Dès lors, l'apport fait par la personne qui entre dans cette congrégation, de la dot exigée, doit être considéré comme le prix de l'engagement que prend l'association de lui fournir pendant sa vie tout ce qui est nécessaire à son existence (*V.* Cass. 10 fév. 1868, S. 68-1-98, Bayle Mouillard t. 1er n° 130, Demolombe *des Donat.* t. 1er n° 572). Le droit de bail à vie à 2 pour 100 est donc exigible sur le montant de cette dot. — Plusieurs tribunaux se sont rangés à cette doctrine (Clermont-Ferrand 28 juin 1843, 13330-1 J. E., 6377 C. — Valence 10 août 1842, 13056 J. E.; — Limoges 8 mars 1848, 14441 J. E.).

On objectait que la pension alimentaire due à tout associé, en cas de dissolution de l'association (*V.* 2307-2), peut être considérée comme une *répartition* des biens de l'association, répartition pour laquelle la forme de pension est substituée à une distribution en nature; que l'association religieuse, bien qu'établie dans un but spirituel, a, en outre, un objet essentiellement temporel, qui est de faire participer chacun de ses membres aux avantages d'une vie commune, au moyen de l'apport qu'il fait pour subvenir aux charges; on ajoutait qu'abstraction faite du but religieux (sans influence pour l'appréciation du caractère d'un acte purement civil), le bénéfice que les associés retirent de l'association religieuse est parfaitement appréciable sous le rapport du bien-être physique et moral et autres avantages matériels, que l'isolement ne permettrait pas d'espérer; que les conditions exigées par l'art. 1832 C. C. pour le contrat de société, paraissent donc exister, dans le cas même où l'établissement religieux est légalement autorisé, et que l'on peut dire que toute association religieuse doit être considérée comme une association civile. On soutenait, dès lors, qu'il fallait faire à l'acte, par lequel une personne admise à faire profession dans une communauté religieuse légalement établie, s'oblige à payer une somme déterminée, moyennant laquelle elle sera logée, nourrie et entretenue pendant sa vie, l'application du principe qui veut que le droit fixe de 5 francs (aujourd'hui le droit gradué) soit perçu sur l'acte d'adhésion à une société (Dél. 2 oct. 1849 et 19 mars 1851, 14320 J. N.; — Mauriac 21 juill. 1847, 13135 J. N., Champ. et Rig. *Suppl.* 725 et 269, Dalloz nos 3540 et 3541, D. N. t. 3 p. 393 n° 64).

Cependant cette doctrine n'a pas été sanctionnée par la C. cass. Le tribunal de Castres ayant jugé, le 19 août 1853 (165 R. P.), qu'un pareil contrat, produisant tous les effets d'un bail à nourriture, est, à ce titre, soumis au droit proportionnel de 2 pour 100, et non pas seulement au droit fixe, comme pour les apports dans une société ordinaire, le pourvoi formé contre ce jugement a été rejeté, en ces termes, par la chambre civile, le 7 novembre 1855 : « Attendu que, par acte notarié du 6 septembre 1853, C.-Françoise-Irma Levejac, au moment de son admission comme religieuse dans la congrégation de l'Immaculée-Conception, autorisée par le Gouvernement et légalement constituée, s'est engagée à payer à la supérieure de ladite congrégation, dans un an, avec intérêt jusque-là, la somme de 6,000 francs; que cet acte contient évidemment une transmission de propriété mobilière, et donne, dès lors, ouverture au droit proportionnel établi par l'art. 4 de la loi du 22 frimaire an 7; qu'il est impossible de voir dans l'acte du 16 septembre un apport en société qui serait passible du droit fixe de 5 francs; qu'il résulte, en effet, des dispositions de la loi du 24 mai 1825 qu'une communauté religieuse légalement autorisée n'est pas une société civile; que c'est un corps de mainmorte, indépendant des personnes qui en font partie; que celles-ci ne peuvent demander ni la dissolution de la communauté ni le partage des biens qui appartiennent à la congrégation, et, qu'en cas d'extinction de la congrégation, elles n'ont droit à aucune portion de ces biens, mais à une simple pension alimentaire; que, la disposition contenue dans l'acte du 16 septembre 1853, et n'ayant pas été prévue par la loi du 22 frimaire, il y a lieu de lui appliquer, pour fixer la quotité du droit à percevoir, l'article de la loi auquel cette disposition se rapporte. Attendu qu'en échange de l'obligation par elle contractée de payer une somme de 6,000 francs, Catherine-Françoise-Irma Levejac s'assurait pendant sa vie tous les avantages de la vie commune dans la congrégation dans laquelle elle entrait, et suivant les règles de cette congrégation; qu'en décidant que ce contrat présentait des affinités frappantes avec le contrat qualifié par la loi du 22 frimaire an 7 de bail ou convention pour nourriture de personnes, et, dès lors, rentrait sous l'application de l'art. 69 § 2 n° 5 de cette loi, le jugement attaqué, loin de violer les articles de loi invoqués à l'appui du pourvoi en a fait une exacte application » (533 R. P., 2060 § 1er I. G., S. 56-1-74). La même doctrine résulte des jugements de Vienne, du 15 juillet 1852, et de Figeac, du 4 décembre 1855 (642 R. P., 16187 J. E., 15762 J. N., 10695 C.). On peut considérer la jurisprudence comme fixée sur ce point.

2. COMMUNAUTÉ NON AUTORISÉE. — Le doute n'est plus possible si l'établissement religieux n'est pas légalement autorisé. L'Administration reconnaît, dans l'I. G. 2060-1, que l'association prend alors tous les caractères d'une société civile dans laquelle les biens et valeurs dépendant de l'établissement sont possédés en commun par les associés; d'où la conséquence que chacun d'eux pouvant, nonobstant toute prohibition, provoquer la dissolution de la société, et recevoir sa part dans le fonds social, l'acte qui constate l'adjonction d'un individu à cette association, moyennant un apport en meubles ou en immeubles, n'est passible que du droit fixe gradué applicable aux sociétés. — *V.* 1591 et 15160.

3. DONATION. — L'acte contatant que les père et mère d'une personne faisant partie d'une congrégation religieuse autorisée, ont versé à la communauté une somme déterminée à titre de dotation de leur enfant doit être considéré comme déguisant, sous les apparences d'un bail à vie, une libéralité

au profit de l'établissement religieux, s'il est établi postérieurement par un acte authentique que la dot exigée pour l'entrée en religion avait été antérieurement acquittée. Il y a donc lieu de percevoir le droit de donation, sauf à imputer le droit du bail à vie précédemment perçu (Bar-sur-Seine 2 août 1859, 17027 J. E.).

Nous avons déjà examiné un côté de cette question au mot *Aliments*.

2312. Donations. — Aucune distinction n'est aujourd'hui à faire entre les associations hospitalières et de charité (6535, 7606, 7125, 8302, 8406, 7831 J. E., 1200 § 1er I. G.), et celles purement religieuses, pour la perception des droits d'enregistrement sur les actes de diverses natures qu'elles peuvent passer. La loi du 18 avril 1831 art. 17 (7442 J. N., 1399 I. G.), les a *toutes* fait passer sous le niveau commun. En conséquence de cette loi, les acquisitions, donations et legs que font ou acceptent les congrégations religieuses, en général, sont soumis aux droits proportionnels d'enregistrement et de transcription établis par les lois existantes.

1. ACCEPTATION PROVISOIRE. — Une donation, qui n'a été acceptée que provisoirement, n'est pas sujette au droit proportionnel, parce que l'autorisation d'accepter doit toujours précéder l'acceptation (Dél. 11 juill. 1837, 5398 Roll.). — Cette acceptation provisoire doit toujours être passée devant notaire avant que l'acceptation définitive puisse être autorisée (Av. Cons. d'Ét. 4 juin 1840, 12780 J. E.). Cette règle est commune à tous les établissements publics.

2. ACCEPTATION DÉFINITIVE. — Aucun notaire ne peut, d'ailleurs, passer acte de vente, d'acquisition, etc., au nom d'une communauté religieuse, s'il n'est justifié de l'ordonnance portant autorisation de l'acte, cette ordonnance doit y être entièrement insérée (Ord. 14 janv. 1831 art. 2, 7407 J. N.).

2313. Rétrocession. — Une D. m. 10 juin 1835 (9017 J. N., 1498 § 5 I. G.) veut, en règle générale, que tout acte portant transmission par les membres des communautés religieuses, *au profit de ces établissements*, soit sujet au droit proportionnel, alors même qu'il est justifié que les biens avaient été originairement acquis au moyen des fonds *appartenant* à la communauté. Cependant un décret, 31 janvier 1852 (*Bull. des Lois* n° 3600), ayant décidé que les congrégations et communautés religieuses de femmes pourront, sur le consentement de l'évêque diocésain, être autorisées, lorsqu'elles rempliront certaines conditions prévues au décret, une seconde D. m. f. 25 juin 1852 (15496 J. E., 14795 J. N., 1942 I. G.), a posé une exception à la règle générale ci-dessus. Il a été considéré que les communautés religieuses non reconnues n'ayant pu stipuler légalement ni accepter des donations ou legs, ont dû posséder des immeubles, *sous des noms empruntés*, et que les actes nécessaires aujourd'hui pour régulariser cette possession, étant plutôt déclaratifs que translatifs de propriété, il serait trop rigoureux de les assujettir au droit proportionnel ; en conséquence, le droit d'enregistrement de 2 francs fixe (3 fr.) est seul exigible sur les actes par lesquels les communautés religieuses sont, *dans les six mois de leur reconnaissance*, investies d'un titre régulier de propriété *de la maison conventuelle et de ses dépendances*.

Mais il doit être entendu que le droit proportionnel de mutation est exigible si les actes ne contiennent pas la déclaration expresse que les propriétaires apparents de ces immeubles ne possédaient que *pour et au nom* de la communauté qui avait fait les frais des acquisitions, ou si la déclaration *est reconnue inexacte*.

Le ministre peut proroger le délai (Sol. 9 juill. 1877).

1. SUCCESSION. — Si la remise de l'immeuble a lieu non par la personne même au nom de laquelle la propriété avait été acquise, mais par son légataire, l'exemption d'impôt dont jouit la rétrocession opérée dans les conditions précédentes par ce légataire ne dispense pas la transmission par décès du droit de succession (Cass. 25 mars 1858, 1782 R. P., 2274 § 5 I. G., 17705 J. N., 12455 C., 571 Rev., 17671 J. E.) — V. 16552-2.

2. NATURE ET DESTINATION DES BIENS. — La décision du 25 juin 1852 doit être, d'ailleurs, appliquée sans qu'on ait à se préoccuper de la nature et de la destination des biens rétrocédés par les religieuses à la communauté : il suffit qu'il soit établi que ces biens, dépendant de la maison conventuelle, avaient été acquis pour elle (D. m. f. 2 octobre 1864).

3. COMMUNAUTÉS POSTÉRIEURES. — La décision s'étend, non-seulement aux communautés existant au jour du décret, mais à toutes celles qui se formeraient depuis et feraient ensuite dans les six mois de leur reconnaissance la déclaration dont il s'agit (Sol. 15 mars 1862). Mais cette mesure exceptionnelle ne saurait être étendue au cas où les acquisitions faites sous des noms supposés ont eu lieu après la reconnaissance légale des établissements dans l'intérêt desquels on prétend avoir agi (D. m. f. 10 août 1857).

4. TITRE DE PROPRIÉTÉ. — Pour que l'exemption prévue par le décret du 31 janvier 1852 soit accordée, il faut que les communautés religieuses soient investies dans les six mois de leur reconnaissance, d'un titre régulier de propriété. Or, par titre régulier, on doit entendre un acte précédé d'un décret d'autorisation (art. 4 de la loi du 24 mai 1825) et passé devant notaire, comme le prescrit la circulaire de M. le ministre des cultes du 21 juillet 1852.

5. TRANSCRIPTION. — Les actes prévus par la décision de 1852 ne sont sujets, lors de leur transcription, qu'au droit fixe lorsqu'ils ont été enregistrés au droit fixe de 3 francs (Sol. 2 oct. 1877, 4821 R. P.).

6. ACQUISITION AU NOM DE LA COMMUNAUTÉ. — Si l'achat avait eu lieu au nom de la communauté formée ou en formation, la déclaration serait dans tous les cas sujette au droit fixe (Sol. 7 juin 1878).

2314. Mutation après décès. — Biens au survivant des associés. — Il arrive toujours que dans la constitution d'une association religieuse, il est stipulé que l'association, loin de se dissoudre par le décès de l'un ou de plusieurs de ses membres, doit, au contraire, se continuer avec les associés survivants ; que la part dans le fonds commun de chaque associé décédé accroîtra à la société, c'est-à-dire aux survivants, de telle sorte que le dernier associé survivant doive devenir et demeurer seul propriétaire de la totalité du fonds commun et de ses accroissements successifs. On doit reconnaître que, si, pour le copropriétaire qui décède, le droit de propriété vient à cesser lors de son décès pour lui ou plutôt pour sa succession, ce n'est point parce que ce coassocié ne saurait, par l'effet d'une condition suspensive qui vient à se réaliser, être réputé n'avoir jamais été copropriétaire de son vivant ; mais c'est bien par l'effet d'une condition résolutoire qui fait passer la propriété de la personne du prédécédé à celle des survivants. D'où la conséquence qu'il y a transmission de propriété, ce qui donne incontestablement ouverture au droit proportionnel établi par l'art. 4 L. 22 frimaire an 7, exigible au décès de chaque sociétaire. — La jurisprudence qui s'est formée sur cette question a fait prévaloir la doctrine de Merlin qui enseignait que deux propriétaires par *indivis avec clause de réversion*, ne sont propriétaires chacun que de la moitié de l'objet commun, et que ce n'est qu'au décès de l'un, que la propriété de la moitié du décédé passe sur la tête de l'autre.

1. ESPÈCE. — Par acte notarié, des religieux ont formé entre eux une société civile et universelle de tous biens présents et de gains, conformément aux articles 1836 et suiv. C. C., et à vie pour chaque associé, avec stipulation que les parts des associés qui prédécéderont accroîtront à ceux des survivants, de sorte que le dernier associé vivant deviendra seul propriétaire de la totalité du fonds social. Décidé qu'un droit de mutation est exigible au décès de chaque associé, non-seulement sur sa part primitive, mais sur cette part augmentée de celles des associés prédécédés (Cass. req. 22 août 1842, 11450 J. N., 13082 J. E., 1683 § 3 I. G., S. 42-1-794 ; — Lyon 10 août 1841, 12810 J. E. ; — Rouen 29 juin 1849, 14881 J. E.; — Cass. req. 24 nov. 1869, 3029 R. P., 19759 J. N., 18814 J. E., 2644 Rev. 2397-5 I. G., S. 70-1-85, D. 70-1-269, P. 70-173).

« Attendu, porte l'arrêt du 24 novembre 1869, que dans les actes publics des 28 août 1840, 20 mai 1848, 9 septembre 1851 et 19 octobre 1857, établissant entre les diverses personnes qui y contractent une société civile sans terme déterminé pour l'établissement et la gestion d'un hospice d'aliénés, il est dit : « La société est à vie pour chaque associé, et conti-« nuera d'exister entre les survivants, sans que, ni en cas de « mort, ni en cas de retraite volontaire ou d'exclusion, le « membre qui cessera d'en faire partie, ni ses héritiers puis-« sent rien prétendre ni de ses apports, ni de ses profits dans « la société. En cas de dissolution, ce fonds social sera par-« tagé par portions égales entre les associés survivants... » — Attendu qu'en décidant que l'abandon par chaque associé de ses apports au profit des survivants, constituait la transmission de biens définie par l'art. 4 de la loi du 22 frimaire an 7, le jugement attaqué n'a fait qu'une juste application de ladite loi ; qu'en effet, s'il en était autrement, les survivants deviendraient propriétaires des biens apportés par le prémourant, sans que cette mutation, pourtant très-réelle, eût jamais acquitté de droit, soit au moment de la constitution de la société, soit au moment de la retraite de chaque associé. »

2. ESPÈCE. — Une association de même nature est formée entre des religieuses pour *un temps déterminé* avec stipulation qu'à l'expiration du temps pour lequel la société est constituée, tout le fonds social appartiendra aux associées existantes pour être partagé entre elles par égales portions, encore bien que la mise de chacune n'ait été ni de même nature, ni de même valeur ; que jusqu'à ce moment le décès d'une ou de plusieurs des associées n'apportera aucun changement à la société qui continuera à subsister entre les survivantes, lesquelles resteront seules propriétaires des biens de l'associée prédécédée. — Le droit de mutation a été reconnu comme ci-dessus exigible au décès de chaque associée (Cass. req. 15 juin 1847, 13093 J. N., 14281 J. E., 1796 § 17 I. G., S. 47-1-625 ; — *Espèces semblables* : mêmes décisions. Cass. req. 8 août 1848, 13482 J. N., 14555 J. E., 1825 § 9 I. G., S. 48-1-665 ; — Cass. civ., 7 janv. 1850, 3936 J. N., 14882 J. E., 1857 § 4 I. G. ; S. 50-1-142 ; — Alençon 5 août 1850, 15062-3 J. E.).

« Attendu, porte l'arrêt du 7 janvier 1850, que, par acte en date du 14 mai 1834, Joyez, Delahaye, Dumetz et Crèvecœur formèrent ensemble une société, et qu'il fut stipulé par cet acte que les associés mettraient en commun les biens y désignés ; qu'ils firent également entrer dans cette communauté tous les profits qu'ils devaient tirer de ces biens et de leur industrie ; que cette association était formée pour une durée de vingt-cinq ans, et qu'il était stipulé qu'en cas de décès de l'un des associés sa part accroîtrait au fonds social lui-même ; qu'enfin, à l'expiration des vingt-cinq années pour lesquelles la société était contractée, les biens meubles et immeubles la composant devaient appartenir en toute propriété aux associés survivants ; — Attendu qu'il résulte de ces diverses clauses que c'est par le décès des uns et la survivance des autres que devait s'accomplir la condition suspensive sous laquelle la propriété était éventuellement transmise, soit à la société, soit aux associés survivants ; qu'ainsi, à mesure de chaque décès, et par l'effet de ce décès, les associés survivants devenaient propriétaires des parts sociales des sociétaires prédécédés ; — Que, dès lors, la disposition du contrat a constitué au jour du décès de chaque associé la transmission de biens déterminée par l'art. 4 de la loi du 22 frimaire an 7, et donné ouverture au droit proportionnel de mutation établi par cet article. »

3. ESPÈCE. — Divers actes notariés constatant des échanges et des acquisitions d'immeubles faits conjointement et solidairement par des religieuses réunies en communauté et agissant en leurs noms privés, contiennent la clause suivante : « Il est convenu entre les dames acheteuses que l'objet qu'elles viennent d'acquérir sera par elles joui en commun ; que les droits des prédécédées seront réversibles par égales parts sur la tête des survivantes, de telle sorte que la dernière de celles-ci demeurera seule propriétaire irrévocable de l'objet acquis, dont elle pourra jouir et disposer ainsi que bon lui semblera. » — Même règle que ci-dessus au décès de chaque associée (Cass. civ. 19 nov. 1851, 15344 J. E., 14523 J. N., S. 51-1-767, 1912 § 4 I. G. ; — *Espèces semblables* : et mêmes décisions : Nancy 16 janv. 1849, 14726 J. E. ; — Guingamp 28 août 1850, 15060 J. E ; — Vitré 30 avr. 1851, 15208-7 J. E. ; — Cass. 23 août 1853, 1986 § 1er I. G., S. 53-1-639).

« Attendu, porte l'arrêt du 23 août 1853, que, du jour de la vente, la propriété de l'immeuble acheté en commun par les trois dames acquéreurs, en leurs noms personnels, a reposé sur la tête de toutes trois, chacune pour un tiers ; que la clause dernière, intervenue entre elles, et en dehors des conventions faites avec le vendeur, portant que ledit immeuble restera la propriété de la survivante des trois, n'est point une condition de la vente même, en dépendant et en dérivant nécessairement; qu'elle a eu pour effet de faire passer le tiers de cet immeuble appartenant à la dame Gondal, décédée le 5 janvier 1850, sur la tête des dames Vachot et Bouquet, survivantes, et, par suite, d'opérer une mutation de propriété qui, aux termes des art. 4 et 11 de la loi du 22 frimaire an 7, donne ouverture à un droit proportionnel, en dehors de celui qui a été perçu lors de l'enregistrement du contrat de vente. »

Champ. et Rig., combattant cette jurisprudence, font observer (*Suppl.* 722) que tant que dure la société, l'être moral et distinct des associés, qui la constitue, est seul possesseur et propriétaire de tous les biens mis en commun; que cet état de choses est invariable tant que la société subsiste; que la mort de l'un des associés, quel qu'il soit, n'y apporte aucun changement, et que cette mort n'opère aucune transmission dans le fonds social. — Nous devons ajouter que plusieurs délibérations du 9 décembre 1820 (6857 J. E.), 23 décembre 1825 et 29 décembre 1848 (art. 5566 et 13603 J. N.), ont reconnu que lorsque des immeubles acquis par plusieurs personnes conjointement avec stipulation que le dernier vivant sera seul propriétaire, et que les parts des prémourants accroîtront successivement aux survivants, la convention étant purement aléatoire, il ne s'opère, au décès des prémourants, aucune mutation passible du droit proportionnel. Mais la jurisprudence est trop nettement fixée dans le sens contraire pour que ces observations puissent aujourd'hui prévaloir.

2315. Nature du droit. — Quel est le droit à percevoir à raison de la mutation qui, ainsi que nous venons de le voir, s'opère au décès de chaque associé? L'Administration a soutenu que le droit de mutation par décès est exigible; et la C. cass., bien qu'elle n'eût jamais nettement formulé sa pensée, paraissait incliner vers ce système dans les arrêts que nous venons de citer.

Cependant on a fait valoir devant elle que la stipulation de réversibilité, en faveur du survivant des coacquéreurs, n'a pas pour but de constituer, de la part du prédécédé, une libéralité au profit du survivant; que chaque coacquéreur a consenti à courir la chance de perdre sa part, mais qu'il a reçu en échange, et comme équivalent, la chance de devenir, s'il survit, propriétaire de la part des prédécédés. Il y a donc là un contrat aléatoire où chacune des parties court également des chances de perte et de gain, et reçoit l'équivalent de ce qu'elle donne; d'où la conséquence qu'à chaque prédécès, il y a mutation à titre onéreux et non une mutation à titre gratuit. La Cour a définitivement adopté cette dernière manière de voir, par arrêts des 15 décembre 1852 (15565 J. E., S. 53-1-125, 2150-1 I. G., 14861 J. N., 12 juill. 1853, 15705 J. E., 15020 J. N., S. 53-1-540, 2150-1 I. G., 10 août 1853, 26 avr. et 26 juill. 1854, 9 avr. 1856, 16, 73, 159 et 647 R. P., S. 54-1-463, 56-1-540, 2458-1 I. G., 24 nov. 1869, 3020 R. P., 19759 J. N., 18814 J. E., 2644 Rev., 2397-5 I. G. — *V.* aussi Caen 2 avr. 1857, 922 R. P., 16589 J. E., 11091 C.).

« Attendu, portent les arrêts du 15 décembre 1852, qu'il ne s'agit pas ici de la succession des religieuses de la communauté du Bon-Sauveur aujourd'hui décédées, et dont les religieuses survivantes, demanderesses en cassation, ne sont les héritières, en totalité ou en partie, ni *ab intestat*, ni à titre de donation ou testament; — Attendu que le droit d'accroissement, stipulé dans les contrats d'acquisition dont il s'agit, des parts des religieuses prédécédées au profit de la dernière survivante, n'est qu'une clause aléatoire qui, établie pour toutes les religieuses également, constituait pour chacune d'elles, relativement à toutes les autres, un acte commutatif; d'où il suit que le droit à percevoir, dans l'espèce, était celui d'une mutation à titre onéreux, et non pas d'une mutation à titre gratuit. »

2316. Quotité du droit. — Mais quelle est la quotité du droit à titre onéreux exigible au décès de chaque associé. Le tribunal de Caen a proposé à cet égard une distinction qui semble avoir été acceptée autrefois par l'Administration. En principe, la congrégation ou la société forme un être moral sur lequel repose la propriété exclusive des biens dépendant du fonds social. Chacun des membres n'y a, tant que la société n'a pas pris fin, qu'un droit mobilier dont la cession est soumise au droit créé pour les transferts d'actions dans les sociétés. Mais il en est autrement à l'égard des associés qui ont fait les apports d'immeubles. Selon la règle ordinaire, ces apports ont été affranchis du droit proportionnel, lors de la mise en commun à la condition que ce droit serait payé lors du partage de la masse si l'apport était attribué à un autre. Dans l'espèce, il n'y a pas de dissolution à attendre d'une congrégation religieuse qui se perpétue par des éléments sans cesse nouveaux. Si le payement de l'impôt était donc retardé au partage de la société, il ne serait jamais acquitté. Aussi, le tribunal a-t-il pensé qu'alors le décès de l'associé qui avait apporté l'immeuble donnait ouverture au droit immobilier comme si, à la dissolution du contrat, cet immeuble était attribué à un autre que celui dont il provient (Caen 2 avr. 1857, 922 R. P., 16589 J. E., 11091 C.). — Cette doctrine, exposée par l'Administration dans un mémoire à la Cour suprême reproduit en partie sous le n° 2000 R. P., ne nous paraît pas acceptable.

D'abord il n'y a aucune distinction à faire, en droit, pour régler la perception entre les sociétés religieuses et les autres. Les droits d'enregistrement dépendent de la nature des actes et des effets civils qui sont attachés à leurs stipulations. Il importe peu que les parties en cause aient un caractère laïque ou religieux. Ainsi que l'a très-justement reconnu une solution du 7 juillet 1867 « des personnes entre lesquelles existe un lien religieux peuvent valablement former entre elles une société purement civile dans les termes du Code, et les actes faits par une telle association sont soumis au droit commun » (2565 R. P.). Nul doute que les cessions de parts d'intérêts dépendants de telles sociétés soient soumises aux dispositions ordinaires de la loi fiscale.

Ce point établi, il ne saurait être contesté que si la société n'est pas dissoute par le décès de l'associé dont la part est dévolue aux survivants, la transmission qui s'opère a pour objet le droit incorporel mobilier appartenant au défunt, dans la société, en vertu du principe général de l'art. 529 C. C. Il n'y a donc aucune raison de ne pas lui appliquer le tarif mobilier des cessions d'actions. On admet ce résultat pour les biens provenant de la collaboration commune. Mais on objecte, pour ceux qui proviennent d'apports immobiliers, le principe d'après lequel le droit proportionnel de vente est dû quand ils sont attribués à d'autres associés, et on dit que cette attribution se réalise par le décès de l'auteur de l'apport. L'objection n'est pas fondée. Nous verrons, au chapitre des *Sociétés*, que le droit demeuré en suspens lors de la mise en commun d'un objet n'est exigible qu'après la dissolution de la société, quand, par le résultat du partage, cet objet se trouve attribué à un autre associé. Cela a lieu ainsi parce qu'alors la mutation est certaine et définitive ; il y a attribution de la propriété à un tiers désigné, passage du *dominium* d'une tête sur l'autre. Au cas particulier, la société subsiste, et s'il est constant que l'auteur de l'apport a perdu la propriété de l'objet, il est encore impossible d'en désigner positivement l'acquéreur. On doit donc attendre, pour percevoir ce droit, la dissolution et le partage de la société. Sans doute le recouvrement peut en être prolongé indéfiniment quand il s'agit de sociétés à durée indéterminée, telles que certaines associations monastiques, mais le fait ne prime pas le droit. La dissolution est toujours juridiquement passible, soit par le consentement mutuel des associés, soit par le défaut d'adhérents nouveaux, soit pour tout autre motif. Cela suffit pour conserver au Trésor l'expectative de sa perception. Si cet état de choses semble compromettant, on ne peut s'en prendre qu'à la jurisprudence, qui a ajourné à la dissolution de l'entreprise, la perception du droit rigoureusement exigible lors de l'apport.

Mais tant que cette jurisprudence sera maintenue il faut en accepter aussi toutes les conséquences. Dès lors, nous tenons pour certain qu'au décès d'un associé, que la société soit ou non à durée limitée, le droit mobilier est dû sur la totalité de la part sociale du défunt, y compris la valeur de ses apports même immobilires. C'est le tarif qui a été appliqué, dans une espèce analogue, par un arrêt de la Chambre des req. de la C. cass. du 24 novembre 1868 (3029 R. P., 19759 J. N., 2397-5 I. G., 18814 J. E., 2644 Rev., S. 70-1-85, D. 70-1-269).

La question n'a pas été, à la vérité, discutée spécialement devant la Cour, mais les faits de la cause démontrent que le droit mobilier avait été liquidé sur l'intégralité de la part sociale du prémourant y compris ses apports, et que cette perception n'a pas été critiquée (*V.* Sol. 7 juill. 1867, 2565 R. P., 18495-2 J. E.).

Le tribunal de Mortagne a donc bien jugé, le 13 janvier 1871 que, quand, en vertu d'une clause de l'acte social, les associés survivants, membres d'une congrégation non autorisée, demeurent propriétaires de la part du prémourant, il est dû un droit proportionnel de cession mobilière à titre onéreux sur la valeur de cette part. « Attendu que la société civile de la Trappe forme un être moral, qu'elle a un siége fixe, où se trouve établi son domicile ; qu'il en résulte, ainsi que l'enseigne Demolombe (t. 9 p. 271 n° 415), que les intérêts de cette association, bien que comprenant des valeurs immobilières, sont meubles par la détermination de la loi, aux termes de l'art. 529 C. C.; qu'il suit de là que, par le décès dudit Debreyne, la société n'étant devenue propriétaire que d'une part sociale, c'est-à-dire d'une valeur mobilière, elle n'est débitrice que du droit de 2 pour 100 pour mutation à titre onéreux de biens meubles, conformément à l'art. 69 § 1er n° 1 de la loi du 22 frimaire an 7. »

Quant au point de savoir si la cession donne lieu au droit de 2 pour 100 ou de 50 cent. pour 100, elle est discutée au chapitre des *Sociétés*.

1. LIQUIDATION DU DROIT. — Qu'il s'agisse de l'associé ayant fait un apport en immeuble ou de celui dont l'apport a été mobilier, c'est toujours sur la valeur vénale de sa part à déclarer, conformément à l'art. 16 de la loi du 22 frimaire an 7, que le droit de cession est exigible. Mais il s'est élevé des embarras sur les bases d'évaluation de cette copropriété mobilière. Le tribunal de Cholet a décidé, le 20 décembre 1865 (13038 C.), que la part de l'associé qui n'a pas apporté d'immeubles doit se calculer sans tenir compte de la valeur des apports immobiliers des autres, parce que, d'une part, l'associé qui apporte un immeuble en demeure exclusivement propriétaire dans l'esprit de la loi fiscale, et que de l'autre, la perception de ce droit mobilier ne dispensant pas du droit immobilier exigible, lors du partage, sur l'attribution de l'immeuble à l'associé qui n'en a pas fait l'apport, la même mutation donnerait ouverture à deux droits. Dans le même ordre d'idées, le tribunal de Caen a jugé, le 2 avril 1857, que pour arbitrer la valeur de l'intérêt mobilier appartenant à l'associé qui n'a pas fait l'apport d'immeubles, on doit tenir compte, mais seulement comme élément d'estimation de la valeur de ce domaine (922 R. P, 16589 J. E., 11091).

Ces raisons ne nous touchent pas et nous en avons dit tout à l'heure la raison. C'est que l'objet de la transmission est le droit incorporel mobilier de l'associé dans tout le fonds social aussi bien dans la partie qui est formée avec les apports que dans celle provenant des bénéfices.

Quant à la double perception que l'on redoute, elle a été sanctionnée dans un cas analogue par deux arrêts de la C. cass. des 8 novembre 1864 et 2 décembre 1873 (2000 et 3788 R. P.), par le motif que l'objet de la mutation n'est pas le même dans les deux hypothèses, la transmission s'appliquant d'abord à un intérêt mobilier et ultérieurement à un immeuble. — Quant aux effets de l'apport en société, bien qu'il ne donne pas lieu immédiatement au droit de vente, ce n'est là qu'une faveur particulière n'empêchant pas que l'immeuble devient la propriété effective de la masse et sert, comme les meubles eux-mêmes, à déterminer l'importance des droits de chaque sociétaire. Autrement, et si la société ne se composait que d'immeubles, il faudrait dire, ce qui est inadmissible, que les associés n'ont, pendant la durée de l'entreprise, aucun intérêt mobilier appréciable.

Mais la part sociale se détermine, déduction faite du passif de la société. Ici s'applique, par analogie, la jurisprudence que nous rapporterons au chapitre des *Successions*, et d'après laquelle la part d'un associé dans une société encore subsistante s'évalue déduction faite des charges (Cass. 3 mars 1829, S. 29-1-245, 1293-6 I G.).

2318. Délai de payement. — Droit en sus. — Puisque l'objet transmis par le prédécès de l'associé est un droit incorporel mobilier, les survivants n'ont aucune déclaration à souscrire dans le délai de trois mois à peine d'un droit en sus. Ainsi que nous l'avons fait remarquer dans nos précédentes éditions, cette obligation et cette peine ne sont applicables qu'aux transmission immobières (L. 27. vent. an 9 art. 4).

La question s'élève quand il n'y a pas de société proprement dite, mais une simple indivision, et que les survivants recueillent, en vertu d'une clause de réversion, la part du défunt dans les valeurs en nature, meubles ou immeubles, dépendant de la communauté. Doivent-ils déclarer les immeubles dans les trois mois, à peine d'un droit en sus? Nous ne l'avons pas pensé. Il ne s'agit pas ici, en effet, d'une mutation verbale d'immeubles dans le sens de la loi du 27 ventôse, an 9. Le titre de la transmission réside dans le contrat de société lui-même. Chaque associé a reçu la possibilité de devenir propriétaire de la part de son communiste si le prédécès de celui-ci venait à se produire. Cette transmission à titre onéreux a été, en d'autres termes, soumise dès l'origine à la condition suspensive du prédécès du coassocié. Or, l'accomplissement de la condition suspensive remonte de plein droit au contrat de société, et la part des prémourants se trouve dévolue aux survivants en vertu du titre primitif d'association. Le décès n'est plus alors qu'un événement ultérieur dont il suffit d'administrer la preuve pour établir la réalité de la mutation renfermée dans le contrat; mais, par une suite nécessaire, cette justification rend le droit exigible sur les meubles comme sur les immeubles, et les parties ne s'exposent à aucun droit en sus pour ne pas acquitter dans un délai légal les droits de la mutation qui s'est accomplie.

Cette situation se produit d'ailleurs dans tous les cas où l'on fait enregistrer au droit fixe un contrat translatif d'immeubles affecté d'une condition suspensive.

Mais la C. cass. a consacré l'opinion contraire. Elle a reconnu, par un arrêt de la chambre civile, du 6 mars 1872, que les nouveaux possesseurs devaient, à peine d'un droit en sus, faire la déclaration des immeubles qui leur sont échus par l'arrivée de la condition, dans les trois mois de cet événement. (3116 R. P., B. C. 52, S. 72-1-246, D. 72-1-201, P. 72-573, 2447-5 I. G.).

Nous reviendrons plus spécialement sur cette question au chapitre de *la Condition* n° 4780.

1. CONVENTION VERBALE. — Si la mutation n'était pas constatée par un acte parvenu à la connaissance de l'Administration, les transmissions successives opérées par le prédécès des associés en vertu de la clause de réversion n'en donneraient pas moins pour cela ouverture au droit de mutation à titre onéreux. Seulement l'Administration ne pourrait en constater l'exigibilité et en suivre le recouvrement qu'à l'égard des immeubles et au moyen des prescriptions de l'art. 12 de la loi du 21 frimaire, an 7, relatives aux mutations secrètes.

2319. Prescription. — De ce que le droit exigible constitue une perception principale sur le contrat de société, il s'ensuit que l'Administration peut la réclamer pendant trente années, comme dans les hypothèses d'une réalisation de crédit ou, plus généralement, de tout droit résultant d'une condition suspensive accomplie. La prescription biennale de l'art. 61 de la loi du 22 frimaire an 7 se restreint, en effet, au droit non perçu sur une disposition particulière dans un acte ou à un supplément de perception insuffisamment faite, ou à une fausse évaluation dans une déclaration et pour la constater par voie d'expertise. Or, l'impôt actuel ne rentre dans aucune de ces catégories, puisqu'il n'est devenu exigible que par l'événement de la survie de l'associé et qu'il constitue, à ce titre, une créance principale tout à fait différente de l'insuffisance de perception. La prescription trentenaire est donc seule applicable (Cass. 14 déc. 1870, 3217 R. P., 14701 C., 20109 J. N., 2926 Rev., 2421-2 I. G., B. C. 187, S. 71-1-37, D. 71-1-87, P. 71-59).

On verra de nombreuses applications de ce principe au mot *Prescription* n° 12972.

CHAPITRE III. — ASSOCIATIONS DIVERSES

[2320-2324]

2320. Ouvriers. — Un décret du 5 juillet 1848 a encouragé l'établissement des associations ouvrières. Les actes à passer pour la constitution de ces associations, ainsi que ceux constatant les prêts faits par l'État à ces associations, sont enregistrables *gratis* (L. 15 nov. 1848, art. 1er, 13581 J. N., 14615-1 J. E., 1826 § 1er I. G.).

Mais, ainsi que le fait remarquer l'Administration, dans l'instruction que nous venons de citer, ces divers actes restent assujettis au timbre, et les dispositions précitées ne sont applicables qu'aux actes et formalités qu'une décision ministérielle aura admis à jouir du bénéfice de la loi du 15 novembre 1848.

2321. Tontines. — Les tontines sont des espèces particulière d'associations dont nous signalons au mot *Sociétés* les principales différences avec les sociétés ordinaires et que la jurisprudence n'a pas voulu soumettre aux principes adoptés pour les congrégations religieuses. Un arrêt de la C. cass. du 1er juin 1858, pris pour règle de perception, décide que l'attribution aux tontiniers survivants de la part des prédécédés ne donne lieu à aucun droit de mutation : « Attendu qu'une tontine est une association particulière dans laquelle au moment où la société se forme, et par le seul effet de la convention, chaque associé aliène son droit au profit de la masse et du dernier survivant, en se réservant l'éventualité d'un gain de survie; que dès lors la propriété avec ses chances d'augmentation réside dans l'être moral qui compose l'association; que le droit des associés s'anéantit, ne se transmet pas, et reste à l'association par suite de son droit préexistant. » (2150 § 2 I. G., 1009 R. P., 16332 J. N., 11309 C., 16747 J. E., S. 58-1-614.)

1. ACTE DE COMPLÉMENT. — Rien ne s'oppose à ce que les tontiniers survivants, après avoir réuni sur leurs têtes la part des tontiniers décédés, renoncent mutuellement en tout ou en partie au bénéfice de leur droit individuel de survie et conviennent, en conséquence, que l'immeuble sera leur propriété indivise. Cette stipulation, qui arrête à moment donné les effets de l'accroissement, semble parfaitement licite. Pas plus que la tontine elle-même, elle ne suppose de mutation entre ceux qui y coopèrent, car s'il n'y a pas de transmission passible du droit proportionnel quand on stipule l'accroissement lors de la mise en commun, il ne saurait y en avoir davantage lorsqu'on suspend les effets de la réversion, c'est-à-dire qu'on renonce à l'éventualité de la survie pour se partager l'objet de la tontine.

L'immeuble étant la propriété de la masse, la convention litigieuse a pour but unique de régler les conditions du partage de cette masse telle qu'elle se trouve à l'époque de la stipulation. Selon nous, il n'y a même dans un pareil accord aucune société proprement dite; il n'y a qu'un contrat intervenu entre des copropriétaires qui renoncent mutuellement à une clause de réversibilité et qui arrêtent, en conséquence, les bases de la division de l'objet commun. Le seul droit exigible serait celui applicable aux actes complémentaires ou aux actes innommés.

2322. Sociétés ordinaires.— L'exigibilité du droit ne se restreint pas, comme pouvaient le faire supposer les arrêts, aux acquisitions faites par les membres des corporations religieuses, il est certain que les sociétés ordinaires seraient soumises aux mêmes règles. Le tribunal de la Seine avait d'abord décidé le contraire par un jugement du 26 août 1856, au sujet d'immeubles achetés en commun par diverses personnes avec condition que la part du prémourant accroîtra aux survivants, et ainsi de suite, jusqu'au dernier qui restera seul propriétaire. Mais ce jugement fut cassé par un arrêt du 14 juin 1858 portant : « Attendu que l'ouverture du droit d'accroissement donne lieu, non à une mutation à titre gratuit par décès, mais bien à une mutation à titre onéreux : qu'en effet il ne s'agit pas de la succession du coacquéreur prédécédé dont les demandeurs (les coacquéreurs bénéficiaires) ne sont ni les héritiers, ni les légataires, pas plus qu'ils ne sont ses donataires, mais d'un droit d'accroissement stipulé dans un acte de vente par les acquéreurs dans des termes tels qu'il en résulte une clause aléatoire, mutuelle, condition inhérente à la vente formellement exprimée et constituant entre toutes les parties un contrat essentiellement commutatif, aléatoire et à titre onéreux, la condition de réversion éventuelle au profit de biens étant, en réalité le prix de la même condition au profit de l'autre» (1018 R. P., 16753 J. E., 2150-1 I. G.). — Le tribunal de la Seine s'est depuis lors conformé à cette jurisprudence (Seine 30 nov. 1861, 1555 R. P., 12130 C., 17441 J. E. — *Conf.* : Bordeaux 14 déc. 1870, 3438 R. P.).

Cette question est plus amplement traitée, d'ailleurs, au mot *Société*.

2323. Époux. — Les mêmes règles nous paraissent applicables aux acquisitions faites par deux époux, chacun pour moitié, avec la stipulation qu'au décès du prémourant l'objet appartiendra tout entier au survivant.

La C. cass. a cependant décidé autrefois, par un arrêt du 11 germinal an 7, qu'il n'est dû à l'événement aucun droit de mutation par décès, attendu que les deux époux ont également contribué au payement du prix (1298 J. E., S. 1-2-660). L'Administration elle-même a varié sur la question. Après avoir adopté la doctrine de l'arrêt dans une Dél. du 9 décembre 1820 (D. N. t. 5 p. 176 n° 100), elle reconnut, le 26 décembre 1843, que quand des époux, mariés sous le régime dotal, ont acquis un immeuble en commun avec stipulation qu'il appartiendra au survivant, cet immeuble doit être compris dans la déclaration de la succession de celui des deux époux qui a survécu (13457 J. E.). Mais plus tard elle décida que si par leur contrat de mariage, les futurs ont acquis un immeuble avec stipulation qu'il restera la propriété du survivant, à la charge de restituer aux héritiers du prémourant sa part dans le prix et dans la valeur des améliorations, la propriété de cet immeuble ne fait pas partie de la succession du prémourant et aucun droit de mutation par décès n'est exigible; car le droit de l'époux survivant résulte non d'une libéralité de l'époux décédé mais du contrat d'acquisition (Dél. 27 août 1844, 13612-6 J. E., 12130 J. N.). Cette interprétation est conforme à l'opinion du J. N., art. 11827 et du D. N. t. 12 p. 272 n° 452. — Mais elle ne peut plus être soutenue aujourd'hui, depuis que la C. cass. a consacré si catégoriquement l'exigibilité du droit de mutation à titre onéreux sur les accroissements de l'espèce. On ne voit pas pourquoi deux époux qui achètent un immeuble avec clause de réversion au profit du survivant seraient autrement traités que des associés ordinaires. Du moment que l'achat les investit chacun de la moitié de la propriété de l'immeuble, cet immeuble ne saurait être attribué totalement à l'un d'eux sans occasionner une mutation. On n'aurait pu éviter le droit qu'en se fondant sur les effets du pacte aléatoire inséré dans le contrat. Mais la C. cass. a précisément écarté cette objection dans ses arrêts. Notre opinion a été confirmée par un arrêt de la chambre civile du 14 décembre 1870 qui a consacré, dans une hypothèse analogue, l'exigibilité du droit proportionnel de mutation à titre onéreux au décès de l'époux prémourant (3217 R. P., 14701 C., 20109 J. N., 2926 Rev., 2420-6 I. G., B. C. 185, S. 70-1-104 D. 71-1-88, P. 70-1038).

1. SUCCESSION. — Si aucune stipulation aléatoire n'est intervenue au moment de l'acquisition de l'immeuble faite conjointement par le contrat de mariage, l'immeuble appartient par moitié à chacun des époux, et la moitié revenant au défunt doit être comprise dans la déclaration de sa succession. Il n'y a plus lieu, en effet, à faire ici l'application du principe fondé sur l'*alea*, qui domine la convention.

Dans tous les cas, quoique les héritiers du mari aient recueilli tous les biens de la communauté, par suite de la renonciation de la femme, ils ne doivent comprendre dans la déclaration de la succession de leur auteur que la moitié de l'immeuble. C'est ce que le tribunal de Strasbourg a jugé, le 29 août 1836 (9448 J. N.), et cette décision est justifiée par la doctrine professée par Toullier t. 12 n° 171 et Duranton t. 14 n° 183, qui reconnaissent que la deuxième disposition de l'art. 1404 C. C. qui fait entrer dans la communauté les immeubles acquis dans l'intervalle du contrat de mariage à la célébration n'est susceptible d'aucune extension et doit être renfermée dans son cas prévu; or, ce serait étendre cette disposition que l'appliquer aux immeubles acquis par le contrat de mariage.

2324. Rente sur l'État. — Quand l'acquisition conjointe a pour objet des rentes sur l'État dont le survivant doit demeurer seul propriétaire, la transmission qui s'opère au décès de chaque coacquéreur résulte également d'un contrat aléatoire à titre onéreux contenu dans l'acte d'acquisition. Il n'est donc pas dû de droit de *mutations par décès* puisque les survivants reçoivent la part du défunt à titre commutatif et onéreux (Lure 14 fév. 1856, 16064 J. N., 11069 C.; — Seine 27 fév. 1857 et 29 janv. 1859, 839 R. P., 16509 J. E., 16525 J. N., Sol. 12 sept. 1865). — D'un autre côté, comme les cessions et transferts *à titre onéreux* des rentes sur l'État, sont exemptées de la formalité de l'enregistrement par l'art. 70

L. 22 frimaire an 7, il en résulte que la transmission s'opère sans donner lieu à aucun impôt.

ASSOLEMENT.

2325. Assolement. — Manière de cultiver les terres labourables d'une ferme par *soles*, et qui consiste à en laisser toujours un tiers en jachères, en sorte qu'il n'y en a jamais que deux tiers ensemencés, savoir : l'une en grains d'hiver, et l'autre en grains de mars.

ASSURANCES.

DIVISION

SOMMAIRE

CHAPITRE PREMIER. — DISPOSITIONS GÉNÉRALES

[2326-2331]

2326. Définition. — L'assurance est un contrat par lequel une des parties s'engage, moyennant une somme ou quelque autre valeur, à indemniser l'autre de la perte ou des dommages fortuits auxquels une chose est exposée. — L'acte qui sert à constater la convention s'appelle *police d'assurance;* la partie qui répond des risques se nomme *assureur;* celle qui en est garantie est l'*assuré*; et le prix des risques à payer à l'assureur reçoit le nom de *prime*.

Ainsi, consentement, objets sur lesquels porte l'assurance, nature des risques, prix de ces risques, sans ces quatre éléments il ne saurait y avoir de contrat d'assurance.

2327. Assurance par gageure. — La première des conditions, pour passer le contrat d'assurance, est d'être propriétaire de la chose assurée. Ainsi, l'assurance qui, au lieu d'intervenir entre le propriétaire de la chose assurée et un tiers, se fait entre deux personnes qui n'ont ni l'une ni l'autre aucun intérêt à la chose, n'ayant pas pour objet un risque véritable, n'est dans le fond qu'une gageure, que l'on nomme *assurance par gageure*, et se trouve prohibée par les art. 1965 et suiv. C. C.

2328. Objet du contrat. — Ce n'est pas la chose assurée qui est l'objet direct du contrat d'assurance; elle n'en est que l'occasion. C'est le *risque* que court cette chose qui fait seul la matière du contrat. « La prime que l'assureur reçoit n'est pas, dit Pothier n° 8, l'équivalent d'une autre chose qu'il donne ou s'oblige de donner à la place, puisqu'il n'aura rien à donner si le vaisseau arrive à bon port; et, au contraire, si le vaisseau périt, l'*indemnité* qu'il sera tenu de donner à l'assuré, étant une chose beaucoup plus considérable que la prime qu'il a reçue de lui, n'en peut être regardée comme l'équivalent. — La prime que l'assureur reçoit n'est donc pas le prix d'une autre chose qu'il donne, mais le prix du *risque* dont il se charge par le contrat, ce qui est le vrai caractère des contrats aléatoires. — *Vice versâ*, l'*indemnité* que reçoit la partie qui a fait assurer ses effets, lorsqu'ils sont péris, étant beaucoup plus considérable que la prime qu'elle a donnée, n'en peut être regardée comme l'équivalent; mais elle est l'équivalent et le prix du *risque* que l'assuré a couru de donner en pure perte la prime qu'il a donnée et de ne rien recevoir à la place, dans le cas auquel les effets assurés seraient arrivés à bon port, et n'auraient essuyé aucun accident. »

2329. Conséquences de ces propositions. — Les conséquences ultérieures de ce que nous avons dit au numéro précédent, que ce n'est pas la *chose* assurée, mais le *risque* à courir, qui fait l'objet du contrat d'assurance, ont une extrême importance et sont, dans certaines circonstances, de nature à exercer une grande influence sur les droits d'enregistrement auxquels peuvent donner ouverture les actes à intervenir à raison de l'indemnité.

Par exemple, si l'indemnité payée par l'assureur ne représente pas la chose même assurée; si elle n'est que le prix du risque qu'a couru l'assuré de payer en pure perte la prime, il en résulte que cette indemnité devra, dans tous les cas, être considérée comme *mobilière*, soit que la chose assurée consiste en un *immeuble* ou un *meuble*. — De même, ceux qui avaient un droit réel sur la chose assurée, par exemple, un usufruit, un privilége, une hypothèque, ne pourront prétendre à l'indemnité sous le prétexte qu'elle serait la représentation de la chose et qu'elle y serait subrogée (Roll. t. 1er p. 392 nos 8, 9).

2330. Indemnité. — Il a été spécialement décidé que l'assureur qui a payé une indemnité n'est pas subrogé de plein droit à l'action de l'assuré contre les auteurs de l'incendie (Cass. 2 mars 1829); il ne peut les poursuivre qu'en son nom personnel, d'après les art. 1382 et 1383 C. C. (Persil n° 200, Pardessus 595, Grun et Joliat 294, Alauzet 478, Goujet et Merger 182).

1. INCENDIE. — L'indemnité due, en cas d'incendie d'un immeuble au locataire qui a fait assurer son risque locatif n'est point dévolue exclusivement au propriétaire de l'immeuble: elle forme le gage commun de tous les créanciers du locataire et doit être distribuée entre eux par contribution (Cass. 20 déc. 1859, S. 60-1-24, — 31 déc. 1862, S. 63-1-532; — Cass. 28 juin 1831, S. 31-1-291; — Colmar 11 mars 1852; — Grenoble 27 fév. 1834, S. 34-2-367; — Paris 21 août 1868, S. 69-2-110; — Douai 2 déc. 1869, S. 70-2-295, Grun et Joliat n° 110, Duranton t. 12 n° 182, Troplong *Hyp.* t. 4 n° 890, Alauzet t. 1er n° 145, Pardessus n° 591, Persil n° 44).

2. USUFRUITIER. — L'usufruitier ne profite pas de l'indemnité résultant de l'assurance faite par le nu-propriétaire en son nom personnel (Besançon 26 fév. 1856, S. 56-2-308; — Colmar 25 août 1826, S. 28-2-17, Alauzet, *Assur.* t. 1er n° 140).

2331. Des choses qu'on peut assurer. — Toutes choses qui sont sujettes à des risques, et que l'on peut garantir, sont susceptibles du contrat d'assurance (Pothier n° 11, Pardessus n° 588). — Tels sont les dégâts causés par le tonnerre ou par incendie, par la grêle, la gelée, les ravages d'ouragans, la mortalité des animaux par épizooties, les vols à main armée, les pillages par guerre ou émeutes, par le naufrage ou l'avarie des marchandises expédiées par terre ou par eau, les vaisseaux ou navires et tout ce qu'ils renferment, etc. (C. com. 334. — Pardessus nos 588 et 758 et suiv.).

1. VIE. — La vie elle-même peut être l'objet d'une assurance. Ce contrat sur la vie peut avoir lieu dans une foule de circonstances; par exemple, ceux qui rachètent des captifs peuvent faire assurer le prix du rachat sur la vie des personnes rachetées, en stipulant, dans le cas où, en faisant leur retour, elles viendraient à être reprises, tuées ou noyées, ou à périr autrement que par mort naturelle. Ce prix leur sera rendu par l'assureur (Pardessus n° 761). Mais les assurances sur la vie sont, le plus ordinairement, des placements où l'intérêt des fonds se combine avec les chances de mortalité, de manière à procurer des avantages que ne sauraient offrir dss placements ordinaires. Il en sera question dans un chapitre particulier.

CHAPITRE II. — ENREGISTREMENT

[2332-2403]

SECTION PREMIÈRE. — DISPOSITIONS GÉNÉRALES

[2332-2346]

2332. Tarif. — La loi du 22 frimaire an 7 et les lois postérieures n'avaient soumis les contrats d'assurances de toute nature à l'impôt qu'autant qu'il en était fait un usage public ou que les parties les présentaient volontairement à la formalité. Le tarif diffère, d'après ces lois, selon qu'il s'agit d'assurances maritimes ou d'assurances terrestres.

Assurances maritimes.—Les polices d'assurances maritimes n'étaient assujetties qu'au droit fixe de 1 franc (2 francs), s'il n'en était pas fait usage en justice (L. 16 juin 1824, art. 5 n° 2). — Mais, lorsque ces actes étaient produits en justice, ils devenaient passibles du droit proportionnel de 1 pour 100 sur la valeur de la prime; en temps de guerre, il n'y avait lieu qu'au demi-droit (L. 28 avr. 1816 art. 51 n° 2).

Assurances terrestres.— Les contrats d'assurances terrestres, quelqu'en soit l'objet autres que ceux qui sont relatifs aux risques de mer, ont été assujettis au droit proportionnel de 1 pour 100 sur le montant de la prime (L. 28 avr. 1816 art. 51 n° 2, D. m. f. 9 mai 1824, 983-2 I. G.).

Assurances mutuelles. — Quant aux assurances mutuelles, ces conventions ont été considérées comme de simples actes de société passibles du droit fixe (D. m. f. 21 déc. 1821, 7165 J. E.; — Provins 4 mars 1847, 14214, J. E.). — V. *Société.*

1. PAIX ET GUERRE. — La loi du 28 avril 1816 n'avait pas expliqué si le temps de guerre devait exister à la date de l'acte ou seulement pendant la durée du temps pour lequel la police est faite, ou s'il suffisait que le temps de guerre existât à l'époque où la police était présentée à la formalité. Voici les règles qui avaient été formulées :

Lorsque les parties n'avaient pas prévu le cas de guerre dans le contrat, et qu'elles avaient fixé une prime quelconque, indépendante de tous événements ultérieurs, la loi qu'elles se sont faites devait être observée pour la perception. C'est donc la date de l'acte qui devait servir à fixer la quotité du droit d'enregistrement, sans considérer l'époque où l'acte était présenté à la formalité, ni les risques que le navire avait pu courir.

Mais, si les parties avaient prévu le cas de guerre, et déterminé une augmentation de prime dans la police d'assurance, leurs conventions devenaient subordonnées aux événements. Il devait en être de même quant à la perception ; l'acte étant présenté à la formalité avant la guerre, et lorsque le temps pour lequel la police est faite n'est pas expiré, le droit devait être liquidé à raison de 1 franc pour 100 sur la prime seulement et non sur l'augmentation de la prime, La raison en est que, la prime étant frappée du droit entier, attendu que l'acte a été fait en temps de paix, l'augmentation éventuelle de la prime pour le cas de guerre ne devait point influer sur la perception, car autrement c'eût été grever doublement les parties, puisqu'elles n'auraient pû profiter de la faveur accordée pour le temps de guerre, et qu'on leur aurait fait supporter le droit sur une augmentation qui n'avait été stipulée que pour le cas où la guerre aurait lieu. Cette perception ne devait être considérée que comme provisoire, et les parties étaient fondées à demander la restitution d'une portion du droit, si, pendant le temps de la police, le navire avait couru les dangers de la guerre; le droit réductible à raison de 50 cent. pour 100 devait alors être liquidé, tant sur la prime que sur l'augmentation de prime, et l'excédant être restitué. Cette restitution ne pouvait être demandée que dans les deux ans à partir de l'époque fixée par la police pour la fin des risques. — Enfin, les parties ayant prévu le cas de guerre, si l'acte n'était soumis à l'enregistrement qu'après le terme réglé par la police d'assurance, le droit est perceptible sur la prime seulement, lorsque le navire avait fait toute sa course en temps de paix, et sur le pied de 50 cent. pour 100 sur la prime et sur l'augmentation de prime, lorsque le navire avait couru les dangers de la guerre. Dans l'un et l'autre cas, l'on ne devait pas avoir égard au temps de paix ou de guerre à l'époque où l'acte est présenté à la formalité. —Pour éviter toute méprise au sujet du droit fixe et du droit proportionnel, les receveurs, dans leur relation sur chaque police d'assurance enregistrée au droit fixe, devaient exprimer la réserve d'un nouvel enregistrement au droit proportionnel avant que l'acte puisse être produit en justice. (1136, n° 15 I. G.).

2333. Délai pour l'enregistrement. — Les seuls contrats rédigés en la *forme notariée* étaient sujets à l'enregistrement dans le délai déterminé pour les actes des notaires: les autres pouvaient n être soumis à la formalité que lorsqu'il en était fait usage en justice (D. m. f. 25 oct. 1822, 7378 J. E., 4239 J. N.). La raison, en ce qui concerne les courtiers de commerce, en était que les actes des courtiers ne sont pas des actes publics. (D. m. f. 10 avr. 1822, approuvant un avis du conseil d'état du 26 avr. 1821, 7378 J. E., 8015 J. N.)—V. en sens contraire, Lemonnier t. 1 n° 40, Dageville C. de com. expliqué t. 2 p. 250, Boulay-Paty t. 3 p. 252 et 292.

1. COMMUNES. — Les contrats d'assurances qui sont passés entre les communes ou établissements publics et les compagnies sous forme d'actes sous seing privé n'étaient également sujets à l'enregistrement que dans les cas d'usage en justice, même lorsque la police est approuvée par l'autorité supérieure, car, d'après la loi du 15 mai 1818, les marchés et les actes translatifs de propriété d'usufruit ou de jouissance d'immeubles sont les seuls actes assujettis à l'enregistrement dans un délai déterminé (Sol. 15 déc. 1858).

2334. Loi du 23 août 1871. — Les règles précédentes ont été modifiées pour les assurances maritimes et pour un certain nombre d'assurances terrestres. Il a paru juste d'assujettir obligatoirement à une taxe un contrat qui, aux termes de la loi commerciale, doit être rédigé par écrit, et qui confère aux deux parties des avantages considérables. Toutefois, le législateur a limité cette obligation aux seuls contrats d'assurances maritimes ou contre l'incendie (2425 I. G.).

L'art. 6 de la loi du 23 août 1871, qui établit cette taxe dispose: que tout contrat d'assurance maritime ou contre l'incendie, ainsi que toute convention postérieure contenant prolongation de l'assurance, augmentation dans la prime ou le capital assuré, désignation d'une somme en risque ou d'une prime à payer, est soumis à une taxe obligatoire.

2334 *bis*. Contrats atteints par la loi. — Tout contrat d'assurance maritime ou contre l'incendie, ainsi que toute convention postérieure contenant prolongation de l'assurance, augmentation dans la prime ou le capital assuré, désignation d'une somme en risque ou d'une prime à payer, est soumis à une taxe obligatoire (art. 6 1er alinéa, L. 23 août 1871, 2413 I. G.).

1. MISE A EXÉCUTION DE LA LOI. — En renvoyant à un règlement d'administration publique la détermination du mode de perception et des époques de payement de la taxe, l'art. 10 de la loi du 23 août 1871 n'a pas suspendu l'obligation de payer la taxe; il a seulement retardé l'exécution de la loi jusqu'à l'époque que le règlement devrait fixer; mais la taxe n'en doit pas moins être calculée à partir du jour où la loi est devenue exécutoire (Sol. 10 juin 1872; — Seine 5 avr. 1873; — Cass. 8 déc. 1873, 3780 R. P.).

2335. Enregistrement gratis. — Avenants. — Moyennant le payement de la taxe, la formalité de l'enregistrement est donnée gratis au contrat d'assurance quand elle est requise (Art. 6 L. 23 août 1871).

Il a été reconnu que, dans l'intention du législateur de 1871, cette gratuité profite, non seulement à la police originaire, mais encore aux avenants, de quelque sorte qu'ils soient, qui se rattachent à la police (Sol. 9 oct. 1872); mais on est revenu sur cette décision, et l'exemption n'est appliquée actuellement, comme en matière de timbre, qu'aux avenants spécifiés dans la loi (Rouen 30 janv. 1877, 4623 R. P. V. *infrà* n° 2404). — *Contrà*: Auxerre 25 juill. 1876, 4541 R. P., déféré à la Cour de cassation.

2336. Assurances non atteintes. — Le gouvernement a expliqué, dans l'exposé des motifs de la loi du 23 août 1871, que certaines assurances, soit à raison de l'objet auquel elles s'appliquent, soit à raison des risques qu'elles couvrent et dont la probabilité n'avait pas encore acquis un degré de certitude suffisant, devaient rester placées sous le régime fiscal actuel.

Telles sont, par exemple, les assurances sur la vie, contre la grêle, la gelée, l'inondation, l'épizootie et pour les objets transportés sur les fleuves et canaux.

1. TRANSPORTS PAR VOIES FLUVIALES. — En ce qui concerne spécialement ces dernières assurances, elles sont, il est vrai, assimilées aux assurances maritimes proprement dites, pour l'exécution des dispositions de la loi du 5 juin 1850 relatives au timbre (D. m. f. 13 août 1851; — Cass. 12 août 1856, n° 2096 § 13 I. G.); mais il a été entendu qu'au point de vue de l'enregistrement elles demeureront placées sous le régime fiscal antérieur à la loi nouvelle (*Exposé des motifs de la loi* § 2, 2425 I. G.).

2. RISQUES DE GUERRE ET D'ÉMEUTE. — Il a été également reconnu que les actes d'adhésion aux sociétés mutuelles contre les risques de guerre et d'émeute échappent à l'application de la taxe sur les assurances contre l'incendie, parce que les cotisations payées par les adhérents sont le prix d'un risque de guerre indéterminé et non d'un risque d'incendie spécialement déterminé (Sol. 25 nov. 1871).

2337. Assurances faites à l'étranger. — Biens français. — Certaines assurances sont passées à l'étranger pour des immeubles et des objets situés en France.

L'Administration soutient que ces assurances sont, en vertu de l'art. 6 de la loi de 1871, soumises à la taxe comme les contrats passés en France. Mais le contraire a été décidé par le tribunal de Marseille le 17 mai 1878.

En tout cas, il ne peut être fait en France aucun usage des contrats, il ne peut même leur être donné aucune publicité, s'ils n'ont été préalablement enregistrés. La contravention à cette disposition est punie d'un droit en sus qui ne peut être inférieur à 50 francs (Art. 8 L. 23 août 1871).

Les droits sont perçus lors de la formalité au taux fixé pour les assurances françaises (8 pour 100 du montant des primes), mais ce droit est immédiatement exigible sur le nombre d'années pour lesquelles l'assurance a été contractée (Art. 8 L. du 23 août 1871).

L'usage résulte notamment de la mention que les immeubles ont été déjà assurés à l'étranger (Seine, 8 mai 1875, 4218 R. P.; — Cass. 19 janv. 1876, 4291 R. P.; — Marseille, 17 mai 1876).

1. ASSUREUR FRANÇAIS. — Il s'agit, dans l'hypothèse précédente, d'une assurance passée à l'étranger par un assureur étranger. Si une compagnie française allait assurer hors du territoire des biens situés en France, il ne paraît pas douteux que les contrats seraient assujettis à la taxe obliga-

toire ordinaire (Sol. 15 sept. 1872).

2338. Assurance faite en France. — Biens étrangers. — Quant aux immeubles ou objets mobiliers situés à l'étranger et assurés en France, ils sont exemptés du payement de la taxe ; l'enregistrement ne devient obligatoire qu'autant qu'il en est fait usage en France, soit par acte public, soit en justice, ou devant toute autre autorité constituée. Le droit n'est perçu que sur les années restant à courir au moment où l'enregistrement est requis. Il est calculé à raison de 8 francs par 100 francs du montant des primes (Art. 8 de la loi du 23 août 1871).

2339. Obligation des assureurs étrangers. — Les compagnies, sociétés et assureurs étrangers qui feraient en France des opérations d'assurances, soit maritimes, soit contre l'incendie, sont soumis (art. 7 de la loi 4e alinéa et 10 du déc. du 25 nov. 1871, 2425 I. G.) : 1° aux dispositions de la loi du 5 juin 1850, en ce qui concerne les déclarations à faire en vertu des art. 34, 43 et 45 de cette loi, sous peine de l'amende de 1,000 francs, prononcée par les art. 34 et 43, la tenue des répertoires et livres, et le visa, sous peine de de l'amende, soit de 10 francs, soit de 50 francs, prononcée par les art. 35, 46 et 47 de la loi du 5 juin 1850 ; — 2° aux dispositions des lois des 5 juin 1850 et 2 juillet 1862, en ce qui concerne le timbre des polices ; — 3° aux dispositions, tant des art. 6 et 7 de la loi du 23 août 1871, que du décret du 25 novembre suivant (2425 I. G.).

1. REPRÉSENTANTS RESPONSABLES. — Ils doivent, en outre, avant toute opération *ou déclaration* et, s'ils sont déjà établis en France au moment de la promulgation du décret avant le 1er janvier 1872, faire agréer par le directeur général un représentant français, personnellement responsable des droits et amendes (art. 10 Déc. du 25 nov. 1871, 2425 I. G.).

L'engagement des représentants responsables des compagnies étrangères doit contenir l'obligation pure et simple d'acquitter les droits et les amendes (Sol. 26 mars 1872).

2. AGENCES FRANÇAISES. — Les compagnies et assureurs étrangers ayant des établissements ou des succursales en France sont soumis aux mêmes droits et obligations que les compagnies et assureurs français (2413-4 I. G.).

Mais on ne considère pas comme un directeur de succursale l'agent qui est institué en France dans le seul but de protéger les intérêts de la société, sans pouvoir d'ailleurs faire d'assurances (Sol. 28 déc. 1872).

Lorsqu'une société d'assurances étrangère entretient à Paris une agence générale, par rapport à laquelle les agences particulières de province sont dans les mêmes conditions que les agents locaux des compagnies françaises à l'égard de ces compagnies, c'est-à-dire, lorsque l'agence générale de la société étrangère centralise les opérations des agences particulières, tient le répertoire, acquitte le droit de timbre sur tous les capitaux assurés et la taxe de 8 pour 100 sur toutes le primes formant l'ensemble des opérations de la société en France, il n'y a lieu de faire agréer qu'un seul représentant responsable auprès de l'agence générale. (Sol. 2 août 1873).

Lors même que les agences entretenues en France par une même société étrangère sont indépendantes les unes des autres pour ne relever que du siége social établi à l'étranger, un seul représentant responsable peut suffire, s'il a entendu s'engager et s'est effectivement engagé pour toutes les opérations de la société sur le territoire français. — S'il n'a pas pris cet engagement, chaque agence doit particulièrement satisfaire aux obligations de l'art. 10 du décret du 25 novembre 1872, sans quoi le Trésor se trouverait dépourvu de garantie (Sol. 2 août 1873).

3. LIQUIDATION. — Une compagnie étrangère de réassurance ayant une agence en France doit faire agréer un représentant responsable, quoiqu'elle ait résolu de liquider son agence ; les dispositions de l'art. 10 du décret du 25 novembre 1871 ne comportent aucune exception (Sol. 23 fév. 1872).

4. CONSÉQUENCES DU REFUS. — Les compagnies étrangères d'assurance contre l'incendie qui refusent de faire agréer un représentant responsable (Déc. du 25 nov. 1871, art. 10), sont passibles de l'amende encourue de ce chef (art. 10. L. 23 août 1871), et doivent, en outre, être déclarées déchues du bénéfice de l'abonnement au timbre qui aurait pu leur être accordé sous l'empire de la loi du 5 juin 1850 (Sol. 24 janv. 1873).

2339 *bis*. Algérie. — La loi du 23 août 1871 a été rendue exécutoire en Algérie à partir du 1er janvier 1872 (Déc. du 12 déc. 1871). De la combinaison de cette loi et du décret du 25 novembre 1871, avec l'ordonnance du 19 octobre 1841, il résulte :

1° Que la taxe sur les assurances contre l'incendie souscrites en Algérie pour garantir des valeurs situées en Algérie, n'est due qu'au taux de 4 pour 100, moitié du tarif de la métropole et sans décimes ;

2° Que les taxes perçues par les agences que les compagnies, ayant leur siége en France, entretiennent en Algérie, doivent être versées en France au bureau dans la circonscription duquel se trouve ce siége ;

3° Que les polices souscrites en France pour des valeurs situées en Algérie sont, comme les polices relatives à des biens situés dans la métropole, soumises à la taxe de 8 pour 100 (Sol. 27 août 1873).

2340. Mode de recouvrement. — Suivant l'art. 7 de la loi du 23 août 1871, le recouvrement de la taxe aura lieu d'après le mode établi par la loi du 5 juin 1850 pour la perception du droit de timbre.

2341. Bureau. — C'est au bureau de l'enregistrement du siége des sociétés ou du domicile des courtiers, notaires et assureurs, que doit avoir lieu le payement de la taxe perçue soit sur les assurances maritimes, soit sur les assurances contre l'incendie (Art. 3 1er alinéa et 6, 1er alinéa du Déc. du 25 nov. 1871, 2425 I. G.).

Dans les localités où il existe plusieurs bureaux d'enregistrement, le versement sera reçu par le receveur du bureau déjà chargé de la recette des droits de timbre sur les polices ; toutefois, dans les chefs-lieux de département où il existe un bureau spécial du timbre extraordinaire, la recette sera effectuée par le receveur des actes judiciaires (2425 I. G.).

2342. États et relevés. — Timbre. — Les états ou relevés déposés périodiquement par les sociétés, assureurs, etc., à l'appui de leurs versements trimestriels ou pour établir la liquidation annuelle des opérations, peuvent être rédigés sur papier non timbré (2425 I. G.).

Ces états doivent être déposés par les sociétés avant de pouvoir contester l'exigibilité de la taxe (Sol. 28 fév. 1878).

2343. Timbre des quittances. — Les quittances, distinctes des polices, délivrées aux assurés par les sociétés ou assureurs, sont, lorsque la somme quittancée excède 10 francs, ou qu'il s'agit d'un à-compte ou d'une quittance finale sur plus forte somme, passibles du droit de timbre de 10 centimes établi par l'art. 18 de la loi du 23 août 1871 (2425 I. G.).

2344. Pénalités. — 1. DISPOSITIONS DU DÉCRET RÉGLEMENTAIRE. — Aux termes de l'art. 10 de la loi du 23 août 1871, chaque contravention aux dispositions du décret du 25 novembre 1871 est passible d'une amende de 50 francs en principal.

2. RÉPERTOIRE. — Le troisième alinéa de l'art. 7 de la loi du 23 août 1871 punit, en outre, d'une amende de 10 francs en principal, chaque contravention à la disposition du deuxième alinéa du même article, portant que les répertoires et livres dont la tenue est prescrite par les art. 35, 44, 45 et 47 de la loi du 5 juin 1850 feront mention expresse, pour chaque contrat, du montant des primes ou cotisations exigibles, ainsi que de la taxe payée par les assurés en exécution de l'art. 6 (2425 I. G.)

Cette amende est recouvrable par voie de contrainte, dans la forme tracée par l'art. 64 de la loi du 22 frimaire an 7 (1150-17 I. G.).

3. CONTRATS ÉTRANGERS. — Enfin, d'après l'art. 8 de la loi du 23 août 1871, les contrats d'assurances passés à l'étranger pour des immeubles situés en France ou pour des objets ou valeurs appartenant à des Français, doivent être enregistrés, avant toute publicité ou usage en France, à peine d'un droit en sus qui ne peut être inférieur à 50 francs.

2345. Acte passé en conséquence. — L'art. 6 de la loi du 23 août 1871 dispose que, moyennant le payement de la taxe obligatoire établie par cet article, les contrats d'assurances maritimes ou contre l'incendie seront enregistrés *gratis*, toutes les fois que la formalité sera requise.

On a élevé la question de savoir si cette disposition laisse subsister, à l'égard des polices et contrats d'assurances, la règle établie par les art. 23 et 42 de la loi du 22 frimaire an 7, et suivant laquelle les actes sous seing privé doivent être soumis à la formalité avant qu'il en soit fait usage par acte public, en justice ou devant toute autre autorité constituée. L'Administration a résolu cette question dans les termes suivants :

« En thèse générale, il y a lieu de reconnaître que les actes susceptibles d'être enregistrés *gratis* tombent, comme les autres actes, sous l'application des art. 23 et 42 précités ; la raison en est, d'une part, que la dispense *du droit* et la dispense *de la formalité* sont deux choses distinctes, rangées par la loi fiscale dans des catégories différentes (L. 22 frim. an 7 art. 70 § 2-3), et, d'autre part, que les art. 23 et 42 ne contiennent aucune réserve ou exception à l'égard des actes dont la formalité ne donnerait lieu à la perception d'aucun droit. Mais, au cas particulier, le législateur en exprimant que « la formalité de l'enregistrement sera donnée *gratis* toutes les fois qu'elle sera *requise*, » a entendu rendre cette formalité absolument facultative. Aussi a-t-il été reconnu qu'il n'y a pas lieu d'appliquer aux actes publics faits en vertu de polices et contrats d'assurances (mutuelles ou à primes) soumis à la taxe obligatoire, les prescriptions et pénalités établies par l'art. 42 de la loi du 22 frimaire an 7. Il en est de même de l'art. 49 de la loi du 5 juin 1850, relatif à l'énonciation du montant du droit de timbre. Mais il demeure entendu que les polices annexées à des actes notariés et *soumises avec eux à l'enregistrement*, selon le vœu de l'art. 13 de la loi du 16 juin 1824, devront recevoir la formalité (2456-7 I. G.). Ainsi que le fait remarquer l'I. G. précédente, la taxe obligatoire établie par l'art. 6 de la loi du 23 août et, partant, la gratuité de la formalité et la dérogation aux art. 23 et 42 de la loi du 22 frimaire an 7, ne sont applicables ni aux assurances autres que les assurances maritimes ou contre l'incendie (2413 § 4 1er alinéa I. G.), ni aux assurances de ces dernières catégories, passées à l'étranger pour des immeubles ou des objets situés en France, ou faites par des compagnies, françaises pour des immeubles situés à l'étranger (L. 23 août 1871 art. 8 et 9). »

1. ENDOSSEMENT. — L'endossement d'une police non à ordre ne peut être sans contravention écrit sur la même feuille de papier timbré que la police. — *V.* 622.

Cet endossement a tous les effets d'une cession de créance et donne lieu au droit de 1 pour 100, nonobstant l'art. 70 § 3 n° 15 de la loi du 22 frimaire an 7, qui est spécial aux effets de commerce.

2346. Règles particulières. —Les dispositions précédentes s'appliquent aux assurances maritimes comme aux assurances contre l'incendie.

Chacun de ces contrats est en outre soumis à des règles spéciales que nous allons indiquer.

SECTION 2. — ASSURANCES MARITIMES

[2347-2357]

2347. — Objets susceptibles d'assurances. — L'art. 334 C. com. déclare susceptibles d'être assurés le navire et ce qu'il renferme.

1. GROSSE AVENTURE. — Le prêteur peut assurer les sommes prêtées à la grosse aventure, mais l'art. 347 C. com. interdit cette assurance à l'emprunteur. Celui-ci, en effet, s'il

était certain, par l'assurance, de ne jamais perdre la somme empruntée, n'aurait aucun intérêt à sa conservation.

2. PRIME. — Enfin, l'assuré est autorisé à faire assurer la prime qu'il s'est obligé à payer (342 C. com.). C'est, d'ailleurs, ce qui se pratique constamment. Il se forme alors deux contrats d'assurances séparés : l'un pour les choses à raison desquelles la prime est due ; l'autre, de cette prime originaire pour laquelle on paye une seconde prime (Emerigon, ch. 8 sect. 12).

3. PRIME DE LA PRIME. — L'assurance de la prime des primes est très-usitée en temps de guerre, à cause du taux élevé de la prime. Cette assurance fait rentrer l'assuré dans son capital primitif tout entier, à quelque taux de prime que l'assurance soit faite.

2348. Forme du contrat. — La loi veut que le contrat d'assurance soit rédigé par écrit ; l'art. 332 C. com. l'exige en termes formels. Le contrat peut être fait pardevant notaire avec toutes les formalités prescrites par la loi du 25 ventôse an 11 (Favard, *V. Assurance*, n° 2 § 4), ou par l'intermédiaire des courtiers de commerce (79 C. com.), ou sous seing privé, sans le ministère d'aucun officier public.

1. POLICE A ORDRE. — Une police d'assurance peut être faite à ordre et même au porteur (Pardessus t. 3 n° 79, Devilleneuve et Massé, *Dict. du cont. comm.* n° 42 *bis*). La propriété de la police peut donc être transmise par endossement (Bruxelles 15 juin 1826, S. 8-2-243 ; — Paris 12 fév. 1857, S. 57-2-186). — *V.* 622.

2349. Tarif. — Aux termes de l'art. 6 L. du 23 août 1871, la taxe est fixée :

Pour les assurances maritimes et par chaque contrat, à raison de 50 cent. par 100 francs, *décimes compris*, du montant des primes et accessoires de la prime.

1. DÉCIMES. — En exprimant que la taxe serait perçue, pour les assurances maritimes, à raison de 50 cent. pour 100, *décimes compris*, la loi a entendu qu'elle constituerait pour le tout un droit principal (*Rapport de la Commission du budget*, § 9. 2).

2350. Liquidation du droit. — Le droit de 50 cent. pour 100 (*décimes compris*), doit être liquidé séparément pour chaque contrat, en suivant les sommes de 20 francs en 20 francs. Il ne peut être inférieur à 25 centimes (art. 6 préc.).

Ces dispositions n'ont pas été reproduites pour les assurances contre l'incendie.

2351. Perception de la taxe. — La perception est faite pour le compte du Trésor et au moment de la signature des polices, savoir : par les courtiers ou notaires qui auront rédigé les contrats, et, si les contrats ont été souscrits sans l'intervention de courtiers ou de notaires, par les compagnies, sociétés et assureurs (art. 1er du décret du 25 nov. 1871, 2425 I. G.).

Dans le cas où le contrat est souscrit par plusieurs assureurs, c'est le premier signataire, désigné sous le nom d'*apériteur*, qui est chargé de percevoir le montant de la taxe (art. préc.).

1. SOLIDARITÉ. — Toutes les parties restent tenues solidairement du payement des droits qui n'auraient pas été versés au Trésor dans les délais prescrits (art. 1er du décret du 25 nov. 1871, 2425 I. G.).

2352. Polices flottantes. — On entend par police *flottante* celle par laquelle l'assureur s'engage à couvrir, jusqu'à concurrence d'un maximun déterminé, tous les risques des marchandises que l'assuré pourra confier, pendant un certain délai (ordinairement un an), à tous navires partant de ports désignés pour se rendre à d'autres ports également désignés. C'est un contrat préparatoire qui devient certain et déterminé au fur et à mesure que l'assuré donne avis à l'assureur du chargement des navires. Chaque risque déclaré par l'assuré donne lieu à la rédaction d'un contrat particulier qui *alimente* le contrat général et porte le nom *d'avenant*, police d'*aliment* ou *application*.

Les polices provisoires et les polices *flottantes* ne donnent pas lieu à la perception immédiate de la taxe ; celle-ci n'est perçue qu'au moment de la signature de la police définitive, connue sous le nom de police d'*aliment*, *avenant* ou *application*. La police définitive doit, dans ce cas, rappeler la date et le numéro de la police provisoire ou flottante, ainsi que le nom de l'assuré et celui du navire (art. 2 1er et 2e alinéas du Déc. du 25 nov. 1871, 2425 I. G.).

2353. Réassurances. — Les polices des réassurances sont exemptes de la taxe en vertu de l'art. 6 de la loi du 23 août 1871 : « Bien que, par le contrat de *réassurance*, la compagnie cède une fraction de son assurance à une ou plusieurs autres compagnies, ou que celles-ci fassent la cession, à leur tour, d'une partie des risques réassurés, il n'y a jamais qu'un seul capital assuré, qu'une seule prime. Un seul impôt doit être perçu » (Rapport de la Commission du budget, § 9 n° 1.)

Mais elles doivent rappeler la police primitive et les noms du navire et de l'assureur (art. 2 4e alinéa du décret du 25 nov. 1871, 2425 I. G.).

L'exemption applicable aux réassurances doit cesser lorsque l'assurance primitive, ayant été inscrite à l'étranger, n'a pas été soumise au droit (2413 § 4 I. G.).

2354. Répertoires. — Les répertoires et livres dont la tenue est imposée aux courtiers, notaires, compagnies et assureurs par les art. 84 du C. com., 44, 45 et 47 de la loi du 5 juin 1850, doivent faire mention expresse, pour chaque contrat, du montant des primes exigibles, ainsi que de la taxe payée par les assurés en exécution de l'art. 6 L. 23 août 1871 (art. 7 2e alinéa, L 23 août 1871 3e alinéa, art. 4 1er alinéa du Déc. du 25 nov. 1871, 2425 I. G.).

1. POLICE COMMUNE. — La taxe afférente aux polices concernant plusieurs assureurs est inscrite pour son montant intégral sur le répertoire de l'*apériteur*, qui en doit compte au Trésor, avec indication du nombre des autres assureurs (art. 4 2e alinéa du Déc. du 25 déc. 1871, 2425 I. G.).

2. POLICE D'ALIMENT, AVENANT OU APPLICATION. — En cas de police d'aliment, avenant ou application, relative à une précédente police, provisoire ou flottante, mention de la date et du numéro de cette dernière police et du nom de l'assuré et du navire doit être inscrite sur le livre ou registre des notaires ou courtiers et sur le répertoire des compagnies et assureurs (art. 2 3e alinéa du Déc. du 29 nov. 1871, 2425 I. G.).

3. INSCRIPTION POUR MÉMOIRE. — Doivent être répertoriées pour mémoire seulement: 1° les polices communes, sur le répertoire des assureurs autres que l'*apériteur* (Art. 4 2e alinéa du décret du 25 déc. 1871, 2425 I. G.); — 2° les polices de réassurances, lorsqu'elles sont exemptes de la taxe; mais le réassureur doit mentionner dans l'inscription la date et le numéro de la police primitive, ainsi que le nom du navire et du premier assureur; ce dernier, de son côté, inscrit sur son répertoire, en marge de l'inscription de la police antérieure, la date et le numéro de la police de réassurance et le nom du réassureur (Art. 2 4e alinéa et art. 4 3e alinéa du Déc. du 25 déc. 1871; 2425 J. E.); — 3° les polices provisoires et les polices flottantes. L'inscription de ces polices se fait à l'encre rouge (Art. 3 5e alinéa et art. 4 4e alinéa du déc. du 25 nov. 1871, 2425 I. G.).

En présence des difficultés que l'exécution des dispositions relatives aux réassurances rencontrent dans la pratique, il a été décidé qu'il suffisait d'indiquer la date de la réassurance sur les deux répertoires (Sol. 15 mars 1872).

2355. — Mode et époque de versement des taxes. — Le versement des taxes perçues par les courtiers, notaires, sociétés et assureurs, a lieu dans les dix jours qui suivent l'expiration de chaque trimestre, au moment du dépôt des livres et répertoires assujettis au visa trimestriel du receveur (Art. 3 1er alinéa du Déc. du 25 nov. 1871, 2425 I. G.).

A l'appui du versement il est fourni un relevé à colonnes présentant le détail de toutes les polices inscrites pendant le trimestre précédent sur le livre des courtiers ou notaires, ou sur le répertoire des sociétés et assureurs. Dans ce relevé, comme sur le répertoire, les polices provisoires, flottantes ou de réassurances, non sujettes à la taxe, ne figurent que pour mémoire (art. 3 2e 3e et 4e alinéa du décret du 25 nov. 1871, 2425 I. G.). Ce relevé, totalisé, arrêté et certifié, comprend dans des colonnes séparées : le numéro d'ordre du livre ou du répertoire; le numéro de la police; la date de la police; le nom de l'assuré; le nom du navire; le montant des capitaux assurés; le montant de la prime; le montant de la taxe perçue (Art. 3 du Déc. du 25 nov. 1871, 2425 I. G.).

L'omission du nom du navire ne constitue une contravention que si ce nom n'est pas resté inconnu de l'assureur (Sol. 11 mai 1878).

2356. Polices rédigées par les notaires. — Il s'est élevé, dans la discussion à l'Assemblée nationale, la question de savoir quelle était la participation et la responsabilité des notaires dans la rédaction des contrats d'assurances. Le rapporteur l'a résolue en ces termes: « Il n'est pas entré dans la pensée de la commission, lorsqu'il s'agit d'assurances contre l'incendie constatées par des compagnies d'assurances, de faire payer l'impôt par le notaire, à supposer qu'il y ait des assurances qui se passent par l'intermédiaire d'un notaire... Ce qu'on a voulu faire, a-t-il dit, c'est comprendre les deux cas prévus dans l'article précédent. S'il s'agit d'une compagnie d'assurances contre l'incendie, l'impôt se percevra au siége de la compagnie, conformément à une procédure qui est indiquée dans la loi elle même. — *Lorsqu'il s'agit, au contraire, d'assurances maritimes, ces assurances se font toujours pour une période qui n'excède jamais une année.* Or, vondrait-on, dans ce cas, affranchir les courtiers et les notaires de l'obligation de payer l'impôt?... C'est un principe admis en cette matière que lorsqu'un officier ministériel reçoit un acte, il est responsable du droit d'enregistrement vis-à-vis du Trésor. Lorsqu'un courtier ou un notaire, au Havre, ou dans une autre ville maritime, reçoit, pour le compte d'une compagnie française ou d'une compagnie étrangère, un contrat d'assurance qui n'aura que six mois peut-être de durée, si ce courtier ou ce notaire n'était pas responsable, à qui donc le gouvernement pourrait-il s'adresser? » Sur ces explications, les mots « ou notaires » ont été maintenus par un vote de l'Assemblée. Ainsi, l'obligation, pour le notaire, de payer l'impôt, n'existe qu'autant qu'il s'agira d'*assurances maritimes*, dont la durée est ordinairement très-limitée.

1. ACTES SOUS SEING PRIVÉ OU NOTARIÉS. — Les dispositions de la loi et du décret relatives aux polices maritimes rédigées par les notaires concernent uniquement les polices qui, dressées par ces officiers ministériels dans la forme sous seing privé, sont dispensées de l'enregistrement dans un délai déterminé et assujetties seulement à l'inscription sur le livre prescrit par l'article 47 de la loi du 5 juin 1850 (1732 § 8 I. G.).

Les polices qui seraient dressées par les notaires en observant les formes authentiques établies par la loi du 25 ventôse an 11 devraient être inscrites à leur date sur le répertoire des actes publics (L. 22 frim. an 7, art. 49), et enregistrées dans les délais fixés pour les actes notariés, moyennant le payement immédiat du droit de 50 cent. pour 100, décimes compris, la police ne devant, dans ce cas, être inscrite ni par le notaire rédacteur, ni par la société ou assureur (L. 5 juin 1850, art. 44 et 45), sur les répertoires spéciaux pris pour base des versements trimestriels (2425 I. G.).

Sous l'empire de la loi du 22 frimaire an 7, il a été décidé que les polices d'assurances maritimes rédigées par les notaires dans la forme d'actes sous seing privé (79 C. com.), ne sont pas sujettes à l'enregistrement dans les dix ou quinze jours de leur date; elles n'y étaient soumises que dans le cas où il en était fait usage en justice (C. Aix 23 janv. 1832; — Cass. 9 fév. 1833, 7714, 7967 J. N.; — Marseille 1er août 1844, 12137 J. N., 1732 § 8 I. G., D. N. t. 2 p. 72 n° 300). — Dans ce cas, l'amende encourue pour défaut de timbre de la police, était celle de 50 francs prononcée pour les actes sous seing privé, et non celle de 20 francs portée contre les officiers publics.

Cependant, si la police était faite par le notaire dans la forme d'un acte de son ministère, les délais déterminés par l'art. L. 22 frimaire an 7, devraient être observés. (1732, § 8 I. G. *in fine*. — D. m. f. 25 oct. 1822, 7378 J. E. — Cass. 7 fév. 1833, D. N. t. 2 p. 72 n° 302).

2357. Polices souscrites avant la promulgation de la loi du 23 août 1871.— Ces polices, non comprises dans les relevés fournis pour la perception trimestrielle de la taxe, ne pourraient, en cas de présentation à la formalité de l'enregistrement, jouir de la gratuité accordée aux polices atteintes par cette taxe ; elles devraient être soumises au tarif de 50 cent. pour 100, décimes compris, à l'exclusion du tarif ancien, par application du principe suivant lequel la perception est régie, en matières d'actes non assujettis à l'enregistrement, dans un délai déterminé, par la loi en vigueur au jour où la formalité est requise (2425 I. G.).

1. ENREGISTREMENT ANTÉRIEUR. — Si elles avaient été enregistrées avant cette époque, d'après le tarif ancien, il n'est pas douteux qu'elles ne tomberaient pas sous l'application de la loi, même pour les primes à échoir, car elles ont acquitté au Trésor tout ce qu'elles lui devaient. Une solution pareille a été rendue pour les polices d'assurances contre l'incendie par l'I. G. 2425.

SECTION 3. — ASSURANCES CONTRE L'INCENDIE

[2358-2370]

2358. — Tarif. — Aux termes de l'art. 6, de la loi du 23 août 1871, la taxe est due : 1° pour les assurances contre l'incendie et annuellement, à raison de 8 pour 100 du montant des primes, ou en cas d'assurance mutuelle, de 8 pour 100 des cotisations ou des contributions.

1° CONTRATS EN COURS. — La taxe est perçue d'après les mêmes bases sur les contrats en cours, mais seulement pour le temps restant à courir et sauf recours par les assureurs contre les assurés.

2359. Liquidation du droit. — La taxe est due au Trésor sur le montant cumulé (et non en suivant les sommes de 20 francs en 20 francs) des primes, cotisations ou contributions annuelles (2425 I. G.).

1. ASSURANCES MARITIMES. — Pour les assurances maritimes, elle est liquidée séparément pour chaque contrat en suivant les sommes de 20 francs en 20 francs (art. 6 de la loi du 23 août 1871).

2. MINIMUM.— La loi ne reproduit pas, pour les assurances contre l'incendie, la disposition édictée pour les assurances maritimes et d'après laquelle le moindre droit à percevoir est de 25 centimes. Ce minimum n'est donc pas applicable.

2360. Base de la liquidation. — La taxe est établie sur l'intégralité des primes, cotisations ou contributions constatées dans les écritures des sociétés et assureurs ; mais, pour en calculer le montant, il y a lieu de déduire : 1° les primes, cotisations ou contributions relatives à des immeubles ou objets mobiliers situés à l'étranger ; 2° Celles perçues pour réassurances, à moins que l'assurance primitive souscrite à l'étranger n'ait pas été soumise à la taxe ; 3° Les primes, cotisations ou contributions que les sociétés, compagnies et assureurs justifieraient n'avoir pas recouvrées par suite de la résiliation ou de l'annulation des contrats. (Art. 5 du déc. du 25 nov. 1871, 2425 I. G.). Il doit être ouvert, dans les écritures des sociétés, compagnies et assureurs, un compte spécial à chacune des différentes natures de primes, cotisations ou contributions énumérées aux trois paragraphes précédents (*idem*).

1. ÉTRANGERS. — Il a été décidé spécialement que la taxe est due sur des contrats passés à l'étranger par des assureurs français ou par des assureurs étrangers ayant une succursale en France pour des biens français ou appartenant à des Français (Sol. 17 sept. 1872).

1 *bis*. TAXE D'ABONNEMENT. — Les sommes payées annuellement par les assurés, à titre de remboursement des droits de timbre d'abonnement avancés par les sociétés et assureurs en exécution des art. 37 de la loi du 5 juin 1850, 18 de la loi du 2 juillet 1862 et 2 de celle du 23 août 1871 (2425 I. G.) n'ont pas le caractère de primes, cotisations ou contributions, et doivent, par conséquent, être négligées pour la liquidation de la taxe annuelle.

Seulement si, comme il est d'usage dans quelques sociétés, le taux de l'annuité réclamé à l'assuré dépassait le chiffre réel payé au Trésor, l'excédant étant considéré comme frais de recouvrement, cet excédant ne pourrait pas être déduit ; il constituerait un accessoire de la prime et tomberait sous l'application de la loi (Sol. 6 sept. 1872, 29 août 1873). Cette interprétation a été confirmée par la Cour de cassation le 29 décembre 1875 en ces termes : « Attendu que les compagnies d'assurance contre l'incendie sont personnellement obligées, sous peine d'amende à leur charge, d'acquitter les droits de timbre et d'enregistrement établis sur les contrats d'assurance par les lois des 5 juin 1850 et 23 août 1871 ; que les frais qui résultent pour elles de la perception de ces taxes s'ajoutent de plein droit aux dépenses que nécessite l'administration des affaires sociales, et qu'en l'absence de toute disposition spéciale de la loi en autorisant la répétition contre les débiteurs de l'impôt, ils doivent être supportés par la société ; que, sans doute, les compagnies peuvent valablement stipuler dans leurs polices d'assurance que les assurés leur payeront annuellement une somme déterminée pour le remboursement des frais dont il s'agit et que cette stipulation, librement acceptée par les assurés, fait la loi des parties ; mais qu'ayant pour effet de faire supporter par les assurés une dépense personnelle à la compagnie, elle constitue en réalité un supplément de prime » (4295 R. P.).

2. COUT DE LA POLICE ET DE LA PLAQUE. — La taxe n'est pas due sur les sommes fixes payées au moment de la rédaction des contrats pour coût de la police ou pour le prix de la plaque à apposer sur les bâtiments assurés (2425 I. G.).

3. SALAIRES DES AGENTS. — Ni sur la commission payée aux agents de certaines compagnies par les assurés qui usent de la faculté accordée, par dérogation aux statuts, de se libérer ailleurs qu'au siège de la société, si cette commission n'entre pas dans la caisse de la société et si elle profite directement aux agents intermédiaires (2425 I. G.).

Mais lorsque la remise est payée aux agents par la compagnie elle-même, elle ne doit pas être déduite de la somme sujette au droit (Rouen 9 mars 1876, 4404 R. P.).

Il n'y aurait pas lieu de déduire le traitement fixe ou proportionnel des agents de la compagnie, car ce traitement fait partie des frais généraux dont les assurés ne sont pas libres de s'affranchir (Sol. 17 sept. 1872, 22 nov. 1872).

4. PRIMES ÉCHUES. — Toutes les primes ou cotisations échues à l'époque de la mise à exécution de la loi échappent à la taxe. Mais les primes échues postérieurement y sont sujettes (Sol. 21 mars et 27 mai 1872). — Les primes échues détournées par des agents infidèles sont également sujettes à la taxe (Seine 20 fév. 1875, 4404 R. P.). — Il en est de même des primes non recouvrées par suite de la résiliation ou de l'annulation des contrats (Seine 19 août 1876, 4527 R. P.).

5. FONDS DE PRÉVOYANCE. — Si la somme versée par l'assuré au fonds de prévoyance institué dans quelques compagnies d'assurances mutuelles doit être remboursée à l'assuré à la fin de l'assurance, elle échappe évidemment à la taxe. Si elle est versée annuellement *à valoir sur la cotisation* telle qu'elle sera réglée en fin d'exercice, elle fait partie de la cotisation passible de la taxe (Sol. 7 sept. 1873; Rouen 24 mai 1876, 4404 R. P.).

2361. Réassurances. — Les contrats de réassurances ne sont pas assujettis à la taxe, à moins que l'assurance primitive, souscrite à l'étranger, n'ait pas été soumise au droit (art. 6 de la loi du 23 août 1871).

2362. Perception de la taxe. — La perception de la taxe annuelle de 8 pour 100, outre les décimes, doit être faite, pour le compte du Trésor, par les sociétés et assureurs (art. 7 de la loi du 23 août 1871, 2425 I. G.).

Elle doit être établie à compter de la promulgation de la loi et non du règlement d'administration (Cass. 8 déc. 1873, 3780 R. P.). — *V.* 10968-1.

1. RESPONSABILITÉ. — Le directeur de la compagnie d'assurances qui n'a pas fait les polices en son nom ne peut être personnellement poursuivi en payement des droits d'enregistrement de ces contrats (Seine 19 août 1876, 4527 R. P.).

2363. Époque de versement des taxes. — En règle générale, le payement de la taxe est effectué, pour chaque trimestre, *dans les dix premiers jours du troisième mois du trimestre suivant* (art. 6 du décret du 25 nov. 1871, 2425 I. G.).

Cette règle est applicable aux taxes dues pour les sommes payables d'avance annuellement pour frais de gestion (Rouen 3 janv. 1876 et 24 mai 1876, 4404 R. P.).

1. ASSURANCES MUTUELLES. — Une distinction toutefois est nécessaire, en ce qui concerne certaines sociétés d'assurances mutuelles dans lesquelles le montant des cotisations annuelles est, d'après les statuts, exigible par avance le 1er janvier de chaque année : ces sociétés doivent acquitter par quart, et *dans les dix premiers jours qui suivent l'expiration de chaque trimestre*, la taxe afférente aux contrats *existant au 1er janvier*; elles doivent verser *dans les dix premiers jours du troisième mois de chaque trimestre* selon la règle générale, la taxe perçue sur les contrats de même nature souscrits *pendant l'exercice courant* (*art.* 6 *du décret du* 25 nov. 1871, 2425 I. G.) — V. Sol. 26 mai 1875, 4404 R. P.; — Rouen, 1er mars 1877.

La taxe afférente aux contributions payables à la fin de l'exercice est due avant le 10e jour du 3e mois du trimestre qui suit l'échéance (Cass. 14 fév. 1876, 4310 R. P.).

2364. Justifications. — 1. ÉTAT — A l'appui des versements trimestriels, les sociétés et assureurs doivent remettre au receveur un état certifié conforme à leurs écritures commerciales et indiquant : 1° Le montant des primes, cotisations ou contributions échues pendant le trimestre et provenant des exercices antérieurs; 2° Le montant des mêmes primes, cotisations ou contributions provenant des souscriptions nouvelles ; 3° Les déductions à opérer en exécution de l'article 5 ; il est ouvert une colonne spéciale à chaque nature de déduction; 4° Le montant net des primes, cotisations ou contributions assujetties à la taxe. (Art. 8 du décret du 25 nov. 1781, 2425 I. G.).

2. LIQUIDATION GÉNÉRALE. — En outre, chaque année, après la clôture des écritures des sociétés et assureurs relatives à l'exercice précédent, et au plus tard le 31 mai, il est procédé à une liquidation générale de la taxe due pour l'exercice entier et, à cet effet, il est remis au receveur un état récapitulatif et certifié de la totalité des opérations de l'année expirée. Le complément de taxe dont cette liquidation peut faire ressortir l'exigibilité est immédiatement acquitté; s'il y a, au contraire, un excédant, le montant en est imputé sur l'exercice courant (*art.* 7 *et* 8 *dernier alinéa du Déc*, du 25 nov. 1872, 2425 I. G.).

Il y a amende quand les documents relatifs à la liquidation ne sont pas déposés avant le 31 mai (Rouen 22 mars 1876, 4404 R. P.).

3. FORME DES RELEVÉS. — Les relevés à fournir trimestriellement et en clôture d'exercice doivent être conformes, non aux inscriptions faites sur les répertoires et pour lesquels l'article 35 de la loi du 5 juin 1850 accorde un délai de six mois, mais aux écritures commerciales des sociétés et assureurs (*art.* 8 *du décret* du 25 nov. 1871, 2425 I. G.).

4. CERTIFICAT NÉGATIF. — L'Administration a prescrit de réclamer aux compagnies un certificat négatif quand elles n'ont fait aucune opération dans l'année (Sol. 10 oct. 1872). Mais la délivrance de cette pièce n'est pas obligatoire.

2364 *bis*. Restitution. — Lorsque les versements ont été faits par une société d'assurances qui n'avait aucune existence légale, et qui a été, depuis lors annulée, ces versement n'en ont pas moins le caractère d'une perception régulière, parce que la loi soumet au droit les actes passés, non-seulement par les compagnies d'assurances, mais encore ceux passés par les assureurs particuliers, et que l'Administration n'a ni le droit ni le devoir d'apprécier la validité des opérations soumises à l'impôt. Les droits perçus ne sont donc pas restituables (Sol. 12 juill. 1873).

2365. Communication. — Tous livres, registres, polices, avenants et autres documents, *quelle que soit leur date*, doivent à toute réquisition, être représentés aux agents de l'Administration (Art. 8 du décret du 25 nov. 1871, 2425 I. G.)

2366. — Répertoires. — Les répertoires des compagnies et assureurs (L. 5 juin 1850, art. 35) devront faire mention expresse, pour chaque contrat, du montant des primes ou cotisations exigibles, ainsi que de la taxe payée par les assurés (art. 7 de la loi du 22 août 1871).

1. POLICES ANCIENNES. — Cette obligation ne s'applique qu'aux contrats d'assurances passés sous l'empire de la loi du 23 août 1871, ou qui, passés antérieurement à l'époque de la mise à exécution de cette loi, se trouvaient encore dans le délai de six mois accordé, pour l'inscription au répertoire, par l'art. 35 de la loi du 5 juin 1850 (Sol. 28 mars 1872, *Lettre commune* n° 26).

2. ASSURANCES MUTUELLES. — En ce qui concerne spécialement les sociétés d'assurances mutuelles, où les cotisations annuelles, qui tiennent lieu des primes annuelles dues dans les autres assurances, sont nécessairement variables et éventuelles, en ce sens qu'elles dépendent du nombre et de l'étendue des sinistres ainsi que du nombre et de l'importance des propriétés assurées, la mention de la cotisation et de la taxe en regard de chaque police ne peut être opérée qu'après l'expiration de l'année sociale, ce qui implique, pour cette mention, un délai d'un an à partir de la souscription de chaque contrat (Sol. 28 mars 1872, *Lettre commune* n° 26).

3. INSCRIPTION UNIQUE. — Soit qu'il s'agisse d'assurances à primes fixes, soit qu'il s'agisse d'assurances mutuelles, la mention au répertoire, en regard de chaque police, n'aura pas besoin, une première fois accomplie, d'être renouvelée à chaque échéance (Sol. 26 mars 1872, *Lettre commune* n° 26).

4. ÉLÉMENTS DE LA TAXE. — La taxe à inscrire sur le répertoire est celle qui est due au Trésor, et non pas celle qui est recouvrée sur les assurés par les Compagnies et qui comprend des frais de recouvrement (Sol. 17 sept. 1872).

2367. Algérie et colonies. — Les polices souscrites en France pour garantir des valeurs situées en Algéries ou dans les colonies sont, comme les polices relatives à des biens situés dans la métropole, soumises à la taxe de 8 pour 100, l'exception établie par l'art. 9 de la loi étant spéciale aux assurances de valeurs situées à l'étranger; mais il en est différemment lorsque les contrats sont passés en Algérie ou dans les colonies, pour assurer des valeurs situées dans ces pays; ces contrats sont restés régis par la loi ancienne, jusqu'à ce que la loi nouvelle y ait été promulguée (2425 I. G.)

Cette promulgation a eu lieu en Algérie par un décret du 12 décembre 1871, et la loi y est devenue exécutoire à compter du 1er janvier 1872.

Mais le tarif est réduit à moitié (Ord. du 19 oct. 1841, 9e série *Bull.* 855 n° 9166)

2368. Polices enregistrées avant la loi. — Les polices enregistrées antérieurement à la loi du 23 août 1871 ont subi d'une manière définitive et conformément aux tarifs en vigueur la perception du droit d'enregistrement dont la taxe nouvelle n'est que la représentation; les droits du Trésor se trouvant ainsi épuisés à leur égard, les sociétés et assureurs devront être admis à déduire, soit dans les relevés trimestriels, soit dans les états annuels de liquidation, les primes produites par ces polices, à charge de mentionner dans ces relevés et états, ou dans un relevé auxiliaire, les relations d'enregistrement dont les contrats sont revêtus (2425 I. G.).

2369. Polices non enregistrées avant la loi. — D'après l'art. 6 § 2 de la loi du 23 août 1871, la taxe obligatoire est due en matière d'assurance contre l'incendie, sur les contrats ayant cours et pour le temps restant à courir.

Cette perception n'atteint donc pas les primes échues avant la promulgation de la loi (Sol. 21 mars 1872).

La formalité de l'enregistrement n'en devrait pas moins cependant être donnée gratis aux polices, parce que la loi est générale et qu'elle assure ce bénéfice à tous les contrats qui auront subi la taxe dans les conditions qu'elle détermine (Sol. 16 avr. 1872).

Il en est autrement pour les polices d'assurances maritimes, parce que les polices antérieures à la promulgation de la loi ne sont pas comprises dans le relevé fourni pour la perception de la taxe.

2370. Assurances contre les risques de guerre et d'émeute. — La taxe obligatoire étant imposée exclusivement aux contrats d'assurances contre l'incendie, on ne peut l'appliquer aux assurances qui, ayant pour objet les risques de guerre et d'émeute de quelque façon que le dommage se produise, ne garantissent contre l'incendie que virtuellement et accessoirement; la prime ou cotisation est alors le prix de l'assurance d'un risque de guerre ou d'émeute indéterminé, et non d'un risque d'incendie spécialement désigné; cette circonstance suffit pour que l'impôt obligatoire de 8 pour 100 ne soit pas exigible (2425 I. G.).

1. RECOURS DES ASSUREURS. — Les compagnies n'ont de recours que pour la taxe réellement payée. La prétention de réclamer 10 pour 100 au lieu de 9 fr. 60 cent. pour 100 (8 pour 100 et les deux décimes), n'a pas de base légale. Les opinions favorables à cette prétention qui ont été émises au sein de la commission de la loi du 23 août 1871, sont des opinions personnelles qui n'ont pas trouvé place dans le rapport de la commission (Sol. 6 sept. 1872).

2370 *bis*. Caisses départementales. — L'art. 6 de la loi du 23 août 1871 est applicable aux caisses départementales d'incendie (Châlons-sur-Marne, 23 mars 1878). — V. 121-2 et 128-7.

SECTION 4. — ASSURANCES DIVERSES

[2371-2408]

ARTICLE PREMIER. — RÈGLES COMMUNES

[2371-2378]

2371. Tarif. — Tous les contrats d'assurances, quel qu'en soit l'objet, autres que ceux qui sont désignés dans les deux sections précédentes, sont passibles du droit proportionnel de 1 pour 100 sur le montant de la prime, conformément à l'art. 51 n° 2 de la loi du 28 avril 1816 (D. m. f. 9 mai 1821, 983 § 2 I. G., 3989 J. N.).

2372. Période nouvelle. — La police faite pour dix ans avec condition qu'elle continuera de plein droit pour une même période, si, trois mois avant la première, aucune des parties n'a fait cesser son intention de continuer l'assurance et ainsi de suite, n'est passible du droit de 1 pour 100 que sur la prime capitalisée par 10 (Strasbourg 30 avr. 1856). Cette solution est contestable. La faculté de résiliation qui appartient aux parties n'est, en effet, qu'une condition résolutoire de l'assurance, et qui n'empêche pas que le droit ne soit liquidé sur la totalité de la durée. Il semble donc que le droit doit être perçu pour une durée de vingt années (18713 J. E.).

2373. Créances hypothécaires. — Il existe une compagnie qui assure le service exact des intérêts des créances hypothécaires moyennant une prime annuelle sur le montant des intérêts assurés. — Les polices d'assurances sont enregistrées à Paris au droit de 1 pour 100 sur le montant de la prime, outre le droit de 50 cent. pour 100 à titre de garantie mobilière ou cautionnement sur le montant des intérêts assurés.

2374. Bénéfice assuré. — L'acte par lequel deux associés garantissent, *par un acte tout à fait en dehors de la société*, à un de leurs coassociés, un bénéfice de 10,000 francs par an dans la société qui a été contractée entre eux et d'autres associés, moyennant une prime de 200 francs par an, ne donne ouverture au droit d'obligation que sur le montant cumulé des primes à payer (14310 J. E.).

2375. Donation. — La prime est de l'essence du contrat d'assurances. Une assurance gratuite constituerait une donation conditionnelle (Emerigon t. 1er p. 90, Delaborde p. 164). Elle serait passible du droit fixe de 3 francs, sauf la perception du droit proportionnel lors du sinistre qui donnerait lieu au payement de l'indemnité.

2376. Dispositions indépendantes. — L'assurance dans la même police d'objets appartenant à des assurés différents contient deux contrats distincts, et la perception doit être divisée.

2377. Délai. — Les dispositions que nous avons indiquées ci-dessus (n° 2333) au sujet du délai d'enregistrement des polices, sous l'empire de la législation antérieure à la loi du 23 août 1871, sont applicables aux contrats dont nous nous occupons ici. Les polices sous seing privé peuvent n'être enregistrées que quand il en est fait usage. Si elles ont le caractère d'actes administratifs, elles sont même tout à fait exemptes de la formalité.

2378. Assurances par l'État. — Une loi du 30 mai 1868 a autorisé la création, sous la garantie de l'État, de deux caisses d'assurances, l'une en cas de décès, l'autre en cas d'accidents résultant de travaux agricoles et industriels. L'art. 19 porte que les certificats, actes de notoriété et autres pièces exclusivement relatives à l'exécution de la loi, seront délivrés gratuitement et dispensés des droits de timbre et d'enregistrement.

ARTICLE 2. — ASSURANCE MUTUELLE

[2379-2380]

2379. Tarif. — Les dispositions précédentes relatives aux droits d'enregistrement, ne s'appliquent qu'aux assurances *à primes* où il y a un *assureur* et un *assuré*. Elles ne concernent pas le contrat par lequel des personnes exposées au même genre de risques ou de chances s'assurent respectivement les unes envers les autres, contrat qui s'appelle *assurance mutuelle*. Cette convention doit être considérée comme un simple acte innomé passible du droit fixe de 3 fr. — V. *Société* n° 15136-4.

1. RECRUTEMENT. — Cependant, on avait considéré comme contrat de société l'acte par lequel des jeunes gens atteints par la loi de recrutement avait déposé, en l'étude du notaire rédacteur, chacun une somme déterminée pour être répartie entre ceux d'entre eux que le sort désignerait (Dél. 1er juin 1822, 7238 J. E.).— Il en était de même de l'acte par lequel quatre pères de famille, ayant chacun un fils sujet à la loi de recrutement, mettaient en commun les chances du sort et formaient, par portions égales, un fonds de 2,400 francs, pour être, après le tirage, remis à qui de droit et selon les stipulations arrêtées (Sol. 2 août 1825, 8148 J. E.). — V. également D. m. f. 21 décembre 1821, 7165 J. E.; Provins 4 mars 1847, 14214 J. E.

2380. Adhésion. — Toutes les fois que l'acte constitutif d'une société mutuelle d'assurance porte qu'il y a société entre les personnes qui *adhèrent* au moment de la formation de la société et celles qui *adhéreront* plus tard, la société est fondée entre les associés existants à cette époque et ceux à venir. Il n'existe qu'une seule et même société, dont font partie tous les associés sans exception, quelle que soit l'époque de leur admission ou de leur adhésion aux statuts de la société; dès lors, le droit fixe de 3 francs est seul exigible sur l'acte d'adhésion (13508 J. N., Sol. 3 avr. 1849, 13688 J. N., Sol. 3 sept. 1856, 25 mai 1859, 16474-4 J. E.).

Ainsi, l'acte sous seing privé passé entre une compagnie d'assurances mutuelles contre l'incendie et un particulier, par lequel ce dernier a *adhéré* à cette société jusqu'à concurrence d'une somme déterminée, valeur d'immeubles lui appartenant, et qui, par suite de cette adhésion, se trouvent assurés, n'est passible que du droit fixe de 3 francs comme acte d'adhésion à une société (Dél. 6-22 mars 1822, 263 Roll.) — V. 620 *bis*, 1595-1596 et 15136.

Si cette adhésion augmentait le chiffre des apports ou du fonds social, il donnerait lieu au droit gradué, selon les principes que nous indiquerons au mot *Société*, n° 15169.

1. PLURALITÉ. — Mais, dans ce cas, les adhésions n'étant plus considérées comme formant une nouvelle société, mais comme de simples actes de complément, il est dû un droit particulier pour chaque adhésion (Dél. 17 mai 1823, 7450 J. E.). Si l'adhésion *collective* des souscripteurs était indispensable pour constituer la société, il ne serait dû qu'un droit V. 1592.

ARTICLE 2. — ASSURANCES SUR LA VIE

[2381-2403]

§ 1er. — *Droits dus sur le contrat*

[2381-2395]

2381. Division. — On peut faire assurer toute espèce de biens contre toute espèce de risques : de là, l'idée de faire assurer la vie humaine, le premier des biens, contre les risques de la maladie, des accidents, de la vieillesse ou de la mort.

Cette assurance est un contrat d'une nature spéciale par lequel l'assureur s'engage à payer un capital ou des annuités équivalentes, moyennant un capital moindre ou une prime payable à des époques fixées. La définition qui précède, empruntées à Grün et Joliat (*des Assur. terrest.*, n° 359), embrasse toutes les espèces d'assurances sur la vie, espèces qui se classent en deux catégories bien distinctes : les assurances *pour le cas de décès* et les assurances *pour le cas de vie*.

1. ASSURANCES POUR LE CAS DE DÉCÈS. — Par les premières, l'assureur s'engage à fournir un capital ou une rente payable soit aux héritiers de l'assuré, à l'époque de son décès, soit à l'assuré lui-même lors du décès d'un tiers. On peut donc faire assurer, non-seulement sa propre vie, mais encore celle d'une personne à l'existence de laquelle on s'intéresse. Cette assurance est contractée ou pour la vie entière, et alors le capital où la rente stipulée à la charge de l'assureur est payable à quelque époque que le décès arrive, — ou bien seulement pour un temps limité, c'est-à-dire pour le cas où le décès se produirait avant une époque déterminée. Enfin, le capital ou la rente à verser par l'assureur en cas de décès de l'assuré peut être stipulé payable, soit aux héritiers de celui-ci, soit à un tiers désigné.

2. ASSURANCES POUR LE CAS DE VIE. — Quant à l'assurance pour le cas de vie, c'est un contrat par lequel l'assuré stipule que, s'il vit ou si un tiers vit à une époque déterminée, il recevra un capital ou une rente. Cette espèce d'assurance reçoit le nom spécial d'*annuités différées* ou de *dot différée*.

Les compagnies ont encore imaginé d'autres combinaisons ; mais toutes se rattachent plus ou moins étroitement à celles que nous venons d'indiquer.

2382. Tarif. — L'art. 69 § 2 n° 2 de la loi du 22 frimaire an 7 soumet au droit de 50 cent. pour 100 les *actes et contrats d'assurances.* Ce droit a été porté, dans les mêmes termes, à 1 pour 100 par l'art. 51 n° 2 de la loi du 28 avril 1816. — Grün et Joliat (n° 202), se fondant sur ce que les assurances terrestres étaient peu en usage, lors de ces tarifications, et sur ce que les articles précités ajoutent : *En temps de guerre, il ne sera dû que demi-droit*, pensent que le législateur a seulement atteint les assurances maritimes. Selon eux, les autres assurances seraient passibles d'un droit fixe.

Cette interprétation est évidemment inexacte.

La première partie des textes est conçue en termes assez généraux pour embrasser toutes les assurances ; et la réduction dont quelques-unes profitent dans un cas particulier n'est point un motif suffisant pour limiter l'étendue de la règle (*Conf.* E. Persil n° 82, Boudousquié n° 215, Dalloz v° *Ass.* n° 154). — Aussi le ministre des finances a-t-il reconnu, le 14 juin 1821, que les assurances contre l'incendie tombaient sous l'empire des dispositions précédentes. Et l'Administration a ajouté, d'une façon tout à fait absolue, dans son I. G. 983 § 2, que la décision s'appliquait à tous les contrats par lesquels les assurés, moyennant une prime payable comptant ou à terme, faisaient garantir leurs maisons, bâtiments, effets mobiliers *ou autres biens* des risques de l'incendie, de la grêle *ou autres dangers*.

Ces expressions embrassent nécessairement les polices d'assurances sur la vie comme les autres. Il faut percevoir un droit de 1 pour 100 sur tous les contrats de l'espèce qui seront réellement des assurances.

2383. Assurance pour le cas de mort. — Nulle difficulté, d'abord, en ce qui concerne les assurances souscrites pour le cas du décès de l'assuré ou d'un tiers. Il y a là des risques, puisque la vie est menacée par les accidents ; d'autre part, la somme payable par l'assuré représente l'indemnité du dommage matériel que la mort de l'assuré fait éprouver à ses héritiers ou aux personnes qu'il soutenait.

2384. Annuités ou dots différées. — Mais il n'en est pas tout à fait de même des *annuités* ou *dots différées*. En effet, ce n'est point la mort de l'assuré qui rend ici le capital ou la rente exigible, et le risque n'est point apparent. En outre, le capital ou la rente, au lieu de représenter l'indemnité d'une perte, constitue un véritable bénéfice pour l'assuré. C'est pourquoi les auteurs ne considèrent pas généralement ces conventions comme des assurances proprement dites (Alauzet t. 2 n° 546, Troplong *Cont. aléat.* 169).

Nous avouons que les contrats de l'espèce ne présentent pas, avec un relief aussi marqué, les conditions habituelles des assurances. Mais Troplong le fait observer lui-même, «les assurances terrestres, manquant de loi, ne vivent que d'analogies et flottent au gré de la jurisprudence » (*loc. cit.* n° 9). Or, il y a risque pour les deux parties, puisque, si l'assuré meurt avant l'époque déterminée, ses primes seront perdues, tandis que, s'il survit, l'assureur devra lui verser un capital plus considérable. Ce versement est donc la suite de dangers réciproques ; et, quoiqu'il devienne pour l'assuré la source d'un bénéfice, cette considération n'enlève pas au contrat son principal objet. Troplong est entraîné à reconnaître l'assurance dans le contrat par lequel un individu stipule le payement d'un capital ou d'une rente pour l'époque où son travail ne suffira plus à ses besoins (*loc. cit.* 168). Pourquoi n'en serait-il pas de même du père de famille qui se ménage le moyen d'établir son enfant à une époque où il craint de manquer de ressources ?

Ces conventions ne sont pas sans doute des assurances

comme celles relatives à l'incendie, mais elles ne sont pas moins des assurances, et cela suffit pour l'application du tarif.

2385. Le droit est assis sur la prime. — D'après les lois de l'an 7 et de 1816, le droit proportionnel est assis sur la valeur de la *prime*. Dans l'usage, ce nom désigne plus particulièrement une annuité dont le payement s'effectue à des époques périodiques ; et alors on doit en cumuler le montant pour toute la durée de l'assurance afin d'obtenir la valeur imposable.

Mais si l'assuré, au lieu de verser un certain nombre d'annuités, se libère en une seule fois par le payement d'un capital, ce capital est aussi la prime, c'est-à-dire le prix (*præmium*) de l'obligation conditionnelle contractée par l'assureur, et il devient passible du droit de 1 pour 100. On conçoit, du reste, qu'il n'y a aucune différence à établir, pour l'application de ce tarif, entre les polices proprement dites et les conventions postérieures de prolongation d'assurance ou d'augmentation de la prime. Ces contrats ne sont eux-mêmes que des assurances particulières soumises aux mêmes droits.

2386. Primes pour les cas de décès. — Le nombre des annuités de la prime n'est pas toujours déterminé, et quand il l'est, ce n'est point, parfois, d'une manière irrévocable.

Dans les assurances contractées pour le cas de décès, la prime est ordinairement payable chaque année pendant la vie entière. La quantité des versements à opérer est donc essentiellement incertaine, et il faut, en ce cas, conformément à l'art. 16 de la loi de l'an 7, requérir l'évaluation des parties. On ne pourrait capitaliser d'office la prime au denier 10 comme pour les constitutions de rente, car les analogies ne sont pas admises dans les tarifications fiscales (Sol. 14 nov. 1873).

Il va de soi, d'ailleurs, que si la police était soumise à l'enregistrement après le décès de l'assuré, le nombre des primes payées ou dues par ce dernier étant alors certain, la liquidation du droit s'établirait sans embarras.

Quand le droit a été ainsi perçu sur la déclaration des parties, il y a lieu de réclamer un supplément de droit, s'il est établi ultérieurement que les primes payées s'élèvent à une somme supérieure au montant de la déclaration (Sol. 14 nov. 1873).

2387. Primes dans les assurances à durée limitée. — Quand l'assurance est limitée d'avance à un certain nombre d'années, avec stipulation qu'elle cessera avant l'époque fixée si l'assuré décède, la durée du contrat reste inconnue, puisqu'elle dépend d'un événement qui peut se produire avant l'expiration de la période prévue. Malgré cette dernière circonstance, le droit devrait, néanmoins, se liquider sur le montant des primes à payer jusqu'à l'époque déterminée dans la police. L'éventualité du décès est une sorte de condition résolutoire qui n'empêche pas que l'assuré n'ait contracté l'obligation de payer un nombre *certain* de primes ; et si telle est actuellement l'étendue de sa promesse, elle doit, dans les mêmes limites, acquitter l'impôt.

Il en serait autrement si la police n'était enregistrée qu'après le décès de l'assuré, survenu avant l'époque fixée. La condition résolutoire qui affectait la durée de l'obligation se trouvant alors accomplie, cette obligation serait censée n'avoir jamais eu pour objet que les primes échues avant le décès (1179 et 1183 C. C.), et c'est dans la même mesure seulement qu'elle pourrait servir de base à la perception.

On devrait, selon nous, décider de même au sujet d'une résiliation judiciaire. — V. 14450.

2388. Primes dans les assurances différées. — Les mêmes règles s'appliquent aux assurances différées. Dans ces contrats, en effet, la prime est payable jusqu'à une certaine époque ; mais si l'assuré ou celui sur la tête de qui l'assurance est conclue vient à mourir avant, la prime cesse immédiatement d'être due. On doit donc percevoir le droit sur la totalité ou sur une partie des primes, selon que la police est soumise à l'enregistrement avant ou après le décès.

2389. L'obligation de verser la prime n'est pas suspensive. — Champ. et Rig., qui admettent, d'ailleurs, le principe du droit proportionnel en matière d'assurances terrestres, soutiennent que si la prime est payable en annuités, à tant par mois ou par an, le droit proportionnel doit faire place au droit fixe et rester suspendu jusqu'à l'échéance d'une ou plusieurs annuités. La quotité de la prime dépendant d'un événement incertain et pouvant se réduire à zéro, il leur semble que le droit proportionnel n'a point de base possible (*Traité* 3618).

Ces auteurs ont fait ici une confusion.

En effet, quand le maximum des primes est déterminé dans le contrat et que ce maximum est susceptible d'être réduit par le décès de l'assuré, c'est là, nous l'avons dit, une obligation partiellement affectée d'une condition résolutoire, et la perception du droit proportionnel ne demeure pas suspendue. Quand la prime, étant payable pendant la vie entière, le nombre de ses annuités reste complétement inconnu, l'engagement est sans doute incertain, mais cette incertitude n'atteint pas le principe de l'obligation et n'en arrête pas l'existence. Son exécution seule est indéterminée, comme l'est celle de la caution qui s'engage à payer si le débiteur ne le fait pas. Or, il n'est pas douteux que cette circonstance n'empêche pas la formation actuelle du contrat, non plus que la perception du droit. C'est un principe qu'on applique journellement en matière de cautionnements, de baux à vie, ou de constitutions de rentes viagères à titre gratuit.

Seulement, dans l'espèce, la loi n'ayant pas posé de base particulière d'évaluation, il faut nécessairement recourir à la déclaration des parties. Cette estimation sera assurément fort arbitraire et demeurera sans contrôle jusqu'à ce que l'assuré ait assez vécu pour que le nombre des primes échues ait dépassé celui qui aura servi de base à la perception. Les inconvénients d'une situation semblable appelleront sans doute l'attention du législateur, le jour où il viendra à régler l'application du tarif de l'an 7 aux assurances sur la vie.

2390. Assurances mutuelles. — Ce qui précède ne concerne pas les assurances *mutuelles*. Il est reconnu depuis longtemps que les conventions de cette nature, constituant de véritables contrats non dénommés dans la loi, sont passibles du seul droit fixe. — V. 2379.

Mais il peut arriver que des compagnies déguisent des assurances ordinaires sous l'apparence de la mutualité. Toutes les fois qu'il y a, de la part de l'assuré, engagement de verser une prime fixe, et, de la part de la compagnie, obligation de payer, dans le cas prévu, un capital ou une rente déterminé, c'est là une assurance ordinaire, passible du droit proportionnel, malgré la dénomination que porterait la compagnie et qu'elle attribuerait au contrat.

2391. Rentes viagères immédiates ou différées. — La plupart des compagnies d'assurances sur la vie ont compris au nombre de leurs opérations la création de rentes viagères *immédiates*, moyennant le payement d'un capital. Ces opérations ne constituent point des assurances, mais de véritables contrats de constitution de rente, réglés par la loi civile et tarifés par la loi fiscale au droit de 2 pour 100 sur le capital aliéné. La circonstance que la rente est à la charge d'une société d'assurances ne saurait évidemment modifier la nature du contrat, ni le taux du droit exigible.

Mais il n'en est pas de même en ce qui concerne les rentes viagères différées. L'incertitude qui existe sur le point de savoir si la rente sera jamais exigible nous paraît transformer complétement le contrat de constitution et en faire une véritable assurance sur la vie, passible du droit de 1 pour 100.

2392. Résiliements des contrats d'assurances. — L'assurance peut être rompue avant d'arriver à son terme. Si le résiliement est pur et simple, c'est-à-dire s'il est fait sans payement de sommes de part ni d'autre, l'acte qui le constate est soumis au droit fixe de 3 francs. Cet acte, en effet, n'est le titre d'aucune mutation de valeurs, ni d'aucune obligation de sommes : il sert seulement à replacer les parties, pour l'avenir, dans la même position que s'il n'était pas intervenu de contrat.

Au contraire, si l'acte établit le versement d'une indemnité par l'un ou l'autre des contractants, ce qui arrive notamment pour l'assureur quand il rachète l'assurance, il est dû un impôt proportionnel de 50 cent. pour 100, et ce droit d'indemnité dispense alors du payement du droit fixe. Ces actes seraient, d'ailleurs, soumis aux règles communes quant aux dispositions indépendantes qu'ils renfermeraient, et qui seraient la suite du résiliement.

2393. Cession des assurances. — Il arrive fréquemment qu'après le contrat d'assurance, l'assuré en cède le bénéfice à un tiers moyennant une somme d'argent.

Si ce nouveau contrat intervient après l'expiration du terme de l'assurance, c'est-à-dire, lorsqu'il est devenu certain que l'assureur aura à payer le capital ou la rente stipulée à sa charge, la cession offre tous les caractères d'une cession de créance ou de rente et donne incontestablement ouverture au droit de 1 ou 2 pour 100 (Sol. 23 fév. 1864).

Il en est de même quand le transport, bien que consenti pendant le cours de l'assurance, intervient dans un cas où l'incertitude porte seulement sur l'époque d'exigibilité du capital ou de la rente à payer par l'assureur. La valeur cédée devant, quoi qu'il arrive, se réaliser un jour, la convention équivaut à un transfert de créance ou de rente *à terme :* le droit de 1 ou 2 pour 100 est exigible sur le capital cédé.

1. CESSION CONDITIONNELLE. — VALEUR CÉDÉE. — Mais la question n'est pas sans difficulté quand la cession intervient tout à la fois, et dans le cours de l'assurance, et dans un cas où il est incertain si l'assureur aura jamais à payer le capital ou la rente stipulée *conditionnellement* à sa charge. Il s'agit alors d'une cession de créance ou de rente *conditionnelle*. Dalloz (vº *Enregist.* 1738) et Champ. (*loc. cit.* 1131, *Suppl.* 165) enseignent que la cession de créance conditionnelle doit être enregistrée au droit fixe avant l'événement de la condition, et que le droit proportionnel est exigible seulement à l'époque de cet événement.

Cette opinion n'est fondée que dans le cas, fort rare sans doute, où le prix de cession est payable *conditionnellement*, comme la créance cédée. Il est évident alors, que le contrat tout entier est subordonné à une condition suspensive, exclusive du droit proportionnel. Mais lorsque le prix est versé comptant, ou payable à terme sans condition, il s'opère alors, *hic et nunc*, une mutation dont le signe certain est la stipulation d'un prix *non conditionnel*, et qui doit nécessairement donner ouverture à l'impôt de transmission. L'objet de la mutation n'est pas précisément alors la créance dont l'existence est douteuse, mais les chances de sa réalisation. C'est une valeur aléatoire, il est vrai, mais actuelle cependant et appréciable en numéraire, ainsi que le prouve la cession dont elle est l'objet. Le droit proportionnel est donc exigible. Il sera perçu, non sur le capital ou sur la rente que l'assureur pourra être astreint à payer un jour, mais sur la valeur actuelle de l'assurance entre les mains du cédant (*Conf.* 4453 Rev.). A moins de circonstances exceptionnelles, cette valeur ne saurait guère se distinguer du prix stipulé, et c'est ce prix qui devra, en général, servir de base à la liquidation du droit.

Nous pensons, d'ailleurs, que ce droit devrait toujours être de 1 pour 100, alors même que l'objet de l'assurance serait une rente ; car, au moment de la cession, la rente n'existe pas encore, on transporte seulement une valeur incorporelle de la nature des créances.

Les primes échues que le cessionnaire pourrait s'engager à payer viennent naturellement en augmentation du prix et doivent entrer en ligne de compte pour la liquidation du droit. Il n'en est pas de même des primes à échoir : leur payement est une charge naturelle de la propriété de l'assurance qui passe entre les mains du cessionnaire.

2394. Rentes sur l'État. — Délivrance d'inscription. — Certaines compagnies se libèrent des sommes assurées au moyen de la délivrance d'inscriptions de rentes sur l'État, sous le nom de l'assuré. Dans ce cas, ne pourrait-on pas dire que la cession consentie par ce dernier a pour objet une rente sur l'État, et qu'elle est, dès lors, exempte du droit proportionnel?

L'affirmative n'est pas douteuse lorsqu'au moment du transport l'assurance est arrivée à son terme et que l'inscription de rente a déjà été acquise par la compagnie au nom de l'assuré. L'acte constatant une cession intervenue dans de semblables circonstances n'est passible que du droit fixe de 3 francs.

Mais dans tous les autres cas, le droit proportionnel est exigible, lors même qu'un article de la police ou des statuts de la compagnie rendrait obligatoire la libération en rentes sur l'État. Ce n'est là, en effet, qu'un mode de payement qui ne saurait influer, par anticipation, sur la nature de la créance. La valeur qui fait l'objet de la cession est une dette de la société, et non pas une créance sur l'État. Ainsi, il a été jugé par le tribunal de la Seine, le 13 avril 1867, que la cession de polices d'assurances sur la vie, faites avec des compagnies dont les fonds sont employés en achats de rentes sur l'État ne constitue pas un transfert de rentes exempt du droit proportionnel, mais un véritable transport d'actions sociales sujettes au droit de 2 pour 100. « Attendu que les associations d'accroissement fondées par les susdites compagnies sont de véritables sociétés ayant leur existence propre et un actif qui leur est particulier ; que cet actif repose sur la tête de l'association, personne morale qui, tant qu'elle dure, en est seule propriétaire; que si les fonds versés par le souscripteur sont employés en rentes sur l'État, ces rentes sont inscrites au nom de la compagnie avec désignation de l'association à laquelle elles appartiennent; que les souscripteurs ne possèdent, par suite, que des droits mobiliers définis par l'art. 529 C. C. et qui ne peuvent se résoudre en une part, dans la copropriété de l'actif, qu'après la dissolution de la société et le partage; que, jusque là, ils ne possèdent que l'expectative de participer à la répartition de l'avoir social, s'ils sont encore vivants, à l'expiration du temps fixé pour la durée de l'association; que c'est seulement cette expectative qui a fait l'objet des cessions dont il s'agit et que la nature des biens dont est composé l'actif social est sans influence sur celle des droits qui appartiennent à chaque associé en particulier; qu'ainsi le droit de cession mobilière a été régulièrement perçu au taux de 2 pour 100 » (2463 R. P.).

Cependant, l'Administration a assimilé, plusieurs fois, de pareilles cessions à de véritables transferts de rentes sur l'État et a réduit les perceptions au droit fixe (Sol. 31 oct. 1850 et 28 juill. 1857). Mais ces décisions s'expliquent mieux en équité qu'elles ne se justifient en droit. — V. *Cession de créance*.

2395. Fin du contrat d'assurance. — Quand l'assurance est arrivée à son terme, le versement du capital assuré donne lieu, lorsque ce payement est constaté par un acte soumis à la formalité, à la perception du droit de quittance. Toutefois, le droit fixe serait seul exigible si la libération s'opérait au moyen de la délivrance d'une inscription de rente acquise au nom de l'assuré, conformément aux statuts de la compagnie ou aux stipulations de la police.

Lorsqu'il s'agit d'une assurance mutuelle, l'associé qui se retire reçoit, tout simplement, sa mise de fonds et sa part de bénéfices au moyen d'un prélèvement sur les biens communs: il y a, en ce qui le concerne, dissolution de la mutualité et lotissement sujet au droit fixe gradué (16474-4 J. E.).

§ 2. — *Droit de mutation par décès*

[2396-2403]

2396. Contrat de bienfaisance. — Il arrive fréquemment que l'assuré contracte, non pas à son profit personnel, mais à celui des êtres qui lui sont chers et dont il veut assurer l'existence ou l'établissement. Le contrat d'assurance est alors *doublé* d'un contrat de bienfaisance qui se réalise tantôt au décès, tantôt du vivant de l'assuré. Par suite, il peut donner ouverture à des droits de mutation par décès ou de transmission entre-vifs. Ce sont ces droits dont nous allons étudier l'exigibilité en revenant sur chacune des espèces d'assurances énumérées précédemment.
(Cons. *Revue crit.* t. 1er p. 84 et 220).

2397. Assurances pour le cas de décès. — Tiers. — L'assurance sur la vie se présente sous plusieurs formes. La plus usitée a pour objet principal d'attribuer à un tiers une valeur payable au décès de l'assuré. C'est elle qui donne surtout naissance à la controverse pour l'application de l'impôt. A quel titre le bénéficiaire de la police reçoit-il, à l'événement, le capital assuré? Doit-il acquitter alors un droit de mutation par décès ?

1. CARACTÈRE DU CONTRAT. — Pour résoudre cette première difficulté, il faut se rendre compte de la nature complexe du contrat d'assurance.

Entre l'assureur et l'assuré, la convention est à titre onéreux. L'assuré verse un capital ou s'engage à payer des primes annuelles : en échange, l'assureur promet de verser une somme ou une rente dans des conditions déterminées. L'assuré a, dans cette convention, un intérêt personnel évident qui est représenté par l'avantage d'avoir à sa disposition, pour un cas prévu, la somme ou la rente. Mais ce n'est là que la première partie du contrat. A la stipulation que fait l'assuré pour lui-même, se joint aussitôt une autre stipulation ayant pour objet l'intérêt du tiers auquel l'assuré désire attribuer le bénéfice de l'assurance. Il importe de caractériser nettement les effets juridiques de cette seconde modalité du contrat.

Le Code civil renferme, à cet égard, deux textes qui permettent de le faire facilement. Ce sont les art. 1121 et 1122, ainsi conçus :

« Art. 1121. On peut stipuler au profit d'un tiers, lorsque telle est la condition d'une stipulation que l'on fait pour soi-même ou d'une donation que l'on fait à un autre. Celui qui a fait cette stipulation ne peut plus la révoquer si le tiers a déclaré vouloir en profiter.

« Art. 1122. On est censé avoir stipulé pour soi et pour ses héritiers et ayants cause, à moins que le contraire ne soit exprimé ou ne résulte de la nature de la convention. »

Le contrat d'assurance tombe directement sous l'application de cette double règle. L'assuré peut y stipuler pour ses héritiers ou ayants cause dans les termes de l'art. 1122; il peut aussi y stipuler au profit d'un tiers en exécution de l'art. 1121, comme condition de la convention principale conclue avec l'assureur.

Or les effets de l'une et l'autre stipulation sont essentiellement différents.

Quand la stipulation est faite au profit des héritiers ou ayants cause, ces bénéficiaires n'ont droit au profit éventuel de la convention qu'en leur qualité d'héritiers ou de successeurs du stipulant. L'émolument appartient d'abord à ce dernier, pendant toute sa vie, et il se trouve, lors de son décès, parmi les biens de son patrimoine. Les appelés recueillent donc la valeur assurée, *jure hereditario*, en vertu de la transmission par décès qui les investit des biens de leur auteur. Ils doivent incontestablement acquitter le droit de succession.

Très-différente est la situation du tiers dans le cas de la stipulation pour autrui prévue par l'art. 1121 du C. civ. Ce tiers, en effet, est investi par le contrat lui-même d'un droit qui s'attache, dès ce moment, à sa personne, et dont la transmission n'est pas ajournée au décès du disposant. Le bénéficiaire désigné devient d'ores et déjà le créancier direct de l'assureur, comme le serait toute personne à laquelle l'assuré aurait fait donation expresse de l'émolument à recueillir du contrat. Sans doute, il faut que cette stipulation ou cette offre soit acceptée par celui auquel elle est présentée. Mais, à la différence de ce qui a lieu pour les libéralités proprement dites, faites *in formâ*, l'acceptation peut être tacite, et, chose remarquable, elle rétroagit au jour de la stipulation, à la manière des conditions suspensives ordinaires. Le contrat accessoire est censé s'être formé entre l'assuré et le bénéficiaire le jour même de la convention d'assurance qui renferme la stipulation autorisée par l'art. 1121. C'est de ce jour-là que date l'investissement du tiers et la transmission opérée à son profit. Tous les auteurs sont d'accord sur ce point.

Tant que le tiers n'a pas manifesté son acquiescement, le stipulant reste le maître de rétracter son offre : cela est évident, puisque le contrat n'est pas formé, et que le droit n'a pas fait impression définitive sur la tête du bénéficiaire. Mais ce droit de rétractation, les commentateurs sont encore unanimes à cet égard, est personnel au stipulant et ne passe pas à ses héritiers. D'où il résulte que si l'assuré n'a pas révoqué, avant son décès, la stipulation faite au profit du tiers, elle ne peut plus l'être par personne et ne peut tomber que par la renonciation du bénéficiaire.

2. DROIT PERSONNEL DE L'ASSURÉ. — Nous n'insistons pas sur ces règles générales d'interprétation des articles 1121 et 1122 du C. civ. On en trouvera le développement dans tous les ouvrages de droit. Ce que nous nous croyons autorisés à en conclure, c'est que, dans tous les cas où le capital assuré sera attribué à un tiers en vertu de l'art. 1121 du C. civ., et où ce tiers le recueillera au décès de l'associé dans les conditions de cette stipulation, il ne saurait y avoir, en principe, de place pour la perception du droit de succession. Le tiers a été investi du droit de recueillir le capital assuré par un acte entre-vifs qui l'a rendu propriétaire de cet émolument dès le jour de l'acte, soit qu'il ait accepté dans le contrat, soit qu'il ait accepté depuis, pourvu que ce soit avant la rétractation du disposant. La transmission dont il profite n'a donc rien d'une mutation par décès. Le capital assuré n'a jamais, en cette hypothèse, appartenu à l'assuré, et il n'est pas dans son patrimoine lorsqu'il meurt. Comment pourrait-on lui appliquer le droit de succession?

On objecte, nous le savons bien, qu'il faut voir la réalité des faits; qu'il n'est pas vrai de dire que le tiers a reçu simplement de l'assuré le montant des primes payées en son acquit par le stipulant ou le capital une fois versé qui les représente ; que le tiers reçoit de l'assuré l'émolument intégral de l'assurance représentant l'épargne de cet assuré, et que, par conséquent, cet émolument est l'objet de la transmission sujette au droit.

Mais nous répondrons que ce point de vue méconnaît absolument les effets juridiques du contrat.

Qu'est-ce que l'assuré prend dans sa bourse pour le donner au tiers? Il y prend les primes, pas davantage. Voilà de quoi il s'appauvrit. Voilà ce qu'il transmet directement. Quant à la chance ou à l'éventualité de recueillir plus tard le capital ou les rentes que ces primes auront servi à former, elle se réalise pour le bénéficiaire personnellement, comme se réaliseraient les alluvions d'un terrain donné ou la prime d'un billet de loterie. Dès l'instant, et c'est là une considération décisive, que le bénéficiaire a été investi par le contrat d'assurance lui-même d'un droit personnel, il n'y a pas à examiner, pour déterminer l'objet de la mutation, quelles transformations ou quels accroissements éprouvera dans l'avenir l'objet de la stipulation : il faut uniquement s'attacher à la nature et à l'étendue du droit acquis au moment où il est transmis sur la tête du bénéficiaire. Toute autre interprétation s'écarte des effets juridiques de la convention.

Ces solutions n'ont pas été uniformément appliquées par la jurisprudence. Aucun tribunal n'a décidé nettement que quand le bénéfice de l'assurance était attribué dans le contrat à un tiers nominativement désigné, et qu'il ne se présentait pas de conditions particulières de nature à impliquer soit la révocation utile de l'offre avant le décès, soit la conservation par le stipulant du droit personnel à cet émolument, le tiers n'était pas saisi du droit par l'effet du contrat lui-même, à l'exclusion de la mutation par décès. Plusieurs décisions judiciaires ont, au contraire, reconnu que, dans ce cas, le tiers recevait une attribution directe et immédiate de l'assurance par le contrat (Saint-Quentin, 11 mai 1864, 1950 R. P.; C. Colmar, 27 fév. 1865, 2207 R. P.; C. Paris, 5 avr. 1867, 2472 R. P.; Abbeville, 24 mars 1874, 3826 R. P.; C. Bruxelles, 5 juin 1875, 5047 R. du not.; Constantine, 25 déc. 1875, 5043 R. du not.; C. Caen, 14 mars 1876, 15494 J. N.).

Mais, dans ce cas même, les tribunaux sont divisés sur le point de savoir si l'objet de la transmission opérée entre-vifs au profit du tiers, consiste dans le capital assuré ou seulement dans le montant des primes payées par le stipulant.

La première interprétation a été admise par le tribunal de Constantine, le 25 décembre 1875 (*loc. cit.*) et par un arrêt de Montpellier du 15 décembre 1873 (S. 1874-1-81). — Mais la seconde a prévalu devant la Cour de Bruxelles, le 5 juin 1875 (*loc. cit.*), devant la Cour de Paris, le 5 avril 1867 (*loc. cit.*) et devant le tribunal de Charleroi, le 9 mai 1874 (20055 J. E.).

Quant à l'acceptation de la stipulation, il a été reconnu

qu'elle peut être tacite (Constantine 25 déc. 1875, 5043 R. du not.). Seulement, on a décidé, tantôt qu'elle doit avoir lieu avant le décès (C. Besançon 24 janv. 1876, S. 1876-1-400; C. Caen 14 mars 1876, *loc. cit.*); — tantôt qu'elle peut intervenir après cette époque (C. Bruxelles 5 juin 1875, *loc. cit.*), et que la mort du stipulant rend l'offre irrévocable (Saint-Quentin 11 mai 1864, 1950 R. P.).

Mais il y a unanimité pour reconnaître que l'acceptation rétroagit au jour du contrat d'assurance renfermant la stipulation pour autrui, et attribue, dès cette époque, au tiers désigné un droit personnel au bénéfice futur de l'assurance (Saint-Quentin 11 mai 1864; C. Paris 5 avr. 1867; Abbeville 24 mars 1874 (*loc. cit.*) et C. Rouen 27 juill. 1872, 5141 R. du not.). Ce dernier point surtout a été mis en parfaite évidence dans les conclusions de M. l'avocat général Descoutures, rapportées au n° 2472 R. P.

3. RÈGLE D'EXIGIBILITÉ DU DROIT. — Sans nous arrêter à toutes ces variations, nous posons donc en règle que quand l'assurance est faite au profit d'un tiers désigné dans le contrat, il n'est pas dû de droit de mutation par décès, que ce tiers accepte tacitement ou expressément la stipulation, qu'il l'accepte dans le contrat lui-même ou par acte séparé, enfin que son acceptation intervienne ou non avant le décès de l'assuré, pourvu que ce dernier n'ait pas révoqué son offre. Mais, par contre, le droit est dû dans tous les cas où la stipulation est faite dans les conditions de l'art. 1122 C. civ., au profit des héritiers ou ayants cause de l'assuré.

Ces règles sont aujourd'hui admises par l'Administration. Il résulte, en effet, d'une solution du 4 avril 1878, maintes fois appliquée : 1° que le capital assuré dépend de la succession quand l'assurance est faite au profit des héritiers, ayants droit, ayants cause, enfants ou de personnes à désigner plus tard; 2° qu'il y a stipulation pour autrui attribuant au bénéficiaire un droit personnel si l'assurance est faite au profit d'un tiers désigné; 3° que l'acceptation de cette stipulation peut avoir lieu en toute forme et après le décès du stipulant avec rétroactivité.

4. DISTINCTION. — Il est donc nécessaire d'examiner si le bénéfice de l'assurance est ou non attribué par le contrat à un tiers nominativement désigné. La jurisprudence est déjà fixée sur un certain nombre de difficultés.

5. HÉRITIERS. — Ainsi, il n'est plus douteux que l'attribution du capital assuré aux *héritiers* n'équivaut pas à la désignation nominative des bénéficiaires et ne leur confère aucun droit personnel, indépendant de leur vocation héréditaire. Le contraire avait été admis à l'origine par un arrêt (C. Colmar 27 fév. 1865, 2207 R. P.). Mais cette interprétation ne pouvait prévaloir, et elle est aujourd'hui tout à fait abandonnée. « Une indication vague et déterminée des héritiers comme bénéficiaires du contrat, a dit la Chambre des requêtes dans son arrêt du 13 juillet 1875, ne peut conférer un droit propre à des héritiers encore incertains, et ceux-ci ne peuvent être appelés à recueillir le bénéfice de l'assurance qu'en vertu et dans les limites de leur vocation héréditaire, avec les charges qu'elle impose » (*Conf.* Rouen 30 août 1867, et Seine 6 janv. 1871, 3329 R. P.; Lille 24 déc. 1868, 2880 R. P.; Arras 27 mars 1872, 3429 R. P.; C. Amiens 30 déc. 1873, 20055 J. E.; Cass. 15 déc. 1873, 4597 R. du not.; Seine 23 avr. 1874, 4609 R. du not.; Seine 29 juin 1875, 4988 R. du not.; C. Caen 7 fév. 1876; Cass. 15 juill. 1875; 20 déc. 1876; 7 fév. 1877; — Sol. 4 avr. 1878).

Le droit de mutation par décès est, dans cette hypothèse, incontestablement exigible.

6. AYANTS DROIT. — Il en est de même de l'attribution aux *ayants droit* ou aux *ayants cause*. La cour de Paris avait pensé cependant que cette expression diffère de l'expression *héritiers* et n'implique pas également la pensée que, pour recueillir le bénéfice de l'assurance, il faille d'abord venir en qualité de successeur *jure hereditario* (Arrêt 5 avr. 1867, 2472 R. P.). Mais cette thèse a encore été abandonnée. Tous les arrêts admettent que la stipulation au profit des ayants droit se place dans l'hypothèse de l'art. 1122 du C. civ., c'est-à-dire qu'elle confère seulement un droit successif s'exerçant sur le capital assuré considéré comme valeur héréditaire (Arras 27 mai 1872, 3429 R. P.; Avignon 29 août 1872, 1583 R. P.; Cass. 7 fév. 1872, 3407 R. P.; C. Amiens 30 déc. 1873, 20055 J. E.; Seine 29 juin 1875, 4988 R. du not.; — Cass. 15 juill. 1875; — Cass. 20 nov. 1876, 4768 R. P.; 7 fév. 1877; — Sol. 4 avr. 1878; — Reims, 8 mai 1875). C'est dans un cas pareil que la Chambre civile, par son arrêt du 7 février 1872 (Krieg), a reconnu l'exigibilité du droit de succession. — V. Dalloz 1877-1-327.

7. ENFANTS. — L'emploi du mot *enfants* a donné lieu aux mêmes incertitudes. On a quelquefois décidé que cette expression ne peut être assimilée aux mots *héritiers* ou *ayants cause*, et qu'elle implique au contraire l'idée de conférer un droit immédiat et personnel aux enfants de l'assuré (C. Rouen 27 juill. 1875, 5141 R. du not.). Nous ne croyons pas que cette appréciation soit exacte. Ainsi qu'on l'a dit avec juste raison, sous ce terme générique l'assuré a compris tous les enfants qu'il laissera à son décès, ceux à naître comme ceux déjà nés. Or il est impossible de faire une donation entre-vifs à des enfants non conçus. Les bénéficiaires du contrat d'assurance ne sont donc pas saisis par l'effet seul de ce contrat. Ils le deviennent seulement au décès et en leur qualité de successibles. C'est, dès lors, très-justement que le droit de mutation par décès a été encore reconnu exigible (Arras 3 fév. 1874, 3826 R. P.; Cass. 10 mai 1876 (Hillekamp), 4402 R. P.).

8. RÉSERVE DE DISPOSER. — Assez fréquemment, l'assuré, tout en désignant le tiers appelé à recueillir le bénéfice de l'assurance, se réserve le droit d'en disposer jusqu'à son décès, soit par endossement, soit de toute autre manière. Ce n'est plus ici le cas pur et simple de la stipulation pour autrui prévue à l'art. 1121 C. civ. L'assuré, en effet, n'entend pas investir le tiers d'un droit personnel immédiat, puisque précisément il déclare que le capital assuré lui appar-

tiendra jusqu'à ce qu'il en dispose. Ce capital lui est donc acquis personnellement, et s'il décède sans avoir usé de la faculté qu'il s'était réservée, le bénéficiaire le trouve dans le patrimoine héréditaire. La jurisprudence est constante sur ce point (Rouen 30 août 1867, 3329 R. P. ; Arras 27 mars 1872, 3249 R. P. ; C. Montpellier 15 déc 1873, 4579 R. du not. ; Cass. 15 déc. 1873, 4597 R. du not. ; C. Amiens 30 déc. 1873, 20055 J. E. ; Seine 10 avr. 1874, 4610 R. du not. ; 23 avr. 1874, 4609 R. du not. ; Cass. 10 nov. 1874, S. 1875-1-107; Seine 25 juin 1875, 4958 R. du not. ; Cass. 15 juill. 1875; C. Besançon 24 janv. 1876 et Cass. 21 juin 1876, S. 1876-1-400; — Cass. 20 déc. 1876 ; — Sol. 4 avr. 1878).

Mais qu'arrive-t-il lorsque l'assuré désigne sur la police ou autrement le tiers auquel doit appartenir réellement le capital assuré ? Est-ce que ce tiers ne recevra l'émolument qu'en vertu d'un droit héréditaire l'obligeant au payement d'un droit de succession ?

Nous pensons qu'il faut distinguer.

L'assuré a été personnellement saisi, cela n'est pas douteux, du bénéfice de l'assurance. Il peut donc le transmettre à un tiers à titre gratuit ou à titre onéreux. Seulement, il faut bien remarquer que l'acte par lequel il réalisera cette transmission ne peut plus être la stipulation pour autrui de l'art. 1121 du C. civ., puisque cette stipulation doit se trouver comprise dans la convention principale dont elle est une dépendance. Il sera donc impossible d'appliquer ici les règles spéciales relatives à l'acceptation, à sa rétroactivité et à l'irrévocabilité de la clause par le décès du stipulant. On se trouve en présence d'une convention ordinaire qui doit être appréciée d'après les règles générales du droit. Or, le principe, c'est que la pollicitation pour former un contrat doit être acceptée et que le contrat n'existe qu'à partir de cette acceptation. Si donc l'assuré désigne le bénéficiaire de la police, il faut, pour que ce bénéficiaire soit investi du droit cédé, qu'il ait accepté l'offre, et il ne sera en possession de l'émolument qu'à partir de cette époque sans rétroactivité. D'où il suit que quand son acceptation n'est pas intervenue avant le décès de l'assuré, ce dernier est mort en pleine possession du capital qui dépend de sa succession. La Cour de cassation l'a ainsi décidé par un arrêt du 21 juin 1876, dans un cas où l'assuré avait endossé la police au profit d'une personne déterminée qui n'avait pas encore, au moment du décès, accepté la stipulation (S. 1876-1-400 ; V. également Cass. 10 nov. 1874, S. 1875-1-107).

Les choses changent si le tiers a accepté avant le décès. La convention se complète alors et devient irrévocable comme toute donation acceptée ou comme tout autre contrat à titre onéreux qui réunit les consentements de chaque partie. L'assuré se trouve définitivement dessaisi de l'émolument à recevoir de l'assureur, et le tiers acquiert un droit personnel qu'il pourra lui-même transmettre à d'autres. Si la transmission a lieu à titre de libéralité, c'est une donation entre-vifs faite d'une façon indirecte, il est vrai, mais produisant, au fond, tous les effets de ce genre de contrat. Donc, quand vient l'événement qui rend exigible le capital assuré, le donataire le reçoit en vertu d'un droit privatif qui procède de l'acte de donation entre-vifs. Il n'est pas plus dû d'impôt de mutation par décès que dans le cas où il s'agit d'une assurance faite au profit d'un tiers désigné dans la police en conformité de l'art. 1121 C. civ.

9. CONDITION DE SURVIE. — Les principes qui précèdent subissent, en matière fiscale, une modification importante, lorsque la libéralité faite au tiers, soit par voie de stipulation pour autrui, soit postérieurement, est subordonné à l'événement du prédécès du disposant. Si cette condition existe, la libéralité conserve, en droit civil, son caractère de donation entre-vifs ; mais, par suite d'une singularité de la législation fiscale, elle est traitée comme une donation éventuelle donnant lieu au droit de mutation par décès (R. G. n° 5352). Or, on a soutenu que l'assurance sur la vie donne lieu, dans tous les cas, au droit de succession, parce que, quel que soit le caractère de l'attribution faite au bénéficiaire, cette attribution est subordonnée à la condition de survie du tiers désigné.

La proposition, prise avec cette généralité, est d'une inexactitude manifeste.

Sans doute, la condition de survie est quelquefois jointe à l'assurance, soit d'une manière expresse, soit tacitement et par la nature des choses lorsque, comme dans l'espèce jugée par l'arrêt Hillecamp, le 10 mai 1876, il s'agit de l'attribution ou tiers désigné d'un usufruit qui est nécessairement subordonné à la circonstance que le tiers survivra au disposant. Mais c'est une erreur de croire que cette modalité soit de l'essence du contrat. En l'absence de toute stipulation à cet égard, le contrat intervenu entre l'assuré et le bénéficiaire de la police est, au contraire, pur et simple. Si le bénéficiaire décède le premier, la stipulation n'est pas anéantie. Le profit de l'assurance, étant acquis personnellement au tiers, passe à ses héritiers. On l'a dit justement au n° 5218 de la R. du not. : « L'existence du droit du bénéficiaire, une fois le contrat formé, est certaine et irrévocable ; le bénéficiaire peut, si l'assuré ne paye pas régulièrement les primes, les acquitter lui-même afin de sauvegarder sa créance, sauf à recourir contre l'assuré pour tout ce qui aurait été acquitté à sa décharge. L'assuré ne peut, en principe, compromettre le droit du bénéficiaire, ni par un acte de disposition au profit d'un tiers, ni par une résiliation du contrat avec la Compagnie, l'acte de disposition dans le premier cas étant nul et dans le second cas l'assuré s'exposant à une demande en dommages-intérêts. Le décès du bénéficiaire n'a d'autre effet que de transmettre le capital assuré à ses propres héritiers, au lieu de le faire revenir à l'assuré. »

Nous concluons donc que l'exigibilité du droit de mutation par décès est seulement acquise quand l'attribution de l'assurance au tiers désigné a été soumise par les parties à la condition du prédécès de l'assuré. Et sur ce point-là même nous nous séparons de la jurisprudence, en ce qui concerne l'objet donnant lieu à l'impôt.

Il est généralement admis que le droit de succession est dû sur l'émolument payé par l'assureur au bénéficiaire survivant (Besançon, 15 déc. 1869, S. 70-2-202 ; — Montpellier, 15 déc. 1873, S. 74-2-281 ;—Cass. 10 nov. 1874, S. 75-1-107 ; — Besançon, 21 juin 1876, S. 76-2-400 ; — Cass. 10 mai 1876, 4402 R. P. ; — Seine, 30 nov. 1877 et 29 mars 1878 ; — Sol. 4 avr. 1878, 26 juin 1878, 22 mars 1878 ; — Saint-Quentin, 28 juin 1878).

Cette déduction est contestable.

La condition de survie change bien la nature de l'impôt applicable à la mutation, mais elle ne saurait changer l'objet même de cette mutation. La seule différence, c'est que le droit, au lieu d'être dû d'après le tarif des libéralités entre-vifs, est dû d'après le tarif des mutations par décès. Il est évidemment dû sur la même valeur. Eh bien ! qu'est-ce qui est donné par l'assuré au tiers? Ce n'est pas le capital, puisque ce capital ne lui a jamais appartenu et que le tiers y a eu, dès le jour de la stipulation, un droit personnel. Ce sont simplement les primes déboursées par le donateur.

Nous persistons donc dans l'opinion que nous avons émise et nous estimons que le droit de succession est dû sur le montant de ces primes, comme l'eût été le droit de donation entre-vifs dont il tient lieu, si la condition de survie n'avait pas été apposée à la stipulation.

10. ASSURANCES A TITRE ONÉREUX. — Si l'assuré avait transmis la police au bénéficiaire à titre onéreux, soit en payement d'une dette, soit moyennant une somme d'argent ou une autre valeur, nul doute que l'impôt ne serait pas exigible. Le tiers serait, en effet, devenu acquéreur pour son compte du bénéfice futur de l'assurance et, au moyen du payement du droit de cession de créance applicable au transport de la police (R. G. n° 2293), il est entièrement libéré envers le Trésor. Nous n'avons pas besoin d'insister sur ce point. — *V.* 2398-2.

11. PLUSIEURS ASSURÉS. — Il est également superflu d'ajouter que quand le bénéfice de l'assurance est transmis à titre gratuit à plusieurs personnes, sans indication de la part de chacune d'elles, l'émolument leur appartient par portions égales. Mais si ce bénéfice est attribué aux héritiers, aux ayants droit ou à d'autres catégories de personnes appelées à en recueillir le profit d'après leur vocation héréditaire, le partage de l'assurance a lieu alors d'après cette vocation.

Les deux désignations peuvent quelquefois se trouver réunies, comme, par exemple, lorsque l'assuré stipule que le capital assuré appartiendra à sa femme nominativement désignée et à ses enfants. Ce sera une question de fait à décider de savoir, d'après les termes de la police et les circonstances, si le capital doit revenir pour moitié à la femme et moitié aux héritiers, ou bien si la femme prendra seulement une part égale à celle de chacun des enfants.

Il a été spécialement décidé que le bénéfice de l'assurance payable à la femme *ou* aux enfants appartient exclusivement à la femme (C. Dijon, 4 avr. 1875).

Mais si le capital dépend de la communauté et est attribué à la femme et aux enfants, on admet qu'il leur appartient pour la proportion dans laquelle ils viennent en partage (Sol. 15 avr. 1878).

12. QUOTITÉ DISPONIBLE. — RÉDUCTION. — Du moment que l'attribution au tiers nominativement désigné ou aux héritiers procède d'une libéralité, elle est nécessairement soumise aux règles édictées par la loi pour la réduction de ces dispositions en cas d'atteinte à la réserve (Sol. 4 avr. 1878). Mais on aura à lui appliquer différemment ces règles, selon que la stipulation a le caractère d'une donation entre-vifs ou bien d'une donation à cause de mort. On aura également à examiner quelle est l'importance de la libéralité et à prendre, pour cela, un parti sur ce point de savoir si la donation faite dans le cas prévu à l'art. 1121 C. civ. porte sur les primes ou sur le capital assuré.

La jurisprudence a rendu sur ce point des décisions contradictoires.

Ainsi, il a été admis, d'une part, que la donation ayant pour objet les primes payées par le disposant à la décharge du tiers, c'est l'importance de ces primes qui détermine la réduction (C. Bruxelles 5 juin 1875, 5047 R. du not.); et, d'autre part, que la quotité disponible doit se calculer d'après l'attribution du capital assuré (Constantine 15 déc. 1855, 5043 R. du not.; Seine 25 juin 1875, 4958 R. du not.).

Il a été encore reconnu, mais cette fois très-justement, que si l'assuré décède saisi du capital, parce qu'il s'était réservé d'en disposer et qu'il n'était point établi que le tiers ait accepté la stipulation, c'est ce capital qui forme le montant de la libéralité adressée au tiers et qui doit servir de calcul pour la réduction (Cass. 10 nov. 1874, S. 1875-1-107).

Quoi qu'il en soit, puisque les dévolutions de l'espèce sont soumises aux règles générales de la quotité disponible, il faut en conclure que, quand cette quotité a été épuisée par des libéralités antérieures, la désignation faite dans la police au profit d'un autre qu'un réservataire ne peut produire d'effet. Ces réservataires ont le droit d'en neutraliser les résultats par une action en réduction s'ils le demandent (Sol. 9 août 1877), et l'Administration ne pourrait qu'accepter, selon la règle générale, les conséquences de cette réduction (I. G. n° 2185 § 7).

2398. Loi du 21 juin 1875. — Les observations précédentes se restreignent aux contrats d'assurances dépendant de successions ouvertes avant la promulgation de la loi du 21 juin 1875.

Cette loi a eu pour objet de faire disparaître les difficultés souvent inextricables de la perception, en établissant une règle générale qui ne comporte plus les distinctions antérieures. D'après la loi : « sont considérés, pour la perception du droit de mutation par décès, comme faisant partie de la succession d'un assuré, sous la réserve des droits de communauté, s'il en existe une, les sommes, rentes ou émoluments quelconques dus par l'assureur, à raison du décès de l'assuré. Les bénéficiaires à titre gratuit de ces sommes, rentes ou émoluments, sont soumis aux droits de mutation suivant la nature de leurs titres et de leur relation avec le défunt, conformément au droit commun ».

Ces dispositions sont générales. Il n'y a plus à examiner, par conséquent, pour les appliquer, si le bénéficiaire de l'assurance a été nominativement désigné en vertu d'une stipulation pour autrui dans le cas de l'art. 1121, ou bien s'il recueille l'émolument en vertu de sa vocation héréditaire ou par le résultat d'une donation à cause de mort. Il suffit qu'il en soit donataire à titre gratuit et que le capital de la rente lui soit payé à raison du décès de l'assuré. Mais les controverses subsistent à l'égard de toutes les successions antérieures à la loi (Sol. 26 juill. et 16 sept. 1875, 17 juill. 1877), et elles subsisteront aussi longtemps que durera le délai de la prescription des successions non déclarées. L'intérêt est donc assez actuel et assez permanent pour justifier notre examen.

1. COMMUNAUTÉ. — La réserve faite au sujet des droits de communauté signifie que si l'assuré est marié sous le ré-

gime de la communauté, la femme survivante ne doit pas le proit de mutation sur la part qu'elle prélève comme commune en biens (2517 I. G.; 4111 R. P.).

2. CESSION. — Il a été expliqué, au cours de la discussion, que lorsqu'un assuré s'est dessaisi pendant sa vie, au moyen d'une cession *à titre onéreux*, de l'émolument éventuel de l'assurance, cet émolument n'est pas passible, lors de son décès, du droit de mutation (2517 I. G.; 4111 R. P.).

Cette exception nous paraît applicable à l'hypothèse dans laquelle l'assuré contracte la police au nom de son créancier pour se libérer d'une dette; alors surtout que le créancier a accepté l'assurance du vivant de l'assuré (*Conf.* : Sol. 16 juill. 1877).

Décidé, de même, que si le bénéfice de l'assurance est attribué dans la police à un des associés pour l'indemniser du préjudice que lui causera le décès de son coassocié, le bénéficiaire recueille l'émolument à titre onéreux (Sol. 17 juill. 1877).

2399. Assurance contractée par un époux. — Mais nous ne nous sommes pas préoccupé jusqu'ici de savoir si l'assuré était marié et si cette circonstance modifiait l'application des règles générales du contrat. Nous avons raisonné en dehors de cette hypothèse. Il nous reste aujourd'hui à voir ce qu'il advient du capital assuré lorsque l'assurance est contractée par un époux.

1. RÉGIMES SANS COMMUNAUTÉ. — Aucune difficulté n'existe au sujet des régimes sans communauté.

Les conjoints, en effet, conservent alors leur patrimoine personnel. Leurs intérêts sont séparés et les opérations que chacun d'eux fait à son profit exclusif lui appartiennent exclusivement aussi. Le bénéfice n'en saurait être communiqué à l'autre époux, ni à un être moral qui se placerait entre eux et qui, dans l'espèce, n'existe pas. Donc l'assurance contractée par un conjoint en ces conditions sera traitée comme une assurance faite par un tiers non marié.

Toutes les explications que nous avons fournies précédemment reçoivent leur application.

2. COMMUNAUTÉ. — Il n'en est plus ainsi des assurances contractées par l'un ou l'autre des époux mariés, soit sous le régime de la communauté légale, soit sous l'un des régimes qui en dérivent, et qui donnent naissance à une société particulière venant s'interposer entre les conjoints, ayant son patrimoine personnel et recueillant dans certains cas ou sous certaines conditions le profit des opérations communes. Cette société a-t-elle droit au bénéfice de l'assurance ? Comment se concilient les effets du contrat avec les règles spéciales des récompenses, des renonciations, des reprises et du droit de disposition des conjoints? Aucun commentateur n'a encore examiné ces questions. La jurisprudence civile est elle-même trop récente pour les avoir élucidées d'une manière définitive.

Nous essayerons cependant d'en dégager quelques principes, en nous aidant des théories qui servent de base au contrat d'assurance et que nous avons exposées dans notre précédent travail.

Et d'abord, le capital payé par l'assureur en vertu de la police intervenue entre lui et l'un des époux tombe-t-il dans la communauté ?

Il faut, pour résoudre cette première difficulté, distinguer entre le cas où l'assurance a été faite au profit d'un tiers désigné qui la recueille en vertu d'un droit personnel, et celui où elle appartient encore à l'assuré au moment de son décès.

3. CAPITAL ATTRIBUÉ A UN TIERS DÉSIGNÉ. — Lorsque l'assurance appartient au tiers désigné dans la police, en exécution de l'art. 1121 C. civ., l'assuré en est réputé dessaisi à partir du jour de la souscription de la police, soit que le tiers ait accepté incontinent dans le contrat, soit qu'il ait accepté depuis cette époque, mais avant la révocation de la stipulation. Le capital à recevoir de l'assureur ne peut donc dépendre ni de la communauté, ni de la succession, pas plus que n'en dépendrait toute autre valeur dont le dessaisissement se serait opéré avant le décès de l'un des conjoints et pendant l'existence de la communauté.

Cette conséquence a été, en effet, appliquée par la jurisprudence.

La Cour de Paris a reconnu, le 5 avril 1867, que, dans le cas où le capital assuré est attribué au tiers en vertu d'un droit personnel antérieur au décès et indépendant de la vocation héréditaire, il ne doit pas être compris dans l'actif de la communauté de l'assuré. « Attendu, dit la Cour, que lorsque l'assuré vient à décéder, la somme assurée qui représente le bénéfice de l'assurance n'est pas dans la succession, puisque le bénéfice ne lui ayant pas appartenu à lui-même n'a jamais été, ni pu être dans son patrimoine; que, par suite, ce bénéfice ne pouvant être considéré comme un gain fait par le mari qui contracte l'assurance, ne tombe pas dans la communauté » (R. P., n° 2472, p. 358).

C'est également ce qu'a décidé, pour le même motif, un arrêt rendu, le 14 mars 1876, par la Cour d'appel de Caen, dans un cas où le bénéfice de l'assurance avait été attribué à un tiers désigné au moment de la souscription de la police : « Attendu que vainement le syndic allègue que la somme de 30,000 francs due par le Phénix a fait partie de la société d'acquêts qui avait existé entre les époux Lecomte; qu'une telle allégation est inconciliable avec la nature même de la créance, laquelle ne pouvait jamais entrer dans la société conjugale puisqu'elle ne devait advenir à la femme (tiers nominativement désigné) qu'après la dissolution du mariage. »

Il n'y a pas à examiner, on le voit, si le bénéfice de la stipulation pour autrui est recueilli par la femme ou par un étranger. L'arrêt de la Cour de Caen est précisément intervenu dans une hypothèse où l'assurance était faite au profit de la femme. Et, en effet, ces principes sont les mêmes dans les deux cas, sauf la question de récompense ou de quotité disponible que nous examinerons en son lieu.

4. CAPITAL APPARTENANT AU DÉFUNT. — La situation change lorsque, pour une cause quelconque, le capital assuré n'est pas devenu, du vivant de l'assuré, la propriété personnelle d'un tiers, mais appartient encore au stipulant. Cette valeur, en effet, est en tous points semblable aux biens que l'un des conjoints acquiert pendant le mariage avec les deniers communs. Elle constitue un conquêt. Peu importe même quelle ait été l'intention de l'assuré. La loi a limitati-

vement indiqué les cas dans lesquels les conjoints peuvent se constituer des propres, et, en dehors de ces hypothèses, toute acquisition faite avec les valeurs communes donne nécessairement naissance à une valeur de communauté. Il suffit donc, pour faire tomber le capital assuré dans la société d'acquêts, que l'assurance ait été contractée pendant le mariage et que les primes aient été payées avec les biens communs.

La jurisprudence paraît encore fixée sur ce point.

La question lui a été soumise notamment au sujet d'assurances faites au profit des héritiers ou ayants droit, c'est-à-dire dans des cas où le capital assuré demeurait la propriété personnelle de l'assuré jusqu'à son décès. Les jugements et arrêts ont alors décidé que le capital dépendait de la communauté.

La Cour de cassation s'est catégoriquement prononcée en ce sens dans un arrêt de la chambre civile du 15 décembre 1873 :

« Attendu que tant que le stipulant n'en a pas autrement disposé, le droit au capital assuré dérivant du contrat continue à faire partie de son patrimoine; que l'indication vague et indéterminée des ayants droit ne peut, de son vivant, conférer un droit propre à ses héritiers encore incertains, et que ceux-ci ne peuvent être appelés à recueillir le bénéfice du contrat d'assurance qu'en vertu et dans les limites de leur vocation héréditaire, qui ne s'ouvre qu'avec sa succession; *que, par une conséquence ultérieure, il s'ensuit que, lorsque le stipulant est marié sous le régime de la communauté, le capital ainsi assuré, dont il n'a pas autrement disposé par acte entre-vifs, fait partie de l'actif de la communauté* » (R. P., n° 3826).

Sa doctrine a été suivie par les tribunaux. Celui d'Arras s'exprimait ainsi le 3 février 1874 : « Attendu que le versement des primes a fait naître *hic et nunc* une créance mobilière à échéance indéterminée sur le capital de 12,000 francs assuré, et que cette créance a dû nécessairement tomber dans l'actif commun, puisqu'elle est née des deniers de la communutéa; attendu que si l'art. 1432 C. civ. donne au mari la faculté de puiser dans l'actif commun de quoi payer les primes de l'assurance, il ne lui donnait pas le droit de s'enrichir et d'augmenter la succession aux dépens de la communauté » (R. P., n° 3826).

Le tribunal de la Seine consacrait enfin la même opinion dans un jugement du 23 août 1874 dont les considérants méritent d'être également reproduits : « Attendu que Taupin a agi comme chef de la communauté, avec les fonds et dans l'intérêt de cette communauté; attendu que si le payement a été différé jusqu'à l'époque de son décès, et s'il n'a pas usé de la clause qui lui permettait d'endosser les polices au profit d'un tiers et de recueillir immédiatement le bénéfice des contrats, il n'en résulte pas qu'il n'ait pas profité directement de la stipulation; attendu, en fait, que si la durée du payement des primes était aléatoire, le droit au capital que les Compagnies s'étaient engagées à payer était irrévocablement acquis à Taupin du jour de la stipulation, et que l'exigibilité seule était différée jusqu'au jour du décès; attendu qu'il suit de là que la créance de Taupin sur les Compagnies était une créance à terme qui est tombée dans la communauté » (R. du not., n° 4609). — Cette jurisprudence a été confirmée par d'autres décisions (Seine, 29 mars 1878; — Saint-Quentin, 28 juin 1878).

Ce que le tribunal de la Seine a dit d'une assurance contractée au profit des héritiers, il l'a dit depuis d'une assurance contractée au profit de la femme nominativement désignée, mais avec réserve par le stipulant de disposer du capital assuré jusqu'à son décès. Cette réserve plaçant l'attribution de l'assurance sous l'application de l'art. 1122 C. civ. l'assimilait à la police souscrite ou profit des héritiers ou d'un donataire à cause de mort. Il était donc juste de décider que le capital appartenant encore au mari lors du décès était un bien de communauté. Ainsi a fait le tribunal, en déclarant que la moitié seulement de ce capital était la propriété personnelle du mari et devait servir à calculer la réserve de ses ascendants (Jug. du 25 juin 1875, R. du not., n° 4958).

Cette interprétation est actuellement prise pour règle par l'Administration (Sol. 8 août 1877, 19 fév. 1878, 4 avr., 15 mars et 26 juin 1878).

5. ASSURANCE PAR LA FEMME. — La solution qui est admise pour l'assurance faite par le mari s'applique, à plus forte raison, quand la police est souscrite par la femme durant l'existence de la communauté (Sol. 3 nov. 1877). Ce cas, pour être rare, se présente cependant quelquefois.

La cour d'appel de Poitiers, devant laquelle il a été porté, n'a pas hésité à reconnaître, en adoptant, le 17 août 1875, les motifs d'un jugement du tribunal de cette ville du 18 décembre précédent, que la femme agissait alors nécessairement pour le compte de la société d'acquêts à laquelle devait appartenir le profit de ses opérations (R. du not., n° 4826 et n° 15667 *Cont.*).

6. LOI DU 21 JUIN 1875. — On peut ajouter que cette interprétation se trouve en quelque sorte législativement confirmée par les dispositions de la loi du 21 juin 1875 qui font réserve des droits de la communauté, s'il en existe une. L'administration a dû reconnaître, dans son instruction n° 2517, que « d'après les observations du rapporteur, cette réserve signifie que si l'assuré est marié sous le régime de la communauté, la femme survivante ne doit pas le droit de mutation sur la part qu'elle prélève comme commune en bien » (R. P., art. 4111, p. 380). Cette remarque implique évidemment la pensée que l'assurance dont il s'agit dépend de la communauté (Sol. 8 août et 3 nov. 1877).

7. PRÉLÈVEMENT DES REPRISES. — Cela posé, il est de conséquence que le capital assuré devra être traité comme toute autre valeur de la communauté pour la liquidation des droits respectifs des époux dans la masse. « Le partage doit s'opérer à son égard, dit le tribunal de Saint-Quentin dans un jugement du 28 juin 1878, comme celui de tout autre acquêt. » Il subira donc le prélèvement des reprises des deux conjoints selon l'ordre ordinaire (art. 1471 C. civ.), et les résultats de ce prélèvement serviront à régler la perception du droit de mutation par décès.

Nous ferons seulement ici une observation. Il peut arriver que l'époux survivant ait à imputer ses reprises sur une masse composée à la fois du capital assuré et d'autres créances ou valeurs mobilières, et il se présente, en pratique, plusieurs circonstances dans lesquelles il est intéressant de déterminer le mode de répartition de ces valeurs pour la liquidation de l'impôt. Quoique cette opinion ne soit pas acceptée par l'Administration qui impute par parts égales (Sol. 5 avr. 1878), nous croyons qu'il est alors juridique de faire cette division proportionnellement entre le capital de l'assurance et le reste du mobilier.

L'Administration a décidé que quand il existe dans la masse d'autres biens suffisants pour le prélèvement des reprises, il n'y a pas lieu de faire porter ces reprises sur le capital assuré parce qu'on doit supposer au défunt l'intention d'attribuer tout le capital à son conjoint (Sol. 4 avr. 1878). Mais cette appréciation nous paraît divinatoire et elle ne sera sans doute pas accueillie par les tribunaux.

8. CONVENTION DE MARIAGE. — On considérera encore le capital assuré comme un acquêt pour l'exécution des conventions de mariage intervenues entre les conjoints. Si toute la communauté est attribuée à ce titre au survivant, il recevra l'assurance, comme le reste, sans avoir, au moins pour ce motif, à payer aucun droit de mutation et sans que les héritiers du défunt aient à comprendre une partie quelconque de l'assurance dans leur déclaration. Le tribunal d'Arras l'a décidé avec raison le 3 janvier 1874 (R. P., n° 3826).

9. QUOTITÉ DISPONIBLE. — Le capital assuré sera également considéré comme bien commun pour le calcul de la quotité disponible (Sol. 4 avr. 1878). Ainsi, par exemple, si l'assuré qui laisse un légataire universel décède sans enfants avant ses père et mère, et après avoir souscrit une police de 100,000 francs payable à ses ayants droit à son décès, la créance de 100,000 fr. sera réputée appartenir par moitié à l'époux survivant et, pour l'autre moitié seulement, à la succession; d'où il suit que la réserve des parents sera seulement de la moitié de cette quotité ou de 25,000 francs. C'est ce qu'a décidé, dans une espèce semblable, le tribunal de la Seine par un jugement du 25 juin 1875 (R. du not., n° 4958).

On devra nécessairement calculer d'après les mêmes bases l'étendue de la donation éventuelle faite par le défunt à son conjoint lui-même, soit dans le contrat de mariage, soit ultérieurement. Cette libéralité ne frappera que la portion du capital assuré appartenant personnellement aux héritiers du défunt.

10. DONATION DE L'ASSURANCE A UN TIERS. — Lorsque l'assuré stipule, dans la police, que le bénéfice du contrat appartiendra à telles ou telles personnes exclusivement, sans d'ailleurs leur attribuer un droit personnel immédiat, il fait deux choses distinctes : d'abord un contrat intéressé avec l'assureur, contrat dont le produit tombera dans sa communauté; puis une attribution gratuite, c'est-à-dire une donation ou un legs de ce produit à la personne qu'il désigne. Il fait la même chose que si, achetant un immeuble ou une valeur mobilière, il déclarait en même temps vouloir le léguer ou le donner à cause de mort à un tiers. Les deux stipulations sont différentes l'une de l'autre, et la seconde produit un effet particulier qu'il s'agit de déterminer.

Quelle peut donc être l'influence sur le capital assuré devenu conquêt de cette disposition du conjoint?

La réponse à cette question se trouve dans les art. 1422 et 1423 C. civ. Ces articles prévoient précisément le cas où le mari dispose d'un objet particulier de la communauté pendant le mariage et ils indiquent, dans les termes suivants, la valeur de cette disposition.

« Le mari, porte l'art. 1422, ne peut disposer entre-vifs à titre gratuit des immeubles de la communauté ni de l'universalité ou d'une quotité du mobilier, si ce n'est pour l'établissement des enfants communs. Il peut néanmoins disposer des effets mobiliers à titre gratuit et particulier, pourvu qu'il ne s'en réserve pas l'usufruit.

« La donation testamentaire, ajoute l'art. 1423, faite par le mari, ne peut excéder sa part dans la communauté. S'il a donné en cette forme un effet de la communauté, le donataire ne peut le réclamer en nature qu'autant que l'effet, par l'événement du partage, tombe au lot des héritiers du mari : si l'effet ne tombe point au lot de ces héritiers, le légataire a la récompense de la valeur totale de l'effet donné sur la part des héritiers du mari dans la communauté et sur les biens personnels de ce dernier. »

Il résulte de ces articles, tels qu'ils sont interprétés par la doctrine et par la jurisprudence, que la disposition à cause de mort d'une créance de la communauté faite par le mari au profit de toute personne pendant le mariage doit recevoir son exécution intégrale. « Cette disposition, disent MM. Pont et Rodière, toujours valable, sera exécutée suivant l'événement du partage, soit en nature, soit en argent : en nature, si l'objet légué tombe dans le lot des héritiers du mari ; en équivalent, c'est-à-dire en une somme représentative de la valeur de la chose donnée, somme à prendre soit sur la part de ces héritiers dans la communauté, soit sur les biens personnels du testateur, si l'objet légué tombe dans le lot de la femme » (*Traité du contrat de mariage*, n° 892). Le bénéficiaire auquel le capital assuré a été exclusivement attribué par le mari en vertu d'une disposition éventuelle contenue dans la police ou intervenue ultérieurement sera donc fondé, sauf bien entendu l'action en réduction des réservataires, à réclamer la valeur totale de ce capital. Que ce capital lui soit remis en nature ou en équivalent, peu importe, la valeur qu'il représente forme l'émolument transmis au bénéficiaire par suite du décès de l'assuré : cet émolument devra donc aussi supporter le droit de mutation par décès.

Ce qui précède s'applique à l'assurance faite par le mari. Que doit-on décider pour celle qui serait contractée par la femme avec attribution du capital assuré à un tiers?

La solution dépend du point de savoir si le droit de disposition accordé par la loi civile au mari, appartient également à la femme. Si la femme ne peut pas, durant le mariage, disposer d'un conquêt, la désignation qu'elle a faite, dans la police ou après, du tiers bénéficiaire du capital assuré a un effet restreint : le capital reste dans la communauté, et le tiers n'y a droit que pour la fraction attribuée à la succession de la femme en qualité de commune. Si, au contraire, la femme peut disposer comme le mari, la valeur devra être remise tout entière au légataire ou au donataire à cause de mort, et elle sera passible, dans les mêmes limites, du droit de succession.

Or c'est là une question controversée.

Les auteurs pensent généralement que la femme a le même droit que le mari. La disposition doit être exécutée par ses héritiers. « Ce ne serait pas assez, enseignent encore MM. Pont et Rodière, d'une renonciation de ces héritiers à la communauté pour les soustraire à l'obligation d'acquitter le legs, il faudrait de plus une renonciation à la succession. Que s'ils acceptent cette succession, le legs subsiste comme une charge; les héritiers doivent donc l'acquitter, sinon en nature, ce qui n'est plus possible par l'effet de leur renonciation à la communauté, du moins en équivalent » (*Traité du Cont. de mariage*, n° 895; *Rép. gén.* 5e édit. n° 4405).

Mais la solution contraire tend aujourd'hui à prévaloir dans la jurisprudence.

On considère la disposition comme nulle en ce sens qu'elle s'exécute uniquement sur la part de la femme dans la communauté; de telle sorte que si les héritiers renoncent à la communauté ou si l'objet légué tombe dans le lot du mari, le tiers n'a droit à aucun équivalent sur la part des héritiers ou sur les biens personnels du défunt (Besançon 10 déc. 1862, S. 1863-2-55; C. Poitiers 27 août 1875, n° 15667 *Cont.* — *Conf.* Aubry et Rau, t. 4 § 509 p. 282; Marcadé art. 1423 n° 6).

Il paraît prudent jusqu'à nouvel ordre de régler la perception de l'impôt d'après cette dernière interprétation.

11. CONDITION DE SURVIE. — On remarquera que nous assimilons ici, dans nos explications, la donation entre-vifs sous condition de survie à la donation éventuelle ou testamentaire proprement dite. Puisque, d'après une particularité de la loi fiscale, les libéralités de l'espèce, quoique conférant au donataire un droit conditionnel actuel et irrévocable dès le jour du contrat, ne sont cependant soumises qu'à l'impôt des mutations par décès, il faut bien, en ce qui concerne la liquidation de cet impôt, leur appliquer les règles admises pour les legs et les libéralités éventuelles proprement dites. D'ailleurs, sauf le caractère entre-vifs de la disposition, la donation faite dans le cas de l'art. 1422 par le mari produit des effets analogues à la donation testamentaire. Si le conquêt donné tombe dans le lot des héritiers du mari, le bénéficiaire le prend en nature; s'il tombe dans le lot de la femme, on appliquera par analogie la disposition de l'art. 1423 C. civ. (Pont et Rodière, n° 889).

2400. Assurances entre époux. — Nous avons raisonné jusqu'ici dans l'hypothèse où le capital assuré par un époux commun en biens est attribué à une personne quelconque. Il faut maintenant examiner le cas très-fréquent où le bénéficiaire de l'assurance est l'autre époux lui-même, et spécialement le cas où l'assurance est faite par le mari au profit de sa femme.

Les effets généraux de cette convention sont subordonnés, comme ceux de l'assurance en faveur d'un tiers, à la question de savoir si la femme a été nominativement désignée dans le contrat en vertu de la stipulation pour autrui autorisée par l'art. 1121 C. civ., ou bien si l'attribution de l'assurance tombe au contraire sous l'empire de l'art. 1122 C. civ. La circonstance qu'il s'agit d'un époux commun en biens ne modifie en rien l'application des principes généraux du droit. Lorsque la femme est nominativement désignée dans la police et que le mari ne s'est pas réservé la propriété du capital assuré, cette femme est investie par la stipulation même d'un droit irrévocable dont elle recueillera plus tard le profit par la seule vertu de la police et parce que, dès ce moment, elle est devenue créancière directe de l'assureur. Il s'ensuit, d'une part, que le capital assuré ne dépend pour aucune portion de la succession du mari prédécédé, et d'autre part qu'il ne saurait tomber non plus dans la communauté. Ce second point a été nettement reconnu par la cour d'appel de Caen, le 14 mars 1876 (V. 2399-3). Le premier a été consacré, en matière civile, par un arrêt de la Cour de Bruxelles du 5 juin 1875 (R. du not. 5047) et par un jugement du tribunal de Charleroi du 9 mai 1874 (J. E., n° 20055). Il résulte également des décisions qui ont jugé en matière fiscale que le capital assuré ne doit pas être, en pareille occurrence, compris dans la déclaration de succession du mari (Abbeville, 24 mars 1874, R. P. 3826; — Saint-Quentin, 11 mai 1864, R. P. 1950). — *Contra* Lille, 1er avril 1874.

Mais il est bien entendu que si l'assurance était soumise à une condition de survie, il y aurait lieu d'appliquer les principes du n° 2397 § 9 et de percevoir le droit de mutation par décès sur le capital assuré (Seine, 29 mars 1878, 4963 R. P.).

1. OBJET DE L'ASSURANCE. — La libéralité que le mari fait à la femme a uniquement alors pour objet les primes qu'il tire de la communauté et qu'il paye à l'assureur. Mais cette libéralité s'opère au moyen d'un acte entre-vifs qui, quoique révocable en vertu de l'art. 1096 C. civ., n'en constitue pas moins une donation ordinaire passible du droit proportionnel d'enregistrement et ne saurait, par conséquent, autoriser la perception de l'impôt des mutations par décès.

Si le mari meurt sans avoir révoqué sa donation entre-vifs, la condition résolutoire qui en menaçait l'existence disparaît et la libéralité devient définitive. Son importance se calculera nécessairement alors sur le montant des primes déboursées par le mari. La femme accepte-t-elle la communauté? Elle sera censée avoir payé elle-même la moitié de ces primes; l'autre moitié seulement représentera la somme réellement déboursée par le mari et qui doit servir à déterminer la quotité disponible (V. C. de Bruxelles 5 juin 1875, R. du not. n° 5047). La femme renonce-t-elle à la communauté? Le mari sera réputé avoir payé seul l'intégralité des primes et le montant total de ces primes formera alors la libéralité faite à la femme (Charleroi 9 mai 1874, J. E. 20055).

2. RÉCOMPENSE. — Dans aucun de ces cas, d'ailleurs, il ne saurait être question d'une récompense à payer par la femme à la communauté. Il n'y a récompense, en effet, que quand la femme tire un profit indirect de la communauté, c'est-à-dire quand ce profit ne lui vient pas d'une donation formelle de son mari. Ici le contrat renferme une donation parfaitement caractérisée du mari à la femme du montant des primes qui ont été payées à l'assureur. Cette donation sera réduite si elle dépasse le disponible. Mais la femme n'est pas tenue de plein droit, en vertu de l'art. 1437 C. civ., de remettre à la communauté l'équivalent de ce qu'elle en a reçu (Sol. 3 nov. 1877). Le contraire a été cependant décidé par le tribunal de Charleroi, le 9 mai 1874 (J. E. 20055). Mais c'est une erreur (Sol. 3 nov. 1877 et 15 avr. 1878).

3. FEMME NON DÉSIGNÉE. — DONATION. — Les effets de l'assurance sont bien différents lorsque la femme bénéficiaire du contrat n'a pas été nominativement désignée dans la police, ou que, pour l'une des causes indiquées dans notre précédent travail, le mari reste propriétaire jusqu'à son décès du capital assuré. Alors ce capital tombe dans la communauté comme y tombe toute valeur acquise par le mari durant le mariage et encore possédée par lui lors de sa mort. Mais il y tombe avec

l'affectation spéciale qu'il a reçue de la volonté du mari et d'après laquelle le capital doit être attribué entièrement à la femme. Une telle attribution ne peut procéder juridiquement que d'un acte de disposition soit entre-vifs, soit testamentaire compris dans les prévisions des art. 1422 et 1423 C. civ. C'est comme si le mari avait déclaré donner à cause de mort à sa femme le montant de l'assurance tombée dans la communauté. Or, nous avons vu que cette disposition, quand elle s'adresse à un tiers, doit être exécutée intégralement.

Seulement il s'élève ici la question de savoir si la femme recevra la moitié de l'assurance en sa qualité de commune en biens et de copropriétaire de la masse, ou si la totalité de l'assurance lui adviendra comme une libéralité à imputer sur la part de son mari dans cette même communauté et subsidiairement sur ses propres.

Une difficulté pareille s'est produite au sujet de l'interprétation générale de l'art. 1423 C. civ., et il a été reconnu que comme, en définitive, la disposition de l'art. 1423 repose sur l'intention présumée du mari, les tribunaux, interprètes souverains des volontés du testateur, pourront, à raison des circonstances et particulièrement de la nature ou de l'importance du legs fait à la femme par le mari, décider que celui-ci a entendu seulement disposer de sa part dans les objets légués. La Cour de cassation a décidé que, dans ce cas, la femme est tenue d'exercer le prélèvement de ces objets avant tout partage de la communauté, sans pouvoir exiger qu'il soit d'abord procédé à ce partage, avec faculté pour elle de prendre ensuite dans le lot des héritiers du mari, soit les objets légués s'ils y sont tombés, soit leur valeur totale s'ils sont tombés dans le sien (Arrêt du 18 mars 1862, S. 1861-1-869).

Nous ajouterons que si le contraire n'est pas établi, cette présomption que le mari a entendu seulement disposer de sa part doit être admise. Elle est la plus naturelle et la plus conforme à l'intention probable du mari au moment où il a fait le contrat pendant le cours de sa communauté.

Cette interprétation détermine également l'étendue de la libéralité au cas où la femme renoncerait à la communauté. La part du mari étant alors de la totalité de l'assurance, puisque la femme n'y conserve aucun droit personnel de copropriété, c'est ce capital entier qui sera censé avoir été donné par le mari et qui devra supporter le droit de mutation.

Nous n'avons pas besoin de dire que quand le capital assuré tombe dans la communauté, il y joue, à tous égards, le rôle d'une valeur ordinaire assujettie au prélèvement des reprises des conjoints, à l'application des conventions anténuptiales et des autres règles relatives au partage de la masse. Ce qui a été dit précédemment pour le cas où l'assurance a été contractée au profit d'un tiers autre qu'un époux, reçoit ici son application.

Une remarque cependant est essentielle à faire. C'est qu'avant tout il faut, pour déterminer le sort du capital assuré et pour savoir s'il est attribué en tout et en partie à la femme *à titre de donation*, apprécier l'intention du mari en interprétant les termes de la police. Le mari a bien pu, en effet, tout en faisant mention de sa femme et de ses enfants, avoir simplement en vue la communauté que cette femme et ces enfants représentent au décès. Il a pu vouloir uniquement exprimer que le capital assuré sera attribué à ceux qui auront droit à la communauté et dans la proportion pour laquelle ils y ont droit, sans que son intention soit d'aller plus loin et de faire une libéralité directe au conjoint survivant (Cass. 12 fév. 1877). Dans une telle hypothèse il est manifeste qu'il n'y aurait plus de place pour l'application de l'art. 1423 ni pour la perception d'un droit de mutation par décès sur aucune partie du capital assuré revenant à la femme. Elle perdrait, en outre, tout droit à l'assurance si elle renonçait à la société d'acquêts, si les reprises du défunt absorbaient tout l'actif, etc.

C'est là une question de fait à décider d'après les circonstances et les termes de chaque contrat. On ajoutera toutefois que, quand la femme est désignée nominativement, la présomption résultant de la nature même et du but du contrat est que le mari a entendu lui faire dans tous les cas une attribution personnelle, à titre de donation, soit de l'intégralité soit de sa part seulement de l'assurance selon les distinctions précédemment établies.

Le droit de succession nous paraît donc, sauf preuve contraire, devoir être perçu alors entre époux, sur la part du mari considérée comme donnée à la femme.

Les tribunaux seraient d'ailleurs à peu près souverains pour trancher la difficulté. On verra un exemple de cette interprétation quand nous parlerons tout à l'heure des assurances faites par la femme au profit du mari.

C'est souvent encore une question d'interprétation de la même nature que celle de savoir si la femme a été ou non nominativement désignée dans la police, en d'autres termes, si elle a acquis ou non un droit personnel du vivant du mari.

Un assuré déclare, par exemple, qu'il fait l'assurance au profit de sa femme sans rien ajouter de plus. A-t-il entendu désigner nominativement sa femme actuellement vivante ? ou bien a-t-il voulu dire par là que l'assurance appartiendrait à telle autre personne avec laquelle il serait alors remarié ? La chose peut être douteuse et cependant il est essentiel de constater la volonté du mari ; car, s'il y a indétermination de la personne du donataire, le capital assuré reste, d'après la jurisprudence, la propriété du mari et devient en principe passible du droit de succession.

Enfin il faut encore le plus souvent interpréter la police pour savoir si l'assurance a été attribuée à la femme sous condition de survie, c'est-à-dire si la donation, quoique faite entre-vifs, devient néanmoins sujette aux droits de mutation par décès. Nous n'avions pas à revenir sur ce point qui a été examiné n° 2397-9.

Ces questions d'appréciation sont fréquentes dans la matière que nous étudions. On les retrouve dans la plupart des décisions judiciaires auxquelles elle a donné lieu. Nous citerons notamment les arrêts de Bruxelles, du 5 juin 1875 (R. du not. n° 5047), de Douai, du 2 février 1876 (R. P. n° 4323), et l'arrêt de la Cour de cassation du 21 juin 1876 (S. 1876-1-400).

4. ASSURANCE AU PROFIT DU MARI. — La femme commune en biens peut faire une assurance sur sa vie au profit du mari. Le cas est rare ; mais il n'a fait l'objet d'aucune prohibition légale, et on doit par conséquent reconnaître la validité d'une telle convention. Ses effets ne sont pas, néanmoins, en raison de la position particulière et subordonnée de la femme dans la communauté, absolument semblables à ceux de l'assurance faite par le mari lui-même.

D'abord la femme n'a pas, comme le mari, le droit de disposer des biens communs et d'en faire, durant le mariage, l'emploi qui lui convient. Ce droit n'appartient qu'à son conjoint, et on a pu en conclure que, quand elle prend dans la masse les primes qui servent à procurer le capital assuré, elle agit au nom de son mari lui-même, comme son mandataire tacite ou son gérant d'affaires. Il en résulte que l'assurance contractée dans ces conditions est censée contractée par le mari lui-même pour son compte personnel ; d'où il suit que le capital assuré tombe, lors du décès d'un des conjoints, dans la communauté (Poitiers 8 déc. 1874, *conf.* par la Cour de cette ville le 17 août 1875, 15667 *Cont.*).

Mais l'agissement de la femme n'a-t-il pas au moins pour résultat d'attribuer au mari, à titre de donation, la totalité du capital assuré ou la part revenant à la femme dans ce capital? Pour autrement dire, ne faut-il pas appliquer à l'acte de disposition de la femme la règle édictée par les art. 1422 et 1423 C. civ. pour l'acte de disposition du mari ? Nous avons examiné précédemment cette question à propos de l'assurance faite par la femme au profit d'un tiers autre que le mari (n° 2399-3). Les raisons de décider sont les mêmes quand il s'agit du mari, et nous ne pouvons que nous référer à nos observations.

Il y a de plus, dans l'espèce, une difficulté particulière résultant de l'embarras où l'on est souvent d'interpréter le sens de la police en ce qui touche la désignation du mari. La femme n'a peut-être pas, en le nommant, entendu le moins du monde lui faire une donation. « Il est tout naturel, dit dans un cas semblable la Cour de Poitiers, que la dame B., voulant contracter pour le compte de la communauté, indiquât son mari comme étant celui qui devrait toucher le capital de l'assurance » (n° 15667 *Cont.*). Mais cette présomption peut être modifiée par le concours du mari dans la police ou par les termes plus ou moins explicites dont les époux se sont servis. Aucune règle générale ne saurait être posée à cet égard.

2401. Assurance au profit du survivant. — Nous avons à préciser, en terminant, le caractère de l'assurance très-fréquente en pratique par laquelle les deux époux communs en biens stipulent que, moyennant le payement de primes à payer pendant le mariage avec des biens de la communauté, l'assureur payera une rente ou un capital au survivant d'eux.

Cette convention rentre tout à fait dans la catégorie des aliénations de biens de communauté moyennant une rente réversible sur la tête du survivant. Elle n'implique pas plus qu'elles l'existence d'une donation par le prédécédé à celui qui survit. C'est de part et d'autre une stipulation intéressée dont il faut dire ce que disent les auteurs de la réversion de rente. « Le survivant acquiert la part du prémourant sans qu'il se mêle à son acquisition aucune idée de libéralité. Les règles sur les donations, leur réduction ou leur révocation restent donc complétement inapplicables » (P. Pont, *Petits contrats*, n° 698). Telle est, en effet, l'interprétation qui a été donnée du contrat par la jurisprudence : « De l'alternative prévue par le contrat, porte un arrêt de cass. du 28 mars 1877, est résulté pour chacun des époux un droit éventuel à la somme assurée, soumis en même temps à la condition suspensive de sa propre survie et à la condition résolutoire du prédécès de son conjoint. » — V. aussi C. Douai, 2 fév. 1876, 4323 R. P.

Pendant le mariage, la créance contre l'assureur est une valeur commune. Mais aussitôt que le décès d'un des conjoints s'est produit, la condition à l'événement de laquelle était subordonnée l'acquisition du survivant a pour résultat d'investir ce dernier de la propriété personnelle de l'assurance comme s'il l'avait possédée depuis la souscription de la police. Le capital assuré cesse donc d'appartenir à la communauté. Le survivant se trouve, par le décès de l'autre conjoint, investi du droit personnel et exclusif de l'assurance (C. Douai, 2 fév. 1876, 4323 R. P. ; — Cass. 28 mars 1877; —Meaux, 8 mars 1877;—Sol. 1er août 1874 et 11 avr. 1877). Il n'est donc dû aucun droit de mutation par décès.

6. RÉCOMPENSE.—Mais le survivant, *sans être donataire du prédécédé*, se trouve tirer un profit personnel des biens de la communauté, puisque les primes qui ont servi à former l'assurance ont été tirées de cette communauté. D'après la règle générale de l'art. 1437 C. civ., il en doit la récompense. La même solution a prévalu au sujet des révisions de rentes constituées avec des biens communs (R. G. n° 6711). Il n'y a aucune raison de ne pas l'appliquer aux assurances réciproques dont il s'agit. Le survivant devra donc rapporter à la communauté le montant des primes payées pendant le mariage avec les valeurs de la communauté (Meaux, 8 mars 1877), et cette récompense figurera dans la masse pour la liquidation du droit de succession (Sol. 28 fév. 1878, 4885 R. P.).

7. RENONCIATION A LA COMMUNAUTÉ. — Qu'arrivera-t-il si la femme survivante renonce à la communauté?

Elle ne perdra pas pour cela le bénéfice de l'assurance. Il est à présumer, en effet, que le mari a entendu le lui attribuer même dans ce cas : « L'attribution du capital assuré à la survivante n'est point, on l'a fait remarquer avec raison, assujetti à la condition qu'elle acceptera la communauté, et du moment que les termes du contrat ne le disent point, un tel contrat, par son objet tout de prévoyance, peut indistinctement être exécuté vis-à-vis de la femme, soit qu'elle accepte la communauté, soit qu'elle y renonce » (C. Douai, 2 fév. 1876, R. P. 4323, confirmé en cass. le 28 mars 1877). C'est ce qu'on a admis aussi pour les réversions de rente (R. G. 6710).

Mais la nature de l'attribution se transforme alors. Au lieu de procéder d'un contrat aléatoire à titre onéreux, elle implique une libéralité de la part du mari. La femme est censée recevoir le capital assuré en exécution d'une donation du prédécédé (C. Douai, 2 fév. 1876 et cass. 28 mars 1877, *loc. cit.*). Il y a lieu, dès lors, d'appliquer à cette hypothèse les principes que nous avons exposés ci-dessus au sujet des assurances ordinaires contractées par le mari au profit de la femme. On trouvera dans le réquisitoire de l'organe du ministère public sur lequel a été rendu l'arrêt de la Cour de Douai, et que nous avons reproduit au n° 4323 du R. P., un exposé très-judicieux des règles relatives à cette espèce de convention.

Si l'attribution résulte de la survie de la sœur, le droit de succession est alors exigible (Sol. 28 février, 9 mars, 5 et 8 avr. 1878).

2403. Assurances différées. — Les assurances *différées* ne donnent pas lieu à d'aussi nombreuses et à d'aussi graves difficultés que celles dont nous venons de parler. Souvent, il est vrai, elles sont contractées dans un but de libéralité et sur la tête d'un enfant ou d'un tiers que l'assuré a l'intention de gratifier ultérieurement du montant de l'assurance. Mais presque toujours la police ne contient aucun engagement à ce sujet; l'enfant ou le tiers ne figure au contrat qu'à titre purement *passif*, et, quoique l'assurance repose sur sa vie, la somme stipulée n'en est pas moins payable à l'assuré seul. C'est seulement lorsque ce dernier remet à l'enfant ou au tiers la somme payée par l'assureur qu'il y a donation; mais c'est alors un nouveau contrat indépendant du premier et rentrant dans la catégorie des donations ordinaires.

Si l'assurance différée a été contractée sur la vie d'un tiers, le décès de ce tiers ne donne évidemment pas lieu au droit de succession (Sol. 12 avr. 1878). Si c'est l'assuré qui meurt avant l'expiration du terme fixé par la police, l'assurance n'en continue pas moins, et alors la valeur qu'elle représente fait partie, toute éventuelle qu'elle est, de la succession de ce dernier. Cette valeur doit donc être comprise dans la déclaration de succession et déterminée par une évaluation des parties au moins égale au total des primes (Sol. du 24 février 1868 (2642 R. P., 9 déc. 1872, 17 fév. 1874, 20 janv. 1875, 12 avr. 1876).

Si l'assurance porte sur la vie de l'assuré et que le capital soit payable à une époque non encore arrivée lors du décès de cet assuré, les héritiers doivent le droit sur le capital qui constitue une créance acquise quoique non échue (Sol. 15 avr. et 4 mai 1878). Si, dans ce cas, l'assurance est faite sous condition de survie, à un tiers qui n'a pas encore accepté au décès, le capital est sous condition résolutoire dans la succession de l'assuré (Sol. 29 avr. 1878).

Supposons que, par extraordinaire, le contrat d'assurance différée contienne la stipulation expresse que la somme assurée sera payable au tiers sur la tête duquel l'assurance est contractée. La police est évidemment, dans ce cas, le titre d'une libéralité ayant pour objet l'ensemble des primes. D'un côté, en effet, le donateur ne débourse que les primes; ce sont les seules choses qui sortent de son patrimoine, et ce sont, par conséquent, les seules choses qu'il donne. D'autre part, le tiers au profit duquel l'assurance est contractée étant mis aux lieu et place de l'assuré, c'est lui qui court les chances de perte ou de gain, et, s'il gagne, c'est par l'effet d'une chance personnelle, ce n'est pas par l'effet d'une nouvelle libéralité de l'assuré. Pourrait-on soutenir que la donation d'un billet de loterie, faite avant le tirage, comprend le lot gagné par ce billet? Le cas est exactement le même.

Ainsi le droit de donation devra être perçu, en cas d'enregistrement de la police d'assurance, sur le montant des primes. C'est ce qui résulte de la décision que nous avons rappelé précédemment n° 2398-2. Il va sans dire que l'exigibilité de ce droit est subordonnée à l'acceptation du donataire.

Avant la loi du 21 juin 1875, le droit de succession n'eût pas été exigible sur le capital ou la rente payable par l'assureur. Cette valeur y serait actuellement soumise.

2403 *bis*. Capital.—Primes non payées.— Si la police porte que la prime de l'année courante au moment du décès de l'assuré et non encore payée à cette époque sera réduite du capital à verser au bénéficiaire, le droit de mutation par décès n'est dû que sur l'excédant (Sol. 12 fév. 1872 et 10 déc. 1877).

2403 *ter*. Rachat. — Si la compagnie rachète aux héritiers une assurance périmée, la valeur payée par elle doit être traitée comme le capital assuré (Sol. 2 oct. 1877).

CHAPITRE III. — TIMBRE

[2404-2425]

SECTION PREMIÈRE. — ASSURANCES MARITIMES

[2404-2412]

2404. Règle. — Aux termes du C. com., le contrat d'assurance doit être rédigé par écrit (art. 332). La même police peut contenir plusieurs assurances, soit à raison des marchandises soit à raison du taux de la prime, soit à raison de différents assureurs (art. 333).

On distingue les polices ordinaires et les polices flottantes. La police flottante est le titre du contrat par lequel l'assureur garantit toutes les marchandises qui sont chargées par l'assuré pendant une période convenue dans un lieu et pour une destination déterminée.

Avant la loi du 5 juin 1850 les polices d'assurances étaient, comme les polices terrestres, assujetties au timbre (V. 2413). Cette loi a eu pour but de régulariser et d'assurer la perception du droit.

Aux termes de l'art. 42 L. 5 juin 1850, à compter du 1er octobre, tout contrat d'assurance maritime, ainsi que toute convention postérieure contenant prolongation d'assurance, augmentation dans la prime ou dans le capital assuré, ou bien, en cas de police flottante, portant désignation d'une somme en risque ou d'une prime à payer, doit être rédigé sur du papier d'un timbre de dimension, sous peine de 50 francs d'amende contre chacun des assureurs et assurés.

1. ACTE A LA SUITE. — Les conventions postérieures, énoncées dans le numéro précédent, peuvent être inscrites à la suite de la police, à la charge, pour chacune, d'un visa pour timbre au même droit que celui payé pour la police. Ce visa pour timbre doit être apposé dans les deux jours de la date des nouvelles conventions, sous peine des amendes de 50 francs indiquées dans le même numéro.

2. CONNAISSEMENT.—La police peut être également rédigée à la suite du connaissement et sans contravention (D. m. f. 25 janv. 1860). — Le contraire a été cependant décidé par une Sol. du 11 juillet 1874 (20090 J. E.).

3. CONVENTIONS POSTÉRIEURES. — Indépendamment des conventions postérieures du contrat d'assurances indiquées

dans l'art. 42 (prolongation de l'assurance, augmentation de la prime, désignation d'une somme ou d'un risque à payer) il en existe plusieurs autres telles que la diminution du capital ou de la prime. Ces avenants ne tombent donc pas sous l'application de la loi du 5 juin 1850. Mais il a été décidé qu'ils étaient régis comme autrefois par la loi du 13 brumaire an 7 (Dél. 20 juin 1854; D. m. f. 13 mai 1856; — Sol. 2 août 1873, 3736 R. P.). C'est ce qui résulte virtuellement d'un arrêt de cass. du 2 janvier 1878 portant, au sujet d'états estimatifs (V. 2424 § 6) « qu'en l'absence de toute exception faite à leur profit, ces actes restent assujettis aux dispositions générales des art. 1 et 12 de la loi du 13 brumaire an VII » (4858 R. P.).

Le contraire a été cependant décidé par le tribunal d'Auxerre, le 25 juillet 1876 (4541 R. P.); mais ce jugement est déféré à la Cour de cassation.

Ces conventions ne pourraient pas être écrites à la suite de la police sans contravention (Dél. 20 juin 1854).

Les dispositions précédentes s'appliquent aux assurances terrestres comme aux assurances maritimes (Sol. 2 août 1873; — Rouen, 30 janv. 1877, 4623 R. P.).

4. ANNULATION. — Il a été reconnu que l'avenant ntitulé *Annulation* et déterminant la prime acquise pour des voyages effectués ainsi que les conditions de résiliation de l'assurance n'a pas le caractère d'une police et reste assujetti à la loi du 13 brumaire an 7 (D. m. f. 13 mai 1856).

5. DOUBLES DES POLICES. — La loi ne distinguant pas, il a été reconnu que l'obligation du timbre s'applique, sans distinction, à tous les doubles de la police (D. m. f. 25 janv. 1860).

6. TIMBRE EXTRAORDINAIRE. — Une Dél. 19 juin 1850 (14178 J. N.) porte que les polices peuvent être rédigées par les notaires et les courtiers sur papier timbré à l'extraordinaire (D. N. t. 2 p. 78 nº 338). Mais une D. m. f. du 23 février 1865 a reconnu que ces pièces ne pouvaient pas être visées pour timbre. — Quant à l'application du timbre extraordinaire, il n'est pas nécessaire qu'elle ait lieu à l'atelier général à Paris (L. 11 juin 1842 art. 6), car l'art. 13 de la loi du 5 juin 1850 ne renferme cette prescription que pour les bordereaux et arrêtés des agents de change ou courtiers (Sol. 19 juin 1850, Sol. 28 sept. 1850).

2405. Assurances fluviales. — Le législateur, en parlant des assurances maritimes a eu nécessairement en vue toutes les assurances dont il est question sous le tit. 10 liv. 2 C. com. Or, l'art. 335 porte que l'assurance peut être faite pour tous voyages et transports par mer, rivières et canaux navigables. Les assurances des risques de cette navigation sont donc soumis aux règles édictées pour les assurances maritimes (D. m. f. 13 août 1851; — Cass. 22 août 1856, 2096-13 I. G.).

2406. Assurance accessoire. — Il importe peu que l'assurance intervienne accessoirement à un autre contrat. Ainsi, des compagnies de transport par eau s'étant réunies pour régler les conditions du trafic et s'assurer mutuellement la réparation des dommages et avaries, il a été reconnu que cette garantie réciproque constituait une véritable société d'assurances maritimes tombant sous l'application de la loi de 1850 et obligée notamment, sous peine d'amende, à faire la déclaration prescrite par l'art. 43 de cette loi (Cass. 12 août 1856, 824 R. P., 2096-13 I. G. — *Conf.* : Toulouse 26 fév. 1858, D. m. f. 25 janv. 1860).

2407. Déclaration. — L'art. 43 impose aux compagnies d'assurances maritimes l'obligation de faire, au bureau d'enregistrement du siége de leur établissement, et à celui du siége de chaque agence, une déclaration constatant la nature des opérations et les noms du directeur et de l'agent de la compagnie, à peine de *mille* francs d'amende.

Cette déclaration est également imposée aux assureurs particuliers (L. 5 juin 1850 art. 45), lors même qu'il n'y aurait pas de société entre eux (16487 J. E.).

Aux compagnies mutuelles comme aux compagnies à prime (16579 J. E.).

Et même aux agences établies en France par des sociétés étrangères (D. m. f. 11 fév. 1857, Sol. 21 avr. 1866).

1. COMPAGNIES ASSOCIÉES. — Lorsque plusieurs compagnies sont associées pour se garantir des risques mutuels de leurs transports, elles sont tenues de fournir une déclaration. — Mais cette déclaration n'a pas besoin d'être faite au siége de chaque agence de ces compagnies. Chaque compagnie, en effet, n'est qu'une compagnie de transport vis-à-vis des parties ; elle ne devient compagnie d'assurances qu'à l'égard des autres compagnies associées (Sol. 7 mai 1855).

2. AMENDE. — Le défaut de déclaration est puni d'une amende de 1,000 francs (L. 5 juin 1850, art. 42, 1854 I. G. — *V.* Cass. 12 août 1856, 824 R. P., 2096-13 I. G., 57-1-279 S.; — Toulouse 26 fév. 1858).

2408. Répertoire. — Les compagnies sont tenues, en outre, d'après l'art. 44, d'avoir, dans chaque agence, un répertoire non sujet au timbre, mais coté, paraphé et visé, soit par un juge du tribunal de commerce, soit par le juge de paix, pour y porter, dans les trois jours de leur date et par ordre de numéros, les assurances qui ont été faites dans ladite agence sans l'intermédiaire d'un courtier ou d'un notaire, ainsi que les conventions postérieures, énoncées dans l'art. 42 (1854 I. G.).

La tenue de ce répertoire est prescrite lors même que les compagnies ne feraient d'assurances que par le ministère des notaires ou des courtiers déjà assujettis à la même obligation (Sol. 9 fév. 1851 ; — Rouen 14 et 15 janv. 1852).

1. VISA. — Ce répertoire est soumis au visa des préposés de l'enregistrement, et, conformément à l'art. 51 L. 22 frimaire an 7, il doit être présenté tous les trois mois, dans les dix premiers jours de chaque trimestre, au visa du receveur de l'enregistrement du lieu où siége la société (Art. 44).

Le receveur énonce dans son visa, selon la règle commune, le nombre des actes inscrits.

2. PARTICULIERS. — L'art. 45 oblige les particuliers qui veulent faire des assurances maritimes, autrement que par l'entremise des courtiers et des notaires, à faire la déclaration préalable ordonnée par l'art. 43, sous la même peine de 1,000 francs, et à tenir un répertoire de leurs actes dans la forme prévue en l'art. 44; lequel répertoire est soumis au visa trimestriel du receveur, qui a, en outre, le droit d'exiger la représentation des polices au moment du visa.

Si les assureurs particuliers font leurs opérations par l'entremise d'un courtier ou d'un notaire, la loi ne leur impose ni déclaration ni tenue du répertoire (M. Leroux, rapporteur de la loi, Sol. 9 fév. 1851).

3. CONTRAVENTION. — Chaque contravention à l'art. 44 et au § 2 de l'art. 45 concernant la tenue et le visa du répertoire des compagnies d'assurances maritimes et des assureurs particuliers donne lieu, conformément à l'art. 46, à une amende de 10 francs.

Décidé que chaque refus de présenter le répertoire est passible d'une amende de 10 francs, indépendamment de l'amende due pour chaque trimestre où le répertoire n'aurait pas été soumis au visa dans le délai prescrit (Sol. 21 juill. 1857).

4. EXTINCTION DE L'OBLIGATION. — La nécessité de tenir le répertoire, de même que les autres obligations imposées par la loi prennent fin quand la société est dissoute. Cette dissolution n'a pas besoin d'être prouvée par un acte en forme; il suffit qu'elle résulte des circonstances (Sol. 5 oct. 1854).

Quant aux assureurs particuliers, leur assujettissement à la loi cesse également quand ils ont cessé de faire des opérations, et ce fait est établi par la notoriété publique ou par les circonstances.

2409. Communication. — La représentation des polices peut être exigée par les préposés au moment du visa du répertoire (Art. 44 et 45). — *V.* 2420.

2410. Bureau. — Le visa pour timbre, les déclarations et les visas périodiques des répertoires prévus par les dispositions du titre 3 de la loi du 5 juin 1850, et analysés dans les numéros qui précèdent, doivent avoir lieu au bureau des actes judiciaires (1854 I. G.).

2411. Livre à tenir par les courtiers et les notaires. — L'art. 47 assujettit au timbre de dimension le livre que les courtiers doivent tenir, conformément à l'art. 84 C. com., et sur lequel ils sont tenus de consigner jour par jour et par ordre de dates, sans ratures, interlignes ni transpositions, et sans abréviations ni chiffres, toutes les conditions des ventes, achats, assurances, négociations, et, en général, toutes les opérations faites par leur ministère.

Cette prescription ne concerne que les courtiers d'assurances maritimes et ceux qui cumulent ces fonctions avec un autre courtage (D. m. f. 31 janv. 1851, 15108 J. E.).

Par un second alinéa, l'art. 47 assujettit les notaires qui, d'après l'art. 70 du même Code, rédigent des contrats ou polices d'assurances, à avoir un registre spécial et timbré sur lequel ils doivent transcrire les polices d'assurances rédigées (1854 I. G.).

1. TIMBRE EXTRAORDINAIRE. — De même que les polices (*V.* 2404-2), ce livre peut être tenu sur papier timbré à l'extraordinaire (Sol. 19 sept. 1849, 14178 J. N.).

2. VISA. — Pour assurer l'exécution de ces dispositions, le même article porte que le livre des courtiers et le registre des notaires seront soumis au visa des préposés de l'enregistrement toutes les fois que ceux-ci le requerront, et que toute contravention aux dispositions de cet article emportera une amende de 50 francs.

2412. Peine contre les notaires et les courtiers. — Enfin l'art. 48 ajoute que tout courtier ou notaire, convaincu d'avoir rédigé une police d'assurance ou d'en avoir délivré une expédition ou extrait sur papier non revêtu du timbre prescrit par l'art. 42, dont les dispositions leur sont applicables, sauf en ce qui concerne la quotité de l'amende, encourt une amende de 500 francs, et, en cas de récidive, une amende de 1,000 francs, outre les peines disciplinaires prononcées par les lois spéciales.

Les mêmes amendes sont encourues par les notaires et les courtiers lorsqu'ils usent de la faculté d'inscrire les conventions postérieures à la suite des polices, et qu'ils omettent de les faire viser pour timbre dans les deux jours de leur date (1854 I. G.).

SECTION 2. — ASSURANCES AUTRES QUE LES ASSURANCES MARITIMES

[2413-2424]

2413. Règle générale. — Les polices d'assurances ont été positivement reconnues soumises au timbre par l'art. 1er Déc. 3 janvier 1809 (419-2 I. G.) et par la disposition générale de l'art. 12 de la loi du 13 brumaire an 7.—La loi du 5 juin 1850 a eu pour but d'assurer le payement de cet impôt. — D'après l'art. 33, tout contrat d'assurance, ainsi que toute convention postérieure contenant prolongation de l'assurance, augmentation dans la prime ou le capital assuré, doit être rédigé sur du papier du timbre de dimension, sous peine de 50 francs d'amende contre l'assureur, sans aucun recours contre l'assuré. Si l'assuré qui a reçu un double du contrat ou de la convention sur papier non timbré fait l'avance du droit de timbre ou de l'amende, il a recours contre l'assureur.

1. QUOTITÉ DU DROIT. — La loi exprime simplement que les polices seront rédigées sur du papier de dimension. Il en résulte nécessairement que le droit exigible est réglé d'après la dimension du papier employé pour la police (Sol. 24 déc. 1859). Il avait été demandé, lors de la discussion de la loi, que le tarif invariable de 35 (60) centimes fût adopté. Mais cette proposition n'a pas été prise en considération.

2414. Adhésion. — Les projets de police signés par les parties et ne devant devenir définitifs qu'après la signature du directeur de la compagnie sont soumis au timbre comme pouvant faire titre. La loi de 1850 leur est donc applicable. Il en est de même des écrits par lesquels les parties déclarent adhérer aux statuts d'une société d'assurances. Les pièces ne pourraient donc être timbrées à l'extraordinaire sans amende.

Dans les sociétés d'assurances mutuelles, les actes d'adhésion ne forment qu'un avec le contrat d'assurance; mais ils doivent être écrits sur papier timbré (Sol. 12 nov. 1868).

1. PROPOSITION D'ASSURANCES. — L'acte par lequel l'assuré propose à une compagnie de lui faire une assurance sur la vie et fournit les renseignements demandés par la compagnie est un acte distinct de la police et est assujetti au timbre de dimension (Sol. 7 fév. et 3 mai 1873).

2415. Avenant. — Mais on ne saurait appliquer l'art. 33 à l'avenant par lequel une compagnie d'assurance sur la mortalité des bestiaux substituerait à un animal assuré un animal de même valeur; et il avait été décidé, sous l'empire de la loi de 1850, que la rédaction d'un tel acte, sur papier non timbré, donnait seulement ouverture à une amende de 5 francs (Sol. 15 oct. 1850, 10 mars 1854).

On n'a pas considéré comme un avenant dispensé du droit de timbre, l'acte sous seing privé par lequel l'acquéreur d'un immeuble était subrogé aux lieu et place du vendeur, dans les effets d'une police d'assurance. Un tel acte, ne constituant ni une police d'assurance ni une prolongation de l'assurance, n'est point atteint, il est vrai, par la loi de 1850; mais il est assujetti au timbre ordinaire de dimension par l'art. 12 de la loi du 23 brumaire an 7 (Dél. 20 juin 1854).

1. RÉASSURANCES. — Les contrats de réassurances sont spécialement sujets au timbre (Seine 12 juin 1875, 4382 R. P.).

2416. Acte à la suite. — Il n'existe dans la loi de 1850 aucune disposition qui déroge à la défense, résultant de l'art. 23 de la loi du 13 brumaire an 7, de rédiger deux actes à la suite l'un de l'autre sur la même feuille de papier timbré. Ainsi, un avenant rédigé à la suite de la police pour substituer un objet à un autre exposerait à l'amende (Sol. 10 mars 1854).

De même les stipulations par lesquelles le souscripteur d'une police d'assurance sur la vie non à ordre transmet à un tiers le bénéfice de cette assurance ne peuvent être rédigées à la suite de la police et sur la même feuille de papier timbré, lors même que ce mode de procéder serait conforme aux statuts de la compagnie. — V. 622 et 2345-1.

2417. Tacite reconduction. — Si la police d'assurance contient une clause de tacite reconduction; si, par exemple, elle est faite pour trois ans, avec la condition qu'elle se prolongera pendant trois autres années, à défaut par l'une des parties d'avoir manifesté une résolution contraire, l'assureur doit, en outre, la soumettre au visa pour timbre dans les cinq jours de sa date (c'est-à-dire de la date de la police), sous peine de 50 francs d'amende. — Ce visa donne lieu à la perception d'un droit égal à celui du timbre employé pour l'acte (L. 5 juin 1850, 33).

1. PLUSIEURS PÉRIODES. — Si la tacite reconduction embrassait plusieurs périodes, il serait dû autant de droits de timbre qu'il y aurait de périodes, pendant lesquelles l'assurance pourrait produire son effet, à défaut d'une manifestation contraire de la part de l'assuré (Sol. 26 oct. 1850).

2. DOUBLE ÉCRIT. — Les formules renfermant deux écrits destinés à être séparés et contenant, l'un une déclaration par les sociétaires d'une compagnie d'assurances mutuelles qu'ils adhèrent à la prochaine prolongation de la société, l'autre une reconnaissance par laquelle le directeur de la société donne à chacun des adhérents acte de sa déclaration, constituent par la réunion de ces deux actes un nouveau contrat de prorogation d'assurance. Ces formules sont donc sujettes à la formalité du timbre (Sol. 9 avr. 1855).

3. NULLITÉ. — Il importe peu d'ailleurs que les clauses contenant tacite reconduction ou prolongation de l'assurance soient valables. Les nullités dont les actes seraient entachés ne sont pas opposables à l'Administration pour la perception de l'impôt (Sol. 24 sept. 1855).

4. COPIE. — Si la clause de tacite reconduction est inscrite sur la copie d'une police dans laquelle cette clause a été insérée, il n'est dû aucun droit particulier, attendu que la loi ne parle que des polices d'assurances et non pas des copies ou des expéditions qui en seraient délivrées (Sol. 21 sept. 1855, 22 mai et 1er juin 1874, 4060 R. P.). — V. 1269.

Mais la copie doit être écrite sur papier timbré de dimension (Amiens 10 déc. 1875, 4306 R. P.; Lille 25 fév. 1876, 4337 R. P.; Cass. 8 nov. 1876, 4538 R. P.).

5. QUOTITÉ DU DROIT. — Le droit à percevoir pour la clause de tacite reconduction est le même que celui du papier employé pour la police (L. 5 juin 1850, art. 33 1854 I. G.).

6. TIMBRES MOBILES. — Le visa peut être suppléé par l'apposition d'un timbre mobile (Sol. 3 nov. 1863).

7. DUPLICATA. — Le duplicata d'une police avec tacite reconduction, que la société délivre à l'assuré, n'est pas passible d'un droit de timbre double. Il suffit qu'il soit rédigé sur papier de dimension, pourvu qu'il énonce qu'il est un duplicata et qu'il rappelle notamment la date de la police (Sol. 14 oct. 1872). Il est sujet au timbre de dimension quoique la compagnie soit abonnée (Amiens, 10 déc. 1875, 4306 R. P.; — Lille, 25 fév. 1876, 4337 R. P.; — Cass. 8 nov. 1876, 4538 R. P.).

2418. Déclaration. — Pour que les préposés de l'Administration soient mis à même de mieux surveiller l'exécution de la loi sur le timbre et d'assurer le recouvrement des droits et amendes, l'art. 34 porte que les sociétés d'assurances mutuelles, les compagnies d'assurances à primes et autres, sous quelque dénomination que ce soit, et tous les assureurs à primes ou autres, sont tenus de faire, à peine d'une amende de 1,000 francs, au bureau d'enregistrement du lieu où ils ont le siége de leur principal établissement, une déclaration constatant la nature des opérations et les noms du directeur de la société ou du chef de l'établissement. — V. 406 R. P.

2419. Répertoire. — Indépendamment de cette obligation, les sociétés, compagnies et assureurs sont tenus, d'après l'art. 35, d'avoir, au siége de l'établissement, un répertoire sommaire, en un ou plusieurs volumes, non sujet au timbre, mais coté, paraphé et visé, soit par un juge du tribunal de commerce, soit par le juge de paix, pour y porter, par ordre de numéros et dans les six mois de leur date, toutes les assurances faites, soit directement, soit par leurs agents, ainsi que les conventions qui prolongent l'assurance, augmentent la prime ou le capital assuré (1854 I. G.).

On doit y porter également les réassurances qui forment un véritable contrat particulier d'assurances entre l'assuré et le nouvel assureur (Sol. 5 janv. 1855).

Mais il a été reconnu qu'il n'y avait pas lieu de répertorier le marché par lequel un particulier s'engage, envers l'assureur, à remplacer la personne qui lui sera ultérieurement indiquée. Ce contrat est fait en vue d'une assurance future, mais n'a pas en lui même le caractère d'une police d'assurance (Sol. 11 nov. 1854).

1. VISA. — Le répertoire doit être soumis au visa des préposés de l'Enregistrement, selon le mode indiqué par la L. 22 frimaire an 7. — En conséquence, les sociétés, compagnies et assurances sont tenues, conformément à l'art. 51 de cette dernière loi, de présenter tous les trois mois, dans les dix premiers jours de chaque trimestre, leurs répertoires aux receveurs de l'enregistrement de leur résidence, qui les visent et qui énoncent dans leur visa le nombre des actes inscrits.

2. TIMBRE. — Ainsi que le porte expressément l'art. 35 de la loi du 5 juin 1850, les répertoires des assurances sont dispensés du timbre (1854 I. G.).

2420. Communication. — Indépendamment du visa, les compagnies sont tenues de communiquer leurs répertoires, à toute réquisition, aux préposés de l'Enregistrement, qui se transportent au siége de l'établissement. Ces employés peuvent exiger, en outre, la représentation des polices en cours d'exécution ou renouvelées par tacite reconduction depuis au moins six mois et de celles expirées depuis au moins deux mois. — C'est également ce qui avait été reconnu, sous l'ancienne législation, par une Dél. 16 octobre 1819 (6547, 6652 J. E.).

La loi du 23 août 1871 a complété ces dispositions dans les termes suivants : « Les sociétés, assureurs, etc., et tous autres assujettis aux vérifications des agents de l'Enregistrement, par les lois en vigueur, sont tenus de représenter auxdits agents leurs livres, registres, titres, pièces de recette de dépense et de comptabilité, afin qu'ils s'assurent de l'exécution des lois sur le timbre. » Elles ont été confirmées et étendues par l'art. 7 L. 21 juin 1875. — V. *Communication.*

1. REFUS DE COMMUNICATION. — En cas de refus, le préposé doit se conformer au second alinéa de l'art. 52 de la loi du 22 frimaire an 7, et requérir l'assistance d'un officier municipal, ou du maire, ou de l'adjoint de la commune du lieu, pour dresser, en sa présence, procès-verbal du refus qui lui a été fait.

2. AMENDE. — Chaque contravention à ces dispositions était passible d'une amende de *dix* francs, en vertu de l'art. 36 de la loi du 5 juin 1850.

Cette amende a été portée au minimum de 100 francs et au maximum de 1,000 francs par l'art. 22 de la loi du 23 août 1871.

3. LIEU DE LA COMMUNICATION. — Il a été jugé que les vérifications prescrites par les lois des 5 juin 1850 et 23 août 1871 ne peuvent avoir lieu qu'au siége de l'établissement et non pas dans ses succursales (Saint-Étienne 8 déc. 1873). Mais le contraire résulte de l'art. 7 de la loi du 21 juin 1875. — V. *Communication.*

4. ÉTENDUE DE LA COMMUNICATION. — D'après le texte de la loi de 1871, les assureurs doivent représenter leurs livres, registres, titres, pièces de dépense et de comptabilité. D'autre part, cette représentation est exigée d'une façon générale pour assurer l'exécution des lois sur le timbre. Les préposés ont donc le droit d'exiger la communication de toutes les pièces sans exception dont l'existence est constatée entre les mains de l'assureur et qui sont par leur nature assujetties au timbre. Cette vérification n'est pas seulement limitée à la constatation des infractions au timbre des quittances. La loi du 21 juin 1875 a étendu ces vérifications aux droits d'enregistrement. — V. *Communication.*

2421. Assurances anciennes. — 1. DOUBLE DE LA POLICE. — Les doubles des polices d'assurances, antérieures au 1er octobre 1850, dont les assurés sont en possession, sont exempts du timbre. En conséquence, les officiers publics et ministériels sont dispensés, relativement à ces doubles, de l'obligation imposée par l'art. 49 L. 5 juin 1850, de mentionner dans leurs actes si le titre y énoncé est revêtu du timbre, et les receveurs de l'Enregistrement peuvent les admettre à l'enregistrement sans qu'ils soient revêtus du timbre (D. m. f. 8 nov. 1850, 15047-6 J. E., D. N. t. 2 p. 238 14208 J. N.).

2. TACITE RECONDUCTION. — Les clauses de tacite reconduction, qui existent dans les polices antérieures à la loi du 24 juin 1850, ne sont pas soumises au droit particulier établi par l'art. 33 de cette loi (Sol. 24 sept. 1855).

2422. Assureurs divers. — 1. REMPLACEMENT MILITAIRE. — Les dispositions que nous venons d'analyser de la loi du 5 juin 1850 étaient applicables aux compagnies de remplacement militaire (Dél. 22 déc. 1850, 15139 J. E., Sol. 6 fév. 1851, 11 nov. 1854).

2. AUTRES SOCIÉTÉS. — Et, en général, aux assurances de toute nature, autres que les assurances maritimes, sans qu'il y ait à distinguer entre les assurances à primes ou les assurances mutuelles, la loi étant générale sur ce point (Sol. 12 nov. 1868, D. m. f. 23 juin 1869).

3. ASSUREURS ÉTRANGERS. — La loi du 5 juin 1850 s'applique également aux assureurs étrangers qui ont en France des succursales et des agents y faisant des opérations (D. m. f. 11 fév. 1857, Sol. 21 avr. 1866).

Spécialement aux compagnies de réassurances (Seine 12 juin 1875, n° 4382 R. P.).

2423. Abonnement. — Renvoi. — Les compagnies d'assurances ont, dans certains cas, la faculté de contracter un abonnement pour le payement du droit de timbre de leurs polices. Presque toutes en ont profité. Nous avons développé au mot *Abonnement* les règles de ce contrat particulier.

1. DÉCIME. — Les droits de timbre d'abonnement ont-ils été atteints par le double décime établi par la loi du 23 août 1871 ? — *V.* 125-2.

2424. Actes divers. — 1. ACCUSÉS DE RÉCEPTION. — L'accusé de réception de pièces ou deniers par la compagnie à ses agents extérieurs, ou réciproquement, est exempt du timbre comme pièce d'ordre intérieur (Sol. 11 fév. 1873).

2. AVERTISSEMENT. — Les imprimés par lesquels une compagnie d'assurances invite ses assurés à se libérer du montant de la prime, ne sont pas assujettis au timbre (Sol. 29 juin 1852, 15570-4 J. E.). — *V.* ci-après § 10.

3. BONS DE RISTOURNE. — Le bon de ristourne, c'est-à-dire l'acte par lequel l'assuré reconnaît l'imputation d'une première prime payée en vertu d'une police remplacée par une police postérieure portant une prime plus élevée, constate une libération et donne lieu au timbre de 10 centimes (Sol. 11 fév. 1873).

4. BULLETINS DE VIREMENT. — Le bulletin de virement qui sert à une compagnie pour se faire rembourser les dépenses faites au nom d'une autre compagnie par un agent commun, est un mandat non négociable soumis au timbre proportionnel (Sol. 11 fév. 1873).

Mais l'accusé de réception de ce bon à l'agent qui l'a envoyé est un acte d'ordre intérieur affranchi du timbre (Sol. 8 avr. 1873).

5. DÉCLARATIONS D'INCENDIE. — Les déclarations d'incendie sont assujetties au timbre de dimension (Sol. 11 fév. 1873, 7 janv. 1878).

6. ESTIMATION. — Sont soumis au timbre de dimension les nominations d'experts pour l'estimation des dommages, les procès-verbaux d'expertise et les états détaillés des objets détruits (Sol. 28 nov. 1877 ; — Cosne, 8 mai 1876, 4481 R. P. ; — Dreux, 1er août 1876 ; — Cass. 2 janv. 1878, 4858 R. P.). Ces procès-verbaux d'estimation doivent être communiqués aux préposés (Rouen, 20 juin 1876, 4480 R. P. ; — Sol. 28 nov. 1877).

7. MÉMOIRE. — Le mémoire d'allocation présenté à la compagnie par son agent est exempt du timbre de dimension comme équivalent à une simple lettre d'administration ; mais l'acquit doit être timbré à 10 centimes (Sol. 11 fév. 1873).

Il en est de même du décompte servant de titre de recouvrement contre l'assuré (Rouen, 18 août 1875, 4277 R. P. ; — Cass. 23 juill. 1877, 4751 R. P. ; — Evreux, 16 nov. 1877 ; — *Contrà* Le Havre, 26 juill. 1876).

8. QUITTANCES D'INDEMNITÉ. — Les quittances d'indemnité de sinistre tombent sous l'application de la loi du 23 août 1871, art. 18. Si elles contiennent des stipulations étrangères à la libération, elles sont assujetties au timbre de dimension (Sol. 11 fév. 1873).

9. QUITTANCES DE GRATIFICATIONS. — Les quittances de gratifications accordées à des tiers sont passibles du timbre de 10 centimes (Sol. 11 fév. 1873).

10. QUITTANCES DE PRIMES. — Lorsque les *primes* se payent annuellement sur des billets à échéance, ces billets doivent être écrits sur papier frappé du timbre proportionnel. — Lorsque les primes se payent d'après un avertissement remis à l'avance par l'agent de la compagnie, cet avertissement n'est sujet au timbre que s'il porte quittance de sommes supérieures à 10 francs (Sol. 10 mai 1843). — *V.* ci-dessus § 2.

L'abonnement au timbre des polices ne dispense pas de l'obligation de rédiger les quittances de primes sur papier timbré (Sol. 12 juill. et 11 nov. 1851, 3 nov. 1860, 30 oct. 1865).

Pour calculer le chiffre de 10 francs, au-dessus duquel les quittances de primes et cotisations sont soumises au timbre de 10 centimes, il faut considérer le montant de la perception revenant à la compagnie, augmenté de la taxe établie par l'art. 6 de la loi du 23 août 1871, de l'abonnement au timbre des commissions aux agents de la compagnie, etc. La loi, en effet, atteint le fait de la libération, sans distinguer entre les éléments dont la créance se compose (Sol. 6 déc. 1871).

11. RÈGLEMENTS DE SINISTRES. — Les rapports sur règlements de sinistres adressés à la compagnie par ses agents sont des pièces d'administration intérieure exemptes du timbre. Mais les actes constatant les règlements y sont assujettis en vertu de l'art. 12 de la loi du 17 brumaire an 7 (Sol. 11 fév. 1873).

2425. 12. COPIES. — Les copies ou duplicata des polices d'assurances des compagnies abonnées pour le timbre sont assujetties au timbre de dimension (Amiens 10 déc. 1875, 4309 R. P. ; Lille 25 fév. 1876, 4337 R. P. ; — Cass. 8 nov. 1876, 4538 R. P. ; — Seine 29 janv. et 17 nov. 1876 ; — Senlis 31 août 1876).

13. RÉASSURANCES. — ÉTRANGER. — La taxe d'enregistrement est applicable aux polices souscrites en France pour réassurer les objets figurant dans les sections étrangères de l'Exposition de 1878 et assurés à des compagnies étrangères (D. m. f. 28 juin, 24 juill. 1877, 4922 R. P.).

ATTÉRISSEMENT.

2426. Définition. — On nomme ainsi les terrains que les eaux de la mer ou des rivières forment au milieu de leur lit ou sur leurs bords, successivement et imperceptiblement, ou bien qu'elles y transportent tout à coup.

ATTESTATION.

2427. — C'est un acte par lequel on rend témoignage d'un fait.

2428. Tarif. — Le droit d'enregistrement des certificats et attestations est réglé sur le pied de 1 franc fixe par l'art. 68 § 1er n° 10 L. 22 frimaire an 7. — Ce droit est maintenant de 3 francs (L. 18 mai 1850, art. 8, L. 28 fév. 1872 art. 4).

2429. Pluralité. — Il n'est dû qu'un seul droit, soit que l'attestation soit donnée par une ou plusieurs personnes. — V. *Certificat.*

ATTRIBUTION.

2430. — Pouvoir de gérer certaines affaires et de juger certaines matières à l'exclusion de toute autre.

Compétence. — Chaque autorité administrative ou judiciaire n'a le droit de connaître que des matières qui rentrent dans le cercle de ses attributions; hors de là, il y a incompétence de pouvoir. — V. *Instance.*

AUBAINE.

2431. — Droit en vertu duquel les biens qu'un étranger possédait en France étaient attribués à l'État, dans certaines circonstances.

2432. Origine. — L'origine de ce droit est peu connue. Montesquieu pense qu'il a pris naissance en même temps que la féodalité, et qu'il fut, comme elle, l'ouvrage des anciens peuples du Nord, lorsqu'ils se furent établis dans les Gaules sur les débris de l'empire romain (*Esprit des Lois* liv. 21 chap. 17).

2433. Abolition. — La loi du 14 juillet 1819 a aboli le droit d'aubaine en ces termes : « Art. 1er. Les art. 726 et 912 C. C. sont abrogés : en conséquence, les étrangers auront le droit de succéder, de disposer et de recevoir de la même manière que les Français, dans toute l'étendue du royaume » (900 I. G.).

AUDIENCE.

2434. — C'est la séance dans laquelle les juges rendent leurs décisions, soit sur des plaidoiries, soit sur le rapport d'un juge dans les affaires qui s'instruisent par mémoires respectivement signifiés.

Les audiences sont publiques, sauf certains cas où les plaidoiries peuvent avoir lieu à huis-clos (C. proc. art. 87). — Les juges de paix peuvent donner audience chez eux, en tenant les portes ouvertes (Même Code art. 8). — V. *Instance.*

2435. Distinctions essentielles. — Pour la perception et le payement des droits d'enregistrement, il importe de distinguer les actes nommés *actes d'audience* des autres actes judiciaires. Les actes d'audience sont les *jugements préparatoires* et les *jugements défininifs*, qui sont toujours faits ou prononcés à *l'audience* et par tous les juges, soit du tribunal, soit de la chambre. — V. *Acte judiciaire.*

AUDITOIRE.

2436. — Lieu public où se tiennent les audiences. — L'étude d'un notaire a ce caractère lorsqu'il s'y fait, avec les solennités judiciaires, des adjudications de biens; car les portes doivent rester ouvertes à *toutes personnes* pendant la durée des enchères (C. proc. art. 965). C'est, dans la réalité, une audience publique où le notaire représente le juge (Roll. de Vill. v° *Auditoire*) — V. *suprà* 1892-5.

AUGMENT.

2437. — On comprenait autrefois, sous ce nom, les différents gains nuptiaux et de survie qui étaient en usage dans les pays de droit écrit; mais l'augment de dot proprement dit était un gain nuptial que la femme prenait, en récompense et à proportion de sa dot, sur les biens de son mari prédécédé. — L'augment de dot était établi tant en faveur des enfants que de la femme (Merlin v° *Augment*). — Il n'y a plus aujourd'hui d'augment légal ni coutumier, et l'augment conventionnel n'a plus d'autres règles que celles qui sont tracées par le C. C. pour les donations entre époux à cause de survie. — V. *Communauté.*

AUTHENTICITÉ.

2438. — L'authencité est le caractère qui rend un acte digne de foi par lui-même, et qu'on lui donne en le revêtissant de certaines formes. — V. 490.

Autre chose est l'authenticité d'un acte, et autre chose est son *exécutorialité*, c'est-à-dire sa qualité d'exécutoire (Toullier n° 50). — V. 490 et suiv.

AUTORISATION.

2439. Définition. — C'est le consentement que l'on donne à un acte que veut faire une personne, qui est sous notre dépendance ou qui ne peut agir sans notre participation. — Il y a plusieurs espèces d'autorisations. Nous indiquerons les principales.

2440. Tarif.—Les autorisations pures et simples étaient assujetties au droit fixe de 1 franc par l'art. 68 § 1er n° 12 L. 22

frimaire an 7. — Ce droit a été porté à 3 francs par l'art. 43 n° 5 L. 28 avril 1816, et par l'art. 4 L. 28 février 1872.

2441. Disposition dépendante. — Ce droit ne doit point être perçu si l'autorisation est contenue dans l'acte auquel elle a rapport, parce qu'elle en fait alors une partie intégrante et nécessaire pour sa validité (1550 J. E., D. N. t. 2 p. 125 n° 221.

2442. Femme. — Les femmes mariées ont besoin de l'autorisation de leur mari pour contracter ou ester en jugement. — Cette nécessité d'autorisation maritale a pour cause, non pas uniquement la puissance du mari, mais encore l'intérêt commun des époux (Merlin *Rép.* v° *Autorisation maritale*, Toullier n° 618). — Il est bien certain, par application du principe rappelé au numéro précédent, que cette autorisation ne donne lieu à aucun droit particulier quand elle est renfermée dans l'acte *même* qu'elle concerne. C'est ce qui avait lieu déjà sous l'ancienne jurisprudence, au témoignage de Bosquet : « Lorsque, dit-il, l'autorisation du mari est contenue dans l'acte même à passer par la femme, les commis prétendaient que le droit de contrôle en était dû, comme si cette autorisation était donnée par un acte particulier. Par un arrêt de règlement du 25 juin 1765, le roi a ordonné qu'il ne serait plus perçu de droit de contrôle des autorisations des maris à leurs femmes, qui seront insérées dans les actes à l'occasion desquels elles seront données» (Bosquet t. 1er p. 310).

Il a donc été décidé avec raison par l'Administration belge qu'aucun droit particulier n'est exigible sur l'autorisation donnée dans un acte de vente par un mari à sa femme, à l'effet de ratifier l'aliénation qu'il a consentie en se portant fort pour elle. « Cette ratification était nécessaire à la validité des conventions conclues, et elle-même ne pouvait être donnée valablement par la femme mariée que sous l'autorisation expresse de son époux. L'autorisation maritale apparaît ainsi comme intimement liée à l'utilité juridique des ventes constatées, elle ne saurait, dès lors, en être réputée une disposition indépendante et encourir un droit particulier » (Sol. 28 mars 1868, 2844 R. P.).

1. AUTORISATION D'ESTER. — BILLET. — Mais si l'autorisation n'a pas simplement pour but de valider l'acte de la femme et produit d'autres effets, il est rationnel alors qu'elle soit assujettie à un droit particulier.

Ainsi, on a pu décider que si, dans un billet à ordre, souscrit solidairement par le mari et la femme, celui-ci autorise sa femme à ester en justice, il est dû un droit particulier pour cette autorisation qui dépasse ce qui est nécessaire à la validité de l'acte (10564-1 J. E.).

2. ACTE A LA SUITE. — Il y a lieu de percevoir le droit de 3 francs, si l'autorisation est mise à la suite de l'acte sous seing privé consenti par la femme non autorisée, ce qui d'ailleurs peut se faire sans contravention à la loi du timbre. — V. *Acte à la suite* 570-3.

2443. Commerce. — L'autorisation à un mineur émancipé de faire le commerce est sujette au droit de 3 francs, si elle résulte du consentement de son père ou de sa mère. Quand elle est donnée par une délibération du conseil de famille, ce droit est de 6 francs. Et nous croyons qu'il en serait ainsi, quoique l'autorisation fût contenue dans l'acte même d'émancipation, parce que les deux actes sont indépendants l'un de l'autre et doivent produire des effets différents.

Mais l'autorisation de faire le commerce, donnée par le futur à sa femme dans son contrat de mariage, n'est passible d'aucun droit (13868-4 J. E.).

2444. Établissement public. — Il est des actes pour lesquels les administrateurs des communes, ceux des hospices, maisons de charité, fabriques, associations religieuses, etc., ont besoin d'être autorisés par l'autorité supérieure, souvent par le Gouvernement, quelquefois même par une loi. — V. *Acte administratif.*

1. EXEMPTION D'ENREGISTREMENT. — Avant la L. 15 mai 1818, les autorisations accordées par les préfets aux hospices et aux établissements publics pour recevoir des remboursements de rentes n'étaient, comme mesure d'ordre public, soumises ni au timbre ni à l'enregistrement (D. m. f. 9 juin et 8 sept. 1812, 4233 J. E., 605 I. G.). — En est-il ainsi depuis la L. 15 mai 1818 ? — V. *Acte administratif.*

2445. Autorisation de mariage.— Militaires. — L'art. 61 n° 1 de la loi du 13 brumaire an 7 ayant excepté de la formalité du timbre et de l'enregistrement, d'une manière générale, les pièces administratives qui intéressent les gens de guerre, et les hommes de la réserve étant assimilés aux militaires en activité de service. Le ministre des finances a décidé, le 29 novembre 1856, que les *autorisations de mariage*, délivrées aux gens de guerre enrôlés sous les drapeaux ou faisant partie de la réserve, sont exemptes de timbre (791 R. P., 2088 § 5 I. G.).

2446. Acte de l'état civil. — L'autorisation pour inhumer, délivrée par l'officier de l'état civil, est exempte de timbre. — V. 708.

AVAL.

2447. Définition. — Cautionnement ayant pour objet d'assurer le payement des lettres de change ou billets à ordre. Il est mis sur l'effet même ou donné par acte séparé (142 C. com.). — V. *Acte à la suite.*

L'aval doit être donné par un tiers, c'est-à-dire par un individu qui ne soit ni tireur, ni endosseur, ni accepteur, et qui puisse s'engager par lettre de change (142 C. com. Locré *Esprit du C. com.* t. 2 p. 160).

2448. Forme. — Le plus ordinairement la signature de celui qui donne son aval sur la lettre de change est précédée des mots : *pour aval.* — Mais la loi n'ayant déterminé à cet égard aucune forme spéciale, le donneur, même non commerçant, pourrait s'engager par sa simple signature. — Dans ce cas, l'aval pouvant être pris pour un endossement en blanc, Pardessus, n° 396, trace les règles à suivre pour établir une distinction entre l'endossement et l'aval : « Lorsque la signature qu'on veut considérer comme un aval a été apposée sur la lettre de change avant qu'elle fût endossée, ou se trouve au bas de la lettre, à la suite de la signature du tireur ou de l'accepteur, elle ne peut être qu'un aval. Lorsqu'elle est à la suite de la signature de quelques-uns des endosseurs, il faut voir si cette signature est celle de la personne à qui l'endossement transmet la lettre, ou d'une autre personne. Au premier cas, cette signature est un endossement imparfait : on ne peut la réputer aval, puisque cette personne ne peut cautionner envers elle-même la cession qui lui a été faite ; au deuxième cas, cette signature sera un aval, puisqu'elle ne pourrait pas avoir été donnée dans une autre intention. »

2449. Enregistrement. — L'aval mis sur la lettre de change n'est sujet à aucun droit. Qu'on le considère, soit comme partie inhérente à l'effet de commerce sur lequel il se trouve placé, soit comme une espèce d'endossement, on doit lui appliquer les dispositions de l'art. 70 § 3 n° 15 L. 22 frimaire an 7 (D. m. f. 7 août 1810, 488 I. G.; Dél. 19 nov. et 21 déc. 1830, 10110 J. E., 7370 J. N. ; 18 janv. 1831, 21 janv. 1834, 8379 J. N.).

Des auteurs, qui avaient admis ce principe avant la loi de 1816 (2378 J. E.), ont voulu, depuis la promulgation de cette loi, faire à l'aval l'application de son art. 50 et l'assujettir au droit fixe pour les lettres de change (5671 J. E.); mais ils sont revenus sur cette doctrine (14433-1 J. E.). L'Administration a persisté dans sa jurisprudence d'affranchir de tout droit l'aval donné sur l'effet négociable, alors même que l'effet est notarié (Dél. 20 mars 1835, Dalloz 3641, Champ. et Rig. t. 6 n° 94).

1. ACTE NOTARIÉ. — L'affranchissement du droit proportionnel s'applique même à l'aval constaté par acte notarié. Mais comme l'acte authentique est en lui-même soumis à la formalité de l'enregistrement dans un délai déterminé, abstraction faite des conventions qu'il renferme, on doit reconnaître que l'aval devra acquitter le droit fixe de 2 francs (3 fr.) (Sol. 27 mai 1859). C'est l'application du principe que nous retrouverons en matière d'endossements et de transferts de rentes sur l'État (*V.* ces mots). — (*Contrà* : 13643-2 J. E.).

2. ACTE PRODUIT EN JUSTICE. — D'après la même règle, si l'aval sous seing privé est produit en cours d'instance, il doit être enregistré au droit fixe de 3 francs (Sol. 29 fév. 1860).

3. ACTE SÉPARÉ. — Une D. m. f. 7 août 1810 (488 I. G.) portait que l'aval par acte séparé ne peut être considéré que comme un cautionnement, et qu'il doit dès lors être assujetti à la formalité et au droit d'enregistrement. Dalloz, n° 3642, donne cette instruction comme règle à suivre; mais il est manifeste que cet aval n'est passible que du droit fixe de 3 francs pour droit de formalité, par le motif que l'art. 142 C. com. ne fait aucune distinction entre l'aval mis sur la lettre de change et celui qui est souscrit par acte séparé, et qu'ainsi, ce qui a été décidé en ce qui concerne le premier s'applique également au second (Sol. 19 nov. 1842, 13120-1 J. E., 10110 J. E., D. N. t. 7 p. 480 n° 248).

4. PROLONGATION D'ÉCHÉANCE. — Dans le même sens, il a été reconnu que le cautionnement mis au bas d'un billet de commerce, par lequel on garantit le remboursement pour un terme qui dépasse celui de l'échéance, n'en est pas moins un aval exempt de tous droits (12250-2 J. E.).

2450. Droit de cautionnement. — Quotité. — Quant au cautionnement souscrit par un particulier qui n'est ni endosseur, ni accepteur, ni tireur de l'effet négociable dont il assure le payement, il ne peut en aucune manière être assimilé, comme l'aval, à un endossement. Dès lors, le droit de cautionnement est exigible ; mais ce droit ne saurait être plus élevé que celui de l'obligation principale à laquelle il accède. Ainsi, s'il s'agit d'une lettre de change, le cautionnement donnera ouverture seulement au droit de 25 cent. pour 100 (aujourd'hui 50 cent.) qui est celui de la lettre de change (Dél. 28 mai 1833, Dalloz n° 3644, Champ. et Rig. t. 6 n° 95). — V. *Cautionnement.*

Cependant l'Administration a délibéré, le 26 juillet 1826, en exécution d'un jugement de Limoges, 13 mars précédent (8482 J. E., 1204 § 1er I. G.), qu'un cautionnement, avec affectation d'hypothèque, fourni par un porteur de lettres de change, qui les passe à un tiers, envers tous ceux à qui ces lettres de change pourront être transmises, doit être assujetti au droit ordinaire de 50 cent. pour 100. Mais c'est là une erreur.

Quoi qu'il en soit, il est incontestable que le cautionnement donné pour garantie d'une dette commerciale résultant d'un compte courant énonçant des effets de commerce et des remises de marchandises est passible du droit de 50 cent. pour 100 (14930 J. E.) ; car il ne s'agit pas d'un aval proprement dit, mais d'un cautionnement donné pour garantir le reliquat d'un compte.

Décidé, de même, en matière civile, que le cautionnement donné pour un reliquat de compte constitue non un aval, mais un simple cautionnement, alors même que des lettres de change ou des billets à ordre figurent parmi les éléments du compte (Cass. 31 déc. 1851, S. 52-1-92, Troplong *Cont. par corps* n° 199, Massé *D. com.* t. 6 n° 366.

2451. Effet protesté. — Second aval. — Si un effet sur lequel se trouvait un premier aval a été protesté à son échéance, et que, pour arrêter le cours des poursuites, un tiers en garantisse le payement au moyen d'un second aval, mis au dos du billet, le droit de cautionnement est exigible, car du moment qu'il s'agit d'un effet *qui ne peut plus être négocié*, l'aval n'est plus qu'un cautionnement ordinaire envers le dernier porteur (14312 J. E.).

2452. Timbre de dimension. — L'aval étant censé faire partie de l'effet de commerce qui a supporté le droit de timbre proportionnel, il en résulte que lorsqu'il est souscrit par acte séparé, il peut être écrit sur timbre de dimension (9056, 14226-1 J. E.).

2453. Signature d'agent de change. — Assez souvent les agents de change attestent la vérité de la dernière signature des lettres de change ou autres effets qu'ils négocient, par leur signature, qu'on nomme improprement *aval.* — Cette signature n'a rien de commun avec l'aval dont nous venons de parler.

AVANCEMENT D'HOIRIE.

2454. Définition. — On entend par ces mots les objets mobiliers ou immobiliers que le père et la mère donnent, en avancement de leur future succession, à un ou plusieurs de leurs enfants.

2455. Rapport. — Ces objets doivent être rapportés à la masse de la succession des père et mère décédés, pour fixer la réserve légale que le Code assure à chacun des enfants dans la succession. — Toutefois, l'héritier qui renonce peut retenir le don jusqu'à concurrence de la portion disponible (Art. 845 C. C.).

2456. Titre de la donation. — La reconnaissance ou quittance donnée pour une somme ou un objet reçu en avancement d'hoirie doit être enregistrée comme donation entre-vifs, à moins qu'on ne rappelle un acte de donation précédemment enregistré, auquel cas la quittance ne serait soumise qu'au droit de 50 cent. pour 100 (1000 J. E.). — V. *Qualité disponible*, *Rapport*.

AVENIR.

2457. — Acte signé d'un avoué, contenant sommation à l'avoué de la partie adverse de se trouver à l'audience pour y plaider. — Le C. proc. désigne ces actes sous la dénomination d'acte d'*avoué à avoué* (Art. 79). — V. *Instance.*

AVERTISSEMENT.

2458. Définition. — L'avertissement, c'est l'invitation adressée à quelqu'un de faire ou de ne pas faire quelque chose, ou la connaissance qu'on lui donne d'un fait.

1. JUSTICE DE PAIX. — Dans toutes les causes, excepté celles qui requièrent célérité et celles dans lesquelles le défendeur serait domicilié hors du canton ou des cantons de la ville, il est interdit aux huissiers de donner aucune citation en justice (cette interdiction ne s'étend pas évidemment aux citations en conciliation), sans qu'au préalable le juge de paix ait appelé les parties devant lui au moyen d'un avertissement rédigé et délivré par le greffier, au nom et sous la surveillance du juge de paix, et expédié par la poste, sous bande simple, scellé du sceau de la justice de paix, avec affranchissement. A cet effet, il est tenu par le greffier un registre sur papier non timbré, constatant l'envoi et le résultat des avertissements ; ce registre doit être coté et paraphé par le juge de paix. Le greffier reçoit, pour tout droit et par chaque avertissement, une rétribution de 25 centimes, y compris l'affranchissement, qui est dans tous les cas de 10 centimes. S'il y a conciliation, le juge de paix, sur la demande de l'une des parties, peut dresser procès-verbal des conditions de l'arrangement. Ce procès-verbal a force d'obligation privée. Dans tous les cas qui requièrent célérité il ne peut être remis de citation non précédée d'avertissement, qu'en vertu d'une permission donnée sans frais par le juge de paix sur l'original de l'exploit. En cas d'infraction à cette disposition de la part de l'huissier, il supporte sans répétition le coût de l'exploit (L. du 5 mai 1855, art. 2, modificatif de l'art. 17 L. du 25 mai 1838, 290e *Bull. des lois* n° 2610).

2. *Idem.* — TIMBRE. — Les avertissements qui avaient été déclarés exempts de timbre (L. du 15 mars 1855) doivent être aujourd'hui rédigés sur papier timbré à 60 centimes (L. 23 août 1871, art. 21). Le timbre peut être acquitté au moyen de timbres mobiles. — V. *Greffe* et *Timbre.*

3. DROITS D'ENREGISTREMENT. — D'après les art. 91 et 114 des ordonnances générales de régie, les receveurs de l'Enregistrement sont tenus, avant de décerner contrainte ou d'exercer des poursuites contre les débiteurs des droits et amendes, etc., de leur donner un avertissement de payer dans la huitaine, à moins toutefois que l'imminence de la prescription ne les oblige à faire faire tout de suite des actes conservatoires (O. G., art. 91, 1537 sect. 2 n° 8 I. G.).

Il est également recommandé aux receveurs, pour les successions dont l'ouverture leur est connue au moyen des notices de décès, d'adresser officieusement et avant l'expiration du délai de six mois, un avertissement aux héritiers ou aux légataires, afin de leur rappeler qu'ils ont une déclaration à faire et des droits à payer dans les six mois du décès de l'auteur de la succession (1141 I. G.). Cette obligation a été supprimée.

4. EFFET. — L'avertissement dont il s'agit n'est pas un acte d'instance (Rouen 23 déc. 1875, 4297 R. P.), mais il a quelquefois néanmoins certains effets sur la procédure. Ainsi, par exemple, il a été jugé qu'il constitue une mise en demeure suffisante pour que le débiteur, invité à payer les condamnations prononcées par un jugement non définitif, ne soit pas censé y avoir acquiescé (Cass. 4 déc. 1871, 3375 R. P., 2447-2 I. G., B. 48 C., S. 71-1-245, D. 71-1-339).

AVEU.

2459. Définition. — L'aveu de la partie, que l'on appelle aussi en droit *confession*, est la reconnaissance du débiteur que tel fait en contestation est vrai, que la dette réclamée est due.

2460. Nature. — De sa nature l'aveu n'est qu'un mode de *preuve* des obligations. — En effet, l'aveu ne peut se rapporter qu'à une convention ou à un fait antérieur, déjà passé; et ce n'est point le fait de l'aveu qui forme une obligation contre l'avouant. — Mais cette preuve a un caractère remarquable et qui lui est particulier, c'est qu'elle est le témoignage de la partie elle-même; et, sous ce rapport, l'aveu s'identifie avec le consentement qui est la base de toutes les conventions (Toullier t. 10 nº 260). — L'aveu se divise en judiciaire ou extrajudiciaire (*V.* à cet égard 1354 et suiv. C. C.).

2461. Irrévocabilité. — De ce que nous venons de dire il résulte que l'aveu, *lorsqu'il a été accepté* par celui en faveur de qui il a eu lieu, fait pleine foi contre celui qui l'a fait et ne peu plus être révoqué, à moins qu'on ne prouve qu'il a été la suite d'une erreur de fait. Il ne pourrait être révoqué sous prétexte d'une erreur de droit (1356 C. C., Merlin t. 17 p. 452 et 453, Toullier nos 287 à 289). — Aussi, lorsqu'une partie a fait à l'audience ou dans ses écritures quelque aveu dont on croit pouvoir tirer avantage, on a toujours le soin d'en demander *acte*; c'est le moyen d'empêcher la rétractation.

Mais si l'offre a été rétractée avant son acceptation, elle est réputée non avenue (Cass. 9 juin 1863, S. 65-1-184, Merlin *Rép.* vº *Preuve* sect. 2 § 1er nº 6. — *V.* cependant Marcadé art. 1356 nº 2, Larombière *Oblig.* t. 5 art. 1536 nº 30, Aubry et Rau 3e édit. t. 6 § 751 note 17).

2462. Indivisibilité. — L'aveu judiciaire ne peut être divisé contre celui qui l'a fait (1356 C. C.), c'est-à-dire qu'il doit faire foi dans son entier, à décharge comme à charge. — Par exemple, j'ai formé contre vous la demande d'une somme de 500 francs que je soutiens vous avoir prêtée. Si, sur cette demande, vous êtes convenu en justice du prêt, mais qu'en même temps vous ayez ajouté que vous m'avez rendu cette somme, je ne puis tirer de votre déclaration une preuve du prêt, sans qu'elle fasse en même temps foi de payement. Car si je veux m'en servir contre vous, il faut que je la prenne telle qu'elle est, dans son entier (Pothier nº 799).

L'aveu judiciaire peut être cependant divisé quand il a pour objet des faits distincts ou lorsqu'une partie de l'aveu est reconnue fausse (Cass. 8 fév. 1864, S. 65-1-227, Larombière art. 1356 nº 17, Aubry et Rau 3e édit. t. 6 § 574); — ou qu'il y a eu plusieurs déclarations successives (Cass. 22 nov. 1869, S. 70-1-339).

2463. Effet. — Les suites de l'aveu, au point de vue de l'enregistrement, ont une importance sérieuse. Ainsi, comme on verra au mot *Mutation*, l'aveu d'avoir acquis des immeubles, par acte sous seing privé ou verbalement, dispense de fournir toute autre preuve pour la demande des droits de mutation. Ainsi encore, l'aveu d'une dette entraîne reconnaissance de cette dette, et rend exigible le droit d'obligation, à moins qu'il ne soit justifié d'un titre enregistré; c'est ce que nous constaterons maintes fois dans le cours de cet ouvrage, notamment au mot *Obligation*.

AVIS DE PARENTS.

2464. Définition. — On nomme avis de parents la délibération prise en conseil de famille par les parents ou amis d'un mineur, d'un interdit ou même d'un individu qu'on veut interdire, ou d'un absent, sur des choses qui intéressent soit leurs personnes, soit leurs biens.

Le C. C. indique de quelle manière et de quels parents le conseil de famille est formé, quand on procède à la nomination des tuteurs ou subrogés-tuteurs, ou à leur destitution; sur quels objets il doit délibérer, et les cas où les délibérations doivent être homologuées (V. *Titre de la Minorité et de la Tutelle*). — Le C. proc. complète la législation en cette matière par quelques dispositions dont l'objet est, en général, de régulariser les poursuites relatives à ces homologations et aux contestations qui peuvent s'élever, tant à leur égard que par rapport à la réformation des délibérations. — *V.* le titre *des Avis de parents*.

2465. Ajournement. — Le juge de paix peut ajourner ou proroger l'assemblée de famille (414 C. C.). Dans ce cas, son jugement, qui est préparatoire, donne lieu à la perception du droit fixe de 1 fr. 50 cent. (Art. 68 § 1er nº 46 L. 22 frim. an 7, art. 4 L. 28 fév. 1872).

2466. Tarif. — Les avis de parents ont été successivement tarifés au droit de 1 franc et de 2 francs par les art. 68 § 1er nº 11 L. 22 frimaire an 7 et 43 nº 4 L. 28 avril 1816. — Ce droit a été porté à 4 francs par l'art. 5 L. 19 juillet 1845; il est aujourd'hui de 6 francs (L. 28 fév. 1872, art. 4).

1. OBJET DE LA DÉLIBÉRATION. — Il nous paraît que ce tarif est applicable à la délibération qui constaterait par elle-même un acte soumis à un droit inférieur, par exemple une acceptation de transport, un acquiescement, un certificat, un compromis, un désistement, etc. S'il en était autrement, l'avis de famille renfermant la simple autorisation de passer un acte donnerait lieu à un droit plus élevé que celui où cet acte lui-même serait renfermé.

2467. Disposition dépendante. — En principe, les droits d'enregistrement sur les avis de parents sont déterminés d'après la nature et le but de ces actes, et il ne faut pas perdre de vue que c'est l'intérêt unique des mineurs qui détermine les assemblées de famille et en fait l'objet, d'où la conséquence que tout ce qui se rapporte à cet intérêt est une disposition intégrante de la délibération.

Ainsi, un seul droit est exigible sur l'avis de parents qui autorise le mariage d'une mineure et nomme un curateur pour assister au mariage;

Sur un autre avis qui nomme un subrogé-tuteur, et autorise la veuve tutrice à provoquer le partage des biens de son mari prédécédé;

Sur la délibération portant nomination d'un subrogé-tuteur et désignation d'un notaire et de deux experts appréciateurs

(*V.* 2470) pour l'inventaire du mobilier (Sol. 29 janv. 1825, 7968, 7998 J. E., 5218 J. N., 1166 § 4 I. G., D. N. t. 2 p. 151 nº 10);

De même encore, la délibération qui conserve la tutelle à la mère qui a convolé, et nomme son mari cotuteur, ne donne ouverture qu'à un seul droit (449-2 I. G.);

Il en est de même de la nomination d'un protuteur en même temps que celle d'un tuteur (1603 J. E.);

De la délibération portant à la fois destitution d'un tuteur et nomination d'un autre tuteur à sa place (2357 J. E.);

De la nomination d'un tuteur aux enfants nés et d'un curateur *au ventre* (8557 J. E.);

De la nomination d'un tuteur, d'un subrogé-tuteur et d'un tuteur *ad hoc* (14976-3 J. E.).

2468. Acceptation de la succession. — Il a été décidé que lorsque le conseil de famille, en donnant pour subrogé-tuteur à la mère son second mari, autorise l'acceptation de la succession du premier, il est dû pour cette autorisation un droit particulier. « Pour qu'il n'y eût lieu, a-t-on dit, à la perception que d'un seul droit, il faudrait que l'acceptation dérivât nécessairement de la tutelle; mais elle en dérive si peu, qu'aux termes de l'art. 461 C. C., le tuteur est tenu de l'obtenir distinctement » (Sol. 20 juin 1850).

Cette opinion est mal fondée, car l'intérêt des mineurs domine cette disposition comme toutes celles dont nous venons de donner des exemples (*Conf.*: 14976-3 J. E., *Contrà*, 5418 J. E.).

Décidé, en ce sens, que l'avis de parents nommant le subrogé-tuteur et autorisant le tuteur à accepter une succession est passible d'un seul droit (Sol. 8 janv. 1877, 4652 R. P.).

2469. Pluralité des droits. — La pluralité des droits se fonde sur les dispositions indépendantes des actes, et non pas comme autrefois sur le nombre des parties. Il ne faudrait donc pas aujourd'hui appliquer sans réserve l'ancienne doctrine que le droit était dû par chacun des mineurs compris dans l'avis de parents (Bosquet t. 1er p. 690). — Il n'est dû, au contraire, qu'un seul droit, quand la même délibération concernera plusieurs mineurs et que l'avis du conseil sera identique à leur égard. Mais la règle est différente dès que les mineurs ont des intérêts distincts et que l'avis de parents contient à leur égard des dispositions particulières; s'il s'agit, par exemple, de successions déférées distinctement à ces enfants, ou si l'on autorise pour l'un l'acceptation et pour l'autre la renonciation à la même succession. Il en serait encore ainsi de la délibération intervenue au sujet de la décharge d'un compte dans lequel les mineurs auraient non-seulement une part inégale, mais des intérêts tout à fait divisés.

1. CURATEUR ET TUTEUR. — De même, le procès-verbal du conseil de famille dans lequel on nomme un tuteur à un mineur et un curateur à un autre mineur déjà émancipé donne lieu à deux droits fixes (11844 J. E.).

2. ENFANTS DE DEUX LITS. — Décidé également que lorsqu'une personne laisse des enfants de deux lits, et que le conseil de famille nomme des subrogés-tuteurs pour les enfants mineurs de chaque lit, l'acte est passible de deux droits fixes. « Considérant que, bien que la mort du sieur G... ait nécessité la nomination de subrogés-tuteurs pour les enfants mineurs de deux lits, l'acte n'en contient pas moins deux dispositions indépendantes; qu'il existait deux tutelles distinctes pour lesquelles il y avait lieu de poursuivre l'exécution des prescriptions de l'art. 421 C. C.; que même si les enfants de chaque lit avaient eu des parents, dans leur ligne maternelle respective, assez rapprochés pour que le conseil de famille pût être composé selon les prévisions de l'art. 407, il eût été indispensable de faire procéder à ces deux nominations de subrogés-tuteurs par deux conseils formés d'autres parents quant à la ligne maternelle» (Sol. de l'Adm. belge du 2 mars 1864, 9636 J. E. belge).

2470. Nomination et serment des experts. — Si l'avis de parents qui contient nomination d'un expert appréciateur (*V.* 2467) constate également la prestation de serment de cet expert devant le juge de paix, cette prestation de serment doit être considérée comme indépendante de l'avis de parents, et un droit particulier est exigible. Le motif de cette décision est que le juge de paix agit, pour recevoir le serment et en donner acte, en sa qualité de juge, tandis que, pour l'avis de parents, il n'est que président du conseil de famille, dont son greffier rédige la délibération (Dél. 29 nov. 1816, 5608 J. E., Sol. 29 janvier 1825, 7998 J. E., 5218 J. N., 1166 § 4 I. G., Sol. 14 juin 1830, 9958 J. E.).

1. NOMINATION PAR LE SUBROGÉ-TUTEUR. — D'après cette dernière solution, il ne serait dû qu'un seul droit si le procès-verbal constatait que la nomination de l'expert a été faite par le subrogé-tuteur aussitôt après sa nomination. Mais il nous paraît plus rationnel de décider le contraire, parce que, dans cette hypothèse, la nomination n'émane pas de la famille et forme ainsi une disposition indépendante de son avis. — Nous revenons d'ailleurs sur cette question au mot *Expert* nº 8386.

2471. Autorisation. — 1. REPRISES. — La simple autorisation donnée par le conseil à l'épouse survivante, pour la remplir de ses reprises, de recevoir d'un tiers des fonds appartenant aux mineurs, n'est point passible du droit proportionnel: « Attendu, porte un arrêt de la C. cass., que les attributions que la loi confère au conseil de famille étant bornées par elle à délibérer sur la nomination et la destitution des tuteurs et subrogés-tuteurs, à régler les dépenses de la tutelle, à autoriser les emprunts à faire par les mineurs, les aliénations de leurs biens, leur émancipation et leur mariage, et aucun article du Code ne leur conférant le droit de les représenter directement, il s'ensuit que la simple autorisation donnée par le conseil de famille à l'épouse survivante, pour la remplir de ses reprises, de toucher d'un tiers des fonds appartenant aux mineurs issus de son mariage, n'étant pas valable à l'effet d'opérer la transmission de ces fonds en sa faveur, n'est point non plus assujettie au droit proportionnel» (Cass. 2 sept. 1812, *P. chr.* nº 113). — *V. Cautionnement.*

2. VENTE DE MEUBLES. — On ne saurait non plus exiger le droit de vente mobilière sur la clause d'un avis de parents homologué par le tribunal qui autorise la veuve tutrice à conserver un fonds de commerce appartenant à ses enfants. Ainsi que cela résulte d'un arrêt de la C. de Caen du 27 décembre 1861, la délibération, même homologuée, ne constitue pas la vente; elle n'a d'autre effet que d'autoriser le tuteur à passer l'acte de cession (Sol. 15 mai 1866, 2843 R. P.).

2472. Bail à vie. — La délibération d'une assemblée de famille par laquelle on statue qu'à raison de l'état d'un individu en démence, son oncle et à la fois son tuteur jouira de ses biens, à la charge de le nourrir et de l'entretenir, mais sans être tenu de rendre aucun compte de cette jouissance, comme sans pouvoir réclamer aucune somme de l'interdit ou de ses ayants cause, pour le cas où il croirait les revenus inférieurs aux dépenses, doit être considérée comme un bail à vie, sujet au droit de 4 pour 100 sur dix fois le revenu déclaré (D. m. f. 9 mars 1813, 4579 J. E.).

On peut voir le développement de cette question et des principes qui la justifient au mot *Bail à vie*.

Champ. et Rig. combattent cette décision, par le motif que l'obligation de nourrir l'interdit avec ses revenus n'est pas celle du contrat de bail à nourriture, mais bien celle de la tutelle, que la loi n'assujettit à aucun droit.

Mais le droit ne serait pas exigible si le conseil de famille n'entendait pas faire actuellement le bail et se bornait à émettre un avis favorable en chargeant le tuteur ou le subrogé-tuteur de le réaliser plus tard. C'est ce que le tribunal d'Angers a décidé le 12 juillet 1872, au sujet d'une délibération du conseil de famille portant : « Le tuteur expose que les immeubles sont grevés d'une rente de 225 francs au profit de R..., aïeul des mineurs. Ce dernier, membre du conseil, expose qu'il désirerait que le bien ne fût pas vendu ; il propose de prendre ces immeubles à la condition d'en jouir pendant sa vie, de payer les impôts, de les entretenir et de renoncer à la rente qui lui est due. Le conseil a été d'un avis unanime que R... jouira des biens aux conditions ci-dessus exprimées » (3503 R. P.).

2473. Bail à nourriture. — Décidé, dans le même sens, que lorsque le tuteur prend l'engagement de nourrir le mineur ou l'interdit moyennant une pension fixée par le conseil de famille, le droit de bail est exigible au taux de 20 centimes ou de 2 pour 100 selon que le bail a une durée limitée ou non (12659, 14468-1 J. E.). — A plus forte raison doit-il en être ainsi si c'est un tiers qui contracte cet engagement (11431-1, 14632-3 J. E.) — V. *Bail à nourriture*.

1. CESSION D'USUFRUIT. — Dans tous les cas, on ne peut dire qu'il y a *cession d'usufruit* lorsque le conseil de famille autorise le tuteur à jouir ou à affermer les biens du mineur, à la charge de le nourrir et entretenir jusqu'à sa majorité. C'est le droit de bail qui est exigible sur les années qui restent à courir pour que le mineur atteigne sa majorité (413, 570 J. E.).

2474. Bail à ferme. — Droit fixe et droit proportionnel. — Si la délibération du conseil de famille n'intervient que pour passer bail au tuteur des biens du mineur, devra-t-on percevoir le droit fixe sur la délibération, indépendamment du droit proportionnel sur le bail? Nous ne le pensons pas. La délibération n'est ici que la manifestation du consentement des parents, consentement qui était nécessaire à la validité du bail ; c'est un bail passé sous la présidence du juge de paix et rien de plus. Le droit proportionnel du bail est seul dû (Sol. 29 mars 1823).

2475. Dépenses réglées. — Lorsqu'en conformité de l'art. 454 C. C. le conseil de famille règle par aperçu la somme à laquelle pourra s'élever la dépense annuelle du mineur, ainsi que celle d'administration de ses biens, l'on ne peut voir là un bail à pension ou de nourriture de mineur parce qu'il n'en résulte point d'engagement de part ni d'autre. En conséquence, il n'est point dû de droit proportionnel, mais seulement le droit fixe (D. m. f. 19 niv. an 13, 1925 J. E., 290 n° 23 I. G.).

2476. Émancipation. — Curateur. — La nomination d'un curateur *aux causes* est une conséquence de l'émancipation, et ne donne pas lieu à un droit particulier lorsqu'elle est faite par le même acte ; mais si l'acte d'émancipation contient en outre nomination d'un curateur *spécial*, cette nomination, n'étant pas prescrite par la loi, donne lieu à un droit particulier, indépendamment de celui qui est dû pour l'émancipation. La question a été développée v° *Émancipation*.

2477. Énonciation de dettes. — L'autorisation donnée par un conseil de famille, pour opérer la vente d'objets dépendant de la succession, afin d'acquitter les dettes passives déclarées dans l'inventaire, n'est pas assujettie au droit proportionnel. Peu importe que les membres du conseil aient énoncé que ces *déclarations étaient justes et fondées*. Il n'y a point de reconnaissance de la part des héritiers, et, conséquemment, les créanciers ne peuvent trouver un titre dans cet avis (Dél. 20 mars 1820 et 21 avr. 1821, 6683, 6956 J. E., D. N. t. 2 p. 151 n° 14).

Cependant, on a émis l'avis (5233 J. E.) que, lorsque les héritiers eux-mêmes (*V.* 2480), réunis en conseil de famille à l'effet de délibérer sur la nécessité de vendre des immeubles pour payer les dettes de la succession, désignent les dettes et les noms des créanciers dans le procès-verbal de délibération dressé par le juge de paix, il y a lieu au droit proportionnel sur le montant des dettes résultant de titres non enregistrés. Nous pensons que cette énonciation de dettes, n'ayant eu nullement pour but de créer un titre aux créanciers qui sont absents, et n'ayant été faite que dans l'intérêt des héritiers et pour établir en quelque sorte le bilan de la succession, il y a lieu de faire à l'espèce l'application de la jurisprudence que nous ferons connaître plus tard, d'après laquelle les déclarations de cette nature ne donnent ouverture à aucun droit proportionnel. C'est d'ailleurs ce qu'on peut conclure spécialement d'une D. m. f. 9 mai 1821 (6978 J. E., 3846 et 3850 J. N.). Il a été décidé, dans le même sens, en matière civile, que la reconnaissance faite par le tuteur, notamment dans l'inventaire, d'une dette qui ne repose sur aucun titre enregistré, n'oblige pas le mineur (Bordeaux 24 juin 1859, S. 60-2-277. — *V.* également D. N. t. 2 p. 151 n° 15).

Le tribunal de la Seine a même reconnu que l'avis de parents portant autorisation au mineur de se reconnaître débiteur d'avances faites par un tiers, et de fournir hypothèque, ne donnait pas lieu au droit de reconnaissance de dette : « Attendu que les délibérations des conseils de famille n'ont pour objet que d'autoriser les mineurs à contracter, et ne peuvent pas faire titre au profit des tiers, si les conventions ne sont pas réalisées; que d'ailleurs il faut, pour la perception, l'acceptation des créanciers » (1446 R. P., 16549 J. N., 11572 C., 17140 J. E.). Nous reviendrons plus loin sur cette question v° *Obligation* 9583.

Décidé également qu'il n'y a pas lieu de percevoir le droit d'obligation sur un avis de parents qui constate l'existence de certaines dettes dues par le mineur comme représentant ses père et mère, et contractées par ceux-ci envers le tuteur du mineur et d'autres membres du conseil de famille. « Considérant que la constatation des dettes du mineur dans le procès-verbal de délibération sur les mesures conservatoires à prendre dans l'intérêt de celui-ci est l'œuvre du conseil de famille délibérant, qui n'avait pas qualité pour conférer un titre de reconnaissance aux créanciers; que cette constatation peut être envisagée comme faisant partie des éléments essentiels de la délibération» (Sol. de l'Adm. belge du 5 mars 1870, J. E. belge 11203).

2478. Honoraires du tuteur. — La délibération qui fixe des honoraires à accorder au tuteur pendant la durée de la tutelle ne donne ouverture à aucun droit sur cette disposition, qui doit n'être considérée que comme l'allocation d'une indemnité des charges que l'administration des biens et de la personne des pupilles impose au tuteur, et non comme un bénéfice. « Attendu, porte un arrêt de cass. du 3 janvier 1827, que la délibération du conseil de famille, du 26 juin 1823, qui, en vertu de l'art. 452 C. C., a réglé les honoraires de Trubert en sa qualité de tuteur des mineurs Clary, quoique pouvant servir de fondement à une obligation morale susceptible d'être prise en considération et d'être sanctionnée par la justice, lors du règlement des comptes du tuteur, n'est pas cependant un acte ayant par lui-même un caractère légalement obligatoire ; qu'ainsi, une telle obligation n'a pas donné ouverture au droit proportionnel établi par l'art. 69 § 3 n° 3 de la loi du 22 frimaire an 7, sur les actes portant obligation de sommes ou valeurs mobilières; et qu'en le jugeant ainsi, le tribunal de la Seine n'a violé aucune loi » (Cass. 3 janv. 1827, 5987, 6196 J. N., 7584, 8625 J. E., 1210 § 3 I. G., D. N. t. 2 p. 151 n° 13. — *V.* Cass. 2 sept. 1812, *suprà* 2471).

D'après une délibération du 29 septembre 1835, approuvée par Dalloz (n° 76), mais combattue par d'autres auteurs, il n'y a pas lieu de percevoir non plus le droit proportionnel sur l'acte par lequel une personne accepte la tutelle que le père de deux mineurs lui avait attribuée, lorsque ce dernier a fixé une indemnité pécuniaire annuelle à payer au tuteur.

2479. Obligation. — On avait pensé que le droit proportionnel d'obligation n'était pas exigible sur une Dél. du conseil de famille qui autorise le tuteur *acceptant* à conserver entre ses mains, pendant un nombre d'années convenu, une somme déterminée appartenant au mineur, à la charge d'en payer l'intérêt légal. On se fondait sur les art. 455 et 456 C. C., d'après lesquels le tuteur est tenu, envers le pupille, de l'intérêt des sommes dont il ne justifie pas l'emploi. Mais il est évident que cette responsabilité peut donner lieu à des contestations; d'ailleurs, le tuteur est dispensé par le Code de payer les intérêts pendant six mois, et, ici, il les paye de suite; enfin, il souscrit une obligation telle qu'elle aurait été consentie par un tiers, et qui est étrangère à ses fonctions (449 n° 1er I. G., 3262 J. E., D. N. t. 1er p. 152 n° 16).

Il en est de même lorsque le tuteur est autorisé à garder dans ses mains le résultat de son compte, et qu'il affecte, *spécialement* et *par privilége*, des immeubles pour sûreté de ce payement : en effet, une telle opération présente les caractères d'un emprunt et sort des obligations des tuteurs envers leurs pupilles. « Attendu, a dit la C. cass., que le compte présenté par le défendeur au conseil de famille de la dame Lagasse, le 15 avril 1813, et la délibération de ce conseil du même jour, présentent évidemment dans leur ensemble un emprunt fait par le défendeur à la dame Lagasse, de la somme formant le montant de son reliquat, et un placement de cette somme sur des propriétés appartenant au tuteur, qui les affecte spécialement et par privilége à la sûreté de ce placement; — Attendu qu'une telle opération sort des limites des obligations ordinaires des tuteurs envers les pupilles, obligations qui ne constituent qu'une simple hypothèque légale sur leurs biens, et non une hypothèque privilégiée; qu'il suit de là que la reconnaissance d'un tel placement formait, de la part du défendeur, une obligation de la nature de celles mentionnées en l'art. 69 § 3 n° 3 de la loi du 22 frimaire an 7, et assujettie au droit proportionnel porté en ce paragraphe » (Cass. 13 nov. 1820, 6896 J. E., S. 21-1-308, D. N. t. 2 p. 152 n° 17). — V. *Compte*.

2480. Délibérations autres que celles du conseil de famille. — Le conseil de famille ne s'entend que des assemblées de parents que la loi exige dans l'intérêt des mineurs et interdits. Si des héritiers majeurs se réunissent devant le juge de paix pour aviser aux moyens de payer les dettes de la succession, et désigner les biens qui pourraient être vendus, une telle assemblée, étant purement volontaire, prend le caractère de la conciliation, et non d'un avis de parents. Dès lors, le procès-verbal qui en est dressé est passible des droits qui seraient dus sur un procès-verbal de conciliation (5233 J. E.).

2480 *bis*. Actes d'office. — Les actes de parents rédigés d'office sur la poursuite du juge de paix sont assujettis au timbre et à l'enregistrement en débet. — V. *Acte judiciaire*.

AVOCAT.

2481. Définition. — C'est le titre que l'on donne à ceux qui, ayant pris des grades de licence dans une faculté de droit, se consacrent à défendre, de vive voix ou par écrit, les intérêts des citoyens. — Pour jouir de la plénitude des droits attachés à la qualité d'avocat, il faut : 1° être reçu avocat par une cour d'appel ; — 2° avoir fait un stage ; — 3° être inscrit au tableau.

1. COUR DE CASSATION ET CONSEIL D'ÉTAT. — Les avocats au conseil d'État et à la Cour de cassation font l'office

d'avoués et ont seuls le droit de postuler devant ces juridictions (L. 23 vent. an 7 art. 93, 94, Déc. 11 juin 1806 art. 33, 22 juill. 1845 art. 18).

Ils sont nommés par le chef de l'État (L. 27 vent. an 8 art. 95, Déc. 11 juin 1806 art. 34).

Les expéditions des ordonnances de nominations étaient assujetties au timbre et à l'enregistrement sous l'empire de la loi du 21 avril 1832 (1399 I. G.). Mais cette loi ayant été abrogée et n'ayant pas été remplacée sur ce point, les expéditions dont il s'agit profitent de l'exemption accordée aux actes administratifs par l'art. 80 de la loi du 15 mai 1818 (Sol. 19 juill. 1856, 13 juill. 1864).

2482. Certificat de stage. — Les certificats de stage délivrés aux avocats par les conseils de discipline ou par les procureurs de la République sont sujets au timbre; ils servent à justifier le droit de plaider ou d'écrire dans une cause (3901 J. E.).

2483. Conclusions. — Les conclusions signées d'un avocat, considérées même comme simple modèle de conclusions motivées à prendre par l'avoué, sont assujetties au timbre. « Attendu que l'écrit signé du sieur Jouhand, avocat, considéré même comme un simple modèle de conclusions motivées à prendre par l'avoué de son client, n'en est pas moins en soi, et d'après la qualification que lui a donnée cet avocat lui-même, un avis donné par lui dans l'intérêt de ce client, et pouvant ainsi être produit pour la défense de ce dernier ; que cet écrit rentre par cela seul (et indépendamment de la circonstance qu'il a été trouvé au greffe du tribunal de Saint-Yrieix, devant lequel le client était ou avait été en instance) dans la classe des actes privés énoncés en l'art. 12 de la loi du 13 brumaire an 7 sur le timbre » (Cass. 8 janv. 1822, 7186 J. E., S. 22-1-208). — *V.* 2496.

2484. Consultation. — L'art 12 L. 13 brumaire an 7 soumet nommément au timbre les *consultations, mémoires, observations* et *précis* signés des hommes de loi et défenseurs officieux (417 I. G.). — Cette prescription est applicable même aux consultations *gratuites* délivrées aux indigents (Dél. 8 janv. 1825, D. m. f. 17 août 1829, 7060 J. N., 9485 J. E., 1303 § 19 I. G.); même par simple lettre (Cass. 23 nov. 1824 *ci-après*). — Elle est applicable alors même que la consultation ne serait pas *produite en justice*, si elle est produite au soutien d'une demande d'admission dans un ordre (Cass. 19 nov. 1839, 12425 J. E., 1615 § 13 I. G., S. 40-1-42), et si elle s'est trouvée jointe à un dossier déposé au greffe d'un tribunal (Cass. 6 fév. 1815, 5100 J. E., 1570 J. N., S. 15-1-272), — ou produite à un receveur d'enregistrement à l'appui d'une déclaration de succession (Cass. 23 nov. 1824, 7950 J. E., 5005 J. N., 1156 § 12 I. G., S. 25-1-119). — On avait fait valoir que c'était blesser l'indépendance de la noble profession d'avocat que d'assujettir les avocats à se servir de papier timbré, mais l'Administration a répondu par une Dél. 29 décembre 1826 qu'une taxe imposée sur tous les citoyens ne peut, en rien, atteindre l'honneur d'une corporation, et que l'honneur doit être, au contraire, dans l'acquittement scrupuleux des taxes que la loi impose dans l'intérêt de l'État. — *V.* 11259.

La C. cass. par arrêt du 14 juin 1808 (2952 J. E., S. 8-1-141), avait rejeté le pourvoi de l'Administration contre un jugement portant que les consultations ne sont sujettes au timbre que dans le cas où elles sont exigées par la loi, comme en matière de requête civile, etc., ou lorsqu'elles sont produites en justice. L'arrêt motivait le rejet sur ce que la consultation dont il s'agissait au procès n'était qu'un écrit confidentiel et n'avait jamais été produit en justice. C'est un arrêt isolé, bien antérieur à ceux qui viennent d'être rappelés, qui a fourni à Merlin (*Rép.* v° *Timbre* n° 87) l'occasion de développer une opinion contraire, que la cour a ensuite adoptée, et dans laquelle elle a persisté depuis.

1. QUOTITÉ DE L'AMENDE. — Il faut, d'ailleurs, remarquer qu'un avocat, n'étant pas un officier public (Carré *Lois de la compétence* t. 1er p. 394), l'amende à exiger pour une consultation écrite sur papier libre est celle de 30 francs (5 fr.) prononcée par le n° 3 art. 26 L. 13 brumaire an 7, pour chaque acte ou écrit sous signature privée (Autun 11 sept. 1835, Dél. 1er sept. 1835, 11380 J. E.). — Cette amende est aujourd'hui de 50 francs d'après la loi du 2 juillet 1862.

2. RESPONSABILITÉ. — L'avocat qui a signé une consultation est responsable des droits de timbre et amende si elle est écrite sur papier libre. — *V.* 1545.

2485. Diplôme. — Le jugement qui ordonne la transcription du diplôme d'un avocat et son inscription au tableau est exempt de tout droit. — *V.* 880.

2486. Écritures des parties. — Les écritures des parties, signées par les avocats aux conseils impériaux et à la C. cass., doivent être sur papier timbré (Déc. 22 juill. 1806, 366 § 3 et 542 I. G.).

2487. Requête. — Les requêtes déposées au conseil du sceau des titres, par les avocats au conseil, dans les affaires relatives aux magistrats, doivent être sur papier timbré (A. Cons. d'Ét. 13 sept. 1808, 413 § 9 I. G.).

AVOUÉ.

DIVISION

SOMMAIRE

A

CHAPITRE PREMIER. — DROIT CIVIL

[2488]

2488. Définition. — L'avoué est un officier ministériel dont les fonctions sont de représenter les parties, devant le tribunal ou la Cour où il est attaché. Les fonctions d'avoué consistent à représenter les parties dans les affaires pendantes au tribunal ou à la Cour auprès desquels ces officiers sont établis; et ils ont le droit *exclusif* de postuler et de conclure pour elles (L. 27 vent. an 8, art. 93 et 94).

1. NOMINATION. — Les avoués sont nommés par le chef de l'État (L. 27 vent. an 8, art. 93), sur la présentation du titulaire ou de ses ayants droit (L. 28 avr. 1816, art. 91) et sur celle du tribunal (L. 27 vent. an 8, art. 95).

Les conditions pour être nommé sont: 1° de ne pas être privé de ses droits civils ou politiques (D. m. j. 20 déc. 1827); — 2° d'avoir satisfait à la loi du recrutement (Déc. 17 therm. an 12); — 3° d'être âgé de vingt-cinq ans accomplis (Déc. 6 juill. 1810, art. 115); — 4° de produire un certificat de moralité et de capacité délivré par la chambre des avoués (Arr. du 13 frim., art. 9); — 5° et un certificat de capacité délivré par une faculté de droit (L. 22 vent. an 12, art. 5, 12 et 26); — 6° enfin un certificat de cinq ans de stage chez un avoué (Déc. du 6 juill. 1810, art. 115).

2. CARACTÈRE. — Les avoués ont un double caractère. Ils sont à la fois des fonctionnaires publics (C. pén. art. 224, Cass. 16 fév. 1833) et des agents exerçant une mission privée (Cass. 23 sept. 1830 et 9 sept. 1836).

3. ATTRIBUTIONS. — Les avoués ne lient jamais dans leurs actes que la partie pour laquelle ils occupent; ils ne leur confèrent pas le caractère authentique (Dalloz v° *Avoué* n° 69).

Leur mission légale consiste dans la direction des procédures. Ils sont en outre dans l'usage de rédiger eux-mêmes la plupart des actes nécessaires à l'instruction du procès, même ceux qui ne sont pas de leur ministère, comme les exploits d'huissiers et quelquefois les actes du greffe dans lesquels ils agissent. Mais l'huissier ou le greffier qui les accepte et les signe se les approprie et encourt les responsabilités auxquelles ils donnent lieu.

L'avoué est le mandataire de sa partie; celle-ci est liée par ses faits ou ses déclarations jusqu'au désaveu. Les faits admis par l'avoué sont donc, jusqu'à ce désaveu, réputés admis par le client.

Les avoués interviennent encore dans certains actes qui n'ont pas de caractère litigieux, par exemple dans les ventes de biens de mineur (C. proc. 933, 987, 988, 1001); acceptations bénéficiaires et renonciations à successions (C. proc. 705 tarif art. 91); appositions et levées des scellés (C. proc. 932); délibérations du conseil de famille en matière d'interdiction (494 C. C., C. pén. 892).

En matière correctionnelle et criminelle, le ministère des avoués est simplement facultatif (C. inst. crim. art. 185, Cass. 12 mars 1852, D. 52-5-293.)

En matière commerciale et devant la justice de paix, il n'y a lieu à aucune postulation d'avoué.

Il en est de même pour les instances concernant l'administration de l'Enregistrement (L. 27 vent. an 9, art. 17); à moins que des tiers ne soient engagés dans la contestation —V. *Instance*.

4. DEVOIRS. — Les avoués ne peuvent pas refuser leur ministère (Cass. 13 fév. 1789), sauf dans les cas déterminés par la loi.

Ils sont tenus d'occuper jusqu'à la fin de l'instance, y compris l'exécution des jugements.

Ils doivent signer tout acte de leur ministère afin de le certifier et pour qu'il porte avec lui la preuve de son origine lorsqu'on voudra s'en prévaloir (Dalloz v° *Avoué* n° 101).

Ils peuvent retenir les actes de procédure par eux faits jusqu'au payement de leurs frais et honoraires, mais ils ne peuvent retenir les titres de la partie que jusqu'au payement des déboursés relatifs à ces titres (Pothier *Mandat* n° 133, Berriat p. 78 *Dict. de proc.* 1-420).

Ils ne peuvent devenir cessionnaires des procès, droits et actions litigieux, qui sont de la compétence du tribunal dans le ressort duquel ils exercent (1-597 C. C.). Ils ne peuvent non plus se rendre personnellement adjudicataires ni surenchérisseurs dans les ventes qu'ils poursuivent (C. proc. 711, 838, 964).

5. ACTIONS APPARTENANT AUX AVOUÉS. — Tous ceux qui donnent pouvoir à un avoué sont responsables des suites de son mandat, et il a le droit d'exiger d'eux le remboursement de ses frais. Et s'il a été constitué par plusieurs personnes, chacune d'elles est tenue solidairement des effets du mandat (2002 C. C., Dalloz v° *Avoué* n° 116).

La restitution des frais comprend tous les déboursés de de l'avoué, même ceux qu'il a fait dans l'intérêt de son client en dehors des prévisions du tarif (1909 C. C.).

Mais les parties ont, en tout état de cause, même après le payement, le droit de requérir la taxe des frais (Déc. du 16 fév. 1807, art. 151). Cette taxe, ne peut pas réduire, pour cause d'erreur de perception, les droits d'enregistrement acquittés par l'avoué. Il faut que la rectification de l'erreur soit demandée par l'avoué en la forme ordinaire (C. Orléans 19 juin 1855, D. 56-2-120).

La loi a fourni un moyen spécial aux avoués pour recouvrer directement leurs avances contre les parties condamnées envers leurs clients. C'est de demander, même en matière criminelle, la distraction des dépens à leur profit, en affirmant qu'ils ont fait la plus grande partie des avances. Dans ce cas, le jugement prononce la condamnation directement au profit de l'avoué; la taxe est poursuivie et l'exécutoire délivré en son nom, sans préjudice de l'action contre sa partie (C. proc. art. 133).

6. MANDAT. — D'après l'art. 352 C. proc. « Aucune offre, aucun aveu ou consentement ne pourront être faits, donnés ou acceptés sans un pouvoir spécial, à peine de désaveu. » En dehors de ces cas, les avoués n'ont pas besoin de pouvoir pour les différents actes de leur ministère (Pothier *Mandat* 1271, Pigeau t. 1er p. 192, Berriat p. 70, Carré *Proc.* t. 1er n° 382). Et il n'y a pas de distinction à faire, pour cela, entre les matières civiles et criminelles (Cass. 13 nov. 1818). Il suffit qu'ils soient porteurs des pièces du procès, ou même simplement de la copie de l'exploit d'assignation. C'est ce qu'on nomme alors la constitution tacite.

En principe, les pouvoirs donnés à un avoué, quelque généraux qu'ils soient, ne renferment jamais, à moins d'autorisation précise, que la faculté de faire les actes qui sont dans les limites de son ministère.

Un pouvoir spécial est nécessaire à l'avoué pour enchérir dans une vente judiciaire (707 C. proc.).

7. CONSTITUTION. — La constitution d'avoué est la déclaration portant qu'un avoué occupera pour une partie dans une instance (C. proc. 61).

La constitution de l'avoué du demandeur se fait à peine de nullité par l'exploit d'ajournement, même en matière d'appel. Mais la loi n'exige pas de termes sacramentels pour cela, et la constitution résulte de toute formule ne laissant aucun doute sur la désignation de l'avoué chargé d'occuper.

La constitution de l'avoué du défendeur ou de l'intimé, se fait par un simple acte d'avoué à avoué (C. proc. 75 et 470). Dans les causes à bref délai, le défendeur peut présenter son avoué à l'audience même (C. proc. 76), sauf réitération dans le jour (*Idem*).

Il existe d'autres modes de constitution dans des affaires spéciales. Ils sont indiqués par les art. 675 et 715 C. proc., 709, 965, 973, 987 et 997 C. proc., 2183 et 2185 C. C., 659 et 753, 660 et 754 C. proc.

8. RÉVOCATION. — L'avoué peut être révoqué en tout état de cause comme tout mandataire (2004 C. C., C. proc. 75).

Il l'est de plein droit, quand il s'opère dans les qualités des parties constituantes des modifications qui ne permettent pas à l'avoué de continuer à agir sans un nouveau pouvoir, par exemple, en cas de décès. Mais, d'après l'art. 344 C. proc., lorsque le décès d'une partie n'a pas été dénoncé à l'autre partie, les procédures faites contre son avoué sont valables.

Le décès, la démission, la destitution ou l'interdiction de l'avoué donne lieu à la constitution d'un nouvel avoué. Il en est de même quand l'avoué refuse légalement d'occuper pour la partie.

9. SUBSTITUTION. — Il est d'usage qu'un avoué remplace ses confrères sans aucun pouvoir de la partie et sous la responsabilité de celui auquel il se substitue. Ce mode de procédé est autorisé par l'art. 1994 C. C., qui autorise le mandataire général à transmettre ses pouvoirs.

10. PRESCRIPTION. — Les honoraires et déboursés des avoués se prescrivent par cinq ans, à l'égard des procès non terminés, et par deux ans à l'égard des autres (2273 et 2274 C. C.). Cette prescription s'applique aux avances faites dans l'intérêt des clients pour droits d'enregistrement et de greffe (Cass. 16 déc. 1846, 14200-1 J. E.).

11. RESPONSABILITÉ. — La responsabilité des avoués est régie tout à la fois par le droit commun et par des dispositions spéciales. Les principes du droit commun sont ceux des art. 1082, 1083, 1084, 1992, 1999 C. C. Les règles spéciales résultent des art. 132, 191, 360, 711 et 1031 du C. proc.

Il ne rentre pas dans le cadre de notre ouvrage d'insister sur ce point.

CHAPITRE II. — ENREGISTREMENT

[2489-2494]

2489. Division des actes des avoués. — Au point de vue de l'enregistrement et de l'application du tarif, les actes rédigés par les avoués se divisent en deux classes, ceux qui doivent être signifiés et ceux qui ne sont pas soumis à cette formalité.

2490. Actes à signifier. — Les actes sujets à signification ne reçoivent réellement d'existence juridique dans la procédure que par la notification qui les complète. C'est l'ensemble qui constitue l'acte d'avoué passible du droit.

La loi du 27 ventôse an 9 avait d'abord fixé ce droit à 25 centimes (art. 15). Mais la quotité en a été définitivement fixée par les art. 41 et 42 de la loi du 28 avril 1826, portant : « (art. 41) seront assujettis au droit fixe de 50 centimes, les significations d'avoué à avoué pour l'instruction des procédures devant les tribunaux de première instance, et (art. 42) à 1 franc, la signification d'avoué devant les cours d'appel.

Il ont été assujettis à une surtaxe de moitié part l'art. 2 de la loi du 19 février 1874.

1. CONSTITUTION. — Les actes les plus fréquents et ceux sans lesquels la procédure ne peut régulièrement s'engager sont les constitutions. Pour que l'avoué, en effet, ait le droit de représenter une partie, il faut qu'il ait été constitué par elle, c'est-à-dire officiellement désigné pour soutenir le procès en son nom. Cette constitution s'opère d'une façon différente, selon qu'il s'agit des matières civiles, commerciales ou de police. Elle a lieu, ou expressément, ou tacitement.

2. MATIÈRES CIVILES. — Dans les matières civiles, la constitution résulte le plus souvent d'un acte par lequel l'avoué déclare occuper pour son client et qu'il fait ensuite

signifier à l'avoué adverse. Cet acte de signification tombe alors sous l'application du tarif créé par les art. 41 et 42 de la loi du 28 avril 1816 ; il est sujet au droit fixe de 75 centimes ou de 1 fr. 50, selon qu'il s'agit d'une procédure engagée devant un tribunal de première instance ou devant la cour d'appel (D. m. f. 7 juin 1868, 386 § 31 I. G.).

[1] La constitution peut aussi résulter d'un mandat donné par acte sous seing privé ou par acte authentique, et si le mandat est sous seing privé il peut avoir lieu par simple lettre (Carré *de la Compétence* t. 1er p. 327). Ces actes seraient assujettis alors au droit fixe ordinaire de 3 francs établi pour les procurations. Et si l'avoué faisait signifier son mandat en réitérant la constitution qu'il renferme, l'exploit de notification serait en outre passible du tarif ordinaire de 75 centimes ou de 1 fr. 50 cent.

3. MATIÈRE COMMERCIALE. — Les avoués ne peuvent représenter les parties devant les tribunaux civils jugeant commercialement qu'autant que celles-ci présentes à l'audience les y autorisent ou qu'ils sont munis d'un pouvoir spécial (Metz 26 avr. 1870, S. 70-2-330). Il en est de même des procédures instruites devant les tribunaux de commerce proprement dits.

Si le mandat fait l'objet d'un acte sous seing privé ou authentique particulier, il doit être enregistré au droit ordinaire de 3 francs, et dans le cas où il est signifié à l'adversaire, cette signification est passible du droit spécial dû pour l'exploit. Ce droit ne saurait être celui des actes d'avoués, puisque la procédure n'en comporte pas. Il est régi par le tarif habituel. Ce sera le droit de 3 francs s'il s'agit d'une assignation devant le tribunal civil; le droit de 2 fr. 25 cent. s'il s'agit d'une citation en justice de paix, etc.

Lorsque le mandat n'a pas été donné par un acte distinct, mais qu'il est renfermé dans l'exploit d'ajournement ou dans la citation, les mêmes règles sont applicables. L'indication de l'avoué chargé d'occuper est passible du droit de 3 francs, tandis que l'acte de l'huissier est assujetti au tarif que comporte sa nature.

4. MATIÈRES DE POLICE.— Il n'y a pas non plus de constitution d'avoué obligatoire, ni par conséquent d'acte d'avoué proprement dits dans les procédures en matière de police simple ou correctionnelle. Dès lors, et conformément aux observations que nous venons de présenter, il est dû un droit particulier pour la constitution ou le pouvoir de plaider renfermé dans l'assignation ou dans tout autre exploit. C'est un point que nous avons déjà traité au n° 819 qui précède.

5. CONSTITUTION EXPRESSE. — Dans tous les cas où la constitution est obligatoirement imposée par la loi et ou elle a lieu dans l'acte de procédure qui est signifié à l'adversaire, elle se confond avec cet exploit de notification dont elle forme une disposition dépendante, et le seul droit exigible est celui de la signification. Nous avons déjà fait cette remarque dans les numéros qui précèdent.

On l'a ainsi reconnu spécialement pour les constitutions faites soit par l'acte d'ajournement lui-même (2512 J. E.), soit par un acte d'avoué spécial (Circ. 2050).

Bref délai. — Il se présente un cas spécial quand la demande est formée à bref délai. Le défendeur peut alors présenter à l'audience même un avoué auquel il est donné acte de sa constitution. Ce jugement de donner acte est sujet à l'enregistrement. Mais lors même qu'il y aurait eu présentation de plusieurs avoués, un seul droit serait exigible, parce qu'il y a une seule disposition (Sol. 12 juill. 1831, 10130 J. E.).

La constitution ainsi faite doit être renouvelée dans le jour par acte d'avoué à avoué. Cette signification est naturellement passible du droit de 75 centimes ou de 1 fr. 50 cent.

Révocation. — Lorsqu'un avoué est révoqué, l'acte de révocation doit contenir la constitution d'un nouvel avoué (75 C. proc.). Ces deux dispositions sont donc dépendantes l'une de l'autre et ne donnent lieu, dès lors, qu'à la perception d'un seul droit (Circ. 2020).

6. CONSTITUTION TACITE. — L'avoué peut encore être constitué tacitement lorsqu'on lui remet les pièces du procès ou la copie de l'assignation (Carré *de la Compétence* t. 1er p. 327). Il est évident que cette remise ne peut par elle-même donner lieu à aucun droit. Mais si l'avoué en délivrait reconnaissance et que cette reconnaissance fût soumise à l'enregistrement, elle serait passible du droit fixe de 3 francs, comme reconnaissance pure et simple ou comme récépissé de pièces.

7. PLURALITÉ. — Les significations d'avoué à avoué sont des exploits assujettis à la règle générale des dispositions indépendantes, posée par l'art. 11 de la loi du 22 frimaire an 7, et à la règle générale de pluralité établie pour les exploits à raison du nombre des personnes par l'art. 68 § 1er n° 30 de la même loi.

1° *Mandat et signification.* — Ainsi, nous avons vu que, dans certains cas, le mandat de constitution et la notification donnent lieu chacun à un droit particulier, quand ces deux actes ne dérivent pas nécessairement l'un de l'autre.

2° *Plusieurs avoués.* — Nous ajouterons que la signification faite à plusieurs avoués à la requête d'un seul, est passible d'autant de droits qu'il y a d'avoués défendeurs (Circ. 2018) non solidaires ou non cointéressés.

8. JUGEMENT PAR DÉFAUT. — OPPOSITION. — Les oppositions aux jugements par défaut peuvent avoir lieu par simples actes d'avoué à avoué. Ces exploits ne donnent donc ouverture qu'aux droits établis pour les significations d'avoués à avoués (D. m. f. 17 vend. an 13, 290 n° 67 I. G.).

9. CONCLUSIONS. — De même, les conclusions qui sont signifiées entre avoués sont des actes d'avoué à avoué dont la *signification seule* est assujettie à la formalité. Quant à celles qui ne sont pas signifiées, aucun droit d'enregistrement ne peut être exigé.

2491. Actes non signifiés. — Les avoués rédigent encore des actes dont la validité ne dépend pas de leur signification à l'avoué adverse et qui ne rentrent pas, dès lors, sous l'application du tarif établi pour ces derniers exploits par les art. 41 et 42 de la loi du 28 août 1816.

1. ACTES JUDICIAIRES. — Ces actes sont de deux natures. Toutes les fois qu'ils ont pour objet une formalité prescrite par la loi pour la validité de la procédure, soit qu'il s'agisse de

préparer l'instruction du procès, soit qu'il s'agisse d'en assurer l'exécution, ces actes participent du caractère de l'acte judiciaire proprement dit; ils sont donc assujettis au même tarif.

Ainsi nous avons pensé que les affiches et placards qui doivent être apposés en exécution de l'art. 699 C. C.; les cahiers des charges rédigés conformément à l'art. 690 même Code; les actes qui, dans les contributions et ordres, constatent la production des titres; les certificats attestant la signification des jugements; les extraits et copies d'actes dans les cas prévus par le C. proc. civ.; en un mot, tout acte rédigé ou délivré par un avoué en sa qualité d'officier ministériel, tendant à faire prononcer la justice, ou ayant pour objet une formalité prescrite par les codes, à raison d'une instance ou d'une action en justice, doit être considéré comme acte judiciaire, et, comme tel, il ne tombe pas sous l'application de l'art. 8 L. 18 mai 1850 et reste passible du droit de 1 franc aujourd'hui porté à 1 fr. 50 cent. par l'art. 4 L. 28 fév. 1872.

2. ACTES EXTRAJUDICIAIRES. — Au contraire, lorsque l'acte rédigé par l'avoué n'a pas pour objet une formalité prescrite à raison de l'instruction ou de l'exécution de l'instance, il demeure dans la classe des actes extrajudiciaires proprement dits et doit en subir le tarif.

Certificat de dépôt. — C'est ce qu'on a décidé notamment au sujet d'un certificat constatant le dépôt au secrétariat de la chambre d'un extrait de contrat de mariage, ce dépôt ayant lieu dans un contrat purement civil (Sol. 20 juill. 1850, 9078 C.).

Nous en avons donné d'autres exemples au n° 3566 V. *Certificat.*

Procès-verbal de conciliation. — Décidé spécialement que le procès-verbal que rédige un avoué devant lequel le tribunal a renvoyé les parties, pour les concilier, est passible du droit de 3 francs. — *V.* 4886.

Mention. — *Opposition.* — Et que la mention que l'avoué de l'opposant à un jugement doit faire sur le registre spécial tenu au greffe n'est pas un acte judiciaire sujet à l'enregistrement dans un délai déterminé. Cet acte n'est sujet à l'enregistrement qu'autant qu'on en délivre expédition. — *V.* 615-1.

2492. Acte en conséquence. — Les avoués ne peuvent pas, sans contrevenir à la loi, agir en conséquence d'actes non enregistrés. On trouvera au mot *Acte en conséquence*, plusieurs applications de ce principe.

2493. Serment. — Les prestations de serment des avoués sont sujets au timbre (D. m. f. 28 flor. an 9, 330 I. G.) et elles doivent être enregistrées dans les délais ordinaires au droit de 22 fr. 50 cent. (L. 28 fév. 1872). — V. *Serment.*

2494. Jugement. — Distraction des dépens. L'avoué peut, lors du jugement, obtenir la distraction des dépens et la condamnation directe à son profit, en affirmant qu'il en a fait l'avance (*V.* Déc. du 16 fév. 1807, Ord. 10 oct. 1841). Mais cette déclaration et le chef du jugement qui s'y rapporte ne constituent pas des dispositions indépendantes de la décision du tribunal. Elles ne donnent ouverture à aucun droit particulier. — V. *Jugement.*

CHAPITRE III. — TIMBRE

[2495-2504]

2495. Règle. — Les actes des avoués ou défenseurs officieux près les tribunaux, et les copies ou expéditions qui en sont faites et signifiées, les consultations, mémoires, observations et précis par eux signés, doivent être écrits sur papier frappé du timbre de dimension (Art. 12 L. 13 brum. an 7).

1. SIGNIFICATION D'AVOUÉ. — Cette règle est spécialement applicable aux significations d'avoué à avoué (397 I. G.).

2496. Certificats. — Les certificats délivrés par les avoués sont sujets à la règle générale posée par l'art. 12 de la loi du 13 brumaire an 7. Ils doivent être écrits sur timbre.

1. NON OPPOSITION. — Spécialement, le certificat que l'avoué délivre à la partie poursuivante et qui contient la date de la signification du jugement au domicile du condamné doit être écrit sur papier timbré (233 I. G.).

2497. Conclusions. — Les conclusions des parties en cause n'ont le caractère et ne produisent l'effet d'acte de procédure que lorsqu'elles sont *signifiées* d'avoué à avoué; celles qui sont remises à l'audience par les avoués au greffier ne sont, d'après les termes du Déc. du 30 mars 1808, que les *copies* des actes précédemment signifiés; cette remise est prescrite, non par une loi sur la procédure, mais par un simple règlement concernant la police et la discipline des tribunaux. Dans aucun cas, ces copies ne pourraient être produites pour justification. Ces considérations ont déterminé le ministre des finances à décider, les 15 juillet 1825 et 30 novembre 1830 (8087-9842 J. E., 1354 § 12 I. G., D. N. t. 2 p. 164 n° 57), qu'on peut, sans contrevenir à la loi, leur attribuer le caractère de simples notes non assujetties au timbre. — *V.* 2483, 4898.

Ces décisions abrogent celles contenues dans l'I. G. 72 § 4 et détruisent les inductions qu'on avait pu tirer d'un arrêt d'admission, 24 août 1824 (7014 J. E.).

Les conclusions prises dans les causes en matière *correctionnelle*, lors même qu'elles sont rédigées par écrit, ne sont pas sujettes au timbre, attendu que le Code ni aucune loi n'en exige la rédaction, et qu'elles ne forment point une *pièce de la procédure*.

2498. Copie. — Les copies faites par les avoués sont sujettes au timbre (L. 13 brum. an 7 art 12). Ainsi, l'avoué qui certifie une copie de jugement sur papier non timbré commet une contravention, sans pouvoir alléguer qu'il n'a pas occupé dans la cause; attendu que la qualité seule d'avoué impose à celui qui en est revêtu l'obligation de se conformer aux prescriptions de la loi sur le timbre (Sens, 19 août 1836, 11810 J. E.).

Mais les copies des avoués peuvent être écrites sur du papier de toute dimension. Il a été spécialement décidé qu'il en est ainsi pour la copie délivrée en matière de purge d'hypothèques légales et contenant l'extrait de l'acte de vente, de la transcription de cet acte et du tableau des inscriptions (Savenay 24 juin 1853).

1. NOMBRE DE LIGNES. — Le Décret du 29 août 1813 sur la limitation des lignes des copies de pièces, ne s'appliquait pas aux copies signées par les avoués, et il avait été reconnu qu'aucune amende n'était encourue, quelle que fût la quantité de lignes par page (Dél. 9 nov. 1832, 10495 J. E., Sol. 15 juin 1841, 1643-9 I. G.; — Seine 9 août 1838, 12535 § 1er J. E.).— Cet état de choses a été modifié par la loi du 2 juillet 1862, dont l'art. 20 porte : « Les copies des exploits, celles des significations d'avoués et des significations de tous jugements, actes ou pièces, doivent être correctes, lisibles et sans abréviations. Un règlement d'administration publique déterminera le nombre de lignes et de syllabes que doivent contenir les copies. Toute contravention aux dispositions du présent article et à celles du règlement d'administration publique, est punie d'une amende de 25 francs. » (1635 R. P.)

Le règlement dont il s'agit a fixé ainsi qu'il suit le nombre des lignes et syllabes à inscrire sur les copies : « Les copies des exploits, celles des significations d'avoués à avoués, et des significations de tous jugements, actes ou pièces, ne peuvent contenir, savoir : sur le petit papier, plus de trente lignes à la page et de trente syllabes à la ligne ; sur le moyen papier, plus de trente-cinq lignes à la page et de trente-cinq syllabes à la ligne ; sur le grand papier, plus de quarante lignes de quarante syllabes; et sur le grand registre, plus de quarante-cinq lignes de quarante-cinq syllabes » (Déc. 30 juill. 1862, 1647 R. P.).

L'Administration a fait remarquer, dans l'I. G. 2228, que le législateur ayant parlé d'une manière générale des copies d'exploits et de pièces, le nombre de lignes et de syllabes devait être observé pour toutes espèces de copies, quand bien même elles seraient signées par d'autres que par les huissiers. Par conséquent, l'I. G. 1643-9 est abrogé. — Elle a pensé également que la compensation d'une page à l'autre n'était admise que pour la perception du droit de timbre et non pas pour l'amende, en sorte qu'il y avait autant de contraventions que de pages renfermant un excédant de lignes (Même I. G.). — Son opinion a été consacrée par un arrêt de la C. cass. du 20 août 1866 (2346 R. P., 2349 § 7 I. G., *Bull.* 164, P. 66-1088). Les copies des avoués sont, d'ailleurs, à cet égard régies par les mêmes principes que celles des huissiers.

Cette matière est traitée avec tous ses développements au mot *Copie de pièces*.

Timbre spécial. — Les copies préparées par les avoués doivent être écrites sur le timbre spécial établi pour toutes les copies d'exploits par la loi du 29 décembre 1873. — V. *Copie*.

2. CORRECTION. — D'après l'art. 20 L. 2 juillet 1862, les copies de significations de tous jugements, actes ou pièces, doivent être lisibles, correctes et sans abréviations. Ces contraventions sont punies d'une amende de 25 francs (2225 et 2228 I. G.).

Pour l'infraction résultant de la signification des copies, c'est à l'huissier que l'amende doit être réclamée. Si cette copie incorrecte n'a pas été signée par l'avoué, l'huissier n'a aucun recours contre lui (Seine 9 août 1838, 12535-1 J. E.). Mais si cette copie est revêtue de la signature de l'avoué, l'huissier a un recours contre lui pour le remboursement de l'amende qu'il a acquittée (Cass. 22 mai 1834, P. 26 p. 545).

3. ABUS. — La rédaction et la signification des copies de pièces a donné lieu à de nombreux abus. Ceux qui résultaient de l'entassement, de l'incorrection ou de l'illisibilité des écritures, ont été réprimés au moins en partie par la loi du 2 juillet 1862 dont nous venons de parler. Il restait à atteindre efficacement ceux qui consistent, d'une part, à ne pas remettre aux parties les copies des pièces signifiées, et, d'autre part, à intercaler dans ces copies, ou même dans les originaux de significations, des pièces d'écritures étrangères à la procédure. Quelques mesures de surveillance ont été indiquées dans l'I. G. nos 397 § 2, 1387 et 1672. Le garde des sceaux a également signalé la répression de ces abus aux procureurs généraux dans plusieurs circulaires (Circ. sans date rapportées dans l'I. G. 397, Circ. 21 nov. 1831, 1387 I. G.). « Les avoués, a-t-il dit dans la première, ou les huissiers qui se permettent de faire des copies tronquées commettent une prévarication répréhensible et se rendent même coupables de concussion, quand ils se font payer des rôles qu'ils ont supprimés et du papier qu'ils n'ont pas fourni ; c'est alors le cas de les dénoncer aux tribunaux, qui s'empresseraient de réprimer de semblables abus ; quant aux significations d'avoué à avoué, l'usage du papier libre, pour ces sortes d'actes, est une véritable contravention à la loi du 13 brumaire an 7, ainsi qu'à celle du 27 ventôse an 9, et les contrevenants étant dans le cas de l'amende, l'Administration ne doit pas balancer à en faire prononcer la condamnation. » En conséquence, les préposés de l'Enregistrement doivent instruire le procureur des irrégularités qu'ils reconnaissent et constater les contraventions à la loi du timbre (397 n° 2 I. G.).

La circulaire du 21 novembre 1831 a eu pour objet spécial de réprimer l'abus consistant en ce que les avoués, maîtres de donner ou de refuser leur travail aux huissiers, que par cette raison ils tiennent en quelque sorte sous leur dépendance, les obligeaient à dater et à signer seulement les originaux de significations de leurs actes, et s'entendaient entre eux, dans la plupart des siéges, pour ne recevoir que sur papier libre les copies des actes qu'ils ont à se faire signifier. Un grand nombre de ces officiers ministériels se faisaient même signifier *en blanc* leurs requêtes et conclusions, et suppléaient aux copies par un petit carré de papier nommé par eux *rappel*. Le garde des sceaux indiquait, comme moyen de réprimer de tels abus, de tenir une main ferme à l'exécution des art. 104 C. proc. civ. et 97 du Déc. du 30 mars 1808 ; il recommandait, en outre, aux procureurs d'enjoindre aux huissiers-audienciers de leur ressort de ne faire, sous peine d'être interdits et même poursuivis comme faussaires, aucune signification d'actes d'avoué à avoué, qu'autant que les copies desdits actes seront sur papier timbré et entièrement conformes aux originaux (1387 I. G.).

Soufflement des copies. — Ces recommandations étaient demeurées à peu près sans effet en ce qui concerne le *souffle-*

ment des copies. Dans un très grand nombre de cas les huissiers se dispensaient de remettre la copie des actes qu'ils signifiaient et cependant le timbre en était payé par le débiteur soit à cet huissier soit à l'avoué. Pour mettre un terme à cet abus, il est intervenu, le 30 décembre 1873, une loi portant les dispositions suivantes :

Art. 2. Le droit de timbre des copies des exploits, des notifications d'avoué à avoué, et des significations de tous jugements, actes ou pièces, sera acquitté au moyen de timbres mobiles apposés sur l'original de l'exploit. Néanmoins, ces copies ne pourront être faites que sur un papier timbré spécial de la dimension des feuilles aux droits de 50 centimes ou de 1 franc, et qui sera fourni gratuitement par l'administration de l'Enregistrement des domaines et du timbre.

Art. 3. Indépendamment des mentions prescrites par l'art. 48 du Décret du 14 juin 1813 et par l'art. 67 du C. proc. civ., les huissiers seront tenus d'indiquer distinctement au bas de l'original et des copies de chaque exploit : 1° le nombre des feuilles de papier spécial employées tant pour les copies de l'original que pour les copies des pièces signifiées; — 2° le montant des droits de timbre dus à raison de la dimension de ces feuilles.

Art. 4. Il ne pourra être alloué en taxe, et les officiers ministériels ne pourront demander et se faire payer, à titre de remboursement de droit de timbre des copies, aucune somme excédant la valeur des timbres mobiles apposés en exécution des dispositions qui précèdent. Un règlement d'administration publique déterminera la forme et les conditions d'emploi du papier spécial et des timbres mobiles créés par la présente loi, ainsi que toutes les autres mesures d'exécution. — Sont appliquables à ces timbres, les dispositions de l'art. 21 L. 11 juin 1859.

Art. 5. Chaque contravention aux dispositions des art. 2 et 3 ci-dessus et à celles du règlement d'administration publique à intervenir sera punie d'une amende de 50 francs. Seront considérés comme non timbrés les actes et pièces autres que les copies spécifiées en l'art. 2 et qui auraient été écrits sur le papier spécial exclusivement destiné à ces copies (3781 R. P.).

C'est au mot *Copie* que nous présenterons le commentaire de ces dispositions.

Écritures étrangères au procès. — Quant à l'introduction dans les pièces de procédure d'écritures étrangères au procès, voici les mesures qui ont été prescrites par l'I. G. 1387.

« On a remarqué notamment, porte-t-elle, que l'original des requêtes et conclusions présenté à l'enregistrement est ordinairement tronqué ; que, par exemple, cet original n'est composé que d'une feuille de papier, ou de deux rôles, qui offrent seulement le commencement et la fin de la requête, et dans lesquels on intercale un cahier d'écritures étrangères au procès; que cette intercalation a lieu, soit avant l'enregistrement pour tromper le receveur, soit après cette formalité s'il devient nécessaire de présenter les pièces de la procédure à la taxe du juge. Les moyens indiqués aux receveurs par l'I. G. pour réprimer ce genre de fraude sont : de lire les requêtes et conclusions, de vérifier si, conformément à l'art. 104 C. proc. civ., le nombre des rôles est indiqué au bas de l'original, et s'il est exact d'exiger de l'huissier la représentation des rôles manquants ; enfin, de parapher et numéroter chaque rôle, ainsi qu'il est prescrit par l'art. 32 des ordres généraux de Régie. »

Pour compléter ces précautions, l'Administration a arrêté qu'à l'avenir les receveurs devront, non-seulement coter et parapher chaque rôle des actes d'huissiers présentés à l'enregistrement, mais encore indiquer le nombre des rôles, tant sur le registre, ainsi que le prescrit l'art. 29 des ordres généraux de Régie, que dans la relation de l'enregistrement, à la suite de la quittance des droits. Les directeurs sont chargés d'informer les magistrats du ministère public de la disposition prescrite par l'Administration, et de réclamer leur concours pour la répression de ces abus. »

SIGNIFICATIONS. — Les magistrats du parquet ont été invités, en outre, à veiller à ce que les avoués ne se dispensent pas de faire signifier les requêtes grossoyées (Circ. m. j. 26 janv. 1876, 4359 R. P.).

4. COMMUNICATION. — Les employés de l'Enregistrement ont le droit de prendre dans les parquets communication des copies qui y sont signifiées. Seulement, il est recommandé aux agents de s'entendre à l'avance avec le Procureur de la République pour choisir le moment et le lieu où la vérification pourra se faire sans gêner le service du parquet (D. m. j. 5 avr. 1867). — V. *Communication*.

2498 *bis*. État de frais. — Les états de frais et dépens produits par les avoués, soit en matière sommaire, soit en matière ordinaire, sont des actes qui font partie intégrante de la procédure et qui doivent être soumis au timbre dans l'un comme dans l'autre cas (D. m. f. 13 août 1850, 15007-5 J. E., 1866 I. G.).

2499. Publications. — Aux termes des art. 866 et 867 C. proc. civ., des extraits des demandes en séparation de biens doivent être insérés au tableau placé à cet effet dans l'auditoire des tribunaux de première instance et de commerce. Ces insertions sont certifiées par les greffiers. Les mêmes formalités sont prévues par l'art. 872 du même code en matière de séparation de biens et de séparation de corps pour les extraits à afficher.

Une décision du ministère des finances et du garde des sceaux du 19 octobre 1828 a reconnu que les extraits dont il s'agit, rédigés et signés par les avoués, doivent être écrits sur papier timbré, mais peuvent l'être sur papier de toute dimension (1261, 1293-2 I. G.).

2500. Qualités. — Les qualités rédigées conformément à l'art. 142 C. proc., lors même qu'elles ne sont pas signifiées, doivent être sur papier timbré (Sol. 17 oct. 1821, Fess. p. 101 n° 10).

2500 *bis*. Récépissé de pièces. — Les pièces de procédure sont, dans les cas prévus par le C. proc. (Art. 106 et 189), communiquées aux avoués qui en donnent récépissé. Ces récépissés sont dans tous les cas assujettis au timbre par l'art. 12 L. 13 brumaire an 7 (2987 J. E.).

2501. Registre. — Suivant l'art. 151 du Déc. 16 fév. 1807, les avoués doivent tenir un registre pour y inscrire, par ordre de date et sans aucun blanc, toutes les sommes qu'ils reçoivent de leurs clients. Ce registre doit être en papier timbré (2608, 6691 J. E., 1004 I. G.), sur du papier au timbre de dimension ordinaire, et il n'a pu être assimilé aux livres de commerce (10830 J. E., 1451 § 9 I. G., D. N. t. 2 p. 164 n° 56). — L'absence de timbre sur ce registre est non-seulement une contravention aux lois sur l'impôt, elle constitue encore une grave irrégularité qui peut lui faire perdre une partie de la valeur qu'il a aux yeux de la justice (Dalloz *Jur. gén.* t. 6 p. 17 n° 89).

2502. Acte en conséquence d'acte non timbré. — La question de savoir si les avoués encourent une amende, lorsqu'ils mentionnent un acte sous seing privé non timbré, ou agissent en conséquence est controversée. Nous l'avons examinée au mot *Acte passé en conséquence*, et nous nous référons à nos observations.

2503. Acte écrit à la suite. — Les avoués sont, comme les officiers publics et ministériels, assujettis à la règle d'après laquelle aucun acte ne peut être rédigé à la suite d'un autre acte et sur la même feuille de papier timbré en dehors des exceptions permises par la loi (L. 13 brum. an 7 art. 24).

On trouvera des applications de ce principe au mot *Acte écrit à la suite*.

Nous rappelons seulement ici, que les certificats de non-appel délivrés par les avoués, aux termes de l'art. 548 C. proc., doivent être écrits sur papier timbré; ils peuvent être mis sur l'expédition du jugement. (233 I. G.; 2376 J. E., D. N. t. 12 p. 164 n° 51); — et que les copies des pièces signées par les avoués qui doivent être signifiées par un seul acte peuvent être écrites les unes à la suite des autres (14872-1 J. E., D. N. t. 5 p. 796 n° 19).

2504. Timbre à l'extraordinaire. — Les avoués doivent, comme les officiers publics et les autres officiers ministériels, écrire leurs actes sur le papier timbré débité par l'Administration (L. 13 brum. an 7 art. 18, 397 I. G.). — *V.* 2481 et 2484.

Il leur est donc interdit en principe de se servir de papier timbré à l'extraordinaire (D. m. j. 30 déc. 1863, Sol. 19 nov. 1866). C'est tout à fait par exception qu'on a parfois autorisé le timbrage à l'extraordinaire des significations imprimées de mémoires (137 I. G., Sol. 29 déc. 1819, 6527 J. E.).

AYANT CAUSE.

2505. — C'est celui qui représente une personne à titre universel ou singulier. — L'expression *ayant cause* est relative; elle doit être étendue ou restreinte suivant les droits et la qualité de celui auquel on l'oppose (C. Bordeaux 30 mars 1829, S. 29-2-205; — C. Nancy 14 fév. 1828, S. 29-2-192).

AYANT DROIT.

2506. — C'est celui qui a droit à l'action exercée : ce mot se prend dans un sens actif; l'expression est sous, ce rapport, moins générique que celle d'ayant cause (Dalloz *Dict. gén.* 301).

B

BAC.

2507. Définition. — Espèce de bateau plat, servant au passage des individus, des animaux et des voitures, d'une rive à l'autre d'un fleuve ou d'un cours d'eau.

2508. Meuble. — Bien que, à raison de leur importance, les bacs soient soumis à des formes particulières de saisie, et qu'ils aient à supporter la contribution foncière (L. 1er déc. 1790 et 3 frim. an 7), cependant, comme ils sont *meubles* (531 C. C.), les droits d'enregistrement des mutations et de toutes les conventions auxquelles ils peuvent donner lieu, doivent être réglés au taux établi pour les *meubles*.

1. IMMEUBLE PAR DESTINATION. — Un bac pourrait néanmoins avoir le caractère d'un immeuble par destination s'il était attaché au service d'un fonds à perpétuelle demeure. Dans ce cas, sa transmission avec celle du fonds donnerait lieu au droit immobilier.

2509. Bac à l'État. — Les bacs établis sur les rivières *flottables et navigables* appartiennent à l'État, et leur location se fait devant les préfets (63 I. G.). Les droits dus sur les baux de bacs sont, comme pour les baux de biens domaniaux, les mêmes que ceux perçus entre particuliers. On voulait qu'ils ne fussent soumis qu'à un droit fixe, comme les baux des droits de passage aux écluses et aux ponts mobiles (L. 7 germ. an 8); mais la perception du droit proportionnel a été maintenue (2796 J. E., 386 n° 5, 405 n° 2 I. G.).

1. MATÉRIEL. — D'après l'art. 30 L. 6 frimaire an 7, les adjudicataires de bacs deviennent propriétaires de tout le matériel d'exploitation. Le droit de vente mobilière doit donc être perçu sur l'estimation de ce matériel, indépendamment du droit de bail sur le prix cumulé des années de location (Arg. de cass. 28 avr. 1856, 655 R. P., 15810 J. N., 10814 C., 2078-2 I. G., S. 57-1-53; — 4 août 1869, 2988 R. P., 19818 J. N., 2093-7 I. G., S. 70-1-34; — 23 nov. 1870, 3220 R. P., 2420 § 4 I. G., B. C. 181, S. 71-1-165, D. 70-5-145).

Mais s'il a été convenu, par dérogation à la loi de l'an 7, que le matériel continuera à appartenir au bailleur, clause parfaitement licite (C. Limoges 8 juin 1842), ce droit de vente ne saurait plus être perçu.

2. IMPOT FONCIER. — Si le locataire du bac appartenant à l'État est tenu de la contribution foncière assise sur ce bac, c'est là une charge à ajouter au prix, parce que cette contribution est, en principe, due par l'État (Cons. d'Ét. 5 avr. 1851, S. 51-2-578).

3. PÉAGE. — De quel droit est passible la cession d'un droit de péage? — V. 2527.

BAGUES ET JOYAUX.

2510. Définition. — Ces termes désignaient principalement, en pays de droit écrit, une espèce d'augment de dot, moins considérable que l'augment ordinaire, et qui avait lieu de plein droit ou en vertu de la convention. — On a toujours entendu aussi par bagues et joyaux, des présents que le mari ou ses parents envoient à la femme en vue d'un mariage qui est sur le point d'être contracté ou même qui l'est déjà.

1. DONATION. — Les bagues et joyaux, selon la première acception, peuvent toujours être la matière d'un don; mais ce don doit être stipulé, et il suit les règles des donations ordinaires.

2. ARRHES. — Les bagues et joyaux de la seconde espèce sont en général considérés comme des arrhes et sujets à restitution; ils font partie de la communauté, et la femme qui renonce n'en peut demander la restitution (Nouv. Denisart. — V. *Bagues et joyaux* nos 3 et 6), à moins qu'ils n'aient été compris, comme c'est l'usage, dans la stipulation d'un préciput.

3. PROPRIÉTÉ RÉSERVÉE. — Il résulte de deux arrêts (C. Aix 21 mars 1832, Lyon 3 juill. 1846, 13021 J. N.) que les bagues et joyaux doivent être considérés comme la propriété du mari, lorsqu'il ne les a remis à sa femme que pour en faire usage et non à titre de propriété. La solution des questions qui pourraient se présenter peut donc dépendre souvent des circonstances.

BAIL.

DIVISION

SOMMAIRE

TITRE PREMIER. — BAIL EN GÉNÉRAL

[2511-2816]

CHAPITRE PREMIER.

NATURE, OBJET ET ÉLÉMENTS DU CONTRAT

[2511-2540]

2511. Définition. — Le bail est un contrat par lequel l'une des parties s'oblige, soit à laisser à l'autre la jouissance d'une chose dont elle conserve la propriété, soit à faire pour elle un ouvrage quelconque, le tout pendant un temps limité et pour un certain prix.

2512. Deux classes de baux. — De cette définition, il résulte qu'il y a deux classes de baux. Le C. C. (1708) distingue effectivement le *louage des choses* et le *louage d'ouvrage.*

2513. Louage des choses. — Le louage des choses se subdivise; il embrasse : — 1° le louage des héritages ruraux; — 2° celui des maisons et des meubles; — 3° celui des animaux. Les expressions *baux à ferme, baux à loyer, baux à cheptel*, correspondent aux trois branches de cette subdivision.

2514. Bail à ferme et bail à loyer. — Nous confondrons dans un même paragraphe, sous le titre de *bail en général*, les principes généraux qui régissent le bail et tout ce que nous avons à dire des *baux à ferme* et des *baux à loyer*. Ces deux espèces de baux dominent toutes les autres, et des principes qui les régissent découlent des règles communes à tous les baux.

2515. Baux de diverse nature. — Nous traiterons ensuite des baux à cheptel, des baux à nourriture de personnes, des baux d'ouvrage et d'industrie; en un mot, des baux que les lois fiscales ont nommément tarifés, comme de ceux qu'elles ont passés sous silence. Enfin nous parlerons avec quelque détail des baux en usage dans diverses localités depuis un temps immémorial. Ces baux sont particulièrement ceux qui transmettent l'*usufruit* et *la propriété*. Établis d'abord par des nécessités locales, ils ont été régularisés par la législation et la jurisprudence ancienne, et le C. C. quoiqu'il ait gardé le silence sur eux, ne les a pas abrogés, car il ne défend que les conventions contraires aux lois et aux bonnes mœurs.

2516. Nature du contrat. — Le bail est un contrat *consensuel, synallagmatique* et *commutatif*; c'est-à-dire qu'il se forme par le seul consentement des parties, qu'il leur impose des obligations respectives, et que chacune d'elles entend recevoir l'équivalent de ce qu'elle donne.

2517. Nature de la jouissance transmise. — Le droit que le bailleur donne au preneur, par le bail ordinaire, est de nature purement *mobilière*. Ce n'est pas un droit *réel*, *jus in re*, un droit *dans* la chose, mais un simple droit *à* la chose, *jus ad rem*. Cette différence est essentielle, car elle est une des distinctions caractéristiques de la jouissance et de l'usufruit. Ainsi la jouissance transmise par bail n'est jamais susceptible d'hypothèque entre les mains du preneur. (Pothier *du Louage* nº 4-91-285, Proudhon nᵒˢ 91 et suiv.). Cette nature mobilière du droit de preneur a été admise sans contestation par presque tous les auteurs (Toullier t. 3 nᵒˢ 388 390, Duranton t. 4 nº 73, Duvergier t. p. 279 et suiv., etc., Marcadé t. 2 p. 354 et suiv., Proudhon *Usuf.* t. 1ᵉʳ nº 102, Ducaurroy *Thémis* t. 4, Champ. et Rig. t. 4 nº 3032, Ferry *Revue étrangère* 1841, p. 609, Roll. de Vill. *Bail* nº 3, Curasson *Comp. de juges de paix* t. 1ᵉʳ p. 330, Devilleneuve et Carette *Collect. nov.* 8 § 2356, Pont *Revue critique* t. 4 p. 160, Demolombe *Usuf.* t. 2 nº 216; — Cass. 22 fév. 1831, 14 nov. 1832; — Grenoble 4 janv. 1860, S. 61-2-125; — Cass. 6 mai 1861, D. 61-1-418, S. 61-1-713, 21 fév. 1865, D. 65-1-132, S. 65-1-113. — V. aussi Cass. 21 avr. 1863, D. 64-1-288). — On a cependant soutenu que le droit du preneur était réel (Troplong t. 1ᵉʳ nº 5 et t. 2 nº 473, Fréminville *de la Minorité* t. 1ᵉʳ nº 528, Merlin *Quest.* vº *Tiers* § 2 t. 6 p. 289) et, à l'appui de cette opinion, on cite un arrêt de Bruxelles du 3 avril 1811 et un arrêt de Dijon du 21 avril 1827. La C. Paris a elle-même décidé plusieurs fois que le bail confère au preneur un droit mixte participant du droit personnel et du droit réel et autorisant le preneur à agir directement de son chef entre les tiers détenteurs du bien (Paris 16 fév. 1808, 24 juin 1858, S. 59-2-146, 29 mars 1860, S. 60-2-122, 8 juill. 1861, S. 62-2-274, 12 mars 1863, S. 62-2-221). — Mais cette doctrine, considérée comme thèse de droit, a été réfutée péremptoirement par Marcadé t. 2. p. 354 et suiv.

2518. Analogie et distinction entre la vente et le bail. — Le bail offre la plus grande analogie avec la vente. Le rapport qui existe entre les deux contrats est tel qu'il y a quelquefois lieu de douter si c'est une vente ou un louage que les parties ont voulu faire. En effet, de même que trois choses composent le contrat de vente : *la chose* qui est vendue, *le prix* et *le consentement* des contractants ; de même trois choses composent le louage : la *chose* qui est louée, *le prix*, qu'on appelle loyer ou fermage, et *le consentement* des contractants (Pothier *du Louage* nᵒˢ 3 et 4). C'est cette analogie qui jette le trouble et l'indécision dans les questions que font naître à chaque instant les conventions qui interviennent sur les abandons de récoltes, de coupes de bois, de carrières et de mines (*V.* 2755). Cependant, si les deux conventions se ressemblent par les éléments qui les constituent, elles n'en sont pas moins essentiellement différentes, au fond, par les effets qu'elles sont respectivement appelées à produire. Et c'est ici qu'il est nécessaire surtout de ne pas perdre de vue que si la qualification que la convention a reçue des parties doit fixer le caractère ou la nature de l'acte et déterminer la perception, ce n'est qu'autant que les stipulations de l'acte ou leur substance ne résistent pas à cette qualification. « Ajoutons seulement, avec M. Demante (358), que le tarif du bail étant le moins élevé, et, par suite, les parties ayant intérêt à dissimuler une vente de fruits sous l'apparence d'un bail à ferme, la transposition faite au bail, sous forme de clauses accidentelles, des principaux effets naturels à la vente, constitue une présomption d'où les tribunaux peuvent souvent induire la preuve de cette simulation. »

La différence capitale qui existe entre le bail et la vente, c'est que le bail ne transfère que la *jouissance*, tandis que la *propriété* est aliénée par le contrat de vente. Une première conséquence de cette différence, c'est que la chose *vendue* est aux risques de l'acquéreur, *res perit domino* (1138 C. C.), tandis que la chose *louée* reste aux risques du bailleur. Il en résulte encore que les bénéfices à faire sur la chose vendue appartiennent à la succession de l'acquéreur (*V.* 2540), tandis qu'ils tombent dans la jouissance légale que le survivant des époux preneurs peut avoir des biens de ses enfants mineurs (Cass. 7 mars 1825, 8149 J. E.). L'acquéreur doit le prix intégral, tandis que le fermier peut, en cas de perte de fruits, demander réduction du prix. Le bail diffère encore de la vente en ce que ses effets sont *successifs*, tandis que, dans la vente, la translation est instantanée.—« Le bail, dit Proudhon nº 993, n'opère, soit envers le preneur, soit envers le bailleur, que l'acquisition d'un droit successif. Il donne au preneur le droit de jouir, lequel s'exerce successivement chaque jour. D'autre part, il donne au bailleur le droit d'exiger le prix du bail, lequel échoit de même jour par jour, en suivant également la marche du temps. Mais, dans la vente, tous les droits qu'elle produit sont instantanés. Une fois le consentement donné, tout le prix est acquis au vendeur, et toute la chose vendue reste aux risques et périls de l'acheteur. Il n'y a rien qui s'acquiert jour par jour, comme dans le bail : tout est au contraire acquis en un seul instant. Si la chose louée vient à être détruite, la jouissance du preneur cessant, ses obligations cessent aussi ; mais, sitôt que le contrat de vente est parfait, que la chose qui en est l'objet périsse ou non, l'acquéreur n'en reste pas moins tenu d'en payer le prix. »

Enfin, de ce que le bail confère au preneur une jouissance successive, il s'ensuit qu'il lui impose ou plutôt qu'il laisse à sa charge le soin de faire les travaux et de prendre les soins nécessaires pour exploiter la chose louée et lui faire produire une jouissance lucrative. On verra plus loin que c'est ce caractère qui a servi à la jurisprudence à distinguer la plupart des ventes de récoltes des baux purs et simples.

1. PRIX UNIQUE. — Un des caractères du bail, celui en quoi il diffère encore généralement de la vente, c'est que le prix soit divisé en annuités (ou termes périodiques plus courts) représentatives des fruits ou produits de la chose louée.—Aussi, était-il admis, dans l'ancienne jurisprudence, que la cession de la jouissance d'une chose pendant un certain nombre d'années, moyennant un prix unique constituait une vente et non un louage (D'Argentré *Cout. Bretag.* art. 52 note 2, Fonmaur *Lods et ventes* ch. 18 nº 528), et cette doctrine a été reproduite depuis par Troplong *Louage* t. 1ᵉʳ nº 22, Duranton t. 17 nº 17, Duvergier *Louage* t. 1ᵉʳ nº 33). Mais il est bien certain, comme dit Pothier, que l'on peut ramasser par un contrat de louage, en une seule somme, le prix de chaque année du bail (*Louage* nº 4), et, sans nier l'influence de cette circonstance,

il faut du moins se garder d'en exagérer le caractère (Champ. et Rig. 4-3047, M. Demante *loc. cit.*, Nicias Gaillard *Rev. de lég.* 49-3-294). Faisant l'application de ces principes, la C. cass. a décidé, le 30 mai 1868, que la vente par le propriétaire, moyennant un prix en bloc de toutes les feuilles à récolter sur les mûriers pendant sept années, a le caractère d'une vente de récoltes et non d'un bail, quand le vendeur reste en possession de ses terres et que l'acheteur n'est chargé d'aucuns soins de culture: « Attendu, porte l'arrêt, que l'acte par lequel Mazauric vend à Benoît, moyennant un prix unique de 700 francs, toutes les feuilles que produiront pendant sept années les mûriers plantés et à planter sur ses terres, a bien plus le caractère d'une vente de fruits que celui d'un bail; que Mazauric reste en possession de son champ; que l'acheteur n'a aucun soin de culture à prendre pour préparer la récolte; qu'enfin le prix est fixé en bloc, au lieu de l'être en annuités, ainsi qu'il est naturel et d'usage de faire pour les fermages qui représentent les fruits annuels » (2760 R. P.).

2. AUTRES CLAUSES. — On peut en dire autant de tous les éléments naturels de la vente. Ainsi, il ne répugne pas absolument à l'exercice du bail, qu'on attribue au fermier des fruits déjà mûrs; que le bailleur se réserve une partie des produits du fonds; que le bail soit fait pour moins d'une année; que le fermier soit chargé des cas fortuits mêmes extraordinaires (art. 1773 C. C.), etc., etc. Comme aussi, à l'inverse, la vente de certains produits, des bois par exemple, peut être faite plusieurs années à l'avance; la vente peut comprendre tous les produits du fonds; le prix peut être payable par annuités; le vendeur peut être chargé des cas fortuits, etc., etc. Il n'y a pas de règle de droit en cette matière.

2519. Société. — La convention par laquelle le propriétaire d'une usine la loue à moitié perte et profit est un un contrat de louage, du même genre que le louage partiaire et non un contrat de société, alors surtout que les parties ont manifesté l'intention de faire un bail, et bien que le preneur reçoive la qualité d'associé (C. Rennes 6 juin 1861, D. 62-2-12. — V. aussi C. Paris 21 juin 1856, S. 56-2-560).

2520. Mandat. — La convention par laquelle le propriétaire d'un immeuble en concède temporairement le revenu à un tiers, sous la simple déduction d'une rente annuelle à son profit ne constitue pas un bail, mais un mandat de gestion d'immeubles révocable à volonté; il n'y a là ni le prix déterminé, ni la translation de jouissance qui sont des éléments essentiels du contrat de louage (C. Lyon 11 déc. 1868, S. 69-2-284).

Décide également qu'il y a mandat quand le testateur, léguant ses biens à des mineurs, désigne un tiers chargé d'occuper ses biens ou de les affermer à son profit, moyennant une somme à payer annuellement aux enfants (Dél. 1er mai 1822, 7206 J. E.); quand, dans un partage, les enfants autorisent leur père à toucher les revenus d'un bien indivis, à condition de leur payer l'intérêt d'une somme dont il est leur débiteur (Sol. 7 sept. 1872).

On pourrait citer beaucoup d'autres décisions analogues qui toutes sont fondées sur l'appréciation des faits de chaque espèce.

2521. Jouissance et usufruit. — Il est également de la plus grande importance de ne pas confondre la jouissance abandonnée par bail, avec l'usufruit transmis à titre onéreux. C'est dans les droits qu'ont le fermier et l'usufruitier sur les revenus de la chose que se trouvent les distinctions entre la jouissance et l'usufruit. En effet, le preneur à bail ne peut jouir de la chose louée que suivant la destination qui lui a été donnée par le bail (1728 C. C.); mais l'usufruitier jouit, comme le propriétaire lui-même, de la chose soumise à son usufruit (578 *id.*). Si le preneur emploie la chose à un autre usage que celui auquel elle a été destinée, le propriétaire peut faire résilier le bail (1729 *id.*); mais, pour que le propriétaire ait le droit de faire cesser l'usufruit, il faut des dégradations telles, en quelque sorte, que la chose soit en danger de périr (618 *id.*). L'usufruit ne passe point aux héritiers; au contraire, les héritiers du preneur succèdent aux droits et aux obligations de ce dernier. L'usufruitier peut renoncer à son usufruit pour se soustraire aux charges de l'usufruit; le preneur doit remplir, sans pouvoir s'en affranchir, les obligations qu'il a contractées. « Le preneur à bail, dit avec beaucoup d'autorité Demolombe (*Usuf.* t. 2 nº 216), n'a qu'une créance contre le bailleur qui s'est obligé à le faire jouir de la chose, créance toujours personnelle et immobilière dont la cause est la jouissance elle-même, la jouissance successive de la chose, et qui cesse dès lors d'avoir une cause aussitôt que cette jouissance n'est plus fournie au preneur par le bailleur, dont l'obligation ne s'acquitte pas d'une seule fois et en un seul coup, mais qui s'accomplit, au contraire, successivement, à chaque jour et à chaque moment de la durée du bail, jusqu'à son expiration; tandis que le droit de l'usufruitier naît et se forme irrévocablement, *uno momento*, en une seule fois, lors même qu'il aurait été constitué moyennant des redevances annuelles ».

Il a été jugé, en effet, par le tribunal d'Aurillac, le 30 août 1845 (13835 J. E.), que la cession, qualifiée bail à ferme, pendant douze ans, de la jouissance de divers immeubles, faite avec des circonstances qui excluent toute idée de bail, est passible du droit de 5 fr. 50 cent. pour 100.

1. PASSAGE. — De même, l'acte portant consentement au passage par une porte-cochère ou à l'ouverture du mur d'une cour, pour vingt-cinq ans, moyennant un prix convenu, payé complant, n'est point un bail : il doit être considéré comme une aliénation à temps de l'usufruit d'une partie de la propriété (4905 J. E.).

2. RÉUNION D'USUFRUIT A LA NUE-PROPRIÉTÉ. — La réunion de l'usufruit à la nue-propriété, sous la forme d'un bail à vie, consentie depuis la promulgation du C. C., par l'usufruitier au nu-propriétaire, donne ouverture au droit de 3 francs (4 fr. 50 cent.), et au droit 1 fr. 50 cent. pour 100 sur le capital au denier 10 du prix du bail (Cass. 10 août 1830, 1347 § 1er I. G).

Il a été reconnu qu'il y a non pas réunion d'usufruit, mais bail à vie dans l'acte par lequel une mère, usufruitière des biens de ses enfants, loue à ceux-ci, pour neuf ans, la portion d'immeubles dont chacun d'eux est propriétaire, avec stipulation que le bailleur s'engage formellement à renouveler le bail aux mêmes conditions pendant tout le cours de l'usufruit (Sol. sept. 1872).

3. CONTRIBUTIONS.—On comprend que toutes les fois que, sous le titre de bail il y a réellement cession d'usufruit, on n'est pas fondé à ajouter au capital de la redevance annuelle le montant des contributions qui sont toujours à la charge de l'usufruitier (Dél. 6 déc. 1817, 17 avr. 1822, 1156 Roll.).

4. ÉCHANGE. — Il est reconnu par la doctrine, qu'au cas où un propriétaire abandonne sa jouissance et reçoit, comme prix de son cessionnaire, une autre jouissance exercée par ce dernier, il y a là, en réalité, échange et non point bail; qu'en conséquence, le droit devra être perçu comme s'il s'agissait d'un échange (Dalloz n° 310, Champ. et Rig. t. 4 n° 3406, Troplong t. 1er p. 66).

C'est ce qui a été reconnu par le tribunal de Saint-Quentin, le 25 mars 1874, au sujet d'un acte par lequel un père et un fils échangeaient la jouissance de deux immeubles appartenant en propre à chacun d'eux. « Attendu que, dans l'espèce, chacun des contractants devient possesseur des immeubles échangés *animo domini*; qu'il devient maître d'y apporter tels changements et embellissements qu'il jugera convenables; que sa jouissance, loin de prendre la caractère du louage, semble, au contraire, affecter de révéler ceux des droits d'usufruit et que cette double jouissance est la source d'un droit réel immobilier » (3821 R. P.).

2522. Antichrèse. — Nous avons indiqué, au n° 2194, la différence existant entre le bail et l'antichrèse.

2523. Capacité pour louer. — Tout propriétaire, capable de contracter, peut concourir au contrat de louage en qualité de bailleur; toute personne, capable de s'engager, peut y figurer comme preneur.

Toute personne à laquelle la loi permet l'administration de ses biens est, par cela seul, apte à consentir le louage. Ainsi, le mineur émancipé, le tuteur du mineur non émancipé, celui d'un interdit, le notaire chargé judiciairement de représenter le présumé absent, le mari à l'égard de la femme, l'usufruitier à l'égard des biens dont il a l'usufruit, peuvent louer les biens, mais ces baux ne peuvent être faits que pour une période n'excédant pas neuf ans. — V. 2607.

2524. Des choses qui peuvent être louées. — Tout ce qui est dans le commerce, tout ce qui ne se consomme pas par l'usage et est susceptible d'être rendu par le preneur au terme stipulé, peut être la matière du contrat de louage (1713 C. C.; Duranton 17 n° 20; — Aix 30 mars 1865, D. 66-2-9). — On peut louer les choses incorporelles, comme les choses corporelles, pourvu que ces choses incorporelles présentent un revenu (Pothier n° 9).

1. USAGE. — HABITATION. — Ce principe général souffre exception en ce qui concerne les droits d'usage et d'habitation (631, 634 C. C.).

1 *bis*. CHOSE FONGIBLE. — Les choses *fongibles*, c'est-à-dire celles qui se consomment par l'usage et qui s'apprécient *à la quantité* et non par leur individualité, comme du vin, de l'huile et autres denrées, ne sont pas susceptibles d'être louées. En effet, une des principales obligations du preneur est de *conserver* et de *rendre* la chose louée; si cette chose se trouve détruite par l'usage et que le preneur soit tenu d'en payer la valeur, ou même de restituer pareille quantité, qualité et valeur, la *propriété* et non la simple jouissance lui est transmise, le contrat de bail est vicié dans sa nature. Il y a vente et non bail (3304 J. E., Dalloz n° 3087, D. N. t. 2 p. 385 n° 20; — Cass. 7 avr. 1857, D. 57-1-171). Cependant, il faut décider autrement lorsque les choses fongibles, au lieu d'être louées isolément, sont louées comme accessoires d'un immeuble : en ce cas, elles suivent le sort de l'objet auquel elles se rattachent. C'est ce qui a été jugé relativement au bail d'une usine et des matières propres à son exploitation (C. Paris 21 mars 1817, 4207 J. N., S. coll. nouv. 7-2-46; — Cass. 7 avr. 1857, D. 57-1-171, Marcadé art. 1713 § 2). Le bail serait encore possible, bien entendu, si les choses fongibles étaient simplement louées *ad meram ostentationem*, comme si, par exemple, un changeur livrait des billets de banque ou du numéraire destinés à figurer dans ses vitrines.

2. RENTES ET CRÉANCES. — La question est plus délicate à l'égard des rentes et des créances, parce que ces valeurs comprennent, indépendamment de leurs revenus annuels, un droit incorporel qui peut être rendu identiquement au bailleur. Aussi Pothier enseigne-t-il qu'une rente peut être l'objet d'un bail (*Louage* n° 9). Cependant plusieurs auteurs, Troplong notamment (n° 84), pensent qu'on ne louerait pas valablement une créance. Il n'y a pas, en effet, disent-ils, dans une telle chose une jouissance distincte de la propriété qui puisse faire l'objet du louage. La créance donne droit au recouvrement d'une somme. Or, tant que ce recouvrement n'a pas été fait, il ne peut y avoir de jouissance, et, le recouvrement effectué, la créance n'existe plus. Le contrat par lequel un tiers serait autorisé par le créancier à recevoir le payement à charge de restituer au bout d'un an la somme perçue avec les intérêts ne serait donc point un louage (Dalloz v° *Louage* n° 42). Nous reconnaissons bien également qu'il n'y aurait pas bail si le contrat attribuait au prétendu preneur le droit de toucher le capital de la créance; ce serait une véritable cession. Mais il nous semble, avec Pothier, que, quand il s'agit seulement d'attribuer au preneur la jouissance successive des intérêts ou des revenus d'un capital dont le propriétaire se réserve la disposition entière, rien ne s'oppose à ce que cette jouissance fasse l'objet d'un louage ordinaire.

3. OFFICES MINISTÉRIELS. — Un office ministériel ne pourrait pas être loué, parce qu'un tel contrat est réprouvé par l'ordre public.

4. DOMAINE PUBLIC. — Il en est de même des choses du domaine public, telles qu'une église, une rue, un cimetière, avec cette réserve toutefois que l'autorité peut faire sur ces immeubles des concessions de jouissance qui ne dénaturent pas leur destination, telles que la location de boutiques sur la place, de chaises dans les églises, des concessions de sépulture, etc.

2525. Consentement. — Le consentement réciproque des parties dans le bail n'a pas d'autre objet de la part du bailleur que de *faire jouir* le preneur, et de la part de celui-ci que d'exiger tout ce qui peut lui garantir la jouissance. Si donc le consentement ne se renferme pas dans cette limite, si, au lieu de porter sur la simple jouissance de la chose, il porte sur la chose elle-même, il n'y a plus bail, il y a vente. — Décidé, en effet, que l'acte par lequel une machine à vapeur est donnée *à bail* pour vingt ans, moyennant un prix annuel, avec la condition qu'à la fin du bail elle appartiendra au preneur sans indemnité, donne ouverture au droit de 2 pour 100 comme vente. Le motif de cette décision est que, s'il y a transmission de jouissance pour vingt ans, il y a mutation de propriété après ce délai; ce qui fait porter le consentement sur la chose (Abbeville 11 août 1846, 14057 J. E.).

Du reste, qu'il s'agisse d'un bail ou d'une vente, comme l'un et l'autre constituent une convention synallagmatique, il est indispensable que l'acte porte la preuve du consentement des deux parties. On a enseigné qu'il faut percevoir le droit de bail sur la stipulation d'un contrat de vente ou de tout autre acte passé entre le propriétaire d'un immeuble et une autre personne, portant que l'immeuble vendu est loué verbalement à un tiers moyennant certaines conditions et qui oblige l'acquéreur à exécuter le bail. Mais c'est une erreur certaine. L'aveu du bailleur seul ne suffit pas pour former un titre de la location; c'est une déclaration unilatérale par laquelle le tiers n'est nullement engagé et qui ne peut dès lors justifier la perception du droit proportionnel. Il y a seulement lieu d'appliquer les règles spéciales relatives aux locations verbales.

Mais, si une déclaration semblable se trouvait entre les mains du preneur, il serait possible, selon les circonstances, de considérer cette détention comme la preuve de son consentement et l'équivalent de sa signature. Ainsi, on pourrait exiger le droit d'obligation à raison des fermages dus pour les années écoulées et le droit de bail pour les années restant à courir, sur l'acte émané du preneur seul, mais détenu par le bailleur et aux termes duquel ce preneur reconnaîtrait devoir une somme pour fermages échus et jouir, à titre de bail, de la maison du bailleur moyennant, un prix déterminé. — *V.* 740-5.

2526. Jouissance non temporaire. — Il ne faudrait pas néanmoins conclure de ce que nous venons de dire que dès qu'il y a transmission de simple jouissance il y a bail. La jouissance *proprement dite* qui se transmet par le bail est une jouissance temporaire, en ce sens que le bailleur doit rentrer, après l'expiration du terme fixé, dans la possession complète de sa chose. « L'idée de bail, dit Dalloz, n° 3094, est inséparable de la pensée pour le bailleur de reprendre possession de la chose après l'expiration du temps, plus ou moins long, pour lequel a été consentie la convention de louage. » — Ainsi, il y a vente et non bail, dans l'acte par lequel un entrepreneur, qui s'était engagé envers une commune à élever des bâtiments destinés à une halle sous réserve d'un droit de place pendant cinquante ans, cède, à titre de bail, ce droit de place moyennant une somme de 4,000 francs (Auxerre 28 mars 1846, 13972 J. E.). Dans cette espèce, en effet, le prétendu bailleur transmettait son droit, tel qu'il le possédait, irrévocablement et sans esprit de retour.

1. BAIL PAR UN USUFRUITIER. — Ainsi encore si un usufruitier transmet son usufruit, à titre de bail, il y aura cession d'usufruit passible du droit immobilier. Le droit de bail ne serait exigible que dans le cas où la convention serait limitée à un nombre d'années après lequel l'usufruitier rentrerait dans l'exercice de son usufruit.

2527. Péage. — La concession à titre onéreux d'un droit de péage sur un pont, constitue-t-elle un bail ou une vente mobilière? Dalloz n'hésite pas à adopter la seconde interprétation. « Dans l'opinion la plus généralement admise, dit-il, la concession par l'État d'un droit pareil implique non point un bail, mais une adjudication. Dès lors, l'acte par lequel le concessionnaire transporterait son droit à un tiers ne pourrait être considéré comme un bail que dans le cas où cette transmission serait temporaire, mais par rapport au concessionnaire, en ce sens qu'elle embrasserait uniquement une période de la concession, période après laquelle le concessionnaire rentrerait en possession. » — V. *Enregistrement* 3095.

Ce sentiment a été confirmé par la jurisprudence. Un arrêt de Cass. 6 juin 1837 (11822 J.E., 9692 J. N., 1539-2 I. G., S. 37-1-489) a refusé de reconnaître le caractère du louage à la concession par l'État du péage sur un canal, et il a autorisé, en conséquence, la perception du droit de vente mobilière sur l'acte par lequel l'un des cessionnaires abandonnait sa part d'intérêt à un tiers. — Le tribunal de la Flèche a décidé, dans le même sens, le 7 juin 1847, « qu'une telle cession altérait complétement la nature du droit concédé, que ce droit, tel que l'État l'avait concédé, n'était pas un bail, mais bien une adjudication faite sous certaines conditions, que dès lors l'acte litigieux ne contenait ni un bail ni une cession de bail » (14308 J. E.), et le tribunal de Bergerac a ajouté que c'était une cession de droit mobilier passible du droit de 2 pour 100 (7 juin 1867, 2566 R. P.). — Le tribunal de la Seine a décidé au contraire, le 6 janvier 1865 (2093 R. P., 12825 C.), « qu'on doit considérer comme des contrats de louage tarifés au droit de 20 cent. pour 100 francs, les concessions, sous-concessions et rétrocessions à titre onéreux du péage d'un pont; alors même que le droit de péage aurait été accordé à des particuliers comme rémunération des travaux de réparation du pont. »

1. ADJUDICATION DU PÉAGE. — Cette thèse nous paraît beaucoup trop absolue. Nous ne disons pas, avec Dalloz, que la concession d'un droit de péage ne puisse jamais faire l'objet d'un bail. Nous croyons au contraire que, quand le gouvernement a établi le pont, et qu'il le met aux enchères, conformément à l'art. 11 de la loi du 14 floréal an 10, l'adjudication du droit de percevoir le péage, il s'opère un véritable louage dont l'objet est représenté par les produits du passage sur le pont. Le contrat reçoit la qualification de bail dans tous les actes administratifs, cahiers des charges, procès-verbaux d'enchères et autres qui constituent l'opération (*V.* le cahier des charges modèle, adopté pour les baux de bacs et ponts); et c'est par les principes du bail qu'on apprécie les limites de la garantie due à la jouissance des adjudicataires (Consult. les décisions rapportées au R. P. de Dalloz v° *Voirie par eau* nos 577 e 636).

2. CONCESSION. — VENTE. — Mais il ne s'en suit pas que la

concession soit toujours le résultat d'un semblable contrat. Si les redevances à percevoir des passants sont assimilables aux fruits et aux revenus d'un immeuble, il faut bien admettre qu'au lieu de les louer, le propriétaire peut les vendre. L'État, comme tout particulier, est le maître de disposer de ses revenus pour son plus grand intérêt, et on comprend qu'il est des circonstances où son avantage doit le déterminer surtout en faveur de la vente. Nous n'en voulons citer qu'une seule. C'est quand le droit de percevoir le péage est attribué aux particuliers comme l'une des conditions du marché moyennant lequel ils s'engagent à construire le pont. La concession ne s'applique pas ici à une jouissance dont le gouvernement soit déjà investi; elle n'est donc pas le prix de l'abandon qu'il en fait à un tiers, et l'État ne serait certainement pas responsable envers les entrepreneurs des mêmes causes de dépréciation du péage que dans les concessions ordinaires. La vérité est que les adjudicataires ont acquis le droit de percevoir par eux-mêmes les produits du pont, comme ils auraient acquis la propriété de la somme d'argent formant le prix du marché. C'est là un droit incorporel mobilier dont la cession intégrale à un tiers donne ouverture au droit ordinaire de 2 pour 100. — La différence entre les deux situations précédentes nous semble bien tranchée. Elle peut sans doute l'être souvent beaucoup moins, et alors il devient difficile de distinguer le bail de la cession mobilière. Mais cette recherche, si embarrassante qu'elle soit, se résume néanmoins en une appréciation de fait livrée aux lumières des préposés et des magistrats.

En matière civile, toutes les fois que la jurisprudence a eu à caractériser la nature du droit cédé au constructeur sur le péage d'un pont pour prix de ses travaux, elle y a vu non pas une jouissance de l'immeuble, mais un droit incorporel mobilier (Nîmes 2 août 1847; Cass. 18 juill. 1848, S. 1848-1-609; — Paris 6 nov. 1862; — Cass. 20 fév. 1865, S. 1865-1-185). L'arrêt de Paris du 6 novembre 1862, maintenu en cassation le 20 février 1865, porte même expressément que c'est là une *vente* ordinaire de meubles dont le *prix* peut faire l'objet d'une distribution. — Consultez Gaudry *du Domaine public* t. 1er n° 125 p. 250, Dufour *Droit adm.* t. 7 n° 280, et Foucart *Éléments du Droit publ.* t. 3 n° 1481.

3. CONCESSION TEMPORAIRE. — Ajoutons que le caractère du bail prédominerait, si le droit de péage n'était accordé que pour une période de la concession, période après laquelle le concessionnaire rentrerait en possession de son droit (12949-2 et 16630 J. E.).

4. RACHAT. — Il a été spécialement reconnu, par deux décisions ministérielles des 16 avril 1849 et 11 novembre 1851, que le rachat par la Ville de Paris du péage des ponts des Arts, de la Cité, d'Austerlitz et de la Réforme, n'était sujet qu'au droit fixe d'enregistrement par le motif que la Ville de Paris, en désintéressant la compagnie concessionnaire des droits de péage établis sur les ponts dont il s'agit, n'obtient d'elle nulle subrogation dans l'exercice de ces droits et ne retirera aucun avantage direct, aucun produit de la renonciation de la compagnie; que la somme qu'elle paye pour le rachat peut être assimilée à l'acquit d'un impôt qui devait être à la charge des habitants, et qu'il est de principe qu'un impôt ne peut donner lieu à la perception d'un autre impôt sur le produit du premier (14614 J. N.).

Ces décisions nous semblent de pure faveur.

Depuis lors, la question reste douteuse. Des décisions des 15 septembre 1874, 27 juillet 1874 et 14 février 1876 ont reconnu que le droit de 2 pour 100 est dû sur le prix du rachat, fait par une commune pour exploiter elle-même le péage (4854 R. P.). Mais une décision postérieure rendue le 6 avril 1878, contrairement à l'avis de l'Administration, a autorisé l'enregistrement au droit fixe d'un rachat par un département d'un de ses ponts à péage. La question est actuellement soumise aux tribunaux.

Si le rachat a été prononcé par expropriation, l'acte doit être formalisé gratis (D. m. f. 9 sept. 1875, 4854 R. P.).

2528. Brevet d'invention. — La concession d'un brevet à un inventeur lui attribue un droit incorporel mobilier consistant dans l'exploitation exclusive de son procédé. Ce droit se consomme chaque jour, puisque la durée du brevet est essentiellement temporaire. Quand l'inventeur cède à un tiers son privilége pendant une période déterminée, c'est donc comme s'il lui aliénait définitivement une partie de son droit mobilier. Aussi est-il décidé que ce contrat donne lieu au droit de 2 pour 100, lors même qu'il aurait lieu sous forme de bail. — Le tribunal de Bazas a notamment reconnu l'exigibilité de ce droit de 2 pour 100 sur un bail fait pour un an avec clause de tacite reconduction par les preneurs jusqu'à ce que le système breveté tombe dans le domaine public (J. 15 juill. 1859, 17016 J. E.).

De même le louage du droit de fabriquer du plâtre, ou autre matière, en vertu d'un brevet d'invention, jusqu'à l'expiration du privilége que confère le brevet, est passible du droit de 2 pour 100, « attendu qu'il n'y a pas simple cession de jouissance, mais aliénation d'une propriété qui résulte de l'obtention d'un brevet » (Seine 19 déc. 1849, 14873 J. E.). — Même principe pour la cession d'un brevet pour la construction de machines à vapeur (Seine 21 juill. 1848, 14545 J. E.; — *Conf.*: Sol. 23 juill. 1858).

2. MAITRE DE POSTE. — Un brevet de maître de poste peut faire l'objet d'un bail à ferme ; il n'y a pas d'analogie entre une telle exploitation et une charge d'officier ministériel (C. Toulouse 3 fév. 1844, D. 45-2-62).

2529. Bac. — Les baux de bacs établis sur les rivières sont sujets à quelques règles particulières indiquées au mot *Bac*.

2530. Bureau de tabac. — La gérance d'un bureau de tabac a beaucoup plus d'affinités avec le bail, parce qu'elle s'exerce comme lui au moyen d'actes de jouissance successifs auxquels correspondent des annuités représentant les revenus du privilége cédé.

D'autre part, le bail a un temps nécessairement limité, puisque le monopole de la vente du tabac par l'État n'est pas perpétuel.

Aussi a-t-il été reconnu que la cession de cette gérance par le titulaire du bureau constitue un bail ordinaire de meubles sujet au droit de 20 cent. pour 100 (Sol. 2 juin 1860, 17 mars 1862, 17 nov. 1863).

Il faut seulement remarquer que ce contrat est, par sa nature même, soumis à l'approbation du Gouvernement, puisque le gérant doit être présenté par le titulaire à l'agrément de l'Administration. Il nous semble que c'est là une condition suspensive que doit arrêter la perception du droit ou qui autorise la restitution de celui qui aurait été perçu, dans le cas où le contrat ne serait pas ratifié.

2530 *bis*. Force motrice. — On a longuement discuté la question de savoir quel caractère à la location d'une force motrice. Mais il ne saurait y avoir de difficulté sérieuse sur ce point.

Si le preneur reçoit la jouissance directe de la machine ou du cours d'eau et autre objet produisant le mouvement, c'est un bail de meuble ou d'immeuble.

S'il ne reçoit aucune jouissance de cette nature et s'il acquiert le droit de profiter, par un appareil de transmission ou autrement, du jeu d'une machine étrangère dont le bailleur continue à jouir, il y a bail d'industrie. Le tribunal de Gex s'est prononcé en ce dernier sens dans un cas où le concessionnaire d'une prise d'eau dans le Rhône s'engageait à communiquer à un usinier riverain du canal de dérivation une partie de la force motrice que les eaux devaient lui procurer : « Attendu que la compagnie ne livre pas à Gaillard et à Sigerret de l'eau qui devient leur chose, qu'elle leur fournit, au moyen de l'eau qu'elle prend dans le Rhône, la force motrice nécessaire à ceux-ci; que cette eau, après avoir passé dans les turbines de la compagnie, lesquelles transmettent le mouvement à l'usine Gaillard, retournent au Rhône; qu'on ne peut donc voir dans cette entreprise et ces agencements aucun acte translatif de propriété, mais un simple bail d'industrie » (Jug. de fév. 1874, 3844 R. P.).

2531. Concession pour sépulture. — Les concessions dans les cimetières sont passibles du droit de 4 pour 100, lorsqu'elles sont perpétuelles et trentenaires, et de 20 cent. pour 100 lorsqu'elles sont temporaires. — V. *Concession*.

2532. Servitude.—La concession d'une servitude peut avoir le caractère d'un bail et donner lieu au droit de 20 cent. pour 100. — V. *Servitude* n° 15028.

2533. Promesse de bail. — Le consentement, pour n'avoir pas pour effet la transmission actuelle de la jouissance, n'en donne pas moins ouverture au droit proportionnel, du moment qu'il est donné sans condition. Cependant l'Administration avait décidé (Dél. 15 mai 1819, 6392 J. E.) qu'une promesse de bail ne peut donner ouverture au droit proportionnel. Le motif de cette décision était que l'art. 1589 C. C., d'après lequel la promesse de vente vaut vente, lorsqu'il y a consentement réciproque sur la chose et sur le prix, ne se trouvant pas répété au titre du *contrat de louage*, la règle que cet article pose est étrangère au bail. Mais il résulte d'un arrêt Cass. 26 novembre 1822 (7396 J. E., P. *chr.* 705), que les principes en matière de promesse de vente sont applicables au bail, « attendu que la promesse de bail, portée au contrat de mariage, avait un caractère obligatoire pour les défendeurs, par cela seul qu'elle formait partie d'un acte synallagmatique de sa nature, et exécutoire pour toutes les parties qui y ont apposé leur signature *sans réserve ;* d'où il suit que le jugement attaqué, en affranchissant les défenseurs du droit proportionnel auquel *cette promesse de bail* donnait lieu, a expressément violé, etc. » (*Conf.* : Cass. 3 avr. 1838, S. 38-1-299, Merlin v° *Bail* § 6 n° 1, Duvergier t. 1er n° 43; — *Contrà* : Champ. et Rig. 3034. — V. *Dalloz* 3079).

La conséquence de cette jurisprudence est qu'une promesse de bail *unilatérale* ne pourrait donner ouverture au droit de bail. Il faut que la convention soit synallagmatique, c est-à-dire qu'il y ait promesse réciproque de donner à bail et de prendre à bail, sans autre condition que la réalisation par acte à une époque ultérieure. Ainsi, du moment que les deux volontés sont ainsi manifestées, l'engagement des parties produit le même effet que s'il n'eût pas été intitulé *Promesse* (Duvergier *du Louage* n° 43, Troplong *du Louage* n° 121), et le droit proportionnel est exigible. La question est plus amplement traitée au mot *Vente d'immeubles*.

2534. Chose à louer. — Si le consentement est nécessaire à la perfection du contrat, une chose *certaine*, comme objet de la convention, n'est pas moins essentielle. Du moment, en effet, que le bail, s'il ne donne pas le *jus in re*, confère au moins le *jus ad rem*, la loi doit exiger que *la chose* soit certaine pour que l'obligation puisse se former. Si la chose n'existait pas au moment du contrat, il n'y aurait plus contrat.

1. CHOSE FUTURE. — Cependant, il faut remarquer que si le bail avait pour objet une chose qui, sans exister actuellement, existera certainement, le contrat pourrait valablement se former. Dans ce sens, Champ. et Rig. décident, n° 3095, que les parties peuvent convenir, l'une de donner, l'autre de prendre à bail une maison que le premier se propose de construire. Selon eux, le droit proportionnel serait exigible sur une pareille convention, si toutefois les parties n'avaient pas subordonné leur consentement à la construction de la maison. Dans ce cas, il y aurait condition, et la perception serait tenue en suspens jusqu'au moment où la condition s'accomplirait.

On trouvera le développement de cette question au mot *Vente*, n° 17763 § 1.

2. CHOSE QUELCONQUE. — On ne saurait non plus trouver les bases d'un contrat obligatoire dans le bail d'une chose non déterminée; il est indispensable que la chose soit connue, au moins quant *à son espèce*. Ainsi, le louage de mes vingt ares de pré, terroir de..., sans autre désignation, donnerait ouverture au droit proportionnel, tandis que le bail de vingt ares à prendre dans une partie quelconque de mes propriétés ne pourrait engendrer aucun droit, car il n'y aurait pas convention dans le sens de la loi (Dalloz n° 3083, Champ. et Rig. n° 3096).

3. CHOSE D'AUTRUI. — Le louage de la chose d'autrui étant valable en droit civil (Troplong *du Louage* n° 98, Pothier n° 20), Dalloz émet l'opinion n° 3085, contrairement à celle professée par Champ. et Rig. n° 3097, qu'un pareil bail, *s'il est fait de bonne foi*, donne ouverture au droit proportionnel.

Il en serait de même, à plus forte raison, du bail consenti par le propriétaire apparent, puisque, d'après la jurisprudence, ces actes d'administration sont valables à l'égard du maître de la chose (Cass. 19 nov. 1838, 43-1-495 J. P.).

2535. Durée. — Les législateurs de l'an 7, s'étant trouvés en présence d'une jurisprudence qui attribuait le caractère translatif de propriété aux baux dont la durée excédait certaines limites (trente ans en dernier lieu. — *V.* 2880) ont en partie introduit ce système dans la loi du 22 frimaire. A certains baux ils ont appliqué le tarif des mutations immobilières, bien que ces baux ne transmettent souvent qu'une simple jouissance, jouissance qui, ainsi qu'on l'a vu no 2517, a un caractère purement mobilier ; ce sont les baux à longue durée de l'ancienne jurisprudence.

2536. Droit de vente. — En effet, les art. 69 § 5 no 2 et § 7 no 3 de cette loi, tarifent à 2 et 4 pour 100, selon que la chose louée est mobilière ou immobilière, les baux dont la durée est illimitée, ceux à vie, enfin ceux à rente perpétuelle, c'est-à-dire au même droit qu'ont été tarifées les ventes de meubles et d'immeubles par les § 5 no 1 § 7 no 1 du même art. 69.

2537. Droit de bail. — Mais des droits, tout à fait indépendants de l'idée de mutation de propriété, ont été appliqués aux baux non compris dans la précédente catégorie : ce sont ces derniers droits, soumis par la loi de frimaire à des quotités diverses, que la loi du 16 juin 1824, art. 1er, a ramenés au tarif uniforme de 20 cent. pour 100, sous la seule condition que la durée du bail *sera limitée*. — *V.* 2541.

2538. Distinction entre les baux sujets au droit de vente et ceux passibles du droit de bail. — Cela posé, la première chose à faire, pour asseoir la perception sur un bail, est de reconnaître dans laquelle des deux catégories que nous venons d'indiquer, le contrat doit être classé. Deux hypothèses peuvent se présenter : celle où la durée du bail a été déterminée dans l'acte, et celle où aucun terme n'a été fixé.

1. TERME FIXÉ. — Le terme de la durée de la convention est-il indiqué dans l'acte, il peut arriver que ce terme, à raison de l'incertitude de l'événement qui doit le fixer, laisse le bail dans la catégorie des baux sujets au droit de vente. Exemple : Je vous loue ma maison jusqu'à ce que vous soyez appelé à un emploi autre que celui que vous occupez. Rien ne pouvant préciser l'époque à laquelle cet emploi vous sera accordé, il n'y a plus durée limitée et le bail doit être rangé parmi les baux passibles du droit de vente.

2. TERME NON FIXÉ. — Au contraire, la durée du bail n'est-elle pas fixée, la convention n'en doit pas moins être classée dans la catégorie des baux à *durée limitée*, si, nonobstant ce silence, le terme de la location peut être déterminé d'une manière invariable. Ainsi, le bail d'un fonds rural est censé fait pour le temps nécessaire au preneur pour recueillir tous les fruits de l'héritage affermé (1774 C. C.) ; — le bail à ferme d'un pré, d'une vigne et de tout autre fonds dont les fruits se recueillent en entier dans le cours de l'année, est censé fait pour un an (1774 C. C.) ; — le bail des vergers d'oliviers, qui ne produisent que de deux années l'une, doit être censé fait pour deux ans, d'autant plus que la taille ne se répète aussi que de deux ans en deux ans (Cappeau t. 2 p. 323) ; — le bail des terres labourables, lorsqu'elles se divisent par soles ou saisons, est censé fait pour autant d'années qu'il y a de soles (1774 C. C.) ; — le bail d'un étang, qu'on a coutume de pêcher tous les trois ans, est censé donné à ferme pour cette période de trois ans (Pothier no 28) ; — de même, lorsque les bois taillis d'un domaine sont partagés en un certain nombre de coupes, par exemple en douze coupes annuelles, le bail, si le temps n'est pas exprimé, doit être censé fait pour autant d'années qu'il y a de coupes (Pothier, *ibid.*) ; — enfin, la durée du bail se détermine par l'usage des lieux à l'égard des maisons (1736 C. C., 9262 J. N.).

C'est par application de ces principes qu'il a été jugé que le bail d'une machine dont l'exploitation fait l'objet d'un brevet, est censé consenti pour la durée du brevet quand la durée n'en a pas été limitée (Rethel 29 mars 1856).

3. ÉVÉNEMENT CERTAIN. — Pareillement, la durée, quoique non déterminée, peut dépendre d'un événement dont on peut fixer la date. Par exemple, si l'on prenait pour terme l'époque de la majorité d'une personne, quoiqu'il soit incertain si cette personne arrivera à sa majorité : comme le calcul des années qui restent à courir jusqu'à l'époque de cette majorité peut se faire, le bail aura pour durée le nombre de ces années (*V.* 2858, 2859) ; de même un bail fait pour tout le temps de son absence, par un individu appelé au service militaire, serait censé fait pour le temps fixé par la loi sur le recrutement pour la durée de ce service (D. m. f. 22 avr. 1806, 2283 J. E., D. N. t. 2 p. 362 no 141). D'après cette même décision, il faut reconnaître que, quoique la durée du service des militaires puisse être prolongée en cas de guerre, on ne peut se prévaloir de cet événement pour augmenter le nombre des années du bail sur lequel les droits doivent être perçus, et encore moins pour supposer à ce bail une *durée illimitée*.

4. INTENTION DES PARTIES. — L'intention manifeste des parties, quoique non exprimée, peut encore servir à faire reconnaître s'il y a ou non bail à durée limitée. Dans ce sens, on a émis l'avis (12982-2 J. E.) qu'une déclaration sous seing privé portant que le propriétaire d'une maison donne cette maison à bail pour y établir la mairie jusqu'à ce que la commune ait fait l'acquisition d'une maison commune, ce qui aura lieu *le plus tôt possible*, ne donne ouverture au droit de bail que pour une durée calculée d'après l'usage des lieux pour les baux verbaux.

5. OBSERVATION. — Consignons ici une observation essentielle et de nature à éviter toute confusion. Le droit de transmission immobilière est maintenant de 5 fr. 50 cent. pour 100 d'après l'art. 52 L. 28 avril 1816. Pour que le bail donne ouverture à ce droit, il faut donc que, perdant sa nature propre, qui est une transmission mobilière (*V.* 2517), il transfère un droit immobilier. Or, le bail emphytéotique (*V.* 2880 et suiv., 2965) est aujourd'hui le seul qui fasse naître, au profit du preneur, un démembrement de la propriété de l'immeuble, un droit immobilier ; les autres baux, plus ou moins analogues, qui se faisaient fréquemment dans l'ancienne jurisprudence, et dont plusieurs se pratiquent encore dans certaines contrées de la France, ont été ramenés,

par les lois de 1789 et 1790 et par l'art. 530 C. C., à transférer la propriété même, quand ils excèdent la durée d'un simple bail ordinaire, c'est-à-dire quand, faits à *perpétuité* ou, ce qui revient au même, sur plus de *trois têtes* (V. 2887) ou pour un terme excédant quatre-vingt-dix-neuf ans (V. 2964), ils permettent au preneur de transformer le bail en une véritable vente, par la faculté, que lui accorde la loi, de racheter la redevance.

Ainsi, en laissant de côté les *mots* pour n'envisager que les *choses*, et en exceptant l'emphytéose à terme, qui est une constitution d'usufruit très-étendue, nous dirons qu'il n'y a plus que des baux *ordinaires* ou des *ventes*. La question ainsi posée, tout prétendu bail qui présentera le caractère de *perpétuité* dans le sens que nous venons d'indiquer, sera soumis au droit de 5 fr. 50 cent. pour 100 comme vente. Tout autre bail qui, sans présenter ce caractère de perpétuité, aura néanmoins une durée *illimitée*, sera invariablement soumis, s'il concerne des immeubles, au droit de 4 pour 100, sans addition du droit de transcription, et au droit de 2 pour 100 s'il a trait à des meubles. Tous les baux à durée *limitée* seront passibles de 20 cent. pour 100, d'après l'art. 1er L. 16 juin 1824. — V. 2880 et suiv., 2954, 2964.

2539. Meubles et immeubles. — C'est en prenant uniquement la durée en considération que le législateur a créé les deux sortes de tarifs que nous avons indiqués nos 2536-2537; la nature des biens a été sans influence à ses yeux, car, ainsi qu'on le verra n° 2541, une même quotité de droits frappe les baux de biens *meubles* et ceux de biens *immeubles*. Tout ce que nous avons à dire dans ce paragraphe s'applique donc aux baux de meubles et à ceux d'immeubles indistinctement, sauf quelques cas exceptionnels que nous aurons soin de noter.

2540. Succession. — « La convention de bail, disent Champ. et Rig., 3558, ne crée pas toujours pour le preneur un avantage; son droit de continuer la jouissance se convertit quelquefois en obligation onéreuse. » C'est cette considération qui, venant s'ajouter au silence que la loi a gardé en matière de succession relativement aux transmissions de jouissance, a sans doute amené la jurisprudence à reconnaître que lorsque la transmission d'un bail s'opère par décès, aucun droit de mutation n'est exigible (Cass. 5 oct. 1808, 23 janv. 1833, 24 nov. 1837, Champ. et Rig. *loc. cit.*). On peut encore dire, à l'appui de cette doctrine, que le bénéfice que l'héritier pourra retirer du bail trouvé dans la succession de son auteur doit être considéré comme le fruit de son propre travail, lors même que le bail présenterait un avantage réel par la modicité du fermage payable au propriétaire.

On trouve le développement de cette question au mot *Succession*, n° 16289.

1. BAIL EMPORTANT MUTATION DE PROPRIÉTÉ. — Il tombe d'ailleurs sous le sens que si la mutation par décès, au lieu d'être d'un bail emportant jouissance mobilière, avait pour objet un des baux auxquels la loi et la jurisprudence ont reconnu le caractère translatif de propriété, le droit de succession serait exigible. C'est ce qui résulte des arrêts que nous venons d'indiquer. La liquidation du droit s'opérerait d'ailleurs d'après le mode d'évaluation spécial à chaque nature de bail.

CHAPITRE II. — LIQUIDATION DU DROIT.

[2541-2565]

2541. Tarif. — La loi du 22 frimaire an 7 avait établi des tarifs différents, suivant que les baux étaient passés pour nourriture d'animaux, pour pâturage, pour nourriture de personnes, pour ferme ou loyer. L'art. 1er L. 16 juin 1824 a fait disparaître toutes ces distinctions. Cet article est ainsi conçu : « Les baux à ferme ou à loyer des biens *meubles* ou *immeubles*, les baux de pâturage et nourriture d'animaux, les baux à cheptel ou reconnaissance de bestiaux, et les baux ou conventions pour nourriture de personnes, *lorsque la durée sera limitée*, ne seront désormais soumis qu'au droit de 20 cent. par 100 francs, sur le prix cumulé de toutes les années. Le droit de cautionnement de ces baux sera de moitié de celui fixé par le présent article. »

1. BAUX DE PLUS DE TROIS ANS. — Les baux de plus de trois ans sont soumis à une règle particulière de perception que nous faisons connaître ci-après. — V. 2563.

2542. Assiette du droit. — Suivant les art. 14 nos 1 et 15 n° 1 L. 22 frimaire an 7, le droit pour les baux de biens *meubles* et des biens *immeubles* est assis sur le prix annuel exprimé, en y ajoutant les charges imposées au preneur. — Il suit les sommes de 20 francs en 20 francs inclusivement, sans fractions (L. 27 vent. an 9 art. 2), et il ne peut être perçu moins de 25 centimes (Même loi, art. 3).

1. LICITATION. — Comme on ne peut prendre à bail sa propre chose, lorsqu'un immeuble indivis est loué par adjudication au profit de l'un des copropriétaires, le droit d'enregistrement n'est dû que sur la portion du prix à payer aux autres copropriétaires (Dél. 15 vent. an 13, D. N. t. 12 p. 362 n° 139).

2543. Minimum. — Le minimum applicable aux locations comprenant plusieurs lots se calcule sur l'acte entier et non pas sur chaque lot (1187 § 5 I. G., 5614 J. N.). — V. 544-1752.

2544. Prix. — Le prix est un des éléments essentiels du bail; il ne peut y avoir de bail sans un prix convenu pour la jouissance de la chose louée. Tellement que si l'on accordait l'usage d'une chose sans exiger de celui à qui on l'accorde aucun prix, ce ne serait pas un contrat de louage, mais un *prêt à usage*. Le prix doit d'ailleurs être sérieux, c'est-à-dire convenu avec intention qu'il pourra être exigé. Ainsi, il n'est pas sérieux si, par le bail même, le bailleur en fait remise au preneur. Ce n'est plus un contrat de louage, puisqu'il n'y a point d'obligation de la part du preneur de payer le prix ; c'est encore un *prêt à usage*. Il y aurait également *prêt à usage* si le prix était si faible, qu'il n'eût aucun rapport avec la chose louée (Pothier nos 32 à 33). — Dans ce dernier cas, surtout si le bail était passé à un successible, l'acte pourrait être considéré comme renfermant un avantage indirect et être assujetti au droit de donation (Roll. de Vill. t. 2. p. 21 n° 151.) — V. 2582-2853. — Pour que le droit de bail puisse être perçu sur une convention qualifiée bail, qui est présentée à la formalité, une des conditions essentielles est donc qu'elle porte un prix (Dalloz n° 3098, Champ. et Rig. n° 3101).

1. PRIX EN ARGENT. — TACITE OU SOUS-ENTENDU. — Cependant il ne faut pas renfermer cette dernière proposition dans des termes trop absolus. Il n'est pas indispensable, dit Pothier, n° 40, que le prix soit exprimé par le contrat; il suffit qu'il y en ait un tacitement convenu et sous-entendu. Par exemple, lorsque le prix du loyer de certaines choses est réglé par l'usage des lieux, les parties sont censées être convenues du prix usité.

Intérêts. — A ce principe on peut rattacher l'hypothèse où un bail, fait moyennant un prix, contiendrait en outre prêt, par le *preneur* au bailleur, d'une somme remboursable *sans intérêts*, à l'expiration du bail. On a pensé qu'indépendamment du droit d'obligation, il faut ajouter l'intérêt de cette somme au prix du bail. Cette opinion se justifie parfaitement. Si, en effet, le preneur ne payait pas de prix, et qu'il prêtât seulement un capital remboursable par le bailleur à l'expiration du bail, sans intérêt, quelle perception établirait-on? Assurément, si le contrat n'était point une antichrèse, le prix du bail serait l'intérêt du capital prêté. Or, ce qui aurait lieu pour le tout doit avoir lieu pour la partie. C'est ce qui a été décidé depuis par un jugement de Melun, du 26 mai 1865 (2133 R. P.), confirmé par la C. cass. le 30 janvier 1867 (2409 R. P., 2357 § 3 I. G., S. 67-1-179, D. 67-1-300, P. 67-410). — V. 2558.

Nourriture. — Si un bail de biens meubles ou immeubles est fait à la charge par le *preneur* de *nourrir* le bailleur, de l'entretenir, etc., pendant un temps déterminé, cette charge forme le prix du bail, et les parties doivent en faire l'évaluation en argent (Sol. 8 frim. an 8, 570 J. E.).

2. PRIX EN ARGENT, DÉTERMINÉ OU LAISSÉ A L'ARBITRAGE. — Si le prix est déterminé par les parties, aucune difficulté ne peut s'élever; mais si, par interprétation de l'art. 1592 C. C., il est laissé à l'arbitrage des tiers, il y a lieu de prendre pour règle ce que nous dirons au mot *Vente d'immeubles*, au sujet de l'art. 1592 que nous venons de citer; sauf, cependant, l'hypothèse où le tiers désigné ne voudrait ou ne pourrait faire l'estimation.

« Il faut, dit Duvergier, *du Louage* nos 104 à 106, appliquer moins rigoureusement au louage qu'à la vente le principe que si le tiers désigné ne peut ou ne veut pas faire l'estimation, il n'y a point de contrat. Le louage est souvent déterminé par des motifs tels qu'il n'est pas possible aux parties de différer la prise de possession ; lorsqu'il en est ainsi, évidemment en chargeant un tiers de fixer le prix, elles n'entendent pas subordonner l'existence de leur convention à l'accomplissement, par celui qu'elles ont désigné, de la mission qu'il a reçue. C'est en consultant les circonstances et la position dans laquelle étaient placées les parties, en tenant compte de la nécessité où elles étaient de trouver un logement, ou une ferme, et de la volonté par elles manifestée d'y rester, qu'on parviendra à saisir quelle a été leur véritable intention, et à savoir s'il faut regarder la désignation d'un tiers chargé de fixer le prix, ou l'indication de tout autre moyen comme une condition dont l'inexécution rende le contrat sans effet. Lorsqu'une volonté bien certaine de maintenir le contrat apparaîtra, au lieu de l'arbitre d'abord choisi qui ne peut ou ne veut pas faire l'estimation, les parties devront en nommer un autre, ou au premier moyen indiqué substituer un nouveau procédé; et, sur le refus de l'une d'elles, les tribunaux fixeront eux-mêmes le prix; ou donneront mission à des experts de le déterminer. C'est surtout lorsque l'exécution du contrat est commencée avant la détermination du prix, qu'il est raisonnable de penser que les parties n'ont pas voulu faire dépendre de cette détermination, par le moyen spécial qu'elles ont indiqué, l'existence et le maintien des rapports qu'a créés entre elles la convention. »

Dans cette dernière circonstance, on serait donc autorisé à croire que la stipulation d'un arbitrage pour la fixation du prix n'est qu'un mode d'exécution du contrat et non pas une condition suspensive proprement dite : c'est également l'opinion de Champ. et Rig. (n° 3499). Aussi le droit proportionnel serait-il immédiatement exigible. Mais s'il était bien démontré que la détermination du prix par un tiers forme une condition suspensive du bail, il faudrait, pour justifier la perception, préciser que cette condition a été accomplie. Or, la preuve d'un pareil fait ne résulte pas nécessairement de ce que le preneur est entré en possession de l'objet. Il se peut, en effet, que dans l'impossibilité où les parties ont été d'obtenir l'arbitrage elles aient renoncé à leur convention primitive et l'aient remplacé par un autre accord dont la mise en possession est le résultat. Si rien n'établit que ce second accord a été écrit, il paraît certain qu'aucun droit n'est exigible (Dalloz 3101, Champ. et Rig. 3099). On a soutenu le contraire par le motif que l'entrée en possession fait présumer l'accomplissement de la condition ; mais une présomption n'est pas une preuve et pour percevoir le droit il faut une justification complète du fait allégué. On ne peut douter qu'entre les parties la mise en possession soit insuffisante pour établir la réalisation du contrat : le preneur ne serait évidemment pas dispensé de prouver, contre les dénégations du bailleur, que cette mise en possession provient de l'accomplissement de la condition suspensive et non pas d'un bail différent. La position du trésor ne saurait être plus favorable. Ce serait le cas d'appliquer à cette hypothèse les règles des locations verbales.

3. PRIX ANNUEL OU UNIQUE. — Que le prix soit d'une redevance annuelle, comme le prévoit la loi, ou qu'il consiste en un prix unique payé en une seule fois, comme les parties peuvent le stipuler (Pothier *du Louage* n° 4), le mode de perception doit être le même. Dans le premier cas, le droit est assis sur un total formé de la réunion des redevances annuelles ; dans la seconde hypothèse, il se liquide sur le prix payable en une seule fois (D. N. t. 2 p. 363 n° 138).

4. AUGMENTATION ÉVENTUELLE. — S'il est stipulé que, dans le cas où le bailleur décéderait pendant la durée du bail,

le prix sera augmenté d'une somme qui est déterminée, cette clause ne peut influer sur la perception; mais, à l'événement, on doit demander un supplément de droit (7293 J. E.).

5. TEMPS DE GUERRE OU DE PAIX. — Lorsque deux prix ont été stipulés, l'un inférieur pour le temps de *guerre*, l'autre supérieur pour le temps de *paix*, il faut distinguer les baux passés en *temps de guerre* de ceux passés en *temps de paix*, parce que l'état actuel des choses doit servir de règle pour les droits d'enregistrement. — Ainsi, pour un bail fait, *en temps de guerre*, pour six ans, moyennant 1,000 francs par an *pendant la guerre*, et 2,000 francs *pendant la paix*, c'est le prix annuel de 1,000 francs qui doit servir de base à la perception, sauf à réclamer un supplément de droit si la *paix* a lieu pendant la durée du bail. Mais s'il a été fait, *en temps de paix*, pour 2,000 francs réductibles à 1,000 francs en cas de guerre, c'est sur le prix de 2,000 francs que le droit doit être liquidé.

6. PRIX EN NATURE. — Ainsi que le fait observer Pothier, n° 39, si la règle est que le prix du bail doit être d'une somme d'argent, cela n'empêche pas qu'il puisse être stipulé en denrées. C'est ce qui arrive surtout dans les baux à ferme, dont le prix consiste même quelquefois uniquement dans une certaine portion des fruits que produisent les biens. La loi de frimaire établit une distinction sur ces données. Après avoir prévu le mode de liquidation du droit sur les baux payables en argent (*V.* 2542), elle ajoute, art. 15, n° 2 : « Si le bail est stipulé *payable en nature*, il en sera fait une évaluation d'après les *dernières mercuriales* du canton de la situation des biens, à la date de l'acte, à l'appui duquel il sera rapporté un extrait certifié de mercuriales. Il en sera de même des baux *à portion de fruits*, pour la part revenant au bailleur, dont la quotité sera préalablement déclarée, et sur la valeur de laquelle le droit d'enregistrement sera perçu. S'il s'agit d'objets dont la valeur ne puisse être constatée par les mercuriales, les parties en feront une déclaration estimative. »

7. PRIX NON EXPRIMÉ. — L'art. 1er de la loi du 16 juin 1824, en assujettissant les baux de toute nature au droit de 20 centimes sur le prix cumulé de toutes les années, a voulu soumettre les baux à une base de perception et à un tarif uniformes; mais elle n'a pas eu d'autre but, et n'a conséquemment apporté aucune modification aux règles de perception établies par la loi du 22 frimaire relativement aux baux qui ne contiennent pas de stipulation de prix. — Lors donc qu'il n'y a pas de prix exprimé dans les baux à nourriture ou dans les baux à ferme ou à loyer, ces actes sont passibles du droit sur la valeur ou le revenu déclaré par les parties (Sol. 25 fév. 1859, 1289 R. P.).

8. PRIX ALÉATOIRE. — Un bail est fait pour cinquante ans moyennant 3,000 francs par an tant que vivra le bailleur, de sorte que s'il décède avant les cinquante ans, le preneur continuera de jouir sans payer. Il n'y a pas donation mais simple aléa dans cette clause : le droit de bail est seul dû (6026 J. E.).

9. PRIX RÉDUIT. — Pothier enseigne, dans son *Traité des Obligations*, que quand le prix d'un bail est tellement réduit qu'il n'offre pas aucun rapport avec la chose louée, le contrat n'a pas le caractère d'une location, mais d'un prêt à usage (nos 32 à 35). Il explique ailleurs que le prêt à usage tient de la donation et contient comme elle un bienfait, puisque le prêteur donne gratuitement quelque chose à l'emprunteur, qu'il en diffère seulement en ce que dans le prêt ce n'est pas la chose même que le prêteur donne, mais seulement son usage (n° 9). D'où nous avons conclu, dans nos éditions précédentes, que le commodat renferme une véritable transmission de jouissance à titre gratuit passible du droit proportionnel de donation mobilière sur la valeur estimative du bénéfice cédé.

D'après ces principes, le bail consenti pour un prix réduit, quoique sérieux, a donc une double physionomie. Jusqu'à concurrence du prix stipulé, c'est un bail ordinaire passible du droit spécial de 20 cent. pour 100 francs édicté par l'art. 1er de la loi du 16 juin 1824. Pour le surplus, qui ne correspond à aucun prix, c'est un prêt à usage ou une transmission à titre gratuit de la jouissance temporaire de l'objet.

De tels contrats servent souvent à dissimuler des avantages indirects faits par le défunt à l'un de ses successibles. Pour éviter la loi du rapport, le père de famille loue ses biens à un de ses enfants moyennant un prix plus ou moins inférieur à la valeur locative. Mais toutes les fois que la différence excède le profit raisonnable d'un bail sérieux, elle est considérée par la jurisprudence comme une libéralité sujette à rapport. C'est ce qui résulte notamment d'un arrêt de la chambre civile de la C. cass. du 29 juillet 1863 (Dalloz *Pér.* 1864, 1, 110).

Un bail dont la nature serait ainsi déterminée ne pourrait échapper à la perception du droit proportionnel de donation. Roll. de Vill. en fait très-exactement la remarque (t. 2 p. 21 n° 51). « Si la transmission de jouissance, dit également Dalloz, s'opère par voie de donation entre-vifs, elle constitue une libéralité sur laquelle le droit de donation mobilière est exigible. Mais comme l'objet de la libéralité consiste dans les bénéfices qui résulteront pour le donataire du bail, la liquidation ne pourra être effectuée que sur une déclaration estimative, sauf le cas où les bénéfices auraient été appréciés dans l'acte de donation » (V° *Enregistr.* n° 4635).

Ce mode de liquidation est, en effet, le seul juridique.

Le donataire qui reçoit gratuitement un immeuble à titre de bail n'en devient ni le propriétaire ni l'usufruitier. Il n'est même investi d'aucune de ces jouissances, telles que l'usage ou l'habitation, dont parle l'art. 4 de la loi du 22 frimaire an 7, et qui confèrent un droit *réel* plus ou moins étendu sur la chose. On ne peut donc pas appliquer ici les règles de perception créées pour les transmissions d'immeubles. Le donataire reçoit seulement, comme le recevrait le fermier ordinaire, un droit *personnel* d'exploiter l'immeuble dans des conditions déterminées et de profiter des bénéfices de cette exploitation. Ce droit personnel, si prolongé qu'il soit, n'est jamais entre ses mains qu'une valeur mobilière (*V.* 2517). Il est par conséquent logique de le soumettre comme tel à l'application du droit proportionnel d'enregistrement.

Un tribunal a cependant décidé que, lorsqu'un testateur impose à son héritier l'obligation de donner à bail à un tiers désigné les immeubles de la succession, à des conditions déterminées dans le testament, cette disposition ne donne ouverture à aucun droit de succession, alors même que l'Administration, tout en reconnaissant les caractères du bail, soutiendrait qu'il constitue pour partie une libéralité au profit du preneur (Compiègne 7 fév. 1872, 3524 R. P.). Mais nous n'adoptons pas la doctrine de cette décision, que nous avons combattue en la rapportant.

2545. Mercuriales. — Le nombre des mercuriales à prendre pour base n'ayant pas été fixé par la loi du 22 frimaire an 7, un décret du 26 avril 1808 l'a borné aux trois dernières années pour les baux payables en nature (386 § 20 I. G.). Mais la loi du 15 mai 1818 art. 75 est venue modifier celle du 22 frimaire an 7 et le décret du 26 avril 1808 relativement à l'évaluation des grains. Elle veut que ce soient les mercuriales du marché le plus voisin qui servent de règle, et qu'il soit formé une année commune des mercuriales des quatorze années antérieures à celle de l'*ouverture* du droit, en retranchant les deux plus fortes et les deux plus faibles. Ainsi, c'est le dixième du total des dix années restantes qui forme l'année commune et la somme qui doit servir de base à la liquidation des droits (834 I. G.).

Foin vert. — Botte. — Un bail consenti moyennant une certaine quantité de bottes de foin du poids de 6 kilogrammes, livrables sur la prairie, ne donne pas lieu à ajouter 1 kilogramme par botte au prix de la botte qui est porté au poids de 5 kilogrammes sur les mercuriales, attendu que la botte de foin vert du poids de 6 kilogrammes sera réduite à 5 kilogrammes lorsque le foin sera sec (Sol. sans date, 11292 J. E.).

1. ÉVALUATION PAR LES PARTIES. — *Quid* lorsque les denrées ont été évaluées par les parties? Des distinctions sont à faire :

Choix réservé au bailleur. — Si le prix du bail est une quantité déterminée de denrées ou une somme d'argent, au choix du bailleur, on doit, après avoir évalué les denrées d'après les mercuriales, percevoir sur leur valeur si elle est supérieure au prix stipulé en argent, ou établir le droit sur le prix si l'évaluation des denrées donne un chiffre inférieur à ce prix (1454, 3977 J. E., Dél. 11 mars 1835, 11160-3 J. E.).

Si le prix est stipulé en denrées seulement, mais qu'il soit donné une évaluation à ces denrées et convenu que le bailleur aura le choix entre la quantité de denrées stipulées et l'évaluation qui leur est donnée, on doit suivre la même règle.

Choix réservé au fermier. — Si, au contraire, le choix est laissé au fermier de payer ou en denrées, ou en argent, d'après l'évaluation donnée aux denrées, c'est l'évaluation qui doit servir de règle. Il est évident que le fermier payera en argent toutes les fois que les denrées auront plus de valeur, et que, par conséquent, *l'évaluation est pour lui le maximum du prix.*

Évaluation pour la perception. — Si l'évaluation faite ne lie en aucune manière ni le bailleur ni le preneur, et qu'elle n'ait eu lieu que relativement à la perception des droits, le receveur ne peut pas y avoir égard; il ne doit, dans ce cas, liquider les droits que d'après les mercuriales. — Un arrêt de Cass. 22 fév. 1831 (10289 J. E., S. 31-1-103), vient à l'appui de cette dernière proposition. Il en résulte, en effet, que quand le bail d'immeubles est stipulé payable en grains et en denrées, l'évaluation du revenu des immeubles doit être faite, pour la perception du droit de mutation par décès, conformément à l'art. 75 L. 15 mai 1818, d'après les prix portés au tableau des mercuriales, et qu'il n'appartient pas au tribunal de faire de ce revenu une évaluation arbitraire.

2. PRIX FIXÉ ANNUELLEMENT. — S'il est convenu que le fermier payera les denrées au prix qu'elles seront fixées par le cours du marché de tel jour, cours constaté publiquement, c'est comme si le bail était fait moyennant un prix à déterminer annuellement. Les mercuriales sont ici sans application. Les parties doivent évaluer, pour la perception, le montant du prix annuel, sauf à l'Administration, le cas échéant, à réclamer un supplément de droit si l'évaluation est inférieure au prix réel.

3. PAPIER-MONNAIE. — Si un bail porte qu'en cas d'émission d'un papier-monnaie qui tiendrait lieu de numéraire stipulé, le prix de ferme sera converti en une certaine quantité de grains, le droit de ce bail ne doit être liquidé que sur le prix stipulé en numéraire (Sol. 2 sept. 1813, D. N. t. 2 p. 362 n° 135).

2546. Charges. — « Tout ce qui fait, dit Bosquet (D. Dom. t. 1er p. 177), un objet onéreux pour le preneur et un objet lucratif pour le bailleur, fait incontestablement partie du prix, en quelques espèces que le payement en ait été stipulé. Il faut néanmoins observer que les charges passives dont le fonds est tenu indépendamment de toute stipulation, et qui ne tournent point au profit du bailleur, ne doivent pas être jointes au prix convenu par un simple bail à ferme. » — « Par la dénomination de charges, dit également un arrêt de la C. cass. du 9 avril 1862, la loi comprend tout ce qui constitue une dette, une obligation incombant à la personne du débiteur » (1617 R. P., 2239-6 I. G., S. 62-2-087, 328 Rev.).

Ainsi, pour faire une application exacte de l'art. 15 n° 1 L. 22 frimaire an 7 (*V.* 2542), qui veut qu'on ajoute les charges au prix, pour la liquidation du droit, il faut distinguer les choses qui sont de *droit* à la charge du *fermier ou locataire*, et celles qui sont à la charge du *bailleur*. Celles-ci, lorsque le preneur en est tenu, sont les seules que l'on doive ajouter au prix. C'est ce que nous établissons dans les numéros suivants.

2547. Charges de droit. — Les réparations locatives (1754 C. C.), les contributions qui sont imposées par la loi à la personne du fermier ou locataire, telles que la contribution personnelle, mobilière, des *portes et fenêtres* (art. 12 L. 4 frim. an 7; — Cass. 26 oct. 1814, S. 15-1-244, D. N. t. 12 p. 365 n° 66; — Caen 14 août 1869, S. 70-2-107; — Merlin *Quest. de droit* v° *Contrib.*; — Cass. 23 mars 1869, S. 69-1-241, 22 janv. 1873, 20579 J. N.); l'obligation de labourer, de diriger les cours d'eau pour l'irrigation, celle de fumer les terres, ne doivent pas être ajoutées au prix, alors même qu'il serait surabondamment stipulé qu'elles seront à la charge du fermier. Elles sont toutes de l'essence du bail.

2548. Charges imposées. — Mais on doit ajouter au prix la valeur des grosses réparations, et de toutes celles, autres que les réparations locatives, qui n'incombent pas de droit au preneur (Sol. 22 mai 1678), en un mot la valeur de toutes les choses que le *bailleur doit payer* d'après les lois générales ou locales et que le fermier, par une clause spéciale, est tenu de supporter en sus de son prix. On conçoit, en effet, que sans ces stipulations le fermier aurait consenti une augmentation de son prix équivalente aux charges qui lui sont imposées.

Labour des terres du bailleur. — Dans ce sens, il a été décidé : 1° qu'on doit ajouter au prix du bail à ferme la valeur des labours et autres travaux que le fermier s'oblige de faire sur les terres du bailleur, autres de celles louées, les fournitures, transports, etc. (Bordeaux 26 août 1846, 14075 J. E.; — Cass. 16 août 1847 14335 J. E.).

Cession de l'intérêt dans le bail. — 2° Que lorsque deux individus sont associés pour l'exploitation d'un bail à ferme, et que l'un d'eux cède à l'autre, moyennant un prix, son intérêt dans le bail, le droit proportionnel auquel cette cession donne ouverture doit être perçu non-seulement sur le prix stipulé, mais encore sur la moitié des fermages qu'aurait été tenu de payer le cédant pour tout le restant du bail (Cass. 30 juin 1806). « Attendu, porte cet arrêt, qu'aux termes de la loi, le tribunal de Voghère ne devait pas se borner à ordonner le payement du droit proportionnel sur le prix seulement de la cession faite par Bergouzi à Giacomotti, mais qu'il devait ajouter à ce prix les autres charges de la cession, c'est-à-dire l'obligation imposée à Giacomotti de payer pendant le cours du bail, en l'acquit de Bergouzi, la portion que devait celui-ci comme associé, d'autant plus que le tribunal de Voghère n'a eu aucun doute sur le fait de cette association, qui d'ailleurs était prouvée, tant par les sous-baux que Giacomotti et Bergouzi avaient passés ensemble comme associés et fermiers généraux, que par l'acte de cession et subrogation de 1803. »

1. DISPOSITION DISTINCTE. — Dans aucun cas, la clause relative aux charges ne peut donner lieu à un droit fixe, attendu qu'elle fait partie intégrante du bail et qu'elle n'est qu'un mode de payement (D. m. f. 27 nov. 1810, 4061 J. E.).

2. DÉDUCTION DU PRIX. — Il est inutile de faire observer que si les charges ou les contributions devaient être payées en déduction du prix, il n'y aurait pas lieu de les ajouter pour la liquidation des droits (2002 J. E.).

3. AUTORISATION. — Il en est de même de la valeur des travaux que le preneur est simplement autorisé à faire, car cette faculté ne constitue aucune obligation et n'augmente pas dès lors légalement les charges du preneur (14036 J. E.).

2549. Constructions. — Quelle est la nature de la clause par laquelle le fermier est tenu de faire pendant la durée du bail des travaux ou des constructions qui resteront au bailleur sans indemnité? La solution de cette difficulté dépend des circonstances. Si les travaux ont une importance secondaire et sont véritablement l'accessoire du bail des immeubles, on n'y saurait voir le résultat d'un marché particulier intervenu avec le propriétaire. Ces travaux sont imposés au fermier comme une conséquence et une charge de sa jouissance, il convient seulement d'en ajouter le montant au prix du bail pour liquider le droit de 20 cent. pour 100. L'Administration a délibéré, dans ce sens, le 31 mars 1833 (4002 Roll.) et le 14 mars 1834 (10878 J. E., 8462 J. N.), que si, dans un bail, il est stipulé que le preneur d'une ferme considérable élèvera des constructions estimées 50,000 francs qui resteront la propriété du bailleur, sans indemnité de sa part, on doit voir dans cette clause une simple charge à ajouter au prix du bail. Le tribunal de la Seine a consacré cette doctrine le 14 juillet 1853 (15703 J. E., 15017 J. N., D. N. t. 2 p. 366 n° 163 et t. 12 p. 323 n° 774).

La solution sera différente et le caractère du marché prédominera, au contraire, si les constructions à faire sont tellement importantes que la location des terrains à l'entrepreneur soit un accessoire du marché. C'est ce qui arrive fréquemment quand des villes louent à des tiers un établissement thermal, un marché, etc., à la condition que ces tiers reconstruiront les bâtiments et jouiront ensuite des produits du marché ou des bains pendant un certain délai. La jurisprudence a décidé avec raison que de telles conventions renfermaient un marché de travaux, sujet au droit de 1 pour 100 et non pas un bail. — V. *Acte Administratif.*

1. INDEMNITÉ. — L'existence du marché s'accuse encore avec évidence quand il est stipulé que le fermier recevra du bailleur le prix de ses travaux. Une telle convention se sépare ordinairement du bail lui-même et justifie la perception d'un droit particulier de marché. On l'a ainsi reconnu par la délibération de 1834 ci-dessus, et par deux autres délibérations des 19 octobre 1827 et 17 avril 1823 dont la doctrine est approuvée par le D. N. (t. 2. p. 367 n° 174, 8462 J. N.).

Il faudrait donc exiger 1 pour 100 indépendamment du droit de bail sur la clause d'un contrat portant que le fermier transportera chaque année des bois dans les lieux indiqués par le bailleur, moyennant une somme convenue (Seine 4 juin 1856, 10976 C.; — Lavaur 9 avr. 1856.)

Cependant, si l'indemnité convenue pour de telles prestations devait simplement s'imputer sur le prix du bail, le caractère du marché serait moins évident et la disposition pourrait redevenir dépendante du bail. En effet, la clause par laquelle le preneur qui doit un fermage de 1,000 francs, est tenu de faire pour 100 francs de travaux annuels que le bailleur doit lui payer, produit les mêmes résultats que celle par laquelle le preneur s'oblige à payer un fermage de 900 francs et à faire pour 100 francs de travaux. C'est l'appréciation des termes de l'acte et des circonstances de fait qui permettent seules de savoir quand le marché sera indépendant du bail.

2. BAILLEUR. — En tous cas, l'exigibilité du droit est incontestable quand les travaux doivent être faits par *le bailleur* moyennant une somme qui s'ajoute au prix du bail. Ainsi, dans un cas où le propriétaire d'un moulin à plâtre avait loué son usine en se chargeant d'y transporter les matières nécessaires à la fabrication du plâtre, il a été reconnu que le droit de bail à 20 centimes et celui de marché à 1 pour 100 étaient exigibles sur la portion à ventiler du prix applicable à chaque convention (Sol. 16 oct. 1862).

2550. Contribution foncière. — La contribution foncière est une charge lorsque c'est le fermier qui doit la payer, parce qu'elle est une obligation du propriétaire ou de l'usufruitier (V. Charleville 10 fév. 1860, 1433 R. P., 17081 J. E., 11946 C.; — Cass. 9 avr. 1862, 1617 R. P., 2239-6 I. G.; — Melun 26 mai 1865, 2133 R. P., confirmé en Cass. le 30 janv. 1867, 2357 § 3 I. G., 2409 R. P., S. 67-1-179, D. 67-1-300, P. 67-410; — Sol. 22 mai 1878). — V. *Expertise*.

1. MONTANT DE L'IMPOT. — D'après la loi du 3 frimaire an 7, l'impôt de la contribution foncière est du cinquième du revenu. Il en résulte que lorsque, dans un bail à ferme, la quotité de l'impôt mis à la charge du fermier n'est pas justifiée par un extrait du rôle, il faut, pour la liquidation du droit d'enregistrement, ajouter au prix du bail un quart qui représente alors le cinquième du revenu montant de l'impôt. Ce mode d'opérer, qui date d'une Dél. du 9 brumaire an 7 (2843 J. N.), a été implicitement approuvé par une Dél. du 19 juin 1835 (11225 J. E.), qui reconnaît régulière la perception opérée sur ces bases jusqu'à ce qu'il ait été justifié d'un extrait du rôle (2, 6255, 13217-2, 14120 1 J. E.).

Cette évaluation est évidemment exagérée. La L. du 3 frimaire an 7 dispose bien que la contribution sera du cinquième du revenu; mais c'est du revenu matriciel qu'il s'agit et non pas du revenu réel représenté par le prix d'un bail : on sait qu'il y a une différence souvent considérable entre ces deux chiffres. Or, la Dél. du 9 brumaire an 7 fait calculer l'impôt sur le prix du bail, de sorte que le résultat de l'opération est nécessairement excessif. La légalité de la fixation administrative pourrait donc être contestée; mais la question n'a pas d'intérêt pratique, puisqu'il est toujours facile soit à la partie soit à l'Administration de justifier par un extrait du rôle du montant réel de l'impôt.

1 *bis*. ÉVALUATION DANS L'ACTE. — Quand l'évaluation de l'impôt foncier a eu lieu dans l'acte pour la liquidation du droit, nous croyons avec Champ. et Rig. 3545 et un jugement de Rethel, du 28 novembre 1861 (17423 J. E.) que l'Administration doit en accepter le chiffre sauf son droit de contrôle. En vain objecte-t-on qu'on ne peut admettre une évaluation arbitraire quand le montant de la contribution peut s'établir par un extrait des rôles : l'évaluation d'office au quart du prix du bail, faite par le receveur, n'est pas moins arbitraire que la déclaration du redevable; et, en l'absence de toute disposition précise sur ce point, il paraît rationnel d'appliquer la règle générale de l'art. 16 de la loi du 22 frimaire an 7, qui permet aux parties de faire la déclaration des sommes indéterminées devant servir de base à la liquidation du droit (*Conf.* : 10 60 J. N.).

Somme fixe. — Dans tous les cas, si le fermier devait payer au propriétaire une somme fixe pour tenir lieu de l'impôt, cette somme seule devrait être ajoutée au prix (14969-1 J. E.).

2. RESTITUTION. — Si l'Administration a perçu le droit sur un quart ajouté d'office au prix pour représenter l'impôt, et qu'il soit justifié, dans les deux ans, par un extrait du rôle, que l'impôt ne s'élève pas à ce quart, le droit perçu sur l'excédant est restituable sans qu'on puisse opposer l'art. 60 L. 22 frimaire an 7, qui ne concerne que les droits *régulièrement* perçus. Ce principe, qui résultait déjà d'une Dél. 26 février 1820, a été consacré par une seconde Dél. 19 juin 1835 (11225 J. E.); il implique évidemment que la fixation légale de l'impôt au quart du revenu n'est point une opération régulière, car sans cela aucun remboursement ne serait autorisé.

3. SUPPLÉMENT DE DROIT. — Par une conséquence naturelle, il doit être reconnu que, si le droit ayant été perçu sur le prix stipulé et le quart en sus, il était ensuite prouvé, dans les deux ans, par un extrait du rôle, que la contribution dépasse le *quart*, on serait fondé à réclamer un *supplément* de droit (11225 J. E.).

4. CONSTRUCTIONS A FAIRE. — A défaut de stipulation contraire, l'augmentation de l'impôt foncier afférente à la valeur de constructions nouvelles élevées par le locataire est, comme le surplus des contributions foncières, à la charge du propriétaire du fonds, alors que ces constructions doivent lui rester sans indemnité à la fin du bail, et que même leur propriété actuelle a été consacrée à son profit par un état de lieux (C. Paris 15 déc. 1865, S. 66-2-83).

5. CENTIMES ADDITIONNELS. — Lorsque le fermier est chargé du payement des contributions, on doit ajouter au prix du bail les centimes additionnels qui sont réunis au principal, et acquittés annuellement par le preneur; mais, dans le cas où la condition de payer les contributions serait réduite au principal ou à une quotité déterminée, on ne devrait ajouter au prix que la somme payable par le preneur (6255 J. E.).

6. CESSION DE BAIL. — Lorsque dans la cession d'un bail des lieux où s'exploite un fonds de commerce, on met à la charge du cessionnaire les impositions *de toute nature* auxquelles l'exploitation de ce fonds pourra donner lieu, on ne doit pas ajouter le quart du prix de la cession pour la perception des droits. L'impôt foncier ne peut être mis à la charge du locataire qu'en vertu d'une clause *expresse* du bail, et dès qu'il est une charge de *l'immeuble* et non de *l'établissement industriel*, on ne peut conclure de l'expression de *toute nature*, appliquée aux impositions, que la contribution foncière doit nécessairement grever le cessionnaire de l'établissement (Seine 9 juin 1841, 6240 Roll.).

2551. Assurances. — L'assurance des bâtiments loués est une obligation personnelle au bailleur. Nul doute qu'il faudrait ajouter au prix annuel de bail les primes à payer par le fermier d'après les clauses du contrat (Melun 26 mai 1865, 2133 R. P., confirmé en Cass. le 30 janv. 1867, 2409 R. P., 2357 § 3 I. G., 18347 J. E., S. 67-1-179, D. 67-1-300, P. 67-410; — Sol. 4 déc. 1872).

2552. Frais de dessèchement. — On entend aussi par charge du revenu les dépenses nécessaires à l'entretien des canaux de salubrité, d'irrigation ou de dessèchement. Dès lors, la cotisation aux frais d'entretien des travaux de dessèchement est une charge de propriétaire : elle doit être ajoutée au prix du bail quand le fermier en est tenu en sus de ce prix (Dunkerque 7 sept. 1861, 1532 R. P., confirmé en Cass. 9 avr. 1862, 1617 R. P., 2239-6 I. G., 17402 J. N., 12108 et 12211 C., 328 Rev., 17353 et 17482 J. E., S. 62-1-588,

P. 62-987). — « Attendu, porte l'arrêt, que la cotisation aux frais de dessèchement et d'entretien des canaux d'irrigation formait une obligation personnelle du défunt; qu'ils sont une charge du revenu au même titre que la contribution foncière; qu'ils doivent être acquittés par le propriétaire, puisque, sans ces travaux, ses terres seraient improductives; — Attendu que telle est la situation des propriétaires de terre de Moëres, qui ne peuvent être mises et maintenues en culture que par un dessèchement artificiel; — Attendu qu'il ne s'agit pas là d'une dépense facultative, mais d'une sorte d'impôt avec une destination particulière; qu'en effet, aux termes de l'art. 20 de la loi du 16 septembre 1807, les rôles de répartition sont rendus exécutoires par le préfet contre les propriétaires et qu'ils sont recouvrables de la même manière que les contributions directes; — Attendu que le jugement attaqué constate qu'il est d'un usage général que les propriétaires des Moëres imposent dans leurs baux à leurs fermiers l'obligation d'acquitter la cotisation, mais qu'ils ne la payent qu'à la décharge du propriétaire; que, sous tous ces rapports, cette cotisation doit être considérée comme une charge de la propriété, et que ce serait contrevenir à la loi que d'en autoriser la distraction. »

2553. Taxe extraordinaire. — Lorsqu'une taxe locale a été imposée d'après les quatre sortes de contributions, la partie de la taxe qui s'applique à l'impôt des portes et fenêtres tombe de droit à la charge du locataire. Mais la portion de la taxe applicable à l'impôt foncier doit être payée par le propriétaire, et le locataire ne peut en être chargé que par une clause expresse de son bail (Cass. 22 janv. 1873, 20579 J. N.).

2554. Acte notarié. — Centimes par franc. — L'Administration n'a pas fixé pour les baux notariés, comme elle l'a fait pour les adjudications de meubles ou d'immeubles, le nombre de centimes additionnels qu'elle considérait comme la représentation des frais d'acte à la charge des preneurs. On reste donc sous l'empire du droit commun et les parties sont maîtresses de leur fixation à cet égard, sauf à l'Administration à contester le chiffre s'il paraissait exagéré (13380 J. E.).

2555. Denier d'entrée. — Epingles. — Pot-de-vin. — Les deniers d'entrée, les épingles, les étrennes, les pots-de-vin, c'est-à-dire les sommes données en sus du prix du bail doivent toujours être ajoutées au prix pour liquidation des droits d'enregistrement (Champ. et Rig. n° 3545, Roll. de Vill. v° *Denier d'entrée* n° 2).

1. DENIER A DIEU. — Mais il ne faut pas assimiler au denier d'entrée payé au bailleur, le denier à Dieu donné au concierge de la maison. Le denier à Dieu est une gratification donnée par le locataire au concierge en vue des services que ce dernier peut lui rendre (Trib. de paix de Paris, 22 déc. 1871, S. 72-2-281). Il ne constitue donc pas une augmentation du prix du bail. — *V.* 2560.

2556. Faisances. — Les *faisances*, c'est-à-dire tout ce que le fermier s'oblige, par son bail, de faire ou de fournir *sans diminution du prix* alors qu'il n'y est pas légalement tenu, doivent être ajoutées au prix pour la liquidation du droit. — Ainsi, la clause imposée au fermier de fournir, chaque année, quatre tombereaux de fumier et cent bottes de paille pour être employés ailleurs que sur les terres affermées, est une charge du bail (Dél. 18 avr. 1828, 8988 J. E.). — Il en est de même de la stipulation par laquelle le preneur doit fournir, pour la bergerie qui est réservée au bailleur, une quantité déterminée de bottes de foin et de paille (2043 J. E.); — des charrois à faire pour la reconstruction des bâtiments (Melun 26 mai 1865, 2133 R. P., confirmé en Cass. 30 janv. 1867, 2357 § 3 I. G., 2409 R. P., S. 67-1-179, D. 67-1-300, P. 67-410). — *V.* aussi Bordeaux 26 août 1846, 14075 J. E., 7661 C., et Cass. 16 août 1847, 14335 J. E., 13129 J. N., 7983 C.). — Il y a, cependant, certaines prestations auxquelles le fermier est tenu de plein droit, comme par exemple de marner ou d'engraisser les terres. Ce sont là des obligations de jouissance n'ayant pas le caractère d'une dette payée en l'acquit du maître. Mais cette obligation se convertit en charge dès qu'elle excède les besoins de la culture, et se trouve en dehors des usages du pays.

1. FOSSÉS. — FOSSES. — PUITS. — Doit être considérée comme charge l'obligation imposée au fermier de curer les fossés, attendu que l'entretien des fossés n'est pas une réparation locative (14433-2 J. E.), et celle de curer les puits et les lieux d'aisances (Seine 14 juill. 1853, 15703 J. E.).

2. INDEMNITÉ D'ENGRAIS. — Dans cet ordre d'idées, il a été reconnu que la stipulation d'un bail portant que le preneur aura à payer au bailleur, à première demande, une certaine somme productive d'intérêts, à titre d'indemnité pour engrais et culture, constitue une charge du bail (Sol. de l'Adm. belge 4 mai 1860, 8685 J. E. belge).

3. ÉCLAIRAGE. — EAUX. — Il faut encore ranger dans la classe des charges à ajouter au prix les frais d'éclairage et l'abonnement aux eaux publiques (Sol. 10 mai 1867). Disons cependant que si le preneur est locataire de toute la maison, l'obligation de payer l'abonnement des eaux n'est pas une charge (Sol. 25 août 1876).

4. REDEVANCES MUNICIPALES. — Et plus généralement les redevances municipales connues sous le nom de charges de police qui légalement incombent au propriétaire (Sol. 10 mai 1867).

2557. Indemnité. — CESSIONNAIRE DE BAIL. — L'indemnité que le cessionnaire du droit au bail paye au cédant, en sus de l'obligation qu'il contracte de solder le prix du bail, ne peut être considérée que comme une charge ou augmentation de prix à ajouter pour liquider le droit, sur le tout, à raison de 20 cent. pour 100 (Dél. 21 avr. 1826, 1434 Roll. — *V.* Cass. 30 juin 1806, *rapporté* n° 2548). — Il en est de même de la somme payée par le cessionnaire pour indemnité de labours (Sol. 5 nov. 1830, 3141 Roll.).

2. BAILLEUR. — Si le bailleur s'oblige à payer une somme quelconque au preneur de sa ferme pour l'indemniser des fournitures qu'il lui impose, la valeur de ces charges ne peut être ajoutée au prix (D. m. f. 27 nov. 1810, 4061 J. E., D. N. t, 2 p. 365 n° 159). Une pareille stipulation ne peut

d'ailleurs donner ouverture à un droit particulier, car elle est partie intégrante de l'acte. On considère que les fournitures seront faites des produits mêmes de la ferme et que le bailleur, en les achetant au prix courant, les prendra réellement en déduction du fermage. Cette stipulation n'est donc qu'un mode de payement, une réserve par le bailleur d'une partie des produits de son bien. Si la convention, par son importance et ses termes constitutifs, formait une disposition distincte du bail, il est clair que l'on devrait lui appliquer le tarif qu'elle comporte. C'est le même principe qu'au sujet des constructions faites par le fermier moyennant indemnité (*suprà* n° 2549).

Il est difficile également de considérer comme une charge à ajouter au prix la somme à laquelle les parties règlent à forfait l'indemnité qui sera due par le fermier pour être dispensé de remettre les lieux loués dans leur état primitif.

L'autorisation donnée au preneur de faire à ses frais des modifications à la chose louée doit avoir été prise en considération pour la fixation du prix du bail ; la somme que le preneur doit payer à forfait au bailleur pour le rétablissement des lieux est étrangère à la transmission de la jouissance : ce n'est qu'une promesse d'indemnité passible du droit de 50 cent. pour 100 francs (18796 J. E). — *V.* 2792.

2558. Intérêts du prix. — Si le prix d'un bail est payé comptant, pour toute sa durée (*V.* 2544), on ne peut regarder la privation d'intérêts qu'éprouve le preneur comme une charge susceptible d'être ajoutée au prix. C'est une convention particulière qui n'a aucune influence sur la liquidation (Seine 2 fév. 1831, Dalloz 4616, Dél. 3 sept. 1833, 4189 Roll., D. N. t. 2 p. 344 n° 83 et p. 366 n° 165).

Il en est de même, à plus forte raison, de l'obligation contenue dans le bail de payer six mois d'avance lors de l'entrée en jouissance (4814 J. E.).

Mais l'obligation imposée au preneur, dans un bail, de verser immédiatement entre les mains du bailleur, à titre de garantie, une somme remboursable sans intérêts à la fin du bail, implique nécessairement pour le preneur une charge égale à l'intérêt non exigible. Il faut donc ajouter cette charge au prix du bail pour déterminer le revenu de l'immeuble passible du droit de mutation par décès (Cass. 30 janv. 1867). « Attendu, porte cet arrêt, que les termes mêmes de la loi fiscale aussi bien que la raison et la nature des choses exigent que les charges imposées au preneur et qui constituent pour lui une dépense profitable au bailleur, soient ajoutées au prix stipulé en argent; que, dans l'espèce, l'obligation imposée au preneur de verser immédiatement entre les mains du bailleur, à titre de garantie, une somme de 20,000 francs que celui-ci n'aurait à rendre qu'à la fin du bail et *sans intérêts*, implique nécessairement pour le preneur une charge additionnelle égale à l'intérêt de ces 20,000 francs; d'où il suit que c'est avec raison que les intérêts ont été ajoutés aux autres charges et au prix du bail » (2409 R. P., 2357 § 3 I. G., 18347 J. E., S. 67-1-179, D. 67-4-300, P. 67-410. — *Conf.* : J. du not. 24 mai 1862 n° 1698).

2559. Plantations. — Lorsque le preneur est chargé, par son bail, de faire des plantations, il faut distinguer: s'il ne s'agit que de remplacer les arbres trop vieux ou qui dépérissent, et que le preneur conserve le bois, il n'y a rien à ajouter au prix ; on peut assimuler cette charge à celle des réparations locatives. Mais si c'est le propriétaire qui profite des arbres abbattus, ou s'il s'agit de nouvelles plantations, dans ce cas on considère cette condition comme une charge à ajouter au prix. Elle tourne entièrement au profit du propriétaire (6049 J. E., 2516 J. N., D. N. t. 2 p. 365 n° 162).

2560. Portier. — Dans les grandes villes, le portier des maisons est l'homme du propriétaire et non celui des locataires. C'est le propriétaire qui choisit son portier et pourvoit à son remplacement. Dès lors, la charge imposée au locataire par le bailleur de payer les gages du portier doit être ajoutée au prix (9889 J. E.). — *V.* 2555 § 1er.

2561. Chasse. — Constitue une charge à ajouter au prix du bail, la clause par laquelle des locataires déclarent accorder au fils du bailleur le droit de chasse sur toutes leurs propriétés. (Sol. belge 13 juill. 1866 n° 10300 J. E. belge).

2562. Périodes diverses. — D'après l'art. 69, § 3 n° 2 L. 22 frimaire an 7, les baux à ferme ou à loyer faits pour trois, six ou neuf ans, étaient considérés, pour la liquidation et le payement des droits, comme des baux de neuf ans (Seine 18 août 1852 et 14 juill. 1853, 15527, 15703 J. E.).

« C'est, dit M. Demante, l'application des principes sur la condition résolutoire. Le bail de trois, six ou neuf années transmet *hic et nunc* une jouissance de neuf ans : il doit donc être imposé comme tel, nonobstant l'événement ultérieur de la résolution » (n° 351). Cette remarque n'est peut-être pas complétement exacte. On pourrait soutenir, en effet, que le bail fait pour trois, six ou neuf ans ne transmet actuellement qu'une jouissance de trois ans, puisque les parties ne sont pas liées au delà. Si la loi ne s'était pas prononcée en sens contraire, il est douteux qu'on ait pu liquider le droit sur une période supérieure : cela est si vrai que pour les résiliations intervenues dans le cours d'un bail de l'espèce, on ne considère jamais que l'excédant de la période où l'on se trouve : il est admis que pour le surplus, la résiliation ne fait qu'empêcher un nouveau bail de commencer.

Mais ce que la loi du 22 frimaire an 7 disait des baux de trois, six ou neuf années, doit s'étendre sans difficulté aux baux de neuf, douze, quinze, dix-huit, etc. La disposition de la loi, à cet égard, était purement énonciative. La limite de neuf années, si importante autrefois, n'est plus aujourd'hui d'aucune considération sur le terrain du droit fiscal. (*V.* Seine 18 août 1852 et 14 juill. 1853, 15527 et 15703 J. E., M. Demante n° 351).

2563. Loi du 23 août 1871. — La législation précédente a été modifiée. L'art. 11 de la loi du 23 août 1871 a abrogé « la dernière disposition du n° 2 § 3 de la loi du 22 frimaire an 7 relative aux baux de trois, six ou neuf ans. » Actuellement les baux de l'espèce ne sont censés faits que pour la première période et le droit ne peut pas être perçu pour une durée supérieure. Le même art. 11 ajoute que si la période sujette au droit excède trois ans, et si les parties le requièrent, le montant du droit pourra être fractionné en autant de payements égaux qu'il y aura de périodes triennales dans la durée du bail.

1. DURÉE INDÉTERMINÉE. — Les dispositions précédentes ne s'appliquent qu'aux baux à durée déterminée. L'Administration soutient que les baux à vie ou à durée illimitée ne profitent pas de la faculté de fractionnement accordée par l'art. 11 de la loi du 23 août 1871 et qu'ils demeurent d'ailleurs assujettis au taux de 4 pour 100. C'est également ce qui a été décidé par le tribunal de Loches, le 5 décembre 1873 (3859 R. P.).

2. DISTINCTION. — Il reste donc toujours, sous l'empire de cette loi, comme sous l'empire de la législation antérieure, à examiner quand les clauses de prorogation laissent au bail son caractère de location à durée fixe ou lui attribuent celui de bail à durée indéfinie.

2564. Prorogation. — C'est là une appréciation qui n'est pas sans difficultés et la jurisprudence a été amenée sur ce point à des résultats singuliers.

1. CONSENTEMENT DES DEUX PARTIES. — FACULTÉ DE FAIRE CESSER LE BAIL. — PÉRIODES. — Aucun doute n'existe d'abord au sujet de la stipulation portant que le preneur et le bailleur seront également libres de faire cesser la location au bout de la première période. Ce n'est là, en effet, que l'expression d'une faculté appartenant de plein droit à chaque partie dans les baux à périodes. Une telle clause ne modifierait pas l'application du tarif (*V.* Saint-Quentin 1er avr. 1863, 1847 R. P., 12724 C., 17644 J. E.; — Seine 20 déc. 1862, 17663 J. E.; — Le Havre 7 mars 1868, 2779 R. P.).

La solution doit être la même quand les parties stipulent que le bail à durée limitée continuera faute d'avertissement pour une *nouvelle période déterminée*. Au fond, l'espèce est identique avec celle qui était prévue par l'art. 69 § 3 n° 2 de la loi du 22 frimaire an 7 : il s'agit toujours d'un bail dès à présent convenu pour plusieurs périodes successives dont la première seule a une exécution assurée. L'art. 11 de la loi du 23 août 1871 recevra donc sans difficulté son application.

1 *bis. Idem.* — DURÉE NON INDIQUÉE. — Il n'en est plus ainsi quand la clause de continuation insérée dans un bail à durée définie a pour objet un temps illimité, ou bien quand cette même clause se trouve dans un bail fait sans expression de durée et dont la durée n'est pas fixée par l'usage des lieux.

Il a été reconnu, en effet, que le bail pour trois ans avec faculté de le continuer *indéfiniment* jusqu'au désistement de l'une ou l'autre des parties constitue un bail d'une durée illimitée. « Considérant, porte un arrêt de la C. cass., que l'art. 69 de la loi du 22 frimaire an 7 n° 2 § 7 assujettit au droit de 4 pour 100 les baux dont la durée est illimitée ; — Considérant que, quelle que soit la structure de l'acte, il résulte évidemment de ses dispositions que le bail est principalement et essentiellement indéterminé ; qu'il ne peut devenir déterminé à trois années qu'éventuellement, par exception, et dans le cas seulement d'un désistement d'une plus longue et indéterminée jouissance, notifié par acte en due forme; que la nécessité du désistement de bail à l'expiration des trois premières années, pour en faire cesser la continuation indéterminée, prouve invinciblement que le bail était principalement indéterminé » (Cass. 7 germ. an 12, S. 4-2-683, 1723 J. E.). — La même règle a été consacrée au sujet d'un bail de neuf ans qui devait, à l'expiration de ce terme, se prolonger d'année en année et indéfiniment faute d'avertissement de l'une et de l'autre des parties : il a été reconnu que c'est un bail à durée indéterminée (Cass. belge 18 mars 1826, D. 3044; — *Conf.* : Dél. 15 mai 1822 et Sol. 3 déc. 1820, D. N. t. 2 p. 328 n° 5).

Décidé également que le bail consenti pour un an sous la clause qu'il continuera d'année en année aux mêmes conditions, à moins de renonciation du bailleur ou du preneur un mois à l'avance, est fait pour une durée illimitée et donne lieu au droit des baux de cette nature (Gand 29 juin 1870).

D'après cette jurisprudence, toutes les fois que, dans un bail fait sans expression de durée, on stipule que la jouissance continuera indéfiniment tant que l'une ou l'autre des parties ne notifiera pas sa volonté de le faire cesser, il y a bail à durée illimitée. Il en est de même quand le bail étant fait pour une période indiquée, on indique qu'il continuera de plein droit après son expiration, aux mêmes conditions, aussi longtemps que l'une des parties ne donnera pas congé à l'autre.

Nouvelle doctrine. — Mais l'Administration a renoncé, depuis la loi du 23 août 1871, à l'application générale de ce principe. Il aurait conduit, en effet, à traiter comme des baux à vie la plupart des locations d'appartements. Ces locations se font, en général, pour un terme, mais la jouissance continue tout le temps que le bailleur ou le preneur ne manifeste pas sa volonté de la faire cesser. Or, il a paru constant que le législateur de 1871 avait entendu soumettre ces sortes de locations au droit de 20 cent. pour 100 et non pas à celui de 4 pour 100 : on a donc décidé, par de nombreuses solutions, que, dans des hypothèses semblables, le bail est censé fait seulement pour le terme courant. — *V.* 2632, 2850, 2910.

Baux de meubles. — L'Administration a même poussé très-loin son interprétation. Puisque la dérogation aux anciennes règles se fondait sur l'art. 11 de la loi du 23 août 1871, il paraissait logique de la limiter aux baux régis par cette loi, c'est-à dire aux baux d'immeubles et de laisser subsister la jurisprudence antérieure pour les baux de biens meubles. Cependant, on verra qu'à propos des baux à nourriture de personnes, l'Administration a admis également la limitation du bail à la première période quand les deux parties ont la faculté de le résilier à ce moment. — *V.* 2850-1.

Bail sans durée exprimée. — Dans tous les cas, si le bail dont il s'agit n'est pas fait pour une première période convenue, ou si, étant fait sans durée exprimée, cette durée n'est pas limitée par l'usage des lieux, il n'y a plus aucune raison d'écarter l'application des anciennes règles. Un tel bail devra être considéré comme fait sans durée déterminée. — *V.* 2850, 2910.

2. TACITE RÉCONDUCTION. — Il ne faut pas confondre les hypothèses précédentes avec celles où les parties prévoient seulement la possibilité d'une tacite réconduction. Dans ce

cas, le contrat n'est plus le titre direct de la jouissance du fermier; cette jouissance résulte des dispositions mêmes de la loi et il s'opère alors une véritable location verbale qui succède à la location résultant de l'écrit. La nuance est souvent difficile à saisir, mais elle est parfaitement juridique et a donné lieu à plusieurs solutions.

Ainsi l'Administration a décidé qu'un bail à colonage pour un temps fixe, avec stipulation qu'il sera renouvelé par tacite reconduction à défaut d'avis, n'était pas un bail à durée illimitée mais donnait seulement ouverture au droit de bail sur la valeur des fruits revenant au propriétaire pour la période déterminée (Sol. 11 avr. 1830, 10305 J. E.). — V. aussi 16793-1 J. E.

De même, un bail fait pour un an avec stipulation que « si les parties laissent commencer l'année suivante le bail durera un an de plus » a pu être considéré comme un bail d'un an avec possibilité de tacite reconduction.

Enfin, il n'y a pas de bail à durée illimitée, lorsque le bail d'une maison, avec jardin, prés et autres immeubles, est consenti pour deux ans avec stipulation que : « le bail pourra continuer par tacite reconduction à défaut d'avertissement du preneur trois mois à l'avance » (Arlon 14 août 1861, 8984 J. E. belge).

Une délibération des 5-19 mai 1835 (11330-3 J. E.) dont la doctrine sur ce point a été reproduite par un jugement de Belfort du 15 janvier 1855 et approuvée par Dalloz nos 3048, allait jusqu'à reconnaître que quand un bail est fait pour un temps déterminé et que les parties stipulent que faute de se donner congé à une époque précise, le bail continuera sans limitation de durée, le droit n'est dû que sur la période indiquée dans l'acte, par la raison que les parties étant libres de faire cesser le bail, la prolongation ultérieure aura les caractères d'une tacite reconduction. — Mais c'est là une conséquence exagérée; nous croyons qu'une pareille clause ne prévoit pas seulement une tacite reconduction, mais la continuation du bail écrit qui servira de titre à la prolongation de jouissance du fermier et que l'acte rentre, dès lors, dans la catégorie des baux à périodes auxquels s'appliquent les art. 69 § 3 no 2 de la loi de l'an 7, et 11 de celle du 23 août 1871.

L'Administration belge a donc décidé avec raison, les 2 avril 1857 et 23 janvier 1866, qu'il fallait voir un bail à vie dans l'acte par lequel des immeubles sont loués pour trois ans avec stipulation que si, à l'expiration de ce terme, le preneur est laissé en possession, il s'opérera un nouveau bail par *tacite reconduction* qui se prolongera d'année à autre jusqu'à la signification d'un congé ou jusqu'à la mort du bailleur (7689 et 10233 J. E. belge). Bien que le mot *tacite reconduction* fût prononcé, la circonstance que les parties avaient stipulé sa prorogation successive d'année en année a semblé suffisante pour y voir la continuation du bail écrit.

3. FACULTÉ DE CONTINUER LE BAIL. — DOUBLE CONSENTEMENT. — Il n'est question, dans ce qui précède, que des clauses autorisant la continuation du bail à défaut d'un avertissement émané de l'une ou de l'autre des parties. En est-il de même quand on convient, au contraire, que cette prorogation n'aura pas lieu sans un avertissement préalable? Dans le premier cas, le silence des parties laisse le contrat s'exécuter; dans le second, le bail s'arrête de plein droit à l'expiration de la période convenue, et il faut, pour prolonger son exécution au second terme, une seconde manifestation de volonté. Le bail ainsi fait ne contient pas en réalité plusieurs périodes; il n'en renferme qu'une, puisque pour les autres il faut un nouveau consentement des parties.

Il est clair que cette dernière hypothèse ne se prête pas à l'application de l'art. 69 § 3 no 2 de la loi du 22 frimaire an 7 et de l'art. 11 de la loi du 23 août 1871.

Il ne nous paraît pas douteux que le droit doive être limité à la période convenue et puisse être fractionné quand la prorogation du bail est soumise au consentement des deux parties. Ni l'une ni l'autre ne sont engagées par le contrat puisqu'elles se sont réservé de s'entendre plus tard sur le nouveau bail. La perception manquerait absolument de cause. C'est ce qu'on devrait décider notamment pour un bail d'un an avec faculté aux parties de proroger ultérieurement ce délai, si bon leur semble (Sol. 6 avr. 1864).

4. CONSENTEMENT D'UNE SEULE PARTIE. — Mais il est beaucoup plus embarrassant de savoir si cette règle s'étend à l'hypothèse dans laquelle une seule des parties a la faculté d'accepter la prorogation, l'autre s'étant engagée définitivement pour toutes les périodes ou pour une durée non limitée. Cette stipulation est très-fréquente en pratique. Or, dans les principes du droit civil, le bail n'existe actuellement que pour la période convenue. S'il était stipulé, en effet, que le bail projeté ne prendra naissance qu'à l'arrivée d'un événement encore inconnu, on ne doute pas que le droit fixe fût le seul exigible. Or, la volonté de l'une ou l'autre des parties peut être aussi bien prise pour condition suspensive que pour condition résolutoire; et telle serait notamment la faculté laissée au bailleur ou au preneur d'accepter la convention pendant un certain délai. La Cour suprême a appliqué ce principe, le 4 janvier 1858, à une vente qui réservait à l'acquéreur le droit d'accepter ou de renoncer à l'acquisition pendant trois ans, et elle a décidé que le droit proportionnel n'était point actuellement exigible (S. 58-1-222). Quelle est donc la nature d'une clause ainsi conçue : « Le bailleur promet de prolonger le bail pour une autre période de six ans, aux mêmes conditions, mais cette promesse n'aura d'effet que si le preneur manifeste extrajudiciairement et dans un délai préfixe son intention d'en profiter. » La C. cass. a déclaré, le 3 juillet 1844, qu'un tel bail n'offrait aucune différence avec celui qui avait été nominativement consenti pour les deux périodes réunies, avec faculté au preneur de le faire cesser après la première, car il y avait obligation actuelle de la part du propriétaire de souffrir le bail pendant les deux termes : « Attendu, porte cet arrêt, que le jugement attaqué constate en fait qu'il est dit dans l'acte du 31 août 1836 que le bail est fait pour vingt ans seulement; qu'il a été ajouté dans cet acte que le locataire aurait le droit de prolonger le bail pour vingt autres années, en manifestant sa volonté à cet égard par un nouvel acte consigné à la suite du bail, et notifié un an d'avance au propriétaire; — Attendu qu'il résulte de cette clause que le bail avait une durée obligatoire de quarante ans, puisqu'à l'expiration d'une première période de vingt ans le preneur était maître de la prolonger à son gré pendant une seconde période de même durée; qu'un bail ainsi conçu n'offre aucune différence réelle avec celui qui aurait été nominalement stipulé pour une durée de quarante ans, avec faculté au preneur de le faire cesser après une jouissance de vingt années; — Attendu qu'il y avait donc obligation actuelle de la part du propriétaire de souffrir le bail pendant quarante ans »

(1732 § 13 I. G., 44-2-351 P., S. 44-1-682, 13554 J. E., 12043 J. N.). C'est ce qui résulte également de deux autres arrêts de Cass. des 7 décembre 1813 et 18 vendémiaire an 7.

« Considérant, porte l'arrêt du 7 décembre 1813, que si la durée du bail fait par Rombaldi à Volpe paraît limitée à cinq ans par la première partie de la stipulation, il n'en est pas moins certain, d'après la dernière partie de cette même stipulation, que le bail fait audit Volpe doit être rangé dans la classe des baux illimités, puisqu'aux termes de la convention il a le droit, après l'expiration des cinq années, de se perpétuer dans sa jouissance tant que cela lui conviendra, sans qu'il soit au pouvoir de Rambaldi de l'en empêcher » (*P. chr.* 186, 4755 J. E.).

L'arrêt du 18 vendémiaire an 7 est intervenu dans les circonstances suivantes : « En l'an 5, Grasdos avait pris, à titre de bail, un moulin. Une première clause de ce bail en fixait la durée à neuf ans. Par une seconde, le bailleur s'obligeait, si Grasdos le désirait, de passer, à l'expiration des neuf ans, un nouveau bail de même durée, et ainsi successivement jusqu'à dix baux. Le receveur n'avait d'abord exigé que le droit proportionnel sur un bail de neuf ans; mais ensuite il demanda le droit de 4 pour 100, comme s'agissant d'un bail au-dessus de trente ans. La Cour admit cette prétention dans les termes ci-après :

« Attendu que tout acte portant obligation est passible d'un droit d'enregistrement; que le bail passé entre les parties le 22 prairial an 5 contient des obligations de la nature de celles énoncées dans l'article précité, puisqu'il renferme l'obligation de consentir un bail au delà de trente ans, ce qui le rend passible d'un droit de 4 pour 100; — Attendu que le jugement attaqué a contrevenu aux dispositions de la loi du 14 thermidor an 4, en déclarant que l'acte dont il s'agit ne devait pas être assujetti au droit de 4 pour 100 » (44 J. E.).

Les mêmes expressions se retrouvent dans un jugement du tribunal de la Seine, du 16 mai 1857, qui repousse en outre l'idée de la condition suspensive, par le motif que le bail primitif devait être en réalité le titre de la prolongation (880 R. P.). Enfin, Dalloz pense également que quand la faculté d'accepter appartient *exclusivement* au preneur, il y a moins une condition suspensive du bail, à propos de la seconde période, qu'une condition résolutoire de la promesse de faire jouir (vº *Enregist.* 3048).

Les motifs de cette interprétation ne sont cependant pas acceptables.

Pour que la location embrasse les deux périodes, il ne suffit pas que le bailleur ait promis de laisser le preneur en jouissance jusqu'à leur expiration. Il faut encore, et essentiellement, que ce dernier ait accepté la location dans ces termes. Le contrat, tarifé au droit de 20 cent. pour 100, n'existe, en effet, comme toutes les conventions, que par le concours des volontés sur le même fait. Si donc le propriétaire s'est engagé à prolonger le bail, mais que le fermier, tout en prenant acte de cette promesse, n'ait point consenti à la prorogation et ait remis à une époque ultérieure le soin de se déterminer, il n'y a pas de contrat; la location prendra seulement naissance, pour le second terme, quand le fermier aura manifesté l'intention d'accepter l'offre de son bailleur. Cette manifestation est une véritable condition suspensive laissée à la volonté du fermier : double circonstance pour écarter la perception du droit proportionnel. « Il est déraisonnable, dit Troplong, de soutenir que la propriété (ou la jouissance) est transmise de plein droit et actuellement, lorsque le pacte intervenu entre les deux promettants fait expressément dépendre la translation d'un fait futur, d'un fait que les contractants n'ont pas voulu actuellement consommer » — V. *Vente*.

On oppose qu'il y a obligation actuelle de la part du propriétaire de souffrir le bail pendant les deux périodes, et que le preneur ayant ainsi le droit de rester dans les lieux loués, la position des parties est la même que si le bail avait été fait pour les deux termes, avec faculté au preneur d'y mettre fin à l'expiration du premier. C'est là une erreur. Qu'à plusieurs égards la situation soit la même pour le bailleur qui s'est obligé à la prolongation, nous le voulons; mais elle est bien différente pour le fermier, car il n'a contracté aucun engagement, et n'est assujetti que pour la première période aux charges légales du bailliste. On ne saurait douter, par exemple, que l'étendue du cautionnement ou de toute autre garantie fournie pour assurer l'exécution du bail ne puisse être mesurée sur la réunion des deux périodes. Comme la location n'est actuellement que de trois ans, le cautionnement actuel n'excédera pas ces limites. On raisonne comme si le fermier ne jouait aucun rôle dans le contrat; on apprécie la nature des engagements réciproques d'après la seule obligation du bailleur, tandis qu'il faut examiner aussi celle du fermier, afin de savoir si leur rencontre a produit, suivant la loi romaine, un consentement unique sur le même fait : *consensus duorum in idem placitum*. — Quant au motif relevé par le tribunal de la Seine, dans son jugement du 16 mai 1857, que le contrat doit servir de titre à la prorogation, il est manifestement sans valeur. Tous les contrats affectés d'une condition suspensive sont destinés, eux aussi, à servir de titre aux parties, lorsque l'arrivée de l'événemennt prévu fixera la convention. On ne fait pas alors un nouvel acte; c'est le premier qui subsiste et qui s'exécute en donnant ouverture au droit proportionnel demeuré jusque-là suspendu.

En résumé, il y a condition suspensive dans la stipulation que le fermier aura droit à une prolongation, s'il en témoigne ultérieurement la volonté, et l'application des principes ordinaires de perception conduirait à la dispense actuelle du droit proportionnel de bail. C'est ce qui avait été reconnu d'ailleurs par plusieurs autorités (Champ. *Traité des droits d'enregist.* 3531, Demante 352, Dél. de l'Adm. des 20 mars 1827 et 27 déc. 1844; — Dijon 10 juill. 1834; — Briey 7 mars 1842; — Toulouse 23 déc. 1843; — Montmorillon 27 déc. 1849, 8636, 9262, 11942 et 14695 J. N.). Le tribunal de la Seine avait lui-même fait l'application de cette doctrine, le 23 avril 1858, à la clause portant que le preneur aurait le droit d'exiger qu'il lui soit fait par acte authentique un nouveau bail de neuf ans à l'expiration de la première période « attendu que le preneur n'est pas actuellement engagé et que le second acte sera le seul titre de la location nouvelle » (1003 R. P., 16362 J. N., 11311 C., *Conf.* : J. du not. nº 1704).

Mais cette doctrine n'avait pas beaucoup de chance de triompher sous l'empire de la loi du 22 frimaire an 7, en présence des termes catégoriques des deux arrêts de Cass. du 17 décembre 1813 et 3 juillet 1844 cités précédemment. Peut-être était-il possible alors de l'expliquer, en faisant remarquer qu'il s'agissait après tout de l'application d'un texte fiscal dont l'effet dérogeait aux principes du droit civil. Bien que le bail de trois, six ou neuf ans n'engage actuellement les parties que pour le premier terme, cependant la loi de l'an 7 avait voulu faire percevoir l'impôt sur toutes les périodes, d'après la présomption que le bail sera réellement exécuté dans ces limites. On conçoit que cette présomption fait entièrement défaut quand la faculté de prorogation nécessite le consentement ultérieur des deux parties; mais elle reprend son caractère de vraisemblance quand le bailleur étant engagé définitivement, la prorogation dépend de la volonté seule du preneur. Le contrat offre alors les plus grandes analogies avec le bail ordinaire à périodes et on a pu y étendre la même dérogation. Aussi, l'Administration maintenait-elle qu'il fallait considérer comme un bail fait pour la plus longue durée, celui dont la durée a été d'abord fixée à un terme plus court, mais qui accorde à *l'une des parties* le droit de la prolonger pour une autre période. En pareil cas, disait-elle, l'autre contractant est obligé; il y a un lien de droit entre les parties, puisque l'une d'elles peut prolonger la durée du bail sans que l'autre puisse s'y opposer (Sol. 4 nov. 1863). — Le tribunal de la Seine l'a ainsi décidé le 16 mai 1857 (880 R. P., 16303 J. N., 16544 J. E., 11118 C., 19 fév. 1864, 1890 R. P., 12627 C., 13 août 1864, 1978 R. P., 12739 C., et 20 juin 1868, 2736 R. P.).

Son interprétation a été suivie par le tribunal d'Aix, le 25 juin 1856, et par celui de Poitiers, le 30 août 1871 : « Attendu porte ce dernier jugement, que la clause oblige le bailleur à souffrir le bail pendant une nouvelle période de neuf années, qu'il ne peut se refuser à le prolonger, qu'il est lié par le contrat; que le preneur seul est libre de faire cesser le bail s'il ne prévient pas le bailleur à l'époque convenue; qu'une pareille clause renferme, au profit de l'une des parties seulement, une condition résolutoire dont elle peut ne point user sans être tenue de donner, plus tard, connaissance de son intention à ce sujet, à l'administration de l'Enregistrement; — Que, par suite, le droit de 20 pour 100 sur le prix cumulé de neuf années de bail objet de cette prorogation éventuelle doit être perçu. »

5. DURÉE ILLIMITÉE. — L'application de ces principes a conduit nécessairement à considérer comme un bail à durée illimitée ou à vie, selon les cas, le bail dans lequel il est dit que *l'une des parties* aura le droit de continuer indéfiniment la location en prévenant son cocontractant. C'est ce qu'a reconnu en thèse générale une solution du 11 avril 1832 (10303 J. E.), et ce qui a été plusieurs fois décidé.

Dans ce sens, il a été jugé que le droit à 4 pour 100, déterminé par l'art. 69 § 7 n° 2 L. 22 frim. an 7, doit être perçu : 1° sur le bail fait pour cinq ans avec pouvoir *au preneur* de le continuer, à l'expiration, pour le même prix (Cass. 7 déc. 1813, *arrêt rapporté* n° 2563-4); — 2° sur celui fait pour six mois, avec convention expresse qu'il sera continué, aux mêmes clauses et conditions, tout le temps que *le preneur le désirera* (1759 J. E.); — 3° sur le bail d'une maison consenti pour un an qui durera jusqu'à ce que le bailleur vende la maison, en prévenant le locataire trois mois à l'avance (D. m. f. 10 sept. 1834, 11017 J. E. — *V.* dans le même sens C. Paris 20 juill. 1840; — Tulle 19 juill. 1849, 12665-1, 14703 J. E.).

Les tribunaux de Saint-Étienne et de Muret ont également décidé, les 25 avril et 19 août 1857, que la faculté de prorogation réservée au preneur sans fixation de durée doit faire considérer le bail comme étant illimité et justifié la perception du droit de 4 pour 100.

« Attendu, porte le jugement de Saint-Étienne, que la partie avait l'alternative de faire constater la prorogation par une signification ou par un acte; que cette obligation, dont l'exécution dépend de la seule volonté du preneur, constitue essentiellement de la part des bailleurs un bail d'une durée illimitée et que la clause qui lui assigne ce caractère équivaut à un bail qui aurait été consenti sans expression de terme. »

La même solution résulte encore d'un jugement de Toulouse du 15 février 1866 (2261 R. P.) rendu au sujet d'une clause ainsi conçue : « Si, à l'expiration du bail, le sieur Couvet veut le continuer, la dame veuve Lafont ne pourra s'y refuser; elle devra le faire pour un terme qui sera fixé à volonté du preneur et au prix de 3,000 francs, payables de six mois en six mois et d'avance. »

V. également : Sol. 22 pluviôse an 8, 381 J. E., Dél. 28 octobre 1814; — Machecoul 19 avril 1838, 12047, 11965 J. E.; — Seine 4 juillet 1855, 644 R. P.

5 *bis.* LÉGISLATION NOUVELLE. — L'Administration continue, depuis la loi du 23 août 1871, à appliquer cette jurisprudence. Elle considère comme baux à vie ou à durée illimitée passibles du droit de 4 pour 100 sans fractionnement tous ceux qui peuvent être prorogés par la volonté seule d'une partie et notamment du preneur. Mais aujourd'hui que l'art. 69 § 3 n° 2 de la loi du 12 frimaire an 7 sur les dispositions exceptionelles duquel on pouvait appuyer cette interprétation est abrogé, nous avons beaucoup de peine à croire qu'elle serait maintenue.

Cependant, sous l'empire de la loi du 23 août 1871, le tribunal de Loches a reconnu, le 5 décembre 1873, que l'acte par lequel un immeuble est donné en location pour neuf ans à la condition que la location pourra être prorogée indéfiniment sur la demande seule du preneur, le bailleur étant dores et déjà engagé, est un bail à durée illimitée passible du droit de 4 pour 100 (3859 R. P.). — *V.* 2891.

6. PROROGATION CONDITIONNELLE. — La promesse que fait le bailleur de proroger le bail d'une nouvelle période, si le preneur remplit exactement les conditions pendant la période déterminée, ne peut autoriser à percevoir le droit du second bail, attendu qu'il y a une condition qui peut ne pas être remplie (10978-1 J. E.).

7. FRACTIONNEMENT DE DROIT. — RENVOI. — C'est au chap. 5 section 1re du présent article que nous serons amenés, par le commentaire spécial de la loi du 23 août 1871, à présenter les développements nécessaires au sujet du fractionnement de la perception.

2565. Baux à portions de fruits. — 1. CARACTÈRE. — Les baux à colonage sont de véritables contrats de louage et non pas des sociétés (Nîmes 16 août 1850, D. 51-2-144; — Paris 21 juin 1856, S. 56-2-560 P., 56-2-131. — *V.* C. Rennes 6 juin 1861, D. 62-2-12), — bien qu'à certains égards ils participent de la nature de ces derniers contrats (C. Limoges 26 août 1848, D. 49-2-173; — Grenoble 20 mars 1863, D. P. 63-5-57, S. 63-2-408).

2. TARIF ET LIQUIDATION. — Depuis la loi du 22 frimaire an 7, on les avait considérés comme des baux sujets

au droit de 20 cent. pour 100. Il n'y avait eu de difficultés qu'au sujet de la liquidation du droit. La loi du 15 mai 1818 n'ayant parlé que des baux stipulés payables en *quantité fixe de grains et denrées*, la C. cass. a jugé, le 9 mai 1826 (8467 J. E., 5771 J. N., 1200 § 4 I. G., S. 26-1-446), que les baux *à colonage* ou *à portions de fruits* ne se trouvent pas compris dans cette désignation; qu'on ne peut, dès lors, y appliquer ni les mercuriales de la loi de 1818, ni celle du décret du 26 avril 1808 et que, pour ces sortes de baux, la loi du 22 frimaire an 7 doit continuer de servir de règle.

« Attendu, porte l'arrêt, que, si d'abord le décret du 26 avril 1808 a fixé le nombre des mercuriales à celui des trois dernières années, et si, depuis, la loi du 15 mai 1818 a étendu ce nombre aux quatorze dernières années, ce décret et cette loi n'ont expressément disposé qu'à l'égard des baux payables en nature, et n'ont pas parlé des baux à portion de fruits que la loi du 22 frimaire an 7 avait, par une disposition formelle, assimilés à ceux payables en nature; — Attendu que, si l'on peut assimiler, en effet, à quelques égards ces deux espèces de baux, néanmoins le décret de 1808 n'ayant statué que sur ceux de la première espèce, on ne peut exciper de leur analogie, pour appliquer aux derniers la disposition de ce décret et de cette loi, parce qu'il est de principe qu'en matière d'impôt, on ne peut étendre, par analogie, d'un cas à un autre, la disposition de la loi. »

Une Sol. 11 avril 1835 (10305 J. E.) a complété la jurisprudence en déclarant que ce n'est pas sur le revenu de l'immeuble donné à colonage que le droit doit être perçu, mais sur le montant des fruits *revenant* au propriétaire *à évaluer* par une déclaration et selon le vœu de l'art. 16 de la loi du 22 frimaire an 7. — (*Conf.* : D. N. t. 2 p. 404 n° 24).

Ce résultat était assez singulier : la seule explication possible, c'est que le colonage, en réservant au propriétaire une action directe sur l'exploitation du domaine, conserve aux produits du métayage le caractère de la collaboration commune et personnelle du maître. Celui-ci paraît moins recevoir un fermage obtenu par les soins d'autrui que recueillir le fruit de son propre travail. Or, l'appréciation de la valeur des récoltes d'un immeuble cultivé par le propriétaire n'a jamais été soumise aux mercuriales. Quoi qu'il en soit, on pouvait regretter que le législateur n'ait point adopté en cette matière la règle ordinaire ou celle du décret de 1808, afin de donner à la perception de l'impôt une base certaine.

3. LÉGISLATION NOUVELLE. — DROIT GRADUÉ. — Toute cette ancienne jurisprudence avait été modifiée par suite de l'interprétation donnée par l'Administration aux métayages depuis la loi du 23 août 1871 sur les baux et les locations verbales. Elle soutenait, en s'appuyant sur certaines expressions du rapporteur de cette loi, que les baux à mi-fruits sont des contrats de société et elle les assujettissait au droit fixe gradué (V. 2625-2845). Mais cette prétention n'a pas été admise. — V. 2625.

Les règles antérieures sont donc maintenues.

CHAPITRE III. — CAUTIONNEMENT

[2566-2572]

2566. Tarif. — L'art. 9 L. 27 ventôse an 9 tarife les cautionnements des baux *à ferme et à loyer* à la moitié seulement du droit principal auquel ces baux donnent lieu, et la loi du 16 juin 1824, art. 1er, a maintenu cette disposition et l'a même étendue aux baux de pâturage et nourriture d'animaux, aux baux à cheptel ou reconnaissance de bestiaux, et aux baux pour nourriture de personnes.

2567. Liquidation. — Aucune équivoque n'est possible : le droit est dû, soit que le cautionnement ait lieu *dans le contrat même du bail*, soit qu'il fasse l'objet *d'un acte séparé* et n'intervienne que *postérieurement* au bail.

1. CAUTIONNEMENT DANS LE BAIL. — Dans la première hypothèse, le cautionnement constitue une disposition indépendante passible du droit de 10 cent. pour 100 sur le prix cumulé des années du bail augmenté des charges.

Il en serait ainsi alors même que l'acte renfermerait la restriction que, dans le cas où plusieurs années seraient arriérées, la caution ne pourrait être contrainte au payement que d'une de ces années d'arrérages (2311 J. E.), ou celle qu'à défaut de payement du prix d'une année, le bail serait résilié de plein droit pour les années restant à courir (220 J. E.).

2. ACTE SÉPARÉ. — Dans la seconde hypothèse, le droit se liquide sur le prix des années à courir, au taux de 10 cent. pour 100, alors même que le bail ne contiendrait pas la condition de fournir caution (1410, 1911, 5292 J. E.). On avait voulu prétendre que le cautionnement consenti après la passation du bail, devait être considéré comme un cautionnement d'obligation ordinaire. C'était une erreur : la loi de ventôse ne distingue pas entre les cautionnements fournis par l'acte même du bail ou donnés dans un acte séparé, et on ne doit pas étendre les dispositions de la loi. — V. dans le même sens Déc. de l'Adm. belge du 3 mai 1853, 15680 J. E.

2568. Cautionnement partiel. — Si le cautionnement n'est donné que pour trois années désignées, le droit ne doit être exigé que sur ces trois années (11647-5 J. E.). Mais que décider si, le bail étant fait pour neuf ans, le cautionnement a lieu avec stipulation que le bailleur ne pourra recourir contre la caution que pour une année de fermage?

Le droit de cautionnement est néanmoins dû sur tout le prix, par la raison que, si le bailleur ne peut recourir que pour une année contre la caution, il ne lui est pas interdit de le faire chaque année (15551-2 J. E.).

2569. Cautionnement mixte. — Le cautionnement peut avoir pour objet non-seulement les années à courir, mais encore des fermages échus et non payés par le fermier. On a pensé que le droit de 50 cent. pour 100 est dû sur les termes échus. C'est avec raison, à notre avis, car les fermages échus sont devenus une dette ordinaire, et la faveur qui s'attache au bail ne pouvant plus être considérée comme protégeant cette dette, il n'y a pas de motif pour ne pas appliquer le tarif de 50 cent. pour 100 au cautionnement, en ce qui concerne les fermages échus. Il est vrai que le tribunal de Caen a jugé, le 21 mai 1839 (12349-5 J. E., D. N. t. 2 p. 368 n° 186), que le droit de 10 cent. pour 100 devait être perçu sur les fermages échus. Mais le tribunal a fondé son jugement sur une erreur. Il a admis comme principe que l'obligation ou la reconnaissance d'une somme pour fermages échus ne donne pas ouverture au droit proportionnel, attendu que le titre du créancier se trouve dans le bail. Le contraire résultera de ce que nous dirons au mot *Obligation*.

2570. Solidarité. — L'Administration a délibéré, le 25 mai 1822 (4425 J. N., 7436 J. E.), que, quoique deux preneurs soient solidaires, et que l'objet affermé et la redevance soient divisés en portions inégales, cette circonstance ne fait pas que l'un des preneurs soit *caution* à l'égard de l'autre (*Conf.* : 13679-1 J. E.). Le motif de cette décision est qu'une obligation *ne cesse pas d'être solidaire*, quoique les débiteurs soient obligés *différemment* l'un de l'autre et pour des parts inégales. — L'Administration a tenté depuis de faire prévaloir la doctrine contraire et elle a soutenu, en thèse générale, que l'obligation solidaire dans laquelle les codébiteurs ont des parts inégales donne lieu au droit de cautionnement sur la différence entre les parts. Mais la C. cass. n'a pas admis cette prétention. Elle décide, comme nous le verrons au mot *Cautionnement*, que le droit de cautionnement n'est pas dû quand chacun des coobligés prend une part sérieuse dans la dette, et que son exigibilité se restreint au cas où, selon l'art. 1216 C. C., l'un des prétendus coobligés ne prend rien dans l'obligation. C'est par la distinction précédente qu'il faudrait régler la liquidation du droit sur les baux consentis solidairement à deux preneurs.

2571. Prix payé par la caution. — Si la caution paye de suite au bailleur le prix du bail, son obligation de garantie s'éteint aussitôt qu'elle prend naissance et le droit proportionnel de cautionnement ne saurait être perçu de ce chef. On ne saurait non plus exiger de droit d'obligation quand le preneur ne contracte aucun engagement particulier pour le remboursement de cette avance. La caution est alors dans la position d'un tiers qui viendrait de son propre mouvement payer au créancier le montant d'une obligation contractée par le débiteur, sauf à agir ensuite contre ce débiteur à ses risques. Si le payement a lieu dans l'acte constitutif de la créance, il est affranchi de toute perception en vertu de l'art. 10 de la loi du 22 frimaire an 7. Mais lorsque le versement des deniers s'opère sur l'ordre ou du consentement, soit exprès soit tacite du preneur, c'est comme si celui-ci reconnaissait l'existence d'un prêt et s'obligeait à en effectuer le remboursement ; le droit de 1 pour 100 est alors justifié.

On a émis sur ce point l'avis que le cautionnement d'un bail, ayant pour objet non-seulement le payement du prix et des charges, mais l'exécution de toutes les obligations contractées par le fermier, le versement immédiat du prix et des charges laissait subsister la garantie pour le surplus et motivait la perception du droit de cautionnement dans les mêmes limites (7870 J. E.). C'est là une erreur. Les dommages-intérêts résultant de l'inexécution des clauses du bail n'existent pas encore et ne sauraient pas plus servir à déterminer l'étendue actuelle du cautionnement que les frais de mise à exécution dans une obligation ordinaire. Aussi ne sont-ils pas sujets au droit de bail.

Le droit de cautionnement ne pourrait être perçu que si la caution payait seulement le prix et demeurait garante des charges ordinaires du bail : on le liquiderait alors sur l'importance de ces charges.

2572. Fractionnement. — Quand le cautionnement se rapporte à un bail à durée déterminée de plus de trois ans, et que, conformément à l'art. 11 de la loi du 22 frimaire an 7 les parties requièrent le fractionnement de la perception en périodes triennales, ce fractionnement s'applique au droit de cautionnement comme au droit de bail.

CHAPITRE IV. — SOUS-BAIL. — SUBROGATION. RÉTROCESSION. — RÉSILIATION.

[2573-2612]

SECTION PREMIÈRE. — DISPOSITIONS GÉNÉRALES

[2573-2577]

2573. Définitions. — Le *sous-bail* est une convention par laquelle celui qui tient une chose à bail la loue lui-même à un autre.

La *cession de bail* est la convention par laquelle un preneur cède le bénéfice de son bail à un tiers.

La *subrogation de bail* est un acte par lequel le preneur met une autre personne en son lieu et place vis-à-vis du bailleur.

Enfin, par la *rétrocession* et la *résiliation*, le bailleur reprend la jouissance de la chose avant l'expiration du bail.

Ces diverses espèces de conventions produisent des effets différents ; mais ces différences n'ont de l'importance qu'en droit civil : la loi de l'enregistrement confond tous ces actes dans une même disposition et les tarife au même taux.

2574. Tarif. — L'art. 69 § 3 n° 2 L. 22 frimaire an 7, soumet aux mêmes droits que les baux, les sous-baux, subrogations, cessions et rétrocessions de baux. Mais la loi de 1824, qui a réduit les droits à percevoir sur les baux (V. 2541), a gardé le silence sur les sous-baux, cessions, subrogations et rétrocessions de baux. On aurait pu conclure de là que ces contrats doivent continuer d'être soumis aux droits réglés par les lois de l'an 7 et de l'an 9. On ne s'est pas arrêté cependant à la lettre de la loi ; l'intention du législateur a été examinée, et on a reconnu que la réduction opérée par la loi de 1824 était applicable aux sous-baux, etc., puisqu'il est vrai de dire que ces conventions ne sont autre chose que des baux nouveaux.

2575. Liquidation. — Le droit doit être liquidé et perçu sur les années qui restent à courir. Exemple : Un preneur, après deux ans d'un bail convenu pour neuf ans, sous-loue, cède son bail, etc. Le droit est liquidé *d'après les mêmes bases que pour le bail primitif* sur le prix des sept années qui restent à courir (sauf la faculté du fractionnement réservé par la loi du 23 août 1871). Il est presque inutile de faire l'observation que la sous-location, la cession, etc., doivent être faites dans les mêmes conditions que le bail primitif. Si les conditions étaient changées, la liquidation devrait être opérée d'après les termes des nouvelles conventions.

1. FRACTIONNEMENT. — Les sous-baux, cessions, subrogations et rétrocessions de baux profitent, comme le bail lui-même, de la faculté de fractionnement accordée aux baux de plus de trois ans par l'art. 11 de la loi du 23 août 1871.

2576. Faculté de sous-louer, céder. — Consentement. — Le preneur a le droit de sous-louer et louer et même de céder son bail à un autre, si cette faculté ne lui a pas été interdite (1717 C. C.). Si la faculté de sous-louer ou de céder a été interdite par une clause du bail, la cession ne peut avoir lieu sans le consentement du bailleur. Il peut arriver également que, même dans le cas où le preneur a le droit de céder, le bailleur intervienne au contrat pour donner un consentement qui n'est pas nécessaire. Quel effet produit cette intervention par rapport à la perception du droit ? On avait pensé qu'il en résultait une rétrocession du preneur au bailleur, passible d'un droit indépendant de celui de la cession. Mais il faut considérer qu'il n'y a point d'intervalle entre les droits du nouveau preneur et ceux de l'ancien ; le propriétaire n'a pas été ressaisi de la jouissance de la chose, il n'y a donc pas rétrocession à son profit. C'est ce qui résulte d'un arrêt de cass. 1er août 1815 (5187 J. E. et d'une Dél. 6 novembre 1822 (*P. chr.* 289 D. N. t. 11 p. 539 n° 5).

« Attendu, porte l'arrêt, que le transport en question s'est opéré simplement de la veuve Dupuis à Jullemier et à sa mère ; que Perrier n'a comparu dans cet acte que par suite du bail qu'il avait passé à feu Dupuis et à sa femme, bail par lequel ces derniers ne pouvaient le céder que de son consentement ; qu'ainsi, en annulant la contrainte décernée contre Perrier, le tribunal civil n'a contrevenu à aucune loi. »

1. DROIT FIXE. — Le seul droit exigible est celui de 3 francs comme *consentement*, et encore ce droit ne doit-il être perçu que dans l'hypothèse où le bailleur intervient *sans nécessité* dans le contrat ; au cas, par exemple, où la faculté de sous-louer ou de céder n'ayant pas été interdite au preneur, celui-ci pouvait se passer du consentement du propriétaire. Mais lorsqu'il a été stipulé que le preneur ne pourrait sous-louer ou céder, le consentement du bailleur devenant nécessaire à la validité de l'acte, en fait partie intégrante et ne donne ouverture à aucun droit particulier. Cette double solution résulte des autorités que nous venons de citer (*V.* dans le même sens 3053, 11342-3 J. E.)

2577. Convention verbale. — Ce que nous dirons aux nos 2613 et suiv. *de la preuve des baux*, s'applique de tous points aux sous-baux, cessions, subrogations, rétrocessions et résiliations de baux (M. Demante n° 357). Lorsqu'il n'y a point de preuve que ces conventions ont été faites par écrit, on ne pouvait jadis former la demande des droits. C'est ce que la C. cass. a décidé le 24 juin 1811 (14272 J. E.), au sujet d'une rétrocession, et ce qui résulte des nombreux arrêts rapportés nos 2613 et suiv. La circonstance que le bail cédé ou rétrocédé était fait par écrit ne rend pas davantage le droit exigible, car la cession ou rétrocession, étant considérée comme une nouvelle transmission de jouissance, rentre nécessairement dans le cas d'un bail qui a eu lieu par tacite reconduction.

Mais la législation sur les locations verbales a été modifiée par l'art. 11 de la loi du 23 août 1871 dont nous présentons plus loin le commentaire. On y verra qu'actuellement les baux, sous-baux et cessions et de baux verbaux sont également assujettis à l'enregistrement dans un délai légal.

Si c'était le bail résilié qui seul eût été fait verbalement, la rétrocession serait tout naturellement passible du droit proportionnel, car elle constitue un nouveau bail écrit (1787, 6877 J. E., Dél. 19 juill. 1820).

SECTION 2. — SOUS-BAIL

[2578-2579]

2578. Effet. — Le sous-bail suppose un abandon de la jouissance de tout ou partie de la chose tenue à bail, moyennant un prix quelconque. « L'effet de la sous-location, dit Merlin *Rép.* v° *Sous-Location*, est d'opérer un nouveau bail du preneur originaire au sous-locataire ; de telle sorte que celui-ci soit tenu vis-à-vis de son bailleur des obligations ordinaire qu'impose le bail. » Dès lors, le cessionnaire ou sous-locataire *doit jouir* comme le principal locataire aurait dû jouir lui-même (Pothier v° *Sous-Location*).

2579. Société. — Acte faussement qualifié. — Il n'y a donc pas sous-bail dans le contrat par lequel un entrepreneur s'associe un tiers dans l'exploitation d'une entreprise, sans autre obligation que de contribuer aux charges de l'entreprise, par une mise de fonds et par son industrie, de la même manière que l'entrepreneur originaire, et moyennant une part dans les bénéfices. Ce contrat présente tous les caractères d'une véritable société, et n'est par conséquent assujetti qu'au simple droit fixe aujourd'hui remplacé par le droit gradué.

« Attendu, porte un arrêt de la C. cass. du 24 décembre 1821, que le contrat de sous-bail, comme celui de cession de bail, suppose, de la part du sous-bailleur ou cédant, un abandon au profit du sous-preneur ou cessionnaire, de la jouissance exclusive de tout ou partie de la chose tenue à bail moyennant un prix quelconque que celui-ci doit payer au premier, soit annuellement, soit une fois, pour toute la durée de cette jouissance ; que, par l'acte du 16 décembre 1818, Boursault, en associant Chalabre à l'exploitation de la ferme des jeux de Paris, ne se dépouille de rien en faveur de cet associé, puisqu'il demeure coïntéressé avec lui dans tous les bénéfices comme dans toutes les pertes de cette exploitation; qu'on ne peut pas dire non plus que Boursault reçoit de Chalabre un prix dont il doive seul et personnellement profiter, puisque les fonds que doit fournir celui-ci doivent être versés dans la caisse sociale et servir à l'exploitation commune, et qu'il en est de même de l'industrie que doit apporter Chalabre dans cette exploitation, laquelle doit profiter à tous les associés en proportion de leur part dans la société; — Attendu qu'en joignant à ces considérations la circonstance que, dans l'acte dont il s'agit, les parties n'ont pas employé une seule fois les expressions de sous-bail, de cession de bail, ou autres dénominations caractérisant ces genres de contrats, et qu'au contraire elles ont formellement, et à plusieurs reprises, exprimé l'intention de s'associer entre elles, de se considérer comme sociétaires, d'avoir une caisse sociale, de partager, à la fin de l'association, les bénéfices et pertes, en proportion de leur mise sociale, le tribunal civil de Pontoise, appelé à déterminer le caractère du contrat d'après la véritable intention des parties, a pu, sans violer aucune loi, envisager l'acte du 16 décembre 1818 comme un véritable contrat de société sujet au droit fixe de 3 francs, aux termes de l'art 68 § 3 n° 4 de la loi du 22 frimaire an 7 » (D. 3128, S. 22-1-373, *P. chr.* 510).

SECTION 3. — CESSION ET SUBROGATION

[2580-2591]

2580.—Cession proprement dite.—Bailleur. — La *cession* et la *subrogation* de bail sont un même contrat. Ce que nous dirons de l'une s'appliquera donc à l'autre. La cession de bail peut être faite par le bailleur aussi bien que par le preneur. La cession par le bailleur n'est autre chose qu'une cession des fermages à toucher du locataire et le droit de transport de créances à 1 pour 100 est exigible.

Le tribunal de Versailles a cependant reconnu, le 19 décembre 1861, et après lui le tribunal de la Seine, le 5 décembre 1863, que quand le propriétaire d'une maison cède le droit de percevoir les loyers, c'est comme s'il abandonnait la jouissance de la maison, en sorte que le tarif du bail est seul applicable (1942 R-P., 17991 J. N., 12610 et 12764 C.).

Cette doctrine nous paraît tout à fait contraire aux principes du droit.

En effet, le législateur entend par cession ou subrogation de bail l'acte par lequel le *preneur* cède à un tiers le bénéfice de son bail ou met une autre personne en son lieu et place vis-à-vis du bailleur. Il s'opère alors une véritable transmission de jouissance, puisque le locataire en était saisi, et voilà pourquoi on le tarife comme le bail primitif. Quant à la cession que le bailleur consent de ses droits, il est clair qu'elle ne produit pas de transmission de jouissance. Les droits que le contrat de louage fait naître à son profit se résument dans la perception des loyers; c'est le corrélatif de l'obligation contractée par le preneur de payer le prix de la location. Il peut encore, sans doute, surveiller le mode de jouissance du bailliste et poursuivre la répression des abus, mais ce ne sont pas là des priviléges spéciaux au louage, ils découlent du principe général de l'exécution des contrats et ne constituent pas entre les mains du propriétaire un droit particulier transmissible séparément de la propriété ou de la jouissance. En cédant ses droits au bail, le locateur n'abandonne donc réellement que ses droits aux loyers à recevoir du bailliste; et comme par rapport à l'acheteur ces loyers ne sont que des créances ordinaires, il en faut conclure que la cession est un véritable transport de créances. Elle en produit d'ailleurs tous les résultats. Il est certain, par exemple, que les premiers locataires seront légalement les débiteurs directs du bailleur, tant que le cessionnaire ne leur aura pas fait signifier la cession ou qu'ils n'y auront pas acquiescé. Jusqu'à cette époque, et nonobstant la connaissance indirecte qu'ils auraient du second bail, ils pourront se libérer entre les mains du propriétaire (1690 C. C.). En outre, si les débiteurs devenaient insolvables et que le locataire principal fût ainsi privé des loyers sur lesquels il comptait, il ne pourrait exercer son action en garantie contre le cédant que selon les règles des art. 1693 et suiv. du C. C. Jamais il ne pourrait invoquer l'art. 1719 C. C., pour obtenir, comme en matière de bail, des dommages-intérêts à raison de sa privation de jouissance.

Cette doctrine sur la nature des droits du bailleur est confirmée par Champ. : « La cession du droit résultant d'un bail, écrit-il au n° 3053 de son *Traité*, peut être faite aussi bien par le bailleur que par le preneur. Lorsqu'elle est faite par le bailleur, elle n'est pas la cession d'un bail tarifé par la loi, elle est une cession de fermage à échoir... » Puis, examinant plus loin la quotité du tarif à appliquer, il ajoute : « Nous avons déjà dit que la cession par le bailleur de son droit au bail constituait une cession de fermages. Les fermages échus sont de véritables créances à terme, en sorte que les cessions qui en sont faites sont régies par le droit ordinaire. Quant aux fermages non échus..., si les parties stipulent *de præsenti*, en sorte que le bailleur transmet immédiatement son droit actuel à recevoir ultérieurement les fermages, la convention échappe à la perception proportionnelle. En effet, la chose transmise ne consiste pas dans le bail, en sorte qu'il n'y a point de cession de bail; elle ne consiste pas non plus dans une créance, car les fermages ne commencent à être dus que d'époque à époque et ne constituent pas une créance. » Champ. ne met donc pas en doute que la cession des droits du bailleur constitue un véritable transport de créances. Seulement, il lui semble que les loyers à échoir n'ayant pas encore d'existence actuelle, le droit proportionnel doit demeurer suspendu. C'est la théorie qu'il émet toutes les fois qu'il s'agit de droits incertains (1134, 1187), et son opinion est aussi celle de Dalloz v° *Enregistrement* n° 1739. Mais il est facile d'y répondre.

Le fermier ou le locataire n'est, à la vérité, débiteur de son prix qu'à proportion de sa jouissance; mais le contrat de louage n'en est pas moins au profit du bailleur un droit actuel aux fermages futurs? Le locataire s'est dès à présent soumis au payement du loyer; il a contracté une obligation ordinaire, qui n'est ni incertaine ni suspendue, mais dont l'exécution seule est retardée. Si la cession était soumise à la condition *suspensive* que le fermier jouira, elle ne produirait aucun résultat tant que cette jouissance ne serait pas établie, et, selon la règle ordinaire, ce serait au propriétaire à en affirmer l'existence. Cependant, il est certain que les loyers sont exigibles à chaque terme, sans aucune justification de la part du créancier, et que si le fermier n'a pas joui, c'est à lui à provoquer la résolution du bail ou la diminution de son fermage. Il n'est pas de meilleure preuve que la créance des fermages n'est pas soumise à une condition suspensive. La vérité est que l'engagement du preneur est actuel et définitif, mais que l'exigibilité de son obligation est remise après la jouissance du locataire. Une telle situation n'est pas différente de celle des contrats synallagmatiques en général, car l'exécution des engagements du débiteur est toujours subordonnée à l'accomplissement des promesses du créancier (1184 C. C.). En résumé, l'obligation est à terme et soumise à la condition résolutoire de la perception des fruits ou de la jouissance de la maison.

Le tribunal de la Seine a consacré cette doctrine par deux jugements des 21 mars 1862 (1641 R. P., 17405 J. N., 12212 C., 312 Rev., 17489 J. E.), et 20 novembre 1869 (3074 R. P.). « Le contrat de bail, dit-il, au jour où il intervient, impose au preneur comme au bailleur des obligations respectives, actuelles, définitives. Quoique le bail n'opère, soit envers le preneur, soit envers le bailleur, que l'acquisition d'un droit successif, la raison de l'exigibilité du droit proportionnel sur le bail est que, si l'une des parties ne reçoit pas l'équivalent de ce qu'elle donne, elle n'a point contracté sous une condition suspensive et ne peut que faire modifier ou résoudre son engagement. En se faisant transporter le prix du bail pour le temps qui restait à courir, R... a donc acquis une créance à terme; cette cession-transport n'a été soumise à aucune condition suspensive. Si, par un événement quelconque, les loyers venaient à être arrêtés avant la fin du bail, ce ne serait pas par suite de la réalisation d'une condition suspensive qui n'a pas été stipulée, mais de faits imprévus de nature à modifier le bail ou à le faire résilier. Conséquemment, le droit proportionnel a été régulièrement perçu sur toutes les années. » — On ne peut pas reconnaître plus explicitement l'exigibilité du droit proportionnel sur la cession des loyers futurs. La même solution résultait déjà de deux autres jugements de la Seine des 16 décembre 1840 et 21 avril 1846, et d'un jugement de Nantes du 10 novembre 1840. D'ailleurs, le principe sur lequel elle repose s'applique journellement aux cautionnements, aux baux à vie, aux constitutions de rente viagère à titre gratuit, etc. etc. — Il est donc bien évident que la théorie de Champ. ne saurait être défendue, et que la cession des droits du bailleur est actuellement passible de l'impôt proportionnel.

La question avait été ainsi décidée d'ailleurs dans un cas tout à fait analogue, le 17 février 1846, par le même tribunal de la Seine : « Attendu que l'acte du 9 avril 1845, considéré dans ses résultats, ne présente aucunement les caractères d'un bail, mais ceux d'un transport de créances : Germain, en effet, ayant loué, le 9 juin 1842, à Faidherbe, l'immeuble à l'occasion duquel le procès est soulevé, la jouissance ne pouvait plus être transférée par lui à une autre personne sans le consentement de ce dernier; qu'il en résulte que l'acte du 9 avril 1845, passé entre Germain et Vergé seuls, qui mentionne une sous-location du même immeuble à Vergé, transmettant une jouissance concédée à une personne en possession, couvrait évidemment une cession de créance sur Faidherbe, sous les formes extérieures d'un bail; — Que c'est donc à juste titre qu'il a été perçu un droit de 1 pour 100 sur le capital transmis. » — V. *Cession de créances.*

C'est également ce qui résulte, au moins implicitement, d'un arrêt de la C. cass. du 19 février 1873, dans lequel il a été admis que quand un locataire a consenti une sous-location à un tiers, l'acte par lequel ce locataire cède avec son bail le droit de toucher les fermages à échoir de la sous-location, renferme une cession de créances (3576 R. P., 2468-5 I. G., B. C. 24, S. 73-1-137, D. 73-1-449, P. 73-292).

1. BAIL ET CESSION. — Si une partie seulement de l'immeuble est louée et que le bailleur passe bail de la totalité à un locataire principal, il y a, d'après les principes qui précèdent, un transport de créances en ce qui concerne la partie louée et un bail pour le surplus. C'est dans les mêmes proportions qu'il faudrait régler l'application du tarif (Sol. 23 déc. 1868, 17 juill. 1869, 13 août 1872).

2. RÉSILIATION. — Mais aucun droit de cession n'est dû si le bailleur rentre en possession d'un immeuble dont une partie a été sous-louée (Sol. 28 juin 1877).

2581. Bail à mi-fruits. — On a dû décider, par application des principes précédents, que s'il s'agit d'un bail dont le prix sera payable en denrées, et par exemple d'un bail à portion de fruits, la cession par le bailleur de ses droits produit tous les effets d'une vente des récoltes passible du droit de 2 pour 100. « Le bail, porte à cet égard un jugement du tribunal de Joigny, est une cession de jouissance, tandis que la vente est l'attribution définitive d'un objet moyennant un prix certain. Or, dans l'espèce, il y a attribution définitive, car le droit concédé n'est pas un droit de jouissance commune mais un droit à demi des fruits et récoltes. Le bailleur n'a pu avoir la pensée de retirer son domaine au colon pour le remettre au cessionnaire; et en cédant son bail avec l'obligation de le continuer, il n'a en réalité cédé que moitié des récoltes, seul droit réservé. On objecte vainement que le cessionnaire n'a acquis que des jouissances éventuelles et successives; l'éventualité et la succession des récoltes n'empêchent pas qu'elles puissent être l'objet d'une vente actuelle avec transmission immédiate (J. 3 juill. 1862, 1669 R. P., 12280 C., 406 Rev., 17539 J. E.). — *Contrà* : 12184 C.

C'est également ce qui résulte d'un jugement de Montargis du 25 juin 1878 portant : « qu'en louant à moitié fruits ses fermes, B... s'est dépouillé de la jouissance, qu'il ne pouvait plus disposer que de sa part des produits, c'est-à-dire en faire vente. »

Lorsque l'Administration avait tenté de faire attribuer au bail partiaire le caractère de la société, elle laissait la cession par le bailleur comme une cession d'actions (Sol. 4 nov. 1872). Mais c'est une doctrine abandonnée. — V. 2615.

2582. Contrat de mariage. — Dans certains départements, les père et mère, en mariant leurs enfants, leur cèdent tout ou partie des biens qu'ils tiennent en ferme, avec obligation pour les futurs de payer les fermages au propriétaire du fonds : le droit de cession est alors exigible pour les années qui restent à courir du bail (3695, 12956-1 J. E., Champ. et Rig. n° 3051, Dalloz n° 3138).

1. DONATION. — Dans ce sens, il a été jugé par le tribunal de Péronne, le 9 décembre 1842 (13147-2 J. E.), que la cession d'un bail avec droit aux récoltes pendantes par racines, sans remboursement des frais de culture ni de semences, faite par contrat de mariage, donne ouverture au droit de 20 cent. pour 100 sur le prix du bail, et de plus au droit de donation sur la récolte et les semences.

2. DISPOSITION INDÉPENDANTE. — La clause par laquelle un père fait donation à son fils du fonds de commerce

qu'il exploite dans un établissement loué et du droit au bail de cet établissement, à condition de servir le loyer au propriétaire à la place du donateur, ne contient pas une donation et une cession de bail, mais une libéralité unique. Le droit de cession de bail ne saurait donc être perçu indépendamment de celui de donation : « Attendu, a-t-on dit, que la vente du fonds et la cession du bail ne sont qu'une seule et même chose ; qu'elles ne peuvent exister l'une sans l'autre et ne peuvent présenter de valeur ou même de réalité que lorsqu'elles se trouvent réunies ; que c'est donc cette disposition prise dans son ensemble, qui ne pouvant être divisée, comprend la cession du fonds de commerce, et comme conséquence nécessaire, la cession du bail qui constitue la donation » (Seine 30 juin 1865, 2208. R. P., 12910 C.).

Si le donateur, après s'être réservé l'usufruit d'un immeuble, l'abandonne au donateur par le même acte moyennant une somme annuelle, est-il dû un droit particulier de bail? — V. *Contrat de mariage.*

2583. Liquidation. — Le droit proportionnel est dû sur le total des sommes que le cessionnaire paye au cédant ou en son acquit.

Ainsi le cessionnaire est tenu de verser une somme d'argent au cédant et d'acquitter aux échéances le prix du bail au bailleur, le droit de 20 cent. pour 100 doit porter non-seulement sur le capital remis au cédant, mais encore sur les annuités à payer au bailleur (Cass. 30 juin 1806, *arrêt rapporté* n° 2548).

De même, si la cession avait eu lieu à la seule condition de payer une partie du prix stipulé au bail originaire, ce serait sur l'ensemble de ces annuités ainsi réduites que le droit proportionnel devrait être assis (13108 J. E.).

Par conséquent, si le cessionnaire obligé de payer la totalité du prix au bailleur recevait une indemnité du cédant, cette indemnité qui amoindrit le prix réel de la cession devrait être déduite du total des annuités pour la liquidation du droit.

1. CHARGES. — Le droit est également dû sur les charges que le cessionnaire prend l'engagement de payer. Ainsi, il a été décidé que l'indemnité payée par le cessionnaire au cédant en sus du fermage dû au bailleur est une charge à ajouter au prix (Dél. 21 avr. 1826, 1434 Roll., Sol. 17 mars 1872).

Il en est de même du remboursement au cédant des dépenses par lui faites pour des constructions qui doivent demeurer au propriétaire sans indemnité à la fin de bail, attendu que le cédant avait sur ces bâtiments un simple droit de jouissance (Sol. 13 fév. 1865), ou d'une indemnité de labours (Sol. 5 nov. 1836, 3141 Roll.).

2. INDEMNITÉ. — On aurait pu penser, au sujet de ce dernier point, que l'indemnité de semences ou labours représentait le prix de la cession des récoltes sur pied au moment du contrat et autorisait la perception d'un droit de 2 pour 100. Mais il est évident que ce serait dénaturer la convention. Le cessionnaire acquiert simplement un droit de jouissance sur l'immeuble tel qu'il se trouve au moment de sa mise en possession et c'est comme conséquence de ce droit de jouissance qu'il est appelé à recueillir les fruits sur pied s'ils viennent à maturité. L'indemnité payée au cédant pour les travaux de culture n'est donc qu'une partie du prix du bail lui-même et le droit de 20 cent. pour 100 est seul dû (Sol. 21 août 1858).

3. CONTRIBUTIONS. — Lorsque, dans la cession d'un bail des lieux où s'exploite un fonds de commerce, on met à la charge du cessionnaire les impôts *de toute nature* auxquels l'exploitation de ce fonds pourra donner lieu, on ne doit pas ajouter le quart du prix. L'impôt foncier ne peut être mis à la charge du locataire qu'en vertu d'une clause expresse du bail, et, dans l'espèce, cette clause n'est pas suffisamment caractérisée (Seine 9 juin 1841, 6240 Roll.). — V. 2550-6.

2584. Bénéfices. — Dans tous les cas où la cession de bail est faite sans prix et à la charge par le cessionnaire de payer les fermages au propriétaire, il faut considérer qu'il y a cession de bail pour les années qui restent à courir. Quant aux bénéfices qui pourront résulter de la cession, ils sont tout à fait éventuels et doivent d'ailleurs être considérés comme le fruit du propre travail du cessionnaire ; il ne semble donc pas qu'il y ait lieu d'en exiger l'évaluation, comme le pensent Dalloz n° 4635 et Champ. et Rig. n° 3553, pour asseoir le droit de donation sur cette évaluation.

2585. Cautionnement. — La cession du bail ne dégage pas la responsabilité du cédant envers le bailleur. La clause du contrat par laquelle la réserve des droits du propriétaire pour l'exécution des clauses du bail primitif serait formulée ne constituerait donc que l'expression d'une garantie légale, et le droit de cautionnement ne serait pas dû.

2586. Quittance. — Si le cédant payait une somme d'argent au bailleur pour obtenir décharge de sa garantie, il va de soi que ce serait là une disposition indépendante de la cession même, passible d'un droit de quittance.

2587. Octrois. — Associé. — L'acte par lequel l'adjudicataire des octrois d'une ville déclare que sa caution est réellement son associé, et que les bénéfices ou les recettes doivent être partagés entre eux, donne lieu au droit de bail sur la moitié du prix de l'adjudication, attendu que cet acte produit l'effet d'une cession de la moitié du bail (3938 J. E., Dél. 16 fév. 1807, D. N. t. 2 p. 390 n° 32).

2588. Octrois. — Caution. — Association. — L'acte par lequel la caution, devenue preneur, s'associe une autre personne qui devient responsable et qui n'est tenue que de lui donner une part dans les bénéfices, est une *subrogation* ou une cession, qui donne lieu à un nouveau droit de bail, dès qu'il est convenu que le prétendu associé régira seul, qu'il fera tous les fonds sans répétition, et que tous les événements du bail, bénéfices et pertes, resteront pour son compte (Cass. 27 juill. 1810). « Attendu, porte l'arrêt, que le sieur Bigot, devenu seul régisseur ou fermier de la régie intéressée de l'octroi de Lyon, en vertu de la délibération du conseil de la commune, du 19 fructidor an 11, confirmé par arrêté du ministre de l'intérieur, du 6 brumaire an 12, qui le subroge à tous les droits de Dareste et Isnard, premiers régisseurs, a cédé et transporté tous ces droits sur cette régie au sieur Guille; — Attendu qu'en ne considérant que l'acte passé entre Bigot et Guille, le 8 brumaire an 12, par-devant le notaire Boilleau, à Paris, on ne pourrait s'empêcher d'y voir un transport fait par Bigot à Guille, du bail de cette régie, puisqu'il est convenu que Guille régira seul, qu'il fera tous les fonds sans répétition sur Bigot, et que tous les événements du bail, bénéfices et pertes, resteront pour le compte dudit Guille; — Que la preuve de la cession et de la subrogation du bail résulte encore plus expressément de l'arrêté du préfet, du 7 germinal an 12, confirmé par celui du ministre, du 20 du même mois, par lequel, sur la demande de Bigot, qui déclare avoir cédé tous ses droits à Guille, ce dernier est nommé régisseur de l'octroi, et chargé de la perception pour le temps, et aux clauses et conditions énoncées dans les précédents arrêtés » (3710 J. E., S. 20-1-505). — Cette arrêt a été rendu sur les conclusions conformes de Merlin (*Rép.* v° *Enregist.* § 14).

1. CESSION AVANT APPROBATION. — Lors même que la cession a été faite avant l'approbation du *bail*, que l'adjudicataire n'est pas entré en jouissance, et que les deux actes ont été approuvés à la fois par le ministre, le droit de cession est dû, par la raison que les droits du fermier lui étaient acquis par l'adjudication, et que l'approbation ne fait que confirmer une convention préexistante (Dél. 21 avr. 1819, 6380 J. E., D. N. t. 2 p. 391 n° 34).

2589. Preneurs solidaires. — 1. LICITATION. — « Lorsque plusieurs personnes, disent Champ. et Rig. n° 3053 *bis*, ont droit en commun à un bail, et qu'elles ne peuvent s'entendre, soit pour en jouir en commun, soit pour en attribuer volontairement la jouissance à l'un d'eux, le droit doit être licité. » Ces auteurs pensent que la loi n'ayant pas prévu les licitations de baux, aucun droit proportionnel n'est exigible de la part de celui des ayants droit qui se rend adjudicataire. Dalloz, n° 3139, n'adopte pas cette opinion; il pense avec raison que le droit de cession est exigible.

Ainsi, dans l'hypothèse où un bail a été fait à plusieurs preneurs, et où l'un d'eux, trouvant le contrat onéreux, paye aux autres une indemnité, au moyen de laquelle ceux-ci restent seuls preneurs et obligés envers le bailleur, le droit de cession est exigible sur la part qu'avait le cédant, en déduisant du prix le montant de l'indemnité qu'il paye (1418 J. E.).

2. RENONCIATION. — Il a été également décidé que l'acte par lequel le bailleur renonce à la solidarité établie entre trois preneurs pour l'exécution d'un bail antérieur est une cession de jouissance passible du droit de 20 cent. pour 100. « Considérant que l'acte ne laissant subsister aucun lien entre Gabriel et Jean Auclair et le bailleur, ceux-ci ne peuvent plus être contraints comme restant fermiers pour une part quelconque; que, par une conséquence forcée, cette clause contient une véritable cession de la part desdits Gabriel et Jean Auclair au profit de leur frère Gilbert, qui est resté seul chargé de l'exploitation des immeubles affermés et de payer au propriétaire l'intégralité des fermages; — Considérant, en effet, que puisque les frères Jean et Gabriel Auclair ne sont pas restés en possession des biens qu'ils avaient affermés et qu'ils se sont affranchis de toutes obligations vis-à-vis du propriétaire, l'acte du 11 juin a, par cette mesure, transporté au nommé Gilbert les droits de jouissance qui étaient conférés aux deux autres, d'après le bail primitif; — Considérant que cette transmission rend exigible le droit de cession de bail » (Moulins 16 août 1871).

3. DISPOSITION PRÉCÉDENTE. — Mais si, avant la clôture d'un bail, un tiers intervient et se constitue, du consentement du bailleur, preneur solidaire avec le premier fermier, cette circonstance ne donne lieu à aucun droit particulier. Il n'y a ni sous-bail ni contrat de société (Sol. 13 nov. 1821).

2590. Cession par induction. — Octroi. — Sans déroger à ce que nous avons dit, n° 2577, de la preuve des cessions de baux, nous ferons remarquer qu'il est telle situation où les effets en peuvent être produits par équivalent. Ainsi, il a été décidé, par arrêt de Cass. 29 octobre 1806 : que si la personne qui s'était rendue caution du fermier d'un octroi obtient, après la résiliation du bail pour cause d'inexécution des conditions, la continuation du même bail à son profit, il est dû un droit comme cession de bail sur les années restant à courir. « Vu, porte cet arrêt, l'art. 69 de la loi du 22 frimaire an 7 § 3 n° 2; — Considérant : 1° que la caution d'un fermier qui paye le propriétaire locateur est bien subrogée, jusqu'à concurrence, dans les droits de celui-ci, mais non pas dans les droits du fermier; — Que Bigot a demandé à la commune de Lyon à être subrogé dans le bail, à la place des premiers adjudicataires; que la commune a consenti à cette subrogation, par son arrêté du 19 fructidor an 11, et que le ministre de l'intérieur a ordonné que l'arrêté da la commune, portant son consentement à ladite subrogation, serait exécuté; — Qu'ainsi s'est formée une subrogation qui n'existait antérieurement ni dans le droit ni dans aucune convention; — Considérant : 2° que Bigot, subrogé au bail, et en possession de ce bail, a cédé ses droits à Guille, l'a fait nommer régisseur de ce bail, qui était une régie intéressée, et l'a soumis à fournir un cautionnement en immeubles, en remplacement de celui qu'il avait fourni lui-même; — Que la cession a été acceptée par Guille, qui a fourni le cautionnement, et qu'elle a été autorisée par l'autorité administrative; en sorte que Guille a été investi de tous les droits dans lesquels Bigot avait été subrogé » (3710 J. E., D. N. t. 2 p. 391 n° 36). — *V.* également 14448-3 J. E.

2590 *bis*. Rente. — La cession d'un bail dont le prix consiste en une rente viagère à servir par le cessionnaire au cédant, est passible du droit de bail et non du droit de cession de rente à 2 pour 100, parce que le bail fait l'objet principal du contrat (Sol. 16 juill. 1867).

2591. Fonds de commerce. — Quand la cession de bail est la conséquence d'une mutation de fonds de commerce, elle est soumise à des règles particulières que nous indiquerons au mot *Mutation*.

SECTION 4. — RÉSILIATION ET RÉTROCESSION. TACITE RÉCONDUCTION

[2592-2612]

2592. Droit proportionnel. — « Entre la résiliation d'un bail et sa *rétrocession*, dit Roll. de Vill. (V. *Rétrocession de bail* n° 1), il n'y a pas d'autre différence que celle qui existe entre la cause et l'effet, c'est-à-dire, que la rétrocession est l'effet de la résiliation. » Ainsi, pas de doute, la rétrocession tarifiée par l'art. 69 § 3 n° 2 L. 22 frimaire an 7 (V. 2574), et la résiliation sont une même chose. Aussi le même auteur, t. 8 p. 354 n° 14, déclare-t-il les *résiliations* de baux à ferme passibles du même droit que les baux, mais seulement sur les années restant à courir.

1. DISTINCTION ENTRE LA RÉTROCESSION ET LA RÉSILIATION. — On avait cependant cherché à faire une distinction entre ces deux conventions. Il ne faut pas confondre, a-t-on dit, la rétrocession du bail et sa résiliation. Il y a rétrocession quand le cessionnaire du bail le cède de nouveau à celui qui le lui avait cédé; c'est la convention prévue par l'art. 69 § 2 n° 2 de la loi de l'an 7. Il y a, au contraire, résiliation ou résolution lorsque le bailleur reprend lui-même possession de sa chose. Dans ce cas, aucune jouissance n'est réellement transmise, car on ne peut pas plus être fermier de sa propre chose qu'usufruitier de son bien ou créancier de sa dette. A l'instant où la jouissance et la propriété sont réunies sur la même tête, le bail disparaît; il n'y a donc pas mutation de la jouissance elle-même, et dès lors la résiliation n'opère rien autre chose qu'un pacte innommé passible du droit fixe (Champ. et Rig. n° 294 et suiv.) Cette théorie n'est pas juridique.

2. LA RÉTROCESSION EST TRANSLATIVE. — Et d'abord, elle repose sur une distinction purement arbitraire entre les rétrocessions et les résiliations. Le mot *rétrocession* est toujours pris par la loi fiscale pour désigner les contrats qui font rentrer un objet entre les mains de son ancien propriétaire; c'est en ce sens, notamment, qu'il est employé dans l'art. 69 § 5 n° 1 et § 6 n° 2, relatifs aux droit à percevoir sur les cessions et rétrocessions de meubles et d'immeubles. On ne comprendrait pas que la même expression eût une portée différente dans un texte voisin.

En second lieu, il n'est pas exact d'affirmer que la résiliation ne produit pas la transmission prévue à l'art. 4 de la loi du 22 frimaire an 7. Le propriétaire, en effet, s'était dépouillé de sa jouissance pour un temps convenu, et au jour de la résolution du bail, cette période n'est point encore expirée. On ne peut pas dire évidemment que la rentrée en possession du bailleur est l'effet d'un acte ou d'un événement qui n'opère rien de plus que la cessation même de la transmission primitive. Comme le disent les auteurs, le propriétaire reprend sa chose du locataire *pour en jouir* à sa place (V. Pothier n° 21, Duranton t. 17 n° 30, Duvergier n° 92, Troplong *du Louage* n° 97). C'est, par conséquent, une transmission de jouissance qui s'effectue. Il n'y a pas une simple extinction de servitude par l'expiration du temps fixé, et le propriétaire n'est pas seulement libéré d'une charge que grevait son immeuble. La convention qui lui restitue la jouissance dont il devait être encore régulièrement dessaisi pendant un certain délai rentre dans la catégorie de ces actes qui font, selon Merlin, cesser la transmission d'une propriété ou d'un usufruit en opérant eux-mêmes une nouvelle transmissions (*Questions de droit* v° *Enregistrement* § 20 *bis*). «L'art. 4 de la loi du 22 frimaire an 7, dit Merlin, n'assujettit les biens meubles et immeubles au droit proportionnel qu'à raison des transmissions qui s'en font, soit en propriété, soit en usufruit en jouissance; elle ne les assujettit pas à raison des actes ou des événements que font simplement cesser ces transmissions. Aussi, le laps de temps qui fait seul cesser la jouissance concédée par un bail à un fermier ou locataire ne donne-t-il lieu, contre le propriétaire à qui retourne cette jouissance, à aucun droit proportionnel. La raison en est que le propriétaire n'acquiert rien par l'expiration du bail, seulement il est libéré d'une charge qui grevait sa propriété, et l'art. 3 de la loi du 22 frimaire an 7 n'assujettit pas au droit proportionnel les actes ou les événements qui font simplement cesser les transmissions d'usufruit ou de jouissance» (V. au chapitre *de l'Usufruit*, la reproduction du passage de Merlin). — Il en est tout autrement de la résiliation, qui ne se borne pas à faire cesser la jouissance par l'expiration du temps contenu et qui n'a pas un simple effet libératoire ou extinctifs mais qui dessaisit véritablement le fermier d'un droit dont le propriétaire s'était dépouillé à son profit et qui restitue ce droit au bailleur. Elle est donc assujettie au droit proportionnel.

C'est, au surplus, ce qu'a reconnu la C. cass. par deux arrêts des 18 janvier 1825 et 14 août 1832 : « Considérant, porte le second, qu'aux termes de l'art. 69 de la loi du 22 frimaire an 7, la rétrocession d'un bail est passible du droit proportionnel; que la résiliation volontaire d'un contrat n'est affranchie de ce droit qu'autant qu'elle a lieu dans les vingt-quatre heures, et que celle prononcée par jugement reste susceptible du droit proportionnel, à moins qu'elle n'ait pour cause une nullité radicale ; que, dans l'espèce, la résiliation du bail qui opère la rétrocession n'a jamais été prononcée que faute d'exécution des clauses de l'acte » (S. 25-1-235, 1173-2 I. G., S. 32-1-737, 1414-2 I. G. — *Conf.* : Dalloz 3143, Demante n° 353, Dél. 22 sept. 1824, 6494, 7931 J. E, 1219 § 5 I. G. ; — Caen 18 nov. 1869, 3254 R. P. ; — *Contrà* : Coulommiers 19 juill. 1825, Champ. et Rig. n° 294).

3. LÉGISLATION NOUVELLE. — Nous devons ajouter que, bien que la loi du 23 août 1871 sur les baux et les locations verbales ne contienne aucun texte qui autorise, même implicitement, une dérogation à ces principes, l'Administration a cependant admis que les résiliations de baux opéraient le droit fixe de 3 francs quand le droit proportionnel était supérieur (Sol. 2 juill. 1876, 4554 R. P. et *infrà* n° 2639). Rien n'est, assurément, moins justifié. Aussi, tout en tenant compte de l'interprétation administrative, est-il impossible de la considérer comme définitive. Nous devons la signaler; mais, au point de vue juridique, il nous est impossible de nous y arrêter.

2593. Fixation de l'époque. — Lorsque la résiliation provient du fait du locataire, elle commence seulement au terme fixé pour la relocation, puisque jusque-là le locataire doit continuer le payement du prix du bail (1760 C.);

ce terme résulte de l'usage des lieux et dépend des époques auxquelles les congés doivent être donnés.

2594. Différentes espèces de résiliation. — La loi du 22 frimaire an 7 distingue trois modes de résilier les contrats : 1° résiliement pur et simple, fait par acte authentique dans les vingt-quatre heures de l'acte résilié; — 2° annulation, par jugement, de la convention pour cause de nullité radicale; — 3° résiliation volontaire ou rétrocession. — Dans les deux premiers cas, le droit fixe est seul exigible aux termes de l'art. 69 § 3 n° 1 L. 22 frimaire an 7; dans la troisième hypothèse, le droit proportionnel est exigible, ainsi qu'on l'a vu au numéro précédent.

1. BAIL SOUS CONDITION SUSPENSIVE. — Une rétrocession véritable ne peut avoir lieu qu'autant qu'il y a eu dessaisissement de la part du bailleur. A cette condition seule, un nouveau bail s'opère du preneur au bailleur. Que si le bail avait été consenti sous condition suspensive et qu'il fût résilié par suite du non accomplissement de la condition, il n'y aurait plus rétrocession et le seul droit fixe serait exigible (14725-2 J. E.).

2. RÉSILIATION CONDITIONNELLE. — On ne peut pas considérer comme renfermant une condition suspensive, l'acte par lequel les parties déclarent résilier un bail et nomment des experts pour arbitrer les indemnités respectives qui pourront être dues. En effet, la résiliation est complète et définitive; elle n'est soumise à aucune condition suspensive; la nomination d'experts étant indépendante de la fixation du prix de la résiliation, le droit de résiliation de bail est donc exigible (Châtellerault 6 mai 1858, C. 11474).

2595. Liquidation. — Le droit se liquide, comme en matière de bail, sur le prix et les charges applicables au temps restant à courir. Mais il arrive fréquemment que la résiliation est accompagnée d'une indemnité promise ou payée, soit par le fermier, soit par le bailleur et quelques difficultés peuvent surgir à cet égard.

1. INDEMNITÉ PAYÉE PAR LE FERMIER. — Le cas le plus fréquent est celui où le propriétaire consent à la résiliation du bail pour les années restant à courir, moyennant une somme que le fermier s'oblige de lui payer à titre d'indemnité. On a émis l'avis que la somme payée ou promise au propriétaire doit être déduite de celle des fermages à courir. Le traité qui intervient, dit-on, conduit au même résultat que celui par lequel le fermier rétrocéderait son bail au propriétaire moyennant une somme moindre que celle stipulée originairement. La valeur de la jouissance rétrocédée, qui peut seule servir de base à l'impôt, n'était pas égale à la valeur déterminée lors du bail, et doit être diminuée du montant de la somme payée au bailleur. Cette appréciation est plus spécieuse que juridique. En effet, si l'indemnité était égale ou supérieure au prix cumulé du bail pour les années restant à courir, la règle précédente conduirait à exempter le contrat du droit proportionnel. On serait fondé à dire que la jouissance rétrocédée n'a aucune valeur imposable, puisqu'elle ne correspond à aucun prix, la somme censée due par le propriétaire se compensant avec l'indemnité qu'il reçoit du fermier. Un tel résultat est évidemment impossible. Il y a donc lieu d'écarter le principe sur lequel il repose et qui n'est pas mieux justifié quand l'indemnité est inférieure au prix cumulé du bail résilié.

Nous croyons qu'il faut résoudre la difficulté par d'autres motifs. La convention litigieuse a un double caractère et se compose de deux stipulations différentes. D'une part, le propriétaire rentre en possession d'une jouissance dont il s'était dépouillé et dont la loi fixe la valeur imposable au prix de la période restant à courir. D'un autre côté, le fermier, embarrassé de cette jouissance, se dégage de l'exécution du contrat moyennant une indemnité qui représente les dommages subis par le bailleur. Considérées isolément, chacune de ces stipulations donne naissance à un droit distinct : le droit de résiliation de bail et le droit d'indemnité. Pour que l'une des deux soit affranchie de l'impôt, il faut qu'elle soit considérée comme une disposition dépendante de l'autre, dans le sens de l'art. 10 de la loi du 22 frimaire an 7. En est-il ainsi? On sait que la dépendance des clauses d'un même contrat ne résulte pas de la simple volonté des parties. Il ne suffit pas que ces parties aient entendu rendre toutes leurs stipulations inséparables, de façon à ce que leur réunion soit la condition de l'existence même du contrat. Il faut que cette connexité s'appuie sur la loi et en dérive directement, comme par exemple, dans la vente, la quittance du prix ou l'obligation de le payer. Or, telle n'est pas la situation actuelle. La résiliation du bail existe juridiquement en dehors de toute stipulation d'indemnité; cette stipulation n'y ajoute aucune force. Elle constitue seulement une convention accessoire issue de la résolution et se rattachant à elle, mais elle a une individualité personnelle très-distincte et ne procède que de la volonté des parties. Cette convention n'est pas plus une dépendance de la résiliation du bail que l'accord par lequel le fermier consentirait à céder au propriétaire un immeuble afin de se dégager de ses promesses. Toutes les stipulations de l'espèce ne sont pas des dérivés nécessaires de la convention principale. Elles ne doivent donc pas être exemptées de l'impôt par le droit exigible sur cette convention. Nous en concluons que le droit de résolution est dû sur le prix cumulé du bail et le droit d'indemnité sur la somme due par le fermier.

Droit n'excédant pas celui du bail. — Mais la perception de ce dernier droit est subordonnée par le texte même de la loi à une limitation particulière. Il ne peut, d'après l'art. 69 § 2 n° 8 de la loi du 22 frimaire an 7, excéder celui de la disposition que l'indemnité a pour objet. Par conséquent, quelle que soit la somme promise ou payée par le preneur, le droit de 50 cent. pour 100 ne s'élèvera pas au delà du droit exigible pour la résiliation du bail. En vain opposerait-on que dans cette hypothèse c'est la stipulation d'indemnité qui constitue la disposition principale, et que dès lors l'article de la loi est sans application. Il est par trop évident, en effet, que les clauses de garantie, de cautionnement ou d'indemnité, sont toujours de leur nature des stipulations accessoires. Elle sont comme la représentation ou l'équivalent des clauses pénales dont on fortifie un engagement. Si sévères qu'elles paraissent, et quoique les sommes stipulées excèdent en apparence le principal de la dette, ce sont toujours des modalités accessoires et de simples conséquences de la disposition principale. L'opinion que nous émettons ici a été consacrée par un jugement du tribunal de Sedan du 6 août 1840. Elle est approuvée par le D. N. t. 6 p. 679 n° 18.

2. INDEMNITÉ PAYÉE PAR LE PROPRIÉTAIRE. — Que faut-il décider quand l'indemnité est payée par le propriétaire? On a enseigné que le droit de 50 cent. pour 100 n'est point exigible, parce que la somme payée par le propriétaire pour obtenir la rétrocession fait partie du prix de cette rétrocession et doit, par conséquent, s'ajouter aux fermages cumulés pour la perception du droit de bail (D. N. t. 6 p. 679 n° 19). Mais c'est mal raisonner, selon nous. L'indemnité ne change pas de nature parce qu'au lieu d'émaner du fermier elle provient du bailleur. S'il est constant que dans le premier cas elle ne fait point partie du prix de la rétrocession, elle ne saurait davantage y entrer dans le second. La vérité est que, pas plus dans un cas que dans l'autre, elle n'est l'équivalent légal de la jouissance rétrocédée. Cet équivalent est représenté aux yeux de la loi par la capitalisation des fermages futurs. Voilà le prix de la résiliation, la valeur imposable sujette au droit de bail. Quant à l'indemnité, elle est ici, comme précédemment, la réparation du dommage causé par l'inexécution du contrat. Toute la différence vient de ce que l'inexécution provenant du bailleur, les dommages tombent à sa charge. Mais leur essence reste la même, et il s'agit également d'une indemnité proprement dite très-distincte en droit du prix de la rétrocession. Si l'on veut dire que cette indemnité est le prix moyennant lequel le fermier a consenti à se désister de la convention, on a raison. Mais ce prix-là n'est point, dans l'économie de la loi fiscale, celui de la cession de jouissance. Ce dernier est représenté par la somme annuelle dont le fermier était tenu et dont il se trouve déchargé pour l'avenir. Autrement, on arriverait à cette conclusion véritablement inadmissible que la jouissance rétrocédée a une valeur plus grande qu'au moment du bail, puisque le prix de ce bail serait augmenté de l'indemnité payée par le bailleur. Il ne faut donc pas confondre les sources des deux conventions réunies dans le même contrat, et on doit laisser à l'indemnité un caractère accessoire de dédommagement. C'est pourquoi nous lui appliquerions la même règle que dans l'hypothèse précédente, et nous percevrions, outre le droit de bail sur les fermages cumulés, le droit d'indemnité sur la somme promise ou payée, sans que cette perception puisse toutefois excéder la première.

3. INDEMNITÉ EN VALEURS MOBILIÈRES. — Le contrat change-t-il de nature quand, au lieu d'une indemnité en argent, il s'agit d'objets mobiliers? Nous ne le pensons pas. La remise des meubles procède toujours de la même cause. La partie qui veut se dégager de la convention doit indemniser son cocontractant, et elle le fait ici au moyen d'objets déterminés au lieu de le faire en numéraire. Elle le fait en meubles comme elle pourrait le faire en immeubles. L'objet seul de la prestation est différent, mais le motif ou la cause ne changent pas; c'est l'accomplissement d'une clause pénale tacitement stipulée entre les parties, la réparation d'un préjudice causé par la rupture du contrat. Dès lors, il n'y a pas de raison pour traiter cette stipulation autrement que l'indemnité proprement dite et y voir une disposition dépendante affranchie de l'impôt. C'est cependant l'opinion qui a prévalu dans une solution du 9 décembre 1865. Les héritiers d'un bailleur ayant besoin de vendre des immeubles loués par un bail qui avait encore quatre ans à courir, demandèrent au fermier de résilier le contrat, et lui offrirent, pour l'indemniser, le cheptel du domaine appartenant au défunt, des foins, pailles et autres denrées, le tout d'une valeur de 6,000 francs. En enregistrant la résiliation consentie sur ces bases, le receveur perçut le droit de bail à 20 cent. pour 100 sur le prix cumulé des fermages, et le droit d'indemnité sur la somme de 6,000 francs. Un vérificateur pensa que le droit de cette indemnité ne devait pas excéder le droit perçu pour le bail et proposa la restitution de l'excédant. L'inspecteur, consulté, émit l'avis que l'indemnité étant fournie en objets mobiliers, l'art. 69 § 2 n° 8 n'avait plus d'application, et qu'il fallait percevoir le droit de vente à 2 pour 100 sur le prix total de 6,000 francs. Appelée à statuer sur ces prétentions diverses, l'Administration a répondu, le 27 décembre 1865: «Il importe peu que l'indemnité soit payable en argent ou en objets mobiliers, car, en matière de bail, le droit de 20 cent. pour 100 ne cesse pas d'être exigible lors même que le prix consiste en denrées ou prestations de choses mobilières. Il doit en être de même pour le prix d'une rétrocession. » — La conclusion serait exacte si la remise des meubles était, en effet, le prix de la rétrocession. Il est certain que la disposition dominante étant la cession de jouissance tarifée au droit de bail, on ne pourrait percevoir le droit de vente sur l'obligation d'en payer le prix par des prestations mobilières. Mais nous avons vu que cette qualification de prix ne devait pas appartenir à l'indemnité payée soit au bailleur, soit au fermier. Si, au lieu d'un acte volontaire, il s'agissait d'un jugement prononçant une résiliation accompagnée de dommages-intérêts à la charge de celui qui n'a pas exécuté le contrat, est-ce que ces dommages seraient considérés comme un prix? En aucune façon. On les assujettirait distinctement au droit proportionnel de condamnation, pendant que le droit de titre de résolution serait perçu sur les fermages cumulés. Eh bien! la convention tient lieu du jugement et a pour effet de le rendre inutile. Les stipulations qu'elle renferme ne sont pas autres que seraient les dispositions du jugement. Il faut donc leur reconnaître une nature identique, et ne pas voir dans l'indemnité amiablement consentie ce qu'on ne trouverait pas dans l'indemnité réglée par le juge. Aussi persistons-nous à croire, malgré la solution, que les clauses de l'espèce donnent lieu à un droit particulier. Seulement, au cas actuel, l'indemnité ne conserve pas son caractère habituel de dédommagement pécuniaire. Elle s'opère au moyen d'une dation en payement qui se superpose au contrat d'indemnité et le domine pour la perception de l'impôt. La stipulation échappe donc à l'empire de l'art. 69 § 2 n° 8 de la loi du 22 frimaire an 7. Elle perd son caractère de promesse d'indemnité pure et simple pour revêtir celui d'une vente de meubles, et elle est passible à ce titre du droit de 2 pour 100 sur le prix exprimé (Art. 69 § 5 n° 1).

4. INDEMNITÉ EN IMMEUBLES. — Ce que nous disons des meubles, nous le dirions également des immeubles. Si le bailleur ou le fermier cédait un immeuble pour obtenir le résiliement du bail, nous verrions dans cet accord une dation en payement immobilière faite pour indemniser le contractant du préjudice qu'il ressent de l'exécution du contrat, et nous exigerions le droit de 5 et demi pour 100 indépendamment du droit de 20 cent. pour 100 sur le prix cumulé des années restant à courir.

5. IMDEMNITÉ POUR LES RÉCOLTES. — Lorsque la résiliation s'opère, le fermier abandonne les immeubles dans l'état où ils se trouvent alors. S'il a reçu à son entrée les terrains dans un certain état d'ensemencement et de culture, il doit les rendre tels sans indemnité. Mais quand aucun labour ni semaille n'avait eu lieu lors de la mise en possession et que les terrains se trouvent ensemencés ou couverts de récoltes au jour de la résiliation, le fermier a droit de réclamer de ce chef une indemnité spéciale. Assez souvent cette indemnité est prévue et déterminée par le bail lui-même. Dans ce cas, le fermier ressemble au constructeur qui a élevé des bâtiments qui doivent demeurer au propriétaire du sol moyennant une somme convenue. Ces bâtiments ou ces récoltes appartiennent de plein droit à ce dernier par suite de la cessation de la jouissance; l'acte constatant l'obligation ou le payement de l'indemnité est donc sujet au droit de 50 cent. pour 100. Si aucune stipulation n'existe sur ce point dans le contrat, il y a plus d'embarras. Entre les mains du fermier, les récoltes pendantes par racines constituent des biens meubles qu'il peut vendre à un tiers, que ses créanciers ont le droit de saisir et qui figureraient comme valeurs mobilières dans la déclaration de sa succession (*V.* n° 15575). La convention par laquelle il déclare les céder au propriétaire moyennant un prix déterminé a donc quelques-uns des caractères de la vente de meubles tarifée au droit de 2 pour 100, et il n'est pas douteux que ce droit serait en effet exigible, si les termes du contrat établissaient l'intention du propriétaire de faire une convention de l'espèce. C'est un point que nous avons développé au n° 1880 R. P. Mais quand cette intention n'est pas démontrée, et que le propriétaire se borne à régler en argent l'indemnité due au fermier pour les récoltes sur pied, le droit de 50 cent. pour 100 nous paraît seul exigible. Vis-à-vis du propriétaire, en effet, les récoltes sont un accessoire et une dépendance des terrains dont il reprend la possession; elles ont la même nature immobilière, et il les reçoit au même titre que le sol par suite de l'expiration du bail. Il ne s'opère donc de ce chef aucune transmission distincte de la rétrocession de jouissance. L'attribution des fruits dérive de la loi, sauf récompense au fermier, et l'acte qui contient le règlement de cette récompense est sujet au droit proportionnel selon la nature des biens qui lui sont cédés en payement (*V.* Sol. 23 août 1863, n° 1880 R. P., 18216 J. N., 841 Rev.). Inutile d'ajouter que si le fermier cédait les récoltes aux champs pour se libérer envers le bailleur des fermages dont il est débiteur, il n'y aurait plus qu'une cession mobilière ordinaire passible du droit de 2 pour 100.

6. INDEMNITÉ POUR LES PAILLES. — Si le fermier n'a pas reçu les fumiers ou les pailles lors de son entrée en bail, il n'est pas tenu, à sa sortie, de rendre ceux qui existent à ce moment (Metz 18 juill. 1861, S. 61-2-590; — Rouen 7 oct. 1864, S. 65-2-143, Marcadé sur l'art. 1778-2. — *Contrà* : Merlin *Quest. de droit* v° *Fumier* § 2, et Troplong *du Louage* t. 2 n° 785). S'il les cède, soit au propriétaire, soit au fermier entrant, moyennant une indemnité, le droit de cession mobilière à 2 pour 100 est exigible sur l'acte qui constate cette convention.

2596. Nullité radicale. — On a émis l'avis (D. 3146, 7715 J. E.) que doit être assujetti au droit fixe seulement le jugement qui prononce la résiliation d'un bail parce qu'il aurait été fait par un adjudicataire de l'immeuble, qui se serait laissé déchoir de l'adjudication après avoir passé le bail que le nouvel acquéreur ne voudrait pas maintenir. Les motifs de cette décision sont que la cause de la résiliation constitue la nullité radicale dont parle l'art. 68 § 3 de la loi du 22 frimaire an 7.

Nous ferons remarquer à ce sujet qu'un arrêt de la C. cass. du 16 janvier 1827 (8892 J. E.) a reconnu que le bail passé par un adjudicataire fol-enchéri doit recevoir son exécution, nonobstant la résolution du droit de l'adjudicataire opérée par la revente de l'immeuble sur folle-enchère, « attendu que si l'art. 1183 C. C. annule les actes de *propriété* qui ont été faits par suite de l'obligation, il valide néanmoins les actes faits en conséquence, comme *actes d'administration.* » Il suit de là que le jugement qui résilierait un bail passé par l'adjudicataire fol-enchéri, pendant sa possession, serait passible du droit proportionnel. On objecte que si l'Administration a le droit de rechercher la cause de l'annulation, elle ne peut, sans excéder ses attributions, examiner la question de savoir si la cause que le juge a constaté existait réellement. Mais c'est là une erreur. Dès l'instant que l'affranchissement du droit proportionnel se fonde sur l'existence d'une nullité radicale, il appartient à l'Administration d'apprécier à ce point de vue la nature du vice pour lequel la convention a été résolue. Elle ne saurait être liée par les considérants de la sentence du juge. Ce qu'elle ne peut contredire, c'est la constatation du fait d'où résulte la cause de nullité; mais il lui est parfaitement permis de démontrer que le juge a donné à ce fait une portée qu'il n'avait pas ou qu'il en a inexactement déterminé les conséquences.

2597. Inexécution des conditions. — Mais au cas de *nullité radicale* doit s'arrêter le bénéfice du droit fixe pour les résiliations non faites dans les vingt-quatre heures. C'est ce que la C. cass. a décidé, le 14 août 1832, à l'occasion d'un jugement qui, du consentement des parties, avait prononcé la résolution d'un bail, faute d'exécution des conditions. « Considérant, porte l'arrêt, qu'aux termes de l'art. 69 de la loi de frimaire an 7, la rétrocession est passible du droit proportionnel; que la résolution d'un contrat a les effets d'une rétrocession; que la résolution volontaire n'est affranchie de ce droit qu'autant qu'elle a lieu dans les vingt-quatre heures, et que celle prononcée par jugement reste susceptible du droit proportionnel, à moins qu'elle n'ait pour cause une nullité radicale; — Considérant que, dans l'espèce, la résiliation du bail, qui opère la rétrocession, n'a été prononcée que faute d'exécution des clauses de l'acte; qu'ainsi le jugement a fait une juste application de la loi » (10500 J. E., 1414 § 2 I. G., S. 32-1-737).

Cependant, il a été décidé que le jugement qui motiverait la résiliation sur des dégradations, des détériorations ou d'autres causes qui entraînent l'annulation du bail, aux termes de l'art. 1741 C. C., ne donnerait ouverture qu'au droit fixe (754, 4741 J. E., Dél. 21 avr. 1815, 5117 J. E.). Nous verrons, au n° 2604, que le droit proportionnel est exigible sur une résolution pour défaut de payement de prix. Or, la base d'une action en résolution pour détérioration des biens ou pour défaut de payement du prix étant dans l'art. 1741 C. C., il semble que dans l'un comme dans l'autre cas le droit proportionnel devrait être exigible, car il n'y a que nullité relative et non nullité radicale. M. Demante apprécie comme nous la portée de la délibération. « M. Garnier, dit-il, accuse très-bien le désaccord de ce document avec la pratique actuelle. Mais comme, au cas de détériorations, l'accord des parties est peu vraisemblable, et que l'état matériel des lieux peut être plus facilement constaté que le plus ou moins de solvabilité du preneur, on n'a pas étendu à ce cas la présomption de rétrocession volontaire » (nº 355).

2598. Séparation de biens. — La C. de Riom a déclaré *nul*, le 20 février 1826 (8914 J. E.), le bail des immeubles dotaux de sa femme consenti par un mari *pendant* l'instance en séparation de biens. Cependant, l'art. 1549 C. C. donne au mari seul l'administration des biens dotaux *pendant le mariage*; il en résulte qu'un bail étant un acte *d'administration*, non-seulement le mari peut le faire, mais lui seul le peut, *tant que le mariage n'est pas dissous*; d'autre part, si l'on considère que la *demande en séparation* ne dépouille pas le mari de l'administration des biens dotaux, et que le *jugement de séparation* est le seul acte qui l'en désaisisse, on est amené à conclure que le jugement qui prononce la résolution d'un bail consenti par le mari dans l'intervalle qui s'est écoulé entre la demande et le jugement de séparation est passible du droit proportionnel.

2599. Restitution. — Quoique la resiliation d'un bail prononcée par un jugement, ait été suspendue par un appel, et qu'en définitive, elle n'ait pas eu lieu, les droits proportionnels perçus, s'ils l'ont été régulièrement, ne sont pas restituables (7501 J. E.).

2600. Bail à périodes. — D'après la loi du 23 août 1871, le bail à périodes est considéré comme renfermant autant de baux successifs qu'il y a de périodes. Le droit n'est plus exigible, comme il l'était sous la loi de frimaire, sur l'ensemble de ces périodes. Il en résulte que, quand la résiliation s'opère, elle ne s'applique qu'à la jouissance restant sur la période en cours et non pas à la jouissance des périodes à venir. Le droit de 20 cent. pour 100 n'est donc exigible que dans les mêmes limites.

D'après plusieurs solutions récentes, l'Administration a autorisé l'enregistrement de ces résiliations au droit fixe, l'intention du législateur de 1871 ayant été de ne plus faire payer de droits sur les baux qui ne produisent plus d'effet (19070 J. E.). Mais ces solutions ne sauraient être que des décisions de faveur. Car les résolutions, rétrocessions ou résiliations de baux sont, nous l'avons démontré nº 2592, des mutations de jouissance de la même nature que les baux eux-mêmes, assujettis par conséquent au même tarif proportionnel.

2601. Bail de plus de trois ans. — Lorsqu'il ne s'agit plus d'un bail à périodes, mais d'un bail d'une durée de plus de trois ans, susceptible de fractionnement pour la perception, la jouissance actuelle du preneur s'étend à la totalité du bail, et le droit de 20 cent. pour 100 est acquis au Trésor sur toute cette jouissance. Le fractionnement de la perception n'est qu'une facilité de payement accordée au contribuable, et la résiliation ne doit pas empêcher de le recouvrer. Cette résiliation elle-même donne ouverture au droit sur l'intégralité du temps à courir, sauf au débiteur à profiter, s'il le juge convenable, de la faculté de fractionnement. Nous ne pouvons considérer que comme des décisions de pure faveur celles par lesquelles on autorise l'enregistrement au droit fixe de ces résiliations et libère le débiteur des droits non encore recouvrés sur le bail résilié.

Si, par exemple, les parties stipulaient qu'un bail fait antérieurement pour douze ans ou dix-huit ans au choix du preneur se bornera à quinze années, le preneur ayant ainsi renoncé virtuellement à la faculté qui lui appartenait d'arrêter la location à l'expiration de la première période, le bail est censé avoir eu lieu pour dix-huit ans. En le réduisant à quinze années, on opère une véritable rétrocession pour les trois années d'excédant.

2602. Bail verbal. — La résiliation par acte écrit d'un bail verbal donne ouverture au droit de 20 cent. pour 100 sur la période restant à courir. Si le prix de cette résiliation n'est pas exprimé dans le contrat, les parties doivent y suppléer par une déclaration estimative (Dél. 19 juill. 1820).

Aucun droit proportionnel ne serait exigible si l'écrit portait seulement que le bail verbal finira à l'époque déterminée par la loi ou par la convention, car l'acte produirait simplement l'effet d'un congé (11524-3 J. E.).

Si un tel acte intervenant pendant le cours du bail en faisait connaître les conditions avec assez de précision pour servir de titre aux parties, il est clair que ce serait un bail ordinaire et que le droit proportionnel serait exigible.

Dans tous les cas, des mentions de l'espèce faites depuis la loi du 23 août 1871 donneraient à l'Administration le moyen de réclamer les droits de la location verbale non déclarée.

2603. Acquéreur. — Lorsque le bail est résilié au profit d'un acquéreur, le droit fixe est seul exigible, si le bailleur s'est réservé, dans le bail, le droit de donner congé au preneur en cas de vente; le bail, en effet, est résilié par le fait de la vente, et le preneur ne peut empêcher son expulsion (D. N. t. 11 p. 278 nº 18 et p. 539 nº 8, Demante p. 356). Il en serait autrement si aucune réserve n'avait été stipulée; l'acquéreur étant tenu de maintenir le bail, le résiliement consenti par le preneur produirait l'effet d'une véritable rétrocession passible du droit proportionnel (Cass. 12 oct. 1808). — V. 1868, 2030, 3440, 4806 J. E.

1. INDEMNITÉ. — Dans le cas d'expulsion par suite de réserve insérée dans le bail, s'il est payé une indemnité convenue au preneur expulsé, le droit déterminé par l'art. 69 § 2 nº 8 L. 22 frimaire an 7 est exigible sur le montant de l'indemnité (9602 J. E.).

2604. Défaut de payement de prix. — Mais, à défaut de payement du prix, le droit fixe est-il le seul exigible sur la résolution opérée en vertu d'une *clause expresse* du contrat? La négative nous a semblé préférable. En effet, ce n'est pas le cas de faire ici l'application de la jurisprudence que nous exposerons au mot *Résolution*, et d'après laquelle les résolutions faute de payement de prix des actes de vente n'opèrent que le droit fixe, lorsqu'il n'y a pas eu entrée en jouissance. L'art. 12 L. 27 ventôse an 9, qui est la base de cette jurisprudence, est spécial aux *transmissions de propriété;* on ne peut donc l'appliquer aux baux *à durée limitée*, dont nous nous occupons ici. A la différence des espèces que nous avons examinées dans les numéros précédents, il n'y a pas ici *exécution* du contrat, il y a *résolution* véritable; or, comme toute résolution qui n'est pas faite dans les vingt-quatre heures, ou qui n'a pas pour cause une nullité radicale, engendre le droit proportionnel, c'est ce droit que nous croyons exigible. Les règles à suivre en matière de vente seraient évidemment applicables si, au lieu d'un bail ordinaire, il s'agissait de l'un des baux qui, ainsi qu'on l'a vu au n° 2536, donnent ouverture au droit de vente. — *V.* dans le même sens Dalloz, 3148 et suiv.

2605. Résolution conditionnelle. — C'est encore parce qu'il y a résolution volontaire, non faite dans les vingt-quatre heures et non fondée sur une nullité radicale, que nous croyons le droit proportionnel exigible sur la convention par laquelle il est arrêté que le bailleur, voulant profiter d'une réserve de son bail, viendra habiter la maison louée et que le preneur devra vider les lieux. M. Demante pense, au contraire, que le droit fixe serait seul exigible dans cette hypothèse, parce que selon lui la seule distinction conforme aux principes généraux du droit et aux traditions anciennes est celle des résolutions volontaires et des résolutions nécessaires. « Toutes les fois, dit-il, que la résolution se produit sans nouvelle convention, il n'y a pas rétrocession et aucune disposition de la loi n'autorise la perception du droit proportionnel » (n° 356). Nous nous expliquerons sur cette théorie au mot *Résolution*.

2606. Perte de la chose. — Le droit fixe est seul exigible si le bail est résilié par suite de perte de la chose louée. — *V.* 3379.

2607. Administrateurs des biens. — Les baux que les maris et les tuteurs font des biens de leurs femmes et de leurs pupilles, et ceux que les usufruitiers font des biens dont ils ont l'usufruit, ne sont, dans le cas de la dissolution de la communauté, ou de la majorité des mineurs, ou de la cessation des usufruits, obligatoires que pour le temps qui reste à courir, soit de la première période de neuf ans, si les parties s'y trouvent encore, soit de la seconde, et ainsi de suite, de manière que le fermier n'a que le droit d'achever la jouissance de la période de neuf ans où il se trouve (595, 1429, 1718 C. C.). En appliquant ces dispositions du droit civil aux questions qui nous occupent, il faut reconnaître que si le bail est résilié, quoique le fermier fût en droit de continuer tout ou partie de sa jouissance, le droit de rétrocession est exigible. Que si la résiliation n'a lieu que pour le temps qui excède la jouissance que le fermier peut légalement retenir, le seul droit fixe doit être perçu, car la résiliation est de droit (*Conf.* : 8587 J. E. ; — *Contrà* : 3945 J. E.).

2608. Quittance. — L'acte intervenu dans le cours d'un bail, par lequel il est déclaré que les parties sont respectivement libérées de toutes choses relatives au bail, tant pour le passé que pour l'avenir, et que le propriétaire reprend son immeuble, donne ouverture au droit de quittance sur les années échues du bail, et au droit de résiliation pour les années à courir (Bar-le-Duc 7 nov. 1844, 13673 J. E.).

2609. Acte passé en conséquence. — Un notaire ne peut, sans contravention, recevoir la résiliation d'un bail écrit sans le faire enregistrer soit avant, soit en même temps que son acte (4364 J. E.). — V. *Acte passé en conséquence.*

2610. Arrhes. — Une Dél. 17 juillet 1822 porte que la résolution d'un bail fait avec des arrhes ne donne lieu qu'au droit fixe de 2 fr. (3 fr.). Comme cette délibération ne fait pas connaître les circonstances qui l'ont motivée, nous ne pouvons que renvoyer, pour l'appréciation des conventions de cette nature, à ce que nous avons dit n° 2265 et suiv.

2611. Échange. — L'acte par lequel un bailleur consent à reprendre un domaine par lui affermé et à en affermer un autre en remplacement au même preneur, est un échange de baux sujet au droit de 20 cent. pour 100 sur le prix cumulé du bail dont le fermage est le plus élevé (14095 J. E.). Il en serait de même si deux fermiers échangeaient leurs baux. — *V.* 7139.

Décidé de même que les conventions par lesquelles une partie qui s'oblige à procurer à l'autre la jouissance d'une chose, reçoit de celle-ci, et comme équivalant, l'usage d'une autre chose, n'est passible que du droit de bail. Mais si l'une des parties accorde la jouissance d'une chose, moyennant la pleine propriété d'un objet qui lui est cédé par l'autre partie, il est dû le droit de vente mobilière ou immobilière, selon la nature de l'objet cédé (D. N. t. 2 p. 363 n° 148), parce que, alors, la cession de l'objet en toute propriété forme la disposition principale du contrat — V. *Acte contenant plusieurs dispositions.*

2612. Tacite réconduction. — C'est une règle générale applicable aux baux à ferme et à loyer, que le bail cesse de plein droit à l'expiration du terme fixé, *lorsqu'il a été fait par écrit* (1737 C. C.). Lorsqu'il a été fait sans écrit, il prend également fin à l'expiration du temps pour lequel il est censé fait (1736, 1775 C. C.). Mais si, à l'expiration du bail, le preneur est laissé en possession, il s'opère un nouveau bail par *tacite réconduction*, dont la durée se détermine par les règles que nous avons posées au n° 2538-2 (1759, 1776 C. C.). — Cependant, la tacite réconduction n'a pas lieu si le preneur a continué la jouissance contre l'intention du bailleur (1738, 1739, 1759, 1776 C. C.), ou lorsque, à l'expiration du bail, l'une des parties se trouve frappée d'incapacité (Duranton t. 17 n° 171); enfin, lorsqu'il a été convenu que la tacite réconduction ne pourrait être invoquée (Pothier n° 354, Duranton n° 123). — Le législateur ne fixe pas le temps pendant lequel il faut être resté et avoir été laissé en possession de la chose louée, pour qu'il y ait présomption qu'un nouveau bail s'est opéré par tacite réconduction. C'est un point abandonné à l'appréciation des tribunaux qui, dans tous les cas, doivent se déterminer d'après les circonstances et d'après l'usage des lieux (Duranton n° 119).

Le bail opéré par tacite reconduction est censé consenti aux mêmes conditions que le premier, d'où il suit que *le prix est le même* (Pothier n° 363). Si donc, par le bail qui est expiré, on avait stipulé un pot de vin, on doit supposer dans la tacite réconduction la convention d'un semblable pot de vin proportionné à la durée du bail (Pothier n° 165, Duranton n° 170).

1. ENREGISTREMENT. — La tacite reconduction, n'opérant qu'un bail verbal (1738 et 1776 C. C.), ne pouvait autrefois donner lieu à aucune réclamation du droit proportionnel s'il n'était justifié d'un nouveau bail écrit (Cass. 12 juin 1811, *P. chr.* n° 24, 1517 J. N.). — *V.* 13073 et la dissertation à l'art. 103 R. P.).

Spécialement lorsqu'il avait été stipulé, dans un bail, que l'expropriation de l'immeuble survenant, la location sera résolue de plein droit, si, l'expropriation étant survenue les locataires ont continué de jouir, le droit de bail n'est pas dû à raison de la continuation de cette jouissance, sur la somme payée par le détenteur temporaire. Le bail étant résilié par l'expropriation, la jouissance postérieure avait lieu par simple tolérance et à titre précaire (Seine 18 août 1866, 18202 J. E., 13194 C.).

Loi nouvelle. — Mais toutes ces solutions sont aujourd'hui sans objet en présence de la loi du 23 août 1871, qui soumet toutes les locations verbales à l'enregistrement dans un délai légal. Nous présentons plus loin le commentaire de cette loi.

Bail opposé à l'Administration. — Un bail par tacite reconduction ne pourrait pas non plus être opposée à l'Administration (Cass. 2 juin 1847, 1796 § 10 I. G., 14273 J. N., 13125 J. N., 7941 C., S. 47-1-675; — Cass. 19 nov. 1850, 1883 § 4 I. G., 15078 J. E., 14224 J. N., 9153 C., S. 50-1-779).

Jouissance antérieure. — Il a été spécialement décidé, le 31 janvier 1854, par l'Administration belge, que lorsqu'un bail verbal ou continué par tacite réconduction a reçu son exécution pendant plusieurs années, et que, dans la dernière année du bail, il intervient entre le propriétaire et le fermier un acte énonçant l'origine du bail, et par lequel le fermier s'engage à laisser l'immeuble à la disposition du propriétaire à la fin de la même année, le droit du bail est dû pour cette année, à l'exclusion des années antérieures. « Considérant, porte cette décision, que la tacite réconduction opère un bail verbal dont la durée est réglée par l'art. 1774 C. C., et que, d'après la jurisprudence sur la matière, la disposition de l'art. 13 de la loi du 22 frimaire n'est applicable qu'aux baux écrits; considérant que l'acte apprécié dans l'ensemble de ses dispositions produit l'effet d'un bail écrit pour un an, bien que la jouissance remonte déjà à six mois, et que, par suite, l'acte a donné ouverture au droit proportionnel établi. »

Liquidation du droit. — Cette décision indique implicitement la manière de liquider le droit dans les diverses hypothèses qui peuvent se présenter. Quelques explications nous paraissent nécessaires à cet égard.

Lorsque le bail a été fait sans écrit et qu'il n'a rien été stipulé sur sa durée, l'art. 1774 puise, dans le but même que le fermier s'est proposé en louant un immeuble, l'indication du terme qui le fait expirer.

Ainsi, quand la récolte se fait en une seule année, le bail sera d'une année; — s'il s'agit de fermes à céréales et divisées dès lors en *soles*, le bail sera d'autant d'années qu'il y a de *soles*.

Lorsque le bail verbal est d'un bois taillis, la question de savoir quelle est sa durée présente plus de difficultés, ainsi que le prouve le soin que prit le conseil d'État d'éviter de se prononcer, lors de la discussion de l'art. 1774 (*V.* Locré t. 7 n° 108). Cependant, les auteurs reconnaissent qu'il faut lui assigner pour durée le temps nécessaire à l'exploitation de toutes les coupes (Pothier *du Louage* n° 28, Duvergier n° 208, Troplong n° 766, Marcadé sur l'art. 1774 n° 1).

Quid s'il s'agit des immeubles qui donnent plusieurs récoltes par an, tels que les jardins potagers, les prairies? M. Troplong enseigne, *du Louage* n° 768, que le bail verbal est présumé devoir durer un an. « Le preneur, dit l'éminent jurisconsulte, n'est censé avoir recueilli tous les fruits qu'autant qu'il a joui des produits que l'année entière donne à son travail. En vain voudrait-on réduire le bail à six mois, cette prétention serait arbitraire, car les diverses récoltes ne suivent pas les divisions du semestre. »

Si nous faisons à ces principes du droit civil l'application de la décision de l'Administration belge, nous reconnaîtrons que si l'existence du bail verbal ou par tacite réconduction est constatée par un acte quelconque, *peu importe à quel moment de sa durée légale*, le droit sera exigible sur le nombre d'années compris dans cette durée, sans que jamais il puisse s'établir sur une période au-dessous d'une année.

Exemple : je déclare, en octobre 1873, me désister du bail de votre champ, que je reconnais avoir loué pour neuf ans, et moyennant 400 francs par an, par acte notarié du 1er janvier 1860. Le droit de bail ne sera exigible que sur 400 francs, représentant les fermages de 1873, bien que ma déclaration prouve que la tacite reconduction remonte au 1er janvier 1869. — Au contraire, nous résilions, en mai 1874, le bail de mon bois, divisé en vingt coupes annuelles, que vous reconnaissez avoir loué, *sans fixation de terme*, moyennant 6,000 francs par an, par acte notarié du 1er janvier 1852, le droit sera exigible sur vingt fois 6,000 francs, soit sur 120,000 fr., bien que la tacite réconduction ne date que du 1er janvier 1872, jour de l'expiration du bail écrit.

D'après l'art. 774, en effet, le bail verbal de votre champ ne devait avoir ici une durée légale que d'une année, puisque la récolte complète de ses fruits se fait en un an, tandis que la complète exploitation de mon bois ne pouvant durer moins de vingt années, le bail, une fois commencé, a dû comprendre toute cette période. Aussi, les actes qui constatent *par écrit* l'existence de ces deux baux sont-ils passibles, l'un du droit proportionnel sur un an seulement, et l'autre du même droit sur vingt années.

CHAPITRE V. — BAIL VERBAL OU SECRET

[2613-2754]

SECTION PREMIÈRE. — BAIL VERBAL

[2613-2739]

2613. Législation ancienne. — La loi du 22 frimaire an 7 a assujetti au droit proportionnel les transmissions d'usufruit et de jouissance (Art. 4). D'autre part, elle a permis d'établir la jouissance à titre de ferme de location ou d'engagement d'un immeuble pour la demande et la poursuite du payement des droits de baux ou engagements non enregistrés, par les actes qui la feront connaître (Art. 13).

On avait conclu de la combinaison de ces deux articles que les baux verbaux d'immeubles conférant une jouissance immobilière étaient sujets, comme les transmissions de propriété, à l'enregistrement dans un délai légal. Cette interprétation a prévalu jusqu'en l'an 9. A ce moment, la loi du 27 ventôse an 9, désirant faciliter le recouvrement du droit proportionnel sur les mutations verbales de propriété, a disposé, par son art. 9, que les nouveaux possesseurs devraient, lors même qu'il n'existerait aucun titre écrit de la mutation de propriété ou d'usufruit, en acquitter les droits au moyen d'une déclaration souscrite dans les trois mois. On a immédiatement pensé que puisqu'il avait fallu une loi pour atteindre les mutations verbales d'immeubles, c'est qu'elles n'étaient point antérieurement assujetties à l'impôt. Et comme la loi de l'an 9 était spéciale aux *transmissions de propriété ou d'usufruit*, on en a conclu que les transmissions de simple jouissance ou les baux demeuraient affranchis du droit et de la formalité de l'enregistrement quand elles n'étaient pas constatées par écrit. Cette doctrine, défendue devant la C. cass. par Merlin (*Rép.* v° *Enregistrement* n° 28) y a été, après un instant d'hésitation, définitivement adoptée dans des arrêts qui ont fixé la jurisprudence (Cass. 24 juin 1811, 4273 J. E., 659 et 1517 J. N., *P. chr.* 12, 17, 26 juin et 3 déc. 1811, *P. chr.* 33 et 67); — L'Administration s'y est presque aussitôt conformée (D. m. f. 5 nov. 1811, 550 et 557 I. G.); et depuis lors la question n'avait plus reparu. On tenait pour certain que les baux et locations verbales étaient absolument affranchis de l'enregistrement (*V.* Dalloz n° 120, Champ. 114, Laferrière *Droit public* t. 2 p. 134, Demante n° 99).

L'Administration devait, avant de réclamer le droit de ces mutations de jouissance, établir qu'elles étaient constatées par écrit (*V.* ci-après § 2).

2614. Législation nouvelle. — Ces dispositions ont été profondément modifiées par la loi du 23 août 1871, dont nous avons à commenter les dispositions.

Les articles de cette loi, qui constituent aujourd'hui le régime fiscal des baux et des locations verbales, sont ainsi conçus:

Art. 11. Lorsqu'il n'existe pas de conventions écrites constatant une mutation de jouissance de biens immeubles, il y est suppléé par des déclarations détaillées et estimatives, dans les trois mois de l'entrée en jouissance.

(§ 2). Si la location est faite suivant l'usage des lieux, la déclaration en contiendra la mention.

Les droits d'enregistrement deviendront exigibles dans les vingt jours qui suivront l'échéance de chaque terme, et la perception en sera continuée jusqu'à ce qu'il ait été déclaré que le bail a cessé ou qu'il a été résilié.

(§ 3). En cas de déclaration insuffisante, il sera fait application des dispositions des art. 19 et 39 de la loi du 22 frimaire an 7.

(§ 4). La déclaration doit être faite par le preneur, ou, à son défaut, par le bailleur, ainsi qu'il est dit à l'art. 14 ci-après.

(§ 5). Ne sont pas assujetties à la déclaration, les locations verbales ne dépassant pas trois ans, et dont le prix annuel n'excède pas 100 francs. Toutefois, si le même bailleur a consenti plusieurs locations verbales de cette catégorie, mais dont le prix cumulé excède 100 francs annuellement, il sera tenu d'en faire la déclaration et d'acquitter personnellement et sans recours les droits d'enregistrement.

(§ 6). Si le prix de la location verbale est supérieur à 100 francs, sans excéder 300 francs annuellement, le bailleur sera également tenu d'en faire la déclaration et d'acquitter les droits exigibles, sauf son recours contre le preneur, qui sera dispensé, dans ce cas, de la formalité de la déclaration.

(§ 7). Le droit sera exigible lors de l'enregistrement ou de la déclaration. Toutefois, si le bail est de plus de trois ans et si les parties le requièrent, le montant du droit pourra être fractionné en autant de payements égaux qu'il y aura de périodes triennales dans la durée du bail. Le payement des droits afférents à la première période sera seul acquitté lors de l'enregistrement ou de la déclaration, et celui des périodes subséquentes aura lieu dans le premier mois de l'année qui commencera chaque période.

(§ 8). La dernière disposition du n° 2 § 3 de l'art. 69 de la loi du 22 frimaire an 7, relative aux baux de trois, six ou neuf années, est abrogée.

Les dispositions du présent article ne seront exécutoires qu'à partir du 1er octobre prochain.

Art. 14. A défaut d'enregistrement ou de déclaration dans les délais fixés par les lois des 22 frimaire an 7, 27 ventôse an 9 et par l'art. 11 de la présente loi, l'ancien et le nouveau possesseur, le bailleur et le preneur, sont tenus personnellement et sans recours, nonobstant toute stipulation contraire, d'un droit en sus, lequel ne peut être inférieur à 50 francs.

L'ancien possesseur et le bailleur peuvent s'affranchir du droit en sus qui leur est personnellement imposé, ainsi que du versement immédiat des droits simples, en déposant dans un bureau d'enregistrement l'acte constatant la mutation, ou, à défaut d'acte, en faisant les déclarations prescrites par l'art 4 de la loi du 27 ventôse an 9 et par l'art. 11 de la présente loi.

Outre les délais fixés pour l'enregistrement des actes ou déclarations, un délai d'un mois est accordé à l'ancien possesseur et au bailleur pour faire le dépôt ou les déclarations autorisés par le paragraphe qui précède.

Les dispositions du présent article ne sont pas applicables au preneur dans les cas prévus par les §§ 5 et 6 de l'art. 11 ci-dessus.

Art. 17. Il est accordé un délai de trois mois, à compter de la promulgation de la présente loi, pour faire enregistrer sans droits en sus ni amendes tous les actes sous signatures privées qui, en contravention aux lois sur l'enregistrement, n'auraient pas été soumis à cette formalité.

Le droit ne sera perçu pour les baux ainsi présentés à l'enregistrement que pour le temps restant à courir au jour de la promulgation de la présente loi.

Le même délai de faveur est accordé pour faire la déclaration des biens transmis soit par décès, soit entre-vifs lorsqu'il n'existera pas de conventions écrites.

Les nouveaux possesseurs qui auraient fait des omissions ou des estimations insuffisantes dans leurs actes ou déclarations, sont admis à les réparer sans être soumis à aucune peine, pourvu qu'ils acquittent les droits simples et les frais dans le délai de trois mois.

Les dispositions du § 1er du présent article sont également applicables aux contraventions aux lois sur le timbre de dimension encourues à raison des actes sous signatures privées qui n'auraient pas été régulièrement timbrés.

Le bénéfice résultant du présent article ne peut être réclamé que pour les contraventions existant au jour de la promulgation de la présente loi.

La loi du 28 février 1872 a ajouté la disposition suivante : « Art. 6. Les obligations imposées au preneur dans le cas de location verbale par l'art. 11 de la loi du 23 août 1871 seront accomplies à l'avenir par le bailleur qui sera tenu du payement des droits, sauf son recours contre le preneur. Néanmoins les parties restent solidaires pour le recouvrement du droit simple. »

Cette législation a donné lieu à des plaintes nombreuses ; nous avons étudié, sous les nos 3873, 4002, 4072, 4183 et 4281 R. P., les réformes dont elle serait susceptible.

ARTICLE PREMIER. — DES BAUX SOUMIS A LA LOI

[2615-2652]

§ 1er. — *Baux ordinaires.*

[2615-2652]

2615. Conventions écrites. — L'art. 11 de la loi du 23 août 1871 n'impose l'obligation de déclarer la mutation de jouissance que quand il n'existe pas de conventions écrites. Il ne faut pas prendre ici le mot convention dans un sens limitatif, et en conclure que si la mutation résultait d'un autre acte, la déclaration deviendrait nécessaire. Il n'est pas douteux, par exemple, que si l'existence d'une location était constatée par un jugement qui lui serve de titre, ce jugement produirait le même effet que la convention.

C'est donc par erreur qu'un tribunal a jugé que la loi nouvelle n'était pas faite pour les locations verbales dont l'existence résulte d'un acte écrit présenté à l'enregistrement (Louviers 24 mars 1876. 4389 R. P.).

2616. Acte exempt ou prescrit. — La loi n'exige point de déclaration quand la mutation est constatée par un écrit, parce que les droits proportionnels sont dus et seront perçus sur ce titre. Mais il ne s'ensuit pas que la déclaration devienne nécessaire, si par suite d'une circonstance spéciale l'acte est dispensé du droit proportionnel. Ainsi, quand la mutation a fait l'objet d'un contrat dont les droits sont prescrits ou qui se trouvait affranchi de l'impôt, par exemple, en exécution de l'art. 58 de la loi du 3 mai 1841 sur l'expropriation, l'exemption équivaut au payement, et la situation des parties est la même que si leur titre avait supporté le tarif ordinaire. Elles n'ont donc à souscrire aucune déclaration.

2617. Administration légale. — La loi parle des mutations *de jouissance*. En droit civil, ce mot jouissance comprend l'usufruit proprement dit et tous ses dérivés. En matière fiscale, il ne s'applique pas à l'usufruit; il se restreint aux cas où le détenteur précaire d'une chose est autorisé à en percevoir temporairement les revenus sans en être d'ailleurs l'usufruitier. L'hypothèse la plus fréquente est celle du fermier ou du locataire; mais il en existe d'autres encore, parmi lesquelles il suffit de citer l'administration légale du père sur les biens de ses enfants.

Cette jouissance-là est-elle atteinte par la loi, et le père qui la recueille doit-il en faire la déclaration? Nous ne le pensons pas. L'exposé des motifs, le rapport de la commission, la discussion à l'Assemblée nationale, tous les travaux préparatoires, démontrent qu'on s'est occupé simplement de la jouissance prévue à l'art. 13 de la loi du 22 frimaire an 7, c'est-à-dire qui a lieu à titre de ferme, ou de location, ou d'engagement d'un immeuble, ou de jouissances qui peuvent lui être assimilées. La dévolution de la jouissance légale s'opérant à un autre titre ne paraît donc point soumise aux dispositions nouvelles.

2618. Mutations par décès. — D'après le texte de l'art. 11, la déclaration serait obligatoire pour toutes les mutations de jouissance, aussi bien dès lors pour celles qui ont lieu par décès que pour celles effectuées entre vifs. Nous ne croyons pas cependant qu'il comporte un sens aussi étendu. L'art. 11 a pour but d'appliquer aux jouissances la règle établie par l'art. 4 de la loi du 27 ventôse an 9 pour la propriété et pour l'usufruit. Or, ce dernier article est expressément limité aux mutations entre-vifs. C'est donc aussi à ces transmissions que la loi nouvelle se réfère. Son économie tout entière et celle des mesures destinées à en assurer l'exécution résistent absolument à une solution contraire. Nous tenons pour certain que la mutation par décès d'un bail opérée en faveur des héritiers du preneur ou du bailleur, continue à être affranchie du droit et de la formalité de l'enregistrement. — *V. Succession.*

2619. Mutation à titre gratuit. — Quant aux mutations entre-vifs, sont-elles toutes assujetties à la déclaration ?

Pas de doute pour celles qui ont lieu à titre onéreux. Mais en est-il de même des mutations à titre gratuit ? L'hypothèse, pour être rare, n'en existe pas moins. On peut citer le cas d'un parent qui offre un appartement gratuit à sa famille; celui d'un fermier qui, au lieu de céder sa location à prix d'argent, en fait donation à un tiers. Il est possible que ces situations particulières n'aient pas été prévues par le législateur, mais elles n'en tombent pas moins sous l'application de la loi. Que le locataire d'un immeuble paye un prix plus ou moins élevé, qu'il en soit même totalement affranchi, il n'est pas moins investi, par le contrat passé entre lui et le propriétaire, de la jouissance de cet immeuble. Peu importe que cette jouissance soit plus ou moins précaire, que le propriétaire se soit ou non réservé le droit d'y mettre fin à sa volonté, la mutation n'en est pas moins opérée dès que le tiers a été mis en possession, et, dans l'esprit comme dans le texte de la loi, le droit est dû pour toutes mutations de jouissance. Autrement tous les locataires ne manqueraient pas d'alléguer qu'ils détiennent l'immeuble gratuitement, et l'effet de la loi serait absolument manqué. Comment l'Administration prouverait-elle le contraire ? D'ailleurs la loi entend que le droit soit perçu sur la valeur locative réelle de l'immeuble, abstraction faite de l'importance du prix, puisqu'elle autorise l'Administration à faire établir cette valeur par une expertise. Ce n'est donc pas la fixation de ce prix entre les parties qui détermine l'exigibilité de l'impôt (2423 § 2 n° 2 I. G., Sol. du 7 août 1877; — Muret, 28 août 1877, 4974 R. P.).

1. LOGEMENT DE FAMILLE. — Cette situation se présente fréquemment à propos des logements qui sont fournis par le propriétaire d'un bâtiment à ses enfants ou à ses amis. L'instruction 2423-2 qui pose l'hypothèse formule ainsi la question et la réponse. « La déclaration est-elle obligatoire pour les locations prétendues faites à titre gratuit, par exemple pour la jouissance concédée par un père à ses enfants, sans payement de loyer, d'un appartement dans sa maison? — L'art. 11 soumettant à l'impôt toute mutation de jouissance de biens immeubles, des concessions, qui sont d'ailleurs cotisées à la contribution mobilière, sont passibles d'un droit suivant la déclaration qui doit en être faite.» — Cela n'a lieu toutefois que si une partie de l'immeuble est spécialement affecté à la jouissance du parent ou de l'étranger. Si ce parent ou cet étranger habitait en commun avec le propriétaire, il est manifeste qu'il ne serait plus titulaire de la jouissance de l'appartement et que la loi du 23 août 1871 resterait sans application (V. D. Cons. d'Ét. du 10 juill. 1874, 4232 R. P.).

Décidé en ce sens que quand toute une famille habite une propriété appartenant à l'un de ses membres sans que celui-ci se dépouille partiellement de ses droits à la jouissance de la propriété entière, il n'y a pas de transmission et aucun droit n'est exigible. Mais si le propriétaire d'une maison concède à certains membres de sa famille la jouissance particulière et exclusive d'appartements déterminées, il y a transmission de jouissance sujette à la loi (Sol. 6 déc. 1872). — V. 2630.

2. LOGEMENT DES FONCTIONNAIRES. — Mais il a été reconnu que les logements fournis gratuitement à certains fonctionnaires étant affectés plutôt à l'emploi qu'à la personne ne sont pas sujets à la déclaration : la jouissance reste véritablement à l'État ou à l'établissement public qui l'aliène à titre tout à fait précaire (Sol. 26 janv. 1872).

Il en est de même des logements concédés dans les gares aux agents dont l'habitation y est nécessaire (Toulon 8 déc. 1875, 4282 R. P.).

2620. Mutations conditionnelles. — Les mutations verbales conditionnelles de jouissance sont assujetties comme les autres à la nécessité de la déclaration. Seulement cette déclaration n'est obligatoire, selon les termes du § 1er de l'art. 11, que dans les trois mois de l'entrée en jouissance. Pour en citer un seul exemple, si une location verbale de maison est faite le 1er janvier 1874 à la condition qu'elle ne se réalisera que dans le cas où tel événement se produirait, les parties ne sont pas tenues à la déclarer avant l'arrivée de l'événement prévu, et elles ont trois mois, à partir de cette époque, pour le faire.

2621. — Meubles. — Cheptels. — Concessions. — La loi ne s'applique qu'aux mutations de jouissance d'immeubles. Par conséquent, tous les baux de meubles restent en dehors de ses prévisions. On n'aura à en déclarer aucun.

Cette exemption doit profiter particulièrement aux baux à cheptel, quand il ne s'agit pas d'un cheptel devenu immeuble par destination et loué avec la ferme sur lequel il est placé.

Elle profitera aussi à ces contrats si fréquents par lesquels un entrepreneur ou un propriétaire concède à une ville ou à des particuliers l'usage des eaux d'une source ou d'un canal; car il est de jurisprudence que ces contrats ne confèrent aux cessionnaires aucun droit de jouissance immobilière.

Des solutions des 17 octobre et 25 novembre 1871 l'ont décidé ainsi, en thèse générale, pour ces dernières concessions, sans distinguer entre les concessions temporaires ou perpétuelles.

2622. Places sur les marchés. — Mais la location des places qui sont occupées sur un marché par les vendeurs confèrent un droit de jouissance immobilière. Ces locations seraient assujetties à la loi du 23 août 1871 (Sol. 15 mars 1872).

Il en est de même quoique le marché soit exploité directement par la ville, et que le prix de location ait ainsi le caractère d'une redevance municipale. (Cass. 12 mai 1875, 4108 R. P.).

C'est ce qu'il faudrait décider aussi pour les places louées comme entrepôts de marchandises, quel que soit le délai de jouissance (Sol. 3 fév. 1872).

Mais les simples autorisations de police d'occuper temporairement la voie publique ne sont pas des baux sujets au droit (Seine 27 mai 1876, 4442 R. P.).

Dans tous les cas, l'existence de la location doit être prouvée par des actes opposables aux parties (Sol. 7 août 1877).

2623. Places d'église. — Les locations de places dans les églises, qu'elles soient à vie ou pour un temps limité, ont toujours été considérées comme ne transférant aux preneurs qu'un droit mobilier. Elles ne peuvent dès lors être régies par la loi du 23 août 1871, qui ne s'applique qu'aux mutations de jouissance de biens immeubles. — En conséquence, la situation des fabriques, relativement aux locations de places dans les églises, n'a pas été modifiée par la loi du 23 août 1871, et elles n'auront pas à déclarer celles qui ont été consenties verbalement avant la loi, ou qui pourront l'être ultérieurement, soit pour une ou pour plusieurs années, soit pour la vie des preneurs (D. m. f. 15 janv. 1872, 3379 R. P.).

2624. Récoltes. — Les conventions qui confèrent le droit de recueillir pendant une certaine période les récoltes d'un terrain, sont ou non assujetties à la déclaration, selon qu'elles constituent un bail ou une vente de meubles. La loi nouvelle n'apporte aucune modification aux règles qui servent à la détermination de chacun de ces contrats. C'est en se reportant aux principes développés aux nos 2755 et suiv. qu'on trouvera les éléments de la solution dans chaque affaire.

1. CARRIÈRES. — Par application de ce principe, il a été reconnu que les concessions du droit d'exploiter une carrière

sont des ventes mobilières auxquelles la loi du 23 août 1871 n'est pas applicable (Sol. 1er déc. 1871).

2. MINES. — Les concessionnaires de mines sont tenus de déclarer les locations de terrains qu'ils occupent pour leur exploitation. Mais si la redevance qu'ils payent pour cette exploitation est fixée au double du produit annuel, conformément à la loi du 21 avril 1810, il y a lieu de les admettre à faire une ventilation et de n'acquitter le droit de bail que sur la valeur locative réelle, le surplus de la redevance étant une indemnité passible du droit de 50 cent. pour 100 (Sol. 28 déc. 1871). — V. *Mines*.

2625. Bail à portion de fruits. — A s'en tenir aux règles générales du droit, les baux à colonage ou à portion de fruits eussent été certainement soumis à la déclaration. Ils confèrent, en effet, au colon une jouissance dont l'exercice est soumis à toutes les dispositions relatives aux locations ordinaires. Il n'y a de différence qu'à l'égard du prix, qui est représenté dans l'espèce par une quotité indéterminée des fruits futurs, tandis qu'il l'est ordinairement par une somme d'argent ou une quantité fixe de denrées. Mais la seule influence que cette différence produit sur la perception, c'est, comme l'a reconnu la C. cass. par arrêt du 9 mai 1826, que les fruits doivent être évalués, pour la liquidation du droit de bail, par une déclaration estimative et non à l'aide des mercuriales.

Cependant l'exposé des motifs de la loi et le rapport de la commission énoncent que l'art. 11 ne s'applique pas au bail à colonage, dit bail à moitié fruit, parce que « ce bail est considéré, au regard de la loi fiscale, comme une association, et n'est passible que du droit fixe. »

Cette dernière affirmation nous surprend. Nous avons toujours vu percevoir le droit de bail, et jamais le droit fixe de société sur les colonages ou locations à portion de fruits. L'Administration l'a maintes fois décidé ainsi. S'il est vrai qu'ils participent à certains égards de la société, parce que les fruits revenant au propriétaire semblent le produit d'une collaboration commune, il est certain aussi que dans leurs éléments essentiels et caractéristiques, ils dérivent du bail. La jurisprudence civile l'a reconnu en maintes circonstances (*V.* C. Nîmes 14 août 1850, D. P. 1851 2 114; — C. Paris 21 juin 1856, S. 1856 2-560; — Limoges 21 juill. 1839 et 6 juill. 1840, Duvergier t. 1er n° 87, Troplong *Louage* n° 630, Marcadé art. 1763). La Cour de cassation l'a également décidé en matière fiscale. Appelée à déterminer la nature du tarif applicable à ces baux depuis la loi du 23 août 1871, elle a reconnu qu'ils continuent à être sujets au droit de 20 cent. pour 100 (Cass. 8 fév. 1875. 4027 R. P.).

Mais il n'en résulte pas que ces sortes de locations soient assujetties à la déclaration obligatoire. Le législateur a trop nettement manifesté son intention de les en dispenser. Préoccupé de favoriser les exploitations agricoles, il a voulu accorder un bénéfice spécial aux baux partiaires (4027 R. P.; 2516 § 1er I. G.). Nous verrons qu'un désir analogue l'a conduit à un même résultat pour les appartements meublés, n° 2635.

1. BAIL A PORTION DE FRUITS ET BAIL ORDINAIRE. — Il avait été spécialement décidé que le bail à portion de fruits d'un domaine pour trois, six ou neuf ans, moyennant un droit de cour de 100 francs pour la jouissance des bâtiments de la ferme, 100 doubles décalitres de froment, 100 doubles décalitres d'avoine, 50 doubles décalitres d'orge, une part dans les cheptels et menus suffrages évaluée 25 francs par an est passible 1° du droit fixe gradué sur la valeur à déclarer pour une durée de trois ans seulement, de la jouissance des immeubles autres que les bâtiments considérés comme loués, de la jouissance du cheptel et de la valeur du travail du colon ; — 2° du droit de bail pour trois ans sur la jouissance de 100 francs payés pour la jouissance des bâtiments de la ferme et sur la valeur des redevances fixes qui n'ont pas le caractère d'un partage de fruits (Sol. 20 janv. 1873).

Il est bien entendu que si aucun prix particulier n'était stipulé pour les bâtiments de la ferme, on ne serait pas autorisé à percevoir un droit de 20 cent. pour 100 sur leur jouissance. En effet, bien que les bâtiments soient occupés exclusivement par le metayer, il faut considérer qu'ils servent nécessairement à assurer la production des fruits à partager et qu'ils deviennent ainsi une dépendance intime du colonage.

2. PROROGATION. — A l'expiration de la première comme de la seconde période, la continuation du bail doit être considérée comme le résultat d'une convention tacite ou verbale et déclarée par le bailleur dans le délai et sous les peines fixés pour les locations verbales (Sol. 20 janv. 1873).

3. CESSION. — L'acte par lequel le propriétaire d'un domaine affermé à portion de fruits et partie à prix d'argent cède ses droits à un tiers pendant le cours du bail, est passible 1° du droit de 50 cent. pour 100 (cession de part sociale) sur la part qui revient au cédant dans les produits en nature ; — 2° du droit de 1 pour 100 sur la part des fermages en argent (Sol. 19 oct. 1872). — V. *Société*.

Mais toutes ces solutions sont devenues sans intérêt depuis l'arrêt du 8 février 1875.

2626. Chasse. — Pêche. — La chasse et la pêche constituent un véritable produit des biens sur lesquels elles s'exercent. Ainsi que la C. cass. l'a reconnu, à propos du droit de succession, elles peuvent faire l'objet d'un bail qui entre alors dans les éléments légaux servant à déterminer le revenu de l'immeuble (Cass. 7 avr. 1868, n° 2630 R. P.). Une telle location, consentie verbalement, tombe nécessairement sous l'application de la loi nouvelle.

2627. Boues et vidanges. — Il en est de même en droit strict des locations de boues ou de vidanges quand l'entrepreneur acquitte une redevance au propriétaire. « Lorsque, au lieu de stipuler un salaire, porte un arrêt de la C. cass. du 28 nov. 1860, l'adjudicataire, en considération des produits à réaliser successivement dans l'exploitation du droit qui lui est concédé pour une durée limitée, s'engage lui même à payer une redevance périodique pendant la durée de sa concession, le caractère dominant de la convention est celui du louage de choses...; l'adjudicataire jouit du droit exclusif de recueillir le produit des rues » (1416 R. P.). Cette jouissance, si singulière qu'elle paraisse, s'exerçant sur un immeuble, devrait être déclarée comme tous les baux d'immeubles. Mais l'Administration n'a guère d'intérêt à insister pour l'application de la loi en ce qui la concerne.

2628. Entreprises de publicité. — Nous dirons la même chose de la convention assez commune, dans les villes, par laquelle un propriétaire de batiment cède à un tiers le droit temporaire d'utiliser la façade de la construction pour un service de publicité. Les compagnies de chemins de fer louent à un prix assez élevé certains emplacements de leurs gares pour l'exercice de cet industrie. Son objet est évidemment la jouissance de l'immeuble, suivant le mode approprié aux besoins des locataires. Il y aurait donc lieu d'en faire la déclaration (Sol. 27 nov. 1872).

2629. Buffets des Gares. — La même solution s'applique, par identité de motifs, aux locations d'emplacement et de locaux destinés à l'établissement de buffets et de buvettes dans les gares.

1. BAIL INDÉTERMINÉ. — Décidé spécialement que ces baux, faits pour une durée indéterminée, mais résiliables tous les trois mois à la faculté du bailleur et du preneur, doivent être considérées comme des baux de trois mois passibles du droit de 20 cent. pour 100 qui est exigible dans les vingt premiers jours de l'échéance de chaque trimestre (Sol. 29 mars 1872, Sol. 10 janv. 1873.

2. DURÉE LIMITÉE. — Si la compagnie a seule le droit de resiliation, le preneur est engagé pour toute la durée de la concession, mais le bail ne peut être considéré comme illimité puisqu'il prendra nécessairement fin avec la concession de la compagnie. Le bail est donc comme fait pour la durée de cette concession et le droit est de 0,20 pour 100 est exigible avec faculté de fractionnement par périodes triennales (Sol. 10 janv. 1873).

2630. Concierges. — Domestiques. — Ouvriers. — On ne saurait considérer comme une mutation de jouissance tombant sous l'application de la loi, les stipulations par lesquelles un propriétaire accorde à certains individus un droit temporaire d'habitation dans son immeuble, quand cette concession est l'accessoire d'un autre contrat. Tels sont, pour en citer des exemples les logements accordés aux concierges et aux domestiques. Cette exception s'étendrait-elle aux ouvriers logés dans des bâtiments attenant aux usines où ils sont occupés? La *Gazette des Tribunaux*, qui a prévu l'hypothèse, la discute en ces termes :

« Nous ne croyons pas que l'on puisse obliger les sociétés qui logent leurs ouvriers dans les conditions qui viennent d'être indiquées, à faire la déclaration prescrite par la loi du 23 août 1871. En effet, il n'y a pas dans les rapports de la société et de ses ouvriers de bail à loyer. L'ouvrier est logé comme le sont, chez beaucoup de propriétaires, les gens de service. Cela est si vrai que, lorsque l'ouvrier cesse son travail, il quitte le logement que lui donnait la société, sans qu'on ait à se préoccuper de savoir si son départ coïncide avec une des époques d'usage pour la sortie des locataires. D'ailleurs, dans le cas où la société ne fournit pas le logement tout à fait gratuitement et où elle exige une légère rétribution, il faut, pour l'application de la loi, comparer cette rétribution avec la valeur locative de l'habitation. S'il est évident que cette rétribution est de beaucoup inférieure à la valeur locative, si elle n'a que le caractère d'une indemnité pour certaines dégradations que l'ouvrier pourrait causer en habitant le logement qui leur est fourni, le droit d'enregistrement nedoit pas être perçu ; car toutes les fois que le logement est gratuit, il n'y a pas de bail, et alors il n'y a lieu ni à la déclaration de la loi du 23 août, ni au payement des droits d'enregistrement » (*Gazette* du 8 nov. 1871).

Nous écartons le second argument. Il n'est nullement établi, en effet, que les mutations de jouissance opérées à titre gratuit échappent à la loi nouvelle. Nous avons pensé le contraire (2619). Mais quand l'ouvrier est logé par l'industriel, comme le domestique l'est par son maître, on peut dire que la jouissance de l'appartement reste toujours au maître. En admettant même qu'il y ait une mutation de jouissance au profit du domestique, cette jouissance n'est qu'un accessoire de la convention, et c'est en considérant la disposition principale de cette convention qu'il faut régler l'application des droits d'enregistrement. Or, nul doute que les marchés d'industrie ne sont pas assujettis à l'enregistrement dans un délai légal. La loi nouvelle n'a pas entendu les y soumettre, non plus qu'elle n'a voulu déroger au principe général d'après lequel c'est la disposition dominante de la convention qui détermine l'exigibilité du droit.

On a ainsi décidé que le logement fourni à un employé de gare pour l'exercice de son emploi n'est passible d'aucun droit (Toulon 8 déc. 1875, 4282 R. P.).

Mais l'exception cesserait de s'appliquer s'il ne s'agissait plus d'ouvriers logés comme le sont les domestiques à raison des services personnels qu'ils sont tenus de donner à l'immeuble ou aux personnes qui l'habitent. Si un propriétaire d'usine, par exemple, jugeait bon de construire aux environs de son immeuble des logements qu'il louerait ensuite à ses ouvriers par un contrat distinct du contrat qui les attache à l'établissement, cette location ne serait plus une disposition dépendant du marché d'industrie. Elle aurait le caractère d'un bail ordinaire, tombant sous l'application de la loi du 23 août 1871 (Sol. 30 nov. 1871). Seulement l'Administration a toujours accordé, dans ce cas, des facilités exceptionnelles pour le payement de l'impôt. Elle admet le propriétaire à faire la déclaration pour un an, qu'il y ait ou non des changements de locataires (Sol. 25 juill. 1872). — V. 2619-2.

2631. Antichrèse. — L'antichrèse doit être traitée comme un bail ordinaire. Le débiteur n'y cède, selon la remarque de Proudhon (n° 79), qu'une perception de fruits à faire sur son fonds pour servir à l'acquit de sa dette, et le créancier n'acquiert que l'espèce de possession qui lui est cédée. Bien que la loi fiscale les ait soumises à un tarif particulier de 2 pour 100 sous le titre d'engagement d'immeubles (L. 22 frim. an 7 art. 69 § 5 n° 5), elles n'en sont pas moins assimilées, pour la perception, à toutes les règles des baux (M. Demante n° 21). L'art. 13 de la loi de l'an 7, dont la loi nouvelle fait revivre les dispositions, les comprend nommément parmi les mutations de jouissance. Il est certain que, si elles avaient lieu verbalement, il faudrait les déclarer conformément au § 1er de l'art. 11 (*Contrà :* M. Demante L. 23 août 1871 p. 108 note 2).

2632. Bail à vie et à durée illimitée. — Nous pensons également que ce texte s'applique aux baux à vie et à durée illimitée. On ne peut méconnaître, d'une part, que ces conventions sont des locations dont la seule différence avec les locations ordinaires, gît dans la durée, et, d'autre part, qu'elles sont comprises dans l'expression générique : *mutation de jouissance*, de l'art. 11. Encore bien qu'il n'en ait été question, ni dans les rapports, ni dans les discussions préparatoires de la loi, on est cependant forcé de reconnaître que le texte seul suffit à les atteindre. Seulement l'Administration ne leur applique pas le nouveau mode de fractionnement de la perception établi pour les baux à périodes (3510 R. P.—V. *infrà* n° 2694).

Il en est de même de tous les autres contrats qui confèrent au preneur une jouissance plus ou moins indéfinie et n'ont pas le caractère de la vente. Ce n'est pas le lieu d'en indiquer ici les variétés et les différences. On les trouvera dans les chapitres où nous avons traité des baux héréditaires, à complant, à convenant, à locatairie perpétuelle, et des baux emphytéotiques.

Quant à la question de savoir comment les baux à temps se distinguent des baux à durée illimitée, nous l'avons examinée au n° 2564 *suprà*.

Il a été décidé spécialement, à cet égard, et pour l'application de la loi du 23 août 1871 :

1° Que si un appartement est loué pour tout le temps que le locataire voudra, il s'agit là d'un bail à vie, passible du droit de 4 pour 100 sur dix fois le prix de la location annuelle (Sol. 6 et 14 nov. 1871);

2° Que, quand un acte sous signature privée, rédigé et enregistré antérieurement à la loi du 23 août 1871, et contenant bail d'immeubles pour six ans, avec faculté pour le preneur de le proroger pendant six autres années, n'a été assujetti au droit que pour six ans, il y a lieu de réclamer le droit complémentaire sur les six dernières années, sans attendre l'expiration de la première période, parce que ce droit aurait dû être perçu lors de l'enregistrement, c'est-à-dire antérieurement à la loi du 23 août 1861 (Sol. 5 juin 1872);

3° Que le bail consenti pour trois ans, avec faculté, au profit du preneur, de le proroger pendant toute la durée de son séjour dans la localité, est un bail à vie, même depuis la loi nouvelle (Sol. des 26 fév. et 22 sept. 1872);

4° Que le bail cesse d'être à vie quand certaines circonstances lui assignent une durée limitée : par exemple, quand le bail est fait par un conducteur de travaux pour tout le temps que ces travaux, d'une durée nécessairement limitée, le retiendront dans la localité (Sol. du 14 janv. 1873), — ou que la location est consentie à un fonctionnaire pour toute la durée de ces fonctions, attendu que le terme que les parties ont eu en vue est l'avancement, ou tout au moins la mise à la retraite du fonctionnaire, que l'âge où aura lieu cette mise à la retraite soit ou non irrévocablement déterminé par les réglements (Sol. des 2 et 3 août 1872);

5° Que si le bail fait sans durée limitée, est résillable chaque année à la volonté des deux parties, il doit être assimilé à un bail fait suivant l'usage des lieux et assujetti au droit de 20 pour 100 sur un an, sauf continuation de la perception annuelle jusqu'à déclaration de cessation (Sol. 8 juill. 1873).

1. LA LOI NOUVELLE N'A PAS SUPPRIMÉ LES BAUX A DURÉE ILLIMITÉE. — On a soutenu que depuis la loi du 23 août 1871, il n'y avait plus de baux d'une durée illimitée parce que de l'ensemble de ces dispositions il résulte que la perception est toujours forcément établie sur une période de trois ans au plus (J. du not. 20 fév. 1872).

Cette conclusion est inacceptable.

La disposition qui abroge l'art. 69 § 3 n° 2 de la loi du 22 frimaire an 7 sur les baux à périodes, celle qui autorise le fractionnement des baux de plus de trois ans, enfin celle qui règle le payement des droits pour les locations faites suivant l'usage des lieux sont toutes relatives à des baux à durée limitée. Elles ont laissé en dehors de leurs prévisions les locations qui sont faites sans expression de durée et qui par leur nature ou les termes de l'acte n'en comportent pas de précise. Les baux restent par conséquent soumis à l'ancien taux de 4 pour 100. Ils ne tombent sous l'empire de la loi du 23 août 1871 qu'à raison du principe général qui atteint toutes les mutations de jouissance.

L'Administration s'est prononcée plusieurs fois en ce sens.

2. USAGE DES LIEUX. — Dans beaucoup de villes les locations sont faites sans durée et se continuent indéfiniment jusqu'à ce que l'une des parties donne congé à l'autre. En principe, ce sont là des baux à durée illimitée. Néanmoins, il a paru que l'esprit de la loi avait été de les considérer comme faites seulement pour une durée de trois mois. Le seul droit exigible est donc celui d'un trimestre (Sol. 31 mai, 21 juin 1872).

2633. Concessions pour sépultures. — Les concessions de terrains servant à des sépultures sont considérées, en matière fiscale, comme des baux passibles du droit de 20 cent. pour 100 si elles sont faites à temps, et comme des baux à vie sujets au droit de 4 cent. pour 100 si elles sont perpétuelles. C'est assurément une singulière mutation de jouissance que celle-là ! Néanmoins, la conséquence rigoureuse de la perception du droit de bail est qu'il faudrait appliquer à ces conventions, si par impossible elles avaient lieu sans écrit, les dispositions de la loi nouvelle. Mais on n'insiste pas à leur égard. Une Sol. du 15 octobre 1877 a reconnu que la loi du 23 août 1871 ne leur serait pas appliquée (4823 R. P.).

2634. Bail à l'État. — Il faut aussi soumettre à la loi les locations dont le prix est directement ou indirectement payé par le Trésor public ; par exemple, les locations d'immeubles particuliers où sont logés certains fonctionnaires publics. Quand le prix est à la charge directe de l'état, le bail est, à la vérité, affranchi de tout droit proportionnel, et la déclaration ne peut amener aucune perception ; mais ce n'est pas seulement pour augmenter la recette des droits de bail que la loi est intervenue, « c'est surtout, dit l'Exposé des motifs, à cause de l'influence que l'enregistrement des baux exercera sur le produit des droits de succession. » Or, il est aussi utile de connaître le prix d'une location verbale faite à l'État, que celui d'un bail consenti à un particulier. Il y a donc même raison d'en exiger la déclaration. D'ailleurs quand les frais du bail sont mis à la charge du bailleur, les droits ordinaires deviennent exigibles (D. m. f. 25 nov. 1872).

1. CONTRIBUTIONS INDIRECTES. — Ce principe a été appliqué aux baux des bâtiments occupés par certains agents des contributions indirectes. Ces baux étant passés habituellement au profit de ces agents tombent sous l'application de l'art. 11 de la loi du 23 août 1871, même pour la partie des prix supportée par l'Administration. Le montant du droit peut être fractionné en autant de payements qu'il y a de périodes triennales, mais les agents ne sauraient acquitter ce droit annuellement (D. m. f. 26 oct. 1871, Sol. 3 nov. 1871).

Le droit n'est liquidé que sur la portion du prix à la charge de l'agent (Sol. 25 nov. et 4 déc. 1872, 11 janv. 1873).

2. POSTES. Les baux consentis aux receveurs des postes sont passibles du droit sur la totalité du prix, sans qu'il y ait lieu d'admettre de ventilation pour la partie du local affecté au service des bureaux. En effet, l'administration des postes, à la différence de celle des contributions indirectes, ne prend à sa charge aucune partie du loyer; elle se borne à rembourser ses agents au moyen d'une allocation générale de frais de bureau ou de régie (Sol. 3 déc. 1871).

2634 *bis*. Agents diplomatiques. — Les agents diplomatiques étrangers étant assujettis en France aux impôts indirects payés par tous les nationaux (Cass. 26 avril 1815. — V. 2129), il n'y avait aucune raison de les soustraire à l'application de la loi du 23 août 1871 (Sol. 12 fév. 1872).

Cependant quelques-uns ont insisté pour ne pas payer le droit et des considérations politiques d'un ordre supérieur ont forcé d'accueillir leur demande (D. m. f. 13 fév. 1873), tant pour les baux de leurs hôtels que pour les locaux occupés en dehors par leur personnel (Sol. 15 avr. 1873).

Mais ce sont là des décisions de pure faveur auxquelles il ne faut pas s'arrêter.

2635. Appartements meublés. — Les locations d'appartements meublés sont-elles atteintes par la loi? La question a été posée au rapporteur, et voici en quels termes il y a répondu à la tribune: « Les personnes qui occupent des appartements meublés ne sont pas considérés, au regard de la loi fiscale, comme des locataires. Et, en effet, elles ne payent pas la cote mobilière, ni l'impôt des portes et fenêtres. La personne qui est considérée comme ayant toujours la jouissance de ces appartements, c'est le logeur, c'est celui qui loue en garni; en sorte que si un propriétaire veut meubler sa maison et louer tous ses appartements en garni, il est considéré comme un logeur. — C'est lui qui conserve la jouissance de la maison; c'est lui qui paye l'impôt mobilier, l'impôt des portes et fenêtres; par conséquent, il n'y a pas alors à payer le droit de bail. C'est exactement le cas d'un propriétaire qui exploiterait lui-même sa ferme. Dans ce cas-là, il n'y a pas de mutation de jouissance, et, par conséquent, il n'y a pas lieu de percevoir les 20 centimes pour 100 sur le montant du prix payé par les personnes qui occupent ces appartements. Ce que je dis, c'est du moins ce qui a lieu généralement. — Il peut arriver qu'une location en garni constitue un véritable bail, et donne ouverture au droit proportionnel de l'enregistrement. Ainsi, par exemple, un propriétaire meuble sa maison, la loue en totalité ou en partie à quelqu'un qui vient l'habiter lui-même ou l'exploiter comme logeur; dans ce cas-là, le preneur est un véritable locataire, il paye l'impôt mobilier, l'impôt des portes et fenêtres, il sera tenu de payer l'impôt de 20 centimes pour 100 dont nous nous occupons en ce moment; cela me paraît incontestable. Le locataire, dans ce cas-là, fera sa déclaration sur le prix qui est afférent à la valeur de l'immeuble et non pas sur le prix afférent à la location des objets mobiliers, et cela est parfaitement légal, il n'a pas besoin de s'en cacher. Il pourra dire au receveur de l'enregistrement: J'ai loué la maison 10,000 francs, mais j'estime que 5,000 francs sont afférents à la location du mobilier, et 5,000 francs seulement afférents à l'immeuble. Je fais ma déclaration pour 5,000 francs. Voilà des solutions qui sont incontestables. Tout se réduit à cette question: Celui qui occupe un appartement garni est-il ou n'est-il pas locataire? S'il ne paye pas les impôts mobiliers et des portes et fenêtres, il n'est pas considéré comme un locataire; c'est le logeur qui continue à avoir la jouissance. L'art. 11 ne recevra son application que dans les conditions que je viens d'indiquer. Je crois que ces explications, consignées dans le *Journal officiel*, seront suffisantes pour donner à l'art. 11 l'indication de sa véritable portée et de son véritable sens » (Séance du 21 août 1871, R. P. nº 3360, p. 551, 552).

La distinction précédente serait difficile à justifier en droit. Que le propriétaire d'une maison loue lui-même en détail toutes ses chambres meublées ou qu'il cède la maison entière à un principal locataire qui fera ensuite les sous-locations à ses frais, est-ce que le contrat n'est pas identiquement le même à son égard? Et ne s'agit-il pas toujours d'une mutation de jouissance, d'un bail ordinaire? On ne peut expliquer la gratuité accordée dans le premier cas au bailleur que par la raison qui justifie l'exemption des baux à colonage, celle de favoriser exceptionnellement le propriétaire qui exploite lui-même son immeuble, nº 2625.

1. VOYAGEUR. — Il serait néanmoins difficile de considérer comme un locataire proprement dit, dans le sens de la loi, le voyageur qui vient passer une saison aux eaux, ou qui s'installe pour quelques semaines en passant dans un endroit. Ce voyageur n'est pas assujetti à la contribution des portes et fenêtres ni à la contribution mobilière, il n'est pas habitant de la commune où il passe. On ne peut donc pas dire qu'il s'est opéré à son profit une mutation de jouissance. L'Administration a décidé plusieurs fois qu'il n'y avait de ce chef aucune déclaration à faire (Sol. 24 janv. 1872).

2636. Baux de meubles et d'immeubles. — Il n'est pas besoin d'ajouter que la règle indiquée pour la détermination du prix sujet au droit en matière de location d'appartements meublés s'étend à tous les cas où il s'agit d'un bail unique de meubles et d'immeubles. Comme les locations de meubles sont affranchies de la déclaration et du payement du droit, les parties devraient ventiler la portion du prix applicable aux immeubles. Leur évaluation serait ensuite contrôlée par les moyens indiqués au § 3 de l'art. 11.

2637. Prorogation. — Les prorogations de bail, soit qu'elles résultent d'une convention expresse, soit qu'elles résultent d'une tacite réconduction, constituent des mutations de jouissance ayant tous les caractères du bail dont elles accroissent la durée. Il faut donc y appliquer la même règle. Seulement, on distinguera entre elles pour le mode de payement du droit. S'il s'agit d'une prorogation intervenue après un bail à durée limitée, on devra en faire la déclaration comme celle d'un bail ordinaire, avec cette circonstance que la prorogation sera toujours soumise au § 2 de l'art. 11. Mais s'il s'agit de la réconduction tacite d'un bail fait suivant l'usage des lieux et déclaré comme tel, il n'y a aucune déclaration à souscrire, puisque, ainsi que nous le verrons, le droit est exigible à chaque terme pour ces baux jusqu'à ce qu'on soit venu notifier leur cessation.

A quels signes distinguer les deux hypothèses?

Le législateur l'indique lui-même, semble-t-il, en imposant aux parties l'obligation de déclarer la cessation du bail pour éviter la perception indéfinie du droit. Cette perception ne s'applique donc, dans sa pensée, qu'aux locations qui ne finissent pas à un jour fixe, mais se continuent de plein droit tant que l'une ou l'autre des parties ne les fait pas cesser. Donc, toutes les fois qu'un bail à ferme ou à loyer devra, soit en vertu de la loi, soit en vertu des usages locaux, prendre fin à une époque déterminée, l'exigibilité du droit s'arrêtera aussi au même moment. Si le preneur reste en possession et s'il s'opère à son profit une tacite réconduction, c'est alors un nouveau bail qui recommencera, et ce bail est soumis à la formalité de la déclaration.

1. BAIL ENREGISTRÉ. — L'acte de prorogation sous seing privé d'un bail courant soumis à la formalité, doit être enregistré provisoirement au droit fixe, par application du 7e alinéa de l'art. 11 de la loi du 23 août 1871; le payement du droit proportionnel ne devant avoir lieu que dans le premier mois de l'année où la prorogation aura commencé à produire effet. Toutefois, le droit fixe à percevoir provisoirement ne peut excéder celui de 20 pour 100, liquidé pour toute la durée du bail, et les parties doivent être admises, si elles le demandent, à acquitter ce droit de 20 cent. pour 100. Enfin, l'acte de prorogation sous seing privé doit être présenté à la formalité dans les trois mois de sa date, attendu que la loi du 23 août 1871 n'a pas modifié la disposition de l'art. 22 de la loi du 22 frimaire an 7, relative à l'obligation de faire enregistrer sous peine d'amende, dans un délai déterminé, les actes translatifs de jouissance immobilière. Le défaut de formalité dans les trois mois, donne donc ouverture aux peines édictées par l'art. 14 de la loi du 23 août 1870 (Sol. 31 janv. 1873, Sol. 10 juill. 1873).

2. CESSIONNAIRE. — Mais l'acte par lequel le propriétaire d'un hôtel affermé à un preneur qui a cédé son droit à un tiers consent une prorogation à ce tiers, est un bail indépendant du premier et de la cession. Il doit être enregistré dans les trois mois de sa date au droit proportionnel (Sol. 14 oct., 27 nov. 1872, et 14 juin 1873).

2638. Sous-baux. — Cessions. — Subrogations. — Les sous-baux, cessions et subrogations de baux, ont été assimilés aux baux par l'art. 69 § 3 no 2 de la loi du 22 frimaire an 7. Bien que la loi du 16 juin 1824 n'ait réduit le tarif qu'à propos des baux, il est devenu de jurisprudence que cette expression embrasse également les sous-baux, les cessions et les subrogations de baux. Ces diverses conventions réalisent d'ailleurs une mutation de jouissance parfaitement caractérisée, puisque le bail passe d'une tête sur l'autre. Il n'y avait donc pas de raison de ne pas les soumettre à l'application de la nouvelle loi.

Toutes les fois que le preneur se substituera un tiers, soit par l'effet d'une sous-location ordinaire, soit au moyen d'une cession ou d'une subrogation, la déclaration devient nécessaire, et un droit distinct du droit perçu pour le bail primitif sera dû. L'instruction no 2453 § 1er no 2, le décide ainsi à propos des baux écrits. « Lors de la présentation simultanée, dit-elle, d'un acte de bail principal et d'un acte de sous-location, chacun de ces actes doit être assujetti à une perception distincte et indépendante. »

Ajoutons une remarque à propos de la cession qui émane du bailleur. On sait que la jurisprudence n'est pas encore bien fixée sur le caractère de cette convention. Nous avons pensé qu'elle équivalait tout simplement à une cession de fermages ou des loyers à échoir, et donnait ouverture au droit de 1 pour 100. C'est l'opinion qui a été adoptée dans la Solution du 19 octobre 1872, rapportée au no 2625-3. Plusieurs tribunaux, et notamment le tribunal de la Seine ont décidé, au contraire, qu'en cédant le droit de percevoir les loyers, le bailleur abandonnait virtuellement la jouissance de la maison, ce qui justifiait la perception du droit de bail. — V. 2580.

Du parti que l'on prendra dans ce débat résultera ou non l'obligation de déclarer la convention et d'en payer les droits, conformément à l'art. 11 de la loi du 23 août 1871.

1. BAIL COMMENCÉ. — Quand le bail est cédé au cours d'une période, le droit de 20 pour 100 est dû par le cessionnaire sur le temps restant à courir de cette période, indépendamment de celui qui a pu être payé sur l'intégralité de la période commencée; et si le droit dû pour cette période n'a pas encore été payé lorsque la cession du bail est enregistrée, droit perçu sur le temps restant à courir ne fait pas obstacle à la demande du droit applicable au bail primitif pour cette même période, ce droit ayant été acquis au Trésor le jour même où elle a commencé, c'est seulement du droit applicable aux périodes subséquentes que le preneur primitif est affranchi (Sol. 6 sept. 1872.)

2639. Rétrocessions. — Résiliations. — Les rétrocessions, résolutions ou résiliations de baux sont également assujetties au tarif de baux, tel qu'il est établi par les lois de l'an 7 et de 1824. Non moins que les cessions de baux, elles emportent l'idée d'une mutation de jouissance, car le propriétaire rentre, par leur effet, dans une jouissance qu'il avait aliénée. C'est, en résultat, un nouveau bail qui s'opère, et pour lequel il faut payer l'impôt. Ces résiliements devraient donc être déclarés, non-seulement dans le cas prévu au § 2 de l'art. 11 L. 23 août 1871, pour faire cesser la perception sur les locations faites suivant l'usage des lieux (2418 p. 6 I. G.), mais encore, et en toute hypothèse, pour acquitter le droit proportionnel auquel ces résiliations sont privativement assujetties. Mais on les en a dispensé plutôt par esprit de modération que par application des principes. L'Administration a admis et elle admet encore actuellement que les résiliations de baux sont sujettes au droit fixe de 3 francs, quand le droit proportionnel n'est pas inférieur, et que cette résiliation arrête l'exigibilité du droit proportionnel sur la période écoulée (Sol. 14 nov., 14 déc. 1871, 30 juill. 1872). — V. 2592-3.

Elle a décidé, en outre, que les résiliations sous seing privé ne sont pas sujettes à l'enregistrement dans le délai de trois mois (Sol. 15 fév. 1878).

§ 2. — *Locations de trois ans et de* 100 *francs.*

[2640-2652]

2640. Locations de 100 francs. — Dans le projet du Gouvernement, l'obligation de déclarer les locations verbales était générale et s'appliquait à tous les baux, quelle que fût leur importance. Plusieurs membres de la commission du budget ont réclamé l'exemption pour les petites locations. « La déclaration estimative, ont-ils dit, serait très-gênante pour les petits baux, surtout dans les campagnes, où les fermiers seraient obligés de faire le voyage au chef-lieu de canton. On ne peut pas admettre non plus que le défaut d'enregistrement ou de déclaration expose les fermiers des petites parcelles de terre, gens souvent illettrés, à une amende de 50 francs, quelquefois dix fois supérieure au prix du bail. » C'est pour donner satisfaction à ces observations que la commission a fait adopter la disposition suivante :

« Art. 11 § 5. Ne sont pas assujetties à la déclaration les locations verbales ne dépassant pas trois ans, et dont le prix annuel n'excède pas 100 francs. »

Il faut donc, pour profiter de l'exemption, que le bail réunisse deux conditions : 1° qu'il soit fait pour trois ans au plus ; 2° que le prix annuel soit au maximum de 100 francs. Si l'une de ces conditions manque, par exemple si le bail de 100 francs est fait pour plus de trois ans, et si le bail, quoique fait pour deux ans, comporte un prix supérieur à 100 francs, la règle générale redevient applicable.

1. DIVISION DE PARCELLES. — Mais pour l'application du tarif, il n'y a à distinguer ni entre les propriétés bâties et non bâties ni entre les locations d'un seul immeuble et celles de plusieurs immeubles (Sol. 2 avr. 1872).

2641. Prix. — 1. CHARGES. — Le prix dont il s'agit ici est-il seulement la somme principale à payer par le fermier au bailleur, ou doit-on y ajouter le montant des charges qui l'augmentent? En principe, et pour la perception de l'impôt, le prix proprement dit se compose de ces deux éléments. C'est leur réunion qui détermine, en effet, l'importance réelle de la transmission. Cependant on remarque que dans tous les articles relatifs à la liquidation des droits, le prix est toujours l'objet d'une mention distincte des charges. L'art. 15 n° 1 de la loi du 22 frimaire an 7, en donne l'exemple à propos des baux d'immeubles : « Leur valeur est déterminée, porte-t-il, par le *prix annuel* exprimé, *en y ajoutant les charges imposées au preneur.* » L'art. 11 § 5 de la loi du 23 août 1871, ne parle que du *prix annuel.* On peut donc en conclure qu'il ne s'applique pas aux charges. L'addition de ces charges aurait, en effet, certains inconvénients. Elles se composent, en général de prestations en nature d'une valeur indéterminée dans le contrat. Leur estimation contradictoire avec l'Administration occasionnerait des conflits qu'il a été sans doute dans l'intention du législateur de prévenir. C'est l'interprétation qu'a donnée le tribunal de la Seine à l'art. 8 L. 21 avril 1871, qui édicte des dispositions particulières pour le payement des locations de Paris dont « *le prix annuel est de* 600 *francs au moins;* » les charges n'y ont pas été ajoutées. Cependant le contraire a été admis par l'Administration qui évalue le prix conformément à l'art. 15 n° 1 de la loi du 22 frimaire an 7 (Sol. 13 juin 1873).

2. LOCATION DE MOINS D'UN AN. — C'est le montant du prix annuel qui détermine l'importance de la location et qui justifie l'application de la faveur accordée aux petits baux. C'est donc aussi ce prix annuel qui servira de règle ou de mesure pour les locations de moins d'une année. Si, par exemple, un bail est fait pour six mois moyennant 30 francs, on considérera que ce prix représente un loyer annuel de 120 francs, et que le contrat ne rentre plus dans les prévisions du texte. Ce résultat n'a rien de surprenant, car en louant successivement son immeuble dans les conditions précédentes, le bailleur en retire réellement un revenu annuel supérieur à 100 francs. Il serait injuste de l'affranchir de toute perception, alors qu'on y soumet celui qui a fait un bail unique pour le même prix ou pour un prix inférieur (Sol. 12 oct. 1871).

2642. Durée interrompue. — Le bénéfice de l'exception n'est pas applicable aux baux d'une durée supérieure à trois ans. C'est évidemment d'une durée continue qu'il est question. Si un locataire devait occuper une maison pendant deux ans, puis interrompre sa jouissance pendant une certaine période pour la reprendre ensuite aux mêmes conditions, nous croyons qu'il y aurait là deux mutations distinctes de jouissance tombant séparément sous l'application de la loi. Il n'en serait autrement que dans l'hypothèse où l'interruption serait dans la nature des choses, comme quand un loue la récolte à faire pendant deux ans sur un terrain qui est tous les deux ans transformé pendant un an en étang.

2643. Bail prorogé ou continué. — Nous ne considérons pas non plus comme un bail unique le bail de deux ans qui, à son expiration, a été prorogé ou s'est continué encore pendant deux ans par tacite réconduction. Ces prorogations constituent des locations nouvelles auxquelles le fermier n'avait pas droit à l'origine, et qu'il serait peu équitable de joindre aux premiers baux pour déterminer ultérieurement l'importance de ceux-ci. Si la continuation est consentie pour plus de trois ans, la déclaration en sera faite, selon la règle ordinaire, dans les trois mois de l'entrée en jouissance c'est-à-dire dans les trois mois du jour de la prorogation. Mais il n'y a pas de texte qui autorise à revenir en arrière sur une jouissance qui s'est accomplie à la faveur de l'exemption. Cela peut être sans doute la source d'un préjudice fiscal, puisqu'il suffira de faire des baux successifs de moins de trois ans pour échapper à la loi. Mais ce préjudice a été prévu par le législateur : il ne constitue pas une fraude prohibée.

2644. Cessions. — Résiliations. — Par la même raison, nous croyons qu'il faut considérer isolément les cessions, sous-baux, résiliations ou les résolutions de baux pour en calculer la durée. Quoique ces conventions se rapportent à des baux d'une durée originaire de plus de trois ans, dès que la période restant à courir au moment où elles interviennent est inférieure à ce chiffre, le § 5 de l'art. 11 doit recevoir son application. Ces subrogations ou ces résiliements sont, comme les prorogations, des conventions distinctes qui ont leur effet particulier et qui donnent lieu à une mutation de jouissance fixée par leurs stipulations.

2645. Réunion des locations. — L'exception précédente a reçu une limitation particulière dont le rapport de la commission donne ainsi le motif : «Nous avons voulu atteindre les propriétaires qui font quelquefois en détail des locations considérables, et retirent par ce moyen de leurs parcelles un prix d'autant plus élevé. L'exception ne sera pas applicable au cas où le même bailleur aurait consenti plusieurs conventions verbales au dessous de 100 francs, mais dont le prix cumulé excéderait cette somme. Le bailleur sera tenu alors d'en faire la déclaration et d'acquitter personnellement et sans recours les droits d'enregistrement.»

C'est cette idée qui s'est traduite dans le paragraphe suivant de l'art. 11 L. 23 août 1871 :

« Toutefois, si le même bailleur a consenti plusieurs locations verbales de cette catégorie (ne dépassant pas trois ans et dont le prix annuel n'excède pas 100 francs), mais dont le prix cumulé excède 100 francs annuellement, il sera tenu d'en faire la déclaration et d'acquitter personnellement et sans recours les droits d'enregistrement. »

2646. Cohéritiers. — Copropriétaires. — Pour que la loi soit applicable, il faut d'abord que les locations émanent du même bailleur. Devrait-on considérer comme un même bailleur des cohéritiers, copropriétaires ou coassociés louant en détail l'immeuble indivis ? Evidemment oui. Tant que leurs intérêts sont réunis et que l'immeuble n'a pas été partagé, ils ont une seule personnalité juridique, et c'est pourquoi la loi fiscale n'applique pas à leurs agissements la pluralité des droits (L. 22 frim. an 7, art. 68 § 1er n° 30).

Mais quand la loi parle du même bailleur, elle entend un bailleur agissant en la même qualité. Il n'est pas douteux que si une personne fait trois locations de 100, francs l'une pour son compte, la seconde comme tuteur de son fils et la dernière comme mandataire d'un tiers, ces trois conventions ne seront pas réunies pour la perception de l'impôt. Quoique les locataires aient traité avec la même personne, il y a cependant en réalité trois bailleurs, puisque le bailleur véritable, c'est, à proprement dire, le propriétaire qui loue par l'entremise d'un tiers, mandataire légal ou conventionnel, ou simple porte-fort.

2647. Locataire ayant plusieurs baux. — La disposition précédente n'a pas été étendue aux fermiers. Quoique un même individu soit locataire d'une foule de petites parcelles appartenant à des propriétaires distincts, et qu'il arrive ainsi à payer quelquefois un loyer total important, chacun de ces baux échappera à la loi s'il est dans les conditions du § 5 de l'art. 11, et on ne pourra pas les réunir comme on le fait pour les baux consentis par le même bailleur. Nous n'avons pas à rechercher la raison de cette différence. Il nous suffit de constater que la loi est ainsi faite et doit être ainsi exécutée.

2648. Réunion des sous-baux ou cessions de baux. — Une autre question est celle de savoir si parmi les locations à réunir on doit comprendre les sous-baux, cessions et résiliations de baux. Deux cas peuvent se présenter. Ou bien c'est le propriétaire qui cède son droit au bail et fait en outre d'autres locations. Ou bien c'est le fermier qui, en consentant à la résiliation au profit d'un bailleur, donne lui-même à bail ou sous-loue plusieurs immeubles à un tiers. Est-ce que la cession d'une part, et la sous-location ou résiliation de l'autre, compteront pour de véritables locations ?

Nous croyons qu'il faut distinguer.

1. CESSION PAR LE BAILLEUR. — D'abord, à notre avis, la cession du bail consentie par le propriétaire doit être écartée par le motif que ce n'est pas là une location, mais un simple transport des fermages à échoir.

2. RÉSILIATION. — Quant à la résiliation, le preneur qui y consent est considéré sans doute pour la perception de l'impôt comme un bailleur, puisqu'il cède une jouissance dont il était investi. Mais cette convention ne produit pas cependant les effets particuliers en considération desquels le législateur s'est déterminé. On a voulu atteindre le procédé du bailleur qui multiplie les petites locations pour en retirer un prix d'autant plus élevé. Or, les résiliations n'interviennent pas ce but. Le preneur ne s'y propose pas d'exploiter l'immeuble et d'en tirer profit par des baux en détail. Il n'y est la plupart du temps contraint que par l'impossibilité de continuer l'exécution du bail. Ce serait donc aller au delà des prévisions légales que d'assimiler la résiliation au bail proprement dit.

3. SOUS-BAUX. — Mais les mêmes motifs n'existent plus à l'égard des sous-baux consentis par le preneur. Le locataire principal d'une maison qui en sous-loue séparément toutes les parties se propose le même but que le propriétaire d'un domaine qui l'afferme en détail. Il cherche, selon le rapport de la commission, à retirer de l'immeuble par ce moyen un prix d'autant plus élevé. Nous croyons que cela suffit à justifier l'application du texte, et que si ces sous-locations réunies ensemble ou jointes à d'autres baux consentis par le preneur excèdent le prix de 100 francs, la déclaration devient obligatoire.

2649. Contiguïté. — Même exploitation. — Au cours de la discussion, un député avait proposé un amendement tendant à faire déclarer que la disposition dont nous nous occupons ne s'appliquerait qu'aux locations «*des diverses parties d'un même corps d'édifice ou de parcelles contiguës.*» «Supposez, disait-il, un propriétaire possédant une chaumière ou une petite parcelle de terre dans une région et une autre petite propriété dans une autre région. Ne pensez-vous pas que les locations séparées de ces deux propriétés distinctes devront être exonérées des droits d'enregistrement lorsque le prix de location de chacune d'elles ne dépassera pas 100 francs? L'exception introduite en faveur des petites locations ne devra-t-elle pas subsister tant qu'il ne s'agira pas du morcellement de l'immeuble? » (Art. 3360, p. 538 R. P.). — L'amendement n'a pas été pris en considération, mais les explications que le rapporteur a fournies pour déterminer ce vote ne précisent pas nettement l'esprit et la portée de l'article. « Pour éviter des difficultés pratiques, a-t-il dit, on a décidé que lorsque la parcelle de propriété louée a donné lieu à un prix inférieur à 100 francs, le locataire serait dispensé de faire une déclaration. Nous avons fait sur ce point une dérogation aux principes. Il paraît que dans certaines provinces il y a un mode particulier d'exploitation. Des propriétaires de fermes détruisent leurs bâtiments pour louer par petites parcelles; on appelle cela louer *à l'écorché*. Le propriétaire qui loue ainsi par parcelles se propose de faire rendre à sa ferme un prix beaucoup plus considérable que s'il la louait en totalité. Tous les petits locataires sont dispensés de faire une déclaration, mais le propriétaire, dans ce cas, est tenu de la faire. Il est certain que c'est là une dérogation aux principes, mais nous avons pensé qu'elle était juste: le propriétaire loue plus cher. On demande que cette disposition ne soit applicable que lorsque les parcelles seront contiguës. Cela n'a pas de raison d'être: il suffit que le même propriétaire ait loué par parcelles dans le système d'exploitation que j'indique, pour que ce soit à lui qu'incombe l'obligation de faire la déclaration » (Art. 3360, p. 539 R. P.).

1. MÊME EXPLOITATION. — La contiguïté n'est donc pas nécessaire, cela est certain. Mais ne faut-il pas au moins que les parcelles fassent partie d'une même exploitation, et qu'elles n'aient été louées en détail au lieu de l'être en bloc que pour accroître le revenu du bailleur? Le rapporteur l'a catégoriquement déclaré. C'est également l'avis de la *Gazette des tribunaux*: « Nous croyons que ce que la loi a voulu atteindre, c'est le fait par un propriétaire de diviser une exploitation rurale en plusieurs locations séparées. En ce cas, si le propriétaire divise ses terres qui formaient un ensemble, pour les louer séparément, il doit évidemment payer les droits. Mais s'il s'agit de pièces de terre n'ayant jamais eu aucune corrélation entre elles, de pièces que l'on ne peut pas considérer comme dépendant d'une exploitation commune, il ne nous paraît pas qu'il y ait lieu à déclaration et à perception des droits pour celles qui sont louées moins de 100 francs, quoique le propriétaire en possède plusieurs dont les prix cumulés excéderaient cette somme » (*Gazette* du 26 nov. 1871).

Sans prétendre que la loi doive être restreinte à ce mode particulier de location qu'il a eu constamment en vue et qu'il nomme *à l'écorché*, on doit cependant tenir pour constant que s'il s'agissait de l'hypothèse proposée par l'auteur de l'amendement, d'un propriétaire louant deux petites parcelles, l'une au midi et l'autre au nord de la France, la loi ne serait pas applicable.

2. APPRÉCIATION. — Il y a là une question d'appréciation délicate, mais qui ne peut être uniformément résolue. « Voilà, disait encore le rapporteur à la séance du 21 août 1871, un propriétaire qui a dix parcelles séparées par d'autres parcelles appartenant à des particuliers. Pourquoi voulez-vous que dans ce cas le propriétaire de ces parcelles ne soit pas tenu de faire la déclaration et de payer le droit d'enregistrement, alors que la loi lui ferait l'obligation de le payer lorsque les parcelles se toucheraient? Quelle distance allez-vous déterminer? Si l'on voulait examiner chaque cas séparément, il y aurait lieu à trop de distinctions, et il est impossible que le législateur descende à tous ces détails. Il doit poser les principes et laisser aux tribunaux le soin d'en faire l'application » (Art. 3360, p. 553 R. P.).

2650. Baux écrits et baux verbaux. — L'obligation de la déclaration pour les baux collectifs d'un prix supérieur à 100 francs n'est établie qu'à l'égard des *locations verbales*. Il en résulte qu'on doit faire abstraction dans tous les cas des baux écrits consentis par le propriétaire et qu'aucune déclaration n'est nécessaire, quoiqu'il ait affermé verbalement une partie de son immeuble moyennant 60 francs, et le surplus par écrit moyennant 200 francs.

2651. Locations verbales excédant 100 francs. — La loi ne prévoit également que la réunion de locations verbales n'excédant pas 100 francs. Il n'y a donc pas à considérer s'il existe d'autres locations verbales supérieures à ce chiffre. On ne doit cumuler, pour l'application du § 5 de l'art. 11, que les locations dont le prix n'excède pas 100 francs, et, dès que leur réunion ne dépasse pas ce chiffre, elles sont affranchies de l'impôt, encore bien que le même propriétaire ait fait verbalement d'autres baux d'un prix supérieur. Autrement et s'il était permis de réunir toutes les locations pour n'envisager que le total, on arriverait à supprimer dans la plupart des cas le bénéfice accordé aux petites locations. Il ne faut pas oublier qu'à leur égard l'exemption est la règle, et que la limitation formulée dans la seconde partie du § 5 est une exception dont les termes ne sauraient être étendus.

Il en résulte que si un bailleur a plusieurs locations dont la réunion n'excède pas 100 francs, et une autre location d'un prix supérieur à 100 francs, il n'est tenu de déclarer que cette dernière; à défaut de déclaration, il n'encourrerait donc qu'une amende. — *V.* 2722.

2652. Dispositions indépendantes. — Il est à peine besoin d'ajouter que la déclaration n'est obligatoire que pour la mutation même de jouissance et non pas pour les conventions accessoires dont cette mutation aurait été l'objet entre les parties. Nul doute que si le preneur a fourni un cautionnement, reçu des avances, cédé des objets mobiliers comme condition de son bail, etc., ces stipulations ne tombent pas sous l'application de la loi. Il n'est pas nécessaire d'en faire mention, et lors même que le preneur ou le bailleur les aurait énoncées par mégarde, le receveur ne serait pas autorisé à les frapper de l'impôt. Ces conventions, en effet, donnent lieu à un droit d'acte qui ne devient exigible que par la présentation à la formalité du titre qui leur sert d'instrument. La loi nouvelle n'a pas dérogé à ce principe.

ARTICLE 2. — DE LA DÉCLARATION

[2653-2673]

2653. Règle générale. — En principe, la déclaration devrait être faite par le locataire. Ce locataire, en effet, est assimilable au nouveau possesseur dans les transmissions de propriété ou d'usufruit. Il profite de la mutation, et il était équitable non moins que juridique de le constituer le principal débiteur du droit. C'est ce qu'avait fait l'art. 11 § 4 L. 23 août 1871. Mais l'expérience a démontré, qu'il serait beaucoup plus simple et en même temps plus sûr de s'adresser au bailleur. La loi du 28 février 1872 a donc décidé, art. 6: « Les obligations imposées au preneur, dans les cas de location verbale, par l'art. 11 L. 23 août 1871, seront accomplies, à l'avenir, par le bailleur qui sera tenu du payement des droits, sauf son recours contre le preneur. Néanmoins, les parties restent solidaires pour le recouvrement du droit simple. »

2654. Preneur. — Le preneur est affranchi de la nécessité de la déclaration. Mais ce n'est que provisoirement, parce que nous verrons qu'il est intéressé au payement du droit. Il lui est donc permis de se substituer au bailleur pour déclarer la location. Il n'y a qu'un cas où il n'aurait pas qualité pour agir, c'est quand la location ne dépasse pas 100 francs. Comme le preneur est, dans cette hypothèse, absolument exonéré de l'impôt qui, le cas échéant, reste à la charge du bailleur, il n'a aucune dette à acquitter et ne saurait, par conséquent, se présenter au nom du propriétaire sans un mandat en la forme ordinaire.

2655. Procurations. — Le preneur et le bailleur peuvent se faire représenter par un mandataire. Si la procuration résulte d'un acte authentique, on doit en déposer le brevet ou une expédition entre les mains de l'agent qui reçoit la déclaration. Si elle est donnée sous signature privée, on en remettra également l'original. Il suffit que cette procuration sous seing privé soit rédigée sur timbre ; elle n'a pas besoin d'être enregistrée. Dans tous les cas, la procuration, en quelque forme qu'elle soit, doit être certifiée par le mandataire (2418 I. G.). La formule en est fort simple et ne peut présenter d'embarras.

1. RESTITUTION. — Seulement si l'on veut conférer au mandataire le pouvoir de demander la restitution des droits qui seraient indûment perçus, nous conseillons de l'exprimer. C'est le moyen d'éviter des embarras ultérieurs.

2656. Procurations multiples. — Une seule procuration suffit pour les diverses déclarations à souscrire au nom du même contribuable dans le même bureau (2423 § 2 n° 3 I. G.). Mais la procuration pourrait-elle être donnée à un seul mandataire par plusieurs preneurs ou bailleurs non solidaires? Nous ne voyons dans la loi nouvelle rien qui déroge à ce principe de droit commun, et c'est le cas de dire que ce qui n'est pas défendu est permis. A la vérité, l'Administration suppose que les procurations seront individuelles, puisqu'elle prescrit de les annexer à chaque déclaration (2418 I. G.). Mais ce n'est là qu'une formalité d'ordre intérieur qui n'a rien d'obligatoire à l'égard des parties. Le receveur peut y suppléer par des mentions faites sur les déclarations.

2657. Copropriétaires. — Quand le bail concerne des coassociés, des cohéritiers ou des copropriétaires, l'indivision qui les unit leur confère à chacun, d'après le droit commun, le mandat d'administrer la chose au nom de tous. Un seul pourra donc souscrire la déclaration ou donner mandat de la souscrire pour les autres, pourvu, bien entendu, que dans ce cas le droit soit également payé pour eux.

1. DÉCLARATION PERSONNELLE. — Mais il semble qu'un copropriétaire ne saurait faire une déclaration personnelle pour la part qui lui appartient dans la location. La déclaration imposée par l'art. 11 remplace l'enregistrement du titre dont elle tient lieu. Or, s'il y avait un bail écrit, l'enregistrement ne pourrait en être syncopé. La déclaration ne le peut davantage. D'un autre côté, il est certain que l'exigibilité et la liquidation des droits nouveaux sont soumises aux règles générales de la législation fiscale en tous les points qui n'ont pas été modifiés. Ces droits sont semblables à ceux des mutations verbales d'immeubles dont le recouvrement a été autorisé par l'art. 4 de la loi du 27 ventôse an 9. Bien que ce dernier texte n'ait pas expressément rappelé que les droits de mutation secrète étaient soumis à l'indivisibilité résultant de la combinaison des art. 28 et suivants L. 22 frimaire an 7, il n'a jamais été douteux qu'on ne pouvait déclarer partiellement ces mutations et fractionner la perception des droits. Il en est de même des déclarations de locations verbales. Tous les cointéressés doivent se réunir pour la faire collectivement ou la faire souscrire en leur nom.

2658. Incapables. — Quand le débiteur de la déclaration est incapable, c'est à son représentant légal à agir pour lui. Ainsi, c'est au mari à agir pour sa femme, au tuteur pour son pupille, aux administrateurs d'une société ou d'un établissement public pour cette société ou cet établissement. Il suffit d'énoncer le principe.

2659. Porte-fort. — Mais on n'accepterait pas l'intermédiaire d'un simple porte-fort. Ce porte-fort, en effet, n'engage que sa responsabilité et non pas celle de la personne au nom de laquelle il agit. S'il devenait insolvable, le recouvrement du droit ultérieur serait donc compromis. D'ailleurs, les évaluations n'auraient aucune autorité pour l'appréciation des transmissions futures de l'immeuble, puisque le porte-fort était sans qualité pour les souscrire. Aussi l'Administration suppose-t-elle, dans son I. G. 2418, que les déclarations émaneront exclusivement du débiteur ou de son mandataire.

1. IMPOSSIBILITÉ ABSOLUE. — Elle ne serait amenée à déroger à ces dispositions que dans des cas très-exceptionnels, lorsque, par exemple, il s'agit d'une impossibilité matérielle et temporaire, telle qu'une absence ou une maladie prolongée du débiteur. Il serait bien rigoureux, dans ces situations, de ne point accepter l'intervention d'un tiers solvable, et d'exiger la nomination d'un représentant judiciaire ou l'accomplissement des formalités de l'absence. L'Administration est trop pénétrée de l'esprit bienveillant avec lequel le Gouvernement a promis de diriger l'application de la loi, pour ne pas accorder aux redevables toutes les facilités nécessaires.

2660. — Cessation de bail. — Lorsque le bail est fait suivant l'usage des lieux, la perception du droit continue *de plano* et sans nouvelle déclaration à l'expiration de chaque terme, jusqu'à ce qu'il ait été déclaré que le bail a cessé ou qu'il a été résilié (art. 11 § 2 L. 23 août 1871). Ici, comme dans les cas ordinaires, c'est au bailleur à faire la déclaration prescrite.

1. PRENEUR. — Mais la loi n'interdit pas au preneur de la souscrire lui-même, dans les conditions que nous avons indiquées précédemment. La déclaration qu'il doit passer à cet effet peut d'ailleurs servir à dénoncer la cessation du bail pour l'expiration du terme.

2. FORME. — Ces déclarations spéciales sont sujettes aux mêmes formalités que celles qui sont prescrites au § 1er art. 11. Elles doivent émaner de la partie elle-même ou de son représentant régulier.

2661. Sous-baux et cessions de baux. — Nous avons vu que les sous-locations et les cessions de baux tombaient, comme les baux eux-mêmes, sous l'application de la loi. — *V.* 2638. — Il n'est pas besoin d'ajouter que les bailleurs primitifs restent étrangers à ces conventions qui se passent en dehors d'eux. La déclaration doit en être faite par les sous-bailleurs et par les cédants, de la manière prescrite pour les locations ordinaires.

2662. Détails. — La déclaration doit être détaillée et estimative (art. 11 § 1er L. 23 août 1871.) La loi n'indique pas en quoi consistent ces détails et ces évaluations. Mais il est facile d'en préciser l'étendue. La déclaration, en effet, a pour but de faire connaître à l'Administration l'immeuble loué, et de lui indiquer toutes les conditions qui peuvent influer sur la perception des droits. Il faut donc d'abord désigner l'immeuble ou les immeubles loués, de façon qu'il ne reste aucune incertitude sur leur identité, leur nature et leur situation. S'il s'agit d'une maison, on n'a évidemment pas besoin d'en faire la description minutieuse ; il suffit de l'énoncer par son numéro, sa rue, ses voisins, etc. S'il s'agit seulement d'un appartement dans cette maison, on devra énoncer en quoi il consiste et à quel étage il est situé. Pour les biens ruraux, les parcelles distinctes louées en bloc doivent être indiquées séparément, tandis qu'un domaine en bloc sera désigné d'une manière suffisante par une description d'ensemble. Mais dans les deux cas il est indispensable de rappeler la contenance et la situation, parce que ce sont les éléments essentiels de toute déclaration détaillée. On pressent bien qu'il est véritablement impossible de poser une règle absolue pour tous les cas. Ce que la loi demande, c'est que l'Administration connaisse l'objet de la convention et puisse le découvrir aisément pour l'exercice ultérieur de son droit de contrôle.

1. PRIX ET CHARGES. — Il faut, en second lieu que la déclaration révèle le prix du bail et toutes les charges qui l'augmentent. Si ce prix ou ces charges consistent en prestations dont la valeur ne soit pas déterminée par les mercuriales, il est nécessaire de les estimer en argent. On devrait également faire cette estimation pour toutes les stipulations du bail qui auraient besoin d'être connues par le receveur ou dont il demanderait la détermination. Il est, à cet égard, le seul juge de ce qu'il convient d'exiger : la partie ne peut qu'accéder à sa demande, sauf à se pourvoir en restitution, s'il y a lieu dans la forme ordinaire.

2663. Réception. — 1. SIGNATURE. — La déclaration est certifiée par le déclarant. Elle est signée par lui ; mais s'il ne sait ou ne peut signer, le préposé la signe lui-même, en attestant que le contribuable n'a pu le faire.

2. FORMULES. — Quant à la forme même de la déclaration, elle est laissée à l'initiative de chaque partie. L'Administration a fait déposer dans ses bureaux des formules qui peuvent être utilement employées (2418 I. G.), mais dont l'emploi n'a cependant rien d'obligatoire.

3. LETTRE. — Bien que la loi ne le dise pas expressément, il n'est pas douteux, néanmoins, que la déclaration ne peut être faite par lettre chargée à la poste. Il ressort de l'économie de la loi, et surtout de l'obligation du payement qui accompagne la déclaration, que cette dernière doit être sinon préparée, au moins apportée par le débiteur lui-même ou par son mandataire. D'ailleurs, elle n'est complète que par son inscription sur un registre, et c'est à proprement dire cet enregistrement qui constitue la formalité la plus importante de la déclaration, puisqu'elle seule peut établir le fait matériel de l'exécution de la loi dans les délais utiles. Or, une pareille formalité suppose nécessairement la présentation et la réquisition du contribuable. C'est le même principe qu'en matière de déclaration de succession.

2664. Acte extrajudiciaire. — La déclaration ne pourrait non plus être remplacée par des équivalents, notamment par une signification extrajudiciaire faite à l'agent de l'Administration, sauf le cas où cet exploit conférerait à l'huissier le pouvoir d'agir pour son client. La jurisprudence qui s'est établie sur ce point à propos des déclarations prescrites par l'art. 4 de la loi du 27 ventôse an 9, est entièrement applicable. Il faudrait cependant décider, conformément à la doctrine d'un arrêt de la C. cass. du 9 août 1832 (*infrà* n° 11447), que s'il était établi que le redevable s'est présenté au bureau, qu'il a été empêché de faire sa déclaration, ou au moins qu'elle a été retardée par des observations inutiles ou intempestives du préposé, la déclaration faite par signification extrajudiciaire avec offres réelles des droits pourrait être jugée suffisante pour prévenir les poursuites ultérieures.

2665. Percepteurs. — Cette situation peut se produire notamment au sujet des déclarations à recevoir par les percepteurs. Ces agents sont officiellement chargés de suppléer les receveurs, et ils ne peuvent, par conséquent, pas plus que ces derniers, refuser leur ministère aux parties. L'I. G. n° 2418 les y autorise cependant quand les contribuables élèvent des contestations, principalement au sujet de la liquidation des droits, et elle ajoute que si les mêmes comptables éprouvaient des doutes sur le mode de liquidation, ils en référeraient au receveur d'enregistrement. La première règle est toute naturelle. Auxiliaires et délégués des receveurs, les percepteurs ont nécessairement les mêmes droits. Comme eux ils sont maîtres de la liquidation de l'impôt, et le déclarant doit acquitter entre leurs mains la somme réclamée, sauf à se pourvoir en restitution.

1. REFUS DE LA DÉCLARATION. — Mais la seconde observation de l'I. G. a besoin d'être bien comprise. Nous ne croyons pas qu'elle permette au percepteur de refuser la déclaration et de remettre la partie à un jour ultérieur, ou de la renvoyer au bureau d'enregistrement, parce qu'il éprouve des doutes sur le mode de liquidation du droit, sur l'appréciation des charges et autres difficultés de la perception. Le redevable ne saurait être responsable de l'insuffisance des agents du Trésor. Il a le droit de faire recevoir sa déclaration quand il la présente en temps utile et qu'elle est d'ailleurs régulière. Ce que l'I. G. a voulu dire, selon nous, c'est qu'après avoir établi sa liquidation, le percepteur peut en référer directement au receveur, afin d'obtenir des éclaircissements qui lui permettent de la rectifier à l'égard de la partie. Toute autre interprétation ne pourrait qu'amener des conflits dont le résultat serait nécessairement défavorable au Trésor.

2. INCOMPÉTENCE DU PERCEPTEUR. — La déclaration n'est d'ailleurs régulièrement faite au percepteur que quand il n'existe pas de bureau d'enregistrement dans la commune de la résidence du débiteur.

Quand ce bureau existe, c'est le receveur seul qui a qualité pour agir, et s'il y a plusieurs receveurs, tous sont également compétents, à l'exception des receveurs spéciaux de timbre extraordinaire (2418 I. G.).

Le concours des percepteurs a été rémunéré (V. 3999-41 et 4239 R. P.).

2666. Bureaux compétents. — La loi n'indique pas si la déclaration peut être faite indistinctement dans tous les bureaux ou seulement au bureau de la situation des biens. Mais il résulte de son esprit, et aussi de l'ensemble des mesures d'exécution adoptées dans l'I. G. 2418, que la déclaration doit être reçue dans tous les bureaux où elle est présentée. Le Gouvernement s'est engagé, lors de la discussion de la loi, à accorder toutes les facilités possibles aux redevables, afin de leur éviter des déplacements. La première et la plus essentielle était de les admettre à la déclaration partout où ils se trouveraient. Si le bail avait été constaté par acte sous seing privé, il aurait pu être enregistré dans tous les bureaux de France. Quelle raison y aurait-il de traiter différemment la déclaration qui en tient lieu? Aussi l'I. G. 2418 porte-t-elle que « *tous les receveurs* seront chargés de *l'enregistrement des baux et de la réception des déclarations;* que les déclarations *seront renvoyées au bureau de la situation des immeubles loués;* qu'il en sera de même des *déclarations de cessations ou de résiliations de baux* faits suivant l'usage des lieux, toutes choses qui supposent nécessairement la réception d'une déclaration dans un bureau différent de celui de la situation des biens. »

1. LOCATIONS INFÉRIEURES A 100 FRANCS. — D'ailleurs, lorsqu'il s'agit de locations séparément inférieures à 100 francs, mais qui réunies excèdent ce chiffre, et que ces locations s'appliquent à des immeubles situés dans le ressort de plusieurs bureaux, il faut bien admettre que la déclaration peut être faite dans un bureau unique au choix de la partie. Ce bureau a ainsi, par la force des choses, compétence à l'égard de l'immeuble étranger. Comme la loi n'a créé aucune exception pour ce cas, nous croyons que ce résultat n'est qu'une application du principe général d'après lequel les déclarations peuvent être reçues dans tous les bureaux indistinctement (*Conf.* : Sol. avr. 1873).

2. PERCEPTEURS. — Ce qu'on pourrait seulement soutenir, c'est que les percepteurs, ayant une délégation limitée, ne doivent recevoir que les déclarations des personnes qui résident dans les communes de leur réunion, et qu'ils peuvent refuser celles des personnes étrangères. Mais il est difficile d'apercevoir de quel intérêt cette distinction serait pour leur service ou pour le Trésor.

Il est très-probable que l'Administration supérieure élargira le plus possible les attributions des auxiliaires des receveurs, et qu'elle acceptera comme régulières les déclarations faites dans tous les bureaux et chez tous les percepteurs.

2667. Payements fractionnés. — Il est plus embarassant de savoir si, quand la déclaration donne lieu à des payements fractionnés ou successifs, ces payements peuvent avoir lieu dans tous les bureaux ou chez tous les percepteurs, ou bien s'il faut les faire soit au lieu de la déclaration primitive, soit au lieu de la situation des biens. Ni la loi, ni les instructions administratives ne tracent de règle à cet égard. On en est donc réduit à des suppositions.

Ce qui paraît certain d'abord, c'est que si la déclaration a été faite au bureau de la situation des biens, il n'est pas permis d'aller autre part acquitter les droits ultérieurs. Il est non moins évident aussi que si la déclaration a été souscrite dans un autre bureau que celui de la situation des immeubles, on peut venir ensuite se libérer dans ce dernier bureau, où la déclaration sera renvoyée. Ce qui serait interdit, selon nous, c'est d'offrir le payement ailleurs que dans l'un des bureaux qui ont reçu la déclaration primitive, ou dans l'étendue duquel sont situés les biens. Mais nous croyons qu'il est licite de les effectuer à l'un ou à l'autre, au choix du débiteur.

2668. Déclarations multiples. — Faut-il autant de déclarations distinctes qu'il y a de locations séparées?

Évidemment non. La loi exige que les bailleurs fassent connaître les locations verbales à l'Administration et en acquittent les droits; elle ne demande rien de plus, et son vœu est rempli dès que chacune de ces locations est indiquée avec tous les renseignements utiles. Obliger la partie à rédiger une déclaration et à retirer une quittance par chaque bail, serait ajouter à la loi une disposition qui n'est autorisée ni par son esprit ni par l'exécution libérale dont elle doit être et dont elle a jusqu'ici été l'objet. C'est d'ailleurs ce que l'Administration a décidé au § 2 de son I. G. 2423. Il suffira qu'au dos de la formule de déclaration qui lui est remise, le preneur ou le bailleur détaillent exactement leurs différentes locations. Si les immeubles loués ne dépendent pas du même bureau, l'Administration prendra des mesures pour en assurer le renvoi.

1. PROCURATION. — Il n'est pas besoin d'ajouter que le mandataire du bailleur a le même droit, et qu'il suffit alors d'une seule procuration (2423 § 2 n° 3 I. G.).

2. QUITTANCE. — Le bailleur peut exiger qu'il ne lui soit donné qu'une quittance collective (Sol. 23 oct. 1871). Mais il semble que s'il exige une quittance par locataire, le receveur ne peut pas s'y refuser.

3. PLUSIEURS BAILLEURS OU PRENEURS. — Mais nous n'allons pas jusqu'à penser que plusieurs preneurs ou bailleurs peuvent se réunir pour ne faire qu'une seule déclaration. Ici les intérêts du débiteur n'ont aucun point commun; leur réunion n'est que la conséquence d'un accord personnel dont le Trésor n'a point à subir les résultats. Il est manifestement dans l'esprit de la loi que chaque redevable fasse sa déclaration pour lui-même. Si l'on déroge à la règle, ce ne peut être que quand il s'agit de locations concernant la même personne, parce qu'alors ces conventions diverses sont, par rapport au déclarant, comme en formant une seule.

2669. Quittance. — Les quittances des droits perçus pour locations verbales sont sujettes au timbre de 25 centimes lorsqu'elles excèdent 10 francs (LL. 13 brum. an 7 art. 16, 8 juill. 1865 art. 4 et 25 août 1871 art. 2, 2314 et 2413 § 2 n° 2 I. G.).

2670. Entrée en jouissance. — Aux termes de l'art. 11 § 1er L. 23 août 1871, la déclaration doit être faite dans les trois mois de l'entrée en jouissance.

Il s'agit ici de l'entrée en jouissance de droit telle qu'elle résulte de la loi ou des stipulations des parties, et non pas de la jouissance de fait, qui souvent est retardée. A Paris, par exemple, il est d'usage que les locataires sortants ont un certain délai pour céder les lieux à partir de l'expiration de leur bail. Bien que le locataire qui leur succède ait la jouissance de droit de l'appartement à partir du 1er janvier, il ne pourra cependant s'y installer que le 15; c'est donc seulement le 15 qu'il aura la jouissance de fait.

Pour l'application de la loi de 1831 sur l'impôt mobilier, on n'a égard qu'à la jouissance de droit, et le locataire qui loue à partir du 1er janvier est imposé comme s'il entrait dans son logement ce jour-là. On considère le sursis comme un délai de faveur dont les avantages sont réciproques. — La même interprétation doit prévaloir au sujet de la loi actuelle. C'est dans les trois mois, à partir de la jouissance de droit, que la déclaration est obligatoire.

1. RETROACTIVITÉ. — Si le bail fait remonter l'entrée en jouissance antérieurement à la date de l'acte, la mutation consentie verbalement depuis le jour de l'entrée en jouissance constitue une véritable location tombant particulièrement sous l'application de la loi (Sol. 2 juill. 1878).

L'Administration n'a admis d'exception à cette règle que dans le cas ou par suite de l'usage des lieux cette jouissance rétroactive est fictive. C'est ce qui a lieu dans certains pays ou les immeubles ruraux étant donnés à bail à la fin de la saison, quand les travaux de culture et les récoltes de l'année sont terminés, on stipule néanmoins que le preneur est censé être entré en jouissance au milieu de l'été ou au commencement de l'automne (Sol. 2 juill. 1875).

Pour qu'il y ait réellement contravention et que l'amende de 50 francs soit exigible, il faut, d'après le texte de la loi, que ce soit l'entrée du preneur en jouissance qui remonte à plus de trois mois. Il ne suffirait donc pas que le point de départ des années de bail fût fixé rétroactivement à une date antérieure de plus de trois mois.

C'est ce qui résulte de la jurisprudence établie pour les mutations de propriété d'immeubles. Lorsqu'il est exprimé dans un acte de vente immobilière que l'acquéreur disposera de la propriété à compter du jour de l'acte et entrera rétroactivement en jouissance à partir d'une date antérieure de plus de trois mois, époque de sa prise de possession, cette énonciation ne suffit pas pour justifier la demande du double droit de mutation. Cette pénalité n'est encourue que lorsqu'il est établi que la mutation de propriété remonte à plus de trois mois.

De même aujourd'hui pour les baux. Il n'y a contravention passible d'amende que lorsque la mutation de jouissance remonte à une date antérieure de plus de trois mois.

2. JOUR A QUO. — JOUR FÉRIÉ. — Le jour a quo est compris dans le délai de trois mois fixé par l'art. 11 de la loi, c'est-à-dire qu'une location verbale ayant pris cours le 1er octobre doit être déclarée avant le 1er janvier suivant (2418 I. G.).

Si le dernier jour du délai se trouve férié, la déclaration doit être faite la veille. — V. *Prescription*.

2671. Condition suspensive. — Il n'y aurait pas à considérer si la mise en possession effective du locataire a été retardée par un cas fortuit ou de force majeure. Cet événement peut bien fonder une action civile en résiliation de bail ou en diminution du prix. Mais il est étranger à l'Administration et par conséquent à l'exigibilité du droit.

Seulement si le retard dans la mise en possession résultait d'une condition suspensive convenue lors du bail, il est certain qu'alors la jouissance légale du preneur ne commencerait qu'à compter de l'échéance de cette condition et que les trois mois pendant lesquels il doit déclarer son bail ne courraient que depuis la même époque.

2672. Cessation de bail. — La loi n'a pas fixé de délai pour la dénonciation des causes qui font cesser le bail fait suivant l'usage des lieux (Art. 11 § 2 L. 23 août 1871). Tant qu'elle n'a pas été faite, la perception continue. C'est donc aux parties qu'il appartient de se montrer vigilantes pour que la déclaration intervienne avant l'expiration réelle du bail. Le législateur n'avait aucune déchéance à imposer pour cela.

2673. Date certaine. — Lorsque la déclaration est faite dans un bureau d'enregistrement, elle est inscrite sur un registre que le comptable arrête jour par jour, et la date s'en trouve ainsi établie d'une manière certaine.

1. PERCEPTEURS. — Cette garantie n'existe pas à l'occasion des déclarations reçus par les percepteurs. La circulaire adressée par la Comptabilité générale à ses agents porte que le percepteur inscrira la recette sur son registre à souche, et remettra à la partie une quittance détachée de ce registre. La souche et la quittance, ajoute-t-elle, feront mention de la date de la déclaration. Comme les registres à souche ne s'arrêtent pas jour par jour et qu'aucune disposition réglementaire n'y interdit le grattage ni les surcharges, cette garantie de la certitude de la date est très-précaire. D'autre part, ces registres ne sont pas des documents publics restant en dépôt chez les percepteurs et pouvant être consultés par les agents de l'enregistrement. Ils sont au bout d'un certain temps adirés ou détruits. Comment sera-t-il possible alors pour l'Administration de constater l'accomplissement de la formalité dans délai légal. Il y a là une véritable lacune dans l'exécution de la loi, et cette lacune pourra, le cas échéant, créer des embarras au recouvrement de l'impôt.

ARTICLE 3. — DU PAYEMENT DES DROITS

[2674-2707]

2674. Règle générale. — Le § 7 de l'art. 11 L. 23 août 1871, dispose que le droit sera exigible lors de l'enregistrement ou de la déclaration. C'est là, en effet, le principe général qui domine toute la matière. Il n'est qu'une application des articles de la loi du 22 frimaire an 7, d'après lesquels les droits sont acquittés au moment de l'enregistrement des actes, sans que les parties puissent en contester le chiffre, ni l'Administration en différer le payement (Art. 28 et 59).

Dans le premier projet de la commission, cette obligation de payement au moment de la déclaration n'était rappelée que pour les baux de plus de trois ans (3301 p. 107 R. P.). C'est lors du rapport supplémentaire que la rédaction a été modifiée, et qu'on a généralisé cette disposition (3361 p. 484 R. P.).

2675. Plusieurs locations. — Le droit proportionnel est liquidé sur chaque déclaration d'après les règles ordinaires. Si, comme cela est possible, le preneur ou le bailleur y ont compris plusieurs baux, il faut traiter leur déclaration comme on traiterait un bail écrit rédigé dans les mêmes circonstances et présenté à la formalité. Sous l'empire de loi du 23 août 1871, il avait été reconnu que la déclaration, à cause de son caractère unique, ne pourrait donner lieu, le cas échéant, qu'à l'application d'un seul minimum; mais, d'un autre côté, la perception devait être établie séparément sur les locations consenties à des preneurs distincts, de la même façon que s'il s'agissait d'un bail en détail constaté par écrit (2423 § 2 I. G.).

Depuis la loi du 28 février 1872, qui a chargé le bailleur des obligations imposées au preneur par l'art. 11 de la loi du 23 août 1871, il a été reconnu que pour les déclarations collectives de location d'un même immeuble, le montant des loyers des locations partielles doit être réuni pour la perception, et que le total seul doit être arrondi de 20 francs en 20 francs (Sol. 11 août 1872, 2452 p. 8 1er alinéa I. G.).

Mais nous pensons que le receveur n'est pas dispensé pour cela de donner dans la quittance le détail des droits afférents à chaque location.

2676. Bail selon l'usage des lieux. — Premier terme. — Le mode de perception du droit varie d'ailleurs selon qu'il est question d'un bail fait suivant l'usage des lieux ou d'un bail ordinaire. Nous devons examiner successivement ces deux hypothèses.

Dans le premier cas, le § 2 de l'art. 11 L. 23 août 1871 décide que : « les droits d'enregistrement deviendront exigibles dans les vingt jours qui suivront l'échéance de chaque terme, et que la perception en sera continuée jusqu'à ce qu'il ait été déclaré que le bail a cessé ou qu'il a été résilié. »

Malgré la généralité du texte, il paraît certain d'abord qu'il ne s'applique pas au payement du premier terme. La règle, en effet, c'est que le droit est exigible lors de la déclaration (§ 7 art. 11 L. 23 août). Le législateur qui l'a édictée n'a point fait d'exception pour les baux consentis suivant l'usage des lieux, et en ce qui concerne la première période, il n'en pouvait admettre sans consacrer une injustice et une inégalité. Ces locations-là sont absolument semblables à des baux ordinaires. Il n'y a de différence entre eux qu'à raison de la prorogation dont les premières locations sont suivies, et c'est seulement pour ces prorogations qu'il était nécessaire d'édicter un régime particulier. Aussi doit-on conclure que la disposition du § 2 que nous avons transcrite, se restreint aux termes qui suivent celui qui est en cours lors de la déclaration. Par conséquent, si un bail est fait le 1er janvier 1872 suivant un usage local qui lui assigne une durée d'un an, on devra, en le déclarant dans les trois mois à partir du 1er janvier, acquitter le droit sur la première année. C'est seulement pour les termes ultérieurs que l'on recourra au mode de perception autorisé par la loi.

2677. Termes ultérieurs. — Ce mode de perception donne lieu à une difficulté assez sérieuse. En effet, le bail d'un an, que nous avons pris pour exemple, va continuer le 1er janvier 1875 pour un nouveau terme d'un an selon l'usage des lieux. Quand faudra-t-il payer le droit afférent à ce second terme? Le texte répond : Dans les vingt jours qui suivront l'échéance de chaque terme. Mais cela signifie-t-il qu'il faudra attendre l'expiration complète de l'année 1874 pour réclamer le droit de cette année dans les vingt premiers jours de janvier 1875? Ou bien la loi a-t-elle entendu dire que dans les vingt jours suivant l'échéance de chaque terme écoulé on payera le droit relatif au terme futur, c'est-à-dire que dans les vingt jours après l'échéance de l'année 1874 on acquitterait le droit de l'année 1875?

Nous nous rattachons plus volontiers à cette seconde appréciation.

D'abord elle est plus conforme à la règle générale, qui veut que les droits d'enregistrement soient payés d'avance, qu'il s'agisse d'un acte ou d'une déclaration. Ensuite elle évite de compromettre les droits du Trésor, qui perdrait souvent son action contre un locataire disparu. Enfin, elle est consacrée par la nouvelle loi elle-même à propos des baux à périodes triennales. Nous verrons que les preneurs dont les locations ont plus de trois ans de durée sont autorisés à ne payer le droit successivement que par périodes triennales. C'est à peu de chose près l'hypothèse du bail fait suivant l'usage des lieux. Eh bien! le § 7 de l'art. 7 L. 23 août 1871, exige que dans ce cas le droit relatif à chaque période soit acquitté dans le premier mois qui commencera cette période, et non pas dans celui qui la suivra. On ne concevrait pas aisément que le législateur eût adopté deux règles différentes pour des cas analogues, et nous croyons qu'il faut compléter la disposition du § 2 par l'application du § 7.

L'Administration décide que les droits du second terme deviennent exigibles dans les vingt premiers jours du troisième terme (Sol. 29 déc. 1871).

1. DÉCLARATION DE LOCATIONS VERBALES. — On ne considère pas comme une location verbale sans durée indéfinie, la déclaration d'une location verbale faite pour un an. C'est là une location faite pour un temps limité, qui doit donner lieu à une déclaration renouvelée chaque année (Sol. 2 mai 1873).

2678. Terme. — Sens. — Le terme dont il s'agit ici s'entend d'ailleurs, tout naturellement, de la durée même du bail, quelque longue qu'elle soit d'après l'usage des lieux. Il n'y a pas à considérer si le prix est payable en fractions plus courtes, car ce n'est pas l'époque stipulée pour ce payement qui règle le terme ou la durée de la location. Par conséquent, l'exigibilité du droit suit l'échéance de chaque période du bail, et non pas de chaque période de payement du prix.

Il a été décidé, en ce sens : 1° que les baux de moins d'un an, dont le prix mensuel ou trimestriel représente un loyer annuel de plus de 100 francs, doivent faire l'objet d'une déclaration, le prix annuel étant pris seul en considération par la loi et ce prix s'obtenant par la multiplication des termes mensuels ou trimestriels (Sol. 12 oct. 1871) ;

2° Que les baux verbaux qui, suivant l'usage des lieux ont une durée d'un an, sont passibles du droit sur une année entière lors même que les loyers seraient payables par trimestre (Sol. 31 oct. 1871) ;

3° Que le payement du droit, pour la première année, doit avoir lieu dans les trois mois de l'entrée en jouissance au moment de la déclaration, et si le bail continue dans les vingt jours de la deuxième année et ainsi de suite (Sol. 31 oct. 1871).

1. ENGAGEMENT DE LOCATION. — Il a été reconnu que les locations suivant l'usage des lieux, bien que constatées par écrit, sont des locations verbales. Il suit delà que l'enregistrement des arrêtés ou engagements de location ne peut être admis comme suppléant à une déclaration de location verbale (Sol. 19 juill. 1872, Sol. 16 août 1872).

Par conséquent, si un tel engagement de location était présenté à l'enregistrement dans les trois mois de l'entrée en jouissance, aucune amende ne serait encourue quoique la date de l'acte remonte à plus de trois mois (Sol. août 1873).

Mais si l'acte intitulé engagement de location porte bail pour une année consécutive, moyennant un loyer annuel et diverses charges supportées d'ordinaire par le propriétaire, il doit être enregistré dans les trois mois de sa date (Sol. 26 fév. 1873).

2679. Anticipation de payement. — Pourrait-on anticiper l'époque des payements et se libérer pour plusieurs des termes non échus? En droit strict, de tels versements seraient irréguliers. Ils correspondent, en effet, à une location qui n'existe pas encore, qui peut seulement se réaliser plus tard. Or, de telles éventualités ne constituent pas une convention, elles excluent la possibilité d'une mutation de jouissance. C'est comme si je venais déclarer, en vertu de l'art. 4 de la loi du 27 ventôse an 9, que j'achèterai probablement plus tard la maison de mon voisin. Pas plus dans un cas que dans l'autre, il n'y a matière au droit proportionnel. Celui qui serait perçu le serait irrégulièrement, et deviendrait sujet à restitution (L. du 22 frim. an 7 art. 60). Néanmoins, comme la continuation du bail est d'autant plus probable que le bailleur lui-même vient le déclarer, et que c'est un moyen de faciliter l'exécution de la loi sans faire courir de risque au Trésor, nous croyons qu'il est sans inconvénient d'accepter les versements anticipés offerts par les parties.

L'utilité de cette mesure est surtout sensible pour les baux qui ont lieu au jour, à la semaine ou au mois. Elle a été admise plusieurs fois déjà (Sol. 25 juill. 1872).

Dans ce cas et par voie de conséquence, il n'est pas besoin de venir déclarer les changements de locataires qui se réalisent au cours de la période par laquelle le droit a été payé (Sol. 25 juill. 1872).

Mais l'Administration n'a pas admis le payement anticipé des droits applicables aux locaux vacants (Sol. 25 juill. 1872).

2680. Restitutions. — On a enseigné que dans le cas d'un bail fait suivant l'usage des lieux, comme dans celui d'un bail à périodes de trois, six ou neuf ans, la perception établie d'après la déclaration du preneur sur plus d'un terme ou d'une période est régulièrement faite, qu'elle échappe dès lors à toute demande en restitution. Le motif qu'on en donne est que les parties reconnaissent que le bail durera plus que le terme ou la période, et renoncent à la faveur que la loi voulait leur accorder. Mais c'est là croyons-nous une erreur. Le droit proportionnel est exigible sur la durée de la location telle qu'elle est fixée par les conventions des parties, où à défaut de convention, par les dispositions de la loi. Par conséquent, lorsque le locataire vient déclarer qu'il a un bail à périodes ou qu'il occupe un immeuble suivant l'usage des lieux, il ne peut pas faire qu'en droit il soit locataire pour un temps supérieur à la première période ou au premier terme.

Toute déclaration contraire serait inutile, car ce n'est pas elle qui constitue la convention et qui crée le contrat. Il n'y a pas ici de faveur à laquelle il soit loisible de renoncer. La perception s'établit régulièrement sur une période et sur un terme ; elle ne peut pas, malgré le preneur, s'établir sur autre chose. Quand les droits sont versés pour une durée plus longue, ils s'appliquent donc, en dehors de la limite légale, à une simple espérance de location. Ils sont essentiellement restituables.

On est forcé de reconnaître que si le bail ne se prolongeait pas au delà du premier terme ou de la première période, le droit de rétrocession ou de résiliation ne serait pas exigible, parce que, en payant par anticipation, les parties n'ont pas prolongé la durée réelle du bail. C'est reconnaître très-catégoriquement que le droit payé en deçà de la première période correspond à une location qui n'existe pas. Est-ce là une perception régulière ?

2681. Bail au jour, à la semaine. — On doit considérer comme des baux faits suivant l'usage des lieux les conventions si fréquentes dans les villes par lesquelles une boutique, un bâtiment ou un emplacement sont loués au jour ou à la semaine. En principe, le propriétaire n'est lié que pour le premier jour ou la première semaine, et la location ne continue que par des tacites réconductions successives qui forment autant de baux nouveaux. Par conséquent, le bailleur n'est tenu de faire sa déclaration et de payer le droit de 20 centimes pour 100 francs que pour la première période. Il est dispensé de renouveler sa déclaration pour les autres, mais il devrait acquitter successivement le droit afférent à sa prolongation de jouissance. L'art. 11 § 2 L. 23 août 1871 qui décide que ce droit sera versé dans les vingt jours qui suivront l'échéance de chaque terme, est ici forcément sans application. D'un autre côté, il est impossible d'imposer à un preneur au jour ou à la semaine l'obligation de se présenter tous les jours ou après chaque semaine au bureau pour se libérer. C'est là une hypothèse qui a échappé aux prévisions du législateur et qui devra est réglementée par l'Administration au mieux des intérêts du public.

Une solution du 25 nov. 1871 a admis à cet égard que pour la liquidation du droit il y avait lieu de suppléer à la loi en réglant avec le propriétaire de mois en mois.

Une autre solution du 17 janvier 1872 a autorisé un règlement trimestriel pour les entrepôts de marchandises loués au mois.

2682. Cessation du bail. — La perception sera continuée, porte le § 2 de l'art. 11 L. 23 août 1871, jusqu'à ce qu'il ait été déclaré que le bail a cessé ou qu'il a été résilié. Le droit est exigible dans le cas jusqu'au jour auquel la location a pris fin selon l'indication des parties, encore que ce soit avant l'expiration du terme courant. La résiliation s'entend ici de toutes les conventions qui font rentrer le bailleur dans la jouissance de son immeuble. On sait que par elles-mêmes elles constituent des mutations soumises privativement à l'application de la loi, et qu'elles doivent faire l'objet d'une déclaration conforme au § 1er de l'art. 11. Ce sont ces déclarations qui serviront le plus souvent à dénoncer la fin du bail et à arrêter l'exigibilité du droit sur ce bail expiré. Quant aux faits d'où résulte la cessation du bail, ils sont très-multiples et rentrent dans le domaine du droit commun. Rappelons seulement ici la destruction de la chose louée, l'échéance d'une condition stipulée lors de la location, la confusion opérée par suite du décès d'une des parties, etc. L'Administration ne peut qu'accepter telles qu'elles lui sont présentées les affirmations du déclarant sur l'existence de ces causes d'extinction du bail. Elle les contrôlera plus tard par les moyens que nous ferons connaître.

1. CESSATION PARTIELLE. — La règle indiquée pour l'extinction totale de la location s'applique à son extinction partielle. Si l'une des deux maisons louées était incendiée, si des circonstances fortuites amènent une dépréciation telle des immeubles que le locataire ait obtenu une diminution de prix, il serait reçu à faire connaître ces modifications afin d'obtenir une réduction du droit.

2683. Résolution. — En droit strict, la résiliation qui fait l'objet de la déclaration des parties et motive la cessation du payement de l'impôt sur la location opère une mutation de jouissance tombant sous l'application de l'art 11 § 1er de la loi du 23 août 1871. C'est une observation que nous avons déjà faite précédemment (n° 2580). Bien que cette hypothèse exceptionnelle ait été certainement en dehors des prévisions du législateur, on n'a pu cependant la soustraire aux dispositions nouvelles que par un tempérament de faveur. — V. 2639.

2684. Baux de plus de trois ans. — Fractionnement. — Une autre exception à la règle du payement immédiat des droits lors de la déclaration a été édictée en ces termes à propos des baux ordinaires d'une durée de plus de trois ans : « Si le bail est de plus de trois ans et si les parties le requièrent, le montant du droit pourra être fractionné en autant de payements égaux qu'il y aura de périodes triennales dans la durée du bail. Le payement des droits afférents à la première période sera seul acquitté lors de l'enregistrement ou de la déclaration, et celui des périodes subséquentes aura lieu dans le premier mois de l'année qui commencera chaque période » (art. 11 § 7 L. 23 août 1871).

1. BAUX ÉCRITS. — BAUX DE MEUBLES. — Cette disposition ne se restreint pas aux locations verbales ; elle s'applique également aux baux écrits, mais elle est spéciale aux baux d'immeubles.

2. RÉQUISITION. — Elle n'opère pas de plein droit, il faut que les parties en invoquent expressément le bénéfice. « L'intention des parties, porte l'I. G. 2418 p. 5, devra être exprimée soit dans l'acte ou en marge de l'acte s'il s'agit d'un bail authentique, soit dans la déclaration s'il s'agit d'une location verbale. Dans le cas où le bail aurait été fait par acte sous seing privé, la réquisition sera constatée sur une formule de déclaration de location verbale et il en sera fait mention dans la quittance des droits d'enregistrement inscrite sur l'acte. » Ces modes ne sont pas les seuls. Il est évident que si la partie ne veut pas se déranger pour venir faire elle-même la réquisition sur une formule ordinaire, elle peut la

manifester par un exploit, une lettre ou tout autre écrit rapporté au receveur. Nous ne croyons même pas que la loi exige une réquisition écrite. Si la partie qui présente l'acte ou qui fait la déclaration se bornait à demander verbalement l'application du fractionnement et ne voulait pas ou ne pouvait pas signer sa demande, le receveur serait autorisé à constater cette réquisition par certificat marginal sur son registre, et sa perception fractionnée serait régulière. Cette attestation ne pourrait pas être ultérieurement contredite par le débiteur, parce que le receveur l'a faite dans l'exercice de ses fonctions et qu'elle a le même caractère de sincérité que les enregistrements eux-mêmes, lesquels font foi jusqu'à inscription de faux. — *V. Enregistrement.*

2685. Prescription. — Cette réquisition a de l'importance non pas seulement à cause du fractionnement actuel de la perception, mais par l'effet qu'elle peut avoir sur la prescription des droits simples et en sus. Les diverses prescriptions applicables à ces créances courent du jour où le recouvrement a pu avoir lieu. Si la réquisition n'existait pas, les droits applicables aux périodes triennales successives se prescriraient, comme ceux de la première, à compter du jour de l'enregistrement ou de la déclaration. La réquisition ajournant l'action du Trésor recule aussi le jour à compter duquel la prescription commence à courir, d'après l'adage : *Contra non valentem agere non currit præscriptio.* Ce sera seulement après l'expiration du premier mois de l'année commençant chaque période que les droits simples et en sus se prescriront au profit des parties : le droit simple par trente ans et le droit en sus par deux ans. — *V.* 2708-1.

1. RESTITUTION. — Si le bail a été à défaut de réquisition des parties assujetti au droit sur toute sa durée, cette perception est régulière et n'est pas sujette à restitution.

Il en est de même du bail à périodes qui a été enregistré pour la totalité de sa durée sur la réquisition formelle de la partie (Sol. janv. 1872, déc. 1872).

2. TRANSCRIPTION. — Les baux de plus de 18 ans qui n'ont pas été assujettis au droit pour la durée totale mais seulement pour une période, peuvent être transcrits sans qu'il y ait lieu de réclamer un supplément de droit d'enregistrement, la perception faite lors de cette formalité étant régulière (Sol. 23 janv. 1873).

2686. Payements successifs. — Ainsi que nous l'avons déjà fait observer (*suprà* n° 2677), les payements applicables aux diverses périodes triennales se font toujours d'avance, conformément à la règle générale. Il n'est besoin de les accompagner d'aucune déclaration nouvelle ; l'exigibilité des droits résulte suffisamment de l'enregistrement ou de la déclaration originaire, et de la réquisition émanée des parties ou de l'une d'elles. Mais c'est une question controversable que celle de savoir si le défaut de payement dans le délai imparti expose à une pénalité. Nous l'examinerons au chapitre des peines.

2687. Réquisition du bailleur et du preneur. — La loi parle de la réquisition *des parties.* Il est bien évident qu'il n'est pas nécessaire que cette réquisition émane collectivement du bailleur et du preneur. Elle doit être faite en principe par celui que la loi constitue le débiteur direct du droit, c'est-à-dire par le bailleur. Le preneur peut cependant faire sa réquisition dans tous les cas où il a le droit ou le devoir soit de réclamer l'enregistrement direct du bail, soit de faire la déclaration de la location verbale. Si après que le bailleur a requis le fractionnement, le locataire vient de son côté faire une déclaration pure et simple ou soumet son double à la formalité sans réserves, le receveur est fondé, selon nous, à compléter sa première perception en l'étendant à toute la durée du bail. Il en est de même à l'égard du bailleur qui agit dans le même sens après le locataire.

Un résultat semblable se produira quand des preneurs ou des bailleurs conjoints manifesteront des volontés différentes. Il suffit que l'un d'eux agisse sans réserve pour justifier la perception intégrale du droit. Le Trésor demeure légalement en dehors des responsabilités civiles que ce procédé peut soulever entre les parties.

2688. Prescription. — Lorsque la réquisition de fractionnement émane d'une seule des parties contractantes, peut-elle être opposée plus tard aux autres pour la prescription ? Nous le pensons. Ces parties, en effet, sont constituées les mandataires les unes des autres pour le payement de l'impôt. Ce mandat résulte à la fois de la nature des choses et de la solidarité qui existe entre tous les contractants à l'égard du Trésor. Or, c'est une règle de droit que les actes interruptifs de la prescription contre l'un des débiteurs solidaires interrompent la prescription à l'égard de tous (C. C. art. 1206). Les parties qui n'ont pas formulé la réquisition sont donc tenues d'en accepter les résultats quant à l'interruption de la prescription.

D'ailleurs elles ne pourraient pas diviser le fait de leur représentant. Si ce fait leur demeurait étranger pour la réquisition, il le serait aussi pour la déclaration ou la présentation de l'acte à l'enregistrement. Et alors, vis-à-vis du droit non recouvré sur les périodes fractionnées, ces débiteurs se trouveraient en présence d'une convention réputée non enregistrée, et pour laquelle, par conséquent, la prescription n'a pas couru. — *V.* 2708-1.

2689. Doubles. — Il peut se faire que les divers doubles du bail aient été enregistrés avec réquisition de fractionnement dans plusieurs bureaux, ou que le bailleur et le locataire aient procédé de même pour la déclaration de la location verbale. Nous pensons que dans ce cas le recouvrement ultérieur des droits en suspens doit être fait par le receveur de la situation des biens, ou en cas de biens situés dans l'arrondissement de plusieurs bureaux, par le receveur dans le ressort duquel se trouvent les biens les plus imposés. (Argum. de l'art. 1er de la loi du 15 nov. 1808). L'I. G. 2418 n'a pas précisément prévu ce cas, mais elle déclare, p. 5, que si le bail sous seing privé présenté à l'enregistrement avait pour objet des immeubles situés hors de l'arrondissement du bureau, il sera fait un renvoi de l'article au bureau de la situation. Il n'y a pas de raison pour ne pas étendre la même règle aux hypothèses analogues que nous prévoyons.

1. RESTITUTION. — Si les deux doubles avaient donné lieu chacun à la perception du droit proportionnel, il va sans dire qu'il y aurait lieu de restituer sur le second tout ce qui se trouvait perçu par double emploi (Sol. 2 juill. 1872).

De même, si un bail écrit est découvert après la déclaration de location verbale, le droit acquitté lors de la déclaration est imputable sur celui auquel le bail donne ouverture (Sol. 18 sept. 1872).

2690. Minimum. — Il n'y a pas lieu d'appliquer le minimum du droit à chacun des payements divisés. Le § 7 de l'art. 11 L. 23 août 1871 dispose, en effet, que « le montant du droit pourra être fractionné en autant de payements égaux qu'il y a de périodes triennales dans la durée du bail. » Il faut donc, pour demeurer dans la limite du texte, que le total de ces payements partiels représente exactement le montant du droit originaire. Or, il n'en serait pas toujours ainsi si le minimum pouvait être appliqué, et on arriverait de cette façon, contre le vœu manifeste du législateur, à faire du fractionnement du droit un moyen indirect d'en augmenter le chiffre.

2691. Liquidation du droit. — De ce que la disposition dont il s'agit constitue, comme l'a dit le rapporteur, une *facilité* de payement, nous en concluons qu'elle ne touche ni au mode de liquidation ni aux règles d'exigibilité du droit. Dès lors, il faudra continuer, comme par le passé, à calculer le droit sur le prix unique ou sur le prix cumulé des années du bail, et c'est la somme ainsi obtenue que l'on divisera en échéances triennales. Il ne serait pas régulier, selon nous, de liquider d'abord le droit sur trois ans, puis, après la première période, sur trois autres années, et ainsi de suite. Les deux procédés, bien qu'à peu près identiques, peuvent cependant, à cause des fractions de 20 francs en 20 francs, produire de légères différences dans la perception. Or, adopter le second, ce serait supposer que le droit n'est dû d'abord que sur les trois premières années, et qu'il ne devient exigible pour les autres que dans le cas où la location continue. Ce serait, en d'autres termes, traiter un bail unique comme une série de locations dont chacune fait l'objet d'une convention distincte.

Ni le texte de la loi ni les travaux qui l'ont précédée ne permettent d'accueillir une pareille interprétation. On n'a pas voulu certainement déroger à ce principe fondamental de la législation fiscale, d'après lequel les droits d'un acte ou d'une mutation sont acquis au Trésor par l'existence de cet acte ou de cette mutation, et doivent lui être payés, quels que soient les événements ultérieurs. Que pour faciliter *le payement* de l'impôt acquis au Trésor, la loi nouvelle ait accordé au débiteur certains sursis, cela se conçoit. Mais qu'elle ait voulu aller au delà et toucher à la règle même de *l'exigibilité*, c'est ce qu'on ne pourrait admettre qu'en présence d'un texte formel qui n'existe pas.

1. CESSATION OU RÉSILIATION. — Aussi pensons-nous que, malgré la cessation ou la résiliation du bail avant le terme fixé pour sa durée, les droits continueraient à être dus. S'il en était autrement et si l'on avait voulu soumettre ces locations au régime de baux faits suivant l'usage des lieux, on aurait également réservé aux parties le droit de dénoncer à l'Administration l'extinction du bail afin de faire cesser l'exigibilité du droit.

2692. Nombre non divisible par trois.—Quand le nombre des années n'est pas exactement divisible par trois, le dernier payement doit se composer des droits afférents aux années qui ne formeraient pas une période triennale. Cette explication, donnée par le rapporteur de la loi et reproduite dans l'I. G. 2418 p. 14 était à peu près inutile. On ne pouvait guère hésiter à croire que la première période se composerait de trois années entières, et que les fractions seraient rejetées dans la dernière.

2693. Sous-baux. — Cessions, etc. — Le principe du fractionnement s'applique sans difficulté aux sous-baux, cessions et prorogations de baux. Mais en est-il de même pour les résiliations? On peut dire que le sursis dont il s'agit a été motivé par le désir de favoriser les baux à longue durée et d'en faciliter la conclusion aux fermiers; que cette raison n'existe plus à l'égard du propriétaire qui rentre en jouissance de son immeuble. On peut ajouter que la résiliation produit un résultat définitif, tandis que l'exécution du bail est soumise à des éventualités de toutes sortes, en considération desquelles le fractionnement a été accordé. Ces raisons ont d'autant plus de poids qu'il s'agit d'une exception, et que les exceptions sont limitatives de leur nature. Nous inclinerions donc, malgré l'apparente généralité du texte, à n'y point soumettre les résiliations.

2694. Bail à vie ou à duré illimitée. — Il en est de même des baux à vie ou à durée illimitée. Ces contrats sont en général déterminés par des motifs particuliers qui n'ont rien de commun avec ceux du bail à ferme. Ce n'est pas parcequ'ils constituent un meilleur mode d'exploitation du sol que les parties y ont recours : le propriétaire qui aliène ainsi la jouissance jusqu'à sa mort ou au delà, se préoccupe assez peu de la question agricole. On ne risque pas beaucoup de se tromper en affirmant que la disposition actuelle n'a pas été faite pour de tels contrats, plus rapprochés de la vente que du bail.

C'est l'opinion qu'a adopté l'Administration. Elle a pensé que le législateur, ainsi que cela résulte surtout des derniers paragraphes de l'art. 11 de la loi nouvelle, n'a eu en vue que les baux à durée limitée; aussi le § 2 de l'art. 17, qui limite la perception, pour les baux en cours, au temps restant à courir, est-il sans application possible aux baux à vie ou à durée illimitée. Et, en effet, dans les travaux préparatoires qui ont précédé la loi du 23 août 1871 et notamment dans le § 10 du rapport, *in fine*, l'on ne parle que des baux tarifés par les lois antérieures, d'abord à 1 franc et à 25 cent. pour 100, puis à 75 cent. pour 100, et enfin à 20 cent. pour 100, c'est-à-dire des baux à durée limitée. Aussi les derniers paragraphes de l'art. 11 de la loi nouvelle se réfèrent-ils exclusivement, dans l'ensemble de leurs dispositions, à ces sortes de baux (Sol. 26 janv. 1872). — Cette interprétation a été admise par le tribunal de Loches, le 5 décembre 1873; mais la question est délicate, et il n'est pas certain que tous les tribunaux la résoudraient dans le même sens.

2695. Antichrèse. — Sépultures. — Ce que nous disons du bail à vie s'applique, par identé de motifs, à l'antichrèse et aux baux de terrains destinés aux sépultures. Il nous semble que ce serait s'écarter outre mesure de la pensée de la loi que de les comprendre parmi les baux de plus de trois ans, pour lesquels a été créé le fractionnement du droit.

2696. Dispositions indépendantes. — 1. CAUTIONNEMENT. — Lorsque les baux écrits de plus de trois ans contiennent des dispositions spéciales dont l'effet dépend, comme le bail lui-même, de la durée de la location, et qui donnent lieu à un droit particulier d'enregistrement, il résulte que ces dispositions doivent être soumises à la double règle du fractionnement, et, le cas échéant, de la perception sur le temps restant à courir. C'est ce que l'Administration a décidé pour le droit de cautionnement. « Ce droit, dit l'I. G. 2423, étant corrélatif du droit de bail, sa perception doit être fractionnée. » — Nous ajouterons que s'il s'agissait d'un bail ancien enregistré avant le 1er janvier 1871, ce droit ne serait pas exigible sur le temps écoulé.

2. OBLIGATION. — VENTE. — Mais la faveur précédente ne saurait être étendue aux stipulations qui donnent lieu à un droit d'enregistrement indépendant de la durée du bail, notamment aux droits d'obligation ou de vente qui résulteraient d'avances faites soit au bailleur, soit au preneur, ou bien de cessions de récoltes intervenues entre eux comme condition du bail.

Il en serait autrement, dans ce dernier cas, si la cession des récoltes avait la même durée que le bail, par exemple si le preneur avait promis de vendre au bailleur le produit annuel de sa recette pendant toute la durée du bail. Le droit dû pour cette convention devrait être fractionné comme celui du bail lui-même.

2697. Baux à périodes. — D'après l'art. 69 n° 2 § 3 L. 22 frimaire an 7, les baux de trois, six ou neuf ans, donnaient ouverture à la perception du droit proportionnel sur le montant des loyers de neuf années. Cette disposition se justifiait mieux en équité qu'en droit. En fait, presque tous les baux de l'espèce se continuent jusqu'à l'expiration de la dernière période, et le résultat est le même que si la location avait été convenue d'abord pour neuf ans. Mais en droit, il n'y a de convention actuellement obligatoire que pour la première période. Si le bail continue après aux conditions primitives, c'est par l'effet d'un nouvel accord de volontés. Le droit à percevoir lors de l'enregistrement du bail n'était donc rigoureusement exigible que sur la première période.

La loi nouvelle le décide ainsi en déclarant abrogée la dernière disposition du n° 2 du § 3 de l'art. 69.

Il restera toujours, pour l'application de cette disposition nouvelle, à distinguer entre les baux qui se continuent de plein droit pendant toute leur durée jusqu'à la notification d'une volonté contraire, et les baux qui cesseront à un terme convenu, sauf faculté de renouvellement. Les premiers sont soumis à une condition résolutoire qui ne s'oppose pas à l'exigibilité du droit proprotionnel sur toutes les années, tandis que les seconds sont seuls de véritables baux à périodes dans le sens de l'art. 69 § 3 n° 2 de la loi de l'an 7. Mais la différence qui les sépare n'est pas toujours facile à préciser, à raison de l'extrême variété des formules qui servent à traduire la condition. — V. *suprà* n° 2632.

1. CESSION. — Décidé spécialement que la cession par acte notarié postérieur à la loi du 23 août 1871, d'un bail d'immeubles antérieur à cette loi pour le temps restant à courir depuis une date postérieure au 23 août 1871, donne lieu de percevoir le droit de 20 cent. pour 100 sur la portion non encore écoulée de la période commencée à l'expiration de cette période; le droit peut être réclamé pour une nouvelle période à moins que les parties n'aient fait une déclaration de résiliation (Sol. 26 mars 1872).

L'I. G. 2423 § 1er n° 2 n'a pas été abrogé par l'I. G. 2452 § 3 n° 1 en ce qui concerne les baux à périodes pour les périodes commencées (Sol. 6 sept. 1872).

2698. Fractionnement. — L'ancien bail à périodes de la loi de frimaire est devenu maintenant un bail ordinaire d'une durée limitée à la première période. On doit le traiter comme tel pour la perception. Dès lors, si cette première période, la seule actuellement obligatoire, est de cinq ans, la location tombera sous l'empire du fractionnement créé pour les baux de plus de trois ans. Le droit sera liquidé sur les cinq années, mais, sur la réquisition de la partie, on le divisera pour le recouvrement en deux annuités; l'une relative aux trois premières années, et l'autre aux deux qui suivent (Sol. 17 fév. et 2 déc. 1872). — Les périodes successives seront considérées à leur tour comme des locations nouvelles auxquelles on appliquera la même règle, et qui doivent être déclarés dans les trois mois de l'échéance de chaque période à peine d'un droit en sus (Sol. 6 août 1872, 28 sept. 1872, déc. 1872, sept. 1873).

1. RESTITUTION. — Si le bail à périodes a été, sur la réquisition des parties, assujetti au droit sur l'ensemble des périodes, la perception est régulière et le droit n'est pas restituable (Sol. 10 janv. 1872, Sol. déc. 1872).

2699. Baux de meubles. — L'art. 69 § 3 n° 2, s'appliquait, dans sa généralité, aux baux de meubles comme aux baux d'immeubles. L'abrogation en ayant été prononcée d'une façon absolue et sans réserve par l'art. 11 de la loi du 23 août 1871, il faut en conclure que les locations de biens meubles sont atteintes comme les autres.

2700. Prescription. — La loi du 23 août n'apporte aucun changement aux règles générales relatives à la prescription. C'est donc par l'application des principes ordinaires qu'il faut résoudre les questions auxquelles donne lieu le recouvrement des nouveaux droits.

1. DÉFAUT D'ENREGISTREMENT. — Nul doute que les droits simples et en sus résultant du défaut d'enregistrement ou de déclaration restent soumis, les premiers à la prescription trentenaire de l'art. 2262 C. C., et les seconds à la prescription biennale établie par l'art. 14 de loi du 16 juin 1824.

2. INSUFFISANCE. — Quant aux droits simples et en sus, provenant d'une insuffisance commise dans la déclaration, ils se trouvent naturellement soumis à la même prescription que l'action appartenant au Trésor pour faire constater cette insuffisance, c'est-à-dire à la prescription de deux ans.

3. ÉCHÉANCES SUCCESSIVES. — Mais la loi a créé une situation nouvelle au sujet de baux faits suivant l'usage des lieux ou pour une durée de plus de trois ans. Dans ces deux cas, une partie des droits devient exigible à des époques ultérieures et sans nouvelle déclaration. Aucune hypothèse analogue n'existait dans la législation antérieure à cause des dispositions impératives de l'art. 59 L. 22 frimaire an 7.

Cependant, celle qui s'en rapproche le plus concerne les droits supplémentaires exigibles et non perçus lors de l'enregistrement d'un acte ou d'une déclaration. La loi a soumis le recouvrement de ces droits à une courte prescription de deux ans, parce que l'Administration a le moyen d'agir sans recherches ultérieures à partir du jour même de l'enregistrement, et que dans cette situation il est juste de ne pas laisser trop longtemps le redevable exposé à ses poursuites. Les mêmes raisons militent dans l'espèce en faveur de la même prescription. Quelle que soit la cause de la non-perception, le droit complémentaire est sans le moindre doute exigible à une époque déterminée par la loi, et l'Administration peut agir contre le débiteur pour le faire acquitter sans avoir besoin de recherches d'aucune espèce. C'est donc, semble-t-il, par deux ans à compter du jour de l'échéance de la créance que son action sera prescrite.

4. DÉPOT DU BAIL PAR LE BAILLEUR. — Le recouvrement du droit simple à faire dans le cas prévu à l'art. 14 § 2 L. 23 août 1871, contre le bailleur qui a déposé son acte pour éviter le payement immédiat de l'impôt, ne s'effectue pas dans des conditions identiques. En effet, le droit en suspens n'est pas *de plano* exigible contre le bailleur. Il n'en est tenu, selon le § 4 art. 11, qu'à défaut du preneur. Avant d'exercer son action en recours contre le propriétaire, il faut que l'Administration recherche si le droit n'a pas été payé par le locataire. Sans doute elle n'est pas obligée de discuter d'abord ce débiteur sur tous ses biens, mais il faut, dans l'esprit de la loi, qu'elle puisse justifier qu'il ne s'est pas libéré et que dès lors le dépôt du bail est devenu sans objet. Ce n'est point au bailleur à faire cette preuve dont il n'a pas les éléments.

Or, ces recherches préalables suffisent pour que la créance ne soit pas constatée d'une façon définitive par la déclaration ou le dépôt de l'acte. L'Administration ne peut pas agir à jour fixe ; elle est soumise à la nécessité d'une information plus ou moins longue qui arrête son action. Cela nous paraît de nature à écarter l'application de la prescription biennale, et nous nous inclinons à croire que, malgré la dénonciation qui lui a été faite, l'Administration a trente ans pour réclamer au bailleur le droit dont il a été provisoirement dispensé.

Mais la prescription biennale applicable au droit en sus courrait, en vertu de l'art. 14 de la loi du 16 juin 1824, à partir du jour où il est devenu exigible et a pu être réclamé.

2701. Solidarité. — Droit simple. — Nous venons d'examiner comment le droit devait être payé. Il faut rechercher maintenant qui en est le débiteur.

En principe, comme ce droit doit être acquitté au moment de la déclaration, il en résulte que ceux-là auxquels la loi impose l'obligation de déclarer le bail sont aussi constitués les redevables directs et principaux du Trésor. C'est en première ligne le bailleur et, à son défaut, le preneur (Art. 11 § 4 L. 23 août 1871; L. 28 fév. 1872, art. 6).

D'après la disposition formelle de l'art. 6 de la loi du 28 février 1872, le preneur et le bailleur sont solidaires pour le recouvrement du droit en sus.

2702. Obligation du bailleur. — Délai. — L'art. 14 de la loi du 23 août 1871 porte :

« L'ancien possesseur et le bailleur peuvent s'affranchir du droit en sus qui leur est personnellement imposé, ainsi que du versement immédiat des droits simples, en déposant dans un bureau d'enregistrement l'acte constatant la mutation. Outre les délais fixés pour l'enregistrement des actes ou déclarations, un délai d'un mois est accordé à l'ancien possesseur et au bailleur pour faire le dépôt autorisé par le paragraphe qui précède. »

1. BAIL ÉCRIT. — Le dépôt du bail par le bailleur dans l'hypothèse précédente se borne donc à une dénonciation non suivie du payement des droits. Elle ne l'oblige à ce payement qu'après l'expiration du délai supplémentaire d'un mois, pendant laquelle elle peut avoir lieu.

2. LOCATION VERBALE. — Une disposition semblable existait en ce qui concerne les locations verbales. Le bailleur ne pouvait être poursuivi qu'un mois après le délai de trois mois accordé au locataire pour se libérer. Il nous paraît certain que ce délai supplémentaire a été supprimé par l'art. 6 de la loi du 28 février 1872, dès lors qu'elle a transporté au bailleur toutes les obligations du preneur (*Conf.* : 15088 C., 19230 J. E.).

3. PRENEUR. — Le dépôt du bail par le bailleur n'affranchit pas du droit en sus, même lorsque ce dépôt est effectué dans les trois mois, le preneur qui a négligé de faire enregistrer le bail dans la délai prescrit (Sol. 19 nov. 1871).

4. RÉSILIATION. — V. 2639 *in fine*.

2703. Droits et amendes de timbre. — Lorsqu'il s'agit d'un bail écrit non timbré, le droit et l'amende de timbre seraient rigoureusement exigibles du bailleur au moment du dépôt de l'acte. Mais l'Administration a décidé que ce payement, étant de nature à entraver les dépôts, ne serait pas exigé immédiatement du bailleur, que le recouvrement en serait suivi ultérieurement en même temps que le recouvrement des droits d'enregistrement (2423 § 1er n° 3 I. G.).

2704. Effets de la déclaration. — Payements successifs. — Lorsque le bail est fait suivant l'usage des lieux, comme aussi dans les locations de plus de trois ans soumises au fractionnement, les droits doivent être payés successivement et sans déclarations nouvelles à des époques déterminées. Il est bien entendu que l'Administration s'adressera pour cela aux auteurs des déclarations, les seuls auxquels l'aveu de la location soit opposable. Si cet aveu avait été fait par le bailleur et le preneur, soit simultanément, soit par par des déclarations distinctes, chacun d'eux se trouverait ainsi débiteur du droit, et exposé également aux réclamations de l'Administration. Mais en dehors de cette hypothèse et des cas ou l'existence du bail est légalement prouvée contre la partie qui n'a pas souscrit de déclaration, on ne peut pas lui opposer celle de son contractant, et il échappe à la poursuite de l'Administration.

2705. Copropriétaires. — Nous avons déjà dit que les copropriétaires, cohéritiers ou coassociés étaient les représentants les uns des autres vis-à-vis de l'Administration pour la déclaration et le payement des droits simples. Il en résulte que tous sont également responsables de ce droit, soit qu'on doive le payer immédiatement, soit qu'il ne devienne exigible que par périodes triennales ou à l'échéance de chaque terme du bail. Peu importerait, selon nous, que depuis le bail l'indivision ait cessé entre les parties prenantes, car cet événement ultérieur ne rétroagit pas au jour où la dette a été contractée, et ne modifie pas, dès lors, le titre originaire de la créance du Trésor. La question de savoir à la charge de qui doit en définitive retomber la dette, soulève entre les communistes un cas de responsabilité qui peut se reproduire à propos de tous les droits de mutation. Mais ce sont là des conflits dans lesquels l'Administration n'a pas à intervenir, et qu'on ne saurait même discuter judiciairement en sa présence, si elle n'y consent pas.

2706. Locations non excédant 100 francs. — Lorsqu'il s'agit de la réunion de locations verbales d'une durée de moins de trois ans, et séparément inférieures à 100 francs, mais dont le prix total excède ce chiffre, le preneur est absolument affranchi de toute obligation et de toute responsabilité à l'égard des droits. La loi ajouté même que le bailleur n'aura aucun recours à exercer contre lui pour le remboursement des droits acquittés (art. 11 § 5 L. 23 août 1871). Ce recours pourrait-il être stipulé comme condition de la location? Rien ne nous paraît s'y opposer. D'abord c'est un principe applicable en toute matière, que ce que la loi ne défend pas est permis. Or, dans l'espèce, il n'existe pas de prohibition au sujet de la clause de recours. En second lieu, quand la loi a voulu interdire de pareilles stipulations, elle a eu soin de le déclarer : on peut en voir un exemple dans l'art. 14 de la loi de 1871, pour le payement des amendes personnelles infligées à chacune des parties (*Conf.:* M. Demante *Suppl.* n° 247).

2707. Sous-baux et cessions de baux. — Nous avons déjà fait remarquer que les sous-locations sont assimilées aux baux. Il en résulte que le principal locataire doit être considéré comme le bailleur pour les sous baux qu'il fait en détail à des tiers. On lui appliquerait donc les dispositions édictées pour les bailleurs ordinaires. Mais il n'est pas besoin de rappeler que le bailleur originaire demeure étranger à ces conventions, et qu'il n'a pas, par conséquent, à les déclarer personnellement.

ARTICLE 4. — DES PEINES

[2708-2722].

2708. Règle. — Les contraventions à la loi du 23 août 1871 sont de trois espèces différentes : 1° le défaut de déclaration ou d'enregistrement des baux dans les délais prescrits ; — 2° le défaut de payement des droits aux époques fixées, et 3° — les inexactitudes commises dans les déclarations ou dans les actes.

Le défaut de déclaration ou d'enregistrement est puni par l'art. 14 § 1er d'un droit en sus imposé au bailleur et au preneur : « A défaut d'enregistrement ou de déclaration dans les délais fixés par les lois des 22 frimaire an 7, 27 ventôse an 9, et par l'art. 21 de la présente loi, le bailleur et le preneur sont tenus personnellement et sans recours, nonobstant toute stipulation contraire, d'un droit en sus, lequel ne peut être inférieur à 50 francs. »

1. FRACTIONNEMENT. — La perception du droit en sus suit les règles applicables au droit simple, elle se fait par périodes triennales, mais sans que le premier payement puisse être inférieur à 50 francs, minimum de l'amende. La réquisition de fractionnement, s'opposant à la perception d'une partie du droit en sus, la prescription sera nécessairement suspendue à l'égard de cette portion (Sol. 23 oct. 1871). — *V.* 2685 et 2688.

2709. Acte en débet ou gratis. — Ces dispositions sont générales ; elles s'appliquent donc quelle que soit la nature du bail et encore qu'il doive être enregistré gratis, en débet ou moyennant un droit fixe. La question a été résolue en ce sens, sous l'empire de la loi du 22 frimaire an 7, pour les pénalités relatives au défaut d'enregistrement des actes soumis à la formalité en débet ou gratis. Il a été reconnu que le droit en sus ou l'amende sont néanmoins exigibles. Une solution du 18 mars 1865 a cependant décidé différemment à propos du droit en sus d'une mutation d'immeubles acquis verbalement en vertu de la loi sur l'expropriation, et elle a admis que la mutation étant soumise à l'enregistrement gratis, il n'était pas dû de droit en sus. Nous avons examiné cette question aux nos 771 et 999.

2710. Pluralité. — Il est certain, quoiqu'on ait voulu le contester, que le locataire et le bailleur sont passibles chacun d'une amende quand la déclaration n'est pas faite ou l'acte déposé dans le délai légal. L'exigibilité d'une double amende nous paraît résulter clairement du second paragraphe de l'art. 14 de la loi du 23 août 1871. Après avoir établi qu'à défaut d'enregistrement ou de déclaration, l'ancien et le nouveau possesseur, le bailleur et le preneur sont tenus, personnellement et sans recours, d'un droit en sus, lequel ne peut être inférieur à 50 francs, le législateur ajoute : « L'ancien possesseur et le bailleur peuvent s'affranchir du droit en sus qui leur est personnellement imposé...; » ainsi, ce n'est pas un demi-droit, c'est un droit en sus qui leur est personnellement imposé. Cet argument nous paraît décisif (*Conf.*: Sol. mai 1872, juill. 1872; — Gourdon, 13 juin 1876).

Le contraire aurait des conséquences diamétralement opposées au but que le législateur s'est proposé par les mesures prises contre la fraude. Le nouveau possesseur et le preneur, qui auraient cherché à se soustraire au payement des droits, ne seraient plus tenus qu'à payer un demi-droit en sus ou la moitié de l'amende, au lieu d'un droit en sus qui leur était imposé par la législation antérieure, et l'État ne recevrait que ce demi-droit en sus si l'ancien possesseur et le bailleur remplissaient les obligations qui leur sont imposées par l'art. 14. D'un autre côté, en matière de location verbale, le bailleur étant maintenant seul chargé, par l'art. 6 de la loi du 28 février 1872, de faire la déclaration, la contravention qu'il commettrait ne donnerait plus lieu qu'à la moitié de la peine dont il serait personnellement tenu aux termes de l'art. 14, si l'on devait adopter le système que nous combattons : le législateur aurait ainsi diminué et non augmenté les garanties et les ressources du Trésor (*Contrà.* : M. Demante *Suppl.* n° 246).

2711. Personnalité des peines. — Les peines précédentes sont personnelles. Cela signifie que le locataire ne saurait être contraint à payer celle qui concerne le bailleur et réciproquement. Quand l'Administration, après avoir rappelé la disposition de la loi sur ces droits en sus, énonce que le bailleur, *solidaire du droit*, peut dégager sa responsabilité par une déclaration spéciale (2413 § 5 I. G.), il faut entendre cette solidarité du droit simple seulement. L'I. G. l'explique clairement au n° 3, en commentant l'art. 14, puisqu'elle déclare que les peines édictées par ce texte sont personnelles et qu'il n'y a solidarité que pour le payement du droit simple. Bien qu'il s'agisse alors spécialement des rapports de l'acheteur et du vendeur, il faut nécessairement étendre cette déclaration aux peines encourues pour les baux, puisque ces peines sont identiques et résultent du même texte.

1. STIPULATION CONTRAIRE. — Ce caractère de personnalité est tel que la loi prohibe toute stipulation qui tendrait à faire supporter l'amende par un autre que celui auquel elle est infligée. On a voulu que chacun des contractants fût intéressé à assurer l'exécution de la loi et ne pût s'affranchir de cette responsabilité par une clause de la convention.

2712. Héritiers. — Mais, de ce que la peine est personnelle, en résulte-t-il qu'elle s'éteindrait par le décès du contrevenant, et que l'Administration ne pourrait en suivre le recouvrement contre les héritiers ou les représentants du défunt si la condamnation n'en avait été prononcée avant le décès? Cette question avait été agitée déjà avant la loi nouvelle au sujet du droit en sus applicable aux mutations de propriété ou d'usufruit d'immeubles non soumis aux droits dans les délais prescrits. Il avait été reconnu que la loi de frimaire an 7, ayant édicté la peine du double droit pour les actes non enregistrés sans parler des personnes, ne faisait pas dépendre sa perception de l'existence même des contrevenants. Et on décidait par suite que ce double droit pouvait être réclamé aux héritiers ou représentants de l'acquéreur (Av. Cons. d'Ét. 8 fév. 1810). — V. 1511.

Aujourd'hui la rédaction de la loi est différente. L'art. 14 § 1er L. 23 août 1871 dispose que : « A défaut d'enregistrement ou de déclaration dans les délais, l'ancien et le nouveau possesseur, le bailleur et le preneur seront tenus personnellement et sans recours, nonobstant toute stipulation contraire, d'un droit en sus, lequel ne peut être inférieur à 50 francs. » Ce sont les contrevenants qui sont directement atteints par la pénalité, et la loi ajoute que cette pénalité est personnelle. Il nous paraît en résulter que l'exception admise par la loi du 22 frimaire an 7 n'existe plus et que les héritiers ne sont pas responsables des amendes encourues par leurs auteurs.

Nous nous croyons d'autant plus fondés à le soutenir, que quand la loi du 23 août 1871 a voulu déroger au principe de la personnalité des peines pour les transmettre aux héritiers, elle l'a expressément déclaré. C'est ce qui a eu lieu pour l'art. 12. « Sans cette addition, porte le rapport de la commission (3360 p. 483 R. P.), la pénalité édictée par la loi n'aurait pu recevoir aucune application en cas de mort de l'ancien possesseur avant la condamnation. »

L'Administration s'est rangée à notre opinion par trois solutions des 20 janvier 1872, 5 janvier 1873 et 2 avril 1873. — V. 1511.

2713. Copropriétaires. — Quand le bail est consenti par plusieurs copropriétaires, ou fait au profit de plusieurs locataires conjoints, ils ne représentent juridiquement qu'une seule personne, et on ne saurait leur appliquer à chacun un droit en sus distinct. Il n'est dû qu'un droit en sus pour tous les bailleurs et un pour tous les locataires. Peu importe que depuis le bail les uns ou les autres se soient partagés l'immeuble et que l'indivision ait cessé entre eux. Cette convention est étrangère à l'Administration et ne change pas la loi du contrat. Nous avons déjà fait précédemment une semblable observation. — V. 2705.

1. RÈGLEMENT ENTRE PARTIES. — Dans cette hypothèse, la loi n'interdit pas aux parties de régler à la charge de qui des colocataires ou des cobailleurs tombera exclusivement le droit en sus encouru. Il se peut que pour des raisons de bonne gestion l'un d'entre eux ait été chargé par ses coassociés de veiller seul à l'exécution de la loi nouvelle. Il serait injuste de méconnaître ou de contrarier l'effet de cette stipulation, en dégageant la responsabilité de ce mandataire.

2714. Mandataires. — Quand le bail a été fait par un mandataire ou consenti à son profit, sa personnalité n'est pas en cause, et c'est le mandant qui est responsable vis-à-vis de l'Administration des agissements de son mandataire. D'ailleurs, malgré l'existence de la procuration, le mandant n'était pas dispensé d'agir lui-même pour déclarer la mutation ou faire enregistrer le bail. Il est juste que sa responsabilité soit engagée.

1. MANDATAIRES LÉGAUX. — La question est plus délicate pour les mandataires légaux ou les représentants des incapables, les maris, les tuteurs, les administrateurs de sociétés ou de communautés, etc. Ces incapables, quoique seuls bailleurs ou locataires, n'avaient pas qualité pour faire la déclaration; l'obligation en était imposée par la force des choses à leurs représentants. Puisque le droit en sus est la peine du défaut de déclaration ou d'enregistrement, il est logique de l'appliquer exclusivement à ceux qui pouvaient seuls faire enregistrer ou déclarer le bail. C'est ce qui résulte virtuellement du § 3 de l'art. 11 L. 23 août 1871, qui étend aux insuffisances commises dans les déclarations de l'art. 39 de la loi du 22 frimaire an 7, d'après lequel les tuteurs et les curateurs supportent personnellement le droit en sus résultant des défauts de déclarations ou des déclarations insuffisantes en matière de succession. Nous pensons donc qu'il y a lieu d'en exonérer les incapables, même dans le cas d'insolvabilité personnelle de leurs mandataires.

2. MANDATAIRE LÉGAL AGISSANT POUR LUI-MÊME. — Ce qui précède s'applique sans le moindre doute, quand le mandataire légal agissait en réalité pour lui-même, comme dans le cas où le mari commun en biens loue les immeubles de sa femme, ou le père administrateur légal des biens de ses enfants mineurs afferme leurs immeubles. Ces représentants joignent alors, en effet, à leur titre de mandataires la qualité d'usufruitiers ou de maîtres des revenus des immeubles soumis à leur détention temporaire. Ils passent donc le bail pour eux-mêmes et doivent exclusivement le déclarer.

2715. Porte-fort. — La solution admise au sujet du mandataire ne s'étendrait pas au simple porte-fort. Ce dernier, en effet, joue un rôle personnel dans le contrat, à ce point que si celui au nom duquel il a agi ne ratifie pas, l'opération reste pour son compte. C'est donc à lui, au regard de l'Administration, à souscrire la déclaration, et c'est lui par conséquent qui encourt l'amende. Seulement si la ratification était constante et si elle était intervenue avant l'expiration du délai accordé pour l'enregistrement ou la déclaration, la règle du mandat reprendrait son empire et le droit en sus tomberait à la charge du véritable contractant. C'est ce qu'il faudrait décider aussi pour tous les changements d'état ou de personne survenus avant l'expiration du délai accordé pour satisfaire à la loi. La peine est encourue comme en matière de déclaration de succession par ceux qui pouvaient agir et ont laissé expirer le délai sans se conformer à la loi.

2716. Payements successifs. — Il y a trois cas dans lesquels le payement des droits peut avoir lieu après l'enregistrement du bail ou la déclaration de la location verbale.

C'est d'abord, en matière de location faite suivant l'usage des lieux, pour les tacites reconductions opérées après le premier terme (Art. 11 § 2 L. 23 août 1871).

C'est ensuite pour les échéances triennales des baux de plus de trois ans (Art. 11 § 7).

C'est enfin à propos du dépôt fait, en exécution de l'art. 14 § 2, par le bailleur qui est dispensé du versement immédiat des droits.

Dans ces trois hypothèses, le droit doit être payé ultérieurement à des époques diverses. Mais on ne trouve dans la loi aucune disposition pénale qui assure ce payement. Il est bien dit que le droit des tacites reconductions deviendra exigible dans les vingt jours qui suivront l'échéance de chaque terme, que celui des périodes triennales sera payé dans le premier mois de l'année qui commencera chaque période (Art. 11 §§ 2 et 7). Mais la loi n'indique pas de délai pour le versement du droit dû par le bailleur dans le dernier cas. Et pour aucun elle n'édicte formellement une amende. Toutes les pénalités qu'elle renferme s'appliquent « au défaut d'enregistrement ou de déclaration dans les délais fixés par les lois des 22 frimaire an 7 et 11 de la loi nouvelle » (Art. 14 § 1er); et « à la déclaration insuffisante » (Art. 11 § 3). Or, dans l'espèce, la déclaration a eu lieu dans les délais réglementaires et l'enregistrement a été remplacé par un dépôt effectué conformément à la loi. D'autre part, il ne s'agit pas d'une insuffisance d'évaluation. Comme les peines ne s'appliquent pas par analogie et que tout est de droit étroit en pareille matière, il faut reconnaître que les retards ou les défauts de payements n'entraînent aucune amende (Sol. 1er juin, 6 août, 4 oct., 29 nov. et 20 déc. 1872). Peut-être le législateur a-t-il pensé qu'une fois la dénonciation du bail ou de la location faite à l'Administration, l'intérêt du Trésor était suffisamment sauvegardé, puisque le recouvrement des droits ne dépendait plus que de l'activité des agents de l'Administration.

On ne pourrait échapper à cette conséquence qu'en soutenant que la continuation du bail équivaut à une location nouvelle différente de la première. Mais cette appréciation ne serait pas conforme à la nature du contrat, car dans les baux à périodes ou dans les baux fractionnés il est certain que le même bail continue.

La non exigibilité de l'amende a été officiellement reconnue pour les baux écrits par l'I. G. 2515 (4118 et 4268 § 27 R. P.).

2717. Insuffisance. — « En cas de déclaration insuffisante, porte l'art. 11 § 3 L. 23 août 1871, il sera fait application des dispositions des art. 19 et 39 de la loi du 22 frimaire an 7. » Ces dispositions se résument dans le payement d'un droit en sus unique imposé à l'auteur de la déclaration, outre le payement du droit simple complémentaire et calculé sur le chiffre de l'insuffisance reconnue ou constatée. La pénalité est donc moins étendue que pour le défaut de déclaration, où elle atteint les deux parties; mais cela est de toute justice, car l'insuffisance procède d'une faute personnelle et on n'en saurait rendre responsable celui qui ne l'a pas commise. Peut-être la loi aurait-elle pu imposer un droit en sus à chacune des parties quand elles ont fait chacune une déclaration insuffisante. Mais elle a considéré sans doute que dans ce cas la déclaration du preneur n'est qu'un acte complémentaire de celle du bailleur et s'identifie avec elle. Quoi qu'il en soit, le texte est formel et l'insuffisance ne peut donner ouverture qu'à un droit en sus (Sol. 17 juill. 1872).

1. MINIMUM. — Ce droit en sus n'a même pas, comme les amendes pour défaut de déclaration, de minimum légal (même solution). Il s'élèvera la plupart du temps à une somme insignifiante.

2. INSUFFISANCES DANS LES BAUX. — Ajoutons que la loi n'a prévu que les insuffisances commises dans les déclarations et que, par conséquent, celles qui existeraient dans

les baux écrits demeurent impunies. La vérité est qu'elles ne sont pas sérieusement à craindre, car quel est le bailleur qui consentirait, pour une économie de quelques francs, à altérer la sincérité d'un acte réglant ses rapports avec le preneur?

2718. Dissimulation. — Les insuffisances dont il s'agit ne procèdent pas seulement de ce que le prix énoncé est inférieur à la valeur locative réelle ; elles résultent encore de ce qu'il est demeuré au-dessous du prix réel stipulé entre les parties. Il importe peu que ce prix dépasse le revenu normal et que son élévation provienne de circonstances fortuites ou temporaires. Dès l'instant qu'il est constaté juridiquement que les parties en étaient convenues, c'est sur lui que les droits du Trésor se trouvaient acquis, et c'est lui par conséquent qu'il aurait fallu déclarer.

1. BAIL ÉCRIT. — Que faudrait-il décider si un bail écrit n'avait pas été enregistré mais que le droit ait été payé intégralement sur une déclaration de location verbale? Le bail se trouve en contravention à la loi. Mais le Trésor, ayant été intégralement désintéressé dans le délai légal, il nous paraît difficile de justifier l'exigibilité du droit en sus.

Mais si la location verbale avait été déclarée pour une durée inférieure au bail, il n'est pas douteux que les pénalités ordinaires seraient encourues, sauf imputation du droit perçu pour la déclaration de location verbale (Sol. 19 fév. 1873).

2719. Omission. — Les omissions commises dans les déclarations sont-elles punies par la loi? Il faut, selon nous, distinguer : Si le preneur (ou le bailleur) qui a loué séparément deux immeubles n'en déclare qu'un, il y a, pour l'autre, défaut complet de déclaration et on retombe sous l'application de l'art. 14 § 1ᵉʳ, de la loi du 23 août 1871. Mais si un certain nombre d'immeubles ont été loués collectivement, que le prix entier du bail ait été déclaré et qu'il ait été établi que quelques parcelles ont été omises par erreur, il nous semble qu'il n'y a là ni défaut de déclaration proprement dit, puisque le prix total de la location a supporté l'impôt, ni insuffisance d'évaluation, puisqu'on ne critique pas la sincérité de ce prix. Il serait donc contraire au texte de la loi et à son esprit d'appliquer une pénalité.

2720. Durée du bail. — Mais le procédé du débiteur qui dissimule une partie de la durée du bail constitue une véritable insuffisance. Cette fraude, en effet, soustrait à la connaissance du Trésor une partie de la valeur imposable, et le résultat est le même que si le redevable déclarait toute la durée du bail en simulant une fraction du prix. Le droit en sus serait exigible sur la portion du prix afférent à la période non déclarée. Nous ne croyons pas que l'on puisse étendre à cette hypothèse les prévisions de la loi sur le défaut absolu de déclaration. Le bail, en effet, a été dénoncé à l'Administration; il n'y a eu de réticence que sur les conditions du contrat. Bien que ces conditions soient essentielles et touchent à la durée de la jouissance, ce serait s'écarter considérablement du texte que de voir dans leur mention inexacte ce que la loi entend par le défaut absolu de déclaration du bail.

2721. Cessation. — Résiliation. — Il en serait autrement des fausses déclarations de cessation ou de résiliation faites dans le cas prévu au § 2 de l'art. 11 d'une location suivant l'usage des lieux. Ces déclarations ont pour effet d'arrêter la perception du droit et de faire considérer la location comme ayant pris fin. Si le preneur continue néanmoins sa jouissance, il se trouve dans la même position que s'il avait un bail nouveau non déclaré, et il encourt les mêmes responsabilités. Toutefois, si la déclaration dont il s'agit avait pour objet unique la diminution du prix et qu'elle fût inexacte, ce serait alors un cas d'insuffisance ordinaire. Il y aurait lieu de lui appliquer la règle édictée par le § 2 art. 11 et de soumettre le contrevenant au droit en sus sur la somme dissimulée.

2722. Pluralité. — Lorsque le bailleur a omis de déclarer une location consentie à plusieurs preneurs non solidaires, il y a autant de contrats que de locataires et le bailleur encourt par conséquent un nombre égal d'amendes.

1. LOCATIONS INFÉRIEURES A TROIS ANS. — Il a même été décidé que quand un bailleur a consenti plusieurs locations verbales ne dépassant pas trois ans et dont le prix annuel est inférieur à 100 francs, le bailleur doit autant d'amendes à défaut de déclaration qu'il y a de locataires différents (Sol. 13 juin 1873, 3668 R. P.). — V. 2651.

2. CESSION DE BAIL ET DE FONDS DE COMMERCE. — L'acte sous seing privé contenant vente de fonds de commerce et cession de bail qui n'est pas enregistré dans le délai est passible de deux droits en sus dont le minimum pour chacune des dispositions ne peut être inférieur à 50 francs en principal, par application des art. 14 § 1ᵉʳ de la loi du 23 août 1871 et 8 § 1ᵉʳ de la loi du 28 fév. 1872 (Sol. 13-27 nov. 1872).

ARTICLE 5. — DES PREUVES ET DES MOYENS DE RÉPRESSION

[2723-2731]

2723. Règle. — Il ne suffisait pas d'avoir décidé que les baux verbaux seraient désormais soumis à la déclaration ni que les contractants encourraient une amende en omettant cette déclaration ou en la faisant inexacte, il fallait trouver une sanction efficace à ces règles. Il fallait que le Trésor eût le moyen de constater d'une part l'existence de baux non déclarés, et de l'autre l'insuffisance des déclarations souscrites.

Pour découvrir les locations, l'Administration a le secours de l'art. 13 de la loi du 22 frimaire an 7, ainsi conçu : « La jouissance à titre de ferme ou de location, ou d'engagement d'un immeuble, sera suffisamment établie, pour la demande et la poursuite du payement des droits des baux et engagements non enregistrés, par les actes qui les feront connaître ou par des payements de contributions imposées aux fermiers, locataires et détenteurs temporaires. » Il n'est pas douteux que cet article est remis en pleine vigueur. « L'art. 13 de la loi du 22 frimaire an 7, qui permet de prouver la location par des actes et par l'inscription au rôle des contributions, reprendra toute son efficacité » (*Exposé des motifs* § 3). C'est également l'observation reproduite dans l'I. G. n° 2413 § 5 n° 1er : « La disposition nouvelle relative aux baux a pour objet de rendre aux principes de la loi de frimaire, et notamment à l'art. 13, toute leur efficacité. »

2724. Actes constatant la location. — Les preuves autorisées par l'art. 13 sont de deux espèces bien distinctes : ce sont, en premier lieu, les actes pouvant faire connaître le bail ; c'est, ensuite, le payement des contributions imposées aux fermiers.

Il est impossible d'indiquer *à priori* quels écrits rentrent dans la première catégorie. Tout ce qu'exige la loi, c'est que l'existence du bail soit clairement démontrée contre le bailleur ou contre le preneur. Aux tribunaux d'interpréter, en cas de doute, le sens et la portée des énonciations litigieuses. — V. Mayenne 17 nov. 1875, 4280 R. P.

1. PREUVE OPPOSABLE A LA PARTIE. — Seulement, il faut, en toute hypothèse, que l'acte ou la mention de l'acte soit opposable au débiteur, c'est-à-dire qu'elle émane de lui ou de ses ayants droit. Si large que soit le droit d'appréciation laissé aux magistrats par la formule un peu vague de la loi, on ne peut pas admettre en principe que le bailleur ou le preneur soient liés par une déclaration qui leur est absolument étrangère. C'est pourquoi nous avons exprimé l'avis que les déclarations souscrites par le locataire en exécution de la nouvelle loi, ne peuvent être opposées au bailleur ni réciproquement. Il n'en serait autrement que si des circonstances particulières témoignaient que le bailleur s'est approprié la déclaration du locataire ou lui avait donné mandat de la faire. La jurisprudence l'a déjà décidé ainsi à propos de l'art. 19 de la loi du 22 frimaire an 7, qui est conçu dans les mêmes termes que l'art. 13. L'insuffisance dans l'évaluation des immeubles transmis à tout autre titre qu'à titre onéreux peut être également, d'après cet article, établie par actes pouvant faire connaître le véritable revenu des biens (V. Cass. 18 mai 1847, 1796-4 I. G., S. 47-1-622). Or, la C. cass. a décidé qu'on ne devait pas attribuer ce caractère à la simple déclaration du fermier faite à l'insu ou sans la participation du propriétaire (Cass. 21 janv. 1812). Cet arrêt a été transmis officiellement dans l'I. G. 1537, n° 266, et a toujours, depuis lors, servi de règle de perception. Il est d'autant plus applicable à l'espèce que l'art. 19 a été étendu à la matière actuelle par le § 3 de l'art. 11 de la loi du 23 août 1871.

2725. Bail expiré. — Il importe peu que le bail soit expiré au moment où l'existence en devient constante. La question avait été résolue en ce sens autrefois quand l'art. 13 était exécuté. Tout acte qui fait connaître une jouissance, disait-on, est suffisant pour autoriser la demande des droits de cette transmission. Quel acte peut la prouver plus complétement qu'une obligation causée pour raison des loyers dus? N'est-ce pas une subtilité que d'argumenter de ce que la jouissance a cessé? Un acquéreur par titre non enregistré, et qui aurait revendu, serait-il fondé à dire qu'il ne doit pas les droits parce qu'il a cessé de posséder? Il en est absolument de même du locataire.

2726. Conditions. — Les actes dont l'Administration a le droit de se servir pour constater l'existence de la location verbale peuvent être invoqués aussi *à fortiori* pour établir le montant exact du prix et des charges, la durée du bail et toutes les autres conditions qui ont de l'influence sur la liquidation des droits. Il n'y a même que ce moyen de découvrir les dissimulations qui porteraient sur ces points, car l'expertise accordée par le § 3 de l'art. 11, se restreint à la valeur locative des immeubles, et les renseignements fournis par la matrice du rôle ne peuvent que dévoiler l'existence du bail sans en préciser les conditions.

2727. Contributions. — La location verbale résulte en second lieu, selon l'art. 13, des payements de contributions imposées aux fermiers, locataires et détenteurs temporaires.

1. IMPOSITION ET PAYEMENT. — Il faut ici, comme en matière de mutation de propriété immobilière, la réunion des deux conditions suivantes : l'imposition du fermier au rôle de la contribution, et le payement par lui fait de ces contributions (Muret, 28 août 1877, 4974 R. P.). L'une des deux serait à elle seule insuffisante.

2. CONTRIBUTION MOBILIÈRE. — La loi ne dit pas de qu'elle contribution il s'agit. Mais il faut entendre ce mot, employé en un sens aussi général, comme s'appliquant à toutes les taxes qui sont imposées à des locataires ou à des fermiers en cette qualité. La première et la plus importante, est la contribution mobilière. Dès qu'un locataire aura acquitté sans réclamation la contribution qui lui a été imposée pour la jouissance d'un appartement, l'existence du bail sera juridiquement démontrée contre lui, et le recouvrement des droits pourra être effectué (Sol. 13 fév. 1872). Mais il ne semble pas que l'effet de cette présomption légale puisse dépasser l'immeuble même qui y donne lieu. De ce qu'un fermier, par exemple, ait été imposé à la contribution mobilière pour la maison de ferme, et l'ait acquittée en son nom, il ne s'ensuit pas que l'existence d'une location verbale soit prouvée à l'égard des terrains du domaine. Bien que la chose soit probable, cette probabilité ne constitue pas cependant une preuve juridique suffisante pour autoriser des poursuites. Il faudrait restreindre la demande au droit de bail de la maison (V. cependant Aurillac 12 juin 1875, 4128 R. P.).

3. PATENTES. — La contribution des patentes peut également servir à la constatation du bail, puisqu'elle est souvent établie d'après l'importance du loyer de l'habitation ou des bâtiments servant à l'exercice de l'industrie. — Il en est ainsi notamment lorsqu'à l'inscription sur le rôle des patentes se joint celle du rôle de la contribution mobilière (Muret, 29 août 1877).

2728. Preuve contraire. — La preuve contraire est admise contre les prescriptions précédentes comme elle l'est en matière de mutation secrète ordinaire. Mais c'est à la partie qui veut en écarter l'influence à établir catégoriquement son droit. Ainsi, pour en citer un exemple, si le fermier dont la location verbale est établie prétend qu'il jouit à mi-fruits, c'est-à-dire au moyen d'une convention spécialement affranchie de la déclaration, il devra en justifier. Autrement, tous les locataires de biens ruraux et tous les bailleurs pourraient dire la même chose, et la loi resterait lettre morte.

Mais les présomptions simples jointes aux usages des lieux doivent suffire dans la plupart des cas pour déjouer la combinaison. Il est manifeste, par exemple, que dans un pays où le colonage n'est pas usité, un propriétaire invoquerait en vain cette exception s'il n'en établissait pas nettement l'existence. De même pour la détention d'une ferme par un fermier qui se dit simplement homme de labour du maître. Toutes ces appréciations de fait, sont, par leur nature même, laissées comme toutes les questions de fraude à la conscience des magistrats.

2729. Expertise. — L'insuffisance de la déclaration peut être constatée par une expertise que l'Administration provoque en la forme ordinaire et dans le délai de deux ans à partir de la déclaration. Nous ne distinguons pas, au sujet de ce délai, entre la déclaration du preneur et celle du bailleur. Quelquefois, à la vérité, les droits ne sont pas immédiatement exigibles sur cette dernière. Mais l'Administration n'en est pas moins avertie, et elle peut, dès ce moment, agir pour contredire l'exactitude ou la sincérité des énonciations du déclarant.

2730. Objet de l'expertise. — L'expertise a pour objet de constater la véritable valeur locative des immeubles loués et non pas le prix réel du bail.

Mais qu'arriverait-il, s'il s'agissait d'une mutation de jouissance faite sans prix exprimé, par exemple de la donation d'un bail, d'une location faite à titre de libéralité à un tiers auquel on n'impose aucun fermage? Ici, la transmission, s'opérant à titre gratuit, donnerait lieu non au droit de bail, mais à un droit de donation. Seulement, comme il s'agit d'une transmission immobilière, ce droit serait dû sur le revenu de l'immeuble cumulé pendant toute la durée de la jouissance, et, sauf la différence du tarif, on revient à la règle de liquidation admise pour le droit de bail. L'expertise ne changerait donc pas d'objet.

2731. — Procédure de l'expertise. — La procédure de l'expertise n'est soumise à aucune formalité particulière. Si la valeur déclarée, c'est-à-dire la somme sur laquelle le droit a été perçu, n'excède pas 2,000 francs, l'expertise sera faite, conformément à l'art. 15 de la loi du 23 août 1871, par un seul expert nommé par la partie et par l'Administration, ou, en cas de désaccord, par le président du tribunal et sur simple requête. Si la valeur déclarée excède 2,000 francs, il faut suivre les règles ordinaires de l'expertise en matière d'enregistrement, telle qu'elle est organisée par l'art. 17 de la loi du 22 frimaire an 7. Dans tous les cas, quand l'estimation excède la valeur déclarée, les frais sont à la charge des redevables, si faible que soit l'excédant. C'est ce que décide l'art. 39 de la loi du 22 frimaire an 7, interprété par la plus récente jurisprudence (C. cass. 30 août 1869, 3009 R. P.).

ARTICLE 6. — DES BAUX ANCIENS ET DES DISPOSITIONS TRANSITOIRES

[2732-2739]

2732. Règle. — La loi du 23 août 1871 a édicté, au sujet des baux existants au jour de sa promulgation, des règles particulières ainsi conçues :

« Art. 11 § 9. Les dispositions du présent article (contenant notamment le fractionnement des baux de plus de trois ans en périodes triennales et l'abrogation de la loi de frimaire sur les baux à périodes) ne seront exécutoires qu'à partir du 1er octobre prochain.

« Art. 17. Il est accordé un délai de trois mois à compter de la promulgation de la présente loi pour faire enregistrer, sans droits en sus ni amendes, tous les actes sous seing privé qui, en contravention aux lois sur l'enregistrement, n'auraient pas été soumis à cette formalité.

« Le droit ne sera perçu pour les baux ainsi présentés à l'enregistrement que pour le temps restant à courir au jour de la promulgation de la présente loi.

« Le bénéfice résultant du présent article ne peut être réclamé que pour les contraventions existant au jour de la promulgation de la présente loi. »

Ces diverses dispositions ne sont pas toujours faciles à appliquer.

2733. Baux à périodes enregistrés avant le 1er octobre 1871. — Ce qui nous paraît d'abord certain, c'est que tous les baux écrits, quelle que soit leur date, qui ont été présentés à l'enregistrement avant le 1er octobre 1871, n'ont pu profiter du bénéfice de l'art. 11, c'est-à-dire de l'abrogation du principe sur les baux à périodes et du fractionnement triennal des baux de plus de trois ans. Le § 9 de cet article décide formellement, en effet, que ses dispositions ne seront exécutoires qu'à partir du 1er octobre prochain, et il ne fait aucune distinction entre elles. Ce n'est donc qu'à compter de la même époque qu'elles ont pu produire effet.

1. BAUX ENREGISTRÉS DEPUIS. — Mais, à compter de ce moment, tous les baux, quelle que soit leur date, doivent tomber sous l'application de la loi. L'I. G. 2429 § 1er, n° 1 le reconnaît en ces termes : « L'Administration, s'inspirant des intentions du législateur, a décidé que les baux d'une date antérieure à la promulgation de la loi doivent profiter, si on le requiert, de la faculté de fractionnement et de l'abrogation de la disposition de la loi du 22 frimaire an 7 sur les baux à périodes. En outre, s'il y a plusieurs périodes à échoir, le droit peut n'être perçu que pour le temps, fût-il même inférieur à trois ans, restant à courir de la période commencée avant le 25 août. » Nous ferons remarquer seulement que la réquisition n'est pas nécessaire, quoi qu'on puisse en induire des termes de l'I. G. pour l'application de

l'abrogation de l'art. 69 § 3 n° 2 de la loi du 22 frimaire an 7 sur les baux à périodes.

2734. Baux en contravention au 26 août 1871. — Ce point général établi, il faut, pour apprécier l'influence des autres prescriptions légales, diviser les baux en plusieurs catégories.

La première comprend les baux qui étaient en contravention au jour de la promulgation de la loi et qui ont été enregistrés avant le 11 février 1872.

Ils profitent directement du bénéfice de l'art. 17.

Le droit n'est dû, suivant le mode de liquidation prescrit par l'art. 11, que pour le temps restant à courir au jour de la promulgation, et aucun droit en sus n'est exigible.

Quant au décime, la question est véritablement délicate.

A s'en tenir aux principes généraux du droit, la loi qui a doublé le décime, n'ayant pas d'effet rétroactif, ne devrait pas pouvoir atteindre un contrat antérieur dont la date n'est pas contestée par le Trésor, puisqu'elle sert à établir l'existence de la contravention. Mais c'est que précisément on a soutenu que l'effet rétroactif résultait de l'économie même de la loi. On faisait remarquer que dans la pensée du législateur tous les baux anciens sont considérés comme des baux nouveaux faits au jour même de la promulgation, et on en tirait la preuve de ce qu'on ne percevait pas le droit sur les années antérieures, mais uniquement sur le temps restant à courir. Ces baux étant ainsi censés rédigés le jour même où le décime a été doublé, tombent naturellement alors sous l'application de la loi.

Mais cette argumention n'est pas demeurée sans réponse. D'abord, et comme nous le faisions remarquer, le législateur considère la date réelle de l'acte, puisque c'est elle qui établit la contravention et qui justifie l'application du bénéfice de l'art. 17. En second lieu, s'il était vrai que le bail ancien fût assimilé à un bail nouveau, il faudrait accorder au bailleur le délai supplémentaire d'un mois dont il jouit dans les cas ordinaires. Or, l'Administration, tout en lui accordant ce délai par faveur, reconnaît que sa concession ne résulte pas du texte de la loi (2423 § 1er n° 3 I. G.).

Enfin, on a fait observer que la disposition qui limite la perception au temps restant à courir n'est qu'un expédient financier destiné à attirer les baux vers l'enregistrement, et n'a pas du tout le caractère d'une théorie ou d'un principe de droit. Nous nous rangeons beaucoup plus volontiers à ce dernier sentiment, qui a été, du reste, adopté par l'Administration. Elle a prescrit de ne point percevoir le nouveau décime sur les contrats de l'espèce.

1. *Idem.* — DISPOSITIONS INDÉPENDANTES. — Si ces baux renfermaient des dispositions passibles d'un droit particulier et autres que celles qui doivent être enregistrées dans un délai déterminé, y aurait-il lieu de percevoir le droit qui s'y rapporte indépendamment du droit de bail liquidé sur le temps restant à courir? Il n'y a aucun motif juridique de s'en dispenser. L'art. 17 a accordé aux baux anciens deux bénéfices spéciaux, qui sont la remise du droit en sus et l'exemption du droit sur le temps écoulé. La loi n'est pas allée au delà, et elle ne dit ni que l'on pourrait faire enregistrer pour la disposition relative au bail seul un acte qui renfermerait, par exemple, en même temps une cession de récoltes, ni que l'on serait autorisé à enregistrer cette vente sans la soumettre au droit. Les principes conduisent donc à l'exigibilité du droit de ces clauses indépendantes. Seulement, et comme nous en avons déjà fait l'observation, si la liquidation s'établissait d'après la durée du bail, on aurait à fractionner le droit en périodes triennales, et on ne le calculerait que sur le temps restant à courir.

2. *Idem.* — DÉLAI. — L'art. 17 § 1er L. 23 août 1871 avait accordé un délai de trois mois, à compter de la promulgation de la loi, pour faire enregistrer ces baux sans amende. Ce délai était uniforme pour toute la France. Il partait de la promulgation qui a eu lieu par l'insertion de la loi au *Journal officiel* du 25 août. Ce jour-là ne devait pas être compté d'après la règle *dies à quo non computatur in termino*, et c'est par conséquent, le 26 au matin, qu'avait commencé le délai de trois mois accordé aux contrevenants. Si ce délai n'avait pas été prorogé, il aurait donc pris fin le 26 novembre au matin, et les parties auraient eu, non pas jusqu'au 24 et au 27, comme le portaient des avis insérés au *Journal officiel* des 14 septembre et 3 octobre 1871, mais jusqu'au 25 au soir pour faire enregistrer leurs baux sans amende. C'est l'interprétation à laquelle l'Administration s'était définitivement arrêtée (n° 2423 I. G.).

Depuis lors, et par divers arrêtés ministériels, le délai a été prorogé jusqu'au 10 février 1872 inclusivement.

2735. Mêmes baux enregistrés après le 1er janvier 1872. — La seconde catégorie de baux comprend ceux qui étaient en contravention au jour de la promulgation de la loi, mais qui n'ont pas été enregistrés dans les délais accordés par l'art. 17 et prorogés par les arrêtés ministériels.

Il n'est pas douteux que ces contrats ne bénéficient pas de la disposition qui réduit la perception du droit au temps restant à courir au jour de la promulgation de la loi. La liquidation doit s'établir sur les années antérieures comme sur les années futures (2423 I. G.).

Cette interprétation est celle qui a été adoptée par une note insérée au *Journal officiel* du 3 octobre 1871. « Tous les locataires qui ont des baux sous seing privé non enregistrés et antérieurs au 25 août dernier, sont tenus de les faire enregistrer le 24 novembre au plus tard, sous peine de payer après cette époque un droit qui ne peut être inférieur à 50 francs. »

1. PÉNALITÉ. — Mais c'est un point fort controversable que celui de savoir quelle est la peine applicable à la contravention. Est-ce, le droit en sus ancien? Est-ce, au contraire, le droit en sus double infligé actuellement, tant au preneur qu'au bailleur, avec un minimum de 50 francs?

La seconde interprétation pouvait se justifier.

Sous l'empire de la loi du 22 frimaire an 7, les baux et les actes sous seing privé portant transmission immobilière devaient être enregistrés *dans les trois mois de leur date* à peine d'un droit en sus. La même pénalité était exigible du nouveau possesseur, selon la loi de ventôse an 9, pour la mutation verbale d'immeubles non déclarés *dans les trois mois du jour où elle a eu lieu.* Ces dispositions ont été complétées par la loi du 23 août 1871. L'art. 14 décide que l'ancien et le nouveau possesseur seront tenus personnellement et sans réserve d'un droit en sus, lequel ne peut être inférieur à 50 francs. Il ajoute qu'il est accordé un délai de trois mois pour faire enregistrer sans droits en sus ni amende tous les actes ou les mutations qui, en contravention aux lois sur l'enregistrement, n'auraient pas été soumis à cette formalité.

La pensée de la loi, en ce qui concerne les actes ou les mutations de cette dernière catégorie, est celle-ci : « Je fais remise des pénalités encourues pour défaut d'enregistrement dans le délai légal, et j'accorde un nouveau délai de trois mois à partir de la promulgation pour accomplir la formalité. » L'ancien délai n'existe plus, et la contravention qui s'y rattachait a, par conséquent, disparu. Mais la loi en a créé un autre auquel correspond une nouvelle obligation des parties de faire enregistrer leur acte ou leur mutation. Si elles ne se conforment pas à cette injonction, elles contreviennent donc à la disposition de la loi nouvelle qui la renferme. Il est rationnel qu'elles en soient punies par les amendes édictées dans cette loi.

Un tel résultat n'a rien de contraire au principe de la rétroactivité, puisqu'il s'agit d'appliquer la loi de 1871 à une contravention aux dispositions mêmes de cette loi.

Après y avoir réfléchi, nous ne pouvons pas adhérer à cette doctrine.

L'art. 14 ne fait pas, en effet, remise absolue et sans condition des pénalités encourues par les actes ou les mutations non enregistrés dans les délais fixés par les lois antérieures. Il se borne à décider que les amendes ou les droits en sus encourus ne seront pas acquittés si les actes ou les mutations sont présentés à l'enregistrement dans les trois mois. D'où il suit naturellement que si la condition n'est pas accomplie, si les parties ne profitent pas du délai qui leur est offert, les actes restent dans leur ancienne situation. Il s'agit si peu de la création d'un délai nouveau semblable à celui qui est accordé pour l'enregistrement des actes ou des mutations, que la loi le qualifie expressément du *délai de faveur*. Or, ce n'est pas ainsi qu'on apprécie le délai ordinaire d'enregistrement. Nulle part, la loi ne l'appelle un délai de grâce parce que, en effet, l'impôt n'est dû au Trésor qu'à partir de l'expiration du terme fixé par la loi, et que c'est seulement alors, c'est-à-dire quand la dette est échue, qu'il peut être question d'accorder au redevable un délai *de faveur* pour le payement. D'ailleurs, l'art. 14 n'impose aucune pénalité spéciale au débiteur qui a laissé passé le nouveau délai de trois mois sans faire enregistrer un acte ou sa mutation. Il ne prévoit que le défaut d'enregistrement ou de déclaration dans les délais fixés par les lois du 22 frimaire an 7, 27 ventôse an 9, c'est-à-dire dans les délais qui partent de la date des actes ou des mutations. Comme les peines sont de droit étroit, qu'elles ne peuvent ni se suppléer ni s'appliquer par analogie, on serait conduit à admettre que si, en effet, le législateur a substitué un délai nouveau à l'ancien dont toutes les conséquences sont effacées, l'inobservation de ce nouveau délai demeure sans aucune sanction.

Ainsi que l'a fait remarquer le tribunal de Guingamp dans un jugement du 11 mars 1873 : « l'art 17 explique parfaitement les conditions de ce régime de la loi ; il commence par établir une amnistie en faveur des débiteurs inconnus ayant encouru le double droit, afin de les engager à payer le droit simple plutôt que de rester sous la menace de l'amende. Or, il ne pouvait y avoir, à cette époque, que les acquéreurs ou nouveaux possesseurs à être passibles du double droit ; eux seuls donc pouvaient être amnistiés, et les amnisties ne statuent que sur le passé. Le quatrième paragraphe se sert même formellement des mots : « les nouveaux possesseurs », consacrés déjà par les lois de l'an 7 et de l'an 9, et le dernier paragraphe ne parle que des contraventions existant au moment de la promulgation de la loi » (3615 R. P.). La même doctrine résulte d'un jugement de Marvéjols du 12 janvier 1874 (3824 R. P.). — Nous pensons donc conformément à la doctrine de ces jugements que les baux en contravention au moment de la promulgation de la loi nouvelle et enregistrés après l'expiration des trois mois accordés par l'art. 17 restent passibles des pénalités anciennes.

2736. Baux non en contravention au 26 août 1871. — Dans la troisième catégorie des baux anciens nous rangeons ceux qui n'étaient point encore en contravention au jour de la promulgation de la loi. L'art. 17 n'est pas fait pour eux : son dernier paragraphe le déclare en termes formels. Par conséquent, s'ils ont été enregistrés dans le délai légal pendant la période de trois mois écoulés depuis la promulgation, on a dû percevoir le droit simple en la forme ordinaire sur le prix cumulé de toutes les années du bail, et ne soumettre ce droit simple qu'à l'application d'un seul décime.

Si ce même bail a été enregistré hors délai, mais dans la période de grâce qui a fini le 10 février 1872, la liquidation du droit simple ne varie pas.

« Le droit simple, dit l'I. G. 2493 § 1er n° 5 doit être calculé à partir de l'entrée en jouissance du preneur, et non pas seulement à partir du 25 août, le dernier alinéa de l'art. 17 n'étant pas applicable à ces actes, et les remises de droits simples ne pouvant être prononcées que par la loi. »

1. PÉNALITÉ. — Mais quelle est l'amende encourue?

Un avis inséré au *Journal officiel* du 3 octobre 1871, paraît décider que c'est celle de la loi nouvelle. « *Tous* les locataires, porte-t-il, qui ont des baux sous seing privé non enregistrés et antérieurs au 25 août dernier, sont tenus de les faire enregistrer avant le 24 novembre au plus tard, sous peine de payer, après cette époque, un double droit *qui ne peut être inférieur à 50 francs.* » Mais si les termes généraux de l'avis comportent cette pensée, nous ne la croyons pas exacte. En effet, l'art. 11, sur lequel on peut seulement se fonder pour réclamer les pénalité nouvelles, est hors de cause, puisque le bail est présenté à l'enregistrement moins de trois mois après la promulgation de la loi. Le droit en sus n'est donc exigible qu'en vertu de la disposition de la loi ancienne, et à raison de la date du bail. Par la même raison, ce droit en sus ne supporterait pas le second décime.

L'avis du 3 octobre 1871 avait, d'ailleurs, étendu à ces baux, par une application anticipée du droit de grâce, la remise du droit en sus, pourvu qu'ils fussent enregistrés avant l'expiration des délais complémentaires. C'est ce qu'a confirmé en ces termes l'I. G. n° 2493 § 1er n° 5 : « Les receveurs sont autorisés à ne percevoir jusqu'au 31 décembre 1871, sur ces baux, ni droit en sus d'enregistrement, ni amende de timbre. »

La question de quotité de l'amende et de l'exigibilité du

double décime n'aurait pu naître qu'à l'égard des baux qui n'auraient pas été enregistrés dans ces délais de faveur.

2737. Baux rédigés moins de trois mois après la promulgation. — La quatrième catégorie de baux s'applique aux baux écrits qui ont été rédigés moins de trois mois après la promulgation de la loi. Ces baux tombent naturellement sous l'empire des dispositions nouvelles de l'art. 11, mais ils ne profitent pas plus que ceux de la troisième catégorie, du bénéfice accordé aux baux existant avant la promulgation et en contravention à cette époque. Par conséquent, le droit sera dû sur les années antérieures comme sur les années à venir à venir, sauf, pour ces dernières, la faculté du fractionnement si l'enregistrement a été requis après le 1er octobre. Le second décime sera dû; et si l'acte est enregistré tardivement, les pénalités spéciales édictées par l'art. 14 deviendront exigibles.

2738. Bail expiré. — A l'égard des baux écrits expirés avant la promulgation, il faut distinguer.

S'ils ont été présentés à l'enregistrement, ou mentionnés dans un acte public, ou produits en justice dans les trois mois qui ont suivi cete promulgation, et s'ils étaient de plus en contravention à cette dernière époque, on a du leur appliquer la disposition de l'art. 17, d'après laquelle le droit fixe est seul exigible à titre de salaire de formalité. Mais si le bail dont il s'agit ne se trouvait pas en contravention au jour de la promulgation, par exemple si c'était un bail d'un ou de deux mois, fait le 15 juin 1870, l'art. 17 n'était point applicable, et la perception a dû être établie selon les règles ordinaires.

Il est en de même si le bail expiré n'est enregistré qu'après les trois mois de grâce accordés par la loi, qu'il fût ou non en contravention au jour de sa promulgation. Seulement la peine encourue est réglée par la loi ancienne, d'après les dispositions de laquelle la perception s'établit, et c'est elle également qui gouverne le tarif pour les décimes. On ne peut pas étendre ici la solution adoptée au sujet des baux courants en contravention au jour de la promulgation et enregistrés après le délai de grâce de trois mois. Car si nous avons décidé que ces baux étaient passibles des nouvelles amendes et du second décime, c'est parce qu'ils formaient le titre d'une mutation de jouissance accomplie depuis la promulgation de la loi, et tombant, dès lors, sous ces dispositions. Ici cette circonstance fait défaut, et suffit à écarter l'application de la loi nouvelle.

2739. Locations verbales en cours. — L'art. 17 L. 23 août 1871 ne s'applique qu'aux baux écrits. Il ne règle pas le sort des locations verbales en cours d'exécution au jour de la promulgation de la loi.

Mais il ne saurait s'élever aucune difficulté sérieuse à cet égard.

Nul doute que ces locations tombant sous l'empire de la loi nouvelle. Son but a été d'atteindre, à partir d'une époque fixe, toutes les mutations de jouissance qui s'opéreraient postérieurement. Or, la location verbale se trouve dans ce cas. Pour le passé elle échappe sans doute à l'action de la loi, mais pour l'avenir elle est assimilable à un bail qui aurait commencé le jour même où la loi est devenue exécutoire. Par conséquent, la période à courir depuis cette époque, c'est-à-dire depuis le 1er octobre 1871, a dû être déclarée dans les trois mois de cette date, au plus tard le 31 décembre 1871. C'est ce que décide très-explicitement l'I. G. n° 2418, en disant : « On peut prévoir que du 1er octobre au 31 décembre 1871, la réception des déclarations concernant les locations qui commenceront à courir ou *continueront leurs cours* le 1er octobre 1871, occasionneront un surcroît de travail... » Seulement il importe de ne pas oublier que le droit n'était dû, dans ce cas, que pour le temps restant à courir à partir du 1er octobre, comme si la location prenait naissance à cette époque.

SECTION 2. — BAIL ÉCRIT PRÉTENDU VERBAL

[2740-2754]

2740. Principe. — Les développements que nous venons de donner dans la section précédente, s'appliquent aux mutations verbales de jouissance. Quand il y a un titre écrit de cette mutation, la preuve de son existence retombe sous l'empire des principes généraux de la loi du 22 frimaire an 7. Si c'est d'un bail de meubles qu'il s'agit, comme aucun délai de rigueur n'a été imposé pour l'enregistrement des actes ayant pour objet la transmission de propriété, d'usufruit, ou de jouissance des biens meubles, l'Administration n'a aucune action pour exiger l'enregistrement du bail. Le droit ne peut être réclamé que s'il est fait usage de la convention, ou si elle est volontairement présentée à la formalité. Mais si le bail concerne des immeubles, il doit être présenté à l'enregistrement dans les trois mois et l'Administration a le droit d'en prouver l'existence pour réclamer l'application de la loi.

Quelles sont les preuves à fournir de l'existence de la convention écrite?

Les termes généraux de l'art. 13 L. 22 frimaire an 7, d'après lequel « la jouissance à titre de ferme sera suffisamment établie pour la demande et la poursuite du payement des droits des baux non enregistrés, *par les actes qui la feront connaître*, » donnent la preuve que, sans assujettir la constatation de la vérité à telle ou telle nature de preuves déterminées, le législateur a entendu ne faire dépendre la présomption légale qu'il établit que de la conviction personnelle et de la conscience du juge. Ainsi, toutes les fois que la conviction intime est que le bail relaté comme verbal a été écrit, les droits auxquels il peut donner ouverture doivent être réclamés sans attendre la présentation de l'acte. Ce principe a été maintes fois consacré par la C. cass., sous l'empire de la législation qui affranchissait les baux verbaux de l'enregistrement (Cass. 15 vend. an 14, 7-267 D., 20 janv. 1814, Teste-Lebeau v° *Bail* n° 9, 18 mai 1847, 1796-4 I. G., 14259 J. E., 13115 J. N., 7849 C., S. 47-1-622, 28 juill. 1869, 2971 R. P., 2390-6 I. G., D. 69-1-505, 18800 J. E., 2602 Rev., 11 janv. 1870, 3046 R. P., 18929 J. N., 18885 J. E., 18 janv. 1871, 3215 R. P., 2421-5 I. G., *Bull.* 4, S. 71-1-84, D. 71-1-18, P. 71-217).

C'est lui que Merlin mettait nettement en relief en disant : « La Régie prouve-t-elle par des actes énonciatifs émanés des parties intéressées que *tel* homme qui *jouit* d'un immeuble, comme fermier ou locataire, est muni d'un acte par lequel le propriétaire le lui a affermé ou loué, le droit proportionnel est dû sans difficulté » (*Rép.* v° *Enregistrement* n° 28).

Il a été appliqué journellement par les tribunaux dans les nombreuses espèces que nous allons indiquer.

Depuis la loi du 23 août 1871, ce principe a perdu une partie de son intérêt pratique, puisque les mutations verbales de jouissance sont assujetties à l'enregistrement comme les baux écrits. Il subsiste néanmoins à côté de la règle nouvelle et l'Administration peut avoir encore occasion d'y recourir, de même que pour établir une mutation secrète d'immeubles elle préfère souvent constater l'existence du titre que celle de la mutation.

En cette matière, l'importance des immeubles loués, la durée du bail, l'énonciation de la date des conventions, des termes de payement, des charges imposées au preneur, la longueur et la précision des clauses, l'usage des lieux, etc., sont autant de circonstances sur lesquelles le juge peut s'appuyer pour éclairer sa conviction. Aucune règle ne saurait être posée à cet égard et nous devons nous borner à réunir ici très-sommairement, à titre d'exemples, les cas principaux soumis à la jurisprudence :

2741. Inventaire. — 1. ÉNONCIATIONS SUFFISANTES. — Ont été jugées suffisantes pour faire admettre la rédaction d'un écrit des déclarations faites dans un inventaire et indiquant : 1° l'importance des baux, les stipulations relatives aux faisances, aux époques de payement et aux impôts, bien que le prix du loyer et la durée du bail ne fussent pas établis (Seine 9 nov. 1860, 11923 C.);

2° La longue durée du bail, l'importance du prix, la diversité des charges, le détail des nombreuses parcelles et la double circonstance que le preneur avait fourni caution et que le bail avait été résilié avant le décès (Chartres 26 fév. 1858, 16701 J. E.);

3° Que le bail expirera tel jour, que le loyer annuel est de 2000 francs jusqu'au 1er octobre 1867, sur lequel six mois sont payés d'avance, et continuera sur le pied de 4,000 francs par an; enfin que le défunt avait fait des sous-locations (Seine 1er mars 1862, 17463 J. E., 407 Rev.);

4° Sous une cote particulière « les baux des propriétés qui viennent d'être mentionnées : pièces qui sont toutes sur timbre, et ont été cotées et paraphées par le notaire » (Dieppe 27 juin 1861, 17368 J. E.);

5° Que la totalité de la maison rue..... était louée moyennant un loyer annuel de 1,800 francs et l'obligation de payer 100 francs pour impôts fonciers. L'importance d'une pareille location et cette obligation de payer un impôt qui, d'après les usages de la ville de Paris, reste à la charge du propriétaire, prouvent l'impossibilité d'une convention purement verbale, et cette impossibilité devient plus évidente encore lorsque l'on voit consigné dans la même déclaration qu'une partie de ladite maison était louée par Berdin à trois sous-locataires (Seine 20 janv. 1865, 2077 R. P.);

6° Que le magasin où il est procédé est tenu à bail; — car il est difficile d'admettre que la location d'un magasin faite par un négociant soit l'objet d'une convention purement verbale; la présomption de l'existence d'un bail écrit devient ici une certitude lorsque l'on voit que ce négociant avait l'habitude de faire des baux d'une certaine durée puisqu'on énonce qu'il était à la fin de bail, et qu'enfin la cote deuxième de l'inventaire constate l'existence d'actes de baux et de quittances de loyers (Seine 20 janv. 1865, 2077 R.);

7° Qu'il existe dans les papiers de la succession du bailleur l'original du bail sous seing privé et de l'état de lieux, dressé en conséquence, alors même que le prétendu fermier entré en jouissance dénie la signature apposée sur les actes inventoriés tant que la fausseté de cette signature n'a pas été reconnue et démontrée (Cass. 18 mai 1847, I. G. 1796-4, 14259 J. E., 13115 J. N., 7849 C., S. 47-1-622). — V. *Contrà* : Cass. 20 janv. 1814, rapporté par Teste-Lebeau *Dict. des arrêts d'enregist.* v° *Bail* n° 9).

8° Que la communauté tient verbalement en ferme de Mme Poisson-Loiseau, demeurant à Orléans, pour douze années ayant commencé à courir, par la saison des genêts, au 23 avril 1861, la ferme de Ponville... composée de bâtiments et de 109 hectares 61 ares 25 centiares de terre, moyennant, *outre l'acquit des impôts*, un fermage annuel de 5,900 francs, payables par moitié les 1er janvier et 15 avril qui suivent chaque récolte; — Qu'il reste à courir de ce bail verbal huit années au 23 avril prochain, et il y a neuf récoltes à faire jusqu'en 1873 inclusivement; alors surtout que dans un contrat de mariage postérieur, le fermier a fait apport de la location (Pithiviers 15 mai 1868; — *Conf.* : Cass. 28 juill. 1869, 2971 R. P., 2396 § 6 I. G., D. 69-1-505, 18800 J. E., 2602 Rev.).

9° Que la défunte, était locataire, avec Venon son fils, des lieux où ils exploitent, rue d'Aboukir, 85, un fonds de commerce de marchand de vins et de liqueurs qu'ils avaient acquis d'une veuve Belthoise, par acte sous seing privé du 21 août 1862, moyennant 70,000 francs; que ladite veuve avait payé, pour loyers d'avance, une somme de 4,000 francs; que Venon avait assuré son mobilier personnel, son matériel, ses marchandises, ses risques locatifs et recours de voisin pour une somme de 114,000 francs jusqu'au 16 juin 1873, moyennant une prime annuelle de 77 francs (Seine 1er juin 1867, 2972 R. P.);

10° Que la maison, rue de Lancry, 32, était occupée par elle et son mari, à titre de locataires verbaux, moyennant un loyer annuel de 3,000 francs dont 1,500 payés d'avance, et imputables sur les six derniers mois de jouissance (Seine 6 mars 1869, 2972 R. P.);

11° Que les lieux où le défunt exerçait son commerce d'épicerie étaient loués moyennant un loyer annuel de 3,500 francs, et qu'il avait payé 1,750 francs à titre de loyers d'avance (Seine 13 juin 1868, 2972 R. P.);

12° Que le défunt avait loué en entier une propriété située rue d'Astorg, 11, à la Compagnie parisienne des équipages de grande remise, moyennant un loyer annuel de 16,000 francs, et qu'il lui a été payé, pour loyers d'avance, une somme de 8,000 francs (Seine 13 juill. 1867, 2972-2 R. P.).

13° Que le fonds de commerce exploité par les époux Taupin a été évalué à 10,000 francs, y compris le droit à la location des lieux; que, d'après une quittance inventoriée, le prix du bail était de 8,000 francs par an, et que Taupin aurait déclaré avoir payé 4,000 francs imputables sur les six derniers mois de jouissance (Seine 29 fév. 1868, 2972-2 R. P.);

14° Qu'il avait été payé aux époux Lecerf, une somme de 7,750 francs à titre de loyers d'avance, par Jacobet Canaveri, négociant, qui occupait le rez-de-chaussée et le premier étage d'une maison située rue du Chantier, appartenant auxdits époux Lecerf (Seine 20 juin 1868, 2972 R. P.);

15° Que le défunt était locataire d'un magasin situé boulevard Montmartre, 21, comme ayant pris par conventions verbales les lieu et place de Redon, auquel ce magasin avait été loué moyennant 8,500 francs, suivant un acte sous seing privé passé avec le gérant de la Compagnie immobilière, le 17 mai 1859, enregistré; que Galtier avait remboursé à Redon les 4,250 francs de loyers d'avance payés par celui-ci; que ledit Galtier occupait en outre un magasin et un appartement au passage Véro-Dodat, en vertu de convention verbales, moyennant un loyer annuel de 2,000 francs, et qu'il avait payé aux propriétaires du passage, lors de son entrée dans les lieux, 1,000 francs pour six mois de loyers d'avance (Seine 14 déc. 1867, 2072-3 R. P.);

16° Que différentes localités, au nombre de dix-neuf, dépendantes de deux maisons qui faisaient partie de cette succession, et situées boulevard de la Madeleine, 19, et boulevard des Italiens, 4, ont été louées, les unes pour plusieurs périodes d'années, les autres pour une durée de jouissance excédant notablement celle en usage pour les locations verbales dans la ville de Paris (Seine 27 avr. 1867, 2972-3 R. P.);

17° Qu'un immeuble situé rue Saint-Antoine et dépendant de la succession, était loué notamment à Lebailly, cordonnier, moyennant 1,800 francs; à Valich, marchand de meubles, moyennant 8,000 francs; à Richard, épicier, moyennant 2,000 francs (Seine 12 mars 1870, 3314 R. P.);

18° Qu'une maison appartenant aux veuve et héritiers Vial était louée verbalement à Foucard, marchand de vins traiteur, moyennant une somme de 4,488 francs par an, impôts compris pour un laps de temps commençant au 17 août 1865 (Seine 9 avril 1870, 3344 R. P.);

19° 1° Qu'une note relative à la location des lieux a été placée sous la cote sixième, — 2° qu'Apert déclare qu'il est dû au propriétaire le terme courant des lieux où il est procédé sur le pied de 3,400 francs par année; — 3° enfin que les experts chargés d'estimer le fonds de commerce exploité par les époux, ont pensé, eu égard aux conditions de la location verbale dont il leur a été donné connaissance, que la valeur de ce fonds pouvait être fixée à 20,000 francs (Seine 25 nov. 1865, 2288 R. P.; — Seine 7 juill. 1866, 2369 R. P.).

2. ÉNONCIATIONS INSUFFISANTES. — Au contraire, on a jugé insuffisante une déclaration portant que les lieux affectés à l'établissement du défunt lui étaient loués verbalement pour 1,550 francs, payable aux quatre termes de l'année. (Seine 24 nov. 1860, 11927 C.)

On a interprété de même la mention, dans un inventaire, d'une pièce qualifiée bail, fait le...., en faveur d'un individu dénommé, d'une ferme désignée, sans aucune indication concernant le prix et la durée du prétendu bail, ni sur les autres éléments et conditions essentiels du contrat, notamment sur la signature des parties (Liége 6 janv. 1858, 7897 J. E. belge).

Et celle portant que le sous-locataire a remboursé six mois de loyer d'avance au locataire principal dont le bail est enregistré (Seine 16 déc. 1867, 2972-2 R. P.).

Ou que le défunt était locataire d'un magasin situé boulevard Montmartre, n° 21, comme ayant pris, par conventions verbales, les lieu et place de Redon, auquel ce magasin avait été loué, pour quinze années, moyennant 8,500 francs par an, suivant un acte sous seing privé passé avec le gérant de la Compagnie immobilière, le 17 mai 1859, enregistré; que Galtier avait remboursé à Redon les 4,250 francs de loyers payés d'avance par celui-ci (Seine 14 déc. 1867, 2972 § 2 R. P.).

2742. Cahier des charges. — Les indications des cahiers des charges révèlent non moins fréquemment l'existence des baux écrits relatifs aux biens à vendre. On a autorisé la réclamation des droits en vertu de mentions portant:

1° Que les vendeurs ont loué les lieux verbalement pour un temps devant expirer le 1er octobre 1859 moyennant un loyer annuel de 2,300 francs jusqu'au 1er octobre 1860, de 2,400 francs pour les trois années suivantes, 2,600 francs pour les six dernières années, le tout payable par quart aux termes ordinaires (Seine 17 nov. 1860, 17278 J. E., 17079 J. N., 12091 C., 111 Rev.; — *Conf.*: Seine 5 mai 1860, 16905 J. N., 17133 J. E., 11844 C.);

2° L'indication de la durée et de l'importance du bail, l'obligation pour l'adjudicataire de rembourser les loyers payés d'avance et de supporter les frais si le bailleur demandait la résiliation (Seine 1er mars 1862, 407 Rev.);

3° Que l'adjudicataire entretiendra le bail du 1er étage fait à C..., moyennant un loyer annuel de 7,500 francs, que la location comprend....., que le tout est loué jusqu'au 1er juillet 1862 et 1865, à son choix, à charge de prévenir six mois à l'avance en cas de départ; qu'il a la faculté de sous-louer en entier, mais non de sous-louer partiellement (Seine 20 déc. 1861, 17463 J. E.);

4° Que la maison est louée savoir: la boutique jusqu'au 29 septembre 1868 moyennant 4,000 francs par an, sur lesquels 1,000 francs ont été payés d'avance (Seine 28 déc. 1861, 17463 J. E., 13 juin 1868, 2972 § 2 R. P.);

5° Que l'adjudicataire aura droit au bail des lieux pour le temps qui reste à courir, c'est-à-dire jusqu'au 1er janvier 1886, moyennant 7,500 francs de loyer, payables en quatre payements égaux et avec des conditions telles que le bail a dû être rédigé par écrit (Seine 5 mai 1860, 17147 J. E.);

6° Que deux boutiques de la maison sont louées, la première jusqu'au 1er juillet 1872 et la seconde jusqu'au 1er avril 1870: la durée et la nature de ces locations faites pour le service d'un commerce indiquant suffisamment qu'elles ont été rédigées par contrat (Seine 27 janv. 1865, 2077 R. P.);

7° Que Sincère exploitait dans les biens loués, un fonds de commerce de marchand de vins et un hôtel garni; — Que son loyer était de 10,500 francs, sur lesquels six mois étaient payés d'avance. Il est impossible d'admettre que des arrangements de cette nature et de cette importance aient été l'objet de conventions purement verbales entre le propriétaire et le locataire; au surplus, le doute, à cet égard, n'est plus permis, lorsqu'on lit, dans l'inventaire, cote deuxième, cinq pièces qui sont bail, sous-bail, état des lieux occupés par Sincère (Seine 19 nov. 1864, 2096 R. P.);

8° Que les vendeurs avaient payé au propriétaire des lieux qu'ils occupaient, la somme de 900 francs pour six mois de loyer d'avance; qu'ils s'obligeaient à obtenir, au profit de l'adjudicataire, un bail devant commencer le 1er juillet prochain et devant durer onze années et trois mois, moyennant un loyer annuel de 1,800 francs, et sous les conditions et charges qui seraient fixées d'accord (Seine 25 nov. 1865, 2288 R. P.);

9° Que divers appartements de la maison à vendre étaient loués à des personnes désignées, pour trois, six ou neuf ans, au choix des preneurs (Seine 23 juin 1866, 2369 R. P.);

10° Que les frères Letellier avaient loué à Chopin jusqu'au 1er avril 1884, avec faculté de faire cesser leur location le 1er avril 1872, 1878 et 1881, deux corps de bâtiments à usage de fabrique et magasin d'eau de Seltz et distillerie, moyennant un loyer de 3,500 francs jusqu'au 1er avril 1872, de 4,000 francs depuis cette époque jusqu'au 1er avril 1878; de 4,500 francs pour les années suivantes jusqu'en 1881 et de 5,000 francs pour les trois dernières années; que les preneurs avaient payé à titre de loyers d'avance une somme de 1,750 francs dont l'adjudicataire devrait leur tenir compte, en respectant la location pour tout le temps restant à courir » (Seine 13 juill. 1867, 2972 R. P.);

11° Que les lieux où se trouve le fonds de commerce étaient loués encore pour une durée de six ans et neuf mois, moyennant un prix de 2,800 francs par an, sur lequel il avait été payé six mois d'avance (Seine 2 mai 1868, 2972-3 R. P.).

1. ÉNONCIATIONS INSUFFISANTES. — Au contraire, on n'a pas fait résulter l'existence d'un écrit de la mention d'un cahier des charges portant que les vendeurs « ont verbalement loué à M. C.... pour six années qui ont commencé le 1er octobre et finiront le 1er octobre 1862, le chalet et le jardin situés derrière la maison et la jouissance de la cour moyennant, outre les charges, 2,400 francs payables aux époques ordinaires » (Seine 9 janv. 1858, 1010 R. P. 16306 J. N., 11384 C.).

— Ou de la déclaration que la maison est louée verbalement à la veuve W... pour un temps devant expirer le 1er octobre 1861, moyennant 2,200 francs (Seine 23 fév. 1861, 11961 C.).

2743. Cession de fonds de commerce. — Voici encore quelques clauses des ventes de fonds de commerce qui ont donné lieu à la réclamation des droits de bail:

1° Le cessionnaire sera tenu de rembourser à la venderesse 5,000 francs par elle payés au propriétaire pour loyer d'avance, imputables *sur les six derniers mois de jouissance; de prendre les lieux où s'exploite le fonds de commerce* et le mobilier dans l'état où ils se trouvent; de se conformer aux règlements de ville; d'acquitter les contributions de patente, *et autres de toute nature, que la venderesse était elle-même tenue de payer* (Seine 26 déc. 1856, 10953 C.: — *Conf.*; Seine 23 fév. 1861, 11961 C.);

2° Le bail du lieu où s'exploite le fonds de commerce a été fait pour 15 ans à partir du... moyennant 4200 francs, et les preneurs déclarent bien connaître les charges insérées dans la location (Seine 12 mai et 3 juin 1865, 2134 R. P.);

3° Le fonds de commerce s'exploite dans un établissement loué moyennant un prix payé d'avance et approprié à cet usage par le locataire (Seine 21 juill. 1866, 2369 R. P.);

4° Les lieux servant à l'exploitation du commerce du commissionnaire de roulage sont loués pour un temps expirant le 1er avril 1873, moyennant un loyer de 7,000 francs par an sur lequel il a été payé 6 mois d'avance (Seine 2 mai 1868, 2972-2 R. P.).

1. ÉNONCIATIONS INSIGNIFIANTES. — Mais l'exigibilité du droit n'a par été reconnue dans un cas où l'Administration se bornait à dire que l'existence d'un bail écrit résultait suffisamment la déclaration faite que les preneurs connaissaient les lieux comme les occupant depuis de longues années à titre de locataires verbaux, et en outre, de ce qu'une occupation de cette importance consacrée à l'exploitation d'un restaurant ne pouvant exister sans écrit (Seine 18 avr. 1863, 12459 C., 533 Rev.; — Seine 11 juill. 1862, 1706 R. P., 12350 C., 407 Rev.).

2744. Bail. — L'existence d'un acte écrit résulte suffisamment de la déclaration insérée dans un contrat de bail notarié que les conventions actuelles avaient été déjà arrêtées verbalement en 1857, quand il résulte du contexte de l'acte que le notaire s'est borné à copier la plus grande partie des clauses du sous seing privé antérieur (Châlon-sur-Saône 4 juill. 1861, 215 Rev.).

Il en est de même s'il est dit dans un bail : 1° que L. et C., locataires d'une partie de la maison, ont le droit d'occuper les biens loués jusqu'au 1er octobre 1887, avec faculté pour eux seulement de faire cesser cette location en prévenant six mois d'avance ; — 2° Que L. et S. pourront prendre possession des biens occupés par L. et C., à partir du jour où ces derniers cesseront leur jouissance, et qu'alors ils payeront un supplément de loyer de 1,800 francs par année (Seine 18 nov. 1864, 2096 R. P.).

Ou que le bailleur est locataire principal d'une maison à laquelle il a fait des constructions et qu'il sous-loue pour douze ans (Seine 21 nov. 1868, 2972 R. P.).

2745. Cession de loyers. — Mais il a été jugé que des actes de cession de loyer sur lesquels l'Administration se fondait, pour prétendre que les administrateurs de la Compagnie générale des paquebots à vapeur avaient un bail écrit des lieux par eux occupés dans la maison des époux T., ne prouvaient pas suffisamment l'existence de ces baux; qu'en effet, les actes dont il s'agit ne mentionnant qu'une location d'un an et six mois, on ne peut soutenir que des locations d'une aussi courte durée ont été faites nécessairement par écrit (Seine 18 fév. 1865, 2096 R. P., S. 65-2-45 P. 65-604.

2746. Actes de procédure. — Il y a preuve suffisante que les baux d'immeubles ont été constatés par écrit lorsque les énonciations contenues dans un acte d'avoué en relatant des clauses multiples et exceptionnelles concernant entre autres le défrichement des bois affermés, la fixation de l'indemnité en cas de vente ne permettent pas de supposer des conventions verbales (Bourges 21 déc. 1860, 17283 J. E.). La même solution résulte d'un jugement du tribunal de la Seine du 23 février 1861, portant : « que C..., étant au droit de M..., locataire, à partir de 1857, de la Compagnie des voitures, a formé une demande judiciaire dans laquelle il reproduit les clauses nombreuses et détaillées d'un bail qui était évidemment rédigé par écrit » (17270 J. E., 111 Rev., 11961 C.).

C'est ce qui a été décidé aussi à l'occasion d'un rapport d'arbitre qui, tout en qualifiant une location de verbale, rappelait toutes les clauses du contrat avec assez de précision pour faire supposer qu'un acte écrit avait dû être rédigé (Seine 10 août 1865, 2193 R. P.).

Aucun doute n'existerait, bien entendu, si le jugement en prononçant des condamnations pour loyers ajoutait que ces loyers résultent d'un bail écrit (Soissons 26 déc. 1827, 8931 J. E., 6507 J. N.).

De même l'existence de l'écrit est suffisamment prouvée quand un jugement déclare que les parties ont fixé, au moyen d'une convention secrète, à la somme de 10,000 francs, le minimum du prix annuel d'une location de bâtiments et de mines faite suivant acte authentique moyennant un prix provisoire de 500 francs (Seine 19 mai 1866, 2369 R. P.).

— Ou quand les syndics de la faillite du locataire déclarent, dans un rapport, que le failli avait reçu à bail moyennant 45,000 francs dont une partie a été payée d'avance, un emplacement qu'il avait approprié en café et dont il avait cédé plus tard la jouissance à un tiers (Seine 7 juill. 1866, 2369 R. P.).

— Ou quand il est énoncé, tant dans les qualités d'un jugement que dans un procès-verbal d'expertise, que la veuve L... a loué au sieur L... pour neuf ans, à partir du 29 septembre 1868, moyennant un fermage annuel de 10,000 francs, une propriété à elle appartenant, d'une contenance de 75 hectares, et qu'un état de lieux a été dressé lors de l'entrée en jouissance du fermier (Cass. 11 janv. 1870, 3046 R. P., 18929 J. N., 18885 J. E, S. 70-1-34, D. 70-1-137).

— Ou quand « il résulte d'un rapport dressé en vertu d'une ordonnance de référé rendue entre Hottot et Jamin, que le premier a loué, le 4 septembre 1865, à Jamin, professeur d'équitation, pour dix-huit ans, moyennant un loyer annuel de 5,000 francs pour les trois premières années, de 6,000 francs pour les trois suivantes, et de 7,000 francs pour les douze dernières, un terrain dont le fonds était occupé par un hangar, une construction légère que Hottot devait édifier à ses frais sur le terrain et une écurie avec grenier qu'il devait également construire à ses frais dans le hangar » (Seine 29 juin 1867, 2972 R. P.).

2747. Société. — Autorise la demande du droit une clause de l'acte de dissolution de société portant : « Qu'il dépend de la société le droit au bail d'une boutique à Paris, rue K..., consentie par les héritiers C..., à X..., jusqu'au 1er janvier 1861, 1866 ou 1870 au choix des locataires moyennant 3,600 francs de loyer annuel » (Seine 13 déc. 1856, 10953 C.).

Ou bien celle par laquelle un restaurateur déclare mettre en société l'exploitation d'établissements considérables tenus à bail pour un temps assez long et agencés à cet effet (Cass. 18 janv. 1871, 3215 R. P., 2421-5 I. G., B. C. 4, S. 71-1-84, D. 71-1-18; — Seine 8 mai 1869, 2972-6 R. P.).

Tandis qu'on a jugé insuffisante, à cet effet, l'indication d'un acte de société portant que B..., apporte le droit pour le temps qui reste à courir, à partir du 1er décembre 1859, à la location verbale des lieux où va s'exploiter le commerce (Seine 12 janv. 1861, 11927 C.).

2748. Bail expiré ou adiré. — Il importe peu, dans tous les cas, que le preneur soit ou non entré en possession (Reims 16 oct. 1846, 14097 J. E., *Contrà :* Champ. et Rig. 3090, 4284 C.), — ou que le bail soit résilié (Chartres 26 fév. 1858, 16701 J. E.), — ou expiré d'une façon quelconque au moment de sa découverte ; car il suffit que l'acte ait existé pour que les droits soient exigibles, tant que la prescription ne les a pas atteints (Cass. 6 mars 1822, 4094 J. N., 7178 J. E., S. 22-1-405 ; — Seine 18 août 1852, 15527 J. E., 4922 J. E.).

De même, si les parties déclarent qu'un bail est adiré et qu'elles le refont pour le nombre d'années qui restent à courir, le droit simple et le double droit sont exigibles sur le bail déclaré adiré (5494 J. E).

2749. Peine disciplinaire. — Le notaire qui aurait décrit comme simple note le bail qui existait réellement pour faire fraude aux droits d'enregistrement pourrait même être condamné à une peine disciplinaire (Dunkerque 10 fév. 1853, — 15 juill. 1853, 3775, 3824 *Bull.*).

2750. Évaluation d'office. — Quand des faits de la nature de ceux que nous venons d'indiquer révèlent l'existence d'un bail écrit, l'Administration a le droit de contraindre les parties à produire l'acte sous seing privé et, en cas de refus, d'évaluer elle-même le montant de la somme à payer pour droits d'enregistrement, sauf augmentation ou diminution, lors de la présentation de l'acte (Seine 5 mars 1860, 1336 R. P.).

Ainsi, si le montant du fermage n'est pas indiqué, le receveur peut l'évaluer d'après l'importance du bail (Bourges 21 déc. 1860, 17283 J. E.); — et, quant à la durée de ces baux, l'Administration a le droit, tant que les parties ne représentent pas les actes qui les constatent, d'évaluer leur durée à dix-huit années (Seine 11 déc. 1863, 12607 C., R. P. table de 1864).

2751. Prescription. — La prescription applicable au recouvrement des droits des baux énoncés comme verbaux est celle de trente ans, car il ne s'agit pas d'une erreur de perception ou d'une fausse déclaration dans le sens de l'art. 61 de la loi du 22 frimaire an 7. C'est une demande principale soumise au droit commun de la perception trentenaire (Seine 5 mai 1860, 16906 J. N., 17133 J. E., 11844 C.;

— Seine 27 avr. 1867, 2972-4 R. P.). — Mais le droit en sus se prescrit par deux ans à partir du jour de l'enregistrement de l'acte qui constate l'existence du bail écrit, quand les énonciations étaient suffisantes pour constater la contravention (Seine 21 mars 1865, 2203 R. P.; — Seine 27 avr. 1867, 2972-4 R. P.).

2752. Dispositions indépendantes. — Il est bien certain que si le bail écrit renferme des conventions non sujettes à l'enregistrement dans un délai déterminé, par exemple une vente de meubles, l'Administration n'a pas le droit de suivre par voie de contrainte le recouvrement des droits applicables à ces conventions. La poursuite doit être restreinte au bail (D. N. t. 2 p. 411 n° 14; — Soissons 26 déc. 1827, D. N. t. 7 p. 174. n° 376, Sol. 26 sept. 1854). — Mais comme l'action du Trésor tend à faire présenter l'écrit à la formalité et que l'enregistrement doit être donné à l'acte dans son ensemble, il en résulte que le droit simple devra être perçu sur les dispositions étrangères au bail, si l'acte est soumis à l'enregistrement (Sol. 9 sept. 1858).

2753. Antichrèse. — La principale, sinon aujourd'hui la seule forme d'engagement des immeubles, l'antichrèse ne « s'établit que par écrit » (Art. 2085 C. C.). Il semble donc qu'un antichrésiste ne sera pas facilement écouté, s'il vient à prétendre qu'il n'existe pas de convention écrite entre lui et le propriétaire du fonds. Toutefois, l'écriture n'étant pas requise comme élément essentiel du contrat, mais simplement comme un mode de preuve, l'allégation d'une antichrèse purement verbale, pour être invraisemblable, n'est donc pas impossible. Mais si un débat s'élève pour constater l'existence d'un acte écrit, le principe de l'art. 2085 C. C. peut fournir au juge du fait une présomption grave et précise, abandonnée à ses lumières et à sa prudence (V. art. 1353, C. C.; M. Demante n° 101).

2754. Rétrocessions. — Les règles sur la preuve de baux écrits s'appliquent aux rétrocessions des baux comme aux baux eux-mêmes (Cass. 24 juin 1811, 14272 J. E., P. *chr.* 31, Dél. 6 nov. 1822, 4334 J. N., 440 G.).

1. PREUVE SUFFISANTE. — Ainsi, s'il résulte d'un exploit qu'il existe un acte de rétrocession de bail, et que cet acte a même été présenté devant le tribunal dans une instance, les juges ne peuvent se refuser à condamner au payement des droits et amendes, sous prétexte que l'existence de l'acte ne serait pas prouvée (Cass. 26 oct. 1814, 5075 J. E., P. *chr.* 248).

2. CESSION. — Jugé, dans le même sens, qu'il y a lieu de poursuivre le payement du double droit de bail tant contre le cédant que contre le cessionnaire lorsqu'un inventaire énonce qu'une cession de bail résulte de notes qui ne sont autres qu'un acte sous seing privé (Seine 16 déc. 1852, 15582 J. E.).

CHAPITRE VI. — BAUX PRODUISANT LES EFFETS DE LA VENTE

[2755-2766]

2755. Principe. — On a pendant longtemps soutenu que la cession faite à titre de bail, du droit d'exploiter temporairement les matières à extraire du sol, avait le caractère d'un bail ordinaire passible du même droit que les baux d'immeubles (D. 2875, 2880, Champ. et Rig. *Suppl.* 821, 6228, 6508 G., 11416 J. N.). — On s'appuyait, pour cela, sur l'opinion des commentateurs de la loi civile qui considèrent généralement les mines et carrières comme pouvant être louées (Favard *Rép.* v° *Louage* sect. 1re § 1er n° 2; Marcadé art. 1713; Lebon *Revue de législ.* 16 mai 1855; Duvergier n° 404; Roll. de Vill. v° *Louage* n° 108). Troplong, dans son traité du *Louage* n° 93, examine la question et la résout ainsi : « Il est donc reconnu et avoué qu'une mine peut être louée en totalité. Ses produits sont des fruits qui peuvent faire l'objet d'un bail, ils procurent une jouissance de nature à être transmise, tandis que la propriété reste au bailleur. Vainement dira-t-on que le minerai une fois extrait ne se reproduit pas comme les fruits d'une terre. Non! car la mine consistant dans une réunion de gîtes plus ou moins riches, ne s'épuise pas du premier coup par les extractions de substances minérales. Bien différente des choses fongibles que le premier usage fait disparaître, elle survit aux extractions de chaque année, elle continue à rester une source de produits et un objet de jouissance jusqu'à ce que le gîte n'ait plus rien à rendre... Concluons donc qu'on peut louer une mine, une carrière, etc. Concluons que le bail peut comprendre une partie seulement de la mine. C'est, du reste, ce qui a lieu tous les jours sans controverse pour les carrières et les ardoises » (Consul. M. Pont, *Rev. crit.* t. 1er p. 165, 541 et 743).

Mais cette doctrine sur la nature du contrat n'a jamais prévalu devant la C. cass.

En matière civile, il a été plusieurs fois reconnu que la cession du droit d'exploiter une carrière n'a pas le caractère d'un louage (Cass. 4 juin 1844 et 26 nov. 1845; — C. Grenoble 21 juin 1845, 6856, 7379, 7729 G.).

En matière fiscale cette interprétation est consacrée par une grande quantité d'arrêts.

2756. Carrières. — Mines. — Tourbières. — Aucune équivoque ne peut avoir lieu lorsque la faculté d'exploiter une carrière a été transmise à titre de *vente* (Cass 19 mars 1816, 13 août 1833, S. 17-1-7, S. 33-1-784, 1446-10 I. G., Dél. 11 fév. 1834, 7614, 8175, 8377 J. N.). Mais le doute peut naître lorsque l'exploitation est accordée à titre de bail. L'Administration avait d'abord établi par la Sol. que nous venons de rapporter (1458 § 2 I. G.), une règle qui pouvait être généralisée, bien qu'elle eût été posée pour un cas spécial. Elle avait reconnu que l'acte qui transmet la faculté d'extraire de la tourbe, à titre de *jouissance pour un temps limité*, et moyennant une redevance *payable annuellement*, doit être considéré comme un bail, et qu'il n'y a lieu de regarder comme réunissant les conditions de la vente, que les actes qui ne déterminent pas la durée de la jouissance et où il est stipulé qu'elle se prolongera jusqu'à épuisement de la tourbière. — Mais la jurisprudence de la C. cass. et celle de l'Administration elle-même se sont tellement éloignées de ces principes, qu'il est bien difficile de ne pas voir aujourd'hui une vente, passible de 2 pour 100, dans toutes les concessions du droit d'exploitation des carrières et tourbières. — Le motif qui a dominé les nombreuses décisions que la Cour suprême a rendues à ce sujet est que « les quantités de tourbe, de pierre, de minerai à extraire ne pouvant plus se reproduire, diminuent proportionnellement la masse de la propriété. » Ce qui est, en effet, exclusif de la simple jouissance qui ne fait que percevoir des fruits et doit *conserver* et *rendre* la substance de la chose. — *V.* 1650.

1. CARRIÈRE A PLATRE. — Ainsi, a été reconnu passible du droit de 2 pour 100 le bail du droit d'extraire, pendant vingt ans, la masse d'une carrière à plâtre, concédée à raison d'un prix fixé pour chaque hectolitre de plâtre extrait, avec la clause que l'exploitation se fera d'après la direction que donnera le propriétaire de la carrière, qui sera chargé de faire constater les quantités extraites (Cass. 22 août 1842) : « Attendu, en fait, porte l'arrêt, que, par acte notarié du 2 juin 1838, auquel les parties ont donné le nom de bail, le sieur Damblève céda au sieur Higonnet le droit d'extraire, pendant vingt ans, la masse de la carrière dite de l'Amérique, en se conformant aux règlements existants sur la matière, et surtout en se conformant aux ordres et avis du sieur Damblève, relatifs à la direction et à la marche de l'exploitation ; — Que le prix de cette concession ne fut pas d'une somme fixe pour la durée de chaque année, mais qu'il fut déterminé pour chaque quantité d'hectolitres de plâtre, et de mètres cubes de moëllons extraits de la carrière, d'après un compte tenu par un commis du bailleur et payé tous les mois sur le lieu de sortie ; — Attendu que ces stipulations ne transféraient pas seulement la jouissance de la chose ainsi cédée pour un temps, mais qu'elles transmettaient réellement la propriété des portions de la carrière qui étaient mensuellement enlevées, puisque l'extraction de ces portions qui ne pouvaient plus se reproduire, en diminuait la masse et devait, après un temps plus ou moins long, l'anéantir entièrement au profit du preneur » (13065 J. E., 11416 J. N., 1683 § 10 I. G., S. 42-1-700; — *Conf.* : Versailles 18 août 1843, 13324 J. E.; — *Contrà* : Seine 6 août 1840, 12859 J. E., 10913 J. N.).

A plus forte raison, le droit de vente est-il exigible s'il a été stipulé qu'à l'expiration du terme fixé, le preneur aura le droit de continuer l'exploitation si l'extraction n'était pas complète (Seine 21 juin 1838, 12181 J. E.). — Même perception si le droit d'extraction est accordé sans terme fixé, mais jusqu'à ce que l'exploitation ait donné une quantité déterminée d'hectolitres de plâtre (Seine 27 nov. 1833, 11249 J. E.).

La jurisprudence ci-dessus n'a pas été adoptée par la C. cass. belge. Un arrêt du 1er juillet 1847 a reconnu le caractère du louage à la concession du droit d'extraire du sol les matières nécessaires à la fabrication de la brique, et l'Administration belge a dû reconnaître, par suite, le 20 mars 1856, que le droit de 20 centimes pour 100 est seul exigible si le contrat avait la forme du bail (R. Robyns 2727).

2. GRÈS. — Même perception sur l'acte qui accorde le droit d'extraire des grès dans un endroit indiqué, avec un nombre d'ouvriers déterminé, jusqu'à une profondeur fixée pendant un certain nombre d'années et moyennant une redevance annuelle (Sol. 25 juill. 1835, 11249 J. E.).

3. — MARBRE ET PIERRES. — Même règle pour la cession du droit d'exploiter pendant un nombre d'années déterminé une carrière de marbre ou de pierres (Versailles 21 avr. 1842, 12978 J. E.; — Les Andelys 29 avr. 1843, 13255-1 J. E.; — Mâcon 24 avr. 1844, 13474 J. E.; — Saint-Étienne 11 mars 1845, 13706 J. E.; — Châteaudun 21 août 1845, 13863 J. E.; — Besançon 28 fév. 1848, 8180 C.; — Narbonne 24 août 1846, 14070 J. E.).

Il en est ainsi alors même que le preneur se serait réservé de résilier son bail après deux ans de jouissance. « Attendu, porte un arrêt de Cass. du 26 janvier 1847, que par acte notarié du 7 avril 1843, le maire de la commune de Soulzmatt concéda à titre de bail à Dissler, cautionné par Arnold, le droit exclusif d'exploiter pendant vingt-sept ans une carrière de pierres de la contenance de deux hectares, située au canton de Geissenlaeger, faisant partie de la forêt communale, que les conditions de l'acte furent que le preneur paierait un canon annuel de 300 francs, outre le double de la valeur, à dire d'experts, de chaque demi-hectare, à mesure qu'il serait entamé par l'exploitation ; que le preneur verserait, en outre, dans la caisse municipale, une somme égale au prix de la vente de bois qui proviendrait de chaque coupe, et qu'il aurait, après deux ans, la faculté de résilier le bail ; — Attendu que ces stipulations ne transféraient pas seulement la jouissance de la chose ainsi cédée pour un temps; qu'elles transmettaient réellement la propriété des portions de la carrière qui étaient annuellement enlevées, puisque l'extraction de ces portions, qui ne pouvaient plus se reproduire, en diminuait la masse, et devait, après un temps plus ou moins long, l'anéantir au profit du preneur » (12952 J. N., 14191 J. E., 1796 § 27 I. G., S. 47-1-102 ; — *Conf.* : Seine 11 janv. 1862, 1581 17453 J. E., 12154 C.).

Si la cession est consentie moyennant une redevance annuelle payable, tant au cédant qu'au propriétaire de la surface, le droit de 2 pour 100 est exigible sur le montant cumulé des deux redevances (Seine 5 avr. 1843, 13227 J. E.)

4. JUGEMENT. — Le même droit est exigible sur un jugement qui condamne à payer une somme pour prix de pierres extraites d'une carrière en vertu d'un bail verbal (Seine 27 nov. 1850, 15072 J. E.). — Ou sur celui qui prononce la rétrocession du droit d'exploiter une mine (Cass. 13 juin 1854 et 6 mars 1855, 16022 J. E., 115 et 356 R. P.).

5. CENDRES. — Même principe pour la cession pendant neuf ans du droit d'extraire des cendres ou terres sulfureuses d'une carrière (Reims 20 juill. 1850, 15000 J. E.).

6. MINES. — Pour le droit d'extraire pendant un temps déterminé une quantité de houille dont le minimum est arrêté pour chaque année et le prix, payable annuellement, fixé par chaque benne extraite, le droit de vente à 2 pour 100 a été reconnu exigible, bien que la condition d'*épuisement* de la mine n'ait pas été prévue et que le preneur se soit réservé le droit de résilier son bail en prévenant six mois à l'avance. « Attendu, porte un arrêt de la C. cass.,

5 mars 1855, que, par acte notarié du 26 novembre 1852, Roca d'Huytera a déclaré céder pour 8 ans 6 mois 66 jours aux défendeurs le droit d'expédier et vendre aux maîtres de forges des Pyrénées-Orientales et de l'Aude le minerai de fer qui existerait sur le carreau et celui dont ils feraient eux-mêmes l'extraction, ce minerai extrait ou à extraire de la mine d'Aytua, dont il avait obtenu la concession; — Attendu que ces stipulations ne transféraient pas seulement la simple jouissance de la chose ainsi cédée à temps; qu'elles transmettaient réellement, moyennant le prix convenu, la propriété des parties du minerai déjà séparées du sol de la mine ou qui en seraient séparées à l'avenir pendant le temps énoncé dans le traité; que les parties qui étaient l'objet direct et principal de la convention, et qui une fois retirées du sol ne pouvaient se reproduire diminuaient la masse de la mine exploitée, et devaient même finir par l'épuiser entièrement au moyen de la durée de l'exploitation, si elle se continuait pendant un temps suffisant pour produire cet effet; — Attendu qu'il est vainement soutenu dans le jugement que l'acte doit être qualifié en considération de l'état des choses tel qu'il existait au moment de la convention; que, relativement au minerai déjà extrait à ce moment, il est incontestable que les contractants ont vendu et acheté une chose mobilière dont la tradition a même été opérée le jour auquel l'exécution du traité a commencé, et qu'en ce qui concerne le minerai à extraire, la convention a été exactement de même nature, puisqu'il n'a existé de différence, quant à son objet, qu'en ce que la livraison devait s'opérer dans l'avenir, au fur et à mesure que la quantité de minerai serait mobilisée par l'industrie de ceux auxquels le concessionnaire transférait une partie de ses droits » (333, 356 R. P., 2042 § 10 et 11 I. G., 15476 J. N., 16022 J. E., S. 55-1-299. — *Conf.* : Cass. 17 janv. 1844, 11893 J. N., 13420 J. E., 1713-9 I. G.; — Cass. 28 janv. 1857, 815 R. P., S. 55-1-379, 16004 J. N., 2096-2 I. G., S. 57-1-640; — Ancenis 25 janv. 1850, 14962 J. E.; — Seine 11 janv. 1862, 17477 J. E. — *Contrà* : Saint-Etienne 10 fév. 1852, 12154 C.). — V. un art. de la *Rev. crit.* 1855 p. 432.

7. TOURBIÈRES. — Ainsi encore, le bail du droit d'extraire toute la tourbe ou une partie de la tourbe existante sur un fonds, a été reconnu passible de 2 pour 100 (Cass. 31 juill. 1839, 12347 J. E., 10505 J. N., 1601 § 13 I. G., S. 39-1-675; — Cass. 23 avr. 1845, 13747 J. E., 12423 J. N., 1743 § 16 I. G., S. 45-1-576).

L'arrêt du 23 avril 1845 est ainsi conçu : « Attendu sur le premier moyen, en fait, que, par acte du 16 février 1841, qualifié de bail par les parties, les demandeurs ont cédé au sieur Perrin et consorts le droit d'extraire pendant quarante ans de la tourbe d'une partie des marais de Saint-Cloud, pour une valeur évaluée à la somme de 3,000 francs pour chaque année; — Attendu, en droit, que cette stipulation ne transférait pas seulement la jouissance de la chose ainsi cédée pour un temps, mais qu'elle transmettait réellement la propriété de la quantité de tourbe à enlever annuellement, puisque l'extraction de cette tourbe, qui ne pouvait plus se reproduire, diminuait proportionnellement la masse de la propriété; que dès lors l'acte du 16 février 1841, quoique qualifié de bail par les parties, constitue réellement une vente mobilière, et qu'à ce titre ledit acte est passible du droit de 2 pour 100. »

8. RÉSOLUTION. — Ce que la jurisdrudence décide pour les baux, s'applique nécessairement et par identité de motifs aux résolution de baux. Ainsi il a été reconnu que la résolution de la cession du droit d'exploiter une carrière ne constitue pas une résolution de bail, mais une rétrocession d'objets mobiliers passible du droit de 2 pour 100 (Cass. 6 mars 1855, 115 et 356 R. P., S. 55-1-379, 2012-11 I. G., 16022-2 J. E.).

9. DROIT IMMOBILIER NON EXIGIBLE. — Mais si la C. de cass. a constamment donné gain de cause à l'Administration lorsqu'il y a eu contestation sur la fausse qualification de bail donnée aux conventions de la nature de celle ci-dessus, elle a repoussé sa doctrine lorsque, dans certains cas, l'Administration a voulu voir dans des espèces analogues des cessions de nature immobilière.

Terre à porcelaine. — C'est ainsi qu'elle a reconnu que le droit de fouille et d'exploitation à perpétuité de carrières de terres propres à la fabrication de la porcelaine, abandonné, *séparément du fonds*, n'est passible que du droit de 2 pour 100. « Considérant, porte un arrêt du 12 août 1833, que les fruits d'un fonds ne sont censés en faire partie que lorsqu'ils sont compris dans le transport de la propriété, ou l'usufruit de ce fonds; et qu'aucune disposition, soit du C. C., soit de la loi spéciale de l'enregistrement, ne s'oppose à ce qu'ils soient vendus sans fraude, à part et indépendamment du fonds; — Considérant que les terres à porcelaine qui ont été vendues par l'acte du 17 mai 1828, avec la charge de les extraire de la carrière ont été vendues sans le fonds et ne peuvent pas être considérées comme immeubles entre les vendeurs et l'acquéreur (d'après les conventions desquels les droits d'enregistrement doivent être perçus sur l'acte qui les contient, lorsque ces conventions ne sont pas prohibées par la loi), puisqu'au contraire, la vente et l'exploitation ont pour objet de mobiliser lesdites terres en les séparant du fonds » (10717 J. E., 1446 § 10 I. G.).

Mines. — Elle a appliqué le même principe, le 11 janvier 1843, au droit d'exploiter, jusqu'à épuisement, une mine houillère, sans que la propriété du fonds eût été transmise « Attendu, porte l'arrêt, que la vente qui a pour objet, non la propriété du fonds même dans lequel se trouvent des mines, mais le droit seulement d'exploiter ces mines, et de disposer de la matière qui les compose, après qu'elle a été extraite, doit être considérée comme étant mobilière; Attendu qu'il est constant, dans l'espèce, que c'est uniquement la faculté d'extraire la mine de houille de Monthieux, pour en devenir ensuite propriétaire, qui a été cédée, d'abord par Dugas-Desvarennes à Durand, Berthon et d'Yèvre, et ensuite, par ceux-ci à Boggio, et que, dès lors, en décidant que les cessions faites à ce dernier, ne devaient pas être soumises au droit proportionnel établi pour la transmission de la propriété d'immeubles à titre onéreux, le jugement attaqué n'a fait qu'une juste application de la loi précitée (11558 J. N., 13174 J. E., 1697 § 6 I. G., S. 43-1-317).

10. DROIT DE BAIL. — SABLE. — LIT DE RIVIÈRE. — Une commune a mis en adjudication le droit d'extraire du sable pendant neuf ans dans le lit d'une rivière, moyennant une redevance annuelle. L'Administration a reconnu à cet acte les caractères du contrat de louage, passible du droit de 20 cent pour 100 et non pas de celui de vente mobilière. (Sol. 13 oct. 1834, D. Fess. V. *Bail* n° 73). Cette interpré-

tation peut se justifier, dans l'espèce parce que, à la suite du mouvement des eaux, le sable se renouvelle constamment et que l'exploitation n'amène pas l'épuisement.

2757. Coupes de bois. — En matière de cession de coupes à faire dans des bois, aménagés ou non, on doit admettre comme définitivement établi par la jurisprudence, qu'il y a vente, lorsque la jouissance est expressément limitée à l'exploitation des coupes; que les prétendus preneurs, n'ayant aucun droit sur le sol, n'ont à en prendre ni soin ni surveillance; et qu'ils ne peuvent revenir sur les coupes exploitées, ni aller dans celles qui ne sont pas en exploitation. Une convention ainsi restreinte ne peut avoir, en effet, le caractère de *louage* qui, selon l'art. 1079 C. C., a essentiellement pour objet de transporter la *jouissance* d'une chose, pendant un certain temps.

Au contraire, il y a bail quand la jouissance comprend la totalité du sol forestier et s'étend à tous les fruits au lieu d'être limités à l'exploitation et à l'enlèvement des coupes.

Cette distinction était admise déjà dans l'ancien droit comme l'atteste le passage suivant Bosquet : « Le 16 mars 1737, dit-il, il a été décidé au conseil que le droit de contrat d'un acte qui accorde 9 coupes consécutives dans un bois taillis, à raison de 405 livres chaque, devait être perçu comme bail au lieu que le commis l'avait perçu comme marché. Je ne pense pas que cette décision soit juste; parce que dans cette espèce il ne s'agit aucunement d'un bail qui accorde des dépouilles consécutives d'un même fonds : c'est un véritable marché portant vente de la coupe entière et pour une seule fois d'un bois taillis dont l'exploitation et le paiement sont divisés dans des proportions convenues. Le Conseil a adopté cette distinction dans un autre arrêt du 26 juin 1724 (Bosquet t. 1er p. 326-351).

1. DROIT DE VENTE. — La jurisprudence a pleinement confirmé la distinction précédente.

Ainsi, sont passibles du droit de 2 pour 100 : 1° l'acte par lequel on donne à bail, moyennant le prix total de 150,000 francs, le droit d'exploiter, pendant trois années, trois coupes *désignées* dans diverses forêts aménagées en coupes réglées de 18 à 22 ans, avec stipulation que les coupes ne seront exploitées qu'à une *époque déterminée*, et que les preneurs n'auront à s'immiscer en rien dans l'administration des forêts.» Attendu, porte un arrêt de Cass. du 3 déc. 1832, qu'en qualifiant de vente l'acte du 3 octobre 1827, que les parties avaient qualifié de bail à ferme, le jugement dénoncé n'aurait pu faire une fausse application ou violer le n° 1 § 5 de l'art. 69 de la loi du 22 frimaire an 7, qu'autant que les dispositions dudit acte impliqueraient contradiction avec la qualification de vente qui lui a été donnée par les juges; Attendu que, non-seulement cette contradiction n'existe pas dans l'espèce, mais qu'il y aurait eu, au contraire, contradiction, si le tribunal avait, comme l'on fait les parties, qualifié de bail ledit acte du 3 août 1827; qu'en effet, cela résulterait spécialement de l'art. 6, par lequel il a été stipulé que le sieur Simon ne pourrait prétendre à aucune indemnité pour les vides et vagues qui pourraient se trouver dans lesdites coupes de bois; stipulation qui n'eût certainement pas été faite dans un bail, puisqu'en ce cas, le fermier, loin d'avoir droit à une indemnité, profiterait des pâturages dans les clairières, et aurait la faculté de les mettre en valeur pendant la durée du bail » (7946 J. N., 10536 J. E., 1422 § 14 I. G., S. 33-1-888. — *Conf.* : Dél. 1er juillet 1828, 9116 J. E., 6757 J. N., 1263-6 I. G.).

2° L'acte portant bail pour cinq ans de la superficie entière de deux bois moyennant 12,000 francs par an, sans que ces bois soient aménagés, ce qui constitue une vente entière des bois avec condition de les vendre successivement (Sol. 15 mai 1827, 6202 J. N., 1219 § 5 I. G.).

3° L'acte par lequel on donne à bail pour dix ans toute la partie boisée d'une forêt, avec stipulation que les preneurs n'auront droit à aucune indemnité pour les vides et vagues; qu'ils ne pourront revenir sur le terrain exploité; qu'ils sont déchargés de toute responsabilité sur les parties exploitées; et que le bailleur aura des gardes à sa solde pour la conservation de la forêt. — « Attendu, en fait, porte un arrêt de Cass. du 20 mai 1839, que, d'après les termes de l'acte du 15 juin 1836, de Magnoncourt donne à bail à la compagnie des forges d'Audincourt, et aux sieurs Vernier et Frézard frères, l'exploitation pendant dix années consécutives de la partie boisée de ses forêts des Amonts; mais qu'on y stipule d'abord que les preneurs n'auront aucun droit à l'indemnité pour les vides et vagues; 2° l'on y désigne par numéros les parties à exploiter et les années de l'exploitation; 3° l'on interdit aux preneurs non-seulement de rien abattre, mais encore de revenir sur le terrain exploité; 4° on les décharge de toute responsabilité sur les parties exploitées; 5° on fixe les places pour les fours à charbon; 6° enfin on réserve à de Magnoncourt le droit d'avoir ses gardes pour la conservation des forêts; Attendu que toutes ces stipulations, en refusant aux preneurs la jouissance de la partie boisée des forêts dont il s'agit, et en ne leur livrant que les coupes de bois à y faire pendant dix années consécutives, excluent, par leur nature, les caractères du bail et ne présentent que ceux de la vente » — (12302 J. E., 10385 J. N., 1601 § 15 I. G., S. 39-1-525).

4° La convention par laquelle le propriétaire donne à bail pour treize ans une forêt dans laquelle le preneur devra se borner à faire une coupe annuelle sans que sa jouissance s'étende aux parties précédemment exploitées ni à celles non encore exploitables et sans qu'il puisse réclamer de diminution de fermages pour les places vides; — « Attendu, porte un arrêt de Cass. du 23 mars 1870, que par la convention du 18 novembre 1855 la veuve d'Hardivilliers donne à bail au sieur Legrand, pour treize années consécutives, le bois de Bouvaincourt, divisé en treize coupes, moyennant un prix annuel déterminé et à la charge par le preneur de se conformer exactement à l'aménagement établi : — Attendu qu'aux termes de l'acte la jouissance de Legrand est limitée chaque année à la coupe en exploitation, sans pouvoir s'étendre aux parties déjà exploitées, ni à celles qui ne sont pas encore exploitables; qu'il est stipulé en outre que Legrand ne pourra réclamer aucune diminution de fermage pour les places vagues et vides, et que de telles clauses, incompatibles avec le contrat de louage, caractérisent essentiellement une vente de coupes de bois » (3150 R. P., 14569 C., 2402-6 I. G., D. 70-5-167).

5° L'acte intitulé bail à ferme du droit de couper pendant un nombre d'années déterminées les bois existants sur une surface de forêt d'une contenance fixée, dont le propriétaire désignera chaque année la situation, moyennant une redevance payable annuellement, est une vente passible du droit de 2 pour 100 (Bourganeuf 5 juill. 1844, 13527 J. E.).

Plusieurs autres décisions, rendues sur des espèces se rattachant toutes à celles ci-dessus, ont adopté cette jurisprudence (D. m. f. 10 mai 1829, 9312 J. E. ; — Vervins 25 août 1835, 11125 J. E.; — Mamers 24 mai 1837, 11801 J. E.; — Meaux 21 nov. 1839, 12410 J. E.; — Rennes 13 juin 1843, 13558 J. E.; — Dijon 20 août 1846, 14072 J. E.).

Même décision pour le droit de récolter l'*alfa* en Algérie (Cass. 5 mai 1875, 4089 R. P.).

6. DROIT DE BAIL. — Il y a bail, au contraire, lorsque la jouissance et la responsabilité des preneurs comprennent la totalité du sol forestier; lorsque cette jouissance s'applique à tous les fruits, tels que glandées, bois-chablis, herbes, etc.; lorsque les fermiers sont chargés de poursuivre les délits sur toute l'étendue du sol, et qu'ils profitent des réparations civiles; enfin, lorsqu'ils peuvent revenir sur les terrains exploités et aller dans les coupes qui ne le sont pas encore. — C'est ce qui a été jugé dans une espèce où des forêts avaient été données à bail, avec ces conditions, moyennant un prix annuel et pour un nombre d'années comprenant la révolution complète de l'aménagement (Cass. 22 fév. 1842, 11247 et 11248 J. N., 12970 J. E., S. 42-1-229. — *Conf. :* Dél. 29 avr. 1834, D. 2858, D. N. t. 2 p. 300 n° 11; Avallon 7 juill. 1875, 4304 R. P.).

2758. Bail d'usines. — Il résultait d'une Dél. du 1er juin 1825 (6292 J. N., 1219 § 5, I. G.), que si en louant une usine on stipule qu'un certain nombre de cordes de bois, pour le service de cette usine, sera pris *annuellement* dans une forêt appartenant au même propriétaire, et que le prix en sera payé par le locataire de l'usine, cette stipulation ne donne pas lieu au droit de vente sur le prix des cordes de bois, mais seulement au droit de bail, attendu que la forêt doit être considérée comme une partie de la chose louée. Deux jugements ont été rendus dans le même sens (Limoges 3 mars 1836, 4465 C.; — Seine 12 mars 1847, D. 3088).

Mais cette interprétation doit être abandonnée. De telles conventions donneraient actuellement ouverture au droit de 2 pour 100.

Ainsi il a été jugé par un arrêt de la C. cass. du 21 mai 1849, qu'on doit considérer comme passible de ce droit la clause contenue dans un bail d'usine par laquelle le propriétaire s'oblige à livrer au preneur, chaque année, des coupes de bois dans une étendue déterminée de forêt, moyennant un prix qui sera fixé par des experts, avec stipulation que l'entrée des forêts pour le pâturage, la chasse et autre chose que l'exploitation des coupes, est rigoureusement interdite aux preneurs. « Attendu, porte l'arrêt, que la compagnie exploitante n'a aucun droit quelconque sur le sol où sont les taillis et les arbres dont les branchages et le houpiers lui sont cédés; qu'elle n'a ni soins ni même aucune surveillance à prendre sur ledit sol, non plus que sur le taillis et les arbres, en sorte que ce n'est pas la forêt qui lui est laissée en jouissance, mais ce qui lui appartient uniquement : c'est, chaque année, à l'époque convenue, d'emporter les produits du taillis et des houpiers et branchages, après qu'ils auront été mesurés au stère; qu'une convention aussi restreinte n'a pas le caractère du louage, qui, selon l'art. 1709 du C. C., a essentiellement pour objet de transporter la jouissance d'une chose pendant un certain temps; mais qu'aux termes de l'art. 1585 du même code, elle constitue une vente, puisqu'elle oblige le propriétaire à livrer un combustible déterminé, et que la compagnie n'a, à l'égard de la propriété, qu'un seul acte partiel et passager de jouissance, l'enlèvement de ce combustible; que la faculté toute discrétionnaire que le propriétaire s'est réservée de substituer, quand et comme bon lui semblera, des cantons du taillis à exploiter à ceux qui, d'après un aménagement antérieur, devraient être abattus, et aussi le droit stipulé pour la compagnie de prendre les coupes extraordinaires en sus des 513 hectares qu'elle doit recevoir annuellement, concourent à exclure la supposition d'un affouage ou louage et à fortifier l'existence d'une vente; attendu que l'énonciation que les produits sont cédés comme affouage ne change en rien à la nature de la convention : que d'ailleurs le contrat lui-même prouve que les produits des 513 hectares de taillis et de branchages et houpiers ne sont pas essentiellement affectés au travail des usines louées, puisqu'il autorise la compagnie non-seulement à faire emploi ailleurs de la quantité qui sera inutile à leur exploitation, mais encore à ne consumer aucune partie desdits produits dans les usines pourvu qu'ils y soient remplacés par d'autres combustibles, en quantité égale; les parties contractantes prévoyant en effet que la compagnie tirerait autrement avantage des taillis et houpiers à elle cédés et qu'elle se procurerait incessamment et à moindre prix un combutible suffisant pour l'exploitation des usines prises à loyer » (14741 J. E., 13738 J. N., 1844 § 18 I. G., S. 49-1-524).

Même règle si dans le bail d'une usine il est stipulé que pour le service de l'usine le preneur coupera 2,000 arbres dont le prix, distinctement déterminé, sera à déduire du prix du bail (Toulon 17 déc. 1844, 13644 J. E.).

De même la stipulation contenue dans un bail de fours à plâtre portant que le preneur sera obligé de prendre, tous les ans, dans les carrières qu'exploite le bailleur, la quantité de 700 stères de pierres à cuire, moyennant un prix déterminé, donne ouverture au droit de 2 pour 100 sur le prix cumulé des stères à prendre pendant la durée du bail (Seine 21 nov. 1844, 13663 J. E., Dél. 1er juill. 1828, 1263 § 6 I. G., Sol. 16 sept. 1835, 11313 J. E.; — Châtillon-sur-Saône 19 fév. 1845, 13702 J. E. ; — Seine 9 janv. 1856, 761 R. P.; — Cass. 15 nov. 1854, 262 R. P.).

Le tribunal de Châtillon-sur-Seine a décidé, au contraire, le 17 janvier 1860, que la clause insérée dans le bail d'une usine par laquelle on affecte au service de l'usine un nombre de coupes de bois correspondant à la durée du bail, ne doit pas être considérée comme une vente, si d'ailleurs elle ne présente pas les caractères exclusifs du contrat de bail et alors surtout qu'on n'y trouve pas un prix distinctement affecté aux coupes. Ce jugement a été exécuté par l'Administration le 22 février 1860 (1333 R. P., 16959 J. N., 11843 C., D. N. t. 13 p. 501 n° 20).

2759. Récoltes. — On a déterminé ainsi la distinction qu'il faut faire entre le bail et la vente de fruits : « La jouissance qui résulte du bail suppose des travaux, de l'industrie, et une certaine période de temps pour en recueillir les fruits. Mais si l'on est cessionnaire de ces fruits, encore qu'ils ne soient point parvenus à leur maturité, il est évident que c'est acheter la chose, *le produit de la jouissance et de l'industrie d'un autre*, et non pas seulement acquérir la jouissance de la chose. »

Ajoutons que, d'après la jurisprudence, on doit considérer

comme vente toute convention qui est strictement limitée à la récolte, et comme bail celle qui embrasse, pendant la période déterminée, une certaine jouissance du sol. La durée de la jouissance abandonnée et sa coïncidence avec l'époque de la récolte à faire sont également de nature à exercer une influence sérieuse sur la perception.

1. DROIT DE VENTE. — COUPES D'HERBES. — L'adjudication, sous forme de bail, d'herbes sur pied faite à l'époque de la maturité et pour le temps qui s'écoulera du 25 juin au 11 novembre de la même année, a été considérée comme vente de meubles, si les conditions imposées au preneur sont exclusives des droits ordinaires du preneur, tels que l'élagage des haies et des arbres et la faculté de faire pâturer : « Attendu, porte un arrêt de la C. de cass. du 26 août 1839, que les adjudications des herbes à recueillir par les divers adjudicataires sur la prairie du défendeur, divisée à cet effet, en cent vingt-quatre lots, constituent de véritables ventes de récoltes, quels que soient la forme de ces actes et les termes employés dans la rédaction. Que l'emploi de ces mots baux, bailleur, preneur, insérés dans lesdites adjudications, ne sauraient ni modifier, ni changer la nature des choses. Qu'à l'époque où ces adjudications ont été faites, la brièveté de leur durée et les conditions qui y sont insérées, et qui excluent tout autre mode de jouissance que celui de la fauchaison des premières et secondes herbes, démontrent évidemment qu'elles n'avaient d'autre objet que la vente de ces herbes » (10483 J. N., 12378 J. E., 1601 § 14 I. G., S. 39-1-674).

La même interprétation résulte d'un autre arrêt de la C. cass. du 19 mars 1845, ainsi conçu : « Attendu que l'acte qualifié bail, passé en l'étude du défendeur le 13 juin 1841, contient uniquement l'adjudicationde la première et de la deuxième herbe de l'année, à recueillir sur la prairie du sieur Larcher, divisée en vingt lots; que la fauchaison, les conditions imposées pour la prompte récolte des foins et regains adjugés, et l'absence de toute autre concession de jouissance sur le pré dont il est question, constituait une vente de récolte de l'année sur pied, et non un bail à ferme; qu'à cet égard il est indifférent que les regains compris dans ladite adjudication ne fussent encore qu'un produit futur à l'instant de l'acte : ce produit n'en formait pas moins dès lors une portion déterminée de la récolte de l'année, laquelle était adjugée aux mêmes conditions que la première herbe, c'est-à-dire pour être prise sur pied » (2325 J. N., 13730 J. E., 1743 § 17 I. G., S. 45-1-26).

De même, il y a vente si le preneur ne peut couper les herbes que du 25 juin au 1er septembre, d'où résulte que le prétendu preneur n'a droit ni aux regains ni à la dépaissance (Charleville 9 nov. 1837, 11923-1 J. E.; — Vervins 2 avr. 1833, 11436 J. E.; — Altkirch 7 déc. 1854 et Lyon 20 janv. 1855. 375 et 396 R. P.).

En matière civile, il a été reconnu de même que l'acte qualifié vente de la récolte des herbes excrues sur des pièces de terre, sans aucun *droit de jouissance* de ces pièces de terre, constitue en réalité une vente et non un bail, alors même que les herbes devraient être récoltées au moyen du pâturage des bestiaux et que la convention s'étendrait aux secondes herbes qui devraient être consommées comme les premières (Cass. 13 déc. 1858, S. 59-1-119, P. 59-414, D. P. 59-1-23).

2. DROIT DE BAIL. — Mais si, outre les récoltes en foins et regains, le droit de faire pâturer les bestiaux après l'enlèvement de la dernière coupe des herbes est accordé à l'adjudicataire, il y a alors bail et non vente d'herbes, et le droit de 20 cent. pour 100 est seul exigible. La C. cass. l'a ainsi jugé par un arrêt du 19 mars 1845, ainsi conçu : « Attendu, que les actes d'adjudication publique aux enchères contenant cession d'herbages, lesquels actes donnent lieu au litige sur la quotité du droit d'enregistrement, portent, entre autres clauses : » La jouissance des prés commencera le premier juillet et finira le 11 novembre....... Les preneurs feront les deux coupes d'herbes; et après l'enlèvement de la deuxième coupe, qui doit être effectué pour le 29 septembre, le bétail des adjudicataires pourra faire pâturage, si ce n'est pendant les irrigations. » Attendu que des stipulations de cette étendue n'embrassent pas seulement la récolte sur pied au moment où elles ont été convenues, mais qu'elles comprennent en outre tous les autres produits ultérieurs et successifs à recueillir, comme la seconde coupe ou regain, et enfin le pâturage du sol de la prairie; qu'ainsi de la nature et de l'étendue des droits cédés, il résulte qu'il y a bail, et non vente d'herbage » (12325 J. N., 13730 J. E., 1743 § 17 I. G., S. 45-1-262). — Cette jurisprudence a été appliquée par plusieurs tribunaux : (Strasbourg 8 déc. 1811, 11205 J. N., Dél. 16 nov. 1830, 7306 J. N.; — Strasbourg et Colmar 11 janv. et 30 mars 1843, 11704 J. N.; — Vassy 15 sept. 1843, 11846 J. N.).

Le bail à ferme pour quatre ans, du droit de fouiller les truffes dans les terres communales, moyennant un fermage annuel, ne peut être considéré comme vente de récoltes sur pied (Sol. 24 sept. 1833, D. Fess. V. *Bail* n° 79).

Dans une espèce où le temps de durée du bail d'une pièce de pré devait s'étendre du 16 juin 1834 au 16 mars 1835, c'est-à-dire neuf mois, la C. Cass. a jugé, le 9 février 1837, que le droit de bail était seul exigible, attendu qu'il résultait des termes mêmes stipulés, que non-seulement les récoltes sur pied, mais tous les produits à recueillir, soit comme regains, soit par voie de dépaissance, étaient compris dans le bail, alors même qu'aucune condition de ce genre n'eut été stipulée. « Attendu, porte cet arrêt, qu'il a été constaté et justement reconnu que les actes litigieux contenaient des adjudications à bail de différentes pièces de pré, pour neuf mois consécutifs, qui devaient prendre leur commencement à partir du jour de l'adjudication, pour finir à pareil jour lesdits neuf mois révolus et expirés; que ces stipulations ne peuvent être considérées comme limitées dans leurs effets à des récoltes sur pied, puisque de leurs termes, il résulte que non-seulement les récoltes alors sur pied, mais tous les produits à recueillir soit comme regains, soit comme dépaissance, étaient compris dans le bail pour toute sa durée » (11727 J. E., 9525 J. N., S. 37-1-114).

Cependant, quelques tribunaux ont décidé que le droit de vente, et non celui de bail, était exigible sur l'adjudication de récoltes à faire du 27 juin au 15 novembre sur des prairies ou des terres ensemencées en froment, seigle et avoine, encore que les adjudicataires eussent le droit de dépaissance (Amiens 17 avr. 1845 et 29 avr. 1846, 13746, 13928 J. E., 7845 C.; — Vitry-le-François 26 mai 1846, 14001 J. E., 7538 C.). Mais l'Administration a depuis longtemps renoncé à réclamer ce droit.

2760. Pâturage. — Il résulte des décisions précédentes que le trait caractéristique du bail c'est la concession du droit de pâturage considéré non pas comme mode de consommation des récoltes arrivées à maturité, mais comme moyen de jouissance successive du sol. Cette règle de perception s'est dégagée surtout avec une grande netteté des deux décisions contradictoires rendues le 19 mars 1845 au sujet de contrats différents l'un de l'autre par la concession du pâturage. La Cour a maintenu que ce droit de pâture était un signe évident de la location; et l'Administration, après avoir transmis ces arrêts par l'I. G. 1743 § 7, a ajouté : « L'acte portant adjudication de la récolte en foin et regain d'une prairie pour l'année courante doit, quoique qualifié bail, être considéré comme une vente de récoltes sujette au droit de 2 pour 100... Mais si l'adjudication comprend, outre les récoltes en foin et regain, le droit de faire pâturer les bestiaux après l'enlèvement de la dernière coupe, il y a bail passible du droit de 20 cent. pour 100. » La distinction précédente sert encore de règle en pratique. On doit d'autant mieux s'y tenir qu'elle a été confirmée, en matière civile, par l'arrêt de Cass. du 13 décembre 1858, statuant sur la question de savoir si une vente d'herbes avait pu être faite par un huissier. « En dehors du droit de recueillir les herbes, dit la Cour, *aucune autre jouissance* sur les terres n'était accordée aux adjudicataires : une pareille adjudication, quel qu'en ait été le mode d'appropriation imposé à l'acquéreur et le temps accordé pour consommer cette appropriation, ne constituait qu'une vente aux enchères de fruits sur pied » (§ 1er n° 2759).

1. VAINE PATURE. — Mais cette faculté de pâturage après l'enlèvement des récoltes est elle-même la source de certaines difficultés. Quand la prairie est de plein droit soumise à la vaine pâture au profit des habitants de la commune, le locataire semble ne recevoir qu'une jouissance illusoire, puisque la dépaissance est alors un privilége commun dont l'exercice ne dépend point du contrat. Aussi l'Administration a fréquemment soutenu que, dans cette hypothèse, la concession du pâturage perdait son influence pour déterminer la nature de l'acte. C'était une confusion établie entre le pâturage et la vaine pâture.

« Par ce mot : *vaine pâture*, on entend, dit l'art. 3 de la loi du 28 septembre 1791, la dépaissance commune aux bestiaux des habitants d'un même village, exercée sur les terres de ce village. » — Selon les dispositions des anciennes coutumes, tout terrain, après l'enlèvement de la récolte, ceux où il n'y a aucun fruit ni semence, les prairies *naturelles* après la première faux pour celles qui ne donnent pas une seconde coupe, et après la deuxième faux pour celles qui produisent deux herbes, les terres vacantes, chemins, haies, buissons, sont, après la récolte, en état de vaine pâture. Ce n'est point là un droit de jouissance proprement dit, ni même une servitude; la vaine pâture n'affecte pas le fonds sur lequel elle frappe et n'en altère ni la liberté ni la valeur entre les mains de son propriétaire. Elle n'est que le résultat de rapports fondés sur des tolérances de bon voisinage. « Elle existe, dit Dalloz v° *Droit rural* 31, moins comme un principe que comme une exception et un abus toléré parce que le temps l'a consacré. » (*Conf.* : Pardessus 132, Proudhon 3657, Rolland 707). Aussi l'exercice de cette faculté est-il soumis à des restrictions tout à fait incompatibles avec l'idée d'une jouissance ordinaire. La vaine pâture ne peut avoir lieu en aucun temps dans les prairies artificielles, ni sur les terres couvertes de leurs récoltes. Le propriétaire est, à chaque instant, le maître de s'y soustraire, nonobstant tout règlement opposé, soit en fermant son pré (Poitiers 18 juin 1835; — Aix 9 mars 1854, S. 1855-2-765), soit en changeant le mode de culture ou la destination de l'immeuble (Req. 23 mai 1837; — Besançon 28 nov. 1828; — Cass. 10 fév. 1839, 24 mai 1842; — Paris, 30 mai 1843, 45-4-517 D. P.). Le pâturage proprement dit, que l'on appelle aussi pâture grasse ou vive pâture est, au contraire, un droit de jouissance tenant de la nature de l'usufruit, pouvant comme lui s'acquérir par prescription (Req. 19 juill. 1827), s'exerçant, à moins de dispositions prohibitives, sur l'immeuble couvert de ses récoltes (Agen 8 déc. 1829; — Cass. 1er juill. 1839), et auquel le propriétaire ne saurait échapper ni par la clôture, ni par la transformation de son terrain. Lors donc qu'un bailleur concède à son fermier le pâturage entier de sa prairie, il lui attribue un droit différent de la vaine pâture et beaucoup plus lucratif. Ce fermier peut, au moyen de la plus faible clôture, s'assurer exclusivement le bénéfice de la dépaissance. Et cela suffit pour que le contrat doive être juridiquement considéré comme un bail, car il importe peu que le locataire profite réellement de son droit ou consente ultérieurement à en partager l'usage avec les habitants. Parfois, sans doute, il arrivera que cette stipulation sur le pâturage ainsi confondu avec la vaine pâture, sera un prétexte habile pour masquer le caractère de l'acte. Lorsqu'elle s'appliquera à des terrains où il n'existe plus aucun produit utile après l'enlèvement des récoltes, nous concevons qu'on puisse en critiquer l'influence (Vitry-le-François 26 mars 1846; — Cass. belge 7 mai 1869, 3151 R. P.). Mais quand il s'agit d'un droit réel de pâturage, la circonstance que les terrains sont soumis à la vaine pâture ne change pas le caractère du droit et ne lui enlève pas son influence pour la détermination de contrat. C'est ce qu'a décidé avec raison le tribunal de Belfort, le 24 février 1863, par un jugement que nous avons approuvé (1911 R. P., 17840 J. N.).

2761. Chênes-Liéges. — A le caractère d'un bail à ferme et non d'une vente de récoltes, l'acte par lequel on cède le droit d'exploiter pendant douze ans l'écorce des chênes-liéges (Sol. 12 juill. 1876, 4709 R. P.).

2762. Droit de fouille. — La cession du droit de faire des fouilles dans un terrain pour y chercher des carrières de gypse, et l'engagement de céder la jouissance du tréfonds, pour exploiter ces carrières, pendant trente ans, avec faculté au concessionnaire de prolonger la durée de trente ans, donne ouverture au droit de 2 pour 100 sur la redevance annuelle capitalisée par 60 ans (Seine 28 fév. 1848, 14442 J. E.).

2763. Extraction d'argile. — S'il est stipulé dans un bail que le preneur pourra extraire de l'argile dans un espace et pendant un temps déterminé, et qu'une somme fixée soit payable au comptant ou à terme, indépendamment du prix du bail, le droit de 2 pour 100 est exigible sur la somme à payer qui représente le prix de l'extraction d'argile (Amiens 14 fév. 1839, 12249 J. E.).

2764. Bail et vente. — TERRAIN ET DROIT D'EXTRACTION. — L'acte portant bail du droit d'extraire des matières calcaires et de marbre pendant un temps déterminé, et du droit de jouir de terrains vagues pour les logements nécessaires à l'exploitation des pierres, donne ouverture au droit de 2 pour 100 sur la portion du prix affecté au droit d'extraction, et à celui de 20 cent. pour 100 pour celle concernant les terrains vagues, d'après une ventilation à faire par les parties, si elle n'existe pas dans l'acte (Nantes 3 déc. 1841, 12900 J. E.; — Seine 11 janv. 1862, 17477 J. E.). La même solution a été appliquée au bail d'une tuilerie et des terrains sur lesquels le preneur pourra extraire l'argile nécessaire à sa fabrication. On a prescrit de faire ventiler le prix unique stipulé dans le contrat et de percevoir 20 cent. pour 100 sur le bail de l'usine et 2 pour 100 sur la vente des terres (Sol. 16 oct. 1863).

1. CABARET. — BIÈRE. — Le bail d'une maison à usage de cabaret à charge par le preneur d'exercer dans cette maison le commerce de débitant de boissons, et de prendre dans les magasins du bailleur toute la bière nécessaire à la consommation de l'établissement, moyennant un prix plus élevé que le cours commun, renferme deux conventions bien distinctes par leur nature et leurs effets, quoique liées entre elles comme conditions inséparables. La première est le bail de la maison, la seconde un marché-vente, passibles du droit de 2 pour 100 pour fourniture de bière (Sol. 23 déc. 1851; — Cambrai 4 janv. 1855, R. P. 421).

Supposons le bail d'un cabaret consenti par un brasseur pour un an, sous la seule condition que le locataire se fournira à sa brasserie de toute la bière nécessaire à sa consommation au prix de 25 francs le tonneau, alors que le prix commun du tonneau n'est que de 20 francs : la somme de 25 francs par tonneau fournit les éléments du prix à déterminer pour chacune des deux conventions. Ainsi 5 francs représentent la valeur locative de l'immeuble et 20 francs la valeur de la bière à livrer, valeur qui ne saurait excéder le prix courant. Si donc le preneur évalue, conformément à l'art. 16 L. 22 frimaire, an 7, à cinquante le nombre de tonneaux nécessaires à sa consommation pendant l'année de son bail, le droit à 20 pour 100 sera perçu sur 250 francs et celui à 2 pour 100 sur 1000 francs.

Le tribunal d'Hazebrouck a décidé, au contraire, le 31 janvier 1860, « que la convention relative à la fourniture de la bière est un *élément essentiel* du bail qui ne devra exister qu'à la condition de l'exécution de la clause relative à la fourniture de la bière; que ces deux stipulations sont tellement inséparables quelles ne font, en quelque sorte, qu'une seule convention. » — Mais la connexité des deux clauses n'est pas une raison suffisante pour exempter la seconde de l'impôt. Il est possible que le bailleur n'aurait pas voulu louer son cabaret s'il n'avait pas trouvé en même temps le moyen d'assurer le débit de sa bière, de même que le propriétaire d'une maison peut refuser de la vendre si l'acquéreur ne prend pas aussi les meubles qui la garnissent. Mais cette circonstance ne fait pas qu'il n'y ait deux choses distinctement transmises et dont l'une n'est pas le *prix* ou la représentation de l'autre. Toute autre est la position du preneur qui stipule le droit de payer le prix de son bail en fourniture de bière provenant de la brasserie louée. Ainsi que l'a justement reconnu dans un cas analogue le J. N. (16755 et D. N. t. 13. p. 44 n° 645), ce n'est là qu'une mode parfaitement licite de la fixation du prix du bail et dispensé de l'impôt par la perception du droit sur le bail lui-même. — V. *Vente.*

2765. Bail et marché. — Renferme un bail d'immeubles et un marché passibles du droit de 1 pour 100, l'acte portant bail d'un emplacement pour y établir des machines, de la force-vapeur pour faire mouvoir ces machines, moyennant des prix annuels distincts; constitue une disposition indépendante, soumise au droit fixe de 2 francs (3 francs), la clause qui réserve au preneur le droit d'exiger une plus grande force-vapeur, selon ses besoins (Verviers 14 fév. 1866, 10094 J. E. belge).

Il a été jugé également que l'acte par lequel le propriétaire d'un terrain prend à bail les constructions qui y seront élevées par un tiers et s'engage à les acquérir avant l'expiration du bail moyennant le remboursement du prix des travaux, renferme un marché actuel de constructions passible du droit de 1 pour 100. « Attendu que l'unique but que les contractants s'étaient proposé était l'acquisition de ces bâtiments, destinés à des usages municipaux, but démontré par l'engagement pris par la ville de les acquérir et par la corrélation du prix de chaque location, représentant l'intérêt annuel du montant des travaux, avec les prix d'acquisition consistant dans le remboursement des sommes avancées par les constructeurs » (Cass. 28 janv. 1872, 3566 R. P., 2468-3 I. G., S. 73-1-227, D. 73-1-307).

2766. Vente d'immeubles et bail. — Si une ville prend à bail des terrains appartenant à un tiers et les constructions que ce tiers promet d'y élever pour des écoles, avec stipulation qu'elle achètera le tout avant l'expiration du bail, moyennant le remboursement des sommes ayant servi de base au prix de location, le contrat renferme une acquisition immédiate des terrains et des constructions futures, et donne lieu au droit de vente mobilière sur la totalité du prix stipulé: « les prétendues promesses de vente se manifestant par un engagement formel de la part des propriétaires de vendre à la ville et de la part de celle-ci d'acquérir, moyennant un prix convenu, des terrains et des constructions désignées, étaient autant d'actes translatifs de propriété, dont l'existence et la valeur actuelle ne pouvaient être contestées » (Cass. 28 janv. 1872, 3566 R. P., 2468-4 I. G., S. 73-1-227, D. 73-1-307).

CHAPITRE VII. — PAYEMENT DES DROITS

[2767-2768]

2767. Toutes les parties. — La loi du 23 août 1871 a adopté au sujet du payement des droits des baux écrits et des locations verbales un ensemble de mesures dont nous avons présenté le développement au chap. 5 sect. 1re qui précède.

Ces dispositions ne font que compléter, en ce qui concerne les baux écrits, le principe général d'après lequel tous ceux qui ont figuré en qualité de parties à un acte ou à un contrat, sont débiteurs des droits d'enregistrement auquel cet acte ou contrat donne ouverture.

2768. Bail prétendu verbal. — Mais il n'en est plus de même à l'égard des baux dont la rédaction par écrit est établie. Il faut alors examiner par quel moyen l'Administration a eu connaissance du bail. S'il lui a été révélé par les énonciations d'un acte intervenu entre le preneur et le bailleur, nul doute que tous deux soient également responsables des droits. (*V.* Seine 30 déc. 1870, 3607 R. P.). C'est ce qui arrive encore quand l'existence de l'écrit est attestée, même en l'absence des parties, par un officier compétent auquel le titre est passé sous les yeux et qui le décrit dans son acte ou dans son jugement. Une telle déclaration contient la preuve matérielle du fait qui motive la perception et elle produit ses effets jusqu'à l'inscription de faux aussi bien à l'égard des tiers que des parties présentes. Il en est alors du bail comme d'un acte de vente immobilière qu'un notaire décrit en faisant l'inventaire des papiers d'un notaire défunt. Quoique les contractants ne soient pas présents et n'aient pas chargé le notaire d'agir, ils n'en sont pas moins compromis par son opération et doivent acquitter l'impôt exigible sur le contrat. C'est ce qui résulte d'un arrêt de la C. cass. du 18 mai 1847 (1796 § 4 I. G., S. 47-1-622) et de plusieurs jugements (Epinal 4 juill. 1848, 14597 J. E., 13593 J. N.; — Seine 17 déc. 1851, 7 janv. 1852 15436-2 J. E.; — Seine 17 nov. 1860, 17278 J. E., 17079 J. N., 12091 C., 111 Rev.; — Seine 1er mars 1862, 407 Rev.; — Seine 24 mars 1865, 2203 R. P.; — Seine 8 avr. 1868, 2972-3 R. P. — *V.* cependant *Contrà* Liége 6 janv. 1858 7807 J. E. belge).

La participation des contractants à la déclaration de l'officier public est donc sans influence sur l'exigibilité des droits; ils ne pourraient éviter les suites de la réclamation qu'en établissant, selon les cas, ou que le bail ne porte pas leur signature, ou que celle dont il est revêtu est fausse (*V.* l'arrêt précité du 18 mai 1847).

Mais la situation n'est plus la même, lorsque l'existence du bail résulte uniquement des déclarations émanées d'un contractant. Ces mentions, si précises qu'elles soient d'ailleurs, n'ont pas la valeur absolue du certificat d'un officier public. Elles constituent simplement un aveu, et le caractère de l'aveu est d'être essentiellement personnel à celui qui le fait. L'Administration ne pourrait donc pas s'emparer ici des indications de l'acte pour les opposer à une partie non présente. Si l'existence du bail écrit est constante, il n'en est ainsi du moins que par rapport à l'auteur même de l'aveu, et lui seul peut être engagé par sa déclaration. Aussi les droits simples et en sus devraient-ils lui être exclusivement réclamés (Consul. J. du not. 1672).

CHAPITRE VIII. — QUESTIONS DIVERSES

[2769-2815]

2769. Administrateur. — On ne peut voir qu'une sorte de mandat dans la clause insérée dans un testament, par laquelle le testateur, après avoir disposé d'une partie de ses biens en faveur de mineurs, désigne une tierce personne pour occuper ces biens ou les affermer à son profit, jusqu'à la majorité des légataires, *à la charge de payer à ceux-ci une somme déterminée par chaque année de jouissance.* Cette disposition est de la nature de celles que l'on appelait, dans l'ancienne jurisprudence, une *fiducie.* Elle ne donne lieu qu'au droit fixe lors de l'enregistrement du testament (Dél. 1er mai 1822, 7206 J. E.). Il semble même, ajoute le D. N. t. 6 p. 138, que la fiducie doit être, en général, considérée comme une simple condition dérivant nécessairement du testament et dispensée par ce motif d'un droit particulier. Mais l'exigibilité du droit de mandat nous paraît suffisamment justifiée par la nature et les effets distincts de la clause. — *V.* 9015.

2770. Abattoir. — La concession par le syndic des bouchers d'une ville, des fumiers de l'abattoir, pendant un temps déterminé moyennant l'obligation prise par le concessionnaire de payer une redevance annuelle et de fournir la paille nécessaire, est sujette au droit de bail sur le prix stipulé multiplié par le nombre d'années, sans ajouter aucune charge pour la paille, puisqu'elle fait partie des fumiers concédés (17406 J. E.)

2771. Acceptilation. — Réduction de prix. — On a vu, n° 245-1, que la remise du prix d'un bail donne ouverture au droit de quittance; toutefois, si le bail était consenti pour trois, six ou neuf ans, et si, à l'expiration de la première période les parties convenaient de réduire le prix pour les deux autres périodes, il ne serait dû sur cette convention que le droit fixe d'un franc (3 fr.) (D. m. f. 20 sept. 1827, 2191 R. Roll.).

Le droit de libération a été cependant reconnu exigible par un jugement du tribunal de la Seine 25 juin 1845, cité au D. N. t. 2 p. 368 n° 182.

Si la durée du bail doit nécessairement être limitée à un nombre d'années déterminé et moindre que la période de neuf ans; s'il est dit, par exemple, que, quoique fait pour trois ans, il pourra en durer quatre, cinq, six, sept ou huit, on ne peut exiger les droits sur neuf années : il faut se borner à les liquider sur la durée la plus longue fixée par le bail (221 J. E.).

2772. Arbres-lièges. — L'acte par lequel on cède, pour un nombre d'années déterminé, les écorces d'arbres-lièges qui se trouvent sur un domaine, moyennant un prix une fois payé, ne constitue qu'un bail à ferme, car le preneur n'a que la jouissance des arbres, et l'on doit considérer comme une sorte de *fruit* l'écorce à en détacher. Les arbres sont donc la *chose louée* (Cass. 7 déc. 1819, 6698 J. E., S. 20-1-163).

C'est ce qui résulte aussi d'une Sol. du 11 octobre 1858, basée sur ce que, au moment des conventions, les écorces n'existaient pas encore, que la récolte devait se faire successivement à mesure de la maturité de l'écorce; qu'ainsi les objets cédés aux fermiers consistaient en choses qui seront produites successivement, signe caractéristique du droit de jouissance à titre de bail (1085 R. P., 16442 J. N.).

2773. Avis de parents. — Si la délibération du conseil de famille n'intervient que pour passer bail au tuteur des biens du mineur, on ne saurait percevoir un droit fixe d'autorisation indépendamment du droit de bail.-2474.

On ne peut voir un bail dans la clause qui règle les dépenses des mineurs. — *V.* 2475.

2774. Bail constaté. — L'acte passé au mois d'octobre, dans lequel il est dit que le preneur à bail verbal d'un bien dont l'année de jouissance est d'avril en avril, cessera cette jouissance par l'année courante, c'est-à-dire au mois d'avril suivant, doit être considéré comme un bail d'une année. La jouissance, en effet, cesse d'être verbale pour l'année courante, et l'acte contient tout ce qui constitue le bail : la chose, le consentement et le prix (7123 J. E.). — Dans le même sens, il a été décidé par l'Administration, le 21 mai 1839 (12313 J. E.), que la quittance par laquelle le bailleur reconnaît avoir reçu une somme déterminée pour fermages qui écherront deux ans après son décès, donne ouverture au droit de bail à vie sur dix ans de fermage et à celui de 20 pour 100 sur les deux années à échoir après le décès du bailleur. — *V.* 2612-1.

2775. Chasse. — Les baux de chasse sont sujets à des règles spéciales que nous faisons connaître au mot *Chasse* nos 3774 et suiv.

2776. Cession de créances. — La délégation faite par un locataire principal de la différence qui existe entre son prix et celui des sous-locataires ne donne lieu qu'au droit de cession de créances et non d'antichrèse. — *V.* 2192.

2777. Compensation. — Fermages. — Quoique le bail porte que le prix sera compensé avec les intérêts d'une somme que le bailleur doit au preneur, en vertu d'un titre enregistré, il n'est point dû de droit particulier sur cette disposition, et ce bail n'en est pas moins soumis aux règles du contrat de louage (6608 J. E.).

S'il est stipulé dans le bail que le fermage se compensera au fur et à mesure avec une dette verbale du bailleur envers le preneur, le droit de titre n'en est pas moins exigible parce que le défaut d'exigibilité du prix de bail s'oppose à la compensation et laisse à la reconnaissance du débiteur tous ses effets (Sol. 14 juin 1869).

2778. Déclaration. — Les états descriptifs et estimatifs rédigés en vertu d'un bail enregistré sont sujets au droit fixe de 2 fra cs (3 fr.) (Sol. 1832, 10348 J. E.). On devrait les considérer comme partie intégrante du bail dispensés de tout droit, s'ils étaient insérés dans le contrat de bail lui-même (Sol. 30 juill. 1865).

2779. Changement de fermage. — 1. BAUX ORDINAIRES. — Lorsque, au cours d'un bail ordinaire, les parties changent la nature et le mode de prestation du fermage, sans en modifier l'importance, qu'à la place de denrées par exemple elles stipulent que le bailleur recevra de l'argent ou quelles transforment les charges ou les faisances en argent, ces stipulations ne sont pas considérées comme transformant l'obligation du preneur et on les assujettit au tarif des actes de complément ou d'exécution (3 francs).

2. BAUX A MI-FRUITS. — Il avait paru qu'il devait en être autrement pour les baux à mi-fruits, quand, pendant le cours du bail, il est convenu que le preneur payera à l'avenir une somme fixe à titre de loyer, au lieu de partager les fruits avec le bailleur. De quel droit d'enregistrement est passible l'acte qui constate cette convention ? Nul doute qu'on ne puisse y voir une résiliation du premier contrat suivi d'un nouveau bail et percevoir deux droits de 20 cent. pour 100 Le droit de jouissance conféré au preneur par le bail originaire n'est pas modifié par le second acte ; il n'y a, par conséquent, aucune transmission nouvelle de cette jouissance. Mais il ne s'en suit pas, contrairement à l'avis du J. du not. nos 2210, 2250, et du J. E. (18473 § 1er) que le droit fixe de 3 francs soit seul dû. S'il est vrai, en effet, que le contrat ne renferme aucune *novation* proprement dite dans le sens de l'art. 1270 C. C., et que, par conséquent, les conditions et les garanties du bail originaire s'étendent aux modifications ultérieures, du moins est-il constant que l'objet de l'obligation du preneur est complétement changé. Sa position est la même que celle du débi-rentier qui convertit en prestations pécuniaires la rente en nature dont il était tenu. Or, on verra au mot *Novation* que cette transformation justifie l'exigibilité du droit proportionnel. Nous avons pensé, sous l'empire de la loi du 22 frim. an 7, qu'on était fondé, dans l'espèce, à percevoir le droit de 20 cent. p. 100 sur la valeur du fermage nouveau pendant le reste des années de la location.

C'est l'interprétation qui a prévalu devant le tribunal de Poitiers, le 30 août 1871 : « Attendu que la conversion d'un bail à prix certain en un bail à moitié fruits change entièrement les conditions du contrat primitif, les obligations du preneur et du bailleur et les dénature à ce point qu'on ne peut s'empêcher d'y voir une novation qui autorise, en conséquence, l'administration de l'enregistrement à percevoir, conformément aux lois sur la matière, un droit de 20 cent. pour 100 sur le prix cumulé de ce nouveau bail. »

Ce résultat se justifiait beaucoup plus facilement encore quand l'on admettait que le bail à mi-fruits constitue, au point de vue fiscal, une société passible du droit gradué (L. 28 fév. 1872, art 1er). — La substitution d'un fermage fixe au partage de fruits transforme alors, en effet, la nature du contrat. Le preneur cesse d'être associé pour devenir un fermier ordinaire. Il y avait réellement, toujours au point de vue fiscal, novation du titre et cette novation donnait lieu au droit de bail sur le temps restant à courir. — *V.* 2625.

2779 bis. Chemin de fer. — L'acte par lequel une Cie de chemins de fer cède à une autre Cie, moyennant redevance annuelle, la jouissance d'un terrain compris dans sa concession est un bail à temps (Lyon, 7 mai 1878, 4954 R. P.). L'administration soutient la même doctrine au sujet de la jouissance d'une gare commune (Sol. 24 janv. 1878).

2780. Compte. — Règlement de fermages. — L'acte par lequel le propriétaire et le fermier règlent le montant des fermages résultant d'un bail enregistré, est passible du droit d'obligation. — V. *Obligation*.

2781. Congé. — Le congé de bail est passible du droit fixe de 3 francs, sauf le cas où, faisant cesser le bail avant l'arrivée du terme, il opère le droit de rétrocession du bail. — *V.* 4985.

2781 *bis.* **Contre-lettre.** — La contre-lettre portant augmentation du prix énoncé dans un acte de bail enregistré donne ouverture au droit de 20 cent. pour 100 sur la différence et au droit en sus si elle n'est enregistrée que plus de trois mois après sa date (Seine 19 mai 1866, 2369 R. P.). — V. *Contre-lettre.*

2782. Défrichement. — Les édits-arrêts ou lettres patentes qui exemptaient des droits de contrôle, centième denier et autres, les actes et mutations, concernant des terrains incultes, défrichés et mis en valeur, ne sont pas applicables aux droits d'enregistrement (Cass. 2 avr. 1806, 2341 J. E., S. 7-2-880). Ce principe a été consacré au sujet de baux consentis par la compagnie Perrache, de Lyon, qui avait obtenu, par lettres patentes de 1771 et 1774, l'exemption dont il s'agit.

2783. Département. — Autorités civiles et judiciaires. — Évêques. — Les baux des biens des départements sont assujettis au droit proportionnel établi pour les baux ordinaires; ils doivent être enregistrés dans le délai de vingt jours fixé par l'art. 78 de la loi du 15 mai 1818.

Il en est de même des locations dont le prix est à la charge des départements.

Ainsi, les baux passés pour le logement des autorités civiles ou judiciaires sont passibles du droit proportionnel d'enregistrement tel qu'il est réglé pour les autres baux, lorsque le prix est payable sur les fonds destinés aux dépenses des départements, arrondissements et communes (D. m. f. 15 janv. 1823, 7369 J. E., 4698 J. N.). — Dans ce sens, il a été décidé que sont assujettis au droit proportionnel les baux des maisons destinées aux logements des évêques (D. m. f. 29 nov. 1827, 8915 J. E, 6493 J. N., D. N. t. 2 p. 279 n° 3).

Il en est de même du bail d'un bâtiment devant servir de caserne à la gendarmerie. — *V.* 2791.

2784. Droit à payer par l'État. — Nous avons établi, v° *Acte administratif*, le principe que les acquisitions dont les droits tombent à la charge du Trésor doivent être soumis à la formalité de l'enregistrement *gratis.* Cette règle reçoit naturellement son application en matière de locations pour le compte du Gouvernement (1425 § 3, 2390 § 4 I. G.). Il a été décidé, en effet, que le droit n'est pas dû sur la location d'un chantier fait pour la construction d'un hôtel, originairement destiné à l'administration des postes (D. m. f. 24 juin 1814, 4863 J. E.), — ni sur les locations de logement pour les commandants de divisions militaires (D. m. f. 5 déc. 1821, 7102, 7536 J. E.),— ni pour les locations faites à l'administration des douanes pour l'établissement de ses préposés dans les départements (D. m. f. 17 sept. 1823, 7536 J. E., D. m. f. 22 juin 1830, 9688 J. E.), — ni pour les baux de casernes destinées aux troupes et dont le prix de location est payé par l'État (*V.* 2791), — ni pour les baux consentis par l'administration forestière des terrains incultes qui avoisinent les forêts domaniales, à la charge, par les particuliers, de défricher ces terrains et de les mettre en culture; ces actes sont exempts de l'enregistrement (D. m. f. 26 therm. an 12, 2072 J. E.).

Mais s'il était formellement stipulé dans le bail que les droits seront supportés par le bailleur, la règle ordinaire reprendrait son empire et le droit proportionnel deviendrait exigible (Sol. 23 fév. 1873, 2465-9 I. G., 3640 R. P.).

L'insertion d'une clause de cette nature se produit, notamment, dans certains baux d'immeubles passés entre le ministère de la guerre et des particuliers, pour le casernement des troupes.

1. TIMBRE. — Les droits de timbre sont soumis à d'autres règles. Ces droits, en effet, ne sont pas à la charge du Trésor. L'art. 29 de la loi du 13 brumaire an 7, porte « que le timbre des actes passés entre l'État et les citoyens est à la charge de ceux-ci. » Aussi a-t-il été reconnu que les baux faits à l'État, bien que dispensés du droit d'enregistrement, sont cependant assujettis au droit de timbre dont le montant est à la charge du bailleur (D. m. f. 29 nov. 1868, 2390 § 4 I. G. — *Contrà* D. m. f. 22 juin 1830, 1391 I G.).

2. LISTE CIVILE. — Les baux passés au profit de la liste civile ne rentraient pas dans la catégorie des baux faits à l'État. Ils étaient, comme ceux des particuliers, soumis au timbre et à l'enregistrement (D. m. f. 18 sept. 1826, 8513, 8728 J. E. — *V.* 386-398 I. G. et *infrà* 2793.).

2785. Droit en sus. — 1. JOUISSANCE ANTÉRIEURE. — Si le bail fait remonter la jouissance du preneur à plus de trois mois, il faut distinguer : s'il indique que cette entrée en jouissance a eu lieu en vertu d'une convention écrite et antérieure de plus de trois mois, la peine du double droit est encourue ; mais, si le bail ne contient aucune explication à cet égard, l'on doit supposer qu'il n'est que la réalisation d'une convention verbale, et le double droit n'est pas dû (3120 J. N., D. N. t. 2 p. 410 n° 4).

Mais il y a lieu alors d'appliquer les dispositions de la loi du 23 août 1871 sur les locations verbales (*sup.*, ch. 5, sect. 1).

Si l'époque antérieure ne s'applique pas à une jouissance réelle mais sert seulement à déterminer la date à laquelle court le prix, le délai part à compter de l'acte (Sol. 1er juill. 1878). — *V.* 11450 et 11555.

2. BAIL NON DATÉ. — Lorsque le bail n'est point daté au moment de sa présentation, il faut consulter l'époque fixée dans l'acte pour l'entrée en jouissance. Si elle remonte au delà de trois mois, le double droit est dû. Mais on ne doit pas perdre de vue que ce double droit n'est exigible que sur les baux sous seing privé postérieurs à la loi du 22 frimaire an 7 (Circ. 1663). — *V.* 479-6.

3. PROROGATION. — La prorogation du bail écrite à la suite de bail doit être enregistrée dans les trois mois, à peine d'un droit en sus (Yvetot, 16 mars 1877, 4717 R. P.).

2786. Écluse. — Pont. — Les baux de droit de passage aux écluses et ponts mobiles ne sont assujettis qu'au droit fixe de 1 franc (aujourd'hui 3 fr.). (L. 18 mai 1850 et 28 fév. 1872, D. m. f. 3 mess. an 10, Circ. 30 therm. suiv. — 1207 J. E., D. N. t. 2, p. 276, n° 26). — *V.* 2527.

2787. Eaux (*Prises d'*). — L'acte par lequel une ville

concède des prises d'eau des fontaines publiques dans les maisons des particuliers, pour un temps limité, et moyennant une somme annuelle, est passible du droit de 20 cent. pour 100. Cet acte ne constitue pas une cession de jouissance immobilière. Si l'eau concédée venait d'un fleuve ou d'une rivière navigable, la concession aurait encore davantage le caractère d'un contrat de louage, puisque ces grands cours d'eau font partie du domaine public, et que ce serait surtout le droit d'user de machines à l'aide desquelles l'eau est transportée au domicile du concessionnaire qui serait abandonné (Sol. 9 juin 1843, Fess. v° *Bail* n° 68).

Nous examinerons plus loin au mot *Concession* (n° 4855) les diverses règles applicables aux concessions de prises d'eaux.

2788. Étalage. — Est passible du droit de 20 cent. pour 100 comme bail, le procès-verbal d'adjudication des droits à percevoir pour étalage sur les places publiques d'une ville, pendant un certain temps et moyennant un prix déterminé (Sol. 20 août 1838, D. Fess., v° *Bail* n° 70).

2789. État de lieux. — Si l'état de lieux se trouve dans le contrat même de bail, il ne donne pas ouverture à un droit particulier. (*V.* 8204, 2778, 2790).

2790. État de sortie. — L'acte notarié rédigé pour constater à la sortie d'un fermier la situation des fourrages de la ferme n'est sujet qu'au droit fixe. (*V.* 515, 2778, 2789).

2791. Gendarmerie. — Le casernement de la gendarmerie étant une charge départementale, et les frais qui en résultent étant payés sur les centimes additionnels affectés aux dépenses des départements, les baux de bâtiments destinés au casernement de la gendarmerie sont assujettis au timbre et à l'enregistrement comme tous les baux ordinaires (Circ. 9 sept. 1807, 405 n° 1 I. G., 7102 J. E., Dél. 18 oct. 1826, 1425 § 3 I. G., D. N. t. 2 p. 280 n° 12).

Si le bail est fait sur l'acte par lequel un propriétaire s'engage à louer, ou si cet acte même sert de bail, l'enregistrement doit avoir lieu dans les vingt jours de la *réception* de celle des deux approbations ministérielles qui parvient la dernière à la préfecture (832 I. G.). La date de cette réception se constate sur le répertoire du secrétaire général de la préfecture (4133, 6152 J. E.).

Lorsque, avant la réception des deux approbations, la soumission ou l'engagement, souscrit par le propriétaire, sert de base à des payements, et que des copies en sont jointes aux mandats, on doit le faire enregistrer au droit fixe de 1 franc (3 fr.), sauf le payement du droit proportionnel, dans les vingt jours de la dernière approbation, s'il n'est point passé de bail en forme (Circ. 9 sept. 1807).

Le droit d'enregistrement de ces baux doit être acquitté par le secrétaire général de la préfecture, sous peine du droit en sus (*Même Circ.*).

2792. Indemnité. — Il n'est pas dû de droit particulier sur la clause qui stipule une indemnité au profit des locataires pour le cas d'éviction, attendu que l'on ne peut en même temps percevoir un droit pour l'exécution du bail et un autre pour son inexécution (Sol. 2 germ. an 10, 1115 J. E., 548 n° 6 I. G., D. N. t. 2 p. 367 n° 173).

Mais le droit de 50 cent. pour 100 est dû sur l'indemnité promise ou payée par un propriétaire à un fermier pour l'indemniser des pertes que lui occasionnent des travaux de construction (Dél. 25 janv. 1826, D. N. t. 6 p. 679 n° 20).

Il en est de même de la clause d'un bail à loyer portant qu'à l'expiration de ce bail, le locataire payera au bailleur une somme déterminée pour être dispensé de remettre les lieux dans leur état primitif ou en bon état de réparations locatives (18796 J. E.). — *V.* 2557.

2793. Liste civile. — Les baux qui étaient faits au profit du chef de l'État, ou dans l'intérêt de la liste civile, étaient soumis aux mêmes droits que les baux entre particuliers. En effet, des fonds étant affectés spécialement pour la liste civile, elle devait supporter toutes les charges de la propriété et acquitter les impôts, à moins d'une exception telle que celle relative à la contribution foncière établie par l'art. 12 de la loi du 8 novembre 1814. C'est ce qui résulte d'une D. m. f. 18 septembre 1826 (8513, 8728 J. E.). — *V.* 2784.

2793 *bis*. Marché. — Lorsqu'en louant un théâtre, le bailleur s'engage à louer et à éclairer la salle, on ne saurait considérer la fourniture de l'éclairage et du chauffage comme un marché passible du droit particulier de 1 pour 100. Ce n'est que l'exécution de l'obligation imposée par la loi au bailleur de faire jouir le preneur (Sol. 7 fév. 1870).

2794. Navire. — Charte partie. — Le louage d'un navire est sujet à des règles particulières que l'on trouvera au mot *Charte partie* 3762 et suiv.

2795. Obligation. — 1. AVANCE PAR LE BAILLEUR. — La remise d'une somme par le bailleur au fermier, pour être employée à l'achat des bestiaux et *remboursable en espèces*, à la fin du bail sans intérêts, ne peut être considérée comme constituant un cheptel. En effet, le cheptel ne s'entend que du bétail qui peut se donner à louage, et qui, par cette raison, fait partie, dans les baux, des objets affermés. Mais, l'argent ne pouvant être donné à titre de ferme, une clause de la nature de celle dont il s'agit ne doit être considérée que comme un prêt indépendant du bail. Par conséquent, elle est sujette au droit établi pour les obligations (Cass. 16 fruct. an 6, 9695 J. N., Sol. 16 mars 1827, 8676 J. E., 1371 J. E.). Cette Sol. est adoptée par Dalloz (2044) contrairement à l'opinion de Champ. et Rig. (3117) et C. 12882. — Elle a été confirmée depuis lors par une autre décision du 6 avril 1866, 18505 J. E. (*V.* D. N. t. 2 p. 323 n° 127, et t. 2 p. 367 n° 172). — *V.* 4436 R P.

Mais il ne saurait y avoir obligation dans la convention insérée dans un bail à ferme par laquelle le bailleur prête au preneur une somme pour acheter des bestiaux, à la condition par le fermier de laisser, à sa sortie, *des bestiaux* d'une valeur égale à la somme prêtée. Cette clause, ainsi que l'a décidé la Cour de Nîmes, le 15 juin 1819 (3462, 9695 J. N.), est constitutive d'un véritable cheptel de fer et exclut toute idée de simple prêt, car les bestiaux sont alors achetés pour le propriétaire et en son nom, et les choses sont dans la même position que s'il avait lui-même acheté et livré ces bestiaux au fermier. D'après D. E. v° *Bail* 33 une pareille convention donnerait lieu au droit fixe de 3 francs pour mandat.

Le droit d'obligation redeviendrait exigible si le remboursement de l'avance devait avoir lieu soit en bestiaux, soit *en argent*, au choix du bailleur (Sol. 9 sept. 1865).

Si le bail porte que le prix d'estimation des bestiaux considérés comme cheptel de fer, produira intérêt à 5 pour 100, on ne peut percevoir le droit d'obligation, mais seulement celui de bail sur l'acte ultérieur portant reconnaissance par le fermier de la valeur du cheptel de bestiaux qu'il rendra à la fin du bail avec intérêts jusque-là (Sol. 16 août. 1832).

Avances en nature. — Lorsque le bailleur fait au fermier des avances en nature telles que pailles, engrais, etc., à la condition que le preneur laissera autant des mêmes objets à sa sortie, ces objets deviennent un accessoire du bail et entrent nécessairement dans la fixation du prix annuel. Aussi n'est-il rien dû pour cette stipulation insérée dans le contrat de bail (7307, 8616 J. E., D. N. t. 2 p. 367 n° 172, Sol. belge 11 mars 1875, 4428 R. P.). Si la convention intervient après le contrat, elle renferme un prêt à usage quand elle s'applique à des choses non-fongibles (Dél. 10, 14 mars 1819, 9255 J. E.), et un prêt de consommation au cas contraire. Le tarif se réglera d'après les mêmes distinctions.

Condition suspensive. — L'acte par lequel un bailleur s'engage à prêter au preneur, pour certains achats, des sommes que celui-ci s'oblige à rembourser à une date déterminée ou par annuités, avec dation d'hypothèque pour sûreté de ces remboursements, constitue, de la part du preneur, une obligation de sommes sous condition, passible du droit fixe, sauf perception du droit proportionnel de 1 pour 100 lorsque l'accomplissement de la condition aura été prouvé. (Sol. belge du 30 nov. 1861, 9253 J. E. belge). Il faut remarquer que cette solution doit être restreinte au cas où la condition suspensive de l'emploi des fonds est manifestement exprimée. On n'attribuerait pas ce caractère à la simple déclaration du fermier qu'il destine les avances à l'achat d'un matériel de culture. C'est là un motif et non pas une cause du contrat; or, la cause seule peut influer sur sa nature et, par suite, sur l'exigibilité de l'impôt.

2. AVANCES DU PRENEUR. — Nul doute que le droit d'obligation soit exigible sur la promesse faite par le preneur d'avancer au bailleur une somme déterminée distincte du prix du bail (Aix 25 juin 1856). Mais que faut-il percevoir sur la clause du contrat aux termes de laquelle le locataire remet à titre de garantie du loyer une certaine somme au propriétaire qui la rendra à la fin du bail avec ou sans intérêts? Une D. m. f. du 9 mai 1814 (D. N. t. 2 p. 412 n° 13) a reconnu qu'il y avait lieu d'appliquer le tarif des garanties mobilières à 50 cent. pour 100. Mais cette décision ne saurait être suivie aujourd'hui que le droit de cautionnement n'est plus exigible sur les garanties données par le débiteur lui-même. (V. *Cautionnement et Affectation hypothécaire*). Comme par l'effet de cette clause, le bailleur reçoit une somme d'argent qu'il s'oblige de rembourser à terme, c'est le cas d'exiger le droit établi par l'art. 69 § 3 n° 3 de la loi du 22 frimaire an 7 pour les obligations de sommes. « Il faut reconnaître, dit une D. m. f. de Belgique du 2 mars 1865, que jusqu'à l'époque de l'exigibilité, la transmission des deniers en mains du bailleur dans les conditions d'une libre et entière disposition et sous stipulation d'intérêts au profit du preneur, produira des effets propres et distincts de ceux du bail; que l'on constate ainsi, à côté du contrat de bail, un contrat indépendant où le bailleur apparaît comme emprunteur d'une somme d'argent dont il opérera le remboursement, le cas échéant, par voie de compensation avec une fraction du prix de bail, qui pourra lui être due dans l'avenir par le prêteur » (J. E. belge 9846). — Il existe dans le même sens deux Décisions belges des 26 juin 1836 et 8 novembre 1836, 927 et 7402 du même journal; ainsi que deux Solutions de l'Administration hollandaise des 12 novembre 1819 et 2 janvier 1821. — (*V.* en sens contraire, J. du not. n°s 1895 et 2610).

Par application de ce principe, le droit de 1 pour 100 a été reconnu exigible sur la stipulation d'un bail portant que le locataire verserait le 1er juillet entre les mains du bailleur une somme de 20,000 francs qui devra être employée à l'achat d'un matériel d'exploitation, et que le bailleur remboursera avec intérêts à la fin du bail (Sol. 19 déc. 1860).

Il a été également reconnu que la stipulation d'un bail d'industrie de laquelle il résulte que le domestique a remis à son maître une somme déterminée que celui-ci lui rendra lorsqu'il se séparera de lui, donne ouverture au droit de dépôt de sommes déterminées par l'art. 69 § 2 L. 22 frimaire an 7 (Vitré 8 mars 1843, 13210-2 J. E.). — *V.* 6229.

Mais, d'après le même jugement, il ne serait dû que le droit de 2 francs (3 fr.) si le dépôt s'appliquait à un corps certain, tel qu'un cheval, dont le maître fera la restitution en nature.

Décidé également que quand pour garantir l'exécution d'un bail, les preneurs ont remis au bailleur à titre de cautionnement une somme imputable sur les termes de la dernière année de jouissance et productive d'intérêts à déduire des fermages, aucun droit n'est exigible sur cette clause. « La somme et les intérêts qu'elle produit devant s'imputer sur les fermages, les preneurs sont libérés d'autant. Cette stipulation n'a donc en réalité, pour objet que le payement anticipé d'une partie du prix du bail. Or, il a été reconnu que le payement du prix, constaté dans l'acte même du bail, ne donne ouverture à aucun droit » (Sol. 20 oct. 1868, 2841 R. P.)

3. ACTES DISTINCTS. — La question d'exigibilité du droit de 1 pour 100 serait moins douteuse encore si le dépôt avait avait lieu par un acte distinct du bail. Le tribunal de la Seine l'a reconnu, le 25 juin 1845, au sujet d'un acte postérieur au bail même, et aux termes duquel un locataire, pour remplacer une affectation hypothécaire consentie par lui précédemment, avait versé entre les mains du bailleur une somme de 20,000 francs, que celui-ci s'était obligé à lui restituer à l'expiration du bail et dont il avait promis de payer 5 pour 100 d'intérêt par an, par imputation et par déduction sur les loyers. Le Tribunal a jugé « que ce dépôt ne peut être assimilé à un cautionnement et entraîner seulement un droit proportionnel de 50 pour 100; que l'acte constate le dépôt d'une somme entre les mains du bailleur; et qu'aux termes de l'art. 69 § 3 n° 3 de la loi du 22 frimaire an 7, les actes constatant le dépôt de sommes chez les particuliers sont assujettis au droit proportionnel de 1 pour 100; que sous un au-

tre rapport, la remise de cette somme ne peut être assimilée à un gage, puisque le gagiste ne peut disposer du gage; tandis que le bailleur, dans l'espèce, peut disposer de la somme, qu'il en paye les intérêts à 5 pour 100 et qu'il n'est tenu de la rendre qu'à l'expiration du bail. »

4. DISPOSITION INDÉPENDANTE. — INTÉRÊTS. — Si un bail, fait moyennant un prix, contient en outre prêt, par le preneur au bailleur, d'une somme remboursable sans intérêts à l'expiration du bail, il faut, indépendamment du droit d'obligation, percevoir un droit de bail sur le montant des intérêts. Si, en effet, le preneur ne payait pas de prix, et qu'il prêtât seulement un capital remboursable par le bailleur à l'expiration du bail, sans intérêt, quelle perception établirait-on? Assurément, si le contrat n'était point une antichrèse, le prix du bail serait l'intérêt du capital prêté. Or, ce qui aurait lieu pour le tout, doit avoir lieu pour la partie.

2796. Obligation. — Fermages antérieurs. — L'Administration a délibéré, le 21 octobre 1834 (11052 J. E., 8683 J. N.), que lorsqu'un bail est fait pour neuf années, dont deux sont déjà expirées, et que le fermier se reconnaît débiteur du fermage de ces deux années, le droit d'obligation est dû sur le fermage échu, et le droit de bail sur celui des *neuf années*. Du moment que l'on considère cet acte comme constituant un bail de neuf ans, et nous pensons qu'il doit en être ainsi, il nous semble qu'il y a lieu de lui appliquer le principe consacré par l'art. 10 de la loi du 22 frimaire an 7, d'après lequel, dans le cas de transmission de biens, la quittance donnée, ou l'obligation consentie par le même acte, pour tout ou partie du prix entre les contractants, ne peut être sujette à un droit particulier, et, alors, le droit de bail est seul exigible. — *V.* 2801.

On a soutenu la régularité des deux perceptions par le motif : « que le principe de l'art. 10 précité ne s'applique pas aux obligations existant postérieurement à l'exécution du contrat et dont la constatation nouvelle opère une quasi-novation. » Cette observation serait juste si le contrat renfermait deux dispositions distinctes : arrêté de compte pour la jouissance verbale antérieure et bail pour les années restant à courir; il est clair qu'alors il faudrait liquider séparément le droit d'obligation et de bail, sans pouvoir cependant assujettir le montant de l'arrêté de compte à un droit de bail indépendant du droit d'obligation. Mais si le titre pris dans son ensemble et dans ses effets généraux constate l'existence d'une fraction dont deux ou trois années déjà ont couru, il est impossible sans scinder le contrat ni violer l'art. 10 de la loi du 22 frimaire an 7, de percevoir autre chose que le droit de bail sur les années échues ou à échoir.

Nous pensons donc que quand le bail fait remonter la jouissance à une époque antérieure, le droit d'obligation ne saurait être perçu sur les fermages des années écoulées si l'acte ne renferme pas un arrêté de compte particulier et alors surtout que les fermages applicables à ces années ne sont pas encore exigibles. C'est l'avis du D. N. t. 2 p. 366 n° 171. C'est aussi ce qui a été reconnu par une solution du 13 septembre 1863.

2797. Octroi. — Les baux d'octroi sont passibles des mêmes droits que les baux à fermes. La de C. cass. l'a décidé ainsi le 29 messidor an 11 par un arrêt conçu en ces termes: « Vu l'art. 4 de la loi du 22 frimaire an 7; — Et vu l'art. 69 § 3 n° 2 de la même loi; — Vu aussi l'art. 8 de la loi du 27 ventôse an 9; — Et attendu que, d'après cet article, les baux d'octroi sont soumis au droit proportionnel d'enregistrement, soit parce que les lois y soumettent, en général, tous les baux à loyer et à ferme, sans autre exception que ceux des biens nationaux, soit parce qu'ils contiennent une transmission de jouissance qui donne ouverture à un semblable droit; — Que, pour admettre que les baux d'octroi ne dussent, ainsi que l'a décidé le jugement attaqué, qu'un simple droit fixe de 1 franc, il faudrait qu'il y eût, pour ces baux soumis jusqu'alors au droit proportionnel, comme pour les baux des droits de barrières, une loi spéciale qui eût réduit le droit proportionnel à une somme fixe, et il est certain qu'il n'en existe aucune qui ait prononcé une semblable réduction; — Qu'outre que la loi du 7 germinal an 8, invoquée par le défendeur à la cassation, qui a effectivement réduit, par son art. 5 à un droit fixe le droit proportionnel que jusque-là les baux des barrières avaient payé, n'est applicable qu'à ce genre de baux, pour lesquels elle a été uniquement faite, c'est qu'il est constant que, dans l'usage, les lois des 22 frimaire an 7 et 27 ventôse an 9 ne sont pas autrement entendues et exécutées par rapport aux baux des droits d'octroi, qui tous payent le droit proportionnel; témoin, entre autre le bail des octrois de la ville de Paris du mois de fructidor an 8, postérieur, par conséquent, à la loi sur les baux des barrières, pour raison duquel il a été payé un droit d'enregistrement proportionnel, modéré, d'après Déc. m. f., à la somme de 231,000 fr.; — Attendu d'ailleurs, que le droit proportionnel pour les droits de barrières aurait pu être réduit et ramené à un simple droit fixe, sans que celui pour les baux d'octroi le fût également, parce qu'au premier cas, le trésor public percevant le fermage comme le droit d'enregistrement, ne gagnait rien à la perception du droit proportionnel, que l'adjudicataire des droits de barrière ne manque pas de prendre en considération, lors de sa mise à prix, pour enchérir d'autant moins; tandis qu'au second cas, la caisse municipale profitant seule du fermage de l'octroi, le trésor public trouve dans la perception du droit proportionnel un bénéfice certain, que rien n'altère ni n'affaiblit, de la part de l'adjudicataire » (Teste-Lebeau p. 33 n° 4). — V. *Octroi* n° 12010.

1. RÉGIE INTÉRESSÉE. — Les adjudications à titre de régie intéressée sont assujetties, à raison du prix stipulé aux droits réglés pour les *baux à ferme*. La raison est que toute convention par laquelle on transfère à un tiers la jouissance d'une chose, moyennant un prix annuel et pour un temps limité, est un bail. Or, quelles que soient les portions de bénéfices allouées aux adjudicataires, ils ne perçoivent pas moins, pour leur compte une branche de revenus appartenant à la ville, et n'en sont pas moins tenus au payement annuel du prix stipulé. Ainsi, l'adjudication doit être enregistrée comme bail. (D. m. f. 5 niv. an 12, 1642 J. E, D. N. t. 2 p. 391 n° 38). Il n'en serait autrement que si, aucune jouissance n'étant transmise, le prétendu preneur fournissait seulement son industrie. — V. *Marché*.

2. ABONNEMENT. — L'acte par lequel des bouchers s'engagent à payer pendant une période de temps déterminée une somme fixée, est passible du droit de 20 cent. pour 100, car

il s'agit ici de la jouissance d'un droit qui peut se donner à bail comme toute autre chose (Sol. 6 août 1831, 10203 J. E. D. N. t. 2 p. 391 n° 37).

2798. Payement anticipé. — L'obligation de payer six mois du prix du bail, au moment de l'entrée en jouissance ne donne ouverture à aucun droit particulier d'obligation. Cette condition dérive du contrat (4814 J. E., D. m. f. 10 août 1815 et 6 déc. 1820, 1286 J. N., D. N. t. 2 p. 366 n° 166, Sol. 20 oct. 1868, 2841 R. P.).

De même, si le prix d'un bail est payé comptant, pour toute sa durée, on ne peut regarder la privation d'intérêts qu'éprouve le preneur comme une charge susceptible d'être ajoutée au prix. C'est une convention particulière qui n'a aucune influence sur la liquidation (Seine 2 fév. 1831, D. 4616, Dél. 3 sept. 1833, 4189 Roll., *Suppl.* D. N. t. 1er p. 237 n° 167 *ter*). — *V.* 2558.

Décidé également que si le fermier remet une somme à valoir sur les fermages des dernières années, ce payement anticipé ne donne lieu à aucun droit (Sol. 31 janv. 1872 et 21 mars 1878).

2799. Portion de fruits. — On avait pensé que l'acte par lequel un propriétaire donne un domaine à bail moyennant une rente annuelle et des charges, et se réserve en même temps le droit d'exploiter ce domaine à titre de colon partiaire, ne donne ouverture au droit de bail que sur le prix stipulé augmenté des charges (13973 J. E.). C'était une erreur.

On ne peut pas, en effet, considérer comme un bail l'acte qui ne confère aucune jouissance au preneur. Or, dans l'espèce le prétendu preneur ne jouit pas, puisque le bailleur reste seul maître de l'exploitation à titre de colon partiaire. Le preneur reçoit uniquement le droit aux récoltes moyennant une rente et des charges annuelles. C'est donc là une cession à forfait passible du droit de 2 pour 100.

La clause portant que le bailleur a fourni les semences et en reprendra la même quantité ou leur valeur est dépendante du bail et ne donne lieu à aucun droit (Sol. belge 11 mars 1875, 4428 R. P.).

2800. Procuration. — Le pouvoir que le propriétaire donne au fermier, dans l'acte de bail, d'ester en justice sur les actions possessoires, donne ouverture à un droit particulier de mandat (11344 J. E.).

Lorsque, en affermant collectivement leurs immeubles, les bailleurs chargent l'un d'eux de recevoir la totalité du prix cette clause donne lieu à la pluralité des droits de mandat (Sol. belge 28 mai 1869, 3192 R. P.). — Mais aucun droit ne serait exigible si les immeubles loués étaient indivis entre les bailleurs (Sol. 12 sept. 1866, 2360 R. P.). — V. *Vente d'immeubles.*

2801. Quittance. — Une décision de l'Administration du 8 messidor an 7 (170 J. E.), prenant à la lettre l'art. 10 L. 22 frimaire an 7, qui ne s'applique qu'aux actes *transmissifs de biens*, avait déclaré qu'un droit particulier de libération est exigible lorsque la quittance du prix est donnée dans le bail même. Mais, s'il est vrai que l'art. 10 n'a pas, à la rigueur, prévu les actes *transmissifs de jouissance*, il est également certain que le preneur contracte, dans un bail, comme l'acquéreur peut contracter dans la vente, une obligation : celle de payer le prix, et que s'il est impossible de prétendre que cette obligation donne lieu à un droit particulier, il est naturel de penser que la quittance n'y est pas non plus soumise. C'est dans ce sens d'ailleurs que la question a été décidée (161, 5557, 9283 J. E., D. m. f. 10 août 1815, 5230 J. E., 1633 J. N., Dél. 3 juin 1824, 5100 J. N.).

1. TRANSPORT. — DATION EN PAYEMENT. — D'après le même principe, le transport dans le bail par le preneur au bailleur des arrérages d'une rente due par acte en forme, pour acquitter le prix annuel du bail n'est qu'un mode de payement : il n'est dû d'autre droit que celui de bail (Sol. 21 juill. 1838, D. N. t. 2 p. 366 n° 169).

2802. Reconnaissance de bestiaux et outils. — Lorsque dans un bail sont compris des bestiaux et des instruments aratoires et qu'il est stipulé qu'ils seront détaillés par un acte postérieur, le droit fixe est seul exigible sur cet acte, attendu que dans le prix du bail, qui a supporté le droit proportionnel, ont été compris les bestiaux et les outils, qui sont immeubles par destination aux termes des art. 522 et 524 du C. C. (Dél. 26 mai 1832, 10348 J. E., D. N. t. 2 p. 322 n° 123).

2803. Réméré. — La relocation de l'immeuble au vendeur est passible d'un droit particulier de bail. — *V.* 5401.

2804. Remise de bestiaux, etc. — L'acte qui constate la remise que le fermier fait au propriétaire, des bestiaux et instruments aratoires qu'il en avait reçus lors du commencement du bail, ne donne pas lieu au droit proportionnel (5030 J. E.).

2805. Rentes. — Un bail comprend des rentes dues au bailleur, et que le fermier touchera des débiteurs. Il est convenu qu'au cas de décès du bailleur, pendant la durée du bail, ces rentes cesseront d'en faire partie, et que le fermage sera réduit à une somme qui est déterminée. Décidé, le 22 juillet 1814, qu'il n'y avait pas lieu de percevoir un autre droit que celui de bail, et qu'on ne pouvait voir de cession de créance dans l'espèce (4908 J. E., D. N. t. 2 p. 268 n° 179).

2806. Solidarité. — Lorsque, avant la clôture d'un bail, un tiers intervient, et qu'il se constitue, du consentement du bailleur, preneur solidaire avec le fermier, cette circonstance ne donne lieu à aucun droit particulier ; il n'y a ni sous-bail, ni contrat de société (Sol. 13 nov. 1821, 7436 J. E.).

2807. Société. — Les actes de société donnent lieu au sujet de la perception du droit de bail à des questions diverses que nous traiterons avec plus d'opportunité au mot *Société.*

2808. Stationnement. — La concession faite par la ville à une société du droit de faire stationner des voitures dans les rues et places publiques est sujette au droit de bail. — V. *Concession*.

2809. Taureau. — L'acte par lequel on s'engage à fournir, pendant un temps déterminé, un ou plusieurs taureaux pour le service du troupeau des vaches d'une commune, constitue, d'après la définition de l'art. 1709 C. C., un véritable contrat de louage. L'adjudicataire ne cède pas la propriété des taureaux à la commune, il loue seulement le service de ces animaux en s'engageant à les entretenir en bon état, pendant la durée du bail (Sol. 30 oct. 1832, 13 juin 1833, 31 août 1835, Fess. V. *Bail* n° 76, 18613 J. E.). — Une Sol. 15 juin 1827 (D. N. t. 2 p. 301 n° 23) avait décidé que le droit de marché était exigible.

2810. Vente. — 1. AU PROFIT DU PRENEUR. — Lorsque le fermier prend au prix d'estimation, les ustensiles, agrés ou matériel d'exploitation sans qu'il soit stipulé que ces objets continuent d'appartenir au bailleur et que la somme versée par le fermier lui sera restituée à la fin du bail, il s'opère une véritable vente mobilière (C. Paris 5 août 1852, 14485 J. N.) donnant ouverture au droit de 2 pour 100 (*V.* C. Cass. 28 avr. 1856, 16283 J. E.; Sol. 16 fév. 1858, Sol. 10 sept. 1861). « Attendu, porte, dans un cas pareil, un jugement de Tours, du 27 juin 1862 (1730 R. P., 12562 C.), que la clause du bail par laquelle le sieur Artru attache au domaine loué un fonds de prisée d'une valeur de 15,000 francs que le sieur Legendre, preneur devra rembourser soit en argent soit en constructions sur le domaine, constitue une véritable vente du fonds de prisée. En effet, le preneur devient définitivement propriétaire des objets formant le fonds de prisée dont il disposera comme il l'entendra, et se reconnaît débiteur de la valeur de ces objets, valeur dont il ne lui est pas loisible de se libérer en restituant les mêmes objets ou en en rendant d'autres d'une nature identique à la fin du bail. » — Il en est de même lorsque les objets sont cédés par le fermier sortant au fermier entrant (Pithiviers 2 juin 1876, 4436 R. P.).

Si la clause n'opère pas transmission de propriété, et s'il est convenu que le preneur aura droit, lors de l'expiration du bail, au remboursement de la somme par lui versée à titre de garantie, une délibération du 5 janvier 1838 a décidé qu'aucun droit particulier n'était exigible (11955-4 J. E.). C'est aussi l'opinion émise par le J. du not. nos 1698, 2179. — D'après ce que nous avons dit au numéro précédent, il faudrait percevoir le droit d'obligation.

Estimation. — En tous cas, aucun droit ne serait certainement dû si l'on ne faisait qu'estimer les agrès, avec stipulation que si, à la sortie du preneur, il y a moins-value, il payera la différence au bailleur, et que, s'il y a plus-value, celui-ci ou le preneur entrant lui en tiendra compte (6835 J. E., Dél. 15 sept. 1820, D. N. t. 2 p. 368 n° 177).

Indemnité. — Si, à l'expiration du bail, une indemnité est payée soit au preneur sortant, soit par lui, en exécution de la clause dont nous venons de parler, le seul droit exigible est celui de quittance. Il ne peut y avoir aliénation, puisque les ustensiles n'ont pas cessé de faire partie de l'usine et n'auraient pu en être détachés (7655 J. E.). — C'est ce que l'Administration a décidé, en thèse générale, le 30 déc. 1823 (4590 J. N., D. N. t. 2 p. 368 n° 179).

Clientèle. — Mais la clause du bail par laquelle le bailleur s'engage à cesser son industrie pour la laisser exercer par le preneur pour une période indéterminée et moyennant une redevance annuelle, est passible du droit de 2 pour 100 sur dix fois la redevance stipulée (Loches 5 déc. 1873, 3859 R. P.).

2. AU PROFIT DU BAILLEUR. — La perception du droit de vente est également justifiée quand il s'agit d'objets mobiliers achetés par le preneur et que celui-ci abandonne à prix d'argent au bailleur. — Ainsi la disposition d'un bail portant que le fermier entrant a reçu de son prédécesseur des objets mobiliers pour une somme de 1,500 francs qu'il a payée, et qu'il doit pendant la durée de son bail entretenir dans la ferme un cheptel de 30,000 francs que le propriétaire devra, quoiqu'il arrive, lui rembourser à sa sortie, donne ouverture au droit de vente mobilière sur 31,500 francs (Bourges, 18 déc. 1857).

Il en est de même de la clause du bail portant qu'à la fin de sa jouissance le preneur laissera au bailleur sans indemnité divers objets mobiliers lui appartenant (Seine 2 déc. 1855, Aix 25 juin 1856).

Dans un bail où il était stipulé que le preneur fournirait le mécanisme d'un moulin, dont les bâtiments lui étaient affermés, que le mécanisme resterait à ses risques et périls pendant la durée du bail, et qu'à l'expiration le bailleur en payerait le prix à dire d'experts sans que ce prix puisse excéder une somme déterminée, le tribunal de Laon a jugé, le 26 avril 1856, que cette clause renfermait une promesse synallagmatique de vente sujette au droit de 2 pour 100.

Est également sujette au droit de 2 pour 100 la clause portant qu'à la fin du bail le propriétaire conservera l'excédant du cheptel et en payera la valeur (Sol. 16 avr. 1877).

2811. Vente. — Promesse. — Il faut d'ailleurs bien distinguer le cas où la vente est, dès à présent, parfaite de celui où il s'agit seulement d'une simple promesse unilatérale de vente. Il est clair que si le bailleur, par exemple, offre au preneur de devenir propriétaire du fonds de prisée moyennant un certain prix dans le courant du bail et si celui-ci n'accepte pas immédiatement, mais se réserve de faire ultérieurement connaître sa décision, la vente est suspendue et le droit proportionnel n'est pas exigible (Sol. 13 mai 1869, 3032 R. P.). En matière civile la C. cass. a décidé, le 24 juillet 1860, qu'une stipulation de l'espèce constituait la promesse d'une vente à réaliser à terme (S. 60-1-846). La cour, il est vrai, qualifie l'engagement de synallagmatique; mais ainsi que le remarquent les annotateurs de Sirey (*Loc. cit.*), c'est là une simple inexactitude de langage qui ne peut induire en erreur sur la pensée de la cour; car elle a clairement reconnu, dans un autre arrêt du 14 mars 1860 (S. 60-1-740) que la promesse faite par un bailleur au preneur de renouveler son bail à l'expiration *pour quatre-vingt-dix-neuf ans*, si celui-ci le désire, ne devient synallagmatique que du jour où le preneur a manifesté l'intention d'accepter cette promesse.

Il s'est présenté sur ce point, dans la jurisprudence fiscale, plusieurs espèces utiles à consulter.

1. VENTE IMMÉDIATE. — Ainsi il a été jugé par le tribunal de Rethel, le 15 novembre 1838 (12183 J. E.), que le droit de vente est exigible sur l'acte contenant bail d'une maison pour 12 ans et promesse de vente de la même maison moyennant un prix payable dans le cours de ces 12 années. La clause de la promesse était ainsi conçue : « ainsi convenu et arrêté entre les parties qui ont promis de tenir et exécuter ces présentes » (D. N. t. 10 p. 283 n° 47).

Même décision quand il ne serait pas dit que cette promesse vaudra vente, pourvu que toutes les conditions de la promesse se trouvent dans le bail (Meaux 29 janv. 1851, 15144 J. E., D. N. t. 10 p. 282 n° 46). — Mais alors on ne peut cumuler le droit de vente avec le droit de bail : celui-ci n'est pas dû.

2. LE FERMIER POURRA PRENDRE. — On se sert souvent des mots : Le fermier *pourra* garder les bestiaux ou l'immeuble loué en en payant la valeur convenue. En matière de cheptel l'Administration a décidé que le droit de 2 pour 100 est immédiatement exigible (Sol., 17 mars 1832, 10257 J.E., 7697 J. N.), et la même doctrine a été professée (16815-2 J. E.), par le motif qu'il y a promesse de vente régie par l'art. 1589 C. C. puisqu'il y a consentement sur la chose et sur le prix. — Mais cette solution est combattue avec raison par D., 2045, Champ. et Rig. 3116 et le D. N. t. 2 p. 322 n° 125 et t. 10 p. 282 n° 42 : en effet, le preneur ne s'est point définitivement engagé à vendre ; il s'est réservé seulement la possibilité de le faire s'il le jugeait convenable. La promesse de vente conçue en ces termes est évidemment unilatérale. Aussi préférons-nous la doctrine d'une autre Sol. du 26 mai 1832, portant que le droit fixe de 2 francs (3 fr.), et non le droit proportionnel, est exigible sur l'état estimatif du cheptel fait en exécution des clauses du bail, et d'après lequel, à l'expiration de la jouissance, le preneur pourra en payer le prix (10348 J. E.).

C'est d'ailleurs ce que l'Administration a reconnu depuis par une Sol. du 6 mai 1861. Elle a décidé que quand, dans un bail à ferme, il est stipulé que, pendant la durée du bail, le preneur *pourra* devenir propriétaire du cheptel de fer existant sur l'immeuble affermé, à la condition d'en rembourser la valeur estimative, ce n'est pas là une promesse de vente parfaite, attendu que si le bailleur s'est obligé de vendre, le preneur s'est seulement réservé la faculté d'acheter (1531 R. P., 17358 J. N., 12025 et 12154 C.).

Complément de la vente. — Dans ces hypothèses, le droit de vente ne devient exigible qu'à partir du jour où la vente est devenue parfaite par le consentement définitif du preneur. — Ainsi jugé par le tribunal de Pontoise, le 30 janvier 1862 (12399 C., 17571 J. E.), que l'acte par lequel le preneur notifie au bailleur qu'il est dans l'intention d'user de la promesse que celui-ci lui a faite dans le bail de lui vendre les immeubles à un prix déterminé, parfait la vente, puisqu'il y a consentement réciproque sur la chose et le prix. C'est donc à partir de cette époque que les droits sont dus et il importe peu que, par suite de la nécessité pour le propriétaire de remettre les titres, il n'ait été passé acte de la vente que postérieusement.

Clause pénale. — La situation serait la même quoique le contrat impose une clause pénale au preneur qui n'accepterait pas. Mais cette clause pénale donne lieu, dès à présent, au droit proportionnel d'indemnité, parce que la convention revient à ceci : que le preneur s'oblige actuellement à payer une indemnité s'il ne devient pas acquéreur. C'est ce que porte une Sol. de l'Administration belge du 19 octobre 1859 (8493 J. E. belge), ainsi conçue : « Considérant que l'acte confère aux locataires le droit, pendant toute la durée du bail, de faire, pour un prix déterminé, l'acquisition de l'immeuble loué et stipule que si, à l'expiration du bail, cette acquisition n'a point été faite, lesdits locataires payeront aux bailleurs une somme de 10,000 francs à titre de dommages-intérêts ; « Considérant que ces stipulations sont caractéristiques d'une obligation alternative, de telle sorte que l'un des deux termes du contrat doit nécessairement recevoir son exécution ; que, nonobstant l'incertitude qui règne actuellement sur l'effet réel et définitif de la convention, le fait de son existence obligatoire rend nécessairement un droit proportionnel exigible, et qu'il est de jurisprudence qu'en pareil cas il faut percevoir le droit proportionnel le moins élevé, sauf à l'imputer sur le droit le plus fort si celui-ci devenait ultérieurement dû. »

3. CONDITION DE REMBOURSEMENT. — L'Administration a également reconnu qu'il n'y a pas vente actuelle quand il est dit que les preneurs ne seront propriétaires des bestiaux *qu'après* le remboursement de l'estimation convenue ; « Attendu que la vente est frappée d'une condition suspensive de payement par le fermier de la valeur du cheptel » (Sol. 6 mai 1861, 1531 R. P., 17358 J. N., 12025 et 12154 C.). Il faudrait se garder toutefois d'étendre cette solution au delà du cas qu'elle prévoit. On comprend que le payement puisse être pris comme une condition suspensive de la transmission de propriété ; mais il faut, à cet égard, une déclaration catégorique, car il est de règle que le terme n'empêche pas la formation de l'obligation.

4. LE FERMIER RENDRA LE CHEPTEL EN ARGENT OU EN NATURE. — Il n'y a pas non plus vente immédiate quand le fermier a le choix de rendre le cheptel en argent ou en nature. Cette clause implique bien l'engagement définitif du propriétaire de vendre ses bestiaux, mais il ne renferme pas le consentement du fermier à les acquérir. Il faudra que ce dernier manifeste ultérieurement sa volonté à cet égard, et alors seulement la promesse de vente deviendra synallagmatique (17213 J. N.).

Un tribunal a cependant décidé que, lorsqu'en louant un domaine le bailleur a livré au fermier des bestiaux et des instruments estimés, sous la condition que lors de l'expiration du bail le fermier aurait le droit de rendre ces objets ou d'en payer l'estimation, la vente se réalise immédiatement et le bailleur n'a plus contre le fermier qu'une créance dont la cession faite à l'acquéreur de la propriété est passible du droit de 1 pour 100 (Vannes 25 avril 1872, 3500 R. P.). Mais c'est une erreur que nous avons signalée en rapportant ce jugement, et qui est également combattue par Championnière. — « Il n'y a pas de vente, dit-il, dans la clause d'un bail à ferme portant que, pendant la durée du bail, le preneur pourra devenir propriétaire, au prix de l'estimation qui en est faite, du cheptel de fer existant sur l'immeuble affermé. La vente n'est pas actuelle, elle est soumise à une condition qui est la manifestation par le preneur, et pendant la durée du bail, de la volonté d'exercer la faculté stipulée » (n° 3110, *Conf.* : Dalloz n° 2045).

Mais il n'est pas toujours facile de distinguer, au milieu de la variété des espèces, les clauses qui renferment une vente actuelle de celles qui constatent seulement une promesse unilatérable d'acheter. C'est là une question d'appréciation dépendant des termes des actes, de l'ensemble de leurs stipulations et de la nature du contrat même où elles sont renfermées. Merlin enseigne, à cet égard, que, quand il s'agit du bail d'une métairie et que les bestiaux employés à la culture, *instrumentum fundi*, sont donnés au fermier avec estimation, sans rien dire de plus, l'estimation fait vente au profit de ce dernier, et la propriété des bestiaux lui appartient immédiatement (v° *Cheptel* § 3 n° 1er). Mais ce principe n'est pas absolu, car il y aura toujours à examiner, comme Merlin le reconnaît d'ailleurs, si l'estimation a été faite pour constituer le fermier d'ores et déjà débiteur d'une somme d'argent au lieu des bestiaux, et la recherche de cette volonté forme précisément le travail d'appréciation destiné à distinguer la vente ferme de la simple promesse d'acheter plus tard.

Dans un cas où les bailleurs livraient aux preneurs un cheptel de fer que ceux-ci avaient le choix, à l'expiration du bail, de rendre en nature ou en argent, il a été reconnu que la première alternative recevait son exécution immédiate, puisque le cheptel faisait partie des biens affermés, et que le prix annuel s'appliquait au cheptel comme à la ferme ; que dès lors, on ne pouvait exiger un droit de vente à 2 pour 100 pour une transmission éventuelle (Sol. 3 sept. 1858).

5. CAPITAL. — Faisons observer d'ailleurs qu'il ne faut pas équivoquer sur les mots, et que, bien qu'il soit dit que le fermier remettra au bailleur, à la fin du bail, le *capital* du bétail, aucun droit de vente n'est exigible si, par *capital*, on a voulu entendre non une somme d'argent, mais la réunion des têtes de bétail (Montargis 23 nov. 1835, 4230 C., D. 2046).

6. DISPOSITION INDÉPENDANTE. — La cession de la promesse de vente est indépendante de la cession du bail qui la renferme. — V. *Action* 1580-4.

2812. Vente. — 1. RÉSERVE DE JOUISSANCE. — Si, après avoir aliéné moyennant un prix, il est convenu dans l'acte que le vendeur jouira de telle ou telle partie de l'objet vendu pendant tel ou tel temps, et moyennant tel prix, cette convention ne peut être qu'un *contrat de louage*. Le vendeur devenu *preneur*, ne peut invoquer que les dispositions des lois relatives au bail. Il n'est plus propriétaire, mais fermier ou locataire ; il jouit de la chose d'un autre. Dans ce cas, le droit de bail est exigible (7150 J. E.).

Ces principes s'appliquent même à la vente faite à réméré Le vendeur est dessaisi, et ce ne peut être qu'à titre de preneur à bail qu'il continue à jouir moyennant un prix (Dél. 17 nov. 1821, D. 18 déc. suiv.) — Une autre Dél. du 12 mai 1824 a également reconnu l'exigibilité du droit de bail à propos d'une vente à réméré dans un cas où il était stipulé que le vendeur continuerait de jouir de l'immeuble pendant trois ans, en remettant à l'acquéreur la moitié des fruits (D. N. t. 13 p. 438 n° 602).

Mais il n'en est plus de même lorsque la clause produit l'effet d'une réserve de partie *de la chose*. Si la jouissance est exceptée de la vente, si le vendeur qui la retient n'est tenu à aucune indemnité envers l'acquéreur, il n'est plus fermier, il est resté usufruitier. C'est ainsi que quand le vendeur à réméré *se réserve la jouissance* des biens jusqu'au terme du retrait, à charge de payer à l'acheteur l'intérêt du prix, cette stipulation, considérée comme une condition de la vente, n'est passible d'aucun droit particulier (Dél. 22 mai 1837, 9767 D. N., 9646 J. N., Champ. et Rig t. 6 n° 399). On ne peut même pas ajouter au prix, pour percevoir le droit de vente, les intérêts payés par le vendeur à réméré, parce qu'alors ils représentent la jouissance qu'il s'est réservée (Sol. 9 juin 1826, D. N. t. 10 p. 761 n° 130). — V. *Réméré*.

2. DATION EN PAYEMENT. — Il a été jugé que la clause par laquelle le cédant se réserve l'usufruit des biens abandonnés, moyennant le payement d'une somme annuelle, est une disposition indépendante du contrat, donnant ouverture à des droits distincts. Le droit exigible est celui de bail à vie attendu qu'il y a un prix déterminé (Beauvais 3 déc. 1861, 17421 J. E.).

3. PROMESSE. — La remarque que nous avons faite dans le numéro précédent au sujet des promesses de ventes insérées dans les baux et applicables à des objets mobiliers s'étend par analogie aux promesses de vente de l'immeuble lui-même. Lorsque les clauses de l'acte emportent transmission actuelle de la propriété au profit du preneur, c'est le droit de vente qui est exigible.

On l'a ainsi reconnu, notamment, à l'occasion d'actes qualifiés de baux, par lesquels une ville avait pris en location pour un temps fixé à dix et vingt ans, moyennant des prix stipulé à 6 1/4 et 6 1/2 pour 100 du prix total des travaux à effectuer, les constructions devant être élevées sur des terrains à elle appartenant, et s'était engagée à acquérir ces constructions, au plus tard dans la dernière année de l'expiration de chaque bail, moyennant le remboursement intégral du prix des travaux. Le droit de vente immobilière a été déclaré exigible à l'exclusion du droit de bail et du droit de marché (Seine 9 juill. 1870, 3359 R. P.; — Cass. 28 janv. 1872, 3566 R. P., 2468-3 I. G., S. 73-1-227, D. 73-1-307).

2813. Vidanges. — L'adjudication de la vidange des latrines d'un établissement public moyennant une somme payée, ne présente pas seulement le caractère d'abandon de la jouissance d'une chose, mais, bien au contraire, disposition de la propriété de cette chose. Dès lors, cette adjudication doit être considérée comme une vente passible de 2 pour 100 et non comme un bail (*V.* 2518). C'est ce que l'Administration a décidé le 29 juin 1849. — Cependant, dans quelques espèces qui présentaient particulièrement les caractères du bail, tels que l'abandon d'une jouissance prolongée *pendant plusieurs années*, moyennnant une somme payable *annuellement*, il a été reconnu que le seul droit exigible est celui de bail (Dél. 17 déc. 1830, D. m. f. 14 janv. 1831, Sol. 6 sept. 1836, 15 mars 1841, Fess. V. *Bail* n° 80). Cette dernière doctrine a définitivement triomphé devant la Cour suprême à propos des adjudications pour l'enlèvement des boues et vidanges des villes. Cette question a été traitée au mot *Acte administratif* n° 384-4.

2814. Vignes. — Quoique, dans un bail de vignobles pour plusieurs années, le bailleur se soit chargé de faire les *façons*, c'est-à-dire de cultiver les vignes, de manière que le preneur n'ait qu'à faire les vendanges, ce n'en est pas moins un contrat de louage, et non une *vente de récoltes*. Le bailleur loue à la fois ses vignes et son industrie ; il y a, à la fois, bail à ferme et bail d'industrie pour un même prix (6914 J. E., 3808 J. N., D. N. t. 2 p. 364 n° 152).

2815. Voiries. — L'adjudication de la totalité des matières qui seront apportées dans les dépôts de Montfaucon et de Bondy, à partir du 1er janvier 1831, jusqu'au 1er décembre 1842, constitue un bail d'exploitation de douze années (Dél. 17 sept. 1830, 10072 J. E., 7335 J. N.). — *V.* 2813.

TITRE II. — DIVERSES ESPÈCES DE BAUX

[2816-2993]

CHAPITRE PREMIER. — BAIL DE PATURAGE

[2816-2819]

2816. Définition. — Le bail à paturage est une espèce de contrat de louage par lequel on s'oblige de fournir le le pâturage nécessaire à la nourriture d'un certain nombre d'animaux, ou à les nourrir pendant un temps déterminé.

Il importe de ne pas confondre la concession du droit au pâturage, ainsi que la convention par laquelle un particulier s'oblige de nourrir les bestiaux d'un autre, avec le bail à ferme de terrains propres au pâturage. Par ce dernier contrat, le preneur est mis à peu près à la place du bailleur pour jouir du fonds de la même manière que le propriétaire, s'y établir et y exercer son industrie ; il a par conséquent des droits beaucoup plus étendus que ceux qui résultent d'un simple droit de pâturage (386 § 7 I. G.).

2817. Caractère. — Le bail à pâturage diffère du cheptel de vaches dont nous parlerons n° 2846, en ce que le preneur ne fait pas servir les animaux à son profit.

2818. Règles de perception. — Les règles de perception relatives à cette sorte de bail sont celles de louage des choses. Nous nous référons donc à tout ce que nous avons dit à ce sujet, soit quant au tarif, soit pour le cautionnement, etc. — Nous ferons seulement observer qu'il en est de ces baux comme de ceux des biens meubles dont nous avons parlé n° 2853 et 2854; la perception du droit ne peut avoir lieu que sur un acte volontairement présenté et lorsque cet acte fait titre de la convention.

1. DURÉE. — Quant à la durée, les baux de pâturage sont assimilés aux baux à cheptel. Quoique aucune époque n'ait été stipulée pour la fin du bail, ce bail n'est censé fait que pour trois ans. — *V.* 2825.

2819. Procès-verbaux des préfets. — On considère comme *baux de pâturage* et on soumet aux mêmes droits que ces actes, les procès-verbaux dressés par les préfets et qui contiennent : 1° recensement par commune des bestiaux qui ont pacagé dans les propriétés domaniales ; — 2° l'obligation, tant par les propriétaires de ces bestiaux que par leurs cautions, de payer la taxe à fixer pour cet objet (D. m. f. 7 août 1810, 3963 J. E.).

1. USAGERS. — Mais il n'en serait pas de même si ces procès-verbaux concernaient des particuliers, ou des communes usagères dans les forêts : le véritable titre serait le titre primordial des usagers, et les procès-verbaux de recensement ne pourraient être assujettis qu'à un droit fixe.

CHAPITRE II. — BAIL A CHEPTEL

[2820-2848]

SECTION PREMIÈRE. — DU CHEPTEL EN GÉNÉRAL

[2820-2829]

2820. Définition. — Le bail à cheptel est un contrat par lequel l'une des parties donne à l'autre un fonds de bétail pour le garder, le nourrir et le soigner sous les conditions convenues entre elles (1800 C. C.).

2821. Diverses espèces de cheptel. — On distingue : le cheptel *simple*, le cheptel *à moitié*, le cheptel *donné au fermier* ou au colon partiaire ; enfin, le cheptel *de vaches*. Avant de traiter séparément de chacune de ces espèces de cheptel donnons quelques notions générales.

2822. Caractère. — Le bail à cheptel est, en général, un contrat mixte qui participe du louage et de la société. Du louage, en ce que le bailleur y donne toujours au preneur la jouissance du fonds de bétail pendant un certain temps, moyennant un *prix convenu*; de la société, en ce que le bailleur apporte la chose et le preneur son industrie pour partager les produits de la chose donnée à cheptel, et en ce que la perte est ordinairement mise en commun (Pothier *du Cheptel* n° 2). — *V.* Troplong *Louage* art. 1800, Marcadé art. 1800.

2823. Prix. — Le prix consiste ou dans une part du croît et du profit que se réserve le bailleur, et dans la charge de garder, nourrir et soigner le bétail, ou dans la charge seulement de rendre à la fin du bail des bestiaux de même valeur. — Quelquefois aussi il consiste tout à la fois dans la réserve d'une partie du croît et du profit pour le bailleur, et dans l'obligation de certaines charges pour le preneur qui peuvent être diversement modifiées. Quand le bailleur s'y réserve une part de croît et de profit, le contrat est véritablement mixte ; il participe alors de la société comme du bail. Telle est la nature du cheptel simple, du cheptel à moitié, du cheptel donné au colon partiaire.

1. PART DU BAILLEUR. — Il ne faut pas conclure de ce que nous venons de dire que la part du bailleur doive consister uniquement en un prélèvement en nature. Ainsi, il a été jugé par la C. Nîmes, le 11 novembre 1819 (3542 J. N.), qu'il y a bail à cheptel, et non *vente*, dans la convention par laquelle une partie donne à une autre certaine quantité de

bêtes à laine pour les nourrir, loger et soigner, à condition que le preneur fera compte chaque année au bailleur d'une somme déterminée pour lui tenir lieu du produit.

2824. Forme. — Les baux à cheptel n'ont aucune forme déterminée : ils peuvent être faits devant notaire comme sous signature privée ; rien n'empêche que la convention soit verbale. Cependant, pour les auteurs qui considèrent le cheptel comme une véritable société, il en résulterait qu'il doit en être dressé acte (1834 C. C.).

2825. Durée. — Tarif. — Si le tarif déterminé par la loi de 1824 (*V.* 2541) a été restreint aux baux d'une *durée limitée*, il faut néanmoins reconnaître qu'il est applicable aux baux à cheptel, alors même que les parties ne se sont pas expliquées sur la durée du bail. Le C. C., en effet, dispose, dans l'art. 1815, que s'il n'y a pas de temps fixé pour la convention, le bail est censé fait pour *trois ans* (Dalloz n° 2040, Sol. 24 déc. 1849). « Il est raisonnable, ajoute Demante, d'étendre cette règle, dans le silence des parties, aux baux de pâturage qui rentrent *lato sensu* dans la catégorie des baux à cheptel (n° 380).

Il en serait autrement du cheptel donné comme accessoire du bail d'une ferme à durée illimitée. Ce cheptel est immeuble comme le fonds auquel il est attaché (522 C. C.), et sa durée se règle naturellement sur celle du domaine lui-même.

2826. Décharge. — La décharge donnée par le bailleur au preneur est sujette au droit fixe de 3 francs. — Il n'est dû qu'un seul droit, quoique la décharge ait lieu pour des bestiaux donnés à cheptel par plusieurs baux différents (8015 J. E.).

2827. Vente. — Mais pour que le droit fixe soit seul exigible comme décharge, il faut que le cheptel soit rendu en nature. Si le bailleur reconnaît avoir reçu du preneur une somme déterminée, pour remboursement du cheptel que celui-ci était tenu de représenter à l'expiration de son bail verbal, il y a lieu de réclamer le droit de 2 pour 100 (Dél. 25 mai 1839, 12313 J. E.).

Mais il n'en est plus de même du produit du cheptel : on peut stipuler, sans donner ouverture au droit de vente, qu'il appartiendra totalement au bailleur, sauf à indemniser le preneur de sa valeur. L'acte qui constaterait le versement de cette somme ne donnerait donc pas lieu au droit de 2 pour 100.

2828. Exigibilité du droit. — Nous répéterons ici ce que nous avons dit du bail de pâturage, n° 2818 : la perception du droit ne peut avoir lieu que sur un acte volontairement présenté, et lorsque cet acte fait titre de convention, sauf le cas, bien entendu, où il s'agit d'un cheptel considéré comme immeuble par destination.

2829. Cheptel reconnu postérieurement. — L'acte postérieur au bail, qui ne contenait aucune stipulation à cet égard, par lequel le fermier reconnaît avoir reçu des bestiaux, ne donne ouverture qu'au droit fixe, attendu qu'il n'y a ni mutation, ni acte de cheptel (10816-5 J. E.).

Mais si, après un bail à cheptel, les parties faisaient enregistrer une déclaration signée du bailleur et du fermier et constatant l'augmentation du cheptel primitif, le droit de 20 pour 100 serait dû sur le supplément (Sol. 5 août 1854).

SECTION 2. — DU CHEPTEL SIMPLE

[2830-2835]

2830. Définition. — Le bail à cheptel simple est un contrat par lequel on donne à quelqu'un des bestiaux à garder, nourrir et soigner, à condition que le preneur profitera de la moitié du croît et qu'il supportera la moitié de la perte (1804 C. C.).

2831. Croît et décroît. — On entend par *croît* l'augmentation de valeur du fonds de bétail produite tant par les bestiaux qui sont nés pendant le bail, que par l'accroissement ou l'amélioration de chaque bête durant le même temps; par le *décroît*, on entend la diminution survenue, aussi pendant le bail, tant par la perte de quelques bestiaux que par leur dépérissement (D. N. t. 2 p. 323 n° 129).

2832. Conventions des parties. — Lorsque, dans un bail à moitié fruits, le bailleur donne au fermier, à titre de *cheptel simple*, moitié croît et moitié décroît, les bestiaux dont le preneur s'oblige à rendre bon compte à la fin du bail, sous la stipulation qu'en cas de perte de tout ou partie, elle sera supportée par moitié entre les parties, cette disposition ne donne ouverture à aucun droit particulier (Dél. 10 mai 1830, 7331 J. N.).

1. ESTIMATION. L'estimation donnée au cheptel dans le bail n'en transporte pas la propriété au preneur : elle n'a d'autre objet que de fixer la perte qui pourra se trouver à l'expiration du bail (1805 C. C.).

A l'expiration du bail ou lors de sa résolution, il se fait une nouvelle estimation du cheptel. Le bailleur peut prélever des bêtes de chaque espèce jusqu'à concurrence de la première estimation. S'il n'existe pas assez de bêtes pour remplir la première estimation, le bailleur prend ce qui reste et les parties se font raison de la perte (1817 C. C.).

2833. Produits. — Outre le croît, il y a les produits. Ces produits sont la tonte des laines; ceux-ci se partagent. Quant aux laitages, aux fumiers et au travail des animaux, ils sont accordés par la loi au preneur (1811 C. C.).

2834. Tarif. — Les droits à percevoir sur le bail à cheptel simple et sur le cautionnement sont ceux que nous avons fait connaître, n° 2541.

1. CAUTIONNEMENT. — Cependant, on a émis l'avis (12982-1 J. E.) que la garantie donnée par un tiers pour le payement du fermage et la restitution du cheptel donne ouverture au droit de 10 cent. pour 100 pour le cautionnement du bail et de 20 cent. pour 100 pour celui du cheptel, attendu que pour cette dernière disposition le cautionnement devrait être de 50 cent. pour 100, si le droit de cautionnement pouvait excéder le droit principal. Cette opinion n'a pas été motivée par les auteurs qui l'ont émise; toutefois, nous ferons remarquer qu'une Sol. 28 juin 1837 a formellement reconnu que le droit exigible sur le cautionnement d'un cheptel, donné par un tiers, est celui de 10 cent. pour 100.

2. VENTE. — Les baux à cheptel contiennent souvent des promesses de vente du cheptel. Nous avons examiné cette question au n° 2810 *suprà*.

2835. Liquidation du droit. — 1. ÉVALUATION DU BÉTAIL. — Le droit proportionnel est-il dû sur l'évaluation du produit annuel revenant au bailleur, cumulé pendant toutes les années du bail ou sur la valeur du bétail à estimer, conformément à l'art. 16 de la loi du 22 frimaire an 7. Nous avons toujours soutenu cette seconde opinion et elle se justifie par le texte de la loi. En effet, les baux de toute nature avaient été soumis par la loi du 22 frimaire an 7 à des droits proportionnels dont le taux variait selon le nombre d'années. Ils furent divisés en deux catégories spéciales pour le mode de liquidation de ce droit : les baux à cheptel ou reconnaissances de bestiaux d'une part, et tous les autres baux à ferme, à loyer ou à nourriture d'autre part. D'après le § 1er n° 1 et le § 3 n° 2 de l'art. 69, le droit proportionnel applicable à ces derniers contrats devait être liquidé sur le prix exprimé. A défaut de stipulation de prix, la règle générale de l'art. 16 de la loi autorisait les parties à y suppléer par une déclaration estimative de la somme représentant le revenu des biens ou la valeur de la nourriture. L'art. 69 § 1er n° 2 disposait, au contraire, qu'à l'égard des baux à cheptel ou reconnaissances de bestiaux, le droit serait perçu sur le prix exprimé dans l'acte, *ou à défaut d'après l'évaluation qui serait faite du bétail.* Le tarif des baux a été réduit uniformément au droit proportionnel de 20 cent. par 100 francs sur le prix cumulé de toutes les années par l'art. 1er de la loi du 16 juin 1824. Mais le mode de liquidation n'a pas été changé. A la différence des baux ordinaires, les cheptels continuent à supporter le droit proportionnel sur la valeur du bétail déclarée dans l'acte, quand il n'a été exprimé aucun prix (*Conf.*: Angoulême 1er avr. 1857, 805 R. P., 16513 J. E., 11213 C., 16055 J. N.; — Bergerac 3 mai 1870, 3170 R. P., Sol. 25 fév. 1859, 1289, R. P , Dél. 4 nov. 1862, M. Demante n° 380 en note, Dalloz n° 2041).

C'est un point que nous avons plus longuement discuté au n° 3170 R. P., en réfutant les arguments contraires produits par le D. N. t. 2 p. 321 n° 120 et par le J. N. n° 16055, ainsi que par le J. du not. n° 1618 et 2453.

2. PRIX STIPULÉ. — Il est bien entendu que s'il était stipulé un prix annuel, la loi de 1824 reprendrait son empire et ce serait sur ce prix annuel cumulé qu'il faudrait percevoir.

SECTION 3. — CHEPTEL A MOITIÉ

[2836-2837]

2836. Définition. — Le cheptel à moitié, porte l'art. 1818 C. C., est une société dans laquelle chacun des contractants fournit la moitié des bestiaux qui demeurent communs pour le profit ou pour la perte.

2837. Quotité du droit. — De cette définition, Champ et Rig., 3113, ont conclu que le droit fixe comme acte de société est le seul applicable. Mais si le C. C. qualifie ce cheptel de *société*, il le classe néanmoins parmi les baux. D'autre part, la loi de 1824, faite en présence du C. C. n'a nullement distingué entre les diverses espèces de cheptel reconnues par le Code. La convention doit donc être régie par le tarif de 1824, et ne saurait être passible du droit gradué. — *V.* 2541.

D'ailleurs, cette solution de toute justice ne peut être onéreuse aux parties, puisqu'il faut que le cheptel dépasse la valeur de 2,000 francs pour donner ouverture à un droit supérieur au minimum du droit fixe gradué. — (*V.* Dalloz 2042.)

1. LIQUIDATION. — La liquidation du droit s'établit, comme pour le cheptel simple, dans lequel il n'y a pas de prix stipulé, sur la valeur des bestiaux.

SECTION 4. — CHEPTEL DONNÉ AU FERMIER OU CHEPTEL DE FER

[2838-2843]

2838. Définition. — Le cheptel donné au fermier, connu aussi sous le nom de *cheptel de fer*, est celui par lequel le propriétaire d'une métairie la donne à ferme, à la charge qu'à l'expiration du bail, le fermier laissera des bestiaux d'une valeur égale au prix de l'estimation de ceux qu'il aura reçus (1821 C. C.) — La dénomination de cheptel de fer vient de ce que, dans ce contrat, le cheptel est comme *enchaîné* à la ferme, et ne peut être diminué par le fermier, obligé de laisser autant de bestiaux qu'il en a trouvé. Selon d'autres auteurs c'est parce que la condition du preneur y est extrêmement dure.

1. DURÉE. — Le cheptel n'est ici que l'accessoire du bail de la métairie; c'est un moyen d'exploitation que le propriétaire donne à son fermier, et qu'il ne peut pas lui retirer avant la fin du bail, de même que le fermier ne peut pas résoudre le cheptel; c'est pour cela que ce cheptel ne finit qu'avec le bail de la métairie. Par la même raison, si la résiliation du bail était prononcée avant le terme, elle emporterait celle du cheptel, sans avoir besoin d'être expressément ordonnée. Cette observation, qui s'applique aussi au cheptel donné au colon partiaire, explique pourquoi le Code se tait sur la durée du cheptel de fer.

2839. Enregistrement. — De là encore résulte que le cheptel faisant partie du bail à ferme, étant une des *choses louées*, ne donne pas ouverture à un droit particulier (290 § 26 I. G.).

1. LIQUIDATION. — C'est sur la totalité du prix convenu que le droit est exigible (J. du not. n° 1631).

2840. Croît. — Mais à ce prix il faudrait ajouter la valeur du croît ou de toute autre chose que le preneur serait tenu de donner au bailleur (Dalloz 2043).

2841. Absence de prix. — Quand il n'y a pas de prix stipulé, on avait voulu soutenir que le droit était dû sur la valeur estimative du bétail par analogie avec ce qui a lieu dans le cheptel simple ou le cheptel à moitié (*Suprà* 2835). Mais cette tentative n'a pas abouti. Un jugement du tribunal de Saint-Amand du 17 mai 1861 (17266 J. N., 12199 C, 37 Rev.), suivi d'un acquiescement du 19 septembre 1861 et ensuite d'une délibération conforme du 4 novembre 1862, a reconnu que les cheptels de fer sont de véritables immeubles auxquels il est impossible, sans violer les textes, d'appliquer les dispositions de l'art. 69 § 1er n° 2 de la loi du 22 frimaire an 7, spéciales aux cheptels mobiliers. Il a donc été décidé que le droit devait être établi, à défaut de prix convenu, sur l'évaluation des bénéfices annuels.

2842. Bestiaux. — Cheptel simple. — Lorsque, dans un bail à colonage, il est stipulé que le bailleur livre au preneur des bestiaux à titre de cheptel simple, ces bestiaux font partie de l'immeuble dont ils dépendent, leur revenu se confond avec celui du domaine. Par conséquent, le montant de l'estimation qui en est donnée ne peut entrer dans la liquidation du droit de bail (Sol. 10 mai 1830, 3127 Roll.). — Le droit gradué est dû, alors, sur l'évaluation de la valeur de la jouissance du cheptel mis en société.

Il en serait autrement, sans nul doute, si le cheptel faisait l'objet d'une convention distincte du bail du domaine proprement dit, et s'il était constant que le prix exprimé se rapporte seulement aux immeubles par nature. Le cheptel donnerait alors ouverture à un droit particulier de bail liquidé à défaut d'indication de prix spécial, sur l'évaluation des bénéfices revenant au bailleur, comme pour tous les cheptels de fer.

2843. Droit réservé au bailleur. — La clause d'un bail par laquelle le preneur se charge de bestiaux d'une valeur déterminée, avec stipulation qu'à la fin du bail le propriétaire aura le choix de se faire compter la valeur des bestiaux ou de prendre des bestiaux de même valeur, constitue un simple cheptel de fer dans le sens des art. 1821 et 1822 C. C. (12314-4 J. E.).

1. VENTE. — Les clauses de cette nature renferment souvent des ventes du cheptel. Il en a été question *suprà* n° 2810.

SECTION 5. — CHEPTEL DONNÉ AU COLON PARTIAIRE

[2844-2845]

2844. Caractère. Dans ce cheptel, comme dans le précédent, le bailleur fournit tous les animaux. Ce cheptel ne diffère du cheptel simple que parce qu'il est susceptible de clauses interdites dans ce dernier. Ainsi, par exemple, il est permis ici au propriétaire de la ferme de faire des stipulations à son avantage (1828 C. C.). La raison est qu'on présume que les clauses du bail de la métairie dédommagent le colon, et que, d'ailleurs, le propriétaire contribue, pour sa part, à la nourriture du cheptel, puisqu'elle est prise dans la métairie dont les produits lui appartiennent en partie.

2845. Enregistrément. — Le bail à cheptel dont il s'agit rentre dans la classe des baux à portions de fruits. Il faut donc y appliquer les mêmes règles.

Avant la loi du 28 février 1872 sur le droit gradué, le droit de 20 cent. pour 100 s'établissait sur la déclaration de la quantité de profits qui peut revenir au bailleur, et de leur valeur; on y ajoutait les produits du cheptel et on y percevait sur le total.

Si le colon ou métayer est tenu de laisser les toisons à un prix au-dessous du prix courant, la différence entre ces deux prix est pour le bailleur un avantage qu'on ajoutait à la somme sur laquelle le droit était liquidé.

Mais si, en stipulant que le bailleur prendra la totalité des toisons, ce bailleur s'oblige d'en payer au colon la valeur au prix courant, cette stipulation ne donnait lieu à aucun droit particulier, ni à aucune addition à la somme sur laquelle le droit proportionnel devait être perçu.

Enfin, lorsque le cheptel est compris dans le bail du domaine, il fait partie des immeubles dont le prix annuel représente la location et tout le droit exigible se trouvait perçu lorsqu'il était liquidé sur ce prix (1289 R. P.). — *V.* 2839.

Ce mode de perception a été un instant changé, quand on appliquait au bail à colonage le tarif de la société. Mais aujourd'hui on est revenu aux anciennes règles. — *V.* 2565.

SECTION 6. — DU CHEPTEL DE VACHES

[2846-2848]

2846. Définition. — Le cheptel de vaches a lieu lorsque le propriétaire d'une ou plusieurs vaches les donne à un tiers pour les loger et les nourrir, s'en réservant la propriété et le profit des veaux qui en naissent, et abandonnant au preneur le laitage et le fumier en compensation de la nourriture et de ses soins (1831 C. C.).

2847. Durée. — Quand il n'y a aucun terme fixé pour le retirement de la vache, le bailleur peut la retirer à sa volonté, de même que le preneur pourrait la rendre au bailleur, mais en temps oppportun dont l'appréciation est dans le domaine du juge.

2848. Enregistrement. — Les droits d'enregistre- de ce contrat sont les mêmes que ceux dus sur les baux à cheptel simple. — *V.* 2834.

CHAPITRE III. — BAIL A NOURRITURE DE PERSONNES

[2849-2868]

2849. Définition. — Le bail à nourriture de personnes est la convention par laquelle un particulier s'oblige à nourrir un ou plusieurs individus moyennant un prix déterminé.

2850. Tarif. — 1. DURÉE LIMITÉE. — Le C. C. ne parle pas de cette convention, mais la loi du 22 frimaire an 7, art. 69 § 2 n° 5, et celle du 16 juin 1824, art. 1er, l'autorisent implicitement, en fixant les droits auxquels elle donne lieu. Ce droit est de 20 cent. pour 100 sur le prix cumulé de toutes les années, *lorsque la durée est limitée.*

2. DURÉE ILLIMITÉE. — Si le bail est d'une durée illimitée, la loi ne trace aucune règle formelle de liquidation; d'où, à la rigueur, il faudrait recourir à la déclaration estimative des parties. L'Administration applique, par analogie, les dispositions de l'art. 14 n° 9, sur les rentes viagères, et celle de l'art. 15 n° 3, sur les baux à vie. — Dalloz pense qu'il faut alors multiplier le prix annuel par 20 comme pour les baux illimités ordinaires (n° 2013) et nous avions reproduit son sentiment dans nos précédentes éditions; mais il nous paraît aujourd'hui préférable d'adopter le denier 10, avec Champ. et Rig. 3543 et M. Demante n° 375. La loi, en effet, n'a pas et ne pouvait pas distinguer entre les baux *à vie* et les baux à durée *illimitée*, puisque la vie du créancier d'aliments est le maximum forcé de la durée du bail (*V.* dans le même sens Dél. 5 janv. 1825, 11872-2, 11965 et 12047 J. E.). Une Solution a été rendue dans ce sens le 8 novembre 1877.

3. PROROGATION. — Dans certains baux à nourriture il est convenu que la convention faite pour un certain temps continuera néanmoins à s'exécuter tant que l'une où l'autre des parties ne notifiera pas son intention de la faire cesser. Cette stipulation est fort commune surtout dans les contrats de mariage où on convient que les futurs prendront pension chez leurs parents jusqu'à ce qu'ils jugent l'un ou l'autre convenable de se séparer. D'après les principes du droit, un pareil bail n'ayant pas de durée précise est censé fait pour un temps indéterminé et la perception avait toujours été réglée en conséquence. Mais, depuis la loi du 23 août 1871, l'Administration s'est mise à considérer les conventions de cette nature qui portent sur des immeubles comme des baux à durée limitée (*V.* 2594-1) et elle a appliqué la même règle aux baux à nourriture de personnes. Elle a fait décider notamment, par le ministre des finances, le 5 janvier 1874, au sujet d'un bail intervenu pour l'entretien à temps d'une personne par un hospice, que les deux parties ayant la faculté de résilier le bail au bout de trois ans, il y avait lieu de traiter le bail comme un bail de cette période. Nous nous référons aux observations que nous avons présentées sur cette question au n° 2594.

Décidé spécialement que quand un bail à nourriture, fait pour trois ans, porte qu'il sera continué par tacite reconduction, *si telle est la volonté du pensionnaire,* le droit doit être liquidé à raison de 2 pour 100 sur le prix annuel du bail capitalisé au denier 10 (Saint-Omer 6 août 1837, 11872-2 J. E.).

4. FRACTIONNEMENT. — Les dispositions de l'art. 11 de la loi du 23 août 1871 n'ont pas encore été jusqu'à ce jour appliquées aux baux à nourriture de personnes.

2851. Bail à nourriture. — Adoption. — Les actes par lesquels les droits des pupilles sont réglés après le décès des tuteurs officieux sont des baux à nourriture de mineurs sujets au droit de 20 cent. pour 100. — *V.* 1844.

2852. Aliénés. — On peut considérer comme bail à nourriture les obligations résultant du placement des aliénés dans les établissements publics qui leur sont affectés. Mais le droit proportionnel ne peut atteindre ce placement. En effet, l'admission est ordonnée d'office lorsqu'il est à la charge du département ou de la commune, et alors, comme il n'y a pas d'engagement, le droit proportionnel n'est pas exigible. Si la nourriture et l'entretien sont à la charge de l'aliéné ou de ses parents, la demande d'admission dans l'établissement public, bien que contenant engagement de payer la pension, n'étant ni signée par le directeur de l'établissement, ni approuvée par le préfet, reste à l'état d'acte unilatéral; dès lors, elle n'est pas sujette à l'enregistrement dans un délai déterminé, et, en cas d'enregistrement, elle ne peut donner ouverture qu'au droit de 1 franc (3 fr.) par application de l'art. 68 § 1er n° 51 L. 22 frimaire an 7 (D. m. f. 2 avr. 1845, 1731 I. G.).

2853. Donation. — Contrat de mariage. — Considérée comme bail, la condition de nourrir forme un contrat à titre onéreux. Le prix est donc un des éléments constitutifs de la convention (*V.* 2544). Il s'ensuit que si celui qui prend l'obligation de nourrir ne reçoit rien d'équivalent, le contrat prend le caractère de libéralité, et le droit de donation, et non celui de bail, se trouve exigible. Dans ce sens, il a été reconnu que la clause d'un contrat de mariage par laquelle les père et mère de l'un des époux leur fournissent la nourriture et le logement, à la charge par ceux-ci de travailler dans la maison, donne ouverture au droit de donation sur l'évaluation à faire par les parties (Dél. 8 fév. 1831; — Uzès 28 juin 1839; — Charolles 29 janv. 1842, 10160, 12376-5, 12955-7 J. E.). — On trouvera sur ce point de plus complets développements au mot *Contrat de mariage.*

1. ENFANT. — De même, il y a donation et non bail dans l'obligation contractée gratuitement par une personne de

nourrir et entretenir un enfant jusqu'à sa majorité (Dél. 15 déc. 1835, 11430-2 J. E.).

Nous devons faire observer cependant qu'il semble naturel de ne pas suivre cette règle lorsque, bien qu'un prix n'ait pas été directement stipulé, les parties, par des clauses spéciales ou les expressions de l'acte, ont manifesté l'intention de contracter à *titre onéreux*. C'est ce qui arriverait notamment si, en échange de l'obligation de nourrir, le créancier prenait l'engagement de travailler pour les bailleurs, et si, d'ailleurs, cet engagement ne pouvait pas être considéré comme la disposition dominante du contrat. — *V.* 2544-1, 2859.

2854. Dot religieuse. — C'était autrefois une question controversée que celle de savoir si la dot constituée à une fille pour son entrée en religion était une donation ou un acte à titre onéreux. Lebrun pensait qu'un tel abandon est à titre onéreux entre la fille et ses parents parce qu'il a pour cause la nourriture et l'entretien que le couvent s'engageait à fournir à la novice (liv. 2 chap. 3 sect. 6 n° 1 et sect. 7 n° 8). Tel était aussi le sentiment de Furgole (Art. 35 de l'ordonnance de 1731). Que déciderait-on aujourd'hui? « Dire que le couvent, enseigne Demolombe, ne reçoit, lui, qu'à titre onéreux la dot de la novice, ce n'est point là, il faut l'avouer, un argument péremptoire pour établir que cette dot n'est pas une libéralité au profit de la novice. Le mari ne reçoit aussi la dot de la femme qu'à titre onéreux, *ad sustinenda onera matrimonii*, et cependant la dot n'en est pas moins une donation à l'égard de la femme. Aussi serons-nous porté à croire qu'il en doit être de même de la dot constituée à la fille pour son entrée en religion, ou, du moins, serait-ce là une question de fait dont la solution dépendrait des circonstances, et notamment de l'importance de la dot constituée » (t. 19 n° 335 et t. 20 n° 444; — *Conf.* : Troplong 2-900; — Cass. 2 déc. 1845, S. 46-1-385, Champ. et Rig. 3-2241).

D'après ces principes, qui s'appliquent naturellement à la perception, il faudrait décider, ainsi d'ailleurs que nous en avons déjà fait la remarque (v° *Aliments*), que la constitution d'une dot destinée à un ingrès en religion est, selon les cas, ou une libéralité ordinaire ou une constitution de pension alimentaire entre le père et sa fille.

1. RENTE VIAGÈRE. — D'après les statuts de certains conciles provinciaux, les parents du jeune clerc qui va être nommé prêtre sont tenus de lui assurer une rente viagère déterminée. Comme le jeune abbé ne jouira de cette rente que quand il sera pourvu d'une cure ou d'un vicariat, emplois rétribués, on est, en général, fondé à voir dans la constitution de rente une donation ordinaire au lieu d'une pension alimentaire. C'est ce qu'a décidé avec raison dans un cas pareil le tribunal de Lodève, le 9 mai 1855.

2. DISPOSITION INDÉPENDANTE. — La perception du droit de donation ou de pension alimentaire ne dispense point d'un impôt particulier la convention intéressée conclue entre le père de famille et le couvent où l'enfant doit être nourri. Seulement des difficultés se sont élevées pour la détermination de la nature de ce contrat. On avait, notamment, voulu y voir une simple adhésion par la novice à la société religieuse, et on soutenait qu'il était dû un simple droit fixe — *V. Société.* Mais la jurisprudence a décidé que c'était là un bail à nourriture de personnes à vie sujet au droit de 2 pour 100 (Castres 19 août 1853 et Rodez 16 fév. 1854; — Cass. 7 nov. 1855, 533 R. P., 2060 § 1er I. G., 15642 J. N., S. 56-1-74). « Il est impossible, dit l'arrêt, de voir un apport en société qui serait passible du droit fixe de 5 francs; il résulte, en effet, des dispositions de la loi du 24 mai 1825 qu'une communauté religieuse, légalement autorisée, n'est pas une société civile; que c'est un corps de mainmorte, indépendant des personnes qui en font partie; que celles-ci ne peuvent demander ni la dissolution de la communauté, ni le partage des biens qui appartiennent à la congrégation, et qu'en cas d'extinction de la congrégation, elles n'ont droit à aucune portion de ces biens, mais à une simple pension alimentaire » (*Arrêt rapporté* n° 2311). M. Demante, qui approuve cette interprétation (378), reprend même la Cour d'avoir dit que la convention présente des affinités frappantes avec le bail à nourriture. Il fallait, selon lui, déclarer franchement que la convention de dot religieuse renfermait effectivement un bail à nourriture. — *V.* 2311.

En matière civile il a été décidé que le versement d'une somme à titre de dot religieuse lors de son admission dans une communauté légalement établie, ne constitue pas par lui-même une libéralité. Il n'y a là, en réalité, qu'un contrat commutatif, à moins que par son importance la dot cessât d'être en rapport avec les charges correspondantes (Cass. 10 fév. 1868, S. 68-1-98; Alais, 19 mars 1878, *Gaz. des trib.* 8 mai 1878). — *V.* aussi Cass. 22 déc. 1860, S. 52-1-33.

2855. Hospice. — Bail. — Donation. — C'a été encore une question controversée que celle de savoir quel droit était exigible sur la convention par laquelle on donne à un établissement charitable ou religieux une somme d'argent destinée à fonder des lits ou à servir des secours aux pauvres. Ici, comme les tiers auxquels doit profiter la libéralité sont des personnes indéterminées bien que certaines, et qu'elles n'assistent pas au contrat, on ne peut pas exiger le droit de donation. Mais faut-il attribuer ce caractère à la convention intervenue entre le donateur et l'hospice ou la fabrique? La réponse varie nécessairement selon les circonstances. Si la libéralité n'attribue aucun bénéfice appréciable à l'hospice, on considère cet établissement comme un simple intermédiaire intéressé et on perçoit, selon les cas, ou le droit de marché ou celui de bail à nourriture.

Ainsi l'acte portant concession par les administrateurs d'un hospice, à titre de bail à nourriture à perpétuité, d'un lit dans cet établissement pour une vieille femme pauvre, moyennant une somme payée comptant par le fondateur, est sujet au droit de 2 pour 100 comme bail à durée illimitée, et non à celui de donation, quoique cette disposition ait été qualifiée donation dans l'autorisation accordée par le gouvernement (13147 J. N.). La somme payée à l'hospice est, en effet, le prix de l'obligation contractée. Il n'y a point libéralité à son profit. S'il y a donation, c'est en faveur des femmes pauvres qui jouiront successivement du lit fondé; or, elles sont inconnues : on ne peut donc percevoir le droit de donation. — *V.* 2903.

Mais si la charge imposée n'absorbe pas tout le profit de la donation, c'est le caractère de la libéralité qui prédomine. La C. cass. en a donné un exemple remarquable, le 21 mai 1860, à propos d'un acte par lequel un tiers déclarait faire donation à un hospice d'un capital de 24,000 francs, à charge de servir à des pauvres indiqués des rentes viagères successivement réductibles et, après l'extinction de ces rentes, d'employer l'intérêt du capital à l'entretien des vieillards admis dans l'hospice. La Cour a considéré que l'acte portait le titre de donation et que la charge de servir des rentes égales aux intérêts n'altérait pas la nature du contrat, puisque, après l'extinction des rentes, le capital serait la propriété de l'hospice (1339 R. P., S. 60-1572, 2185-1, I. G.). « Attendu, porte son arrêt, que les dispositions faites par les sieurs Bernard et Lajouteux en faveur de l'hospice de Bourgueil par l'acte authentique du 5 juillet 1856 constituent évidemment un contrat de bienfaisance ; qu'en effet, l'acte porte le titre de *donation* et présente tous les caractères d'une libéralité ; que la charge imposée à l'hospice d'employer les intérêts du capital donné au service de deux rentes viagères n'altère pas la nature du contrat, puisque, après l'extinction des rentes viagères, le capital restait la propriété de l'hospice ; que, dès lors, c'est avec raison que le tribunal de Chinon a décidé que l'acte était passible du droit d'enregistrement fixé par la loi pour les donations. » — Toutes les difficultés de l'espèce se résolvent d'après les termes de l'acte et les circonstances du fait.

Il a été spécialement jugé que le contrat par lequel un hospice s'engage, moyennant une pension annuelle, à loger, nourrir et soigner, pendant une période convenue, une personne indigente, ne constitue pas un contrat de bienfaisance et en cas de résiliation volontaire par le fait des pensionnaires, l'hospice a droit à des dommages-intérêts comme pour toute inexécution de contrat à titre onéreux (Yvetot 27 nov. 1868, S. 69-2-241).

Un acte de l'espèce est, d'après le tribunal de Dijon, un contrat *sui generis* sujet au droit fixe (Jug. du 10 déc. 1877). — V. 414.

2856. Convention principale. — Il est essentiel, dans tous les cas, de ne pas confondre la convention accessoire avec la convention principale. Dans ce sens, l'obligation de nourrir donnerait ouverture au droit de bail, si l'équivalent abandonné n'était évidemment que le prix du bail ; tandis que ce serait le droit auquel donne ouverture la convention à laquelle se rattache le bail à nourriture qui serait exigible, si l'obligation de nourrir ne pouvait être considérée que comme une obligation secondaire. C'est un principe que nous avons développé précédemment au mot *Acte contenant plusieurs dispositions*.

1. VENTE. — Si donc l'obligation corrélative à celle de nourrir consiste dans l'abandon de meubles ou d'immeubles, la convention prend alors le caractère de vente de meubles ou de vente d'immeubles, et c'est non le droit de bail qui est exigible, mais celui de 2 pour 100 comme vente de meubles (Sol. 8 fruct. an 8 570 J. E.), ou de 5 fr. 50 cent. pour 100 comme vente d'immeubles (Seine 22 janv. 1845, Dalloz 2030, 7614 et 14976-4 J. E., D. N. t. 2 p. 387 n°s 16-17). — V. *Cession de créance, nature en payement*).

Toutefois, si les meubles n'entraient dans le prix que pour une portion très-minime ou si les meubles étaient des choses fongibles assimilées à de l'argent, nous croyons que le bail demeurerait la disposition principale.

2. TRANSPORT. — S'il s'agit d'un bail à nourriture d'une durée très-courte et consenti moyennant l'abandon d'une créance, on considère que la cession de la créance est la disposition dominante et on perçoit 1 pour 100 (Dél. 12 juill. 1833, 10657 J. E., Sol. 9 mars 1864). — Au contraire, si le bail à nourriture a lieu à vie, l'importance et la durée de cette convention font supposer que la remise de la créance en est véritablement le prix, et c'est le tarif ordinaire de 2 pour 100 qui est applicable (7614 J. E., Sol. 9 août 1825, 8218 J. E. Dalloz 2027, Champ. et Rig. t. 6 n° 270, Sol. 9 juin 1862). — *V.* 2860.

3. BAIL ORDINAIRE. — D'après le même principe, le droit de bail d'immeubles de 20 cent. pour 100 et non celui de bail à nourriture a été reconnu exigible sur la convention par laquelle une personne s'engage à en nourrir une autre pendant deux ans moyennant l'abandon de la jouissance pendant cette durée de valeurs mobilières et immobilières (Sol. 14 mars 1861). — C'est au contraire le bail d'immeubles qui prédominerait s'il s'agissait d'un *bail à vie*, car la concession à vie de la jouissance d'un objet a de très-grandes analogies avec l'aliénation. — *V.* Pithiviers 27 août 1850, 15087 J. E.

4. RENTE. — INTÉRÊTS. — La convention ne changerait pas de nature d'ailleurs parce que le prix du bail à nourriture à durée limitée serait payable au moyen de la délégation des arrérages d'une rente. Le droit de 2 pour 100 comme cession ou délégation de rente ne serait évidemment pas justifié puisque la délégation se borne aux arrérages de quelques années (Sol. 10 janv. 1872). — Seulement le droit de transport de créances pourrait être exigible s'il apparaissait que l'intention principale des parties a été de transporter au tiers la propriété des arrérages de la rente. — *V.* Dél. 12 juillet 1833, 10657 J. E.

Il en serait de même du bail dont le prix consisterait dans la délégation des intérêts d'une créance (Sol. 9 août 1825, 8218 J. E.).

5. MANDATAIRE. — Jugé que l'acte par lequel le mandant et le mandataire conviennent que les sommes reçues par ce dernier jusqu'au jour de l'acte se compenseront avec la nourriture et l'entretien qu'il a fournis au premier et qu'il en sera de même des sommes à toucher à l'avenir, contient un bail à nourriture sujet au droit de 2 pour 100, indépendamment du droit de quittance sur les sommes compensées (Montdidier 6 fév. 1839, 12254 J. E.).

6. VALEURS DIVERSES. — Si une cession de meubles, rentes sur l'État, rentes foncières et créances est faite moyennant des prix distincts qui sont abandonnés à l'acheteur contre l'obligation qu'il prend de nourrir le cédant, la disposition principale est le bail à nourriture et le droit de 2 pour 100 est exigible sur l'intégralité du prix (Sol. 30 juill. 1873). C'est également ce qui a été décidé par le tribunal de Valognes, le 12 février 1874, dans une espèce où une personne avait cédé à une autre : 1° divers objets mobiliers estimés 283 francs ; — 2° trois rentes foncières s'élevant ensemble à 53 fr. 50 cent. ; — 3° une rente viagère de 37 francs ; — 4° trois créances de 2,020 francs ; — 5° une rente sur l'État de 57 francs au capital de 1,064 francs, moyennant un prix de 4,727 francs réparti proportionnellement entre les valeurs cédées et converti en l'obligation de loger, nourrir et entre-

tenir le cédant jusqu'à sa mort. Toutes les questions de l'espèce sont avant tout d'appréciation. — V. *Acte contenant plusieurs dispositions* et *Rente*.

2857. Disposition dépendante et indépendante. — Vente. — Donation. — Un acte de vente porte qu'il sera loisible au vendeur d'aller demeurer chez l'acquéreur, qui le nourrira moyennant une pension de 300 francs. Une Sol. 26 septembre 1832 (Champ. et Rig. n° 1508) a reconnu que cette clause n'est passible d'aucun droit particulier : 1° parce que l'engagement est éventuel ; — 2° parce qu'il est une condition de la vente. — A plus forte raison, la décision doit-elle être la même, lorsque, dans la donation, le donateur impose au donataire l'obligation de le nourrir, cette clause étant la condition de la donation (Dél. 13 août 1833, Champ. et Rig. n° 1509).

1. INTÉRÊTS DE LA DOT. — Mais les mêmes auteurs critiquent, n° 1510, une Dél. 27 mars 1829 (1843 C.) qui a considéré comme condition de la donation la clause que le donateur nourrirait la famille du donataire, moyennant l'abandon des intérêts de la somme constituée en dot à celui-ci. Il n'y a point, disent-ils, confusion de deux contrats en un seul, mais deux stipulations dans un même acte, ce qui est bien différent. Le principe de cette délibération a été d'ailleurs abandonné. Une Sol. 21 juillet 1873 reconnaît que la clause d'un contrat de mariage portant que les intérêts de la dot constituée aux futurs seront laissés aux donateurs avec lesquels les futurs vivront en commun et jusqu'à la séparation des ménages, moyennant quoi ceux-ci seront logés, nourris et entretenus, forme une disposition indépendante de la donation et passible du droit de bail à nourriture à 2 pour 100 sur le capital au denier 10 de l'intérêt des deux dots (3748 R. P.).

C'est d'après ces mêmes principes que le tribunal de la Seine a décidé, le 6 mars 1869, dans une affaire qui présente avec l'espèce précédente la plus grande analogie, que l'antichrèse constituée dans un contrat de mariage, par le donateur d'une somme d'argent, pour le service des intérêts, n'est pas seulement un *mode d'exécution* de la donation, mais qu'elle forme une disposition particulière et indépendante passible d'un droit spécial (2949 R. P.).

2. INTÉRÊTS D'UN PRÊT. — On devrait décider de même que le droit de bail à nourriture est exigible indépendamment du droit d'obligation lorsque, dans le contrat même de prêt, l'emprunteur, après s'être obligé au payement des intérêts s'engage, afin d'en tenir lieu, à loger, nourrir et entretenir le prêteur. Mais il faut pour cela, bien entendu, que les deux stipulations soient, dans l'intention des parties, tout à fait distinctes l'une de l'autre.

3. INTÉRÊTS DUS PAR LE TUTEUR. — Ainsi, si une somme due au mineur était laissée entre les mains du subrogé-tuteur qui, au lieu de payer les intérêts, s'obligerait à nourrir le mineur jusqu'à sa majorité, il y aurait deux conventions particulières passibles, l'une du droit de reconnaissance de dette sur la somme laissée entre les mains du subrogé-tuteur et l'autre du droit de bail sur le montant des intérêts multipliés par le nombre d'années restant à courir jusqu'à la majorité.

2858. Durée. — Mineur. — Si la durée du bail à nourriture d'un mineur n'est pas fixée, le droit doit être liquidé à raison du nombre d'années à courir jusqu'à l'époque de *sa majorité* (413 J. E., Dél. 4 mai 1822, 16 avr. 1823, Dél. 15 sept. 1825, D. N. t. 2 p. 387 n° 13, M. Demante n° 367).

1. INTERDICTION. — Mais le bail pour le temps de l'interdiction est un bail à vie, puisque l'interdiction doit durer autant que sa cause et que la durée de cette cause peut se prolonger jusqu'à la mort de l'interdit (Sol. 17 mai 1828 et 4 août 1830, D. N. t. 2 p. 387 n° 14, Sol. 4 août 1832, 10389 J. E.). — *V.* 2716-6.

2859. Services à rendre. — L'acte par lequel des personnes s'obligent de nourir, loger et entretenir une *mineure* jusqu'à sa majorité, sous la seule condition qu'elle leur rendra les services que son âge comportera, et que, si elle les quitte avant sa majorité, elle payera 200 francs de pension pour chacune des années qu'elle aura demeuré avec elles, doit être considéré comme un bail à nourriture et sujet au droit de 20 cent. pour 100 sur les années qui restent à courir pour arriver à la majorité de la pensionnaire. Si la mineure devait apprendre un état, ce pourrait être un *brevet d'apprentissage* (Dél. 4 mai 1822 et 16 avr. 1823, D. N. t. 2 p. 387 n° 15).

2860. Durée illimitée. — Intérêts de créance. — L'acte par lequel un débiteur s'oblige à nourrir et loger son créancier, tant qu'il voudra habiter avec lui, sous la condition que les intérêts de la créance ne seront pas exigibles pendant tout ce temps, est un bail à vie passible du droit de 2 pour 100 (Sol. 9 août 1825, 8218 J. E.). — *V.* 2856-2901.

2862. Obligation. — Une mère vivant chez sa fille reconnaît, par acte notarié, lui devoir 400 francs pour quatre années révolues de sa pension alimentaire. Cet acte ne peut constituer un *bail à nourriture* pour l'avenir ; il n'oblige ni la fille à continuer de nourrir sa mère, ni la mère à payer d'autres sommes que celle pour laquelle l'acte a lieu (1427 J. E.). Mais quel est le droit exigible sur la somme reconnue ? Champ. et Rig., n° 1507, pensent que c'est celui de 20 cent. pour 100, comme bail à nourriture, parce que, disent-ils (n° 822), l'effet de la loi est d'assujettir *au même droit* et l'obligation de la chose et celle du prix. Il nous semble que cette solution ne peut plus être admise en présence de la jurisprudence que nous exposerons au mot *Obligation*, d'après laquelle l'obligation contractée par le fermier pour fermages échus donne ouverture au droit d'obligation.

2863. Héritiers du preneur. — Un nouveau droit n'est pas dû lorsque les héritiers de celui qui s'est engagé à nourrir s'obligent à continuer le bail. L'Administration l'a ainsi décidé, le 4 septembre 1829 (9422 J. E.), en se fondant sur ce que le bail à nourriture est plutôt un louage de choses auquel s'applique l'art. 1742 C. C., qu'un louage d'ouvrage qui, d'après l'art. 1795 même Code, finit par la mort du preneur.

2864. Résiliation. — Quoique le bail à nourriture soit soumis au même tarif que les baux ordinaires, il en diffère cependant en ce point essentiel qu'il ne transfère au preneur aucune jouissance de meubles ou d'immeubles. Aussi, lorsque le contrat se résout avant l'arrivée du terme prévu, ne peut-on pas dire que le bailleur rentre en possession de cette jouissance et que c'est là une transmission nouvelle ou une rétrocession passible du même droit proportionnel. L'obligation du débiteur de la pension s'éteint, voilà tout; et s'il n'est point tenu de restituer le prix ou la valeur qui avait motivé son engagement primitif, la résiliation ne peut donner lieu qu'au droit fixe. C'est ce que l'Administration a reconnu par une solution du 20 janvier 1840 (D. N. t. 2 p. 387 n° 22; — *Conf.* : J. du not. n° du 23 oct. 1869 n° 2382).

Mais le droit proportionnel devient exigible dès que le débiteur de la pension restitue le capital qu'il avait reçu. Si c'est une somme d'argent, le droit de quittance est dû; si c'est une créance, un usufruit, un meuble, un immeuble, etc., on perçoit le droit de cession de créance, ou celui de vente, de meubles ou d'immeubles, absolument comme s'il sagissait d'une résolution de vente ordinaire.

Un recueil qui s'est rendu célèbre par ses contradictions, après avoir enseigné que la résiliation du bail à nourriture était sujette aux mêmes règles que celle des autres baux (15669-3 J. E.), a adopté ensuite le principe de la solution du 20 janvier 1840 (D. E. v° *Bail à nourr.* n° 38) puis a encore modifié son avis en soutenant (17691 J. E.) que le débiteur de la pension se trouvait déchargé de l'obligation de fournir les aliments, ce qui justifiait l'exigibilité du droit de quittance sur le montant à déclarer de cette obligation. C'est une erreur. La pension alimentaire, considérée comme objet de l'engagement du débiteur, se compose de prestations périodiques futures. Les arrérages ne sont exigibles que si le contrat s'exécute, de même que le créancier d'un capital n'a droit aux intérêts qu'à proportion de la jouissance laissée au débiteur. Quand la résiliation s'opère pour l'avenir, on ne peut pas dire que le preneur libère le bailleur d'une dette puisque celui-ci ne devait rien encore, mais serait seulement devenu débiteur si le contrat avait subsisté. La décharge qu'il reçoit est une conséquence virtuelle de la résolution; s'il ne restitue lui-même aucune valeur dont le déplacement motive l'application du tarif des mutations, il n'y a pas de cause au droit proportionnel.

2865. Acte de complément. — Lorsqu'une personne s'est obligée, moyennant payement d'une somme, à en nourrir une autre pendant sa vie ou à lui payer une rente viagère en cas d'incompatibilité, l'acte qui constate l'option pour la rente viagère n'est que le complément de l'acte précédent. — *V.* 530.

2866. Aliments. — Les baux à nourriture qui ont pour objet l'exécution d'une obligation alimentaire légale sont assujettis à des règles spéciales que nous avons exposées au mot *Aliments.*

2867. Apprentissage. — Lorsque le bail à nourriture résulte d'un contrat d'apprentissage, il est soumis à des règles particulières indiquées aux n°s 2227 et suivants.

2868. Avis de parents. — Si le tuteur prend l'engagement de nourrir le pupille moyennant une pension annuelle, le droit de bail à nourriture est exigible. — *V.* 2473.

CHAPITRE IV. — BAIL D'OUVRAGE OU D'INDUSTRIE

[2869-2878]

2869. Définition. — Le louage d'ouvrage est un contrat par lequel l'une des parties s'engage à faire quelque chose pour l'autre, moyennant un prix convenu entre elles (1710 C. C.).

2870. Différentes espèces. — Le Code distingue trois espèces principales de louage d'ouvrage ou d'industrie : 1° le louage des gens de travail qui s'engagent au service de quelqu'un, tels que les domestiques et les ouvriers; — 2° celui des voituriers tant par terre que par eau, qui se chargent du transport des personnes et des marchandises; — 3° celui des entrepreneurs d'ouvrages par suite de devis ou marchés (1779 C. C.)

2872. Le bail d'industrie constitue un marché. — L'Administration, cherchant à tracer la ligne de démarcation qui sépare le bail d'ouvrage ou d'industrie du marché proprement dit, s'exprimait ainsi dans son I. G. 1562 § 2 : « Dans le marché, la matière fournie par l'entrepreneur devient la propriété de celui pour qui l'ouvrage se fait, ou cette matière se consomme à son service; dans le contrat de bail, au contraire, la chose louée reste la propriété du bailleur. L'objet du contrat est la jouissance ou l'usage de cette chose. »

Cette doctrine pouvait se justifier, car s'il est vrai que l'art. 1779 C. C. range dans une même catégorie le marché, le louage des gens de travail et celui des voituriers, il y a cependant, entre ces diverses conventions, des différences caractéristiques, que font ressortir les auteurs (Troplong *du Contrat de louage* n° 959 et Pardessus *Cours de droit commercial* n° 527).

Mais l'Administration peut, sans entrer dans cette discussion de droit civil, se borner à invoquer les principes du droit fiscal. En effet, l'art. 69 § 3 de la loi du 22 frimaire an 7 a tarifé au droit de 1 pour 100 :

1° Les marchés *entre particuliers*, pour constructions, réparations et entretien, *et pour tous autres objets mobiliers ;*

2° Les baux à ferme ou à loyer.

Or, il n'a été apporté une dérogation expresse à cette disposition, par la loi du 16 juin 1824 qui a réduit le tarif à 20 cent. pour 100, qu'en ce qui concerne les baux à ferme ou à loyer, d'où la conséquence que la loi de 1824, qui a cependant ajouté les baux de pâturage, les baux à cheptel, les baux pour nourriture de personnes à la nomenclature de la loi de frimaire, n'ayant pas dénommé les baux d'ouvrage et d'industrie, ceux-ci restent sous l'empire du tarif de l'an 7.

On peut répondre, il est vrai, que ce raisonnement serait parfaitement exact, si, depuis la promulgation de la loi du 22 frimaire an 7, n'était survenu le C. C., qui a formellement déclaré (art. 1779) que les marchés contractés avec les entrepreneurs d'ouvrage, les marchés avec les ouvriers par terre et par eau, les marchés avec les gens de travail, ne sont que trois espèces d'un même genre, que le Code appelle le *louage d'ouvrage*. Or, le louage d'ouvrage n'ayant été prévu ni par la loi du 22 frimaire an 7, ni par la loi du 27 ventôse an 9, ni par celle du 16 juin 1824, ni, en un mot, par aucune loi d'enregistrement, il doit être nécessairement rangé dans la classe des actes innomés, que l'art. 51 de la loi du 22 frimaire an 7 assujettit au simple droit fixe. C'est l'opinion qu'ont émise Champ. et Rig., dans leur *Traité des droits d'enregistrement*, n° 1478.

Mais cette argumentation ne nous avait pas paru justifiée, et nous l'avons combattue avec tous les développements nécessaires dans nos éditions antérieures. Sans revenir ici sur une controverse que la jurisprudence postérieure a tranchée, il nous suffira de rappeler ici que nous opposions aux savants auteurs du *Traité des droits d'enregistrement* le motif qui a précisément déterminé la C. cass. Nous faisions remarquer « qu'il ne suffit pas qu'une convention ne soit pas nommément tarifée, pour prétendre qu'elle n'est pas assujettie à tel ou tel droit; il faut encore, soit qu'elle ne rentre dans la catégorie d'aucune espèce prévue, soit qu'elle appartienne à une classe autre que celle que régit le tarif qu'on veut appliquer. »

C'est aussi ce que la jurisprudence a décidé.

La C. cass. a reconnu, par des arrêts des 31 juillet 1854, 6 février 1855 et 28 avril 1856, que le louage d'ouvrage ou le bail d'industrie tombe sous l'application du tarif des marchés à 1 pour 100 (S. 54-1-559 et 561, 55-1-300, 57-1-53, 2033-6, 2078-2 I. G., 195, 317 R. P.). « Attendu, porte l'arrêt du 31 juillet 1854, que, par jugement du tribunal de commerce de la Seine, en date du 24 novembre 1851, la compagnie du chemin de fer d'Orléans a été condamnée à transporter jusqu'au 26 juillet 1855 les voitures de la compagnie des messageries nationales, au prix du traité qui, passé entre ces deux compagnies en 1843, avait fini en 1851, mais qui, constituant un louage d'industrie (dit le jugement), a été suivi, à cette dernière époque, d'une tacite réconduction que le jugement oblige à exécuter; — Qu'en effet, ce traité appartient, par son objet, à cette nature de contrat appelée par l'art. 1711 n° 4 C. C., *loyer*, c'est-à-dire louage de travail ou de service, et compose une des trois espèces de louage d'ouvrage et d'industrie définies par l'art. 1779; — Attendu que l'art. 69 § 1er nos 1 et 2, § 2 n° 5 et § 3 n° 2 de la loi du 22 frimaire an 7 assujettit nommément les baux qu'il énumère à des droits différents, selon les choses auxquelles lesdits actes s'appliquent; — Qu'à la vérité, le louage d'ouvrage et d'industrie n'est spécialement mentionné dans aucun texte de cette loi; mais qu'une convention qui est si importante et si commune n'a pas été omise dans les tarifs; qu'elle opère la location du travail, et non pas la location des choses mobilières à l'aide desquelles le travail s'exerce; que, par sa nature et par le but qu'elle se propose, elle rentre dans la généralité de la disposition du n° 1 du même § 3, lequel embrasse les marchés pour objets mobiliers qui sont faits entre particuliers, qui ne contiennent ni vente ni promesse de livrer des marchandises ou autres objets mobiliers. »

Il n'y a donc plus, à proprement parler, de baux d'ouvrage ou d'industrie, et il faut appliquer à tous ces contrats les règles du marché proprement dit.

Nous allons parcourir, à titre d'exemple, quelques-unes des hypothèses qui se sont présentées en pratique et qui seraient aujourd'hui soumises au droit de 1 pour 100. — On trouvera le complément de ces espèces au mot *Marché* nos 11206 et suiv., où la matière est plus spécialement traitée. — V. aussi 384 § 10.

2873. Association religieuse. — L'acte par lequel on abandonne gratuitement à une congrégation religieuse la jouissance de certains immeubles pendant un temps déterminé et on s'engage à lui payer une rente annuelle pendant le même temps, à charge par elle de visiter les malades et d'instruire gratuitement les enfants pauvres d'une commune, constitue un bail d'industrie passible du droit de 20 cent. pour 100, et non une donation (Dél. 16 déc. 1845, 14305 J. E., 12615 J. N.). Ce droit serait actuellement de 1 pour 100. — Une solution du 8 février 1865 l'a décidé en ce sens au sujet de la cession d'une créance à une communauté religieuse à charge d'entretenir des sœurs chargées d'instruire les enfants; il a été reconnu que ce contrat renferme un louage d'industrie sujet au taux ordinaire des marchés. — V. *suprà* n° 2854.

2874. Détenus. — Une D. m. f. 8 octobre 1842, et un avis du conseil d'État du 3 juillet 1845, portent que « dans l'état actuel de la législation, le droit de bail à 20 cent. pour 100 doit être perçu sur le prix des traités passés et à passer avec les entrepreneurs qui soumissionnent pour être adjudicataires de l'exploitation du travail des détenus dans les maisons centrales de force et de correction. »

Pour l'exécution de cette décision, il a été arrêté : 1° que le droit de 20 cent. pour 100 doit être liquidé sur le montant, cumulé pour toutes les années de l'entreprise, tant des portions du produit brut du travail des détenus qui sont payées par les entrepreneurs, soit aux détenus soit à l'administration, que du capital des charges imposées aux entrepreneurs ; — 2° que dans le cas où le produit du travail des détenus ne pourrait être déterminé dans le traité, il y sera suppléé par une déclaration dont les éléments seront puisés dans les résultats des traités précédents; — 3° enfin, que les clauses de ces traités qui donneraient aux entrepreneurs le droit de fournir du travail aux détenus qui ne sont point condamnés, mais simplement accusés ou prévenus, et qui en demanderaient, ne sont passibles que du droit fixe de 1 franc comme conventions soumises à une éventualité (D. m. f. 14 nov. 1845, 12795 J. N., 1755 § 1er I. G., D. N. t. 2 p. 400 nos 68 à 71).

Mais depuis la jurisprudence que nous avons fait connaître

ci-dessus, le droit exigible eut été celui de 1 pour 100. Afin de favoriser ces contrats, une loi du 6 juin 1857 a décidé qu'ils seraient enregistrés au droit fixe de 2 francs (3).— *V.* 249-2 *bis*-3 et 11229.

2875. Artisans. — L'acte par lequel on s'engage à faire, pendant un certain temps et pour une somme déterminée, les fonctions de chef d'atelier dans un établissement, est passible du droit dû sur les baux d'industrie (Dél. 10 sept. 1830, 9772 J. E.). — Il en est de même de l'acte par lequel un artisan s'en adjoint un autre pour gérer ses affaires, moyennant une rétribution de 3 francs par jour et la nourriture (Dél. 11 oct. 1831, 10159 J. E., 7573 J. N.).

1. OUVRIER. — Jugé également que l'acte par lequel un ouvrier s'engage à travailler pour une personne est passible de 1 pour 100 (Seine 31 janv. 1855, 305 R. P., 15494 J. N.).

2. NOURRICE. — Et on applique la même solution à une nourrice qui prend l'engagement de nourrir un enfant (Sol. 4 juill. 1862).

2876. Professions diverses. — Le C. C. ne parle que des ouvriers ou domestiques dans le premier paragraphe de l'art. 1779 ; mais il n'y a là rien d'exclusif. On peut encore classer dans les baux d'industrie toute convention par laquelle des personnes qui exercent des professions plus ou moins élevées s'obligent à travailler pour quelqu'un. On peut distinguer parmi ces personnes les commis et les employés, les maîtres d'éducation et instituteurs, les hommes de lettres, les artistes, les hommes d'affaires, etc.

1. TENEUR DE LIVRES. — Il a été reconnu plusieurs fois, d'après ce principe, que le contrat par lequel une personne s'engage, pour un temps déterminé et moyennant une rétribution annuelle ou mensuelle à tenir les livres d'une maison de commerce, est sujet au droit de 1 pour 100 : « attendu qu'on ne peut pas appliquer le tarif du droit de bail puisque le louage d'industrie est une convention par laquelle une personne s'engage à travailler pour le compte d'une autre, tandis que le bail à ferme ou à loyer est un contrat par lequel une partie s'engage à faire jouir un autre de la chose mise en location » (Lyon 28 fév. 1862, 1620 R. P., 12213 C., 17488 J. E., *Conf.* : Sol. 7 mars 1864 ; — Seine 21 août 1872).

2. RECEVEUR DE RENTES. — De même l'acte portant qu'une personne s'engage envers une autre moyennant une somme fixe ou une remise proportionnelle à faire la recette de ses revenus ou à gérer ses biens est un bail d'industrie passible du droit de 1 pour 100 (Sol. 18 avr. 1858, D. N. t. 8 p. 23 n° 65). — V. *Mandat.*

3. SONNEUR. — Est considéré comme bail d'industrie, passible du droit de 20 cent. pour 100 (aujourd'hui 1 pour 100), l'acte par lequel le conseil d'une fabrique nomme pour quinze ans un sonneur avec un traitement annuel (Sol. 15 juin 1831, Fess. v° *Bail* n° 74).

4. THÉATRE. — Un traité passé avec le maire d'une ville, par lequel un individu s'engage à faire jouir la ville d'un spectacle, moyennant 25,000 francs et autres charges annuelles, ne constitue qu'un simple bail d'industrie (Sol. 24 mai 1839, Fess. v° *Bail* n° 75).

Il en est de même de l'engagement contracté par un acteur envers un directeur de théâtre (Seine 14 mars 1855, 352 R. P.). — En matière civile, l'engagement des artistes dramatiques a été aussi considéré comme un louage d'industrie (Cass. 24 fév. 1864, S. 64-1-59, D. P. 64-1-135).

5. SURVEILLANCE. — L'acte par lequel des enfants s'engagent envers leur mère à surveiller le travail d'une fabrique, moyennant salaire, est passible de 1 pour 100 (Lille 17 nov. 1855, 525 R. P.).

6. TROUPEAUX. — Le procès-verbal d'adjudication au rabais pour la garde des troupeaux de vaches d'une commune, moyennant une somme fixée par mois, constitue un bail, d'après l'art. 1710 C. C., et donne ouverture au droit de 20 cent. pour 100 (aujourd'hui 1 pour 100) sur le prix cumulé des années du bail, conformément à l'art. 1er L. 16 juin 1824 (Sol. 21 juill. 1834).

7. TAUREAU. — L'acte par lequel on s'engage à fournir un taureau pour le service d'un troupeau constitue également un louage d'industrie. — *V.* 2809.

2877. Durée illimitée. — Quand les louages d'industrie étaient rangés parmi les baux de biens meubles, on appliquait à ceux qui avaient lieu, pour une durée illimitée le, droit de 2 pour 100 établi pour les baux de biens meubles sans durée indiquée. Le tribunal de Vervins avait notamment décidé, en ce sens, le 12 mars 1835 (11234 J. E.), que le droit de 2 pour 100 est exigible sur l'acte par lequel un individu cède à un autre une créance de 2,000 francs, à la condition que celui-ci le servira pendant toute sa vie (*Conf.* : 12560-2, 12097, 13688-1 J. E.).

Mais maintenant que le caractère du marché a prévalu en jurisprudence, il n'est pas douteux que les contrats de l'espèce seraient passibles du droit de 1 pour 100. Par la même raison, on ne pourrait pas liquider le droit sur dix fois le prix annuel comme pour les baux à vie. Il faudrait faire déterminer le prix au moyen d'une déclaration estimative conformément à l'art. 16 de la loi du 22 frimaire an 7.

2878. Cession et résiliation. — On aurait également à assujettir les cessions et résiliations des louages d'industrie aux mêmes règles de perception que les cessions ou résiliations de marché. Si la résiliation est pure et simple, aucune transmission ne s'opère et le droit fixe est seul exigible ; si l'ouvrier restitue le capital reçu on paye une indemnité, le droit proportionnel doit être perçu selon la nature des biens et de la convention (Sol. 8 fév. 1865).

CHAPITRE V. — BAIL A LONGUES ANNÉES

[2879-2986]

2879. Définition. — On donne le nom de bail à longues années à celui qui excède le terme de neuf ans.

2880. Caractère. — L'ancienne jurisprudence a hésité sur la durée qui devait faire considérer les baux comme baux à longues années. Quelques auteurs fixaient la durée des baux ordinaires à trois ans; d'autres à cinq, suivant le droit romain; et le plus grand nombre à neuf années. — Quelle que fût, au surplus, la limite qui séparait les baux proprement dits des baux à longues années, c'est une opinion qui a été longtemps accréditée que ceux-ci étaient translatifs de la propriété; mais déjà, dans l'ancien droit, cette doctrine n'était pas admissible sans contradiction.—Il est incontestable aujourd'hui que la durée d'un bail n'en change point la nature et n'en modifie point les effets (Merlin *Rép.* v° *Bail* § 4, Proudhon *de l'Usufruit* t. 1er n° 102). Cependant, ceux qui ont capacité pour faire des baux de neuf ans et au-dessous, peuvent n'être pas également capables de concourir à la confection des baux d'une plus longue durée. Ainsi, un bail à longues années excède les limites d'une simple administration, et le C. C. veut que les baux faits par les administrateurs de la fortune d'autrui soient réduits à cette limite, lorsque le pouvoir de ces administrateurs vient à cesser. C'est sous ce dernier rapport seul que les contrats de louage qu'on voudrait encore qualifier de baux à longues années diffèrent des baux ordinaires.

2881. Législation de l'enregistrement. — Le bail à longues années n'est donc qu'un contrat de louage, dont les seuls effets sont de conférer la jouissance, sans néanmoins que le preneur soit tenu d'autres réparations que les réparations locatives. Tel est, d'ailleurs, l'esprit de la loi du 22 frimaire an 7. Elle a établi pour les baux une base de perception calculée sur le nombre d'années de location; ce qui montre qu'elle a voulu créer une règle applicable à tous les baux, quelle qu'en soit la durée, puisque cette durée sert à déterminer l'importance du droit. « A côté de cette règle générale, dit Dalloz n° 3037, la loi a placé trois exceptions, savoir : une pour les baux à rente, une autre pour les baux à vie, une troisième pour ceux dont la durée est illimitée. La jurisprudence en ajoute une quatrième relativement aux baux emphytéotiques. Mais en ce qui concerne les baux à longue durée, ils n'offrent même pas, pour une cinquième exception, le prétexte qui a motivé la quatrième, car la durée des baux n'étant pas limitée par la loi, au moins quand ils sont consentis par un propriétaire jouissant de tous ses droits, il s'ensuit que le bail, pour comprendre une période plus longue que celle de neuf ans, n'en crée pas moins un droit qui, par sa nature et par son caractère, ne diffère pas de celui résultant des baux ordinaires » (*V.* dans le même sens, Cass. 23 niv. an 7 et 26 juin 1822, 6706 et 7298 J. E.).— *V.* 2538-5.

Il en était autrement dans l'ancien droit. Les ventes d'immeubles étant les seuls contrats soumis aux lots et ventes, la jurisprudence étendit cette perception aux baux à *longues années*, quelques-uns considérant qu'un bail de cette espèce est une espèce d'aliénation, d'autres, en plus grand nombre, dans la vue d'éviter les fraudes, *ratione fraudis vitandæ magis quam juris ratione strictâ* (Souchet art. 10 *C. d'Angoumois*). Or, on entendait par un bail à *longues années*, selon Guyot, « celui qui excède le terme de neuf ans, parce que tout espace de temps qui embrasse au moins dix ans est compris, en droit, sous la dénomination de *longum tempus* (*Conf.: Comment.* des tarifs de 1722 p. 103 et 112, Bosquet v° *Bail emphyt.*). On peut voir dans G. Demante un résumé remarquable de cette question historique (nos 346 à 348). —Mais c'est un point aujourd'hui sans intérêt pratique. La seule hypothèse qui pourrait faire assujettir un bail à longues années au droit de mutation de propriété, ce serait lors qu'il peut être considéré, soit comme bail à perpétuité, soit comme bail emphytéotique. Nous nous en occuperons dans des chapitres spéciaux.

SECTION PREMIÈRE. — BAIL A VIE

[2882-2905]

2882. Définition. — Le bail à vie est un contrat de louage dans lequel les parties fixent la durée de la jouissance du preneur à la durée de la vie du bailleur, ou du preneur, ou d'une tierce personne, moyennant une somme déterminée payable chaque année.

2883. Nature du contrat. — 1. USUFRUIT. — La nature du bail à vie est difficile à déterminer, et on a souvent discuté à ce sujet. Il est essentiel de ne pas le confondre soit avec l'usufruit, soit avec la vente à vie. La différence qui existe entre le bail à vie et l'usufruit est clairement expliquée par ce considérant d'un arrêt C. cass. 18 janvier 1825 (8008 J. E., 5206 J. N., 1173 § 2 I. G., S. 25-1-235) : « Attendu qu'en droit la jouissance par bail à vie et l'usufruit diffèrent essentiellement dans leur nature et dans leurs effets, notamment en ce que dans le bail à vie le bailleur conserve la jouissance des fruits civils de l'objet donné à bail, dont le preneur ne perçoit que les fruits naturels, tandis que l'usufruitier jouit des fruits naturels et civils de l'objet grevé d'usufruit, dont le propriétaire ne conserve que la nue-propriété. » Le bail à vie, à longues années, ajoute Demolombe, ne deviendrait un usufruit qu'autant qu'il serait clairement démontré que telle est, en effet, l'espèce de droit que les parties ont voulu créer sous la dénomination inexacte de bail (*V.* Merlin *Rép.* v° *Usuf.* § 1er n° 3, Proudhon *Usuf.* t. 1er n° 103, Duvergier *du Louage*, t. 1er n° 29, Troplong t. 1er art. 909-25). Dans l'ancien droit, au contraire, les feudistes disaient des baux à vie qu'ils sentaient l'usufruit : *Sapiunt naturam usufructus* (Bouvot t. 1re lettre A *quest.* 3) ; et, grâce à cette assimilation, ils étendaient à ce contrat l'exemption des lois dont jouissait en général la constitution d'usufruit (G. Demante 350). — *V.* 2469, 2471.

2. VENTE A VIE. — Le bail à vie se distingue également de la vente à vie. La vente d'une jouissance à vie est un contrat

absolument aléatoire; l'intérêt du prix payé ne peut équivaloir à l'estimation de la jouissance annuelle, car autrement il devrait y avoir donation du capital : l'acquéreur peut donc beaucoup gagner par sa longévité, comme il peut tout perdre par une mort prématurée. Le bail à vie n'a, au contraire, rien d'aléatoire, puisque le prix ne peut en être dû que jour par jour, au fur et à mesure de la jouissance du fermier. — Dans la vente de jouissance à vie, la chose vendue est absolument au péril de l'acheteur, en sorte que si le fonds vient à être détruit par cas fortuit, il perd également et la jouissance qu'il en avait acquise, et le prix qu'il en avait payé : dans le bail à vie, tout reste, au contraire, au péril du maître; car, si le fonds vient à être détruit, il ne lui sera plus dû de fermage (Proudhon 112). — *V.* 2518.

2884. Tarif. — 1. IMMEUBLES. — Ainsi, le bail à vie n'est ni une constitution d'usufruit, ni une vente. C'est un contrat de louage, et les principes généraux de ce contrat lui sont applicables sans difficulté. Mais l'impossibilité de savoir quand arrivera, dans un bail à vie, l'événement qui doit y mettre fin, n'a pas permis d'établir le calcul qui est la base de la perception du droit sur les baux ordinaires. Voilà pourquoi le bail à vie, quoique dans la réalité il appartienne à la catégorie des baux à durée *limitée*, a été assimilé, sous le rapport de la quotité du droit à percevoir, aux transmissions de propriété et aux constitutions d'usufruit. C'est en ce sens qu'il faut entendre le passage suivant de Merlin : « Aujourd'hui pour le droit d'enregistrement il n'y a aucune différence entre le bail à vie et la vente à vie » (*Rép.* v° *Bail à vie*). L'assimilation est complète pour le tarif établi par la loi du 22 frimaire en 7; mais les deux contrats sont, quant à leurs effets, séparés de toute la distance qui existe entre le bail et la vente. Quoi qu'il en soit, la loi du 22 frimaire an 7 art. 69 § 7 n° 2, assujettit le bail à vie d'immeubles au droit de 4 pour 100 (Cass. 18 janv. 1825, 5206 J. N., 8008 J. E., I. G. 1173 § 2, S. 25-1-235; — Privas 6 juin 1843, 12154 J. N., 13670-1 J. E.). — *V.* 2538-5.

1. MEUBLES. — D'après le même ordre d'idées, le bail à vie de biens meubles est tarifé au droit de 2 pour 100, art. 69 § 5 n° 2 L. 22 frimaire an 7.

2885. Liquidation du droit. — Ce droit, d'après l'art. 15 n° 3 de la même loi, doit être liquidé, sans distinction des baux faits sur une *ou plusieurs têtes*, sur un capital formé de *dix* fois le prix et les charges *annuelles*, en y ajoutant le montant des deniers d'entrée et des autres charges dont le preneur peut être tenu.

« Les baux à vie, disait déjà Bosquet, sont sujets au droit de centième denier sur le pied du capital denier 10 de la redevance actuelle outre le denier d'entrée, et même si le preneur est obligé de faire des constructions et améliorations jusqu'à certaine somme, le droit de centième denier en est pareillement dû, parce que cette obligation est une augmentation des prix puisque les bâtiments doivent retourner au bailleur » (t. 1er p. 345).

Ces solutions seraient encore aujourd'hui pleinement justifiées. — Mais s'il s'agissait d'immeubles ruraux, la capitalisation aurait lieu au denier 12 et demi (L. 21 juin 1875).

1. FRACTIONNEMENT. — Les baux à vie tombent sous l'application de la loi du 23 août 1871, mais ne profitent pas de la faculté de fractionnement accordée aux baux à durée limitée (Loches 5 déc. 1873). — *V.* nos 2563, 2694, 2632.

2. MEUBLES ET IMMEUBLES. — Bien que le bail à vie soit soumis au même tarif que les ventes, cependant comme il conserve le caractère du louage et ne renferme aucune translation de propriété ou d'usufruit dans le sens de l'art. 9 de la loi du 22 frimaire an 7, on doit reconnaître que la disposition de cet article ne lui est pas applicable. Si donc un bail à vie de meubles et d'immeubles était consenti pour un seul prix, il y aurait lieu d'admettre la ventilation des parties et de borner la perception du droit de 2 pour 100 à la portion relative aux meubles (Sol. 12 fév. 1869).

2886. Contributions. — Il n'est pas plus de l'essence d'un bail à vie, qui n'a rien de commun avec la cession d'usufruit (*V.* 2883), que de celle d'un bail ordinaire, que la contribution soit payée par le preneur (*V.* 2550); il s'ensuit qu'on doit l'ajouter au prix annuel, comme toutes les charges d'entretien (*V.* 2546 et suiv.) qu'il serait tenu de payer en outre de la redevance. Une Dél. 17 août 1822 (7940 J. E.) s'est cependant prononcée pour la négative, parce que, à moins de stipulation contraire, le bail à vie doit être considéré comme transmissif d'usufruit. C'est tout le contraire qui a lieu, et il faut que la cession d'usufruit ressorte nettement de la convention pour que le preneur à vie puisse être considéré comme *usufruitier*. La délibération de 1822 ne doit donc plus être suivie.

2887. — Vie de plusieurs personnes. — Le bail à vie peut être consenti pour la vie de plusieurs personnes successivement. Toutefois la loi du 18-29 décembre 1790 a mis des bornes à cette faculté; elle permet les baux à vie sur plusieurs têtes, à la charge, est-il dit dans l'art. 1er du titre 1er, qu'elles n'excéderont pas le nombre de *trois*. Le C. C. n'a pas reproduit cette disposition; mais il ne paraît pas l'avoir abrogée par son silence (*V.* Troplong *du Louage* n° 27, Duvergier *du Louage* n° 202, Dalloz 3019). Le but de la loi de 1790 a été d'assujettir au rachat les redevances perpétuelles. Le principe posé, elle a dû s'occuper de ses développements; elle a dû surtout prendre des précautions pour que la règle qu'elle établissait ne fût pas éludée. Il fallait donc ne pas permettre qu'on jouât sur les mots, et qu'on pût se soustraire à la loi du rachat, en créant des redevances non perpétuelles, mais d'une durée excessivement longue, et telle qu'on y retrouvât tous les inconvénients de la perpétuité. Il suit de là que si un bail à vie était constitué sur plus de trois têtes, il donnerait lieu *au rachat* (530 C. C.), ce qui communiquerait à la convention le caractère de la vente, ainsi que l'a reconnu un arrêt Cass. 6 janv. 1852 (15523 J. E.). C'est le droit de 5 fr. 50 cent. pour 100, et non celui de 4 francs pour 100 qui serait alors exigible.

Cette proposition, adoptée par Dalloz n° 3019, M. Demante n° 350 et le D. N. t. 2 p. 328 nos 8 et 9, est repoussée par Champ. et Rig. n° 3077. Ces derniers auteurs argumentent du silence de la loi de frimaire qui, postérieure à la loi de 1790, a tarifé le bail à vie sans distinguer le nombre de têtes sur lesquelles il pourrait être constitué. Mais leur opinion n'est pas suivie.

2888. Transcription. — De ce que la loi du 22 frimaire an 7 a tarifé le bail à vie au même taux que la vente, on ne serait pas admis pour cela à dire que, d'après la loi de l'an 7, le bail à vie est translatif de propriété. L'art. 4 de cette loi a soumis au droit proportionnel les transmissions de jouissance; la disposition de l'art. 69 § 7 n° 2, relative aux baux à vie, n'est qu'une application du principe général de l'art. 4. Donc, le bail à vie n'étant que translatif de jouissance, n'étant qu'un bail à ferme ou à loyer, ainsi que nous l'avons établi n° 2883, le droit de transcription ne doit pas être ajouté à celui de 4 pour 100, et les art. 52 et 54 L. 28 avril 1816 restent sans application à son égard (Circ. compl. gén. des fin. 17 déc. 1832 n° 28, D. N. t. 2 p. 417 n° 21) (2538-5). C'est également l'opinion professée par Demante (n° 350) (*Conf.* : 8607 J. E., *Contrà* : 6015 et 6338 J. E.).

1. BAIL ANCIEN. — Cependant, si le bail avait été passé sous l'empire des lois qui déclaraient susceptible d'hypothèque la jouissance à vie, le droit de transcription serait dû.

2. PRÉSENTATION VOLONTAIRE. — Avant la loi du 23 mars 1855 sur les hypothèques, il avait été reconnu que la présentation *volontaire* du bail à vie à la transcription motivait la perception du droit proportionnel de 1 fr. 50 cent. pour 100 sur la valeur vénale des biens (Cass. 30 août 1826, D. N. t. 2 p. 417 n° 22). — Aujourd'hui cette formalité se trouve régie par l'art. 12 de la loi de 1855 qui applique le droit fixe de 1 franc à la transcription des actes qui n'y étaient pas assujetis auparavant et que la loi nouvelle y a soumis. Or, le bail à vie est devenu passible de la transcription comme bail de plus de dix-huit ans, en vertu de l'art 2 de loi du 23 mars 1855 (*Conf.*: Flandin n° 1336).

2889. Nécessité de la distinction entre la vente et le bail à vie. — Si, à cette différence dans le tarif on ajoute cette considération que la valeur est déterminée pour la liquidation, en ce qui concerne la vente par le prix exprimé en y ajoutant les charges en capital, tandis que cette détermination a lieu, en ce qui concerne le bail à vie par un capital formé de dix fois la rente et les charges annuelles, on comprendra combien il est essentiel de ne pas confondre le bail à vie avec la vente.

2890. Distinction entre le bail à vie et le bail à durée illimitée. — Il n'est pas moins important de distinguer le bail à vie du bail à durée illimitée, puisque la perception à faire sur le bail à vie ne se liquide que sur le capital au *denier dix* de la redevance annuelle, tandis que c'est sur le capital au *denier vingt* de cette même redevance qu'est assis le droit des baux à durée illimitée. — *V.* 2892.

2891. Prorogation. — Nous avons exposé précédemment n° 2564 les principes qui règlent la perception du droit sur les baux contenant des clauses de prolongation. On y a vu que le bail est censé fait sans durée quand les parties sont tenues pour le faire cesser de s'avertir à l'avance ou qu'il est stipulé que l'une des parties sera tenue de prolonger la jouissance de l'autre aussi longtemps que celle-ci le jugera bon. Il reste à examiner si ces contrats renferment des baux à vie ou à durée illimitée. La question n'a pas toujours été résolue uniformément, ainsi qu'on peut s'en assurer par la lecture des solutions réunies ci-dessus (*V.* 2564); et elle ne pouvait pas l'être en effet.

Pour que le bail soit à durée illimitée, il suffit que la faculté de prolongation appartienne non pas seulement au preneur mais encore à ses héritiers. Or, c'est souvent un point délicat et qui dépend des circonstances du fait, de savoir si le bailleur ou le preneur ont stipulé pour eux exclusivement.

En principe, quand la prolongation résulte d'une clause ainsi conçue, « il sera libre au preneur, si le bailleur le juge bon, selon le bon plaisir du preneur, etc., « on décide que la faculté de prolongation est personnelle au stipulant, malgré l'art. 1742 C. C., d'après lequel le bail n'est pas résolu par la mort du bailleur et du preneur. Troplong reconnaît positivement : « que dans ce cas la mort du preneur (ou du bailleur) fait évanouir le bail en lui enlevant le concours du *bon plaisir* qui lui était nécessaire pour subsister » (*du Louage* n° 471). C'est l'opinion qui prédomine aujourd'hui, et que nous avons soutenue dans nos précédentes éditions.

2892. Événement incertain ou inconnu. — Dans tous les cas où la durée du bail est soumise à un événement incertain, il est essentiel, d'après ce que nous avons dit au n° précédent, de reconnaître jusqu'à quelle limite cet événement peut porter la durée du bail. Ainsi, le bail qui doit durer jusqu'au mariage de l'une des parties ou de tout autre, finira lorsque, par le décès de la personne désignée, il sera constant que le mariage n'aura pas lieu. C'est donc un bail à vie et non un bail à durée illimitée.

1. SOCIÉTÉ. — De même s'il est dit que le bail est fait pour tout le temps que durera une société dont la durée n'est pas fixée; car du moment qu'il n'a pas été inséré de clause contraire, la société devant finir à la mort de l'un des associés (1865, 1868 C. C.), le bail ne peut être qu'un bail à vie. Mais s'il s'agissait d'un bail consenti à une société dont les membres sont indéfiniment renouvelables, il faudrait considérer le contrat comme ayant une durée illimitée (Sol. 20 fév. 1857).

2. RUINE DES BATIMENTS. — En matière civile, il a été décidé, par application des principes ci-dessus, que le bail d'une maison fait sans autre indication de durée que la ruine par force majeure des bâtiments était réputé fait pour toute la vie du preneur (C. Paris 4 juin 1859, S. 59-2-542, P. 59-568).

3. VENTE. — Un bail contenait la clause suivante : « M. R... conservera la jouissance de la maison qu'il habite moyennant une indemnité de... Si la ferme vient à être vendue, M. R... sera tenu de cesser alors immédiatement sa jouissance. » Le tribunal d'Évreux a jugé, le 1er juin 1861, d'une part que la jouissance ne pouvait être considérée comme à durée illimitée parce que dans l'intention des parties elle cessait à la mort

du preneur, et d'autre part, que l'acte n'assignant d'autre terme que la vente, il y avait bail à vie. Vainement, dit-il, on oppose que le bail déclaré illimité donne au bailliste le droit de prolonger la jouissance malgré le bailleur, tandis qu'en l'espèce la vente doit y mettre un terme; c'est là une condition qui ne dépend pas entièrement du bailleur car il lui faut trouver un acquéreur (1565 R. P., 17387 J. N., 12111 C., 17357 J. E.)

4. EMPLOI. — Lorsque le bail d'une maison est fait pour tout le temps que le locataire conservera l'emploi dont il est pourvu, le droit est dû comme pour les baux à vie. En effet, s'il est vrai que le locataire puisse cesser d'être employé, soit par sa volonté, soit par celle du gouvernement qui l'emploie, il est également vrai qu'il peut arriver qu'il conserve cet emploi toute sa vie (6498 J. E., D. N. t. 2 p. 328 nº 10).

On l'a décidé notamment pour un bail consenti à un procureur de la République pour tout le temps qu'il resterait dans la ville comme magistrat (Sol. 22 août 1866) ; — ou pour le bail d'une maison consenti à un percepteur jusqu'à son départ ou jusqu'à l'incendie des bâtiments (Sol. 11 nov. 1859).

Jugé de même que le bail à loyer consenti à un conducteur de travaux pour tout le temps qu'il restera dans la ville est un bail à vie, encore bien qu'il soit stipulé que ce conducteur devra prévenir le propriétaire à l'expiration des travaux quinze jours avant son départ (Castres 30 déc. 1868, 3033 R. P.).

Cependant s'il s'agissait d'un emploi dont le titulaire doive être fatalement dépossédé à une époque fixe par la retraite, comme certaines fonctions de la magistrature, le bail dont la durée serait limitée sur le temps pendant lequel le preneur conservera son emploi ne serait plus un bail à vie, mais un bail ordinaire.

5. ABSENT. — Une veuve est donataire ou légataire des biens de son mari *absent*. Elle en cède la jouissance jusque après la justification du décès et le partage de la succession. Cette cession a l'effet d'un bail à vie, et le droit de 4 pour 100 est exigible sur dix années de revenus (5234 J. E.). — La durée de l'absence, quoique inconnue, ne peut s'étendre au-delà de la vie de l'absent.

6. INTERDIT. — Le bail pour le temps de l'interdiction d'un individu est un bail à vie, car l'interdiction doit durer autant que sa cause et la durée de cette cause est inconnue, mais elle doit nécessairement cesser avec la vie de l'interdit (1675 J. E., Sol. 4 août 1832, 10389 J. E., Sol. 17 mai 1828 et 4 août 1830, D. N. t. 2 p. 387 nº 14). — V. 2681.

7. POSTÉRITÉ DU PRENEUR. — Mais il y a bail à durée illimitée, s'il est dit dans le bail qu'il ne cessera qu'à *l'extinction de la postérité du preneur*, car il peut arriver que la postérité du preneur ne s'éteigne pas. — *V.* 2911.

8. RECTIFICATION. — Le bail d'immeubles qui ne doit prendre fin qu'à la mort d'un tiers est un bail à vie, passible du droit de 4 pour 100 sur dix fois le fermage annuel ; l'acte postérieur par lequel les parties déclareraient que leur intention était de ne donner au bail qu'une durée de neuf années, ne peut faire obstacle à la perception du droit de 4 pour 100 (Marmande 29 août 1866, 18209 J. E.).

2893. Places d'église. — La concession d'un banc dans une église ne transfère point de propriété : c'est un usage à vie qui n'est pas transmissible s'il n'y a clause expresse (Loyseau *des Seigneuries* ch. 11). « Aussi, dit Bosquet, a-t-il été jugé par le Conseil, le 6 juillet 1737, qu'il n'était pas dû de droit de contrôle pour la concession d'un banc dans une église moyennant une rente ou redevance annuelle » (t. 1er p. 536).

Aujourd'hui, il est reconnu que les concessions à vie de bancs dans les églises sont passibles du droit de 2 pour 100 sur le prix fixé, ou sur le capital au denier dix du loyer annuel (D. m. f. 29 vent. an 12, 1582, 1730 J. E.). Ce droit se liquide sur le capital au denier dix du prix de *chaque banc*, et non sur le prix réuni de toutes les adjudications (Dél. 10 juin 1824, 7752 J. E., D. N. t. 2 p. 278 nº 20).

Si la concession est le prix de la cession d'un objet mobilier à la fabrique, le droit se liquide sur la valeur estimative de la concession (D. N. t. 2 p. 278 nº 21).

Ces baux n'étaient d'abord soumis à l'enregistrement dans un délai légal que quand ils avaient le caractère d'un acte administratif. Si le bail était fait par convention sous seing privé entre la fabrique et le concessionnaire, on décidait qu'il pouvait n'être enregistré que dans le cas d'usage en justice, attendu que le louage est de choses mobilières et que, d'après la législation, le droit n'est exigible qu'en cas d'usage des baux (D. m. f. 17 oct. 1809, 454-18 J. E.). Mais depuis que l'art. 78 de la loi du 15 mars 1818 a soumis à l'enregistrement dans le délai de vingt jours tous les actes des établissements publics portant transmission d'usufruit ou de jouissance, il faut reconnaître que tous les contrats de l'espèce tombent sous l'empire de cette disposition. — V. *Acte administratif.*

2894. Bail verbal constaté. — L'acte par lequel une personne reconnaît avoir reçu d'une autre une somme déterminée pour deux années du bail verbal qu'elle a passé et qui doivent courir à partir de son décès, donne ouverture au droit de bail à vie sur le capital par dix d'une année de bail, et à celle de 20 cent. pour 100 sur les deux années qui doivent courir à partir du décès (Dél. 25 mai 1839, 12313 J. E.). — V. 2885-1.

2895. Contrat de mariage. — La clause d'un contrat de mariage portant que le père de la future restera chargé de l'administration et de la jouissance de ses biens jusqu'au décès de son aïeule, et qu'il s'oblige à lui payer jusqu'à la même époque une pension annuelle pour l'équivalent du revenu de ces biens, est de la nature d'un *bail à vie* (Cass. 10 mars 1819). « Vu, porte l'arrêt, l'art. 15 nº 3 et l'art. 69 § 7 nº 2 de la loi du 22 frimaire an 7; — Attendu qu'en vertu des clauses du contrat, ce n'est pas pour le compte de ses filles que le défendeur administre leurs biens ; qu'il administre pour lui-même, puisqu'il fait les fruits siens de tous les revenus, puisqu'il n'en doit aucun compte à ses filles, au moyen de ce qu'elles ont accepté des pensions annuelles en équivalent de ces revenus; que, d'ailleurs, les clauses dont il s'agit, contenant des contrats commutatifs, ne sont pas révocables à la volonté de l'une des parties, et qu'ainsi elles ne sont pas de simples mandats; qu'elles sont réellement des baux à vie, puisqu'elles confèrent au défendeur le droit de percevoir, pour son propre compte et pour un prix déterminé, des revenus des immeubles appartenant à ses filles, et de les percevoir jusqu'au décès de la dame Ingliard, leur aïeule » (2976 J. N., 6382 J. E., S. 19-1-387). — Il n'en est pas de même lorsque les père et mère du futur lui font donation d'un immeuble avec réserve d'usufruit, et s'obligent à lui payer, pendant leur vie, un loyer annuel. Cette stipulation n'est pas sujette à un droit de bail à vie, outre celui de donation (Dél. 28 janv. 1834, 10889 J. E.).

Si une clause du contrat porte que, pour tenir lieu à la future du revenu de la portion qui lui appartient dans les biens meubles et immeubles de la succession de sa mère, restés en la possession de son père, et administrés par lui, ce dernier s'oblige à payer à sa fille une rente de 600 francs pendant tout le temps que cette jouissance lui sera laissée, le droit de 4 pour 100 comme bail à vie est dû, et non celui de 5 fr. 50 cent. pour 100, comme pour une cession d'usufruit (Dél. 1er et 3 sept. 1835, 11320 J. E.). — Il résulte, en effet, des termes du contrat, que la jouissance peut durer jusqu'au décès du père de famille, mais ne doit pas aller au delà (*V.* aussi Lille 8 juill. 1843, 13289 J. E., 6584 C.; — Dijon 2 janv. 1845, 13650 J. E.; — Vitré 21 déc. 1848, 15224-2 J. E.).

On l'a également décidé pour la stipulation d'un contrat de mariage portant que le fils cultivera les biens appartenant à son père, à titre de bail à mi-fruits, jusqu'au décès de celui-ci (Privas 6 juin 1843, 12154 J. N., 13670-1 J. E.; — Seine 27 janv. 1845, 15720-1 J. E.).

On peut voir d'autres exemples de baux à vie dans les contrats de mariage, n° 5302.

1° FORFAIT. — Si la somme annuelle était payable à titre de forfait et que la clause fût conçue en termes tels qu'elle ne dispensât nullement *de rendre compte*, il n'y aurait plus bail à vie, mais simple mandat. C'est ce que le tribunal de Meaux a jugé, le 5 juin 1850 (14293 J. N.), et ce qui résulte aussi d'un jugement d'Annecy du 24 juillet 1875 (4013 R. P.).

2896. Conversion de rente. — Si l'on convient qu'à l'avenir les arrérages d'une rente viagère demeureront compensés avec le logement et la nourriture du créancier, *tant qu'il habitera et vivra avec le débiteur*, l'acte doit être considéré comme un bail à nourriture *pour un temps illimité* (Arrêt d'admission 30 avr. 1822, sur lequel les parties ont payé les droits, Dél. 18 janv. 1826, 7292, 8366 J. E.).

2897. Fraude. — Le bail à vie peut se déguiser aisément sous la forme d'un bail ordinaire consenti pour une période telle que sa durée ne se prolongera certainement pas au-delà de la vie du preneur; par exemple, si on fait un bail de ving-cinq ans à un vieillard de quatre-vingts ans. Il est clair que dans une hypothèse semblable, l'Administration serait autorisée à percevoir le droit de bail à vie, puisque, selon les prévisions les plus assurées, le preneur ne vivra pas jusqu'à la fin du bail. Mais ces questions de fait sont délicates, car sauf une exagération évidente, comme celle de notre exemple, il est difficile de fixer les limites de l'existence humaine. Ainsi, le tribunal de Pamiers a refusé d'appliquer le droit de 4 pour 100 à un bail d'immeubles fait pour trente ans à un homme de soixante ans : « Attendu que le bail dont s'agit étant limité à trente ans ne laisse aucun doute sur l'intention des parties de faire cesser le bail à l'expiration de ce terme; que la circonstance que le sieur Desserres était âgé d'environ soixante ans à l'époque où le bail a été consenti, n'établit point une présomption suffisante pour détruire cette appréciation puisque, d'après la présomption de la loi, le plus long terme de la vie humaine est fixé à cent ans et que ledit sieur Desserres n'aurait atteint que sa quatre-vingt-dixième année à l'époque assignée comme le terme du bail; que les inductions puisées dans les clauses aléatoires de l'acte en faveur du système de l'Administration ne sont point topiques, puisque ces clauses peuvent être aussi bien la condition d'un bail à terme, que d'un bail à vie » (Jugem. 8 janv. 1852).

2898. Acte au greffe. — Si, par acte au greffe, le détenteur d'un immeuble déclare le tenir à bail à vie et vouloir acquitter trois annuités, lorsqu'il sera justifié de la mainlevée des inscriptions grevant l'usufruit, le droit de 5 fr. 50 cent. pour 100 est exigible sur le capital, au denier 10 de l'annuité déclarée, comme mutation d'usufruit, et non celui de 4 pour 100 comme bail à vie (Argentan 11 août 1849, 14856-5 J. E.).

2899. Avis de parents. — L'avis de parents constatant qu'un des membres de la famille touchera les revenus de l'interdit sans en rendre compte à charge d'entretenir ce dernier, constitue un bail à vie. — *V.* 2472.

2900. Distinction du bail à vie et du mandat. — Le bail à vie se distingue du mandat en ce que, dans le bail à vie, le preneur est investi pour son compte du droit de jouir de l'immeuble moyennant un prix déterminé; le mandataire n'est investi au contraire d'aucun droit de jouissance, il perçoit pour le compte d'autrui, ne s'oblige au payement d'aucun prix et se borne à toucher le montant des revenus déterminés par un contrat de bail auquel il est étranger.

Dès lors le pouvoir de gérer, administrer sans être tenu de rendre compte, à charge par le mandataire de payer au mandant une somme annuelle de 500 francs, constitue un bail à vie passible de 4 pour 100 (Vitré 21 déc. 1848, 15224-3 J. N.; — Cass. 10 mars 1819, arrêt rapporté n° 2895). — *V.* 11128.

Nous trouverons au mot *Partage* et au mot *Droits successifs* plusieurs applications de ce principe.

2901. Nourriture. — L'acte qui constate qu'une personne a reçu pour le compte d'une autre des sommes qui se compenseront avec la nourriture qu'elle lui a fournie, et que les sommes qu'elle recevra plus tard pour le compte de la même personne se compenseront avec la nourriture qu'elle lui fournira, donne ouverture au droit de quittance sur les sommes reçues, et à celui de 2 pour 100 sur celles à recevoir (Montdidier 6 fév. 1839, 12254-1 J. E.).

De même, l'acte par lequel un débiteur s'oblige à nourrir et loger son créancier, tant qu'il voudra habiter avec lui, sous la condition que les intérêts de la créance ne seront pas exigibles pendant tout ce temps, est un bail à vie, passible de 2 pour 100 (Sol. 9 août 1825, 8218 J. E.).

1. DONATION DE NOURRITURE NON ACCEPTÉE. — La convention par laquelle un hospice s'engage à recevoir et entretenir une personne, non présente, pendant sa vie, moyennant une pension que lui payera un tiers, n'est passible que du droit de bail à vie, et celui de donation ne serait exigible qu'autant que la personne à entretenir accepterait la convention. C'est un point que nous avons examiné ci-dessus au n° 2855.

2. VICAIRE. — Même règle si les habitants d'une commune s'engagent à payer annuellement au curé une somme déterminée pour la nourriture du vicaire, non présent ; il y a bail à vie, et non donation, car le contrat n'a lieu qu'entre le curé et les habitants (11674-3 J. E.). — V. 2855.

3. PRIX DE VENTE COMPENSÉ AVEC LA NOURRITURE. — Le bail à vie d'un immeuble consenti moyennant la charge de loger, nourrir et entretenir, par une mère à sa fille et à son gendre, est passible du droit de 4 pour 100 (Pithiviers 27 août 1850, 15087 J. E.). — Cependant on a émis l'avis (14889-1 J. E.) qu'un bail de six ans de différents immeubles, fait par une personne à son gendre moyennant 60 francs par an que le preneur devra conserver à la condition de loger et nourrir le bailleur pendant sa vie, donne ouverture : 1° au droit de 20 cent. pour 100 sur 360 comme bail d'immeuble ; — 2° à pareil droit comme constitution de pension alimentaire.

4. INTÉRÊTS. — La clause d'un acte de vente portant que pour tenir lieu au vendeur des intérêts du prix, ce vendeur sera nourri et entretenu dans la maison de l'acheteur, est une disposition dépendante ne donnant lieu à aucun droit de bail à nourriture. « D'après l'art. 1652 C. C., l'acheteur doit l'intérêt du prix de la vente jusqu'au payement du capital dans les cas suivants : s'il a été ainsi convenu lors de la vente ; si la chose vendue et livrée produit des fruits ou autres revenus... » Il suit de là que les intérêts convenus entre les contractants font partie intégrante du prix ; que la clause relative au payement de ces intérêts, sous quelque forme que ce soit, n'est en résultat qu'un élément de la vente se confondant avec la stipulation principale relative au prix, et qu'elle ne peut, par conséquent, donner ouverture à un droit particulier (Sol. 13 août 1868, 3001 R. P.).

2902. Partage. — Lorsque dans un partage l'usufruitier d'un immeuble consent à ne s'immiscer en rien dans la location, à la condition, acceptée par les nu-propriétaires, que ceux-ci lui payeront une rente en nature pendant toute la durée de l'usufruit, le droit de bail à vie est exigible (Briey 20 avr. 1845, 13931 J. E.).

De même, si dans un partage anticipé un des donataires abandonne à un de ces codonataires la jouissance à vie de son lot pour se décharger de sa portion dans le service d'une rente viagère stipulée au profit de la donatrice, il y a bail à vie formant une disposition indépendante du partage (14036-2 J. E.).

Jugé également que, quand dans un partage anticipé, les donataires, après s'être partagé les biens donnés et ceux de la succession de leur père, conviennent avec leur mère donatrice que celle-ci administrera tous ces biens avec eux, en touchera seule les fermages et payera seule les contributions à charge de remettre à chacun des donataires à titre de revenu net une somme de 1,500 francs, le droit de bail à vie est exigible. La disposition, en effet, ne constitue pas un mandat, car la donatrice agit dans ses intérêts à ses risques et périls. Ce n'est pas non plus une cession de fermages puisque, outre le droit de les toucher, la mère a encore celui de choisir les fermiers et de régler les conditions du bail (Vitré 19 mai 1847, 14243 J. E.).

2903. Usufruit abandonné. — Lorsque dans une vente d'immeubles affermés, faite sous réserve d'usufruit, le vendeur a stipulé que, s'il existe encore à la fin du bail, l'acquéreur devra lui payer, à titre de fermier de l'usufruit réservé, une redevance annuelle de 4,000 francs, on est en droit, si la condition de survie au bail expiré se réalise, et que l'acquéreur entre en jouissance des immeubles, de lui réclamer le droit à 4 pour 100 sur le capital au denier 10 de 4,000 francs, sans qu'il puisse alléguer que la réalisation de la condition ne produit d'autre effet que d'opérer sur sa tête une réunion de l'usufruit à la nue propriété (15063-2 J. E.). — V. 2521-2.

Il a été décidé, dans le même sens, que la réserve d'usufruit au profit des époux vendeurs d'un immeuble jusqu'au décès du survivant et moyennant une somme payable annuellement par l'acquéreur, outre le loyer d'autres biens affermés par le même acte aux vendeurs, constitue un bail à vie sujet au droit de 4 pour 100 sur le prix annuel de la jouissance (Vitré 28 fév. 1845, 13750-5 J. E.). — **V. 17756.**

Mais nous n'irions pas jusqu'à dire, que quand un partage anticipé est fait à la condition que les donateurs cultiveront à titre de colons partiaires les immeubles donnés, dont les donateurs se réservent l'usufruit, le droit de bail à vie est exigible sur le revenu des biens. Dans l'espèce rapportée au numéro précédent, l'intention des parties de faire un bail distinct de la vente résultait pleinement de la circonstance que l'acquéreur avait pris à ferme d'autres biens conservés par le vendeur. Au contraire, l'obligation de cultiver les biens donnés est imposée ici comme *une charge de la libéralité* ; c'est en quelque sorte le prix de l'abandon des immeubles. Percevoir le droit de donation d'une part, puis celui de bail à vie de l'autre serait, à notre avis, un double emploi aussi manifeste que d'exiger le droit de vente sur l'obligation de transférer la propriété et le droit de quittance sur le payement du prix dans le même acte. Vainement allègue-t-on que les deux clauses sont en soi distinctes et ne dépendent l'une de l'autre que par l'intention des parties : il suffit que cette dépendance soit formelle et que l'une des obligations soit le prix de l'autre pour motiver l'application de l'art. 10 de la loi du 22 frimaire an 7.

La solution serait différente, on le conçoit, si la prétendue condition dissimulait un contrat distinct. Ainsi, dans un contrat de mariage, le père du futur, après avoir donné un immeuble à son fils, déclarait que ce dernier cultiverait à *mi-fruits*, comme condition de la libéralité, tous les autres biens du donateur et de sa femme. Le tribunal de Lyon a exactement jugé, le 27 janvier 1845 (13720 J. E.), qu'il y avait là deux avantages distincts : la donation de l'immeuble et la jouissance à titre partiaire des autres biens, et que chaque concession donnait lieu à un droit particulier.

2904. Rétrocession. — C'était un point constant dans l'ancien droit que les rétrocessions et cessions de baux à vie étaient sujettes au même droit de centième denier que le bail primitif, parce que, dit Bosquet, la rétrocession remet la jouissance par anticipation au bailleur. Des décisions du conseil des 18 juin 1733, 18 juin 1733, 30 août 1738 et 28 juin 1749 l'avaient ainsi reconnu (Bosquet t. 1er n° 347 et t. 4 n° 144). — La question a été controversée sous l'empire de la loi du 22 frimaire an 7, et on a soutenu que l'art. 69 § 7 n° 2 ayant seulement tarifé les baux à vie ne s'applique pas aux rétrocessions, d'après la maxime : *quod contrà rationem juris receptum est non est producendum ad consequentia* (Champ. et Rig. 295, M. Demante n° 353). Mais cette interprétation trop exclusive du texte n'a pas prévalu. Un arrêt de Cass. du 18 janvier 1825 a décidé que le droit proportionnel est exigible sur la rétrocession du bail à vie. Ce droit est le même que celui auquel le bail a donné ou donnerait lieu, et il doit être établi sur un capital formé de dix fois le prix dont le preneur était tenu. « Attendu qu'en droit, porte l'arrêt, la jouissance par bail à vie et l'usufruit diffèrent essentiellement dans leur nature et dans leurs effets, notamment en ce que, dans le bail à vie, le bailleur conserve la jouissance des fruits civils de l'objet donné à bail, dont le preneur ne perçoit que les fruits naturels, tandis que l'usufruitier jouit des fruits naturels et civils de l'objet grevé d'usufruit, dont le propriétaire ne conserve que la nue propriété; qu'aussi la loi du 22 frimaire an 7 a soigneusement distingué ces deux modes de jouissance, soit en prescrivant un mode d'évaluation différent pour l'application des droits imposés sur les actes constitutifs de cette jouissance (Art. 15 nos 3 et 7), soit en n'appliquant à la réunion de l'usufruit à la propriété qu'un simple droit fixe (Art. 68 § 1er n° 42), tandis qu'elle soumet à un droit proportionnel (Art. 69, § 7 n° 2) toute cession ou rétrocession d'un bail à vie; — Attendu que, néanmoins, le jugement attaqué, confondant sous un même point de vue la rétrocession d'un bail à vie au profit du bailleur avec la réunion d'un usufruit à la propriété, n'a appliqué, dans l'espèce, à l'acte du 13 novembre 1820, portant rétrocession, par les sieur et dame Vasseur, au sieur Egret, du bail à vie que leur avaient consenti les sieur et dame Guyot, que le droit fixe de 1 franc porté en l'art. 68 § 1er n° 42 de la loi du 22 frimaire an 7; en quoi ce jugement présente un fausse application de cet article et une violation formelle de l'art. 69 § 7 n° 2 de la même loi » (8008 J. E., 5206 J. N., 1173 § 21. G., S. 25-1-235; — *Conf.:* Seine 30 déc. 1845, 13905-1 J. E., 14012 J. E., D. N. t. 2 p. 416 n° 19). — V. 2592 et suiv.

1. CESSION. — Le même tarif est applicable à la cession du bail à vie.

2905. Succession. — Un bail à vie est fait à des époux et à leurs enfants jusqu'à la troisième génération. Chacun se succède dans l'exercice du droit de jouir de la chose, mais celui qui prédécède ne transmet à celui qui le suit aucune propriété ni jouissance directe de cette chose, puisque l'acte est pour tous le titre de concession, et qu'aucun des preneurs ne peut en empêcher l'exécution : par conséquent les enfants n'ont point de déclaration à passer pour les bénéfices du bail (1298 J. E.).

Mais, que décider lorsque le bail est fait pour la vie du bailleur ou d'un tiers, et que le preneur, venant à mourir, transmet la jouissance à ses enfants? On a enseigné qu'un droit de mutation par décès est exigible. Nous ferons observer que le bail à vie n'est pas translatif de propriété, encore que la loi du 22 frimaire l'ait assujetti au même droit qu les baux qui transmettent la propriété : c'est ce que nous avons déjà établi, nos 2883, 2884-3; il nous semble donc que la règle posée au n° 2540 lui est applicable, et qu'aucun droit de mutation par décès n'est exigible des héritiers. — V. 2918.

SECTION 2. — BAIL A DURÉE ILLIMITÉE

[2906-2914]

2906. Définition. — Le bail dont la durée est illimitée est un contrat de louage qui ne doit pas avoir de terme, et dont la durée est subordonnée à la volonté de l'une ou de l'autre des parties, à une condition éventuelle, ou à un événement certain, mais dont l'époque n'est point déterminée.

Il ne faut pas confondre, ainsi que nous l'avons fait observer n° 2890, le bail à vie avec le bail à durée illimitée. La confusion peut surtout arriver lorsque la durée du bail est incertaine. Les développements que nous avons donnés n° 2892 font évanouir toute confusion possible.

2907. Tarif. — Les baux à durée illimitée sont tarifés à 4 pour 100 par l'art. 69 § 7 n° 2 L. 22 frimaire an 7, lorsqu'il s'agit de biens immeubles. Le droit des baux de biens meubles est de 2 pour 100, aux termes du même article § 5 n° 2.

2908. Liquidation. — Le droit se liquide sur un capital formé de vingt fois la rente ou le prix annuel et les charges aussi annuelles, en y ajoutant également les autres charges en capital et les deniers d'entrée s'il en est stipulé. Les objets en nature s'évaluent d'après les mercuriales L. 22 frim. an 7, art. 15 n° 2). Pour les biens ruraux, la capitalisation se fait au denier 25 (L. 21 juin 1875).

1. FRACTIONNEMENT. — La loi du 23 août 1871 a accordé aux parties la faculté de ne payer que par périodes triennales le droit d'enregistrement des baux d'immeubles de plus de trois ans. Mais cette faculté n'a pas été étendue aux baux d'une durée illimitée. — V. 2563, 2632, 2694.

2909. Durée. — Il suffit que la durée du bail soit indéterminée et que ce bail soit transmissible aux héritiers du preneur et du bailleur pour justifier l'application du tarif précédent. Mais ce principe peut soulever quelques embarras lorsque le bail, fait pour une certaine période, contient une facilité de prorogation indéfinie. Il peut être délicat de reconnaître, d'une part, si la faculté de prorogation a un effet actuel pour la perception, et, de l'autre, si elle constitue un bail à vie ou un bail à durée illimitée. On trouvera au n° 2564 tous les explications nécessaires à cet égard.

1. PROLONGATION ÉVENTUELLE. — Lorsque le bail ne doit être prolongé que dans le cas où, à la fin du terme fixé, les parties se trouveraient dans certaines circonstances, comme, par exemple, dans celui où le bailleur vivrait encore, cette condition ne constitue point un bail à *durée illimitée ;* le droit n'est exigible que sur le montant des années indiquées, sauf à demander un supplément si la prorogation a lieu (Dél. 24 nov. 1824).

2. CONDITION RÉSOLUTOIRE. — Le bail à durée illimitée ne peut perdre ce caractère alors qu'il serait stipulé que le bailleur rentrera en possession si le preneur ne paye pas aux époques fixées, ou s'il n'exécute pas quelques-unes des obligations imposées. Cette clause est résolutoire et non suspensive ; elle ne peut donc exercer aucune influence sur la perception des droits d'enregistrement. — *V.* 1609, 4963 et suiv.

2910. Bail sans expression de durée. — Le bail d'un fonds rural sans expression de durée est censé fait pour tout le temps nécessaire au preneur afin de recueillir les fruits de l'immeuble (1774 C. C.). La durée d'un pareil bail n'est donc pas illimitée, et le droit de 20 cent. pour 100 n'est dû que sur le total des annuités correspondant à la jouissance légale.

Aucune disposition pareille n'existe pour les baux de maisons, mais quand l'usage des lieux en fixe la durée, la location est censé, à moins de stipulation contraire, ne pas devoir dépasser ce terme (1736 C. C., D. N. t. 2 p. 327 n° 3). — *V.* 2964.

1. FONDS DE COMMERCE. — Ainsi, dans un cas où le propriétaire d'un magasin avait vendu son fonds de commerce avec droit à la location des locaux de sa maison sans indication de durée, il a été reconnu que le tarif du bail à durée illimitée n'était pas applicable, attendu qu'il n'y avait en définitive qu'une jouissance précaire réglée par l'usage des lieux et devant cesser à cette époque, sauf tacite réconduction (Sol. 30 oct. 1868).

Décidé qu'il faut voir un bail à vie dans la stipulation d'un contrat de mariage par laquelle le père déclare faire donation à son fils de son fonds de commerce, évalué à une somme de. . . . avec stipulation que, lorsque le donataire entrera en possession de ce fonds, il comptera à son père, pour loyer de la maison où s'exploite ce fonds, et pendant tout le temps qu'il y restera, une somme de. . . . par an, exigible tous les trois mois et d'avance. Les parties ayant stipulé que le preneur payera le loyer de la maison *pendant tout le temps qu'il y restera*, il lui est loisible de prolonger le bail aussi longtemps qu'il le voudra; mais ce droit n'ayant été accordé qu'à sa personne, s'éteindra nécessairement avec elle (J. du not. n° 2127. — *Conf.* : Sol. 6 déc. 1866, 18295-1 J. E.).

2. OUVERTURE DE RUE. — Il y a lieu de considérer comme bail à durée limitée passible du droit de 20 cent. pour 100 sur le temps à fixer par la déclaration des parties, l'acte par lequel un terrain servant de passage est loué jusqu'au moment où, par suite de l'ouverture d'une rue dont le percement est commencé, le passage sera réuni à la voie publique (Sol. sept. 1872).

2911. Durée de famille. — On a émis l'avis (3827 J. E.) que les baux qu'il est d'usage dans certaines provinces, notamment en Alsace, de faire pour tout le temps que *durera la famille* sont des baux à durée illimitée, passibles du droit de 4 pour 100 sur un capital formé de vingt fois la redevance. Il ne peut y avoir doute à cet égard, soit qu'il soit stipulé, comme cela arrive quelquefois, qu'il sera passé un nouveau bail tous les trente ou cinquante ans, soit qu'aucun renouvellement de bail ne soit prévu. La durée d'une famille est, en effet, sans limites dans le présent, puisqu'il est impossible de lui assigner une fin (D. N. t. 2 p. 328 n° 6). Voyez néanmoins, quant à la quotité du droit, ce que nous disons n° 2917.

2912. Transcription. — Les baux à durée illimitée ne transfèrent-ils que la jouissance, et le droit de transcription ne doit-il jamais être ajouté à celui de 4 pour 100? La solution de cette question dépend nécessairement de l'appréciation de l'acte. En lui-même, le bail dont la durée n'a pas été *limitée* n'est transmissif que de jouissance, comme l'est le bail à vie; mais il peut arriver que les parties, sortant des limites dans lesquelles doit rester une simple jouissance, attribuent à leurs stipulations des effets qui entraînent après eux aliénation de l'*usufruit* et même de la propriété. Dans l'un comme dans l'autre cas, ce serait le droit de 5 fr. 50 cent. pour 100 qui serait exigible (Dél. 6 déc. 1817 et 17 août 1822, 1156 Roll., Demante n° 348). — *V.* 2538-5.

La loi du 23 mars 1855, qui ordonne la transcription des baux d'une durée de plus de dix-huit ans, ne change rien à cet état de choses, car l'art. 12 dispose que jusqu'à ce qu'une loi spéciale détermine les droits à percevoir, la transcription des actes qui n'étaient pas soumis à cette formalité auparavant, sera faite moyennant le droit de 1 franc (Sol. 22 avr. 1873, 19391 J. E.).

1. HOTEL DE VILLE. — Ainsi, une ville ayant loué au département des bâtiments dépendant de l'hôtel de ville, pour continuer d'être affectés au service du tribunal de l'arrondissement, et ce bail, consenti pour 600 francs par an, ne déterminant aucune durée, le droit n'a été perçu qu'à 4 pour 100 sur le prix exprimé, capitalisé au denier vingt. Cette perception a été maintenue par D. m. f. 23 mars 1843 (D. Fess. v° *Bail* n° 78). Il ne pouvait y avoir là, en effet, qu'abandon de jouissance.

2913. Terrains militaires. — Concessions.— Il en est de même de l'acte par lequel le ministre de la guerre autorise la concession de terrains et dépendances des places de guerre moyennant un prix annuel, sans terme fixé pour la jouissance, mais avec condition seulement que cette jouissance devra cesser dès que l'on aura besoin des terrains, soit pour des travaux, soit en cas de guerre, soit pour toute autre cause. Le conseil d'administration a décidé, le 6 octobre 1826, que ces concessions étaient des baux à durée illimitée, qui auraient été sujets au droit de 4 pour 100 suivant la loi du 22 frimaire an 7; mais que les acquéreurs des biens de l'Etat n'étant tenus de payer que 2 pour 100 du prix de leurs acquisitions, on ne pouvait exiger un plus fort droit du preneur à bail des terrains militaires (8528, J. E.).

2914. Rétrocession. — Les cessions et rétrocessions de baux à durée limitée sont sujettes aux règles indiquées ci-dessus pour les baux à vie n° 2904.

SECTION 3. — BAIL HÉRÉDITAIRE

[2915-2919]

2915. Définition. — Le bail héréditaire, connu et particulièrement usité en Alsace et dans quelques parties de la Lorraine, est un bail d'une durée indéfinie, et toutefois non perpétuelle, car le bail ne se transmet qu'aux descendants directs du preneur, jamais à ses parents collatéraux (Dalloz *Jur. gén.* t. 6 p. 229 n° 150, Roll. de Vill. v° *Bail herédit.*, Pont et Rodière *Cant. de mars* t. 1er p. 246).

2916. Nature. — Les usages établis en Alsace consacrent que le bailleur ne transmet que la jouissance et qu'il conserve la propriété. Par conséquent, d'après Dalloz, n° 3053, il n'y aurait pas lieu d'appliquer à ce contrat les lois 18-29 décembre 1790, 2 prairial an 11, et l'art. 530 C. C., qui déclarent rachetables toutes les redevances foncières perpétuelles; car le rachat n'est autorisé que lorsque la redevance est le prix de la transmission de la propriété, ou du moins du domaine utile.

La C. cass. a rejeté, le 16 juin 1852 (D. P. 52-1-284, B. C. 609), le pourvoi formé contre un arrêt de la Cour de Colmar, du 1er avril 1846, qui, par des considérations fortement motivées, a reconnu au bail héréditaire les caractères de l'emphythéose perpétuelle. L'arrêt de la Cour suprême est ainsi conçu : « Attendu que l'arrêt attaqué constate que, dans l'acte du 20 février 1704, les seigneurs de Fleckenstein, en la qualité qu'ils agissaient, avaient stipulé, tant pour eux que pour leurs héritiers; que ledit arrêt constate, d'autre part, que la rente a été créée au profit d'un être moral perpétuel, et qu'enfin la vie des preneurs n'ayant pas été prise pour terme de la durée du bail, cette durée est restée indéfinie et a dû s'étendre à tous les héritiers futurs desdits preneurs; qu'en tirant de ces faits ainsi déclarés la conséquence qu'il y avait eu transmission du domaine utile en faveur des preneurs et de leurs héritiers, et qu'il s'agissait d'un bail emphytéotique, perpétuel et héréditaire, auquel devaient s'appliquer les lois de 1789 et 1790 sur le rachat des rentes foncières, l'arrêt attaqué, loin d'avoir violé lesdites lois, en a fait, au contraire, une juste application à l'espèce. »

Cette décision, d'après laquelle le bail héréditaire transmet le domaine utile au preneur et à ses héritiers, est rendue dans le même sens qu'un précédent arrêt du 28 janvier 1833 portant que la propriété des fonds concédés à titre de bail héréditaire appartient aux débiteurs des redevances (n° 2918). Mais les chambres réunies de la Cour suprême se sont, au contraire, prononcées en faveur de la doctrine opposée, le 24 novembre 1837, en reconnaissant que, d'après les usages de l'Alsace, le bailleur conserve la propriété du fonds sur lequel le preneur avait les droits d'un simple fermier sauf transmission à ses héritiers. — V. 2918.

M. le procureur général Dupin, qui a soutenu la thèse de la non transmission du domaine utile au preneur, lors de l'arrêté du 24 novembre 1837, fait d'ailleurs remarquer que : « dans les silence de la loi, il est un moyen de connaître la nature du contrat : il faut rechercher quelle est la véritable convention qui en résulte par la substance et par le caractère des stipulations. Les termes ne sont rien. »

Cette jurisprudence a été confirmée depuis lors par un arrêt de la C. cass. du 23 déc. 1862 (S. 63-1-96).

La question revient donc en définitive à une appréciation des conditions du contrat.

2917. Quotité du droit. — Si le bail héréditaire emporte transmission de propriété, le droit à percevoir est celui de 5 fr. 50 cent. pour 100, déterminé par l'art. 52 L. 28 avril 1816 pour les ventes d'immeubles, et non de 4 pour 100, comme l'enseigne Dalloz n° 3055 et le D. N. t. 2 p. 369 n° 5.

Ce droit de 4 pour 100 ne serait justifié que si la convention, au lieu de transférer la propriété, avait, d'après les circonstances, le caractère d'un bail à durée illimitée.

2918. Succession. — Une conséquence importante de cette appréciation de la convention, c'est que la transmission du bail héréditaire opérée par le décès du preneur, donne ouverture au droit de mutation établi sur les propriétés immobilières. La question a été ainsi résolue par un arrêt de Cass. du 28 janvier 1833, ainsi conçu : « Attendu que la propriété des fonds concédés à titre de bail héréditaire, appartient aux débiteurs des redevances ou fermages, à la charge par eux de remplir les conditions de leur bail; — Attendu que, dans l'acte de la vente des biens dont il s'agit, faite par le gouvernement, les acquéreurs ont été expressément assujettis à l'obligation de faire jouir les fermiers héréditaires, conformément à leur titre; qu'ainsi il n'a pas été dérogé au principe ci-dessus posé; d'où il suit que les fonds possédés à titre de bail héréditaire par J. Griès, faisant partie de sa succession, étaient passibles du droit de la mutation opérée par son décès » (10576 J. E., 7969 J. N., 1425 § 8 I. G., S. 33-1-196).

Il en serait autrement, néanmoins, dans le cas où le bail ne contiendrait pas une véritable aliénation de la propriété. Cela résulte de l'arrêt des chambres réunies de la C. cass. du 24 novembre 1837, ainsi conçu : « Attendu qu'il résulte de l'acte du 10 novembre 1721, qualifié bail héréditaire, en vertu duquel l'auteur des défendeurs au pourvoi détenait les biens qu'il leur a transmis par son décès, qu'aucune propriété, même utile, desdits biens n'avait été transmise au preneur; — Que, d'après l'usage de l'ancienne province d'Alsace, le bailleur par bail héréditaire était considéré comme conservant la propriété du fonds sur lequel le preneur n'acquérait que les droits d'un simple fermier, sauf la transmission de ces droits à ses héritiers; — Que la loi du 29 décembre 1790, qui a autorisé le rachat des redevances dues en vertu de baux à rente ou de locatairies perpétuelles, ne contient aucunes dispositions sur les baux héréditaires d'Alsace; que, dans le silence de cette loi sur ces contrats, ils doivent continuer d'être régis par le droit en vigueur à l'époque où ils ont été passés; que les droits de mutation par décès, établis par la loi du 22 frimaire an 7, ne sont dus que sur les transmissions de propriété, et que cette loi ne contient aucune disposition spéciale, d'après laquelle, et sous le rapport de la perception de l'impôt, les baux héréditaires doivent être considérés comme translatifs de propriété » (11196 J. E., 9862 J. N., S. 37-1-954. — *Conf.* : Dalloz 3056).

2919. Cession et rétrocession. — Par interprétation de l'arrêt de 1833, l'Administration a, de plus, reconnu que les cessions et rétrocessions de baux à titre héréditaire donnent ouverture au droit de vente, et qu'en cas de déguerpissement du détenteur et de rentrée en possession de l'ancien propriétaire ou de ses représentants, ce droit est également exigible (1425 I. G. *in fine*). Cette doctrine, repoussée par l'arrêt de 1837, rappelé dans le numéro précédent, se trouve pleinement confirmée par l'arrêt de 1852 rapporté n° 2916.

SECTION 4. — CONTRAT DE SUPERFICIE

[2920-2921]

2920. Définition. — Le contrat de superficie n'est pas autre chose que l'abandon de la pleine propriété d'un édifice, d'une construction faite par le propriétaire du sol qui se réserve le sol lui-même pour ne reprendre la jouissance que quand la construction cédée aura disparu (Dalloz J. G. t. 6 p. 228 n° 143).

2921. Nature. — Marcadé t. 2 p. 383, regarde ce contrat comme ne conférant au cessionnaire qu'un droit mobilier. Cependant Dalloz émet l'opinion, *loc. cit.*, qu'il y a là une transmission immobilière. Cette doctrine étant en parfaite harmonie avec les principes que nous développerons au mot *Construction*, en ce qui concerne la perception des droits d'enregistrement, il faut décider que le droit exigible sur le contrat de superficie est celui de 5 fr. 50 cent. pour 100 déterminé pour les mutations d'immeubles en propriété.

La superficie, dit également M. Demolombe, est un vrai droit de propriété, immeuble par sa nature, un bien très-certainement susceptible d'hypothèque et par conséquent aussi soumis au droit de mutation immobilière (t. 9 n° 483 *quater*). — *Conf.* : Cass. 16 décembre 1873, n° 10880-1.

SECTION 5. — DU BAIL A COMPLANT

[2922-2930]

2922. Définition. — Le bail à complant est un contrat dans lequel le preneur reçoit du propriétaire, *à perpétuité* ou *pour un temps*, ou sous une condition résolutoire, soit des champs déjà plantés de vignes et d'arbres, soit des champs vides sur lesquels il se charge de planter des arbres quelconques, mais presque toujours des vignes, sous la condition de la redevance annuelle et perpétuelle, ou jusqu'à la fin du bail, d'une quotité des denrées à produire par les champs ainsi remis.

Dans la plupart des coutumes, le droit de complant était compris sous les termes génériques de *champart*, *terrage*, *agrier*, etc.

2923. Diverses espèces. — La nature de ce contrat était assez difficile à déterminer. Il y en avait de deux sortes : les uns par lesquels le bailleur transmettait au preneur la propriété et la jouissance de la chose ; les autres par lesquels il retenait la propriété et ne conférait que la jouissance. — Les premiers ont été annulés par la loi du 25 août 1792, qui les a considérés comme entachés de féodalité. — Les seconds ont été conservés par deux A. Cons. d'Ét. des 4 thermidor an 8 et 23 messidor an 10, qui ont regardé ces sortes de baux comme ne différant des baux ordinaires que par leur durée. En conséquence, ils continuent d'être un droit *réel* qui n'est pas sujet au rachat, comme le sont les rentes foncières, aux termes de la loi du 18 décembre 1790, et la portion de fruits réservée par les bailleurs doit leur être payée par les preneurs *jusqu'au terme fixé par le contrat* (Toullier t. 3 n° 101, 118 I. G.).

Notre législation actuelle ne réprouve en rien les baux à complant, sous quelque point de vue qu'on les envisage. En effet, s'ils contiennent aliénation pure et simple du fonds, on peut les ranger dans la classe des *ventes à rente* (530 C. C.); s'ils ne renferment qu'une aliénation à temps, par exemple jusqu'à l'accomplissement d'un événement, il y a *vente à temps* sous condition. S'ils ne constituent en aucune manière une vente, ce sont les principes du *bail ordinaire* qui sont applicables.

2924. Appréciation de la convention. — Les effets de ces baux doivent donc être réglés par les principes relatifs à l'une ou à l'autre des espèces de contrats que nous venons d'indiquer. Il suit de là qu'il faut particulièrement consulter les clauses que renferment les conventions des parties : il n'y a pas aliénation partout où ces clauses caractérisent la réserve de la propriété au bailleur, sauf le cas de perpétuité. Il y a aliénation partout où se révèle l'intention du bailleur de se dépouiller de la propriété. C'est donc de la portée des stipulations que dépend la question de savoir s'il y a eu ou non aliénation. Demolombe fait la même observation (9 n° 500).

1. ALIÉNATION. — Ainsi il y a aliénation si l'acte conçu dans la forme d'un bail à rente porte que le propriétaire *baille et délaisse* aux preneurs les terres qui y sont désignées; s'il promet d'en faire jouir les preneurs et de les garantir de *tous troubles, dettes et empêchements*, et si d'ailleurs aucune clause de l'acte ne détruit le sens qui résulte d'une pareille stipulation. — Il y a encore aliénation si le bailleur ne s'est réservé le droit de rentrer dans les biens qu'en cas d'extinction de la postérité des preneurs, sans aucune limitation de degrés. Il peut arriver, en effet, que la postérité des preneurs ne s'éteigne jamais, et, si elle vient à s'éteindre, il en résultera bien la résolution de la propriété des preneurs, mais cette résolution, qui n'a pas d'effet rétroactif, n'empêchera pas que dans l'intervalle la propriété n'ait reposé sur la tête des preneurs. — Enfin, il y a aliénation si le bailleur ne s'est réservé le droit de rentrer dans les biens que dans le cas où les preneurs auront été mis en demeure, soit de cultiver les vignes qu'ils se seront obligés de planter, soit de lui en payer le droit de complant. Cet événement ne dépendra, en effet, que du fait et de la volonté des preneurs, comme celui dont nous venons de parler ne dépendra que d'un événement au-dessus de toute puissance humaine. D'où la conséquence que, dans cette hypothèse comme dans la précédente, la propriété des preneurs, quoique résoluble, n'en sera pas moins constante, tant qu'elle ne sera pas résolue (Merlin *Rép.* v° *Vigne*).

2. BAIL. — Mais il n'y aura pas d'aliénation si le bailleur s'est réservé le droit de rentrer dans son bien et de congédier les preneurs quand il lui plairait; et, dans cette hypothèse, les A. Cons. d'Ét. des 4 thermidor an 8 et 23 messidor an 10 reçoivent une application directe et entière. — Il n'y aura pas d'aliénation s'il a été stipulé que la jouissance des preneurs cessera à une époque incertaine, il est vrai, mais dépendant d'un événement qui arrivera infailliblement, tel que la mort de chacun des preneurs, celle de leurs enfants nés ou à naître, ou même de leurs petits-enfants (Merlin *Rép.* v° *Vigne*).

3. DURÉE. — Assez généralement, d'ailleurs, la nature du droit du preneur est considérée comme subordonnée au caractère *temporaire* ou *perpétuel* de la convention. Si celle-ci est temporaire, le contrat n'est réputé qu'un simple bail, et dès lors le droit du preneur n'est, d'après l'opinion commune, qu'un droit mobilier. Si, au contraire, la concession est perpétuelle, elle constitue, en général, une vente. C'est ainsi que la Cour suprême a reconnu que le bailleur ne pouvait exercer la complainte contre le preneur pour le payement du complant, « attendu que les rentes et redevances de toutes natures ont été déclarées rachetables, que le § 2 de l'art. 529 C. C. les a réputées meubles, et que dans l'espèce il s'agissait d'une redevance purement foncière établie par suite d'une *transmission de propriété* et non d'un simple bail » (Cass. 16 janv. 1826, 29 juill. 1828, 6094 J. N., 9 août 1831, 7583 J. N., 11 fév. 1833). — Dans le Poitou, le Maine, l'Aunis, la Saintonge, l'Anjou, le bail perpétuel à complant était translatif de propriété, bien qu'il laissât au bailleur un droit de copropriété pour sa redevance; c'était donc, comme le fait observer Marcadé t. 2 p. 347, un véritable bail à rente foncière transformé aujourd'hui en véritable vente. Dans la Bretagne, cependant, le bail, bien que perpétuel, n'opérait pas partout le transfert de la propriété. La question s'était présentée autrefois pour la perception du centième denier sur la succession collatérale du preneur à complant (les successions directes étant dispensées du droit). Or, Bosquet nous apprend qu'il fut prouvé qu'en Bretagne les complants sont des immeubles réels, que les superficies des complants entrent en partage comme les autres immeubles, que la veuve y a son douaire et qu'elles sont sujettes à retrait comme actes translatifs de propriété. Une ordonnance du 17 juin 1779 reconnut donc l'exigibilité du centième denier (t. 1er p. 358). Cependant un arrêt de Cass. du 7 août 1837 a admis que dans les environs de Nantes les baux de l'espèce ne sont pas translatifs de propriété (11974 J. E., 9876 J. N.).

2925. Quotité du droit d'enregistrement. — Ces explications amènent naturellement la solution des questions qui se présentent relativement à la quotité des droits à percevoir.

Si le bail à complant a pour objet soit une vente à rente, soit une vente à temps, l'acte donne ouverture au droit de 5 fr. 50 cent. pour 100.

S'il ne s'agit que d'un bail à ferme ordinaire, la convention est passible du droit de 20 cent. pour 100, ou de celui de 4 pour 100, selon que le bail est stipulé pour un temps limité ou illimité (Dalloz 3062). — *V.* 2438.

2926. Terrage. — Le terrage, porte une Sol. 25 octobre 1832 (3854 Roll.), est une redevance annuelle qui consiste dans une portion de fruits de l'héritage sujet à ce droit. On l'appelle communément *champart*. Un droit de cette espèce a été affermé pour neuf ans, moyennant 1,000 francs par an. Le droit de 2 pour 100 a été perçu sur l'acte portant cette convention; mais il a été réduit à 20 cent. pour 100, « attendu qu'on peut louer toute sorte de biens, meubles et immeubles; que les rentes perpétuelles sont déclarées meubles; qu'on ne peut vendre que ce qui existe et que ce qui est dans le commerce, et qu'ainsi des récoltes à percevoir pendant neuf ans et dont aucune n'existe, ne peuvent faire la matière d'une vente » (*Conf.* : Demolombe 9 n° 497).

2927. — Transmission entre-vifs des droits du bailleur. — Les cessions et transmissions de ces baux sont régies par des principes analogues.

Lorsque le bailleur n'a pas aliéné la propriété, les transmissions qui s'effectuent de ses droits donnent lieu à une distinction : si la transmission n'est que de la redevance, et que le *domaine direct* soit réservé, le droit n'est dû que comme de chose mobilière, c'est un simple transport d'une rente en nature que l'on fait évaluer pour la perception du droit. — (V. *Rente*).

Mais si la redevance est aliénée sans réserve du domaine direct, la chose transmise est dès lors *immobilière*, et le droit comme vente d'immeubles est exigible.

2928. Transmission entre-vifs des droits du preneur. — Les cessions et autres mutations des droits du preneur suivent les mêmes règles.

Lorsque la propriété lui a été aliénée, la transmission qui a lieu est passible du droit immobilier ordinaire parce que alors le bail à complant est, sous un autre nom, une véritable vente à rente transmettant la pleine propriété au prétendu preneur. Si ce preneur n'a été investi que de la jouissance, il faut distinguer, ou bien la durée du bail est limitée et dans ce cas le droit de 20 cent. pour 100 est exigible : ou il s'agit d'une durée illimitée et deux hypothèses peuvent encore se présenter. Lorsque le preneur est seulement investi d'une simple jouissance indéfinie, le contrat est un bail à durée illimitée passible du droit de 4 pour 100. Mais il se peut que le bail à durée indéfinie confère au preneur autre chose qu'une simple jouissance et que sans lui attribuer cependant la propriété elle l'investisse d'un droit réel. Le caractère du contrat est peu précis, comme celui de toutes ces stipulations qui tiennent à l'ancien droit féodal. Il a donné lieu à des controverses qui durent encore (*V.* Merlin *Rép.* v° *Vigne* Demolombe *Dist. des biens* t. 1er n° 500, Tropl. *Louage* n° 38, Dalloz (6029). Mais il est difficile de ne pas reconnaître que dans l'esprit de la jurisprudence (*V.* 2924), la concession au preneur d'une jouissance perpétuelle lui confère, en dehors des stipulations qui limiteraient expressément sa jouissance à un simple bail, un droit qui se rapproche sensiblement du domaine utile appartenant à l'emphytéote. Mais nous croyons donc que ce droit a un caractère réel immobilier distinct de celui d'une simple jouissance, et qu'à ce titre l'acte qui le constitue ou qui le transmet est de nature à être transcrit. Selon nous, la cession que le preneur en ferait à un tiers à titre onéreux donnerait ouverture au droit de 5 fr. 50 cent. pour 100.

2929. Mutation par décès. — Dans le cas où, ainsi qu'on l'a vu ci-dessus, le *domaine utile* a seul été abandonné au prenenr et où le bailleur s'est réservé le *domaine direct*, ces deux droits se trouvent, l'un dans la succession du preneur, l'autre dans celle du bailleur. Tous les deux donnent ouverture au droit de succession, car tous les deux se transmettent par décès, et ces droits, pour la détermination de leur nature mobilière ou immobilière, suivent les règles que nous avons tracées, s'il s'agit d'un simple bail. — *V.* 2540.

2930. Liquidation du droit. — Transmission à titre onéreux. — Le complant se divise en deux propriétés : l'une au bailleur, l'autre au preneur ; chacune de ces propriétés a sa valeur particulière, et toutes deux réunies ne peuvent pas excéder la valeur totale de l'immeuble. Il faut bien établir ce principe. Supposons que la vigne ou le domaine à complant soit de valeur vénale de 12,000 francs, que la redevance due au bailleur soit de 6,000 francs, il est évident que la jouissance, ou le domaine utile du preneur, ne vaudra également que 6,000 francs, puisque ces deux sommes réunies forment la valeur totale de l'immeuble. Partant de cette base, si c'est le bailleur qui vend, il n'obtiendra que 6,000 francs, et le droit ne sera dû que sur 6,000 francs ; mais si c'est le preneur qui cède ses droits moyennant 6,000 francs, devra-t-on percevoir sur ces 6,000 francs, plus sur le capital de la redevance due au bailleur, c'est-à-dire sur 12,000 francs, valeur entière de l'immeuble, quoique en réalité ce que le preneur cède ne s'élève qu'à la moitié ? L'affirmative a été décidée plusieurs fois, et notamment par un arrêt de Cass. du 13 février 1826 (8588 J. E.).

1. TRANSMISSION A TITRE GRATUIT ET PAR DÉCÈS. — Toutefois nous croyons que cet arrêt ne peut s'appliquer qu'aux cessions à titre onéreux, parce qu'au fond la transmission à titre gratuit, ou par décès, qui s'effectue du preneur aux donataires ou héritiers, n'est pas de la redevance due au bailleur, mais seulement des *bénéfices du bail*, ou, en d'autres termes, du *domaine utile*. S'il en était autrement, il s'ensuivrait que la même chose, c'est-à-dire que la *redevance* qui représente le domaine direct, payerait deux droits de mutation, l'un lors de la donation faite par le *bailleur* ou lors de son décès, l'autre lors de la donation faite par le *preneur* ou lors de son décès. — *V.* d'ailleurs le mode d'opérer en matière de bail à convenant qui peut s'appliquer au bail à complant.

SECTION 6. — BAIL A CONVENANT OU DOMAINE CONGÉABLE

[2931-2948]

2931. Définition. — Ce bail, en usage dans cette partie de la Bretagne qui se compose des départements des Côtes-du-Nord, du Finistère et du Morbihan, est un bail à ferme d'un fonds consenti à un colon pour un temps déterminé, avec une vente ou engagement pour le même temps des édifices ou superfices qui existent sur ce même fonds. Le propriétaire y stipule, en sa faveur, un fermage annuel et modique ; il se réserve expressément la propriété de son fonds et le droit de congédier ou d'expulser le colon à la fin du temps convenu, en lui remboursant, suivant leur valeur à dire d'experts, le prix de ses édifices et superfices, c'est-à-dire de tous les bâtiments et de tous les objets que l'art, la culture et le travail de l'homme ont élevés sur la superficie du sol (Carré *Commentaire de la loi* 6 août 1791 p. 1, Roll. Vill. v° *Bail à dom. cong.*). » Cette convention renferme tout à la fois un bail et une vente avec faculté de rachat ; un bail de la terre dont la propriété n'est point aliénée et une vente des superficies, édifices, arbres, etc., dont la propriété est acquise au preneur sous la réserve du congément de la part du bailleur (Demolombe v° *Biens* n° 501). Il sera donc soumis, comme bail, aux règles générales du contrat de louage, sauf à tenir compte des usages des lieux ; et comme vente de la superficie aux règles de l'aliénation des immeubles sous faculté de rachat, car il est certain que le droit du preneur est réel, immobilier et susceptible d'hypothèque (Cass. 28 fév. 1832, D. 32-1-117, S. 32-1-264, 10304 J. E., 7679 J. N., 11 juin 1833, D. 33-1-368, 5 mai 1834 I. G., 1467-2, 10971 J. E., D. 34-1-212, S. 34-1-343, 5 mai 1851, S. 51-1-250, Carré *Comp.* t. 2 p. 327, Proudhon *Usuf.* n° 3723, et *Domaine privé* t. 2 n° 713, Duvergier *Louage* t. 1er n° 226, Demolombe t. 9 n° 504).

2932. Dénominations diverses. — On appelle cet acte bail à *convenant*, parce qu'il est uniquement fondé sur les conventions faites entre le bailleur et le preneur, et qui ont été sanctionnées par les usements locaux. — On le désigne aussi sous le nom de *domaine congéable*, à raison du droit que le propriétaire a de congédier le preneur ; ce dernier est nommé *colon* ou *domanier*, ou *convenancier*, ou *superficiaire*, parce qu'il est propriétaire des superfices à faculté de réméré ; le propriétaire est appelé *foncier*. — Les superfices sont les édifices, murs, fossés, engrais, arbres fruitiers et bois blancs, et toutes les améliorations faites sur l'héritage : ces objets appartiennent au colon, comme droits convenanciers ; mais les chênes, les frênes, les ormeaux, les noyers et les châtaigniers appartiennent au propriétaire.

2933. Congément. — Autrefois le *congément*, c'est-à-dire le droit de congédier, n'appartenait qu'au propriétaire. Depuis la loi du 6 août 1791, le droit de congément est réciproque entre le *foncier*, ou propriétaire, et le *superficiaire* ; et cette réciprocité s'applique aussi bien aux baux à domaine congéable postérieurs à la promulgation de cette loi, qu'à ceux qui existaient antérieurement (Cass. 17 avr. 1815, 5311 J. E.).

2933 *bis*. Législation. — 1. LOI DE 1791. — USEMENTS. — La loi de 1791 que nous venons de citer présente les dispositions auxquelles sont soumis les baux à domaine congéable. « On a supposé à tort, dit Duvergier, *du Louage*, n°s 218 et 219, que la survenance du C. C. l'avait effacé de notre législation. Règle d'une espèce particulière de contrats que le Code ne prohibe pas, mais dont il ne détermine point les effets, elle n'est abrogée ni expressément ni tacitement. A-t-elle, elle-même, abrogé les anciens usements ? Cette question a de l'intérêt, car encore aujourd'hui il se fait en Bretagne des baux à domaine congéable. Carré dit que l'opinion s'est prononcée pour l'affirmative ; que c'est dans ce sens qu'ont parlé la plupart des orateurs dans la discussion de la loi du 9 brumaire an 6, et qu'ont jugé un grand nombre d'arrêts de la Cour de Rennes. Mais il pense que les usements subsistent, sinon avec l'autorité de lois, du moins avec la force que l'art. 1160 C. C. attribue aux anciens usages pour l'interprétation des conventions. Je crois aussi qu'en repoussant toutes celles de leurs dispositions qui sont incompatibles avec les règles qu'elle contient, le surplus peut servir de guide en cette matière. »

La loi de 1791 contient, relativement aux baux à convenant, des dispositions suivantes :

Le domanier acquitte toute la contribution foncière, mais il en retient une partie sur la redevance convenancière, proportionnellement à cette redevance (Art. 10).

Il est libre aux parties de faire des concessions à titre de bail à convenant, sous telles conditions qu'elles jugeront à propos, soit pour la durée de ces baux, soit sur la nature et la quotité des redevances, soit sur la faculté au domanier de construire de nouveaux bâtiments ou de changer les anciens, etc. (Art. 14).

Tout bail à convenant ou baillée de renouvellement est rédigé par écrit, et si, lors de l'expiration du bail, le fermier continue sa jouissance, il n'est censé jouir qu'à titre de tacite réconduction, et pour deux ou trois années seulement, selon que l'usage des lieux sera de régler l'exploitation des terres par deux ou trois années (Art. 14).

Si, lors de la cessation du bail, le propriétaire ne peut ou ne veut payer au domanier la valeur des édifices ou superficies, il a la faculté de lui abandonner la propriété du fonds et la rente convenancière (Art. 23).

Le domanier a une faculté semblable relativement à ce qu'il peut devoir au foncier ; il a la liberté de lui abandonner, pour se libérer, les édifices et superficies qui lui appartiennent (Art. 26).

L'art. 6 de cette loi, qui est très-important à connaître, ajoute : « Dans toutes les successions, directes et collatérales, qui s'ouvriront à l'avenir, les édifices et superficies des domaniers seront partagés comme immeubles, selon les règles établies par la coutume de Bretagne et par les décrets déjà promulgués, ou qui pourront l'être par la suite comme lois générales pour tout le royaume. Il en sera de même pour le douaire des veuves des domaniers, pour les sociétés conjugales et pour tous les autres cas, les édifices et superficies n'étant réputés meubles qu'à l'égard des propriétaires fonciers. »

2. DÉCRET DU 27 AOUT 1792. — Après la loi de 1791, un décret du 27 août 1792 déclara les colons propriétaires incommutables du fonds de leurs fermes, à la charge de payer au bailleur la rente convenancière, qu'ils pourraient toujours rembourser. Le législateur avait considéré les baux à convenant comme entachés à certains égards de féodalité ; mais cette idée tout à fait fausse ne pouvait pas longtemps prévaloir. La loi du 9 brumaire an 6 abrogea le décret du 17 août 1792 et remit en vigueur, dans toutes ses dispositions, la loi du 6 août 1791.

3. LOI DU 19 AVRIL 1831. — Enfin la loi électorale du 19 avril 1831, aujourd'hui abrogée, s'occupait du bail à convenant comme d'une convention parfaitement légale pour régler le mode de répartition de l'impôt du fonds divisé entre le bailleur et le domanier.

2934. Enregistrement des baux. — Quotité du droit. — Bosquet résumait de la manière suivante les règles de la perception du centième denier applicables aux baux à convenant : « Par bail à domaine congéable, disait-il, le seigneur foncier donne la jouissance de son fonds et aliène la propriété des édifices sous la condition de les racheter sur le pied de l'estimation qui en sera faite. C'est comme s'il disait : je vous accorde le fonds à précaire et la superficie en propriété. C'est sur ces principes que le bail a été assujetti au centième denier par l'art. 6 de la déclaration du 20 mars 1768. Dans le domaine congéable, on doit donc distinguer le fonds de la superficie. Le fonds est sujet aux mêmes droits que les autres immeubles et encore bien que le seigneur en conserve toujours la propriété directe, le centième denier en est néanmoins dû lorsque le bail qui en accorde la jouissance précaire au colon est illimité ou excède neuf ans. La superficie est un immeuble réel dont le colon acquiert la propriété, encore bien que son bail soit au dessous de neuf ans et dont il peut disposer ainsi que de tout autre immeuble ; le centième denier est par conséquent dû de cette superficie à toutes mutations, à l'exception seulement de son retour dans la main du seigneur foncier » (t. 1er p. 352).

Nous allons retrouver l'application des mêmes règles en matière d'enregistrement.

En effet, de ce que le bail à convenant est un contrat mixte qui tient et du louage et de la vente, il y a transmission de jouissance par rapport au fonds, et c'est le caractère de louage qui domine (Duvergier *du Louage* n° 214) ; mais il y a vente, *quoique résoluble* (V. *Idem* Troplong n° 61), par rapport à la superficie. Ainsi deux droits sont exigibles : le droit de bail déterminé par l'art. 1er L. 16 juin 1824 et par l'art. 69 § 7 n° 2 de la loi du 22 frimaire an 7 pour les baux, le droit de vente à 5 fr. 50 cent. pour 100 pour la transmission des édifices et superfices.

1. LIQUIDATION. — Ces droits se liquident, savoir : celui du *Bail* sur le montant cumulé de la rente convenancière pendant toute la durée du bail, en y ajoutant les charges, celui de *Vente* sur les deniers d'entrée ou le prix stipulé.

2935. Durée non indiquée. — *Quid* si la durée du bail n'est pas fixée dans l'acte ? C'est l'usage des lieux qui est censé faire la règle des parties (Guinguamp 29 mai 1827, 6603 J. N.). — Il est important de les consulter, car chaque canton paraît avoir des usages particuliers, connus autrefois sous le nom d'*usements* (V. Duvergier *du Louage* n° 215). — Dans ce sens un arrêt de cass. a décidé, le 19 juin 1828 (9077 J. E., 6603 J. N., S. 28-1-243), qu'un bail à domaine congéable, ne renfermant aucune convention sur sa durée ou n'étant pas représenté, doit, selon la loi alors en vigueur, être réputé limité à un certain nombre d'années, et non illimité.

Cependant un arrêt de cass. 8 janvier 1822 tendrait à faire considérer les baux de l'espèce comme illimités, en ce sens que, malgré l'expiration du *bail limité*, le colon jouit *légalement* du domaine, jusqu'à ce que sa dépossession soit opérée au moyen du congément.

Cet arrêt est ainsi analysé par Teste-Lebeau qui le rapporte v° *Bail à domaine congéable*. « Le propriétaire d'un domaine congéable, après avoir intenté l'action en congément, y renonce, maintient l'ancien preneur et diminue même par cet acte la rente convenancière qu'il lui devait. L'Administration avait voulu percevoir un droit proportionnel sur cette disposition, de laquelle elle soutenait qu'il était résulté un renouvellement de titre entre les parties. Mais la Cour n'a pas admis cette prétention ; elle a pensé qu'en matière de domaine congéable, la jouissance des colons était illimitée, en ce sens que, malgré l'expiration d'un bail limité, ils continuaient à jouir légalement du domaine jusqu'à ce que leur dépossession fût opérée au moyen de l'action en congément ; qu'il ne s'était opéré aucun changement dans les droits du colon, puisqu'il n'avait pas eu besoin, pour continuer à jouir, de l'acte dont on voulait argumenter contre lui, dès que l'action en congément que l'on avait eu le droit de former contre lui était restée sans solution et sans effet ; que si la rente n'était plus la même à l'avenir, c'était là moins un nouveau titre qu'une modification de celui qui avait existé jusque-là. »

En conséquence de cette interprétation, la cour avait repoussé la demande d'un nouveau droit de bail que l'Administration réclamait dans une espèce où le congément, d'abord exercé par le foncier, était devenu sans effet par suite d'un désistement portant que les mêmes colons *jouiront comme par le passé*. Il est hors de doute que si aucun acte ne constatait la continuation de jouissance du colon, un nouveau droit ne serait pas exigible : c'est ce qui a lieu en matière de *tacite réconduction* pour le bail ordinaire : il n'y aurait lieu qu'à l'application de la loi du 23 août 1871 sur les locations verbales. Mais la *baillée d'assurance* forme un nouveau bail passible d'un nouveau droit, avec d'autant plus de raison que, d'après l'art 14 L. 6 août 1791, si, lors de l'expiration du bail, le colon continue sa jouissance, *sans nouveau bail écrit*, il n'est censé jouir qu'à titre de tacite réconduction et pour une durée déterminée par l'usage des lieux. Il ne pourrait en être autrement que si le bail primitif avait subi le droit comme bail à durée illimitée. C'est aussi l'opinion professée par Dalloz n° 3065, Champ. et Rig. n° 3067.

2936. Contribution. — L'art. 10 L. 6 août 1791 veut que le domanier acquitte toute la contribution foncière, mais qu'il en retienne une partie sur la redevance convenancière, proportionnellement à cette redevance. Cette partie, si elle est mise à la charge du colon, sans imputation sur la redevance, forme, d'après le principe général, une charge à ajouter à la redevance.

Il est d'usage qu'à défaut de représentation de l'extrait du rôle il faut évaluer la contribution au quart du produit annuel de la rente convenancière : nous renvoyons sur l'exactitude de cette base aux critiques que nous avons présentées précédemment (2550). — Si les parties produisent un extrait du rôle, l'évaluation arbitraire adoptée par l'Administration n'a plus de cause : et cependant cette pièce ne suffit pas toujours à elle seule pour déterminer immédiatement le chiffre de l'impôt. Il nous semble qu'alors le redevable doit être admis à faire une déclaration estimative, sauf le droit de contrôle que l'Administration exercera plus tard par la comparaison du rôle et de la matrice cadastrale.

2937. Cession par le foncier à tiers. — Des distinctions sont à faire. Si la cession n'est que de la redevance seulement, le droit n'est dû que comme de chose mobilière. La rente convenancière n'est point, en effet, une rente foncière et perpétuelle, mais le prix d'un bail à ferme, c'est-à-dire une simple créance à terme dont le transport est sujet au droit de 1 pour 100 (D. N. t. 4 p. 766 n° 75). Toutefois, quand le bail a une durée illimitée, la redevance a le caractère d'une rente et la cession équivaut à un transport de rente passible du droit de 2 pour 100. Ce principe peut s'appuyer sur un arrêt de cass. du 21 thermidor an 8, portant que le copossesseur domanier, qui avait remboursé seul la rente convenancière au fermier, ne pouvait exercer le congément envers ses codomaniers, attendu que ce droit continuait d'appartenir au fermier seul qui ne s'en trouvait pas dessaisi par le fait seul du remboursement de la rente.

Mais si la redevance est aliénée sans réserve du fonds, ou si le fonds est aliéné seul, la chose transmise est dès lors immobilière et le droit de vente d'immeubles est exigible.

1. LIQUIDATION DU DROIT. — Le droit de bail, dans le cas d'aliénation de la redevance seule, doit être liquidé sur les annuités du bail, et, en cas de durée illimitée, sur un capital formé de vingt fois la redevance (Art. 14 n° 9 L. 22 frim. an 7,

Dél. 18 mai 1823). — Dans celui de l'aliénation du fonds avec la redevance, il s'établit sur le prix stipulé, en y ajoutant les charges dont l'acquéreur ou cessionnaire est tenu envers le vendeur, sans que le droit puisse être liquidé sur une somme moindre que le capital de la redevance (2305 J. E.).

Si le fonds seul est aliéné, le capital de la redevance que le vendeur s'est réservée doit être ajouté au prix stipulé, soit que l'on considère cette redevance comme une charge imposée à l'acquéreur, soit qu'on l'assimile à l'*usufruit* que se réserverait le vendeur, et dont la valeur devrait être ajoutée à celle de la nue-propriété. Il en est de même lorsque celui qui a acquis le fonds le revend avec charge de continuer le payement de la redevance à l'ancien propriétaire foncier. C'est la conséquence de l'arrêt du 13 novembre 1826, mentionné n° 2938.

2938. Cession par le domanier à un tiers. — La cession de son droit, faite par le colon, ne forme pas un contrat de même nature que l'acte constitutif du convenant, comme nous avons vu que cela a lieu en matière de cession de baux ordinaires (*V.* 2580 et suiv.). S'il n'en est pas autrement convenu, il y a vente du tout, c'est-à-dire de la jouissance et des édifices et superfices. Ce n'est plus le droit de bail et celui de vente qui sont exigibles, mais un seul droit de mutation à 5 fr. 50 cent. pour 100, calculé tant sur le prix de la cession que sur le montant de la redevance à acquitter par le cessionnaire. Ainsi du moins l'a décidé la C. cass. 13 novembre 1826 (8588 J. E., 6076 J. N., 1205 § 1er I. G., Merlin *Rép.* v° *Bail à dom. cong.* § 3).

La perception du droit de vente à 5 fr. 50 cent. pour 100 sur la cession de jouissance ne saurait s'expliquer que par une application rigoureuse de l'art. 9 L. 22 frimaire an 7, d'après lequel une cession de meubles et d'immeubles consentie pour un prix unique est passible du droit immobilier sur le tout. On pourrait soutenir, en effet, d'un côté, que le domanier cède son droit personnel de jouissance dont la nature est essentiellement mobilière, et, de l'autre, que le prix stipulé indépendamment de la redevance peut s'appliquer en partie à cette cession. Le droit de jouissance constitue un droit incorporel auquel la jurisprudence a étendu l'art. 9 de la loi de l'an 7 relatif à la vente simultanée d'un immeuble et d'un droit de l'espèce (V. *Vente*). Cependant on a quelquefois liquidé séparément le droit de bail sur le prix de la cession de jouissance et celui de vente sur la cession des édifices. Cette liquidation a été admise par un jugement de Guingamp du 29 mai 1827, et le pourvoi formé (mais sur d'autres chefs) contre cette décision a été rejeté par arrêt du 19 juin 1828 (9077 J. E., 6603 J. N., S. 28-1-243).

1. TITRE NON ÉNONCÉ. — Si, lors de l'enregistrement de la cession, il a été perçu un droit proportionnel pour raison du bail énoncé sans justification d'un titre enregistré, le droit est restituable, lorsqu'il est justifié ultérieurement d'un titre (Cass. 13 nov. 1826, 1205 § 3 I. G., S. 27-1-281).

2. PERCEPTION A RAISON DE LA DURÉE DE LA JOUISSANCE. — Lorsque le colon ou domanier cède le convenant moyennant un prix payé au cédant, et à la charge par le cessionnaire de payer la redevance convenancière, le droit doit être perçu sur le prix et sur la rente. Mais cette rente ne doit pas être capitalisée au denier 20 ; elle doit être proportionnée à la durée de l'obligation. Ordinairement les baillées sont de neuf ans. D'après la loi du 6 août 1791, la tacite réconduction peut cesser chaque année à la Saint-Michel. Ainsi, lorsque les neuf années du bail originaire sont expirées, on ne peut considérer la durée de la jouissance que comme prolongée pendant un temps limité à une année (Cass. 13 nov. 1826, 1205 § 3 I. G., S. 27-1-281 et 19 juin 1828, 9077 J. E., S. 28-1-243).

3. BESTIAUX. — INSTRUMENTS ARATOIRES. — Dans ce cas, on a élevé la question de savoir si les transmissions de bestiaux et instruments aratoires qui étaient la propriété du domanier, et qu'il n'avait pas reçus du propriétaire, devaient être considérées comme des transmissions d'immeubles. L'Administration a délibéré, le 4 septembre 1806, que les bestiaux, instruments, etc., non attachés au sol par le foncier, mais seulement placés par le domanier pour son avantage particulier, ne pouvaient être réputés *immeubles*, attendu que le domanier lors du congément, ne pourrait obliger le propriétaire à lui en payer la valeur. D'où il suit que la cession de ces objets, en même temps que la cession du convenant, et moyennant une estimation article par article et un prix particulier ne donnerait lieu qu'au droit de 2 pour 100 (2387 J. E., D. N. t. 4 p. 766 n° 72).

Dans le ressort de l'ancien usement de Rohan, les frais du premier défrichement des terres labourables et des prairies ne sont pas compris parmi les améliorations dont la valeur doit être remboursée au domanier lors du congément (Cass. 7 mai 1851, S. 51-1-336). Ces frais ne sauraient donc être ajoutés à la valeur des superficies pour la perception du droit.

Les pailles et les foins placés sur le fonds par le domanier ne font pas non plus partie des édifices, et leur cession soit au fermier soit à un tiers ne donnerait lieu qu'au droit de 2 pour 100 (Dél. 4 sept. 1806).

2939. Congément exercé par le foncier. — Le propriétaire qui exerce le congément est tenu de rembourser au domanier la valeur des édifices et superfices, c'est ce que nous avons vu n° 2931. Cependant cette condition diffère essentiellement de celle analogue qui est stipulée dans les ventes à réméré. Dans celle-ci le vendeur rachète dans le contrat même de vente, mais sous une condition suspensive, celle de rembourser le prix et loyaux coûts; cette condition, en s'accomplissant, remonte au jour du contrat et dispense le rachat du droit proportionnel de revente. Dans le bail à convenant, au contraire, le propriétaire s'oblige seulement à racheter, ou le colon à revendre; il n'y a pas rachat d'hors et déjà stipulé *sous condition suspensive*. Il y a *obligation* de racheter. L'exercice du congément opère donc : 1° rétrocession des superfices qui existaient au moment de la constitution du convenant; — 2° vente des superfices créés par le domanier pendant sa jouissance. Mais aux termes de l'art. 9 L. 6 août 1791, les édifices et superfices étant meubles à l'égard du *propriétaire foncier*, le droit de 2 pour 100 est seul exigible sur la somme *entière* dont celui-ci tient compte au domanier, après expertise ou évaluation. C'est ce que l'on doit conclure, quant à la quotité du droit, de l'arrêt cité au n° 2944 *infrà*, et ce qui résulte d'une D. m. f. 6 mai 1827 (D. N. t. 4

p. 765 n° 64, et d'une Sol. 27 déc. 1873. — *Conf.* : Merlin *Rép.* v° *Bail à dom. cong.* § 3).

1. ÉCHANGE.— De ce que les édifices, superfices ou autres droits réparatoires cédés au propriétaire foncier ont le caractère de meubles, il en résulte que le droit de vente immobilière serait exigible si le foncier, pour se libérer du prix de ces superfices, abandonnait des immeubles en échange au domanier.

2. RACHAT ANTÉRIEUR. — Le congément ne peut d'ailleurs être exercé contre le détenteur qui a opéré le rachat de la rente en vertu de la loi du 27 août 1792 et avant son abrogation par celle du 9 brumaire an 5, car ce rachat a consolidé la propriété entre ses mains (Cass. 1er juin 1853, S. 53-1-630). Toutes les cessions des droits du domanier seraient donc sujettes au tarif des ventes d'immeubles.

2940. *Idem.* **Transcription.** — 1. CONGÉMENT EXERCÉ A L'EXPIRATION DU BAIL. — Une question qui se présente naturellement ici est celle de savoir si, les édifices et superfices étant réputés immeubles dans les mains du domanier, le foncier, qui exerce le congément après l'expiration du bail, n'est pas tenu à purger les hypothèques qu'aurait pu créer le preneur. La solution doit être négative d'après un jugement de Loudéac du 4 juillet 1845 (13854 J. E., 12505 J. N.), et une délibération du 6 mai 1817 (6059 J. E.). En effet, par l'exercice du congément, à l'expiration de la baillée, et sans que le colon puisse s'y opposer, les édifices rentrent dans les mains du propriétaire libres de toutes charges et hypothèques créées par le colon au profit des tiers, car le colon n'a pu hypothéquer que pour la durée de son bail (Duranton t. 4 n° 90, Troplong n° 61). C'est là un principe qui dérive de la maxime : *Resoluto jure dantis, resolvitur jus accipientis*, maxime généralement admise sous l'empire des anciens usements et qui a passé dans l'art. 2125 C. C.— C'est d'ailleurs le principe qui résulte virtuellement de deux arrêts de Cass. des 11 nov. 1833 (10780 J. E., 8282 J. N., S. 33-1-834), et 5 mai 1834 (10971 J. E., 8490 J. N., 1467 § 2 I. G., S. 34-1-343), rendus au sujet du congément donné par le cessionnaire du propriétaire.

Par conséquent la quittance constatant le remboursement opéré par le foncier ne pourrait donner lieu au droit de 1 fr. 50 cent. pour 100 indépendamment du droit de cession mobilière.

Il en serait de même quoique la somme à payer pour la valeur des superfices ne fût pas versée comptant et que le foncier obtienne un délai pour se libérer. Cette prorogation ne change pas la nature du contrat et ne rend pas le droit de transcription exigible (Sol. 27 déc. 1873).

2. CONGÉMENT ANTICIPÉ. — Mais la solution sera-t-elle la même si la clause résolutoire du bail à convenant se fait par la seule volonté du propriétaire foncier et du colon, au lieu d'être le résultat d'une cause nécessaire et de la nature du contrat, alors que les parties ont elles-mêmes dérogé au contrat primitif, *sur la foi duquel des tiers ont pu traiter avec le colon?* Évidemment non, la convention doit être régie par le droit commun. Dans ce sens, le tribunal de Lorient a jugé, le 18 février 1846 (14103 J. E., 12985 J. N.), que la cession des édifices et superfices faite par le domanier au foncier, *avant l'expiration légale du bail à convenant*, est de nature à être transcrite, et donne ouverture au droit de 1 fr. 50 cent. pour 100 lors de l'enregistrement. Cette solution est l'application de la jurisprudence ancienne, d'après laquelle le foncier qui acquérait à l'*amiable* les édifices et superfices de son domanier, à la différence de ce qui arrivait lorsqu'il les acquérait *par congément*, ne purgeait pas de plein droit les hypothèques et autres charges établies par le colon sur les édifices rendus volontairement.

2941. Congément provoqué par le domanier. — Quant au *congément provoqué par le domanier* envers le foncier (*V.* 2933), comme il produit les mêmes effets que celui exercé par ce dernier, il donne aussi lieu aux mêmes droits. — *V.* 2945.

2942. Cessionnaire du foncier. — 1. CESSION DU CONGÉMENT. — Mais la nature mobilière des superfices à l'égard du propriétaire est une fiction qu'il faut réserver dans son cas particulier et qui, comme telle, ne peut être étendue d'un cas à un autre, ni d'une personne à une autre. Si donc le propriétaire a cédé le droit de devenir domanier à la place du colon expulsé, le remboursement que le cessionnaire fait à l'ancien domanier de la valeur des édifices et superfices, d'après estimation, donne ouverture, sur cette estimation, au droit immobilier, parce que, à son égard, comme à l'égard de tous autres, la cession faite par le colon est un véritable acte translatif de propriété immobilière (D. N. t. 4 p. 765 n° 66, Dalloz v° *Biens* 145).

2. QUOTITÉ DE DROIT. — Quel est le droit exigible dans cette hypothèse ? Il a été décidé que c'était le droit de 4 pour 100 et non pas celui de 5 fr. 50 cent. pour 100 par le motif que le contrat n'est pas de nature à être transcrit (Cass. 25 niv. an 10, S. 7-2-909, — 1er vent. an 12, 814, 4090 J. E., D. N. t. 4 p. 765 n° 66, — 11 nov. 1833, 10780 J. E., 8282 J. N., S. 33-1-834). Mais cette appréciation ne nous paraît pas fondée. Des superfices ne sont meubles qu'à l'égard du foncier, ou, comme nous le verrons au numéro suivant, à l'égard du cessionnaire du domaine congéable lui-même. Mais à l'égard de toutes autres personnes, ils conservent leur caractère immobilier. Si le domanier cédait ces superfices à un tiers avant l'exercice du congément, il n'est pas douteux que, malgré la possibilité de résolution dont les hypothèques par lui consenties sur ces superfices sont affectées, le contrat serait de nature à être transcrit, parce qu'il a actuellement le caractère d'un acte translatif ayant pour objet des immeubles. Or, la cession qu'il fait au cessionnaire du congément est de la même nature parce que ce cessionnaire, ne possédant pas le domaine congéable, est un véritable tiers à l'égard du superficier.

2943. Cessionnaire du foncier. — 1. CESSION DU DOMAINE CONGÉABLE. — Il faut remarquer néanmoins que la fiction créée par l'art. 9 L. 1791 suit le *domaine congéable* dans la vente qui peut en être faite. Si donc le foncier cède son fonds, le cessionnaire jouira du bénéfice qu'avait son cédant, car il est devenu réellement propriétaire du fonds (D. n° 3071, Champ. et Rig. n° 3579). C'est dans ce sens qu'a été rendu un jugement de Quimperlé, 16 mai 1837 (9865 J. N., 11899 J. E.; — *Contrà* : 6828 J. E.). — L'espèce jugée présentait cette circonstance particulière que c'étaif un copropriétaire de tenue convenancière pour un tiers qui avait cédé sa part de propriété; le cessionnaire ayant exercé le congément de la *totalité* de la tenue, le tribunal a décidé avec raison que si le droit de 2 pour 100 était le seul exigible sur la part de congément correspondante à la copropriété du cessionnaire, c'est-à-dire sur le tiers du prix, il y avait lieu de réclamer 5 fr. 50 cent. pour 100 sur les deux autres tiers auxquels le cessionnaire n'avait aucun droit. La même opinion résulte encore d'un jugement de Morlaix du 4 février 1822 auquel l'Administration a acquiescé par une délibération du 21 avril suivant (D. N. t. 4 p. 765 n° 65). — *V.* Sol. 27 déc. 1873, 19378 J. E.

2944. Nature des édifices après congément exercé. — Il ne faut également pas perdre de vue que c'est seulement dans les rapports du foncier avec le *colon* que les édifices sont réputés meubles (Merlin *Rép.* v° *Bail à dom. cong.*). Aussitôt le congément exercé, les édifices redeviennent immeubles entre les mains du propriétaire, et la vente que celui-ci en ferait, même à un individu auquel il aurait déjà vendu le sol, est passible du droit de 5 fr. 50 cent. pour 100 (Cass. 28 fév. 1832, 10304 J. E., 7679 J. N., S. 32-1-264).

2945. Vente au domanier. — Si, par un acte entre le foncier et le domanier, celui-ci *remboursait au premier la rente convenancière*, avec clause que le fonds lui appartiendrait désormais comme propriétaire, il y aurait lieu de percevoir 5 fr. 50 cent. pour 100 sur le capital de la redevance, en y ajoutant les charges qui pourraient être imposées au domanier. Cet acte constitue une aliénation de propriété immobilière.

1. ACTE DE COMPLÉMENT. — Lorsque deux des domaniers achètent le fonds tant pour eux que pour ceux de leurs consorts qui concourront au payement du prix, l'acte postérieur qui désigne ces consorts coacquéreurs et détermine la portion appartenant à chacun d'eux dans l'acquisition ne peut être assimilé à une déclaration de command. C'est un acte de complément passible du droit fixe de 2 francs (3 fr.), quoiqu'il n'ait pas été enregistré dans les vingt-quatre heures (Pontivy 7 août 1837, D. N. t. 4 p. 767 n° 77).

2946. Déclaration. — La déclaration par le domanier contenant le détail tant des terres que des édifices et superfices dont se compose la ferme à domaine congéable, n'est ni un titre nouveau, ni un acte de complément, mais une déclaration pure et simple passible du droit fixe de 2 francs (3 fr.) (Sol. 28 juin 1831, 10048 J. E., D. N. t. 4 p. 766 n° 26).

2947. Succession. — 1. SUCCESSION DU DOMANIER. — L'art. 9 L. 6 août 1791 est ainsi conçu : « Dans toutes les successions directes ou collatérales qui s'ouvriront à l'avenir, les édifices et superfices des domaniers seront partagés comme immeubles, selon les règles prescrites par la coutume générale de Bretagne, et *par les décrets déjà promulgués, ou qui pourront l'être par la suite comme loi générale pour tout le royaume.* Il en sera de même pour le douaire des veuves des domaniers, pour les sociétés conjugales et pour tous les autres cas, les édifices et superfices n'étant réputés meubles qu'à l'égard des propriétaires fonciers. » Par suite, les héritiers de celui qui tient un domaine congéable doivent la déclaration comme immeubles des édifices et superfices, et comme meubles des bestiaux attachés à la culture, des instruments aratoires et des semences, lorsque ces objets ont été apportés par le colon (Dél. 4 sept. 1806, 2387 J. E.). Depuis la loi de 1850, cette distinction est devenue à peu près sans intérêt.

2. SUCCESSION DU FONCIER. — Si c'est le propriétaire direct qui décède, ses héritiers doivent déclarer la redevance qui est censée représenter le revenu. Il y a lieu d'ajouter à la redevance l'impôt foncier relatif au fonds et que le domanier doit acquitter en l'acquit du foncier (*V.* 2936). D'après une Sol. 13 avril 1852, si les parties ne représentent pas un extrait de la contribution foncière on ajoute le quart de la vente convenancière. Si les parties représentent l'extrait, il faut chercher sur la matrice cadastrale à déterminer la part de l'impôt foncier afférent au fonds. Il existe sur les matrices cadastrales de chaque commune un tableau indiquant la proportion entre le revenu net des propriétés qui y sont situées et le revenu imposable. D'un autre côté, le rôle de la contribution foncière énonce pour chaque année le marc le franc de l'impôt à percevoir sur le revenu imposable. Étant donné, par exemple, le chiffre 53 pour la proportion indiquée par la matrice cadastrale, ce chiffre indique que le revenu imposable représente les 53/100es du revenu net, il suffit, pour avoir le revenu imposable, de chercher combien de fois il contient le nombre 100, ou, en d'autres termes de diviser le revenu net par 100, de multiplier le résultat de cette division par 53 pour avoir le revenu imposable, et de multiplier ce nouveau résultat par le marc le franc de la contribution foncière de l'année du décès pour avoir le montant de la contribution foncière à ajouter au revenu net. Mais ces opérations assez longues ne pouvant être faites au moment de la déclaration nous croyons qu'il appartient aux parties, en représentant l'extrait du rôle, de faire elles-mêmes la ventilation sauf à l'Administration à contrôler leur déclaration par les moyens ci-dessus. La redevance est capitalisée par 20 et par 25 s'il s'agit d'immeubles ruraux, et le droit perçu sur le total.

Si la redevance avait été aliénée séparément du domaine direct, elle ne serait plus que mobilière. Il y aurait trois propriétés : le domaine direct, la redevance et la jouissance. Dans ce cas, le domaine direct ne produirait pas de revenu : il ne constituerait qu'une action, comme, par exemple, celle de réméré. Lorsque c'est le preneur qui est décédé, on doit déclarer la valeur locative des biens tels qu'ils se trouvent, et en déduire la redevance payée au propriétaire. La différence, capitalisée par 20 ou 25, formera la valeur sur laquelle le droit sera perçu.

2948. Donation. — Les mêmes règles sont applicables

en matière de mutation entre-vifs, à titre gratuit (D. N. t. 4 p. 766 n°s 73-74).

SECTION 7. — BAIL A LOCATERIE PERPÉTUELLE, A CULTURE PERPÉTUELLE, A RENTE, A CENS, A MÉTAIRIE PERPÉTUELLE

[2949-2960]

2949. Locaterie perpétuelle. — Les baux à locaterie perpétuelle, usités surtout dans les pays de droit écrit, tenaient à la fois de l'emphytéose et du bail à rente; dans le dernier état de la jurisprudence il était même assez difficile d'indiquer des différences importantes entre ces contrats (Duvergier *du Louage* n° 194).

Les baux à locaterie perpétuelle paraissent avoir entièrement cessé d'être en usage; du moins on ne trouve pas dans la législation moderne, comme pour les baux emphytéotiques, de textes qui supposent que cette espèce de contrat doive se reproduire. Rien ne s'oppose cependant à ce que des parties ne se servent de cette ancienne qualification; et, si elles jugent à propos de l'employer, il faut attribuer à leurs conventions tous les effets qui, autrefois, étaient attachés aux baux à locaterie perpétuelle, sauf les modifications résultant de la survenance des lois nouvelles.

La question de savoir si ce bail était translatif de propriété antérieurement à la loi du 10 décembre 1790 qui a créé la faculté de rachat, est encore controversée. Mais il est reconnu que depuis cette loi le bail à locaterie perpétuelle transfère la propriété au preneur et ne confère au bailleur qu'une simple créance; d'où il suit que, par le laps de trente ans écoulé sans payement fait au bailleur ni réclamation de ce dernier, le preneur prescrit tant la propriété des immeubles ayant fait l'objet du contrat, que la rente due au bailleur et l'action résolutoire pour défaut du payement de cette rente (Agen 11 juill. 1859, 1353 R. P., S. 60-2-316; *V.* Troplong *Louage* n° 55, Duvergier, *id.* 196, Duranton t. 4 n° 87, Fœlix et Henrion p. 23).

2950. Culture perpétuelle. — Les baux à culture perpétuelle avaient le même caractère et les mêmes effets que les baux à locaterie perpétuelle; ce que nous venons de dire leur est donc applicable de tous points (Duvergier *loc. cit.* n° 199).

2951. Bail à rente. — Ce contrat n'était point une simple location perpétuelle de l'immeuble. Il en transférait toute la propriété à l'acquéreur. Le bailleur ou vendeur ne s'y réservait qu'une rente, qui était appelée *foncière*, parce qu'elle tenait lieu au bailleur du fonds de son immeuble. Le contrat était un mélange de la vente, du louage et de la rente constituée. — Le bail d'héritage à rente foncière différait du bail emphytéotique en ce que le premier transférait à l'acquéreur non-seulement le domaine utile, mais encore le domaine direct, et que le bail emphytéotique ne transférait que la propriété utile, sous la condition qu'après un long temps cette propriété retournerait au bailleur.

2952. Bail à cens. — « Le bail à cens, dit Pothier (*Traité du cens*), est un contrat par lequel le propriétaire d'un héritage, ou d'un droit immobilier, l'aliène sous la réserve qu'il fait de la seigneurie directe, et d'une redevance annuelle en argent ou en fruits, qui doit lui être payée par le preneur ou ses successeurs, en reconnaissance de ladite seigneurie. Cette redevance annuelle s'appelle *cens*. Il résulte de la définition que nous avons donnée, ajoute-t-il, qu'il est de l'essence du contrat de bail à cens qu'il contienne la réserve de la part du bailleur de la seigneurie directe, et d'un droit de redevance annuelle récognitive de ladite seigneurie. En cela, le bail à cens diffère du simple bail à rente foncière, lequel ne contient la réserve d'aucune seigneurie de l'héritage, mais d'une simple charge et redevance foncière » (*Conf.* : Demolombe t. 9 n° 496).

Il a été jugé, en cette matière, que la cession d'un terrain faite par un ancien seigneur à titre de cens foncier et seigneurial emportant lods et ventes et moyennant une redevance annuelle, peut par interprétation de l'ensemble de ses stipulations être considéré comme un *bail à cens* encore bien qu'elle contiendrait des clauses propres au domaine congéable. Dès lors, le preneur en vertu d'un tel acte est devenu, par suite de l'abolition des droits féodaux qui ont éteint les rentes seigneuriales, propriétaire exclusif du fonds et a réuni le domaine direct au domaine utile (Cass. 24 avr. 1860, 1481 R. P.).

Les baux qualifiés de baux à cens ne sont donc plus aujourd'hui que des baux à rente.

2953. Effets. — Les effets de ces divers contrats sont les mêmes au point de vue de l'enregistrement, qui ne les considère que comme des baux à rente, et c'est ce qui nous les a fait réunir dans le même chapitre. « La loi du 18-29 décembre 1790, disait Merlin devant la C. cass. (Duvergier *loc. cit.* n° 195, Merlin *Quest. de droit* v° *Locaterie perpétuelle* § 1er), après avoir déclaré, art. 1er, que la faculté de rachat n'était pas applicable aux rentes stipulées, soit par des baux à rentes ou emphytéotiques non excédant quatre-vingt-dix-neuf ans, soit par des baux à vie qui ne fussent pas sur plus de trois têtes, a ajouté, art. 2, qu'à cette faculté étaient soumises les rentes foncières ou redevances établies par les contrats connus sous le titre de *locaterie perpétuelle*. Par là il est nettement décidé que le bail à *locaterie perpétuelle* ne *diffère en rien* du *bail à rente foncière*. » Et cette faculté qu'a le preneur de racheter la rente a été consacrée pour les baux à culture perpétuelle par un arrêt cass. 2 mars 1835 (8864 J. N.).

2954. Quotité du droit. — Il résulte de là que le caractère de *vente* à attribuer aux baux dont nous venons de parler n'est plus contestable, aujourd'hui que l'art. 530 C. C. a sanctionné les dispositions de la loi 18-29 décembre 1790, et que le preneur peut à chaque instant racheter la rente et s'affranchir de l'obligation de la servir annuellement en en payant le capital au bailleur, tout en conservant l'immeuble. La faculté accordée par l'art. 530 fait, en réalité, passer le droit de propriété sur la tête du preneur et ne laisse au bailleur qu'une simple créance. C'est ce qu'ont reconnu des arrêts Cass. 6 janvier 1852 (15523 J. E.) et 22 mai 1848 (D. 48-1-127). — *V.* 2900, 2964.

Le droit applicable est donc celui de 5 fr. 50 cent. pour 100, déterminé par les art. 52 et 54 L. 28 avril 1816 (D. N. t. 2 p. 374 n° 8).

2955. Liquidation. — Ce droit doit être liquidé sur un capital formé de vingt fois la rente, en y ajoutant les charges annuelles, ainsi que les autres charges, les deniers d'entrée, et tout ce qui peut former le prix de l'aliénation (Art. 15 n° 2 L. 22 frim. an 7).

1. CAPITAL EXPRIMÉ. — Si cependant un capital était exprimé et qu'il fût supérieur à vingt fois la rente, ce serait ce capital que, d'après une Dél 22 messidor an 8 (5361 J. E.), il faudrait prendre pour base du droit, en y ajoutant les charges. L'opinion contraire, émise par le J. E. (3946) est une erreur.

2. CHARGES. — Il faut d'ailleurs entendre par charges toutes les obligations considérées comme telles dans les baux ordinaires, telles que l'obligation de payer la contribution foncière et autres prestations analogues grevant la propriété.

2956. Rentrée en possession. — Lorsque le bailleur à locaterie perpétuelle rentre dans la jouissance des biens, il est tenu de payer les droits de mutation, lors même qu'il prétendrait n'avoir fait aucun acte qui constatât la rentrée en possession, et que les héritiers du locataire auraient le droit de reprendre les biens, en payant la rente (Cass. 30 mars 1808, 3072 J. E., D. N. t. 12 p. 374 n° 10).

2957. Cession. — Rente à ajouter comme charge. — Un arrêt cass. 4 nivôse an 10 (9802 J. E.) a jugé que, lors de la cession du domaine utile par le preneur d'un bail *à cens*, on ne peut pas plus ajouter la rente foncière au prix stipulé, qu'on ne peut y ajouter l'impôt foncier. Mais cette solution ne paraît pas fondée. En effet, d'une part, la faculté de racheter la rente a produit l'effet de transmettre la propriété entière; d'autre part, la loi 11 brumaire an 7 a mobilisé les rentes foncières ; d'où il suit qu'à l'égard du bail à cens comme pour le bail à rente et le bail à locaterie perpétuelle, la rente, lorsqu'il est stipulé que le cessionnaire devra la servir, forme une charge qui doit être ajoutée au prix de la cession. C'est d'ailleurs ce que la C. cass. a reconnu en décidant, le 7 février 1827 (8686 J. E., 1210 § 12 I. G.) que, si l'immeuble qui est grevé de la rente est vendu, elle ne sera point une charge nécessaire inhérente au contrat, et le capital ne devra être ajouté au prix qu'autant que la condition du payement sera explicitement imposée à l'acquéreur, ou qu'elle paraîtra une conséquence nécessaire des clauses du contrat.

2958. Succession. — Il résulte également de là que, lors de la *mutation par décès*, l'immeuble grevé d'une rente foncière doit être déclaré pour sa valeur entière, sans déduction de la rente, comme les immeubles hypothéqués sont déclarés sans déduction des créances hypothécaires (Cass. 19 prair. an 11, 9799 J. E., S. 3-1-335).

2959. Bail à métairie perpétuelle. — Mais il ne faut pas confondre avec les contrats dont nous venons de parler, la convention connue autrefois dans la Marche et le Limousin, sous le nom de *Bail à métairie perpétuelle*. Celui-ci ne transférait point au colon le *domaine utile*. Le bailleur et le preneur partageaient par moitié les fruits de tous genres et le produit des bestiaux. Il n'y a pas lieu de leur appliquer les lois 18-29 décembre 1790, 2 prairial an 2 et l'art. 530 C. C., car le rachat n'est autorisé que lorsque la redevance est le prix de la transmission de la propriété, ou du moins du domaine utile (Duvergier *du Louage* n° 200, Demolombe t. 9 n° 7; — Cass. 11 août 1840, 10797 J. N., 30 mars 1842, 13120-2 J. E.). Ici il n'y avait pas redevance, mais partage en nature.

1. TARIF. — Un tel bail est donc un bail illimité passible du droit fixé par l'art. 69 § 7 n° 2 L. 22 frimaire an 7. Le même tarif serait applicable aux cessions de ce bail.

2. PARTAGE. — Il été reconnu que l'abandon par le propriétaire d'un domaine grevé d'un bail à métairie perpétuelle d'une partie de l'immeuble pour faire cesser le bail, donne lieu au droit de 5 fr. 50 cent. pour 100. L'acte n'est pas un partage, car il n'y a pas d'indivision entre le propriétaire et le colon. D'autre part, les baux à métairie perpétuelle ne sont pas translatifs de propriété, et dès lors les redevances ne se trouvent pas au nombre de celles dont le rachat est autorisé par les lois des 18-29 décembre 1790 et 2 prairial an 11. Enfin, le droit du colon n'est pas un démembrement de la propriété et ne constitue pas un *jus in re* puisque le bailleur en expulsant les colons n'est pas tenu de payer l'indemnité en immeubles (Chambon 21 mars 1862, 1696 R. P., 428 Rev., 17566 J. E.).

2960. Droit de marché. — Il existe dans un grand nombre de communes du Santerre et de la portion de l'ancien Vermandois, la plus rapprochée de Péronne, un droit de jouissance très-singulier. Une terre est affermée, et par cela seul qu'elle est à bail, le fermier s'en considère comme un copropriétaire. Lors même que le bail assigne un terme à sa jouissance, cette stipulation est sans effet; pourvu que le preneur s'acquitte du fermage aux termes convenus, il se regarde comme investi d'une jouissance indéfinie dans laquelle il trouve tout simple de se perpétuer, et dont il pourra disposer comme d'un bien incontestable.

En fait, c'est ainsi qu'il en use : il transmet cette jouissance par héritage, il la donne en dot à ses enfants, il la cède à titre gratuit ou onéreux, il la divise ou la lègue par testament sans que par aucun de ces différents actes il songe à consulter son propriétaire. Celui-ci ne peut ni changer le fermier, ni augmenter le fermage, ni modifier les conditions de la jouissance. Il est réduit à percevoir aux époques déterminées par la coutume ou par le bail une redevance désormais invariable; il n'a plus guère sur sa chose qu'un droit semblable à celui qui, sous l'ancien régime, était affecté au contrat d'emphytéose ou de bail à locatairie perpétuelle. Pour peu que les baux soient anciens, le prix auquel ils sont faits est loin de représenter le revenu réel de l'immeuble loué. Dès lors le domaine utile de la chose se trouve avoir subi entre les mains du propriétaire une dépréciation dont l'équivalent a passé entre les mains du fermier. Aujourd'hui la part du fermier est encore ce qu'elle était avant la Révolution : elle varie du quart à la moitié de la valeur des biens. Dans certaines communes du canton de Reye, le droit de marché est inférieur au quart de la propriété. Dans d'autres localités, il dépasse la moitié et atteint quelquefois les trois quarts. De plus, indépendamment de la variation qu'il subit dans les différents pays, il lui arrive de varier encore dans la même commune entre les diverses exploitations qui y sont situées.

Ce droit n'est pas, du reste, particulier à la Picardie; on en trouve des traces dans l'Artois, dans les Flandres, dans la Champagne et l'Ile-de-France. Il existe encore dans le Hainaut, sous le nom de *mauvais gré*, partout ailleurs on l'appelle *droit de marché ou de jouissance fermière*.

Une telle situation de la propriété est évidemment illégale. Le droit de marché ne se fonde que sur la violence et la menace. Le fermier qui se présenterait pour reprendre la jouissance des terres soumises au droit de marché et retirées à l'ancien preneur s'exposerait à la réprobation générale, et cette réprobation se traduirait par le pillage ou la dévastation organisée : il en serait de même à l'égard du propriétaire qui tenterait d'exploiter ses immeubles. Nul ne l'ignore et ne s'y expose.

1. APPLICATION DES DROITS D'ENREGISTREMENT. — DROIT DU PRENEUR. — Le droit de marché sur la transmission de la propriété au point de vue fiscal a une influence différente selon la nature des mutations. Comme il n'a aucune existence juridique, l'Administration ne saurait évidemment soumettre à l'enregistrement ni les cessions verbales opérées entre-vifs, ni les mutations par décès, encore bien que ces dernières résultent d'un legs. Pour qu'il en fût autrement, il faudrait établir la réalité même du droit transmis, et cette justification est impossible.

Mais quand l'aliénation fait l'objet d'un contrat présenté à l'enregistrement et dans lequel le fermier dispose du droit de marché comme d'une copropriété immobilière lui appartenant, l'application du tarif des cessions d'immeubles est pleinement autorisée, car le Trésor n'est pas juge de la validité des actes ni de l'existence des droits transmis. On n'hésite jamais en pratique à le percevoir.

2. DROIT DU BAILLEUR. — EXPERTISE. — Par voie de conséquence, la mutation de la propriété opérée du chef du bailleur doit, en principe, acquitter l'impôt sur sa valeur totale, sans tenir compte du prétendu droit de copropriété usurpé par le preneur. On ne pourrait donc pas, lors du décès de ce bailleur, se borner à déclarer la moitié ou les trois quarts de l'immeuble suivant la proportion attribuée par l'usage au droit de marché. Mais on ne saurait disconvenir que la valeur de cette propriété entière ne se trouve notablement atteinte par le privilége existant de fait au profit du fermier. La valeur vénale ou locative d'un immeuble se détermine, en effet, d'après le prix ou le revenu moyen que l'on en attendrait. Or, quand il existe, comme dans l'espèce, une cause générale de dépréciation, il est bien certain que le prix de vente ou le revenu se trouve nécessairement diminué. On devrait donc, selon nous, en tenir compte dans une certaine mesure pour l'expertise. C'est ce qui se fait, du reste, en pratique si nous en croyons le témoignage d'un éminent magistrat, appelé par sa situation à bien connaître les caractères et les effets du droit de marché.

« L'Administration de l'enregistrement, dit-il, et celle des contributions directes, frappées de la perte que le droit de marché fait éprouver au Trésor, en introduisant dans les contrats des prix inférieurs à la valeur réelle des immeubles et de leur revenu, ont imaginé un moment de prendre cette valeur comme base de leurs perceptions. Mais elles ont dû y renoncer, leurs tentatives arrêtant les transactions et n'ayant d'autre résultat que de frapper d'une charge nouvelle une propriété déjà grevée outre mesure » (*Étude sur le droit de marché*, par M. Saudbreuil, procureur général à Amiens, *Bulletin des tribunaux* déc. 1863).

SECTION 8. — BAIL EMPHYTÉOTIQUE

[2961-2986]

2961. Définition. — En combinant l'ancien et le nouveau droit, on peut définir le bail emphytéotique : un contrat par lequel le propriétaire d'un fonds le donne à quelqu'un pour le posséder et en jouir pendant un long espace de temps, à la charge de payer une redevance annuelle; avec faculté pour le preneur d'hypothéquer le fonds, de l'aliéner, de le transmettre à ses héritiers; et sous la condition que le propriétaire ne pourra le reprendre, soit entre les mains du preneur, soit entre celles de ses successeurs, tant que la redevance sera exactement payée (Duvergier *du Louage*, n° 153).

2962. Droits et obligations des parties. — Le bailleur est soumis envers le preneur aux obligations de délivrance et de garantie dont un vendeur est tenu à l'égard de l'acheteur; mais il ne peut demander la rescision du contrat pour lésion, parce que l'emphytéose est aléatoire. Le bailleur ne pourrait, à défaut de convention expresse, exiger du preneur l'apport de la rente à son domicile.

Le preneur exerce tous les droits attachés à la propriété du fonds; il peut hypothéquer sa jouissance, l'aliéner avec les constructions qu'il a élevées; il est tenu des grosses réparations.

2963. Droit de faire des baux emphytéotiques. — La loi 18-29 décembre 1790 a formellement reconnu l'existence légale des baux emphytéotiques. Les lois 9 messidor an 3 art. 5, 11 brumaire an 7 art. 6, placent l'emphytéose au rang des biens susceptibles d'hypothèque. A la vérité, le C. C. n'en parle dans aucun de ses articles; mais ce silence ne suffit point pour proscrire un contrat dont les principaux éléments n'ont rien de contraire aux règles de la nouvelle législation. Aussi les commentateurs du Code sont-ils presque tous d'avis que, malgré ce silence de la loi, on peut stipuler des baux ayant les caractères et produisant les effets que l'ancienne législation attribuait aux baux emphytéotiques (Merlin *Quest. de droit* v° *Emphytéose* § 3 n° 2, Favard de Langlade v° *Emphytéose*, Duranton t. 4 n° 80, Carré *Lois de la Compétence* n° 412, Toullier t. 3 n° 101, Proudhon *Usuf.* 1 n° 97, Duvergier *Louage* 1-142, Troplong *Bail* 2-405 et *Louage* 1-1709, Persil art. 2118, Marcadé t. 2

art. 526, Champ. t. 4 n° 3071, Demante t. 2 n° 378. — *V.* cependant Demolombe t. 9 n° 491. — La jurisprudence a consacré cette doctrine (C. Douai 15 déc. 1832; — Cass. 19 juill. 1832, 10438 J. E.; — C. Paris 10 mai 1831, 10074 J. E.; — Caen 1er avr. 1840, S. 40-1-455; — 24 juill. 1843, S. 43-1-830; — 12 mars 1845, S. 45-1-382; — 18 mai 1847; — Grenoble 4 janv. 1860, S. 60-2-125).

2964. Durée. — Mais le bail emphytéotique, tel qu'il peut être fait aujourd'hui, diffère de la convention en vigueur sous l'ancienne législation, notamment par la durée. On ne peut plus faire des baux emphytéotiques perpétuels. Leur durée la plus longue ne peut excéder quatre-vingt-dix-neuf ans, aux termes de l'art. 1er titre 1er L. 18-29 décembre 1790. Que si, contrairement à cette prohibition, les parties stipulaient une emphytéose pour le preneur et ses descendants en ligne directe, le contrat ne serait pas absolument nul; seulement, d'après la règle générale posée par l'art. 530 C. C., la redevance serait toujours rachetable par l'emphytéote, ce qui ferait perdre à la convention le caractère de bail et le transformerait en véritable vente, de telle sorte que le bailleur ou ses ayants cause ne pourraient plus rien prétendre sur l'immeuble donné en emphytéose, même au cas d'extinction de la descendance directe du preneur. La C. cass. l'a décidé ainsi le 6 janv. 1852 (15523 J. E., 14625 J. E.). — *V.* 2588-5-2887-2954.

En deçà de la limite assignée à la durée des baux, la volonté des parties reste entièrement libre. Elles peuvent restreindre ou prolonger, à leur gré, le temps pour lequel elles s'engagent (Demante n° 362). Cependant, quoique le caractère du bail ne dépende pas du temps pour lequel il est fait, celui qui n'aurait qu'une courte durée serait difficilement considéré comme un bail emphytéotique (Duvergier n° 157). Ce n'est, en effet, que par une jouissance prolongée que le preneur peut espérer retirer quelque fruit de sa convention; et d'ailleurs, la faculté d'hypothéquer et d'aliéner, qui appartient à l'emphytéote, serait illusoire si, à une époque très-rapprochée, le fonds devait rentrer dans la main du propriétaire.

2965. Caractère du bail emphytéotique. — La question ainsi posée, il ne peut y avoir de difficulté au sujet du caractère à attribuer aux baux emphytéotiques *perpétuels*. La faculté que conserve le preneur de pouvoir racheter la redevance, imprime à ce contrat la qualité de vente; car, en réalité, elle fait passer le droit de propriété sur la tête du preneur, et ne laisse au bailleur qu'une simple créance. La question de savoir si les baux emphytéotiques *temporaires* ont le même caractère a été vivement débattue. Les tribunaux secondaires ont été longtemps divisés, mais la C. cass. a reconnu que les actes de l'espèce sont transmissifs de propriété (*V.* les arrêts cités au numéro suivant. *Add.*, Cass. 26 juin 1822, 7298 J. E.; — 12 mars 1845, 13824 J. E.).

Ce caractère immobilier du bail emphytéotique est également reconnu par tous les auteurs (Duvergier *du Louage* n° 154, Troplong *du Louage* n° 49, Marcadé t. 2 p. 346, Proudhon *du Domaine privé* n° 709 et les auteurs cités n° 2963). — Nous renverrons encore au J. P. aux dates des arrêts : C. Paris 19 août 1808; — C. Douai 11 juin 1831; — Cass. 26 novembre 1833; — Cass. 1er avril 1840, S. 40-1-433, 5946 Roll.; — Cass. 24 juill. 1843, 6583 Roll., S. 43-1-830; — Cass. 18 mai 1847, 7582 Fess., S. 47-1-623.

2966. Exemples. — On conçoit qu'il est très-difficile parfois de distinguer l'emphytéose proprement dit, du simple louage à longues années, car, à l'exception du droit d'hypothéquer et d'aliéner qui est spécial à l'emphytéose, toutes les clauses du bail peuvent se trouver dans l'emphytéose et réciproquement. C'est par une interprétation attentive des stipulations de chaque contrat et des circonstances de fait, qu'il est seulement possible de déterminer une solution. Nous donnons ci-après quelques exemples qui peuvent servir de guide dans cette recherche.

1. BAIL ORDINAIRE. — Il a été décidé, par Dél. 8 octobre 1833 (10753 J. E., 8224 J. N.), qu'il ne suffit pas qu'un bail ait une durée de quatre-vingt-dix-neuf ans pour qu'il soit emphytéotique, il faut encore qu'il en ait les caractères constitutifs. Ainsi, le bail consenti pour quatre-vingt-dix-neuf ans, mais sous la condition de ne pouvoir diviser les biens, ni les sous-louer en détail, n'est passible que du droit de 20 cent. pour 100, sans qu'on soit autorisé à percevoir le droit de transcription, attendu que par cette restriction le bailleur n'a conféré au preneur aucun droit immobilier. — Par une seconde Sol. 3 août 1841 (12866-1 J. E., 11078 J. N.), l'Administration a décidé qu'on doit considérer comme simple louage le bail pour 36 ans avec stipulation que le terme de la jouissance peut échoir après dix-huit ans, au moyen d'un congé.

De même le tribunal de la Seine a jugé, le 28 août 1844 (12333 J. N.), au sujet d'un bail de cinquante ans, qui ne présentait que des clauses compatibles avec le bail ordinaire, que l'emphytéose ne peut résulter que de la stipulation formelle des parties contractantes, et non de la simple énonciation d'une durée excédant celle des baux ordinaires.

Ce tribunal a également refusé de reconnaître le caractère de l'emphytéose à la location d'une machine à vapeur, faite pour quatre-vingt-dix-neuf ans, avec réserve par le bailleur, de la jouissance de cette machine pendant douze heures par jour, et de la faculté de résilier le bail à sa volonté (Seine 31 août 1855, 16147 J. E., 555 R. P.).

Ne doit pas être, non plus, considéré comme emphytéotique le bail d'une maison, consenti pour trente années, avec faculté pour le preneur, de percer des portes et fenêtres, de creuser des caves, de changerdes voûtes, etc., et avec obligation de payer les contributions foncières et d'ajouter deux étages au moins, en laissant à la fin du bail toutes les améliorations sans indemnité, lorsque surtout il est dit que le bailleur se réserve la faculté de résiliation non-seulement pour défaut de payement d'un seul terme, mais aussi pour le cas d'abus de jouissance, et qu'il est interdit au preneur de céder son droit au bail (Seine 21 fév. 1857, 10977 C., 16527 J. E.).

Dans une autre affaire, la C. cass., après avoir reconnu que l'emphytéose se manifeste par la longue durée de la jouissance, le droit de disposer, d'une manière presque absolue de l'immeuble concédé, la modicité de la redevance et l'obligation par l'emphytéote de supporter la dépense que peuvent entraîner les améliorations qui ont été prévues, — en a conclu qu'on ne pouvait pas attribuer ce caractère à un contrat dans lequel 1° le bailleur s'était expressément réservé les actions intéressant la propriété ; — 2° le taux du loyer était en rapport avec le prix ; — 3° la valeur des améliorations devait être remboursée à dire d'experts ; enfin — 4° la durée de la jouissance trouvait sa raison d'être dans la durée légale que devait avoir l'exploitation (Cass. 24 août 1857, 901 R. P., 2114-4 I. G., 16184 J. N., 11167 C., 16610 J. E., P. 1858 p. 476, S. 57-1-854, D. 57-1-326).

La même solution a prévalu dans un autre arrêt du 6 mars 1861, portant : « Attendu que la longue durée d'un bail et l'obligation imposée au premier d'élever des constructions sur la chose louée et d'y faire à son gré des améliorations qui, à l'expiration du temps fixé, reviendront au bailleur sans indemnité, ne suffisent pas pour le distinguer du bail ordinaire qui n'exclut pas les dispositions de l'espèce ; que le *bail emphytéotique* a sa nature et des effets qui lui sont propres ; qu'à la différence du bail ordinaire il opère un démembrement de la propriété entre le bailleur et le preneur et transmet à celui-ci un droit susceptible comme la propriété elle-même d'être vendue, hypothéquée ou aliénée sous la seule réserve des droits du bailleur ; que ce droit de libre disposition constitue l'un des éléments essentiels de l'emphytéose ; que par une clause expresse du traité du....... il était interdit à V. de sous-louer sans autorisation, que, dès lors, le bail n'a pu être emphytéotique » (17422 J. E., S. 61-1-713).

Elle a jugé, de même, qu'un bail pour quatre-vingt-dix-neuf ans fait moyennant un fermage en rapport avec la valeur de l'immeuble n'avait pas les caractères d'un emphytéose, parce que 1° il était dit que les preneurs ne pourront disposer des terrains que conformément au droit commun établi par le C. C. au titre du contrat de louage, fait qui exclut toute idée de transmission d'un droit réel, toute possibilité aux preneurs d'hypothéquer, et aux créanciers de saisir sur les preneurs et de vendre ; — 2° que la redevance n'était pas modique dans le sens de la loi ; — 3° que les preneurs n'étaient pas obligés de construire..... (Cass. 11 nov. 1861, 1550 R. P., 2223-2 I. G., 17273 J. N., 12105 C., 186 Rev., 17381 J. E., S. 62-1-91, P. 62 317, D. 61 1-444).

2. BAIL EMPHYTÉOTIQUE. — Au contraire, par jugement du 22 avril 1842 (12997-1 J. E.), le tribunal d'Orléans a décidé que le bail d'un immeuble, consenti pour quatre-vingt-dix-neuf ans, moyennant un prix déterminé et une redevance annuelle, est passible de 5 fr. 50 cent. pour 100.

De même, la C. cass., a jugé, le 6 mars 1850 (14003 J. N., 14915 J. E., 1857, § 7 I. G., S. 50-1-210), que lorsqu'un terrain a été loué pour quarante ans, avec faculté au preneur d'élever des constructions qui, à l'expiration du bail, appartiendront, sans indemnité, au bailleur, le preneur doit être considéré comme *emphytéote*, et ses héritiers doivent comprendre dans sa succession son droit au bail et les constructions, sur lesquels le droit immobilier doit être perçu.

Le tribunal d'Orléans a fondé son jugement sur ce que les parties elles-mêmes avaient reconnu que leur contrat était translatif de droit immobilier, en y insérant que les preneurs auraient le droit *de faire transcrire*, ce qui avait été effectivement exécuté. Et la cour suprême a établi, dans son arrêt, que c'était sous la dénomination de *bail ou jouissance emphytéotique* que le cessionnaire s'était rendu adjudicataire du bénéfice du bail des héritiers ; que c'était également sous le titre de *droit au bail emphytéotique* que l'auteur de la succession avait disposé par testament du bénéfice de ce bail.

Les caractères essentiels de l'emphytéose se manifestent dans un bail ayant pour objet la concession d'un terrain pendant un long temps, et pour but l'amélioration de ce terrain, à l'effet par le preneur d'en jouir d'une manière absolue, moyennant une modique redevance, et sous la condition de ne pouvoir en aucun cas être dépossédé lui ou ses ayants droit, tant que la redevance sera exactement payée. Ainsi le bail d'un terrain communal en nature de pâturage, pour une durée de quatre-vingts ans, moyennant une redevance modique, en vue et sous la condition d'effectuer des constructions, des plantations, des clôtures, des défrichements, des nivellements et autres améliorations qui resteront au bailleur à l'expiration du bail, enfin avec l'obligation imposée au preneur de supporter toutes les charges de la propriété, constitue, quoique qualifié location, un bail emphytéotique, sujet au droit proportionnel d'enregistrement de vente d'immeubles, et non au droit de bail à ferme. (Cass. Ch. civ. 26 avr. 1853, 14963 J. N., 1982-1 I. G., S. 53-1-445, P. 53-2-587, D. 53-1-145).

De même le bail dans lequel on rencontre la condition première et essentielle de l'emphytéose, c'est-à-dire la transmission au profit du preneur pour toute la durée du bail, de tous les droits utiles de propriété, et en outre les conditions ordinaires de ce contrat, c'est-à-dire longue durée du bail, modicité de la redevance, obligation par le preneur de faire sur l'immeuble des améliorations et de les abandonner au bailleur sans indemnité à la fin du bail, ne perd pas son caractère emphytéotique, par cela seul que le bailleur se serait réservé toutes les actions intéressant la propriété, alors, d'ailleurs, que le preneur n'est pas privé des actions intéressant la plénitude de jouissance et la part de propriété à lui transmise. En conséquence, les droits résultant d'un pareil bail sont susceptibles d'hypothèque (Cass. 26 janv. 1864, S. 64-1-91, D. 64-1-83).

Mais lorsqu'il a été stipulé qu'un bail à son expiration serait renouvelé pour quatre-vingt-dix-neuf ans aux mêmes prix et conditions, la jouissance emphytéotique n'est réputée transmise au preneur qu'à l'époque où il a manifesté la volonté de continuer le bail (Cass. 14 mars 1860, D. 60-1-163).

2967. Marché. — L'acte par lequel le vendeur d'un immeuble s'oblige à élever sur l'immeuble vendu des constructions dont il aura la jouissance pendant soixante-dix ans, pour lui tenir lieu du prix de l'immeuble, constitue, indépendamment de la vente, un marché et non un bail emphytéotique. — *V.* 389.

2968. Transcription. — Du caractère transmissif appartenant au bail emphythéotique, il résulte évidemment que l'emphytéote jouissant en qualité de propriétaire, peut aliéner et hypothéquer l'héritage. C'est ce qu'ont reconnu la jurisprudence et la doctrine (C. Paris 10 mai 1831) ; — Cass. 19 juill. 1832 ; — C. Paris 15 déc. 1832, 7265, 7485, 7796 J. N., 10074, 10438 J. E. ; — Troplong, *des Hypothèques*, n° 405 ; Duvergier, *du Louage*, n° 159) ; — d'où la conclusion que les baux emphytéotiques sont passibles du droit de transcription comme les transmissions ordinaires d'immeubles. L'Administration avait d'abord fait une distinction, pour la perception du droit de transcription, entre les baux emphytéotiques antérieurs au C. C. et ceux qui ont été faits postérieurement. Les uns devaient supporter le droit et les autres n'y étaient pas soumis (1166 § 17, 1282 § 1er I. G., Dél. 12 juin 1820, 2611 Roll.; — Bar-sur-Aube 22 déc. 1831, 3512 Roll.), mais cette doctrine est aujourd'hui abandonnée. — *V.* 2969.

1. EFFET RÉTROACTIF. — Le tribunal de Valenciennes a même jugé, le 24 avril 1845 (12410 J. N.), que, par un effet rétroactif, on peut hypothéquer un bail emphytéotique passé sous les anciennes lois, et spécialement sous la coutume de Valenciennes, quoique ce bail y fût réputé meuble, s'il n'avait pas été suivi des formalités appelées *devoirs* de lois d'adhéritance et déshéritance. (12410 J. N.).

2969. Tarif. — Bail. — Cession par le preneur. — Il a été définitivement reconnu que le bail emphytéotique, sous l'ancienne comme sous la nouvelle législation, est réellement un acte translatif de propriété, divisant l'immeuble en deux propriétés immobilières parfaitement distinctes, dont l'une, le *domaine direct*, reste entre les mains du bailleur, et l'autre, le *domaine utile*, passe à l'enphytéote, qui peut, pendant la durée du bail, en disposer par vente, cession, échange; qui peut l'hypothéquer, sauf l'exercice du droit du bailleur à l'expiration de l'emphytéose; enfin qui la transmet à ses héritiers: d'où la conséquence que ce bail doit être soumis au droit proportionnel établi sur tous les actes qui opèrent une transmission immobilière, et que la cession que le preneur fait du domaine utile est nécessairement soumise au même droit (Briey 6 juin 1833, 11172 J. E.; — Lille 11 mai 1839, 12301 J. E., 10412 J. N.; — Lille 1er fév. 1840 et 13 fév. 1841, 12458 et 12699 J. E.; — Seine 2 et 9 déc. 1840, 17 août 1842, 12629, 12640, 13095 J. E.; — Cass. 1er avr. 1840, 12494 J. E., 10649 J. N., S. 40-1-433; — Rouen 8 juill. 1841; — Reims 29 juill. 1843; — Saint-Mihiel 30 août 1840; — Saverne 13 mars 1844, 12798, 13359, 13336-3, 13465-1 J. E.; — Cass. 18 mai 1847, 14258 J. E., 13054 J. N., S. 47-1-623; — Cass. 23 fév. 1853, 15608 J. E., 14911 J. N., S. 53-1-206; — Cass. 26 avril 1853, 14963 J. N., 15676 J. E., 1982 § 1er I. G., S. 53-1-445; — Auxerre 6 fév. 1855, 16016 J. E., 15553 J. N., 10544 C.).

« Attendu, porte l'arrêt du 26 avril 1853, que l'emphytéose a, sous l'empire de la législation actuelle, comme elle avait dans l'ancien droit, des caractères propres qui la distinguent du bail ordinaire; que, loin d'être proscrite par les lois qui, en assujettissant au rachat les rentes foncières perpétuelles ou autres de ce genre, ont défendu de créer désormais aucune redevance foncière non remboursable, l'emphytéose a été expressément maintenue pour le passé et autorisée pour l'avenir par l'art. 1er, titre 1er, L. 18 décembre 1790, sous la seule condition de ne pas excéder une durée de quatre-vingt-dix-neuf ans; que, si elle ne se trouve ni régie ni même rappelée par aucune des dispositions du C. C., il y a à induire de ce silence, non que le principe formulé en l'art. 1er, titre 1er, L. 18 déc. 1790, aurait été abrogé, mais qu'elle reste, en ce qui concerne sa nature et ses effets légaux, soumise aux règles non abrogées de l'ancien droit; qu'elle est d'ailleurs implicitement permise par la disposition générale de l'art. 543 C. C., laquelle autorise à conférer sur les biens ou un droit de propriété ou un droit de jouissance, sans déterminer ni restreindre les conditions ou l'étendue du droit qui pourrait être concédé: « Attendu que les caractères essentiels de l'emphytéose se manifestent dans un bail ayant pour objet la concession d'un terrain, à l'effet par le preneur d'en jouir d'une manière absolue moyennant une modique redevance, et sous la condition de ne pouvoir en aucun cas être dépossédé par le propriétaire ou ses ayants droit tant que la redevance sera exactement payée; qu'ainsi un bail fait, comme dans l'espèce, d'un terrain communal en nature de pâturage pour une durée de quatre-vingts ans, moyennant une redevance modique, en vue et sous la condition d'effectuer des constructions, des plantations, des clôtures, des défrichements, des nivellements et autres améliorations qui resteront au bailleur à l'expiration du bail, enfin avec l'obligation imposée au preneur de supporter toutes les charges de la propriété, constitue un bail emphytéotique; — « attendu que l'effet d'un tel bail, à la différence du bail ordinaire, est d'opérer, pendant sa durée, la division de la propriété même en deux parties : l'une réservée au bailleur et représentée par le canon emphytéotique, l'autre attribuée au preneur et comprenant la jouissance de l'immeuble concédé à titre d'emphytéose, avec le droit de changer la superficie, de disposer par vente, donation, échange, hypothèque ou autrement; qu'*un tel mode de jouissance, à raison de son étendue, dépasse les limites d'un simple usufruit, et constitue à plus forte raison*, en faveur du preneur, sur le sol et ses accessoires, un droit immobilier dont la mutation à titre onéreux donne ouverture au droit fixé pour la transmission des immeubles par les art. 69 § 7 n° 1er L. 22 frimaire an 7. »

1. PROROGATION. — Il faudrait appliquer le même tarif à l'acte qui proroge pour une certaine période la durée du bail emphytéotique aux mêmes conditions que celles du contrat primitif. Mais s'il était seulement convenu qu'à l'expiration de la concession le preneur conservera la jouissance à titre de fermier ou de locataire ordinaire, c'est le tarif des baux ordinaires qui serait applicable.

(V. Dissert. de M. Pont, *Rev. crit.* t. 4 p. 18).

2970. — Donation. — Les mêmes principes s'appliquent à la donation de la jouissance emphytéotique. Il avait d'abord paru que c'était là une cession de bail passible du droit de 20 centimes pour 100 sur les années restant à courir (Dél. 24 mai 1833, 8098 J. N., 21 janv. 1834, 8514 J. N.). Mais cette interprétation est depuis longtemps abandonnée. Il est reconnu que la tansmission à titre gratuit entre-vifs de la jouissance emphytéotique doit être traitée comme une donation d'immeuble qu'il s'agisse de la totalité de cette jouissance ou seulement de sa nue-propriété ou de son usufruit: « Considérant, porte un jugement du tribunal de Laon du 16 novembre 1839, que, pour admettre que l'acte du 28 juillet 1837, ne pouvait être passible que d'un droit de 20 centimes par 100 francs, sauf augmentation du droit de transcription, aux termes de l'art. 54 L. 28 avril 1816, il serait nécessaire d'assimiler la donation de l'emphytéose à la cession du bail ordinaire; que cette assimilation est impossible; qu'en effet, l'emphytéose crée une seconde propriété au profit de l'emphytéote, que celui-ci peut hypothéquer ou vendre, qu'il transmet à ses héritiers, et qui constitue enfin le domaine utile, caractère que n'a pas le simple bail; que, dès lors, l'emphytéose constituant une propriété, la donation actuelle rentre essentiellement dans la catégorie des actes énumérés par l'art. 4 L. 22 frimaire an 7, qui frappe du droit proportionnel toute transmission de propriété » (12427 J. E.).

2971. Échange. — Si la cession d'un bail emphytéotique était consenti moyennant l'abandon d'un objet immobilier, il y aurait lieu de percevoir le droit d'échange de 2 fr. 50 cent. pour 100 (10605-8 J. E.). Actuellement 3 fr. 50 pour 100 (L. 21 juin 1875, art. 4).

2972. Acquisition par le preneur. — Si le preneur à bail emphytéotique acquiert ce même immeuble quelque temps après, le droit de vente doit être perçu : 1° sur la somme payée pour représenter le loyer emphytéotique ; — 2° sur le prix porté en l'acte de vente (Seine 24 mars 1836, 11501 J. E.). — V. *Vente d'immeubles.*

2973. Licitation. — Si l'un des copropriétaires d'une jouissance emphytéotique se rend adjudicataire par licitation de la totalité de cette jouissance, le droit de 4 pour 100 n'est dû que sur les parts acquises (Seine 16 déc. 1840, 12673-1 J. E.).

2974. Bail. — Rien ne s'oppose à ce que l'emphytéote donne à bail son domaine utile. Un tel contrat serait, comme tous les baux ordinaires, sujet au droit de 20 centimes ou de 4 pour 100 selon la durée.

2975. Domaine direct. — La vente de la nue-propriété d'un immeuble grevé au profit d'un tiers d'une jouissance emphytéotique avec condition que l'acquéreur n'entrera en jouissance qu'après l'expiration de ce bail (dont les annuités ont été touchées par le vendeur), n'est passible du droit proportionnel que sur la valeur de la nue-propriété, eu égard à la dépréciation résultant du défaut de jouissance et non sur la valeur intégrale de l'immeuble (Cass. 30 avr. 1834) : « Attendu, en fait, porte l'arrêt, que le sieur de Sainte-Croix n'a vendu à la demanderesse que la nue-propriété de la maison dont il s'agit, et ne lui en a pas transmis la jouissance et l'usufruit pendant la durée du bail de quatre-vingt-dix-neuf années qu'il avait souscrit précédemment au profit de la sœur de la demanderesse, qui, en un mot, n'est pas devenue nouveau possesseur dudit usufruit et jouissance; qu'il suit de là que le tribunal de la Seine a fait une fausse application de l'art. 15 L. 22 frimaire an 7, et en a expressément violé les art. 4 et 31, en mettant à la charge de la demanderesse le payement du droit proportionnel, dont le nouveau possesseur dudit usufruit et jouissance aurait été passible. » (S. 34-1-342) — V. *Vente d'immeubles.*

2976. Rétrocessions. — Résiliations. — Les rétrocessions ou résiliations de baux emphytéotiques ont le même caractère au point de vue de la perception que les baux eux-mêmes ou que les cessions de ces baux. — (*V.* 2969). Ils réalisent une transmission immobilière qui, s'opérant à titre onéreux, donne lieu au droit de vente. C'est déjà ce que l'on décidait dans l'ancien droit, selon le témoignage de Bosquet (t. 4 p. 144). — C'est aussi ce qui est admis par la jurisprudence moderne (Rouen 26 mai 1840, 12530 J. E.; —Auxerre 6 fév. 1855, 16016 J. E., 10553 J. N., 10544 C.; — Cass. 23 fév. 1853 et 26 avril 1853, *suprà :* n° 2969).

1. JUGEMENT. — Nous ajouterons que l'art. 12 L. 27 ventôse an 9, d'après lequel le droit fixe est seul dû sur la résiliation judiciaire d'une vente d'immeubles quand l'acquéreur n'a pas payé le prix et n'est pas entré en jouissance, demeure sans application aux baux emphytéotiques. D'après la loi, la résiliation ne peut être prononcée contre le preneur qu'à défaut de payement de trois canons successifs.

2977. Succession. — A cette jurisprudence il faut rattacher les décisions d'après lesquelles les transmissions par décès ou par testament d'un bail emphytéotique temporaire sont soumises au droit de mutation par décès. C'est à tort que l'on avait voulu faire considérer le bail emphytéotique comme impliquant un simple louage exempt de tout droit de succession (Cass. 2 avr. 1840, 10649 J. N., 12501 J. E., S. 40-1-433 ; —Cass. 24 juill. 1843, 11690 J. N., 13306 J. E. S. 43-1-830 ; — Seine 31 mars 1827, 11762 J. E., 9613 J. N. ; — Lille 3 mars 1849, 14835 J. E. ; — Seine 9 déc. 1840, 10888 J. N. ; — Cass. 6 mars 1850, 14003 J. N., 14915 J. E., 1857 § 7 I.G., S. 50-1-210, P. 50-1-129).

L'arrêt du 24 juillet 1843 porte :

« Attendu que l'art. 69 § 8 n° 2 L. 22 frimaire an 7 soumet au droit proportionnel de 5 pour 100 les mutations de biens immeubles en propriété ou usufruit qui s'effectuent par décès entre collatéraux et personnes non parentes, soit par succession, soit par testament ou autre acte de libéralité à cause de mort; que par la généralité de ses termes, cette disposition comprend tous les actes qui sont de nature à opérer la transmission de propriété de tout ou partie des biens immeubles; — attendu que l'effet propre au bail emphytéotique est d'opérer l'aliénation à temps de la propriété de l'immeuble donné en emphytéose; que le preneur, devenu ainsi propriétaire pour un temps déterminé, peut, pendant la durée du bail emphytéotique, disposer de l'immeuble qui en fait l'objet, le vendre, le céder, et même l'hypothéquer, sauf l'exercice des droits du bailleur à l'expiration de l'emphytéose; — attendu, dès lors que la transmission par décès ou par testament de l'immeuble compris dans le bail emphytéotique doit être soumise au droit proportionnel déterminé par l'art. 69 § 8 n° 2 sus-cité » (13306 J. E., 11690 J. N., 6583 C.).

Celui du 6 mars 1850 est ainsi conçu :

« Attendu que l'effet d'un tel bail est d'opérer la division de la propriété du domaine laissé à bail en deux parties, l'une que conserve le bailleur, et dont la rente qu'il retient est représentative : l'autre, qui se compose de la jouissance des fruits qu'il produit, et qui appartient au preneur; que le preneur possède le droit qui lui est transmis par l'effet de cette division comme propriétaire, pouvant, pendant la durée du bail en disposer par vente, donation, échange ou autrement, et la donner en hypothèque, avec la charge toutefois des droits du bailleur, à exercer seulement à la fin du bail; que les constructions que le preneur élève sur ce domaine sont, comme la jouissance du domaine lui-même, sa propriété pendant tout le cours du bail; que l'ensemble de ces droits constitue, dans sa main, sur le sol et sur les constructions, un droit immobilier dont la mutation par décès donne ouverture au droit fixé pour la transmission des immeubles par la loi du 22 frimaire an 7. »

On peut consulter comme contraire à la doctrine précédente, (Dalloz n° 3028, Champ. et Rig. n° 3559, *Suppl.* 841, 7958, 9978, 10649 J. N. ; — Saint-Quentin, 29 mars 1837, 9888 J. N., 11971-4 J. E. ; — Lille 27 juin 1838, 9948 J. N., 12043 J. E. ; — Douai 24 avr. 1839, 10396 J. N., 12355 J. E. ; —Douai 13 août 1840, 11231 J. N. ; —Montluçon, 20 sept. 1841 6539 C.). Ces autorités se fondent principalement sur ce que la durée de la jouissance n'excerce aucun influence sur la quotité du droit à percevoir, et que du moment qu'un bail emphytéotique ne peut excéder quatre-vingt-dix-neuf ans, il doit être considéré comme bail d'une durée *limitée;* d'où la conséquence que les règles applicables au bail ordinaire doivent être suivies en matière de bail emphytéotique. L'Administration elle-même a d'abord professé la même opinion (Déc. 11 prair. an 7, Circ. 1609, Dél. 24 mai 1833 et 21 janv. 1834, 10753, 10924 J. E., 8098, 8514 J. N.). Mais la doctrine qu'elle a définitivement adoptée est si profondément entrée dans la jurisprudence qu'il y aurait aujourd'hui témérité de la part des parties à la discuter.

2978. Liquidation des droits. — Du jour où la jurisprudence, envisageant le contrat emphytéotique comme impliquant transmission de la propriété, l'a soumis au droit proportionnel établi sur les mutations ordinaires, aucune base ne s'est rencontrée dans la loi pour asseoir la perception. Aussi, des difficultés nombreuses se sont élevées lorsqu'il s'est agi de transmission par acte entre-vifs, à titre gratuit ou onéreux, et de mutation par décès, soit du domaine utile, soit du domaine direct réservé au bailleur. A défaut de règles, les systèmes ont surgi de tous côtés, et il est impossible encore aujourd'hui d'adopter une voie où l'on puisse marcher d'un pas assuré.

Le J. E. a d'abord tracé des règles spéciales à chaque nature de transmission, soit du domaine direct, soit du domaine utile (13820 J. E.). Mais plus tard ces règles ne lui ont pas paru satisfaisantes. Il en a proposé d'autres qui s'en écartent complétement, mais ont sur plusieurs points un égal défaut de précision juridique. On en trouvera la substance dans la note [1].

Champ. et Rig. ont abordé la question, mais sans donner une solution précise.

« La Régie a élevé la prétention, disent ces auteurs, *Suppl.* n° 841, de percevoir le droit sur un capital formé de vingt fois le revenu, à moins que le nombre d'années *restant à*

---

1. *Système du J. E.:* On a pensé qu'il serait possible d'établir la perception sur des bases analogues à celles établies pour les ventes de biens domaniaux donnés à bail emphytéotique, et qui sont reproduites dans l'I. G. 331.

En effet, que s'agit-il de trouver? La valeur soit du domaine direct, soit de l'emphytéose ou du domaine utile pour un nombre d'années déterminé. Or, les tableaux annexés à la loi du 27 avril 1791 avaient pour objet d'indiquer cette valeur. Voici donc le mode d'opérer :

S'il reste plus de dix années à courir on ne doit pas se borner à percevoir sur dix fois la redevance. Le législateur a arbitré en général, dans la loi du 22 frimaire an 7, la valeur de l'usufruit à la moitié de la valeur de la propriété. Il faut remarquer qu'en voulant que l'usufruit s'évaluât à 10 fois le revenu, le législateur n'a pas supposé que l'usufruit fût d'une durée de dix ans, plus qu'il n'a supposé que la propriété n'existât que vingt ans lorsqu'il a voulu que le revenu fût capitalisé par 20. La durée de l'usufruit peut excéder de beaucoup dix années, comme elle peut être moindre, et nous croyons que le droit doit être perçu sur moitié de la valeur du domaine direct, calculée suivant le tableau n° 2.

1° Contrat de *bail emphytéotique* et *cession* de bail à titre onéreux.

Le droit serait perçu sur un capital formé du nombre de fois la redevance indiquée au tableau suivant. On ajouterait à ce capital les deniers d'entrée et autres sommes payées comptant, ainsi que toutes les charges qui font partie ou sont censées faire partie du prix.

Pour une durée de deux ans et au-dessous, tous les termes à échoir;

Pour une durée de :

2 à 3 ans,	2 fois la redev.	20 à 22 ans,	12 fois la redev.
3 — 4 —	3 —	22 — 25 —	13 —
4 — 6 —	4 —	25 — 30 —	14 —
6 — 8 —	5 —	30 — 35 —	15 —
8 — 10 —	6 —	35 — 40 —	16 —
10 — 12 —	7 —	40 — 50 —	17 —
12 — 14 —	8 —	50 — 65 —	18 —
14 — 16 —	9 —	65 — 80 —	19 —
16 — 18 —	10 —	80 —100 —	20 —
18 — 20 —	11 —		

2° Transmission de la propriété ou du *domaine direct à titre gratuit ou par décès.*

Le droit serait perçu sur un capital formé de 20 fois la redevance emphytéotique, auquel on ajouterait un nombre de fois l'excédant du revenu réel sur la redevance, d'après le tableau suivant :

Pour une durée de deux ans et au-dessous, 20 fois l'excédant;

Pour une durée de :

2 à 3 ans,	19 fois.	20 à 22 ans,	9 fois.
3 — 4 —	18 —	22 — 25 —	8 —
4 — 6 —	17 —	25 — 30 —	7 —
6 — 8 —	16 —	30 — 35 —	6 —
8 — 10 —	15 —	35 — 40 —	5 —
10 — 12 —	14 —	40 — 50 —	4 —
12 — 14 —	13 —	50 — 65 —	3 —
14 — 16 —	12 —	65 — 80 —	2 —
16 — 18 —	11 —	80 —100 —	1 —
18 — 20 —	10 —		

Exemple : Soient le revenu actuel des biens donnés à emphytéose de 500 francs et la redevance de 100 francs, l'excédant à capitaliser sera 400 francs; et, si le bail doit durer vingt ans, le droit sera dû : 1° sur 2,000 francs, capital de la redevance ; — 2° et 4,000 francs, montant de l'excédant. Total : 6,000 francs.

D'après un nouveau système du J. E. (V. *Dict. Bail emphyt.*) on distingue entre l'emphytéose de vingt ans ou de moins de vingt ans. Au premier cas, le domaine direct est représenté par la redevance multipliée par 20, et le domaine utile par le capital au denier 20 du revenu de l'immeuble, déduction faite de la redevance. — Si l'emphytéose doit durer moins de vingt ans, le domaine direct est représenté par la redevance multipliée par le nombre d'années restant à courir et par le revenu total multiplié par le nombre d'années nécessaire pour compléter la durée de vingt ans. — La différence entre le total de ces deux chiffres et la somme des revenus de vingt ans représente le domaine utile. La valeur de l'usu-

courir ne soit inférieur à vingt, cas dans lequel on ne doit calculer le droit que sur un capital composé d'autant de fois le revenu qu'il y a d'années de jouissance; ce serait appliquer le taux de la vente et le mode de liquidation du bail. Le tempérament de la Régie ne doit toutefois pas être repoussé. Mieux vaut, en effet, tenir compte d'une manière insuffisante du caractère du *bail*, que de n'en pas tenir compte du tout; mais il peut être appliqué aussi bien en calculant sur dix fois qu'en calculant sur vingt fois le revenu. On n'a rien à y perdre sous le rapport de la régularité, on y gagne sous celui de l'équité. » Cette capitalisation sur dix fois le revenu a été adoptée par deux Sol. 15 octobre 1824 et 6 octobre 1838 (4623, *Traité* Dalloz); par le tribunal de Lille 9 août 1838 (14140 J. E.); par une Dél. prise en 1846 (7550 C.), et elle résulte implicitement de deux arrêts Cass. 26 novembre 1833 et 30 avril 1834 (10803, 10940 J. E., S. 33-1-867, 34-1-342). — L'I. G. 198 relative au droit de transcription, prescrivait la capitalisation par 10 toutes les fois qu'il restait moins de trente ans à courir. Ce n'était qu'au-dessus de trente ans que le multiple 20 était employé. Et cette manière de procéder a été de nouveau prescrite par une D. m. f. 10 octobre 1821 (3222 et 3967 J. N.). Les tribunaux de Reims et de Saverne l'ont également adoptée, les 29 juillet 1843 et 13 mars 1844 (13359, 13465-1 J. E.). — V. également Lille 31 août 1872 et 19 juin 1874, 19485 J. E.

M. Demante pense que le capital imposable doit être dans tous les cas formé par 10 fois la redevance annuelle: « car, dit-il, la durée temporaire est contre la nature du droit de propriété, et convient tout au contraire à l'essence de l'usufruit. On évite ainsi l'iniquité choquante de frapper l'emphytéose temporaire du même impôt que le bail à rente perpétuelle, et l'on met la perception d'accord avec ce qui est réglé par la loi pour le bail à vie. Ce bail peut être fait pour trois générations successives, et, même dans ce cas, la multiplication par 10 est applicable (Art. 15 n° 3). Or, trois générations, c'est en moyenne quatre-vingt-dix-neuf ans, tel est le calcul du législateur de 1790, qui, en limitant l'emphytéose temporaire à quatre-vingt-dix-neuf ans, a permis en même temps le bail à vie sur plusieurs têtes, « *pourvu qu'elles n'excédent pas le nombre de trois* » (n° 362).

Il serait sans utilité de résumer ici les diverses manières de procéder adoptées par les tribunaux qui ont été saisis de la question. Ces manières reposent toutes sur des distinctions plus ou moins arbitraires, qui ne peuvent guère faire marcher la question vers une solution que l'on a regardé comme introuvable (10825 J. N.) Nous croyons cependant devoir faire connaître le mode de liquidation proposé par M. le conseiller Moreau, rapporteur dans l'affaire qui a donné lieu à l'arrêt du 6 mars 1850, cité n° 2977.

« Supposons, dit le savant magistrat, un immeuble concédé à bail emphytéotique pour cinquante ans, moyennant une redevance annuelle de 100 francs à payer par le preneur au bailleur. Tous deux viennent à mourir; et, à ce moment, le produit annuel de l'immeuble est de 600 francs. — S'il n'y eût pas eu de bail, et si l'immeuble entier, fonds et jouissance, eût appartenu au bailleur seul, au moment de son décès, le capital, sur lequel ses héritiers devaient payer le droit de succession, serait, en multipliant le produit par 20, de 12,000 francs. — Ce capital de 12,000 francs doit être réparti justement et équitablement entre les héritiers du bailleur et les héritiers du

fruit ou de la nue-propriété des deux domaines se détermine de la même façon, sauf qu'ils se composent chacun de moitié du domaine entier;

3° Transmission de l'*usufruit du domaine direct à titre gratuit ou par décès*.

Il faudrait : 1° multiplier la redevance emphytéotique par 10; — 2° multiplier l'excédant du revenu comme au tableau qui précède; prendre la moitié du produit de cette seconde multiplication et l'ajouter au capital formé de 10 fois la redevance emphytéotique.

Exemple : Soient la durée du bail de huit ans, la redevance de 100 francs et l'excédant de 400 francs, on percevra sur : 1° 1,000 francs, dix fois la redevance; — 2° sur 3,200 francs, moitié de 6,400 francs, produit de 400 francs, montant de l'excédant du revenu réel sur la redevance. — Total : 4,200 francs;

4° Transmission de l'*emphytéose* ou domaine utile à *titre gratuit* ou *par décès*.

Le droit serait perçu sur un capital formé d'après le revenu réel et le tableau ci-après :

Pour une durée de deux ans et au-dessous, sur tous les termes à échoir, ou tous les revenus que les biens doivent produire;

Pour une durée de :

Durée		Durée	
2 à 3 ans,	2 fois le revenu.	20 à 22 ans,	12 fois le revenu
3 — 4 —	3 —	22 — 25 —	13 —
4 — 6 —	4 —	25 — 30 —	14 —
6 — 8 —	5 —	30 — 35 —	15 —
8 — 10 —	6 —	35 — 40 —	16 —
10 — 12 —	7 —	40 — 50 —	17 —
12 — 14 —	8 —	50 — 65 —	18 —
14 — 16 —	9 —	65 — 80 —	19 —
16 — 18 —	10 —	80 —100 —	20 —
18 — 20 —	11 —		

5° Transmission de l'*usufruit* de l'emphytéose ou *domaine utile, à titre gratuit* ou *par décès*.

Nous croyons, d'après les observations que nous venons de faire au n° 3, que les droits d'usufruit de l'emphytéose devront être perçus sur la moitié de la valeur de l'emphytéose calculée d'après le tableau n° 4.

Il est vrai que, si le bail ne doit plus durer qu'un petit nombre d'années, l'usufruitier pourra profiter de toute la valeur du domaine utile; mais il peut aussi n'en point profiter, ou ne profiter que d'une partie. Nous croyons que la règle générale, posée dans la loi de l'an 7, doit encore recevoir ici son application.

Une *observation* doit être faite relativement à la redevance emphytéotique qui n'est pas déduite du revenu réel pour les transmissions de l'emphytéose ou du droit utile, et nous avons fait une observation analogue à l'égard du droit de transcription. On dira que le revenu réel représente la valeur de deux propriétés, savoir : le domaine *direct* et le domaine *utile*; que, pendant la durée du bail, la redevance emphytéotique représente la valeur du domaine direct et l'excédant du revenu réel sur cette redevance, la valeur de l'emphytéose ou du domaine utile; qu'ainsi, en cherchant la valeur du domaine utile par la multiplication d'un certain nombre de fois le revenu réel, on devrait déduire du total un pareil nombre de fois la redevance emphytéotique.

Exemple : Soient le revenu réel de 500 francs, la redevance de 100 francs et la durée du bail de dix ans. Le revenu sera multiplié par 6, ce qui donnera 3,000 francs. La redevance, également multipliée par 6, donnera 600 francs, lesquels déduits de 3,000 francs, il restera pour le domaine utile 2,400 francs.

Nous répondrons que, si l'on considère le bail emphytéotique comme une aliénation, la redevance n'est plus que le prix de cette aliénation, ou n'est plus qu'une charge dont la loi ne veut pas qu'il soit fait déduction. Sous ce point de vue, il en est de la transmission de l'emphytéose comme de la transmission d'un immeuble aliéné à rente perpétuelle. La rente n'est pas déduite de la valeur de l'immeuble, et, s'il s'agit de transmission à titre onéreux, on l'ajoute au prix stipulé.

preneur. — Si le bail a encore, au moment des décès, plus de vingt ans à courir, voici comment devra se faire cette répartition : Pour les héritiers du bailleur, à raison de la redevance de 100 francs, représentative de leur droit dans le produit, multiplié par 20 la somme de 2,000 francs. Pour les héritiers du preneur, à raison de leur droit dans le produit de 600 francs, diminué de la redevance de 100 francs, c'est-à-dire à raison de 500 francs, multiplié par 20, la somme de 10,000 francs. — Si le bail, au moment des décès, n'a plus vingt ans de durée ; s'il n'a plus, par exemple, que dix ans, le même capital de 12,000 francs se répartira ainsi qu'il suit : Pour les héritiers du preneur, à raison du produit de 600 francs, diminué de la redevance de 100 francs, c'est-à-dire à raison de 500 francs, multipliés par 10, nombre des années du bail restant à courir, la somme de 5,000 francs. Pour les héritiers du bailleur : d'abord, à raison de la redevance de 100 francs multipliée par 20, la somme de 2,000 francs ; en second lieu, comme le droit des héritiers du bailleur s'accroît à mesure que le terme du bail approche dans la proportion dans laquelle le droit des héritiers du premier diminue, il faut ajouter à la somme de 2,000 francs, capital de la redevance, la différence entre le capital mis à la charge de ces derniers, et celui qu'ils auraient supporté si la durée de leur jouissance eût été de vingt années encore, c'est-à-dire la différence entre 10,000 francs et 5,000 francs, ou, en d'autres termes, la somme de 5,000 francs ; en sorte que la somme à la charge des héritiers du bailleur sera celle de 7,000 francs. — Ainsi, dans ce cas, la répartition du capital de 12,000 francs, sur lequel le droit de mutation doit être perçu, se répartira entre les héritiers du bailleur pour 7,000 francs et les héritiers du preneur pour 5,000 francs. Dans le système de perception qui vient d'être indiqué, au cas où il y a bail emphytéotique, comme lorsqu'il n'y en a pas, à chaque mutation du plein domaine de l'immeuble placé dans la même main, ou divisé entre le propriétaire du fonds ou l'emphytéote, la Régie perçoit ce qui lui est dû pour mutation d'immeubles, et elle ne perçoit que cela ; et le montant de ce droit est réparti entre les héritiers du bailleur et les héritiers du preneur dans la proportion de l'émolument que les uns et les autres retirent de la transmission de l'immeuble concédé à titre emphytéotique, selon l'époque à laquelle la transmission s'opérera ; le tout de la manière la plus conforme aux principes du droit et aux règles de la justice et de l'équité » (D. 1850-1-129 R. P., à la note.)

V. aussi Dissert. de M. Pont, *Rev. crit.* t. 4 p. 18.

2979. Règle. — En l'absence d'aucun texte contraire, chacun de ces différents systèmes peut évidemment se défendre, et il serait facile de les appuyer tous sur des précédents judiciaires ou administratifs, tant la confusion a été complète sur ce point. Mais leur défaut commun est d'obliger le receveur à faire pour régler la perception des calculs abstraits, souvent hypothétiques et qui même sont loin de présenter des résultats incontestables.

Pour nous, sans pénétrer au milieu de ces distinctions ni de ces formules, nous avons toujours pensé que la loi du 22 frimaire an 7, offrait dans son article 16 le moyen d'obtenir, sans danger aucun, la base de la liquidation du droit. D'après cet article les parties sont tenues de faire la déclaration estimative des biens non déterminés dans le contrat. Or, n'y a-t-il pas une véritable indétermination de valeurs quand il règne sur les moyens de fixer l'importance de l'objet transmis autant d'incertitudes et d'obscurités ? C'est, assurément, rentrer dans l'esprit du texte que de l'étendre à l'hypothèse actuelle. Ce système a été également proposé par Dalloz n° 4624, par M. Fessart (Dict. v° *Bail emphyt.*) et par les rédacteurs du *Bulletin annuel de l'Enregistrement*, publication disparue (2° partie n° 19). On peut dire qu'aujourd'hui, après l'expérience des doctrines différentes, il réunit à peu près tous les suffrages (*V.* 8470).

1. BAIL EMPHYTÉOTIQUE. — Ainsi, le droit doit être liquidé sur le prix et les charges *en capital*, et, à défaut d'expression du capital, lorsque tout ou partie du prix se compose d'une redevance annuelle, les parties sont tenues d'y suppléer, selon le vœu de l'art. 16, par une déclaration estimative de la *valeur* ou *du prix, en capital*, du domaine utile transmis à l'emphytéote. C'est ce qui a été reconnu, entre autres, par les jugements Lille 11 mai 1839, 1er février 1840, 13 février 1841 ; — Seine 9 décembre 1840 et 17 août 1842, que nous avons cités n° 2969. — La déclaration estimative avait été reçue, également, par l'Administration dans les affaires qui ont donné lieu aux arrêts de Cass. 18 mai 1847 et 23 février 1853, *suprà* : 2969. — Nous pouvons citer comme ayant appliqué cette liquidation les Sol. des 10 juin 1853 et 9 février 1857.

2. CESSION ET RÉTROCESSION. — Relativement aux cessions et rétrocessions, les mêmes principes doivent être admis ; l'obligation imposée au cessionnaire d'acquitter la redevance est une charge qui fait partie du prix et doit être ajoutée *en capital* d'après la règle ci-dessus. C'est ce que portent, notamment, les jugements 1er février 1840, 13 février 1841 et 17 août 1842 que nous venons de rappeler.

A cet égard, il a été spécialement reconnu que le droit de vente exigible pour la cession d'un emphytéose ayant très-peu d'années à courir, ne pouvait pas se liquider sur la redevance capitalisée d'office, mais sur la déclaration de sa valeur vénale réelle (Sol. 5 sept. 1865).

3. TRANSMISSION A TITRE GRATUIT OU PAR DÉCÈS. — En ce qui touche les transmissions entre-vifs ou par décès, soit du *domaine utile* appartenant à l'emphytéote, soit du *domaine direct* conservé par le propriétaire, le droit est liquidé sur un capital formé de 20 ou 25 fois la portion du revenu total de l'immeuble, applicable à chacun de ces domaines, d'après le produit des baux courants, s'il en existe, ou la déclaration des parties, le tout suivant la ventilation qu'elles ont à faire pour la valeur respective en revenu des deux domaines *utile* ou *direct*, et sans qu'il y ait lieu de s'arrêter à la redevance emphytéotique.

Nous devons ajouter que l'Administration suit jusqu'alors un mode différent. Si le bailleur donne ou décède, le droit est perçu d'après la redevance en y ajoutant le capital à déclarer des avantages assurés à la fin du bail. Si le preneur donne ou décède, le droit est perçu d'après le revenu réel du domaine utile, sauf la redevance emphytéotique. S'il reste moins de vingt années à courir, c'est le nombre réel des années qui sert de multiplicateur au revenu.

4. USUFRUIT ET NUE-PROPRIÉTÉ. — La nue-propriété et l'usufruit du domaine direct et du domaine utile se composent chacun de la moitié du domaine évalué d'après les bases précédentes. Au lieu de se jeter dans des complications

qui deviennent ici absolument sans issue, on doit donc se borner à parcevoir l'impôt selon les règles ordinaires, sur la déclaration estimative des redevables.

2980. Meubles. — Immeubles. — La C. Paris a décidé, le 20 avril 1853 (4964 J. N.), que les meubles placés à demeure par l'emphytéote pour l'exploitation du fonds sont réputés immeubles et sont le gage des créanciers hypothécaires du preneur; d'où la conséquence que toutes les fois que ces meubles sont cédés par l'emphytéote avec son droit au bail, aucune ventilation ne peut être admise, le droit de 5 fr. 50 cent. pour 100 est dû sur leur valeur.

2981. Charges. — Il est inutile de faire observer que dans tous les différents modes de liquidation que nous venons de faire connaître, on doit ajouter au capital sur lequel on établit le droit, les charges qui font partie ou sont censées faire partie du prix, telles que les deniers d'entrée et autres sommes payées comptant, les constructions dont l'érection peut être imposée à l'emphytéote, en un mot les charges de toute nature qui grèvent la *transmission*, quelle que soit sa nature. C'est l'application de la disposition générale de la loi, en ce qui concerne les baux.

1. LOYERS PAYÉS D'AVANCE. — Spécialement, il a été décidé que si l'acquéreur du domaine utile doit supporter sans répétition la totalité des loyers payés d'avance par les locataires ordinaires de ce domaine, le droit est dû sur le prix exprimé et sur le montant des loyers payés d'avance comme en matière de vente (Sol. 3 avr. 1858).

2. BONIFICATION D'INTÉRÊTS. — Mais le tribunal de la Seine a jugé que quand le prix du bail emphytéotique est payé comptant pour toute sa durée, on n'est pas fondé à considérer la privation des intérêts comme une charge susceptible d'y être ajoutée (Seine 2 fév. 1831, Dél. 3 sept. 1833).

3. CESSION. RÉTROCESSION. — Le droit à percevoir sur les cessions et rétrocessions se liquide également en ajoutant les charges au prix. En matière de cession, les charges comprennent ordinairement l'obligation de servir la redevance et d'exécuter les clauses du bail qui ne l'ont pas encore été, telles que constructions, plantations, etc. De même les charges de la rétrocession se composent des avances et des prestations encore dues; mais les charges déjà exécutées forment des améliorations incorporées à l'immeuble et dont la valeur a dû entrer en compte pour la fixation du prix principal de la rétrocession. Ces modes de liquidation ont été plus ou moins directement consacrés par les tribunaux de Lille 11 mai 1839 (12301 J. E., 10412 J. N), 1er février 1840 (12458 J.E.), 13 février 1841 (12699 J. E.); — Seine 9 décembre 1840 (12640 J. E., 10888 J. N.); 17 août 1842 (13095 J. E., 11493 J. N.). — *V.* cependant (Reims 29 juillet 1843, 13359 J. E.; — Saverne 13 mars 1844 13465-1 J. E. et Dél. 27 avril 1822, 11 avril 1834, 9495 et 10903 J. E.).

2982. Contributions. — En ce qui concerne spécialement les contributions, un A. Cons. d'Ét., 21 janvier 1809 (421 I. G.), porte que les contributions imposées sur les propriétés tenues à bail emphytéotique doivent être à la charge de l'emphytéote, lors même qu'il n'a pas été expressément astreint à ce payement. Ainsi, du moment que la contribution foncière est une charge du domaine utile, on doit reconnaître que cette contribution, ainsi que ses accessoires, ne sont pas une charge à ajouter au prix (12483 J. E.). C'est la conséquence de ce que nous avons dit n° 2546 et suiv.

2983. Greffe (DROIT DE).—Le mode de liquidation du droit de transcription sur les cessions de baux emphytéotiques, déterminé par l'I. G. 198 que nous avons déjà cité, a été appliqué à la perception du droit de greffe de rédaction sur les adjudications qui se font en justice (4076, 4664 J. E., D. m. f. 21 mai 1823, 1082 I. G. — *V.* aussi 1166-17 I. G.). Cette liquidation devrait suivre celui des modes que nous venons d'exposer sur lequel on fixerait sa détermination. Nous ferons néanmoins observer que le trib. Seine a jugé, le 9 juillet 1823, que depuis la publication du C. C., le droit de greffe de rédaction, ni même le droit de transcription hypothécaire, n'étaient plus exigibles sur l'adjudication en justice d'une jouissance emphytéotique. Son jugement n'a été cassé que pour défaut de forme (8043 J. E.); mais on doit présumer que la C. cass. l'aurait également annulé au fond. C'est la conséquence de la jurisprudence que nous exposons dans cet article. L'exigibilité du droit de rédaction a d'ailleurs été reconnue par le tribunal auquel l'affaire avait été renvoyée par la C. cass. (Versailles 21 déc. 1826, 1282 § 1er I. G.).

2984. Redevance. — Cession. — Si un contrat de louage fait pour quatre-vingt-dix-neuf ans, moyennant une redevance en grains, contient aliénation de cette redevance à un tiers, il est dû 2 pour 100 sur le prix stipulé. En effet, ce n'est point une simple créance qui est cédée, mais une rente en grains. (6704 J. E.). Il y lieu d'ajouter le droit de transcription, conformément aux I. G. 832-3, 1146-3, 1205-11 et 1249-7, s'il s'agit d'une redevance perpétuelle créée avant la loi du 11 brumaire an 7, et assimilée aux rentes foncières. (L. 18-29 déc. 1790). Mais ce droit ne serait pas dû s'il était justifié que depuis la loi de brumaire une cession ayant cette rente pour objet a été transcrite et qu'il n'existe plus aucune inscription qui rende une nouvelle transcription nécessaire.

Dans le même sens, il a été reconnu que l'adjudication de la redevance saisie sur le bailleur ne peut, à moins de stipulations contraires, le dépouiller du domaine direct. Dès lors, l'adjudication est purement mobilière et ne donne ouverture qu'au droit de 2 pour 100 (14684-1 J. E.).

1. RACHAT. — Le rachat d'une redevance emphytéotique est passible du droit de libération (Art. 69 § 2 n° 11 L. 22 frim. an 7).

2985. Expertise. — On ne peut pas douter que toutes les transmissions du domaine direct ou du domaine utile ne soient sujettes au contrôle de l'expertise. Ces transmissions, en effet, s'appliquent nécessairement à un droit réel immobilier dont la vente, l'échange, les donations, etc., se trouvent régis par les dispositions générales de la loi du 22 frimaire an 7 et de celle du 23 août 1871 sur l'expertise. Pour qu'il en fût autrement, il faudrait rencontrer dans la loi un texte prohibitif qui n'existe pas. Aussi a-t-il été décidé, et avec toute raison, que les baux emphytéotiques, ainsi que leurs cessions et rétrocessions, tombaient sous l'application des art. 17 et 19 de la loi de l'an 7 qui autorisent l'expertise *de la valeur réelle* ou du *revenu* des biens transmis en *propriété* ou *usufruit* à titre *onéreux* ou *gratuit*. (Seine 17 août 1842, 13095 J. E., 11493 J. N.;—Lille 8 janv. 1846, 13911 J. E.).

1. DOMAINE DIRECT. —Spécialement, lorsque le droit de mutation par décès, dû pour le *domaine direct*, a été payé sur vingt fois la redevance annuelle, l'Administration est encore fondée à demander l'expertise. La part réservée au bailleur ne consiste pas, en effet, uniquement en la redevance emphytéotique; elle se compose encore de tous les avantages qui lui sont assurés à la fin du bail, et qui sont plus ou moins considérables selon la durée de ce bail et d'autres circonstances qui peuvent augmenter ou diminuer la valeur de l'immeuble donné à emphytéose; d'où la conséquence que le bail emphytéotique courant ne peut être, comme le bail ordinaire, pris pour base de la déclaration de succession (Seine 28 juin 1850, 14992 J. E.; — Cass. 17 nov. 1852, 15553 J. E., 14829 J. N., D. N. t. 2 p. 344 n° 81, S. 52-1-747).

2986. Délai. — Mutation secrète. — D'après les mêmes règles, il faut reconnaître que les transmissions dont il s'agit sont soumises à l'enregistrement dans les formes et délais fixés pour les mutations ordinaires d'immeubles. Les parties devront faire dans les trois mois à peine d'un droit en sus la déclaration des emphytéoses verbales (L. 27 vent. an 9 art. 4); et l'Administration pourrait, selon les moyens habituels, prouver les mutations secrètes de l'un et l'autre domaine. — V. *Mutation*.

CHAPITRE VI. — BAUX DE BIENS APPARTENANT A L'ÉTAT, AUX COMMUNES ET AUX ÉTABLISSEMENTS PUBLICS

[2987-2993]

2987. Règles particulières. — Les baux des biens appartenant à l'État, aux communes, hospices et autres établissements publics sont soumis à des règlements particuliers (1742 C. C.), et les règles générales établies pour les baux ordinaires ne leur sont applicables que dans le silence des règlements particuliers. Ces règlements sont renfermés dans plusieurs décrets et ordonnances qu'il n'entre pas dans notre cadre d'analyser. — Nous renvoyons, au surplus, pour les questions spéciales dont nous avons cru devoir donner la solution ailleurs que dans ce chapitre, aux nos 2587, 2588, 2783 à 2791, 2793, 2797, 2813.

2988. Enregistrement. — Timbre. — Délai. — Les baux consentis par l'État et ceux passés par les communes et établissements publics sont assujettis, au point de vue de l'enregistrement et du timbre, aux règles générales qui régissent les baux des biens des particuliers (L. 22 frim. an 7 art. 69 § 3 n° 2). Cela résulte clairement de l'art. 78 L. 15 mai 1818, ainsi conçu: « Demeurent assujettis au timbre et à l'enregistrement sur la minute, dans les vingt jours, conformément aux lois existantes : 1° les actes des autorités administratives et des établissements publics portant transmission de propriété, d'usufruit *ou de jouissance*; — 2° les adjudications ou marchés de toute nature aux enchères, au rabais, ou sur soumissions; — 3° les cautionnements relatifs à ces actes. »

2989. État. — Les biens qui font partie du domaine de l'État sont loués à la diligence des préposés des domaines, et aux enchères, devant le sous-préfet de l'arrondissement où ils sont situés. Les baux des droits incorporels sont passés pour neuf ans; ceux des autres biens sont passés pour trois, six ou neuf années. La durée des baux pour les biens qui faisaient partie de la dotation de la couronne ne devait pas excéder dix-huit ans, à moins qu'une loi ne le permette (L. 8 nov. 1814 art. 13, L. 2 mars 1832 art 11).

1. DROIT D'ENREGISTREMENT. — DOMAINES. — Les baux des biens dépendant du domaine de l'Etat sont soumis aux mêmes droits que les baux entre particuliers. L'art. 69 § 3 n° 2 L. 22 frimaire an 7 le porte expressément. C'est ce qui résulte encore de deux Déc. 14 janvier et 28 mars 1806 (Circ. 12 mars et 1er avr. même année).

2. PÊCHE. — Les baux ou les licences pour la pêche dans les fleuves et rivières qui dépendent du domaine sont soumis aux mêmes droits que les baux ordinaires (246, 1011 I. G.).

3. PLACES DE GUERRE. — Les baux des terrains des places de guerre, que les intendants militaires peuvent être autorisés à consentir, doivent être soumis à la formalité dans le délai accordé aux autorités administratives pour l'enregistrement de leurs actes. Mais, comme la loi du 22 frimaire an 7 ne prononce pas de peine pour ce cas, qu'elle n'a pas prévu, le double droit ne serait exigible qu'autant que l'acte ne serait pas enregistré dans les trois mois de sa date. En fait, les intendants militaires, créés par une ordonnance du 29 juillet 1817, pour remplacer les commissaires des guerres, ne peuvent avoir qualité pour recevoir des actes authentiques; les baux dont il s'agit devraient être passés ou devant notaires, ou devant l'autorité administrative (Dél. 22 mai 1824).

Quand les baux de l'espèce sont faits sans indication de durée ils sont, pour la perception, considérés comme des baux à durée illimitée et sujets au droit de 2 pour 100 exigible sur les ventes de domaines nationaux (Dél. 6 oct. 1826, 8528 J. E.).

4. BACS ET PASSAGES. — Les baux des bacs et passages des rivières sont, ainsi que les cautionnements qui en résultent, assujettis au droit proportionnel d'enregistrement (386 § 5 et 405 § 2 I. G.). — V. *Bac*.

Les baux de passage aux écluses et ponts mobiles ont été considérés comme soumis seulement au droit fixe d'un franc (3 fr.) établi par la loi du 7 germinal an 8 pour les baux des droits de passage sur les routes par terre et sur les ponts non mobiles, et en général sur tous les actes relatifs à l'Administration des ponts et chaussées (D. m. f. 3 mess. an 10, Circ. 30 therm. an 10, 1207 J. E.). — Le contraire résultait d'une décision du 8 nivôse an 10 et d'une délibération du 28 brumaire an 10, qui sont maintenant abrogées (1031 J. E.).

5. FORÊTS. — TERRAINS INCULTES. — Les concessions à temps ou baux consentis par l'Administration forestière des terrains incultes qui avoisinent les forêts domaniales, à la charge par les particuliers concessionnaires de défricher ces terrains et de les mettre en culture, sont exempts de la formalité de l'enregistrement (D. m. f. 26 therm. an 12, 1543, 2072 J. E.).

6. FRANCS BORDS. — Ne sont pas dispensés du timbre et de l'enregistrement les actes par lesquels les agents des contributions indirectes ou des ponts et chaussées concèdent à des particuliers la jouissance, moyennant une redevance, des francs bords d'un fleuve (Sol. 13 sept. 1877).

2989 *bis*. **Département.** — Les baux consentis aux départements sont assujettis au droit proportionnel établi pour les baux ordinaires. — *V.* 2783.

2990. Communes. — Les baux des biens des communes doivent être préparés par le maire, c'est-à-dire qu'il est chargé d'en arrêter les clauses et conditions. Il est procédé à l'adjudication par le maire, à la chaleur des enchères, et après affiches et publications dans les formes prescrites. Il peut être passé acte de l'adjudication par devant notaire.

Ces baux ont souvent une physionomie difficile à saisir parce qu'ils se mélangent de marché ou de vente mobilière. Les questions d'enregistrement auxquelles ils donnent lieu ont été examinées aux mots *Acte administratif* et *Marché*.

1. OCTROI. — Les baux d'octroi sont passibles du droit proportionnel ordinaire. — *V.* 2797.

2991. Hospices et établissements publics. — Les baux des biens des hospices et autres établissements de bienfaisance ou d'instruction publique doivent également être faits aux enchères, par devant un notaire désigné par le préfet (D. m. f. 12 août 1807, 2680 J. E.). Le cahier des charges est préalablement dressé par la commission administrative, le bureau de bienfaisance, ou le bureau d'administration, selon la nature de l'établissement ; le sous-préfet donne son avis, et le préfet approuve ou modifie les clauses et conditions. Ces baux sont assujettis aux mêmes droits que les baux des biens des particuliers (386 n° 6 I. G.).

1. DÉLAI. — Quant au délai dans lequel ils doivent être enregistrés, voyez les développements que la question a reçus *Suprà : v° Acte administratif.*

2992. Légion d'honneur. — Pour les baux des biens affectés à la Légion d'honneur, le délai court du jour de leur ratification par le grand chancelier (Circ. 12 mars 1806).

2993. Sénat. — Les baux des biens de l'ancien sénat étaient assujettis aux mêmes droits que ceux entre particuliers (Circ. 2 avr. 1806).

BAILLEUR DE FONDS.

2994. Significations diverses. — L'expression de bailleur de fonds a trois significations ; elle désigne : 1° celui qui prête tout ou partie de la somme nécessaire à un titulaire d'emploi, pour son cautionnement ; — 2° celui qui prête à un acquéreur les fonds nécessaires pour payer le prix de son acquisition ; — 3° celui qui fournit des fonds à un négociant pour former un établissement ; ce dernier est plus connu sous le nom de *commanditaire*.

C'est sous le premier point de vue seulement que nous l'envisageons ici.

2995. Privilége. — Les cautionnements fournis par les notaires, agents de change, avoués, greffiers, huissiers et commissaires-priseurs, sont affectés, par privilége de second ordre, au remboursement des fonds prêtés pour tout ou partie des cautionnements (L. 25 niv. an 13).

2996. Déclaration. — Les bailleurs de fonds, qui veulent acquérir le privilége de second ordre, doivent faire faire par les titulaires une déclaration notariée, légalisée par le président du tribunal civil, et portant que les fonds ont été fournis par le prêteur (L. 25 niv. an 13, art. 4. — Déc. 22 déc. 1812, 972 J. N.).

Cette déclaration peut être faite après le versement du cautionnement et même longtemps après (C. Bordeaux 22 juill. 1862, 17977 J. E.).

2997. Forme de la déclaration. — Aux termes de l'art. 1er du décret du 22 décembre 1812 (657 I. G.), les déclarations à faire par les titulaires de cautionnements en faveur de leurs bailleurs de fonds, pour leur faire acquérir le privilége de second ordre, doivent être conformes au modèle annexé à ce décret, être passées devant notaire, et légalisées par le président du tribunal.

2998. Effet et responsabilité. — La déclaration ne peut produire d'effet qu'à partir du jour de l'inscription sur les registres de la dette publique. — Le Trésor est responsable du dommage éprouvé par le bailleur, si, par la négligence de ses employés, les formalités prescrites par le décret de 1812 n'ont pas été remplies (Cass. 19 juill. 1842, 13053 J. E.).

2999. Quotité du droit. — L'art. 3 du décret du 22 décembre 1812 porte que le droit d'enregistrement de ces déclarations sera de 1 franc fixe. Ce droit a été élevé à 3 francs par la disposition générale de l'art. 8 L. 18 mai 1850 et de l'art. 4 L. 28 février 1872.

1. FORME. — D'après un arrêt de Cass. du 24 juillet 1875, le droit fixe n'est applicable qu'aux actes conformes au modèle annexé au décret (4174 R. P.). Cependant on n'a pas toujours insisté sur la question de forme quand le caractère de l'acte est d'ailleurs constant. Ainsi la déclaration d'un entrepreneur que les fonds d'un cautionnement déposé à la caisse de la ville de Paris appartiennent à un tiers est passible du droit fixe (de 3 fr.) quoique non conforme au modèle du décret, car la somme continue bien réellement d'appartenir au bailleur de fonds qui n'a pas aliéné un droit de propriété et pourrait seul opérer le retrait (Sol. 25 juill. 1851, 28 janv. 1858).

3000. Titre du prêteur enregistré ou non. — Une Sol. 29 octobre 1812 (4348 J. E., 1100 J. N.) avait décidé que le droit fixe était exigible alors que la déclaration était faite au profit d'un tiers qui s'était rendu caution de la somme empruntée. Cependant, on avait pensé que le droit proportionnel était dû lorsque l'obligation primitive n'avait pas été enregistrée (4595 J. E.). Cette opinion avait été adoptée par le tribunal de la Seine, 12 mai 1820 (6722 J. E.), et consacrée par une D. m. f. 2 sept. 1816 (743 I. G.).—Mais la C. cass. s'étant prononcée pour la négative, le 4 décembre 1821 (3952 J. N., 7120 J. E., S. 22-2-132), le ministre des finances a décidé, le 23 mars 1822 (4120 J. N., 1030 I. G., D. N. t. 2 p. 766 n° 240), que la déclaration n'est passible que du droit fixe, soit que le titre primitif ait été enregistré, soit qu'il ne l'ait pas été.

3001. Héritier. — Cette décision est applicable à la déclaration faite par l'héritier ou le légataire universel d'un titulaire de cautionnement au profit de son bailleur de fonds, parce que, dans le sens de l'art. 3. du décret du 22 décembre 1812, peu importe que les déclarations soient faites par les titulaires eux-mêmes ou par ceux qui les représentent (Dél. 30 juin 1824, 7809 J. E., 4859 J. N., D. N. t. 2 p. 767 n° 243).

3002. Particulier. — Bouchers de Paris. — Nous avons vu, n° 3000, que le droit fixe est seul exigible sur la déclaration, alors même que le titre primitif n'*aurait pas été enregistré*; mais cette exception doit être limitée au cas pour lequel elle a été créée, c'est-à-dire pour les comptables publics, les officiers ministériels et autres agents dépendant plus ou moins directement du Gouvernement; — Dans ce sens, une Dél. 12 novembre 1826 (1677 R. Roll., D. N. t. 2 p. 767 n° 246), a reconnu que le bénéfice de cette disposition n'est pas applicable à la déclaration relative à un cautionnement versé par un marchand boucher de Paris à la caisse de Poissy qui n'a aucun rapport avec la caisse du Trésor.

3003. Comptables administratifs. — Mais, par contre, la D. m. f. 23 mars 1822 (*V.* 3000), a été déclarée applicable à divers comptables de l'ordre administratif, savoir :

1. FOURNISSEUR. — ENTREPRENEUR. — Aux fournisseurs de vivres, par un arrêt cass. 27 mai 1829 (6991 J. N., 1293 § 3 I. G., D. N. t. 2 p. 767 n° 244), par le motif que l'État les admet à faire la déclaration de privilége de second ordre au profit de leurs bailleurs de fonds.

Et cette jurisprudence devrait être étendue à tous les entrepreneurs pour le compte de l'État.

2. MONT-DE-PIÉTÉ. — Aux commissionnaires des monts-de-piété, par une Dél. 10 décembre 1840 (12697-1 J. E., 10885 J. N., D. N. t. 4 p. 372 n° 5), contrairement à ce que portent les art. 5350 et 7869 J. E., attendu que, d'après un règlement annexé au décret du 8 thermidor an 13, ce cautionnement est assimilé à celui des fonctionnaires publics;

3. RECEVEURS MUNICIPAUX. — EMPLOYÉS DES COMMUNES ET DÉPARTEMENTS. — Aux receveurs municipaux, par un jugement Seine 6 janvier 1841 (6150 R. Roll.), contraire à une Dél. 10 juin 1835 (11250 J. E.), et ce jugement se justifie pleinement, puisque, par le décret du 27 février 1811, la nomination des receveurs municipaux a été réservée au Gouvernement, qu'ils sont placés sous la surveillance directe du Trésor, et que leurs comptes sont soumis à la cour des comptes.

La même décision s'appliquerait, par identité de motifs à tous les employés des Administrations départementales et communales.

3004. Gérant de journal. — Il a été, de plus, reconnu que les gérants des journaux devaient profiter de la même faveur, attendu qu'aux termes de l'art. 13 L. 9 septembre 1835, le cautionnement que les propriétaires de tout journal ou écrit périodique sont tenus de fournir, doit être versé en numéraire au Trésor, *qui en paye l'intérêt au taux réglé pour les cautionnements*, et que, suivant l'art. 6 Ord. 18 novembre 1835, le gérant responsable d'un journal peut être admis à fournir une déclaration de privilége de second ordre au profit de son bailleur de fonds (10786 J. N., D. N. t. 4 p. 372 n° 6; — Seine 13 janv. 1841, 10948 J. N., 12745 J. E., Sol. 9 avr. 1841, 1661 § 2 I. G.).

3005. Droit proportionnel. — On avait pensé (8471 J. E.) que lors même que, dans la déclaration, le titulaire *s'obligerait de rembourser le cautionnement au prêteur*, dans un délai déterminé, on ne devrait exiger que le droit fixe; mais il a été considéré que toute obligation personnelle que contracte le titulaire, en dehors du privilége qu'il concède, fait sortir la déclaration des formes tracées par le Déc. 22 décembre 1812 et fait perdre à l'acte le bénéfice de l'art. 3, pour le placer dans la catégorie des obligations ordinaires (Seine 5 avr. 1838, Dél. 9 oct. 1838, 12163-9, 12180 J. E.; — Clermont-Ferrand 14 juin 1859, 1254 R. P., 11637 C., 17002 J. E. . — Cass. 24 juill. 1875, 4174 R. P., I. G. 2531-6).

On devrait le décider ainsi également pour l'acte par lequel le titulaire du cautionnement en cédant, en payement du prêt qui lui a été fait, une somme à prendre sur le cautionnement, s'obligerait à payer au prêteur, jusqu'au remboursement de ce cautionnement par le Trésor, un complément d'intérêts de 2 pour 100. Cet acte sort de la catégorie des déclarations de privilége pures et simples (17893 J. E.).

3006. Affectation hypothécaire. — Dans une espèce où le titulaire fournissait, par acte postérieur, une garantie hypothécaire pour le cas où le bailleur de fonds n'obtiendrait pas, en vertu du privilége de second ordre, le remboursement du capital et intérêts, on a pensé que le droit d'obligation hypothécaire n'était pas exigible, attendu que la créance et l'affectation hypothécaire n'étaient qu'éventuelles et subordonnées au cas où le bailleur de fonds perdrait le bénéfice de son privilége, et qu'il n'y avait pas novation (12149 J. N.).

3007. Cession de créances. — Le privilége appartenant au bailleur de fonds peut être cédé à un tiers (Cass. 17 nov. 1841, 12977-2 J. E.). Si le bailleur de fonds d'un cautionnement sur le Trésor transporte ses droits à un tiers qui lui rembourse et lui paye pareille somme que le cautionnement, le droit de 1 pour 100 est dû (Dél. 4 déc. 1824, D. N. t. 2 p. 767 n° 248). — *V.* 3668.

3008. Nouvel emploi. — Les consentements donnés par les bailleurs de fonds des cautionnements des préposés des administrations indirectes, à l'effet d'affecter ces cautionnements à la garantie de la gestion des titulaires, lorsqu'ils sont nommés à de nouveaux emplois, ne sont passibles que du droit fixe de 2 francs (3 fr.) (Ord. 25 sept. 1816, 5567 J. E., 1491 I. G.).—Il en est de même pour tous les emplois (5319 J. E.).

3009. Désistement. — On ne doit percevoir que le droit fixe de 3 francs comme *désistement*, et non le droit proportionnel de quittance, sur l'acte par lequel le bailleur des fonds d'un cautionnement fourni pour un emploi public déclare se désister purement et simplement du privilége de second ordre qui lui était assuré par une précédente déclaration notariée, renoncer à toute espèce de droit sur ledit cautionnement, et consentir à ce que le titulaire en jouisse et dispose, à l'avenir, comme bon lui semblera; la raison en est que le désistement d'un privilége ne prouve pas que la créance soit éteinte (Dél. 10 janv. 1825, 8110 J. E., D. N. t. 2 p. 767 n° 247, *Contrà* : 5167 J. E.). — V. *Quittance* 13316.

3010. Pouvoir d'obliger. — Le pouvoir donné pour hypothéquer des immeubles, en garantie de l'obligation *à passer* par le mandataire, au nom du mandant, en faveur d'un bailleur de fonds, ne donne ouverture qu'au droit fixe, attendu que la procuration serait un titre insuffisant pour prendre inscription et qu'elle est, d'ailleurs, essentiellement révocable. Le droit proportionnel ne serait exigible que sur l'obligation postérieure à la déclaration de privilége qui contiendrait novation (Dél. 7 nov. 1843, 11796 J. N., D. N. t. 4 p. 371 n° 3). — *V.* 11992.

3011. Quittance. — La quittance donnée par le bailleur de fonds de la somme affectée au cautionnement est passible du droit proportionnel (13642-4 J. E.). — V. *Quittance.*

3012. Subrogation. — Le droit de 1 pour 100 est exigible sur l'acte par lequel le créancier d'une somme prêtée pour fournir au cautionnement de son débiteur, reconnaît avoir reçu cette même somme d'un tiers qu'il subroge dans le privilége de second ordre qu'il avait acquis comme bailleur de fonds (Dél. 29 janv. 1823, 490 Roll.). — V. *Subrogation* 15489, et *suprà* 3005.

BAINS.

3013. Bains. — Établis sur terre, ils sont immeubles; établis sur bateaux, ils sont meubles (531 C. C.). Les ustensiles, cuves, baignoires, placés par le propriétaire du fonds suivent, en général, le sort de l'établissement principal, et, comme lui, ils sont meubles ou immeubles par destination (524 C. C.). Cependant, si les ustensiles n'étaient placés que par des locataires, ils ne seraient considérés comme immeubles que dans le cas où le bail serait de l'espèce de ceux qui transfèrent la propriété.

BAN.

3014. — Vieux mot qui signifie l'annonce publique d'une chose. — Il s'emploie dans l'usage pour désigner les publications de mariage. L'ouverture des vendanges, et quelquefois des autres récoltes, est fixée par des règlements, qui sont publiés, et auxquels on donne le nom de *bans* (*V.* à ce sujet la loi du 6 oct. 1791, sur la police rurale, tit. 4 sect. 5 art. 2 et l'art. 475-1 C. P.).

BANALITÉ.

3015. Banalité. — On désignait par ce mot, sous l'ancienne législation, le droit qu'avait le seigneur de fief d'assujettir ses vassaux à moudre à son moulin, à cuire à son four, à pressurer à son pressoir, etc., moyennant certains droits qu'ils lui payaient. Le même mot servait aussi à désigner un droit analogue stipulé entre un particulier et une commune.

3016. Banalités abolies. — Les banalités seigneuriales, rappelées dans tous les titres de la seigneurie, et, par ce motif, confondues avec tous les droits féodaux, devaient périr comme eux dans le naufrage de la féodalité. Voici ce que porte l'art. 23 titre 2 L. 15 mars 1790 : « Tous les droits de banalité de fours, moulins, pressoirs, boucheries, taureaux, verrats, forges et autres, ensemble les sujétions qui y sont accessoires, ainsi que les droits de vertemoute et de vent, le droit prohibitif de la quête, mouture ou classe de meuniers, soit qu'ils soient fondés sur la coutume ou sur un titre, acquis par prescription, ou confirmés par des jugements, sont abolis sans indemnité, sous les seules exceptions ci-après :

3017. Banalités non supprimées. — Toutes les exceptions qu'avait faites la loi de 1790 sont définitivement tombées sous la loi 17 juillet 1793, art. 1er, sauf une qui comprend toutes les banalités établies par des conventions entre une communauté d'habitants et un particulier non seigneur. Ces banalités subsistent encore et ont toute la force d'exécution que leur attribuaient les anciens principes, ainsi que l'a reconnu la C. cass. 7 frimaire an 13, 31 mars 1813, 5 février 1830 (1905 J. N.) et 1er juin 1830.

3018. Banalités subsistantes et banalités nouvelles. — Les banalités encore subsistantes sont rachetables de la part des communes (L. 25 août 1792); mais il est interdit d'en créer de nouvelles (Av. Cons. d'Et. 3 juill. 1808).

1. RACHAT. — L'objet du rachat n'est pas le four ou le moulin banal, c'est uniquement l'obligation personnelle imposée aux habitants de se servir de ces usines. Le droit exigible pour un contrat de l'espèce serait donc celui qui s'applique à l'extinction d'une obligation : 50 centimes pour 100 si la somme est payée, 1 pour 100 si elle est payable à terme. — V. *Dation en payement.*

3019. Marché. — Cependant, rien ne s'oppose à ce que les habitants d'une commune contractent un marché par le résultat duquel l'un des habitants s'engagerait à construire ou à entretenir à ses frais un four, un puits ou toute autre usine, à condition que les autres devront toujours s'en servir et payer au propriétaire un droit de cuisson ou autre. Le droit exigible sur une pareille convention serait celui de 1 pour 100 comme marché sur l'évaluation de la rétribution annuelle capitalisée par vingt.

3020. Mutation. — Mais la perception n'est plus la même si le four est aliéné par le propriétaire. Alors le droit de banalité est immeuble comme le four même. La rétribution forme les fruits civils du four, comme les loyers sont les fruits d'un bâtiment. Par conséquent, les droits de mutation doivent être liquidés au même taux que pour les immeubles non sur la valeur intrinsèque du four, mais sur la valeur réelle résultant de la banalité.

BANQUE.

3021. — Commerce consistant à vendre ou à acheter dans une place la faculté de disposer de sommes d'argent payables dans d'autres. — Ce négoce se fait : 1° en achetant ou en vendant dans une ville des sommes payables dans une autre; — 2° en recevant des sommes ou des créances commerciales qui servent à payer les engagements souscrits par celui qui les a envoyés, soit en payant, soit en promettant de payer des lettres de change tirées par un correspondant qui n'en a pas la valeur, et à qui on ouvre un crédit (Pardessus *Cours de droit commercial* n° 29).

BANQUE DE CIRCULATION.

3022. Définition. — Indépendamment des banques particulières que l'on nomme *banques à virement*, *banques à billets*, il existe des banques de *circulation*, ainsi appelées parce qu'elles mettent en circulation leurs billets, qui sont admis comme numéraire dans les payements qu'elles font, et que le public emploie de la même manière; telle est la *Banque de France*.

La théorie du système d'une banque de circulation est celle-ci : la banque possède toujours en caisse un fonds en numéraire capable de répondre à une vaste demande de remboursement; elle émet en billets deux ou trois fois (suivant l'autorisation obtenue) la valeur de ce fonds. Ces billets sont représentés dans l'actif de la banque par les reconnaissances et obligations de ceux auxquels les billets ou valeurs émises ont été prêtés. Il en résulte qu'une banque de circulation bien administrée peut, en prêtant à un taux assez bas, réaliser de forts bénéfices pour les actionnaires, puisque, si elle a émis, par exemple, trois fois la valeur de son capital et qu'elle ait fait ses prêts à 4 pour 100, elle aura produit pour les bailleurs de fonds un bénéfice de 12 pour 100, sauf le prélèvement des pertes et frais d'administration.

BANQUE DE FRANCE.

3023. Caractère légal de la Banque. — L'établissement de la Banque de France date du 20 février 1803. Jusqu'en 1800, elle traita ses opérations ainsi qu'il lui convint, et fut entièrement dégagée de toute influence supérieure. Mais une loi du 14 avril de cette année consacra l'existence de la Banque de France par la concession du *privilège* d'émettre des *billets au porteur*. — Une autre loi, du 22 avril 1806, apporta quelques changements dans le régime administratif de l'établissement; enfin, des statuts réglementaires, dont les fondateurs de la Banque avaient rédigé le projet, ont été sanctionnés par un décret du 16 janvier 1808 (2 J. N.).

Le privilège de la Banque de France, successivement prorogé par la loi, expire le 31 décembre 1887.

Il existe maintenant des succursales de la Banque dans presque tous les départements.

1. ÉTABLISSEMENT PUBLIC. — La Banque de France, bien que régie par un gouverneur nommé par l'État et placée à certains égards sous la surveillance de l'Administration,

est une société particulière qui est soumise à tous les droits de timbre et d'enregistrement ordinaires. Il n'y a d'exceptions que pour celles prévues par les dispositions législatives qui ont réglé l'établissement de la Banque ou la nature de ses rapports avec l'État.

2. EXPROPRIATION. — Il a été décidé notamment que la Banque n'avait pas le droit de faire prononcer l'expropriation en sa faveur, et que si, par suite d'une convention passée entre la ville de Paris et la Banque, celle-ci achetait des terrains destinés à être réunis à son hôtel, l'acte avait le caractère d'une vente ordinaire sujette au droit de 5 fr. 50 cent. pour 100 (Seine 21 déc. 1872).

3. ACTIONS NOMINATIVES. — Les actions de la Banque de France ne sont point au porteur ; elles sont représentées par une inscription nominale sur des registres tenus doubles, et se transfèrent, comme les rentes sur l'État, par une mention sur ces registres.

Ces actions sont soumises aux droits ordinaires de timbre, de transmission et à la taxe sur le revenu. Nous nous en occupons spécialement, à ces trois points de vue, aux mots : *Abonnement*, *Droit de transmission*, *Impôt sur le revenu* et *Sociétés*.

4. NATURE DES ACTIONS. — IMMOBILISATION. — Les actions de la Banque sont meubles (526 C. C.). Mais les statuts de la Banque permettent aux titulaires de les immobiliser au moyen d'une déclaration signée sur un registre spécial (Statuts du 16 janv. 1808 art. 7, 3794 J. E.).

Les actions immobilisées sont susceptibles de privilèges et d'hypothèques et soumises aux mêmes conditions que les immeubles (Persil *des Sociétés* p. 135, Troplong *Société* n° 140). Les actions immobilisées peuvent être acquises en remploi (C. Rennes 7 mai 1853, 15782-4 J. N., 10167 C.; — C. Paris 15 janv. 1855, 15976-2 J. E.).

Les porteurs d'actions immobilisées peuvent les rendre de nouveau mobilières au moyen d'une déclaration à la Banque. Cette déclaration doit contenir l'établissement de la propriété ; elle doit être transcrite à la conservation des hypothèques de Paris, et soumise, s'il y a lieu, aux formalités requises pour la purge (L. 17 mai 1834, art. 5, 10937 J. E.).

La déclaration d'immobilisation n'est pas sujette à l'enregistrement. Mais celle par laquelle l'actionnaire remobilise l'action immobilière doit être enregistrée et elle est passible du droit de transcription sur le capital déterminé par le cours de la Bourse du jour de la déclaration (Sol. 21 mars 1856).

5. ÉVALUATION DES ACTIONS. — Les actions mobilières s'évaluent pour la perception du droit de donation ou de succession, d'après le capital déterminé par le cours de la Bourse au jour de la transmission, comme toutes les autres actions (D. m. f. 27 août 1816).

Si elles sont immobilières, elles doivent être traitées comme des immeubles (Seine 19 déc. 1832, 1422 § 2 I. G. ; — Cass. 22 mai 1837, 1437 § 2 I. G., S. 33-1-517; — Dél. 24 juill. 1863, 1962 R. P.; — Seine 18 juin 1868, 3247 R. P.).

On détermine, en général, le revenu de l'action en prenant provisoirement pour base sauf, complément ultérieur, s'il y a lieu, le dividende distribué dans l'année antérieure à la mutation (Sol. 12 janv. 1867, 2506 R. P.) et on capitalise ce revenu par 10 ou par 20, selon les règles adoptées par les transmissions immobilières (R. P. 4111, *in fine*).

Mais cette évaluation n'a rien d'absolu. L'Administration a le droit de faire constater le produit réel de l'action par une expertise dans les termes du droit commun. Et il appartiendrait alors aux experts de déterminer le revenu réel au jour de la transmission, soit par des moyennes, soit par d'autres opérations dont l'appréciation leur appartient. Nous revenons sur ces différents points aux mots : *Donation* et *Succession*.

Transcription. — Il a été spécialement décidé que, quand un testament grevé de substitution a pour objet des actions immobilières de la Banque, le droit de 1 fr. 50 cent. pour 100 est dû non sur la valeur en capital des actions d'après le cours de la Bourse, mais d'après ce produit des actions capitalisé par 20 (Seine 11 avr. 1874). Ce produit avait été évalué dans l'espèce sur laquelle a statué le tribunal, d'après le dividende distribué pendant l'année du décès du testateur, connu au moment de la réclamation du droit.

6. CERTIFICATS DE PROPRIÉTÉ. — Les certificats de propriété des actions de banque sont sujets au timbre. V. *Certificat*.

7. BILLETS. — La Banque de France émet des billets à ordre et des billets au porteur plus connus sous le nom de billets de banque. Ces billets sont soumis au timbre proportionnel des effets de commerce pour la partie des opérations productives et commerciales et au timbre de 20 cent. par 1000 francs pour le surplus (L. 13 juin 1878). Mais le droit est payé au moyen d'un abonnement et suivant la forme réglée par arrêté du ministre des finances du 24 juin 1878.

On relève par chaque jour de travail à Paris et dans les succursales : 1° le montant des billets au porteur ou à ordre circulant; 2° le solde débiteur des comptes : portefeuilles, avances sur titres et sur matières, billets à ordre en circulation. Ces relevés sont récapitulés sur deux états dont le total, divisé par le nombre de jours de travail, présente : le premier la moyenne de la circulation des billets au porteur ou à ordre pour l'année; le deuxième la moyenne des opérations productives. Ce chiffre est retranché du premier et la différence est passible du droit de 20 cent. pour 1000 francs.

On ne fait figurer dans les opérations productives de la Banque l'avance du Trésor qu'autant que ces avances cesseraient d'être compensées par le solde créditeur du compte courant du Trésor et seulement pour l'excédant portant intérêt.

Il est d'usage, pour liquider le droit, de réunir le total des billets au lieu de calculer le droit séparément par chaque titre. C'est un bénéfice spécial à la banque en ce qui concerne les émissions de coupures inférieures à 100 francs.

8. DÉPOTS. — La Banque tient une caisse de dépôts volontaires pour tous titres, lingots d'or et d'argent, diamants et monnaies de toute espèce. Les récépissés qu'elle délivre de ces dépôts ne sont pas transférables par la voie d'endossement; ils sont assujettis au timbre.

Ces récépissés, formant le titre d'un contrat de dépôt, sont soumis au timbre de dimension et non pas au timbre des quittances. Mais le reçu provisoire qui est délivré au déposant avant la délivrance du récépissé définitif est sujet au droit de 10 centimes parce qu'il ne constate qu'un reçu de titres et qu'il n'est pas destiné à servir d'instrument au contrat de dépôt comme le récépissé définitif (Sol. 19 mars 1872, 19120-2 J. E.). — *V.* 13620.

Le récépissé, s'il était enregistré, serait sujet au droit ordinaire. La décharge acquitterait également le droit fixe pour les décharges entre particuliers (*V.* Seine 12 déc. 1868, 11 déc. 1869, 2828 et 3095 R. P.).

9. PRÊTS SUR TITRES. — La Banque fait en outre des avances sur dépôt de titres. L'engagement souscrit par les emprunteurs est, comme le récépissé de dépôt, l'instrument d'un contrat passé entre la Banque et le particulier. Il est assujetti au timbre de dimension (Dél. 10 mai 1831, 1386 § 11 I. G.). Ces engagements sont dispensés de l'enregistrement (Ord. 15 juin 1834 art. 3 et 5).

10. MANDATS. — Les mandats tirés sur la Banque, et qui ne sont pas négociables, sont assujettis au droit d'enregistrement de 1 pour 100, d'après le n° 3 § 3 de l'art. 69 de la loi du 22 frimaire an 7 (Dél. 15 mai 1822).

11. CHÈQUES. — Les chèques ou bons de virement tirés sur la Banque par le titulaire d'un compte courant sont assujettis aux droits ordinaires de 10 ou de 20 centimes selon qu'ils sont tirés de la même place ou de place à place (L. 23 août 1871, art. 18, 19 fév. 1874). Ces effets sont passibles du droit d'enregistrement de 50 cent. pour 100 (2312 I. G.).

12. FACTURE ACQUITTÉE. — Le ministre des finances a décidé, le 15 mars 1873, que les factures de commerce portant l'acquit du bénéficiaire et la signature du débiteur, précédé ou non des mots « accepté » ou « visé, » doivent être considérées comme des effets de commerce, et, comme tels, soumises au timbre proportionnel sous peine de contravention à la loi du 5 juin 1850 sur le timbre (3587 R. P.).

Conséquemment, et en exécution de cette décision, la Banque de France a informé ses correspondants qu'à l'avenir elle repoussera des bordereaux présentés à l'encaissement toute facture commerciale qui ne serait pas revêtue du timbre proportionnel.

BANQUEROUTE.

3024. — État du commerçant failli qui se trouve dans l'un des cas de faute ou de dol prévu par le C. com. (438 C. com.) — Il y a deux sortes de banqueroute : la *banqueroute simple*, lorsque les fautes du failli ne résultent que du peu d'ordre et d'une mauvaise administration (586 C. com.) ; et la *banqueroute frauduleuse*, lorsque le failli a détourné des valeurs, qu'il a fait de fausses déclarations, enfin qu'il a voulu tromper ou frauder ses créanciers (593 C. com.) — V. *Faillite*.

BARON.

3025. — Titre perpétuel ou transmissible.

1. LETTRES PATENTES. — Les lettres patentes portant confirmation du titre de baron et changement d'armoiries sont sujettes au droit fixe de 10 francs (L. 28 avr. 1816 art. 55.) — Celles qui confèrent ce titre sont sujettes au droit de 600 francs (*Id.*). — V. *Majorat*.

BATEAU.

3026. Bateau. — Le bateau est une construction flottante servant à la navigation fluviale ou maritime. Il est souvent affecté à une industrie spéciale qui le rend stationnaire.

Les questions relatives au bateau sont traitées aux mots *Bac*, *Biens*, *Navire* et *Succession*.

BÉNÉFICE DE DIVISION ET DE DISCUSSION.

3027. — Le bénéfice de *division* est la faculté accordée aux coobligés non solidaires, aux cautions d'une même créance, de demander que le créancier divise son action contre eux. Le bénéfice de *discussion* est le droit qui appartient aux cautions et aux tiers détenteurs d'obliger le créancier à discuter préalablement les biens du débiteur principal et au cédant d'obliger les cessionnaires à discuter d'abord les biens du débiteur avant de recourir contre le cédant, etc. — V. *Cautionnement*.

BÉNÉFICE D'INVENTAIRE.

DIVISION

SOMMAIRE

CHAPITRE PREMIER. — NATURE ET CONDITIONS DE L'ACCEPTATION BÉNÉFICIAIRE

[3028-3036]

3028. Définition. — Le bénéfice d'inventaire est la faculté qui est accordée par la loi à un héritier de n'accepter la succession que sous la condition de n'être pas tenu des dettes au delà des biens qu'il recueille.

3029. Différence entre l'acceptation sous bénéfice d'inventaire et l'acceptation pure et simple. — Cette acceptation diffère de l'acceptation pure et simple en ce que : 1° l'héritier qui accepte *purement et simplement* devient, à l'instant même, libre de disposer comme bon lui semble de tous les biens de la succession, tandis que l'héritier *bénéficiaire* en est constitué l'administrateur jusqu'à ce que la succession ait été liquidée, et qu'il ne peut les vendre qu'en remplissant les formalités prescrites par la loi, et à la charge de rendre compte aux créanciers et aux légataires du défunt; — 2° en ce que l'héritier *pur et simple* est obligé d'acquitter toutes les dettes et charges de la succession, lors même qu'elles en excèdent l'actif, non-seulement sur les biens de l'hérédité, mais encore sur ses biens personnels, comme s'il s'était lui-même obligé, tandis que l'héritier *bénéficiaire* n'est tenu des dettes et charges de la succession que jusqu'à concurrence des biens qu'il a recueillis, et que même il peut se décharger du payement des dettes, en abandonnant tous les biens de la succession aux créanciers et légataires (802 C. C.) ; — 3° en ce que l'acceptation *pure et simple* opère une confusion des droits et des obligations de l'héritier avec ceux du défunt, tandis que l'acceptation *bénéficiaire* donne à l'héritier l'avantage de ne pas confondre ses biens personnels avec ceux de la succession, et de conserver contre elle le droit de réclamer le payement de ses créances, (802 C. C.; — Cass. 11 déc. 1861, D. 62-1-79).

3030. Effets communs. — Elle produit *tous les autres effets* de l'acceptation pure et simple. Ainsi l'héritier bénéficiaire conserve véritablement la qualité et les droits d'*héritier*. Il est, comme l'héritier pur et simple, saisi de plein droit des biens, droits et actions du défunt. C'est contre lui que doivent être dirigées les actions des créanciers ou légataires. La propriété réside en sa personne. Il est vrai propriétaire (Pothier *des Successions* chap. 3 sect. 3 art 2, Merlin *Rép.* v° *Bénéfice d'inventaire* n° 25, Chabot sur l'art. 803).

3031. De ceux qui peuvent user du bénéfice d'inventaire. — Le successeur universel, qui, en acceptant la succession purement et simplement, serait tenu indéfiniment des dettes et charges, peut recourir à ce bénéfice. Ainsi, ce n'est pas seulement l'héritier du sang, c'est encore l'héritier institué par testament ou légataire universel et l'héritier institué par le contrat de mariage, qui peuvent accepter sous bénéfice d'inventaire : étant sujets aux mêmes obligations que l'héritier du sang, ils doivent avoir les mêmes droits (Toullier t. 4 n° 395, Chabot sur l'art. 774 n° 14, Grenier et Bayle Mouillard t. 1er n° 313, Toullier t. 4 p. 150, Troplong *Don. et Test.* t. 4. nos 1836 et 1840, Demolombe t. 15 n° 118. — *V.* Turin 14 août 1809, S. 1810-2-229 ; — Rennes 25 avr. 1820 ; — Cass. 16 avr. 1839, S. 39-1-264, 13 août 1851, S. 51-1-657; — Toulouse 9 juin 1852, S. 52-1-481).

1. RETOUR SUCCESSORAL. — Le bénéfice d'inventaire doit être accordé aussi aux successeurs qui, dans les cas déterminés par la loi, exercent le droit appelé retour successoral, c'est-à-dire à l'adoptant et à ses descendants (351-352 C. C.), à l'ascendant donateur (747 C. C.) aux frères et sœurs légitimes de l'enfant naturel (766 C. C.), attendu que tous ces successeurs sont tenus des dettes

ultra vires (Demolombe t. 6 nos 177-178 et t. 15 no 120; — *Contrà*, Duranton t. 6 no 14, Bilhard *Bénéf. d'inv.* p. 445, Tambour *Bénéf. d'inv.* p. 445, Aubry et Rau t. 5 p. 397, Fouquet *Encyclop. de droit* vo *Ren.* no 2).

2. SUCCESSEURS AUX BIENS. — Mais ceux qui ne sont pas tenus des dettes, comme les légataires et les donataires particuliers, et ceux qui n'en sont tenus que jusqu'à concurrence de l'émolument, lorsqu'ils ont fait bon et fidèle inventaire, tels que les enfants naturels, les légataires à titre universel, le conjoint survivant et l'État, tous ces successeurs (aux *biens* et non à la *personne*) ne peuvent recourir au bénéfice d'inventaire, parce qu'il leur serait inutile. Nous reviendrons sur ce dernier point au no 15740.

3032. Mineur. — Interdit. — Il est libre à tous héritiers de n'accepter que sous bénéfice d'inventaire; toutefois, à l'égard des mineurs émancipés ou non (Demolombe t. 14 no 333) et des interdits, cette faculté se transforme en une obligation rigoureuse, c'est-à-dire que les tuteurs de ces individus ne peuvent accepter que sous bénéfice d'inventaire: une acceptation pure et simple n'aurait pas d'autre effet. Peu importerait que le tuteur eût été autorisé expressément pour faire l'acceptation pure et simple : elle n'en produirait pas plus d'effet (Chabot sur l'art. 776 no 7).

On a enseigné à l'égard des mineurs ou interdits qu'ils pouvaient être héritiers purs et simples : 1o s'ils avaient été condamnés en cette qualité (724 C. C.); — 2o s'ils ne s'étaient pas conformés aux conditions prescrites pour la jouissance du bénéfice d'inventaire, notamment à l'art. 794 C. C.; — 3o enfin, s'ils avaient détourné ou recélé des objets avec discernement (792, 801, 1310 C. C.; 66, 67 C. P., Demante t. 3 no 96 *bis*, Delvincourt t. 2 p. 32 no 41, Mourlon *Rép. écrites* t. 2 p. 96 et 109, Battur *Cont. de mar.* art. 1466, Odier *id.* t. 1er no 416, Troplong *id.* t. 3 no 1567). — Mais on a répondu avec raison que dans la pensée de la loi le mineur ne peut jamais devenir héritier pur et simple ni par sa volonté personnelle directe ou indirecte, ni par celle de son tuteur, et que, dans les trois cas proposés, ce serait toujours par l'effet plus ou moins direct de sa volonté, c'est-à-dire d'une acceptation tacite, qu'il deviendrait héritier (*V.* Cass. 10 mai 1841, S. 41-1-521; — Rouen 24 janv. 1845, S. 46-1-569, — Vazeille art. 796 no 6; — Nîmes 8 nov. 1827, D. 28-2-174; — Rouen 30 août 1828, D. 30-2-149; — Cass. 24 nov. 1841, S. 42-1-158, 3 mai 1848, D. 49-1-368, Lebrun liv. 3 ch. 1er no 43, Tambour p. 419, 420; — Cass. 2 déc. 1826, D. 27-1-77; — Bruxelles 9 déc. 1815; — Rouen 30 août 1828, D. 30-2-149; — Limoges 30 déc. 1827, S. 28-2-31, Duranton t. 6 no 480, Chabot art. 792, Malpel no 331, Pont et Rodière t. 1er no 416, Poujol p. 454, Toullier t. 3 p. 250, Ducaurroy t. 2 no 615, Massé et Vergé t. 2 p. 312, Demolombe t. 14 no 334 et t. 15 nos 133 et 209).

1. CONSEIL JUDICIAIRE. — Quant à l'individu pourvu d'un conseil judiciaire, il pourrait, avec l'assistance de ce conseil, renoncer ou accepter soit simplement soit sous bénéfice d'inventaire (Toullier t. 2 no 341, Duranton t. 6 no 420, Toullier t. 3 no 424, Malpel nos 87 et 433, Chabot art. 776 no 10, Aubry et Rau t. 4 p. 452).

3033. Forme. — La déclaration d'un héritier qu'il entend ne prendre cette qualité que sous bénéfice d'inventaire doit être faite au greffe du tribunal civil de première instance dans le ressort duquel la succession s'est ouverte : elle doit être inscrite sur le registre destiné à recevoir les renonciations (793 C. C.).

1. INVENTAIRE. — Une pareille déclaration n'a d'effet, aux termes de l'art. 794 C. C., qu'autant qu'elle est précédée ou suivie d'un *inventaire* FIDÈLE *et* EXACT des biens de la succession, dans les formes réglées par les lois sur la procédure, et dans les délais qui seront ci-après déterminés. — Cela se justifie de soi-même. En effet, l'héritier bénéficiaire n'étant tenu des dettes et des charges de la succession que jusqu'à concurrence des biens dont elle se compose, il est nécessaire que cet héritier fasse constater, par un inventaire exact et régulier, la consistance et la valeur des biens, afin qu'on ne lui demande pas plus qu'il n'a trouvé dans la succession, et que lui-même n'ait pas la possibilité de soustraire aux créanciers et aux légataires une partie de ce qu'il a recueilli. — Au reste, cette disposition suppose qu'il n'a pas été fait déjà un inventaire à la requête d'un autre héritier; car, si cet inventaire existait, il serait sans doute superflu de faire procéder à un nouveau (Chabot sur l'art. 794, Lebrun liv. 3 ch. 4 no 11, Zachariæ, Aubry et Rau § 5 p. 158, Massé et Vergé t. 2 p. 311, Demolombe t. 15 no 138, Toullier t. 3 p. 253, Tambour p. 230-231, Fouquet *Encycl. loc. cit.* no 53).

2. INSTANCE. — Aux termes de l'art. 793 du C. C. la qualité d'héritier bénéficiaire ne peut légalement résulter que d'une déclaration faite au greffe, et elle ne saurait résulter d'une déclaration consignée dans un acte ou un jugement.

Ainsi décidé, en matière d'enregistrement, que la déclaration faite par l'héritier dans l'instance en partage de la succession qu'il n'entend accepter que bénéficiairement et l'acte qui lui en est donné par le tribunal ne lui imprime pas légalement la qualité de bénéficiaire et n'autorise pas la perception du droit de transcription sur la licitation prononcée à son profit (Limoges 31 janv. 1863, 1797 R. P., 17834 J. N.).

3034. Délai. — L'héritier a trois mois pour faire inventaire, à compter du jour de l'ouverture de la succession. Il a, de plus, pour délibérer sur son acceptation ou sa renonciation, un délai de quarante jours qui commence à courir du jour de l'expiration des trois mois donnés pour l'inventaire ou du jour de la clôture de l'inventaire, s'il a été terminé avant les trois mois (795 C. C.).

1. TOUS LES HÉRITIERS. — Cet article et les quatre qui suivent ne s'appliquent pas seulement aux héritiers qui ne veulent accepter que sous bénéfice d'inventaire, ils s'appliquent à tous les héritiers présomptifs qui, avant de se déterminer, ou à accepter purement et simplement, ou à accepter sous bénéfice d'inventaire, ou à renoncer, veulent prendre des renseignements sur l'état de la succession qui leur est échue.

2. ACCEPTATION FAITE. — Mais l'héritier qui a déclaré au greffe accepter sous bénéfice d'inventaire ne peut désormais opposer aucune exception délatoire ni de trois mois pour faire inventaire, ni de quarante jours pour délibérer (Pothier

Succ. ch. 3 sect. 5, Duranton t. 6 n° 22, Tambour p. 238, Demolombe t. 14 n° 272, *contrà*, Malpel 192, Bilhard n° 53, Demante t. 3 n° 117 *ter*).

3. DÉLAI EXPIRÉ. — Le délai de trois mois pour faire inventaire n'est pas tellement rigoureux que l'héritier ne puisse, après ce délai, et pendant les quarante jours qui lui sont accordés pour délibérer, continuer et même commencer l'inventaire (Chabot art. 795 n° 37, Zachariæ, Aubry et Rau t. 4 p. 294, Massé et Vergé t. 2 p. 319, Bilhard n° 52, Demante t. 3 n° 118 *bis*, Demolombe t. 14 n° 266 *bis*). L'art. 800 dispose même expressément qu'après l'expiration des deux délais, l'héritier peut encore faire inventaire; seulement, dans ce cas, l'héritier supporte personnellement, aux termes de l'art. 799, les frais frustratoires que son retard peut avoir occasionnés (Chabot sur l'art. 795 n° 3).

4. FRAIS. — Il s'agit là, bien entendu, des frais faits avant l'expiration des délais (Pothier *Succ.* ch. 3 sect. 5, Massé et Vergé p. 321, Demolombe t. 14 n° 287; — Colmar 21 déc. 1830, S. 32-2-62; — Lyon 21 mai 1831, S. 32-2-197; — Bordeaux 6 août 1833, S. 34-2-47; — Limoges 28 juin 1838, D. 39-2-86). Le bénéficiaire ne serait affranchi des frais faits après l'expiration des délais qu'autant qu'il répondrait de suite et sans lenteur en cette qualité aux poursuites (Duranton t. 7 n° 21, Zachariæ, Aubry et Rau t. 4 p. 295, Massé et Vergé t. 2, 321, Demante t. 3 n° 120 *bis*, Demolombe t. 14 n° 287. — V. toutefois Ducaurroy t. 2 n° 607).

5. DÉCÈS DE L'HÉRITIER. — D'ailleurs, lorsque l'héritier meurt dans les délais pour faire inventaire et pour délibérer sans avoir fait connaître son option, ses héritiers ayant, pour accepter ou répudier sa propre succession, pareils délais de trois mois et quarante jours, il s'ensuit que, pendant ces délais, ils ne peuvent être tenus de prendre qualité dans la succession échue à celui dont il se trouvent héritiers présomptifs (Chabot *ibid.* n° 6), et lors même que le défunt aurait terminé l'inventaire (Chabot art. 795 n° 5, Bilhard n° 75, Zachariæ, Aubry et Rau t. 4 p. 294, Demante t. 3 102 *bis*, Tambour *Bénéf. d'inv.* 237, Demolombe t. 14 n° 271).

6. RENONCIATION DE L'HÉRITIER. — Lorsque l'héritier est appelé par la renonciation d'un parent plus proche, on enseigne généralement que le délai court du jour de la renonciation (Belost-Jolimont sur Chabot art. 795, Marcadé art. 795, Vazeille art. 795 n° 2, Zachariæ, Aubry et Rau t. 4 p. 295, Massé et Vergé t. 2 p. 319). Demolombe émet cependant l'avis que le délai ne devrait courir qu'à compter du jour où cet héritier a connu la renonciation en vertu de laquelle il est appelé à la succession (t. 14 n° 269).

3035. Gestion. — Quoique l'héritier bénéficiaire soit chargé d'administrer les biens de la succession, et de rendre compte de son administration aux créanciers et aux légataires (803 C. C.), il n'en est pas moins *vrai propriétaire* des biens; c'est sa propre chose qu'il administre, et il l'administre uniquement parce qu'il n'est tenu que jusqu'à concurrence des biens de la succession, parce que de là résulte pour lui l'obligation de constater et de représenter aux créanciers, comme aux légataires, la valeur et tous les produits de ces biens, parce que ces biens ne sont sa propriété qu'à la charge de les employer au payement de sa quote-part des dettes et de legs. Sa qualité d'administrateur dérive donc du privilége qu'il s'assure, en faisant inventaire, de ne pas s'obliger au-delà de son émolument. Elle n'est donc à ce privilége que ce que la conséquence est à son principe; elle ne détruit ni sa qualité de propriétaire, ni sa qualité d'héritier (Merlin, *Rép.* V. *Bénéfice d'inventaire* n. 25.) — C'est pourquoi les procédures des créanciers sont régulièrement faites contre lui (Grenier *Hyp.* t. 1er n° 130, Chabot art. 873-22, Vazeille art. 877-2, Poujol art. 877-2, Duranton t. 7 n° 458, *Revue de législation* 1851, t. 11 p. 196, Zachariæ, Aubry et Rau t. 4 p. 315, Massé et Vergé t. 2 p. 320, Demolombe t. 14 n° 280 t. 15 n° 159 et 278; — Cass. 17 mars 1852, S. 52-1-455). Mais on décide que les créanciers pourraient agir directement contre les débiteurs de la succession pour former des saisies ou suivre la réalisation des biens (Cass. 9 mai 1849, S. 49-1-563, 1 août 1849, S. 49-1-681, Demolombe t. 15 n° 228).

3036. Déchéance. — La déchéance du bénéfice d'inventaire n'est point une peine proprement dite qui ne puisse être encourue qu'en vertu d'une disposition de la loi. L'héritier peut toujours renoncer aux avantages du bénéfice, en se rendant héritier pur et et simple, soit expressément, soit tacitement (Chabot *sur l'art.* 801, Toullier t. 12 n° 360). Seulement il ne faut pas oublier que l'administration bénéficiaire doit s'entendre dans un sens large parce qu'il s'agit d'un propriétaire administrant sa chose et un ensemble de biens.

1. MENUS OBJETS. — VENTE — Il pourrait donc vendre seul tous les meubles auxquels ne s'appliquent pas les art. 805 C. C. et 988 C. proc., ni l'avis du Conseil d'État du 11 janvier 1808, c'est-à-dire les créances, un office, etc. (Demolombe t. 15 n° 264; — Paris 19 mars 1852, S. 52-2-169; — Cass. 7 déc. 1853, S. 54-1-177, 26 février 1855, *Le Droit* 29 fév. 1866). — Il serait également contraire à la raison de faire résulter la déchéance de ce que l'héritier a vendu, sans formalités, de menus produits, tels que les fruits d'un jardin, le lait des bestiaux, etc. (Cass. 1er fév. 1843, S. 43-1-458; — Douai 14 mai 1855, S. 26-2-25, Demante t. 3 n° 99, Ducaurroy t. 2 n° 606, Demolombe t. 14 n° 276).

2. DATION D'HYPOTHÈQUE. — La question est plus controversée à l'égard de la dation d'hypotèque par le bénéficiaire au profit de ses créanciers personnels. Les uns pensent qu'elle emporte déchéance (Rouen 5 déc. 1826, D. 27-2-69; — Bordeaux 24 juill. 1830, S. 31-2-190, Toullier t. 2 n° 360, Delvincourt t. 2 p. 32 note 7, Zach., Massé et Vergé t. 2 p. 350, Demolombe t. 15 n° 382). — Les autres soutiennent que cette dation ne peut nuire aux créanciers de l'hoirie à cause de la séparation du patrimoine qui a lieu de plein droit, et que l'hypothèque est toujours accordée aux créanciers personnels du bénéficiaire sous la condition quelle sera primée par celle des créanciers du défunt (Paris 8 avr. 1826, D. 27-2-68, Agen 29 mars 1838, P. 40-2-319; — Cass. 10 fév. 1839, S. 40-1-92, Aubry et Rau 5 p. 165, Duvergier sur Toullier t. 2 n° 360).

3. BAUX. — PARTAGES. — Il a été jugé que l'héritier n'est pas déchu du bénéfice d'inventaire par cela seul qu'il a

passé des baux à ferme qui sont des actes de pure gestion ou concouru à des partages ayant pour objet de régler des droits héréditaires ou même exercé le retrait successoral (Paris 9 déc. 1864, S. 65-2-42).

4. TRANSACTION. — Il en est de même d'une transaction, quand ce contrat a les caractères d'un acte de sage et prudente administration (Cass. 25 juill. 1867, S. 68-1-12, Demolombe *Success.* t. 3 n° 265).

5. VENTE DE MEUBLES. — Nul doute que la déchéance ait lieu lorsque l'héritier a fait un acte de propriétaire, tel que la consommation des fruits des immeubles de la succession sans offrir d'en rendre compte (Cass. 3 juill. 1854, 255 R. P.); la vente du mobilier sans avoir fait inventaire (C. Bourges 23 janv. 1828, 9635 J. E.). — Mais l'héritier bénéficiaire qui, après avoir acheté les droits de son cohéritier, les lui rétrocède, ne fait pas un acte d'hérédité qui lui fasse perdre le bénéfice d'inventaire, car ce ne sont pas les droits *de son chef* qu'il a cédés, ce qui laisse sans application à son égard l'art. 780 C. C. (Cass. 20 avr. 1831, 10050 J. E., Demolombe t. 15 n° 302).

6. JUGEMENT. — C'est une question très-controversée que celle de savoir si, lorsqu'il existe un jugement passé en force de chose jugée qui condamne le bénéficiaire en qualité d'héritier pur et simple, la déchéance est absolue ou opère seulement envers la partie qui a obtenu le jugement. Dans une première opinion, on soutient que le bénéficiaire est déchu à l'égard de tous, parce que la qualité d'héritier est indivisible, que le jugement est un quasi-contrat d'acceptation et qu'il y aurait les plus graves inconvénients à remettre sans cesse la question en litige (Rouen 26 prair. an 13, S. 2-11-63; — Bruxelles 9 déc. 1815; — Douai 29 juill. 1816, S. 17-2-98; — Riom 10 janv. 1820 et 18 avr. 1825, S. 6-11-182, 8-11-63, Maleville t. 2 p. 261, Merlin v° *Succ.* sect. 1re § 5 n° 4 et *Quest. de droit* v° *Héritier* n° 8, Vazeille art. 800 n° 2, Zachariæ, Massé et Vergé t. 2. 311, Toullier t. 3 p. 356, Malpel 194, Coulon *Quest. de droit* t. 1 dial. 23, Boncenne t. 3 p. 320). — On répond, dans un second système, que la qualité d'héritier n'est pas plus indivisible que l'état des personnes, lequel peut varier selon les jugements; qu'il serait non moins grave d'attribuer un effet général à un simple jugement particulier et qu'enfin le jugement n'a force de chose jugée qu'entre les parties (Ferret t. 12 p. 44; — Montpellier 1er juill. 1828, S. 9-2-106; — Paris 18 juin 1840, P. 1840 p. 97; — Toulouse 11 mars 1852, S. 52-2-491; — Caen 4 déc. 1857, Delvincourt t. 2 p. 31-7, Toullier t. 2 n° 344, Duranton t. 6 n° 25, Chabot art. 800-3, Ducaurroy t. 3 nos 610-613, M. Demante t. 3 n° 122 *bis*, Bilhard n° 436, Poujol art. 800 n° 2, Aubry et Rau t. 5 p. 161, Tambour p. 244, Demolombe t. 15 n° 152). — D'autres doctrines plus ou moins divergentes ont été proposées par Marcadé art. 800, Massé et Vergé, t. 2 n° 311 Favard *Rép.* v° *Enreg.* § 4 n° 2, *Revue de législation* 1851 t. 2 p. 208, Mourlon t. 2 p. 114, Valette *Revue du droit français* t. 9 p. 257. — Nous y reviendrons au mot *Succession* à propos du commentaire de l'art. 800 C. C.

7. RECEL. — DIVERTISSEMENT. — PRESCRIPTION. — On verra aussi à cet endroit les effets du recel ou du divertissement commis par l'héritier bénéficiaire ainsi que le développement des principes relatifs à la prescription du délai pendant lequel le bénéfice d'inventaire peut être exercé.

8. DÉCHÉANCE PERSONNELLE. — Mais, dans toutes les hypothèses, la déchéance est personnelle pour celui qui l'encourt, lors même qu'il s'agirait de cette acceptation bénéficiaire imposée par l'art. 782 C. C. aux cohéritiers qui ne sont pas d'accord pour accepter ou répudier la succession (Caen 17 juin 1829, 4 juill. 1865, S. 65-1-406, Tambour p. 702, Demolombe t. 14 n° 169 et 355).

3036 *bis*. Acceptation. — Tarif. — L'acte d'acceptation passé au greffe est passible du droit de 4 fr. 50 cent. Si elle fait l'objet d'un autre acte le droit est seulement de 3 francs.

Il est dû un droit pour chaque renonçant.

Ces questions de tarif ont été examinées v° *Acceptations* n° 213 et suiv.

CHAPITRE II. — EFFETS DU BÉNÉFICE D'INVENTAIRE

[3037-3052]

SECTION PREMIÈRE. — ABANDON DE BIENS

[3037-3047]

3037. Principe. — Nous avons vu, au n° 3029 que l'un des effets du bénéfice d'inventaire est de donner à l'héritier l'avantage de n'être tenu au payement des dettes que jusqu'à concurrence des biens qu'il a recueillis. L'art. 802 C. C. accorde à l'héritier la faculté de se décharger de ce payement en *abandonnant* tous les biens de la succession aux créanciers. Cet abandon est en quelque sorte le complément du bénéfice d'inventaire, la dernière période de cette faveur accordée par la loi, puisque, par le bénéfice d'inventaire pur et simple, l'héritier n'est tenu que jusqu'à concurrence des biens, mais *à la charge d'administrer et de rendre compte* (*V.* 3035); tandis que, par l'abandon, il jouit du même avantage, sans être tenu d'administrer.

3038. Rapport. — Réduction. — Le bénéficiaire n'est tenu que jusqu'à concurrence des biens qui appartenaient au *de cujus* au moment de sa mort et se trouvent dans la succession, car il n'y a que ces biens-là qui soient le gage des créanciers et des légataires. Il ne serait donc pas tenu sur les biens reçus entre vifs rapportés ou provenant d'une action en réduction (Lebrun liv. 3 ch. 4 n° 28, et liv. 4 ch. 1er sect. 3 n° 28, Pothier *Succ.* ch. 3 sect. 3 art. 11 § 6, Chabot art. 802-2; — Cass. 10 juill. 1844, S. 44-1-593, Demolombe t. 15 n° 163); — non plus que sur le prix de la cession par lui faite de ses droits successifs, puisque ce prix n'étant pas dans la succession n'a pas dû être inventorié (Lebrun liv. 3 ch. 8 sect. 2 n° 25, Pothier *Introd. à la cout. d'Orléans* n° 50, Demante t. 3 n° 126, Demolombe t. 15 nos 164 et 212).

3039. Offre de la valeur des biens. — L'héritier bénéficiaire ne pourrait d'ailleurs se borner à offrir aux créanciers et légataires la valeur estimative des meubles et des immeubles afin de les garder en nature, pas plus que les créanciers de leur côté ne pourraient le contraindre à les garder en payant cette estimation. La règle est que les meubles et les immeubles doivent être vendus suivant les formes prescrites, sauf à l'héritier à s'en rendre adjudicataire s'il veut les conserver (Cass. 19 fév. 1821, S. 1821-1-208, Ducaurroy t. 2 n° 674, M. Demante t. 3 n° 128 *bis*, Tambour p. 174 et 330, Demolombe t. 15 n° 273). Quand les formalités n'ont pas été observées les ventes n'en sont pas moins valables à l'égard des tiers, mais il y a déchéance du bénéfice d'inventaire.

1. DÉLÉGATION. — Si les biens sont vendus, l'art. 800 C. C. oblige l'héritier bénéficiaire à en déléguer le prix aux créanciers hypothécaires qui se sont fait connaître.

On a soutenu que cette disposition était devenue sans objet depuis que par l'organisation du système hypothécaire, l'ordre des créanciers sur le prix de l'immeuble hypothéqué se trouve établi par la loi et qu'il ne dépend pas de la volonté du vendeur de le modifier. D'où l'on a conclu que la délégation était une formalité devenue sans objet (Mourlon n° 226; Marcadé art. 805 et 806). D'autres auteurs pensent que la délégation doit toujours être faite, mais en suivant l'ordre des privilèges et des hypothèques (Pigeau t. 2 p. 602, Persil p. 522 n° 688, Zachariæ, Aubry et Rau t. 6 § 618 n° 4). — *V.* 3077.

3040. Enregistrement. — 1. DROIT FIXE. — L'abandon autorisé par l'art. 802 C. C., ne transfère point aux créanciers et légataires la propriété des biens; il leur donne seulement le droit de les vendre judiciairement, comme dans le cas de cession faite par un débiteur insolvable (Duranton t. 7 n° 43). Or, comme l'art. 4 L. 22 frimaire an 7 n'assujettit au droit proportionnel que les actes translatifs de propriété, il s'ensuit, aux termes de l'art. 68 § 4 n° 1 L. de frimaire, qui tarife au droit de 5 francs les abandonnements de biens, soit volontaires, soit forcés, *pour être vendus en direction*, que l'abandon fait par l'héritier bénéficiaire, conformément à l'art. 802 C. C., n'est passible que du droit de 5 francs aujourd'hui porté à 7 fr. 50 cent. (L. 28 fév. 1872, art. 4).

2. DROIT PROPORTIONNEL. — Mais il ne faut pas perdre de vue que cet abandon doit avoir lieu au profit de *tous* les légataires et créanciers sans aucune exception. Si l'héritier bénéficiaire ne fait l'abandon qu'à *quelques-uns des créanciers ou des légataires*, c'est alors une disposition qu'il fait en leur faveur; et comme en sa qualité d'héritier bénéficiaire, il n'a droit de disposer d'aucun bien de la succession, cette disposition doit être considérée comme un acte d'*héritier pur et simple*, ainsi que l'enseignent Chabot *des Successions* sur l'art. 802 C. C. n° 7, et Duranton t. 7 n° 42. — L'Administration, faisant l'application de ce principe, a décidé, le 29 juin 1828 (10056 J. N., 12126 § 2 J. E.), que l'abandon fait à un *seul créancier*, à la charge de désintéresser les autres créanciers, s'il en existe, n'étant pas l'abandonnement tel qu'il est autorisé par l'art. 802 C. C., opérait une transmission passible du droit proportionnel d'enregistrement. On critique cette solution en faisant observer que s'il n'existe point de légataire et s'il ne se présente qu'un seul créancier, l'héritier ne peut être privé de la faculté que lui accorde l'art. 802 C. C.; et l'abandon qu'il fait à ce créancier à *charge de désintéresser les autres* rentre dans les termes de cet abandon (D. N. t. 2 p. 468 n° 219). Mais cette critique est mal fondée. Ce n'est pas parce que l'abandon a été fait à un seul créancier que le droit proportionnel est exigible, c'est parce que l'abandon n'est pas pur et simple et que toute stipulation ou toute charge particulière imposée au créancier convertit l'abandon en un acte d'héritier prouvant la transmission (*V.* D. 331).

En un mot, si l'abandon des biens est fait non pour qu'ils soient vendus en direction, mais avec faculté aux créanciers de se les approprier, il y a transmission, et les règles que nous avons fait connaître au mot *Abandonnement*, sont applicables. — *V.* 3078.

3041. Biens excédant les dettes. — L'abandon n'est pas d'ailleurs une renonciation à la succession. Le bénéficiaire reste toujours héritier et la succession n'est pas vacante. Par conséquent si, après le payement des dettes et charges de la succession il restait une portion libre des biens abandonnés ou s'il survenait de nouvelles valeurs héréditaires inconnues à ce moment, l'héritier aurait le droit de réclamer ces valeurs ou l'excédant de celles qu'il avait cédées (Grenier *Donat.* n° 304, Merlin *Question de droit* t. 6, *Additions* v° *Bénéf. d'inv.* § 5 art. 1er, Duranton t. 6 nos 42-43, Duvergier et Toullier t. 2 n° 358, M. Demante t. 3 n° 124 *bis*, Ducaurroy t. 3 n° 617, Marcadé art. 802-1, Chabot art. 802-8, Coulon *Question de droit* t. 3 p. 374, Poujol art. 802-1, Demolombe t. 15 n° 208; — Paris 10 août 1809, S. 10-2-191; — Liège 31 juill. 1811, S. 2-535; — Metz 22 mai 1817; — *id.* 5-2-281; — Colmar 8 mars 1820, S. 20-2-168; — Paris 3 avril 1826, S. 26 t. 316; — Toulouse 29 mars 1832, S. 32-2-353; — Grenoble 4 juin 1836, S. 37-2-109; — Cass. 6 juin 1815; — Cass. 25 mars 1840, S. 40-1-164; — Douai 5 avr. 1848, D. 48-1-169. — *V.* cependant *Contrà* Lyon 14 mai 1813, S. 13-2-344; — Nancy 4 janv. 1827, S. 27-2-259, S. 15-1-319; — Bordeaux 17 fév. 1826, S. 26-2-315; — *V.* Toullier t. 2 n° 358, Bilhard n° 136, Champ. et Rig. 539 I. G.).

3042. Action des créanciers personnels de l'héritier. — En principe, les créanciers personnels de l'héritier bénéficiaire ne peuvent demander à être payés sur biens de la succession qu'après que les créanciers de cette succession ont été satisfaits. Mais cette règle fléchit quand les créanciers de la succession demeurent dans l'inaction ou ne sont pas connus. On ne peut pas certainement autoriser le bénéficiaire à se mettre à la tête d'un riche patrimoine au détriment de ses créanciers personnels. Demolombe pense qu'alors il appartiendra aux magistrats d'apprécier, suivant les circonstances, les chances d'existence des créanciers héréditaires et d'autoriser le bénéficiaire à payer ses créanciers personnels à charge par eux de fournir caution (t. 15 n° 180).

1. CHOSE JUGÉE. — Le jugement qui déboute le créancier du défunt de la poursuite intentée à sa requête contre l'héritier personnellement, ne s'oppose pas à ce que ce créancier agisse ensuite contre l'héritier en qualité d'administrateur de la succession bénéficiaire (Cass. 13 mars 1866, 2251 R. P., S. 66-1-121).

3043. Renonciation. — Il est de principe que n'est héritier qui ne veut, mais aussi que celui qui a une fois assumé sur lui cette qualité ne peut plus s'en dépouiller, *semel hæres, semper hæres*. Il résulte de là que l'héritier ou légataire qui a accepté sous bénéfice d'inventaire ne peut plus *s'affranchir du payement des droits de mutation par décès*, en renonçant à la succession ou au legs, alors même que cette renonciation aurait eu lieu dans les six mois qui lui sont accordés par la loi pour acquitter les droits de succession.

Ainsi, dans une espèce où la veuve donataire par son contrat de mariage d'une quote-part des biens de son mari, était décédée ayant accepté la donation sous bénéfice d'inventaire, et laissant des neveux légataires universels qui déclarèrent par un acte au greffe, persister dans l'acceptation sous bénéfice d'inventaire de la succession de leur oncle, puis y renoncèrent du chef de leur tante, la C. cass. a jugé que la renonciation était tardive (20 avr. 1833, 10631 J. E., 8086 J. N., 1437 § 9 I. G.). — Cette proposition résultait déjà de deux arrêts C. cass. des 29 décembre 1829 et 1er février 1830, qui avaient reconnu, le premier, entre parties civiles, et le second dans une question d'enregistrement, qu'aux termes des art. 783 et 802 C. C., la qualité d'héritier bénéficiaire n'est pas moins indélébile que celle d'héritier pur et simple (7080 J. N., 9590, 9595 J. E., 1320 § 5 I. G., S. 30-1-137). — Des décisions semblables ont été rendues dans des espèces où les héritiers donataires ou légataires avaient également voulu répudier l'acceptation sous bénéfice d'inventaire qu'ils avaient faite au greffe, dans le but de se soustraire au payement des droits de mutation par décès (Chartres 5 août 1837; — Uzès 26 avr. 1841; — Roanne 23 janv. 1849; — Aubusson 31 déc. 1849, 11863, 12741-1, 14828-2, 14912-5 J. E.; — Tulle 27 fév. 1854, 199 R. P.; — Seine 13 fév. 1875, 19729 J. E.; — Lille 27 nov. 1874).

1. MINEUR. — Une mère qui, en qualité de tutrice de ses enfants mineurs, n'a pas accepté sous bénéfice d'inventaire la succession de leur père, ne peut, pour frustrer le Trésor, invoquer ce vice de forme pour renoncer plus tard à cette succession du chef de l'un de ses enfants décédé, et refuser de payer les droits de la succession de cet enfant, composée uniquement de *sa part* dans la succession paternelle, surtout lorsqu'il y a eu adition constante d'hérédité paternelle par le tuteur (Strasbourg, 21 juill. 1851, 15270-15271 J. E.). — Plus généralement le tuteur, dûment autorisé par le conseil de famille, peut faire au nom du mineur une acceptation tacite qui rend le mineur héritier bénéficiaire sans déclaration au greffe (Aubry et Rau, 4e édit., § 612-2; — Cass. 10 mai 1841, I. G. 1661-1; — Rouen, 24 janv. 1845, S. 46, 2-569; — Nîmes, 27 juill. 1852, 3-53, 2-701; — Sol. 9 juill. 1877). — V. Cass. 5 nov. 1861, S. 62, 1-53.

3044. Renonciation partielle. — La question s'est présentée de savoir si le légataire universel d'une quote-part en propriété ou en nue propriété, et d'une autre quote-part en usufruit, pouvait, après avoir accepté le legs universel sous bénéfice d'inventaire, répudier l'usufruit, sous le prétexte qu'il ne constituait qu'un legs particulier.

Une espèce remarquable a été soumise à la C. cass. M. d'Aligre aurait institué pour ses légataires universels, *conjointement*, deux petits-neveux d'une branche, et deux petits-neveux d'une autre branche, avec cette combinaison que chacune des branches devait avoir l'usufruit des biens dont l'autre n'aurait que la nue propriété. Le legs universel fut accepté sous bénéfice d'inventaire au nom des légataires mineurs, mais, avant la déclaration de succession, il y eut renonciation à l'usufruit. La Cour suprême (Ch. civ.) a décidé, le 18 novembre 1851, que le legs universel était indivisible, et que la renonciation à une portion de ce legs, faite postérieurement à l'acceptation, ne pouvait affecter les droits acquis au Trésor (14520 J. N., 15332 et 15338 J. E., 1912 § 5 I. G., S. 51-1-769; — *Conf.*: Fontenay 8 nov. 1850, 15106-2 J. E.).

3045. Renonciation par un mineur. — La question que nous venons d'examiner nous conduit naturellement à rappeler le principe que l'héritier mineur, qui ne doit accepter que sous bénéfice d'inventaire (*V.* 3032), peut se soustraire au payement des droits de mutation par décès en renonçant à la succession, s'il a atteint sa majorité avant que les droits aient été acquittés.

3046. Renonciation avant l'expiration des délais. — L'héritier majeur peut renoncer à la succession non-seulement pendant les délais qui lui sont accordés pour faire inventaire et délibérer, mais encore après l'inventaire, après l'expiration des délais pour délibérer, même après celle des nouveaux délais qu'il peut obtenir aux termes de l'art. 800. C. C. (*V.* 3034), et tant qu'il n'a pas fait acte d'héritier pur et simple ou d'héritier bénéficiaire. Ce n'est donc qu'après l'expiration des délais accordés pour délibérer que l'héritier est libre de se prononcer. S'il ne se prononce pas, l'Administration doit réclamer le droit de mutation par décès, si le délai de six mois dans lequel la déclaration doit être faite est expiré. L'héritier ne peut alors se soustraire au payement qu'en renonçant.

3047. Transmission de biens acceptés bénéficiairement. — Mais, dès qu'il accepte, il est irrévocablement lié, soit que cette acceptation soit pure et simple, soit qu'elle ait lieu sous bénéfice d'inventaire. L'effet est le même au point de vue de la loi de l'enregistrement. Par l'acceptation bénéficiaire l'héritier est *vrai propriétaire*, avons-nous dit n° 3030; si donc il décède, il transmet à ses héritiers les droits qu'il a recueillis dans la succession qu'il a acceptée sous bénéfice d'inventaire, alors que rien ne démontre encore si cette succession donnera une bonification quelconque. Aussi, les héritiers, bien qu'ils soient bénéficiaires eux-mêmes, doivent comprendre dans la déclaration de sa succession les droits, sans distraction des charges, que le défunt avait dans cette succession (Dél. 26 sept. 1834. 8655 J. N.; — Seine 23 août 1850, 15031 J. E., 14177 J. N., D. N. t. 12 p. 285 n° 522; — Cass. 11 août 1869, 2986 R. P., 2394 § 3 I. G. *arrêt rapporté n°* 16498; — Seine 17 mars 1871, 3302 R. P. et 24 mai 1872.

SECTION 2. — PAYEMENT DES DROITS

[3048-3052]

3048. Succession. — A la faculté de ne pas confondre ses biens personnels avec ceux de la succession, de n'être pas tenu aux dettes au delà des forces de cette succession, et de pouvoir s'en décharger en abandonnant les biens aux créanciers, se bornent les priviléges qui sont accordés à l'héritier bénéficiaire.

Ainsi, comme l'héritier pur et simple, il est *personnellement* tenu au payement des droits de la succession qu'il recueille. En effet, de ce que son acceptation le met dans la nécessité d'acquitter les droits de mutation par décès sur la valeur des biens, il s'ensuit que c'est une obligation *personnelle* qu'il contracte. Il ne peut s'y soustraire ni par un abandon ni par un acte quelconque ou pour quelque motif que ce soit, fondé sur l'insuffisance de la succession, le défaut de fonds, la découverte de dettes inconnues ou autres raisons semblables. Merlin a soutenu le contraire (*Questions de droit*, v° *Bénéfice d'inventaire* § 5 art. 6), par le motif que l'Administration ne peut repousser la disposition de l'art. 802 C. C., qui autorise l'héritier bénéficiaire à se décharger du *payement des dettes*, en abandonnant aux créanciers tous les biens de la succession. Le célèbre jurisconsulte fonde son opinion sur ce que le droit de mutation par décès est exclusivement une dette de l'hoirie. Mais c'est là une inexactitude que nous réfuterons au mot *Succession*. — L'impôt des transmissions par décès est sans doute une charge de l'hérédité en ce sens que le recouvrement peut en être suivi par privilége sur les revenus et par contribution sur les capitaux. Mais il est aussi une dette personnelle de l'héritier qui profite de la mutation ; il l'a contractée pour acquérir les biens, au même titre que le nouveau possesseur investi de la propriété d'un immeuble en vertu d'un contrat quelconque. Déjà, sous l'ancienne législation, le bénéficiaire était tenu personnellement de payer le centième denier : le principe en fut constaté par un arrêt du 5 avril 1714 rendu contre l'évêque de Metz héritier bénéficiaire de son frère et qui opposait n'avoir retiré aucun profit de la succession après l'acquit du passif (Bosquet t. 1er p. 380).

« L'art. 22 de la loi du 22 frimaire an 7, dit également Demolombe, s'applique à tous les héritiers sans distinction. D'après les principes particuliers du droit fiscal et les termes généraux du droit, il résulte, d'une part, que la dette des droits de mutation est, envers l'État, la dette personnelle de l'héritier, et, d'autre part, que cette dette pourtant pèse en définitive sur la succession, à ce point qu'elle peut être exigée alors même qu'aucun héritier ne réclame la succession » (t. 15 n° 125).

Ces principes de droit ont été pleinement confirmés par des arrêts de la C. cass. des 29 germinal an 11 (S. 3-2-311, 386-38 I. G., 1531 et 1935 J. E.), — 5 nivôse an 13 (S. 4-2-52, 1935, 3990, 4088 J. E.), — 21 avril 1806 (S. 6-2-589, 2500 J. E.), — 28 octobre 1806, — 18 octobre 1808, — 1er février 1830 (7080 J. N., S. 30-1-137, 1320-5 I. G.), — 24 avril 1833, (8086 J. E.), — 7 avril 1835 (11186 J. E., 8840 J. N., 1498-7 I. G., S. 35-1-292), — 12 juillet 1836 (11590 J. E., 9293 J. N., 1528-10 I. G., S. 36-1-670), — et 28 août 1837 (9812 J. N., 1562-19 I. G., S. 37-1-811).

L'arrêt du 12 juillet 1836 porte : « Vu les art. 27, 32 et 39 de la loi du 22 frim. an 7; considérant que tous héritiers ou successeurs sont tenus de déclarer les mutations opérées en leur faveur et d'en payer les droits sans distinction entre les héritiers purs et simples et les héritiers bénéficiaires; que, par conséquent, ceux-ci sont tenus personnellement, comme ceux-là, d'acquitter ces droits dans le délai légal.

Celui du 28 août 1837 est ainsi conçu : « Vu les art. 1 et 28, 29, 32 et 39 de la loi du 22 frimaire, an 7 ; attendu qu'il résulte de ces articles que le droit d'imposer la déclaration des mutations par décès est à la charge des héritiers qui sont tenus solidairement du payement de ces droits, sans distinction des charges ; qu'à cet égard, la loi ne fait pas de distinction entre les héritiers purs et simples et ceux sous bénéfice d'inventaire ; que si le bénéficiaire, à la différence de l'héritier pur et simple, n'est tenu que jusqu'à concurrence des forces de la succession, et ne confond pas ses biens et droits personnels avec ceux de l'hérédité, il n'en a pas moins la qualité d'héritier, et la transmission des biens ne s'en est pas moins opérée sur sa tête ; que le droit dû pour mutation par décès est une contribution indirecte qui constitue, vis-à-vis de l'État, une dette des héritiers, laquelle n'a pour cause que la transmission des biens opérée en leur faveur et dont l'héritier bénéficiaire doit au moins l'avance. »

Cette jurisprudence a été suivie par les tribunaux secondaires (C. Rouen 5 avr. 1845, 14035-5 J. E.; — C. Bordeaux 1er déc. 1846, 14303-6 J. E.; — C. Bordeaux 15 fév. 1849, 14780-5 J. E.; — Seine 17 mai 1838, 12066 J. E.; — Aurillac 9 janv. 1849, 14661-4 J. E.; — Seine 2 mai 1849, 14752-3 J. E.; — Seine 10 janv. 1850, 14894-4 J. E.; — Belfort 17 fév. 1851, 15141-5 J. E.; — Tulle et Lyon 27 fév., 27 déc. 1854, 30 mars 1855, 199, 308, 400 R. P.; — Seine 23 nov. 1861, 1578 R. P., 17318 J. N., 12160 C., 16 août et 22 août 1862, 12589 C., 17573 J. E.; — Reims 11 fév. 1863, 17645 J. E.; — Seine 19 août 1864, 2082 R. P.; — Calvi 15 janv. 1866, 2235 R. P.; — Cognac 24 fév. 1868, 18519-4 J. E.; — Besançon 10 juin 1875; — Seine 20 fév. 1875; — Bordeaux 4 juin 1873; — Lourdes 11 fév. 1874; — Autun 18 juin 1873; — Annecy 24 juin 1875; — Lille 27 nov. 1874; — Seine 20 fév. 1875; — Montpellier 23 mai 1877).

1. APPLICATIONS. — Elle a été appliquée dans les cas les plus divers. Ainsi, par exemple, l'héritier bénéficiaire ne peut prétendre qu'en sa qualité d'administrateur, on ne doit le poursuivre qu'après l'avoir mis en demeure de rendre son compte (Cass. 7 avr. 1835). S'il y a plusieurs héritiers, ils sont tenus solidairement, sans distraction des charges (Cass. 12 juill. 1836). Encore qu'il existe des revenus sur lesquels l'Administration pourrait se pourvoir (Cass. 29 germ. an 11); ou que la somme des dettes soit encore inconnue (Cass. 5 niv. an 12); ou que les biens de la succession ne suffisent pas au payement des dettes et qu'il existe un légataire de l'usufruit (Cass. 18 oct. 1808) ; ou encore que la succession est insolvable (Cass. 18 oct. 1808) et qu'il n'y avait pas de fonds libres dans la succession pour payer les droits, lors même qu'il aurait fait la déclaration de mutation par sommation extrajudiciaire (Cass. 1er fév. 1830).

2. FAILLITE. — Il a été jugé, spécialement, que les héritiers, même bénéficiaires, sont tenus personnellement des droits de succession même dans le cas où la succession viendrait à être déclarée en état *de faillite*, car le dessaisissement opéré par la faillite postérieure au décès n'enlève à l'héritier que l'administration et non la propriété de ses biens (Reims 11 fév. 1863, 17645 J. E.).

3. LÉGATAIRE UNIVERSEL. — Ce que nous venons de dire de l'héritier du sang s'applique naturellement au légataire universel ; c'est la conséquence de l'assimilation qui existe entre eux. — V. 3031 (Falaise 13 mars 1838, 12010 J. E. ; — Seine 24 fév. 1848, 14828 J. E. ; — Besançon 10 juin 1875 ; — Sol. 30 août 1877). — La Cour de Rouen, en consacrant le principe que nous venons d'établir, a de plus reconnu que s'il existe des deniers dans la succession, les créanciers ne peuvent s'opposer à ce que l'héritier bénéficiaire les fasse servir à l'acquittement des droits de mutation par décès, parce que ces droits sont une créance qui affecte l'hérédité, et que l'héritier bénéficiaire peut l'éteindre comme administrateur avec les deniers de la succession (27 déc. 1837, 12408-1 J. E.).

4. MINEUR. — Il n'y a pas de différence à faire entre le majeur et le mineur. Ce dernier est tenu comme le premier du payement des droits (D. 4022 ; — Seine 13 juin 1855, 16158 J. E., 10947 C. ; — Toulouse 5 mars 1863, 1906 R. P. ; — Baume-les-Dames 3 avr. 1876, 4548 R. P.).

Quant au droit en sus, V. *Succession*.

3049. Compte. — Le droit de mutation par décès étant, ainsi qu'on vient de le voir, la dette de la succession en même temps que celle du bénéficiaire, il s'ensuit que ce dernier peut porter le montant intégral de cette dépense dans le compte rendu aux créanciers. Pothier fait remarquer qu'il en était ainsi déjà autrefois : « le bénéficiaire qui pouvait être contraint à payer le centième denier avait, dit-il, le droit de le coucher dans le chapitre de mise pour qu'il lui fût alloué » (*Introd. à la cout. d'Orléans* t. 17 n° 509 ; *Ancien Répert.* v° *Relief* § 2). — La même doctrine est également admise aujourd'hui (Rouen 27 déc. 1837, S. 38-2-445, 5 avr. 1845, S. 46-2-324 ; — Bordeaux 1er déc. 1846, S. 47-2-298 ; — Grenoble 21 mars 1850, S. 50-2-539 ; — Paris 19 janv. 1854, S. 54-2-752) ; — *Conf.* : V. Cass. 3 fév. 1829, 1282-5 I. G. S. 30-1-101 ; — Seine 19 août 1873 ; — Champ. et Rig. t. 3 nos 2566, 2567 et t. 4 n° 3879, Tambour *Bénéf. d'inv.* n° 287, Merlin *Rép.* v° *Enreg.* § 41 n° 2 et *Quest. de droit* v° *Décl. au bur. d'enreg.* § 2 n° 1.

Le bénéficiaire est alors subrogé dans les droits de l'Administration ; il est donc tenu d'exercer le recouvrement dans le même ordre qu'elle (Bordeaux 15 fév. 1849, S. 49-2-536, Champ. et Rig. t. 4 n° 3880, Zachariæ, Aubry et Rau t. 5 p. 205, Demolombe t. 15 n° 346). M. Demante pense que cette subrogation ne pourrait résulter que d'une convention expresse conclue avec l'Administration (675). Mais puisque le bénéficiaire était personnellement tenu avec l'hoirie au payement de la dette, la subrogation résulte légalement de l'art. 1251 § 2 du C. C. — *V.* 3051.

Il a été jugé, par application de ce principe, que les héritiers bénéficiaires pouvaient se faire autoriser par justice, à réaliser les valeurs de la succession pour acquitter les droits de mutation par décès (C. Paris 1er oct. 1873, S. 73-1-292.)

1. OPPOSITION. — Si l'héritier bénéficiaire distribue les deniers de son compte aux créanciers avant d'avoir acquitté les droits de succession, les payements faits aux créanciers n'en sont pas moins valables à l'égard des valeurs autres que les revenus appartenant par privilége à l'État. Il faut, pour arrêter ces payements, une opposition signifiée à l'héritier. Mais cette opposition résulterait d'une contrainte notifiée à l'héritier, lors même qu'il serait pris en qualité d'héritier pur et simple (Cass. 13 mars 1866, 2251 R. P., 2348 § 4 I. G., S. 66-1-121). — V. *Instance.*

3050. Fausse évaluation. — L'abandonnement par un héritier bénéficiaire, aux créanciers de la succession, de tous les biens de cette succession, ne peut le dispenser du payement des droits simples et en sus exigibles par suite d'une expertise de laquelle est résultée une fausse évaluation dans le revenu des biens ayant fait l'objet de la déclaration de succession (Seine 20 mars 1844, 13479 J. E.). — Le tribunal de Strasbourg a cependant décidé le 3 avril 1854, que les héritiers bénéficiaires ne sont pas tenus des droits d'une omission découverte depuis la reddition de leur compte ; mais ce jugement ne nous paraît pas devoir être suivi.

3051. Restitution. — Le bénéficiaire, quoique personnellement tenu du payement des droits, a une action récursoire sur les revenus ou capitaux de la succession, pour se récupérer des avances qu'il peut avoir faites pour le payement des droits dus à l'enregistrement ; mais cette action récursoire ne peut jamais tourner en action en restitution sur le motif que, faute d'avoir pu être colloquées sur les biens de la succession, ces avances seraient tombées à sa charge (Cass. 3 fév. 1829, 9297 J. E., 1282 § 5 I. G., S. 30-1-101).

« Attendu, porte cet arrêt, que l'art. 32 de la loi du 22 frimaire an 7 met à la charge des héritiers les droits de mutation par décès, sans distinction entre les héritiers purs et simples et les héritiers par bénéfice d'inventaire ; qu'ainsi ce ne peut être par l'effet d'une erreur que le demandeur en cassation a volontairement acquitté ces droits de succession dans le délai légal ; que le bénéfice de n'être tenu des charges que jusqu'à concurrence des forces de la succession, peut lui ouvrir une action récursoire sur les revenus ou capitaux de ladite succession, mais non une action en restitution de droits légitimement perçus. »

3052. Autres droits d'enregistrement. — Les droits d'enregistrement des actes passés par le défunt et dont il était débiteur avant son décès sont une dette de l'hoirie et non pas de l'héritier. Si ce dernier a accepté la succession sous bénéfice d'inventaire, le Trésor est vis-à-vis de lui dans la même situation que les autres créanciers, car il n'existe dans la loi fiscale aucune disposition qui déroge en ce point à l'art. 802 C. C. Il n'est donc tenu que jusqu'à concurrence des biens par lui recueillis. (V. *Conf.* : 13598 J. N., D. N. t. 2 p. 470 n° 230).

1. ASSISTANCE JUDICIAIRE. — Le tribunal de Colmar a décidé, en ce sens, le 2 janvier 1854, que les héritiers bénéficiaires n'étaient obligés, que dans les limites de l'actif de la succession, à payer les frais d'assistance judiciaire dus par le défunt et à recouvrer en vertu d'un exécutoire suivi de contrainte.

2. SUCCESSION. — Par application du même principe, le tribunal de Châteauroux a jugé, le 5 février 1873, que si la

personne dont la succession a été acceptée bénéficiairement est décédée débitrice des droits de mutation par décès d'une autre succession, le bénéficiaire n'est tenu que pour sa part et dans les limites d'actif, du paiement des droits de cette première succession (*Conf.*: Seine, 20 fév. 1875). — V. *Succession.*

3. ACTE PASSÉ PAR LE BÉNÉFICIAIRE. — Mais s'il s'agit d'un acte passé par le bénéficiaire lui-même en cette qualité, il devient partie personnelle dans le contrat ou le jugement et il tombe, dès lors, sous l'application des dispositions de la loi qui soumettent les parties au payement de la totalité du droit. Le tribunal de la Seine l'a ainsi décidé plusieurs fois à l'égard des droits d'un jugement obtenu par l'héritier bénéficiaire contre des débiteurs de la succession (Seine 11 juin 1856, 21 avr. 1860, 17116 J. E., 11858 C., 17 fév. 1866, 2323 R. P., 16 déc. 1864, 2204 R. P.).

« Attendu porte ce dernier jugement, que les héritiers Verdillon, pour se soustraire à l'exécution de la contrainte, se bornent à prétendre qu'ils ne peuvent être poursuivis personnellement en raison de ce qu'ils n'ont été condamnés qu'en leur qualité d'héritiers bénéficiaires. Mais, attendu qu'ils ont été parties au jugement du 20 juin 1861, et qu'il résulte du texte de la loi de frimaire an 7, interprétée par une jurisprudence constante, que toute personne ayant figuré, à un titre quelconque, dans un jugement, est responsable des droits dus surledit jugement. » — *Conf.* Belley 15 mai 1874, 19593 J. E.

Décidé de même, que l'héritier bénéficiaire qui poursuit le recouvrement du prix d'un immeuble vendu par acte sous seing privé par le défunt, et qui a obtenu un jugement qui ordonne l'enregistrement de cet acte, ne peut se refuser au paiement des droits auxquels cet acte donne ouverture, sous le prétexte que tous les deniers de la succession auraient été antérieurement distribués (Blois 25 juill. 1848, 14612 J. E., 13598 J. N.). Le J. N. critique cette décision par le motif que le droit de l'acte était dû par le défunt; mais il se trompe, car l'enregistrement du contrat n'était devenu nécessaire que par suite de sa production en justice, fait personnel à l'héritier.

Mutation secrète. — Si l'Administration poursuivait directement le payement des droits d'une mutation secrète opérée au profit de l'auteur du bénéficiaire, cet héritier n'en serait pas tenu *ultra vires successionis* (Le Mans 28 avr. 1865.)

Acte produit en cours d'instance. — L'héritier bénéficiaire qui produit en cours d'instance un acte émané de son auteur est responsable des droits de cet acte. — V. *Acte judiciaire.* n° 765

CHAPITRE III. — LICITATION

[3053-3072]

3053. Mutation (DROIT DE). — Nous verrons au mot *Licitation* l'application directe d'une règle constante en matière de perception, c'est que dans tous les cas où l'adjudication implique une possession continuée, en ce sens qu'elle est faite à une personne ayant déjà des droits de propriété, l'adjudication ne donne pas ouverture au droit proportionnel, parce qu'il n'y a réellement pas dépossession. Or, ici se présente une nouvelle occasion d'invoquer un principe que nous avons plusieurs fois rappelé dans le cours de cet article, c'est que l'héritier bénéficiaire est *vrai propriétaire*. Il résulte de ce principe, combiné avec la règle dont nous venons de parler, que l'héritier sous bénéfice d'inventaire, qui se rend adjudicataire des immeubles de la succession, ne doit aucun droit de mutation, puisque ce droit a déjà été acquitté lors du décès, et qu'il ne s'est opéré depuis aucune transmission nouvelle, quoique l'héritier ne possède plus au même titre. Les nombreuses décisions judiciaires que nous citons dans les numéros suivants ont toutes consacré, plus ou moins explicitement, cette exemption du droit de mutation au profit de l'héritier bénéficiaire qui se rend adjudicataire sur licitation des parts qui lui appartenaient déjà. — C'est la règle qui était déjà admise dans l'ancien droit : « Si l'héritier bénéficiaire, dit Bosquet, se fait adjuger les biens, ils ne sont pas acquêts en sa personne, ils conservent leur nature de propre; ainsi il n'en peut être dû de *lods* » (t. 1er p. 380).

3054. Transcription. — Mais si l'héritier bénéficiaire ne doit aucun droit de mutation, est-il également dispensé du droit de transcription?

On a pendant très-longtemps soutenu et on soutient encore la négative.

Les arguments qu'on invoque peuvent être résumés ainsi :

Il n'y a de soumis au droit de transcription que les actes de nature à être transcrits. Or, d'après la loi (C. C. 2181, 2183), les actes translatifs de propriété qui attribuent l'immeuble à un tiers détenteur, sont seuls soumis à la transcription pour purger les hypothèques inscrites du chef de l'ancien propriétaire. Dans l'espèce, l'acte n'est pas translatif, puisqu'il n'est pas sujet au droit de mutation. L'héritier bénéficiaire n'est pas un tiers détenteur, puisqu'il tient la place du défunt. Donc la transcription est inutile.

Cela est d'autant plus vrai, dit-on, que l'héritier bénéficiaire n'est pas, en ce qui concerne le payement des dettes, dans une autre situation que l'héritier pur et simple, par rapport au prix de l'immeuble adjugé. Car l'héritier pur et simple qui se rend acquéreur et qui a payé sa part héréditaire des dettes de l'immeuble, est comme l'héritier bénéficiaire, déchargé envers les créanciers. Cependant on ne songe pas à faire transcrire la licitation faite à son profit.

On ajoute que si la question a pu faire doute avant la loi du 23 mars 1855, elle ne saurait plus être obscure depuis que cette loi, intervenue pour réorganiser la transcription, a formellement dispensé de cette formalité les adjudications prononcées au profit d'un cohéritier ou d'un copartageant (Art. 1er).

(Dalloz n° 6024, Champ. et Rig. *Suppl.* n° 604, Demolombe t. 17 n° 295, Flandin *Transcript.* 595 et suiv., Troplong *Trancript.* n° 102, Rivière et Huguet *Quest.* 118, Gauthier *Résumé* n° 115, Valette *Consultation* 3546 R. P.).

Mais ces moyens n'ont jamais prévalu devant la C. cass.

On a répondu, sur le premier argument, que l'héritier bénéficiaire n'étant tenu des dettes de la succession, que *intrà vires*, avait intérêt à faire fixer le prix de son adjudication, afin de l'offrir aux créanciers et de n'être pas tenu sur ses biens personnels ; que cela ne pouvait avoir lieu qu'au moyen de la purge et de la transcription qui conduit à la purge. Sans doute, l'acte n'est pas assujetti au droit de mutation, mais en droit civil, il n'en constitue pas moins pour l'héritier bénéficiaire un titre nouveau de possession en vertu duquel il détient l'immeuble désormais comme un tiers détenteur. Cela n'a rien que de très-naturel, si on considère que par l'effet du bénéfice d'inventaire, l'héritier a deux patrimoines qui ne se confondent pas, le sien et celui de la succession.

Quant à l'assimilation que l'on veut établir entre l'héritier pur et simple et l'héritier bénéficiaire au sujet du passif de l'immeuble, elle n'existe pas. Si l'on suppose, en effet, que la part virile de l'héritier dans ce passif excède la valeur de l'immeuble, le bénéficiaire sera libéré par l'abandon du prix, tandis que l'héritier pur et simple devra supporter sur ses biens personnels le complément de sa part virile. Il n'en faut pas davantage pour justifier l'utilité de la purge.

La loi de 1855, fait-on enfin observer, a bien dispensé l'adjudication au profit de cohéritier de la transcription, mais elle n'a parlé de la transcription qu'au point de vue de la transmission de la propriété ; le seul objet dont elle s'occupe. Elle a laissé la purge et la transcription qui s'y rapporte sous l'empire des anciennes règles.

Cette seconde thèse n'a pas toujours triomphé de la résistance des tribunaux ; mais depuis plus d'un demi-siècle elle a été consacrée par une série d'arrêts de la C. cass. dont pas un seul ne s'est écarté de la jurisprudence. Ils décident unanimement que l'adjudication au profit de l'héritier bénéficiaire, quoique n'emportant pas transmission de propriété, est de nature à être transcrite pour purger les hypothèques inscrites du chef du défunt sur l'immeuble et qu'elle est, dès lors, assujettie, lors de l'enregistrement, au droit de 1 fr. 50 cent. pour 100.

La question a été tranchée *in terminis*, dans ce sens, par un arrêt solennel du 12 janvier 1876, *rapporté* n° 3056.

3055. Majeur. — L'exigibilité du droit de 1 fr. 50 cent. pour 100 a été reconnue en matière d'adjudication à un héritier bénéficiaire majeur (Bordeaux 15 janv. 1849, 14665 J. E.; — Cass. 16 fév. 1842, 12950 J. E., 1675 § 2 I. G., S. 42-1-240 ; — Cass. 15 janv. 1834, 8391 J. N., 10853 J. E., 1458 § 1er I. G., S. 34-1-49, Sol. 23 juill. 1833, 10761 J. E.; — Cass. 26 déc. 1831, 7643 J. N., 10241 J. E., 1398 § 1er I. G., S. 32-1-121; — Cass. 12 nov. 1823, 4484 J. N., 1204 § 12 I. G., S. 24-1-74; — Bordeaux 26 fév. 1840, 14708-8 J. E.; — Argentan 7 fév. 1846, 13927-3 J. E.; — Seine 11 déc. 1844, 13647 J. E.; — Cass. 15 avr. 1840, 10731 J. N., 12509 J. E., 1630 § 1er I. G., S. 40-1-452 ; — Cass. 12 août 1839, 10487 J. N., 12359 J. E., 1601 § 1er I. G., S. 39-1-781 ; — Laon 10 avr. 1841, 12727 J. E.; — Metz 13 juill. 1837, 11840 J. E.; — Seine 4 juill. 1857, 896 R. P., 16149 J. N., 11168 C., 16581 J. E.; — Seine 22 juill. 1859, 1236 et 1438 R. P., 16653 J. N., 11604 C., 17057 J. E.; — Bar-sur-Aube 18 avr. 1861, 17372 J. E; — Boulogne 22 mars 1861; — Seine 12 janv. 1861, 1468 R. P., 17068 J. N., 11947 J. E. ; — Cass. 28 juill. 1862, 1682 R. P., 2239-7 I. G., 17496 J. N., 12275 C., 380 Rev., 17519 J. E., S. 62-1-988 ; — Cass. 26 fév. 1862, 1589 R. P., 2222-1 I. G, 17435 J. E., 17361 J. N., 169 Rev., S. 62-1-609 et sur renvoi Châlon-sur-Saône 20 mars 1862, 17599 J. N.; — Châlon-sur-Saône 20 nov. 1862, 1707 R. P. ; — Seine 6 août 1870, 3232 R. P.; — Cass. 12 et 27 nov. 1872, 3546 R. P., 2465-1 I. G., S. 72-1-87, P. 73-177).

L'arrêt du 28 juillet 1862 est ainsi conçu : « Attendu qu'à la différence de la loi du 21 ventôse an 7, qui, par son art. 25, n'imposait le droit de transcription de 1 et demi pour 100 que sur les actes *emportant mutation de propriétés immobilières*, la loi du 28 avril 1816 (art. 52 et 54) impose ce droit, lors de l'enregistrement, *aux actes qui seront de nature à être transcrits;* Qu'ainsi, sous l'empire de cette dernière loi, le droit de transcription peut être perçu lors de l'enregistrement sur les actes dont, quoiqu'ils ne soient pas translatifs, mais simplement déclaratifs de propriété, la transcription peut avoir, en droit, un véritable intérêt ; — Attendu que tel est précisément le caractère d'un jugement d'adjudication sur licitation de biens immeubles d'une succession au profit de l'un des héritiers sous bénéfice d'inventaire, lequel, n'étant pas tenu personnellement et par ses biens du payement des dettes de la succession, a un intérêt réel à purger les immeubles héréditaires par lui acquis des dettes et hypothèques qui peuvent les grever du chef du défunt, purge dont la première formalité est, aux termes de l'art. 2181 C. C., la transcription de son jugement d'adjudication ; — Attendu que des termes de la loi du 23 mars 1855 sur la transcription, de ses motifs, de son objet et de son but, il résulte qu'elle ne s'est occupée de la transcription, de la détermination des actes qui y seraient soumis et de ceux qui en seraient dispensés, que sous le point de vue de la consolidation de la propriété et nullement sous le point de vue de la purge des hypothèques, qu'elle a entendu laisser et qu'elle a laissée sous l'empire des lois antérieures, auxquelles elle n'a nullement dérogé. »

1. ABSENCE D'HYPOTHÈQUE. — Il en est de même, quoiqu'il soit allégué que l'immeuble, n'étant grevé d'aucune hypothèque, la transcription est inutile (Seine 12 mai 1839, 12294 J. E.).

3056. Mineur. — Même règle lorsque l'adjudication a lieu au profit d'un mineur, alors même que l'acceptation sous bénéfice d'inventaire n'aurait pas encore eu lieu ; car le mineur est nécessairement héritier bénéficiaire (11596 J. E., Dél. 3 mars 1835, 8802 J. N. ; — Angers 30 août 1850, 15090-3 J. E.; — Cass. 10 avr. 1848, S. 48-1-402, 13368 J. N., 14483 J. E., 1825 § 1 I. G.; — Cass. 16 fév. 1842, 11257 J. N., 1675 § 1er I. G., S. 42-1-240; — Cass. 10 mai 1841, 10991 J. N., 12792 J. E., 1661 § 1 I. G., S. 41-1-522; — Cass. 12 août 1839, 10488 J. N., 12358 J. E., S. 39-1-781 ; — Cass. 21 janv. 1839, 10268 J. N., 12231 J. E., 1590 § 1 I. G., S. 39-1-136 ; — Laval 16 août 1847, 14357 J. E.; — Épernay 12 mars 1847, 14207 J. E.; — Le Mans 7 fév. 1846, 14051 J. E.; — Seine 17 mai 1838, 12086 J. E., Dél. 12 janv. 1836, 11613 J. E.; — Cass. 26 déc. 1831, 7643 J. N., S. 32-1-121 ; — Seine 17 nov. 1848, 14623 J. E.; — Yvetot 23 avr. 1857, 845 R. P., 16512 J. E.; — Le Blanc 21 nov. 1860, 17269 J. E.; — Épernay 6 août 1868, 3045 R. P.; — Cass. 22 juin 1870, 3177 R. P., 14605 C., 19968 J. N., 18926 J. E., 2830 Rev., S. 70-1-325, D. 70-1-413, 12 et 27 nov. 1872, 3546 R. P., 2465-5 I. G., S. 72-1-87, P. 73-177; — Cass. ch. réun. 12 janv. 1876, 4292 R. P. ; — Besançon, 4 juill. 1878).

L'arrêt du 12 janvier 1876 porte : « Attendu que l'art. 54 de la loi du 28 avril 1816 s'applique à l'héritier bénéficiaire, soit majeur, soit mineur, qui, n'étant pas tenu sur ses biens personnels, a la faculté de purger les immeubles héréditaires à lui adjugés sur licitation ; — « Qu'en effet, si le jugement d'adjudication sur licitation au profit d'un copartageant doit, sans être soumis à la formalité de la transcription, par suite de la dispense inscrite dans l'art. 1er n° 4 de la loi du 23 mars 1855, produire les effets qui sont la conséquence du principe posé dans l'art. 883 C. civ., les dispositions de ce dernier article et la fiction qu'il a admise sont sans influence sur les rapports de l'adjudicataire avec les créanciers inscrits sur l'immeuble ; qu'à leur égard l'adjudicataire sur licitation, quand il n'a accepté la succession que sous bénéfice d'inventaire, est un tiers détenteur qui, à ce titre, peut leur offrir le prix déterminé par l'adjudication pour parvenir à la purge des priviléges et hypothèques, conformément aux art. 2181 et suiv. C. civ. Attendu que la loi du 23 mars 1855 sur la transcription n'a rien innové à cet égard ; qu'elle a eu pour but unique de réglementer la transmission de la propriété ; que si elle a dispensé de la transcription les partages et jugements d'adjudication sur licitation au profit d'un copartageant, elle a prononcé cette dispense au point de vue du dessaisissement de l'ancien propriétaire et par application du principe déjà posé dans l'art. 883 C. civ. ; mais que rien n'établit qu'elle ait entendu accorder aussi cette dispense au point de vue de la purge des hypothèques ; qu'elle n'a porté aucune atteinte aux art. 2181 et 2183 C. civ., aux termes desquels la transcription est toujours nécessaire pour donner aux créanciers inscrits le premier avertissement qui ouvre la purge, et pour porter l'acte à la connaissance du public. »

1. PARTAGE SIMULTANÉ. — Le même principe est applicable, quand même un partage présenté à l'enregistrement en même temps que l'adjudication attribuerait au mineur adjudicataire la totalité du prix de son adjudication, et qu'aucun droit de mutation ne serait exigible (Cass. 10 avr. 1848, *suprà* ; — Seine 7 déc. 1848, 14654-5 J. E.).

En effet, ce n'est pas en vertu du partage que l'héritier est propriétaire de l'immeuble, c'est en vertu de l'adjudication considérée comme titre nouveau de propriété. Les raisons qui justifient la transcription sont donc applicables. — *V.* 3054.

3057. Donataire. — La jurisprudence précédente s'applique encore, par la même raison, au donataire des droits successifs de l'héritier bénéficiaire qui, mis au lieu et place de l'héritier donateur, est tenu hypothécairement sur les immeubles de la succession par lui acquis sur licitation, comme le serait l'héritier bénéficiaire lui-même, et est, par conséquent, obligé comme cet héritier aux formalités de purge et de transcription qui en sont le préliminaire (Cass. 12 nov. 1872).

« Attendu, porte cet arrêt, qu'aux termes de cet article, le droit de transcription est dû dans tous les cas où les actes sont de nature à être transcrits au bureau des hypothèques ; Attendu que, suivant l'art. 2181 C. C., les contrats que les tiers détenteurs voudront purger des priviléges et hypothèques doivent être transcrits en entier par le conservateur des hypothèques et que, d'après l'art. 2183 du même Code, un extrait de cette transcription doit être notifié aux créanciers ; Attendu que ces dispositions, auxquelles n'a pas dérogé la loi du 28 mars 1855 sur la transcription, s'appliquent nécessairement à l'héritier bénéficiaire qui, à la différence du copartageant ordinaire ou de l'héritier pur et simple, n'étant pas tenu personnellement, a intérêt à faire procéder à la purge des immeubles héréditaires à lui adjugés sur licitation, puisque aux termes des deux articles précités cette purge ne peut avoir lieu sans transcription ; Attendu qu'elles s'appliquent, par la même raison, au donataire des droits successifs de l'héritier bénéficiaire qui, mis aux lieu et place de l'héritier donateur, est tenu hypothécairement sur les immeubles de la succession par lui acquis sur licitation, comme le serait l'héritier bénéficiaire lui-même, et est, par conséquent, obligé comme cet héritier aux formalités de purge et de transcription qui en est le préalable » (3546 R. P. 2465-1 I. G., Bull. 142, S. 73-1-89, 73-180 P.).

3058. Interdit. — L'interdit se trouvant, relativement au bénéfice d'inventaire, dans les mêmes conditions que le mineur (*V.* 3032), le même principe lui est applicable (Boulogne 13 mai 1842 ; — Saint-Omer 11 mai 1850 ; — Seine 27 avr. 1851, 13015, 15089-1, 15281-2 J. E.).

3059. Mineur émancipé. — Nous avons vu au n° 3032 que le bénéfice d'inventaire est une obligation rigoureuse imposée au mineur émancipé comme au mineur ordinaire. Il n'y a donc pas de distinction à faire entre eux pour la perception de l'impôt ; et la licitation consentie au profit d'un mineur émancipé donnerait lieu au droit de 1 fr. 50 cent. pour 100 (Saint-Etienne 25 août 1857 ; — Strasbourg 14 déc. 1847, 14622-1 J. E. ; — Lyon 30 mars 1871, 3389 R. P.).

Il importe peu d'ailleurs de quelle manière a eu lieu l'émancipation. Le droit ne serait pas moins exigible, quoiqu'il s'agisse d'une femme mineure émancipée par le mariage (Laon 11 fév. 1854, Sol. 16 janv. 1863).

3060. Indivisibilité.—Mari commun en biens et légataire. — En vertu du principe qui sera développé au mot *Transcription*, de l'indivisibilité du droit de transcription, il a été décidé qu'un mari commun en biens et légataire universel de sa femme, sous bénéfice d'inventaire, qui se rend adjudicataire des biens de la communauté et de ceux propres à sa femme, doit payer le droit de transcription sur l'intégralité de son prix (Cass. 17 nov. 1847, 14388 J. E., 1814 § 1er I. G. ; — Chaumont 9 juin 1847, 14356 J. E. ; — Châtillon 27 mai 1846, 14028-1 J. E.).

« Attendu, porte l'arrêt du 17 novembre 1847, que le demandeur agissait à un double titre : comme commun en biens et comme légataire à titre universel de sa défunte épouse ; que l'acte par lequel il s'est rendu adjudicataire d'une partie des propres de sa femme, devait, sous l'un comme sous l'autre rapport, être soumis à la formalité de la transcription, et que vainement d'ailleurs on argumente de ce que l'adjudication comprenait quelques portions d'immeubles appartenant à la communauté, puisque la transcription est, de sa nature, un droit indivisible et qui porte sur le prix intégral des biens acquis. »

3061. Héritier bénéficiaire en concours avec un héritier pur et simple. — La même règle est applicable au cas où deux héritiers, dont l'un est héritier bénéficiaire et l'autre héritier pur et simple, acquièrent conjointement un immeuble de la succession (Cass. 17 janv. 1842, 11212 J. N., 12928 J. E., 1675 § 2 I. G., S. 42-1-240; — Lorient 24 déc. 1845, 13905-5 J. E.; — Toulouse 21 juill. 1848, 14622-3 J. E.).

« Attendu, porte l'arrêt du 17 janvier 1842, que, par rapport au sieur de Kersalaun, en sa qualité d'héritier sous bénéfice d'inventaire, le jugement d'adjudication étant de nature à être transcrit en entier, aux termes de l'art. 2181 C. C., le droit additionnel de 1 1/2 pour 100, établi par les art. 25 21 ventôse an 7 et 54 de celle du 28 avril 1816, a été régulièrement perçu sur la totalité du prix, alors qu'il était adjudicataire conjointement et par indivis, moyennant un seul prix qui était dû conjointement et solidairement par lui et la dame Bertholle, sa coadjudicataire; que c'est à raison de l'indivisibilité de l'hypothèque et de la nécessité de faire transcrire en entier les contrats, que l'art. 25 de la loi du 21 ventôse an 7 porte que le droit de transcription des actes sera de 1 1/2 pour 100 du prix intégral de la mutation, ce qui prouve la distinction que la loi a faite entre le droit dû pour la transcription d'un acte, et celui dû pour son enregistrement, qui, aux termes de l'art. 69 § 7 n° 4 de la loi du 22 frimaire an 7, ne frappe que les parts et portions des immeubles acquises par licitation; qu'il suit de ce qui précède qu'en décidant que l'adjudication du 30 juin 1838 n'était de nature à être transcrite que relativement à la portion acquise par le sieur de Kersalaun, et que le droit de transcription ne devait être perçu que sur la moitié du prix de l'adjudication, le tribunal de la Seine a faussement appliqué l'art. 2181 C. C., et manifestement violé l'art. 25 de la loi du 21 ventôse an 7 et l'art. 54 de celle du 28 avril 1816. »

1. ADJUDICATION AU PROFIT DE L'HÉRITIER PUR ET SIMPLE. — Mais l'adjudication d'un immeuble de la succession au profit d'un héritier pur et simple ne donne pas ouverture au droit de transcription parce que cet héritier serait en concours avec un vendeur bénéficiaire. La présence de l'héritier bénéficiaire n'empêche pas l'héritier pur et simple d'être tenu des dettes *ultra vires* et il ne peut pas offrir aux créanciers le prix de l'acquisition pour être déchargé des dettes. L'acte n'est donc pas susceptible d'être transcrit. Cette question est discutée avec tous les développements qu'elle comporte au mot *Licitation*.

Quant à la licitation au profit de l'héritier bénéficiaire représentant son auteur qui était l'héritier pur et simple, elle est sujette au droit de 1 fr. 50 cent. pour 100 sans contestation (Vannes, 6 fév. 1873; Sol. 14 déc. 1877).

3062. Héritier pur et simple de l'héritier bénéficiaire. — L'héritier qui succède purement et simplement au bénéficiaire succède aussi à ses obligations à l'égard de la première hérédité. S'il se rend adjudicataire d'un immeuble en dépendant, le droit de transcription est exigible comme si la licitation avait lieu au profit du bénéficiaire lui-même.

Il a été jugé, dans le même sens, que le droit de transcription est exigible sur la licitation tranchée au profit du donataire majeur de l'héritier bénéficiaire, quoique ce donataire ait pris l'engagement de conserver au donateur sa qualité de bénéficiaire (Seine 6 août 1870, 3232 R. P.; — Cass. 17 nov. 1872 *arrêt rapporté* n° 3057).

Mais il faudrait, selon nous, borner l'application de cette jurisprudence au cas où l'acceptation bénéficiaire a été formellement souscrite au greffe du tribunal. Quand il s'agit d'un mineur, il est bien vrai que, d'après l'art. 461 C. C., la succession ne peut être acceptée en son nom que sous bénéfice d'inventaire et, par conséquent, que pendant sa minorité, tous les actes qui sont faits pour lui sont censés faits pour un héritier bénéficiaire. Mais s'il n'a pas pris expressément qualité au moment où il devient majeur, il recouvre la plénitude de ses droits; il est alors dans la situation d'un héritier ordinaire et on ne saurait prétendre que la succession va se transmettre à tous les successeurs avec la charge indéfinie du bénéfice d'inventaire. Pour devenir héritier pur et simple, l'ex-mineur n'a pas besoin ici de renoncer à un bénéfice qui lui était seulement offert par la loi, mais qu'il n'a pas réclamé. Par conséquent, nous croyons que pour les acquisitions faites après sa majorité, on devrait de plein droit le considérer comme héritier pur et simple. Il en serait nécessairement de même de l'héritier majeur succédant au mineur pour lequel aucune acceptation bénéficiaire n'a été faite. L'Administration s'est prononcée en ce sens le 28 juin 1867, (2573 R. P., 18419 § 4 J. E.).

1. HÉRITIER BÉNÉFICIAIRE COPROPRIÉTAIRE PERSONNEL. — Les principes sont-ils différents lorsque l'héritier dit bénéficiaire est lui-même copropriétaire en son nom personnel de l'immeuble dépendant pour partie de la succession acceptée sous bénéfice d'inventaire, et qu'il se rend adjudicataire de l'immeuble? La C. cass. a décidé, le 3 février 1874, que le droit de transcription n'est pas dû. « Attendu, porte l'arrêt, que, sans aucun doute, l'adjudication par licitation prononcée au profit d'un héritier bénéficiaire d'un immeuble dépendant de la succession est un acte de nature à être transcrit au point de vue de la purge des hypothèques et donne lieu, par suite, suivant l'art. 54 de la loi du 28 avril 1816, à la perception, lors de l'enregistrement, d'un droit proportionnel de transcription; mais que tel n'est pas le cas dans l'espèce; que le défendeur a procédé, dans la licitation, au titre préexistant d'héritier pur et simple de la mère commune pour la liquidation de la succession de cette dernière; que, par l'effet de la licitation, il est censé tenir l'immeuble entier de cette succession directement; que, dans cette situation, la purge, dont la transcription est le préliminaire obligé d'après l'art. 2181 C. C., était ou inadmissible ou inutile: inadmissible, en ce qui concerne les hypothèques dont l'immeuble aurait pu être grevé du chef de la mère commune, en ce que, héritier pur et simple et, à ce titre tenu personnellement, le défendeur n'avait pas la faculté de purger; inutile, quant aux hypothèques provenant de Louis-Joseph-Aimé Couturier de Versan, en ce qu'elles avaient été résolues par l'effet de la licitation; qu'ainsi, en l'état des faits, le procès-verbal d'adjudication du 21 octobre 1871 n'était pas de nature à être transcrit » (3786 R. P.).

Cet arrêt, rendu contrairement aux conclusions de l'avocat général, s'écarte de la jurisprudence des tribunaux secondaires. Il avait été reconnu, en effet, par plusieurs jugements que si celui auquel l'immeuble est adjugé en est copropriétaire, partie comme héritier pur et simple de l'auteur commun et partie comme héritier bénéficiaire d'un copropriétaire héritier pur et simple de cet auteur commun, le droit de transcription est exigible (Yvetot 23 avr. 1857, 845 R. P.; — Li-

moges 6 juin 1860, 1394 R. P., 16999 J. N., 11925 C.; — Troyes 28 août 1867 et Lesparre 6 janv. 1868, 2791 R. P.).
Cette seconde interprétation nous semble plus facile à justifier.

Il est bien certain que les hypothèques inscrites sur l'immeuble du chef de l'auteur commun ne pouvaient pas être purgées par son héritier pur et simple, et qu'après l'adjudication comme auparavant elles continuaient à affecter l'immeuble acquis. Mais quel a été le sort des hypothèques inscrites sur cet immeuble du chef du cohéritier dont la succession a été acceptée bénéficiairement par l'acquéreur? Est-il vrai, comme on l'énonce, qu'elles ont été résolues par la licitation ? Nous ne le pensons pas. En effet, l'acquéreur a procédé dans la licitation en deux qualités : pour lui-même, et au nom de la succession bénéficiaire de son copropriétaire. Si ce dernier, ayant survécu, s'était rendu adjudicataire, nul doute que les hypothèques par lui consenties sur l'immeuble eussent été maintenues. La règle de l'art. 883 sur la résolution des hypothèques ne s'applique pas quand les immeubles partagés ou licités sont attribués au cohéritier qui a personnellement consenti à ces affectations pendant l'indivision (Demolombe t. 17 n° 304). N'en était-il pas ainsi alors que la licitation était tranchée au profit de la succession bénéficiaire ou de son représentant ? Ce dernier, détenteur du patrimoine du défunt était tenu, dans les limites de ce patrimoine, d'exécuter toutes les obligations de son auteur. Il devait donc, également dans ces limites, maintenir les charges inscrites par le défunt sur des immeubles qui restaient pour partie dans ce patrimoine.

2. ACQUISITION EN SON NOM PERSONNEL. Il n'en serait autrement, selon nous, que si l'héritier avait acheté exclusivement pour lui-même et non plus *pro parte* comme représentant de la succession bénéficiaire. Il a, en effet, le droit de provoquer le partage contre cette succession de la même façon qu'il peut intenter contre elle toutes ses actions personnelles. Mais il doit pour cela faire nommer un curateur au bénéfice d'inventaire, en la même forme que le curateur à la succession vacante (C. p. 996). Dans ce cas, les deux qualités réunies sur la tête de l'héritier restent parfaitement divisées, et lorsque, poursuivant ainsi la licitation d'un immeuble indivis, il en est déclaré adjudicataire, c'est pour lui seul qu'il achète et non pas comme représentant de la succession. Dès lors, les hypothèques consenties par le défunt sont résolubles, comme elles le seraient s'il vivait encore ou s'il avait laissé d'autres héritiers que l'adjudicataire. Cela est tout naturel dans ce cas, puisque l'immeuble grevé est sorti du patrimoine du débiteur pour passer dans le patrimoine personnel du cohéritier, et que personnellement ce cohéritier ne doit pas acquitter les dettes du défunt.

Cette distinction a été adoptée par le tribunal de Rouen le 24 février 1876 (4321 R. P.), mais repoussée par celui du Mans le 16 juin 1876.

3063. Héritier bénéficiaire et étranger. — Le droit de transcription est encore dû lorsqu'un héritier bénéficiaire mineur et un étranger acquièrent, par le même acte, tous les immeubles de la succession (Falaise 13 mars 1838, 12010 J. E.; — Cass. 17 janv. 1842, 11212 J. N., 12928 J. E., 1675 § 1er n° 2 I. G. — Arrêt rapporté n° 3061.

3064. Plusieurs successions. — Même principe alors même que l'immeuble provient de plusieurs successions, et que le bénéfice d'inventaire n'a lieu que pour une (Coutances 26 juill. 1848, 14622-2 J. E.).

3065. Copropriétaire à divers titres. — Le droit de transcription est exigible sur la totalité du prix, alors même que, l'immeuble provenant d'une société, l'acquéreur est copropriétaire d'un tiers comme associé, d'un tiers comme cessionnaire et de l'autre tiers comme héritier bénéficiaire (Seine 25 nov. 1852, 15540 J. E., 14936 J. N.).

3066. Usufruit. — Lorsque le donataire de la nue propriété d'un immeuble, qui a payé le droit de mutation sur la valeur entière de la propriété, est héritier sous bénéfice d'inventaire, et qu'il se rend adjudicataire de l'usufruit, le droit de transcription est dû sur la totalité du prix, quoique la donation de la nue propriété ait été transcrite (Seine 4 avr. 1839, 12284 J. E.).

3067. Bénéfice spécial accordé à la veuve.— La loi accorde à la femme le privilége spécial de n'être tenue des dettes de la communauté que jusqu'à concurrence de son émolument, pourvu qu'elle ait fait inventaire (1483 C. C.). On avait enseigné qu'à raison de ce bénéfice particulier la femme commune devait, de même que l'héritier bénéficiaire proprement dit, faire transcrire la licitation faite à son profit d'un immeuble de la société d'acquêts afin de faire fixer le prix à l'égard des créanciers (15409-4 J. E.). — Mais c'était une erreur qui n'a pas tardé à être reconnue (17181 J. E.). En effet, la femme, en sa qualité de commune, est tenue des dettes sur ses propres biens jusqu'à concurrence de son émolument. Elle ne saurait donc se décharger de sa dette envers les créanciers en leur abandonnant en nature les biens de la communauté qu'elle a reçus et qui peuvent avoir changé de valeur. La purge lui devient donc impossible à l'égard de ces biens, et cela suffit pour écarter le droit de transcription.

3068. Droit de rédaction. — Il a été jugé que l'adjudication judiciaire passée à un héritier bénéficiaire est passible du droit de greffe sur la *totalité* du prix, bien que le droit d'enregistrement ne soit exigible que sur les *parts acquises*, parce que le décret du 12 juillet 1808 n'a pas distingué entre les adjudications emportant mutation et celles purement déclaratives, et que l'art. 3 du même décret n'a fait exception qu'en faveur du colicitant qui se rend adjudicataire (Marseille 11 août 1851, 15295-2 J. E.; — Seine 15 mars 1848, 14465 J. E., 48-5-149 D., Sol, 30 mai 1843, 13302-3 J. E.; — Seine 4 avr. 1839, 12284 J. E.).

Ces décisions ont été critiquées. En effet, l'art. 3 du décret du 12 juillet 1808 porte expressément que le droit de rédaction n'est exigible, pour les licitations, que sur les *parts acquises*. Or, dans la vente faite à un cohéritier bénéficiaire, il n'y a réellement acquisition que de la part des autres colicitants; et si le droit de transcription est exigible sur l'intégralité du prix, c'est par des principes particuliers au droit d'hypothèque et sans application possible au droit de rédaction (13347, 14501 J. N., D. N. t. 6 p. 331 n° 20).

Cette dernière opinion nous paraît, en définitive, la mieux fondée. Quoique le droit de rédaction représente à certains égards le salaire du greffier (1082 I. G.), la loi en limite expressément la perception à la part acquise, et elle ne distingue pas entre les adjudications faites aux héritiers bénéficiaires et les autres. C'est pourquoi l'Administration a reconnu que l'exigibilité du droit de transcription sur l'intégralité du prix d'une licitation au profit d'un tiers-acquéreur, n'empêchait pas de limiter la perception du droit de rédaction à la part acquise (*V.* Lesparre 26 nov. 1858, 1121 R. P.). — Une solution a été rendue en ce sens le 19 février 1868 (2743 R. P.).

3069. Restitution. — Il résulte d'un arrêt Cass. 12 août 1839 (10487 J. N., 12359 J. E., 1601 § 1er I. G., S. 39 1-781.), que le droit de transcription perçu sur l'adjudication d'immeubles d'une succession faite à l'héritier bénéficiaire, ne devient point restituable par l'effet de la renonciation ultérieure de l'adjudicataire au bénéfice d'inventaire, et de son acceptation pure et simple de la succession. Cette renonciation est, en effet, un événement ultérieur qui ne peut influer sur la perception faite antérieurement (*Conf.* : Sol. 31 juill. 1877).

3070. Renonciation avant enregistrement. — Mais la décision ne devrait plus être la même si la renonciation au bénéfice d'inventaire, au lieu de suivre l'enregistrement de l'adjudication, la précédait. Comme en droit, l'effet de l'acceptation pure et simple remonte au jour de l'ouverture de la succession, il y aurait lieu de faire à l'espèce l'application d'une règle que nous ferons connaître au mot *Licitation* : a savoir, que le partage fait *après* une licitation entre copropriétaires, mais présenté à l'enregistrement *avant* la licitation ou *en même temps* que cet acte, doit servir de base pour la liquidation du droit d'enregistrement sur les adjudications faites à des colicitants, si les deux actes sont soumis à la formalité dans le délai légal. — Dans ce sens, il a été décidé que le droit de transcription n'est pas exigible si, avant l'enregistrement de l'adjudication, l'héritier bénéficiaire accepte purement et simplement la succession (Seine 26 août 1840, 12718- 6 J. E., Dél. 22 mars 1842, 11286 J. N.) ; ou si cette acceptation a eu lieu le jour même de l'adjudication (Dél. 16 mai 1842, 12993 J. E., D. N. t. 2, p. 469 n° 227).

Quelques décisions contraires existent cependant et elles se fondent sur ce que le droit d'enregistrement est acquis au Trésor dès l'instant que la mutation est consommée (Castres 18 août 1838, 12158 J. E. ;— Béziers 29 août 1837, 11875 J. E.).

Mais nous établissons, n° 14450, que la thèse contraire est conforme à la saine interprétation de l'art. 60 de la loi du 22 frimaire an 7 sur les droits acquis.

1. MINEUR DEVENU MAJEUR. — Dans une espèce où l'adjudicataire, héritier bénéficiaire forcé par suite de minorité, étant devenu majeur dans l'intervalle écoulé entre le jour de l'adjudication et celui de l'enregistrement, avait accepté purement et simplement, il a été décidé que le droit de transcription n'était pas exigible (Sol. 19 juill. 1838, 12158 J. E.).

2. ACCEPTATION TACITE. — LICITATION AMIABLE. — La vente d'immeubles de la succession consentie par l'héritier bénéficiaire à son cohéritier sans se conformer aux règles prescrites par le C. proc., le faisant réputer héritier pur et simple, ne donne pas ouverture au droit de transcription, si d'ailleurs elle fait cesser l'indivision (11993 J. N., Dél. 13 déc. 1842, 11545 J. N.).

3. AUTRES ACTES. — Lorsqu'une licitation a eu lieu au profit d'un héritier majeur pour lequel durant sa minorité la succession a été acceptée sous bénefice d'inventaire, le droit de 1 fr. 50 cent. pour 100 n'est pas dû s'il est établi que depuis sa majorité l'adjudicataire a fait des actes comportant acceptation pure et simple ; car la qualité d'héritier bénéficiaire n'est pas indélébile (Seine 11 fév. 1859, 16574 J. N.).

C'est ce qu'on a décidé au sujet de la déclaration faite par le bénéficiaire, en marge du procès-verbal d'adjudication, qu'il accepte la succession (Sol. 15 fév. 1867).

3071. Déchéance. — Les décisions précédentes supposent que la déchéance du bénéfice d'inventaire a pu valablement résulter des actes impliquant l'acceptation pure et simple de l'héritier. Cependant le tribunal d'Orléans a reconnu, le 29 juillet 1861, que la déchéance ne pouvait produire d'effet au regard du Trésor qu'à la condition d'être prononcée par la justice (17412 J. E.). Mais c'est là une décision exagérée. Rien n'oblige, en effet, l'héritier bénéficiaire à provoquer lui-même la déchéance judiciaire de son titre : cette déchéance peut résulter d'une acceptation formelle ou tacite qui produit tous ses effets dès l'instant où elle a eu lieu et sans que son existence ait besoin pour cela de la sanction du tribunal, comme s'il s'agissait de l'application d'une pénalité. On conçoit que l'Administratien puisse, comme tout créancier, critiquer la valeur des actes d'où l'on veut faire résulter l'acceptation, mais s'il est reconnu que ces critiques sont sans fondement, la déchéance sera encourue dès le jour même où les actes ont eu lieu et devra produire tous ses résultats. L'Administration est parfaitement en mesure d'apprécier le caractère des actes passés par le bénéficiaire : elle fait journellement cet examen en matière d'acceptation de legs ou de succession.

3072. Licitation amiable. — Mineur. — Une délibération du 13 mars 1863 (1798 R. P., 17849 J. N.) décide que le mineur ne pouvant, ni par son propre fait, ni par le fait d'autrui, perdre la qualité d'héritier bénéficiaire, la circonstance que la licitation consentie à son profit a eu lieu sans l'accomplissement des formalités légales, ne saurait emporter sa déchéance et exempter le contrat du droit de 1 fr. 50 cent. pour 100 (*V.* aussi 17647 J. E.).

Mais la dispense du droit peut se fonder en cette hypothèse sur une autre raison. En effet, pour que le droit de transcription soit exigible, il faut que le contrat soit de nature à être transcrit, c'est-à-dire que l'acquéreur puisse, au moyen de la purge, offrir aux créanciers inscrits le prix de son acquisition. Or, tant que la succession demeure bénéficiaire, les créanciers ne sont pas tenus d'accepter le prix d'une vente faite sans formalités : ils ont toujours le droit absolu de provoquer une adjudication régulière. Le mineur ne pouvant pas perdre la qualité de bénéficiaire, il en résulte nécessairement qu'il ne peut pas offrir aux créanciers le prix de son acquisition amiable, en d'autres termes que cette acquisition n'est pas susceptible d'être transcrite. On peut citer en ce sens des solutions des 29 avril 1858, 29 septembre 1865, 9 avril 1866 (1855 Rev., 19002 J. N., 18361 J. E., 14632, C.) et 14 octobre 1869 (3126 R. P.). — *Conf.* : J. du not. n° 1856.

CHAPITRE IV. — QUESTIONS DIVERSES

[3073-3079]

3073. Compte de bénéfice d'inventaire. — En principe, le compte rendu par l'héritier bénéficiaire aux créanciers ne saurait motiver la perception du droit de reconnaissance de dettes sur les créances non constatées par un titre enregistré. La mention de ces dettes a, en effet, un caractère énonciatif semblable à celle des inventaires ou des partages et ne saurait par elle-même constituer un titre obligatoire. Mais le droit pourrait être dû si les termes de l'acte changeaient la nature de cette mention et la transformaient en une véritable reconnaissance ayant pour résultat de constater la créance. Cette question est développée au n° 4807.

3074. Cautionnement. — Le cautionnement consenti par l'héritier bénéficiaire n'est passible que du droit fixe. — V. *Affectation hypothécaire et Cautionnement.*

3075. Compensation. — L'héritier bénéficiaire peut repousser la compensation de ses créances avec les dettes de la succession. — V. *Compensation,*

3076. Confusion. — L'héritier bénéficiaire adjudicataire des biens de la succession est colloqué dans le procès-verbal d'ordre pour le montant de son prix représentant sa part héréditaire. Il s'opère une confusion dispensée du droit de quittance (1320 I. G.). — V. *Ordre.*

3077. Délégation. — La délégation de prix faite par l'héritier bénéficiaire après la vente et hors la présence des créanciers n'est pas passible du droit de 1 pour 100 parce que d'après l'art. 807 C. C. la délégation est de droit. Elle est, en effet, la suite d'une adjudication faite dans les formes légales et quoique le bénéficiaire ne soit point un simple administrateur comptable, il n'est pas moins administrateur légal devant compte aux créanciers (10875 J. E.). — *V.* 3039, 11646 et *Délégation.*

3078. Donation. — Si un légataire universel, après avoir accepté sous bénéfice d'inventaire, a rendu son compte et fait remise aux héritiers du sang du reliquat actif, le droit de donation est exigible : « Attendu que la qualité d'héritier étant indélébile, même pour le bénéficiaire, l'abandon aux héritiers naturels n'est point une renonciation mais une transmission gratuite. Le décider ainsi n'est point contredire la règle, inappliquable ici, d'après laquelle l'administration ne peut arguer de la nullité d'un acte pour en induire la perception d'un droit, de même qu'on ne peut exciper contre elle de la nullité pour se soustraire au droit dont l'acte est passible» (Seine 20 fév. 1858, 16341 J. N., 16813 J. E., 11416 C.).

3079. Obligation de l'héritier bénéficiaire. — L'héritier bénéficiaire peut être constitué débiteur de la succession. Le droit de 1 pour 100 serait alors exigible sur la totalité de la créance parce que le bénéfice d'inventaire, en produisant la séparation des patrimoines, isole la succession de l'héritier et que par suite, cet héritier ne peut invoquer, quant à présent, le bénéfice de la confusion pour soutenir que la dette est éteinte dans les limites de sa part virile.

1. JUGEMENT. — On a enseigné que si le créancier porteur d'un titre non enregistré souscrit par le défunt faisait condamner le bénéficiaire au payement en qualité d'héritier pur et simple, il serait dû, outre le droit de condamnation, deux droits de titre à 1 pour 100 applicables, l'un à l'obligation contractée par le défunt envers le poursuivant et l'autre à celle des bénéficiaires envers le créancier. Mais cette opinion ne saurait être acceptée. Le bénéficiaire, en effet, sera condamné ou bien comme héritier pur et simple, ou bien, s'il n'a pas encouru la déchéance, comme reliquataire d'un compte. Dans le premier cas, il est, en qualité de successeur à la personne, tenu *ultra vires* de toutes les dettes héréditaires et cette obligation légale résultant de la transmission même échappe évidemment à l'impôt. Dans la seconde hypothèse, il s'agit de la condamnation obtenue contre un administrateur don le mandat légal a été enregistré au droit qu'il comporte. Or, nous verrons au n° 10605 que le droit de titre n'est pas exigible en cette circonstance.

2. COMPTE. — Si le bénéficiaire contractait un engagement particulier à la suite de l'arrêté de compte, il y aurait lieu de lui faire l'application des principes qui seront développés au mot *Compte.*

BESTIAUX.

3080. — Animaux domestiques qui servent à la culture des terres et à la nourriture de l'homme. — Les bestiaux se divisent en deux classes : *gros bétail*, tel que les chevaux, bœufs et vaches ; *menu bétail*, tel que les moutons, brebis, porcs, chèvres. — Tout propriétaire est libre d'avoir chez lui telle quantité et telle espèce de bestiaux qu'il croit utile à la culture et à l'exploitation de ses terres, et de les y faire paître exclusivement (L. 6 oct. 1791, sect. 4 art. 1er).

3081. Nature. — Les bestiaux considérés en eux-mêmes et séparément de toute destination particulière, sont incontestablement dans la classe des biens meubles. Mais, lorsqu'on les considère comme attachés à un domaine, à l'exploitation et à l'engrais duquel ils sont destinés, quelquefois ils ont la qualité de meubles, et quelquefois celle d'immeubles.

BIENS.

DIVISION

CHAPITRE PREMIER. — DISPOSITIONS GÉNÉRALES

[3082-3084]

3082. Observation. — Nous ne nous occupons ici que de présenter des principes généraux, afin de faire saisir plus facilement l'ensemble de cette matière, qui est d'une haute importance au point de vue de l'enregistrement. Nous glissons tout à fait sur les questions, parce qu'elles font l'objet d'un examen approfondi à mesure qu'elles se présentent dans le cours de cet ouvrage.

3083. Biens et choses. — Il ne faut pas prendre comme synonymes les expressions *biens* et *choses*; la doctrine leur donne une signification différente, ainsi que le font observer Toullier t. 3 n° 3 et Duranton t. 4 n° 4. « Les *choses*, dit le premier, sont tout ce que l'on *peut posséder*; les biens tout ce que l'on *possède*. » — En effet, dans la langue du droit, le terme de choses s'entend de tout ce qui, dans la nature, peut être de quelque utilité aux hommes, soit qu'il puisse être ou non possédé par eux, comme un champ, une statue, l'air, les animaux sauvages, etc. Le mot biens a une signification moins étendue; il désigne seulement les choses qui sont l'objet d'une propriété publique ou privée, les choses que l'*on possède*.

3084. Division des biens. — Les biens se divisent en meubles ou immeubles (516 C. C.). Ils ont tous l'une ou l'autre de ces qualités. Ce n'est toutefois qu'à l'aide d'une disposition particulière qu'on peut ranger certaines espèces de biens dans l'une ou l'autre de ces deux classes. Ainsi, les biens sont *corporels* ou *incorporels*. Cette distinction dérive de la nature même des choses. Elle est la première dans l'ordre des idées, parce qu'elle embrasse tous les biens quelconques.

1. CORPORELS. — Les biens *corporels* sont ceux qui ont une existence matérielle, ceux qui tombent sous nos sens, que nous pouvons voir et toucher, comme un livre, une maison. Voilà les biens qui se divisent naturellement en *meubles* ou en *immeubles*. On appelle *meubles* les objets qui peuvent se transporter d'un lieu à un autre, soit par eux-mêmes, comme les êtres animés, soit par l'effet d'une force étrangère, comme les choses inanimées (528 C. C.); les *biens immeubles*, par opposition, sont les choses qui ne sont pas susceptibles de déplacement, comme des maisons, des fonds de terre.

2. INCORPORELS. — Les biens *incorporels*, et dont il est parlé dans plusieurs dispositions du C. C., notamment dans les art. 1607, 1693 et 2075, sont ceux qui n'ont aucune existence physique, que nous ne concevons que par la pensée et qui consistent dans un droit. Tels sont une créance, un droit d'hérédité ou d'usufruit; car, quoique l'argent qui est l'objet de la créance, les biens de la succession, le fonds sur lequel réside le droit d'usufruit, aient une existence corporelle,

néanmoins, le droit d'exiger cet argent, de recueillir les biens de l'hérédité, de jouir du fonds, droit que nous considérons seul ici, n'a par lui-même aucune existence physique, il ne peut être connu que par l'entendement. Aussi, tant que l'hérédité n'est pas acceptée, c'est un droit, une chose incorporelle; dès qu'elle est acceptée, il n'y a plus de droit d'hérédité, mais seulement des biens dont les uns peuvent être corporels et les autres incorporels.

3. FONGIBLES ET NON FONGIBLES. — On distingue aussi les biens en choses fongibles et en choses non fongibles. — Une chose est *fongible* relativement à une autre, lorsque, dans le payement où la restitution qu'on doit en faire, elle la représente étant de même espèce et qualité. *Una res alterius vice fungitur.* Les choses *non fongibles* sont celles qui ne sont point ainsi représentées par d'autres, et qui doivent, au contraire, être payées ou restituées en nature, c'est-à-dire identiquement. Les premières sont l'objet de la compensation légale, et non les secondes (1291 C. C.; Duranton 4-12, Demolombe t. 9 n° 42 et suivant).

4. MEUBLES CORPORELS ET INCORPORELS. — DIFFÉRENCE. — Il importe à différents points de vue, de distinguer les meubles corporels des meubles incorporels.

Ainsi la capacité d'aliéner n'est pas la même pour les uns que pour les autres (Demolombe t. 1er p. 112 et 113, t. 4 n° 155 t. 6 p. 586).

La maxime, en fait de meubles : Possession vaut titre, ne s'applique pas aux meubles incorporels (Demolombe t. 9 n° 39).

Les meubles incorporels ne sont pas, en général, susceptibles de don manuel. V. *Don manuel.*

3084 *bis.* Biens dans leur rappport avec ceux qui les possèdent. — Le titre 1er du livre 2 du C. C., intitulé *de la distinction des biens,* se trouve complété par un chapitre qui envisage les biens dans leur rapport avec ceux qui les possèdent. Nous n'avons rien à dire ici à ce sujet, sinon qu'en considérant les biens dans leur rapport avec ceux qui les possèdent, il faut d'abord distinguer les choses qui ne sont pas susceptibles de propriété, qui n'appartiennent à personne et dont l'usage est commun à tous. Ce sont les choses que les jurisconsultes romains appellent choses communes, *res communes.* Le C. C. s'occupe plus particulièrement des choses qui sont susceptibles d'une propriété publique ou privée. Les biens peuvent ainsi être possédés : 1° par les particuliers; — 2° par les communes ou établissements publics; — 3° par l'État.

CHAPITRE II. — DES MEUBLES

[3085-3088]

3085. Meubles par nature. — L'art. 528 C. C. qui détermine les caractères auxquels on reconnaît les biens qui sont meubles par leur nature, est d'une clarté suffisante. Il n'y a qu'à faire remarquer qu'il faut excepter de la disposition de cet article les meubles devenus immeubles par leur destination, d'après les règles que nous indiquons n° 3090.

3086. Meubles par la détermination de la loi. — Aux termes de l'art. 529 C. C., « sont meubles par la détermination de la loi, les obligations et actions qui ont pour objet des sommes exigibles ou des effets mobiliers; les actions ou intérêts dans les compagnies de finance, de commerce ou d'industrie, encore que des immeubles dépendants de ces entreprises appartiennent aux compagnies. Ces actions ou intérêts sont réputés meubles à l'égard de chaque associé seulement, tant que dure la société. — Sont aussi meubles par la détermination de la loi les rentes perpétuelles ou viagères, soit sur l'État, soit sur des particuliers. » — Nous nous abstenons de donner ici aucun développement sur cet article; ce que nous en dirions ferait double emploi avec d'autres parties de cet ouvrage. (V. notamment, *Action*, *Cession de créance*, *Communauté*, *Obligation*, *Rente*, etc.).

3087. Meubles par destination. — Les art. 528 et 529 C. C., dont nous avons parlé dans les deux numéros précédemment, sont le développement de l'art. 527, qui déclare les biens meubles *par leur nature* ou *par la détermination de la loi.* Mais ce dernier article est évidemment incomplet, car il en est des meubles comme des immeubles; et, s'il est vrai, ainsi qu'on va le voir, qu'il y a des biens qui sont immeubles *par leur nature*, *par destination* et *par détermination de la loi*, les mêmes principes s'appliquent aux meubles. L'art. 527 aurait donc dû comprendre les meubles *par destination* ou par la volonté de l'homme. En effet, ainsi qu'on l'a vu au mot *Ameublissement*, une simple déclaration de volonté insérée dans un contrat de mariage suffit pour *ameublir* des immeubles. Et un arrêt C. cass. 19 mars 1826 (5406 J. E.) a décidé, ce qui est d'ailleurs parfaitement établi en jurisprudence, qu'il est des immeubles par nature qui deviennent *meubles par destination*, tels que les bois vendus *pour être coupés* et les pierres enfouies dans une carrière cédées *à charge d'en être extraites.*

3088. Distinctions entre différentes espèces de meubles. — Dans les actes de donation entre-vifs ou de dernière volonté, et dans les contrats de vente et de louage, on emploie souvent les expressions générales de *meubles*, *meubles meublants*, *biens meubles*, *mobilier*, *effets mobiliers.* Des contestations naissent fréquemment de l'étendue que les uns prétendent attribuer à ces expressions, et des restrictions auxquelles les autres veulent les soumettre.

Les art. 533, 534, 535 et 536 C. C. ont été rédigés dans le but de préciser le sens de ces expressions. Ainsi, d'après l'art. 533, « le mot *meuble*, employé seul dans les dispositions de la loi ou de l'homme, sans autre addition ni désignation, ne comprend pas l'argent comptant, les pierreries, les dettes actives, les livres, les médailles, les instruments des sciences, des arts et métiers, le linge de corps, les chevaux, équipages, armes, grains, vins, foins et autres denrées; il ne comprend pas non plus ce qui fait l'objet d'un commerce. » D'après l'art. 534, « les mots *meubles meublants* ne comprennent que les meubles destinés à l'usage et l'ornement des appartements comme tapisseries, lits, siéges, glaces, pendules, tables, porcelaines et autres objets de cette nature. Les tableaux et les statues qui font partie du meuble d'un appartement y sont aussi compris, mais non les collections de tableaux qui peuvent être dans les galeries ou pièces particulières. Il en est de même des porcelaines : celles seulement qui font partie de la décoration d'un appartement sont comprises sous la dénomination de *meubles meublants*. » D'après l'art. 535 C. C., « l'expression *biens meubles*, celle de *mobilier*, ou *d'effets mobiliers*, comprend généralement tout ce qui est censé meuble d'après les règles ci-dessus établies. La vente ou le don d'une maison meublée ne comprend que les meubles meublants. Enfin, l'art. 536 C. C. veut que la vente ou le don d'une maison, avec tout ce qui s'y trouve, ne comprenne pas l'argent comptant, ni les dettes actives et autres droits dont les titres peuvent être déposés dans la maison : tous les autres effets mobiliers y sont compris. »

La signification assignée à ces différents mots par les réd. du C. C. n'est pas toujours conforme à celle que leur attribue le langage usuel. « Ce n'est plus là du droit, dit Marcadé t. 2 p. 377, c'est de la grammaire. Or, le législateur ne doit pas se faire grammairien, et un code n'est pas un dictionnaire de la langue. Nos quatre articles reviennent à dire qu'*il faudra toujours rechercher l'intention, la pensée.* » — Aussi, la plupart des décisions qui interviennent sur les expressions, *meubles mobilier*, *meubles meublants*, sont basées sur des appréciations de fait et échappent souvent à la censure de la C. cass. On peut donc dire que la valeur de ces expressions ne sera jamais fixée par une jurisprudence bien arrêtée. Néanmoins, comme la question se présente très-fréquemment pour l'application du droit de mutation par décès, nous croyons devoir réunir ici toutes les espèces résolues par les tribunaux.

1° Lorsqu'un testateur lègue à une personne le quart de ses meubles et de ses immeubles en propriété, le mot *meubles* s'entend en ce cas, non-seulement des meubles meublants, mais encore de tous les effets mobiliers (Paris 6 janv. 1807, S. 7-2-1052);

2° Un legs ainsi conçu : « Je lègue le quart du mobilier qui se trouvera chez moi à mon décès, linge, argenterie, généralement le quart de tout..., » embrasse tout ce qui est meuble d'après la loi, notamment l'argent comptant. Vainement on se prévaudrait de la mention spéciale du linge et de l'argenterie comme étant restrictive de la disposition et excluant du legs l'argent comptant (Bordeaux 28 fév. 1831, S. 31-2-268, D. 31-2-105; — Cass. 1er mai 1832, S. 32-1-342);

3° Jugé cependant que le legs des meubles, effets, linge et bijoux, ne comprend ni l'argent comptant, ni les dettes actives (Pau 27 juill. 1822, S. 7-2-105);

4° Le legs des meubles et effets qui se trouveront dans une maison du testateur ne doit être ni restreint aux objets mobiliers que désigne la seule dénomination de meubles, ni être étendu à tout ce qui est censé meuble d'après la loi. L'effet d'une telle disposition est réglé par l'art. 536 C. C. En conséquence, le legs ne comprend pas l'argent comptant, ni les dettes actives ou autres droits dont les titres se sont trouvés dans la maison; mais il comprend tous les autres effets énumérés dans l'art. 533 C. C. (Bordeaux 9 mars 1830, S. 30-2-148, D. 33-2-149 et 195);

5° Jugé de même que le legs de tous les meubles, effets et denrées qui se trouveront dans la maison du testateur au moment de son décès, ne comprend ni les titres de créances, ni l'argent comptant (Agen 30 déc. 1823, S. 25-2-71, D. 2-483);

6° Le legs du mobilier peut, par une interprétation de la volonté du testateur, résultant de la combinaison des clauses du testament, être considéré comme n'ayant pour objet que les meubles proprement dits, malgré la disposition de l'art. 535 C. C. : la volonté reconnue du testateur rend, en ce cas, inapplicable la disposition de la loi (Cass. 3 mars 1836, S. 36-1-760, D. 36-1-133);

7° Il en est de même du legs de tous les meubles et objets mobiliers, or, argent monnayé, non monnayé, provisions et denrées; ce legs peut être considéré comme ne comprenant pas les rentes constituées (Cass. 24 juin 1840, S. 40-1-899, D. 40-1-311, P. 40-2-478);

8° Un legs ainsi conçu : « Je lègue ma maison et tout mon mobilier, mes hardes..., » n'embrasse pas tout ce qui est meuble d'après la loi, mais seulement les meubles meublants (Rennes 17 mai 1843, S. 44-2-253);

9° Mais le legs de tous les meubles et effets mobiliers qui se trouveront dans la maison du testateur au jour de son décès, sans en rien excepter ni réserver, ou de tout son mobilier, sans exception ni distinction, ne comprend pas les créances, rentes ou fermages dont les titres pourraient se trouver à ce moment dans la maison... Toutefois un pareil legs, notamment celui de tout le mobilier, sans exception ni distinction, qui se trouvera dans la maison du testateur au jour de son décès, comprend l'argent comptant (Caen 17 nov. 1847, S. 48-2-514, D. 48-2-180, P. 48-1-326; — Caen 14 déc. 1847, S. 48-2-515, D. 48-2-181.)

10° Le legs des meubles de toute espèce, linge et denrées, etc., et généralement de tout ce qui se trouvera dans la maison du testateur, à l'exception seulement des titres de famille et de créances, comprend l'argent comptant (Pau 27 juill. 1822, S. 7-2-105);

11° La disposition d'un testament portant que tout le mobilier du testateur, argenterie, habillements, linge, etc., sera vendu, pour le prix en être distribué aux pauvres, ne comprend pas les titres de rente et les créances appartenant au testateur (Douai 23 juin 1846, S. 46-2-364, D. 46-2-155, P. 46-2-398);

12° Néanmoins, l'art. 536, C. C., d'après lequel le legs d'une maison, avec tout ce qui s'y trouve, ne comprend pas les créances dont les titres sont déposés dans la maison, ne s'oppose pas à ce que de telles créances soient cependant réputées faire partie du legs, lorsque, d'après les dispositions du testament et les circonstances, les juges du fond reconnaissent que l'intention du testateur a été de les y comprendre (Cass. 28 fév. 1832, S. 32-1-246, D. 32-1-119);

13° Les mots meubles et effets, employés dans un testament, comprennent tout ce qui est censé meuble aux termes de l'art. 535, C. C. (Poitiers 21 juin 1825, S. 25-2-429);

14° Le legs de tous les meubles et effets est repute comprendre les créances civiles, si, par une disposition ultérieure, le testateur a excepté du legs les billets et effets de commerce. — Les inscriptions de rente sur l'État ne sont point effets de commerce : en conséquence, elles sont comprises dans la disposition portant legs de tous meubles et effets, excepté les billets et effets de commerce (Paris 21 juin 1806, S. 6-2-222);

15° Mais l'expression : tous les meubles, employée dans un testament, ne doit pas nécessairement être entendue dans un sens général; elle peut, suivant les circonstances, et surtout lorsqu'elle est suivie des mots *et effets*, être entendue dans le sens restreint de l'art 533 C. C. (Caen 28 mars 1846, S. 46-2-563 D. P., 46-2-188, P. 46-2-611, *Sic* Marcadé sur l'art. 533);

16° Le legs des meubles, de l'argent monnayé, de l'argengenterie, et généralement de tout ce que contiendra une maison au décès du testateur, comprend les titres de créances actives renfermées dans cette maison (Aix 19 août 1829, S. 29-2-281);

17° Jugé aussi que le legs des objets mobiliers qui se trouveront dans la maison du testateur, au moment de son décès, comprend les créances dont les titres se sont trouvés, à cette époque, dans la même maison (C. Bordeaux 11 juin 1828, S. 29-2-25, D. 29-2-40);

18° Le legs de tous les biens meubles comprend les créances ou dettes actives du testateur, alors même qu'une clause subséquente du testament, contenant l'énumération des biens meubles légués, ne désigne pas les créances (Bourges 9 mai 1848, S. 48-2-585, P. 48-2-271);

19° Le legs par lequel le testateur donne tous ses meubles à un individu, et l'institue, en conséquence son légataire à titre universel comprend tous les biens mobiliers de la succession (Bruxelles 9 mars 1813, S. 14-2-304, D. 2-481);

20° Un legs de l'argent comptant qui sera trouvé au domicile du testateur comprend non-seulement celui qui existe au lieu de son habitation réelle et effective au moment de son décès, mais encore celui qui existe au lieu de son domicile de droit..., alors surtout qu'au moment de la confection du testament, le défunt n'avait pas d'autre résidence que ce dernier domicile (Grenoble 8 mai 1831, S. 32-2-306);

21° Jugé aussi que le legs de l'argent monnayé qui se trouvera, au décès du testateur, dans sa maison d'habitation, comprend, ou peut être réputé comprendre, l'argent déposé hors de cette maison, s'il résulte des circonstances que ce dépôt n'avait eu lieu qu'accidentellement et passagèrement, et que le testateur avait l'intention de replacer l'argent dans sa maison (Nîmes 11 mars 1830, S- 30-2-323, D. 30-2-294);

22° Mais le legs fait par un testateur de tout l'argent comptant qu'il laissera à son décès ne comprend pas les sommes que le légataire a pu recevoir pour le testateur, en qualité de mandataire et dont il ne lui a pas rendu compte de son vivant (Bruxelles 9 juin 1815, S. 2-49);

23° De même, le legs fait par un testateur, de tout son argent comptant, lettres de change et obligations, ne comprend pas les sommes qu'il peut avoir reçues comme mandataire de personnes tierces, alors même qu'il aurait chargé ses héritiers *ab instestat* d'acquitter ces sommes (Bruxelles 15 mai 1822, S. 7-2-72);

24° Le legs d'un portefeuille, dans l'acception commune de ce mot, ne s'entend que des effets commerciaux et négociables ; il ne s'étend pas aux autres créances actives du testateur (Riom 3 déc. 1816, S. 2-208);

25° Le legs d'une quote-part des biens du testateur s'étend aux biens qui lui sont advenus depuis le testament, comme à ceux qu'il possédait lors de la confection de cet acte (Grenoble 3 fév. 1832, S. 33-2-33, D. 32-2-132);

26° Le légataire du mobilier a droit à tous les fermages ou portions de fermage représentant le temps de jouissance écoulé jusqu'au jour du décès du testateur, quelle que soit l'époque de leur exigibilité (Rouen 22 janv. 1828, S. 28-2-256, D. 28-2-122);

27° Jugé de même que le légataire des droits mobiliers du testateur a droit aux fermages dus par les fermiers du défunt pour les années entières qui ont précédé celle de sa mort et pour cette dernière année, proportionnellement au temps qui s'en trouvait écoulé au jour du décès du testateur, bien que la récolte n'eût pas encore été faite par le fermier à cette époque. Il en est ainsi alors même que les fermages dont il s'agit n'étaient exigibles qu'à une époque postérieure au décès du testateur (C. Orléans 23 nov. 1850, S. 51-2-138);

28° Jugé néanmoins que le legs de tous les fruits et revenus échus et généralement de tout le mobilier qui compose la succession du testateur, ne comprend que les revenus qui étaient exigibles au décès de ce dernier; il ne comprend pas la portion des fermages ou loyers courus depuis le dernier terme échu avant le décès du testateur jusqu'à l'époque de ce décès, et dont l'exigibilité n'est ainsi arrivée que postérieurement. Du moins, l'arrêt qui le décide ainsi, ne renferme qu'une interprétation du testament, non susceptible de donner ouverture à cassation (Cass. 1er août 1832, S. 32-1-797, D. 32-1-341);

29° Les art. 533 et s. C. C., qui déterminent le sens des mots: meubles, meubles meublants, biens meubles, mobilier, effets mobiliers, etc., n'ont rien d'absolu en matière de legs, et doivent céder à l'appréciation de l'intention du testateur (Nîmes 28 juill. 1857, S. 57-2-728, P. 58-602; — *Sic*, Marcadé sur les art. 533 et s., Demolombe t. 9 n° 441 et s.);

30° Ainsi, d'une part, le legs de tous les effets mobiliers généralement quelconques, que le testateur laissera dans un lieu déterminé, peut être réputé ne pas comprendre, suivant l'intention du testateur, les titres de créances ou valeurs industrielles. (Même arrêt);

31° Et d'autre part, le legs de tout le mobilier que le testateur laissera dans un lieu déterminé peut être réputé comprendre, d'après l'interprétation du testament, non-seulement les meubles meublants, mais encore les titres de créances ou actions au porteur (Cass. 20 mars 1854, S. 54-1-699, P. 55-2-156);

32° Il en est ainsi, alors même que ces titres ou actions se trouveraient déposés dans un autre lieu, si l'acte constatant le dépôt se trouve dans celui désigné par le testateur (Même arrêt).

33° Jugé cependant en sens contraire, que le legs de tout le mobilier que le testateur laissera dans un lieu déterminé ne comprend pas les titres de créances : ici n'est point applicable l'art. 535 C. C. (Agen 6 mars 1860, S. 60-2-251, P. 60-859);

34° En tout cas, un tel legs peut être réputé par interprétation de la volonté du testateur, ne pas s'étendre à ces titres de créances (Même arrêt);

35° Le legs d'une armoire et de tout ce qui s'y trouvera déposé au jour du décès du testateur, avec le droit d'en empêcher l'ouverture, comprend les créances dont les titres, au jour du décès, ont été trouvés déposés dans cette armoire (Caen 3 déc. 1851, S. 52-2-248, P. 53-2-206);

36° La disposition testamentaire ainsi conçue: « Je donne à .... par préciput et hors part, ma maison d'habitation, ainsi que tout le mobilier qui s'y trouvera à mon décès..., » peut, suivant les circonstances, être réputée ne pas comprendre le numéraire et les titres de créance (Montpellier 16 déc. 1852, S. 53-2-200, P. 54-1-22);

37° Le légataire des droits mobiliers du testateur a droit aux fermages dus par les fermiers du défunt, pour les années entières qui ont précédé celle de sa mort, et pour cette dernière année, proportionnellement au temps qui s'en trouvait écoulé au jour du décès du testateur, bien que la récolte n'eût pas encore été faite par les fermiers à cette époque (Orléans 23 nov. 1850, S. 51-2-138, P. 50-2-522; — *Sic* Toullier t. 3 n° 400);

38° Il en est ainsi, alors même que les fermages dont il s'agit n'étaient exigibles qu'à une époque postérieure au décès du testateur (Même arrêt);

39° L'expression baliveau, employée seule dans un legs ne comprend ni les baliveaux anciens, ni les baliveaux modernes; elle doit, à moins de disposition, être restreinte aux baliveaux de l'âge, c'est-à-dire ceux qui sont de l'âge des taillis (Paris 25 juill. 1851, S. 51-2-702, P. 52-1-342. — V. en ce sens, Meaume, *Comment. du Code Forest.* t. 3 p. 441);

40° Le legs de l'universalité des biens meubles que le testateur laissera à son décès, comprend le prix non-payé des immeubles aliénés depuis le testament, et cela, encore bien que l'aliénation résulte d'une expropriation pour cause d'utilité publique (Alger 22 déc. 1862, S. 63-2-102);

41° Le testament par lequel un mari, après avoir légué à sa femme l'usufruit de tous ses biens, lui lègue en outre la propriété pleine et entière de tout son mobilier, peut être interprété en ce sens que ce dernier legs ne comprend pas l'argent comptant, les créances et les valeurs industrielles, mais qu'il comprend, indépendamment des meubles meublants, tout le mobilier corporel, tel que l'argenterie, le linge, le service de table, les denrées, etc. (Dijon 30 déc. 1869, S. 70-2-123);

42° La disposition de l'art. 535 C. C., d'après laquelle le mot mobilier doit s'entendre de tout ce qui est réputé meuble par la loi, établit une simple présomption, qui cède devant la manifestation d'une volonté contraire, et il appartient aux tribunaux de rechercher cette volonté par l'interprétation des actes (Dijon 30 déc. 1869, S. 70-2-123);

43° En matière d'interprétation de testament, le juge n'est pas enchaîné par la signification grammaticale ou juridique des termes employés par le testateur, dont le véritable sens doit être déterminé par l'intention qui a dicté les dispositions. Le juge peut rechercher cette intention dans le rapprochement des diverses dispositions du testament et même dans des circonstances extérieures. La disposition par laquelle un testateur lègue « tout son mobilier, n'importe où il se trouve » peut être interprétée en ce sens que le testateur n'a entendu comprendre dans ce legs que les meubles meublants, (Grenoble 15 janv. 1873);

44° La C. cass. par un arrêt du 10 février 1873, a également décidé qu'il était dans le pouvoir d'appréciation du juge du fait de déclarer, par interprétation de l'intention du testateur, que cette intention n'a pas été de donner aux mots : « meubles et effets mobiliers » dont il s'est servi toute l'étendue qu'y attache l'art. 535 C. C.

Il s'agissait, dans cette espèce, de l'interprétation d'un testament olographe par lequel le testateur avait légué en toute propriété « les meubles et effets mobiliers » qui se seraient trouvés à l'époque de son décès dans les appartements qu'il habitait avec la légataire. Or, on avait trouvé dans ces appartements quatre-vingts obligations au porteur des chemins de fer du Midi, que les héritiers naturels du testateur prétendirent n'être pas comprises dans le legs fait à la légataire.

Jugement du tribunal de Castres du 19 juillet 1871 qui déclara la légataire propriétaire des obligations; — Appel et arrêt infirmatif de la Cour de Toulouse du 27 mai 1872; — Pourvoi en cassation, et, le 10 février 1873, la cour rendit l'arrêt suivant: « Attendu que la Cour de Toulouse avait à décider si quatre-vingts obligations au porteur du chemin de fer du Midi, à raison du lieu où leurs titres étaient déposés, devaient être comprises dans le legs de tous les meubles et effets mobiliers qui se trouveront à l'époque du décès du testateur dans un appartement désigné; qu'elle a fixé le sens de la clause litigieuse par ses termes mêmes qui paraissent exclure les choses incorporelles, par l'ensemble et l'économie du testament, et par les autres renseignements de la cause pouvant manifester l'intention du testateur; qu'en statuant ainsi, la Cour a usé de son pouvoir d'interpréter les actes de dernière volonté et n'a violé aucune loi ».

CHAPITRE III. — DES IMMEUBLES

[3089-3093]

3089. Immeubles par nature. — Les fonds de terre, les bâtiments, les moulins à vent et à eau fixés sur piliers et faisant partie des bâtiments, les récoltes pendantes par les racines, et les fruits des arbres non encore recueillis, les coupes des taillis et des futaies non abattues, sont immeubles (518 à 521 C. C.). L'expression d'*immeubles par nature* employée par le code est caractéristique. Dans ce sens, il n'y a d'originellement immeuble que le sol. Néanmoins, toutes les choses qui, *par une modification de leur nature première*, sont devenues inhérentes au sol, sont immeubles comme accessoires de ce sol; les matériaux qui ont été transformés en bâtiments élevés sur des fondements, des pilotis ou des piliers; les graines qui, semés, ont produit des végétaux, présentent invinciblement à l'esprit le caractère d'immeubles par nature, car leur inhérence au sol est complète. Ils sont devenus, réellement et par le fait, immobiles comme et avec le sol lui-même (Demolombe t. 9 n° 102). Mais il ne saurait en être de même des bâtiments dont l'adhérence ne consisterait qu'en une jonction sans consistance, comme, par exemple, les baraques élevées sur un champ de foire (Massé *Droit commercial* t. 3 n° 422). Ces constructions ne pourraient être considérées que comme des meubles (*V.* 5122 et suiv.).

Nous croyons utile d'entrer dans quelques détails à cet égard.

1. ÉLÉMENTS DU FONDS. — Le fonds de terre comprend les divers éléments qui forment le sol, l'argile, le sable, l'eau, les sources, marnes, carrières, etc.

Le Trésor n'en fait cependant pas partie, il est soumis à d'autres règles. Ce n'est ni un produit ordinaire ni un produit extraordinaire du sol (Champ. et Rig. t. 4 n° 3161, Demolombe t. 9 n° 99).

2. SÉPARATION DU FONDS. — Les éléments constitutifs deviennent meubles dès qu'ils en sont séparés. Mais il aut pour cela une séparation totale et définitive. C'est ce que le Code décide spécialement pour les matériaux (532 C. C.).

3. MATÉRIAUX. — « Sont meubles les matériaux provenant de la démolition d'un édifice, ceux assemblés pour en construire un nouveau, jusqu'à ce qu'ils soient employés par un ouvrier dans une construction » (532 C. C). — Des opinions s'étaient produites qui voulaient que les matériaux provenant d'une démolition ne fussent meubles qu'autant qu'ils n'étaient pas destinés à la reconstruction du bâtiment démoli. C'était le sentiment de Pothier. « Si une maison dit-il, *de la Communauté* n° 62, a été incendiée ou est tombée de vétusté, les matériaux qui en restent conservent leur qualité d'immeubles, tant qu'ils peuvent paraître destinés à la reconstruction de la maison. » Mais ces opinions ne peuvent plus être maintenues. Le texte de l'art. 532 C. C. est formel. Il n'admet aucune distinction. Et, d'ailleurs, comme le fait observer Marcadé t. 2 p. 365, la destination n'immobilise les choses que quand elles sont mises dans l'état où elles doivent rester. « Mon troupeau n'est pas immeuble par cela seul que je le destine à être mis sur ma ferme, mais seulement quand il y est mis. » C'est pour cela que, d'après l'art. 532, les matériaux assemblés pour la construction d'un édifice restent meubles, *malgré leur destination*, jusqu'à ce qu'ils soient employés dans cette construction.

Toutefois, il faut remarquer avec Dalloz, V. *de la Distinction des biens* n° 174, que l'art. 532 ne peut être appliqué avec une rigueur exagérée. Ainsi, il ne faudrait pas aller jusqu'à prétendre que la démolition, non pas totale, mais simplement partielle d'un édifice, faite en vue de le réparer, ait pour effet de mobiliser les matériaux qui en proviendraient et qui seraient destinés à être employés dans la réparation. Duranton t. 4 n° 302 et suiv., Marcadé t. 2 p. 366 n° 376 et Demolombe t. 9 n°s 111 et 400, enseignent avec raison que des objets simplement détachés pour être réparés, et aussitôt après replacés (par exemple, une couverture de maison descendue pour exhausser la maison ou pour recevoir une nouvelle forme, ou être réparée), ne cessent pas d'être immeubles (*V.* 3090-5). Mais, ainsi que nous l'avons dit ci-dessus, il en est autrement à l'égard des matériaux d'un édifice démoli en totalité, quoique pour être reconstruit, parce qu'alors il n'y a plus de principal qui attire à lui l'accessoire (Demolombe *loc. cit.*, Duranton t. 4 n°s 113, et 401).

4. MOULINS. — En principe, les moulins à vent ou à eau, fixés sur piliers ou faisant partie du bâtiment, sont immeubles par nature (C. C. 519). Ils sont meubles quand ils sont sans incorporation avec le sol, par exemple, un moulin placé sur un bateau.

Mais cette incorporation peut résulter d'une des conditions indiquées dans l'art. 519 C. C. (Caen 12 mai 1834, D. 34-1-213, Demolombe t. 9 n° 125; — *Contrà :* Champ. et Rig. t. 4 n° 3174 ; — Douai 12 fév. 1862, S. 62-2-321 ; — Cass. 15 avr. 1864, S. 64-1-286).

Et il n'y a pas à distinguer entre les moulins placés sur les rivières navigables ou non (Caen 3 avr. 1824, Dalloz v° *Biens* 23, Daviel t. 1er 63).

Pêcheries. — Dans ce dernier ordre d'idées il a été reconnu que les pêcheries, salines et autres établissements analogues établis sur le rivage de la mer, en vertu d'une concession administrative, sont à l'égard du concessionnaire de véritables immeubles, bien que les rivages de la mer soient inaliénables (Dalloz v° *Biens,* 22, Daviel *Cours d'eau,* t. 1er n° 63 et 369 *bis*).

5. RÉCOLTES. — Sont encore des immeubles par nature les récoltes pendantes par les racines, les semences jetées en terre (Pothier *Com.* 34), les fruits des arbres ou leurs feuilles (C. Caen 18 nov. 1863, S. 64-2-202, Demolombe t. 9 n° 131).

Ces fruits deviennent meubles quand ils sont détachés (520 C. C.).

Les immeubles par nature deviennent meubles quand ils sont séparés du fonds. Il n'est même pas nécessaire que cette séparation soit matérielle, il suffit qu'ils aient fait l'objet d'une convention dans laquelle ils ont été considérés comme devant en être séparés. Ainsi la jurisprudence décide que la vente des fruits, graines, bois et autres récoltes est une vente de meubles parce que la vente a pour objet de mobiliser les choses au point de vue sous lequel les parties ont contracté (Cass. 1er vend. an 14; — 25 fév. 1812, 5 oct. 1813, 24 mai 1815, Marcadé art. 521 ; — Cass. 31 juill. 1839, 1601-13 I. G., 12347 J. E., 10505 J. N., 11 janv. 1843, 1697-6 I. G., 13174 J. E., 11558 J. N., 5 mars 1855, 2042-10 I. G., 16138 J. E., 15626 J. N, 10520 C.).

6. COUPES DE BOIS. — Les coupes ordinaires de bois taillis ou de futaies mises en coupes réglées ne deviennent également meubles qu'au fur et à mesure que les arbres sont abattus (C. C. 521). Il en est évidemment de même, quoique le Code n'en parle pas, des bois de futaies non mises en coupes réglées (Demolombe t. 9 n° 136).

7. PLANTES ET ARBUSTES. — On doit considérer comme meubles les plantes et arbustes plantés dans des caisses ou dans des vases (Pothier *Cout. d'Orléans* t. 17), même quand ces caisses seraient placées en terre (Demolombe t. 9 n° 245), à moins qu'elles aient le caractère d'immeubles par destination (Zachariæ t. 1er p. 337, Massé et Vergé t. 2 p. 7).

8. ARBRES DES PÉPINIÈRES. — Pour les arbres des pépinières, ceux qui sont placés par le fermier sont meubles (Duranton t. 4 n° 44, Marcadé art. 521 n° 2). Si les arbres sont placés par le propriétaire du sol, on considère comme immeubles ceux qui tiennent encore à la terre et comme meubles ceux qui en sont arrachés (Pothier C. 34). Demolombe pense que dans tous les cas ils sont meubles parce qu'ils sont simplement en dépôt dans le sol (t. 9 n° 148).

9. BATIMENTS. — Les bâtiments sont immeubles par nature comme les fonds de terre (524 C. C.). Mais qu'est ce qui constitue, à ce point de vue, le bâtiment ? « Ce sont, dit Demolombe, toutes les pièces constituées et intégrantes du bâtiment, non-seulement quand elles y sont physiquement adhérentes, mais encore lorsquelles sont mobiles et transportables comme les volets. Au contraire, on considère comme immeubles par destination toutes les pièces qui ne constituent pas la substance du bâtiment, qui ne s'y confondent pas tout à fait » (t. 9 n° 290).

Dans la première catégorie il faut ranger la charpente, les fenêtres, les portes, le toit, les serrures et les clefs, les réservoirs, gouttières, parquets, la cloison, alcôves, rateliers, chambranles de cheminées, etc.

On classe dans la seconde les glaces, les tableaux incrustés dans la boiserie.

10. TUYAUX. — D'après l'art. 523 C. C., les tuyaux servant à la conduite des eaux sont immeubles. Plusieurs auteurs les rangent dans la classe des immeubles par nature (Demolombe t. 9 n° 149). D'autres dans celle des immeubles par destination (Demante t. 1er n° 521, Champ. et Rig. t. 4 n° 3160, Marcadé art. 523).

11. BIENS RÉPUTÉS MEUBLES. — Les biens immeubles par leur nature peuvent être sous certains rapports et à l'égard de certaines personnes considérés comme des meubles. C'est ce qui a lieu notamment pour les ventes de récoltes (Demolombe t. 9 n° 154 ; — Cass. 8 sept. 1813, S. 16-1-46, 4 avr. 1827, S. 27-1-440); les ventes de produits à extraire d'une carrière (Cass. 29 mars 1816, S. 17-1-7, 12 août 1833, D. 33-1-328, 11 janv. 1843, S. 43-1-317, 6 fév. 1860, S. 60-1-57, Champ et Rig. n° 3159; — Paris, Rev. crit. v° 545). — V. *Adjudication et vente.*

12. CONSTRUCTIONS. — La nature des constructions élevées sur le sol d'autrui par un tiers donne lieu à des développements particuliers qui sont présentés au mot *Construction.*

3090. Immeubles par destination. — On peut diviser les immeubles par destination en deux classes : 1° les objets que le propriétaire d'un fonds y a placés pour le service et l'exploitation de ce fonds ; — 2° les effets mobiliers que le propriétaire a attachés au fonds à perpétuelle demeure.

1. DÉFINITION. — « On appelle immeubles par destination, dit Demolombe t. 9 n° 199, les objets meubles par leur nature qui ont été placés par le propriétaire à perpétuelle demeure dans un fonds pour en être des accessoires et des dépendances. »

2. PROPRIÉTAIRE. — Il faut que les meubles aient été placés sur ce fonds par le propriétaire de ce fonds (522, 524, 525 C. C.).

Ceux qui sont placés par le fermier, le locataire ou un possesseur précaire ne rentrent pas dans cette catégorie (Bruxelles 8 août 1811 ; — Liège 11 fév. 1824 ; — Paris 9 déc. 1836 ; — Grenoble 20 fév. 1843, S. 44-2-11, Demolombe t. 9 n° 203 ; — *Conf.* : Seine 19 nov. 1851, 15430 J. E., 14712 J. N., 9642 C., 13 fev. 1864, 1988 R. P.); — à moins que les meubles ne soient scellés dans le bâtiment et ne fassent corps avec lui (le Havre 25 fév. 1864, 2097 R. P.).

3. MANDATAIRES. — Mais il importe peu que l'objet ait été placé par le propriétaire ou par son mandataire, tel qu'un tuteur, un mari, etc.

4. POSSESSEUR. — On décide de même à l'égard des meubles placés par un possesseur *pro suo*, qu'il soit de bonne ou de mauvaise foi (Demolombe t. 9 n° 209). — *V.* Marcadé art. 524-4.

5. USUFRUITIER. — Quant à l'usufruitier, la question est controversée. Les uns pensent que les meubles placés par lui deviennent immeubles (Pothier *Com.* 63). Les autres soutiennent qu'ils restent meubles (Demolombe t. 9 n° 211, Marcadé art. 524-4, Bugnet n° 47, Massé et Vergé t. 2 p. 16).

6. ANTICHRÉSISTE. — Il résulte même d'un arrêt Cass. 9 déc. 1836 (Dalloz, v° *de la Distinction des biens* n° 121) que les outils et ustensiles inutiles placés dans une usine pour son exploitation par un *antichrésiste*, en remplacement de ceux qui y existaient auparavant, sont, comme accessoires de l'immeuble, soumis aux hypothèques qui grèvent celui-ci.

7. EMPHYTÉOTE. — Mais on est d'accord pour reconnaître que s'il s'agit d'un emphytéote, les meubles ont le caractère immobilier (Pothier *Introd. aux coutumes* n° 47, Duranton t. 4 n° 59, Demolombe t. 9 n° 212).

8. ASSOCIÉS. — Les objets mobiliers placés par les associés au nom et pour l'exploitation de la société sur un immeuble appartenant à l'un des associés deviennent immeubles par destination (Cass. 8 avr. 1829 ; — Saint-Étienne 26 août 1845 ; — Étampes 4 août 1846 ; — *Contrà* Champ. et Rig. n° 3189, Demolombe t. 9 n° 214).

9. COPROPRIÉTAIRE. — Il en est de même des meubles placés par l'un des copropriétaires de l'immeuble, du consentement des autres copropriétaires (C. Paris 15 fév. 1866 ; — Cass. 15 juill. 1867, S. 68-1-9).

10. PERPÉTUELLE DEMEURE. — La destination ne sera jamais douteuse, quelle que soit la nature de l'objet mobilier, lorsqu'il sera uni au fonds et qu'il sera scellé au plâtre, ou à chaux et à ciment, ou s'il ne peut être enlevé sans être désassemblé ou détérioré, ou sans briser ou détériorer le fonds auquel il sera attaché. — Les dispositions du code relatives aux glaces d'un appartement, aux tableaux et autres ornements, et qui leur donnent ou non la qualité d'immeubles par destination, sont fondées sur la volonté présumée du proprié-

taire, lorsqu'elle est si clairement exprimée que chacun y reconnaisse sans peine si ces objets seront des meubles ou des immeubles. Ainsi, les statues, bien qu'elles ne soient pas scellées, sont immeubles lorsqu'elles sont placées dans une niche pratiquée exprès pour les recevoir (525 C. C.). — V. 9134.

Intention du propriétaire. — Mais il faut remarquer que les signes indiqués par l'art. 525 C. C. comme révélant l'intention du propriétaire d'attacher à son fonds des objets à perpétuelle demeure, ne sont pas limitatifs, et on peut toujours apprécier si l'intention d'immobiliser résulte des circonstances de la cause.

11. ANIMAUX ATTACHÉS A LA CULTURE. — La loi déclare immeubles par destination les animaux attachés à la culture, soit que le propriétaire les livre au fermier (522 C. C.), soit qu'il les place sur le fonds qu'il fait valoir lui-même (524 C. C.).

Les animaux livrés au fermier sont immeubles bien qu'ils aient été estimés (522 C. C., Pothier *du Cheptel* 66, Demolombe t. 9 n° 229; — Cass. 8 déc. 1806, S. 1807-1-52).

Par animaux attachés à la culture on entend non-seulement les animaux de labour, mais tous les bestiaux de l'exploitation destinés à l'engrais des terres et à la consommation des fourrages, à la condition qu'ils soient attachés au fonds pour y rester et non pour être vendus après engraissement (Rennes 28 avr. 1827, D. 29-2-79;—Bordeaux 14 déc. 1829; — Douai 31 juill. 1830, S. 31-2-173, D. 34-2-176; — Bourges 24 déc. 1837, S. 38-2-108, Marcadé art. 552-4, Demolombe t. 9 n° 275, Champ. et Rig. t. 4 p. 226.).

On ne considérera donc pas comme immeuble par distinction les chevaux de selle, destinés à être vendus.

On ne range donc pas non plus en général au nombre des animaux immobiliers les volailles ou animaux de basse-cour (Lebrun *Succ.* liv. 2 ch. 6 sect. 1re n° 15, Troplong *Vente* t. 1er art. 1615, Coin-Delisle *Revue critique* 1858 t. 12 p. 395, Demolombe t. 9 n° 244).

Mais les chevaux attachés à un haras sont considérés comme immobilisés (Giraud *Revue critique* 1864 t. 24 p. 232).

12. SEMENCES. — PAILLES. — INSTRUMENTS. — Les mêmes principes s'appliquent aux semences, pailles, engrais et instruments aratoires (Demolombe t. 9 n° 236), Champ. et Rig. t. 4 n° 31, Marcadé art. 524; — Dijon 16 déc. 1867, S. 68-2 241; — Lyon 29 juill. 1848, S. 49-2-366); — ainsi qu'aux oignons de légumes ou fleurs et aux échalas des vignes. « Une fois, dit Demolombe, que la communication avec le sol leur a imprimé la qualité immobilière, ils la conservent même pendant qu'ils en sont temporairement séparés » (t. 9 n° 251; — C. Paris 9 avr. 1821, D. 21-2-82).

13. PRESSOIRS. — CHAUDIÈRES. — CUVES, ETC. — Les pressoirs, chaudières, alambics, cuves et tonnes servant dans les exploitations rurales, sont immeubles par destination. Mais cela ne s'applique pas aux simples tonneaux ou barriques destinés au transport des liquides et destinés à être vendus avec eux (C. Caen 18 nov. 1863, S. 64-2-201).

Décidé spécialement que les objets attachés à l'exploitation d'une usine, que la loi répute immeubles par destination, sont seulement ceux nécessaires à l'exploitation de cette usine; et l'on ne saurait considérer comme tels les chevaux et voitures d'un brasseur de bière, alors surtout que ce brasseur fait un autre commerce auquel ses voitures et chevaux peuvent être employés. — (Metz 2 juin 1866, S. 66-2-275; — *Sic*, Carré et Chauveau *Lois de la proc.* quest. 2036, Hennequin *Législ. et jurispr.* t. 1er n° 43 et 45, Demolombe *Distinct. des biens* t. 1er n° 269 et s., Aubry et Rau t. 2 § 164 p. 5 et 6 note 4 et s., Ducaurroy, Bonnier et Boustain *Comment.* C. C. t. 2 n° 25).

De même les tonnes ou rondelles employées dans les brasseries, à transporter la bière chez les consommateurs, ne sont pas immeubles, non plus que les charrettes et les chevaux qu'on y attèle (Bruxelles 27 avr. 1809, S. 3-2-61; — 21 juin 1807, S. 7-2-1032). — *Contrà* Lille 8 déc. 1876). — V. 17814.

Mais les cuves d'une teinturerie sont immeubles (Grenoble 26 févr. 1808, S. 7-2-1017). — Et il en est de même de tous les appareils d'un établissement de bains (Rennes 19 mars 1821, S. 6-2-384.

14. IMMOBILISATION INDUSTRIELLE. — « L'immobilisation industrielle, dit Demolombe, exige deux conditions : il faut d'abord qu'un bien immeuble par sa nature soit spécialement consacré à une exploitation industrielle; il faut ensuite que les meubles soient directement et nécessairement employés au service de l'établissement. » (t. 9 nos 259-274). Le même auteur ajoute, n° 268 : « Le texte de l'art. 524 est, à cet égard, positif; il n'imprime l'immobilisation qu'aux meubles qui ont été placés par le propriétaire *pour le service et l'exploitation du fonds*, qu'aux *ustensiles nécessaires à cette exploitation*. Tous ceux-là sans doute sont immeubles par destination, mais aussi rien que ceux-là. Tous ceux-là, disons-nous, c'est-à-dire, tous les objets mobiliers, animés ou inanimés, légers ou pesants, de petite comme de grande dimension, faciles ou difficiles à déplacer ou à désassembler et lors même qu'ils ne seraient pas adhérents; il suffit qu'ils soient des *agents nécessaires* du système spécial de la fabrication auquel l'établissement est consacré. »

« La distinction n'est pas toujours facile à établir, dit encore le savant jurisconsulte, n° 271. C'est, au contraire, souvent un point d'appréciation fort délicat que celui de déterminer, parmi les meubles qui se trouvent dans une usine, lesquels sont *directement et nécessairement employés à l'exploitation*, lesquels, au contraire, *n'y remplissent pas cette destination nécessaire.* »

D'après ces principes, on ne considérerait pas comme tels les engins servant à l'exploitation d'une usine placée sur un bateau; non plus que les outils, métiers ou instruments servant à un artiste ou à un artisan, ou les meubles qui garnissent une auberge et un hôtel. Ils ne sont pas les accessoires d'un immeuble.

15. FORGES. — PRESSES. — On a spécialement discuté la question au sujet des forges ou des presses. Si la forge ou la presse n'est pas placée dans un bâtiment *ad hoc* pour l'exploitation même de la serrurerie ou de l'imprimerie, elle reste meuble. Si le bâtiment est destiné à contenir l'exploitation, il n'en est que l'accessoire et les objets sont immeubles (Bruxelles 11 janv. 1812, S. 13-2-226; — Lyon 8 déc. 1826, S. 27-2-35, Pothier *Com.* n° 59, Demolombe t. 9 n° 265).

16. DÉCORATIONS ET MACHINES DE THÉATRE. — D'après ce principe, on considère les machines et décorations

d'un théâtre comme des immeubles par destination, car la salle a été évidemment appropriée pour elles (Demolombe t. 9 n° 266, Marcadé art. 524, etc.). Cependant il a été décidé, en matière d'enregistrement, que ces objets ont un caractère mobilier (D. m. f. 4 mars 1806, Champ. et Rig. n° 3190).

17. EAUX MINÉRALES. — Les meubles placés dans les établissements thermaux pour leur exploitation sont immeubles (Cass. 18 nov. 1845, S. 46-1-78). Mais il faut qu'il s'agisse d'objets servant directement à cette exploitation, non pas par exemple des meubles garnissant une hôtellerie ou un restaurant (même arrêt. — V. 12903 J. E.).

18. CHEMINS DE FER. — MATÉRIEL. — Le matériel roulant d'un chemin de fer, établi pour le service d'une carrière est considéré comme immeuble par destination (C. Bourges 22 mars 1867, S. 67-2-358).

On a émis l'avis cependant que les machines et le matériel employés à l'exploitation d'un chemin de fer sont meubles (Massé *Droit commercial* t. 3 n° 426).

19. ACHALANDAGE. — En aucun cas on ne saurait considérer l'achalandage de l'usine ou de l'établissement comme un immeuble par destination. C'est là un objet incorporel toujours mobilier (Cass. 13 juill. 1840, S. 40-1-586, Delangle *Société* t. 2 p. 385). « Le droit qu'il représente, dit Demolombe, ne peut aboutir qu'à de l'argent, soit à des bénéfices quand on l'exploite, soit à un capital quand on le vend; il n'est et ne peut être que meuble » (t. 9 n° 403; — V. Cass. 8 fruct. an 3, S. 1-1-79; — Paris 22 mai 1834, D. 34-2-129, 29 nov. 1842, S. 42-1-899; — Pont et Rodière *du Cont. de mar.* 1-365).

20. PIGEONS. — LAPINS. — POISSONS. — Aux termes de l'art. 524 C. C. les pigeons des colombiers, les lapins des garennes et les poissons des étangs sont immeubles par destination.

Mais il n'en serait pas ainsi des poissons mis dans un vivier, des lapins placés dans un clapier ou des pigeons des volières. Ils conserveraient leur caractère mobilier (Pothier, *Com.* n° 41, Demolombe t. 9 n° 276).

21. RUCHES A MIEL. — Les abeilles se nourrissant sur le fonds, et le miel qu'elles produisent étant un fruit du fonds, on les considère comme immeubles, quand les ruches sont placées pour le service et l'exploitation du fonds (524 C. C.).

22. VERS A SOIE. — On avait demandé que la même règle fût adoptée pour les vers à soie qui, dans certains pays, constituent un genre d'exploitation de fonds. Mais cette proposition a été rejetée lors de la discussion du Code (Locré t. 8, p. 33-36). Il faut donc tenir pour certain que ces animaux sont meubles.

23. PANONCEAUX. — ENSEIGNES. — Le seul fait qu'un objet est attaché à un immeuble ne suffit pas pour lui attribuer le caractère immobilier. Tels sont les panonceaux et les enseignes. Il faut encore que cette incorporation soit définitive.

24. GLACES. — « Les glaces sont immeubles par destination, porte l'art. 525 C. C., quand le parquet sur lequel elles sont attachées font corps avec la boiserie. » Mais ce n'est pas seulement quand elles font corps avec la boiserie que les glaces sont immeubles. L'art. 525 C. C. admet toute autre marque d'incorporation indicative d'une destination à perpétuelle demeure. (Cass. 11 mai 1853, S. 53-1-570; — 17 janv. 1859, S. 59-1-519, Demolombe t. 9 n° 309, Zachariæ, Massé et Vergé, t. 2 p. 16-254; — Roll. de Vill., v° *Meuble*, n° 93. — *Contrà* Coin-Delisle. *Revue crit.* t. 3 p. 24, et t. 4 p. 309). — V. *Succession*.

25. TABLEAUX. — Les tableaux sont dans la même situation que les glaces. On devrait réputer immeubles par destination ceux qui seraient placés soit dans une boiserie, soit dans un panneau de façon à faire corps avec l'immeuble (Demolombe, t. 9 n° 310). Et ce que l'on dit des tableaux s'applique, par identité de motifs, aux marqueteries de marbre ou de bois.

26. STATUES. — Les statues placées dans une niche pratiquée exprès pour les recevoir, sont immeubles (525, C. C.). Celles qui sont simplement placées sur piedestal ont le même caractère, quand le piedestal est attaché au sol d'une manière fixe (Merlin *Rép.* — V. *Biens* § 1er n° 7., Demolombe t. 9 n° 312).

3091. Immeubles par destination redevenant meubles. — Par application de la maxime : *Cessante causâ, cessat effectus*, les immeubles par destination redeviennent meubles lorsqu'ils sont détachés du fonds au service duquel ils étaient affectés. Mais une simple séparation momentanée ne suffit pas pour produire ce résultat : il faut une séparation définitive. Ainsi, des glaces ne cessent pas d'être immeubles par cela seul qu'elles ont été détachées pour être repassées au tain; des bestiaux attachés à l'exploitation d'un fonds conserveraient leur qualité d'immeubles alors même qu'ils en seraient momentanément détachés pour être employés ailleurs à des travaux urgents. — V. 3085-1

On peut voir de nombreux exemples de cette catégorie d'immeubles au mot *Succession* n° 16604 et suiv.

Mais la mort du propriétaire de fonds ne fait pas cesser l'immobilisation. (Cass. 4 fév. 1817, 1er avr. 1835, S. 17-1-319, 36-1-55); — à moins que le défunt n'ait légué séparément ces objets à un autre qu'à celui qui recueille le fonds (Champ. et Rig. t. 4 n° 3195 ; — Liége 10 mars 1813, S. 4-2-270).

3092. Immeubles par l'objet auquel ils s'appliquent. — On ne pouvait faire rentrer les biens incorporels (*V.* 3084-2) dans la grande division des biens en meubles et immeubles, qu'en attribuant à ces droits la même nature qu'ont les choses auxquelles ils s'appliquent. Ainsi, l'art. 529 C. C. ayant déclaré *meubles* les obligations et actions qui ont pour objet des effets mobiliers (*V.* 3086), l'art. 526 déclare immeubles par l'objet auquel ils s'appliquent, l'usufruit des choses immobilières, les servitudes, les actions qui tendent à revendiquer un immeuble.

L'usufruit des choses immobilières et les servitudes ou services fonciers, constituant des démembrements de la propriété (*jura in re, jus in re,* droit dans la chose, *et démembrement de propriété* sont des expressions synonymes, Marcadé t. 2 p. 345), il est évident qu'ils doivent être considérés comme immeubles lorsqu'ils s'appliquent à des immeubles. — Les actions tendant à revendiquer un immeuble (*jura ad rem*) sont également considérées comme immeubles par l'objet auquel elles s'appliquent, et il faut entendre par là, tous les droits et actions personnels tendant à se faire transférer la propriété d'un immeuble ou quelque démembrement de la propriété de cet immeuble (Marcadé t. 2 p. 362) — V. *Action*.

3093. Immeubles par la détermination de la loi. — Les droits ou actions ayant pour objet des immeubles ne sont plus aujourd'hui les seuls droits immobiliers : trois décrets postérieurs au Code sont venus permettre, par dérogation à la règle qui donne à un droit la nature de son objet, d'immobiliser certains droits ayant pour objet de l'argent, des capitaux.

1. BANQUE DE FRANCE. — Un décret du 16 janvier 1808, art. 7, permet aux propriétaires d'actions de la Banque de France d'imprimer à ces actions le caractère d'immeubles, en déclarant leur volonté dans la forme voulue pour le transfert des rentes. — V. *Banque de France*.

2. CANAUX D'ORLÉANS ET DU LOING. — Un décret du 16 mars 1810 applique ces dispositions aux actions de la compagnie d'Orléans et du Loing.

3. RENTES SUR L'ÉTAT. — Enfin, aux termes des art. 1er et 6 de l'ordonnance du 2 avril 1817, les rentes sur l'État et sur les villes doivent être immobilisées lorsquelles sont acquises par les communes et par certains établissements publics, en remploi d'effets immobiliers donnés ou légués.

BIENS TENANT.

3094. — Ce terme, fréquemment usité autrefois dans le langage du droit, est synonyme de *détenteur*. Il désigne, par conséquent, celui qui possède les biens affectés à une dette.

BILAN.

3095. Définition. — C'est l'état de l'actif et du passif d'un failli, rédigé par lui avant la déclaration de sa faillite, ou rédigé, après déclaration, en présence des syndics (470 et 472 C. com.).

Cet état est nécessaire pour discerner s'il y a eu faillite ou simple suspension de payement, pour dans le cas de faillite en découvrir les caractères, pour connaître les créanciers, et pour être à même de les convoquer, pour faciliter la vérification des créances, enfin pour guider les syndics dans leur administration.

3096. Formalités. — Le bilan doit contenir l'énumération et l'évaluation de tous les effets mobiliers et immobiliers du débiteur, l'état des dettes actives et passives, le tableau des profits et des pertes, le tableau des dépenses. Le bilan doit être certifié véritable, daté et signé par le débiteur (471 C. com.), S'il ne savait pas signer, il pourrait faire rédiger l'acte par un notaire ou un tiers (Pardessus n° 1134). Dans tous les cas où le bilan n'a pas été rédigé, soit par le failli, soit par un fondé de pouvoir, les syndics doivent le rédiger eux-mêmes, au moyen des livres et papiers du failli, ainsi que des informations et renseignements qu'ils peuvent se procurer auprès de sa femme, ses enfants, ses commis et ses employés (473 C. com.).

3097. Enregistrement. — Le bilan est passible du droit fixe de 1 franc (L. 22 frim. an 7 art. 68 § 1er n° 13) (aujourd'hui 3 francs). Le droit est le même, soit que le bilan ait été formé par les syndics de la faillite, soit qu'il ait été rédigé par le failli, son mandataire, sa veuve ou ses enfants.

1. OBLIGATION. — On a prétendu que les énonciations du bilan liaient le failli et constituaient un titre contre lui au profit de ses créanciers (Locré t. 6 p. 23, Boulay-Paty n° 157, Sebire et Carteret *Encycl.* v° *Bilan* n° 7, Esnault n° 119, Gouget de Merger n° 62). — Mais comme la loi du 22 frimaire n'a assujetti cet acte qu'au droit fixe sans aucune réserve, le droit d'obligation ne pourrait pas être perçu.

2. CRÉDIT. — SUCCESSION. — L'Administration peut invoquer les énonciations renfermées dans le bilan pour prouver la réalisation d'un crédit. — V. *Crédit*.

Ou pour établir l'omission commise dans une déclaration de succession. — V. *Succession*.

3098. Dépôt au greffe. — Expédition. — Le dépôt au greffe du bilan est exigé par le C. com. — Par conséquent, les faillis ou les agents et syndics de la faillite doivent faire ce dépôt, dont le greffier dresse un acte tarifé au droit de 4 fr. 50 cent. par la loi du 28 avril 1816, art. 44, n° 10 et l'art. 4 de la loi du 28 février 1872, indépendamment du droit de greffe. — V. 8805.

C'est au greffier qu'il appartient d'en délivrer expédition, s'il y a lieu.

1. TITRES ET PIÈCES. — Le greffier peut recevoir en dépôt avec le bilan les livres et tous les titres actifs du débiteur réclamant le bénéfice de la cession judiciaire, sans que ces pièces soient préalablement enregistrées, sauf aux préposés à poursuivre le recouvrement des droits dus sur les actes translatifs d'immeubles et des droits et amendes de timbre (386-18 et 436-71 I. G.). — V. *Faillite*.

3099. Timbre. — Le bilan étant destiné à être produit pour défense, justification, etc., doit être dressé sur papier timbré (4589 J. E.). — V. *Faillite*.

BILATÉRAL (CONTRAT).

3100. — Contrat par lequel deux ou plusieurs personnes s'obligent réciproquement les unes envers les autres (1102 C. C.).

BILLETS D'ÉTAPE, DE SUBSISTANCE ET DE LOGEMENT.

3101. — Ils sont exempts du timbre (art. 16 L. 13 brum. an 7), et de l'enregistrement (art. 70 L. 22 frim. an 7).

BILLETS DE LOTERIE.

3102. Timbre. — Lorsqu'une propriété est mise en loterie, les billets qui en sont délivrés doivent être timbrés, parce qu'ils font titre à celui qui les achète, soit pour se faire passer contrat de l'immeuble s'il le gagne, soit pour se faire rembourser le montant du billet si la loterie n'a pas lieu.

Attendu, porte un arrêt de la C. cass. du 30 novembre 1807, que, d'après les termes généraux de la loi, tout acte, toute écriture privée, devant ou pouvant faire titre, sont assujettis au timbre de dimension; que, dans l'espèce, les billets émis par le sieur Gouly devaient et pouvaient faire titre à ceux qui en étaient porteurs, soit pour l'obliger à leur passer contrat de l'immeuble, si la loterie en question ayant été mise a fin, ils se fussent trouvés porteurs du billet gagnant, soit, comme dans le cas particulier, pour exiger du sieur Gouly le remboursement des 12 liv., montant desdits billets, dans le cas où la loterie n'aurait pas lieu; qu'en refusant d'appliquer au sieur Gouly la disposition de la loi ci-dessus citée, le tribunal de première instance de Paris a donc évidemment violé cette loi (1957 J. E., S. t. 8 p. 370. — *Conf.* : C. Bruxelles 27 fév. 1828, 4512 Roll.).

1. INDIGENTS. — Cette jurisprudence n'est pas appliquée aux billets des loteries charitables autorisées par le Gouvernement et dont le prix est souvent inférieur au taux du timbre. On considère, par une interprétation très-libérale, que ces billets ont moins pour but de justifier de la participation à une loterie que de constater le payement d'une cotisation faite à une œuvre de bienfaisance. Et alors, on applique à ces quittances les exceptions de la loi du 23 août 1871, qui exemptent du timbre les actes de l'espèce inférieurs à dix francs ou concernant les indigents.

BILLLET AU PORTEUR.

3103. — Espèce de papier-monnaie, payable, comme les billets de banque, au porteur. — La simple remise à un tiers, d'un billet au porteur, en opérant le transport sans aucune écriture, on ne peut disconvenir que cet effet ne soit essentiellement négociable; il s'ensuit nécessairement qu'il est passible du droit proportionnel établi sur les effets de cette espèce (D. m. f. 10 mai 1808, 386 § 8 I. G.). — La même induction doit être tirée d'un arrêt de Cass. 10 novembre 1829 (9571 J. E.) — *V. Banque de France.*

BILLON.

3104. — Monnaie composée d'un alliage de différents métaux dans lequel le cuivre domine, comme sont les pièces d'un, de deux, de cinq et de dix centimes.

BLANC-SEING.

3105. — On donne ce nom à la signature au-dessus de laquelle on laisse plus ou moins de blanc, et qu'on livre à la confiance d'un tiers pour y rédiger l'acte convenu et signé d'avance. — La loi prononce des peines contre l'abus que l'on peut faire d'un blanc-seing (407 C. pén., Toullier t. 8 n° 263 265 et 366).

BOIS ET FORÊTS.

DIVISION

SOMMAIRE

CHAPITRE PREMIER. — DISPOSITIONS GÉNÉRALES

[3106-3142]

3106. Définition. — Un bois est l'espace de terrain où croissent des arbres, tels que chênes, ormes, sapins et autres dont les tiges ligneuses constituent les produits principaux des forêts. Le mot *bois* ne s'applique néanmoins, dans l'usage, qu'au cas où le terrain est d'une médiocre étendue. Si l'espace est considérable, c'est une *forêt*; s'il est d'une petite étendue, c'est un *bosquet*, une *remise*, un *bouquet de bois*. Au surplus la loi ne fait aucune distinction à cet égard. — *V.* cependant 3118.

3107. Observation. — La législation sur cette matière sert de base à tant d'actes divers, qu'il nous paraît nécessaire de faire un exposé sommaire de la matière. Le rapide examen des opérations qu'entraîne l'administration et l'exploitation des bois et forêts, donnera d'ailleurs les notions indispensables pour comprendre les règles qui gouvernent, au point de vue de l'application des droits, les actes et les conventions présentés à la formalité.

3108. Dénominations diverses. — Les arbres des forêts reçoivent différentes dénominations, selon leurs différentes qualités ou essences et les usages auxquels on les emploie. On leur donne quatre dénominations principales : 1° le *bois vif*, celui qui est vivant et portant fruit; — 2° le *bois mort*, celui tombé et gisant par terre, ou sec debout, qui ne peut servir qu'à brûler; — 3° le *mort-bois*, (maubois ou mauvais bois), celui qui, quoique vert et sur pied, est appelé ainsi parce qu'il n'a ni importance ni valeur, tels que l'épine, le sureau, les ronces, les genêts, etc.; — 4° le *bois blanc*, tels que les trembles, les bouleaux, les érables et tous autres bois de qualité inférieure et qui ne produisent aucun fruit. — Outre ces dénominations générales, on distingue : 1° le *bois d'entrée*, celui qui est entre vert et sec, c'est-à-dire, dont quelques branches sont vertes et d'autres sèches; — 2° le *bois abrouti*, celui qui a été brouté par les bêtes; — 3° le *bois encroué*, celui qui, coupé par le pied et abattu, tombe sur un arbre auquel il reste accroché; — 4° le *bois chablis* celui que le vent a abattu, et qui est détaché du sol : le *volis* est la tige restée sur pied; — 5° le *bois de délit* celui qui a été coupé dans une intention coupable; — 6° le *bois charmé* est celui que l'on a fait périr, pour se l'approprier une fois mort; — 7° enfin la loi distingue, dans les massifs de bois, les taillis et les futaies.

3109. Bois taillis. — Le bois est *taillis* lorsqu'on le coupe périodiquement aux courtes époques fixées par la loi ou l'usage des lieux (Proudhon t. 3 n° 1162); ces époques, qui sont périodiques, se nomment *révolutions*. En général, on doit entendre par bois taillis tous les bois au-dessous de l'âge de trente ans, lorsque rien n'annonce qu'ils sont destinés à croître en futaie, sans distinction entre les bois qui n'ont pas été coupés et ceux qui, ayant déjà été coupés, renaissent de leurs souches et de leurs racines (Cass. 13 juin 1823, D. N. t. 3 p. 1058 n° 4).

Il y a le taillis simple : c'est celui dans lequel les arbres réservés ne sont pas maintenus au delà de deux révolutions; et le taillis composé ou taillis sous futaie, lorsque dans l'exploitation du taillis on réserve un certain nombre d'arbres nommés baliveaux, pour rester sur pied pendant trois révolutions au moins, et qui deviennent futaie.

3110. Bois futaie. — Le bois est *futaie* lorsqu'il a le double de l'âge auquel on a coutume de couper le taillis; mais l'âge auquel il est réputé *haute futaie* n'est pas positivement fixé. Dans certains lieux, c'est lorsqu'il a passé l'âge de trois coupes ordinaires; dans d'autres, c'est lorsqu'il a cent ans ou cent vingt ans (Cappeau *Législation rurale* n° 129.)

Les futaies pleines, vieilles futaies ou vieille écorce sont des arbres qui, après un grand nombre de révolutions, ont acquis leur développement et toute leur croissance.

3111. Age du bois. — Pour connaître l'âge du bois on le scie par le pied, et l'on voit combien il y a de cercles : autant de cercles, autant d'années (Merlin *Répert*, V. *Bois*) On nomme *feuille* une année de végétation.

3112. Accrues. — Les accrues de bois sur les héritages voisins, les places ou lisières vagues laissées incultes au delà du plant, sont une dépendance des bois, s'il n'y a borne ou possession contraire. Pour que le bois acquière les accrues il faut qu'il n'en soit point séparé par bornes, fossés, petits murs ou autres signes; que le terrain où se sont formées ces accrues soit resté trente ans sans être labouré ni essarté (Nouv. Dénisart V. *Accrue*).

3113. Propriété des bois. — La masse des propriétés forestières appartient à l'État, aux communes, aux établissements publics et aux particuliers.

3114. Bois de l'État. — Les bois de l'État se composent :

1. DOMAINE DE L'ÉTAT. — De ceux dont il a en même temps la propriété et l'usufruit, sauf l'affectation usagère dont ils peuvent être grevés. La propriété de ces bois appartient essentiellement et sans restriction au domaine de l'État.

2. BOIS EN PROPRIÉTÉ. — De ceux indivis avec les particuliers. Ces bois donnent sans doute à l'État et aux particuliers copropriétaires un droit égal sur le fonds, en suivant la portion afférente à chacun; mais ils sont régis comme les bois du domaine public, et il est évidemment juste que sous ce rapport la préférence soit accordée à l'État (C. forest. 113).

3. COURONNE. — APANAGES, ETC. — De ceux dont il n'a que la propriété sans l'usufruit. Ces bois sont : 1° ceux de la couronne. Au chef de l'État seul en appartenait l'usufruit (L. 8 nov. 1814); ils étaient régis et administrés par le ministre de sa maison (C. forest. 86); toutes les dispositions du C. forestier leur étaient applicables; — 2° ceux qui constituent des apanages, et ceux qui forment la dotation des personnes gratifiées d'un majorat réversible au Gouvernement en cas d'extinction de la ligne masculine du titulaire, ou sous toute autre condition (Cappeau 145, A. Cons. d'Ét. 5 août 1809). Ils sont soumis au régime forestier, quant à la propriété du sol et à l'aménagement (C. for. 89); — 3° ceux qu'on appelait autrefois bois engagés, échangés, concédés, tenus à titre de douaire, etc., que des particuliers possèdent depuis un temps fort éloigné et sous certaines conditions envers l'État.

4. DOMAINE PRIVÉ. — De ceux qui ne lui appartiennent pas, mais sur lesquels il y a des droits éventuels à exercer. Ces bois sont : 1° ceux qui font partie du domaine privé du chef de l'État, lesquels se réunissent de plein droit aux bois de l'État, au moment et par le seul événement de son décès, pourvu cependant qu'il n'en ait pas disposé (L. 8 nov. 1814, art. 21); — 2° ceux qui appartiennent à l'héritier du trône le jour de son avénement, lesquels sont de même réunis au domaine de l'État à partir de cette époque (*Ibid.* art. 20).

5. INALIÉNABILITÉ. — Les bois de l'État sont inaliénables de leur nature. La propriété ne peut en être transmise qu'en vertu d'une loi spéciale.

On ne confondra pas les bois du domaine de l'État avec ceux du domaine public (arbres des places publiques, des routes, etc.). Ces derniers, non susceptibles de propriété privée, ne sont pas soumis au régime forestier. Ceux du domaine de l'État sont également hors du commerce, mais ce n'est pas par leur nature, c'est seulement en vertu de la loi.

3115. Bois des communes. — Les bois des communes sont ceux qui appartiennent en propriété ou en usufruit, en totalité ou par indivis, soit aux communes entières, soit à une portion ou section de commune. — Les biens communaux sont inaliénables, et il faut remarquer que le droit de propriété dans ces biens n'appartient pas à chaque habitant considéré en particulier (*ut singuli*), mais qu'il ne s'applique qu'à l'universalité des habitants (*ut universi*). (Proudhon *de l'Usufruit* n° 2991). — Quoique la propriété des bois communaux appartienne à l'universalité des habitants, et que chacun d'eux ait un droit égal aux autres, cette propriété ne peut jamais être entre eux l'objet d'un partage quelconque (C. for. 92).

La conséquence de cela est que les communes ne sont pour ainsi dire qu'usagères de leur propres bois. Aussi presque toutes les dispositions sur l'exercice des droits d'usage sont applicables à la jouissance des communes.

3116. Bois des établissements publics. — Les bois des établissements publics sont ceux qui appartiennent : aux hospices civils ou militaires, bureaux de charité et de bienfaisance ; au clergé, c'est-à-dire aux évêchés, cathédrales, chapitres et séminaires ; aux églises, fabriques, cures et succursales ; aux couvents et associations religieuses reconnus par l'autorité souveraine ; aux consistoires des églises réformées ; aux colléges et autres maisons d'éducation ; enfin à tout autre établissement ou institution d'utilité publique légalement constitué. — Les établissements publics, de même que les communes, sont en tutelle relativement à l'administration de leurs bois ; mais les uns et les autres sont libres de disposer de leurs produits forestiers comme ils l'entendent : le seul contradicteur à cet égard pourrait être le préfet. Toutefois, la vente de leurs coupes de bois doit avoir lieu à la diligence et en présence des agents forestiers.

3117. Bois des particuliers. — Ce sont ceux dont la propriété est acquise aux citoyens de la manière ordinaire, c'est-à-dire, soit par succession, legs ou donation, soit à titre onéreux ou par échange, soit enfin par la prescription. — En principe général, tous les propriétaires voisins ont le droit réciproque de demander le bornage de leurs fonds contigus (C. C. 646). — La même faculté est accordée par le C. forestier art. 8 et 9, aux agents de l'Administration et aux propriétaires riverains, après la délimitation effectuée dans les formes et de la manière prescrite par les art. 10 et suivants du même Code. — Les particuliers disposent de leurs bois comme de toute autre propriété, soit pour le fonds, soit pour l'usufruit ; les seules restrictions qui existent regardaient autrefois les défrichements. — Il y avait aussi autrefois des dispositions particulières au sujet de la marine et de l'endigage et le fascinage du Rhin. — *V.* 3138.

3118. Régime forestier. — On dit que les bois sont soumis au régime forestier, quand la jouissance doit en être réglée par l'administration forestière, conformément aux dispositions de la loi. — Sont soumis au régime forestier, et sont administrés conformément aux dispositions légales : 1° les bois et forêts qui font partie du domaine de l'État ; — 2° ceux qui font partie du domaine de la couronne ; — 3° ceux qui sont possédés à titre d'apanage et de majorats réversibles à l'État ; — 4° les bois et forêts des communes et des sections de commune ; — 5° ceux des établissements publics ; — 6° les bois et forêts dans lesquels l'État, la couronne, les communes ou les établissements publics ont des droits de propriété indivis avec des particuliers (art. 1er C. for.).

L'ordonnance de 1669 et la loi des 15-29 septembre 1791 soumettaient à la loi spéciale tous les bois quelque minimes qu'ils fussent, même les buissons et les arbres épars. Le Code forestier, moins absolu, n'applique le régime qu'aux propriétés boisées dignes d'occuper la sollicitude du législateur. — Les bois des communes et des établissements publics non reconnus susceptibles d'aménagement et d'exploitation régulière demeurent étrangers au régime forestier ; ils restent assimilés à ceux des particuliers.

3119. Délimitation. — On appelle *délimitation* des bois, la fixation de la ligne sur la quelle doivent être placées les bornes destinées à former la séparation entre deux héritages ; le *bornage* constate cette ligne d'une manière invariable. La séparation entre les bois et forêts de l'État et les propriétés riveraines peut être requise, soit par l'administration forestière, soit par les propriétés riveraines (Cod. for. art. 8). — La délimitation générale est précédée de deux mois par un arrêté du préfet qui annonce l'opération, et qui est publié, affiché dans les communes limitrophes, signifié au domicile des propriétaires riverains, ou à un de leurs fermiers, gardes ou agents (C. for. 10, Ord. 1er août 1827, 59 et 60). — *V.* 3174.

3120. Aménagement. — Tous les bois et forêts du domaine de l'État sont assujettis à un aménagement réglé par des ordonnances (C. for. 15). L'aménagement a pour but, l'intérêt des produits en matière, et l'éducation des futaies. Il détermine le mode d'exploitation en coupes successives, ce qui se rapporte à quatre choses principales : 1° l'ordre des coupes ; — 2° leur quotité et leur étendue ; — 3° l'âge des coupes ; — 4° le nombre de baliveaux qui doivent être réservés.

1. NATURE DES COUPES. — Les coupes sont ordinaires ou extraordinaires. Elles sont ordinaires, lorsqu'elles se font chaque année, d'après leur tour d'exploitation assigné par les règlements de l'Administration. Elles sont extraordinaires, lorsqu'elles intervertissent l'ordre des aménagements, lorsqu'elles sont faites par anticipation, lorsqu'elles s'exécutent sur les bois réservés en futaie et dont le terme d'exploitation n'a pas encore été fixé par l'ordonnance d'aménagement (Ord. 1er août 1827, 71).

3121. Assiette des coupes. — Lorsqu'il s'agit de faire vendre une coupe de bois, il est nécessaire d'en connaître la situation, l'essence, l'âge, la contenance, de savoir l'état de ses produits, et autres circonstances générales ou de localité. C'est ce que l'on nomme *assiette de la coupe.*

3122. Arpentage. — Les agents chargés de l'arpentage dressent des plans et procès-verbaux d'*arpentage* des coupes qu'ils ont mesurées, et ils envoient immédiatement deux procès-verbaux à l'inspecteur des forêts (Ord. 1er août 1827, 77-81). — V. 3161.

3123. Baliveau. — Balivage. — En même temps qu'il est procédé à cette opération, on désigne aussi les arbres à réserver, c'est-à-dire les baliveaux et ceux qui doivent servir de limites ou pieds corniers, tournants et parois. Les baliveaux sont des pieds d'arbres de la meilleure essence, de la plus belle venue, de l'âge du taillis à l'époque où il est en coupe, et qui sont destinés à devenir bois de futaie. Ces arbres sont nommés baliveaux *sur taillis* ou *baliveaux de l'âge*, lorsqu'ils ont été réservés lors de la dernière coupe. On les appelle *modernes* quand il a été fait une seconde coupe depuis leur réserve ; — et ils sont dits baliveaux *anciens* lorsqu'ils ont été réservés depuis plusieurs coupes, c'est-à-dire quand ils ont trois, quatre âges, et plus encore. — La désignation des baliveaux, des pieds corniers, tournants et parois s'appelle *balivage* — *V.* 3161.

3124. Martelage. — Les arbres servant à fixer les limites des coupes, c'est-à-dire les pieds corniers, tournants, parois, de lisière et les baliveaux sont marqués, au fur et à mesure du balivage, par l'empreinte d'un marteau. Cette opération s'appelle *martelage* — *V.* 3161.

3125. Cahier des charges. — Toutes les charges et obligations non exprimées dans le Code ni dans l'ordonnance d'exécution, relativement à l'adjudication et à ses suites, c'est-à-dire à tout ce qui tient à la forme de l'adjudication, à la manière de couper et d'exploiter le bois, d'opérer le récolement, à la responsabilité des adjudicataires et de leurs cautions; tout ce qui est enfin de circonstance accessoire est exprimé dans le cahier des charges, dont il est préalablement donné connaissance aux enchérisseurs.

3126. Adjudication. — L'adjudication des coupes et la manière dont doivent être faites les coupes sont sujettes à des formes dont la connaissance n'est pas d'une grande nécessité au point de vue de la perception. Nous nous contentons de renvoyer à cet égard à l'ordonnance du 1er août 1827 et aux art. 17, 18, 19, 21, 24, 25, 28, 29, 30, 33, 34, 36, 41, 45, 89, et 205 du C. forestier.

3127. Command. — Aucune *déclaration de command* n'est admise, si elle n'est faite immédiatement après l'adjudication et séance tenante (23 C. for.).

3128. Cautionnement. — Faute par l'adjudicataire de fournir les cautions exigées par le cahier des charges dans le délai prescrit, il est déclaré déchu de l'adjudication par un *arrêté du préfet*, et il est procédé à une nouvelle adjudication de la coupe à sa *folle-enchère*. L'adjudicataire déchu était autrefois tenu, par corps, de la différence entre son prix et celui de la revente, sans pouvoir réclamer l'excédant, s'il y en a (24 C. for.).

3129. Folle-enchère. — L'art. 26, titre 15, de l'ordonnance des eaux et forêts d'août 1669 permettait aux marchands de renoncer à leurs enchères, et les précédents enchérisseurs étaient successivement subrogés au lieu et place de ceux qui avaient révoqué leurs enchères, à moins qu'il n'y eussent renoncé dans les vingt-quatre heures. Le procès-verbal de l'espèce devait être enregistré dans les vingt jours du renvoi, lorsque l'enchérisseur auquel ce renvoi était fait n'y avait pas renoncé dans les vingt-quatre heures, sous peine du double droit — D. m. f. 6 frimaire an 13. (290 n° 20 I. G.). — Cette disposition a été remplacée par la folle-enchère. — *V.* 1768.

3130. Surenchère. — Les anciens art. 25 et 26 du C. for. consacraient le droit de surenchérir. Ce droit offrait une grande facilité aux manœuvres des associations secrètes; il a été aboli par la loi du 4 mai 1837. Aux termes de cette loi, dont l'art. 1er remplace l'art. 25 du C. for., toute adjudication est définitive dès l'instant qu'elle est prononcée, sans que, dans aucun cas, il puisse y avoir lieu à surenchérir (1251, § 2 I. G. sans objet aujourd'hui).

3131. Permis d'exploiter. — Les adjudicataires ne peuvent commencer l'exploitation de leurs coupes avant d'avoir obtenu, par écrit, de l'agent forestier local, le *permis d'exploiter* (C. for. 30. — Ord. 1827 art. 93).

3132. Souchetage. — Dans le mois qui suit l'adjudication, l'adjudicataire peut exiger qu'il soit procédé au souchetage et à la reconnaissance des délits. Cette opération est exécutée *sans frais* par un agent forestier accompagné du garde du triage (Ord. 1827-93).

3133. Garde-vente. — Chaque adjudicataire est tenu d'avoir un *facteur* ou garde-vente qui doit être agréé par l'agent forestier local et *assermenté* devant le juge de paix. Il est autorisé à dresser des *procès-verbaux*, tant dans la coupe qu'à l'ouïe de la cognée. Ses procès-verbaux sont soumis aux mêmes formalités que ceux des gardes forestiers, et font foi jusqu'à preuve contraire (31 C. for.). — Le facteur ou garde-vente de l'adjudicataire tient un registre sur *papier timbré*, coté et paraphé par l'agent forestier; il y inscrit jour par jour, et sans lacune, la mesure et la quantité des bois qu'il a débités et vendus, ainsi que les noms des personnes auxquelles il les a livrés (94 Ord. 1er août, Sol. 11 fév. 1839, 12644 J. E.). — *V.* 3170.

3134. Vidange. — La vidange est le temps déterminé par le cahier des charges pour enlever tous les bois qui sont dans les coupes, après lequel temps les bois qui s'y trouvent sont confiscables; et faute par les adjudicataires d'exécuter les travaux imposés par le cahier des charges, pour nettoyer les coupes, réparer les chemins de vidange, fossés, etc., ces travaux sont exécutés à leurs frais, à la diligence des agents forestiers (C. for. 41).

3135. Récolement. — Réarpentage. — Trois mois après la vidange des coupes, il est procédé au réarpentage et au récolement. Ces trois mois écoulés, l'adjudicataire peut mettre l'Administration en demeure; et, si un mois après cette mise en demeure, elle n'y a pas procédé, l'adjudicataire est valablement libéré (C. for. 47). — Le récolement a pour objet principal la représentation par l'adjudicataire, 1° des baliveaux de l'âge, des anciens et modernes, des pieds corniers, parois et arbres de lisière, et de toutes les réserves de futaie; — 2° des étocs des arbres exploités et frappés du marteau de l'État, dans les ventes marquées en nettoiement et en jardinage; — 3° le réarpentage de la vente, pour vérifier s'il y a outre-passe ou excédant de mesure. — *V.* 3160.

3136. Décharge d'exploitation. — Le délai d'un mois expiré, et si l'Administration n'a pas élevé de contestation, le préfet délivre à l'adjudicataire la décharge d'exploitation (C. for. 51, Ord. 1827-93).

Elle était désignée sous le nom de *congé de cour* par l'art 7, tit. 16 de l'Ord. de 1669. — *V,* 4988.

3137. Produits accessoires.—Une D. m. f. 22 juin 1838, 1566 I. G., a déterminé ce que l'on doit considérer comme *produits accessoires* des forêts de l'État. D'après cette décision, sont produits accessoires : 1° les bois provenant de recepage, essartement et élagages, et les chablis ; — 2° les bois de délits ; — 3° les délivrances de plants, harts et fascines ; — 4° les indemnités dues pour prolongation de délais d'exploitation ou de vidange ; — 5° les indemnités pour réserves abattues ou endommagées par accident lors de l'exploitation des coupes; — 6° les redevances par affectations et droits d'usage ; — 7° les excédants de mesures, sur les coupes ; — 8° la glandée ; — 9° la récolte des fruits et semences; — 10° le pâturage; — 11° les mousses, bruyères, faînes, et autres plantes; — 12° l'extraction des minerais, terres, pierres, sables, etc., etc.; — 13° la location des scieries; — 14° les indemnités pour droit de passage, prise d'eau et autres servitudes foncières ; — 15° la chasse ; — 16° la pêche ; — 17° et toutes recettes imprévues provenant d'objets appartenant au sol forestier ou attribuées au Trésor à l'occasion de la gestion des forêts.

3138. Affectation pour un service public. — Pendant longtemps les bois de l'État, ceux des communes et des établissements publics, ceux des particuliers ont été grevés d'une affectation spéciale pour le service de la marine. (C. for. 122 et 124.) La nature des besoins de la marine exigeant toujours que les bois fussent pris parmi ceux de la meilleure qualité, ils étaient choisis avec soin par les agents de la marine, tant dans forêts de l'État que dans celles des particuliers et même dans les lieux où il ne se trouve que quelques arbres, sauf les exceptions accordées par la loi. Chaque arbre mis en réserve pour la marine était frappé de l'empreinte d'un marteau spécial ; c'était l'opération nommée *martelage* par excellence, ce qui la distinguait de la réserve des baliveaux, pieds corniers et arbres de lisière. — Une Ord. roy. du 14 déc. 1838 a supprimé dans les forêts soumises au régime forestier, ainsi que dans les bois des particuliers, le service de la surveillance des fournitures de bois, et suspendu *indéfiniment* l'exercice du droit de martelage.

1. DÉCLARATION. — En conséquence de ces dispositions, tout propriétaire de futaies était autrefois tenu, hors le cas d'une urgente nécessité, de faire, six mois d'avance, la déclaration des coupes qu'il avait l'intention d'exploiter et des lieux où étaient situés les bois (L. 9 flor. an 11 art. 9, Déc. 15 avr. 1811 art. 1er, 931 I. G., Règlement du 28 août-5 oct. 1816, Ord. roy. 22 sept., 22 oct. 1819).

2. TRAVAUX DU RHIN. — En cas d'urgence constatée pour l'endigage ou le fascinage sur le Rhin, le préfet pouvait requérir une prompte fourniture de bois ou oseraies pris successivement 1° dans les bois de l'État ; —2° dans ceux des communes et établissements publics, et enfin — 3° dans ceux des particuliers à une distance de cinq kilomètres des bords du fleuve (C. for. 136.). Ces dispositions étaient, comme on le voit, purement locales. Elles sont malheureusement sans application aujourd'hui.

3139. Affectation à titre particulier. — Dans les anciennes provinces d'Alsace, de Lorraine et de Franche-Comté, il existe un genre d'affectation particulière qui consiste en une faculté accordée de prendre annuellement dans les forêts de l'État, pour un *établissement d'industrie*, les bois nécessaires à l'alimentation de cet établissement, moyennant une rétribution minime et nullement en proportion avec la valeur des matières livrées. Lorsque le titre de ces affectataires a été reconnu valable par les tribunaux, le Gouvernement peut, au moyen d'un cantonnement, affranchir la forêt de l'affectation (Ord. de 1566, art. 58).

3140. Usage. — On nomme *usage* la faculté qu'ont des particuliers, autres que le propriétaire foncier, de prendre du bois pour leur usage, on de mener paître leurs bestiaux dans les bois et forêts. C'est un droit qui remonte aux temps les plus reculés de la féodalité et qui, à cette époque, était accordé aux particuliers par les seigneurs, pour les déterminer à venir habiter ou à ne pas déserter leurs terres. — *V.* 3175.

1. GRANDS ET PETITS USAGES. — Les usages se divisent en grands et petits. Sont *grands usages*, 1° *l'affouage* (*V.* 3141); — 2° le *marronnage*, ou autrement le droit de se faire délivrer des arbres pour les réparations et les constructions de bâtiments ; — 3° *le pâturage* et la *glandée*. — Les *petits usages* consistent simplement à enlever les branches sèches, les bois morts et les morts-bois.

2. CANTONNEMENT. — Lorsqu'il y a lieu d'affranchir les forêts de l'État de droits d'usage en bois au moyen d'un cantonnement, un agent forestier désigné par le conservateur, un expert choisi par le directeur des domaines, et un troisième expert *nommé* par le préfet, procèdent à l'estimation. Si l'usager donne son consentement, il est passé entre le préfet et lui, et sous la forme administrative, *acte de l'engagement* pris par l'usager d'accepter sans nulle contestation le cantonnement tel qu'il lui a été proposé, sauf l'homologation par le gouvernement (Ord. 1827, 112-114). Il résulte des art. 63, 111, 118 C. for., que les particuliers, les communes et les établissements publics jouissent, de la même manière que le Gouvernement de la faculté d'affranchir leurs forêts de tous droits d'usage, en demandant le cantonnement. — *V.* 3166, 3344.

Nous traitons du *Cantonnement* dans un article particulier.

3141. Affouage. — Le Code forestier emploie le mot *affouage* dans une double acception. Tantôt il signifie le droit qu'ont certains particuliers considérés *ut singuli*, ou les habitants d'une commune agissant *ut universi*, de prendre des bois de chauffage dans une forêt appartenant à autrui; en ce sens, c'est le droit d'*usage* qui a fait l'objet du numéro précédent. Tantôt il consiste dans un droit adhérent à chaque habitant d'une commune propriétaire de bois, de recevoir des bois de chauffage et de construction. C'est de ce dernier droit que nous voulons parler ici, et, pour le distinguer du droit d'usage, servitude réelle, on peut le désigner sous le nom d'*affouage communal*. L'affouager, tel que nous l'entendons ici, a un droit plus étendu que l'usager ordinaire, car le produit des assiettes en usage lui appartient en entier, quoique excédant ses besoins, tandis que l'usager ordinaire ne peut exiger que ce qui lui est nécessaire. — *V.* 3180.

Les coupes de bois communaux, destinées à être partagées en nature pour l'affouage des habitants, ne peuvent avoir lieu qu'après que la délivrance en a été faite par les agents forestiers, en suivant les formes prescrites pour l'exploitation des coupes affouagères délivrées aux communes dans les bois de l'État (C. for. 81-103).

3142. Dépôt de marteau. — L'empreinte de tous les *marteaux* dont les agents et les gardes forestiers font usage, tant pour la marque des bois de délit et de chablis que pour les opérations de balivage et de martelage, est *déposée* au greffe des tribunaux, savoir : celle des marteaux particuliers dont les agents et gardes sont pourvus, aux greffes des tribunaux de première instance dans le ressort desquels ils exercent leurs fonctions ; celle du marteau de l'État uniforme, aux greffes des tribunaux de première instance et des cours d'appel (C. for. 7).

Tout adjudicataire est tenu, sous peine de 100 francs d'amende, de *déposer* chez l'agent forestier local et au *greffe* du tribunal de l'arrondissement, l'empreinte du marteau destiné à marquer les arbres et bois de sa vente (C. for. 32. — Ord. 1er août 95).

CHAPITRE II. — ENREGISTREMENT ET TIMBRE

[3143-3203]

SECTION PREMIÈRE. — DISPOSITIONS GÉNÉRALES

[3143]

3143. Observations préliminaires. — On trouve dans la matière dont nous traitons en ce moment toutes les classifications que la loi du 22 frimaire an 7 a faites relativement à la perception, c'est-à-dire des droits fixes, des droits proportionnels, des droits au comptant, des droits en débet, des exemptions de droits, enfin des exemptions de formalité. L'office du receveur consiste donc à reconnaître la catégorie dans laquelle l'acte soumis à la formalité doit être rangé, et c'est une difficulté très-sérieuse de suivre, dans l'application, les nuances diverses que chaque acte relatif aux opérations forestières peut présenter, et de déterminer les règles de perception qui lui sont spéciales. Comme il nous est impossible d'établir la nomenclature des actes, variés à l'infini, auxquels donnent naissance la conservation et l'exploitation des bois et forêts, nous allons poser *quelques règles générales*, en faisant remarquer néanmoins que ces règles sont loin d'être fixes. Des exceptions et des anomalies nombreuses ont été introduites dans leur système. Ces exceptions et ces anomalies, rendant les règles incertaines, peuvent faire naître des difficultés dont il n'est pas possible de donner la solution exacte. La seule chose que nous ayons à faire ici, pour aider à les lever, c'est de signaler scrupuleusement toutes les décisions qui ont fondé la jurisprudence à cet égard. Ce sont ces décisions qui établiront les règles particulières qu'il faudra suivre à côté des règles générales.

1. DROIT FIXE ET DROIT PROPORTIONNEL. — C'est le principe général posé dans les art. 3 et 4 de la loi du 22 frimaire an 7, qui domine entièrement la question. Ainsi *le droit fixe* doit être appliqué à tout acte présenté à la formalité qui, ne rentrant pas dans la catégorie des actes exempts de tout droit, et même de toute formalité, ne contient ni obligation, ni libération, ni transmission de propriété, d'usufruit ou de jouissance de biens meubles ou immeubles; tandis qu'il faut percevoir le *droit proportionnel* toutes les fois que l'acte renferme une obligation, une libération, une transmission de propriété, d'usufruit ou de jouissance.

2. DROIT AU COMPTANT. — La formalité ne peut être donnée qu*au comptant* : 1° à tous les actes relatifs aux bois des particuliers ;— 2° à ceux ayant trait aux bois des communes et des établissements publics que leur peu d'importance soustrait au régime forestier ; — 3° aux actes qui, bien que relatifs à des bois soumis au régime forestier, sont faits dans l'intérêt unique des particuliers ; — 4° à tous les actes des autorités administratives et des établissements publics dénommés en l'art. 78 L. 15 mai 1818, c'est-à-dire à tous ceux portant transmission de propriété, d'usufruit et de jouissance; aux adjudications et marchés de toute nature, aux enchères, au rabais ou sur soumission ; ensuite aux cautionnements relatifs à ces actes.

3. DROIT EN DÉBET. — La faveur du sursis au payement de tout droit, c'est-à-dire le bénéfice de la formalité *en débet*, est accordée, pour des motifs divers : 1° à tous les actes, tels que procès-verbaux d'arpentage, balivage et martelage, etc., ayant trait *directement* aux coupes de bois, dans les bois et forêts soumis au régime forestier, qui doivent être vendues sur adjudication (3145-3166); — 2° à tous les actes relatifs aux délivrances en nature à faire soit aux communes et établissements publics dans leurs propres bois, soit dans les forêts de l'État aux usagers qui, par leurs titres, sont soumis à l'acquittement des vacations forestières (3175-3180); — 3° aux rapports d'experts relatifs aux cantonnements (3166-1); — 4° aux actes relatifs à la délimitation des bois des communes (3174); — 5° à tous les actes tendant à la répression des délits dans les bois et forêts soumis au régime forestier, jusques et y compris la signification des jugements par défaut (3192).

Recouvrement. — Ces droits, *relativement à leur recouvrement*, se rangent dans diverses catégories :

Les uns, tels que ceux des actes tendant à la répression des délits, tombent en non-valeur si les prévenus sont acquittés. Ils sont compris dans la liquidation des dépens lorsque les délinquants sont condamnés, et ils sont recouvrés cumulativement avec les autres condamnations.

Les autres, comme ceux applicables aux divers actes qui se rapportent aux ventes des coupes des bois de l'État, sont recouvrés, *par forfait*, au moyen d'une remise proportionnelle à payer par l'adjudicataire avec les autres frais de l'adjudication. — *V.* 3145-1, 3161.

Quelques-uns doivent être acquittés par les parties, soit au moment de l'enregistrement de certains actes, soit après l'accomplissement des formalités prévues. — *V.* 3147, 3153-4, 3164.

Enfin dans une dernière catégorie se rangent ceux dont le recouvrement est conditionnel : tels sont les droits des procès-verbaux de délivrance des coupes et arbres dans les bois des communes, qui ne sont payés que dans le cas de poursuites devant les tribunaux. — *V.* 3175-1.

Répression des délits dans les bois des particuliers. — Les actes de procédure et les jugements faits ou rendus sur la poursuite du ministère public doivent être visés pour timbre en débet; mais le droit est exigible au comptant si le propriétaire se porte partie civile (2167-2 I. G., 1322 R. P.).

4. EXEMPTION DE DROIT. — Doivent être enregistrés *gratis* ou *pour mémoire* : 1° les actes qui, par leur nature, se trouveraient virtuellement exempts de toute formalité, mais dont la date, par des considérations particulières, a besoin d'être assurée; tels sont les actes dont les droits sont à la charge de l'État *en tout* (sauf les marchés) ou *en partie* (*V.* 3178), tels sont encore les permis d'exploiter, etc. (*V.* 3163-2, 3179-3186) ; — 2° les actes dont les droits ont été payés par anticipation par les adjudicataires des coupes, comme, par exemple, les procès-verbaux de récolement et les citations à récolement (*V.* 3161) ;— 3° les actes relatifs aux délivrances en nature aux usagers qui ne sont pas soumis par leurs titres au payement des vacations forestières. — *V.* 3175.

5. EXEMPTION DE FORMALITÉ. — Enfin l'exemption absolue, non-seulement de tout droit, mais encore de *toute formalité*, s'applique : 1° à tous les actes des autorités administratives, relatifs aux bois et forêts, faits dans un but d'intérêt général ; — 2° à tous les actes, sauf ceux dénommés en l'art. 78 L. 15 mai 1818, qui n'ont trait qu'à l'administration, à la conservation et à l'amélioration des bois et forêts (*V.* comme exception à cette règle, les délivrances aux affouagistes et aux usagers : 3149, 3160, 3162, 3168, 3171, 3173, 3174-6, 3175, 3180, 3182, 3189, 3197, 3273).

SECTION 2. — ADJUDICATION ET VENTE

PRODUITS PRINCIPAUX. — PRODUITS ACCESSOIRES

[3144-3158]

3144. Observation. — Nous avons traité, en thèse générale, nos 1676 et suiv., des droits d'enregistrement exigibles sur les ventes *par adjudication* de meubles dans lesquelles sont comprises les ventes de coupes de bois; nous avons établi, nos 2755 et suiv., les distinctions qu'il faut faire entre les actes qui emportent *vente* et ceux qui ne constituent que *bail* des bois et forêts *mis en exploitation*. Il ne nous reste à parler ici que de quelques dispositions *spéciales* aux ventes des coupes de bois appartenant à l'Etat, aux communes et établissements publics.

3145. Liquidation du droit. — Les conditions générales des adjudications de coupes de bois de l'État sont établies par un cahier des charges, délibéré chaque année par l'administration générale des forêts, et approuvé par le ministre des finances (Ord. règl. art. 82). Ces conditions générales ont pour objet de régler la rédaction de l'acte d'adjudication, l'acquittement du prix et des charges accessoires, la détermination de ces charges, la manière dont s'établit entre l'État et l'adjudicataire le compte des différences pour déficit de mesures, l'époque de l'exploitation, le mode d'abattage, et généralement toutes les obligations imposées aux adjudicataires. Le droit de 2 pour 100 étant perçu sur les bases déterminées par le cahier des charges, qu'il s'agisse des coupes de bois, soit de l'Etat, soit des communes et établissements publics, aucune règle fixe, autre que les règles générales que nous avons fait connaître nos 1697 et suiv., n'existe pour la liquidation des droits, puisque les conditions de l'adjudication peuvent être modifiées pour chaque coupe. Cependant, d'après les clauses le plus généralement insérées dans le cahier des charges, le droit se liquide.

1. BOIS DE L'ÉTAT. — 1° Sur le prix principal ; — 2° sur le décime de ce prix ; — 3° sur la charge de 3 pour 100 imposée lorsqu'il s'agit de produits principaux, c'est-à-dire de coupes de bois façonnés provenant de coupes et de lots de chablis dont l'estimation dépasse 500 francs ; — 4° sur la taxe de 1 fr. 60 cent. pour 100, destinée à couvrir le Trésor des droits de timbre et d'enregistrement des procès-verbaux de toutes les opérations forestières relatives aux coupes, tels que procès-verbaux d'arpentage, de balivage, de récolement, de permis d'exploiter, etc. (2488 I. G.) ; — 5° enfin de toutes les charges particulières qui peuvent être imposées à l'adjudicataire.

2. BOIS DES COMMUNES ET DES ÉTABLISSEMENTS PUBLICS. — En ce qui concerne les ventes de coupes des bois des communes et des établissements publics, le droit est perçu : 1° sur le prix principal ; — 2° sur le décime de ce prix ; — 3° sur la charge de 5 pour 100 déterminée par la loi du 25 juin 1841 pour les frais d'administration de ces bois (n° 2 et 1673 I. G.) ; — 4° sur toutes les autres charges imposées aux adjudicataires.

3. CHARGES EN GÉNÉRAL. — Nous avons signalé les charges ordinairement prévues dans le cahier des charges, mais leur nature peut varier à l'infini. Aussi la règle est-elle que l'on doit considérer comme charge tout ce que l'acquéreur paye en dehors des frais auxquels il est légalement tenu. Quelques explications sur ce que nous avons dit à cet égard sont d'ailleurs nécessaires.

Frais d'administration. — Suivant l'I. G. 1653, le prélèvement de 5 pour 100 pour frais d'administration des bois des communes et des établissements publics ne doit s'exercer que sur les produits réels. Dans ce sens le ministre des finances a décidé, le 6 janvier 1851, que ce prélèvement ne doit être calculé que sur le produit net, déduction faite des frais d'exploitation, lorsqu'il s'agit d'adjudication de coupes exploitées par voie d'économie.

Décime. — Il ne faut ensuite pas perdre de vue que, conformément à l'art. 19, titre 12 L. 29 septembre 1791, les ventes des coupes ordinaires et extraordinaires des bois communaux sont toujours, à moins de stipulation contraire, assujetties au décime pour franc, d'où la conséquence, d'après l'I. G. 51, que ce décime doit être ajouté au prix principal lors même que le procès-verbal d'adjudication n'en imposerait pas formellement l'obligation aux adjudicataires, si d'ailleurs il ne les en décharge pas.

Arbres réservés. — *Frais de transport.* — Nous avons dit, n° 1698-4, que la valeur des bois réservés aux gardes sur le parterre des coupes ne doit pas être ajoutée au prix, mais que les frais d'abattage, de transport de ces bois constituent une charge sur la valeur de laquelle doit être établie la perception (Sol. 10 avr. 1840, 7 juin 1842). La même règle est applicable lorsque, au lieu d'un garde, c'est d'un usager qu'il s'agit (Sol. 5 juin 1843).

Fossés. — Il est établi au n° 1698-4 que l'obligation imposée à l'adjudicataire de réparer les fossés de la coupe ne constitue pas une charge, attendu que la dégradation de ces fossés est une conséquence de l'exploitation.

4. LOTS ET PRIX RÉUNIS. — Nous n'avons pas à revenir ici sur ce que nous avons dit, v° *Adjudication*, des règles à suivre lorsqu'il s'agit de lots adjugés à un même individu ou à plusieurs adjudicataires distincts, pour la liquidation soit du droit de vente, soit du droit de cautionnement. — *V.* 1700-1807.

3146. Payement des droits. — Les adjudicataires des bois de l'État, des communes et des établissements publics doivent verser à la caisse du receveur de l'Enregistrement et des domaines les droits d'enregistrement du procès-verbal d'adjudication (997, 1197, 1335, 1436, 1515, 1522, 1576 I. G.). Ce payement doit avoir lieu au moment de l'enregistrement pour les adjudicataires des bois des communes et des établissements publics. — Quant aux ventes de coupes de bois de l'État, les adjudicataires sont tenus de verser les droits d'enregistrement dans les caisses des receveurs, soit de l'Enregistrement, soit des domaines, immédiatement après la réception des cautions (Dél. 18 nov. 1845-2140 *Bull.*).

3147. Formules. — Visa pour timbre en débet. — Les formules des procès-verbaux d'adjudication des coupes de bois de l'État, des communes et des établissements publics, peuvent être visées pour timbre en débet, sous la condition que les droits de timbre seront acquittés par les adjudicataires en même temps que ceux d'enregistrement (D. m. f. 28 janv. 1832, 10238 J. E., 1401 § 10 I. G.). — La même règle est applicable aux ventes des produits accessoires (D. m. f. 9 fév. 1836 et 16 oct. 1838, 1508 et 1576 I. G.).

3148. Traites. — Timbre. — Les traites des adjudicataires des coupes des bois de l'État ne pouvaient être admises au visa pour timbre au comptant, même avant d'être souscrites. Elles devaient, à peine d'amende, être rédigées sur papier frappé du timbre (D. m. f. 28 avr. 1820, 13 nov. 1830). — D'après une D. m. f. du 9 juillet 1858, les receveurs généraux ont la faculté de préparer et de faire signer sur papier non timbré les traites d'adjudication de coupes de bois de l'État, à la charge de présenter ces traites au receveur du timbre pour être adressées à Paris où elles sont timbrées à l'extraordinaire (2181 § 8 I. G., 1413 R. P.). — La même faculté a été étendue depuis aux traites souscrites par les adjudicataires des coupes de bois des communes et des établissements publics (D. m. f. 22 déc. 1860, 2187 § 5 I. G., 1452 R. P.). — Ces effets peuvent être aujourd'hui timbrés au moyen du timbre mobile applicable à tous les effets de commerce créés soit en France, soit à l'étranger. — V. *Effets de commerce* et *Timbre*.

3149. Remise de vente de bois. — Les procès-verbaux de l'autorité administrative portant, en exécution de l'art. 89 du Code forestier, remise de la vente des coupes de bois qui n'ont pu être adjugées, sont exempts non-seulement du droit, mais encore de la formalité de l'enregistrement, et peuvent être rédigés sur papier non timbré, comme actes de l'autorité administrative qui ne contiennent ni adjudication ni marché. Les expéditions, s'il en était délivré aux particuliers, seraient seules assujetties au timbre (Sol. 2 juin 1829, 1293 § 8 I. G.).

3150. Excédant de mesure. — En matière de vente de coupes de bois de l'État, le droit doit être provisoirement établi par les quantités de bois qui sont comprises dans l'adjudication, et il est définitivement réglé d'après les procès-verbaux de récolement ; le droit, en cas de sur-mesure, est dû sur le prix de l'excédant et il y a lieu de restituer le droit dans une égale proportion en cas de moins-mesure. Nous ferons remarquer ici que ces dispositions, qui sont une conséquence des principes généraux, ne seraient pas susceptibles de recevoir d'application si le cahier des charges portait, comme cela arrive assez souvent, qu'aucune répétition ni restitution des droits d'enregistrement n'aura lieu en cas soit de sur-mesure, soit de moins-mesure.

3151. Brins brisés. — Une distinction essentielle est à faire entre les bris de réserve (*V.* 3164) dans les coupes ordinaires et les brins brisés dans les coupes de futaies. Dans le premier cas, les arbres abattus par le fait de l'exploitation ne sont jamais laissés à l'adjudicataire. Dans le second cas, au contraire, les brins brisés lors de l'exploitation doivent être coupés et façonnés; ils sont ensuite abandonnés à l'adjudicataire aux prix fixés à l'avance dans le procès-verbal d'adjudication. Ainsi, les procès-verbaux qui constatent que les brins sont restés la propriété de l'adjudicataire ne doivent jamais être enregistrés au droit fixe. Ils sont passibles du droit de vente sur le supplément de prix à payer par l'adjudicataire.

1. CAUTIONNEMENT. — L'adjudicataire est *obligé*, si l'administration des forêts l'exige, de prendre, au prix fixé à l'avance dans le cahier des charges, les brins ainsi brisés; dès lors le droit de cautionnement est exigible sur le prix à payer, car la caution étant tenue à toutes les obligations présentes et *futures* de l'adjudicataire (Dalloz *Jur. gén.* v° *Forêts.* — V. 1312), il n'y a pas lieu de faire à l'espèce l'application du principe que nous poserons au mot *Cautionnement* pour les espèces ordinaires.

3152. Bois à conserver par l'adjudicataire après délivrance aux usagers. — Les procès-verbaux dressés par les gardes généraux des forêts et signés par les adjudicataires, qui constatent, après la délivrance à des usagers, le surplus des bois que les adjudicataires *sont tenus* de conserver, en en payant la valeur, opèrent une véritable vente et doivent supporter les droits proportionnels d'enregistrement comme l'adjudication elle-même (Sol. 5 juin 1843, Fess. p. 42 n° 24).

1. CAUTIONNEMENT. — Ce que nous avons dit de la caution dans le numéro précédent, s'appliquant de tout point à notre espèce, il faut conclure que le droit de cautionnement est exigible sur le prix à payer par l'adjudicataire.

3153. Menus produits. — La délivrance des menus produits des forêts de l'État est généralement consentie moyennant un prix. L'abandon qui en est fait constitue donc une véritable vente passible du droit de 2 pour 100.

1. TAXE. — Mais la taxe de 1 fr. 60 cent. pour 100 comprend pour les ventes de menus produits de bois domaniaux comme pour les ventes de coupes, les droits de timbre et d'enregistrement des actes relatifs aux ventes, à l'exception des droits d'enregistrement du procès-verbal d'adjudication, de l'acte de cautionnement et du certificat de cautionnement (D. m. f. 10 sept. 1864, 2341 § 6 I. G., 2428 § 7 R. P., D. m. f. 20 juill. 1872, 2488 I. G.; 3499 § 35 R. P.).

2. JOURNÉES DE TRAVAIL. — On doit d'ailleurs considérer comme représentant le prix de la vente la valeur des journées de travail qui, aux termes d'une D. m. f. du 24 avril 1844 (Circ. forêts 19 juill. 1844 n° 548. — *V.* 1613 I. G.), sont imposées à ceux à qui sont délivrés des menus produits.

3. HARTS. — ÉPINES, ETC. — Le procès-verbal d'un garde forestier constatant la délivrance, à l'adjudicataire qui accepte, d'un certain nombre de harts, dont la valeur est déterminée, donne ouverture au droit de 2 pour 100, car le prix des harts n'ayant pas été compris dans celui de la coupe, le procès-verbal de délivrance en constate la vente (11198-2, 13316-1 J. E.).

4. DÉBET. — Les procès-verbaux de délivrance de harts, rouettes, perches et autres menus produits dans les bois de l'État, doivent être visés pour timbre et enregistrés *en débet;* le recouvrement des droits s'effectue en même temps que celui du prix des bois délivrés. Le receveur des domaines, chargé de percevoir le prix de la délivrance, remet les droits au receveur de l'enregistrement, qui en fait recette (D. m. f. 4 juill. 1825, 1169 I. G., 3715 J. E., D. m. f. 22 juill. 1838, 1566 I. G.).

3154. Coupe extraordinaire. — La délivrance à un entrepreneur de travaux publics, moyennant une estimation préalable, d'une coupe extraordinaire de bois dans les forêts de l'État, pour être employée à la confection des ouvrages entrepris, est passible de 2 pour 100 (Cass. 2 nov. 1807, S. 8-1-405, D. N. t. 6 p. 193 n° 300).

3155. Coupe par éclaircie. — Les adjudications de coupes à faire par éclaircie ne portent que sur des quantités dont l'importance est seulement établie par le procès-verbal de dénombrement. Aussi il a été décidé que ces adjudications sont enregistrées en débet et que les droits sont réclamés quand le procès-verbal de dénombrement a fait connaître l'importance de la vente. Il doit être stipulé dans les cahiers des charges, que les bois ne seront livrés à l'adjudicataire, qu'après justification du payement des droits d'enregistrement (D. m. f. 30 janv. 1860, 2167 § 6 I. G., 1327 R. P.).

3156. Dénombrement et comptage. — On ne fait, en général, pas enregistrer les procès-verbaux de dénombrement et de comptage. Le motif en est qu'ils sont considérés comme l'exécution d'une mesure d'ordre; cependant il est incontestable que ceux qui contiennent transmission de propriété et de jouissance doivent, comme tout acte administratif de cette nature, être assujettis à la formalité dans le délai déterminé.

1. VENTE. — Tel est le procès-verbal qui constate les résultats façonnés d'un nettoiement, la livraison de certains produits qui, d'après le procès-verbal d'adjudication, devaient être délivrés à l'adjudicataire après leur exploitation et façonnage, et moyennant un prix, à tant la mesure, fixé à l'avance. Les droits à percevoir dans cette hypothèse sont ceux de

vente sur tout ce qui excède le prix approximatif qui aura pu être fixé dans le procès-verbal d'adjudication et qui aura subi le droit d'enregistrement. Il est presque inutile de faire remarquer que, si aucun prix n'avait été prévu, le droit serait exigible sur la totalité du prix exprimé dans le procès-verbal de dénombrement et de comptage. Que si, enfin, le prix porté dans les procès-verbaux de dénombrement ne dépasse pas celui primitivement prévu et qui a déjà subi le droit, le procès-verbal, qui paraît devoir toujours être soumis à la formalité pour éclairer la religion de l'Administration, devra être enregistré pour mémoire, puisque, au moyen de la taxe de 1 fr. 50 cent. pour 100 (V. 3145-1) qu'il a acquittée au moment de son adjudication, l'adjudicataire s'est exonéré de tous les droits fixes des actes relatifs à l'adjudication.

2. CAUTIONNEMENT. — Le droit de cautionnement serait d'ailleurs exigible sur le procès-verbal, cumulativement avec le droit de vente; c'est la conséquence de ce que nous avons dit n° 3151-1.

3157. Objets en fourrière.—Les ventes d'animaux mis en fourrière et autres objets périssables faites par les préposés des domaines sont assujetties au droit de 2 pour 100 (531 I. G.).

3158. Sol et superficie. — Les droits à percevoir sur les ventes du sol et de la superficie des bois et forêts, se rattachant à des principes communs à d'autres natures d'aliénations, nous nous réservons d'en traiter au mot *Vente d'immeubles.*

SECTION 3. — QUESTIONS DIVERSES

[3159-3197]

3159. Affirmation. — Les affirmations des procès-verbaux rédigés par les gardes particuliers sont exemptes de toute formalité (D. m. f. 9 mai 1809, 432 n° 1 I. G.).

3160. Amélioration des forêts. — Le ministre des finances a décidé, le 22 avril 1840 (1613 I. G.), « que dans les lieux où les mousses, bruyères et autres plantes, ne pourraient être vendues, l'extraction, si elle est reconnue utile à l'amélioration des bois, sera autorisée aux conditions que déterminera l'administration des forêts. » Ces délivrances étant faites uniquement dans l'intérêt de l'État, les procès-verbaux qui les constatent sont exempts de la formalité.

3161. Arpentage. — Balivage, etc. — Les adjudicataires doivent payer à la caisse du receveur de l'Enregistrement du chef-lieu d'arrondissement, immédiatement après la réception des cautions, les droits d'enregistrement et de timbre, non-seulement des procès-verbaux d'arpentage, balivage et martelage qui ont précédé l'adjudication, mais encore des procès-verbaux de réarpentage, récolement, des permis d'exploiter et de la citation au récolement, qui ne doivent avoir lieu qu'ultérieurement (V. 3145-1). Il résulte de ces dispositions, d'une part, que les procès-verbaux d'arpentage, balivage et martelage sont susceptibles d'être visés pour timbre et enregistrés en *débet;* d'autre part, que les droits des procès-verbaux de réarpentage et de récolement, des permis d'exploiter et de la citation au récolement, étant acquittés par anticipation, les formalités du timbre et de l'enregistrement doivent leur être données seulement pour *mémoire* (D. m. f. 19 germ. an 13, 281, 475 I. G., D. m. f. 12 juill. 1822, 1050 n° 2 I. G., D. m. f. 6 juill. 1835, 1496 I. G., D. m. f. 4 juill. 1836, 1522 I. G.). — V. 3203 §§ 73 et 103.

1. AFFOUAGISTES. — USAGERS. — Les procès-verbaux d'arpentage des bois destinés aux *usagers* ou *affouagistes* dans les forêts de l'État sont assujettis au timbre et à l'enregistrement. Ces procès-verbaux sont rédigés dans l'intérêt des usagers, qui exploitent en conséquence la coupe assignée (D. m. f. 5 mai 1807, 366, n° 6 I. G., 2568 J. E.). Les procès-verbaux d'arpentage et de balivage nécessaires à la délivrance des coupes dans les bois des communes doivent être visés pour timbre et enregistrés en débet (Sol. 8 sept. 1830, Fess. p. 41, n° 15). — V. 3176-3180.

3162. Assiette. — L'assiette des coupes de bois de l'État est une opération purement administrative; le procès-verbal qui la constate est exempt des droits de timbre et d'enregistrement (Circ. 4 août 1809).

3163. Bail. — Concession. — Repeuplement. — Il avait été décidé que les concessions dans les forêts, pour un temps déterminé, à la charge de repeupler le terrain, étaient exemptes de l'enregistrement (D. m. f. 26 therm. an 12, 1543 et 2072 J. E.). D'après l'art. 107 de l'Ord. 1er août 1827, ces concessions ne peuvent avoir lieu que par adjudication et de la même manière que les adjudications des coupes de bois. Le droit doit être celui des baux.

1. DÉFRICHEMENT. — Mais les concessions temporaires de terrains incultes dans les forêts domaniales à charge de défrichement sont exemptes de tout droit. — V. 4858.

2. SCIERIE DOMANIALE. — RÈGLEMENT ULTÉRIEUR. — Le procès-verbal qui, lorsqu'un adjudicataire a été autorisé à jouir d'une scierie domaniale moyennant le payement d'une somme fixée à tant le mille de planches sciées, constate la quantité de planches qui a été sciée et la somme due par l'adjudicataire, donne incontestablement ouverture au droit de bail. Mais, pour la perception du droit, des distinctions sont à faire : si un prix approximatif ayant été fixé dans le procès-verbal d'adjudication, ce prix a subi le droit de bail, le droit devra être perçu sur le supplément de prix que pourra constater le procès-verbal de fixation définitive. Dans le cas où le prix porté dans le second procès-verbal serait inférieur au prix provisoirement fixé, ce procès-verbal sera enregistré pour mémoire, puisque, au moyen de la taxe de 1 fr. 50 cent. pour 100 qu'il a acquittée au moment de son adjudication (V. 3145-1),

l'adjudicataire s'est exonoré de tous les droits fixes des actes qui concernent l'adjudication. — Il est presque inutile de faire remarquer que, si aucun prix n'avait été prévu, le droit de bail serait exigible sur la totalité du prix exprimé dans le procès-verbal définitif. — *V.* 3150.

3164. Bris de réserve. — Les indemnités pour réserves abattues ou endommagées dans les coupes de bois sont recouvrées au vu d'un procès-verbal d'estimation, dressé contradictoirement avec l'adjudicataire et approuvé par le conservateur des forêts. C'est ce que porte, en ce qui concerne les bois de l'État, l'I. G. 1566 ; il en est de même à l'égard des bois des communes et des établissements publics. — Le procès-verbal constatant les bris de réserves, formant titre contre l'adjudicataire de la coupe pour le recouvrement de l'indemnité, ne peut être considéré comme un simple acte d'administration : il est sujet au droit fixe d'enregistrement de 3 francs, en vertu des art. 43 n° 16 L. 28 avril 1816 et 4 L. 19 février 1874 ; seulement, le procès-verbal est enregistrable en *débet*, sauf recouvrement ultérieur sur les adjudicataires (D. m. f. 4 déc. 1845, 1755 § 13 I. G.). — *V.* 3151.

1. INDEMNITÉ. — Les arbres abattus ou endommagés peuvent être remplacés par des arbres marqués pour l'exploitation et qui, par suite, demeurent réservés. Du procès-verbal résulte, soit une compensation exacte, soit une imdemnité à payer par l'adjudicataire à l'État ou par l'État à l'adjudicataire. — Le procès-verbal qui constate la compensation exacte est sujet au droit fixe de 3 francs, comme le procès-verbal de bris de réserve pur et simple. — Celui qui fixe une indemnité à payer par l'adjudicataire à l'État est sujet au droit proportionnel de 50 centimes pour 100 sur le montant de l'indemnité (L. 22 frim. an 7, art. 69 § 2 n° 8). — Dans tous les cas, le procès-verbal qui constate le bris et qui, à la suite du dénombrement et par le même contexte, fixe l'indemnité à payer par l'adjudicataire, ne donne pas ouverture à deux droits, l'un fixe, l'autre proportionnel : le droit proportionnel est le seul exigible.

3165. Cantons défensables. — Les procès-verbaux que les agents forestiers dressent chaque année pour constater les cantons déclarés défensables dans les bois des communes et des établissements publics ne sont sujets ni au timbre, ni à l'enregistrement (15043-4 J. E.).

Il en est de même de ceux dressés dans les forêts de l'État, en exécution de l'Ord. réglem. du 1er août 1827, art. 119, attendu qu'ils sont faits en vue de la conservation des forêts.

Il en est autrement seulement de la notification qui en est faite, et qui, comme expédition faisant titre pour les parties, est sujette au timbre ; ce droit doit être recouvré sur les usagers. Cette notification est même sujette à l'enregistrement, qui doit avoir lieu gratis ou moyennant 3 francs en débet, à recouvrer sur les usagers, selon que ceux-ci, d'après la distinction faite par l'I. G. 1577 § 16, sont dispensés ou tenus de payer les vacations forestières.

1. MARQUE. — Il n'en est pas des procès-verbaux de marque comme des procès-verbaux de reconnaissance de cantons défensables. Les procès-verbaux de marque forment un titre pour l'usager et sont soumis, dès lors, au timbre. Nous pensons que, de plus, ils doivent être enregistrés selon la distinction qui vient d'être faite pour la notification des procès-verbaux de reconnaissance des cantons défensables (18528 J. E.).

3166. Cantonnement. — L'Administration a décidé, le 17 août 1831, (10235 J. E.), que le jugement qui détermine la portion de forêt appartenant à un usager, à titre de cantonnement, n'est passible, comme partage, que du droit fixe de 5 francs (aujourd'hui droit gradué), parce qu'il est déclaratif et non attributif de propriété, et parce que, en outre, l'action en cantonnement dans les bois des particuliers appartient aux usagers, et suppose l'existence d'un droit de propriété. Ce point sera plus amplement établi au mot *Cantonnement*.

1. RAPPORT D'EXPERTS. — Les rapports des experts relatifs aux cantonnements en remplacement des droits d'usage dans les forêts de l'État doivent être enregistrés en débet (D. m. f. 4 mars 1830, art. 16, 1309 § 6 I. G.).

3167. Certificat. — Cautionnement. — Le certificat du receveur qui constatait que l'adjudicataire d'une coupe de bois de l'État avait fourni son cautionnement, que ses traites avaient été acceptées et qu'il avait payé les termes échus et les frais d'adjudication, était sujet au timbre et devait être enregistré s'il en était fait usage (Circ. 28 sept. 1812).

1. MARINE. — Les certificats ou procès-verbaux de visite de bois, que les agents de la marine délivraient aux propriétaires des futaies, étaient assujettis au timbre ; ils leur servaient de titre pour justifier qu'ils avaient fait la déclaration prescrite par la loi (D. m. f. 1er mars 1808, 377 n° 3 I. G.). — *V.* 3138.

3168. Chablis. — Constatation. — Les procès-verbaux des gardes forestiers qui constatent l'existence de chablis n'ont pour objet que de reconnaître des accidents et non des délits. Dès lors ils sont exempts de toute formalité, comme actes de pure administration (D. m. f. 28 juin 1822, 7253 J. E.). — *V.* 3203 § 116.

3169. Citation en récolement. — Les citations que font les gardes forestiers pour assister au récolement sont passibles du droit de 3 francs (7835 J. E.). — *V.* 3203 §§ 72 et 102.

3170. Commission. — Les commissions des agents des forêts sont affranchies de l'enregistrement (L. 22 frim. an 7, art. 70 § 3 n° 9, Circ. 1500). Elles sont sujettes au timbre selon la règle générale de la loi du 13 brumaire an 7 (1577 § 20, 1918 I. G.). — V. *Acte administratif.*

1. GARDE-VENTE. — La nomination d'un garde-vente est passible du droit de 3 francs, quoique sa mission ne soit que temporaire (11274-1 J. E.). Il est dû autant de droits fixes de 3 francs qu'il y a de propriétaires ayant un intérêt distinct (1347 § 7 I. G.). — *V.* 3133.

2. ARRÊTÉ PRÉFECTORAL. — Mais l'arrêté du préfet ou du sous-préfet qui admet le garde particulier est un acte administratif exempt du timbre et de l'enregistrement (D. N. t. 6 p. 194 n° 305).

3171. Confirmation de droit. — Autrefois les arrêtés des conseils de préfecture confirmant les habitants d'une commune dans la jouissance des droits de pâturage, pacage et autres droits dans les forêts de l'État, en exécution de la loi du 28 ventôse an 11, étaient passibles du timbre et de l'enregistrement dans les vingt jours de l'approbation du ministre des finances, attendu qu'ils forment titre aux particuliers ou aux communes (Déc. 28 juill. 1807, 336 I. G.). Dans l'état actuel de la jurisprudence, ces arrêtés sont considérés comme exempts de la formalité, par interprétation de l'art. 80 L. 15 mai 1818. — *V.* 5037.

3172. Congé de cour. — Les congés de cour délivrés par le conservateur à l'adjudicataire doivent être sur timbre. — *V.* 4988.

3173. Défrichement. — La notification du procès-verbal de reconnaissance et celle de l'opposition au défrichement qui sont prescrites par l'art. 219 C. for., doivent être visées pour timbre et enregistrées gratis. Quant à l'avertissement donné et au procès-verbal de reconnaissance dressé par l'inspecteur, le sous-inspecteur ou le garde général des forêts, ils sont exempts du timbre et de l'enregistrement, en vertu de l'art. 80 de la loi du 15 mai 1818, qui affranchit de ces formalités les actes administratifs non dénommés dans l'art. 78 de la même loi (D. m. f. 28 déc. 1859, 2167-1 I. G.).

On vise pour timbre et on enregistre gratis les significations des décisions ministérielles rendues en matière de défrichement. — *V.* 3203 § 30 à 35.

Quant à la déclaration de défrichement à faire à la sous-préfecture en exécution de l'art. 219 C. for. le ministre des finances a décidé, le 19 novembre 1866, qu'elle est assujettie au timbre soit comme pétition, soit comme pouvant faire titre contre l'Administration qu'elle met en demeure (2341 § 13, I. G., 2428 § 14 R. P.). — La décision contraire du 10 juillet 1829 (1294 § 2 I. G.) est abrogée.

1. MARINE. — Les déclarations que les propriétaires d'arbres épars ou en plein bois étaient tenus de faire, avant de les abattre, devaient être sur papier timbré (Déc. 15 avr. 1811, art. 4, 931 I. G., 4102 J. E.). — *V.* 3138.

Ces déclarations sont devenues inutiles depuis la suppression du service de la surveillance des fournitures de bois de marine. — (*V.* 3138). Mais, si elles pouvaient se représenter, elles seraient exemptes du timbre en vertu d'une D. m. f. du 1er octobre 1828 (1265 § 5 I. G.). — *V.* 5902.

3174. Délimitation. — Signification. — Les actes de signification faits en exécution de l'art. 10 C. for. des arrêtés des préfets, relatifs à la délimitation des bois des *établissements publics*, sont passibles des droits de timbre et d'enregistrement. Toutefois, les préposés sont autorisés à les viser pour timbre et à les enregistrer *en débet*, sauf le recouvrement des droits contre les communes et les établissements propriétaires des bois (D. m. f. 7 nov. 1828, 9172 J. E., 1265 § 1er, 1598 I. G.). — *V.* 3119.

1. ÉTAT. — Suivant une décision du 18 mai 1829 (9335 J. E., 1294 § 5 I. G.), les significations des arrêtés des préfets, concernant la délimitation des bois de l'État, sont susceptibles d'être enregistrées et visées pour timbre *en débet;* les droits de ces formalités sont compris dans l'état général des frais de délimitation.

Remboursement. — La portion des droits de timbre et d'enregistrement qui se trouve à la charge de l'État, dans les frais de délimitation et de bornage des forêts domaniales, ne devait pas être remboursée à l'administration de l'Enregistrement par celle des forêts (D. m. f. 12 août 1833, 1528 § 8 I. G.). Cependant la D. m. f. du 12 août 1836 ayant été rendue à une époque où les comptabilités de l'administration des forêts et celle des domaines étaient réunies, on peut la considérer comme abrogée, depuis la loi des finances du 20 juillet 1837, en vertu de laquelle ces comptabilités ont été séparées à partir de l'exercice 1838, aux termes de la Circ. de la comptabilité du 21 décembre 1837, n° 44. — *V.* 3196.

2. PLURALITÉ DES DROITS. — L'exploit de notification de l'arrêté du préfet, qui autorise la délimitation des forêts, soit de l'État, soit des communes et des établissements publics, est sujet à un nombre de droits fixes égal à celui des propriétaires riverains auxquels cette notification est faite (Dél. 7 août 1834, 10982 J. E., 11856 J. E., 1473 § 1er I. G.; — *Contrà :* D. N. t. 6 p. 197 n° 332). — *V.* 3220.

3. PROCÈS-VERBAL. — La délimitation est faite par les agents forestiers. Le *procès-verbal* en est rédigé suivant l'ordre dans lequel l'opération est faite, et divisé en autant d'articles qu'il y a de propriétaires riverains, chacun clos séparément, et signé par les parties intéressées, déposé au secrétariat de la sous-préfecture en ce qui concerne chaque arrondissement. Il en est donné avis par un arrêté du préfet, publié et affiché dans les communes limitrophes (C. for. 10-11, Ord. 1827 60). D'après une D. m. f. 7 janvier 1853 (1960 § 6 I. G.), ce procès-verbal, pour tous les bois soumis au régime forestier, doit n'être visé pour timbre en débet qu'au moment de l'enregistrement qui est également donné en débet. — *V.* ci-après 3203-40 à 43.

4. FRAIS DE DÉLIMITATION. — Lorsque la délimitation s'effectue par un simple bornage, elle doit être faite à frais communs ; lorsqu'elle s'effectue par des fossés de clôture, ils doivent être exécutés aux frais de la partie réquérante et pris en entier sur son terrain (C. for. 14, Ord. 1827, 66 et 133).

5. ÉTAT DES FRAIS. — EXPÉDITION. — L'expédition de l'état des frais d'une délimitation ou bornage d'une forêt, remise soit au receveur des domaines, soit au receveur d'une commune ou d'un établissement public pour opérer le recouvrement à la charge des riverains, doit être sur timbre. Si la forêt délimitée appartient à l'État, le droit de timbre doit être supporté par les propriétaires riverains, par application de l'art. 29 L. 13 brumaire an 7 (D. m. f. 26 oct. 1841, 12866-7 J. E.)

6. REMISE. — Le procès-verbal de remise des opérations de délimination et de bornage n'étant que la suite d'événements fortuits, reste, comme acte de pure administration, exempt de toute formalité.

3175. Délivrance. — Communes et établissements publics. — Forêts de l'État. — Les procès-verbaux relatifs aux coupes de bois délivrées en nature, soit aux communes et établissements publics dans leurs propres bois, soit aux usagers dans les forêts de l'État, doivent être enregistrés en débet (1050 n° 2 I. G.). — Par suite, suivant les décisions énoncées dans l'I. G. 1481 § 11 et 1504 § 5 (11106 J. E.), les procès-verbaux des agents forestiers relatifs aux délivrances en nature dans les forêts de l'État devaient être visés pour timbre et enregistrés en débet, sauf recouvrement sur les usagers. Mais une nouvelle D. m. f. 4 juin 1838 a arrêté que toutes les fois que les usagers dans les forêts de l'État ne sont pas, d'après leurs titres, tenus d'acquitter les vacations forestières pour les délivrances en nature, ils n'ont à supporter que les droits de timbre des procès-verbaux, en vertu de l'art. 29 L. 13 brumaire an 7. Tous les actes relatifs aux délivrances à leur faire doivent donc être visés pour timbre en *débet* et enregistrés *gratis* (1577 § 16 I. G.). — *V.* ci-après 3203-100.

Plusieurs jugements du tribunal de Remiremont, en date du 12 février 1852 (15449 J. E., 14618 J. N.), ont été rendus dans ce sens. Seulement ces jugements ont généralisé l'exemption; ils ont déclaré que la délivrance étant faite dans l'intérêt de l'État, en ce que la délivrance est faite aux usagers pour éviter leurs déprédations, les droits d'enregistrement doivent toujours être supportés par lui, d'après l'art. 31 L. 22 frimaire an 7; d'où le tribunal a tiré la conséquence que les procès-verbaux de délivrance sont toujours exempts des droits d'enregistrement (D. N. t. 6 p. 196 n° 328).

1. RECOUVREMENT. — Les actes relatifs aux coupes et arbres délivrés en nature aux communes et établissements publics dans leurs bois, en exécution des art. 102 et 103 C. for., doivent, aux termes de l'art. 104 C. for., être visés pour timbre en *débet*, et il n'y a lieu au recouvrement ultérieur des droits que dans le cas de poursuite devant les tribunaux.

2. PLURALITÉ. — Dans le cas où le droit d'enregistrement est exigible, il n'est dû qu'un seul droit, bien que la délivrance intéresse plusieurs usagers, parce que le procès-verbal n'a qu'un objet, celui de constater le fait de la délivrance (Sol. 12 mai 1843, Fess. p. 41 n° 19).

3. BOIS A CONSERVER PAR L'ADJUDICATAIRE APRÈS DÉLIVRANCE AUX USAGERS. — Les procès-verbaux dressés par les gardes généraux des forêts et signés par les adjudicataires, qui constatent, après la délivrance à des usagers, le surplus des bois que les adjudicataires *sont tenus* de conserver, en en payant la valeur, opèrent une véritable vente et doivent supporter les droits proportionnels d'enregistrement comme l'adjudication elle-même (Sol. 5 juin 1843, Fess. p. 42 n° 24).

3176. Dépôt. — Empreinte. — Marteau. — Le dépôt des empreintes de marteaux destinés à la marque des bois, *fait par les particuliers*, et des empreintes de marques des bestiaux des usagers, sont assujettis aux droits ordinaires de timbre, de greffe et d'enregistrement (Sol. 6 mai 1823, Dél. 27 mai 1828, 9047 J. E.). — Dans tous les cas, le dépôt au greffe des empreintes des marteaux dont les agents forestiers font usage, tant pour la marque des bois de délits et des chablis que pour les opérations de balivage et martelage, est exempt de tout droit d'enregistrement et de timbre, comme mesure d'ordre public (Sol. 8 juin 1830, 1336 § 4 I. G.). — L'Administration fait d'ailleurs remarquer dans son I. G. que l'exemption ne s'étend pas aux empreintes des marteaux des adjudicataires de coupes de bois, ou des gardes particuliers.

3177. Donation. — Menus produits. — Les délivrances de menus produits des forêts, qui présentent un caractère évident de libéralité, sont passibles du droit de donation, sauf celles qui, consistant particulièrement en pierres, sables, graviers, etc., ont pour objet exclusif des travaux publics (Ord. 1er août 1837 art. 170) ou l'entretien des chemins vicinaux (Ord. 6 oct. 1845), et sauf encore celles qui sont faites à des indigents.

3178. Échange. — Menus produits. — Quelquefois les menus produits des forêts sont échangés contre des graines et semences (Circ. adm. for. 19 juill. 1844, n° 548); les procès-verbaux qui établissent une pareille convention constituent de véritables échanges. Mais comme ces échanges ont lieu entre l'État et les particuliers, ils doivent être enregistrés *gratis*, aux termes de l'art. 70 § 2 n° 1 L. 22 frimaire an 7.

3179. Estimation. — Les procès-verbaux d'estimation que dressent les agents forestiers pour parvenir à l'aliénation des forêts de l'État ont toujours été enregistrés *gratis* (663, 819, 1361 I. G.).

3180. Exploitation des coupes affouagères. — La question s'est plusieurs fois présentée de savoir si les actes relatifs à l'exploitation des coupes affouagères (*V.* 3141) délivrées aux communes, tombent sous l'application de l'art. 104 C. for., qui veut que les actes d'administration et de conservation soient assujettis *en débet* à la double formalité du timbre et de l'enregistrement. On avait cru que tous les actes préliminaires à la coupe, et relatifs à sa délivrance, étant uniquement du ressort des agents forestiers, tombent sous l'application de l'art. 104 C. for., mais qu'il n'en peut être de même des actes concernant l'exploitation de ces coupes, lesquels, étant passés entre particuliers, restent sous l'empire de l'art. 78 L. 15 mai 1818, dont les termes embrassent les *adjudications et marchés* de toute nature passés dans l'intérêt des communes (Déc. 5 juill. 1831, 18 fév. 1832, 10043-10312 J. E.).

1. ADJUDICATION. — Mais il a été décidé depuis que les procès-verbaux d'adjudication peuvent être visés pour timbre en *débet*, à charge de payer les droits de timbre en même temps que ceux d'enregistrement (D. m. f. 20 avr. 1854, 2003 § 9 I. G.).

2. NOMINATION D'ENTREPRENEUR. — En ce qui concerne la question de savoir si la formalité du timbre et de l'enregistrement en *débet* peut être donnée aux délibérations des conseils municipaux contenant nomination d'entrepreneurs pour l'exploitation des coupes affouagères aux communes, il a été considéré qu'une distinction devait être faite. Aux termes des art. 81 et 103 C. for., l'exploitation des coupes affouagères est faite par un entrepreneur spécial nommé par la commune et agréé par l'administration des forêts. Si la nomination de l'entrepreneur par le conseil municipal est pure et simple, c'est un acte prescrit par la loi dans l'intérêt de la conservation des bois, et rentrant dans la classe de ceux que l'art. 104 admet au timbre et à l'enregistrement en débet; mais si la délibération qui nomme l'entrepreneur spécial fixe en outre le salaire qui lui sera payé pour l'exploitation des coupes, elle constate alors une convention particulière entre la commune et l'entrepreneur, qui accepte, un marché sujet au timbre et à l'enregistrement, moyennant le payement immédiat des droits en vertu de l'art. 78 L. 15 mai 1818 (Dél. 23 oct. 1829, 9499 J. E., D. m. f. 17 avr. 1843, 1697 § 1er I. G.).

3181. Marchés. — L'art. 73 L. 15 mai 1818 avait assujetti au droit fixe d'enregistrement de 1 franc : 1° Les adjudications au rabais et marchés pour constructions, réparations, entretien, approvisionnements et fournitures, dont le prix devait être payé directement ou indirectement par le Trésor; — 2° Les cautionnements relatifs à ces adjudications et marchés.

Ce droit avait ensuite été porté à 2 francs par la loi du 15 mai 1850. Il s'appliquait directement à tous les marchés passés au nom de l'État par l'administration forestière pour l'exécution de travaux ou de fournitures dont le prix était à la charge du Trésor public. La loi du 28 février 1872 a abrogé depuis lors l'art. 73 de la loi du 15 mai 1818 et assujetti les adjudications dont il s'agit au droit gradué.

C'est, par conséquent, le droit gradué qui est actuellement exigible sur les marchés dont il s'agit.

1. MENUS MARCHÉS. — Afin de faciliter l'exécution par voie d'entreprise des travaux et des fournitures de peu d'importance, une Décision ministérielle du 1er décembre 1856 avait substitué au droit fixe le droit de 1 pour 100 pour les marchés, et celui de 1/2 pour 100 pour les actes de cautionnement, dans le cas où la quotité de chacun de ces droits proportionnels ne devait pas atteindre le chiffre de 2 francs considéré alors comme un maximum.

Les inconvénients signalés au sujet de l'application de l'ancien droit fixe ne pouvant qu'être aggravés par l'élévation du droit gradué, il a paru qu'il était de l'intérêt du service forestier d'étendre à la nouvelle loi l'interprétation donnée en 1856 aux lois antérieures, il a été décidé qu'il ne sera perçu, à titre de frais d'enregistrement, que le droit de 1 pour 100 du montant des marchés, et celui de 50 centimes pour 100 du cautionnement, lorsque chacun de ces droits proportionnels ne s'élève pas à 5 francs en capital (Déc. Div. gén. 4 janv. 1873, 3702 R. P.). — Cette décision, toute de faveur, n'a pas été notifiée officiellement au service de l'enregistrement.

2. MARCHÉS D'HABILLEMENT. — Il avait été reconnu, sous l'empire de la législation ancienne, que les marchés pour les objets d'équipement, d'armement et d'habillement des préposés sont sujets au timbre et s'enregistrent dans les vingt jours au droit fixe de 2 francs (L. 15 mai 1818 art. 73 et 78). Ces marchés seraient aujourd'hui assujettis au droit gradué (L. 28 fév. 1872 art. 1er § 9).

3. MARCHÉ DE LOGEMENT. — Mais c'est le droit fixe de 3 francs qui continue à s'appliquer aux engagements souscrits par les employés logés d'entretenir les bâtiments, d'y faire les réparations et de payer l'assurance; ces engagements, quoique acceptés par l'autorité supérieure, constituent des actes sous seing privé, sujets à l'enregistrement dans les seuls cas prévus par l'art. 23 de la loi du 22 frimaire an 7. Ce tarif, qui avait été reconnu applicable à ces conventions avant la loi de 1872, n'a pas été modifié.

3182. Notification d'actes par voie administrative. — Toutes les notifications d'actes, autres que les significations, en matières de délits, dont nous avons parlé (V. *Acte judiciaire*) doivent, lorsqu'elles sont faites administrativement par l'intermédiaire des agents des forêts, être exemptes de toute formalité, comme actes d'administration (Arg. de l'I. G. 1896 § 2).

Il en est autrement s'ils sont faits par les huissiers à défaut d'agents des forêts.

3183. Ordonnance. — Les ordonnances sur requête, rendues par les juges, en matière forestière, doivent être enregistrées en débet (436 n° 48 I. G.).

3184. Parcours. — Sont sujets à l'enregistrement les procès-verbaux dressés par suite du droit de parcours des animaux et des habitants d'une commune dans les forêts de l'État, si ces habitants sont des usagers assujettis par leurs titres au payement de vacations forestières, ou si, étant des usagers fondés en titre, ce parcours leur est accordé en dehors de la durée du pacage ou du passage de droit, par pure tolérance, moyennant un prix ou même à titre gratuit.

3185. Pâtre. — Les nominations des pâtres par les maires sont exemptes de toute formalité. — V. 427-4.

3186. Permis d'exploiter. — Les permis d'exploiter délivrés aux adjudicataires, étant des actes de pure administration, sont virtuellement exempts de l'enregistrement et du timbre ; aussi avait-il été reconnu que si la formalité *était demandée*, elle devait être donnée pour *mémoire*. (D. m. f. 3 déc. 1825, 1187 § 11 I. G.). Cependant, la formalité pouvant être utile pour constater la date, ce qui était l'exception est devenu la règle, et il a été définitivement décidé que la formalité de l'enregistrement aurait toujours lieu pour mémoire à la requête des agents des forêts (1685 I. G.). — V. 3203-68 et 100.

Quand le permis d'exploiter est remis sous forme de carte aux adjudicataires, il ne saurait être considéré comme un extrait de ces procès-verbaux ; c'est une pièce d'ordre et d'administration intérieure destinée à faciliter la régularité de l'opération ; elle n'est pas sujette au timbre (Sol. 15 nov. 1856).

3187. Pétition. — Les demandes faites par les communes et les établissements publics, relatives à la régie que le Code réserve à l'administration forestière, sont exemptes de timbre, attendu que les opérations doivent être faites sans aucuns frais, d'après les art. 106 et 107 C. for. (D. m. f. 12 juin 1850, 3243 *Bull.*, D. N. t. 6 p. 198 n° 341).

3188. Procès-verbaux. — On trouvera spécialement au mot *Garde forestier* l'indication des règles applicables à l'enregistrement des procès-verbaux et autres actes de poursuite rédigés par les gardes forestiers.

3189. Produits accessoires. — Les procès-verbaux de reconnaissance des produits accessoires à vendre sont exempts de l'enregistrement, comme actes d'administration intérieure, d'après les dispositions rappelées dans une circulaire de l'Administration des forêts, du 18 février 1836.

3190. Reboisement des montagnes. — La demande de subvention faite par un particulier en cas de *reboisement facultatif* est assujettie au timbre, mais elle peut être timbrée au comptant avant d'être adressée au conservateur des forêts.

Les minutes des arrêtés ou avis d'allocations, de subventions accordées en pareil cas sont exemptes du timbre et de l'enregistrement (art. 80 de la loi du 15 mai 1818) ; mais les expéditions destinées a tout autre qu'à un fonctionnaire public pour le service de l'État doivent être délivrées sur papier timbré.

Les procès-verbaux de reconnaissance, plans, mémoires descriptifs, avant-projet des travaux dressés et préparés par les agents de l'État, en cas de *reboisement obligatoire*, sont dispensés du timbre et de l'enregistrement, comme actes non dénommés dans l'art. 78 de la loi de 1818. Les notifications, comme en nature de défrichement seront visées et enregistrées *gratis*.

Quant aux déclarations des propriétaires relatives, soit à l'exécution des travaux, soit à la réintégration dans les terrains dont ces propriétés auraient été expropriées, du moment qu'elles sont la conséquence du décret déclaratif d'utilité publique, elles tombent sous l'application de l'art. 58 L. du 3 mai 1841 (D. m. f. 30 mai 1861, 2204 § 3 I. G., 1606 R. P.).

3191. Répertoire. — Quoique les préposés et agents forestiers puissent faire des actes extrajudiciaires, ils ne sont point obligés à la tenue d'un répertoire (D. m. f. 12 déc. 1809, 458 I. G.) Les art. 16 et 26 de l'Ord. 1er août 1827 veulent qu'ils tiennent un registre pour y inscrire leurs procès-verbaux à la suite les uns des autres. Ces registres, objets d'ordre intérieur, sont exempts de timbre.

3192. Répression des délits. — Nous avons fait connaître au mot *Acte judiciaire* tout ce qui concerne les actes de poursuites tendant à la constatation et à la répression des délits, jusques et compris les significations de jugements par défaut. Comme nous n'avons rien à ajouter à ce que nous avons dit, nous ne reviendrons pas sur ce sujet. — V. aussi 3203-183 à 192.

1. GARDE-VENTE. — Les procès-verbaux dressés par les gardes des coupes adjugées par l'État rentrent-ils dans la catégorie de ceux qui doivent être enregistrés *en débet*, aux termes de l'art. 170 C. for.? Cette question a été résolue affirmativement dans les *Annales forestières*, année 1846, t. 5 p. 105. Le principal argument mis en avant est que les procès-verbaux dressés par les gardes-vente sont, aux termes de l'art. 31 C. for. soumis aux mêmes formalités que ceux des gardes. Cependant on peut objecter que le garde-vente est le simple agent de l'adjudicataire ; le caractère administratif ne lui appartient pas, puisque ses procès-verbaux ne font foi que jusqu'à preuve contraire, tandis que ceux du garde forestier témoignent de leur contenu jusqu'à inscription de faux ; d'où la conséquence que les procès-verbaux des gardes-vente devraient, comme ceux de tout garde particulier, recevoir la formalité au comptant.

3193. Retraite. — Sont exempts du timbre et de l'enregistrement les déclarations de versement des préposés forestiers à la caisse des retraites de la vieillesse ; les déclarations de changement dans l'état civil d'un déposant ; les déclarations soumettant le versement effectué à des conditions autres que celles régissant les dépôts antérieurs ; les actes de l'état civil, certificats, actes de notoriété et autres pièces exclusivement relatives à la loi sur la caisse de retraite de la vieillesse (L. 18 juin 1850, art. 11, 1880 I. G.).

La liquidation de la pension de retraite nécessite la délivrance de certaines pièces qui sont exemptes du timbre et de l'enregistrement.

On exempte du timbre et de l'enregistrement les certificats constatant les services admissibles pour la retraite, parce que ce sont des actes d'administration intérieure (L. 15 mai 1818 art. 80) ; — et les certificats des médecins assermentés pour congés et retraites : mais le certificat du médecin personnel de l'employé est sujet au timbre (2000 p. 51 I. G.).

Sont sujets au timbre et dispensés de l'enregistrement — 1° les actes de l'état civil produits pour la liquidation de la pension de retraite ; — 2° les certificats de non séparation du corps délivrés par le maire ; ceux qui émanent du greffier du tribunal civil sont sujets à l'enregistrement au droit fixe de 1 franc (1 fr. 50 cent.) et au droit de rédaction de 1 fr. 25 cent. (1354-13 I. G.) ; — 3° les expéditions des actes de tutelle et jugements de séparation (celles délivrées par les greffiers des tribunaux civils sont sujettes au droit de greffe).

Enfin, les actes de notoriété rédigés pour constater, à défaut d'un procès-verbal régulier, les accidents pouvant donner droit à la pension, sont sujets au timbre et doivent être enregistrés au droit fixe de 3 francs (881-1 et 2000 p. 51 I. G.).

3194. Serment (PRESTATION DE). — La prestation de serment des employés des forêts dont le traitement excède 1,500 francs est sujette au droit de 22 fr. 50 cent. ; les autres sont seulement assujetties au droit de 4 fr. 50 cent. — V. *Serment*.

Mais la transcription du procès-verbal de prestation de serment des préposés est exempte du timbre et de l'enregistrement (1683-12 I. G.).

3195. Souchetage. — Les procès-verbaux de souchetage (V. 3132) ayant lieu dans l'intérêt de l'État, doivent être considérés comme actes d'administration. Dès lors, ils sont exempts de toute formalité.

3196. Travaux dans les forêts de l'État. — En ce qui concerne les adjudications de travaux à faire dans les forêts de l'État, les formules du cahier des charges, des procès-verbaux d'adjudication et des procès-verbaux de réception des travaux, ainsi que des feuilles destinées à la rédaction des devis, sont visées pour timbre au droit de 1 fr. 80 cent. *en débet*; mais les adjudicataires sont tenus d'acquitter le montant de ces droits de timbre en même temps que les droits d'enregistrement du procès-verbal d'adjudication (1648 I. G.).

1. ANNÉE 1853. — Une D. m. f. 25 septembre 1852 1959 I. G.) a déterminé *provisoirement*, et *pour l'année* 1853 *seulement*, le mode de perception et de payement des frais des marchés passés pour travaux d'amélioration dans les forêts domaniales. D'après cette décision, dont l'application n'a été que transitoire, ont dû être enregistrées et visées pour timbre *en débet* un certain nombre de pièces déterminées par la décision, et les conservateurs des forêts ont dû faire rembourser aux receveurs le montant des droits *en débet*.

2. DISPOSITIONS NOUVELLES. — AMÉLIORATIONS. — MARCHÉS. — Cette décision a été remplacée par les dispositions suivantes destinées à régler les frais des marchés pour l'exécution des travaux d'*amélioration* (2089 I. G., 793 R. P.).

Cahier des charges. — L'exemplaire ou copie du cahier des charges, produit en la forme administrative, avec ou sans annexe à l'appui, de chaque marché de travaux d'amélioration dans les forêts domaniales, est exempt d'enregistrement.

Plans. — Devis. — Les plans, dessins, états de métrage et détails estimatifs, dressés administrativement jouissent de la même exemption. Mais cette exemption ne serait pas applicable si ces actes émanaient d'architectes, d'experts ou d'autres personnes étrangères aux fonctions administratives.

Soumissions. — Les soumissions doivent être produites par les concurrents, sur papier timbré, à leurs frais, conformément à l'art. 6 de l'arrêté du 25 septembre 1852; mais la soumission de l'entrepreneur, portée à l'art. 3 de cet arrêté comme étant sujette dans tous les cas à l'enregistrement, ne l'est, au contraire, qu'exceptionnellement, lorsqu'à défaut d'un acte particulier constatant le marché, la convention se forme au moyen d'une acceptation de l'autorité administrative écrite à la suite de la soumission.

Procès-verbal d'adjudication. — Le procès-verbal d'adjudication ou l'acte de marché amiable porté à l'art. 4 de l'arrêté précité, comme soumis au timbre seulement doit, de plus, être enregistré.

Procès-verbal de réception. — Le procès-verbal de réception des travaux, sujet au timbre dans tous les cas, d'après l'art. 4 du même arrêté, en est affranchi quand il émane d'un agent ou d'un fonctionnaire administratif.

Cautionnement. — L'acte de cautionnement doit toujours être timbré et enregistré.

Certificats de capacité et de solvabilité. — Les certificats de capacité et de solvabilité des soumissionnaires, doivent être produits sur papier timbré à leurs frais.

Copies de cahiers des charges. — Les copies du cahier des charges et des procès-verbaux d'adjudication ou de réception, la copie de la soumission, celle du devis, et le certificat de réalisation du cautionnement *délivrés aux entrepreneurs*, sont sujets au timbre. — Les copies de ces pièces produites au payeur pour être jointes aux mandats de payement, sont exemptes du timbre lorsqu'elles portent la mention de cette destination.

Tarif. — Enfin, les adjudications ou marchés, et les actes de cautionnement ne sont passibles que du droit proportionnel de 1 pour 100 et de 50 cent. pour 100 d'après l'importance des sommes, lorsque chacun de ces droits proportionnels ne s'élève pas à 2 francs (3 fr.) (D. m. f. 1er déc. 1856, I.G. 2089, 793 R. P.).

Débet. — Recouvrement. — Les formalités du visa et de l'enregistrement continuent a être données en débet, et les droits à payer par les entrepreneurs, doivent être relevés au sommier des droits en débet au fur et à mesure des enregistrements. Après l'approbation de chaque marché, le chef du service forestier doit transmettre au receveur de l'enregistrement un bordereau des droits restés en suspens et dont celui-ci doit suivre le recouvrement. Ce bordereau est rapproché du sommier, et le montant en est demandé à l'entrepreneur, à qui une quittance doit être délivrée à l'effet d'obtenir l'autorisation de commencer les travaux.

Les droits de timbre et d'enregistrement doivent ensuite être portés en recette effective sur les différents registres de formalité (2089 I. C., 793 R. P.).

3. *Idem.* — EXPLOITATION. — MARCHÉS. — Les règles précédentes ont été étendues aux marchés d'exploitation dans les forêts de l'État. En conséquence, les actes relatifs aux marchés pour l'exécution des travaux *d'exploitation* dans les forêts de l'État doivent recevoir en débet la double formalité du timbre et de l'enregistrement, et les droits restés en suspens sont à la charge de l'entrepreneur, qui les acquitte après l'approbation du marché. Le recouvrement en est fait au vu du bordereau à remettre au receveur par le chef du service forestier (D. m. f. 24 mars 1864, 2286-5 I. G., 1972-5 R. P.).

3197. Usurpation. — Les arrêtés qui, sur la demande des parties intéressées, confirment ou rectifient les rapports des commissaires chargés de faire la recherche des biens communaux usurpés, sont sujets à l'enregistrement dans les vingt jours de leur date et passibles du droit de 5 fr. 50 cent. pour 100 sur la valeur estimative des biens que les détenteurs conservent et auxquels ils n'ont pas droit (D. m. f. 21 août 1820, 3953 J. E.). Dans le cas où la confirmation ou la rectification est pure et simple, ces arrêtés paraissent exempts d'enregistrement et de timbre, comme actes d'administration générale.

SECTION 4. — DÉLAI. — PEINE EN CAS DE RETARD. BUREAU

[3198-3203]

3198. Délai de quatre jours. — Répression des délits. — Les procès-verbaux et autres actes du ministère des gardes et des agents forestiers, tendant à la répression des délits, doivent être enregistrés dans les quatre jours de leur date, au bureau de leur résidence ou à celui le plus voisin de cette même résidence (D. m. f. 28 nov. 1809, 1050 n° 2 I. G.). L'art. 170 C. for. prononce la nullité de tous les procès-verbaux qui ne seraient pas enregistrés dans ce délai. — V. 3192.

1. POINT DE DÉPART. — Le même art. 170 fixe le point de départ de ce délai au jour qui *suivra* celui de l'affirmation, ou celui de la clôture du procès-verbal, s'il n'est pas sujet à affirmation. Dans le délai ne doit pas être compris le jour de l'affirmation ou celui de la clôture du procès-verbal (D. m. f. 12 juill. 1822, 1050 n° 2 I. G., Sol. 28 oct. 1828, 1265 § 6 I. G.; — Cass. 2 août 1832, 10660 J. E.).

2. AFFIRMATION. — Les seuls procès-verbaux des simples gardes (gardes à pied) sont sujets à l'affirmation. Ceux rédigés par tous les autres agents forestiers, les gardes à cheval, les gardes généraux, etc., se trouvent dispensés de cette formalité.

L'affirmation, dans le cas où elle est nécessaire, ne s'applique qu'aux procès-verbaux de délits de nature à déterminer des poursuites devant l'autorité judiciaire. Tous les autres procès-verbaux relatifs à l'exploitation des coupes sont exempts de cette formalité (Ord. 17 mai 1833, 10713 J. E.).

3. PARTICULIERS. — Les dispositions ci-dessus sont, aux termes de l'art. 189 C. for., applicables aux poursuites exercées au nom et dans l'intérêt des particuliers, pour délits et contraventions commis dans leurs bois.

3199. — Délai de vingt jours. — Adjudication. — Baux. — Marchés. — Les procès-verbaux d'adjudication des coupes ou des produits accessoires des bois et forêts de l'État, des communes et des établissements publics, passés devant les fonctionnaires de l'ordre administratif, sont soumis à l'enregistrement dans le délai de vingt jours, d'après la disposition générale, art. 78 L. 15 mai 1818.

A l'égard des procès-verbaux de délivrance des produits accessoires, cédés de gré à gré ou sur estimation préalable, ils sont nécessairement, comme actes translatifs, assujettis à l'enregistrement, dans le délai de vingt jours, de même que les adjudications.

Il en est de même des baux et marchés.

1. POINT DE DÉPART. — Une remarque essentielle est à faire ici, c'est que si, conformément à ce que nous avons dit v° *Acte administratif*, le délai ne court pour les actes administratifs sujets à approbation que du jour de la réception de cette approbation, cette règle est sans application à certains actes passés *devant les maires* en matière forestière. S'il est vrai, en effet, que les actes rédigés par les maires sont sujets à l'approbation du préfet, il résulte néanmoins d'une D. m. f. du 10 juin 1848 (Circ. adm. for. 9 juill. 1848, n° 616) que les adjudications de produits accessoires des forêts soit de l'État, soit des communes et les marchés pour travaux à effectuer dans les forêts de l'État qui sont passés devant les maires, pour le compte de l'État ou des communes, ne doivent pas être soumises à l'approbation des préfets. Cette décision est fondée : 1° pour *les adjudications*, sur ce que, les maires agissant par délégation des préfets, cette délégation est absolue et ne peut être limitée que par une restriction formellement exprimée, et sur ce que, d'ailleurs, toute vente faite dans les formes prescrites par le C. for. et l'Ord. réglementaire est considérée comme définitivement consommée dans la séance publique d'adjudication; — 2° pour les marchés, la décision se fonde sur la nécessité d'exécuter promptement les travaux à faire dans les forêts de l'État.

Il résulte de là que, pour cette nature d'actes, le contrat étant parfait du jour de sa date, c'est de cette date que court le délai de vingt jours pour l'enregistrement.

2. BAIL. — La mise en ferme des biens communaux qui ne sont pas nécessaires à la dépaissance des troupeaux est régie par l'Ord. du 7 octobre 1818. L'art. 5 porte : « L'adjudication ne sera définitive qu'après l'approbation du préfet, et le délai pour l'enregistrement sera de vingt jours après celui où elle aura été donnée, conformément à l'art. 78 L. 15 mai 1818 » (6265 J. E.).

3. PROCÈS-VERBAUX ADMINISTRATIFS. — Tous les procès-verbaux rédigés par les agents forestiers, pour l'administration et la conservation des forêts, procès-verbaux qu'il ne faut pas confondre avec ceux rédigés pour constater des délits (*V.* 3198), doivent, sauf ceux exempts de la formalité (*V.* 3143-5) et ceux qui n'y sont soumis que dans le délai de deux mois (*V.* 3201), être enregistrés dans le délai de vingt jours.

Actes antérieurs aux délivrances en nature. — En ce qui concerne les actes d'administration relatifs aux *délivrances en nature*, faites soit à des communes, soit à des affouagistes, usagers ou autres, de coupes d'arbres ou de produits accessoires des bois soumis au régime forestier, les procès-verbaux d'assiette, de balivage, de martelage et d'autres opérations *antérieures à la délivrance*, sont assujettis à l'enregistrement dans le délai de vingt jours à dater des procès-verbaux de délivrance. Mais ce dernier procès-verbal, comme les simples permis d'exploiter, n'est pas soumis à l'enregistrement (281, 1050 § 2, 1187 § 11, 1481 § 11, 1504 § 5, 1577 § 16 I. G.).

Arpentage. — Balivage. — Martelage. — On doit faire enregistrer avec l'adjudication, et dans le même délai, les procès-verbaux d'assiette, d'arpentage, balivage et martelage, dressés par les agents forestiers (281, 1050 § 2 I. G.).

Les agents forestiers sont tenus de joindre copie des permis d'exploiter aux procès-verbaux d'arpentage et de martelage présentés à l'enregistrement, afin de faire connaître la date de la délivrance et de justifier ainsi que ces actes sont soumis à la formalité dans le délai fixé par les décisions précédentes (D. 3 déc. 1825, 1187 § 11 I. G.).

Bris de réserve. — L'Administration a considéré que le bris de réserve n'est point un délit, mais un accident inhérent à l'exploitation des forêts ; elle a décidé, en conséquence, le 3 juin 1851 (15208-3 J. E.), que le concours d'un agent de l'autorité donnant au procès-verbal le caractère d'acte administratif, il ne doit être enregistré que dans les vingt jours de sa date. Le délai court du jour de l'envoi au receveur par le directeur de ces procès-verbaux afin de recouvrement de l'indemnité due au Trésor par l'entrepreneur (Sol. 23 nov. 1853).

Délivrance de harts. — D'après une D. du 4 juillet 1825 (1169 I. G.), les procès-verbaux de délivrance des harts, rouettes et perches, doivent être enregistrés en débet (I. des fin. 20 juin 1859 n° 876). Une D. du 29 octobre 1855 (619 R. P., 2062 § 3 I. G.), porte qu'ils doivent être enregistrés dans les vingt jours de leur date.

Réarpentage. — Récolement. — Les procès-verbaux de réarpentage et de récolement des coupes devraient, aux termes d'une D. m. du 19 germinal an 13 (281 I. G.), être enregistrés dans les vingt jours, mais seulement à *compter de la date où l'adjudicataire aurait eu connaissance* de la décharge d'exploitation ou de l'acte qui constate qu'elle leur a été refusée. Ces actes n'étant point exclusivement relatifs à l'administration intérieure, puisqu'ils peuvent servir de titre contre les adjudicataires pour le payement des suppléments de prix, cette décision doit continuer de servir de règle, nonobstant la loi du 15 mai 1818. — *V.* 3200.

Deux arrêts de la C. cass., des 26 septembre 1839 et 23 mai 1840 (12658-3 J. E.), rendus entre parties civiles, ont décidé que les procès-verbaux de récolement, relatifs aux délivrances en nature dans les forêts communales, ne sont sujets à l'enregistrement que lorsqu'il devient nécessaire d'en faire usage. — Déjà un premier arrêt, émané de la même cour, le 8 avril 1808 (Dalloz *Jur. gén.* v° *Forêts* n°s 1344, 1349), avait décidé que l'art. 20 L. 22 frimaire an 7 n'est pas applicable aux procès-verbaux de récolement des bois nationaux, attendu que ces procès-verbaux ne peuvent être considérés que comme des actes de l'administration publique qui ne doivent être revêtus de la formalité que lorsque l'une des parties en veut faire usage.

Nous avons établi au mot *acte passé en conséquence d'un autre*, n°s 1258 et suiv., que l'on peut faire usage, *sans le faire enregistrer*, de tout acte qui se trouve exempt de la formalité. Or, dès l'instant que la Cour suprême reconnaît le caractère *purement administratif* aux procès-verbaux qui nous occupent, ces procès-verbaux se trouvent virtuellement exempts d'enregistrement, et la Cour manque à ce principe en les déclarant assujettis à l'enregistrement lorsque *l'on veut en faire usage* (*Conf.* : D. N. t. 6 p. 195 n° 316).

3200. Délai de deux mois. — Actes postérieurs à délivrance. — Nous avons dit ci-dessus que les actes d'administration *antérieurs* aux délivrances en nature faits soit à des communes, soit à des affouagistes, usagers ou autres, devaient être soumis à l'enregistrement dans le délai de vingt jours à dater des procès-verbaux de délivrance. Quant aux actes d'Administration *postérieurs* à la délivrance *aux usagers* ou *affouagistes*, tels que procès-verbaux de réarpentage et de récolement, une Déc. 12 juillet 1822 porte qu'ils doivent être enregistrés dans le délai de deux mois à partir de leur date (1050 § 2 I. G.). Les décisions qui font l'objet des I. G. 1187 § 11, 1481 § 11, 1504 § 5 et 1577 § 16, semblent confirmer ces dispositions quant à l'obligation même de l'enregistrement, mais sans rappeler dans quel délai la formalité doit avoir lieu.

3201. Enregistrement hors délai. — Amende. — Les agents rédacteurs des procès-verbaux de délits, qui ne soumettent pas ces actes à la formalité dans le délai de quatre jours (*V.* 3198), sont passibles d'une amende de 5 francs, d'après la disposition générale des art. 34 L. 22 frimaire an 7 et 10 L. 16 juin 1824.

1. DOUBLE DROIT. — Quant aux procès-verbaux administratifs (*V.* 3199, 3200) que l'art. 104 C. for. déclare assujettis à l'enregistrement *en débet*, comme cet article n'a ni fixé de délai pour cet enregistrement, ni prononcé d'amende pour défaut de la formalité, on pourrait croire qu'aucune peine n'est encourue par l'agent qui a laissé passer le délai de vingt jours sans les soumettre à l'enregistrement. Mais l'Administration admet que toute disposition qui oblige à faire une chose dans un délai déterminé a pour corrélatif nécessaire une autre disposition qui prononce une peine contre celui qui n'a pas rempli l'obligation imposée : c'est la *sanction* de la loi. Elle pense que sans cette sanction l'obligation est illusoire, et qu'il n'y a plus à proprement parler d'obligation. Aussi une Dél. 3 mars 1829 (9287 J. E.) porte-t-elle que la peine *du double droit*, prononcée pour les actes administratifs, est encourue pour les procès-verbaux de déli-

vrance, ceux de récolement et autres faits en exécution de l'art. 104 C. for., pour la délivrance de bois en nature, qui ne sont pas soumis à la formalité dans le délai de vingt jours ou de deux mois, selon qu'ils sont antérieurs (*V.* 3024-3) ou postérieurs (*V.* 3200) à la délivrance. — Il en est de même de tous les autres actes administratifs, en matière forestière, sujets à l'enregistrement dans un délai déterminé.

Délai. — Pour ceux de ces actes susceptibles de recevoir la formalité en *débet*, la peine du double droit encourue pour défaut d'enregistrement dans le délai doit être perçue au comptant. — *V. Acte judiciaire* 770-2.

Gratis. — Est-il dû une amende pour défaut d'enregistrement dans le délai légal, des actes qui doivent recevoir la formalité *gratis ?* — *V.* 999.

3202. Bureau. — Les gardes et agents des forêts peuvent faire enregistrer leurs actes et procès-verbaux au bureau le plus voisin de leur résidence, lors même que ce bureau ne serait pas celui de leur arrondissement (D. m. f. 28 nov. 1809, 458 n° 1er J. E., 1050 n° 2, 1490 I. G.). Il n'y a d'exception que pour les procès-verbaux de réarpentage, récolement et autres, postérieurs aux procès-verbaux de délivrance en nature dans les forêts des communes et des établissements publics, lesquels doivent être enregistrés au bureau de la résidence de l'agent qui les a rédigés (1050 n° 2 I. G.).

3203. Résumé. — Nous ne pouvons mieux faire, pour terminer cet article, que de reproduire, d'après le *Dictionnaire de manutention*, des tableaux qui présentent avec clarté la nomenclature complète des différentes pièces relatives au service forestier et l'indication des droits de timbre et d'enregistrement auxquels ces pièces sont assujetties. Les énonciations de ces tableaux sont conformes aux précédents de l'administration centrale des forêts.

Nos D'ORDRE.	NATURE DES ACTES	TIMBRE.	ENREGISTREMENT.	OBSERVATIONS.
	§ 1er. — Personnel.			
1	Commissions d'agents	Timbré.	Exempt.	1577 § 20, 1918 I. G.
	— de préposés	Id.	Id.	
	— de gardes particuliers	Id.	3 fr. fixe.	Autant de droits que la commission énonce de propriétaires ayant un intérêt distinct (1347 § 7 I. G.).
2	Prestation de serment des agents ayant plus de 1,500 francs de traitement	Id.	22 f. 50 fixe.	
2 *bis*	Prestation de serment des autres agents ou préposés.	Id.	4 fr. 50 fixe.	
3	Transcription du serment	Exempt.	Exempt.	1683 § 12 I. G.
4	Dépôt de l'empreinte des marteaux particuliers des agents	Id.	Id.	1336 § 4 I. G.
5	Procès-verbal d'installation	Id.	Id.	
6	Déclarations de versements à la caisse de retraite de la vieillesse	Id.	Id.	1880 I. G. (Art. 11 L. 18 juin 1850).
7	Déclarations de changement dans l'état civil d'un déposant	Id.	Id.	Id.
8	Déclarations soumettant le versement effectué à des conditions autres que celles régissant des dépôts antérieurs	Id.	Id.	Id.
9	Actes de l'état civil, certificats, actes de notoriété et autres pièces exclusivement relatives à la loi sur la caisse de retraite de la vieillesse	Id.	Id.	Id.
10	Actes de l'état civil produits pour la liquidation de la pension de retraite	Timbré.	Id.	Art. 12 et 19 L. 13 brumaire an 7.
11	Certificats de non séparation de corps ou de non-divorce, délivrés par un maire	Id.	Id.	
	— délivrés par un greffier de tribunal civil	Id.	1 fr. 50 fixe.	Plus le droit de rédaction de 1 fr. 25 (1354 § 13 I. G., 2480 I. G.).
12	Expédition des actes de tutelle et jugements de séparation	Id.	Exempt.	Celles délivrées par les greffiers des tribunaux civils sont sujettes au droit de greffe (L. 21 vent. an 7).

Nos D'ORDRE.	NATURE DES ACTES.	TIMBRE.	ENREGISTREMENT.	OBSERVATIONS.
13	Actes de notoriété pour constater, à défaut d'un procès-verbal régulier, les accidents pouvant donner droit à pension.	Timbré	3 fr. fixe.	(881 nº 1er, 2000 p. 51 I. G.).
14	Certificats de médecins assermentés pour congés et retraites.	Exempt.	Exempt.	Mais le certificat du médecin de l'employé est sujet au timbre (2000 p. 51 I. G.).
15	État des lieux des maisons forestières.	Id.	Id.	Loi du 15 mai 1818, art. 80.
16	Engagement souscrit par les employés logés de soigner et entretenir l'immeuble, de faire les réparations locatives et de payer l'assurance contre l'incendie. . . .	Timbré.	3 fr. fixe.	Cet acte sous seing privé n'est sujet à l'enregistrement que dans les cas prévus par l'art. 23 L. 22 frimaire an 7.
17	Marchés pour les objets d'équipement, d'armement et d'habillement des préposés.	Id.	Droit gradué.	Soumis à l'enregistrement dans les vingt jours (Art. 73 et 78 L. 15 mai 1818).
18	Certificats constatant les services admissibles pour la retraite.	Exempt.	Exempt.	Acte d'administration (Art. 80 L. 15 mai 1818).

§ 2. — *Aliénation de bois domaniaux* (*sol et superficie*).

Nos D'ORDRE.	NATURE DES ACTES.	TIMBRE.	ENREGISTREMENT.	OBSERVATIONS.
19	Procès-verbal de lotissement.	Exempt.	Exempt.	Art. 80 L. 15 mai 1818.
19*bis*	Procès-verbal descriptif.	Id.	Id.	Id.
20	Affiches.	Id.	Id.	Art. 66 L. 9 vendémiaire an 7.
21	Cahier des charges.	Id.	Id.	La copie jointe au procès-verbal d'adjudication est sujette au timbre (1401 § 10 I. G.). Les droits en sont compris dans la taxe de 80 centimes pour 100 du prix d'adjudication (1944 I. G.).
22	Clauses spéciales.	Id.	Id.	Même observation.
23	Procès-verbal d'adjudication.	Timbré.	2 p. 100.	Le droit de timbre est compris dans la taxe de 80 centimes pour 100 et le droit d'enregistrement est payé comptant (Arr. 21 sept. 1852, art. 9 1944 I. G.).
24	Soumission	Id.	Exempt.	Cet acte se confond avec le procès-verbal d'adjudication.
25	Déclaration de command.	Id.	4 fr. 50 fixe.	Si elle n'est pas faite dans le délai et dans les conditions déterminés, elle constitue une revente sujette au droit de 5 fr. 50 cent. pour 100.
26	Réception des cautions.	Id.	50 c. p. 100.	Même observation que pour le procès-verbal d'adjudication.
27	Pièces à délivrer à l'adjudicataire. — Expédition du procès-verbal descriptif.	Id.	Exempt.	
	Expédition des cahiers des charges générales et spéciales.	Id.	Id.	Art. 19 L. 13 brumaire an 7, 80 L. 15 mai 1818 et 8 et 9 de l'arrêté du 21 septembre 1852 (1944 I. G.). — Les droits de timbre sont compris dans la taxe de 80 centimes pour 100 (1944 I. G.).
	Expédition du procès-verbal d'adjudication, contenant la déclaration de command et l'acte de cautionnement	Id.	Id.	
28	Pièces à délivrer au directeur des domaines. — Expédition des cahiers des charges.	Timbré.	Exempt.	Art. 8 et 9 de l'arrêté du 21 septembre 1852 (1944 I. G.). Les droits de timbre sont compris dans la taxe de 80 centimes pour 100.
	Expédition du procès-verbal d'adjudication, de la déclaration de command et de l'acte de cautionnement.	Id.	Id.	
29	Pièces à délivrer aux agents forestiers et au trésorier-payeur général. — Expédition des cahiers des charges.	Exempt.	Id.	
	Expédition du procès-verbal d'adjudication, de la déclaration de command et de l'acte de cautionnement.	Id.	Id.	

Nos D'ORDRE.	NATURE DES ACTES.	TIMBRE.	ENREGISTREMENT.	OBSERVATIONS.
	§ 3. — *Défrichements.*			
30	Déclaration d'intention de défricher.	Timbré.	Exempt.	Décision 19 nov. 1866 (2341 § 13 I. G.). — *V.* 2998.
31	Procès-verbal de reconnaissance.	Id.	Id.	Décision 28 déc. 1859 (2167 § 1er I. G.). — *V.* 2998.
32	Notification de ce procès-verbal.	Gratis.	Gratis.	Id.
33	Avertissement	Exempt.	Exempt.	Id.
34	Signification d'opposition provisoire.	Gratis.	Gratis.	Id.
35	Signification de décision ministérielle.	Id.	Id.	Id.
	§ 4. — *Reboisements.*			
36	Demande de subvention ou prime par un particulier.	Timbré.	Exempt.	Cette pièce doit être timbrée au comptant avant d'être adressée au conservateur (Déc. 30 mai 1861, 2204 § 3 I. G.).
37	Demande de subvention ou prime par une commune.	Exempt.	Id.	Déc. 30 mai 1861 (2204 § 3 I. G., Sol. 7 août 1861.
38	Avis d'allocation d'une subvention. Minute	Id.	Id.	Id.
	Avis d'allocation d'une subvention. Copie	Id.	Id.	*Idem.* — L'expédition délivrée à toute autre personne qu'à un fonctionnaire public est sujette au timbre (2204 § 3 I. G.).
	§ 5. — *Délimitation et bornage.*			
39	Signification de l'arrêté qui prescrit la délimitation et convocation des riverains. Minute.	Timbré.	3 fr. fixe.	Les formalités sont données en débet (1265, 1258 § 3 I. G.). — *V.* nos 3190 et 2231. Autant de droits qu'il y a de riverains cités (1473 § 1er, 1598 I. G.).
	Signification de l'arrêté qui prescrit la délimitation et convocation des riverains. Copie.	Id.	Exempt.	
40	Minute des procès-verbaux de délimitation générale.	Id.	3 fr. fixe.	Toujours fait à la requête de l'administration des forêts; ne donne pas lieu à la pluralité des droits.
41	Minute des procès-verbaux de bornage général.	Id.	Id.	Même observation.
42	Minute des procès-verbaux de délimitation partielle.	Id.	Id.	Un seul droit si l'acte est fait à la requête de l'administration des forêts. — Dans le cas contraire, il peut être perçu un droit par chaque requérant ayant un intérêt distinct (11856 J. E.).
43	Minute des procès-verbaux de bornage partiel.	Id.	Id.	
44	Plans annexés aux procès-verbaux et dressés par des agents forestiers.	Exempt.	Exempt.	Art. 80 L. 15 mai 1818.
45	S'ils sont dressés par des experts étrangers à l'administration	Timbré.	3 fr. fixe.	
46	Extrait des procès-verbaux de délimitation à déposer aux sous-préfectures.	Exempt.	Exempt.	Délivrées par un fonctionnaire à un autre fonctionnaire, ces pièces sont dispensées du timbre par l'art. 16 no 1er L. 13 brumaire an 7, et de l'enregistrement par l'art. 8 L. 22 frimaire an 7.
47	Expéditions des procès-verbaux de délimitation ou de bornage destinées aux agents forestiers.	Id.	Id.	
48	Expéditions des mêmes procès-verbaux destinées aux communes	Timbré.	Exempt.	Art. 80 L. 15 mai 1818.
49	*Idem* pour des particuliers.	Id.	Id.	Id.
50	État de répartition des frais.	Exempt.	Id.	Pièce d'ordre intérieur qui reste dans les mains des agents forestiers.
51	Expédition de cet état à remettre au comptable pour le recouvrement des frais.	Timbré.	Id.	Déc. 26 octobre 1841 (12866-7 J. E.).

§ 6. — *Ventes de coupes.*

Nos D'ORDRE.	NATURE DES ACTES.	BOIS DOMANIAUX			BOIS COMMUNAUX		
		TIMBRE.	ENREGISTREMENT.	OBSERVATIONS.	TIMBRE.	ENREGISTREMENT.	OBSERVATIONS.
52	Procès-verbal d'arpentage.	Timbré.	3 fr. fixe.	Formalités en débet. Les droits en sont compris dans la taxe de 1 fr. 50 c. p. 100 (1522 I. G.).	Timbré.	3 fr. fixe.	Les formalités sont données en débet, sauf recouvrement des droits sur les adjudicataires (1496 2180, I. G.).
53	Procès-verbal de balivage.	Id.	Id.	Même observation.	Id.	Id.	Même observation.
54	Procès-verbal d'estimation.	Exempt.	Exempt.		Exempt.	Exempt.	
55	Affiches.	Id.	Id.		Id.	Id.	
56	Procès-verbaux d'adjudication (minute).	Timbré.	2 p. 100.	Le droit de timbre est compris dans la taxe de 1 fr. 60 c. p. 100. Le droit d'enregistrement est payé comptant (1522 I.G.).	Timbré.	2 p. 100.	Le droit de timbre est recouvré sur les adjudicataires. Le droit d'enregistrement est payé comptant.
57	Cahier des charges	Exempt.	Exempt.	La copie jointe au procès-verbal d'adjudication est sujette au timbre (1401 § 10 I. G.). Le droit est compris dans la taxe de 1 fr. 50 c. p. 100 (1522 I. G.).	Exempt.	Exempt.	La copie annexée au procès-verbal est sujette au timbre (1401 § 10 I. G.).
58	Acte de cautionnement. . .	Timbré.	50 c. p. 100.	Même observation que pour le procès-verbal d'adjudication. .	Timbré.	50 c. p. 100.	Même observation que pour le procès-verbal d'adjudication.
59	Certificat de caution	Id.	3 fr. fixe.	Id.	Id.	3 fr. fixe.	Id.
	Pièces à délivrer aux adjudicataires et aux comptables chargés du recouvrement :						
61	Expédition du procès-verbal d'adjudication. . . .	Timbré.	Exempt.	Droit de timbre compris dans le 1 fr. 50 c. p. 100 (1522 I. G.). .	Id.	Exempt.	Le droit de timbre est payé par l'adjudicataire (1496, 2180 I. G.).
62	Exemplaire du cahier des charges	Timbré.	Id.	Même observation.	Id.	Id.	Même observation.

Nos D'ORDRE.	NATURE DES ACTES.	BOIS DOMANIAUX			BOIS COMMUNAUX		
		TIMBRE.	ENREGISTREMENT	OBSERVATIONS.	TIMBRE.	ENREGISTREMENT.	OBSERVATIONS.
	Pièces à délivrer à l'agent forestier chef de service :						
64	Expédition du procès-verbal d'adjudication	Exempt.	Exempt.	L. 13 brumaire an 7 art. 16 nº 1er. . . .	Exempt.	Exempt.	
65	Exemplaire du cahier des charges	Id.	Id.	Id.	Id.	Id.	
	Pièces à délivrer au préfet, au conservateur des forêts aux directeur et receveur des domaines :						
66	Extraits du procès-verbal d'adjudication	Id.	Id.	(1496 I. G.)	Id.	Id.	
67	Exemplaires du cahier des charges	Id.	Id.	Id.	Id.	Id.	
68	Permis d'exploiter.	Id.	Id.	On l'enregistre pour mémoire afin d'en conserver la date (1685 I. G.).	Id.	Id.	Même règle que pour les bois domaniaux.
69	Registre du garde-vente. .	Timbré.	Id.	Ord. 1er août 1827, art. 94 (1251 I. G.), 11644 J. E.).	Timbré.	Id.	
70	Prestat. de serm. du facteur.	Id.	1 fr. 50 fixe.	Le serment est prêté devant le juge de paix (C. for. art. 31 (1251 I. G.).	Id.	1 fr. 50 fixe.	
71	Expédit. de cette prestation.	Id.	Exempt.		Id.	Exempt.	
71 *bis*	Dépôt de l'empreinte du marteau.	Id.	4 fr. 50 fixe.	Plus le droit de rédaction de 1 fr. 25 c. (1336 § 4 I. G.). . .	Id.	4 fr. 50 fixe.	Plus le droit de greffe.
72	Citation à réarpentage et récolement . . . Original.	Timbré.	3 fr. fixe.	Droits compris dans la taxe de 1 fr. 60 c. p. 100 (7835 J. E., 1496 I. G.).	Id.	3 fr. fixe.	Les formalités sont données en débet, sauf recouvrement sur les adjudicataires.
	Copie.	Id.	Exempt.		Id.	Exempt.	
73	Proc.-verb. de réarpentage.	Id.	3 fr. fixe.	Formalités en débet. Les droits étant compris dans la taxe de 1 fr. 50 p. 100 (1496, 1522 I. G.).	Id.	3 fr. fixe.	Formalités en débet, sauf recouvrement des droits sur les adjudicataires 1496, 2180 I. G.).
74	Proc.-verb. de récolement.	Id.	Id.	Id. (L'exemption des formalités est indiquée par erreur dans une édition du C. for.).	Id.	Id.	Id.
75	Procès-verbal à l'effet de provoquer la décharge d'exploitation	Exempt.	Exempt.		Exempt.	Exempt.	Art. 80 L. 15 mai 1818.
76	Proc.-verb. d'adjudication de bois façonnés (minute).	Timbré.	2 p. 100	Droit d'enregistrement au comptant si le prix est fixé dans le procès-verbal. Droit en suspens si le prix doit être déterminé plus tard par un procès-verbal de dénombrement.	Timbré.	2 p. 100.	Droit d'enregist. au comptant (2049 § 6 I. G.). V. ci-contre.

Nos D'ORDRE.	NATURE DES ACTES.	BOIS DOMANIAUX			BOIS COMMUNAUX		
		TIMBRE	ENREGISTREMENT.	OBSERVATIONS.	TIMBRE.	ENREGISTREMENT.	OBSERVATIONS.
77	Cahier des charges (minute).	Exempt.	Exempt.	La copie annexée au procès-verbal est sujette au timbre . . .	Exempt.	Exempt.	*V.* plus haut l'observation relative au cahier des charges des ventes de coupes.
	Pièces à fournir aux conservateurs et inspecteurs des forêts :						
79	Expédition du procès-verbal d'adjudication. . . .	Id.	Id.		Id.	Id.	
80	Exemplaires des cahiers des charges.	Id.	Id.		Id.	Id.	
81	*Pièces à délivrer aux receveurs des domaines ou municipaux :*						
82	Expédition du procès-verbal d'adjudication. . . .	Timbré.	Id.	Le droit de timbre est compris dans le 1 et 60 p. 100.	Timbré.	Id.	Le droit de timbre est payé par l'adjudicataire.
83	Exemplaire du cahier des charges.	Id.	Id.	Id.	Id.	Id.	Id.
84	*Pièces à remettre aux adjudicataires :*						
	Extraits du procès-verbal d'adjudication	Id.	Id.	Id.	Id.	Id.	Id.
85	Exemplaire du cahier des charges.	Id.	Id.	Id.	Id.	Id.	Id.
	Pièces à transmettre au receveur des finances, au garde général :						
86	Extraits du procès-verbal d'adjudication	Exempt.	Id.		Exempt.	Id.	Pièces d'ordre.
87	Procès-verbal de dénombrement des produits pour fixer le prix de vente à payer par l'adjudicataire	Timbré.	2 p. 100.	(2167 § 6 I. G.)	Timbré.	2 p. 100.	
88	Procès-verbal de vérification des réserves.	Id.	3 fr. fixe.	Les droits ne sont recouvrés que dans le cas où l'erreur signalée par l'adjudicataire n'existe pas.	Id.	3 fr. fixe.	*V.* ci-contre.
89	Procès-verbal de vérification de souchetage. . . .	Gratis.	Gratis.	Ord. 1er août 1827, art. 93 (1251 I. G.). . .	Gratis.	Gratis.	Id.
90	Procès-verbal de désignation de fauldes, places d'atelier.	Exempt.	Exempt.		Exempt.	Exempt.	
91	Procès-verbal de règlement d'indemnités pour bois de réserve	Timbré.	3 fr. fixe		Timbré.	3 fr. fixe.	
92	Procès-verbal de reconnaissance et d'estimation des produits d'élagage des réserves délivrer à l'adjudicataire de la coupe.	Id.	2 p. 100		Id.	2 p. 100.	

N°s D'ORDRE.	NATURE DES ACTES.	BOIS DOMANIAUX			BOIS COMMUNAUX		
		TIMBRE.	ENREGISTREMENT.	OBSERVATIONS.	TIMBRE.	ENREGISTREMENT.	OBSERVATIONS.
93	Procès-verbal de délivrance de harts.	Timbré.	2 p. 100.	(1169 et 2062 § 3 I. G.).	Timbré.	2 p. 100	*V.* ci-contre.
94	Extrait de la décision du conservateur autorisant un chemin de vidange. .	Exempt.	Exempt.		Id.	Id.	
95	Extrait de la décision du conservateur accordant un délai d'exploitation et de vidange.	Id.	Id.		Id.	Id.	
96	Procès-verbal de reconnaissance d'arbres de marine après abatage . .	Timbré.	3 fr. fixe.	Formalités en débet (Déc. 19 février 1862, art. 6; Circ. forêts, 19 mars 1862). . . .			N'a jamais lieu dans les bois communaux.

§ 7. — *Coupes délivrées en nature.*

N°s D'ORDRE.	NATURE DES ACTES.	TIMBRE.	ENREGISTREMENT.	OBSERVATIONS.	TIMBRE.	ENREGISTREMENT.	OBSERVATIONS.
97	Procès-verbal d'arpentage.	Timbré.	3 fr. fixe.	Ces pièces sont visées pour timbre en débet, sauf recouvrement sur les usagers et enregistrées en débet ou gratis, selon que les usagers sont tenus ou non d'acquitter les vacations forestières 1481, 1504 § 5, 1577 § 16 I. G.).	Timbré.	3 fr. fixe.	Les formalités sont données en débet et les droits ne sont recouvrés qu'en cas de poursuites devant les tribunaux (C. for. art. 104, 1504 § 5, I. G.).
98	Procès-verbal de balivage.	Id.	Id.	(même observation)	Id.	Id.	(même observation)
99	Procès-verbal d'estimation.	Exempt.	Exempt.		Exempt.	Exempt.	
100	Procès-verbal de délivrance et permis d'exploiter	Timbré	3 fr. fixe.	Même observation que pour les procès-verbaux d'arpentage et de balivage	Timbré.	3 fr. fixe.	Même observation que pour les procès-verbaux d'arpentage et de balivage.
101	Expédition pour l'entrepreneur.	Id.	Exempt.		Id.	Exempt.	
102	Citation à récolement et à réarpentage. . Original.	Id.	3 fr. fixe.	Id.	Id.	3 fr. fixe.	Id.
	Copie.	Id.	Exempt.		Id.	Exempt.	
103	Procès-verbal de récolement	Id.	3 fr. fixe.	Id.	Id.	3 fr. fixe.	Id.
104	Proc.-verb. de réarpentage.	Id.	Id.	Id.	Id.	Id.	Id.
105	Procès-verbal de vérification de réserve.	Id.	Id.	Mais les droits ne sont recouvrés que dans le cas où l'erreur signalée par l'usager n'existe pas.	Id.	Id.	*V.* ci-contre.
106	Procès-verb. de souchetage.	Gratis.	Gratis.	Cette opération doit avoir lieu sans frais (Ord. 1er août 1827, art. 93, 1251 I. G.).	Gratis.	Gratis.	Id.

Nos D'ORDRE.	NATURE DES ACTES.	TIMBRE.	ENREGISTREMENT.	OBSERVATIONS.
	§ 8. — *Produits accessoires des bois domaniaux.*			
107	Affiches pour l'adjudication du droit de chasse.	Exempt.	Exempt.	Ces droits se liquident séparément pour chaque adjudicataire sur le prix cumulé de toutes les années, augmenté du montant des charges. Le droit de timbre est compris dans le 1 fr. 60 0/0 (Déc. 10 sept. 1864).
108	Procès-verb. d'adjudic. de la chasse. — Minute.	Timbré.	0.20 p. 100	
	Procès-verb. d'adjudic. de la chasse. — Cautionnement.		0.10 p. 100	
109	Cahier des charges. — Minute.	Exempt.	Exempt.	La copie annexée au procès-verbal d'adjudication est sujette au timbre (Déc. 30 sept. 1831, 1338 § 10, 1401-1410 I. G.).
110	Pièces à remettre aux adjudicataires. — Expédition du procès-verbal d'adjudication	Timbré.	Id.	Déc. 30 sept. 1831, 1388 § 10 I. G.
111	Pièces à remettre aux adjudicataires. — Exemplaire du cahier des charges. .	Id.	Id.	
112	Extraits pour les préfets, les agents forestiers et les directeurs des domaines.	Exempt.	Id.	Mais s'il faut exercer des poursuites contre un adjudicataire, le directeur demande une expédition sur papier visé pour timbre en débet (Déc. 20 janv. 1839, art. 4 et 5, 1581 I. G.).
113	Acte de cession du bail de chasse.	Timbré.	0.20 p. 100	Même règle que pour le procès-verbal d'adjudication.
114	Acte de substitution (Le substitué est un cofermier que l'adjudicataire se donne en vertu du cahier des charges et au moyen d'une simple lettre adressée au conservateur des forêts).	Id.	Différé.	La lettre de l'adjudicataire est un acte sous seing privé sujet à l'enregistrement dans les cas prévus par l'art. 23 L. 22 frimaire an 7.
115	Permis.	Exempt.	Exempt.	
116	Procès-verbaux de reconnaissance et d'estimation des chablis, bois de délits et tous autres menus produits forestiers	Id.	Id.	Pièce d'administration intérieure.
117	Procès-verbaux d'adjudication de la récolte des faines, glands, herbes, des chablis, bois de délit, etc. — Minutes.	Timbré.	2 p. 100	Droit à liquider sur le prix augmenté des charges.
118	Procès-verbaux d'adjudication de la glandée, du pâturage, pacage, etc., lorsque la concession a le caractère d'un bail. — Minutes.	Id.	0.20 p. 100	Même règle que pour les procès-verbaux d'adjudication de chasse.
119	Procès-verbaux d'adjudication de la location de carrières. — Minutes.	Id.	2. p. 100.	
120	Expéditions de ces procès-verbaux à délivrer aux adjudicataires	Id.	Exempt.	
121	Expéditions de ces procès-verbaux à délivrer aux comptables	Exempt.	Id.	Mais, en cas de poursuites, l'expédition délivrée au comptable doit être préalablement visée pour timbre (Ar. min. 9 fév. 1836, 1508 I. G.).
122	Expéditions de ces procès-verbaux à délivrer à l'agent forestier chef de service.	Id.	Id.	»
123	Soumissions personnelles pour extraction de menus produits.	Timbré.	Id.	Pièce sujette au timbre comme pétition. L'agrément du conservateur lui donne le caractère de vente soumise à l'enregistrement si le prix n'a pas été payé d'avance. — V. 2110 I. G.
124	Permis d'extraction.	Exempt.	Id.	Pièce d'ordre (Art. 3, Arr. 25 sept. 1857, 2110 I. G.).

Nos D'ORDRE.	NATURE DES ACTES.	TIMBRE.	ENREGISTREMENT.	OBSERVATIONS.
125	Procès-verbal de dénombrement et de délivrance des produits concédés à prix d'argent.	Timbré.	2 p. 100	Visa et enregistrement en débet, sauf recouvrement des droits de la vente (2062 § 5 et 2110 I. G.).
126	Soumissions collectives pour extraction de menus produits concédés à prix d'argent, ou état des concessions de menus produits.	Exempt.	Exempt.	*V.* l'I. G. 2110.
127	*Idem* à charge de prestations en nature.	Id.	Id.	Id.
128	Procès-verbaux de dénombrement et de délivrance de matériaux délivrés pour le service de l'Etat	Id.	Id.	Actes faits entre deux services publics. Si les formalités sont requises, elles doivent être données gratis.

§ 9. — *Droits d'usage dans les bois domaniaux.*

Nos D'ORDRE.	NATURE DES ACTES.	TIMBRE.	ENREGISTREMENT.	OBSERVATIONS.
129	Procès-verbal de reconnaissance des cantons défensables.	Exempt.	Exempt.	Acte administratif dressé par des agents forestiers (Art. 119 C. for., art. 80 L. 15 mai 1818).
130	Notification de ce procès-verbal.	Timbré.	3 fr. fixe.	Le droit de timbre est recouvré sur les usagers. L'enregistrement a lieu gratis ou moyennant 3 fr. en débet à recouvrer sur les usagers, selon que ceux-ci sont dispensés ou tenus de payer les vacations forestières (Déc. 4 juin 1838, 1577 § 16 I. G.).
131	Procès-verbal de la marque des bestiaux	Id.	Id.	Même observation.
132	État des bestiaux des usagers	Exempt.	Exempt.	Art. 80 L. 15 mai 1818.
133	Acte de dépôt de l'empreinte du fer.	Timbré.	4 fr.50 fixe.	Plus le droit de rédaction de 1 fr. 25 c. (Déc. 15 juill. 1828, 1251 § 4 I. G.).
134	Demande de bois d'usage	Id.	Exempt.	Pétition (Art. 12 no 1er L. 13 brum. an 7).
135	État nominatif des usagers auxquels il est dû une délivrance de bois de chauffage	Exempt.	Id.	Art. 80 L. 15 mai 1818.
136	Procès-verbal de vérification d'une demande de bois de service.	Timbré.	Id.	Sujet au timbre à cause du récépissé de l'usager.

§ 10. — *Droits d'usage dans les bois des particuliers.*

Nos D'ORDRE.	NATURE DES ACTES.	TIMBRE.	ENREGISTREMENT.	OBSERVATIONS.
137	Demande de reconnaissance des cantons défensables. .	Timbré.	Exempt.	Pétition (Art. 12 L. 13 brumaire an 7).
138	Procès-verbal de reconnaissance.	Id.	3 fr. fixe.	Art. 68 § 1er no 35 L. 22 frimaire an 7 et 43 no 16 L. 28 avril 1816.

NOTA. — *Droits d'usage dans les bois des communes.* — Les droits de timbre et d'enregistrement des actes relatifs à la jouissance que les communes exercent dans leurs propres bois sont compris dans la taxe établie par l'art. 106 C. for.

Nos D'ORDRE.	NATURE DES ACTES.	BOIS DOMANIAUX			BOIS COMMUNAUX		
		TIMBRE.	ENREGISTREMENT.	OBSERVATIONS.	TIMBRE.	ENREGISTREMENT.	OBSERVATIONS.
	§ 11. — *Travaux.*						
139	Affiches pour l'adjudication des travaux d'amélioration.	Exempt.	Exempt.	Art. 36 L. 9 vendémiaire an 7.	Timbré.	Exempt.	Déc. 24 novembre 1826, 1205 § 8 I. G.
140	Offre de cautionnement mobilier ou immobilier. . .	Timbré.	Id.	Loi du 13 brumaire an 7, art. 12.	Id.	Id.	
141	Récépissé de versement de cautionnement en numéraire	Id.	Id.	Id.	Id.	Id.	
142	Soumission	Id.	Id.		Id.	Id.	
143	Procès-verbal d'adjudication ou marché approuvé (minute)	Id.	1 p. 100.	Au maximum le droit gradué (Déc. 1er déc. 1856, 2089 I. G.). . .	Id.	1 p. 100.	Le maximum de 2 fr. n'est pas applicable.
	Pièces à annexer à la minute du procès-verbal d'adjudication :						
145	Acte de cautionnement. .	Id.	0.50 p. 100.	*Idem.* — Le droit proportionnel est liquidé sur le 30e du prix, limite du cautionnement (2106 § 3, 2181 § 4 I. G.).	Id.	0.50 p. 100.	Le droit est dû sur la somme cautionnée.
146	Acte d'acceptation de caution.	Id.	Id.	Mêmes observations. .	Id.	Id.	Id.
147	Inscription hypothécaire. .	Id.	1 pour mille en suspens.	L'entrepreneur paye de plus le timbre des registres et le salaire du conservateur. Il acquitte le droit d'inscription quand la créance devient réelle.	Id.	Id.	Même observation que pour l'inscription relative aux bois domaniaux.
148	Cahier des charges rédigé administrativement. . . .	Exempt.	Exempt.		Exempt.	Exempt.	
149	— S'il est rédigé par des personnes n'exerçant pas des fonctions administratives	Timbré.	3 fr. fixe.	Déc. 1er décembre 1856 (2089 I. G.).	Timbré.	3 fr. fixe.	(2089 I. G.)
150	Plans	Id.	Id.	Mêmes observations que pour le cahier des charges.			Mêmes règles que pour les bois domaniaux.
151	Devis et détails estimatifs.	Id.	Id.	Id.			Id.

N°s d'ordre.	NATURE DES ACTES.	BOIS DOMANIAUX			BOIS COMMUNAUX		
		TIMBRE.	ENREGISTREMENT.	OBSERVATIONS.	TIMBRE.	ENREGISTREMENT.	OBSERVATIONS.
	Expéditions délivrées à l'entrepreneur :						
151 *bis.*	Procès-verbal d'adjudication.	Timbré.	Exempt.		Timbré.	Exempt.	
152	Cahier des charges.	Id.	Id.		Id.	Id.	
153	Plans et devis.	Id.	Id.		Id.	Id.	
154	Procès-verbal de réception provisoire (minute). . . .	Exempt.	Id.	Sujet au timbre et à l'enregistrement s'il n'émane pas d'un agent ou d'un fonctionnaire administratif (2089 I. G.). . .	Exempt.	Id	Mêmes règles que les bois doman.
155	Procès-verbal de réception définitive (minute). . . .	Timbré.	3 fr. fixe.	Soumis à l'enregistrement dans les cas prévus par l'art. 23 L. 22 frimaire an 7.	Timbré.	3 fr. fixe.	Id.
	Expéditions à produire à l'appui des mandats de payement :						
156	Procès-verbal d'adjudication de travaux.	Id.	Exempt.	Déc. 29 septembre 1863 et 30 septembre 1864 (2308 I. G.). .	Id.	Exempt.	
157	Cahier des charges.	Id.	Id.	Id.	Id.	Id.	
158	Devis	Id.	Id.		Id.	Id.	
159	Procès-verbal de réception provisoire.	Id.	Id.		Id.	Id.	
160	Procès-verbal de réception définitive.	Id.	Id.		Id.	Id.	
161	Notification de l'arrêté de mise en régie . . } Minute .	Id.	3 fr. fixe.		Id.	3 fr. fixe.	
	} Copie. .	Id.	Exempt.		Id.	Exempt.	
162	Décompte des travaux en régie dressé par le directeur des travaux	Exempt.	Id.	Cet état est rédigé par un agent forestier. .	Exempt.	Id.	S'il est rédigé par les agents forest. ou des fonctionn. administratifs.
162 *bis.*	État d'emploi de sommes avancées aux agents forest.	Id.	Id.	Id.	Id.	Id.	(D. m. f. 15 fév. 1876, 4385 R. P.).
163	États d'émargements. . . .	Timbré.	Id.	Exempt aussi du timbre si aucune des sommes quittancées ne dépasse 10 fr. . .	Timbré.	Id.	Même règle que pour les bois doman..
164	Mémoires des fournisseurs	Id.	Id.	Sujets au timbre, lors même que le montant du mémoire est inférieur à 10 fr. . .	Id.	Id.	Id.
165	Affiches pour l'adjudication de l'entreprise de façonnage	Exempt.	Id.		Id.	Id.	
166	Procès-verbal d'adjudication (minute).	Timbré.	1 p. 100.	Au maximum le droit gradué (2089 et 2433 I. G.).	Id.	1 p. 100	Le maximum n'est pas applicable.
	Pièces à annexer au procès-verbal d'adjudication :						
168	Acte de cautionnement . .	Id.	0.50 p. 100	Même observation que pour le cautionnement relatif aux travaux d'amélioration.	Id.	0.50 p. 100.	Le droit est dû sur le montant du cautionnement.

Nos D'ORDRE.	NATURE DES ACTES.	BOIS DOMANIAUX — TIMBRE.	BOIS DOMANIAUX — ENREGISTREMENT.	BOIS DOMANIAUX — OBSERVATIONS.	BOIS COMMUNAUX — TIMBRE.	BOIS COMMUNAUX — ENREGISTREMENT.	BOIS COMMUNAUX — OBSERVATIONS.
169	Cahier des charges.			Même observation que pour le cahier des charges des travaux d'amélioration. . . .			Même règle que pour les bois domaniaux.
	Expéditions à délivrer à l'entrepreneur :						
170	Proc.-verb. d'adjudication	Timbré.	Exempt.	Même règle que pour les travaux d'amélioration.	Timbré.	Exempt.	
171	Cahier des charges. . . .	Id.	Id.		Id.	Id.	
	Expéditions à produire à l'appui du mandat de payement :						
172	Proc.-verb. d'adjudication.	Id.	Id.		Id.	Id.	
173	Cahier des charges. . . .	Id.	Id.		Id.	Id.	
174	Procès-verbal de dénombrement provisoire . . .	Id.	Id.		Id.	Id.	
175	Procès-verbal de dénombrement définitif	Id.	Id.		Id.	Id.	
176	États d'émargement	Id.	Id.	Même règle que pour les états d'émargement du prix de travaux d'amélioration.	Id.	Id.	Même règle que les bois domaniaux.

Nos D'ORDRE.	NATURE DES ACTES.	TIMBRE.	ENREGISTREMENT.	OBSERVATIONS.
	§ 12. — *Subventions pour dégradations extraordinaires aux chemins vicinaux.*			
177	Procès-verbal de reconnaissance de l'état de viabilité des chemins	Timbré.	1 fr. 50 au comptant	Il s'agit d'un procès-verbal d'expertise, acte régi par l'art. 20 L. 21 mai 1836 (1758 et 2062 § 1er I. G.).
178	Acte de prestation de serment pour expertise.	Id.	Id.	2002 § 1er I.G., 2111 § 2, Déc. 23 juill. 1855.
179	Procès-verbal d'expertise	Id.	Id.	Loi du 21 mai 1836 et Déc. 23 juillet 1855.
	§ 13. — *Délivrance de bois pour le fascinage du Rhin.*			
180	Déclaration de volonté d'abattre.	Exempt.	Exempt.	Art. 80 L. 15 mai 1818, Déc. 10 juillet 1829 (1294 § 1er I. G.).
181	Procès-verbal de constatation d'urgence.	Id.	Id.	Actes administratifs régis par l'art. 80 L. 15 mai 1818.
182	Réquisition	Id.	Id.	
	§ 14. — *Poursuites.*			
183	Procès-verbal de délit.	Timbré.	3 fr. fixe.	Formalités données en débet.
184	Citation et assignation. Original.	Id.	1 fr. 50 fixe.	Autant de droits qu'il y a de personnes citées; mais on ne compte pas les personnes civilement responsables lorsqu'elles sont citées par le même exploit que le délinquant.
	Citation et assignation. Copie	Id.	Exempt.	

Nos D'ORDRE.	NATURE DES ACTES.	TIMBRE.	ENREGISTREMENT.	OBSERVATIONS.
185	Citation à témoins. { Original	Timbré.	1 fr. 50 fixe	Un seul droit, quel que soit le nombre de témoins cités.
	Copie	Id.	Exempt.	
186	Jugement pour délits dans les bois de l'État	Id.	1 fr. 50 fixe	Il peut être dû plusieurs droits fixes ou des droits proportionnels. — V. 2167 § 2 I. G.
187	Jugement pour délits dans les bois communaux	Id.	1 fr. 50 au minimum.	
188	Signification des jugements par défaut. { Original	Id.	1 fr. 50 fixe.	La signification est écrite au verso de l'extrait de jugement signé par le greffier et qui doit être préalablement visé au droit de 1 fr. 50 c. Le droit d'enregistrement est dû pour chaque intimé. Les condamnés solidaires sont comptés pour une seule personne.
	Copie	Id.	Exempt.	
189	Assignation en appel. { Original	Id.	1 fr. fixe.	Même observation que pour la citation en première instance.
	Copie	Id.	Exempt.	
190	Demande en remise de condamnation	Id.	Id.	Pétition qui doit être écrite sur papier timbré (Art. 12 n° 1er L. 13 brumaire an 7).
191	Demande de transaction après jugement. (Elle émane toujours du condamné.)	Id.	Id.	Même observation.
192	Notification de la décision qui fixe les conditions de la transaction	Id.	Id.	Notification administrative (Art. 80 I. 15 mai 1818).

§ 15. — *Objets divers.*

Nos D'ORDRE.	NATURE DES ACTES.	TIMBRE.	ENREGISTREMENT.	OBSERVATIONS.
193	Engagement souscrit pour être autorisé à établir des constructions à distance prohibée	Timbré.	3 fr. fixe.	Cet engagement est toujours fait devant notaire. — Il est précédé d'une demande écrite en double. L'un des doubles à conserver par l'agent forestier est sujet au timbre comme pétition.
194	Mémoires des indemnités dues aux greffiers	Timbré (papier de la débite).	Exempt.	Le mémoire serait exempt de timbre si le total des indemnités ne dépassait pas 10 francs (Déc. 18 juin 1811, art. 146-531 I. G., Circ. comp. 22 août 1846, n° 68 § 7).
195	État des frais de poursuites avancés par le receveur de l'Enregistrement et tombés en non-valeur	Exempt.	Id.	Pièces d'ordre entre deux services publics (Circ. comp. n° 68 § 8).
196	Mémoires des actes et diligences faits par les huissiers.	Timbré (papier de la débite).	Id.	Même observation que pour les mémoires des greffiers.
197	Mémoire des frais d'impressions dans les départements (Les fournitures faites par l'Imprimerie nationale sont payées sur pièces non timbrées. — V. Règl. 1846, p. 289 § 511)	Id.	Id.	Le mémoire est sujet au timbre, lors même qu'il ne s'élève pas à plus de 10 francs. S'il est quittancé, le mandat séparé, revêtu de l'acquit, n'est qu'une pièce d'ordre exempte de timbre (Circ. comp. 18 juill. 1833 n° 31).
198	Mémoire de fournitures quelconques	Id.	Id.	Même observation.
199	Mandats de traitement. — Agents et préposés de l'État.	Timb. (10c.)	Id.	Loi du 23 août 1871, art. 18.
200	Mandats de traitement. — Préposés des communes	Id. (pour l'acquit).	Id.	
201	Mandats de payement. — Dépenses diverses	Id.	Id.	V. l'observation relative aux frais d'impression.

BON.

3204. — Dans les usages du commerce ce mot est souvent pris comme synonyme de billet; il désigne spécialement les billets de très-courte échéance faits pour la balance de compte. Il ne peut s'élever de difficultés relativement aux droits d'enregistrement et de timbre de ces effets; toutes les règles que nous ferons connaître au mot *Effet négociable* leur sont applicables.

Outre les bons du commerce proprement dits, il y a encore les bons du Trésor, les bons de la caisse de service, etc.

1° MONNAIE. — Les bons à souche délivrés par les directeurs des monnaies (qui sont des entrepreneurs privés) aux dépositaires de valeur à échanger, sont assujettis au timbre *de dimension*. Le droit d'enregistrement ne serait exigible que dans le cas où il en serait fait usage (D. m. f. 5 déc. 1834, 11272 J. E.).

BON PÈRE DE FAMILLE (SOINS D'UN).

3205. — Ces termes sont employés dans plusieurs articles du C. C., et notamment dans les art. 450, 601, 1728, 1766, 1806 et 1962, pour exprimer une sollicitude extrême et scrupuleuse. — Celui qui ne remplit pas les obligations imposées au bon père de famille s'expose ordinairement à des dommages-intérêts, ou même à la résiliation des actes, spécialement dans les cas prévus par les art. 618, 1741 et 1766 (M. Favard *Rép.* v° *Bon père de famille*).

BORDEREAU D'AGENT DE CHANGE OU DE COURTIER.

3206. — C'est le nom que l'on donne aux actes ou arrêtés qui constatent les opérations conclues par le ministère de ces personnes.

V. Agent de change.

BORDEREAU DE CAISSE.

3207. — État de recettes et de dépenses d'un comptable.

1. FAILLITE. — Tel est le bordereau que le séquestre des biens d'un *failli* remet, à des époques déterminées, aux syndics de celui-ci.

2. ENREGISTREMENT. — Ce bordereau n'est point soumis, comme un compte, au droit proportionnel sur le reliquat. On doit le regarder simplement comme un mémoire n'établissant ni libération, ni obligation (6175 J. E.).

3208. Compte de fin de gestion. — Quant au compte que le caissier ou séquestre rend à la fin de sa gestion, s'il en résulte qu'il est personnellement constitué débiteur, le droit de 1 pour 100 est exigible sur le reliquat (2696 J. N.).

BORDEREAU DE COLLOCATION.

3209. Définition. — Extrait délivré, par le greffier du tribunal, aux créanciers utilement colloqués, du procès-verbal d'ordre du prix d'un immeuble. On emploie aussi quelquefois le même mot pour désigner le mandement délivré dans une contribution mobilière ; mais, dans ce dernier cas, le terme le plus propre est *mandement de collocation.*

3210. Timbre. — Les bordereaux de collocation étant des extraits du procès-verbal d'ordre, doivent être écrits sur du papier d'expédition (Sol. 19 janv. 1809, 3138 J. E.).

3211. Enregistrement. — Par ce motif ils ne sont assujettis à aucun droit d'enregistrement, puisque le procès-verbal d'ordre doit être enregistré sur la minute (436 n° 61 I. G.) Mais ils ne peuvent être délivrés avant que le procès-verbal ait été soumis à la formalité (Dél. 26 nov. 1816, 5610 J. E.).

3212. Droits de greffe. — Il est dû sur chaque bordereau délivré un droit de greffe de 25 cent. pour 100 du montant de la créance colloquée (Décr. 12 juill. 1808) ; et, en outre, un droit d'expédition, à raison du nombre de rôles, de 1 fr. par rôle (D. m. f. et just. 2 juin 1820 et 15 oct. 1823, 1106 I. G. ; 6700, 7518 J. E.).

3213. Minimum. — D'après une décision du m. f., 20 août 1814 (5013 J. E.), la perception ne peut, dans aucun cas, être au-dessous de 1 fr. 25 cent., attendu que l'art. du décr. 1808 assujettissant au droit de rédaction tous les actes faits et rédigés par le greffier, le moindre droit à percevoir sur tous les actes, quels qu'ils soient, est toujours celui qui est réglé par cet article.

1° BORDEREAU COLLECTIF. — Mais aucune loi n'interdit au greffier de délivrer un bordereau collectif, au profit de plusieurs créanciers. Il en résulte que le droit proportionnel doit être perçu sur le montant de toutes les créances comprises dans un même bordereau, et que ce n'est que dans le cas où ce droit ne s'élèverait pas à 1 fr. 25 cent. que, *quel que soit le nombre des créances comprises dans le même bordereau,* cette somme doit être perçue comme *minimum* (Sol. 11 mars 1831, 9953 J. E.).

3214. Observation. — Une Sol. 8 décembre 1843 (1704 I. G.), prise en thèse générale, a confirmé les diverses dispositions que nous venons de faire connaître.

3215. Mandement sur homologation de partage. — Le droit de 25 centimes pour 100, exigible sur les bordereaux de collocation, est dû sur les mandements ayant force exécutoire, délivrés par le greffier, sur la demande des parties, par suite d'une homologation de partage de créances. Sans doute cette forme n'est pas nécessaire, mais, si elle est employée, on doit en subir les conséquences (Dél. 13 juill. 1827, 8783 J. E.). — V. *Jugement* et *Ordre*.

BORDEREAU D'INSCRIPTION HYPOTHÉCAIRE.

3216. Définition. — État des sommes dues à un individu, et pour la garantie desquelles les immeubles du débiteur sont hypothéqués, ou légalement, ou judiciairement, ou conventionnellement. — Cet acte est remis, en double, au conservateur, à l'effet d'obtenir sur les registres à ce destinés l'inscription de l'hypothèque. — La forme des bordereaux, desquels dépend le sort de la créance, a donné lieu à de nombreuses discussions judiciaires qu'il est inutile de rapporter ici. Il suffit de savoir que cette forme est indiquée par le C. C. n° 2148 et 2149.

3217. Timbre. — Les bordereaux à remettre au conservateur des hypothèques doivent être écrits sur papier timbré, en double, dont l'un peut être porté sur l'expédition du titre (2148 C. C.). Dans quel cas l'inscription de ces bordereaux à la suite d'autres actes constitue-t-elle une contravention ? — V. *Acte écrit à la suite d'un autre*.

1. PAPIER HORS D'USAGE. — Le bordereau écrit à la suite de l'expédition du titre peut être écrit sur papier timbré hors d'usage, si l'expédition a été délivrée avant l'émission du timbre actuel. Mais le double du bordereau qui est séparé du titre doit être écrit sur du papier timbré en usage au moment de l'inscription (5587 J. E.).

2. QUITTANCE. — La quittance que le conseuteur met au bas du bordereau qu'il remet au requérant est exempte du timbre à l'égard des droits d'inscription qui constituent un impôt. Elle est sujette au droit de 10 centimes à l'égard des salaires quand ces salaires excèdent 10 francs (D m. f. et j. 28 juin-12 juill. 1873, 2470 I. G.).

BORNAGE. — BORNE.

3218. Définition. — Le bornage est une opération qui a pour objet de fixer la ligne séparative de deux fonds de terre contigus, à l'aide de signes appelés bornes. En ce sens il est synonyme de délimitation. Ce mot s'applique aussi à l'action qui tend à faire ordonner le bornage. — Les bornes sont les signes apparents à l'aide desquels s'opère le bornage ou la délimitation; elles ont pour synonymes les mots marnes, mères, devises, termes, lesquels sont encore employés dans certaines localités.

1. ACTION EN BORNAGE. — Tout propriétaire peut obliger son voisin au bornage de leurs propriétés contiguës. Ce bornage se fait à frais communs (646 C. C.).

2. COMPÉTENCE. — D'après l'art. 6 L. du 25 mai 1838, les juges de paix connaissent, à charge d'appel, des actions en bornage, lorsque la propriété ou les titres qui l'établissent ne sont pas contestés. Ils ne sont pas seulement compétents pour opérer la plantation des bornes, alors que les parties s'accordent sur les lieux où elles doivent être placées ; ils ont encore le pouvoir de rechercher et de fixer les limites.

3. CONTIGUITÉ. — L'action en bornage se restreint d'ailleurs à la délimitation des fonds contigus et on ne considère pas comme telles les propriétés séparées par un cours d'eau (Cass. 6 nov. 1866, S. 66 1-427).

3219. Tarif. — Le procès-verbal de bornage, dressé par un expert ou un arpenteur, est sujet au droit fixe de 3 francs, en vertu de l'art. 43 n° 16 L. 28 avril 1816 et de l'art. 4 L. du 28 février 1872.

Si le bornage a lieu par une convention amiable entre les riverains, c'est un acte innommé également sujet au droit fixe de 3 francs (Art. 68 § 1er L. 22 frim. an 7, L. 18 mars 1850, art. 8, L. 28 fév. 1872, art. 4, D. N. t. 2 p. 526 n° 65.)

Si le bornage est opéré au moyen du procès-verbal du juge de paix, le droit est de 1 fr. 50 cent. Mais s'il est établi par un jugement, le droit est de 3 francs. — *V.* 3222.

3220. Pluralité. — Le procès-verbal de bornage et d'arpentage, à la requête *d'un seul propriétaire*, ne donne ouverture qu'à un seul droit, quel que soit le nombre des pièces ou parcelles arpentées et limitées. En effet, quoique ce bornage ait eu lieu contradictoirement avec les propriétaires riverains, ceux-ci ne participent qu'indirectement à l'opération, qui n'est réellement faite que dans l'intérêt d'une seule personne : le propriétaire qui l'a provoquée (Amiens 15 juin 1837, 11856 J. E., 9737, 9578 J. N.). — Il en serait de même si l'intérêt des propriétaires était connexe : celui, par exemple, où des propriétaires riverains feraient borner un domaine (Laon 11 déc. 1834, Dél. 27 janv. 1835, 11182 J. E., 8782 J. N.).

Le motif indiqué par le tribunal d'Amiens pourrait être contesté ; car il n'est pas exact de dire que le bornage est fait dans l'intérêt unique du requérant. La vérité est qu'il profite également aux riverains ; mais chacun d'eux poursuit un but d'intérêt commun puisque le bornage pour être complet à l'égard de l'un nécessite la coopération des autres. Envisagé à ce point de vue le contrat forme donc un tout complexe qu'on ne peut pas, sans en dénaturer le caractère et les effets, scinder en autant de parties qu'il y a de propriétés voisines. Aussi a-t-il été décidé, pour cette raison, que la perception d'un seul droit fixe était seule régulière (Sol. 16 janv. 1866, 2226-2 R. P.).

1. PROPRIÉTÉS SÉPARÉES. — Il n'en serait autrement que s'il s'agissait de personnes dont l'intervention collective ne soit pas nécessaire à la conclusion définitive et complète

du bornage, par exemple de l'abornement de diverses propriétés isolées les unes des autres (V. 5809 J. E.; — Amiens 15 juin 1835, 11856 J. E., 9737 et 9578 J. N.).

2. ACTES SÉPARÉS. — Ou si le bornage faisait l'objet de plusieurs actes distincts (Sol. 4 juill. 1842, Fess. *Act. adm.* 32). — V. *Acquiescement* n° 293 *bis.*

3. COMMUNES. — L'Administration avait d'abord reconnu, contrairement à la doctrine précédente, que l'acquiescement donné au bas du procès-verbal de bornage du territoire d'une commune par un grand nombre d'habitants donne lieu à autant de droits qu'il y a d'habitants ayant acquiescé (Dél. 21 juin 1833, 10658 J. E.). — Mais on a considéré depuis que le bornage général du territoire ou de partie du territoire d'une commune avait un caractère évident d'intérêt commun et qu'il fallait dès lors réduire la perception à un seul droit (1200 § 6 I. G., D. m. f. 28 sept. 1847, 14325-1 J. E.). — V. 293 *bis.*

4. DÉPOT. — Il en est de même du dépôt de cet acte en l'étude d'un notaire. — *V. Dépôt.*

3221. Citation. — Dans une espèce où différents propriétaires assignaient d'autres propriétaires d'immeubles contigus en plantation de bornes, on a émis l'avis (14811-3 J. E.) qu'il n'était dû qu'un seul droit, parce qu'un intérêt commun réunissait les demandeurs et les défendeurs.

Cette apréciation paraît fondée.

3222. Jugement. — Le jugement par lequel un juge de paix constate un bornage, est passible du droit fixe de 3 francs comme jugement définitif de la compétence du juge, aux termes de l'art. 6 L. 25 mars 1838 et de l'art. 4 L. 28 février 1872 (14799-5 J. E.).

1. PRÉPARATOIRE. — PLURALITÉ. — Le droit de 1 fr. 50 cent. est exigible sur le jugement qui, sur une action en bornage suivie par plusieurs personnes, porte que le juge de paix se rendra sur les lieux. — Il n'est dû qu'un seul droit. Il n'y a là, en effet, qu'une seule disposition préparatoire commune à plusieurs personnes (14799-5 J. E.).

3223. Conciliation. — Il y a simple procès-verbal de conciliation passible du droit de 1 fr. 50 cent., en vertu de l'art. 68 § 1er nos 47 et 51 et de l'art. 4 L. 28 février 1872, et non transaction assujettie au droit de 4 fr. 50 cent. ou jugement définitif sujet au droit de 3 francs, dans le procès-verbal signé du juge et des parties, qui constate qu'il y a conciliation entre les parties et indique les lieux où seront plantées les bornes (14799-5 J. E., 16787-2 J. E.).

3224. Experts. — Arbitres. — L'acte de nomination d'experts ou d'arpenteurs pour préparer le bornage est sujet au droit de 3 francs (L. 28 avr. 1816 art. 63 n° 15, 28 fév. 1872 art. 4).

Celui qui contient la nomination d'arbitres chargés de statuer en dernier ressort est un compromis passible du droit de 4 fr. 50 cent. (L. 28 avr. 1816 art. 46 n° 2, 28 fév. 1872 art. 6).

1. COMPROMIS. — Un procès-verbal de plantation de bornes fait par des experts en vertu d'un compromis, est la conséquence du compromis par lequel les parties ont déclaré s'en rapporter à la décision des experts, et, comme tel, il a tous les caractères d'un jugement définitif en dernier ressort rendu par des arbitres, passible du droit de 10 francs (15 fr.) (Sol. 11 oct. 1832, 10811 J. E.).

BOURSE DE COMMERCE.

3225. Définition. — C'est la réunion qui a lieu, sous l'autorité du Gouvernement, des commerçants, capitaines de navire, agents de change et courtiers (71 C. com.). Le mot *Bourse* s'emploie également pour désigner le lieu où se réunissent les commerçants. On prétend que c'est de Bruges, en Flandre, qu'est venue cette dénomination au seizième siècle. Les marchands de cette ville se réunissaient dans une maison appartenant à la famille Vander Burse sur la porte duquel étaient sculptées trois bourses. Les commerçants furent naturellement amenés à désigner par cette sorte d'enseigne d'abord le lieu de leur réunion, puis leur assemblée.

3226. Objet. — Un grand nombre d'opérations commerciales, dit Pardessus n° 118, qui ne sont pas de nature à se passer dans les marchés ou foires, et surtout la négociation des papiers de crédit ou des effets publics, rendent nécessaire le rapprochement prompt et fréquent de ceux qui désirent s'y livrer. Autrement, le plus grand nombre d'affaires ne pourrait souvent s'effectuer que par la voie des annonces, des journaux, des recherches particulières, moyens beaucoup plus lents et beaucoup moins sûrs. Ces réunions servent encore à éclairer sur le crédit dont jouissent ou méritent de jouir les commerçants. Souvent la quotité du papier qu'une maison émet, et le genre de négociations auxquelles elle se livre, suffisent pour instruire de sa situation, de sa marche, de sa conduite, pour fortifier et augmenter son crédit, ou pour empêcher qu'elle n'abuse de celui dont elle jouit. Enfin, elles offrent au Gouvernement les moyens de reconnaître la situation du commerce, d'exercer une utile et presque invisible surveillance sur des négociations qui peuvent, dans certaines circonstances, se lier à l'ordre et à l'intérêt général, et de faciliter la connaissance sûre et légale des cours des marchandises et des effets.

3227. Cours de la Bourse. — Le résultat des négociations qui s'opèrent à la Bourse détermine le cours du change, des marchandises, des assurances, du frêt ou nolis, du prix des transports par terre et par eau, des *effets publics et autres dont le cours est susceptible d'être coté.* Ces divers cours sont constatés par les agents de change et les courtiers (C. com. art. 72, 73).

3228. Enregistrement. — Valeurs cotées. — La valeur des actions et autres effets publics et privés, qui sont cotés à la Bourse, est établie d'après le cours de la Bourse, pour la perception des droits d'enregistrement sur les transmissions de ces actions.

BOURSE COMMUNE.

3229. Définition. — C'est la mise de fonds faite en commun par les officiers d'un même corps, d'une partie de leurs droits ou vacations, pour subvenir à des dépenses communes, autorisées par la chambre ou par la communauté. Le trésorier tient la bourse commune ; il fait les recettes et les dépenses ; il rend ses comptes à la fin de chaque trimestre à la chambre ou communauté des parties intéressées qui les arrête ainsi que de droit, et lui en donne décharge (Arr. du 2 niv. an 12, art. 5).

3230. Receveur de l'Enregistrement. —Il est interdit aux receveurs de l'Enregistrement de recevoir les fonds des bourses communes des notaires et des huissiers (D. m. f. et j. 8 et 18 juill. 1823, 1087 I. G.), ni d'aucun service, à quelque titre que ce soit, sans y avoir été spécialement autorisés par l'Administration (Dél. 17 fév. 1829, 9231 J. E., 6789 J. N.).

BREVET (ACTE EN).

3231. Définition. — On appelle *acte en brevet* celui dont l'original a été remis aux parties par le fonctionnaire ou officier public qui l'a reçu. — V. *Acte en brevet* n° 561.

BREVET.

3232. — Expédition d'un titre par lequel le Gouvernement donne un emploi, un grade, accorde une pension.

3233. Légion d'honneur. — Les brevets produits par les membres de la Légion d'honneur pour obtenir l'acte de notoriété qui constate l'identité des titulaires, sont exempts du timbre et de l'enregistrement (D. m. f. 16 oct. 1816, 5754 J. E.).

3234. Veuves. — Orphelins. — Militaires. — Il en est de même des brevets ou certificats d'inscription au Trésor délivrés aux veuves et orphelins de militaires pour obtenir une pension ou des secours (D. m. f. 15 janv. 1823, 1073 I. G.).

3235. Marine. — Sont exempts du timbre les brevets ou lettres de nomination délivrés par le ministre de la marine aux officiers *civils* de ce département (officiers du génie maritime, officiers d'administration et officiers de santé), ainsi qu'aux capitaines au long cours (D. m. f. 31 août 1831 10125 J. E.).

3236. Cabotage. — Il en est de même des brevets de maître au cabotage, et des lettres de pilote-lamaneur délivrés par le ministre de la marine, parce que ces brevets ne confèrent aucun traitement par eux-mêmes, et qu'ils ne sont pas délivrés dans un intérêt privé, mais comme une garantie d'ordre public (D. m. f. 13 juill. 1831, 10135 J. E.).

3237. Maître de poste. — Les CC. Rennes, Orléans et Riom ont décidé, les 26 août 1837, 28 novembre 1837 et 30 mai 1838 (9993 et 10253 J. N.), qu'un brevet de maître de poste n'est pas une chose qui puisse être cédée et transmise au gré du titulaire, comme étant dans le commerce, un droit qui puisse faire partie de sa succession comme étant compris dans ses biens, attendu que cette charge est une fonction dont l'Administration peut toujours disposer en faveur de qui bon lui semble. — Dans ce sens il a été reconnu que le titulaire qui a été nommé sans présentation doit être considéré comme un tiers qui tient ses fonctions du choix direct du Gouvernement et n'est pas obligé d'indemniser les cohéritiers de sa femme de la valeur du brevet (C. Riom 30 mai 1838, 10253 J. N.; — Cass. 14 déc. 1841, 11187 J. N.).

1. SUCCESSION. — On avait conclu de là (11658 J. N.) que, même en admettant que la faculté concédée aux maîtres de poste, par la loi du 24 juillet 1793, de désigner leurs remplaçants, constitue un droit utile qui peut donner matière à des spéculations pécuniaires, il restait néanmoins certain que cette faculté est personnelle au titulaire, qu'il ne la transmet point à ses héritiers, qu'elle ne fait point partie des biens de sa succession ; d'où la conséquence qu'elle ne peut, dans aucun cas, donner ouverture au droit de mutation par décès. Nous avions combattu cette doctrine dans nos éditions précédentes. La C. cass. avait, en effet, décidé, le 22 juin 1851 (14425 J. N., S. 51-1-574), que l'art. 70 du décret du 24 juillet 1793 autorisant les héritiers de maîtres de poste à continuer le service pour leur compte, il en résulte que lorsque les titulaires donnent leur démission en faveur de l'un de leurs successibles, celui qui a reçu cet avantage doit le rapporter s'il vient à leur succession. Ce brevet constitue donc un droit lucratif existant dans le patrimoine du titulaire et devant être dès lors compris dans la déclaration de sa succession. Le tribunal de Sisteron l'a ainsi décidé, le 25 janvier 1854 : « Attendu que, quel que soit le droit suprême de l'Administration de n'accorder le brevet qu'au candidat qui lui convient, on ne peut méconnaître que la faculté de présentation a une valeur incontestable et que ce droit étant transmissible forme un actif de la succession de laquelle il dépend, actif passible de l'impôt » (171 R. P., 15884 J. N.).

Cette interprétation a été depuis lors confirmée par un arrêt de la C. cass. du 12 juillet 1854 (15927 J. E.) portant que les brevets de maîtres de poste constituent au profit du titulaire une propriété vénale et transmissible (*V.* aussi dans le même sens Aix 9 déc. 1843 et 15 avr. 1845, Dalloz v° *Postes* n° 154).

2. CESSION. — Du reste les difficultés qui ont surgi au sujet des droits de mutation par décès ne pouvaient pas s'élever au sujet des cessions entre-vifs. Ainsi que l'a reconnu une Dél. 15 octobre 1844 (D. N. t. 13 p. 498 n° 5), l'Administration n'a point à examiner si un brevet de maître de poste est vénal; il suffit pour l'exigibilité de l'impôt qu'un acte contenant cession d'un tel brevet soit présenté à l'enregistrement. La cession pourrait, bien entendu, avoir lieu à titre de bail (C. Toulouse 3 fév. 1844, D. 45-2-62), elle serait alors sujette au droit de 20 centimes pour 100. — *V.* 2528-2.

Condition. — On aurait pu seulement se demander si la circonstance que le nouveau titulaire devait être agréé par le Gouvernement ne constitue pas une condition supensive de la transmission et si la perception du droit n'était pas dès lors retardée jusqu'à cette époque. Mais un arrêt de la C. cass. a décidé, en matière civile, que le refus d'approbation du Gouvernement motive seulement une demande en résolution du contrat pour cause d'inexécution des conditions (Cass. 19 juill. 1843), ce qui implique l'existence d'une transmission actuelle opérée par le contrat de cession et la régularité de la perception immédiate du droit proportionnel. On ne pourrait donc pas étendre à de telles cessions le principe en vertu duquel on restitue le droit des transmissions d'office non suivies d'effet. — *V.* 3247.

3238. Imprimeur. — Libraire. — En principe, le brevet concédé à un imprimeur ou à un libraire est personnel; il ne se transmet pas héréditairement et les successeurs du titulaire n'ont aucun droit d'obtenir la concession du brevet accordé à leur auteur (Ord. Cons. d'Ét. 1er août 1837). Cependant, malgré le caractère d'indisponibilité de ce brevet, il est admis que l'engagement pris par le titulaire de donner sa démission au profit d'un tiers est valable (Dalloz v° *Presse* n° 130). C'est qu'en effet la possession du brevet a investi celui qui l'a obtenu d'un droit mobilier existant dans son patrimoine sans une affectation spéciale, mais ayant néanmoins une valeur parfaitement appréciable. A bien examiner les choses, la cession du brevet n'est point prohibée; l'exercice seul du droit cédé est soumis à l'agrément de l'autorité.

Nous déciderions donc que, comme pour les maîtres de poste, les brevets d'imprimeur ou de libraire sont soumis aux droits de mutations entre-vifs et par décès.

1. CLIENTÈLE ET MATÉRIEL. — Aucun doute n'existe d'ailleurs sur l'exigibilité du droit applicable à la vente de la clientèle et du matériel de l'imprimerie. On a pu discuter la question de savoir si un tel transport est ou non soumis à une condition résolutoire ordinaire pour le cas où l'acheteur ne serait pas agréé par le Gouvernement (*Affirm.* Poitiers 27 juin 1832, —*Nég.* Troplong *Vente* t. 1er n° 221). — Mais il est clair qu'en aucun cas et sauf stipulation contraire cette vente n'est subordonnée à aucune condition suspensive proprement dite. « A cet égard, porte un jugement de Reims du 23 mars 1867, les cessions de brevets ne diffèrent en rien des cessions d'office et donnent lieu aux mêmes droits d'enregistrement. »

Ils tombent également sous l'application de la loi du 28 février 1872. — V. *Mutation.*

3238 *bis*. Restitution. — Les droits perçus sur une cession de brevet d'imprimeur ont été déclarés restituables parce que le cessionnaire n'avait pas été admis par l'autorité (Dél. 25 mars 1827, 9583. — *V.* aussi *Restitution* n° 14473).

Il n'en est pas de même pour les brevets de maître de poste. — *V.* 3237.

BREVET D'INVENTION.

3239. Définition. — C'est un acte par lequel le Gouvernement accorde à un inventeur pour un certain temps le droit exclusif de fabriquer et de vendre les objets dont la découverte lui est due.

Accorder à un citoyen la faculté d'exploiter exclusivement à tout autre un genre d'industrie dont il est l'inventeur, est, de la part du Gouvernement, un acte de justice et non une faveur; c'est un droit que l'autorité consacre, et non un bienfait personnel. Une découverte est la propriété de l'auteur; elle est la plus sacrée de toutes, puisqu'elle est l'œuvre du génie; elle doit être accueillie et respectée, puisqu'elle ajoute à la masse de nos richesses. Le Gouvernement doit donc la garantir entre les mains de l'inventeur » (Chaptal *de l'Industrie française* t. 2 p. 373).

3240. Pièces à fournir. — La demande de brevet doit être remise au secrétariat de la préfecture du département où le requérant est domicilié, ou de tout autre département dans lequel il élirait domicile. Cette demande, adressée au ministre de l'agriculture et du commerce, doit être déposée sous cachet et accompagnée : 1° d'une description de la découverte, invention ou application faisant l'objet du brevet demandé; — 2° des dessins ou échantillons qui seraient nécessaires pour l'intelligence de la description ; — 3° d'un bordereau des pièces déposées (L. 8 juill. 1844, art. 5).

Une expédition du procès-verbal de dépôt est remise à l'impétrant moyennant le remboursement des frais de timbre (Art. 7).

Dans les cinq jours de la date du dépôt les préfets transmettent les pièces, sous le cachet de l'inventeur, au ministre de l'agriculture et du commerce, qui procède à l'ouverture, à l'enregistrement des demandes et à l'expédition des brevets dans l'ordre de la réception des demandes (L. 8 juill. 1844, art. 9 et 10). — Un arrêté du ministre, constatant la régularité de la demande, est délivré au demandeur et constitue le brevet d'invention ; enfin, un décret inséré au Bulletin des lois proclame tous les trois mois les brevets délivrés.

La durée du brevet court du jour du dépôt de la demande à la préfecture (Art. 8), et cette durée ne peut être prolongée que par une loi (Art. 15). — *V.* L. 3 mai 1856.

3241. Timbre des pièces à produire. — Le projet de la loi que nous venons de citer portait que les descriptions seraient sur papier au timbre de 1 fr. 50 cent. Cette disposition fut retranchée, et on a renvoyé à un règlement d'administration publique le soin de statuer sur le timbre des pièces dont la production est nécessaire. Ce règlement est encore à faire. Mais l'Administration n'insiste pas sur le timbre des pièces dont il s'agit. Elle admet qu'on peut rédiger sur papier non timbré les pétitions, descriptions, dessins ou échantillons et bordereaux. Cette solution se fonde sur l'intention présumée du législateur et sur l'usage invariablement suivi depuis plus de soixante ans. Elle se justifie plus facilement ainsi qu'au point de vue exclusivement juridique, car les pièces en question n'ayant pas été exceptées du droit commun par une disposition de la loi tombent sous l'application des règles générales de la loi du 13 brumaire an 7. Elles sont destinées à faire titre aux parties et rigoureusement elles devraient être timbrées.

1. ENREGISTREMENT. — Quant à l'enregistrement, la question ne s'élève pas, car les pièces produites au secrétariat de la préfecture étant sous cachet il est manifeste qu'on ne peut pas exiger leur enregistrement.

3242. Procès-verbal. — Les procès-verbaux qui sont rédigés aux secrétariats des préfectures, pour constater le dépôt de pièces relatives à l'obtention ou à la cession de brevets d'invention, avaient été déclarés sujets à l'enregistrement, au droit fixe de 1 franc, par une Déc. 4 octobre 1826 (765 I. G.). Mais depuis la loi du 15 mai 1818, ils sont dispensés du timbre et de l'enregistrement (D. m. f. 20 oct. 1828, Circ. du minist. du com. du 3 nov. 1828, 1272 I. G., Sol. 15 déc. 1858). — L'expédition seule doit être timbrée (1272 § 11 I. G.).

3243. Brevet. — L'expédition du brevet signé par le ministre doit être délivrée sans frais. Mais toute expédition ultérieure donne lieu au payement d'une taxe de 20 francs (L. 8 juill. 1844, art. 11).

Cette expédition est exempte de timbre. — V. 3241.

3243 *bis*. Quittances d'annuités. — Les quittances des annuités d'un brevet d'invention sont sujettes au timbre quand elles excèdent 10 francs : « Attendu qu'il résulte de la discussion qui a précédé la loi sur les brevets d'invention, et aussi de la nature des choses, que le versement annuel fait par les brevetés constitue un impôt; qu'il n'est ni le prix d'une propriété de l'État ni celui d'une concession, mais le droit fiscal imposé à une situation spéciale ; que ce droit rentre dans la classe des impôts indirects dont les quittances supérieures à 10 francs sont assujetties au timbre par l'art. 16, 3e alinéa de la loi du 13 brumaire an 7 » (Dijon 18 mai 1858, 1072 R. P., 11389 C., 16745 J. E.; — C. Paris 12 août 1865, 2182 R. P., S. 66-2-190).

3244. Cession. — Une Dél. 4 février 1831 (9893 J. E., 7801 J. N.) avait statué qu'il n'est dû que 1 pour 100 sur les cessions de brevet d'invention. Mais il a été considéré que le brevet d'invention forme, dans les mains de celui qui l'a obtenu, une propriété transmissible par toutes les voies de droit; que cette propriété se trouve nécessairement établie dans la loi sous le titre d'*effets mobiliers*, d'où la conséquence que la cession d'un brevet d'invention ne peut être assimilée aux cessions de créances que l'art. 69 § 3 n° 3 L. 22 frimaire an 7 tarife au droit de 1 pour 100; qu'elle tombe, au contraire, sous l'application de l'art. 69 § 5 n° 4 L. 22 frimaire an 7, qui soumet au droit de 2 pour 100 les ventes d'*objets mobiliers généralement quelconques* (Sol. 29 mai 1832, 1410 § 4 I. G.; — Seine 12 déc. 1832, 3935 Roll., D. N. t. 2 p. 583 n° 178). — Dans ce sens il a été reconnu que l'acte par lequel un industriel breveté accorde à un tiers la faculté de fabriquer des objets d'après son système, moyennant une indemnité, donne ouverture au droit de 2 pour 100 sur le montant des indemnités à évaluer (Seine 21 juill. 1848 et 19 déc. 1849, 11322, 14545, 14873 J. E.); — alors même que cette convention serait présentée sous la forme d'un simple bail de l'appareil breveté (Bazas 5 juill. 1859, 17016 J. E.).

1. CHARGES. — Le droit de cession est dû non-seulement sur le prix principal, mais encore sur les annuités échues ou à échoir mises à la charge du cessionnaire. Ces annuités sont, en effet, à la charge personnelle du breveté comme condition de l'obtention du brevet (Art. 4 L. 5 juill. 1844) et l'obligation prise à cet égard par l'acquéreur équivaut à l'engagement d'acquitter une dette du cédant (Sol. 27 fév. 1857 et 21 avr. 1858).

2. SUPPLÉMENT DE PRIX. — Si l'insuffisance du prix de la cession est démontrée par des présomptions graves et s'il est établi que ce prix s'est élevé à une somme supérieure à celle stipulée dans le contrat, le droit proportionnel est exigible sur la différence (Seine 5 janv. 1857, 804 R. P., 16477 J. E., 11149 C.).

3245. Marché. — Mandat. — Au lieu de céder son brevet, ou, ce qui est la même chose au point de vue de l'enregistrement, le droit d'exploiter ce brevet, l'inventeur peut prendre un gérant auquel il confie le soin de ses intérêts en lui accordant une somme proportionnelle ou un traitement fixe. Dans ce cas, il y a simple louage d'industrie passible du droit de 1 pour 100 (Sol. 18 août 1857).

Il a été décidé sur ce point que l'acte par lequel le titulaire d'un brevet d'invention donne pouvoir d'exercer, en son lieu et place, les droits qui en résultent pendant toute sa durée, moyennant payement de 25 pour 100 des bénéfices de l'exploitation renferme une cession de brevet et non une simple procuration. « Considérant que l'octroi d'un brevet confère au breveté le droit d'en exploiter l'objet ou de le faire exploiter par ceux qu'il y autorise ; que, lorsque le breveté donne pouvoir d'exercer, en son lieu et place, un droit qui lui est personnel, il renonce au privilège que la loi lui attribue; que cette renonciation, qui peut être totale ou partielle, constitue une cession de brevet; — Considérant, en fait, que les termes et la contexture de l'acte résistent à la qualification de mandat ; que la fabrication et la vente des objets brevetés sont entièrement aux risques des prétendus mandataires qui, en cas de perte, ne pourraient exercer contre leur mandant le recours prévu par l'art. 1999 C. C. » (Sol. belge 7 janv. 1862, 9105 J. E. belge).

3246. Société. — L'exploitation d'un brevet peut aussi faire l'objet d'une mise en société et cette convention diffère alors totalement de la cession ordinaire (Cass. 24 mars 1864, S. 64-1-374). Mais il est souvent assez difficile de distinguer les deux contrats l'un de l'autre. Il y aurait cession, par exemple, et non société, si un tiers se chargeait d'exploiter à ses risques et périls un brevet et assurait au titulaire du brevet une somme annuelle payable invariablement.

3247. Bail. — Les brevets d'invention peuvent-ils faire l'objet d'un bail? — *V.* 2528.

3248. Succession. — De ce que le brevet d'invention constitue une propriété transmissible, il en résulte nécessairement que les héritiers de l'inventeur doivent comprendre dans la déclaration de sa succession la valeur du brevet (D. N. t. 12 p. 286 n° 529). — *V.* 3237 et v° *Succession.*

BUREAU D'ENREGISTREMENT ET DE TIMBRE.

3249. — Lieu où les droits d'enregistrement et de timbre sont perçus, soit au moyen de la formalité donnée aux actes ou des déclarations des parties, soit par la distribution du papier timbré.

Nous n'avons que peu de chose à dire ici sur les bureaux d'enregistrement, parce que nous indiquons, dans l'article qui concerne chaque nature d'acte, le bureau dans lequel l'enregistrement doit être fait.

3250. Heures d'ouverture. — Les bureaux d'enregistrement, de timbre et d'hypothèques doivent être ouverts au public tous les jours, les dimanches et fêtes exceptés, quatre heures le matin et quatre heures le soir, et les heures d'ouverture doivent être affichées à la porte extérieure (Art. 11 tit. 2 L. 27 mai 1791).

1. JOUR FÉRIÉ. — La fermeture des bureaux d'enregistrement, les dimanches et jours de fête, est prescrite par les lois du 17 thermidor an 6 et 18 germinal an 10. La première porte, Art. 2 : « Les autorités constituées, leurs employés et ceux des bureaux au service public, vaquent les décadis et les jours de fêtes nationales, sauf les cas de nécessité et l'expédition des affaires criminelles. » La seconde par son art. 57 fixe « au dimanche le repos des fonctionnaires publics. »

2. HEURES DE SÉANCE. — Il y a eu pendant longtemps controverse sur la question de savoir si un receveur, qui a affiché à la porte extérieure de son bureau que le bureau est ouvert depuis huit heures du matin jusqu'à quatre heures du soir, pourrait refuser d'enregistrer un acte aussitôt après la fermeture de son bureau. L'affirmative résultait de l'I. G. 1166 § 18, d'une D. m. f. 15 janvier 1834 (1458 § 5 I. G). Cependant le ministre des finances, par une seconde décision 7 août 1832 (7798 J. N.) et l'Administration, par une Dél. 2 août 1833 (10680 J. E.), avaient reconnu qu'il pouvait y avoir controverse : les tribunaux d'Apt, Savenay et Avesnes, en date des 21 mars 1823, 26 août 1834, 17 octobre 1835 (7798, 8728, 9161 J. N.) avaient adopté la négative.

Mais la question aujourd'hui est définitivement tranchée. La C. cass. a décidé, les 28 février 1838 (11993 J. E., 9941 J. N., S. 38-1-341) et 6 avril 1842 (*V.* 3635 R. P.), que les receveurs peuvent et doivent refuser l'enregistrement des actes qui ne leur sont présentés qu'après l'heure de clôture de leur bureau, annoncée par l'affiche. On opposerait en vain l'art. 1037 C. proc. qui limite le temps utile de la journée pour la signification des actes à six heures du soir, pour la moitié de l'année, et à neuf heures pour l'autre moitié. — En conséquence, le ministre des finances a décidé, le 9 mars 1838 (1586 I. G.), que les bureaux doivent être ouverts au public tous les jours excepté les dimanches et jours fériés, durant une seule séance de *huit heures du matin à quatre heures de l'après-midi*, et qu'aucune formalité ne peut être donnée par le receveur après l'heure fixée pour la clôture.

M. le procureur Dupin justifiait cette décision dans les termes suivants : « Celui, disait-il dans ses conclusions, qui voudrait faire enregistrer un acte ou un exploit pourrait-il forcer le receveur de l'Enregistrement à l'enregistrer au milieu de la nuit? Nullement. Pourquoi? Parce que la nature même des choses et le bon ordre qui doit régner en tout, ont fait établir pour toutes les administrations qu'elles seraient ouvertes au public à certains jours et à certaines heures, non pas à toute heure du jour et de la nuit. C'est la disposition précise d'une loi du 17 thermidor an 6 » (*Réquisitoires* de M. Dupin t. 6 p. 184).

3. PRESCRIPTION. — Par application de cette règle il a été jugé que, si un exploit interruptif de prescription n'a pas pu être enregistré en temps utile parce que le dernier jour du délai était un dimanche, et que le bureau d'enregistrement était fermé ce jour là, l'Administration ne saurait être responsable des conséquences de la déchéance (Cass. 20 mai 1873, 3635 R. P.).

4. TAXES A TÉMOINS. — Pour le payement des taxes des témoins entendus dans les affaires criminelles, soit devant les tribunaux criminels, correctionnels et de police, soit devant les directeurs du jury, juges de paix et officiers de police judiciaire, les bureaux de l'enregistrement doivent être ouverts tous les jours, sans exception, depuis une heure avant le lever jusqu'à une heure après le coucher du soleil (Arr. du Directoire du 29 frim. an 6, D. m. j. 17 mess. an 6, Circ. 1164 et 1332). Toutefois, d'après une D. m. f. du 24 avril 1848 (1824 I. G.), si les séances des cours et tribunaux criminels se prolongent après le coucher du soleil, les témoins peuvent se présenter, pour obtenir le payement de leur taxe, jusqu'à minuit.

L'arrêté du 29 frimaire an 6 déclare (Art. 3) que le receveur qui contreviendra à ces dispositions sera destitué sur la plainte du témoin ou du magistrat taxateur, et que le procès-verbal dressé par celui-ci sera transmis au ministère de la justice (1164 Circ., 2472-4 I. G., B. C. 63, S. 73-1-280, D. 73-1-357, P. 73-675).

5. TIMBRE. — Les receveurs qui ont dans leurs attributions la débite du timbre doivent, sous leur responsabilité, charger des personnes de leur famille ou à leurs gages de débiter, le matin une heure avant l'ouverture, et le soir deux heures après la clôture du bureau, des papiers au timbre proportionnel de 25 centimes et au-dessous, et des demi-feuilles de petit papier de dimension. Cette distribution ne peut se faire qu'au domicile du receveur ; elle a lieu les dimanches et jours fériés jusqu'à deux heures de l'après-midi (1637 I. G.).

6. JOUR DE VERSEMENT. — Les jours où les bureaux doivent être fermés sont strictement limités aux jours fériés reconnus et aux dimanches ; ainsi, un bureau ne peut être fermé le jour du versement. C'est au receveur à prendre ses mesures pour concilier tous ses devoirs (13662 J. N., 14669-1 J. E.).

7. CONSTATATION D'ABSENCE. — L'absence du receveur ne peut être constatée par témoins ; un acte extrajudiciaire est nécessaire (Béthune 5 mars 1844, 13508 J.).

3251. Outrage. — Le bureau d'enregistrement est un lieu public, et le receveur qui y accomplit ses fonctions ne peut être injurié, sans que ces injures constituent un outrage public commis contre un fonctionnaire à l'occasion de ses fonctions (C. Poitiers 17 fév. 1858, 1103 R. P.).

3252. Renvoi. — Nous ne pouvons pas songer à indiquer ici à quels bureaux doivent être timbrés ou enregistrés les différents actes soumis à ces formalités. On trouvera la solution de ces questions dans les chapitres que nous consacrons à chacun de ces actes.

FIN DU TOME PREMIER

PARIS. — IMPRIMERIE TOLMER ET ISIDOR JOSEPH, 43, RUE DU FOUR-SAINT-GERMAIN.

www.ingramcontent.com/pod-product-compliance
Lightning Source LLC
LaVergne TN
LVHW020950300926
849160LV00007B/101
* 9 7 8 2 0 1 9 2 6 0 1 9 4 *